U0896164

长江三角洲
城市年鉴

THE DELTA AREA OF YANGTSE RIVER CITY ANNALS

2013 

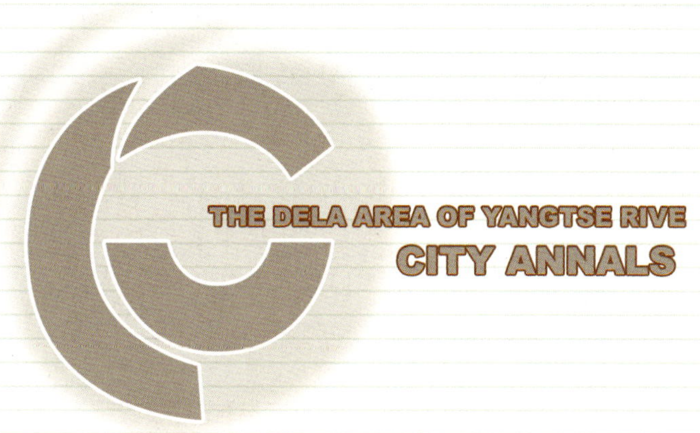

长江三角洲城市年鉴编辑委员会

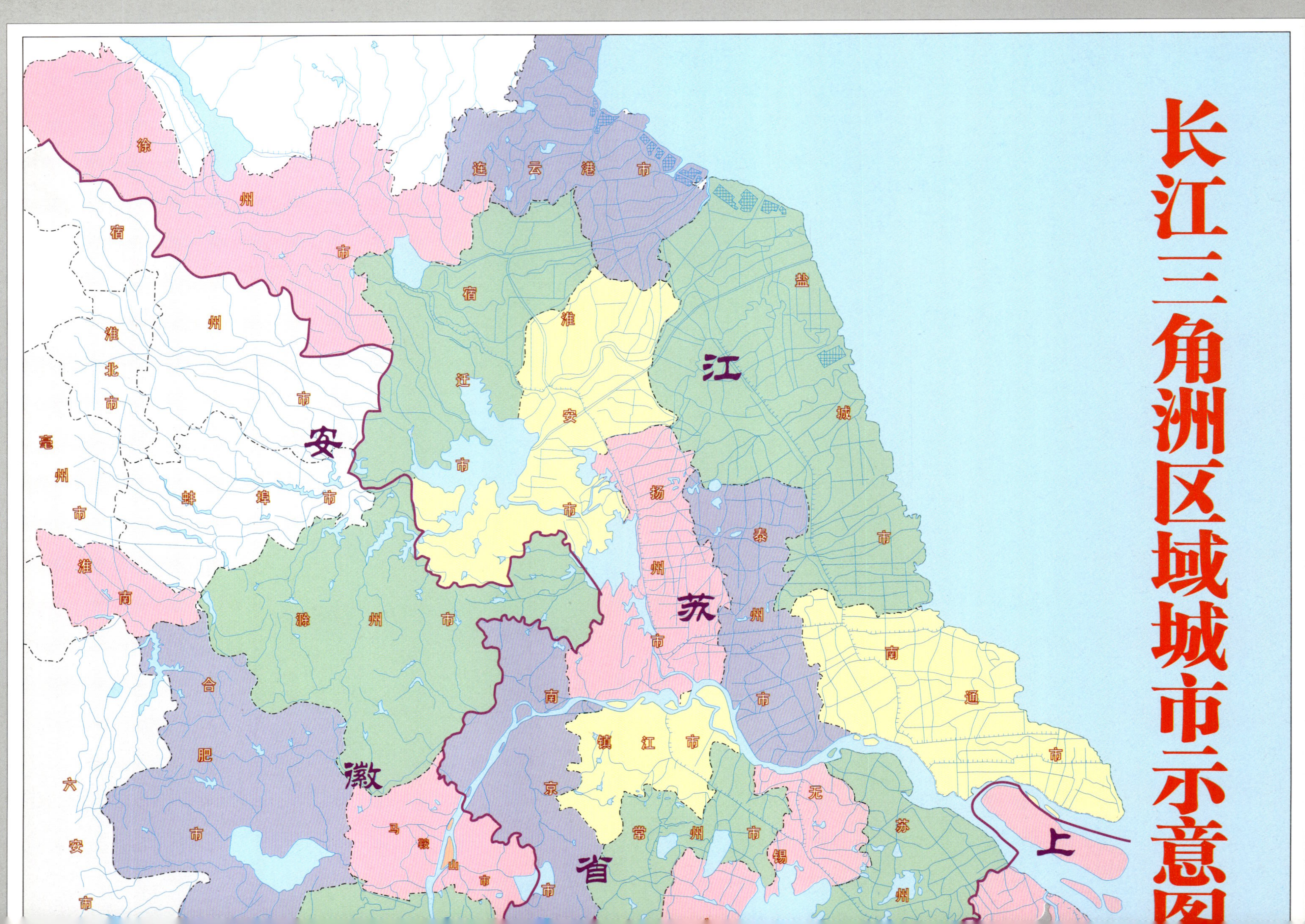
长江三角洲区域城市示意图
江苏省
安徽省
徐州市
连云港市
宿迁市
淮安市
盐城市
扬州市
泰州市
南通市
南京市
镇江市
常州市
无锡市
苏州
上
宿州市
淮北市
亳州市
蚌埠市
淮南市
滁州市
合肥市
六安市
马鞍山市

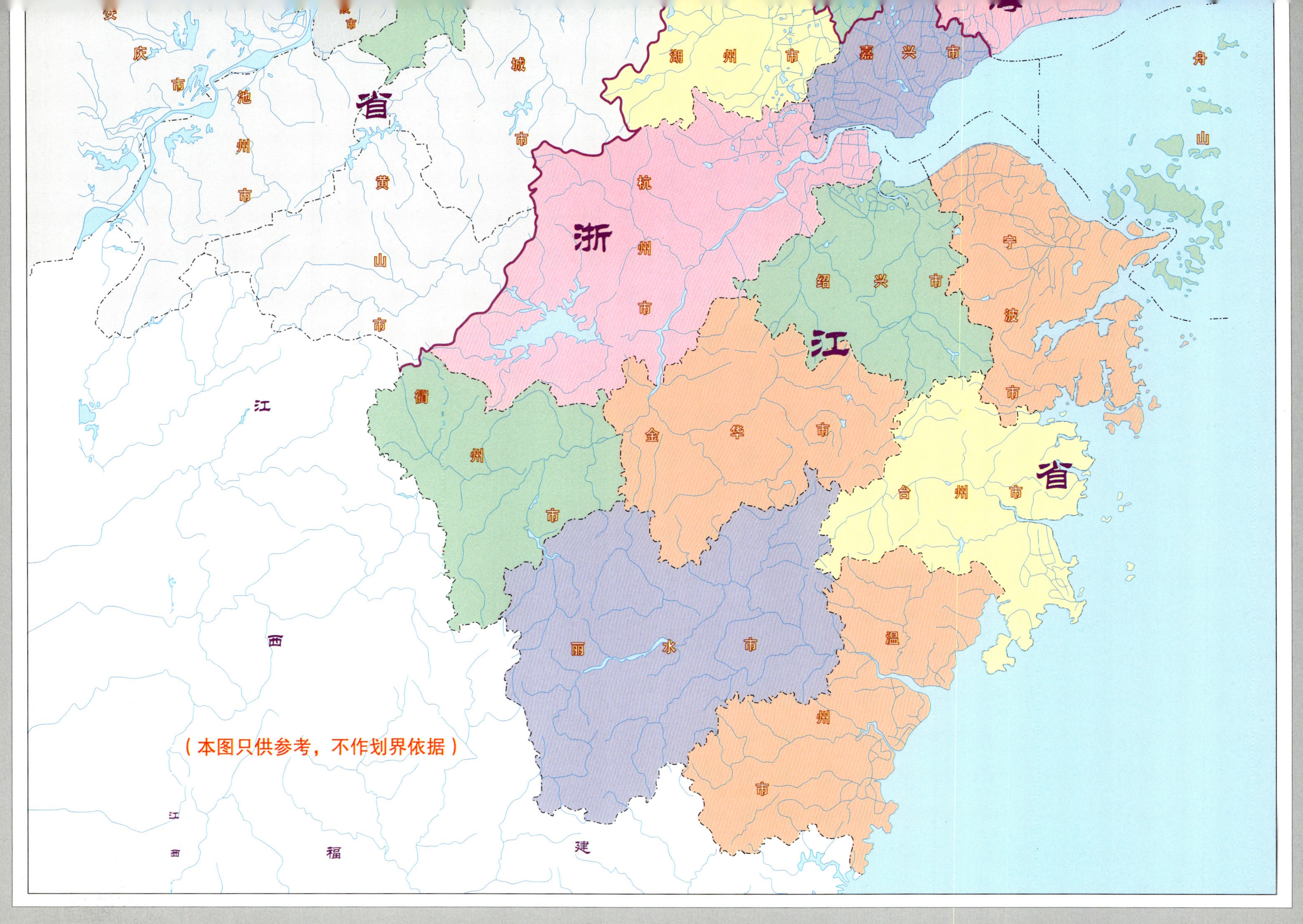

浙 江 省
安 庆 市
池 州 市
黄 山 市
城 市
省
湖 州 市
嘉 兴 市
舟 山
杭 州 市
绍 兴 市
宁 波 市
金 华 市
衢 州 市
丽 水 市
台 州 市
温 州 市
江 西
福 建
江 西
（本图只供参考，不作划界依据）

南京長江第四大橋

江澤民

南京长江第四大桥位于南京长江第二大桥下游约 10 公里处，是中国首座三跨吊悬索桥，被誉为“中国的金门大桥”，起于六合区横梁镇以东与宁通高速公路相交处，经龙袍镇跨越长江，与对岸石埠桥连接，止于沪宁高速公路相交处的麒麟枢纽，接在建的南京绕越高速公路东南环段，全长 28.996 公里，其中跨江大桥长约 5.448 公里，主跨采用 1418 米三跨吊悬索桥方案，全线按双向六车道高速公路标准设计，跨江大桥设计速度为 100 公里 / 小时，两岸接线设计速度为 120 公里 / 小时。全线设横梁、龙袍、栖霞、麒麟 4 处互通立交，预留红光、仙林 2 处互通立交，并建有滁河、七乡河 2 座特大桥。

南京青奥会帆船比赛是在六合区金牛湖帆船赛场举行，比赛是在金牛湖水域内进行。比赛从2014年8月18日至24日。其中18日、19日、20日、22日为预赛日，23日为决赛日，21日、24日为机动日。比赛共设4个小项：帆船男女单人小艇、男女帆板，共有来自50个国家和地区的100名运动员参赛，预计随队官员100人，国际技术官员15人，裁判员70人左右。

金牛湖帆船场馆位于金牛湖西侧、金江公路以东临湖区域内，占地200亩，总筑面积14000平方米。场馆于2012年9月28日开工建设，目前各项建设工作有序推进，2013年12月底竣工验收交付使用。场馆按照功能划分又为场馆运行区、体育竞赛区、运动员及随队官员、场馆礼宾区、新闻媒体区等。

南京青奥会金牛湖帆船赛场

NAN JING QING AO HUI JIN NIU HU FAN CHUAN SAI CHANG

比赛场地水域面积 1666.5 万平方米，水面东西方向最长为 6400 米，南北方向最宽为 3500 米，最深为 27 米，平均水深为 11 米。可为青奥会帆船帆板赛事提供 A、B 两个场地，A 场地在湖的西区，无障碍圆形竞赛区域直径 1.3 千米，平均水深 10 米；B 场地在湖的东区，无障碍圆形竞赛区域直径 1.2 千米，平均水深 7 米。曾在此举办过 2011 中美滑水明星对抗赛、2012 全国 OP 帆船锦标赛。

经过多年积累，东风悦达起亚已建立完善的售后服务体系，以最快的速度、最佳的服务满足用户需求。2012 年企业审时度势，积极部署 “顾客满意年”战略，以服务、技术、管理三大创新为支撑，致力于提升软硬件实力，并提出“关爱有‘家’”服务口号，全面提升顾客满意。 2013 年，在“顾客满意”的基础上，企业进一步推出“顾客感动”经营方针，通过服务创新、品质革新以及品牌升级，以更加卓越的产品输出和更加细致的服务保障，超越顾客期待。

为继续保持高速增长，且为公司长远发展奠定坚实基础，东风悦达起亚第三工厂于 2012 年 6 月正式奠基。新建的第三工厂同样位于盐城经济技术开发区内，与二工厂比邻而建，这样的布局有利于充分利用现有的生产体系，有效整合资源，在新老工厂间形成优势互补的协同效应。三工厂采用国际先进的汽车制造设备和技术，以冲压、焊装、涂装、总装及发动机车间组成全自动生产线，是集高效、环保、节能于一身的现代化汽车制造工厂。目前，企业第三工厂正在有序建设，预计于 2014 年初投产。其设计产能为 30 万台，通过主动调节，将联合一、二工厂初步形成百万产能规模，为公司跻身国内一流汽车品牌提供重要支撑。

文昌水秀　祥泰之州——泰州市

TAI ZHOU SHI

泰州地处江苏中部，长江北岸，是长三角中心城市之一。全市总面积 5797 平方公里，总人口 504 万，现辖靖江、泰兴、兴化三个县级市，海陵、高港、姜堰三区和泰州医药高新区。2012 年，全市实现地区生产总值 2702 亿元，公共财政预算收入 233 亿元。

形神兼备的文化名城。泰州有 2100 多年的建城史，秦称海阳，汉称海陵，州建南唐，文昌北宋，兼融吴楚越之韵，汇聚江淮海之风。千百年来，风调雨顺，安定祥和，被誉为祥瑞福地、祥泰之州。这里人文荟萃、名贤辈出，施耐庵、郑板桥、梅兰芳是其中的杰出代表。名胜古迹众多，光孝寺、崇儒祠、城隍庙、安定书院、日涉园、望海楼以及梅兰芳纪念馆、人民海军诞生地纪念馆等传承历史，文脉灵动；溱湖湿地、千岛菜花、水上森林、天德湖公园、古银杏森林等生态自然，风光绮丽。

泰州望海楼居全国十大名楼之列

承南启北的水陆要津。泰州为苏中门户，自古就有“水陆要津，咽喉据郡”之称。是上海都市圈、南京都市圈、苏锡常都市圈的重要节点城市。新长、宁启铁路，京沪、宁通、盐靖、启扬高速公路纵横全境。泰州火车站 5 条黄金始发线路通往全国上百个主要城市。扬泰机场通航，江阴长江大桥、泰州长江大桥“双桥飞渡”贯通大江南北。国家一类开放口岸“泰州港”跨入全国亿吨大港行列，六大沿江港区连接远海大洋。优越的区位和公铁水空一体化格局，凸显泰州长三角北翼交通枢纽的重要地位。

特色鲜明的产业基地。泰州工业基础扎实，拥有一批有影响的特色产业。机电（船舶）产业达三千亿级规模，成为国家船舶出口基地。生物医药产业

异军突起，中国医药城是全国唯一的国家级医药高新区，被列入国家创新体系。泰州是全国科技进步先进市，国家知识产权示范城市。实施开放创新“双轮驱动”战略，泰州着力构建以传统优势产业装备制造业，生物技术和新医药、电子信息、新能源三大新兴产业和若干个新兴产品集群为主体的“1+3+N”产业体系。新技术船舶基地、新能源产业园获批国家级特色产业基地。泰州出口加工区成为推动产业转型升级的重要载体。泰州是创业投资的热土，一批世界知名企业落户泰州投资兴业。

和谐共生的生态名城。泰州生态环境质量评价指数在江苏省领先，所辖四市全部建成国家级生态示范区。百姓安居乐业，社会和谐稳定。2012 年城镇登记失业率 2.46%，“五大保险”覆盖率 99% 以上，全市公众安全感江苏第一。是国家历史文化名城、国家卫生城市、国家园林城市、国家环保模范城市、全国双拥模范城市、中国优秀旅游城市、中国宜居城市、全国文明城市提名城市。

编 辑 说 明

一、《长江三角洲城市年鉴》是由中国城市经济学会、长江三角洲城市经济协调会、江苏省城市发展研究院主办的区域性、综合性年鉴。自2003年起,逐年记载长江三角洲区域各城市经济、科技、文化等社会事业发展的翔实资料,是很有价值的工具书。

二、《长江三角洲城市年鉴》的编辑方针是:以党的基本路线为指针,真实、客观地记述贯彻党的方针政策的实施情况,记述坚持科学发展观、推进城市建设、改革开放、经济和社会事业所取得的新成就、新变化、新经验、新问题,客观地反映社会主义两个文明建设的进展,使年鉴既能为现实服务,又能为后人提供借鉴。

三、《长江三角洲城市年鉴》(2013)刊,采用篇目、栏目、分目、条目四个结构层次。不同层次的标题在字号、字体和版式上有明显的标识。其中条目为记述的基本形式,用黑体字加【】表示,对较长的条目文中另起一行用楷体字标出。

四、为了增强《长江三角洲城市年鉴》的实用性、权威性,为便于国内外更好地了解长江三角洲区域的发展,设置了"城市概览"、"国民经济与社会事业"、"城乡建设与环境保护"、"城市领导人名录"、"城市教育与人才开发"、"长三角论坛"、"合作与交流"、"发展与展望"、"城市统计资料"等栏目。

五、《长江三角洲城市年鉴》对长江三角洲城市经济协调会、市长联席会会员城市逐年给予记载。

六、《长江三角洲城市年鉴》(2013)刊得到上海市、江苏省、浙江省、安徽省和长江三角洲各城市领导和政府部门、中国城市经济学会、长江三角洲城市经济协调会、江苏省城市发展研究院领导、专家、学者、企事业单位及广大作者的厚爱和大力支持,在此谨表示诚挚的谢忱!受水平所限,疏漏和差错之处,敬请广大读者批评指正,以便改进。

编辑部
2013 年 10 月

长江三角洲城市年鉴编委会名单

（排名不分先后）

郑楚雄　中共台州市委副秘书长、研究室主任
潘黄星　中共温州市委副秘书长、研究室主任
李汉勤　丽水市委副秘书长、市委研究室主任
邵晨曲　中共衢州市委副秘书长、研究室主任
石经考　合肥市发展改革委(合作交流办公室)主任
钱　俊　马鞍山市人民政府研究室副主任
王燕永　滁州市委副秘书长、研究室主任
王金保　芜湖市地方志办公室主任
陈仁礼　中国版协年鉴研究会副会长
陈晓云　上海市人民政府合作交流办公室处长
程建新　上海市人民政府合作交流办公室副处长
张建明　上海市浦东新区史志办主编
沈拯民　上海市黄浦区地方志办公室主任
许永兴　上海市徐汇区地方志办公室副调研员
芮昌宏　上海市虹口区档案局副局长
王国滨　上海市静安区静安年鉴主编
张建华　上海市嘉定区地方志办公室副主任
王应华　上海市金山区档案局副局长
何惠明　上海市松江区地方志办公室主任
屠宝麟　上海市长宁区档案局付局长、年鉴办公室主任
朱显武　上海市宝山区地方志办公室主任
侯龙其　上海市普陀区年鉴办公室主任
张利钧　上海市崇明县档案局局长
胡爱明　上海市青浦区史志办公室主任
姚荣仲　上海市闸北区地方志办公室主任

《长江三角洲城市年鉴》编审人员

主　　编　张　锋
副 主 编　陈仁礼
编辑部主任　杨崇湘
编　　辑
(排名不分先后)

卞佳颖(上海市)　裘晓燕(上海市)　黄承贵(南京市)　哈幸凌(苏州市)
顾洪兴(无锡市)　吴　芳(常州市)　毛向阳(镇江市)　王　成(扬州市)
刘江明(泰州市)　周　磊(南通市)　朱春天(盐城市)　柳　彦(徐州市)
仲几吉(连云港市)　仇高尚(宿迁市)　杨红梅(宁波市)　付冬花(嘉兴市)
姚国强(湖州市)　季荣文(绍兴市)　陈　芳(舟山市)　徐伟俊(温州市)
马莹华(丽水市)　王根钍(衢州市)　王　敏(合肥市)　张　玉(马鞍山市)
谢迎春(芜湖市)　张建明(浦东新区)　冯谷兰(虹口区)　姚荣仲(闸北区)
王佩娟(长宁区)　袁　元(徐汇区)　叶供发(静安区)　吴远美(普陀区)
何惠明(松江区)　赵　峰(青浦区)　吴思敏(宝山区)　蔡国欢(金山区)
孙培兴(嘉定区)　郭　焰(崇明县)

长江三角洲城市年鉴

2013

（总第十一期）

中国城市经济学会
江苏省城市发展研究院　主办
长江三角洲城市经济协调会
南京志鉴文化传播有限公司　承办

编辑：长江三角洲城市年鉴编辑部
地址：南京市虎踞北路10号综合楼5楼
邮编：210013
电话：83707193
传真：83707193
E-mail：csjnj@ qq. com

目　　录

城市概览

城市领导人名录

合作与交流

国民经济与社会事业

城乡建设与环境保护

开放经济与园区建设

城市交通·邮政电信

长三角论坛

教育与人才开发

医疗卫生

城市统计资料

发展与展望

机关企事业单位选介

上海市

【行政区划】 2012年底，上海市辖有浦东新区、徐汇、长宁、普陀、闸北、虹口、杨浦、黄浦、静安、宝山、闵行、嘉定、金山、松江、青浦、奉贤16个区，崇明1个县；共辖有98个街道（比上年底减少1个）、108个镇、2个乡；有3914个（比上年底增加64个）居委会、1613个（比上年底减少19个）村委会。

【人口】 至2012年底，上海常住人口2380.43万人，其中外来人口960.24万人。上海户籍人口1426.93万人，比上年增加7.57万人，其中男性709.62万人、女性717.31万人，性别比为0.99∶1；非农业人口1280.82万人，比上年增加13.06万人。全市户籍数524.31万户，平均每户人口2.7人。户籍人口出生数12.11万人，出生率8.51‰，死亡人数11.74万人，死亡率8.25‰。人口自然增长率0.26‰。年内全市迁出5.89万人，迁入12.96万人，机械增长7.07万人，机械增长率3.97‰。全市户籍人口密度每平方公里2251人，常住人口密度每平方公里3754人。户籍人口期望寿命82.41岁，其中男性80.18岁、女性84.67岁。

上海除汉族外，有55个少数民族成份。至2012年底，全市常住少数民族人口总数27.58万人（户籍少数民族人口14.76万人）。其中人口过万的少数民族有回族、土家族、苗族、满族、朝鲜族、壮族和蒙古族；回族人口数最多，有7.80万人。

【人民生活】 继续改善民生。(1)加强就业分配保障。启动新一轮鼓励创业带动就业三年行动计划，出台小额贷款担保与贴息、创业场地房租补贴、创业培训与见习等扶持政策；提高企业吸纳就业困难人员、农村富余劳动力跨区就业、低收入农户家庭就业等补贴标准；实施青年就业"启航计划"。统筹提高各类人员养老金水平，平均增幅达15%，月最低工资标准上调至1450元，城镇、农村最低生活保障标准分别提高至每人每月570元和430元，上调幅度均超过10%。制定调整环卫行业等一线职工岗位津贴标准方案。落实社会救助和保障标准与物价上涨联动机制，对符合条件的保障对象发放一次性临时物价补贴，覆盖约40万人；对城乡低保户、农村五保户等困难群体给予居民阶梯电价免费电量优惠，覆盖约32万人。加快住房保障体系建设，及时拨付中央分配的公共租赁住房、棚户区改造补助资金，开展公积金增值收益、保险资金参与保障房建设和筹措试点，支持相关企业发行债券；进一步放宽共有产权房准入标准和廉租住房申请标准，努力扩大住房保障受益面。中心城区旧区改造和郊区城镇棚户简屋改造顺利推进。(2)构建基本公共服务体系。根据国家基本公共服务体系"十二五"规划要求，加快制定上海基本公共服务体系规划。推进医药卫生体制改革，简化城保医保人群分类，提高门诊报销比例，缩小待遇差距，大幅提高医保基金最高支付限额标准，试行"镇保"医保门诊统筹。抓紧上海科技大学、上海纽约大学筹建工作。推进公共文化设施免费开放，中华艺术宫、上海当代艺术博物馆开放试运行。举办首届市民运动会。研究制定养老产业发展相关政策。整合原有230多条各类政务服务热线，全市统一市民服务热线"12345"正式开通。(3)统筹城乡发展。落实各项农业生产扶持政策，提高农资综合补贴、良种补贴等补贴标准，继续实行绿叶菜专项补贴。粮食生产保持稳定，蔬菜、畜牧等农产品产量稳定增长。实施科技兴农项目，启动市级科技兴农示范基地建设，培育科技示范场723个、科技示范户3825个。贯彻落实加快新城发展和城乡一体化发展若干意见，建立新城建设推进协调机制。加强城乡基础教育财政投入统筹，加快推进优化医疗资源布局的郊区三级综合医院建设。制定出台关于加强郊区大型居住社区行政管理和公共服务资源配置的若干意见，进一步提高市级建设财力对社区卫生服务中心和社区文化活动中心补贴标准。(4)强化城市安全和社会管理。出台一系列城市安全管理政策规定，分解落实城市运行安全和生产安全各项工作，加强重点领域安全管理，完善应急管理体制。积极开展道路交通、建筑施工、消防等领域安全生产"打非治违"行动，启动91家危险化学品企业布局调整。进一步完善食品安全监管体制，在全市220个街镇全部建立食品安全综合协调机构。加强城乡结合部地区服务管理，推广"大联动、大联勤"管理模式。加快研究制定居住证积分管理政策，完善实有人口、实有房屋"两个实有"全覆盖管理长效常态机制，拓展管理覆盖面，试点探索基础人口信息采集服务向居(村)委会延伸，确保人口服务管理信息全面、准确、及时。　(吕鲜林)

2012年中心城区和郊区各月平均气温

单位：℃

	1月	2月	3月	4月	5月	6月	7月	8月	9月	10月	11月	12月	年平均
中心城区	5.1	4.8	9.8	17.6	21.6	24.7	29.9	29.0	23.9	20.1	12.6	6.6	17.1
郊　区	4.4	4.3	9.3	17.0	20.8	24.2	29.5	28.8	23.4	19.3	11.9	6.0	16.6

(市气候中心)

2012年中心城区和郊区各月降水量

单位：毫米

	1月	2月	3月	4月	5月	6月	7月	8月	9月	10月	11月	12月	年降水量
中心城区	68	88	133	99	125	171	150	253	107	19	133	90	1436
郊　区	62	84	133	83	119	182	118	184	93	22	130	90	1299

(市气候中心)

浦东新区

【地理环境】　浦东新区(以下简称浦东或新区)位于上海市东部，因处黄浦江东而得名。东濒东海，南临杭州湾，西隔黄浦江与宝山、杨浦、虹口、黄浦、徐汇5区相邻，并与闵行、奉贤2区接壤。全区面积1429.67平方公里，其中耕地面积2.12万公顷。户籍108.43万户，户籍人口281.12万人。区内海岸线长105.93公里，黄浦江岸线长43.5公里。跨越黄浦江交通设施有

南浦、卢浦、杨浦、徐浦4座大桥，上中路、龙耀路、打浦路、西藏南路、复兴东路、人民路、新建路、延安东路、大连路、军工路、翔殷路、外环线12条车辆隧道和1条黄浦江人行观光隧道。跨海交通设施有通往崇明的长江桥大桥(隧道)和通往洋山的东海大桥。区内主要交通干道有内环线、中环线、外环线、郊环线、S1、S2和华夏路(华夏路高架)、龙东大道、张杨路、浦东大道、五洲大道、浦东南路、川沙路、杨高路、罗山路、沪南公路、华东路、申江路、川南奉公路、南六公路、南芦公路，以及轨道交通2号线、4号线、6号线、7号线、8号线、9号线、13号线和磁浮列车线。对外交通运输枢纽主要有浦东机场、外高桥港区、洋山深水港区、上海汽车长途客运总站(东站)、川沙汽车长途客运站、南汇汽车长途客运站。主要河流有环绕区境西部和北部的黄浦江，以及东西向的川杨河、张家浜、大治河、白莲泾、惠新港、六灶港、石皮泐港，南北向的浦东运河、随塘河、曹家沟、马家浜、宣六港、泐马河、五尺沟、团芦港。全区有12个街道和24镇。区内有6个国家级开发区，即外高桥保税区、洋山保税港区、浦东机场综合保税区、陆家嘴金融贸易区、金桥出口加工区、张江高科技园区；5个市级开发小区，即孙桥现代农业开发区、康桥工业区、临港产业区、南汇工业园区、国际医学园区。区境内古迹有明代川沙古城墙一段、老宝山城一角，著名宗教场所有钦赐仰殿、潮音庵、福泉寺、南山寺，露德圣母堂。著名纪念地有张闻天故居、黄炎培故居、太平天国烈士墓。著名旅游景点有东方明珠广播电视塔、陆家嘴中心绿地、滨江大道、世纪公园、上海野生动物园、新场古镇、三甲港海滨旅游区、滨江森林公园、滨海森林公园、鲜花港、滴水湖。著名文体场馆有上海科技馆、浦东图书馆、南汇博物馆、东方艺术中心、源深体育中心、南汇文化艺术中心、南汇体育中心。主要节庆活动有上海桃花节、国际音乐烟火节。　(潘建龙)

【气候】　全年气候特点：气温略高，降水略多，日照时数偏少；灾害性天气频发，短时强对流天气多；受台风外围环流影响4次。年平均气温16.7℃，比常年偏高0.4℃。全年出现≥35℃高温日数14天，年极端最高气温37.7℃，出现在7月6日；年极端最低气温-5℃，出现在1月26日。冬季气温前高后低。1月份平均气温4.7℃，比常年偏高0.3℃。2月份平均气温4.5℃，比常年偏低1.3℃，月内上、中、下三旬平均气温分别为2.7℃、4.7℃和6.2℃，其中上旬平均气温比常年同期偏低2℃，中旬平均气温比常年同期偏低1.6℃，下旬略有回暖，平均气温比常年同期偏低0.3℃。春季气温偏高。3～5月份平均气温15.8℃，偏高常年同期1.3℃。3月份平均气温9.5℃，比常年同期偏高0.3℃。4月份平均气温17.1℃，比常年同期

偏高2.6℃。5月份平均气温20.8℃，比常年同期偏高1.0℃。夏季炎热。6~8月份平均气温27.4℃，偏高常年同期1℃。≥35℃高温日14天，偏多常年6天。6月份平均气温24.1℃，比常年同期偏高0.4℃。≥35℃高温日1天。7月份平均气温29.4℃，比常年同期偏高1.5℃。≥35℃高温日10天。8月份平均气温28.7℃，比常年同期偏高1℃。≥35℃高温日3天。秋季气温比常年略偏低，但中期偏高。9~11月份平均气温18.3℃，偏低常年同期0.4℃。9月份平均气温23.6℃，比常年同期偏低0.4℃。10月份平均气温19.3℃，比常年同期偏高0.4℃。11月份平均气温12.1℃，比常年同期偏低1℃。初冬气温比常年偏低。12月份平均气温6.4℃，偏低常年同期0.5℃。年降水量1343.9毫米，比常年偏多近1成。年降水日144天，比常年偏多15天。日最大降水量164毫米，出现在8月8日。汛期(6~9月)降水量640.4毫米，比常年略偏少。6月17日入梅，7月4日出梅，梅雨期17天。梅雨期比常年偏短(常年平均24天)，梅雨期降水量215.2毫米，比常年偏少一成多。冬季降水量偏多。1月份降水量62.8毫米，与常年同期62.1毫米基本持平；降水日11天，比常年同期偏多1天。2月份降水量81.2毫米，比常年同期偏多三成多。月内受冷空气和西南气流的共同影响多阴雨天气，降水日17天，比常年同期偏多6天。春季降水量偏多。3月份降水量119.4毫米，比常年同期偏多约2成。月内降水量主要集中在上旬，降水量59毫米，比常年同期多1倍多，月降水日17天，比常年同期偏多4天。4月份降水量92.5毫米，比常年同期略多，降水日12天，与常年同期持平。5月份降水量107.1毫米，比常年同期略多，降水日11天，比常年同期少1天。夏季降水量前后期偏多，中期偏少。6月份降水量214毫米，比常年同期偏多近2成，降水日12天，比常年同期少1天。7月份降水量132.9毫米，比常年同期偏少近2成，降水日12天，与常年同期持平。8月份降水量218.8毫米，比常年同期偏多1成，降水日12天，与常年同期持平。秋季降水量前少后多。9月份降水量74.7毫米，比常年同期偏少4成，降水日8天，比常年同期偏少3天。10月份降水量20.9毫米，仅为常年同期三成多，降水日数6天，比常年同期少2天。11月份降水量130.4毫米，比常年同期降水量多1倍多，降水日12天，比常年同期偏多4天。初冬降水量偏多。12月份降水量89.2毫米，比常年同期多1倍多，下旬降水量54.5毫米，比常年同期多3倍多。29~30日受强冷空气影响，出现入冬第一次降雪天。月降水日14天，比常年同期偏多7天。年日照1798.4小时，比常年少176.1小时。其中3月、4月、10月和11月份日照比常年同期偏多，7月与常年同期基本持平，其余月份日照均比常年同期减少。2012年，终霜日3月21日，初霜日11月18日；无霜期241天，比常年多11天。 (张国链)

【人口】 2012年，浦东新区户籍108.43万户，户籍人口281.12万人。登记流动人口238.32万人。户籍人口平均户规模2.59人。户籍人口中按性别分，男性140.18万人，女性140.94万人。按户口性质分，农业人口28.88万人，非农业人口252.24万人。全年出生人口26610人，死亡人口21400人，自然增长人口5210人。人口自然出生率9.51‰，人口自然死亡率7.65‰，人口自然增长率1.86‰。外来人口出生数23693人。新区总人口中，18岁以下32.87万人，18~35岁63.93万人，36~60岁115.7万人，60以上68.63万人。

【水文】 2012年汛期全区遭受4次台风外围影响，长江口高桥站共出现超警戒潮位2次，杭州湾芦潮港站共超警戒潮位4次。长江口高桥站实测最高潮位5.03米，实测最低潮位0.12米，全年平均潮位2.20米。全年平均高潮位3.43米，全年平均低潮位1.03米。杭州湾芦潮港站实测最高潮位5.02米，实测最低潮位-0.87米，全年平均潮位2.06米。全年平均高潮位3.73米，全年平均低潮位0.26米。内河平均水位2.75米，最高水位3.53米(彭镇站)，最低水位1.97米(五七农场站)。本地径流量7.31亿立方米。地下水净开采量122.07万立方米，比上年减少59.8%。全区总取水量373960.88万立方米，其中，地表水取水量373731.67万立方米，地下水取水量229.21万立方米。总用水量35.85亿立方米。城镇污水产生量4.36亿立方米，污水处理量3.81亿立方米，污水处理率87.41%，比上年提高了1.52个百分点。全区河道水体水质总体好于上年。汛期水质好于非汛期。滴水湖水质通常为Ⅲ~Ⅳ类，为轻度富营养化状态。影响河道(湖泊)水体水质的评价参数主要是氨氮和高锰酸盐指数。 (闫丹霞)

【行政区划】 2012年11月中旬，根据《上海市人民政府关于同意浦东新区部分行政区划调整的批复》，撤销申港街道、芦潮港镇建制和调整老港镇部分行政区划，设立南汇新城镇。南汇新城镇四界：东与南至东海，北至大治河，西至泥城镇、书院镇和奉贤区。年内，新区行政区划部门与宝山、闵行、奉贤三区签订"浦闵线"、"浦奉线"、"宝浦线"共建"平安边界"联席会议制度协议书，推进与相邻区边界管理工作步入制度化轨道。进行新黄浦线勘界工作。因卢湾区并入黄浦区，原卢浦线与原黄浦线合并成为新的黄浦线。在做好上年"撤三建二"行政区划调整工作的基础上，发布浦东新区新版行政区划地图，顺利完成有关南汇新城镇、"浦航新城"等行政区划调整事项。

【国民经济与社会发展】 2012年，全区完成国内生产总值5929.91亿元，比上年增长10.1%，占全市国内生产总值29.5%，其中第一产业增加值32.89亿元，第二产业增加值2320.75亿元，第三产业增加值3576.27亿元。全年农业总产值71.35亿元，其中种植业产值43.24亿元，林业产值1.84亿元，牧业15.1亿元，渔业7.48亿元。耕地面积2.12万公顷，其中水田1.59万公顷，旱田5328公顷。粮食作物产量16.78万吨，出栏肉猪48万头，上市家禽1059.66万羽，上市牛奶4.6万吨。鲜蛋产量1.96万吨。水产品产量2.37万吨，其中淡水产品产量2.06万吨。全区规模以上工业企业1925家，工业总产值9225.64亿元，比上年下降0.31%，占全市工业总产值27.8%。其中，中央工业产值2247.59亿元，市属工业产值2075.94亿元，非中央和市属工业产值4902.11亿元。工业总产值中，外商及港澳台投资企业产值达到5821.91亿元，占新区工业总产值63.11%。工业出口交货值2518.33亿元，工业产品销售率99.3%。电子信息产品制造业、汽车制造业、石油化工及精细化工制造业、精品钢材制造业、成套设备制造业和生物医药制造业是新区工业的重点发展行业，其产值分别为2689.35亿元、1306.3亿元、1266.24亿元、32.69亿元、1065.55

亿元和315.49亿元。6个重点行业的产值占整个新区工业总产值的72.4%。

全区各类商品市场176家,其中综合市场57家,专业市场119家,全年成交金额1995.71亿元。全区著名大型商店有新世纪商厦(上海第一八佰伴有限公司)、时代广场、正大广场、中融国际、汇金百货、现代广场和国美、永乐、苏宁、百安居、卜蜂莲花、家乐福、大润发、欧尚、麦德龙、沃尔玛、好又多、农工商等大卖场,以及新上海商业城、联洋大拇指广场、九六广场、周浦万达广场、金桥国际商业广场、川沙绿地东海岸广场等商业中心。全区商品销售总额10502.98亿元,社会消费品零售总额1349.73亿元,其中商业零售额1182.95亿元,餐饮业零售额166.78亿元。旅行社接待游客231.5万人,营业收入53.12亿元。旅馆客房出租率56%,营业收入55.18亿元。全区四星级宾馆14家、五星级11家。全年举办各类展览184个,举办会议1.94万个,其中国际性会议2930个。参加各类会议人数152万人。主要旅游景点27个,接待参观旅游2283万人,营业收入12.74亿元。外商直接投资合同项目976个,合同金额72.86亿美元。外商直接投资实际到位资金48.3亿美元。年末实有外资注册企业1.35万家。新增内资企业1.31万家,注册资本648.25亿元。全年外贸出口额939.83亿美元,比上年增长5.72%,占全市出口总额的45.44%。外贸进口总额1459.1亿元,比上年下降3.13%,占全市进口总额63.45%。财政总收入完成2360.81亿元,比上年增长4.64%,其中中央级财政收入1170.23亿元,市级财政收入526.06亿元,区级财政收入664.53亿元。地方财政收入完成550.3亿元,比上年增长9.99%。地方财政支出666.63亿元,比上年增长8.35%。全年税收2069.08亿元,比上年增长9.3%。其中中央级税收1160.74亿元,市级税收373.03亿元,区级税收535.31亿元。

中、外资各类金融机构737家,比上年末增加45家。银行类机构230家,比上年末增加9家,其中中资银行34家、外资法人银行18家,外资银行分行61家,外资银行代表处68家。证券类机构290家,比上年末增加14家,其中中资证券公司(含中介机构)80家,外资证券公司(含代表处)55家,基金公司54家,期货公司85家。保险类机构217家,比上年末增加22家,其中中资保险公司52家,外资保险公司31家。年末,中资银行人民币存款余额11357.76亿元,比年初增加1114.46亿元;人民币贷款余额7901.57亿元,比年初增加663.51亿元;外汇存款余额102.17亿美元,外汇贷款余额229.28亿美元。外资银行外汇存款余额168.49亿美元,比年初减少3.14亿美元;外汇普通贷款额200.67亿美元,比年初减少6.14亿美元。外资银行人民币存款余额3986.1亿元,比年初增加271.56亿元;人民币普通贷款额2017.42亿元,比年初增加6.43亿元。全年股票发行总额2.46万亿元,有价证券交易总额54.75万亿元,其中股票交易16.45万亿元,债券现货交易8442.99亿元,债券回购37.14万亿元,证券投资基金交易144.53亿元。全年证券(股票)市场筹集资金2890.31亿元。中资保险公司保费收入319.56亿元,支付各类赔款80.74亿元。外资保险公司保费收入111.65亿元,支付各类赔款9.95亿元。期货市场成交铜、铝、锌、黄金、天然橡胶、燃料油、螺纹钢、线材7.31亿手,成交金额89.2万亿元。全社会固定资产投入1454.98亿元,比上年增长1.36%,其中第二产业投入356.68亿元,第三产业投入1092.5亿元。房地产开发投资额600.3亿元,比上年增长1.84%。年内商品房交易出售40683套,面积397.34万平方米,成交金额439.11亿元。商品房预售23919套,面积215.14万平方米,预售金额396.75亿元。

全年城市基础设施建设投入261.86亿元。城市基础设施投资占固定资产投资18%。3条轨道交通线建设,年内完成投资3.4亿元。其中,涉及区内的11号和12号线完成前期动迁后,开工建设;16号线(其线路全部在区内)建设进展顺利,计划2013年竣工通车。大型居住区外围配套项目共计21项,年度计划投资21.25亿元,年内完成投资19.5亿元。16个道路(改扩建或新建)项目中,周邓公路、周祝公路(浦东段)、沈梅路竣工通车,芦恒路、秀浦路、长清路等13个项目开工建设。3个供排水项目中,川沙排水、航头供水项目正在施工,民乐供排水项目着手办理开工前期手续。骨干道路网建设项目5个,年度计划投资25.7亿元,年内全部完成计划投资额。其中,罗山路快速化改建、中环线浦东段东段(军工路隧道浦东出口向南至已建成的中环线华夏路高架)、东西通道(浦东大道改扩建,罗山路至民生路段)、航三公路改扩建开始施工,金科路项目进入前期准备阶段中。电力项目建设年度投资2.5亿元,年内完成2.1亿元。其中,低压配网可靠性提升项目竣工,3.5万伏的振康站、医高站和11万伏对面街站、胶东站竣工营运,22万伏航吉站和即墨站处于施工中。推进环境工程建设,98个环境生态建设项目进展顺利。实施第五轮环保三年行动计划,共安排项目108个,其中工程性项目37个,管理性项目71个,总投资180多亿元。至年末已启动103个,其中7个已完成。开展环保专项执法行动,分别重点检查35户重金属企业和28户环境风险企业。查处超标排放污染物违法行为,检查555家4吨以下燃煤、燃重油的锅炉企业,并完成30台锅炉的清洁能源替代工作。开征排污费3332户次,金额775万元。行政处罚104家企业,罚款435万元。通过国家水利部验收,成功创建为上海市首个节水型社会示范区。继续推进生活垃圾减量工作,新辟垃圾分类小区165个。在人口增长2.26%的情况下,全区垃圾总量实现零增长。提升城区市容环境面貌,加强绿化、环卫、市政、公用等设施的管理护养。市容环境满意度测评上升至全市第五位。加快数字公路建设,新接入12路公安视频干线,增加公安视频点2875个,共计视频点增至3600多个。加强城市管理综合执法。城管部门与512个社区居、村委签订城管进社区共建协议,处理化解各类矛盾1.6万余件。开展11次"春风"系列专项行动,查处各类市容违规(章)行为20万余件(次)、水务案件920件、擅自处置渣土案件272件、非法客运案件257件,拆除违法建筑近120万平方米。方便居民出行,优化调整公交线路56条,其中新辟9条、调整42条、撤销5条。整新公交场站21个,建造候车亭200个。

城镇居民年可支配收入达到4.09万元,比上年增长11.1%;人均消费支出2.47万元,比上年下降2%。农村居民家庭年人均可支配收入1.76万元,比上年增长11.2%;人均消费支出1.24万元,比上年增长9.5%。城乡居民对生活质量的总体评价为7.3分(满分10分),比上年提高0.29分。全年新增就业岗位15.05万个,其中新增非农就业岗位2.19万个。1.7万名应届毕业生总体就业率73.5%,经认定的生活困难家庭的604名应届毕业生全部就业。扶持1884人成功创业,超额完成市下达1800人的任务。年末城镇登记失业人数

4.53万人,控制在市下达指标以内。全年新农保缴费人数5.9万人,领取养老金人数6.9万人。城镇居民养老保险参保人数6131人,领取养老金人数8237人。社会养老保障人数达到4050人。全年共计发放救助帮困资金6.08亿元,涉及发放对象12.03万人,其中城镇低保人员3.48万人,农村低保人员2821人,城镇重残无业人员6344人,农村重残无业人员2042人,农村五保户297人,支内回沪困难补助人员7.37万人,传统民政对象(落实政策)312人。做好元旦、春节帮困送温暖工作,投入资金1.92亿元,涉及72.03万人。新开工各类保障性住房面积463万平方米,竣工面积318万平方米。廉租房配租782户,累计7929户,累计配租金额1.85亿元。养老机构床位2.28万张,居家养老护理人员4094人。全年办理新征地项目48个,安置7272人,其中征地劳动力3763人,征地养老3509人。全年工伤认定案件受理1.17万件,办结1.18万件,分别比上年下降10%和11%。劳动能力鉴定申请受理8944件,完成9120件(包含历年数),分别比上年增长1%和9%。年内全区医疗保险总费用33.86亿元,比上年增长19%,其中药费额度22.96亿元,比上年增长17.2%。年内,新认定高新技术企业207家,累计981家;新认定研发机构85家,累计465家。获得国家级技术发明奖二等奖1项,国家级科技进步奖一等奖1项、二等奖2项。申请专利2.2万件,专利授权1.12万件。

全区有小学165所、中学149所、特殊教育学校3所、工读学校1所、职业技术学校7所(区属)、中等专业学校7所、高等教育学校27所、幼儿园261所、国际学校12所。另有民办中学20所、民办小学45所。全日制教育在校学生52.58万人。各类教育事业预算经费84.12亿元,财政下达预算内经费58.8亿元。投入7.6亿元,推进43个教育项目,其中重点项目有上师大附中迁建、寄宿制高中上南中学征地新建、曹路大型居住区配套高中(复旦附中分校)建设和"校安工程"建设等。"校安工程"共有分项目139个,面积80万平方米,至年末已竣工或开工项目125个,加固校舍面积71.5万平方米。年底,外来务工人员同住子女(以下简称外来子女)义务教育阶段在校就读人数14.5万人,其中在公办学校就读11.6万人,其余部分进入享受政府补贴的民办学校就读。全区医疗卫生机构1091家(个),其中,医院60所(综合性医院34所)、社区卫生服务中心45个、社区卫生服务站99个。医院床位1.82万张,床位使用率94.8%。全年共设家庭病床5000张。各类卫技人员2.45万人,门急诊3745.89万人次。财政预算内卫生、计生事业经费10.96亿元。年内,1459名医生参与全科医师家庭责任制工作,其中全科医生781人、乡村医生678人。新型农村合作医疗参保人数35.12万人,参与率99.8%,人均筹资1080元,比上年增长20%。个人医疗费用最高补偿20.5万元。开展示范社区卫生服务中心创建活动。塘桥社区卫生服务中心创建为全国示范社区卫生服务中心,上钢、三林、周家渡、大团、康桥、迎博等6家社区卫生中心创建为上海市示范社区卫生服务中心。继续实施国家重大公共卫生服务项目,在全市率先实施"新生儿疾病筛查"。免费提供14大类、46小类、122项公共卫生服务项目,并制订规范和考核制度。建设和管理好区级标志性文化设施。浦东图书馆全年外借图书225.68万册,日均读者5000余人次,举办文化讲座54场、人文艺术展44场。在东方艺术中心举办的东方市民音乐会累计演出35场,观众5万人次。在相继引进上海民俗文化节、爵士上海音乐节、上海世界音乐周、上海夏季音乐节等一批市级文化活动品牌落户浦东的同时,浦东文化艺术节、上海桃花节、东方市民音乐会、东方名家名剧月、陆家嘴金融文化节等成为区级文化活动品牌。年末,全区有公共图书馆39个(区级3个、街镇36个)、文化馆4个、社区文化活动中心37个、村居委综合文化活动室1117个。14个街镇图书馆被评为上海市特级图书馆,其余32个被评为上海市一级图书馆。4个社区文化活动中心被评为上海市特级社区文化活动中心、7个社区文化活动中心被评为上海市一级社区文化活动中心。国家级非物质文化遗产保护项目7个、市级11个、区级12个。全区公共体育场馆11个,健身苑(点)1689个,面积92万平方米;公共运动场70个,面积8.2万平方米。农民健身家园326个,面积16.8万平方米。承办、举办各类国际赛事5项、参赛运动员1622人;国家级赛事6项,参赛运动员3001人。体育实事工程完成百姓健身路径13条,百姓健身房4个和百姓游泳池21个。

(华　铭)

徐　汇　区

【概况】 位于上海市中心城区西南部。东与黄浦区(原卢湾区)毗邻,东南隔黄浦江与浦东新区相望,西南与闵行区相连;北与静安区、长宁区接壤。区域面积54.93平方公里。轨道交通1、3、4、7、9和10号线贯通区内,与高架道路、地面干线、铁路等组成交通体系。铁路上海南站占地面积约60公顷。上海长途客运南站的长途客运线可通达全国10多个省市的200多个城镇、乡村。有公交线路150条。为市中心城区出入闵行、奉贤、金山、松江、青浦等区和通往苏、浙、闽、皖、赣等地区陆上交通门户。区内有上海交通大学,华东理工大学等高等学府;有中山医院、龙华医院、肿瘤医院等三级甲等医院;有徐光启墓(纪念馆)、黄道婆墓、邹容墓(纪念馆)、宋庆龄故居(纪念馆)、龙华烈士陵园(纪念馆)、土山湾博物馆、上海电影博物馆、龙华古寺(塔)、徐家汇天主堂、基督教国际礼拜堂、上海植物园、徐家汇公园、上海体育场、上海大舞台(上海体育馆)、上海游泳馆、巴金故居、上海图书馆和钱学森图书馆等。区人民政府地址:漕溪北路336号。

区域经济。2012年实现区增加值(GDP)1006.59亿元,比上年增长7.8%;税收收入286.00亿元,比上年增长9.3%;区级财政收入109.08亿元,比上年增长9.0%;社会消费品零售总额435.40亿元,比上年增长10.1%;固定资产投资额121.62亿元,比上年下降6.0%;现代服务业营业收入1192.12亿元,比上年增长14.1%,其中金融、信息、专业、科技研发4个行业营业收入占90.9%;引进金融机构32家。旅游业营业收入110.23亿元,组织接待游客1050.27万人次,徐家汇源景区被国家旅游局批准为4A级景区,文化和旅游会展服务业营业收入比上年增长16.6%。工业总产值631.60亿元,比上年下降2.6%。高技术产业总产值201.45亿元,比上年下降17.0%。单位增加值能耗比上年下降4.49%。直接利用外资签订合同金额10.02亿美元,比上年增长9.4%。嘉吉投资(中国)有限公司增资金额达1.89亿美元。跨国公司地区总部49家,投资性公司39家。外资总部经济在全市仅次于浦东新区。吸引内资135.07亿元,比上年增长10.7%。全年税收超亿元楼宇21幢。

城市建设和管理。滨江地区启动建设一批重点文化创意和传媒项目,塑造"西岸文化走廊"品牌。中美重大文化合作项目东方梦工厂正式签约落户,龙美术馆、德美术馆等文化项目开工建设。完善徐家汇天主堂广场周边改造规划,启动西亚宾馆改造项目,建成上海电影博物馆。推进联勤联动工作,初步建立联勤发现、联动处置、联合考核的工作模式。拓展门责信息化管理系统功能,开展轨交站点出入口、区区交界道路等专项整治,拆除各类违法建筑5.5万平方米。扩大生活垃圾分类试点,实现区属机关、菜市场和公园3场所垃圾分类收集全覆盖。新辟公共绿地16.08万平方米,绿化覆盖率达27.8%。推进行政服务窗口无线网络建设,智慧城区建设。

民生工作。探索公共租赁房房源筹措和配套建设新机制,馨宁公寓、田东佳苑受理入住,龙南佳苑正式开工。完成2批次共有产权保障房供应工作,1656户家庭选房签约。廉租房受益家庭累计达4689户。新增就业岗位51121个,完成全年指标的162.3%。建立大学生创业基地,推进青年就业启航计划,帮助604人成功创业,带动就业3784人。城镇登记失业人数20168人。累计养老机构床位5292张。为25356名老人提供居家养老服务。对18.36万人次实施最低生活保障,金额达8844.15万元。制订实施《徐汇区食品安全行动计划(2012—2015年)》,创建2条国家级餐饮服务食品安全示范街和257家国家级餐饮服务单位示范店。完成10个标准化菜市场二次改造和54家菜市场安装肉菜安全追溯系统。徐家汇街道、田林街道和枫林街道试点成立物业服务社会中介组织。

社会事业。新增国家和市创新基(资)金项目94项。实现技术合同交易146.39亿元。12家企业入选市"科技小巨人"(含培育)企业,累计78家。凌云街道梅陇三村社区、龙华街道龙南七村社区,被中国科协、财政部命名为2012年度全国科普示范区。获全国"两基先进地区"(基本实施九年义务教育和基本扫除青壮年文盲)称号。新建九年一贯制学校上海师范大学第三附属实验学校。完成"校安工程"各类校舍修缮项目40项,徐汇中学崇思楼项目被评为全国十大优秀文物修缮工程。位育中学新疆班第一年招生。举办首届上海西岸音乐节,与上海音乐学院、上海京剧院等合作开展"当代音乐周"、"衡山·戏曲名家汇"等活动。启动"公共文化服务一卡通"平台。开展纪念徐光启诞辰450周年系列活动。制订实施文化发展三年行动计划,推进国家公共文化服务示范区建设。开展全国综合医院中医科示范科创建工作,华泾镇社区、康健社区卫生服务中心建立舒缓疗护病房。完成漕河泾、湖南社区卫生服务中心标准化建设。启动南部医疗中心建设。参与上海市首届市民运动会,列奖牌榜及总分第二。区输送运动员参加第三十届伦敦奥运会和残奥会,获1.5枚奥运金牌、1枚铜牌和2枚残奥奖牌。举办2012年IDF飞镖世界杯赛、2012年"农行信用卡杯"全国全民健身操推广赛暨"解放日报杯"上海市中小学生健身操大赛、2012年沪港青少年夏令营等。

(袁　元)

2012年徐汇区基本情况

项　目	数量
区域面积(平方公里)	54.93
行政区划	
街道(个)	12
镇(个)	1
居民委员会(个)	306
村民委员会(个)	—
人口	
户籍人口(万人)	91.69
户数(万户)	32.68
人口密度(人/平方公里)	16692
人口自然增长率(‰)	0.1
教育	
中学(所)	38
在校学生(人)	36677
小学(所)	43
在校学生(人)	32383
幼儿园(所)	88
在园幼儿(人)	21279
职校(所)	2
在校学生(人)	2413
文化	
图书馆、室(家)	14
文化馆、站(家)	14
影剧院、场(家)	9
卫生	
医疗卫生机构(所)	293
区级医院(所)	2
医院床位数(张)	13437
医疗卫生技术人员(人)	18226
执业医师(人)	6196
体育	
体育场馆(家)	7
健身苑、点(个)	467

徐汇区国民经济主要指标

项　　目	单位	完成数	比上年增长(%)
增加值	亿元	1006.59	7.8
第一产业	亿元	—	—
第二产业	亿元	171.40	0.6
工业	亿元	119.80	0.5
第三产业	亿元	835.19	9.3
固定资产投资额	亿元	121.62	-6.0
财政收入	亿元	297.05	10.0
地方财政收入	亿元	109.08	9.0
地方财政支出	亿元	125.40	5.1
外贸出口总额	亿美元	6.56	-25.2
直接利用外资签订合同项目数	个	308	-14.4
直接利用外资签订合同金额	亿美元	10.02	9.4
工业总产值	亿元	631.60	-2.6
住宅竣工面积	万平方米	29.82	—
社会消费品零售总额	亿元	435.4	10.1

【徐家汇商圈】 2012年徐家汇商圈6家主要商业零售企业实现社会消费品零售额79.56亿元,比上年增长0.3%,其中港汇恒隆广场34.85亿元,东方商厦徐汇店17.73亿元,汇金百货徐汇店10.14亿元,太平洋百货徐汇店8.28亿元,上海六百5.88亿元,汇联百货2.68亿元。年内,徐家汇商圈按照区现代商贸业发展规划要求,加速转型发展,调整商圈业态,提升品牌结构。1月19日,百联徐汇商业广场开业,该商业载体由百联集团旗下的友谊股份原新路达商厦改造而成,总建筑面积约为2万平米,一楼、二楼是复式"各类组合旗舰店",三楼为时尚餐饮品牌。5月28日,光启城时尚购物中心开幕,该购物中心位于徐家汇商圈外围,宜山路轨道交通3、4、9号线交汇处。商业面积12万平方米,融国际购物、环球美食、休闲娱乐等功能于一体,填补宜山路区域一站式时尚购物中心的空白。启动美罗城数码、太平洋数码业态调整方案。启动西亚宾馆改造项目,年内完成旧建筑拆除。港汇恒隆广场GUCCI(古驰)、BV(宝缇嘉)、TIFFANY(蒂芙尼)入驻开业,基本形成高档国际品牌集聚格局,销售额比上年增长10.3%。徐家汇商圈通过"商旅文"结合,营造节日气氛,拉动内需消费。元旦期间,商圈企业以"欢乐徐家汇,喜迎宝马车"为主题,开展酬宾促销、抽奖营销、互动演出等迎新营销活动,引入大型户外3D激光表演秀吸引人气,发出奖券89万张,商圈抽样企业销售收入比上年同期增长2.7%。五一劳动节期间,开展"欢乐徐家汇,迎接e时代"整体营销活动,有官方微博启动、广场文艺演出、欧洲国家商品周、美食节活动等,抽样企业实现销售收入1.12亿元,比上年同期增长5.1%。十一国庆节期间,开展"快乐购物节,欢聚徐家汇"促销活动,以商品折扣和满额赠礼为主要形式,抽样企业实现销售收入3.4亿元,比上年同期下降0.8%。商圈企业参加首届全国(上海)消费促进月活动,举办重点活动5场,知名品牌推广20场,各类酬宾促销15次,商圈抽样企业销售额比上年同期增长1.4%。参与2012年上海购物节徐汇区活动,徐家汇地区商业销售比上年同期增长8.3%。在"银联杯"上海购物节营销大赛及"百联杯"上海优秀商业形象作品评选活动中,东方商厦徐汇店等5家企业获"百联杯"橱窗陈列、空间展示、店堂装饰等银、铜奖10项,徐家汇商圈获"上海消费者最爱购物地"网络评选活动"上海最爱购物地"称号。推进"智慧商圈"建设,成立上海徐家汇商城集团电子商务有限公司,启动网络商城建设,4月1日"徐家汇商圈"官方微博开通,12月18日"徐家汇商城 www.xjh.com"上线,以发布当季时尚新品为主,定位于"中国一流的高端时尚综合类百货商城"。徐家汇商圈服务标准化示范区通过市质监局评审验收。（朱　曦）

嘉　定　区

【概况】 位于上海市中心城区西北部,是建设中的上海国际汽车城所在地。东与宝山、普陀两区接壤;西与江苏省昆山市毗连;南襟吴淞江,与闵行、长宁、青浦三区相望;北依浏河,与江苏省太仓市为邻。区域面积463.55平方公里,水面率7.71%。全境地势平坦,东北略高,西南稍低。市、区级河道蕰藻浜、练祁河、娄塘河横卧东西,向东流经宝山区直通长江和黄浦江;盐铁塘、横沥、新槎浦(罗蕰河)纵贯南北,与吴淞江、浏河相连。河道总长1800余公里。有铁路沪宁线、沪杭外环线、京沪高铁过境。轨道交通11号线北段一期工程全线运营。轨道交通13号线一期西段建成试运行。公路交通形成网络。主要公路有沈海高速公路、沪蓉高速公路、沪嘉浏高速公路、上海绕城高速公路、沪宜公路、曹安公路和宝安公路、嘉安公路、嘉松北路、宝钱公路、浏翔公路等,全区公路总里程855.88公里。有往来于市区、郊区及区内各镇的公交线路67条。有开往浙江杭州、重庆彭水、安徽定远、河南淮滨、江苏苏州等地的始发客运线路41条,开往苏、浙、皖、鲁、豫、川、鄂等地的过境配载客运线路167条。有内河航道20条,通航里程232公里。名胜古迹有南翔寺砖塔、嘉定孔庙、法华塔、秋霞圃、古猗园、汇龙潭等。娱乐、旅游场所有上海高尔夫俱乐部、浏岛风景区、真新百佛园、江桥新泽源、安亭银杏园、华亭人家、上海国际赛车场等。名人纪念处所有二黄(黄淳耀、黄渊耀)先生墓、钱大昕墓、顾维均生平陈列室、陆俨少艺术院等。区人民政府地址:嘉定区博乐南路111号。

【区域经济】 稳增长、调结构、促转型,保持经济发展的良好势头。2012年,全区实现增加值1292.7亿元,可比增长9.1%;完成财政总收入573.4亿元,其中地方财政收入121.6亿元,同比分别增长12%和13.6%;实现规模以上工业产值4177.1亿元,同比增长5.1%;完成固定资产投资398.8亿元;社会消费品零售总额和商品销售总额完成430亿元和3033.4亿元,同比增长22.6%和20.8%。其中地方财政收入和社会消费品零售总额增速位居全市第一,固定资产投资规模位居市郊第一。产业结构不断优化,推动产业高端化集群化发展。先进制造业加快集聚发展。加强跟踪、协调和服务,推动大众动力总成三期、迅达电梯等重大项目落地、开工和投产,完成工业固定资产投资117亿元。特强产业领先优势不断巩固,汽车及零部件产业产值占规模以上工业产值的66.1%。现代服务业发展能级进一步提升。文化与信息产业营业收入同比增长40.9%,电子商务交易额同比增长53%,嘉定电子商务产业园和中广国际分别被认定为国家电子商务示范基地和国家广告产业园区。大型商业综合体加快建设,嘉亭荟城市生活广场和麦德龙购物中心对外营业。总部经济发展内涵不断丰富,新增外资总部型企业4家。新型金融业加快发展,新增股权投资和管理类企业240家。企业上市步伐不断加快,1家企业在"创业板"上市,4家企业在"新三板"和上海市股权托管交易中心挂牌。旅游目的地建设加快推进,上海旅游集散中心嘉定分中心启用,系列节庆活动综合效应显著放大。科技创新不断加快,推动自主创新能力大幅提升。扶持推动国家级科研院所新一轮规划建设,一批科技化产业项目顺利推进。战略性新兴产业项目取得新进展,联影医疗关键产品样机试制成功,上海物联网中心二期工程结构封顶,中电科软件与信息服务业产业园开工建设,新能源汽车中央党校体验中心建成,电动汽车国际示范区配套基础设施不断完善。推动科技企业孵化器建设,嘉定先进技术创新与育成中心、菊园物联网孵化器升级为市级科技企业孵化器。张江高新区嘉定园新一轮扩区工作启动,张江政策覆盖面不断拓展。服务力度不断加大,推动产业健康可持续发展。加大招商引资力度,创新开展城市招商和产业招商推介会等专业化招商活动,加强与知名行业组织和创新创业平台合作,成功引进一批重大优质项目。加大政策扶持力度,积极为区内中小企业争取扶持资金。引导经济小区功能转型,推动转变成为企业发展的孵化器和加速器。深化国资国企改革,实施区属功能性公司整合重组,促进资产资源集聚和运作管理机制完善。加大落后产能调整力度,淘汰劣势企业261家,节约标煤3万吨,盘活土地3278亩。严控高耗能行业发展,加大节能技改力度,单位增加值综合能耗下降率完成市下达目标。

【城乡建设与管理】　塑形象、强功能、增内涵,加速提升城市发展能级与水平。坚持以形态优化提升城市品质,以功能完善增强城市活力,以城乡统筹实现全面协调可持续发展,进一步提高城市化发展水平。城市服务功能加速提升,辐射带动作用逐步显现。聚焦重点地区和重大项目,加大房地征收补偿工作力度,征收农户2142户、企业351家,腾空基地55个,有力保证重大项目建设顺利推进。新城核心区形态和功能日趋完善,完成新城核心区东区一期和企业总部集聚商务区控详规划编制,四大生态景观工程基本建成,一批市场化项目全面开工,瑞金医院北院、区妇幼保健院、交大附中嘉定分校等项目启用。老城改造力度不断加大,投入资金4.6亿元,护国寺复建工程启动,北水关遗址等一批项目加快建设,水上新村、西门地区房地征收补偿工作全面展开,嘉定博物馆、韩天衡美术馆完成建设。新老城联动取得新进展,推进机关单位搬迁至新城,腾出面积3.9万平方米。南门商务圈和北水湾基础设施进一步完善,南门墅沟路延伸工程启动,平城路大桥基本建成。安亭地区加快研发科技港、东方肝胆外科医院和国家肝癌科学中心建设,五星级标准的国际品牌酒店开业,城市服务功能明显提升。南翔地区坚持城市规划和产业规划、征收腾地和项目开发、淘汰转移和升级改造同步推进,减量增效、转型发展成效显著。江桥地区主动对接虹桥商务区,推进城市综合体、高星级酒店和商务楼宇项目的引进和建设,区域功能转型不断加快。城市交通网络加快完善,区位优势特点逐步显现。区域路网进一步优化,S5(沪嘉高速)一期改造工程完成、二期改造工程启动,S6(沪翔高速)工程加快建设,嘉闵高架路北段一期开工,轨道交通13号线一期西段建成试运行,轨道交通11号线西延伸段结构贯通,嘉盛西路等区区对接道路加快建设。公交线网不断完善,新辟调整公交线路21条,新增公交里程39公里,建成轨交公交枢纽站4个,嘉定客运中心新站启用。城市环境建设不断加强,生态宜居特点逐步显现。制定并启动第五轮环境保护和建设三年行动计划,污染物减排指标完成市下达任务,空气质量优良率达93.7%。全面推进河道和水环境综合治理,新增污水管网26.5公里,整治河道119.2公里。全面完成绿化三年行动计划,大力推进外环林带建设,新增绿地20.7公顷。强化城市保障,加快推进陈行水库原水支线和泰和水厂输水工程建设前期准备工作。完成再生能源利用中心项目规划选址公示,加快垃圾分拣压缩中转站建设,积极推动生活垃圾分类减量。统筹发展力度不断加大,城乡一体化水平逐步提高。加强规划和政策引导,推进农业布局和农田水利规划编制,制定特色农业、农业旅游及生猪养殖业发展规划。有序推进宅基地置换,持续改善农村面貌,完成近3000户农户村庄改造工程。加强农村"三资"管理,完成镇级集体资产界定试点工作,撤制村组工作稳步推进。落实支农惠农政策,农田流转费补贴、退休农民养老金、征地养老标准进一步提高。

【民生工作】　加大投入、聚焦重点,着力保障和改善民生。坚持民生优先导向,推动转型发展与改善民生有机结合,人民生活水平进一步提高,城乡居民家庭人均可支配收入分别达到33222元和19429元,同比增长11.6%和11.7%。突出民生之本,切实促进就业。新增就业岗位3.3万个,转移农村富余劳动力8360人,新增扶持创业组织652家,妥善安置就业困难人员和"零就业家庭"成员463人,城镇登记失业人数控制在市下达指标以内。积极推进与就业匹配的技能培训,劳动者职业技能素质不断提升。深入开展和谐劳动关系创建活动,工资专项集体合同覆盖面进一步扩大。落实多项措施,强化社会保障。积极引导征用地"镇保"人员通过就业进入"城保",推进城镇居民和新型农村养老保险制度的实施。全面引入城乡"低保"申请家庭经济状况核对机制,推进医疗救助实时结算试点工作。实施各类救助53万人次,救助金额2.5亿元。养老设施建设力度不断加大,新增养老床位260张,改扩建标准化老年活动室20家,区第一社会福利院启动建设。落实惠民政策,为残疾人提供各类补贴2.3万人次,实施免费殡仪基本服务项目。强化住房保障工作,区属安置房新开工74.2万平方米、竣工75.4万平方米,大型居住社区新开工72万平方米、竣工50万平方米,新增廉租住房受益家庭119户,向327户家庭正式供应共有产权保障住房。加强人才服务,落实优秀人才配售房源1.8万平方米,建成人才公寓407套,1018名优秀人才享受租房补贴。围绕群众需求,推进社会事业。深入推进教育优质均衡发展,7所学校建成启用,完成义务教育优质均衡发展专项督政。深化医药卫生体制改革,完善配套政策,健全医疗卫生服务网络。进一步扩大家庭医生制服务试点,签约9.3万居民。新一轮公共卫生三年行动计划和国家卫生镇创建工作扎实推进，顺利通过全国农村中医药工作先进单位期满复核。一批公共文化体育项目加速推进，区域公共文化体育服务网络日趋完善。积极参加上海市第一届市民运动会，参赛人数和获奖数均居全市前列。完成市级公共文化服务体系示范区创建验收，举办各类文化活动2240场次，参与人次达79.2万。全面深化文明城区创建工作，在全市率先实现新标准文明镇、文明社区全覆盖。

【社会事业】 完善机制、强化管理，营造安全有序的社会环境。进一步推进社会管理理念、制度和方法创新，促进社会资源整合，全面强化社会综合管理。加强城市公共运行安全。深入推进"大联勤"工作，启动区联勤指挥中心、应急联动中心实体化运作，完善两级联勤联动指挥体系。探索"小联勤"运行模式，促进"大小联勤"对接互动。深入推进网格化、市场化管理，不断提升城市管理水平。全面开展建筑、交通、消防、生产、食品药品等领域的整治和监管，城市运行安全形势总体平稳可控。促进社会管理健康有序。积极探索"镇管社区"、大型居住社区和农村集中居住区管理工作，成功创建全国农村社区建设实验全覆盖示范区。村委会100%采用"大海选"，居委会100%采用直接选举，圆满完成换届选举工作。加强社区自治家园建设，新增268个睦邻点。试点推进社区服务终端延伸至村（居）委会，社区事务受理中心全面实现全年无休。扎实推进"12345"市民服务热线办理工作，热线转送事项办结率达94.2%。切实加强人口综合服务管理，扩大户籍人员居住地服务和管理试点，不断深化"以证管人、以业管人、以房管人"的社会化管理模式。确保社会秩序稳定和谐。强化措施，加强稳控，顺利完成十八大安保任务。健全完善大调解工作体系，推动大调解工作向村民小组、社区楼组延伸，着力加强医患矛盾、物业纠纷、外来人口权益等专业领域的人民调解工作，重大和突出矛盾得到及时化解和稳控。积极构筑社会治安防控体系"六张网"，扎实推进"平安嘉定"建设，严厉打击突出刑事犯罪，大力整治突出治安问题，刑事案件万人发案率低于全市平均水平，公众安全感指数位居全市第五。

【区域特色】 2012年，上海国际汽车城（以下简称汽车城）在市、区政府及有关部门的大力支持和帮助下，积极贯彻市政府专题会议精神，深入贯彻科学发展观，立足"汽车嘉定"和"一核两翼"发展战略，围绕"产城融合"发展方针，各项工作有序推进，在打造汽车产业高地、加快推进城市化进程方面取得新进展。全年实现固定资产投资75.6亿元，同比增长2.9%；汽车城规模以上工业总产值2374.3亿元，同比增长8.4%，位居国内五大汽车产业基地之首；实现利润298.2亿元，同比增长4.1%；引进外资项目48个；外贸直接出口19.4亿美元，同比增长7.7%。年内，加快新兴项目产业化、市场化建设进程，精心打造国内领先、国际一流的汽车产业高地。以中国（上海）电动汽车国际示范区、新能源汽车及关键零部件产业基地为抓手，以汽车研发科技港项目为集聚平台，加快新兴项目产业化进程。启动电动汽车数据采集与监控、维保基地和展示交易中心的建设，继续做好新能源电动汽车国际交流、宣传推广和科研项目的研发工作，不断提升电动汽车示范产业能级和行业影响力；上海新能源汽车及关键零部件产业基地外冈动迁基地、孵化基地二期、园区市政道路建设以及招商工作稳步推进；研发科技港地下部分的工程桩、围护桩施工全部完成。以加大基础设施建设、完善公建配套招商、突出重点功能项目职能、确保民生工程为抓手，加速提升区域城市化水平。高品质要求，有序推进区域城市化进程。启动B地块、L南地块、新源路项目的道路、环境和各项水、电、气工程等前期工作；引入浦东公办品牌幼儿园——东方幼儿园等公用配套项目招商及服务工作；嘉亭荟商业广场、颖奕高尔夫皇冠假日酒店等功能性项目投入运营，实现"两开两建"的四大节点性工作目标。动迁与土地储备工作扎实推进，围绕同济科技园、轨交二期、B地块、昌吉路延伸段、大众技术中心、二手车市场、"三通一平"（B地块、同济小镇、轨交二期）展开工作，全年共完成动迁企业11家、农户68家。城乡建设用地增减挂钩项目涉及拆旧地块977户居民、3个建新安置地块、11个出让地块，置换建设用地指标46.55公顷，周转耕地指标41.88公顷。安置地块中方泰和安亭地块已完成动迁。出让地块动迁全部完成。2012年，上海大众整车产量128.2万辆，同比增长8.8%，占上海地产车总量的半壁江山；销售超过128.7万辆，同比增长9.8%，位居全国乘用车市场销量亚军。零部件工业园区克服因市场刺激政策退出、经济增速放缓等不利因素的影响，产业运行形势逐步好转。汽车零部件产值671.4亿元，同比增长6.7%；在建项目6个，竣工项目5个，其中宝钢阿赛洛三期项目于9月28日举行开工仪式，斯凯孚全球技术中心（中国）及生产基地于10月18日举行奠基仪式，汇众公司已启动汶水路工厂的搬迁工作。年内，科技研发港建设启动，意大利宾尼法利纳、德国舍弗勒、加拿大凯史乐、瑞士德锂龙、德国ESG、深圳航盛电子等国内外知名研发企业签约入驻；上海市经信委和联合国教科文组织"创意城市"推进办公室联合，同时为研发科技港项目授牌上海汽车设计产业基地。同济大学嘉定校区国家级和省部级实验室、研究基地中心增至9个，2012年度专利发明新受理326件，专利新授权280件；10个学院立项869项，累积到款3.3亿元。同济科技园启动建设，控规获批，一期动迁工作已完成。机动车检测中心再获授权，新增国家级资质并建成再投资3亿元的"国家新能源机动车产品质量监督检验中心"，经济增长和技术能力建设得到稳步较快发展，全年实现营业收入2.5亿元，获2012年度中国"产学研"合作促进奖。汽车城总部类企业增至12家，德尔福派克、科世达、博泽、舍弗勒等企业亚太总部迁至汽车城。市、区汽车技术研发中心新增5家，累计70家，高新技术企业90家，从事专业设计研发人员超过1万人。年内，国家汽车及零部件出口基地（上海）在继续做好展览展示平台、技术研发平台、检验检测平台和电子商务平台的同时，加快推进海外服务平台、汽车金融服务平台和出口基地保税仓库建设，取得实质性的进展。汽车零部件出口实现逆势上扬，拥有高科技高附加值产品的合资企业出口额度大幅度提升，民营企业出口额稳步上升。上海二手车交易市场以提升服务能力为基础，努力打造具有经营特色和服务品牌的二手车市场，确立在行业竞争格局中的新优势，交易规模迈上新的台阶，继续保持行业领先地位，全年二手车交易量达6.07万辆，比上年增长22%；实现营业收入38.7亿元，比上年增长43.8%，被中国汽车流通协会评为"2012年度全国二手车市场5A级诚信单位"。年内，上海汽车会展中心经营业务取得佳绩，营业收入近700万元。年中围绕展览展示、会议论坛及活动三个方面23个项目开展活动。其中举办第二届改装车展、

2012上海(国际)自驾游博览会等展会4个、上海陆航青鸟音乐节、荣威950上市发布会等大型活动12个,2012汽车设计国际交流会、电动汽车示范推广会等会议及论坛3个、广告拍摄4个。经营业务以大型活动为主,其中业绩贡献率最高的活动——“大众甲壳虫新车发布会”成为“三馆联动”的最佳案例。上海汽车博物馆完成馆内大堂、咖啡吧、纪念品商店、游客服务中心等区域公共空间改建,不断深化细化场馆建设,全面提升游客参观服务体验;完成二楼古董车馆的展示深化设计,为2013古董车馆改造工程打好基础;年内创办国内第一本《古董车》杂志,并与各海外展品提供方进行沟通、合作与交流;积极开展博物馆进校园活动,持续举办汽车同学汇、汽车知识小课堂与二期课改等校园科普活动。年内接待观众7.3万人次,同比增长4%,营业总收入368万元,同比增长5.9%。上海奥迪国际赛车场办赛能力和组织管理水平有新的提高,全年共举办包括F1中国大奖赛在内的25场国际、国内赛事,世界排名前四的国际顶级汽车赛事已全部到齐,赛事活动数量多,密度高,已成为亚洲和中国汽车运动的中心之一;其中F1“节赛合一”成为稳定的模式,赛事人气均创历史新高,社会热烈反响。F1中国大奖赛三天共吸引18.5万名现场观众,中央电视台史无前例地在《新闻联播》中报道当天的赛事情况,上海电视台新闻频道在头条位置连发三篇报道,《解放日报》、《文汇报》、《新民晚报》等多家媒体在头版位置报道赛况。上赛场全年赛事和活动时间近300天,保时捷全球路演两度举行,法拉利嘉年华隆重上演,宝马多项活动轮番举办,还有玛莎拉蒂、兰博基尼等众多国际顶级汽车品牌的高端品牌赛道活动,使上赛场成为名符其实的汽车运动的乐园。年中,继续以汽车文化节为引领,利用F1中国大奖赛平台,组织具有中国汽车文化特色的节庆活动,通过组织东方风云榜嘉定汽车音乐节、TREK自行车联赛、STC上海国际汽车城铁人三项赛、城市新感觉外景主持人大赛、媒体亲子活动、浦江论坛新能源汽车分论坛、新动中国2012新能源颁奖盛典、中国汽车设计国际高峰论坛等各种赛事、展会、活动共52项,参与人数超过57万人次。利用各种成熟的媒体传播渠道,通过广播电视、平面媒体等多种形式,放大宣传效应,全年接受各类媒体采访258人次,收集媒体报道419篇。进一步提升“上海汽车文化节”、“汽车嘉定”及“安亭·上海国际汽车城”等品牌的影响力。中国(上海)电动汽车国际示范区建设有序推进。新能源汽车中央党校体验中心9月7日落成开幕。扩大电动汽车示范在政策决策层的影响力,加快自上而下对电动汽车示范的推动力度;建设数据采集与运行监控中心,总投资超过300万元,项目一期具备同时采集2000辆多品牌电动汽车数据的能力,已完成系统软硬件设计评审、供应商选择、装修施工等工作;加大力度引车及车辆展示,年内引进国内外电动车7种车型参与长期示范活动。至年底,已有包括沃尔沃C30、通用沃蓝达、美国CODA、丰田普锐斯、上汽荣威E50在内的国内外17个品牌20种车型计45辆新能源汽车参与示范运行;试乘试驾中心累计接待参观人员4.3万人次,试乘试驾达到1.76万人次,获得调查问卷4800份;累计已建成3座小型换电站、1座大型“充放储”一体化充电站,示范区内已建成充电桩324个,其中142个已投入使用。通过对各种商业模式的探讨研究,确定实行“租售并举、以售为主”的推广方式,汽车城高瞻公司已累计销售电动汽车281辆,其中荣威E50 230辆。上海国际汽车城获科技部“电动汽车国际科技合作基地”证书,成为第八批“示范型国际科技合作基地”。

2012年嘉定区基本情况表

项　　目	数量
区域面积(平方公里)	463.55
行政区划	
街道办事处(个)	4
镇(个)	7
工业区(个)	1
居民委员会(个)	136
村民委员会(个)	147
人口	
户籍人口(万人)	56.71
户数(万户)	20.19
人口密度(人/平方公里)	1224
人口自然增长率(‰)	-0.85
教育	
中学(所)	36
在校学生(人)	25732
小学(所)	25
在校学生(人)	33266
幼儿园(所)	62
在园幼儿(人)	26822
职校(所)	1
在校学生(人)	19
文化	
图书馆、室(个)	13
文化馆、站(个)	13
影剧院、场(个)	5
卫生	
医疗卫生机构(所)	30
区级医院(所)	6
医院床位数(张)	3545
医疗卫生技术人员(人)	5476
执业医师(人)	1596
体育	
体育场馆(个)	5
健身苑、点(个)	1384

2012年嘉定区国民经济主要指标一览表

项　目	单位	完成数	比上年增减(%)
增加值	亿元	969.7	6.7
第一产业	亿元	4.6	-3.2
第二产业	亿元	601.2	5
工业	亿元	566.5	4.9
第三产业	亿元	363.9	10
固定资产投资额	亿元	398.8	-1.6
财政收入	亿元	400.1	9.4
地方财政收入	亿元	121.6	13.6
地方财政支出	亿元	152.72	15.41
外贸出口总额	亿美元	95.9	0.3
直接利用外资签订合同项目	个	189	-14
直接利用外资签订合同金额	亿美元	6.5	-40
农业总产值	亿元	13.5	0
工业总产值	亿元	4177.1	5.1
住宅竣工面积	万平方米	176.4	-19.3
社会消费品零售总额	亿元	430	79.3

（孙培兴）

金　山　区

【概况】 上海市金山区地处东经121°～121°25′,北纬30°40′～30°58′,位于长江三角洲南翼,上海西南部。东邻奉贤区,西与浙江省平湖市、嘉善县交界,南濒杭州湾,北与松江区、青浦区接壤。区域东西长44公里,南北宽26公里,总面积586.05平方公里。至2012年底,全区户籍人口517032人,其中城镇345988人、农村171044人;男性256490人、女性260542人;总户籍数178824户,平均每户近3人。全年户籍人口出生3451人,出生人口性别比106,出生率6.68‰;死亡3774人,死亡率7.69‰。人口自然增长率-1.01‰。全区有常住流动人口281851人。全区有苗、壮、蒙古、回、彝、土家、满、藏、维吾尔、朝鲜、侗、布依、瑶、白、哈尼、哈萨克、傣、黎、佤、水、土、仡佬、仫佬、畲、羌、毛南、锡伯、塔吉克、俄罗斯、傈僳、拉祜、东乡、纳西、景颇、柯尔克孜、布朗、撒拉、怒、珞巴计39个少数民族,其中户籍人口1012人、常住人口6933人。区内有上海地区仅存的古海岸遗址漕泾古冈身沙冈,戚家墩、查山、亭林、招贤浜、南阳港等古文化遗址。有23.3公里"黄金"海岸线。东南距陆地6.2公里海面上有大金山、小金山、浮山三岛。大金山海拔103.4米(吴淞高程),是上海市地面最高点,长有上海地区陆上已绝迹的原始植被和珍稀植物,是区境内待开发重要旅游资源之一。金山三岛至陆地为广阔深水区,是天然良港。区境东南部有全国特大型化工企业上海石油化工股份有限公司和上海化学工业区。沪杭铁路、沪杭高铁、金山铁路(上海南站(金山卫站)支线等穿越区境。沪昆高速(G60)金山段、同三国道港新段、沪金高速(S4)金山段、亭枫高速(S36)、同三国道新卫段、沈海高速(G15)等高速公路及320国道(亭枫段)、亭卫公路、松卫南路等主干道路形成"八纵六横"区域高等级主要公路网架。境内有枫泾古镇(国家AAAA级旅游景区、"新沪上八景"之一)、城市沙滩(国家AAAA级旅游景区)、松隐禅寺、五龙禅寺、枫泾性觉寺、万寿寺、东林禅寺(东林寺景区为国家AAAA级旅游景区)、华严塔、施王庙、丁聪漫画馆、程十发祖居、中国农民画村(国家AAA级旅游景区、首批市文化产业园区之一)、全国农业旅游示范点——上海金山现代农业园区中华村"农家乐"和"金山农村新天地"、漕泾休闲水庄、廊下生态园(国家AAA级旅游景区)等古今人文景观及李一谔烈士墓、陆龙飞烈士墓、金山卫城南门侵华日军登陆处遗址、十字街侵华日军杀人塘、南社纪念馆等爱国主义教育基地。区人民政府地址:上海市金山区金山大道2000号。（王后法）

【行政区划】 今金山地区,秦置海盐县。南北朝时置前京、胥浦两县,县治均设于今金山境内。隋曾一度并入盐官县。唐天宝十年(751年),金山属华亭县。清顺治十三年(1656年)属娄县。雍正四年(1726年)析娄县部分地区建金山县,县治设于金山卫城。乾隆二十五年(1760年)县治迁至朱泾镇。后几经搬迁,自嘉庆元年(1796年)起,县治定驻朱泾镇。1949年5月13日,金山解放。同月15日,金山县人民政府成立,隶属江苏省苏南行政区松江专区。1958年3月,金山县改隶属江苏省苏州专区。同年11月划归上海市。1997年4月29日,经国务院批准,撤销金山县,设立金山区,5月16日正式挂牌。区人民政府驻金山大道2000号。后经市人民政府批准,撤销、合并部分镇,至2005年3月28日,全区辖朱泾、枫泾、张堰、亭林、吕巷、廊下、漕泾、山阳、金山卫9个镇和石化街道、金山工业区(代行原朱行镇区域行政职能)。2012年,成立金来、红叶、恒顺、恒康居民委员会。至年底,全区辖87个居民委员会、124个村民委员会。（顾逸萍）

【经济建设】 2012年,全区地区生产总值467.5亿元,比上年增9.8%;工业总产值1339.1亿元,比上年增3.9%。全口径财政总收入204.5亿元,比上年减5.8%;区级地方财政收入44.7亿元,比上年减4.9%(原体制财政总收入132.5亿元,比上年增10.1%;区级地方财政收入41.4亿元,比上年增5.2%)。全社会固定资产投资160.4亿元,比上年增11.2%;其中工业性投资100.5亿元,比上年增11.4%。合同利用外资3.5亿美元,比上年增12.2%;外资到位资金1.78亿美元,比上年增15.3%。社会消费品零售总额288.5亿元。第一、第二、第三产业协同发展,三次产业比重由3.2∶61.0∶35.8调整为3.0∶59.6∶37.4。规模(500万元)以上工业企业实现产值960.0亿元,比上年增3.6%,占工业总产值71.7%;8个产业集群(新材料、绿色创意印刷、新能源、生物医药、重大装备制造、汽车及关键零部件、食品加工、精细化工产业集群)实现产值727.4亿元,比上年增4.4%,占规模以上工业企业产值75.8%;通过预审评估项目78个,其中8个产业集群项目54个。规模(2000万元)以上工业企业能耗总量减少6.1%,淘汰落后产能49项,削减能耗1.9万吨标煤。列入市产业结构调整重点项目9项,其中关闭涉铅企业3家、危化企业1家。实施清洁能源替代工作,完成锅炉改造21台。第三产业增加值占地区生产总值比重提高1.6个百分点。完善商贸业业态布局,社会消费对经济增长带动作用明显增强。总部经济发展新模式逐步显现,推进枫泾现代服务业集聚区建设和金石湾、联东U谷等生产性服务业功能区发展。优化农业产业结构,基本确立绿色蔬菜、名优瓜果等4大主导产业,提升"田妞"蔬菜、"施泉"葡萄等农产品竞争力。舜地食用菌加工项目投产,启动建设鑫博海中央厨房(二期),加快农业经济"接二连三"(三业融合发展格局:农业衔接工业,推进食品加工业发展,提高农产品附加值,实现增效增收;农业连接第三产业,推进现代农业休闲生态旅游业)融合发展步伐。区被农业部评为全国粮食生产先进县,皇母蟠桃合作社被评为全国农民专业合作社示范社,金山蟠桃获批国家地理标志保护产品,枫泾农民包永华被评为全国种粮大户。完善农产品追溯和监管体系,"三品"(无公害农产品、绿色食品、有机食品)认证率60%,高出全市平均水平20个百分点。深化对外开放合作发展,招商引资取得突破性进展。和辉光电、花王等一批大项目落地,实现"新开工项目100个、新竣工项目100个、工业到位资金完成100亿元"目标,推进32个重点产业项目,19个产业项目列入市战略性新兴产业绿色通道项目。内外资签约项目181个,计划总投资230.6亿元。新批外资项目106个,外资投资总额(含增资)8.5亿美元、比上年增25.6%。完善与两大化工基地沟通对接、应急联动机制。联合建设专业园区,漕河泾综合保税区金山功能区项目上报国务院审批;张江高新区金山园通过市政府审批;国家绿色创意印刷示范园区科研服务平台初步建立并推进项目签约落地工作;上海日本中小企业产业园核心区完成规划编制并启动招商工作。与中检集团合作取得阶段性成果,与临港集团、张江集团在联动招商、联合开发上取得进展,深化与市经济团体联合会等机构合作。全面实施国资国企改革,初步建立国有资产出资人监管模式,国资布局结构调整逐步优化,国企战略管理与法制建设取得成效,组建金滨海文旅控股集团,清理二、三级企业151户。加快新型金融业态发展,建立"创业金山"引导基金,设立首个子基金——天颐投资基金。争取到15亿元市地方债转贷,"2012年上海金山城市建设投资有限公司债券"发行(简称12金山城投债,代码124085)。开展银企、银政合作,与4家金融机构签订合作框架协议。建立企业信用贷款推荐机制,全区小额贷款公司增至6家、累计发放贷款85.7亿元。吸引上海创投公司政府扶持基金8000万元,金开担保公司担保能力得到提升。探索实施科技金融模式,21家科技型中小企业获无抵押贷款8760万元。完成区、镇两级企业服务中心创建,推进中小企业改制上市。新型工业化专项改革试点列入全市年度改革重点工作,改革总体方案获市政府批准。优化行政审批流程,一般工业项目行政审批时限比法定时限压缩45.7%;完善联合会审机制,推进企业设立并联审批试点,企业网上并联审批数量居全市前列。推进国库集中支付制度改革,基本完成区级预算单位公务卡制度改革,加快镇级财政性资金信息管理平台建设。完成公务用车制度改革。实施企业统计"一套表"联网直报制度。推进"营改增"试点,涉改纳税人1.3万余户,减轻企业税负2.65亿元。加强重大项目稽察,创新财政、经济责任和政府投资审计,深化内部审计工作。完成124个村农村集体经济组织成员界定和农龄统计工作,开展农村集体经济组织产权制度改革试点,建成农村集体"三资"管理网络化监管平台,深化农村改革。抓住金山铁路运营契机,优化服务环境,加强市场营销,推进产业发展,提升社会影响。金山铁路累计发送旅客逾百万人次,日均发送1.2万人次。举办沙滩音乐节、音乐烟花节,承办世界沙滩排球大满贯赛、中国足球协会超级联赛等文体活动,带动商贸、旅游、酒店、餐饮等业态发展。活动(赛事)期间新城区主要旅游饭店入住率80%以上,金山嘴渔村接待人次成倍增长,区内其他景区接待人次均大幅增加。举办蟠桃节、百花节等农业节庆活动,提升特色涉农节庆品牌影响力,带动农产品销售1.3亿元。创建成全市首家全国休闲农业与乡村旅游示范县(区);东林寺景区被评为国家AAAA级景区;枫泾古镇入选长三角十大古镇,"水乡婚典"获上海旅游节最佳人气奖。推进"1158"(1个新城、1个特色城镇、5个新市镇、80个左右中心村)城镇体系建设。全区土地利用总体规划及金山新城、枫泾特色镇总体规划(修改)获市政府批准。优化城镇部分区域规划,推进工业园区、镇区与社区控规修编、农村村民居住点规划编制,全区集建区控规覆盖率85.0%。以功能性、基础性项目为重点,全年安排重大工程54项,开工率89.1%,竣工率72.7%(以年初计划竣工数计),累计投资38.7亿元。蒙山路(金山大道—沪杭公路)改建、金山一水厂二期等24个项目竣工;推进供水管网改造工程、区文广中心等23个项目。金山铁路开通并实现公交化运营,金山卫至普陀山海上专线启动试运行。推进石化地区居民生活用水、天然气转换和金山生活垃圾综合处理项目试运行。规范农村集体土地征收和补偿标准。廊下市级土地综合整治项目完成方案审批,获市财政支持7.1亿元。完成村庄改造3067户,总投资8877.6万元,整治、轮疏河道184条段175.3公里。提升农田水利建设能力,区被评为全国农田水利基本建设先进单位。加快"智慧城市"信息基础设施建设,建设无线覆盖热点375个,实现城镇地区城市光网全覆盖。　　(蔡国欢　顾逸萍)

【社会事业】 2012年,民生保障和社会建设协调发展。全年民生支出74.3亿元,比上年增30.0%,占财政总支出68.9%。城镇居民家庭人均可支配收入30083元,比上年增10.3%;农村居民家庭人均可支配收入15832元,比上年增11.5%。全年新增就业岗位21983个,净增就业岗位5242个,城镇登记失业6349人,控制在市政府指标6790人内;扶持358家创业组织成功创业,区被列入首批市级创业型城区创建单位;组织职业技能培训7052人。新型农村社会养老保险缴费30170人,领取养老金49782人;城镇居民社会养老保险保缴费1095人,领取养老金1100人。1月1日起,新型农村社会养老保险月基础养老金加过渡性养老金每人每月380元提高到450元,原制度前老年农民月基础养老金加过渡性养老金补贴每人每月300元提高到345元,其中年满85周岁人员再增加50元。城镇居民医疗保险基本实现全覆盖。完成养老机构消防安全达标工程、居民健康档案信息化建设等10项实事项目,累计投资13.5亿元。开展社会救助服务,实施生活救助11万人次4129.8万元,医疗救助4.7万人次1742.0万元。完成市下达"四位一体"保障房(为不同住房保障对象提供廉租住房、共有产权保障房〈经济适用房〉、公共租赁房和动迁安置房)建设任务,新增租金配租58户,筹措实物配租房源50套,77户家庭通过首批共有产权保障房(经济适用房)审核,动迁安置房竣工20.69万平方米,其中交付使用9.6万平方米。全年社会消费品零售总额288.5亿元,比上年增15.0%。其中吃的消费品零售额108.1亿元,比上年增14.3%;穿的消费品零售额43.9亿元,比上年增10.9%;用的消费品零售额128.2亿元,比上年增16.7%;烧的消费品零售额8.3亿元,比上年增22.1%。打造"闲是金山"闲乐旅游目的地品牌,塑造"金周末"七大旅游系列产品,全年接待游客527.4万人次,比上年增23.2%。旅游综合收入30.5亿元,比上年增19.2%。完善金融机构布局,平安银行、民生银行设立金山支行,上海银行、中国银行等增设部分二级支行,金山惠民村镇银行开业。至年底,全区各金融系统存款余额820.0亿元,比年初增14.6%。其中居民储蓄401.3亿元,比年初增19.2%;各项贷款余额646.9亿元,比年初增27.2%。其中个人住房贷款61.1亿元,比年初增3.9%。全年电信业务收入3.2亿元,比上年增6.1%;邮政业务收入5303万元,比上年增17.0%;宽带上网用户13.5万户,比上年增3.8%;CDMA(Code Division Multiple Access,即码分多址)用户17.0万户,比上年增15.0%;IPTV(网络电视)用户5.7万户,比上年增19.0%;本地电话用户19.0万户。本地电话交换机容量30.0万门,实占19.0万门。全年投入环保资金19.6亿元,环境保护投资指数4.2%。实施第五轮环保三年行动计划,重点解决突出环境问题,着力推进金山卫化工集中区环境深化整治。围绕发展转型目标,落实降低污染、节能减排举措,完成幸福纺织和嘉乐股份染整部重点减排工程建设;启动枫泾等4家污水厂二期扩建污泥处理工程建设;调整产业结构项目49项;枫泾镇国家生态镇通过市级验收;加强环境应急能力建设,建立区环境监测自动监控平台,实现重点污染源动态化、科学化和规范化管理;建立挥发性有机化合物在线监测站,实行金山卫化工集中区域及周边环境VOC污染现状实时监控与预警。1~10月区环境空气质量优良率98.7%(11月起,全市按照新环境空气质量标准发布AQI指数)。全年新增高新技术企业35家,累计192家,高新技术企业产值322.1亿元,比上年增12.5%。被认定市技术先进型服务企业1家(首次)、市科技小巨人企业3家、市科技小巨人培育企业4家。全区累计有市科技小巨人企业6家、科技小巨人培育企业36家,市创新型企业13家。全年获国家创新基金立项17个、市创新资金立项29个、市科委批准高新技术成果转化项目28项;专利申请总量2245件(列全市第十位),其中发明申请量646件。专利授权总量1677件,比上年增15.5%。发明授权量203件,比上年增65.04%。颁发首届区长质量奖,新增市著名商标5件、上海名牌15件。金山工业区列入市知识产权试点园区。区首家院士专家企业工作站揭牌成立并成功研发"抗菌功能针织面料开发"和"针织面料PASCU功能整理"项目。7个高技术含量生物医药项目通过预评估,计划总投资17.64亿元;4个项目被列入市战略性新兴产业项目;4个项目获市生物医药产业转化项目立项支持。落实国家、市、区教育工作会议精神,推进学校内涵建设,提高教育教学质量。优化学前教育资源,朱行、漕泾幼儿园成功创建成市一级幼儿园;开展学前儿童非法看护点整治,取缔非法看护点5个。基本形成"委托管理、组团发展、校际联盟"城乡优质教育资源辐射共享机制,顺利通过市义务教育优质均衡发展专项督政检查。推进学生健康促进工程,成立区学生体质健康监测中心并通过市政府实事项目验收,14294名农村籍学生享受免费营养午餐。开展"一校一品"特色创建,成立区学生艺术团并在英国爱丁堡国际艺术节展演;提升职业教育办学层次,启动中高级五年一贯制专业招生;实施学习型社会建设村居学习点达标三年行动计划;举办区第五届全民学习节;举行第二届金山—嘉善学习型社会建设合作论坛。启动中侨学院金山校区、枫叶国际学校项目。推进科普"六进"(进社区、农村、学校、军营、企业、机关)工作,石化街道山鑫阳光城居委会、上海农业科普馆金山馆分别被命名为全国科普示范社区、全国科普教育基地。全区31所小学在校学生28509人、29所中学在校学生23490人(年初数据);小学入学率100%,初中阶段升学率98.85%,2012年本科录取率91.36%,本科录取1862人。提高农民医疗保障水平,新型农村合作医疗人均筹资增40%,全年累计补偿额最高16.5万元/人,提高6万元。新农合投保率99.9%,低保五保户、残疾人应保尽保率100%。通过国家卫生区复审,创建成全国慢性非传染性疾病综合防控示范区。完成复旦大学附属金山医院迁建并投用,建立区中西医结合医院,启动中心医院改扩建工程。公共服务窗口延长服务时间工作被列为市级试点,"12345"市民服务热线正式运行,档案便民服务窗口延伸至社区。在全市率先完成市政府实事项目免费孕前优生健康检查工作,推进全国"生育关怀行动"试点区创建。完成"基于居民电子健康档案的区域卫生信息化建设";开展家庭医生制服务,签约19.22万人,试点区签约率53.40%;探索与单病种付费、新农合和医保支付相结合的临床路径管理,试点病种人均住院费下降11.94%;全区有医疗机构180个,在编在册职工3522名,其中各类卫技人员2731名;全年门、急诊448.38万人次,出院病人6.78万人次,病床使用率93.22%。全年举办各类文艺下乡活动778场,参演节目9758个、演职人员27035人次,观众208270人次;各类展览237场,观众244380人次。创作群众文化作品346个。加快推进朱泾体育中心工程建设,实施百姓健身设施工程(建成健身房3个、健身步道3条)。培育农耕"一区一品",建成吕巷农耕健身基地并举办市农耕健身运动会;成立体育协会2个、社会体育俱乐部2个、社区体育健身俱乐部4个;组团参加市第一届市民运动会,近25万人次市民参与,参与率34.0%,列全市第五,获民生奖金杯、民众奖杯、民乐奖牌;完成新一轮24个业余训练项目布局,在训运动员687人,注册运动员278人,向市二线、一线运动队分别输送优秀体育后备人才14名、2名,新增二级运动员11名和二、三级裁判员23名、30名;连续第九年承办SWATCH-FIVB世界沙滩排球巡回赛并首次由公开赛升级大满贯赛;承接中超、中甲、中乙联赛和中国足协杯比赛、中日韩青少年女足邀请赛等重大足球赛事;举办中国盘鹰大赛、长三角农民龙舟邀请赛、上海国际木兰拳邀请赛等大型群体活动。全区体育彩票销售网点增至79家、销售总额4454万元。全年海域水体中溶解氧、化学需氧量、汞、镉、铅、总铬、砷、铜和锌监测指标均符合海水水质第一类或第二类标准;海洋沉积物监测指标均符合海洋沉积物质量第一类标准。4~10月,金山城市沙滩滨海旅游度假区连续监测水质、海面状况均优良,年平均休闲(观光)活动指数4.0(属优良)。全年引入黄浦江水源4.46亿立方米,排入杭州湾水体9.48亿立方米。全年供水9950.24万吨,处理污水9118.94万立方米、污泥64113.4吨,城镇污水处理率82%。金山供电公司售电量61.6亿千瓦时,比上年增6.7%;售电收入48.92亿元,比上年增11.71%。全年最高负荷114.46万千瓦,比上年增7.17%;线损率2.80%,供电可靠性99.9825%,综合电压合格率99.955%。安全运行累计5207天。全区天然气管道总长465.99公里,有天然气营业窗口4个、高压门站2个,液化石油气钢瓶供应站26个、小区气化站6个、储配站2个,燃气用户249141户(液化石油气用户192176户、天然气用户56965户)。全年液化气使用量26058.68吨,比上年减15.59%;天然气使用量3870万立方米,比上年增41.14%。社会总体保持和谐稳定,推进社会治安防控"135"("1":在全区建成一个综治工作管理系统;"3":在全区30个老式封闭小区安装电子围栏;"5":在全区5万户农村家庭安装多户联防报警器)工程,完成平安实事项目建设。强化社会面治安巡逻防控,公众安全感位居全市前列,连续6年保持重要时间节点进京非法上访零记录。用群众工作统揽信访工作试点成效初显,一些做法得到中央和市委肯定。加强应急管理工作,组建区级应急管理机构,完善多部门联动处置机制。　(蔡国欢　顾逸萍)

2012年金山区基本情况表

项　　目	数量
区域面积(平方公里)	586
行政区划	
街道办事处(个)	1
居民委员会(个)	87
人口	
户籍人口(万人)	51.7
户数(万户)	17.88
人口密度(人/平方公里)	882
人口自然增长率(‰)	-1.01
精神文明创建	-
全国文明单位(街道)(个)	-
市文明小区(个)	-
教育	
中学(所)	29
在校学生(人)	23490
小学(所)	31
在校学生(人)	28509
幼儿园(所)	33
在园幼儿(人)	14975
职校(所)	3
在校学生(人)	7266
文化	
图书馆、室(个)	2
文化馆、站(个)	1
影剧院、场(个)	7
卫生	
卫生医疗机构(所)	67
区级医院(所)	6
医院床位数(张)	3926
医疗卫生技术人员(人)	4368
执业医师(人)	1511
体育	
体育场馆(个)	7
健身苑、点(个)	260

注:图书馆、文化馆、体育场统计区级。

2012年金山区国民经济主要指标表

项　　目	单位	完成数	比上年增减%
增加值	亿元	467.5	9.8
第一产业	亿元	14.0	2.0
第二产业	亿元	278.7	7.4
工业	亿元	260.3	7.3
第三产业	亿元	174.8	14.7
固定资产投资额	亿元	160.4	11.2
财政收入	亿元	204.5	-5.8
地方财政收入	亿元	44.7	-4.9
地方财政支出(财政总支出)	亿元	107.8	16.8
外贸出口总额	亿美元	24.2	6.7
直接利用外资签订合同项目	个	106	1.9
直接利用外资签订合同金额	亿美元	3.5	12.2
工业总产值	亿元	960.0	3.6
农业总产值	亿元	36.4	2.4
住宅竣工面积	万平方米	77.6	-2.5
社会消费品零售总额	亿元	288.5	15.0

注:工业总产值统计范围在地规模以上企业。

(蔡伟哲)

静　安　区

【地域】　静安区位于上海市区中心。东经121°26′,北纬31°13′。周围与6个区相邻。东临成都北路,与黄浦区(2011年6月,黄浦区、卢湾区建制撤销,设立新的黄浦区)为邻;西以镇宁路、万航渡路、武定西路、江苏路、长宁路,与长宁区交界;南沿延安中路、陕西南路、长乐路,与黄浦区和徐汇区衔接;北至安远路、长寿路,与普陀区毗连,隔苏州河与闸北区相望。道路设施完善、交通便利。南北高架路、延安高架路2条高架道路穿越静安区,轨道交通2号线、7号线在静安寺地区交汇,12、13号线在建。全区总面积7.62平方公里,其中土地面积7.57平方公里,河道面积0.05平方公里。位于上海城市发展东西主轴线(浦东机场—陆家嘴—外滩—南京路—虹桥开发区—虹桥机场)上,区境东距浦东开发区2.5公里,西距虹桥综合交通枢纽7公里,北离铁路上海站1公里,是上海最繁华的商业、商务区之一。2012年,全区户籍总户数101983户,户籍总人口300993人。与上年相比,户数减少546户,人口数减少1276人。全年户籍人口中,出生人口2346人,出生率7.778‰;死亡人口2860人,死亡率9.482‰;自然增长人数减少514人,增长率-1.704‰。

【建置区划】 静安区因境内古刹静安寺而得名。境域在唐、宋两代,隶属华亭县高昌乡。元、明、清三代隶属上海县高昌乡。1899年,境域大部划入公共租界西区。1914年境域南部1/10土地划入法租界。其余地域均属上海县法华乡(区)。1937年,侵华日军占领境内华界,境内租界部分为特别区。1943年,汪伪政府"收回"租界,境域分隶第一区(原公共租界部分)、第八区(原法租界部分)和沪西区(原华界部分)。1945年抗日战争胜利后,上海市按原警区划分为32个行政区,境内分属第十区(静安区)、第十一区(新成区)、第十二区(江宁区)。1949年5月30日,市军管会接管静安区,一度将区名改为静安寺区,1950年6月28日复改称静安区。新中国成立初期,境域分属静安、新成、江宁区。1956年2月,上海市区划调整,静安区建制撤销,以富民路、常德路为界,东境划归新成区,西境并入长宁区。1960年1月,区划再次调整,撤销新成、江宁区,将新成区成都北路以西部分、江宁区全部、长宁区镇宁路以东部分合并重建静安区。1994年10月,境内街道办事处建制调整,华山路与愚园路、万航渡路与余姚路、康定路与江宁路、武定路与张家宅、威海路与延安中路街道办事处分别合并为静安寺、曹家渡、江宁路、石门二路、南京西路街道办事处。2012年末辖5个街道,置73个居民委员会。区人民政府驻常德路370号。

【经济发展总量】 2012年,静安区全年实现国内生产总值618.67亿元,按可比价格计算,比上年增长8.5%。其中,工业增加值8.18亿元,比上年下降3.5%,第三产业增加值603.01亿元,比上年增长9.2%。第三产业增加值占国内生产总值的比重97.47%,比上年提升0.6个百分点。第三产业对区域经济的贡献进一步提高。2012年,全区共实现税收总收入227.56亿元,比上年增长3.3%。其中第二产业税收6.97亿元,比上年下降7.65%;第三产业税收220.59亿元,比上年增长3.68%。2012年,全年区级财政收入79.28亿元,比上年增长6.03%。其中增值税15.31亿元,增长1.65倍;营业税17.57亿元,下降34.47%;个人所得税10.37亿元,增长4.4%;企业所得税14.03亿元,增长1.13%。2012年,全年区级财政支出91.23亿元,比上年增长13.18%。其中:一般公共服务支出5.49亿元,增长0.69%;公共安全支出4.65亿元,下降9.56%;教育支出14.78亿元,增长7%;科学技术支出3.44亿元,增长5.17%;社会保障和就业支出5.74亿元,增长21.91%;医疗卫生支出3.03亿元,增长6.27%;节能环保支出0.27亿元,下降41.4%;城乡社区事务支出20.60亿元,增长1.1倍;住房保障支出5.40亿元,增长55.88%。

【工业和创意产业】 2012年全年实现工业增加值8.18亿元,比上年下降3.5%。实现工业总产值32.31亿元,比上年下降15.43%。

区内创意产业特色凸显,能级逐步提升,知识产权管理水平也逐次提升。其中创意设计业与文化产业、工业和专业服务业紧密相连,包括建筑工程设计业、城市规划设计业、园林设计业、广告设计业、产品设计业、船舶设计业、飞机设计业、汽车设计业、装潢设计业、家具设计业、服装设计业、广告设计业、平面设计业、工艺美术设计业、舞美灯光设计业、会展设计业、动漫设计业、软件设计业、珠宝设计业、时尚创意设计业,等等。现有入驻企业250余家,从业人员4370余人,有9家创意园区获得上海市创意产业示范集聚区。"昌平路静安创意产业集聚带规划"项目启动,在首届上海国际英才创新创业活动周上获"海外高层次人才创新创业基地"称号。

【现代服务业】 2012年,全年实现社会商品销售总额1563.88亿元,比上年增长10.01%。全区完成社会消费品零售总额286.32亿元,比上年增长9.02%;按商品类别分:吃的商品实现零售额101.00亿元,增长8.19%;穿的商品实现零售额84.38亿元,增长8.64%;用的商品实现零售额100.94亿元,增长10.18%。全年实现外商直接投资资金到位额4.59亿美元,比上年增长10.56%;实现海关进出口总额27.03亿美元,比上年增长6%。

从五大支柱产业看:全年五大支柱产业实现总税收227.56亿元,比上年增长3.30%。其中,商贸流通业实现税收85.78亿元,比上年增长14.89%,占区税收总收入比重为37.7%;专业服务业实现税收40.14亿元,比上年下降0.24%,占区税收总收入比重为17.64%;房地产业实现税收32.20亿元,比上年下降4.95%,占区税收总收入比重为14.15%;金融业实现税收29.24亿元,比上年下降6.51%,占区税收总收入比重为12.85%;文化创意服务业实现税收22.05亿元,比上年增长1.94%,占区税收总收入比重为9.69%。

【交通、邮电和公用事业】 2012年,静安区境内共有公交线路67条,机场专线3条,轨道交通线路2条。2012年,静安区境内邮政业务归属上海市邮政公司市西邮政局,共设有3个邮政营业支局、5个邮政所、1个服务处和3个投递支局。

中国电信股份有限公司上海西区电信局静安分局(简称西区电信局)服务区内共有3个营业厅,服务范围覆盖静安区5个街道及区内行政机关和企事业单位,延伸服务普陀区长寿路商圈。2012年,静安区信息基础设施建设不断升级,"城市光网"及Wi-Fi无线网络覆盖进一步拓展。至年底,区内共有固定电话用户17万多户,宽带用户6.5万多户,移动电话用户9.6万多户。在基础设施建设方面,宽带端口能力近9万,小区光网覆盖率98.6%,商务楼宇光网覆盖率80%以上,建成C网站点314个、Wi-Fi热点255个,位居市区前列。

2012年,区境内自来水由上海市自来水市南有限公司营业所负责供应;区境内用电主要由市电力公司沪西分公司管理,部分地区(延安中路以南地区)由市电力公司沪南分公司管理;境内燃气由上海大众燃气有限公司供应。

【旅游】 2012年,全区旅游、宾馆、会展业实现营业总收入88.16亿元,比上年增长7.3%;宾馆、旅行社共缴纳税金1.39亿元,比上年增长4.25%。宾馆、旅行社接待中外游客176.29万人次;宾馆客房平均出租率65.71%,星级宾馆平均房价681.03元(实际售出价格平均值);举办各类会展3103场次,接待参展人数126.66万人次,营业收入2.01亿元,比上年下降4%。至年底,全区有星级旅游饭店20家。其中,白金五星级1家,五星级饭店4家,四星级饭店7家,三星级饭店4家,二星级饭店4家。客房6055间,床位8911张。社会旅馆76家,客房4596间、床位6251张。旅行社117家,其中出境组团旅行社13家,一般旅行社104家。外地驻区旅行社16家。年内开展旅行社审批与A级评定,新审批设立旅行社9家,新增3A级旅行社5家,新增4A级旅行社2家。至年底A级旅行社共有11家,其中5A级2家、4A级3家、3A级6家。推进旅游业信息化建设,区旅游局官方网站(http://tourism.jingan.gov.cn)正式改版上线;完成区内31家旅游饭店公共区域无线局域网(WLAN)建设。

【对外经济和私营经济】 2012年,静安区批准外资企业180家,总投资额18.84亿美元,其中合资企业8家,合作企业1家,独资企业171家。年内,3家外贸企业被认定为"上海市出口品牌"企业,韩国奥瑟亚株式会社、奥托立夫环亚管理(上海)有限公司、美国惠好纸业公司、德国百人城(BERENTZEN)酒业贸易(上海)有限公司在静安区设立公司,路威酩轩集团旗下品牌Marc Jacobs入驻恒隆广场。

2012年,区内有私营企业7366家,个体工商户3284户。民营科技企业445家,技工贸收入203.06亿元,缴纳税金5.40亿元;高新技术企业61家,技工贸收入126.48亿元,缴纳税金76.41亿元。2012年静安区私营企业中,服务业企业3208户,注册资金比上年增长30.61%;商业企业2762户,注册资金比上年增长0.15%;饮食业企业603户,注册资金比上年下降6.54%;建筑业企业142户,注册资金比上年增长55.36%;运输业企业103户,注册资金比上年下降11.48%;制造业企业83户,注册资金比上年增长36.12%;其他类型企业465户,注册资金比上年下降17.26%。

【教育和科技】 2012年,全区共有教育机构50个,其中中学17所,小学12所,幼儿园12所,区业余大学、区教育学院、区逸夫职校、区青少年活动中心各1所,其他教育单位5个。全区在校学生29208人,其中中学12335人,小学9067人,幼儿园5860人,职校1189人,业余大学696人,其他61人。在职教职员工3807人,其中专任教师2531人。区学科带头人129人,在职特级教师16人。离退休教职员工7292人。上海市第一师范附属小学党支部获"全国创先争优先进基层党组织"称号,是全市基础教育系统唯一获此荣誉单位。年内,推进教育教学改革,加大德育工作力度,提高教育现代化水平,推动教育人才资源建设,完善终身教育服务体系,加强依法行政。

2012年,静安区推进智慧城区建设,完成208个小区光纤接入工作,居民区光纤网络接入率97%;完成135个公共服务场所无线局域网(WLAN)建设,覆盖率97%,南京西路沿线室外无线网络实现全覆盖。提升企业发展能力,新增市科技小巨人(培育)企业1家;拓宽科普和防震宣传渠道,利用科普大讲坛等多种形式普及地震预防等科普知识;提高企业知识产权保护意识,形成《静安区创意设计产业知识产权发展状况调研报告》,制订《关于促进静安区创意设计业知识产权发展的实施意见》和《关于促进静安区创意设计业知识产权发展的实施细则》。

【文化、卫生和体育】 2012年,静安区推进公共文化服务体系、历史文化保护体系和文化产业培育体系建设,提高城区文化软实力。重点打造区政府实事工程——"十分钟公共文化圈"文化惠民项目。组织各类群众文艺演出、讲座、展览、培训700余场,参与者80余万人次。开展中外文化交流,举办2012静安文化事件评选和颁奖活动。开放中共淞浦特委旧址陈列馆,保护性修缮刘长胜故居和安义路毛泽东旧居,办理"元利当铺"归属权转移手续。做好第三次全国文物普查工作,获"上海市第三次全国文物普查先进集体"称号。推进现代戏剧谷建设,打造演季、资助、推广、演出"四大平台",举办"2012壹戏剧大赏颁奖盛典",颁发11个戏剧常规奖项和2个特别奖。重点打造现代戏剧谷"壹戏剧秀"邀约式春夏、秋冬演季,推出15台剧目71场演出。创作和演出体现海派风格与静安区特色的上海市民文化情景式舞台剧——《柏阿姨的一天》。市民剧场共推出20台作品、32场演出,举办5次名家讲座,2次论坛,20余次深入社区、楼宇、学校演出。全年现代戏剧谷为市民提供10000多张公益免费入场券,借美琪大戏院共建戏剧联盟。举办"2012浓情静安·爵士上海"音乐节。

至2012年底,全区共有医疗卫生机构129家(包括分院、分所及社区卫生站点),其中:公立医疗卫生机构58家,内设医疗机构18家,民营医疗机构53家(其中个体诊所12家)。每千人口床位数19.53张,每千人口医生数10.51人。完成79家医疗机构校验审批、8家医疗机构设置审批、23家医疗机构变更审批。完成22名医师注册,158名医师、74名护士变更和28名医师多点执业审批。完成区域内21家各级各类医疗机构麻醉印鉴卡更换工作。监督各类场所、医疗机构3737户次,针对检查发现问题发出卫生监督意见书25份,责令改正通知书221份,医疗机构不良积分55户次,行政处罚310户次。完成社区、企事业单位献血5695人份,为全年目标105.6%。献血屋和流动献血车献血量2213人份,为全年目标113.1%。全年计划用血量为2.89万人份,实际控制用血量为2.53万人份。探索以区域内三级医院为依托、二级医院为平台、社区卫生服务中心为基础的区域康复医疗服务体系建设。组织开展赴新疆巴楚及湖北夷陵对口支援工作。

2012年,全区共有57866人次市民参加上海市第一届市民运动会各类比赛,46220人次参加展示活动、技能培训及体质测试,参与率名列全市前茅。与5个社区(街道)结对,通过"共同行动"区域化党建工作推进社区全民健身;全年培训社会体育指导员143名,为3000人提供身体素质测试服务。区输送的运动员张磊入选中国女排队获伦敦奥运会该项目第五名,倪华获第十四届迪拜国际象棋公开赛和2012越南国际象棋公开赛冠军,李泉龙获第六十三届"斯特兰扎"杯保加利亚国际拳击邀请赛64公斤级比赛铜牌,沈琼、方颖超获全国男排联赛冠军,张磊、奚希获全国女排联赛亚军,谷思雨获全国青年田径锦标赛女子铁饼冠军。静安区成功承办国际剑联世界杯女子花剑赛。完成上海国际马拉松健身跑承办任务。静安区全年体育彩票销售额6470.23万元。比上年增长18.8%。全年区财政对体育事业业务经费投入3500万元,比上年增长4.1%。

【人民生活和社会保障】 2012年,全区户籍人口30.10万人,流动人口6.23万人。全区常住人口出生2884人,出生率为8.11‰;户籍人口出生2496人,出生率为8.28‰;外来人口出生388人,出生率为6.77‰。死亡人口2860人,常住人口自然增长数为24人,自然增长率为0.07‰,22年以来首次出现正增长;户籍人口自然增长-364人,人口自然增长率-1.20‰,仍处于负增长状态。

2012年,静安区组织招聘会670场次,录用5630人。新增委托代理招聘单位265家,代理招聘10139人,25663人参加应聘。依托市劳动保障网和区人力资源库,新增劳动保障网网上办事企业185家,新增就业岗位2477个,推荐就业4850人次,成功就业4156人。做好招退工基础管理工作,办理企业招工备案登记50408人次,退工备案登记44889人次。设立首席职业指导师,开设"巧博职业指导工作室",开展就业指导2349人次,成功就业1268人次。加强失业保险基金管理,全年支付失业保险基金1.58亿元,其中用于失业保险各类待遇2550.36万元,职业培训541.78万元,公益性组织岗位及社保补贴1.27亿元。加大就业援助力度,改版就业援助工作服务平台,严格就业困难人员认定程序,提供人性化保障服务。共认定就业困难人员323人,安置300人。认定零就业家庭83人,全部得到安置,零就业家庭动态为零。加强劳动力市场监管力度,平稳对接劳动就业、劳动关系、职业培训、调解仲裁、工资保障、工伤福利、医疗保险、社会保障各项新老政策,维护劳动者合法权益。做好城镇居民养老保险工作,纳入城镇居民养老保障475人。

年内,新增并供应廉租房220套、公租房216套(间)、廉租实物配租家庭220户。在符合区域实际情况的前提下,基本建立"廉租住房、公共租赁房、共有产权"为主要内容的,符合区域实际的住房保障体系。全年新受理租金配租369户,历年累计受理3692户、落实配租3290户、补贴资金9718.58万元,做到"应保尽保";新受理实物配租45户,经过两级审核、两次公示,43户家庭获得准租资格,38户家庭完成摇号排序和选房程序,确保符合条件的家庭"愿配尽配"。从市筹大型居住社区中调配222套廉租房供静安区收储。完成两批653户共有产权保障房供应,启动第三批共有产权保障房供应,有242户符合条件,年底完成签约购房。公共租赁房方面全年共受理申请51户,全部实现配租。

2012年,区社会救助工作按照"应保尽保、公平公正、动态管理、统筹兼顾"原则,加大困难群体救助力度,全年救助帮困24858人,投入资金6751.71万元。元旦春节帮困送温暖投入资金812.45万元,1万余户困难家庭受益。全区有8家福利企业,128名残疾职工,全年销售额7289.7万元,净利润538.7万元,实现减免税469.3万元。全区福利彩票销售额突破历史新高达7163万元,比上年增长12%。其中电脑型彩票销售4719万元,即开票销量638万元,"中福在线"销量1806万元。全区销售福利彩票筹集社会福利公益金480.4万元。

2012年,静安区60岁及以上老年人口87979人,占总人口数29.23%,比2011年提高1.25%。老年人口中,80岁以上高龄老人19464人,占老年人口22.12%。100岁及以上者140人,占老龄人口0.16%。最长寿的是南京西路街道吴淑和老人,2012年107周岁。年内,新建江宁路街道和静安寺街道2家老年人日间服务中心,新建静安寺街道美丽园老年人助餐,为10695位老年人提供居家养老服务。开展敬老助老活动,为6088位老人购买"银发无忧"保险,增强老年人群体抵御人身伤害风险能力。为4038人次老人提供冬季助浴服务,为2506位老人冬送温暖,为2782位老人夏送清凉。组织260位老人"申城老人看发展"一日游,组织42位老人到黄山疗养。

普 陀 区

【地理位置、区划和人口】 普陀区是上海市中心城区之一,位于市中心区西北部。东与闸北区交界,西与嘉定区接壤,南与长宁区、静安区毗邻,北与宝山区相连。区域面积55.53平方公里,其中水域面积1.65平方公里。苏州河(吴淞江)东西横穿境内,境内河段两岸岸线全长21.54公里。普陀区是上海西部的陆上交通要道。京沪线沪宁段、沪昆线沪杭段两条铁路线会合于区境内,境内设有上海西站综合交通枢纽。真南路和曹安路分别是204、312国道的起始段。沪嘉高速公路与沪宁高速公路分别从区西北部与西部进入境内。内环、中环、外环线及轨道交通三号线、四号线、七号线、十一号线贯穿境内。区人民政府位于大渡河路1668号,东距铁路上海火车站4.7公里,西南距虹桥国际机场8.4公里,东南距市中心人民广场7.5公里。下辖长寿、曹杨、长风、石泉、甘泉、宜川6个街道和长征、桃浦、真如3个镇,有居民委员会256个。2012年,全区户籍总人口88.38万人,户籍出生人口7455人,死亡人口8023人,户籍自然增长率-0.64‰,计划生育率99.25%。至年末,常住人口129.2万人,其中外来常住人口34.66万人。全区有48个民族,以汉族为主,少数民族户籍人口14794人。少数民族中人口最多的是回族,计10784人,占少数民族的72.89%。

【经济发展】 2012年,完成地区生产总值657.58亿元,比上年增长9%。财政总收入达216.51亿元,比上年增长10.3%,其中,区级财政收入68亿元,比上年增长10.4%。地方财政支出103.46亿元,比上年增长6.3%。完成社会消费品零售额478.49亿元,比上年增长6.3%。完成固定资产投资161.17亿元,比上年增长9.1%。现代服务业进一步发展,积聚股权投资企业及管理机构92家,募集资金达到126亿元,金融业实现区级税收1.45亿元,比上年增长225.7%。旅游开发建设进一步深入,宏泉丽笙酒店五星正式挂牌,星级酒店实现营业收入2.42亿元,比上年增长3.8%。"百幢商务楼宇效能提升计划"成效显著,商务楼宇实现税收44亿元,税收亿元楼达到17幢。中环、长寿、长风等商圈不断调整提升。中环商圈销售比上年增长幅度位列全市三甲。长风商圈异军突起,长风景畔广场开业。月星环球港、智富名品城、近铁城市广场等重点商业项目进展顺利。陆上货运交易中心功能进一步增强,每日实现城市公共配送业务约2万票,上海物贸有色金属交易市场成为国内最大的有色金属交易市场,全年累计成交超过5000亿元。招商引资取得新进展。全区累计引进内资项目2352个,合计新增注册资金121亿元,比上年增长19.72%。全年引进外资项目92个,引进合同外资6.02亿美元,其中非房地产项目引进外资4.81亿美元,比上年增长120%。新引进商贸科技类内资企业1248家,占引进企业数的53.06%;注册资金43.28亿元,占引资总额的35.78%。引入1家跨国公司地区总部——百卡弗(上海)管理有限公司。新办悦达新实业、复星高科财务、浦江缆索等137家注册资金1000万元以上的内资企业,引入利信融资租赁、晓缘网络科技、新光台成等5家注册资金1000万美元以上的外资企业。与全球500强的LED龙头企业科锐公司签订战略合作备忘录。设立文化发展专项资金,M50、谈家28等9个园区和企业项目获上海市文化创意产业发展财政扶持资金。开展营改增试点工作,设立5000万元扶持资金帮助试点企业平稳过渡。质量兴区工作通过验收,全区综合质量水平显著提高。推进快乐、中山、百众集团等国资系统商业企业整合工作。落实国有企业重大财务事项管理制度,加强国资不动产管理。

【城市建设】 轨道交通建设取得新进展。十三号线部分区段试运行,配合推进轨交十四、十五号线前期相关工作。道路桥梁建设稳步推进。大渡河路完成全面改建并通车,沿线景观改造和产业调整加快。完成宜川路、云岭西路等一批道路的拓宽、整治和大修。完成江宁路桥危桥改造。完成桃浦河、新槎浦等8条河道疏浚工程建设。完成武威东路、华联路等4条道路给水管网铺设以及岚皋路、水厂路等14条市政道路和上述4条道路新增消火栓工程。全年住宅施工面积221.14万平方米,住宅竣工面积27.94万平方米,分别比上年下降12.6%和61%。商品房销售面积54.78万平方米,比上年下降2.7%。推进外环线普陀生态专项建设工程等一批绿化项目,全区新增绿地20.31万平方米,区域绿化覆盖率达到24.38%,人均公共绿地面积6.05平方米/人;全年种植行道树1023株,新建屋顶绿化建设12454平方米,垂直绿化5031米。创建兰溪路、志丹路等8条市林荫道,创建数量居全市第一。加强苏州河沿线景观灯光绿地、码头建设,完成9块绿地和长风生态商务区二号地块的景观灯光调试;完成长寿公园改造。对63条道路实施洁净工程,道路总长4.4万米,总面积116万平方米。全面实施普陀区第五轮环保三年行动计划,启动率达86.4%。推进企业清洁生产审核,关闭、搬迁上海天光化工厂等9家污染严重企业;完成上海汽车有色铸造总厂等2家企业3台20吨以下燃煤锅炉拔点工作。检查整治南大地区工业企业168家次。全年区域内二氧化硫年日平均值为0.023毫克/立方米,二氧化氮年日平均值0.049毫克/立方米,大气中可吸入颗粒物平均值0.081毫克/立方米,平均降尘量6.3吨/平方公里,空气质量优良率达到91.9%。加强噪声污染防治,海普苑小区成为区第12个"市安静居住小区"。绿色创建和环境教育取得实效,"上海梦清园"创建成为首批市级环境教育基地。加大对重点用能企业的监管力度,单位增加值能耗预计下降4%左右。开展国家卫生区创建工作。推进区社会治安、市容环境管理、公共安全、生产安全、食品安全等方面的大联动、大联勤。以桃浦、长寿等区域为重点,持续开展街面秩序整治。全年共拆除违法建筑5.9万平方米。完成枣阳路、宜昌路等围墙整治,完成中小道路店招店牌整治1000块。加强应急处置,成功抵御台风"海葵"、"布拉万"的侵袭。推进全区"百兆到户、千兆到楼"的信息基础设施建设,完成94%居民小区光纤入楼改造。加强TD试点示范区建设项目应用,运行交通路况手机查询、虚拟商城、智能停车、移动办公等10个项目。

【科技发展】 推进科技产业对接"大张江"战略,张江普陀园的整合、规划工作基本完成。鼓励企业自主创新,全年新增高新技术企业23家,市、区科技小巨人企业26家。高新技术企业完成销售产值237.6亿元。承接各级各类科技专项计划178项,获市级以上各类科技扶持资金支持9375万元,比上年增长12%。财政科技投入3.03亿元,带动90家科技企业实施自主研发项目380项。全年获国家、市级科技创新项目立项58项,获得市级以上科学技术奖20项。推动智慧城市建设,制定普陀区智慧城市建设的实施方案。推进全区"百兆到户、千兆到楼"的信息基础建设,完成94%居民小区光纤入楼改造,在区政府办公楼、企业服务中心等实现热点WLAN覆盖。

【教育、卫生事业】 教育事业优先发展。试行非上海户籍人员子女入园积分制,各街道、镇所属托儿所逐步纳入区教育行政部门统一管理。推进桃浦、长征、石泉、曹杨教育发展共同体建设,促进教育资源与社会资源共建共享。有效教学深入推进,在市"绿色指标"首次测试中,10项指数均达到或优于市平均水平。曹杨二中园区、华师大四附中、上师大附属二实验、同济二附中等4个重点项目加快推进,华东师大四附中开工建设。尚阳外国语学校、大华清水湾三期小学(师大附小分部)、祥和小学、长寿路第一小学、安居金光一贯制学校(文达学校)、郑家宅幼儿园等6所学校正式开办。完成近5万平方米的"退租还教"工作,校园及周边环境显著改善。建成上海老年大学普陀分校。

启动公立医院改革试点,制定《普陀区区域医疗联合体实施方案》。推进区医疗急救体系建设,完成利群医院120急救站标准化建设。社区卫生服务中心全面实行收支两条线管理,长风社区卫生服务中心成功创建全国示范社区卫生服务中心,长征、石泉社区卫生服务中心成为全市临终关怀病房试点单位。实施第三轮加强公共卫生体系建设三年行动计划。启动第四轮建设健康城区三年行动。中心医院外科医技综合楼、市儿童医院、市妇幼保健中心、区妇婴保健院(所)迁建工程结构封顶,桃浦东部地区社区卫生服务机构基本建成。

【文化、体育事业】 举办2012苏州河文化艺术节、新上海人歌手大赛、"国粹杯"全国书法大赛及获奖作品展、第十五届上海国际电影节手机电影节等多个主题活动和展览。开展居(村)委会文化惠民工程,推出区文化惠民工程每"三个一"(每月在区图书馆推出一台文艺演出、一场讲座、一部电影)公益活动,新设立20家"蒲公英图书漂流屋"。建成真如市民文化活动广场、红十字文化广场及主题雕塑。

体育事业全面发展。举办"第九届中国上海苏州河城市龙舟国际邀请赛"。开展"国家高水平体育后备人才基地"创建工作。完成上海市第一届市民运动会的组织参与和赛事承办工作,参与人次达40万。普陀区游泳学校大修顺利完工,曹杨游泳池大修项目开始施工，体育中心击剑馆项目进入工程招标阶段。新建4条百姓健身步道、3家百姓健身房。

【社会保障】 住房保障工作稳步推进。金光二期、沪嘉北A项目竣工并交付使用，李子园A、507坊、402坊等保障性住房项目按计划推进。产权保障住房已有1144户家庭成功选房。实施市筹公共租赁住房申请供应工作，受理通过47户，实际入住27户。新落实廉租租金配租家庭778户，发放配租租金3714.7万元，累计向7105户配租家庭发放租金1.74亿元。实施20万平方米的旧住房修缮改造工程。启动新渡口、老真北二期2个旧改基地，其中新渡口征收协议已经生效，老真北二期征地房屋补偿签约工作稳步推进。老真北一期、锦绣里、中山桥128坊、合利坊等4个历年结转基地的房屋拆迁补偿工作加快推进。全年共拆除二级旧里以下房屋13.09万平方米(含外环林带拆除的桃浦农民老宅基)，完成征收3013户。就业促进工作积极推进。帮助高校毕业生、就业困难人员、进城务工农民等人群实现就业。全区新增就业岗位2.27万个，城镇登记失业人数1.97万人，帮助529人成功创业。全年居保人员登记总人数10.59万人，互助帮困参保总人数2.1万人。全区养老机构36家，床位5192张，比上年增长18.4%。年内居家养老服务人数已达2.11万人，为7889名高龄老人提供家庭互助服务。新建老年日间服务中心1所，社区老年人助餐服务点2个，新建、改建标准化老年活动室20个，为126户困难老年人家庭提供“适老性”住房改造。加强主副食品市场价格监测和管理，“菜价通”系统在标准化菜场实现全覆盖。

【社会管理】 全年监督检查生产经营单位1.84万次，查处一般隐患2.34万处，整改率100%。开展各类食品药品专项检查42次，检查各类企业1.12万次。全区中型以上餐饮单位隔油池或油水分离器安装率达到100%。完成第十次居委会换届选举，全区231个居委会直选比例达到100%。推进居委会标准化、规范化建设，完成31个居委会办公用房的达标改造。深化社区事务受理服务中心规范化建设，延长服务窗口的工作时间。完善社区服务设施，中远两湾城标准化菜场投入使用，完成5家标准化菜市场的二次改造，标准化菜场食品追溯系统及早餐工程全面完成。加强对社区特殊人群的心理矫正工作。社会治安平稳可控。完成十八大、全国两会、市第十次党代会等重大活动的安全保卫任务，确保社会秩序平稳、有序、可控。严厉打击“两抢一盗”(抢夺、抢劫、盗窃)等多发性侵财犯罪。盗窃“三车”(汽车、摩托车、自行车)案件、扒窃拎包案件立案数同比分别下降29.9%和26.3%。深化社区矫正、安置帮教和禁毒等预防犯罪工作。整合法律援助、医患纠纷人民调解等功能，建成全市首家区级司法行政服务中心。信访形势总体良好，初次信访事项按时转送率、告知率和答复率均达到100%。

(吴远美)

2012年普陀区基本情况表

项　　目	数量
区域面积(平方公里)	55.53
行政区划	
街道(个)	6
镇(个)	3
乡(个)	
居民委员会(个)	233
村民委员会(个)	7
人口	
户籍人口(万人)	88.38
户数(万户)	33.17
人口密度(人/平方公里)	15915
人口自然增长率(%)	-0.64
教育	
中学(所)	50
在校学生(人)	38763
小学(所)	28
在校学生(人)	19226
幼儿园(所)	82
在园人数(人)	27002
职校(所)	1
在校学生(人)	1586
文化	
图书馆、室(家)	12
文化馆、站(家)	13
影剧院、场(家)	9
卫生	
医疗卫生机构(所)	155
区(县)级医院(所)	7
医院床位数(张)	5431
医疗卫生技术人员(人)	6878
执业医师(人)	2612
体育	
体育场馆(家)	5
健身苑、点(个)	428

2012 年普陀区国民经济主要指标

项　　目	单位	完成数	比上年增长%
增加值	亿元	657.58	9
第一产业	亿元	–	–
第二产业	亿元	112.84	-0.02
工业	亿元	84.11	-0.52
第三产业	亿元	544.74	11
固定资产投资额	亿元	161	9.07
财政收入	亿元	216.51	10.3
地方财政收入	亿元	68	10.4
地方财政支出	亿元	103.46	6.3
外贸出口总额	亿美元	8.38	-3.58
直接利用外资签订合同项目数	个	123	6.03
直接利用外资签订合同金额	亿美元	6.52	-6.91
农业总产值	亿元	–	–
工业总产值	亿元	246.27	-10.4
住宅竣工面积	万平方米	27.94	-61
社会消费品零售总额	亿元	478.49	6.3

虹　口　区

【概况】 位于上海市中心城区东北部。东与杨浦区接壤,西与闸北区为邻,北与宝山区相连,南隔苏州河、黄浦江分别与黄浦区、浦东新区相望。区域面积 23.48 平方公里。内环线横贯区域中部,中环线穿越区域北部并连通逸仙路高架路与南北高架路,轨道交通 3、4、8、10 和 12 号线(在建)穿越区境,大连路隧道、新建路隧道、其秦线轮渡、泰公线轮渡连通浦东新区;外滩隧道是虹口区直达外滩的快速通道;虹口足球场综合交通枢纽建设接近尾声。上海港国际客运中心位于北外滩地区。虹口区历史文化积淀深厚,有山阴路历史文化风貌保护区、提篮桥历史文化风貌保护区及外滩历史文化风貌保护区的部分区域(即外滩河口地区);有中共四大纪念馆、上海犹太难民纪念馆、"左联"会址纪念馆、上海鲁迅纪念馆、朱屺瞻艺术馆、多伦现代美术馆等文博场馆;有浦江饭店、上海大厦、上海邮政大楼、鲁迅故居等 40 处历史遗址与纪念地;有列入市级非物质文化遗产保护名录的"精武体育"、"生肖文化"和"石库门里弄生活习俗";有鲁迅公园、和平公园、虹口足球场及"中国历史文化名街"多伦路等文化休闲处所。区人民政府地址:飞虹路 518 号。

【区域经济】 2012 年实现区增加值 625 亿元。税收收入 134.32 亿元,比上年增长 8.7%;区级财政收入 58.20 亿元,比上年增长 8.2%;现代服务业实现区级税收 25.5 亿元,比上年增长 14.6%,占区级税收的比重提高 3.6 个百分点。北外滩是上海国际航运中心和国际金融中心核心功能"双重承载区",成为上海航运和金融服务业综合改革试点区,被交通运输部授予全国第一个"航运服务总部基地",被国家旅游局授予"中国邮轮旅游发展实验区"。引进一批中高端航运服务企业和功能性机构,瑞士吉与宝集团亚洲总部、赫伯罗特船务中国总部、上海世界海事大学中心、交通运输部东海航海保障中心等落户北外滩。以财富管理为特色的金融服务业集聚发展,新引进各类金融企业和机构 185 家,公募基金管理公司 6 家,数量仅次于浦东新区;国家开发投资公司金融总部、中信集团华东总部、中国邮政储蓄银行第二总部等入驻虹口区,新华保险、中国建投等大型金融机构在北外滩置业。至年底,虹口区金融企业总数超过 300 家。提升现代商贸业能级加速。成立四川北路商贸发展促进会。乐购仕生活广场、壹丰广场、中信泰富·申虹广场等开业。全年完成社会消费品零售总额 252.1 亿元,比上年增长 10.3%。推进上海国际酒类现代商贸服务功能区建设,上海国际酒业交易中心、上海红酒交易中心运营,建设酒类检测、酒品追溯等平台。发展文化创意产业、低碳产业。建设上海音乐谷,1913 老洋行完成改造并启动运行,半岛湾项目基本竣工,三角地艺术园在建。新文化传媒公司成为上海第一家在创业板上市的文化类民营企业。上海环境能源交易所启动碳排放权交易试点,绿能高科等节能环保企业入驻上海低碳经济生产性服务业功能区。新引进企业 2947 户,新增内外资企业注册资金 202.6 亿元,首次突破 200 亿元,比上年增长 36.4%,其中注册资金亿元以上企业 28 家;外商直接投资合同金额 10.4 亿美元,比上年增长 27.4%。新引进企业注册资金中,现代服务业占 91.8%,其中金融服务业超过 50%。提高区域开放度,与工商银行、中国银行、交通银行和国家开发银行等国有银行上海市级银行签订合作协议。与交通运输部水运局、上海海事局、中海集团等加强合作。与市商务委、上海综合保税区合作打造进口商品集散地和进口企业集聚地。与同济大学、上海外国语大学等合作推进产业转型、教育发展以及人才培养等。与以色列海法市的高科技企业中心签订经济合作框架协议。新设 1 家小额贷款公司,在各街道设立中小企业发展促进中心分中心和基层商会小微企业金融服务合作社。召开"集聚总部经济,助推转型发展"国内优势企业座谈会,举办北外滩财富与文化论坛、2012 上海国际灯会、亚洲邮轮大会、四川北路欢乐节、上海酒节、上海青年高端创意人才看虹口等活动。

【城市建设与管理】 虹口区成立旧区改造和房屋征收工作领导小组及指挥部,并设立嘉兴、提篮桥和四川北三个分指挥部,排演大型情景剧《告别最后的棚户人家》,以"梁惠英工作室"为骨干的人民调解团队成为化解旧改家庭纠纷的重要力量;针对虹镇老街旧区改造时间跨度长、房屋情况复杂等情况,开展"违法建筑、违法经营、违法出租"专项整治行动,共完成旧改 1378 户,其中拔点 470 户;完成新建路隧道扩大用地等 3 个地块拔点交地;完成周家嘴路 901 号、海南路 97 号、东长治路 573 弄、北外滩 89 街坊等 4 个地块第二轮征询。启动广中路北地道、虹口港泵闸等项目,推进轨道交通 12 号线虹口区内站点建设。整治东余杭路、凯德龙之梦虹口广场等市容管理顽症,拆除违法建筑 5.5 万平方米。新增公共绿地 3975 平方米、专用绿地 15000 平方米,水、气、声环境得到改善。浦江国际金融广场等被评为上海市楼宇节能合同能源管理示范项目。完成《北外滩城市综合体群概念设计》《虹口北外滩地区(含河口地区)现代商贸业发展规划》等。商务商业楼宇竣工面积52.14万平方米,出让海门路55号、东大名路1060号地块。闲置多年的四川北路108地块、北苏州路190号地块和中美信托地块开工。在公共场所新开通612个无线局域网接入点,四川北路沿线公共区域率先在市级商业街中形成"全覆盖、全天候、全免费"的无线网络环境,建成四川北路全程电子商务平台(一期),基本建成四川北路停车诱导系统。北外滩滨江绿地(国客中心段)实现对市民开放,虹口港-俞泾浦文化休憩廊道(一期)启动建设。

【民生工作】 廉租住房新增受益家庭1075户,实现应保尽保。完成第二批、第三批共有产权保障房摇号选房工作,惠及1259户家庭。新筹措公租房源718套。推进彩虹湾大型保障性住宅区一期建设。旧住房综合整治开工153.4万平方米,完成143.5万平方米。扶持创业组织1106户,带动就业5078人。曲阳街道被评为"国家级充分就业示范社区"。城镇登记失业人数15838人。发放各类帮困救助资金1.7亿元,惠及74万人次。实施建立网上敬老院、开通为老服务热线、完善老年人紧急援助系统等举措。新增养老床位302张,享受社区居家养老服务人数达到23695名。虹口区被评为全国养老服务示范区。创办上海残疾人开放大学虹口学习中心。

【社会事业】 推进社会生活共同体建设。制定《关于进一步加强新形势下社区建设的实施意见》。完善社区代表会议制度,加强社区委员会建设。建成"1+8+230"(1个区级生活服务管理中心、8个街道生活服务分中心、230个居委会生活服务点)社区生活服务体系框架。培育社会组织,发展公益服务项目。建立虹口社会建设学院。广中街道成为上海首批智慧社区试点街道,欧阳街道董家宅居委会和四川北街道多伦居委会创建为上海市居委会自治家园示范点。完成张江高新技术区虹口园扩园规划,并成立园区管委会。虹口创新驿站成为中国创新驿站上海基层站点。申报市以上创新项目148项,专利授权数1064件,新增市、区两级"科技小巨人"企业7家,虹口区高新技术企业达105家。柳营路小学和虹口实验学校成为上海市新优质学校,鲁迅中学入选上海市首批特色学校试点。建成虹口区学生体质健康监测中心,拓展"电子书包"应用范围,增强国家指南针计划专项青少年基地的体验功能,上外附小团队获2012年世界头脑奥林匹克决赛冠军,华东师大一附中团队获2012年VEX机器人世界锦标赛冠军。推进名师培养基地、名师工作室建设。曲阳街道曲一居民区被评为全国科普示范社区。上海市中西医结合医院通过三级甲等医院等级评审。虹口区创建成为国家"慢性非传染性疾病综合防控示范区"。新增家庭病床5540张,规范化电子健康档案建档率达86.4%,凉城和提篮桥社区卫生服务中心成为上海市示范性社区卫生服务中心。推动曲阳社区卫生服务中心开展家庭医生制服务试点,"11253"服务模式有2.7万人签约。中共四大纪念馆开馆,举办虹口戏剧小品节暨第十一届华东六省一市戏剧小品大赛、第三届上海市无伴奏合唱比赛。建成26家菜场书屋。参加上海市第一届市民运动会,举办2012年虹口区市民运动会,27万人次市民参与活动。虹口输送的运动员黄雪辰获第30届奥运会花样游泳团体银牌和双人项目铜牌。建成虹口文体移动大舞台和3条市民健身步道。 (何 瑛)

青 浦 区

【概况】 位于上海市西部。东与闵行区毗邻,南与松江区、金山区和浙江省嘉善县接壤,西连江苏省吴江市、昆山市,北接嘉定区。区域面积668.54平方公里,其中耕地面积2.73万公顷,水域面积124.49平方公里,21个湖泊面积59.32平方公里。淀山湖跨青浦区、江苏省昆山市,区境内面积为46.7平方公里。境内有太浦河、大蒸塘、淀浦河、拦路港、苏州河、油墩港等主干河道。沪渝高速公路、沪蓉高速公路、申嘉湖高速公路和沪常高速公路自东向西横贯全境,上海绕城高速公路和沈海高速公路自北而南穿越东境。北有京沪高速公路,南有沪昆高速公路。轨道交通2号线到达徐泾。有崧泽古文化遗址、福泉山遗址等古文化遗址,有朱家角镇、练塘镇和金泽镇等古镇(中国历史文化名镇),有唐青龙塔、唐泖塔、清万寿塔等古塔,有宋普济桥、元迎祥桥、明放生桥等古桥。有东方绿舟、太阳岛旅游度假区、上海大观园、上海国际高尔夫乡村俱乐部和日月岛度假村等旅游场所。有陈云故居暨青浦革命历史纪念馆、小蒸农民暴动指挥所等纪念地。区人民政府地址:公园路100号。

【行政区划】 2000年1月青浦撤县建区时有20个镇、1个市级青浦工业园区。2011年末,青浦区下辖徐泾、赵巷、华新、白鹤、重固、朱家角、练塘、金泽8个镇和夏阳、盈浦、香花桥3个街道。年末有184个行政村和88个居民委员会。

【人口】 年末常住人口117万人。户籍人口46.5万人,其中非农人口32.5万人。户籍人口出生3202人,死亡3503人,户籍人口出生率6.9‰,户籍人口自然增长率-0.65‰。年末,登记来沪人员70.3万人。来沪人员出生5554人。

【人民生活】 2011年,农村居民年人均可支配收入16381元,比上年增长11.8%,。城镇居民人均可支配收入为31274元,比上年增长11.1%。农村居民每百户拥有洗衣机、彩色电视机、空调机、移动电话、热水器分别为98台、225台、196台、232部和108台;拥有计算机79台,其中73台接入互联网。

【区域经济】 2012年,实现地区增加值718.1亿元,比上年增长8.0%。三次产业比重为1.4:57.5:41.1,与上年相比,第一产业下降0.1个百分点,第二产业下降2.1个百分点,第三产业上升2.2个百分点。全口径财政收入242.8亿元,比上年增长12.1%;区级财政收入75.2亿元,比上年增长11.7%。全区财政支出117.8亿元,比上年增长12.9%。税收收入231.7亿元,增长11.9%。

农业总产值25.4亿元,比上年增长4.0%。其中,种植业产值16.6亿元,增长8.2%;林业产值0.6亿元,增长37.9%;畜牧业产值2.9亿元,下降20.2%;渔业产值4.6亿元,增长5.0%。粮食作物播种面积24.2万亩,下降9.7%,粮食总产量11.1万吨,下降9.1%。启动2700亩高水平粮田和1230亩设施菜田建设项目,2600亩标准化鱼塘建设已有4个项目陆续启动。青浦区被国家发展改革委、农业部列为全国蔬菜产业发展重点县。全社会固定资产投资347.0亿元,比上年增长19.4%。其中,工业投资69.2亿元,增长17%;商贸业投资58.7亿元,增长2.8倍;房地产投资193.3亿元,增长2.6%;公共基础设施投资23.4亿元,下降2.9%。

新批外资项目105个,增资项目60个,完成合同外资8.02亿美元。其中,1000万美元以上新批项目9个,合同外资3.76亿美元;1000万美元以上增资项目7个,合同外资2.7亿美元。尤妮佳(中国)投资有限公司和天田(中国)有限公司被市商务委认定为跨国公司地区总部。引进内资实体型项目446个(含增资),注册资金26.83亿元;到位资金18.50亿元。新注册私营企业10748户,年末私营企业76009户,比上年末增长6.9%。私营企业税收111.3亿元,增长7%,占全区税收收入比重48%。完成规模工业总产值1485.4亿元,比上年增长5.2%。各工业园区(包括一园三区、西郊经济开发区、练塘工业园区和5个产业区块)完成规模工业产值1195.5亿元,增长8.8%。通用设备制造业等前10大行业完成规模产值1030.7亿元,占全区规模工业产值比重69.4%。产值前50位工业企业共完成规模产值677.1亿元,比上年增长12.7%。规模工业综合能源消费总量99.69万吨标准煤,比上年下降3.1%,万元产值能耗0.0723吨标准煤,比上年下降4.5%。服务业增加值294.8亿元,比上年增长13.9%。社会消费品零售总额357.8亿元,比上年增长19.6%。其中,限额以上零售企业完成销售68.6亿元,增长26.8%。奥特莱斯、桥梓湾商圈、永业购物中心等三大商圈完成销售39.7亿元,比上年增长18.3%。

青浦工业园区完成规模工业产值489亿元,增长10.2%。张江高新青浦园规模工业产值137.4亿元。启动东华海天"衣食天下"连锁加盟总部园区、四维尔汽车零部件表面处理技术研发园区、瑞津生物医疗器械产业园和紫光物联网产业园等四大特色产业园,涉及土地245亩,总投资14.2亿元。出口加工区规模工业产值191.3亿元,增长17.9%。尚之坊时尚文化创意园二期、移动智地——上海移动互联网产业基地一期项目开工仪式举行,民用航空维修基地获上海市争创国家新型工业化产业示范基地称号。现代农业园区建设形成6.5公里生态沟渠和生态农业检测实验室,建成东方菲尼克斯600亩露地生鲜蔬菜配送基地。北斗卫星导航与位置服务技术创新西虹桥基地获得国家和市相关主管部门认可,被纳入上海市北斗卫星导航产业发展的重点产业基地之一。

【城乡建设与管理】　淀山湖新城东片大社区内已启动12个公建配套项目。复旦附中青浦分校项目完成方案设计,上海戏剧学院电影电视学院和世界外国语小学与幼儿园启动前期工作。中山医院青浦分院扩建升级工程基本完成,仁济医疗集团朱家角人民医院迁建工程竣工验收,青少年活动中心、水文站、图书馆扩建工程及油车浜路、规划西一路、规划西二路、豫才学校周边绿地等项目建设均完成。西虹桥商务区国家会展项目主体全面开工。

完成年度重大建设项目120项,总投资803亿元(包括在青的市重大建设项目28项,计划投资438亿元)。其中,社会民生项目18项,基础设施项目24项,环境建设项目17项,产业建设项目61项。年内新开工57项,竣工或基本竣工35项,完成投资136亿元。

全区园林绿地总面积6292.2万平方米,园林绿化覆盖总面积6331.7万平方米,其中,公共绿地面积745.1万平方米,绿地率42.9%,绿化覆盖率43.2%,人均公共绿地面积23.9平方米/人。

完成华新污水厂等5家污水厂扩建升级改造和55个加油站、油罐车油气回收改造。道路洁净工程完成44条。新增污水处理量2.34万吨/日,年末全区污水处理能力24.2万吨/日。工业企业减少污水排放量90.93万吨/年,削减化学需氧量125.35吨,氨氮10.91吨。

环境质量持续改善。可吸入颗粒物二氧化氮、二氧化硫、总悬浮颗粒物平均值达到国家二级标准限值。全年空气质量指数达到二级或优于二级的天数354天,空气优良率96.7%。全区降尘为3.8吨/平方公里·月,继续处全市较低水平。国家生态区创建全面启动,完成39个区级生态村创建。

房地产开发项目153个。施工面积893.8万平方米,比上年增长17.7%。其中,新开工面积270.4万平方米,下降22.7%。竣工面积174.2万平方米,增长84.3%。

完成第二批公交复线置换整合,新辟3条公交线路,延伸调整4条"村村通"线路走向。启用地铁2号线徐泾东综合交通枢纽及停车场,接驳11条公交线路。启用2个镇级公交枢纽场站,完成3个公交枢纽场站修缮工程。年末运营公交线路81条,4家公交公司运营车辆589辆。全年全区公共交通客运总量6890万人次,比上年增长10.3%。

【民生工作】　全年新增就业岗位26019个。其中,非农就业岗位9682个,残疾人就业安置岗位577个。城镇登记失业人数4961人,控制在市政府下达指标6500人之内。青年职业见习764人。帮助512人成功创业。认定就业困难人员202人,安置率100%。认定零就业家庭9户,安置率100%。

19040户368670人参加城镇社会保险。其中,外来从业人员参加城镇职工养老保险5319户25223人。月均基金征缴率99.7%。有88600名离退休人员(包括34995名小城镇保险养老人员)实行社会化发放,全年支付养老保险基金15.3亿元。其中,支付城镇保险养老基金5.7亿元。3008名生育妇女办理生育保险待遇申领手续,当年支付生育生活津贴及生育医疗补贴5586万元,为4619名工伤人员办理工伤保险待遇申领手续,当年支付一次性伤残补助金9905.1万元。

低保城镇4374人,低保1492人。低保发放城镇64465人次2570万元,农村21110人次244万元。实施城镇低保、实物救助、重残无业、重残无业困难补助、农婚知青、支内回户、粮油卡、粮油券、医疗救助、居民医保、农村低保、临时救助和市民综合帮扶13项常规救助20.89万人次,金额6055.84万元。养老机构23家,养老床位数4230张,至年底共入住1613位老年人,入住率38.13%。有爱心送餐服务点9家,为500余名老人解决用餐。新建市级标准化老年活动室13家,创建面积3712平方米;改建市级标准化老年活动室15家,改建面积3484平方米有628名居家养老服务员和469名志愿者,享受居家养老服务的老人达4149人,阳光之家11个、阳光心园11家。

完成农村低收入户危旧房翻建27户、修缮3户工程。完成旧住房综合改造11万平方米。保障性住房投资74.8亿元,增长56.5%，占房地产投资比重38.7%。其中，保障性住房项目35个，施工面积379万平方米，占42.4%。其中，新开工面积142.5万平方米，占52.7%。保障性住房竣工面积46.3万平方米，占26.6%。

启动7项动迁安置房基地建设，开工面积54.6万平方米，竣工安置房1094套9.3万平方米，安置动迁过渡户1401户。大社区内已建成经济适用房2926套19万平方米。建设筹措公共租赁住房1654套8.4万平方米。年末，累计享受租金补贴家庭268户，发放补贴114万元。落实实物配租家庭34户，42户办理经济适用住房购房签约手续。

全年发生违反治安案件19570起，刑事案件5479起。发生重大交通事故56起，死亡60人，受伤15人。发生火灾364起，无人员死亡。完成食品监督抽检2014件，合格率79.9%；食品快速检测6504件，合格率87.3%；完成药品抽检884件，合格率98.2%。受理和处理举报投诉411起，作出行政处罚638户。

城镇居民人均居住建筑面积31.6平方米。城镇居民人均可支配收入31274元，比上年增长11.1%；农村居民年人均可支配收入16381元，增长11.8%，农村居民收入增速居全市各郊区县前列。

【社会事业】 科技企业3103家，从业98229人。15个项目被列为国家创新基金项目，24个项目被列为市创新资金项目。7家企业被认定为市科技小巨人（培育）企业，37家企业被评为市创新型企业。年末市科技小巨人（培育）企业43家。新增民营科技企业120家，累计3103家，从业人员1.4万人。其中，高级职称234人，博士60人。技术合同认定登记280件；成交5.0亿元，增长10%。专利申请4130件；专利授权量2851件，增长22.3%。智慧城市有序推进。公用移动通信基站1110个，Wi－Fi热点覆盖850个场点，AP数4000个。

全年教育经费投入20.1亿元。其中，区财政预算内拨款11.9亿元，比上年增长9.7%。尚美中学被授予第一批全国中小学中华优秀文化艺术传承学校，青浦第一中学和崧泽学校获全国特色学校。全年广播电视播出时间总量1万小时，两个重点栏目共播发新闻450余条。青浦城区6.1万户有线电视数字化整体转换。完成图书馆馆舍扩容3300平方米。区图书馆接待读者45万余人次。青溪讲坛推出各类讲座30余场。区博物馆免费接待观众逾10万人次。举办“铁笔生花”烙画作品展、白鹤镇沪剧传承基地授牌暨江南丝竹展示、朱家角镇端午节非遗展示和“三千年江南续”摄影大赛等活动。家庭医生制服务签约38.5万户籍人口，覆盖户籍人口80.2%。规范化电子健康档案建档率覆盖常住人口80.1%。学生龋齿充填率45.3%。新农村合作医疗参保率99%以上，人均筹资1260元/人，住院费用支付比例70%。金泽镇社区卫生服务中心成功创建全国示范社区卫生服务中心。完成百姓健身步道4条，健身器材更新600件，农民篮球场4片。举办乒超联赛等35项体育比赛活动，2万人次参加。各镇街道组织各类体育赛事活动150项。全区社会体育指导员1831名，社会体育组织37个，健身团队1630个。在全国青年U16赛艇锦标赛上获3金、3铜，全国少儿游泳邀请赛获6金、3银、2铜，参加全国业余击剑联赛获女子重剑儿童乙组团体第一。体育彩票销售总额1.2亿元，比上年增长34%。

【旅游业特色】 环淀山湖湖生态带东星段改造完成，淀山湖湿地（大莲湖湿地）水系沟通及鱼塘设施改造基本完成。东方绿舟获“全国知名品牌创建示范区”。朱家角古镇获长三角十大古镇称号。朱家角”商标入选上海市著名商标，为全市旅游景区类唯一一家。1月1日，2012上海欢乐健康游首游式在东方绿舟举行。3月6日，2012上海市春季旅游消费信息发布会在青浦西郊国际农产品展示直销中心举行。5月20日，由国家教育部体育卫生与艺术教育司主办的“巅峰对决”高校学生文体对抗赛首站比赛在东方绿舟举行。9月22日，长三角自驾游服务示范基地暨首家DD885自驾游服务中心在东方绿舟揭牌。10月22日，首部沪语田歌音乐剧《角里人家》在朱家角影剧院登场。11月28日，第二届上海朱家角国际水彩画双年展在朱家角人文艺术馆开展。

全区旅游收入40.12亿元，比上年增长25.37%；旅游接待人次623万，比上年增长16.4%。　（赵　峰）

2012年青浦区基本情况表

项　目	数量
区域面积（平方公里）	668.54
行政区划	
街道办事处（个）	3
镇（个）	8
居民委员会（个）	88
村民委员会（个）	184
人口	
户籍人口（万人）	46.5
户数（万户）	16.56
人口密度（人/平方公里）	
人口自然增长率（‰）	－0.65
教育	
中学（所）	24
在校学生（人）	25635
小学（所）	45
在校学生（人）	48952
幼儿园（所）	71
在园幼儿（人）	24823
职校（所）	54
在校学生（人）	5614
文化	
图书馆、室（个）	10
文化馆、站（个）	12
影剧院、场（个）	12
卫生	

续表

项　　目	数量
医疗卫生机构(所)	23
区级医院(所)	4
医院床位数(张)	2003
医疗卫生技术人员(人)	3028
执业医师(人)	1064
体育	
体育场馆(个)	4
健身苑、点(个)	477

2012 年青浦区国民经济主要指标表

项　　目	单位	完成数	比上年增减%
增加值	亿元	718.09	8.0
第一产业	亿元	10.29	4.5
第二产业	亿元	413.03	4.2
工业	亿元	397.85	3.8
第三产业	亿元	294.77	13.9
全社会固定资产投资额	亿元	347.05	19.4
财政收入	亿元	242.78	12.1
区级地方财政收入	亿元	75.16	11.7
地方财政支出	亿元	117.78	12.9
外贸出口总额	亿美元	65.82	-9.8
直接利用外资签订合同项目数	个	105	19.3
直接利用外资签订合同金额	亿美元	8.02	6.6
农业总产值	亿元	25.44	4.0
规模工业总产值	亿元	1485.42	5.2
住宅竣工面积	万平方米	174.24	84.3
社会消费品零售总额	亿元	357.80	19.6

长　宁　区

【地理位置】　长宁区东界位东经 121°26′01″,西界位东经 121°19′36″,南界位北纬 31°10′46″,北界位北纬 31°14′43″。位于上海市区的西部,东与静安区的长宁路、武定西路、镇宁路接壤;西交闵行区的北横泾机场河、许浦港;南与徐汇区的华山路、兴国路、淮海西路、古羊路毗连;北靠吴淞江(苏州河),西段以吴淞江为界与嘉定区隔河相望,东段以万航渡后路为界与普陀区相接。境内有大小河汊 55 条,集中于区境西部,长度在 1.5 公里以上者仅 5 条,最短的直挺浜仅 120 米。吴淞江为区境干流,一级支流有新泾港、许浦港、中渔浦,二级支流主要有周家浜、野奴泾、新渔浦等。

【历史沿革】　区境在唐天宝十年(751 年)隶属华亭县高昌乡。北宋时,称高昌乡法华巷。元至元二十八年(1291 年),置上海县后改隶上海县。明嘉靖年间(1522 年 - 1566 年),法华称镇。清宣统二年(1910 年),法华建置为乡。民国 17 年(1928 年),划归上海特别市,改为法华区。民国 36 年(1947 年),因长宁路横贯境内,改称长宁区。民国 37 年(1948 年),改称法曹区。解放后,沿用长宁区名,区境几经调整。1950 年,区境扩入吴淞江以南、古北路以东,折延安西路以北的新泾区周家桥地区。1956 年,区境向东扩到静安区静安寺地区,向西扩入新泾区及吴淞江以南,沪杭铁路徐虹支线以北地区。1959 年,区境东界西移镇宁路。1982 年区境向西扩到上海县新泾人民公社 9 个自然村。1983 年,向西南扩到上海县地域内的万国公墓及其周边地区。1984 年,向西扩到上海县北新泾镇及新泾乡 35 个自然村、虹桥乡 2 个村及虹桥机场等地区和单位;8 月,北新泾镇从上海县划入长宁区。1991 年,扩到虹桥机场兴建的机场新村地区。1992 年,向西扩到新泾乡 42 个自然村和虹桥乡 2 个村;7 月,新泾乡划入长宁区。

【区划与人口】　全区辖有新华路、江苏路、华阳路、周家桥、天山路、虹桥、程家桥、仙霞新村、北新泾 9 个街道和新泾镇,下设 182 个居民委员会。区政府地址:长宁路 599 号。

2012 年末,全区户籍人口数 626467 人,户数 216468 户,人口密度 16845 人/平方公里,平均每户家庭人口 2.9 人。全年出生人口 6131 人,人口出生率 9.8‰;死亡人口 4919 人,死亡率 7.9‰;自然增加人口 1212 人,自然增长率 1.9‰;计划生育率 99.6%。全区 60 岁以上老人 157827 人。

【经济建设】　2012 年,实现区生产总值(GDP)752.73 亿元,按可比价格计算,比上年增长 7.4%。其中,第二产业增加值 48.02 亿元,比上年下降 2.8%;第三产业增加值 704.71 亿元,比上年增长 8.1%,第三产业增加值占全区生产总值的 93.6%,比上年提高 0.6 个百分点。全年实现可统计范围增加值 368.44 亿元,比上年增长 8.1%。全年完成财政收入 248.22 亿元,比上年增长 12.3%。其中,增值税 57.82 亿元,比上年增长 29.8%;营业税 35.59 亿元,比上年下降 23.4%;企业所得税 58.00 亿元,比上年增长 24.9%;个人所得税 38.66 亿元,比上年增长 5.4%;区级财政收入 99.26 亿元,比上年增长 12.1%。全年财政支出 113.67 亿元,比上年增长 15.1%。现代服务业实现税收 161.23 亿元,比上年增长 14.0%;房地产业实现税收 50.65 亿元,比上年增长 2.4%。现代商业实现税收 16.36 亿元,比上年增长 10.9%;都市产业实现税收 11.34 亿元,比上年增长69.9%。推进国家营业税改征增值税试点工作,累计为全区各类企业减轻负担 3.63 亿元。完成固定资产投资总额 73.77 亿元,比上年增长 14.1%。虹桥涉外商务区全年实现税收 116.42 亿元,比上年增长 9.0%,占全区税收47.8%。其中,虹桥国际贸易中心实现税收 63.52 亿元,比上年增长 10.9%,占全区税收的 26.1%。中山公园商业中心实现税收 22.84 亿元,比上年下降 15.5%,占全区税收的 9.4%。虹桥临空经济园区实现税收 30.07 亿元,比上年增长 33.3%;工业总产值 69.85 亿元,比上年下降 1.1%。其中,规模以上工业总产值66.70亿元,比上年下降2.0%。工业销售产值67.54亿元,比上年增长0.6%。其中,规模以上工业销售产值64.36亿元,比上年下降0.2%。工业产品销售率96.7%,比上年增长2.0%。全区工业高技术产业产值26.60亿元,比上年下降3.0%,占全区工业总产值的38.1%。全区规模以上工业企业中,国有企业实现工业总产值17.67亿元,比上年下降4.8%;股份制企业实现工业总产值16.86亿元,比上年增长8.2%;外商及港澳台投资企业实现工业总产值23.85亿元,比上年下降6.9%;按行业分,医药制造业、电器机械和器材制造业、食品制造业、纺织服装服饰业、汽车制造业以及计算机通信和其他电子设备制造业等6个行业实现工业总产值53.92亿元,占规模以上工业总产值的80.8%。全区在地统计具有资质的建筑企业186户。建筑企业完成施工产值198.985亿元,比上年下降1.6%;施工面积2138.8万平方米,比上年增长8.1%;竣工面积433.2万平方米,比上年增长10.9%。建筑企业按总产值计算的全员劳动生产率达到人均34.42万元,比上年增长10.,2%。全年实现社会消费品零售总额254.37亿元,比上年增长8.8%。其中,吃的商品销售总额70.97亿元,占全区社会消费品零售总额的27.9%;穿的商品销售总额42.35亿元,占全区社会消费品零售总额的16.6%;用的商品销售总额132.27亿元,占全区社会消费品零售总额的52.0%;烧的商品销售总额8.78亿元,占全区社会消费品零售总额的3.5%。全区旅行社70家,全年组团129.5万人次,比上年下降24.6%;接待65万人次,比上年下降24.1;%营业收入56.88亿元,比上年下降27.0%。全区星级宾馆24家,其中,五星级11家、四星级4家。47家主要宾馆(饭店)全年营业收入32.7亿元,比上年增长2.1%;接待人数226.58万人次,比上年增长6.0%。虹桥机场全年起降航班23.49万架次,比上年增长2.2%,占全市两大机场起降航班总量的39.4%。外贸进出口总额56.67亿美元,比上年增长28.4%。其中,进口41.38亿美元,比上年增长40.1%;出口15.3亿美元,比上年增长4.8%。全年引进重点企业330家,引进企业累计产税6.6亿元。64幢存量商务楼宇实现税收74亿元,税收落地率51.6%。区招商中心实行"一门式"集中审批。全年接待咨询7.22万户,7.68万人次,受理证照3.07万个,发放证照2.72万个。全年新设各类企业2416户,比上年增长5.6%,新设企业注册资本99.3亿元,比上年下降32.5%。全区实有企业(含分支机构及在市局登记的企业)21938户,比上年增长3.6%。全年援助云南省红河州金平县、元阳县帮扶资金1140万元。为云南省红河州及青海省果洛州开展人力资源开发项目5个,培训500余人次。接收100名新疆喀什地区未就业大学生来沪培训。资金50万元,培训2700余人次。

【城市建设和管理】 城区基础设施体系日趋完善,经济楼宇开工项目5个,建筑面积48.60万平方米;在建项目13个,建筑面积222.21万平方米;竣工项目6个,建筑面积46.68万平方米。完成中山公园一号门地下空间开发概念方案编制;二层平台龙之翼方案进入深化阶段。推进淞虹路、可乐路、紫云西路等道路的新建、改建、辟建,仙霞路(芙蓉江路-威宁路)道路大修、泉口路(广顺路-福泉路)道路辟建工程竣工验收,完成茅台路大修工程施工,完成协和路大修主体工程;完成古北9-3地块与轨道10号线地下通道土建工程;完成茅台路地下人行通道工程土建和路面恢复;完成天山路、虹桥路中心护栏建设,北翟路中心隔离带调整,平溪路-哈密路口交通信号灯增设和区域内交通线复线等项目。全年房地产市场成交房屋9521套,比上年增长13.3%;成交面积94.4万平方米,比上年增长5.2%;成交金额231.4亿元,比上年下降5.5%,全年用地预审9件,土地面积7.32公顷;土地储备用地审批11件,土地面积30.99公顷;建设用地审批10件,土地面积9.96公顷;核发建设用地批准书19件,土地面积30.02公顷;核发划拨决定书6件,土地面积3.39公顷;土地竣工登记10件,土地面积19.59公顷;土地修测确权17件,土地面积25.71公顷。签订国有土地使用权出让合同21份,合计有偿使用土地面积3.08公顷。启动旧小区综合整治101万平方米,完成拆迁基地4幅,居民2235户1879证。拆除面积6.9万平方米,其中,拆除旧区面积6.5万平方米。区内居住房屋2364.06万平方米。按户籍人口计算的人均住房面积19.17平方米。享受廉租租金配租赁家庭3802户,发放租金2169万元。全年投入节能减排专项资金1534.35万元,低碳发展专项资金4580万元。完成建筑节能改造15.84万平方米。完成长宁建筑能效监控平台二期项目,平台实时监测能耗状况楼宇102幢。推进住宅节能,旧小区综合整治项目开工总建筑面积101万平方米,竣工41万平方米。第五轮环保三年行动计划66个项目全面启动,其中21项任务基本完成,城市环境综合整治定量考核评为A档;河道水质达标率62.8%,空气质量优良率96.2%,区域降尘量每月5.6吨/平方公里,道路降尘量每月7.6吨/平方公里。开展打击违法排污企业保障群众健康专项环保行动,全年行政处罚立案15件,发出责令改正书13件,排污收费26万元;对全区11家核与放射性同位素技术利用单位、111家射线装置销售单位开展辐射安全专项检查,对全区173家单位实行医疗废物月报制度,环境安全监管率100%。实施虹港大酒店2台共8蒸吨燃煤锅炉清洁能源替代改造,对8个无燃煤街道组织开展巩固复验。完成10个居民区二级污水生化处理设施纳管改造。全区绿地总面积1041.66公顷,比上年增长1.3%,其中,公共绿地449.55公顷,比上年增长1.0%。绿化覆盖面积1171.56公顷,覆盖率31.5%,按户籍人口计算的人均公共绿地7.18平方米。全面开展建筑市场整治,受理项目报建167项,发放施工许可证111份,受理竣工备案139项;开具安全隐患整改单186份,局部暂缓施工单36份;对67家单位实施行政处罚,处罚金额85.8万元。开展食品安全各类专项整治37项次,联合执法行动8次,立案处罚734件,罚没款金额723万元。在全市率先建成国际级餐饮服务食品安全示范区,其中百联西郊购物中心、古北家乐福和缤谷文化休闲广场成为国家级食品安全示范街区;全区国家级餐饮服务食品安全示范店174家。开展加油气站、地下空间、"四类车"交通顽症等专项整治。加大老旧住宅消火栓更新力度,全面完成15年以上住宅电梯安全风险评估和隐患整改。燃气安全检查、家庭应急包发放、民众防护综合演练、防汛防台等减灾防护工作扎实推进,区民防指挥所工程基本竣工。率先通过市质量兴区工作考核验收。推进"平安长宁"建设,依法打击违法犯罪行为,完成各项重大安保任务,处置各类突发性群体事件,社会治安总体平稳可控。

【社会事业】　全年完成技术合同539项,成交金额19.82亿元;市级创新基金资助项目立项7个;认定为上海市科技小巨人企业3家,科技小巨人培育企业2家;市高新技术成果转化项目4个;市高新技术企业14家;专利申请1809件,其中,发明专利937件。推进数字惠民——长宁城市光网社区建设,光纤进社区覆盖率达97.5%。新增国家级科普教育基地1个,至年末,国家级科普教育基地8个、市级科普教育基地20个、区级科普教育基地3个。全国科普示范社区1个。市级科研成果推广应用示范社区2个。市级社区创新屋2个。“科技希望之星”、“明日之星”3名。长宁门户网站全年总访问量5196.05万人次,“政府信息公开”专栏访问量1881.03万人次;发布政府信息3586条,其中主动公开信息3290条。教育事业发展取得新进步。围绕教育优质均衡发展,坚持分学段系统深化课程与教学改革,学生综合素质评价体系不断完善。在全市率先建设“未来教室”。学校“二室一馆”(心理咨询室、数字化录播教室、试点数字图书馆)功能提升项目取得阶段性成果,15个心理咨询室、20个录播教室和2个数字图书馆建成并投入运行。为增强学生体质,面向小学四年级学生全学年免费开设游泳课。进一步加强校园安全,实现全区中小学、幼儿园校园出入口及外侧监控设施全覆盖。为全区小学配备全职外教。推进“两名一基”(名校长、名教师、基础教育人才培养工程)工程。职业教育、社区教育在转型中有序发展。文化发展取得新突破。文化发展体制机制进一步理顺,出台促进文化大发展大繁荣政策。成立区文化领导小组和文学艺术界联合会,完成长宁沪剧团改制。制定文化基金管理办法,并开展第一批人才和项目奖励。举办上海春季艺术沙龙、环球国际模特大赛、上海国际摄影节等一批有影响力的文化活动。开展文艺指导员进社区活动,选送的5项作品获“上海之春”群文新人新作展评“优秀新作奖”、“新作奖”。国画《英武神威》等2项美术作品获第四届上海市民艺术大展一、二等奖。开展第十届虹桥文化之秋活动,高雅艺术进社区、广场周周演等群众文化活动达4万余场,180余万人次参与。上海国际舞蹈中心、虹桥文化艺术中心相继开工建设,总建筑面积9.78万平方米,刘海粟美术馆乔建。完成邬达克旧居修缮工作,文化遗产保护、社区文化建设和管理等工作继续加强。医疗卫生服务水平得到新提高。满足居民对医疗能级提升的需求,光华医院建成首家区属三级中西医结合专科医院。区政府与交大医学院进行战略合作,区中心医院成为上海交通大学医学院教学医院,并合作成立虹桥国际医学研究院。国家基本药物制度全面实施,有效缓解居民配药难。全面推广家庭医生制服务,长宁区被确定为国家全科医生执业方式和服务模式改革试点区之一。完成5个标准化社区卫生服务站改扩建和10个社区卫生服务中心中医门诊一体化建设。虹桥街道社区卫生服务中心被评为全国示范社区卫生服务中心。创建国家慢性非传染性疾病综合防控示范区,并通过国家卫生区复评审。体育事业发展取得新成果。竞技体育取得新突破,向国家输送的3名运动员在第30届伦敦奥运会上分获金、银、铜牌。承办全国体操锦标赛暨奥运会选拔赛和全国青年羽毛球锦标赛。开展全民健身活动,举办区第五届运动会,参加首届上海市民运动会,参与群众累计达到20余万人次。与普陀区联手举办第九届中国上海苏州河城市龙舟国际邀请赛。新建社区公共运动场1个、健身步道3条,更新103个健身苑点体育设施。基本实现全区中小学校体育场地向社会开放。国防教育和双拥工作深入开展。350余个健身苑点、9个社区公共运动场、50余所学校体育场地向市民开放。上海国际体操中心、上海仙霞网球中心、长宁温水游泳池等公共体育场馆全年向社会开放,接待市民118万人次,其中免费接待5万人次。人口计生、妇女儿童、民族、宗教、对台、侨务和残疾人服务保障等各项工作得到加强。

【民生工作】　加大民生投入力度,提高社会保障水平。旧区改造成效显著。顺应征收新政实施后群众改善居住条件的新期待,推进旧区改造,共拆除二级旧里以下房屋6.5万平方米,受益居民2235户。加大财政投入,筹措房源。不断完善“阳光征收”工作机制,加强力量配备和人员培训,率先使用二维码电子签约。江苏北路西块等3幅新开基地签约率均超过93%,完成中新泾基地集体土地征收工作,在全市率先完成年度目标任务。稳妥实施司法强制执行,完成赵沈巷等4幅结转基地。启动3幅边角料地块房屋征收。加快推进住房保障工作,完成两批经济适用房选房工作,廉租房实现应保尽保。启动旧小区综合整治101万平方米,完成工程总量的40%。加大“群租”整治力度,在全市率先探索“群租”转“公租”新模式。加强对居民区物业服务的第三方测评,物业管理一体化激励机制继续深化。硕博士创新实践基地推出实习岗位158个,引进博士后研发人员35名。新录用公务员132名。推出人才公寓500套,发放优秀青年人才租房补贴800名,试点推出小微企业人才安居工程项目300名。应对经济下行对就业造成的影响,加快推进创业型城区创建,坚持促进就业与鼓励扶持创业并举,投入促进就业专项资金1.55亿元,累计新增就业岗位3.2万个,城镇登记失业人数控制在市政府下达指标以内。完善政策扶持体系,实施就业创业援助,安置589名刑释解教人员等各类特殊困难人员就业,帮助680人实现创业,在区域内四所高校成立大学生创业联盟,实现大学生科技创业基金全覆盖。在全市率先探索“居家就业”新模式。强化就业培训,提高劳动者就业能力。处置群体性劳资纠纷23起,着力构建和谐劳动关系。进一步提高社会救助和养老水平,不断加大社会保障力度,累计实施社会救助42.14万人次,发放救助金1.31亿元。进一步完善居民经济状况核查机制,实施生活补助与物价指数联动。“四医联动”医疗救助一站式服务被评为“2012上海社会建设十大创新项目”,覆盖率扩大到95%。引入社会组织帮扶机制,启动大病重病医疗帮扶试点。深入推进“幸福养老”建设,区第三社会福利院基本竣工,开展护理型养老机构试点,新增养老床位521张、居家养老服务对象600人。不断健全社区为老服务网络,新建社区老年人互助睦邻点109个,广泛各类老年人关爱活动。完成菜市场建设等政府实事项目。把稳定菜价作为重大民生工程,多措并举,逐步推进菜市场回归公益。累计投入专项资金1855万元,回购、回租菜市场各1家,完成菜市场标准化改造2家,新增一批蔬菜低价直销柜和社区蔬菜直供点。建成50家固定式早餐网点,免费为990对夫妇提供孕前优生健康检查,完成市、区两级政府实事项目。

（屠宝麟）

经济社会发展主要指标

项　　目	2012 年	比 2011 年增或减%
国内生产总值(亿元)	752.73	7.4
第一产业增加值(亿元)		
第二产业增加值(亿元)	37.95	-12.1
其中工业增加值(亿元)	20.12	-19.0
第三生产增加值(亿元)	330.49	11.0
人均国内生产总值(元)		
粮食总产量(万吨)		
棉花总产量(吨)		
油料总产量(万吨)		
全社会固定资产投资总额(亿元)	73.77	14.1
外贸自营出口(亿元)		
实际利用外资(万美元)		
社会消费品零售总额(亿元)	254.37	8.8
零售物价总指数(%)		
地方财政收入(亿元)	99.26	12.1
地方财政支出(亿元)	113.67	15.1
职工年平均工资(元)		
农民年纯收入(元)		
邮电业务总量(亿元)		
电话普及率(部/百人)		
金融机构存款余额(亿元)	1258.9	92.1
金融机构贷款余额(亿元)	612.3	55.1
大学(所)		
中小学(所)	51	0
下岗人数(人)		
企业兼并、破产数(个)		

(屠宝麟)

闸　北　区

【地理位置】 闸北区境位于北纬 31°29′29″至 31°14′44″,东经 121°28′51″至 121°29′33″,地处上海市中心区北部。东与虹口、宝山区为邻,西与普陀、宝山区毗连,南隔苏州河与黄浦、静安两区相望,北与宝山区接壤。全境南北长约 10 公里,总面积 29.19 平方公里。河道 10 条段(不含苏州河),长 24,40 公里,水域面积 54 万平方米。区政府机关设在大统路 480 号,紧邻铁路上海站,距市中心人民广场 1.95 公里,距吴淞码头 18.1 公里,距上海南站 15 公里,距虹桥国际机场 19.5 公里,距浦东国际机场 55 公里。

【区域沿革】 境域原为吴淞江(今苏州河)流域处的沼泽地,1863 年始,境地东南隅被划为美租界,后并为公共租界,自此城市化进程开始。1900 年,地方绅商为抵制租界扩张,自辟华界商埠,设闸北工程总局。1911 年,设闸北自治公所。1912 年,建闸北市,设闸北市政厅。1928 年,始建行政区,称闸北区,属上海特别市(后改名上海市)。上海沦陷期间,日伪改闸北区为沪北区。1945 年,抗战胜利后改为第十四、十五行政区。1947 年,两区分别改称闸北区和北站区。1956 年,两区合并称闸北区。1958 年 11 月,撤销北郊区,中山北路至场中路地区划入区境。1962 年,虹口区罗浮路至宝山路之间地区划入区境。1982 年,宝山县场中路至汾西路之间地区划入区境。1984 年,从宝山县划入部分地区,区境北界扩至北长浜。1992 年 9 月,宝山区彭浦乡塘南村、龙潭村划入区境。1997 年 9 月,从宝山区划入部分地区,区境北界扩至共和新路以西,共康路南侧高压走廊线、共康路。1999 年 5 月,恒丰路立交桥西沿部分地区划入普陀区,遂成现状。至 2012 年,区辖有天目西路、北站、宝山路、芷江西路、共和新路、大宁路、彭浦新村、临汾路 8 个街道和彭浦镇。有居民委员会 208 个。

【旧址遗址】 境内有宋教仁墓、吴昌硕故居、上海总工会旧址、"四一二"惨案群众流血牺牲地、中国同盟会中部总会、中共三大后中央局机关历史纪念馆等遗址、纪念地。

【交通运输】 闸北区是上海陆上北大门,南北高架连接虹桥国际机场、浦东新区和市中心。境内有铁路上海站、铁路北郊站(特等货运站),铁路客运占全市运输量的 67.70%。轨道交通 1 号线在境内设汉中路站、上海火车站站、中山北路站、延长路站、上海马戏城站、汶水路站、彭浦新村站、共康路站 8 个站点。全年客流进站 65469254 人次。轨道交通 3 号线在境内设上海火车站站、宝山路站 2 个站点。轨道交通 4 号线在境内与上海火车站、宝山路站 2 座车站共线运营。全年客流量 20305795 人次。轨道交通 8 号线在境内设曲阜路站、中兴路站、西藏北路站 3 个站点,全年客流量 13014762 人次。有 10 余家长途汽车客运公司,设有 7 个站点,通往苏、浙、赣、皖、闽、鲁、豫、湘、鄂、粤、京等 14 个省、直辖市方向班线 1000 余条。有专、兼营长途货运公司 81 家,另有个体运输业户 268 家,占全市长途汽车客、货运输业的 50% 以上。铁路上海站、北区汽车站、彭浦新村和北站地区是境内 4 个重要公共交通枢纽。市内公共交通有始发线和过境线 177 条,占全市公交线路 34%。

【人口民族】 年末,全区常住人口 883641 人,出生人口 7620 人,出生率 8.61‰;全年户籍总人口 686914 人,出生人口 5892 人,出生率 8.56‰。全年死亡人口 6151 人,死亡率 8.94‰。人口自然增长率 -0.38‰。外来流动人口 204187 人,出生人口 1728 人,出生率 8.43‰。户籍人口计划生育率 99.6%,流动人口计划生育率 86.4%。年内,区内有 47 个少数民族,人口 11077 人(户籍人口 7045 人),其中回族、维吾尔族等饮食清真食品少数民族约 5800 人,上海市回民中学和共康中学有少数民族学生 834 余人,登记来沪少数民族人员 4032 人。

【区域经济】 年内,完成区增加值 146.49 亿元,比上年增长 12.8%;实现财政总收入 166.98 亿元,比上年增长 16.4%,其中区级财政收入 64.95 亿元,比上年增长 8.2%。完成固定资产投资138.85亿元,比上年增长15.1%;实现社会消费品零售总额240.32亿元,比上年增长11.2%。街道(镇)实现区级税收14.52亿元,占区级财政收入比重达22.4%,八个街道一个镇全部实现区级税收超过亿元。服务业实现区级税收51.20亿元,比上年增长8.3%,占区级财政收入比重达78.8%。人力资源服务业企业实现区级税收增幅为67.3%,中国上海人力资源服务产业园区成功吸引前锦众程等国内外知名人力资源机构入驻。检测认证服务业企业实现区级税收增幅为7.7%,基本形成检测认证服务产业集群。软件与信息服务业实现总营收入260亿元,比上年增长18%。出台《中共闸北区委、闸北区人民政府关于推进国家服务业综合改革试点、加快发展服务业的若干意见》等文件,针对楼宇经济等重点领域以及人力资源服务产业园区等现状,制定相关财政扶持政策。"上海市闸北区国家级人力资源服务业标准化试点"正式揭牌,"上海国际贸易技术标准服务中心"成功挂牌。苏河湾地区企业实现区级税收17.79亿元,比上年增长22.9%,宝格丽酒店成功入驻苏河湾,1街坊、41街坊商办楼、402街坊嘉里不夜城三期等工程开工建设。中部地区企业实现区级税收10.79亿元,比上年增长16.0%,占区级财政收入比重16.6%。大宁中心广场二期竣工并投入使用;312街坊商业开发项目(原区体育场地块)进入概念方案设计阶段。北部市北高新园区企业实现区级税收10.55亿元,比上年增长9.3%,创富中心项目一期奠基开工。经市认定的跨国公司地区总部达18家,总部经济全年实现区级税收5.10亿元,比上年增长12.6%,占区级财政收入比重达7.9%。全年税收超亿元的楼宇达16幢,实现外税57.88亿元,比上年增长27.5%,占全区税收的比重达35.8%。全年引进内资172.50亿元,比上年增长26.3%。引进合同外资9.50亿美元,比上年增长77.6%国资国企实现区级税收12.46亿元,占区级财政收入比重19.2%。"市北高新"正式挂牌上市。市北(南通)科技城5.2平方公里完成动迁,基础设施建设基本完成。新增市高新技术企业20家、市创新型企业22家、市科技小巨人(培育)企业9家。市第一个创新热点计划——闸北区轨道交通运行控制系统创新热点计划进展顺利,获批市高新技术成果转化项目38项,获市中小科技型企业创新资金项目17项,国家创新基金项目14项。完成大宁商圈等8个公共区域WLAN覆盖建设及7个产业园区信息基础设施优化项目。

【城市建设】 全年完成动迁居民4071户,拆除旧房屋建筑面积11.6万平方米,其中二级旧里以下房屋近7万平方米;全市第一个房屋征收项目青云路537弄、6街坊天星大楼东块二次征询取得圆满成功;完成新龙广场、中粮新兰西北块等10个基地收尾或基本收尾。旧住房成套改造竣工房屋23万平方米,受益居民约4600户。完成北横通道区内出入口及天目路立交方案对接工作。启动灵石路(共和新路-彭越浦桥)、延长路(共和新路-东宝兴路)大修工程,启动宝山路拓宽工程,江场路、虬江路拓宽工程实现竣工。完成恒丰路、西藏北路、广中路景观改造。建成平型关路(江场路)公共绿地。全年新建各类绿地8.27万平方米。永和路、洛川路、平型关路、运城路创建成为市林荫大道。完成宝钢车轮厂、汇众汽车轿车底盘厂等3家排污企业搬迁或产业结构调整,完成11台燃煤(重油)锅炉的清洁能源替代工作。完成江场路、寿阳路、平型关路、康宁路、场中路等部分路段污水管网建设工程。完成首轮治安顽症治理三年行动计划。加大铁路上海站、七浦路服饰商业街区等"1+3+X"重点地区治安顽症整治力度。全区报警类案件比上年下降6.0%。加强工程建设质量安全管理;开展"清剿火患"专项战役、"零点行动"等专项整治行动,深化消防安全管理工作;加强危险化学品安全监管,继续保持危险化学品事故为零的良好态势;加强针对重要时节食品安全、集体用餐单位以及废弃油脂、瘦肉精、问题胶囊等热点领域的专项监管检查。

【社会事业】 推进精神文明建设,全面建成社区志愿服务中心,10万余人次参与各类"三关爱"志愿服务。2个居委会成为首批"全国科普示范社区"。创办上海外国语大学苏河湾实验中学和上海棋院实验小学,新增大宁国际第二幼儿园、中华新幼儿园分园等。完成中小学校舍抗震加固3年工作目标。实施第三轮公共卫生体系建设三年行动计划。成功创建成为国家"慢性非传染性疾病综合防控示范区"。委托长征医院对区中心医院进行第三轮合作管理,组建市中医-闸北中医医疗联合体,成立上海市中医医院闸北分院。开展各类群众文化活动近2万场,完成区图书馆分馆及5个街道(镇)社区数字图书馆建设,完成中国乳业博物馆易址重建。新建3条百姓健身步道、1个百姓健身房,更新整修56个社区健身苑(点)和5个社区公共运动场。成功承办亚洲男子排球俱乐部锦标赛。全年新增廉租住房受益家庭1414户;多途径筹措公租房源740套,竣工538套;新开工建设动迁安置房1476套,竣工1168套。全年新增就业岗位23320个,城镇登记失业20030人,城镇登记失业率控制在4.5%以内,帮助成功创业528人。全年帮扶"支出型"贫困家庭308户,帮扶资金98.07万元,低保救助23.23万人次,金额8720.18万元,医疗救助4563人次,金额473.20万元。全年新增养老床位150张,新建2个老年活动室,新增2个助餐点、562名居家养老服务对象。落实为120户低保困难老年人家庭提供适老性居室改造服务,招募1501名老年志愿者为7503名高龄老人结对提供家庭互助服务。完成49个居委会办公用房改善、居委会换届选举,直选率达96.3%。全国首个民政部社会工作研究中心社会工作研究基地挂牌成立。在居民区、街道(镇)和区级层面建立三级信访代理网络。

(姚荣仲)

2012年闸北区国民经济主要指标表

项　　目	单位	完成数	比上年增减%
增加值	亿元	146.49	12.8
第一产业	亿元	-	-
第二产业	亿元	27.43	6.3
工业	亿元	23.74	5.6
第三产业	亿元	119.07	14.5
固定资产投资额	亿元	138.85	15.1
财政收入	亿元	166.98	16.4
地方财政收入	亿元	64.95	8.2

续表

项　　目	单位	完成数	比上年增减%
地方财政支出	亿元	99.17	11.2
外贸出口总额	亿美元	5.22	1.7
直接利用外资签订合同项目数	个	157	-21.9
直接利用外资签订合同金额	亿美元	9.50	77.6
农业总产值	亿元	-	-
工业总产值(区属)	亿元	172.57	0.4
住宅竣工面积	万平方米	69.49	86.5
社会消费品零售总额	亿元	240.32	11.2

说明:以上数据以各区县统计局的统计口径为准。

2012 年闸北区(县)基本情况表

项　　目	数量
区域面积(平方公里)	29.19
行政区划	
街道办事处(个)	8
镇(个)	1
乡(个)	-
居民委员会(个)	207
村民委员会(个)	1
人口	
户籍人口(万人)	68.69
户数(万户)	24.90
人口密度(人/平方公里)	23532
人口自然增长率(‰)	-0.38
精神文明创建	
市文明城区(个)	1
市文明社区(个)	6
市文明小区(个)	119
市文明镇(个)	
市文明村(个)	
教育	
中学(所)	36
在校学生(人)	24568
小学(所)	34
在校学生(人)	21520
幼儿园(所)	54
在园幼儿(人)	15250
职校(所)	1

续表

项　　目	数量
在校学生(人)	869
文化	
图书馆、室(个)	12
文化馆、站(个)	10
影剧院、场(个)	6
卫生	
医疗卫生机构(所)	84
区(县)级医院(所)	5
医院床位数(张)	5314
医疗卫生技术人员(人)	6291
执业医师(人)	2211
体育	
体育场馆(个))	4
健身苑、点(个)	340

说明:1、以上资料以各区县统计局的统计口径为准。

松　江　区

【地域】 上海市松江区地处东经121°14′,北纬31°,位于上海市西南,黄浦江上游,黄浦江横贯松江南部。东北距上海市中心约40公里。区境东与闵行区、奉贤区、金山区、为邻,南、西南与金山区交界,西、北与青浦区接壤。是上海连接江苏、浙江的交通枢纽。交通发达,沪杭铁路,G60、G15、G1501高速公路在境内通过。松江地处太湖流域碟形洼地底部,地势低平,海拔4米,属长江三角洲冲积平原。西北部有10余座小山丘,高程均在海拔100米以下。其中天马山为上海陆上最高点,海拔高度98.2米。全区总面积604.62平方公里,区境北狭南阔,南北长约24公里,东西宽约25公里,境内水域面积约占十分之一,河道纵横,湖塘广布,是典型的江南水乡。所有河道均系感潮河道,每昼夜涨落2次。2012年底全区有户籍人口588777人,比上年增长1.7%,其中非农人口494322人,增长2.8%。全年户籍出生人口5188人,出生率8.88‰,死亡人口4096人,死亡率7.01‰,人口自然增长率1.87‰。

【建置区划】 松江,早在东汉建安二十四年(219年),东吴名将陆逊以功受封华亭侯,华亭始见于史志。唐天宝十载(751年)设华亭县,华亭县隶属吴郡,唐乾元二年(759年),改吴郡为苏州,华亭县属苏州。当时辖区几乎包括今上海市除嘉定、崇明以外的全部土地,华亭县辖22个乡。南宋庆元元年(1195年)华亭县属嘉兴府,宋初辖17个乡。元至元十四年(1277年)升华亭县为华亭府,领华亭县,一年后华亭府改为松江府;二十九年始划出高昌等5乡置上海县。明嘉靖二十一年(1542年)划出集贤、华亭、修竹3乡部分土地及上海县部分土地建青浦县,设治青龙镇。清顺治十三年(1656年),划出枫泾、胥浦2乡及集贤、华亭、修竹、新江4乡部分土地置娄县,隶属松江府,初设治于府城西水次仓,后移入府城,与华亭同为附郭县。雍正二年(1724年),两江总督查弼纳以苏、松大县难治,奏请分县;四年,割云间、白砂2乡之半建奉贤县,划出枫泾、集贤、仙山、修竹4乡部分土地及娄县的胥浦1乡置金山县。1912年,撤松江府,娄县、华亭县合并为华亭县,归江苏省管辖。1914年,华亭县改称松江县。

1949年5月13日,松江解放。苏南行政公署设松江行政区专员公署,专署驻松江。松江设市、县人民政府,市政府驻地设在松江城,县政府驻地泗泾镇。市政府直属松江专员公署,下辖华阳、中山、岳阳、永丰4个镇。同年8月,松江市政府改属松江县,县政府由泗泾镇迁入松江城。11月市政府建制撤销,改设松江城区,下辖中山、岳阳、永丰3个镇。原市政府管辖的华阳镇划为城东区。解放初期全县设6个乡镇联合办事处和泗泾镇,代管七宝镇(同年9月15日移交上海市龙华区管辖)。

1958年9月,撤销乡、村建制,全县17个大乡,改为政社合一的17个人民公社。11月,松江县划归上海市。1984年,松江县完成政社分设,恢复乡行政建制,全县19个公社,改制为19个乡人民政府。2个县属镇辖4个街道办事处。1986年逐步开展撤乡建镇,至1994年7月12日,松江各乡全部撤乡建镇。1998年2月经国务院批准,松江撤县设区。2000年底全区辖20个镇,以及工业区和新城区,实行镇管村制。2001年1月,行政区划调整为11个镇4个街道,其中新桥、九亭、泗泾、洞泾、新浜5个镇,保留原建制;新建车墩、石湖荡、小昆山、佘山、泖港、叶榭6个镇;岳阳、中山、永丰、方松4个街道。另设工业区、佘山度假区、大昆工业区(2002年9月12日撤销)、五库农业园区。2002年6月4日新建上海松江科技园区管理委员会。2002年6月27日撤销小昆山镇(2007年恢复建立小昆山镇)。

2012年底,松江区辖有岳阳、中山、永丰、方松4个街道,泗泾、佘山、车墩、新桥、洞泾、九亭、石湖荡、新浜、泖港、叶榭、小昆山11个镇,另设松江工业区。全区共设有102个村委会,161个居委会。

【经济发展总量】 全区经济低位平稳运行。全年实现松江区生产总值886.55亿元,按可比价格计算,比上年下降5.5%。其中,第一产业实现增加值8.41亿元,比上年增长1%;第二产业实现增加值540.72亿元,下降10.5%;第三产业实现增加值337.42亿元,增长3.9%。全年三次产业增加值结构比重为0.9:61:38.1,第二产业增加值比重比上年下降4.3个百分点,第三产业增加值比重比上年提高4.3个百分点,第三产业占比创历年新高。

财税收入实现稳步增长。全年实现财政总收入277.62亿元,比上年增长8.7%,其中,地方财政收入88.26亿元,增长2.8%。在地方财政收入中,实现增值税20.26亿元,比上年增长49.4%;营业税22.34亿元,下降10.2%;个人所得税3.98亿元,下降15.1%;内资企业所得税9.02亿元,增长11.8%;外资企业所得税6.67亿元,下降3.3%;契税收入7.26亿元,下降32.4%。全年实现税收收入271.04亿元,比上年增长8.3%。从产业看,第一产业实现税收0.27亿元,比上年下降8.2%;第二产业实现税收154.14亿元,增长22.3%;第三产业实现税收116.64亿元,下降5.9%。分行业看,实现工业税收141.07亿元,比上年增长22.7%;实现房地产业税收51.53亿元,下降19%;实现批发和零售业税收37.75亿元,增长3.1%;实现建筑业税收12.58亿元,增长19.9%。

全年地方财政支出134.3亿元,比上年增长7%,其中,用于社会保障和就业支出16.02亿元,比上年下降11%;教育支出24.68亿元,增长35.2%;医疗卫生8.94亿元,增长12.9%;一般公共服务支出10.47亿元,增长3.8%;住房保障支出2.11亿元,下降26.2%。

各领域改革稳妥推进。率先启动行政审批制度改革,减少审批事项,规范审批流程,精简审批环节,缩短审批时间,优化项目审批服务,不断提高行政审批效率。财政体制改革不断深化。在全市率先完成国库单一账户制度改革,构建国库单一账户体系,除医院外的区级预算单位全部上线运行;全面完成街镇财政资金信息化管理,强化街镇预算的主体责任。深入推进预算公开,10个部门的202家预算单位向社会公开部门预算和"三公"经费预算情况。深化国资国企改革取得初步成效。农村集体资产产权制度改革全面推进。推动部分街镇开展社员身份界定、资产清理评估等基础性工作,组建镇村两级集体经济联合社。

【农业发展】 农业生产保持平稳。全年完成农业总产值21.06亿元,比上年增长4.3%。五大结构呈"四增一减"格局,其中,种植业产值11.59亿元,比上年增长1.7%;畜牧业产值4.36亿元,增长17.4%;林业产值3.02亿元,增长2.3%;农业服务业产值1.05亿元,增长2.1%;渔业产值1.04亿元,下降6.2%。主要农副产品生产保持稳定。

粮食生产形势继续向好。全年粮食种植面积达21.99万亩,比上年增长3.5%;粮食产量达11.28万吨,增长1.8%。秋粮平均单产达572公斤/亩,比上年增长0.4%,连续七年实现增长。

家庭农场经营制度进一步完善。年末,全区家庭农场发展至1206户,经营面积13.66万亩、占全区粮田面积的80%。

【工业发展】 工业生产形势低迷。在国内外经济形势及自身产业结构调整等因素影响下,全年实现工业增加值507.31亿元,比上年下降10.8%,工业增加值占全区生产总值比重为57.2%,所占比重比上年减少4.4个百分点。全年实现工业总产值3760.92亿元,比上年下降11%,其中,规模以上工业产值3458.2亿元,下降12.6%。全年工业产品产销率97.6%,比上年下降1个百分点。

工业转型升级步伐扎实迈进。尽管工业产值出现下降,但内部结构不断调整,产业能级有所提升。从五大主导产业看:全年五大主导产业实现工业总产值2741.78亿元,比上年下降16.9%。其中,电子信息业实现产值1796.61亿元,比上年下降19.4%,占全区工业总产值的比重由上年的52.7%下降到47.8%,表明全区对劳动密集型企业的依赖有所减小;精细化工实现产值158.58亿元,比上年下降1.5%,所占比重由上年的3.8%提高到4.2%;生物医药实现产值8.37亿元,比上年增长5.4%。

全年战略性新兴产业(制造业部分)实现工业总产值630.83亿元,比上年下降11.2%,占全区产值的比重为16.8%。

工业经济效益下滑。全年实现工业利润125.44亿元,比上年下降13.2%,其中,规模以上工业企业实现利润总额107.39亿元,下降19.5%。工业规模以上企业完成销售收入3448.92亿元,比上年下降13.8%。全区共有规模以上工业企业1321家,其中亏损企业363家,比上年增加81家;亏损面27.5%,比上年扩大6.8个百分点;亏损企业共发生亏损额25.71亿元,比上年增长67.3%。

【商业发展】 消费引领作用进一步显现。全年实现批发零售贸易业增加值110.45亿元,比上年增长9.9%,在第三产业增加值中所占比重为32.7%,比上年提高1.5个百分点,对第三产业增加值增长的贡献率达55.4%。全年实现社会商品销售总额1120.33亿元,比上年增长16.2%。实现社会消费品零售总额383.52亿元,比上年增长12.1%。按商品类别分:吃的商品实现零售额134.85亿元,增长9.9%;穿的商品实现零售额30.86亿元,增长10.6%;用的商品实现零售额178.38亿元,增长14.3%;烧的商品实现零售额39.43亿元,增长11.4%。按经济类型分:全年私营个体经济实现社会消费品零售额300.83亿元,比上年增长12.9%,所占比重比上年提高0.5个百分点;国有经济实现零售额14.57亿元,增长9.3%;集体经济10.73亿元,增长12.6%。

至年末,全区拥有商品交易市场87个,其中,专业市场28个,集贸市场59个。全年共实现成交额402.74亿元,比上年增长4.3%,其中,专业市场成交额386.07亿元,增长4.5%,集市贸易成交额16.67亿元,下降0.2%。

【交通、邮电和旅游】 交通运输、仓储和邮政业平稳增长。全年实现交通运输、仓储和邮政业增加值11.21亿元,比上年增长0.7%。

全面落实公交优先发展战略。全年优化调整公交线路42条,其中,新辟公交线路29条,调整公交线路13条。推进无人售票线路18条。加快落实老城区排堵保畅,完成18处公交候车亭和2个港湾式公交站建设。至年末,全区共有公交线路141条(含过境线路),松江公交公司运营车辆688辆,全年公交公司客运总量12844万人次,比上年增长7.7%。年末全区共有运营出租车(区域)830辆,客运总量3053.74万人次,比上年增长11.4%。

各类民用车辆拥有量较快增长。全年新增民用汽车20406辆,至年末全区共有民用汽车拥有量133155辆,比上年增长18.1%。

邮电通信事业稳步发展。全年完成邮政业务总量15084万元,比上年下降25.5%;电信业务总量83080万元,增长10.6%。

旅游业稳步发展。组织开展首届春游节、第四届青岛啤酒节、2012松江旅游节、购物节等活动,不断活跃旅游市场,促进产业融合发展,刺激旅游消费增长。旅游品牌持续提升,辰山植物园获评国家4A级旅游景区,世茂佘山艾美酒店获评国家金叶级绿色饭店;佘山国家旅游度假区功能项目及基础设施建设加快,欢乐谷二期、世茂新体验中心等旅游项目开工建设;林荫新路扩建、辰花公路生态走廊全面开工建设。至年末,全区开通旅游交通服务线3条。全区共有星级饭店8家,其中五星级饭店3家,四星级饭店1家,22家旅游饭店全年住宿接待86.9万人,平均客房出租率56.7%。全区共有旅行社53家,全年组团人数52.3万人,比上年增长61.5%。全区全年旅游总收入58.85亿元,比上年增长4.7%;游客接待总人数979.61万人次,比上年增长3.3%。

【对外经济和私营经济】 外贸结构不断调整。全年实现外贸进出口总额492.48亿美元,比上年下降15.5%。其中,进口总额138.88亿美元,比上年下降14.7%;出口总额353.6亿美元,下降15.8%。从速度看:进口降幅低于出口1.1个百分点;从比重看:进口占全区进出口总额的比重为28.2%,所占比重比上年提高0.3个百分点。按出口贸易方式分,一般贸易比重有所提升。全年一般贸易出口39.48亿美元,比上年增长8.9%,占全区出口额的比重为11.2%,所占比重比上年提高2.6个百分点;加工贸易出口314.12亿美元,下降18.1%。按出口企业类型分,三资企业出口仍占主导地位。全年三资企业出口346.42亿美元,比上年下降16%,占全区出口额的比重达98%;内资企业出口7.19亿美元,下降6.2%。按出口国家和地区分,出口排名前三位的是美国、欧盟和日本,分别实现出口额137.99亿美元、78.45亿美元和38.36亿美元。出口市场更趋多元化。

招商引资工作成效明显。全年批准外商投资项目134个,实现合同外资9.69亿美元,比上年增长15.1%。其中,完成增资6.78亿美元,比上年增长5.3%,占全区合同外资的比重为70%。按产业分,第二产业实现合同外资5.7亿美元,比上年下降16.9%;第三产业实现合同外资3.99亿美元,增长156%。年末全区共有已投产三资企业2171家,实现销售收入3134亿元,比上年下降13.9%;实现利润总额88.88亿元,下降22.4%。全年实际到位资金7.96亿美元,比上年增长26.3%。年内在松江新批准投资的国家和地区达21个,项目数居前三位的分别为:中国香港34个、日本27个和中国台湾18个。

私营经济平稳发展。全年新增私营经济户数9884户,比上年减少1184户;年末实有注册户数67100户,比上年末增加4517户。私营经济全年实现税收124.1亿元,比上年增长8.6%;实现销售收入2958.44亿元,增长0.4%。年末实有私营经济户数中有商业企业37195户,占55.4%;工业企业13194户,占19.7%;租赁和商务服务业企业12290户,占18.3%;建筑业企业1127户,占1.7%;其他行业企业3294户,占4.9%。

【松江新城、园区和社区建设】 松江新城布局日益完善。松江新城国际生态商务区进入实质性建设阶段,万达广场项目实现结构封顶。广富林项目扎实推进,文化展示馆初具规模。大学城配套区建设进展顺利。泰晤士小镇业态招商取得较大进展,小镇特色风情街区形成规模。

工业区转型升级有序展开。松江工业区升级为国家级经济技术开发区工作取得实质性成效,加工区功能拓展基础设施逐步完善。全年完成工业总产值2247.11亿元,占全区工业产值的比重为59.7%;引进合同外资4.85亿美元,占全区合同外资的50.1%;实现出口产品总额325.38亿美元,占全区出口总额的92%;实现固定资产投资38.74亿元,占全区投资总额的14.5%。

社区建设和管理继续加强。全面推进"三一两全"工作,即"一门办理"、"一头管理"、"一口受理"和"全区通办、全年无休";推进社区电子台帐试点工作和社区资源共享标准化建设。总结九亭镇试点经验,在车墩镇、新桥镇扩大城市综合管理"大联动"试点范围,优化基础信息处置规范和流程,完善社区联动工作机制,集中整治非法行医、黑网吧、黑车等社会管理顽症。

【教育和科学技术发展】 各类教育均衡发展。启动第三轮农村义务教育学校委托管理。推进"区新优质学校"建设工作。促进职业教育、社区教育等协调发展,完成9个市社区教育实验街镇建设任务。加强教育基础设施建设,区第三实验小学等6所学校建成投入使用,与东华大学签约合作兴办附属实验学校。2012年高考本科达线率73.41%,比上年提高10.09个百分点,创历史新高。加强教育融合,7.3万名学前及义务教育阶段来松从业人员随迁子女顺利入学。至年末,全区共有各类学校244所,在校学生数13.45万人,比上年增长7.5%。各类学校在校生数总体略有扩大。

全区依法批准设立的民办非学历办学机构50所,民办幼儿园51所,民办托儿所4所,民办中学4所,民办小学19所。松江大学园区现有7所高校,共有在读学生7.5万人。

自主创新能力不断增强。帮助企业争取国家和市级创新资金、科技小巨人等各类科技项目262项,科技资金1.45亿元。至年末,全区共有高新技术企业301家,科技小巨人企业52家,高新技术成果转化项目275个。全年组织实施区级科技计划项目立项206项。鼓励技术创新,15个项目获国家、市、区重点技术改造补贴。年内新认定区级企业技术中心18家,创建市级企业技术中心2家,申报国家级企业技术中心1家。全年申请专利6467件,比上年增长18.5%。全年专利授权量4359件,比上年增长41.8%,其中,发明专利750件,实用新型2473件,外观设计1136件。全年共签订各类技术交易合同111项,比上年增长19.4%;技术交易合同额14636万元,增长140.5%。

科普宣传力度继续加大。区科技馆充分发挥科普宣传功能,全年共接待参观48300人次,接待学生团队90批次。至年末,全区共有科普教育基地24家,其中国家级科普教育基地8家,市级科普教育基地16家。

【文化、卫生和体育发展】 文化事业持续繁荣。加强公共文化设施建设,区工人文化宫完成设计招标。深入推进文化惠民,百姓书声等一批文化配送工程顺利实施,成功创建"中国书法城"。广播电视主流舆论宣传引导水平进一步提升,全年广播电视台共自采编新闻3819条,外宣工作实现在市级台播出1025条新闻,被中央电视台新闻频道采用94条,27部作品获全国、市级奖励。群众文化活动深入推进,开展第二届"百姓明星"系列评选活动,全年开展各类群众文化活动10023场,参与人次84.5万。

年末全区有影剧院6座,文化馆、站16个,公共图书馆1个,文化站图书室15个,藏书114.9万册,全年接待读者82.42万人次。至年末,全区有有线电视站11个,全年有线电视覆盖户数38万户,有效户数31.34万户,其中数字电视整体转换用户16.39万户,正常缴费用户15.12万户。

全面推进卫生改革和发展。卫生资源配置不断优化,区中心医院改扩建一期工程结构封顶,泗泾医院和社区卫生服务中心投入使用。深入推进基本公共卫生服务均等化、家庭医生责任制、基本药物制度、新型农村合作医疗制度等重点领域改革。制定实施第三轮公共卫生体系建设三年行动计划和第四轮建设健康城区三年行动计划。实施流动人口计划生育基本公共服务均等化全国试点项目,完成免费孕前优生检查市、区两级政府实事项目。加强卫生信息化建设,以常住人口为基数,建立居民电子健康档案,建档率达92.8%。全年全区门急诊614.58万人次,比上年增长3.7%;门急诊均次费用137.84元,比上年增长9.9%。年末各类卫生医疗机构与卫生技术人员数有所增长。

竞技体育和全民健身活动加快发展。年内承办了全国少年击剑赛(夏令营)、亚洲冰球联赛、全国房车锦标赛(CTCC)、2014年冬奥会女子冰球预选赛等重大赛事。全年在全国性比赛中获金牌5枚、银牌3枚,市级比赛获金牌142枚。以市第一届市民运动会举办为契机,大力开展全民健身活动。成功举办佘山登高、端午龙舟、区二届职工体育健身节、"五四"青年篮球赛等活动,积极承办市民运动会龙舟、定向越野、钓鱼、排舞、健身秧歌等6个竞赛项目。至年末,全区共举办二级竞赛107场,三级竞赛503场,直接参与各项比赛人数达36万人次。

公共体育设施不断完善。全年新建百姓健身房4个、百姓健身步道6条、百姓游泳池1个、社区公共运动场1个、健身苑1个和健身点41个。至年末,全区共建有6个百姓健身房、11条百姓健身步道、16个社区公共运动场、23个健身苑和505个健身点。

【人民生活和社会保障】 至年末,全区有户籍人口588777人,比上年增长1.7%,其中非农人口494322人,增长2.8%。全年户籍出生人口5188人,出生率8.88‰,死亡人口4096人,死亡率7.01‰,人口自然增长率1.87‰。

多渠道扩大和促进就业。全年新增就业岗位30262个,城镇登记失业控制数7252人,帮助成功创业501户,青年职业见习785人,非农就业3528人。举办大型公益性招聘会16场,1167家企业提供就业岗位2.9万个,录用3663人。大力开展技能培训促进就业,全年完成职业培训38366人,中高层次培训15818人,农民工培训20091人,高技能人才培训4857人。"万、千、百人就业项目"从业人员队伍整合工作作为全市试点在全区范围内推进。做好就业援助工作,认定就业困难人员214人,安置201人。

城乡居民生活水平持续提高。据抽样调查,全区城镇居民家庭年人均可支配收入32800元,比上年增长10.8%;农村居民家庭年人均可支配收入17769元,增长11.1%。全年城镇居民人均消费支出18634元,比上年增长10.6%,其中,服务性消费支出4346元,增长12.3%。农村居民人均生活消费支出10871元,比上年增长6.7%,其中,服务性消费支出3179元,增长13.1%。年末全区居民储蓄存款余额676.87亿元,比年初增长20.4%,当年新增114.66亿元。至年末,城乡居民家庭耐用消费品拥有量不断增加。

住房保障力度不断加大。加快推进老城改造,启动老城1万户危旧房屋改造,菜花泾、保养场等地块改造动迁734户。

全年完成保障性住房建设投资41.93亿元，占全区房产投资的比重为29.5%；施工面积362.7万平方米，占全区房屋施工面积的34.4%。101户家庭签约入住经济适用房。大型居住社区泗泾、洞泾基地建设扎实推进，佘山北大型居住社区保障房基地一期顺利开工。廉租住房受益面不断扩大，年末享受廉租房租金配租家庭达333户，其中，本年新增49户；实物配租家庭8户。成功完成华亭新家苑公租房改造装饰工程并进入综合验收阶段，全年新增公共租赁房4572套(间)。

社会保障体系进一步完善。不断扩大医疗保险覆盖面，全区有114.77万人参保，住院医疗费报销比例达到70%。农保养老金每人每月增加70元，人均月发放标准519.4元；征地养老月生活费每人每月增加164元，达到964元，与镇保平均养老金标准持平。年内为浦南片林、50万伏"土地换保障"等12个项目2715名涉地农民落实镇保。

社会救助体系不断健全。完善低保审核机制，健全社会救助体系，全年共救助23万人次，支出资金10707万元。全年有71775人享受城镇最低生活保障，有12479人享受农村最低生活保障。

养老服务体系建设扎实推进。至年末，全区共有养老机构21所，养老床位数4490张，标准化老年活动室268家。年内已建成老年人日间服务中心7家、社区老年人助餐服务点8个、标准化老年活动室14家，改造标准化老年活动室18家。全年为8040名老人提供居家养老服务，600名低龄老年志愿者为3000名高龄老人提供家庭互助服务。 （何惠明）

宝 山 区

【概况】 位于上海市东北部。东临黄浦江，东北濒长江，南接杨浦、虹口、闸北、普陀4区，西邻嘉定区，西北与江苏省太仓市交界。区域面积293.71平方公里。逸仙路高架路、江杨路、共和新路、沪太路4条南北向主干道和轨道交通1、3、7号线通向中心城区，长江路、外环线、郊区环线等贯穿东西。蕰藻浜将全区分成南北两部分，吴淞大桥、江杨路大桥、蕰川路大桥、沪太路大桥横跨其上。宝山区是上海重要的冶金工业和电力、煤气、水资源基地，有全国特大型企业宝钢集团有限公司及多家电厂、煤气厂、水厂；是上海北部的水路枢纽、通江达海和通向外省市的门户之一，有张华浜、军工路、宝山、罗泾4个港区，以及吴淞、宝杨路、石洞口、上海港吴淞客运中心、上海国际航运中心吴淞口国际邮轮港5个水上客运码头。区内有上海淞沪抗战纪念馆、陶行知纪念馆、陈化成纪念馆、海军上海博览馆、上海宝山国际民间艺术博览馆、上海长江河口科技馆、上海玻璃博物馆等文化场所。上海大学校部落户区内。区人民政府地址：宝山区密山路5号。

【区域经济】 2012年实现区增加值824.2亿元，比上年增长10.2%。一、二、三产业结构比为0.4∶43.1∶56.5；非公经济占全区增加值比重上升到52.9%。财政收入247.42亿元，其中区地方财政收入94.10亿元，比上年增长10.0%。农业总产值7.50亿元，其中种植业产值4.02亿元，林业产值0.59亿元，畜牧业产值2.25亿元，渔业产值0.14亿元。建立农民专业合作社集体农场54个，规模经营面积3.3万亩。工业总产值1493.8亿元，工业销售产值1488.61亿元，其中规模以上工业企业实现销售产值1342.93亿元，利润总额67.06亿元，比上年增长1.9%。建筑业增加值63.18亿元，比上年增长4.9%。批发和零售业增加值105.60亿元，比上年增长15.2%。实现社会消费品零售总额460.31亿元，比上年增长20.5%。商品销售总额2598.32亿元，市场成交额472.1亿元。各旅游景区接待游客612.71万人次，营业收入7626.53万元。旅行社35家；组团出游29.93万人次，增长18.4%。金融业增加值66.51亿元，比上年增长12.5%。全区有银行22家，年内新增银行2家；实现外贸进出口总额50.39亿美元，比上年下降14.9%。全年批准外资项目136个，其中新批104个，增资32个，合同外资总额35123万美元。外商投资企业实际投资额20058万美元。

【城乡建设与管理】 完善区域道路网建设取得新发展，重大工程推进实现预定目标。配合推进长江西路越江隧道、S6高速公路等市级重大工程，潘泾路三期、镜泊湖路全线贯通，吴淞大桥完成抢修加固。顾村和罗店大型居住区外围和内部配套工程扎实有序推进。完成高境地区1.7万户家庭燃气内管、张庙地区1.7万户低压电网改造。年内新辟公交线路5条，调整公交线路9条，票价改制线路2条，新建公交候车亭60个。区域性出租车企业2家，运行车辆670辆。实现房地产业增加值66.36亿元，比上年增长2.5%。完成房地产开发投资211.51亿元，比上年下降23.1%，其中保障性住房完成投资58.56亿元，占27.7%。商品房销售面积267.1万平方米，下降1.5%；商品房销售额346.59亿元，下降5.5%。存量房交易面积129.1万平方米，增长11.9%。以第四轮环保三年行动计划为平台，着力提高环境质量。全年区级环境保护总投入26.8亿元，对八大领域共150个项目实施推进。全年共关停关转企业64户。年内完成罗店老镇水系治理、潘泾二期河道整治、北泗塘水系沟通等工程，区域骨干河道治理率达到72%；启动罗泾镇4条河道生态治理工程；完成北部五镇二级管网完善工程，累计完成20.7万平方米住宅小区和76家企事业单位雨污分流改造工作，城镇污水纳管率达到87%。新建绿地面积134公顷，其中公共绿地80公顷，建成区绿化覆盖率42.3%，人均公共绿地面积22.4平方米。镜泊湖路(陆翔路－沪太路)绿化工程、生态专项等绿化项目竣工。顾村公园、上海吴淞炮台湾湿地森林公园．长江河口科技馆被批准为国家4A级旅游景区。

【民生工作】 全年新增就业岗位27231个，实现非农就业5238人。帮助成功创业632人，带动就业4093人。城镇登记失业人员29514人。城镇居民家庭人均可支配收入32948元，比上年增长11.3%；农村居民家庭人均可支配收入20241元，比上年增长11.7%。新农保和城居保参保缴费人数5775人和2472人，享受待遇人数13760人和3699人。积极推进重点项目落实保障工作，南大地区综合整治等项目2248名被征地人员落实社会保障。新农保参保人员月均养老金626元，老年农民月统筹养老金标准415元，征地养老月生活费提高到1000元。全区居民医保参保人数14.36万人；市民帮困参保人数1.97万人；参加新型农村合作医疗2.38万人。住房保障覆盖范围不断扩大，居民居住条件进一步改善。全年新开工市属保障性住房154.5万平方米，区属保障性住房60.4万平方米,建设和筹措公共租赁房15万平方米。至年末,廉租住房受益家庭2983户,其中年内新增203户;经济适用住房购房家庭3136户。有养老类机构38家,床位8224张,收养人数4593人。其中社会投资开办21家,床位3871张。有老年人日间照料服务中心13家、助老服务社14家,为1.19万名老年人提供居家养老服务。全年投入社会救助资金2.19亿元,有17127人享受城镇最低生活保障,494人享受农村最低生活保障。出台10项助残新政,进一步扩大救助覆盖面。为1.86万名持证残疾人办理团体人身意外伤害保险,为179名生活贫困的残疾学生和残疾人家庭子女实施春雨助学,康复服务受益1.91万人次。安置残疾人就业195名,为713名重残无业人员提供机构和居家养老服务。

【社会事业】 推动科技成果应用和产业化,增强自主创新能力。年内列入国家和上海市科技项目立项54项,新认定高新技术成果转化项目25项,2个项目获市科技进步二等奖。全年专利申请量5326件;专利授权量3793件。全区有高新技术企业125家,3家企业列入上海市科技小巨人工程,21家企业入选2012年度"上海市创新型企业"。全面完成教育实事项目。开办6所配套学校(幼儿园),建成市老年大学宝山分校、宝山区学生体质监测中心、40所学校卫生保健室,有序推进虎林中学等30所学校改扩建项目等。来沪人员近5万名随迁子女全部享受免费义务教育。文化下乡演出100场。公益电影放映4300场,文化资源配送630场(次)。以"滨江欢歌"为主题,组织开展迎"十八大"优秀摄影作品展、"十佳歌手"评选大赛、"我爱我家"家庭才艺大赛等大型群众文化活动,吸引20万市民参与。上海宝山国际民间艺术博览馆举办多场大型展览活动,其中"'两岸四地'手工艺术精品展"荣获"第十四届上海国际艺术节群文活动创新项目奖"。大型现代沪剧《挑山女人》全年演出30场。宝山图书馆新馆9月12日正式建成开放。继续加大卫生基础设施建设力度,改善群众就医条件。华山医院北院建成启用,大场医院基本竣工,建成4个市级示范社区卫生服务中心。新建15个家庭医生工作室,家庭医生责任制覆盖吴淞、张庙和高境。竞技体育成绩稳步上升。我区培养、输送的游泳运动员刘子歌获得2012年奥运会200米蝶泳第八名、短池游泳世锦赛100米蝶泳亚军,乒乓运动员许昕和队友获得世界乒乓球团体锦标赛男团冠军、国际乒联职业巡回赛总决赛单打冠军,射箭运动员朱文君获得全国射箭冠军赛团体淘汰赛冠军,田径运动员葛晓栋获得田径冠军赛暨大奖赛总决赛第三名。精心组织第一届市民运动会参赛工作。参赛市民28.4万人。成功承办上海市第一届市民运动会木兰拳、篮球、田径总决赛;举办百村篮球赛、百队乒乓赛、百企足球赛、百人跳踢等"百"字系列比赛。新建10条百姓健身步道、2个百姓健身房和2个百姓游泳池,公共体育设施在2013上海市评估中获得优秀。 (吴思敏)

宝山区基本情况

项　目	数量
区域面积(平方公里)	293.71
行政区划	
街道办事处(个)	3
镇(个)	9
居民委员会(个)	327
村民委员会(个)	108
人口	
户籍人口(万人)	90.65
户数(万户)	35.16
人口密度(人/平方公里)	3048
人口自然增长率(‰)	0.52
精神文明创建	
全国文明单位(街道)(个)	-
市文明社区(个)	-
市文明小区(个)	144
市文明镇(个)	-
市文明村(个)	31
市文明单位	105
教育	
中学(所)	56
在校学生(人)	41504
小学(所)	73
在校学生(人)	63313
幼儿园(所)	150
在园幼儿(人)	47715
职校(所)	3
在校学生(人)	4680
文化	
图书馆、室(个)	13
文化馆、站(个)	14
影剧院、场(个)	7
卫生	
卫生医疗机构(所)	39
区级医院(所)	14
医院床位数(张)	5132
医疗卫生技术人员(人)	6715
执业医师(人)	1749
体育	
体育场馆(个)	4
健身苑、点(个)	432

宝山区国民经济主要指标

项　　目	单位	完成数	比上年增减%
增加值	亿元	824.2	10.2
第一产业	亿元	2.97	-1.6
第二产业	亿元	355.45	10.2
工业	亿元	292.28	11.4
第三产业	亿元	465.78	10.4
固定资产投资额	亿元	309.94	-15.7
财政收入	亿元	247.42	-4.4
地方财政收入	亿元	94.10	10.0
地方财政支出	亿元	144.77	10.6
外贸出口总额	亿美元	27.52	-18.9
直接利用外资签订合同项目	个		
直接利用外资签订合同金额	亿美元		
农业总产值	亿元	7.50	-2.2
工业总产值	亿元	1493.8	12.0
住宅竣工面积	万平方米	253.5	-21.8
社会消费品零售总额	亿元	460.31	20.5

注:以上数据以区统计局的统计口径为准。

(吴思敏)

崇　明　县

【概述】 位于上海市北部长江中。东濒东海,南与浦东新区、宝山区及江苏省太仓市隔水相望,北与江苏省海门市、启东市一衣带水。由崇明、长兴、横沙3岛组成,陆域总面积1185.49平方公里。经上海长江隧桥、崇启通道分别与上海市浦东新区、江苏省启东市相接。县内有陈海公路、北沿公路等干、支公路36条。有崇明南门、堡镇、陈家镇至共和新路汶水路枢纽站、上海科技馆枢纽站、巨峰路站等9条市通郊线路。另有6条埠际线路辐射苏、鲁、皖3省。水路有南门—石洞口、南门—宝杨、吴淞口—堡镇等航线8条。县内文物保护单位有崇明学宫、唐一岑墓、黄家花园以及金鳌山、寿安寺等。瀛洲古调派琵琶演奏技艺被选为国家级非物质文化遗产。崇明扁担戏、崇明灶花、牡丹亭、崇明山歌、崇明老白酒传统酿造技法等列为市级非物质文化遗产。县内旅游景点主要有崇明岛国家地质公园、崇明东滩湿地公园(候鸟保护区)、东平国家森林公园、明珠湖和西沙湿地,以及前卫村、瀛东村等富有地方特色的"农家乐"旅游。县人民政府地址:城桥镇人民路68号。

【经济发展】 2012年实现县增加值236.3亿元,比上年增长5.5%。其中,第一产业增加值22.2亿元,比上年增长7.1%;第二产业增加值125.5亿元,比上年下降0.9%;第三产业增加值88.6亿元,比上年增长15.5%。县级财政收入37.0亿元,比上年增长6.1%。农业总产值58.7亿元,比上年增长6.0%。粮食作物播种面积73.2万亩,粮食总产30.1万吨。白山羊出栏26万头,水产品产量5.8万吨。推进国家生态农业标准化示范县创建工作,建成各级农业标准化示范区95个,其中国家级示范区8个,市级示范区17个,县级示范区70个。推广机插稻面积11.8万亩,占水稻种植面积34.3%。建成3个千亩绿叶菜生产基地,创建5个市级蔬菜标准园,完成22万吨绿叶菜供应任务。推进堡镇丰艺翠冠梨、庙镇鲜切花和长兴镇长丰葡萄等特色农产品生产基地、申烨奶牛场和鳌山奶牛场等规模化畜牧场以及上海裕安水产养殖场等标准化水产养殖场建设。推广商品有机肥2.5万吨,推广高效低毒低残留农药和生物农药13.7万亩次。继续推进农产品"三品一标"认证工作,获绿色食品证书12个,无公害农产品认证证书4个,(农)产品地理标志登记1个。工业总产值414.8亿元,比上年下降9.4%。其中,规模以上工业企业产值381.1亿元,比上年下降7.5%。海洋装备业工业总产值266.0亿元,比上年下降10.1%,占全县工业总产值的64.1%。智慧岛数据产业园启动招商。社会消费品零售总额64.7亿元,比上年增长18.3%。外贸出口拨交额117.1亿元,比上年下降20.5%。其中以造船为主的工业品出口拨交额116.9亿元,比上年下降19.4%。引进各类企业5290户,比上年增长23.1%。接待游客368.3万人次,比上年增长9.0%;旅游直接收入6.2亿元,比上年增长15.6%。

【城乡建设】 长兴地区潘圆公路改建工程、中船长兴二期动迁工作推进,江南滨江苑及镇西区约100万平方米配套商品房建成,长兴海洋装备产业基地配套生活区公共租赁住房项目一期主体工程完成。公共货运码头中转库场圈围工程、横沙渔港陆域核心功能区、长兴岛水系整治一期工程在建。陈家镇地区中滨路二期竣工,东滩大道三期建设基本完成。累计建成配套商品房102.8万平方米。北郊迎宾馆、金茂凯悦度假酒店、自行车公园和能源管理中心等项目开工。马球、东滩水世界等项目开展前期工作。城桥新城地区宝岛路等城市主干道建设在建。崇明文化科技中心一期建成投用。商务中心、百联崇明商业广场项目开工。新城明月苑配套商品房基地建成并交付使用。推进北陈公路等道路新建、改建工程。南门水陆换乘中心公交场站建成投用,建成公交候车亭50座。配合东风西沙水库工程的原水输水系统一期工程和堡镇水厂开工。实施崇明岛天然气管道工程前期工作。上海申能崇明燃气电厂在建。220千伏堡北输变电工程建成投用,北部垦区电网改造基本完成,农村低压配网提升工程完成230个台区。改造完成228座农村危旧桥,对21个行政村实施村庄改造。执行2010-2012年崇明生态岛建设三年行动计划,推进涉及"水、土、林"等领域的生态项目建设,《崇明生态岛建设纲要》27项指标基本实现阶段性目标。崇明国家可持续发展实验区建设通过科技部中期评估验收。启动第五轮环保三年行动计划。控制农业面源污染。6个畜禽场实施标准化改造,秸秆机械化还田32万亩次,其中夏收二麦秸秆机械化还田10.6万亩、秋收水稻秸秆机械化还田22万亩,种植绿肥26万亩。县固体废弃物处置综合利用中心和危险废物焚烧处置系统建设开展前期工作,横沙生活垃圾压缩中转站项目在建。陈家镇污水处理厂一期建成投用,基本完成城桥镇、堡镇、新河镇和陈家镇建成区域直排污染源截污纳管工程,完成直河港等3条县级河道综合整治工程和 5115 户农村生活污水处理工程。新增林地 9100 亩。调整淘汰落后产能企业 14 家,基本完成 5 万平方米既有建筑节能改造。北沿风电场建成,青草沙风电场建设在建。壮禾秸秆生物质成型项目一期建成投产。

【社会事业】 配合市科委实施崇明生态岛科技支撑专项 12 个,确定 69 个市、县级科技攻关和成果推广项目。建成启用实验幼儿园新城园区,推进新建江帆小学、陈家镇裕安社区小学项目。新组建实验中学、长兴小学两所"集团式"学校,落实与上海学前教育研究所及上海思南路幼儿园合作项目。县学生体质健康监测中心建成投用。出台并落实文化发展繁荣的实施意见。县文化馆新馆、图书馆新馆和崇明美术馆对外开放,崇明科技馆正在布展。推进世界河口沙洲水文化展示馆、奶牛科普馆、紫海鹭缘熏衣草园、崇明岛国家地质公园地质遗迹保护等项目建设。举办"二月二龙抬头"文化旅游节、崇明森林野菜节、瑞华果园桃花节、第二届崇明端午季等活动。黄家花园修缮工程竣工。新华医院崇明分院创建三级医院评审工作基本完成。县第二人民医院新院启用,启动创建二级甲等医院。推进区域医疗联合体试点工作。卫生信息化一期工程建成投用。举办 2012 年环崇明岛女子国际公路自行车赛和国际自行车联盟女子公路世界杯赛。参加首届上海市市民运动会,获得"民生奖金杯"。创建上海市村务公开民主管理示范县。创建 1 个全国和谐居委会和 56 个市级示范、模范、和谐居委会以及 3 个居民自治家园。

【人民生活】 民生工作。新海、东平两镇新建 140 套廉租住房交付使用,全县首轮共有产权保障住房(经济适用住房)申请供应工作基本完成。1000 户农村低收入户危旧房改造工作推进。10 家政府办养老机构达标建设完成。新增养老床位 100 张,新建和改建标准化老年活动室 15 个。为 5000 名高龄老人提供家庭互助服务,对 60 个低保困难老年人家庭实施居室适老改造。农村居民家庭人均年可支配收入 12150 元,比上年增长 11.9%。出台新一轮促进就业政策。新增就业 9118 人,扶持 229 人成功创业。完成职业培训 9996 人次。全县农村合作医疗参保率达到 99.8%,人均筹资水平从 2011 年的 785 元提高到 1380 元。农保基础养老金标准从 2011 年的每人每月 340 元提高到 410 元,老年农民养老金补贴从 2011 年的每人每月 195 元提高到 240 元。

【崇明文化科技中心一期落成开放】 10 月,《崇明生态岛建设三年行动纲要》重点工程崇明新城文化科技中心一期(由崇明县图书馆新馆、文化馆新馆和美术馆三馆组成)落成开放。图书馆新馆建筑面积 1.1 万平方米,文献总藏量近 53 万册,日均访问人数近 400 人次,馆内设有电子阅览室、少儿借阅室、成人借阅室、报刊阅览室、信息资料室、报告厅等,设置 24 小时自助图书馆、读者自助办证机、自助借阅系统。文化馆新馆建筑面积 6500 平方米,设有能容纳 376 人小剧场及配套间、排练室、接待室、录音制作室、王钰君工作室、非遗展厅等,日均接待 200 多人次。崇明美术馆建筑面积 4000 平方米,设有 600 多平方米的大型展厅和小型接待室,主要举办全国及省市级的各类艺术作品展览等,另外,还设中小型展厅、固定常设展"黄丕谟艺术陈列"、收藏室、教室等,日均参观人数约 150 人次。

【陈家镇污水处理厂一期主体工程竣工】 2012 年,崇明县陈家镇污水处理厂一期工程竣工。工程位于八滧港东侧,一线大堤与二线大堤之间,主要项目:一期处理能力为 1.75 万立方/天的污水处理厂,4 号污水提升泵站,12.36 公里污水收集干管等。该污水处理厂污水处理部分采用 A/A/O(鼓风曝气)工艺,出水执行《城镇污水处理厂污染物排放标准》(GB18918 - 2002)中的一级 B 标准,污水经处理达标后排放至长江,改善陈家镇——东滩地区的水环境。工程建设规模为远期 7 万立方/天,总占地面积 136.95 亩,一期占地 71.05 亩。

【建立东滩科旅一体化管理体制】 2012 年,由崇明县人民政府、上海市绿化和市容管理局、上海实业东滩投资开发(集团)有限公司三家组成崇明生态旅游资源管理委员会,推进东滩科旅一体化,整合东滩地区生态旅游资源,具体是将原上海市绿化和市容管理局下辖的东滩鸟类国家级自然保护区科普教育基地(一线四馆)与上海实业东滩投资开发(集团)有限公司下属的东滩湿地公园,统一规划、统一保护、统一开发,实现崇明东滩地区的科普教育与旅游体验一体化。崇明县人民政府负责利用县级政府行政资源进行项目规划和监管;上海市绿化和市容管理局负责公益性项目的开发与运作;上海实业东滩投资开发(集团)有限公司负责建设性项目的开发建设与运营。计划建设国家湿地公园、国家 5A 级旅游景区、全国科普教育基地、上海市科普教育基地等。

【推广"集团式办学"】 2012 年,崇明县全面推行"集团式办学"。针对城区学校超负运行、城乡教育差异、农村小型学校资源放空教育低效等问题,2011 学年起部分学校开展"集团式办学"模式试点。建立东门中学教育集团(江山校区—城东校区)、东门小学教育集团(江山校区—东华校区)、莺莺幼儿园教育集团(东门园—明南园、鳌山园)。2012 年 9 月增加实验中学教育集团(西园校区—江口校区)、长兴小学教育集团(凤凰校区—平安校区、元沙校区、前卫校区)2 个教育集团。教育集团采取一体化管理模式,校区之间干部、教师相互流动;各教育集团的校区既有共同的办学理念和办学目标,又具不同特色;教育局予以专项经费保障,在校园建设、设施配套、校车配套、教师编制、教师培训、行政奖励等方面予以政策支持。

南 京 市

【城市概况】 南京,简称宁,是江苏省省会,副省级城市,全省政治、经济、科教和文化中心,是国务院确定的首批中国历史文化名城和全国重点风景旅游城市,是中国著名的四大古都之一。南京市位于长江下游中部富庶地区,江苏省西南部,北连江淮平原,东南临长江三角洲,市域地理坐标为北纬31°14′~32°37′,东经118°22′~119°14′,位于东八时区,行政区域国土总面积6587.02平方公里。南京是中国国土规划中沪宁杭经济核心区的重要中心城市,国家重要的综合性交通枢纽和通信枢纽城市,泛长三角门户城市。

公元前333年楚威王熊商于石头城筑金陵邑,金陵之名始于此;秦始皇南巡时改金陵邑为秣陵邑;公元229年吴大帝孙权在此建都,改秣陵为建业(后于公元282年改建邺);此后东晋、南朝的宋、齐、梁、陈均相继在此建都,故南京有"六朝古都"之称。1368年明太祖朱元璋在此称帝,创建大明王朝,当时南京称应天府;1853年太平军攻克南京,建立太平天国,改称天京;1912年元旦,中华民国临时政府在南京成立,孙中山宣誓就任临时大总统,改江宁府为南京府,后又称南京。从中古到近现代,继孙吴之后,东晋、宋、齐、梁、陈、南唐、明朝、太平天国及中华民国先后定都南京,共455年,史称"十代都会"。中华人民共和国建立初期,南京仍为直辖市。1952年改为江苏省辖市,为省人民政府驻地。1975年起辖江宁、江浦、六合三县,1983年起增辖溧水、高淳二县。2013年起,溧水、高淳撤县设区。

南京是国家科技体制综合改革试点城市,国家创新型城市试点城市,国家服务业综合改革试点城市,全国绿化模范城市,全国文明城市。南京市现辖11区,共有81个街道办事处、19个镇。年末全市户籍总人口为638.48万人,比上年末增加2.12万人。年末全市常住人口816.10万人,比上年末增加5.09万人。明孝陵被列为世界历史文化遗产,国内现存最大的中华门城堡和南京明代城垣举世闻名,中山陵、雨花台、夫子庙秦淮风光带、总统府、玄武湖、阅江楼、栖霞山等风景区是国家著名风景旅游区。南京名人荟萃,如孙权、朱元璋、孙中山、郑和、李煜、曹雪芹等。南京云锦,位列中华"三大名锦"之首。境内已知矿种40多种,其中锶储量位居东南亚之首。麻栎、枫香等常绿阔叶树种近50种及何首乌等野生药用植物40种。国家级保护动物有中华鲟、白鳍豚、扬子鳄、江豚等。

玄 武 区

【自然地理】 玄武区位于南京市区东北部,是南京市的中心城区之一,也是南京市市委、市人大常委会、市政府、市政协机关所在地。东、北与栖霞区相接,南与白下区为邻,西与鼓楼区接壤,西北、东南分别与下关区、江宁区交界。域内面积75.46平方公里,户籍人口50.77万人。

【自然资源】 铁矿分布在红山森林动物园;煤矿分布在灵谷景区;硫磺矿分布在钟山北麓岔路口;黄铜矿分布在钟山西北蒋王庙,至今留有20世纪50年代开掘的矿井。钟山植被,陆地面积2930.7公顷,水域面积78.1公顷。现有维管植物157科506属1217种,特、稀、危植物50余种;鸟类生物14目42科140种;昆虫1200多种;蝶类9科73属120种,其中"虎凤蝶"缘起紫金山,是比"猿人"更为古老的生物,有"活化石之称;真菌类生物246种。

【人口状况】 2012年常住人口总数为577113人,其中户籍人口507739人,男性259756人,女性247983人,性别比为104:75,流动人口总数69374人。与2011年相比,人口总量减少58273人(其中流动人口减少约5.3万人)。

【古迹名胜】 六朝宫阙、明初紫禁城、太平天国天王府、孙中山临时大总统府和国民政府总统府均坐落区内。钟山风景区以雄伟壮丽的钟山与碧波千顷的玄武湖为核心,山水相依,雄秀兼具,在新评比的"金陵四十八景"中,这里就占有10席。境内拥有5座城门、总长9.37公里的明城墙,是南京市幸存明城墙的主要部分,其两侧聚集甚多名山、名水、名胜。丰富厚重的历史人文资源和钟灵毓秀山水生态风光,描就玄武精美而又独特的都市画卷。

【文化遗产保护】 区内有南京市唯一一处世界文化遗产——明孝陵,有国家、省、市、区各级各类文物保护单位100处,在2007年第三次全国文物普查工作中新发现文物点167处。建立区非物质文化遗产保护名录,其中国家级1项、省级2项、市级5项、区级3项。

【区政沿革】 6000多年前,玄武湖畔有原始村落。战国时,为金陵邑辖地。秦、汉时,南部属秣陵县,北部属江乘县,后又隶属会稽郡、鄣郡、丹阳郡。东汉建安十七年(212)改秣陵为建业县,区境南部属之,区境北部改设典农都尉。

民国元年(1912),临时政府废上元、江宁两县,建置南京府,区境属南京府。民国2年(1913),撤南京府,以旧上元、江宁两县复置江宁县。民国16年(1927),改江宁县城区为南京市,区境城内部分属南京市。

1949年6月,沿用第一区建置称第一区人民政府。1950年6月,以一区为基础,中山东路以南地区划出,建为新一区。今红山、锁金村街道地区和玄武湖街道部分地区改属新八区;今孝陵卫街道地区和玄武湖街道部分地区,改属中山陵园区。

1955年6月,第一区人民政府改称第一区人民委员会。同年8月,第一区改称玄武区。

1980年9月,玄武区革命委员会复称玄武区人民政府,至今。

【区划调整】 2012年,新一轮区划调整,8个街道调整为7个街道,将原梅园新村街道办事处北京东路以北的公教一村社区和后宰门街道办事处龙蟠路以北以西部分(太平花园小区)划归玄武门街道办事处。将调整后的梅园新村街道办事处与后宰门街道办事处合并,成立新的梅园新村街道办事处。截至2012年底,全区有7个街道、58个社区。

【国民经济和社会事业发展】 2012年,全区地区生产总值完成414.80亿元,按可比价比上年增长12.7%;其中三产增加值完成388.33亿元,按可比价比上年增长13.7%。公共财政预算收入完成34.71亿元,同口径增长11.2%。社会消费品零售总额完成356亿元,同比增长16.1%。全社会固定资产投资完成93.55亿元。软件和信息服务业收入完成113亿元。

以民为本,社会事业项目进展顺利。提档升级社区卫生服务硬件建设,完成区妇保所、锁金村社区卫生服务中心(一期)装修改造工程;同仁街养生中医馆建成并正式对外营运;玄武医院体检中心装修改造工程完工,中医馆装修改造工程立项;兰园社区卫生服务中心的中医体检中心改造工程完工;加快推进区公共卫生应急处置中心大楼建设。

白　下　区

【地理位置】 白下区位于南京市中部,是南京市中心城区之一,地处南京市交通、商贸、金融、信息、文化娱乐最密集的地区。全区面积27.76平方公里。区界为:东以仓波门、高桥门、上坊门一线为界,与江宁区接壤;南以秦淮河、运粮河西口、建康路、升州路为界,与秦淮区毗邻;西以外秦淮河中心线为界与建邺区相连;北以汉中路、中山东路、宁杭公路为界,分别与鼓楼区、玄武区交界。

【行政区划】 2012年,白下区下辖7个街道办事处:五老村街道、洪武路街道、大光路街道、瑞金路街道、月牙湖街道、光华路街道、朝天宫街道。全区有社区居民委员会59个。其中:五老村街5个、洪武路街道10个、大光路街道6个、瑞金路街道7个、月牙湖街道9个、光华路街道11个、朝天宫街道员11个。

【人口】 依据白下区统计局统计,2012年,全区总户数160015户,户籍总人口459867人,户均人口2.9人,其中男性229757人,女性230110人,性别比(女=100)为99.85%。出生人口4296人,出生率9.32%,死亡人口2981人,死亡率6.42‰,自然增长率为2.85‰。人口密度为每平方公里16583人。人口分布:五老村街道19844户,55685人;洪武路街道30771户,92437人;大光路街道22200户,60174人;瑞金路街道20251户,75870人;月牙湖街道16489户,45643人;光华路街道15467户,39610人;朝天宫街道34993户,90448人。

【白下区2012年国民经济和社会发展计划执行情况】

1. 区域经济平稳较快增长全年实现地区生产总值391.4亿元,同比增长员12.5%,其中,服务业增加值实现342亿元,同比增长12.7%,占地区生产总值比重达90%,比2011年提高3.4%。实现公共财政预算收入34亿元,同比增长13%。实现社会消费品零售总额518.7亿元,同比增长16%。实现全社会固定资产投资100亿元。实际利用外资1.3亿美元,服务外包执行额2.6亿美元。实现软件和信息服务业收入100亿元。城镇居民人均可支配收入达37800元,同比增长14.7%。

2. 科技创业创新深入推进。大力实施科技创业创新工程,进一步深化创新型城区建设,实现科技、人才工作不断提升。创业创新载体建设加快。依托紫金(白下)科技创业特别社区和瑞金科技创业创新街区建设,孵化器、加速器、配套设施等载体快速推进。预计全年新增创业创新载体面积28.3万平方米。紫金(白下)科技创业特别社区实现投资12亿元,开工30.4万平方米产业载体与配套服务用房,实现25.1万平方米载体主体封顶,竣工交付20.8万平方米。瑞金科技城预计实现投资3.1亿元,新增载体面积4万平方米。开工建设中航科技大厦;建成2个大学科技园、2个创新中心。

3. 产业转型升级步伐加快。大力实施产业转型工程,加快"2+3+3"现代产业体系6构建。商贸商务业和金融业优化提升。强化区域商贸中心地位,推进新街口现代服务业集聚区建设,新街口省级现代服务业集聚区实现营业收入达504亿元,同比增长27.3%。金鹰三期、苏宁电器广场等服务业综合体进展顺利。

4. 城市功能品质不断优化。大力实施城市品质提升工程,加快城市更新,提高城市宜居品质。基础设施建设不断完善。东部地区交通路网建设加快,石杨路西延、苜蓿园大街南下等道路工程启动,银龙路南延、石杨路拓宽改造完工。水环境治理工程大力实施,完成白甸泵站进水涵改造。完成5座公厕改造10;主次干道机扫率达55%。城市环境不断改善。全力开展拆违、户外广告、环境卫生等专项整治工程,推进朝天宫西街、大光路等地区环境综合整治;推进堂子街、科巷等重点地区环境及书报亭综合整治;完成8个小区出新改造;实施24个小区、16条街巷雨污分流。

5. 幸福都市建设全面展开。大力实施民生幸福保障工程,继续加大民生投入,着力建设幸福都市标杆区。特殊群体保障水平不断提升。提高对特殊群体的帮扶救助水平,实现民生保障工作"八个百分百"12。最低工资标准和最低生活保障达市要求。惠民服务品牌着力打造。全年新增养老床位655张;瑞华慈善医院建成并投入使用。完成14个省2A级社区居家养老中心建设;建成集援助呼叫、助餐、助医、助购等为一体的"虚拟养老院"网络服务平台。积极推动创业带动就业,新增就业人员20350人;打造示范创业1员个,培育自主创业者1950人,创业带动就业14000人。

6. 服务型政府建设成效明显。大力实施社会和谐发展工程,深化改革创新各项重点工作,建设公共服务型政府。综合改革全面推进。围绕承接市部门下放事权,推进白下区简政强街道、强园区改革工程,下放行政权力事项71项;完成区行政服务中心改造,新建9家市民服务中心。

(白下区发展和改革局)

秦　淮　区

【自然地理】 秦淮区位于南京市市区东南部,因十里内秦淮河贯穿全境而得名。古时曾是人文荟萃、商贾云集之地,史称“十里秦淮、六朝金粉”。区域面积22.36平方公里,东西分别至外秦淮河,南至宁溧公路,双麒路,北至建康路、升州路,与江宁区、雨花台区、白下区、建邺区相邻。区境地貌以平原为主,间有若干座小山岗,中华门内有赤石矶(部分)、花露岗,城外有宝塔山,红花街道内有窨子山、夹岗,山岗高度10~30米。区内自然河、人工河错落,有内外秦淮河、青溪、玉带河、响水河、运粮河及小运河等。有中外闻名的国家AAAAA景区夫子庙—秦淮风光带。有瞻园、白鹭洲公园、中华门城堡、沈万三故居等园林景点和东水关、东干与西干滨河公园、水西门、武定门等居民健身休闲场所和七桥瓮生态湿地公园。

【历史沿革】 秦淮区是历史文化名城南京的发祥地之一,历史悠久、文化底蕴深厚。春秋战国时期,范蠡于长干里筑越城,为金陵建城之始,长干里是人口密集之地。秦淮区境属金陵,秦代改称秣陵,六朝改称建业、建康,六朝宫城在今城北一带,而衙署在宫城门外朱雀航(今镇淮桥)附近。朝廷大臣和文人学士居住在淮水两岸,东吴有“顾、陆、魏、虞”巨族,东晋有名的乌衣巷,居住着王导、谢安两大世族。唐代重置江宁县后,上元、江宁两县同城而治,区域亦在其辖。清代中叶,区域全部并入江宁县。民国时期经过几次调整,至1927年,南京实行区划,区域基本在三区、四区范围内。新中国成立初期,在原区划基础上建立人民政权。1950年6月,南京市人民政府重新区划,称第三区,区域以旧四区为基础,增加旧三区之大部分及十一区一部分。1955年定名秦淮区,1966年8月,改称遵义区,1973年12月恢复秦淮区原名。

【区域交通】 区域内外路网完善,交通畅达。南北向有凤台路、中山南路、中华路、雨花路、龙蟠中路、龙蟠南路和大明路等主要道路;东西向有建康路、升州路、长乐路、集庆路、应天大街等主干道。宁芜铁路穿越区域,设有中华门站,商贸运输方便快捷。区域内公交线路密集,地铁1号线在区域内设有三山街、中华门站,居民出行方便快捷。南京绕城公路、城东干道高架路、禄口国际机场高速、沪宁高速、宁马高速、宁杭高速等多条高速公路和双桥门立交桥在区域内交汇,交通畅达,周边辐射力较强。

【行政区划】 1955年,区内建立夫子庙、石坝街、饮虹园、白酒坊、李府巷、中华门、钓鱼台、双塘、菱角市、珍珠巷、雨花路共11个街道,辖86个居委会,1959年、1960年、1962年、1988年作过四次街道调整合并。1995年4月,雨花台区红花镇划入,红花镇下辖10个居委会,8个村委会。1997年4月,成立秦虹街道,全区划分为中华门、钓鱼台、饮虹园、夫子庙、双塘、秦虹共6个街道和红花镇,辖104个居委会、8个村委会。2003年,经省人民政府批准,双塘街道和钓鱼台街道合并为双塘街道,夫子庙街道与饮虹园街道合并为夫子庙街道。全区划分为夫子庙、双塘、中华门、秦虹、红花5个街道办事处,辖68个社区居民委员会,6个行政村。2004年11月,红花街道东风行政村撤销。2006年,秦淮区人民政府将5个街道办事处所辖的68个社区居委会撤并为47个社区居委会。2006年后,全区有5个街道、47个社区居委会、6个行政村。

【人口】 据秦淮公安分局户籍科和流动人口管理办公室资料,2012年末,全区户籍居民总户数105383户。总人口362072人,其中,户籍人口254274人,流动人口107798人。全年出生2311人,其中男性1230人,女性1081人;死亡1805人,其中男性1001人,女性804人;省内迁入1184人,省外迁入822人,迁往省内627人,迁往省外319人。

【经济社会发展概况】 2012年以来,在区委、区政府的正确领导下,全区上下紧紧围绕率先基本实现现代化目标,以彰显人文优势、坚持创新驱动、建设幸福秦淮为战略取向,努力克服经济下行压力,着力提振精气神、增强执行力,经济社会发展保持平稳良好发展态势。区十七届人大一次会议确定的四大项23条发展计划,一级分解为329个子项,其中提前完成和按进度完成的有320项,占计划总数的97.3%。提升产业能级,释放创新潜力,经济保持持续增长;突出项目推进,优化择商选智,发展潜能明显增强;注重老城复兴,完善配套建设,环境品质逐步改善;健全保障体系,助推民生改善,社会事业协调发展;提升行政效能,推进改革改制,社会和谐稳定局面持续巩固。

【经济保持稳定增长】 2012年完成地区生产总值140.1亿元,同比增长12.4%,其中服务业增加值98.1亿元,同比增长14.5%,占地区生产总值比重超过68%,比上年同期提高3.5个百分点;实现公共财政预算收入14.1亿元,同比增长15%;固定资产投资75亿元,同比增长28.3%;社会消费品零售总额218.1亿元,同比增长17.1%;实际利用外资1.06亿美元,外贸出口总额1.98亿美元;服务外包执行额1.6亿美元,同比增长56.8%,其中离岸服务外包执行额6345万美元。

【社会事业协调发展】 2012年,全区新增就业人数11384人,实现再就业6575人,培育自主创业1705人,援助困难人员就业1349人,完成各类职业培训14574人次,确保零就业家庭动态消零,未就业困难家庭高校毕业生100%实现就业。城镇居民人均可支配收入达33558元,同比增长15%。

保障体系不断健全。继续推进社保扩面征缴,新增参保单位438户,单位养老保险参保5083人,灵活就业人员参保5796人,城镇职工基本医疗保险参保6489人。 (刘瑞平)

建 邺 区

【历史沿革】 “建邺”之名源于南京古地名。汉献帝建安十七年(212),东吴孙权为建帝王大业,改秣陵县(今南京)为建业县。晋太康元年(280),武帝司马炎改建业为秣陵,并将其西南部划分为临江县。太康二年(281),改临江县为江宁县,设秣陵县秦淮河以北为建业县。翌年,改建业为建邺,“建邺”之名出此开始。邺者,邺城,河南古地名,系司马氏发迹地,以建邺为名,寓不忘故土之意。隋、唐、宋、元时,区境先后隶属于江宁县、归化县、金陵县、白下县。明、清两朝分属于上元、江宁两县。太平天国时期,境内一度成为军政指挥中枢要地。中华民国元年(1912),以秦淮河为界,河东、河西分属于江宁市和江东乡。民国22年(1933),南京开始设置区级建置,区境为第五区。翌年,秦淮河以西划归为上新河区。1949年4月,境地解放。1950年6月,南京重新划区,原第五区改称第四区,原上新河区改称第十一区。1955年8月定名为建邺区,1967年3月改为红卫区,1973年12月恢复现称。1978年,撤销街道革命委员会,恢复街道办事处。1984年,江东公社凤凰二队、三队、跃进生产队及上新河镇的凤凰西街、茶亭居委会所属地段划归建邺区。后经多次调整,至1995年4月,建邺区下辖朝天宫、止马营、安品街、莫愁湖、南湖、兴隆6个街道。2002年10月,南京市进行新一轮区划调整,划出朝天宫、止马营2个街道以及莫愁湖街道的部分地区,划入江心洲镇以及沙洲、双闸街道的部分地区,形成南湖、滨湖、南苑、兴隆、沙洲、双闸、江心洲7个街道。2012年6月,撤销南湖、滨湖街道,成立莫愁湖街道,形成莫愁湖、兴隆、南苑、沙洲、双闸、江心洲6个街道。

【区位环境】 建邺区是南京市六个主城区之一,位于南京市区西南部,东、南紧邻外秦淮河和秦淮新河,西临长江,北止汉中门大街,总面积80.87平方千米。境内交通发达,至2012年底有长江过江隧道、应天大街、梦都大街、扬子江大道(建邺段)、绕城公路(建邺段)等快速通道,水西门大街、集庆门大街、汉中门大街、江东中路、奥体大街、河西大街等主干道,长虹路、北圩路、燕山路、富春江西街、富春江东街等次干道,莫愁湖东路、纪念馆东路等支路。境内过境公交路线45条,其中境内始发车36条。南京地铁1号、2号线路横贯全区。

【行政区划】 2012年6月,撤销南湖、滨湖街道,成立莫愁湖街道。至2012年底,建邺区辖莫愁湖、兴隆、南苑、沙洲、双闸、江心洲6个街道,45个社区,19个行政村。　(区方志办)

【人口民族】 截至2012年底,全区户籍总人口263180人,其中男130986人,女132194人。总人口比上年增加11700人。人口出生率13.32‰,死亡率5.46‰,自然增长率7.86‰。全区有回族、满族、藏族等39个少数民族,共计9975人,其中回族有8534人。　(区委统战部　区统计局)

【城区环境】 围绕亚青、青奥两大赛事,坚持"建管并重、长效管理"的工作理念,加快落实迎青奥"千日行动计划",全面实施动迁拆违、治乱整破专项行动,以现代化的城市空间形态和良好的环境品质,为亚青会提供服务和保障。先后完成南部剩余地块、5号地块南侧、金沙江东街东延等项目的拆迁工作。累计拆迁280万平方米,搬迁村(居)民2500余户、工企单位260余个。全面启动生态科技岛二期、5号、10号、省边防总队等地块的拆迁工作,推进生态科技岛一期、南部地区、南河风光带等地块的拆迁扫尾工作。江心洲3幅住宅用地正式摘牌,2幅住宅用地挂牌公告。生态科技岛一期安置房建设进展顺利。建成南湖东路西延等一批道路,河西南部13条主次干道开工建设。江心洲跨江水电气基础设施一期工程顺利实施。启动江东中路等主次干道的环境提升工程,加快实施街巷出新和雨污分流工程,出新小区50万平方米,整治房屋100栋。新增绿地面积30万平方米,青奥森林公园新植树1200棵。探索城市管理新模式,制订出台《河西新城城市管理导则》。继续保持拆违控违高压态势,累计拆除违章建筑531处,共计208147平方米。加强扬尘污染控制和渣土运输管理,水西门大街被评为市级市容管理示范路。在全市率先推广垃圾分类,覆盖率51%,在全市排名第一。顺利通过全国长江流域水污染防治考核、国家环保模范城市复查和国家卫生城市复审。城市长效综合管理始终处于全市领先地位。

【社会事业】 全面建设宜居幸福圈,大力促进社会事业协调发展。南京外国语学校河西分校黄河路校区、怡康街中学等新校开工建设,中华中学上新河初中改扩建、南湖第二中学和南湖第一小学校安工程进展顺利。莲花九年制学校建成使用,新开办南京外国语学校河西分校、陶行知小学,香山路幼儿园成功改制为公办园,并与市级机关幼儿园合作办园。顺利通过全国义务教育基本均衡区省级督导,并在全省义务教育优质均衡发展推进会上做经验交流。兴隆街道成功创建为全国社区教育示范街道。出台《建邺区"十二五"妇女儿童发展规划》,区婴幼儿早期发展指导中心正式成立,乐山路人口文化园一期工程如期完工。积极稳妥地实施基层医疗卫生综合改革,全面推行《国家基本药物目录》。双闸社区卫生服务中心顺利搬迁,莲花社区卫生服务站建成开诊,滨湖社区卫生服务中心康复病房楼开工建设。建邺区荣获"全国社区中医药工作先进单位"称号。制订《建邺区加快文化产业发展实施意见》等一批政策,推动文化发展繁荣。举办"河西建邺十年晒幸福"等精彩活动。"精彩365·快乐每一天"活动巡回演出506场,居民参与率超过30%。建邺区被评为"江苏省文化市场综合执法先进单位"。顺利通过文明指数测评国查和省查,评选表彰首届"建邺道德模范",新城文明程度进一步提升。

民生保障更加完善。大力发展社区商业,积极推进农贸市场提档升级,高标准建设首批8个菜市场的肉类蔬菜流通追溯系统。出资150万元,在全市率先设立价格调节专项资金,"惠民专柜"内涵不断拓展,农副产品平价直销店加快建设。食品安全监管工作网络实现全覆盖,荣获"省放心消费创建环境治理先进区"、"江苏省餐饮服务食品安全示范区"称号。新增城镇就业14628人,新增城镇单位就业8879人,实现再就业7097人,帮扶801名困难人员就业。净增单位养老保险参保9603人,城乡居民养老保险参保率100%。投入341万元,开展城乡医疗救助1533人次。投入近1900万元,慰问困难群众4.5万人。荣获"江苏省人人享有康复服务达标区"、"全省基层残疾人组织先进集体"等称号。

其他社会事业全面进步。推进数字档案馆(室)建设,"建邺区数字社区建设项目"顺利通过住建部专家验收。建邺区牵头编制的江苏省地方标准《社区综合管理和服务信息平台共性技术规范》于1月正式实施。健园、桃园居2个社区被选为全国社区民族工作经验交流会的参观点。在全市率先为少数民族群众设立"民族之家"法律援助工作站,建设全省首家社区法务中心,有效扩大法律援助覆盖面,切实保障群众的合法权益。深入开展"四项排查"(排查突出信访问题、排查有风险的预警项目、排查安全事故隐患、排查基层基础工作的薄弱环节),排查化解各类矛盾和隐患,全年未发生重大安全生产责任事故,为党的十八大胜利召开营造良好氛围。

(区政府办)

鼓 楼 区

【地理位置】 鼓楼区位于长江下游南岸，南京城西北部，是南京市的中心城区之一，也是江苏省委、省人大常委会、省政府、省政协机关所在地。东以中央路、中山路为界，与玄武区为邻；南以汉中路、汉中门大街为界，分别与白下区、建邺区接壤；西至长江夹江，与建邺区的江心洲隔水相望；北以护城河、明城墙、定淮门大街一线为界，与下关区相连。区域面积26.62平方公里，其中主城区16.82平方公里、江东新区9.8平方公里。

【建置沿革】 鼓楼区历史源远流长，是南京城区开发较早的地区之一，五六千年前就有多处原始村落存在。周显王三十六年（公元前333年），楚威王熊商在石头山置金陵邑，此为鼓楼区境第一个行政建置，也是南京城区建置之始。秦始皇嬴政三十七年（公元前210年），金陵邑改为秣陵县，增设江乘县，现区境北部属江乘县、南部属秣陵县。五代杨吴天祐十四年（917）至清末，区境始终为江宁、上元两县管辖。明初，筑南京城墙，区境主体部分圈入内城，其余部分也在外廓之内。

民国15年（1926）4月，南京建市之初，按功能划分行政区、商业区、预备扩充区等8个区。今鼓楼区辖的华侨路、宁海路、湖南路、中央门、挹江门等5个街道划分在商业区、住宅区；江东街道、凤凰街道划分在预备扩充区。

民国22年（1933）3月，南京市改自治区为市政府所属的8个行政区划单位。今鼓楼区，时为第六区。

民国27年（1938）1月，伪南京市自治委员会，将城区划为4个区。今区境，时为第四区。

民国31年（1942）4月1日，汪伪南京特别直辖市重新划分城区为6个区，以北极阁、华侨路、清凉山一线，沿定淮门、挹江门、金川门至玄武门城墙，划为“城区自治实验区”（今区境）。

民国34年（1945），抗日战争胜利后，恢复原第六区建制，辖域有所扩大，玄武湖一带划归第六区管辖。

民国38年（1949）3月，第六区（也称北区）区域四至：东以中央门向北沿库伦路、环湖马路至太平门为界；南自太平门向西沿城墙、泰山路、保泰街，至鼓楼折南至中山路汉口路口；转西至虎踞关、草场门，西、北均以城墙为界。

解放后，1950年6月15日，第六区调整为新五区（后习称第五区）。新五区范围：以旧六区为基础，划出中央路以东玄武门以南地带，及玄武湖全部，增加旧五区一部分，即汉中路以北地带。区界边之中央路路面由新五区管辖。

1955年6月11日，第五区设挹江门、三牌楼、中央门、水佐岗、丁家桥、鼓楼、阴阳营、上海路、沈举人巷等9个街道办事处，作为区人民委员会的派出机构。8月3日，第五区人民委员会改称鼓楼区人民委员会。

1960年5月7日，鼓楼人民公社（政社合一）成立。全区8个街道办事处合并为五台山、丁家桥、挹江门和三牌楼4个分社。

1960年9月19日，南京市将栖霞人民公社的燕子矶镇（包括笆斗山）、迈皋桥镇及晓庄农（林）场划归鼓楼人民公社管辖。

1961年2月27日，鼓楼人民公社决定撤销迈皋桥等8个乡镇。

1961年3月16日，宁办字〔1961〕第069号文中，将下关区小市分社沿和燕路、和上路东北部分地区，划给鼓楼区管辖。

1962年7月16日，玄武新村划归鼓楼人民公社管辖。

1962年7月17日，燕子矶分社交市管。

1962年8月，鼓楼人民公社及各分社撤销，恢复区人委和街道办事处建制，设丁家桥、鼓楼、阴阳营、华侨路、中央门、三牌楼、挹江门、水佐岗、小市镇等9个街道办事处。当年9月，增设五台山街道办事处。

1962年11月，晓庄农（林）场交市管。

1965年3月，小市镇划归栖霞区。

1967年3月20日，鼓楼区改称延安区。

1968年3月15日，延安区革命委员会成立（简称延安区革委会），街道办事处更名为街道革命委员会（简称街道革委会）。

1973年11月12日，延安区革委会更名为鼓楼区革委会。

1978年11月15日，街道革委会恢复街道办事处名称。

1980年10月，鼓楼区人民政府成立。下设9个街道办事处，为区人民政府派出机构。

1984年2月6日，宁政发〔1984〕36号文中，将下关区定淮门外的秦淮河江滩地划归鼓楼区水佐岗街道办事处管辖；将建邺区汉中门街道的红土山、石城桥两个居委会划归鼓楼区五台山街道办事处管辖。鼓楼区的多伦路、黄土山、盐仓桥3个居委会划归下关区四所村街道办事处管辖。

1984年6月1日，宁政发〔1984〕159号文中，将建邺区的石头城居委会划归鼓楼区五台山街道办事处管辖；将鼓楼区的于家巷、北祖师庵、光夏新村、建宁新村4个居委会划归下关区四所村街道办事处管辖；鼓楼区挹江门派出所划归下关区公安分局管辖。

1995年4月11日，宁政发〔1995〕74号文中，将鼓楼区中央路东侧廖家巷、大树根、后大树根、中央门4个居委会划入玄武区玄武门街道办事处管辖；将雨花台区江东镇建制及江东镇所辖的清江、江东、河北3个行政村和中保行政村南半部分（以定淮门大街规划道路中心线为界），以及江东门、新河口、二道桥3个居委会，划归鼓楼区管辖。小市镇（包括鼓楼区在镇境内的飞地安怀新村）、迈皋桥镇的五塘村（包括鼓楼区在村境内的飞地五佰村），划归下关区管辖。

2002年10月22日，宁委发〔2002〕45号文中，将建邺区莫愁湖街道办事处汉中门大街以北地区及其建制划归鼓楼区管辖；汉中门大街以南部分划归建邺区南湖街道办事处管辖。

2007年3月1日，经省、市政府批准，将建邺区兴隆街道江东村委会划归鼓楼区管理。两区此段行政区域界线走向为：自汉中门大街中心线与清河路交汇处起，折向西南沿清河大街中心线至规划的集庆门大街中心线，折向东沿规划的集庆门大街西段中心线至规划的燕山路北段中心线，折向北沿规划的燕山路北段中心线至汉中门大街中心线。调整后，鼓楼区行政区域面积为26.62平方公里。

2009年5月5日，根据鼓府发〔2009〕79号文，将江东办事处蓝天园、白云园两社区居委会整建制划入莫愁办事处。划入区域四至为：东至外秦淮河河道中间线、南至龙园南路道路中间线、西至江东北路道路中间线、北至草场门大街道路中间线。

同时,莫愁办事处更名为凤凰办事处。

【行政区划】 鼓楼区人民政府辖7个街道办事处。辖区内有64个社区居委会和3个村委会。

【人口】 2012年,全区人口总量稳中略降。全区在册户籍数190802户,户籍人口总数为634739人。在总人口中,男性317555人,女性317184人,性别比为1.001:1。全年出生人口5129人,出生率0.8%;死亡人口3033人,死亡率0.48%;人口自然增长率0.33%。省外迁入5436人,省内迁入12493人,迁往省外9345人,迁往省内19347人。

【地理环境】 鼓楼区是山峦环绕,湖川相依,山、水、城、林浑然一体的中心城区,有龙蟠虎踞之雄,依山带水之胜。秦淮河、金川河穿境而流,万里长江擦境而过;鼓楼岗、五台山将秦淮河冲积平原和金川河冲积平原南北分开。

【气候特征】 鼓楼区地处中纬度大陆东岸,因受地理环境影响,形成春温、夏热、秋暖、冬寒四季变化明显的及冬夏时日长、春秋时日短的气候特征。

春季大致始于3月下旬或4月上旬,到5月下旬或6月上旬结束,平均历时60~70天。

特点:气温逐渐升高,降水比冬季增加;春季除有霜外,连阴雨天气较多,有"清明时节雨纷纷"之说,有时会出现"倒春寒"(2月份的气温偏高,3~4月间的气温反而偏低)的反常天气。

夏季大致从6月上、中旬到9月中旬,历时100天左右,明显分为初夏的梅雨天气和盛夏的伏旱天气。"梅雨季节"因湿度大、温度高,衣服、家具等易受潮发霉。

特点:降水丰富,相对湿度大;气压偏低,云量多,日照少;地区风力较弱,时有暴雨发生。7~8月间,梅雨结束后便进入盛夏天气。若此时受太平洋副热带高压脊的直接控制,便出现晴热高湿少雨的时期,即伏旱天气。

秋季夏冬的过度季节,大致从9月中旬到11月中旬,历时60天左右。

特点:此时冬季风爆发,从地面置换夏季风。因高空的副热带高压的南撤相对缓慢,形成低层冷高压上面叠加着副热带高压,出现持久的"秋高气爽"的好天气。天高云淡、风和日丽,温湿宜人。"秋老虎"是南京城区气候的一大特点。"秋老虎"天气是指9月份进入秋季后气温有时一反常态,出现持续的高温天气,最高气温可达34℃~35℃以上,民间把这种天气现象俗称"秋老虎"。另一类常见的"秋老虎"天气是指夏季高温后,秋季又接着高温天气,往往是伏旱连秋旱。秋季也有连阴雨天气。深秋季节,由于受强冷空气影响,会出现寒潮及早霜。秋季的降水量较夏季已明显减少,占年降水量的20%左右。

冬季从11月中旬到翌年的3月下旬或4月上旬为冬季,历时4个多月。

特点:受冷空气控制,寒冷而干燥。寒潮侵袭下的冬季,平均每隔7~10天就有一次受寒潮或冷空气的影响过程。特冷天气都出现在大寒潮影响之后。受寒潮或冷空气的侵袭,也有冷冬月与暖冬月之分。按市区月平均温度距平值划分小于-1.5℃为冷冬月,大于1.5℃为暖冬月。冬季降水占年降水量的11.7%。

下　关　区

【地理位置】 下关区地处南京市城区西北部,濒江依城。东以窑上村十字街为界与栖霞区相连,南以定淮门大街和盐仓桥广场为界与鼓楼区毗邻,西、北以长江为界与浦口区相望。全区行政区域总面积30.91平方公里(根据2001年1:4000下关区影像图测算),其中,陆地总面积24.29平方公里,长江水域面积约6.62平方公里。长江岸线长约9.3公里。

【建置沿革】 下关历史悠久。明洪武元年(1368)在龙江置征税机构,称龙江关(今鲜鱼巷附近);明宣德四年(1429),又在上新河设立上新河关,专征船舶税;因地处上下游的关系,人们俗称地处上游的上新河关为上关,地处下游的龙江关为下关,下关由此而得名。

1949年4月23日南京解放,6月2日第七区(下关)人民政府成立。1950年6月15日,南京市区划调整,第七区改称第六区。1955年8月,第六区更名下关区。1967年3月,更名为东方红区。1973年11月恢复下关区名称至今。

【区域概况】 下关地区作为南京市的重要交通枢纽,是华东地区重要的物资集散地。自古水陆交通发达,商市兴盛。早在东晋时期已是江南地区的漕运、贡运、军运中心。明代,郑和七下西洋,首次、末次都是从下关起航。1899年5月1日,金陵关宣布开关,殖民主义势力通过下关渗透到长江中下游地区。1949年4月23日,中国人民解放军横渡长江,从下关登岸,解放了南京城,下关历史揭开了崭新的一页。

1968年12月建成的南京长江大桥,成为中国桥梁建设史上的一个里程碑,大桥不仅是华东地区长江南北铁路、公路衔接的交通枢纽,中国对外开放的重要窗口,也是南京地区的重要旅游景点之一。静海寺——天妃宫历史景区的建成,成为南京滨江的又一标志性文化设施。三汊河河口闸及公园的建成,对改善秦淮河水质发挥了重要作用,又为市民增添了具有滨江特色休闲、游览的场所。

【行政区划】 2012年,全区设有6个街道、54个社区居委会。街道辖区面积及社区居委会数分别为:热河南路街道陆地面积2.73平方公里,9个社区居委会;阅江楼街道陆地面积3.39平方公里,8个社区居委会;建宁路街道陆地面积2.12平方公里,8个社区居委会;宝塔桥街道陆地面积5.71平方公里,12个社区居委会;小市街道陆地面积3.2平方公里,9个社区居委会;幕府山街道陆地面积7.14平方公里,8个社区居委会。

【数据概要】 2012年,全区累计完成地区生产总值253.58亿元,同比增长12.5%;累计完成规模以上工业总产值89.41亿元,同比下降32.6%;累计完成全社会固定资产投资113.59亿元,同比下降14%;累计完成社会消费品零售总额185.21亿元,同比增长16%;累计实现全口径财政收入29.01亿元,同比下降7.04%;实现一般预算收入16.71亿元,同比下降

4.04%;累计实现城市居民人均可支配收入为34853.02元,同比增长13.1%;居民人均总支出为26190.46元,同比增长5.1%。

栖霞区

【概况】 7000年前,栖霞地区已有先民从事渔猎活动,并创造了农业文明。公元前20世纪至公元前17世纪,栖霞境内开始出现两大原始聚落,一为玄武湖聚落,一为东北沿江聚落。春秋战国时期,"周武王有天下,封周章于其地",栖霞地区先属吴,继属越,再属楚。秦始皇三十七年(前210),秦始皇第五次东巡经此北归,并设置江乘县。时江乘县境域广阔,西起南京石头城、白石垒沿江而东至句容市下蜀镇,再南折至江宁区淳化镇,连同今南京市鼓楼区、下关区、建邺区、白下区、秦淮区、雨花台区都在其领属之下。至南朝齐武帝永明七年(489),山东高士明僧绍,史称明征君,在摄山结庐隐居,后舍宅为寺,名为"栖霞精舍",即今栖霞寺,栖霞始得以冠名至今。

【地理环境】 栖霞区位于北纬32°02′50″~32°14′41″,东经118°45′42″~119°14′50″,地处南京市东北郊。东,自龙潭街道马渡村东长江中心航道起,经龙潭街道马渡村、上坝村、飞花村、太平村、陈店村、上首村、兴隆村、中国水泥厂社区、龙潭街社区和栖霞街道东阳村、东湖村,再接西岗街道孟北村、桦墅村,与江宁区及丹徒、句容两市交界。南,以西岗街道西岗村,仙林街道灵山和马群街道芝嘉花园社区、南湾营小区、花岗村、石坝村、马群村,与江宁区、玄武区接壤。西,自迈皋桥街道十字街起,至燕子矶街道田园美居一线与下关区毗邻。北,从燕子矶街道渡师石起,绕八卦洲街道北,经栖霞街道,至龙潭街道马渡村,以长江中心线为界,与六合区及仪征市隔江相望。全区东西长43公里,南北宽22.5公里,总面积395.44平方公里(含水域面积)。

【自然资源】 栖霞区金属、非金属、土地、水、动植物等自然资源丰富。矿产资源状况:非金属矿主要有白云石矿、石灰石矿、石膏矿、黏土矿、脉石矿、煤矿等;金属矿分布广泛,主要有铅锌矿、银矿、金矿、锰矿等。土地资源状况:全区土地总面积为395.44平方公里(含水域面积),其中,国有土地220.92平方公里,占总面积55.87%;集体土地174.52平方公里,占总面积44.13%。在土地总面积中,岗地丘陵面积约174.64平方公里,占总面积44.16%;平原洲地面积约139.26平方公里,占总面积35.22%,水域面积约81.54平方公里,占总面积20.62%。水资源状况:除地表水域面积81.54平方公里外,年降水量约4.45亿立方米,径流量为1.16亿立方米;地下水含水厚度为25米~30米。生物资源状况:野生植物资源丰富,野生药用植物达790多种,主要有纤维植物、淀粉植物、油脂植物、芳香植物、树脂树胶植物、保健植物等;野生动物主要有中华鲟、鲥鱼、刀鱼等鱼类动物18种,龟、鳖、扬子鳄等爬行类动物13种,狐、獐、兔等哺乳类动物14种。

【建置沿革】 秦始皇三十七年(前210),秦始皇"废分封而设郡县",在其第五次东巡时,首置江乘县,此为栖霞地区历史上最早的独立建置,治所在江乘村,即今西岗街道摄山星城附近。五代十国,世事纷乱,吴天祐十四年(917),上元县析为江宁、上元两县,栖霞地区分属江宁、上元、句容三县,至宋、元、明、清,大体如旧。

中华民国元年(1912),废江宁、上元县,设南京府;民国2年(1913),重置江宁县,栖霞地区均属之。民国34年(1945),国民政府还都南京,废汪伪建置,改燕子矶乡区自治实验区为第九区,孝陵卫区为第十区。民国38年(1949)1月,一度将八卦洲单设为第十四区,旋于当年6月废止。

新中国成立后,栖霞地区先后成立燕子矶、中山陵园、栖霞三区,鼎足而处。1963年4月,燕子矶区、中山陵园区、栖霞区建置恢复,1965年5月,合并成立栖霞区,三区鼎立局面终结。1970年1月,栖霞区又裂而为二,分设栖霞区和钟山区,至1975年4月,钟山区撤销并入后,栖霞区始最终归于"一统",并延而至今。

【行政区划】 至年末,栖霞区辖尧化、龙潭、西岗、栖霞、马群、仙林、迈皋桥、燕子矶、八卦洲9个街道,共109个居(村)委会。

【人口民族】 栖霞地区人口绝大多数为汉族。据2010年11月1日第六次人口普查结果,全区总人口644503人(含流动人口),其中,汉族639734人,占99.26%,少数民族4769人,占0.74%。2012年年末,全区户籍总人口为431844人,常住总人口为662600人,其中,居住在本地、离开户口所在地半年以上和户口在本地、外出不满半年的流动人口为230756人。

雨花台区

【地理位置】 雨花台区坐落在六朝古都南京城区南部,长江之滨,雨花台畔,东、南与江宁区接壤,西隔长江与浦口区相望,北与秦淮区、建邺区相邻,是金陵的"南大门"。

雨花台区是南京主城东进南延的重要发展区域,区内交通便捷,距离南京市中心新街口3千米,距长江新生圩港18千米,距离南京禄口国际机场20千米,是南京进出空港的必经之路。境内有"黄金水道"——长江和5条通江河道,宁合、宁芜、宁溧、宁丹、宁马、沪宁、绕城、绕越、机场高速路等20多条城市道路和公路穿区而过,京沪高速铁路、宁芜铁路贯穿全境。赛虹桥立交、长江三桥、南京地铁总站以及高铁南京南站(简称南站)等重要交通枢纽均位于该区,形成快速便捷的内部路网,成为南京连接江南与江北、主城与郊区的重要交通门户,辐射皖南、皖北、苏南、苏北、浙北的重要窗口和连接华东、华中、华南、华北的重要交通枢纽。

【自然资源】 雨花台区位于南京南部主要绿色走廊之上,山清水秀,风景优美。2012年,全区公共绿地面积361.28万平方米,林木覆盖率和绿化覆盖率分别达29.7%、48.5%。境内牛首山、将军山、韩府山自然植被保存完好。区域西南为滨江圩田、洲地。地势东南高,西北低,西北圩田、洲地最低海拔仅有6米。境内河流、湖泊、水库交织成网,山丘植被被松、竹、茶、果、药材覆盖。

旅游资源。雨花台区历史遗存众多,文化底蕴深厚,在古金陵48景中独占10景。有全国重点文物保护单位、全国爱国主义教育示范基地、国家首批AAAA级旅游区——雨花台风景区;全国科普教育基地,国家AAAA级旅游景区,占地约30万平方米的南京科技馆位于雨花街道花神湖畔。宋代牛首山大捷古战场,国家AAA级风景区——将军山风景区,全国重点文物保护单位,国家AA级风景区——浡泥国王墓,佛教古刹龙泉寺、菊花台风景区以及近年相继建成开放的板桥农业生态园、莲花湖体育公园、大石湖生态旅游度假区、三桥湿地公园等特色风景名胜20多处。

【行政区划】 至年末,雨花台区受托代管中国(南京)软件谷,辖南京雨花经济开发区和板桥新城管委会,雨花、赛虹桥、铁心桥、板桥、西善桥、梅山等6个街道;有60个社区(其中7个厂居社区)。区政府设在雨花街道地界内。

【人口】 至年末,雨花台区户籍人口237635人,比上年增加5377人,增长2.5%。全区人口中,男性123570人、女性114065人,男女性别比108.33: 100。全年新生人口2713人,人口出生率11.56‰;死亡人口1241人,死亡率5.29‰;人口自然增长率6.27‰,比上年增加1.65‰;迁入5941人,迁出11692人,全区暂住人口175454人;年末常住人口41.31万,比上年增长1.2%。

【经济发展质量】 2012年,雨花台区实现地区生产总值235.86亿元,比上年增长13.5%;实现公共财政预算收入31.95亿元,比上年增长22.6%。全社会固定资产投资240.81亿元,其中服务业投资184.34亿元,服务业投资比重接近80%,较上年提高10.3个百分点。服务外包执行额13.23亿美元,其中离岸外包执行额6.08亿美元,位居全市前列。新签约项目374个,计划总投资210亿元,实际利用外资1.4亿美元,新增注册资本63亿元,新增著名跨国公司研发中心5个。

【产业转型升级】 全区以"1+3产业"(软件和信息服务业,高端商务商贸业、服务型制造业,以生物医药、文化创意为主的战略性新兴产业)为主体的城市经济发展加快,"1+3产业"对GDP贡献度65%,较上年提高7个百分点。软件产业持续高速增长,实现软件及信息服务业收入712.49亿元,较上年增长36.9%;新增涉软企业101家、涉软从业人员2.11万人、软件产业建筑面积105.59万平方米;软件产业企业税收16.44亿元,同比增长23.9%,占全区财政收入27.4%;信息传输、计算机服务和软件业增加值完成57.81亿元,同比增长16.6%,占地区生产总值24.5%;软件产业投资27.85亿元,同比增长73.6%,占全社会固定资产投资11.6%;认定软件企业50家、软件产品85个。高端商务商贸业取得突破性进展,德盈商贸广场虹悦城建成营业,明发商业广场15家主力店进驻开业,新增商务商贸设施面积70万平方米,实现社会消费品零售总额174.08亿元,增长20%。

江　宁　区

【区位与区域】 江宁区位于北纬31°37′~32°07′、东经118°28′~119°06′。东与栖霞区及句容市接壤,东南与溧水县毗邻,南、西南分别与安徽省当涂县、马鞍山市相交,北、东北分别与雨花台区、秦淮区、白下区相邻。区域总面积1558平方公里,水域面积186平方公里。

【自然资源】 全区总面积1558平方公里。水资源丰富,过境水以长江为最,年平均过水量9730亿立方米;地表水以秦淮河及其支流、水库、塘坝为主,容量2.3亿立方米;地下水有汤山温泉等。探明的矿藏资源有6类25种,其中铁矿储量3亿吨,占全省储量的41%,铜井金矿是江苏最大金矿;非金属矿藏20余种,其中石灰石储量5亿吨、硫储量2000万吨,约占全省储量的35%。脊椎动物有290余种,珍贵动物有中华虎凤蝶、中华鲟、扬子鳄等。木本和药用植物有1000余种,珍贵植物有榉树等。（宁　鉴）

【建置沿革】 据《史记·吴太伯世家》记载,周朝以前,今江宁地域属荆蛮之地。春秋时代,江宁属吴国。战国初期为越国管辖。周显王三十六年(前333),属金陵邑管辖。秦始皇嬴政三十七年(前210),废金陵邑设秣陵县,又另设丹阳、江乘县,同属会稽郡。汉初,江宁地域为江都国,分置秣陵、胡孰、丹阳三侯国。汉末,孙权改秣陵县为建业县。晋太康元年(280),改建业县为秣陵县,又于秣陵西南置临江县。次年(281),改临江县为江宁县,县治在今江宁街道。隋开皇九年(589),建康、秣陵、同夏三县并入江宁县,属蒋州。至隋大业三年(607),废蒋州,复置丹阳郡,江宁县属丹阳郡。唐武德三年(620),江宁县更名归化县。与丹阳、安业等县属扬州郡。宋开宝八年(975),改江宁府为升州府,辖江宁、上元二县。明洪武元年(1368),江宁属应天府。清顺治二年(1645),改应天府为江宁府。咸丰三年(1853),太平天国定都江宁府,改名"天京"。同治三年(1864),复称江宁府,辖江宁、上元等县。中华民国元年(1912)1月1日,民国临时政府定都江宁府,改为南京府,次年废南京府设江宁县。民国22年(1933)2月10日,江宁自治实验县成立,直属江苏省政府。民国23年(1934)县治由南京迁至东山镇,与南京市分开。民国27年(1938),江宁地区先后建立江宁、横山、上元县抗日民主政权,其间,汪伪在东山镇建立伪"县政府"。

1949年4月24日江宁县解放,4月28日,江宁县人民政府成立,属镇江专区。1958年改属南京市,1962年复归镇江专区,1971年重新划归南京市。2000年12月,撤县设立南京市江宁区。

【人文特征】 文明先得:距今50万年前"南京猿人"的发现,标志着江宁是南京文化的源,先民的根;4000多年前的"湖熟文化"经与3100多年前的太伯奔吴而带来的中原文化相交融,并与太湖文化、钱塘江文化共同孕育了吴文化。开放包容:得天独厚的区位,450多年十朝京畿地的历史,明清两代大规模人口外迁和大批移民的流入,造就了江宁人海纳百川、兼容并蓄、包容豁达、宽厚开放的秉性。现今江宁人传统的开放性格已转化为崭新的现代开放意识,形成全方位、多层次、宽领域、有重点的开放新格局,已有40多家世界500强企业落户江宁。经世致用:江宁人勤于劳作,农工皆本,义利并重,故物产丰富,百工兴盛。有上元之民善商、江宁之民善田,龙都之民善药、善桥之民善陶,陶吴之民善剞劂,秣陵之民善织,窦村之民善石刻之传统。崇学重教:史载江宁办学兴教早于汉初,县学始于宋景定二年(1261),乡学、社学始于宋、元,唐代以来,上元、江宁二县历代进士、举人共有1136人。如今江宁崇学重教之风日盛,已建立完善覆盖全区的教育体系,驻区各类高校26所,年在校大学生近20万人。务实稳重:江宁人平实而不平庸,低调而不低能,不善张扬,不沽名钓誉,宁静致远,厚积薄发,知行合一,踏实做事,务实成事。历史上曾有天下望县,国中首善之地的美誉。温顺友善:江宁民风淳朴,江宁人性格平和温顺,为人憨厚直率,待人诚实热情,处世讲礼节、重情谊、守规矩、懂谦让。

【区划与调整】 2012年,秣陵街道新林村和桥头、科苑、方山、成山、杨村、横岭、王墅、新华、永宁、解溪、陵里社区划归淳化街道管理;谷里街道童前、东善桥、祖堂、吉山、霞辉庙、元山、胜家桥社区划归秣陵街道管理。湖熟街道河北、耀华、新跃、东阳社区村民委员会改为社区居民委员会。年末,全区有10个街道,128个社区居委会,71个社区村委会。

【人口】 2012年年末,全区户籍总户数328751户,比2011年年末增长1.2%。户籍总人口945879人,比2011年年末增长0.7%。户籍人口中,男性468013人,女性477866人,男女性比例为97.9∶100(女为100)。户籍人口出生率12.1‰,死亡率7.19‰,自然增长率4.9‰。

【民族】 2012年年末,全区有少数民族41个,少数民族人口8319人,比2011年年末增加313人,占总人口数的8.8‰。其中回族4242人。

【经济运行】 2012年,全区经济继续保持平稳较快增长,全年完成地区生产总值926.6亿元,按可比价计算增长13.7%。全社会固定资产投资791.2亿元,同比增长13%。其中工业投资554.9亿元,同比增长24.7%。公共财政预算收入135.8亿元,同比增长18.0%。社会消费品零售总额286.5亿元,增长20%。实际利用外资10亿美元,同比增长18.8%。地方外贸出口65.5亿美元,同比增长10.7%。城镇居民人均可支配收入34970元,同比增长12.8%;农民人均纯收入15018元,同比增长12.7%。产业结构加快转型升级,三次产业结构由上年的5.00∶62.80∶32.20调整为4.70∶58.50∶36.80,其中服务业比重提升4.6个百分点。新增高新技术企业37家,累计198家,高新技术产业产值占工业经济比重提高到61.5%。支柱产业地位得到巩固,汽车、电子信息两大支柱产业完成产值1300亿元,占规模工业比重60.7%,其中汽车产业实现产值815.7亿元,同比增长67.1%。新兴产业快速发展,航空、生命科学产业增幅分别为3倍和49.7%,智能电网、无线通信产业分别实现产值336亿元和284亿元。智能电网博览馆二期、东大无线谷等一批智能电网、无线通信产业项目投产运营。现代服务业增势强劲,物流业营业收入增长50%。空港物流园获"江苏省重点物流基地"称号。软件及信息服务业实现业务收入605亿元,同比增长30%。金鹰等6个高星级酒店项目相继开工,建成银城皇冠酒店、江宁会展中心酒店等3家高星级酒店。现代农业发展水平提升至82.5%。创新创业取得进展,建立了第三家海外引才机构美国硅谷引才工作站。新增国家"千人计划"人才12名,入选省"双创计划"15名,居全省区县第二。新增领军型科技创业人才169名,6名科技创业家入选市"321"培育计划。新增3件中国驰名商标,12件省著名商标。中电电气获市长质量奖。启动清华启迪南京科技园、江宁大学科技园、金陵科技学院大学科技园、南大科技园等大学科技园建设。江宁获得国家可持续发展实验区称号。紫金(吉山)、紫金(方山)、紫金(江宁)科技创业特别社区和东山国际企业研发园加快建设。中国无线谷、智电谷等特色平台建成运营,未来网络产业创新中心投入使用。

【社会发展】 2012年,全区居民收入持续增长,农民人均纯收入、城镇居民可支配收入分别增长12.7%和12.8%。积极扩大群众就业,新增就业人数2.2万人,其中新增城镇单位就业1.35万人,转移农村劳动力1.45万人次。开展职业技能培训4.2万人次,农村劳动力转移培训1.18万人次,再就业培训4561人次。保障水平不断提升,农村低保标准提高到每月430元,城市低保标准提高到每月520元。征地人员100%纳入社会保险,解决8万人的后顾之忧。居民养老保险续保率97%,城镇职工医疗、基本养老保险覆盖率98%以上。生态文明建设成效显著,村庄环境整治达标率71%以上,成为全省首批村庄环境整治示范区,获"中国宜居宜业典范区"称号。完成"三高两低"企业整治42家,实施循环经济试点企业20家,完成强制类重点企业清洁审核30家。废弃露采矿山环境治理有序推进,集中整治工业废气、工地扬尘污染,全部关闭立窑生产线,扎实做好秸秆禁烧工作,空气优良天数88%。文教事业加快发展,南京直立猿人遗址博物馆、牛首山遗址公园启动建设。创建市级示范文化站1个,示范文化室10个。将军山小学、汤山中学综合楼建成使用,区实验小学扩建工程完工。"健康江宁"深入实施,完成区中医院易地新建工程,南医大附属明德医院一期主体封顶,江宁二院精神病病房楼及江宁、陆郎等社区服务中心门诊楼投入使用。启动公立医院改革,公立医院正式实施药品零差价制度。通过国家卫生城市、国家卫生应急综合示范区复核验收。 (张新贵)

浦 口 区

【位置】 浦口区位于南京市区西北部、扬子江北岸,与下关区、建邺区、雨花台区、江宁区隔江相望,北部、西部分别与六合区及安徽省来安县、滁州市、全椒县、和县毗邻;界于北纬31°51′~32°15′、东经118°21′~118°46′。面积913.75平方公里,占南京市行政区域总面积的13.88%。

【地貌】 境内地质基础为震旦系变质岩;各时代地层均有发育,但仅有震旦系上统地层出露较好,结构清楚。地貌多姿,集低山、丘陵、平原、岗地、大江、大河为一体;区域属宁、镇、扬丘陵山地西北边缘地带,地势中部高,南北低。老山山脉由东向西横亘中部,制高点大刺山海拔442.1米,平原标高7米~5米,山地两侧为岗、塝、冲相间的波状岗地,临江、沿滁为低平的沙洲、河谷平原。土壤多样,水稻土、潮土、黄棕壤占97%以上。

【历史沿革】 浦口区系原南京市浦口区和江浦县于2002年4月合并成立的新浦口区。

江浦县于明洪武九年(1376)初建时,其辖域分别隶属于六合、和州、滁州故地。原浦口区在民国16年(1927)以前,则为江浦县所辖区域。因此,记述今之浦口区历史沿革,可溯至江浦建置前的隶属关系。

民国元年(1912),江苏省行政公署实行省、县二级制,县域直属于省。民国3年(1914),改行省、道、县三级制,县域属金陵道。民国16年(1927),国民政府迁都南京,废道,区域复属于省。同年,浦口商埠划属南京市管辖。民国22年(1933),浦口商埠区域建为南京市第八区。民国23~26年(1934~1937),江浦县先后属江苏省第九、第十、第五行政督查区。

1949年4月解放后,江浦县划属安徽省皖北行政公署滁县专署。江浦所属之浦镇、东门镇划归南京市,与南京市第八区合并建为南京市两浦区。1950年,两浦区先后改称第八区、新七区。1953年1月,根据中央人民政府关于调整省、区建制的决定,江浦划回江苏省,隶属扬州专区。1955年8月,新七区定名为浦口区。1956~1970年,江浦县先后隶属镇江专区、南京市和六合专区。1971年3月,六合专区撤销,复属南京市。2002年4月3日,区、县合并后,成立新的南京市浦口区,区政府驻珠江镇(今江浦街道)。　(刘海东)

【行政区划】 8月29日,经省、市政府批准,浦口区调整部分行政区划,行政区划调整后,全区辖江浦、桥林、星甸、汤泉、盘城、沿江、泰山、顶山8个街道办事处和永宁镇。其中,桥林街道办事处行政区域面积184.95平方公里,人口6.7万,管理12个居委会(含村居合署,下同)、11个村委会;汤泉街道办事处行政区域面积109平方公里,人口3.35万,管理9个居委会、5个村委会;星甸街道办事处行政区域面积141.19平方公里,人口5.04万,管理7个居委会、7个村委会。　(黄施韬)

【人口】 2012年末,全区居民总户数为19.58万户,总人口59.49万。其中:男性29.75万,女性29.74万,男女性别比100.02;城镇人口51.37万,乡村人口8.12万,城镇人口比重86.35%。人口密度为每平方公里651人。年内迁入人口20499人,迁出12797人,人口机械变动为净流入7702人。年内出生人口7552人,人口出生率12.85‰;死亡人口3834人,人口死亡率6.52‰;全年自然增长人口3718人,人口自然增长率为6.33‰。

【民族宗教】 全区有汉族、回族、土家族、苗族、壮族等民族36个。其中,少数民族35个(含一个未识别的民族),人口5518人,占全区人口总数的0.93%。少数民族中,回族3930人,占全区少数民族人口的71.22%。

全区有五大宗教:佛教、道教、伊斯兰教、天主教、基督教。经过审批登记的宗教活动场所98处,其中基督教83处,佛教13处,伊斯兰教2处。2012年,泰山、盘城、沿江三个街道的17处宗教场所交由高新区托管。全区有三大宗教团体:佛教协会、伊斯兰教协会、基督教"三自"爱国运动委员会。全区有信教群众4万多人,宗教教职人员174人。　(曹　军)

【经济发展概况】 全区实现地区生产总值456.74亿元,比上年增长13.3%(按可比价计算,下同)。其中:第一产业增加值30.57亿元,增长7.5%;第二产业增加值241.95亿元,增长14.0%;第三产业增加值184.22亿元,增长13.4%。三次产业比重由2011年的6.80: 58.23: 34.97,调整到2012年的6.69: 52.97: 40.34。

【社会事业】 教育全区有普通中学24所,中职成人学校4所,小学37所,幼儿园62所,特殊教育学校1所。

科技实施区级科技项目52项,项目经费1042万元,带动项目总投资10.55亿元。奖励区属12家企业的28个高新产品计380万元,累计带动企业高新技术产品销售收入6.2亿元。

文化结合"喜迎党的十八大"、新区成立十周年等主题活动,组织开展各类文艺演出、摄影、书画等活动1100余场次。文化作品获省级金奖4个、市级金奖29个,其中《江浦手狮》获省"五星工程奖"广场舞蹈类金奖、省非遗优秀传承奖。

卫生全区基层医疗机构具有全科医生资质人员128人,161名乡村医生中10人取得国家执业助理及以上资质。落实乡村医生养老保障政策,建立乡村医生养老保险、退休生活补助机制。

体育举办第三届区级机关运动会、区"五环杯"乒乓球联谊赛、第五届"荣宝利杯"篮球联赛活动等。建成城市社区10分钟体育健身圈36个。完成"幸福都市工程"体育设施建设,建成永宁健身广场。

六　合　区

【自然地理和区位】 六合区是江苏省会南京市北大门,是南京市第一大区,全区面积1485.5平方公里,人口88.8万人。区域地处北纬32°11′~32°37′,东经118°34′~119°03′。西、北接安徽省来安县和天长市,东临江苏省仪征市,南止长江,流经苏皖两省的滁河横穿境中入江,滨江带滁,拥有46公里长江"黄金水道",属长江下游"金三角"经济区,是"天赐国宝,中华一绝"雨花石的故乡,中国民歌《茉莉花》的发源地。区内地势北高南低,北部为丘陵岗地,平均海拔20米,境内有山丘60多座,中小型水库、湖泊56座,形成山中有水,水中有山的秀丽景色。南部和中部为平原,境内有大小河流60多条。沿东北部的冶山至中部的骡子山向西北至大圣一线为江淮分水岭,南侧为长江水系,北侧是淮河水系。全区有耕地6.27万公顷,水域面积3.19万公顷。全区属北亚热带季风温湿气候区,气候温和,雨量充沛,光照充足,四季分明,常年平均气温15.1℃,平均降雨1000毫米左右。

【建置沿革】 六合历史悠久,根据考古和地质工作者、专家的发掘、考证,在距今约一万年前就有原始氏族村落。六合古称棠邑,东周灵王元年(前571年)见诸史迹,是中国早期建城的城邑之一,在南京市域内是最早的行政建置。隋开皇四年(584年)定名六合。六合在军事上有着非常重要的地位,可襟江控淮,直通冀鲁,屏障南京,历来为兵家必争之地,无论南北纷争,还是东进西击,均是战争的交汇点。因此,地域隶属变迁,政区建置并分,随战争变化而变化,随区划调整而调整。春秋战国时期,棠邑的隶属关系先属楚、后属吴,再属越,至公元前334年复归于楚。秦嬴政二十六年(前221年)始置棠(堂)邑县,属九江郡。楚汉相争,棠(堂)邑属楚。东汉建武年属徐州广陵郡。历史上的六合县曾隶属过九江、临淮、广陵、淮平、齐、秦等郡,以及扬州府、应天府、江宁府、金陵道等。

民国元年(1912年),中华民国定都南京,六合县属江苏省,1934年六合县属江苏省第十行政督察区。抗日战争期间,六合县境内三方(共产党、国民党、日伪)政权辖区交错,变迁频繁。1948年3月,人民解放军南下进入六合县城,同年11月,六合县隶属皖北行政区滁县专区。1950年4月划归泰州专区。1952年划出六合县南部地区和大厂镇直属南京市领导。1952年11月,泰州专区改为扬州专区,六合仍属之。1956年2月,改属镇江专区,12月复属扬州专区。1958年6月,六合县属南京市管辖,1962年5月,复属扬州专区。1966年3月15日,六合、江浦、仪征、金湖、盱眙五县成立六合专区,专区所在地六合县六城镇。1971年撤销六合专区,六合县又划归扬州专区。1975年11月,六合又属南京市管辖。1973年9月,成立大厂区,1975年大厂区并入浦口区。1980年因扬子乙烯工程建设需要,大厂区从浦口区划出重新建立大厂区。2002年4月,经国务院批准,六合县与大厂区合并成立南京市六合区,全区辖7个街道、12个镇。

【人口民族】 据公安年报统计,2012年全区年末总人口89.35万人,其中男44.96万人,女44.39万人;农业人口28.37万人,非农业人口60.97万人。

在全区总人口中,原六合68.42万人。其中男34.26万人,女34.16万人;农业人口28.37万人,非农业人口40.05万人。原大厂人口20.93万人,其中男10.7万人,女10.23万人。 (陈立坤)

【自然资源】 土地资源全区现有土地14.71万公顷,其中耕地6.27万公顷,占全区总面积42.62%;园地0.16万公顷,占1.09%;林地1.04万公顷,占7.07%;草地0.29万公顷,占1.97%;城镇村及工矿用地2.62万公顷,占17.81%;交通运输用地0.56万公顷,占3.81%;水域及水利设施用地3.19万公顷,占21.69%;其他土地0.58万公顷,占3.94%。

高 淳 县

【地理位置】 高淳县位于北纬31°13′~31°26′,东经118°41′~119°21′,地处江苏省西南端、苏皖交界处,为南京市南大门。东界溧阳市,东南、南、西三面与安徽省郎溪、宣州、当涂三县市毗连,北邻溧水县。北距南京禄口国际机场50千米,在南京1小时都市圈内;芜(芜湖)太(太湖)公路横贯东西,东达苏锡常沪、西至芜湖;宁(南京)高(高淳)高速和高(高淳)宣(宣州)路在境内衔接贯穿南北,南抵宣(城)郎(溪)广(德)、北通南京,交通便捷。全县总面积801.8平方千米(土地详查数),其中陆地面积566.5平方千米,水域面积235.3平方千米。

【自然灾害】 高淳县地理位置特殊,地势东高西低,为皖南山区行洪走廊,是多种自然灾害的频发县份。不仅有洪涝、干旱、台风、连阴雨影响,还有暴雪、寒潮、大风、高温、雷电、霜冻、大雾、道路结冰等灾害。2012年的气象灾害主要为低温冰冻、连阴雨、干旱、暴雨和台风,给工农业生产和人民群众生活造成一定影响。 (汪玉福)

【综合经济】 国民经济保持平稳增长。初步核算,2012年全县实现地区生产总值362.97亿元,按可比价格计算,比上年增长15.4%,其中:第一产业增加值为30.29亿元,增长11.8%;第二产业实现增加值为193.31亿元,增长13.4%,其中工业实现增加值154.37亿元,增长12.8%;第三产业实现增加值139.37亿元,增长19.2%。产业结构继续优化,第三产业比重比上年上升1.2个百分点,三次产业的结构由上年的8.6:54.2:37.2优化调整为8.3:53.3:38.4。城乡居民就业形势稳定。全年新增就业岗位1.63万个,新增城镇就业人数3560人,转移农村劳动力9960人次;开展各类职业技能培训1.21万人次。年末城镇登记失业率3.0%,与上年持平。经济社会发展中存在的主要矛盾是:工业经济整体规模效益较低,空间制约与加速发展的矛盾有待进一步化解,企业自主创新能力不强,产业升级步伐有待加快,城乡居民增收难度增大,富民增收渠道有待进一步拓宽等。

【农林牧渔业】 农业生产在调整中发展。2012年,全县完成农业总产值52.53亿元,比上年增长12.4%。全年粮食种植面积25020公顷,总产量18.70万吨,分别比上年下降3.8%和增长0.3%;油料作物种植面积8133.33公顷,与上年基本持平,油料产量1.97万吨,比上年增长19.6%;蔬菜种植面积5873.33公顷,产量24.81万吨;食用菌总产量2.56万吨,比上年增长4.5%。全县茶园面积1746.67公顷,茶叶产量772吨。林业生产加快发展。新增绿化造林面积853.33公顷,全县造林面积16986.67公顷,四旁(零星)植树222.4万株,成林抚育实际面积1600公顷,未成林抚育作业面积3313.33公顷,水果产量1.04万吨,盆栽植物5.98万盆,观赏苗木42.7万株。渔业生产稳中有进。2012年,全县养殖水面面积8446.67公顷,比上年下降3.1%。水产品总产量4.26万吨,比上年增长2.5%,其中:养殖产量4.08万吨,比上年增长2.7%,占水产品产量的95.8%,比重比上年上升0.4个百分点。全县螃蟹产量1.56万吨,比上年增长3.6%。畜牧业生产保持稳定。全县年末生猪存栏6.65万头,比上年增长1.1%;出栏12.53万头,比上年增长0.4%;家禽存栏数118.38万只,比上年下降5.6%;出栏数474.77万只,比上年增长0.4%。肉类总产量为1.68万吨,禽蛋产量0.95万吨,均与上年基本持平。高效农业发展速度明显加快。全县拥有高效农业面积17633.33公顷、设施农业面积7753.33公顷;拥有县级以上农业龙头企业45家,其中国家级农业龙头企业2家,省级农业龙头企业5家。2012年,全县新认证有机食品6个、无公害农产品37个。武家嘴农业科技园10万平方米联栋钢架大棚建成投用,龙墩湖现代农业科技园总投资5.40亿元的6个现代农业项目开工建设。农业生产条件继续改善,水利工程建设得到加强。2012年,投入资金3.61亿元,比上年同期增长5.25%,完成各类水利土方640.46万立方米。芜申运河杨家湾船闸、下坝复线船闸完成主体工程。新建改造相国圩、蛇山等排灌泵站20座。

农业机械化程度有所提高,年末全县农业机械总动力 51.05 万千瓦。全县农田有效灌溉面积达 34520 公顷,旱涝保收农田面积 32346.67 公顷,机耕面积 39800 公顷,机播面积 18933.33 公顷,机收面积 24333.33 公顷。

【工业和建筑业】 工业经济增长较快。全年实现全社会工业总产值 854.06 亿元,比上年增长 24.1%;主营业务收入 852.51 亿元,比上年增长 24.1%;工业利润 48.69 亿元,比上年增长 13.8%。其中:规模以上工业企业完成产值 628.14 亿元、主营业务收入 636.15 亿元、利润 49.93 亿元,分别比上年增长 31.2%、29.0%、31.8%。万元工业增加值综合能耗继续得到有效控制,每万元工业增加值 0.034 吨标准煤,比上年下降 12.5%。建筑业继续快速发展。2012 年,全县完成建筑业施工产值 362 亿元,比上年增长 39.2%;新开工面积 1729 万平方米,竣工面积 1214 万平方米,分别比上年增长 24.3%、51.2%。建筑业从业人员 7.17 万人,占全县从业人员比重达到 25.8%。2012 年,新增一级资质建筑企业 3 家,获国家优质工程 2 项、省优质工程 15 项,2 家建筑企业连续三次获江苏省建筑业"百强企业"称号。高淳县被中国建筑业协会授予"中国建筑之乡"称号。

【固定资产投资】 固定资产投资增长较快。2012 年,全县完成固定资产投资额 292.01 亿元,比上年增长 26.6%。其中:完成工业投资额 214.70 亿元,比上年增长 33.1%,城镇固定资产投资额 66.00 亿元,比上年增长 14.6%;农村非农户固定资产投资额 207.85 亿元,比上年增长 32.73%;完成房地产开发投资额 18.15 亿元,比上年增长 10.0%。

【城乡建设】 基础设施不断完善。城北科技新城道路拉框工程全面建成。改造固城湖南路等市政道路 12 千米、市民广场 6 万平方米。宝塔公园改造一期工程如期竣工,新增镇村文化设施面积 1.5 万平方米。镇村整治工作成效明显,实施完成 40 个"三星级"、397 个"二星级"康居乡村以及 183 个环境整洁村的整治工作,占全县村庄数的 60%。城市化水平达到 52.2%。交通设施重点工程强力推进。16.8 千米红旗路拓宽项目竣工,新建改造农村公路 50 千米、小农桥 77 座。宁高新通道、淳芜高速开工建设。永成路、永丰路建设有序推进。节水型城市创建通过验收,县城建成区实现数字化城管全覆盖。

【内外贸易】 消费品市场持续增长。2012 年,全县社会消费品零售额达到 120.07 亿元,比上年增长 20.0%。分行业看,批发零售业零售额 100.79 亿元,比上年增长 18.2%;住宿餐饮业零售额 19.90 亿元,比上年增长 34.4%。苏皖汽车城东风日产、万帮现代、悦达起亚、华海雪莱、三菱等 9 家 4S 店建成营业。对外贸易和利用外资平稳发展。2012 年,全县出口创汇额达到 31209 万美元,比上年增长 1.8%。全年协议注册外资 10063 万美元,比上年下降 13.3%;实际利用外资 8087 万美元,比上年增长 33.2%。2012 年,全县有福克斯流行广场、范德威尔纺织机械有限公司等 8 个利用外资为千万美元以上项目。

【交通运输、邮电和旅游】 交通运输业持续发展。2012 年,全社会交通运输业增加值 52.63 亿元,比上年增长 11.8%。拥有在运船舶 816 艘 280 万吨,完成水运营业收入 62.44 亿元,比上年增长 10.7%。拥有公路运输车辆 3083 辆;完成客运周转量 6.18 亿人千米、货运周转量 5.23 亿吨千米。年末公路通车里程 1495 千米,内河通航里程 161 千米,完成内河主要港口货物吞吐量 182 万吨。邮电通信业整体保持平稳发展。全年邮电业务总量 2.84 亿元,比上年下降 10.7%,其中:电信业务总量 1.00 亿元,下降 67%;邮政业务总量 0.17 亿元,增长 4.8%;移动和联通业务总量 1.67 亿元,增长 4.3%。年末局用交换机总容量达 14.38 万门。年末固定电话用户 9.09 万户,其中城市住宅电话用户 3.70 万户,农村住宅电话用户 4.99 万户。年末移动电话用户 34.36 万户。实施信息网络扩容提速工程,年末互联网用户 5.11 万户,其中家庭用户 4.45 万户,比重达 87.1%。旅游业提速增效。2012 年,全县各景区点共接待游客 344 万人次,增长 33.3%;实现旅游总收入 30.8 亿元,增长 33.0%。旅游节庆知名度显著提升。成功举办螃蟹节暨大地艺术节、国际慢城金花节、省第五届森林生态旅游节等一系列活动。国际慢城成为市级旅游度假区;高淳老街创建为国家 4A 级旅游景区,被评为中国历史文化名街,入选"新金陵四十八景"。新增省最具魅力休闲乡村 1 个、市级农家乐示范村 3 个。

【科学技术和教育】 教育体系不断完善。宝塔小学及附属幼儿园建成投用,完成校舍安全工程 3.2 万平方米。拥有普通中学 15 所,其中:高级中学 4 所,初级中学 10 所,九年一贯制学校 1 所。拥有职业教育中心校 1 所,特殊教育学校 1 所。拥有小学 30 所,教学点 13 个。全县普通中学、小学和职业教育中心校在校人数分别为 16054 人、18357 人和 2714 人,分别比上年减少 775 人、增加 172 人和 770 人。初中学生升学率为 98.03%。特殊教育学校在校人数 98 人。拥有学前教育机构 79 个,在园幼儿 9693 人。科技事业进一步发展。2012 年,南京亿达高科环保技术有限公司等 6 家企业获省高新技术企业认定,全县按新标准认定的高新技术企业总数已达 22 家。26 个产品被认定为省高新技术产品,全县高新技术产品累计总数 125 个。新发展国家级重点新产品 2 个,国家重点新产品总数达 23 个。强化科技人才队伍建设,有 39 人被列入市"321"人才计划领军型人才,2 人列入市科技创业家培养对象。专利申请保持良好发展势头。全县共申请专利 1600 件,其中发明专利申请 354 件。专利授权量 849 件,其中发明专利授权量 60 件。

【文化、卫生和体育】 文化广电事业日益繁荣。县图书馆新馆全面投用,博物馆加速陈列布置,新增镇村文化设施面积 1.5 万平方米,每万人拥有公共文化设施面积达 1361 平方米,列全市第一。拥有文化馆 1 个,博物馆 1 个;公共图书馆 1 个,藏书 19.51 万册,书刊文献外借人次 7.6 万人次。文物单位共接待参观人数 19.6 万人次。大力开展群众文化活动,全年组织送文艺演出 120 场次,送图书下乡 3000 册,送电影下乡 1608 场。积极加强广电基础设施建设,共拥有有线广播电视用户 12.90 万户,其中数字电视用户 3.80 万户。广播节目综合覆盖率和电视节目综合覆盖率均为 100%。卫生事业得到加强。县急救医疗中心建成投用,建成标准化社区卫生服务站 56 个。

至年底,全县共有医院16个,卫生院9个,村卫生室和社区卫生服务站115个。实有床位1632张,共有卫生技术人员1887人,其中执业医师523人。全年诊疗总数为183.20万人次。农村新型合作医疗参保人数达32.06万人,比上年新增6000人;累计报销104.26万人次,报销金额12940.95万元。体育事业蓬勃发展。县体育中心、全民健身中心建成投用,圆满承办"2012年中国武术套路王中王争霸赛"。年末全县公共体育设施总面积为85.67万平方米,人均公共体育设施面积达到2.01平方米。群众体育活动内容丰富多彩。举办老年节系列活动、妇女节家庭运动会、篮球联赛、乒乓球、荷花节钓鱼比赛等一系列比赛和活动,螃蟹节期间举办"9·29"慢城慢道万人慢步行、全民健身活动展演等活动。竞技体育水平不断提高。傅桃英荣获伦敦残奥会举重冠军。高淳县在南京市第二十届运动会青少年部各项比赛中获得14枚金牌、10枚银牌、6枚铜牌;在第九届全国武术之乡比赛中获得1金、6银、2铜的好成绩。

【环境保护和能源消耗】 生态环境建设成效显著。环境质量稳中趋优。2012年,空气质量良好以上天数达96.7%,饮用水源水质达标率100%;县城区域环境噪声值为51.3分贝,交通干线噪声值为67.6分贝,均达到功能区要求;环境质量综合指标达到90.5分,继续位列全省和全市前列。农村村庄环境不断优化。新增国家级生态村2个、省级生态村10个,建成农村生活污水处理设施45套,铺设污水管网155千米,农村生活垃圾无害化处理率85%以上。水环境综合治理深入实施。完成固城湖清淤22万立方米,疏浚河道131千米,整治河塘361个。控污减排力度不断加强。全年完成环境污染治理项目15个,总投资3146万元,分别比上年增长50.0%和8.5%。节能减排不断推进。2012年,规模以上工业综合能源消费量206013吨标准煤,比上年上升7.5%;产值单耗0.0337吨标准煤/万元,比上年下降12.5%。煤炭消费量16万吨;天然气消费量319万立方米;电力消费量53768万千瓦时。

【人口控制、人民生活和社会保障】 2012年,改造提升镇村人口计生"世代服务"机构129家,建成人口文化园19个。出生政策符合率98%以上,节育措施落实率为99.7%。社会保障和福利体系不断健全。2012年末,城乡基本养老保险、医疗保险、失业保险覆盖率均达98.5%。全县参加失业保险人数3.86万人,参加职工养老保险人数5.92万人,参加基本医疗保险人数6.22万人。社会福利院、敬老院拥有床位3484张,建立收养类福利机构11个,收养人员总人数为3484人。全县城乡居民享受最低生活保障的人数达10671人。居民居住条件继续改善。2012年,全年销售商品住宅面积17.09万平方米,销售额达10.49亿元。城镇人均住房建筑面积49.96平方米,比上年增长4.9%;年末农村人均拥有生活用房面积60.00平方米,比上年增加1.3平方米。城乡居民生活水平稳步提高。全县在岗职工年平均工资达到45332元,比上年增长11.3%。城镇居民人均可支配收入达到33032元,比上年增长12.8%;人均生活消费支出19061元,比上年增长9.5%;城镇恩格尔系数为33.6%。农村居民人均纯收入14816元,比上年增长12.7%;人均生活消费支出10945元,增长14.3%;农村恩格尔系数为38.0%。

(高淳县统计局 国家统计局 高淳调查队)

溧 水 县

【位置面积】 溧水县位于江苏省西南部,是省会南京的南大门,东邻溧阳市,南连高淳县,西与安徽省当涂县毗邻,西北与江宁区交界,东北与句容市接壤。距南京主城区45公里,距南京禄口国际机场13公里。宁高、宁杭、沿江3条高速公路及宁杭城际铁路穿境而过,243、246、340、341、123省道等高等级公路与绕城高速、沪宁高速、104国道连为一体,是长三角重要交通枢纽,也是苏、浙、皖、沪三省一市重要交通节点。2012年,全县总面1067.26平方公里(含石臼湖水域面积)。

【行政区划】 5月,经县政府批准,永阳镇原中山东路居民委员会调整为中山东路居民委员会和秦淮路居民委员会。至年底,全县辖永阳、白马、东屏、柘塘、洪蓝、石湫、和凤、晶桥8个建制镇,设29个居民委员会(单独办公17个,12个村民委员会增挂居民委员会牌子),91个村民委员会。

【人口民族】 2012年底,溧水县常住总人口417051人。其中,男性212249人,女性204802人;非农业人口168443人,农业人口248608人;人口出生率10.47‰,死亡率6.22‰,自然增长率4.25‰。县内人口绝大多数为汉族。有少数民族31个,分别是彝族、苗族、回族、布依族、白族、傈僳族、满族、蒙古族、土家族、壮族、瑶族、佤族、黎族、侗族、傣族、朝鲜族、藏族、维吾尔族、拉祜族、水族、东乡族、土族、毛南族、仡佬族、锡伯族、阿昌族、京族、哈尼族、仫佬族、羌族、布朗族。其中,回族、苗族、彝族人数居多。第六次人口普查统计,全县少数民族人口1070人,散居在各镇(区)。

【历史沿革】 溧水历史悠久,文化底蕴深厚。早在1万年前就有人类生存。隋开皇十一年(591)析溧阳西北境及丹阳(今江宁小丹阳)故地东部置溧水县,此为建县之始。唐代诗人李白、书法家颜真卿、南唐政治家韩熙载曾在溧水留下足迹和诗文。唐代新罗诗人崔致远曾任溧水县尉,宋代词人周邦彦曾任溧水县令,北宋状元溧水人俞栗曾任兵部尚书,南宋状元溧水人吴潜官至左丞相。元元贞元年(1295)升溧水为州,明洪武二年(1369年)复改为县。明弘治四年(1491)析西南境置高淳县。溧水人齐泰曾任明朝兵部尚书,为"明初四杰"之一。清顺治二年(1645),溧水属江南省江宁府。清康熙年间,溧水明觉人汤鹏独创别具一格的铁画,至今为世人称道。中华民国元年(1912)至3年,溧水先后属南京府、金陵道,中华民国18~38年,分别属江宁区、溧阳区、江苏省第一行政督察区。1938年6月,新四军到达溧水,溧水成为苏南抗日根据地的战略要地。项英、陈毅、粟裕、谭震林、邓子恢、张鼎臣、王必成、江渭清等领导人先后到溧水组织指挥溧水及苏南地区抗日斗争。1941年,中国共产党在县境分别建立溧水(后改为溧高)、江溧句(后改为江宁)、江当溧(后改为横山)抗日民主政府,组织领导群众投入抗日运动。新四军第十六旅旅部和苏南党政领导机关同年底移驻溧水。1942年,溧水地区成为中国共产党领导的苏南人民抗日斗争中心区。1949年4月25日,溧水解放,属镇江专区,1958年属常州专区,1959年9月9日复属镇江专区,1983年1月,划属南京市。至2012年,溧水建县1422年。

【地理环境】 溧水县地处北纬31°23′~31°48′,东经118°51′~119°14′,属宁镇扬丘陵山区,地势东南高西北低,低山丘陵面积占总面积72.5%,最高海拔368.5米。县境内浮山、东庐山、回峰山、芳山、秋湖山、无想山拱据东、南,连绵环列,西横山突兀西端,逶迤绵延。主要河流分属秦淮河及石臼湖两大水系,秦淮河水系有溧水河及溧水河分支一干河、二干河、三干河,石臼湖水系有天生桥河、新桥河、云鹤支河,过境全长118.62公里。全县有中小型水库79座,其中方边水库(东屏湖)、中山水库(中山湖)分别为南京市第二、第三大水库。山水天然组合,原始植被完好,森林覆盖率31.8%,生态环境优良。

【自然资源】 2012年,全县有耕地面积4.24万公顷,盛产水稻、小麦、棉花及油类等农作物。水域面积2.76万公顷,鱼、蟹、鳖等水产资源丰富,菱、藕等水生植物繁多。山林面积1.47万公顷,遍布林、桑、茶、果、麻等,有徐长卿、苍术、桔梗、沙参、明党参等中药材500余种。山区有狼、豺、黄鼬、野兔等野生动物。县境内矿产资源丰富,金属矿产有锶、铜、铅、锌、锗、铁、金、银8种,非金属矿有水泥用石灰岩、建筑石料用火山岩、石灰岩、砂岩、砂、耐火粘土、高岭土和砖瓦用粘土,能源矿有铀矿,水气矿有矿泉水。

【工业经济】 2012年,全县工业经济指标增势强劲,工业产值、销售收入、增加值、利税、利润分别为744.76亿元、725.66亿元、188.41亿元、100.62亿元和68.22亿元,比上年分别增长22.9%、23.7%、17.9%、25.6%和31.5%,产销率达97.8%。工业固定资产投资320.45亿元,增长33.5%。工业产业结构进一步优化,转型成效明显,高新技术产业产值占规模工业产值比重比上年提高16.1%。

【先进制造业】 2012年,县委、县政府推动工业主导产业做大做强,加快汽车及零部件特色产业基地建设,切实推进创源新能源电动车、创维液晶电视、长安发动机和总参60所无人机等重点项目建设,汽车及零部件、电子信息、机械装备、新型材料、轻工食品五大主导产业占全县工业比重达82%。实施新兴产业"双倍增"计划,依托企业主体,积极培育壮大电子信息、新材料、新能源、高端装备、节能环保、航空航天等新兴产业,新兴产业产值比上年增长30%。推进信息化和工业化融合,软件产业实现销售收入5亿元。全年完成工业技改投入105.6亿元,培育数控机床、压力容器、轨道交通等优势产品,引导和扶持企业加大技术改造,提升传统产业装备水平。

【农业产业化】 2012年,县委、县政府以工业立县带动农业产业化,促进农业龙头企业发展。全县73家重点龙头企业主营业务收入、税收分别比上年增长21%和18%,带动8.9万户农民增收。农业产业化进程进一步加快,以农民专业合作社为重点的各类合作经济组织加快发展,覆盖农户100%。农民人均纯收入14356元,其中非农收入占80%。在工业立县战略的推动下,村级经济发展迅速,全县村级集体经营性收入1.68亿元,村均可支配收入达178.73万元,均比上年增长10%,所有村集体收入均达50万元以上,百万元以上的村79个(含3个增挂居委会)。

【商贸流通】 2012年,实现社会消费品零售总额103.17亿元,税收2.54亿元,分别比上年增长19%和17.4%。21家重点商贸企业实现销售17.8亿元,增长18.9%。

【现代物流】 2012年,全县物流货物中转量达5.12亿吨公里,客运周转量27.65亿人公里,总货运量2859.2万吨。全年新增物流企业4家,全县物流企业突破70家,实现税收7549万元,比上年增长23.4%。

【休闲旅游业】 2012年,全县接待游客292万人次,实现旅游收入27.19亿元,分别比上年增长32%和30.75%;傅家边旅游业集聚区转型升级,胭脂河天生桥遗址公园建设启动;结合美丽乡村建设,建成山凹特色旅游村,成为南京市首批农家乐示范村。

【金融服务业】 2012年,全县金融企业营业网点向各镇(区)延伸,引进民丰村镇银行,县农村信用合作联社成功转制为农村商业银行,相继成立宁成、嘉欣、苏垦3家小额贷款公司。至年底,全县存款余额为210.12亿元,比年初增长19.53%,贷款余额160.84亿元,比年初增长21.26%,存贷比76.5%,实现税收3.48亿元,比上年增长63.5%,金融业成为现代服务业发展支柱产业。

【科技进步】 2012年,全社会研发经费支出占地区生产总值比重提高到1.6%,全年申请国家专利1320件,专利授权413件,分别比上年增长129.6%和201.5%。新增市级以上创新平台9个、工程技术研究中心9家、产学研合作项目41项,新认定高新技术企业10家、高新技术产品21个,高新技术产业产值213.02亿元,占规模以上工业产值比重34.27%。全县认定省级民营科技企业23家,市级21家,民营科技企业技工贸总收入369.6亿元,比上年增长4.44倍。

【教育事业】 2012年,溧水县通过"全国义务教育发展基本均衡县"省级督导评估。实验小学城南新校区于秋学期正式投入使用,建筑面积3.1万平方米,总投资1.4亿元。全年建设"校安工程"5.51万平方米,累计投入9416万元。

(徐寿喜)

苏 州 市

【位置与面积】 苏州市位于长江三角洲中部、江苏省东南部，地处东经119°55′~121°20′，北纬30°47′~32°02′之间，东傍上海，西邻无锡，南接浙江，北枕长江，总面积8488.42平方公里，占全省面积的8.27%。市区面积4474.4平方公里，古城区14.2平方公里。

苏州市下辖4个县级市，其土地面积为：张家港市，772.40平方公里；常熟市，1094.00平方公里；太仓市，620.00平方公里；昆山市，864.90平方公里。苏州拥有省级以上各类开发区17个，其中国家级11个，省级6个。

苏州地理位置优越。沪宁铁路（高速）、京沪高速铁路、沪宁和沿江高速公路贯穿东西，京杭大运河和常台高速公路连接南北，绕城高速公路及国道、省道等四通八达。横卧北侧的长江是国家重要水运干道。位于长江下游南岸的苏州港（含常熟港区、张家港港区和太仓港区）是国家一类口岸。

苏州地处以太湖为中心的浅碟形平原的底部，地势低平，平原占总面积的54.9%，海拔4米左右。东南部地势低洼，西南部多小山丘，穹窿山主峰高351.7米，为全市最高点。丘陵占总面积的2.7%。境内河流纵横，湖泊众多，京杭运河贯通南北，吴淞江、娄江、太浦河等连接东西，阳澄湖、昆承湖、淀山湖等散布其间，太湖水面绝大部分在苏州市境内，全市水域占总面积的42.5%，是著名的江南水乡。

注：全市总面积中含太湖、阳澄湖、淀山湖等大型湖泊水域面积，有关县级市土地面积中未包括。

【气候】 苏州属亚热带季风海洋性气候，四季分明，气候温和，雨量充沛。土地肥沃，物产丰富，自然条件优越。气候特点：春夏之交多梅雨，夏末秋初多台风。

2012年，全市年平均气温16.6℃，比常年偏高0.3℃，年降水量1183.5毫米，年降水147天，年降水量和雨日比常年略偏多，年日照时数1866.5小时，比常年略偏少。冬季相对寒冷，春季升温迅速，冬末春初多持续低温阴雨（雪），初夏梅雨少，盛夏高温偏多，局地强对流频发，秋季大范围持续雾霾多发。台风影响个数多、影响程度严重。总体上属于气候年景正常的年份。

全年四季气候特点：

（1）冬季气温低，降水日数多。冬季（2011年12月~2012年2月）平均气温4.5℃，是1986年以来同期次低值，冬季日最低气温≤0℃的日数达31天。季降水量163.5毫米，雨日34天，雨日偏多。

（2）春初多阴雨，气温起伏大。春季（3~5月）平均气温为16.2℃，与历史同期次高值持平。季降水量310.0毫米，比常年偏多一成多。温度变化幅度大，冬末春初2月29日~3月8日、3月15~20日出现两段低温连阴雨天气，随后升温迅速，3月下旬到5月中旬气温持续走高，其中3月下旬平均气温较中旬上升4.4℃，列历史同期升温第四位。

（3）夏季多暑日，梅雨少台风多。夏季（6~8月）平均气温为27.7℃。全市日最高气温≥35℃的高温日数平均为17天。季降水量441.6毫米，比常年偏少一成左右。6月23日入梅，6月29日出梅，梅期6天，入梅偏迟、出梅明显偏早、梅期明显偏短，平均梅雨量52.9毫米，比常年明显偏少，属“枯梅”年份。8月，共有5个热带气旋直接或外围影响全市，影响台风之多与历史最多持平，其中11号强台风“海葵”是自1991年以来影响苏州最严重的台风。

（4）秋季气温偏低，降水不均匀。秋季（9~11月）平均气温为18.0℃，季降水量为210.5毫米，均接近常年。但降水分布不均，前期降水量偏少，11月降水量异常偏多。

【水文】 苏州境内地势由西向东南微微倾斜，平原广阔，水源充沛，山丘点缀。烟波浩淼的太湖承接上游南溪、苕溪水系来水，通过苏州的河网入江入海。苏州是太湖洪水下泄归海的必经廊道，太湖又是苏州供水的可靠水源。境内的河流、湖泊受上游来水、下游江海潮汐和人类活动的影响，水文情势比较复杂。梅雨和台风是造成洪涝灾害的主要原因。随着城市化进程的加快和人类活动的影响，由水污染造成的水质型缺水的矛盾渐趋突出。

2012年，苏州市面平均降水量1117.6毫米，比多年平均值1086.3偏多2.88%。入汛以来，降水偏少，且时程分布也不均匀，6月和9月降水分别较多年平均偏少55.2%和34.5%，8月则较多年平均偏多26.8%。根据苏州市17个雨量站的实测降水资料统计，当年汛期（5~9月）的面平均降水量为565.5毫米，较多年面平均降水量667.2毫米（统计至2009年）偏少15.2%。

苏州地区于当年6月23日入梅，至6月28日出梅，梅期6天，比多年平均23天少17天。梅雨期面平均雨量41.5毫米，比多年平均210.2毫米（统计至2010年）偏少80.3%，梅雨量空间分布呈北少南多。从总体而言，梅雨入梅晚，梅期短，梅雨量少，仅次于1978年和2005年，梅雨量排位倒数第三，属于典型的枯梅年。但受台风影响较大，特别是8月上旬，9号台风“苏拉”、10号台风“达维”、以及11号超强台风“海葵”接踵而来，8月8日凌晨，第11号台风“海葵”在浙江省象山登陆，受其影响，苏州境内狂风大作，暴雨倾盆，主要河湖水位快速上涨，太湖、太浦河、望虞河、江南运河等苏州主要河湖全面超越警戒水位。

为预防太湖蓝藻的大规模爆发，改善太湖水质，补充太湖水量，提高太湖水位，抑制蓝藻生长，“引江济太”工程于汛前投入运行，望虞河常熟水利枢纽于当年1月1日开机引水。但从2月起，随着降雨量的增多，太湖水位持续上升，因此常熟望虞河水利枢纽从3月开始以排水为主，引水天数较少。5~9月，通过常熟望虞河水利枢纽共引长江水仅1.772亿立方米入望虞河，而通过望亭立交水利枢纽进入太湖的水量仅为0.137亿立方米。整个汛期沿江八大闸共引水65潮次，引水量2.286亿立方米；排水495潮次，排水量18.99亿立方米。

年内,全市总体水质有一定的改善,劣Ⅴ类水断面所占比例为19.0%,比上年下降6.7个百分点。Ⅱ类水和Ⅲ类水总共占42.0%,比上年上升3.1个百分点,主要污染因子仍是以高锰酸盐指数、溶解氧、五日生化需氧量和氨氮等有机污染为主。

【自然资源】 苏州市主要种植水稻、麦子、油菜,旱地主要出产棉花、蚕桑、林果等。低洼塘田较多,出产莲藕、芡实、茭白等水生作物。特产有鸭血糯、白蒜、柑橘、枇杷、板栗、梅子、桂花、茶花、碧螺春茶等。

全市有各级河道2万多条,大小湖泊300多个,水域面积3609.4平方公里,淡水养殖面积80.54千公顷。水产资源十分丰富,共出产30多种淡水鱼类,长江白吉、鲥鱼、刀鱼,太湖银鱼、白虾、梅鲚鱼,阳澄湖大闸蟹,吴江紫须蟹,内塘鳜鱼、鲫鱼、青鱼、塘鳢鱼、鳗鲡以及莼菜、珍珠等为著名特产。

全市有已探明的高岭土、硫、花岗石、石灰石、石英、煤、天然气、铜、铁、铅、锌、铟、镉、银、磁铁等15种矿产资源,已开采的以非金属矿产为主,其中高岭土、花岗石以储量丰富、质量优异而名冠全国。

【旅游资源】 苏州市是全国重点旅游城市、国家园林城市和国际花园城市,也是全国首个国家园林城市群,拥有苏州、常熟两座国家历史文化名城,张家港、常熟、昆山、太仓4座国家生态市。平江、山塘历史街区分别被评为中国历史文化名街和中国最受欢迎的旅游历史文化名街。历史遗存丰富,苏州市拥有各级各类文物保护单位538处,其中国家级34处,省级106处,数量仅次于北京和西安。博物馆文物藏品131662件,其中一级品268件。苏州古城坐落在水网之中,众多湖泊像晶莹的宝石镶嵌在城区四周;街道依河而建,水陆并行;建筑临水而造,前巷后河,形成"小桥、流水、人家"的独特风貌。"苏州园林甲天下"。现有园林60多个,其中拙政园、留园、网师园、环秀山庄、沧浪亭、狮子林、艺圃、耦园、退思园等9个古典园林被联合国列入《世界文化遗产名录》,并成为首批国家重点公园。苏州园林是建筑、山水、花木、雕刻、书画的综合艺术品,集自然美和艺术美于一体,构成了曲折迂回、步移景换的画面。苏州既有园林之美,又有山水之胜。寺观名刹,遍布城乡;文物古迹,交相辉映,加以文人墨客题咏铭记、作画书联,更使之名扬中外。虎丘山、灵岩山、天平山、洞庭东西山、邓尉山、虞山、玉山等处,都是天然的风景胜地。苏州市建有27个博物馆,成为旅游新热点,其中苏州博物馆为国家首批一级博物馆。

【政区沿革】 苏州,又称姑苏。汉·司马迁《史记·河渠书》:"上姑苏,望五湖。"宋·朱长文《吴郡图经续记》:"姑苏山……或曰姑胥,或曰姑余,其实一也。"明·卢熊《苏州府志》:"姑胥台,台因山名,合作胥,今作苏,盖吴音声重,凡胥须字皆转而为苏,故后人直曰姑苏。隋平陈,乃承其讹,改苏州。或者谓胥与输音相近,兵家不取,或又谓吴中鱼禾所自出,苏字兼之,故曰苏。"苏州有文字记载的历史已有4000多年,夏代分天下为九州,苏州属扬州的一部分。商代末年,泰伯、仲雍来到江南,建号句吴。春秋时,寿梦于公元前585年称王,建吴国。吴王阖闾于公元前514年始建苏州城,为吴国都城。战国时先后属越、楚。秦代建置吴县,为会稽郡治所。汉代设吴郡。三国时属孙权吴国。两晋南北朝的大部分时间为吴郡治所。隋开皇九年(589年)始称苏州。宋时为平江府,元改平江路,均为治所;元至正十六年(1356年)张士诚改称隆平府。明洪武二年(1369年)称苏州府。清代续为苏州府。民国元年(1912年)撤苏州府,设吴县;1928年建苏州市,1930年撤销,复称吴县。新中国成立后,苏州分为苏州市和苏州专区两个行政区。1953年1月之前和1958年7月~1962年6月,苏州市曾两次划归苏州专区。1953~1957年,无锡、江阴、宜兴和武进4县划归苏州专区。1956年初,宜兴划归镇江专区。1958年初,苏州专区又同松江专区合并。同年7月,武进县划归镇江专区。11月原松江专区所属各县又划归上海市。1961年,从常熟、江阴划出部分公社,成立沙洲县。1983年初,江阴、无锡两县划归无锡市,苏州市实行市管县新体制,下辖常熟、沙洲(后更名为张家港市)、太仓、昆山、吴县、吴江6个县和平江、沧浪、金阊、郊区(后更名为虎丘区)4个区。之后6个县先后撤县建市。1992年和1994年,先后从吴县及郊区划出部分乡镇,设立苏州新区和苏州工业园区。2001年2月,撤销吴县市,分设吴中区、相城区。2002年9月,苏州新区、虎丘区区划调整,成立苏州高新区·虎丘区。2012年8月29日,经国务院批准,江苏省人民政府同意撤销平江区、沧浪区、金阊区,设立姑苏区,以原平江区、沧浪区、金阊区的行政区域为姑苏区的行政区域,同时成立苏州国家历史文化名城保护区;撤销吴江市,设立吴江区,以原县级市吴江市行政区域为吴江区的行政区域。同年10月26日,姑苏区(苏州国家历史文化名城保护区)正式挂牌成立;10月29日,吴江区正式挂牌成立。

【行政区划】 2012年末,苏州市下辖姑苏、吴中、相城、虎丘(苏州高新区)、吴江5个区及苏州工业园区,代管张家港、常熟、太仓、昆山4个县级市。全市共有40个街道、55个镇,下设931个社区居委会、1068个村委会。其中市区有37个街道、22个镇,下设527个社区居委会、455个村委会。

2012年1月13日,经江苏省人民政府批准,苏州市人民政府批复同意撤销吴江市横扇镇,将原横扇镇行政区域并入吴江市松陵镇;将松陵镇的奥林清华、水乡、新园、苏河4个居委会和长安、芦荡、捕捞、联团、高新、吴模、梅里7个村委会区域划出,设立吴江市滨湖街道办事处。9月17日,苏州市人民政府批复同意将相城区元和街道朱泾社区居委会划归相城区太平街道管辖。11月29日,江苏省人民政府批复同意撤销苏州工业园区娄葑镇,以星湾、独墅湖、团结、群力、葑谊、葑塘、金益、通园路、文萃路、徐家浜、新苏、泾园南、泾园北、东港家乐、东港家怡、苏安南、苏安北、官渎、东港二村、新城、新加、都市、师惠、东方、贵都、新馨、沁苑、四季新、湖左岸、加城、天域、高尔夫、大湖城邦、熙岸、水巷、天翔等36个社区居委会管理区域设立娄葑街道办事处;以斜塘、联丰、莲香、荷韵、莲花一区、莲花二区、莲花三区、莲花四区、车坊、淞涛、淞泽、淞源、淞潭、淞渔、翰林缘、菁英公寓、朗科、荣域、怡和、景城、星辰一区、东湖大郡、东湖春韵、枫情水岸、湖畔天城、凤凰城、第五元素、东湖林语、国际水岸、中塘、欧典、澳韵、星湖、钟南、琼姬墩、九华、海悦一区、水墨等38个居委会管理区域设立斜塘街道办事处。撤销苏州工业园区唯亭镇,以其原行政区域设立唯亭街道办事处。撤销苏州工业园区胜浦镇,以其原行政区域设立胜浦街道办事处。12月11日,苏州市人民政府批复同意将南门街道更名为沧浪街道,将平江路街道更名为平江街道,将彩香街道更名为金阊街道。

年内,各市(区)及苏州工业园区,对所辖村委会、社区居委会进行了局部调整。全市共有29个村委会撤并为13个村委会,撤销1个村委会改设为社区居委会,撤销12个村委会并入社区居委会,合并2个社区居委会为1个,新设社区居委会27个,社区居委会更名1个。其中,张家港市有17个村委会撤并为7个村委会,新设社区居委会3个。太仓市有10个村委会撤并为5个村委会,撤销1个村委会改设为社区居委会,撤销6个村委会并入社区居委会,新设社区居委会3个,有2个社区居委会撤并为1个社区居委会,社区居委会更名1个。昆山市有2个村委会撤并为1个村委会,撤销3个村委会并入社区居委会;新设社区居委会1个。吴江区新设社区居委会1个。相城区新设社区居委会8个。姑苏区新设社区居委会1个。虎丘区撤销3个村委会并入社区居委会,新设社区居委会7个。苏州工业园区新设社区居委会3个。

【人口】 2012年,苏州市年末户籍总人口6478054人,比上年(下同)增加54718人,增长率为8.48‰。其中市辖区2485054人,增加32570人,增长率为13.19‰;所辖县级市(含吴江区)为3993000人,增加22148人,增长率为5.56‰。全市总人口中,男性为3189087人,占49.23%;女性为3288967人,占50.77%。性别比为96.96(以女性为100,男性对女性的比例)。

全市人口分布情况如下:市辖区2485054人,其中,姑苏区751246人,吴中区496224人,太湖旅游度假区112967人,相城区387189人,虎丘区345072人,苏州工业园区375537人,独墅湖高教区16189人;常熟市1067798人,张家港市910208人,昆山市737565人,太仓市472561人,吴江区804868人。

全市出生人口为68097人,增加9365人,出生率为10.56‰,增长1.38‰;死亡45010人,增加3054人,死亡率为6.98‰,增长0.42‰。全市人口自然增长人数为23087人,自然增长率为3.58‰,增长0.96‰。市辖区出生人口31020人,死亡人口15712人,市辖区人口自然增长率为6.36‰;所辖县级市(含吴江区)中,昆山市自然增长率最高,为6.70‰,依次为吴江区为2.22‰、张家港市为1.56‰,常熟市为-0.56‰、太仓市为-0.26‰。

全市省内外迁入65857人,迁往省内外32548人,人口机械增长33309人,增长率为5.16‰,增长0.47‰。市辖区人口机械增长16051人,增长率为6.50‰,增长1.1‰。所辖县级市(含吴江区)中,昆山市人口机械增长率仍然最高,为12.29‰,增长0.33‰,其余依次为太仓市5.44‰、张家港市2.65‰、吴江区2.02‰、常熟市1.58‰。所辖县级市中,除吴江区人口机械增长率下降0.59‰外,其余都有不同程度的上升,昆山市增长0.33‰、张家港市增长0.32‰、太仓市增长0.31‰、常熟市增长0.03‰。

人口老龄化趋势在增加。全市户籍人口按照4个年龄段划分,18岁以下的有840661人,占总人口的比例为13.22%;18~35岁的有1523324人,占总人口的比例为23.51%;35~60岁的有2654714人,占总人口的比例为40.98%;60岁以上的有1443150人,占总人口的比例为22.28%。2008年,全市60岁以上人口占总人口比例为19.24%,2009年为20.02%,2010年为20.65%,2011年为21.37%,2012年为22.28%;5年来60岁以上人口所占总人口的比例逐年增长。

【方言】 苏州方言属吴语,吴语是我国最重要的汉语方言之一,分布在苏南丹阳以东和浙江全省。由于苏州历来在江南地区有重大影响,“吴”就是苏州的简称,苏州话成为吴语的代表。

苏州市所辖4个县级市、6个区,其中姑苏区的方言内部一致,一般说的“苏州话”,就是指姑苏区的方言,其他各市、区方言都有一定程度的差别,但跟外地方言相比,差别还是比较小的,他们都属于吴语太湖片苏嘉湖小片。

苏州方言的形成,最早源自周泰伯、仲雍奔吴之时。此前的吴地居民说的是古百越民族的语言,泰伯等带来了中原的华夏语,在百越语影响下,经过3000年历史的逐渐演变,形成了现代苏州话。

苏州话具有吴语的一些基本特点,主要有:①古全浊声母仍保持独立的声类,音值基本上是浊的。这是吴语最重要的共同点。“道≠到、父≠付、住≠注”。②没有前响复合元音,单元音韵母较多,古咸山摄失去[n]韵尾。“雷=来=蓝”,都读单元音[E]。③有7个声调,古平去入各分阴阳,保留古入声,有喉塞音韵尾。“一≠衣、八≠巴、十≠时”。④连读变调变化大,覆盖面广。“张、条、本、块、件、只、粒”分别是七个声调,如跟“三”结合,声调就都一样了:“三张、三条、三本、三块、三件、三只、三粒”。许多字因连调影响而读不出单字的声调。⑤有一批跟北方话相对的词汇(括号里是普通话):“面(脸)、粉(麵)、立(站)、寻(找)、阔(宽)、狭(窄)”。有好多有特色的词语,往往写不出字。如“漏(开玩笑)、钝(反唇相讥)、掮(攀比)、绷(不知好歹)”。⑥代词系统特别,包括“我、你、他、我们、你们、他们、这、那”等,好多都写不出字,有的可能是古百越语的遗留。⑦动词重叠多,如“寻寻开心、卖卖脱、汏汏清爽、想想看、看看看”。⑧有表进行和持续的说法“勒海、勒浪”等,他们用在动词前时,表示正在进行,相当于“在”。如“勒海吃饭(在吃饭)”;用在动词后时,表示状态持续,相当于“着”。如“坐勒浪(坐着)”。他们还隐含方位,“勒海”是“在这里”,“勒浪”是“在那里”。

还有一些重要特点:①没有卷舌音声母,全部都是舌尖前音,“中=宗、师=丝”。②前后鼻音不分,“程=陈、京=金”。③分尖团,“箭≠剑、小≠晓”。④“八”的读音特殊,跟“北”同音。这是全国各地都没有的。⑤用“阿V”表示是非问。“阿去?(去吗?)、阿曾去?(去了吗?)”。

改革开放以来,受普通话影响,年轻人说的苏州话有许多变化。最重要的变化是上述分尖团的特点消失了,变成“箭=剑、小=晓”;下面3对字老年人不同音,年轻人同音:“庄—张、官—干、圆—油”;“走”的读音变得跟无锡、常州一样。这些变化使老年人觉得年轻人说的话不像苏州话了。同时,年轻人说苏州话的范围越来越窄,只限于日常生活,谈到工作、学习,都要用普通话,有的孩子甚至完全不会讲苏州话。这现象已引起有关部门及领导和一些专家的注意,正在采取适当措施,保护苏州话,同时也是保护苏州的传统文化。

上述各主要特点基本上覆盖苏州市所辖各市(县)、区,各地最显著的差别是代词系统,可说是五花八门;还有连读变调的表现各地也不同。凭这两个因素就可以听出你是哪里人。

各地也还有一些其他特征。 (汪 平)

【民族】 苏州市是少数民族散杂居地区,少数民族人口在全市呈“小聚居、大分散”的态势。2012年,全市有54个少数民族,人口约14万人,其中户籍人口2.1万人,暂住人口11.9万人。人口超过1万人的有土家族和苗族2个少数民族。人口在1000人以上1万人以下的少数民族有:回族、壮族、彝族、侗族、布依族、朝鲜族、满族、瑶族和蒙古族。外来少数民族中,土家族、苗族、壮族、侗族、布依族主要来自于中部和西南地区,满族、朝鲜族、蒙古族主要来自于东北地区,回族、撒拉族、维吾尔族主要来自于西北地区。全市100人以上少数民族学生的大学4所,50人以上少数民族务工人员的企业29家,50人以上少数民族居民的社区9个。

【宗教】 苏州市是全省宗教工作的重点市,佛教、道教、伊斯兰教、天主教、基督教五大宗教俱全。佛教于三国东吴赤乌年间传入苏州,至今已有1700多年历史。道教是中国的本土宗教,在东汉时期即开始传入苏州。伊斯兰教于元代在城中建礼拜寺。天主教于明万历二十七(1599年)年传入苏州。基督教大规模传入苏州是在19世纪后半期。2012年,全市有市、县两级宗教团体31个,宗教活动场所295处,其中佛教152处、道教47处、天主教30处、基督教64处、伊斯兰教2处;经过认定备案的宗教教职人员1098人,其中佛教844人、道教139人、伊斯兰教3人、天主教35人、基督教67人;有天主教、基督教、伊斯兰教信教者约13万人。有5所宗教院校,分别是中国佛学院灵岩山分院、西园戒幢佛学研究所、中国天主教佘山修院江苏分院、江苏省基督教苏南义工培训中心和寒山书院;有4处汉传地区重点寺院,分别是西园寺、寒山寺、灵岩山寺、常熟兴福寺。另外,玄妙观等14处宗教活动场所被列为国家和省级重点文物保护单位,数量均列全省首位。

【城市性质】 苏州市是国务院首批命名的全国历史文化名城和重要的风景游览城市,是长江三角洲重要的中心城市之一。苏州城自公元前514年建城以来,虽历经2500多年沧桑,但古城池仍坐落在春秋时代的位置上,基本保持着古代“水陆并行、河街相邻”的双棋盘格局,“三纵三横一环”的河道水系和“小桥流水、粉墙黛瓦、史迹名园”的独特风貌。苏州古城区现有河道总长35公里,桥梁100多座,是中国河、桥最多的城市,被誉为“东方威尼斯”。苏州又是沿海经济开放区。1985年1月,中央决定将长江三角洲、珠江三角洲和闽南厦漳泉三角地区开辟为沿海经济开放区。从此,苏州进入了改革开放的新时期。1993年4月,国务院批准苏州为全国“较大的市”,从而拥有了部分立法权。2012年,苏州被列为1.5线城市。

【传统文化】 苏州市是吴文化的发祥地和人文荟萃之地。千百年来,姑苏文坛贤才辈出,百花竞艳。代表人物有:西晋文学家陆机,宋代政治家范仲淹、诗人范成大,明代小说家冯梦龙和“吴门画派”沈周、唐寅、文徵明、仇英,清代及近代文人顾炎武、俞樾、章太炎,现(当)代文人叶圣陶、顾颉刚、钱仲联、张梦白、陆文夫等。江苏省苏州图书馆、江苏省常熟图书馆和苏州大学图书馆被列为全国古籍重点保护单位。

苏州的绘画、书法、篆刻、诗文流派纷呈,各有千秋,形成了具有独特魅力的吴文化。苏州是全国最古老剧种之一昆曲的诞生地。昆曲已有400多年的历史,人称“中国戏曲之母”。2001年5月,昆曲被联合国教科文组织列入“人类口述和非物质遗产代表作”。评弹是用苏州方言表演的说唱艺术,已在江、浙、沪一带流传了300余年,至今仍为群众喜闻乐见。常熟“虞山琴派”是中国古琴的一个重要流派,2003年11月,中国古琴被联合国教科文组织列入第二批“人类口述和非物质遗产代表作”。2009年9月,苏州端午习俗、宋锦、缂丝、香山帮传统建筑营造技艺又被联合国教科文组织列入人类非物质文化遗产代表作名录。至2012年末,苏州市拥有非物质文化遗产世界级项目6项、国家级29项、省级64项、市级94项,非物质文化遗产国家级代表性传承人39人、省级57人、市级134人。苏州工艺品闻名中外,苏绣与湘、蜀、粤绣同被誉为中国“四大名绣”;桃花坞木刻年画与天津杨柳青木刻年画齐名,世称“南桃北杨”。苏州缂丝、雕塑、宋锦、苏扇、红木雕刻等工艺品,争妍斗艳、巧夺天工。

张家港市

【概况】 张家港市位于长江下游南岸,苏州市西北部,总面积986.73平方公里(含长江界属水面),辖8个建制镇、1个现代农业示范园区、17个街道办事处、175个行政村、112个社区居委会。市政府驻杨舍镇。2012年末,全市户籍人口总数91.02万人,全年人口出生率8.51‰,比上年(下同)增长1.5‰,人口死亡率6.63‰,增长0.18‰,人口自然增长率1.88‰,增长1.32‰。

全年全市实现地区生产总值2050.58亿元,增长10.9%;财政收入413.47亿元,增长0.2%,其中地方公共财政预算收入149.61亿元,增长5.1%;完成社会固定资产投资702.98亿元,增长20.6%;实现消费品零售总额371.84亿元,增长17.5%;全市城镇居民人均可支配收入39695元、农村居民人均纯收入19460元,分别增长13%和12.8%。2012年,张家港市获“全国最具幸福感城市”“中国公益慈善七星级城市”“中国制造业最优投资环境城市”等称号,率先基本实现现代化总体达到省和苏州市指标体系要求。

【工业】 2012年,全市完成工业投入12.47亿元,增长17.8%;规模以上工业总产值4702.9亿元,增长6%;新兴产业投入166.8亿元,工业技改投入287.24亿元,分别增长14.5%和14.6%。年内,银河锂业、西马克冶金装备、浦项产品结构调整、翰普高分子等一批项目竣工投运。永钢集团“百亿项目、千亿企业”工程全面启动,康得新光学薄膜、沙钢冷轧、扬子江石化、不二越精密机械、曼巴特购物广场、华灿光电等24个项目加快建设。500千伏张家港变扩建等重点电网工程顺利完成。中国·张家港液体化工品价格指数正式发布。

【农业】 2012年,全市新增高效农业面积1989公顷,其中设施农业面积1074公顷,新建高标准农田2000公顷,适度规模经营面积占比92.5%。获批土地点供、独立选址项目16个,新增建设用地351公顷,盘活存量土地369公顷。粮食单产创新高,实现“九连增”,建成全省首家基本实现农业机械化示范市。全年完成4个优质蔬菜基地提档升级，新建2个市级蔬菜配送中心、11家农产品平价直销店和35个农贸市场直销摊位，建成放心粮油示范店28家。张家港市青草巷农副产品批发市场成为全省首家全国AAAA级仓储型农产品物流企业。

【服务业】 2012年，全市服务业投入289.6亿元，增长25.3%。全年实现服务业增加值851.7亿元，占地区生产总值比重为41.3%。14家企业入选全国服务业500强，总数位居全省县(市)第一。年内，开展“百村万人看港城”活动，在全市村、社区设立旅游咨询服务站。玖隆钢铁物流园被列为省级重点物流园区试点。双山岛旅游度假区获批省级旅游度假区。

【民营经济】 2012年，全市民营企业完成产值3271.87亿元，增长8.4%。全年新增私营企业3003家，注册资本113.93亿元。全市累计上市公司19家，年内共募集资金17.8亿元。全市新增销售超10亿元企业25家，入库税收超5000万元企业56家。沙钢集团连续4年入围世界500强，位居第346位。

【开放型经济】 2012年，全市完成进出口总额319.6亿美元，其中进口总额128.06亿美元，增长5.9%，出口总额191.54亿美元，下降10.3%。新批境外投资项目1853项，注册资本103.98亿元，增长23%，年末完成投入工作量123.38亿元，增长33.1%。全年新建三资企业118家，新增注册外资16.1亿美元，实际利用外资9.5亿美元。张家港口岸全年完成货物吞吐量2.5亿吨，增长13.4%，集装箱吞吐量150万标箱，增长14.9%，继续居全国县域口岸首位。张家港保税港区汽车整车进口口岸获国务院批复，成为江苏省唯一一家汽车整车进口口岸。江苏进口商品集采分销中心获省政府批复。

【生态建设】 2012年，张家港市高标准通过国家环境保护模范城市复核验收，获生态文明建设特别贡献奖。全年完成减排重点工程23项，万元GDP能耗下降率达5.2%，COD(化学需氧量)、氨氮、二氧化硫、氮氧化物削减率分别为3.73%、4.86%、5.87%和3.1%。疏浚河道310条，拆坝、建桥(涵)217座。新增各类林地、绿地3.5万公顷，市区主干道绿化园艺化水平进一步提升。在全省首批完成村庄环境整治任务，其中5个村庄高标准完成省级试点，村庄环境整治达标率100%，获评首批省村庄环境整治工作示范市。

【城乡建设】 2012年，张家港市完成《城市总体规划》修编并获省政府批准，编制完成杨舍城区慢行系统规划、一干河风景路概念规划、杨舍城区商业布局、业态指引规划以及综合交通、地下空间开发利用等专项规划。沙洲湖区景观工程基本完成，暨阳湖欢乐世界一期建成开放。金港滨江新城、锦丰·沙洲新城、凤凰新城等新城镇建设加快推进。永联村入选首届“江苏最美乡村”。沪通铁路、沿江城际铁路前期工作有序推进，疏港高速公路开工建设，苏虞张快速通道建成通车，张家港复线船闸工程竣工通航，通洲沙西水道一期工程完工、二期工程开工。小城河综合改造二期工程竣工，谷渎港改造基本完工，中心城区核心商业区功能提升。城市综合展示馆、儿童福利院、实验小学改造等工程竣工投用，高职园区、江帆小学等工程开工建设。镇区综合改造深入实施，完成70万平方米老住宅区综合整治和18项街景立面整治工程。完成朝东圩港至段山港、海螺水泥至一干河段“百年一遇”江堤建设，走马塘工程实现通水。

【科技创新】 2012年，全市实施创新载体建设三年行动计划，城北科教新城、沙洲湖科创园等加快建设，清华大学智能电力研究院、苏州大学工业技术研究院、东南大学工业技术研究院等建成投用，新增创新创业载体面积30万平方米。在全国县级市中首家获批设立“海智计划”工作基地，塘桥东城科创园、南丰科创园获批省级高新技术创业服务中心，锂电池及新材料科技产业园获批省级科技产业园，新增省级以上公共技术服务平台3个。年内，新增国家“千人计划”人才4名，获批江苏省“科技创新团队”1个。新增“双创计划”人才12名、“姑苏创新创业领军人才计划”人才21名。全年引进市级领军人才(团队)项目74个，国家2012年高端外国专家项目计划2个。培训高技能人才2.56万人，每万名劳动力中高技能人员数达609人。全市新增省级以上企业研发机构50家，在全省率先实现大中型工业企业研发机构建设全覆盖。新增产学研合作项目180项，签约“千人计划”项目45个，评定“千人计划”专家工作站18家。全市入选国家火炬计划重点高新技术企业7家，新增高新技术企业54家，实施省级以上科技计划项目82项，新增发明专利829件、中国驰名商标2件，制订国家、行业、地方标准45项。全社会研发投入占地区生产总值比重为2.8%。成为省创新型试点市。

【教育卫生】 2012年，张家港市通过全国义务教育优质均衡改革发展示范区创建省级考核，获评全国“两基”工作先进地区。普通高考本科达线率、达线人数等4项指标列苏州市第一，职校对口单招综合指标连续12年列苏州市第一。江苏科技大学苏州理工学院正式成立，兆丰学校、悦来小学、塘市小学等8所新学校建成投用，张家港新加坡外国语学校对外招生。加强校车安全管理，新增国标校车66辆。市中医院通过国家三级医院复评，耳鼻喉科、肾内科分别入选国家和省级重点专科建设项目。儿童功能障碍检测和脑健康促进项目常态化运行，创建成为国家慢性病综合防控示范区。全市34.1万户家庭收到免费赠送“健康大礼包”。“健康公平”“健康服务体系建设”“道路安全”3个项目获世界卫生组织健康城市创新发展奖和最佳实践奖。孕前优生健康免费检查实现目标人群全覆盖，计划生育家庭“五个一”养老帮扶模式在全省推广。假日体育等全民健身活动蓬勃开展，成功承办“塘桥杯”全国乒乓球锦标赛、环太湖国际公路自行车赛双山岛绕圈赛等8项国家级赛事。

【社会管理】 2012年，全市全面推行“一委一居一站一办”新型社区服务管理体制，社区网格化运行模式逐步完善，动迁安置社区管理不断加强。“网上村委会”服务功能加快提升，获评全国村务公开民主管理示范单位。永联村荣获全国民主法治示范村。全市新增各类社会组织562个，每万人拥有社会工作者6.2人。“价格诚信城市”创建全面启动，率先在全省实现价费公布城乡全覆盖。在全国同类城市率先实施新市民积分管理，9663名新市民子女参加居民基本医疗保险，新市民子女进入公办学校就读比率为71.3%。“四项排查”“打非治违”

“天安行动”等专项治理行动成效明显,三级政府挂牌督办的安全生产隐患整改全面完成,食品安全“四统一”监测模式全省推广,在全省首家通过国家药品安全示范市验收。社会治安大防控体系不断完善,八类案件发案数下降24.9%,连续9年获评全省社会治安安全县(市)。五大类26项实事工程项目顺利推进,其中,城乡困难群众帮扶、民生保险优化、公交运力改造、青少年社会实践基地二期等24项全面完工,第一人民医院妇儿大楼和公共租赁住房两项跨年度工程按时序进度推进。

【民生建设】 2012年,全市新建就业援助单位227家,开发就业援助岗位1.22万个。新建创业孵化基地13个,实现创业带动就业3500人。张家港市籍应届高校毕业生和特困家庭劳动力就业率分别为99.6%和99.7%。率先建立就业失业动态监测预警机制,劳动争议结案率为98%以上。实施“百村千亩增百万”“十村十亿增千万”工程,组建超千亩土地股份合作社20家、村级经济联合发展平台6个,村集体可支配收入超千万元村突破20家、村均超600万元。实施超龄人员纳入城保、城乡医保衔接等一系列惠民政策。2.8万名超龄人员纳入城镇养老保险,在全省首家实现真正意义上城乡养老并轨。1.4万名超龄人员参加城镇职工医保,职工医保和居民医保实现“五个统一”,政策内补偿比分别为90%和75%以上。提高企业和农保退休人员养老金、征地保养金、老年农(居)民社会养老补贴、城乡低保以及参保困难家庭大额医疗救助标准。镇(区)居家养老服务中心实现全覆盖,新增养老床位数2717张,获评全国养老服务示范单位。开工建设保障性住房36.1万平方米、5986套(户),竣工19.5万平方米、2902套(户)。新增住房公积金缴存职工3.01万人。实施“阳光午餐”工程,惠及学生2452人。残疾人免费乘坐公交车。发放“共享阳光”慈善助学金761万元,募集“爱满港城”善款超亿元,获评中国公益慈善七星级城市。

【精神文明建设】 2012年,全市开展“幸福港城”网格文化系列活动,参与群众超过400万人次,成为全省首批公共文化服务示范区。新增公共文化设施面积32.8万平方米。举办第九届中国(张家港)长江文化艺术节。季静娟获中国曲艺牡丹奖。13项文艺作品获“第十届江苏省五星工程奖”,金奖和大奖数量居全省县(市)第一。市图片中心建成投用。成功创建省版权示范市。实施城市公共文明提升3年行动计划,开展道德讲堂、学雷锋志愿服务合作伙伴计划等文明实践活动,7位市民登上“中国好人榜”。张家港市被评为全国未成年人思想道德建设工作先进城市。

1月5日,张家港市召开“网格化公共文化服务”推进会,在全国率先推出网格化公共文化服务模式。张家港市将全市各村(社区)按一定标准划分成若干网格,每个网格配备一名网格文化员,作为政府公共文化服务基本单元,形成市、镇、村(社区)、网格四级服务网络,并紧贴群众文化需求,有针对性地提供人性化、精细化文化服务。9月25~26日,文化部在张家港市召开国家公共文化示范区创建工作现场经验交流会,推广张家港网格化公共文化服务经验。

11月13日,张家港市正式发布全国首个“书香城市”建设指标评价体系。该体系正式版本包括阅读设施、阅读资源、阅读组织、阅读活动、阅读环境、阅读成效及保障条件等一级指标7个,涉及44个二级指标和87个三级指标。

常 熟 市

【概况】 常熟市地处江苏省东南部长江下游,位于苏州市北部,土地面积1264平方公里(含长江界属水面),设建制镇9个,区(街道办事处)2个,林场1个,国家级开发区1个,省级开发区2个,省级服装城、旅游度假区各1个。市政府驻虞山镇。2012年末,全市户籍人口106.78万人,比上年(下同)增加615人,常住人口150.71万人,人口自然增长率为-0.56‰。城市化率64.1%,提高1个百分点。

全年全市实现地区生产总值1870.19亿元,增长10.20%。完成全社会固定资产投资635.48亿元,增长18.70%。内资项目完成投资486.54亿元,增长14.2%。八大新兴产业完成投资159.26亿元。重大项目完成投资158.69亿元。实现财政总收入346.60亿元,下降1.6%。实现公共财政预算收入128.15亿元,增长4.6%。公共财政预算支出121.23亿元,增长5.40%。常熟市获第12届全国县域经济基本竞争力百强县(市)第一名、《福布斯》杂志“2012年中国大陆最佳县级城市”第二名、全国双拥模范城“三连冠”、全国“慈善六星级城市”、首届“长三角最佳慢生活旅游名城”及“中国休闲小城”等称号。

【农业】 2012年,全市实现农业总产值62.68亿元,增长9.30%。其中,种植业实现产值32.72亿元,增长13.50%;牧业实现产值6.72亿元,下降0.40%;渔业实现产值14.23亿元,增长2.70%。实现粮食总产量32.22万吨,增长0.30%;肉类总产量21438吨,增长1.70%;禽蛋产量3907吨,增长8.30%;牛奶产量12476吨,增长12.90%;水产品产量38008吨,与上年持平。新增高效设施农业面积1667公顷,新增高效设施渔业面积873公顷,新增无公害农产品、绿色食品、有机农产品60个。新增各类先进农机具2410台,年末农业机械总动力达35.50万千瓦,农业综合机械化水平达89.00%,农业适度规模经营比重达82.00%。年内,常熟市被列为全省农业现代化试点县(市),“常优5号”获中国优质稻米博览会金奖。

【工业】 2012年,全市实现工业总产值4405.52亿元,增长3.00%。其中,规模以上企业实现产值3361.18亿元,增长5.00%。全市规模以上企业中,内资企业实现产值1905.80亿元,增长8.50%;外资企业实现产值1455.38亿元,增长0.80%。重工业加快发展。在规模以上产值中,轻工业产值为1202.44亿元,下降0.80%;重工业产值为2158.74亿元,增长8.50%。占规模以上工业产值比重达36.80%;八大新兴产业产值1237.71亿元,增长10.00%,占规模以上工业产值比重达36.80%。加快推进重大项目建设,观致汽车首辆整车下线,奇瑞捷豹路虎一期项目奠基开工,常熟电厂三期项目获国家发改委核准,首台机组并网发电。UPM高档文化纸项目顺利开工,丰田系列项目进展顺利,中交天和、亨通电缆、长春化工、腾晖电力、苏南重工等项目竣工投产。新引进和培育总部企业7家,新上市企业1家。全年规模以上工业企业实现产品销售收入3315.39亿元,增长4.40%。资质以上建筑业企业实现建筑业总产值154.27亿元,增长4.70%。

【服务业】 2012年,全市商品市场成交额1300亿元,其中服装城市场成交额突破1000亿元。实现社会消费品零售总额500.02亿元,增长17.30%,其中城镇实现零售额409.75亿元,乡村实现零售额90.27亿元。共销售家电下乡产品9.35万台,增长10.70%;实现销售额2.42亿元,增长12.60%。商品市场成交额达到1422.77亿元,增长18.10%。全年旅客运输量达9016万人次,增长11.80%。货物运输量达2339万吨,增长13.20%。新增出租车150辆、公共自行车7000辆。民用汽车保有量23.83万辆,增长17.80%。私家汽车保有量19.8万辆,增长20.40%,按户籍户数计算每百户拥有59.7辆。实现邮电业务总收入24.43亿元,增长7.1%。全年各类景点接待境内外游客1907.73万人次,增长10.10%;实现旅游收入302.73亿元,增长20.2%。年末,金融机构本外币各项存款余额2133.56亿元,比年初增加254.68亿元;金融机构本外币各项贷款余额1609.44亿元,比年初增加235.81亿元。证券交易开户总数23.80万户,增长2.90%;全年各证券营业点股票交易额964.91亿元,下降37.00%。年末,证券机构托管股票市值103.07亿元,增长10.20%。保险机构保费收入29.97亿元,增长1.00%。完成房地产开发投资86.41亿元,下降7.10%,其中住宅投资57.52亿元。商品房施工面积705.33万平方米,下降14.60%,其中住宅施工面积462.87万平方米。全年商品房销售面积为155.79万平方米,增长3.40%,其中住宅销售面积121.37万平方米,增长18.00%;商品房销售额139.75亿元,增长5.10%,其中住宅销售额108.52亿元,增长22.60%。二手房成交面积达116.37万平方米,增长9.4%;二手房成交总额43.62亿元,增长39.90%。

【民营经济】 2012年,全市新办私营企业2337家,新增注册资本42.35亿元,累计分别为2.23万家和882.6亿元;新批办个体工商户1.21万户,新增注册资本9.33亿元,累计分别达到7.44万户和49.50亿元。民营经济累计注册资本为932.1亿元,比上年末净增34.90亿元。全年净增内资注册资本173亿元。年内,新办注册资本超过千万元私营企业119家,其中超亿元11家;产业投资量增质升,以加大产业投资为主要动力,全年完成工业投资增长19.40%,其中民资投入占到50%左右,全市97个内资重点项目计划投资235.7亿元,其中当年计划投资138.30亿元;发展水平不断提高。加快民营经济转型发展步伐,为新兴产业壮大助力,全市装备制造十强企业中,内资民资企业占九成,全年完成产值380亿元,占全行业完成产值的60%。至年底,共有1063家规模以上民营企业实现工业总产值1905.8亿元。

【开放型经济】 2012年,全年新批外商投资项目注册外资21.19亿美元,增长5.6%;到账外资9.56亿美元,增长6.0%。年内,有2家世界500强企业到常熟投资,累计35家;新设立世界500强投资企业5家,累计75家。全年实现进出口总额197.49亿美元,下降0.30%。其中,进口68.28亿美元,增长9.10%;出口129.21亿美元,下降4.60%。新办境外企业23家,增资5家,当年投资12011万美元,其中中方协议投资额10595万美元,增长77.80%。新签境外劳务及承包工程合同额13131万美元,增长11.10%;完成营业额11975万美元,增长20.0%。新增服务外包企业7家,累计60家;服务外包接包合同额20143万美元,增长67.20%;离岸执行额10360万美元,增长137.30%。

【科技创新】 2012年,全市达成产学研合作项目(含协议)301个,教授柔性进企业活动达成技术合作协议28项,组建省级产业技术创新战略联盟1个。年末,拥有国家级、省级、苏州市级科技公共服务平台分别为1个、3个和8个。全年,新增国家级科技孵化器1个,累计拥有国家级、省级科技孵化器各2个。新增省级工程中心1家,累计拥有3家工程中心。新增省级企业技术中心3家,累计拥有4家国家级、19家省级企业技术中心。新增省级博士后工作站5家,累计拥有6家国家级、16家省级博士后工作站。新增省级工程技术研究中心12家,累计拥有55家工程技术研究中心。拥有省级企业院士工作站6家。新增省级外资研发机构3家,累计拥有10家外资研发机构。新增省级企业研究生工作站17家,累计拥有54家企业研究生工作站。新认定省级以上高新技术企业40家,累计拥有144家高新技术企业。新认定省级民营科技企业102家,累计拥有622家民营科技企业。新认定国家重点新产品计划3项,省高新产品264个,省重点新产品计划项目8项。全年申请专利15024件,下降8.50%,拥有有效发明专利1490件。参与制定修订国家标准和行业标准30个,新增省著名商标12件。引进市双创人才团队48个,累计拥有113个;培育国家"千人计划"3人,累计拥有11人;新增江苏省"双创计划"人才10人,累计拥有24人;新增苏州"姑苏双创计划"人才11人,累计拥有24人。年末人才资源总量达19.4万人,其中高层次人才1.26万人。年末拥有各类专业技术人员16.30万人,其中高级职称0.80万人,中级职称3.12万人。

【城乡建设】 2012年,常熟市全面修编专项规划,城乡一体化政策体系不断完善,示范小区累计开工面积420万平方米,竣工面积220万平方米。村级集体经济不断壮大,集体总收入13.70亿元,增长12%;新增合作经济组织53家,持股农户比重提高到83%。加快推进城乡重大基础设施建设,三环路高架东南环主体基本完工,227省道快速化改造顺利推进,海虞南路南延等10条道路贯通改造工程竣工投用;走马塘常熟段工程建成通水,首批中小河流专项治理工程全线完工,福山水道南岸边滩综合整治工程顺利完成,启动七浦塘拓浚整治常熟段工程。全面完成1230个村庄环境整治任务,建成星级康居乡村249个,成为全省首批创建村庄环境整治工作示范市。启动"智慧城市"和市民卡工程,建成全省首个农村"智慧社区","数字城管"实现城乡全覆盖,成功创建江苏省城市管理优秀城市。实施"智能环保"系统建设,单位国内生产总值能耗下降4.68%,顺利通过国家环保模范城市复查。实施"技防城建设三年规划",开展"政社互动"试点,筹建市级调处中心,开展"四项排查",全市刑事案件发案率呈连年下降趋势,全社会法治建设满意度和公众安全感达90%以上。

【教育卫生】 2012年,全市拥有各类学校96所,在校生137519人,专任教师9486人。其中,普通高等学校1所,在校生17918人,专任教师740人;普通中等专业学校4所,在校生

10704 人,专任教师 961 人;高级中学(含完全中学)8 所,在校生 13121 人,专任教师 1197 人;初级中学(含九年一贯制)33 所,在校生 28051 人,专任教师 2539 人;小学 49 所,在校生 67606 人,专任教师 4017 人;特殊教育学校 1 所,在校生 811 人,其中随班就读 692 人,专任教师 32 人。年末拥有幼儿园 61 所,在园幼儿数 30176 人,专任教师 1165 人。全市学龄儿童入学率 100%,小学、初中、高中毕业生升学率分别为 101.60%、98.9%、97.80%。完成国家教育考试标准化建设工程,推进“校安工程”。

全市拥有各类医疗卫生机构 453 个,其中医院(含民营医院)19 个,乡镇卫生院 22 个,社区卫生服务中心 5 个,社区卫生服务站 69 个,门诊部 22 个,诊所(卫生所、卫生室、校医室)140 个,村卫生室 154 个。年末,拥有卫生技术人员 7493 人,其中执业医师和执业助理医师 3193 人,注册护士 2622 人。医疗卫生机构拥有床位 6454 张,其中医院(含民营医院)4891 张,乡镇卫生院 1314 张,社区卫生服务中心 249 张。公共卫生服务基本实现均等化。

【文化体育】 2012 年,全市拥有文物保护和科学研究机构 3 个,全年举办陈列、展览 40 次;公共图书馆 1 个,总藏量 166.94 万册,其中图书藏量 136.92 万册。拥有艺术表演团体 2 个;文化馆 1 个,文化站 10 个,社区文化活动室 84 个,村文化活动室 191 个;艺术表演场馆 1 家,数字电视用户 34.55 万户。全年新增全民健身工程(点)14 个,累计 358 个。举办群众性体育活动 280 次,参加人数达 30 万人次。新认定二级以上运动员 12 人、二级以上裁判员 21 人、社会体育指导员 124 人。获省级以上竞赛金牌 16 枚、银牌 14 枚、铜牌 15 枚,其中第 14 届残奥会上获金牌 1 枚、银牌 2 枚、铜牌 1 枚;获苏州市级竞赛金牌 170 枚、银牌 75 枚、铜牌 91 枚。全年销售体育彩票 3.43 亿元,筹集体彩公益金 2421 万元。承办国际女子水球总决赛、环太湖自行车赛等赛事。创建全省首批公共文化服务体系示范区,江南文化艺术中心、青少年活动中心、体育中心二期等建成开放,举办第四届江南文化节和沙家浜旅游节,文化产业增加值占国内生产总值比重达 6.02%。广播剧《马丁的绝招》获江苏省“五个一工程”奖。

【生态环境】 2012 年,全年铺设城乡污水收集主管网 58 公里,全面完成镇村生活污水处理设施建设 3 年行动计划,年末,城市、镇区、农村生活污水处理率分别为 97%、90% 和 60%。1230 个村庄完成环境整治,建成星级康居乡村 249 个。关闭“六小一无”企业 23 家,新增实施清洁生产企业 95 家。单位国内生产总值能耗下降 4.68%,二氧化硫、化学需氧量、氨氮和氮氧化物排放削减率分别为 31.4%、8.7%、16.7% 和 18.9%。全年新增造林绿化覆盖面积 8333.34 公顷,林木覆盖率达 18.4%,城市建成区绿化覆盖率达 45.1%。实施蓝天工程,形成 PM2.5 监测能力,空气质量优良天数比例达 98.9%。环境质量综合指数 97.3,集中式饮用水源地水质达标率 100%。

【综合改革】 2012 年,全市深化行政管理体制改革,提高行政部门效能,压缩审批时限,服务中心共有 21 个项目由承诺件变为即办件,一些与企业和群众生产生活密切相关的事项办理时限压缩幅度达 50% 以上。推进梅李镇行政管理体制改革试点工作。全面完成事业单位清理规范工作,共调整 76 家事业单位 106 个事项,严格编制机构与人员管理。推进城乡一体化综合配套改革,确定 62 个示范村 2012 年单项投资百万元以上重点建设项目 140 个,总投资 48681 万元。农民集中居住安置房建设累计竣工面积 154.91 万平方米,各种配套政策制定基本完成。实施农民收入倍增计划,支持鼓励有条件村集体经济组织多形式发展物业经济。推进村企挂钩工作、农村(社区)股权固化改革试点工作,规范提升各类新型合作组织,累计工商登记合作组织 562 家。加快土地流转,开展科技结对、技能培训,农业现代化综合指数排名跃升至全国第十位。推进全市税收征管保障和“营改增”试点工作。推进一元化社会保障和社会救助体系建设,完善社会公共保障、公共就业服务体系。推进医药卫生体制改革,在全国率先全面实施以门诊总额预付,住院按床日和按病种混合付费为内容的医保支付方式改革。启动实施公立医院综合改革试点工作,制定完成公立医院综合改革试点工作实施方案和公立医院医疗服务价格调整方案,年底完成 4 家县级公立医院改革试点基线评估。在江苏省内率先开展提高重大疾病医疗保障水平试点。推进资源价格改革,落实居民阶梯式电价改革政策。

【人民生活】 2012 年,全市新增就业岗位 7.6 万个,城镇登记失业率 2.39%。完成农保转接城保 1.6 万人,外来人员净增参保 5.28 万人,城乡基本养老保险、城乡基本医疗保险、失业保险覆盖率均达 99% 以上,确立基本医疗保险、大病补充医疗保险、医疗救助“三位一体”新格局。城镇居民人均可支配收入达 39561 元,增长 12.9%;农村居民人均纯收入 19467 元,增长 12.6%。城镇居民人均生活消费支出 25003 元,增长 12.2%;农村居民人均生活消费支出 14685 元,增长 11.6%。年内,城乡居民低保标准统一提高到人均每月 580 元。落实困难人群、重度残疾人临时救助和医疗救助措施,发放各类救助金 1.13 亿元。企业最低工资标准调整到每月 1370 元。全年农保转城保 1.62 万人,基本完成纯农人员农保转接城保工作。年末,城镇职工基本养老保险参保 74.7 万人,覆盖率 99.6%;城镇职工基本医疗保险参保 71.15 万人,覆盖率 99.4%;失业保险参保 40.61 万人,覆盖率 99.50%;工伤保险参保 52.7 万人,覆盖率 99.60%;生育保险参保 53.9 万人,覆盖率 99.60%。新型农村养老保险参保 14.6 万人,覆盖率 99.60%。居民基本(农村合作)医疗保险参保 46.87 万人,覆盖率 99.6%;居民大病补充医疗保险参保 45.15 万人,覆盖率 99.8%;纳入医疗救助范围对象 12704 人,占居民基本(农村合作)医疗保险参保人数 2.70%。新增住房公积金缴存职工 4.1 万人。新开工保障性住房 3119 套、竣工 1210 套。实施“养老工程三年行动计划”,推进“五保”老人集中供养新模式,年内新增各类养老机构床位数 1983 张,累计拥有 8163 张。

太　仓　市

【概况】 太仓市位于苏州市东北部,东濒长江,南邻上海,总面积 809.93 平方公里,其中长江水域面积 143.97 平方公里,陆地面积 665.96 平方公里。下辖国家级太仓港经济技术开发区、省级高新区(筹)、科教新城、娄东街道办事处和 6 个镇,市政府驻城厢镇。户籍人口47.26万人,常住人口70.68万人。2012年,全市实现地区生产总值955.12亿元,比上年(下同)增长10.3%;全口径财政收入230.17亿元,其中地方公共财政预算收入90.15亿元,分别增长1.6%和5.6%;城镇居民人均可支配收入39422元,农村居民人均纯收入19411元,分别增长13.0%和12.8%。

【农业】 2012年,全市现代农业提速增效,新增高标准农田3000公顷、高标准水利设施农田5066.67公顷、高效设施农业786.67公顷,粮食生产实现"九连增"。新增农机具2174台(套),农业综合机械化率达92%。农村改革稳步推进,新增农民集中居住户6733户,集中居住率达56.2%。新增土地流转面积1333.33公顷,累计达22333.33公顷。新增农村新型合作经济组织32个,其中合作农场5家。村级经济不断壮大,村均集体可支配收入达585万元,增长15%。年内,太仓市被确定为全国农村土地承包经营权流转规范化管理和服务试点地区,被评为全国农田水利基本建设先进单位。太仓市现代农业园区被评为国家AAAA级景区。

【工业】 2012年,全市完成工业总产值2436.1亿元,增长5%。全社会固定资产投资472亿元,增长15.1%。实现全社会消费品零售总额195亿元,增长16.7%。新增私营企业1424家、个体工商户4916户,净增注册资本58.6亿元。新兴产业企业实现产值843.3亿元,占规模以上工业比重46%,提高5.8个百分点。规模以上工业企业实现产值1833.6亿元,增长5.8%。完成技改投入160亿元,增长21.2%。新增省级"两化融合"试点企业3家,太仓港经济技术开发区被认定为省级"两化融合"示范区。新增中国驰名商标2个、江苏省著名商标8个、江苏省名牌产品13个。年内,太仓市企业参与制(修)订国家级标准11项,怡球金属(太仓)有限公司成为国家级循环经济标准化试点单位。太仓市金辉化纤实业有限公司被列入省级自主创新标准化试点单位。

【服务业】 2012年,全市实现服务业增加值401.2亿元,占比提高1.5个百分点。列统物流企业实现收入38亿元,增长14%。太仓物流园区、LOFT工业设计园等4个项目入围省服务业"十百千"行动计划。首批认定总部企业6家,苏州国信集团入选2011中国服务业500强企业。森茂汽车城被授予全国汽车城建设实验基地,海运堤被命名为中国特色商业街,沙溪古镇入选世界文化遗产预备目录,双凤现代渔业产业园成为全国钓鱼竞赛训练基地。旅游接待人数364万人次、总收入51亿元。新增2家小额贷款公司,3家企业注册发行债券27亿元。本外币存款余额1060亿元、贷款余额930亿元,分别增长15.2%和13.8%。年内,太仓市获"江苏省金融生态优秀县"称号。

【开放型经济】 2012年,全市完成注册外资16.1亿美元,实际利用外资8.1亿美元。新增内资注册资本102亿元。完成外贸进出口总额126.2亿美元,增长3.8%。完成服务外包接包合同额4.03亿美元、离岸执行额1.85亿美元,分别增长56.6%和55.3%。新增境外投资4.24亿美元,增长10.2倍。举办德国"太仓日"活动,参展德国汉诺威工博会。新增沪资项目101个、注册资本28.1亿元。太仓港完成集装箱吞吐量401万标箱、货物吞吐量1.2亿吨,分别增长31.0%和19.6%。

【城市建设】 2012年,沙溪、浏河、璜泾3镇总体规划通过专家论证,金仓湖片区、陆渡副中心、沙溪南部新城、璜泾南部新城等区域控制性详细规划加快编制。智慧城市、慢行系统、城市雕塑、管理区功能定位等专项规划编制完成,沪通铁路太仓站、滨江新城等重点功能区规划不断完善。太仓中心城区加快建设,沙溪、浏河、璜泾三大中心镇建设明显加快。太仓市规划展示馆加快建设,人民南路等地块改造稳步推进,首轮老小区整治工程结束。主城东拓步伐加快,中央商务区抓紧建设,万达广场开业。"六纵六横"市域快速交通体系逐步完善,新增智能公交候车亭100对,镇村公交通行率100%。疏港高速、杨林塘整治等主要交通干线完成改造,浏河水源地、第三水厂基本建成。完成220千伏九曲输变电等4项电网工程,新增主变容量80万千伏安。数字城管系统日趋完善,东仓路、致和塘沿线亮化改造完成,北门街、人民路、昆太路慢行系统工程如期竣工。城区户外广告整治成效明显,环卫保洁机械化作业率提升至70%。交通秩序日益改善,新增45辆标准校车、50辆出租车,公交卡发行总量突破10.5万张,市民公交出行率提高至19.6%。

【生态环境】 2012年,全市化学需氧量、氨氮、二氧化硫和氮氧化物排放量分别削减7.6%、10.7%、10%和21.9%。创建苏州"能效之星"企业9家,新增苏州市循环经济示范企业4家,建立宏达循环经济示范基地,再生资源回收网络体系进一步完善。清水畅流工程加快实施,疏浚市镇村三级河道248.6公里,40个农村生活污水处理点建成投运。农业面源污染防控力度加大,违法养殖、木材熏蒸等行业整治成果不断巩固。美好城乡建设行动顺利实施,847个自然村庄环境整治工作通过苏州市验收。"蓝天工程"深入推进,空气质量优良天数率为96.1%,环境综合指数为96.3。城区、城东、江城污水处理厂扩建工程全面完成,新增污水日处理能力6万吨。新增成片林1166.67公顷,林木覆盖率和城镇绿化覆盖率分别为17%和41.5%。完成拆旧复垦土地372.13公顷,实施占补平衡项目45个,新增耕地116.47公顷。太仓市国家环保模范城市复核、中国人居环境奖创建现场考核顺利通过。

【科学技术】 2012年,全市全社会研究与试验发展经费支出占地区生产总值比重为2.5%,科技创新指数位列《福布斯》杂志"2012年中国大陆最佳县级城市"第6位。高新技术产业实现产值470亿元,占比提高4个百分点。获批国家级科技项目21个、省级科技项目19个。万人发明专利拥有量近8件。"6+1"技术转移联盟和科技镇长团作用明显。新增省级以上研究生工作站、工程技术研究中心21家,新建大中型企业研发机构68家。中科院技术物理研究所、中科院计算技术研究所在太仓设立分所。引进国家"千人计划"人才1名,斯迪克新材料团队获批省科技创新团队,新增省"双创计划"人才6名,全市领军人才总量突破100名。

【人民生活】 2012年,全市公共就业服务水平不断提升,城镇登记失业率2.3%,太仓籍高校毕业生就业率为97%。年内,太仓市被中国人力资源和社会保障部确定为全国唯一的公共就业和人才服务现代化建设工作联系点。城镇居民人均可支配收入为39422元,增长13.0%。连续4年获评中国最具幸福感城市。年内,全面构建以社会保险、社会救助、社会福利为重点多层次社会保障体系,在全省率先实现城乡居民社会保险并轨。全民大病再保险政策成为国家医保新政蓝本,养老、医疗保险参保率均达99%以上。社会救助提标、扩面,发放城乡低保金3000万元、贫困慰问金(慰问品)2300多万元。推进太仓市颐悦园、老年人日间照料服务中心、农村老年人关爱之家建设。为60岁以上居民提供免费健康检查,并建立电子健康档案。残疾人幸福工程加快实施,浮桥镇残疾人就业培训基地建成。住房保障范围进一步扩大,新增公共租赁房1500间、限价商品房1620套。

【社会事业】 2012年,全市学前教育现代化工程进展顺利,通过全国义务教育发展基本均衡县(市、区)省级督导评估。加快推进中小学校舍升级改造工程,江苏省沙溪高级中学等6所学校新教学楼建成投用,江苏省太仓高级中学新校区全面竣工。年内,太仓市全国公共文化服务体系示范区创建工作通过省级验收,璜泾镇成为首批省级公共文化服务体系示范区。名人馆、美术馆建设加快,吴健雄百年诞辰纪念活动举办。镇区民生档案基层查阅窗口全部设立。国家慢性病防控综合示范区通过考核,太仓市中医院病房大楼基本完工,沙溪、浏河、璜泾等镇人民医院及世代服务中心建设正在实施。全民健身活动开展,举办第14届太仓市全民运动会。推进0~3岁科学育儿基地建设,"连心家园"服务获好评,获全国"阳光计生"行动示范单位称号。双拥优抚力度加大,向重点优抚对象发放补贴1300万元,建立全省首个退役士兵就业孵化基地。

昆山市

【概况】 昆山市位于苏州市东部,东邻上海,市域面积931平方公里,下辖1个国家级经济技术开发区、1个国家级综合保税区、1个国家级高新区、2个省级开发区和8个镇,153个行政村,149个社区居委会。市政府驻昆山经济技术开发区。年末户籍总人口73.8万人,比上年(下同)增长1.9%,人口死亡率6.05‰,提高0.45个千分点,人口自然增长率6.7‰,提高1.32个千分点。

2012年,全市完成地区生产总值2725.3亿元,增长12%;地方公共财政预算收入220.3亿元,增长10%;完成全社会固定资产投资总额770亿元,增长19.2%;完成社会消费品零售总额495亿元,增长17.5%;城镇居民人均可支配收入39740元,农村居民人均纯收入23186元,分别增长12.9%、14.7%。连续4年获台湾电机电子同业公会"大陆综合实力极力推荐城市"评比第一。连续4年在福布斯"中国大陆最佳县级城市"排名中位列第一。连续8年位列中国中小城市综合实力百强县市排名第一。获2012中国经济转型示范城市等称号。

【工业】 2012年,全市完成工业总产值8520.5亿元,增长6.5%;完成规模以上企业工业总产值7721.3亿元,增长6.7%。实现高新技术产业产值3370.4亿元,增长13.1%,占规模以上工业比重为43.7%,提高3.5个百分点。推进"3515"计划(即打造3个千亿元级产业、5个百亿元级产业、15个百亿元级企业),完成新兴产业产值2860.6亿元,增长12.1%,占规模以上工业比重为37%,提高7.3个百分点。完成技改投入201.3亿元,增长24.3%。

【农业】 2012年,全市新增高效农业400公顷,新认定国家级农业龙头企业1家、无公害农产品95个、绿色食品18个,农业机械化综合水平达89%。农业亩均效益2850元。建成市级张浦蔬菜基地66.67公顷,改造镇级蔬菜基地139.2公顷,签约市外蔬菜保供基地100公顷。农业基本现代化建设水平在全省名列前茅。举办2012海峡两岸(昆山)农产品展示展销会。

【服务业】 2012年,全市完成服务业增加值1069.6亿元,增长18.8%,占地区生产总值比重提高到39.2%。本外币贷款余额1875.3亿元,比年初增加268.9亿元,增长16.7%。花桥经济开发区成为现代服务业综合试点,被列为"中国服务外包园区十强"第二名。留学人员创业园获批国家服务业标准化试点示范区。接待国内外游客1890万人次,实现旅游收入208亿元,分别增长10.5%和12.4%。举办首届中国国际进口产品博览会、第七届中国零售商大会暨展会、第三届昆山电子电机暨设备博览会、2012海峡科技论坛、第七届国际发明展览会、2012世界电子竞技大赛全球总决赛等大型会展活动。设立昆山创新股权投资母基金,成立信用再担保公司、创业科技小额贷款公司。140家股权投资、创业投资及其管理公司入驻。

【开放型经济】 2012年,全市实现进出口总额865.7亿美元,其中出口555.2亿美元,均实现正增长。一般贸易占全市外贸总量13.4%,提高1.1个百分点。综合保税区二期通过验收。全市新批外资项目314项,实际利用外资18亿美元,增长3%,其中超亿美元外资项目10个。实现服务外包接包合同额6.9亿美元、离岸外包执行额2.1亿美元,分别增长103.6%和63.9%。新签国外工程合同额3.78亿美元,增长21.9%;完成国外承包工程营业额2.01亿美元,增长33.3%。举办海外企业18个。

【民营经济】 2012年,全市新增内资企业7192家,新增注册内资251亿元,增长0.6%,其中超亿元内资项目25个。新增个体工商户13723户,新增注册资金10.7亿元。提升外向配套水平,年末,配套内资企业达2605家,增加162家;配套项目3598个,增加155个;实现销售额965亿元,增长14%。全市内资企业实现进出口172.1亿美元、增长163.6%,在全市进出口中占比提升至19.6%。

【科技创新】 2012年,全市全社会研发投入占地区生产总值比重提高到2.8%,科技人才支出占财政支出比重提高到6.64%,科技进步贡献率为62%。阳澄湖科技园获批筹建省级大学科技园,工业技术研究院成为国家技术转移示范机构。第四个海外人才工作站在美国硅谷设立。新增国家"千人计划"人才28人、江苏省"科技创新团队"1个、江苏省"双创计划"人才9人、"姑苏双创计划"人才11人、高技能人才1.7万人,2人成为首届江苏技能大赛状元。每万劳动力拥有高技能人员603人、研发人员200人。全市人才保有量达28万人,人才贡献率46.9%,超出全省平均水平13个百分点。新认定国家级创新型试点企业1家、高新技术企业135家、技术先进型服务企业6家、民营科技企业123家,国家重点新产品2个、高新技术产品571个。AB集团技术中心获批国家级企业技术中心。新增省级工程技术研究中心9家、产学研项目83个、产学研联合体68个、研发机构157家、企业院士工作站2家、博士后科研工作站1家。新增专利授权1.9万件,万人发明专利拥有量12.5件,位居全国同类城市第一。新认定中国驰名商标2个、江苏省著名商标12个。设立首个国际标准化工作组。昆山企业主导起草国家标准18项。"好孩子童车"获首届中国优秀工业设计金奖。正新橡胶玛吉斯轮胎通过国家出口免验产品现场审查。发挥科技镇长团作用,加强与清华大学、北京大学等高校院所全面合作。举办"江苏海外之友昆山行""百名海外博士昆山行""清华大学昆山周"等品牌活动。

【城乡建设与管理】 2012年,全市开展市域规划研究、中心城区核心区城市功能策划等工作。编制各区镇总体规划和控制性详细规划、中心城区综合交通改善规划、市域轨道交通规划。完成周庄、锦溪、千灯历史文化名镇保护规划和120个保留村庄规划。文化艺术中心一期、体育中心游泳网球综合馆投入使用。实施长江南路、黄浦江路南段、城北大道等道路改扩建工程。中环快速化改造工程开工建设。上海轨道交通11号线花桥延伸段进入铺轨阶段。新辟、优化公交线路61条,新增、更新公交车300辆,新建、改建公交候车亭300个,改造柏庐路等公交优先车道。实行公交乘车刷卡优惠,取消公交夏季空调费。城市居民公共交通出行分担率提高到21.6%,公交车公营率100%。新投放出租车120辆、公共自行车3000辆。改造27个老居住小区,共103万平方米,惠及10480户居民。建成人防工程9.4万平方米。城市化率为75.1%。完善信息基础设施,成为全省首个全面推进信息化和智慧城市建设试点。入围中国城市信息化50强。探索开发呼叫综合系统、地下管线信息系统,建设推广停车诱导和计时收费系统,积极完善勤务指挥系统,城市管理智能化建设稳步推进。张浦镇被列入国家级智慧城镇建设试点镇。组织实施环境整治"十大行动计划",新建6个区镇数字城管监督指挥中心。

【社会保障】 2012年,全市提高农保基础养老金发放标准,70周岁以下人员每人每月370元,70周岁以上每人每月400元。全市82669名失地(并轨)进城保退休人员被纳入社会化管理,享受企业退休人员社会化管理同等服务待遇。提高居民医保筹资标准至每人每年550元,提高职工和居民医疗费用、住院费用报销比例。实施民生保险工程,全市722569名户籍人员被纳入人身伤害保险范围,244059户被纳入房屋损失保险范围。低保标准提高到每人每月590元,企业最低工资标准提高到每人每月1370元。加大社保扩面力度,新增参加企业职工社会保险20万人。稳步提高残疾人康复服务水平、孤残儿童供养标准。基本社会保障综合指数为99.6%。

【社会事业】 2012年,全市城乡公共服务支出占财政支出72%。西部高级中学等30所学校开工建设,建成5所中小学、13所幼儿园。新增省优质幼儿园1所。组织280名教师进行校际置换式轮岗交流,开展外来工子弟学校支教活动。新增苏州市学科带头人28名。市中医医院通过三级医院复审,市第四人民医院、市第六人民医院和千灯人民医院成为二级综合医院,康复医院成为二级专科医院,市妇女儿童医院筹建工作基本完成,公共卫生中心开工建设。建立居民电子健康档案118.6万份,建档率为81.2%。"全民健身行动"项目获世界卫生组织健康城市最佳实践奖。所有乡镇达到国家卫生镇标准,完成公益性应急救护培训1.3万人。新建养老机构2家、日间照料中心40家,新增养老床位1706张。建成"惠民一键通"居家养老服务平台。市档案馆晋升为国家一级档案馆。开展流动人口计划生育"均等服务百日行"活动。出台残疾人代步电动轮椅车购置补助办法。年内,昆山市被评为中国公益慈善七星城市。

【人民生活】 2012年,全市向6500户家庭发放公积金贷款19亿元,放贷户数和金额分别增长61.9%和63.8%。定向销售限价商品住房650套,分配经济适用住房404套、廉租房36套,对557户低收入、低保家庭发放住房补贴254.7万元。安置农村动迁户5462户。开工建设限价商品住房2092套、经济适用住房500套、公共租赁住房2000套、农村动迁安置房373万平方米。新增农产品平价直销区4家、直销店9家。建成覆盖1家生猪屠宰厂、10家标准化农贸市场、3家大卖场以及8家"产销对接"核心企业、100家团体消费单位肉菜流通追溯体系。

【文化建设】 2012年,全市启动"道德之城、乐仁昆山"建设,组织"畅行2012—文明交通共铸""公共文明行动日"等主题实践活动,推进文明素养培育、公共环境优化、志愿者服务等城乡文明共建。建成区镇文化设施项目41个、新昆山人文化俱乐部11家,覆盖城乡的三级公共文化设施网络基本形成。人均拥有公共文体设施面积4.9平方米。举办第五届中国昆剧艺术节开幕式、国际啤酒节、海峡两岸文化交流月等活动,免费放映流动电影4000多场,举办群众文化活动1800多场。实景版昆曲《牡丹亭》上演。昆山小梅花戏曲团赴维也纳金色大厅演出。出版《顾炎武全集》。启动赵陵山遗址第四次考古发掘。确定3月14日为"祖冲之纪念日"。周庄、锦溪、千灯镇列入中国世界文化遗产预备名单。承办全国蹦床锦标赛、田径锦标赛、中国龙舟公开赛等大型赛事16场,开展绿色骑行、万人徒步等群众性体育活动450余次。中国橄榄球队训练基地正式落户。实现文化产业增加值166.5亿元,占地区生产总值6.1%,提高1.1个百分点。原创动画故事片《山猫和吉咪》获优秀国产动画片一等奖、国家少儿精品一等奖、"金蟹奖"最佳产品开发价值奖。原创动画电影《兔子镇的火狐狸》获江苏省"五个一工程奖"。3家企业被认定为国家文化出口重点企业。首创青旅两岸城、急水荡综合体等旅游项目正式开工。完成版权登记作品7285件,增长43%。通过全国版权示范城市验收。

无锡市

【自然地理】 无锡市,别名梁溪,简称锡,位于北纬31°07′至32°02′、东经119°33′至120°38′,长江三角洲江湖间走廊部分,江苏省的东南部。东邻苏州,距上海128公里;南濒太湖,与浙江省交界;西接常州,去南京183公里;北临长江,与泰州市所辖的靖江市隔江相望。无锡市为江苏省省辖市,全市总面积为4627.47平方公里(市区1643.88平方公里,其中建成区面积231.3平方公里),其中,山区和丘陵面积为782平方公里,占总面积的16.90%;水面面积为1342平方公里,占总面积的29.0%。

无锡市境内以平原为主,星散分布着低山、残丘。南部为水网平原;北部为高沙平原;中部为低地辟成的水网圩田;西南部地势较高,为宜兴的低山和丘陵地区。无锡市地貌雏形,形成于中生年代印支期(距今约1.8亿年)的华夏系构造,它使无锡地区褶皱成陆。而燕山运动(距今约1.5亿~7000万年)因强烈的火山活动和新块褶皱构造的形成,使原来比较稳定的基底又生新复活升高。距今约2500万年的喜马拉雅运动,以差异性升降运动为主,它在老构造的基础上,又加强了东西间褶皱和断裂,使江阴、宜兴一线以东形成了以现代太湖为中心的坳陷盆地,即太湖盆地。宜兴地区山体均作东西向延伸,绝对高度500米以上,最高峰为黄塔顶,海拔611.5米。江阴和无锡市区的山丘总体上呈北东、北东东走向,其高度由西南往东北逐级下降。最高峰为惠山三茅峰,海拔328.98米。

【建置沿革】 无锡是江南文明发源地之一,有文字记载的历史可追溯到3000多年前的商朝末年。公元前11世纪末,周太王的长子泰伯为让王位于三弟季历,偕二弟仲雍,从现属陕西的岐山东奔江南,定居梅里(现无锡梅村),筑城立国,自号“勾吴”。周灭商后,因泰伯无子,周武王追封仲雍的五世孙周章为吴君,建吴国。周元王三年(前473年),越灭吴,无锡属越国。周显王三十五年(前334年),楚灭越,无锡属楚国。秦王政二十四年(前223年),秦灭楚,置会稽郡,无锡属之。汉高祖五年(前202年)始置无锡县,属会稽郡。新始建国元年(9年)改名为有锡县,东汉建武元年(25年)复置无锡县。三国时,分无锡县以西为屯田,置毗陵典农校尉。西晋太康元年(280年)复置无锡县,属毗陵郡。隋、唐、宋相沿。元元贞元年(1295年)升无锡为州,属浙江行中书省常州路。明洪武元年(1368年)又降州为县,属中书省常州府。清雍正二年(1724年),分无锡为无锡、金匮两县,同城而治,均属常州府。宣统三年(1911年),推翻清朝统治,锡金军政分府成立于原金匮县属,辖原无锡、金匮两县;同年5月,撤销锡金军政分府。民国元年(1912年)锡、金两县合并复称无锡县,属苏常道。民国16年(1927年),无锡县直属江苏省。民国23~26年(1934~1937年),为无锡行政督察区专员公署驻地。抗日战争期间,无锡四乡先后建立中共领导的锡北、锡东、太湖、武南、澄西等抗日民主政权。

民国38年(1949年)4月23日无锡解放,分无锡为无锡市、无锡县,市、县同城,无锡市属苏南人民行政公署。1953年建江苏省,无锡市为省辖市;无锡县属先后多次变化,曾经属常州专区、无锡市、苏州专区管辖。无锡市区于1958年6月基本形成了4区格局,即崇安、南长、北塘3城区和1个郊区。1983年3月,实行市管县体制,原属苏州地区的无锡县、江阴县与原属镇江地区的宜兴县划为无锡市管辖。1988年在马山镇包括马圩地区设立马山区。国务院恢复撤县设市工作后,于1987年4月、1988年3月、1995年6月,江阴县、宜兴县、无锡县先后撤县设市,设立江阴市、宜兴市、锡山市。1995年3月,无锡市市区和无锡县行政区划进行部分调整,组建无锡新区。郊区旺庄乡,无锡县硕放镇和坊前、新安、梅村3镇的19个行政村,连同无锡国家高新技术产业开发区、无锡新加坡工业园,构成无锡新区。2000年12月,撤销锡山市,设立锡山区和惠山区;撤销马山区,将马山区的行政区域和锡山市的部分镇(9个)并入无锡市郊区,并将郊区更名为滨湖区。

【行政区划】 2012年,无锡市辖崇安、南长、北塘、锡山、惠山、滨湖6区和新区管委会,及江阴、宜兴2个县级市。全市有32个镇、51个街道,下设576个村委会、593个社区居委会,81个村(居)委会(合一)。

【人口民族】 2012年末,无锡市户籍总人口470.07万人,比上年增加2.11万人,增长0.45%,其中:市区241.08万人,比上年增加1.61万人,增长0.67%;江阴市121.26万人,比上年增加0.38万人,增长0.31%;宜兴市107.73万人,比上年增加0.12万人,增长0.11%。在全市户籍总人口中,男性233.41万人,女性236.66万人,性别比(以女性为100)为98.6。2012年,全市户籍总人口中出生42697人,出生率为9.10‰;死亡33384人,死亡率7.11‰;人口自然增长率1.99‰。年内,全市户籍总人口中迁入人口4.71万人,其中省外迁入2.19万人,占迁入人口的46.50%;迁出人口3.23万人,其中迁往省外1.15万人,占迁出人口的35.60%。全市户籍人口出生政策符合率98%以上,户籍出生人口性别比107.39,免费孕前优生健康检查覆盖率80%以上。

【资源】 气候资源:无锡市属北亚热带湿润季风气候区,四季分明,热量充足,降水丰沛,雨热同季,灾害频繁。夏季受来自海洋的夏季季风控制,盛行东南风,天气炎热多雨;冬季受大陆盛行的冬季季风控制,大多吹偏北风;春、秋是冬、夏季风交替时期,春季天气多变,秋季秋高气爽。常年(1981~2010年30年统计资料)平均气温16.2℃,降水量1121.7毫米,雨日123天,日照时数1924.3小时,日照百分率43%。一年中最热是7月,最冷为1月。常见的气象灾害有台风、暴雨、连阴雨、干旱、寒潮、冰雹和大风等。由于受太湖水体和宜南丘陵山区复杂地形等的影响,局部地区小气候条件多种多样,具有南北农业皆宜的特点,作物种类繁多。

水资源:全市共有大小河道3100多条,总长2480公里。市区河道总长150公里,平水期水体容积800万立方米。太湖为江南水网中心,面积2338.1平方公里,总蓄水量为44.28亿立方米,年平均吞吐量约52亿立方米。因此,无锡地表水较丰富,外来水源补给充足。地下水资源据不完全资料测算,市区储量为6349万立方米,年补给量为6453万立方米。

矿产资源:无锡市具有开采价值的矿产资源,以黏土矿、石灰石、大理石、玻璃用石英砂岩、建筑石等非金属矿为主,其次为煤、泥炭等可燃性矿产及矿泉水。黏土矿以陶土为主,已探明工业储量5000余万吨。石灰石估算储量17亿吨。大理石估算储量5000万立方米。煤探明工业储量4000余万吨。

生物资源:植物资源方面,无锡市除栽培植物外,拥有自然分布于地区内以及外来归化的野生维管束植物共141科、497属、950种、75变种。占全国的比例为:植物科数39.94%、属数15.61%、种数3.5%。植物种类中,草本植物有744种,占总数的78.32%;木本植物(包括竹类)有206种,占总数的21.68%。主要用材林有竹、松、杉,优良用材的树种有杉木、檫树、樟树、紫楠、红楠、麻栎、锥栗、榆树等。药用植物400多种。动物资源方面,鸟类有170多种;鱼类为90多种,太湖中的银鱼,长江中的刀鱼、鲥鱼、河豚是名贵鱼类;兽类有30多种,主要有华南兔、穿山甲、豹猫、黄鼬等。

江　阴　市

【概况】 江阴市北枕长江,南近太湖,东接常熟、张家港,西连常州,地处苏锡常"金三角"几何中心。交通便捷,是大江南北的重要交通枢纽和江海联运、江河换装的天然良港。全市总面积987.5平方公里,陆地面积811.7平方公里,水域面积175.8平方公里,其中,长江水面56.7平方公里。沿江深水岸线长达35公里。城市建成区面积55平方公里。2012年末,全市有11个镇、6个街道,有244个行政村,86个社区(其中31个村居合一)。常住人口162.4万人,户籍人口121.3万人。全市人口出生率9.4‰,人口死亡率6.9‰,人口自然增长率2.5‰,户籍人口出生政策符合率99.9%。市政府设在澄江中路9号。

2012年,江阴市实现地区生产总值2535.4亿元,比上年增长10.6%(按可比价格计算),其中,第一产业增加值47.7亿元,增长4.6%;第二产业增加值1443.9亿元,增长9.5%;第三产业增加值1043.8亿元,增长12.4%(按当年价格计算,增长速度按可比价格计算)。全市常住人口人均地区生产总值15.6万元,按现行汇率折算达2.5万美元。第一、第二、第三产业增加值在地区生产总值中的构成比例为1.9:56.9:41.2,第三产业比重比上年提高1个百分点。全年全口径财政收入426亿元,比上年下降4.3%,公共财政预算收入167.2亿元,比上年增长9%。

改革开放后,江阴人民发扬"人心齐、民性刚、敢攀登、创一流"的"江阴精神",各项工作勇争第一。2012年,面对各种不利因素的叠加影响和经济下行的巨大压力,全市上下围绕率先基本实现现代化、建设现代化滨江花园城市的总目标,科学应对、合力应对,实现了稳增长、促转型、惠民生、维稳定的既定目标,保持了经济社会平稳发展的良好态势。是年,先后获得首届全国国土资源节约集约模范县(市)、全国"双拥模范县"、全国农田水利基本建设先进单位、全国纺织模范产业集群等10余项全国性荣誉。

【沿江开发】 2012年,江阴高新技术产业开发区实现地区生产总值345亿元,比上年增长14.8%;公共财政预算收入22.8亿元,增长7.3%;全社会固定资产投资101.8亿元,增长28.9%。规模以上工业企业完成工业产值902亿元,增长8.1%。全年引进外资项目20项,其中超亿美元项目7项。到账外资2.52亿美元,增长24.7%。临港新城实现地区生产总值519亿元,比上年增长12.04%;工商开票销售收入3100亿元,增长9%;全社会固定资产投入253亿元,增长19.57%;公共财政预算收入32.64亿元,增长6.01%;自营进出口总额61.5亿美元;社会消费品零售总额9.75亿元。新批外资项目19项,工商登记协议注册外资4.84亿美元,到位注册外资3.31亿美元。靖江工业园区实现地区生产总值115.89亿元,比上年增长0.61%;财政收入23.8亿元,增长12.9%;全社会固定资产投资40.02亿元,增长17.55%。全年进区企业84个,引进大型项目7项。协议注册外资3150万美元,到账注册外资3155万美元。

【资本经营】 全年新增"中泰桥梁"、"海达股份"、"福斯特纺织"3只股票。累计拥有34个上市公司、35只股票,其中境外上市11个,创业板2个,中小板11个,主板10个。首发融资186亿元,合计融资(包括再融资)294亿元,募集资金总量在全国县级市中继续保持第一。成立私募基金6个,注册资金12亿元,累计拥有各类创投基金46个,注册资金107亿元。

【体制改革】 全市完成开放园区区街一体化机构改革,江阴高新区党工委、管委会机构整合为7个,临港新城党工委、管委会内设8个机构,靖江园区党委、管委会机构整合为6个。完成澄江街道行政管理体制调整,推进徐霞客镇行政管理体制改革试点。开展事业单位机构编制清理规范和行政事业单位经济实体脱钩工作,撤并事业单位53个,核减事业编制1674名。全市23个公共卫生与基层医疗卫生事业单位、300多个其他事业单位全面实施绩效工资制度。完成市公安局体制调整、乡镇交通运输综合行政执法管理体制改革和安全生产监察管理体制改革等工作。全市派出所由原41个减至25个。

【农林牧渔业】 全年农林牧渔业总产值78.67亿元。粮食总产量20.4万吨,比上年增长1.1%;油料总产量2014吨,增长24.9%,其中油菜籽总产量1844吨,增长22%;茶叶总产量11.7吨,下降0.8%;水果总产量5万吨,增长16.8%。全年粮食种植面积2.89万公顷;油料种植面积为1050公顷;蔬菜种植面积1.41万公顷;水果种植面积2900公顷。主要畜产品中,肉类总产量4.9万吨,其中猪牛羊肉3万吨、禽蛋总产量1万吨。奶牛存栏0.7万头。全年水产品产量2.7万吨,增长16%。是年,全市农业机械化总投入2592.23万元,购置各类农业机械1402台(套)。全年农业机械作业总面积13.67万公顷,稻麦生产机械化水平98%,麦秸秆机械化还田率76%,稻秸秆机械化还田率40%。全市现代高效设施农业主要生产环节机械化装备水平达72%,农业生产综合机械化水平为92%。全市水利工程建设总投资2.2亿元,完成各类土石方395万立方米,疏浚整治镇村河道103条68.27公里,建设护岸17公里,新建加固圩堤8.37公里,新建、改建灌排泵站106座,建设防渗沟渠64公里、小型配套建筑物820座。

【工业】 全年工业用电量205.9亿千瓦时,比上年下降2.8%。全市工业总产值6461亿元,增长2.5%;其中规模以上工业企业实现产值6003亿元,增长3.7%。规模以上工业中,轻工业实现产值1698.8亿元,增长8.3%;重工业实现产值4304.2亿元,增长2%。全市规模以上工业实现主营业务收入5860亿元,增长0.6%;产品销售率97.2%,下降0.7个百分点;实现利税522.1亿元,下降5.2%;利润359.2亿元,下降10.4%。全市新兴产业总产值1371.8亿元,增长8.6%,比全市规模以上工业产值增幅高4.9个百分点;占全市工业主营业务收入的比重为21.4%,比上年提高1.6个百分点。其中软件和服务外包产业、生物产业和工业设计、文化创意产业增长较快,增幅分别达到38.1%、18.6%和17.8%。全市百强企业中,华西集团公司、三房巷集团有限公司、兴澄特种钢铁有限公司、新长江实业集团公司、阳光集团有限公司、海澜集团有限公司等6个企业集团主营业务收入超200亿元,西城三联控股集团有限公司、法尔胜泓昇集团有限公司、双良集团有限公司、澄星实业集团有限公司、扬子江船厂、华宏实业集团有限公司等6个企业集团主营业务收入超100亿元,10个企业超50亿元,6个企业超30亿元,13个企业超20亿元,14个企业超10亿元。55个工业百强企业利税总额超亿元,其中超60亿元1个,超10亿元的8个。全市工业百强企业全年完成产品销售收入4124亿元,实现利税364亿元,分别占全市规模以上工业总量的70.4%和69.7%。

【建筑业】 全年建筑业完成营业收入97.16亿元,比上年增长32.6%;实现增加值50.6亿元,增长12.6%。全年获国家优质工程银质奖1项,江苏省"扬子杯"优质工程奖3项,江苏省装饰优质工程7项,无锡市"太湖杯"优质工程奖13项,省工程质量管理小组成果优秀奖2项,无锡市工程质量小组成果一等奖2项、二等奖7项、三等奖8项,有5个企业获"无锡市建筑业优秀企业"称号,有4个企业获"无锡市装饰优秀企业"称号。

【房地产业】 全年房地产开发投资181.4亿元,比上年增长0.6%;商品房施工面积1096.9万平方米,下降1.6%;房屋新开工面积372.3万平方米,下降26.9%;房屋建筑竣工面积187.9万平方米,下降23.3%。商品房销售面积148.7万平方米,增长6.9%。其中商品房现房销售面积37.4万平方米,增长31.2%,住宅24.8万平方米,增长27.8%;商品房期房销售面积111.3万平方米,增长0.7%,住宅94万平方米,下降5.5%。商品房销售成交总额109.9亿元,增长13.8%;其中住宅销售额82.7亿元,增长4.6%。

【国内贸易】 全年实现社会消费品零售总额512.2亿元,比上年增长14.4%,其中城镇365.4亿元,增长15.1%,农村146.8亿元,增长12.7%;批发和零售业零售额479.8亿元,增长14.4%;住宿和餐饮业零售额32.4亿元,增长13.4%。在限额以上批发和零售业零售额中,食品饮料、烟酒类增长21.6%,通信器材类增长19.5%,汽车类增长14.6%,石油制品类增长8.6%,服装、鞋帽、针织品类增长7.6%。年末拥有各类商品交易市场98个,实现成交额1933.19亿元,增长3.8%,其中消费品市场成交额579.45亿元,增长19.8%。

【邮电通信业】 全年邮电业务总收入27.6亿元,比上年增长9.1%;发送函件2771万件,增长1.7%。城乡本地固定电话用户48万户。移动电话用户177万户,比上年增加15.6万户。计算机互联网用户36.1万户,比上年增加5.5万户。

【交通运输业】 全年客运量12509万人次,比上年增长1.4%;货运量4328万吨,增长24.9%。全市港口货物吞吐量13248万吨,比上年增长2.4%。年末全社会拥有车辆40.7万辆,减少4.1%。其中汽车25万辆,增长15.2%。私人汽车有较快发展,年末达19.9万辆,比上年增加3.4万辆。

【民营经济】 全年民营经济注册资金1485.2亿元,比上年增长15.1%。其中私营企业1216.9亿元,增长6.1%;个体工商户25.7亿元,增长10.8%。民营经济实现增加值1621.4亿元,增长10.6%,占经济总量的比重为63.9%,比上年提高1.2个百分点。上缴税金162.9亿元,增长10.2%。民营经济固定资产投入647.9亿元,增长16.1%。

【外向型经济】 全年实现进出口总额192.7亿美元,比上年下降7.9%。其中出口105.2亿美元,下降11.6%;进口87.5亿美元,下降3%。电子信息产品出口5.7亿美元,增长25%;风能装备出口2.6亿美元,增长56.6%。服装出口基地被商务部列入首批国家级外贸转型升级专业型示范基地,法尔胜泓昇集团有限公司通过国家出口免验企业审核。全年新批外资项目40项,工商登记协议注册外资11.4亿美元,到位注册外资7.7亿美元,增长7.2%,均创历史新高。其中,服务业到位注册外资2.0亿美元,增长2.5%,先进制造业到位注册外资2.9亿美元,增长1.5%。新增超3000万美元外资重大项目16项,在无锡两市七区中名列第一。全年服务外包完成业务合同金额7.1亿美元,增长47.6%;离岸业务合同金额3.9亿美元,增长43.1%。全年新批境外投资项目21项,中方协议投资额首次突破3亿美元,达到3.6亿美元,创历史新高,列全省县级市第一,增长44.5%。

【固定资产投资】 全年固定资产投资完成834.3亿元,比上年增长17.2%。按产业投向分:第一产业投资12.1亿元,下降4%;第二产业投资411.7亿元,增长13.5%;第三产业投资410.5亿元,增长22%。按注册类型分:国有经济投资81.5亿元,增长20%;三资经济投资100.1亿元,增长5.3%;其他经济投资652.7亿元,增长18.9%。全年固定资产投资建成投产项目865项,项目建成投产率为85.6%;新增固定资产660.9亿元,固定资产交付使用率为79.2%。

【旅游业】 全年接待旅游、参观、访问及从事各项活动的入境游客9.9万人次,比上年下降6.5%;接待国内游客1250.7万人次,增长12%。旅游总收入178亿元,比上年增长15.6%。全市拥有A级景区7个,其中国家AAAA级景区2

个,国家AAA级景区1个,国家AA级景区4个,农业旅游点32个。年末全市星级宾馆17个,其中五星级宾馆2个,四星级宾馆5个。全市拥有旅行社40个,其中出境游组团社3个。

【科技】 全市新认定国家火炬计划重点高新技术企业7个、省级高新技术企业79个,67个企业通过省级高新技术企业复审,省级高新技术企业累计达229个。新增国家级重点新产品3种,省级高新技术产品199种,省级重点新产品11种。江阴百桥国际生物科技孵化园获批国家级科技企业孵化器,江苏法尔胜泓昇集团有限公司获批组建江苏省高性能金属线材制品产业技术创新战略联盟。新获批江苏省级工程技术研究中心16个,无锡市级工程技术研究中心57个,江阴市级厂办研究所104个。全市拥有国家级工程技术研究中心2个,江苏省级工程技术研究中心98个,无锡市级工程技术研究中心176个,江阴市级厂办研究所408个。新获国家、省科技计划项目335项,获得国家和省科技计划到位经费1.06亿元。全市专利申请量达15919件,增长41%,其中发明专利申请3857件,增长72.2%;专利授权8306件,增长20.2%。江阴市获批成为省实施知识产权战略区域示范县市。

【教育】 全市年末拥有各类学校教职员工数16669人,其中专任教师14276人;各级各类学校在校学生168745人,其中小学88877人,普通中学56911人,职业学校12758人,大中专10044人,特殊教育155人。幼儿园在园幼儿38833人。小学和初中普及率均达100%,初中毕业生升学率达98.2%,全市三星级以上普通高中和省级以上重点职校就读新生达到高中阶段招生总数的93.4%。主要劳动年龄人口平均受教育年限10.36年。基本完成《江阴市学校布局规划(2008-2012)》和3年校舍安全工程任务。全年完成中小学校舍安全工程13.89万平方米,3年累计完成校舍安全工程51.9万平方米,累计投资近10亿元。

【文化】 全市公益性文化设施达标率100%,万人拥有公共文化设施面积达1597平方米。建成17个镇(街道)图书馆分馆,238个村(社区)文化活动室,142个文化广场,257个文化信息资源共享工程基层服务点和203个农家书屋。投资4.9亿元的新广电中心成功封顶。江苏凤凰出版传媒集团投资8亿元建设江阴书城项目落地,新华书店和金一文化发展有限公司被评为无锡市文化产业示范企业,江阴市水木东方数码科技有限公司被认定为国家级动漫企业。文化产业增加值占地区生产总值的比重增加到2.6%。

【卫生】 全市拥有各类医疗卫生机构482个,其中医院、卫生院39家,社区卫生服务中心6家,三等乙级医院2家,开放床位6871张,年末共有卫生技术人员7210人。着力构建"15分钟健康圈",初步形成以市三级医院为龙头、片区二级医院为骨干、社区卫生机构为基础、民营医疗机构为补充,政府主导、功能完备、便捷高效、价格合理、覆盖城乡居民的医疗卫生服务新体系。组织开展第四轮参加合作医疗群众免费健康体检,全市共体检41余万人,体检率超过94%。组织开展健康知识讲座1633场,直接受益群众10万余人次。

【体育】 全市人均公共体育设施面积2.66平方米。"10分钟体育建设圈"城乡覆盖率达50%。全市单项体育协会增至23个,社会体育指导员共计3190名。全市举办市级群体活动32项次,开展各级各类群体活动300余项次。全年承办省级以上赛事12项,其中2项获评国家级最佳赛区。蹦床运动员陆春龙夺取伦敦奥运会个人铜牌。全市运动员获省级以上金牌23枚、银牌8枚、铜牌9枚。体彩年销售首次突破5亿元,继续保持全国县级市领先。

【就业】 全年提供就业岗位5.6万个,本地劳动力实现就业2.49万人,城镇失业人员再就业8529人,城镇困难人员再就业1105人,江阴籍应届返澄高校毕业生就业率达92.3%,全市城镇登记失业率2.4%,农村调查失业率2.8%。全市认定创业孵化基地5个,创业实训基地3个,开发创业项目15项,扶持自主创业2150人,带动就业1.48万人,累计发放各类创业补贴55万元,发放小额担保贷款650万元,发放社保补贴1681.5万元,岗位补贴240万元。

【社会保障】 全年企业职工基本养老保险扩面新增10.24万人,净增2.23万人。企业职工基本养老、医疗、失业、工伤、生育保险参保人数分别达48.82万人、59.18万人、27.45万人、39.35万人、25.13万人。全市居民养老保险领取人数达21.05万人。居民养老保险基础养老金、被征地农民第四年龄段人员保养金标准分别提高至150元/月、350元/月;企业退休人员养老金人均达1513元/月,人均增资186.6元/月。城乡基本社会保障覆盖率达到99%,符合条件的城镇老年居民基础养老金领取率达100%。全市各类福利机构拥有床位7834张。城乡居民最低生活保障对象16140人,其中市区4766人。全年发放低保金4597.5万元,其中城镇低保1464.7万元。实施城乡医疗救助23568人次,支付救助金1081.75万元;实施临时救助7296人次,发放救助金454.1万元。全市重点优抚对象6443人。全年全市慈善组织累计募集善款(含冠名基金)6004万元。

【城乡居民生活】 全市城镇居民人均可支配收入39437元,比上年增长13%。农民人均纯收入19660元,增长12.6%,农民人均纯收入连续第十三年蝉联全省同类城市第一。城镇居民家庭恩格尔系数33.5,农村居民家庭恩格尔系数35.6。城镇居民人均消费性支出26643元,增长12.5%。农村居民人均消费性支出11991元,增长13.1%。城镇居民人均住房面积38平方米,农村居民人均住房面积68平方米。

【基础设施建设】 现代化滨江花园城市标志区重大基础设施启动建设,海港大道、江阴大道、锡澄运河"两路一河"工程进展顺利。锡澄高速璜塘互通连接线、长新大道动工建设,峭璜路启动改造,长安大道、科技大道等建成通车。虹桥南路延伸段、中山南路延伸段、澄江西路隧道等工程有序推进,东外环路南延伸段、文富路二期等道路竣工通车。万达广场、新华商贸城、夏港长江村中央花园国际会展中心等一批重点项目竣工开业,泓家汇·财富岛、华贸南闸商业步行街、青阳镇大源商业步行街等项目土建竣工。全市拆迁房屋面积481万平方米,其中城区186万平方米。在建安置房达715万平方米,其中城区

343 万平方米。

【公用事业】 全市拥有 35 千伏至 110 千伏变电所 77 座,主变容量 581.45 万千伏安。全社会用、供、售电量分别为 229.54 亿千瓦时、205.16 亿千瓦时和 197.78 亿千瓦时,分别上年下降 1.63%、1.19%和增长 1.16%。全市市政道路长度 409.2 公里,人均市政道路面积 26.7 平方米;市政排水管道密度 4.8 公里每平方公里,供水管道长度 1274 公里,供水总量 7347 万立方米;燃气普及率 100%,其中城市液化气供气总量 0.4 万吨,天然气供气总量 53594 万立方米。建设敔山湾、文富公交首末站,建成城市公交车站电子信息服务系统,新增、更新公交车 100 辆,新建公交候车亭 30 个,城市公交出行分担率达到 28%,镇村公交自然村覆盖率达到 90%以上。

【环境保护和治理】 全年环境空气质量良好以上天数占总天数的比例达到 93.7%,集中式饮用水源地水质达标率 100%,环境噪声达到功能区要求。全面推进节能减排,万元产值能耗 0.25 吨标准煤/万元,下降 5.4%。主要污染物排放强度进一步下降,单位地区生产总值化学需氧量、二氧化硫、氨氮、氮氧排放强度分别下降到 0.51 千克/万元、1.77 千克/万元、0.04 千克/万元、3.58 千克/万元。

宜 兴 市

【地理位置】 宜兴地处江苏省南端、沪宁杭三角中心,东面太湖水面与苏州太湖水面相连,东南临浙江长兴,西南界安徽广德,西接溧阳,西北毗连金坛,北与武进相傍。滆湖镶嵌宜兴和武进之间,三氿(西氿、团氿、东氿)相伴市区东西两侧。全市总面积 1996.6 平方千米(其中太湖水面 242.29 平方千米)。城市化水平 61.82%。至年底,全市有国家级环保科技工业园 1 个、省级开发区 2 个、镇 14 个、街道 4 个,有行政村 216 个、社区 95 个。户籍总人口 107.73 万人,其中男性 53.29 万人。全年出生 9182 人,出生率 8.53‰;死亡 8797 人,死亡率 8.17‰;人口自然增长率 0.36‰;计划生育率 99.67%。有少数民族 42 个、1.1 万余人。宜兴市人民政府设在宜城街道陶都路 8 号。

2012 年,全年地区生产总值首超千亿大关,达 1085.98 亿元,比上年增长 10.7%;公共财政预算收入 78.38 亿元,增长 10.1%;实现社会消费品零售总额 368.95 亿元,增长 14.4%;全社会固定资产投资 480.56 亿元,增长 16.6%;城镇居民人均可支配收入、农民人均纯收入分别达 33210 元和 16862 元,同比增长 12.6%和 12.8%。主要经济指标增幅居无锡市前列。

【改革】 实质性启动丁蜀镇行政管理体制改革,初步完成机构配置、人员调整、责权交接等基础性工作。筹建市旅游发展管理委员会、旅游产业集团,架构搭设及资源整合工作开始起步。组织开展国有资产清理工作,逐步构建资产整合、运营和监管的新模式。强化市级财政专项资金制度管理,确保重点突出、专款专用、绩效最优。积极稳慎完成事业单位绩效工资、"营改增"试点等改革任务。推进医药卫生体制改革,开展公立医院改革试点,高标准通过国家药品安全示范市省级验收。

【农业】 全年粮食总产量(不包括薯类、豆类等)48.72 万吨,粮食总产实现"九连增"。农业总产值 77.38 亿元,其中多种经营产值 61.78 亿元,分别比上年增长 12%、9.97%。农产品出口创汇 3.57 亿美元。农业增加值 47.68 亿元,比上年增长 11.7%。农业适度规模经营比重升至 81%。高效农业蓬勃发展,现代高效农业园区化率超过 40%。特色农业优势放大,生物农业产值和农业园区化率居无锡市首位,水产养殖物联网技术应用水平全国领先。农业供销体系更为健全,农产品物流配送中心基本竣工,丰汇水芹专业合作社入选全国首批"五好"示范社。全年水利建设总投入 5.8 亿元,农机总动力 52.4 万千瓦。宜兴市被评为全国粮食生产先进县(市),全国农村集体"三资"管理示范县、省村级"四有一责"建设示范市。

【工业】 全市有工业企业 8704 个,比上年增加 119 个。全年工业应税销售收入 3074.5 亿元,比上年增长 9.9%。工业总产值(现行价)3120.39 亿元、产品销售收入 3015.43 亿元,分别比上年增长 8%、7.7%。工业利税总额 241.16 亿元、利润 169.84 亿元,分别比上年增长 1.1%、下降 1%。有规模以上企业 889 个,完成规模工业产值 2665.21 亿元。全市工业应税销售收入 50 强企业占全市的 56%。全年应税销售收入超 100 亿元企业 3 个、50 亿元~100 亿元 4 个、20 亿元~50 亿元 21 个。新增上市企业 3 个,累计 21 个。电力电缆、环保装备等工业产品产量继续保持增长,高端线缆、新材料、节能环保、新能源及光电子产业五大战略性新兴产业产出占工业总量的 53.5%。园区功能更趋完善,全市工业集中区累计完成基础设施投入 3.5 亿元,建成工业地产超 50 万平方米,新增入区企业 260 个。园区产出对工业总量的贡献率升至 88%。宜兴获"国家科技兴贸(节能环保)创新基地"称号,周铁镇、万石镇分获"国家机械装备产业基地""中国封头之乡"称号。

【建筑业】 全市有建筑施工企业 643 个,年产值超 1 亿元企业 42 个,其中超 20 亿元 2 个、超 10 亿元 6 个。全年建筑业总产值 300 亿元,其中钢结构、环保、防腐保温、地基基础等传统专业企业的建筑业产值达 160 亿元。有建筑机械设备 4.2 万台,总功率 128.3 万千瓦,总净值 24.17 亿元。全年房屋建筑施工面积 2014 万平方米,其中新开工工程 997 万平方米、竣工工程 1017 万平方米。承建高层建筑工程 326 个、大跨度结构工程 12 个、建筑面积 10 万平方米以上小区及配套工程 6 个。全年建设工程项目中,获国家和省级优质工程奖 20 个、地市级 16 个、宜兴市级 18 个,创建省文明工地 33 个、无锡市文明工地 50 个、宜兴市文明工地 71 个;全市建筑施工企业中有全国建筑业 3A 级信用企业、全国优秀施工企业、全国工程建设质量管理小组优秀企业、钢结构中国品牌企业各 1 个,省建筑业百强企业 2 个,无锡市建筑业优秀企业 4 个。宜兴被中国建筑行业协会授予"建筑之乡"称号。

【房地产业】 全市有房地产开发企业 169 个。全年房地产开发投入 107.51 亿元,比上年增长 34.9%。其中,住宅开发投入 75.55 亿元。全市在建商品房 534.63 万平方米、新开工 154.03 万平方米、竣工 214.19 万平方米。其中,城区(宜城街道、环科园、经济开发区)商品房在建 417.04 万平方米、新开工 94.69 万平方米、竣工 136.82 万平方米。全年商品房累计销售面积135.07万平方米,比上年增长56%;销售额125.56亿元,比上年增长78.62%;每平方米均价7755元,比上年降低1.26%。

【商贸流通】 全年社会消费品零售总额368.95亿元,列全省县(市)第五位,总额比上年增长14.4%。流通应税销售额721.1亿元,比上年增长30.9%。商贸服务业入库税金4.45亿元,比上年下降1.56%,占全市地税收入的7.48%。销售成品油30.61万吨,比上年下降3.71%。至年底,全市有商品市场72个,比上年减少7个。商品市场成交总额355.32亿元,市场成交额超10亿元的商品市场8个,其中融达建材市场、融达汽车城、国际环保城成交额均超50亿元。远东买卖宝平台交易额超150亿元。人民路—解放路—太滆路中心商业区向高端化发展,华地、新苏南、和信、新东方四大百货商场均完成升级改造,华地集团跻身中国连锁百强榜单。东氿新城、城北、高铁新城三大商圈布局形成,城市商业骨架进一步拉开。

【开放型经济】 全年批准外资项目54个,新增工商登记协议注册外资4.9亿美元,比上年增长0.7%,到位注册外资4.7亿美元,比上年下降15.6%,利用外资总量居无锡市第三。外贸主要指标实现稳健增长。全年完成进出口总额49.6亿美元,比上年增长4.2%。出口增幅高于全省、无锡市平均水平,进出口、出口、进口均列全省县(市)第七位。新获自营进出口经营权企业162个,累计1480个。年出口额超1000万美元规模企业64个,合计出口22.6亿美元,占出口总额的70.8%。向欧盟、美国、东盟、印度、日本和中国香港六大主销市场出口22亿美元,占出口总额的69%。

【交通运输】 全年交通基础设施投资16.56亿元,其中公路工程投资14.19亿元。一批续建项目如期完工,宁杭铁路客运专线宜兴站站前大道立交、和桥南环路立交、环保大道、科技大道等续建工程建成通车,新增通车里程74千米。一批新建项目开工,宜(城)漕(桥)公路改造、太华旅游干线一期工程等项目竣工;范蠡大道、滆湖东路、阳灵隧道项目先后开工建设。全年改造镇道50千米,美化镇村道路150千米,改造农村危桥30座。宁杭高铁宜兴站站前广场基本建成,芜申运河宜兴水上服务区投用,一批农村客运站竣工投用或基本建成。年末公路通车里程2321千米、河航道里程594千米。全年全社会客运量7268万人次,货运量3322万吨,港口吞吐量3885万吨。

【邮电通信】 全年邮政业务总收入1.49亿元,比上年增长10.1%。电信业务收入13.95亿元,比上年增长2.8%。年末,全市有固定普通话机用户38.98万户,比上年增长6.6%;移动电话177.95万部,比上年增长2.1%;互联网用户41.2万户,比上年增长67%。全市有数字电视用户34.5万余户,收费终端(含集团用户)约36万个,数字电视互动用户2.5万余户、高清数字电视用户3万余户。

【城乡建设】 通过"中国人居环境奖"国家考核、国家环保模范城市复核、国家节水型城市考核。全年城市建设总投入超过50亿元,城区拆迁面积达到125万平方米。东氿大厦成为城市新地标,创意产业中心基本竣工,市文化中心、万达广场等重大功能性载体高效推进,体育中心市政配套工程顺利完工,东氿RBD商业水街、金融商务区、八佰伴等综合体相继开工和建设,东氿新城形态更加靓丽。干线公路建设推进迅速,梅林大桥等工程启动建设,站前大道、环科大道等9条道路建成通车,高铁综合客运中心高标准落成。城南路网改造、"平改坡"三年改造计划等工程完成,老城区更加整洁有序。村庄环境整治深入推进,善卷村获"江苏最美乡村"称号,农村面貌焕然一新。西渚、湖㳇等11个客运站建成启用,镇村公交道路改造、农村危旧桥梁整修等年度任务完成,农村交通及场站投资接近2.5亿元。氿滨水厂10万吨级深度处理工程、油车水库源水管道铺设顺利完工,城乡日供水能力达到26.5万吨。全市新发展天然气用户2.2万户,累计12.3万户。电网主变容量进一步扩容,超过700万千伏安。组织"城市管理提升年"活动,开展以国省干线和旅游公路环境、城区市容秩序、宜南山区违法建设为重点的综合整治行动,有效治理了一批难点问题。倡导绿色出行,城区公共自行车服务系统建成启用。

【公用事业】 全年全社会用电量88亿千瓦时。市供电公司供电量80.89亿千瓦时、售电量76.86亿千瓦时,电费收入57.25亿元,供电可靠率99.91%,综合线损率4.99%。全市公用电厂和企业自备电厂供电量40.2亿千瓦时,华东宜兴抽水蓄能有限公司发电电量9.35亿千瓦时。新增110千伏变电所2座、主变容量26万千伏安,新增35千伏以上线路171.2千米。全年供水量9520万立方米,比上年增长3.19%;售水量7825万立方米,比上年增长5.03%;减少漏损114万立方米。国家节水型城市创建通过国家验收。全市天然气输配管网里程1400千米。"川气入宜"工程年底完工。全年天然气供气量3.28亿立方米,城区(含丁蜀、环科园、经济开发区)天然气管道气化率67%,天然气管道用户累计12.3万户。瓶装天然气年供应量2万余立方米,用户30万户。

【环境保护】 以改善环境质量为根本出发点,实施"美丽宜兴"建设工程。通过推进治太保源、实施蓝天工程、开展绿色创建、加强环保宣传、加快推进农村环境连片整治、提升环保基础设施能级等措施,打造生活空间宜居适度、生态空间山清水秀的美丽宜兴。把民生诉求作为环保工作的优先主题,继续深化民生环保专项行动,解决群众关注的环境问题,提升人居环境质量。保障太湖连续五年实现安全度夏。在全省率先开展PM2.5自动监测,城市空气质量优良率保持在95%以上。年内,创建国家环保模范城市复核通过国家环保部验收。城区和国省市道新增绿地面积151公顷,城市人均公共绿地面积达到16.1平方米,森林覆盖率23.78%。城市建成区生活垃圾机械化收集率100%。创建"陶都美丽乡村"13个,农村环境连片整治二、三期工程快速推进,2024个村庄完成环境综合整治,农村环境进一步优化。张渚镇善卷村入选"全省最美乡村"前十佳。全年,环境质量综合指数保持在95以上,公众对城市环境保护满意率位居全省县级市第二。

【旅游】 通过举办素食文化博览会、竹文化节、环太湖自行车赛、梁祝文化旅游节暨观蝶节、杨梅节、范蠡西施文化节等活动,提升宜兴的对外影响力和知名度。全年接待游客1425万人次,旅游总收入142.91亿元,分别比上年增长14%和

18.7%。至年底,旅游在建和储备项目的投资总额达 270 亿元,推进旅游景区提档升级。总投资 2.5 亿元的善卷洞风景区整体改造工程竣工,蝶水风情园、龙池山自行车公园如期建成。兴望生态园创建为国家 AAA 级风景区,至年底,全市有国家 AAAA 级景区 5 个、AAA 级景区 1 个,旅行社 28 个,星级饭店(宾馆)13 个。新增市南岳山庄、华东百畅生态旅游度假区为省四星级乡村旅游(区)点,金水湾度假区为省三星级乡村旅游(区)点,累计有省星级乡村旅游点 8 个。新增无锡市星级"农家乐"11 个,累计 42 个。全市各类生态(乡村)旅游点("农家乐")接待游客 450 万人次,总收入 10 亿元。宜兴市获"首届长三角最佳慢生活旅游名城"称号。

【科技】 实施"创新驱动"和"人才引领"战略,推进科技创新工程。高新产业逆势增长,全市实现高新技术产业产值 1300 亿元,比上年增长 8.3%,新材料、新能源与环保、电子与电气、生物与医药四大高新技术产业产值占全市高新技术产业产值的 89%。科技创新创业承载功能明显加强,新增"三创"(创新、创业、创意)载体面积 20 万平方米,累计建成 160 万平方米;省级、无锡市级工程技术研究中心分别新增 40 个、74 个,累计有 167 个,规模以上企业覆盖率 52.5%。全年引进和培育各类人才 9065 人。其中,国家"千人计划"人才 8 人。产学研对接活动加快创新资源集聚,举办"百企院校行"、"百校宜兴行"等大型产学研对接活动,实施产学研合作项目 170 多个。以科技项目建设为纲,组织实施各级各类科技计划专项资金项目 190 个,其中省级以上项目 99 个,对上争取项目资金 1.1 亿元。全年全社会研发投入 33 亿元,比上年增长 32%,占全市地区生产总值的 3.04%。专利申请量和授权量分别完成 9000 件、6800 件,其中发明专利申请量和授权量分别为 1600 件、260 件,万人发明专利拥有量达 6.1 件。

【教育】 全年教育事业投入 17.8 亿元,比上年增长 12.7%。全市有普通高中 9 所,招生 5308 人,在校学生 16660 人;普通初中 31 所,招生 9653 人,在校学生 28504 人;小学 62 所,招生 10099 人,在校学生 61720 人;幼儿园 76 所,入园 6927 人,在园幼儿 2.19 万人。高等院校 2 所,招生 2595 人,在校学生 7733 人;中等专业技术学校 4 所,招生 2454 人,在校学生 10424 人;职业高中学校 3 所,招生 1672 人,在校学生 5168 人;特殊教育学校 1 所,招生 5 人,在校学生 123 人。市义务教育入学率、巩固率保持 100%,初中阶段升学率保持 98%,高考录取率 93%,优质高中正取生分配比例提高至 60%。外来务工人员随迁子女在公办义务教育学校就读率提高至 95.7%。中考中招制度实施改革。推进全市上学路程 3 千米以上农村义务教育学生上下学校车接送工作。实验小学新校区和湖滨实验学校建成投用。

【文化】 制定文化发展战略。发挥文化资源优势,开拓文化市场,初步形成紫砂陶艺、书画收藏、文化旅游、歌舞娱乐、图书报刊、影视演艺、广告传媒、文体健身八大类文化产业群体,文化产业增加值占地区生产总值比重超过 3%。举办"陶都风华·水城传奇"中国宜兴 2012 水墨音乐画卷暨两会庆祝晚会及中国宜兴全国摄影大展等活动,举办周培源诞辰 110 周年纪念活动和吴冠中艺术馆开馆暨全国中国画作品展,组织第七届竹文化节文艺晚会。年内,吴冠中艺术馆建成开馆,潘家祠堂、阁老厅等文物遗存修缮完毕,中国宜兴艺术家村等重大项目动工开建,文博园、古陶博物馆等一批民办文化场馆启动筹建,《宜兴市志(1988~2005)》出版发行,宜兴电视台"紫砂频道"开播。《宜兴日报》日发行量 3.5 万份,全年总发行 1067.5 万份,刊发重要新闻 3800 多篇、重要新闻图片 1300 多幅。

【卫生】 推进医药卫生体制改革,开展公立医院改革试点工作,高标准通过国家药品安全示范市省级验收。年内,根据卫生部《医疗机构基本标准》,对全市 13 个有意向继续经营的医疗机构,核发医疗机构执业许可证。全市有各类医疗卫生机构 433 个(所),其中医院 26 所、社区卫生服务中心 18 个、社区卫生服务站 232 个;有编制床位 4360 张,医疗设备总价值 6.22 亿元。全年门诊、急诊 425.98 万人次,比上年增长 40.97%;收治住院病人 12.56 万人次,床位使用率 94.71%,分别比上年增长 13.36% 和下降 10.34%;业务收入 17.9 亿元,比上年增长 23.88%;有卫生技术人员 6600 人。全年无偿献血 1.67 万人次、献血总量 538 万毫升。开展标准化社区卫生服务站建设工作,建成标准化社区卫生服务站 177 个。进一步落实国家基本药物制度,所有社区卫生服务机构的基本药物均实行"集中采购、统一配送"和零差率销售。

【体育】 全面推进城乡社区"10 分钟体育健身圈"建设,全市 60% 的行政村(社区)建成"10 分钟体育健身圈"。新增公共体育设施 13.5 万平方米,累计 351 万平方米,人均 2.6 平方米。学校体育场馆开放力度进一步加大,新增对外开放学校 15 所。新增市级体育社团 3 个,累计 19 个。全市有社会体育指导员 3029 人。全年举办各级各类群众体育活动 300 项(次),参与人数 25 万人次。承办以环太湖国际公路自行车赛(宜兴段)、世界斯诺克球员巡回赛宜兴公开赛为代表的国际级体育赛事 4 项(次)、省级以上体育赛事 10 项(次)。宜兴籍运动员参加省级以上体育比赛成绩拔尖,宜兴代表队在有 64 个县(市、区)参加的省县组田径比赛中获全省第六名,谈燕华获伦敦残奥会女子坐式排球冠军,丁俊晖获 2012 年斯诺克威尔士公开赛冠军。全年体育产业产值 4 亿元。体育彩票销售额 3.72 亿,比上年增长 5.08%。

【人民生活】 城镇居民年人均可支配收入 33210 元,人均消费性支出 1.91 万元,人均住房建筑面积 39.91 平方米,恩格尔系数 39.5。农村居民年人均纯收入 16862 元,人均生活消费支出 1.25 万元,人均住房居住面积 65.8 平方米,恩格尔系数 38.5。全年新增就业岗位 3.4 万个,创业带动就业 1.3 万人次,镇登记失业率和农村调查失业率分别控制在 2.4% 和 2.5% 以内。城乡居民基础养老金、城乡低保、企业退休人员养老金、孤儿和农村"五保"供养标准进一步上调,城乡居民医保参保率连续 3 年保持 100%。新开工各类保障性住房 4719 套、竣工 3027 套,成为全省首批住房保障体系建设示范市创建试点。全市新增汽车 2.74 万辆,累计 14.23 万辆。市重度残疾人托养中心、孤独症儿童成长中心建成运营。宜城街道居家养老模式在全省推广。推进"平安宜兴"、"法治宜兴"建设,开展"四项排查",有力维护宜兴安定有序的社会局面。

常 州 市

【自然地理】 常州地处江苏省南部、长江三角洲腹地，位于北纬31°09′~32°04′、东经119°08′~120°12′，东濒太湖，东邻上海、苏州、无锡，西与南京、镇江接壤，南与无锡、安徽省交界，北襟长江。

常州地貌类型属高沙平原，山丘、平圩兼有。西南部为天目山余脉，西部为茅山山脉，北部为宁镇山脉尾部，中部和东部为宽广的平原、圩区。境内地势西南略高、东北略低，平原水网地区高差2米左右。

【历史沿革】 常州古名延陵，曾有延陵、毗陵、毗坛、晋陵、长春、尝州、武进等名称，有着3000余年文明史。春秋末期（公元前547年），吴王寿梦第四子季札封邑延陵。西汉高祖五年（公元前202年）改称毗陵。西晋武帝太康二年（281年），废屯田典农校尉，改置毗陵郡，辖丹徒、曲阿、武进、延陵、毗陵、暨阳、无锡7县。自此，常州历朝均为郡、州、路、府治所。隋文帝开皇九年（589年）始有常州之名称。清雍正四年（1726年），常州府辖武进、阳湖、无锡、金匮、宜兴、荆溪、江阴、靖江8县，史称“八邑名都”。1912年辛亥革命后废常州府，阳湖县并入武进县，城区一度称武进市，沿称常州，属江苏省管辖。1949年4月23日常州解放后，城乡分设常州市和武进县。1953年常州市升为省辖市。

【行政区划】 2012年末，常州市辖金坛、溧阳两市和武进、新北、天宁、钟楼、戚墅堰五区，共有37个镇、21个街道。

【人口民族】 2012年，常州市人口规模基本稳定。年末，全市户籍人口364.77万人，比上年末增加1.91万人，增0.5%。其中，男性181.6万人，增0.4%；男女性别比99.1∶100，降0.3个百分点。计划生育率98.7%，节育率86.7%，独生子女率77.4%。全市人口出生率9.4‰，人口死亡率7.9‰，人口自然增长率1.6‰。分地区看，市区人口230.48万人，比上年末增0.7%。其中，武进区102.62万人，增0.2%；新北区46.94万人，增1.9%；天宁区37.40万人，增0.3%；钟楼区35.62万人，增0.7%；戚墅堰区7.89万人，增0.1%。金坛市、溧阳市分别为55.31万人和78.99万人，均增0.3%。人口迁入仍是户籍人口增长的主要原因，但迁移量有所减少。年内，常州市迁入户籍人口3.87万人，比上年减少0.63万人；迁出户籍人口2.48万人，减少0.24万人；净迁入1.39万人，减少0.35万人。年末暂住人口155万人，增16.5%。

人口老龄化程度持续加重并呈现加快发展态势。至年末，常州市60岁以上户籍人口77.21万人，比上年增加3.91万人，占总人口比重21.2%，上升1个百分点，高出老龄化社会标准（60岁以上人口占总人口比例达到10%，或65岁以上人口占总人口的比重达到7%）11.2个百分点。分地区看，戚墅堰区人口老龄化程度最高，60岁以上老年人口比例24%，其他依次为武进区22.4%、金坛市21.7%、钟楼区21.1%、天宁区20.9%、溧阳市20.8%。新北区是全市唯一老龄化程度在20%以下地区，60岁以上老年人口比例18.2%。全市18岁以下人口47.8万人，减少0.4万人，占总人口比重13.1%，下降0.2个百分点，老少比由上年的152.1∶100提高至161.5∶100。

（统计局）

【资源】 年末，全市土地总面积43.85万公顷。其中，陆地面积36.18万公顷，水域面积7.33万公顷，耕地面积14.82万公顷。

全市矿产资源有限，矿种少，总量偏少，且以非金属矿为主，分布不均。已勘探发现可供利用的金属矿产有铁、锰、铜、金，均为小型矿；非金属矿产有岩盐、石灰岩、方解石、硅灰石、膨润土、陶土、玄武岩、石英砂岩、砖瓦黏土、矿泉水等18种。全市有矿产地约35处，其中大型矿床3个、中型6个，小型26个。金坛市盐矿总储量163亿吨，矿层厚，品位高，易开采；溧阳市方解石储量为2700万吨，居江苏省各辖市首位；常州市已探明矿泉水储量超过每日2.7万吨。

经济社会发展主要指标

项　目	2012年	比2011年增或减%
国内生产总值（亿元）	3969.75	11.5
第一产业增加值（亿元）	126.30	4.6
第二产业增加值（亿元）	2100.76	11.7
其中工业增加值（亿元）		
第三产业增加值（亿元）	1742.69	11.6
人均国内生产总值（元）		
粮食总产量（万吨）	114.80	-0.3
棉花总产量（吨）		
油料总产量（万吨）		
全社会固定资产投资总额（亿元）	2760.14	18.0
外贸自营出口（亿元）		
实际利用外资（万美元）		
社会消费品零售总额（亿元）		
零售物价总指数（%）		
地方财政收入（亿元）		
地方财政支出（亿元）		
职工年平均工资（元）		
农民年纯收入（元）	16737	12.8
邮电业务总量（亿元）		

续表

项　　目	2012年	比2011年增或减%
电话普及率(部/百人)		
年末存款余额(亿元)	5789.88	15.3
年末贷款(亿元)	4018.21	14.6
大学(所)		
中小学(所)		
下岗人数(人)		
企业兼并、破产数(个)		

金　坛　市

【概述】 金坛市位于江苏省南部,沪宁杭三角中心地区,总面积976.7平方公里。2012年,辖7个镇、1个省级经济开发区。全市户籍人口55.31万人,比上年增加1663人。其中,男性人口27.58万人,女性人口27.73万人,60岁以上人口12.02万人。全年实现地区生产总值373.81亿元,比上年增2.9%。其中,第一产业增加值27.09亿元,增4.5%;第二产业增加值198.36亿元,增2.6%;第三产业增加值148.36亿元,增3.1%。三次产业比重为7.2:53.1:39.7,服务业增加值比重比上年增2.1%。人均地区生产总值6.71万元,比上年增加1183元,按平均汇率折算为1.06万美元。全年实现财政总收入73.56亿元,增9.5%,其中公共财政预算收入23.11亿元,增0.1%。完成税收收入19.7亿元,增2.5%,占公共财政预算收入比重为85.3%。财政支出继续向民生倾斜,公共财政预算支出32.53亿元,增9.5%。其中,教育支出8亿元,一般公共服务支出4.36亿元,农林水事务支出3.39亿元,社会保障和就业支出3.06亿元,医疗卫生支出2.23亿元,分别增36%、5.5%、9.9%、12.1%和5.4%。

【农业】 2012年,全市实现农业总产值51.84亿元,比上年增12.8%。其中,农业、林业、畜牧业、渔业及其服务业产值分别为22.5亿元、0.33亿元、10.98亿元、15.24亿元和2.79亿元,分别增14%、6.3%、4.1%、17.1%和18.3%。粮食生产保持稳定,全市粮食播种面积59.1万亩,减2.2%;粮食亩产量478公斤,增1.7%;水稻亩产水平再创新高,亩产量632公斤。粮食总产量28.26万吨,减0.4%;油料产量0.86万吨,增3.6%;肉类产量4.57万吨,增4.3%;禽肉产量2.91万吨,增4.8%;水产品产量3.62万吨,减1.7%;禽蛋产量1.02万吨,增5.2%;茶叶产量0.21万吨,增6.4%;水果产量0.86万吨,增19.8%。全市新增高效设施农业面积2.32万亩,总面积10.62万亩,占耕地面积的21.09%;新增高效设施渔业面积1.03万亩,总面积6.37万亩,占全市水产养殖面积的26.54%。产业园区建设加快,上阮现代农业产业园创成省级农业产业园区,创成常州市级农业产业园3个、金坛市级园区4个。品牌建设力度加大,新认定农业"三品"(无公害农产品、绿色食品、有机食品)49只,苏牌大粒香米被第十一届中国优质稻米博览交易会评为金奖大米,金坛雀舌茶成为地理标志保护产品,长荡湖大闸蟹被认定为省农产品区域公共品牌。

【工业】 2012年,全市完成规模以上工业总产值578.5亿元,比上年增1.2%。其中,完成高新技术产业产值257.06亿元,占规模以上工业产值的44.4%;完成工业增加值129.1亿元,增1%。由于内外需不足、成本上涨等因素影响,企业经济效益有所下降,全市规模以上工业企业实现产品销售收入566.5亿元,降7.1%;实现利税总额51.6亿元,降22.2%;实现利润总额29.2亿元,降31.8%。装备制造、新材料和精细化工产业分别完成总产值131.8亿元、114.4亿元、46.7亿元,分别增42.7%、26.9%、39.7%,占规模以上工业产值的22.8%、19.8%、8.1%;纺织服装、光伏新能源和生物医药产业全年完成总产值99.4亿元、82.9亿元、48.8亿元,分别降1.8%、45.6%、6%,占规模以上工业产值的17.2%、14.3%、8.4%。

【建筑业】 2012年,全市完成建筑业总产值179.26亿元,比上年增37.9%;完成房屋建筑施工面积1580.91万平方米,增23.85%。建筑企业资质升级步伐加快,新增施工总承包一级资质企业2家、专业承包一级资质企业6家、装饰装修设计施工一体化一级资质企业1家。

【固定资产投资】 2012年,全市完成全社会固定资产投资210.33亿元,比上年增1.8%。其中,第一、二、三产业分别完成投资2.99亿元、149.58亿元和57.75亿元,三次产业投资结构为1.4:71.1:27.5,第一、三产业分别增0.8%和4.6%,第二产业降5.4%。完成高新技术产业投资26.5亿元,占工业投资的比重为17.7%。完成基础设施项目28个,完成投资19.06亿元,增98.5%。全市128个重点项目总体进展良好,25个项目基本竣工,中策橡胶(金坛)有限公司子午线轮胎项目、埃马克(中国)机械有限公司高端数控机床项目、奥托立夫(金坛)气体发生器及核心零部件生产线项目等重大项目全面开工建设。金坛经济开发区国际工业城、青年公寓等园区功能平台建设和东方盐湖城温泉小镇、宝盛园等重点旅游项目建设进展顺利,金城商业广场和多家品牌汽车4S店竣工营业。

【商贸服务】 2012年,全市实现社会消费品零售总额155.75亿元,比上年增15%,其中城镇实现零售总额141.83亿元,增14.3%;乡村实现零售总额13.92亿元,增22.2%。限额以上批发零售业实现商品销售额62.68亿元,增18%。其中,批发业37.45亿元,增11.8%;零售业25.23亿元,增28.6%。限额以上住宿餐饮业实现营业额4.36亿元,增5.7%。其中,住宿业1.28亿元,增3.4%;餐饮业3.08亿元,增6.7%。限额以上批发零售企业消费品中,汽车类实现销售额2.89亿元,增18.2%;石油及制品类实现销售额10.35亿元,增23.9%;服装、鞋帽、针纺织品类实现销售额2.46亿元,增33.7%;食品、饮料、烟酒类实现销售额15.39亿元,增21.8%;金银珠宝类实现销售额0.56亿元,增37.2%;家具类实现销售额0.62亿元,增17.4%。

【旅游】 2012年,全市接待游客575.85万人次,实现旅游总收入58.78亿元，分别增14.74%和17.68%，旅游创汇收入800万美元，增13.1%。全市有4A级景区1个、五星级宾馆1家、四星级宾馆3家、旅行社10家。成功举办茅山登山节、首届中国雀舌茶道会、第二届中国长荡湖湖鲜美食节、首届中国茅山道教文化艺术节等旅游活动，东方盐湖城、宝盛园、仙姑壹号农场、长荡湖花苑等一批重点旅游项目建设进展顺利。

【民营经济】 2012年，全市新增私营企业910户、个体工商户2055户，新增私营企业注册资本46.19亿元、个体工商户注册资本2.47亿元。新增省民营科技企业167家，累计480家。全市申请国内注册商标645件，成功注册商标202件，江苏省激素研究所股份有限公司的“金珠及图”商标被认定为中国驰名商标，全市实现中国驰名商标零的突破。新增江苏省著名商标4件，新认定常州市知名商标16件，年末，全市注册商标数累计2418件。

【开放型经济】 2012年，全市完成进出口总额16.03亿美元，比上年降20.7%。其中，出口总额完成13.65亿美元，降15.5%；进口总额完成2.39亿美元，降41.39%。全年新设外商投资企业37家，累计新增工商登记注册外资6.98亿美元，实际到账外资2.51亿美元。引进德国皮尔磁工业自动化模块、日本高档农机配件和永邦环保再生塑料等外资项目。全年新签外经合同额1.56亿美元，完成外经营业额1.92亿美元，增41.2%，新办境外投资企业7家，总投资额2428.55万美元。

【开发区建设】 2012年，金坛经济开发区新批进区企业209家。其中，外资企业12家，注册外资1000万美元以上项目9个；内资企业197家，注册资本1亿元以上项目7个。全年新增工商登记注册外资3.03亿美元，实际到账外资1.21亿美元。年内，金坛经济开发区在全省125家省级以上开发区综合考评中列第40位。

【金融保险】 年末，全市金融机构人民币各项存款余额400.96亿元，比上年增加65.31亿元，增19.46%。其中，储蓄存款余额229.59亿元，增16.66%；人民币各项贷款余额286.9亿元，增加59.08亿元，增25.93%。人民币各项贷款余额中，短期贷款158.02亿元，增29.5%，中长期贷款125.8亿元，增23.6%。引入外部金融资源，组建创投公司5家，民生银行金坛支行正式开业，全市商业银行达13家。

保险业实现保费收入7.7亿元，增2.5%。其中，财险保费收入2.35亿元，寿险保费收入5.35亿元。全年各类保险理赔和给付支出1.56亿元，增24.9%。其中，财险赔付支出1.4亿元，寿险赔付支出0.16亿元。

【城市建设】 2012年，全市城市建成区面积22平方公里，城市化率54.1%，比上年提高1.7%。完成城市总体设计以及滨湖新城核心区周边地块规划，市民服务中心项目全面开工建设。节水型城市创建、优秀人居环境创建等各项创建工作均通过省级考核。

完成南环二路东延、水湟路等10条道路的提升改造，经九路、经十路等7条道路亮化工程实施完毕。完成钱资湖水环境整治一期清淤工程，完成成南环一路、东门大街果品市场等处的畅通治堵工程、2万平方米人行道路改造工程和金城镇雨污水管道、金宜路污水管道、南环二路雨水管道防汛管道建设，丹金溧漕河航道整治提升工程进展顺利，常溧高速公路金坛段前期工作扎实推进。

【新农村建设】 2012年，全市完成薛埠、尧塘两镇的总体规划，重新评估镇村布局规划，确定117个农村集中居住点，初步建成尧塘镇紫薇园、薛埠镇祥和家园等一批具有城市中档住宅小区品位的集中居住点。大力推进村庄环境整治，完成914个村庄整治工作，创成省三星级康居村8个、常州市“五化三有”村37个，所有村集体经济收入均超50万元。

【环境保护】 2012年，全市不断加强污染物减排、水环境整治、太湖水污染防治等重点工作。全市新增污水管网33公里，完成儒林镇12个行政村和尧塘镇13个行政村的连片整治工作，建成农村生活污水处理设施25座，配套建设污水泵站8座，集镇生活污水均接入污水处理厂。全面完成沈渎垃圾填埋场扩容工程，配备垃圾渗滤液收集车辆，全市所有垃圾中转站渗滤液统一收运。全年关闭化工企业10家，白龙荡、洮西、湟里河片区化工企业全部关停并转，顺利完成14家企业强制性清洁生产审核和12家企业自愿性清洁生产审核。

区域水环境、大气环境质量总体状况得到明显改善。丹金溧漕河、尧塘河总磷含量分别比上年降42.3%和52%，全市水域功能区水质达标率92%，集中式饮用水源水质达标率100%。机动车尾气、餐饮油烟、道路运输扬尘及建筑施工噪声、社会生活噪声监督管理工作进一步加强，大气环境二氧化硫、可吸入颗粒物年均浓度符合二级标准，API(空气污染指数)小于100的天数占总天数的94.3%，全市小康社会环境质量综合指数得分92.4分。

【交通运输】 年末，全市等级公路里程1969.5公里，内河航运里程301公里。交通系统完成货运量680万吨，比上年增63.1%；货物周转量11.43亿吨公里，增64.7%；港口吞吐量97.1万吨，增20.9%；全年客运量957万人，降5.8%；旅客周转量4.9亿人公里，降1.41%。常溧高速公路金坛段前期工作基本结束，直东线延伸段、奥托立夫(金坛)气体发生器及核心零部件生产线项目配套道路、水西线、白龙荡桥改造、沈渎路、金城镇南瑶路、上阮路、乾元观金顶路、尧夏线以及金竹线、茅社线大修工程等相继完工。

【邮电通信】 2012年，全市完成邮政业务总量7449万元，比上年增32.9%；邮政业务总收入8161.8万元，增12.2%；通信业务收入5.06亿元，增10.7%。年末本地电话用户20.06万户，移动电话用户53.23万户。

【科技创新】 2012年，全市新增国家火炬计划重点高新技术企业1家，累计3家；新增高新技术企业12家，累计46家；新增省级高新技术产品37只、常州市级高新技术产品65只。全年申报省级以上科技项目50项，立项18项。全市专利申请数3312件，比上年增加696件。其中，发明专利申请数742件，增317件；专利授权数609件，增161件。由康美化工有限公司和浙江大学联合研发的全有机溶剂中化学—酶法高效制备手性菊酯关键技术及产业化项目获国家技术发明奖二等奖;江苏中晟半导体设备有限公司国产大型 MOCVD 设备研发及产业化入选省重大科技成果转化项目;华德机械有限公司超低温韧性球墨铸铁项目打破国外公司在该领域的垄断局面;常州博瑞油泵油嘴公司研发柴油高压共轨油泵油嘴系统,成为全国唯一能够批量生产的企业。金坛市获江苏省创新型城市授牌,被确认为江苏省实施知识产权战略区域示范市。组织开展与吉林大学的科技人才对接会、与江苏大学的产学研对接洽谈会、与江苏技术师范学院专题产学研对接活动。新增省企业院士工作站 1 家、省工程技术研究中心 5 家、省企业技术中心 1 家、省博士后创新实践基地 1 家、省企业研究生工作站 6 家、常州市级工程技术研究中心 10 家、常州市级企业技术中心 3 家。全市人才资源总量新增 5269 人,其中新增高层次人才 260 人、海外人才 80 人。4 名领军型创新创业人才入选 2012 年度江苏省高层次创新创业人才计划,22 名领军人才(团队)入选常州市"龙城英才计划"。华盛天龙有限公司引进中国科学院院士 1 人,3 名企业家入选江苏省科技企业家培育工程,4 人入选江苏省高层次创新创业人才引进计划。

【教育】 年末,全市有中小学 54 所、幼儿园 42 所,青少年体校、国防教育训练中心、职业教育学校、特殊教育学校各 1 所。有在校学生 6.22 万人,专任教师 4954 人。小学入学率和升学率均为 100%,初中毕业生升学率 98.9%,高中毕业生升学率 89.18%。教育救助力度加大,全年发放助学金、学生乘车补贴等 700 万元,审核发放大学生信用助学贷款 81.98 万元,发放奖学金等社会捐助金 208 万元,惠及学生 7000 人次。教师素质能力不断提升,4 名教师被评为江苏省第十二批特级教师,15 名教师获常州市"教学能手"称号,7 名教师获常州市"教坛新秀"称号。出台《金坛市学前教育五年行动计划(2011 ~ 2015)》,明确学前教育发展目标和举措。义务教育成效显著,在全国义务教育发展基本均衡县(市、区)省级督导中,全市义务教育均衡发展成效得到省专家组充分肯定。高中教育质量大幅提升,高考本科上线率比上年提高 10%。职业教育特色鲜明,在 2012 年江苏省职业学校技能大赛中,江苏省金坛中等专业学校取得 2 金 4 银 3 铜的好成绩。

【文化】 2012 年,全市组织开展"欢乐金沙——广场文艺月月演"大型专场文艺演出 8 场,组织开展文化下乡下基层系列活动 20 余场次,举办各类书画摄影展览 10 余次,组织举办 12 个文化艺术项目的暑期免费培训班,组织开展"红读"征文、"六一杯"少儿书画赛等读书活动 5 次。送图书下乡近 1.55 万册,送电影下乡 1948 场,送戏下乡 80 余场。儿童剧《留守小孩》全国巡演 5000 余场,获第十二届全国"五个一工程"奖,开创辖市区文艺作品角逐全国最高奖的历史纪录。

组织举办第三次全国文物普查成果展,完成第三批市级文物保护单位红线及建筑控制地带红线图划定工作,完善 25 个辖市区级以上"非遗"项目以及 46 名各级"非遗"项目代表性传承人档案资料库,完成金坛封缸酒酿造技艺项目省级"非遗"生态保护基地申报工作。

全市拥有自办广播节目 1 套、自办电视节目 1 套,全年播出 2333 小时,广播、电视节目综合覆盖率 100%。全面完成有线电视网络双向网改造,有线电视用户 15.7 万户,比上年增 0.19 万户,其中数字电视用户 14.1 万户,增 0.4 万户。

【卫生】 年末,全市拥有各级各类医疗卫生机构 213 家,其中医院、卫生院 18 家,有床位 1938 张,每千人拥有床位数 3.45 张。全市有卫生技术人员 2336 人,其中执业(助理)医师 1166 人、注册护士 859 人,每千人拥有医生数 1.86 人,每千人拥有护士数 1.52 人。农村居民医疗卫生条件逐步改善,新型农村合作医疗参保率 100%,实际人均补偿比率 51.2%。创建省级示范乡镇卫生院 1 家。卫生基础设施建设力度加大,水北中心卫生院、朱林卫生院异地新建工程完工,城东医院、第二人民医院异地新建和建昌卫生院改扩建工程启动,电子病历、远程医疗系统等医疗行业信息化建设加快推进。

【体育】 2012 年,金坛市承办全国排球大奖赛、第六届江苏省全民健身运动会室内五人制足球比赛、江苏省青少年篮球甲组比赛。举办新春体育健身竞赛系列活动、"丰登杯"茅山登山健身大会、全民健身日等活动。开展 10 分钟体育健身圈建设,完成 34 个镇村全民健身设施提档升级工程。金坛代表队获江苏省青少年县级田径比赛团体总分第三名、江苏省青少年篮球男子甲组比赛第一名。全年向省运动队输送优秀运动员 19 人,获全省县(市、区)输送贡献奖第五名。全市体育彩票销售实现历史性突破,完成销售额近 1.01 亿元,比上年增 45%。

【人民生活】 2012 年,全市城镇居民人均可支配收入 3.17 万元,人均消费性支出 2.1 万元,分别比上年增 13%、13.4%;农民人均纯收入 1.56 万元,人均生活消费支出 1.24 万元,分别增 13%、15.3%。居民储蓄继续增加,年末居民储蓄存款余额 229.59 亿元,增 16.7%。全市新开工各类保障房 6337 套。其中,公共租赁住房(含廉租住房)3134 套,经济适用住房 320 套,限价商品房 680 套,城市棚户区危旧房改造安置住房 2203 套。完成华城一村、文荟苑、城北新村等 8 个住宅小区的整治提升,完成汤庄、五叶增压泵站建设工程,完成洮西 5 个行政村 4000 户管网以及茅麓 3 个行政村 171 户无水户的改造工程。

【社会保障】 年末,全市企业养老、医疗、失业、工伤和生育五大保险参保人数分别为 11.65 万人、13.82 万人、8.8 万人、11.98 万人、7.94 万人,其中养老、医疗、失业和工伤保险参保覆盖率分别为 98.5%、99%、98.5%、98%。新型农村社会养老保险参保人数 13.14 万人,参保覆盖率 99.52%;新农合参保人数 35.4 万人,参保覆盖率 100%。

全市城市低保月标准从 360 元提高至 420 元,农村低保月标准从 250 元提高至 310 元。现有最低生活保障家庭 6251 户 1.07 万人,其中城市低保 872 户 1491 人,农村低保 5379 户 9187 人,累计发放保障金 2658 万元。农村五保人员集中供养和分散供养年标准分别从 3700 元、3100 元提高至 5200 元、4200 元,全年保障五保人员 2030 人,发放保障金 868.4 万元。

组织开展第十一个慈善周活动,募集善款 1103.9 万元。全年发放慈善救助资金 950 万余元,受助困难群众 1 万人(户)。全市有优抚对象定补人员 4495 人,累计发放各类补助资金 2358 万元。年内,《金坛市见义勇为人员伤残抚恤办法》出台。

溧 阳 市

【概述】 溧阳市位于长江三角洲西南部的苏、浙、皖三省交界处。2012年末，全市总面积1535.87平方公里，人口78.99万人，辖8个镇、2个省级开发区。全市实现地区生产总值559.2亿元，比上年增11.5%，人均国民生产总值7.38万元。全市财政总收入112.96亿元，增12.6%，完成公共财政预算收入40.5亿元，增9.1%，税收收入占公共财政预算收入比重为85%。

【农业】 2012年，全市完成农林牧渔业总产值69.75亿元，比上年增12.5%。其中，农业产值38.08亿元，增12.3%；林业产值0.94亿元，增2.8%；牧业产值6.75亿元，增4.9%；渔业产值21.47亿元，增14.2%；农林牧渔服务业产值2.51亿元，增28%。水稻单产再创新高，全市水稻种植面积60.4万亩，平均亩产645.3公斤，比上年增加15.8公斤。新增高效农业面积9.11万亩，建成千亩以上现代农业园区64个，新增无公害农产品、绿色食品、有机食品认证50只。全年吸引投入农业开发的民间资本、工商资本和境外资本14.8亿元。溧阳青虾申报国家地理标志证明商标。农机合作社经验全国推广，被评为全国农田水利基本建设先进单位、全国茶叶标准化示范县（市）。

【工业】 2012年，全市以创建"千亿园区百亿镇"为抓手，大力开展优质服务进百企专项行动。实现规模以上工业总产值1346.5亿元，比上年增17%。完成工业投入286亿元，增22.1%。波士顿电池（江苏）有限公司锂离子电池项目、广西柳工高级润滑油有限公司司能润滑油项目、江苏国粮仓储工程有限公司国粮仓储工程项目等100个总投资超1亿元项目扎实推进，江苏鸿开有色金属有限公司、江苏金久科技新材料有限公司等一批重点项目企业建成投产。溧阳经济开发区创建成为千亿元级园区，新增上兴镇、别桥镇、戴埠镇3个百亿元级镇。全市有工业纳税销售收入超1亿元企业146家，纳税超1亿元企业7家。江苏申特钢铁有限公司、江苏上上电缆集团有限公司、江苏金峰水泥集团有限公司、江苏新时代控股集团有限公司、江苏国强镀锌实业有限公司、江苏华朋集团有限公司入选2012中国民营企业制造业500强。全市新增中国驰名商标2件，申报江苏省名牌产品19件，跻身全国商标发展百强县（市）。

【建筑业】 2012年，全市完成建筑业施工总产值455.3亿元，实现劳务收入141.2亿元，分别增21.2%和21%。江苏天目集团公司等5家企业入选全省建筑业竞争力百强企业，江苏正方园集团有限公司承建工程再获建筑工程鲁班奖，全市建安企业建设项目获国家市政工程金杯奖2项、国家安装科技进步一等奖1项、省级优质工程22项。年内，溧阳市获"中国建筑之乡"称号。

【商贸服务】 2012年，全市实现服务业增加值217.5亿元、社会消费品零售总额197.02亿元，分别增17.3%和14.8%。金鹰国际购物中心、茂业百货溧阳店、家乐福超市溧阳店相继开业，上河城商业圈业态成型。深圳海吉星国际农产品物流园、江苏金桥流通中心签约落户，苏浙皖边界市场改扩建项目有序推进。

【旅游】 2012年，全市接待国内外游客超1000万人次，旅游总收入超100亿元。年内，天目湖旅游度假区创建国家5A级旅游景区通过省级验收，天目湖旅游度假区成为国家旅游度假区、国家生态旅游示范区试点景区。天目湖游客服务中心、南山竹海停车场投入运行，黄岗岭至杨村旅游通道建成通车，北山50公里旅游大环线全面贯通，曹山、瓦屋山、长荡湖旅游开发有序推进。举办第八届天目湖旅游节暨第十二届中国溧阳茶叶节。

【开放型经济】 2012年，全市完成工商登记注册外资8.05亿美元，实际到账外资4.2亿美元，到账外资比上年增4.7%。新批外资项目38个，平均注册外资1880万美元。完成外贸进出口总额10.8亿美元，增3.8%。新签外经合同额8137万美元，实现营业收入6536万美元。先后在国内外举办先进制造业、新能源、新材料、现代服务业等一系列经贸合作推介会，与美国弗吉尼亚州福基郡缔结为友好城市。

江苏中关村科技产业园被纳入苏南现代化建设示范区和苏南自主创新示范区总体规划。省政府专题制订江苏中关村科技产业园扶持政策8条，江苏中关村科技产业园第一次工作会议在北京成功召开。该产业园区总体规划基本完成，管理机构全面到位，运作机制逐步健全。基础设施建设全面展开，经济开发区完成拆迁80万平方米，开工建设安置房107万平方米，建设园区道路25公里。别桥北山工业园、上兴工业园、南渡新材料工业园加快建设。大力推进节约集约发展，建成骏益科创园、畅羚轻工产业园等标准厂房37.3万平方米，盘活存量土地2623亩，江苏科华汽车零部件制造、中兴西田数控科技等区镇共建项目启动实施。

【金融】 年末，全市金融机构各项存款余额645.2亿元、贷款余额477.83亿元，分别比上年增加104.7亿元和80.73亿元。年内，兴业银行溧阳支行开业。溧阳市与中国进出口银行江苏省分行签订战略合作协议。

【城市建设】 2012年，燕山新区加快建设，燕河湾安置小区顺利交付，燕山新区内主干道路基本建成。旧城改建稳步推进，基本完成云龙南、污水处理厂等5个地块房屋征收，全市完成房屋征收38万平方米，建立市场化建设安置房的新机制。完成燕山南路、奥体大道、建设路西延、博爱桥改造等市政工程建设，荷花新村等12个老住宅小区整治全面完成。深入开展城区市容环境综合整治，全面推行网格化管理，完成城区公厕提升改造。城乡电网建设投入资金15亿元，首座500千伏变电所建成投运，1座220千伏、3座110千伏变电所开工建设。

【生态建设】 2012年，溧阳市顺利通过国家环保模范城市复核，国家生态镇实现全覆盖，新增国家级生态村1个、省级生态村10个。全年淘汰落后用能设备50台（套），完成能源企业审计17家、企业节能监测29家，完成强制性清洁生产企业审核

25家。在全省率先实施水泥行业脱硝工程。大力开展小流域治理、油气治理、禁燃区建设,全市功能区水质达标率76%,空气质量优良率96%。天目湖国家湿地公园各项工作有序推进。

【科技创新】 2012年,全市完成规模以上高新技术产业产值498亿元,比上年增21%,高新技术产业研发经费占GDP比重为2.35%。新增高新技术企业9家、省级科技创新平台9家;专利申请数4160件,获专利授权数2964件,分别增41.8%和60.9%;引进国家级项目6个、领军型创新创业人才项目33个。溧阳市被确定为江苏省第二批创新型试点县(市),江苏上上电缆集团有限公司入选江苏省创新型领军企业。组织参加产学研对接活动15次,签订合作项目52项,与哈尔滨工业大学、东南大学、北京航空航天大学等知名高校院所建立合作关系。

【交通】 2012年,全市完成交通建设投资20.8亿元,西环路一期、宁杭高速公路溧阳西互通、溧阳西部大外环等工程全面竣工,宁杭铁路客运专线溧阳段、常溧高速公路溧阳段、芜申运河溧阳先导段等工程加快推进。宁杭高速公路溧阳东互通及其连接线工程获省发改委批复并通过初步设计审查。城乡道路客运体系优化提升,镇村公交实现全覆盖;全市175个行政村的351公里镇村公路全面提档升级。交通系统出租车行业和谐劳动关系建设成为全国典型。查处超限超载违法行为1.5万余起,卸载货物2.2万余吨。

【新农村建设】 2012年,天目湖镇成为第三批全国发展改革试点城镇,并初步完成行政管理体制改革,南渡中心镇规划通过省级评审。全面完成水库除险加固任务,完成中央财政小型农水重点县第二批项目建设。茶亭河改道拓浚工程基本完成。完成1649个村的村庄环境整治,建成14个三星级康居乡村,天目湖镇桂林村成为首届20个"江苏最美乡村"之一,溧阳市被评为全省村庄环境整治示范县(市)。落实省级村级公益事业一事一议财政奖补项目106个,争取奖补资金1073万元。扎实推进结对帮扶三年行动,落实帮扶项目473个,所有行政村集体经济收入达50万元以上。

【教育】 2012年,全市高考本二以上达线率56.49%。学前教育经费纳入财政预算,享受公益学前教育的幼儿占幼儿总数的80%。年内,市政府与北京师范大学签订合作办学等框架协议,完成江苏省溧阳中等专业学校三期、社渚小学搬迁和昆仑实验幼儿园重建等工程。

【卫生】 2012年,溧阳市顺利通过国家卫生城市复审,创成省级药品安全示范市。溧阳市卫生局与上海市卫生局开展住院医师规范化培训合作,与上海华山医院、东南大学附属中大医院等建立战略合作关系。开工建设上兴卫生院、马垫卫生院,竹箦卫生院、社渚卫生院建成投用。

【文化体育】 2012年,溧阳市被命名为全国全民健身活动先进单位和省文化先进县(市)。年内启动城市10分钟体育健身圈建设,图书馆、文化馆、镇文体站免费向公众开放。成功举办全国汽车短道拉力赛、环太湖国际公路自行车赛等重大文体活动。出台扶持文化产业发展的政策意见,争取省级文化产业扶持项目4个,文化产业增加值占GDP的比重为3.5%。广播剧《情系天目湖》获江苏省"五个一工程"奖。新四军江南指挥部纪念馆被命名为第二批国家国防教育示范基地。

【人民生活】 2012年,全市城镇居民人均可支配收入29852元、农民人均纯收入15261元,均增13%。发放粮食直补和农资综合补贴、家电下乡补贴、涉农成品油价格补贴等1.3亿元。新增就业1.18万人,失业人员再就业2100人,城镇登记失业率1.92%。企业职工基本养老保险、城镇职工基本医疗保险、城镇失业保险、城乡居民社会养老保险基本实现全覆盖。完成廉租房实物配租100套、租赁补贴200户,新建公租房700套,新增住房公积金缴存8020人,发放公积金贷款2.8亿元。

实施农村饮水安全工程,投入1.13亿元,铺设供水管网366公里,解决和改善9.6万名群众的饮水困难。慈善基金总规模2.55亿元,发放救助金1200万元,被评为中国公益慈善六星级城市。

镇 江 市

【位置、面积】 镇江市地处江苏省西南部，位于长江下游南岸，长江三角洲顶端，北纬31度37分至32度19分、东经118度58分至119度58分。东西最大直线距离95.5公里，南北最大直线距离76.9公里。东南接常州市，西邻南京市，北与扬州市、泰州市隔江相望。全市土地总面积3847平方公里，占全省土地总面积的3.75%，其中水域面积470.8平方公里，占全市总面积的12.2%。市区1082平方公里，丹阳市1047平方公里，句容市1387平方公里，扬中市331平方公里。

【地貌】 镇江市大部分地区属宁镇—茅山低山丘陵，沿江洲滩属长江新三角洲平原区，丹阳东南部则属太湖平原区。镇江市地貌走势为西高东低，南高北低，丘陵岗地为主。宁镇山脉大体为东西走向，茅山山脉略呈南北走向。境内主要山峰高度：玉华山437.2米、九华山433.4米、高骊山425.5米、丫髻山410.6米、宝华山396.4米、十里长山349米、五州山306米。

江中洲地自西向东有世业洲、征润洲、和畅洲、江心洲、顺江洲和扬中4洲（雷公嘴、太平洲、西沙、中心沙）。

【行政区划】 至2011年年底，全市有53个镇（街道）。其中，镇35个，街道18个。丹阳市辖13个镇，句容市辖9个镇，扬中市辖4个镇、2个街道（2011年10月，经省政府批准，撤销三茅镇，以其原辖区域分别设立三茅街道、兴隆街道），丹徒区辖6个镇、1个街道（2011年7月，经省政府批准，撤销高资镇，以其原辖区域设立高资街道），京口区辖6个街道（2011年7月，经省政府批准，撤销象山镇、谏壁镇，分别以其原辖区域设立象山街道、谏壁街道），润州区辖7个街道（2011年7月，经省政府批准，撤销蒋乔镇，以其原辖区域设立蒋乔街道；同月，经市政府批准，同意设立蒋乔街道、官塘街道、韦岗街道，并同意调整七里甸街道管辖范围），镇江新区辖3个镇、2个街道。

【交通】 镇江临江近海，水陆交通极为便利。镇江为国家级水路主枢纽和省级公路主枢纽城市。世界闻名的“黄金水道”——长江和京杭大运河在此交汇，沪宁高速公路、京沪高速铁路、沪宁城际铁路、京沪铁路、312国道傍市而过。润扬长江公路大桥将苏南、苏北连在一起，成为长江南北的又一主要通道。2012年11月25日，境内又一座跨江公路大桥泰州长江公路大桥正式建成通车。2012年年末，全市公路总里程为7068公里（当年新增54公里），其中高速公路182公里。104、312国道和122、231、238、241、243、337、340省道构成镇江与外省、市连接的公路网络。镇江至南京高速公路行程约45分钟，高速铁路行程约20分钟。距南京机场和常州机场均为60公里，至扬州泰州机场70公里。

【人口】 2012年，全市常住总人口315.48万人，比上年增加2.05万人。户籍总人口271.40万人，比上年减少0.46万人，其中，男性人口134.93万人，女性人口136.47万人，男女性别比（女=100）为98.88；分辖市看：丹阳市98.31、扬中市96.57、句容市98.92。在户籍总人口中：市区103.30万人，其中，京口区31.83万人、润州区24.71万人、丹徒区28.73万人、镇江新区18.03万人；丹阳市81.17万人、扬中市28.09万人、句容市58.84万人。全市户籍人口总户数101.38万户，比上年下降0.86万户，户均2.68人，其中，市区39.88万户，比上年下降0.35万户，户均2.59人。全市出生人口23468人，其中男性12090人，女性11378人。人口出生率8.6‰，提高0.6个千分点，其中，市区8.0‰，丹阳市8.7‰，扬中市10.0‰，句容市9.1‰。全市死亡人口28636人，人口死亡率10.5‰，上升4.0个千分点，其中，市区9.9‰，丹阳市12.2‰，扬中市9.0‰，句容市10.2‰。全市户籍人口自然增长率-1.9‰。

【历史文化遗存】 镇江是国家历史文化名城，有着深厚的文化积淀。全市有全国重点文物保护单位17处：焦山碑林、丹阳和句容南朝陵墓石刻、镇江英国领事馆旧址、昭关石塔、大运河镇江段、虎踞桥、江河交汇处、新河街一条街、西津渡古街、城上村遗址、葛城遗址、铁瓮城遗址、宋元粮仓遗址、春城土墩墓群、烟墩山墓地、甘露寺铁塔、隆昌寺。焦山碑林中有“大字之祖”瘗鹤铭以及苏轼、黄庭坚、米芾、陆游等书法大家的墨迹碑刻和摩崖石刻；南朝陵墓石刻存有齐梁帝王归葬丹阳故里的陵墓8地11点24件、葬于句容的1点4件，是南朝石刻瑰宝。省级文物保护单位42处，其中有焦山古炮台遗址、相传为孔子所书延陵季子碑（唐拓本）、被誉为“江南第一钟”的唐中和铜钟、宋抗金名将宗泽墓、圌山炮台遗址等。有市、县级文物保护单位211处、文物控制单位25处。白蛇传传说、镇江恒顺香醋酿造技艺、古琴艺术、扬剧、秦淮灯彩、封缸酒酿造技艺、董永传说等7个项目先后被列入国家级非物质文化遗产名录，并有国家级非物质文化遗产项目代表性传承人5人。

【人民生活】 2012年，镇江市城镇居民人均可支配收入为30045元，比上年增长12.8%，其中：工资性收入20522元，增长12.6%；经营性收入3657元，增长13.9%；财产性收入468元，增长12.1%；转移性收入7810元，增长13.4%。城市居民人均消费支出为17897元，增长15.3%。农民人均纯收入为14518元，增长13.2%，其中：工资性收入8776元，增长15.2%；家庭经营性收入4247元，增长10.0%；财产性收入412元，增长16.4%；转移性收入1083元，增长9.4%。农民人均生活消费支出10530元，增长15.3%。年末城乡百户家庭拥有汽车23辆和13辆、电脑98台和49台，分别增加2辆和3辆、3台和4台；城乡居民住房面积分别达39.1平方米和53平方米。

丹　徒　区

【概况】　2012年,丹徒区总面积617平方公里,其中耕地面积2.43万公顷,水面75.5平方公里。土地总面积430.35平方公里,其中耕地面积占45.2%,林地、园地面积占30.8%,水域面积占24%。辖6个镇、2个园区和2个街道,计6个居民委员会、83个村民委员会,下设1812个村民小组。另设有江苏省丹徒经济开发区、江苏省世业洲旅游度假区和农林场圃4个。总户数103093户,总人口287339人,其中男141247人、女146092人。出生人口2367人,出生率8.24‰,死亡人口3522人,死亡率12.26‰。2012年,完成地区生产总值255.1亿元,比上年增长12.8%。一般预算收入18.04亿元,增长21.8%。全社会固定资产投资173.15亿元,增长22.9%。社会消费品零售总额43.7亿元,增长14.6%。全年财政用于民生投入12.8亿元,占一般预算支出72.5%。城镇居民人均可支配收入30542元,农民人均纯收入13249元,分别增长16.2%和13.2%。城乡居民保险覆盖率98.5%,新型农村合作医疗参保人数为21.45万人,参保率100%。新增城镇就业10740人,城镇登记失业率2.36%。蒙银村镇银行正式运营。新组建农村小额贷款公司3家,中小微企业统贷平台组建工作获省经信委批准,成为全市唯一的省首批试点单位。世业洲获批为省级旅游度假区,恒顺醋文化博物馆被评为全区首个国家AAAA级旅游景区。

【农业】　2012年,丹徒区实现农业产值25.6亿元,比上年增长5.9%。粮食生产实现"九连增",粮食总产20.01万吨,增长3.5%。畜牧总产值5.3亿元,水产实现产值4.01亿元,蔬菜生产种植面积7366.7公顷,茶叶面积800公顷。森林覆盖率23.47%。全年农作物秸秆综合利用率97%,禽粪污利用率98%。有序推进26个千万元重点高效农业项目建设,135个在建、新批农业项目总投资达到2.25亿元,财政投入8025.8万元,直接富民惠农政策资金3165万元。实施国家和省级农业综合开发项目10个,完成投资5200万元。全年吸纳"三资"12.2亿元,农业实际利用外资8382万美元,实现农产品出口865万美元。新增高效设施农业面积2246.7公顷,建成市级以上现代农业园区3个。

【农村工作】　2012年,丹徒区开展京沪铁路沿线环境整治,完成575个村庄环境整治,创成三星级康居示范村15个。全年新增村庄道路132.4公里,新建村内排水灌渠171.8公里,建设公厕152座,清理乱搭乱建16.6万平方米,清理乱堆乱放19877处,增设垃圾箱4123个,垃圾收运设施334套,墙面出新546万平方米,新增村庄绿化68.6万平方米,完成贫困户、五保户、残疾户等危房改造334户。推进"小型农田水利重点县"建设,投入资金9860万元,完成胜利河丹徒段整治和石马等5座小(二)型水库加固工程,疏浚农村河道44公里。升级改造农村道路35公里、危桥18座。

【工业】　2012年,丹徒区工业完成年产值826.7亿元,比上年增长14.6%;其中规模以上工业完成产值749.9亿元,增长15.6%;实现销售收入732.09亿元,增长15.16%。定报工业销售755亿元、利税83.5亿元、增加值182亿元,分别增长20%、14%、14.5%。完成新兴产业投资65亿元,增长30%。工业累计实现出口交货值42.3亿元,下降2.8%。60个重点项目,完成投资90亿元,其中列入市重点的12个项目全部开工。二重一期项目实现开票销售2.47亿元,中靖水制氢、真空制盐等19个项目相继竣工,华通重工、中福马林业机械等31个重点项目加快建设。

【第三产业】　2012年,丹徒区实现服务业增加值97.26亿元,占地区生产总值比重比上年提高1.3个百分点。宝龙城市广场、智谷商业中心、冠城国际中心等12个商贸服务业项目进展有序;金陵风景城邦大酒店即将营业;总投资45亿元、首批入驻7所科研院校的镇江高校园区开工建设;镇江软件科技产业园、服务外包产业园开工;碧桂园国际会议中心、世界奇石园、动漫娱乐城等项目落户丹徒。全年实现旅游总收入20亿元,增长18%。

【外向型经济】　2012年,丹徒区新批外资项目24个,其中增资项目14个,协议利用外资3.47亿美元,比上年下降0.02%;实际利用外资2.45亿美元,比上年增长34.1%。全年完成进出口总额4.7亿美元,比上年下降3.8%;新增外贸进出口重点企业4家;新增外派劳务100人,新增对外投资企业3家,总注册金额330万美元。新增服务外包企业1家,全区服务外包企业10家;完成服务外包合同额5423.31万美元,增长82.3%;服务外包合同执行额4824.3万美元,增长78.6%。

【园区建设】　2012年,丹徒经济开发区投资近20亿元,改善道路、电力、污水管网、污水处理等设施。推进开发区临港物流产业园,所有化工企业实行转型升级或技术改造。江苏省丹徒高端轴承科技产业园获得批准。高新技术产业园创成省级氢能源产业园,中科广场、益海芯电子等项目开工在建,联盛科技产业园、乾景文化科技创意产业园成功签约。

【城乡建设】　2012年,丹徒区实施重点城建工程110个,完成投资66.2亿元。宜城大道一期拓宽改造工程开工建设,驸马农贸市场、瑞泰生鲜市场建成交付,新城景观亮化工程基本完成,新建、改建辛丰、高资等7个公交站场,优化改造高桥、江心、荣炳等6条公交线路,基本实现城乡公交全覆盖。米芾书法公园一期工程基本建成。新建社区居家养老服务中心34个,其中省级示范中心2个。全年完成拆迁项目16个,拆迁面积34万平方米,开工新建安置房43万平方米,竣工13万平方米。

【环境保护】　2012年,丹徒区通过生态区建设国家级考核验收,谷阳镇槐荫村创成全国生态文化村。全年排查企业200余家,立案查处10起,下达限期整改20件,下达限期治理1件,报请政府关闭污染企业4家。对高资化工园区的长三角精细化工、利德尔复合材料、李长荣综合石化等12家重点企业实行派员进驻监管。完成22家油气回收治理任务。实施太湖流域水污染治理28项重点工程,新建污水收集管网30公里,完成

11个区级农村环境整治示范村和10个农村分散式污水处理设施的建设任务。整治畜禽养殖场,实行沿通济河、幸福河、胜利河以及大运河1公里范围内为禁养区,提高功能区水质达标率。开展污染减排工作,重点组织实施减排项目10个,减排COD(化学需氧量)358.47吨、氨氮51.62吨、二氧化硫6925.418吨。新建污水收集管网30公里,新增成片造林面积1093.33公顷。万元地区生产总值能耗下降4.15%。关闭化工企业6家、砖瓦窑厂9家。新增绿化造林面积1093.33公顷。

【民营经济】 2012年,丹徒区新增私营企业975家,累计达到5559家;新增个体工商户2080户,累计达到15631户;新增私个注册资本80.18亿元,累计完成私个注册资本317亿元。全年吸纳民资139.35亿元,在全市综合指标考核中排名第一。全年开展各类集中推介会33场次。完成总投资5亿元城中村改造项目和总投资5亿元电子温控设备项目签约。帮助中小民营企业先后申报省中小企业创新能力建设示范企业、省中小企业创高成长型示范企业、省管理创新示范企业、创新型中小企业提升创新能力建设项目、市级公共服务平台等30余家次。

【科技工作】 2012年,丹徒区实现高新技术产业产值250亿元,增长45%。全社会研发投入占地区生产总值比重提高到1.93%,实现大中型企业研发机构全覆盖。新增国家级高新技术企业8家、省科技民营企业40家、省级高新技术产品26项,建成产学研联合体42个。新增省级工程技术研究中心5家。氢能源产业园、辛丰高端轴承产业园获批省级科技产业园,中靖新能源公司高效化学制氢技术及氢燃料系统开发项目入选国家"863计划",大力液压马达公司数字配流智能调速研发项目获国家重大科技成果转化专项补助。引进高层次人才项目28个,实现国家"千人计划"零的突破,2人进入省"双创计划"、3人进入省"博士集聚计划"、6人进入市"331计划"。先后与武汉大学、成都理工大学等5家高等院校签订人才科技全面合作协议。

【教育工作】 2012年,丹徒区有幼儿园18所,其中公办幼儿园14所、民办园4所,在园幼儿6213人,幼儿入园率99%。有小学、初中29所(其中初级中学11所,镇中心小学11所,村完小3所,九年一贯制学校3所,民办学校1所)。小学共有班级305个,在校学生12018人,当年招收新生2232人。初中共有班级169个,在校学生6024人,当年招收新生1856人。全区学龄儿童入学率100%,巩固率100%;初中生入学率100%,巩固率99.9%,初中毕业升学率96%。有普通高中2所(江苏省大港中学、镇江市丹徒高级中学),班级97个,在校学生4656人,其中当年招生1341人。有职业学校1所(江苏省丹徒中等专业学校),班级67个,在校学生4546人,其中当年招生816人。有社区教育中心10所,其中省市级社区教育中心7所。易地新建石马、江心幼儿园,整合西麓中学、西麓中心幼儿园资源。炎黄外国语学校正式招生,风景城邦幼儿园建成并交付使用。推进校安工程建设,完成校舍改造4.01万平方米。石马中心小学少年宫被评为全国乡村学校少年宫。6月,丹徒区被命名为全国珠心算实验区。

【文化体育】 2012年,丹徒区组织各类文艺演出100余场,组织业余文艺团队送戏下乡77场。评话《桃树下的故事》和油画《一百八十度》获全省第十届"五星工程奖"银奖,国画《金山瑞雪图》《夜月西津渡》和表演唱《车水号子》获铜奖。余家虎摄影作品集获省级摄影最高奖项金瞬奖。小扬剧《住在九楼的老母鸡》获第七届江苏省戏剧优秀剧目二等奖和编剧奖;《区长进村》《茉莉花开》等5件文艺作品在镇江市第三届群文作品调演中获一金两银两铜。全年体彩销售量5689万元。丹徒区被评为2012年江苏省第六届全民运动会无线电比赛优秀赛区。

【卫生】 2012年,丹徒区有医疗卫生机构102个,其中区级医疗卫生机构10个;镇级医疗机构(社区服务中心)10个,其中中心卫生院4个、集镇卫生院5个。全区实有床位696张,卫生人员998人,其中卫生技术人员955人。卫生技术人员中,高级专业技术职务42人,中级专业技术职务398人,初级专业技术职务515人。每千人拥有床位2.28张、拥有卫生技术人员3.13人。全区村卫生室(社区卫生服务站)54个,乡村医生222人,用房建筑总面积6660平方米。全区个体诊所17个,厂矿医务室11个。区第三人民医院住院综合楼、高桥卫生院易地新建工程竣工,区人民医院二期和世业卫生院综合楼改扩建工程加快推进。9月,丹徒区被卫生部评为国家级慢性病综合防控示范区。

【民主法制】 2012年,丹徒区"六五"普法全面开展,推进"平安丹徒""法治丹徒"建设,法治城市建设得到省考核组肯定,宝堰镇鲁溪村创成"全国民主法治示范村"。谷阳镇法治文化广场获省级荣誉。推进"技防入户"工程建设,全区沿街商铺、城镇居民和农村居民技防入户率分别100%、86%和75%。开展矛盾隐患"四项排查"和"打非治违"专项行动,推进安全生产、食品药品监管,完善各类应急处置机制。全年办结人大代表建议75件,政协委员提案126件,满意和基本满意率达100%。受理调解各类矛盾纠纷2380件,调解成功2352件,调解成功率98.42%。推进行政审批制度改革,向基层简政放权21项。行政复议基层受案点规范化建设全省领先。

【精神文明】 2012年,丹徒区文明城市创建通过国家级"双测评"(全国城市文明程度指数测评、全国未成年人思想道德建设工作测评),创成市级文明行业(单位、村镇)79家。上党镇校外辅导站、谷阳镇双阳艺术节成为全市农村精神文明建设创新案例,培树市级以上先进典型16个,其中宋正凤入选"中国好人榜",陈福林入选镇江第五届"大爱之星"。组织拍摄石马中心小学"童心向党"红色歌曲演唱专题片,在中央文明网、未成年人网、央视网展播。未成年人思想道德工作获省级表彰。全年志愿者参与人数达到1万多人次。

【丹徒创建国家级生态区通过考核验收】 2012年4月,环保部对照国家生态区建设的5项基本条件和22项建设指标,通过丹徒区创建技术评估;8月,全区所有镇通过国家级生态镇省级考核;71个村先后创成省、市生态村,生态村比例达80%;省、市级环境综合整治示范村达22个;建成11所省级绿色学校和40所市级绿色学校。2012年8月,丹徒区国家级生态区建设通过环保部考核验收。

【江苏镇江科技产业园落户丹徒新城】　2012年8月29日，总投资40亿元的江苏镇江科技产业园项目在碧榆园签约落户丹徒新城。该项目总规划用地面积53.33公顷。计划建成约30万平方米的高标准研发办公空间，引进软件企业近200家，增加高科技就业岗位约1万人。预计项目运营后，实现年产值约30亿元、税收约2亿元。

【碧桂园镇江国际会议中心项目签约】　2012年9月23日，总投资50亿元的碧桂园镇江国际会议中心项目在广州签约，落户丹徒新城。该项目位于镇江市丹徒区张寺水库区域，扬溧高速以西，长香路以南，占地面积约250公顷。主要建设包括国际会务中心(含酒店)、高档住宅及基础设施、公建配套等，其中首期开发建设国际会务中心及商住用地约66.67公顷。

【丹徒首家留学人员创业园成立】　2012年9月，丹徒区首家留学人员创业园成立。该创业园位于丹徒高新技术产业园内，主要吸纳软件开发、新能源、新材料、光电子、生物医药等高新技术项目，吸引美国、日本、英国、法国、韩国等国家和地区10余名留学归国人员在园区创业，承担实施科技计划项目10余项，拥有专利20余件，获各类科技经费支持1000余万元。

【镇江市炎黄外国语学校落成】　2012年6月28日，镇江市炎黄外国语学校在丹徒新城落成。学校占地5.33公顷，两幢教学楼、一幢综合楼、一座风雨操场、两幢宿舍楼、一幢餐厅楼，建筑面积3.5万平方米。该校是九年一贯制民办学校，小学部设计规模为6轨，初中部设计规模为5轨，现有教师20人，学历本科及本科以上，多数是镇江市知名学校退休教师。校园有互联网计算机供教学、办公和学校管理用，教学设备符合江苏省中小学教育技术装备要求。

【程默摄影陈列室开展】　2012年10月12日，程默摄影资料捐赠暨程默摄影陈列室开展仪式在丹徒区宝堰镇新四军四县抗敌总会纪念馆举行，展出近年来程默捐赠丹徒的153张照片和部分实物。程默生于1916年，祖籍丹徒宝堰，是新中国第一代摄影师。他用相机真实记录抗日战争时期和解放战争时期各个前沿阵地的历史镜头，同时拍摄战争时期毛泽东、周恩来等党的领袖们工作生活场景。解放后负责拍摄重大时政活动，所拍资料被中国人民革命军事博物馆、重庆博物馆、延安纪念馆等收藏、展出。　(刘　芳)

京　口　区

【概况】　2012年，京口区总面积124.69平方公里，其中耕地1727.51公顷。辖6个街道以及京口工业园区、共青团农场、京露茶场，10个行政村、68个社区。年末常住人口39.37万人，123216户。全区有30个少数民族。实现地区生产总值355.56亿元，比上年增长12.6%。地方财政一般预算收入13.8亿元，增长18.4%。实际到位外资1.35亿美元。城镇居民人均可支配收入30495元，农民人均纯收入15900元，分别增长13%和16.5%。

【农业】　2012年，京口区农业适度规模经营总面积达933公顷。粮食总产14359吨，比上年下降4%。新增设施农业面积36公顷，新增蔬菜基地面积33公顷，新增入社农户12850户，吸引“三资”开发农业资金3.46亿元，实际利用外资1596万美元，农产品出口310.7万美元。全年出栏生猪2.30万头，出栏家禽76.3万羽；屠宰检疫牲畜20.05万头，上市肉品15037余吨。新增发酵床养猪示范场1个。发放各类支农惠农补贴资金379.60万元。完成小麦、油菜、水稻等农业保险2215公顷，涉及资金77.73万元。

【工业】　2012年，京口区63家规模工业企业累计实现总产值336.83亿元，比上年增长6.4%；实现销售收入320.48亿元，增长2.5%；实现利税23.91亿元，增长3.7%。实施总投资500万元以上项目285个，完成全社会固定资产投资218.86亿元，增长22.9%；新兴产业投资57.34亿元，增长78%。高新技术产业产值占规模工业产值比重达43.46%。

【第三产业】　2012年，京口区完成服务业增加值234.76亿元，比上年增长14.1%，占地区生产总值比重66%。完成服务业投资141.58亿元，增长20.8%，全社会消费品零售总额190.7亿元，增长15.9%。

【园区建设】　2012年，京口工业园区获批江苏省知识产权试点园区、省级科技创业园、镇江市特色产业集聚示范区。12月25日，爱励铝业航空航天及交通运输用大规格高强度铝合金板项目竣工试投产。港口产业园总投资25亿元的海工配套制造项目签约；新民洲公共码头一期开港，新民大道具备通车条件；被中国生物多样性与绿色发展基金会授予示范基地称号。现代农业产业园获批江苏省京口现代农业产业园区。

【科技人才】　2012年，京口区申报16大类的省、市级科技项目158项，为历年来最多的一次，争取科技无偿资助资金1976万元，科技成果风险补偿和专利质押贷款资金2000万元。组织申报并认定20家市级工程技术研究中心、2家省级工程技术研究中心，组织对28家大中型企业和高新技术企业进行研发机构建设培训和辅导，实现大中型企业研发机构建设的全覆盖。全年完成高新技术产业产值146.38亿元，占区域规模工业产值的比重43.46%。科研投入9.4亿元，占地区生产总值比重2.65%，继续保持全市第一。全年申报国家重点新产品5个、省高新技术产品33个。新认定5家高新技术企业、29家省级民营科技企业。全年专利申请总量1562件，授权总量1007件，专利申请和授权总量比上年分别增长14.94%和32.15%，其中发明专利申请423件，增长43.88%，PCT(专利合作条约)专利申请11件。全年万人发明专利拥有量达到27.03件。新增国家“千人计划”2名，总数4人；1个团队入选省“创新团队计划”；5人入选省“双创计划”；2人入选省“企业博士集聚计划”；1人入选省“科技企业家培育工程”；3人入选省“六大人才高峰”；1人入选省“333工程”科研培育项目；5个人才(团队)入选市“331计划”，连续三年均有项目入围重点资助。

【城市建设和管理】 2012年,京口区实施"三大改造"项目17个,累计拆迁48万平方米,完成粮山一组二组、东吴绿地广场等项目征收拆迁任务。建成交付安置房面积26.4万平方米,京岘家园安置房提前两个月封顶。新民洲农民新社区交付使用。完成学府路街景综合整治。实施垃圾一级清运体系改革,在全省首创实行环卫工人休息日制度,建成象山花园环卫公寓。完成桃花坞三区等老小区改造15万平方米,建成物业管理示范小区12个。新建象山花园、米山雅居菜市场,改造东风菜市场,建成新民洲邻里中心。

【环境保护】 2012年,京口区完成谏壁镇的环境综合整治;对老丹徒镇东部地区开展大气环境综合整治。加强户外广告管理,开展占道经营、渣土扬尘等专项治理,"大城管"考核保持领先。新增绿化造林面积75.87公顷,建成绿化示范村10个,林木覆盖率、绿化覆盖率分别达35.08%和42.5%。落实节能减排要求,关停搬迁小化工企业3家,单位GDP能耗累计下降4.36%。辖区内9家企业完成治理工程。完成化学需氧量减排90.48吨,氨氮减排4.09吨。全年创建省级绿色学校1个;省级绿色社区2个;市级绿色社区5个。

【就业保障】 2012年,京口区新增私营企业1523家、个体工商户1792户、注册资本84.2亿元。成功扶持大学生创业466户,带动就业2380人。建成创业孵化基地15个、24.4万平方米。全年社保扩面拉动基金3026万元,安置被征地农民477人。

【文教卫生】 2012年,京口区中山路中心幼儿园谏壁分园正式启用,中山路小学大禹山校区、优山美地幼儿园开工建设,基本完成校舍安全工程三年计划,通过"全国义务教育发展优质均衡区"省级验收,桃花坞小学"阳光体育"入选十八大"科学发展、成就辉煌"大型图片展。完成宗泽纪念公园一期修缮保护工程。举办"曹寅与镇江暨《红楼梦》程乙本刊行220周年学术研讨会"。完成《政区大典—京口篇》编纂工作。剧本《如此智慧》获全国第四届小戏小品曲艺大展赛剧本一等奖。全区各类卫生机构拥有床位3202张,每千人拥有医生3.7人。全年完成健康路街道社区卫生服务中心改扩建工程,国家级慢性病综合防控示范区通过现场考核评审。

【江一社区被授予全国文明单位称号】 2012年1月,京口区江滨新村第一社区被授予全国文明单位称号,这也是镇江市唯一获此殊荣的城市社区。江一社区始建于20世纪80年代,占地面积约35万平方米,拥有居民5000余户、2.3万余人。该社区以"文化立社区、和谐在滨江"为主题,以"思路创新、服务创新、文化先导、推动社区四个文明建设"为目标,开展创建活动。社区党委13个党支部按照"地缘""趣缘""业缘"的关系,在社区组建26个党小组,鼓励和引导党员发挥特长,创新活动,引领健康、向上、和谐的社区新风,举办"党员走上讲台讲理论""和煦清风"书画展、"户外党课"等活动,形成"滨江党建文化"。2012年7月,社区党委被中共中央表彰为全国先进基层党组织。中宣部及天津、上海、浙江等地相关单位先后到该社区视察参观。电视短片《社区党建的文化新旅》在中组部党建读物出版社公开发行。

【京口获批实施国家知识产权强县工程】 2012年4月,京口区被国家知识产权局批准实施国家知识产权强县(市、区)工程,这标志着到2015年,该区将形成一批拥有核心技术自主知识产权和知名品牌,成为知识产权优势县(市、区)。自2010年列入江苏省知识产权示范创建区以来,全区加大专利战略、品牌战略实施工作力度,完善知识产权管理保护机制,专利申请和授权量稳步提升。2011年全区共申请专利1359件,授权762件,PCT(专利合作条约)专利13件。

【新民洲港口产业园成为国家级示范基地】 2012年5月,新民洲港口产业园区正式获准成为中国生物多样性保护与绿色发展示范基地。中国生物多样性保护与绿色发展基金会,是专门从事生物多样性保护与绿色发展事业的非营利性公益组织。新民洲港口产业园位于长江北岸,毗邻京杭大运河与长江"十字口"交汇处。园区拥有5.38公里的长江深水岸线和22.5平方公里的腹地。园区建成320公顷有机稻米基地,160公顷良种繁育基地,86.67公顷钢架大棚设施农业基地,60.67公顷高档苗木基地,并建设14351平方米的综合服务中心。"田柔子"品牌有机米获得有机农产品认证,园区被江苏省农业委员会认定为江苏省无公害农产品基地。 (丁晓萍)

润　州　区

【概况】 2012年,润州区土地总面积132.68平方公里,其中耕地面积1489公顷,茶园面积222公顷,果园面积200公顷,另有淡水养殖面积766.7公顷。辖七里甸街道、蒋乔街道、官塘桥街道、宝塔路街道、和平路街道、金山街道、韦岗街道等7个街道,镇江市黄山园艺良种场、镇江市水产养殖试验场、润州茶场等3个场圃及江苏镇江润州工业园区,共15个行政村,51个社区。2012年末,总户数为10.19万户,户籍总人口为24.71万人,人口自然增长率为-5.3‰。全年完成地区生产总值251.2亿元,比上年增长12.8%;固定资产投资217.8亿元,增长22.5%;实际利用外资1.61亿美元,增长244.6%,公共财政预算收入19.396亿元,增长25%,城镇居民人均可支配收入30420元,增长14.8%。农村居民人均纯收入15632元,增长16.7%。规模以上工业投资、新兴产业投资、实际利用外资、居民人均纯收入增幅和服务业投资总量5项指标位居全市第一。

【农业】 2012年,润州区实现农林牧副渔增加值2.54亿元,新增高效设施农业40.67公顷,培训持证农民1082人。成功引进外资农业项目秀山城市农业园。新建农民专业合作社44个,总数达77个,新增入社农户11320户,全区农户入社率94.86%,二个农业专业合作社被评为省级"五好"合作社。实施沿江工程440米,改造塘坝8座,疏浚河道19条、25万立方米。全面完成2012年农业现代化指标任务,农业综合机械化水平84.6%,无公害绿色有机食品基地占耕地比重95.5%,林木覆盖率30%。

【工业】 2012年,润州区95家规模以上工业企业完成销售181.73亿元,比上年增长2.1%;利税17.23亿元,增长1.9%;

利润8.99亿元,下降11.3%。镇江船厂、韦岗铁矿销售均超20亿元,其中韦岗铁矿列入全市50强企业。船用设备与海工配套、工程机械、电子信息三大主导产业完成销售、利税、利润分别为106.95亿元、11.38亿元、5.84亿元,占规模工业比重分别达到58.85%、66.05%、64.96%。全年完成工业投资35.26亿元,增长40.4%。

【科技工作】 2012年,润州区组织申报各类科技项目107项,其中省级以上36项,市级71项。获得省级立项8项,市级立项22项,共争取扶持资金2534万元。全年完成专利申请1302件,其中发明专利申请216件,专利授权788件。怀特驱动等3家企业获批省高新技术企业,21项省高新技术产品得到认定,高新技术产业产值占规模工业产值比重33.5%。累计建成科技孵化基地40万平方米,中船设备技术中心被认定为国家级企业技术中心。

【外向型经济】 2012年,润州区新批三资企业18家(含增资),完成工商注册实际到位外资16092.8万美元,占年度计划211.7%,比上年增长244.6%,序时完成率和增幅均列全市第一。全年完成进出口总额9.96亿美元,其中进口2.04亿美元,出口7.92亿美元,增幅列全市前茅。全年完成服务外包执行额5500万美元,增长61.2%。外经合作实现对外投资额合计2919万美元,占年计划的739.8%,增长629.8%。

【园区建设】 2012年,润州工业园区升级为全市唯一的省级高新区。全区新兴产业主要以镇江高新区的核心区域(原润州工业园区)为载体,重点发展船用设备与海工配套、新能源与海水淡化及水再利用装备。新兴产业完成投资34.03亿元,比上年增长75.4%。(润志办)

【项目建设】 2012年,润州区46个亿元以上重点项目完成投资81.2亿元,实现"新上项目100%开工,续建项目70%竣工,所有项目达序时"的目标,其中12个市重点项目推进顺利,完成投资超计划22个百分点;普尔利斯环保分离设备项目从签约到开工仅用50天,创造大项目洽谈落户、开工建设的新速度。德国贝克尔船舶全球第一个制造基地落户园区,哈电通用风能、镇江船厂海工配套、华印夏普电路板等项目投产。

【社会事业】 2012年,润州区城镇新增就业17900人,实现农村劳动力转移825人,城镇登记失业率控制在3%以内,登记失业被征地农民就业率99.8%。城乡基本养老保障覆盖率98.6%,新建居家养老服务中心29家,发放尊老金522万元。区慈善总会获全省首家AAAA级社会团体称号。全年发放廉租房补贴414万元,完成实物配租127户。深化"两网化"建设,健全"社区、片长、网格长、志愿者"四级网格服务体系,在全省率先建设区级社会综合管理和服务平台,居家养老信息化服务试点取得实效。

【城市建设和管理】 2012年,润州区自主实施七里甸、二道沟、五洲山城中村改造,实施铁路三线、板桥安置房等市重点工程地块拆迁,"7+1"旧城改造涉及润州的5个项目全面启动。全年完成房屋拆迁4013户、103.6万平方米,拆迁总量全市第一。推进富润华庭四期、东篱春晓二期等区属安置房建设,竣工2428套、25.5万平方米。全年安置7700套、64.41万平方米,全面完成市下达的安置任务。高标准实施京沪高铁沿线环境整治和绿化工程。3个邻里之家、8个菜市场建成并投入使用,蒋乔公交首末站主体封顶。实施市容市貌整治,渣土扬尘得到遏制,防违治违工作不断加强。电力路等路段完成户外广告出新,整治规范马家山、五洲山等多处废品收购站,依法取缔南山路、桃西路、山巷、李家大山等马路市场。74条新建道路、街巷保洁实现"管干分离"。物业全覆盖水平不断提高,西柴院、东岳巷等小区完成改造。

【环境保护】 2012年,润州区安排工业减排单位5个,其中涉及大气污染物减排工程4个,涉及水污染减排工程4个。完成工业减排二氧化硫47.46吨,氮氧化物26.85吨,化学需氧量131.5吨,氨氮15.13吨。完成全区120个村庄环境整治任务,整治率、合格率全市第一。秋季秸秆实现"零焚烧",韦岗地区大气环境综合整治初见成效,区域生态环境继续优化。

【社区建设】 2012年,《润州区城乡社区网格化管理实施意见(试行)》颁发,对网格的划分、网格长的选聘、工作职责明确要求,深化社区网格化管理,重点加强网格长的日常管理和培训,设立120万元专项资金,对街道网格化管理工作和网格长工作实效进行考核。社区普遍建立社区工作人员、片长、楼幢长、社区民警、无职党员、物管公司人员、志愿者、居民代表等组成的高素质片楼长队伍,组建卫生服务团队、文体服务团队、司法援助团队等多支志愿者服务队,基本实现"24小时无缝管理"。全区54家社区、村申报市、区两级和谐示范社区。

【教育工作】 2012年,润州区以创建全国义务教育发展基本均衡区、全国学前教育改革发展示范区、省市义务教育优质均衡改革发展示范区为抓手,推进教育现代化建设。首创"民办园园长公办委派制",被中央电视台《新闻联播》、人民网等媒体刊播;首创义务教育优质均衡发展"片区合作模式",市政府刊发《专报》并获市领导批示在全市推广。率先在全市出台《润州区学生体艺2+1技能标准(试行)》,被江苏教育电视台等媒体予以报道。

【文化卫生】 2012年,润州区继续开展"送戏、送电影进农村(社区)"活动。全年送电影160余场、戏20余场、科普讲座8场。"家在润州"特色文化广场活动被评为江苏省第十届"五星工程奖"服务项目奖。创建"健康服务零距离"服务品牌,年末签约服务率在85%以上,社区门急诊比例稳定在全市门急诊量的55%以上;慢性病随访每年达4次以上;居民满意度第三方测评同比上升2个百分点以上。全区各社区卫生中心通过中国移动MAS系统,采取定期和相关活动日相结合的方式,向辖区内居民每月发送20000条健康服务信息,提高医疗卫生服务的可及性。居民医疗保险筹资标准提高至每人400元。成为全省首批15个、全市唯一的省级医改工作先进区。

【民主法制】 2012年,润州区建成全市首个平安法治文化主题公园。健全依法行政考核机制,优化权力阳光运行,简化规范行政权力事项。强化廉洁自律。全面落实廉政建设责任制,开展行政监察、财政监管和审计监督,全年审计59个项目。

【精神文明】 2012年,润州区围绕创建文明城市要求,成立学雷锋志愿者服务队,开展助困、助残、助老、助学,以及关爱自然等志愿服务活动,树立起"家捷帮""叨叨团""求助驿站""四点钟学校""爱心讲堂""平安锣""雷锋街""幸福老人1+3""帮帮团""康乃馨维权团"等一批志愿者服务品牌。全区共有6个文明行业、47家文明单位、9个文明村、33个文明社区建立学雷锋志愿者服务队。在文明单位、文明行业、文明社区中建立57个"道德讲堂",成为继市民学校后又一个教育阵地。"阳光娃"道德童谣体验馆、"娃娃党校"相继建成。"阳光娃"道德童谣体验馆被中央文明委评为全国未成年人思想道德建设"十大创新案例奖",成为第二届江苏省未成年人思想道德建设"十大品牌"之一。 (润志办)

丹 阳 市

【概况】 2012年,丹阳市总面积1047.44平方公里。辖14个镇(区),165个行政村、54个居委会。年末总人口81.1746万人。人口出生率8.72‰,死亡率12.16‰,自然增长率-3.44‰。实现地区生产总值830.51亿元,按可比价计算,增长13.1%;完成财政总收入118.16亿元,增长15.2%,完成地方财政一般预算收入50.09亿元,增长21.8%。全年居民消费价格指数102.27,上涨2.3%。创成全省首家省级军民结合产业基地,成为全国首家通过"国家知识产权示范城市创建市"验收的县级市,是全省首批10个省级公共文化服务体系示范区之一和全国首个国家旅游产业创新发展实验市。

【农业】 2012年,丹阳市完成农林牧渔业总产值63.89亿元,比上年增长15.3%。全年粮食种植面积7万公顷,比上年增长0.4%;油料种植面积4667公顷,下降5.1%。全年粮食总产量50.48万吨,增长1.8%;油料总产量1.11万吨,增长19.5%;蔬菜总产量24.30万吨,增长8.0%。全年生猪出栏22.66万头,增长3.0%;羊出栏1.42万只,增长2.9%;家禽出栏486万羽,增长5.7%;全年肉类总产量2.45万吨,增长3.7%;禽蛋产量8166吨,增长2.6%。全年水产品产量3.76万吨,增长0.7%。年末农业机械总动力达40.49万千瓦,增长5.2%。

【工业】 2012年,丹阳市实现工业总产值2305.96亿元,比上年增长18.6%。年末全市拥有年销售2000万元以上规模工业企业807家,规模工业完成工业增加值434.25亿元,增长15.5%,其中,国有企业工业增加值1.28亿元,集体企业工业增加值2.13亿元,有限责任公司工业增加值53.96亿元,股份有限公司工业增加值42.23亿元,外商及港澳台企业工业增加值115.7亿元,私营企业工业增加值217.45亿元。在规模以上工业中:重工业增加值351.80亿元,轻工业增加值82.45亿元,轻重工业比重由上年的19.54:80.46变化为19.0:81。全年工业用电量46.70亿千瓦时,增长2.4%。全年工业企业实现销售收入2086.25亿元,增长18.7%;实现利税总额161.55亿元,增长21.0%。其中,规模以上工业企业实现销售收入1899.27亿元,增长19.2%;工业产品产销率为98.4%;实现利税141.19亿元,增长19.9%;实现利润总额92.91亿元,增长20.7%。

【建筑业】 2012年,丹阳市拥有建筑资质企业104家,其中,一级资质企业3家,二级资质企业22家。全年完成建筑业增加值18.91亿元,按可比价比上年增长15.9%。全年建筑施工面积595.54万平方米,增长0.5%;竣工面积230.73万平方米,增长1.8%。完成房地产投资33.61亿元,增长41.3%;完成商品房施工面积358.94万平方米,增长29.1%,其中,住宅面积279.30万平方米,增长25.7%;完成商品房竣工面积89.12万平方米,增长42.6%,其中,住宅面积70.67万平方米,增长46.5%;全年实现商品房销售面积71.87万平方米,增长2.3%,其中,住宅面积64.14万平方米,增长10.4%;实现商品房销售额41.74亿元,增长5.2%,其中,住宅销售额36.49亿元,增长10.8%。

【固定资产投资】 2012年,丹阳市完成全社会固定资产投资395.41亿元,增长21.3%,其中,完成工业性投资280.47亿元,增长22.3%。全年完成规模以上固定资产投资280.53亿元,增长21.8%,其中,完成工业性投资217.91亿元,增长22.8%。在规模以上投资中:国有经济投资19.24亿元,增长12.4%;集体经济投资4.52亿元,下降35.5%;私营个体经济投资174.31亿元,增长12.6%;其他经济类型投资82.46亿元,增长56.3%。投资结构继续调整,在规模以上固定资产投资中,第一产业完成投资1.45亿元,增长5.8%;第二产业完成投资217.91亿元,增长22.8%;第三产业完成投资61.17亿元,增长20.6%。

【国内贸易】 2012年,丹阳市实现社会消费品零售总额201.13亿元,比上年增长15.7%,其中,城区实现消费品零售额131.40亿元,增长25.6%;农村实现消费品零售额69.73亿元,增长0.8%。按行业分,批发业实现零售额10.35亿元,零售业实现零售额169亿元,餐饮业实现零售额21.46亿元,住宿业实现零售额0.32亿元。年末全市拥有各类消费品市场45个,实现成交额136.14亿元,其中亿元市场7个,实现成交额72.10亿元。

【对外及港澳台经济】 2012年,丹阳市实现进出口总额26.51亿美元,比上年增长13.1%,其中,出口总额21.84亿美元,增长19.7%;进口总额4.67亿美元,下降10.2%。按贸易方式分,一般贸易出口19.28亿美元,增长24.9%;加工贸易出口2.56亿美元,下降8.9%。按企业性质分,"三资"企业完成出口10.31亿美元,增长1.5%;私营企业完成出口11.13亿美元,增长45.5%。按出口地区分,对美国出口5.45亿美元,增长23.8%,位居第一;对欧盟出口3.89亿美元,增长18.3%,位居第二;其余依次为日本、东盟组织、韩国、印度、中国香港、中国台湾、澳大利亚等。全年新批外商投资项目51个,比上年增加12个;注册合同外资7.28亿美元,增长59.0%;实际利用外资4.83亿美元,增长79.9%。全年共完成劳务合作合同额1709万美元,增长1.9%;完成承包劳务合作营业额1664万美元,增长5.2%;当年新派劳务688人,比上年增长13.9%;年末在外人数1697人,下降3.6%。

【交通邮电】　2012年,丹阳市完成客运量2723万人次,比上年增长10.5%;客运周转量16.91亿人公里,下降4.0%;全年完成货运量3101万吨,增长18.3%;货运周转量18.50亿吨公里,增长19.3%;港口吞吐量746.5万吨,比上年增长9.8%。年末全市公路总里程2096.19公里,其中,高速公路42.56公里,一级公路272.03公里,二级公路344.79公里。全市民用汽车保有量8.90万辆,增长22.3%,其中私人汽车保有量6.30万辆,增长23.6%。全年实现邮政业务总量8944万元,增长20.8%。全年实现电信业务总量7.13亿元,增长0.9%;实现电信业务收入6.42亿元,下降3.9%。年末拥有电话用户固定电话用户28.37万户,年末移动电话用户91.18万户,国际互联网用户达15.63万户。

【金融保险】　2012年,丹阳市年末金融机构各项存款余额733亿元,比年初增长22.9%,其中,城乡居民储蓄存款余额373.82亿元,增长18.5%。年末金融机构各项贷款余额600.82亿元,增长27.4%,其中,短期贷款451.57亿元,增长35.8%;中长期贷款138.43亿元,增长6.1%。个人住房、汽车、教育等消费贷款达59.68亿元,增长12.7%。全年保费收入15.44亿元,比上年增长4.7%,其中,财产保险保费收入4.36亿元,增长29.0%;人寿保险保费收入11.08亿元,下降2.5%。保险业务赔款和给付3.99亿元,增长12.1%,其中,财产保险赔付2.19亿元,增长24.4%;人寿保险赔付1.80亿元,与上年持平。

【科学技术】　2012年,丹阳市实施各类科技计划项目266项,其中科技部级11项,省级154项,获镇江市以上科技进步奖23项。新增省级以上高新技术企业21家,累计达70家;新创高新技术产品49个,累计达235个。全年高新技术产业产值达755.03亿元,占规模工业总产值比重达40.3%。全年专利申请量2123件,比上年下降32.8%,其中发明专利1186件,增长158.4%;全年授权专利1216件,增长0.1%,其中发明专利103件,增长83.9%。

【教育】　2012年,丹阳市拥有普通中学31所,高中在校学生14729人,初中在校学生21165人;有小学27所,在校学生45756人;中等学校3所,在校学生4706人。全市各类学校教职员工8791人,其中专任教师7871人。全市小学入学率、巩固率、毕业率、升学率均为100%;初中入学率、巩固率、毕业率、升学率分别达100%、99.9%、99.9%、98.4%。全市高考本科录取人数占全市人口的比例为4.2‰,职校学生对口高考本科达线率20.2%。

【文化卫生体育】　2012年,丹阳市有文化馆(站)14个,公共图书馆1个、藏书35.58万册。有业余文艺队213个,演出场数260场次,观众75万人次。全市有文物保护单位109个,其中,国家级11个,省级9个,镇江市级11个。全市数字有线电视用户25万户;《丹阳日报》年发行量3万份。有卫生机构170个,其中医院、卫生院21个,疾病预防控制中心、妇幼保健站各1个,卫生防疫机构1个。有卫生技术人员2948人,其中执业医师和执业助理医师1675人。全市有医疗标准床位2721张。有体育场10个,体育馆11个,标准足球场18个,400米跑道20个,有游泳池8个、乒乓球房107个,篮球场890个,排球场28个。

【城市建设】　2012年,丹阳市城市建成区面积25.57平方公里。城市维护建设资金支出8.48亿元,比上年增长10.7%。人均拥有道路面积达18.18平方米,人均公园绿地面积9.66平方米,建成区绿化覆盖率40.6%;年污水处理总量2338万吨;市区道路总长度469.7公里,道路面积622.68万平方米,拥有路灯2.31万盏。年末供水管道长度473.28公里,全年供水总量达3437.06万立方米;全市天然气供气管道483.88公里,供气总量9471万立方米,天然气用气人口达18.8万人。全市城乡居民生活用电量5.80亿千瓦时,比上年增长16.9%,其中城市居民生活用电1.67亿千瓦时,增长18.0%。

【环境保护】　2012年,丹阳市环保投入占地区生产总值的比重3.75%,全市所有镇都通过生态镇的验收。全年二级以上空气质量天数348天,工业废水排放达标率100%,工业废水重复利用率87.9%,工业固体废物综合利用率99.9%。城镇污水集中处理率85%,生活垃圾无害化处理率100%。

【人民生活】　2012年,丹阳市城乡从业人员60.74万人,其中第一产业8.75万人,第二产业36.76万人,第三产业15.23万人。城镇登记失业率为2.5%。全市城镇企业职工基本养老保险参保人数21.54万人,覆盖面98.1%;基本医疗保险参保人数18.62万人,覆盖面98%;失业保险人员参保人数10.09万人,覆盖面97%。新农保参保人数14.11万人,参加农村合作医疗的人数61.06万人。2012年确定低保对象9790人,其中城市1519人,农村8271人。全市非私营企业城镇在岗职工平均工资45869元,增长12.5%。城镇居民人均可支配收入30120元,增长13.1%;人均生活消费支出16136元,增长15.4%。农民人均纯收入15171元,比上年增长13.0%;人均生活消费支出11722元,增长13.2%。城市居民住宅人均建筑面积40.9平方米,农村居民人均住房使用面积61平方米。

【温家宝考察丹阳】　2012年7月7日,中共中央政治局常委、国务院总理温家宝在江苏调研经济工作时到丹阳市考察。国务委员兼国务院秘书长马凯,江苏省委书记罗志军、省长李学勇,镇江及丹阳市领导张敬华、朱晓明、童国祥、裔玉乾等陪同考察。当天上午,温家宝到丹阳市民营高科技企业恒神纤维材料公司,现场考察碳化分厂生产线和企业产品陈列室。考察中,温家宝认真询问恒神公司的有关情况,向陪同人员了解碳纤维产品的生产工艺、技术水平等情况。温家宝强调,要加快碳纤维自主研发和产业化进程,碳纤维的研究一定要和市场应用相结合,着力研究碳纤维产品的后续应用和开发,尽快使产品占领市场,实现碳纤维产业的可持续发展。考察结束后,温家宝与工人亲切握手、交谈。　　(史志办)

句容市

【概况】 2012年，句容市总面积1385平方公里，其中耕地面积46985公顷。2012年，年末常住人口62.22万人，比上年末增加0.31万人；户籍总人口58.84万人，比上年末减少0.07万人；人口出生率8.57‰，人口死亡率9.61‰。全市有31个少数民族。辖9个镇、5个管委会、1个社区办，46个社区居委会、153个建制村。实现地区生产总值336.86亿元，比上年增长12.5%。其中，第一产业增加值31.71亿元，增长5.2%；第二产业增加值177.89亿元，增长13.9%；第三产业增加值127.26亿元，增长12.1%。人均地区生产总值（按常住人口计算）54140元，增加6966元。三次产业增加值比例由上年的9.4∶54.1∶36.5调整为9.4∶52.8∶37.8。服务业增加值占地区生产总值比重38.8%，比上年提高1.3个百分点。实现财政总收入60.03亿元，增长20.07%。其中，公共财政预算收入25.02亿元，增长22.02%。城镇化率51.1%，比上年提高1.5个百分点。城镇居民人均可支配收入29626元；农村居民人均纯收入达到13235元，增加1543元，增长13.2%；城镇居民人均住房建筑面积为41.21平方米，农村居民人均住房使用面积为46平方米。

【农业】 2012年，句容市实现农业总产值48.83亿元，比上年增长15.3%。农业增加值31.71亿元，增长5.2%。粮食实现“九连增”，油菜总产量3.40万吨，增长54.5%；秋粮稻谷平均单产602公斤/亩；稻谷总产26.98万吨，增长8.1%。粮食亩产达485.3公斤，增长6.5%。白兔现代农业园通过省级考核验收，天王有机农业产业园进入省级评审阶段，创成7个镇江市级园区。新增高效农业面积7067公顷。建成4个国家级、5个省级、17个镇江市级农业标准示范区；新增无公害食品、绿色食品、有机食品159个。新增各类农民合作社218家，创成全国首批农民林业专业合作社典型示范县，建成2个省级重点农产品批发市场。

【工业】 2012年，句容市规模以上工业完成总产值893.4亿元，比上年增长21.0%；实现销售收入872.03亿元，增长19.1%；实现利税总额83.17亿元，增长19.6%；实现利润总额39.83亿元，增长15.2%。新增规模以上工业企业70家，销售10亿元以上企业达到6家。全年规模工业综合能源消费量69.30万吨标准煤，增长1.97%。新增国家高新技术企业7家、省民营科技企业40家、省高新技术产品86个，高新技术产业实现产值288.67亿元，增长38.42%。新兴产业59家，实现销售收入217.1亿元，增长31.04%；利税20.47亿元，增长41.08%；利润9.61亿元，增长57.37%。

【建筑业和房地产】 2012年，句容市有资质建筑企业65家，比上年减少2家。完成建筑业总产值52.25亿元，下降0.4%；房屋竣工面积182.83万平方米，竣工率为49.0%。房屋施工面积334.0平方米，增长3.1%。商品房销售面积110.0万平方米，增长27.2%。其中，住宅销售面积105.5万平方米，增长15.3%。商品房销售总额63.72亿元，增长22.2%。其中，住宅销售额59.50亿元，增长22.7%。商品房销售均价5792元/平方米。其中，住宅销售均价5643元/平方米，增长2.23%。

【固定资产投资】 2012年，句容市固定资产完成投资174.39亿元，比上年增长22.7%。其中，工业完成投资96.02亿元，增长20.4%；第三产业完成投资77.21亿元，增长26.2%。新兴产业投资完成43.92亿元，增长19.3%。服务业产业完成投资19.74亿元，增长239.0%。一产、二产、三产占全部投资比重分别为0.7%、55.1%、44.2%。华电等亿元以上大项目完成投资112.7亿元，增长51.2%。亿元以上项目投资占全部投资额的比重为64.6%。房地产完成投资43.3亿元，增长82.3%。

【服务业】 2012年，句容市实现服务业增加值130.70亿元，比上年增长12.1%。其中，农林牧渔服务业实现增加值3.44亿元，增长11.2%；交通运输、仓储和邮政业实现增加值18.15亿元，增长13.8%；批发和零售业实现增加值22.67亿元，增长13.1%；住宿和餐饮业实现增加值9.83亿元，增长13.8%；金融业实现增加值6.09亿元，增长19.4%；房地产业实现增加值16.77亿元，增长16.4%；其他服务业实现增加值53.75亿元，增长9.1%。新改建各类农家店289家、农贸市场2家，建成五星级标准酒店2家。

【国内贸易】 2012年，句容市实现社会消费品零售总额92.7亿元，比上年增长14.5%。城镇消费品零售额70.9亿元，增长12.7%；乡村消费品零售额21.8亿元，增长20.7%。住宿餐饮业实现零售额13.2亿元，增长31.7%。

【开放型经济】 2012年，句容市实际利用外资4.26亿美元，比上年下降0.5%。完成进出口总额6.10亿美元，增长15.4%。其中，出口额4.45美元，增长15.6%。机电、高新技术产品出口值分别占出口总额的22.6%和16.8%，新发展服务外包企业6家，完成服务外包执行额5091万美元，增长125%。

【交通运输业】 2012年，句容市公路总里程达2412公里。其中，高速公路52公里。实现公路客运量、公路货运量、水上货运量分别为2089万人、1994万吨和213万吨。宁句轨道交通规划获得国家发改委正式批复，启动建设疏港公路城区至沪宁高速段；104国道句容段拓宽改造工程扫尾，122省道快速化改造句容段全线通车；建成农村公路100公里，改造农村桥梁66座；市客运枢纽主体工程进入装修阶段。年末民用汽车拥有量27822辆。其中，私人汽车拥有量19731辆，比上年净增3653辆，增长22.7%。

【邮电通信业】 2012年，句容市完成邮电业务总量4.28亿元。其中，邮政业务总量0.48亿元；电信业务总量3.8亿元。完成邮电业务收入3.41亿元。年末拥有邮政局（所）24处；拥有固定电话用户27.06万户。移动电话用户48.38万户，互联网用户8.52万户，分别增长0.5%、29.3%。

【休闲旅游业】 2012年，句容市接待国内外游客1330万人次,实现旅游收入 133 亿元。南部旅游板块生态休闲功能完善,茅山风景区创建国家 AAAAA 级风景区,在建三星级以上标准酒店 11 家,茅山养生馆落户,获全国健康养生示范区称号,茅山湖旅游度假区跻身省级;赤山湖省级湿地公园完成岛区景观绿化工程。建成生态绿道 100 多公里,乡村旅游农家示范户 20 家,江苏农博园创成全国休闲农业与乡村旅游五星级园区,天王镇戴庄村、后白镇西冯村被评为江苏最具魅力休闲乡村。

【金融业】 2012 年,句容市金融机构完成各项存款余额 326.94 亿元,比上年增长 21.33%。其中,居民储蓄存款余额 176.45 亿元,增长 20.51%;各项贷款余额 217.49 亿元,增长 28.3%。实现保费收入 6.71 亿元,下降 1.8%。

【科技创新】 2012 年,句容市新增企业院士工作站 4 家、"千人计划"专家工作站 2 家、省工程技术研究中心 4 家;工业企业申请专利 2896 件。研究与发展活动经费占地区生产总值比重 1.80%,比上年提高 0.12 个百分点。建华管桩创成国家级土木工程材料协同创新中心,边城镇创成省创新型乡镇。

【文化体育卫生】 2012 年,句容市有文化馆(站)11 个,博物馆 1 个,电影院 3 个,图书馆 1 个,体育场馆 42 个,各种娱乐设施 82 个。推进特色文化广场及城区"10 分钟健身圈"建设,组织文化惠民活动 50 场,举办首届秦淮花灯展、句容历史名人展和社区邻里节。实施有线电视数字化工程,整转城乡用户 10.5 万户。拥有卫生机构 187 个,卫生人员 2675 人,医院床位数 1525 张。在镇江率先完成基层医疗卫生机构综合改革,建成国家标准疾控中心主体工程,与南京主要医院签订即时结报服务协议,全市首家民营医院仁义医院签约落户。

【城市建设】 2012 年,句容市初步完成《句容市城市总体规划(2010~2030)》,编制 20 个重点示范村和京沪高铁沿线环境整治规划。完成城区拆迁 20 万平方米,45 平方公里范围内的道路框架基本形成。基本完成城市综合体项目前期拆迁工程,垃圾焚烧发电项目正式签约,秸秆发电项目获省发改委立项。对葛仙小区、梅花小区等 5 个老旧小区进行升级改造,完成房家坝、肖杆河等重点区域绿化工程,城市建成区绿化覆盖率 41.12%,绿地率 39.78%。5 个居住区被评为省园林式居住区。投入 3.8 亿元,完成 670 个村庄环境整治,创成全国绿化模范市,建成村庄绿化省级示范村 17 个,绿化造林 1253 公顷,林木覆盖率 28.45%。

【生态建设】 2012 年,句容市顺利通过国家生态市考核验收,获得国家环保模范城市授牌。在农村推进分散式生活污水处理试点,创成国家级生态村 2 家、省级 3 家、镇江市级 30 家;茅山风景区潘冲村被评为江苏 20 个"最美乡村"之一。完成南河、中河、句容河上游段治理;完成农村自来水入户改造 12 万户,基本实现区域化供水。铺设燃气管道 58.7 公里,新建和疏通下水管道 45 公里。

【平安建设】 2012 年,句容市城乡社区"一委一居一站一办"服务管理模式实现全覆盖。在全国首创企业职工工资备付金制度,建立公检法打击恶意欠薪联动机制。完善多元化大调解格局,创成镇江唯一一家省级规范化调处服务中心。全年调处各类社会矛盾纠纷 2700 余件,开展信访矛盾排查化解工作,成为全省上访数量下降最明显的地区。全年未发生重特大安全生产事故。获全省放心消费宣传教育工作先进市称号。

（丁　阁）

扬　中　市

【概况】 2012 年,扬中市总面积为 331 平方公里,辖 4 个镇、2 个街道、1 个开发区。年末全市户籍人口 28.08 万人,比上年末增加 0.07 万人,其中男性人口 13.79 万人,女性人口 14.29 万人。全年人口出生率 9.98‰,上升 1.56 个千分点;死亡率 8.95‰,上升 1.12 个千分点;人口自然增长率 1.03‰。全市实现地区生产总值 360.20 亿元,按可比价计算,增长 14.2%。其中第一产业增加值 11.27 亿元,增长 4.7%;第二产业增加值 202.69 亿元,增长 15.4%;第三产业增加值 146.24 亿元,增长 13.2%。人均地区生产总值 10.63 万元(按常住人口计算),增长 14.1%。三次产业构成由 2011 年的 3.3∶57.3∶39.4 调整为 2012 年的 3.1∶56.3∶40.6,地方一般预算收入占地区生产总值比重为 6.2%。全年新办民营企业 953 家,新办个体工商户 1818 户,新增注册资本 80.1 亿元,吸纳民资 115.19 亿元。2012 年 1 月 17 日,扬中市被江苏省委、省政府表彰为江苏省文明城市。

【农业】 2012 年,扬中市完成农、林、牧、渔业总产值 14.74 亿元,比上年增长 13.9%。其中种植业产值 8.89 亿元,增长 16.5%;林业产值 0.71 亿元,增长 16.4%;牧业产值 2.78 亿元,增长 10.8%;渔业产值 2.36 亿元,增长 15.7%。粮食种植面积 1.42 万公顷,与上年持平;粮食总产量 11.02 万吨,增长 0.8%,其中秋粮产量 7.26 万吨,增长 3.0%。油料种植面积 0.68 千公顷,增长 6.3%,油料总产量 0.15 万吨,增长 31.4%。蔬菜面积 3260 公顷,增加 1100 公顷。在主要农产品中,肉类产量 9585 吨,增长 4.45%;出栏家禽 99.6 万羽,增长 2.2%;蛋类产量 3194 吨,增长 7.4%;水产品总产量 6806 吨,增长 0.8%。全年完成绿化造林面积 384.5 公顷,四旁植树 32 万株,完善提高农田林网 193.3 公顷;实施森林抚育面积 500 公顷,新建围庄林 66.7 公顷,全市林木覆盖率为 17.53%。全年投入 1.17 亿元开展水利建设和水环境整治。完成土方 366 万立方米、石方 23.32 万立方米、砼方 2.13 万立方米;新建沿江沿港排涝泵站 7 座,翻建 23 座,整建排水沟道 35 条;新建机耕桥 106 座,翻建涵洞 60 座,维修加固 32 座,新建固定提水灌溉泵站 61 座,砼防渗衬砌渠道 35.16 公里。全年农用化肥施用量 4329 吨,比上年下降 8.0%;农膜使用量 151 吨,下降 3.2%;农药使用量 302 吨,下降 5.6%;农用柴油使用量 494 吨,下降 5.9%。

【工业】 2012 年,扬中市工业企业实现产值 1073.06 亿元,比上年增长 23.75%,其中定报工业实现产值 871.54 亿元,增长 17.62%;完成工业增加值 295.14 亿元,增长 23.97%,其中定报工业完成增加值 208.88 亿元,增长 15.0%。工业企业实现销售收入972.92亿元,增长23.68%,其中定报工业实现销售收入833.03亿元,增长17.66%;实现利税111.21亿元,增长23.64%,其中定报工业实现利税94.47亿元,增长18.53%。全年全社会用电量13.7亿千瓦小时,增长2.57%,其中工业用电量9.99亿千瓦时,下降3.17%。全市工程电器、新能源、装备制造三大支柱产业规模791亿元,占规模工业比重90.8%。工程电器产业规模533亿元,比上年增长19.1%;装备制造业产业规模90亿元,其龙头企业龙源港机制造年销售突破28亿元,增幅超50%,生产港机158台。全年光伏产业实现产值148.5亿元,增长14.7%,生产硅片6.21亿片,形成发电能力2597兆瓦。全市销售亿元以上工业企业有102家,10亿元以上企业17家。"三十强"企业实现销售547.9亿元,占规模工业的比重为65.8%。全市高新技术产业规模为627.5亿元,占规模工业的比重为72.0%,比上年上升2.9个百分点。

【建筑业和房地产】 2012年,扬中市有资质建筑企业31家,全年实现建筑业总产值17.3亿元,比上年增长13.1%。房屋建筑施工面积111.6万平方米,其中年内新开工面积69.1万平方米。全市有工作量的房地产企业17家,全年完成商品房施工面积73.1万平方米,比上年下降2.7%;商品房竣工面积10.7万平方米,下降40.6%;商品房销售面积16.1万平方米,下降22.6%,其中住宅面积11.6万平方米,下降18.3%;商品房销售额10.7亿元,下降16.4%,其中住宅销售额6.8亿元,下降15.0%。

【固定资产投资】 2012年,扬中市完成固定资产投资147.03亿元,比上年增长23.2%。其中工业投资120.97亿元,增长21.0%;新兴产业投资112.63亿元,增长53.7%;文化产业投资4.6亿元,增长80.7%;亿元以上项目投资109.26亿元,增长15.5%;城镇规模投资67.5亿元,增长6.8%;农村规模投资79.5亿元,增长39.8%;房地产投资14.06亿元,增长29.6%。在固定资产投资中,第一产业投资0.06亿元,下降64.7%;第二产业投资120.97亿元,增长21.0%;第三产业投资26.0亿元,增长31.1%。

【国内贸易】 2012年,扬中市全年实现社会消费品零售总额89.76亿元,比上年增长15.8%。其中城市消费品零售额84.26亿元,增长17.6%农村消费品零售额5.5亿元,下降6.4%;批发零售贸易业零售额77.32亿元,增长13.6%;住宿餐饮业零售额12.44亿元,增长31.4%;限额以上批发零售贸易企业实现商品销售额38.45亿元,增长36.1%。

【开放型经济】 2012年,扬中市完成进出口总额10.2亿美元,比上年增长14.0%,其中出口9.01亿美元,增长53%;进口1.19亿美元,下降78.22%。在出口总额中,生产企业出口1.05亿美元,增长18.66%;三资企业出口2.42亿美元,增长5.3%;实际利用外资1.67亿美元,下降13.3%;服务外包合同额0.49亿美元,增长57%。

【交通运输邮电】 2012年,扬中市完成客运量2179万人,比上年增长18.9%,客运周转量134599万人公里,增长19.5%;货运量807万吨,增长18.7%,货运周转量44698万吨公里,增长19.3%;水运量35万吨,增长12.9%;水运周转量9106万吨公里,增长19.4%。年末全市公路里程为1000公里。全年邮电业务实现收入1.48亿元,比上年增长3.5%。其中邮政业务收入0.36亿元,增长10.06%;电信业务收入1.1亿元,与上年持平。年末全市有邮政局(所)13处,邮政线路总长度为1971公里;全市电话普及率为每百户411部,移动电话用户40万户,每千人国际互联网用户722个。

【财政金融保险】 2012年,扬中市完成财政总收入55.97亿元,比上年增长7.46%,其中公共财政预算收入22.57亿元,增长15.20%。全年财政支出42.89亿元,增长9.92%,其中公共财政预算支出25.36亿元,增长14.34%。城乡公共服务支出占公共财政预算收入的比重67.79%。全市年末社会融资总量491.30亿元,比年初增加91.25亿元,年末金融机构各项存款余额353.44亿元,增加56.7亿元,城乡居民储蓄存款余额199.30亿元,增加34.75亿元;年末全市金融机构各项贷款余额240.39亿元,增加44.57亿元,其中短期贷款增加40.98亿元。全市有保险企业24家,全年保费收入7.35亿元,比上年增长4.54%。财产险收入1.41亿元,增长9.8%;人身险收入5.94亿元,增长34.0%。赔付额1.69亿元,比上年增长4.8%,其中财产险赔付0.76亿元,增长21.5%;人身险赔付0.93亿元,增长5.8%。

【科学技术】 2012年,扬中市获得国家、省级科技项目88项,其中国家科技重大专项1项,科技部创新基金项目13项,省重大成果转化资金项目12项。新增高新技术企业16家,高新技术企业产品47项,高新技术产业产值占比全省领先。申请专利1791件,其中发明专利458件;专利授权1106件,其中发明专利授权76件;万人发明专利拥有量7.8件。新增9家省级工程技术研究中心,新建省级院士工作站1家,通过江苏省知识产权示范市验收,获批江苏省创新型试点城市。全年获批国家"千人计划"2项,省"双创"7项,省"博士集聚计划"5项,省科技创新团队2项。

【教育工作】 2012年,扬中市在全省率先推出《扬中市农村幼儿园在园幼儿免费一年教育实施办法》,农村幼儿一年免费保教,学前教育毛入学率98.2%;九年义务教育人口覆盖率100%;初中毕业生升学率99.6%。全市有小学12所,教学点2个,340个教学班,在校学生数13745人,教职工总数1068人,专任教师951人。全市有中学10所,其中完全中学1所,初级中学6所,高级中学2所,九年一贯制学校1所;初中教学班167个,在校学生数6170人,高中教学班107个,在校学生数4205人;教职工总数1471人,专任教师1261人。

【文化体育】 2012年,扬中市奥体中心土建工程加快推进,装饰工程前期准备工作有序展开;江州西路沿线文化馆亮化改造工程竣工;国少队曲棍球训练房改造工程完工。继续实施"十分钟文体健身圈"建设,全市建成体育公园2个、健身工程点14个,全市人均拥有公共文化体育设施面积2.66平方米,跃居全省县市先进行列。有线电视双向化改造2.32万户,数字电视整转率达90%;举办千人排舞大赛、全国青少年女子曲棍球锦标赛等大型体育赛事;全年为基层义务演出43场,为农家书屋捐赠图书8220册,免费为基层群众放映影片近1000场。开通"12318"文化市场举报电话,接受社会和群众的监督。全年出动执法人员3980人次,检查各类经营场所1078家次,收缴盗版音像制品1954张(盘),收缴非法出版物522册,查处违规网吧5家,取缔无证照电子游戏经营场所3家,取缔各类无证摊点15个,收缴地面卫星接收设施97件。

【卫生保健】 2012年,扬中市基层医疗卫生服务体系建设基本完成,在镇江市范围内率先实现村卫生室标准化建设示范乡镇全覆盖;基层卫生信息系统通过全省首批评审,创卫工作通过省级部门考核验收。全市累计建立居民健康档案29.8万份,建档率为88.9%,规范管理高血压病人3.5万人,规范管理率95.1%,完成65岁以上老人体检3.78万人,体检率96.2%。全市实施农村孕产妇住院分娩补助2077人,累计补助金额83.08万元,开展适龄妇女"两癌"筛查3.12万人,完成全年任务的104%,完成40岁到60岁高危人群上消化道肿瘤筛查2384例,患者全部得到及时治疗。全市拥有各类卫生机构74个,卫生机构床位数845张。卫生技术人员1280人,其中医生696人,注册护士517人。全年医疗机构完成业务收入3.51亿元、门急诊167.27万人次、住院23.57万床日,分别比上年增长14.33%、6.13%和11.18%。

【城建环保】 2012年,扬中市奥体中心土建项目全部结束,西来桥与主岛供水并网工程过江段管道建成,陆域管网建设基本结束,滨江新城供水管网、238省道改线供水管网二期工程、城市干道路灯改造工程以及公共租赁房项目全部竣工,自来水备用水源工程按照新方案加快建设。维修改造城区11条干道、6个住宅小区路灯设施,新装路灯389座,更换灯杆120座。55%以上的村庄完成整治任务,创建三星级"康居乡村"8个,建成分散式污水处理设施15处。成功创建国家级生态市,连续两年入选全国十佳"资源节约型,环境友好型"中小城市。全市5个镇、街道全部获得国家级生态镇命名,在镇江市首家实现国家级生态镇全覆盖;21个村获得江苏省生态村命名,35个村获得镇江市生态村命名,镇江市级以上生态村比例为89%。建成PM2.5空气自动检测站并投入运行,长江河段水质始终稳定在二级以上,三类以上地表水比例为100%,全年大气空气质量优良率保持在97%以上。

【人民生活】 2012年,扬中市城镇居民人均可支配收入33442元,比上年增长13.0%;人均消费性支出18008元,增长11.2%。城镇居民人均住房建筑面积54.95平方米。每百户城镇居民家庭拥有电脑106台、电话399部、小汽车30辆。全年农村居民人均纯收入16631元,增长13.2%;人均生活消费支出10518元。

【社会保障】 2012年,扬中市企业养老保险参保人数8.8万人,覆盖面98.9%,城乡居民养老保险参保人数6.22万人,覆盖面99.3%,机关事业单位养老保险参保人数0.92万人;职工基本医疗保险参保人数9.8万人,覆盖面98.9%,居民基本医疗保险参保人数17.78万人,覆盖面99%;失业保险参保人数4.6万人,覆盖面98.9%;生育保险参保人数4.8万人,覆盖面98.9%。城镇低保由每人每月380元调至440元,农村低保由每人每月330元调至380元。全年发放低保金705万元,低保对象3666人。发放重残救助金1007万元,重残救助对象2665人。全市有社会福利院1个,福利院床位数150张,供养145人;敬老院6个,敬老院床位数915张,供养981人;民办养老机构15个,床位数580张,入住老人348人。

【扬中获江苏省文明城市称号】 2012年1月17日,扬中市被江苏省委、省政府表彰为江苏省文明城市。创建活动中,扬中市组织开展"清洁城市、共创文明""关爱生命、文明出行""文明城市大巡访"等系列创建活动,启动实施市容环境、交通秩序、校园周边等专项集中整治,推动全市经济建设、政治建设、文化建设和社会建设全面发展,城市面貌发生显著变化。

(李东东)

南通市

【自然地理】 南通市位于长江入海口北翼、江苏省东南端,西和泰州市毗临,北与盐城市接壤,东北濒黄海,南临长江,三面环水,形似半岛。向南则分别通过苏通大桥、崇启大桥两条跨江通道与苏州市、上海市相连。全市辖区面积8001平方公里,其中市区面积1706平方公里。拥有江海岸线380.48公里,其中长江岸线164.63公里,海岸线215.85公里。

【建置沿革】 今南通境域按地理变化和历史渊源大致分为北、南两部。今南通北部的海安、如皋一带,春秋战国时期历属吴、越、楚等国地域,东晋义熙七年(411年)置宁海县,属广陵郡,这是海安地区建县之始。今南通南部旧称通海地区。五代十国时姚氏家族统治胡逗洲(今南通城区)。后周显德五年(958年),周世宗克南唐静海,改为通州,上隶扬州,领静海、海门两县,这是通州建州之始。自此以后至清军入关(1644年),除一度属淮南东路外,通州基本属扬州(扬州路、扬州府)管辖。

清顺治元年(1644年),清军入关。次年七月南下占领通州。康熙十一年(1672年),海门废县为乡,并入通州。雍正二年(1724年),通州升为直隶州,隶属于江苏布政使司,领泰兴、如皋两县。乾隆二十六年(1761年),改属江宁布政使司。乾隆三十三年(1768年),割通州19沙、崇明11沙及新涨的天南等41沙设海门直隶厅。

清宣统三年九月十八日(1911年11月8日),通州官绅响应武昌起义,宣告通州脱离清王朝统治,次日成立隶属中华民国(北洋政府)的军政分府及民政署。民国元年(1912年),江苏临时省议会决议通州废州设县,改称南通县,行政区划同宣统时的13市、8乡。民国十六年(1927年)5月,国民革命军(北伐军)抵南通,推翻北洋政府南通县知事公署,成立中华民国(南京国民政府)南通县政府,属江苏省政府管辖。民国二十三年(1934年),江苏省行政第七区(后改为第四区)专员公署设于南通城,下辖南通、如皋、海门、启东、崇明等县。1938年3月,日本侵略军侵占南通城,建立伪政权,南通县政府先后迁至金沙、北兴桥,专员公署先后迁至马塘、掘港。

1940年11月,新四军东进通如海启地区,随即按照“三三制”原则建立南通、如皋、海门、启东四县抗日民主政府。1941年3月,成立苏中第四行政区专员公署,1945年12月和1946年8月先后建立苏皖边区第一、第九行政区专员公署。

1945年8月,日本军国主义宣布投降。再经过3年半的解放战争,至1949年2月,南通城解放。华中行政办事处决定,划南通城、唐闸镇、天生港镇、陆洪闸和近郊农村成立南通市,隶属苏皖边区第九行政区,行署机关驻南通市。当年5月,第九行政区改称苏北南通行政区。1950年5月,南通市升格为苏北行署直辖市。1953年1月起,南通市为江苏省辖市,同时建有南通区(同年4月起改称专区,1978年7月起改为地区)。其中“市”管辖城区、郊区,专区(地区)管辖海安、如皋、如东、南通、海门、启东、崇明等县(其中崇明于1958年11月划归上海)。地、市并行的体制一直延续到80年代初。1983年3月,国务院决定,撤销南通地区行政公署,原行署所辖六县归南通市领导,市管县的体制延续至今。

【行政区划】 南通市区有崇川区、港闸区、通州区和富民港办事处(与南通市经济技术开发区管委会合署),下辖海安县、如东县、如皋市、海门市、启东市。2012年,全市有乡镇84个(其中乡2个)、街道23个,村民委员会1368个,居民委员会554个。

【人口】 2012年末,全市总人口(户籍)765.20万人,比2011年增加0.32万人,其中市区211.88万人,比2011年末增加0.13万人。男女性别比例有所调整,其中男性人口377.78万人,比上年减少0.23万人,占总人口的49.37%,女性人口387.42万人,占总人口的50.63%。全市家庭总户数281.22万户,比2011年减少1.54万户,户均人口为2.72人/户。2012年,全市出生人口5.66万人,比2011年增加0.49万人,人口出生率为7.40‰,比2011年上升0.60个千分点。全市死亡人口6.77万人,比2011年增加0.88万人,死亡率达到8.85‰,比2011年上升1.14个千分点。

【民族】 南通市为多民族杂居地区,汉族人口占全市常住人口的99.7%以上;有少数民族52个,2.2万余人,约占全市常住人口的0.29%。据2010年第六次全国人口普查数据,千人以上的少数民族有苗族(5589人)、土家族(3120人)、侗族(2901人)、布依族(2209人)、彝族(1475人)、回族(1285人);百人以上的少数民族有壮族(869人)、满族(660人)、蒙古族(582人)、藏族(420人)、白族(360人)、瑶族(338人)、傣族(319人)、朝鲜族(284人)、水族(153人)、仡佬族(134人)黎族(114人)、维吾尔族(113人)、畲族(112人)、傈僳族(109人)。未识别的民族240人。外国人加入中国籍11人。

【资源环境】 南通位于江海交汇处,全境为不同时期形成的河相海相沉积平原。平原辽阔、水网密布是其显著特征。黏土资源是重要的建材来源,不断淤涨的江海滩涂为经济发展提供宝贵的土地后备资源。

南通独具江海河水产资源,江鲜、海鲜、河鲜汇于一地。拥有鮰鱼、刀鱼、河豚“长江三鲜”。长江及内河重要淡水鱼种有中华鲟、鳜鱼、凤鲚、银鱼、河鳗及青、草、鳙、鲤、鲫、鯿等家养鱼。全国六大中心渔港之一的吕四港及东灶港、洋口港等渔港出产大量海鲜,主要品种有文蛤、黄鱼、鲳鱼、带鱼、梅子鱼、梭子蟹等。特色畜禽品种狼山鸡、江海土猪、海门山羊已注册“通农三宝”品牌。沙地香芋也是本地独有的农产品。

南通市是山水旅游城市,又是以“中国近代第一城”著称的历史文化名城。主城区景区主要有:国家AAAAA级濠河风景名胜区,在碧波荡漾中一览第一城风采;国家AAAA级狼山风景名胜区,登上中国佛教八小名山之首的狼山,既可观赏长江最宽处美景,又可感受佛教文化的魅力。新兴景点还有城市绿谷、江海民俗生态文化博览园等。位于县区的景点有海安的青墩文化遗址和七战七捷纪念馆、如皋的水绘园和东方大寿星园、如东的洋口港滨海景观带、启东的圆陀角、海门的蛎蚜山、通州的石港渔湾等。

【产业特色】 南通因江海冲积平原的自然地理特点,盐业生产历史有2000多年,种植、养殖等农业生产历史悠久,自古有江北水乡、粮棉故里之称。十九世纪末、二十世纪初,民族实业家张謇兴办纺织企业,将纺纱织布这一传统手工业提升到机器大生产的新阶段。新中国成立后通过第一个五年计划的实施,奠定了工业化的基础。20世纪80年代初,南通市区工业经济效益在全国220个城市中名列前茅,被评为“明星城市”。90年代起,通过深化企业改革,经济发展的活力进一步焕发,国民经济的外向度不断提高。随着一批造船、冶金、精细化工等企业的兴办,南通工业改变传统以轻纺为主的格局。进入21世纪后,南通经济持续进行结构调整,产业逐步转型升级。全市形成船舶海工、新能源及装备、电子信息、石油化工、纺织服装、轻工食品六大主导产业,这些产业板块年产值均突破千亿元。大力培育海洋工程装备、新能源、新材料、生物医药、智能装备、节能环保六大新兴产业。2012年全市新兴产业产值达2573.7亿元。现代服务业与先进制造业互动并进,现代物流、信息服务、金融保险等生产性服务业发展势头良好。南通成为海工与船舶产业国家新型工业化产业示范基地和集聚标准化示范区、国家船舶出口基地,成为世界三大家纺产品集散中心之一。　(通　鉴)

崇　川　区

【概况】 崇川区为南通市的主城区,总面积99.98平方公里,2012年常住人口69.12万人,下辖10个街道。境内有老城区商贸中心、新城区政治文化中心、中国十大港口之一的南通港和狼山、濠河两个风景名胜区,是全市人口最密集,生产要素最集中,城市化水平最高的区域。2012年,崇川区围绕“率先现代化,再造新崇川”目标,开展“项目落实年”行动,经济社会发展呈现稳中有进的良好态势。全年地区生产总值470.02亿元,比上年增长11%;财政一般预算收入56.8亿元,比上年增长12%,税收占比90%,总量和税收占比均列全市各县(市、区)第一;全社会固定资产投资突破301.21亿元,增长19.9%;外贸进出口70亿美元,总量全市第一;社会消费品零售总额245亿元,增长14%,总量全市第一;文化产业增加值突破20亿元,占GDP比重超过4%,全市第一。

【经济转型升级】 投资结构不断优化。工业技改投入占比达81.8%;服务业完成投资258亿元,比上年增长23.8%,占全部固定资产投资的86%(其中非房地产投资增长56%),总量和占比均列全市第一。经济质态持续提升。服务业占地区生产总值之比为58%,比上年提高1.5个百分点;高新技术产业产值占比34%,比上年提高2.5个百分点。规模以上工业企业销售利润率11.2%,居全市各县(市、区)第一。重点企业龙头地位得到巩固。南通醋酸纤维应税销售首次突破40亿元,中远川崎应税销售继续超过60亿元。中远川崎、南通醋酸纤维获省级“两化融合”示范企业称号。恒通混凝土等5家企业新进亿元企业行列,帝豪装饰在天交所上市,新增创投和股权投资机构6家。第三产业重点企业运行良好。文峰大世界销售额超过23亿元,文峰集团纳税达到2.6亿元。光明云媒获得省级现代服务业发展专项引导资金。南大街荣获省级“特色商业示范街”称号。文化产业增加值超过20亿元,占地区生产总值比重超过4%。

【重大项目建设】 2012年,全区完成工业投资43.01亿元,其中技术改造投入占全部工业投入的80.9%。完成服务业投资258.17亿元,比上年增长23.9%,占全区固定资产投资的85.7%。房地产开发投资额为151.3亿元,比上年增长9.6%。非房地产服务业项目投资增速强劲,完成投入106.87亿元,比上年增长52.7%。重点项目有序推进,南通醋酸纤维五期投入试生产,通能精机热加工中心投入设备安装,金通灵压缩机项目开始主体施工,农副产品物流中心一期部分营业、二期土地成功出让,龙源风电总部开工,圆融广场、观音山纺织服装交易中心(一期)等一批新开工项目施工顺利,江海通物流、中华园林大观园、民博园二期实现签约,工农路东侧、现代生活广场西侧等8宗地块成功挂牌出让,通吕运河物流交易中心控制性规划获得批准。

【城市开发建设】 加快观音山新城、五山地区、新城区等中心城市重点区域建设。征收安置全面提速,全年拆迁230万平方米,新开工建设安置房230万平方米,安置拆迁居民5503户。观音山新城开发全面启动,万阳广场、大润发旗舰店、观音山水街等一批重大项目签约。通启路高架竣工通车,通京大道全线贯通,崇川路东延等拟开工道路稳步推进。新城区建设加速,星光耀广场、汇金国际广场、新光百货大楼施工顺利,新世界广场开工建设,电子商务物流园正在开展前期工作。主城西区开发取得进展,任港半岛RBD规划方案抓紧完善,任港路西延工程完工,长江路高架通车,希尔国际大酒店改扩建工程正式启动,外环西路与任港路交叉处商业圈初具规模。加快老城区改造,出让安置地块10个,加快推进17个安置房项目建设,完成紫东花苑、新港花苑、毓秀二期等安置房项目,安置拆迁户5503户。加快老小区改造,200幢楼宇出新工程完工,学田千禧园等3个小区895个机动车停车位已建成。

【社会事业建设】 统筹社会建设和事业发展,获评全国学校德育工作创新先行区、省尊老敬老先进区,通过省级知识产权示范区、慢性病综合防控示范区验收。发展教育事业,均衡教育资源。通师一附新校区交付使用,崇川学校落成,五山小学四期、韩湘坝小学开工。加快建设“10分钟健身圈”,新增42套健身路径,东城区全民健身中心项目顺利推进。推进医疗卫生升级工程,文峰、任港社区卫生服务中心改造完工,区疾控中心、口腔医院等项目顺利推进。健全社会保障,实现社会保险扩面征缴1300万元,城乡居民养老保险参保率达96%以上,2万余名被征地农民按月领取退休金。居家养老呼叫系统不断完善,区呼叫中心项目稳步推进。加强社会管理创新。区政务中心投入使用,建设聚贤公寓、区惠民服务中心等。开展环境污染、农民工欠薪等领域听证对话活动37场,引导社会成员依法表达利益诉求。优化外来人口服务和管理,在新市民集中居住点推行社区化服务。（通 鉴 崇川区委办）

港闸区

【概况】 港闸区位于南通市主城区北翼。全区总面积134平方公里,辖6个街道和1个省级开发区。2012年年末户籍人口为19.04万人。2012年,港闸区以“城市建设提升年、服务经济加速年”为主线,抓好40项重点工作,全区经济继续保持平稳较快发展,各项社会事业取得进步。全年实现地区生产总值231.38亿元,按可比价计算,增长10.6%,人均地区生产总值达121533元。全区财政一般预算收入27.66亿元,比上年增长15.1%。全年城镇居民家庭人均可支配收入28292元,农村居民人均纯收入14920元,分别增长12.7%和16.3%。

【经济发展】 农业 2012年,港闸区实现农林牧渔业总产值4.22亿元。全年粮食种植面积5.74万亩,减少1.57万亩;油料种植面积1.04万亩,减少114亩;蔬菜种植面积2.27万亩,增加579亩。全年粮食产量2.28万吨,油料产量2347吨,蔬菜产量5.10万吨,牛奶产量5760吨。生猪饲养量4.99万头,年末存栏1.29万头;家禽饲养量69万羽,年末存栏19万羽;淡水鱼产量1199吨。万顷良田工程一期农田基础设施配套到位,二期完成土地复垦,落实种植单位9家。

工业和建筑业 2012年,港闸区完成全部工业增加值146.1亿元,按可比价计算,比上年增长9%。其中,规模以上工业增加值94.9亿元,增长8.9%。规模以上工业实现总产值433.54亿元,比上年下降7.5%。其中,船舶制造业产值187.24亿元下降16.7%。全区规模以上工业主营业务收入424.22亿元,比上年下降8.6%;规模以上工业利润总额25.62亿元,比上年增长10.4%。

全年建筑业实现增加值19.08亿元,按可比价计算比上年增长9%。具有资质等级的总承包和专业承包建筑企业实现施工产值150.06亿元,比上年增长15.6%。全年建筑企业承建施工面积1525.9万平方米,比上年增长11.4%;竣工面积689.8万平方米,比上年增长29.3%。

国内贸易 全年实现社会消费品零售总额84.0亿元,比上年增长15.7%,其中限额以上零售额54.79亿元,增长12.8%。批发业零售额11.61亿元,下降8.0%;零售业零售额69.79亿元,增长20.5%,住宿业零售额0.35亿元,增长36.4%,餐饮业零售额2.24亿元,增长25.6%。全区限额以上汽车企业实现零售额44.66亿元,比上年增长13%。全社会商品销售总额314.93亿元,比上年增长9.7%,其中限额以上218.61亿元,增长0.5%。

对外及对港澳台经济 全年海关进出口总额25.21亿美元,比上年增长0.3%。其中,出口20.63亿美元,增长0.8%;进口4.58亿美元,下降1.9%。在出口额中,纺织品出口5.95亿美元,增长3.3%,机电产品出口12.68亿美元,下降2.7%;高新技术产品出口1.27亿美元,增长181%。全年新批外资项目8个,增资4个,工商登记注册外资2.56亿美元,经商务部确认的实际到账注册外资1.32亿美元。全年新批超千万美元以上项目6个,工商登记注册外资额2.44亿美元,占全区注册外资总额的95.5%。全年新签对外承包工程和劳务合作合同金额1339万美元,完成营业额642万美元,新派出人员288人,期末在外人数353人。

【城市建设】 全年共实施城建项目96项,累计投入资金87亿元。区级续建项目齐心路西延、幸福街道东侧地块南侧规划路东延等5个项目建成通车,新建项目幸福竖河西侧路南延等9个项目建成通车;市级项目外环北路快速化改造西段、高墩圩桥立交、永兴大道西延(含大桥)等26个项目工程建成通车。全年共完成绿化造林面积3118亩。建设龙潭公园、江海大道景观、通宁大道景观、芦泾路西侧绿地等重点景观项目7个,新增仓基坝港、五里树一河、五里树二河等河道生态绿线3公里,江海大道芦泾路、长泰路等绿色通道近16公里。新建绿化示范村2个。

【社会保障】 全区2.63万名被征地农民纳入企业职工养老保险,1.87万名被征地农民按期享受养老保险待遇。城乡低保一体化,标准均提高至480元/月。百岁老人长寿金补助标准300元/月。五保供养标准提高至每人每年6415元,较上年提高27.9%。建成“一站式”服务平台26个,免费为特殊老年人发放“一键通”电话机3730部。网格化管理服务体系基本形成。全年新开工建设安置房156万平方米,竣工安置房128.54万平方米。（褚 炎）

通州区

【概况】 南通市通州区位于南通市域中部,三面环绕南通中心城区,东临黄海,海岸线长15.97公里;西、南濒长江,江岸线长10.77公里。2012年末,通州区辖建制镇19个,高新技术产业开发区1个,街道办事处4个,户籍人口125.73万人。2012年,通州区实现地区生产总值680.12亿元,比上年增长12.1%;财政总收入121.95亿元。城镇居民人均可支配收入29648元,农村居民人均纯收入14090元,分别增长12.5%、12.8%。各项社会事业全面发展,2012年度,获“中国建筑之乡”“全国粮食生产先进县(农场)”“绿色江苏建设植树造林先进县(市、区)”等称号。

【经济发展】 农业 新建扩建规模以上农业项目145个,投资额达15.2亿元。大力培育发展特色产业,“一村一品”专业村发展到65个,其中年内新增5个。刘桥镇长岸村(出口蔬菜)、五接镇开沙镇(长江鱼)被评为省首批“一村一品”示范专业村。

工业 规模以上工业企业完成总产值1455.58亿元。引进瑞典宜家、德尔福、住友商事和新日铁4个世界500强企业项目,华电热电联产项目落户,甬金金属(一期)、国内单体最大的50万吨啤酒项目建成。床上用品基地成功创建国家外贸转型升级专业型示范基地(全省唯一)。建成省院士工作站5家、国家级博士后科研工作站6家。

建筑业 完成建筑业总产值831.44亿元,在建施工面积8817万平方米。新晋升一级资质企业3家。全年获省级以上优质工程42项，其中鲁班奖3项（累计达46项），国优工程奖2项，詹天佑奖2项，中国安装之星奖2项，全国工程装饰奖3项。通州区以综合考评第一的成绩获“中国建筑之乡”称号。

对外及对港澳台经济　实现自营进出口总额26.03亿美元，比上年增长6.0%。其中出口总额23.22亿美元，增长8.3%；进口总额2.81亿美元，下降9.7%。全年注册外资实际到账2.31亿美元，为上年的2.9倍。全年完成外经合同额1.76亿美元，营业额1.65亿美元，新派劳务人数1116人，分别增长16.2%、10.8%和39.0%。

国内贸易　实现社会消费品零售总额237.18亿元，比上年增长13.8%。重点在建旅游项目12个，包括度假区、景区、星级饭店、基础设施等，计划总投资42.60亿元。开展旅游主题活动4次。全年实现旅游总收入26.30亿元，比上年增长18.5%；接待国内外游客213.35万人次。

【区划调整】　3月20日，南通市人民政府发文决定，通州滨海新区、三余镇由南通滨海园区代管，行政区域仍隶属通州区。

【家纺电子商务平台运营】　18日，由南通微纺电子商务有限公司打造的中国家纺电子商务平台——“www.中国家纺.cn”正式上线运营。该电子商务平台是一个集行业新闻媒体与家纺电子商务为一体的多元化功能性网络服务平台，其中的“3D家纺城”可让世界各地的家纺产品采购商实现网上实景式选购，并在交易平台上完成交易。

海　安　县

【概况】　2012年，海安县总面积1108平方公里，辖10个镇、3个国营场圃。年末总人口93.87万人。全县地区生产总值480.14亿元，比上年增长12.2%。全年完成财政总收入100.14亿元，比上年增长38.3%；一般预算收入28.5亿元，比上年增长38.9%。

【经济发展】　农业　2012年，海安县实现农林牧渔业总产值（现行价）87.57亿元，按可比价计算，比上年增长4.7%。被认定为第二批国家现代农业示范区。粮食生产连续9年实现增产，总产63.29万吨，单产534公斤/亩，名列全省第一批8个“亩产吨粮县”之首，被省政府表彰为全省粮食生产先进县。全县生猪饲养量135.27万头，家禽饲养量3696万羽，山羊饲养量98.93万头，肉类总产9.58万吨，禽蛋总产23.15万吨。海安县跻身全国蔬菜生产重点县，全县蔬菜总产54.63万吨。

工业　全县工业总产值2180.21亿元，比上年增长13.4%。其中规模以上工业产值1234.55亿元，比上年增长16.4%。全年完成规模以上工业增加值285.33亿元，比上年增长15.3%。全县完成工业投入229.8亿元，比上年增长16.8%，增速列南通各县（市、区）第一。完成工业设备投入28亿元。全年超亿元企业145家，较2011年增加37家。联发集团开票销售超40亿元。

建筑业　全县建筑业总产值672.3亿元，比上年增长24.6%，建筑业增加值超130亿元。建筑业企业所得税和个人所得税本地入库达4.8亿元，比上年增长29.7%。

服务业　全县完成服务业增加值186亿元，比上年增长14.2%，服务业占地区生产总值比重38.8%，比上年提高1.9个百分点。完成服务业规模以上投入92.6亿元，比上年增长48.4%。全年完成社会消费品零售总额180.86亿元，比上年增长16.3%；实现物流业增加值25亿元，比上年增长12%。全县服务业实现税收收入23.44亿元，比上年增长40.15%。现代物流成为全省样板，建成省级服务业集聚区1个，市级服务业集聚区5个。实现国内旅游收入28.36亿元、外汇收入503.67万美元，分别比上年增长14.4%、5.6%。523文化产业主题公园被评为国家AAA级旅游景区，镇海禅寺、凤山书院被评为国家AA级旅游景区。

对外及对港澳台经济　全年完成新批注册外资5.79亿美元，新批注册外资实际到账2.52亿美元。完成进出口总额14.99亿美元，其中出口总额12.79亿美元。全年新签外经合同额14538万美元，实现对外劳务营业额7977万美元。

【海安经济开发区晋升国家级】　2012年7月30日，国务院批准江苏海安经济开发区升级为国家级开发区，成为江苏长江以北第一家落户县级城市的国家级开发区。8月18日，海安县召开江苏海安经济开发区晋升国家级经济技术开发区庆祝大会，并提出三年奋斗目标（详见卷首“专文”）。

【海安县成为“中国建筑之乡”】　2月1日，海安“中国建筑之乡”授牌大会在江苏省海安中学举行。海安县成为江苏省第一个、全国第七个“中国建筑之乡”。省住房和城乡建设厅、省建筑工程管理局、中国建筑业协会及海安县有关领导出席授牌仪式。2012年，全县超亿元企业39家，其中超10亿元企业11家，超20亿元企业7家。特级、一级高资质企业建筑业总产值占全县建筑经济总量的80%以上。苏中集团综合实力居江苏百强建筑企业第一位。

【海安县被列为国家现代农业示范区】　2月1日，农业部网站公布第二批国家现代农业示范区名单，海安榜上有名，南通市仅此一家。2011年江苏省农业基本现代化进程监测报告显示，海安县综合得分79.27分，在参加监测的67个县（市、区）中排名第四。年内编制完成《海安县国家现代农业示范区总体规划（2012～2020）》，通过省级专家组评审，提交农业部。

【以色列现代农业科技园项目落户海安】　5月30日，海安（以色列）农业科技园项目签约仪式在上海光大国际大酒店举行。项目投资方为以色列ICH现代农业投资公司，总投资4500万美元，占地46.67公顷，选址白甸镇丁华村。项目分三期建设，首期工程建设饲养100万羽母鸡的标准化养殖场和能孵25万羽雏鸡的标准化孵禽场，同时建设饲料厂、蛋品包装厂以及鸡粪综合利用发电厂等。　（周宏文　季陈娟）

海　门　市

【概况】　2012年末，海门市总面积1148.77平方公里，实有耕地5.98万公顷，下辖3个街道、8个镇、1个乡。年末，全市户籍人口99.97万人，比2011年末减少245人。2012年，全市实现地区生产总值663.10亿元,按可比价计算,比2011年增长12.0%。人均地区生产总值73490元,比2011年增长12.7%。全市实现财政总收入122.09亿元,比上年增长17.8%。其中地方一般预算收入51.61亿元,增长21.9%。12月,海门市召开行政区划调整工作动员大会,根据省政府批复和南通市政府通知,原20个乡镇撤并为3个街道、8个镇和1个乡。

【经济发展】 农业 全市完成农林牧渔业总产值73.70亿元,比上年增长5.2%。其中农业产值36.85亿元,增长2.1%;林业产值0.54亿元,增长1.81%;牧业产值10.3亿元,增长2.0%;渔业产值18亿元,增长2.4%。农民人均纯收入15162元,比上年增长12.7%。年内新建钢架大棚面积1.12万亩,高效设施农业面积达到28万亩,占比突破31%;高效设施渔业面积新增3700亩,总面积达到3.29万亩,占比22.85%。连续第六年获得"江苏省现代高效农业先进县"称号。

工业 全年完成规模以上工业增加值318.49亿元,比上年增长15.2%。工业骨干企业219家,比上年净增20家。219家骨干企业全年实现应税销售366.6亿元,比上年增长10%,占全部工业应税销售的72.8%。219家骨干企业实现入库税金18.2亿元,比上年增长11.2%,占全市工业入库税金总额的75.1%。工业经济的产业结构持续优化。实现高新技术产业产值612.1亿元,比上年增长12.2%,总量占规模以上工业比重47.5%。全市103家规模以上新兴产业重点企业实现产值358.4亿元,比上年增长22.8%,增幅高出规模以上工业产值7.8个百分点,总量占规模以上工业25.3%。先进装备制造业实现产值614.4亿元,比上年增长16.5%,占规模以上工业比重43.4%。创新能力明显提升。全市80%以上的骨干企业与大专院校、科研院所建立产学研联合体,骨干企业全部建立研发中心。

建筑业 全年完成建筑业增加值61.85亿元,比上年增长3.5%。建筑企业全年完成建筑业总产值860亿元,比上年增长28.0%;施工面积9736万平方米,比上年增长10.6%;竣工面积2056万平方米。全市建筑施工人数24万人,全员劳动生产率人均35.68万元,比上年提高11.2%。全年获得鲁班奖2个、国优工程5项、詹天佑奖1项、全国建筑工程装饰奖2项、全国钢结构金奖1项、全国安装之星奖1项,获奖总量创历年之最。12月25日,海门市被中国建筑业协会评为"中国建筑之乡"。

固定资产投资 全年完成全社会固定资产投资完成额370.86亿元,比2011年增长23.4%。其中,第一产业投资1.07亿元,增长2.8%;第二产业投资263.29亿元,增长15.0%;第三产业投资106.51亿元,增长50.9%。

国内贸易及服务业 全年社会消费品零售总额235.66亿元,比上年增长16.1%。其中,限额以上批发零售贸易业零售额48.2亿元,增长13.3%,年末全市共有成交额超亿元的商品交易市场17个,成交额达506.54亿元。10月,海门叠石桥国际家纺城获批国家AAAA级旅游景区。

对外及对港澳台经济 全市完成进出口总额15.84亿美元,比上年增长28.6%。其中出口总额11.38亿美元,比上年增长22.0%;进口总额4.46亿美元,比上年增长49.3%。全年新增三资企业27家;新批增资项目16个,工商登记注册外资1.87亿美元,注册外资实际到账1.14亿美元。全市新签对外承包劳务合同额2.06亿美元,比上年增长10.8%。全市对外劳务实现营业额3.73亿美元,比上年增长13.7%;新派出国劳务2583人,比上年增长33.4%。海门经济开发区在省商务厅组织的全省开发区科学发展综合评比中,再次名列省级开发区第一。

【城市建设】 全年完成征收(拆迁)总面积42万平方米,拆迁户数3000户。完成安置房竣工10个地块,面积60.61万平方米;完成安置房开工13个地块,面积93.83万平方米。全年城市维护建设资金支出11.5亿元。城市建成区面积21.64平方公里,城市化水平达53.04%。全面启动园林城市创建工作,开始实施城区绿化面积测绘工作。市区12家单位获得省级园林式单位和居住区称号。2012年,海门市蝉联"中国宜居宜业典范城市"。

【海门金花节】 4月7日,第十七届中国海门金花节暨江海开发经济合作洽谈会举行。期间,签约外资项目42个,总投资7.87亿美元;内资项目92个,总投资202.45亿元。其中,总投资超过5亿元的项目10个,超1亿美元项目2个。全市集中开工超亿元项目46个,总投资252.33亿元。

【东灶港5万吨级通用码头试运行】 7月28日,东灶港5万吨级通用码头举行试运行仪式。该码头是南通沿海第一个具备5万吨级兼顾10万吨级通航条件的通用码头,也是南通沿海离岸最近、可实现海河联运的万吨级码头。

【社会管理创新】 2012年,海门市扎实推进十大社会管理创新工程。围绕整体深化要求,推进40个具体项目。围绕基础为重要求,从政策、体制、机制、待遇、经费等方面推进落实,促使优质资源向基层拓展。围绕"培育特色"要求,重点打造社会稳定评价指数、社区网格化服务管理、轻微交通事故快速调处中心等一批具有海门特色的社会管理品牌。先后被南通市委、市政府评为社会管理创新先进县(市),被国家行政学院和北京国际城市发展研究院确立为社会管理创新教学科研基地,被国际城市论坛组委会评为2012年中国城市社会管理进步奖。

(薛卫菊)

启 东 市

【概况】 2012年末,启东市辖11个镇、1个乡、2个省级开发区。

户籍总人口112.38万人,比上年减少265人。全年完成地区生产总值589.14亿元,比上年增长11.8%。其中,第一产业增加值61.48亿元,增长4.5%;第二产业增加值306.09亿元,增长12.7%,其中工业增加值240.62亿元,增长13.0%;第三产业增加值221.57亿元,增长12.4%。全市按户籍人口和常住人口计算的人均地区生产总值分别为52417元和61127元。县域经济基本竞争力跃升至第39位,比上一届提升4个位次,县域相对富裕程度和竞争力等级均达到A+级。

【经济发展】 农业　2012 年,全市完成农林牧渔业总产值 108.91 亿元,比上年增长 4.5%。其中,农业产值完成 37.92 亿元,增长 2.8%;林业产值完成 0.61 亿元,增长 1.8%;牧业产值完成 11.34 亿元,增长 8.1%;渔业产值完成 52.96 亿元,增长 2.2%;农林牧渔服务业产值完成 6.08 亿元,增长 34.9%。

工业　2012 年,全市规模以上工业企业实现工业增加值 265.14 亿元,比上年增长 14.9%。全市实现规模以上工业总产值 1201.74 亿元,比上年增长 16.3%。其中高新技术产业产值 473.12 亿元,增长 4.6%,占全市规模以上工业总产值的比重达 39.4%;新兴产业实现产值 358.02 亿元,占全市规模以上工业总产值的比重达 29.8%。全市规模以上工业企业实现主营业务收入 1153.56 亿元、利税总额 107.97 亿元,利润总额 68.66 亿元;实现全部工业应税销售 509 亿元、规模工业入库税收 26.02 亿元。

建筑业　全年实现建筑业总产值 566.89 亿元,比上年增长 27.4%。全年房屋建筑施工面积 6129 万平方米,比上年增长 43.8%;房屋建筑竣工面积 1709 万平方米,比上年增长 28.6%。

固定资产投资　全年完成全社会固定资产投资 359.53 亿元,比上年增长 18.7%。其中:第一产业完成投资 0.93 亿元;第二产业完成投资 255.42 亿元,比上年增长 9.4%;第三产业完成投资 103.18 亿元,比上年增长 48.4%。全市实施亿元以上项目 89 个,亿元以上项目平均单体规模 4.9 亿元,大项目个数、规模均创历史新高。

国内贸易　全年实现社会消费品零售总额 227.31 亿元,比上年增长 15.6%。从地区看,城镇消费品市场实现零售额 153.60 亿元,比上年增长 16.2%;乡村消费品市场实现零售额 73.71 亿元,比上年增长 14.3%。全市年成交额亿元以上的商品交易市场 10 家,交易金额达到 38.39 亿元,比上年增长 2.7%。

开放型经济　2012 年,全市新批工商登记注册外资 5.39 亿美元,注册外资实际到账 2.39 亿美元;新批外资项目 25 个,平均单体规模 1558 万美元。2012 年全市实现进出口总额 20.28 亿美元,比上年下降 18.6%。其中出口 14.43 亿美元,比上年下降 21.1%。从出口商品市场看,对亚洲、欧洲、北美洲三大主体市场,全年完成出口值 12.90 亿美元,占全市出口总值的比重达到 89.5%。

【港口建设】 吕四港经济开发区获批省级开发区。环抱式港池规划方案获交通运输部、省政府联合批复,区域用海项目环评通过核准,港池一道堤全面合龙。渔港扩建工程纳入省"十二五"渔港建设规划并上报国家发改委。渔港经济区吹沙造陆工程全面完工,内港池码头及护岸工程完成工程量的 75%,两闸外迁主体工程基本完工。新材料产业园水、电、通信等公辅设施加快建设,主干道基本建成。塘芦港建港条件可行性论证通过专家评审,协兴港港道开挖和新建船闸完工。国家一类开放口岸申报工作进入部委联审会签阶段,口岸临时开放再度获批,开放码头增至 9 座;口岸联检单位基础设施加快建设,海事大楼、边检大楼结构封顶。

【科技创新】 高新技术产业快速发展,高新技术产业实现产值 494 亿元,占规模工业的 41.2%;全社会研发投入 13.4 亿元,占地区生产总值比重达 2.2%。孵化器建设全面提速,科技孵化器总面积增至 31 万平方米,在孵企业 242 家。新建成省级院士工作站 1 家、省级以上企业工程技术研究中心 3 家。科技成果加速转化,组织实施产学研合作项目 165 项;新增省级以上高新技术产品 149 个、省高新技术企业 21 家。国家知识产权强县、省知识产权示范市建设深入推进,发明专利授权 201 件。

【生态建设】 国家卫生城市创建通过国家级暗访,国家环保模范城市创建通过国家级技术评估,国家生态市创建进入国家级迎查评估阶段。村庄环境整治成效显著,214 个村完成整治,62 个村建成二星级"康居乡村"。农村环境实现长效管理,15 个垃圾中转站运转有序,11 个污水处理厂增加污水管网 50 公里。全面实施十大绿化造林工程,新增城镇绿地面积 70 万平方米、农村成片林 3.2 万亩。

【经贸节会】 4 月 24 ~ 25 日,中国 · 启东第五届江海文化节暨国际经贸洽谈会举办。200 余名中外客商参加节会。期间,全市新签约项目 98 个。其中外资项目 33 个,总投资 10.2 亿美元,协议注册外资 4.95 亿美元;内资项目 65 个,总投资 129.5 亿元,协议注册资金 29.77 亿元。投资规模最大外资项目为上海福柯实业有限公司的特种汽车制造项目,总投资 1.5 亿美元;投资规模最大的内资项目为中国 863 软件(上海)基地的软件园开发项目,总投资 10 亿元。

10 月 24 ~ 25 日,2012 年中国 · 启东科技节暨沿海开发经贸洽谈会在启东举行。127 名中外客商出席节会。期间,全市共签约招商项目 56 个,总投资 72.76 亿元。其中,内资项目 35 个,总投资 43.11 亿元;外资项目 21 个,总投资 4.6 亿美元。颁证颁照项目 21 个,其中外资项目 7 个、内资项目 14 个。24 个重大项目进行集中签约。 (陆金红)

如 东 县

【概况】 2012 年末,如东县辖 14 个镇、47 个居民委员会、214 个村民委员会。全县户籍人口 104.60 万人,比上年末减少 1553 人,人口自然增长率 -3.64‰。全县全年实现地区生产总值 478 亿元,比上年增长 11.9%。其中,第一产业增加值 56.56 亿元,增长 4.6%;第二产业增加值 243.03 亿元,增长 12.7%;第三产业增加值 178.41 亿元,增长 12.9%。人均地区生产总值 4.84 万元,增长 12.9%。三次产业增加值比例为 11.8∶50.9∶37.3。实现财政总收入 80.36 亿元,比上年增长 22.2%;公共财政预算收入 32.17 亿元,同比增长 26.7%。县域经济基本竞争力连续 10 年跻身全国百强县(市)行列。

【经济发展】 农业　全县实现农林牧渔业现价总产值 109.76 亿元,比上年增长 8.9%。跻身全省首批"亩产吨粮县",并被农业部授予"全国粮食生产先进县"称号。全年农业综合开发项目 12 个,财政投资达 5328 万元。组织实施省级以上重点农业科技项目 12 项。新增市级以上农业龙头企业 10 家。

工业　全年实现工业增加值 197.87 亿元,比上年增长

13.3%。规模以上工业企业实现工业总产值1252.28亿元,比上年增长19.4%,其中规模以上高新技术产业实现产值448.63亿元,占规模以上工业总产值35.8%。机械电子行业实现产值400.50亿元,占规模以上工业总产值31.9%。实现产品销售收入1211亿元,比上年增长18.8%;实现利税148亿元,比上年增长22.4%,其中利润102亿元,增长21.9%。

建筑业　全县完成建筑业增加值45.15亿元,比上年增长10.3%。完成施工产值356.25亿元,增长27.2%。争创省优工程20项,市优质工程45项。

固定资产投资　全县固定资产投资310.79亿元,比上年增长23.9%。其中,工业投入225.98亿元,增长16.5%。全年共实施千万元以上项目382个,项目完成额225.97亿元。服务业投入83.94亿元,比上年增长47.8%。其中房地产开发投资21.19亿元,增长29.2%。

国内贸易　全年社会消费品零售总额202.18亿元,比上年增长15.8%。全县商品市场26个。

现代服务业　全年服务业实现税收22.42亿元,比上年增长35.9%。全县12家规模物流企业实现主营业务收入22.20亿元,比上年增长40.9%;应交税金2476.83万元,比上年增长31.7%。健桥医药、中石油华东燃气2家企业获得国家4A级物流企业授牌,鑫泰医药获得国家3A级物流企业授牌。全年旅游接待192万人次,比上年增长18.5%;实现旅游收入19.80亿元,比上年增长15.7%。小洋口旅游度假区获批“省级旅游度假区”,洋口港景区成功创建国家AAA级旅游景区和省工业旅游示范区。岔河镇“在水一方”生态园获“省四星级乡村旅游点”。

对外贸易　全县完成外贸自营进出口总额12.81亿美元,比上年增长1.8%,其中自营出口9.99亿美元,比上年下降0.8%。全年新批外资协议项目50个,新批注册外资5.73亿美元,注册外资到账3.20亿美元。对外承包工程完成营业额7509万美元,期末在外劳务人员1415人,境外投资中方协议额800万美元。年末实有“三资”企业496家。

【开发区园区建设】　洋口港经济开发区　规模以上工业总产值25.02亿元,利税6.58亿元。完成新批注册外资1.67亿美元,外资到账6800万美元。完成市外民资11.74亿元。当年新开工千万元以上工业项目10个,竣工项目6个;完成工业投入30.41亿,服务业投入36.06亿元。

如东经济开发区　全年完成规模工业产值82.80亿元。实现外资注册1.20亿美元,外资到账3555万美元,市外民资12.22亿元。实施千万元以上工业投入项目53个,当年完成投入工作量31.96亿元。总投资30亿元的三一重工如东工业园,为开发区有史以来单体投资最大项目。新能源产业蓬勃发展,明阳风电、海力风电、天赋新能源等企业在区内集聚,开发区被评为“2012年中国新能源最具投资价值园区”。

沿海经济开发区　全年实现工业产值196.10亿元,比上年增长20%;实现销售收入190.3亿元,比上年增长18%;实现利税18亿元,比上年增长6%。完成外资注册1.44亿美元,外资到账5571万美元,市外民资12.77亿元。完成千万元以上工业项目45个,投入64.34亿元,其中新开工项目32个,峻工项目13个。完成服务业投入17.86亿元。

循环经济产业园　完成注册外资3189万美元,到账外资1111万美元,市外民资到账8.79亿元。千万元以上工业项目新开工29个,竣工13个。工业项目投入26.02亿元,服务业项目投入4.46亿元。

南通外向型农业综合开发区　完成健全组织机构、实施托管移交、启动规划编制、搭建融资平台、推进招商引资等工作。推进刘埠国家一级渔港建设,该项目被列入国家发改委“十二五”东部沿海国家一级渔港建设规划。全年在手在谈招商引资项目19个。

【三一重工如东工业园开工建设】　10月28日,三一重工如东工业园开工典礼在如东经济开发区举行,全国政协副主席李金华宣布项目开工。三一集团是全球最大的混凝土机械供应商。三一重工如东工业园项目总投资30亿元,注册资本6亿元,项目规划总面积67公顷,主要生产建筑用塔式起重机和混凝土搅拌站,工程分两期建成。

【中天科技集团获省企业技术创新奖】　10月11日,在江苏省科技创新大会上,省委、省政府授予中天科技集团企业技术创新奖,为南通市唯一获奖企业。中天科技集团建立国内光电线缆行业第一家省级企业研究院——中天科技研究院,研制成功中国第一根具有完全自主知识产权的光纤预制棒、中国第一根特高强度钢芯高强度铝合金绞线,成功运用于中国首条1000千伏特高压工程。特种导线、特种光缆等产品运用于北京奥运会、上海世博会、京沪高铁等国家重点工程。中天科技集团形成一批核心技术和自主知识产权,成为国家创新型企业和省首批创新型领军企业,先后跨入中国科技100强、中国架空导线十强和世界光纤光缆十强行列。

【保障房建设成为全省试点示范县】　2012年,如东县推进9个保障房建设项目,争取中央和省补住房保障资金5842万元,至年底,竣工公租房(廉租房)989套,竣工经济适用房50套,竣工安置房1600套。超额完成保障房建设任务,被列为全省住房保障体系建设综合试点示范县。

【国际青年应对气候变化领导力峰会在如东举行】　8月13～17日,2012年国际青年应对气候变化领导力峰会在如东高级中学举行,来自17个国家的75名大中学生参加。峰会由国家发改委气候司与国际青年女性领导力组织共同发起,旨在推进国际应对气候变化沟通交流,加强国际间青年学生的领导力建设。期间,参会的75名青年学生实地参观如东风力发电、太阳能发电等新能源项目,并就低碳技术、生态发展规划等课题进行研讨。

(顾久芬)

如皋市

【概况】　如皋位于南通市域西部,北与海安县接壤,东邻如东县,南临长江,西与泰兴市毗邻。如皋全市总面积1476.9平方公里(不含长江水面)。其中陆地面积1223.16平方公里,占82.8%;水域253.47平方公里,占17.2%。2012年末,如皋市辖17个镇和江苏省如皋经济开发区(柴湾镇)、如皋港区(长江镇)、如皋软件园(桃园镇)3个区镇,有4个街道、169个社区、188 个村、4 个场圃。2012 年辖区常住人口 142.5 万人,城市化率 49.75%。2012 年,如皋在全国县域经济基本竞争力百强县(市)排名第 32 位,被评为全国休闲农业与乡村旅游示范县(市)、农田水利基本建设先进县(市),国家园林城市、江苏历史文化名城获得正式命名。

【经济发展】 2012 年,如皋市实现地区生产总值 590.17 亿元,按可比价计算,增长 11.8%。三次产业的比例为 8.9:54.0:37.1。财政总收入占地区生产总值的比重达 21.9%,比上年提高 0.6 个百分点。全年城镇居民人均可支配收入 26010 元,比上年增长 13.0%。全年城镇居民人均消费性支出 15889 元,比上年增长 18.1%。年末全市城镇居民人均住房建筑面积 39.44 平方米。全年农村居民人均纯收入 11663 元,比上年增长 13.1%;人均生活消费支出 8165 元,比上年增长 17.3%。年末农村居民人均住房面积 51.3 平方米。

农业　全年实现农林牧渔业总产值 85.02 亿元,增长 10.2%。其中,农业产值 47.08 亿元,增长 9.9%;林业产值 0.18 亿元,增长 16.7%;牧业产值 28.30 亿元,增长 6.8%;渔业产值 4.52 亿元,增长 11.9%;农业服务业产值 4.94 亿元,增长 37.2%。全年粮食产量 74.02 万吨,比上年增产 1.7%;棉花产量 181 吨,比上年下降 9.5%;油料产量 3.68 万吨,比上年增长 2.8%;蔬菜产量 57.12 万吨,增长 9.0%。

工业　全市完成工业增加值 269.01 亿元,增长 13.1%。2012 年末,全市销售收入 2000 万元以上规模企业 784 家,完成规模以上工业总产值 1332.38 亿元,比上年增长 14.96%。高新技术产业产值 571.19 亿元,增长 28.38%,占全市规模以上工业总产值 42.87%;新兴产业产值 385.66 亿元,增长 25.6%,占全市规模以上工业总产值比为 28.95%。全市规模以上工业主营业务收入 1279.43 亿元,比上年增长 14.41%;规模以上工业利润总额 65.75 亿元,比上年增长 8.02%;工业产品销售率 98.34%。2012 年末全部工业应税销售 707.30 亿元(含一般纳税人、小规模纳税人、供电公司),增长 5.40%,全部工业实缴税金 28.13 亿元,下降 13.28%。

建筑业　全年实现建筑业增加值 49.48 亿元,增长 10.0%。全市建筑队伍人数 22 余万人,其中工程技术和经营人员 5 万多人;年末境外劳务人员近千人。全年建筑企业承建施工面积 9196 万平方米,比上年增长 27.0%。全年建筑企业创国家级奖项 2 项,省级奖项 51 项,其中南通六建承建的大庆油田生态园工程获鲁班奖,江中集团承建的徐州市云龙区行政服务中心获国家优质工程奖。

固定资产投资　全年规模以上固定资产投资 329.86 亿元,比上年增长 21.3%。其中,规模以上工业投资 227.62 亿元,增长 16.1%;第三产业投资 102.04 亿元,增长 35%;旅游业投资 41.66 亿元,增长 128.4%。全年房地产开发投资 27.42 亿元,增长 39.7%。房屋施工面积 514.70 万平方米,增长 50.3%。其中,施工住宅面积 392.43 万平方米,增长 47.6%;商品房屋销售面积 56.35 万平方米,下降 32.1%,商品房屋销售额 24.88 亿元,下降 26.4%。

国内贸易　全年社会消费品零售总额 228.43 亿元,比上年增长 16.1%。分城乡看,城镇消费品零售额 146.99 亿元,增长 16.2%;乡村消费品零售额 81.44 亿元,增长 15.9%。分行业看,批发和零售业零售额 209.94 亿元,增长 15.3%;住宿和餐饮业零售额 18.49 亿元,增长 25.8%。

外向型经济　全年新批外资投资项目 69 个,其中增资项目 19 个。全年完成新批协议注册外资 10.04 亿美元,下降 27.5%;实际到账外资 2.49 亿美元,下降 65.48%;对外贸易增长强劲,全年完成进出口总值 35.88 亿美元,增长 18.0%,其中自营出口总额 23.72 亿美元,增长 26.4%,出口超千万美元的企业达到 36 家;出口贸易总值中,机电产品出口 11.56 亿美元,增长 44.0%;高新技术产品出口 1.15 亿美元,下降 5.0%;农产品出口 1.05 亿美元,增长 8.5%。全年完成对外劳务营业额 2.61 亿美元,增长 29.9%,当年新派对外劳务人员 3002 人,年末在外人员 6971 人。

【开发开放】 2012 年,如皋经济开发区升级为国家级经济技术开发区,江苏省如皋高新技术产业开发区正式挂牌。如皋海事局挂牌成立,公共保税仓库正式运营,出口监管仓库成功获批。与美国柴维斯郡结为国际友好城市。全年进出口总额总量位居南通各县(市)首位。

【农业农村】 年内,如皋农业基本现代化指标实现值突破 80 分。全年新增高效农业 20 万亩、设施农业 5 万亩,全市粮食产量实现"九连增"。农村环境持续改善,332 个行政村全部通过江苏省环境整洁村验收,如城镇顾庄村被评为首届"江苏最美乡村"。深入推进"美好城乡建设行动"计划,成为省首批村庄环境整治示范县(市),二星级、三星级"康居乡村"总数占南通的 40%。秸秆等农业废弃物利用率不断提高,连续四年荣获省秸秆综合利用和机械化还田示范县(市)称号。

【文化强市建设】 2012 年,如皋市被评为省文化先进县(市)。群众文化活动蓬勃开展,获省群众文化五星工程奖 16 项,位居全省县(市)第一。文化产业实现增加值 22 亿元,占地区生产总值 3.49%,文化发展绩效考核综合评价指数连续三年保持南通县(市)第一。精神文明建设亮点纷呈,如皋市被评为中国公益慈善城市、江苏省未成年人思想道德建设先进县(市),年度城市文明程度指数居南通县(市)首位,涌现最美乡村医生张谷才、勇救落水群众的如皋籍军人谢国江等文明新风典型。

【沿江经济洽谈会】 10 月 28 日,第十届中国 · 如皋沿江经济洽谈会暨第六届如皋 · 中国长寿文化节、第七届中国(如皋)花木盆景艺术节在如皋大剧院开幕。开幕式上,塞浦路斯驻华大使玛莉奥蒂斯向如皋市颁发"最值得驻华大使馆向世界推荐的中国长寿理念最佳体验地"牌匾。如皋港公共型保税仓库、出口监管仓库揭牌。25 个投资超亿元人民币(或 1000 万美元)重点项目成功签约,其中内资项目 17 个,计划总投资 107.6 亿元人民币;外资项目 8 个,计划总投资 4.38 亿美元。

(邱贵平)

扬 州 市

【位置面积】 扬州市地处江苏省中部,位于长江北岸、江淮平原南端。现辖区域在北纬32°15′至33°25′、东经119°01′至119°54′之间。东部与盐城市、泰州市毗邻;南部濒临长江,与镇江市隔江相望;西南部与南京市相连;西部与安徽省滁州市交界;西北部与淮安市接壤。扬州城区位于长江与京杭大运河交汇处,东经119°26′、北纬32°24′。全市东西最大距离85千米,南北最大距离125千米,总面积6591.21平方千米,其中市区面积2350.74平方千米(其中建成区面积128.0平方千米)、县(市)面积4240.47平方千米(其中建成区面积93.4平方千米)。陆地面积4856.2平方千米,占73.7%;水域面积1735.0平方千米,占26.3%。

【地形地貌】 扬州市境内地形西高东低,以仪征市境内丘陵山区为最高,从西向东呈扇形逐渐倾斜,高邮市、宝应县与泰州兴化市交界一带最低,为浅水湖荡地区。扬州市区北部和仪征市的北部为丘陵,京杭大运河以东、通扬运河以北为里下河地区,沿江和沿湖一带为平原。境内有大铜山、小铜山、捺山等,主要湖泊有白马湖、宝应湖、高邮湖、邵伯湖等。境内有长江岸线80.5千米,沿岸有仪征、江都、邗江、广陵等一市三区;京杭大运河纵穿腹地,由北向南沟通白马湖、宝应湖、高邮湖、邵伯湖,汇入长江,全长143.3千米。除长江和京杭大运河以外,主要河流还有东西向的宝射河、大潼河、北澄子河、通扬运河、新通扬运河。境内最高峰为仪征市大铜山,海拔149.5米;最低点位于高邮市、宝应县与泰州兴化市交界一带,平均海拔2米。

【气候】 扬州市属于亚热带季风性湿润气候向温带季风气候的过渡区。气候主要特点是四季分明,日照充足,雨量丰沛,盛行风向随季节有明显变化。冬季盛行干冷的偏北风,以东北风和西北风居多。夏季多为从海洋吹来的湿热的东南到东风,以东南风居多。春季多东南风,秋季多东北风。冬季偏长,4个多月;夏季次之,约3个月;春秋季较短,各2个多月。2012年,扬州城区年平均气温15.8℃,高温日数16天;年降水量除宝应略偏多外,其余偏少一成~二成;全年日照基本正常。

【历史沿革】 周敬王三十四年(公元前486年),吴王夫差在此筑邗城,周慎靓王二年(公元前319年)楚怀王改邗城为广陵邑。秦始皇二十四年(公元前223年)改广陵邑置广陵县,属东海郡。西汉初年先后设荆、吴二封国于此;景帝前元四年(公元前153年)改吴国为江都国;武帝元狩三年(公元前120年)改为广陵国,领广陵、江都、高邮、平安(今宝应县部分)4县,元封五年(公元前106年)广陵国属徐州郡。东汉建武(公元25—56年)中改为广陵郡,属徐州;永平元年(公元58年)改郡为广陵国,十年,国废复为广陵郡。三国魏迁郡治淮阴县,东晋还治广陵,元帝(公元317—323年)时侨置青、兖2州于此。南朝宋元嘉八年(公元431年)改置南兖州。北齐改南兖州为东广州;增置江阳郡,与广陵郡同城而治。陈复改东广州为南兖州。北周改为吴州。隋开皇九年(589年)废郡、改吴州为扬州,是为三国吴以后治于今南京市区之"扬州"移本市之始;大业(公元605—618年)初废州改为江都郡。唐武德三年(公元620年)改为兖州,七年改名邗州,九年复称扬州,属淮南道,由此专有扬州名;天宝元年(公元742年)改扬州曰广陵郡,乾元元年(公元758年)复称扬州。五代初杨行密称吴王,都于此,改扬州府为江都府;后属南唐,改江都府为扬州,以为东都。后周显德(公元954—959年)中复为扬州。北宋称扬州,至道三年(公元997年)为淮南路治;熙宁五年(1072年)属淮南东路。元为扬州路,属江淮等处行省。元至正十七年(1357年)朱元璋改扬州路曰淮海府,二十一年又改名维(惟)扬府,二十六年再改称扬州府,直隶南京。清仍称扬州府。1912年废府留江都县。1914-1927年属淮扬道。1934年起为江都行政督察区(后改为第五区)专员公署驻地。1949年析江都县城厢置扬州市,属苏北行署区扬州行政区,1950年改属泰州行政区,同年改由苏北行署区直辖。1953年属江苏省扬州专区,为扬州专署驻地。1954年升为省辖市。1958年复属扬州专区。1970年为扬州地区行政公署驻地。1983年再升地级市,设广陵区和郊区;原扬州地区的泰州市和江都、邗江、泰县、高邮、靖江、宝应、泰兴、兴化、仪征9县划归本市。1986—1994年仪征、兴化、高邮、泰兴、靖江、江都等7县先后撤县设市,其中泰县撤县改称姜堰市。1996年夏泰兴、姜堰、靖江、兴化4市划归升为地级的泰州市。2000年末撤销邗江县设立扬州市邗江区。2002年冬扬州市郊区更名为维扬区。2000年12月,撤销邗江县,设立扬州市邗江区。2002年11月,扬州市郊区更名为维扬区。2011年10月,撤销县级江都市,设立扬州市江都区,以原江都市行政区域为江都区行政区域;撤销扬州市维扬区,将原维扬区的行政区域划归邗江区。

【行政区划】 2012年末辖广陵、邗江、江都3个市辖区,宝应1个县,代管高邮、仪征2个县级市,共6个县级政区;辖有13个街道、71个镇、5个乡,共89个乡级政区;下设354个居民委员会、1014个村民委员会;共有2871个居民小组、15125个村民小组。

【民族宗教】 扬州市是一座散居少数民族的城市,全市共有45个少数民族近2万人,占全市总人口的0.39%。其中,回族人口最多,近1.1万人。除回族外,百人以上的少数民族还有:苗族、土家族、侗族、壮族、布依族、满族、彝族、蒙古族等。在扬的外来穆斯林群众约3000人,一是来自新疆、青海、宁夏、甘肃等地的经商人员;二是来自也门、约旦、叙利亚、摩洛哥、阿尔及利亚等国家在扬州大学学习的留学生。

扬州有江苏唯一的回族乡——高邮市菱塘回族乡,两个民族村——仪征市月塘乡龙山民族村、仪征市大仪镇河北民族村。有4所民族学校和2个新疆班,现共有少数民族学生1194人;有2处少数民族传统体育项目训练基地:扬州高邮中学(毽球、珍珠球)、高邮菱塘民族初中(蹴球、射弩、陀螺)。全市现有清真寺8处,阿訇13名,伊协组织3个;江苏省级民族工作示范社区有8家,江苏省民族团结进步宣传教育示范单位8家,江苏省清真示范拉面店1家,"十二五"期间被国家民委等部委批准的民族用品生产定点企业8家。全市已领取清真标志牌的清真网点25家,清真基本供应点7家,兰州拉面馆近300家,基本满足清真食品供应需要。全市回民墓地12处,占地74.1亩。 (王清荣)

【资源】 1. 土地资源。全市土地总面积6591.21平方千米,其中耕地面积3303.99平方千米、园地面积42.97平方千米、林地面积24.85平方千米、草地面积7.66平方千米、城镇村及工矿用地面积1031.61平方千米、交通运输用地面积279.25平方千米、水域及水利设施用地面积1832.21平方千米、其他土地68.66平方千米。2. 水资源。扬州市境内有一级河2条、二级河7条、三级河2条、四级河4条,总长593.6千米,多年平均径流总量16.9亿立方米。3. 矿产资源。扬州市已发现矿产资源15种,其中已探明储量的矿产资源12种。石油、天然气储量居全省前列,邗江、江都、高邮一带有丰富的油、气资源,邵伯湖滨地区和里下河洼地素有"水乡油田"的美誉。砖瓦黏土、石英砂、玄武岩、砾(卵)石、矿泉水、地热等矿产资源较丰富。仪征、邗江丘陵山区有黄沙储量2亿~3亿吨、石料储量1.2亿吨、卵石储量约3亿吨。全市玄武岩远景储量约2.5亿吨。扬州市城区北部及仪征、高邮等地地下矿泉水资源丰富,品质优良,符合国家饮用天然矿泉水标准。地热资源分布广、温度高、水质好,可采储量3万立方米/天。4. 水产资源。全市水面广阔,资源丰富,江河湖荡中盛产鱼、虾、蟹、蚌、龟、鳖、珍珠、荷藕、芦苇等。

2012年扬州市经济社会发展主要指标

项目	2012年	比2011年增或减%
国内生产总值(亿元)	2933.20	11.7
第一产业增加值(亿元)	205.19	5.2
第二产业增加值(亿元)	1554.46	12.1
其中工业增加值(亿元)	1344.66	11.8
第三产业增加值(亿元)	1173.55	12.1
人均国内生产总值(元)	65692	11.6
粮食总产量(万吨)	308.35	0.9
棉花总产量(吨)	4695	4.4
油料总产量(万吨)	7.41	5.4
全社会固定资产投资总额(亿元)	1783.65	20.8
外贸自营出口(亿元)	81.72	11.6
实际利用外资(万美元)	213808	1.7
社会消费品零售总额(亿元)	967.87	14.4
零售物价总指数(%)	102.2	
地方财政收入(亿元)	225	3.2
地方财政支出(亿元)	268.48	1.6
职工年平均工资(元)	44689	10.9
农民年纯收入(元)	12686	13.1
邮电业务总量(亿元)	45.93	-1.16
电话普及率(部/百人)	固话89 手机221	
年末存款余额(亿元)	3310.84	17.5
年末贷款(亿元)	2006.50	18.9
大学(所)	7	
中小学(所)	385	

江　都　区

【自然地理】 江都区位于扬州市东部,北纬32°17′51″~32°48′00″,东经119°27′03″~119°54′23″。东连泰州市高港区、海陵区、姜堰市,南濒长江,西傍扬州市广陵区,北接高邮市、兴化市。境内地势平坦,河湖交织,道路四通八达。地面真高1.6~9.9米,倾斜坡度小于6度,南北最长处55.75千米,东西最宽处42.76千米。总面积1332.54平方千米(其中陆地面积85.8%,水域面积14.2%)。

【历史沿革】 秦属广陵县。西汉景帝前元四年(前153年)于江都国析广陵县置江都县,治今扬州南夹江北沙洲上,以"县临大江,为一都之会"命名。三国时城圮于江,县废。西晋太康六年(285年)复置江都县,属广陵郡。东晋初并入舆县,穆帝(345—361年)时复置,属广陵郡。南朝因之。隋移县入江都郡城(今扬州),属江都郡。后"江都"之名常为今扬州之实,县域历经演变。唐代,先后为兖州、邗州、扬州和江都郡治。五代初杨吴都此,兼为江都府治,后属南唐,以为东都。后周复扬州州治,宋仍为扬州州治。至道三年(997年)为淮南路治,熙宁五年(1072年)为淮南东路治。元为扬州路治,明、清为扬州府治。清雍正十年(1732年)析江都西境置甘泉县,1912年甘泉县并入江都县。1914—1927年属淮扬道。1934年属江都行政督察区(后改称第五区)。1940年夏,在县东境建立江都县抗日民主政府。1942年,江都县分为江都、邗东2县,1943年江都、邗东2县合并,仍称江都县。1945年末,江都县析为江都、樊川2县,1946年春江都、樊川2县合并,县仍名江都;1948年冬再次划为江都、邗东2县。1949年初江都、邗东2县合并,划江都县城、郊设立扬州市,江都县城迁驻仙女镇,全县设立17个区、1个县属镇、235个乡、9个区属镇。1951年江都县个别区乡进行调整,仙女镇和张纲区的龙川、七闸,邵伯区的墩头、丰乐,计4个乡成立仙女区,真武区的昭关、永桥2乡划归邵伯区。1952年9月,江都县新建湾头、汊河、南洲、丁伙、露筋、曹王、麻村、纪北8个区,连同18个老区,全县共有26个区,254个乡镇。1956年3月,江都县析出西境置邗江县。4月,江都县并区并乡,将14个区合并为8个区、164个乡镇合并为86个乡镇。1958年9月全县设立13个人民公社。1959年调整为33个公社、6个场。1960年初,全县计29个人民公社,9个场。1962年全县设有6个区、41个人民公社、4个县属镇人民公社、6个场。1970年撤销6区。全县相继设立5个片指挥部。1981年5个片均改建为区。1983年体制改革,撤社建乡(镇)。1993年撤销5区,全县辖有16个镇、27个乡、6个场。1994年4月撤销江都县,改置江都市(县级),由扬州市代管。1995年1月、2000年4月、2001年9月经过3次调整,由43个乡镇调整为23个镇。2005年5月由23个镇调整为13个镇。2011年11月撤销江都市,改置扬州市江都区。

【行政区划】 2012年末,辖仙女、小纪、武坚、樊川、真武、宜陵、丁沟、邵伯、丁伙、大桥、吴桥、郭村、浦头13个镇,辖有65个居民委员会,263个村民委员会,下设705个居民小组,4199个村民小组。

【人口民族】 全区汉族1066487人,占总人口99.78%;主要少数民族37个,2351人,占总人口0.22%。少数民族有蒙古族、回族、藏族、维吾尔族、苗族、彝族、壮族、布依族、朝鲜族、满族、侗族、瑶族、白族、土家族、哈尼族、哈萨克族、傣族、黎族、傈僳族、佤族、畲族、拉祜族、水族、东乡族、纳西族、景颇族、土族、羌族、布朗族、撒拉族、毛南族、仡佬族、锡伯族、怒族、京族、塔塔尔族、鄂伦春族。

【工业经济】 2012年以来,在国际、国内经济下行压力不断增大,产品价格下滑,市场需求疲软,对我区工业经济的发展造成较大的影响的形势下,江都区狠抓工业经济运行、狠抓重大项目推进、狠抓科技创新、狠抓信息化推进,工业经济总体保持低速增长。主要核心指标稳中有升。截至2012年底,我区共有工业企业超过6000家,其中规模以上企业611家,上市企业2家(长青农化、亚威机床)。2012年实现开票销售600.7亿元,同比增长0.6%,其中亿元以上企业66家,10亿元以上企业7家;入库税收28.7亿元,同比增长0.2%,其中过千万的企业有33家,过亿元的企业有3家;购进设备抵扣税2.96亿元,同比增长6.6%;工业用电量21.32亿度,同比增长10.33%;规模以上工业产值1781.6亿元,同比增长14.8%;利税预计实现200亿元,同比增长19.33%;规模以上工业增加值实现408.8亿元,同比增长8.41%。

【农业和农村经济】 2012年,全区坚持以科学发展观为统领,以贯彻落实党的十八大精神为动力,以农业现代化试点区、农村改革试验区建设为契机,积极进取,奋力拼搏,推动"三农"持续发展。实现农业增加值46.25亿元、增长4.6%,农民人均纯收入13570元、增长13.2%,荣获全省发展高效设施农业先进县(市、区)。粮食生产实现连续九年增产的良好局面,全年粮食总产突破70万吨,水稻单产、粮食总产均创历史最好水平,稻麦两熟作物合计亩产达1000公斤,首次突破"吨粮"大关。50亿元连片设施园艺产业基地建设快速推进,高效设施农(渔)业面积达23.8万亩,其中设施农业面积21.2万亩、占耕地的20.4%,产业基地实现产值47.9亿元。新引进各类农业项目122个,协议投资20.8亿元,新发展重大项目15个。农产品质量安全建设取得突破,区农产品质量检测中心通过省计量和资质"双认证"。农村改革试验区建设深入推进,70%的村完成确权登记,"三大合作"组织达913个,工商登记率达100%,入社农户比重达86%,新组建合作联社6个,实现了所有镇都组建合作联社目标,新组建农民资金互助合作社2个,创成省级、市级"五好"示范社15个、38个,扬州市现代农业特种作物专业合作社被农业部表彰为"全国农民专业合作社示范社",创成财务管理规范化合作社10个。适度规模经营面积达80.4万亩,占耕地面积的77.9%,115个村基本实现整村规模经营、面积达33.5万亩;土地承包经营权质押贷款在苏中地区率先破题,实现质押贷款达2218万元。农机装备结构显著优化,水稻种植机械化水平达87.2%,同比提高2个百分点,实现农机跨区作业收入2.32亿元,增长3.6%。创新建立秸秆综合利用管理平台,完善责任机制,秸秆禁烧率达100%,综合利用率达95%,还田率达86%。全区农业机械化综合水平达83.2%。农业综合开发力度不断加大,实现财政投入4812.5万元、再创历史新高,新建高标准农田8万亩,其中农业综合开发4.5万亩,小纪镇高标准农田项目创成省级高标准农田建设示范工程。

【城乡建设】 2012年全区重点实施市政路网、绿化景观、给水排水、安置区、环境整治等5大类、21项重点工程,总投资达37.19亿元,全年完成投入14.2亿元。重点实施村庄环境整治工作,按照"力争一年基本结束,确保两年全面完成"的目标要求,全区3380个自然村庄环境整治基本结束。城镇基础设施投入不断加大,全年各镇重点建设项目近60个,总投入约15亿元,建成48个重点项目,其他均已开工建设。

【社会事业】 优化配置公共资源,不断提升公共服务水平。积极实施优质均衡建设实施方案,着力整合教育资源,提高办学效益。投入2.6亿元,新建甘棠高级中学、实验小学新校区和郭村第一中学等。医药卫生体制改革积极稳妥推进。全区基层公立医疗机构实现基本药物制度全覆盖。改制医院回收工作基本完成,制定公立医院改革方案。

【教育与人才开发】 全区共有在校学生总数123878人,其中,中等职业教育学校在校生10067人,普通中学在校生42508人,小学在校生48569人,幼儿园在园幼儿21982人,特殊教育学校在校生752人,专任教师8115人。教育质量有效提升。初中毕业生升学率达100%,高考本二以上上线人数达3763人,上线率63.3%,高考上线率等主要指标连续八年名列扬州前列。

【医疗卫生】 2012年,全区卫生事业总体和谐健康发展。医药卫生体制改革积极稳妥推进。全区基层公立医疗机构实现基本药物制度全覆盖。改制医院回收工作基本完成,制定公立医院改革方案。医疗卫生机构建设加速推进,江都妇幼保健服务中心大楼和大桥中心卫生院新建工程将先后投入使用。新农合保障水平稳步提升,人均筹资标准提高到300元,参合率100%。公共卫生服务工作扎实开展,10大类41项基本公共卫生服务项目工作得到较好落实。卫生监督力度逐步加大,认真履行食品安全综合协调职能，维护全区群众食品安全。医疗卫生机构医疗和管理水平不断提高，组建家庭医生和全科医师服务团队。城乡人居环境明显改善。全区新增无害化卫生户厕2.85万座，丁伙镇通过国家级卫生镇复审。

【产业优势】　经过多年发展，形成了以机械重大装备、船舶特钢生产加工、汽车及零部件和医药化工为主的四大支柱产业。2012年四大支柱产业合计开票445.86亿元，占全区工业总量的74.2%。其中机械重大装备产业实现开票145.36亿元，占全部工业23.1%，占支柱产业总量的32.2%；船舶特钢生产加工产业实现开票139.2亿元，占全部工业24.2%，占支柱产业总量的32.6%；汽车及零部件产业实现开票45.9亿元，占全部工业7.7%，占支柱产业总量的10.3%；医药化工产业实现开票115.4亿元，占全部工业19.2%，占支柱产业总量的25.9%。税收方面，四大支柱产业共实现22.03亿元，占全区工业经济总量的76.8%，其中机械重大装备产业实现7.06亿元，占全部工业24.6%，占支柱产业总量的32%；船舶特钢产业实现4.38亿元、占全部工业15.2%，占支柱产业总量的19.9%；汽车产业实现2.73亿元，占全部工业9.5%，占支柱产业总量的12.4%；医药化工产业实现7.86亿元，占全部工业27.4%，占支柱产业总量的35.7%。

邗　江　区

【概况】　邗江区位于江苏省中部，长江三角洲腹部，长江与淮河交汇处，西连南京，南临长江，北接淮水，中贯京杭大运河，是国家历史文化名城—扬州的主城区之一。2001年撤县设区，2011年11月，经国务院批准，扬州实施区划调整，原邗江区在划出5个镇后与原维扬区合并组建成新的邗江区。全区总面积552.7平方公里，下辖9个乡(镇)、6个街道和2个省级开发区。2012年末总人口56万人，男女性别比99:100，人口出生率9.8‰，死亡率6.2‰，自然增长率3.6‰。2012年荣获“国家生态区”、“江苏省村级‘四有一责’建设示范区”、“江苏省创新型试点区”、“江苏省土地执法先进区”等称号。

【经济发展】　2012年，邗江区实现地区生产总值495亿元，按可比价格计算增长13%。完成财政总收入92.56亿元，其中公共财政预算收入44.46亿元，分别增长12.8%、2.4%。完成固定资产投资297亿元，增长21%。完成协议注册外资6.4亿美元，注册外资实际到账3.48亿美元，有限公司实到注册资本金78亿元。完成自营出口14亿美元，增长15.9%。实现社会消费品零售总额186亿元，增长14.8%。实现规模以上工业产值1009亿元、入库税收22亿元，分别增长20%、15%。装备制造、汽车及零部件两大主导产业总规模达430亿元，占规模以上工业产值比重达42.6%。建筑业实现总产值344.6亿元，增长23%，创“国优”工程4个。邗江经济开发区创成省高新技术产业开发区，杨庙环保科技产业园创成省级“城市矿产”示范试点基地。实现服务业增加值251.5亿元，占地区生产总值比重达50.8%。新增高效农业面积2.26万亩、设施农业面积1.1万亩，实现农业总产值29.3亿元，增长11.4%，公道渔业产业园创成省级现代渔业产业园区。

【科技创新】　2012年，邗江区成功创成江苏省创新型试点区，新能源、新光源、新材料及生物医药等新兴产业总规模突破100亿元，增长25%。软件信息服务业实现营业收入35.5亿元，增长57%。实现高新技术产业产值415亿元，占规模以上工业产值比重达41%。新增国家高新技术企业17家、省科技创业优秀民营企业1家、省科技型中小企业18家、标委会机构2家，获批省级以上各类科技项目60项。新增省级以上品牌18个(件)，创成国家火炬计划硫资源利用装备特色产业基地和省知识产权战略示范区。新建省级以上“三站三中心”27家。签订产学研合作项目65项，引进省高层次创新团队1个、省“双创计划”人才7名、国家“千人计划”人才6名，成功组建国家“千人计划”创新药物与食品安全研究院。

【城乡建设】　2012年，邗江区新建拆迁安置房138.8万平方米、公租房1113套，改造“城中村”5个，整治老小区11个，翻建老街巷20条。新增老旧小区基本物业服务面积80万平方米，基本解决拆迁安置房“两证”办理历史遗留问题。新开工乡镇集中居住区10个、面积45.6万平方米。新328国道连接线、扬菱路拓宽改造、吉安大桥等重点工程竣工通车，新改建望月路东段、建设大街、润扬路西延、曹扬线等城乡主次干道16条。建成农村公路30公里，改造农村危桥8座，全区镇村公交通达率达87.5%。新建污水主管网20公里、污水提升泵站4座、排涝站1座，改造雨水管网25公里。获批点供指标841亩、独立选址指标273.6亩，新增城乡建设用地增减挂钩指标1007亩，盘活闲置、低效用地979亩。公道全域整治加快推进，创成省级土地执法先进区。仪扬河综合整治、润扬河工程顺利完成。创成国家级生态乡镇1家，实施循环经济项目4个、节能改造项目20个，节能减排任务全面完成。新增造林面积9218亩、城区绿化面积11.3万平方米，完成黄泥沟风光带、创智湖、文汇西路等绿化景观提升工程。创成省级村庄绿化示范村20个，60%村庄达到省“环境整洁村庄”标准。疏浚河道27条，整治村庄河塘774口，新建农村户用沼气池300座，实施农村改厕3430座。完成秸秆禁烧任务，秸秆机械化还田率达76%。

【社会保障】　2012年，邗江区实现城镇居民人均可支配收入2.99万元、农民人均纯收入1.45万元，分别增长15.3%、15.4%。全年采集就业岗位1.46万个，新增就业再就业9100人，完成创业培训850人。“五大保险”扩面征缴1.5万人次，新农合人均筹资标准达300元，城乡居民养老保险参保率达99%，2.3万名被征地农民转参企业职工养老保险。发放各项补贴资金2451万元，新建“万村千乡”农家店30家。城乡低保、农村五保标准分别提高到每人每月400元、每人每年5652元，实施医疗救助328人，完成450户残疾人家庭无障碍改造，新建镇级残疾人托养中心4家。累计为1.3万名老人发放尊老金，新改建村(社区)居家养老服务站59家，区社会福利中心顺利建成。

【社会事业】　全年教育、文体、卫生、计生四项社会事业的财政投入达8亿元以上。新增省优质公办幼儿园4家，创成“全国义务教育发展基本均衡区”。加固中小学校舍1.8万平方米，完成农村学校操场塑胶化改造8片，瓜洲中学初中部新校区建成使用。成功举办第十一届全民健身体育节、第三届广场文化艺术节、“百团舞邗江”等活动。新增示范社区卫生服务站24家,迁建乡镇卫生院1家,被评为省慢性病防控示范区。新增国家卫生镇1家、省级卫生村10个,市级以上卫生镇实现全覆盖,荣获全国阳光计生行动示范单位称号。

广 陵 区

【自然地理】 广陵区地处江苏中部,长江北岸,江淮平原南部,长江与京杭大运河交汇处,为历史文化名城扬州市城区。扬州市境内地形西高东低,其中部的平坦地区为广陵区,属江淮冲积平原。境内河流纵横。流域性河道有京杭大运河、古运河和淮河入江水道(壁虎河、廖家沟、太平河、金湾河)呈川字形贯穿南北。区属河道有大众港、横沟河、沙施河、古运河。乡属40条骨干河道,纵横交错成“井”字形贯穿全区。小秦淮河位于老城区中部,为明清至民国扬州老城区新旧两城的分界,北接蜀岗——瘦西湖风景名胜区,南连古运河。

【历史沿革】 广陵区是历史文化名城扬州市城区。春秋时期,今扬州市西北部一带为邗国。公元前486年,吴王夫差筑邗城,开邗沟,沟通江淮水系,为扬州开发之始。公元前319年,楚怀王在邗城基础上筑广陵城,广陵之名始于此。秦统一中国后,设广陵县。汉代,今扬州称广陵、江都。吴王刘濞受封广陵,建立吴国。广陵作为一方都会,经济开始发轫。刘濞宾客枚乘名赋《七发》,描绘了当时曲江广陵涛的壮丽景象。东汉末年,张婴率领的农民赵义军在广陵一带转战十余年,被广陵太守张纲劝降。不久,许多农民响应了黄巾起义。三国时期,魏吴之间战争不断,广陵为江淮一带的军事重地。南北朝时期,广陵屡经战乱,数次变成“芜城”。由于劳动人民数百年的辛勤开发,经济地位在恢复中不断提高。山东青州、兖州一带的移民南迁广陵一带,促进了广陵的经济发展。北周改广陵为吴州。公元589年,隋改吴州为扬州,后改为邗州。公元626年,唐复称扬州;公元742年,改称广陵郡;公元758年,再改称扬州。唐代,扬州城池向南发展,为一地两城,蜀岗之上称衙城,冈下称罗城。宋代为一地三城,冈上称堡寨城,冈下称宋大城,两城之间有夹城相连,城先后属江都县和广陵县。元代不以广陵置县,城池仅剩蜀岗以下部分,蜀岗上不复建城。1556年,明朝在扬州建“新城”。明清至民国,扬州城为相连的新旧两城,城址即今广陵区境内的老城区部分。清代康熙时期,扬州居交通要冲,富盐税之利。19世纪中叶以后,由于运河山东段淤塞,漕粮改经海上运输,淮南改纲盐为票盐,淮盐改由铁路转运,加上其它社会经济原因,扬州在经济上逐渐衰弱。

1948年至1949年4月,扬州各县相继解放。1983年3月,改革地市体制,调整行政区划,在扬州市城区置广陵区,区人民政府为县一级机构,行政管理区域16平方公里,人口24.31万。下辖东关、汶河、广陵、城南4个街道办事处,为区人民政府派出机构。共有居委会91个。2002年1月,扬州市人民政府调整广陵区行政管理区域,广陵区行政管理区域增至67平方公里。下辖曲江、文峰、东关、汶河四个街道办事处和汤汪乡,湾头镇划归广陵区代管。共21个行政村,43个社区居委会,人口29.36万人。2011年11月,扬州市行政区划再次调整,广陵区行政区域面积341.96平方公里,人口50万人。

【行政区划】 2012年,广陵区下辖头桥镇、李典镇、沙头镇、杭集镇、泰安镇、湾头镇、汤汪乡等7个乡镇,曲江、文峰、东关、汶河等4个街道办事处,共有行政村83个,社区居委会54个。其中,广陵经济开发区行政村6个,社区2个;头桥镇行政村15个,社区2个;李典镇行政村13个,社区2个;沙头镇行政村12个,社区2个;杭集镇行政村10个,社区1个;泰安镇行政村9个,社区1个;湾头镇行政村6个,社区2个;汤汪乡行政村4个,社区3个;曲江街道行政村6个,社区12个;文峰街道行政村2个,社区8个;东关街道社区10个;汶河街道社区9个。

【人口民族】 2012年,广陵区总人口为50.05万人,汉族人口占绝大多数。总人口中,女性人口24.35万人,占总人口数的48.65%,人口出生率为6.79‰,死亡率5.61‰,人口自然增长率为1.18‰。

【资源】 风景名胜有“双东”历史文化街区、个园、何园、吴道台宅第等。历史名人有史可法、阮元、郑板桥、朱自清等。主要特产是扬州漆器、玉器、扬州酱菜等。 (李跃中)

宝 应 县

【城市概况】 宝应县位于东经119°07′43″—119°42′51″、北纬33°02′46″—33°24′55″,东接建湖、盐都、兴化,南连高邮,西与金湖、洪泽隔宝应湖、白马湖相望,北和淮安楚州区毗邻。宝应秦时建县,始名东阳县、平安县、安宜县,距今已有2200多年的历史。公元762年,境内获“八宝”献于皇帝,唐肃宗视为定国之宝,遂改上元三年为宝应元年,赐安宜县名为“宝应”。总面积1467.48平方公里。辖14个镇、225个行政村、58个居委会,有1个省级经济开发区和1个有机农业开发区,年末户籍总人口90.31万人。2012年,全县实现地区生产总值323.03亿元,财政总收入42.3亿元,公共预算收入20.7亿元,城镇居民人均可支配收入18988元,农村居民人均纯收入11670元。

【工业经济和项目建设】 工业经济 2012年,全县工业实现开票销售410.5亿元,比上年增长3.8%。工业用电量9亿千瓦时,比上年增长7.5%。“一主两特”等重点产业稳步攀升。宝胜集团开票销售135.6亿元,增长23%,森萨塔公司入库税收首超亿元,重点企业支撑作用增强。新增亿元企业9家、规模企业35家。

创新转型 开放型经济增长迅速,全年实现外贸进出口总额6.19亿美元,比上年增长10.6%,其中,外贸自营出口4.8亿美元,比上年增长15.6%,连续三年增长超15%。12家出口企业获评海关A级信用等级,创成省级输变电产业出口基地。全年获批国家高新技术企业9家、省高新技术产品80个,实施产学研合作项目70个,新增省级院士工作站1家、企业技术中心4家、工程技术研究中心5家、博士后创新实践基地1家。省派“科技镇长团”成员6人到宝应县任职,引进高层次人才82人,其中入选省创新创业“双创”计划10人,入选市“绿扬金凤”计划15人。“兴洋及图”商标被认定为中国驰名商标,新创省著名商标7件、省名牌产品5个。获批专利授权数690件,其中发明专利授权数30件。宝胜集团入选省管理创新示范企业。新增国家级标准化工作组2家,主导参与制订国家、行业标准11项。

项目建设 重大项目加快推进,宝胜集团特种电缆项目、江苏兴发新能源材料有限公司新能源高端铝型材项目等5个10亿元以上项目开工建设,森萨塔科技(宝应)有限公司汽车传感器项目、江苏宝生聚脂科技有限公司聚脂材料及海洋工程项目等进展顺利,江苏康源纺织有限公司紧密纺及涡流项目、江苏昌辰实业有限公司差别化及功能化化学纤维项目一期工程建成投产。工业企业实现设备抵扣税1.15亿元。

【农业生产和农村经济】 全县拥有耕地面积118万亩、水面滩地73万亩,常年种植水稻、小麦80万亩以上,是国务院表彰的"全国粮食生产先进单位"。全县生态有机特色明显,初步形成了运西湖泊、东荡湿地、中部平原三大有机农业生态体系,有机稻米、有机莲藕、有机畜禽、有机大闸蟹、有机果菜等五大基地初具规模,是全国首批有机食品基地示范县、全国无公害农产品生产基地示范县。2012年,全县设施农业面积达11.59万亩,占耕地比重10.34%。新增百亩园区6.6万亩,高效农业8.3万亩,高效农业面积占耕地面积47.8%。建成粮油高产增效创建万亩示范片19个,省级A级示范方4个,测土配方面积达90%,高标准农田比例达30%,全县稻麦生产综合机械化水平达87.5%。全年粮食总产90.3万吨,实现"九连增",被评为"全省粮棉油高产增效创建工作先进单位",获批全省首批亩产吨粮县。继宝应荷藕、宝应慈姑之后,宝应核桃乌青菜创成第三件国家地理标志产品。全县有效"三品"总数达407个,位居扬州第一、全省前列,建成"三品"基地115万亩,创成60万亩全国绿色食品原料(稻、麦)标准化生产基地,生态有机特色农业产业实现产值41.5亿元。创成省级农产品出口示范基地4个,农产品出口创汇近7千万美元。建成省级园艺作物标准园1个、省级现代农(渔)业园区1个,省级现代农业示范村3个,新增各类部省级标准化示范场11个,全县畜禽规模养殖比重达80%以上。新增亿元企业3家、省级龙头企业3家、市级龙头企业7家,58家县级以上农业产业化龙头企业销售增幅达21%。

【第三产业】 2012年,实现服务业增加值115亿元,增长11%。全社会消费品零售总额107亿元,增长15%。宝应文峰大世界运营良好,华美达大酒店即将投运,五洲国际、时代国际、邻里中心等商业综合体加快建设,"一主两副"商业中心功能不断完善。新创市级服务业集聚区3个。物流资源整合、业态提升步伐加快。"万村千乡市场工程"扎实推进,实施省集镇农贸市场改造项目3个。成功举办首届千人美食品尝暨省创新菜烹饪技术大赛。完成宝应湖旅游度假区规划编制,新增国家3A级景区1家,获批国、省级水利风景区各1个。房地产市场逐步回升,销售商品房53万平方米,二手房交易16.5万平方米。软件信息、创意设计等新兴服务业加快成长,金融、保险、通信、邮政、烟草、盐务等服务业保持较好发展。

【城镇建设和生态创建】 城市集镇建设 完成生态新城概念性规划编制和先导区城市设计,以及城市交通、抗震减灾等专项规划。基本建成生态新城"一纵一横"中轴线主干道,加快生态新城高级中学建设。启动实施二横河滨河风光带和宝射河驳岸工程,稳步推进高品位住宅小区、农民集中安置区建设。实施南园西路、东升北路等道路维修建设,改造老旧街巷道路面积3.5万平方米,新增绿化面积8万平方米,改造城区旱厕、破旧厕所36座。

基础设施建设 建成省道S237临城段二期工程7.88千米(含一座宝射河大桥)、开工建设三期工程30.39千米,氾水运河大桥建设、宝应船闸扩容改造进展顺利。开通部分镇村公交线路,新建、改造农村公路37千米,维修农村危桥44座。实施"一事一议"财政奖补项目99个。继续加强农田水利建设,实施国家级水利项目4个、农开项目2个。氾水镇"万顷良田建设工程"通过省市验收,土地整理开发积极推进,新增耕地666.67公顷。220千伏澄安线改造工程、220千伏黄塍变工程竣工投运,加快建设220千伏上安线改造工程。

生态环境建设 宝应县创建国家生态县通过环境保护部考核验收,实现全县国家生态镇全覆盖。建成运东垃圾填埋场,健全完善城乡生活垃圾收集转运体系。仙荷污水处理厂二期工程投入运行,规划建设开发区污水处理厂,累计关闭小水厂173座,铺设县镇村三级管网6300千米,完成区域供水任务,基本解决农村居民饮水安全问题。开展"美好城乡建设行动",持续推进村庄环境整治,整治自然村庄2343个,创成省"康居乡村"三星级10个、二星级43个。全县成片造林666.67公顷,林木覆盖率19.5%;改厕2万座,新建户用沼气池1800座;秸秆综合利用率90%;完成市下达化学需氧量、二氧化硫减排任务。

【社会事业和社会管理】 教育和卫生 新建、改造校舍4.6万平方米,生态新城高中开工建设,未成年人社会实践基地二期工程启动建设。氾水高中创成省四星级高中,组建中等专业学校,县实验小学实行集团办学,新增等专业学校。省市优质园6所。成立宝应县教育发展促进会,深入推进"扶贫助学百千万工程"。获评"省教育现代化先进县",再次蝉联"扬州市教育工作先进县"称号。实施6个基础设施建设项目,新建改建规模1.46万平方米,城乡居民"15分钟健康服务圈"初步形成。组建82个健康管理团队,城乡医疗急救网络基本形成。成功创成省农民健康工程先进县、省妇幼卫生先进县、省健康促进行动示范县、省新农合管理先进单位。创成2个省示范镇卫生院、2个省示范中医科建设单位。

文化和体育 扎实推进大运河宝应段申遗工作。新增省级文化产业基地1家。规划建设文化中心,农村文化建设"十个一"工程全面推开。廉政大戏《湖畔风雨情》参加扬州市专业剧团新作调演,获优秀剧目、编剧、优秀导演等20个奖项。开展"大篷车"乡村行活动,送电影下乡3500场,向农家书屋送电脑90台,图书38000册,电子音像制品1150套。县足球、乒乓球队夺得扬州市年度比赛四个组别中的3个冠军。

人口和就业 进一步稳定低生育水平,全县人口出生率6.45‰,出生人口性别比108.7。建立287个村级信息终端,实现县镇村信息网络全覆盖。基层劳动就业社会保障服务平台实现全覆盖,形成15分钟公共就业服务圈。新增城镇就业8000人,农村劳动力转移7800人。全县规模以上企业劳动合同签订率、已建工会企业集体合同签订率分别达

99.1%、96.8%。

社会保障　城镇居民人均可支配收入1.90万元,农村居民人均纯收入1.17万元。分别增长12.7%和13%。在全市率先实现参保基本全覆盖。五保户供养经费按季打卡发放。基层医疗卫生机构全面实施基本药物制度,新农合参合率99.5%以上。农村有线电视数字化整体转换基本完成。档案馆数字化建设有序开展。建设廉租房60套、经济适用房60套,筹集公共租赁房466套。归集住房公积金2.5亿元,发放公积金贷款近2亿元。完成"7.20"地震抗震自救工作,改造农村草危房1450户。

高 邮 市

【概况】 高邮市位于沿江经济带的长江北岸,北纬32°38′~33°05′,东经119°13′~119°50′。地处长江三角洲的江苏省中部、里下河西缘。东邻兴化市,南连江都区、邗江区、仪征市,西接天长市(安徽省)、金湖县,北界宝应县。市区西南经扬州市达南京市165千米,东南经无锡市、苏州市抵上海市331千米,北距北京市980千米。

全境南至北50.04千米,东至西57.6千米。总面积1963平方千米,其中陆地面积1175平方千米、水域面积788平方千米,分别占总面积的59.9%、40.1%。城市面积扩大到39.8平方千米,建成区土地面积24.33平方千米。

境内风景名胜有新石器时代龙虬庄遗址、明盂城驿、明清里运河故道、清当铺等4处全国重点文物保护单位,天山汉墓、唐镇国寺塔、宋文游台、宋城墙及明奎楼等4处江苏省文物保护单位,市级文物保护单位85处。历史名人有秦观、孙觉、陈造、汪广洋、王念孙、王引之等。主要特产是高邮麻鸭、高邮双黄鸭蛋、扬州鹅、高邮湖蟹、高邮双兔大米等。

2012年,高邮市连续第六年获"全国中小城市综合实力百强"县和"全国最具投资潜力中小城市百强"县称号,获批"全国发展改革试点城市"。

【行政区划】 2012年,高邮市有19个镇,1个乡(菱塘回族乡),1个省级经济开发区(高邮经济开发区)、1个高邮城南经济新区(高邮鸭业园区)。有176个村民委员会,2726个村民小组;53个社区居民委员会,453个居民小组。

【人口】 年末,全市户籍总户数26.22万户,户籍总人口81.74万人,比上年末减少0.32万人。其中,非农业人口307892人,农业人口509506人;男性410335人,女性407063人,男女性别比100.8∶100。新出生6525人,死亡7961人,人口出生率7.97‰、死亡率9.72‰,人口自然增长率-1.75‰。年末常住人口73.9万人,比上年减少0.1万人。人口密度376人/平方千米。

【经济建设】 2012年,全市实现地区生产总值336亿元,其中第一、二、三产业增加值各为55.96亿元、156.05亿元、123.99亿元,分别增长10.4%、4.7%、11.6%、11.5%;第一、二、三产业结构由上年的16.7∶48.1∶35.2调整为16.7∶46.4∶36.9;第三产业对GDP增长的贡献率48.2%。人均地区生产总值45436元,按当年汇率折算达7229美元。

农业和农村工作　实现现价农、林、牧、渔总产值102.98亿元(含农林牧渔服务业,不含农民家庭兼营商品性工业),其中农业产值38.88亿元、林业产值1.55亿元、牧业产值18.57亿元、渔业产值38.44亿元、农林牧渔服务业产值5.54亿元,分别增长12.3%、7.6%、22.1%、14%、21.6%、—13.1%。新增现代高效农(渔)业面积0.38万公顷,其中设施农业面积0.25万公顷、设施渔业面积0.13万公顷。启动建设高邮鸭50亿元产值的连片农业特色产业基地项目。新增农业绿色食品5个、无公害食品56个,累计农业"三品"(绿色食品、有机食品、无公害农产品)265个;新建"三品"基地面积640公顷,累计15.65万公顷;新创扬州知名农产品商标3个。农业产业化经营持续发展,全市新增扬州市农业产业化龙头企业10家、新认定高邮市农业产业化龙头企业6家,当年41家农业产业化龙头企业实现销售96.69亿元、利润2.72亿元。农村合作组织健康发展,新组建农村"三大合作"(农民专业经济合作、农村社区股份合作、土地股份合作)组织99个,累计实存928个;新组建并进行工商登记和挂牌的村经济合作社140个。界首水稻生产服务专业合作社获全国农民专业合作社示范社称号,菱塘兴旺鸭业合作社获全国供销合作社先进集体称号。新增农业适度规模经营面积4533.33公顷,累计适度规模经营面积5.29万公顷,占全市耕地面积的69%。

工业　实现全部工业产值1444亿元、开票销售319.7亿元,分别增长9.3%和下降11.1%。规模以上工业企业(全部国有及销售2000万元以上非国有企业)实现产值722.5亿元、销售收入704.6亿元、利税67.1亿元、利润37.95亿元,分别增长9.3%、7.1%、8.9%、9.4%。规模以上工业产销率97.9%,下降3个百分点。实现工业增加值126.29亿元,按可比价计算,增长10.9%。新型照明器具、电机制造、电线电缆、纺织服装、黑色金属冶炼和压延加工业、农副产品加工业等产业规模以上企业分别实现产值18.5亿元、26.98亿元、103.15亿元、92.5亿元、58.59亿元、37.7亿元,各占全市规模以上工业企业产值的2.6%、3.7%、14.3%、12.8%、8.1%、5.2%。全市规模以上企业高新技术产业实现产值285.62亿元,下降14%,占规模以上工业企业产值的39.5%。重点企业支撑带动作用明显,全市规模以上企业由上年的479家增加到489家。全年新增产销超1亿元的企业16家,累计157家。扬州曙光电缆股份有限公司、江苏波司登制衣有限公司、扬州秦邮特种金属材料有限公司、江苏华富储能新技术发展有限公司、江苏赛德电气有限公司、扬州光明电缆有限公司产销超10亿元以上,其中江苏波司登制衣公司产销突破50亿元。项目建设量质并举,全年在建工业项目861项,其中投资额1亿元以上工业项目96项。全年新开工亿元以上项目50项、竣工亿元以上项目49项,其中新实施10亿元以上项目7项、竣工投产10亿元以上项目8项。全市园区基础设施投入达9.7亿元,增长10.2%。新增入园企业170家,实现园区工业产值980亿元,占全市工业总量的70%。规划建设2平方公里电池工业园并获省环保厅批文。市特种电缆产业园先后被江苏省科学技术厅、中小企业局认定为省级科技产业园、第三批江苏省中小企业产业集聚示范区,被科学技术部火炬高技术产业开发中心认定为国家火炬特种电缆特色产业基地;送桥镇工业集中区入选扬州市特色产业基地,菱塘电线电缆工业集中区、金飞达工业集中区入选扬州特色产业培育基地,高邮城南经济新区和高邮镇、郭集镇、送桥镇、菱塘回族乡的工业集中区被评为2012年度扬州市转型升级30强乡镇工业集中区。获批4家省级两化融合试点企业和3个扬州市"两化融合"示范项目,工程领域诚信系统和"网上村委会"成功上线运行,完成4个重要政务系统风险评估。全市信息传输、计算机服务和软件业实现增加值6.79亿元,增长7.2%。

建筑业　全年新增一级总承包资质企业3家、二级总承包资质企业7家、专业承包二级资质企业8家,累计有有资质企业226家。承接工程4605项,承接高层建筑1062幢,其中超高层建筑159幢。资质以上建筑企业承接房屋建筑施工面积3560万平方米,其中新开工面积1935.8万平方米,竣工房屋面积1932.4万平方米。获扬州市级以上优质工程奖56项。完成建筑业增加值29.76亿元、建筑企业总产值500.7亿元,分别增长14.7%、21.9%。有21家建筑安装企业产值过5亿元。江苏弘盛建设工程集团有限公司、江苏兴厦建筑安装有限公司蝉联省建筑业百强企业称号。

旅游业　《高邮市清水潭旅游区(一期)修建性详细规划》通过评审,举办高邮市乡村旅游节暨第二届连标葡萄文化旅游节,开通"高邮湖春色·里下河风情"主题游暨镇江至高邮旅游专线,高邮湖芦苇荡湿地公园开园。全年接待游客259万人次,实现旅游总收入15亿元。　(尤　志　黄晓荷)

财政与金融　全年财政总收入为50.99亿元,其中公共财政预算收入21.72亿元,分别增长10.8%、6%。人均财政收入由上年的5606元提高到6238元。公共财政预算支出36.98亿元,增长11.5%。年末金融机构各项存款余额297.13亿元,其中居民储蓄存款203.63亿元,比年初分别增加40.01亿元、31.2亿元;各项贷款余额168.3亿元,比年初增加25.34亿元,增长17.7%。全年市内3家保险股份有限公司共实现保费收入5.61亿元,增长15%;受理各类理赔案件11655起,减少12%;累计支付赔款7977.5万元,增长8.8%。招商银行、射阳农商行获准在高邮设立分支机构。

【城乡建设】　历史文化名城申报工作有序推进。扎实推进城建"双十"重点工程建设,建成北澄子河北岸风光带及南岸提质建设工程、北关河风光带一期工程、城市商务大厦、尚程国际家居广场、新奥天然气门站,完成海潮路提质工程、玉带园小区改造工程和33条城区后街后巷及百座公厕改造任务。疏浚、整治城区河道3条,新建闸站3座。完成朱家垃圾填埋场扩容工程,开工建设城市环卫综合作业中心。开展占道经营、违法建设和渣土车、人力三轮车等专项整治活动。通过省级卫生城市验收评估。

全市房地产开发投资20.25亿元,其中住宅投资16.68亿元、商业营业用房投资3.19亿元,分别增长27.3%、14.7%、99.4%。全市商品房施工面积248.8万平方米,其中新开工面积142.1万平方米,分别增长68.6%、114%;商品房竣工面积116.4万平方米,增长184.9%;商品房销售面积53.12万平方米,下降3%。

完成菱塘、三垛、临泽3个扬州市重点中心镇总规编制。重点中心镇"六个一"工程项目建设基本完成,其他乡镇"三个一"工程顺利推进。调整镇村布局规划,推进农民集中居住,建成具有一定规模的农民集中居住区11个,入住农户4059户。深入实施"美好城乡建设行动",完成2408个村庄环境整治工作。新增农村无害化卫生户厕1.5万座,新建沼气用户1950户。创成"康居乡村"198个,其中三星级"康居乡村"11个。

城市化水平进一步提高,年末城市化水平47.1%,比上年提高0.8个百分点。

国家生态市创建工作通过国家考核,所有乡镇创成国家生态乡镇。扎实推进北澄子河三垛西大桥国控断面稳定达标工程。实施重点节能改造项目19项,关闭"三高一低"及"五小"企业16家,淘汰落后用能设备353台(套)。单位地区生产总值能耗下降4%,化学需氧量、氨氮、二氧化硫、氮氧化物排放量削减率分别达到序时目标。新增成片造林面积1.2万亩。秸秆禁烧、禁抛和综合利用工作水平不断巩固提高。城市水域功能区水质达标率100%,市区空气质量良好以上天数占98.9%,公众对环境质量满意率97%以上。

【社会事业】　科技　全年获批省级以上各类科技项目27项,其中国家"863"计划1项、国家创新基金项目7个、国家火炬计划项目7个、国家星火计划项目8个、省重大科技成果转化项目2个、省支撑计划项目立项2个,高邮经济开发区获中国产学研合作创新示范基地称号,高邮市被认定为国家火炬高邮特种电缆特色产业基地,新增国家高新技术企业15家、省级以上高新技术产品158种。签订产学研合作项目84个,南京农业大学等5所高校在高邮设立技术研发分支机构。新建扬州市级以上"两站两中心"61家,其中院士工作站2家。引进创业创新人才10人、博士17人、急需专业人才220人,获批省级人才项目10项。获批专利授权1008件,其中发明专利23件;参与制定国家、行业标准6个;新增注册商标634件,新创中国驰名商标2件、省著名商标6件、省名牌产品4个。

教育　全市投入5000多万元,实施29所中小学校运动场地塑胶化建设及教育信息化设备升级改造工程。乡镇公办省优质中心园比例达100%,高考、中考成绩稳中有升。

文化　每个行政村建成农村文化广场。全年送戏下乡80场、送书下乡20万元、送电影进农村放映3396场。首次在北京举办"清韵秦邮"书画摄影展。转换有线数字电视用户1.6万户,创成省有线数字电视城乡一体化县(市)。

卫生　基层医疗卫生机构综合改革取得突破,中央电视台《焦点访谈》予以专题报道。全国农村中医药工作先进市通过验收评估。推进人口和计划生育"秦邮人家·健康幸福"促进工程建设,获省"新农村新家庭计划"示范县(市)称号。

体育　成功举办第三届环高邮湖(国际)自行车越野赛、首届高邮大运河半程马拉松赛和全民健身体育节。

劳动和社会保障　全年举办大型特色招聘洽谈会12次,采集就业岗位2.13万个,推荐就业6301人,其中下岗失业人员再就业4200人、就业困难人员再就业963人,年末城镇登记失业率为2.2%。新增农村劳动力转移8234人。高邮镇挡军社区和卸甲镇、汤庄镇、八桥镇、三垛镇、界首镇分别创建成充分就业示范社区和充分转移就业乡镇。帮助城镇"零就业家庭"、农村"零转移家庭"等困难弱势群体实现就业,为133户自谋职业、自主创业的失业人员发放小额担保贷款1200万元,给予创业微利项目贴息66.61万元。招聘16人到基层民政公益性岗位就业。做好企业用工内招外引服务工作,有6400多名外出务工人员留在家乡就业、创业,引进外来劳动力7080人。市人力资源市场通过省四星级评估验收,市尚程国际家居广场创业孵化基地正式授牌。高技能人才培养被列入高层次人才补贴计划,新增高技能人才800人,其中技师200人。调整最低工资指导线,全市最低工资标准由每月800元调整为950元,非全日制用工最低工资标准由每小时6.5元调整为8.3元。书面审查3301家用人单位,依法处理劳动争议案件237起,其中调解结案206起、裁决结案31起,调解结案率87%以上;立案受理集体劳动争议案件6起,为108名职工讨回拖欠工资130万元。

社会保险覆盖面不断扩大,企业职工养老保险、城镇职工医疗保险、工伤保险、生育保险、城乡居民社会养老保险参保人员分别新增0.99万人、0.89万人、0.47万元人、0.19万人、1.01万人。提高企业退休人员养老金、失业金、城乡居民社会养老保险基础养老金发放标准和社会保险缴费基数,对城镇职工、城镇居民基本医疗保险实施二次补偿。城乡居民养老保险覆盖率98%以上。城乡低保标准分别提高到人均每月400元、260元。五保供养标准提高到每人每年4700元,集中供养率81.5%。坚持执行尊老金制度,启动普惠制殡葬,市残疾人托养中心建成并投入使用。发放慈善救助资金869万元,获国家五星级慈善城市称号。新农合医疗补偿220万人次、1.8亿元。落实保障性住房政策,新建经济适用住房230套、公共租赁住房982套(间),完成直管公房解危705户。住房公积金扩面7010人,发放贷款1.7亿元。

仪　征　市

【概况】　仪征隶属于江苏省扬州市,西接南京,东连扬州,南滨长江,与镇江隔江相望,北与安徽省天长市接壤。有着2100多年的建城史,历来经济发达、人文荟萃,唐宋时已是著名的工商业和园林城市,素有“风物淮南第一州”之美誉。1986年仪征撤县设市,现辖9个镇、2个办事处,总人口56.2万,总面积857平方公里。经济上处于上海经济圈和南京都市圈双重辐射区,被纳入以上海为龙头的“长三角经济带”、南京“都市圈”和扬州城市“一体两翼”战略布局。2012年被评为江苏省文明城市、江苏省村庄环境整治工作示范县(市),继续入选全国综合实力百强县市。

【经济建设】　全市实现地区生产总值370.27亿元,比上年增长11.7%。其中:第一产业增加值19.3亿元,增长4.6%;第二产业增加值212.86亿元,增长12.2%;第三产业增加值138.11亿元,增长12%。按常住人口计算,人均地区生产总值65843元,比上年增加6580元,增长11.1%。三次产业增加值比例调整为5.2∶57.5∶37.3。全市农林牧渔业总产值35亿元,增长10.2%。粮食总产33.71万吨,实现“九连增”。新建现代农业产业园区7个,新增设施农业3万亩。新增造林2.12万亩,森林覆盖率27.72%。新建农民集中居住区住房940套,集中居住率达15.8%。完善镇村公交道路29公里,新建通农民集中居住区道路20公里,新改建农村桥梁4座。建成以村庄保洁、河塘保洁为重点的农村环境长效管护机制,环境整洁型村庄达2197个。村级标房实现招租率100%,所有行政村经营性收入达20万元以上。33个经济薄弱村获得帮扶资金1603万元,所有低收入农户家庭人均纯收入达到3600元以上。新增各类合作组织88个,新创扬州市级“五好”示范社30个。农业农村工作连续四年获得扬州市综合考核第一名。全市工业总产值1584.1亿元,比上年增长19.7%,其中市辖(剔除扬州化学工业园、仪征化纤,下同)工业总产值1084.8亿元,增长25.1%。全年规模以上工业实现产值1066.7亿元,增长14.8%,其中市辖规模以上工业实现产值597.4亿元,增长21.1%。规模以上工业产值中,轻工业实现产值153.2亿元,重工业实现产值913.5亿元,分别增长20.2%和13.9%;国有企业实现产值122.3亿元,集体企业实现产值33.8亿元,股份制企业实现产值508.1亿元,外商及港澳台商投资企业实现产值374.8亿元,分别增长56.7%、5%、4.4%和23.1%。全年规模以上工业企业实现主营业务收入1001.1亿元,比上年增长10.4%;实现利税126.6亿元,增长9.8%。其中市辖规模以上工业实现主营业务收入530.3亿元、利税67.7亿元,分别增长12.4%和32.5%。全年建筑业总产值173.4亿元,比上年下降23.9%;竣工产值153.4亿元,增长26%。建筑业企业房屋建筑施工面积1440万平方米,下降30%;竣工面积718.6万平方米,增长6.3%。全社会固定资产投资248.95亿元,比上年增长21%。其中:第一产业投资6.2亿元,下降8.9%;第二产业投资166.48亿元,增长21%;第三产业投资76.27亿元,增长28%。经济开发区、汽车工业园、枣林湾生态园新增基础设施投入9亿元,新建安置房2110套、道路25公里、自来水管道7.5公里、污水管网33公里。500千伏扬州西输变电工程竣工投运,220千伏新东输变电工程基本建成,江六高速建成通车,全面启动333省道改扩建工程。全年实施重大项目180个,其中1亿美元、10亿元级项目23个。上海大众整车、华电热电联供、延锋伟世通、大众联合、明岐铝轮毂等项目竣工投产。全市社会消费品零售总额114.75亿元,比上年增长15.0%。按区域分,城镇消费品市场实现零售额102.95亿元,增长15.3%;乡村消费品市场实现零售额11.8亿元,增长12.4%。按消费形态分,批发和零售业零售额104亿元,增长14.0%,住宿和餐饮业零售额10.75亿元,增长25.8%。全市注册外资实际到帐43891万美元,比上年下降11%;其中不含扬州化学工业园区注册外资实际到帐19591万美元,下降33%。全市进出口总额93226万美元,比上年增长12.2%。其中:进口47930亿美元,增长30.9%;出口45296万美元,下降2.5%。不含扬州化学工业园区进出口总额33902万美元,下降11.4%。其中:进口11902万美元,增长19.6%;出口22000万美元,下降22.3。

【城乡建设】　编制滨江新城控制性详规、核心区城市设计。建成道路7条、桥梁8座,完成天宁大道绿化亮化、红旗河景观工程。竣工交付五一花苑、红旗花苑安置房640套。奥克伍德酒店加快建设,晶崴酒店正式签约。加强老城区改造,维修主次干道10条,改造巷道12条,整治老旧小区2个,新建停车场2个。调整城区公交线路2条,新增公交车20辆。完成泗源沟整治一期、四中排水沟截污整治、三八冲撇洪沟防汛应急工程。启动市自来水厂二期工程。全面启动333省道仪征段改扩建工程,江六高速建成通车。加强集镇建设,新建集镇公共建筑12.16万平方米,组建基层城管执法中队12个,城市管理向集镇和园区延伸。所有镇创成扬州市卫生镇，新集镇创成国家卫生镇。大力推进村庄环境整治，打造三星、二星、一星级“康居乡村”10个、36个、23个、环境整洁型村庄2197个。推进生态惠民工程建设。建成八里生活垃圾转运站，仪征市污水处理厂二期、青山污水处理厂二期正式投入运行，推进乡镇污水管网建设，城市、集镇生活污水集中处理率分别提高到92.5%和85.5%。实施农村环境综合整治。开展“集镇环境整治月”活动，对“十个环境要素”提出具体整治要求，集镇环境明显改善，基本达到“七无”标准。全市实施节能改造项目19个，淘汰落后用能设备335台(套)，单位地区生产总值能耗下降4%，削减化学需氧量468吨、二氧化硫排放量119吨。环境质量综合指数达96分。

【社会民生】 年末全市户籍人口562447人，全年人口出生率为8.96‰，人口死亡率为11.5‰，人口自然增长率为-2.54‰。全年城镇居民人均可支配收入、农村居民人均纯收入分别为26658元、12244元，比上年增长12.6%、13.1%。城镇居民人均住房建筑面积为34.1平方米，农村居民人均钢筋砖木结构住房面积为52.7平方米。全年新增转移农村劳动力7711人，新增城镇就业8900人，城镇登记失业率2.15%。年末城镇职工基本养老保险、基本医疗保险、失业保险参保人数分别达到13.3万人、15.82万人、8.45万人。市残疾人综合服务中心基本建成，新建经济适用房250套、公租房(廉价房)1020套，修缮农村危房100户。

【科技教育】 全年新增国家高新技术企业10家，新增省级以上品牌5个。新增省级研发机构7家，院士工作站2家。申请专利2144件，其中发明专利403件，分别增长16.2%、16.5%；专利授权920件，其中发明专利授权35件，分别增长4.2%、59.1%。29人次获高层次人才引进计划资助，引进教授、博士136名。向上争取工业、科技、人才等各类项目26个，争取资金2600多万元。成功举办首次产学研合作推介会，与三所大学达成全面战略合作协议，与上海交通大学共建产业化基地，促成产学研合作项目58项。全社会研发经费支出占地区生产总值比重2.58%。区域教育现代化创建通过省级评估验收。加固校舍3.3万平方米，完成大仪小学、枣林湾小学异地新建工程。小学净入学率达100%，升学率98.28%，在校生年巩固率100.02%；初中净入学率100%，升学率99.75%，在校生年巩固率99.81%。年末全市共有学校98所，在校生59951人。其中：高中5所，在校生9529人；初中18所，在校生12959人；小学36所，在校生24356人；职业高中1所，在校生1906人(含中专)；特教学校1所，在校生56人；幼儿园37所，在园幼儿11155人。

【文体卫生】 文化活动不断丰富。年末有线广播电视用户达14.5万户，有线电视入户率96.5%。电影放映1.65万场，电影观众39.1万人次。艺术演出120场次，艺术表演观众20万人次，文物展览参观7.8万人次，纪念馆参观0.8万人次。卫生事业快速发展。年末共有各类卫生机构(不含村卫生室)78个，拥有病床1804张，各类卫生技术人员2757人。实现全市乡镇卫生院以及村卫生室基本药物制度全覆盖。全市标准化乡镇卫生院建成率93.3%。孕前优生健康检查率100%。体育事业持续发展。全市运动员获奖牌130枚，比上年增加5枚；举办体育竞赛表演32次。成功举办多主题、多形式的全民健身系列活动，全民健身活动设施241个。

上海大众有限公司仪征分公司建成投产　2012年7月26日，上海大众汽车有限公司仪征分公司举行建成投产暨首辆轿车下线仪式。上海大众仪征项目于2010年7月15日在南京金陵饭店正式签约，总投资100.06亿元，用地1918亩，总建筑面积50.2万平方米，产能为30万辆A级轿车，拥有冲压、车身、油漆、总装四大车间，以及办公生活楼、培训中心、质控中心、能源中心、零部件物流、成品车物流等配套设施。上海大众仪征工厂是德国大众集团在全球第二个、在中国首个标杆式整车工厂，采用大众集团全球标准工厂布局，人流、零部件物流、生产物流、产品车间物流等四流独立，分布合理高效；大量采用绿色环保节能技术与产品，工厂整体能耗较同规模汽车工厂节约10%左右。2010年8月5日开工建设，2012年4月投入试生产，20个月的建设工期创造了大众集团全球建厂速度新纪录。2012年6月开始小批量生产，7月26日正式建成投产，7月份新POLO上市销售，12月16日桑塔纳NF投放市场，12月底斯柯达Rapid正式下线。2012年产量2.23万辆，预计2013年产量为25万辆。　(曹晓彬　孙云润)

2012年仪征市经济社会发展主要指标

项　　目	单位	2012年	比上年±%
地区生产总值	亿元	370.27	11.7%
第一产业增加值	亿元	19.3	4.6%
第二产业增加值	亿元	212.86	12.2
其中：工业增加值	亿元	187.73	11.8
第三产业增加值	亿元	138.11	12%
人均地区生产总值	元	65843	11.1%
粮食总量	万吨	33.71	3%
全社会固定资产投资	亿元	248.95	21%
外贸自营出口总额	万美元	45296	-2.5%
实际利用外资	万美元	43891	-11%
社会消费品零售总额	亿元	114.75	15%
财政总收入	亿元	65.42	3.6%
财政总支出	亿元	26.19	-4.5%
城镇居民人均可支配收入	元	26658	12.6%
农村居民人均纯收入	元	16529	12.3%
邮电业务总量	亿元	4.88	11.2%
年末存款余额	亿元	333.11	增加37.06亿元
年末贷款余额	亿元	186.46	增加30.32亿元

(仪　统)

泰 州 市

【位置面积】 泰州地处江苏中部，位于北纬32°01′57″～33°10′59″、东经119°38′21″～120°32′20″。

南部濒临长江，北部与盐城毗邻，东临南通，西接扬州。全市除靖江有一独立山丘外，其余均为江淮两大水系冲积平原。地势呈中间高、南北低走向，南边沿江地区真高一般为2米～5米，中部高沙地区真高一般为5米～7米，北边里下河地区真高为1.5米～5米。全市总面积5787.26平方千米，其中陆地面积占77.85%、水域面积占22.15%。市区面积639.61平方千米。

【人口】 2012年末，全市户籍总人口为506.35万人，比上年下降1.5‰。其中，市区户籍人口83.27万人，增长3.1‰。全市常住人口462.98万人，增长0.8‰；市区常住人口88.48万人，增长3.9‰。全市户籍人口中，全年新出生人口4.78万人，人口出生率为9.44‰；死亡人口6.10万人，人口死亡率为9.89‰；人口自然增长率为－0.45‰。全市常住人口中，城镇人口268.16万人，增长2.0%，城镇化率为57.9%，提高1.1个百分点。

【行政区划】 2012年年末，全市行政区划设三市三区及医药高新区，有74个镇、6个乡、16个街道办事处。兴化市、靖江市、泰兴市三市下辖66个镇、6个乡、2个街道办事处、216个居委会和1362个村委会；海陵区、高港区以及医药高新区下辖8个镇、14个街道办事处、204个居委会和65个村委会。

【民族】 全市常住人口中，有少数民族51个、人口1万多人，占全市常住人口的2.2‰。其中苗族、土家族、回族人口较多，占少数民族人口的48.5%。

2012年泰州市行政区划一览表

地区	土地面积（平方千米）	户籍人口（万人）	常住人口（万人）	镇（个）	乡（个）	街道（个）	居委会（个）	村委会（个）
全市	5787.6	506.5	46.98	74	6	6	40	47
市区	69.6	8.7	88.48	8	–	4	04	65
海陵区	7.5	4.	47.76		–	7	00	
高港区	86.84	6.9	5.0	4	–		49	40
医药高新区	5.4	4.77	5.6		–	4	5	
兴化市	95	57.8	5.40	9	5	–	70	64
靖江市	655.58	66.66	68.58	8	–		67	88
泰兴市	69.55	9.8	07.60	4			57	98
姜堰市	97.5	79.	7.9	5	–	–		6

（统计局）

【气候】 2012年，泰州市的气候特点是：年平均气温比常年略偏高，降水量和日照时数比常年略偏少。主要气象灾害有暴雨、雷电、强对流、台风、大雾、寒潮等，其中强对流和暴雨灾害造成的影响较严重。

气温。全市年平均气温15.1℃～16.4℃，比常年略偏高。1月23日，兴化出现1987年以来历史同期最低气温－9.0℃。全市4月平均气温异常偏高，为1961年以来历史同期最高值。

降水。全市年降水量820.7毫米～1099.0毫米，比常年略偏少。其中6月降水异常偏少，为1963年以来历史同期最少。

日照。全市年日照1845.6小时～2055.8小时，比正常略偏少。（气象局）

【水文水情】 2012年，泰州市汛期总降水量、梅雨量均呈现明显的北多南少特点。暴雨、大暴雨天气频发，特别是7月4日、7月14日市区遭遇强降雨袭击，有39处地段短时严重积水受淹。7月12日8时～7月15日8时，姜堰市72小时累计降水量252.4毫米，1万多公顷在田农作物出现一定程度的积水、受淹、受渍现象。8月4日，受台风活动增水影响，全市沿江潮位均创出年内最高潮位。泰州市区汛期总降水量627.2毫米，比正常略偏少；各地汛期总降水量分别为兴化651.8毫米、姜堰631.2毫米、黄桥444.5毫米、夏仕港490.0毫米。6月26日入梅，7月18日出梅，梅期23天。泰州市区梅雨量342.5毫米，比232毫米的常年量偏多近五成；各地梅雨量分别为兴化383.0毫米、姜堰385.0毫米、黄桥212.5毫米、夏仕港206.3毫米。汛期最大点日降雨量为7月4日泰州市区降水136.6毫米。

2012年度汛期全市总降水量、总梅雨量正常偏少，尤其是通南和沿江地区降水少于常年,但长江来水量丰沛,为沿江各通江口门自流引江带来便捷,全市内河水位总体平稳。受持续降水影响,在梅汛期后期的7月15日前后,全市内河水位普遍创下年内最高水位,各地汛期最高水位分别为泰州(通)2.90米(7月14日)、姜堰3.45米(7月15日)、黄桥3.11米(7月15日)、兴化2.32米(7月15日)、溱潼2.39米(7月15日)。汛期通南地区水位未超过3.80米警戒水位。里下河地区按照2012年首次执行的2.00米警戒水位计,超警戒天数,分别为泰州(下)2天、溱潼4天、兴化4天、沙沟3天、安丰4天。

泰州主城区2012年是实施独立水系的第二年,在抽引水源和排水预降等水利工程调度下,水情平稳,泰州(通)汛期最低水位和全年最低水位均为2.10米(9月19日,8月8日为非报汛水位)。里下河地区汛期最低水位分别为兴化1.06米(6月17日、26日)、溱潼1.08米(7月16日、17日)、泰州(下)1.18米(7月2日);全年最低水位分别为兴化1.08米(6月25日)、溱潼1.07米(6月15日)、泰州(下)1.06米(2月4日)。通南地区姜堰、黄桥汛期最低水位分别为1.95米(5月2日)、1.98米(5月2日),全年最低水位分别为1.81米(1月20日)、1.67米(2月4日)。

2012年度长江为丰水年,大通流量在50000立方米/秒以上天数达42天。受8月4日长江流量大、天文大潮汛以及海上9号、10号双台风活动增水影响,沿江各测站出现年内最高潮。各地最高潮分别为口岸闸下5.00米、马甸闸下5.14米、过船港闸下4.94米、夏仕港闸下4.61米。马甸闸下潮位有一天超5.04米警戒线,夏仕港有七次超4.04米警戒线。大通流量汛期最大流量为57900立方米/秒(8月10日),最小流量为32600立方米/秒(5月1日),全年最小流量为11000立方米/秒(1月6日)。

【矿产资源】 全市境内有石油、二氧化碳、氦气、地热、矿泉水、煤、泥炭、砖瓦用粘土等矿产资源。油、气、地热开发价值高、潜力大。石油主要分布在姜堰、兴化两市,经华东石油局和江苏石油勘探局石油地质普查勘探,发现淤溪、储家楼、边城、俞垛、周庄、茅山、刘陆等断块油田,中国石油勘探局在兴化境内开展新一轮石油详查和钻探工作。2012年,全市石油产量约50万吨。兴化市陈堡地区探明的石油地质储量为1800多万吨,现年产石油能力约40万吨。黄桥地区二氧化碳气田面积52.2平方千米,气田埋深1800米~2650米,产气层岩性主要为碳酸盐岩。探明可控面积二氧化碳地质储量261.48亿立方米,可采储量65亿立方米,二氧化碳纯度99%以上,伴生少量凝析油。2012年,二氧化碳气开采量1.3亿立方米,产量22.69万吨,实现工业产值5018万元,主要用于食品、保护焊接和化工等领域,开发利用极为方便。储量综合评定为中深度,高产能大型二氧化碳气田,居全国之首。与二氧化碳伴生的少量氦气,为黄金气体,浅层地质储量估算约1200万立方米,具有一定的开发利用价值。

泰州境内地热资源丰富,地热田控制面积200多平方千米,其中海陵区地热资源尤为丰富,地热水埋藏较浅,为650米~1800米,水温38℃~70℃,含有对人体有益的偏硅酸、碘、溴、锶等微量元素。根据专家初步预测,全市地热资源储量估算1000亿立方米以上。"泰热1井"为2001年钻探成功的"苏中第一井",井深750米,井口水温45℃,日出水量768立方米,证明泰州玄武岩上部地热田的存在,结束泰州无热泉水的历史。"泰热2井"勘探成功,证明中深部地热资源水量更大,日出水量达4000立方米,温度70℃左右,具有广阔的开发利用前景。姜堰溱湖,兴化戴南、乌巾荡公园,靖江马洲岛,泰兴御泉东郡,泰州碧桂园温泉大酒店、天德湖公园经科学勘查,已成功钻探出热水,水质优良,含有丰富的对人体有益元素,开发前景广阔。溱湖地热资源已被姜堰华侨城开发利用,泰州碧桂园温泉大酒店已开张营业,年产值4436.92万元,其他地热资源正在规划利用开发之中。全市境内5处地下水通过原省地矿厅进行矿泉水鉴定评价,命名为含锶、溴、偏硅酸复合型饮用天然矿泉水和含锶、偏硅酸饮用水。品味独特,对人体保健有益,资源储量丰富,水质较好。现未开发利用。全市现有砖瓦用黏土生产企业112家,工业总产值4436.92万元。

靖江孤山煤矿地质储量800万吨,产煤层位为上古生界二叠系龙潭组,煤质好,因地下水量大,开采成本高,暂未开发。

(王国强　王　伟)

【交通格局】 2012年,泰州已形成一个由"一纵一横"铁路主动脉、"三纵八横"公路主骨架、"三纵三横"水运主通道和"一港两站"(泰州港和火车站、汽车客运总站)运输主枢纽共同编织的四通八达的立体交通网络。

长江大道

全市公路总体呈"三纵八横"的路网格局,"三纵"分别为S29盐靖高速公路、S231阜扬线、S229盐锡线;"八横"分别为S332大兴金线、S33曹仪线、S28启扬高速、G328海宁线、G40沪陕高速、S334如泰线、S336江平线、沿江高等级公路。至年末,全市公路总里程9004千米,公路密度达155千米/百平方千米。其中,高速公路256千米,一级公路715千米,二级公路1397千米,三级公路850千米,四级公路5779千米,等外公路7千米。全市行政村通公路率和通乡公路灰黑化率均达100%。

2012年11月25日,泰州长江公路大桥及北接线正式通车,标志着由京沪、启扬、盐靖和泰镇高速构成的"井"字形高速公路网络初步建成。随着长江大道建成通车,市域"三纵六横九联"的普通国省干线公路网络及泰州主城区出入口"三纵三横"快速路网体系逐步形成,人民群众的出行更加便捷。宁启铁路复线电气化改造工程稳步推进,项目建成后将成为兼顾城际功能的客货混运、通行双层集装箱列车的大能力快速通道,可大幅提高客货运输能力和质量,将大大缩短泰州与南京等中心城市间的时空距离。京泰综合枢纽改造基本完成,实现公铁之间的无缝衔接。扬州泰州机场按国内航空支线标准规划建设,已投入运营。

泰州境内河网密布,航道纵横,水域面积999平方千米,航道密度0.44千米/平方千米。全市航道总里程2550.23千米,其中三级航道36.20千米、四级航道39.26千米、五级航道2.61千米、六级航道254.80千米、七级航道499.89千米、等外航道1717.47千米。全市有通航船闸6座、套闸11座,其中交通部门主管的船闸2座。泰东线、盐邵线、兴东线、姜十线、通扬线等5条航道进入省干线航道网,总里程达291千米。

泰州港地处长江下游北岸,拥有长江岸线总长96.3千米,占江苏长江主江岸线的1/8,其中宜港岸线80.5千米、深水港口岸线52千米,占规划港口岸线的77%。作为国家一类开放口岸,泰州港由高港、泰兴、靖江3个港区组成,分为杨湾、高港、永安、过船、七圩、夹港、八圩、新港8个作业区。至年末,全港拥有生产性泊位110个,万吨级以上生产性泊位55个。拥有各类装卸机械近251台(套),泰州港已发展成为通用码头与专用码头相结合、公用码头与货主码头相结合,内贸与外贸相结合,集装卸、仓储、中转运输、船舶代理、货物代理、理货于一体的地区性重要港口集群。 (交通局)

【建置沿革】 周秦时代,今泰州即称海阳。汉武帝元狩六年(公元前117年)置海陵县,东晋设海陵郡,时与金陵、广陵、兰陵齐名华夏。南唐建州,取“国泰民安”之义,因名“泰州”,沿袭至今。宋熙宁五年(1072年),泰州属淮南东路。元初领海陵、如皋两县,隶扬州路。明洪武初,省海陵县入泰州,领如皋县,属扬州府。清雍正三年(1725年),如皋归属通州,泰州遂为散州。民国元年(1912年)废州为县,泰州改称泰县。民国38年(1949年)1月21日,泰州城区解放,次日划城区设置泰州市,乡村设置泰县。同年4月21日,苏北行政公署成立,行署驻泰州,下辖泰州、扬州、盐城、淮阴、南通5个行政区,41个县(市)。同年5月1日,原华中第一行政区改称苏北泰州行政区。泰州行政区辖泰州市、泰兴县、靖江县、泰县、海安县、如皋县、东台县、台北县等县(市)。1950年1月,泰州行政区与扬州行政区合并为泰州行政区,地专机关驻泰州,下辖泰州市、扬州市、泰县、泰兴县、靖江县、江都县、兴化县、高邮县、宝应县、仪征县、六合县(1953年1月1日又从皖北滁县地区划进江浦县)等县(市),后扬州市直属苏北行政区。1953年2月,苏北泰州专署改名为江苏省扬州行政公署(行署机关迁扬州)。1950年5月~10月、1959年1月~1962年5月,泰州市与泰县几度划并。1996年8月,撤销县级泰州市,设立地级泰州市,辖海陵区、泰兴市、姜堰市、靖江市、兴化市。1997年4月设立高港区。2012年12月撤销县级姜堰市,设立姜堰区。

境内各辖地大多历史悠久,汉置海陵县,五代设泰兴、兴化县,明置靖江县。

【历史文化遗存】 泰州是江苏省首批公布的省级历史文化名城,文物古迹众多。境内有距今4000多年前的龙山文化遗址,有新石器时代晚期至商、周的古文化遗址,西汉初开凿的古运盐河遗址,战国时期的昭阳墓,《水浒传》作者施耐庵墓,扬州八怪之一的郑板桥墓,明朝南京吏部左侍郎储巏墓等亦在泰州。此外还有始建于东晋的江淮名刹光孝寺、唐建明修的南山寺大雄宝殿和城隍庙,明建清修的庆云寺、东岳庙、胡安定祠堂、岳飞生祠、崇儒祠、胡公书院、马洲书院、襟江书院和扬郡试院。古典园林有日涉园和李园。另有郑板桥、刘熙载、刘国钧等故居。泰州的风景名胜颇具特色,有垛田风光、溱湖风景区、孤山风景区、泰山公园、梅兰芳公园、凤城河风景区等。泰州历史上名贤辈出。唐代有书法评论家张怀瓘,著有《书断》《书议》《书估》等,擅长正、行、草书,书法“正、行可比虞、褚,草欲独步于数百年间”。宋代有著名教育家胡瑗,元末明初有文学家施耐庵创作古典文学名著《水浒传》。至明代,哲学家王艮阐发以尊身立本为内涵的“格物说”与具有社会改良思想的“王道论”,逐渐形成“泰州学派”。清代有著名天文历算家陈厚耀,评话宗师柳敬亭,扬州八怪之一郑板桥,“扬州学派”先驱任大椿,著名文艺评论家刘熙载。围棋棋圣黄龙士,太谷学派集大成者黄葆年。近现代有著名地质学家丁文江,著名爱国实业家刘国钧,杰出女教育家吴贻芳,著名剧作家丁西林,京剧表演艺术家梅兰芳,著名文学史家、传记文学家朱东润等。泰州又是具有光荣革命斗争传统的城市。南宋抗金,明代抗倭,鸦片战争期间群众抗英,抗日战争和解放战争期间陈毅三进泰州、新四军黄桥决战、苏中七战七捷、中国人民解放军海军诞生等重大历史事件也都发生在泰州。中安轮遇难烈士纪念馆、杨根思烈士陵园、七战七捷纪念碑、中共江浙区委泰兴独立支部旧址、新四军东进泰州谈判处旧址、黄桥战役纪念馆、中国人民解放军海军诞生地旧址等都是爱国主义和革命传统教育的基地。泰州和各市(区)文物单位征集收藏从新石器时代,历商、周、汉、六朝、宋、元至明、清的珍贵陶瓷,明代服饰,明、清字画,故宫档案等文物1.3万多件。国家级珍贵文物达1000件以上,还有数百件革命文物收藏在各有关纪念馆。各级政府十分重视文物工作,修缮大批文物保护单位。2006年,海军诞生地旧址等3处文物晋升为全国文物保护单位。全市有省级文物保护单位27处,市县级文物保护单位214处,文物管理机构5个,各类博物馆、纪念馆30多家,馆藏文物3万多件。

(史 综)

海 陵 区

【概况】 海陵区为泰州市主城区,总面积237.15平方千米,辖3个镇、6个街道、4个园区(海陵工业园区、泰州市新能源产业园、城北物流园、现代农业科技示范园)。2012年年末,全区户籍人口42.22万人。全年实现地区生产总值365.07亿元,比上年增长12.5%。其中,第一产业增加值6.38亿元,增长4%;第二产业增加值191.33亿元,增长12.5%;第三产业增加值167.36亿元,增长12.7%。

【农业与新农村建设】 加快农业结构调整,引导农村土地向种植养殖大户、农民合作组织、农业龙头企业等市场主体流转,突显都市型高效农业特色,逐步向“无粮区”过渡。全年新增土地流转面积667公顷、高效农业967公顷、设施农业847公顷,新建“三大合作组织”42家。实施农业开发项目,罡杨镇和城西街道“万亩中低产田改造”项目基本建成,苏陈镇“5000亩高沙土治理”项目通过省级验收。建成苏陈镇弘成食用菌农业合作社、京泰路街道德林生态养殖场等26个高效农业项目。新增河蟹、虾类等特种水产养殖规模基地5个,其中50公顷以上规模基地3个,全区规模养殖比例超过80%。申报通过省级无公害农产品基地1个、国家级无公害农产品37个。11家农业龙头企业实现销售总额11亿元、利税总额6500万元,比上年分别增长28%、25%。全面推进新农村建设,打造新型农村社区。新改建农村道路43.9千米,新改建农桥20座。疏浚县、乡级河道7条,整治村庄河塘13个,实施农村户厕无公害化改造2000座,新增农村造林面积439公顷。创成市级全面达小康“十强村”1个、“示范村”20个,创成江苏省村级“四有一责”建设示范区。加强农民就业技能培训,促进农村劳动力就近就地转移。全年培训农民3620人次,培训持证农民974人,创业培训110人。推进秸秆禁烧工作,提升秸秆能源化利用水平,秸秆禁烧和综合利用率分别达100%和96%。

【工业】 全区共有工业企业1400多家,其中销售收入2000万元以上企业237家、1亿元以上企业130家、10亿元以上企业17家、20亿元以上企业5家、100亿元以上企业2家。全年规模以上工业实现产值934亿元、开票销售420亿元、增加值182.8亿元,考核口径利税、利润增幅均居全市第一。获得市工业经济工作目标考核先进市(区)二等奖、市节能工作目标考核先进市(区)一等奖、市民营经济工作目标考核先进市(区)二等奖。新兴产业发展加快,"四新"产业产值占规模以上工业比重达44.9%,比上年提高6.4个百分点,利税、利润增幅分别高于全区5.7和17个百分点。工业固定资产投入稳步增长,全年完成工业固定资产投资64亿元,增长30.6%。实施3000万元以上项目63个,其中1亿元以上项目33个,竣工35个,顺利实现"633"目标。首次实施工业经济转型升级"双十工程",19个项目开工建设,春兰动力变频压缩机、宏瑞新材料金刚线等11个项目竣工投产。转型升级步伐加快。微特利、泰州机械厂等5家企业成功实现高位嫁接,常发锋陵公司成立省农业装备工程研究中心,宇成集团高性能花生收获技术装备产业化获省成果转化专项扶持,春兰机械"双工位工作台上移式全自动立式拉床"产品通过省制造业首台(套)重大装备认定,春兰清洁能源新研制的动力锂离子电池成功获大型客车动力系统的生产许可证明。

【建筑业】 全年完成建筑业总产值395.62亿元、增加值93.77亿元、工程结算收入228.84亿元、市级入库税收2.59亿元,比上年分别增长35.68%、40.08%、34.48%和28.08%,获2012年度市建筑业工作目标考核一等奖。完成省内市场施工产值218.12亿元,施工面积1785万平方米,分别增长35.21%、39.14%。出省施工人数6.8万人,完成出省施工产值177.5亿元,施工面积3264万平方米,拥有5亿元以上规模市场13个,10亿元以上重点市场5个。国外施工人数3256人,完成海外营业额1.3亿美元。全区有8家企业申请资质增项,1家房屋建筑施工总承包企业和2家专业承包企业从二级资质晋升为一级资质,7家房屋建筑施工总承包企业和2家专业承包企业从三级资质晋升为二级资质。2项工程获"鲁班奖",1项工程获"国家级QC奖";1项工程获"省级QC"奖,1项工程被评为"省级新技术示范工程",6项工程被评为"省级优质工程",10项工程被评为"省级文明工地",8项工法获省级工法认定;7项工程获"梅兰杯"奖,20项工程被评为"市级优质工程",37项工程被评为"市级文明工地",6家企业被评为"市建筑先进企业"。

【民营经济】 全年规模以上民营工业企业完成产值547.39亿元、销售收入526.77亿元、利税37.35亿元、利润22.62亿元,比上年分别增长25.15%、23.16%、42.56%和42.26%。新增私营、个体工商户3968户,其中500万元以上私营企业178户。完成民营经济净增注册资本35.19亿元。

【服务业】 全年实现服务业增加值167.36亿元,比上年增长12.7%;占地区生产总值比重达45.84%,提高1.14个百分点。实现社会消费品零售总额164.95亿元,增长13.1%。实现服务业税收30.4亿元,增长25.04%,增幅居全市第一。完成服务业固定资产投资143.3亿元,增长18.8%。全年投资21亿元,用于实施服务业转型升级"十大工程",百脑汇、苏中农副产品批发交易市场、碧桂园商业街、安欣生活金融平台等项目投入运营,天利粮食物流中心、文化创意产业综合体、茂业天地东广场、波尔大酒店、职工低碳生活创意园等项目加快推进。城北物流园全年实现销售148亿元、物流营业收入4.95亿元、货物周转量4.87亿吨千米、服务业税收1.02亿元。城中核心商圈全年实现销售55亿元,增长16%。东部市场集聚区获批"市级现代服务业集聚区",全年实现市场成交额60亿元,增长17%。中百一店、金鹰商贸等5家重点商贸企业全年实现营业收入23.9亿元、利税总额3.18亿元,分别增长16%、22%。全年新增AA级以上社区居家养老服务中心23家,其中迎春社区、安居社区、工人社区达省AAA级标准;莲花社区获"省级社区商业示范区"称号。光大国际旅行社经国家旅游局批准,成为市区首家出境组团社。青年国旅、康辉旅行社营业收入首次超过1000万元。格调芭莎公司"巴宝莉"和嘉銮酒店"嘉銮"商标被认定为"泰州市知名商标"。

【开放型经济】 全年协议利用外资4.69亿美元,实际利用外资1.97亿美元,比上年增长21.32%,利用外资工作考核居全市第二。分别举办上海、东京、北京投资说明会和新能源产业高层研讨会等招商活动,组织美国GE、中国美国商会、香港八达码集团等投资考察活动,建成通用咨询和日本新能两大招商平台。全年重点跟踪推进重大外资项目24个,新批外资项目17个,增资项目6个。完成注册协议利用外资3000万美元以上项目8个、1亿美元以上项目1个。帮助企业申报国家中小企业国际市场开拓资金、省商务发展专项资金共1000多万元。引导企业开辟国际市场,新增广交会摊位13个,获批国家科技兴贸(新能源)创新基地。全年实现进出口总额8.53亿美元,新签外经合同额1.2亿美元,实现外经营业额2.08亿美元。

【社会事业】 出台《全民科学素质行动计划实施方案》,开展科普宣传活动,新能源科普馆被命名为"江苏省科普教育基地"。合理调整学校布局,优化配置城乡师资,教育均衡发展步伐加快。全区现有幼儿园26所,在园幼儿9874名;小学8所,初中5所,九年一贯制学校7所,在校小学生23802名,在校初中生10315名;中小学教职工3033名,其中专任教师2519名。投入资金2.4亿元,建设校舍9.4万平方米,智堡实验学校投入使用。推进校舍安全工程,各项指标居全市前列。推进文化惠民工程,全年新增60个文体广场和健身点,投入器材600多件,全面建成"15分钟文化圈""10分钟体育健身圈"和农村"10里文化圈",开展全民健身运动。组织"梅兰"系列文化活动,单声珍藏文物馆免费对外开放。加快城乡医疗卫生基础设施建设,四人医移址新建工程主体封顶,罡杨社区卫生服务中心防保楼基本竣工,九龙中心卫生院门诊楼、苏陈和城西社区卫生服务中心病房楼开工建设,大冯卫生院顺利回购,20个村卫生室实现达标提升。

全区现有医疗卫生机构137个,其中医院5家、卫生院(社区卫生服务中心)10家、门诊部(所、室)14个、个体诊所38个、村卫生室(社区卫生服务站)70个,共有卫生技术人员1254人,病床828张。深化医药卫生体制改革,基层医疗卫生单位全部实施绩效工资,村卫生室全面实行基本药物制度和一体化管理。

【城市建设】 坚持基础建设、环境整治、城市管理、生态保护同步推进,加快建设“长三角生态宜居城区”。全年累计投入100亿元,实施城建重点项目119个,成功发行8亿元企业债券。全面启动老东站二期、森园路贯通、鼓楼路北延等24个征收项目,完成府前路北侧、育才路等13个拆迁扫尾项目,高教园区中心共享区、智堡三期、北宝带安置区地块、海陵北路改造工程拆(搬)迁工作基本完成并进场施工。开工建设基础设施项目19个,吴州路、江州路北延、兴丰西路西延、经东一路、春景路等竣工通车。加快建设32个房地产项目,鹏欣领誉、美好易居城、茂业天地等宜居项目开工建设。做好卤汀河拓浚、引江河二期、凤城河整治等市级以上重点项目协调服务工作。推进村庄环境整治,拆除危旧房1.1万平方米,27个村(社区)通过省级验收。

【城市管理】 启动东进小区环境专项整治工作,完成安居苑、迎春小区、教工三村等老小区基础设施维修改造。推进物业管理进社区措施,对42个无物管小区和567条后街背巷实施长效保洁。城乡污水管网收集能力进一步提升,城北、九龙等污水处理厂日处理能力达3.15万吨。国家生态区创建工作顺利通过省级技术评估,苏陈、罡杨创成国家生态镇。开展“市容执法百日行动”,拆除各类违法建设838处、4.5万平方米,新建便民疏导点3个,完成青年路、鼓楼路、海陵北路等主次干道以及坡子街集中整治工程,数字化城管处置率和及时处置率均达95%以上。

【财政】 全年实现财政总收入75.61亿元,比上年增长0.6%,其中上划中央收入29.92亿元、基金预算收入12.18亿元、公共财政预算收入33.51亿元。公共财政预算收入增长10.2%,税收收入占公共财政预算收入比重达91.1%,占比居全市第一。

【固定资产投资】 全年完成固定资产投资209.31亿元,比上年增长22.10%。规模以上项目(除房地产项目外)完成投资146.71亿元,增长37.07%。房地产项目完成投资62.60亿元,下降2.78%。

【科技创新及节能减排】 推进创新体系建设,获批“江苏省创新型试点县(市、区)”、“江苏省实施知识产权战略区域示范工作单位”,区高新技术创业服务中心获批“国家级科技企业孵化器”。全年实现高新技术产业产值358.9亿元,占规模以上工业的比重达38.4%。新增高新技术企业10家、省级高新技术产品73个,申视塑料、泰丰泵业等企业获江苏省科学技术奖3项,春兰集团高功率电池系统获国家“863计划”立项,梅兰化工、宇成集团获省科技厅重大科技成果专项支持。实施省级以上科技计划项目36个。申请专利3264件,发明专利1039件,专利授权1005件,发明专利授权57件,有效发明451件。万人发明专利拥有量超过11件,居全市第一。加大产学研合作力度,科技镇长团创新带动作用显著,一批高校院所科研成果成功落户,建立各类产学研联合体18家。推进节能减排工作,全年实施节能改造项目22个,全区GDP能耗下降6.86%,单位工业增加值能耗下降10%。化学需氧量削减905.4吨,氨氮削减72.1吨,二氧化硫削减240.08吨,氮氧化物削减212吨。

【人民生活和社会保障】 全年新增就业1.5万人、创业9168人、持证农民1000人,帮扶创业859人,创业培训1947人。实现城镇居民人均可支配收入28493元、农民人均纯收入14889元,比上年分别增长14.8%、16.5%。基本养老保险养老金连续第八年调增10%;城乡居民养老保险基础养老金增加到每人每月80元,个人账户养老金调增10%;失业保险最低和最高领取标准分别提高到每人每月520元和1320元;新型农村合作医疗筹资标准提高到每人每年310元,参保率连续六年达到100%;第四年龄段被征地农民养老金标准从每人每月286元提高到336元;实现城乡低保一体化,标准提高到每人每月400元。罡杨敬老院完成改建并投入使用,泰州社会福利院移址新建工程主体封顶;落实80岁以上老人“尊老金”制度;为1万户老人免费安装“电子保姆”。全年开工建设安置区项目12个,建设面积190万平方米,建成60万平方米,九龙振东、渔行一期等安置区竣工交付,新增限价商品房、公租房5378套。完成淯水、大冯农副产品市场改造,苏陈农贸市场竣工运营,育才、头营农贸市场开工建设。建成便民信息亭60个。苏陈、罡杨接引长江水工程全面完成。

【社会管理和社会稳定】 在全市率先建成社会管理服务中心,创新窗口式服务和社会化管理模式,社会管理“三级平台”建设工作在全省政法工作会议和中央政法工作座谈会上作交流。全年新增社区用房5000平方米,80%的社区用房面积超过400平方米。10个村实现“撤村建居”。推行网格精细化管理,全区123个村(居)划为3063个网格,实现基层平台管理服务全覆盖。社会治安保持稳定,城镇沿街商铺监控设备、农村“平安E家”安装到位,公众安全感、群众满意度持续上升。成功打造“老娘舅”调解品牌,创成省“社会管理综合治理先进区”。推进“六五”普法工作,开展“法律六进”活动170多场,受教育群众超过8万人次,实现重点人群学法全覆盖。开展创建“和谐劳动关系企业”、“遵守劳动保障法律法规诚信企业”等活动,巩固和谐稳定的劳动关系。开展党政领导干部大接访、大下访活动,接待群众1364人次,约访和专题接访893人次。推动积案化解“百日百案”攻坚活动,巩固“四项排查”成果,信访积案化解率达82.7%,完成党的十八大期间信访维稳任务。开展“打非治违”和隐患排查治理活动,安全生产形势持续稳定。构建“四位一体”社会应急管理网络,组织大型应急演练6次,参与群众达10万人次。推进食品药品监管三级责任体系建设,创成全省首批“餐饮服务食品安全示范区”。

【海陵工业园区】 全年实现财政收入7.03亿元,比上年增长4.4%。完成规模以上固定资产投资46.07亿元,增长24.79%。完成规模以上工业产值173.68亿元,利税总额19.71亿元,分别增长42.13%、108.35%。实现服务业增加值13.69亿元,增长20.5%。完成高新技术产业产值70.47亿元,增长56.37%。实际利用外资9691万美元,利用民资7.02亿元。金阳光电子、樱飞特电容器、普及光电一期、华龙电子一期等项目正式投产,明昕微电子项目试生产,科化新材料、申视复合管、海田非晶合金节能变压器等项目正在推进。月星家居等三个服务业项目投入运营。全年共投入5亿多元,完成凤凰东路东延、春景路、经东一路等道路工程,兴海路、梅兰东路、泰康路、大寨河桥、文创园景观河整治等工程有序推进。3个安置区项目加快推进。

【新能源产业园】 全年完成地区生产总值44.7亿元、财政收入2.41亿元、固定资产投资23.46亿元。实现全部工业总产值272.3亿元,其中规模以上工业企业完成产值170.4亿元、销售159.7亿元。实现全部工业利税总额8.2亿元、利润总额4.3亿元,完成工业企业一般纳税人开票销售收入56.2亿元。实际利用外资7181万美元,实际利用民资6.2亿元。园区以光伏、储能、新能源装备制造为重点发展方向,坚持产业集聚与研发引领同步推进。成功招引AA集团风光电、汉能TCO导电玻璃、智航钴酸锂正极材料及锂电池、汇景AZO导电玻璃、林海雅马哈新能源电动车、林海集团海风机械等一批项目。发挥中盛光电等龙头企业的带动作用,加快太阳能光伏配套产业建设,实现新能源产业产值127.5亿元。成功举办"第三届中国(泰州)新能源产业高层研讨会"。被科技部认定为"国家科技兴贸创新基地",被省商务厅认定为"江苏省电子商务示范基地"。全年共投入4.3亿元,完成基础设施项目9个,标准厂房、振东安置区、大寨河驳岸二期、雨声路等工程竣工。

【文化创意产业园】 编制完成文创园产业发展规划,重点推动文化与科技融合。编制文创园空间规划和核心区控制性详规,规划面积达5平方千米,其中一期规划面积2.7平方千米,形成"一个核心、双重轴线、三个圈层、七个片区"的空间布局结构。2月,市政府批准文创园控制性详规,同时批准组建泰州市文化创意产业园区管委会。加快文创项目推进,已经洽谈引进各类项目近30个,正式运营项目超过10个,拟运营项目近10个。基本形成以数字领海、中泰文化等项目为主的立体影像制作类,以安欣金融、优乐股份等项目为主的第三方支付平台类,以众道影业、江苏剧本中心泰州制作基地等项目为主的编剧培训影像制作类,以磨铁图书、盛大网络等项目为主的数字出版类,以八尾猫、中青院线、泰圣思游戏开发等项目为主的动漫影视游戏类,以中国工业大厦项目为主的工业设计类,以全球商品采购结算中心项目为重点的总部经济类等项目集群。完成凤凰东路东延工程,装修改造标准厂房约4万平方米,建设文创项目孵化基地,加快推进人工景观湖整治工程,完成文化创意大楼桩基工程。全年实现文创产业工贸总收入50亿元,成功获批"市级现代服务业集聚区"。

【智堡实验学校投入使用】 智堡实验学校移址新建工程被列为海陵区2011年为民办实事重点工程,于2012年秋学期建成并投入使用。新校址位于海陵区运河路北侧、老东河路西侧、光大路南侧、东风北路东侧,占地面积8.87公顷,建筑面积4.51万平方米,总投资1.6亿元。新校设计规模为初中部8轨、小学部8轨,共72个班,可容纳3600名学生就读。建有5000平方米的人防工程,校舍抗震系数达到8级。建有初中部教学楼2栋,小学部教学楼3栋,600座的报告厅1个,初中部、小学部各建有综合楼1栋。建成标准化操场1个、标准网球场2个、篮球场4个。在全市率先为小学、初中新生班级配备液晶触控一体机等多媒体教学设施。拥有地理、计算机、科学、劳技、音乐、舞蹈、美术、书法、社团活动等专用教室。图书馆藏书8万多册。全自动视频录播教室、高标准电子阅览室各2个。拥有千兆光纤为主干的校园网、闭路电视系统、校园监控系统、智能广播系统等。（顾晓梅　胡安顺　王顺国）

高　港　区

【概况】 高港区南濒长江,北倚海陵,是泰州的主城区之一,总面积286.83平方千米,辖4个镇、3个街道,89个行政村(居委会)。年末总人口26.29万人。全年实现地区生产总值266.04亿元,比上年增长13.1%。其中,第一产业增加值9.21亿元,增长4.6%;第二产业增加值178.47亿元,增长13.5%;第三产业增加值78.36亿元,增长13.0%。人均地区生产总值106013元。三次产业比重为3.5∶67.0∶29.5。城镇居民人均可支配收入27460元,农村居民人均纯收入12811元,分别增长12.8%和13.2%。

【农业】 全年新增设施农业面积1287公顷,累计2587公顷。农业利用"三资"15.7亿元,其中外资4000万美元,农产品出口3080万美元;新增土地规模经营面积4667公顷,新增合作经济组织59家,新增登记成员5.7万户。全年水稻机插秧面积5067公顷,主要农作物机械化综合水平为80%,被省表彰为"高效设施农业建设先进区"。成功申报省级龙头企业2家、市级农产品加工集中区1家;认定省级"一村一品"示范基地3家,市级龙头企业3家。秸秆禁烧和综合利用工作继续保持全市领先,获省委农工办创新创优奖。

【工业】 全年完成工业总产值741.5亿元,比上年增长31.5%;实现列统工业产值、销售、利税、利润分别达586.8亿元、577.6亿元、85.6亿元和52.9亿元,分别增长33.5%、33.3%、52.6%和57.6%;全年实施1亿元以上重大技改项目36个,工业技改财务发生数68.47亿元,增长42.65%。新增民营企业纳税户数673家,新办注册资本500万元以上企业143家,民营经济净增注册资本35.62亿元。全年新培植产值超300亿元、超100亿元企业各1家。5月,高港区被省经信委确定为全省农村综合信息服务平台建设七个试点市(区)之一;12月21日,顺利通过省专家组验收。高港区连续三年获泰州市工业经济目标考核先进市(区)一等奖,民营经济蝉联市一等奖。

【建筑业】 全区实现建筑施工总产值203.66亿元,比上年增长44.41%,实现建筑业增加值55.71亿元、工程结算收入84.25亿元、入库税收1.23亿元,分别增长46.3%、46.08%和32.16%。

【服务业】 全年实现服务业增加值78.52亿元,比上年增长13%;服务业增加值占地区生产总值比重提高1.2个百分点;实现社会消费品零售总额30.2亿元,增长13.8%;完成服务业税收收入10.8亿元,增长24.8%。33个服务业重点项目共投入52.5亿元,增长47%。培育1亿元以上服务业企业8家;

55家限上企业实现营业额160亿元，增长24%。实现固定资产投资138.53亿元，增长22.2%；上争项目30个，争取各级各类扶持资金5870万元；为三福船舶工程有限公司争取7亿元企业债券发行计划。

【开放型经济】 全年协议利用外资4.98亿美元，实际利用外资2.32亿美元，分别完成市交目标任务的166%和155%。实现外贸进出口总额15.01亿美元，完成市交目标任务的83.7%；新签外经合同额2944万美元，实现外经营业额3019万美元。区商务局被市委、市政府表彰为2012年度泰州市开放型经济工作目标考核先进市（区）一等奖。

【财政】 全年实现财政总收入60.31亿元，比上年增长23.84%。公共财政预算收入实现21.29亿元，增长21.06%，其中税收收入完成17.15亿元，增长19.83%。公共财政预算收入、税收收入、财政总收入增幅均居全市第一位。区财政局先后被评为"江苏省文明行业""江苏省基层团建示范点"。

【科技】 全年完成高新技术产业产值567.96亿元，占规模以上工业产值比重达59.34%。上争科技专项扶持资金1866万元，获批省科技成果风险补偿资金3150万元。全区R&D占国内生产总值比重为3.61%。获批国家火炬计划、星火计划11项，国家中小企业创新基金4项、国家重点新产品1项、省级高新技术产品47项。获批国家火炬重点高新技术企业1家；省级高新技术企业培育入库企业18家，新增省确认民营科技型企业20家。三部委新认定高新技术企业3家，扬子江药业集团获批"省首批创新型领军企业"，三福船舶入围省首批科技型企业上市培育计划。全年专利申请量2262件，其中发明专利申请量442件；专利授权量1293件。出台《关于加强政产学研合作的实施意见》，举办"蓝火计划"产学研对接洽谈会；新签订产学研正式协议项目51项，新建产学研联合体12家，"武汉理工大学泰州高技术产业研究院"落户高港区。获批"省企业博士集聚计划"3人、省"科技企业家培育工程"2人、市"双创人才"7人。新建市级以上工程技术研究中心13家，其中省级工程技术研究中心2家；新建市级重点实验室1家、外资研发机构1家。获批国际专利博览会金奖1项，扬子江获批国家科技进步奖二等奖和省企业技术创新奖。新增省地方标准《企业知识产权管理规范》贯标试点企业7家，通过贯标验收企业4家，其中能建机电等3家企业被授予"江苏省知识产权贯标先进单位"称号。区科技局被评为省知识产权（专利）工作先进市（区）。

【城乡建设与管理】 全年投入资金80亿元，实施城建重点项目69个，开工建筑面积90万平方米，新增绿化面积6万平方米，新装LED路灯2964盏，完成老小区雨污分流工程16家。累计拆除房屋面积40万平方米，动迁1600户。开工建设住宅面积70万平方米，新增公共租赁房226套并全部投入使用，新开工建设限价商品住房2324套，建成1564套。举办全省村庄环境整治第三期培训班、全市村庄环境整治长效管理现场会。

【新农村建设】 修编完善白马、大泗、胡庄集镇总体规划。全年完成49个行政村、136个自然村的村庄环境整治任务，创成省星级康居乡村64个，全面建立村庄环境长效管护机制。新建农村公路21.8千米、农村桥梁18座，整治区级干河5.5千米，疏浚中沟15千米。

【环境保护】 全年投入资金2350万元，铺设配套管网7.3千米，实施重点减排项目7个，日收集处理污水10900吨。完成全区农村环境连片整治建设规划、高港区生态区建设规划的编制工作。环境空气质量良好天数百分率为89%，集中式饮用水源地水质达标率为100%，水域功能区水质达标率为96%，功能区环境噪声达标率为83%，公众对城乡环境保护满意率为81.2%。全年削减化学需氧量258.3吨、二氧化硫60.4吨，氮氧化物18.5吨。环境质量指数92.6分，环境质量保持全市领先。口岸街道、刁铺街道、许庄街道通过国家级生态街道考核验收，白马镇、大泗镇被命名为"省级生态镇"。许庄街道乔扬社区创成市级绿色社区，大泗镇霍堡村等9个村、胡庄镇史庄村等11个村通过市级生态村验收。

【劳动和社会保障】 城镇净增就业7437人，新增创业8606人，城镇登记失业率为1.87%，继续保持全省最低水平，城镇养老保险参保4.28万人，医疗保险参保5.46万人，失业保险参保3.35万人，农村养老保险参保6.62万人。举办首届职业技能大赛，建立高港区首家江苏省企业技能大师工作室。成立社会事业管理中心，全面实施村级社会事业工作站"星级"评价制度。口岸船舶有限公司建成博士后创新实践基地，实现该项目"零"的突破。区农保中心被表彰为"省农保工作先进集体"，区仲裁院被评为"江苏省示范仲裁院"。

【人口与计划生育】 全年计划生育率为98%，出生人口性别比控制在正常值以内，流动人口管理服务率为95%，人口计生信息系统村级覆盖率为100%。累计扶助对象4745人，发放扶助金247.1万元。区人口计生委创成"省新农村新家庭计划示范区"，获省"人口计生窗口服务示范单位""江苏人口计生阳光统计示范单位"、新农村新家庭计划"示范县（市、区）等称号。

【教育】 改善学校教育硬件环境，投入504万元对高港实验小学、实验学校、许庄中小实施改造，3所学校被授予"泰州市义务教育现代化学校"称号。承办第15届全国推普周泰州市开幕式暨泰州市"三进"工作展示活动。创成泰州市"三进"工作合格校21所、示范校12所、特色校7所，被表彰为"泰州市'三进'工作先进市（区）"。承办全国优秀校长论坛、全国小学数学"辩课进校园"研讨活动。李玉华、胡留戈作品获第十六届全国多媒体教育软件大赛二等奖，高港中专校参加省"两课"评比获示范课奖5个、研究课奖4个。区教育工作被市政府评为二等奖，职业教育工作被市政府评为二等奖。被市组织部、教育工委表彰为"学校党建工作示范区"。张卫东被中国文明网评为"最美乡村教师"。

【文化】 推进"双十佳工程"，完成胡庄镇、大泗镇农村电影固定放映点的建设工作。10家农家书屋、村居全民健身点完成提档升级；开展"三送"工程，全市送图书7000册、送戏14场，送电影700场。区图书馆（室）、文化馆（站）实现免费开放，受惠群众3万多人次。成立大江艺术团,举行"文化港城行"基层巡演活动10场、"大江放歌"广场文艺演出活动10场;举办首届社区群众文艺调演和建区15周年专场文艺演出,全区退休职工"喜迎十八大"专场文艺演出,"同饮长江水共唱皮黄腔"——高港、镇江两地京剧票友交流活动。编印出版《高港文艺》4期。区文体旅游局先后获评"江苏省文化行政综合执法先进单位"、江苏省"扫黄打非"先进区和"泰州市文化科技卫生'三下乡'先进集体。

【体育旅游】 全年上争文化体育旅游项目专项引导资金350多万元,新增省级社区体育健身俱乐部2个、市级体育公园(广场)5个、优秀社区体育健身站点10个。举办高港区第二届全民健身运动会,各镇街、机关、企事业单位近8万人次参与。全年外联组团国内游客14927人次,实现旅游总收入1578.44万元,比上年增长30.7%,旅游行业未发生旅游安全生产事故,实现旅游安全"零投诉"。区文体旅游局先后被评为"全国全民健身活动先进单位""泰州市群众体育工作先进单位"。

【文物保护】 完成柴墟水景街区、"三庙两宅"古建筑的保护修缮工作。制定龙王庙、龙泉池、泰昌生木号三处市级文保单位修缮方案。

【非遗保护】 申报高港根雕、高港传统绳带编制技艺、田河鸽子书、白马庙的传说4个项目为市级非遗项目名录。省级非遗项目"雅妙河戴氏中医喉科疗法"保护基地——高港中医喉科医院被授予"泰州市首批生产性保护传承基地"称号。

【卫生】 基本药物制度实现全覆盖,卫生信息平台镇村实现全覆盖,建立家庭责任医生服务团队,创成江苏省社区卫生服务先进区、江苏省慢性病综合防控示范区。创成全国示范城市社区卫生服务中心1家。国家卫生城市长效管理工作居全市第一,创成省级卫生村3个、市级卫生村5个,完成农村改厕3000座,完成率100%。高港中医院工程综合楼建设、刁铺街道社区卫生服务中心提升工程等"为民办实事"项目全面完成并投入使用。

兴化市

【概况】 兴化市位于"长三角"沿江经济开发带,地处江淮之间,东邻大丰、东台,南接姜堰、江都,西与高邮、宝应毗邻,北与盐城隔界河相望。全市总面积2393.35平方千米,人口157.3万人(户籍人口),辖29个镇、5个乡、1个省级经济开发区,设70个居民委员会、614个村民委员会。兴化素有"鱼米之乡"的美誉,境内生态环境优越,是国家级生态示范区、江苏省历史文化名城,先后被授予"中国生态河蟹养殖第一县(市)""国际象棋之乡""中国小说之乡"等称号。2012年,全市实现地区生产总值512亿元,比上年增长12.3%;完成财政收入68.81亿元,公共财政预算收入29.46亿元,分别增长3.4%和15.2%。城镇居民人均可支配收入24165元,农民人均纯收入11827元,分别增长12.5%和13.3%。获省"财政收入增收表彰单位""财政收入质量提升表彰单位"称号。连续六年跻身全国县域经济基本竞争力百强县(市)行列。

【工业经济】 全市工业完成现价产值1820.3亿元,比上年增长30.2%,其中列统工业完成现价产值960.4亿元,实现销售945.1亿元、利税92.9亿元、利润53.2亿元,分别增长20.6%、20.8%、18%和18.9%。列统工业中四大支柱产业完成产值811.8亿元,增长25.3%。其中,不锈钢产业完成产值566.2亿元,增长23.6%;食品加工产业完成产值117.8亿元,增长33.4%;机械铸造产业完成产值88.4亿元,增长30.5%;纺织服装产业完成产值39.5亿元,增长16.2%。全市594家列统工业企业中,232家企业产值增长40%以上,309家企业产销超过1亿元,比上年增加115家,其中6家企业产值超过10亿元。兴达公司完成开票销售72.9亿元、入库税金3.87亿元。重点培育的39家成长型工业企业完成产值150.3亿元,实现销售148亿元、利税15.6亿元,分别增长13.9%、13.8%和13%。新宏大、双乐化工、申源特钢等10家企业纳税超过1000万元,长新纺织、金扬子等4家企业纳税近1000万元。

【科学技术】 制定《鼓励和促进市科技创业中心发展的优惠办法》,设立500万元的科技创业孵化专项资金,新增引进孵化科技成果转化企业16家、研发中心2家、科技服务企业5家。新建企业研发机构30家,新认定省级工程技术研究中心2家、企业技术中心1家。积极打造公共科技服务平台,与上海大学就共建特种不锈钢产业研究院达成合作协议,建成上海大学技术转移中心兴化分中心等一批产学研基地。全年获批省高新技术产品31项、重点新产品4项,争取国家级科技项目12项,新认定国家高新技术企业12家、省民营科技型企业22家,完成高新技术产业产值317.1亿元,占规模以上工业总量的33%。新增专利授权量1304件,居泰州市第一位,其中发明专利20件,并实现PCT(《专利合作条约》)专利"零"的突破。

【开放型经济】 全年完成进出口总额5.82亿美元,其中,自营出口4.65亿美元。举办第四届菜花节、金秋经贸科技洽谈会投资环境说明会,赴香港、澳大利亚、新西兰开展专题推介会,全年新批外商投资企业24家,协议利用外资3.13亿美元,实际到账外资1.35亿美元。江苏春龙亚麻立陶宛办事处境外投资项目成功获批,新签外经合同额2900万美元,实现营业额2430万美元。商贸流通平稳发展,全年实现社会消费品零售总额112.69亿元,比上年增长12.69%;完成家电以旧换新销售额1.83亿元,家电下乡产品销售额3.53亿元。

【质量技术监督】 全年组织42个产品申报江苏名牌和泰州名牌,"戴南不锈钢制品"申报省区域名牌,2家企业申报江苏省质量奖,6家企业申报泰州市质量奖。主持制定、修定国家标准1项、行业标准2项,新增3家企业通过标准化良好行为企业验收。加强特种设备安全监管,全年检查特种设备使用单位480家,检查特种设备960台,排查安全隐患17起,举办特种设备培训班19期,培训特种设备作业人员1100多人。

【环境保护】 开展"环保专项行动突击月"活动,推进不锈钢行业、脱水蔬菜加工企业、铅酸蓄电池行业、秸秆禁烧禁抛、

“十五小”反弹等十大专项整治行动。活动期间,累计检查企业3500家次,责令限期整改530家,关闭取缔各类非法生产经营户和不法排污企业95家。全年累计审批建设项目环评报告487份,大中型项目环保“三同时”执行率为100%。水环境质量保持稳定,全市主要河流水质均达到国家三类标准,集中式饮用水源地水质达标率为100%,列入地下水监测点的两处承压水井水质均达到国家三类标准;空气质量总体优良,城乡空气监测主要指标均达到国家二级标准,城区空气优良天数331天,城区环境噪声平均等效声级为51.9分贝;土壤重金属含量维持在正常水平。全市环境质量综合指数达89.9。

【供电】 2012年,全市完成供电量54.63亿千瓦小时、售电量50.63亿千瓦时,比上年分别增长4.16%、4.57%;线损率7.34%。电网最高负荷107.9万千瓦,增长2.59%。城市和农村供电可靠率分别为99.96%、99.86%。110千伏薛鹏、新垛等输变电工程项目及110千伏楚水配套、科园电源点改造等8条线路工程全部竣工投运。

【安全生产】 深化“安全生产年”活动,加大隐患治理力度,严厉打击安全生产非法违法行为,全年共检查企业11265家(次),排查治理事故隐患26382处,关闭、取缔无证无照或证照不全的生产经营单位29家。全年共发生各类事故278起,死亡68人,未发生较大以上生产安全事故。

【农业】 农业经济稳定发展,全年完成第一产业增加值81.54亿元,比上年增长4.6%。实现农林牧渔总产值138.06亿元,增长10.1%。粮食总产量139.31万吨,增长0.9%,粮食生产实现“九连增”,水稻单产和粮食总产双创历史纪录,被认定为全省首批“亩产吨粮县”,连续十年被表彰为“全国粮食生产先进县”。水产品总量27.3万吨,增长4.39%,连续23年居全省首位。全年新增高效种植业面积6666.67公顷、高效渔业面积533.33公顷。创成省级现代农业产业园区和5.33万公顷的全国绿色食品原料标准化示范基地,新增省级重点农业龙头企业3家、市级重点农业龙头企业11家,新增农村“三大合作”组织384家。

【水利】 推进水利重点工程建设,卤汀河拓浚工程(兴化段)、泰东河整治工程(兴化段)、白涂河整治工程(城区段)、渭水河整治工程、中央财政小型农田水利工程等重点水利工程按序时进度推进。开展河道综合整治,全年疏浚县级河道8条,工长74.6千米,完成土方238万立方米;乡级河道64条,工长208千米,完成土方398万立方米;完成264个行政村的村庄河道疏浚,完成土方570万立方米。加修圩堤149.6千米,完成土方100万立方米。推进农村闸站建设,新建圩口闸47座、排涝站11座,维修改造排涝站30座。实施大邹、西鲍2个乡镇的农村饮水安全工程,安装管道101千米,新建增压站2座,解决5.41万人饮水安全问题。全市农村安全饮水工程全面完成。

【村镇建设】 2012年,全市村镇建设累计完成投入65.59亿元,其中基础设施完成投入6.1亿元,改造扩建道路面积115万平方米,新增绿化面积91.5万平方米;翻建、新建住房97.4万平方米,完成投入11.9亿元;开发商品房81.4万平方米,完成投入15.92亿元;建设公共设施用房41万平方米,完成投入7.7亿元;建成工业厂房185万平方米,完成投入23.97亿元。沙沟镇获“国家历史文化名镇”称号,戴南镇创成国家级“园林式小城镇”,张郭镇创成省级“园林式小城镇”。全年完成沙沟镇、戴窑镇、安丰镇、林湖乡、下圩镇、大邹镇、海南镇等乡镇新一轮总规的编制,沙沟镇同时编制出历史文化名镇保护规划。

【园林绿化】 2012年,全市建成区面积35平方千米,新增各类绿地371公顷,绿化覆盖率达39%,绿化率达35.8%。

【建筑业】 2012年,全市完成建筑业总产值226.9亿元、建筑业增加值58亿元、工程结算收入132亿元,工程税收3.82亿元,比上年分别增长17%、15%、23%和19%。劳务输出7万人次,实现劳务收入30亿元。创4个“省优”和15个“市优”工程,7个省级和14个市级文明工地。新增二级总承包企业6家,一级和二级专业承包企业各1家。新增一级建造师38人和二级建造师155人。

【财税金融】 全年实现公共财政预算收入29.46亿元,比上年增长15.25%;实现财政总收入68.81亿元,增长3.38%。全年公共财政预算支出58.7亿元,增长18.9%,其中教育、社会保障和就业、医疗卫生、农林水事务和住房保障等支出增幅均高于公共财政预算支出平均增幅。全市各项存款余额413.66亿元,比年初增加65.01亿元;各项贷款余额264.69亿元,比年初增加32.19亿元。江苏银行在城区设点开业,交通银行落户兴化。保险业发展势头强劲,全年实现保费收入9.54亿元,增长7.03%,其中产险收入2.18亿元、寿险收入7.36亿元。2家证券营业部实现证券交易57亿元,增长11%。8家农村小额贷款公司贷款余额10.02亿元,农民资金互助合作社互助金贷款余额6355万元。

【体制改革】 戴南镇按新的行政管理体制机制正式运转。完成乡镇机构改革任务。开展事业单位清理规范工作,推行基层政务服务网上运行,行政权力网上公开透明运行向(乡)镇村延伸。深化财税体制改革,“营改增”改革试点工作有序开展。昭阳镇个体零散税收委托代征工作稳步推进。

【交通】 33省道兴化段改扩建、351省道海南至昌荣段、203县道永丰至陶庄段等重点干线公路开工建设,23省道西北绕城段改扩建、兴化客运总站等重点工程按序时推进,兴西公路、兴沙公路沙沟段改造通车,(阜)兴泰高速公路兴化至泰州段进入工可阶段。得胜湖物流园初具雏形。通村公路、危桥改造、撤渡建桥、航道驳岸疏浚、县道大中修、农村公路管养护和镇村公交通达等一批民生工程推进有序。镇村公交发展规划编制初步完成,全市累计更新农公客车310辆、出租汽车440辆。优化7条城市公交线路,新建6座港湾式公交站台,更新增加公交车70辆。

【教育】 完成省教育现代化市创建任务,在泰州市率先通过“全国义务教育发展基本均衡县(市、区)”省级现场验收。加大教育投入力度,全市中小学标准化建设全面达标,新创建省优质幼儿园5所,投资近1亿元新建昭阳湖学校。实施新一轮提升中小学教学质量三年行动计划,组织全市教师开展提高教学质量大讨论活动,中考、高考成绩稳步提升,兴化中学本二以上人数首次突破1000人,总量居泰州四星级高中第二位。加强教师队伍建设,推动城乡义务教育教师支教交流,完成"百名教育硕士培养计划",动员近1000名教师参加省自学考试义务教育本科段学习,招聘引进硕士研究生12名,选派近2000名教师参加省级培训,安排23名教学骨干、管理人员分批赴英国、加拿大、澳大利亚等国培训,选拔2名教师参加省英语教师"雏雁培育"出国培训,新增省特级教师5人、特级教师后备人才6名。完善学生扶贫助学体系,加强接送学生车辆的安全管理,推进校安工程,全市所有中小学、幼儿园均建成泰州市平安校园。

【文化】 实施"兴化文化建设十大工程",健全完善公共文化服务体系,加强市"三馆"和农村文化阵地建设,建成苏中苏北地区首家县级数字图书馆,成为泰州地区唯一的"江苏省公共文化服务体系示范区创建资格县",被表彰为"江苏省文化先进县"。开展文化惠民活动,举办迎新春文艺演出、第五届新春舞龙大赛、龙舟大赛、第二届民歌大赛、兴化美文朗诵会、兴化风情专场演出、第三届昭阳庙会等活动,常态化举办"多彩周末"广场文艺演出,文化艺术创作成果丰硕,《板桥竹》《拉纤号子》《垛田水乡》《渔乡恋歌》《乡村捕钓散记》《放工》等音舞、美摄、图书作品分获"省五星工程奖"金奖、"紫金山文学奖"、泰州市政府文艺奖等大奖;参加第十届江苏省五星工程奖评选,共获金、银、铜奖6项。实施"三送工程",全年送戏下乡136场,送电影到村7368场,送书下乡34000册。建立"兴化文学馆""施耐庵文学研究院"和"毕飞宇工作室",编辑出版《兴化小说丛书》一套10本、《文化兴化》杂志系列专辑和《戴南传奇》《神奇垛田》等图书,被中国小说学会授予"中国小说之乡"称号。加强文化遗产保护,组织实施施耐庵陵园环境整治工程,张郭镇蒋庄遗址考古发掘取得重大进展,文物普查复查文物点48处,新发现文物点142处,上池斋入选全国重点文物保护单位推荐名单。公布兴化市第三批非物质文化遗产保护项目名录,新增非遗保护项目17项,"传统木船制造技艺""茅山号子""垛田农民画"等非遗专题展馆建成并对外开放。文化产业发展迅速,设立文化产业发展引导资金,跟踪服务文化产业招商项目建设,金东门历史街区文化旅游、八字桥文化创意产业园区项目得到省级重点扶持,电影《哺乳期的女人》、兴化游乐场、幸福蓝海数字院线等项目全面完成。2012年,全市列统文化产业实现增加值10.7亿元。加大文化市场整治力度,文化市场环境不断净化,被表彰为省新闻出版政府奖。

【广播电视】 先后推出《关注市乡两级人大换届选举》《农村综合环境整治在行动》《聚焦国象锦标赛》《千岛菜花流金溢彩》《秸秆禁烧禁抛》等栏目;开设《走乡镇新年话发展》《科技进步促进转型升级》《龙年龙抬头工业谋新篇》等主题专栏;开辟《十八大精神解读》《贯彻十八大精神在基层》《学习宣传贯彻十八大精神系列访谈》等栏目。广播《兴化秋收实现"九连增"》《兴化秋收秸秆综合利用新做法》两篇稿件被中央人民广播电台"中国之声"采用,在省电台用稿40多篇,在泰州电台用稿280篇,5件作品获泰州市广播电影电视协会评比一等奖,2件作品获江苏省年度优秀作品评比二等奖;电视在省台用稿50多条,在泰州台用稿600多条,4件作品获泰州市广播电影电视协会评比一等奖。全市新增电视用户19123户,建成江苏省有线电视示范市。举办广播电视主持人大赛,承办各类大型活动33场(次)。

【卫生】 新建的市人民医院投入使用,市妇保院通过省卫生厅二级甲等妇保院创建评审,市四院二期工程顺利完工,陈堡、合陈、茅山等乡镇卫生院新建或改扩建业务用房7000多平方米。启动村卫生室实施国家基本药物制度,推进乡村卫生机构一体化管理,稳妥实施乡村医生养老保障,积极化解基层医疗卫生机构债务,农村群众看病就医得到更多的实惠。实施基本公共卫生服务项目,加强妇幼保健工作,提高疾病预防控制和卫生监督水平,全市基本公共卫生服务项目完成率为100%。在省卫生厅、财政厅组织的"两癌"筛查项目工作绩效考核中,综合成绩名居全省第三。开展"规范医疗服务行为、构建和谐医患关系"主题活动及"三好一满意""廉政文化进医院"、廉政风险防控、医德医风集中教育等活动,规范医疗卫生从业行为,提升医疗服务质量。开展医疗科研,申报江苏省新技术引进奖1项、泰州市社会发展计划项目14项、泰州市科技进步奖7项,获兴化市科技进步奖一等奖2项、二等奖5项、三等奖21项,SCI论文实现"零"的突破。市中医院获江苏省中医药科学技术一等奖1项、中华中医药科学技术三等奖1项、省级立项1项。全面加强食品安全工作,建成市、镇、村三级立体式、网格化食品安全管理模式,成立食品安全综合协调科和食品安全专家委员会,出台一系列加强食品安全监管的政策措施,组织开展食品安全专项整治和食品安全事故演练,群众满意度进一步提升。在泰州市组织的2012年食品安全监管工作考核中,兴化市综合成绩名居首位。开展爱国卫生创建工作,完成3万座农村改厕任务。

【体育】 加强群众体育工作,提升公共体育服务水平,积极推进城市社区"十分钟体育健身圈"创建工作,完成50%的建设任务。投资100多万元,对40多个行政村的健身路径进行改造升级。组织各种群众体育活动,先后组织舞龙大赛、女子健身操比赛、龙舟大赛、球类、棋类、钓鱼比赛等各类群众体育活动67次,被省体育局授予全民健身活动优秀组织奖,被泰州市体育局表彰为"群众体育先进集体"。竞技体育实力提升,全年兴化籍运动员在国际象棋等项目上共获省级以上比赛奖牌36枚,其中世界大赛奖牌5枚、全国比赛奖牌16枚。全年承办4项全国性比赛和4项省级、泰州市级比赛。首次与央视合作,承办武林大会。2012年,体育彩票实现销售额1.16亿元,创历史最高业绩。

【服务业】 全市实现服务业增加值218亿元、社会消费品零售总额115亿元,比上年分别增长12.3%和14.9%,服务业占国内生产总值比重提高1个百分点。红星美凯龙家居广场等重点工程序时推进,戴南不锈钢综合物流中心功能不断完善,得胜湖港口物流园区水上建材交易市场开业运营,主城区商贸文化产业板块加快形成,戴南不锈钢市场、戴窑粮食市场等重点市场拉动作用持续增强。

【旅游】 成功举办第四届中国兴化千岛菜花旅游节，共接待游客75万人次。李中水上森林景区被评定为国家3A级旅游景区，千岛菜花风景区、李中水上森林景区被评定为省四星级乡村旅游点，桃花岛生态园被评定为省三星级乡村旅游点。加大旅游资源开发力度，徐马荒景区、大纵湖景区启动规划建设，乌巾荡游乐城、水上乐园开业试运营。

【人口和计划生育】 开展“计划生育集中管理服务月”活动，实行孕情跟踪监测，开展育龄人群生殖健康检查，强化社会抚养费依法征管，加强流动人口管理，严厉打击“两非”行为，强化出生人口性别比治理，夯实计生工作基础，全市低生育水平保持稳定，计划生育率、优质服务率、流动人口管理服务率均完成泰州市交目标任务。启动“十二五”期间省人口协调发展先进市创建工作，实施三级以上计划生育手术并发症人员特别扶助制度，兑现持独生子女父母光荣证退休的企业职工一次性奖励，开展免费孕前优生健康检查服务。开展新农村新家庭示范创建活动，被表彰为省“新农村新家庭示范市”。

【人力资源和社会保障】 推进创业型乡镇、社区（村）创建工作，强化创业就业技能培训，全年免费创业培训5500人，新增扶持创业1.05万人，净增城镇就业1.1万人，转移农村劳动力2.1万人。推进社保扩面，企业职工养老、失业、工伤保险分别扩面1.1万人、1万人、1万人，城乡居民医疗保险参保率保持100%，新型农村养老保险续保率达90%以上，城乡居民养老保险工作受到国务院表彰。实施门诊统筹和大病救助制度，完善城乡一体化基本医疗保障体系。完善社保基金监控机制，强化医疗定点机构管理，社保基金运行质态良好。开展农民工工资支付专项检查，加强对重点行业、重点区域的监管，强化劳动人事争议仲裁调解，建立健全劳动关系三方协调机制，全面构建和谐劳动关系。

靖 江 市

【概况】 靖江市位于长江下游，襟江近海，东、西、南三面临江，南与张家港、江阴等地隔江相望，东与如皋相邻，西北与泰兴相连，是苏中新兴的港口工业城市，拥有优质长江岸线54千米，水陆交通便利。锡澄、广靖高速公路通过江阴长江大桥南连沪宁高速公路，北接宁通高速公路；新长铁路从靖江过江，向南联沪宁铁路，向北通陇海铁路。总面积665.58平方千米。全市辖1个国家级经济技术开发区，1个省级经济开发区，8个镇、1个街道办事处，设有188个行政村、67个社区居民委员会，人口66.66万人。2012年，全市实现地区生产总值600.85亿元，比上年增长12.6%；三次产业增加值分别为18.88亿元、335.88亿元、246.09亿元，分别增长4.2%、12.9%和12.8%；完成固定资产投资283.38亿元，增长22.1%；实现财政总收入128.63亿元，其中公共财政预算收入53.64亿元，同口径分别增长3.1%和10.2%；农民人均纯收入13715元，城镇居民人均可支配收入28803元，分别增长13.2%和12.6%。人均主要经济指标居苏中首位。 （陈 伟）

【农业】 全年实现农业总产值31.66亿元、农业增加值18.88亿元，农业占地区生产总值比重达到3.1%。粮食安全得到保障，总产达33.6万吨，实现“九连增”，成为全国粮食生产先进市。新增各类农机具1209台（套），农业机械化作业水平达到79.5%，创成省水稻种植机械化示范市。新建泰州市级规模农业项目20个，新增设施农业面积2786.67公顷。绿化工作成效明显，新增植树造林1066.67公顷，建成省级绿化示范村8个。村庄环境整治有序开展，建成孝化、丰产等三星级康居乡村4个。 （夏 羽）

【工业】 完成列统工业增加值457.69亿元，比上年增长13.6%，实现全部工业总产值2677.37亿元，增长22.7%，其中规模以上工业产值1743.42亿元，增长16.4%，销售1603.87亿元，增长14.6%；利税213.23亿元，增长1.4%；利润147.22亿元，下降6.1%；加大技改投入，完成技改财务发生数126.6亿元，增长25%。 （钱 诤）

【经济体制和社会事业改革】 制定《靖江市工业和信息产业结构调整纲要》，推进“1153”培植工程，编制船舶制造、汽车配件、通用设备制造、电机制造、金属制品等产业规划，并进行修编完善，制定落实新兴产业、传统产业、生产性服务业企业升级计划及科技型小微企业升级计划。拟定《关于进一步加快发展现代服务业推进转型升级的实施意见》和《靖江市工业企业“1153”工程培植的实施意见》，明确培大育强的总体思路。深化银企对接，改善小微企业金融环境；发行新城公司债券8亿元。成功举办船舶产业转型升级恳谈会，开展“中科院科学家靖江行”活动。规范涉企服务，“减免停缓”收费项目9个。推动企业上市，编制完成企业上市“十二五”发展规划，建立上市后备企业资源库，中泰桥梁在深圳中小板成功上市，东华测试在创业板上市，全市有6家企业实现上市，实施国家星火、火炬计划19个，新增高新技术企业13家；创新载体加快建设。核电装备产业园成为省级科技园。组织中科院科学家靖江行、企业院校行等活动，签订科技成果转化协议76项，共建产学研联合体27家。新增泰州市级以上企业技术中心7家、工程技术研究中心16家。注重源头和过程节能，全市规模以上工业企业工业增加值单位能耗和工业增加值单位电耗比上年下降7.07%、9.68%，GDP能耗下降约4%。加快建设电镀中心，被列为“国家重金属污染防治示范区”。开展排污口集中整治，建成4座镇级污水处理厂。化学需氧量、二氧化硫排放量削减达到预定目标。全年新增高效农业面积13.33公顷、设施农业面积800公顷、设施渔业100公顷，超额完成考核指标。生祠现代农业示范园区通过省现代农业产业园区认定；8个镇级农业科技示范园建设取得成效，产业初具特色，运行质态良好；市级农业开发区建设全面启动，推进土地流转。全市完成农业适度规模经营面积2.01万公顷，农业适度规模经营比重达71.1%。农村改革试验方案获省政府批准，正式进入启动实施阶段。做好农村环境“四位一体”综合管护，农村垃圾“组收集、村集中、镇中转、市处理”的模式已基本形成，全市12个镇垃圾中转站正式投入运行，垃圾无害化处理率达90%。开展小康村创建“十百千”提升工程，共申报小康达标村15个，小康示范村17个，十强村3个，推进农民“三大合作”组织发展。已进行工商登记预核准（正在办理领证手续）的土地股份合作社29个，新增入户数1.8万户，社区股份合作社40个，参社人数10.21万人,农民专业合作社新办或已成立并登记进行追加入社农户的95个,新增入社农户2.19万户,总计新增"三大合作"组织164家,入社登记农户数达14.2万户,占全市总农户的94%。马桥镇创建为省级卫生镇,西来建成省四星级乡村旅游点。加大创业孵化基地建设,全年新增创业孵化基地12个。加大小额担保贷款扶持力度,为500人办理小额担保贷款5017万元。通过村(社区)劳动保障平台对全市困难家庭和就业困难的高校毕业生家庭推荐就业岗位,进行一对一的托底帮扶。印发《关于对2012年度重点就业困难对象进行实名援助的通知》,确定就业困难对象并签订"一人一策"援助协议480人,帮助471人实现稳定就业。全年实现新增就业人数14287人,困难人员再就业627人,城镇登记失业率为2.51%。新增转移农村劳动力人数6145人,新增家庭服务业从业人员832人,新增创业11287人,带动就业33564人。出台《关于调整城镇职工和城镇居民基本医疗保险有关政策的通知》《关于2012年城镇职工医疗保险定点医疗机构住院医疗费用支付方式和结算办法的通知》《关于对2012年度新型农村合作医疗住院补偿资金实行年度总额控制的通知》等文件,全市职工医保住院费用平均负担率降至22.58%,新农合政策范围内补偿比例达72.83%。共新增参保单位487户,新增养老保险参保2300人,医疗保险参保2251人,失业保险参保2235人,工伤保险参保9074人,生育保险参保2253人。全市五大保险(养老、医疗、失业、工伤、生育)参保人数分别达16.49万人、21.32万人、13.11万人、17.82万人、10.99万人,基本实现城乡养老保险制度全覆盖。新建保障性住房12.3万平方米,建成安置房38万平方米,发放廉租房补贴135户。靖江市被评为六星级慈善城市。孤儿补助标准实现城乡一体化,低保标准调整到每月400元。推进公立医院改革。以市人民医院、中医院作为试点单位,在管理体制、补偿机制、人事分配等方面进行综合改革,实现药品零加成。落实《泰州市卫生局关于执行2011年医疗机构部分医用耗材集中采购成交候选品种目录的通知》,修订基层医疗卫生机构基本药物制度实施情况考核方案和标准。新建的市妇幼保健所业务综合楼投入使用。市疾控中心和卫生监督(公共卫生服务大楼)主体工程已经封顶。新成立市健康促进中心。推进数字化预防接种门诊建设。马桥、孤山、斜桥、东兴和生祠卫生院等单位完成预防接种门诊的数字化建设改造,开展国家基本公共卫生服务规范培训工作。全市共建设40个基层点。完善更新农家书屋,完成5个农家书店的选址落实、开门迎宾工作。新建市公安局、市第一高级中学等6家图书分馆。加强镇文化中心特色建设,打造"一镇一品"文化品牌。市滨江新城资产经营公司和市外贸工艺品有限公司获得省文化产业引导资金。两个文化产业项目参加泰州市文化产业招商发布会,奇美乐器有限公司被评定为泰州首批文化产业示范基地。实施城中小学、靖城中学等5项改扩建工程,建成滨江学校、新港城初中等5所学校;市一中通过四星级评估,中专校成为国家级示范校。被评为全国"两基"工作先进单位,成为省职业教育创新发展实验区。开展"331校企牵手活动",与35家高成长型企业大规模开展产学研合作。

(施　晓)

【建筑业】　全年实现建筑施工产值291.11亿元,增加值85.69亿元、工程结算收入202.39亿元,比上年分别增长27%、26%和27%。开展建筑市场专项整治,建立统一的信用管理平台,处理农民工工资投诉案件。创建省优、泰州市优工程37项,国家级文明工地2个,省、泰州市文明工地21个。建筑节能技术、新墙材应用持续推广,城区新建建筑全面实施建筑节能,符合建筑节能要求并通过验收的工程面积达62万平方米。

(赵小华)

【财政金融】　全年实现财政总收入128.63亿元,比上年增长3.1%;公共财政预算收入53.64亿元,增长10.2%。金融存贷款规模平稳增长,年末全市金融机构人民币存款余额663.55亿元,增长16.15%;人民币贷款余额424.32亿元,增长20.71%。保险收入持续增加,全年实现保费收入11.79亿元,增长2.7%,其中,财产保险保费收入3.07亿元、人寿险保费收入8.72亿元。全年各类保险赔款给付支出3.02亿元,增长4.5%。

(项卫锋)

【城乡规划和建设】　确定24项重点建设工程项目和园区建设,编制城南新区分区规划及中心区控制性详细规划、城北园区分区规划、孤山镇总体规划、江阴—靖江工业园区八圩配套生活服务区控制性详规及城市设计、新港城电力、绿化、交通、管线综合等专项规划。配合万顷良田和建设用地增减挂钩工作,编制完成建设用地增减挂钩规划方案、孤山万顷良田建新区、斜桥镇万顷良田建新区一期详细规划以及7个农民集中居住区规划设计方案及评审工作。成立规委会专家组,建立三位一体(政府决策、专家评审、公众参与)的规划审批机制,组建信息中心,完成靖江市老城区和新城区近22平方千米的地形图数据入库工作。开展地下管线普查工作,建立地下管线信息系统。严格规划审批和批后管理,坚持规划公示,及时查处违章。

(赵小华)

【环保】　全年共办结各类建设项目环境保护管理许可事项223件,劝退、拒批项目9个。全面整治泰州、靖江两级环境污染挂牌督办企业14个。落实污染减排措施,基本完成主要污染物减排任务。全年发放排污许可证1215个,对402个企业进行环境行为等级评定。全市饮用水源水质达标率100%,区域河流水质基本达到相应的功能区标准。城市污水集中处理率85.8%,城市生活垃圾无害化处理率100%。通过发放机动车环保标志、开展夏秋两季秸秆禁烧等措施,大气环境质量得到改善,全年环境空气质量优良天数337天。全市区域环境噪声平均等效声级昼间55.3分贝,夜间47.8分贝,声环境质量达到功能区要求。加强农村环境保护,1个镇通过省环保厅组织的国家级生态镇考核,3个镇创建成省级生态镇。

(钱　诤)

【教育】　全市有各级各类学校(含幼儿园)86所,在籍学生77825人。其中,普通中专6790人、普通高中10325人、初级中学15604人、小学32374人、幼儿12664人、特殊教育68人。有专任教师5652人。滨江学校、西来中心小学教学楼、新港城初中、新世纪小学等4个项目交付使用。城南园区初中和城中小学、靖城中学改扩建主体工程竣工。职业教育中心实施桩基施工。全年培训教师26000多人次,各类教师交流比例达17.1%。新增省特级教师3名、市三级骨干教师423名。普通高中最低控制线612分,列泰州第一,城乡中考均分分差、指标生录取降分均为泰州最低;高考本二上线人数1928人,本二上线率41.9%,比省平均水平高出16.9%。成立泰州市首个教师发展中心,上报申请建立"靖江市教育发展基金会"。被国务院表彰为"全国'两基'工作先进单位",获泰州市推进义务教育优质均衡发展先进市、师资队伍建设先进市称号。

【文化】 开展文化惠民活动,形成覆盖城乡的公共文化设施网络体系。完成送书20000余册,送戏下乡660场,送公益电影2000余场。"农民工合唱团"被文化部列为示范项目,被省文化厅、人社厅再次授予"全省文化工作先进市"。开设"群文大讲堂",开展"戏舞乡村"活动,举办首届戏剧节和首届春晚。5件作品获第十届江苏省"五星工程奖"银奖。成功举办第30届文艺节,制作"花开卅年"电视专题片,出版《致敬30年——靖江市优秀群文作品选》。市图书馆接待读者达543762人次,借阅图书达487806人次,累计发放有效图书证件32462个,采编图书9193册,征订报刊505种。城区现有数字影院4家,荧幕数量18块,放映场次近2.2万场,观影40万人次。公布"靖江宝卷"市级第二批非物质文化遗产代表性传承人24名,传统技艺《靖江金波酒酿造技艺》入选泰州市第四批非物质文化遗产名录。整治文化市场,全年共收缴各类非法出版物4468册,取缔无证出版物经营摊点5个,关停无证经营印刷企业3家,对18家网吧、5家电子游戏室实施行政处罚,取缔25家无证照经营的电子游戏室,收缴各类游戏机70台,电路板160余块,查缴非法卫星电视地面接收设施17件。 (刘 骥)

【卫生事业】 对全市基层医疗卫生机构进行资源整合,10家改制卫生院回归公益性质,红光、新丰、大觉、长安四家卫生院与现有卫生院进行整合。推进市中医院标准化建设,开展卫生院中医特色专科、基层中医药示范点建设,通过全国农村中医药工作先进单位的复核评估。市人民医院二期病房大楼动工,市妇幼保健所业务综合楼投入使用,公共卫生服务大楼主体工程封顶,建设基层卫生院数字化预防接种门诊。法定传染病网络直报率、及时调查处理率均为100%。居民电子健康档案建档率81.2%,糖尿病和高血压健康管理率分别为50.9%和49.6%。完成65岁以上老年人健康随访体检66498人次,一、二类疫苗接种率达95%以上。省城乡环境卫生整洁行动通过终期考核,马桥镇创建成省级卫生镇,完成农村改厕15000座,通过"灭鼠、灭蝇、灭蟑先进市"省级复审,国家卫生城市创建通过省级调研。 (倪志鹏)

【人口与计划生育】 2012年,全市出生人口4611人,人口出生率6.86‰,人口自然增长率-0.26‰,出生政策符合率99.74%。开展出生人口性别比偏高问题综合治理,严厉打击"两非"行为,出生人口性别比105.66,在基本正常值范围内。 (夏 羽)

【体育】 全民健身活动常年开展,获得省全民健身月优秀组织奖。投资50余万元建成30套全民健身路径,城市十分钟健身圈通过省、市检查验收。代表泰州市参加江苏省第七届农民运动会获得2金1银。在省级以上的比赛中,获得全国锦标赛金牌2枚,全国冠军赛金牌2枚,33人获省冠军。运动员朱敏获全国击剑冠军赛女子佩剑赛冠军、伦敦奥运会女子佩剑赛个人第七名,成为靖江市参加奥运会第一人。全市体育彩票销售点150个,从业人员200余人,体彩销量达1.5亿元。 (刘 骥)

【国内贸易】 实现全社会消费品零售总额123.25亿元,比上年增长12.9%;批发零售业销售总额316.27亿元,增长13.5%;住宿餐饮业营业额23.98亿元,增长19.6%。持续推进特色美食,弘扬美食文化,举办第四届中国江鲜美食节、第三届全国(控毒)养殖河豚烹饪技艺大赛暨靖江市第五届江鲜·汤包美食节系列活动。

【外向型经济】 全年新批外资项目18个,注册协议利用外资6.99亿美元,比上年下降26.42%;实际利用外资3.452亿美元,增长14.3%。全市累计进出口总额35.1亿美元,下降19.45%,共132家企业有出口实绩,其中117家同比增长。排在出口前四位的产品分别是船舶、锚链、钢材和维生素C,出口额为17.89亿美元,占全市出口总额的76.34%。完成外经营业额6900万美元,增长11.3%;新签外经合同额5600万美元。 (钱 诤)

【交通】 全年完成交通基础设施总投资5.21亿元。沿江高等级公路靖江段和336省道靖江改线段工程全面建成;开工建设广靖高速公路靖江互通改扩建、城西大道、公新公路三项重点工程。建设21.5千米7条县道及7座桥梁。完成25千米县道安保工程达标示范段建设,投资2000万元对县道8个项目27千米进行大中修。加快城乡客运一体化步伐,建成滨江新城、城北园区2个公交首末站和56个农村客运站亭;新增公交线路2条,优化调整城乡客运线路9条,开通101路夜班公交车,实现靖江至泰兴客运班线客运公司化经营,拥有城乡公交线路39条,日运输量超过3.6万人次,公交在市民出行中分担率达15%。全市500辆出租车完成油改气工程;安宇客运公司添置33辆1600多个客位LNG燃气客车;弘宇公交公司购置8辆LNG公交车投放至高峰主线运营;博瑞杰城际公交新增2辆LNG公交车。完成春运、清明、"五一"、中秋国庆长假等节假日客运量35.87万人次。新桥镇创建成泰州市农村公路管理养护示范镇,弘宇公交20路公交线和恒通公司"爱心车队"获评泰州市"工人先锋号",3家基层站所被评为"泰州百佳基层站所"。

【电信】 加快实施网络新增站点建设和网络整治,3G深度覆盖率提升至全省第2位。加快光进铜退进度,全年共对100多个区域进行FTTH改造;2012年城市20M覆盖率达97.8%,农村8M覆盖率达95.8%,乡镇12M覆盖率达98.41%。

【邮政】 实现业务收入7040万元,比上年增长10.51%。其中,代理金融业务实现收入4445万元,增长6.85%;邮务类业务实现收入2434万元,增长17.42%;代理速递物流业务实现收入68万元。做好网点改造,购置十圩桥网点1处,对国贸大厦、土桥、孤山、礼士、八圩等网点进行改造。 (赵小华)

【供电】 全年总供电量34.77亿千瓦小时,比上年下降

5.68%;总售电量32.35亿千瓦小时,下降3.99%;综合线损率6.96%;电费回收率100%;城市供电可靠率99.98%,农村供电可靠率99.92%。　(钱　诤)

【社会保障】 养老、医疗、工伤、生育、失业五项社会保险参保人数分别达15.92万人、21.88万人、17.82万人、11.18万人、13.11万人,参加新型农村合作医疗35.22万人。新增被征地农民参保10374人,实现"即征即保"。全年新增创业14126人,带动就业42078人。举办各类招聘会109场次,累计提供就业岗位49593个,达成就业意向18950人。全年新增就业16687人,净增就业13569人,年末城镇登记失业率控制在2.48%。　(项卫锋)

【科技】 新列入国家重点新产品3项、省重大科技成果转化项目3个;新认定高新技术企业13家、省级高新技术产品65项、省民营科技企业31家,获省级科技进步奖2项,组织实施省部级以上科技计划项目44个,高新技术产业实现产值522.15亿元,占列统工业比重达29.95%。举办"中科院科学家靖江行"活动,与科研单位、大专院校共建产学研联合体27家,新建省级院士工作站1家、省级工程技术研究中心3家。全市申请专利量达5042件,百亿元GDP专利授权数达217件,百亿元GDP发明专利授权数达10件,万人发明专利拥有量达2.4件。科技创业园被国家科技部认定为国家级科技企业孵化器;靖江核电装备科技产业园被省科技厅认定为省级科技产业园。　(倪志鹏)

泰　兴　市

【概况】 泰兴市位于泰州市南部,东接如皋,南界靖江,西濒长江,北临姜堰,东北与海安接壤,西北与高港毗邻。土地总面积1169.56平方千米,年末总人口119.83万人。辖1个街道、14个镇、1个乡、1个省级经济开发区、1个省级工业园区和3个市级工业园区。2012年,全市实现生产总值543.55亿元,比上年增长12.8%。其中,第一产业增加值42.80亿元,增长4.5%;第二产业增加值291.15亿元,增长14.0%;第三产业增加值209.60亿元,增长12.8%。人均地区生产总值50537元,增加5270元。三次产业增加值比例由上年的8.0∶54.5∶37.5调整为7.9∶53.5∶38.6。全市完成财政总收入102.41亿元,增长14.9%。其中,公共财政预算收入32.61亿元,增长16.9%。公共财政预算收入中,税收收入完成26.13亿元,增长19.8%;工商税收完成23.75亿元,增长21.2%。税收收入占公共财政预算收入比重达80.1%,占比比上年提高1.9个百分点。连续12届跻身全国县域经济基本竞争力百强县(市)行列。

【农业】 全市实现现价农业总产值71.26亿元,比上年增长8.5%。粮食生产实现"九连增",总产量达69.43万吨,比上年净增0.86万吨,增长1.2%;成为全省首批亩产"吨粮县"。全年上市生猪104.63万头、家禽557.09万羽、禽蛋2.34万吨,水产品总量2.3万吨;分别增长5.5%、1.7%、5.4%和4.5%。新增成片造林933.33公顷,新建完善农田林网7466.67公顷,全市林木覆盖率达23.5%。

全年新增设施农业2000公顷。新增500万元以上规模项目27个、5000万元以上项目6个。新增省级农业产业化龙头企业3家、泰州市级7家。新增省名牌农产品1个、绿色食品3个、无公害农产品126个。推广农机具1655台套,农业综合机械化水平达到76%。全市万头以上猪场、万羽以上禽场分别为11个和196个,生猪、蛋禽、肉禽、奶牛规模养殖比重分别达到88.9%、98%、100%和100%;被表彰为"全省规模养殖先进县"。农作物种子产地检疫率、种子调运检疫带证率均达100%。省级抽检农产品、农资样品合格率达98%。全年查处违法经营农资案件34起,查获假劣农资53.8吨,检验上道路拖拉机3960台、联合收割机660台。

【工业】 全市实现工业总产值2210.24亿元,其中规模以上工业总产值1407.59亿元,分别增长24.5%和30.6%。规模以上产值中,重工业增长33.4%,轻工业增长22.7%;民营工业增长35.4%,其中私营企业增长43.3%。工业用电量快速增长,用电量39.16亿千瓦小时,增长29.5%。工业国税开票销售收入(所属期)703.58亿元,增长18.2%。完成规模工业增加值365.97亿元,增长23.1%。

实现规模以上工业销售收入1381.83亿元,增长31.0%;利税224.01亿元,增长56.7%,其中,利润137.10亿元,增长60.5%。规模上工业产销率达98.7%,上升0.9个百分点。市百强工业企业实现工商税收19.78亿元,比上年增长20.7%;其中"30强"工业企业实现工商税收16.33亿元,增长29.1%。百强工业企业中,工商税收超1亿元企业4家,比上年新增1家;超1000万元企业34家,比上年新增2家。

机电、化工、医药三大工业支柱产业实现产值1009.23亿元,比上年增长29.7%,占全市规模以上比重达71.7%。其中,机电行业产值增长41.6%,化工行业产值增长16.1%,医药行业产值增长31.2%。"一区四园"实现规模以上工业产值900.58亿元,增长34.0%,对全市规模以上工业产值增长贡献率达69.3%。全年实施1亿元以上重大项目78个,总投资383.1亿元,其中:1亿美元或7亿元以上项目21个,总投资285.1亿元;1亿元以上新兴产业项目23个,总投资126亿元。工业投资快速增长。全年完成工业技改投入181亿元,比上年增长30.2%。重点项目进展情况良好。扬子鑫福造船、方泰超纤合成革、沙桐苯加氢、裕廊丙烯酸、翔泰箱式集成房屋等5个1亿美元以上重大项目竣工投产。

【建筑业】 全年完成建筑业总产值350亿元,比上年增长18.2%。承建规模工程928栋,其中29层以上超大规模工程305栋。在建工程施工面积3854万平方米,增长15.9%。中兴建设和一建公司入选"江苏建筑业竞争力百强企业",源丰、国裕、市政等五家企业入选"江苏建筑业最具成长性百强企业"。全年创省优工程8项、市优工程43项,省级文明工地26项。

【固定资产投资】 全年完成固定资产投资261.10亿元,比上年增长22.2%。其中规模上投资227.89亿元,增长21.8%;房地产开发投资33.2亿元,增长24.7%。全年商品房销售面积61.86万平方米,增长22.7%;其中住宅53.18万平方米,增长25.1%。房屋施工面积214.61万平方米,房屋竣工面积58.3万平方米,分别下降10.7%和26.0%。

【城乡建设】 城乡建设统筹发展,城市化率达53.7%。334省道改线工程开工建设、沿江大道全线贯通。规划展示馆、博物馆、名人馆、体育中心建成开放。新区国庆东路等9条道路"白改黑"改造完成,环城路、兴燕路等18条道路整修结束。城区截流集污管道、鼓楼大桥建设开工。城区新增绿化面积15.7万平方米。整治县乡河道55条、疏浚村庄河道313条。镇村供水管网改造362千米。

【交通运输】 全市公路总里程达2098千米,其中高速公路74千米,一级公路164千米。全年新增物流企业53家,新增专用车辆131辆。苏中沿江化工物流园区被评为"省重点物流基地"。一联物流被评为省"五十佳质量信誉货运企业",经纬物流新增"江苏快货"品牌线路3条。城东公交首末站正式启用。新购置城乡客运巴士30辆。市镇客运、镇村公交沿线179个农村客运站亭、506个站牌全面建成并投入使用。

【邮政电信】 全市邮政电信业务收入8.59亿元,比上年增长9.0%。其中,邮政业务收入1.11亿元,增长23.0%;电信业务收入7.48亿元,增长7.2%。

【旅游业】 全年旅游总收入11.11亿元,比上年增长17.3%。乡村旅游发展迅速。初步形成普丰生态园、森萱农庄、黄桥小南湖生态园、桑木农业生态园等14个日接待能力达千人的农业生态、休闲旅游基地。新增省四星级乡村旅游示范点1家,三星级乡村旅游示范点4家。新四军黄桥战役纪念馆、中共江浙区泰兴独立支部纪念馆及朱东润故居全年接待观众百万多人次。

【国内贸易】 全年实现社会消费品零售总额142.95亿元,比上年增长12.8%。其中批发和零售业118.17亿元,增长12.7%;住宿和餐饮业24.78亿元,增长13.4%。城镇消费品零售总额104.72亿元,乡村社会消费品零售总额38.23亿元,分别增长12.1%和15.1%。限额以上服装鞋帽针织品类、日用品类、中西药品类批发零售销售额分别增长34.3%、24.7%和29.0%。限额以上金银珠宝类、中草药及中成药类、建筑及装潢材料类批发零售销售额分别增长30.3%、24.0%和71.1%。全年城镇居民人均消费支出中,居住增长25.6%、交通和通讯增长62.1%。农村居民人均消费支出中,居住增长22.2%、教育文化娱乐服务增长22.9%。城乡居民恩格尔系数为34.0%,比上年下降2个百分点。

【外向型经济】 全年完成进出口总额20.36亿美元,比上年增长14.4%。其中出口10.77亿美元,增长15.7%;进口9.59亿美元,增长13.1%。化工产品、纺织服装进出口额分别增长29.1%和29.3%。亚洲、大洋洲、拉丁美洲进出口额分别增长23.3%、61.7%和15.0%。实际到账注册外资2.52亿美元,增长14.1%;新批协议注册外资10.9亿美元,下降7.4%。

【私营个体经济】 全年私营个体经济实现税收收入6.34亿元,比上年增长26.0%。至年末,全市工商注册民营企业1.22万户、个体经营户4.10万户;民营企业注册资本金361.42亿元、个体经营户注册资本金42.91亿元。工商注册民营经济从业人员24.84万人,增长10.1%。

【金融】 年末金融机构各项存款余额(本币)466.13亿元,比上年增长20.1%;其中城乡居民储蓄存款余额294.54亿元,增长17.5%。信贷规模持续扩大,短期贷款增速较快。年末金融机构各项贷款余额272.19亿元,增长19.4%;其中短期贷款增长25.4%,占当年净增额74.1%。发放新农村贷款3.2亿元。开办中小企业金融超市,为278家中小微企业及个人提供融资服务。全年发放6851万元小额担保贷款,推进城乡居民创业。

【保险业】 全年实现保险业务收入13.26亿元,比上年下降3.9%;保险业务支出3.81亿元,增长14.8%。其中,人民保险公司财产保费收入1.18亿元,增长14.4%;人寿保险公司保费收入4.97亿元,增长3.0%。

【科技】 全年实施省级以上各类科技计划138项,其中国家级"火炬""星火"项目8项。完成专利申请5160件,其中发明专利868件。新增省级高新技术企业10家。新认定国家重点新产品1个、省级高新技术产品33个。建成泰兴市科技创新成果展示与交易中心。全年获国家科技进步奖1项,省科技进步奖1项,泰州市科技进步奖14项。获第十四届中国专利优秀奖1项、第七届国际发明展览会金奖3项。通过江苏省知识产权示范市考核验收。

【教育】 全市共有普通中学50所,在校学生5.41万人;小学42所,在校学生5.48万人。全市小学入学率、巩固率均达100%,初中入学率、巩固率分别为100.7%、99.95%,学前三年入园率达99.5%。新确认泰兴市特色学校12所,新增全国基层示范家长学校、省优秀家长学校3所。高考本二以上进线率列泰州第一;中考四星级高中录取线泰州最高。全国职业院校技能大赛实现泰州职业教育国赛金牌"零"的突破。职业院校毕业生就业率达98%。被表彰为江苏省教育人才工作先进市。

【文化】 拥有文化馆(站)17个,影视剧场(院)16个;公共图书馆2个,图书总藏量295千册。广播电视覆盖率100%。全年新增有线电视用户2.1万户,有线电视入户率83.7%。市文化博览中心建成并免费开放。市影视娱乐城完成数字化影视改造升级。新四军黄桥战役纪念馆成功申报"全国重点文保单位"。黄桥文化产业园区升级泰州文化产业园区。举办第六届中国(泰兴)银杏节暨建市20周年文艺演出,在央视七套播出。

【卫生】 拥有各类卫生机构374个,其中医院4个,卫生院32个。各类卫生机构床位数3359张,共有各类卫生技术人员4226人,其中执业医师、执业助理医师1942人,注册护士1409人。建成省级示范乡镇卫生院3个,标准化村卫生室244个。产妇住院分娩比例100%。65岁以上老年人健康档案建档率

99.6%。31家基层卫生院全部回归公有。国家卫生城市创建通过省级评估。

【体育】 体育中心投入运营,城区“10分钟体育健身圈”建设进展顺利。全年增建全民健身路径120条。加强人才培育,全市运动员1人达健将级、12人达国家一级、19人达国家二级。全年向省少体校、省运动队输送运动员12人。全年获全国性比赛13金16银11铜,获省级比赛奖牌23金11银26铜。

【环境保护】 全市主要干河水功能区水质达标率90%,城市空气环境质量良好以上天数超过90%,全年环境质量综合指数达91.0%。全市国家级生态镇创建比例达43.8%。共创成22个省级生态村、169个泰州市级生态村。

【节能减排】 从严控制“两高一资”和过剩产能项目,全年劝退、否决不符合环保要求的项目总投资近亿元。实施重点节能改造项目42个,淘汰落后用能设备170台(套),关停中小化工企业5家,万元工业增加值能耗下降11%。全年实现减排需氧量2610.5吨、氨氮339.37吨、二氧化硫934.8吨、氮氧化物125吨。

【人口与人民生活】 年末全市家庭总户数39.60万户,户籍人口119.83万人,比上年减少0.38万人。全年出生人口11032人,出生率9.19‰;死亡人口14827人,死亡率12.35‰,人口自然增长率比上年下降3.16‰。年末常住人口107.60万人。

全年城镇居民人均可支配收入26338元,比上年增长12.6%;农村居民人均纯收入12505元,增长13.2%。城、乡居民人均消费性支出分别为16456元和8209元,分别比上年增长13.2%和12.5%。全年在岗职工平均工资40713元,增长12.0%。

【劳动就业和社会保障】 全年新增城镇就业1.49万人,城镇下岗失业人员再就业0.73万人;城镇登记失业率2.2%。城乡新增创业2.26万人。全市城镇企业职工养老保险参保人数15.41万人,城镇职工基本医疗保险参保人数20.14万人,城镇失业保险参保人数11.76万人,分别比上年增加1.02万人、1.21万人和1.19万人。城乡居民社会养老保险参保覆盖率100%。新型农村合作医疗保险参合率100%。

姜 堰 市

【概况】 姜堰市位于泰州市中部,东邻海安县,南接泰兴市,北毗兴化、东台市,西连泰州市海陵区、高港区。全市总面积927.53平方千米,户籍人口79.31万人。下辖15个镇、1个省级经济开发区和1个风景区。2012年,实现地区生产总值405.86亿元,可比增长12.1%。其中,第一产业增加值31.68亿元,可比增长4.5%;第二产业增加值210.8亿元,可比增长13.1%;第三产业增加值163.38亿元,可比增长12.2%。继续跻身全国县域经济基本竞争力百强、科学发展百强和最具投资潜力中小城市百强。三次产业结构比例为7.8∶51.9∶40.3,服务业占GDP比重比上年提高1个百分点。全年新增私营个体经济注册资本49.85亿元,新增私营企业数和个体经营户数4709户。年末,私营个体经济注册资本达到337.93亿元,私营企业数7988户,个体工商户29444户。

【农林牧渔业】 2012年,实现现价农林牧渔业总产值52.97亿元,比上年增长9.5%。全年粮食产量54.78万吨,比上年增长1.5%,实现“九连增”。棉花产量1850万吨,油料产量2.74万吨。新增造林面积1400公顷,森林覆盖率达23%。全年生猪饲养量89.09万头,其中,生猪出栏62.04万头。家禽饲养量12万羽,其中,家禽出栏830万羽。主要畜产品中肉类总产量5.78万吨,比上年增长5.9%;禽蛋总产量2.47万吨,比上年增长14.8%。全年水产品产量3.75万吨,增长3.3%。全年新增高效农业面积3000公顷、高效渔业567.13公顷、设施农业面积1200公顷、设施渔业面积301.47公顷,新建农村“三大合作”组织239家、省级农业龙头企业2家、农业“三品”68个。省级现代农业产业园综合服务中心主体工程竣工,沈高镇、溱潼镇分别创成国家和省“一村一品”示范镇。

【工业】 2012年实现全部工业现价总产值1186.88亿元,比上年增长6.8%。其中,规模以上工业完成产值789.96亿元,比上年增长6.6%。全年实现全部工业增加值172.44亿元,可比增长12.8%,全部工业增加值占地区生产总值的比重达42.5%。全市465家规模以上工业企业实现产品销售收入742.76亿元,比上年增长5.0%;实现利税总额82.58亿元,增长3.0%,其中,利润51.89亿元,增长1.6%。

【建筑业】 至年末,全市建筑施工企业123家,建筑业注册施工人数累计达12.93万人,比上年增长14.6%,其中,外出施工人数8.1万人,增长8.02%。全市建筑业累计施工面积5215万平方米,比上年增长13.1%;竣工面积2181万平方米,增长13.1%。全年实现建筑施工总产值369.16亿元、建筑企业增加值101.8亿元,分别比上年增长13.3%、12.2%,创国家优质工程奖2项,获批国家行业标准2部。

【固定资产投资】 2012年,全市完成固定资产投资215.62亿元,比上年增长21.0%。其中,城镇规模以上投资67.25亿元,增长53.2%;农村规模以上投资115.55亿元,增长16.3%;房地产开发完成投资32.82亿元,下降6.1%。竣工验收新办投入500万元以上农业项目21个,3000万元以上工业项目44个、其中,亿元以上项目9个、1000万元以上服务业项目51个。完成技改投入136.5亿元。房地产施工面积309.94万平方米,比上年增长23.3%,竣工面积53.93万平方米,增长21.8%。全年商品房销售面积55.16万平方米,比上年下降30.9%,商品房销售额28.56亿元,下降25.2%。

【国内贸易】 2012年,全市社会消费品零售总额12.15亿元,比上年增长12.8%,按消费形态分,批发和零售业实现零售额112.65亿元,比上年增长12.8%,占社会消费品零售总额的92.2%;住宿和餐饮业实现零售额9.5亿元,增长23.4%,占社会消费品零售总额的7.8%。按经营单位所在地分,全年城镇市场实现零售额116.56亿元,占社会消费品零售总额的

95.4%;乡村市场实现零售额5.59亿元,占社会消费品零售额的4.6%。按经营单位规模分,限额以上单位零售额30.75亿元,增长10.1%,占社会消费品零售总额的25.2%;限额以下单位零售额91.4亿元,增长13.8%,占社会消费品零售总额的74.8%。

【对外贸易】 全年进出口总额(海关数)77060万美元,比上年增长11.5%,其中,进口总额13892万美元,增长40.6%;出口总额63168万美元,增长6.7%。全年新批外商投资企业20家。协议利用外资33960万美元,比上年下降28.5%;实际利用外资11215万美元,下降12.2%。新签外经合同额21010万美元,比上年增长2%,完成外经营业额18272万美元,增长7.5%。

【城市建设】 城市总体规划修编获省政府批准,编制完成城区"两线四区"旅游、地下空间开发利用等专项规划,6条城区道路竣工通车,7处道口完成渠化改造。老通扬运河景观长廊初具雏形,新增绿化面积40万平方米。组织义务植树及城区主次干道增绿、补绿活动,共栽植各类乔木26000多株。打造全新十里滨河景观长廊工程。东部干线白米至大伦段全线贯通,湖镇大道建成通车。完善小区基础设施配套,加大后街背巷维护,新建社区停车位602个、小区治安探头267个,推进村庄环境整治工作,完成12条主干道两侧和132个行政村环境整治,城镇污水处理设施、垃圾中转站逐步投入运行,初步形成农村生活垃圾收集转运体系。

【环境保护】 开展水、大气、农业源等3大类36项重点减排工程,全年累计减排化学需氧量1057吨,氨氮128.75吨,二氧化硫100.42吨,氮氧化物161.56吨,创建国家环保模范城市7月份通过新标准体系省级验收,11月份省环保厅正式提请环保部考核验收;生态市创建10月份通过省级技术评估,12月份通过省级考核验收。4个乡镇通过国家级生态镇验收,8个镇获得省级生态镇命名,实现全市省级生态镇全覆盖;累计创成国家级生态村1个、省级生态村16个、实现泰州市级生态村全覆盖。通过连续3年的中央首批农村环境连片整治示范建设,建成小型生活污水处理设施19套,配套建设污水管网52千米,新增污水日处理能力9050吨。全市环境空气质量优良率达92.9%,同比上升3个百分点,空气质量良好以上天数比上年度增加12天;市区昼夜环境噪声均值为54.4分贝、交通噪声均值为67.1分贝;城乡公众环境满意率达90%;小康环境质量综合指数为92.7。

【交通运输】 全年完成交通运输业增加值25.61亿元,按可比价计算增长9.3%,占地区生产总值的比重为6.3%。全年完成公路客运量710万人次,公路旅客周转量36292万人千米;完成公路货运量355万吨,公路货物周转量12452万吨千米;完成水路货运量1750万吨,水路货物周转量137187万吨千米。

【邮电业】 全年完成邮电业务收入24901万元,比上年增长7.3%。其中,邮政业务收入6884万元,增长16.7%;电信业务收入18017万元,增长4%。年末全市固定电话用户21.17万户,移动电话用户64.71万户,互联网宽带接入用户10.65万户,比上年分别增加0.49万户、9.89万户和1.82万户。

【财政、金融、保险业】 2012年,全市财政总收入64.26亿元,比上年下降3.7%。其中,公共财政预算收入23.54亿元,增长6.1%。全年财政支出59.69亿元,比上年增长1.3%。

至年末,全市金融机构本外币存款余额427.63亿元,比年初增加52.77亿元,增长14.1%,其中,人民币存款余额424.96亿元,比年初增加52.88亿元,增长14.2%;本外币贷款余额31.09亿元,比年初增加43.46亿元,增长16.2%,其中,人民币贷款余额305.79亿元,比年初增加40.66亿元,增长15.3%,在人民币贷款中,短期贷款189.44亿元,比年初增加13.2亿元,增长7.5%。

全年保险业务收入9.65亿元,比上年增长7%。其中,财产险业务收入2.22亿元,比上年增长20%;人寿险业务收入7.43亿元,比上年增长4%。全年保险业务支出2.8亿元,比上年增长7%。其中,财产险业务支出1.06万元,比上年增长29%;人寿险业务支出1.74万元,比上年下降2%。

【科学技术】 全市新增企业院士工作站1家、省级工程技术研究中心1家、省级企业技术中心1家,申请专利2900件,其中发明专利653件,新增高新技术企业15家、国家重点高新技术企业1家,市高新技术创业中心通过国家级孵化器复评,高新技术产业产值占规上工业产值比重33.8%,比上年提高3个百分点。双登集团、苏中药业入选全省首批创新型领军企业。3家企业完成股份制改革。实施品牌战略,申报省著名商标4件、名牌产品5个,双登集团获泰州市市长质量奖。

【教育】 2012年年末,全市有各级各类学校90所,其中幼儿园33所、小学26所、高中8所。全市有在校学生8.44万人,教职员工7200人。探索教育集团化办学模式,按照"名校带新校,名校带弱校,城校带乡校"的思路,组建5个教育集团、9个教育联盟。投入近亿元在城区东侧、东南侧、西南侧新建东桥小学南校区、巴黎城小学、实验小学南校区等3所小学,投入1800万元完成20所义务教育阶段学校的操场塑胶化改造。加大教学质量过程性测控力度,全市8709名考生参加高考,4061人达本科控制线,本科达线率为46.62%,保持泰州领先,中考各项指标也在泰州名列前茅。

【文化、广电】 组织第八届姜堰市群众文化艺术节十项系列活动,举办"激情三水"2012演出季活动、迎接和庆祝党的十八大、国庆节系列活动,全年全市各镇组织开展以及村、社区文艺团队自发开展的文艺演出活动达300多场。开展"三送工程",全年放映电影3160场,为农村和社区群众演出70多场,文化遗产保护展牌到15个镇巡展、"行走的课堂"送讲座进社区、学校、乡村举办讲座64场,为每镇送图书1万元,为黄茅老区乡镇农家书屋更新图书每个书屋3000元,为22个社区图书室送书每个图书室100册书。市文体中心启动建设,博物馆主体工程封顶,白米、沈高被命名为省首批公共文化服务体系建设示范镇,沈高河横村农家书屋被表彰为全国示范农家书屋。全市两台在泰州市级以上媒体用稿用片1200多(篇)条,其中,央视用(稿)片27条。在泰州市优秀广播电视节目及作品政府奖评比中,全市共有52件作品获奖,其中一等奖16个、二等奖16个、三等奖20个。城区全年布放光缆200千米,布放钢绞线30千米,改造和新增双向光节点250个,初步建成符合"三网融合"要求的新一代广播电视基础网络,全年新增有线数字电视用户3524户,创成全省有线电视户户通市。

【卫生】 通过全国基层农村中医工作先进单位复核,建成标准化村卫生室193家,新建农村无害化卫生户侧2.2万座,被表彰为全省新农村新家庭计划示范市、江苏省农民健康工程先进市。制定出台《姜堰市基本公共卫生服务项目服务标准和镇村级医疗卫生机构职责分工(试行)》,推进建立居民健康档案,全市居民电子健康档案建档率达95.8%、老年人健康体检率95.18%、高血压患者规范管理率96.06%、2型糖尿病患者规范管理率94.75%、重性精神病患者规范化管理达100%、新生儿访视率98.47%、0~6岁儿童保健覆盖率98.68%、早孕建卡率98.23%、产后健康检查率98.06%。全年共出动卫生监督人员5270多人次,出动监督车辆1000多台次,监督检查9588户次,监测各种卫生指标1000多项次,监督覆盖率100%,监督户次率200%以上,依法行政工作再获2012~2013年度"省级依法行政示范点"称号。至年末,共有医疗卫生机构300个,实有医疗机构床位数2754张,拥有卫生技术人员3147人。

【体育】 参与承办中国姜堰市第七届湿地旅游节及2012年姜堰溱潼会船节的组织会船展示和比赛,参与主办第二届溱湖龙舟大赛,举办和承办姜堰市"锦绣姜城"杯、"南洋雅苑"杯广场舞大赛。承办"黄龙士双登杯"世界女子围棋锦标赛、江苏省桥牌升级赛、省少儿象棋比赛等,组队参加全省农民运动会的特色项目和武术等单项比赛。抓好女足特色,在99-20、01-02基础上正在组建03-04、05-06队伍,参加省女足年度比赛和"省长杯"比赛。被命名为"全国围棋之乡""全国校园足球试点市"。

【人口与计划生育】 年末,全市总户数27.47万户,比上年年末减少2244户,户籍总人口79.31万人,比上年年末减少135人。在总人口中,女性39.16万人,占49.4%。全年出生人数6269人,人口出生率为7.9‰;死亡人数7763人,死亡率为9.78‰;人口自然增长率-1.88‰。

【人民生活】 全市城镇居民人均可支配收入26714元,比上年增长12.5%,人均消费支出13739元,比上年增长12%。在岗职工平均工资达37330元,比上年增长12.9%。农村居民人均纯收入128元,比上年增长13.2%,人均消费支出8785元,比上年增长11.9%。年末城乡居民人民币储蓄存款余额达254.23亿元,比年初增加35.45亿元,增长16.2%。年末,城镇在岗职工52157人,城镇登记失业率为2.53%,比上年下降0.05个百分点。年末城镇劳动保障三大保险覆盖率达98.3%,其中,参加失业保险人数达7.29万人,失业保险覆盖率达98%;参加基本养老保险人数13.49万人,基本养老保险覆盖率达98%;参加医疗保险的人数16.82万人,基本医疗保险覆盖率达98.8%。全市享受农村最低生活保障的对象10178户13991人,城镇1452户2785人。全年最低生活保障金额3395万元,其中,农村2554万元,城镇841万元。

盐 城 市

【位置 面积】 盐城地处北纬32°34′~34°28′,东经119°27′~120°54′之间。东临黄海,南与南通市、泰州市接壤,西与淮安市、扬州市毗邻,北隔灌河与连云港市相望。盐城有着得天独厚的土地、海洋、滩涂资源,是江苏省土地面积最大、海岸线最长的地级市。全市土地总面积1.70万平方公里,其中沿海滩涂面积45.53万公顷,占全省沿海滩涂面积的75%;海岸线长582公里,占全省海岸线总长度的56%。目前,射阳河口以南沿海地段还以每年10多平方公里的速度向大海延伸,被称之为"黄金海岸",是江苏最大、最具潜力的土地后备资源。盐城海陆空交通便捷,基本形成高速公路、铁路、航空、海运、内河航运五位一体的立体化交通运输网络。口岸功能进一步增强,盐城南洋机场、大丰港相继被批准为国家一类开放口岸,盐城是全国第十、江苏唯一同时拥有海港和航空两个一类开放口岸的地级市。至2009年盐城机场开通了至北京、广州、长沙、温州、大连、桂林、哈尔滨、香港、昆明、三亚等国内航线及韩国首尔国际航线,到北京实现了大飞机"天天飞",盐城是江苏省第二个开通国际航线的城市。大丰港一类口岸开通了国际国内航线,并成为直航台湾的港口。新长铁路已开通至全国铁路客货运。宁靖盐、盐通、盐连、徐淮盐高速公路四通八达,宁靖盐高速盐城北段全线建成通车,实现盐城环城高速公路网联网畅通。盐城是沪、宁、徐三大区域中心城市300千米辐射半径的交汇点,是江苏沿海中心城市,长三角新兴的工商业城市,湿地生态旅游城市,是江苏省委、省政府确定的"重点发展沿江、大力发展沿海、积极发展东陇海线"的三沿战略及"海上苏东"发展战略实施的核心地区,是"京沪东线"的重要节点,"北上海经济区"的重要成员。2009年6月10日,国务院第68次常务会议讨论并原则通过《江苏沿海地区发展规划》,盐城的发展第一次纳入国家战略规划,为盐城市新一轮沿海开发在更高起点上前行、向更高目标迈进带来了历史性机遇,开启了盐城由"内陆型经济"向"临海型经济"跨越发展的新征程。盐城处于江苏沿海发展和长三角一体化国家两大战略的交汇点上,盐城在区域经济格局中的重要地位将日益凸显,具有独特的区域优势。

【成陆】 盐城是沿海成陆较早的地区之一。市境海陆几经变迁,经历了桑田沧海、沧海桑田的演变过程。距今2万年左右,现市境均为陆地。距今7000年左右,气候普遍转暖,一次大规模海浸,今盐城辖境均为大海,成为浅海湾的一部分。距今7000年至5000年的新石器时期,海面基本稳定。长江、淮河搬运入海的大量泥沙在浅海湾底部逐步堆积,形成了呈西北—东南走向的岸外沙堤,海岸线长期稳定在阜宁、盐城一线,即被称之为西冈的今羊寨、龙冈、大冈、安丰一线。秦汉前,距今约3900年至3300年,西冈以东开始形成新的内堤,即被称之为东冈的施庄、上冈、盐城、草埝、东台一线。南宋建炎二年(公元1128年)黄河夺淮,历700余年,带来巨量泥沙入海与长江口入海北移的泥沙会合,使盐城海岸线迅速向东淤长,海涂渐成陆地。

【地貌特征】 全境为平原地貌,西北部和东南部高,中部和东北部低洼,大部分地区海拔不足5米,最大相对高度不足8米。分为3个平原区:黄淮平原区、里下河平原区和滨海平原区。黄淮平原区位于苏北灌溉总渠以北,其地势大致以废黄河为中轴,向东北、东南逐步低落。废黄河海拔最高处达8.5米,东南侧的射阳河沿岸最低处仅1米左右。里下河平原区位于苏北灌溉总渠以南,串场河以西,属里下河平原的一部分,总面积4000多平方公里,该平原区四周高、中间低,海拔最低处仅0.7米。滨海平原区位于灌溉总渠以南,串场河以东,总面积为7000多平方公里,约占全市总面积的一半,该平原区大致从东南向西北缓缓倾斜。东台境内地势较高,一般海拔为约4米~5米间,向北逐渐低落,到射阳河处为1米~1.5米。

【气候特点】 盐城地处北亚热带向暖温带气候过渡地带,一般以苏北灌溉总渠为界,渠南属北亚热带气候,渠北属南暖温带气候,具有过渡性特征。气候受海洋影响较大,与同纬度的江苏省西部地区相比,春季气温低且回升迟;秋季气温下降缓慢且高于春温;年降水量也比本省西部明显偏多。季风气候明显,冬季受欧亚大陆冷气团影响,盛行偏北风且多寒冷天气;夏季受太平洋副热带高压影响,盛行偏南风且多炎热天气,空气温暖而湿润,雨水丰沛。

2012年,盐城全年平均气温正常略高;降水量总体正常,但时空分布不均;日照时数正常;蒸发量总体偏少。年内灾害性天气频发,雾霾、低温雨雪冰冻、暴雨、台风、强雷暴、龙卷、冰雹、寒潮大风等对人民生产生活有较为严重的影响。

【资源状况】 海洋和滩涂资源盐城拥有丰富的滩涂海洋资源,滩涂总面积45.53万公顷,其中潮上带1677平方公里,潮间带1610平方公里,分别占全省的75%、64.6%、60.8%。隶属于东台、大丰、射阳、滨海、响水等县(市)的沿海滩涂,近期可供开发利用的面积达1300平方公里。岸线港口资源盐城市海域位于江苏沿海中部,海岸线总长582公里,占江苏省的56%,深水岸线70公里。海域面积1.89万平方公里,其中内水面积1.21万平方公里,领海面积6753平方公里,沿海海域是中国唯一无赤潮的内海水域。沿海陈家港距连云港27海里、日照港59海里,集、疏、运条件比较优越,为二级航道,国家二类开放口岸。大丰港北距青岛港210海里、连云港120海里,东距日本长崎港460海里、韩国釜山港465海里,南距台湾基隆港620海里、上海港280海里,是国家对外开放一类口岸。滨海港地处江苏沿海中部、连云港与长江口之内,与日本、韩国隔海相望,-10米等深线离岸最近处为1.215海里,深水直通大海,可建5万吨~10万吨级码头泊位,是江苏沿海水深条件最好的岸段之一。射阳港现拥有千吨级码头5座,并开通了集装箱内河支线,港口年吞吐能力可达530万吨。石油天然气资源已探明石油天然气蕴藏量达800亿立方米,预计总储量达2000亿立方米,为中国东部沿海地区陆上最大的油气田。沿海和近海有约10万平方公里的黄海储油沉积盆地,居全国海洋油气沉积盆地第二位,有着广阔的勘探开发前景。生态旅游资源市域东部拥有太平洋西海岸、亚洲大陆边缘最大的海岸型湿地,被列入世界重点湿地保护区,湿地保护区内建有世界上第一个野生麋鹿保护区和国家级珍禽自然保护区,为联合国人与自然生物圈成员。市域西部地处里下河地区腹地,大纵湖、九龙口、马家荡等湖泊水域面积近百平方公里,为典型的泻湖型湖荡湿地,原始生态环境保存较好,被誉为"金滩银荡"。全市现有景点40多个,其中国家级自然保护区2个,国家4A级旅游景区(点)3个。

【历史述略】 盐城是中国东部沿海开发利用较早的地区之一。20世纪70年代以后,阜宁施庄镇东园遗址、东台市溱东镇开庄遗址、阜宁县板湖乡陆庄遗址等为数众多的古人类活动遗存证明,在五六千年的新石器时代,黄海之滨,淮河两岸,射阳湖畔,已有盐阜人民的远祖在这块狭长的土地上,劳动、生息、繁衍,孕育了盐城的远古文明。战国时期,先民们利用近海之利"煮海为盐"。秦汉时代,境内"煮海兴利、穿渠通运",盐铁业相当发达,当时这里人口较多,使用铁制农具和牛耕技术比较普遍。汉武帝元狩四年(公元前119年),朝廷将古射阳县东部靠黄海的一部分划出来单独设县,因这里遍地皆为煮盐亭场,到处是运盐的盐河,故称盐渎县。其时有县无治,由射阳丞(今宝应县)代管。东汉时,富春人(今浙江富阳市)孙坚,因讨平许昌、许韶父子农民起义军有功,出任盐渎丞,他是见之于史书的最早的盐渎县丞。他的次子孙权,后来当了吴王。三国时,曹操令江淮民西迁,废盐渎县。300多年后,西晋复县。东晋安帝义熙七年(公元411年),盐渎因"环城皆盐场"而更名为盐城,盐城成为名副其实的产盐之城。盐城因"盐"置县,因"盐"兴城,在以后漫长的时间里,盐城的海盐生产无论是技术,还是产量、质量,在海盐生产历史上都独领风骚。盐城以海盐文化著称于世,海盐文化是这座城市文明的根基和灵魂。北齐时于盐城设射阳郡,陈时改为盐城郡。隋大业末年,江淮农民起义军领袖韦彻据盐城称王立射州,分为新安、安乐两县。唐初,废射州(直至清末,境内未设过州、郡),复置盐城县。唐朝时期,盐城曾是长安与海外交往的要津之一。日本僧人粟田真人、日本遣唐使阿倍仲麻吕(即晁衡)、新罗国太子金士信等,均由射阳河口登陆,西去长安。宋代,盐城属楚州,岳飞和韩世忠、梁红玉夫妇在盐城一带抗金。六朝属河南省。元末张士诚率盐民起义,建立大周政权,前后坚持了14年,是震撼和瓦解元朝腐朽统治的一支重要力量,最后在平江(今苏州)称吴王。明初,盐城属应天府,朱元璋"洪武赶散"(古称"红巾赶散"),苏州、松江、嘉兴、湖州、杭州等地4000余无田农户迁往江北,一部分落户盐城。清初,先属江南省,后划归江苏省。南通人张謇废灶兴垦,又迁来一部分启海棉农。清雍正九年(公元1731年)建阜宁县。乾隆三十三年(公元1768年)建东台县。民国期间,境内先后设江苏省盐城第十行政督察区、盐城行政督察区,第六行政督察区。盐城区辖盐城、东台、阜宁、兴化4县。1940年10月,东进北上的新四军与南下的八路军在白驹狮子口会师,成立了华中总指挥部。皖南事变后,新四军在盐城重建军部,陈毅为代军长,刘少奇为政治委员。从此,盐城成为苏北抗日根据地的心脏。华中党校、抗大五分校、鲁艺华中分院,在盐城为党培养了大批抗日干部和艺术人才。刘少奇、陈毅等老一辈革命家在此留下了战斗足迹。1941年9月,成立盐阜区行政公署。辖盐城、盐东、建阳、阜宁、阜东、淮安、涟水7县和涟灌阜边区办事处。次年,涟灌阜边区改建射阳、滨海2县。1947年10月底,盐城获得解放;1948年上半年,全盐阜区回到了人民怀抱,成为解放战争的大后方,为淮海战役、渡江战役的胜利,为解放全中国作出了贡献。1949年4月21日,盐城专区辖盐城、射阳(由原阜宁、盐城的串场河以东,射阳河以南的部分地区组成,县人民政府驻合德镇)、建阳(由原阜宁、盐城的串场河以西及皮岔河以北的地区所组成,县人民政府驻湖垛镇)、阜宁、滨海(由原阜宁、涟水、灌云3县各一部分地区组成,县人民政府驻东坎镇)、涟东(为原涟水盐河以东的部分地区,县人民政府驻大程集)、淮安7县。专员公署驻盐城镇。1950年1月11日,原泰州专区的东台、台北2县划归盐城专区。同年撤销涟东县,并入淮阴专区的涟水县。1951年7月11日,台北县改名为大丰县,建阳县改名为建湖县。盐城专区辖8县。1953年1月1日,江苏省人民政府成立,设盐城专区。盐城专区辖盐城、东台、淮安、滨海、射阳、阜宁、大丰、建湖8县。1954年,将淮安县划归淮阴专区。盐城专区辖7县。1966年,以滨海县中山河以北地区设响水县(驻响水镇)。盐城专区辖8县。1970年,盐城专区改称盐城地区,辖盐城、滨海、阜宁、射阳、建湖、响水、大丰、东台8县。经国务院批准,1983年,撤销盐城地区和盐城县,建立省辖盐城市,实行市管县新体制,盐城镇升格为盐城市城区,盐城县改名为盐城市郊区。盐城市共辖响水、滨海、射阳、阜宁、建湖、大丰、东台7个县和盐城市城区、盐城市郊区2个区。1987年12月,经国务院批准,撤销东台县,改设东台市。盐城市共辖1市6县2区。1996年7月,经国务院批准,撤销盐城市郊区,设立盐都县。同年8月,经国务院批准,撤销大丰县,以其原辖区域设立大丰市。2003年,经国务院批准,盐城市城区更名为盐城市亭湖区;撤销盐都县,设立盐城市盐都区。2012年,盐城市下辖东台、大丰2个县级市和建湖、射阳、阜宁、滨海、响水5个县,以及盐都、亭湖2个区。全市土地总面积1.7万平方公里,年末户籍总人口812.37万人,常住人口748.18万人(市区人口达162万人),是江苏面积第一、人口第二的大市。全市地区生产总值达到1917亿元,固定资产投资达到1500亿元,这两项主要经济指标跻身苏中。更为重要的是,盐城的全省第一已经不再是传统意义上的资源、农业、土地全省第一,经济发展一些核心指标增幅也实现了全省领先。全年完成财政总收入311.9亿元,地方一般预算收入126.8亿元,增幅列全省第一;高效农业新增面积全省第一,社会消费品零售总额增幅全省第一,汽车产销量全省第一,风电装备制造业水平也在全省领先。盐城先后获中国优秀旅游城市、全国科教兴市先进市、全国双拥模范城、全国综合实力百强城市、中国投资环境百佳城市、中国十佳和谐发展城市等称号,盐城对外来投资的吸引力进一步增强,经济社会实现了又好又快发展。

【文化名人】 盐城历史悠久,文化底蕴丰厚,历代人文荟萃。汉末"建安七子"之一的陈琳文雄海内,蜚声华夏。宋代晏殊、吕夷简、范仲淹先后在西溪任盐官,后相继入朝为相,人称为"西溪三杰",被传为千古佳话。晏殊的《浣溪沙》:"无可奈何花落去，似曾相识燕归来”、吕夷简《咏牡丹》：“异香浓艳压群葩，何事栽培近海涯？开向东风应有恨，凭谁移入王侯家”、范仲淹《至西溪感赋》：“谁道西溪小，西溪出大才。参知两丞相，曾向此间来”都写在西溪任上。“先天下之忧而忧，后天下之乐而乐”的范仲淹，在任西溪盐仓监时倡修的捍海堰，屏蔽盐灶，泽被后世，世人传颂为“范公堤”。南宋左丞相陆秀夫以身殉国，成为流芳百世的抗元民族英雄。元末盐民张士诚揭竿起义，建立大周政权，在平江（今苏州）自称吴王。元末明初，文学巨匠施耐庵与弟子罗贯中曾隐居白驹场，撰写中国古典小说《水浒传》、《三国演义》。明代哲学家王艮创立的“泰州学派”，名闻全国。书法家宋曹的作品飘洋过海，饮誉扶桑。明末清初著名评话艺术大师柳敬亭，以其精湛的技艺名闻天下。清初布衣诗人吴嘉纪，在中国文学史上与历代群贤共放异彩，被称为“清初三大家”之一。孔尚任、李汝珍用盐城的水墨润就了不朽名篇《桃花扇》、《镜花缘》。晚清武状元徐开业镇守潼关，以身殉国。水利专家冯道立治水有方，著就《淮扬治水论》、《测海蠡言》等名篇40余部。爱国志士臧在新、伏龙等追随孙中山先生反帝反封建，为国捐躯，被国民政府追授为中将衔。“五卅”反帝爱国先驱顾正红，新闻史研究的开拓者戈公振，左联作家孙石灵，爱国科学家喻兆琦等著名人物，在中国近现代史上尽显风采。1941年“皖南事变”后，新四军在盐城重建军部，这里一度成为华中抗日根据地的指挥中心。在刘少奇、陈毅、黄克诚、粟裕等老一辈无产阶级革命家的领导下，盐城人民前仆后继，浴血奋战，涌现出许多可歌可泣的英雄人物和革命烈士。当代更是人才辈出。佛教居士高鹤年，书法家高二适，教育家陈中凡，杰出外交家乔冠华，马克思理论家、被誉为中共“党内一支笔”的胡乔木等等，难以一一列举。为了纪念历代名人，缅怀他们的业绩，1986年建成新四军纪念馆，2000年在迎宾公园内兴建了《盐城历史文化名人长廊》，各县（市、区）修复了一批名人故居，以供后人瞻仰、凭吊。

（一　方）

【城市性质】 1985年9月，江苏省人民政府批准盐城市的城市性质为：“新四军抗日革命根据地，以发展食品、轻纺、机械工业为主的工商城市，市域中心”。1990年12月，经江苏省人民政府批准，盐城市的城市性质调整为：“苏北沿海中心城市之一，以发展轻纺、食品、机电工业为主的工商城市，新四军抗日革命根据地”。1995年11月，《盐城市城市总体规划修编纲要》通过专家论证，明确盐城市的城市性质为：江苏沿海中心城市，滩涂、海洋工程开发基地，新四军抗日革命胜利纪念地。2003年9月，《盐城市总体规划纲要（2003～2020）》通过专家论证，明确盐城市城市性质为：江苏沿海中心城市，新兴工业城市，海洋经济服务基地。2006年8月，市委第五次党代会明确盐城市城市性质为：江苏沿海中心城市，长江三角洲新兴的工商业城市，湿地生态旅游城市。2009年，国务院通过《江苏沿海地区发展规划》，根据省委、省政府关于贯彻落实《江苏沿海地区发展规划》实施意见的精神，将盐城定位为中国沿海新兴临港工商业城市、长三角产业北拓承接基地、西太平洋国际湿地旅游城市、200万人口特大中心城市。2011年，将城市特色定位为“水清绕瓢城，绿溢鹿鹤鸣；盐渎传千载，城拓沐海风”。

（王　盛）

亭　湖　区

【概况】 亭湖区东、南与射阳县、大丰县毗邻，西、北与盐都区、建湖县接壤，为盐城市主城区，总面积800平方公里，下辖5个镇、5个街道、3个经济园区。年末户籍人口71.02万人，人口出生率11‰，人口死亡率7.29‰，自然增长率3.71‰。亭湖区交通便捷，宁靖盐、沈海、盐徐高速交织其中，新长铁路、204国道、通榆运河贯穿全境，民航直达首尔、香港、台北、北京、上海、广州、武汉、长沙、昆明等地。2012年，实现地区生产总值268亿元，二、三产业比重提高到89.7%，完成公共财政预算收入30.86亿元，税收收入占公共财政预算收入比重达85%，列全市第一。固定资产投资185.7亿元，社会消费品零售总额158亿元，注册外资实际到账1.85亿美元。城镇居民人均可支配收入达26356元，农民人均纯收入达13428元。4月，亭湖通过省全面小康社会建设达标验收，在苏北较早全面建成小康社会。

工业经济规模以上工业企业在上年190家的基础上新增16家，核减6家。全区现有200家规模以上工业企业，共实现开票销售119亿元，实现入库税收4.7亿元。200家企业中，开票销售1000万元以下的有46家，占23%；1000万元～2000万元的有50家，占25%；2000万元以上的有104家，占52%，其中1亿元～5亿元的有25家、5亿元～10亿元的有2家、10亿元以上的有2家。

农村经济实现农业生产总值48.88亿元，其中农业产业19.99亿元、林业产值1.01亿元、牧业产值19.33亿元、农林牧渔服务业1.79亿元，农业增加值27.52亿元。全区农民人均纯收入13428元，其中工资性收入8173元，占60.9%；家庭经营性收入4578元，占34.1%；财产性收入365元，占2.7%；转移性收入312元，占2.3%。全区有省级农业园区1个、市级农业园区2个。有各类专业合作经济组织426家，农村土地流转面积2.04万公顷，农业适度规模经营比重达54.3%，区级以上规模农业龙头企业69家，其中国家级2家（汇源果汁、大宏纺织），省级4家（红蜻蜓油脂、新阳春面粉、盐城农副产品物流中心、盐城市金地带农贸商城开发有限公司），市级29家，农业龙头加工企业实现销售68.6亿元。新增设施农业面积866.67公顷，331省道生态观光农业走廊初步形成。加大农业基础设施建设力度，建成高标准农田1333.33公顷，疏浚镇级以上河道48条，新建水利闸站85座、农村公路20公里、农桥135座。加大农业科技投入，乡镇农技推广综合服务中心率先通过省级验收，农业科技进步贡献率达61.5%。

三产服务业全区实现服务业增加值122.47亿元，服务业增加值占全区GDP的45.7%；实现社会消费品零售总额157.81亿元，完成服务业投资99.53亿元，实现服务业税收17.93亿元，服务业税收占全区税收总额的70%。其中，房地产、商贸及物流业税收贡献仍占主导地位，三大行业税收收入之和约占服务业税收总额的90%，房地产税收占总额的60%。全区现有规模以上服务业企业318家，其中房地产定报企业61家，重点服务业企业（销售收入1000万元以上）89家，批发零售类企业134家（批发企业78家，销售收入2000万元以上；零售企业56家，销售收入500万元以上），住宿餐饮类企业34

家(住宿业11家,餐饮业23家,销售收入200万元以上)。

项目推进组织实施六大类重点工程,扩大有效投入,菲达环保、绿城电动汽车充电设备、沿海灯饰城等重点项目高效推进,环保产业会展交易中心、低碳示范社区、物流公共信息平台等重点工程当年开工并竣工。全年新开工亿元以上项目81个,新竣工亿元以上项目53个;新引进亿元以上项目112个,其中10亿元以上项目12个。凯斯博、中马等企业技改扩能项目顺利实施,吉地达与中电投远达等企业战略重组取得突破,高和、华晖等公司上市工作进展顺利。帮助解决企业运行实际困难,制定落实工业转型升级、服务业提速发展、大企业大集团培育和减轻企业负担等政策措施,促进经济发展良性运行。

城乡面貌新城建设开始实施,亭湖高级中学一期建成招生,区人民医院基本竣工,文化艺术中心启动运营,苏州海天、盛大网络等知名文化产业项目成功落户,绿地商务城二期快速推进,新城公共配套水平进一步提升。创建国家园林城市,大洋湾公园绿化工程高标准建成,东亭湖公园、青年公园加快建设,建成街头游园21个,新城水绿特点、生态特色逐步展现。整治中心城区,改造剧场路、八十间、大洋城中村等重点地段,累计改造旧城面积27.6万平方米。完成30条后街巷道、4个老小区综合整治和3个农贸市场新建改造任务,规模小区实现物业管理全覆盖。推进城乡统筹发展试点镇村建设,盐东镇新镇区、新龙村和黄尖镇牡丹新村初具规模、特色鲜明。加大农村环境综合整治力度,完成328个村庄环境整治任务。城乡联网供水工程进展顺利。农村生活垃圾无害化处理体系建设全面推开。

人民生活保障体系逐步健全。新增城镇就业2.2万人,新转移农村劳动力6800人,年末城镇登记失业率为2.13%。全区养老保险、医疗保险参保率达99%以上,基本实现全覆盖,其中基本养老保险、医疗保险、失业保险、城乡居民养老保险参保人数分别达5.8万人、4.92万人、2.93万人、15.3万人。鼓励全民创业,新发展私营企业3400家、个体工商户2.6万户,新增注册资本146亿元。城乡居民最低生活保障标准分别提高8.6%、23.8%。实施大病医疗救助3000人次。建成区残疾人综合服务中心一期工程。教育、卫生投入大幅增加,全面完成校安工程、薄弱学校改造任务,体育工作保持全市领先水平;建成18个社区卫生服务站,镇村医疗机构实现一体化管理。加强人口与计划生育工作,实行免费孕前优生健康检查。实施文化惠民工程,新增有线电视用户7000户。加快街道、社区阵地建设,实行"一委一居一站一办"管理新模式,推进社区网格化管理,增加社区工作人员配备。开展"平安亭湖"建设,严厉打击违法犯罪,实施城乡技防入户工程。

区域创新启动创新型城市创建活动。成功申报国家级科技项目9个、省级科技项目26个、国家重点新产品2个、国家级创新试点企业1家、省重大科技成果转化项目1个、省重大产学研平台项目2个。专利授权314件。建成省级以上企业技术中心、工程中心6家。高精公司与华中科技大学成立全区首家企业院士工作站。实施"英才集聚计划",引进行业领军人才22名、高层次创新创业团队6个、国家"千人计划"专家6名。全社会研发投入占地区生产总值比重提高到1.6%。实现高新技术产业产值61亿元,增长35%。

【中国盐城国际环保产业博览会举行】 11月18日,2012中国盐城首届国际环保产业博览会在盐城环保产业园会展交易中心成功举行。本届环博会以"打造永不落幕的环保行业盛会"为目标,汇聚海内外172家环保企业,涵盖大气治理、水处理、固废综合利用、环保型建筑材料等各个领域。博览会期间举办环保产业高峰论坛,40家采购企业和50家环保产品制造商进行现场对接交易,盐城环保产业园与丹麦弗洛微升等6家环保领军企业签约合作。博览会还安排人文低碳公益、环保产品体验等系列活动,让社会公众亲身参与环保、践行环保,倡导低碳生活方式。环博会上成功签约6个项目,总投资达30亿元,采购交易额达68亿元。

【亭湖高级中学、新洋实验学校建成投入使用】 8月25日,亭湖高级中学、新洋实验学校建成投入使用。位于亭湖新区的亭湖高级中学,总投资约3.5亿元,占地18公顷,总建筑面积13万平方米。位于新洋经济区的新洋实验学校总投资约1.2亿元,占地6公顷,建筑面积3.1万平方米。这两所学校的建成,对于完善河东、城北区域城市配套功能,打造城市亮点,提高全区教育水平具有重要的意义。

【现代物流园获"中国物流实验基地"称号】 11月13日,现代物流园被中国物流与采购联合会授予"中国物流实验基地"称号。这是园区获得"省现代服务业集聚区"、"省重点物流基地"、"2011中国最具投资价值物流园区"后的又一项殊荣。位于亭湖区的盐城市现代物流园以"物流之都、乐购之城"的目标定位引领园区建设,自筹资金10亿元,建成"五纵九横"的路网结构,建设和完善水、电、气、通讯等配套设施。园区规划公铁水联运、市场集聚、仓储配送、配套加工、商务商贸和都市农业六大功能区,已形成以大型市场、现代物流为主体,都市工业、商贸居住相配套的产业格局。

【低碳社区一期建成使用】 低碳示范社区位于盐城环保产业园内,该项目总占地约10公顷,计划分两期实施,一期在年底前建成使用,主要包括1幢低碳体验中心和12幢低碳示范样板建筑及水体景观绿化等内容。整个社区大量采用低碳住宅八大技术体系、28项技术,除采用地源热泵、太阳能等节能环保技术外,还采用新型节能墙材、高保温中空玻璃窗、可再生建材、自动灭蚊等应用技术,每户住宅内一年四季都可以达到恒温、恒适、恒氧。低碳社区在导节能环保的消费和生活方式上,将真正起到示范性、试验性、超前性作用。

盐　都　区

【概况】 盐都区位于江苏省沿海中部,区域面积1049.2平方公里。下辖8个镇、3个街道办事处、1个省级高新区,252个行政村(居委会)。年末总人口76万人。2012年实现地区生产总值317.34亿元,实现财政总收入52.86亿元、公共财政预算收入22.49亿元,全社会固定资产投资168.1亿元,注册外资实际到账1.85亿美元。

工业经济企业运行企稳向好,实现规模以上工业增加值152.16亿元,规模以上工业企业实现产品主营收入619.13亿元,实现利税68.9亿元,其中利润41.41亿元。培大育强成效显著,新增定报企业30家,开票销售超亿元企业达30家,入库税收超千万元企业15家,华锐风电、星宇科技、世钟汽配、悦达纺织开票销售超10亿元,申源塑胶与上海贝斯特管业、中力齿轮和山东时风集团、金火炬金属纤维与上海ASM集团、双菊风机与中大集团成功实现重组,盐电阀门成为世界500强埃克森美孚公司合作供应商,中恒宠物顺利完成股改。科技创新取得新突破,专利授权530件,其中发明专利35件,科技项目获得省级以上立项58个,国家风电设备质量检测中心、江苏涂装机械质量监督检验中心加快建设,4家企业建成省级企业技术中心,10家企业被认定为省级"两化融合"示范企业、创新能力示范企业和高新技术企业,中恒宠物成功申报全市首家省工业设计中心,盐城中小企业园被认定为国家级科技企业孵化器,大纵湖荣获省"创新型乡镇"称号。

农村经济粮食生产连续九年保持增长,全年农作物总播种面积10.19万公顷,总产63.37万吨,其中油料产量1.57万吨,蔬菜产量39.9万吨。畜禽养殖稳步发展,新建5万头以上猪场1个,万头以上猪场2个,改扩建千头以上猪场11个;新建20万羽以上禽场1个,10万羽以上禽场3个,万羽以上禽场12个,规模养殖比例生猪达74%、蛋禽达94%、肉禽达95%;生猪饲养量达81.44万头,家禽饲养量2146万只,肉类总产量6.76万吨,水产品总量11.25万吨。水产养殖业呈现精品化、标准化、高效化养殖的运行态势,突出"大螃蟹、淡水虾、名优鱼",新增设施渔业面积666.67公顷,高效渔业面积累计达8400公顷,占养殖总面积的93.3%,"盐都现代渔业产业园"被认定为省级现代渔业产业园。设施农业势头迅速,新增高效农业面积3666.67公顷,达到2.7万公顷,高效农业覆盖率达51%;新增设施农业1000公顷,达到5933.33公顷,全区设施农业覆盖率达14.8%。农业现代化快速推进,全力打造七星农场现代化样板,初步探索出一条"农业农场化、农民职业化、民居集聚化"的盐都现代化农业发展之路。产业化经营取得新成效,全区农产品加工企业发展到124家,可实现销售70.3亿元、利税6.36亿元。

第三产业实现服务业增加值98.58亿元,完成社会消费品零售总额131.8亿元。商贸流通、宾馆餐饮、专业市场等传统服务业保持旺盛态势,批发和零售业实现销售122.67亿元,住宿和餐饮业实现销售9.13亿元,高力国际家居港,红星美凯龙家居广场和家家爱家具广场销售均超亿元。现代物流业发展提速,悦达摩比斯、华晓医药、烟草物流等年销售均超10亿元,东方汽车广场、城西南现代物流园区、盐城中小文化企业园3个市级服务业集聚区共完成投资21亿元,实现营业收入48.2亿元、完成税收2.4亿元。旅游业不断升温,全年接待旅游者138万人次,其中国内旅游者137.04万人次、海外旅游者0.96万人次,实现国内旅游总收入12.88亿元、创汇655万美元;大纵湖旅游景区被认定为国家级水利风景区,台创园和稳强生态园成为省四星级乡村旅游点。房地产业较为平稳,完成开发投资34亿元,商品房销售面积56.5万平方米,商品房销售额34.5亿元。

城乡建设坚持建区与造城并重,推动70平方公里"高新之区"与30平方公里"物流之城"融合发展,成功获批盐城首家省级高新区。坚持规划引领,完善提升华锐风电产业园、通讯电子产业园、现代物流园和东方汽车广场规划,编制完成中小文化企业集聚区规划、盐都新城中心组团修建性详规、新区"城中村"改造规划和东方汽车广场拓展区规划,城市建设品位和高新区发展层次不断提升。城市基础设施加快推进,新都路西延、吴抬路一期和振兴路蟒蛇河大桥顺利建成,青年路高架桥实现合龙,南环路西延、经三路北延等一批道路加快实施;研创大厦、物联大厦基本建成,汇文人才公寓一期已具备入住条件;积极参与国家园林城市创建,润都、丽都、大马沟生态公园建设快速推进,新增绿地275公顷,建成区绿化覆盖率提高到42%。镇村建设成效显著,完成各镇(街道)新一轮总体规划评审报批工作,实施新镇区、新社区、新产业、新环境"四新"项目69个,完成投资32亿元,郭猛集镇面积由2平方公里扩展到4平方公里,大纵湖新镇区"三纵三横"道路实现循环贯通;杨侍村被评为盐城最美乡村,三湾生态村建设规划获第12届全国人居经典建筑规划设计金奖;七星现代化农场一期工程、三湾和三官新村建设初见形象,东晋古城正式开建,双新大道全线贯通;新增一级公路40公里,新建乡村公路120公里、小农桥124座,改造农村公路危桥41座;城乡区域集中供水一期成功运行,二期管网铺设到位;完成228个自然村庄环境整治任务,在全市率先实现农村生活垃圾集中处理全覆盖和管理信息化。

社会事业扎实推进教育、体育事业优质均衡发展,郭猛实验学校、神州路小学和初中秋学期如期投入使用,新招聘学前教育公办教师50人,校安工程完成年度计划,全区所有中小学实现资源共享"班班通",接受全国义务教育发展基本均衡区省级督导评估并获肯定,获评省教育现代化建设先进区;被国家体育总局表彰为全民健身活动先进单位,区体校培养的击剑运动员骆晓娟荣获奥运会金牌。文化服务增量提质,区镇村三级公共文化服务网络进一步完善,新博物馆、文化馆、图书馆全部建成,区文化馆被评为国家一级馆,淮剧《半车老师》作为唯一由县级剧团演出的剧目晋京向十八大献礼并获圆满成功,全国首家"中国戏曲现代戏创作基地"在盐都挂牌;举办各类中大型文艺演出近70场次,送戏入村76场,送电影3420场,送书、送展览500多次,新增有线电视用户1.6万户。卫生事业加快发展,省级药品安全示范区创建向纵深推进,市三院南院二期工程建设全面启动,盐都二院通过二级医院复核评审,区卫生系统被表彰为全国卫生工作先进集体;扎实推进卫生城、镇、村创建工作,创成17个市级卫生村,申报9个省级卫生村、30个市级卫生村。

人民生活城镇居民人均可支配收入达到23881元,农民人均纯收入达到12837元。社会就业更加充分,积极搭建培训平台,开展订单式、定向式缝纫、服装、电子等工种培训20期,参培人数1.36万人,参加技能鉴定3902人,获证3299人,累计就业8.29万人,转移18.2万人,城镇登记失业率2.04%。社会保障不断健全,推进城乡居民养老保险并轨,加大扩面征缴力度,全年新增各类社保参保4.1万人;稳步提升城乡低保补助水平、优抚对象抚恤和生活补助标准,推动农村社区便民服务网络和居家养老服务站建设,全年发放尊老金995万元,被评为全国养老示范先进单位;新农合人均筹资标准从275元提高到350元,参合群众就医政策补偿比超过75%;新建各类保障性住房17万平方米;落实村内公益事业财政奖补项目120个,发放涉农补贴9100万元,兑付家电下乡资金4640万元。

【创成省级设施草莓标准化示范区】 3月12日,省质监局组织省相关部门组成考核组,对区政府承担的“省级设施草莓标准化示范区”项目进行验收。验收组在听取示范区建设情况的汇报,到潘黄街道仰徐村、郭猛现代农业园等设施草莓标准化种植基地实地察看现场,并审查相关资料后,最终认定示范区项目以高分通过验收。至年底,全区已建成设施草莓标准化示范区346.67公顷,年均生产草莓12500吨,亩均效益8000元,分别比项目实施前每亩增加5500吨、1800元,并先后涌现出宦立国等18个大规模种植示范户,其中年收入超2万元的有15户。

【盐都七星现代化农场揭牌】 3月31日,苏北首家涵盖农业现代化所有内容的农场——盐都七星现代化农场正式揭牌。农场一期核心区规划区域面积400公顷,规划建设农场管理中心、农机服务中心、标准化育苗中心、作物数字信息化中心“四个中心”和新品种综合展示区、优质稻米示范区、功能稻米生产区、立体高效种养区“四个功能区”,成为苏北智慧农业的新标杆。

【华盛变压器矿用产品通过乌克兰官方安全认证】 4月16～17日,乌克兰煤矿安全监察局专家对盐都区华盛变压器公司生产的系列矿用产品进行安全认证,同意该企业生产的变压器产品向乌克兰出口。4月16日晚,区委书记、区人大常委会主任李纯涛会见认证代表团团长、乌克兰煤矿安全监察局局长哈罗德·亚历山大一行。

【盐龙湖全面建成启用】 6月28日,全国首个平原上开挖的饮用水源生态净化湖——盐龙湖全面建成启用。根据盐城的气候特征及地形条件,盐龙湖采用以生态湿地净化为主体的处理工艺。蟒蛇河原水先进行沉淀预处理,再通过生态湿地净化水质,最终通过深度处理进一步净化和维持水质,净化达标后的原水可输送至水厂。盐龙湖还攻克了在平原上开挖人工湖、解决沿海地区饮用水安全的难题。这一水利科技上的创新与突破,引起省内外沿海地区的高度关注。

【全国首家“中国戏曲现代戏创作基地”在盐都挂牌】 9月5日,中国戏曲现代戏创作基地揭牌仪式在盐都区文化艺术中心举行。近年来,盐都区推出了《鸡毛蒜皮》、《来顺组长》(《十品村官》)、《心的承诺》、《今夜星辰》、《马代表进城》、《半车老师》等一批优秀现代戏,深受领导、专家和基层群众喜爱。5次获得国家级奖励,3部戏获得省舞台艺术精品工程精品剧目称号、1部戏入围省舞台艺术精品工程。演出500场以上的现代戏有6部,其中两部被文化部作为优秀剧目向全国基层剧团推荐。先后获得全国戏曲现代戏交流演出优秀演出奖、中国戏曲现代戏突出贡献奖、文化部“文华奖”、中宣部“五个一工程”奖、中国曹禺戏剧奖、中国戏剧梅花奖、田汉戏剧奖等。正是因为盐城市淮剧团现代戏创作成果丰硕,此次才被中国戏曲现代戏研究会指定为中国戏曲现代戏创作基地。

【通过省级知识产权区域示范工作验收】 9月12日,省知识产权区域示范工作考核验收专家组一行在听取了专题汇报,查阅台账资料,进行现场交流提问,并实地参观江苏中恒宠物用品股份有限公司后,一致同意盐都区知识产权区域示范工作通过考核验收。2011年,该区共申请专利1492件,授权512件。其中,发明专利214件,授权20件,专利申请、授权量,发明专利申请、授权量均居全市前列。

【江苏省盐都经济开发区获批为省高新技术产业开发区】 11月16日,江苏省盐都经济开发区成功获批为省高新技术产业开发区,成为盐城市第一家省级高新技术产业开发区。至年底,园区形成风电装备、通讯电子、新材料等三大新兴产业,成功引进行业排名中国第一、全球第二的华锐风电科技有限公司一批高新技术企业,现拥有国家能源海上风电及装备研发中心、江苏省海上风电研究院等国家、省级企业研发机构29家。近年来共承担实施省级以上各类科技项目200多项,引进各类高层次人才120名、创新创业人才团队3个,拥有国家授权专利2000多件。

东　台　市

【概况】 东台地处江苏中部平原,东濒黄海,西接宁靖盐高速,位于南通、泰州、盐城三市交汇处,属长江三角洲经济圈,新长铁路、沿海高速公路、204国道、通榆运河贯穿境内。市域总面积2340平方公里,拥有85公里海岸线,连陆滩涂面积10.4万公顷,辖14个镇,1个省级开发区和沿海经济区、城东新区、西溪景区,369个行政村。年末全市总人口113.5万,人口自然增长率为-1.3‰。实现地区生产总值506.7亿元,二、三产业比重提高到84.5%,实现财政总收入110.6亿元,一般预算收入43.67亿元。完成全社会固定资产投资278.4亿元,注册外资实际到账3.26亿美元,社会消费品零售总额158.1亿元。城镇居民人均可支配收入、农民人均纯收入分别达23800元和13600元。

工业经济新型工业化加快推进,实现规模以上工业增加值179.6亿元,全口径工业开票销售354.4亿元,规模以上工业企业556家。新创国家高新技术企业10家,新增省高新技术产品32个,“磊达”商标被认定为中国驰名商标。高新技术产业产值达186亿元,占工业总产值比重提高到25.5%。强化政策导向,兑现工业转型升级奖励资金1.37亿元,推动企业做大做强。实施“222工程”项目211个,完成技改投入超60亿元。开票销售超亿元工业企业净增12家,总数达59家,其中超10亿元4家,超30亿元1家,规模以上工业增加值占GDP比重达35.4%。完善提升特色产业园区,培育产业龙头,建成省功能材料特色产业基地和省特种金属材料科技产业园,加快实施生辉LED、中节能地面电站等一批重大产业项目。新材料、新能源、绿色食品、纺织机械四大特色产业开票销售占规模以上工业比重达65%。

农村经济加快实施农业现代化工程,高效农业、设施农业面积分别达8.84万公顷、3.81万公顷,继续保持全省第一。规模以上农业龙头企业达231家,新认证“三品”(无公害农产品、绿色食品、有机农产品)品牌29个,总数188个。被确定为国家现代农业示范区和全国粮食生产先进县(市)。累计改造城乡联网供水配水管网4000公里,城市公交向海丰等4个社区延伸,新建保障性住房77万平方米,基本实现城乡安全供水、公交客运和住房保障3个全覆盖。

第三产业现代服务业加快发展,实现社会消费品零售总额158.1亿元,规模服务业企业增至267家。城东新区新能源产业集聚区、西溪文化产业集聚区建成盐城市级服务业集聚区。

沿海开发滩涂围垦与港口建设同步推进,条子泥围垦一期工程条南垦区顺利合龙,条北垦区开工建设,深水大港完成可能性论证报告并通过专家评审,临海高等级公路东台段全线贯通。临海产业加快发展,新能源装机容量达572兆瓦,占全省四分之一,绿色食品产业规模达36.6亿元,中粮肉制品深加工项目一期竣工投产。港城功能不断提升,6平方公里核心区框架全面拉开,沿海小学、沿海医院门诊楼建成并投入使用,弶港文化展示馆、沿海科创大厦建成开放,沿海现代化特色小城市初具规模。

城市建设东台被列入江苏省20个中心城市(组群),是长江以北唯一单独列入的县级城市。128平方公里的城市规划区架构基本形成,45公里城市环路基本贯通,市区建成区面积扩大到33平方公里,建成省园林城市。新增进城入镇人口2万人,城市化率提升至53.5%。盐城市城乡统筹发展试点"两镇两村"加快建设,各镇新镇区普遍拉开框架,农村环境综合整治深入开展,建成星级康居乡村245个、环境整洁村(庄)384个,梁垛镇临塔村获得首届"江苏最美乡村"称号。重大基础设施建设取得新进展,352省道西延、304省道北绕城段加快实施,610省道启动前期准备,连申线东台段整治、泰东河拓浚工程加快推进,3座110千伏输变电工程建成投运。

社会事业推进基本公共服务均等化,义务教育入学率、巩固率均达100%,全国义务教育发展基本均衡县(市)通过省级验收,群众体育工作全省领先。新型农村合作医疗在全省率先实现异地定点医院实时结报,人民医院、中医院建成三级医院,安丰镇建成省级卫生镇。文化惠民工程加快实施,文博馆建成开放,群众文化合作社达206家,获得省第十届"五星工程奖"金银奖3个。人口计生工作扎实推进,建成省新农村新家庭新三年计划示范县(市)。

人民生活人民生活持续改善,城镇居民人均可支配收入达23800元、农民人均纯收入达13600元。多渠道扩大就业,新增就业再就业3.3万人,新增转移农村劳动5200人,城镇登记失业率控制在2.35%以内。保障水平不断提高,城镇职工五大社会保险,城乡居民养老、医疗保险覆盖率均达98%以上。全面调高城乡低保及重残人员生活补助标准、农村五保供养标准、大病医疗救助标准、企业退休人员养老金和城乡居民基础养老金发放标准。免费为5010对夫妇提供孕前优生健康检查,为7.3万名参保居民进行健康体检,为4200名残疾人提供保障救助。财政用于民生投入43.4亿元,着力解决群众最关心最迫切最需要的生产生活问题。

【1.56亿美元玻璃容器制造项目落户东台】 年内,总投资1.56亿美元的欧文斯玻璃容器制造项目落户东台。欧文斯伊利诺斯集团是全球最大的玻璃容器制造商,也是世界500强企业,生产基地遍布全球六大洲20多个国家。玻璃容器制造项目由欧文斯伊利诺斯集团独资投入,注册资本5000万美元,新建15万平方米厂房,20条现代化生产流水线,年产10.5亿只各类高档轻量玻璃瓶,主要市场为华东,部分产品出口至亚太地区。欧文斯玻璃容器制造项目是东台历史上最大的外商独资项目,该项目的成功落户必将对东台市对外经济工作起到巨大的促进作用。

【"12345"政府公共服务平台开通】 8月,东台市"12345"政府公共服务平台正式开通。市民在东台市范围内拨打"12345"电话,由"12345"呼叫中心受理群众诉求,派单相关部门,按期答复处理。"12345"公共服务热线的开通,标志着东台服务型政府建设迈出实质性一步。

【东台深水大港论证通过专家评审】 9月,由中科院院士、南京大学教授王颖领衔的南大课题组如期完成东台深水大港论证报告。28日,东台深水大港论证成果专家评审会在南京举行,南大课题组现场接受专家组和与会来宾提问交流,以中交一航院国家级设计大师顾民权为组长的专家评审组一致同意该项目通过验收。

【临塔村入选首届"江苏最美乡村"】 12月17日,全省农村精神文明建设推进会命名20个村为首届"江苏最美乡村",梁垛镇临塔村入选,列第五位,为盐城市唯一入选乡村。临塔村因毗邻建于唐代的海春轩古塔而得名。村庄人杰地灵、民风淳朴,文化底蕴深厚,是古老而美丽的神话传说"天仙配"的起源地。该村以工为主、以农为辅,物阜民丰,2012年人均纯收入达15000元。近年来,临塔村按照三星级"康居乡村"标准,积极探索农村生态文明建设的新路子,着力推进美丽乡村建设,在建设和谐乡村、打造宜居环境方面,保持村庄原有风貌和特色资源,保护自然生态,改善农村环境,促进乡风文明。该村先后获得"东台市文明村"、"江苏省创建文明村工作先进村"、"江苏省新农村建设先进村"等称号。

【科技成果转化风险补偿获4亿授信额度】 7月,省科技金融服务中心与东台市政府举行签约仪式,按照1:1.5的比例,由地方政府与省科技金融服务中心共同出资5000万元,支持东台与农业银行开展科技成果转化风险补偿资金试点,科技贷款授信额度达到4亿元,在原有基础上放大5倍,位于全省前列。至年底,东台已为全市36家高新技术企业和科技型企业发放科技贷款8300万元,支持企业总数和贷款资金额度位于全省前列,拉动企业投入近6亿元。上半年,全市新增金融信贷39亿元,创建省市级工程技术中心15家,申报国家专利超千件,涌现出磊达钢帘线、久工重工等一批转型升级的示范企业,有效稳定壮大了全市的实体经济。

【连续12次跻身全国县域经济百强】 年内,中国县域经济研究所公布2012年全国县域经济基本竞争力百强县(市)名单,东台市连续12次跻身全国百强,列55位,比上年前移1位。

大丰市

【概况】 大丰市位于盐城东南。总面积3059平方公里。耕地9.33万公顷,海岸线112公里,沿海滩涂7.73万公顷。辖12个镇,2个省级经济开发区,境内有省属和沪属农场各3个。年末总人口72.53万人。2012年,实现地区生产总值393.4亿元,财政总收入突破100亿元,公共财政预算收入40亿元,完成固定资产投资216.56亿元,工业投资143.16亿元,实际到账外资3.2亿美元,城镇居民人均可支配收入22471元,农民人均纯收入13517元。公共财政预算收入增幅全省第一,列第十七位。地区生产总值、规模以上工业增加值、服务业增加值、工业投资、金融机构贷款余额、城镇居民人均可支配收入等指标增幅以及实际到账外资、出口总额、银行新增贷款、全社会用电量等指标盐城第一。大丰列全国县域经济基本竞争力百强县(市)第55位,较上年提升1位;在苏北率先建成全面小康社会,在苏北首家建成全国卫生城市。

工业经济　坚持每月组织项目集中开竣工活动,抢工会战项目建设。全年新开工亿元以上项目100个,其中新特产业项目46个,竣工亿元以上项目40个,实施亿元以上技改项目27个。金风科技6兆瓦直驱永磁风机成功下线,黄海药谷研发中试基地暨成药产业化项目启动建设。培育大企业大集团力度加大。开票销售首次超10亿元企业6家,纳税超千万元企业26家。专业市场集聚区加快建设,大丰港现代物流园建成省级现代服务业集聚区、江苏省重点物流基地,高新技术区建成省级软件和信息服务产业园,一批软件和服务外包企业相继落户,东方1号创意产业园建成省旅游商品研发基地、省旅游商品展示交易中心。按照“项目立区、产城融合”的要求,加快推进“五区十七园”建设。大丰港经济区建成省级开发区,蓝色经济加快发展,主要经济指标创历史新高。经济开发区建成省两化融合示范区,项目承载力不断增强。常州高新区大丰工业园建成省南北共建示范园区,苏州盐城沿海合作开发园区、盐港产业园基础设施全面开工建设。光明工业区配套设施不断完善,产业招商成效显著,木材产业园国家级检验检疫除害中心开工建设。

农村经济　以增加农民收入为核心,大力实施农业科技服务“百千万”工程,加快推进现代农业产业园区、“三沿”(沿铁路、沿公路、沿通航河道两侧)高效农业示范带和“一户一棚”工程建设。新增高效设施农(渔)业3733.33公顷、“一户一棚”2.1万户。丰收大地累计入区项目21个,富民农副产品批发市场启动招商营运,斗龙港国家一级渔港码头主体工程竣工。在苏北率先实现省级生态镇全覆盖,大中镇建成国家级生态镇,大中镇恒北村、新丰镇裕南村建成国家级生态村。农村环境综合整治累计投入12.3亿元,疏浚市属骨干河道和镇(区)大中河道82条,清杂中小沟1187条,12个镇全部建成镇级垃圾压缩中转站,镇生活污水处理厂及截污管网铺设全覆盖。5个村建成省三星级康居示范村。实施王港闸下迁、中央小型农田水利重点县一期、堤东灌区二期等重点水利工程,220千伏双草变等5个输变电工程建成投入使用,综合保障能力明显提升。完成成片造林2000公顷,森林覆盖率达18%。

沿海开发　坚持建设特色产业港不动摇,强势推进沿海开发。成立沿海开发总指挥部,聚焦沿海,会战沿海,决胜沿海。大丰港二期码头建成营运,大件码头投入使用,石化码头正式对外开放,三期工程建设加快,万吨级以上泊位8个,全年货物吞吐量超2000万吨。年内,新开通至韩国平泽港国际班轮航线,10万吨~15万吨级进港深水航道试验段开工建设。集疏运体系加快建设,临海高等级公路大丰段全线具备通车条件,226省道大丰北段工程竣工通车,通港大道快速公交(BRT)投入运营,刘大线疏港四级航道实现试通航。石化、高档造纸、特钢新材料等临港产业不断集聚。大丰港国际商务大厦、港务大厦等地标性建筑主体完工,半岛国际会议中心、巴厘岛温泉馆等投入使用,莎士比亚小镇、日月湖慢城、海洋科技馆、海洋植物馆建成对外开放,江苏海洋产业研究院新大楼、南阳中学新校区、职教中心新校区投入使用,率先在全省设立沿海开发行政服务中心,市沿海办、滩涂海洋与渔业局等涉海部门搬迁至港城办公,港城人气加速集聚。

城乡建设　按照“提升老城,决战新城,突破港城”的总体思路,组织实施商贸繁荣、基础设施、绿化景观、安居工程等四大类62项城建重点工程,完成投资60亿元。市区建成区面积26平方公里,城市化率达53.8%,成功创成江苏省园林城市。城东新区建设步伐加快,南翔大道东延、五一大道南延工程建成通车,幸福湖公园及环湖路建成使用,花都美食新天地对外营业,宝达大酒店、档案馆和老干部活动中心、质监大楼等工程加快建设。老城区功能不断完善,鸿基汇金商业街基本完成改造,幸福路、新村路西延、城西农贸市场等工程加快推进。新开工各类商品房75万平方米。西郊生态公园一期工程基本竣工,市区新增绿地面积45万平方米。坚持以城镇化推动工业化,各镇新镇区一条景观大道、一个公园、一个服务中心、一个新社区“四个一”工程加快建设,完成投资9.36亿元。新丰镇荷兰花海、大中镇恒北村梨园风光等统筹城乡试点对外开放。镇工业园区新竣工标房38万平方米,新落户亿元以上项目38个。

社会事业　扎实推进民生工程。完成投入22.5亿元,为民兴办实事工程。大丰在苏北率先实现城乡供水一体化,铺设市到镇管网168公里,新建加压站16座,铺设镇到村管网617公里,改造村级管网4600公里,近50万农村居民喝上城市自来水,被表彰为全国农村饮水安全工程示范县。建成保障性住房5.5万平方米,改造农村特困户危旧住房143户。提高城乡居民基础养老金标准至每人每月70元。被征地农民生活保障纳入企业职工基本养老保险或者城乡居民养老保险。全市1.79万名80岁以上老人领取尊老金1140万元。全市城乡2917名无固定收入重度残疾人获得低保生活救助。3605名60周岁以上农村籍退役士兵老年生活补助和317名烈士子女生活补助金全部发放到位。提高大病救助标准,在全国首家实施医疗救助“动态”封顶线,救助城乡困难患病群众4363人次、金额1147万元。职工医保最高报销额度由20万元提高到25万元。改造农村危桥40座,新建农桥240座,建成省级干线公路95公里,新建农村公路230公里。保障体系不断健全。积极鼓励创业、扶持就业,新增就业2.5万人,城镇登记失业率2.02%。城乡居民养老、医疗保险实现全覆盖,五大保险新增参保4.5万人,参保率达95%以上。提高城乡低保标准,分别达到每人每月380元、260元。提高孤儿生活保障标准,分散、集中供养分别提高到每人每月785元、1308元。开展慈善募捐、红十字救助救护,爱心助学、万向助孤等慈善救助品牌越来越亮。社会事业加快发展。通过省级知识产权区域示范市验收。被国务院命名为全国两基工作先进地区,在苏北率先建成江苏省教育现代化建设先进县(市),全市中小学标准化塑胶田径场全面建成。舞蹈《鹿鸣黄海滩》等作品获省“五星工程奖”银奖,广播电视“户户通”工程通过省验收,市文广新局被表彰为全国广播电影电视系统先进集体。基本药物制度稳步实施,建成江苏省农民健康工程先进县(市)、江苏省餐饮服务食品安全示范县(市),通过国家药品安全示范县(市)省级验收。在盐城率先全面落实计生手术并发症特别扶助制度,被评为江苏省新农村新家庭计划示范县。市档案馆建成国家三级综合档案馆。精神文明创建活动深入开展,3人当选盐城市道德模范。社会大局保持稳定。“法治大丰”、“平安大丰”建设深入推进,被表彰为江苏省社会管理综合治理先进县(市)、江苏省法治县(市)创建工作先进单位,连续八年被命名为江苏省平安县(市)。社区管理和建设不断加强,“一委一居一站一办”网格化管理服务模式加快建立。开通“12345”政府公共服务平台,整合组建信息网络中心,在苏北率先开通官方微博。深入开展“金桥行动”等活动,有效化解各类矛盾纠纷。技防城建设不断加强,道路监控网工程全面建成,各类违法犯罪活动得到有效预防和严厉打击。安全生产工作不断加强,安监机构能力建设做法被全省推广,安全生产形势持续稳定,市安监局被表彰为全省十佳安监机构。

【举办第三届麋鹿生态国际旅游节】 5月16日,由大丰市人民政府、盐城市旅游局、新民晚报社联合主办的中国·大丰第三届麋鹿生态国际旅游节开幕。开幕式当天,举行中国大丰港·韩国平泽港国际班轮航线暨大丰港蓝色旅游航线开通仪式、海贼王动漫主题公园开工仪式、大丰港国际啤酒美食节暨特色产品交易会等一系列活动。旅游节期间的精彩活动还有旅游观光体验、国外游客看大丰、民俗表演、民间收藏展、青少年乐器表演、地方庙会、图片展览、瓜果采摘、美食品尝等。

【大丰港10万吨~15万吨级进港深水航道试验段开工建设】 10月18日,大丰港10万吨~15万吨级进港深水航道试验段正式开工建设。该航道是国家交通运输部《十二五建设规划》的港口重点公共基础设施项目,航道总长79.9公里,疏浚段长46.7公里,设计底标高-16.5米,一期工程总投资约20亿元。大丰港开通日本、韩国、欧美等多条国际航线,与台湾基隆港实现直航,吞吐能力达3000万吨,预计到2015年吞吐能力将超过亿吨。大丰港10万吨~15万吨级进港深水航道试验段开工,将为大丰港开通一条“海上高速”,从根本上提升港口功能和发展规模,为大石化、大冶金、大造纸、大物流等大进大出临港产业的布局和发展提供更加有利的条件。

【举行中国·大丰第十届国际麋鹿节】 10月18日,大丰市举行中国大丰第十届国际麋鹿节开幕式暨10万吨~15万吨级进港深水航道试验段开工仪式。活动期间,还举行投资环境推介和项目集中签约仪式、江苏海洋生物产业研究院揭牌仪式、留英人才创业论坛暨全英学联高层次人才创业大赛颁奖仪式等。麋鹿节期间,共签约项目48个,协议引资额217.9亿元,其中外资项目16个,协议利用外资4.86亿美元。

【陆碧波获“中国文化和平使者”奖】 11月18日,大丰人陆碧波被中国作协、中国文联授予“中国文化和平使者”称号。陆碧波,西团镇西团村人,国家一级作家,东南大学、台湾私立东吴大学客座教授,江苏省文联专业作家,最高人民检察院《检察风云》杂志社主任记者。他情系家乡,先后为敬老院老人、特困病人家庭、民政福利事业、天边湖文化景区建设等社会民生事业和弱势群体捐款捐物价值百万余元,深受家乡人民的好评。

【与上海红房子医院合作开通医保“一卡通”】 12月15日,大丰市正式与上海市红房子医院签订沪丰医保“一卡通”合作协议。至此,大丰与上海中山医院、长海医院、红房子医院3家医院开通了“一卡通”。市民在这3家医院就医,医保住院费用报销范围和待遇完全按照大丰市医保规定执行。

射　阳　县

【概况】 射阳县位于江苏省东部沿海平原的中部,土地总面积2605平方公里。全县辖13个镇,1个省级开发区、1个射阳港经济区、1个省级特色产业集群——盐城市纺织染整产业园,240个村(居)。年末总人口96.65万人。2012年实现地区生产总值320.31亿元;财政总收入62.99亿元、公共财政预算收入20.8亿元;全社会固定资产投资168.31亿元。2012年度,蝉联全国中小城市最具投资潜力百强县前十位。

工业经济　全年实施百企升级工程和大企业(集团)培育计划,全县规模以上工业实现增加值118亿元,开票销售170亿元,增幅跃居全市前列。新获批定报企业21家。实施“两提一扩(提速增效、提档升级、技改扩能)”项目132个,其中千万元以上76个。开展“三服务”和“暖冬行动”,发挥财政奖励资金引导作用,提供过桥资金22亿元、贷款担保20亿元,帮助招工近万人,向上争取各类项目扶持资金1.8亿元,全年工业贷款投放净增12.3亿元。

项目推进　开展两轮重大项目推进“百日会战”活动,成功举办第十一届经贸洽谈会,组织专题招商活动30余次,每月集中开工重大项目,全年新开工亿元以上工业项目70个,其中5亿元以上15个、10亿元以上6个。推进捷康二期、华东医药重组九阳扩能、丰源生物退城进区等一批生物科技项目。加快建设沙印、盛泽、七彩等一批纺织染整项目。胜达双灯瓦楞纸项目一期当年开工、当年投产。引进上市公司海螺集团、新希望集团。支持射阳盐场新上20万吨饲料加工项目。全年完成规模以上工业投资117亿元。

现代农业　新上规模农产品加工项目8个,总投资7.8亿元,市级以上农业龙头企业增至46家。新增农民专业合作社64家、土地股份合作社14家。新增土地流转5933.33公顷。新增“三品(无公害农产品、绿色食品和有机农产品)”86个。“桃园家饰”草编工艺品获批省非物质文化遗产、省著名商标。引进“三资”开发农业项目76个。粮食生产实现九连增。新增高效农业1.47万公顷,其中设施农4133.33公顷、高效渔业2333.33公顷,建成千亩设施农业示范园14家;新建百万元纯效益规模养殖场14个,金鸡园和德鹏牧业被评为国家级畜禽标准化示范养殖基地,获评省发展高效设施农业先进县。

第三产业　编制全县旅游业发展规划、五大服务业集聚区规划,专项扶持县城西南市场物流集聚区加快发展,金阳哈罗斯、苏农汇丰等专业市场初具形象,黄沙港海产品交易集聚区主体建成。幸福华城、洲盛商贸城、富建酒店试运营。台阳软件园、凤凰文化广场等新兴业态开工建设。河海公司获评全国物流先进企业。友爱生态观光园获评省四星级乡村旅游点。洋马菊花成功申报国家地理标志产品,菊花节品牌进一步叫响。举办射阳首届十大海鲜暨地方特色名菜评选活动。实现服务业增加值127亿元,入库税收超千万元、超百万元服务业企业分别达20家、140家。

科技创新　金大纺织机械制造有限公司、赛福探伤设备制造有限公司、振阳集团跻身国家高新技术企业,金马油脂、中绿轮胎获批国家火炬计划项目,东翔纺织机械制造有限公司玻璃纤维并轴机被认定为国家重点新产品,农垦麦芽沿海啤酒大麦项目入选国家"863"计划。闽豪科技创业园获评省级科技企业孵化器。新增省民营科技企业38家、省级研发机构4家、市级研发机构19家。获批专利授权近200件。新达成产学研联合体协议86个,合作开发省级高新技术产品26个。争取省科技成果风险补偿贷款3200万元。设立海外人才工作站4家,新引进院士2名、博士32名。

沿海开发　强化沿海发展推进体系,加大沿海开发投入。射阳港区建成总长12.5公里南北双导堤,航道疏浚接近尾声,码头后方场地加快吹填成陆,2座万吨级码头桩基工程和引桥横梁浇筑基本完成,当年投入6亿元。完成61公里的临海高等级公路射阳段路基工程,沿线14座大中桥梁完成95%,实现投入8亿元。射阳港电厂6号机组安装调试。中广核、国华、大唐3个风电场正式开工,华锐风电装运基地码头正在建设。获批30兆瓦太阳能电站项目。港城金港大厦主体封顶,边防派出所、海警四大队办公楼开工建设,宝恒新宁酒店全面装潢,邻里中心开工建设。争取到交通部航道补助资金1.21亿元。

开发开放　重抓园区转型升级,射阳港经济区获批省新能源装备制造特色产业基地,省级开发区创建已通过市级审核报省待批,光电新能源、建材装备、临港机械三大园区配套不断完善,新拓园区266.67公顷。纺织染整产业园优化六大功能区布局,获评省级特色产业集群、省级特色产业园区。经济开发区科技中心建成使用;生物食品科技园通过省科技产业园评估,生物食品检测中心投入运营;武进经济开发区射阳工业园开局良好,亿元以上项目开工3个、签约3个。合德、盘湾、海河、新洋农场等园区建设取得新进展。新批外资项目39个,注册外资实际到账1.74亿美元,外贸自营出口1.75亿美元;新增外贸企业15家、出口超千万美元企业4家。

城镇建设　创新城市经营模式,组建城建公司,成立4家子公司。新城区"五横七纵"、16平方公里框架全面拉开,绿化、亮化、管网同步到位,滨湖公园亲水平台建成开放。规划档案馆、土地储备交易中心、地税纳服中心等主体建成。加快建设人才公寓、体育妇儿中心、文化艺术中心。主城区原机关大院、合德镇政府地块等旧城改造项目开工建设,整治庆南、南苑2个老小区和35条后街巷,改造人民路中段和解放西路。幸福大道辅道配套工程基本完成,新老城区融为一体。销售商品房57.6万平方米,创历史新高。建成明湖水库和明湖地面水厂,铺设一级管网85公里,合德、兴桥、千秋等8个镇区将先期实现城乡供水一体化。建设各类保障性住房41万平方米,竣工23万平方米。殡仪服务部迁建工程进展顺利。持续推动城乡统筹发展,4个市级试点镇村的70个项目建设正在有序进行,黄沙港海丰社区突破600户,海河、特庸新镇区加快建设。四明万顷良田建设工程全面启动,安置区一期开工建设。连盐铁路射阳段工程建成安置区6个。长青、特青线建成通车,盘青线完成路基工程。新建农村公路254公里,新建改建桥梁200余座。新增户用沼气池1800只,改厕1.5万座。成片造林2400公顷,四旁植树410万株,沿海万亩林场一期栽植200公顷,建成绿色通道90公里。疏浚各类河道213条,完成土方1208万立方米。合德、海通、盘湾建成国家级生态镇,黄沙港、特庸建成省级生态镇,市级生态镇实现全覆盖;盘湾南沃建成国家级生态村,特庸红旗和大码头建成省级生态村,130个村建成市级生态村。深入推进农村环境综合整治,完成年度目标任务。县无害化生活垃圾处理场一期工程投入使用,建成12家镇级生活垃圾中转站,启动农村生活垃圾处理"五级网络"建设。海通、盘湾、特庸污水处理厂主体建成。

社会事业　加快创建教育现代化,教育质量居全市前列,中小学教育技术装备水平达省定标准。投入7728万元实施校舍安全工程。发放资助资金1335万元,受助学生2.3万人次,实现"应助尽助"。获评全国农村中医药工作先进县和省实施基本药物制度先进县。举办第六届丹顶鹤文化艺术节和第五届息心寺万佛文化节,《天路》、《湿地恋歌》等作品获省五星工程金奖,广播电视"户户通"工程入户率95%。县档案馆在全市率先建成国家二级馆。人口计生免费技术服务实现目标人群全覆盖,被省表彰为新农村新家庭建设示范县,荣获省人口计生综合改革创新奖。国家药品安全示范县创建通过省验收。获评省残疾人工作先进县。通过省城市文明程度指数测评,建成市级以上文明单位65家。基层武装部规范化建设走在全市前列,军民共建互办实事成绩显著。新增城镇就业1.05万人、农村劳动力转移7600人。城镇五项保险新增扩面3.2万人,城乡居民养老保险实现全覆盖,社保基金征缴突破8亿元。发放涉农补贴3.99亿元。农村居民重大疾病保障水平显著提高。低保、"五保"、优抚经费自然增长机制全面落实,农村"五保"供养服务机构"关爱工程"建设通过省市验收。

(陈昌银　魏　东　路荣臻)

建　湖　县

【概况】　建湖县位于盐城市中部,土地总面积1155平方公里。全县辖12个镇和建湖经济开发区,高新技术经济区,城南新区,九龙口旅游度假区4个区。年末总人口80万人。全县完成地区生产总值335亿元,财政总收入68.4亿元、公共财政预算收入32.9亿元,其中近湖镇公共财政预算收入突破7亿元,庆丰镇首次超亿元;城镇居民人均可支配收入21850元,农民人均纯收入11830元;在苏北率先建成全面小康社会。

工业经济　大力实施以工兴县战略,石油装备、节能电光源两大特色产业增势强劲,实现开票销售76.9亿元,入库税金5.65亿元;航空装备、生物工程两大新兴产业发展较快,通用航空飞行起降点开工建设,通用飞机、直升机组装机航空托管项目和建湖南工大森达生物科技产业园成功签约;纺织服装、农药化工两大传统产业平稳增长,开票销售分别实现33.6亿元、13.7亿元。全县规模以上企业321家,工业开票销售超亿元企业45家,开票、销售169亿元,入库税金10.6亿元;入库税收超千万元工业企业28家,其中超亿元企业2家,鸿达公司首次突破亿元。

农村经济　稳步发展农业现代化,全县新增高效农业7000公顷,县农产品加工区入园企业达10家,建成省级农产品加工集中区，县农副产品批发市场建成省级重点批发市场；“建湖大米”成为省著名商标，九龙口大闸蟹获第十届中国国际农交会金奖，建湖县被评为中国河蟹之乡和省农业综合开发先进县；3.73万公顷绿色食品原料基地、颜单“三虹有机稻米国家级标准化示范区”通过国家验收；质量监控体系逐步完善，县农产品质量安全检测中心通过“双认证”，上冈、建阳建成省级农产品质量安全监管示范镇，建湖县成为省水产品质量安全追溯示范县。

第三产业 现代服务业提档升级，集聚区建设加快推进，城北里下河物流园区二类口岸驳岸码头、监管区集装箱堆场基本建成，口岸联检大楼开工建设，园区全年实现营业额38亿元；五金机电工具综合市场建成营运，城南海聚汽贸商城一期工程基本竣工，上冈银海现代物流50幢仓储库建成，冶金炉料市场主体工程封顶；生活性服务业层次提高，家乐福超级购物中心正在建设，九龙锦江国际酒店即将竣工；建成农副产品平价直销店15个，新建和改造“农资农家店”60家；旅游业发展得到重视，九龙口旅游度假区管委会挂牌成立，开辟4条一日游、二日游精品旅游线路。

招商引资 深入开展“重大项目突破年”活动，扎实推进“双百”竞赛，优化整合专业招商力量，紧盯重点区域、重点企业与重点项目，先后组织参加广交会、高交会、江苏产品万里行、东营石油装备展、海洋石油装备等一系列展销会，举办接轨上海、日韩招商、深圳投资说明会、招商引资洽谈会等专题招商活动15次，成功签约超5亿元工业项目50个。2012年，新开工超亿元工业项目89个，其中超5亿元项目25个、超10亿元项目8个，竣工超亿元工业项目60个；外向经济加快发展，全县实现到账外资2.02亿美元，在全市率先完成全年任务。

城市建设 城市建设快速实施，启动城乡统筹规划和县城总体规划修编工作，县城绿地系统、抗震防灾等系列规划已编制完成；加快城市道路改造步伐，完成滨河路、向阳路改造，改造提升汇文中路；加快在建工程建设步伐，县体育中心、教育及卫生服务中心等工程建成运行；全面完成老旧小区、后街巷道整治任务；加大县城增绿、清水工程建设力度，实施神台河、西塘河风光带和孟兰河公共绿地等绿化重点工程，县城新增绿化面积48万平方米，成功创建省级园林城市；城乡一体化加快建设，城南地面水厂、上冈水厂投入运行，镇区一、二、三级管网实现全覆盖；镇村面貌明显改观，全年实施城镇化项目66个、集镇绿化工程60项，上冈、建阳、颜单、恒济、庆丰、芦沟、沿河等镇集镇形象进一步提升，村容村貌变化较大；新型农村社区建设初见成效，14个社区已入住农户3000户，7个社区综合服务中心建成投入使用。

社会事业 建湖教育事业加快发展，顺利通过全国义务教育发展基本均衡县验收，被表彰为省教育现代化建设先进县；成功举办县第十届运动会；稳步推进基本医疗保障制度，进一步提高财政补助标准和结报比例，政策补助比和平均结报比分别达75%和70%；发放惠民医疗证9000多份，为全县8.5万名60周岁以上老人免费体检；成功创建省农村中医药工作先进单位和省卫生应急示范县；创新世代服务品牌，县人口和家庭服务“6+1”模式得到国家、省相关部门肯定；加快发展文化事业和产业，制定出台《建湖县文化建设五年规划》，组建县广电传媒集团、文体发展公司和双湖文化发展公司，举办第四届淮杂艺术节；杂技《软钢丝》获国际铜奖，《蹬人》获江苏省优秀“非遗”项目展演金奖；开展群众性精神文明创建活动，推进“一镇一品”特色文化创建，建湖再次被评为江苏省文明城市；推进有线数字电视发展，新增有线电视用户2万多户，建成双向互动数字电视小区3个，建成省“无小耳朵”先进县。

人民生活 扎实做好城乡就业工作，新增城镇就业7128人、失业人员再就业4260人、农村劳动力转移就业6902人，建阳、颜单、九龙口、冈西被认定为省农村劳动力充分转移镇；扩大社会保险覆盖面，全县企业职工养老、医疗、失业等五大保险基本实现全覆盖；切实保障农民工权益，在全市率先开展农民工工资“一卡通”试点工作；新建各类保障性住房25.9万平方米，6.43亿元住房公积金低息贷款惠及4900多名职工；认真落实城乡居民基础养老金发放、低保和“五保”供养提高标准、免除基本丧葬费、大病医疗救助等各项惠民政策，免费为300名贫困白内障患者实施复明手术；关注老年事业发展，县福利中心一期工程开工建设；启动乡镇敬老院“三年达标工程”，全县有5家敬老院达标。

园区建设 县经济开发区大力引进节能灯具、装备制造和生物产业项目，开工亿元项目19个，累计完成基础设施建设投入10.5亿元。县高新技术经济区主攻高端装备制造、电子信息等高新产业，入园企业55家；科创大厦、集贤公寓即将竣工，金钻大厦、南园星城等工程正快速建设。上冈产业园开工超亿元项目12个，建成区面积达10平方公里，成为江苏省小企业创业示范基地。建阳石油装备产业园开工超亿元项目7个，实现开票销售8亿元、入库税金1.5亿元，建阳镇被评为中国产业集群经济示范镇。近湖民营科技园国家级孵化器功能进一步凸现，全年新增企业42家，实现入库税金1.41亿元。

【央视报道“渔光互补”项目】 5月14日，中央电视台《中国新闻》栏目以《江苏建湖唱响现代“渔光曲”》为题，报道中国内陆地区首个“渔光互补”项目。建湖县充分利用县域境内丰富的荡滩资源，在全国率先探索出“渔光互补”这一新的发展模式，通过在荡滩水面上建设太阳能光伏方阵进行发电，形成“上面发电、下面养鱼”、“一种资源、两个产业”的集约发展模式，起到了很好的经济效益和社会效益。该项目30兆瓦二期工程正在积极启动建设，将打造中国内陆最大的清洁能源生产示范基地、工业旅游与观光农业示范基地。

【杂技《软钢丝》获国际铜奖】 9月，继杂技《想》在2010年全国杂技比赛中获“文华奖”、创新节目《斗士——跳板蹬人》在第八届全国杂技大赛中获“金菊奖”后，杂技节目《软钢丝》在法国瓦兹河谷举办的国际马戏节中又获得铜奖，这是建湖县杂技有史以来在国际比赛中所获得的最高奖项。

【孙长忠入选“中国好人榜”】 9月29日，中央文明办公布了当年9月份“中国好人榜”名单，建湖县国税局第一税务分局孙长忠入选其中的“敬业奉献好人”。孙长忠自己身患癌症，工作之余还要照料常年生病卧床的妻子。为了熟练掌握业务知识，他总是挤出点滴时间钻研业务，先后取得注册税务师资格证书和税收征管高级职称，是大家公认的“税收活词典”，人称“铁人”税官。孙长忠在多家企业免费开班讲课，为近万名办税人员和财务会计辅导税收政策，讲解相关知识。20多年来，他始终保持着勤奋工作、廉洁自律的良好本色，曾获盐城市第二届“道德模范”、建湖县第二届“身边的好人”、首届“感动建湖人物”称号,连续五年被评为“优秀公务员”,2008年获得“江苏省征管能手”称号。

【被评为“中国金融生态示范城市”】 9月26日,在由中国省级金融办公室联席会议中心、中国金融研究院、中国金融网共同举办的2012中国金融生态城市发展论坛暨颁奖大会上,建湖县荣获首批“中国金融生态示范城市”荣誉称号,这是自2010年获得“中国金融生态城市”荣誉基础上的又一次跨越,也是江苏省首个获此殊荣的县市。

阜　宁　县

【概况】 阜宁县位于苏北平原中部,土地总面积1439平方公里,辖14个镇和“两区两园一湖”(省级经济开发区、东益经济区、澳洋工业园、富士康产业园、金沙湖开发管委会),总人口110.9万人。2012年实现地区生产总值274.99亿元,财政总收入66.07亿元,其中公共财政预算收入25.48亿元,全社会固定资产投资163亿元,其中工业投资117.7亿元。

工业经济　完成规模以上工业增加值108.68亿元,实现主营业务收入446.58亿元,利税40亿元,利润20.05亿元,工业用电量20.48亿千瓦时。推进工业经济和“百企升级”计划,全年实施技改企业185家,开票销售超亿元企业30家,入库税金超千万元企业10家,其中超5000万元企业2家,新增工业定报企业21家。

农村经济　新增高效设施农业5266.67公顷,三灶、郭墅万顷良田工程通过验收,粮食生产实现“九连增”,再次获“全国粮食生产先进县”称号。新建万头生态猪场11个、千头生态猪场24个,建成省农科院阜宁生态猪研发中心。新建“三大合作”一体化新型农民合作社60家,新设生态农产品直销窗口69个。“阜宁大糕”获评国家地理标志集体商标,“宁富食品”获评中国驰名商标。

第三产业　实现第三产业增加值97.04亿元、社会消费品零售总额82.09亿元。阜宁滤料产业研发中心、天鹅湖大酒店投入运营,医药物流中心开工建设,益林玻璃博览馆建成开放,阜宁港物流园区建设有序推进。实施金沙湖万亩湖形整理工程,淡水沙滩浴场影响扩大,举办首届沙雕艺术节,建成盐城市首家省级旅游度假区。金融机构各项存款余额202.75亿元、贷款余额139.52亿元。

沿海开发　列省沿海开发五年计划的3个项目有序推进,列市沿海开发三年行动方案的29个项目竣工17个,完成投入207.7亿元。富士康屋顶光伏电站列入国家“金太阳”示范工程目录,澳洋热电联产项目获国家发改委核准批复,30兆瓦渔光互补光伏电站完成前期手续,天然气发电项目达成合作意向。累计向上争取资金16.4亿元。注册外资实际到账1.68亿美元,自营出口总额1.45亿美元。

城市建设　实施城建六类36项工程,城南建筑大厦、市民广场全面竣工,审判法庭大厦投入使用,新苏商业综合体、新华凤凰书城、美食广场等开工建设,苏州东路、向阳路西延澳洋段等工程竣工通车,铺设燃气管网16.5公里,配套污水管网15.3公里。开发区新城、澳洋新城建设扎实推进,城市规模不断扩大,城市化率达48%。开展县城第九次绿化会战,城市绿化覆盖率达41%。实现建筑业总产值260亿元,成功举办苏北建筑业发展经验交流会。

社会事业　基本建成“一镇三中心”,教育布局日趋均衡,通过省体育强县验收和教育现代化县初检。承办第四届全国小戏小品曲艺大展,建成并免费开放文化馆、图书馆、博物馆和庙湾古城文化产业一条街,14个镇区文化站全部通过省市验收。新农合结算网络实现村(居)卫生室全覆盖,初步形成城乡“15分钟健康服务圈”,获“全国中医药工作先进单位”称号。人口自然增长率控制在4‰以内。

人民生活　城镇居民人均可支配收入18253元,农民人均纯收入10545元。全年新增城镇就业7852人、转移农业劳动力7839人,组织城乡劳动者技能培训8046人,新型农村养老保险、城镇居民养老保险和基础养老金发放实现全覆盖。投入19.6亿元,组织实施10项为民办实事工程。开工建设安置房和解困房77万平方米,建成一、二级供水管网788公里,建成居家养老服务中心36个,建成星级康居乡村100个、环境整洁村132个,通过省秸秆综合利用示范县验收。

【建阜高速公路开工建设】 1月10日,盐城市政府、江苏省交通运输厅在阜宁县举行建阜高速公路建设工程奠基仪式。阜宁至建湖高速公路北起阜宁县城西部,接329省道,向南经阜宁县新沟、东沟和建湖县高作、建阳、九龙口5个镇,在建湖县高新产业园西侧接盐徐高速公路。路线全长约36.26公里,全线采用双向四车道标准,路基宽度28米,设计行车速度每小时120公里,桥涵设计汽车荷载采用等级公路Ⅰ级。项目批复概算21.35亿元,建设工期4年。

【中央媒体报道阜宁生态猪养殖】 1月14日,中央电视台《新闻联播》节目以《江苏阜宁:养猪新花样,生态做文章》为题,对阜宁县生态猪养殖进行报道。1月20日,《人民日报》以《江苏阜宁猪联网织起猪肉安全网》为题,详细报道阜宁建设生态猪联网,确保猪肉安全。3月13日,中央电视台焦点访谈节目以《农业科技“发酵”效益》为题,专题介绍阜宁县发挥科学技术酵母作用,全面推广生态猪养殖技术,促进农民增收致富的做法。

【金沙湖获批省级旅游度假区】 9月25日,江苏省人民政府发文同意设立江苏省阜宁县金沙湖旅游度假区。10月1日,金沙湖首届国际沙雕艺术节开幕,纳入“美好江苏欢乐游”总布局。2010年,阜宁县委、县政府启动金沙湖开发建设工作,2011年,金沙湖列入省“十二五”服务业、旅游业和体育产业发展三个专项规划。2011年7月,建成中国东部地区最大的淡水沙滩浴场,年接待观光游玩、亲水娱乐游客50多万人次,被中国体育旅游博览会评为中国体育旅游精品推荐项目。

【开工建设4个专业园区】 12月10日,阜宁县中铝集团稀土应用产业园、三得普华智能电网产业园、中粮集团农产品精深加工产业园、山西晋煤集团煤化工产业园4个专业园区参加盐城市重大项目集中开工活动。中铝集团稀土应用产业园分稀土永磁材料、稀土环保材料、稀土发光材料3个产业区,建成后年可实现销售收入500亿元。三得普华智能电网主要构建柔性输配电、开关柜、电力电子器件与装备等智能电网产业,建成后年可实现销售收入200亿元。中粮集团农产品精深加工产业园建设以稻米加工、面粉加工、油脂加工、肉食加工、仓储物流贸易、综合服务于一体的现代综合产业园,建成后年可实现产值500亿元。山西晋煤集团煤化工产业园近期重点发展100万吨大颗粒尿素、30万吨离子膜烧碱、60万吨纯碱3个项目,形成产业链条完整、功能配套齐全、龙头企业和产业集群支撑有力、集约化程度高的新型煤盐化工产业集群,建成后年可新增销售收入145亿元。

【实施民生幸福“八有”工程】 年内,阜宁实施民生幸福“八有”工程,打造幸福江苏苏北样本,重点围绕“劳有多得”推进政策富民工程,围绕“学有优教”推进教育利民工程,围绕“病有良医”推进医疗护民工程,围绕“老有颐养”推进养老助民工程,围绕“住有宜居”推进住房惠民工程,围绕“饮食有安全保障”推进饮食安民工程,围绕“出行有便捷交通”推进交通便民工程,围绕“娱乐有健康文化”推进文化育民工程,明确“八有”实事具体指标要求,保证民生幸福工程实施效果。

滨 海 县

【概况】 滨海县位于中山河、苏北灌溉总渠尾闾间的沿海地带。因东濒黄海而得名。1949年11月设县。全县土地总面积1949平方公里,辖14个镇(区)、296个村(居、社区),年末总人口120万人。2012年,全县实现地区生产总值267.69亿元,财政总收入53.4亿元、一般预算收入24.94亿元,固定资产投资187.32亿元,注册外资实际到账1.50亿美元。城镇居民人均可支配收入19090元、农民人均纯收入10429元,社会消费品零售总额69.98亿元。

工业经济　组织开展“快增快转年”活动。重大项目实现突破。项目建设“百日会战”成效明显,全年新引进亿元以上项目50个,协议总投资96亿元,签约外资项目25个;新开工亿元以上项目41个,新竣工亿元以上项目30个,总投资10亿元的锦翔化工、1亿美元的长海化工和5亿元的金马密封件等一批重大项目相继竣工投产。企业培植成效明显。全年实施千万元以上技改项目120个,完成技改投入50亿元,工业园和沿海工业园重组企业15个,清泉化学、瓯华化工等8家企业上市进程明显加快。全县规模企业总数达195家,开票销售超亿元企业56家,入库税收超千万元企业27家,超百万元企业117家。主导产业加速集聚。新材料、新医药等新兴产业龙头带动有力,总投资30亿元的飞翔新材料产业园、10亿元的雅本手性药物和5亿元的海南海药原料药项目相继落户,凯利、普信、生缘分别通过国家和欧美药品生产质量规范管理认证;流体装备、盐化工等特色产业保持稳定发展,分别实现开票销售24.9亿元和69.9亿元,完成入库税收1.1亿元和3.84亿元;纺织、机械、化工、农副产品加工四大产业规模不断壮大,共实现开票销售161亿元,完成入库税收7.94亿元,占全县规模工业比重均达96%以上。园区经济不断壮大。在工业经济中的主体地位更加突出,工业园、沿海工业园共实现工业开票销售154亿元,占全县工业开票销售的92%以上,实现工业入库税收7.71亿元,占全县工业入库税收的93%以上。13个民营创业园成为镇区经济重要支撑,引进项目59个,其中投资超亿元项目16个。

农村经济　现代农业稳步发展。粮食生产实现“九连增”。高效设施农业建设取得新突破,启动建设千亩设施园6个,新增33.33公顷以上苗木基地10个,全年新增高效农业6666.67公顷、设施农业1733.33公顷。农业产业化进程加快,引进千万元以上农产品加工龙头企业11家,投资6亿元的温氏畜牧60万头生猪养殖、6000万美元的台湾富川生物科技等项目进展顺利。县现代农业产业园区和农产品加工园承载能力不断增强。镇村建设加快推进,试点村建设任务基本完成。农村环境综合整治成效明显,共整治村庄346个。农村河道疏浚、灌区节水改造等工程全面竣工。镇村路网改造稳步推进,新建村庄道路150多公里。“绿色滨海”加快建设,新植树木420多万株,森林覆盖率达23.6%。农民收入持续增长。脱贫奔小康工程扎实推进,全年发放扶贫小额贷款1.66亿元,新增脱贫人口5.2万人,脱贫率达31.5%。农民人均纯收入达到10429元。

沿海开发　抢抓沿海开发机遇,强势推进滨海港建设。港口码头正式启动。5000万吨储配煤中心10万吨级煤码头一期工程于12月22日正式开工建设。防波挡沙堤完成交工验收,疏港航道列入省2013年沿海开发重点实施项目,10万吨级进港航道疏浚项目、液体化工和干散货码头建设的前期准备工作扎实推进。一类口岸申报工作有力有效开展。临港产业项目加快推进。中电投和协鑫集团合作的2×100万千瓦级火电、中海油LNG和大唐海上风电项目正在争取相关路条,德力西铜冶炼、盐城联孚石化等重大项目正在有效跟进。省级滨海港经济开发区和滨海港石化产业园筹建工作有序进行。港城基础设施不断完善。调整完善港城发展思路,编制了沿海新港城5平方公里控制性详细规划和1平方公里修建性详细规划。月亮湾温泉度假酒店建设进度明显加快,连盐铁路、临海高等级公路、南疏港公路等基础设施抓紧实施。

城市建设　省级园林城市创建取得积极成果,城市对外形象不断提升。城市规模有序扩张。组织编制了县城总体规划四轮修编、旧城改造规划等51项规划,全年完成城建投入88亿元,新开发商品房108万平方米,新建高层、小高层102幢,城市化率达47%。城市品位不断提升。建筑特色日益显现,整体看协调统一、错落有致,单体看风格鲜明、各具特色;生态环境日显改善,对“三湖一渠”、体育公园和8处街头游园进行增景添绿、提档升级,新增城市绿地105万平方米。建成区道路、环卫基础设施进一步完善。城市环境综合整治取得明显成效,无害化垃圾填埋场一期工程即将投入使用;配套功能日益完善,六大类100项城建重点项目全面实施,宝丰商博城、洲盛家居广场等一批重点工程加快建设,城市给水管网、燃气管网、雨污水主干管网建设工程全部竣工。城市经营富有成效。成功举办了2届城建服务业招商和房产交易会,共推出重点项目和地块23个,全年销售各类商品房7027套、70.7万平方米,实现税收3亿多元,促进城市持续健康发展。

社会事业　六大民生保障体系提升幸福指数。教育工作取得新的成绩,高考本科达线人数列全市第二。校舍安全工程、农村中小学运动场地塑胶化改造、省优质幼儿园创建实现了阶段目标。县中等专业学校成功创建省四星级学校。就业服务积极开展,全县新增就业1.07万人,扶持城镇失业人员再就业5000人以上,城镇登记失业率控制在4%以内。社会保险持续扩面提标,城镇居民社会养老保险、企业养老失业保险、职工医疗保险、新型农村社会养老保险等各项指标均超额完成年度目标。基本医疗卫生服务能力显著增强,县第二人民医院建成使用,新型农村合作医疗参合率保持100%,11个病种纳入重大疾病保障试点范围,县、乡两级政策范围内住院补偿比达到75%以上,基本公共卫生补助标准提高到人均25元。基本药物制度深入实施,直接减轻群众负担近1600万元。成功创建全国农村中医药工作先进县。食品药品监督管理扎实有效。群众健康水平逐年提高,全县人均预期寿命达到74岁。住房保障体系加快构建,全年新建各类保障性住房1548套,竣工1038套,发放廉租金386户40万元,建设安置房6万平方米,实现了拆迁安置“零过渡”。社会养老服务水平不断提升,全县80周岁以上老人全部领到尊老金,五保供养标准逐年提高,县社会福利中心启动建设,“关爱工程”5个项目建设顺利通过省市验收。十大类实事工程提升了和谐指数、30项实事顺利推进。文化“三送”工程深入开展,完成送戏下乡65场,送电影进村、进社区3600场,每镇区送科普书籍1万元。有线数字电视转换工程有效推进,新发展有线电视用户2.91万户,整体转换数字电视6.07万户。农村基础设施不断完善,全面完成农村电网完善、1万座农村无害化户厕改造、30座危桥改造、137座小型农桥建设任务。人口计生服务扎实开展,“两非”整治取得一定成效,人口自然增长率控制在5.5‰以内。四项排查提升平安指数。信访矛盾排查化解有力,信访总量较上年明显下降;风险预警项目排查有序开展,对全县253个企业和项目进行拉网式排查,7个项目被暂停实施;安全环保治安形势保持平稳,专项整治“百日行动”成效显著,各类事故隐患整改率均在90%以上;基层基础工作扎实推进,投入近3000万元用于基层队伍和技防建设,在全市率先完成道路监控网“320”工程建设任务。同时,科技、审计、统计、物价、档案、气象、质监、外事接待等工作进一步加强,人民武装、人民防空、拥军优属、民族宗教、妇女儿童、红十字会、县志编修等工作取得新的进步。

【签约中海油LNG、大唐新能源海上风电项目】 3月16日,滨海县成功签约中海油LNG项目、大唐新能源海上风电项目,总投资额达190亿元。

【举办’2012中国·滨海城建服务业项目招商推介暨第四届春季房地产交易会】 5月18~22日,滨海县举办’2012中国·滨海城建服务业项目招商推介暨第四届春季房地产交易会。全县共推出文化艺术中心、富康商业广场、仁和明清风情街等23个城建服务业项目及地块,总投资约86亿元;21家开发企业、23个开发项目推出2000套近25万平方米房源。

【何欣颖入选“中国好人榜”】 5月,在中国文明网揭晓,滨海县女孩何欣颖当选5月“中国好人榜”,获“孝老爱亲好人”。这是滨海县候选人首次入选中国好人榜。何欣颖是县第二实验小学学生。4年前,她的父亲在某炼钢厂打工时,被一桶钢水严重灼伤,当时的何欣颖只是一个年仅8岁刚上三年级的孩子。从此,何欣颖用每天一个吻慰藉父亲的心灵伤痛,在努力学习的同时,和妈妈一起精心照顾父亲的生活,承担大量繁重的家务,让在死亡线上挣扎的父亲顽强地活下来。何欣颖的事迹感动了无数人,经省《关心下一代周报》数十万读者投票竞选,何欣颖获2011年度“感动读者人物”称号。

响 水 县

【概况】 响水地处江苏省东北部,是盐城的“北大门”,位于盐城、连云港、淮安三市交汇处,沿海高速、204国道、通榆运河贯穿境内。县内风景名胜凸显,“东南沿海第一关”古云梯关成功复建,孝子坊、琵琶湖等久负盛名。历史名人众多,有清乾隆湖北省学政温儒玉,嘉庆年武状元徐开业,道光翰林编修王金声等,陈毅、黄克诚、张爱萍等老一辈革命家都曾在此战斗过。特产丰富多彩,主要有中华绒毛蟹、四鳃鲈鱼、浅水藕、刺参等。县域面积1461平方公里,拥有43公里的黄海岸线,盐田面积2.53万公顷,辖8个镇、4个中心社区、1个省级经济开发区和沿海经济开发区,省属黄海农场、市属灌东盐场在响水县境内,年末全县总人口61.48万人。2012年,全县实现地区生产总值181.35亿元,固定资产投资142亿元,公共财政预算收入19.7亿元,外贸出口3.52亿美元,注册外资实际到账1.32亿美元;连续五年被省表彰为财政收入增收先进县。

工业经济 全县规模以上工业增加值突破100亿元,工业企业开票销售增幅全市第一,工业用电量增幅全省第一。先后在浙江温州等地举行沿海重大项目招商推介会活动,全年新引进亿元以上项目42个,荣鑫伟业等21个亿元以上项目开工建设,完成工业投资116亿元。年内50家升级类企业实现开票销售113.6亿元,12家企业完成重组;大和氯碱、华旭药业获批国家高新技术企业,江苏联化科技跻身全国农药企业前十强和中国外贸民企500强,“绿利来”、“泰隆祥”被认定为中国驰名商标。

农村经济 全县新增高效设施农业面积1666.67公顷、比重达9.8%,农业适度规模经营面积达53%,现代农业示范区通过省级认定。全年粮食作物播种面积7.8万公顷,总产量达到53.17万吨,粮食生产实现“九连增”。全年引进“三资”开发农业项目67个,新发展农业龙头企业7家,顺丰食品有限公司建成全市最大的出口蔬菜生产基地。全县新登记农民专业合作组织103个,总数达501家,国家、省、市五好合作社总数分别达9家、11家、44家,兴旺小杂粮合作社被农业部表彰为全国农民专业合作社示范社。海辰集团万亩海参产业园成功开捕,填补了江苏省海参养殖的空白。

第三产业 全县实现服务业增加值55.9亿元、社会消费品零售总额42.3亿元,服务业实现税收入7.5亿元。响水港区全年货物吞吐量突破1000万吨、总量全市第二,海龙物流、安捷运输等一批投资超亿元的大型仓储物流项目开工建设。润生广场、百汇购物广场等项目全力推进。“万村千乡市场工程”积极推进,共建成农家店149个,实现行政村全覆盖。云梯关黄河故道生态旅游集聚区迅速推进,一期工程建成开放。

沿海开发 灌河口2万吨级航道整治工程顺利竣工,小蟒牛作业区2个2万吨级兼靠5万吨级公用码头投入使用,大湾作业区疏港公路基本建成。德龙220千伏输变电工程竣工投运,220千伏德丰变、沿海引淡二期、联谊热电、华清污水处理厂等项目基本竣工。国华电厂一期工程获国家发改委核准、全年并网发电59.6亿千瓦时；全县镍铁合金年产能已达100万吨；隆亨纸业一期、富星纸业一期基本竣工，环保化工产业全年实现开票销售76.96亿元。沿海经济开发区合金冶炼产业园获得市政府批准；生态化工园区在全省化工类园区率先建成空气污染物监测预警系统；经济开发区被授予江苏省级科技创业园。

城乡面貌　全县城市化率达47.46%。县城黄海路改造等县城重点工程已经竣工，珠江路东延、金海路配套等工程加快推进，县城地面水厂二期、幸福路污水管网项投入运行，港电家园、御景豪庭等项目加快推进，全年新建商品房面积45万平方米、实现销售38.4万平方米，省级卫生县城、文明城市创建工作扎实开展。港城玉港路、银滩路建成通车，沿海地面水厂实现向港城全天候供水，绿岛小夜曲、星港杏苑小区等重点项目已经竣工。统筹城乡60个重点项目基本竣工，双港镇兴华村作为全市农村环境综合整治工作典型接受省领导视察并获好评，小尖镇郭庄村等11个村庄成功创建星级康居乡村，全年178个自然村庄整治任务顺利完成。全年铺设各类农村饮水管道980公里，解决30万农村居民饮水安全问题；新建农桥116座，铺设农村公路80公里，改造中低产田4000公顷。

社会事业　全年完成专利申请量490件，其中发明36件，专利申请授权量74件，其中发明6件。全县拥有普通中学20所，在校生2.15万人；小学39所，在校生3.83万人；各级各类幼儿园18所，在园儿童2.38万人，职业高中1所，在校生2627人。响水中学新校区投入使用，省青少年举重冠军赛和县第九届文化艺术周成功举办，县淮海剧团创演的小淮剧《公鸡做媒》顺利通过文化部组织的第十六届"群星奖"初选，冲刺全国群星奖。县人民医院通过"二级甲等"医院复审，县中医院南迁工程竣工，小尖镇中心卫生院通过省级示范乡镇卫生院评审验收，"三位一体"健康服务创新做法被中央电视台宣传报道。出生人口性别比综合治理经验在全省推广，成功获得"全国计划生育优质服务先进单位"荣誉称号。

人民生活　全年在岗职工年平均工资34503元，城镇居民人均可支配收入18207元，人均消费性支出14503元，人均住房建筑面积36.4平方米。农民人均纯收入9861元，人均住房面积33平方米。全年新增就业8222人，城镇登记失业率下降到2.2%。城乡居民养老、医疗保险实现全覆盖，五大保险新增参保3.1万人、参保率达96%以上；企业最低工资标准上调18.8%，1.5万名企业退休人员月人均养老金调高至1220元，城乡低保标准分别提高到380元、260元。1.47万贫困人口实现脱贫。年末固定电话用户8.28万户，移动电话用户34.03万户，互联网用户3.24万户，百户家庭电话拥有量275.2部，百户家庭电脑拥有量59台。深入推进"平安响水"、"法治响水"建设，加强安全生产和环境保护工作，全县社会大局保持和谐稳定，人民群众的满意度不断提升。

【"绿利来"被认定为中国驰名商标】　4月27日，位列全国化工企业500强的响水生态化工园区的江苏绿利来股份有限公司生产的除草剂、杀害冲剂、灭干朽真菌制剂"绿利来"商标被认定为中国驰名商标，实现了响水县中国驰名商标零的突破。近年来，响水加强对县域企业创建自主品牌的辅导和培训工作，有针对性地对企业创品牌进行指导和策划，大力实施"品牌战略"，积极推进"品牌强县"工程。先后出台县四套班子领导及部门主要负责人挂点服务企业和企业创品牌联络员等制度，帮助支持企业技改扩能、产品升级、品牌创建，促进生产商标品牌市场价值最大化和企业规模化良性发展。

【陈家港码头万吨级货轮成功靠泊】　5月21日，国华陈家港电厂码头万吨级货轮成功靠泊，标志着响水县灌河口2万吨级航道整治工程顺利竣工。该航道整治工程总投资8亿元，疏浚后的灌河航道，通航船由之前的1000吨级提高到2万吨级，使灌河成为真正的"黄金水道"。

【江苏联化科技入选中国对外贸易民营500强】　8月18日，江苏联化科技有限公司成功入选"2012年中国对外贸易民营500强企业"，这是盐城市唯一获此殊荣的企业。江苏联化科技有限公司创建于2003年10月，注册资本1.27亿元，2008年6月在深圳证券交易所挂牌上市。企业主要从事精细化学品高级中间体的研发、生产和销售，是国内精细化工行业内最早开展定制生产业务的企业之一，也是国内同行业中开展定制生产业务最为成功的企业之一。企业拥有氟化、氨氧化、加氢还原等核心技术，主要产品国际市场占有率处于精细化工行业前列。公司5种主打产品市场占有率排名世界第一，另有5种产品市场占有率列世界第二。

【国华电厂获得国家发改委核准】　8月20日，国华陈家港电厂"上大压小"新建工程项目正式获得国家发展改革委核准。根据国家发改委批复，江苏国华陈家港电厂一期工程建设2台66万千瓦国产超超临界燃煤发电机组，安装高效静电除尘、脱硫、脱硝和在线烟气连续监测装置。工程总投资约60亿元，由中国神华能源股份有限公司和江苏省国信资产管理集团有限公司分别按55%和45%的比例出资。

【临海高等级公路灌河大桥项目开工】　8月23日，临海高等级公路灌河大桥项目在响水县举行开工仪式，该项目起于新沂河大堤，北接临海高等级公路连云港段，跨越灌河，南接临海高等级公路盐城段，全长约7.64公里，建设工期4年，概算投资15.43亿元，是临海高等级公路控制性的节点工程。

【全省最大的海参养殖基地成功开捕】　11月26日，响水县海辰集团万亩海参产业园区成功开捕，填补全省海参养殖的空白。该园区位于响水县三圩盐场境内，占地面积800公顷，主要养殖海参、海蜇等高档水产品，可以辐射带动周边1.33万公顷的海水养殖区从事海参养殖，引领了江苏省中部沿海地区海参规模养殖的发展。

淮 安 市

【淮安简况】 淮安市地处苏北平原腹地,辖涟水、洪泽、金湖、盱眙4县和清河、清浦、淮安、淮阴4区,面积1.01万平方公里,人口540余万人,是全国历史文化名城、国家卫生城市、国家园林城市、国家环保模范城市、全国双拥模范城市、中国优秀旅游城市、中国淮扬菜之乡和江苏省文明城市。2012年,淮安市实现地区生产总值1921亿元,同比增长13.1%;财政总收入438.4亿元、公共财政预算收入233.6亿元,分别增长7.5%、14.2%;城镇人均可支配收入22995元、农民人均纯收入9838元,分别增长13.5%、13.8%。

淮安是独具魅力的历史文化古城。秦时置县,距今已有2200多年的历史。境内有著名的旧石器时代"下草湾文化"和新石器时代"青莲岗文化"遗址。淮安古有"襟吴带楚客多游,壮丽东南第一州"的美誉。明清鼎盛时期,淮安与杭州、扬州、苏州并称为京杭大运河沿线"四大都市"。2008年,淮安被中国古都学会确认为"运河之都"。淮安人文荟萃,名人辈出,是新中国开国总理周恩来的故乡。历史上诞生过大军事家韩信,汉赋大家枚乘,巾帼英雄梁红玉,《西游记》作者吴承恩,《温病条辨》作者吴鞠通,民族英雄关天培,国学大师阎若璩、罗振玉,《老残游记》作者刘鹗等。著名京剧艺术大师王瑶卿、周信芳,著名摄影家郎静山,著名雕塑家滑田友,著名电影导演谢铁骊,著名作家陈白尘、袁鹰、陈登科、吴强等,都是淮安文化名人中的杰出代表。淮安还是革命老区,中共中央华中局、新四军军部、苏皖边区政府曾在此设立,刘少奇、陈毅、粟裕、谭震林、彭雪枫、李一氓、张爱萍等老一辈革命家都曾在淮安留下光辉的足迹。同时,淮安也是中国四大传统菜系中淮扬菜的主要发源地之一,现存淮菜名点1300余种。

淮安是风景优美的绿色生态水城。西有全国五大淡水湖之一的洪泽湖,东有高邮湖、白马湖、宝应湖,京杭大运河、里运河、古黄河、盐河四河穿城而过,水域面积占市域面积的四分之一,湿地资源拥有量位居全国前列。全境平原广袤,粮丰林茂,水域宽广,物产丰饶,生态良好,是全国闻名的绿色农副产品产加销基地,平原绿化居于全国先进水平。全市风光秀丽、景点众多,现有旅游景区、景点60多处,其中包括"水上长城"洪泽湖大堤、"明代第一陵"—明祖陵、"江苏九寨沟"—铁山寺自然保护区、国家级森林公园盱眙第一山、金湖万亩荷花荡等,文通塔、镇淮楼、韩信故里、水下泗州城、吴承恩故居、梁红玉祠、关天培祠、周恩来故居、周恩来童年读书处等历代名胜古迹分布境内。

淮安是快速崛起的新兴工业城市。全市现有工业企业1.1万户,其中规模以上企业1941户。近年来,淮安市坚持将新型工业化作为发展第一方略,重点打造盐化工、特钢、电子信息、食品四大主导产业和高端装备制造、新能源汽车及零部件两大战略性新兴产业,以"4+2"产业为主体的现代工业体系正加快形成。全市现有包括实联化工、井神盐化、安邦电化、清江石化、华尔润化工在内的列统盐化工生产企业164户,2012年实现销售收入509亿元;特钢产业集聚规模以上企业131户,拥有苏北最大的特钢产业园区以及300万吨的特钢生产能力,淮钢特钢有限公司成为全国最大的管坯钢生产基地;电子信息产业已引进世界500强富士康科技集团、达方电子等一批旗舰型企业,2012年实现产值超500亿元,富士康科技集团成为全省最大的计算机及周边设备生产企业;食品产业现有规模以上企业223家,其中淮阴卷烟厂2012年实现销售96亿元、税收66.2亿元;今世缘酒业实现销售31.7亿元,税收9.34亿元;高端装备制造行业已有金石集团、金象传动股份、双环齿轮、威灵清江电机等一批重点企业。其中金石集团"JMP"采油(气)井口装置市场占有率亚洲第一。在相关产业支撑带动下,2012年,全市规模以上工业企业总产值达到3910.8亿元,实现增加值958.9亿元,同比增长31.8%和17.2%。

淮安是区位优越的重要交通枢纽。明清即为"南船北马"交汇之地,有"九省通衢、七省咽喉"之誉。全市公路总里程达1.28万公里,公路网密度苏北第一;京沪、宁宿徐、淮连、徐淮盐、宁淮五条高速公路在境内交汇,境内高速公路通车里程达到380公里,在苏北率先实现"联网成环";新改建农村公路突破9100公里,提前实现四级路"村村通"目标。新长铁路纵贯全境并已并入国家干线路网,客运通达国内30多个大中城市,宿淮铁路主体建成,连淮扬镇铁路获得国家发改委立项批复。盐河航道整治工程建成通航,千吨级船舶可从淮安直达连云港,实现海河联运、海港内移,京杭运河两淮段航道"三改二"工程完工,可常年通行2000吨级船舶,全市航道总里程达到1483公里,内河集装箱年运量突破5万标箱。淮安涟水机场实现一类航空口岸临时开放并正式通航香港,现已拥有通达14个城市的15条航线,业务量进入全国机场百强行列。"公、铁、水、空"并举的综合交通网络已初步形成。

淮安是极具发展潜力的开放型城市。现已与日本、美国、欧盟、中国香港等160多个国家和地区建立了贸易往来,并先后与法国、白俄罗斯、美国、韩国、意大利、日本、俄罗斯等国家的10个城市建立友城关系。凭借开明开放的政策环境、公正严明的法制环境、优质高效的服务环境、规范有序的市场环境和健康文明的人文环境,吸引了富士康科技集团、韩泰轮胎等20多个国际知名大公司、大企业到淮安市投资。特别是台湾鸿海集团、台湾达方电子股份有限公司、台湾玻璃工业公司等近千家台资企业先后落户淮安,使淮安成为继深圳、东莞、昆山之后,又一个台商投资密集区和品牌企业集中区。

【自然地理】 淮安市地处江苏省北部中心地域,淮河下游。位于北纬32°43′00″-34°06′00″、东经118°12′00″-119°36′30″之间。北接连云港市,东毗盐城市,南连扬州市和安徽省滁州市,西邻宿迁市。东西最大直线距离132公里,南北最大直线距离150公里,面积10072平方公里。

淮安市地形西高东低,除市境西南部的盱眙县有丘陵岗地外,全市以平原为主体,地势平坦。境内河湖交错,水网纵横,京杭运河、淮沭河、苏北灌溉总渠、淮河入江水道、淮河入海水道、古黄河、六塘河、盐河、淮河干流9条河流纵贯横穿，全国五大淡水湖之一的洪泽湖大部分位于市境内，还有白马湖、高邮湖、宝应湖等中小型湖泊镶嵌其间。平原面积占总面积的69.39%，湖泊面积占总面积的11.39%，丘陵岗地面积占总面积的18.32%。

淮安市地处南暖温带和北亚热带的过渡地区，兼具南北气候特征，光热水整体配合较好。光能资源潜力较大，年日照数在2060小时－2261小时。热量资源充裕，年平均气温14.1℃－14.9℃，无霜期为207天－242天，满足农作物一年两熟制的需要。市境季风气候典型，年平均降水量913毫米－1030毫米，夏季降水量占全年降水量50%以上。全市气候温暖而又较为湿润，四季分明，雨热同季，气候资源十分丰富，光照充足。

全市分为两大气候区。淮南亚热带偏湿农业气候区：苏北灌溉总渠以南的盱眙、金湖两县全部，洪泽县、淮安区大部。该气候区年平均气温在14.7℃－14.9℃，年降水量在1000毫米以上，年日照在2100小时左右。古黄河沿岸过渡带农业气候区：苏北灌溉总渠以北的清河区、清浦区、淮阴区、涟水县全部和淮安区、洪泽县部分地区。该气候区年平均气温在14.1℃－14.4℃，年降水量在910－970毫米，年日照在2200小时左右。

【历史沿革】 历史文化名城淮安，早在五六千年前就有先民们活动的踪迹，并留下载入史册的“青莲岗文化”。夏商周时期，市境为“淮夷”、“徐夷”聚居地。春秋战国时期，既有吴王夫差开凿的邗沟（即淮扬运河）沟通江、淮，又有陆上干道——善道通达南北。《淮系年表·序言》称包括市境在内的古淮河中下游地区“交通灌溉之利甲于全国”，成为列强争夺的重要地区，先后为吴、越、楚国所有。

秦统一六国后，推行郡县制。市境分属泗水郡和东海郡，始置县邑有淮阴（治今淮阴区码头镇）、盱眙（治今盱眙县城东北）、东阳（治今盱眙县马坝东南）。西汉年间，市境大体属临淮郡，又增置淮浦（治今涟水县西）、射阳（治今楚州区东南）、富陵（治今洪泽湖中）等县。东汉分属下邳国和广陵郡。

魏晋南北朝时期，市境长期处于战争和对峙的前沿，建置紊乱，隶属多变，今市区码头镇、淮城镇其时均为军事要塞，多设州郡治所，为边帅驻节之地。长年战乱带来的是“江淮之间，赤地千里”的凄惨景象，经济和文化遭到严重破坏。南齐永明七年（489），割直渎破釜以东，淮阴镇下流杂100户置淮安县，“淮安”之名始见。

隋唐五代时期，境内长期处于安定的环境，建置也较稳定，大抵淮北属泗州（治今盱眙县城北淮河对岸），淮南属楚州（治今楚州区淮城），经济得以持续发展和重新繁荣。楚州、泗州成为运河沿线的两座全国性名城，楚州更被白居易誉为“淮水东南第一州”。

北宋年间，境内较为太平，市境先属淮南路，分属楚州、泗州；后分淮南路为淮南东、西路，市境属淮南东路。南宋和金、元对峙时期，市境再度成为前线，为双方反复争夺，建置亦复紊乱多变。

元代，境内先后置淮东安抚司、淮东总管府、淮安路（治今楚州区淮城镇）。淮安路辖境包括今苏北地区大部和皖北一部。

明清时期，境内置淮安府。明代淮安府辖山阳、清河、安东、盐城、桃源、宿迁、沭阳、睢宁、赣榆、邳州、海州，计9县2州，范围包括今苏北五市绝大部分地域。其间，还有漕运总督、南河总督驻节淮安。漕运总督还经常兼巡抚江淮，节制淮（安）、扬（州）、庐（州）、凤（阳）四府及徐（州）、滁（州）、和（州）三州，管辖范围包括今江苏、安徽二省的长江以北广大地区。清末，一度设立江淮行省，淮安是江淮巡抚驻节之所，即省会所在地。

民国元年（1912），淮安府撤销，市境大部始属淮扬道（道署设今清浦区），后属淮阴行政督察区、第七行政督察区。抗日战争和解放战争时期，境内成为重要的根据地和解放区，中共中央华中局、新四军军部、中共中央华中分局、华中军区、苏皖边区政府等都曾驻节境内。由于处在敌后环境，根据地和解放区的政区变化很大，头绪繁多，大抵分属淮海区、盐阜区、淮南区、淮北区。抗战胜利后至1946年9月的一年间，淮安是华中解放区的中心、苏皖边区的首府，时苏皖边区南界长江、北界陇海铁路、东至黄海、西至裕溪口一线，横跨苏皖豫鲁四省之境，辖53个旧县。1948年12月，市境全部解放。1949年5月，成立淮阴专区。

新中国成立后，淮阴专区先属苏北行政区，后属江苏省。经过1950年6月、1954年8月、1954年12月、1971年3月的几次区划调整，今市境始全属淮阴专区。1983年，淮阴专区改为淮阴市，辖宿迁、沭阳、灌南、泗洪、泗阳、涟水、淮阴、淮安、洪泽、盱眙、金湖11个县和清河、清浦两区，原辖县灌云划归连云港市。1987年，辖县淮安、宿迁改为县级市。1996年8月，宿迁、泗阳、沭阳、泗洪4县（市）从淮阴市析出，成立地级宿迁市，同时灌南县划归连云港市。2001年2月，淮阴市更名为淮安市，原县级淮安市改为淮安市楚州区，原淮阴县改为淮安市淮阴区。2012年2月23日，楚州区更名为淮安区。

【行政区划】 淮安市是江苏省省辖市，下辖清河、清浦、淮阴、淮安4区和涟水、洪泽、盱眙、金湖4县。此外，淮安经济技术开发区计划单列，统计单独列统。至2012年末，全市有115个乡镇，其中24个乡、91个镇；另有11个街道办事处。

【人口民族】 2012年末，淮安市总户数159.92万户，比上年增加0.65%。户籍总人口546.81万人，比上年增加3.57万人，比上年增加0.66%。其中，男性人口281.50万人，比上年增加1.71万人；女性人口265.32万人，比上年减少1.87万人。全年出生人口8.66万人，人口出生率15.9‰；死亡人口3.65万人，人口死亡率6.7‰；人口自然增长率9.2‰。

根据淮安市2010年第六次全国人口普查的数据，全市有42个民族，其中汉族占总人口的99.8%。全市41个少数民族有0.89万人口，其中回族人口最多，占少数民族总人口的63.9%。其他少数民族中，百人以上的民族有7个，分别为苗族、彝族、壮族、布依族、满族、土家族、哈尼族；百人以下的民族有33个，分别为蒙古族、藏族、维吾尔族、朝鲜族、侗族、瑶族、白族、哈萨克族、傣族、黎族、傈僳族、佤族、畲族、高山族、拉祜族、水族、东乡族、纳西族、景颇族、土族、达斡尔族、仫佬族、羌族、布朗族、撒拉族、仡佬族、锡伯族、阿昌族、普米族、怒族、鄂温克族、保安族、独龙族。除回族属早期迁居外，其他少数民族大都是改革开放后婚嫁到淮安市的。

【资源情况】 淮安市属黄淮平原和江淮平原,陆地总面积为89.2万公顷,耕地和水域面积较大。全市实有耕地面积39.97万公顷。其中,水田27.58万公顷,旱田12.39万公顷。此外,全市还有可供开发的黄河故道和其他河湖滩地近7万公顷,水域面积31.26万公顷。

淮安市水资源条件较好。市境地处淮河流域中下游,境内河湖众多,水网密布,南水北调工程已具规模。境内年平均降雨径流深在199.0毫米-262.5毫米之间。

淮安市矿产资源分布相对集中。能源矿产资源有金湖县、洪泽县的石油和天然气,洪泽县老子山的地热。非金属矿产资源丰富,品种多,有盱眙县的凹凸棒石黏土、玄武岩、白云岩;淮安区、清浦区、淮阴区的岩盐;洪泽县、淮阴区的芒硝等。据1988年地质普查报告,淮安盐盆247平方公里内岩盐1036亿吨;洪泽盐盆85平方公里内岩盐270.48亿吨,芒硝14.3亿吨。截至2005年末,全市主要矿产探明储量为:无水芒硝矿石量2.58亿吨,硫酸钠量1.85亿吨;岩盐矿石量75亿吨,氯化钠量44亿吨;凹凸棒石黏土7267万吨。

淮安市气候适宜,生物资源丰富,生产条件优越,适宜多种农作物的栽培和动物的饲养,是著名的“鱼米之乡”和全国重要的绿色农副产品生产基地。盛产优质稻麦、棉花、油料、林木、水果、畜禽、鱼虾、螯蟹、珍珠等。至2012年末,全市已成功申创“盱眙龙虾”、“淮安大米”、“淮安黑猪”、“淮安红椒”、“金湖大米”、“淮安黄瓜”、“洪泽湖螃蟹”等一批地理标志证明商标。全市有高等植物1500多种,其中木本植物234种,隶属34科146属;属国家重点保护植物的有11种。野生动物有鸟类321种,经济鱼类83种,爬行动物48种,哺乳动物49种;属国家一级保护动物9种、二级保护动物43种。

2008年,淮安市林地面积22.05万公顷,其中有林地面积20.09万公顷,灌木林地面积0.41万公顷,未成林造林地面积0.80万公顷;森林覆盖率20.24%,林木绿化率21.24%。全市活立木蓄积1566.68万立方米,其中乔木林蓄积1520.95万立方米,占总量的97.08%;疏林蓄积7.50立方米;四旁树蓄积44.84万立方米,占总量的2.86%;散生木蓄积0.89万立方米,占总量的0.06%。

经济社会发展主要指标

项　　目	2012年	比2011年增或减%
国内生产总值(亿元)	1920.91	13.1
第一产业增加值(亿元)	247.98	4.3
第二产业增加值(亿元)	889.20	15.4
其中工业增加值(亿元)	737.2	16.1
第三产业增加值(亿元)	783.73	13.2
人均国内生产总值(元)	39992	13.1
粮食总产量(万吨)	456.11	0.6
棉花总产量(吨)	514	1.8
油料总产量(万吨)	9.95	-1.4
全社会固定资产投资总额(亿元)	1247.99	22.3
外贸自营出口(亿美元)	16.28	16.9
实际利用外资(亿美元)	21.21	30.9
社会消费品零售总额(亿元)	633.24	15.6
零售物价总指数(%)	102.4	-2.0
公共财政预算收入(亿元)	233.61	14.2
公共财政预算支出(亿元)	338.01	13.0
职工年平均工资(元)	41966	13.5
农民年纯收入(元)	9838	13.8
邮电业务总量(亿元)	2.68	7.2
电话普及率(部/百人)		
年末存款余额(亿元)	1521.41	14.0
年末贷款(亿元)	1190.46	17.1
大学(所)	7	无变化
中小学(所)	473	-18.3%
下岗人数(人)	-	
企业兼并、破产数(个)	-	

涟　水　县

【概况】 涟水县位于淮安市东北部,古称“安东”,因涟河而得名。汉武帝元狩六年(前117)建淮浦县,是涟水建置的开始,隋开皇五年(585)改称涟水县。2012年,涟水县总面积1676平方公里,其中耕地面积8.48万公顷。涟水县下辖19个乡镇、1个省级经济开发区、1个办事处、3个产业园区,72个居委会,302个行政村,年末总人口113.9万人,人口自然增长率3.19‰。

【经济建设】 2012年,涟水县完成地区生产总值228.64亿元,规模以上固定资产投资134亿元,社会消费品零售总额63.4亿元,分别比上年增长18.7%、23.3%和18.9%,二三产业占比达81.8%,比上年上升6.2个百分点;完成财政收入38.84亿元,比上年增长6.0%,其中公共财政预算收入21.62亿元,比上年增长6.6%;城镇居民人均可支配收入18116元,农民人均纯收入9185元,分别比上年增长13.1%、14.2%;全面小康25项指标有21项提前达标。

2012年,涟水县规模工业实现开票销售收入110.6亿元,比上年增长23.1%;工业入库税金13.04亿元,用电量8.26亿千瓦时,分别比上年增长16.2%和7.0%;新增规模企业91户。完成规模工业投资65亿元,实施亿元以上工业项目34个,新开工华昌化工、尚达硅业等亿元项目18个,肯帝亚森工、瑞展纺织等14个亿元项目竣工投产,中欧直升机制造、PCB产业园等超10亿元项目进展顺利。新批外资项目26个,注册外资实际到账2.12亿美元；外贸进出口总额3.3亿美元，外经营业额2080万美元；招商引资（内资）新增注册资本20亿元，引进亿元以上项目21个，固定资产实际到账70亿元；发展私营企业2163个，新增私营企业注册资本71.87亿元。今世缘酒业有限公司、嘉诚化工有限公司上市工作进展顺利。涟水县经济开发区实施8大类117项基础工程，完成红日路、兴旺大道等20条道路雨污管网、绿化、亮化等配套，建成安置房60万平方米，商业、物流服务设施进一步完善。薛行化工园区搬迁化工防护距离内农户205户，建成园区消防站和大气预警监测平台，升级改造污水处理工艺。乡镇工业集中区新建标准厂房48万平方米，新入驻企业126户，实施3000万元以上工业项目66个；高沟集中区被认定为“国家级小企业创业基地”、“省中小企业产业集聚示范区”，保滩集中区被认定为“省级小企业创业示范基地”，涟城集中区被认定为“省级小微企业进规模培育基地”。全县认定省级科技产业园1个、高新技术企业2家，实施产学研项目52个，全县30家大中型企业全部建有研发机构；完成专利申请950件；申请注册商标320件，培育省著名商标2件；科技进步贡献率44.8%。

2012年，涟水县粮食生产实现九连增，获“全国粮食生产先进县”称号；落实各类惠农补贴1.77亿元。现代农业园区投资2.1亿元，新建道路30公里，落户项目10个；农产品加工集中区实现开票销售3.1亿元；现代农业园区和农产品集中加工区都被认定为省级园区。新增高效农业9266.7公顷，其中设施农业4000公顷；新增畜禽规模养殖大户915户、畜禽标准化养殖小区13家、万头猪场3个，规模养殖比重85%，获“全国生猪调出大县”称号。培植苏美食品、大自然食品、银海木业等一批知名龙头企业，市级以上龙头企业达13家；新培育省、市级农民专业合作示范社17个，参加农户占总农户数量的83%。完成水利投资2.2亿元，改造农桥113座，增加有效灌溉面积11200公顷，改善除涝面积11666.7公顷，“小型农田水利重点县”项目获中央财政奖励。完成黄河故道、土地治理、中低产田改造等项目，新增高标准农田4466.7公顷，岔庙镇被评为省级高标准农田示范区。农业综合机械化水平达75.5%。建成绿化示范村10个，森林覆盖率27.3%，认定无公害绿色有机食品基地94133.3公顷，创建无公害绿色农产品品牌109个。推广秸秆综合利用，新增秸秆固化成型加工点20个，农业废弃物综合利用率90%以上。新办三星级为农服务社20个，建成“五有”乡镇农技推广服务中心23个、村级“三资”管理平台25个，实现乡镇全覆盖。为农气象服务体系和农村气象灾害防御体系建设进入全国“百强县”。实现低收入农户帮扶全覆盖，发放扶贫小额贷款9600万元，列全市第一。投入1811万元推进农村饮水安全工程，改善3.7万人饮用水条件。

2012年，涟水县推进以市场为主体的服务体系建设，增强服务业拉动功能，实现服务业增加值89.97亿元，比上年增长27.9%。建成东鼎商城、福兴建材城等一批商贸流通集散基地，大润发、五星电器等一批便民大型连锁超市正式运行，丽晶大酒店、安东宾馆等星级酒店加快建设，全县建成大型商品交易市场17个、大型超市5个、重点贸易项目20个、行业交易市场4个。推进服务进社区、进乡村，建成“万村千乡”惠农市场500家，实现乡镇全覆盖；新建农副产品平价直销店19家。落实家电、摩托车下乡政策，登记备案销售网点328个，实现乡镇全覆盖；兑付补贴资金6848万元，兑付率100%。被省政府表彰为“放心消费创建先进县”。引进华泰证券、太商村镇银行；实施农村地区支付结算“快通工程”，实现助农取款“村村通”；“阳光信贷”实现行政村全覆盖；组织2次银企对接活动，帮助企业落实贷款20.8亿元。

【城乡建设】 2012年，涟水县完善城市总体规划和新城区、经济开发区等6大片区控制性详细规划，完成五岛湖周边、涟河风光带等12项重要城市景观设计，完成27个集镇总体规划修编和7个乡镇工业集中区控制性详细规划、853个村庄平面布局规划、598个农民集中居住点规划。投入13.3亿元实施29个重点项目，启动建设省道326线高沟至沭阳段，完成省道327至329连接线、炎黄大道拓宽及西延段主体工程，升级梁余路、涟高路等。投入50亿元实施65个重点项目，建成城市规划展示馆、涟水保卫战纪念馆等，涟水自来水厂二期等项目主体完工，建成保障性住房1300套，完成房屋搬迁6.1万平方米。镇村建设投入43亿元，高沟、红窑等重点镇初具规模，建成109个农民规划居住点，农村人居环境进一步改善。电网改扩建投入5亿元，实现电气化县建设目标。投入4000万元建成无害化生活垃圾填埋场；投入9200万元对全县干线公路两侧村庄进行综合整治；根据生态县创建要求，投入6000万元建成一批环保设施；创建2个国家级生态乡镇、2个省级生态乡镇、3个三星级“康居乡村”。

【社会事业】 义务教育主要指标在全市靠前，普通教育、职业教育主要指标在全市领先，高考主要指标连续11年列全市第一，职教对口单招连续14年列全市第一，教育现代化创建取得阶段性成效。基本药物制度全面实施，基层医疗卫生机构药价平均下降40%，减轻群众药费负担7500万元；免费接种一类疫苗23万人；建成标准化村卫生室275个，完成农村改厕1.3万座，红窑镇通过省级卫生镇验收。开展文明创建，创成市级以上文明行业、单位52家；开展思想道德建设，3人入选江苏好人榜，1人入选中国好人榜。中国·涟水中华缘文化节成为全国十大品牌节庆，红窑镇创成省公共文化示范镇；淮剧《鸡村蛋事》、舞蹈《傲雪》等一批文艺作品先后在国家、省获奖，民俗节目《二娃摔跤》受邀赴欧美地区演出；《特色小吃》、《淮安寻宝》等传统技艺系列片陆续在中央电视台播出。

2012年，该县养老、失业、医疗、工伤和生育五项险种参保率在95%以上，覆盖60万人；城乡居民最低生活保障线分别提高到每人每月380元和260元，落实城镇低保2879人，农村低保3.87万人，发放低保金4800万元。为80周岁以上老人发放尊老金1216万元，为6000名企业退休人员免费体检。新农合实现行政村全覆盖，补偿封顶线提高到18万元，全年补偿资金1.98亿元；城镇医保实现应保尽保。城镇新增就业6135人，失业人员再就业3560人，城镇登记失业率控制在2.36%；引导就近就业，新增1.5万人返乡就业。发放小额免息贷款1500万元，设立1000万元大学生创业基金，扶持1560人成功创业。提高医疗救助比例和限额，取消“五保”对象救助封顶线，全年救助大病对象2.1万人，发放医疗救助资金1845万元；救助重残对象2351人，发放救助资金630万元；发放学生资助金2265万元，困难家庭学生得到有效资助。

洪 泽 县

【概况】 洪泽县地处淮河下游、洪泽湖畔,位于江苏省西北部、淮安市中南部。洪泽县东西跨度63公里,南北跨度38.5公里;水陆总面积1291.6平方公里,其中湖区607.1平方公里,其他水域面积129.1平方公里,水域面积占57%。2012年,全县辖12个镇、1个经济开发区,32个居民委员会、94个村民委员会。至年末,全县户籍人口385783人,其中男性194684人,有回族、布依族、苗族等19个少数民族。全年人口出生率7.97‰,死亡率5.77‰,人口自然增长率2.20‰。

【经济建设】 2012年,洪泽县实现地区生产总值155亿元、规模以上固定资产投资91亿元、公共财政预算收入16.6亿元,城镇居民人均可支配收入2.19万元,农民人均纯收入1.09万元,城乡居民存款余额50亿元,人均储蓄15060元,获"全国社会主义新农村建设示范县"称号。

2012年,洪泽县规模以上工业实现产值353.5亿元、利税32.1亿元,分别比上年增长30.8%、25%,新增销售超亿元企业10家、列统企业64家,总数分别达42家、261家。三产服务业实现产值63.6亿元,社会消费品零售总额57.2亿元,分别比上年增长13%、15.9%;新发展私营企业812家、个体工商户3500户,新增公司制企业注册资本金58亿元。新材料、新能源、软件和服务外包等战略性新兴产业实现产值66.8亿元,占规模以上工业产值18%,苏北首家科技创新基金—洪泽英飞尼迪(以色列)创投基金正式运营,高新技术产业园通过省级验收,创成全市唯一的高标准厂房建设与使用先进地区。专利和发明专利申请量保持全市第一,新建市级以上企业技术中心5个,高新技术企业达18家。全年通过国家火炬计划重点高新技术企业认定1家,国家级高新技术企业认定3家,市级高新技术企业认定15家。获批国家级高新技术产品1件,省级高新技术产品11件,市级高新技术产品21件。开发市级新产品94件,其中重点新产品35件。高新技术产值总量85.7亿元,占全县列统企业总产值的24%。全县各类专利申请量1878件,同比增长65.3%,其中发明专利申请量254件,同比增长43.5%,专利申请总量和发明专利申请量均居全市各县(区)第一。专利授权量335件,同比增长165.9%。推进产学研合作项目55项,其中签约项目45项。

2012年,洪泽县粮食生产实现九连增,粮食种植面积1.75万公顷,比上年增加250公顷;平均每公顷产7440千克,增产180千克;总产量43.45万吨,比上年增加1.64万吨。高效渔业和设施农业面积占比分别为76%、29%,高效设施农业面积2178公顷,比重20.2%。全县建成4公顷以上集中连片钢架大棚蔬菜基地20个,面积200多公顷;芡实种植面积600公顷。建成省级现代农业产业示范园1个、市级现代农业产业示范园4个。新增省级农业龙头企业1家,累计达5家;新增市级农业龙头企业6家,累计达24家;建成省级农产品加工集中区1个。南方食品等一批亿元农业龙头企业相继投产,省、市级龙头企业总数达27家,新发展省、市级"五好"合作社11个。全县发展农民专业合作社582个,入社农户8.47万户,入社率103%,较上年提高37个百分点,带动农户8.21万户,占农户总数100%,较上年提高32个百分点。创建市级"五好"示范社13个、县级"五好"示范社26个,建成联合社2家,设立合作社产品直营店2个,新注册商标54个。成立全省首家农副产品电子商务合作社,"禾彩"牌栽培米荣获中国稻博会金奖,"洪泽湖大闸蟹"获批省著名商标。

2012年,洪泽县实施亿元以上工业重点项目33个,其中新开工项目17个、竣工项目13个,重特大项目实施数、亿元项目开工和竣工数等多项指标在全市领先,清华蜜胺、国铝高科、宇天港玻、盈恒聚氨酯等6个重特大项目一期工程建成投产,盐业新材料产业集聚区入驻项目42个,其中投产和在建项目30个,呈现集群发展态势。洪泽县经济开发区在全省综合排名上升10位,创成全市省级开发区中唯一的省"两化融合"示范区,成为省级知识产权试点园区,工业总量占全县工业的90%以上。创成全县首个省级现代农业产业示范园,洪泽湖水釜城一、二期建成,渔人湾风景区部分建成并对外开放,紫山食用菌、仁通商贸物流等一批重大项目成功落户,带动一产、三产提速发展。

2012年,洪泽县引进规模以上项目69个,完成固定资产投资85.5亿元,其中亿元以上工业项目21个。推进科技招商,实施高科技类重大项目21个,其中竣工项目12个。新批外资项目41个,注册外资实际到账2.01亿美元,分别比上年增长28.1%、27.7%,新批台资项目数和台资实际到账额均创新高。实现外贸进出口总额1.9亿美元,新培育出口载体10个,分别比上年增长163.9%、66.7%。获批全市首家外资软件开发项目、外资独资研发中心和外资外贸进出口公司。向上争取无偿资金5.2亿元,争取点供用地、城乡挂钩等土地指标44.56公顷,南北共建园区成功获批,重大民生和基础设施项目获得重点支持,设立创业投资引导基金,成立中小企业应急互助基金,金阳光村镇银行、银珠农村小贷公司正式对外营业。

【城乡建设】 2012年,洪泽县投入20多亿元,实施万通国际、杨码花园等70个城建重点项目,总建筑面积208万平方米,新建安置房和保障房75万平方米,公安业务技术用房、质监检验检测中心等重点项目全面竣工。一次性集中开工洪泽湖游乐园旅游风景区等12个重点旅游项目,洪泽湖欢乐广场、扬帆广场建成开放。推进城市给排水、道路等配套服务设施建设,洪泽湖地面水厂投入使用,新汽车客运站基本竣工,五星级鹿港·美伦大酒店建设有序推进。启动集镇总体规划和村庄整治规划编制工作,加快镇村特色化发展,三河、西顺河等小城镇建设取得成效,完成240个自然村环境整治,建成东双沟镇滨湖居委会等一批新农村建设示范村(居),新创省三星级康居乡村3个,被表彰为"江苏省村庄环境整治工作示范县"。铺设镇村公路129千米,完成56条河道疏浚和19个行政村村庄河塘整治,12个镇垃圾中转站全面运营,建成周桥灌区节水改造第六期工程,创成省级水稻生产机械化示范县、秸秆还田及综合利用示范县。新铺城区雨水、污水管道40.8千米,植树造林89公顷,新增绿地面积149公顷,城市绿化覆盖率提高到41.3%,高良涧等6个镇通过国家级生态镇现场考核,东双沟等6个镇通过省级生态镇复核命名。建成全国最大的尾水湿地工程和清涧污水处理厂,环境自动监测体系日趋完善,污水日处理4.8万吨。

【社会事业】 2012年,洪泽县通过"全国义务教育发展基本均衡县"创建省级督导评估,获评省教育现代化建设先进县。至年底,全县有幼儿园20所、小学15所、初中6所、普通高中3所以及中等职业学校、特殊教育学校各1所,在校生48562名,其中小学生18777名,初中生9138名,普通高中生5837名,中职生5196名,特校学生52名,在园幼儿9562名;在职教职工4150人,其中专任教师3380人。全年普通类二本上线率20.78%;二本以上达线(录取)率37.5%,高出全市平均水平6.7个百分点。

2012年,洪泽县送戏44场,送电影1128场,送书下乡10000册。引导鼓励社会力量通过捐资、捐物等形式参与农家书屋建设,筹集资金45万元。编辑出版全市首部县(区)文化志《洪泽县文化志》;举办第三届农渔民读书节和罩鱼比赛、洪泽县少儿才艺大赛。修编《洪泽湖渔文化生态保护区建设规划》文本;编撰《保护项目资料汇编》、《保护区省、市、县级非遗项目和传承人资料汇编》。申报第四批省级非遗传承人和2012年度非遗项目年报。完成传统木船制造技艺、洪泽湖渔鼓舞、洪泽湖渔家婚嫁礼俗、洪泽湖渔具制作技艺、水漫泗州城传说、巫支祁传说6项省级非物质文化遗产代表性项目专项保护规划。投资700多万元建成具有地方特色的标志性电视塔,影视节目覆盖全县。实现有线电视"村村通",入户率81%;实施数字电视转化工程,完成城乡29524户的整转任务。全年新增有线电视用户17052户,建成省级有线电视达标县。

2012年,洪泽县镇(中心)卫生院门急诊人次39.86万人次,住院病人3100人次。强化重点传染病管理,健全突发公共卫生事件监测、评估、预警、反应机制,提高传染病等突发公共卫生事件应急处理能力。全年无甲类传染病报告,乙类发病率较上年下降20.2%,免疫规划五苗覆盖率提高至99.7%。累计建立规范化电子居民健康档案30.3万人,规范管理0-6岁儿童、孕产妇以及65岁以上老人6.3万人。城乡饮用水监测覆盖率100%。对全县10家从事母婴保健服务的医疗保健机构进行评审,开展儿童口腔卫生干预、高血压糖尿病管理效果评价等公共卫生服务新项目,为2.15万农村妇女开展"两癌"检查,为1652名农村孕产妇发放住院分娩补助。

2012年,洪泽县审批办理企业职工退休2137人,其中办理土地换城保退休605人。办理未参保城镇集体企业退休人员参保手续1019人。社会化发放企业职工养老金2.05亿元,为47281名城乡老人发放城乡居民养老保险养老金4042.79万元,发放机关事业单位养老保险金1.56亿元,社会化发放率100%。征缴基金2.76亿元。社区管理服务率100%;档案累计接受率100%;累计为7069名退休工人进行免费体检。特困群体助保工程658人。被征地农民社会保障覆盖率98%,城乡居民养老保险新增参保5877人,累计参保83398人,征缴基金1883.69万元,参保率99.6%,社会化发放率100%,农村老年居民基础养老金领取率100%。全县城镇职工基本医疗保险参保人数6.11万人,当年新增10067人,其中农民工参加医疗保险人数9848人;征收基本医疗保险基金10089万元。城镇居民医保累计参保人数60081人,征收基金1850万元。工伤保险参保人员41116人,净增3744人,其中农民工参加工伤保险人数12710人;征收工伤保险基金1007万元。生育保险参保职工31396人,当年新增3235人;征收生育保险基金311万元。累计失业保险参保人员4万人,其中农民工参保人数0.34万人;征缴失业保险基金1350万元。全县城镇新增就业6214人,城镇登记失业率2.61%。通过落实小额担保贷款、职业介绍补贴、职业培训补贴、社会保险补贴、公益性岗位补贴等就业再就业优惠政策,帮扶就业困难群体实现就业再就业。辖区内登记失业的被征地农民就业率85%。新增农村劳动力转移2106人。实现城镇下岗失业人员再就业2988人,实现就业困难人员再就业318人;城镇充分就业社区达标率100%;发放小额贷款675万元。

盱 眙 县

【概况】 盱眙县位于淮河下游,洪泽湖南岸,江苏中部。2012年,盱眙县国土总面积2497平方公里,辖14镇5乡、256个行政村(居委会)。年末总人口78.29万人。男女性别比104.3:100,人口出生率11.02‰,死亡率6.83‰,自然增长率4.19‰。2012年,盱眙县获"全国粮食生产先进单位"、"全国村务公开民主管理示范县"、"江苏省文明城市"等称号。

【经济建设】 2012年,盱眙县实现地区生产总值227亿元,比上年增长18.7%;财政总收入37.3亿元,比上年增长14.4%,其中公共财政预算收入23.2亿元,比上年增长15.1%;规模以上固定资产投资170亿元,比上年增长21%;城镇居民人均可支配收入突破两万元,比上年增长15.1%;农村居民人均纯收入突破1万元,比上年增长15.3%。

2012年,盱眙县工业经济保持平稳增长。鹏胜重工、联升汽车等4家企业获批国家高新技术企业。淮河化工有限公司、昌盛电气有限公司、中再生盱眙资源开发有限公司3家企业开票超10亿元。全年实现规模工业开票销售173.2亿元,比上年增长22.7%,总量、增速均居全市第二;工业用电量8.8亿千瓦时,比上年增长7.6%;新批列统企业88户,总数337户,总量居全市第一,工业经济进入全市前三强。投资额20亿元的中弘国际高端轴承项目落户并开工建设,投资额10.6亿元的中再生苏北环保科技产业园竣工投产,投资额35亿元的龙源盱眙风力发电项目建成。创新举行工业产品供需配套见面会,提高服务项目能力。全年新引进工业项目218个、新开工工业项目117个、新竣工工业项目129个。重点项目数、开竣工项目数和招商引资(内资)督查考核新增注册资金、新增亿元以上项目数、协议引资额、到位资金均位居全市第一。盱眙县经济开发区向东扩展15平方公里。新海大道等道路黑色化改造完成,园区企业基本接入污水管网,初步实现"十通一平"精品化,盱眙经济开发区科学发展综合考评得分在全省开发区上升8位,进入全省开发区第二板块。坚持乡镇工业集中区与经济开发区互动发展,加强集中区建设。全年乡镇工业集中区建成标准化厂房48万平方米,实现开票销售46亿元,实现入库税金1.78亿元,新引进项目220个,新增列统企业30户,新建村级创业点23个。

2012年,盱眙县注重农业园区建设、龙头企业培育、农业科技运用,加快农业现代化建设。以玉皇山为主体的盱眙绿色果品园获批省级农业园区,全县建成县级以上农业园区121个。市级以上农业龙头企业发展到36家,其中省级农业龙头企业6家。农业增加值30亿元,粮食总产量接近10亿千克。

加强农村水利建设,水利总投资3.78亿元,完成疏浚河道40条147.6公里,整治79个行政村村庄河塘324面,新增有效灌溉面积6533.33公顷,清水坝灌区节水改造三期工程成为水利亮点工程。新增插秧机1104台,水稻机插秧面积26333.33公顷,水稻机插秧率41.1%。千亿斤粮食增产项目全面实施,建设高标准粮田1733.33公顷,总投资1300万元。完成农业综合开发土地治理2500公顷,投资额7476万元。通过建立示范高效设施农业基地、农业园区,牵头建立农机、植保等合作组织,直接为农业生产提供服务。示范农民专业合作组织建设取得实效。全年气象预警设施覆盖率100%,气象为农"两个体系"建设实现乡村全覆盖。

2012年,恒鹏复合材料、瀚华硅产业2个3000万美元以上重大项目落户盱眙县。全年新批外资项目41个,协议注册外资3.5亿美元,实际到账外资2.8亿美元,比上年增长32.7%。举办首届江苏宠物食品国际论坛,成为全国唯一的出口宠物食品示范区。淮安海关盱眙联络处和淮安出入境检验检疫局盱眙工作点正式开展工作,企业报关出关更加快捷。对外贸易提前半年完成市对县目标任务,完成率及增幅均居全市第一。加强对外友好往来合作,与加拿大圣托马斯市签署国际友好城市协议。外经营业额完成393万美元,实现倍增。加强与高校院所科研合作,南京农业大学(神力特)生物凹土产业研究院、中科院广州能源研究所盱眙凹土研发中心正式建立,中国矿业大学盱眙机电装备与材料研发中心被省科技厅列为产学研重大载体项目,淮化集团研发中心被列为省级工程技术研究中心。玖川团队入围省"创新团队"。盱眙县被命名为省知识产权示范县和全市首家省级创新型县份。

2012年,苏宁集团、雨润集团、大润发超市等知名企业落户盱眙县,圣海·天鹅湖旅游综合体项目开工建设,万豪商业广场主体竣工。金陵·天泉湖商务中心等3个项目进入省现代服务业"十百千"行动计划,入选数居全市第一。金融中心启动建设,盱眙民生银行和盱眙农村商业银行挂牌营业,全县有银行机构12家。金融机构人民币各项存款余额170亿元,贷款余额130亿元。盱眙旅游协会成立,天泉湖旅游度假区获批苏北首个省级旅游度假区。全年实现服务业增加值83.3亿元。

【城乡建设】 2012年,盱眙县在全省率先提出大景区规划理念,成立以省规划专家为主任的盱眙城乡规划决策咨询委员会,对城乡规划进行科学决策。完成全县城乡空间特色提升规划和抗震防灾规划编制,启动穆店、古桑、维桥、淮河4个乡镇总规及城市特色空间、色彩天际线规划编制,对全县715个农民集中居住点进行规划论证。完成"一路一桥一环"规划,实施城市"纳湖跨河"战略,中等城市框架基本形成。游泳馆、大剧院、瑞康医院、城南小学综合楼等重点工程建成使用。十里营变电所和中低压配电网改造工程加速推进,铁山寺变电所建成使用。完善城乡交通网络,淮河南路、大庆路改造完成,城区主干道全部实现黑色化。金马高速盱眙段加快推进,淮河三桥启动建设,新建农村公路70公里、农桥85座。完成城东大沟改造,铺设污水管网34公里、天然气管网125公里。

【社会事业】 2012年,盱眙县投入资金8.4亿元,实施便民、安民、乐民、敬民、育民等十大类30项民生实事工程,470万人次受益。

加强社会保障体系建设,全县社会保障三大保险覆盖面平均达96.9%。提高补助标准,城乡低保标准城市每人每月提高到380元、农村提高到每人每月260元;孤儿基本生活费最低养育标准散居每人每月提高到760元、集中供养提高到每人每月1265元;各类优抚对象抚恤补助标准平均增幅在15%以上,高于全国平均水平。五保户生活居住条件得到较大改善,供养经费全市最高。加强就业指导,在全省首创村企对接劳务合作,为7223人提供就业岗位,城镇登记失业率控制在2.8%之内。推进脱贫奔小康工程,落实帮扶资金4699.2万元,发放扶贫小额贷款1亿元,惠及低收入农户8683户。对住房困难家庭实行梯度保障,新开工建设保障性住房1890套、竣工800套,解决城区503户家庭住房困难。落实惠民政策,涉农补贴、物价补贴、困难人员补助等35项补贴经费全部发放到位,发放资金2.15亿元。民政工作被表彰为全省县级唯一的"全国民政系统先进集体"。整合县长热线、网上信箱、阳光盱眙等服务平台,开通运行"12345"政府公共服务平台,受理各类诉求7560件。推进行政权力网上公开透明运行和电子监察系统建设,网上办理事项10万余件。办理人大代表建议109件、政协委员提案132件,办结率100%,满意率98%以上。政府网站被人民网评为"中国特色网站最佳体验奖"。政务微博听众人数长期保持在60万人左右。实施社会管理创新工程,推动社会管理由被动处置向主动防控转变、由重管理向重服务转变、由促稳定向促和谐转变,全县信访案件、刑事案件发案率分别比上年下降28.3%、11.3%。矛盾纠纷调解成功率提升到99.5%,涉法涉诉信访案件化解率提升到95%。

投入近3亿元的盱眙中学新校区建成启用,办学条件位居苏北前列。投入3.6亿元建成全省领先的现代化职教园区,县职教集团被省政府批准为苏北地区唯一一家县级技师学院。省学前改革发展示范区创建工作有序推进,新建省级优质幼儿园5所。县本级财政对教育投入占比居全省各县(区)第一。成功创建省教育现代化建设先进县。省体育强县通过验收。文化馆、图书馆等12个公益性文化场馆全部免费开放。开展文化"三送"活动,累计送戏100场、送电影3024场、送图书2.5万册,受益人次达百万以上。开展都梁大舞台、盱眙原创歌曲大家唱、"梅花朵朵·荟萃盱眙"省戏曲名家专场演出等活动。创新文化事业运营管理模式,实施靠大靠强战略,盱眙大剧院和苏演院线签订合作协议,黄梅戏剧团加盟江苏演艺集团。19个乡镇都拥有200平方米以上文化站房,城市"15分钟文化圈"、农村"10里文化圈"初步形成。全面实施基本药物制度,乡镇卫生院和村卫生室全部实行药品零差率销售,门诊次均费用下降28%,住院次均费用下降17%。启动公立医院改革试点工作。新型农村合作医疗个人年度最高补偿标准提高到18万元,县乡两级政策补偿比75%,实际补偿比62%。混合支付方式改革初见成效,医疗救助实现同步结算。全县近7万名60岁以上老人接受免费健康体检,28500名农村妇女接受"两癌"免费筛查,建成省农民健康促进行动示范县。注重人口协调发展,出生政策符合率、孕前优生健康检查率、奖励政策兑现率分别为95%、98%、100%,男女出生人口性别比控制在100:110以内,被列为全国孕前优生工作试点县,成为全市唯一的省绩效评估工作试点县。

金 湖 县

【概况】 金湖县位于江苏省中部偏西地区。县域总面积1393.86平方千米，其中水面420.08平方千米。2012年，金湖县辖11个镇，1个省级经济开发区，98个村民委员会，46个社区居民委员会。有国有农林场(圃)7个，其中省属农场3个、县属农场4个，另有部队(武警)农场3个。全县总户数12.86万户，总人口35.71万人，其中非农业人口10.05万人。全年出生3086人，出生率8.6‰。人口自然增长率-2.4‰。

【经济建设】 2012年，金湖县实现地区生产总值142.39亿元，同比增长13.3%；人均地区生产总值43077元，比上年增长15.0%。其中，第一产业增加值22.94亿元，比上年增长4.7%；第二产业增加值58.42亿元，比上年增长16.3%；第三产业增加值61.03亿元，比上年增长13.3%。推进经济结构战略调整，出台加快发展现代服务业30条意见，设立200万元发展引导资金。全县二、三产业增加值占GDP比重83.9%，同比提高0.4个百分点，第二、三产业对GDP增长贡献率分别达36.7%和49.4%；三次产业结构比为16.1:41.0:42.9。全年新增私营企业555家，新增注册资本10.58亿元；新增个体工商户3128家，新增注册资本2.15亿元。全年完成自营进出口额3.09亿美元，同比增长93.5%，其中出口3.04亿美元、进口500万美元，同比分别增长95.5%和21%；完成外经营业额1501万美元，占目标的101%。对照江苏省县级全面小康社会四大类18项25个指标，该县有24个指标达到或超过小康目标值，全面小康社会综合实现程度为99.65%，位居全市前列。

2012年，金湖县实现农、林、牧、渔业总产值41.54亿元，同比增长14.2%。农业增加值22.94亿元，比上年增长14.7%。全县粮食总播种面积7.37万公顷，其中小麦面积3.28万公顷，单产348千克，水稻3.67万公顷，单产574千克，粮食总产50.67万吨，比上年增长1.3%。油料作物产量8345吨，比上年增长13.8%。粮食生产实现九连增，再次被评为全国粮食生产先进县。全年新造成片林147公顷，植树株数113万株，森林覆盖率20.48%，全年生猪饲养量21.51万头，比上年增长7.2%。水产品总量4.81万吨，比上年增长0.5%。水生蔬菜面积8000公顷，产量超过10万吨。全年新增设施农业1000公顷，累计达6000公顷，比重提高到13.8%；高标准农田2.25万公顷，比重达45.58%；设施渔业比重达19%；“三品”生产面积占比全省第一。金湖县现代蔬菜产业园获批省级园区。农业生产条件进一步改善。全县农田有效灌溉面积3.9万公顷，节水灌溉面积1.92万公顷。至年末，全县农机总动力63.75万千瓦，百亩耕地拥有机械动力86.7千瓦，农机化综合作业水平达83%，居全省前列，创成全国“平安农机示范县”。疏浚县镇河道52条，整治村庄52个，完成二次退渔(围)还湖491.67公顷；新增农村沼气池1600座。新建农村公路46千米，实施农村配电网工程。加快农民集中居住示范点建设，推进城市管理重心向集镇延伸，率先建成城乡垃圾统筹处理体系，农民生活质量进一步改善。2012年，该县村集体资产性收入3824万元，新化解村级债务800万元，被表彰为全国农村集体“三资”管理示范县。

2012年，金湖县实现工业增加值50.43亿元，同比增长17.1%。规模以上工业产值突破300亿元，同比增长30.1%。机械制造、仪表线缆、新型建材等六大重点产业实现产值278.3亿元、销售收入270.7亿元、利税总额17.23亿元，分别占全县规模以上工业企业的92.7%、92.8%和94.6%。全部工业企业开票销售175.39亿元，同比增长13.1%，其中规模以上工业企业开票销售148.44亿元，同比增长14.8%，开票销售过亿元企业34家。全县规模以上工业企业实现销售收入291.60亿元，同比增长30.7%；实现利税18.21亿元，同比增长31.9%，其中利润12.38亿元，同比增长35.2%；产品出口交货值24.61亿元，同比增长41.2%。金湖县经济开发区建成区面积达20平方千米，全年完成基础设施配套工程投入3.2亿元，实施建设西路、北兴路改造工程和台商产业园路网、天然气管道、污水管网、园林绿化景观提升工程。全县镇工业集中区新增标准厂房33万平方米，新建村创业点28个。全年工业用电量6.63亿千瓦时，同比增长7.3%。全年金湖县建筑业总产值25.69亿元，同比增长13.0%；竣工产值24.32亿元，同比增长134.7%；工程结算收入23.88亿元，同比增长14.3%。

2012年，金湖县实现社会消费品零售总额55.75亿元，同比增长20.2%。从规模看，限额以上单位社会消费品零售总额8.39亿元，同比增长19.8%；限额以下单位社会消费品零售总额47.36亿元，同比增长20.3%。从行业看，批发零售业社会消费品零售总额49.92亿元，同比增长21.5%；住宿餐饮业社会消费品零售总额5.83亿元，同比增长10%；汽车、卫生保健、旅游、文化娱乐等消费增长较快，促进居民消费结构升级换代。

2012年，金湖县签约3000万元以上项目95个，其中亿元以上26个；完成3000万元以上开工项目74个，其中亿元以上开工项目21个；完成固定资产到位资金35.56亿元，占全年任务数的96.5%。年内，全县新批“三资企业”24家，增资4家。全年注册到账外资和港澳台投资2.09亿美元，同比增长38.27%。截至年末，全县累计参加年检和注册登记的外商和港澳台客商投资企业124家，同比增加37.8%。

2012年，金湖县固定资产投资完成169亿元，同比增长29.0%。其中，500万元以上固定资产投资完成85.37亿元，同比增长22.7%。在城镇和农村500万元以上固定资产投资中，年内施工项目205个，其中新开工项目133个。全年房屋施工面积238.91万平方米，竣工面积112.80万平方米。新增固定资产47.64亿元，固定资产交付使用率72.0%。庆鹏广汇燃气、欧陆汽车一期、中高煤矿机械二期、鑫拓涤纶纤维等项目完成投资均超亿元。20项重点项目投资完成17.32亿元，占城镇和农村规模投资比重的26.2%。房地产开发投资完成19.22亿元，同比增长13.9%。其中，名人世家、卡萨布兰卡、锦绣华城二期、金湖印象旅游城完成投资均超亿元，金色维也纳、翰林世家、金建和园、翡翠城等6个项目完成投资在7000万元以上。受国家房地产调控政策影响，房地产开发投资增速同比回落1.5个百分点。全年该县房地产房屋施工面积175.87万平方米，同比下降0.06%；商品房竣工面积33.38万平方米，同比下降56.6%；房屋销售面积50.71万平方米，同比增长3.5%。

2012年，金湖县实现财政收入28.19亿元，同比增长6.9%。其中，县级地方公共财政预算收入15.35亿元，同比增长18.1%;基金收入4.47亿元,增同比长12.8%。财政收入占GDP的19.8%。全年财政总支出30.7亿元,同比增长15.9%,其中公共财政预算支出25.33亿元,同比增长13%。教育支出4.77亿元,同比增长22.8%;社会保障和就业支出2.68亿元,同比增长5.8%;农林水事务支出4.59亿元,同比增长21.4%。全县镇级实现全口径财政收入12.71亿元,同比增长9.23%;镇级公共财政预算收入7.28亿元,同比增长36%。镇级公共财政预算支出7.23亿元。

至2012年末,金湖县有银行11家、保险公司5家。新引进浙江民泰村镇银行。出台《金湖县中小企业贷款风险补偿资金使用管理办法(试行)》。年内,该县新增小额贷款公司2家,成立农民资金互助合作社2家。年末该县银行各项人民币存款余额128.7亿元,同比增长22.1%。其中,居民储蓄存款76.69亿元,同比增长23.9%。年末该县各项人民币贷款余额突破100亿元,达103.64亿元,同比增长27.7%。其中,短期贷款62.76亿元,同比增长26.4%;中长期贷款38.13亿元,同比增长25.4%。年末,财产、人寿两家保险公司开办保险业务种类203个,实现保费收入14759万元,同比下降6.69%;支付各类案件赔款1973万元,同比下降7.63%。

【城乡建设】 2012年,金湖县交通重点工程建设完成投资4.2亿元。完成神华大道、黎闵线等工程,金湖三桥(中义渡大桥)、金马高速、涂共线等重点工程开工建设。年末,该县公路总里程1521千米,公路密度109.91千米/百平方千米。其中,一级公路83.5千米,二级公路127.35千米,三级公路98.17千米,四级公路984.13千米,等外公路227.85千米。全县航道总里程180.5千米,其中六级航道85.5千米、七级航道25.8千米、等外航道69.2千米。港口1个,码头泊位15个,码头总长850米。率先开通跨县和镇村公交路线,行政村客运班车通达率100%。

2012年,金湖县供、售电量分别完成10.22和9.54亿千瓦时。其中,工业用电量6.63亿千瓦时,同比增长7.3%。1000千伏淮南—南京—上海特高压工程金湖段被纳入城市总体规划;超前开展110千伏马双线改造工程前期工作;220千伏银龙输变电工程和110千伏淮建输变电工程获省发改委核准;开工建设110千伏唐港输变电工程。全面完成新农村电气化村建设任务,在全市率先实现村村电气化。

至年末,该县城乡电信用户累计15.13万户,每百人拥有电话率在50%以上。固定电话用户5.98万户,无线市话用户0.21万户,移动电话用户32.4万户,互联网用户5.05万户。全县固定电话普及率、移动电话普及率、宽带渗透率、农村宽带普及率等主要通信指标均居全市各县(区)前列。

按照"统一规划、城乡统筹"原则,编制与"一城四辅"相关的县域空间发展、江苏金湖经济开发区、淮安金湖经济开发新区等规划,主城区、城南新区等控制性规划,荷花广场北延地块、利农河两岸景观带等修建性详细规划,旅游发展、综合交通体系等专项规划,初步形成相互衔接、层级清晰的城乡规划体系。投资1.05亿元,完成中医院转盘改造、玉环汽摩配三期道路及排水、郑岗路拓宽改造等16个重点工程建设,新增道路面积12.19万平方米,雨水管道长24.74千米,污水管道长13.45千米。县城建成区增至20.2平方千米。对城区大小窨井进行全面清理,清理大小井2512个,维修下水道1470米,疏通管道3900米;投资1012万元,完成汽摩配产业园二期道路、理士北路、金湖二桥两端等地7200米轮廓亮化、三河滩亮化以及背街后巷等路灯建设工程。城区园林绿化总投资1.18亿元,新增绿地面积62.33万平方米,改造绿地4.3万平方米,城区绿化覆盖率43.65%,覆盖面积785.7万平方米,绿地率36.96%,绿化面积674.48万平方米,公园绿地面积119.3万平方米,人均公园绿地面积10.85平方米。启动建设淮河入江水道(荷花广场-园林路)南堤迎、背水坡整治工程。投资1000万元,建成大佛寺滨水景观工程。开展"三城同创"和生态县建设,创成闵桥、吕良2个省级重点中心镇,9个镇被命名为国家级生态镇,戴楼镇楼庄村、牌楼村和塔集镇陆河村获批省三星级康居乡村,全县城镇化率达45.8%,首次跻身"中国最具投资潜力中小城市百强县"行列。

全力推进生态县创建工作。空气自动监测站、污水排放在线自动监测系统高效运行。开展农村环境连片整治,建立河道保洁、公路保洁、绿化管护、镇村环卫保洁"四位一体"长效管理模式,城乡垃圾统筹处理体系被评为省城建示范工程。工业废水和工业烟尘排放达标率均达100%,工业固体废弃物处置利用率99.8%,空气质量优良天数比例达97%。大气质量指数、群众环境满意度居全省第一,获"中国绿色名县"称号。9个镇通过国家级生态镇省级考核验收,经济开发区建成省级生态工业园区,在苏北地区率先通过国家级生态县省级技术评估和考核验收。

【社会事业】 2012年,金湖县申报科技计划项目106项,获批扶持资金市级以上项目41项,获省重大成果转化资金项目1个;获批省重点新产品2个、省高新技术产品28个、市高新技术产品14个;新增省级工程技术研究中心3家;引进高层次创业创新人才26人。全县专利申请827件,其中发明专利申请108件、专利授权330件。新申报中国驰名商标1件、省著名商标3件、市知名商标11件、市名牌产品16个。

提前2年完成全县中小学校舍安全工程,通过省政府教育督导考核;创建优质幼儿园2所。全县有幼儿园15所,小学26所,初中9所(含民办初中1所),普通高中2所,职业高中、中专校和成人中专各1所,特殊教育学校1所。在全县高级中学中,有四星级普高、四星级职高、三星级普高各1所。全县在校生3.99万人,专任教师2300人。学龄前儿童入学率96.0%,义务教育阶段毛入学率持续保持在100%,初中毕业生升学率达98.9%,高等教育毛入学率47.6%。全县中小学"省合格学校"比率、现代教育技术覆盖率、校园网建设完成率均达100%。

推进镇农民公园、农民文化广场建设,建成农民公园文化广场12个。建成数字电影院1座。万人拥有公共文化设施面积1717平方米。成功组建金湖荷花艺术团。在中秋节、春节等传统节日,组织10多台文艺节目。"三送"活动送电影下乡1450场,送戏下乡30多场,送图书下乡超过1.2万册,送展览20多次。与学校、部队、社区、乡村联合举办"四联互动"活动。年内,先后举办金湖第5届民歌大赛、"巾帼女模"五一颁奖演出、"都市华城杯"青年歌手演唱比赛等各类文艺演出23场次。成功举办"中国金湖第12届荷花·美食节"和第九个社区文化艺术周。获"江苏省文化先进县"称号。黎城镇徐梁村"农家书屋"获"全国示范农家书屋"、江苏省"五星级农家书屋”称号,为淮安市唯一。

2012年,金湖县卫生系统组织制定并实施《医疗质量安全责任考核办法》;开展医疗质量月月查,推进“医疗质量万里行”,促进医疗核心制度落实。医疗单位医疗“两废”安全处置率100%。全县新农合参保22.04万人,参合率99.26%,人均筹资标准300元。全县各定点医疗机构全部实行以按病种或按病床日付费为主要内容的支付方式改革,县内住院补偿达75.23%,其中镇卫生院住院补助比例80%,使用基本药物和中医药实际补助比例达90%,最高补偿金达18万元。全年为31.76万人次补助医药费用6585.27万元。县妇幼保健所易地兴建工程竣工。出台《金湖县乡村医生队伍建设和管理工作实施方案》,推进镇村卫生机构标准化建设和一体化管理。建成市级示范化防保所11个。编印《居民健康手册》5万册,免费发放城乡居民。继续实施食管癌早诊早治、淮河流域癌症综合防治等惠民项目。开展农村居民健康素养监测和死因监测。通过实验室资质复审和食品检验机构检验资质认定,建成慢性病综合防控示范区。投入500万元建设全县(区)域卫生信息平台一期工程,建成数据中心机房,已有6个卫生院完成基层卫生信息系统上线工作。“淮河流域出生及出生缺陷监测”项目及“妊娠危险因素及不良妊娠结果队列研究”项目被国家妇幼中心评为一等奖。

全县组织、承办体育比赛10余场次。举办县第41届中小学生田径运动会。8月5日,中国(金湖)第二届白马湖水上渔民运动会暨第四届大学生村官运动会在白马湖举行,来自河北、浙江、上海、山东、福建5省市及省内苏州、常州、南通等23个市县的30支代表队481名渔民运动员参加比赛;来自省内的80名大学生村官参加跳绳、拔河两项赛事。9月,戴楼镇举办首届农民运动会。年内,新增体育彩票销售网点5个,累计达72个,全年体育彩票销售总额6796万元。向省羽毛球队输送2名羽毛球运动员。全县有30人被评为二级社会体育指导员,12人被评为一级社会体育指导员。金湖县被评为江苏省体育强县。

金湖县被确认为江苏省“新农村、新家庭”新三年计划首批示范县。全县在岗职工平均工资38715元,同比提高14.6%;城镇居民人均可支配收入为22075元,同比增长13%;农村居民人均纯收入10624元,同比增长13.8%。城镇居民人均消费支出13419元,同比增长17.1%。农民人均生活消费支出8167元,同比增长13.5%。城乡居民文教娱乐服务支出占家庭消费支出的18.7%,恩格尔系数为38.7%。年末,城镇居民人均住房面积36.4平方米,农村居民人均拥有住房面积59.8平方米。新开工建设保障性住房820套、竣工553套,发放廉租房补贴22万元;完成农村危房改造1400户。城镇劳动保障三大保险(基本养老保险、基本医疗保险、失业保险)覆盖率95.7%,新农合参保率为99.2%。低保标准城市居民从每人每月340元提高到380元,农村居民从每人每月210元提高到260元。农村五保分散供养标准从每人每年3000元提高到3700元,集中供养标准从每人每年3600元提高到4500元。对分散供养的孤儿按每人每月800元标准发放生活费。实现城乡一体化发放尊老金。继续实行残疾人部分康复项目进医保,对城乡一级重度残疾人发放护理补贴,继续向低保家庭中重度残疾人发放生活补贴。连续8年调整企业退休人员养老金,人均月养老金1302元;年内两次调整失业金发放标准,每人每月提高到494元。城乡医疗救助封顶线从2万元提高至2.5万元。

2012年,金湖县接待游客122万人次,同比增长0.8%。其中,接待外国游客327人,港、奥、台同胞93人;旅游收入3.9亿元,同比增长1%,其中旅游外汇收入19.8万美元。年末,该县有星级宾馆7家,其中四星级宾馆1家、二星级宾馆6家;旅行社7家,其中国际旅游社1家。旅游景点6处,其中金湖荷花荡为全国农业旅游示范点、国家AAA级景区,白马湖生态渔村为全国农业旅游示范点、国家AA级景区。全县有持证导游98人,旅游从业人员2000多人。

连云港市

【地理位置】 连云港市位于中国沿海中部、江苏省东北端,处于北纬33°59′~35°07′、东经118°24′~119°48′之间。东濒黄海,与朝鲜、韩国、日本隔海相望,北与山东日照市接壤,西与山东临沂市和江苏徐州市毗邻,南连江苏宿迁市、淮安市和盐城市。东西最大横距约129千米,南北最大纵距约132千米。土地总面积7615平方千米,海域面积6677平方千米,市区建成区面积130平方千米。连云港南连长三角,北接山东半岛城市群,东与日韩一衣带水,西依大陆桥经济带,是沿海经济带与陇海、兰新经济带的战略结合部,是全国首批沿海对外开放城市、新亚欧大陆桥东桥头堡、国家重点海港城市、国家创新型试点城市、中国水晶之都、中国优秀旅游城市和中西部最便捷出海口岸。

【建置区划】 连云港市早在5万年前就有原始先民在这块土地上生息繁衍。市域有明确行政建置始于秦代,在今市境海州置朐县,属东海郡。东魏武定七年(549年)始称海州。唐代以后,除元代一度称海宁州外,其余各朝基本上延称海州。素有"淮口巨镇"、"东海名郡"之美誉。清雍正二年(1724)升为直隶州。民国元年(1912)改称东海县。1933年设东海行政区,同年,陇海铁路终端港建成,因面向连岛、背倚云台山而取名为连云港。1948年11月全境解放后设立新海连特区。1949年11月撤销新海连特区,成立新海连市。1950年5月,新海连市和东海县合并为新海县,年底恢复新海连市和东海县建制,隶属山东省临沂专区。1953年1月,划归江苏省徐州专区。1961年9月,因港得名改称连云港市。1962年6月起为江苏省辖市。至2012年底,辖赣榆县、东海县、灌云县、灌南县和新浦区、海州区、连云区,全市共有53个镇、30个乡、18个街道,236个居民委员会、1432个村。新浦区为市政府所在地。

【自然资源】 南北过渡的气候条件和地貌类型的多样性,有利于连云港市发育一个兼具南北特征的植物种群体系。连云港市是国家重要的粮棉油、林果、蔬菜等农副产品生产基地,盛产水稻、小麦、棉花、大豆和花生。珊瑚菜、金镶玉竹为江苏省珍稀名贵特产。云台山的云雾茶为江苏三大名茶之一。陆上动物主要为人工饲养的畜禽品种,有12科、18属、90多个品种。有各种鸟类272种,其中列入国家珍稀保护鸟类31种。拥有全国八大渔场之一的海州湾渔场、全国四大海盐产区之一的淮北盐场、全国最大的紫菜养殖加工基地、河蟹育苗基地和对虾养殖基地。前三岛海区为江苏省唯一的海珍品基地,赣榆县是中国沿海海水养殖名县,拥有全省第一家以海洋产业为主的省级海洋经济开发区。境内已探明矿产资源40余种,其中磷、蛇纹石、水晶、石英等饮誉中外。东海县水晶储量、品位居全国之首,收购量占全国一半以上,是中国最大的硅产业基地和水晶工艺品、硅微粉、碳化硅等产品的加工和出口基地,被国家工艺美术协会授予"中国水晶之都"称号。

(年　编)

【人口】 2012年末,全市户籍总人口为510.99万人,比上年末净增5.81万人,增长1.15%。年平均人口508.09万人,比上年增加6.64万人,增长1.32%。在年末总人口中,市区人口96.65万人,增长1.17%。在年末总人口中,男性266.62万人,女性244.37万人,男女性别比为(女性=100)1.09:1。全市总户数为139.81万户,比上年末减少0.43万户,下降0.31%;平均每户人口3.65人。2012年末,全市人口密度为671人/平方千米。

【民族】 2010年全国第六次人口普查,全市共有汉、蒙古、回、藏、维吾尔、苗、彝、壮、布依、朝鲜、满、侗、瑶、白、土家、哈尼、哈萨克、傣、黎、傈僳、佤、畲、高山、拉祜、水、纳西、景颇、柯尔克孜、土、达斡尔、仫佬、羌、布朗、撒拉、毛南、仡佬、锡伯、阿昌、塔吉克、怒、鄂温克、德昂、京、鄂伦春、赫哲、基诺等51个民族。其中汉族人口占99.85%,少数民族人口占0.15%。

(宋红玲)

【历史文化】 连云港悠久的历史造就了灿烂的文化。5万年前就有人类活动,六七千年前就有先民从事农耕。国内迄今发现的首例具有内外城双重结构的史前城址"藤花落"是2000年度中国考古十大新发现之一。2002年出土的海州双龙汉代女尸的考古价值堪与湖南长沙马王堆汉墓出土的女尸媲美。被誉为"东方天书"的将军崖岩画,经北京大学太极文化研究所研究员王大有考证,确认为7000年前的少昊氏祭天遗迹,是我国最古老的岩画。东汉时期的艺术珍品——孔望山摩崖造像,据考证比敦煌莫高窟还要早300年。孔子曾到此登山观海留下文化遗存"孔望山"。秦始皇四次东巡,三次到此并立石建有"秦东门"。一代名君唐太宗征东途中曾驻足宿城。方士徐福寻求不老仙药自此扬帆东渡扶桑。中国古典名著《西游记》、《儒林外史》、《镜花缘》,都与海州、花果山有着不解之缘。陶渊明、李白、苏东坡、石曼卿、沈括、李清照、吴承恩、李汝珍、吴敬梓、朱自清等文人高士、诗家骚客的遗迹使人流连忘返。2012年底,全市拥有全国重点文物保护单位5个,省级文物保护单位32个,市级文物保护单位74个。海州五大宫调、淮海戏、徐福东渡传说入选国家非物质文化遗产名录,出土于东海尹湾汉墓的西汉简牍入选国家珍贵古籍名录。

【旅游资源】 连云港依山傍海,山海相连,港城相拥,是全国49个重点旅游城市和江苏省3大旅游资源富集区之一,拥有"中国优秀旅游城市"、"中国旅游品牌十大目的地"、"中国最佳旅游目的地"、"中国旅游竞争力百强城市"和"中国最令人向往的地方"等旅游品牌称号。境内拥有名胜风景区30多个,拥有森林、海洋、湿地三大生态系统。横亘绵延近200平方千米的国家级云台山风景名胜区贯穿市区,形成独具特色的旅游景观和城市园林风光。连云港集名山(花果山)、名水(温泉)、名竹(金镶玉竹)、名石(水晶)、名书(《西游记》、《镜花缘》)、名井(亚洲第一井)于一地,构成独特的城市风貌和旅游景观,造就了山、海、岛、港相得益彰,水秀山清浑然一体的宜人风光。东西连岛是江苏最大岛屿,岛上拥有江苏面积最大、沙质最好的浴场;连接海岛与陆地的拦海大堤全长6700米,是全国最长的海上长堤,被誉为“神州第一堤”。东海温泉出水口水温82℃,富含多种微量元素,被誉为“华东第一泉”。全市拥有国家AAAA级景区6个,其中包括孕育古典名著《西游记》的花果山、浪漫神奇的连岛海滨、因孔子登山而得名的孔望山、喷珠滴翠的渔湾、“中国抗日第一山”——赣榆抗日山以及东海水晶珠宝城。

赣 榆 县

【概况】 赣榆县总面积1514平方千米,辖18个镇,2个省级经济开发区,人口115.48万人,人口出生率13.78‰。2012年,实现地区生产总值331.4亿元,比2011年增长14.7%;其中,第一产业50.46亿元,增长4.9%;第二产业166.07亿元,增长18.2%;第三产业114.83亿元,增长13.9%;完成全社会固定资产投资248.48亿元,增长20.4%;财政总收入67.1亿元,增长28.1%;公共财政预算收入29.21亿元,增长22.7%;农民人均纯收入10310元,增长13.7%;城镇居民人均可支配收入19533元,增长13.3%;年末金融机构各项存款余额121.63亿元,增长18.3%。荣膺“中国中小城市综合实力百强县”、“中国最具投资潜力中小城市百强县”、“中国最具区域带动力中小城市百强县”。获“江苏省文明城市”、“江苏省园林城市”“江苏省卫生城市”等殊荣。

【工业经济】 2012年,完成工业投入178亿元,增长20.3%。善俊清洁能源、海赣科技等52个过亿元项目竣工投产,规模以上企业新增47家,总量达343家。实现工业总产值960亿元,工业增加值129.54亿元。销售收入超10亿元企业11家。工业入库税收9.7亿元,纳税超5000万元企业3家。石化、钢铁、生物科技、新能源四大产业实现产值567亿元,占全县71.4%。四大园区实现规模工业产值578亿元、工业税收6.4亿元,分别占全县73%和66.5%。新海石化、镔鑫特钢产值达157亿元和154亿元,分列全市工业企业第一和第二位,位居全国民营企业500强第203位、292位。

【服务业】 赣榆县实施现代服务业提升计划,加大服务业扶持力度,全力助推转型升级,打造苏北鲁南地区服务业发展新增长极,初步形成北部港口物流、东部沿海旅游、经济开发区科技成果转化、新城商贸金融、老城历史文化五大服务业集聚区新格局。实现服务业增加值115亿元,比2011年增加13.9%,占地区生产总值34.65%。柘汪临港物流中心建成5万吨级泊位码头4个。建成以秦山岛为核心,琴岛天籁、和安湖公园、海州湾旅游度假区为配套的滨海大旅游圈。经济开发区建成5万平方米多层转化厂房,引进3家高新技术企业,搭建4家产学研合作平台。打造赣榆老街,青口文化创意园加速推进。

【开放型经济】 2012年,赣榆县创新招商机制,组建石油化工、钢铁机械与装备制造、新能源3个产业招商局,成立中山、昆山等5个招商办事处,开展“百日招商会战”,锁定重点区域,强推专业招商、产业招商,举办江苏沿海开发·2012赣榆经贸洽谈会,签约总投资200亿元的神华能源基地、10万立方米的中海油成品油罐区项目,密切跟踪保利协鑫燃气发电项目。新引进过10亿元项目5个、过亿元项目62个,内联到位资金122亿元,注册外资实际到账1.4亿美元。自营出口2.787亿美元。实施创新驱动战略,加强人才引进和培养,22家大中型企业实现研发机构全覆盖,实施产学研合作项目97个。

【城市建设】 全年实施城建项目120个,新开工商品房107万平方米。城市化率达46.5%。建筑业完成施工面积686万平方米。一是滨海新城逐步繁荣。琴岛天籁围堰合龙,完成10%吹填工程。和安湖公园完成百合广场、赣榆八景等工程基本完成;五星级和安湖国际酒店、客运总站主体完工。启用两处公交首末站。完成城市家具设计安装。金海岸、维多利亚幼儿园开园。文化四馆免费开放。高层建筑封顶27幢,新开工31幢。二是老城功能显著提升。创建为省卫生县城。再造环卫责任体系,形成务实、科学的城市管理新格局;再造垃圾处理体系。小盘生活垃圾卫生填埋场建成投用。壮大市容和环卫队伍,融资1650万元购置环卫设备,机扫率达58%;再造市场管理体系。坚持堵疏结合、以疏为先,新建7处临时农贸市场,取缔13条道路马路市场、占道经营,整治小街巷20条。赣榆老街主体完工。荣获江苏省人居环境范例奖。创成省物业管理优秀小区1家、省园林式居住小区2家、省园林式单位2家。

【新农村建设】 推进城乡统筹,新镇区新社区建设取得突破,柘汪镇获批国家第三批小城镇综合改革试点镇。启动国家级现代农业示范区创建,粮食总产达56.5万吨,实现“九连增”。墩尚泥鳅园被评为国家级出口农产品质量安全示范区。海州湾渔业园区新增工厂化养殖20万平方米。青口蓝湾现代渔业园区围海477公顷,开创科学高效用海新模式。夹谷山休闲观光农业园区开园运营。新增高效设施农业2467公顷、高效渔业1667公顷,农业适度规模经营比重达65%。新增无公害、绿色、有机农产品141个,“谢湖”大樱桃被列入国家地理标志保护。水产品总量43万吨,全省领先,被确定为省渔业现代化试点县。新建农村公路130千米,3个镇开通“镇村公交”,改厕1.56万座,疏浚县乡河道56条、清淤村庄河塘70个,绿化造林1933公顷,投入600万元飞防美国白蛾。沙口等6个村被评为省三星级康居乡村。大盘、秦家沙被评为省社会主义新农村建设先进村。培训农民4.5万人。新增农民专业合作社215家。完成75个经济薄弱村和10.13万低收入人口建档立卡,实施财政奖补资金项目31个,发放扶贫小额贷款1亿元。

【基础设施建设】 展现“扬帆赣榆港”壮美画卷,赣榆港口开港运营。临海高等级公路赣榆段完成投入7.7亿元,建成兴庄河、龙王河、柘汪河3座特大桥。242省道苏鲁界至赣马段征地拆迁全线启动。抗日山大道建成通车。东温庄水库开挖土石方400万立方米。三洋港挡潮闸、灌区改造、小型农田水利、小水库除险加固等一批重点工程全面完工。500千伏艾塘变、220千伏三洋变建成投用,全县变电总容量达到178万千伏。

【社会事业】 新改扩建校舍12.1万平方米,中小学校安工程三年规划任务基本完成。被评为省教育人才工作先进县。新增省优质幼儿园6所。巩固完善基本药物制度,被评为省医改工作先进县。中医院综合楼、妇保所病房楼、康复医院门诊楼建成投用。创建为国家级慢性病综合防控示范区、省农村中医药工作先进县、省餐饮服务食品安全示范县。举办各类民间演出活动152场。有线电视数字化整转13万户。大型电视纪录片《抗日山》拍摄。举办全国海钓邀请赛、拔河总决赛。被评为全国全民健身运动先进县。荣获全国农民拔河比赛冠军,获评"中国拔河之乡"。

【和谐社会建设】 新增城镇就业10027人,城镇登记失业率控制在2%以内。企业职工养老保险参保7.1万人。城乡居民养老保险工作受到国务院表彰,参保32.8万人。城镇职工和城镇居民医保住院医疗费用报销比例分别达80%和70%。新农合实现应保尽保,重大疾病救治病种达20个。农村、城镇居民月低保标准分别提高到240元、290元,共发放保障金4165万元。新建40个居家养老服务中心,改扩建海头等7所敬老院。发放80周岁以上老年人尊老金1300万元。为4656名残疾人发放重残救助金。建设保障性住房1439套,发放住房租赁补贴98万元。精神文明建设和社会管理不断加强。县国税局干部李新敏、县法院法官姜霜菊荣膺"中国好人"。《今日赣榆》改版升级为《赣榆报》。发挥"网络连心桥"、12345便民服务指挥中心作用,提高网络管理和舆情引导水平。加强应急管理,妥善处置"达维"台风等突发事件。落实安全生产责任制,开展"打非治违"专项行动,安全生产形势保持稳定。被评为江苏省放心消费先进县。

【赣榆港开港运营】 赣榆县从2010年起强力推进沿海开发,至2012年,累计投入28亿元,建成6.35千米防波堤、5万吨级航道、一期3个15万吨级通用泊位,安装码头门机9台,口岸联检中心、港口大厦等主体完工,一类开放口岸完成省级申报,12月25日成功开港。赣榆港将成为苏北鲁南最便捷的出海通道,赣榆县走进港产城一体化发展的海港新时代。

【跻身全国百强县第96位】 2012年,赣榆县发展水平大跨越。实现地区生产总值331.4亿元,财政总收入67.1亿元,第一、二、三产业比重15:50:35,人均地区生产总值34996元,在岗职工平均工资41450元。发展活力大幅提升。实施转型升级、农业现代化、科技、文化、党建、城市、生态文明、民生幸福、八项工程,创新驱动发展战略,加快创新型城市建设。发展潜力日趋彰显。城市临海而建、逐海而生,与大海零距离,是江苏省近海亲海第一县。抢抓基础设施配套,城市建成区面积26平方千米、人口23万。9月,由中国中小城市科学发展高峰论坛组委会等联合主办的中国中小城市科学发展评价体系研究成果发布,赣榆县荣膺"中国中小城市综合实力百强县"、"中国最具投资潜力中小城市百强县"、"中国最具区域带动力中小城市百强县"。

东 海 县

【概况】 东海县位于江苏省东北部,东濒黄海、西邻彭城、南接江淮、北界齐鲁,是闻名中外的"中国水晶之都"。全县辖21个乡镇、2个国营场,总面积2037平方千米,人口118万人。2012年,实现地区生产总值275亿元,完成公共财政预算收入27.46亿元,全社会固定资产投资225亿元,农村居民人均纯收入10090元。全面小康达到省定标准,位列全国县域经济百强县第98位。获批建设国家火炬计划硅材料产业基地、国家级新材料高技术产业基地。荣获"全国县域经济百强县"、"江苏省文明城市"、"江苏省园林城市"、"江苏省卫生城市"等称号。

【工业经济】 2012年东海县规模以上工业增加值90.3亿元,比2011年增长17.2%。硅工业、食品工业、机械汽配、新型建材"四大板块"总产值增长25%。硅工业积极应对光伏产业面临的严峻困难,实现产值220.8亿元,增长27.9%。新开工过5000万元工业项目150个,其中过亿元项目60个,过10亿元项目4个。石光光伏、晶澳太阳能科技、奥石科技、海蓝研磨等过亿元项目竣工投产,台玻迁扩建、金红矿业等过10亿元项目加快建设。太平洋石英通过证监会上市发行审核,华鼎车轮与世界500强英国吉凯恩公司完成股权并购,晶澳光伏发电项目入选国家金太阳示范工程,新增规模企业27家。开发区东、西、北三区累计完成基础投入超过3亿元,成为对外吸引投资、对内支撑发展的重要载体。加快推进2个中小企业园和6个乡镇工业集中区建设,建成标准厂房29.4万平方米,入驻企业100家。

【农业经济】 2012年,深入开展省农业现代化试点县建设,粮食总产量114.3万吨,实现全国粮食生产先进县"四连冠"。新增高效农业9133公顷,其中设施农业4667公顷,310国道沿线高效农业产业带初具规模。成功举办第四届东海花博会,中国农科院东海农业综合试验站投入使用,"黄川草莓"荣获国家地理标志保护产品,新增省级农业龙头企业4家,农产品有机、绿色、无公害品牌占全市总量的42%,获批国家级出口创汇蔬菜标准化示范区和省级农产品加工集中区。扎实开展省农村改革试验区试点,获批国家农村土地承包经营权流转规范化管理和服务试点县,成立全国首家县级农村产权交易所,组建全省首家农民专业合作组织资金互助合作社,在全省率先实现农村支付体系"村村通"。

【现代服务业】 2012年,全县实现服务业增加值97亿元,增长14.2%。水晶产业持续繁荣,年交易额突破60亿元,水晶文化创意产业园获批省现代服务业重点项目,水晶城门户网站上线运营,水晶市场获评全国诚信示范市场,"大姐吴兆娥"商标获东海首个中国驰名商标。温泉品牌深度打造,温泉镇街区改造全面实施,福如东海大酒店荣膺五星级酒店,小松原温泉水汇开园运营,温泉旅游度假区获批省级旅游度假区。精品旅游加快构建,"美好江苏欢乐游、幸福东海福地行"活动扎实开展,黄川草莓节、石梁河葡萄节等旅游活动丰富多彩,"东海水晶”获评长三角地区最具影响力旅游地理标志，羽泉景区成为国家4A级景区，李埝林场青松岭森林公园成为国家3A级景区。商贸物流蓬勃发展，禧徕乐家居广场、亿丰国际广场、驼峰食品商贸城等大型专业市场加快建设，农副产品物流中心签约引进。金融服务切实加强，金融机构存贷款余额较年初分别增加22亿元和28亿元，发放“三农”及中小微企业贷款17亿元。

【城乡建设】 全年完成城市建设总投入超过100亿元，城市化率45.1%。城市外环236省道东海段完成投资1.5亿元，连徐高速东海西互通及连接线开工建设。滨河新区“四桥五路”基本建成。商务新区水晶博物馆、东海国际大酒店、世贸广场酒店、建安大厦主体完工，西双湖环湖景观带初步建成。科教创业园区水晶文化创意产业园一期投入使用。老城区金牛公园西出口改造、花园路“白改黑”、人民广场扩建顺利实施，完成房屋征收扫尾项目11个、征收房屋面积6.8万平方米，创建省级优秀物业管理小区1个。省级园林城市、省级卫生城市创建通过验收。198个村庄环境整治村完成整治任务，洪庄车站、牛山张庄等一批新农村建设成效明显。

【社会事业】 全年新增城镇就业1.2万人，实现农村劳动力转移就业1.25万人，城镇登记失业率控制在3%以内。城乡居民养老保险基础养老金最低标准提高到每人每月70元，企业退休人员基本养老金平均上调152元，建设“妇女儿童之家”260个，五保集中供养率71%，县流浪未成年人救助保护中心达到国家三级标准。新建保障性住房1220套，城乡居民人均住房面积分别达38.8平方米和42.9平方米。完成社会事业投入31.1亿元，增长23.9%。省教育现代化县创建高分通过验收，城市“15分钟文化圈”和“10分钟体育健身圈”、农村“十里文化圈”成功打造，行政村有线数字电视整体转换实现全覆盖，获批省体育基本现代化试点县。县级公立医院改革试点稳步推进，国家级药品安全示范县、国家慢性非传染性疾病综合防控示范区通过验收。人口自然增长率控制在7‰以内。

【荣获“中国温泉之乡”称号】 2012年1月18日，东海温泉顺利通过国土资源部“中国温泉之乡”评审与冠名，成为苏北首家获此殊荣的旅游景区。东海温泉属于氟硅复合型医疗热矿水，适宜于沐浴、健身、医疗开发等，对心脑血管疾病、慢性风湿病等有一定的疗效和保健作用，被中外康疗专家誉为“华东第一温泉”。

【获批全国国土绿化突出贡献单位】 2012年3月27日，在全国造林绿化表彰动员大会上，东海县被评为“国土绿化突出贡献单位”，成为全省近30年来唯一获此殊荣的县级城市。

【中国农科院东海农业综合试验站启动运行】 中国农科院东海农业综合试验站由东海县与中国农科院合作共建，于2012年5月26日正式启动运行。项目建设依托中国农科院的国家级农业科研机构力量和东海独特的区位和产业资源，配套建设4500平方米科研楼、4000平方米的专家公寓、6.7公顷综合试验基地。综合试验站主要功能和职责是从事新品种引进、新农艺开发、新技术新成果转让和技术服务与咨询，为东海现代农业园区和农民提供全方位的服务。

【黄川草莓获批国家地理标志保护产品】 东海县黄川草莓生产于20世纪80年代，主要集中在新沭、桃李、南湾、家和、前元、宋吴等16个村的草莓经济开发带。黄川草莓在褐潮土、沙壤土质和无污染洁净水源的孕育下，加上当地的自然气候条件和统一的标准化生产技术，形成了“黄川草莓”自己独特的品质：果形端正、饱满，果面光泽亮丽，果实肉质细软致密，鲜嫩多汁，香甜可口。2012年12月26日，被国家质量监督检验检疫总局授予“国家地理标志保护产品”称号。

【全国首家县级农村产权交易所成立】 2012年2月，东海县被省委、省政府确定为省农村改革试验区。5月26日正式成立全国首家县级农村产权交易所，接受县农村产权交易监督管理委员会的监督管理，由县委农工办主管。主要为农村及涉农各类产权流转交易提供场所、设施、发布信息、组织交易等服务；对交易行为进行鉴证；提供信息咨询、交易策划、产权经纪、培训辅导、委托管理、投融资、价格指导、涉农项目招投标等相关配套服务。按照统一监督管理、统一交易规则、统一信息发布、统一收费标准、统一交易鉴证、统一平台建设的“六统一”的管理模式运行。农交所还将联合金融和中介机构，开展项目策划包装、资产评估、抵押贷款、农业项目招投标等配套服务。

【英国吉凯恩公司并购连云港华鼎车轮有限公司】 英国吉凯恩集团创建于1759年，是世界500强企业之一。集团在全世界有280多个子公司和分支机构，员工超过50000人，在汽车、航空以及陆地系统市场上处于全球领导地位。2012年12月18日，英国吉凯恩集团与东海县政府签订股权并购意向书，计划投资1750万英镑与连云港华鼎车轮有限公司在东海县成立合资公司，建设农用拖拉机及联合收割机用钢制车轮生产项目。

灌 云 县

【概况】 灌云县位于江苏省东北部，因南有大川灌河，北有名山云台而得名。县域面积1538平方千米，辖18个乡（镇），人口102.01万人。县内风景名胜有国家级重点文物保护单位新石器时期的大伊山石棺墓遗址，秦末汉初的龙苴古城遗址，唐代的伊芦山六神台摩崖造像，始建于元代的大伊山石佛寺以及当代的中国第一坐佛——伊山大佛、潮河湾生态园等。历史名人有文坛巨匠《镜花缘》作者李汝珍，著名核化学家汪德熙，著名物理学家汪德昭，经学家、音律学家凌廷堪等。地方特产有花果山风鹅、紫苏、蓝莓、食用菌、豆丹等。2012年，实现地区生产总值220.29亿元，实现财政总收入64.98亿元，其中公共财政预算收入25.86亿元。完成全社会固定资产投资216.87亿元，实现社会消费品零售总额78.69亿元，实现进出口总额23470万美元。荣获全国粮食生产先进县、高标准基本农田建设示范县、十佳金融生态示范县等称号，连续七年被评为中国最具投资潜力中小城市百强。

【农业】 2012年，实现农业产值44.39亿元，比2011年增长

5.2%。全县粮食播种面积109.99千公顷,增长5.8%;粮食总产量达到80.49万吨,增长7.7%;夏粮播种面积49.04千公顷,总产量为29.39万吨;秋粮播种面积60.95千公顷,总产量51.1万吨。棉花产量303吨,下降28.2%;蔬菜产量76.46万吨,增长18.5%;肉类总产量5.77万吨,增长6.7%;水产品产量5.13万吨,增长14%。灌云县被确定为国家级高标准基本农田建设示范县。

【工业、建筑业】 全年实现全部工业增加值77.9亿元,其中规模以上工业增加值67.79亿元。规模以上工业总产值381.96亿元,销售收入373.96亿元。实现利税总额39.16亿元,其中:利润27.85亿元,增长18.9%。资质以上建筑业企业34家,全年完成建筑业增加值24.33亿元,增长16.6%,占全县地区生产总值的11%。

【服务业】 2012年,县政府制订出台《关于进一步加快发展现代服务业的意见》(灌政发〔2012〕107号),编制完成现代物流发展规划,花卉苗木市场开工建设。完善文化产业发展规划,盐河公园等6个项目列入全市文化产业重点项目。助农取款服务实现村村通。大伊山风景区、县博物馆分别获批国家4A级、3A级景区,潮河湾生态园获评省四星级乡村旅游点。全年完成三产增加值67.72亿元,实现社会消费品零售总额78.69亿元,分别增长17.9%、14.6%。

【开放型经济】 完成灌河口航道疏浚一期工程,顺利推进港口码头、港口物流园、天生港围堰吹填,建成园区载体、水利、电力等一批重要产业项目,沿海开发纵深推进。新上过亿元工业项目22个,新竣工20个,闰土染料产业园、中泛新材料、盛吉化工、博鹏重工等一批重大项目推进成效显著。

【基础设施建设】 2012年,灌云县新开工城建重点工程117项,完成投入71亿元,新增城区建筑面积100万平方米,新开工高层建筑20幢,封顶20幢,城区高层建筑升至97幢。新增和改造绿化面积208万平方米,完成老城区截污、背街小巷整治。新区完善和老城区改造提速,兴建规划展示馆、胜利桥等一批公共工程,县委党校建成投入使用,燕尾新城客运站、农贸市场主体工程完工,商业街、时代花园小区、安置小区三期、锦程小区、鸿运商务小区等民生工程加快推进。东方大道等主干道建成通车,盐河公园竣工。

【社会事业】 教育现代化创建工作通过省初验,灌云一中创建省四星级高中通过验收,校安工程累计新建改造校舍70万平方米。建成苏北一流的儿童福利中心、残疾人托养中心,县医院、中医院、伊山镇卫生院、妇幼保健所实现联动发展。引进本科以上毕业生390人,其中硕士、博士57名。完成1.3万户农村改厕任务,新增农村健康饮水人口5万人,新增数字电视整转和有线电视用户1.5万户,有线电视入户率达73%。成功举办2012—2013年度中国女子排球联赛、省全民健身运动会跳绳比赛、省无线电测向锦标赛,开展“百年灌云·伊山放歌”系列广场文化活动。在全市率先成立国土资源巡回法庭、警务室,全国土地节约集约模范县创建工作通过省验收。

【人民生活】 2012年,农民人均纯收入为8929元,增长13.9%,生活消费支出4921元,增长10.1%;城镇居民人均可支配收入15943元,增长13.5%,人均生活消费性支出9883元,增长12%。完成邮电业务收入4.28亿元,移动电话用户57.6万户,宽带用户达6.2万户。全县在岗职工人数达29893人,在岗职工平均工资38117元,增长14.6%。年末城乡居民储蓄存款余额达到87.16亿元,增长18.9%;人均储蓄余额达到10841元,增长20.9%。

【全国首台甘薯生产机具在灌云试验成功】 2012年5月,甘薯生产新机具在灌云县南岗乡试验成功,该机具由江苏省旋耕机研发创新中心组织研发,可实现土地旋耕、施肥、起垄、成形镇压、覆膜一次性完成。甘薯生产机械试验成功使灌云县新机具、新产品研发工作再上新台阶,开启了中国甘薯生产机械化的先河。

【灌云建成连云港最大汽车客运站】 2012年4月灌云县新城区汽车客运站正式投入运营。该站总投资5000万元,占地面积58501平方米,建筑面积19000平方米,主站房高18.6米,楼房四层按一级站标准建设,是连云港地区功能最齐全、建筑面积最大、绿化面积最多的汽车客运站。

【燕尾港国家一级渔港项目建成使用】 燕尾港一级渔港建设项目,总投资2200万元。360米渔港码头,500米护岸工程,519平方米管理用房及配套给排水、消防、供电照明和通讯监控设备等设施全部投入使用,可供千艘渔船使用,为全县海洋渔业的发展提供了重要平台。2012年5月通过国家级渔港项目组验收,

【灌云建成全市首家县级儿童福利中心】 2012年8月,连云港市投资最大、建筑规模最大的县级儿童福利项目在灌云建成并通过验收,项目总投资700多万元,建筑面积4300平方米,有120名孤儿在此集中学习和生活。

【灌云县首个国家4A级景区正式授牌】 2012年,景区投资6000万元,完成老龙涧水系景观、神仙洞木栈道、大伊山南部环境整治、石佛寺内外部绿化亮化、5000平方米生态停车场、3000米游步道等工程,旅游硬件设施进一步完善,旅游服务质量大幅提升,游客接待量达100万人次,实现旅游综合收入2.5亿元。2012年10月27日,灌云县大伊山“国家AAAA级旅游景区”正式授牌。

【灌云县建成省级现代渔业产业园区】 灌云现代渔业产业园区由800公顷核心区、1333公顷海水精品养殖区、1200公顷淡水标准化养殖区组成,园区建设了泥鳅高效生态养殖区、海水精品养殖区、淡水鱼标准化养殖示范区、渔业生态休闲区和管理服务中心、科技服务中心、种苗繁育中心、水产品检测中心等“四区四中心”。2012年11月,灌云现代渔业产业园区获批省级现代渔业产业园区,成为连云港市第二家获此殊荣的园区。

灌 南 县

【概况】 灌南县位于江苏省东北沿海，是连云港市的南大门。县域总面积1041平方千米，辖14个乡镇，238个行政村(居)，78.73万人。境内水网密布，水资源丰富，灌河、盐河等15条大中河流纵横交错，其中灌河是苏北地区最大的入海潮汐河流，是唯一在干流上没有建闸的黄金入海通道，有“苏北黄浦江”的美誉。2012年，全县实现地区生产总值210.5亿元，财政总收入68.6亿元，其中公共财政预算收入25.6亿元，；完成全社会固定资产投资215亿元，实现社会消费品零售总额54亿元，城镇居民人均可支配收入18533元，农民人均纯收入8472元。省定25项全面小康社会指标已有19项达标。

【工业经济】 全年引进超亿元项目34个，完成市外客方到位资金91亿元。道博佳麦化工、宝石精密重工、兴鑫钢铁三期等超10亿元项目建成投产。亚新制管一期全面竣工。盘活工业用地173公顷。2012年，实现规模工业产值407.5亿元，完成规模工业增加值65.2亿元，工业入库税收6.7亿元，增长23.3%。全年工业用电量15.1亿千瓦时，增长27.1%，增幅全市第一。净增规模企业33家。

【农业和农村经济】 以现代农业园区、生态农业园区为依托，带动食用菌、花卉苗木、生猪养殖等特色产业。投资1.2亿元的佩芝食用菌投产达效，裕灌食用菌产业园一期主体完工，工厂化食用菌企业超过50家，实现产值25亿元，南农大(灌南)食用菌产业研究院正式运行，“灌南金针菇”获批国家地理标志保护产品。雨润集团年出栏50万头生猪养殖项目成功落户。新增花卉苗木面积530公顷，培育高档盆花260万盆。累计投入水利建设资金1.32亿元，中央财政小型农田水利重点县项目顺利通过省级验收。全县千亩以上连片机插秧作业面积达14000公顷。建成成片林2000公顷，森林覆盖率达27.8%。新增各类农民专业合作组织72个。新安镇荣获全国“一村一品”示范镇称号。粮食生产实现“十连增”。

【服务业】 2012年，全县完成服务业增加值65.8亿元，占GDP比重31.26%；完成社会消费品零售总额54.01亿元，批发零售业销售额264.78亿元；住宿餐饮业营业额10.58亿元，房地产开发投入14.01亿元，新开工建筑面积40万平方米。江苏两相和酒业有限公司物流配送中心项目成功申报江苏省2012年服务业引导资金150万元，江苏灌南现代物流产业园成功申报市级服务业集聚区。

【城乡建设】 全面启动建设硕项湖城市饮用水备用水源地工程，完成东湖区、中湖区土地房屋征收任务和湖区开挖工程；幸福大道、迎宾大道、来安大道实现贯通。实施拆墙透绿、补绿增绿工程，改造绿地面积50万平方米，绿化覆盖率达38.4%。完成房屋征收10.7万平方米，拆除各类违章建筑6万平方米。按一级路标准建设的新港大道全线竣工通车。盐河五桥顺利完工，宁连高速灌南新互通工程通过可研审查，临海高等级公路和连盐铁路等重大交通工程有序推进，盐河航道整治工程交工通航。改造老城区供水管网24千米，区域供水系统不断完善。天然气工程全面启动，新增天然气用户4000户。

【社会事业】 实施小红花幼儿园暨镇村幼儿园升级工程，规范办园行为，配强学前教育师资；顺利通过“全国义务教育发展基本均衡县”省级督导；高级中学加快与名校合作成效显著；灌南中专整合电大、卫校等校资源，圆满完成2000人招生任务；国家中等职业教育改革发展示范校创建步伐全面加快。新农合实现应保尽保，全年补偿参合农民153万人次，支付新农合基金1.68亿元，参合农民住院实际补偿比为60.11%，县乡次均费用为全市最低；全县17个政府办基层医疗机构全部配备和使用基本药物，并严格执行“零差率”销售，村级卫生室基本配备使用国家基本药物；文化“三送”活动扎实开展，荣获“全省文化先进县”称号；二郎神文化遗迹公园正式对外开放，并获批省级水利风景区。

【灌南县荣获全国文明县城】 2012年1月12日，全国精神文明建设工作表彰大会在北京举行，中央精神文明建设指导委员会公布了第三批全国文明城市(区)、文明村镇、文明单位名单，灌南县榜上有名，成为连云港市唯一获此殊荣的县城。

【灌南县农田水利项目获国家批复】 2012年7月31日，灌南县淮涟中型灌区节水配套改造项目获省级立项，并获得水利部、财政部批复实施。该工程计划拆建大沟闸7座、新建大沟闸2座、加固大沟闸3座；拆建泵站18座、改造泵站3座、新建泵站1座；新建防渗渠道18.36千米、配套渠系建筑物87座；疏浚河道9.2千米。工程概算总投资2380万元，分两年实施，建设工期为2012年10月至2013年12月。

【灌南县金针菇获国家地理标志产品保护】 2012年12月26日，国家质检总局发布公告，根据《地理标志产品保护规定》，对灌南金针菇实施地理标志产品保护。灌南县金针菇工厂化生产基地有金针菇生产企业32家、合作社50多家，拥有金针菇品牌20多个，年产量7万多吨、产值12亿元，产品畅销全国30多个大中城市，全部通过无公害基地认证，金针菇工厂化生产跃居全国第一。

宿迁市

【自然地理】 宿迁市位于江苏省北部,介于北纬33°8′—34°25′,东经117°56′—119°10′之间,属于长三角经济圈(带)、东陇海产业带、沿海经济带、沿江经济带的交叉辐射区。总体呈西北高,东南低的格局,最高点海拔高度71.2米,最低点海拔高度2.8米。属暖温带季风性气候,年均气温14.6℃,年均降水量919毫米,年均日照总时数2108.2小时。

宿迁总面积8555平方公里,人口560万,分别列全省第4位和第6位。下辖沭阳县、泗阳县、泗洪县、宿豫区、宿城区、宿迁经济技术开发区,市湖滨新区、苏州宿迁工业园区、市软件与服务外包产业园和市洋河新区,共104个乡(镇)、4个街道办事处,1449个村(居)委会。

宿迁交通十分便利,自古便有"北望齐鲁、南接江淮,居两水(黄河、长江)中道、扼二京(南京、北京)咽喉"之称。京杭大运河纵贯南北,京沪、宁宿徐、徐宿淮盐高速公路建成通车,新长铁路、205国道穿境而过,宿淮铁路、省道344加快推进。西距徐州观音国际机场60公里,北离连云港白塔埠机场100公里,东到淮安涟水机场130公里,空港优势非常明显。

【历史沿革】 历史文化

宿迁境内发现的长臂猿化石,距今1000多万年,是亚洲迄今发现最早的古猿化石之一;在淮河岸边,5万年前便有先人临水而居,称为"下草湾人文化遗址"。相传夏、商、周三代,古族徐夷在此生息。

宿迁,原名宿豫,位于江苏北部淮水之阳。公元前113年,泗水王国在此建都,传五代六王,历时132年。秦代置下相县,东晋设宿豫县,唐代宗宝应元年改称宿迁至今。宿迁风光秀美,景观众多。乾隆六下江南五次驻跸宿迁,赞叹宿迁为"第一江山春好处"。宿迁,原名宿豫,位于江苏北部淮水之阳。

建制沿革

春秋时为钟吾子国,后宿国迁都于此。秦置下相等县。公元前113年,汉武帝封常山宪王少子刘商为泗水王,王都设于凌县,辖2.5万多户11.9万人,传五代六王,历时132年。西汉时废凌县设下相。历经东汉、西晋,至东晋安帝义熙元年(公元405年),改下相县为宿豫县。南北朝、隋朝仍为宿豫县。

唐代宗宝应元年(公元762年),为避代宗李豫之讳,改宿豫县为宿迁县。境内先后设怀文县、潼阳县、桃源县和临淮郡。其后至宋、元、明、清时期各州屡有废替。

抗日战争至解放战争时期,运河以东为宿豫县,运河西一度属泗宿县,今晓店以北到今徐州新沂市新安镇为宿北县。1945年9月~1946年7月曾设宿迁市,属泗宿县。1946年6月,宿迁县(包括运东和运西)同宿北县新沂河以南地区,合为宿迁县,属淮阴专区。1970年属淮阴地区。1983年属淮阴市。1987年12月31日经国务院批准,撤销宿迁县,设立县级宿迁市。1996年7月经国务院批准,撤销县级宿迁市,设立地级宿迁市,辖沭阳县、泗阳县、泗洪县、宿豫县、宿城区。

【行政区划】 宿迁市现辖沭阳(江苏省三个试点省直管县(市)之一,但是行政依旧归属于江苏省宿迁市)、泗阳、泗洪三县和宿豫区、宿城区、湖滨新区、洋河新区、宿迁经济技术开发区、苏州宿迁工业园区和市软件与服务外包产业园。有104个乡(镇)和4个街道办事处,其中建制镇75个,村委会965个、居委会477个。1996年7月建市之初,全市辖四县一区,共有乡镇124个。1996-2000年,先后有51个乡撤乡设镇。2000年5月经省政府批准,撤并15个乡镇、6个场圃,新设4个街道办事处,乡镇总数由原来的126个减少为111个。2001年6月,结合农村税费改革,对全市范围内2500人以下的村(居)委会进行了合并,村(居)总数由原来2299个撤并为1418个,撤并率为38%。2004年3月,经国务院批准,撤销宿豫县设立宿豫区。调整后,市区规划控制面积扩大到2108平方公里,人口总数近150万。2005年7月,经省政府批准,将沭阳县十字镇、七雄镇、章集镇并入沭城镇;将泗阳县城厢镇、来安乡并入众兴镇,同时将临河镇大兴居委会划归众兴镇;将泗洪县大楼乡、重岗乡并入青阳镇,同时,将五里江农场划入青阳镇,进一步扩大了三个县城规模。2013年6月宿迁市政府打造"一轴两副九市和若干特色镇"的城乡结构而建立洋河新区。一轴就是中心城市发展轴,包含中心城区、洋河新区、泗阳城区,两副指的是沭阳县城、泗洪县城,九个小城市就是选择九个重点乡镇;市委、市政府研究制定了宿迁中心城市核心区建设三年行动计划。

【人口民族】 据第六次人口普查资料,以2010年11月1日0时为标准时间,全市常住人口为471.56万人,与2000年第五次全国人口普查数据相比,年均增长率0.89%。目前,全市户籍人口达560万。在常住人口中,0—14周岁人口中,0—14周岁人口、15—64周岁人口、65周岁及以上人口分别占18.97%、70.81%和10.22%(与第五次全国人口普查相比,0—14周岁人口比重下降了7.25个百分点,65周岁及以上人口比重上升了2.76个百分点);接受大专以上教育的人口占3.9%,接受高中、中专教育的人口占10.9%,接受初中教育的人口占42.7%,接受小学教育的人口占26.8%,粗文盲率为6.01%,比2000年第五次全国人口普查时下降5.1个百分点;居住在城镇的人口占48.27%,居住在农村的人口占51.73%;汉族人口占99.8%,各少数民族人口占0.2%。

【资源】 全市耕地面积685.6万亩,人均耕地1.24亩。农业生产条件得天独厚,农作物、林木、水产、畜禽种类繁多。

宿迁是优质农副产品产区,也是著名的"杨树之乡",盛产粮食、棉花、油料、蚕茧、木材、花卉、食用菌等,所辖三县均为全国商品粮基地县和全国平原绿化先进县,以意杨为主的木材成片林282万亩,活立木蓄积量约1600万立方米,全市森林覆盖率达到28.2%。沭阳县是远近闻名的"花木之乡",花卉苗木品种繁多,争奇斗艳。

宿迁是闻名中外的“水产之乡”，水域面积350余万亩，境内有洪泽湖、骆马湖两大湖泊，水质均达国家二类标准，盛产螃蟹、银鱼、青虾等50多种水产品。泗洪县还被原国家农牧渔业部命名为“中国螃蟹之乡”。

宿迁矿产资源丰富，非金属矿藏储量较大，目前已经发现、探明并开发利用的矿种主要有：石英砂、蓝晶石、硅石、水晶、磷矿石以及黄砂等。蓝晶石储量为718.9万吨，其中表内储量为538万吨，矿石平均品位为18.35%；硅石储量约为800万吨，二氧化硅含量在99.95%，为全国纯度最高的脉石英；陶土矿资源4700万吨；玻璃用砂储量约为3000万吨；建筑黄沙储量约为10亿吨，年产量600万吨；矿泉水井7口，泉水含锶0.4毫克/升-0.8毫克/升，偏硅酸51.4毫克/升-57毫克/升，符合饮用天然矿泉水国家标准；地热井1口，水温43℃，出水量304立方米/日，富含矿物盐组分；黏土有砖瓦用黏土和水泥用黏土，年开采量为700万立方米。有待探明和开发利用的矿种有云母、磷矿石、金刚石、铜、铁、石油、钾矿石等。新能源利用取得突破，全年利用太阳能发电0.47亿千瓦时，生物质发电4.28亿千瓦时，水力发电0.11亿千瓦时。

宿城区

【概况】 宿城区地处江苏省北部，是地级宿迁市所在地，也是全市政治、经济、金融、文化、交通中心。1996年7月，地级宿迁市设立。原县级宿迁市划分为宿豫县和宿城区。宿城区辖原县级宿迁市的一镇四乡一场（宿城镇、井头乡、果园乡、双庄乡、支口乡和原种场）。2000年5月，撤销宿城镇、果园乡、原种场，设立幸福、项里、河滨、古城4个街道；撤销双庄乡、支口乡，设立双庄镇；宿城镇的古城村、双庄乡的魏井村、道口村整建制划归宿迁经济开发区管辖。2004年2月，划入原宿豫县龙河、罗圩、耿车、洋北、三棵树、南蔡、埠子7个乡镇，泗阳县洋河、屠园、郑楼、仓集、中扬5个乡镇和泗洪县陈集1个镇，并划出井头1个乡。风景名胜有项王故里、极乐律院遗址、杨泗洪墓、真如禅寺、宿北大战纪念馆等。历史名人有“力拔山兮气盖世”、灭秦兴楚的农民起义领袖（有待考证）项羽；南宋抗金名将、追赠保宁军节度使的魏胜；明代抗击侵略我东南沿海倭寇、追赐侯爵的刘荣（又名刘江）；有率黑旗军守卫台湾、令日军闻风丧胆的黑虎将军杨泗洪；有在抗日战争中为国捐躯的国民革命军预备第10师师长孙明瑾；有中国人民解放军炮兵创始人朱瑞；有与实业家张謇共同创立耀华玻璃有限公司的实业家黄以霖。文人才子层出不穷，有清代诗坛明珠、英年早逝的女诗人倪瑞璇；有清康熙年间知名书法家徐用锡；有清朝嘉庆、道光年间大收藏家、主持刻录《砚史》石刻的王相；现代知名书法家窦燕客，能诗能文、善书法攻金石；宿迁籍的台湾小说家朱西宁先生，有30多部小说发表，在国内外产生较大影响，被评为“二十世纪中国最有影响的作家”之一。宿城区是优质农副产品产区和“水产之乡”。盛产水稻、小麦、棉花、油料、蚕茧、木材、花生、金针菜、花卉、食用菌和银鱼、螃蟹、青虾等。全区现辖16个乡镇、街道和1个省级经济开发区、1个省级现代农业园区。区域面积711.7平方公里，总人口71.72万。2012年，全区经济较快增长，经济总量进一步提升。全区实现地区生产总值突破200亿元，达到227.16亿元，同比增长13.2%。其中，第一产业实现增加值19.8亿元，同比增长5.3%；第二产业实现增加值105.14亿元，同比增长15.3%；第三产业实现增加值102.22亿元，同比增长12.5%。全区人均地区生产总值达到32039元，同比增长12.2%。产业结构不断优化。三次产业结构由上年的9.8∶50.1∶40.1调整为8.7∶46.3∶45.0，二、三产业增加值占GDP比重达到91.3%，比上年提高1.1个百分点。招商引资成效显著。全年引进亿元以上工业合同项目55个，亿元以上开工项目22个，竣工项目18个，到位引资额52.01亿元。江苏精科与世界500强企业ABB成功合作，迪迈机械、杰龙晶瓷、财贸科工贸城等一批投资超10亿元大项目相继开工建设。小康建设再上台阶。据初步统计，全区四大类18项25个小康监测指标，有22个指标达到省定小康标准，比上年增加1个，即“环境质量综合指数”；3个指标达到小康序时进度，离全面小康的目标越来越近。居民消费价格运行平稳。全年居民消费价格上涨2.8%，较上年回落2.2个百分点。八大类商品和服务价格指数中，食品、烟酒、衣着、医疗保健和个人用品、居住分别上涨5.8%、6.6%、2.6%、1.1%和3.2%；家庭设备用品及维修服务、交通和通信、娱乐教育文化用品及服务分别下降1.1%、0.4%和0.5%。

【农业】 2012年，农业生产稳步发展。全年实现农林牧渔业总产值34.14亿元（现价），同比（现价）增长10.9%。实现农业增加值19.8亿元，按可比价计算增长5.3%。粮食生产再创新高。全年农作物播种面积91.5万亩，同比增加0.9万亩：其中粮食播种面积76.2万亩；粮食总产33.87万吨，同比增长4%；粮食单产444.8公斤/亩，比上年增加22.9公斤/亩，增长5.4%。其中：小麦单产382.3公斤/亩，比上年增加21.1公斤/亩，增长6.1%；水稻单产593.5公斤/亩，比上年增加32.5公斤/亩，增长5.9%。林、牧、渔业稳步发展。绿化造林工作取得新成绩，全年共完成成片造林7000亩，植树120万株，年末拥有林地面积31.6万亩，高标准农田林网58万亩，林木总量840万株，活立木蓄积量340万m3，森林覆盖率达30.6%。全区生猪出栏19.12万头，同比增长0.74%，生猪存栏14.09万头，同比增长0.71%；家禽出栏498万只，同比增长4.51%，家禽存栏275.2万只，同比增长5.49%；牛、羊出栏分别是1.19万头、2.02万头，同比分别下降2.46%，2.88%。肉、蛋、奶产量稳定增长，全年肉类、禽蛋、牛奶总产量分别达到24.1万吨、1.4万吨和0.65万吨，同比分别增长2.5%、6.8%和16.4%。2012年，水产品价格较往年有所上升，其中鱼类价格增长9%，在效益、政策的双重影响下，全区渔业生产较快增长。据统计，全区渔业养殖面积6240公顷，同比增长4.53%，水产品总产量2.91万吨，同比增长3.1%。农业生产条件进一步改善。全区年末拥有农业机械总动力39.42万千瓦，同比增长3.1%。拥有大中型拖拉机953台，同比增长8.6%；小型拖拉机18186台，同比减少1.8%。全年化肥施用量（折纯）4.7万吨，同比增长2.0%。农村用电量31775万千瓦时，同比增长2.0%。

【工业和建筑业】 工业经济较快增长。规模以上工业企业全年实现总产值128.98亿元，同比增长27.5%；实现增加值30.95亿元，同比增长21.2%，高出全市平均水平0.2个百分点。按企业类型分：股份制企业实现增加值26.84亿元，同比增长23.4%;外商及港澳台企业实现增加值1.12亿元,同比下降1.8%;其他经济类型企业实现增加值2.98亿元,同比增长11.9%。按轻重工业分:轻工业实现增加值26.01亿元,同比增长22.7%;重工业实现增加值4.94亿元,同比增长13.2%。运行质量不断提高。全年规模以上企业实现销售收入133.16亿元,同比增长31.0%;实现利税7.03亿元,同比增长35.5%,其中利润4.56亿元,同比增长32.6%。主导产业优势凸显。全区纺织服装、食品酿造、机械电子、木材加工业等四大产业共完成增加值17.59亿元,占全区规模以上工业增加值的56.8%。其中纺织服装业占据主导,实现增加值11.06亿元,占全部工业增加值的35.7%。高新技术产业增速明显。全区实现高新技术产业产值29.5亿元,占规模以上工业总产值的23.3%,比上年同期提高11.2个百分点。其中德力化纤实现高新技术产值24.45亿元,占全区高新技术产业产值总量的82.9%。企业规模发展壮大。全区主营业务收入超亿元企业24户,比上年增加8户,其中德力化纤、德顺纺织、箭鹿集团和奥鑫科技等四家企业主营业务收入超10亿元。主要工业产品产量实现增长。列入统计的29个工业产品中,18个产品产量实现增长,其中增幅在20%以上的有10个,占55.6%。建筑业发展较快。全区拥有三级以上资质等级企业135家,全年完成建筑业总产值136.3亿元,同比增长36.3%;完成工程结算收入121.7亿元,同比增长20.6%;实现工程结算利润6.8亿元,同比增长25.9%,完成建筑施工面积1054万平方米,同比增长32.9%。

【固定资产投资】 投资规模超百亿。全年完成规模以上固定资产投资106.45亿元,同比增长26.3%。按产业构成分:第一产业完成投资1.04亿元,同比下降28.6%;第二产业完成投资58.2亿元,同比增长25.4%;第三产业完成投资47.21亿元,同比增长29.6%,其中房地产投资32.89亿元,同比增长43.3%。服务业投资高速增长。全年完成服务业投资47.21亿元,同比增长29.6%,增幅高于总投资3.3个百分点,占投资总量的44.3%,同比增加1.1个百分点。重大项目贡献突出。全区140个在建项目中(不含房地产项目投资),亿元以上项目42个,同比增加17个,累计完成投资48.98亿元,占规上项目投资额的46.1%。

【国内、外贸易】 国内消费稳步增长。2012年,全区实现社会消费品零售总额91.47亿元,同比增长15.5%。按城乡市场分,城镇实现零售额77.5亿元,同比增长12.1%;乡村实现零售额13.97亿元,同比增长38.8%。按消费形态分,批发零售贸易业实现零售额68.15亿元,同比增长17.3%;住宿和餐饮业实现零售额13.67亿元,同比增长23.7%。按企业规模分,限额以上企业实现零售额52.19亿元,同比增长9%;限额以下单位实现零售额39.27亿元,同比增长25.4%。限额以上批发和零售企业中,粮油、食品、饮料、烟酒类实现零售额5.5亿元,同比增长13%;服装、鞋帽、针纺织品类实现零售额3.57亿元,同比增长5%;日用品类实现零售额1.6亿元,同比增长15.2%;家用电器和音像器材类实现零售额4.11亿元,同比增长3.6%;金银珠宝类实现零售额2.01亿元,同比增长5.4%;汽车类实现零售额17.08亿元,同比增长25.8%。限额以上住宿和餐饮业实现2.96亿元,同比增长18.1%。对外贸易较快增长。全年实现外贸进出口总额3.65亿美元,同比增长38.4%。其中,出口总额3.39亿美元,同比增长60.7%;全年实际到账外资5201万美元,同比增长67.2%。

【财政】 财政税收持续较快增长。2012年全区实现财政收入32.99亿元,同口径增长37.8%,其中一般预算收入18.54亿元,同口径增长38.8%;基金预算收入8.12亿元,同口径增长39.7%;中央级收入6.32亿元,同口径增长33%,一般预算收入中税收占比达84.1%。分部门看,国税部门完成"两税"及新增企业所得税收入5.01亿元,同口径增长50.6%;地税部门完成地方工商税及企业养老金征收16.9亿元,同口径增长32.2%;财政部门完成非税及基金收入11.07亿元,同口径增长41.7%。分地区看,区直完成财政收入18.38亿元,同比增长33.8%,乡镇完成财政收入4.74亿元(不含洋河镇),同比增长48%;街道完成财政收入5.5亿元,同比增长27.1%;园区完成财政收入4.35亿元,同比增长63.8%。全区实现财政支出33.79亿元,同比增长13%,其中一般预算支出25.56亿元,同比增长8.9%。

【科学技术和教育】 科技创新能力增强。全年获批各类科技计划项目44项,其中,国家星火计划5个,省级各类科技计划项目14个,市级各类科技计划25个。加快科技创新平台建设,引导产学研有机结合,年内新增省级科技研发机构2家,开发省市级以上新产品30个、新增省级名牌产品3个、省级著名商标1个。全年新增省级技术中心2个,箭鹿集团、腾宇机械、恒州玻纤等6家企业成为省市级两化融合示范试点企业。全年获批高新技术企业10个,高新技术产品18个,获得科技成果鉴定36项;获得年度市级科技进步奖7项,获批省、市级工程研究中心16个;获得民营科技型企业等其他荣誉12项。教育事业健康发展。年末拥有各类学校40所,其中:普通高中2所,职业中学3所,初级中学19所,小学16所,共有在校生65827人;全区共有幼儿园54所,共有在园幼儿19229人;全区共有教职工6261人,其中,专任教师4949人。继续巩固教育现代化创建成果,扎实推进学校安全工程建设。马陵中学新校区启动建设,宿迁学院附属学校建成使用。全年完成6万平方米校舍建设和加固任务。实施幼儿园提升工程,省优质幼儿园创建比例达70%以上。

【文化、卫生与环保】 文化产业稳步推进。城乡居民精神文化生活不断丰富,全年开展大、中型广场文化活动12次,为城乡居民送戏48场,送电影2436场,送书8000册。公共文化服务体系进一步完善,城市15分钟、农村十里文化圈初步形成。艺术创作和生产进一步繁荣,全年获市以上文学艺术作品奖28项,比上年增加7项。其中苏北大鼓《垓下悲歌》荣获省第七届曲艺节奏表演3项大奖;苏北琴书《阳光灿烂春满园》、《抠老头》荣获江苏省第十届"五星工程奖"铜奖。卫生服务水平进一步提高。新型农村合作医疗参保率达99.3%,政策范围内住院报销比例提高到75%。城乡居民医疗保障和公共卫生服务实现全覆盖。区、乡、村三级医疗保健网络初步形成。全区拥有各类卫生医疗机构240个,其中医院卫生院38个——公立医院卫生院16个、民营医院卫生院22个。全区拥有卫生技术人员1144人,其中执业医师343人,注册护士296

人。年末拥有卫生医疗机构床位数610张。顺利通过国家卫生城市创建省级考核。生态环境进一步改善。全年环境污染治理投资额6.85亿元,环境质量稳步提升,环境空气质量良好天数达到334天,占总天数的91.2%。污水处理能力达到12.5万吨/日。工业固废综合利用率100%。光大环保能源宿迁有限公司正式运行。

【人口与人民生活】 2012年末,全区户籍总人口71.72万人(不含洋河新城),其中:男性36.97万人,女性34.75万人,男、女人口性别比为106.4(女性为100)。人口与计划生育工作继续走在全市前列。顺利通过省"十一五"终期评估,荣获"省人口协调发展先进区"称号,2012年,全区人口计划生育率95.4%,人口出生率为8.51‰,人口死亡率为3.86‰,自然增长率为4.65‰。城乡居民生活水平进一步提高。2012年,城镇居民人均可支配收入18311元,同比增长13.6%;农民人均纯收入9513元,同比增长13.8%。城市居民人均消费支出11864元,同比增长11.6%;农民人均生活消费支出6555元,同比增长12.2%。列入统计的城镇单位在岗职工平均工资39530元,同比增长16.2%。社会保障日臻完善。全年新增城镇就业人数8943人,下岗职工失业人员再就业3780人,城镇登记失业率2.6%。加强就业培训,全年城乡劳动者职业技能培训8160人;创业培训1700人。农村劳动力转移0.99万人。社保体系不断健全,全年职工"五险"参保人数稳步增加。城镇职工基本养老、基本医疗、失业、工伤和生育保险参保人数分别达到51714人、46280人、27524人、28930人和21952人。城镇劳动保障三大保险覆盖面达94.5%,其中城镇基本养老保险覆盖面95.0%,城镇失业保险覆盖面95.4%,城镇基本医疗保险覆盖面93.1%。社会救济面进一步扩大。全年社会救济91872人次,集体供养五保人数2239人,供给金额737.187万元。城乡低保金和五保供养标准进一步提高。2012年,城乡低保金标准分别提高到360元和270元,农村五保集中和分散供养标准分别提高到5200元和4500元。年末全区低保人数21014人,发放低保金4227万元;其中城市低保7878人,低保金1631万元;农村低保13136人,低保金2596万元。城乡低保人员实现动态管理下应保尽保。全年新开工各类保障性住房12484套、竣工5864套。

宿 豫 区

【概况】 宿豫环抱地级宿迁市,是地级宿迁市"一体两翼"的东翼,被称为宿迁的"浦东"。宿豫区位优势明显,处于沿海经济带、沿江经济带和陇海经济带的交叉辐射区,位于苏鲁豫皖淮海经济区的中心。京沪高速、宁宿徐高速、徐宿淮盐高速所组成的高速公路主干网把宿豫区带入全国高速路网,综合京杭运河和铁路、航空的优势,拉近了宿豫与渤海经济区和长江三角洲的距离。宿豫历史上就是钟吾诸侯国属地,秦置下相县,东晋安帝义熙元年(公元405年)置宿预县,唐代宗宝应元年(公元762年)改称宿迁县,一直沿袭至1987年撤县建市(县级)。1996年7月设立地级宿迁市,原县级宿迁市更名为宿豫县。2004年3月,宿豫撤县设区。宿豫历史悠久,人文底蕴深厚,曾哺育出西楚霸王项羽、民族英雄杨泗洪、中国人民解放军炮兵创始人朱瑞将军等许多英雄豪杰。乾隆皇帝六下江南,五次驻跸于此。他赞誉这里是"第一江山春好处"。地方特产有丁庄大菜(金针菜)、乾隆贡酥、蔡集手抄纸、陆集粉皮、黄墩湖酱豆、王官集瓦块鱼等。宿豫是江苏著名的"杨树之乡"、"水产之乡"、"蚕桑之乡"。全区总面积850平方公里(不含被湖滨新城托管的乡镇)。辖14个乡镇169个行政村(居委会)。年末总人口58.35万人。男女性别比110.36:100,人口出生率为6.59‰、死亡率2.45‰,自然增长率4.14‰。

【经济社会发展情况】 2012年,宿豫区实现地区生产总值226.6亿元,增长12.9%;规模以上固定资产投资138亿元,增长26.1%;社会消费品零售总额42.6亿元,增长15.4%;进出口总额4.42亿美元,增长2.9%;实际到账外资5008万美元,增长166.7%;财政总收入31.2亿元,增长39.9%,公共财政预算收入17.6亿元,增长39.6%;城镇居民人均可支配收入17058元、农民人均纯收入9580元,分别增长16.3%和14.3%。对照省定全面小康社会的25个考核指标,全区有24个达到或超过目标值,其中5个核心指标全部达标。一是工业经济成效显著。全年新引进亿元以上合同工业项目46个,百威英博、中亚特钢等32个亿元以上大项目相继开工,翔盛高新材料、趣园食品等20个亿元以上大项目建成投产;规模以上工业实现增加值69亿元,增长21.1%,新增规模以上工业企业42家,累计达到260家;新增销售收入超亿元企业8家,累计达到37家;六大优势产业累计实现销售收入190亿元,占规模以上工业比重达到62.2%,比上年提高6.4个百分点。全面推动企业创新,新增国家级高新技术企业4家、省级技术研究中心4家、省级高新技术产品12个;中国家居工业玻璃分技术委员会在宿豫区成立,绿陵化工、玖久集团被授予"江苏省管理创新优秀企业"称号,楚霸公司被列为省级体育产业基地,秀强股份荣获市长质量奖,山亿新能源光伏逆变器、秀强股份导电玻璃、旭源科技光伏逆变器被列为全省新能源产业重点产品;成功发行全市首支总额1亿元的中小企业集合票据,填补了苏北空白。提升园区建设水平,宿豫经济开发区创成"江苏省宿迁高新技术产业开发区",张家港宿豫工业园区被评为"江苏省共建园区先进单位";生态化工科技产业园基础建设全面推进,翔盛粘胶三期、旭派科技等12项重点工业项目进展顺利。二是城镇建设同步推进。宿新高速、宿豫大道、漓江路南延等道路建成通车,城市出入口景观改造工程顺利完成,垃圾收运体系更加健全,六塘河疏浚治理、利民河改道、五台山路强排站等工程在城市防汛排涝中发挥了重要作用。全面推进商业金融核心圈建设,金融财富广场A座投入使用,B座、C座主体完工,鼎创新天地、国际购物公园快速推进。中信建投宿豫营业部、人保财险宿豫支公司相继开业,淮海纺织服装品牌中心正式开工。东部新城启动建设,京东信息科技园全国客服中心进入内部装修,文化馆主体封顶、大剧院快速推进,商务大厦集中区开工的8栋建筑有6栋已经封顶;华东农业大市场整体承接市果品批发市场,并与山东寿光农产品物流园签约合作,发展步伐明显加快;华东农机汽车城一期工程主体封顶。加快城市北部建设,宿豫现代农业产业园获批"江苏省四星级乡村旅游区",动物园主体工程基本完成,农业博览园有序推进;尚阳湖大酒店装修工程进展顺利,尚阳城高层住宅区一期建成、二期启动。加强小城镇建设,完成投资5.5亿元,新增商业街12.6万平方米、规模超市2.2万平方米，新建乡镇居住小区住房5649套，超额完成市下达任务。以创建国家卫生城市为基础的“五城同创”工作取得阶段性成效，小城镇管理水平逐步提升。三是“三农”工作协调发展。不断改善农业生产条件，灌区改造、县乡河道疏浚治理、小型农田水利建设年度任务全面完成；新建高标准农田3.8万亩，改造中低产田1.3万亩，争取中央、省扶持农业产业化项目9个；秸秆机械化还田、水稻机插秧现场被列为全省“三夏”工作会议观摩点，宿豫区被评为全省“秸秆机械化还田示范区”和“基本实现水稻生产机械化县(区)”。积极推行品种、技术更新，粮食生产再获丰收。大力发展优势产业，新建成1万平方米以上现代化肉鸡养殖场46个，新增设施蔬菜3.76万亩、特种水产养殖1.4万亩，黄墩湖现代渔业产业园创成市级科技示范园。积极发展循环农业，蔡集曙光、曹集海若2个示范园初具规模。完善农业服务体系，建成“五有”农技服务中心14个，新发展农民专业合作组织218个、农民资金互助合作社10家，新增土地规模流转面积14万亩；农业保险逐步扩大，发放理赔款818万元。新建、扩建农民集中居住区48个，新建住房6987套，农民集中居住区电力保障工作被纳入全省供电计划。农村土地整治“整村推进”试点工作初见成效，林海庄园主体完工，土地流转扎实推进，创业园区启动建设。对405个村庄进行环境整治，创成省“三星级康居乡村”6个，林苗圃荣获“江苏最美乡村”称号，顺河镇通过省级卫生镇验收，陆集镇被评为“江苏省生态镇”。四是民计民生持续改善。大力实施就业创业促进工程，城镇新增就业6620人，转移农村劳动力1.3万人，新增个体工商户4199户，新发展私营企业776家。完善社会保障体系，城镇职工“五险”参保人数新增2.08万人，城乡最低生活保障标准全面提高；城乡社会养老保险合并实施，城乡居民参保待遇实现统一。加强尊老敬老工作，进一步提高五保供养标准，老年公寓、老年大学主体封顶。做好残疾人帮扶工作，免费发放残疾人辅助器具1221件、轮椅车180辆，残疾人“人人享有康复服务”工作通过省级验收。建设保障性住房5000套43.7万平方米，超额完成年度计划，盛世家园一期正式交付使用。启动新一轮脱贫奔小康工程，实施脱贫项目238个，发放扶贫小额贷款1亿元，有3万名低收入人口实现脱贫目标。“镇村公交”正式开通，沿线群众普遍受益。启动校车运营试点工作，采取“政府购置、抵押承运”的方式，提升运营管理水平，受到群众广泛欢迎。加强食品药品监管工作，切实维护群众饮食用药安全。创新平均线以下特困人群救助机制，采取政府与企业合作的方式，建立京东特困家庭救助基金，对61户特困家庭发放救助金115万元；在全市率先成立易肇事肇祸精神病人救助站，对缺乏保障的精神病人进行集中收治，给予妥善照顾，年末已收治26人。妇女儿童、民族宗教等工作扎实推进，信访案件办理、职工权益维护等工作得到较好落实。五是社会事业不断进步。大力发展教育事业，仰化、保安、王官集3个乡镇的中心幼儿园创成省级优质园，东城阳光名都、宏成都市花园、文昌花园3个城市小区配套幼儿园正式开园，仰化、大兴九年一贯制学校建设有序推进，技师学院新校区建设工程全面完工，中考高考取得较好成绩。体育工作不断加强，被表彰为“江苏省全民健身活动先进单位”。加强文化宿豫建设，为农村群众送戏64场、送电影1500场、送图书1.2万册，新发展农村有线电视用户9445户；第二届项羽文化国际研讨会、“龙腾宿豫”文艺汇演、“梨园春趣”大赛等活动取得圆满成功，《宿豫志》完成总纂并组织了两轮评审。医改“1+2”工程正式实施，乡村卫生机构实现一体化管理，基本药物制度开始施行，新型农村合作医疗结报体系延伸到村，群众看病难、看病贵问题得到进一步解决；市中医院二期病房楼、市第三医院二期住院楼快速推进，大兴、丁嘴、曹集等乡镇医院的病房楼投入使用。科技工作成效显著，获批省级科技计划项目56项，专利授权190件，被列为“江苏省创新型试点区”。广泛开展科普活动，被评为“江苏省科普示范区”。优抚安置、征兵等工作扎实有效，圆满完成“全国双拥模范城”创建任务。认真抓好人口计生工作，完成世代服务机构提升工程，孕前优生健康检查超额完成省定任务。全面推进节能减排，环境质量不断改善。加强社会管理创新工作，扎实推进平安宿豫、法治宿豫建设，被评为“江苏省平安县(区)”、“全省法治创建工作先进单位”和“全省社会管理综合治理先进区”，连续第三次被确定为“省级依法行政示范点”，宿豫公安民警陆迅、刘超分别被评为“中国最美警察”和“全国优秀人民警察”。民防、物价、气象、电力、通讯、档案、外事侨务、对台事务取得新进展，青少年、红十字等事业取得新进步。政府职能充分发挥。围绕破解要素制约，安排企业扶持资金6.2亿元、高效农业奖补资金4764万元、城乡重点工程保障资金7.9亿元，向上争取扶持资金15.3亿元，推动金融信贷投入156.6亿元，有效缓解了资金难问题；完成土地转用征收4213亩，新增占补平衡耕地指标1620亩，盘活闲置土地1531亩，争取点供和单独选址用地指标1050亩，有效解决了用地难问题。围绕应对日益趋紧的宏观环境，组织开展企业帮办大回访活动，帮助企业解决了许多具体问题，为企业应对挑战提供了有力支持。围绕保障和改善民生，安排民生领域财政支出21.46亿元，占公共财政预算支出比重达到69.5%，办成了一批实实在在的惠民项目。围绕推动工作落实，区政府常务会议坚持定期检查重点项目推进情况，及时交流条线工作，依次交流部门工作，对议定事项严格跟踪落实。推动行政权力网上公开透明运行，积极开展网络问政，共完成网上审批事项1万余件，办理网民咨询投诉4600余件。围绕加强廉政建设，建立全程电子化招标系统，累计组织工程招投标289次、政府集中采购731次，在审计限价的基础上节约资金5.46亿元；完成审计项目119个，进一步规范了财经运行秩序；加大反腐力度，查处了一批为政不廉、以权谋私的典型案件，维护了政府勤政廉政的整体形象。

【招商引资】　2012年，宿豫区先后组织开展招商引资“春季突破”、“双过半”、“百日招商攻坚战”、“奋战百日，夺标争先”等竞赛活动。组织了2次集中开工活动，其中总投资超5亿元以上的项目有12个，秀强光伏、趣园食品、玖久家纺、楚霸体育器械、山亿新能源、旭派新能源、隆鑫科技、百威英博啤酒、中亚特种钢铁、万祥锌业等一大批企业龙头带动作用明显。全年共引进各类项目233个，其中工业项目155个、三产项目18个、高效农业项目60个。完成竣工项目固定资产投资102.11亿元，占全年目标任务的157.1%，高效农业引资额6.27亿元，占全年目标任务的154.8%，全区共引进亿元合同工业项目46个，占全年目标任务的76.7%，；完成亿元开工工业项目32个，占全年目标任务的80%；完成亿元竣工工业项目20个，占全年目标任务的50%。2012年，宿豫区招商引资工作位列全市第一,获市委、市政府招商引资工作先进单位荣誉称号。

泗 洪 县

【泗洪概况】 历史文化泗洪地处江苏西北部、洪泽湖西岸、淮河中下游。1949年4月设县,取泗州、洪泽湖首字命名。风景名胜有下草湾人类遗址、梅花顺山集遗址、"季子挂剑台"、鲁肃故里子敬泉、"隋堤烟柳"古汴河、明朝三部尚书金纯"金公祠"、雪枫墓园、"春到上塘"纪念馆、国家AAAA级景区洪泽湖湿地公园等。历史名人有徐偃王、鲁肃、李植、周虎、金纯、肖玉成、常之省、戚杰、王卫均、许昭德、许联镖、喻尊霞等。主要特产有"中国十大文化名酒"双沟酒、泗洪大闸蟹、洪泽湖清水龙虾、空心挂面、泗洪大米、泗洪大枣等。泗洪县是中国名酒之乡、中国螃蟹之乡、中国旅游之乡、全国粮食生产先进县、中国水产百强县、中国平原绿化先进县、中国最佳原生态旅游目的地、长三角地区最具投资价值县市。

区划人口县域总面积2731平方公里,辖23个乡(镇),306个行政村(居委会),总人口102万。2012年被评为全国粮食生产先进县(第七次)、全国五好小公民读书活动先进单位、2012年国家免费孕前优生健康项目质量优秀县。

2012年经济社会发展大事 8月24日,省国土资源厅和宿迁市人民政府举行泗洪县西南岗地区统筹城乡发展路径创新实验区建设合作协议签字仪式,泗洪县西南岗地区成为全省首个"统筹城乡发展路径创新实验区";10月18日,第十一届中国泗洪·洪泽湖螃蟹节开幕,CCTV、扬子晚报、凤凰卫视等多家国内主流媒体进行了报道,期间召开的经贸洽谈会共达成43个项目投资意向,意向累计投资额155.7亿元,泗洪大闸蟹荣获第十届北京国际农交会金奖,出口量连续七年位居全省县级第一;11月16日–18日,江苏省泗洪顺山集遗址考古成果论证会召开,会议邀请了北京大学考古文博学院、中国社会科学院考古所等单位的30余位知名专家和学者对考古成果进行了论证,经认定,梅花顺山集遗址的考古发现将江苏文明史向前推进1600年至1800年,被誉为"江苏文明之根",被评选为2012年度全国十大考古新发现之一;2012年,泗洪县继续深入推进农村土地集中、人口集中、工业项目集中,以"三个集中"统筹城乡发展。全年新增规模流转土地36.3万亩、累计达58.34万亩。新建小城镇住宅小区66个、农村集中居住区62个。新开工建设标准化厂房318万平方米,瑶沟工业园被评为省级小企业创业示范基地、双沟工业园被评为省中小企业产业集聚示范区。"三个集中"工作引起了人民日报、农民日报、新华日报等主流媒体的关注,被新华社称为新农村建设的"泗洪模式";2012年泗洪县"激情文化"主题实践活动荣获和谐中国·2012社会管理创新最佳案例奖,新华日报予以整版报道,称之为江苏精神的泗洪表达。

泗 阳 县

【自然概况】 泗阳县位于江苏省北部,东接淮安市淮阴区,南濒洪泽湖,北邻沭阳县,西与宿城、宿豫区接壤。泗阳建制始于周而定于秦,汉武帝元鼎元年(公元前116年)置泗阳县,始称泗阳。境内有梵音寺、天后宫、三庄汉墓群、泗水古城、穿城古井、程道口遗址、忠烈祠刘老墓、爱园烈士陵园、城市森林公园、生态公园、月季园、南园(张相文故居、中国地文馆)、平原林海景区、棉花博物馆和中国杨树博物馆等,"三庄汉墓群"被列入江苏省重点文物保护单位"。历史名人有明代纺织机改革者卢廷兰,近代有我国历史上第一个获得博士学位的数学家胡明复和著名地理学家张相文等。泗阳物产丰富,杨树活立木蓄积量达800万立方米以上,是全国著名的产粮大县、优质棉基地县、蚕桑基地县和重要的畜禽产品基地县。主要特产有泗阳白梨、泗阳膘鸡、新袁羊肉、八集小花生、贵嘴珍珠米、丁庄大菜(金针菜)、华绿金针菇、新袁柳编、云渡桃雕等;拥有保持纯自然生态的水面65万亩,年产甲鱼、螃蟹、青虾等绿色水产品10余万吨,优质无公害农产品畅销江浙沪等大中城市。全县设16个乡镇、3个街道、2个场、1个省级经济开发区,252个村(居)委会,县域总面积1418平方公里。年末总人口103.6万人,男女性别比108.5∶100,人口出生率25.2‰,死亡率7.85‰,自然增长率17.35‰。

【经济社会发展情况】 2012年,县委、县政府深入贯彻落实科学发展观和党的十八大精神,全面聚焦"提前一年达小康"总体目标,全力抓好六项提速提升提效行动计划,狠抓落实、稳抓推进、快抓成效,50项重点工程和各项民生实事有序推进,经济社会实现又好又快发展。2012年全县实现地区生产总值272.7亿元,增长12.9%;完成财政总收入43.5亿元、公共财政预算收入21.76亿元,分别增长25.2%、25.6%,税收占比81.8%;产业结构调整为16.95:50.57:32.48,二三产占比达到83.1%;城镇居民可支配收入和农民人均纯收入分别达到16474元和9541元,分别增长13.2%、13.6%;省定4大类18项25个小康指标中,有22项提前达到目标值,获评全国十佳金融生态县、国家级标准化示范县、苏商最佳投资环境城市,全省唯一县区获批"国家绿色能源示范县"项目。一是坚持聚焦项目引培带动产业发展。深入开展招商引资"春季攻势"、"集中会战""百日竞赛"等活动,大力实施项目引律"3456"工程,充分调动各招商主体积极性,全力以赴招大培强,全县共引进亿元以上项目72个,完成500万元以上工业固定资产投资134亿元;外资外贸实现新突破,实际到账外资6353万美元,外贸进出口6.2亿美元,分别居全市第二、第一。规模以上工业企业实现产值346.7亿元、增加值85.5亿元,分别增长26.4%、21%。完成5000万元以上技改项目16个,新增国家高新技术企业2家,省市企业技术中心7个。争取土地点供指标586亩,被授予省土地执法模范创建工作先进县称号。成功举办第六届海峡两岸铝轮毂业发展论坛,2000亩轮毂产业园全面启动,吴江工业园实体化运作,开发区被授予省级两化融合示范区。全面推进东部工业边城建设,城东污水处理厂建成使用,中央生态公园、行政商务中心等配套工程加快推进,实现财政总收入6.1亿元,全省排名上升12位,获评省级两化融合示范区。全民创业园新建标准化厂房213万平方米、入驻项目214个。二是坚持做优县容镇貌打造最美县城。以打造"苏北最美县城"为目标定位,全面启动国家级"三城一县"创建,高标准完成新一轮城市总体规划及3个街道规划修编,"一河两岸三城"总体布局全面形成,运河新城、西康片区、城南科技新城、老城区建设加快推进。市民中心、110指挥中心、滨河CBD、体育馆、游泳馆等重点工程顺利推进,雨润、佳源等商业综合体加快建设,泗水古城等8大商业街区、义乌商贸城等9大专业市场有序建设,全年完成征收96.1万平方米,新开工房地产126.4万平方米,城区建成和在建高层152幢。健全交通路网,325省道、闸桥及接线、成子河公路大桥、成子湖公路进展迅速,成子河航道暨旅游公路开工建设。启动包河改造一期和爱琴河建设,高标准建成6个街头绿地、8条林荫道和10处垂直绿化,城市绿地率达36.6%。建成平原林海自行车道,免费开放杨树博物馆、文化馆等公共场馆,节假日开通免费旅游公交专线。完善重点工作会办推进机制,针对工作中存在的问题,积极组织相关部门会商或现场会办,促进项目无障碍推进。丰富人文内涵,运河印象、泗水阁全面建成,妈祖文化园、悦来之声、婚礼教堂启动建设,平原林海自行车道、免费旅游公交专线开通运行,南园获评国家3A级景区。三是坚持发展现代农业加快农业产业化进程。省级、市级现代农业产业园和苏台(泗阳)农业合作创业园加快发展,新入驻华茂生物科技、恒久菌业等项目33个,获评省级农业标准化生产示范区。加华、雨润等6个重点生猪养殖基地快速推进,全县年出栏生猪139万头。成功举办中国泗阳食用菌产业论坛,食用菌日产超过180吨,被评为全国食用菌产业化建设示范县、省食用菌产业基地;水稻“四改”顺利推进,建成3000亩以上现代农业示范方19个,获评全国高标准基本农田建设示范县、全省粮食生产先进单位。推广林下经济5万亩,获评全国林下经济典型县。瑞信农业二期加快建设,全县百合、红掌等鲜切花年产量达1000万株。主攻以台资为重点的农业招商,现代农业产业园新入驻华茂生物科技等项目29个,各类农业龙头企业达152家,其中省市级分别达4家、39家。进一步加强龙头企业与市场对接,完成优质农产品“五进工程”42个,新建名特优农副产品直销店2家,新开设“百年苏花”等网上商城10个。完成“三品”认证96个。新增农机等合作社15家、各类机械823台(套);新建农技综合服务中心16个,推广“金陵美玉”番茄等优良品种12个、新技术10项、新模式4个。新一轮脱贫奔小康工程全面启动,成子湖片区开发规划初步完成,发放小额扶贫贷款2.84亿元;荣获国家级三农气象服务专项示范县称号。四是坚持改善村庄环境建设美好乡村。始终高度重视城乡统筹发展,出台平原林海·美好乡村建设十条意见,合理引导农民住房需求;大力推进小城镇“九个一”工程,深入实施城乡建设用地增加挂钩和万顷良田建设,积极推动土地市场化开发,王集太阳城小区建成使用,李口美食城、新袁仁和花苑、裴圩滨湖名居等重点项目进展迅速,全年新建乡镇商住小区53.7万平方米。开工建设7个乡镇污水处理厂,建成国家级生态村1个、省级生态乡镇12个,被评为全省第一批村庄环境整治工作示范县,八堡、杨集、姚圩被命名为省三星级康居乡村。在全市率先构建城乡生活垃圾收运体系和秸秆转化体系,新建压缩式垃圾中转站15座,建成秸秆运营收储站17个,配备村级保洁员1190名;综合利用秸秆39万吨。支撑城镇发展的交通网络进一步完善,铺设农村公路60公里、出庄道路81公里,改造危桥33座,完成6个乡镇镇村公交通达工程,新增城乡公交线路14条、投放车辆174辆。加快推进公共事业延伸,二水厂扩建完成,城南水厂开工建设,运北片11个乡镇(街道)45.7万人喝上同质自来水。五是坚持惠民富民便民推进民生实事。进一步完善社会保障体系,城乡低保标准分别提高到310元、240元,五保老人集中和分散供养标准分别提高到4550元、3800元,新农合政策范围内报销比例提高到75%。新建经济适用房1438套、廉租房958套。全面启动新一轮脱贫奔小康工程,发放小额扶贫贷款2.15亿元。启动教育发展三年图强行动计划,制定全县中小学及幼儿园布局规划,实验初中、双语实验学校上海路校区等7所城区学校加快建设,全县新建、加固校舍29万平方米,87辆标准化校车投入运行。县中医院病房楼、妇产儿童医院门诊楼加快建设,康达医院获评二级综合医院;医改“1+2”工程有序推进,村级卫生室实行一体化管理,国家基本药物制度全面施行,新农合结报体系实现村级全覆盖。群众文体活动广泛开展,流行音乐节、春节联欢会、平原林海自行车赛等精彩纷呈。加强社会管理,完成西康、西湖、八堡社区综合服务中心建设,探索社区服务新体制、新模式。切实巩固安全生产形势,全年未发生重特大安全生产事故,连续九年获评省级平安县,蝉联省法治创建先进单位。六是坚持提升服务效能强化自身建设。大力弘扬落实文化,认真施行“五制落实法”,公开通报“不落实、慢落实、假落实、低水平落实”的人和事,确保既定工作落实到位。进一步精简行政审批事项,平均压缩审批时限1.5个工作日,全年办理行政审批和便民服务事项68.8万件,办结率100%。严格执行政府投资工程“三项制度”,重点工程项目信息全过程网上公开,向社会公布509项重点目标任务和35个部门权力运行流程图。“网上泗阳”蝉联中国优秀政府网站,电子政务信息和政务信息工作双夺全省第一。组建成立县企业服务局,开通24小时服务热线,为企业提供优质高效帮办服务;所有行政部门开通官方微博,即时发布政务动态,12345政府服务热线、政行风热线、网络民意直通车等问政平台整合管理、高效运行。农村集体“三资”管理不断规范,荣获全国农村集体“三资”管理示范县称号。开展“争做文明泗阳人,引领社会新风尚”和“美德农民、美满家庭、美丽村庄”创评活动,朱士岭被表彰为全国见义勇为模范,左臣入围“中国好人榜”候选人。

【招商引资】 2012年,县委、县政府深入开展招商引资“春季攻势”、“集中会战”“百日竞赛”等活动,大力实施项目引建“3456”工程,招商引资工作取得丰硕成果。全年引进亿元以上项目72个,完成500万元以上工业固定资产投资124亿元;经市认定开工项目35个、竣工项目20个,竣工项目完成固定资产投资77.16亿元,增长50.7%,完成市下达任务的145.6%。外资外贸实现新突破,实际到账外资6353万美元,列全市第二;实现外贸进出口6.2亿美元,居全市第一。县经济开发区引进工业项目92个,计划总投资110亿元,其中亿元以上项目70个,计划总投资92亿元。

沭 阳 县

【自然概况】 沭阳县位于江苏省北部,地理坐标为北纬33°53′至34°25′,东经118°30′至119°10′,属暖温带季风气候。沭阳县东与涟水县、灌南县、灌云县毗邻,北与东海县接壤,西与宿豫区、新沂市接界，南与淮阴区、泗阳县相连，陆域面积2298平方公里。全县辖1个省级经济开发区、38个乡镇场（街道），年末总人口186.82万。沭阳地势平坦，交通网络四通八达。京沪高速公路在沭阳有四个出口，新长铁路在沭阳设站。2012年，新205、245、326、344等国省干道、湖东至344省道等6条县乡公路与国省干线连接线以及一批乡村道路相继建成，使得沭阳的交通更加便捷。沭阳北去连云港白塔埠机场40分钟，西到徐州观音机场1小时，南往淮安机场40分钟。沭阳县水路畅通，新沂河横贯东西，淮沭新河纵穿南北。

【主要经济指标】 2012年，全县实现地区生产总值480.5亿元，增长12.6%，人均GDP突破3.1万元，二三产业占比达到85.1%，提升1.2个百分点；完成公共财政预算收入48.79亿元，增长30.9%，总量稳居苏北23县（市）第一位、在全省49县（市）中排名第12位，比2011年底提升1位，税收占比达到78.5%，提升6.3个百分点；实现500万元以上项目固定资产投资258.16亿元，增长26.4%。有13个乡镇财政收入超亿元。被省政府表彰为全省财政收入增收先进单位和财政收入质量提升单位。实现城镇居民人均可支配收入17215元、农民人均纯收入9557元，分别增长13.8%、14.0%。实现全社会消费品零售总额108.34亿元，同比增长15.6%。

【工业】 2012年，全年实现工业增加值194.31亿元，增长18.1%，占GDP比重达到40.4%，比上年提升1.2个百分点，完成工业用电量22.48亿千瓦时，增长18.6%。全县新增规模工业企业182户，累计达731户；新增销售收入超亿元企业20家、超10亿元企业2家，总量分别达78家和3家；机械电子产业继木材加工业之后成为沭阳第二个百亿级产业集群，“福庆”牌商标被国家工商总局认定为中国驰名商标，填补全县空白。木材产业成功获批江苏省唯一一家木材特色产业集群。全年实现工业总产值、规模工业增加值、规模工业主营业务收入、工业用电量分别达693.59亿元、155.49亿元、616.12亿元、22.48亿度，同比分别增长26.77%、21.5%、34.0%、18.6%。年销售5000万元以上工业企业研发机构实现“全覆盖”，高新技术产业产值占规模工业产值达17%，比2011年上升10.7个百分点，全社会研发投入占GDP比重预计达1%，比2011年上升0.48个百分点。

【现代服务业】 2012年，全县完成第三产业增加值188.25亿元，增长12.0%，占GDP比重达到39.2%，提升0.5个百分点。沭阳软件产业园新增入驻企业41家，累计达141家，实现税收1.51亿元，被认定为省中小企业产业集聚示范区。网企对接步伐加快，仅沭阳软件产业园一年新注册网店26家、累计达28家；金融服务能力明显增强，新增表内贷款59.91亿元，同比增长33.6%。

【招商引资】 2012年，招商引资考核实现全市“四连冠”，全年引进亿元以上工业项目137个，其中15亿元（或6000万美元）以上项目11个。外资引进首次突破亿元大关，达1.2亿美元，增长180.2%。

【城乡建设】 2012年，县城基础设施配套面积拓展到83平方公里，集中居住人口增加到60万人，被省委罗书记誉为具有一定规模和辐射带动力的“明星县城”。大连路、青岛路、重庆路等9条道路及孙巷桥改造工程顺利完成，总投资4.29亿元的县第二自来水厂一期工程扎实推进，压缩式垃圾中转站建成投入运行。铺设排污排水管道31.3公里。新建改造水冲式公厕6座。新安装路灯2980盏，城区亮化率保持在98%以上。全面完成内沭河、老沭河、柴米河、沂南河生态整治工程。新增绿地面积91万平方米，城区绿化覆盖率达到40.39%。奥韵都城小区入选“省级园林式居住区”、沭中南洋校区和宿迁经贸学院校区入选“省级园林式单位”。沭城镇荣获“国家级生态乡镇”称号。人口集聚效应充分显现。完成房地产新开工面积286.37万平方米、竣工面积147.16万平方米、销售面积123.03万平方米，其中销售面积增长6.3%。33个小城镇总体规划修编通过专家论证。全县集中居住区规划点由134个调整为323个，全年新建住房1.96万套、累计入住农户2.8万户。完成786个村庄环境整治任务、创建7个三星级“康居乡村”，沭阳县被确定为首批“江苏省村庄环境整治工作示范县”、新河镇周圈村被命名为首批“江苏省三星级康居乡村”。

【镇村工业】 2012年，乡镇新开工四层及以上标准化厂房达1034.1万平方米，已经封顶和竣工面积达607.1万平方米，协议入驻项目390个，在省国土厅、经信委组织的高标准厂房建设与使用评选中位居全省第一。

【人民生活】 2012年，牢固确立“发展是为了民生”的理念，不断加大公共财政投入，全年民生保障支出总额达到54.4亿元，同比增长25.52%，占公共财政预算支出总额的70.1%，同比提升2.5个百分点。县人民医院成功创建国家三级综合医院，县中医院获批国家三级乙等中医院。在伦敦残奥会上，沭阳县3名残奥健儿创下4金1银的历史最好成绩。整合39类社会救助资金2.6亿元，发放救助资金2.2亿元，救助11.2万人。投放扶贫小额贷款4.35亿元，连续6年位居全省县级第一，受益农户3.65万户。为65岁以上老人免费体检10.1万人次，全年发放尊老金2.62万人、2108万元，新建居家养老服务中心（站）41个，全县养老服务覆盖率达到55.7%。被国务院表彰为“全国新型农村和城镇居民社会养老保险工作先进单位”。城镇职工、居民参保率分别达到95.3%和98.4%；新型农村合作医疗参合率达99.6%，支出补偿资金4.7亿元。建成经济适用住房1200套、公共租赁住房1505套（间）、限价商品房850套。

【沭阳入选全国百强县】 12月10日，中国《县域经济十年发展报告》正式发布，报告揭晓了第十二届“全国百强县（市）”排行榜，沭阳县首次入选全国百强县（市），名列全国百强县第57位，竞争力等级为A+。

徐 州 市

【徐州市概况】 历史文化　徐州市位于江苏省西北部。古称彭城,夏禹治水时将华夏大地分为九州,徐州即为九州之一,因有“徐夷”人居住而被称为徐州。于1949年设市,是江苏省重点规划建设的四个特大城市和三大都市圈核心城市之一,也是全国重要的交通运输枢纽和历史文化名城,以“楚风汉韵、南秀北雄”的城市特色享誉四方,有“两汉文化看徐州”之说。风景名胜有云龙山、云龙湖风景区、潘安湖湿地、马陵山风景区、吕梁山风景区、淮海战役烈士纪念塔、窑湾古镇、龟山汉墓、汉文化景区(狮子山楚王陵、汉兵马俑博物馆、水下兵马俑博物馆)、戏马台、汉画像石艺术馆、乾隆行宫等。徐州是汉高祖刘邦、东汉光武帝刘秀、楚霸王项羽等人的祖籍和故乡,还孕育了韦孟、刘安、刘向、张道陵、刘义庆、刘孝绰、刘知几、李煜、陈师道、阎尔梅、李蟠、张竹坡、李可染、马可等文化巨子和才人俊秀。徐州是中国银杏之乡、苹果之乡、武术之乡和工程机械之都,主要特产有:丰县的大沙河富士苹果、沛县的冬桃和狗肉、邳州的银杏,以及香包、草编、皮毛兽、烙馍、荅干、牛蒡、小儿酥糖等。

区划人口　总面积11258平方公里。辖5区、3县、2市,113个乡(镇)、41个街道(办事处),2715个村(社区)。年末总人口990万人。2012年度被授予“国家森林城市”称号。

【2012年经济社会发展大事】 1月5日,徐州软件园被科技部认定为国家级科技企业孵化器,这也是继徐州软件园获得省级软件园、省级科技产业园、省级现代服务业集聚区、省级软件和信息服务产业园四块省级牌子后,获得的国家级又一殊荣,将进一步促使其在全国战略性新兴产业发展大局中找准定位,抢占技术创新制高点,促进徐州信息产业发展再上新台阶。

5月18日,“2012年度全球工程机械制造商50强排行榜”在北京公布,徐工集团继续保持全国工程机械行业第1位,历史性跻身全球工程机械行业前5强。2012年,徐工集团营业收入首超千亿元大关,成为全省装备制造行业首家超千亿级龙头企业。

5月29日,云龙湖风景名胜区管理委员会正式成立,统一规划、统一建设、统一保护、统一管理的新体制进一步理顺,景区可持续发展的新动力进一步增强,徐州作为特大型区域性中心城市旅游服务功能将进一步完善提升。

6月30日,徐州市第十五届人民代表大会第一次会议选举产生了第十五届人民政府,朱民当选为市人民政府市长,邹徐文、李连玉、漆冠山、王昊、孔海燕、周宝纯、李燕当选为副市长。

7月1日,徐州市第一条国际航线——徐州至泰国(曼谷)航线正式开通,对提升徐州对外开放水平,深化国际交流与合作,改善投资环境,推动开放型经济发展起到了重要的促进作用。

7月9日,徐州市被全国绿化委员会、国家林业局授予“国家森林城市”称号。徐州自2009年以来植树造林53.5万亩,城市建成区绿化覆盖率达41.9%,森林覆盖率达31.3%,连续十多年位居全省第一位,实现了老工业城市环境由“灰”向“绿”的靓丽转身。

8月19日,经国务院批准,徐州高新区正式升格为国家

高新技术产业开发区,成为苏北地区唯一一家国家级高新区。近年来,徐州国家高新区坚持集聚高端产业、不断提升创新能力、致力促进产城融合,已成为先进制造业基地和苏北科技创新高地。此次升格对徐州融入国家和省科技创新体系,进一步提高区域自主创新能力,加快转变发展方式具有重要意义。

10月,徐州市再获两项殊荣:国家测绘地理信息局授予徐州市“全国数字城市建设示范城市”称号,“徐州市数字化城市管理系统”获2012年度住房城乡建设领域“优秀软件”奖(全国城管系统唯一获奖优秀软件),标志着徐州市在信

息化创新城市建设和管理方面走在了全国前列。

12月3日,徐州市获国家发改委批准,成为全国首批国家资源综合利用“双百工程”示范基地(全省仅苏州、徐州两家),这将进一步优化全市产业结构和布局,加速资源综合利用产业向百亿元级规模化发展,形成较为完善的废弃物综合利用产业体系。

2012年,徐州市完成地区生产总值4016.58亿元、增长13.2%,增幅连续3年全省第一,经济总量由全省第6位跃居第5,在全国地级以上城市排名跃升至第32位,呈现出跨越发展的良好态势。

云 龙 区

【概况】 云龙区原名徐州市第三区,始建于1938年5月。1955年8月,改称云龙区。云龙区位于徐州市城区东南部,是徐州市主城区之一,为全市行政、文化、交通、商贸、旅游中心。全区总面积118平方公里,人口31.36万,辖彭城、子房、黄山、骆驼山、大郭庄、翠屏山、大龙湖、潘塘8个街道办事处,共56个社区、18个行政村。云龙区交通发达,京福、连霍、宁徐高速公路及104国道、徐连一级公路穿境而过,京沪、陇海两大铁路干线在此交汇,毗邻国家民航干线机场—观音机场。商贸优势突出,金融机构集中。辖区有彭城广场、淮海广场两大商业圈和以中国淮海食品城为中心的淮海综合物流园区,区内拥有大型专业批发市场60多个,特色商业街区20多条。云龙区处在徐州特大城市向东、向东南发展的主要方向上,随着规划50平方公里的徐州新城区建设,战略发展优势进一步凸现。古迹荟萃,名胜林立,尤以汇集徐州汉文化的精髓而闻名于世,拥有被称为“汉代三绝”的西汉彩绘兵马俑、汉画像石和1995年中国十大考古发现之首的狮子山楚王陵,以及云龙山、项羽戏马台、北魏大石佛、放鹤亭、乾隆行宫、李可染故居、博物馆、户部

山古民居、民俗文化馆等名胜古迹,其中汉文化景区荣获全国首个“中国环境艺术示范工程”称号,并被评为国家4A级景区;户部山、楚王陵被评为“徐州新八景”,户部山被评为“全国特色文化广场”。名人辈出,近现代著名人士有张大烈、崔道平、李可染、梁中枢、李兰、李海楼、韩席筹、高行素等。

【综述】 2012年,全区实现地区生产总值178.27亿元,增长13.1%;财政总收入完成23.7亿元,增长12.1%;公共财政预算收入完成19.5亿元,增长12.4%,增幅位居主城区首位,其中税收收入增长17.1%;全社会固定资产投资完成212.76亿元,社会消费品零售总额完成198.02亿元,分别增长23.7%、16.2%;实际到账注册外资1.04亿美元,增长48.51%;实现自营出口2.8亿美元,增长59.1%;单位地区生产总值能耗下降3.93%;城镇登记失业率控制在2.35%;人口自然增长率控制在4.9‰。

服务业 全年实现服务业增加值148亿元,增长14.1%,三次产业结构优化为0.84: 16.12: 83.04。功能性载体建设持续增强,43项重大产业项目全部完成序时进度。皇冠假日酒店建成开业,填补了辖区没有五星级酒店的空白;老街坊·徐州老字号、淮海文博园一期、户部山文化城等文化产业项目主体完工;万达广场、绿地商务城、中茵新城商业广场等一批城市综合体迅速推进。大企业大集团培育成效明显,润东集团成为苏北唯一的江苏省首批跨国公司地区总部企业。全区建成市级服务业集聚区7家、在建18家,江苏师大科技园等4家园区入选省现代服务业重点培育计划。

项目建设 突出抓好大项目招商、科技招商、楼宇招商,积极组织各类招商推介活动,签约亿元以上项目7个,出让土地2691亩,新落户全国五百强企业4家。加快推进金融中心建设,引进银行、证券、保险等金融机构,大力培育股权投资、融资租赁等新兴金融业态,全区有股份制商业银行12家、各类非银行金融机构30余家,民生银行、天津股权交易所入驻云龙区。江苏天种牧业于12月26日在上海股权托管交易中心挂牌上市,开启了辖区民营企业进军全国资本市场的新模式。加大对企业“走出去”的扶持力度,江苏中汇贸易公司成立境外分公司,实现了辖区本土企业境外投资和跨国经营的新突破。新兴企业蓬勃发展,新增科技服务、文化创意、生物医药等企业200余家;申报市级以上科技项目19个,完成企业发明专利授权43件、其它专利授权610件。人才支撑能力不断增强,与山东大学、苏州大学等高校建立校地人才战略合作机制,新增高层次人才创办企业22家。

城市建设 全年实施城建重点工程45项。大力实施基础设施建设,拖龙山南路、沟棠路二期、兴云路改造、郭庄路改线等道路工程相继完工,翠屏山消防站、塘坊农贸市场等利民便民设施建成使用,中心医院新城分院、土山寺邻里中心等公益性项目加快推进,城市服务功能进一步提升。全力推进重点项目征迁,三环东路高架快速路、云西棚户区、民主南路改造等征迁全面完成,回龙窝棚户区、奥体中心周边村庄搬迁改造加快推进,全年完成房屋征迁70万平方米,城市发展空间进一步拓展。加大综合开发力度,全年房地产新开工162万平方米,竣工110万平方米。高标准实施保障性住房建设,尚景名庭定销房竣工上房,下洪尚景园、津东雅苑定销房主体完工;茶庵二期、小韩一期等安置房建设有序推进。

城市管理 “大城管”体系逐步健全,长效管理机制日趋完善,综合执法效能进一步增强,城市管理走上规范化、长效化轨道。狠抓市容环境提升,以外创省级示范路、内创幸福家园为抓手,高标准实施整治工程,民主南路顺利通过省级示范路验收;好来花园等7个小区成为全市首批管理有序、环境优美、文明和谐的宜居小区。深入开展“城市环境提升月”等活动,对高铁沿线、25条道路(街巷)、23个村庄进行综合整治,城乡面貌明显改观。进一步提高环卫专业化水平,建成中型生活垃圾转运中心1座,完成16座公厕、3座垃圾中转站升级改造;强化保洁市场化运作监管,道路冲刷率100%,机械作业率80%。始终保持高压态势,不断加大拆违控违力度,拆除各类违法建设30余万平方米,违法用地和违法建设行为得到有效遏制。

生态环境 扎实推进生态文明工程,云龙山敞园一期、彭城广场南广场等一批园林精品工程建成开放,汉源大道等3条道路林荫化提升工程全面完成。全区新增绿地98公顷,绿化覆盖率达43%,建成市级以上园林式单位(居住区、示范村)9个。加强水环境治理和生态修复,故黄河洼地、三道中沟治理工程全面完成,三八河治理工程加快实施。深入开展工业污染源、小餐饮油烟、工地扬尘等专项治理,关闭搬迁化工生产企业6家,实现农作物秸秆“零焚烧”;新创省、市级“绿色社区”、“绿色学校”7家。生态观光农业健康发展,段山村被命名为全国“一村一品示范村”。

社会保障 年初制定的八大类44项为民办实事工程顺利实施。以创业带动就业,全年组织各类就业创业培训3500人次,新增就业2万人,实现失业人员就业再就业1.1万人,“零就业家庭”保持动态清零,土山寺社区被评为“省级充分就业示范社区”。推进企业工资集体协商制度,全区劳动关系和谐稳定。社会保险覆盖范围进一步扩大,养老、医疗等主要险种参保率稳定在98%以上;被征地农民基本生活保障标准逐步提高,全年发放基本生活保障金1148万元。完善新型社会救助体系,落实城乡低保标准自然增长政策,开展助医、助困、助孤、助残等各类救助帮扶,受益群众达6000余人次。发展社会化养老服务,新建社区居家养老服务中心(站)6个,黄山老年公寓被评为全国“模范养老机构”。加大市场价格监管力度,设立全省首家阳光物价驿站,建成平价商店10家,切实为群众带来价格实惠。

社会事业 全面启动教育“四区同创”(创建全国教育信息化试点区,创建省区域教育现代化建设水平提升工程试点区,创建省义务教育优质均衡改革发展示范区,创建省学前教育改革发展示范区)工程,教育均衡化、现代化步伐进一步加快,建成潘塘中学等学校3所,新增校舍4.2万平方米,完成校舍安全加固2.2万平方米,顺利通过全国义务教育发展基本均衡区省级评估。加大学前教育投入,推进5所公办幼儿园建设,规范民办幼儿园发展,全区省级优质园比例达70%以上。大力发展公益性文化事业,成功举办“舞动汉风”、“放声云龙”等系列文体活动。深入实施基本药物零差率销售,药品价格降幅31.6%,全年为群众让利794万元;全面推进社区卫生服务中心提档升级,6家中心全部荣获省“社区卫生服务示范中心”称号。进一步完善社区管理服务体系,切实改善社区基础设施,投入3000万元高标准建成新城蝶梦等和谐社区9个、绿地南等社区民生综合服务中心13个,新增社区服务用房6200平方米。

社会稳定　严格落实领导干部接访下访和重大信访案件包挂制度,深入开展"三解三促"和"四项排查"等活动,有效解决了一批事关群众切身利益的热点难点问题。投入6700万元,深化"大防控"、"大调解"和基层基础建设,平安云龙、法治云龙建设成果持续巩固,"楼长制"、义务巡防"积分制"作为创新社会管理典型被广泛推广,先后荣获省"社会管理综合治理先进区"、"社会治安安全区"、"法治示范区"称号。进一步完善公共突发事件应急救援机制,深入开展企业安全标准化建设,全面启动"全国安全社区"创建工作,安全生产形势保持平稳。放心消费创建工作扎实开展,消费安全环境持续改善,荣获省"放心消费先进区"称号。

政府建设　全年共办理市、区人大代表建议130件、政协委员提案117件,办复率、满意率100%。落实行政执法责任制,连续五年被确认为省"依法行政示范点"。推进行政权力网上公开透明运行,群众的知情权、参与权、监督权得到有效保障。认真开展政务督查,政府执行力进一步加强。全面推进百姓办事"零障碍"工程,切实做好"12345"服务热线工作,政府服务效能得到提高。

泉　山　区

【综述】　2012年,全区地区生产总值完成362.69亿元,增长13.1%;财政总收入完成29.94亿元,增长6.28%,其中一般预算收入完成21.27亿元,增长13.47%;全社会固定资产投资完成212.4亿元,增长23.4%;全社会消费品零售总额259.82亿元,增长16.15%;服务业增加值完成285.08亿元,增长14.8%,占GDP比重达到78.6%。

新兴产业　国内百强软件企业金蝶软件、中盈蓝海等400余家软件、服务外包、物联网企业入驻辖区,软件产业实现产值17亿元,服务外包产业实现产值3570万美元,分别占全市的60.7%、70.3%;制作动画片和影视剧15部、13000分钟,占全市约70%;智慧徐州云计算中心一期工程建成运营;中矿智慧、中矿奥特麦参与制定感知矿山、煤炭筒仓安全国家技术标准,万事达健康物联网被授予"全省物联网应用示范工程";喜剧电影《乌龙鸳鸯智多星》与央视签订播出协议,原创动画片《米粒木匠》入选"国家动漫品牌建设与保护计划",徐州首部数字电影《怕羞的木头人》荣获全国"第四届新农村电视艺术节优秀作品奖";加勒比水世界、欢乐谷国际演艺中心、神采映画电影片场二期工程建成开放,滨湖新天地、南湖水街集聚特色酒吧、高档餐厅50余家;雨润农副产品全球采购中心、苏山商贸物流园等项目顺利推进;苏豪时代广场、祥悦大厦2座楼宇年纳税超千万元,全区年纳税超千万元楼宇达到10座,其中公交大厦年纳税超3000万元。

传统产业　徐矿集团2×35万千瓦上大压小热电联产项目通过国家审批,三环工业用呢等提升式搬迁项目竣工投产,盾安精工科技、均胜汽车电子等高新技术项目落户泉山,促进了工业转型升级。恒盛广场、新世纪大厦主体封顶,金鹰人民广场店建成开业,提升了人民广场商圈的规模和档次;朋购电子商城等电子商务、网购企业发展迅猛,加速了服务业信息化进程。

园区建设　矿大科技园在国内大学科技园排名由第26位上升到第9位,成为全省唯一一家国家A类大学科技园。徐州软件园被新认定为国家级科技企业孵化器和省级国际服务外包示范区,美国IBM、东软集团、联创科技等7家国际知名和国内百强软件企业签约入驻。泉山经济开发区被批准为省级经济开发区,市委、市政府进一步明确了园区目标定位和扶持政策,基础设施建设完成投资1.1亿元,顺达路等3条道路建成通车,发展框架基本形成。徐州动漫文化产业园开工建设,生物技术与新医药科技产业园被认定为省级科技产业园。

对外开放　开展对外交流合作,与美国摩根敦市结成友好城区。成立9个招商小分队,强化专业队伍招商,成功举办"中国徐州软件及服务外包合作交流洽谈会"等专题招商活动,先后签约世界500强美国IBM、韩国乐天、全球十大酒店集团排名第一的洲际酒店、国内百强软件企业东软集团、南大苏富特等国际国内行业领军企业。

科技创新　出台《经济转型和科技创新扶持政策》,区财政投入科技创新专项资金5000余万元,全社会科技研发投入占地区生产总值1.8%;建成科技金融大厦,深圳创新投资公司发起成立的淮海红土创业投资有限公司挂牌开业,中科招商淮海股权投资基金和科技小额贷款公司完成筹备工作;引进北京支点知识产权代理、汇君律师事务所、英才教育等公共服务机构,进一步完善科技创新服务体系。

自主创新　全区累计建成企业研发机构136家,"感知矿山国家地方联合工程实验室"成为全省物联网领域唯一获批的国家级研发平台;组织实施科技成果转化项目50项、产学研合作项目30项,申报专利2500件、授权2349件,国家863项目"中小型煤矿移动式救生舱"试制成功;中矿立兴等7家企业被认定为省"高新技术企业",雷曼机械等35家企业被认定为省"民营科技企业"。成功举办国家"千人计划"专家联谊会暨苏北地区人才战略高端论坛,引进高层次创新创业人才55人,荣获省"知识产权示范区"称号。

城市建设　姚庄工业园、兆禾村等13个征地拆迁项目全面完成,屯里南、茶棚东棚户区拆迁进入扫尾阶段;云龙官邸、金域华庭等房地产项目开工建设;段庄棚户区拆迁加快推进,新淮海西路整体规划基本完成,5宗地块启动建设;碧水湾二期安置小区顺利上房,杏山子、七里沟等续建定销房项目基本竣工,4813、玉潭湖等新建定销房项目主体封顶;梨园南路、西苑休闲公园北道路建成通车,小街巷路灯改造、道路综合整治等项目按期竣工。全年完成拆迁72万平方米;建成安置房65万平方米,整理土地2000余亩,老体育场等12宗地块挂牌上市。

生态建设　珠山景区、科技广场成为全市休闲景点,泉新路绿地等绿化工程按期竣工,新建绿地83.25公顷。卧牛山考古遗址公园完成初步规划,九里湖被认定为国家湿地公园(试点)和省级水利风景区。黄河故道沿线二次综合开发启动实施,拾屯河、侯山窝大沟等11条河道整治、疏浚工程按期完成。开达精细、兰天化工等8家化工企业关停搬迁,节能减排完成年度任务,烟尘、噪声、污水排放得到有效控制。

城市管理　泉山区在徐州市率先建立节假日城市管理应急保障机制,推行控违拆违保证金和物业企业参与控违新模式,城市管理突出问题做到早发现、早处置。累计投资1.2亿元,对216个自管小区和26个城中村实行市场化保洁;新建改建垃圾中转站5座,改造提升公厕17座;综合整治苏堤路、塔东路和科技广场周边建筑物外立面;创建区级幸福家园小区20个。拆除违法建设30余万平方米,清理规范夜市烧烤、大排档50余处。

社会民生　全区新增城镇就业1.7万人、失业人员就业再就业1.5万人,城镇登记失业率控制在3%以内;城乡居民养老保险缴费人数2.1万人,城镇医疗保险参保人数20.7万人;13家社区卫生服务中心完成提档升级,荣获省"社区卫生服务先进区"称号,泉山社区卫生服务中心荣获"国家示范城市社区卫生服务中心"称号;建成社区居家养老服务站15家,其中省级示范站2家;三官庙农贸市场基本竣工,建成农贸市场平价销售区5家、平价商店15家;建成便民早餐示范店10家,荣获省"餐饮服务食品安全示范区"称号。社会救助力度不断加大,发放各类社保资金4526万元、重残补助480余万元、物价和住房补贴125万元。

社会事业　创建市级文明单位(行业、社区)40家,建成街道、社区文化共享工程服务点81个,荣获"江苏省诗词之乡"称号。投资4500余万元,新建改建学校7所、公办幼儿园3所,创建省优质幼儿园10所,西部学校达到省二类装备标准,"国家义务教育发展基本均衡区"通过省级验收。新建市级以上和谐社区7家、社区综合服务中心16家。公共卫生体系不断完善,获得省"卫生监督体系建设达标示范区"称号。低生育水平保持稳定,流动人口计生基本公共服务均等化通过省级评估。社区青少年电子阅览室实现全覆盖,"阳光心港"未成年人心理辅导中心被评为"全国未成年人思想道德建设工作先进单位"。

贾　汪　区

【历史沿革及自然人文概况】　贾汪区位于徐州市主城区东北部,地处苏、鲁两省结合部。2012年末全区总人口51.10万人。全区设7个镇、2个办事处、1个经济开发区。城区面积约26.25平方公里,城市总人口约9.5万人。贾汪地区历史悠久,汴塘、大泉、江庄等地远在商周之前就有人类定居。清光绪六年(1880年)夏,洪水剥蚀地面,贾汪境内初现煤苗,清光绪八年(1882年)胡恩燮始在贾汪掘井建矿,贾汪因矿成区。中华民国17年(1928年)贾汪建镇,属江苏省铜山县管辖。1948年11月8日,贾汪解放后,为铜山县人民政府驻地,贾汪为铜山县第一区。1952年铜山县政府迁出,成立徐州市贾汪矿区。此后又经历徐州市郊区贾汪镇、徐州市贾汪镇、徐州市贾汪矿区,直至1965年11月始定为徐州市贾汪区。1995年经江苏省人民政府批准,贾汪区享有县级管理职能和权限。

贾汪交通便利,京杭大运河、不牢河横贯东西,为水运枢纽;铁路交通有贾汪至徐州专线,前亭至贾汪专线和夏桥、韩桥、旗山等煤运专线;206国道、310国道纵横交错,京福高速公路穿境而过,区、镇、村公路密如蛛网,四通八达。贾汪境内名胜古迹颇多,有大泉窑址、朱古山钓台子、泉旺头古土墩、焦庄等古文化遗址,有大洞山、潘安湖湿地公园、督公湖、小南湖、十里花溪等风景名胜,有佛教圣地茱萸寺。贾汪地区已经发现的大型古墓葬有10多处,普通汉墓群多处。

【综述】　2012年,全区实现地区生产总值192.91亿元,按可比价格计算比上年增长13.8%。其中:第一产业增加值15.19亿元,第二产业增加值103.46亿元,第三产业增加值74.26亿元,分别增长4.7%、15.2%和13.6%;三次产业结构调整为7.9:53.6:38.5。全区人均地区生产总值45401元(按常住人口计算),按当年汇率折算达7192美元。

固定资产投资　2012年,全区规模以上固定资产投资累计完成156.55亿元,增长22.5%。新增固定资产113.83亿元,增长31.8%。重点项目建设稳步推进。全年固定资产投资在建项目199个,完成投资额151.1亿元;3000万元以上在建项目141个,完成投资额145.5亿元;亿元以上在建项目42个,完成投资额70.4亿元。其中,宝丰特钢、天元纸业、大洞山风景区、潘安湖湿地公园累计完成投资19.5亿元。

工业　2012年,全区189家规模以上工业企业完成总产值559.37亿元,增长39.2%;实现销售收入560.80亿元、利税总额58.79亿元、利润30.94亿元,分别增长21.2%、17.4%和0.3%。主要工业产品生产基本保持稳定,产品销售率99.2%,产销衔接状况良好。

农业　2012年,全区实现农林牧渔业总产值28.04亿元,增长12.6%。全区农作物播种面积77.12万亩()。其中,粮食面积60.26万亩(),单产403.4公斤/亩(),总产量24.31万吨,增长3.4%;油料产量0.15万吨,下降20.5%;棉花产量0.12万吨,下降6.9%;肉类产量2.77万吨,增长19.3%。禽蛋产量1.37万吨,增长1.6%。年内,全区生猪出栏量17.89万头,下降2.2%;家禽出栏量403.52万羽,增长3.1%。期末生猪存栏量13.54万头,家禽220.42万羽。全区实有高标准农田16.4万亩(),比上年增加1.2万亩()。全区"三品"(无公害农产品、绿色食品和有机农产品)基地面积达44.22万亩(),占耕地面积91.1%。年内,新通过农产品"三品"认证114个,新增省级名牌农产品1个,新增市级龙头企业5家。年末,全区农业综合机械化水平80.4%,农业适度规模经营比重继续提高。

国内外贸易　全区社会消费品零售总额43.78亿元,比上年增长15.5%。按消费形态分,批发和零售业销售额39.82亿元,增长14.6%;住宿和餐饮业销售额3.96亿元,增长23.5%。实现服务业税收6.51亿元,同比增收3.10亿元,增长90.9%。年末,居民消费价格总指数102.6,物价涨幅明显回落。全区累计实现外贸进出口总额40450万美元,增长48.1%;其中出口13871万美元,增长28.5%。实际到账注册外资7071万美元,增长20.2%;协议利用外资7387万美元。2012年,全区新增外贸获权企业11家,9家新企业开展进出口业务,进出口实绩企业增加到34家。年内,向上争取各类扶持资金1508万元。

科学技术　年末,全区拥有科学技术人员11512人。其中,中高级职称人员5314人。全年共申请专利530件,其中申请发明专利77件,申请企业专利393件,授权专利425件;申报并获批省、市农业科技型企业6家。2012年,全区民营科技企业达到220家,省级及以上工程技术研究中心企业研发机构达到7个;社会科技进步贡献率56%。

教育　2012年,全区各类学校在校学生71070人,招生19548人,毕业生20126人。学龄儿童入学率100%;初中毕业生升学率97.9%,提高0.7个百分点。全年教育支出57364万元,比上年增长31.8%。

卫生　年末,全区共有卫生机构16个(不含诊所等)。其中,综合医院5家,卫生院7家。共有卫生技术人员1709人,其中执业医师538人、注册护士546人、药剂人员120人、检验人员75人等。全年诊疗人次数120.38万人次,增长12.0%;住院61035人、出院60609人,分别增长24.7%和24.9%;医疗卫生支出11831万元,比上年增长27.2%。全区已婚育龄妇女免费婚检率95%;免费孕前优生健康检查率90%。食品检测合格率97.7%。

旅游　年内,成功举办桃花节、登高节活动;荣获"全国休闲旅游示范区"、"中国休闲小城"荣誉称号。2012年,在全市率先开通徐贾旅游专线,全年旅游人数131.75万人次,实现旅游收入3.95亿元,增长77.0%。区政府按照"南有云龙湖,北有潘安湖"的发展定位,经过一年半的精心设计,潘安湖湿地公园于2012年9月29日开园迎客,成为一座集湖泊、湿地、乡村农家乐为一体的休闲公园。

文化事业　全年实现文化产业增加值4.87亿元。年末,拥有文化产业法人单位182家,其中各类学(协)会26家,互联网上网服务、网吧服务20家,文化软件服务4家,广告策划、文化传媒19家,公园管理1家,游览景区管理7家等。年末,全区有线电视用户13.76万户,公共图书馆总藏书量21万册,公共文化设施面积3.95万平方米,公共文化服务设施网络覆盖率达89.0%。

城镇建设　2012年,城区路灯7081盏,比上年增加3355盏;市场运作保洁人数584人,实际保洁面积191万平方米,生活垃圾无害化处理量2.34万吨;新建、改建公厕27座。安置房建设加快推进,危旧房、城中村改造进展顺利;功能性、基础性项目建设力度不断加大,累计完成投资46亿元,茱萸路、泓福路东延等城区12条道路相继建成。

生态建设　年末,城市公共绿地面积154.48公顷,人均公共绿地面积14.3平方米。实施潘安湖塌陷地治理及生态湿地修复工程,栽植湿地水生植物80万平方米,完成土地整治430万平方米、沿湖区域截污管网铺设18公里。2012年,集中开工建设了6家城镇污水处理厂,建制镇污水集中处理设施覆盖率71.4%;地表水好于三类水质比例达66.67%,林木覆盖率23.36%,城镇绿化覆盖率43.37%;环境空气质量良好天数326天,连续5年超过300天。

人民生活全区在岗职工平均工资39463元,比上年增长18.1%;城镇居民人均可支配收入20717元,增长12.9%;农村居民人均纯收入11320元,增长13.1%。城乡居民家庭恩格尔系数35.7%,其中城镇35.0%,农村35.4%。年末,全区城乡居民人均储蓄存款15712元,比上年增加2696元。

社会保障　全区城乡居民社会养老保险参保登记缴费12.53万人。城乡基本养老保险覆盖率98.5%、城乡基本医疗保险覆盖率99.8%、失业保险覆盖率95.5%,比上年分别增长0.3个、0.4个和0.1个百分点。年末,社会福利床位2220张,比上年增加370张。抚恤事业支出929.5万元,增长19.4%。城镇最低生活保障支出267.53万元,农村最低生活保障支出1010.51万元,分别增长9.0%和30.7%。全区被征地农村居民基本生活保障实现全覆盖。

平安创建　2012年,全区共破获案件521件,八类案件破获率达96.8%;共抓获各类违法分子2632人,其中刑事案件人员868人;摧毁犯罪团伙26个,共缴获赃款、赃物322万元。刑事案件结案262件,民事纠纷案件结案555件,结案率均达到100%。人民群众社会治安满意率达95.5%,平安贾汪建设扎实推进。

鼓　楼　区

【自然人文概况】　鼓楼区位于徐州市区北半部,是徐州市主城区之一,始建于1938年,原名徐州第一区。1955年,因境内有明代建筑—鼓楼而更名为鼓楼区。全区现辖琵琶、黄楼、环城、丰财、牌楼、铜沛、九里7个街道办事处,60个社区(村),总面积64.6平方公里,总人口34.6万人。区内有京杭大运河、龟山汉墓、汉城、黄河故道、九里山古战场、古彭城地下城、"五省通衢"牌楼、镇河铁牛等众多历史遗迹和文化景点。

【综述】　2012年,全区地区生产总值完成155亿元,同比增长13.5%;公共财政预算收入完成14.1亿元以上,增长12%以上,其中税收收入增长17%以上;固定资产投资完成202亿元,增长25%;社会消费品零售总额完成195亿元,增长18%。两家街道办事处税收增幅超过20%,12个部门荣获市级以上奖项43个,其中省级11个。

服务业老牌楼商业街区提升改造基本完成,金鹰二期完成规划设计,彭城壹号"一卡通"启用,兵工路综合改造、物资市场联动搬迁全面推进,拉动中心商圈向北延伸、老城空间向北发展。和信广场商业综合体助推淮海广场鼓楼板块复兴,家乐福、卡地亚等50余家国内外知名品牌签约入驻。金驹物流园二期主体基本完工。创意68二期部分完工,民主北路完成整治,为建设文化休闲一条街打下基础。淮海经济区最大的植物园建成开园,圣旨博物馆新馆建成开放并通过3A级景点验收,龟山景区提升一期工程基本完工,故黄河二次开发、文庙历史文化街区规划有序推进,彭城壹号、龟山汉墓、创意68入选"彭城新十景"。入选省现代服务业"十百千"计划项目4个,金驹物流园、金地商都集团、物资市场营业额(交易额)分别超60亿元、70亿元、120亿元。

开放型经济　全年组织开展各类招商活动80余次,吸引"客商到区考察115批次。成功举办首届中国徐州(八里)家具行业发展高端峰会、鼓楼(上海)文化产业投资推介会、中国徐州文化创意产业园区投资推介会等特色招商活动,在市重大招商活动上共签约项目12个,签约总额207.5亿元,协议利用外资9000万美元。总投资150亿元、建筑面积396万平方米的鼓楼万科城即将开工,由省人民医院、三胞集团、美国NEA基金联合投资10亿元、占地122亩的新里程国际医院正式落户。全年实际到帐注册外资完成4599万美元,自营出口完成2亿美元,增长37%。

房地产业　全年收储土地13宗、1349亩,挂牌成交11宗、1520亩,居主城区之首。新开工商品房90万平方米,竣工55万平方米,成功举办"走进美好新鼓楼"房展会。实施西阁里、兵工路二期、下淀立交桥扩容等8处棚户区改造,完成房屋征收14万平方米。6395套定销商品房加快建设,其中小朱庄定销商品房基本完工,沈孟路、鹰球皮革定销商品房加快实施。

城市建设　年初确定的55项城建重点工程进展顺利。改造解放北路、环城路等道路4条,建成八里公交首末站,下淀立交桥扩容、三环东路高架快速路等项目加快实施,整治小街巷29条,设置公共自行车1467辆、点位65处。群众期盼多年的北区长途客运站完成规划选址,集农贸市场与社区服务为一体的琵琶花园邻里中心即将开业,提升改造公厕17座,更新小型垃圾中转站3座。投入800万元完成村庄环境整治12个,投入6000万元完成截污管网建设2.6公里。荣获市“创森”工作优秀单位,祥和公园改造、煤港路绿地如期完工,主次干道绿化提升12条,新增绿地80公顷。

城市管理　初步落实街长、片长专职化,公开招聘协管员60名,城管力量进一步充实。投入500多万元整治11条城市出入口,拆除违章建筑30.6万平方米,整治门头字号、户外广告、LED屏500余处。“外创示范路、内创幸福家园”活动深入开展,中山北路、民主北路通过省级示范路验收。投入1000余万元提升小区48个,打造区级幸福家园40个,参评市级幸福家园7个。51个背街小巷、老旧小区专项整治工作在主城区领先。投入1200余万元,进一步加强环卫保洁市场化全覆盖工作。

民生幸福　2012年城市居民可支配收入、农民人均纯收入分别达到27100元、12220元,分别增长13.5%、13.6%。事业单位绩效工资全面执行。新增就业1.12万人,城镇登记失业人员实现就业再就业7155人,免费培训就业再就业人员1350人,城镇登记失业率控制在4%以内。新建平价蔬菜直销店18家。投入142万元修缮直管公房137户。城镇基本养老保险、居民医疗保险、职工医疗保险参保率分别达到98%、99%、99%。居家养老实现全覆盖,新建居家养老服务站6个,创建省级示范居家养老中心1个。发放“尊老金”420万元,受益老人6650名。残疾人基本实现“人人享有康复服务”,发放重残补贴、生活救助金272万元。

生态环境　全年全区单位GDP能耗下降3.9%,搬迁关闭化工企业14家,关闭小工业企业34家、治理33家,产业结构持续优化,有力地促进生态环境改善。完成丁万河综合整治工程前期工作,完成祥和公园、煤港路绿地、润和园绿地等绿化工程,增绿85.19公顷,其中新增公园绿地58.04公顷,其他绿地27.15公顷,实施立体绿化2公顷,全区人均公共绿地面积达到10.8平方米,绿化覆盖率达42.56%。

科教文卫　高质量通过义务教育基本均衡区省级评估。新建公办幼儿园3所,校舍安全工程完成年度计划的145%,居全市首位。集教师发展中心、老年大学为一体的教育培训中心建成运行。基本药物制度全覆盖成果持续巩固,投入1231万元实施社区卫生服务中心提档升级。新增专利授权335件,发明专利授权36件,企业专利申请240件,分别增长71%、57%、58%,增幅均居全市前列。6家省、市级现代服务业集聚区集聚能力进一步增强;服务业固定资产投资完成185亿元,增长24%;服务业增加值完成105亿元,增长15%。人口自然增长率控制在6‰以内,出生人口政策符合率达到95%以上,出生人口性别比控制在110以内。城市文明程度指数实地测评主城区第一,未成年人思想道德建设实现了“一校一品”。双拥共建扎实开展,全市首家军地共建救灾物资储备仓库建成使用。

社会稳定　“平安鼓楼”、“法治鼓楼”建设深入推进,“六五”普法扎实开展,社会稳定风险评估、矛盾纠纷排查调处、社会治安防控等机制不断完善,23个社区通过省、市级民主法治社区验收。受理法律援助552件,矛盾纠纷调解成功率98.8%,居主城区第一。和谐社区建设深入开展,38个社区达到省和谐社区标准。“百日百案”、“四项排查”等专项活动成效明显,投入465万元化解信访积案25件,实现重大活动期间进京上访“零登记”。安全生产责任制全面落实,应急管理体系进一步完善。

政务建设　修订完善《鼓楼区行政执法责任制规定》等4项制度。百姓办事“零障碍”工程深入实施。深入推进“三解三促”活动,走访慰问困难群众1360户,解决各类实际问题956件。认真执行人大及其常委会的决议和决定,自觉接受人大法律监督和政协民主监督,认真办理人大代表建议和政协委员提案,办结率保持在100%,代表和委员满意率达98%以上。政府信息公开扎实推进,行政权力网上公开透明运行走在全市前列,鼓楼网上政务大厅运转良好。

铜　山　区

【概况】　铜山区环抱徐州市,总面积2010平方公里,总人口130余万人,辖20个镇、1个农场、8个街道办事处、1个国家级高新区,设319个村(居)委会,其中村委会312个、居民委员会7个。境内有微山湖生态旅游区、吕梁山风景区、彭祖故里、楚王山汉墓群、千佛洞、北洞山汉墓、拔剑泉等名胜古迹。2012年,居全国“百强县”第41位,提升12位,继续保持苏北第一。

【综述】　2012年,全区实现地区生产总值665亿元、增长14%;财政总收入106.8亿元、增长20%;公共财政预算收入49.32亿元、增长20%;完成全社会固定资产投资478亿元、增长22.4%;吸引亿元以上项目100个,实际到账注册外资2亿美元,主要经济指标增幅高于省、市平均水平,继续保持苏北第一。

工业　2012年,全区主导产业逆势增长。安排5000万元“传统产业加速调整及创新型经济培育扶持资金”,支持企业加大有效投入,提升科技创新能力。50项重大产业项目完成投资225亿元,美驰车桥(二期)等28个项目竣工投产,徐工重卡、徐钢集团1280立方米二号高炉等项目扎实推进。规模工业总产值达2350亿元,食品、冶金、机械等五大主导产业产值突破1500亿元。大企业、大集团培育成效显著,规模企业发展到475家、净增11家,维维集团销售收入达220亿元,徐钢集团销售收入超百亿。

农业　2012年,铜山区粮食总产88.44万吨,实现“九连增”。全区蔬菜种植面积125万亩,新增高效农业面积15万亩。国家现代农业示范区场部区规划、示范区综合服务中心及核心区主题工程建设规划编制完成,建成南农大(铜山)食用菌科研工作站等6个产学研基地。农业产业化水平显著提升,瑞克斯旺蔬菜展示基地、徐村食用菌产业园等50项农业产业化项目完成投资19.1亿元。农业龙头企业新增产值361.6亿元,增长32.1%。三品认证有效数达到707个,继续保持全省首位。秸秆还田86.3万亩,新建沼气池用户1050户。主要农作物生产机械化综合水平达到88%。参与组织和保障全国春季农业生产工作现场会,成功举办全国食用菌年会,巩固了铜山农业全省领先的位置，进一步扩大了铜山农业在全国的影响力。省农村改革试验区建设全面启动，财政投入1500万元扶持培育农业社会化服务主体，各类农民专业合作社发展到1350家，完成土地流转面积21.15万亩，土地适度规模经营占比达80%。加强村级“四有一责”(有持续稳定的集体收入、有功能齐全的活动阵地、有先进适用的信息网络、有群众拥护的双强带头人、强化村党组织领导责任)建设，对全区所有村级综合服务中心实施改扩建，村级集体经济收入均达到10万元以上，被评为“省‘四有一责’建设工作示范县”。深入实施美好城乡建设行动，完成449个村庄环境整治任务，京沪高铁沿线村庄环境整治通过验收，新栽树木20余万棵，硬化道路46万平方米，新建休闲广场400余个，85个村建成新农村示范村。废黄河铜山段治理(二期)竣工并通过验收，疏浚农村河道55条，完成高标准农田建设5.7万亩，实施“一事一议”奖补项目215个，修建道路196公里，完成5.45万人的饮水安全工程及2万户农村改厕任务，被评为“全省农业综合开发先进县”及“全省水资源管理示范县”。发放扶贫小额贷款1.2亿元，为39个经济薄弱村购置扶贫农机，2.2万农民实现脱贫。农业保险保费收入6100余万元，荣获“全国农业保险示范县”称号。

招商引资　2012年，铜山区招商引资工作坚持县域经济和城区经济两擎并进，突出国家级高新区创建和国家现代农业示范区建设，突出新兴产业培育和主导产业提升，突出现代服务业发展和旅游产业振兴，一手抓项目招商，一手抓增资扩股，招商引资工作获得跨越式发展。全区开工项目、合同项目共计165个，投资总额440.5亿元。其中，开工项目107个，计划投资总额287亿元；合同项目58个，计划投资总额153.5亿元。全年实际到帐注册内资158亿元，完成市政府下达任务132.8亿元的119%，继续居徐州市之首。全区新批外资企业44家，实际到账注册外资2亿美元，完成市政府下达外资任务1.643亿美元的122%，总量继续保持全市第一。

外贸　2012年，铜山区外贸出口完成5.2亿美元，同比增长189%，完成市政府下达任务的152%，处于全市前列。进出口呈现六大特点，一是有进出口实绩的企业数量大幅增加，全年全区有进出口实绩的企业达134户，净增31户。二是企业开拓国际市场的意识增强，开展贸易国家和地区达67个，比上年增加5个。三是机电产品成为外贸出口的主导产业，机电产品出口达1.4亿美元，占比26.4%。四是生产企业出口增势强劲，外商投资企业出口增势平稳。五是一般贸易和加工贸易出口高位增长。六是新增长点贡献突出，新增4家企业出口达1.7亿美元，拉动全区约60个百分点。

现代服务业　2012年，铜山区现代服务业加快扩张。财政支持1000万元引导资金，支持服务业加速发展，服务业占比提高1.2个百分点。发放家电下乡补贴2380万元，实现社会消费品零售总额118.5亿元，增长18%。完成自营出口5.3亿美元，增长93%。现代物流业发展迅猛，申鑫建材、苏果超市等大型物流仓储项目顺利竣工，江苏盛联科技创业园、大学生创业园产业化基地等5家获批市级现代服务业集聚区。文化产业逐步壮大，江苏师大邻里文化创意产业园进入实施阶段，原动力文化发展公司入选市文化产业示范基地，动漫、数字出版等新兴产业迅速成长。企业债券发行工作进展顺利，金融机构存款余额突破400亿元，贷款余额269.16亿元，华泰证券、东吴证券入驻并正式营业，交行铜山科技支行成立，金融支撑经济发展的动力和后劲进一步增强。

城乡建设　2012年，铜山区配合徐州市编制完成城镇、交通、产业、基础设施及环保等专项规划。按照“一路、一河、一廊、六大片区”发展思路，修编完善铜山区总体规划。五大类50项城建重点工程整体进展顺利，娇山湖商务区绿化、楚王山汉墓群遗址公园绿化等一批景观园林工程相继竣工，无名山公园敞园迎客。徐海学院新址、市第一人民医院新址落户铜山。建筑业持续健康发展，总产值达235亿元，实现利税16.5亿元。房地产市场健康平稳运行，成功举办第三届魅力铜山房展会，打响“乐居铜山”品牌。310国道改造提升、拾屯连接线、时代大道西延等路网建设按时完工，“亿吨大港”疏港公路(一期)建成并通过验收。吕梁风景区主干道、中山路南延、玉带大道拓宽、湖西航道治理等重大项目扎实推进。保利迎宾馆、科技创业大厦等功能性项目顺利实施。北京路、黄河路和一批县级道路改造竣工，完成农村公路危桥改造24座。镇村公交工程扎实推进，公共交通公司化经营率、城乡客运一体化覆盖率和行政村班车通达率均达到100%。城乡管理精细化水平进一步提升。数字化城管系统投入运行，街长、片长制全面推行，市场化保洁、垃圾收运体系等城乡管理长效机制逐步形成。开展北京路、南京路、同昌街示范路创建，规范停车秩序和户外广告、门头字号设置，大力度整治占道经营，城区秩序进一步优化。促进城市管理模式向中心镇延伸，汉王镇、利国镇通过全市首批中心镇创建达标验收。

徐州高新技术开发区 2012年8月经国务院批准，徐州高新区升级为苏北首家国家高新区。“以升促建”成效明显，建立了矿山物联网科技产业联盟、省博士后创新实践基地等创新服务平台，徐工液压件等高新技术项目扎实推进，科教集聚区(二期)开工建设。云意电气成功上市，财发铝业、三维医疗在天交所挂牌。成功承办中国(徐州)第二届安全科技产业协同创新推进会，徐州矿山安全装备科技产业园被认定为省级科技产业园，高新区科技创业服务中心获批省级孵化器。新增国家高新技术企业12家，高新技术产业产值突破千亿元大关，增长80%，高新区成为全市创新型经济发展高地。

环境保护　2012年，铜山区严格落实节能减排刚性措施，坚决淘汰能耗高、污染重的落后产能，单位GDP能耗下降4.4%，化学需氧量、氨氮、二氧化硫、氮氧化物排放量完成年度任务。实施钢铁行业综合整治，钢铁企业“冒黄烟”问题得到有效治理；全面加强秸秆禁烧，大力推广秸秆综合利用技术，大气质量良好以上天数达到325天。建立故黄河、顺堤河、闸河等3个自然湿地保护区，加强流域水环境综合治理，国控重点断面水质基本实现达标。实施“二次进军荒山”、104国道等绿化重点工程，完成成片造林面积2.5万亩，城镇新增绿地260公顷，城镇绿化覆盖率达41.8%。郑集、柳泉、单集等6个镇污水处理厂及管网开工建设，10个镇级卫生院完成医疗“两废”安全处置系统建设，全区50%的镇级农贸市场达到生态区创建要求。三堡、棠张通过国家级生态镇考核，柳新、利国、汉王等6个镇通过省级生态镇考核，徐州高新区荣获“省级生态工业园示范区”称号，市级生态村实现全覆盖。

劳动保障　2012年，铜山区新增城镇就业1.25万人，城镇登记失业人员再就业6045人，城镇登记失业率为2.3%；新增农村劳动力转移1.56万人，完成实用技术及创业培训11万人次,新招聘医疗、卫生、教育等领域公教、技术人员196名,荣获“江苏省就业先进单位”称号。城镇居民人均可支配收入达到23260元、增长16%,农民人均纯收入达到12695元、增长16.1%。城乡居民养老保险参保率达99.9%,基础养老金发放率达100%,区人保局被国务院评为“全国新型农村和城镇居民社会养老保险工作先进单位”。城市低保标准提高到每月440元/人,农村低保标准提高到每月240元/人,向困难群众发放物价补贴328万元,救助特困职工1200人。新农合参合率100%,居民健康档案建档率79.4%,继续实行药品零差率销售,被授予“全省新医改先进县(市、区)”和“全省农村中医药工作先进单位”。

社会生活　2012年,铜山区全年累计发放救灾款(物)99万元,救助1.3万人次。投入建设资金314万元,实施“关爱工程”附属设施项目7个。全区共有五保对象6384人,其中集中供养4324人,集中供养率达67.73%。五保集中供养标准从每人每年5500元提高到每人每年6300元,分散供养标准从每人每年3000元提高到每人每年3800元。逐步实现以乡镇敬老院集中供养为主体、包户抚养为补充的五保供养形式。全区民办养老福利机构核定8家,床位850张。城乡困难群众医疗救助实现同步结算,最高上限提高到4万元,远超市规定的最低2.5万元的标准。特殊残疾人救助工作全面启动,从2012年1月补发。对565名孤儿每人每月救助155元,共发放资助金105万元;大病救助44人,救助金50.73万元;慈善助学81人,支出18.9万元;临时救助4人,合计1.3万元;全年慈善救助支出175.93万元。全年救助城市流浪乞讨人员47名。为91名贫困唇腭裂患者免费手术,免除医疗费用54.6万元。

科技　2012年,铜山区新增博士后创新实践基地1家,省工程技术研究中心11家,市级工程技术研究中心235家。全年引进各类高层次人才225名,其中国家千人计划1人、江苏省高层次创新创业人才1人、江苏省企业博士集聚计划项目人8人、江苏省苏北发展急需人才6人。全区共建有省级以上研发机构60家,其中省级工程技术研究中心44家、工程中心3家、技术中心4家、院士工作站3家、博士后科研工作站6家。市级工程技术研究中心达465家,实现465家规模以上工业企业研发机构全覆盖。全年获批市级以上科技计划项目49项。其中,国家科技计划项目22项、省级科技计划项目7项、市级项目20项。争取上级科技扶持资金1128万元。新增国家高新技术企业12家、省高新技术产品157个。获批省级农业科技型企业2家、市级农业科技型企业5家、市级科技型农业专业合作社7家。全区共拥有国家高新技术企业37家、省级高新技术产品498个。全年共组织申报国家专利4128件、获国家授权专利1909件,专利申请量、授权量位居徐州市榜首。组织企业申报PCT专利5件,获资助资金18.86万元;组织申报省科技成果转化专项资金项目6项。组织11个项目申报省科技成果转化风险补偿,共争取资金1450万元。铜山区被命名为全国唯一的“星火计划”示范基地。

教育　2012年,全区义务教育阶段入学率100%,初中巩固率99.5%,高中阶段入学率95.5%,学前3年幼儿入园率95%。投入资金1015万元,添置学生课桌凳20000套、多媒体(电子白板)104套、电脑968台、图书12.3万册。全区高考二本以上上线3114人,本科上线人数在徐州市县(市、区)中继续高居首位。在2012年江苏省职业技能大赛中张集中专代表队获得2银10铜的成绩,铜山中专参加市技能大赛取得1金1银的好成绩。在全面启动中小学塑胶操场建设的基础上,2012年投入工程资金1.29亿元,新建教学楼25栋,面积7.6万平方米。2011—2012学年度,累计发放各类资助资金、困难学生补助费43276人次、2747.615万元,发放助学贷款3668份、2035万元。

卫生　全区参加新型农村合作医疗人员共110.12万人,参合率100%。全年基金补偿33218.9万元。其中,门诊补偿288.3万人,补偿资金6478.72万元,较上年增加3641万元;住院补偿93135人,补偿资金26740.18万元,较上年同期增加9453万元。住院补偿封顶线由10万元提高到15万元。全区所有镇均达到农民健康工程先进镇标准。新建卫生室21所,改扩建卫生室6所。全区组建区级健康管理服务团队8个,镇级健康管理服务团队110个。完成对在岗乡村医生全员免费培训。全区基层医疗卫生机构累计零差率销售药物2.35亿元,让利2.58亿元,药品降幅53.33%。建立健全了疫情报告网络系统和疫情报告制度。全年完成门诊量196.44万人次,基础护理合格率达100%。孕妇死亡率5.22/10万,新生儿死亡率0.57‰。孕产妇系统管理率99.17%,住院分娩率100%,高危管理率100%,7岁以下儿童保健管理率99.51%,3岁以下儿童系统管理率99.68%。

文化　体育　2012年,全区新建镇村级广场近300处。全区314家“农家书屋”全面建立信息管理系统,新配图书81000册。铜山镇文体站获“全国文化信息资源共享工程·公共电子阅览室示范点”称号。继续实施文化下乡“三送工程”,全年送电影5000余场,送戏100余场,送图书下乡20000册。楚王山汉墓群保护规划获国家文物局审批,智能化安防系统全面完成。配合清华大学文物保护研究所编制北洞山汉墓及茅村汉画像石墓保护规划。配合徐州市黄河故道沿线二次开发历史文化建设工程,初步确定吕梁历史文化景区和楚王山遗址公园两处历史文化建设工程项目。在2012年第八届深圳文博会上,与万象置业集团就邻里文化创意产业园项目现场签约,项目占地123亩、建筑面积26.4万平方米,总投资额15亿元。全年共查处违规网吧23家,取缔无证照经营游艺室4家、书摊8家、KTV4家,收缴盗版图书27000余册、盗版光盘1200余张(盘),取缔非法无证印刷、复打经营窝点6家。全区新建体育健身场地40余处。培训社会体育指导员280余人次,参加健身活动人数53.7万余人次,占全区总人口40%以上。承办并参加全国U13女子篮球比赛,获得第二名。承办并参加全国U16女子排球比赛,取得第一名。参加江苏省县级田径比赛取得2枚金牌,2枚银牌和1枚铜牌。参加徐州市第二十届运动会获县区组金牌第一名,金牌总数165枚。

丰　县

【综述】　2012年,丰县累计完成规模以上固定资产投资127.33亿元,同比增长22.5%。全年实现地区生产总值228.73亿元,按可比价计算同比增长13.7%。其中,一产46.39亿元,增长5.6%;二产103.82亿元,增长17.4%;三产78.52亿元,增长14.0%。三次产业结构调整到20.3∶45.4∶34.3,二三产业占比提高到79.7%,比年初提高0.8个百分点。

城市化率进一步提高,全县城市化水平达到44.4%,比上年提高1.7个百分点。全年完成财政总收入30.55亿元(原口径,含基金),同比增长21.0%;其中地方一般预算收入24.92亿元,同比增长26.7%。完成税收收入20.34亿元,同比增长27.7%,对地方一般预算收入增长的贡献率为81.6%。全年一般预算支出47.61亿元,比2011年增长17.8%。财政支出结构不断优化,突出关注文化、科教与医疗卫生。全年教育支出10.28亿元,增长24.1%;医疗卫生支出4.34亿元,增长18.2%;科学技术支出0.95亿元,增长254.8%;文化体育与传媒支出0.59亿元,增长117.4%。

“三重一大”项目　全年招商签约亿元以上项目43个、10亿元以上项目7个、20亿元以上项目3个。2012年开工建设重点项目81个,完成投资82.9亿元,其中“三重一大”项目34个,完成投资56.9亿元。丰沛铁路复工,尾水导流工程开工,黄河故道二次综合开发启动。丰城闸站、吉林森工二期、锦江商贸城等一批重大项目基本竣工。奔腾橡胶、财富城等一批重大项目加快建设,欢乐城城市综合体、复新河治理等项目提前开工建设。美好家园建设等5项事关改革发展稳定的大事稳步推进。

园区建设　按照规划引领、基础设施先行、产业招商、龙头企业支撑的要求,加快推进“一区八园”(开发区及锡丰工业园、盐化工产业园、机械铸造园、商贸物流园、电动车产业园、食品和农副产品加工园、高新技术产业园、光伏—现代农业产业园)建设,重点打造电动车产业园和高新技术产业园。经济开发区业务总收入突破600亿元,成为丰县发展最快、活力最强的经济增长极。电动车产业园累计完成投资6.5亿元,绿源电动车、小刀电动车、立华注塑件、科亚智能控制器等10个项目开工建设;高新技术产业园累计完成投资2亿元,江煤科技矿山安全设备、德尔重工智能挖掘机、信尔胜压缩机等5个项目开工建设。

工业　2012年,全县工业实现增加值73.42亿元,同比增长18.1%。新增规模以上工业企业(年销售收入2000万元以上企业)13家,规模企业总数达到284家。全年规模以上工业企业累计实现总产值329.62亿元,同比增长43%,实现增加值78.02亿元,同比增长23.4%。全县全年工业用电量9.61亿度,同比增长74.3%。销售收入超亿元企业31家,其中李堂煤矿、银龙电缆、佳合食品3家企业突破10亿元。盐煤化工、电动车、食品及农副产品加工、机械制造等四大主导产业完成工业产值400亿元,占工业总产值的比重提高到96.6%。创新能力不断增强,新增高新技术企业4家、省市级企业研发机构129家,新建校企联盟企业30家,高新技术产业产值占比32%。申请专利1180件、专利授权358件,被评为江苏省知识产权战略示范县。金泰甘薯淀粉、润球肥业获省著名商标认定,佳合牌鸭制品获省名牌产品称号。

农业　2012年,实现农业增加值46.6亿元,增长5%。粮食生产实现九连增,总产52.89万吨,同比增长3.5%;蔬菜总产170.11万吨,增长16.5%;棉花总产1.54万吨,增长18.6%;果品总产58.22万吨,增长2.0%。全年实现畜牧业产值19.37亿元,同比增长16.0%。生猪饲养量101.08万头,比上年增长6.7%;羊饲养量119.65万只,增长6.7%;家禽养殖5126.48万羽,增长6.6%。全年实现肉类总产量15.14万吨,比上年增长13.3%;禽蛋总产量6.63万吨,增长13.5%。高效农业新增6670公顷,首羡洋葱、范楼牛蒡基地被认定为江苏省出口农产品示范区。设施农业新增3782公顷,被评为全国食用菌产业化发展示范县。新建50亩以上规模养殖场26个,创建市级以上生态健康养殖示范基地10个。实施果业振兴计划,建成国家级出口果品质量安全示范区、中国森林食品(果品)产业示范基地。新增“三品”(无公害农产品、绿色食品、有机食品)认证基地8542.6公顷,新增龙头企业37家,创建市级以上“五好”(服务成员好、经营效益好、利益分配好、民主管理好、示范带动好)合作社34家。落实惠农政策,累计发放农资农机综合补贴1.34亿元,全县农业综合机械化水平达78%。全面启动新一轮扶贫开发,4.8万人实现脱贫。总投资4.52亿元,完成农村河道疏浚整治、小型农田水利重点建设等18项水利水务工程,被授予全国农村饮水安全工程示范县、全国农田水利基本建设先进单位。

服务业　完成服务业增加值81.6亿元,占地区生产总值比重34%。新增限额以上贸易业、规模服务业企业47家,23项重点服务业项目有序推进。总投资15亿元的雨润国际广场开工建设,总投资20亿元的红星美凯龙城市综合体成功落户,投资规模和单体规模均创历史新高。深入开展市场建设突破年活动,苏鲁豫皖果蔬批发市场二期和西苑、北苑等城区7大市场建设有序推进,改造完成6个镇级标准化农贸市场。4个市级现代服务业集聚区加快发展,总交易额突破50亿元。培育发展家政服务、广告会展、电子商务等新兴服务业中介机构16家,建成丰县特色早餐示范店10家。金融机构存款余额168亿元,增长15.5%。丰县农村商业银行挂牌营业,莱商银行丰县支行活动获得批准,筹备建设邳州农商行丰县支行,启动建设城市投资发展银行。百年梨园成功创建省四星级乡村旅游点,汉皇祖陵景区、文博园开工建设。

城市建设　城区面积扩展到53.1平方公里,城市化率提高到45%。县城新一轮总体规划、古城区修建性详细规划和13个建制镇总体规划编制完成。火车站与省道321、322连接线建成通车,解放东路改造进展顺利,西城路、支农中路、支农北路、书院街道路及建筑立面改造完成。铺设城区雨污、供水、天然气等市政配套管网35公里。荟苑小区、侯园小区等13个老小区改造基本完成。人口家庭公共服务中心建成投入使用,新城区人民医院一期主体工程基本完工,新城区客运站进展顺利。开工建设紫金花园、凤凰嗪、翡翠城一期、香榭里、壹品城邦等住宅小区55万平方米,竣工33万平方米;建设安置房35万平方米,经济适用房、廉租房、公租房及开发区农民安置房等一批保障性住房建设进展顺利。开展城区洗车场点治理、交通秩序整治等专项行动,完成刘邦广场夜市搬迁和百货大楼拆除工作。

生态环境　推进国家级生态县建设,凤城镇率先建成国家生态镇,华山、赵庄等7个镇通过省级验收。实施“四河”(丰沛运河、东营子河、白衣河、太行堤河)沿岸畜禽场污染源搬迁,复新河沙庄桥断面水质明显改善。大力推进农村环境综合整治,14个镇级垃圾压缩中转站建成运行,9个镇级污水处理厂基本建成。坚持“绿色丰县”建设,完成造林1.4万亩(),全县森林覆盖率居全省第一位。丰黄路、南环路、河滨路、北苑路景观绿化改造完成,城区绿化覆盖率38.1%。加大农业综合开发力度,治理土地面积5.25万亩。新修农村道路160公里,改造危桥21座。加快中心镇和新农村建设,欢口镇被命名为市级重点中心镇，华山镇、赵庄镇被评为市先进镇，新增市级新农村示范点28个，建成环境整洁村104个。

社会保障　全年新增就业8100人，城镇登记失业率3.01%。城乡居民养老保险参保率99%，基础养老金发放率100%，新增居家养老服务中心（站）10个，企业退休人员养老金月人均增加186元。新农合覆盖率99.8%，城乡医保基本实现应保尽保。全年发放城乡医疗大病救助资金2585万元、城乡低保金9139万元、80岁以上老人尊老金1343万元。丰县残疾人托养中心投入使用。

社会事业　实施10大类46项为民实事，有效改善群众生产生活环境。开展教育现代化创建，建成市级标准化学校122所。投资7900万元实施校舍安全工程，丰县特教中心主体工程完工，启动丰县职业技术学院筹建工作。引进高层次紧缺急需人才126人。丰县第一家数字影院建成运营，完成农村有线电视数字化整转9.9万户。启动全国武术之乡创建工作，成功举办CCTV－5“武林大会—走进丰县”。医药卫生体制改革有序推进，创建省级示范卫生院2所，通过省级农村中医药工作先进县评估验收。执行最严格的土地保护政策，实现省“土地执法模范县”五连冠。彰显“情义丰县”品牌影响力，代表人物渠立强入围“2012感动中国人物”。

沛　县

【综述】 2012年，完成地区生产总值430亿元，增长14.5%；公共财政预算收入达到39亿元，增长22.1%；规模以上固定资产投资289.4亿元，增长22%；社会消费品零售总额127亿元，增长17.5%；城镇居民人均可支配收入19700元，增长16.5%；农村居民人均纯收入11520元，增长15.2%。金融机构存款突破270亿元。全国百强县排名由第77位跃居第59位。继续保持全市科学发展考核第一方阵，全面小康验收群众满意度测评苏北第一，走在苏北“两个率先”前列。新型工业化深入推进，铝加工、煤盐化工、农产品加工三大主导产业资源转化率分别达到40%、40%和80%。县域农业产业综合竞争力测评全省第一，省定农业现代化6大类21项指标综合评价在全省67个县（市、区）列第8位，苏北第一。开发区综合实力在全省98家省级开发区科学发展排名中跃居第34位，在苏北36家省级开发区中列第4位，获准设立省级博士后创新实践基地。

农业　全年粮食作物面积131.37万亩（）、单产469.76公斤、总产6.17亿公斤，分别较上年增加0.99万亩（）、12.32公斤和0.15亿公斤。其中，小麦种植面积60万亩（），较上年增加0.99万亩（），单产414.7公斤，总产2.49亿公斤；水稻种植面积52.6万亩（），较上年增加1万亩（），单产564公斤，总产2.97亿公斤；玉米种植面积15.78万亩（），与上年持平，单产420.5公斤，总产0.66亿公斤。按照《2012年江苏省部级粮食高产创建生产示范片整建制推进实施方案》要求，在湖西农场落实整镇整建制推进高产创建项目1个，实施部级水稻万亩（）高产创建示范片2个；省级水稻万亩（）方3个，落实水稻万亩（）示范片6个，水稻万亩（）示范片平均单产696.6公斤。实施小麦万亩（）示范片3个，示范片平均单产606.2公斤；张寨镇大王庄示范方经过省高产创建专家组实地测产，单产达到646公斤，突破全省历史最高水平。全县新增设施农业面积4.15万亩（），设施农业占总耕地面积的比重超过30%，全市第一。其中，智能温室40亩（），日光能温室1.2万亩（），钢架大棚2.2万亩（），食用菌新增0.4万亩（），工厂化栽培设施200亩（），新增高效设施渔业2850亩（），设施农业耕地占比全省第一。生态肉鸭年孵化2.8亿羽、年饲养1.7亿羽、年加工肉鸭2.3亿羽，孵化、养殖、加工继续保持三个全国第一。发展发酵床生猪养殖30000平方米，发酵床肉鸭养殖55000平方米，生态健康养殖新增50万平方米。全年瓜菜总产量28.75亿公斤，总产值57.5亿元，总效益46亿元，总产量、总产值、总效益同比增加2.6亿公斤、7.1亿元、4.7亿元。全县新增各类农合组织205家，发展到1505家。潘庄村被评为省级引进国外智力示范村，“一村一品”继续走在全市前列。全县村级集体收入达到1.4亿元。

工业　2012年，全县规模以上工业企业完成总产值1027亿元，同比增长35.6%；实现工业增加值204亿元，同比增长22.4%；销售收入1004亿元，同比增长36%；工业用电量21.32亿千瓦时，增幅为0.79%；全县列统工业企业达到463家。规模以上工业完成投资199.4亿元，增幅21.9%；50个工业项目完成投资115亿元以上，年底竣工投产项目26个，其中竣工投产亿元以上项目15个。产业结构调整力度加大，三大主导产业实现总产值526亿元，占全县规模以上工业总产值的51.2%；三大传统产业实现总产值392.6亿元，占全县规模以上工业总产值的38.2%；高新技术产业完成产值450亿元，占全县规模以上工业总产值比重达44%；新兴产业完成产值390亿元，占全县规模以上工业总产值比重达38%。金虹钢铁、丰源铝业、徐州芭田、沛丰有色金属、天成氯碱、隆天硅业、华丰铝业7家重点骨干企业完成产值122亿元，占全县规模以上工业总产值的11.9%。上海能源江苏分公司、徐州金虹钢铁集团有限公司、广西桂柳家禽沛县公司、徐州中意食品有限公司、江苏丰源铝业有限公司、徐州恒辉编织有限公司、江苏绿茵生物科技有限公司、徐州温暖纺织有限公司、徐州顺泰纺织有限公司等市级重点监控工业经济新增长点的9家企业，新增产值46.8亿元，新增销售收入44.7亿元，新增利税2.3亿元，全部完成全年目标任务。

对外贸易　2012年，全县新批外商投资企业23家，增资企业3家；协议利用外资31139万美元，实际到账注册外资16427万美元，完成年计划12770万美元的128.64%，同比增长12.44%。到位的24个外资项目中总投资超1000万美元的企业13家。全年完成进出口总额3.76亿美元，同比增长30.9%。其中，自营出口3.69亿美元，完成市计划3.54亿美元的104%，同比增长30%。新增出口超200万美元以上企业14家。罐头、铸件和铝材等行业出口稳中有升。大丰食品出口2519万美元，同比增长12%；铸件出口逐渐恢复，同比增长30%，其中东方铸造出口1220万美元，同比增长43%；铝制品出口大幅增长，丰源铝业出口1527万美元，同比增长134%。

城乡建设　2012年，完成城建投资135亿元，建设市级10项“三重一大”工程和50项县级城建重点工程。10项“三重一大”工程全部按节点进度推进，50项城建重点工程竣工6项工程，人防地面指挥中心等32项工程按进度推进。全县城镇化率达到47.5%，比上年提高2个百分点，城区形成40平方公里、37万人口的城市规模。新增绿化面积120万平方米，城区绿化覆盖率、绿地率、人均公共绿地面积分别达到44.20%、42.09%、14.46平方米。重点打造10平方公里新城核心区,新城写字楼、机关办公楼陆续投入使用。投入整治资金1.3亿元,修建道路82.8万平方米,安装路灯2769盏。新建村庄生活污水处理设施5处,疏浚河道86.69万米,119个环境整治村7月27日高标准通过省市验收,在全市排名第一位。

环境保护 启动生态县创建,将生态文明建设工程列入2012年度全县“三重一大”十项为民办实工程,签订县镇长创建国家生态县重点工作目标责任状,编制修订生态县创建规划,形成了全社会广泛参与的工作机制。在成功创建沛城镇、大屯镇两个国家级生态镇、龙固镇一个省级生态镇基础上,11月,张庄、敬安、魏庙、安国、杨屯、鹿楼、朱寨、胡寨、五段9个镇被命名为江苏省生态镇;龙固镇中心二居、安国镇蔡家居被授予江苏省生态村,市级生态村达到80%以上;开发区省级生态园区建设按规划推进。严格执行《江苏省机动车排气污染防治条例》,推行机动车环保标志分类管理,提高机动车环检率,共发放环保标志1365张。沛县空气自动监测站建成并联网运行。城区环境空气质量优于国家二级标准天数预计达到356天,全年无酸雨出现。制定沛县2012年污染总量减排计划,确定16项减排项目,其中工业减排项目12个。

科学技术 2012年,全县高新技术产业实现产值495亿元,同比增长57%,占规模以上工业产值比重48.2%;新兴产业实现产值386亿元,同比增长62.9%,占规模以上工业产值比重37.6%;物联网产业实现产值106亿元。获批省、市高新技术产品25个,高新技术企业3家,省高新技术企业培育计划入库企业15家。获批市级以上企业研发机构172家,全县463家规模以上工业企业全部建有市级以上研发机构,覆盖率100%。申报省工程技术研究中心和企业技术中心等省级企业研发机构18家,获批9家,全县拥有省级以上研发机构达到21家。全县新增专利申请1632件,其中企业专利申请1051件,发明专利申请242件;专利授权1323件,其中发明专利授权11件。开展形式多样的产学研对接活动,先后与华中农业大学、天津大学、徐州工程学院签订了“校地合作”协议,同时引导企业和高校院所共建校企联盟27家。引进高层次创新创业人才12人,引进科技镇长团成员9人,申报省级人才项目79项,推荐省、市科技型企业家培育对象50人。组织实施科技项目58项,申报市级以上科技项目49项,获批23项,获批资金579万元。获批省级民营科技企业534家。

教育 全县新建、迁建、扩建学校22所,校舍面积32850平方米。完成正阳小学扩建、二中综合楼和体育馆、保安学校武术馆工程建设任务。投资2000多万元,建成职教中心教学实训大楼。探索合作办学。成功与如皋市联合办学,2012年歌风中学(如皋办学)开始招生。创建市优质幼儿园7所,创建徐州市义务教育阶段学校标准化建设合格学校小学65所、中学16所,城镇中心小学成功创建“省教育现代化学校”。加强对留守儿童的关心,对家庭经济困难学生发放生活补助费,初中发放5500多人次,资金总额350余万元;小学发放11123人次,发放金额449.4万元。

文化 全年送戏下乡168场,送电影下乡6600场,送图书1.5万册。建成15个镇镇区电影固定放映点,并通过省市验收。购置107套书柜,充实到25个农家书屋;购置图书7.8万册,充实187家“农家收屋”。成功举办2012年“好人沛县”春节晚会、沛县“周末群众大舞台”活动、沛县“乐动龙城”才艺大赛、“欢乐沛县”第十九届夏季乘凉晚会、“美好沛县”国庆七天乐文化周活动和“美好江苏”文化民生基层文艺巡演、“动感彭城”—舞动汉风城乡文艺对对碰文艺巡演。文化馆、图书馆、博物馆、刘氏会馆免费开放,共接待游客13万人次。检查文化经营场所660家次,责令改正60家次,警告42家次,停业整顿2家次。收缴非法出版物、盗版书刊1万余册,查收违禁游戏机机型、机种、电路板420台(块),全部销毁。

体育 全年在市级以上比赛中共获奖牌195枚,其中金牌77枚、银牌63枚、铜牌55枚。参加2012年全国传统武术比赛暨全国农民武术比赛,获金牌27枚、银牌39枚、铜牌17枚。沛县运动员唐建、王磊和队友配合,夺得第23届技巧运动世界锦标赛男子4人全能金牌,并获2013年世界运动会非奥项目最高级别参赛资格。向省、市体育部门输送优秀后备人才36人。体育中学获省“五星级体校”称号,全省只有两所学校获此荣誉。相继举办了沛县第十八届元旦健身长跑、2012年沛县第二届“龙虎风云杯”中国象棋排名赛和沛县2012年“汤沐杯”乒乓球比赛、2012年沛县传统武术展示大会、老年人体育节、2012年沛县春季鸟鸣大赛、沛县2012年帝王大厦杯篮球比赛,沛县第四届职工游泳比赛等20余项活动,成功承办第六届江苏省全民健身运动会传统武术比赛、江苏省青少年射箭锦标赛。体育彩票销售总量稳步提高,截至11月20日,实现年销售1亿元,较上年同期增长3074万元。

卫生 2012年,新农合人均筹资标准由原来230元提高到每人每年300元,报销比例提高5个百分点;全县参合人数96.06万人,参合率100%;累计补偿205.48万人次,共补偿金额32548.08万元,其中209位参合病人享受报销70%补偿标准的重大疾病补偿,补偿资金142.32万元;获得万元以上补偿资金的参合病人有4660人,其中4位参合病人获得10万元以上的补偿资金。2012年共报告甲、乙类传染病839例,发病率65.74/10万,远低于170/10万的省控线;全县有31家医疗机构实现传染病网络直报,传染病网络直报审核及时率100%。建立居民健康档案101.9万份,建档率88.78%;管理高血压患者11.97万人、糖尿病患者2.45万人,管理率均达到90%以上。完成农村改厕3.1万户,超额完成年度3万户农村改厕任务。全县农村总户数26.25万户,使用卫生厕所户数24.95万户,农村卫生厕所普及率95.03%,达到国家级生态县考核标准。医疗纠纷由2011年的54起下降到2012年的18起。24家卫生院全部建成市级示范卫生院,栖山、敬安、魏庙卫生院成功创建省级示范卫生院。300家村卫生室通过省示范卫生室验收。县、镇两级医疗卫生机构共组织68个健康团队,定期深入到老百姓家中开展医疗卫生服务,15分钟健康服务圈基本建成。2012年全县门诊工作量238.5万人次。

交通 新城客运站12月初启用。开通大屯、五段、张庄镇等5个中心镇镇村公交;新开4条连接新老城区的公交线路。完成农村公路建设26公里、危桥改造16座;大屯客运站、朱王庄客运站、沛城交管所及乡镇综合所建设基本完工。全年更新出租车80辆,全部按要求统一了车型、颜色、顶灯、座套和标识;组建“雷锋车队”、“诚信标兵车队”、“青年文明号车队”等品牌车队,起到了示范作用。开展“打非治违”专项整治活动,有力打击了客运黑车,查处非法营运汽车80余辆,非法营运电动车200余辆。

劳动和社会保障　全年新增城镇就业1.78万人、城镇失业人员就业再就业5896人；城乡劳动者技能培训10292人，岗位技能提升培训5050人，创业培训2948人，转移农村劳动力1.1万人，城镇登记失业率2.36%。企业在职职工加入社会保险增加3719人，达到7.3万人，参保率93.9%。城镇职工医疗保险、工伤保险、生育保险参保人数分别达到10.95万人、6.54万人、3.65万人；基金征缴分别达到1.52亿元、2291万元、1101万元。居民医保参保人数17.45万人，失业保险参保人数7.86万人。城乡居民养老保险参保缴费人数30.22万人，收缴参保资金5954万元，领取人数14.59万人，发放养老金1.32亿元。调整全县1.57万名企业退休人员养老金标准，人均月增188元；城乡居民基础养老金发放标准由每人每月60元调整为70元。发放符合条件失业人员一次性物价补贴711人次，发放资金2.2万元。

人事　全年新增高技能人才277人、职业技能鉴定人数10026人。招录26名公务员，招录54名大学生村官，引进300名本科生，完成第八期4人次南北公务员对口培训。全县2800余人机关事业工作人员参加了“5+X”培训。

法治　全年破获各类刑事案件685起，抓获刑事作案人员377名，其中逮捕215人、行政拘留135人、劳教12人，刑事案件发案率同比下降10.15%。打掉涉黑和贩毒团伙各1个，打掉涉恶团伙8个；破获公安部督办“4.20”假冒注册商标案，涉案金额约1亿元；破获省厅挂牌盗窃农用机动车、摩托车案件等一批大要案件。全县481所学校配备专职保安342人、兼职保安227人。全县各级调解组织共受理社会矛盾纠纷4771件，调解4771件，调解成功4727件。沛县法院共审结各类民生案件82件，涉案金额300余万元；执行案件执结率99.13%。

社会生活　全县共有城镇低保对象1940户、5750人，农村低保对象16115户、33935人，保障标准分别为440元/月人和240元/月人，共发放低保金7040万元。全县发放医疗救助金1800余万元，救助1700余人次。资助全县五保户、低保户、重点优抚对象等计47185人参加社会保险，资助资金314万元。无固定收入重残人员救助标准为城镇居民每人每月440元、农村居民每人每月240元；救助孤儿720名、726元/人月。全年发放临时生活救助金139万元，救助困难群众2264人次。救助贫困家庭重大疾病儿童39人，发放救助金46.8万元；临时性救助因重病致贫家庭17户，发放救助金17.1万元。发放救灾款258万元，直接救济灾民6万余人；开展生产自救和互助互济，解决了11.6万人的冬春生产问题。全县有五保老人4466人，拥有敬老院床位4359张，五保入住率71%；分散供养标准达到3800元/年人，集中供养标准达到5100元/年人，全年发放五保供养金2100余万元；投资1000余万元建成150张床位的政府养老示范机构——沛县社会福利中心。全县共有福利企业10家，安排残疾人就业487名。全年销售福利彩票金额7100余万元。

【滨湖城市生态体系建设】　沛县以创建国家生态园林城市为引领，深入实施生态沛城、沿微山湖百里生态旅游走廊、沿大沙河百里绿色农业走廊“一城两廊”生态体系建设。实施千岛湿地、汉之源景区绿化亮化、沛公园东拓、徐济高速连接线绿化提档升级工程等生态景观工程；绿化新老城区街头游园和城市道路，打造“总量适宜、布局合理、景观优美、个性鲜明”的城市绿化生态系统。建设城区公园13个、游园173个、湖泊湿地13个，新增绿地面积120余万平方米，城区绿化覆盖率、绿地率、人均公共绿地面积分别达到44.20%、42.09%、14.46平方米，滨湖城市生态体系初步形成。

【第九届中国沛县刘邦文化节】　5月18日，第九届中国沛县刘邦文化节暨微山湖千岛湿地生态旅游节在沛县汉源中学开幕。应邀出席开幕式的有中华全国妇女联合会副主席赵东花，中国绿色农业联盟主席刘连馥，国家海洋局减灾司司长王锋，全国著名导演胡枚，解放军报社副主编、少将孙临平，辽宁省鞍山市政协主席刘彦明，辽宁省鞍山市政协副主席周绍柏，江苏省纪委副书记黄继鹏，江苏省环保厅副厅长胡和林，江苏省水利厅副厅长王逸珠，江苏省旅游局副局长左一响，江苏省海洋渔业局副局长夏前宝，江苏省妇女联合会副主席缪志红，江苏省供销合作总社党组成员、兼事会主任郭乃红，江苏省计生委副巡视员洪浩，江苏省作家协会党组成员、书记处书记王朔，市县领导和中外企业家代表200多人参加盛会。为期三天的文化节以“龙城水乡、生态沛县”为主题，包括开幕式文艺演出、刘氏宗亲祭祀、民俗文化表演、传统武术比赛、大风歌广场开园仪式暨微山湖千岛湿地景区旅游形象大使评选、百家旅行社沛县行、经贸项目洽谈等11项内容。经贸洽谈会上，共有17个项目签约，项目总投资82.6亿元，其中利用外资2.1亿美元。

睢宁县

【综述】　睢宁县紧紧围绕“建设满意睢宁、跨入小康社会、冲刺全国百强”的“十二五”奋斗目标，实施园区提振、镇域崛起、产业培育、中等商贸城市建设、发展环境提升、民生改善“六大行动计划”，加快推进新型工业化、农业现代化、新型城镇化进程。2012年，全县地区生产总值实现305亿元，比2011年（下同）增长20.9%，三次产业结构调整为18.5:44:37.5，二三产比重提高1.7个百分点；公共财政预算收入完成25.56亿元，增长26.5%，总量全省进位，增幅全省领先，税收占公共财政预算收入比重达80.4%，反映工业经济运行质量的增值税逆势上扬，实现争先进位。投资增长快、消费增速快、外资外贸扩张快。规模以上固定资产投资152.1亿元，增长22%；全社会消费品零售总额86亿元，增长15.5%；实际到账注册外资1.65亿美元，增长50%；自营出口完成4.8亿美元，实现倍增。省定4大类18项25个小康指标完成22个，小康社会建设进程全面加快。睢宁县被评为“2012年度全国最具投资潜力中小城市百强县”。

工业　规模工业加快发展。规模工业产值、利税分别实现540亿元、80.6亿元，增幅均保持在35%以上。销售收入超亿元企业110家，新增34家；入库税收超百万元企业50家，新增7家。主导产业加速集聚。“五大产业”完成产值380亿元，对工业经济贡献额不断提升。白色家电产业实现稳步增长；纺织服装、钢铁机电产业持续壮大，规模优势日益显现；皮革皮具、医药化工产业加速延伸，“鞋业生产基地”建成后可年产鞋6000万双，江苏九旭抗肿瘤新药、天阳聚合物树脂等项目加快推进。高新技术和新兴产业发展良好。新增高新技术规模企业7家,总数达32家,产值增长55%,高于规模工业产值增幅20个百分点;新增新兴产业规模企业6家,总数达20家,产值增长62%,总量占规模工业产值近三分之一。工业经济主导作用显著增强,新型工业化步伐持续加快。

农业 2012年,全县粮食总产量超9亿公斤,实现"九连增",连续六年被评为全国"粮食生产先进县"。高效农业规模持续壮大。新增高效农业18.8万亩、设施农业6.2万亩。新建日光能温室、连体大棚5000余亩。畜牧业快速发展,形成鸡、猪、羊三大特色养殖业。该县成为全省生猪产业大县。产业化水平持续提高。投资1.6亿元的太合禽肉深加工等6个项目竣工,投资3亿元的众友兴和食用菌等7个项目加快建设。农业产业化龙头企业实现销售收入75.6亿元,增长23%。建成省级标准农村科技服务超市和农产品检测中心。组织化程度持续提升。成功举办首届西瓜节和第二届农产品展销会。全县农民专业合作组织近千个,带动农户20.9万户。在全省率先基本实现玉米生产机械化。"农田托管"模式全省推广。中央电视台、新华日报和农民日报等多家媒体报道睢宁秸秆禁烧与综合利用经验。综合生产能力持续增强。累计投入1亿元,实施水库除险加固、县镇河道疏浚、村庄河塘整治等一大批重点水利工程。加快实施农业综合开发,完成高标准农田建设、一般土地治理6.3万亩。农业发展优势不断巩固、现代化进程持续加快。

第三产业 商贸服务业繁荣发展。金港国际建材家居广场二期、森博家居广场一期等大型专业市场投入运营,国际汽车城、万象天地商业广场等"十大市场"加快建设。大力推进"万村千乡"市场工程,行政村和重点自然村实现全覆盖。金融服务业繁荣壮大。金融生态良好,全县金融机构近30家,初步形成了以商业银行为主体,保险、证券、担保机构等并存较为完善的金融体系。年末存款余额215亿元,增长15%;贷款余额118亿元,新增贷款21.5亿元,贷存比比上年末提高3个百分点。现代服务业繁荣活跃。完成20家制造业企业主辅分离。江苏八里钢铁物流园、县科技创业园等"六大服务业集聚区"加快提档升级,累计入驻服务业企业近800家。电子商务发展步入快车道,新增网店近千家,总数5000余家,初步形成了板式家具、钢铁型材、手工饰品等特色网销模式,全县农民网销营业收入超过15亿元,增长50%。第三产业发展层次和对经济增长的贡献度持续提升。

招商引资 政府组织赴苏南、上海、浙江等地举行工业、城建、商贸旅游、文化产业等20余次招商对接活动;组织千余名企业家看睢宁,3000余名客商到睢考察。招大引强、招新引高成效显著。新签17个5亿元以上项目、20个高新技术项目。投资50亿元的江苏大地鞋服创业园、投资40亿元的龙英纺织科技产业园等38个亿元以上项目相继签约。投资12亿元的江苏苏博瑞光电长晶设备和LED封装项目,从洽谈到开工建设仅用百天,再次刷新"睢宁速度"。

对外开放 实际利用外资完成约1.65亿美元,完成预期目标的103%,增长33.69%;自营出口完成4.8亿美元左右,完成预期目标的160%,增长109%。开放型经济增速持续位居全市前列。

园区开发 园区基础设施不断完善。累计投入近8亿元,建设道路管网40余公里、标准厂房20万平方米,基础设施配套面积达50平方公里。园区拉动作用不断增强。经济指标再创新高,园区业务总收入412.8亿元,其中规模工业产值351亿元,增长55%,占全县规模工业产值的65%。园区集聚效应不断凸显。在建亿元以上项目27个,占全县在建亿元以上项目总数的70%;规模工业企业96家,占全县规模工业企业总数的40%。县经济开发区全省综合排名大幅跃升,获批省"中小企业创业示范基地"、"知识产权试点园区"和"'两化融合'试点园区"。电子商务产业园加快建设,成为省首批"电子商务示范基地"。

城乡建设 累计投入110亿元,推进104项工程建设,征收103万平方米房屋,建设近200万平方米市场、158万平方米住房、138万平方米绿地。县污水处理厂二期、生活垃圾无害化填埋场等67个项目基本竣工。县全民健身中心、小睢河综合治理等37个项目加快推进。完成人民中路、新城路和樱花路等道路改造,渭河路云河桥、永安路沿河桥等建成通车,进一步拉开了城区框架。实施中央大街西段景观改造和睢梁河公园建设工程。完成永安路、鸿禧路等10条道路绿化亮化。白塘河湿地公园34座桥梁、环湖大道竣工,初显湿地风光和生态景观。徐沙河新天地一期完成主体工程,3D电影院和渔人码头等对外开放。城建投入量、工程量双双超历史,中等商贸城市建设加快推进。镇村面貌明显改善。城镇建设全面展开。"城管进镇"深入推进,大力开展镇容镇貌整治,实施绿化美化亮化工程,镇区环境更加整洁有序。全县累计投入近6亿元,用于镇区道路广场、标准化农贸市场等设施建设。李集镇创成市级首批中心镇,凌城、古邳等镇加快创建。新农村建设全面展开。累计投入5000余万元,修建镇村道路400公里、小型公益桥梁92座,建设农村卫生户厕2.3万座,栽植各类花木5万余株。建成星级"康居乡村"108个、市级新农村示范村10个、绿化示范村18个。睢宁县成为省"农村危房改造试点县"。环境整治全面展开。完成505个村庄环境整治任务。全县城乡环境卫生整洁行动通过省考核验收。2012年是睢宁镇村建设投入最多、推进最快、成效最好的一年。

民生实事与社会保障 累计投入23.3亿元,比上年增加10亿元,完成"十类"84项为民办实事工程,让群众得到了"看得见、摸得着"的实惠。实施"家门口就业"和"家中创业"工程,新增转移农村劳动力1万余人,城镇新增就业5752人。城、乡居民最低生活保障标准分别提高到每人每月440元、240元。企业职工基本养老保险参保人数5.9万人,城乡居民社会养老保险参保率达99.8%,累计发放养老金1.3亿元。开工建设公租房廉租房1050套、经济适用房110套、边远地区教师安居房450套,完成城中村危旧房改造13.3万平方米,廉租住房保障实现"应保尽保",率先在全市超额完成保障房建设任务。全县城镇居民人均可支配收入16635元,增长15%;农民人均纯收入9700元,增长16%,增幅均居全省各县(市)前列。

社会事业 科技工作取得新成果。新增省级以上研发机构3家,规模工业企业市级以上研发机构实现全覆盖。实施产学研合作项目62个、市级以上科技项目32个,其中国家科技部项目10个。申请专利1521件,增长150%;专利授权402件,增长70%。被授予省"知识产权战略区域试点县"。终身教育体系日趋完善。投入3.3亿元,实施"助学优教"工程,新改建公办幼儿园15所,恢复13个村级教学点,改造校舍近10万平方米,在全市率先购置校车试运营,创建4个市级以上农科教示范基地,中考均分连续4年位居全市第一。文体事业开创新局面。新体育场建成投入使用。在全省率先完成村级“农家书屋”建设。在全市率先完成“农民体育健身工程”。基本医疗卫生体系建设实现新跨越。新农合连续7年基本全覆盖。全面实施基本药物制度,让利5000余万元,惠及群众522万人次。招录城乡医技人员86名,进一步优化了基层医疗队伍结构。公共卫生工作考核全省第一。睢宁县成为省“农民健康工程先进县”、“实施基本药物制度先进县”、“农村中医药工作先进县”和“卫生信息化建设试点县”。

社会秩序 安全生产保持平稳。推进企业安全标准化建设,强化安全生产工作职责,各类事故起数控制在市政府下达指标以内。积极开展国家“药品安全示范县”创建,保障了群众用药安全。社会治安明显好转。实施“平安睢宁”创建工程,开展城乡技防入户、老小区技防改造等,群众公众安全感超过90%。睢宁成为省首批“技防城”。地质灾害群测群防“十有县”通过省验收。信访工作成效显著。深入推进“村站、镇中心”接访模式,创新领导干部下访约访、媒介问访和三级联访等工作机制,进一步畅通群众表达诉求渠道,努力解决好群众的合理诉求,全县进京去省上访批次、人次持续下降。

生态建设 生态环境持续优化。全面完成市下达节能减排任务。单位地区生产总值能耗下降4%,单位工业增加值能耗下降12.5%。生态镇创建“四项基础工程”加快推进,建设镇级垃圾中转站15座、污水处理厂15个,初步建立了“组保洁、村收集、镇转运、县处理”的垃圾收运处理体系,生活垃圾无害化处理率得到提高。全县镇级卫生院建成医疗废水处理、医疗废弃物规范处置系统。扎实抓好沙集西闸国控断面水质稳定达标工作。实施环保专项整治行动,依法取缔小塑料、小轧钢等污染严重企业。实施“二次进军荒山”工程,新造林1.8万亩,森林覆盖率达40%。创成市级以上生态村125个、省级以上生态镇2个,国家级“生态县”创建5项基本条件达标4项,城乡生态环境逐步变好。

新 沂 市

【自然人文概况】 新沂市位于徐州市最东部,面积1616平方公里,人口107.15万人,辖16个镇、2个经济开发区、253个行政村、11个街道居委会,城区人口28.32万人。新沂历史悠久,著名的花厅古文化遗址、小徐庄遗址有5000多年历史,是北方大汶口文化和南方良渚文化交流融汇的重要区域。旅游资源丰富,有国家4A级风景名胜马陵山景区、国家4A级风景名胜窑湾古镇景区、骆马湖风景区、沭河塔山风光带、花厅古文化遗址、小徐庄古文化遗址、宋光谦烈士纪念碑、淮海战役十人桥事迹纪念碑等自然人文景观。历史名人有南宋抗金名将魏胜、清代抗英禁烟勇士臧纡青、巾帼诗人陈王氏、现代画家马南邨、现代名医闻子良、柳琴戏名伶王玉凤、近代革命先驱陆文椿、抗日英雄宋耀楠、宋光谦等。主要特产有阿湖天然水晶、邵店沭河板栗、双塘沙沟小磨香油、明帝捆香蹄系列食品、窑湾绿豆烧酒、骆马湖咸鸭蛋、马陵山草鸡蛋、时集小青山水蜜桃、高流8424无籽西瓜、瓦窑香瓜、马陵山草莓、唐店大豆脑、新店嶂山闸头鱼等。

【国民经济和社会发展】 2012年,新沂市实现地区生产总值350亿元,增长14%。第一、二、三产业各实现增加值46.78亿元、151.47亿元和151.75亿元,分别增长3.8%、17.5%和14.2%,二三产业占比达到86.6%,同比提高0.6个百分点。财政总收入69.6亿元,增长19.6%;其中公共财政预算收入32.85亿元,增长24%。全社会固定资产投资268亿元,增长21.4%;其中规模以上工业投资188.4亿元,增长16.1%。实际到账注册外资1.3亿美元,增长30%。自营进出口总额4.15亿美元,增长46.6%。社会消费品零售总额83.3亿元,增长16%。服务业增加值151.75亿元,增长14.2%。城镇居民人均可支配收入17912元、农民人均纯收入9886元,分别增长15.5%和14.5%。全面小康社会建设25项指标已有24项达到省定标准。在“全国百强县”的排名由2011年的86名提升至76名。2012年,获民政部授予的“六星级慈善城市”,获江苏省“优秀省级人力资源市场”、“省四星级人力资源市场”称号,获农业部认定的全国农村集体“三资”管理示范县等荣誉。

工业 全市新增规模企业15家,规模工业实现产值890亿元、销售收入900亿元、利税110亿元,分别增长35%、37%和33%,工业对经济增长的贡献率达到62%。高新技术产业实现产值290亿元,占规模以上工业总产值的32.6%,获批省创新型试点市。新增国家高新技术企业4家、省级高新技术产品23个。新建企业院士工作站1家、省级工程技术研究中心2家、企业技术中心2家,新增专利授权500件,培育驰名商标1件,申报著名商标5件,培育并申报省名牌产品8个,培育省质量奖企业1家。伊例家食品、新奥特玻璃等一批销售超亿元企业不断做大做强。全年完成工业固定资产投资188.4亿元,同比增长16.1%。全年完成基础设施投入7.5亿元,经济开发区获批“省两化融合示范区”、“省知识产权试点园区”,在全省开发区综合排名中比上年提升25位;无锡—新沂工业园建园和造城同步推进,并积极申报省高新技术开发区;7个镇工业集中区建设加快推进,形成了特色各异的产业发展格局。

三农工作 全市粮食作物种植面积149.2万亩(9.95万公顷),粮食总产达6.9亿公斤,同比增长3%,粮食生产实现“九连增”。完成高产增效创建项目10个,新增设施瓜菜3.8万亩(0.25万公顷),总产量达到365万吨,总产值达到54.75亿元,总效益达到38.6亿元。成功举办第二届“中国·新沂赏桃、品桃、评桃会”获得“中国优质桃之乡”、“中国果品著名品牌”赞誉。花生种植面积31.5万亩(2.10万公顷),总产1.29亿公斤,总效益7.3963亿元,鲜食花生占四成以上,高产花生示范片1.2万亩(0.08万公顷),平均单产达到422.2公斤(6333公斤/公顷)。新扩花卉苗木1.2万亩(0.08万公顷),建成千亩鲜切花基地5个、鲜切花交易市场1个。新增农民专合组织208家、联合社35家;注册成员16万余户,新增入社农户1.6万余户。新建规模养殖场86个,畜牧业总产值超28亿元,生猪、家禽规模养殖占比分别达到86.2%、95.4%;新增高效渔业0.9万亩(0.06万公顷),成为“全国首家健康养殖示范市”,获财政部“国家生猪调出大县”奖励。建成设施大棚2567个,高效农业面积达1.1万亩(0.07万公顷)。新农村建设新建集中居住区12个,建成住房2735套,入住1231户。新增农家乐3家,休闲农业观光点28个。农业保险保费总额达3910万元,全年共计理赔1603.4万元。农村金融机制“一权一房”抵(质)押贷款投放资金1亿元,累计发放贷款3亿元。大力推进农村“三资四化”服务监管,被评为全国农村集体“三资”管理示范县。申报扶贫项目68个,发放小额扶贫贷款1.5亿元,完成13个经济薄弱村“新八有”(有双强班子、有科学规划、有高效农田、有特色产业、有配套设施、有保障机制、有整洁村容、有文明村风)建设目标,全市48个经济薄弱村完成2485万元偿债兑付。全年土地流转面积8.4万亩(0.56万公顷),其中连片流转土地6000亩(400公顷),建立土地股份合作社91家。建设高标准农田2.5万亩(0.16万公顷),改造中低产田3万亩(0.20万公顷)。新增耕地1150亩(76.67公顷),近千户村民进入镇区集中居住。新增“三品”认证172个,其中无公害农产品167个、绿色食品5个,“窑湾绿豆烧”获批国家地理标志保护产品。建设户用沼气项目1550户,完成农业再生资源循环利用项目2个,建成村级服务网点7个。全年农用技术培训78050人次,职业农民培训1906人,农业信息技能培训8期405人,农民创业培训217人。举办科技信息惠农视频会议9次,提供视频素材19期。接待、调解信访案件67件,查处各类违法涉农案件35起,立案查处20起,检查生产企业400余家,挽回直接经济损失100余万元。建设标准化放心农资网点50个,选优选强农资企业20个,配送放心农资占市场份额的30%以上。年内共投入农村水利建设资金5.2亿元,实施中小河流黄墩河治理、小型农田水利重点县项目、农村河道整治、饮水安全等水利工程。财政投入农业综合开发资金6322万元,实施土地治理、丘陵山区开发、农业产业化等项目。完成农村水利基础设施投资1.13亿元,修建小沟以上建筑物3820座,新建和改造灌溉站、排涝站37座,新建改造防渗渠道96公里。疏浚整治县乡河道34条、完成71个行政村河塘整治,新建改造农村桥梁108座,完成1.41万农村居民饮水安全工程建设任务。农业机械化持续发展,新增农机专业合作社6个,新增插秧机282台、大中型拖拉机260台、谷物收获机械173台、秸秆还田机112台,粮食生产综合机械化水平达77.6%,组织跨区作业2300台次、面积达24万亩(1.60万公顷)。年内,完成全市农村镇、村、组集体土地所有权登记发证16032宗,确权登记发证率100%,农村集体建设用地和宅基地调查在10个镇展开,完成工作总量60%。

服务业　2012年,苏北钢材市场、新海岸粮食物流中心一期投入使用,15万吨中石化油库一期全面开工,南亚国际商贸物流园加快推进,DHL物流正式签约。新增主辅分离企业15家。新兴服务业逐渐壮大,祥云智慧谷物联网产业园列入省“十百千”工程,东陇海科技创业园列入省重点项目计划。总部经济大厦建成使用,培育和招引总部经济企业3家。五星级标准设计的江南国际大酒店建成运营,新沂国际大酒店、新港商贸城一期、金瑞汽车城等项目主体完工;雨润广场、科倍尚城、合和百富城等商业综合体项目加快推进。加大“一山一湖一古镇”(马陵山、骆马湖、窑湾古镇)旅游开发和品牌营销,全年接待游客230万人次。窑湾古镇完成二期工程建设,获批国家4A级旅游景区,马陵山景区被评为“省级生态旅游示范区”。全市银行业金融机构达到14家,全年各项存款余额178亿元,贷款余额166亿元,存贷比93%,新增存贷比180%。资本运作力度加大,20亿元的城投企业债券上报待批,非信贷融资超过20亿元。交通银行运营良好,汉源村镇银行顺利开业,招商银行入驻新沂。华信塑业完成股改,八达重工在天交所挂牌交易。

招商引资　市政府成功举办第四届旅游文化节、第十届金秋经贸洽谈会等招商活动,投资8亿元的四达农业机械、3.5亿元的荣盛达纤维等项目签约落户。全年共落实1000万元以上招商引资项目489个,涉及总投资984.3亿元,其中开工建设项目415个,涉及总投资848.1亿元。年度重点实施的85个重大产业项目,有49个项目完成或超额完成年度投资计划;完成基础设施投入7.5亿元,经济开发区固定资产投资188.4亿元,同比增长16.1%。“一区一园一带”和7个镇工业集中区获批“省两化融合示范区”、“省知识产权试点园区”。

城乡建设　开展城市总体规划修编,完成各项控制性详细规划及城市水环景观设计、城区水系规划等专项规划。融集建设资金10.34亿元,新建改建道路16条25公里,新建桥梁3座,完成道路渠化4处,铺设雨污分流管网30公里、供水主管网40公里、市政综合管廊3公里。完成249省道和环湖大道绿化,5万平方米的苏式园林“馨园”主体完工,新增绿化35万平方米,城市绿化覆盖率达40.98%。高速路出入口增至6个,对外交通更加便捷。北马陵生活垃圾填埋场通过一级无害化标准验收。镇村环境投入建设资金6.6亿元,道路绿化面积139.6亩(9.31公顷),栽植苗木12万余株,建成公园4个,公园绿化面积111.1亩(7.41公顷),居住小区及单位绿化面积92.67亩(6.18公顷)。通过国家级生态镇验收的镇1个,建成省级生态镇2个,国家级生态市创建22项指标完成16项。

环境保护　2012年共安排19个减排项目,其中工程减排项目8个、结构减排项目12个,工业减排项目11个、农业减排项目8个、集中处理设施项目1个。落实徐州市重金属综合防治成效明显,累计削减铅258.49千克、砷49.68千克、汞2.2千克、镉40.48千克,环境质量改善明显,主要河流出境断面水质氨氮、高锰酸盐指数分别下降25%和25.7%,基本实现稳定达标。环保专项整治活动实现新突破。4家铅蓄电池企业顺利通过徐州市重金属污染综合整治领导小组的验收,铲除1家炼铅企业。加大危险废物全面核查,涉及的35家企业中化工企业30家、涉重企业4家,处置企业1家,整治、取缔“土小”企业65家。规范环境安全管理,完成20家企业环境安全应急预案、1个饮用水源环境管理应急预案的编制备案,清查放射源企业11家,实行绿、蓝、黄三级动态评价管理111家,对重点排污企业,进行24小时驻厂监督。严格执行国家环境监测规范,对国控、省控、区域补偿试点考核以及小康、城考断面共12个地表水断面全面监测;对城区9个地下水监测点位、乡镇8个地下水巡查监测点位、农村60个地表水监测点位保持例行监测。投入30多万元完成沭河李庄和新墨河瓦窑2个水质自动站基础设施建设;投入50多万购置重金属监测设备并完成安装调试和各种技术人员业务培训。加强建设项目环保把关,全年审批项目204件、预审上报5件,依法否决不符合规定的拟建项目10多个。全年共接到群众环保投诉313件,信访办结率100%,立案14起,申请法院强制执行5起。

劳动和社会保障　城镇新增就业8627人,新增农村劳动力转移就业5765人。城镇居民基本医疗保险参保率达到98%,新农合参合率达到99.2%。新农保参保覆盖面达到100%,城市低保标准由每人每月370元调整到440元,农村由每人每月210元调整到240元。新增城镇职工养老保险3386人,新增城镇职工医疗保险2620人,覆盖面达到99.9%,城乡居民养老保险参保率和基础养老金发放率实现全覆盖,获得

"2012年度全省城乡居民社会养老保险经办管理服务优秀单位、2012年度城乡居民社会养老保险信息系统建设先进集体"荣誉称号。全年城乡劳动职业技能培训9372人,农村劳动力转移培训6960人。为全市5家企业申报省级博士后创新实践基地,完成"博士后集聚计划"资助项目、"省级引智示范村"和"引进国外技术、管理人才"项目的申报。推荐徐州市"一村一品"示范带头人宣讲团人选,组织9家企业参加"美南专家徐州行"和第七届中国博士后和海外留学人员徐州科技项目对接洽谈会。江苏省东陇海人才市场共举办各类招聘会480余场,近12000家企业提供就业岗位11.4万余个,引进大专以上人才近5万余人,为企业招工3.4万人,被省人社厅命名为"2011年度优秀省级人力资源市场",是苏北地区唯一一家获此称号的省级人力资源市场。开展"农民工工资支付情况专项检查"、"整治非法用工、打击违法犯罪"、"清理整顿人力资源市场秩序"等专项执法检查,追回拖欠克扣农民工工资225.4万元。受理劳动争议案件217件,办结217件,结案率100%。妥善调解劳资纠纷等突发事件62起,维护劳动者的合法权益。

科技 2012年,组织实施各级各类科技项目50项,其中国家级项目3项、省级17项、徐州市级14项、新沂市本级16项。全年专利申请量突破1000件,专利授权485件,其中企业专利申请超过400件,发明专利授权10件,2件专利获中国发明协会金奖。新沂市被省科技厅命名为江苏省第二批、苏北首批创新型试点市。世界最大抢险救援机器人在江苏八达重工机械股份有限公司成功研制下线。中凯农用化工有限公司"微生物农药AT31的研发及产业化"列入2012年江苏省重大科技成果计划项目。

教育 2012年,新沂市有各级各类学校177所,在校学生168651人,教职工9595人;实施校舍安全工程项目46个,建筑面积94732平方米,总造价为11981万元。资助各类家庭经济困难学生38322人次,发放资助款2761.12万元。公开招聘中小学教师237名。实行名优教师政府津贴制度,每3年评选一批名校长、名教师、学科带头人、青年优秀骨干教师等,分别享受每年6000元、4800元、2400元等不同档次的政府津贴。打造"书法之乡"、"诵读之乡"、"毽球之乡",开展创建平安校园、和谐校园、文明校园、生态校园、品牌校园活动。年内,53所学校获得省"平安校园"称号,28所学校获得徐州市"优秀平安校园"称号。第一中学创成省四星级高中,钟吾卫生学校建成投入使用,职教中心实训基地开工建设。

卫生 2012年,新沂市开展手足口、霍乱、甲流等重大疾病防治、急性传染病监测工作,及时报告率100%。率先在徐州市开展"计划免疫质量管理年"活动。儿童预防接种建证率98%,纳入国家免疫规划疫苗适龄儿童接种率95%。居民电子健康档案建档率84.3%,规范管理高血压、糖尿病等慢性病。完成老年人免费健康体检工作,体检率94%。强化医疗服务市场监管,建立打击非法行医长效机制,组织专项整治行动7次,监督覆盖率100%。完成农村改厕任务2万个。窑湾镇通过省级卫生镇验收,20个村通过省卫生村创建验收。创建徐州市级示范乡镇卫生院14家,马陵山镇中心卫生院和阿湖镇卫生院成功创建省级示范乡镇卫生院。新建村卫生室11个。所有镇级卫生院都设有中医科、中药房,所有村卫生室都能够提供中医药服务,新沂市创建成"全国农村中医工作先进市"。

文化体育 2012年,新沂市以镇文化站为主阵地,长年开展送戏下乡活动,全年送戏下乡66场,受众约10万人次。送电影下乡3880场,观众人数近80万人。成立华夏影院,填补了新沂市3D电影的空白。成立窑湾古镇申遗领导小组办公室,加强对窑湾古镇古建筑修复的业务指导和督促力度,完成窑湾古镇文档资料的收集、整理工作。完成花厅遗址保护规划的设计与定稿工作,并上报国家文物局。配合省、市文物部门做好司吾古城遗址的勘探工作,为下一步保护和开发奠定了基础。3月,新沂图书馆搬迁,成立过渡馆,全年接待读者万余人次,外借图书万余册。依据《非物质文化遗产保护法》,完成第二批徐州市非物质文化遗产代表性传承人的申报工作,共申报"东路柳琴、窑湾甜油、窑湾绿豆烧"3个项目、4个代表性传承人。完成徐州市第一批非物质文化遗产项目传习所申报工作,申报"窑湾甜油、窑湾绿豆烧、新沂剪纸、七巧灯舞、明帝捆香蹄"5个项目传习基地。完成省级"非遗"保护项目"东路柳琴"阶段性保护工作,搜集整理一套完整的音像资料并准备出版。文体事业已初步形成以市文化馆、博物馆、图书馆,乡镇文化站、农家书屋、资源共享工程等为主体的城乡公共文化服务体系,以市体育馆、体育场、游泳馆、全民健身中心和万村体育工程为主体的城乡体育公共服务体系,实现了文化公共服务城乡全面覆盖。文化馆、博物馆、图书馆三馆全部实施免费开放。2012年,新沂市规模最大的群体性健身中心—市乒乓球馆竣工投入使用;新建少林武术馆、乒乓球俱乐部、少年儿童武术培训中心等;投入40余万元为全市253家农家书屋添置新书,在徐州市率先完成120家农家书屋数字化阅读试点工程。市文广体局相继承办新沂市第四届旅游文化节大型音诗画《印象新沂》迎宾晚会、2012年"古墙缝绿豆烧"杯首届文化庙会、全国"快乐阳光"童歌会(江苏赛区)、"警营文化艺术年"汇演、"窑湾古镇"摄影大赛、迎新春摄影作品展、陆振永个人书法作品展、"莱迪广场宝贝选秀"等活动;成功举办了"蓝丰生化杯"第二届环骆马湖自行车公路赛、"骆马湖水产科技杯"全国拔河精英赛暨新星赛(新沂站)等全国和省、市体育赛事。开展网吧专项整治、娱乐市场清理整顿、校园周边环境专项整治行动、扫黄打非、暑期60天市场专项清理等整治行动,组织集中行动14次,清查各类文化经营单位600余个次;立案查处传播非法音像制品经营户3家,没收盗版非法音像图书制品1670张(册),责令整改违规经营网吧3家、警告10家、停业整顿1家、立案查处6家,责令整改歌舞娱乐场所2家、电玩城1家。改制成立的江苏东陇海文化产业集团及旗下拥有8家子公司,2012年实现经营收入1000余万元。

社会事业 深入实施8大类40项为民办实事工程。建成居家养老服务中心(站)26个,为9.7万名65岁以上老年人免费健康体检。城镇职工养老、医疗、失业三大保险参保率均超过97%,城乡居民养老保险、新农合参保率分别达到100%、99.2%。城乡低保、五保供养、三项救助等标准进一步提高,被民政部授予"六星级慈善城市"。

邳 州 市

【概况】 邳州市位于徐州市东部,徐州与连云港之间。东与新沂市为邻,西与徐州市铜山区和贾汪区毗连,南接睢宁县和宿迁市宿豫县,北界山东省。全市总面积2085.13平方公里。下辖24个镇、1个办事处、1个管委会、1个开发区,450个村委会、40个居委会;年底,全市总人口179.86万人。境域东西距离约52公里,南北距离约61公里,市区座落在铁路与运河交汇处。城市建成区面积拓展到45平方公里,城区人口达到40万人,相继建成8个省级新农村建设先进村和示范村、58个徐州市级示范村。2010年创建为中国优秀旅游城市;先后被命名为全国林业产业第一县、全国粮食生产先进县、全国科技进步先进市、全国文化先进市、江苏省设施农业先进市、江苏省土地执法先进市、江苏省体育强市、江苏省文明城市、江苏省卫生城市和江苏省园林城市等。

综述　2012年,围绕"全面达小康、开启新征程"的奋斗目标,突出"跨越发展、争先进位、更好更快"的总要求,大力弘扬"水杉精神",加快推进"四大计划四个转型"(实施产业培育壮大计划,加快工业经济转型升级;实施城镇统筹发展计划,加快推进城镇建设转型升级;实施高效农业提升扩面计划,加快推进农业产业转型升级;实施和谐邳州建设计划,加快社会事业和社会管理转型升级)。全年地区生产总值完成532亿元、增长14.1%,公共财政预算收入完成42.1亿元、增长20.1%,固定资产投资完成392亿元、增长22%,社会消费品零售总额完成113.7亿元、增长15.6%。全国百强县位次从第67位前移至第56位,位居江苏县级市可持续发展综合评价第8位。城镇化率达到45.4%;城市绿化覆盖率43.1%,全市森林覆盖率35.1%,生态宜居的现代化中等城市魅力彰显,"楚韵汉风、诗意田园"的城市特色更加鲜明。2012年,城镇居民人均可支配收入21155元,农民人均纯收入11470元。

农业　实施现代农业10大类100项重点工程。全年实收面积187.52万亩(),粮食总产84.77万吨,实现连续9年丰产丰收。大蒜亩均收益突破5000元。生猪规模养殖比重提升到86%,饲养量达到220.6万头,出栏量达158.3万头。重点推进"两个15万亩",新增设施农业15.5万亩,总规模35.8万亩;新增林下养殖15.7万亩,获批省级现代农业特色产业基地。新增"三品"认证141个;产品出口达到2.09亿美元。。新增高标准农田16万亩。综合农机化水平达76%。全市共发放粮食直补、农资综合补贴和良种补贴等资金18533.15万元。创建万亩园区14个、规模基地30个,日光温室占比提高4个百分点。宿羊山、邹庄西沙村荣获首批"江苏省一村一品示范镇村"称号;八路刘集村获批省级"现代农业示范村"。全年池塘开挖整修9600亩,放养鱼种5120吨,繁殖各类鱼苗3.57亿尾。新增高效渔业1.52万亩;高效渔业养殖基地发展到20个。全市水产养殖面积达8.1万亩,水产品产量达到42860吨,渔业经济总产值达7.23亿元。全年完成成片造林2.6万亩,改造农田林网15.2万亩,四旁植树351万株,森林抚育3万亩,建成省级新农村绿化示范村11个。新增银杏、杨树种苗8000亩,林木覆盖率提升到34.52%。保护黄墩湖等湿地1578.2公顷。围绕优质稻米、中强筋小麦、板材、银杏、大蒜等主导产业,延长产业链,提高农产品附加值。新增农业龙头企业省级5家、市级7家,市级以上龙头企业达38家。形成以官湖为中心的板材产业,以铁富、港上为中心的银杏产业,以宿羊山为中心的大蒜产业等三大龙头企业集群。年内,国家质量监督检验检疫总局认定宿羊山镇大蒜基地为国家级出口食品农产品质量安全示范区。徐州立华畜禽公司赵墩蛋鸡场获批"农业部畜禽标准化示范场"。

水利　2012年,启动建设实施安全水利、民生水利、资源水利、环境水利"四大重点水利工程体系",实施16项水利工程,计划投资5.5亿元,实际完成6亿元。投资5900万元,完成黄墩湖滞洪区120栋避洪楼建设工程,索家、运河两座排涝站增容改造工程及沿运涵闸漏水处理工程;投资2.0831亿元,完成中小河流治理、农村饮水安全、小型农田水利重点县建设、农村河道疏浚整治、农村危桥改造、世纪大道六保河丁场大沟两座桥梁建设等7项工程建设。累计完成投资8000万元,完成3个镇污水处理厂接管和18个镇新建任务区域供水工程;投资2000万元,完成8个镇水厂及配套管网建设。

交通　到2012年底,全市公路总里程达3020.88公里;全市航道总里程172.76公里,船闸2座,港口42座,码头泊位97个,码头总延长10200米(不含邳州港)。全年境内公路客运量436.4万人次,客运周转量21205万人公里;货运量468万吨,货运周转量143340万吨公里;水运货物运输量682万吨,货运周转量360000万吨公里;港口货物吞吐量0.14亿吨。年内,完成交通基础设施建设投资5.6亿元,建成农村公路41.34公里、改造桥梁54座,完成省道250城区—官湖段5公里和全市24个镇农村公路安保工程,县道210燕汴线(棠台公路)安保工程样板路通过省、徐州市验收。

工业　坚定不移推进新型工业化。"三大主导产业"(板材家具、环保化工、机械制造)产值达804亿元、增长34%,"六个特色产业"(食品医药、纺织服装、港口物流、石膏建材、电力能源、精细冶金)产值达390亿元、增长36%,"四大新兴产业"(新材料、新能源、生物技术和新医药、节能环保)产值达460亿元、增长104%。规模工业实现增加值314亿元、销售1437亿元,分别增长22.9%和36%;纳税超千万元工业企业达18家,2家过亿元;30个重大产业项目竣工投产15个;20家工业领军企业培育、46家规模企业扩大升级有效推进;44家板材企业加快转型,市财政兑现设备投入奖励794万元。园区建设快速推进,全年完成基础设施投入4.4亿元。全年新增国家级高新技术企业5家,新增省级研发平台8家,新认定省高新技术产品13项,巨腾变压器公司被评为省级创新能力建设示范企业;高新技术产业产值达到602亿元,同比增长87.6%,占规模以上工业产值比重37.6%。

商贸服务　年内,完成12家商贸流通企业改制工作,累计改制企业34家,兑付资金2.91亿元,安置职工12231人。大力推动投融资体制改革创新,在徐州县(市)区首家成功发行企业债券。全年争取专项资金16亿元以上。创新国土管理经营机制,严格执行耕地保护制度,实施土地增减挂钩项目27个,新增耕地2774.7亩;向上争取土地指标3615.1亩,大力开展节约集约用地,向工业、城建、民生等各类项目供地6109.2亩;盘活嫁接土地1224.7亩;成功创建省土地执法模范市。完成服务业增加值218.3亿元,增长15.2%。30个重大服务业项目序时推进,完成投资15.5亿元。欢乐买农产品批发市场进入省级重点扶持项目库,"万村千乡"农家店覆盖各镇和80%的行政村,销售"家电下乡"产品11万台、总额2.9亿元。金融产业跨越发展,建成省金融生态达标市,新增银行分支机构2家、保险分支机构4家、小额贷款公司5家;银行业金融机构新增贷款39.9亿元,宝石玉器城等9个项目被列为徐州市重点文化产业项目。

土地管理 2012年,完成土地征收6068.47亩,其中农用地3401.85亩。组织完成国家项目中运河治理和截污导流2个项目、7278.23亩。全市出让土地132宗、5642.15亩,成交价格57.59亿元。年内,向上争取土地指标3621.07亩,其中国家计划农用地转用计划610亩、独立选址项目17个602.1亩(含污水处理项目9个,不含国家重点工程),点供项目2个706亩,省厅奖励指标300亩。2012年度增减挂钩指标624亩,万顷良田预借指标778.97亩。获国土资源部"第二轮矿产资源规划评优结果二等奖",成功创建为2012年度"江苏省土地执法模范市"。

房产管理 全市全年商品房销售套数9433套,销售建筑面积103.82万平方米,同比上升79.56%;交易均价3983元/平方米,同比下降6.92%。归集房改住房基金、专项维修资金总计1583.48万元。追回欠款200万元。全年共办理商品房市场交易各项业务11595宗。完成测绘面积121.30万平方米。其中商品房预测面积49.84万平方米,商品房实测面积56.52万平方米,单位房测绘面积14.10万平方米,自建房测绘面积0.84万平方米。新增公共租赁住房260套。年新增经济适用房建设378套。新建限价商品住房920套。城市棚户区危旧房改造安置住房1566套。

园林旅游 年内,政府把星级酒店、旅游点、A级创建工作作为首要任务。台商会所、京杭大酒店、铁富山前人家度假村、四户鑫隆源酒店、议堂悦鹏商务宾馆5家成功创建为星级酒店,陈楼锦绣大地生态农业观光园、赵墩绿郎葡萄生态园2家成功创建为乡村旅游点,碾庄阿虎山庄、车福山岩河源饭店、新河金湖湾农庄、运河镇和谐号饭店、宿羊山龢居饭店5家成功创建为农家乐。沙沟湖水杉公园被评为国家AAA级旅游景区,邳州古栗园为国家AA级旅游景区。

安全生产 全市共发生各类安全事故170起,死亡50人。其中,道路交通事故107起,死亡46人;火灾事故62起,死亡1人;工矿商贸企业发生较大事故1起,死亡3人。全年共排查整改各类隐患34863条。全年共出动检查人员3504人次,检查企业(个体商户)14122个,查处各类非法违法行为9126起。同时,针对造船业的非法生产经营、特种作业人员无证上岗等行为,组织安监、消防、工商、供电等部门开展造船行业"打非治违"专项行动,出动行政执法人员120人次、警力20人次,检查造船企业55家,排查整改安全隐患995处,关停非法船舶修造企业3家。

环境保护 全年城区环境空气质量良好天数达到98%,全市饮用水源地水质达标率100%,环境噪声达标率100%,环境综合指数达到93.8分。全年共处理环境信访事件668件次,在全省的信访排名从年初的前10位下降到第89位。市环保局被被省环保厅评为"信访工作先进集体"。落实"蓝天工程",着力改善城区空气环境质量,对徐塘电厂、华隆热电等重点企业实施废气排放达标整改;加强机动车尾气检测,在徐州市率先启用机动车尾气环保检测站,淘汰老旧机动车1773辆。整治涉重企业,全市原有涉重企业47家,关闭春雷合金和春康电池2家,对保留的9家企业全面实施整改。向上争取专项资金1140万元用于镇级污水处理厂建设,建成污水处理厂19座、垃圾中转站21座、标准化农贸市场8个,医疗废水、废弃物处置实现全覆盖。市环境监测站顺利通过省2012年度监测站标准化建设达标验收。全年共获各项监测数据52000多个,出具各类报告报表400多份。

教育 年底,全市共有各级各类学校297所,其中小学158所、初中35所、高中11所、中等专业学校2所、特教学校3所、中心幼儿园34所、局直属幼儿园5所、民办中学5所、民办幼儿园44所。全市共有教职工19211人,其中专任教师16574人。中小学在校学生281726万人,幼儿园在园幼儿52175人,特教中心在校生178人,职业学校在校生8146人。义务教育阶段入学率100%,残疾儿童入学率达到98%。初中巩固率100%,高中阶段入学率98%,学前三年幼儿入园率97.2%。各级学校教师学历合格率均达100%。全市有省特级教师26人,市名师名校长15人,市青年名师23人,市学科带头人48人,市青年骨干教师72人。拥有省三星级以上普通高中8所,省四星级中等职业学校2所,省示范初中7所,省实验小学7所,省优质幼儿园37所,省、市模范学校121所,省、国家重点职业技术学校2所,省特殊教育现代化示范学校1所。

科技 新增专利授权数604件,新增发明专利授权数9件,新增注册商标400件;"金虎"牌商标荣获中国驰名商标,实现邳州市中国驰名商标零突破;江昕轮胎、伟楼科技荣获2012年度江苏省优秀新产品奖。

卫生 年内,全市登记报告法定传染病18种2836例,比上年同期下降4.06%,发病率为157.56/10万。全市建立居民健康档案累计1429593余人,建档率79.8%;60岁以上老人累计登记35.3万人。全面启动"国家级慢性病预防控制综合示范区"创建工作。全年共出动卫生监督人员2000多人次,出动车辆200多台次,共查处个体诊所137家,取缔29家,摘除各类非法行医招牌、灯箱41块,没收各类药品232件、器材36余件;立案查处137件,结案80件。全年改厕2万座,累计改厕19.6万座,水冲厕所普及率达到64%。10个村顺利通过了省级卫生村检查验收,土山、碾庄两镇成功创建成徐州市卫生镇。全市24个镇卫生院的医疗废水处理、医疗废物集中处置达到全覆盖。

劳动和社会保障 全年新增城镇就业1.2万人,企业用工最低工资标准由800元/月提高至900元/月,城、乡低保标准分别提高至440元/月、240元/月,城镇登记失业率为2.24%。2012年,全市保障低保户16207户、36855人,城、乡低保标准提高至440元/月、240元/月,发放低保资金8200万元;五保对象7328人,集中、分散五保供养标准提高至5100元/年、3000元/年,支出五保供养资金2603万;争取救灾资金460万元,采购棉被4000床、棉衣2000件、救灾面粉27.5万公斤,救助困难群众2503户、6024人次;救助孤儿950人,支出救助资金756.1万元;大病救助15160人次,支出救助资金2299.3万元;慈善救助49086人次,支出救助资金435.4万元;特残救助6968人,支出救助资金832.3万元;临时救助23人次,支出救助资金19.5万;救助流浪乞讨人员149名,社会弃婴16名,救助资金5.8万元;为80岁以上老人发放"高龄补贴"1562万元;为56例精神病患者免费治疗,免除费用14万元;对42名唇腭裂患者进行矫正手术,免除费用13万元。

宁 波 市

【自然地理】 宁波地处浙江省东北部,长江三角洲东南翼,居东海之滨、中国大陆海岸线中段。气候温和湿润,四季分明,属于亚热带季风气候。多年平均气温为16.4℃,多年平均降水量为1480毫米左右,多年平均日照时数达1850小时。全市陆域总面积9816平方公里,其中市区面积2461平方公里。境域地势西南高,东北低,平原海拔多在2米至10米,山地海拔多为500米以上、1000米以下,最高山峰为余姚的青虎湾岗,海拔979米。地貌结构平原占陆域总面积的40.3%,丘陵占25.2%,山地占24.9%,谷(盆)地占8.1%,台地占1.5%。海洋资源丰富,深水岸线众多。全市海域总面积为9758平方公里,岸线总长1562公里,占浙江省海岸线的三分之一,其中大陆岸线788公里,岛屿岸线774公里。共有面积大于500平方米以上海岛538个,其中有居民海岛34个,无居民海岛504个。宁波甬江是浙江省八大水系之一,主要有余姚江和奉化江,两江在市区"三江口"汇流成甬江,流向东北,经镇海区的招宝山入东海。境内面积19.91平方公里东钱湖,为浙江省内陆最大的淡水湖。

【历史沿革】 宁波简称"甬",是中国历史文化名城和著名的国际港口城市。春秋时为越国地,战国中期以后为楚国辖地。秦时,置句章、鄮、鄞和余姚(一说西汉置余姚县)4县。隋开皇九年(公元589年),鄮、鄞、余姚3县并入句章县,时为宁波历史上最大的县。唐武德四年(公元621年),置鄞州、姚州;唐开元二十六年(公元738年)置明州,州治设小溪(今鄞州鄞江镇);唐长庆元年(公元821年),州治迁至今市区三江口。南宋绍熙五年(公元1195年)改明州为庆元府。元代改庆元路。明初恢复为明州府,明洪武十四年(公元1381年),为避国号讳,取"海定则波宁"之意,改明州为宁波府,为宁波名称之始。清顺治十五年(公元1658年),宁绍台道驻宁波。民国初废府,1914年会稽道驻鄞县城厢,各县归辖。1927年废道。划鄞县城厢及近郊建宁波市,1931年撤市复入鄞县。1949年5月宁波解放,设宁波专员公署,同时设宁波市;1983年撤销宁波地区建制,实行市管县体制,鄞县、慈溪、余姚、奉化、宁海、象山六县归辖。

【行政区划】 2012年底,宁波市辖6个区、2个县、3个县级市,下设64个街道办事处、78个镇、11个乡,共有533个社区(居委会)、2567个村民委员会。

【人口民族】 2012年底,宁波市户籍人口577.7万人,其中市区226.1万人。人口出生率8.65‰,人口死亡率6.56‰,人口自然增长率2.09‰。全市有54个少数民族,总人口约40万人。

【人民生活】 2012年,全年市区居民人均可支配收入37902元,比上年增长11.3%,扣除价格因素,实际增长9.4%;农村居民人均纯收入18475元,增长11.8%,扣除价格因素,实际增长10.0%。城乡居民收入比为2.05:1,明显低于全国3.10:1的平均水平。市区居民人均消费性支出23288元,农村居民人均生活消费支出12699元;市居人均建筑面积32.55平方米,农村人均住房面积58.29平方米。城乡居民储蓄存款余额4175.96万元。在社会保障体系方面。新增基本养老、基本医疗、失业、工伤和生育保险参保人数39.9万人、21.6万人、15.6万人、16.9万人和18.4万人,年末参保人数分别达474.3万人、326.6万人、216.2万人、270.2万人和233.1万人。年末外来务工人员参加五大社会保险人数为179.4万人,全年参保人数净增22.6万人。新增城乡居民养老保险、城镇居民医疗保险参保人数10.1万人和18.1万人。本地户籍人口养老保障参保率达到83.4%。2012年企业退休人员基本养老金每月增加223元,人均每月达到2048元。在民生保障方面,年末全市共有城乡低保39355户59483人,支出低保资金2.3亿元。全市农村五保对象5224人,集中供养人数4990人,集中供养率为95.5%,城镇"三无"对象1380人,集中供养人数1353人,集中供养率为98.0%。养老机构年内新增床位2468张,年末全市共有养老机构220个,床位33168张。

经济社会发展主要指标

项　　目	2012年	比2011年增或减%
国内生产总值(亿元)	6524.7	7.8
第一产业增加值(亿元)	270	1.6
第二产业增加值(亿元)	3516.7	6.0
其中工业增加值(亿元)	3170	2.7
第三产业增加值(亿元)	2738.0	10.9
人均国内生产总值(元)	85475	
粮食总产量(万吨)	85.7	-4.9
棉花总产量(吨)		
油料总产量(万吨)		
全社会固定资产投资总额(亿元)	2901.4	21.6
外贸自营出口(亿美元)	965.7	-1.6
实际利用外资(亿美元)	28.5	1.5
社会消费品零售总额(亿元)	10610.8	13.1
零售物价总指数(%)		
地方财政收入(亿元)	725.5	10.3
地方财政支出(亿元)	828.4	10.4
职工年平均工资(元)		

续表

项　　目	2012 年	比 2011 年增或减%
农民年纯收入(元)	18475	11.8
邮电业务总量(亿元)	8.61	12.06
电话普及率(部/百人)		
年末存款余额(亿元)	11602.3	11.2
年末贷款(亿元)	11961.0	12.0
大学(所)	14	
中小学(所)	830	
下岗人数(人)	82078	
企业兼并、破产数(个)		

海　曙　区

【概况】 海曙区辖 8 个街道办事处，下设 76 个社区，面积 29.38 平方公里。户籍人口 29.88 万人，人口自然增长率 3.98‰。

【经济社会】 2012 年，海曙区实现地区生产总值 496.18 亿元，按户籍人口计算，人均生产总值 165699 元。其中，第二产业 81.72 亿元；第三产业 414.46 亿元。现代服务业实现增加值 296.76 亿元，占第三产业增加值的比重 71.6%。公共财政预算收入 70.90 亿元，其中地方财政收入 48.63 亿元。公共财政预算支出 22.35 亿元。城镇居民人均可支配收入 37902 元，增长 11.3%。实现工业总产值 349.64 亿元，销售产值 329.93 亿元，利税 7.55 亿元，其中利润 5.81 亿元。社会消费品零售总额 372.85 亿元。实现自营进出口总额 66.43 亿美元，下降 8.8%。其中，出口总额 56.08 亿美元，下降 4.1%；进口总额 10.35 亿美元，下降 28.0%。全年引进外资项目 21 个，总投资额 5125 万美元，下降 66.6%；合同利用外资 1510 万美元，下降 90.2%；实际利用外资 8243 万美元，增长 64.3%。楼宇经济是海曙区推动现代服务业发展的重要载体，2012 年地区总部在海曙区的银行业企业有 14 家，地区总部在海曙区的保险业企业有 23 家，年末拥有证券营业部 15 家。新增国家级高新技术企业 2 家，累计 9 家。全年获得授权专利 2098 项，其中发明专利授权 77 项。全年引进各类人才 3841 人，人才资源总量 7.6 万人，专业技术人员数近 4.2 万人。

2012 年，海曙区开展清洁空气行动，开展扬尘和固体废弃物禁烧工作，完成 64 家干洗店的挥发性有机物污染整治。36 家医疗机构医疗废弃物无害化集中处理率 100%，城市生活垃圾无害化处理率 100%。人均公园绿地面积 10.58 平方米/人。全年举办各类文化活动 508 场创建省级文化示范社区 1 个、市级文化示范街道 2 个、市级文化示范社区 6 个，建成 18 家社区公共数字文化服务中心。有中小学校 24 所，在校学生 26402 人。义务段入学率、中小学巩固率、初中升入高中段比例、三残儿童入学率均达 100%。有幼儿园 41 所，3～5 岁入园幼儿 11093 人，学前三年幼儿净入园率 99.8%。成功创建国家慢性病综合防控示范区和省级卫生应急工作示范区。拥有直属医疗卫生机构 12 个，门诊部以上社会办医疗机构 26 个，拥有床位 620 张，全年门诊量 432.49 万人次。职工参加养老、医疗、工伤、生育、失业保险人数分别为 26.3 万人、19.9 万人、14.1 万人、13.7 万人和 12.4 万人，分别比上年增加 4.2 万人、1.5 万人、1.3 万人、1.8 万人和 0.6 万人。户籍人口养老参保率 97.6%。城镇居民基本医疗保险参保人数 5.3 万人。全年募集善款 851.5 万元，累计救助困难群体 3965 人次，救助支出 700.3 万元。

江　东　区

【概况】 江东区辖 8 个街道，下设 74 个社区，面积 33.75 平方公里，总人口 26.5 万人，下降 0.09%。人口自然增长率 3.72‰。

【经济社会】 2012 年，江东区实现地区生产总值 399.5 亿元。第一产业增加值 0.4 亿元；第二产业增加值 147.1 亿元；第三产业增加值 252.0 亿元。公共财政预算收入 60.67 亿元，其中地方财政收入 42.16 亿元。公共财政预算支出 25.8 亿元。新增财力的 73.7% 用于社会事业和改善民生。城镇居民人均可支配收入 37902 元。农林牧渔业总产值 6547 万元。实现工业总产值 221.1 亿元。成立全市首家工业设计产业联盟。完成建筑业总产值 271.1 亿元，增长 38.1%。全年商品销售总额 1218.8 亿元，社会消费品零售总额 200.2 亿元。商品市场成交额 282.0 亿元，增长 8.7%；其中亿元市场成交额 276.9 亿元，增长 10.6%。楼宇经济实现税收 35.4 亿元，增长 18.3%。全区有税收上千万元楼宇 54 幢，亿元楼 7 幢。承办第八届中国总部经济高层论坛。全年新增总部企业 33 家，累计 175 家，韵升集团、建工集团等 11 家企业入选宁波市优势总部企业。全年接待国内外游客 462.6 万人次，旅游总收入 38.0 亿元。实现进出口总额 60.04 亿美元。新批外商投资项目 20 个，合同利用外资 2.11 亿美元，实际利用外资 2.41 亿美元。完成固定资产投资 112.08 亿元。建成商务商业设施面积超过 80 万平方米。

新增 2 家高新技术企业和 2 个国家级创新服务平台。获得科技计划项目立项国家级 6 项、省级 2 项。引进各类人才 6716 人，其中高层次人才 246 人。新列入国家 863 项目 1 项、火炬计划项目 1 项、国家重点新产品 1 项。发明专利授权量 98 件，占专利总量的 6.4%。成功创建省义务教育均衡发展区。组建新曙光中学，江东实验小学樱花校区投用，新开办 3 所幼儿园。年末全区有幼儿园 25 所，在园幼儿 9518 人；小学 21 所，在校学生 20100 人；中学 7 所，在校学生 8079 人。区心理健康辅导中心成立。年末全区有 5 家街道社区卫生服务中心、33 个社区卫生服务站，实有床位 1104 张，卫生技术人员 3385 人。“快乐 365”文化惠民活动累计开展 800 余场次。区图书馆完成升级改造，全年接待读者 73 万人次，借还图书 72 万余册。七个街道全部成为省级先进体育街道。全年新增就业人员 11855 人，总体就业率 99.7%。企业职工参加养老、医疗、失业、工伤、生育保险人数分别为 25.5 万人、17.2 万人、

12.1 万人、12.5 万人、11.9 万人,分别增长 21.2%、13.0%、26.8%、14.8%、17.6%。被征地人员养老参保人数 1.1 万人,增长 0.1%。全年累计募集善款、物资收入 1321.1 万元。5000 余名服务对象享受到政府购买服务。全年发放最低生活保障金和残疾人基本生活保障金 1038 万余元,发放各类优抚、安置金 1230 万余元。区残疾人综合服务中心建成投用,制定全省首个残疾人托养服务机构管理地方标准,创建成为全省唯一的"全国阳光家园"示范区。完成第二轮 8 个老小区综合整治,总建筑面积 43.26 万平方米的,受益居民 4987 户。新增公共租赁房 1185 套、经济适用房 206 套、廉租住房 612 户。全年新增道路配套绿化面积 8200 多平方米。顺利通过第二轮国家环保模范城市复检,创建成为全市清洁空气行动先行区。

江　北　区

【概况】　江北区辖 7 个街道、1 个镇,下设 55 个社区(居委会)、94 个村委会。总面积 208.16 平方公里,年末户籍人口 24.11 万人,人口自然增长率 3.55‰。

【经济社会】　2012 年,江北区实现地区生产总值 240.4 亿元。其中,第一产业 6.0 亿元,第二产业 87.8 亿元,第三产业 146.6 亿元。公共财政预算收入 60.36 亿元,其中地方财政收入 36.18 亿元。公共财政预算支出 28.69 亿元,其中民生领域投入 16.73 亿元,占支出总额的 58.2%。城镇居民人均可支配收入 37902 元;农村居民人均纯收入 19771 元,增长 14.8%。2012 年,江北区农林牧渔业总产值 9.0 亿元。新增绿化面积 2600 余亩,完成水利投资 4.2 亿元。全区农民专业合作社达到 140 家,土地流转率 80.2%。提升设施农业水平,新建一个市级农机化示范基地。无公害产地面积 21764 亩,占可耕种面积的 55%。农村住房建设开工 61.8 万平方米,竣工 30.8 万平方米。实现工业总产值 477.8 亿元。有色金属冶炼及压延加工业、电气机械及器材制造业等 12 个上 10 亿元行业共计实现工业总产值 333.1 亿元,占规模以上工业总量的 87.8%。拥有高新技术企业 40 家,各级企业技术研发机构 91 家。新批对外直接投资项目 18 个。全年接待国内外游客 690.5 万人次,实现旅游总收入 71.4 亿元。31 个在建旅游项目总投资 30.8 亿元。慈城古县城与 500 余家旅行社签订合作协议,团队游客接待量增长 60.9%,实现门票收入增长 23.9%。

加快公建项目建设,建成甬江卫生服务中心、区人民法院审判庭、白沙派出所及户证中心业务用房。获得专利授权量 2592 件。全年共引进各类人才 10820 人,人才总量达到 78244 人。成功举办第四届中华慈孝节及文化·旅游产业发展论坛等六大主题系列活动。区文化中心正式投入使用。成功举办 2012 全国山地竞速挑战赛。全年体育协会举办各种比赛 40 余次。在全市率先启动义务段农村中小学学生接送车工程。完成双东路、城庄九年一贯制学校和洪塘经济适用住房配套学校新建工程,新增 6 所幼儿园。成功创建省义务教育均衡发展区和全国社区教育数字化先行区。全区共有各类医疗卫生机构 190 家,其中社区卫生服务中心 8 家,社区卫生服务站 54 家,村卫生室 38 家。城镇职工养老、医疗、工伤、生育、失业五大社会保险参保人数分别为 22.3 万人、17.4 万人、13.1 万人、12.4 万人和 13.4 万人,户籍人口养老保险参保率 94% 以上,城乡居民社会养老保险"应保尽保",被征地人员养老保障实行"即征即保",新型农村合作医疗参合率 98%。全区有 6743 人享受高龄老人生活津贴,年发放津贴 443.1 万元,为 1700 名符合条件的老年人免费安装"一键通"电话机。农村社区化服务覆盖率 100%。投入 2.1 亿元,推出经济适用住房 150 套。人均绿地面积 12.26 平方米。

镇　海　区

【概况】　镇海区辖 4 个街道、2 个镇,下设 29 个社区、个 60 个村委会,面积 245.90 平方公里。户籍总人口 22.76 万人,人口自然增长率 1.79‰。

【经济社会】　2012 年,镇海区实现地区生产总值 575.45 亿元。其中,第一产业 6.48 亿元;第二产业 436.18 亿元,第三产业 132.78 亿元。按户籍人口计算,区属人均生产总值 13.4 万元。公共财政预算收入 75.04 亿元,其中地方财政收入 41.13 亿元。公共财政预算支出 40.95 亿元。城镇居民人均可支配收入 38219 元这个数据与其他区不同!,农村居民人均纯收入 19720 元。农林牧渔业总产值 10.77 亿元。农作物播种面积 14.86 万亩,其中粮食 6.01 万亩,蔬菜 4.91 万亩,花卉苗木 2.05 万亩。全年完成农房改建面积 46.38 万平方米,安置农民 2635 户。实现工业总产值 2316.19 亿元。其中实现区属工业总产值 946.90 亿元,区属规模以上战略性新兴产业实现工业总产值 240.20 亿元。实现高新技术产业产值 321.05 亿元,拥有高新技术企业 53 家,科技型企业 89 家,企业工程技术中心 95 家。获省、市科学技术奖 6 项。获得发明专利 226 件。全年引进各类人才 7361 人,拥有各类专业技术人员 45243 人,其中高级人才 7788 人。新建院士工作站 2 家。有博士后科研工作站 3 个。社会消费品零售总额 90.40 亿元,增长 15.6%。基本建成"三位一体"港航物流服务体系,甬鑫大宗商品交易平台上线运行,钢材现货市场、宁波食盐储备配送中心、中国五矿钢铁剪切配送等项目加快推进。航运业总运力 109.5 万吨,继续保持省、市领先水平。全区旅游综合收入 24.24 亿元,接待国内外游客 546.10 万人次。引进外商投资项目 22 个,总投资额 10.89 亿美元。合同利用外资 3.28 亿美元,实际利用外资 1.84 亿美元。

全年完成征地 6362 亩,拆迁面积 105 万平方米。城市供水网络实现全覆盖。年末城市绿地面积 2533.19 公顷,绿地率 43.2%;公园绿地面积 203.21 公顷,人均公园绿地面积 12.73 平方米;绿化覆盖面积 2653.45 公顷,城市绿化覆盖率 45.2%。大力发展文化事业,引进文化创意企业 201 家,合计注册资本 4.5 亿元,总投资 50 亿元的中国金融数字文化城项目奠基开工。年末全区拥有镇(街道)文化站 6 个,各类艺术表演团体 418 个。全年组织大型文化演出活动 92 场,群众性文化活动 351 次。成功创建全国义务教育均衡发展区和全国社区教育实验区。全年区级财政用于教育事业经费 5.18 亿元,新建校舍投资 1.41 亿元。年末全区拥有各级各类全日制学校 34 所,在校学生 43003 人;各类幼儿园 70 所。共有各类医疗服务机构 235 家,其中医院 7 家,社区卫生服务中心 6 家,社区卫生服务站 47 家;有医院病床 2518 张,有专业卫技人员 3056 人。新型农村合作医疗参合率98.3%。区属参加养老、医疗、工伤、生育、失业保险的人数分别为24.23万人、18.83万人、13.54万人、12.80万人、11.88万人。年末全区拥有各类福利机构9家，床位1298张，福利企业35家。全年支出各类救助金5444万元，救助人数83832人；纳入低保对象人数1353人，发放低保金840万元。

北 仑 区

【概况】 北仑区辖7个街道、2个镇、1个乡，下设46个社区居委会、213个村民委员会，陆域面积599.03平方公里，海域面积258平方公里。户籍人口38.30万人，人口自然增长率3.50‰。

【经济社会】 2012年，北仑区实现地区生产总值671.09亿元。其中，第一产业9.21亿元；第二产业410.77亿元；第三产业251.11亿元。按户籍人口计算人均生产总值189458元。公共财政一般预算收入152.54亿元，其中地方财政收入76.74亿元。城镇居民人均可支配收入37902元，农村居民人均纯收入增长13.2%为20370元。梅山港区口岸开放获国务院批复同意。实现农林牧渔业总产值14.03亿元，建成全区规范性农民专业合作社90家。累计建成省市级全面小康示范村31个。全区累计实施农村住房集中改建项目271个，累计完成拆迁8316户，安置农户12103户。规模以上工业企业实现总产值1826.45亿元，利税总额128.28亿元。六大临港产业实现工业总产值1082.26亿元，占规模以上工业总产值的59.3%。获批宁波北仑国家智能装备高新技术产业化基地。拥有国家高新技术企业100家、全国创新型企业3家；拥有国家级企业技术中心1家、国家级塑机检测中心、国家级铁矿检测重点实验室和6家国家级行业检测中心。实现社会消费品零售总额123.99亿元。接待国内外游客547.31万人次，实现旅游总收入32.53亿元。新批外商投资企业69家；合同利用外资12.02亿美元，实际利用外资8.13亿美元。新设境外企业20家，中方实际投资额5745万美元。

全年完成城市基础设施投资144.79亿元。年末公路总里程674公里，城市人均公共绿地面积13.7平方米，绿化覆盖率38.8%，建成区绿地率35.7%。全年获得专利授权数2380个，其中发明专利161个。新培养、引进各类人才2.2万人，人才总量12.6万人，其中高级职称1750人，博士、博士后95人。全区有中小学43所，在校中小学生49561人，各级各类幼儿园90所，在园幼儿21352人。成功举办第三届中国国际港口文化节、“唱响中国”宁波北仑演唱会等系列文化活动。沃家狮象窜、灵峰寺葛仙翁信俗两个非遗项目入选省级非物质文化遗产目录。全面开展全国全民健身示范城市（区）试点工作，“北仑模式”全民健身工作日渐成型。全年组织各类体育活动1000多项次。有各类医疗卫生机构309家，其中区级综合性医院5家，社区卫生服务中心10家；实有床位数1775张，卫生技术人员数3509人。参加职工基本养老、医疗、工伤、生育和失业保险的人数分别为29.01万人、29.05万人、26.70万人、5.22万人、21.25万人；被征地人员养老保险参保人数10万人，重点参保对象参保率94.4%；城乡居民社会养老保险参保人数6.05万人，城镇居民基本医疗保险6.89万人。全年1677人享受最低生活保障，比上年减少297人。农村五保和城镇三无对象集中供养率达到100%。全年享受医疗救助33201人次，救助特困生150人。拥有各类福利机构15家，床位数1731张，在院人数1336人。

鄞 州 区

【概况】 鄞州区辖7个街道、17个镇、1个乡，下设98个社区（居委会）、431个村委会。面积1345.54平方公里，户籍总人口83.1万人，人口自然增长率2.98‰。

【经济社会】 2012年，鄞州区实现地区生产总值1038.1亿元，其中，第一产业38.4亿元；第二产业648亿元；第三产业351.6亿元。按户籍人口计算人均生产总值12.6万元。公共财政预算收入237.37亿元，地方财政收入136.22亿元，总量居全省各县（市、区）首位。城镇居民人均可支配收入40607元，农民人均纯收入20831元。2012年，农林牧渔业总产值57亿元。完成镇区拆旧65万平方米，建新167万平方米。全年拆除农村旧房83万平方米，新开工142万平方米，安置农户4507户。新创建市级全面小康村4个。全年实现工业总产值2817.5亿元，其中规模以上工业总产值2015.9亿元。高新技术行业产值580.0亿元；高新技术企业产值442.3亿元。新增高新技术企业40家，累计232家。全区累计拥有国家级创新型企业（试点企业）4家、省级创新型示范（试点）企业11家、市级24家。共获各类授权专利18955件，其中发明专利472件。引进各类人才1.2余万人，其中中高级人才1747人。累计建有12家企业博士后工作站。实现社会消费品零售总额314.4亿元。拥有亿元以上商品交易市场12个，全年成交额218.2亿元。建成商务楼宇43幢、156.4万平方米，南部商务区一期27幢楼宇投入使用。全年旅游总收入136.4亿元，接待国内旅游者1415.5万人次。共有4A级景区5家，3A级景区1家。实现外贸进出口总额130.95亿美元。合同利用外资9.4亿美元，实际利用外资3.9亿美元。固定资产投资420.4亿元，其中民间投资270.4亿元。房地产开发业投资152.2亿元，住宅开发投资81.8亿元。

全年固定资产投资总额420.4亿元。境内公路总里程1879公里（不包括城市道路）。全年新城区新增绿地面积约为45万平方米。全区有普通中小学137所，在校学生14万人。全区拥有医院11家，总床位3422张，有医师2711名，注册护士2363名；全年总诊疗1462.44万人次。拥有社区卫生服务中心7家，标准社区卫生服务站65家。乡镇卫生院18家，门诊部10家，村卫生室335家，诊所和医务室141家。城镇职工基本养老、医疗、失业、工伤、生育保险的实际缴费人数分别为50.03万人、48.84万人、40.80万人、44.55万人、42.72万人。有9335人参加新型农村养老保险。城镇职工基本医疗保险、城镇居民基本医疗保险参保率分别在93%和97%以上，新型农村合作医疗参保率99%以上。全区有国家级生态乡镇6个，省级生态镇（街道）12个，国家级生态村1个，市级生态村261个，市级以上环保模范（绿色）单位134家。在新型城市化建设中，城乡统筹发展水平实现全省“五连冠”。

余姚市

【概况】 2012年,余姚市辖6个街道、14个镇、1个乡,下设55个社区(居委会),265个村委会,面积1500.8平方公里。户籍总人口83.45万人,人口自然增长率-0.46‰,户籍人口连续十年保持负增长。在册暂住人口54.46万人,比上年减少0.18万人。连续四年蝉联"中国十大(县级)最具幸福感城市"桂冠。2012年居全国县域经济基本竞争力第八位。

【经济社会发展】 2012年实现地区生产总值711.77亿元,比上年增长9.0%人均生产总值为85287元,按年平均汇率折算为13511美元。其中,第一产业43.51亿元,增长2.0%;第二产业421.75亿元,增长10.0%;第三产业246.51亿元,增长8.5%。公共财政预算收入112.85亿元,增长12.0%。其中地方财政收入61.69亿元,增长12.1%。公共财政预算支出67.82亿元,增长16.4%。城镇居民人均可支配收入37217元,农村居民人均纯收入17977元。分别增长10.7%和11.8%。城镇居民人均居住面积为36.9平方米,农村居民人均居住面积64平方米。2012年居全国县域经济基本竞争力第八位。是"全国蔬菜生产重点县市"、"全国农田水利基本建设先进单位"。大力发展生态高效农业,建成主导产业示范区3个、特色农业精品园4个,完成粮食功能区标准化建设2.4万亩。成功举办第三届中国余姚·河姆渡农业博览会等农事节庆和推介活动。大力推进在乡村建设中,创建4个宁波市级中心村、8个全面小康创建村、2个幸福美丽新家园先进乡镇、11个本级小康新农村。开通城乡公交线路72条、投放运营公交320辆。规模以上工业实现总产值1102.11亿元,四大战略性新兴产业产值超过500亿元,被授予省"工业强市"称号。发展旅游产业,成功举办中国四明山红枫樱花节、"神奇大岚"茶文化旅游节、梁弄樱桃节、临山葡萄节、中国余姚杨梅节和浙江山水旅游节等活动,获"全国休闲农业和乡村旅游示范县"称号,河姆渡遗址入选"最佳人文游线路"、四明山景区入选"最佳山水游线路"、四明山浙东抗日根据地旧址入围"最佳红色游线路"。累计拥有高新技术企业101家。70家企业与高校院所签订科技合作协议101项,新认定宁波市级企业工程(技术)中心17家、省级5家,新列入国家科技项目36项。引进各类高层次人才261名。

完成固定资产投资361.54亿元,增长39.4%。财政投入公共服务、教育、公共安全、医疗卫生和社会保障支出分别为9.23亿元、13.29亿元、4.79亿元、6.86亿元、9.03亿元。全市共有中小学校144所,在校学生12万人。有幼儿园159所,在园幼儿32071人。推进教育均衡发展,陆埠高级中学、姚江小学等建成投用,建成或开建公立幼儿园4所。共有医疗卫生机构531家,其中医院7家,床位2220张,卫生技术人员5058人。职工参加基本养老、医疗、失业、工伤、生育和被征地人员、城镇居民医疗保险参保人数分别为54.6万人(含退休)、30.1万人、17.4万人、29.1万人、20.7万人、14.1万和19.5万人。拥有各类社会福利机构24处,床位3570个。社区服务设施2954处。城镇居民最低生活保障人数和农村居民最低生活保障人数分别为888人和9090人。

【特色产业】 10月28日,在2012中国裘皮服装节在余姚召开。期间,举行中国裘皮产业园奠基典礼。该产业园位于中国裘皮城东南侧,项目总投资5亿元,总用地面积10.2万平方米,拟建造欧式标准厂房15万平方米,建筑风格与裘皮城相协调,具备生产、仓储、物流等功能。项目建成后可引进香港、广州、深圳等地70多家裘皮服饰生产企业,年加工水貂皮1500万张,生产裘皮服装100万件,产值可达到150亿元。余姚市裘皮服装年销量已超过50万件,销售额超过30亿元,交易量占全国的四分之一、全球的七分之一,成为国内最大的水貂皮服装集散中心。

慈溪市

【概况】 2012年,慈溪市辖5个街道、15个镇,下设297个村委会、85个社区(居委会)。面积1360.63平方公里,户籍人口104.19万人,人口自然增长率-0.06‰。登记暂住人口97.61万人,增加1.84万人。慈溪市在2012年入选福布斯"中国大陆创新能力最强的25个城市。

【经济社会发展】 实现地区生产总值948.29亿元。比上年增长9.4%。按户籍人口计算的人均生产总值为91033元,按年平均汇率折合14421美元。其中,第一产业46.54亿元,增长2.0%;第二产业553.34亿元,增长8.5%;第三产业348.41亿元,增长12.0%。公共财政预算收入146.04亿元,其中地方财政收入81.39亿元。城镇居民人均可支配收入37711元,增长10.5%;农村居民人均纯收入20383元,增长11.6%。金融机构本外币存款余额1586.19亿元,增长12.4%;贷款余额1442.06亿元,增长13.7%。

农林牧渔业总产值67.99亿元,增长2.3%。其中,种植业产值42.92亿元,下降2.6%。粮食播种面积2.89万公顷,总产量12.19万吨;蔬菜播种面积2.75万公顷,总产量80.36万吨;生猪存栏数22.48万头,肉类产量3.55万吨。全市规模以上工业企业实现总产值1565.06亿元。电气机械及器材制造业、化学纤维制造业和通用设备制造业分别实现产值436.02亿元、143.46亿元和124.99亿元。私营企业产值占规模以上工业总产值的比重为55.8%。全年安排政府投资项目101个,完成投资55.83亿元。113个重点工程项目完成投资155.7亿元。社会消费品零售总额391.98亿元,增长14.6%,总量继续居宁波各县(市)区首位。其中批发零售贸易业零售额360.36亿元,住宿餐饮业零售额31.62亿元,分别增长14.3%和19.1%。

固定资产投资443.28亿元,增长49.5%,总量和增速均居宁波各县(市)区首位。城市建成区面积扩至42.3平方公里,城市化率65.3%。各区块在建安置房184万平方米。全年完成老小区改造5个18万平方米。新增停车场6个,停车位711个。推进"农房两改",全年完成拆迁4029户,安置7131户。全年完成交通基础设施投资4.5亿元。开展城乡公交一体化建设,年末实有公交车195辆,公交客运总量2745.21万人次。全年新增、改造绿地面积57万平方米,新增平原绿化造林面积1.16万亩,完成山地造林抚育6145亩,全市林木蓄积量48.62万立方米,获"浙江省森林城市"称号。中心城区污水处理率达到84.1%。慈溪市2012年专利授权量为12407项,其中发明专利286项。地方政府新增财力70%用于民生。实现镇(街道)图书馆分馆、标准化公共电子阅览室和“农家书屋”村(社区)全覆盖,率先在全省试点建设首个“移动数字农家书屋”。青瓷瓯乐应邀赴台湾、德国进行展演,首部慈溪本土电视剧《上林恋歌》播出,首部慈溪本土出品电影《爱谁谁》在全国各大院线放映。新增省先进体育社区7个,省村级体育俱乐部15个,省老年体育活动中心3个,新安装健身路径67条。全市有中小学校143所,在校学生14.36万人。全市高考上线人数连续15年居宁波市首位。并被评为“全国社区教育数字化先行区”。共有医疗卫生机构704家,其中医院16家,床位3419张,卫生技术人员7390人。城乡居民合作医疗参保率97.3%。新增职工养老、医疗、失业、工伤、生育五大保险参保人数10.02万人、7.73万人、4.17万人、8.88万人、9.45万人;社会保险综合参保率81.2%。推出各类保障房1109套。

【特色产业】 慈溪市是国家现代农业示范区和全国蔬菜产业重点县市。2012年完成1050亩横河镇省级粮食生产功能区、8500亩宁波市级标准化粮食生产功能区建设。全年新增土地流转面积0.8万亩,新浦、长河、观海卫等3个镇被评为宁波市农村土地承包经营权流转服务组织标准化乡镇。全市拥有省级园区9个,宁波市级园区16个,慈溪市级园区10个。新增宁波市级农业龙头企业4家、省级示范性农民专业合作社1家、宁波市级示范性农民专业合作社2家。“慈溪杨梅”获国家农产品地理标志认证,全年新增无公害农(水)产品产地28家、面积1.6万亩,无公害农(水)产品33个,绿色食品12个,有机食品1个。

奉 化 市

【概况】 2012年,奉化市辖5个街道、6个镇,下设36个社区(居委会)、355个村委会,陆域面积1267.60平方公里。户籍总人口48.35万人,人口自然增长率0.10‰。奉化市是浙江省美丽乡村建设先进县。奉化市的滕头村被授予全国休闲农业与乡村旅游示范点称号。

【经济社会发展】 实现地区生产总值274.39亿元。增长5.5%。其中,第一产业27.57亿元,增长1.5%;第二产业129.08亿元,增长4.4%;第三产业117.74亿元,增长7.6%。人均生产总值56723元,按年平均汇率折算为9024美元。公共财政预算收入44.60亿元,其中地方财政收入24.37亿元,分别增长11.1%和11.0%。公共财政预算支出38.99亿元,增长18.3%。。城镇居民人均可支配收入36293元,农村居民人均纯收入17675元。

实现农林牧渔业总产值44.89亿元,增长1.6%。粮食总产量7.2广面积19.5万亩,新增无公害、绿色、有机“三品”认证农产品16只、“三品”认证产地面积6368亩。连续五年被省政府评为外向型农业先进县。累计完成61个省市级全面小康村创建。完成1.4万亩宁波市级粮食生产功能区标准化建设,雪窦山、大雷山、滨海3个省级现代农业综合区建设有序推进,铁皮石斛和蛋鸭2个精品园成功创建为省级精品园。规模以上工业企业完成总产值353.70亿元。规模以上纺织服装、汽车摩托车及零部件、气动元件、厨卫家居四大特色块状经济和临港船舶制造等特色产业实现工业总产值160.5亿元,占规模以上工业总产值的47.1%。溪口-滕头5A级旅游景区顺利通过复查,黄贤村、岩头村成功创建4A、3A旅游景区,新增省特色旅游村及省旅游特色经营点4家。建成国家银叶级绿色饭店2家,新增三花级以上酒店4家、三星级旅行社2家。发展乡村旅游,开放“农家乐”休闲旅游点33个,累计创建省级农家乐特色村(点)6个、市级农家乐特色村(示范点)8个,实现营业收入2.29亿元。全年接待国内外游客1190.43万人次,实现旅游综合收入74.84亿元,增长15.2%。

全市固定资产投资128.14亿元,增长24.0%。全市公路总里程1247公里,路网密度98.74公里/百平方公里。全市污水集中处理率84.84%,生活垃圾处理率100%,人均公园绿地面积9.83平方米,建成区绿化覆盖率40.59%,建成区绿地率37.28%。全年专利授权量1943件,其中发明专利62件。引进各类人才3445人,年末人才总量36250人。举办首届巴人读书节、“文化欢乐行”文艺慰问演出系列活动等大型文化活动。奉化布龙赴英国参加伦敦奥运年文化活动巡演。加固、改造和重建校舍3万余平方米。有中小学校56所,在校学生6.16万人。全市有医疗卫生机构476个,病床1890张,拥有卫生技术人员2953人。新农合参合率97.02%,城镇居民医保参保率95.68%。职工参加养老、医疗、工伤、失业、生育五大保险人数分别为14.84万人、14.39万人、13.42万人、8.17万人、8.31万人。被征地人员养老保障参保人数1.98万人,城乡居民养老保险参保人数12万余人。全年建成保障性住房554套,新开工建设保障性住房16.2万平方米,其中新开工公共租赁住房3.7万平方米。

【特色产业】 奉化市具有年产值100万元以上的农产品加工企业230余家,奉化市级以上农业龙头企业66家,年出口数量保持在8.5万吨左右。形成水蜜桃、芋艿头、竹笋、花木、草莓、海水养殖等十大主导农产品,建成万亩种养基地32个,农业产业基地面积35.2万亩,全市农业龙头企业紧密型基地保持在9.8万亩左右,联系带动农户4.6万户,吸纳农村劳动力近万人,年发放农民工资性收入近3亿元。建立30多个农村专业技术协会、5个农村科普示范基地,有宁波市级以上农村科普带头人89人,5年来累计引进推广农、林、牧、渔业等各类新品种25个(次)、新技术30项(次)。现有农产品注册商标270余个,其中有国家驰名商标3个、地理位置证明商标1个、集体商标1个、省著名商标6个,水蜜桃、芋艿头、奉化曲毫茶叶和溪口千层饼四个产品获国家原产地标记注册。连续5年被浙江省政府评为省外向型农业工作先进县(市)。

宁 海 县

【概况】 2012年,宁海县辖4个街道办事处、11个镇、3个乡,下设39个社区(居委会)、363个村委会,陆域面积1843.26平方公里,海域面积270.85平方公里。户籍人口61.57万人,人口自然增长率4.67‰。为“国家园林县城”,并成功创建宁海县浙江东海岸省级生态循环农业示范区。

【经济社会发展】 2012年,宁海实现地区生产总值352.46亿元,比上年增长8.3%。其中,第一产业36.58亿元,增长2.0%;第二产业194.71亿元,增长6.7%;第三产业121.17亿元,增长13.2%。人均生产总值57279元,增长7.9%。按年平均汇率折算为9074美元,增长7.9%。公共财政预算收入55.16亿元,其中地方财政收入29.84亿元,分别增长10.1%和12.2%。公共财政预算支出41.71亿元,增长14.9%。公共财政预算支出41.71亿元,增长14.9%。城镇居民人均可支配收入36496元;农村居民人均纯收入16547元。

实现农林牧渔业总产值50.66亿元,增长2.4%。其中,农业产值15.54亿元,下降1.5%;渔业产值25.53亿元,增长3.9%。粮食播种面积29.31万亩,下降1.7%;总产量10.13万吨,下降3.1%。生猪存栏量15.23万头,出栏量19.79万头,分别增长2.0%和7.9%。水产品总产量14.64万吨,增长0.4%。其中,海水养殖13.09万吨,增长0.5%。全县累计有无公害农产品产地131个,面积47.85万亩。宁海投入1.35亿元加快推进新农村建设。新设农民专业合作社292户。创建森林村庄39个,完成人工造林12000亩,完成通道绿化151.14公里,水岸绿化30公里,营造沿海防护林带基干林带建设6.5公里。规模以上工业实现总产值503.81亿元,增长3.3%。销售产值484.95亿元,增长1.3%。规模以上企业实现利税总额54.83亿元,增长8.9%。60家实力工程企业实现工业总产值204.89亿元,增长8.8%。规模以上六大特色行业完成工业总产值262.95亿元。社会消费品零售总额128.21亿元,增长18.7%。在限额以上批发和零售业零售额中,汽车类零售额17.05亿元,增长83.7%。全年实现旅游总收入73.71亿元;接待国内外游客796.95万人次。全年投入6.73亿元建设各类旅游项目,大观文化园、宁海湾游艇俱乐部、上金国际商业文化广场、天河度假中心等一批大项目相继建成。前童古镇成为国家4A级旅游景区,宁海森林温泉被评为2012年度游客最喜欢的华东十大旅游温泉和省现代服务业集聚区示范区;胡陈乡成功创建省级旅游强镇,欢乐佳田农场被评为全国休闲农业与乡村旅游四星级示范创建企业(园区),胡陈乡东山-梅山甬家乐养老产业基地获评浙江省十大老年养生旅游示范基地。

完成固定资产投资143.7亿元,增长19.2%。加大城市建设力度,建成会展中心,并加快建设金融中心、桃源商务楼、溪南美食广场等一批城市重大项目。实施农房集中改建,新开工2个项目,总投资10.5亿元,建筑总面积42万平方米。完成交通基础设施总投资13.6亿元,公路总里程达1543.394公里,累计有国家级生态乡镇9个,省级生态乡镇(街道)实现全覆盖,市级生态村162个,大气环境优良率98.1%。全县人才总量10.27万人。专利授权量2161件,其中发明专利80件。累计创建公共图书馆分馆18家,农家书屋398家。成功举办第十届中国徐霞客开游节中华游圣开游大典、第五届社区文化艺术节、县首届戏剧节、中国农民电影节开幕等活动。建成覆盖全县的500公里国家登山健身步道网络。成功举办千里走宁海——国家登山健身步道徒步穿越积分挑战活动启动仪式、百家名校百名学子“读万卷书、走万里路”活动、著名作家走宁海等活动。休闲公共自行车系统已进入二期建设项目,新建站点80个,新增自行车4000辆。有中小学85所,在校学生81955人;幼儿园120所,在园幼儿26615人。全县共有医疗机构468家,卫生技术人员4374人,床位数1824张。新型农村合作医疗参保率97.76%,县内新农合政策范围内住院费用报销率76.08%。企业职工参加养老、医疗、失业、工伤和生育保险参保人数分别为12.66万人、14.48万人、8.95万人、16.53万人和8.67万人。农村社会养老保险投保人数15.53万人,被征地人员养老保障参保人数19707人。累计建成181个农村(社区)居家养老服务中心。

【特色产业】 4月13日,宁海“长街蛏子(缢蛏)”通过农业部农产品地理标志认证评审,成为宁波市首个地理标志水产品。继2011年宁海县被评为“中国蛏子之乡”之后,宁海县对蛏子产业进行全面规划,通过举办蛏子节、组建蛏子网、创建品牌商标等,加大宁海蛏子的宣传力度,增加宁海蛏子的影响力。并开展长街蛏子(缢蛏)地理保护标志的认证工作。长街镇蛏子养殖面积近3万亩,产量1万余吨,产量和产值分别占镇渔业总产量的40%、渔业总产值的30%。全镇从事蛏子捕捞、收购、贩运、加工和烹饪的约8000人。

象　山　县

【概况】 2012年,象山县辖3个街道、10个镇、5个乡,下设46个社区(居委会),490个村委会,面积1382.18平方公里。户籍人口54.03万人,人口自然增长率4.15‰。暂住人口20.88万人。中心城区建成区面积28平方公里。先后荣获全国双拥模范县“四连冠”,为中国最佳海洋休闲旅游名县、全国生态示范区。并在2012年获批设立浙台(象山石浦)经贸合作区。

【经济社会发展】 2012年,象山县实现地区生产总值338.69亿元。比上年增长5.8%。其中,第一产业55.18亿元,增长1.5%;第二产业158.29亿元,增长6.6%;第三产业125.22亿元,增长6.5%。人均生产总值62603元,按年平均汇率折算为9917美元。公共财政预算收入46.68亿元。其中地方财政收入27.28亿元。公共财政预算支出45.81亿元。城镇居民人均可支配收入36872元,增长10.1%;农村居民人均纯收入16388元,增长11.8%。农林牧渔业产值98.29亿元,增长1.8%。其中,种植业产值18.6亿元,畜牧业产值8.6亿元,渔业产值69.5亿元,分别增长-0.3%、9.3%、1%。粮食播种面积26.19万亩,产量10.45万吨,分别下降2%和7.8%。水果总面积18.73万亩。肉类总产量2.36万吨,增长4.4%。生猪饲养量33.83万头,家禽饲养量387.7万羽。水产品总产量58.24万吨,水产养殖面积20.3万亩,其中海水养殖面积16.25万亩,与上年持平。全县有县级以上农业龙头企业96家。完成6个共1.5万亩粮食生产功能区标准化建设,完成平原绿化面积4448亩,山地人工造林6041亩,新建市级森林城镇3个,市级森林村庄30个,县级森林村庄20个。新增农民专业合作社113家。规模以上企业实现工业产值424.27亿元,有两家企业上市。全年接待游客921万人次,旅游经济总收入93亿元。檀头山岛对外开放,渔山岛、花岙岛功能性项目建设加快,环港环岛游全面启动,石浦至渔山、檀头山岛航线航班开通,休闲渔船接待游客突破5万人次。象山影视城获批国家4A级旅游区。建成国家级海钓竞赛基地1个,国际自驾车露营基地2个,省级休闲渔业基地2个。全县有海洋货物运输企业14家,运输船舶109艘,总运力84万吨;全年海运业货物运输量2361万吨,增长1%。旅客运输量2330万人,增长4%。

完成固定资产投资137.58亿元,增长18.9%。全年完成城市建设投资7.51亿元,实施市政道路建设22条,完成投资1.5亿元,新增道路里程7.3公里。全年专利授权量1511件其中发明专利41件。地方财政民生类支出35.7亿元,占财政预算支出的78%。新增公共绿地8.6万平方米,城市人均公园绿地面积11.62平方米,增长4.5%。改造升级人行道和路面6.6万平方米,补植绿化6000平方米。成功举办第八届中国海洋论坛和第十五届中国开渔节。姚家山遗址挖掘工作顺利完成,修缮建成徐福文化遗址。全县有中学34所,在校学生2.84万人;小学29所,在校学生3.42万人;幼儿园89所,在园幼儿数2.18万人。年共有末医疗卫生机构252个,其中医院、卫生院23个。卫生技术人员2704人,医疗机构床位1504张。全县养老、医疗、失业、工伤和生育五大保险参保人数分别为19万人、13万人、9.34万人、10.61万人和7.48万人。全年完成保障性住房投资额2.33亿元。城镇廉租住房制度实施家庭950户,经济适用房制度实施家庭995户。

【特色产业】 象山县休闲装基地在2012年被商务部认定为第二批国家外贸转型升级专业型示范基地。象山是针织名城,休闲装更是拳头产品。休闲装产业形成以十二大公共服务平台为支撑,纺纱、织造、染整、印花、绣花、制衣、交易市场及辅助材料生产一条龙配套的产业链。基地共有休闲装行业企业1200余家,特色针织服装自营出口近10亿美元,出口总额占全国休闲装出口总额的6%左右,占浙江省出口总额的25%左右,出口至140多个国家和地区。基地内休闲装产业所需的纺纱、印染、绣花、制衣基实现100%自制或本地配套。巨鹰、甬南等10家企业跻身全国针织业50强,共有24家企业的23个商标在境外注册,设立18个境外营销网点。

嘉　兴　市

【地理环境】 嘉兴市位于浙江省东北部、长江三角洲杭嘉湖平原腹心地带，是长江三角洲重要城市之一，被列为国家批准的沿海经济开放地区。市境介于北纬30°21′至31°2′与东经120°18′至121°16′之间，东临大海，南倚钱塘江，北负太湖，西接天目苕溪，京杭大运河贯穿境内。市城处于江、湖、河交会之位，扼太湖南走廊之咽喉，东接上海，北邻苏州，西通湖州，南接杭州，相距均不到百公里，区位优势明显。全境隔杭州湾可呼应宁波、绍兴、舟山等地，铁路、公路、水路网络交织，四通八达，交通十分便利。

市境陆域东西长92公里，南北宽76公里，陆地面积3915平方公里，其中平原面积3477平方公里，水域面积328平方公里，丘陵山地面积40平方公里。市境海域面积4650平方公里。

市境地势低平，平均海拔2～2.2米(黄海高程)，其中秀洲区和嘉善县北部较为低洼，其地面高程一般在1.57～1.97米之间，部分最低地在1.17～1.37米之间。全市有山丘200余个，零散分布在钱塘江杭州湾北岸，海拔大多在200米以下，市境最高点是位于海盐县与海宁市交界处的高阳山。市境为太湖边的浅碟形洼地，地势大致呈东南向西北倾斜，由于数千年来人类的垦殖开发，平原被纵横交错的塘浦河渠所分割，田、地、水交错分布，形成"六田一水三分地"，旱地栽桑、水田种粮、湖荡养鱼的立体地形结构，人工地貌明显，水乡特色浓郁。

全市河道纵横，湖荡众多，河道总长1.38万公里，骨干河流57条，河道密度50公里/百平方公里，有定级航道224条，航道里程1936.4公里。境内沿杭州湾北岸岸线长121公里，海岸线长81.84公里，东北自平湖市的金丝娘桥(北纬30°41′、东经121°16′)，西南至海盐县的高阳山(北纬30°21′、东经120°50′)，其中有41公里海岸线水深滩阔，腹地广阔，宜建深水良港。乍浦港海岸，东起独山，西至苏家埭，全长15公里，近海水深3～10米，乍浦东北侧水深10米以上，航道宽1公里，2万吨级舰船可随时进出，故乍浦港自古即为著名良港。

【资源物产】 嘉兴市域出产的矿物主要有石矿和黏土。此外还有石油、煤、铜、铅、锌等矿种，但大多储量少，品位低，蕴藏分散。市域地下还储有一定数量的天然气。

全市多年平均径流总量，即地面水资源量15.84亿立方米，每年可开采的浅层地下水资源3.53亿立方米。全市水资源总量19.37亿立方米。水资源年开发利用量22.65亿立方米，利用量超过自身拥有的水资源总量，每年靠从域外引水解决。

嘉兴市东部嘉善县城所在地地下深循环封存的古泉水距今已有26000多年，为中国大理冰期气候寒冷时降水所补给，是大火山岩裂隙、长期地质环境中形成的天然水资源，蕴藏量达25亿立方米以上，水质达到饮用天然矿泉水国家标准(GT88537－87)。

全市现存生物约有335科、1429种，其中列入《国家重点保护野生动物名录》的一级保护动物有白鹳和黑鹳2种，二级保护动物有20种。列入《浙江省重点保护植物、动物名录》的植物有银杏、金钱松、鹅掌楸、厚朴、青檀5种。全市天然植被的主要类型有阔叶林与阔叶混交林、针叶林、灌木草本植被和水生植被4种；人工植被有作物植被和防护林植被2种，其中粮食作物有水稻、大麦、小麦、蚕豆、玉米等，经济作物有油菜、棉花、络麻、烟草、甘蔗、西瓜、杭白菊等，林园植物有桑、竹类、茶、桃、李、梨、葡萄及蔬菜等。

全市海域面积4650平方公里，海洋资源较丰富。深水岸线较长，其中平湖市的金丝娘桥至独山段岸线长12公里，前沿水深12米，乍浦岸线25公里，前沿水深10米，均适宜建深水泊位。滩涂面积大，沿海从岸线至理论基准面滩涂有2.27万公顷，其中岸线至平均海平面，即近中期具有围垦条件有1.06万公顷。海水产品种类繁多，其中鳗苗是重要资源，海蜇、鲻鱼和白虾是大宗捕捞产品，滩涂养殖也具有一定基础。海洋能源蕴藏量大，嘉兴市位于东亚季风带，濒临东海，海域辽阔、潮急浪高，具有丰富的潮汐能、潮流能、波浪能、温差能、盐差能和风能等海洋能源，开发潜力很大。

嘉兴自古以来物产丰富，名产众多，有"鱼米之乡、丝绸之府"的美誉。名优特产中有粮食豆类的紫香糯、元青豆、平湖特粗黄豆；经济作物类的桐乡晒红烟、杭白菊、新丰生姜、桐乡青(桑树)、海盐大头菜、杨庙雪菜；畜禽类的嘉兴黑猪、湖羊、竹林三元猪、王店三园鸡、小湖羊皮、白山羊笔料毛；水产类的青、草、鲢、鳙四大家鱼，以及鳗苗、蟹苗、罗氏沼虾、中华绒螯蟹、河虾、海蜇、四鳃鲈鱼、中国对虾；果品类的槜李、南湖菱、平湖西瓜、大红袍荸荠、凤桥水蜜桃、黄花梨、藤稔葡萄、锦绣黄桃、洪合蜜梨、黄沙坞柑橘；食品糕点类的平湖糟蛋、嘉兴酱鸭、嘉兴五芳斋粽子、平湖蜂蜜、斜桥榨菜、西塘八珍糕和粉蒸肉、乌镇姑嫂饼、新塍月饼；手工业工艺类的硖石灯彩、蓝印花布、盐官药刀、桐乡桑剪等。

【历史沿革】 嘉兴是新石器时代马家浜文化的发祥地，距今7000年前市境就有先民从事农、牧、渔、猎活动。春秋时期，此地名长水，又称槜李，吴越两国在此风云角逐。战国时，划入楚境。秦置由拳县、海盐县，属会稽郡。两汉时煮海为盐，屯田为粮。三国时吴国雄踞江东，析由拳县南境、海盐县西境置盐官县。三国吴黄龙三年(231年)"由拳野稻自生"，吴大帝孙权以为祥瑞，改由拳县为禾兴县，三国吴赤乌五年(242年)禾兴县改称嘉兴县。两晋、南北朝时，嘉兴得到进一步开发，"一岁或稔则数郡忘饥"。隋朝开凿江南河，即杭州经嘉兴到镇江的大运河，给嘉兴带来灌溉舟楫之利。唐天宝十年(751年)析嘉兴县东境及海盐、昆山等县部分辖地置华亭县。唐代嘉兴屯田27处，"浙西三屯，嘉禾为大"，嘉兴已成为中国东南重要产粮区，有"嘉禾一穰，江淮为之康；嘉禾一歉，江淮为之俭"的说法。五代十国时期，吴越国在嘉兴设置开元府，领嘉兴、海盐、华亭三县，是为嘉兴首次设州府级政权。后晋天福五年(940

年),因吴越王钱元瓘之奏请,在嘉兴置秀州,领嘉兴、海盐、华亭、崇德四县。北宋改秀州为嘉禾郡,南宋庆元元年(1195年)升郡为府,后改嘉兴军。元世祖至元十三年(1276年)改嘉兴军为嘉兴府安抚司,随后升为嘉兴路总管府。宋元时,嘉兴经济较发达,被称为"百工技艺与苏杭等","生齿蕃而货财阜,为浙西最"。乍浦、澉浦、青龙等港口外贸频繁,海运兴隆。明宣德五年(1430年)析嘉兴县西北境为秀水县,析东北境为嘉善县;析海盐县置平湖县;析崇德县置桐乡县,嘉兴府下辖七县。此后四五百年内嘉兴府县体制基本未再变动。其时,在农业和手工业发展的基础上,商品经济日渐繁荣,棉布丝绸行销南北,远至海外,嘉兴王江泾镇的丝绸有"衣被天下"的美誉,嘉善有"收不完的西塘纱"的谚语,桐乡濮院镇丝绸"日产万匹",闻名遐迩。明弘治《嘉兴府志》记载:"嘉兴为浙西大府","江东一都会也"。清朝初期,清政府进行赋税改革和整顿,并多次对杭州湾沿岸海塘进行修筑,嘉兴社会经济不断好转,市镇更加繁荣。清咸丰十年(1860年),太平军攻克嘉兴,建听王府为当地军政领导机构。清朝中期以后,受帝国主义掠夺和封建主义的剥削,嘉兴的经济和城市面貌日渐衰落和凋敝。1911年11月7日,辛亥革命党人占领嘉兴,成立嘉兴军政分府。民国初,废府存县,改称嘉禾县,后复称嘉兴县。1921年8月初,中国共产党第一次全国代表大会在嘉兴南湖的一艘游船上闭幕,宣告中国共产党成立。1937年11月5日,嘉兴被侵华日军占领,惨遭践踏达8年之久。1949年5月7日嘉兴解放,分设嘉兴县、嘉兴市,均隶属嘉兴专员公署,其间撤并频繁。1983年8月,撤销嘉兴地区行政公署,分设嘉兴市、湖州市,嘉兴市设城区和郊区,下辖嘉善、平湖、桐乡、海宁、海盐五县。1986年11月,海宁撤县设市(县级市);1991年6月,平湖撤县设市(县级市);1993年5月,桐乡撤县设市(县级市);1993年11月,城区更名为秀城区;1999年6月,郊区更名为秀洲区;2005年5月,秀城区更名为南湖区。1985年1月,经中共中央、国务院批准,嘉兴市区及所辖嘉善、桐乡、海宁县被列为长江三角洲经济开放区,至1988年嘉兴市及所辖五个县(市)均被列为经济开放区。经过30余年的改革开放,嘉兴市的经济建设和社会发展均取得了辉煌的成就,所辖的海宁、嘉善、平湖、桐乡、海盐五个县(市)全部进入全国综合实力百强县前50强,所有县(市、区)均被命名为"浙江省小康县"。2011年1月24日,嘉兴市被国务院批准成为国家历史文化名城。2011年12月20日,嘉兴市被授予"全国文明城市"荣誉称号。嘉兴市已经成为长江三角洲的经济重镇、上海南翼的港口新市、江南水乡的文化名城。

【行政区划及人口】 嘉兴市为浙江省省辖市,全市陆地面积3915平方公里,下设南湖区、秀洲区,辖嘉善、海盐2个县,以及平湖、海宁、桐乡3个市(县级市)。

2012年底,嘉兴市有建制镇44个、街道29个、社区居委会355个、行政村815个。其中,南湖区面积426平方公里,有七星、大桥、凤桥、余新、新丰5个镇,有新嘉、解放、建设、新兴、南湖、东栅、城南、长水8个街道,有社区居委会72个、行政村63个;秀洲区面积542平方公里,有王店、洪合、新塍、王江泾、油车港5个镇,有新城、高照、嘉北、塘汇4个街道,有社区居委会41个、行政村120个;嘉善县面积507平方公里,有西塘、干窑、大云、天凝、姚庄、陶庄6个镇,有魏塘、罗星、惠民3个街道,有社区居委会45个、行政村104个;平湖市面积537平方公里,有乍浦、新埭、独山港、新仓、广陈、林埭6个镇,有当湖、钟埭、曹桥3个街道,有社区居委会56个、行政村106个;海宁市面积668平方公里(海宁市报700.5平方公里),有许村、长安、周王庙、盐官、丁桥、斜桥、袁花、黄湾8个镇,有硖石、海洲、海昌、马桥4个街道,有社区居委会61个、行政村161个;海盐县面积508平方公里(海盐县报584.96平方公里),有沈荡、百步、于城、澉浦、通元5个镇,有武原、西塘桥、元通、秦山4个街道,有社区居委会46个、行政村85个;桐乡市面积727平方公里,有乌镇、濮院、屠甸、石门、河山、洲泉、大麻、崇福、高桥9个镇,有梧桐、凤鸣、龙翔3个街道,有社区居委会34个、行政村176个。

2012年底,全市户籍总人口344.52万人,比上年增加1.47万人,增长0.43%;人口密度880人/平方公里;总户数103.91万户,增长0.27%;平均每户3.32人。其中,南湖区户籍总人口47.81万人、总户数16.65万户,人口密度1122人/平方公里,平均每户2.87人;秀洲区户籍总人口37.04万人、总户数11.05万户,人口密度683人/平方公里,平均每户3.35人;嘉善县户籍总人口38.60万人、总户数12.49万户,人口密度761人/平方公里,平均每户3.09人;平湖市户籍总人口48.89万人、总户数14.69万户,人口密度911人/平方公里,平均每户3.33人;海宁市户籍总人口66.61万人、总户数18.42万户,人口密度997人/平方公里,平均每户3.62人;海盐县户籍总人口37.59万人、总户数12.13万户,人口密度740人/平方公里,平均每户3.10人;桐乡市户籍总人口67.99万人、总户数18.47万户,人口密度935人/平方公里,平均每户3.68人。

2012年,全市出生人口29903人、出生率8.70‰,死亡人口25133人、死亡率7.31‰,人口自然增长率1.39‰;迁入人口27968人、迁出人口17587人,净迁入10381人。其中,南湖区出生人口4224人、出生率8.86‰,死亡人口3005人、死亡率6.30‰,人口自然增长率2.56‰,迁入人口5267人、迁出人口3319人,净迁入1948人;秀洲区出生人口3117人、出生率8.45‰,死亡人口2446人、死亡率6.63‰,人口自然增长率1.82‰,迁入人口2654人、迁出人口793人,净迁入1861人;嘉善县出生人口2959人、出生率7.67‰,死亡人口2967人、死亡率7.69‰,人口自然增长率-0.02‰,迁入人口3507人、迁出人口2799人,净迁入708人;平湖市出生人口4080人、出生率8.35‰,死亡人口3661人、死亡率7.50‰,人口自然增长率0.86‰,迁入人口2171人、迁出人口1302人,净迁入869人;海宁市出生人口6329人、出生率9.52‰,死亡人口5039人、死亡率7.58‰,人口自然增长率1.94‰,迁入人口4872人、迁出人口3168人,净迁入1704人;海盐县出生人口3242人、出生率8.64‰,死亡人口2720人、死亡率7.25‰,人口自然增长率1.39‰,迁入人口2920人、迁出人口2077人,净迁入843人;桐乡市出生人口5952人、出生率8.77‰,死亡人口5295人、死亡率7.81‰,人口自然增长率0.97‰,迁入人口6577人、迁出人口4129人,净迁入2448人。

2012年底,全市人口按户口性质划分,农业人口186.95万人、非农业人口157.57万人。其中,南湖区农业人口14.30万人、非农业人口33.50万人;秀洲区农业人口26.25万人、非农业人口10.79万人;嘉善县农业人口20.39万人、非农业人口18.21万人;平湖市农业人口25.40万人、非农业人口23.50万人;海宁市农业人口43.60万人、非农业人口23.01万人;海盐县农业人口15.78人、非农业人口21.81万人;桐乡市农业人口41.24万人、非农业人口26.75万人。全市人口按性别划分,男性170.09万人、女性174.43万人,性别比97.51。其中,南湖区男性23.72万人、女性24.09万人,性别比98.46;秀洲区男性18.25万人、女性18.79万人,性别比97.13;嘉善县男性19.05万人、女性19.55万人,性别比97.44;平湖市男性23.99万人、女性24.90万人,性别比96.35;海宁市男性32.76万人、女性33.85万人,性别比96.78;海盐县男性18.59万人、女性19.00万人,性别比97.84;桐乡市男性33.73万人、女性34.26万人,性别比98.45。

嘉善县

【概况】 嘉善县地处太湖流域杭嘉湖平原,位于浙江省东北部,东邻上海市青浦、金山两区,南连平湖市、嘉兴市南湖区,西接嘉兴市秀洲区,北靠江苏省苏州市吴江区和上海市青浦区。全县总面积506.6平方公里,其中陆地85.71%、水域14.29%。地势南高北低,平均高程3.67米(吴淞标高)。县城东距上海市90公里,西至杭州市110公里,南濒嘉兴港35公里,北接苏州市91公里,处于长江三角洲的中心地带。2012年,全县共辖3个街道、6个镇:魏塘街道、罗星街道、开发区(惠民街道)、西塘镇、姚庄镇、陶庄镇、干窑镇、天凝镇和大云镇,有104个村、47个社区。2012年末,全县户籍总人口为385978人,比上年末增加700人,其中非农业人口182070人,比上年末增加1147人。户籍人口出生率7.67‰,死亡率7.69‰,人口自然增长率-0.02‰,计划生育率99.12%。

2012年,全县实现地区生产总值345.77亿元,按可比价格计算,比上年增长8.5%。按户籍人口计算,人均生产总值为89663元(折合14204美元),比上年增长8.3%。第一产业增加值23.62亿元,增长1.1%;第二产业增加值200.44亿元,增长8.8%,其中工业增加值183.33亿元,增长9.0%;第三产业增加值121.71亿元,增长9.6%。三次产业结构由2011年的7.1∶59.0∶33.9调整为6.8∶58.0∶35.2。财政一般预算收入52.01亿元,比上年增长8.3%。其中,上划中央收入24.89亿元,比上年增长4.9%;地方财政收入27.12亿元,比上年增长11.5%。全年地方财政总支出27.99亿元,比上年增长10.7%。其中,教育支出7.45亿元,比上年增长31.1%;社会保障和就业支出1.70亿元,比上年增长11.7%;医疗卫生支出1.79亿元,比上年增长1.7%;节能环保支出0.91亿元,比上年增长42.3%。完成固定资产投资210.28亿元,比上年增长15.3%。投资项目完成投资158.99亿元,比上年增长19.1%。其中,城镇投资8.39亿元,农村投资150.60亿元。

经济发展品质有效提升。坚持一手抓有效投入,一手抓服务企业,开展工业增长百日攻坚行动、项目集中开竣工月活动,出台《关于加快工业强县建设的决定》,强化重大项目服务等举措。强化集约发展理念,提出"以亩均人均论英雄"为导向的集约发展之路,严控低端产业、低效企业,实施项目准入评价和跟踪评价,出台退低进高、退二进三配套政策措施,制订刚性、约束性指标。加快转型升级步伐,新兴产业投入、技改投入占工业生产性投入均55%以上,成功创建浙江省精密机械产业(嘉善)示范基地。推动大企业引进和企业上市工作,4家企业进入证监会审核程序。出台《关于支持台商创业创新加快转型升级的若干政策》,引导台资企业二次创业。2012年,全县615家规模以上工业企业(年主营业务收入2000万元及以上的工业企业,下同)实现工业总产值740.30亿元,增长3.9%。其中产值超亿元企业186家;实现工业销售产值715.34亿元,增长3.0%。总量前10的行业中产值增长的有7个,其中金属制品业、电子业和家具制造业分别增长41.4%、23.4%和13.0%;装备制造业完成工业总产值226.49亿元,增长15.6%;高新技术产业完成工业总产值177.96亿元,增长6.0%。规模以上工业企业的全县年主营业务收入超亿元企业177家,其中超10亿元企业7家。年末拥有上市公司4家。全县规模以上工业企业的轻重工业总产值比例为29.0∶71.0,实现利税总额45.40亿元,比上年下降29.4%,其中利润总额25.83亿元,比上年下降38.2%。

现代服务业集聚效应显现。长三角嘉善科技商务服务区被列为省现代服务业集聚示范区,挂牌成立管委会。西塘休闲旅游集聚区被列为第一批市级现代服务业集聚区。嘉善国际狮王木雕城进入验收阶段。加快形成以特易购物流、晋亿物流、博洋物流为代表的物流产业集群,发展现代金融、服务外包、文化创意等生产性服务业。旅游业发展迅猛,加快推进古镇西塘、大云温泉旅游度假区两大旅游综合体建设,西塘古镇旅游票房收入突破7000万元。2012年,全县共接待国内外旅游人数825.01万人(次),增长15.4%,其中接待入境旅游者人数15.52万人(次),增长12.0%。全年旅游总收入76.59亿元,增长15.8%,其中旅游外汇收入3552万美元,增长9.7%。

重视创新驱动和人才引领。成功引进国家"千人计划"专家5名、培育省"千人计划"专家4名,引进领军人才高科技项目28个。县科创中心被认定为省小企业创业示范基地、市国际服务外包示范园区,二期建设进展良好。启动省创新型县和省级知识产权示范县创建,主导制定5项钮扣国家标准,全县新增省级企业研发中心4家,国家战略性创新产品1项,国家创新基金等国家级项目14项。科技创新成效明显,新增国家高新技术企业7家、省级科技型中小企业25家,昱辉阳光等8家企业通过国家高新技术企业复审,新申报国家高新技术企业7家,凌龙纺织被列为省创新型示范企业,众成包装、恒丰包装被列为省创新型试点企业。2012年,全县科技三项经费5462万元,增长3.1%。全年列入县级以上的各类科技项目416个,其中国家级15个,省级305个。全年有255个新产品和科技成果通过鉴定或验收,其中通过省级鉴定、验收的有188个。全年有5项科技成果获县级以上科技进步奖。年末有市级以上科技型企业214家,比上年末新增20家。全年经认定登记的技术成交项目178项,技术成交额3017万元。全县授权专利1253项,其中发明45项,比上年同期增加23项。全年举行科技培训班225期,共培训11247人次。

拓展产业平台。启动经济技术开发区东区基础设施建设,九洲路、松海路桥等项目进场施工,长江路、黄河路下穿沪昆铁路立交工程基本竣工。嘉善县电子信息产业园(嘉兴出口加工区B区)成功引进富士康立式加工机整机生产项目,保税物流业务增长296%。以姚庄工业园为主体建立省级精密机械产业示范基地。中国归谷嘉善科技产业基地基本完成一期示范区建设并成功引进9个高科技项目。大舜服装辅料创业园市场交易区一期正式拍卖、招租。中国陶庄循环经济城开工建设。魏塘世界浙商工业园、大云科技创新产业园、干窑汽车商贸园、天凝时代装备制造产业园等一批特色产业园建设进展顺利。

城乡发展呈现新面貌。城乡规划体系更趋完善，编制完成县域总体规划、城市新城区(南区)控制性详细规划、城市夜景照明亮化等规划。“美丽嘉善大道”建设稳步推进，嘉善农村合作银行大楼等亮化工程投入使用。“网之城”征迁扫尾和新城区重大项目扎实推进，乔克国贸中心、建筑业协会大厦即将竣工，景辰大厦、温州商会大厦等项目有序推进，万联城综合体启动建设。稳步推进旧城改造，基本完成油脂化工厂、民政局(职工医院)等地块征迁，全年拆除1408户；出台县城区交通拥堵综合治理工作意见，基本完成首批交叉口渠化改造和解放路部分人行道改造工程；改造老旧小区5个。高铁嘉善南站等重点区域非法营运车辆整治取得阶段性成果，新增30辆客运出租汽车营运权，新投入70辆公交车，完成73辆液化天然气加气车招投标工作。出台加强城区河道建设管理实施意见，建立城区河岸河道管理“一把扫帚”机制。新农村建设稳步推进，姚庄镇小城市培育试点建设进展顺利，实施行政管理、财政等重点领域改革；全面启动新一轮“强村计划”，被确定为全国农村综合改革探索村集体经济有效实现形式示范试点单位，全县村均集体经济收入210万元，村均可支配收入258.8万元；编制完成县域“美丽乡村”建设规划，“两新”工程建设投入5.06亿元，完成农房集聚改造2728户，被评为全国农村集体“三资”管理示范县、全省农村住房改造建设工作优秀单位。加快推进统筹城乡交通示范县建设，研究实施以“六个一百”为核心的农村公路品质提升工程，实施公交体制改革，实现城乡公交一票制和一卡通；积极推进综合交通信息服务平台示范工程，全国首个县级综合交通信息服务平台示范一期工程主体完成；基本建成平黎公路嘉善南站连接线一期工程；拆除天凝大桥并启动新桥建设；全面完成疏港公路工程征迁任务，改造农危桥20座，建成连村公路10.91公里。基础设施建设再上台阶，建成110千伏变电所2座，新增容量10万千伏安，新增天然气管道81.96公里，新增污水管网39.12公里。城市管理行政执法延伸实现镇(街道)全覆盖，全年拆除违法建筑6.01万平方米，2011年度土地卫片执法检查实现“个位数、零问责”，“亲民城管”满意化建设成功入围第二届浙江省十大公共管理创新案例评选。

改善人民生活，增加居民收入。2012年，全县城乡居民收入比为1.97:1。其中城镇居民人均可支配收入36405元，增长13.2%；农村居民人均纯收入18496元，增长12.0%。年末城镇居民人均住房建筑面积35.29平方米，农村居民人均住房居住面积58.20平方米。城乡居民恩格尔系数分别为33.7%和29.1%。推进就业优先战略，顺利通过省级创业型城市验收。全年新增就业岗位9321个，转移农村劳动力就业9601个，安置被征地农民10212人，充分就业村(社区)100%，年末，全县有职业介绍机构17家，提供就业岗位38678个，增加3000个。举办劳动交流165场，增加51场。举办各类职业技能培训302期，培训结业11885人。全县城镇登记失业率控制在3.1%。

社保普惠工程全面推进。“五大保险”(养老保险、医疗保险、失业保险、工伤保险和生育保险)净增参保人员9.67万人，基本完成省三个养老保障政策涉及人群参保工作，新增4.37万人。县人力社保局被国务院授予“全国新型农村和城镇居民社会养老保险工作先进单位”称号。西塘安平老年健康生活社区一期项目单体施工完成90%以上，新建社区居家养老服务照料中心20个。城乡居民合作医疗水平不断提高，人均筹资标准提高至506元。2012年末，全县城镇基本养老保险参保人数20.54万人，增长22.8%，其中离退休人员5.54万人，增长19.8%。全年发放养老金7.72亿元，增长76.4%。基本医疗保险参保人数16.30万人，增长12.3%。失业保险参保人数10.28万人，增长9.1%。有7936人领取失业保险金，共发放失业保险金644.40万元。民政事业持续发展，年末全县城乡有敬老(福利)院11个，在院人数1523人，床位数2588张，比上年末增加343张。年末社区服务设施数427个。城乡居民获最低生活保障人数分别为708人和3145人，分别比上年减少182人和239人。全县县镇两级共发放低保金1120.75万元，比上年增长14.9%。保障性安居工程进展顺利，开工建设各类保障性安居工程12.02万平方米，完成年度廉租房、经济适用房配租配售。出台中心城区危旧房解危办法，完成第一期危房解危工作。

社会事业全面进步。“文化强县”建设全面推进，制定出台文化强县建设的实施意见及相关政策，全力打造以“地嘉人善、敬业争先”为核心内涵的“善文化”，举办“善文化”高端论坛，开展“感动嘉善——十大善人善事”评选、全国首届微散文创作大赛、“了凡·善文化节”等活动，培育形成“六大践行现象”。进一步完善公共文化服务体系，体育公园羽毛球馆等主体建筑结顶，县档案馆晋升国家二级综合档案馆，吴镇书画院完成地块征迁和建设方案修改工作，基本建成公共图书馆总分馆体系，率先在全市实现农家书屋全覆盖，完成县第三次全国文物普查。文艺队伍不断涌现，有县镇村三级文体队伍429支，开展“十万农民种文化”、“周末大舞台”、县农民艺术节等群众文化活动。文化产业发展势头良好，引进文化产业项目11个，总投资10.13亿元，华震数字化工程有限公司和西塘旅游文化发展有限公司列入首批省级重点文化企业。年末，全县有文化馆1个，文化站9个，文化馆面积5963平方米；图书馆1个，面积8532平方米(包含分馆面积)；公共图书馆图书总藏量51.80万册，增长61.8%。广电事业不断推进，年末全县接装有线电视用户终端19.39万个，其中数字电视终端18.42万个，模拟电视终端0.97万个。播出数字电视节目69套，模拟电视节目37套，完成全县广电网络转企改制任务。全国义务教育发展基本均衡县通过国家级评估，开展第二轮义务教育教师流动工作，教育部专题召开新闻通气会介绍嘉善经验，参与教育部推进义务教育均衡发展7省市巡讲活动。全年完成学校基建投入2.32亿元，加快天凝中学、干窑小学迁建等工程建设，完成校安工程三年建设规划任务。第二职业技术学校项目主体建筑结顶，荣获“2011年度浙江省职业教育发展挂钩考核优秀单位”称号。制定实施加快学前教育改革和发展意见，建成江南幼儿园，完成俞汇幼儿园改(扩)建，新开工建设幼儿园2所。2012年，全县小学在校学生26014人，初中在校学生12965人，小学和初中学生入学率均达到100%。初中毕业生升高中比例为99.07%，比上年提高0.27个百分点。普通高中在校学生7338人，职业中学在校学生5137人。高考报名人数

2557人,高考上线率为92.45%。高等教育发展稳定,在电大就读的本科生925人,专科生3702人;全年毕业的本科生104人,专科生675人。参加高等教育自学考试3702人,毕业56人。卫生事业稳步发展,浙江省卫生强县创建通过考核验收,稳步推进县级公立医院综合改革,正式启动新一轮社区卫生服务站规范化达标建设,开展第四轮农民健康体检。2012年末,全县有卫生机构156个,医疗床位1730张,社区卫生服务站105个,医生721人,注册护士802人。合作医疗保障水平进一步提高,全年参加农村新型合作医疗人数25.66万人。体育事业健康发展,全县拥有体育场馆5个,全年共举办县级体育竞赛33次。有510名运动员参加省、市体育竞赛,在市级以上比赛中共获金牌92.5枚、银牌35枚、铜牌29枚。成功举办女排、女足、皮划艇等一系列全国性赛事。

平 湖 市

【概况】 平湖市位于浙江东北边沿,南临杭州湾,东、北与上海市金山区交界,西与嘉兴市南湖区接壤,西北与嘉善县相连,西南与海盐县相接,总面积537平方公里。2012年,全市有6个镇、3个街道;有56个居民委员会、106个村;2012年,全市出生人口4080人,死亡人口3661人,人口自然增长率0.86‰。全市户籍总人口为488939人人,其中非农业人口234980人,占48.06%,农业人口253959人;年末全市常住人口68.24万人。全年计划生育率98.65%。

2012年全市实现生产总值423.2亿元,按可比价格计算,比上年增长10%,增速比上年回落1.2个百分点,比上半年、前三季度分别提升3.2个、1.8个百分点,分别高于全国、全省、嘉兴全市2.2、2、1.3个百分点。按户籍人口计算,人均生产总值达到86646元,比上年增加5925元,按年平均汇率计算折合13726美元。其中,第一产业增加值18.1亿元,增长1.2%;第二产业增加值263.6亿元,增长10.5%,其中工业251.2亿元,增长12%;第三产业增加值141.4亿元,增长10.1%。三次产业结构由上年的4.5:63.3:32.2调整为4.3:62.3:33.4,三产占比比上年提升1.6个百分点。

全市实现财政一般预算总收入73.9亿元,比上年增长15.3%,其中地方一般预算收入38.0亿元,增长17.2%,增幅分别比上年度回落8.8、10个百分点。

2012年,全市565家规模以上工业企业全年实现产值1037.6亿元,比上年增长11.4%,不含嘉兴港区和嘉兴电厂实现产值631.3亿元,增长4.7%。全市规上工业中,装备制造业实现产值235.3亿元,增长8.5%;高新技术行业实现产值311.4亿元,增长27.2%,占全市规上工业总产值比重30%;全年实现新产品产值273.5亿元,增长17%,新产品产值率26.4%,同比下降1.5个百分点;规上工业销售产值1026.7亿元,增长12.9%,其中出口交货值287.9亿元,增长1.8%。工业总产值分经济类型看,占规上工业总产值35.6%的外商投资企业增长12.8%;占比26.1%的私营企业下降4.1%;占比13.1%的港澳台投资企业增长4.7%。分轻重工业看,重工业实现产值691.8亿元,比上年增长18.1%,轻工业实现产值345.83亿元,持平。分行业看,全市17大行业中10个行业实现增长,其中超过全市平均增幅的有7个行业。分行业产值列全市前三位的分别是,临港产业实现产值474.5亿元,比上年增长26.4%,其中石油化工行业实现产值215.3亿元,增长49.7%,造纸行业实现产值58亿元,增长3%,电力行业实现产值151.9亿元,增长32.7%;光机电行业实现产值230.8亿元,增长7.4%;服装行业实现产值140.6亿元,下降6.8%。光机电、临港和生物医药三大主动力产业共实现产值716.9亿元,增长19.2%。新材料、新能源等新兴产业实现产值62.2亿元,下降19.1%。服装、箱包、童车、洁具和纸制品五大传统行业共实现产值211.8亿元,下降1.5%。分区域看,全市9个镇(街道)有7个镇(街道)实现了增长,其中嘉兴港区(含乍浦镇)增幅超过全市平均,为18.6%。工业产销衔接状况良好,全年工业产品销售率为99%。

年末全市拥有幼儿园46所,在园幼儿12290人;小学27所,在校学生28289人;普通中学17所,在校学生24639人。学前三年入园率98.7%。九年义务教育学龄人口入学率100%,在校生巩固率100%。初中毕业生升入高中段学校比例达到98.8%,比上年提高0.02个百分点。现有中等职业类学校4所,在校学生8384人;各类职业技术培训机构21个,注册学生91618人,全年结业100093人。年内向普通高校输送新生2908人,高职(单考单招)录取664人。

全年已创建省级文化示范村(社区)7个,嘉兴市级文化示范村(社区)16个。年内百场广场文艺演出102场次,全市送戏下乡275场,注册业余文体骨干队伍226支,总人数达到4300人,送电影1644场次,观众31.2万人次,放映广场数字电影149场,观众5.7万人次,影院电影放映14463场次,观众27.7万人次,票房943万元,万册图书下农村进社区,在46个馆外服务点送书115次,共送2.5万册。年末全市市级业余文物保护员48名。6家文博场馆全年接待观众42.7万人次。

全年共创建省级青少年体育俱乐部1个、省级村级体育俱乐部6个、省小康体育村15个、省级社区体育健身俱乐部1个、省老年体育活动中心俱乐部2个。积极组队参加嘉兴市中小学生乒乓球等13大项比赛,获金牌61枚、银牌76枚、铜牌47枚。共向上输送运动员18名。全年完成体育彩票销售5147万元,比上年增长40%。市体育中心全年接待体育锻炼健身市民50.9万人次。

年末有医疗卫生机构191个、床位1692张。有卫生技术人员2937人,其中执业医师951人、执业助理医师141人、注册护士1047人。进一步提高城乡居民合作医疗受益水平。农村新型合作医疗农民参加人数15.9万人,参加率99.4%,城镇居民参加人数8.2万人,参加率99.7%。新创建省级示范社区卫生服务中心1个。

全市城市居民人均可支配收入37509元,比上年增长13%;农村居民人均纯收入18547元,增长11.5%,剔除物价因素(按嘉兴市区居民消费价格指数计算),比上年实际分别增长10.6%和9.1%。城市居民人均住房面积37.7平方米,比上年减少0.2平方米。农村居民人均住房面积73.3平方米,比上年提高0.3平方米。每百户城市居民拥有汽车25辆、彩电204台、空调器242台、洗衣机96台、电脑110台。每百户农村居民拥有汽车13.3辆、彩电212台、空调器156.7台、洗衣机84台、电脑75.7台、摩托车58辆。城市和农村居民恩格尔系数分别为34.6%和33.1%。

全年新增城镇就业11989人,帮助5087名城镇失业人员实现再就业，其中就业困难人员2063人。城镇登记失业率2.9%。全市已创建充分就业社区46个，复评达标率100%，充分就业村95个，复评达标率100%，其中“两分两换”新社区创建达标率100%。全年新开发公益性岗位204个，为7374名灵活就业人员发放社保补贴1785万元。全年举办各类招聘会83场，提供就业岗位6.1万个次，达成录用意向1.7万人。

年末，职工基本养老、基本医疗、失业、工伤、生育保险参保人数分别达到32.6万人、28.1万人、16.6万人、25.5万人和17.3万人。推进医保“一卡通”建设，完成社保信息系统改造升级，实现杭州、嘉兴主要医院异地就医联网结算。

年末低保人数5733人，其中城镇1802人，农村3931人；全年发放城乡居民最低生活保障金2155万元，其中城镇低保支出786万元，农村低保支出1369万元；实施农村医疗救助11524人次（其中大病救助1230次），救助金额439万元；城镇医疗救助3206人次（其中大病救助766人次），救助金额255万元。年末持有第二代残疾人证10894人，为贫困重度残疾人发放全额低保或全额低保补助金431.84万元，为贫困残疾人发放康复补助款等147.36万元，为生活不能自理的残疾人补助集中托养、居家安养补助金355.12万元。年末拥有收养性单位（敬老院）12个，床位2913张，收养人数806人。

海　宁　市

【概况】 海宁市位于浙江省东北部，杭嘉湖平原南端，东连海盐县，西接杭州市余杭区，南濒钱塘江，北与桐乡市和嘉兴市秀洲区接壤。内陆面积700.50平方公里。辖4个街道、8个镇，161个行政村、65个社区（居委会）。年末，总户数184215户，户籍总人口666092人，其中男性327593人，女性338499人。全年人口出生率为9.50‰，人口死亡率为7.58‰，人口自然增长率为1.91‰，计划生育率98.53%。

2012年，全市实现地区生产总值575.62亿元，比上年增长9.1%，高于嘉兴平均0.4个百分点。其中第一产业实现增加值24.43亿元，增长1.4%；第二产业实现增加值339.58亿元，增长8.5%；第三产业实现增加值211.61亿元，增长11.0%。三次产业结构比为4.2:59.0:36.8。按户籍人口计算全市人均生产总值为86609元，增长8.6%；按平均汇率计算为13720美元。

农业经济稳步发展。全年实现农业总产值38.20亿元，比上年增长1.9%。农作物总播种面积5.02万公顷，其中粮食播种面积2.75万公顷，经济作物种植面积2.26万公顷。晚稻亩产564公斤，创历史新高。经济作物中，油菜种植面积5070公顷，下降5.9%；蔬菜种植面积1.16万公顷，增长4.8%；花卉苗木种植面积2950公顷，增长11.3%。粮经种植比为54.88:45.12。全年粮食总产量18.31万吨，增长0.9%；蔬菜总产量29.89万吨，增长6.3%；油菜籽总产量1.28万吨，下降7.8%；蚕茧总产量0.72万吨，下降8.7%。全年生猪饲养量61.54万头，下降5.2%；家禽饲养量2191.92万羽，与上年基本持平。全年肉类总产量5.26万吨，下降4.4%；水产品总产量4.37万吨，增长7.7%。高效生态都市型现代农业加快发展，有省级无公害农产品基地41个，通过“无公害、绿色、有机”认定、认证农产品83只，通过“三品”基地认定、认证面积1.66万公顷。农产品品牌建设加速推进，有嘉兴市级以上著名商标25个，名牌产品25个，中国驰名商标3个。农业“两区”建设加快，新建成省级主导产业示范区2个、粮食生产功能区1800公顷（2.7万亩）。省农科院杨渡基地扩建项目启动征迁。海宁市第四届农业博览会成功举办。农业龙头企业不断壮大，有农业龙头企业44家，实现产值28.61亿元；各类专业合作组织获得新发展，有各类农民专业合作社144家。全年农田基本建设完成土石方470万立方米，其中水利建设完成土石方376万立方米，水利建设总投入4.26亿元。农田有效灌溉面积3.32万公顷，旱涝保收面积2.76万公顷。疏浚河道323.91公里，河道长效保洁1931公里（实现全覆盖）。年末拥有农业机械总动力27.17万千瓦。

工业和建筑业发展平稳。区域特色工业经济加强，被列入全省首批工业强市试点。全年完成工业增加值294.43亿元，比上年增长7.1%，对经济增长的贡献率达42.2%。销售收入2000万元以上规模企业工业总产值1139.84亿元，增长6.9%。其中轻工业实现产值745.93亿元，增长6.6%；重工业实现产值393.91亿元，增长7.3%。国有控股企业实现产值45.74亿元，增长7.7%。全年规模以上工业企业实现新产品产值384.50亿元，增长8.6%；产销率97.42%，比上年提高0.50个百分点。规模以上工业企业实现出口交货值306.99亿元，增长5.3%，出口交货值占销售产值的比重为27.6%。主导产业中，规模以上皮革工业实现产值153.89亿元，增长12.3%；规模以上纺织工业实现产值342.97亿元，下降0.5%。两大主导产业占规模以上工业总量的43.6%。同时，食品工业、金属制品业、家具制造业等一些行业快速发展，分别增长32.2%、17.3%和16.3%。规模以上工业企业实现产品销售收入1094.73亿元，增长5.0%；实现利税67.71亿元，下降6.4%，其中利润34.15亿元，下降16.7%。列入省考核的十一项工业经济效益指标综合得分为266.30分，其中列入国家考核的七项指标综合得分为165.68分。全年建筑业实现增加值45.15亿元，增长19.6%。全年建筑业施工产值185.03亿元，增长18.1%。全年房屋建筑施工面积1511.24万平方米，下降8.6%。

固定资产投资力度加大。全年完成固定资产投资303.67亿元，比上年增长21.9%，其中工业生产性投资完成145.47亿元，增长10.5%。固定资产投资中，第一产业投资1.06亿元，增长63.9%；第二产业投资145.65亿元，增长10.6%；第三产业投资156.95亿元，增长34.5%。三次产业投资比重为0.35:47.96:51.69。全年限额以上投资项目928个。其中当年新开工项目547个，计划总投资283.89亿元；建成投产项目479个，新增固定资产122.28亿元。全年完成房地产开发投资65.18亿元，增长30.5%。保障性住房建设完成投资2.91亿元，新开工施工面积10.05万平方米。全年商品房销售面积57.91万平方米，增长8.6%；商品房销售额46.93亿元，增长18.8%。

国内贸易进一步繁荣。全年实现社会消费品零售总额242.80亿元，比上年增长14.7%。其中，城镇消费品零售额228.26亿元，增长15.0%，对整个消费品市场拉动14.0个百分点；乡村消费品零售额14.54亿元，增长10.7%，对整个消费品市场拉动0.7个百分点，城镇消费市场增速快于农村市场4.3个百分点。分行业看，批发和零售贸易业零售额206.54

亿元,增长14.8%,住宿餐饮业零售额20.39亿元,增长13.6%。年末海宁市有各类商品交易市场56个,其中成交额超亿元的市场13个。全年城乡集市贸易成交额164亿元。在限额以上批发和零售贸易业零售额中,日用品类增长53.7%,粮油、食品、饮料、烟酒类增长40.2%,通讯器材类增长34.1%,服装、鞋帽、针纺织品类增长33.0%。

对外经济发展趋缓。全年完成自营进出口总额50.14亿美元,比上年下降4.3%。其中出口总额39.88亿美元,增长0.8%;进口总额10.26亿美元,下降20.3%。全年完成一般贸易出口33.34亿美元,增长4.7%;完成加工贸易出口6.53亿美元,下降15.2%。在出口总额中,三资企业和自营出口企业出口分别为13.48亿美元和26.39亿美元。全年新批"三资"企业20家,新批外商投资项目41个。全年合同利用外资3.88亿美元,下降19.8%;实际利用外资2.35亿美元,下降15.3%。

交通邮电平稳运行。全年交通运输邮电业增加值9.63亿元,比上年增长5.6%。公路(乡道以上)通车里程837公里。全年货物运输量1941万吨,其中铁路23万吨,公路885万吨,水路1033万吨;货物周转量27.50亿吨公里,其中公路8.67亿吨公里,水运18.83亿吨公里。全年客运量3446万人,其中铁路179万人,公路3267万人。客运周转量8.95亿人公里,其中公路8.95亿人公里。全年邮电业务收入8.60亿元,增长10.0%。其中邮政业务收入0.50亿元,增长14.5%;电信业务收入8.10亿元,增长9.7%。年末固定电话用户29.87万户,下降0.2%;移动电话用户90.41万户,增长12.4%;互联网用户17.93万户,增长20.6%。

财政、金融和保险业继续向好。全年完成财政总收入81.52亿元,比上年增长13.6%,其中地方财政收入44.29亿元,增长14.1%。全年财政支出43.32亿元,增长8.7%,其中农业支出3.77亿元,教育支出11.65亿元。年内新引进金融机构3家,成功发行企业中期票据10亿元。"浙江美大"成功上市。年末金融机构各项存款余额856.92亿元,增加96.19亿元,增长12.6%,其中城乡居民储蓄存款余额426.59亿元,增加61.67亿元,增长16.9%。年末城乡居民人均储蓄存款余额为64044元,增长16.4%。年末金融机构各项贷款余额616.72亿元,增加76.43亿元,增长14.1%,其中短期贷款余额407.92亿元,增加54.73亿元;中长期贷款余额203.67亿元,增加17.29亿元。全年保险业实现保费收入7.26亿元,增长6.7%。其中,财产险保费收入2.45亿元,增长18.0%;人寿险保费收入4.82亿元,增长1.8%。保险机构保险赔款支出1.26亿元。其中财产险赔款支出1.14亿元,人寿险赔款支出0.12亿元。

城市建设不断推进。进一步健全城乡规划体系,着力完善基础设施,加快城乡区域一体化步伐。城市建成区面积扩大到34.22平方公里,市区绿化覆盖率42.69%,人均公园绿地面积13.93平方米。城市污水管网工程建设得到扩建和完善,总长度516.03公里。供水网络不断拓展,供水管道总长度609.22公里。天然气利用工程完成管网敷设,总长度284.31公里。2012年,城区路网更趋完善,海宁市区新建道路16.01公里,面积31.12万平方米。城建重点建设项目完成投资额8.26亿元,完成鹃湖公园一期、九虎路(钱江路—城南大道)、海宁市东部二、三级供水管道二期等城建工程。环境保护力度进一步加大,全年共审批新、改、扩建工业性建设项目312个,计划环保投资2.17亿元,建设项目环境影响评价制度执行率达100%。绿化造林面积不断扩大,年内完成造林面积290.66公顷,增长95.5%。至年底,建立起7个国家级生态镇、12个省级生态镇(已经实现海宁市全覆盖);有省级绿色医院3家,省级绿色饭店7家,省级绿色企业7家,省级绿色家庭25家,绿色社区47个(省级11个),绿色学校84所(国家级、省级18所);海宁市级生态村132个(其中嘉兴级51个),浙江省生态文明教育基地、省级生态环境教育示范基地各1个。

科技和教育有新发展。年末,海宁市有嘉兴市级以上高新技术企业113家,其中国家重点扶持高新技术企业61家;省级农业科技企业16家;嘉兴市级以上专利示范企业10家,其中省级3家。海宁市级以上企业研发中心171家,其中省级高新技术企业研发中心21家,省级农业科技研发中心13家。全年财政科技投入2.05亿元,比上年增长13.5%。科技成果不断涌现,经省科技厅认定科技成果41项,其中获省科技进步奖1项,嘉兴市级科技进步奖14项。列为国家级新产品3只,省级新产品338只。申请专利3446项,授权3203项。成功举办第二届中国海宁长三角科技博览会,共签订合作协议53项,比上年增长165%。省教育现代化市启动创建,义务教育均衡发展市通过省级评估,基础教育改革创新经验在全国"双基"工作总结表彰会作介绍。表彰"感动潮乡"十佳教师,进一步营造尊师重教良好氛围。华东师范大学海宁实验高级中学挂牌成立。年末有小学41所,普通中学28所,中职类学校5所,幼儿园63所。小学在校学生44207人,小学学龄人口入学率100%。全市普通中学在校学生31826人,初中学龄人口入学率100%,初中毕业生升入高中段比例上升至99.23%。职业高中在校学生5558人,技工学校在校学生2290人,普通中专在校学生4140人。年末电大在校学生6239人。学龄前儿童在园幼儿数20959人。学龄前幼儿三年净入园率98.90%。参加普通高校升学考试报名3572人,上线3425人,上线率95.88%,其中重点率比上年提高2.25个百分点。高等学历教育自学考试全年报考3588人次。全年农村共有85948人次接受各类文化技术培训。

文化和旅游业继续兴旺。启动创建省级公共文化服务体系建设示范区,推进国家历史文化名城申报工作。制订下发《海宁市"公共文化服务年"实施意见》,开展"亲上亲,潮乡情"文化走亲活动、"种文化"展示系列活动和"潮乡"系列主题展演活动。市内有文化馆(站)13个,新建镇综合文化活动中心3个。全年艺术表演场所演出场次41场,艺术表演团体演出场次336场,观众人数17.42万人次。全市开展文化下乡201场。市公共图书馆总藏量88.71万册、件,比上年增长12.5%。流通书库送书307次,流通图书18.30万册;市图书馆举办各类培训班12期,培训人员630人次;举办各类文化展览活动8次、讲座11次。全市档案案卷数33.59万卷(件),比上年增长12.9%。有电影放映单位15个,全年电影观众72.17万人次。农村电影"2131"(21世纪,一个村一个月一场电影)放映2803场,观众42.54万人次。广播、电视人口覆盖率均100%。全年出版《海宁日报》306期,发行量3.5万份,共出版《海宁日报》1071万份。全年旅游总收入达108.00亿元,增长16.5%。共接待国内旅游者1093.22万人次,增长15.0%;接待入境旅游者11.27万人次,增长18.8%。旅游外汇收入9098万美元,增长4.0%,其中商品创汇5837万美元。创建五星级旅游饭店2家。

卫生和体育事业取得新进步。启动实施县级公立医院改革试点,破除“以药养医”初显成效。海宁市人民医院三级乙等综合医院、海宁市中医院三级乙等中医医院通过评审,海宁市医疗中心投入使用,省级卫生镇实现全覆盖。年末有医院、卫生院22所,有医疗床位3016张,有卫生技术人员4645人,其中执业医师及执业助理医师1504人,注册护士1722人。城乡卫生服务体系逐步完善,农村卫生工作进一步加强,年末城乡合作医疗参保人数32.48万人,参保率99.36%。全市农村自来水普及率达100%,卫生厕所普及率达98.08%。体育设施建设进程加快,新增建12个居民健身苑(点)。全年在省内外重大体育比赛中,海宁市运动员获得国家级金牌7枚、省级金牌43枚、嘉兴市级金牌154枚。全年举办单项体育赛事17项,其中国家级赛事4项,分别是2012年全国青少年男子足球联赛、2012年全国业余高尔夫球希望赛、2012年中国速度轮滑公开赛、老式汽车中国公开赛。全年组织全市性群众体育活动70次,参加比赛运动员17592人次。镇、街道和体育社团组织群众体育活动365次,参加各类体育竞赛运动员达3.5万人次。

居民生活和社会保障水平继续提高。根据抽样调查,全年城镇居民人均可支配收入和农村居民人均纯收入分别为37634元和19364元,分别比上年增长13.4%和11.3%。城镇居民人均消费支出和农村居民人均生活消费支出分别为21189元和12316元,增长8.9%和16.9%。其中,城镇居民杂项商品和服务、家庭设备用品及服务两项增长较快,分别增长45.6%和16.5%;农村居民交通和通讯支出、居住消费支出两项增长较快,分别增长25.2%和21.2%。2012年城乡居民恩格尔系数均较上年有所下降,分别为29.58%和30.13%,下降0.06个百分点和0.74个百分点。年末城镇居民人均住房建筑面积36.78平方米,农村居民人均生活用房面积67.46平方米。全年举办各种劳务招聘会93期,提供就业岗位10.73万个,举办各类人才招聘活动52场,提供职位2.93万个,接待求职人数2.5万人次。年内共帮助8198名失业人员实现再就业,其中就业困难人员2976人;为5488名失业职工办理失业登记手续,城镇登记失业率为2.96%。全面推进覆盖城乡的社保体系建设,全年职工基本养老、医疗、失业、工伤、生育、城乡居民社会养老保险参保人数分别达到32.5万人、33.6万人、18.2万人、24.8万人、18.4万人、15.6万人,纳入基本生活保障的被征地农民9.68万人。年末有社会福利事业单位20个,床位2964张,收养1531人。社会救济总人数(包括低保人数)10194人。年末有最低生活保障对象7351人,其中城镇居民和农村居民最低生活保障人数分别为1058人和6293人,全年共发放低保金额1942万元。全市各类老年公寓(包括敬老院)收养社会老人累计1235人。年末城镇社区服务设施1510个,农村社会保障网络覆盖12个镇、街道。拥有社区服务中心12个,提供服务项目191个,共提供服务活动12.9万人次。

海盐县

【概况】 海盐县位于浙江省北部杭嘉湖平原,东濒杭州湾,西南与海宁市相邻,北与南湖区、秀洲区接壤,东北与平湖市相连。陆域总面积584.96平方公里,海域面积487.67平方公里。海岸线全长53.48公里,是浙北海岸线最长的县(市),其中可供建设万吨级以上深水岸线约10公里。海盐港区东临上海港、乍浦港,南依宁波、舟山港,其独特的区位优势对发展区域性物流中心十分有利。连接乍嘉苏高速、杭浦高速、杭州湾大桥北岸连接线3条高速公路的海盐互通枢纽为亚洲最大的交通枢纽。2012年底,县城建成区面积46平方公里(包括4个街道)。全县辖5个镇、4个街道,85个村民委,46个居民委员会。有1个省级经济开发区,1个国家AAAA级风景旅游区。年末,全县户籍人口375873人,比上年增加1212人,人口自然增长率1.39‰。

2012年,国民经济保持平稳增长。全县实现生产总值300.90亿元,可比增长11.5%。其中,第一产业实现增加值20.74亿元,可比增长2.0%;第二产业187.82亿元,可比增长13.3%;第三产业92.34亿元,可比增长9.7%。剔除核电,县内生产总值221.24亿元,可比增长10.7%。第二产业中工业增加值176.13亿元,可比增长13.8%,其中县内工业增加值97.91亿元,可比增长12.6%。三次产业结构由上年的7.4:62.2:30.4调整为6.9:62.4:30.7。按户籍人口计算,人均生产总值80183元(12702美元)。

全年实现农业总产值30.34亿元,比上年增长1.5%。种植面积粮增经减。总播种面积44453公顷,下降0.9%。粮食播种面积31848公顷,增长1.6%;总产量20.45万吨,增长2.4%。油菜种植面积3232公顷,下降16.1%;产量852.3万吨,下降16.5%。棉花种植面积756公顷,下降5.0%;产量942万吨,下降1.6%。蔬菜种植面积7352公顷,下降2.6%;产量26.1万吨,下降4.9%。完成造林面积449公顷,全县森林面积7298公顷,分别比上年增长3.2%、6.6%。年末耕地总资源26526.2公顷,常用耕地面积26198.04公顷。年内增加耕地14.8公顷。

工业生产较快增长。全年工业企业实现总产值688.85亿元,比上年增长15.4%,其中核电工业企业产值118.82亿元,比上年增长21.8%。397家规模以上工业企业总产值569.14亿元,比上年增长17.2%,其中县内规模以上工业企业总产值450.32亿元,比上年增长16.0%。全县规模以上工业企业中,重工业总产值361.12亿元,占63.5%;轻工业总产值208.02亿元,占36.5%。“4”大县定传统产业产值208.44亿元,比上年增长11.6%;“5”大县定新兴产业产值215.27亿元,比上年增长19.7%。

全年县内规模以上工业企业实现新产品产值127.04亿元,比上年增长23.1%;新产品产值率28.2%,提高1.6个百分点。高新技术产业产值87.78亿元,增长7.7%。战略性新兴产业产值226.41亿元,增长29.6%。规模以上工业企业实现主营业务收入557.50亿元,增长14.4%;利润总额51.81亿元,增长16.8%。剔除核电,县内工业主营业务收入438.64亿元,增长12.9%;利润总额15.85亿元,增长11.4%。全年发电量343.07亿千瓦时,增长21.4%。县内规模以上工业企业能源消费量121.9万吨标准煤,增长10.1%;万元工业增加值能耗下降6.6%。

建筑业增加值11.69亿元,可比增长5.8%。完成建筑业总产值45.96亿元,下降0.3%;实现利润5450万元,下降26.7%。

全社会固定资产投资199.39亿元,比上年增长0.7%。扣除核电后,县内固定资产投资158.57亿元,增长16.7%。核电投资40.82亿元,下降34.3%。县内投资中,第一产业投资1.94亿元,增长454.9%;第二产业投资80.29亿元,增长13.5%;第三产业投资76.33亿元,增长17.8%。第二产业中,工业性投资80.29亿元,增长13.7%。其中,制造业投资75.41亿元,增长19.5%;设备工器具投资50.66亿元,下降23.1%。第三产业中,生产性服务业投资10.78亿元,下降18.4%。县内基础设施投资额19.10亿元,下降8.0%。其中,水利环境和公共设施管理业、交通运输仓储和邮政业、电力燃气及水的生产供应业投资额分别为7.71亿元、4.56亿元、1.28亿元,分别增长77.3%、下降0.4%、下降59.9%。固定资产投资中,非国有投资123.63亿元,增长28.0%,占固定资产投资的62.2%。其中,民间投资111.66亿元,占固定资产投资的6.0%。民间投资增速快于国有投资增速55.1个百分点。

全年完成房地产开发投资41.96亿元,比上年增长19.2%。房屋施工面积376.1万平方米,增长9.8%,其中住宅274.3万平方米,增长8.9%;新开工面积95.9万平方米,下降30.8%,其中住宅71.0万平方米,下降32.6%。房屋竣工面积55.3万平方米,下降3.7%。全年商品房屋销售额24.47亿元,增长17.3%,其中住宅销售额22.76亿元,增长30.3%;商品房销售面积39.0万平方米,增长3.4%,其中住宅销售面积34.6万平方米,增长17.7%。全部房地产开发企业共销售商品住宅2871套,其中97.7%为期房。

全年实现社会消费品零售总额82.24亿元,比上年增长15.0%。其中,批发业、零售业、住宿业、餐饮业分别为3.44亿元、62.44亿元、0.92亿元、9.51亿元,分别比上年增长1.2%、16.5%、24.9%、13.6%;城镇和乡村消费品零售额分别比上年增长14.9%、15.3%。批零贸易业销售额243.31亿元,增长13.2%,其中限额以上90.35亿元,下降8.4%。住宿餐饮业营业收入14.15亿元,增长18.4%,其中限额以上2.30亿元,增长8.5%。

全年进出口总额19.75亿美元,比上年增长3.4%。其中,出口总额15.13亿美元,增长0.4%;进口总额4.62亿美元,增长14.7%。新批三资企业15家,减少6家;合同利用外资和实际利用外资分别为10922万美元、6521万美元,分别下降62.9%、50.7%。

交通运输、仓储和邮政业实现增加值9.09亿元,增长5.9%。境内等级公路里程928公里,其中一级以上公路里程108公里。公路客运量779万人,增长2.8%;水陆货运量1869万吨,增长1.1%。旅客周转量25534万人公里,增长2.0%;全年货物周转量524034万吨公里,增长63.2%。内河港口货物吞吐量1627万吨,增长2.0%。年末实有公共汽车营运车辆172辆,增加1辆;公共汽车客运总量1728万人次,增长28.2%。

年末邮电所17处。全年报刊发行量925万份,比上年增长1.3%。邮电业务收入4.11亿元。年末固定电话用户15.78万户,移动电话用户43.82万户,互联网用户9.54万户。

全年接待国内外游客386.93万人次,比上年增长16.9%。其中,国内游客385.83万人次,增长17.0%;境外入境11044人次,增长8.9%。旅游总收入34.02亿元,增长21.8%。其中,国内旅游收入32.78亿元,增长21.8%;旅游外汇收入1973万美元,增长19.6%。

全年财政总收入42.71亿元,公共财政预算收入22.33亿元,比上年分别增长33.2%、29.9%。公共财政预算收入中,税收收入21.33亿元,增长30.8%。公共财政预算支出23.46亿元,增长13.3%。国税收入38.22亿元,增长4.2%;地税收入16.38亿元,增长9.1%。年末全县金融机构本外币各项存款370.94亿元,比年初增加32.08亿元,比上年增长9.5%;人民币各项存款366.82亿元,比年初增加32.46亿元,比上年增长9.7%,其中储蓄存款196.51亿元,比年初增加22.56亿元,比上年增长13.0%。本外币各项贷款414.91亿元,比年初增加67.69亿元,比上年增长19.5%;人民币各项贷款374.64亿元,比年初增加58.45亿元,比上年增长18.5%。全县财产、人寿保险公司保费收入68804万元,比上年增长37.4%;赔款支出15245万元,增长31.8%。

全县研究与试验发展经费(R&D)6.93亿元,增长23.1%,占GDP的2.3%。地方财政一般预算支出中,科技支出11958万元,增长16.0%。全县高新技术企业88家(增加10家),省科技型中小企业118家(增加15家)。全县专利申请受理量1774件,专利申请授权量1322件,分别增长53.7%、57.4%,专利申请授权量中,发明专利46件(减少6件)。

全县有小学23所,在校学生23048人,教师1422人;普通中学16所,在校学生19769人,教师1539人。九年义务教育对象入学率100%。初中、高中毕业生升学率分别为98.5%、95.6%。有职业中学3所,在校学生6242人,教师315人。全县向普通高校输送新生2273人,输送高职(单考单招)480人。全县有9885人参加各类学历教育和非学历教育证书自学考试。全县体育健儿在市以上体育比赛中,获奖牌111枚,其中金牌37枚。举办县级运动会369次,共有3.54万人次参赛。

年末全县有文化馆1个,镇(街道)文化站9个。公共图书馆1个,公共图书馆藏书量691.697千册,增长70.5%。博物馆1个,剧场、影剧院4个。广播电台1座,广播节目综合人口覆盖率100%;电视台1座,电视节目综合人口覆盖率100%,数字电视入户率96.2%。

年末全县有医院、卫生院18个,卫生监督、疾病预防控制中心各1个,妇保院1个。医院、卫生院病床数1297张,比上年增长21.8%;医院、卫生院技术人员1890人,增长10.7%,其中医生722人,注册护士676人,分别增长1.7%、9.2%。全县农村自来水普及率100%,卫生厕所覆盖率98.66%。

武原镇环境空气优良天数362天,烟尘控制区面积45.3平方公里,高污染燃料焚烧区总面积14.02平方公里,城市空气综合污染指数1.38。生活污水集中处理率87.5%,生活垃圾无害化处理率100%。

全县城市基础设施建设完成投资62098万元,比上年增长46.1%。县城建成区面积15.28平方公里,增长4.2%;建成区人口12.08万人,增长1.1%。年末实有道路面积323.64万平方米,增长3.3%。建成区绿化覆盖面积688公顷,增长10.4%;人均公共绿地面积13.58平方米,增长5.4%。

全县发生各类事故147起,比上年下降0.7%,死亡46人,受伤119人,直接经济损失284万元。其中,安全生产事故6起,死亡6人;火灾事故19起,无死亡;公路交通事故122起,死亡40人;无水上交通事故。

全年城镇居民人均可支配收入37682元，比上年增长13.2%；农村居民人均纯收入18726元，增长11.6%。城镇居民人均生活消费性支出和农村居民人均生活消费性支出分别为23389元、10460元，分别增长11.3%、10.4%。城镇家庭人均住房建筑面积37.55平方米；农村70.56平方米。城乡居民家庭恩格尔系数分别为28.3%、36.0%。

年末城镇单位（含规模以上私营企业）从业人员12.03万人，城镇登记失业率2.9%。全年新增城镇就业岗位9820人，安置失业人员3069人。基本养老保险参保人数18.78万人，增长16.1%。基本医疗、失业、工伤、生育保险参保人数分别为14.83万人、9.34万人、15.50万人、10.55万人，分别增长20.3%、9.1%、5.9%、7.1%。农村新型合作医疗参保率99.72%。全县低保对象2901人，其中城镇364人，农村2537人，共享受最低生活保障补贴919万元，增长6.2%。全县有各种社会福利收养性单位9家，床位1963张，安置860人。

桐乡市

【概况】 桐乡市地处浙北杭嘉湖平原，长江三角洲东南部。东连秀洲区，南邻海宁市，西毗湖州市德清县和杭州市余杭区，西北接湖州市南浔区，北界江苏省吴江市。东西宽约36公里，南北长约34公里，总面积727平方公里。沪杭高速公路（沪昆高速）、申嘉湖高速公路、申嘉杭高速公路、320国道、沪杭铁路客运专线、京杭大运河等水陆交通要道贯穿境内。2012年，辖9个镇、3个街道、34个社区、177个村。年末，户籍总人口67.99万人（男性33.73万人，女性34.26万人），比上年增加3046人，其中非农业人口26.75万人，占总人口的39.3%；暂住人口42.9万人，比上年增长2.4%。全年出生人口5952人，出生率8.77‰，死亡人口5295人，死亡率7.81‰，自然增长率0.97‰

2012年，全市实现地区生产总值525.58亿元，按可比价格计算，比上年增长8.8%，其中：第一产业增加值31.83亿元，增长0.3%；第二产业增加值278.86亿元，增长8.3%；第三产业增加值214.9亿元，增长10.6%。三次产业结构比例为6.1∶53.1∶40.9。按户籍人口计算，全市人均生产总值7.73万元，增长7.9%。全年财政总收入75.99亿元，增长12.6%，其中公共财政预算收入41.76亿元，增长15.1%。

农业经济平稳发展。全市第一产业投资2.01亿元，实现农业总产值47.5亿元，比上年增长2.4%。其中，种植业总产值23.9亿元，增长2.8%；牧业总产值18.62亿元，下降1.8%。全年农作物播种面积86.09万亩，其中粮食播种面积39.12万亩，油菜种植面积5.19万亩，蔬菜播种面积26.26万亩，杭白菊种植面积5.68万亩。生猪饲养量90.77万头，湖羊饲养量58.60万头，家禽饲养量1177.16万羽，蚕种饲养量24.22万张。农业产业化水平不断提升，全年新增农业龙头企业3家，示范性农民专业合作社4家，工商注册家庭农场6家。全年新增土地流转面积1.68万亩，新增设施农业面积2533亩。现代生态农业加快发展，拥有省级农业科技企业10家、省级农家乐旅游特色村（点）5家；新增国家认证无公害农产品6个、绿色食品6个。

工业经济稳步提升。全市工业生产性投入122.77亿元，比上年增长14.6%；实现规模以上工业企业总产值1138.87亿元，增长7.5%。完成工业增加值246.62亿元，增长9.2%。新增规模以上工业企业137家，累计846家；新增主营业务收入超亿元企业22家，累计187家，其中5亿元及以上企业29家。全年规模以上工业实现主营业务收入1058.79亿元，下降2.4%；实现利税65.99亿元，下降26.6%，其中利润35.29亿元，下降38.1%。转型升级不断提速，工业强市建设列入全省试点，全年规模以上工业企业新产品产值299.61亿元，增长13.5%。新能源、新特材料、机械制造、电子信息等四大新兴产业稳步发展，完成新兴产业产值318.12亿元，增长7.7%。规模以上高新技术产业增加值28.97亿元，占规模以上工业增加值的比重为21.1%。完成建筑业总产值228.7亿元，增长15.5%，三级以上资质等级建筑业企业55家，其中一级资质等级企业7家。

现代服务业加快发展。全市完成服务业投资128.25亿元，比上年增长21.7%，占全市固定资产投资的50.3%，首次超过工业生产性投资。消费市场持续活跃，全社会消费品零售总额216.1亿元，增长15.7%。其中，限额以上零售额60.25亿元，增长14.5%，限额以下零售额155.83亿元，增长16.2%；批发零售业零售额174.72亿元，增长15.1%；住宿餐饮业零售额24.45亿元，增长18.4%；异地单位在桐零售额16.91亿元，增长18.9%。汽车类成为消费热点，限额以上批发和零售业企业全年实现汽车类零售额13.8亿元，增长36.8%。全年市场成交额284.68亿元，增长18.3%，其中濮院羊毛衫市场成交额为190.9亿元，增长18.2%；拥有各类商品交易市场62个，成交额超亿元市场19个，其中5亿元以上市场4个。旅游业较快发展，全年接待境内外游客1189.44万人次，增长16.7%，其中境外游客42.8万人次，增长3%；实现旅游总收入103.11亿元，增长18.9%。乌镇景区接待游客585.86万人次，增长14.3%，门票收入3.43亿元，增长24.5%。全市有A级旅游景区（点）7个，其中5A级景区1个；有旅行社26家，星级宾馆10家，其中四星级以上5家。金融信贷稳步发展，全市金融机构本外币各项存款余额721.44亿元，比年初净增75.75亿元，增长11.7%；各项本外币贷款余额548.78亿元，比年初净增81.7亿元，增长17.5%。

开放合作巩固发展。全年实现进出口总值38.62亿美元，比上年下降0.5%。其中，出口总值25.53亿美元，增长6.6%；进口总值13.09亿美元，下降12.1%。出口总值中一般贸易20.72亿美元，增长1.4%；加工贸易4.81亿美元，增长37.2%。全年新批三资企业28家，增资项目20个，合同利用外资3.3亿美元，下降13.5%，实际利用外资2.27亿美元，增长12.2%。总投资千万美元以上项目30个，其中机械汽配、新材料、电子信息类项目数占66.7%。新设境外企业（机构）6家，增资项目7个，累计投资额2.18亿美元，占嘉兴市境外投资总额的66%。国内合作全面加强，全市利用市外资金72亿元；大力推进“浙商回归”，引进回归项目102个，协议总投资248.8亿元，到位资金28.1亿元，其中世界500强企业项目1个。

城乡统筹深入推进。中心城市加快提升，市区建成区面积37.6平方公里，启动新一轮市域总体规划和城市总体规划修编，中心城区近期交通组织与改善规划通过评审。完成庆丰中路主干道和康泾塘东岸永宁段、北港河生态修复样板段等改造提升工程,凤凰湖中心湖区开挖基本完成,中虹天地商业广场、宏望大厦等投入使用,运营城市公共汽车149辆,出租车245辆,市区公共自行车服务系统投入使用;"城中村"改造工作稳步推进,完成3个"城中村"2.3万平方米房屋征收工作。崇福镇省级小城市培育试点建设加速推进,建立健全五大中心,市级部门机构延伸、强镇扩权等配套措施有效落实。基础设施更趋完善,全年实现基础设施建设投入3.28亿元,比上年增长37.3%;科洲公路大麻至洲泉段改建工程建成通车,启动桐九公路客运中心至高铁火车站段改建工程,完成4个高速公路出入口绿化提升,建设"两高"(高速公路、高速铁路)沿线森林通道19公里,全市新建联网公路12.2公里,新建改建农村桥梁70座。天然气储气能力24万立方米,新增天然气管网66公里。新农村建设不断拓展,"两新"工程建设水平继续提升,新增农房改造集聚4113户。生产生活条件持续改善,完成濮院、凤鸣村级饮用水管网铺设928.4公里。"美丽乡村"建设工作全面加强,大力开展村庄绿化、道路拓宽等工程建设,实施28个中心村建设,新增省级"美丽乡村"先进镇2个,洲泉镇国家卫生镇通过复查。农田水利基础设施不断完善,完成2012年度省"小农水"重点县工程建设,新增圩区整治3.2万亩。

社会事业全面发展。创新投入稳定增长,全社会研究开发经费占地区生产总值的2.4%;创新载体增量提质,新增省创新型企业1家、高新技术企业6家,省科技型中小企业12家、省级科技研发中心4家;新认定市级科技型企业26家,巨石集团成功创建桐乡市首家国家级企业技术中心。创新合作不断拓展,新建院士工作站2个,启动国家技术转移中心桐乡工作站建设。创新实力显著提高,新增国家火炬计划项目7个、国家星火计划项目3个、嘉兴市科技进步奖16个;全年专利申请量2924件,其中发明专利307件,专利授权量2353件。教育事业稳步发展,校安工程扎实推进,办学条件持续改善,完成28个项目共计2.9亿元投入,竣工建筑面积12万平方米,省义务教育均衡发展县通过督导评估;浙江传媒学院附属小学挂牌成立,浙江理工大学合作办学成功签约,依法关停非法托幼机构22所。医疗卫生不断进步,中医医院、高桥中心卫生院完成迁建并投入使用,市急救站正式启用,市中医院、康慈医院晋升为三级乙等医院,国家级慢性非传染性疾病综合防控示范区通过考核验收,居民电子健康档案建档率95%,每千人拥有医院床位4.29张,每千人拥有医生2.02人;公立医院综合改革全面实施,全市8家公立医院药品均实行零差率销售。文化体育繁荣发展,启动全国重点文物保护单位罗家角遗址保护工程,市文化中心完成主体工程,新建健身苑点56个,农家书屋实现全覆盖;成功举办第二届"徐肖冰"杯全国摄影大展和全国青年篮球联赛等。

民生保障不断增强。城乡居民生活水平持续提高,全市城镇居民人均可支配收入36591元,比上年增长12.9%,人均消费支出22043元,增长13.2%;农村居民人均纯收入18386元,增长11.3%,人均生活消费支出10660元,增长1%;城乡居民家庭恩格尔系数分别为29.9%和34.4%。城乡就业状况保持平稳,全年新增城镇就业岗位11930人,城镇登记失业率为2.95%。社会保障不断完善。全市城镇职工基本养老保险、基本医疗保险和城乡居民社会养老保险参保人数分别达到34.55万人、26.74万人和18.63万人,城镇居民和农村居民合作医疗参保率分别为99.18%和99.36%。社会救助日趋完善,市社会福利中心加快推进,全年分别发放抚恤资金、低保金和医疗救助1923.12万元、2041.33万元和757.32万元。"网格化管理、组团式服务"全面推进,成立市社会矛盾纠纷联调中心。安全生产领域"打非治违"专项整治深入推进,三项指标实现零增长。"平安桐乡"建设扎实推进,依法严厉打击各类犯罪,人民群众安全感、满意率得到提升。

湖 州 市

【地理位置】 湖州市位于浙江省北部、太湖南岸,地处长江下游,介于东经119°14′~120°29′、北纬30°22′~31°11′之间,东邻嘉兴市及江苏省吴江市,西倚天目山脉与安徽省宣城市毗连,南接杭州市,北濒太湖,与江苏省苏州、无锡两市隔湖相望。全市东西长126千米,南北宽90千米。

【地形地貌】 湖州市境内地形以分割破碎的低山和丘陵及广阔平原为基本特色。山地高度一般在海拔500米左右,海拔1000米以上的山峰分布在西南部。山地和丘陵占全境土地总面积的49.3%,平原占50.7%。地势自西南向东北倾斜,西南部天目山余脉分布东西两支,东支从安吉的市岭、幽岭伸入德清县莫干山,余脉延伸至城区的西部,组成境内山区主体,其中座落在埭溪镇的西湖顶为市区最高峰,海拔达650.7米,西支从安吉的西南向东北延伸至长兴县西部,构成浙、皖两省的天然界址。

【河流湖泊】 市境位于太湖流域的西南部,河流纵横,湖漾密布,水面积536平方公里,占境内总面积的9.2%,有"水乡泽国"之称。主要河流有东苕溪、西苕溪、运河等23条,其中,东苕溪、西苕溪均发源于天目山区,自西南流向东北,横贯全境,而后注入太湖,是太湖的重要水源。西北长兴境内还有泗安塘、合溪、乌溪三条小河流自成独立水系,汇水直接泄入太湖。境内东南部是杭嘉湖平原的一部分,横塘纵浦,湖泊漾荡(境内有湖漾124个,其中,东林镇的商林漾最大,面积2538亩),具有典型的江南水乡特色。

【行政区划】 周显王三十五年(前334),楚灭越,楚考烈王十五年(前248)春申君黄歇封于吴,置菰城县,以泽多菰草故名。湖州的建置由此开始。秦王政二十五年(前222),改菰城县为乌程县,以乌巾、程林二氏善酿得名。宋太平兴国七年(982),析乌程县东南15乡置归安县,以"吴越钱氏初纳土故以归安"为名。民国元年(1912),乌程、归安合并为吴兴县。1949年4月,湖州解放,置湖州市、吴兴县。1983年7月,撤消嘉兴地区,湖州升格为地级市,将原湖州市(县级市)分为城、郊两区。1988年11月,城、郊两区建置撤消,其所辖乡、镇、街道由省辖湖州市直接管辖。1993年9月,市区建立城区、南浔区、菱湖区3个区工委、区管委会的新体制;2003年1月撤消城区、南浔区、菱湖区3个区委、区管委会,设立吴兴区、南浔区2个市辖区,实行市领导两区三县的格局。土地总面积5817平方千米,其中市区1567平方千米。湖州中心城市建成区面积35平方千米。电话区号:0572,邮政编码:313000

【人口】 (包括:人口增长、计划生育)至2003年,湖州市总人口为256.78万人。其中,男性为130.27万,女性为126.51万,男女性别比为102.97: 100。年龄结构(2000年)为:0~14岁少年儿童人口为48.61万,占总人口的18.61%,15~64岁的成年人口为188.03万,占总人口的71.61%,65岁及以上人口为25.93万,占总人口的9.88%。人均预期寿命为75.19岁。据2000年第五次人口普查统计,全市有文化人口为222.43万人,占总人口的84.66%,其中,接受大学(指大专及以上)教育的5.42万人,接受高中(含中专)教育的23.47万人,接受初中教育的86.34万人,接受小学教育的107.18万人,每10万人中具有大学程度的为0.21万人,具有高中程度的为0.89万人,具有初中程度的为3.29万人,具有小学程度的为4.08万人。全市人口中,文盲人口(15岁及15岁以上不识字或识字很少的人)为17.92万人。湖州以汉族人口为主,其他民族人口较少。2000年人口普查,全市有汉、蒙古、回、藏、苗、维吾尔、满、侗、瑶、白、土家、哈尼、毛南、仡佬、锡伯、普米、怒、京、独龙、彝、壮、布衣、朝鲜、傣、傈僳、羌、佤、畲、高山、拉祜、水、东乡、土、仫佬、布朗、景颇、阿昌、达斡尔等39个民族以及中国籍的外裔人,汉族人口为261.37万人,占99.55%,各少数民族人口为1.2万人,占0.45%。上世纪90年代,随着市场经济的深入发展,流动人口大量增加,2000年人口普查,我市外来人口达31.01万人,外出人口达23.62万人。单吴兴区织里镇在交易旺季时,外来人口达10万之多,流动人口成为经济建设的重要力量。2011年,全市年末户籍人口261.05万人,其中男性130.17万人、女性130.88万人;非农人口85.17万人,比上年增加2.27万人;60周岁以上人口51.19万人,占总人口的19.6%,占比提高0.7个百分点。2012年,全市户籍人口出生24249人,计划生育符合率97.36%,自然增长率为-0.02‰,出生人口性别比保持在正常范围。

【人民生活】 生活水平继续提高。全市城镇居民人均可支配收入32987元,同比增长12.3%;农村居民人均纯收入17188元,增长11.7%。全市城镇居民人均食品支出7346元,比上年增长5.4%;农村居民人均食品支出3583元,比上年增长9.1%。湖州市城镇居民恩格尔系数为36.9%,比上年下降1.5个百分点;农村居民恩格尔系数为32.3%,比上年下降0.2个百分点。全市城镇居民人均缴纳社会保障支出2407元,比上年增长2.2%,占家庭总支出的比重为9.3%;农村居民人均缴纳社会保障支出285元,比上年增长58.3%,占家庭总支出的1.6%。

德 清 县

【概况】 德清位于浙江北部,东望上海、南接杭州、北连太湖、西枕天目山麓,东西长54.75公里,南北宽29.75公里,总面积936平方公里,属太湖流域长江三角洲经济区。德清"五山一水四分田",素有"鱼米之乡、丝绸之府、名山之胜、竹茶之地、文化之邦"之美誉。德清历史悠久,有着五千年文明史的良渚文化和古代防风文化的印迹和传说,有千年古刹云岫寺、宋代石桥等一大批历史文化遗迹，还孕育了沈约、孟郊、管道升、俞平伯等一大批历史文化名人。县域西部，有中国四大避暑胜地之一的国家级风景名胜区莫干山，毛泽东、周恩来、江泽民、乔石、朱镕基等中央领导人曾登览胜；中部，有江南最大湿地、防风古国故里下渚湖；东部，有千年水乡古镇新市，素有“千年古运河、百年小上海”之誉。德清区位优势十分突出。杭宁高速公路、申嘉湖高速公路、104国道、09省道、宣杭铁路、京杭运河、杭湖锡线航道贯通全县，县城武康到杭州、湖州市中心只有半小时车程。杭宁高铁穿越德清，专设德清站。2012年，德清县全面贯彻中央、省、市和县委各项决策部署，大力开展“实干当先、奋勇争先”百日攻坚等活动，狠抓工作落实，全县经济社会发展取得了新的成就。实现地区生产总值308.0亿元，比上年增长11.2%；固定资产投资173.8亿元，增长23.5%；社会消费品零售总额104.8亿元，增长16.0%；外贸进出口总额19.9亿美元，增长9.2%，其中出口16.2亿美元，增长4.2%；财政总收入50.9亿元，增长15.1%，其中地方财政收入27.2亿元，增长16.2%；研究与试验发展经费支出占生产总值比重达到1.8%；城镇居民人均可支配收入33377元，农村居民人均纯收入17669元，分别增长12.3%和12.0%；城镇登记失业率3.2%；人口自然增长率－0.37‰；单位生产总值综合能耗下降7.5%，化学需氧量、氨氮、氮氧化物、二氧化硫排放量分别削减3.2%、3.1%、1.5%和4.0%。

【行政区划及人口】 县人民政府所在地武康镇。全县设武康、乾元、新市、钟管、洛舍、雷甸、禹越、新安、莫干山9个镇，三合、筏头2个乡，辖166个行政村、30个社区。全县年末总人口42.68万人。有汉、畲、回、满等7个民族

【经济平稳增长】 全县一、二、三产业增加值比例调整为7.0:57.2:35.8。新型工业化加快推进，全县规模工业产值达到790.4亿元，实现规模工业增加值135.5亿元，分别增长22.1%和14.4%。先进装备制造、生物医药、装饰建材三大主导产业加快发展，实现增加值占全县规模工业增加值比重达60%以上，省生物医药产业集群示范区试点有序推进。新兴产业培育初见成效，通用航空被认定为省高技术产业基地，省地理信息产业园开工建设。新增规模工业企业55家，年销售收入超10亿元企业达到10家，我武生物通过中国证监会发审委审核。项目建设成效明显，全年工业性投入完成104.0亿元，其中技改投入66.9亿元，分别增长20.7%和291.8%，51个5000万元以上重点工业项目开工建设、23个竣工投产。德清开发区、临杭工业区、德清工业园及科技新城四大平台建设累计完成投入12.2亿元，新拓展面积520公顷、建成面积290公顷。现代服务业加快发展，完成现代服务业投资42亿元，服务业增加值110.2亿元，比上年增长11.1%。实现旅游总收入63.8亿元、物流业增加值27.5亿元、批发零售额314亿元，分别增长19%、12.7%和29.1%。金融业税收达到3.6亿元、增长42.2%，全社会融资规模新增103亿元，浦发银行德清支行、金汇小贷、科技支行和光大创新基金开业运营。城市化水平不断提升，完成中心城区基础设施投入6.5亿元，城市化率达到61%。城东新区路网一期工程建成使用，09省道乾元至秋山段改建一期工程全面完工，宁杭铁路德清段及站场建成，体育中心、人防中心和青少年活动中心等工程主体竣工，城东新区路网二期、城西片旧城改造一期工程启动实施，科技新城“四纵一横”道路工程全面拉开框架、荣列全省最具发展潜力十大新城行列。城市管理力度进一步加大，城区静态交通管理、“数字城管”建设等工作有序推进。新市镇小城市试点工作扎实推进。城乡一体化步伐加快，全县实现农业总产值39.2亿元，建成粮食生产功能区866.67公顷，成功创建省级现代农业园区7个，启动了“讲道德·更健康”诚信农产品工程建设，德清县被评为“全国农业标准化示范县”、“全国农田水利基本建设先进县”，荣获“中国青虾之乡”称号。扎实推进和美家园建设，开展“清洁德清”行动，创建和美家园精品村17个，完成农村住房改造4275户，新增平原绿化面积840公顷。加快推动城市基础设施向农村延伸，建成自来水东部环网二期管网12.2公里、三级管网1654公里和西部集中供水点102组，建设乡(镇)污水处理厂配套管网33.6公里。开放型经济难中求进，举办第三届游子文化节暨2012年投资贸易洽谈会等系列招商活动，大力实施“浙商回归”工程，完成合同外资3.57亿美元，实到外资1.73亿美元，实到内资42.1亿元，完成“浙商回归”项目到位资金26.9亿元，引进“大好高”项目16个。外贸进出口实现稳定增长，户外休闲出口基地被认定为省级出口基地，新批境外投资企业6家，新增服务外包注册企业14家。接沪融杭深入推进，对口支援、山海协作等工作进展顺利。改革工作成效明显，深入推进金融创新示范县建设，完成德清农商银行股份制改革，跨区设立了村镇银行；推出财政性存款与贷款挂钩激励机制，开展林权抵押贷款试点，金融机构本外币存、贷款余额分别突破400亿元和300亿元。在全省率先开展了闭坑矿地综合开发利用试点，首期获得建设用地规模233.33公顷；大力推进土地节约集约利用，获得各类土地指标235公顷、规划空间指标39.25公顷，盘活存量土地45公顷，新增耕地入库175.07公顷，全县符合规划和产业准入条件的亿元以上项目用地全部得到保障落实。开展了户籍管理制度改革、营业税改征增值税试点等工作，建立了企业国有资产监督管理暂行办法等制度。科技创新步伐加快，在全省率先建设科技成果转化实验区，科技成果转化公共服务平台投入运行。新列省级以上各类科技计划项目308项，新认定省区域创新服务平台2个，新增省级企业研究院、工程技术研究中心(实验室)和高新技术企业研发(技术)中心10家，专利授权量达到1924项。引进海外创新型领军人才及创新团队项目6个，1人入选国家“千人计划”、3人入选省“千人计划”。新增中国驰名商标1件、省级名牌5个，10家企业参与了10项国家、行业和地方标准制修订，新增省著名商标6件、省知名商号2家。节能减排和环境保护扎实开展，淘汰落后腾出用能空间3万吨标煤；全面开展了竹拉丝行业专项整治，全县44家竹拉丝企业全部关闭搬迁，进一步加强了对河口水库水源保护工作；深入推进电镀、矿山等行业治理，全县生态环境得到优化。

【民生保障进一步提升】 全年用于民生支出20.7亿元，民生支出增幅高出公共财政预算支出增幅10.2个百分点。就业和社会保障工作进一步加强，全年新增就业15420人，推动城乡居民自主创业或自谋职业2731人，引导高校毕业生就业创业2853人，帮扶城镇失业人员再就业4691人，实现了农村低保和城镇零就业家庭“基数归零、动态归零”目标。城乡居民社会养老保险参保率达到92%，企业退休人员人均月养老金提

高201元。城镇居民医保、新型农村合作医疗人均筹资额分别达到450元和480元,参保率分别达到96%和98.2%。被征地农民实现即征即保。城乡低保实施了精确化管理。制作发放社会保障卡12.7万张,实现了医保省内实时刷卡结算。新增廉租住房82户,以货币补贴形式落实经济适用住房118户,新建经济适用住房82套,开工建设公共租赁住房1300套和限价商品房456套,完成农村困难家庭危旧房改造176户。实施殡葬管理服务惠民工程,减免了殡葬基本服务费用。公共文化服务得到提升,建设乡镇文体中心3个,建成村文体活动室18个、乡村大舞台50个,农家书屋实现村村全覆盖。现代大型越剧《德清嫂》在国家大剧院首演并在中央电视台播出,钢琴文化馆建成开馆,成功举办了县第十一届运动会。教育、卫生等事业加快发展,新建、改扩建城乡幼儿园14所,武康中学建成启用,民工子女学校办学条件显著改善,德清县被评为全国"两基"工作先进地区。启动了县级公立医院综合改革,改造乡镇卫生院4家,德清县再次被确认为国家卫生县城。实施国家孕前优生健康检查项目试点,出生人口素质继续提高。同时,妇女、儿童、老龄、残疾人、慈善、民族、宗教、统计、侨台、外事、供销、邮电通信、广播电视、新闻出版、气象、档案、史志和机关事务等各项工作都取得了新进展。

【社会保持和谐稳定】 人民群众安全感达到96.3%,省级平安县建设实现"八连冠"。建立了县、乡(镇)、村(社区、企业)三级新居民组织网络,全县新居民服务管理体制渐趋完善。统筹推进城乡社区建设,建成示范型村级便民服务中心67个。狠抓社会矛盾纠纷排查化解,完善大调解工作体系,全县未发生影响社会稳定的重大群体性事件,荣获"全国信访系统先进集体"称号。进一步强化乡镇"一中心六站"监管职能,开展"打非治违"专项行动和安全生产大检查,加大安全隐患排查和整改力度,全县安全生产形势总体保持稳定。扎实开展食品、药品安全专项整治,德清县被评为省"食品安全百日整治先进县"。加强应急管理,提升110社会应急联动水平,积极应对台风"海葵"等自然灾害事故,人民群众生命财产安全得到有效保障。同时,人民武装、国防动员、双拥和人防等工作有序推进。

长 兴 县

【概况】 长兴县地处浙江北部杭嘉湖平原,东濒太湖,西倚天目,南望杭州,北接苏州,与江苏、安徽两省接壤,区域面积1430平方公里。长兴区位交通条件优越,自古被称为"三省通衢",是浙苏皖地区的一个重要的交通枢纽,与上海、杭州、南京、苏州、无锡、常州等长三角大中城市相距均在200公里之内。境内一条黄金水道(长湖申运河)、两条国道(104国道、318国道)、三条铁路(宣杭铁路、长牛铁路、新长铁路)、四条高速(杭宁高速、杭长高速、申苏浙皖高速、申嘉湖高速),还有一条杭宁高铁,构成了水、公、铁立体交通网。长兴物产资源丰富,名特优农产品众多,有闻名海内外的"太湖四珍":银鱼、白壳虾、鲚鱼、大闸蟹;有久负盛名的"长兴四宝":银杏、吊瓜、板栗、青梅;有令世人称绝的"品茗三绝":紫笋茶、紫砂壶、金沙泉等。长兴旅游资源独特,"金钉子"地质遗迹、古银杏和扬子鳄这三个上亿年的珍稀自然遗产,被誉为"古生态三绝",全球罕见;绵延34公里的太湖湖岸线,为环太湖旅游开发提供了广阔的空间;长兴是革命老区,有国家级文物保护单位、被誉为"江南小延安"的新四军苏浙军区司令部旧址。长兴文化底蕴深厚,有民间艺术奇葩"百叶龙",是陈朝开国皇帝陈霸先的故乡。茶圣陆羽在长兴写就了旷世巨作《茶经》,是茶文化发祥地之一;明代中叶,散文大家归有光、小说家吴承恩同治一县,成为一段历史佳话;元代大画家、大书法家赵孟頫赞誉长兴为"帝乡佛国",并留下了手写真迹。2012年,长兴县辖9个镇、4个乡和3个街道,年末,常住人口64万人,拥有2个省级开发区、1个国家级经济技术开发区,交通区位优越,文化底蕴深厚,经济社会发展迅速。2012年,全县实现地区生产总值371亿元,同比增长11.3%;财政总收入62.2亿元,增长14%,其中地方财政收入35.5亿元,增长15.5%;规模以上工业产值807.4亿元,增长22.1%;规模以上工业增加值143亿元,增长14.5%;固定资产投资248.8亿元,增长23.2%;工业性投入133.3亿元,增长21.3%;社会消费品零售总额148.4亿元,增长16.5%;金融机构本外币存款余额425亿元,增长14.3%,贷款余额363.1亿元,增长11.4%;万元GDP综合能耗下降6.4%,化学需氧量、氨氮、二氧化硫和氮氧化物分别削减2.9%、2.8%、5%和6%;城镇居民人均可支配收入33439元,增长12.5%;农村居民人均纯收入17462元,增长11.6%;人口自然增长率0.89‰。

【区划人口】 长兴县下辖16个乡镇,222个村委会,69个社区居委会。年末全县总人口61.79万人。其中:男性31.40万人,女性30.39万人;农业人口45.69万人,非农业人口16.10万人。

【经济发展稳中求进】 工业强县试点全面启动,新型电池、现代纺织和特色机电三大支柱产业完成规模以上工业产值579亿元,占全部规模以上工业的71.7%。"五百行动"(百亿投入、百项新建、百项技改、百项投产、百项节能)扎实开展,新开工项目239个、投产147个;亿元以上在建项目完成投资65亿元,同比增长41.9%;实施技改项目222个,完成投资56.9亿元,益南纤维、众成电源等项目竣工投产。企业培优育强力度加大,天能、超威集团销售收入均超200亿元,比奇厨卫成功上市,新增规模以上工业企业63家。全年实现工业增加值173.6亿元,增长12.6%。现代农业稳步发展,"两区"(粮食生产功能区和现代农业园区)建设成效明显,泗安、和平两个省级现代农业综合区基本建成,建成粮食生产功能区2400公顷。全年新增土地流转面积2400公顷,新发展七大特色产业2933.3公顷、设施农业800公顷;创建省级以上示范性合作社4家、市级以上农业龙头企业3家;新增省级"三品"(无公害农产品、绿色食品和有机农产品)基地5066.7公顷、产品61只,荣获"浙江省农业标准化综合示范县"称号。长兴农产品杭州营销中心顺利开业,成功举办名特优农产品杭州推介会,农产品电子商务平台、网店等新型销售模式取得突破。全年实现农业总产值55.5亿元,增长6%。现代服务业亮点纷呈,全年实现服务业增加值139.6亿元,增长11.5%,占GDP比重达37.6%,比上年提高1.3个百分点。八佰伴、家之窗建成开业,华泰城、利时广场等城市综合体加快建设,龙山新区商业中心、汽车贸易集聚区等项目有序推进;改造提升农贸市场7家。综合物流园区成为省级现代服务业集聚示范区和中国物流实验基地,新增AA级以上物流企业2家。十大景区建设步伐加快,太湖图影旅游度假区成为省级旅游度假区,中国扬子鳄村通过AAAA级旅游景区验收,大唐贡茶院三期、陈武帝故宫建成开放。农事节庆活动入选省年度十佳民生工程,农家乐规范提升成效明显,成功创建全国休闲农业与乡村旅游示范县。全年共接待国内外游客944万人次,增长25%,实现旅游收入70亿元,增长30%。

【发展方式转中向好】 产业平台提档升级,"三区五园"(国家级长兴经济技术开发区、南太湖产业集聚区长兴分区、湖州省际承接产业转移示范区长兴分区,城东工业园、城北工业园、煤山工业园、画溪工业园、新能源高新园区)的整体格局逐步形成。县开发区"二次创业"积极推进,"腾笼换鸟"收回土地68.4公顷,发展质量有效提升;南太湖产业集聚区长兴分区框架基本拉开;湖州省际承接产业转移示范区长兴分区批准设立;城南、郎山新能源高新园区大力推进,7个蓄电池项目建成投产。全县完成工业平台基础设施投资10.5亿元,新增入园企业58家。开放型经济提效扩量,招商引资"825行动"(突出八大重点产业招商,打造200人的专业招商队伍,开展"长治会"、浙商回归、产业招商、乡镇特色招商和驻点专题推介等五大主题招商活动)扎实开展,招商资源有效整合。全年完成合同外资3.6亿美元,实到外资1.9亿美元,创历史新高;完成县外内资注册资本金33亿元;引进浙商回归项目79个,到位省外资金33.8亿元。组织企业参加境内外各类重点展会38个,新增出口实绩企业42家,创建省级外贸预警点和科技兴贸创新基地各1个,完成自营出口13.4亿美元。企业"走出去"步伐加快,新增境外投资企业4家。自主创新提质增速,企业主体地位日益突出,新增国家重点扶持高新技术企业8家、省级创新型试点企业1家和省级高新技术研发中心4家;专利授权2120件,荣获"浙江省知识产权示范县"称号。中国·长兴政产学研合作大会和科技成果拍卖活动成功举办,实施政产学研合作项目153个。国家动力电池产品质量监督检验中心启动建设,全省纯电动汽车产业技术创新综合试点启动实施。完成规模以上高新技术产业增加值47.8亿元,增长42.8%。集群品牌培育保护工作有序推进,新增注册商标820件、驰名商标1件、省著名商标5件、省级名牌产品4只和省级品牌基地1个。"南太湖精英计划"、"千人计划"深入实施,引进各类人才3200名。要素配置提标调优,探索实行用地预审制、能耗预算制和排放配额制等工作机制,资源要素精细化配置有效推进。制定实施节约集约用地和推进低效利用建设用地"二次开发"等政策,处置低效用地181.8公顷、闲置土地15.3公顷和转而未供土地292.4公顷,盘活存量建设用地80.5公顷;实施"零土地"技改项目131个;新增建设用地527公顷。节能专项行动深入实施,节约标煤3.5万吨。县域金融体系不断完善,新增银行机构1家、乡镇金融服务网点2个和小额贷款公司1家;在全市率先设立保理融资公司和民间借贷服务平台;城投债券、天能短融和超威可转债等成功发行;中小微企业专项贷款周转金有效运行,小微企业贷款新增25.5亿元。企业用工服务不断优化,新建县外劳务合作基地6个。

【城乡面貌变中出新】 城市品位不断提升,中心城区空间协调规划和综合交通规划编制基本完成。龙山新区兴国商务楼等项目加快建设,总部经济园3幢楼宇投入使用;太湖图影旅游度假区生态湿地文化园、颐和国际会展休闲综合体等项目进展顺利;太湖新城基础设施建设稳步推进。雉州大桥、发展大道东延伸线等城区八大交通工程竣工通车;中央大道、老318国道等城市道路改造全面启动。旧城改造步伐加快,张家村等地块启动建设,改造提升老小区5个;住宅小区物业管理进一步加强,覆盖面达75%以上。中心城区道路交通秩序综合整治、城中村违法搭建整治成效初显。城市管理体制进一步理顺,"数字化城管"有序推进。荣获"浙江省美丽乡村创建先进县"称号,24个美丽乡村基本建成,林城镇北汤村、洪桥镇太湖村等一批中心村初具规模,"太湖风情"实验示范带建设取得突破。农村改革深入推进,制定出台新一轮发展壮大村级集体经济实施意见。研究制定支持泗安、和平中心镇及园区发展政策意见,泗安镇入选全国发展改革试点镇,煤山镇成为省级中心镇,卫星镇和精致小城镇基础设施加快建设。生态建设强势推进,荣获"全国绿化模范县"和"全国节水型城市"称号,顺利通过国家生态县考核验收。环境综合整治力度不断加大,李家巷、洪桥地区综合整治深入开展,累计关闭石粉企业293家,重组粉体企业13家;小浦地区综合整治有序推进;夹浦地区综合整治全面启动。铅酸蓄电池行业长效管理机制有效落实,全国重金属污染综合防治示范区建设扎实推进。淘汰印染行业落后产能1.6亿米,关闭矿山企业6家;合溪水库上游环境整治有效开展。城乡绿化统筹推进,新增绿化2733.3公顷,平原林木覆盖率达35%。全县空气优良率93.2%,跨行政区域河流交接断面水质评价成为全省18个优秀市、县之一。基础设施加快建设,205项基础设施项目扎实推进,完成投资126.8亿元。"六纵六横"道路工程全面启动,合溪大道一期等5条道路建成通车;长湖申航道(长兴段)扩建、宁杭高铁长兴站及配套工程全面竣工;新建农村联网公路82.8公里,改造低等级桥梁22座。苕溪清水入湖整治工程启动实施,除险加固水库3座、山塘30座;合溪水库原水管网建成供水,完成城乡污水管网建设65公里。1项220千伏、4项110千伏输变电新(扩)建工程基本完成,华能长兴电厂"上大压小"、浙能长兴天然气热电联产等项目有序推进。

【社会事业均衡发展】 教育内涵式发展进一步加快,实验二小、泗安中学改造和职教中心扩建等工程完工,中心城区学校布局不断优化;长兴技工学校升格为长兴技师学院;高考成绩再创新高,首次夺得省文科状元,长兴中学获得北京大学2013年"中学校长实名推荐"资质。医药卫生体制改革扎实推进,县级公立医院综合改革试点顺利实施;3家县级公立医院全部晋升为"三级乙等",县第二人民医院(泗安)与浙医一院合作签约;乡镇卫生院回购工作基本完成,启动标准化建设4家;疾病防控和卫生服务监督工作有效落实。文体事业蓬勃发展,县艺术馆投入使用,全年举办各类基层群众文化活动1000多场,百叶龙出演第四届俄罗斯国际军乐节,环太湖国际公路自行车赛、中国女排联赛、百村排舞大赛和县第九届运动会等赛事成功举办。低生育水平保持稳定,成功创建浙江省流动人口均等化服务示范县。社会保障巩固深化,全年新增就业1.3万人,帮扶城镇失业人员再就业5200人,城镇登记失业率

3.1%；培训城乡劳动力2.2万人次。社会保险覆盖面不断扩大，新增职工基本养老、医疗保险5.6万人次。制定出台完善社会养老服务体系政策意见，农村五保对象、城镇“三无”人员集中供养率分别达98.1%和100%，普遍走访慰问80周岁以上高龄老人，尊老敬老氛围更加浓厚。住房保障力度加大，新开工保障性住房5万平方米、安置房79.6万平方米；新增廉租房保障家庭218户；改造农村困难群众危、旧房302户。筹措各类救助资金7606万元，救助7.7万人次；农村和城镇低保月人均标准分别提高到300元和430元，低保对象每人每月最低救助金额80元，县综合福利中心启动建设，完成残疾人基本生活保障1875人，新增重度残疾人集中托养、居家安养80人。社会管理扎实推进，安全生产形势稳定好转，各类事故起数、死亡人数分别下降5.6%和1.3%，完成全部矿山、危化生产企业和60%以上综合类规模以上企业的安全生产标准化创建工作。集中开展食品安全大整治百日行动，食品安全监管责任体系进一步健全，成功创建国家餐饮服务食品安全示范县。信访工作不断改进；法律援助和人民调解工作切实加强，各类矛盾纠纷调处成功率达98.3%。社会应急联动体系和机制更加健全，消防社会化进程明显加快，巡处一体化防控体系不断完善，严重暴力犯罪案件破案率达100%，群众安全感满意率保持在96%以上。

【进入全省20个工业强县试点】 11月23日，在全省工业强县(市、区)建设工作电视电话会议上，省人民政府正式向长兴县等20个县(市、区)授予浙江省工业强县(市、区)建设试点牌匾。作为湖州市唯一一个试点县，长兴县将获得主导支柱产业、新兴产业重点企业研究院建设和重大工业项目落地等八个方面的重点政策支持。

【农事节庆活动入选省年度十佳民生工程】 12月26日，浙江省2012年度十佳民生工程揭晓，长兴县以农事节庆活动带动产业发展，促进农民增收项目成功入围。2012年，长兴县共举办各类农事节庆14次，吸引各地游客共计70万余人次参加，活动累计时长100多天，七大特色产业全年总产值达38.9亿元，为农户户均增收近5000元。

【成功举办中国·长兴政产学研合作大会】 10月27日，2012中国·长兴政产学研合作大会在长兴县举行。会上，举办了新型技术成果推介(拍卖)会、高端人才政策发布会以及产业人才项目专场对接会等活动，集中签约科技合作项目20个，竞拍4项高新科技成果，100余位科研院(所)院士、专家学者参加了四大产业(新型电池、现代纺织、特色机电和现代农业)对接会。

安 吉 县

【概况】 安吉县地处浙江省西北部，全县总面积1886平方公里，常住人口46万人，辖10镇、5乡、1街道和1个省级经济开发区，是著名的中国白茶之乡、中国椅业之乡和中国竹地板之都，被命名为全国首个“国家生态县”、全国首批“生态文明建设试点县”、国家可持续发展实验区、中国美丽乡村国家级标准化示范县、全国休闲农业与乡村旅游示范县、全国文明县城、国家卫生县城、国家园林县城和省级森林城市，荣获全国首个县域“中国人居环境奖”，两度蝉联“长三角最具投资价值县市(特别奖)”。2012年，安吉县以科学发展观为统领，坚持生态立县、突出工业强县、加快开放兴县，紧紧围绕“奋战五年，再造安吉”总目标和“一地四区”(创业与人居优选地和”长三角”选进特色制造业集聚区、新农村建设示范区、休闲经济先行区、山区新型城市化样板区)发展路径，大力推进转型升级，不断强化产业支撑，全面提升中国美丽乡村，更加注重改善民生，奋力开创安吉县经济社会发展新局面。全县实现地区生产总值242亿元，同比增长9%；财政总收入和地方财政收入分别为36.3亿元和21.08亿元，同比分别增长17.5%和22%，增幅居全省前列、全市第一；固定资产投资完成110.8亿元，同比增长20.1%；城镇居民人均可支配收入和农民人均纯收入分别达到32120元和16141元，均增长12%以上。

【园区建设不断增强】 11月5日省际承接产业转移示范区正式挂牌。完成示范区行政区划调整，成立安吉分区管委会，规划编制、要素保障、政策协调快速推进。城北新区、城西北工业新城加快建设。完成园区基础设施投入3.6亿元。新开工重点工业项目25个，竣工32个，琥珀热电等一批重大项目顺利推进。科创园一期成功创建省级科技企业孵化器。工业用电量、新增贷款余额和存贷比增幅均居全市第一。创新成立小微企业融资合作社，中小企业贷款增长21.6%。

【产业升级全面加速】 竹产业被确定为省级产业示范基地，获“中国竹凉席之都”称号。椅业成为省级区域国际品牌试点和国家级出口基地。装备制造业发展迅速，五大新兴产业产值占比达到40.1%。全年完成规模以上工业增加值65.3亿元，同比增长11.9%。新增规模以上企业24家，新增产值超亿元企业14家，其中10亿元以上1家。建成农业“两区”21个，新增省、市现代农业园区10个。“安吉白茶”获全省首个农产品气候品质认证和省区域名牌。被授予

“省林业产业百亿强县”称号，成为全国首批农民林业专业合作社示范县，新增国家级示范合作社12家。川达物流顺利运营，安吉县至上海港集装箱业务拓展迅速。旅游综合改革试点扎实开展，获“全国十佳城市漫游地”称号。灵峰旅游度假区成为省级旅游度假区。全年全县接待国内外游客875.9万人次，门票收入1.6亿元，旅游总收入68.1亿元，分别增长13.2%、15%和32.9%。

【对外开放实现突破】 “接沪融杭”成效显著，“浙商回归、央企合作”加快推进。全年实到外资1.36亿美元，创历史新高。引进亿元以上项目21个，包括安工机械、港中旅综合体、远洲绿色食品等一批优质装备制造业、休闲旅游业和农业“大好高”项目。外贸进出口逆势上扬，出口突破20亿美元，增长9.7%，总量、增幅均居全市第一。外包、外经均超额完成市下达任务。人才战略深入实施，引进各类专业人才3099名，其中8人入选“南太湖精英计划”，2人入选省千人计划。

【基础设施日趋完善】 中心商务区、浙北购物中心等重点项目扎实推进，全市首个城市公共自行车系统投入使用。凤凰水

厂启动建设,天然气工程继续扩面。杭安长高速全线贯通,13省道改建、吉二中路和晓南线改造等工程扎实推进,完成晓于线改造,天荒坪北路全线贯通。交通客运枢纽中心、11省道改建工程启动建设。城乡防洪体系进一步完善,完成城区南北渠清淤工程,新增城乡污水管网24公里,国家小型农田水利重点县完成二期建设。农村饮用水工程新增受益人口2.32万人。农整工作推进有力,复垦新增耕地107.2公顷,农整安置房加快建设。

【环境整治力度加大】 全面启动城郊结合部专项整治,有效地遏制了"两违"、"四抢"行为。顺利通过国家卫生县城复评。主城区数字化大城管正式运行,乡(镇)物业中心实现全覆盖。扎实开展"清洁水源、清洁空气、清洁土壤"专项行动,完成竹筷、电镀行业整治,竹拉丝提升工程成效明显。农村环境连片整治中央项目全面完成。深入开展毁林种茶专项整治行动。矿砂资源整治成效显著,结束西苕溪30年商业采砂历史。彻底解决味全奶牛场长期环境污染问题,旺能环保发电厂建成运行,完成市下达节能减排任务,荣获中华宝钢环境优秀奖。在全省率先开展城镇土地使用税调整试点工作,全年盘活土地117.3公顷,成功创建全国国土资源节约集约利用模范县。

【美丽乡村深入推进】 两批10个风情小镇建设完成投资4.27亿元,全年建成124个项目。4个老集镇提升工程顺利完成。美丽乡村建设完成17个行政村创建提升和59个自然村延伸扩面。美丽乡村经营积极推进,打造精品农家乐20家,横山坞、高家堂、尚书干等村积极探索村企合作、景区运营,村级集体经济增收明显。

【民生保障扎实有力】 全县87.2%新增财力用于民生保障。9件为民办实事工程全面完成,梅溪镇屠宰场启动建设。完成农贸市场改造提升5个。完成保障性住房726户,完成农村困难群众危房改造379户,苎麻墩保障性安居工程完成主体建设。启动建设"本土养老"试点和残疾人"20分钟服务圈",五保和"三无"人员集中供养率达到99%。强化困难城镇居民就业帮扶,实行失地农民城镇职工养老保险,开通社保卡省、县联网,成为全省首批创业型城市和全国就业工作先进单位。

【公共服务更趋完善】 中国(安吉)生态博物馆、诸乐三艺术馆建成开馆。教科文新区和新职教中心启动建设,浙江科技学院中德工程师学院项目落户。新增学生接送专车70辆。稳步推进基本公共卫生服务均等化,新型城乡合作医疗保障水平逐年提高,免费体检农民21.5万人,为群众减少医药费支出5145万元。计划生育率达到97.6%。群众文体活动丰富多彩,农村数字影院成为全国试点,村邮站建设全面完成,成功举办全国公路自行车赛、县第六届全民运动会等活动。

【社会管理载体创新】 构建"大调解"工作格局,启动建设政务诚信、商务诚信、社会诚信和司法公信体系,妥善化解一批社会矛盾。首批38个村(社区)实行新居民服务"一站式"管理,昌硕街道11个城市社区全面创建"幸福促进社"。健全应急管理和防灾减灾体系,"海葵"台风灾后修复工程扎实推进。创新"服务无休日、监管常态化"机制,节假日民生服务有序、安全监管严格。扎实开展食品药品安全、"打非治违"等专项行动,安全生产三项主要控制指标实现"零增长"。实现"平安安吉"八连冠。

绍 兴 市

【自然地理】 绍兴市位于浙江省中北部、杭州湾南岸。东连宁波市,南临台州市和金华市,西接杭州市,北隔钱塘江与嘉兴市相望,位于东经119°53′03″至121°13′38″、北纬29°13′35″至30°17′30″之间,属于亚热带季风气候,温暖湿润,四季分明。全境域东西长130.4千米,南北宽118.1千米,海岸线长40千米,陆域总面积为8273.3平方千米。市区中心地理坐标为东经120°29′49″至120°43′47″、北纬29°52′59″至30°08′00″,陆域总面积355.9平方千米。中心城市现状建成区面积180.8平方千米。

全境处于浙西山地丘陵、浙东丘陵山地和浙北平原三大地貌单元的交接地带,境内地貌类型多样,西部、中部、东部属山地丘陵,北部为绍虞平原,地势总趋势由西南向东北倾斜。全市地貌可概括为"四山三盆两江一平原",即会稽山、四明山、天台山、龙门山、诸暨盆地、新嵊盆地、三界—章镇盆地、浦阳江、曹娥江、绍虞平原。全市最高点为位于诸暨境内海拔1194.1米的会稽山脉主峰东白山,最低点为海拔仅3.1米的诸暨"湖田"地区,中部多为海拔500米以下的丘陵地和台地,绍虞平原平均海拔在5米至10米左右。地表江河纵横,湖泊密布。在全市境域面积构成中,按地域性质分:陆地面积8048.3平方公里,水系面积225平方公里;按地形起伏度分:起伏度在20米以下的面积909.6平方千米,占陆域总面积的11%;起伏度在20~75米的面积516.9平方千米,占6.3%;起伏度在75~200米的面积1633.2平方千米,占19.7%;起伏在200~500米的面积2624.17平方千米,占49.8%;起伏度在500~900米的面积1095.7平方千米,占13.2%。

境域内河道密布,湖泊众多,素以"水乡泽国"之称而享誉海内外。主要河流有曹娥江(境内长160.5千米)、浦阳江(境内长66.9千米)和浙东运河(境内长西段钱清至曹娥江78千米、东段曹娥江赵家坝至驿亭长坝闸15.70千米)。主要湖泊有30多个,其中水域面积在2平方千米以上的湖泊有6个,即汤浦水库、长诏水库(沃洲湖)、陈蔡水库(东白湖)、平水江水库、犭央犭茶湖(镜湖)、南山水库(南山湖),尤以汤浦水库为最,水域面积13.4平方千米,是越城区、绍兴县和上虞市的生活饮用水源;又以鉴湖最为著名,水域面积294.8万平方米,蓄水量875.90万立方米,为绍兴黄酒制作的唯一水源,是中国东南地区最古老的著名水利工程和旅游胜地,现已开发成国家AAAA级风景旅游区。

【历史沿革】 夏称於越,亦称大越,简称越。春秋时期,於越民族以今绍兴一带为中心建国,称越国。秦王政二十五年,降越君,称会稽郡。晋称会稽国,为东扬州治所。隋开皇九年改置吴州,治会稽县。大业元年起称越州,此后越州与会稽郡名称交替使用。南宋高宗赵构取"绍奕世之宏休,兴百年之丕绪"之意,于建炎五年改元绍兴,升越州为绍兴府,是为绍兴名称之由来,并沿用至今。

绍兴从新石器时代中期的小黄山文化开始,至今已有约9000年历史。越国古都建于公元前490年,距今已有2500多年建城史。

据史载:大禹治水告成,在境内茅山会集诸侯,计功行赏,死后葬于此山,因更名茅山曰"会稽",是为会稽名称之由来。春秋时期,於越民族以今绍兴一带为中心建立越国,成为春秋列国之一。战国初,越王句践大败吴国,越国疆域拓展至江淮地区。至周显王三十六年(前333),楚威王兴兵败越,尽取故吴地并至浙江,越始"服朝于楚",而诸越邦国尚存。

秦王政二十五年(前222),定江南,降越君,以吴越地置会稽郡,治吴县(今苏州)。二十六年,全国统一,实行郡县制,会稽郡先后辖山阴等二十余县,其中在今浙江境内有山阴、诸暨、上虞、余姚、句章、鄮、鄞、乌伤、太末、钱塘、余杭、由拳、乌程、海盐等县。

西汉武帝元封五年(前106),置十三州刺史部,督察各郡,会稽郡受督于扬州刺史部,并增辖剡、余暨两县,时会稽郡领二十六县,属今浙江境内的有十八县。东汉永建四年(129),分会稽郡置吴郡,今钱塘江以南仍为会稽郡,治山阴,时辖山阴、诸暨、上虞、始宁、剡、余姚、鄮、鄞、句章、章安、永宁、乌伤、太末、东冶十五县。

三国时,会稽郡隶属于吴,治山阴。魏黄初二年(221),会稽郡领县增至三十一县,其中增今属浙江境内的有吴宁、丰安、长山、遂昌、新安、定阳、临海、南始平、罗阳、松阳十县,增今属福建境内的有建安、汉兴、昭武、南平、东安、侯官六县。吴太元二年(252),再增永康、武义、建平三县,并改上虞县为侯国。吴太平二年(257)、永安三年(260)、宝鼎元年(266),先后分会稽郡置临海、建安、东阳三郡,会稽郡辖山阴、上虞侯国和诸暨、余姚、永兴、始宁、剡、鄮、鄞、句章八县。

晋太康二年(281),以会稽地封于骠骑将军孙秀,以郡为国,称会稽国,所辖县数不变。

南朝宋永初二年(421),复设会稽郡,置东扬州。陈永定年间(557~559),会稽郡析山阴置会稽县,两县同城而治,治山阴,时辖十一县。

隋开皇九年(589),省郡县,废会稽郡,改东扬州为吴郡,并山阴、永兴、上虞、始宁为会稽县,并余姚、鄞、鄮入句章县,设吴州,治会稽县,辖会稽、诸暨、剡、句章四县。并设吴州总管府,治会稽,总管原东扬州诸郡。

隋炀帝大业元年(605),废吴州,以原吴州境置越州,治会稽,是为越州名称之始。大业三年(607),复为会稽郡。

唐武德四年(621),以剡置嵊州,并析置剡城县,析句章之余姚置姚州,析句章之鄞置鄞州。改会稽郡为越州,治会稽,辖会稽、诸暨、剡城三县和嵊州、姚州、鄞州三州。同时置越州总管府,驻会稽县,管越、嵊、姚、鄞、松、绸、衢、㲄、丽、严、婺十一州。武德七年(624),废姚州为余姚县,析会稽立山阴县。改越州总管为越州都督府,督越、嵊、鄞、丽、婺五州。景云二年(711),天下分为二十四都督府以统属州,越州定为中都督府,所督不足十州,隶属于江南道。乾元元年(758),废越州中都督府,置浙江东道节度使驻越州,辖越、睦、衢、婺、台、明、处、温八州。乾宁三年(896),钱镠平董昌,号越州为东府。

北宋熙宁七年(1074),设两浙东路驻越州,辖越、婺、衢、明、台、处、温州。旋即并入两浙路,九年复分,十年复合。南宋建炎四年(1130),宋高宗驻跸越州,取"绍奕世之宏休,兴百年之丕绪"之意,下诏从建炎五年正月起改元绍兴,并升越州为绍兴府。府治设山阴,辖山阴、会稽、诸暨、萧山、余姚、上虞、嵊县、新昌八县。元世祖至元十三年(1276),改绍兴府为绍兴路,辖县和治所均不变。元顺帝至正二十六年(1366),复置绍兴府,治山阴,辖八县。清设浙江省,省府之下置杭嘉湖、宁绍台、金衢严、温处四道,绍兴府隶属宁绍台道,辖县未变。宣统三年(1911),并山阴、会稽为绍兴县。

民国元年(1912)2月,废府、州、厅旧制,实行省、县两级制,原绍兴府辖县均直属浙江省军政府。民国3年于省县间设会稽道,治宁波,时辖地相当于绍兴、宁波、台州三府。民国16年取消道制,原绍兴府七县直属于省。民国24年置绍兴行政督察区,专员公署驻绍兴县,辖绍兴、上虞、余姚、嵊县、新昌、诸暨、萧山七县。民国25年,改绍兴为第三行政督察区,其驻地、辖县不变。民国37年,更名为第二行政督察区,专员公署驻余姚,辖十四县(改萧山为省直属,增辖鄞县、慈溪、定海、镇海、奉化、象山、宁海、四明八县)。

1949年5月,绍兴全境解放。6月,设为浙江省第十专区,辖绍兴、上虞、嵊县、新昌、诸暨、萧山六县,余姚划归第二专区(宁波)。10月改为绍兴专区,并析绍兴县城区置绍兴市(今绍兴城区),析绍兴县置会稽县,时辖一市七县。1952年1月,撤销绍兴专区,原所辖绍兴、诸暨、萧山三县及绍兴市改由省政府直属,上虞、嵊县、新昌划属宁波专区。1953年2月,省辖诸暨县划入金华专区,省辖绍兴市、绍兴县划入宁波专区;5月,绍兴市复为省辖,委托宁波专署代管。1957年8月,省辖萧山县由宁波专区;9月,诸暨县由金华专区划归宁波专区。1958年月1月,撤新昌县并入嵊县。1959年1月,萧山县由宁波专区划归杭州市。1961年12月,复置新昌县。1962年12月,撤绍兴市并入绍兴县。1964年9月,复设绍兴专区,驻绍兴县,辖绍兴、上虞、嵊县、新昌、诸暨五县。1968年5月,改名绍兴地区,并成立绍兴地区革命委员会。1978年9月,改名绍兴地区行政公署。1983年7月,撤销绍兴地区,改设省辖绍兴市,置越城区,下辖越城区、绍兴县、上虞县、嵊县、新昌县、诸暨县。

1989年9月,所辖诸暨县改设诸暨市(县级市)。1992年8月,所辖上虞县改设上虞市(县级市)。1995年12月,所辖嵊县改设嵊州市(县级市)。至2011年12月,绍兴市所辖一区五县(市)行政区划未变。全市现有79个镇、15个乡、24个街道、478个社区(居委会)、2188个村(原2187个村,年内绍兴县增设冢斜村)。

【行政区划】 2012年末,全市共有79个镇、15个乡、24个街道、2188个行政村、478个社区(居委会)。其中越城区有7镇7街道,210个行政村,151个社区(居委会);绍兴县有15镇4街道,292个行政村,111个社区(居委会);诸暨市有23镇1乡3街道,468个行政村,66个社区(居委会);上虞市有15镇3乡3街道,340个行政村,102个社区(居委会);嵊州市有11镇6乡4街道,463个行政村,30个社区(居委会);新昌县有8镇5乡3街道,415个行政村,18个社区(居委会)。与2011年相比,增加1个行政村、减少6个居委会,增加3个社区。

4月,绍兴县从车头村中划出冢斜自然村成立冢斜行政村;6月,撤销东周居委会成立东周社区;10月,撤销清风桥、新桥、寺桥、王家桥、三板桥、新街6个居委会成立安昌社区。9月,诸暨市以已建的东都凤凰城、凤山小区、瑞香园、东郡华庭等小区和在建的应山保障房等成立凤凰社区。

5月,全市地名普查工作结束,此轮普查共调查地名35361条,设置各类地名标志11000余块,拍摄照片17425张,形成1:10000成果图404幅。

年内,全市民政系统全面做好第二轮市、县级行政区域界线联检的扫尾工作,完成最后一条界线——诸嵊线的联检工作。至此,全市4条市级界线共824.82千米、8条县级界线共588.25千米,3个市级交会点、2个县级交会点的第二轮联检圆满完成。同时全面部署第三轮行政区域界线联合检查工作,第三轮联检为期五年,预定于2013年启动,2017年结束。

年内,全市命名、更名地名274条,其中建筑物和住宅小区名132条,路名38条,桥名及其他地名104条。设置门(楼)牌14695块,路牌276块,其中市本级设置门(楼)牌4251块,发放门牌证8188本,出具地名证明217件。

【人口】 2012年底,全市有总户数1619957户,总人口4408339人,其中男性2210010人、女性2198329人,男女性别比为100.53:100,平均每户2.72人,总人口比2011年增加8214人,增长1.87‰;全市迁入人口32368人,迁出人口26097人,净增加6271人,机械增长率为1.43‰;全年出生35215人,死亡31837人,自然增长率为0.76‰。全市有非农业人口1565910人,占总人口的35.52%,同比增长1.03%;有待定户口人员4557人。全市人口按年龄段分布,18岁以下687435人,占总人口15.59%;18至35岁908455人,占总人口20.61%;35至60岁1942525人,占总人口44.06%;60岁以上869924人,占总人口19.73%。绍兴市区总人口655463人,其中越城区455690人、袍江新区104072人、镜湖新区95701人;绍兴县727169人;新昌县439068人;诸暨市1073528人;上虞市778502人;嵊州市734609人。

年内,全市共登记流动人口1919707。其中,绍兴县登记858888人;诸暨市登记384664人;上虞市登记197520人;嵊州市登记90740人;新昌县登记44963人;越城区登记180903人;袍江新区登记93572人;镜湖新区登记57633人;滨海新城登记10824人。

【资源】 境内土壤类型多,分布复杂,性态特征各异,土质良好,多宜农业利用。从类型看,除地带性的红壤、黄壤土外,还广布着隐域性的水稻土、潮土、盐土和紫色土、石灰岩土、中基性火山岩土、粗骨土、石质土、新积土等9个土类。全市土壤共划分为11个土类、21个亚类、65个土属、101个土种。其中水稻土占4个亚类、29个土属、50个土种,面积227071.67公顷,占土壤总面积的29.82%;红壤土占3个亚类、11个土属、17个土种,面积34.11万公顷,占土壤总面积的45.60%。丰富的土壤资源,为农、林、牧、渔业的全面发展及各种地方名、优、特产品的生产,提供了有利条件。

绍兴地处中亚热带常绿阔叶林植被带,自然植被共有153科、449属、879种,其中天然森林植被有针叶林、阔叶林、灌木林、混交林、竹林和盐生等6类，覆盖率达46.2%。人工植被主要有粮油作物、经济作物和观赏植物等3大类。其中：粮油、经济作物品种分别超过100种；蔬菜作物有33类、128种；观赏花卉有120多种、240余属、800多个品种。全市属国家级保护野生植物有一级3种、二级16种、三级17种。境内动物资源丰富，饲养动物有4类、170余个品种；野生动物有兽类80余种、鸟类120多种、爬行类70余种、两栖类30余种。属国家级保护野生动物有一级8种、二级59种，省级重点保护野生动物73种。在各种动植物中，具有药用价值的达1200余种，其中中草药资源植物类有1000余种，动物类有200余种。

全市现有市级以上森林公园25处，其中国家级4处，省级10处，市级11处，占地总面积为28466.67公顷。全市现有各级自然保护区(小区)46处，其中省级14处，市级27处，县级5处；合计总面积为9807.09公顷，其中省级2333.07公顷、市级6356.69公顷、县级1117.33公顷。全市现有2处国家湿地公园为：绍兴市镜湖国家湿地公园、诸暨市白塔湖国家湿地公园，总面积约为6373.33公顷。全市现有生态公益林面积2496720公顷，其中国家级生态公益林面积4340公顷。

矿产资源主要有铁、铜、金等中型金属矿藏，及萤石、石灰石、石煤、瓷石土、硅藻土、叶蜡石、花岗石、玄武石、紫砂土等大中型非金属矿藏。其中，铁矿储量占全省总储量的75.5%，铜矿储量占全省的62.6%，金矿储量占全省的42.4%。非金属矿中，硅藻土储量为全国之最，瓷石土占全省的82.1%，叶蜡石占全省的38%。

2012年，全市平均年雨量1926.9毫米，折合降水量159.10亿立方米，比多年平均120.81亿立方米偏多31.7%。全市总水资源量102.23亿立方米，比多年平均63.78亿立方米偏多60.3%，其中地表水资源量为99.5亿立方米，占总水资源量的97.3%。产水系数0.64，产水模数123.8万立方米/平方千米。全市共有大中型水库17座，年末蓄水量4.82亿立方米，比2011年末蓄水量(4.91亿立方米)减少1.8%。

经济社会发展主要指标

项　　目	2012年	比2011年增或减%
国内生产总值(亿元)	3620.10	9.7
第一产业增加值(亿元)	184.72	2.9
第二产业增加值(亿元)	1949.07	9.7
其中工业增加值(亿元)	1738.45	9.9
第三产业增加值(亿元)	1486.31	10.8
人均国内生产总值(元)	82196	9.5
粮食总产量(万吨)	120.06	1.5
棉花总产量(吨)	2517	-11.3
油料总产量(万吨)	5.42	-3.4
全社会固定资产投资总额(亿元)	1722.56	20.8
外贸自营出口(亿美元)	255.6	-1.7
实际利用外资(万美元)	95400	18.6
社会消费品零售总额(亿元)	1158.66	15.1

续表

项　　目	2012年	比2011年增或减%
零售物价总指数(%)		
地方财政收入(亿元)	265.76	10.9
地方财政支出(亿元)	278.71	10
职工年平均工资(元)		
农民年纯收入(元)	17706	11.6
邮电业务总量(亿元)	58.10	8.3
电话普及率(部/百人)	157.13	
年末存款余额(亿元)	5923.6	7.5
年末贷款(亿元)	5129.15	14.9
大学(所)	7	持平
中小学(所)	614	-2.1
下岗人数(人)		
企业兼并、破产数(个)		

越　城　区

【概况】 2012年底，越城区实际管辖面积182.84平方千米，辖3镇5街，91个行政村，65个社区(居委会)，总人口41.16万，其中农业人口8.53万。实现生产总值271.70亿元，比2011年增长9.40%。完成固定资产投资102.70亿元，同比增长28.60%；社会消费品零售总额168亿元，同比增长15.10%；地方财政收入9.50亿元，同比增长14.10%；城镇居民人均可支配收入34563元、农村居民人均纯收入18846元，分别同比增长10.20%和11.40%。

【服务业占生产总值比重超过70%】 至年底，服务业增加值占全区生产总值比重达到72%，较2011年增加3个百分点，三次产业比重为2.2∶25.8∶72。天龙大厦、绿水清风大酒店、三象名府大酒店等一批项目完工，千客隆阜埠购物中心、鉴湖老年服务中心、城西商务中心等一批项目开工建设。家居商贸城9个转型项目有序实施，第十届浙江家私展览会成功举办。绍兴港现代物流园开园，金德隆文化创意园挂牌，书圣景区一期建成迎客。诚信一百家庭生活服务网络中心成为国家级家政服务体系建设试点企业。

【工业企业稳步调整】 年内，越城科技创业园完成工程建设，成功组建全区首家工业企业院士专家工作站。全区有总投资额超千万元的在建工业项目11只，完成非纺织业投资10.20亿元，占工业投资的87.90%。企业股份制改造步伐加快，盛洋科技上市申报材料获得证监会受理，中亚工贸启动股改程序。建立小微企业库，入库企业126家。市区二环线内工业企业提转搬签约率超过90%，鉴湖南闲区块44家搬迁企业全面签约。全区万元工业增加值能耗下降11%，万元工业产值能耗下降6.70%。淘汰印染落后产能5000万米，节约标准煤1.80万吨，超额完成市政府下达的淘汰落后产能目标任务。

【全面发展效益农业】　全年，全区农业企业完成产值8.65亿元、销售8.77亿元，实现利润7002万元。完成粮食播种面积4693公顷；生猪出栏量4.70万头，基本实现畜禽规模化养殖。综合区和精品园完成投资9567万元，15个省、市级特色农业精品园建成，辉达生猪、中亚龟鳖、芬芳花卉、常青园林4个精品园通过省级验收。东湖镇后堡畈粮食生产功能区通过省级认定；皋埠上蒋省级粮食生产功能区农业公共服务中心基本建成；皋埠新桥、东湖大小皋埠和鉴湖坡塘畈3个市级粮食生产功能区农田基础设施建设项目进展顺利。芬芳农业休闲旅游园创建成省级农家乐特色点，方圆观光园等4个项目列为市级农家乐精品工程。

【城乡建设全面深入】　年内，大湖头、塘下赵、城郊村完成腾空拆迁，叶家堡、伟联组团工程基本完工，江家溇整村顺利安置。迎恩门工程管理体制完成调整，运河人家C区块圆满安置。二环北路拓宽等重点工程配合工作有序推进，绍诸高速公路皋埠连接线启动建设。皋埠中心镇建设、东湖镇现代物流集聚、鉴湖镇"南闲"开发扎实推进。完成西桐景观线和吼山、坝内精品村建设规划，62只村庄整治项目全面完工，65家石材刨板场被取缔。

【区级以上重点项目投入41.10亿元】　年内，62只区级以上重点项目投入41.10亿元，投资完成率达106%，其中市"新三年建设计划"、市重点建设、市重大基础设施、市重大服务业项目均超额完成投资目标。完成服务业投资(除房地产)26.40亿元、工业投资11.60亿元、农业投资7784万元，分别同比增长39.70%、5.40%、73%。"越商回归"到位省外资金3.90亿元。生态产业园"二次创业"稳步推进，盘活利用闲置厂房9.50万平方米。

【财政支出投向民生的比重达80.90%】　年内，全区财政支出投向民生的比重达80.90%。义务教育段公办学校"零择校"政策平稳实施，为期三年的中小学教师流动面达到12%。皋埠镇中学新校区动工建设，城北小学等3所学校投入使用，省义务教育标准化学校创建率达85%。高分通过全国县域义务教育均衡发展督导评估，成功创建为市学前教育先进区，斗门镇成为市教育优质均衡示范镇。蕺山街道社区卫生服务中心投入使用，村卫生室全面推行基本药物制度，国家免费孕前优生健康检查项目启动实施。通过国家基本公共卫生服务项目考核，塔山街道成为市"卫生强街"。

【实现城镇新增就业人员9300人】　全年，全区举办交流活动12场，培训各类人员4100余人，实现城镇新增就业人员9300人，实现下岗失业人员再就业3050人，城镇登记失业率控制在3%以内。加强低保日常动态管理，上调低保标准，低保平均补差超过省、市平均水平，1460户2445名低保对象获得低保补助。发放低保和"三类"困难对象物价补贴103.30万元。完善"零起点、广覆盖、实时报结、即时救助"医疗救助体系，全年医疗救助759人，核发医疗救助金337.55万元。投资1.10亿元的鉴湖镇老年服务中心建设进展顺利，4个新建社区居家养老服务中心通过验收。提高政府补贴购买养老服务补贴标准，309位老人享受养老服务补贴，全区141位农村"五保"和城镇"三无"对象全部实行集中供养。

【投入7449万元加快推进村庄整治】　年内，全区按照"建好一个区、深化两个片、打造三条线、整治四类村"的工作目标，编制西桐景观线和精品村建设规划方案。投入7449万元加快推进143只村庄整治项目，其中62只已完工。完成农房改造2204套，新启动建设农房1989套，超额完成市下达的工作任务。全年共清除乱搭乱建1.78万余平方米，新(改)建农村公厕118座。抓好吼山、鉴湖美丽乡村示范区建设。连片治理城南区块农村生活污水，涉及一镇二街22个村，建成污水处理池5097只。面上整治村新建生活污水池1724只。

【文体发展同步推进】　年内，投资约1.60亿元，占地一万余平方米的越城区文体中心完成规划设计。全区镇街综合文体站均达到省级标准，成功创建3个省级小康体育村和11个省级体育先进社区。成功举办越城文体节、吼山桃花节、迎金鸡百花电影节歌唱比赛等特色群众文体活动。城区体育健身设施建设成效明显，2012年新建北海街道辕门社区等7个健身设施示范点。竞技体育方面，娄小仙获伦敦残奥会赛艇金牌，创中国残疾人赛艇队参加残奥会的最好成绩。

【城中村改造完成投资金额约43亿元】　自2002年启动的城中村改造工程已取得了明显的成效。该区城中村改造共涉及41个行政村，总户数约1.50万户，人口约5万。一期工程(24个村)已结束，二期工程(17个村)稳步实施。共拆迁31个整村，拆除村民房屋总面积约154万平方米，涉及9500余户，拆迁村集体、企业房屋面积约20万平方米。安置房累计开工14个组团约163万平方米，其中12个组团共151万平方米完成工程建设。回迁安置25个村，安置面积约130万平方米，安置户数约1.18万户。累计完成投资金额约43亿元。

绍　兴　县

【概况】　2012年，面对复杂形势和严峻挑战，全县围绕"突出转型升级、致力科学发展"工作主题，加快推进经济城乡社会转型升级，经济社会保持平稳较快发展。全年实现地区生产总值1008.77亿元，比2011年增长10.20%；完成财政总收入127.76亿元，同比增长9.20%，其中地方财政收入70.44亿元，同比增长10.50%；完成固定资产投资430.04亿元，同比增长20.50%；实现社会消费品零售总额167.50亿元，同比增长17.70%；实现自营出口97.40亿美元，同比增长0.90%；城镇居民人均可支配收入40805元、农村居民人均纯收入21813元，均同比增长11.70%。第四次被评为中国全面小康十大示范县，在全省城乡统筹水平综合评价中连续第六年位居各县(市)首位。坚持以城带乡，突出建设与管理并重，统筹推进城乡一体发展，先后获全省"首批美丽乡村建设先进县"、全省"新农村建设优秀单位"等称号。

【三产结构进一步优化】 年内,全县围绕“强投入、兴实体、调结构”三大着力点,重点实施“工业强县”和“服务业兴县”两大战略,全力推进经济转型升级,三次产业结构调整到3.5:58.2:38.3。

【率先启动“工业强县”建设】 年内,全县加快转变发展方式,推进工业经济转型升级。一是推进纺织产业提升发展。全力推进印染产业集聚升级,一期项目各项基础建设如期推进,已有20只项目开工建设;通过严格落实节能减排措施,坚决淘汰落后印染产能13.80亿米、化纤产能9万吨,预计万元GDP综合能耗下降5%;激励纺织企业加快向高端延伸产业链、营销链、价值链,向技改、品牌、规模要效益,全年实现规模以上工业总产值3281.90亿元,比2011年增长12%,其中纺织印染、纺织机械装备、高分子材料等纺织主导产业、延伸产业实现产值2067.10亿元,同比增长13.90%,获“全国纺织模范产业集群”称号。二是加快新兴产业培育壮大。坚持把做大做强战略性新兴产业作为调优产业结构、提升经济质量的重要突破口,继续安排5亿元激励资金扶持战略性新兴产业发展,全年战略性新兴产业实现工业总产值963亿元,同比增长15.20%。大力培育新型建筑工业化产业,致力打造全国最大的产业基地,宝业集团、亚厦装饰、精工钢构等3家企业被授予省“新型建筑工业化示范企业”称号。三是持续加大工业有效投入,启动工业“百亿”重大项目建设,重点抓好了投资5亿元以上的28只项目,全年完成工业投资220.05亿元,同比增长20.10%,其中新兴产业投资67.36亿元。加强招商引资,发展回归经济,浙商、越商回归实到资金量列全市第一位,达53.80亿元。四是不断提高科技创新水平,大力实施科技强县、品牌大县等战略,产学研合作不断深入,全年研究与试验发展经费支出占生产总值比例为1.93%,新增国家级高新技术企业12家、省著名商标7件、浙江名牌产品18只,制订和参与修订国家标准7只、行业标准8只。国家级企业技术中心实现零的突破,3家企业列入全省纺织印染装备产业转型发展试点,柯桥开发区升格为国家级经济技术开发区。加快43万余平方米的科技园、创意园等基地平台建设,完成创意产值1.10亿元,同比增长51%,获“省级特色工业设计示范基地”称号。五是全面加强要素保障,从土地、人才、资金等方面,有力保障转型升级。全年新增建设用地计划指标284公顷,并争取到省级重大产业项目用地指标46.47公顷,盘活闲置存量土地160.87公顷、低效建设用地30.47公顷;完成拆迁104万平方米,交地106.67公顷,新引进国家“千人计划”人才3人、省“千人计划”人才2人,新增贷款128.90亿元。

【加快推进“服务业兴县”战略】 全年,全县实现服务业增加值385.90亿元,比2011年增长10.70%,占地区生产总值比重提高2.30个百分点。重点围绕“大项目、大旅游、大市场、大商贸”来做深做透发展文章:一是引进大项目,引进并实施了总投资为132亿元的夏威夷风情园、联盛国际广场、欧式名品商业街等一批重大商贸旅游项目;二是发展大旅游,围绕着力打造长三角重要旅游目的地城市,加强旅游规划完善,加快基础设施配套,加大对外推介力度,通过成功举办首届金柯桥旅游节,大力吸引海内外观光客,全年旅游总收入突破百亿元,同比增长16.20%,并获“中国最佳文化旅游城市”、“全国优秀生态旅游城市”等荣誉。三是繁荣大市场,加快轻纺城“二次创业”,提升做大“国内与国外、实体与网络”两对市场,轻纺城市场群全年成交额972.30亿元,同比增长9.30%,“网上轻纺城”完成在线交易16.70亿元。四是培育大商贸,依托轻纺城和旅游业发展,完善购物环境,注重市场培育,通过组织柯桥城市购物节等节会,集聚人气财气,全年实现社会消费品零售总额167.50亿元,同比增长17.70%。

【巩固现代农业发展】 年内,全县加强农业“两区”建设,提升发展七大主导产业,实现农业总产值53.20亿元,同比增长7.60%,建成粮食生产功能区2000公顷、现代农业园区32个。推广农产品标准化生产,新增绿色食品3只,无公害农产品8只、市级以上农产品品牌和著名商标10件。提升农业产业化水平,新增市级农业龙头企业10家,新增年销售额超亿元企业2家。农民专业合作社得到提升发展,当年新增农民合作社46家,新增省级示范性合作社3家,新培育销售额超千万元合作社7家。

【加强城乡一体规划】 年内,全县按照“一主三城三区”的县域空间布局,完成城市总体规划修编研究、城市开放空间系统等规划编制和中纺CBD规划设计。积极谋划轨道交通建设,萧甬铁路绍兴县城区段高架、县体育中心、综合档案馆等工程按计划推进。完成金柯桥大道及笛扬路夜景亮化等工程。城区3个拆迁安置小区开展提档改造试点。启动城区生活污水纳管排放专项整治和居民小区雨污分流改造,完成7个集镇和33个村的生活污水收集系统建设。加强小城市、中心镇培育建设。

【强化城乡管理】 年内,全县开展环境集中整治,共清理各类垃圾64.5万吨,完成河道整治49.5公里,新增村庄绿化54.8万平方米。加强城市精细化管理,全面推行“数字城管”,完成城区夜市、夜排档疏导点建设,成为全省首家实行城区生活垃圾清洁直运的县市和全省首家实行建筑渣土(泥浆)统一运输管理的城市。推进清水工程,完成河道清淤110万立方米,启动柯桥主城区活水一期工程,全县40个断面水质达标率同比提高7.5个百分点。加强畜禽养殖专项整治,清养关停养殖场118家。抓好“四边三化”工作,实施平原绿化工程,新增平原绿化面积853公顷,新创建2个省级森林城镇。严格环保监管,建立全省首个环保警务室。实施国土资源长效管理,加强土地卫片执法整改。

【加快建设美丽乡村】 年内,全县大力实施“四大行动”,推进美丽乡村示范村、精品区建设,柯岩等四个镇街的精品区建设顺利推进。深化土地股份合作制改革,新增农地流转面积406.67公顷、流转率达62%。启动“空心村”拆迁改造25个点、面积37.53公顷,新建农民公寓10个,在建或建成农民集中居住区16个,宅基地置换农户1504户。大力发展农村经济,全县农村家庭工业总产值、总销售额、利润总额分别为268亿元、265亿元、11亿元,同比分别增长11.5%、10.8%、5.1%;创新农村集体资产、资源、资金“三资”管理,获全国“农村集体‘三资’管理示范县”称号。

【社会事业蓬勃发展】 年内,全县以实施“六名工程”(指大力引进和培育一批名师、名医、名家,争创一批全市、全省乃至全国有较高知名度和影响力的名校、名院、名品。)为抓手,全面推进各项社会事业均衡发展。浙江工业大学之江学院签约落户并启动建设,鉴湖中学、钱清中学和县职教中心新建、迁建工程扎实推进,实验小学新校区、县中心幼儿园等投入使用。引进名优教师14名,被授予“全国县域义务教育发展均衡县”,高中教育质量全市领先。县级公立医院综合改革顺利推进。启动村卫生室实施国家基本药物制度工作。成功创建省级以上示范社区卫生服务中心2家。引进高层次医学人才11名。成功参与承办中国金鸡百花电影节,越剧《狸猫换太子》获中国戏曲学会奖、莲花落《绝办法》获中国曲艺牡丹奖表演奖,全民才艺大赛等群众文化活动蓬勃开展。

【完善社会保障体系】 年内,全县加大公共预算对社会保障、教育、卫生等投入力度,公共财政用于民生支出45.2亿元,比2011年增长10.7%。安排实施事关民生的十件政府实事,并全部如期完成。新增城镇就业1.9万人。全面实施“五费合征”,社会保险覆盖面进一步扩大。整合城镇职工医疗保险与新型农村合作医疗保险,妥善解决多个群体的社会保障历史遗留问题,完成事实失土农民养老保险参保试点工作。加强住房保障,公租房、拆迁安置房建设,完成8222户农村住房改造和208户农村困难群众危旧房改造。完善社会养老服务,启动以居家为基础、社区为依托、机构为支撑的社会养老服务体系建设。加大困难群众救助力度,完善新型救助体系,募集慈善资金7869万元,发放各类帮扶救助金1.66亿元。

诸 暨 市

【概况】 诸暨市域面积为2311平方千米,下辖23个镇、1个乡、3个街道,有468个行政村、65个社区(居委会)。2012年,全市实现地区生产总值810.70亿元,比2011年增长10.10%。完成500万元及以上固定资产投资411.10亿元,同比增长26.60%,其中工业性投资235.20亿元,同比增长18.60%。社会消费品零售总额231.20亿元,同比增长17.60%。自营出口47.50亿美元。全市实现财政总收入92.60亿元,其中公共财政预算收入52.60亿元,分别同比增长15.70%和15%,公共财政预算收入占财政总收入的比重达56.80%。城镇居民人均可支配收入39950元、农村居民人均纯收入19107元,分别同比增长11.90%和12%。全市年末户籍总人口107.35万人,其中非农业人口17.09万人,人口出生率8.54‰,死亡率7.23‰,人口自然增长率1.31‰。

【全社会投资达493亿元】 年内,诸暨市实施“五个十大”项目龙头示范工程,举办百只工业项目集中开工仪式,新上投资额超一千万元的产业项目600个,引进总部经济和回归经济项目77个,完成政府性投资136.10亿元、工业性投资235.20亿元、商贸服务业投资110.80亿元、农业投资10.90亿元。

【和谐征收城东新城80万平方米】 年内,诸暨市集中3个月时间,举全市之力,完成2543户80万平方米房屋征收工作。其中,城东新城房屋征收工作是全市有史以来规模最大、情况最为复杂、难度最大的房屋征收工程。

【开展城区“五乱”整治】 7月13日,诸暨城区“五乱”整治工作动员会召开。整治行动以市区城市规划建成区为限,以二环线内区域为重点,对乱停车、乱经营、乱张贴、乱搭建、乱堆放等“五乱”现象开展整治,全面铺开城区道路停车位的漆划、道路标志标牌的设置、乱停车的劝纠和抄告处罚、停车秩序的社会化管理、马路市场的集中整治、“牛皮癣”的清理、户外广告的规范、违章建设的拆除、垃圾清运等工作,交警、城管人员按照网格化管理的要求,全天候巡查、劝纠,城区环境得到明显改善。

【开展执行力建设年活动】 2月25日,诸暨市“进村入企”大走访暨“执行力建设年”活动动员大会召开。市委、市政府紧扣“发展、稳定、管理”三大核心任务,大力开展“执行力建设年”活动,建立健全“三考合一”干部评价使用机制,积极倡导“肯做事、敢担责、公正廉洁”的风气;开展“进村入企”大走访活动,实施干部直接联系群众制度,全面构建“事事有人管,人人有事管”的责任落实体系,破解了发展中的一些重点难点问题,帮助解决了一批实事难事;推行简政放权工作,28个部门的152项事权全面下放到镇街,全面构建市、镇、村三级联动的城乡便民服务体系,优化了发展环境,提高了办事效率。

【出台文化产业扶持政策】 年内,诸暨市成立文化产业建设领导小组,加大文化产业培育扶持力度,落实文化产业发展规划。制定出台《加快文化强市建设的若干政策意见》、《诸暨市文化产业发展资金管理办法》、《诸暨市文艺精品工程实施办法(试行)》等政策文件,以每年2000万元文化产业发展专项资金,着重扶持符合当地文化产业发展方向的广播电影电视服务、文化信息传输服务、文化艺术服务、文化创意和设计服务、文化休闲娱乐服务、文化产品生产的辅助生产等六大类目。通过一手抓文化事业的全面发展,一手抓文化产业的培育成长推动全市文化大发展大繁荣。

【持续推进民生事业发展】 年内,诸暨市围绕经济、城市、新农村“三大建设”,持续推进各项民生事业发展。完成自来水进村入户三年行动计划,基本形成优质水资源全民共享的格局。大力开展食品药品安全工作暨大整治百日行动,共检查食品生产经营单位15127家次,立案查处各类违法行为79起,取缔无证单位33家,责令整改994家,整改率为100%。成功完成市人民医院整体搬迁工作。新人民医院总投资10亿元,设36个病区1500张病床,年门诊容量为150万人次,年住院容量可达6万人次,是全市卫生发展史上投资最多、规模最大的民生工程。

【全面推进生态文明建设】 年内,诸暨市以建设生态靓市为目标,以生态绿色系列创建为抓手,全面推进生态文明建设。生态创建工作持续推进,枫桥镇、岭北镇、赵家镇通过国家级生态乡镇创建现场核查,东和乡获浙江省首届“我心中最美生态乡镇”称号,牌头环保产业园成为全省首个环保产业示范园区。完成全市319家规模企业和环境监管重点企业环境信用等级评定工作；加快淘汰落后产能，积极发展循环经济，实现低碳绿色增长，稳步推进低碳城市建设；开展农业面源污染和农村环境综合治理，有序推进浦阳江等重点流域污染防治工作，生态文明建设成效初显。

上 虞 市

【概况】 上虞市总面积1403平方千米，辖3个街道办事处、15个镇、3个乡，有340个村、102个居委会（社区）。2012年，全市实现地区生产总值571.05亿元，比2011年增长10%；实现工业总产值1759.22亿元，同比增长10.8%，其中规模以上工业产值1298.81亿元，同比增长11%；财政总收入72.93亿元，同比增长12%，其中公共财政收入39.19亿元，同比增长10.3%；限额以上固定资产投资296.54亿元，同比增长23%；工业生产性投资170.05亿元，同比增长28.8%；自营出口27.47亿美元，同比增长0.25%；社会消费品零售总额180.34亿元，同比增长16.5%；服务业增加值占地区生产总值比重提高1.7个百分点；节能减排任务基本完成；城镇居民人均可支配收入37981元，农民人均纯收入17686元，同比均增长11.7%；城镇登记失业率控制在2.89%。全市年末总户数29.41万户，户籍总人口77.85万人，其中非农业人口28.72万人，人口出生率7.12‰，人口死亡率7.41‰，人口自然增长率-0.29‰。

【工业生产性投资居绍兴市首位】 全年，全市完成限额以上固定资产投资296.54亿元，比2011年增长23%，其中基础设施投资63.88亿元，同比增长48%；完成工业生产性投资170.05亿元，同比增长28.8%，增幅高出绍兴市平均水平10.4个百分点，居绍兴市首位。战略性新兴产业投资69.34亿元，同比增长41.5%，增幅高出全市限额以上工业投资增幅18.5个百分点，占限额以上工业投资的比重达40.8%。上虞经济开发区、杭州湾上虞工业园区限额以上固定资产投资和工业生产性投资占全市的比重分别为40.9%和66.7%；上虞经济开发区完成固定资产投资24.58亿元，同比增长29.8%，其中工业生产性投资23.08亿元，同比增长27.2%；杭州湾上虞工业园区完成固定资产投资96.84亿元，同比增长15.9%，其中工业生产性投资90.27亿元，同比增长26.3%。

【获省级以上建筑和装饰奖项120项】 全年，全市完成建筑业总产值1151.04亿元，其中在外省完成835.86亿元；实现利税69.44亿元，利润总额35.08亿元，分别比2011年增长14.2%、15.7%、10.3%、12%。完成房屋建筑施工面积10383.51万平方米、房屋建筑竣工面积3876.44万平方米，同比分别增长9.8%和13.9%。建筑企业新晋升一级企业2家、二级企业6家，新获“鲁班奖”1项（参建）、“詹天佑金奖”1项、“国优工程”银奖1项（参建）、“中国钢结构金奖”1项、“全国建筑工程装饰奖”15项、“全国用户满意工程”3项、上海市“白玉兰”奖18项（其中参建8项）、“钱江杯”7项（其中参建5项）、“浙江省优秀安装质量奖”4项、“浙江省优秀建筑装饰工程奖”69项。

【交通基础设施项目投资近8亿元】 全年，全市交通基础设施项目投资7.98亿元，其中政府投资项目2.12亿元。嘉绍跨江大桥和杭甬客运专线两大省部级重点工程加快建设，赵家大桥等8座桥梁加固维修完成，上浦东山大桥开工建设。加快实施农村联网公路建设，新建里程11.7千米，至年底累计建成联网公路217.7千米。

【民生支出占公共财政支出74.4%】 全年，全市用于各类民生支出29.7亿元，占公共财政支出的74.4%，比2011年增长11.9%。强化职业培训和就业援助，新增就业岗位1.66万个，成功创建为省级创业型城市。加快人才公寓建设，完成经济适用房（一期）销售，解决城乡居民住房困难3278户。完成城乡居民医疗保险一体化改革，新增五大社会保险参保7.41万人次，补办养老保险3.6万人，提高企业退休人员和被征地农民基本生活保障待遇，基本殡葬服务实行全免费政策。完成城区公交公营化改革，实现城乡公交一体化。新居民同城化待遇不断提高。公办义务教育阶段中小学实施“零择校”，职业高中新兴产业专业实行免学费就学，新居民子女入学率100%。高考质量居全省前列，新建和改扩建幼儿园17所，投资5亿多元的“校安工程”基本竣工。全面实施市级公立医院综合改革和村卫生室基本药物制度，门诊均次费用同比下降9%，市人民医院、市中医院分别晋升省三级乙等综合医院、国家三级甲等中医医院，顺利通过省级卫生城市复查验收。

【新认定国家重点扶持高新企业16家】 年内，全市新认定国家重点扶持高新企业16家，入选省级企业研究院（研发中心）12家，入选国家重点新产品12项、省级新产品计划241项，新增省级及以上驰（著）名商标7件、省级名牌8个，获省科学技术奖5项。全市专利申请量、授权量分别为3489件和2353件，其中发明专利分别为325件和118件，分别比2011年增长24%和14.4%。深化“引智强企”活动，引进硕士及以上学历人才255人。实施“1331”新兴产业培育计划，全年实现新兴产业产值409.64亿元，同比增长12.2%，其中新材料行业、生物医药产业、先进装备制造业同比分别增长28.6%、19.1%和13%。规模以上企业实现新产品产值372.03亿元，同比增长20.7%，新产品产值率28.6%，同比提高2.5个百分点；实现高新技术产业产值513.53亿元，同比增长13.2%，占规模以上工业产值的39.5%，同比提高3.3个百分点。

【新建粮食生产功能区1660公顷】 年内，全市着力推进虞南、虞北现代农业综合区建设，新建粮食生产功能区1660公顷，累计建成省级现代农业综合区2个、主导产业示范区10个和特色农业精品区29个。新建设施农业200公顷，新流转土地769.6公顷。继续实施“强龙兴农”工程，至年底共有农业龙头企业82家，其中年销售收入超亿元企业9家，省级骨干龙头企业9家。全年新增农民专业合作社25家，新认证无公害农产品18个、绿色食品2个，无公害农产品基地1000公顷。上虞市成功创建为“浙江红心猕猴桃之乡”，盖北葡萄基地、驿亭杨梅基地创建成AAA级景区。

【服务业投资125亿元】 年内，全市继续实施“服务业兴市”战略，服务业投资125.01亿元，比2011年增长16%。全年实现社会消费品零售总额180.34亿元,同比增长16.5%,服务业增加值占地区生产总值比重提高1.7个百分点。组织开展购物节、生态休闲旅游节活动,打响"浙东新商都"品牌。全年完成农贸市场改造提升6家。商品市场成交额131.12亿元,其中浙江石狮国际商贸城和绍兴大通集团公司农副产品批发交易市场年成交额超10亿元。杭州湾商旅综合体、杭甬运河曹娥作业区、百安广场等项目加快推进,新增AAA级物流企业2家,中国伞城商业广场被列为省级现代服务业集聚示范区。

【推动区域合作和虞商回归】 年内,全市实施招商选资"一号工程",注重招商信息资源整合,新办外商投资企业40家,新批外商增资项目25个,合同外资3.51亿美元,比2011年增长8.7%,实到外资2.54亿美元,同比增长68.9%。推动区域合作和虞商回归,实到内资57.75亿元,组建7个虞商联谊分会,引进虞商回归项目64个,到位资金34.4亿元。

【入选"长三角100个最佳旅游休闲名城"】 年内,上虞市入选"长三角100个最佳旅游休闲名城",被列为全省旅游标准化试点单位,成为绍兴唯一一家全省旅游专项改革试点单位。曹娥江旅游度假区正式获批省级度假区,启动"沪杭甬都市会客厅"品牌培育,"四季仙果之旅"获"浙江省旅游发展创新奖",创建成国家AAA级景区2个。全年全市接待游客570万人次,比2011年增长25.5%,旅游总收入45.54亿元。

【"美丽乡村"建设全面启动】 年内,全市以"浓情上虞、甜美乡村"为主题,全面启动美丽乡村建设,在农林、水利建设方面投入5.69亿元,比2011年增长13.6%。加快中心村建设,全年培育省级示范中心村2个,绍兴市级精品示范村3个。推进农村住房梯度改造、宅基地置换、高山移民等惠民工程,完成章镇集镇拓展型项目建设。启动实施村级集体经济增收"五年计划",实施村级物业经营扶持项目38个,村级公共服务中心建设扶持项目36个,至年末共有竣工项目37个,在建项目37个,新增年经营性收入20万元以上村27个。开展农家乐提档升级工作,创建省级农家乐特色点1个、绍兴市级农家乐特色村(点)2个、绍兴市级主题农庄2个。实施"清洁家园"行动,农村生活垃圾集中处理率100%。

【创建成国家级生态乡镇2个】 年内,全市加快落后产能淘汰转型,实施重点技改和节能项目85个,完成企业重组7家,低效化工企业退出8家,淘汰重污染项目13个、高危耗能特种设备224台(套)。522家规模以上企业综合能源消费量为94.57万吨标准煤,比2011年增长3.7%,低于规模以上工业总产值增速7.3个百分点。开展"蓝天行动",完成重点气污染企业整治14家,市机动车尾气检测站建成投运。推进"1818"平原绿化行动,完成平原绿化494.87公顷。成功创建省级森林城镇3个、森林村庄17个、园林式工业区2个,创建成国家级生态乡镇2个。推进"清水工程",曹娥江、城北水系等水环境专项治理全面实施,完成河道及小流域整治80千米,地表水断面总达标率71.4%。汤浦水库集中式饮用水源地水质达标率继续保持100%;城区环境空气优良天数比例达到97.8%。

【获"中国信义城市"称号】 年内,全市实施"魅力文化十大行动",开展"孝义、诚信、责任"主题教育活动,总结提炼新时期上虞精神,举办中国(上虞)信义文化节,获"中国信义城市"称号。文化"三下乡"活动共组织下基层演出163场,送图书下乡8466册,放映农村公益电影5544场,受惠观众104.45万人次。弘扬虞舜文化、梁祝文化、青瓷文化、东山文化、白马湖文化等特色文化。举行2012年社会各界祭祀大舜活动,举办《上虞文化史》首发式,完成曹娥庙二期维修、壁画保护与石牌坊清洗工程和竺可桢生平事迹陈列布展。

【成功创建省级药品安全示范县市】 年内,全市启动应急联动规范化建设,修订完善市级预案59个,组织各级各类演练1200余次。健全安全生产基层监管机构,事故数和死亡人数均比2011年下降。开展食品药品安全百日大检查和安全大整治百日行动,成功创建省级药品安全示范县市。

嵊州市

【概况】 2012年,嵊州市辖17个乡镇、4个街道,总面积1784平方千米,总人口73.5万。全市实现地区生产总值360亿元,比2011年增长9.5%;财政总收入33.7亿元,同比增长10.6%,其中公共财政预算收入19.8亿元,同比增长17.7%;固定资产投资139.2亿元,同比增长18.5%;社会消费品零售总额153.9亿元,同比增长15.7%;自营出口15.8亿美元,同比增长2.5%;城镇居民人均可支配收入和农村居民人均纯收入达到37098元和14909元,同比分别增长10.6%和11.7%。

【实现规模以上工业总产值377.8亿元】 年内,嵊州市现代农业"两区"建设扎实推进,创建省级精品园4个,基本建成长乐、三界2个粮食生产功能区,实现粮食总产量17.1万吨,农业总产值增长3.2%。深化"亩产论英雄"理念,构建工业企业社会资源利用绩效评价体系,全市新增规模以上工业企业65家,实现规模以上工业总产值377.8亿元,增长8.7%,规模以上企业亩均产值、亩均税收分别提高27.6万元和2.9万元。加快淘汰落后产能,关停粘土砖瓦窑30座。加大战略性新兴产业培育力度,战略性新兴产业占规模以上企业产值比重提高1.9个百分点。优化企业上市扶持政策,1家企业上报中国证监会,2家企业进入省股权交易中心挂牌交易。加强科技创新,新增省级科研平台4个、省级以上科技型企业51家,新增发明专利72件,引进全省首家"火炬中心工作站"。推进质量强市战略,"嵊州领带"入选省第二批产业集群示范区区域国际品牌创建试点名单,领带制品基地被认定为国家级外贸转型升级示范基地。加快发展现代服务业,完善"优二兴三"和"主辅分离"政策,成功举办浙江(嵊州)森林旅游节,服务业增加值占生产总值比重提高1.7个百分点。

【完成工业性投资83.8亿元】 年内,嵊州市完成工业性投资83.8亿元,同比增长17.1%;其中战略性新兴产业投资20.1亿元、设备投资38.5亿元,占工业性投资比重分别提高3.7和3.4个百分点。雅戈尔新兴产业园、巴贝智慧科技、中国空分设备等一批战略性新兴产业项目顺利推进,嵊州绿城现代农业综合体项目落地启动，现代新有机农业基地形象初现，狮子山旅游养生综合体项目开工建设，104国道7标段顺利推进，罗柱岙至小砩公路改建工程完成路基建设，甬金高速嵊州互通及接线工程开工动建，南山水库引水复线工程全面完成，曹娥江、黄泽江综合治理工程加快建设。引进浙商回归项目资金14.7亿元，高新技术产业园区与新加坡陆道公司签订整体开发合作框架协议。

【改造城市旧住宅区3.6万平方米】 年内，嵊州市着力提升城市功能，完成官河路与城中路、城西环岛等路口改造工程，城南核心区排水系统改造工程加快推进，商检大楼、国贸商城、企业总部、新医院等工程顺利实施。加强城乡基础设施项目建设，新改造用电线路290千米，改造农贸市场3.2万平方米，创建省级文明示范市场2个，新安装农村公路钢质波形护栏190千米，完成山区公路边沟改造100千米，新增和改善饮用水安全人口9.9万人，完成自来水"一户一表"改造1万多户，建成村邮站463个，数字电视总体转换率达到98%。推进"四边三化"工作和"清洁家园"工程，改造城市旧住宅区3.6万平方米。推进"和美越乡"建设，14个精品村和6个中心村建设初见成效。

【民生事业支出21.1亿元】 年内，嵊州市市财政用于民生事业支出21.1亿元，基本完成十件惠民实事。社会保障体系不断完善，新增各类社会保险参保人员6.2万人，实现医疗保险业务并轨对接，新增城镇就业人员1.4万人。加强社会救助帮扶，城乡低保标准分别提高到每月512元和380元，办理法律援助案件数增长28.5%，完成困难群众危旧房改造333户，新开工保障房782套，新增加养老床位860张。建成市级信访联合接待中心和大调解法律服务中心，深化领导干部大接访活动，推进信访积案化解工作，信访秩序进一步规范。推进"天网工程"建设，207个视频监控点建成投运。严厉打击各类违法犯罪活动，全市刑事发案率有所下降，破案绝对数上升14.7%。大力整治安全隐患，安全生产三项指标连续第十年实现零增长。

【推进新一轮审批制度改革】 年内，嵊州市积极推进新一轮审批制度改革，建成投运开发区行政审批分中心。全面推行重点工作项目化管理，大力开展项目攻坚集中行动。建立红黄牌警示督办和关键岗位跟踪督评制度，严格执行机关作风建设"五条禁令"，切实加强效能监察，追究效能责任20人。深入开展"进村入企"大走访活动，全面实施"围墙保障"工程，发展环境明显改善。

新 昌 县

【概况】 至2012年底，新昌县县域面积为1213平方千米，下辖8个镇、5个乡、3个街道，有415个行政村、13个社区(居委会)，总人口为43.50万人。全年实现生产总值278.46亿元，比2011年增长10%。财政总收入38.54亿元，同比增长13.50%；其中公共财政预算收入20亿元，同比增长17.70%。全社会固定资产投资96.26亿元，同比增长22.90%。社会消费品零售总额96.38亿元，同比增长15.30%。城镇居民人均可支配收入34410元，农民人均纯收入14609元，均同比增长11.70%。

年内，全县规模以上企业增加到210家，规模以上工业总产值达458.83亿元，比2011年增长8.80%。完成出口总值14.95亿美元，同比下降1.90%。全年新增产值超亿元企业6家、纳税超千万元企业5家，三花控股实现销售收入102亿元。全县企业完成直接融资45亿元，美盛文化创意股份有限公司成功上市，成为新昌县第七家上市公司。浙江五洲新春集团有限公司成功发行中小企业私募债8000万元、引进私募股权投资1亿元。

年内，新昌高新园区被列为省级智能纺织印染装备高新区试点，新昌工业园区被评为"全国投资环境十佳园区"。

年内，全县完成建筑业产值141.92亿元，同比增长17.60%，新增一级资质企业1家，新拓亿元区域市场5个，房地产开发投资同比增长19%。

【启动县级公立医院综合改革】 3月，新昌县利用当选全省29个县级公立医院改革试点的契机，率先开展县级公立医院综合改革。围绕"一减两调一补"("一减"即减少药品费用，所有药品(中药饮片除外)实行零差率销售；"两调"即调整部分医疗服务收费标准，调整医疗保险和新农合政策；"一补"即增加政府对公立医院的投入)的工作目标，实行县人民医院、县中医院所有药品(中药饮片除外)"零差率"销售，并调整部分医疗服务价格。改革成效明显，医院医疗业务量提升，患者均次费用下降。

【筹建国家中小型轴承产品质量监督检验中心】 3月，国家质检总局印发《关于同意筹建国家中小型轴承产品质量监督检验中心的批复》，同意在新昌县产品质量监督检验所的基础上，筹建国家中小型轴承产品质量监督检验中心。这是绍兴市继国家黄酒产品质量监督检验中心、国家环保设备质量监督检验中心后的第三个国家级检验中心，也是全县首个国家级检验中心。建成后，将切实提高全县轴承行业的产品质量和科技含量，促进轴承产业转型升级，带动相关配套行业的快速发展。

【开展食品安全"双百"行动】 4月和7月，全县分别开展食品安全百日大检查和食品安全百日大整治行动，累计出动执法人员3040人次，检查食品生产经营单位6660户次，落实796个食品安全责任网网格，查处各类违法行为94起，取缔无证无照单位32家，受理、办结投诉举报15起，排查、整治突出问题14个。

【省内最大养老项目落户】 5月，省级重点建设项目浙江馨馨养老家园正式落户新昌大市聚镇西山村，该项目由浙江馨馨假日置业投资有限公司投资兴建，为省内规模最大的养老家园，计划总投资8.50亿元，总建筑面积21万平方米，拟设养老床位3550张，内含护理公寓、自理公寓、康复医院、疗养中心、综合服务中心等设施。年内，全县首家大型民办养老机构——新昌阳光福利中心投入运营。该中心占地6.67万平方米，建筑面积1.28万平方米，设床位500张。

【水稻单产刷新全省记录】 11月,经省农作局、省农科院、浙江农业吉尼斯委员会实割测算,新昌羽林街道山头里村"甬优12"攻关田干谷每公顷产量达1.50万公斤,刷新全省农业每公顷14146.50公斤的吉尼斯纪录。全县已建设示范田1166.67公顷,村级示范户542户,推广中浙优、甬优系列良种种植面积5333公顷。全县平均水稻每公顷产量达到7599公斤。

【获选省级智能纺织印染装备高新区试点】 12月,新昌高新技术产业开发区被列为全省智能纺织印染装备产业转型发展试点。全县在每年1.50亿元战略性新兴产业发展基金中专门安排一部分用于智能纺织印染装备产业,计划投资4000万元新建国家轴承及机械产品质量监督检验中心,引导企业积极开发智能、环保、高效的新型纺织印染机械产品。全县拥有纺织印染机械相关企业近400家,其中产值5亿元以上企业2家,规模以上企业17家,从业人员9000多人。纺织印染机械产量占全国市场份额为6.40%,占全省的50%。倍捻机国内市场占有率达到80%以上,转杯纺纱机达到60%以上,销量均居全国第一位。

【获评为国家新型工业化产业示范基地】 年内,全县完成战略性新兴产业投资26.50亿元,实现产值175.26亿元,比2011年增长9.40%,占比分别提高到43.80%和38.20%,新产品产值率达46.60%,被工信部命名为国家新型工业化产业示范基地。与武汉等地高校开展大型科技对接活动3次,引进国家"千人计划"人才1名。1家企业被认定为国家创新型企业,6家企业被评为省标准创新型企业。省级企业研究院达到6家,数量位居绍兴首位、全省前列。

【中国茶市全年交易总额突破23亿元】 全年,中国茶市总交易量为11560.40吨,完成总交易额23.33亿元,分别比2011年增长4%和13.80%;交易均价201.80元/公斤,同比增长10.50%。至年底,茶市已完成二期工程建设,总建筑面积10.09万平方米,商铺795间,电子商务平台已有注册会员11386人,注册店铺285家,同比分别增长236%和42.50%,全年实现网上交易额近5000万元。4月,新昌县成功承办中国茶叶大会暨第六届大佛龙井茶文化节。年内,制定《茶文化产业发展规划》,着力打造中国茶文化谷,名优红茶试制取得突破,全县现有茶园面积8053公顷,连续第三年入选全国重点产茶县名单,综合评估实力列全省首位。

【"美丽乡村"建设】 全年,全县村级集体经济总收入9718.30万元,比2011年增长15.70%。其中,村级集体经营性收入7134.50万元,占总收入的73.40%;集体可分配收益5717.90万元,同比增长23.30%;村级集体总资产11.54亿元,同比增长21.90%,净资产9.45亿元,同比增长20.60%。中心镇特色镇规划全部通过评审,25个重点建设项目加快推进,综合实力和带动能力有所增强。"丹霞风情"示范区加快建设,11个"一事一议"村、10个中心村、40个省待整治村建设任务全面完成,"清水工程"、农村饮用水改造工作成效明显。入选第四批全国小型农田水利建设重点县名单,计划在三年内整治山塘105座,新增高效节水工程600公顷,灌区改造2993公顷,计划总投资10780万元。

【钦寸水库建设取得重大进展】 年内,钦寸水库建设平稳推进。已完成第一批外迁宁波的1133人的住房建设,3318人报名参加公寓房安置,坝址周边村1067人完成移民择地,安置点建设全面推进。输水隧洞掘进10.82千米,坝区枢纽工程正式动工,管理中心一期全部结顶,江拔线坑西至棠家洲段全线开工。

【推进城市规划与建设】 年内,全县完成城北台地、旧城区、江北片控制性详细规划编制。拆迁房屋20余万平方米,开工建设江滨南路东段工程,基本建成体育场路、桃源路、潜溪江大桥,完成湖莲潭公园、钟楼农贸市场和6个旧住宅小区的改造提升工作,全面完成新昌江城区段堤防建设,深入开展市容秩序、环境卫生、交通治堵、市场经营、水费清欠、控违拆违等专项整治。澄潭江河道治理、鳌峰路等工程加快建设,万丰新能源汽车等百亿重大工业项目相继落地。

【用于民生预算内支出16.53亿元】 全年,全县新增财力的86.85%用于民生,预算内用于民生支出达16.53亿元,占财政总支出的72.20%,占比较2011年提高1.33个百分点。新增城镇就业11087人,城镇登记失业率降低到2.91%,培训农村劳动力10717人,转移1554人。城乡居民医保参保率提高到96.70%,政策范围内医疗费用报销比例超过70%。城乡低保对象实现应保尽保,2387名残疾人享受生活补助。扎实推进安居工程,完成188套、启动205套保障房建设,住房救助200户。

【第三产业快速发展】 全年,全县接待国内外游客681.74万人次,比2011年增长16.98%,实现旅游总收入58.30亿元,同比增长18.12%。天姥山国家级风景名胜区总体规划编制完成,大佛寺景区改造提升工程全面推进,十里潜溪生态休闲度假区项目加快实施。现代服务业发展较快,全县完成服务业投资35.31亿元,同比增长31%。新嵊海关办事处启用,国际物流中心建成投入运营,红星美凯龙项目签约,杭州银行签约入驻,3个高星级酒店和3个大型商贸综合体项目顺利推进。

【专利申请量首破3000件】 全年,全县累计申请专利3756件,比2011年增长37.78%。其中申请发明专利1215件,同比增长83.82%,占专利申请总量的32.35%,发明专利申请量及其占比均列全省第二位、全市第一位。全年授权专利1594件,同比增长14.92%,其中授权发明专利118件,同比增长53.25%,平均每百万人口发明专利授权310件,列全省前列。

【实施"百亿"重点工业项目计划】 年内,新昌县制定并开始实施"百亿"重点工业项目计划,计划总投资110亿元,分别为万丰奥特投资55亿元的汽车整车建设项目、日发纺机投资20亿元的智能纺织印染装备项目、达利丝绸投资10亿元的丝绸世界项目、中同科技投资5亿元的医药新材料项目、新柴股份投资5亿元的新型柴油机零部件项目、中柴机械投资5亿元的自动变速箱及传动系统项目、美盛文化投资5亿元的动漫创意园项目、美克药业投资5亿元的医药制剂项目。其中万丰高科精品园占地133万平方米,投产后每年可实现销售额300亿元、利税60亿元。

舟 山 市

【自然地理】 舟山市位于浙江省舟山群岛。地处我国东南沿海，长江口南侧，杭州湾外缘的东海洋面上。地理位置介于东经121°30′~123°25′，北纬29°32′~31°04′之间，东西长182千米，南北宽169千米。舟山背靠上海、杭州、宁波等大中城市群和长江三角洲等辽阔腹地，面向太平洋，具有较强的地缘优势，踞我国南北沿海航线与长江水道交汇枢纽，是长江流域和长江三角洲对外开放的海上门户和通道，与亚太新兴港口城市呈扇形辐射之势。

【历史沿革】 舟山群岛历史悠久。据考古发现，早在5000多年前的新石器时代，舟山群岛上就有人居住。在舟山群岛西北部的马岙镇原始村落遗址上，原始村民们在海边堆积的99座土墩上创造了神秘灿烂的"海岛河姆渡文化"，被誉为"东海第一村"。

《史记》载：秦朝徐福在东南沿海蓬莱、方丈、瀛洲三岛上寻长生不老的仙药，其中的"蓬莱仙岛"即为舟山境内的岱山岛。据史学家们分析，徐福东渡日本时经过舟山诸岛，现岱山岛上建有"徐福亭"、"东渡纪念碑"等。

1979年，考古工作者在舟山市定海区马岙镇这个滨海的山丘平原地带各墩地上，发现了面积达14万平方米的古文化遗址群。经初步发掘，有新石器时代遗址12处，文化层厚60-80厘米，出土了一批石器和陶器。有商周时期的文化遗址8处，出土了大量的印纹硬陶。考古工作者认为，这里是舟山先辈最早的集居之地。定海马岙洋坦里，是一个较为完整的新石器时代原始制陶区，面积约1000平方米。在此出土的夹砂红陶碎片上多数留有稻谷痕迹，专家据此认为舟山群岛在5000年前就开始大量栽种水稻，是中国水稻东传日本的海上通道。

2011年6月30日，国务院正式批复同意设立浙江舟山群岛新区，成为继上海浦东、天津滨海、重庆两江之后的第四个国家级新区和第一个以海洋经济为主题的国家战略层面新区，新区范围与舟山市行政区域一致。

【行政区划】 舟山市辖定海、普陀两区，岱山、嵊泗两县。共有43个乡镇(街道)，行政村345个，其中乡11个，镇21个，街道11个。全市区域总面积2.22万平方公里，其中海域面积2.08万平方公里，陆域面积1440平方公里，包括专属经济区部分，海域面积达到11万平方公里。舟山本岛总面积502平方公里，是我国第四大岛。

【人口民族】 年末家庭总户数36.72万户，户籍人口97.18万人，其中，非农业人口37.41万人。人口自然增长率-0.12‰。全市常住人口为114.0万人，城镇化率65.3%。主要民族为汉族，约占全市常住人口的98.98%。近年来，我市少数民族个数和人口数量呈强劲增长态势，据舟山市第六次人口普查，我市少数民族个数由2000年第五次人口普查时的27个劲增到现有的42个，少数民族常住人口从2000年第五次人口普查的0.24万人增加到1.14万人，十年增长3.82倍，占全市常住人口的比重从0.24%提高到1.02%。目前，常住我市的少数民族人口中，人数超过千人的少数民族依次为苗族、土家族、回族，分别为0.31万人、0.29万人和0.11万人，超过500人的有彝族0.07万人、布依族0.06万人。

【资源】 深水良港。舟山拥有得天独厚的深水港口和航道资源优势，岸线总长2444公里，全市主要深水岸段有38处，水深在15米以上的有200.7公里，其中水深在20米以上的103.7公里，是中国东南沿海建设大型深水港的理想港址。航道从多，水深流稳，终年不冻，主航道可通行20-30万吨级巨轮。港内锚泊水面1000多平方公里，遮蔽性能好。舟山港年吞吐量在1.5亿吨以上，名列我国沿海港口第9位。

著名渔都。舟山是我国著名的渔场和海洋渔业的重要基地。素有"祖国渔都"之美誉。有各种鱼类317种，虾类33种、蟹55种，藻类131种，年产量约占全国海洋捕捞量的十分之一，浙江省的一半。全市有浅海滩涂400余万亩，海水养殖开发潜力巨大。外海远洋捕捞不断发展，主要在西非、印尼、阿根廷和北太平洋等海域生产作业。舟山的水产品远销日本、韩国、美国、欧盟和东南亚等50多个国家和地区。

旅游胜地。舟山是一个旅游资源极为富饶的海岛城市，有"海天佛国"普陀山和"南方北戴河"嵊泗列岛2个国家级风景名胜区。我国四大佛教名山之一的普陀山与"碧海灵山"朱家尖、著名渔港沈家门鼎足而立，构成极具海岛特色的旅游"金三角"。"东海蓬莱"岱山岛和"海外仙境"桃花岛，被列为省级风景名胜区，全市年接待游客1500万人次以上。

定 海 区

【概况】 定海区位于浙江省东北部，东临太平洋，北靠上海、杭州、宁波大中城市群和长三角辽阔腹地，居我国沿海南北海运和远东国际航线之要冲，是长三角地区对外开放的海上门户和重要通道。下辖解放、昌国、环南、城东、临城、盐仓6个街道，白泉、小沙、岑港、双桥、金塘、干石览、马岙7个乡镇，北蝉、册子、长白3个乡(其中临城街道于2004年9月委托舟山市新城管理委员会管理)。全区有43个社区居委会，113个村委会。区域总面积1444平方公里，岛屿面积568.8平方公里，陆地面积531.06平方公里，滩涂面积37.74平方公里。有大小岛屿127.5个，其中有居民岛23.5个。海岸线总长428.07千米，其中水深10米上深水岸线68.70千米，水深20米以上深水岸线43.10千米。

全区家庭总户数145160户；总人口381159人，比上年增加2913人，年增长率7.70‰；迁入人口4022人，迁出人口2117人，机械增长1905人；全年出生3509人，死亡2830人，自然增长679人，自然增长率1.79‰。非农业人口167007人，农业人口214152人。

年末,实现生产总值347.28亿元,比上年增长11.1%。其中,第一产业增加值10.26亿元,第二产业增加值161.04亿元,第三产业增加值175.98亿元,分别比上年增长0.7%、13.8%和9.4%。三次产业结构比例3.0:46.3:50.7。按户籍人口计算,人均地区生产总值91461元,比上年增长10.3%。海洋经济总产出626.14亿元,增长16.3%,海洋经济增加值190.10亿元,增长15.0%;海洋经济增加值占全区GDP的比重为54.7%,提高2.3个百分点。实现共享区域财政总收入46.56亿元,下降5.6%,共享区域财政收入25.61亿元,增长4.2%;实现区本级财政总收入19.89亿元,下降2.2%;区本级地方财政收入11.51亿元,增长10.4%。;地方财政一般预算支出25.97亿元,比上年增长8.5%。其中,教育支出4.30亿元,增长13.5%;农林水事务支出4.53亿元,增长19.1%;医疗卫生支出1.72亿元,增长19.0%;社会保障和就业支出1.51亿元,增长25.5%;文化体育与传媒支出0.39亿元,增长23.4%。

【经济建设】 实现工业总产值628.58亿元,增长13.2%。船舶工业、海洋石化等临港工业实现产值457亿元,增长13.3%,占全部工业比重为72.7%。分行业看,石油化工业产值175.18亿元,增长9.4%;船舶修造业产值145.64亿元,增长21.7%;电力生产供应业产值37.16亿元,增长6.7%;机械制造业产值73.48亿元,增长5.0%,其中塑料机械业产值42.49亿元,增长5.7%;水产品加工业产值33.76亿元,增长13.7%;纺织服装业产值17.22亿元,增长4.4%。全区132家规模以上工业企业实现总产值498.79亿元,增长14.9%,占全部工业比重为79.4%。有工业产值上亿企业53家,增加5家。全区高新技术企业实现产值194.47亿元,增长10.4%。定海工业园区为省级船舶装备高新技术产业园区。入选全省首批工业强县(市、区)建设试点区。

实现建筑业增加值44.21亿元,比上年增长9.4%。全区具有资质等级的总承包和专业承包建筑业企业66家,实现总产值93.04亿元,增长2.6%;建筑施工面积735.52万平方米,增长1.8%,其中,新开工面积191.31万平方米,下降30.9%。

实现农林牧渔业总产值18.35亿元,增长4.0%。其中,种植业总产值4.99亿元,增长0.4%;林业总产值0.11亿元,增长30.1%;渔业总产值10.01亿元,增长8.3%;牧业总产值3.18亿元,下降2.9%。全年农作物总播种面积12150公顷,下降3.0%。其中粮食作物播种面积5895公顷,下降0.3%,粮食产量2.88万吨,增长5.3%。蔬菜播种面积4172公顷,下降4.3%,蔬菜产量8.74万吨,下降5.7%。果园面积4454公顷,下降1.0%,水果产量4.78万吨,下降1.8%。茶园面积136公顷,下降2.9%,茶叶产量15吨。生猪存栏9.72万头,下降10.0%;生猪出栏14.41万头,下降1.6%。家禽存栏55.37万只,下降12.6%;家禽出栏83.30万只,增长8.6%。肉类总产量1.39万吨,增长1.6%。有机动渔船509艘;远洋渔船56艘。水产品总产量11.49万吨,增长8.1%,其中远洋渔业产量4.76万吨,增长29.7%;海水养殖面积886公顷,产量4635吨,分别下降13.1%和12.9%。马岙、小沙区域5000亩粮食生产功能区,双桥、白泉区域1300多亩无公害蔬菜基地建成,实现土地流转4700多亩,长白大满南美白对虾示范区、环南大巨南美白对虾精品园和东海农场柑桔精品园被认定为第三批省现代农业园区。“喜来岛”草莓获全国金奖。

定海港域港口货物吞吐量11607万吨,增长12.1%。集装箱吞吐量50.27万标箱,增长1.9倍。年末有海运企业96家,海上货物运输船舶627艘,海运总运力221.45万载重吨,其中万吨级以上船舶62艘,运力124.64万载重吨。集装箱运输企业96家,车辆数1700辆,总吨位5.2万吨。“五区一基地”(舟山跨海大桥风景旅游区、东海大峡谷国家森林公园生态旅游区、中国鸦片战争遗址公园文化旅游区、定海历史文化名城休闲旅游区、中国戏剧谷文化旅游区,国际海洋旅游度假基地)的海洋旅游发展布局确立,实现旅游总收入53.90亿元,增长20.1%。滨海国际等一批高端商贸项目开工建设。全年接待国内外游客545.36万人次,增长18.9%。有星级宾馆(饭店)10家,旅行社45家,AA级旅游景区1个,A级旅游景区4个,农(渔)家乐项目136家。

完成外贸进出口总额55.27亿美元,增长25.4%。其中出口总额24.03亿美元,增长46.4%;进口总额31.25亿美元,增长12.9%。出口产品分品种看,机电产品和水产品分别实现出口额7.91亿美元和2.25亿美元,分别比上年增长65.8%和10.4%;纺织品实现出口额0.33亿美元,下降13.2%。对韩国和日本的出口额分别为3.00亿美元和8.73亿美元,分别比上年增长2.2倍和41.1%;对美国和欧盟的出口额分别为1.20亿美元和2.05亿美元,分别增长31.1%和66.5%。批准外资项目2个,协议利用外资金额3410万美元,比上年下降46.1%;实际利用外资金额2602万美元,下降3.1%。新引进区外境内企业65家,比上年增加12家;合同利用市外资金27.96亿元,增长4.2%;实际利用市外资金21.93亿元,增长13.2%。

完成全社会固定资产投资额265.31亿元,增长21.5%。其中,建筑安装工程投资163.14亿元,增长14.2%;基础设施投资94.69亿元,增长8.0%;民间投资164.83亿元,增长40.0%,其中城乡个私投资54.37亿元,增长29.4%。从三次产业看,第一产业投资0.83亿元,比上年增长19.6倍;第二产业投资76.37亿元,增长14.6%,其中,工业投资76.06亿元,增长14.2%;第三产业投资188.11亿元,增长24.0%,其中交通运输仓储邮政业投资63.51亿元,增长21.9%。房地产开发投资额82.83亿元,增长35.8%。房地产开发施工面积343.32万平方米,增长25.0%,其中年内新开工面积95.88万平方米,下降19.9%;房地产开发竣工面积73.30万平方米,增长1.3倍。商品房销售面积25.89万平方米,下降31.8%;实现商品房销售额29.00亿元,下降41.7%。

区级金融机构本外币存款余额303.24亿元,增加6.86亿元。其中城乡居民储蓄存款141.12亿元,增加13.13亿元。金融机构本外币贷款余额310.91亿元,增加20.49亿元。其中工业企业贷款55.25亿元,增加1.06亿元。定海海洋农商银行成立运营,浙江海洋融资租赁公司落户,“定海企业债”发行。保险公司保费收入11.93亿元,增长9.4%。其中,财产保险费收入6.16亿元,增长4.8%;人身保险费收入5.76亿元,增长14.7%。保险公司赔款支出3.87亿元,下降20.0%;给付支出0.64亿元,增长28.0%。

【科教文卫】 组织申报实施科技计划274项,已被立项188

项,其中国家级5项,省级56项,市级46项。受理专利申请1256项,授权612项,其中授权发明83项;7项科技成果获市级政府奖。有国家高新技术企业10家,省级科技型中小企业29家,省级农业科技企业12家。有中国驰名商标2件,中国地理标志商标2件,省著名商标28件,市著名商标45件。浙江名牌10个,其中工业名牌6个、农业名牌3个、服务名牌1个。有各类注册商标1614件。有普通高中3所,招生497人,在校学生1577人;普通初中13所,全年招生2690人,在校学生7965人;普通小学21所,招生3073人,在校学生19015人;幼儿园35所,招生2444人,在园幼儿7873人。全区小学、初中入学率100%;小学、初中辍学率0%;小学毕业生升学率100%,初中毕业生升高中段率达到99.42%。校安工程按期完成,购置舟山二中原校舍用于义务教育办学,城区初中、小学班额明显下降,学前教育普惠性提升,校车安全得到加强。公共文化服务水平逐步提升,"唱响定海"等文化活动蓬勃开展,"文化零距离"获省首届公共文化服务奖,全省群众文化活动机制推广现场会、区第二届体育大会、老年人体育运动会举办。全区文化产业发展规划编制基本完成,文化产业发展的政策扶持力度加大,定海伍玖文化创意产业园区加快建设。开展各类群众文化活动173次,送戏下乡96场,送电影下乡1512场次,开展公益文化培训286场。全部社区拥有100平方米以上室内文化活动室,总面积45732平方米。新建500平方米以上健身广场(公园)26个,标准篮球场5个,门球场4个,室内健身场地2个,新增体育场地2.5万平方米。有医疗卫生机构16个,其中乡镇卫生院10家,卫生防疫机构2家,社区卫生服务中心4家。医院、卫生院床位238张。卫生技术人员638人,其中执业医师208人,注册护士201人。农渔村社区卫生服务站69个。社区卫生服务人口覆盖率96.9%,累计报告传染病1723例,报告发病率每10万人为452.04人。产前检查率99.96%,孕产妇死亡率0%,5岁以下儿童死亡率4.13‰。基本药物制度实现全覆盖。区公共卫生大楼基本建成,获"国家数字卫生示范区"称号,"家庭幸福促进计划"成效初显。

【社会保障和生态文明】 全区城镇居民人均可支配收入37311元,农渔村居民人均纯收入18616元,分别增长12.8%和12.9%。城镇居民人均消费性支出24187元,增长8.6%。农渔村居民人均消费支出12643元,增长10.0%。全区社会消费品零售总额121.41亿元,增长12.7%。民用汽车拥有量4.74万辆,增长16.2%,其中私人汽车拥有量3.33万辆,增长19.8%。固定电话(含小灵通)用户24.25万户,增长1.1%;移动电话用户72.89万户,增长3.0%;宽带用户13.76万户,增长14.4%。有线电视用户数14.11万户,有线电视入户率98%。城镇居民人均住房建筑面积33.3平方米,农渔村居民人均住房面积56.0平方米。

年末,新增城镇就业人员4103人,城镇登记失业率2.22%,下降0.41个百分点。农渔村从业人员17.18万人,增加0.02万人。1500多名农渔民实现转移就业,船舶企业工资支付保证金制度开始实施。新型农渔村合作医疗和城镇居民医疗保障制度整合完成,被征地农民养老保障基本实现即征即保。有22.21万人参加城镇基本医疗保险,参保率98.46%。新型农渔村合作医疗参合人数15.90万人,参合率99.35%。城乡居民养老保险参保率96.2%。被征地农民参加养老保险人数6.30万人。有敬老院12所,社会福利院2所,总收养人数688人。城镇"三无"对象集中供养率100%,供养标准9975元,农渔村"五保"老人集中供养率97.7%,供养标准9975元。有4166名城乡居民享受政府最低生活保障,其中,城镇低保对象802人,农渔村低保对象3364人。城乡低保对象最低生活补助标准分别提高到每月每人465元和372元。"特困群体救济计划"深入实施,农村低保标准达到城镇的80%,区第三福利院主体工程基本建成,环南大猫托老中心等养老服务设施投入运行。"法治定海建设年"活动实效明显,连续七年获得"省平安区"称号。区长热线和8189000热线整合提升为区社会服务管理指挥中心。安全生产三项指标实现"零增长"。食品安全大整治"百日行动"获省级先进。

全区有10个待整治村通过省市验收,完成农渔村污水治理1138户,完成卫生改厕1789户。农渔村卫生厕所普及率90%以上,无害化处理率90%以上。9个"美丽海岛"创建社区通过市级验收,其中精品社区5个,特色社区4个。实施农渔村危房改造建设1372户,其中开工改造建设困难家庭危旧房99户,完成改造99户,完成改造面积0.725万平方米,完成投资286.3万元。创建省级生态乡镇(街道)12个、市级生态村44个、市级生态示范村6个、区级生态社区67个,市级绿色社区12个。全区集中式饮用水源水质达标率100%,城区区域环境噪声平均等效声级50.4分贝,烟尘控制区总面积23.05平方千米,工业烟尘排放达标率95%。累计建成生态公益林20.3万亩,森林覆盖率50.7%。"美丽海岛"建设成效明显,获省美丽乡村创建先进县称号。开展"811"海洋生态文明建设,电镀行业污染治理取得较大进展,檀枫空气自动监测站(PM2.5)投入运行,双桥—盐仓段大桥接线景观带建成。

普　陀　区

【概况】 普陀因境内佛教胜地普陀山而得名,位于浙江省东北部,舟山群岛东南部,是舟山市的一个市辖区。全区总面积6728平方公里,其中海域面积6269.4平方公里,陆地面积458.6平方公里;共有岛屿455个,其中住人岛屿32个,无人岛423个,海岸线总长831.43千米,自然资源丰富,渔业发达,港口众多,是海洋大区,有"东方渔都"之称。区境内有普陀山国家级重点风景名胜区(包括朱家尖岛东部28.8平方千米)和省级风景区桃花岛。普陀地处长江三角洲经济区、全国沿海要冲,背靠沪杭甬,面临辽阔海洋,兼得海陆之利,区位优越,发展前景广阔。

普陀历史悠久,唐开元二十六年(公元738年)属翁山县,宋、元时属明州昌国县(州),明、清、民国属定海县(直隶厅)。1953年4月从定海县析出建置普陀县,1958年12月县撤销并入舟山县,1962年6月恢复县建置。1987年3月县改区,隶属舟山市。

全区现辖5个镇(普陀山镇、六横镇、桃花镇、虾峙镇、东极镇)、3个乡(登步乡、蚂蚁岛乡、白沙乡)、5个街道(沈家门街道、勾山街道、东港街道、朱家尖街道、展茅街道),有农村社区53个(其中普陀山镇3个),居委会8个(其中普陀山镇1个),行政村108个(其中普陀山镇4个),城市社区25个。

区人民政府于2012年3月开始入驻东港街道。户籍总人口32.2万。

近几年来,普陀牢牢把握舟山群岛新区建设机遇,围绕“跨越崛起、走在前列”目标,深入实施工业强区、旅游兴区、渔农稳区战略,构建先进制造业和现代服务业“双轮驱动”产业体系,打造以旅游为特色的现代服务业集聚区,不断增强区域经济整体竞争力。2012年,全区实现生产总值274亿元,增长11.2%。财政总收入32.1亿元,其中地方财政收入21.2亿元,分别增长4.7%和9.5%。全社会固定资产投资155.2亿元,增长27.6%。城镇居民人均可支配收入33481元,渔农村居民人均纯收入18226元,分别增长11.7%和12.6%。

【经济建设取得明显成效】 强化工业支撑,实现工业总产值502.1亿元,工业性投入46.1亿元,分别增长10.3%和31.3%。临港工业总产值445.3亿元,占全部工业总产值比重88.7%。船舶工业规模快速扩张,船舶研发修造能力进一步提高,欧华造船引进韩国造船管理团队,扬帆、欧华船舶设计院成为省重点培育研究院,全年实现产值250.2亿元。水产品加工业通过实施品牌战略、加快整合重组,产业集聚度和产品精深加工水平稳步提高,实现产值156.5亿元,增长19.1%。六横小郭巨、小湖和展茅区块配套建设进一步加快,工业发展平台承载能力不断加强。

渔农传统产业做精做强,实现总产值68.4亿元,增长10%。深化渔业生产方式变革,继续做精做深国内捕捞,稳步拓展远洋渔业,优化提升水产养殖,水产品总产量71.9万吨,增长3.8%。大力发展精致、生态、高效农业,粮食功能区和蔬菜基地建设成效明显,“普陀佛茶”、“普陀兰花”、“普陀水仙”等特色农产品基地建设初具规模。培育发展现代渔农业,加快渔农产业向二、三产业延伸和拓展,休闲渔农业发展进一步规范,白沙岛获“全国休闲渔业示范基地”称号,全年渔农家乐接待游客170.9万人次,收入2.1亿元,分别增长21.3%和29.5%。

商贸服务业发展步伐加快,海中洲国际广场、京汇广场相继建成运营,全年实现社会消费品零售总额104亿元。物流业稳中有升,港口吞吐量5998万吨,总运力168.3万载重吨,分别增长6%和17.3%。金融保险规模不断壮大,交通银行、台州银行相继落户,全区融资总量369亿元,增长18.7%,中小微企业贷款增量占比77.5%。2012年末全区人民币存款余额284.4亿元,比年初增加18.4亿元;各项贷款余额315.8亿元,比年初增加34.7亿元;保险机构保费总收入6.2亿元,增长4.4%。

【发展平台初步构建】 积极推进“四区一城”平台建设,省级经济技术开发区实质性运作启动,省级浙台(舟山普陀)经贸合作区、省级现代商贸流通改革发展试验区、省级舟山群岛普陀国际旅游度假区均已成功获批并顺利推进,中国舟山国际水产城成为国家十大专业市场唯一的大型水产品批发市场,国内首个水产品指数中国·舟山国际水产城指数已正式发布。启动实施“五大百亿”组团工程,按照“一年见成效、三年见成果”要求,建立专门的组织机构和团队运行机制,集聚全力推进“五大百亿”组团工程,力争2013年投资190亿元以上,三年投资700亿元以上。

【海洋旅游及现代服务业全面提升】 海洋旅游业“标准化、精品化、国际化”战略加快实施,高起点谋划全景普陀湾、朱家尖国际旅游岛核心区,深化景区之间、旅游与文化的链接,做深禅修、养生等休闲度假文章,创新“印象·普陀”旅游文化大戏的营销模式,打造以旅游为特色的现代服务业集聚区。海钓基地、大青山国家生态公园、蓝海湾体育公园、蓝堡国际游艇会等一批高端旅游精品项目持续运行,一大批高星级酒店、特色主题酒店加快建设。连续举办中国舟山国际沙雕节、沈家门渔港国际民间民俗大会、国际游艇展、普陀佛茶文化节等重大节庆活动,“渔都港城”的知名度和影响力进一步提升。沙滩、古村落、无居民海岛等可开发旅游资源保护力度不断加强。2012年旅游接待人数1691万人次,实现旅游总收入150亿元,分别增长9.4%和12.8%。

【改革开放不断深化】 继续加大改革开放力度,大力推进投融资、文化卫生体制改革和渔农村综合配套改革试验,成立区建设投资集团,逐步组建旅游发展、文化传媒等集团。深化行政审批制度改革,建立完善并联审批、联合会审、代理服务、联合踏勘等机制,推进审批办证和招投标提速提效,“普陀速度”已见雏形。对外开放合作不断加强,外贸进出口实现快速增长,利用外资质量和水平明显提升,2012年全区外贸自营进出口总额61.4亿美元,其中出口总额47.1亿美元,分别增长30.1%和30.0%。口岸开放取得新进展,中远二期等5个“十一五”扩大开放项目获国务院批复,武港铁矿砂中转等11个重点项目列入“十二五”国家口岸发展规划。坚持内挖存量、外引增量,着力突出项目建设,不断优化投资环境,以大招商促进大开发大发展,全年协议利用外资7530万美元,为上年的1.83倍,实际利用外资6891万美元,为上年的2.86倍。

【城乡建设稳步推进】 把全景普陀理念贯穿于城市建设的方方面面,充分挖掘和体现普陀不可复制的鲜明文化特色,重点打造朱家尖、东港、沈家门“金三角”中心景观区,做美活力群岛海湾,打响“普陀湾”品牌。高度重视建设质量,着力提升建设速度,强化商务、文化、旅游功能,高标准、高品质建设东港现代化滨海新城。加强朱家尖西南沿海区块规划设计和景观设计,精心打造普陀湾东海岸精致靓丽的城市景观带。围绕沈家门旧城改造,实施鲁家峙整岛开发和荷外、墩头等中心区域改造提升,精心打造渔港两岸景观,合力重塑十里渔港繁华。加快六横小城市培育,打造舟山新区南部新城。建设虾峙省级中心镇,推进海岛特色城镇化进程。扎实推进“三改一拆”三年行动。加大交通拥堵治理力度,加快构建便捷、快速的三维立体交通体系。强化城市序化管理,推进“智慧普陀”建设,全面提升城市管理服务精细化、智能化、信息化水平。注重城乡统筹发展,加快美丽海岛建设步伐,新启动10个美丽海岛精品(特色)社区创建和3个中心村培育,开工改造渔农村住房1008户。区级财政投入新渔农村建设资金2.4亿元。渔农村住房改建稳步推进,改造渔农村住房1886户,困难群众危房105户。渔农民饮用水安全工程顺利完成,新解决渔农村饮水安全人口4.65万人。水利工作取得重大突破,列入第四批中央财政小型农田水利建设重点县(区)。绿色生态普陀建设扎实推进,国家环保模范城市创建深入开展,朱家尖街道荣获浙江省最美生态乡镇称号。

【社会各项事业全面发展】 全面实施创新驱动发展战略，坚持科技优先投入、人才优先开发，进一步提高科技和人才对区域发展的贡献率。组织实施各类科技计划项目共151项，其中国家级6项、省级54项、市、区级科技项目91项（有7项成果通过了省科技厅组织的验收），全区财政投入科技经费6541万元，增长16.8%。制定落实“智汇新区、才富普陀”1+7系列政策，引进各类人才231名、市级领军人才项目10个，完成注册科技型企业10家，建设人才公寓7500平方米，科技进步和人才工作目标责任制考核名列全市第一。扎实开展全国文明城市创建、全面素质提升行动，全力打造“最美普陀”系列，进一步提炼和弘扬积极向上的普陀人价值观。完善社会保障体系，推进义务教育均衡化和公共文化、卫生服务均等化。“城医保”与“新农合”基本完成合并，参保率达95.0%，社会保障市民卡全面启用。加大教育事业投入，优化学校布局和办学条件，全区中小学校舍改造工程稳步推进，十五年基础教育高水平全面普及，成功创建全国义务教育发展基本均衡县（区）。公共文化服务体系不断完善，海洋文化进一步彰显，普陀大剧院、海洋系列博物馆等公共文化设施建设加快推进。完善社会就业服务网络，构建和谐劳动关系，全区就业形势基本稳定，全年新增就业人数2907人，失业人员再就业1215人，帮助2263名渔农村劳动力实现转移就业。保障性住房建设顺利推进，449套二期保障房交付使用。扎实做好人口计生、广播电视、体育、老龄、慈善、民族宗教、老干部以及关心下一代等工作，基本公共服务体系更加健全。

岱 山 县

【概况】 岱山县位于长江口南端，在舟山群岛新区中部，处于北纬30°07′－30°38′，东经121°31′－123°17′之间。东濒公海，西临杭州湾，南与定海区、普陀区相邻，北与嵊泗县海域相连。全县由379个岛屿组成，其中有人居住的岛屿29个，境内以岱山岛和衢山岛面积为大，其他岛屿有长涂、秀山、大鱼山等。全县总面积5242平方公里，其中海域4916平方公里，陆域326.5平方公里，县政府设在岱山本岛东南的高亭镇。2012年末，全县户籍人口18.96万人。

据出土文物考证，距今四、五千年前，已有人类在岛上繁衍生息。《史记》中记载，秦方士徐福率数千童男童女，下东海为秦始皇寻找长生不老药，曾到过三神山。其中“蓬莱山”，即今岱山。自唐开元年始，一千多年来一直被列朝命名为“蓬莱乡”。民国38年（1949年）8月，始设滃洲县（从定海县析置），为岱山置县之始。1950年5月18日解放，废滃洲县，并入定海县。1953年4月，撤原定海县，以岱山、衢山两区置岱山县，隶属舟山专区。1958年10月，撤岱山县，并入舟山县。1962年4月，恢复岱山县，并以原衢山区和嵊泗县洋山、滩浒等地建大衢县，均属舟山专区。1964年6月，大衢县并入岱山县。

岱山拥有得天独厚的港口资源。全县拥有岸线717公里，其中水深超过10米、15米、20米的可利用岸线分别为120公里、77公里和24.6公里。境内有华东地区最好的3个深水港中的2个：蛇移门港和衢黄港。另有条件良好的深水港址共计10余处，均是发展临港工业的理想选址。

岱山人文、自然资源优越，渔家风情浓郁诱人，是旅游度假和开展海岛休闲体育运动的胜地，为省级风景旅游名胜区。著名景点有：慈云古庵、金维映故居、东岳宫、徐福公祠、刑马石览、大舜庙后墩遗址、蓬山书院、弥陀寺、百年古镇东沙镇、东海工委旧址、羊府宫、汤浚古居、赵公去思碑、圣路石、厉家古宅、倭井潭、传灯庵、娘基宫、宋朝古宫、孙家山遗址、基督教福音堂、洪福寺、天顶宝塔、法华庵等。新建成景点有磨心山玉佛宝塔、台风博物馆、海盐博物馆和灯塔博物馆等。

岱山海洋资源蕴藏丰富，渔业资源十分可观，域内仅鱼类就有300余种，是著名的岱衢族大黄鱼的故乡。县内制盐历史源远流长，自宋朝起就以色白、粒细、味鲜而被列为“贡盐”。其他特产还有岱山长涂倭井潭硬糕、司基白鹅、岱南片瓜果、刘家岙桂花、蓬莱仙芝、岱衢族大黄鱼、银杏茶、金头蜈蚣、梭子蟹蟹糊等。岛内有国家二级保护动物獐3000余头，还是“全国蜈蚣之乡”。拥有华东地区最丰富的风力资源，潮流能资源也十分丰富，国家863计划“40KV潮流能电站”就建在岱山龟山航道上。

【行政区划】 全县辖6镇1乡，分别为高亭镇、东沙镇、岱东镇、岱西镇、长涂镇、秀山乡、衢山镇。

【经济建设】 2012年，全县实现地区生产总值164.5亿元，比上年增长8%。人均生产总值86561元；财政总收入17.6亿元，增长7.5%，其中地方财政收入9.8亿元，增长15.4%；城镇居民人均可支配收入29916元，增长11.2%，渔农村居民人均纯收入18774元，增长13.3%。完成全社会固定资产投资额76.5亿元，与上年持平。

工业经济平稳发展，全年实现工业产值342亿元，增长2.1%。其中规模以上工业产值278.2亿元，增长4.2%，工业对全县GDP的增长贡献率达到77.6%。以船舶工业为龙头的主导产业运行企稳，金海重工VLCC、蓬莱船舶大型疏浚船等高技术、高附加值船型产品不断拓展，省首家绿色环保拆船企业建成投产，顺利通过了省级船舶修造产业基地复评。战略性新兴产业培育初显成效，惠生海工基本具备生产条件，海上风机安装基地项目加快推进。工业经济运行质量持续向好，规模以上工业企业综合考评得分连续8年列全市第一。

港口物流业快速增长，全年完成港口货物吞吐量2354万吨，增长73.1%。鼠浪湖矿石中转项目获国家发改委核准，黄泽山石油中转储运项目推进顺利，舟山港综合保税区衢山分区批准设立。海运业克难前行，总运力保持在73万载重吨以上。海洋旅游业蓬勃发展，旅游综合体和重点区块建设扎实推进，成功举办了全国龙狮精英赛、国际女子公路自行车赛（岱山站）和听海节等一批大型节庆赛事。全年共接待游客264万人次，实现旅游收入25.5亿元，分别增长14.2%和16.5%。建筑、房地产、金融、保险、商贸等得到进一步成长，全年共实现服务业增加值47.6亿元，增长6.6%；社会消费品零售总额44.7亿元，增长16.3%。生态渔农业稳步发展，全年完成农林牧渔业总产值50.5亿元，增长9.1%。

【城乡建设】 基础设施建设不断加强，四大岛道路、场站、港口等设施进一步提升，疏港公路项目扎实推进，牛轭至官山大桥主体工程开始动工；220千伏舟山至岱山输电线路技改工程、衢山岛5000吨/日海水淡化厂、仇家门一期围垦等项目抓紧实施,岱山本岛北部围涂促淤工程全面启动。全年完成基础设施投入22.9亿元,为历年来最高。城乡面貌持续改善,县城“东拓西延中提升”战略稳步推进,法院大楼、文体中心等公建设施相继建成,交通大楼、商会大厦、海中洲宝盛大酒店等地标性建筑展露新姿,沿港西路改建、滨港路扩建等城市路网建设加快推进,对港山、文化广场北面、长河路沿线、县城西部等片区开发建设取得新进展;新渔农村建设成效明显,小宫门、林家村等精品村落打造和环岛北线特色示范带二期工程建设顺利推进,桥头、摇星浦等10个美丽海岛社区创建全部通过市级验收,验收合格率、通过数量均居全市第一。生态品牌高质塑造,衢山、秀山等3个污水处理厂建成启用,岱山经济开发区、东沙工业基地等重点区块污染物排放得到有效控制,衢山桂太小流域环境连片整治基本完成,全省首个无居民岛生态修复示范项目完成建设;“森林岱山”建设全面启动,全年共投入资金3555万元,完成绿化造林面积1.6万亩,国家级生态县创建基础进一步夯实。

【社会事业】 社会保障体系更加健全,全年新增城镇就业岗位2285个,实现渔农民转移就业技能培训1188人,创建充分就业社区7个,城镇登记失业率下降到2.92%;社保扩面工作不断推进,净增五大保险参保17477人次,城乡居民参保率达到96.2%;城乡居民养老保险和被征地农民养老保险参保人数分别达到75930人和15061人;扶贫帮困、养老服务广泛开展,城乡低保实现全覆盖。社会各项事业全面进步。持续加大教育投入力度,海岛教育质量稳步提升,顺利通过全国义务教育发展基本均衡县验评,成功获评全国“两基”工作先进县;深入推进医药卫生体制改革,全面实施国家基本药物制度,县第一人民医院成功晋级二级甲等综合性医院,圆满通过了省级卫生县城复评;高度重视精神文明建设,开展了“我们的价值观”大讨论活动,探索实施渔农村“道德文明六进社区”,顺利创建为省级示范文明县城;扎实推进城乡文化设施一体化,大力实施文化惠民工程,举办了“百姓文化节”等丰富多彩的群众文化活动。倡导全民健身,成功举办县第七届运动会。深化“平安岱山”建设,全力推进十八大安保工作,认真做好社会管理创新、信访维稳、安全生产、法治宣传等工作,群众安全感满意率始终保持在较高水平,连续4年被省委省政府评为平安县。

【宁波—舟山港衢山港区鼠浪湖铁矿石中转项目】 宁波—舟山港衢山港区鼠浪湖铁矿石中转项目位于舟山群岛北部大衢岛与鼠浪湖岛之间的蛇移门水道西侧,于2012年7月获得国家发改委核准批复。该项目由舟山市衢黄港口开发有限公司投资建设,项目总投资49.05亿元,围垦海堤长度为1800米,拟用地面积1798亩,使用岸线1705米。建设规模和内容:新建2个30万吨级铁矿石卸船泊位(水工结构均按靠泊40万吨散货船设计),码头长835米;1个10万吨级和2个5万吨级装船泊位(水工结构按靠泊10万吨级散货船舶设计),码头长870米;1座工作船码头(长度为130米)及其它相应配套设施,设计年通过能力5200万吨。预计2015年9月投入生产后年吞吐量可达5000万吨,进出口各2500万吨,鼠浪湖岛将成为长三角地区重要的大型铁矿石中转基地。

【黄泽山石油中转储运项目】 黄泽山石油中转储运项目位于衢山黄泽山岛,是我国第一个由民营企业实施的原油中转储运项目。该项目由广厦(舟山)能源集团有限公司投资建设,于2011年11月由国家发改委核准批复,项目初步设计也于2012年11月获国家交通运输部批复。项目总投资26.69亿元,拟用地1027亩,使用岸线1372米。建设规模和内容:1个30万吨级原油(含燃料油)泊位(设计年通过能力1800万吨,码头长470米),1个8万吨级油品泊位(设计年通过能力820万吨,码头长342米),2个1万吨级成品油泊位(设计年通过能力260万吨,码头长400米),建设100万立方米原油储罐和51万立方米成品油储罐及相应配套设施。预计2014年底主体完工,2015年初投入试生产,2015年6月正式投产。项目投产后可形成通过能力3633万吨、周转能力2202万立方(约1846万吨),对提高区域石油储备能力、促进我县临港工业和港口物流业发展具有重大意义。

【舟山惠生海洋工程有限公司海洋工程建造基地】 舟山惠生海洋工程有限公司海洋工程建造基地位于秀山岛东北侧,由舟山惠生海洋工程有限公司投资建设,总投资42.65亿元。建设规模和内容:船坞(长400米,宽39.5米)2座;舾装码头二座(长693.8米*宽32米,长223米*宽25米各1座)及其它相应生产、生活辅助设施。该项目分二部分实施,其中海洋工程建造基地工程总投资22.32亿元,用地面积1000亩,使用岸线1270米,新建船坞1座,舾装码头3座及相应生产生活设施;海洋工程建造基地配套工程总投资16.75亿元,用地面积951亩,新建钢材预处理车间、主结构车间、分段焊装车间、喷涂车间、集配中心、综合车间、综合设备仓库、变电站、污水处理站及辅助生产设施等,总建筑构筑物面积15万平方米。该项目预计于2013年9月投产,将有效带动区域海洋工程建设,对临港工业发展具有重要意义。

经济社会发展主要指标

项　　目	2012年	比2011年增或减%
国内生产总值(亿元)	164.5	8%
第一产业增加值(亿元)	23.5	5%
第二产业增加值(亿元)	93.4	9.4%
其中工业增加值(亿元)	80.1	12.2%
第三产业增加值(亿元)	47.6	6.6%
人均国内生产总值(元)	86561	8.5%
粮食总产量(万吨)	1	1.2%
棉花总产量(吨)		
油料总产量(万吨)	0.1	0.5
全社会固定资产投资总额(亿元)	76.5	持平
外贸自营出口(亿美元)	21.3	-14.7%
实际利用外资(万美元)	4865	3.8倍
社会消费品零售总额(亿元)	44.7	16.3%

续表

项　　目	2012 年	比 2011 年增或减%
零售物价总指数(%)	101.7	
地方财政收入(亿元)	9.8	15.4%
地方财政支出(亿元)	25.1	2.2%
职工年平均工资(元)	59844	15.7%
渔农民年纯收入(元)	18774	13.3%
邮电业务收入(亿元)	2.2	6.3%
电话普及率(部/百人)	43	持平
年末存款余额(亿元)	142.4	6.7%
年末贷款(亿元)	112.6	10.4%
大学(所)		
中小学(所)	20	-0.09%
下岗人数(人)		
企业兼并、破产数(个)		

嵊　泗　县

【概况】 2012 年,全县现有 3 镇、4 乡,8 个居民委员会,38 个村民委员会。全县总户数 30428 户,户籍总人口 78630 人,其中非农业人口 34350 人,占总人口的 43.68%。

初步核算,全年全县实现地区生产总值 65.91 亿元,按可比价格计算,比上年增长 11.0%,2008－2012 年五年年均增长 3.9%。其中,第一产业增加值 16.09 亿元,第二产业增加值 9.99 亿元,第三产业增加值 39.84 亿元,分别比上年增长 8.0%、34.2% 和 7.0%。按户籍人口计算,人均地区生产总值达到 83608 元。全年全县实现工业总产值 21.27 亿元,比上年增长 6.3%,完成固定资产投资额 35.04 亿元,比上年增长 48.1%。全年海洋经济总产出 119.97 亿元,海洋经济增加值 52.26 亿元,分别比上年增长 16.9% 和 15.3%,海洋经济增加值占 GDP 的比重达到 79.3%。全年实现一般预算财政总收入 5.89 亿元,比上年增长 8.2%;公共财政预算收入 4.86 亿元,比上年增长 11.2%;全年公共财政预算支出 14.27 亿元,比上年减少 12.8%,但与民生息息相关的教育、社会保障和就业、公共安全、科学技术和文化体育与传媒支出分别增长 43.3%、14.3%、10.9%、9.2% 和 9.1%。全年县城居民人均可支配收入 30185 元,比上年增长 13.8%;渔农村居民人均纯收入 17832 元,比上年增长 13.1%。

2012 年交通运输、仓储和邮政业实现增加值 13.24 亿元,按可比价计算,比上年增长 7.7%。全县水、陆货运量 1980.07 万吨,比上年增长 13.2%;水、陆货物周转量 110.67 亿吨公里,比上年增长 16.1%;水、陆客运量 472.60 万人,比上年增长 4.5%;水、陆旅客周转量 1.23 亿人公里,比上年增长 8.7%。海运运力规模不断扩大,2012 年末全县海运企业 23 家,拥有各种海运船只 142 艘,总吨位 29.29 万吨,净载重量 45.26 万吨,总功率 10.93 万千瓦,载客量 5342 客位,集装箱标准箱位 1242TEU。年末全县机动车辆保有量 6030 辆,其中营运性车辆 638 辆,非营运性车辆 5392 辆。

2012 年全县港口货物吞吐量 9249.57 万吨,比上年增长 5.0%,占舟山港货物吞吐量的 31.8%。其中马迹山港货物吞吐量 6128.17 万吨,增长 0.2%;绿华港货物吞吐量 2326.38 万吨,增长 21.5%;洋山申港货物吞吐量 361.68 万吨,增长 10.6%。年末,全县拥有港口泊位 48 个,其中生产性泊位 39 个,万吨级以上深水泊位 9 个。

【经济发展】 抓住国家发展海洋经济的重大机遇,紧跟舟山群岛新区建设步伐,重点开展嵊泗在战略、产业等方面与《舟山群岛新区发展规划》前期编制工作的对接,相继完成《浙江省重要海岛开发与保护规划嵊泗县实施方案》、《浙江嵊泗(洋山港)经济开发区"十二五"发展规划》,"一中两翼"三大区块发展定位更趋成熟,海洋经济发展目标更加明确。

临港产业扎实推进。三大港区五大港口项目继续保持良好运行态势,小洋山北侧围垦工程开工建设,完成投资 4.71 亿元,马迹山三期陆域堆场项目进场施工,申港石油储运三期项目协调推进,洋山港集装箱吞吐量达到 1400 万标箱。全年新引进招商项目 5 个,协议总投资 17 亿元,合同利用市外资金 6.31 亿元,实际到位 4.52 亿元。

旅游产业加快推进。旅游项目成效明显,共完成投资 2.35 亿元。天悦湾、非诚勿扰等度假酒店相继建成运营,徐公岛海上海国际游艇俱乐部项目稳步推进,嵊泗至舟山本岛直升机航线正式开通,花鸟旅游接待中心基本建成,高端旅游综合开发加快推进。网络营销进一步拓展,旅游市场向长三角延伸,单日输送游客最高达到 12465 人次,创历史新高。渔家宾馆、渔家乐旅游等大众旅游产品持续发展,新增渔家乐船只 22 艘、渔家宾馆 64 家、床位 1260 张。2012 年,我县荣获"中国最佳休闲小城"称号,基湖沙滩被评为"最佳滨海休闲胜地"。全年共接待国内外游客 270.20 万人次,实现旅游收入 25.47 亿元,分别比上年增长 21.0% 和 27.8%,增速均为全市第一。

现代渔业稳步推进。更新改造渔船 22 艘,首艘总吨位 1450 吨的渔用冷冻船投入运营,首家远洋渔业公司——浙江嵊泗海盛远洋渔业有限公司组建成立,海洋捕捞产业体系日渐完备。投入 100 万元实施增殖放流工程,出台了《浙江嵊泗马鞍列岛海洋特别区岛礁资源管理暂行办法》及实施细则,强化渔业安全监管,60 马力以上渔船北斗导航和 AIS 渔船自动识别系统全面覆盖,渔区保持和谐稳定。全年水产品总产量 29.83 万吨,比上年增长 5.4%;实现渔业总产值 26.35 亿元,增长 11.7%。

要素保障不断强化。2012 年共投入项目建设资金 12.9 亿元,全面启动水陆客运体制改革,客运航班航线布局更加优化。沈家湾客运中心建成使用,极大地缩短了海上航行时间和距离,东部乡镇水上客运设施得到改善,开通沈家湾至枸杞客滚轮航线。大陆引水工程前期工作取得新进展,完成泗礁本岛饮用水供水管网改造工程,基本完成泗礁至黄龙岛际输水管道工程。电力调度大楼及生产基地工程主体建设基本完工,岛际电网建设和电力线路改造工程扎实推进,滩浒岛实现 24 小时供电。马关围填海、青沙围垦等前期工作加快推进。"政银保"、"营改增"试点工作稳步实施,宝钢马迹山港口岸开放通过国家验收。邮电通讯、金融保险等服务业得到新发展。科技和人才队伍建设有序推进，建立市级博士科技创新服务基地，滚塑游艇技术被列入“十二五”国家轻工行业重点推广技术目录。全年实施科技项目29项，引进各类人才147人。

【城乡建设】　根据《嵊泗县“美丽海岛”建设实施纲要》的具体要求，我们以中心村为节点、以精品村为示范点，编制完成了《嵊泗县列岛色彩规划》和《CI视觉识别系统》，全面拉开了嵊泗“美丽海岛”建设的主框架。

海岛建设成效明显。按照“成岛成片、逐岛推进、各具特色、创出品牌”的总体要求，投入1880万元打造完成菜园镇高场湾村、基湖村和五龙乡边礁岙村、田岙村4个样板村，启动菜园镇马关社区和嵊山镇箱子岙、陈钱山、泗洲塘社区4个精品社区建设，推进渔家民居风貌试点改造。成功举办了“美丽海岛”峰会暨全市“美丽海岛”建设现场会以及“岛居慢生活”AIM建筑设计大赛，进一步扩大了“美丽海岛”的对外知名度和影响力。

城乡面貌大为改观。深入实施渔农村环境卫生“百日攻坚”专项整治行动和村庄整治工程，投入近2200万元全面开展国家卫生县城创建工作，完成渔农村困难群众危房改造119户、普通群众住房改造102户、城区散楼改造10幢、中心农贸市场向临时农贸市场整体平稳搬迁，全年共启动待整治村4个，已整治村4个，中心村培育2个，投入村庄整治建设资金884万元，比上年增长16.4%。全面开展绿化造林，全县拥有园林绿地面积83.00公顷，其中公共绿地面积68.00公顷，建成区人均公共绿地面积30.08平方米，建成区绿化覆盖率为36.5%。国家级生态县创建取得新进展，五龙乡黄沙村和枸杞乡乌沙村成功创建市级生态示范村。

社会管理切实加强。扎实推进“平安嵊泗”和社会治安综合治理工作，群众安全感和社会诚信满意度测评均名列全市第一。努力推广安全生产“网格化”监管模式，健全基层安全生产应急预案和防汛防台体系，完善信访、司法和调解机制，集中开展“两排查一促进”和“矛盾纠纷大排查大调解”专项活动。全年共排查调处矛盾纠纷781件，全面抓好党的十八大期间的安保工作，社会稳定风险评估机制建设等13项社会管理创新项目得到落实。

民生民计有效改善。全年民生支出达6.29亿元，占财政总支出的63.0%。大力推进就业工作，全县新增城镇就业1167人，实现再就业364人，完成就业培训1453人(其中渔农村新增转移培训694人)。社会保险扩面取得新成果，顺利完成“新农合”与“城医保”并轨整合工作，全县城乡居民社会养老保险参保率达97.22%、城乡居民医疗保险参保率达96.77%。进一步健全住房保障体系，61户家庭入住经济适用住房。殡葬改革力度不断深化，洋山镇火化扩面工作有序推进。新增菜圃路及东海路菜篮子工程服务部，菜篮子零售价格继续保持全省最低水平。大力开展食品药品安全示范创建工作，食品药品安全得到有效保障。

各项事业协调发展。不断提高县域义务教育均衡化水平，顺利完成五龙小学撤并工作，校安工程有序推进，菜园三小、嵊山小学被评为浙江省义务教育标准化学校。全面完成公立医院改革，转变医院运行机制，开展阳光用药工程，医疗机构服务能力有效提升，医疗卫生服务体系不断健全。公共文化基础设施进一步完善，群众性文体活动日渐繁荣。全面启动全县广播电视网络“一省一网”整合发展工作，完成泗礁本岛居民用户数字电视整转工作，年末全县有线电视用户3.25万户，其中1.95万户居民完成数字电视整转，广播、电视人口覆盖率达到100.0%。切实做好人口优化政策研究，人民武装、国防后备力量建设和军转安置、优抚、双拥共建等工作取得新成绩，我县第三次荣获“全国双拥模范县”，嵊泗出入境检验检疫局和菜园镇基湖村分别获得“全国文明单位”和“全国文明村镇”称号。

衢州市

【自然地理】 衢州位于浙江省西部，钱塘江上游，金（华）衢（州）盆地西端，南接福建南平，西连江西上饶、景德镇，北邻安徽黄山，东与省内金华、丽水、杭州三市相交。“居浙右之上游，控鄱阳之肘腋，制闽越之喉吭，通宣歙之声势”。川陆所会，四省通衢。地理坐标为东经118°01′—119°20′，北纬28°14′~29°30′。东西宽127.5公里，南北长140.25公里，总面积8841.12平方公里。

衢州交通十分便捷，陆、水、空交通网四通八达。公路国道、省道纵横境内，市区到各县（市）的半小时经济圈已经形成，衢州民航已开通北京、深圳、广州等航线；杭（杭州）金（金华）衢（衢州）高速公路衢州段已经全面建成，黄（黄山）衢（衢州）南（南平）高速公路衢州段、杭（杭州）新（新安江）景（景德镇）高速公路衢州段、龙（龙游）新（新安江）高速公路、龙（龙游）丽（丽水）高速公路已经开工，浙赣电气化铁路横贯东西，九（九江）景（景德镇）衢（衢州）铁路的衢州至常山段已经开工建设，衢州到四省边际各中心城市之间已形成两小时交通圈，区位优势十分明显。市政府所在地离省会杭州距离250公里，离首都北京直线距离1440公里，距上海港450公里，距宁波港366公里，距温州港350公里，距义乌——中国小商品城140公里。

【历史沿革】 衢州历史悠久，文化底蕴深厚。考古资料表明，远在五、六万年前，境内气候温和，雨量充沛，丛林密布，是一个鸟语花香、马嘶鹿鸣、猿啼虎啸、野牛成群、野猪结队的原始天地。我们的祖先就在这里繁衍生息。夏、商、西周三代这里属于越之地。春秋初为姑蔑国，后为越国西部姑蔑地，县治即今龙游。东汉初平三年（192）析太末置新安县，衢县自此而建。南朝陈永定三年（559）一度置信安郡，为衢地设领县建制之始。唐武德四年（621）置衢州，旋废；垂拱二年（686）复置，此后千余年，止1949年解放，衢城历为州府路道区的治署所在。1949~1955年是浙江省衢州专员公署驻地，1985年建为省辖市。1994年衢城被国务院命名为国家级历史文化名城。2006年入选中国特色魅力城市200强。

【行政区划】 调整后，全市乡镇（街道）总数104个，其中乡镇91个，街道办事处13个。

柯城区辖7个街道办事处，即信安街道办事处、府山街道办事处、荷花街道办事处、花园街道办事处、双港街道办事处、白云街道办事处、新新街道办事处；2个镇，即石梁镇、航埠镇；8个乡，即姜家山乡、万田乡、石室乡、黄家乡、七里乡、九华乡、沟溪乡、华墅乡。

衢江区辖2个街道办事处，即樟潭街道办事处、浮石街道办事处；10个镇，即上方镇、杜泽镇、廿里镇、后溪镇、大洲镇、湖南镇、峡川镇、莲花镇、全旺镇、高家镇；8个乡，即太真乡、云溪乡、灰坪乡、黄坛口乡、岭洋乡、举村乡、周家乡、双桥乡。

龙游县辖2个街道办事处，即龙洲街道办事处、东华街道办事处；6个镇，即湖镇镇、横山镇、塔石镇、小南海镇、溪口镇、詹家镇；7个乡，即模环乡、石佛乡、社阳乡、罗家乡、庙下乡、沐尘畲族乡、大街乡。

江山市辖2个街道办事处，即双塔街道办事处、虎山街道办事处；12个镇，即贺村镇、四都镇、坛石镇、上余镇、大桥镇、清湖镇、新塘边镇、长台镇、石门镇、凤林镇、峡口镇、廿八都镇；6个乡，即大陈乡、碗窑乡、塘源口乡、张村乡、双溪口乡、保安乡。

常山县辖7个镇，即天马镇、辉埠镇、芳村镇、球川镇、白石镇、招贤镇、青石镇；7个乡，即宋畈乡、何家乡、新昌乡、新桥乡、同弓乡、大桥头乡、东案乡。

开化县辖9个镇，即城关镇、华埠镇、马金镇、村头镇、池淮镇、桐村镇、杨林镇、苏庄镇、齐溪镇；9个乡，即林山乡、音坑乡、中村乡、金村乡、长虹乡、张湾乡、何田乡、塘坞乡、大溪边乡。

【人口民族】 年末户籍总人口252.83万人，其中男性人口130.06万人、女性人口122.77万人，分别占总人口的51.4%和48.6%。全年出生人口2.93万人，出生率为11.59‰；死亡人口2.65万人，死亡率为10.48‰；全年净增人口0.28万人，自然增长率为1.11‰。

【资源】 气候：衢州市属亚热带季风气候区，有四季分明、冬夏长春秋短、光温充足、降水丰沛季节分配不均的地带性特征。历年平均气温为17.4℃，最热月是7月，历年平均气温达28.9℃，最冷月是1月，历年平均气温5.3℃。历年极端最高气温40.5℃，极端最低气温零下10.4℃。年降水量充沛，但年际变化大，随季节分配也不均匀。年平均降水量1691.6毫米，最多年为2464.5毫米，最少年为1104.2毫米。月平均降水量最多的是6月（302.3毫米），最少的是12月（51.5毫米）。月极端最多650.0毫米，月极端最少0.0毫米。全年风向多为东北偏东风，台风较难深入境内。灾害性天气主要有暴雨大暴雨、寒潮、冰雹、雷雨大风等。

动植物：衢州市植被属中亚热带东部常绿阔叶林带。境内可分两个植被区：北部山区属浙皖山丘青冈、苦槠林植被区；南部山区系浙闽山丘甜青、木荷植被区。由于受人类活动的影响，部分天然原生植被已被次生植被和人工培育植被所取代。目前主要有以松、杉为主的针叶林，以甜槠、青冈、白雪、木荷为主的常绿阔叶林，毛竹、薪炭林；域内珍贵树种有银杏、水杉、苏铁、南方红豆杉、白豆杉、金钱松、鹅掌揪、连香树、杜仲、香果树、长序榆、凹叶厚朴、闽楠、野大豆花榈木、毛江椿、长柄双花木、香樟、浙江楠、榧树、秃杉、喜树、福建柏、厚朴、山豆根、七子花、野大豆等，已列入国家级自然保护区3处，省级自然保护小区27处。经济林有油茶、板栗、柑桔、茶叶、柿等。系浙江木材、毛竹、柑桔、油茶、茶叶主要产区。

在广袤的群山中，有经济价值的野生动物30余种，列为国家一类保护的有华南虎、花山鸡；二类保护有金猫、豹、毛冠鹿、猕猴、黑麂、穿山甲、白颈长尾雉、娃娃鱼等；三类保护的有大小灵猫、獐、苏门羚、白鹇等。为促使生态与自然的平衡，相关部门采取有力措施，在各类动物的生息地分别设立了黑麂、云豹、猕猴、白鹭、灵猫、白颈长尾雉、白鹇、穿山甲、鬣羚自然保护区29处。

全市已探明储量的矿产32种，矿产地96处，其中大型矿床5处，中型矿床15处。已探明矿产中居全省前列的有石煤、石灰岩、黄铁矿、叶蜡石、大理岩、耐火粘土、铀矿等。位居全国前十位的有石煤、石灰岩矿。衢州市是浙江石灰、水泥主要产地。

【河流湖泊】 衢州地处钱江源头，境内水系主要属钱塘江水系，流域面积8332.9平方公里，占全境土地面积的94.2%。主要河流衢江主河道长81.5公里，流域面积6030平方公里。生态优良，水资源相对丰富，发展水经济具有四个方面的优势：一是降水充沛，人均水资源量较大。全市水资源总量近100亿立方米；可开发利用的水能蕴藏量约45万千瓦；人均水资源量4039立方米，接近浙江省人均水资源量的2倍。二是水质优良，能满足水功能要求。全市90%以上的断面水质达到或优于地面三类水的标准，饮用水源地水质达二类以上。乌溪江流域的水电导率接近于蒸馏水。大部分水系的主要干支流水质优良。三是水利工程初具规模，蓄水能力不断增强。目前我市已建成大、中型水库13座，总库容31.68亿立方米。四是水经济发展已有一定基础。全市已建设小水电装机约27.7万千瓦(含在建工程5万千瓦)；商品水开发已有50余家饮用水生产企业；全市实际水产养殖水面已达20万亩；“十五”期间渔业经济年均递增20.3%，水上旅游开发有所起步。

江　山　市

【概况】 江山市地处浙闽赣三省交界，是浙江省西南门户和钱江源头之一，南邻福建浦城，西接江西玉山、广丰，素有“东南锁钥、入闽咽喉”之称。唐武德四年(公元621年)建县，1987年撤县设市。区域面积2019平方公里，总人口59.86万，下辖13个镇6个乡2个街道、295个行政村13个社区。江山是“长三角”和“珠三角”辐射内陆的“桥头堡”，是浙江省的西南大门，正着力打造浙闽赣三省边际的县域发展高地；是浙江省的老工业基地，正着力打造浙闽赣三省边际的“工业新城”；是浙江省的历史人文名城，正着力构建浙闽赣三省边际的“旅游胜地”；是国家级生态示范区，正着力建设浙闽赣三省边际的“山水家园”，全面推进“中国幸福乡村”建设。近年来，江山紧紧围绕构建边际发展高地、进位省内中等发达行列、进军全国百强县市“一高两进”三步走战略目标和“工业新城、旅游胜地、山水家园”的城市定位要求，开拓创新，真抓实干，经济综合实力明显增强。2010年，完成地区生产总值170.96亿元，五年平均增长14.7%，增速连续十年超过全省平均水平，人均生产总值达4236美元；财政总收入12.92亿元，其中地方财政收入8.04亿元，年均分别增长16.4%和17.1%；全社会固定资产投资103.05亿元，社会消费品零售总额达55.26亿元，年均分别增长18.6%和16.5%；外贸进出口总额3.07亿美元，是“十五”末的7.2倍；金融机构期末存贷款余额分别为183.1亿元、165.1亿元，是“十五”末的2.5倍和2.9倍；城镇居民人均可支配收入20138元，农民人均纯收入9345元，分别增长10.5%和12.7%。

【人文景观】 江山是中国优秀旅游城市，旅游形象主题为“千年古道·锦绣江山”，主要自然和人文景观突出体现为“奇、古、特”三个字。“奇”指奇山，有世界自然遗产地、全国丹霞第一奇峰江郎山，古代地壳运动形成的原始生态景观、国内罕见的磊石洞群浮盖山。“古”指海上丝绸之路的陆上延伸通道仙霞古道、仙霞关、廿八都古镇、三卿口古瓷村等。“特”指特定历史时期的历史名人，历史上共出过400多位进士、10多位尚书、3位中共将军、6位院士，是“古有尚书、今多骄子”的江南宝地。现已形成二大特色文化：一是清漾毛氏文化，江南毛氏发源地、毛泽东祖居地清漾村，出过8位尚书、83位进士，习近平、彭佩云、徐匡迪、华建敏、曾培炎、陈至立等中央领导先后莅临指导；二是民国军统文化，江山籍国民党少将以上将领65人，代表人物是“三毛一戴”(毛人凤、毛森、毛万里、戴笠)。

【工业发展势头强劲】 江山是浙江省老工业基地，目前已形成以建材、化工两个传统产业和机电、电光源、木业加工、消防器材及高新技术等“4+X”特色产业为主要支撑的产业体系。2010年，全年完成工业增加值90.52亿元，按可比价格计算比上年增长17.0%。规模以上工业全年完成总产值274.37亿元，增长38.4%，其中：重工业206.23亿元，增长37.7%；轻工业68.14亿元，增长40.4%。实现工业销售产值272.03亿元，增长39.5%，产销率达到99.2%。全年完成工业出口交货值16.56亿元，增长37.8%。年底全市共有规模以上工业企业单位483家，比上年增加94家。主营业务收入亿元以上的企业达到48家，增加6家。大中型企业达到18家。在规模以上工业中，化工行业完成产值37.56亿元，比上年增长41.3%；建材行业产值28.10亿元，增长32.6%；电气机械及器材行业产值65.79亿元，增长31.1%；竹木加工行业产值50.94亿元，增长57.1%；金属制品业产值12.14亿元，增长6.0%；电力生产和供应业产值7.78亿元，增长25.4%。建材行业中水泥产量975.24万吨，比上年增长15.5%。黑色金属冶压业中钢材产量62771吨，增长18.2%。纺织、服装类产品中纱产量1.06万吨，增长30.0%；服装产量843万件，增长12.4%。全年发电量5.08亿千瓦时，增长17.4%。全年规模以上工业企业实现利税总额34.72亿元，比上年增长38.8%，其中利润总额26.22亿元，增长39.7%。十一项工业经济效益指数综合得分363.28分，比上年提高29.2分。

【城市宜居功能凸显】 江山是一个依山傍水的山水园林城市，城区规划面积312平方公里，建成区面积15.8平方公里，年末城区人口16.18万人(含暂住人口)。2010年，全年新建、扩建道路面积11.8万平方米。年末拥有出租车100辆。全市日供水能力7.11万立方米，全年供水总量1713.5万立方米。市区用气人口15.13万人，燃气普及率93.51%。市区污水处理厂1座，日污水处理能力4万立方米，污水处理率为83.44%。生活垃圾处理率为100%。全年新增园林绿地面积21.44公顷，建成区绿地率41.52%，人均公园绿地面积10.44

平方米。近年来,通过抓好"一标识三化四联创"工作,即推广CIS城市形象品牌,实施城市绿化提升、文化融入和功能优化"三化"工程,开展中国优秀旅游城市、国家卫生城市、省级示范文明城市、省级园林城市"四城联创"工作,城市功能和品位不断提升,先后荣获全国双拥模范城、全国绿化模范市、国家级生态示范区、中国金融生态城市、全国绿色小康县、中国最具投资潜力中小城市百强、省级示范文明城市、省级卫生城市、省级园林城市、省级森林城市、浙江省十大生态旅游名城等称号。

【生态农业特色明显】 江山是浙江省农业大县,先后被命名为中国白菇之乡、中国蜜蜂之乡、中国白鹅之乡、中国猕猴桃之乡。2010年,全市粮油及食用菌、畜禽、蜜蜂、茶叶、果蔬等"1+5"农业主导特色产业总产值46.63亿元,同比增长11.7%,其中食用菌栽培量达3.8亿袋,产值12.77亿元;新增农村土地承包经营权流转面积2.87万亩,流转率达36.28%,位居衢州市前列;省级农业龙头企业累计6家,省名牌农产品累计8个,蜂产品专业商标品牌基地被评为浙江省商标品牌十大示范基地,我市被评为"中国果菜无公害十强市"。

常山县

【概况】 常山县,位于浙江西部,钱塘江上游,东邻柯城区,南连江山市,西接江西省玉山县,北通开化县,东北与淳安县接壤。下辖7镇、7乡,342个行政村。全县总面积1099.1平方公里,人口32.12万。县城天马镇建成区面积8.44平方公里,常住人口8万人。2005年,在上级党委政府的正确领导下,常山县委、县政府以科学发展观为指导,紧紧围绕经济建设中心,实施"工业立县、特色发展"战略,扎实推进城乡统筹,致力构建和谐社会,继续保持了良好的发展态势。全年实现生产总值36.1亿元,同比增长13.7%;财政总收入3.2亿元,其中地方财政收入2.2亿元,确保了平稳增长;全社会固定资产投资28.8亿元,同比增长24.6%;农民人均纯收入4569元,同比增长10.9%。概括起来,常山主要有五个特点:

一是历史悠久。春秋时期为越国姑篾之地,战国归楚,秦属会稽郡太末县。东汉建安二十三年(公元218年)建县,始称定阳,建县已近1800年的历史。曾先后使用过定阳、信安、常山三个县名。

二是交通便利。地处闽、浙、赣、皖四省咽喉,素有"四省通衢,两浙首站"之称。全县交通条件极其便利,320、205国道、杭金衢高速公路横贯全境,黄衢南高速公路、衢常铁路均已开工建设,全县通路里程达750公里,基本形成了"外畅通、内贯通、村连通"的完善的交通网络体系。

三是名品众多。常山县名优特新农产品众多,其中常山胡柚、食用菌、油茶等在国内享有较高的知名度,先后被命名为"中国常山胡柚之乡"、"中国油茶之乡"、"中国食用菌之乡"。常山胡柚为柚与其它柑类天然杂交而成,唯常山县所独有,被农业部绿色食品发展中心授予"绿色食品",被誉为"果中珍品、国之瑰宝"。曾先后四次被中国国际农业博览会评为"优质农产品",全县种植面积10万多亩,年产量14万吨。

四是资源丰富。现已探明矿产资源有石灰石、石煤、萤石等25个品种,其中石灰石、石煤储量分别达到49亿吨、10亿吨,萤石矿储量达1700万吨,均居浙江省首位,尤其是石灰石氧化钙含量在52-55%,是我省石灰石资源最丰富、品位最高的石灰石矿。同时,观赏石资源丰富,品质优良,形态独特。青石镇境内蕴藏着丰富的青石、花石、砚瓦石资源,其中青石储量超过2.4亿立方米,加工企业22家,年销售收入达1.4亿元。有华东地区最大的青石花石专业市场,集散了全国各地的名贵奇石,各种石类加工制作而成的假山、盘景、工艺品被广泛应用于园林景观、盆景工艺和家庭收藏,远销美国、澳大利亚、新加坡等地。

五是景观独特。具有得天独厚的生态自然资源优势,全县土地、水和森林资源丰富,生态环境良好,森林覆盖率达72.8%,享有"绿色常山,天然氧吧"之美誉,境内有三衢国家森林公园,是浙江省重要的生态功能区和绿色屏障。常山喀斯特地貌特征显著,旅游资源丰富。有世界地质学界认定的剖面最完整的奥陶系达瑞威尔阶全球界线层型剖面,是中国第一枚"金钉子"剖面,极具科考、旅游价值。三衢山翡翠石林风景堪称"秀甲东南,江南一绝",有"华东第一石林"之誉。2004年常山国家地质公园成功揭碑开园,占地总面积46平方公里,是国内为数不多的科考休闲佳地。

龙游县

【概况】 龙游县地处浙江省中西部,县域总面积1143平方公里,辖6镇7乡2街道,人口40.4万。主要有以下特色:

古城新县:龙游历史悠久,春秋时期建有"姑蔑"古国,与越国在浙江大地齐名,秦王嬴政25年(公元前222年)置太末县,唐贞观八年(公元634年)改名龙丘,五代吴越宝正六年(公元931年)改称龙游,至今已有2200多年的建县历史,是浙江省历史上最早建县的13个县之一。1959年被撤销县建制,1983年重新恢复。源远流长的历史,留下了丰厚的文化积淀。境内有新石器时代、春秋战国时期、汉代等古文化遗址,充满了"浙西文明发源地"的气息。龙游英才辈出,素有"儒风甲于一郡"之誉。龙游民间很早就有比较浓厚的经商意识,龙游商帮曾是明清时期全国十大商帮之一,是唯一以县域命名的商帮,有"遍地龙游"之美誉。

四省通衢:龙游东临金华,南接遂昌,西连衢江区,北靠建德,是浙江东、中部地区连接江西、安徽和福建三省的重要交通枢纽,素有"四省通衢汇龙游"之称。铁路、水运、民航十分便利,浙赣电气化铁路过境,衢江、灵山江穿城而过,距衢州民航机场30公里;公路四通八达,320国道、46省道、50省道纵横交错,杭金衢高速、龙丽高速、杭新景三条高速公路在龙游交汇,建有全省县级城市中第一条城市环线。完善的交通网络拉近了与"长三角经济圈"的距离,交通区位优势正日益转化为经济发展的优势。

生态旅游:龙游自古即有"东游西游不如龙游"的说法,境内山脉、丘陵、平原、河流兼具,自然资源与人文景观融为一体,自成特色,有国家、省、市三级文物保护单位100多处。被誉为"千古之谜"和"世界第九大奇迹"的龙游石窟是著名的旅游景点,已成为衢州市首个国家"4A"级旅游区,正在积极申报国保单位和世界历史文化遗产。集聚众多明清古建筑的龙游民居苑,风景旖旎的浙西大竹海,以及石佛三门源等自然、人文旅游资源也得天独厚。每年举办全国汽车拉力赛和国际龙舟邀请赛两大赛事,有效提升了龙游的知名度、美誉度。

宜居城市:龙游县城"两江(衢江、灵山江)、两山(鸡鸣山、凤凰山)、两滩(衢江船厂沙洲、石窟沙洲)"的优越自然条件,为龙游创建"浙西中等规模生态型文化旅游城市"提供了良好的基础。目前,龙游中等城市基础性框架已初步形成,建成区面积11平方公里,城市人口10万。坚持"城、景、文、游"四位一体发展,高起点规划,高品位建设,高质量管理,着力打造最佳人居环境品牌。同时以打造"平安龙游"、"和谐龙游"为目标,积极发展各项社会事业,努力改善群众生活环境,推进市民文明素质提升,促进社会和谐稳定,先后跻身省级文明县城、省级卫生县城和省级教育强县行列。

特色经济:龙游是传统农业大县,土地资源充沛,森林覆盖率达56.8%,是发展现代农业的理想区域。生猪、蛋鸭、笋竹、茶叶、发糕、小辣椒、黄花梨、莲子等农特产品极为丰富,有"中国黄花梨之乡"称号。境内毛竹资源丰富,有竹林面积近40万亩,毛竹立竹量6000多万株,享有"中国竹子之乡"的美誉。工业经济驶入了发展的快车道,依托浙江龙游工业园区,形成了特种纸、笋竹加工、机械电子、纺织服装、建材、化工等主导产业,经济总量和质量都得到了显著的提升。

开　化　县

【概况】　开化县位于浙江母亲河钱塘江的源头,地处浙皖赣三省七县交界,是连接浙西、皖南和赣东北的要冲。建县于北宋太平兴国六年即公元981年,是个千年古县。县域面积2236平方公里,辖18个乡镇(建制镇9个)255个行政村,总人口35.06万。县情特点概括为"五个一":

一片青山绿水。县域版图的85%为山地,素有"九山半水半分田"之称。山林总面积285万亩,森林覆盖率80.4%,林木绿化率81.1%。境内的古田山国家级自然保护区,是中国区域性气候研究中心,我国国家一级保护动物黑麂和白颈长尾雉最重要的集中分布地,其低海拔典型性常绿阔叶林植被在中国森林分布中极具代表性和重要地位;钱江源国家森林公园与埃及金字塔、百慕大三角、珠穆朗玛峰、张家界等世界著名景区同处北纬30度这条神秘而奇特的纬线,保留着大片的原始次生林。全县地表水水质达一类水标准,大气质量、水体质量、生物丰度指数、植被覆盖指数均列全国前10位,生态环境总体质量位居全国第16位,是全国9个生态良好地区之一、全国17个具有全球意义生物多样性保护的关键地区之一、华东地区重要的生态屏障,是全国绿化模范县、全国生态示范区、国家生态县。

一硅飞向蓝天。县委、县政府大力发展高新产业,壮大县域经济支撑,单晶硅、有机硅两大主导产业加快转型升级,逐步形成以光伏为主的新能源、以有机硅为主的新材料、以半导体照明为主的新光源"三新"产业,成为浙江省硅产业基地,被誉为"浙西硅谷"。尤其是太阳能光伏产业链初步形成,元通硅业、万向硅峰、华友电子、嘉毅能源等一批高新企业快速发展,光伏产业集聚集约集群发展势头强劲。光伏产品广泛应用于国家国防和航空航天事业,从"东方红一号"卫星到神舟系列宇宙飞船、"嫦娥一号"卫星等一直采用开化产空间用太阳能硅片。

一茶飘香四海。开化位于中国绿茶金三角核心产区,是"中国龙顶名茶之乡"、浙江省茶叶十强县,产茶历史悠久,明朝皇帝朱元璋赐名开化贡茶为"大龙茶"。近年来,开化茶产业得到长足发展,成为农业特色主导产业、农民增收重要支柱产业,全县茶园面积超过10万亩,茶农超过10万人。以"干茶色绿,汤水清绿,叶底鲜绿"为特征的"开化龙顶"名茶名扬海内外,自1985年首获"全国名茶"称号以来,已获国内国际大奖53项,荣膺"中国农产品区域公用品牌价值百强"、"浙江省十大名茶",被认定为中国驰名商标,批量出口40多个国家和地区。浩浩钱塘江,源头产"龙顶",江尾出"龙井",一江挑"两龙","开化龙顶"和"西湖龙井"是浙江绿茶的两条"巨龙"。2010年,全县"开化龙顶"名优茶产量1434吨,产值3.26亿元。

一刀雕出乾坤。世界根雕看中国,中国根雕看开化。开化根雕是浙江省传统工艺美术保护品种、浙江省非物质文化遗产。开化被命名为"中国根雕艺术之乡",拥有国内规模最大、工艺最高的根雕企业——中国·根艺美术博览园。该园是国家4A级景区、国内根艺成果第一视窗、衢州地区唯一的国家文化产业示范基地。它以根雕文化、赏石文化、道教佛教等传统文化为主题,建有福门祥光、云湖禅心、龙卧开阳、中国根雕佛国、中国根雕历史人物博物馆等20余个景点;陈列有佛教道教儒家思想、民间神话传奇、历史风云人物等大型系列根雕作品2000余件,其中最大单件作品重达40吨。"钱江源头,根雕佛国,生态开化"。随着2010中国(衢州·开化)根雕艺术文化节的成功举办,布局达600米的巨型龙眼根雕五百罗汉横空出世,堪称世界之最、华夏一绝,游客纷至沓来,成为黄山、千岛湖、三清山黄金旅游线的重要景点。浙西第一塔楼、历史典故人物根雕博物馆等第三期工程已全面启动建设。

一举享誉世界。开化是浙江省青少年举重训练基地、全国举重高水平后备人才基地,是我国蝉联奥运会举重冠军第一人占旭刚的家乡。高水平举重人才辈出,涌现出超女子举重世界纪录全国冠军李佳敏,全省第一个超女子世界纪录的叶美珍,打破亚洲纪录的占晓林等。至今,全县共有45人次获全国少年举重比赛前6名,在全省青少年举重比赛中有178人获得单项第一名,有39人125人次在省级比赛中打破各年龄段纪录,有6人成为国家运动健将,22人达到国家一级运动员标准。

近年来,县委、县政府深入贯彻落实科学发展观,坚定实施"生态立县,特色兴县"发展战略,加快走"产业高新,小县大城,生态发展"道路,推动了经济社会平稳较快健康发展。

"十二五"时期,是开化大投入、大发展的重要战略机遇期,县委、县政府将牢牢把握"加快发展,科学跨越"这一中心,紧紧围绕"经济发展水平进入全省欠发达地区中等行列,基本公共服务达到全省平均水平,生态建设继续走在全省前列,全面建成惠及全县人民的小康社会"这一目标,全力推动加快发展,努力实现科学跨越,确保与全省同步建成惠及全县人民的小康社会,为基本实现现代化打下更加坚实的基础。

温 州 市

【概况】 温州,浙江省下辖市,位于中国东南部,瓯江下游南岸,是沿海的港口城市。全市陆域面积11786平方公里,海域面积约11000平方公里;全市常住人口接近912.21万(2010年六普数据)。温州是中国民营经济发展的先发地区与改革开放的前沿阵地,在改革开放初期,“温州模式”与同时期的“吴川模式”并驾齐驱,在当时以“南有吴川,北有温州”享誉全国。2012年设立温州市金融综合改革试验区。温州是中国数学家的摇篮、中国南戏的故乡,温州人被国人称之为东方犹太人。

【自然地理】 温州市位于浙江省东南部,东经119°37′-121°18′、北纬27°03′-28°36′,东濒东海,南与福建省宁德市的福鼎、柘荣、寿宁三县市毗邻,西及西北部与丽水市的缙云、青田、景宁三县相连,北及东北部与台州市的仙居、黄岩、温岭、玉环四县市区接壤。

境内地势是由西南向东北呈现梯形倾斜。绵亘洞宫、括苍、雁荡诸山脉,泰顺白云尖海拔1611米,为全市最高峰。东部平原地区,人工河道纵横交错。

主要水系有瓯江、飞云江、鳌江和楠溪江等,境内大小河流150余条。温州陆地海岸线长355公里,有岛屿436个。海岸线曲折,形成磐石等天然良港。

沿海平原是温州主要产粮区,一年三熟,以水稻为主。经济作物有柑桔、茶叶、枇杷、杨梅、甘蔗等60余种,西部山区有大量的林产品资源。温州海域广阔,海岸线长达355公里,有洞头、北麂、·南麂、乐清湾等渔场,海水鱼有带鱼、黄鱼、鳗鱼、鲳鱼、鲈鱼等371多种,还有近百万亩的浅海滩涂,养殖着蛏、蚶、蛎、虾、蟹等海洋生物。

【历史沿革】 远在六千多年前的新石器晚期,已有先民在这里繁衍生息。

先秦时期

约公元前2500年(新石器时代晚期),在温州境内已发现新石器时代文化遗址100余处,出土有石犁、石镰、石斧、石锛、石刀、石凿、石镞、石网坠、石矛及纺轮等劳动工具。尚有夹炭陶片和夹粗沙陶片。先民从事渔猎和耕作。前475-前221年战国时代),前333年(楚威王七年),楚威王破越国,杀越王无疆。越部分族迁东瓯定居。

汉至清

公元前221年,秦王政统一中国,划天下为36郡,温州属闽中郡。

公元前192年(西汉惠帝三年)惠帝刘盈立驺摇为东海王,都东瓯,世俗号为东瓯王。

138年(东汉顺帝永和三年)分章安之东瓯乡置永宁县,西犹兼处州地,户不满万。县始于瓯江北岸。是为温州建县之始。

323年(东晋明帝太宁元年),析临海郡温峤岭以南地区置永嘉郡,治所设于永宁,辖永宁,安固、横阳、松阳四县。建郡城于瓯江南岸,相传有白鹿衔花而过,故后名鹿城。是为永嘉建郡之始。

422年(南朝宁武帝永初三年)谢灵运贬宁永嘉,遍历诸县,多有题咏,成为山水诗鼻祖。前此数年,郑缉之撰《永嘉群记》,是温州最早的地方志,今存孙诒让辑本一卷。

589年(隋文帝开皇九年)永宁、安固、横阳、乐成四县合并,称永嘉县,属处州。后三年,处州改名为括州。州治设于括苍(今丽水市)。

607年(隋炀帝大业三年)改括州为永嘉郡,郡治仍于括苍。辖永嘉、括苍、松阳、临海四县,计10542户。621年(唐高祖武德四年)改永嘉郡为括州。次年,析括州之永嘉县置东嘉州,辖永宁、安固、乐成、横阳四县。自此以后,历1300余年至今,州名无改,州境亦无大变。

724年(唐玄宗天宝元年)改温州为永嘉郡,辖四县,共计42814户,241690口。

758年(唐肃宗乾元元年)复改永嘉郡为温州。

民国时期

1911年(清宣统三年)武昌起义后,11月29日,温州组成军政分府,徐定超任临时都督。翌年7月废温州军政分府,置温州府。1914年6月置瓯海道,辖温州、处州二府,道尹公署驻永嘉县,属浙江省。1932年建立行政督察区。温州区初称浙江省第十行政督察区,督察专员办事处驻永嘉县,后数度更名,称第四特区、第三特区、永嘉行政督察区、第八行政督察区,1948年4月,改称第五行政督察区。

共和国

1949年5月7日温州和平解放,建立温州市军事管制委员会;8月26日成立第五专区,并设温州市。建国后,改称为温州区专员公署。其后,名称和辖县有所变动。1981年9月温州地区和温州市合并建立温州市,实行市管县体制。

【行政区划】 截止2012年底,温州市辖3个市辖区、6个县,代管2个县级市,共有60个街道、64个镇(其中2个民族镇)、6个乡(其中5个民族乡),324个社区、208个居民区、789个农村新社区。市人民政府办公地址:鹿城区绣山路321号行政管理中心。

【人口民族】 温州市是浙江省人口最多的地区,根据《温州市2010年第六次全国人口普查主要数据公报》,全市常住人口为912.21万人。其中,男性人口为479.74万人,占52.59%;女性人口为432.47万人,占47.41%。总人口性别比(以女性为100,男性对女性的比例)为110.93;0-14岁人口为130.53万人,占14.31%;15-59岁人口为680.92万人,占74.64%;60岁及以上人口为100.76万人,占11.05%,其中65岁及以上人口为69.54万人,占7.62%;具有大学(大专以上)文化程度的人口为65.03万人;具有高中(含中专)文化程度的人口为115.04万人;具有初中文化程度的人口为334.44万人;具有小学文化程度的人口为 267.99 万人(以上各种受教育程度的人包括各类学校的毕业生、肄业生和在校生);全市常住人口中,居住在城镇的人口为 602.20 万人,占 66.02%;居住在乡村的人口为 310.01 万人,占 33.98%。

【资源】 温州地质原属华夏古陆的一部分。金属矿有锌、铜、铝等 30 余种。非金属矿有花岗岩、陶土、叶腊石、明矾石等。明矾石储量占全国总储量的 80%,苍南矾山镇有“世界矾都”之称。温州以东近海大陆架盆地蕴藏着丰富的石油和天然气资源。泰顺县乌岩岭亚热带常绿阔叶林原生植被,是浙南绿色宝库。正在勘探开发之中的东海大陆架蕴藏着丰富的石油和天然气。东海油田的开发,必将使温州经济腾飞增添新优势。

温州的山脉有玉苍山、雁荡山等山脉,层峦叠嶂,青翠欲滴。山体主要由流纹岩和凝灰岩构成,局部有花岗岩。由于长期受流水侵蚀,或地震影响,山体崩塌形成了无数奇峰、异洞、怪石、陡壁、峡谷、飞瀑。奇特的造型,优美的神韵,深邃的意境,令人不能不慨叹天工造物之美。温州雁荡山是入选国家第一批 66 个 AAAAA 级旅游景区。温州河流众多,主要有瓯江、飞云江、鳌江三大水系,这些溪流由西向东注入东海。其中瓯江是浙江省第二大河,发源于浙江龙泉市的凤阳山,全长 388 公里,流域面积 1.8 万平方公里,下游北岸为永嘉、乐清,南岸是温州市区。江面宽阔,由于江流海潮相互激荡,彼此消长,泥沙沉积,形成了西洲岛(鹿城)、江心屿(鹿城)、七都岛(鹿城)灵昆岛(龙湾)四个江中沙洲,宛如玉带上的翡翠,给温州增添许多美景。

瑞　安　市

【概述】 瑞安市地处浙江东南沿海,是浙江重要的现代工贸城市、历史文化名城和温州大都市区南翼中心城市。全市陆域面积 1270.9 平方公里,海域面积 3037 平方公里,辖 5 个镇、10 个街道,2012 年末全市总户数 31.96 万户,户籍口径总人口 121.60 万人,人口自然增长率为 1.93‰,其中非农业人口 22.94 万人,男性 62.37 万人,女性 59.23 万人。全年实现地区生产总值 559.32 亿元,比上一年增长 6.7%。其中,第一产业增加值 18.68 亿元,增长 0.4%;第二产业增加值 276.48 亿元,增长 5.9%;第三产业增加值 264.16 亿元,增长 8.1%。三次产业增加值结构比为 3.3:49.4:47.2。按户籍人口计算,人均生产总值 46088 元,增长 5.6%,按年平均汇率折合 7301 美元,首次超过 7000 美元。财政总收入 72 亿元,增长 3.9%,占生产总值比重为 12.9%。其中,地方一般预算收入 40.65 亿元,比上年增长 5.1%。地方税收收入 37.89 亿元,比上年增长 6.9%,税收收入占地方财政收入比重达到 93.2%。财政支出更向民生方面倾斜,全年财政教育支出 14.24 亿元,比上年增长 14.4%;社会保障和就业支出 3.91 亿元,比上年增长 8.3%;农林水事务支出 5.64 亿元,比上年增长 5.9%。

【农业】 2012 年,全市实现农业总产值 30.94 亿元,增长 1.1%。其中,农业产值 13.22 亿元,增长 1.2%;林业产值 0.35 亿元,增长 11.6%;牧业产值 5.59 亿元,增长 6.7%;渔业产值 11.33 亿元,下降 2.0%。农作物总播种面积 3.7 万公顷,下降 0.9%。粮食作物总产量 14.28 万吨,增长 2.9%。全年新建特色基地 4900 亩,新建省级标准化示范基地 1 个、温州市级标准化示范基地 3 个,新增蔬菜示范基地面积达 1.58 万亩,生猪标准化示范基地 1 个,建成粮油产业农技服务基地、农机化产业农技服务基地等 18 个,已建立 33 个、面积 18.33 万亩的无公害农产品基地,无公害农产品、绿色食品、有机食品的总数达 62 个。深入实施农业品牌战略,累计拥有中国名牌农产品 1 个、浙江名牌农产品 3 个,浙江著名商标 3 个。

【工业】 2012 年,全市实现工业总产值 1102.7 亿元,下降 1.2%,工业增加值 246.19 亿元,增长 3.3%,对 GDP 增长的贡献率 23.7%,拉动经济增长 1.6 个百分点,下降 2.3 个百分点。其中,规模以上工业产值 690.5 亿元,下降 3.0%,占全部工业产值的比重为 62.6%;规模以上工业企业实现轻工业总产值 240.40 亿元,下降 1.9%;重工业总产值 450.10 亿元,下降 3.6%,重轻工业之比为 1.87:1。三大主导行业产值 422.76 亿元,下降 3.1%,占规模以上工业总产值的 61.2%。大型企业累计实现产值 108.76 亿元,增长 5.1%,增速高于规上工业总产值增速 8.1 个百分点,大型企业增速高于小型企业增速 9.7 个百分点。高新技术产业产值 228.03 亿元,下降 0.8%,高新技术产业占规上工业产值的比重为 33.0%,提高 0.7 个百分点。新产品实现产值 108.05 亿元,增长 6.7%,上拉规模以上工业增速 0.96 个百分点,新产品产值率达 15.7%。规模以上工业企业主营业务收入 664.84 亿元,下降 5.1%,增幅降低了 16.1 个百分点;利税总额 49.92 亿元,利润总额 29.68 亿元,分别下降 6.3% 和 7.1%。反映工业经济效益整体水平的综合指数得分为 199.76 分,下降了 0.92 分。

【建筑业】 2012 年,全市完成建筑业总产值 56.16 亿元,增长 20.4%。

【房地产业】 2012 年,全市完成房地产投资 97.00 亿元,增长 4.2%。商品房销售面积 27.9 万平方米,比上年增长 145.0%。

【固定资产投资】 2012 年,全市完成全社会固定资产投资 354.78 亿元,增长 35.5%。限额以上固定资产投资 316.41 亿元,增长 39.3%。限额以上工业性投资 81.66 亿元,增长 55.3%;基础设施投资 62.34 亿元,增长 10.8%。其中,制造业投资 68.96 亿元,比上年增长 54.6%,占工业性投资比重达到 84.4%。限额以上基础设施投资累计完成 62.34 亿元,比上年增长 10.8%。重点工程投资 61.54 亿元,滨海农房改造集聚工程、江南水厂迁建等 27 个项目开工建设,瑞祥实验学校、飞云江大桥改建工程竣工投运,丁山三期完成造地 4500 亩并通过验收,客运中心站、滨海大道、瑞祥新区保障房、飞云江标准海堤、仙降段护岸完成主体工程,甬台温高速复线瑞安段、飞云江五桥完成栈桥平台建设。

【商贸服务】 2012 年,全市实现社会消费品零售总额 236.38 亿元,增长 10.3%。其中,城镇消费品零售额 190.18 亿元,增长 9.7%;乡村消费品零售额 46.20 亿元,增长 13.2%。分行业来看,批发零售贸易业零售额 205.10 亿元,比上年增长 10.3%,住宿餐饮业实现零售额 31.28 亿元,比上年增长

10.6%。拥有商品交易市场91个,市场成交额153.1亿元。其中,成交额超亿元的市场9个,超10亿元的市场3个。

【旅游】 2012年,全市实现旅游总收入43.60亿元,增长18.1%。其中,国内旅游收入42.63亿元,增长17.8%。全年接待国内游客504.69万人次,比上年增长17.9%;接待入境旅游者5.64万人次,比上年增长21.2%。

【开放型经济】 2012年,外贸进出口总额35.51亿美元,下降0.4%。其中,出口总额29.82亿美元,增长1.0%;进口总额5.69亿美元,下降7.4%。已开展进出口业务的企业共874家,其中出口超500万美元的企业141家,出口超1000万美元的企业59家。外贸依存度为40.1%,其中出口依存度为33.7%。共与172个国家(地区)开展贸易关系,对欧洲市场出口11.93亿美元,比上年下降1.6%;对亚洲市场出口8.45亿美元,比上年下降3.0%;对非洲市场出口3.11亿美元,比上年增长6.5%;对北美洲市场出口2.97亿美元,比上年增长15.7%。利用外资项目2个,合同利用外资6367万美元,实际到位外资3927万美元。新批境外投资项目8个,投资总额2006.5万美元,创历年全市中方境外投资总额新高。境外机构带动国内商品出口5085万美元,比上年下降4.2%,营业额5182万美元,比上年增长3.7%。

【金融保险】 2012年末,全市金融机构人民币存款余额927.49亿元,比上年下降1.2%;人民币贷款余额907.47亿元,比上年增长10.3%;短期贷款余额达766.79亿元,比上年增长9.3%,其中单位经营贷款比上年增长21.1%。中长期贷款余额127.18亿元,比上年增长8.3%,新增中长期贷款9.78亿元,与上年同期相比,转减为增,比上年多增28.49亿元。

【城市建设】 2012年,全市城市建成区面积78.71平方公里。全年市区供水4501.45万吨,供水水质综合合格率99.8%,管网抢修及时率和质量合格率100%;累计修建市政道路1.02万平方米,疏通、清污、养护排水管道1.43万米。拆除违法建筑337万平方米、户外广告5.1万平方米,绿化造林3.5万亩,新增城市人均公园绿地面积2.45平方米、达到9.98平方米,城市建成区绿化覆盖率达到37.83%,建成区绿地率达到33.32%。

【美丽乡村】 2012年,新建农村联网公路22公里,农户改厕1787户,消除露天粪坑1518个,新增公共厕所100个,成功创建省级重点培育示范中心村3个、整乡整镇整治项目6个,温州市级连片整治建设7处、生态村71个、全面小康农村新社区(示范村)52个,瑞安市级新村595个。完善"村房两改"政策,开工建设农房改造集聚、城中村和安置留地项目58个252万平方米,农房改造集聚率超过5%。扎实推进"三分三改",股改、地改分别完成年度任务的116.6%和118.6%,镇街"农合联"完成组建。

【环境保护】 2012年,全市环境污染治理项目完成投资额3787.2万元。全年收集处理生活污水2804万吨,完成COD减排4714.5吨,污水处理厂集中处理率达到83.05%,城市生活垃圾无害化处理率达到100%。全市烟尘控制区面积17.44平方公里;化学需氧量、二氧化硫和氨氮排放量均削减2%,氮氧化物排放量削减1%;环境噪声达标区面积15.32平方公里。飞云江上下游水质符合功能区要求,水质达标率在全省八大水系中继续保持前列;瑞平塘河3个监测断面中2个符合功能区要求;温瑞塘河水体高锰酸盐指数下降22.3%、总磷下降5%,水质整体呈现改善趋势。全年环境空气质量良好以上级别的天数达到360天,占全年有效监测天数的98.3%。

【交通运输】 2012年末,全市公路总里程1826.79公里,其中高速公路里程15.36公里,一级公路里程46.71公里。104国道塘下至汀田段完成桥梁桩基工程,104国道飞云江三桥北延伸工程基本完成北延伸线路基工程。温州绕城高速西南线全面展开征地工作。全年全市实施农村公路路面大中修44.37公里,重大隐患桥梁整治1座、一般隐患桥梁整治10座、隧道整治2座,临水临崖公路重大隐患整治18处。拥有营运客车945辆,客运班线169条,新开通市区至塘下、至火车站的城乡公交,公路通达率为100%,客运班车通村率达90.11%,城乡客运一体化率为76.53%。

【邮电通信】 2012年,全市实现邮政业务收入1.36亿元,比上年增长18.9%,电信业务收入17.41亿元,比上年增长6.4%。年末全市城乡固定电话用户达到40.83万户,移动电话用户达到165.39万户,国际互联网宽带用户达到29.40万户。

【供电用电】 2012年,全社会用电量59.99亿千瓦时,比上年增长1.1%,其中工业用电42.68亿千瓦时,比上年下降2.2%,城乡居民生活用电12.23亿千瓦时,比上年增长10.9%。

【科技创新】 2012年,组建科技担保公司,新建院士专家工作站2家,新增国家级技术中心1家,累计2家;新增企业研究院1家,累计3家,新增省级高新技术企业研发中心1家,累计19家。品牌战略获得丰收,新增浙江名牌产品4个、累计44个,温州名牌产品30个、累计96个,瑞安名牌产品28个、累计131个,品牌的年增量和总量均位居温州市前列。

【教育】 2012年末,全市拥有小学99所,在校学生10.21万人,小学适龄儿童入学率达到100.0%;初中54所,在校学生3.79万人,初中适龄少年入学率达到100%,初中毕业生升入高中段各类学校比例为97.1%;普通高中16所,在校生1.84万人,全国高校统考上线率和录取率分别达到81.8%和82.0%;中等职业学校6所,在校生0.89万人;幼儿园314所,在园幼儿5.8万人;特殊教育学校1所,在校学生397人。实施民办教育综合改革,已批办的民办教育机构达343个,开工建设第二外国语学校,新增教育集团2个、公办幼儿园3所,创建省级以上示范学校15所,市级示范学校30所,市级素质教育示范学校6所,市级现代化学校12所,省级现代教育技术实验学校9所,省级义务教育标准化学校62所。全市98.2%的初中和100%的小学仪器设备达到省教育装备Ⅱ类以上标准。中小学信息化投入经费3517万元,新增多媒体设备604套。

新建中小学校舍9.11万平方米,排除危房2.64万平方米,改造破旧房2.28万平方米。

【文化】 2012年,全市加强公共文化设施建设,文化设施布点规划和中国南戏城前期研究工作全面推进;瑞安文化园区建设项目已进入项目设计阶段;博物馆即将投入使用。文艺精品创作得到加强,文艺创作作品获国家级奖项3项,省级奖项29项,温州市级12项。图书服务功能进一步延伸,市图书馆硬件设施达国家一级馆标准,已建成农家书屋工程258个,全年新增藏书6.4万册(件),公共图书馆藏书达到43万册(件);接待读者112万人次,流通150万册次。新建图书流通服务站9个,累计达到45个,每季送书下乡2000余册。文化遗产保护工作有序开展,新增瑞安市文物保护单位25处,累计达88处;新增浙江省非物质文化遗产名录3项、瑞安市级非遗项目6个、代表性传承人19名。

【卫生】 2012年末,全市拥有医疗卫生机构733个,医院、社区卫生服务中心32家;共有卫生技术人员7074人,其中医生3061人;医疗床位3439张,其中医院3088张,社区服务中心297张。新型城乡合作医疗制度进一步健全,基本医疗保障水平不断提高,新型农村合作医疗参保人数达81.05万人。社区卫生服务网络建设加快,已建立社区卫生服务站47个。妇幼保健服务工作不断加强,全市孕产妇系统保健管理率达96.02%,孕产妇死亡率为8.16/10万,3岁以下儿童系统管理率为97.07%,婴儿死亡率为2.12‰,5岁以下儿童死亡率为3.26‰。启动县级公立医院综合改革,人民医院急诊大楼投入使用,创成省级规范化社区卫生服务中心4家,通过省药品安全示范县(市)验收。

【体育】 2012年,全市体育人口达46.02万人,占总人口的37.8%。《国家体育锻炼标准》达标率为94.6%。全年在省、温州市级运动会上获得奖牌数398枚,其中金牌145枚,银牌139枚,铜牌125枚。培养等级运动员12名、等级裁判员26名。建成体育中心游泳馆主体工程,新增省级体育强镇1个、健身苑点113个。

【人民生活】 2012年,全市城镇居民人均可支配收入38988元,增长11.1%;农村居民人均纯收入15987元,增长11.0%。城镇居民人均消费支出26920元,比上年下降0.7%;农村居民人均生活消费支出12038元,比上年增长4.2%。城乡居民恩格尔系数分别为42.2%和44.35%。公共财政用于民生支出34.9亿元,增长4.9%。开工建设保障性住房14.1万平方米,完成瑞祥新区经济适用房分配1136套。

【社会保障】 2012年末,城镇参加基本养老保险人数达到40.91万人,比上年增加3.83万人;参加新型农村社会养老保险人数28.5万人,增加1.16万人;共支付5.94万名离退休人员养老金12.35亿元,建成居家养老服务中心37家;参加基本医疗保险人数为29.12万人,增加1.72万人;参加失业保险人数为14.01万人,增加1.41万人;参加工伤保险人数为35.05万人,增加1.69万人;参加生育保险人数为13.54万人,增加1.26万人。参加生活保障和生活补助制度的被征地农民5.94万人,被征地农民基本生活保障制度推广到403个行政村。

全年全市最低生活保障资金支出3873.25万元。年末全市各类收养性社会福利单位拥有床位14801张。农村五保和城镇"三无"集中供养率均为100%,实现了农村五保和城镇"三无"对象集中供养。城镇建立各种社区服务设施6270个。

【平安创建】 2012年,建立安全生产事前行政问责制,开展合用场所消防安全防范创新体系建设试点,实施新居民服务管理七大行动,启用社会应急联动服务系统,大力化解社会矛盾纠纷和一批历史遗留问题,"十八大"安保工作被评为省级先进,刑事发案总量、安全生产事故总数同比分别下降10.3%和7.4%,连续第四次获得浙江省"平安市"称号。

【获得荣誉】 荣获"中国鞋都·安全鞋名城"称号,被评为全国土地资源集约节约模范县、浙江省创建法治县工作示范单位、十八大安保全省先进单位,通过省级卫生城市复评和省药品安全示范县验收,实现平安市"四连创"。

乐　清　市

【概况】 乐清市地处浙江东南沿海,瓯江口北岸。西北为雁荡山山脉,东南为海积平原。地势自西北向东南倾斜,陆地面积1223.3平方公里,海域面积270平方公里。境内河(溪)流众多,流向东南,注入乐清湾。乐琯运河和乐虹运河横贯南部,连接众多河道,构成虹桥、乐成、柳市三块水网平原。下辖9镇8街道。全年实现地区生产总值(GDP)599.08亿元,比上年增长5.5%,增幅比上年下降了4.7个百分点。其中,第一产业增加值19.34亿元,增长1.0%;第二产业增加值348.97亿元,增长3.1%;第三产业增加值230.77亿元,增长10.0%,占GDP的比重比上年提高了2.4个百分点,对GDP增长的贡献率达64.6%。三次产业比重为3.2∶58.3∶38.5。人均地区生产总值(按户籍人口计算)47323元,按年平均汇率折算为7497美元,比上年增长4.2%。全年财政总收入91.68亿元,比上年增长11.6%,其中公共财政预算收入45.72亿元,增长9.8%;全年完成公共财政预算支出46.48亿元,增长1.5%,其中民生类项目支出36.07亿元,增长2.6%,高于财政支出平均增幅1.1个百分点,占全部财政支出的比重为77.6%,占比比上年提高了0.8个百分点;而一般公共服务支出5.20亿元,下降0.5%。

【人口】 2012年,全市年末户籍总户数36.98万户,户籍总人口127.16万人,其中非农业人口11.76万人。登记的新居民人数达70.65万人。出生人口1.78万人(其中,当年人口出生为1.71万人),死亡人口7802人,出生率为14.07‰,死亡率为6.16‰,自然增长率为7.91‰。

【经济建设】 农业。全年农林牧渔业总产值29.74亿元,按可比价计算,比上年增长0.8%。农业和林业的产值分别为11.79亿元和0.16亿元,分别比上年增长13.7%、33.8%;牧业和渔业的产值分别为6.57亿元和9.95亿元,分别比上年下降14.2%和2.4%。粮食生产保持稳定。农作物总播种面积为54.75万亩,比上年下降2.7%,其中粮食作物播种面积为38.41万亩,下降2.0%。粮食总产量为16.09万吨,下降0.7%。经济作物中,除花卉受我市绿化需要推动有所增长外,其他作物均有不同程度的下降。全年生猪出栏18.29万头,年末存栏14.81万头,分别比上年下降10.5%和3.5%。牛、兔养殖均出现存栏降、出栏升的现象,家禽生产势头也有所减弱。全年水产品总产量7.22万吨,比上年增长1.7%,其中海水产品总产量达6.70万吨,增长2.1%;淡水产品0.52万吨,比上年下降3.4%。全市现有专业合作经济组织670家,其中农民专业合作社646家,比上年增加86家。拥有国家级农业龙头企业1家、省级骨干龙头企业1家、温州市级农业龙头企业19家、乐清市级农业龙头企业84家。

工业。全年实现工业增加值319.74亿元,比上年增长1.9%,增幅比上年回落7.7个百分点。实现工业总产值1434.2亿元,比上年下降2.9%。全市905家规模以上工业企业完成产值1034.55亿元,比上年下降4.0%;实现利润总额62.58亿元,比上年下降1.8%。亏损企业亏损额为3.8亿元。产业结构调整出现积极变化。规上工业企业科技活动经费支出比上年增长16.9%,高于主营业务成本增速24.2个百分点;新产品产值率为14.3%,占比比上年提高了0.4个百分点;高新技术产业产值681.50亿元,占规上工业总产值的比重为65.9%,比上年提高1.1个百分点。新增浙江名牌产品2个,累计45个;新增温州名牌产品11个,累计93个。全市拥有注册商标30152枚,驰名商标7枚,省著名商标55枚,温州市知名商标81枚,乐清市名牌商标152枚。建筑业。实现建筑业增加值29.23亿元,比上年增长27.5%。全市拥有资质以上建筑企业41家,实现建筑业总产值75.06亿元,增长34.4%;实现利润总额2.54亿元,增长16.5%。固定资产投资。全年完成限额以上固定资产投资362.0亿元,比上年增长40.7%,其中工业性投资100.42亿元,增长58.5%,增幅居全省工业强县(市、区)首位,投资总额、工业性投资额、列入温州市重点建设项目进度三项指标均居温州各县(市、区)首位。限额以上投资率达到60.4%,创历史新高。完成技术改造投资额61.9亿元,比上年增长143.1%,增幅提高了157.9个百分点。全市限额以上工业性投资100.42亿元,比上年增长58.5%,高出限额以上投资增速18.5个百分点,工业性投资占限额以上投资的比重为27.7%,较上年提高了3.1个百分点,对限额以上投资的贡献达到35.4%。全年房地产投资121.98亿元,比上年下降5.1%,房地产投资占限上投资的比重为33.7%,占比比上年下降了16.3个百分点。全年限额以上基础设施投资完成85.33亿元,比上年增长70.3%,占比也由上年的19.5%上升到23.6%。政府性投资额完成75.31亿元,占整个基础设施投资的比重为88.3%。

国内贸易和旅游。全年社会消费品零售总额210.75亿元,比上年增长6.6%,其中城镇消费品零售额166.98亿元,增长8.8%;乡村消费品零售额43.78亿元,下降1.2%。分行业看,批发零售贸易业消费品零售总额187.23亿元,住宿餐饮业消费品零售额23.53亿元,分别比上年增长6.4%和7.8%。全年限额以上汽车类销售额39.62亿元,比上年下降12.5%。食品类生活必需品销售则保持刚性增长,全年食品类生活必需品销售额比上年增长86.8%;建筑类因投资的拉动销售保持高速增长,全年建筑及装潢材料类比上年增长56.8%。年末共有商品交易市场78个,实现年成交额122亿元,其中年成交额超亿元市场17个,年成交额92亿元。全年接待旅游人数达857.75万人次,旅游收入达77.95亿元,分别比上年增长20.9%和21.7%。全市现有星级农家乐104家,其中一星级25家,二星级47家,三星级30家,四星级2家。正泰集团、雁荡山啤酒厂被评为首批浙江省工业旅游示范基地;海美鲜集团、雁荡山啤酒厂申报创建温州市特色旅游消费场所。全市现有旅行社27家,星级饭店14家,其中三星级6家,四星级2家,五星级1家。

对外经济。全年实现外贸进出口总额23.27亿美元,比上年下降3.0%,其中进口总额2.97亿美元,增长11.5%,出口总额20.3亿美元,下降8.4%。全市新批外商投资企业4家,合同外资1788万美元(其中新批合同外资657万美元,增资1496万美元,减资448万美元),实际利用外资2096万美元。全年新批境外机构2家,中方投资额为2210万美元,比上年增长116%,对外承包工程和劳务合作营业额达1700万美元。

金融保险。年末,我市金融机构人民币贷款余额967.2亿元,比上年增长17.8%;金融机构人民币存款余额1016.26亿元,比上年增长3.2%。金融业机构不断壮大,现有银行机构20家,小额贷款公司4家,民间资本管理公司1家,乐清市民间资本投资服务中心1家。全年各项保费收入14.50亿元,比上年增长7.9%;赔款给付支出4.27亿元,增长30.6%。财险保费收入6.89亿元,增长14.2%,赔款给付支出3.34亿元,增长32.1%;人身保险保费总收入7.61亿元,增长2.9%,赔款给付支出0.93亿元,增长25.6%。年末,全市沪深两市累计证券交易量616.38亿元,比上年下降35.6%;托管市值51.87亿元,共有资金账户7.58万户。

【城乡建设】 城市建设和环境保护。市政设施进一步完善。市污水收集管网工程建成管网85.35km,其中一级1.22km,二级24.43km,三级59.7km。城市给水管网改扩建工程(2012年)建成管线129.4KM,楠溪江引供水工程正式通水;市环卫基础设施建设工程累计(2010~2012年)完成垃圾中转站20座,公厕128座,垃圾收集坞39座;大力开展公园绿地建设,建成区公园绿地达67.75公顷,人均公园绿地达8.50平方米,比上年增加3.59平方米。

节能降耗和环境综合整治工作取得新进展。年末拥有环境监测站1个。全市建成烟尘控制区1个,面积达10.18平方公里;建成环境噪声达标区1个,面积达10.18平方公里。全年环境空气质量良好以上级别的天数达到301天,占全年有效监测天数的比重为97.7%。全年单位GDP能耗比上年下降6.2%。大力开展生态镇(街道)创建活动,已建成国家级生态镇1个,省级生态镇(街道)5个,温州市级生态镇(街道)2个,温州市级生态村164个。新建设森林公园4个,新增森林公园面积4502公顷,人均新增森林公园面积35.40平方米,全市森林覆盖率为53.9%。

交通、邮电和电力。全年完成交通基础设施建设投资14.08亿元,新增公路里程4.49公里,完成改建公路里程36.2公里,公路总里程达1439.66公里,其中高速公路里程70.87公里,一级公路里程5.62公里,二级公路137.70公里。完成公路客运量6375万人次、周转量342513万人公里,公路货运量1070万吨、周转量333250万吨公里。公路养护工程顺利推进，完成36公里的农村公路大中修工程，60.13公里的县乡公路安全保障工程及4座104国道危桥改造工程。继续推进城市公交改革和城乡客运改造，优化公交线网，投放新车50辆，启用城市公交市民IC卡。城乡客运一体化率达73.6%，农村客运班车通达率88.29%。全年邮电通信行业业务收入18.93亿元，年末固定电话用户数40.03万户，年末移动电话用户数159.55万户，国际互联网用户数109.37万户。全年电网建设投资11.98亿元，建成投运了500千伏乐清输变电工程、220千伏茗山输变电扩建工程等工程；开工建设了3个110千伏输变电工程；续建工程500千伏玉环电厂二期送出；扎实推进220千伏乐成输变电及扩建工程。全年用电量45.64亿千瓦时，仅比上年增长1.0%，其中工业用电27.4亿千瓦时，比上年下降5.8%，城乡居民生活用电12.19亿千瓦时，增长12.4%。

教育和科技。全年财政教育投入16.35亿元，比上年增长4.33%。至年末，普通高中17所，在校生2.12万人，专任教师1599人；中等职业学校10所，在校生0.94万人，普通高考上线率达82.3%。初中65所，在校生4.02万人，12—14周岁初级中等教育阶段适龄儿童少年入学率99.56%，初中毕业生升入高中阶段比例为97.48%，专任教师3621人；小学88所，在校生10.06万人，小学入学率99.99%，小学专任教师5523人。幼儿园220所，在园幼儿6.14万人，3—5周岁幼儿入园率93%。新居民子女4.76万人，入学率达100%。全年投入教育基建资金5.14亿元，完成建设项目23个，新建校舍面积10.89万平方米，改造校舍总面积6.93万平方米。全年科技投入为17.09亿元，比上年增长16.5%，相当于地区生产总值的2.8%。研究和发展（R&D）经费支出9.92亿元。新增高新技术企业18家，累计84家；列入国家级科技型中小企业技术创新基金项目3项、重点新产品2项、火炬计划15项、星火计划25项，列入省重大科技计划专项1项、省新产品294项。专利申请量与授权量分别为5367件和3900件，分别比上年增长41.2%和45.6%。投资1.10亿元建设科技创新园，引入高端智力资源，成立乐清首家院士专家工作站。市科技孵化创业中心被认定为国家级科技企业孵化器；我市被认定为浙江省知识产权工作示范市。

文化、卫生、体育。全年送戏下乡258场以上，送书下乡27.63万册。建成农家书屋236个，实现社区农家书屋全覆盖。完成农村公益性数字电影放映“2131”工程任务，全年放映农村数字电影8376场，覆盖率100%。市图书馆、博物馆已顺利完成结构封顶，开工以来累计完成总投资额1.38亿元。市图书馆新增2.84万册（片），总藏量75.57万册（片）；总流通23.66万人次。全市广播综合人口覆盖率99.3%，电视综合人口覆盖率98.5%。乐清市非物质文化遗产馆成功入选浙江省非物质文化遗产宣传展示基地，成为宣传展示乐清人文风情的新窗口。4项非遗项目成功入选省级非遗名录，16人成功入选温州市级非遗传承人，乐成二小成功申报为浙江省非遗传承教学基地。

年末全市拥有医疗卫生机构1074个，医院、卫生院51家，其中大荆镇中心卫生院、北白象中心卫生院顺利通过温州市二级乙等医院评审；年末医疗床位2963张，其中医院2418张，卫生院545张。顺利创建15个温州市示范化农村新社区卫生服务站，4家省级规范化社区卫生服务中心；顺利通过省级生活饮用水水质卫生管理示范县考核和省级卫生城市复评。年末全市共有卫生技术人员5746人，其中医生3049人，注册护士1718人。妇幼保健工作进一步提升，孕产妇死亡率为9.51/10万，婴儿死亡率和5岁以下儿童死亡率分别为3.68‰和4.4‰。

积极开展体育创强创特工作，石帆、白石两街道通过了省体育强镇（街道）创建工作，现共有省体育强镇（街道）12个。总注册运动员人数为608人，市体育中心建设步伐加快，全年已完成工程投资额2.52亿元。新建篮球场30个，更新改造健身苑50个。

【社会事业】 人民生活。城乡居民收入稳步增长，收入差距进一步缩小。城镇居民人均可支配收入达到37920元，比上年增长10.1%；农村居民人均纯收入17454元，增长11.0%。城镇居民人均消费支出为26342元，比上年增长4.5%，其中，人均食品支出8676元，增长13.0%，城镇居民恩格尔系数为32.9%。农民人均消费支出11139元，比上年增长7.9%，农村居民恩格尔系数为42.6%。年末每百户城镇居民家庭拥有汽车36辆、彩色电视机198台，家用电脑97台。每百户农民家庭拥有汽车16辆、彩色电视机170台、家用电脑63台。居住条件不断改善，年末城镇居民人均建筑面积47.5平方米，农村居民人均住房面积53.6平方米，分别比上年增加了0.6和1.83平方米。

社会保障。全市参加基本养老保险参保人数33.83万人，其中参加企业职工养老保险人数为30.8万人，机关事业单位参保人数达3.03万人。全市参加职工基本医疗保险人数为15.9万人；全市参加工伤、失业、生育保险人数分别为35.1万人、13.8万人、10.6万人。新型城乡居民医疗保障工作扎实推进，出台实施城乡居民大病补充医疗保险，全市总参合人数87.57万人，参合率为98.3%。深入推进残疾人保障工程，现有3365名残疾人享受最低生活保障补助。

全市共有各类社会福利机构26所，拥有床位数1839张，每万人拥有床位数14.5张。农村五保和城镇“三无”人员的集中供养率达100%。着重推行居家养老服务，建成39家社区居家养老服务照料中心示范点，在城区安装700部居家养老电话。医疗救助资金年人均筹集标准达到10元，实际救助1719人次。合理调整全市城乡新社区96个，全年共办理结婚登记13301对，离婚登记1718对，办理收养登记15件。

永　嘉　县

永嘉县位于浙江省东南部，与温州市区隔江相望，总面积2674.3平方公里。2012年，辖4个功能区、10个镇、8个街道、81个城乡社区（902个行政村）。全县户籍总人口96.27万人，比上年增加2317人，其中女性人口45.11万人，60岁以上人口占13.7%。全年实现地区生产总值260.83亿元，比上年增长8.7%。其中，第一产业增加值9.63亿元，增长1.65%；第二产业增加值159.51亿元，增长7.7%；第三产业增加值91.69亿元，增长11.3%。三次产业的结构由上年的3.9∶61.8∶34.3调整为3.8∶61.1∶35.1。全县人均地区生产总值为27145元，比上年增加2179元，增长7.8%。全年实现财政总收入35.55亿元，比上年增长10.8%，其中公共财政预算收入18.14亿元，增长11.5%。完成税收收入17.03亿元,增12.38%,占公共财政预算收入比重为93.87%。财政支出继续向民生倾斜,公共财政预算支出34.74亿元,同比增长12.44%。其中,教育支出10.09亿元,一般公共服务支出5.30亿元,农林水事务支出4.29亿元,分别增16.44%、9.94%、6.42%。

【农业】 2012年,全县实现农业总产值15.56亿元,比上年增长5.6%。其中,农业、林业、畜牧业、渔业产值分别为8.40亿元、1.21亿元、5.02亿元、0.70亿元,同比分别增长10.3%、9.2%、-3.0%、13.8%。全年粮食作物播种面积31.01万亩,比上年增加0.23万亩,增长0.85%;粮食总产量11.28万吨,减少1.6%。油料作物播种面积4.25万亩,下降2.9%;蔬菜总产量9.75万吨,下降4.0%;茶叶总产量625吨,增长2.3%;水果总产量6.29万吨,增长0.4%;肉类总产量为2.17万吨,下降5.0%;蜂蜜产量1436吨,增长17.9%;渔业水产品总产量3556吨,增长2.5%。推进农业"两区"建设,启动2.31万亩粮食生产功能区建设,创建了2个产业示范区、1个休闲观光园和5个精品园项目。增强农业示范作用,培育特色农业示范村40个,推进小溪村铁皮石斛基地、红豆杉药材两用林基地、五井早茶叶生产基地、大龙山休闲观光农业基地等14个产业化重点项目。加大名特优农业品牌建设,新增绿色食品1个、无公害农产品6个,有机食品2个,名优特果树茶叶3500亩,改造6000亩的茶叶、香柚、杨梅低产园,重点培育蔬菜、茶叶、水果、田鱼等主导特色产业,特产经济收入达4.1亿元。

【工业】 2012年,全县工业总产值545.22亿元,比上年增长1.1%。其中,规模以上工业产值373.57亿元,同比增长5.4%;重工业产值为161.50亿元,比上年增长3.4%,轻工业产值为212.07亿元,比上年增长7.1%;皮鞋、泵阀、服装、纽扣拉链产值分别为114.95亿元、89.66亿元、59.44亿元、13.21亿元,比上年分别增长8.2%、5.7%、6.7%,-3.6%。规模以上工业全年实现主营业务收入361.78亿元,比上年增长4.5%;利税总额44.38亿元,增长3.0%,其中利润总额28.34亿元,增长2.5%。年末,规模以上工业企业应收帐款净额82.42亿元,增长7.8%;产成品存货18.34亿元,增长31.8%。

【建筑业】 2012年,全县完成建筑业总产值43.47亿元,比上年增长5.6%;完成房屋建筑施工面积237.01万平方米,增长19.2%。全县共有资质建筑企业35家,全年建筑企业签订合同额93.76亿元,其中本年新签订合同额42.13亿元,比上年增长16.2%。

【固定资产投资】 2012年,全县完成全社会固定资产投资204.04亿元,比上年增长48.9%。限额以上固定资产投资完成额为176.35亿元,比上年增长58.3%;其中,第一、二、三产业分别完成投资5.06亿元、33.87亿元和137.42亿元,比上年分别增长440.0%、12.0%、71.3%。完成工业投资、基础设施投资分别为33.78亿元、55.58亿元,比上年分别增长17.9%、39.2%。全年限上投资项目684个,其中,当年新开工项目427个,当年完工项目396个。县级重点工程46项,全年累计完成投资37.02亿元,完成率107.5%。其中楠溪江供水工程、瓯北西段标准堤主体工程、110KV五中输变电工程、县垃圾焚烧发电厂一期工程、县中医院住院大楼、瓯北中心卫生院迁建工程等6个项目按期投入使用;41省道沙头至上塘段改建、雁楠公路永嘉段、甬台温铁路配套工程、永缙线改建等项目进展顺利;诸永高速延伸线工程、41省道南复线、104国道永嘉三江至李浦连接线工程等工程有序推进;三李公路、瓯北大桥、县行政中心、公共文化活动中心等8个项目开工。

【房地产业】 2012年末,全县共有房地产开发企业50家,全年实际完成投资79.06亿元,比上年增长87.4%。全年房地产施工面积368.29万平方米,比上年增长22.9%;竣工面积23.09万平方米,比上年增长120.1%;销售面积7.94万平方米,比上年增长12.0%,销售额17.0亿元,比上年增长40.1%。

【商贸服务】 2012年,全社会消费品零售总额89.56亿元,比上年增长11.7%,增幅比上年回落2.1个百分点。其中,城镇消费品零售额84.79亿元,增长12.0%;乡村消费品零售额4.77亿元,增长6.5%。批发零售贸易业零售额79.28亿元,增长12.4%;住宿和餐饮业零售额10.28亿元,增长6.4%。年末,全县各类商品交易市场共37个,其中超亿元市场1个,消费品市场27个,生产资料市场10个。全年累计成交额27.77亿元,比上年增长0.1%。其中,消费品市场成交额25.28亿元,下降1.3%;生产资料市场成交额2.49亿元,增长17.4%。

【旅游】 2012年,全县旅游总收入22.98亿元,比上年增长21.3%。全年接待游客总人数313.11万人次,比上年增长21.4%。其中,国内游客人数311.16万人次,增长21.4%;接待境外游客1.95万人次,增长23.4%,旅游外汇收入569.96万美元。成功举办2012年中国(温州)森林旅游节开幕式、首届中国楠溪江山水文化旅游节等旅游活动。"三中心六酒店"(金珠瀑文化休闲中心、消防培训中心、楠溪云岚养生度假中心,芙蓉山庄、九丈甸园、楠溪山居酒店、浙南电力实训基地、临江小庄、耕读小院)等旅游项目加快推进。楠溪江(枫孤溪)旅游度假区、楠溪江流域时尚旅游创意示范区等重大项目的前期工作全面展开。

【民营经济】 2012年,全县新增私营企业1186户、个体工商户9387户,新增私营企业注册资本11.2438亿元、个体工商户注册资本5.3217亿元。全县申请国内注册商标2483件,成功注册商标2239件,育才控股集团有限公的"育才及图"商标被认定为中国驰名商标。新增浙江省著名商标9件,新认定温州市知名商标6件,年末,全县注册商标数累计18739件。

【开放型经济】 2012年全县进出口总额7.90亿美元,比上年增长6.0%,其中出口总额6.94亿美元,增长16.1%,比上年提高5.8个百分点;进口总额0.96亿美元,下降3.2%。年末全县拥有自营进出口权企业403家。

【金融保险】 2012年末,全县金融机构本外币各项存款余额392.96亿元,比上年增加36.86亿元,增长10.4%;其中,城乡居民储蓄余额240.15亿元,增加29.72亿元,增长17.6%。全县金融机构本外币各项贷款余额337.71亿元,比上年增加62.47亿元,增长22.7%。全年保险机构保费收入8.29亿元,比上年增长16.2%。其中财产险保费收入3.34亿元,增长16.8%;人身险保费收入4.95亿元,增长15.7%。已决赔款2.21亿元,比上年增长48.0%。

【城市建设】 2012年末,城镇建成区面积6.44平方公里,城镇维护建设资金支出1.99亿元。城镇道路面积162.68万平方米,排水管道长度23.9公里,公园绿地面积65公顷,供水综合生产能力4万立方米/日。全县共拆除违法建筑面积335万平方米,年末编制完成《"数字永嘉"地理空间框架项目设计书》初稿。

【新农村建设】 扎实推进以农房集聚改造为重点的保障性住房建设,全年新增农房集聚率8.08%。不断深化农村"转并联"改革,顺利完成社区调整优化,将原先的117个农村新社区调整为65个,并梳理下放了110项与群众密切相关的行政审批和公共服务事项到社区便民服务中心办理。2012年,农村居民人均纯收入11549元,比上年增长11.4%,扣除价格因素实际增长8.9%;人均消费支出为8548元,同比下降6.5%;恩格尔系数为54.0%。农村居民每百户拥有家用汽车12辆,家用电脑26台,空调67台,移动电话157部。农村人均住房居住面积50.66平方米。

【环境保护】 2012年,全县继续深化"三县三城联创",进一步加强生态保护和环境整治,巩固已创国家、省级生态镇和国家、市级生态村创建成效;切实强化生态工业、生态农业、生态旅游、生态文化等生态示范点的强化提升,成功创建省级生态县、省级森林城市。按照国家级生态镇新标准,启动7个国家级镇生态建设规划修编工作。全县1个街道和10个村申报创建市级生态街道、村。启动电镀、印染、造纸、化工、合成革等5大行业深化整治促进提升工作。严厉打击取缔各类违法排污企业,共出动400多人次,打击取缔各种"十五小"企业40家次。积极开展污染企业日常监管,出动执法人员6525人次,检查企业达2851家次。共立案查处167件环境违法案件,罚没款入库406.7万元。

【交通运输】 2012年,交通运输邮政仓储业共完成增加值3.18亿元,比上年下降2.6%。水陆货物运输周转量105054万吨公里,与上年基本持平;其中公路99295万吨公里,比上年增长1.4%;水路5759万吨公里,比上年下降19.3%。公路旅客运输周转量172350万人公里,与上年持平;全县沿海港口货物吞吐量92.54万吨,同比下降5.2%。年末,全县境内等级公路总里程为1030公里,其中高速公路102公里;民用汽车拥有量12.05万辆,比上年增加1.3万辆。

【邮电通信】 全年邮政业务量4694万元,比上年下降18.1%。全年电信业务总收入8.74亿元,比上年增长5.9%。年末,固定电话用户19.87万户,同比减少1.18万户;移动电话用户87.64万户,同比增加13.83万户;国际互联网宽带用户14.27万户,同比增加1.55万户。

【科技创新】 2012年,全县新增高新技术企业8家,省级创新型试点企业1家,省科技型企业2家,省级专利示范企业1家,省级企业研发中心5家,市级科技(创新)型企业11家。年末,全县拥有高新技术企业46家。全年获得专利授权954件,发明专利46件。今年以来共建成并通过认定的省级企业研究院1家、省级企业工程技术中心1家、省级企业研发中心15家、市级企业研发中心18家、县级企业研发中心36家。全县共引进各级各类人才1221人,其中引进硕士研究生17名;引进国(境)外智力项目19项,聘请外国专家19人次;引进高层次人才和特殊紧缺专业人员35人;高技能人才培养1310人;并顺利举办温州市农家乐烹饪技能大赛,25人获得高级工职称。

【教育】 2012年末,全县有普通中学55所,其中普通初中46所,小学75所、幼儿园209所,青少年体校1所、职业学校教育集团2个、独立职校1所。有在校学生约15.3万人,专任教师7435人。小学学龄人口入学率达99.9%,初中毕业生升学率94.0%;普通高校文理科上线共3826人,文理科第一批上线人数376人,高考成绩再创佳绩。尊师重教氛围日渐浓厚,企业家自发斥资设立教育基金会,教育基金已达5800多万元。教师素质能力不断提升,共有189名教师获得温州市第五届师德楷模、温州市第五届终身班主任等市级荣誉,188名被评为县级骨干教师,49名被评为县级骨干班主任。积极开展民办教育综合改革,分别与温州职业技术学院、兰州理工大学共建永嘉学院和温州研究生分院。

【文化】 2012年末,全县文化设施建筑面积3.47万平米,文化馆1个,公共图书馆1个。完成沙头镇、巽宅镇和大若岩镇等3个中心镇图书分馆建设。举办了楠溪江山水文化旅游节、民间职业剧团传统戏汇演等各类文艺晚会、展览、比赛13场。完成第三次全国文物普查工作,编辑出版普查成果《楠溪古韵》一书。年末,县图书馆藏书总量23.96万册(件),比上年增加0.96万册(件)。全县拥有调频广播电台4座,广播覆盖率为95.3%;电视台1个,电视覆盖率为99.0%。年末全县有线电视用户19.14万户,入户率为65.5%。国家、省、市级非物质文化遗产分别为2个、8个、30个。

【卫生】 年末,全县共有各类卫生机构520家,其中,医院10家、卫生院(社区卫生服务中心)38家、个体诊所61家、门诊部34家、医务室10家、社区卫生服务站53家、卫生室310家。卫生机构实有床位1460张,执业医师和执业助理医师有1934人,每万人拥有医生数为20人;注册护士1010人。2012年基础免疫接种率分别为:乙肝疫苗99.9%,卡介苗99.9%,糖丸99.4%,百白破99.8%,麻疹99.8%。

【体育】 2012年,成功创建浙江省体育强县,全县创建省级农村体育俱乐部18个、浙江省星级职工体育俱乐部和省级老年体育活动中心(俱乐部)各1个,开展县级群体体育活动16次,对1000多人进行国民体质监测;成功承办了"2012·中国楠溪江(永嘉)第一届全国山地户外运动技能挑战赛",并举办了3期社会体育指导员培训班。共新建篮球场20个、其中灯光篮球场2个,篮球场亮灯工程3个、安装健身器材1250件、镇(街道)室内体育健身房4个、体质监测点2个。全年共组织了405名运动员参加了温州市少年儿童的田径、拳击、乒乓球、网球、皮划艇、篮球、足球、摔跤、象棋、游泳等17个项目的比赛,共获得82枚金牌、50枚银牌、48枚铜。

【人民生活】 2012年,城镇居民人均可支配收入27731元,比上年增长9.1%,扣除价格因素实际增长6.6%;城镇居民人均消费支出18515元,同比增长7.6%,增幅较上年下降5.1个百分点;扣除价格因素后,实际增长5.2%;恩格尔系数为37.6%。城镇居民每百户拥有家用汽车33辆,家用电脑99台,空调139台,移动电话216部。城镇居民人均住房建筑面积46.78平方米。农村居民人均纯收入11549元,比上年增长11.4%,扣除价格因素实际增长8.9%;人均消费支出为8548元,同比下降6.5%;恩格尔系数为54.0%。农村居民每百户拥有家用汽车12辆,家用电脑26台,空调67台,移动电话157部。农村人均住房居住面积50.66平方米。全年实现新增城镇就业岗位13124个,比上年增加1398个,增长11.9%。年末,城镇登记失业人数3075人,城镇登记失业率2.5%。

【社会保障】 年末,城镇基本养老保险参保人数20.24万人,比上年增加2.07万人;城镇基本医疗保险参保人数9.14万人,增加0.69万人;失业保险参保人数7.42人,增加0.67万人;工伤保险人数参保21.13万人,增加1.48万人;城乡居民养老保险参保人数32.11万人,增加7.0万人;新型农村合作医疗保险参保人数68.92万人,增加2.77万人。年末,全县社会福利机构28家,床位数2609张。纳入最低生活保障人数2.08万人,比上年增加0.16万人;其中农村居民低保人数2.00万人。全年发放低保金4979万元,比上年增长31.3%;其中,城镇年人均低保金补助3205元,增长4.6%;农村年人均低保金补助2005元,增长3.9%。全年慈善总会共募集资金1828万元,同比增长33.5%;累计支出救助金1639万元,同比增长69.5%。

洞　头　县

【概述】 洞头县位于温州市东南沿海,瓯江口外,有大小岛屿168个,是全国14个海岛县(区)之一,素称“百岛之县”。县域总面积2700.3平方公里,其中海域面积2600平方公里。现辖4个街道、1个镇、1个乡、18个城乡社区、93个村居。2012年末户籍人口13.06万人,比上年增加1284人;其中男性67195人,比上年增加552人,占总人口51.46%;女性63381人,比上年增加732人,占总人口48.54%。男女性比例为106.02:100。全年实现地区生产总值44.09亿元,首次突破40亿大关,比上年增长9.9%;其中,第一产业增加值3.76亿,第二产业增加值18.68亿元,第三产业增加值21.65亿元;三次产业在国民经济中的比重为8.5:42.2:49.1。全县人均生产总值33936元,按年平均汇率折算为5376美元,首次突破5000美元大关。完成固定资产投资49.67亿元,其中政府性投资19.24亿元。全年实现财政一般预算收入7.75亿元,其中地方财政收入3.39亿元,公共财政预算支出13.26亿元,其中一般公共服务支出18991万元,国防支出425万元,公共安全支出8303万元,教育支出23046万元,科学技术支出2859万元,文化体育与传媒支出2346万元,社会保障和就业支出4927万元,医疗卫生支出7709万元,节能环保支出1975万元,城乡社区事务支出12093万元,农林水事务支出34654万元,交通运输支出2769万元,资源勘探电力信息等事务支出2611万元,商业服务业等事务支出1151万元,金融监管等事务支出45万元,国土资源气象等事务支出4775万元,住房保障支出1001万元,粮油物资储备事务支出502万元,其他支出1574万元。

【农业】 2012年末,全县常年耕地面积10860亩,同上年持平;其中,水田900亩,旱地9960亩。全县农作物播种面积为1288.53公顷,比上年减少4.33公顷,下降0.33%。其中,粮食作物播种面积784.66公顷,比上年减少9公顷,下降1.13%;总产粮食2798吨,比上年增加17吨,增加0.61%;平均每公顷产量3.57吨,比上年增加0.07吨,增加2%。全年肉类总产量616吨,其中猪肉产量515吨,羊肉产量49吨,禽肉产量52吨,比上年略微减少。总产禽蛋440吨,与去年持平。建成岙底、甲山两个水稻高产示范方,水稻单产创历史新高。建成大门休闲观光农业园和东屏特色农业精品园,以及大门、东屏两个省级示范性农业公共服务中心。推进农业标准化生产,完成东屏后寮蔬菜基地、霓屿同兴“海鲜鸡”基地两个省级无公害农产品基地认定,农业科技服务能力进一步强化,精品农业建设取得新突破。东屏街道后寮蔬菜基地被命名为浙江省无公害农产品生产基地;东屏街道后寮村、霓屿街道同兴村被命名为2012年第二批浙江省无公害农产品产地。

【渔业】 2012年,全县渔业总产值82806.68万元,比上年增长4.26%。其中,海洋捕捞产值64643.29万元,比上年增长3.16%;海水养殖产值18163.59万元,比上年增长8.38%。渔业总产量14.87万吨,比上年减少0.14万吨,同比下降0.92%。其中,海洋捕捞产量135038.42吨,比上年增加518.39吨,增长0.39%;海水养殖总产量13709.83吨,比上年减少1896.2吨,下降12.15%,海水养殖总面积45498亩,比上年减少2083亩,下降4.37%。全县有水产品加工企业21家,年水产品加工能力28370吨。有水产制冰冷库21座,一次冷藏能力6170吨。至2012年,通过省级无公害产地认定19家,无公害产品认证产品14个。

【工业】 2012年,全县实现工业总产值580194万元,再创历史新高,比上年增长8.0%。其中规模以上工业企业实现产值488524万元,比上年增长6.0%。化学、机械汽配、电子电器、医药、水产品加工、建材等6大主要行业均比上年增长。全县实现工业性投资17.37亿元,同比增加218.1%,完成企业技改备案项目8个,总投资1.2亿元。其中:新建的中海油东海丽水36-1汽田终端处理项目完成15.15亿元的投资,成为我县工业性投资的有力引擎,拉动全县工业性投资277.5%。全年招商引资签约项目8个,签约投资额62亿元,实际到位内资17.49亿元,实际利用外资210万美元。实现外贸出口额5462万美元,同比增长8.4%,增速位于全市第四;但外贸进口下降明显,全年完成8247万美元,同比下降60.2%。全年工业用电量6510.50万千瓦时,同比增长11.53%,占全社会用电量的32.7%,占比与去年基本持平,工业用电平稳有序运行,成为支撑工业经济增长的重要保障。

【建筑业】 2012 年,培育 1 家建筑业企业从三级晋升为二级。省外建筑业产值比去年增长 29%。全年建筑业总产值达到 8.5 亿元,同比增长 21%。完善建筑市场“不良行为”记录,记入不良行为 8 家,受到行政处罚 4 家。检查在建工程 28 个,发放整改通知书 104 份,罚金 1.11 万元。推广工地标准化建设,新建工程 22 个、创建率 90%;创省标 1 个、市标 2 个、县标 15 个,达标率 81.8%。全面实行住宅工程分户验收制度,加强质量通病控制,同 2 家企业签订质量强市试点。开展质量创优,洞头星级宾馆项目获得“瓯江杯”称号。

【商贸】 2012 年,全县实现商品销售总额 582847 万元,比上年降低 1.8%。全县实现社会消费品零售总额 144395 万元,比上年增长 14%,其中批发零售贸易额 121504 万元,比上年增长 7.4%;住宿和餐饮业实现 22891 万元,比上年增长 1.8%。

【旅游】 2012 年,通过国家 4A 级旅游景区复核;通过省级风景名胜区综合整治工作验收考核;成功获评“浙江十大欢乐健康旅游城市”;望海楼跻身进入中国历史文化名楼行列;荣获“基础环境”旅游满意度十佳景区称号。全年共接待海内外游客 291.5 万人次,同比增长 18.32%,实现社会旅游综合收入 13.2 亿元,同比增长 18.5%;全年入境旅客 2106 人次,实现入境游同比增长 29.76%。举办了第八届洞头“渔家乐”民俗风情旅游节暨“海上桃源 · 风情百岛”山水主题实景演出活动、第三届中国 · 洞头妈祖平安节、“海洋的呼唤——中国(洞头)海洋动物故事演讲暨漫画作品大赛、第五届中国 · 洞头国际矶钓名人邀请赛暨全国海钓锦标赛、第五届东屏“七夕”民俗旅游节、第二届浙江洞头紫菜文化旅游节等活动。

【交通】 2012 年,公路旅客运输量 1147.4 万人次,比上年增长 2.74%;客运周转 16251.7 万人公里,比上年增长 5.58%。完成全社会货物运输量 129.9 万吨,比上年增长 9.43%;货运周转量 2623.3 万吨公里,比上年增长 25.31%。

2012 年,全县共有水运企业 22 家(其中客运 1 家),运力总量 57.87 万吨,同比增长 31.33%;船舶平均吨位 4255 吨,同比增长 21.58%。运力规模和船舶平均吨位均居全市各县(市、区)首位。水路旅客运输量 33.21 万人,比上年减少 4.23%;客运周转 884.63 万人公里,比上年增长 3.73%。完成全社会货物运输量 1136.75 万吨,比上年增长 7.03%;货运周转量 1166786 万吨公里,比上年增长 12.89%。

2012 年进出洞头辖区的港口货物吞吐量 1093 万吨,其中深水港至龙湾 389 万吨。完成年度计划的 137%,比去年增长 60%。

【邮电】 2012 年,全县共有邮政局、所、服务网点 78 处。完成邮政业务总量 455.72 万元,同比增长 3%;邮政业务总收入同比增长 13%。

2012 年,全县全社会用电量 1.99 亿千瓦时,同比增长 13.49%;售电量完成 1.83 亿千瓦时,同比增长 14.40%;线损率 8.18%。110 千伏新城(洞头)输变电工程总体进展顺利,线路和变电站基础工程完成 80% 以上。35 千伏鹿西输变电工程架空线路及海缆工程全面完成。220 千伏大门输变电工程前期工作取得市、县级国土土地预审和规划选址意见。顺利通过省新农村电气化县考评验收组考评验收,获得“新农村电气化县”称号。

【金融】 2012 年,全县金融机构人民币存款余额为 457837 万元,比上年增加 32559 万元,增长 8%。其中单位存款 226898 万元,比上年增加 28086 万元,增长 14%;储蓄存款 168001 万元,比上年增加 11379 万元,增长 7%。全县金融机构各类贷款余额为 353827 万元,比上年增加 28887 万元,增长 9%。其中短期贷款 240508 万元,比上年增加 21581 万元,增长 10%;中长期贷款 110582 万元,比上年增加 5952 万元,增长 10%。各项贷款中,工业贷款 32540 万元,商业贷款 54581 万元,基础建设贷款 38435 万元,技术改造贷款 0 万元,农业贷款 39017 万元,乡镇企业贷款 18314 万元,三资企业贷款 6345 万元,私营个体贷款 104750 万元,其它贷款 58456 万元,票据融资 1389 万元。全县银行类金融机构实现利润 10755 万元。

【城乡建设】 完成城市绿地系统规划、绿道规划编制工作及污水专项规划编制;完成燕子山公园二期、旧城公园等一批项目前期设计工作。开工建设新城二期 77 省道道路路基工程;完成县政府门口停车场建设工作。开工建设城区道路附属设施提升工程。全部完成城区路灯改造工程。完成城区园林和闲置地块园林化改造以及连城大道、市民活动中心、五岛沿线绿化提升、埭口河滨河景观等绿化工程。人均公园绿地面积达到 16.06 ㎡,新增 1.3 ㎡,建成区绿地率达到 36.3%。

【环境保护】 国家生态县创建顺利通过考核核查;北岙街道、东屏街道、鹿西乡通过国家级生态乡镇(街道)复查;东屏街道大北岙村等 4 个村创成市级生态村,北岙街道柴岙村等 7 个村创成县级生态精品村、北岙街道小三盘村等 8 个村创成县级生态提升村、大门镇东浪村等 3 个村创成县级生态村;洞头一中创成省级绿色学校、霓南义务教育学校创成市级绿色学校。

【教育】 2012 年末,全县有幼儿园 19 所、小学 10 所、初级中学 6 所、普高 1 所、职业技术教育学校 1 所。共有在校学生 13209 人,小学适龄学生义务教育入学率、巩固率和升学率均为 100%;初中适龄学生义务教育入学率为 99.12%,巩固率 100%,升学率为 99.07%,普职比为 1.09∶1;普通高中生毕业率为 97.6%,高考上线率为 85.1%;职高毕业生就业率 100%。专任教师 871 人,其中公办幼儿园教师 35 人,小学教师 403 人,初中教师 259 人,高中(含普高与职高)教师 174 人。专任教师中,已获得中级职称有 505 人,占 60.0%;已获高级职称 115 人,占 13.2%。专任教师中具有研究生学历 13 人,本科学历 611 人,大专学历 210 人。开展第一、二、三层次骨干教师评选,全县 30 位教师获得县学科骨干教师称号、15 位教师获得县骨干班主任称号,其中 18 人获得市学科骨干教师称号、5 人获得市骨干班主任称号;2 人入选市“551 人才工程”培养人选,1 人荣获县第六轮专业技术拔尖人才称号。2012 年,教育经费总收入 21700 万元,比上年增长 11.86%。其中,财政拨款 18500 万元,比上年增长 16.35%。

【科技】 2012年,共安排县级科技计划项目45项,投入县本级科技三项经费1100万元。8个项目列入国家、省、市科技计划项目,争取到项目资金250万元。洞头县卓宇科技创业孵化园正式挂牌成立,占地16亩,面积1万多平方米,首批入驻初创型科技企业8家。温州奥米流体设备科技有限公司被认定为国家级高新技术企业。温州久一重工有限公司被认定为省科技型企业。浙江迪特高强度螺栓有限公司、温州久一重工有限公司、浙江永宏电器有限公司、温州金源化工有限公司等4家企业被认定为市科技(创新)型企业。

2012年,共申请专利173件(其中发明专利13件、实用新型54件、外观设计106件),授权专利164件(其中发明专利5件、实用新型62件、外观设计97件),专利申请量和授权量同比分别增长82.1%和137.7%,万人专利授权量达18.7件,均再创历史新高。

【文化】 2012年,完成县图书馆、文保所搬迁工作;青少年活动中心正式启动使用。霓屿、元觉、东屏、大门等新建综合文化站正式对外开放,全面实行"两馆一站"免费开放服务功能。创成省级文化示范村(社区)3个;创成社区文体服务中心18个,市级验收10个。创成市级文化强镇1个,文化示范新社区3个。评出县级文化示范村(社区)2个、一乡一韵,一村一品特色文化项目5个;完成"农家书屋"工程60个基层点、安装"广电进渔船"184艘渔船;县市民活动中心二期工程开工建设、启动省级文化先进县创建。

共举办"三生融合·同城发展"文艺晚会、第二届洞头县文化艺术节10个专场赛事系列活动、中小学艺术节11个专场比赛系列活动、"百岛之夜"激情演绎广场10个系列专场活动、"我的青春我的团"纪念建团90周年文艺晚会、首届国际生态放生节大型民俗踩街、"洞头社区欢乐颂、文化微舞台"演出等活动。举办"海洋的呼唤"——中国(洞头)海洋动物故事演讲暨漫画作品大赛、妈祖平安节系列活动、元宵民俗踩街和民俗节目展示、七夕成人节民俗演出和踩街系列活动、霓屿——紫菜文化节系列活动、第八届洞头"渔家乐"民俗风情旅游节等。全年完成送春联3000多幅、送电影1116场、送器材21套、送戏41、送书(含农家书屋)72572册、送展览讲座18次。开展"童玩空间"、"快乐小屋"、"绘本阅读讲堂"、"趣味烘焙DIY活动"等免费公益活动。洞头渔民画艺术创作基地获浙江省第二届视觉艺术创作品展评选优秀群体和作品银奖。

2012年,《海洋动物故事》《妈祖祭典》两个国家非遗项目迎接省文化厅验收,《洞头婚嫁习俗》等3个项目列入第六批温州市非物质文化遗产名录。开展文化遗产日系列活动,启动文化遗产进校园活动季。建立了实验小学和东屏小学"洞头县非物质文化遗产传承基地"。基本完成浙江省非物质文化遗产保护信息平台的数据录入。《海洋动物故事》被评为浙江省最具地域文化符号(民间故事),《贝壳舞》评为人文浙江·传承非遗网络寻访活动最佳表演奖。

【医疗卫生】 2012年,有卫生医疗机构(单位)共73家,其中县人民医院(中医院、120急救中心)1家,县卫生监督所和县疾病预防控制中心(妇幼保健)中心各1家、乡镇社区卫生服务中心6家等。现有核定病床149张(实际开放病床149张),全县共有卫生技术人员461人,其中执业医师174人,注册护士128人,执业助理医师82人,药剂人员30人,检验人员21人,其他卫生技术人员26人;另有其他技术人员、管理人员、工勤人员计46人。全年共报告甲乙丙类传染病840例,总发病率为655.7/10万;计划免疫"五苗"接种率均达97%以上;孕产妇系统管理率95.35%,产妇住院分娩率100%,连续7年保持孕产妇零死亡;7岁以下儿童系统管理率96.23%。农村新型合作医疗参保9.74万人,参保率99.8%。

2012年,县人民医院被评定为"参照二级甲等管理综合医院",门诊楼改扩建工程完成主体楼建设。实现乡镇医疗机构"枢纽"建设全覆盖,完成东屏、北岙、大门社区卫生服务中心项目建设并投入使用。强化村级医疗机构"网底"建设,建成社区卫生服务站12家,村卫生室34家,巡回医疗点10家,创建蓝港、三盘2个市级农村新社区卫生示范点。

【体育】 2012年,共组队或派选手参加全国、全省市体育比赛15次,取得了优异成绩。本县主办或联办十多个大型体育赛事,直接参与比赛的运动员达5000多人。鹿西乡获得省级体育强乡镇称号;洞头县少年业余体校被评为温州市业余训练先进单位。

【民生保障】 加大民生投入,全县财政累计用于民生支出23.97亿元,占财政总支出的67.8%。城乡居民收入有所提高,城镇居民人均可支配收入25737元,农村居民人均纯收入11858元;城镇居民消费支出14514元,农村居民消费支出10395元。统筹城乡就业工作,新增城镇就业1373人,城镇失业再就业448人。全面实施城乡居民社会养老保险制度,扩大五大险种覆盖面,累计新增五大保险参保人数33820人。强化住房保障,不断扩大廉租房受益面,提前两年完成农房救助任务。完成社保"一卡通"工程建设,建立健全居家养老、城乡医疗救助等制度,创成省级基层低保规范化建设示范县。加强重点领域安全监管,创成省级食品安全示范县、省级农村药品安全"两网一规范"示范县和省级平安渔业示范县。

文 成 县

文成县,是浙江省温州市下辖的六个县之一,于1946年从瑞安、青田、泰顺三县边区析置而成,以明朝开国元勋刘基(刘伯温)的谥号"文成"作县名。县境位于浙江省南部山区,温州市西南部,飞云江中上游,东邻瑞安市,南界平阳、苍南县,西倚泰顺、景宁县,北接青田县。总面积1292.16平方公里,辖9镇1乡。除汉族外,有畲族等10个少数民族。境内山青水秀,生态良好,森林覆盖率70.6%,空气质量优于国家一级标准,飞云江水系水体质量排名全省八大水系之首,是国家级生态示范区。同时,文成也是温州900万人口中700万居民的饮用水源地,水能资源可开发利用42.29万千瓦,居浙江省第五位、温州市首位,是中国小水电之乡。全县旅游资源得天独厚,目前拥有三个4A级国家风景名胜区和1个国家级文保单位,先后获浙江省十大生态旅游名城、省级旅游经济强县称号。2012年,全县户籍人口为39.12万人,比上年末净增4695人。其中,非农业人口3.60万人,女性18.37万人,男女比例为113:100(以女性为100)。全年实现地区生产总值52.67亿元,按可比价计算,同比增长 8.3%。第一产业增加值 5.84 亿元,增 2.7%;第二产业增加值 18.69 亿元,增 11.6%;第三产业增加值 28.14 亿元,增 7.2%。三次产业比重为 11.1∶35.5∶53.4。三次产业对经济增长的贡献率分别为 3.4%、49.0% 和 47.7%。人均地区生产总值为 13545 元,比上年增长 6.2%,按平均汇率折算为 1.06 万美元。全年实现财政总收入 6.39 亿元,与上年持平;其中公共财政收入 4.93 亿元,同比增长 4%。

【农业】 2012 年,全县实现农林牧渔业总产值 8.63 亿元,同比增长 1.8%,其中农业产值 5.78 亿元,同比增长 3.4%;林业产值 0.61 亿元,同比增长 15.7%;牧业产值 2.07 亿元,同比下降 5.2% 亿元;渔业产值 680 万元,同比增长 3.1%;农林牧渔服务业产值 1014 万元,同比下降 2.1%。全年农作物总播种面积 2.08 万公顷,其中粮食播种面积 1.20 万公顷,全年粮食总产量 3.69 万吨。受畜禽养殖区治理政策影响,畜牧业生产全面下滑。全年肉类产量 8725 吨,同比下降 5.8%,禽蛋产量 1080 吨,同比下降 10.7%。全年生猪存栏 2.09 万头,同比下降 49.3%,出栏 7.00 万头,同比下降 4.3%。牛存、出栏分别为 2799 头和 1048 头;羊存、出栏分别为 1.50 万头和 1.92 万头;兔存、出栏分别为 33.89 万只和 73.92 万只;家畜存、出栏分别为 37.64 万只和 82.89 万只。生态农业产业加快发展。全年建成粮食生产功能区 17 个,主导产业示范区 3 个,特色农业精品园 13 个;完成黄坦省级生态循环农业示范区创建,并通过省厅验收。开展平安农机创建,创建省级农机安全示范单位 1 个,市级农机安全示范村 3 个,市级农机化发展项目示范单位 1 个。美丽乡村建设扎实推进。高标准制定《文成县美丽乡村建设规划(2011－2020 年)》,完成玉泉侨情枫彩带建设,创建 6 个精品村和 16 个重点村,获得“省美丽乡村创建先进县”的荣誉称号。

【工业】 2012 年,全年实现工业总产值 36.13 亿元,同比下降 2.4%,其中规模以下工业产值 14.74 亿元,同比增长 17.9%。实现规模以上工业产值 21.39 亿元,同比下降 12.8%,其中重工业产值 14.57 亿元,同比下降 18.9%,轻工业产值 6.82 亿元,同比增长 3.8%。全年实现新产品产值 1.89 亿元,同比增长 33.3%。年末拥有产值超 5 千万元企业 16 家,比 2011 年增加 2 家,其中工业产值超亿元企业 6 家,比 2011 年减少 2 家。规模以上工业企业实现产品主营业务收入 20.20 亿元,同比下降 13.1%;实现利税 1.42 亿元,同比下降 5.4%,其中利润 0.80 亿元,同比增长 21.1%。七项经济效益考核综合得分 170.62 分,比上年下降 23.47 亿元。产品销售率 98.88%,总资产贡献率为 10.33%,资本保值增值率 112.33%,资产负债率 63.96%,流动资产周转率 1.84 次/年,成本费用利润率 4.10%,全员劳动生产率为 12.95 万元/人。

【建筑业】 2012 年,全县实现建筑业增加值 6.18 亿元,同比增长 18.4%。年末全县拥有资质建筑企业 8 家,实现建筑业总产值 9.34 亿元,同比增长 1.0%,其中建筑工程产值 7.84 亿元,同比增长 0.8%;安装工程产值 0.95 亿元,同比下降 13.6%;其他产值 0.55 亿元,同比增长 47.0%。完成房屋施工面积 30.43 万平方米,同比增长 25.0%,其中新开工面积 17.93 万平方米,同比增长 71.7%。完成房屋竣工面积 13.46 万平方米,同比增长 29.6%。实现竣工产值 5.31 亿元,同比增长 12.7%。实现主营业务收入 8.15 亿元,利润总额 0.32 亿元。

【固定资产投资】 全年完成全社会固定资产投资 52.60 亿元,同比增长 53.9%,全社会固定资产投资率为 99.9%,其中限上投资 38.38 亿元,同比增长 72.7%,限上投资率为 72.9%。2012 年,完成限上项目投资 27.43 亿元,同比增长 47.2%,房地产开发投资 10.95 亿元,同比增长 205.5%。实现限上生产性投资 15.58 亿元,占限上投资的 40.6%。完成限上工业性投资 4.50 亿元,同比增长 33.7。按三次产业划分,完成限上第一产业投资 3.71 亿元,同比增长 864.8%;限上第二产业投资 4.50 亿元,同比增长 33.7%;限上第三产业投资 30.17 亿元,同比增长 63.3%。

【国内贸易】 全年实现社会消费品零售总额 23.99 亿元,比上年增长 10.8%。分行业看,批发业零售额 0.28 亿元,增长 68.2%;零售业零售额 21.32 亿元,增长 10.4%;餐饮业零售额 2.06 亿元,增长 10.2%;住宿业零售额 0.34 亿元,增长 5.2%。全年实现批零住餐业销售额 42.81 亿元,同比增长 10.2%,批发、零售、住宿和餐饮业销售额增速分别为 －23.2%、19.7%、7.0% 和 14.1%。全年新增村级连锁便利店 139 家,截止 2012 年底,全县累计建成村级连锁便利店 384 家,覆盖率达 100%。

【旅游】 全县各主要景区(点)累计接待游客 34.01 万人次,同比增长 6.0%,实现门票收入 1010.74 万元,同比增长 36.9%,景区门票收入实现千万元突破。全县来文旅游总人数 383.32 万人次,同比增长 35.1%,实现旅游总收入 20.76 亿元,同比增长 29.1%。龙麒源景区成功通过国家 AAAA 级旅游景区验收,珊溪镇旅游强镇通过验收,培育扶持项目 2 个(月老山和红枫农家乐),特色经营户 7 家。

【对外经济和资金利用】 2012 年,全县实现进出口总额 2426 万美元,同比下降 9.2%,其中出口额 2343 万美元,同比下降 9.8%;实现外贸出口供货值 2.07 亿元,同比下降 4.3%,其中外贸公司实现供货值 9848 万元,同比下降 40.3%。全县省外回归引进资金 13.86 亿元,其中农业项目 3 个,省外到位资金 0.55 亿元;工业项目 4 个,省外到位资金 0.46 亿元;服务业项目 15 个,省外到位资金 12.85 亿元。全年推出包装项目 48 个,新引进项目 24 个,协议资金 68 亿元。

【城镇建设】 2012 年,城镇开发全面提速。高起点编制县城概念性规划,编制了巨屿镇等 8 个中心镇控制性详规;县城二中片、龙川片等区块开发有序推进,东风诚园、云景花苑、绿洲家园、南都花苑等一批项目顺利开工,世纪嘉园、红枫大厦、银都花苑、珊溪大厦等一批项目加快推进。成立了“县安居办”,编制完成农房改造集聚建设中长期规划和集聚区布局规划,实施一批农房改造集聚项目,完成农房集聚折算指标 7350 户,新增集聚率 6.5%。

【交通、邮电和电力】 2012 年,全县交通运输邮电仓储业完成增加值 1.66 亿元,同比增长 6.1%。全年全社会货运量 145.7

万吨,同比增长 0.8%,货物周转量 19981.5 万吨公里,同比增长 0.8%;全社会客运量 766.4 万人,同比增长 0.8%;旅客周转量 37521.8 万人公里,同比增长 0.5%。年末拥有公路总里程 1794.42 公里,同比增长 0.5%。年末拥有公路总里程 1794.42 公里,其中二级公路 48.80 公里,三级公路 71.91 公里,四级公路 654.54 公里,准四级公路 854.94 公里,等外公路 164.23 公里。年末实有公共汽车 12 辆,全年实现公共汽车客运总量 118 万人次。年末城乡客运一体化率为 87.5%。全年邮政业务总量 824 万元,同比下降 3.9%。电信业务收入 1.52 亿元,同比增长 9.1%。年末固定电话用户数 5.40 万户,移动电话用户数 17.89 万户,互联网用户数 9.41 万户,其中宽带用户数 2.18 万户。全年函件总量 42.29 万件,包裹总量 7430 件,代理速递业务 1.00 万件,订销杂志 19.20 万份、报纸 438.89 万份。全社会用电量 36421 万千瓦时,同比下降 2.3%,其中工业用电 2.754 万千瓦时,同比下降 9.7%;商业、住宿和餐饮业用电 1261 万千瓦时,同比增长 8.7%;公共事业及管理组织用电 2106 万千瓦时,同比增长 12.7%;城乡居民生活用电 9628 万千瓦时,同比增长 7.7%.

【财政、金融和保险】 2012 年,全县财政总收入 6.40 亿元,与 2011 年基本持平。上划中央"四税"收入 1.47 亿元,同比下降 11.4%;地方一般预算收入 4.93 亿元,同比增长 4.0%,其中税收收入 2.41 亿元,同比下降 10.4%。财政支出结构进一步调整,一般预算支出 21.39 亿元,同比增长 3.7%。其中一般公共服务支出 26290 万元,同比增长 0.2%;教育支出 42937 万元,同比增长 6.8%;医疗卫生支出 24476 万元,同比增长 4.6%;节能环保支出 14493 万元,同比增长 43.6%;城乡社区服务支出 3171 万元,同比增长 43.6%;农林水事务支出 35627 万元,同比增长 0.8%。2012 年末,全县各金融机构人民币存款余额 113.90 亿元,比 2011 年末增加 22.31 亿元,同比增长 24.4%,其中储蓄存款 69.22 亿元,比年初增加 17.50 亿元,同比增长 33.8%。年底,各金融机构外汇存款余额 5.93 亿美元,比年初增加 3416 万美元,同比增长 6.1%。各金融机构人民币贷款余额 76.03 亿元,比年初增加 8.49 亿元,同比增长 12.6%,其中短期贷款 66.96 亿元,同比增长 13.0%,中长期贷款 8.28 亿元,同比增长 6.0%。全年保险业实现保费收入 12504 万元,比上年增长 15.2%。其中,财产保险费收入 5749 万元,同比增长 11.9%;人身险保费收入 6755 万元,同比增长 18.2%。支付各类赔款及给付 3604 万元,同比增长 3.2%,其中财产险赔款 3025 万元,同比下降 0.4%;人身险赔款 579 万元,同比增长 26.4%

【科学技术和教育】 2012 年,全县认定国家高新技术企业 1 家,省级科技型企业 2 家,列入省级农业企业科技研发中心建设单位 1 家,省级新产品试产试制计划 5 个,省级科技项目 22 项,其中浙江中星钢管机械有限公司申报的"智能全自动冷轧管机关键技术开发及产业化"被列入 2012 年省重大科技专项计划;认定市级科技(创新)型企业 4 家,市级专利示范企业 1 家,列入市级科技项目 3 项,其中黄坦镇被列入市级科技富民强镇专项行动;认定县级创新型企业 12 家,县级专利示范企业 4 家,县级企业技术研发中心 3 家,安排县级项目 121 项经费 300 万元,安排创新基金项目 150 万元;2012 年,专利申请量 271 件,同比增长 16.8%,专利授权量 197 件,同比增长 134.5%。

2012 年末,全县拥有中等职业教育学校 1 所,在校学生 822 人;普通中学 19 所,在校学生 6286 人,其中女生 3066 人;小学 26 所,在校学生 15060 人,其中女生 7276 人。全县在园幼儿 7902 人,入园率为 92.5%。小学、初中、高中入学率分别为 100%、100%、93.95%。2012 年创建市数字化校园示范校 2 所、市数字化校园 3 所、县数字化校园示范校 5 所。完成 16 所学校网络中心机房标准化改造、35 所学校建立校本资源库。公办学校全部配备多媒体设备,实现班套比 1:1. 全年新增图书 9 万多册,生均新增册数 3.6 册,完成职业中专等 6 所学校的书吧建设。全县省义务教育标准化学校达到 53%。

【文化、卫生和体育】 2012 年,玉壶镇、西坑镇、黄坦镇、珊溪镇 4 个中心镇综合文化站开工建设;完成珊溪镇、南田镇两个县图书馆分馆建设;完成 100 家农家书屋创建任务;建成 33 个社区文化服务中心。全年组织送戏下乡 198 场、送书下乡 3.2 万册,送电影下乡 2676 场,送讲座展览场、文化走亲 5 场,"乡村小舞台,村社一台戏"平安建设宣传巡回演出活动 30 多场。举办(协办、承办)了第三届农村文艺汇演戏曲专场演出、培头村第五届"三月三"畲族风情旅游节、首届"社区文化节"等群众性文化活动 20 余场。舞蹈《山涧清音》获浙江省舞台舞蹈大赛创作金奖和表演金奖。舞蹈《激情舞》获浙江排舞大赛三等奖。在省农民美术书法摄影展中,获金奖 1 项、铜奖 1 项、优秀奖 2 项。

年末全县拥有县级医院 2 家、卫生院 10 家、村卫生室 74 家、门诊部 1 家,个体诊所 43 家。拥有医生 426 人,护士 326 人,实用床位 519 家。配置责任医生 325 名,建立个人健康档案 31.37 万份。

全年建成体育休闲公园 12 个,省小康体育村 51 个,健身步道 3 条,乒乓球室 13 个,健身路径 35 条,全年新增体育场地面积 11.39 万平方米,成功打造县城 15 分钟体育锻炼圈。成功举办全面健身日健身跑活动等 27 场(次)后主题特色鲜明、群众喜闻乐见的体育活动,成功举办文成县第五届全民运动会,参与人数达 5000 多人,掀起全县群众体育健身运动新高潮。在省市级各项竞技比赛中,个人获 36 金 49 银 24 铜,团体获 2 金 1 银 1 铜。

【人民生活】 2012 年,全县城镇居民人均可支配收入 22708 元,同比增长 9.1%;人均消费性支出 16632 元,同比增长 28.7%,其中食品支出 7255 元;城镇恩格尔系数为 43.6%;城镇人均住房建筑面积 49.71 平方米。农民人均纯收入 8387 元,同比增长 12.8%;人均生活消费支出 5936 元,同比增长 8.1%,其中食品支出 2737 元;农村恩格尔系数为 46.1%;农民人均住房面积 57 平方米。全年新增就业 1562 人,失业人员实现再就业 627 人,就业困难人员实现就业 593 人。年末城镇登记失业率 3.10%,比上年降低 0.45 个百分点。

【社会保障】 2012 年末,城镇居民最低生活保障对象 277 人,农村居民最低生活保障对象 1.18 万人,累计发放低保资金 2955.9 万元。目前,我县拥有社会福利院 1 所、农村敬老院 14 所、光荣院 1 所,分别拥有床位 46 张、1340 张和 46 张。农村五保对象集中供养343人,供养率98%,城镇“三无”对象集中供养2人,供养率100%。拥有民间组织109家,其中社会团体75家,民办非企业34家。现有生态墓地68座,覆盖352个行政村,覆盖率为91.7%。2012年末,全县参加城镇职工养老保险2.09万人;参加城镇职工基本医疗保险2.18万人;参加工伤保险2.06万人;参加生育保险0.41万人;参加失业保险1.03万人;参加新型农村合作医疗保险34.70万人,新型农村合作医疗保险人口覆盖率为100%。

【环境保护】 据县环境监测站监测,2012年县域内县控以上11个地表水站位水质均满足功能区要求。县城集中饮用水源地珊溪水库水质满足饮用水功能区要求。文成瑞安行政区交界断面结果达到地表水Ⅱ类水标准,满足功能区要求。2012年全县空气环境质量总体良好,其中环境空气中二氧化硫平均值0.011毫克每立方米、二氧化氮平均值为0.011毫克每立方米、可吸入颗粒物年均值为0.046毫克每立方米,符合国家《环境空气质量标准》(GB3095-1996)一级标准。全年空气质量优良率为99.4%。县城区域环境噪声昼间等效声级为52.5分贝,比上年下降0.9分贝,符合功能区标准要求。

平阳县

【概况】 平阳县位于浙江东南之隅,长三角南部,海西经济圈北部,全县陆域面积1051平方公里,海域面积1300平方公里。2012年,下辖9个建制镇、1个民族乡,全县户籍总人口数87.3万人,当年出生人口1.18万人,出生率为13.54‰,死亡人数1.18万人,死亡率13.45‰,全年人口自然增长率为0.09‰,比上年降低5.26个千分点。全年实现地区生产总值259.76亿元,按可比价格计算,比上年增长8.8%。其中,第一产业增加值13.41亿元,增长1.6%;第二产业增加值128.59亿元,增长8.8%;第三产业增加值117.76亿元,增长9.7%。按户籍人口计算,预计人均生产总值为29729元,比上年增长8.5%。三次产业结构由上年的5.5:49.9:44.7调整为5.2:49.5:45.3,第三产业增速高出第二产业1.1个百分点;对GDP增长的贡献率为48.4%,比上年提高5.2个百分点。全县财政总收入28.7亿元,比上年增长0.6%,一般公共预算收入17.12亿元,比上年增长2.2%,其中税收收入14.86亿元,比上年增长2.4%。其中,文体、教育、卫生、社会保障和就业、住房保障等支出13.46亿元,占总支出比重48.9%,比上年提高1个多百分点。全年新增就业岗位13428个,实现城镇失业人员再就业2962人。城镇登记失业率为2.47%,比上年末下降0.53个百分点。

【农业】 2012年,全县实现农林牧渔业总产值24.39亿元,比上年增长2.3%(按可比价格计算),其中农业(种植业)产值9.37亿元,比上年下降2.9%;林业产值0.56亿元,比上年增长1.7%;牧业产值6.77亿元,比上年增长2.3%;渔业产值7.27亿元,比上年增长9.5%。

全年农作物总播种面积51.55万亩,其中粮食播种面积36.3万亩,粮食总产量为14.37万吨,油料作物播种面积2.34万亩,比上年增长3.5%,果用瓜播种面积2.76万亩,比上年增长9.8%。

全年肉类总产量达1.31万吨。生猪存栏10.69万头,年出栏12.31万头,比上年分别增长9.5%和12.3%。特种畜禽平稳发展,全县存笼鸽41.9万对,比上年增长6.1%,梅花鹿存栏920头,比上年略有增加。

全县有效灌溉面积32.25万亩,旱涝保收面积17.81万亩,机电排灌面积22.55万亩;农业机械总动力30.71万千瓦,比上年增长1.3%。

全年新增县级龙头农业企业24家、市级龙头企业3家;新增申报名牌(知名商标)农产品2个;1个主导产业示范区、2个特色农业精品园通过省级验收,7个特色农业精品园、1个休闲观光农业示范园区、1个森林旅游区通过市级验收;4个都市(休闲)农业项目开工建设;2012年成立了农业产业联合会。

【工业】 2012年,全县实现工业总产值523.5亿元,比上年增长3.9%;实现工业增加值107.89亿元,按可比价格计算,比上年增长6.2%。

全县规模以上工业企业265家,实现工业总产值219.6亿元,比上年增长1.2%;实现规上工业增加值40.57亿元,比上年增长4.0%。

规模以上工业新产品产值18.58亿元,比上年增长8.7%,高于工业总产值增幅7.5个百分点;新产品产值率8.5%,比上年提高1.6个百分点。乳制品产量为4.7万吨,增长22.4%,塑料制品30.8万吨,增长0.5%。

规模以上工业销售产值216.12亿元,比上年增长1.8%;完成出口交货值38.28亿元,比上年增长17.1%;出口交货值占销售产值的比重为17.7%,比上年提高3个百分点。

全年规模以上工业企业实现主营业务收入215.88亿元,比上年增长0.4%;利税总额15.41亿元,其中利润总额7.84亿元。

【建筑业】 全县拥有资质以上建筑企业60家,实现建筑业总产值49.84亿元,比上年增长16.7%;实现利润总额1.88亿元,比上年增长0.5%;税金总额1.97亿元,比上年增长10.1%。

【固定资产投资】 2012年,全年完成固定资产投资181.41亿元,比上年增长41.3%。其中工业投资53.0亿元,比上年增长60.7%,基础设施建设投资48.44亿元,比上年增长48.8%。

在固定资产投资中,第一产业投资2.73亿元,比上年增长389.3%,第二产业投资54.8亿元,比上年增长46.2%;第三产业投资123.88亿元,比上年增长37.1%。全年施工项目642个,比上年增加48.9%,其中本年新开工项目412个,比上年增加66.1%。

【交通】 年末公路总里程1529公里,其中等级公路(含准四级)里程1522公里,公路通达率100%。客运班车通村率为83.2%,全年完成公路客运量3198万人次;公路货运量706万吨;港口货物吞吐量171.6万吨。年末拥有民用汽车6.66万辆,其中私人汽车拥有量达5.94万辆。

【邮电通信】 全年完成邮政业务收入0.42亿元,比上年增长

13.2%。通信行业业务收入8.54亿元,比上年增长8.2%。年末固定电话用户17.57万户,年末拥有移动电话用户81.32万户。年末互联网用户数57.64万户,其中,宽带接入用户数15.19万户。

【商贸服务】 2012年,全年社会消费品零售总额107.84亿元,比上年增长12.3%。其中,城镇消费品零售额98.2亿元,比上年增长12.6%;乡村消费品零售额9.64亿元,比上年增长8.8%。分行业看,批发零售贸易业零售额92.5亿元,增长13.4%;住宿餐饮业零售额15.34亿元,增长6.0%。

在限额以上批发零售贸易业销售额中,汽车类零售额比上年增长25.0%,石油及制品类增长8.5%,服装、鞋帽、针纺织品类增长9.7%,家用电器和音像器材类增长8.7%,日用品类下降20.6%。

【旅游】 2012年,全县共接待海内外游客341.62万人次,实现旅游总收入20.62亿元,分别比上年增长17.8%和41.1%。其中接待国内游客340.84万人次,国内旅游收入20.45亿元,分别比上年增长17.8%和41.4%。接待海外游客0.77万人次,国际旅游外汇收入253.82万美元,分别比上年增长17.2%和增长35.8%。

【金融保险】 年末,全县金融机构本外币各项存款余额316.14亿元,比上年增长6.9%,金融机构本外币各项贷款余额268.79亿元,比上年增长25.2%。年末金融机构人民币存款余额313.9亿元,比上年增长6.8%,增幅较上年回落11.1个百分点,全年新增存款19.96亿元,比上年同期少增28.88亿元,其中居民储蓄存款197.55亿元,增长12.6%。年末金融机构人民币贷款余额265.62亿元,比上年增长25.8%,增幅比上年提高7.2个百分点,全年新增贷款54.46亿元,比上年多增21.36亿元,其中短期贷款比上年增长28.2%,中长期贷款比上年增长14.7%。

全年保险业实现保费收入6.96亿元,比上年增长11.4%。其中,财产险保费收入2.63亿元,比上年增长20.9%;人身险保费收入4.33亿元,增长6.3%。支付各类赔款及给付1.74亿元。其中,财产险赔付支出1.27亿元,人身险赔付支出0.47亿元。

【教育】 2012年,全县拥有中小学113所,招生人数2.47万人,在校学生10.28万人。其中各类中等职业教育招生0.28万人,在校生0.96万人,毕业生0.4万人;普通高中招生0.44万人,在校生1.55万人,毕业生0.56万人;初中招生0.79万人,在校生2.29万人,毕业生0.79万人;小学招生0.96万人,在校生5.48万人,毕业生0.82万人。全县拥有幼儿园98所,在园幼儿2.75万人。

优质教育均衡发展,教育质量显著提高,民办教育综合改革有序推进。全年新增1所公办幼儿园,创建省等级幼儿园5所,学前优质教育覆盖率达到82.2%;促进城乡义务教育均衡发展和共同提高,全年共招收义务教育阶段外来务工人员子女12860人,三类残儿的入学率达100%;2012年普通高校上线人数6277人,比上年增加429人,重点上线率14.78%,第七次蝉联温州市冠军;中职教育已拥有5个省级示范专业和3个省级示范实训基地,新创省级改革发展示范校1所,省三级重点职高转评1所;民办教育改革有序推进,首批10所试点学校已全部完成民办事业法人登记。

办学条件显著改善。全年共有18所学校通过了省市义务教育标准化学校的评估验收;全年共有22幢校舍竣工,新增建筑面积4.91万平方米;全年投入技术装备经费2326万元,全部配置到各学校;教育信息化水平明显提高,公办普通中小学多媒体小平台班套比达1:1、生机比达到5.33:1,全部中小学建有校园网,93.7%的中小学建有学校网站。

【科技】 2012年,全县通过省知识产权示范县创建验收,新增专利示范企业16家;新增8家高新技术企业,累计达31家;新增省级科技型企业9家、省级企业技术研发中心5家、市级科技(创新型)企业16家;全年组织申报市级以上科技项目107项,立项87项,争取上级科技项目补助经费804万元;专利申请量为1625件,授权量为1157件,比上年分别增长57.8%和59.1%。重大科技项目获得新的突破,完成了国家、省科技富民强县专项行动计划——"平阳县鸽产业化关键技术集成提升工程"项目的实施,并通过省科技厅组织的专家验收。

【文化】 年末全县拥有中心镇综合文化中心10个,文化馆1个,公共图书馆1个,图书分馆4个,社区文化服务中心60个,博物馆1个,艺术表演团体2个,电影放映单位3个,放映队11个。全年艺术团体演出175场次,电影放映6300场次,公共图书馆藏书21.8万册(件)。全县广播节目综合人口覆盖率98.2%,电视综合人口覆盖率99.5%,有线电视入户率90.0%。年末拥有国家级非物质文化遗产名录4项,省级21项,市级62项,县级93项。

【卫生】 年末共有卫生机构数571家,其中医院4家,卫生院30家;床位数1672张,各类卫生技术人员4086人,其中执业医师1279人,执业助理医师662人,注册护士1319人。全县平均每千人拥有医生数和病床数分别为2.22人和1.92张。

卫生事业扎实推进,公共卫生服务能力不断增强。县人民医院异地扩建、县第二人民医院异地迁建、县中医院异地扩建工程有序推进,9家乡镇卫生院续建或新建项目全部竣工或结顶,全县66个新农村社区实现社区卫生服务全覆盖,20分钟医疗卫生服务圈不断完善。县中医院通过国家三级乙等中医医院评审,萧江医院通过市二级乙等综合医院评审。卫技人才队伍发展壮大,引进硕士研究生13名、副主任医师3名。公共卫生服务持续优化,全县规范化电子健康档案建档692385人,建档率81.95%。

【体育】 2012年,平阳游泳馆工程主体结构结顶,县少体校迁建工程建筑安装工程竣工初步验收,完成了7个小康体育村、15个社区乒乓球室、3条登山健身步道、71个健身苑点、60个社区文体活动服务中心的建设。成立了7家体育社团。参加第九届全国武术之乡比赛获5金4银2铜;第十二届全国武术学校散打比赛获1银;全省青少年武术散打比赛获6金3银4铜;全省男子排球锦标赛获甲组第五乙组第三;温州市青少年儿童体育比赛,取得了108金、65银、55铜。承办了2012年中国羽毛球俱乐部超级联赛(第三站)等重大赛事。积极培养输送运动员,共向八一体工队、浙江省体工队等单位输送5名运动员,2人转正,3人集训。全年销售体育彩票7500万元,较上年增长15.38%。

【人民生活】 全县城镇居民人均可支配收入28761元,比上年增长10.3%,扣除价格因素,实际增长7.8%;农村居民人均纯收入11827元,比上年增长11.4%,扣除价格因素,实际增长8.9%。城镇人均住房建筑面积53.9平方米,农村人均居住面积42.3平方米。

【社会保障】 年末全县参加城镇职工基本养老保险人数18.48万人,参加城镇职工基本医疗保险人数17.44万人,参加失业保险人数6.64万人,参加工伤保险人数14.5万人,参加生育保险人数3.26万人,分别比上年增加1.71万人、1.91万人、0.5万人、1.57万人和1.1万人。全县新型农村合作医疗参保人数64.8万人,参保率达99.98%;新农合筹资标准比上年增加40元,达到每人每年400元。

社会福利事业稳步发展。2012年,全县现有低保对象1.14万人,其中城镇757人,农村1.07万人,城镇和农村低保标准分别达到每人每月425元和255元,年增幅达10%。全县共有收养性单位34个,床位3701张,收养人数900人,五保、“三无”对象集中供养率均达100%。医疗救助不断完善。全面实施“一站式”医疗救助即时结报救助方式,2012年以来960人次的困难群众得到医疗救助,发放医疗救助资金469.12万元。全年办理结婚登记10767对。

【环境保护】 2012年,全县环境保护事业取得了新成效。制革企业重组和转鼓收购全面完成,全县制革企业从57家重组成12家,制革转鼓从732只减少至377只,削减48.5%;电镀企业入园和整治工作有序推进,园区废水处理和污泥处置工程已开始主体工程建设,园外6家电镀企业有3家通过整治验收;加强平瑞塘河和鳌江流域的整治工作,全年鳌江氨氮平均浓度降到了1.07毫克/升;开展了空气清洁行动,对昆阳城区内饮食单位进行全面整治,全县19家加油站油气回收治理改造通过验收。

生态创建继续深入。万全镇通过省级生态乡镇验收,昆阳、鳌江、萧江等三镇已接受市级生态镇现场验收,70个行政村通过市级生态村验收。对全县72个行政村开展农村生活污水处理工程建设。农村生活垃圾收集处置实现了全覆盖。

污染减排工作开创新局面。对13个污染源进行清理。开展危险废物“双达标”工作,20家单位通过创建验收,11家企业通过污泥规范化处置验收;完成183家企业的环境信用行为等级初评;3家企业开展绿色保险试点工作;对4家电镀、制革等企业实施强制性清洁生产审核。

节能降耗工作深入开展,取得明显成效,全年实现综合能耗下降7.3%,圆满完成年度节能降耗目标任务。

苍　南　县

【概述】 苍南县位于浙江省最南端,濒临东海,为中亚热带季风性湿润气候区,四季分明,境内霞关港距台湾仅120海里。1981年,苍南从平阳县析出建县。2011年设立浙台(苍南)经贸合作区。2012年,苍南县辖10个中心镇2个民族乡,户籍总人口129.99万人。苍南县是温州模式的主要发祥地,全国县域经济基本竞争力百强县之一,是国务院批准的对外开放县,浙江省命名的革命老根据地县。2012年,全县实现生产总值(GDP)325.52亿元,同比增长9.3%。三次产业比重为7.8:47.3:44.9,第三产业比重增加1.4个百分点。人均地区生产总值2.49万元,比上年增加2321元,按年平均汇率折算为3942美元。全年实现财政总收入达31.48亿元,同比增幅为6.1%。随着工业转型升级,金融改革、城市化建设、浙台经贸(苍南)合作区和海西建设、美丽苍南建设不断推进,苍南改革开放大道越走越宽阔,正努力打造成一座浙南闽东北最具活力的工贸生态滨海城市。

【农业】 苍南县是浙江省农业大县、海洋大县。2012年,全县农业总产值40.54亿元,比上年增长4.6%,其中种植业、林业、牧业、渔业、农林牧渔服务业产值分别为13.97亿元、0.75亿元、5.45亿元、19.79亿元、0.58亿元,分别增加1.6%、1.1%、4.4%、6.7%、12.1%。全县农作物播种面积65.59万亩,其中粮食播种面积45.75万亩,全年粮食总产量为17.74万吨,先后获全市、全省、全国粮食生产先进县。茶叶、水果、设施蔬菜、食用菌、畜牧等特色产业呈现规模化发展趋势,是浙江省四个设施蔬菜优势产区之一。农业品牌声誉逐步提高,“昌盛”、“老李”、“鲜八里”等6个品牌商标评为省著名商标,苍南四季柚、苍南翠龙茶、苍南槟榔芋三个农产品获国家地域证明商标。全年造林面积1468公顷,覆盖率为46.98%。林业用地104.58万亩,建成省级油茶示范园区1个2500亩、省级油茶精品园1个1100亩,建有苗圃42家。畜牧业生产平稳,2011年全县肉类总产量1.53万吨,禽类产量1.4万吨,奶类产量1270吨,水产品总产量20.33万吨,海水养殖面积4921公顷,共有省级现代渔业园区建设创建点9个,其中1个精品园通过省级专家现场考核验收,2个精品园通过市级验收。蘑菇、水产、农贸综合市场交易额58亿元,利税1.65亿元。2012年,全县共发展农业龙头企业127家,资产总额达28亿元,出口创汇额4093万美元。其中,省级骨干农业龙头企业7家,市级农业龙头企业22家,农业专业合作社1060家,带动农户13万户。

【新农村建设】 2012年,投入扶贫开发建设资金一亿元,培育开发项目650个,发展特色农业示范村13个,新建农业基地面积8685亩,覆盖175个低收入集中村,辐射带动低收入农户7800户,6个整村发展17个项目,带动314户低收入群众发展生产。新建移民小区2个,移民点3个,实现低收入农户286户1066人下山异地搬迁。“三分三改”工作全面推进,全县774个村完成股改成立村股份经济合作社,完成率99.74%;732个村完成地改工作成立村土地合作社,完成率99.73%;全县土地流转总面积达13.09万亩,占耕地总面积32.8%。“两区”建设加快推进,完成3.34万亩粮食生产功能区建设建设,建成并通过验收省(市)级主导产业示范区2个、省(市)级特色农业精品园10个、市级休闲观光农业示范园区1个。目前全县省(市)级特色农业精品园增加到14个、省(市)级休闲观光农业示范园区增加到2个。完成农村劳动力培训7339人,其中农业专业技能培训931人,农民转移就业技能培训4579

人,农村实用人才培训1820人,共取得各类专业技能证书5367本,有效转移就业4121人,转移就业率达到93%。

【工业和建筑业】 2012年,全县实现规模以上工业总产值238.02亿元,比上年增长2.3%。其中轻工业产值117.34亿元,与去年基本持平;重工业产值120.68亿元,同比增长4.8%。全县年销售收入2000万元以上工业企业产值占全部工业的比重34.6%,实现销售产值234.22亿元,同比增长2.8%,产品销售率为98.4%。实现新产品产值7.9亿元,同比增长4.6%。出口交货值23.55亿元,同比增长2.5%。全县拥有工业产值超亿元的企业54家,实现工业产值155.58亿元,同比增长10.1%,占规模以上工业产值比重65.4%。其中累计工业总产值超10亿元的行业有6个,分别为橡胶和塑料制品业、纺织业、印刷和记录媒介复制业、电力及热力生产和供应业、造纸和纸制品业、农副食品加工业。这六大行业累计实现工业总产值176.47亿元,占全县规上工业总产值的74.1%。年末行政认定的中国驰名商标3只,浙江省著名商标33只,浙江名牌产品14个,温州名牌产品36个。

建筑业实现增加值25.95亿元,同比增长11.1%。全县拥有三级以上资质的建筑企业71家,实现建筑业总产值75.54亿元,同比增长25.29%;实现利润3.45亿元,同比下降24.34%;年末拥有资产30.79亿元,同比增长59.37%,其中固定资产原价9.79亿元,同比增长41.9%;全年施工面积210.3万平方米,竣工房屋面积66.1万平方米。

【固定资产投资】 2012年,完成全社会固定资产投资263.22亿元,同比增长38.7%,其中限额以上固定资产投资220.47亿元,比上年增长47.4%,限额以上工业性投资累计完成55.30亿元,同比增长22.0%,占全部限上投资的比重由上年的30.3%下降到25.1%。全年完成限额以上基础设施建设投资61.35亿元,同比增长80.2%。各项基础设施建设齐头并进,水利、环境和公共设施管理完成投资27.1亿元,同比增长75.8%;交通运输、仓储和邮政业完成投资11.4亿元,增长131.4%,电力、燃气及水的生产供应业完成投资11.9亿元,同比增长29.7%。

【对台经贸合作】 2011年,省政府批准在苍南县设置浙台(苍南)经贸合作区。作为首个浙台经贸合作区,浙台(苍南)经贸合作区以苍南全县为规划范围,初步形成了面积达330平方公里的"一区多园"的对接台湾产业转移的空间平台布局。2012年11月,《浙台(苍南)经贸合作区发展规划》通过专家评审论证。截至2012年11月底,共接待台商72批,586多人次,发放宣传画册2300多本。有9个台资项目落地,投资总额近12亿元,主要涉及精密仪器、文教用品、现代农业、台货交易市场等;在谈台资项目近30个,主要涉及生物科技、精细农业、休闲观光、文化创意、幼儿教育等,意向投资额近60亿元。

【商贸和旅游】 苍南民营经济充满活力,城乡个体商业餐饮业、服务业迅速发展,加速形成了一批现代商业专业市场。县城形成较大规模的副食品市场、参茸市场、水产品市场、农贸市场、纺织市场、服装市场等,龙港形成购物中心、晴纶纱、工艺礼品、毛毯、建材、服装等专业市场,还有宜山纺织品和布角料市场、金乡台挂历市场、钱库箱包等专业市场及一批服务业。全县共有超亿元市场13个,年成交额135亿元,同比增长6.3%。市场年末出租摊位数总量达到5771个,较去年同期增加10个。2012年,全县社会消费品零售额184.5亿元,比上年增长13.4%。其中,批发零售业零售额162.3亿元,同比增长13.9%;住宿和餐饮业零售额22.2亿元,同比增长9.2%。批发零售贸易业全年实现商品销售总额378.8亿元,同比增长19.5%。

苍南县依山傍海,旅游资源丰富,自然风光秀美奇丽,境内有国家级文保单位"蒲壮所城"、玉苍山国家级森林公园、滨海——玉苍山"省级风景名胜区、沿海有霞关、巴曹、炎亭、海口等多个深水良港、沙滩、岛屿,金乡、矾山古镇、石聚堂、碗窑、莒溪景点。2012年,接待旅游总人数300.72万人次,同比增长19.3%,其中接待国内旅客298.67万人次,同比增长19.3%,接待海外游客2.05万人次,同比增长25.5%。2012年全县创旅游总收入29.93亿元,同比增长44.4%,其中国内旅游收入29.33亿元,同比增长45.2%,海外创汇946万美元,同比增长49.4%。

【财政、金融和保险】 2012年,全县实现财政一般预算总收入31.48亿元,同比增长6.1%。其中,公共预算收入18.83亿元,同比增长8.0%,公共预算收入占一般预算总收入60.2%,比去年提高1.1个百分点。全年地方财政一般预算总支出38.07亿元,同比增长8.4%。其中教育事业费支出10.89亿元,同比增长14.1%;科学技术支出0.51亿元,同比增长21.5%;医疗卫生支出3.25亿元,同比下降22.8%;社会保障和就业支出2.89亿元,同比增长7.2%;农林水事务支出7.05亿元,同比增长13.9%。

2012年,全县金融机构人民币存款余额447.86亿元,同比增长5.5%。其中,个人储蓄存款249.39亿元,同比增长9.6%;财政性存款6.34亿元,同比下降7.8%。全县金融机构人民币贷款余额494.21亿元,同比增长26.3%,其中短期贷款435.03亿元,同比增长29.1%,中长期贷款56.86亿元,同比增长6.4%。

2012年,全县保险业实现保费收入10.22亿元,比上年增长14.9%。其中,财产险保费收入4.39亿元,同比增长19.3%;人身险保费收入5.83亿元,同比增长11.7%。支付各类赔款及给付2.70亿元,同比增长22.6%。其中,财产险赔款2.10亿元,同比增长22.8%,赔付率48.0%;人身险给付0.59亿元,同比增长21.9%。

【交通运输、邮电和电力】 2012年末,全县公路总里程1521.24公里,其中高速公路23.55公里,一级公路37.31公里。全县公路密度120.63公里/百平方公里。全年公路客运量4453万人,铁路客运量88.9万人。全年货运总量1049万吨,其中公路货运量811万吨,水路货运总量238万吨。全年港口货物吞吐量203万吨。全县年末民用汽车拥有量10.21万辆,其中私人汽车9.69万辆。全面完成78省道的改造通车、灵海公路投建、苍南火车站、巴曹码头、霞关国家一级渔港等项目。

2012年,全县共有邮政局(所)9处,邮政业务总量0.93亿元,同比增长16.0%。全年函件总量2056.98万件,包裹总量

10.13万件,国内汇票17.30万笔,邮政代理速递3.66万件,订阅报纸2343.61万份,订阅杂志61.54万份,集邮业务33万枚。全年通信行业业务收入13.97亿元,比上年增长10.6%。年末固定电话用户数达到27.98万户,移动电话用户数达到133.13万户。年末互联网宽带用户数为23.93万户,比上年增长20.4%。

2012年,全县用电量46.55亿千瓦时,比上年下降1.0%。其中工业用电量32.27亿千瓦时,下降5.3%;居民生活用电量10.17亿千瓦时,增长9.3%;商业用电量1.53亿千瓦时,增长3.0%;建筑业用电量0.53亿千瓦时,增长55.6%。

【教育和科技创新】 2012年,全县义务教育招生实现"零择校",共招收小学一年级新生15418名,初中新生12310名。积极稳妥推进高中招生制度改革,扩大省级重点高中对初中学校招生名额的分配指标,加大普通高中对初中学校的定向生比例;中考体育考试在温州市所有县(市、区)中率先使用"机考";2012年普通高校录取新生10680人。2009年启动的"校安工程"已全部完成,涉及全县148所学校、355个项目,其中加固项目178632平方米,拆建项目126375平方米。21所幼儿园通过省一、二、三级评估验收;12所中小学创义务教育办学水平评估市一、二、三级学校;1所高中学校创省特色示范普通高中;1所职业学校成功转评省一级重点中等职业学校;43所学校通过省标准化学校验收,全县标准化学校达56所。成功创建省绿色学校3所,市绿色学校4所,市体育特色学校3所,省艺术特色学校1所,市行规达标学校8所,省示范家长学校2所,市示范家长学校5所。

2012年,全县新增高新技术企业7家、省科技型中小企业6家、省农业科技企业3家、市创新型企业9家。2家企业研发中心通过省高新技术企业研发中心认定。全县有28家科技型与44家高等院校、科研院所建立了科技合作关系,其中有6家企业与合作单位共建了研发中心。科技企业孵化器建设已完成投资4348万元。首次承担国家科技支撑计划1项、国家863计划1项,列入国家创新基金2项、国家火炬计划2项,列入省重大专项4项、省级新产品15项、其它省市各类项目34项。全年开发民生项目45项,完成了防震减灾教育基地建设,实施县新能源与节能减排重大专项4项,有34个项目获得省市县科技进步奖。2012年,全县专利申请量达2109件,其中发明专利、实用新型专利、外观设计专利申请量分别为80件、844件和1185件,同比增长50.9%、133.8%和112.7%;实现专利授权量1482件,同比增长90.7%。2012年末,实有专业技术人员15474人,其中高级职称人员1611人,中级职称6595人,初级职称6226人。

【文化、卫生和体育】 文化设施建设加快推进。县文博馆项目全年完成固投任务5028万元,完成灵溪、金乡、矾山等3个乡镇文化中心的改造提升工程和龙港、金乡等5个乡镇省、市级图书分馆建设。32个社区文体中心通过市级验收。建成农家书屋333个,实现了农村社区农家书屋的全覆盖。农村宗祠改建30所,全部通过验收并正式对外开放。深入开展文化惠民服务活动,全年共送戏下乡200多场,送书下乡6万多册,送电影下乡9312场,开展文化走亲8场,渔船卫星接收设备166套,转换数字电视用户12万户。推进城乡图书一体化服务体系建设,打造县、镇、村三级图书网络,部分乡镇已实现通借通还、免费开放。2012年,全县艺术创演共获得8个国家级奖项,19个省级奖项和24个市级奖项,并成功举办各类高水准、高质量的文化展览。2012年末,全县拥有国家级非物质文化遗产项目2个,省级非物质文化遗产名录项目23个,市级非物质文化遗产名录项目71个。

2012年末,全县有卫生机构695家,其中医院15家,卫生院36家,个体开业诊所107个。年末有各类卫生技术人员5332人,其中医生2563人。医疗机构年末实有病床数2796张,平均每千人有病床2.15张、医生1.97人。医疗机构全年诊疗病人625万人次。全县农村建有村卫生室471个,社区服务站56个。全县已参加新农合人数达83.72万人,参合率99%,新型农村合作医疗筹资水平达500元/人。农村安全卫生饮用水人口覆盖率和农村卫生厕所普及率分别达99.8%和82.0%。

竞技体育全民健身持续发展。组织150名运动员参加了市少年儿童武术、田径、乒乓球等16项比赛,共获得62枚金牌,其中武术获得团体总分第一,囊获11枚金牌;田径获得团体总分第一,收获23枚金牌;女子篮球和女子足球获得第一名。2012年共投入350万元,新建18个体育休闲公园、3个塑胶门球场、13个乒乓球室、37个健身苑点、2个垂钓基地、4条登山步道和22个省小康体育村,实现全县行政村居基本体育设施全覆盖。

【人民生活和社会保障】 全年城镇居民人均可支配收入28897元,增长11.8%。人均生活费支出20444元,同比下降0.1%;城镇居民人均住房总建筑面积52.72平方米。全年农村居民人均纯收入11568元,同比增长12.5%。农村居民人均生活费支出8873元,同比增长11.3%;农村居民人均生活用房面积34.86平方米。

2012年,全县发放个人住房贷款459户,购建房面积53665.5平米,金额24373万元,同比增长44%;办理职工提取业务6712人次,金额20747万元,同比增长59.9%。计提县财政廉租房建设补充资金1922万元,同比增长71.45%。年末参加城镇基本养老保险参保人数15.94万人,参加工伤保险19.79万人,参加基本医疗保险10.28万人,其中在职职工9.16万人。参加农村社会养老保险37.16万人,参加城乡居民合作医疗保险人数16.62万人。全年新增城镇就业岗位12508个,年末城镇登记失业人数2202人,失业率为2.62%。全年社会福利院数61个,床位数6005张。城乡居民享受最低生活保障人数20124人,其中城镇居民最低生活保障人数847人,农村居民最低生活保障人数19277人,发放保障资金3885.33万元。县慈善总会募款3648.5万元,支出救助金1925.78万元。

泰　顺　县

【概述】 泰顺位于浙江南部,与福建交界,明景泰三年(公元1452年)置县,寓"国泰民安、人心归顺"之意。县域"九山半水半分田",总面积1761.5平方公里,辖9镇1乡,64个社区、295个村(居),总人口36万。泰顺是国家级生态示范区、中国廊桥之乡、中国名茶之乡、革命老根据地县、中国市场投资开发第一县。近年来,泰顺围绕"三生融合·幸福泰顺"建设目标,坚持实施"生态立县、绿色崛起"发展战略,各项事业发展取得了良好成效。2012 年,实现地区生产总值 51.99 亿元,比上年增长 9%;财政总收入 6.43 亿元,增长 5.5%,其中公共财政预算收入 4.92 亿元,增长 6.3%;在公共财政预算收入中,实现税收收入 2.88 亿元,增长 9.6%,其中主体税种营业税收入 1.39 亿元,增长 20.4%;社会消费品零售总额 23.45 亿元,增长 13.1%;城镇居民人均可支配收入 21664 元,农民人均纯收入 8162 元,分别增长 11.1%、13%。一般公共财政预算支出 20.5 亿元,同比增长 10.1%,"十大民生工程"全面完成,全县财政用于民生支出 15.3 亿元,增长 9.4%。全年城镇新增就业 1718 人,农村低保等困难人员新增就业 806 人,失业人员实现再就业 452 人。

【农业】 2012 年,泰顺县农业经济总体平稳运行,农林牧渔业总产值 8.14 亿元,按可比价计算,比上年增长 2%。其中:农业产值 5.88 亿元,增长 5.2%;林业产值 0.59 亿元、牧业产值 1.55 亿元、渔业产值 0.04 亿元。全年农作物种植面积 1.98 万公顷,比上年增长 1%。其中:粮食种植面积为 1.22 万公顷,增长 0.8%;油料种植面积 1032 公顷,增长 0.5%;药材种植面积 936 公顷,增长 5.1%;蔬菜种植面积 4645 公顷,增长 3.8%。全年粮食总产量 6.48 万吨,比上年下降 0.8%。

全年完成 3 个主导产业示范区、5 个特色农业精品园和 1 个休闲观光农业示范园建设。新增部级示范合作社 1 家,市级龙头企业 4 家。新评省级特色点 2 个,新认定三星级农家乐 2 家、二星级农家乐 5 家、市级农家乐特色村 2 个。成立全市首家茶叶院士专家工作站,"三杯香"荣获中国驰名商标正式授牌,品牌价值达到 7.1 亿元。

【工业】 2012 年,实现全部工业总产值 37.89 亿元,增长 9.1%。其中,规模以上工业实现产值 19.46 亿元,增长 7.4%;规模以上工业销售产值 18.16 亿元,增长 8.2%,产销率 93.3%;规模以上工业出口交货值 1.15 亿元,下降 7.3%。累计完成限上工业性投资 3.28 亿元,占全县限上固定资产投资比重 9.9%;实施"亩产论英雄",振兴实体经济,加强"四园一基地"建设,承接温州发达地区产业转移和泰顺传统工业提升,累计签订入园协议企业 25 家,涉及汽摩配、机械制造、竹木制品等产业,总投资达 3.8 亿元以上;安排年度工业用地指标 275 亩,为全县前三年工业用地指标总额的 135%;安排专项财政资金,支持中小企业技术改造,全年备案技改项目 19 个,完成技改投入 7193 万元,同比增长 58%,完成年度计划 102.7%。

【建筑业】 2012 年,全年建筑业实现增加值 8.07 亿元,比上年增长 22.2%。全年完成建筑业总产值 100.4 亿元,比上年增长 21.1%;新开工房屋施工面积 336 万平方米,增长 0.4%;房屋建筑竣工面积 232 万平方米,下降 7.1%。建筑企业资质申报升级二级 2 家、一级 2 家,新增企业 2 家(由温州迁入)、企业资质增项二级 1 家和一级 1 家,年末拥有资质以上建筑企业 35 家,其中:一级 6 家,二级 5 家,三级 20 家,劳务分包企业 4 家。全县共有一、二级建造师 532 人,其中一级 110 人,二级 422 人,中高级职称人数 500 多人。

【固定资产投资】 2012 年,全年全社会固定资产投资 48.48 亿元,比上年增长 64.3%。其中,全部限额以上固定资产投资 37.28 亿元,增长 82.8%,投资率 71.7%,增速位列全市第一;在全部限额以上固定资产投资中,第一产业投资 7.43 亿元,是上年的 18.3 倍;第二产业投资 3.62 亿元,增长 6.7%;第三产业投资 26.23 亿元,增长 58.1%。限额以上施工项目 282 个,其中新开工项目 218 个,分别增长 179.2%和 303.7%;房地产开发投资 7.87 亿元,下降 11%。

【商贸服务】 2012 年,全年全社会消费品零售总额 23.45 亿元,比上年增长 13.1%。其中限额以上单位消费品零售额 6.61 亿元,增长 4.5%。分四大行业销售额来看,批发业销售额 3.54 亿元,零售业销售额 29.31 亿元,分别增长 37.4%和 18.6%;住宿业营业额 0.9 亿,餐饮业营业额 3.56 亿元,分别增长 4.2%和 15.1%。全年全县进出口总额 2071 万美元,比上年下降 9.8%。其中自营生产企业出口总额 2069 万美元,下降 9.8%。

【旅游】 2012 年,全年实现旅游综合产值 7.05 亿元,比上年增长 23.7%。其中,接待国内旅游者 150.1 万人次,实现国内旅游综合产值 7.03 亿元,分别增长 24.1%、23.7%;接待入境旅游者 812 人次,实现旅游外汇收入 23.55 万美元。今年以来,景区景点建设、旅游配套建设、重大项目攻关及旅游企业投资顺利推进,全年全县旅游领域固定资产投资近 10 亿元,强力推动了旅游业发展。其中乌岩岭景区、廊桥文化园、氡泉景区等景区基础设施建设快速推进,新城国际大酒店、茶文化城、环亚生态休闲度假村、泰顺畲族风情园、天关山森林公园、中国廊桥博物园、玉龙山户外浴场和温州氡泉旅游文化休闲中心等社会投资项目加快完成,泰顺国际影视文化产业综合体前期工作得到扎实开展。

【民营经济】 2012 年,我县实有内资企业 1405 户,比去年同期增长 7.83%,注册资本(金)486747 万元,比去年同期增长 11.08%。其中私营企业 963 户,比去年同期增长 12.76%,注册资本(金)351717 万元,比去年同期增长 13.54%。我县在册个体工商户的产业分布为第一产业 113 户,占比 1.25%,资金数额 3100 万元,占比 5.22%;第二产业 950 户,占比 10.51%,资金数额 18502 万元,占比 31.14%;第三产业 7977 户,占比 88.24%,资金数额 37813 万元,占比 63.64%。

【功能区建设】 2012 年,全县现有 2 个市级功能区,4 个县级功能区,其中:罗阳中心城区都市型功能区完成投资 10 亿元,有力推动文祥大道、廊桥大道、天关山路等市政道路建设;大力发展文祥湖、塔坪二期、新城区护坡等景观绿化建设;实施规划展示馆(行政审批中心)、科技文化中心等工程建设;推动顺溪嘉园、万洋华府、新城国际大酒店、茶文化城等 9 个房开与商住项目建设。廊氡旅游度假区截至 12 月完成固定资产投资 16397 万元,完成廊桥文化园园区整治二期工程、廊桥文化园拆迁安置点建设等工作;完成氡泉景区泉眼周边环境整治、宝林峡谷游步道前期工作;完成玉龙山户外浴场会议中心续建工程、环亚生态休闲度假村桥梁工程;完成温州氡泉旅游文化休闲中心一期工程装修工程量90%和二期工程量40%;完成温州大自然庄园、温州泰顺国际影视文化产业综合体等前期工程。

【金融保险】 2012年,全年金融业实现增加值5.33亿元,按可比价格计算,比上年增长11%。全县金融机构本外币各项存款余额93.45亿元,比上年末增长22.3%,其中人民币存款余额93.41亿元,增长22.3%。全县金融机构本外币各项贷款余额67.81亿元,比上年末增长20.5%。年末城乡居民本外币储蓄存款余额52.4亿元,比上年末增长25.6%。

全年保险业实现保费收入17832万元,比上年增长21.9%。其中,财产险保费收入9001万元,增长19.7%;人身险保费收入8831万元,增长24.3%。各类赔款及给付支出6168万元,增长19.8%。其中,财产险赔付支出4859万元,增长54%;人身险赔付支出1309万元,下降30.1%。

【新农村建设】 2012年,我县重新评估镇村布局规划,全年兴建下山移民点(小区)18个,下拨项目资金846万元,完成投资7900多万元,完成搬迁629户2552人。全面启动罗阳镇无区域生态移民区C-03地块、司前畲族风情园一期、泗溪上宅洋、彭溪富洋、雅阳塔尾洋、仕阳夏沙港、三魁戳州等农房集聚点建设,加大下山脱贫移民点建设力度,新建8787户,搬迁6600户,新增农房集聚率6.9%。全县实施开发项目263个,覆盖低收入农户集中村99个,带动低收入农户数6730户,新建抚育各类基地17000多亩,其中新建农业基地面积3080亩,安排各级财政扶持资金895万元,带动社会投入开发资金1.24亿元。

【环境保护】 2012年,完成了全县24个生态县建设示范点的培育和建设,推进泗溪、司前等6个集镇污水处理厂管网配套工程和15个生活垃圾处理设施建设。实施美好乡村示范工程、生态乡镇建设配套工程、农村环境连片整治工程、垃圾分类处理四大生态环保项目,本年度总投资1.08亿元。全县完成上年实施的23个"中国美好乡村"的考核验收,大力推进农村环境连片整治项目,2013年起,全县每年投入垃圾运行经费2400万元,在全市率先实现行政村垃圾收集处理100%的目标。重点减排项目整改情况进展顺利,主要污染物减排的不利形势得到扭转,预计能完成全年的任务。初步统计,2012年全县化学需氧量排放量为2514.03吨,削减率为17.4%,其中工业加生活COD排放量为2269.38吨,削减率为1.6%;2012年全县氨氮排放量为306.04吨,削减率为6.6%,其中工业加生活氨氮排放量为240.3吨,削减率为7.3%;二氧化硫排放量为198.6吨,削减率为3.1%;氮氧化物排放量为360.65吨,削减率为0.4%。今年7月份国家级生态县创建顺利通过技术核查,为正式摘取"国家级生态县"命名做好了充分准备。

【交通运输】 2012年,全县道路通车总里程2044公里,公路密度116.01公里/百平方公里。全年完成公路货物周转量2291万吨公里,比上年下降0.4%;公路旅客周转量21768万人公里,下降1.5%。4月份,省发改委发文批复龙丽温高速公路景宁至瑞安段(含泰顺支线)的项目建议书,项目正式被确定立项建设。58省道至雪溪公路、58省道至筱村公路、58省道至彭溪公路、52省道至乌岩岭景区公路、黄桥至文成铜铃山公路等项目加快推进。完成建成司前、新浦客运站等站场渡口建设;完成农村公路港湾式停靠站建设25个;完成百丈镇包垟社区银坑、马迹、双板桥渡口的渡亭、渡埠改造工作。

【邮电通信】 2012年,全年实现邮电业务收入2.29亿元,比上年增长12.8%。其中,邮政业务收入0.14亿元,电信业务收入2.15亿元。年末固定电话用户4.25万户,移动电话用户23.15万户,全县宽带用户数2.8万户。

【科技创新】 2012年,泰顺县维富玩具有限公司被认定市级专利示范企业,这也是我县首家市级专利示范企业;全县专利申请量突破221件,专利授权数达196件,分别比上年增121%和161%,万人专利授权数达7.8项,比上年增140%。全县高新技术产业产值达2700万元,比上年增25.58%。纳百川成功申报国家高新技术企业,是我县第二家高新技术企业,其公司研制的"扰流高效铝质管片式散热器"项目列入省级新产品试制计划。4家企业被认定为省级科技型企业,3家企业被认定为市级科技型创新企业,1家企业被认定为市级专利示范企业。投资200万,建成了县竹木产业科技创新服务中心和农业研发中心。投资220万元在民源专业合作社和泰龙茶业有限公司建成了农业研发中心。

【教育】 2012年,全县拥有中等职业教育学校1所,普通中学15所,小学39所,特殊教育学校1所,幼儿园68所。2012年高考总上线率77.28%(比2011年提高了10个百分点),本科上线率33.9%,一本上线113人,比2011年增加49人,升学率创历史新高,初中入学率为99.99%,巩固率为100%,初中毕业生升学率96.22%,小学入学率和升学率均为100%,学前三年入园率达100%,"三残"适龄儿童入学率95.7%。职成教育发展势头良好,目前已有省市示范专业2个、实训基地2个。电大泰顺工作站升格为浙江电大泰顺分校,创建社区学院1所、乡镇社区学校25所;完成各类培训2万人次。今年新招聘中小学教师67名,幼儿园教师28名,到浙江师范大学等高等师范院校招聘本科以上学历教师6名。评选出第二届学科骨干教师100名、首届骨干班主任31名;获市级骨干教师、骨干班主任58名,全年共有38名教师获得市级及以上师德楷模等各类先进称号,其中省师德楷模1名,147名教师获县级各类先进称号。并着手泰顺教育领军人物的培养。目前已确定首批领军人物培养对象50名。农村中小学爱心营养餐工程资助7222人次,资助金额266.065万元,并将营养餐标准从350元/人·年提高至750元/人·年。落实新入学贫困大学生资助工作127人,58.5万元。筹措资金20多万元,资助困难教职工127人。落实帮扶经费4.25万元,结对困难户25户。

【文化】 2012年,年末全县广播人口综合覆盖率达到97.8%、电视人口综合覆盖率达到97.8%。全县有线电视用户数5.79万户。完成6个文化中心、3个市级图书馆中心分馆、10个社区文化服务中心和63个行政村农家书屋建设。举办了"迎新春·送祝福"、"泰顺百家宴"等29场大型文化和特色文化活动。全年送戏下乡巡回演出195场，送数字电影进农村放映2570场次，新增送书下乡5000册。获得市级以上奖项文学、声乐、舞蹈作品达24件，其中在市第四届艺术节中收获3金2银4铜。启动6座国保廊桥（仙居桥、三条桥、永庆桥、刘宅桥、薛宅桥、文兴桥）保护规划、2处省级文物保护单位（张氏厝屋、登云桥）维修方案的编制和交洋土楼修缮工程。

【卫生】 2012年，年末共有卫生机构196个（含卫生室、医务室），其中医院、卫生院39个。医院和卫生院床位528张，卫生技术人员1158人，其中执业医师和执业助理医师431人，注册护士319人。全县共设置社区卫生服务中心（站）27个，建立HIV初筛点11个，初筛实验室2个。产妇住院分娩比率达到99.98%，孕产妇死亡率0人/万；婴儿和5岁以下儿童死亡率分别为2.48‰和3.96‰。全县31.74万人参加了城乡居民合作医疗保险，参合率100%。县“120”急救指挥中心从今年3月27日试运行至今，已建成1个急救指挥中心和3个急救站和5个急救点。完成农村社区医生定向培养30名，基层医疗卫生机构人员岗位培训1109人次。此外，坚持巡回医疗制度，全年共组织医疗骨干100人次，送服务下乡12次、诊疗病人1380人次。9月份我县顺利通过四年一次的省级卫生县城复评验收，为国家级卫生县城创建夯实了基础。

【体育】 2012年，泰顺县组织举办了“鸿鑫杯”象棋比赛、“泰顺石杯”篮球比赛、中式八球友谊赛、“移动杯”羽毛球比赛、“生态杯”妇女排舞大赛等18次赛事，成功举办了首届中国浙江自行车系列公开赛泰顺“生态杯”山地车爬坡赛、温州“乌岩岭杯”铁人三项赛以及中美篮球对抗赛等大型赛事和县第六届全民运动会。积极配合县教育行政部门做好比赛组织工作，举办县第三届“实小杯”中小学生乒乓球比赛、县第三届“育才小学杯”少年儿童象棋比赛。参加全国、省、市级各类比赛，共有95人次获得前八名以上名次。县体育中心正式启用并对社会公众开放，国民体质监测中心动工修建。

【人民生活】 2012年，据对城乡住户抽样调查，全县城镇居民人均可支配收入21664元，农村居民人均纯收入8162元，分别比上年增长11.1%和13%。城镇居民人均消费支出14822元，比上年增长14.3%；农村居民人均生活消费支出5353元，增长6.1%。城镇居民家庭恩格尔系数（居民家庭食品消费支出占生活消费总支出的比重）为40.2%，比上年上升3.7个百分点；农村居民家庭恩格尔系数为50.8%，比上年上升0.8个百分点。城镇居民人均住房建筑面积49.35平方米，农村居民人均住房使用面积41.1平方米。

【社会保障】 2012年，年末全县参加企业基本养老保险29305人，新增参保3615人；城乡居民社会养老保险98054人，新增7469人；基本职工医疗保险23066人，新增1018人；工伤保险21750人，新增776人；失业保险10999人，新增312人；生育保险6668人，新增906人。参加新型农村合作医疗保险31.74万人，参合率96%，筹资标准提升到每人每年400元。城乡居民社会养老保险基础金最低标准提高到80元/月，企业退休人员基本养老金人均每月达1850元。年末全县纳入低保范围的有8473户14438人，全年列支低保（补助）金3625万元。城镇低保标准提高到470元/月人、农村低保标准提高到355元/月人。全年医疗救助惠及1208户1218人，发放医疗救助金452.4万元。纳入农村“五保”集中供养人员390人，集中供养率98.2%。县慈善总会共募集善资701.91万元（其中定向捐款457.38万元）。全年实现新增城镇就业人数1517人，农村低保、城镇零就业家庭等困难人员就业670人，城镇失业人员实现再就业452人，城镇登记失业率3.72%，“充分就业村、社区”创建率分别达80.7%、100%。全年追回拖欠农民工工资37.05万元，追缴社保费1.9万元，补签劳动合同率1884份，清退押金2.27万元。

丽 水 市

【自然地理】 地理位置。丽水市处浙江省西南浙闽两省结合部,在东经118°41′~120°26′和北纬27°25′~28°57′之间。东南与温州市接壤,西南与福建省宁德市、南平市毗邻,西北与衢州市相接,北部与金华市交界,东北与台州市相连。市政府驻莲都区。距温州126公里,距金华市122公里,距杭州292公里,距上海512公里。

地形地貌。丽水市以中山、丘陵地貌为主,地势由西南向东北倾斜,西南部以中山为主,有低山、丘陵和山间谷地;东北部以低山为主,间有中山及河谷盆地。全市土地面积17298平方公里,其中山地占88.42%,耕地占5.52%,溪流、道路、村庄等占6.06%,是个"九山半水半分田"的地区。本市山脉属武夷山系,主要有仙霞岭、洞宫山、括苍山,呈西南向东北走向,分别延伸西北部、西南部和东北部。海拔1000米以上的山峰有3573座,其中1500米以上的山峰244座,龙泉市凤阳山黄茅尖海拔1929米,庆元县百山祖海拔1856.7米,分别为浙江省第一、第二高峰。

江溪湖泊。丽水市境内有瓯江、钱塘江、飞云江、灵江、闽江、交溪水系,与山脉走向平行,仙霞岭是瓯江水系与钱塘江水系的分水岭,洞宫山是瓯江水系与闽江、飞云江和交溪的分水岭,括苍山是瓯江水系与灵江水系的分水岭。各河流两岸地形陡峻,江溪源短流急,河床切割较深,水位暴涨暴落,属山溪性河流,由于落差大,水力资源蕴藏丰富。瓯江是全市第一大江,发源于庆元县与龙泉市交界的洞宫山锅帽尖西北麓,自西向东蜿蜒过境,干流长388公里,境内长316公里,流域面积12985.47平方公里,占全市总面积的78%。位于瓯江上游龙泉溪的紧水滩电站水库即仙宫湖,面积43.6平方公里,是全区最大的人工湖泊。

【历史沿革】 丽水历史悠久,据考古发现,早在4000多年前就有人类活动。隋朝开皇九年(公元589年)建处州,592年改为括州,607年改为永嘉郡。唐朝武德四年(公元621年)复改为括州,779年改为处州。元朝至元十三年(公元1276年)改为处州路,1359年改为安南府,随后改为处州府。明朝景泰三年(公元1452年)起,处州府辖丽水、松阳、缙云、青田、遂昌、庆元、宣平、云和、景宁10县。1911年辛亥革命后设立处州军政分府。民国元年(1912年)撤销处州军政分府,先后由瓯海道和丽水、第九、第六、第七行政督查区管辖,辖丽水、松阳、缙云、龙泉、庆元、宣平、景宁、云和8县。1949年5月解放,10月设丽水专区,1952年撤销专区,各县分别划入温州、金华、衢州专区管辖。1963年5月恢复丽水专区,辖丽水、青田、缙云、遂昌、云和、龙泉6县。1968年改称丽水地区,1978年设立丽水地区行政公署。其中:1973年恢复庆元县,1982年恢复松阳县,1984年设立景宁畲族自治县,1986年撤销丽水县,设立县级丽水市,1990年撤销龙泉县,设立县级龙泉市,2000年撤销县级丽水市,设立莲都区。2000年7月19日撤销行署建制,设丽水市,辖莲都区、龙泉市和青田、缙云、云和、庆元、遂昌、松阳、景宁7县。

【行政区划】 丽水市设莲都区1个市辖区,辖青田、缙云、遂昌、松阳、云和、庆元、景宁7县,代管辖龙泉1市。景宁是全国唯一的畲族自治县。全市共有51个镇(畲族镇1个)、100个乡(畲族乡6个)、30个街道、96个社区、34个居委会、2850个行政村和12101个自然村。2011年末全市公安户籍人口2613256人。

莲都区辖7个街道办事处,4个镇,7个乡,25个社区,4个居委会,368个行政村,1238个自然村。

乡镇(街道办事处)名称:紫金街道、岩泉街道、万象街道、白云街道、水阁街道、富岭街道、联城街道、碧湖镇、大港头镇、老竹畲族镇、雅溪镇、太平乡、仙渡乡、黄村乡、双黄乡、高溪乡、丽新畲族乡、峰源乡。

龙泉市辖3个街道办事处,8个镇,8个乡,13个社区,1个居委会,444个行政村,1643个自然村。

乡镇(街道办事处)名称:龙渊街道、西街街道、剑池街道、八都镇、上垟镇、小梅镇、查田镇、屏南镇、安仁镇、锦溪镇、住龙镇、兰巨乡、达石乡、宝溪乡、龙南乡、道太乡、岩樟乡、城北乡、竹垟畲族乡。

青田县辖3个街道办事处,9个镇,21个乡,15个社区,15个居委会,414个行政村,2786个自然村。

乡镇名称:鹤城街道、瓯南街道、油竹街道、山口镇、温溪镇、东源镇、船寮镇、北山镇、海口镇、腊口镇、高湖镇、仁庄镇、章村乡、舒桥乡、贵岙乡、石溪乡、小舟山乡、祯埠乡、祯旺乡、万山乡、黄垟乡、季宅乡、海溪乡、高市乡、巨浦乡、万阜乡、汤垟乡、方山乡、吴坑乡、仁宫乡、章旦乡、阜山乡、岭根乡。

云和县辖4个街道办事处,3个镇,3个乡,7个社区,168个行政村,809个自然村。

乡镇(街道办事处)名称:浮云街道、元和街道、白龙山街道、凤凰山街道、崇头镇、石塘镇、紧水滩镇、赤石乡、安溪畲族乡、雾溪畲族乡。

庆元县辖3个街道办事处,5个镇,12个乡,8个社区,345个行政村,724个自然村。

乡镇(街道办事处)名称:濛洲街道、松源街道、屏都街道、竹口镇、荷地镇、黄田镇、左溪镇、贤良镇、安南乡、隆宫乡、五大堡乡、岭头乡、百山祖乡、淤上乡、张村乡、江根乡、官塘乡、龙溪乡、举水乡、合湖乡。

缙云县辖3个街道办事处,7个镇,8个乡,6个社区,253个行政村,1173个自然村。

乡镇(街道办事处)名称:五云街道、新碧街道、仙都街道、壶镇镇、新建镇、东渡镇、舒洪镇、东方镇、大洋镇、大源镇、前路乡、三溪乡、双溪口乡、溶江乡、胡源乡、石笕乡、方溪乡、七里乡。

遂昌县辖2个街道办事处,7个镇,11个乡,7个社区,4个居委会,203个行政村,1628个自然村。

乡镇(街道办事处)名称:妙高街道、云峰街道、北界镇、王村口镇、大柘镇、石练镇、金竹镇、黄沙腰镇、新路湾镇、焦滩乡、应村乡、湖山乡、濂竹乡、高坪乡、蔡源乡、龙洋乡、柘岱口乡、西畈乡、垵口乡、三仁畲族乡。

松阳县辖3个街道办事处,4个镇、14个乡,10个社区,5个居委会,401个行政村,1058个自然村。

乡镇(街道办事处)名称:西屏街道、水南街道、望松街道、古市镇、玉岩镇、大东坝镇、象溪镇、赤寿乡、新兴乡、四都乡、谢村乡、樟溪乡、三都乡、新处乡、斋坛乡、板桥畲族乡、叶村乡、竹源乡、枫坪乡、裕溪乡、安民乡。

景宁畲族自治县辖2个街道办事处,4个镇,16个乡,5个社区,5个居委会,254个行政村,1042个自然村。

乡镇(街道办事处)名称:红星街道、鹤溪街道、英川镇、渤海镇、东坑镇、沙湾镇、九龙乡、景南乡、澄照乡、毛垟乡、秋炉乡、大地乡、梅歧乡、郑坑乡、葛山乡、大均乡、梧桐乡、大漈乡、标溪乡、家地乡、鸬鹚乡、雁溪乡。

说明:数据截至2011年12月31日

【人口民族】 丽水市有汉族和53个少数民族,有畲族、苗族、土家族、布依族、侗族、蒙古族、回族、彝族、拉祜族、哈尼族、壮族、满族、水族、佤族、傣族、白族、朝鲜族、瑶族、黎族、藏族、布朗族、仡佬族、傈僳族、维吾尔族、仫佬族、土族、阿昌族、纳西族、达吾尔族、锡伯族、鄂温克族、赫哲族、高山族、塔塔尔族、哈萨克族、东乡族、景颇族、克尔克孜族、东乡族、撒拉族、毛南族、塔吉克族、乌孜别克族、俄罗斯族、德昂族、保安族、裕固族、京族、独龙族、鄂伦春族、普米族、基诺族、门巴族。少数民族人口92898人,占全市总人口4.81%。主要分布9县市区的176个乡镇(街道办事处),1283个行政村,2196个自然村。畲族人口在5000以上的县市区有莲都、景宁、遂昌、云和、龙泉、松阳,1000以上的乡镇(街道办事处)有33个,畲族人口占30%以上的行政村有208个。设有景宁畲族自治县和6个畲族乡、1个畲族镇。

【资源】 丽水市自然资源比较丰富,生态环境优越,被誉为"浙江绿谷"。生态环境质量全省第一、全国前列,生态环境质量公众满意度继续位居全省首位。2004年,全国生态环境质量评价研究报告显示,丽水市9县(市、区)均为优秀,列全国前50位,被称为华东地区最大的"天然氧吧"、"全国生态环境第一市",其中4个县列前10位,庆元县列第一位,成为"中国生态环境第一县"。

土地资源:据全国第二次土地调查,全市土地面积172.75万公顷,其中耕地16.41万公顷,山地156.31万公顷。人均土地面积0.68公顷,人均耕地面积0.06公顷,人均山地面积0.62公顷。可以充分利用山地小气候较佳的自然条件,发展多层次、多品种的立体农业。

森林资源:丽水市素有"浙南林海"之称。2002年开始,实施生态公益林、千里绿色长廊、退耕还林建设。全市林业用地面积146.24万公顷,其中有林地134.19万公顷。活立木总蓄积量5899.78万立方米,毛竹立竹量31915.02万株。森林覆盖率80.79%,林木绿化率81.62%。森林资源的特点,以针叶树最多。经过长期的植树造林,已于1994年消灭宜林荒山,1999年实现绿化达标。全市有省级重点林业自然保护小区81片,总面积13457.4公顷。完成全民义务植树总面积2093.33公顷,总株数547.3万株,人均3.7株。2010年12月23日,省关注森林组委会正式发文授予丽水"浙江省森林城市"称号。

矿产资源:初步探明有黑色金属、有色金属、贵金属、稀有金属及放射性矿产、冶金辅助原料、化工原料、建材原料、非金属矿产、燃料、矿泉水等矿种57种,其中金属矿25种,非金属矿32种。已探明储量的26种,可供开采利用的矿床、矿点、矿化点608处。金、银、钼、珍珠岩、叶蜡石、萤石、沸石、稀土、高岭土等储量居全省首位,缙云县沸石矿为全国三大沸石矿之一。矿产资源潜在经济价值500亿元以上。现已开采矿产24种。

水力资源:丽水水电资源十分丰富,全市可供开发常规水电资源327.8万千瓦,约占浙江省可开发量40%。2004年,景宁县被水利部授予"中国农村水电之乡"称号。2006年11月,丽水市被水利部授为"中国水电第一市"。至2007年底,小水电(5万千瓦以下)装机总容量122.59万千瓦,成为全省乃至全国首个实现超百万小水电装机的地级市。全市各县(市、区)均实现农村水电电气化。至2009年底,全市建成水电站774处,总装机239.16万千瓦,其中农村水电站771处,装机141.36万千瓦。已建、在建水电装机占全市水电可开发总量79.26%。2009年,发电量39.26亿千瓦时。"丽水水电"已成为丽水的一张金名片。至2010年底,已投产水电装机246.35万千瓦,其中农村水电站装机148.55万千瓦,水电资源开发率80%以上,2010年,全市发电量近68亿千瓦时。

生物资源:已知种子植物、苔藓植物、蕨类植物和大型真菌等4262种,其中种子植物175科,902属,2926种;大型真菌14目,51科,176属,716种;苔藓植物58科,132属,295种;蕨类植物41科,88属,325种。已知野生动物有2618种,其中脊椎动物有5纲,38目,110科,304属,505种;昆虫类20目,200科,2113种。国家重点保护珍稀动植物有:植物43种,其中一级保护植物有百山祖冷杉、伯乐树、长喙毛茛泽泻、中华水韭、莼菜、宽距兰、红豆杉、南方红豆杉8种,二级保护植物有长柄双花木、福建柏、香果树、七子花、鹅掌楸、华东黄杉、白豆杉等35种,百山祖冷杉、九龙山榧、百山祖玉竹、景宁木兰为丽水市独有;动物61种,其中一类保护动物有华南虎、云豹、豹、梅花鹿、黑麂、金雕、白鹳、黄腹角雉、白颈长尾雉、鼋、金斑喙凤蝶等11种,二类保护动物有50种。2005年6月,经联合国粮农组织(FOA)批准,有1200多年历史的青田县稻田养鱼系统成为首批五个世界农业非物质文化遗产保护项目之一。

旅游资源:以"生态·休闲·养生"为主题,以瓯江流域和自然山水为主线,着力打造"山水古文明,丽水好风光"旅游品牌。丽水市山青水秀,风光秀丽,是长三角地区的一块"净土",有全国农业旅游示范点松阳卯山、全国工业旅游示范点龙泉宝剑厂、省红色旅游经典示范区王村口镇、省首家国家矿山公园遂昌金矿、省五星级农家乐经营点松阳四都寨头摄影休闲园。2005年1月,丽水市被命名为第三批国家级生态示范区;2009年12月,相继被命名为"中国优秀旅游城市"、"中国优秀生态旅游城市"。全市有对外开放旅游点68个,其中国家AAAA级旅游景区12家,分别是莲都东西岩风景区、龙泉山景区、中国青田石雕文化旅游区、青田石门洞、缙云仙都景区、缙云黄龙景区、遂昌南尖岩景区、遂昌金矿国家矿山公园、遂昌县神龙飞瀑景区、遂昌千佛山、中国畲乡之窗景区、景宁云中大漈;AAA级景区7家。国家级风景名胜区缙云仙都以山地峰岩景观著称,省级风景名胜区有丽水南明山——东西岩、景宁大漈、青田石门洞、松阳“箬寮—安岱后”和庆元“双苗尖—月山”等5个,市、县(市、区)级风景名胜区有遂昌南尖岩、松阳双童积雪等。风景区内不仅广布奇峰、异洞、幽谷、流泉,还有众多的摩崖题刻、古建筑群、宗教寺观等人文景观。全市建有各级自然保护区(含自然保护小区)83个,其中森林生态系统类型的有国家级自然保护区龙泉凤阳山——庆元百山祖、遂昌九龙山,省级自然保护区景宁望东垟高山湿地,以及县级自然保护区松阳箬寮岘。建有省级以上森林公园11个,其中省级森林公园有莲都白云山、大山峰,云和仙宫湖,龙泉龙渊,景宁草鱼塘,缙云大洋山、括苍山,庆元市子峰8个;国家级森林公园有遂昌、青田石门洞、松阳卯山3个。瓯江流域人工湖泊众多,景观如同天成。仙宫湖,周围有“夏洞天”、“八仙洞”、“九潭十八湾”等景观;滩坑水库(千峡湖)拥有千峡环湖的壮丽景象,给人无限遐想,是丽水又一个风景如画、休闲旅游场所。2009年9月,在联合国教科文组织保护非物质文化遗产政府间委员会第四次会议上,龙泉青瓷传统烧制技艺被列入《人类非物质文化遗产代表作名录》,龙泉青瓷成为全球第一个且是惟一一个入选人类“非遗”的陶瓷类项目,包括庆元在内的浙闽两省联合申报的“中国木拱桥传统营造技艺”被列入《急需保护的非物质文化遗产名录》。国家级非物质文化遗产有松阳高腔、青田石雕、龙泉青瓷烧制技艺、龙泉宝剑锻制技艺等11项,浙江省民族民间艺术保护名录62项。国家级文物保护单位有龙泉大窑青瓷古窑址、莲都通济堰、景宁时思寺、缙云仙都摩崖题记、庆元如龙桥、松阳延庆寺塔等6处,省级文物保护单位有莲都南明山摩崖题刻、灵鹫寺石塔、龙泉永和桥等34处,市级文物保护单位120处,省级历史文化名城有龙泉市、松阳县,历史文化街区、村镇9处。省级历史文化保护区有丽水西溪、龙泉上田、青田阜山、缙云河阳、遂昌独山、遂昌王村口、松阳石仓、松阳界首、庆元大济9处;人文景观,古有明御史中丞兼太史令刘基读书处、松阳兄弟进士牌坊、龙泉剑池遗址、缙云独峰书院等,近有革命遗址遂昌县王村口红军挺进师旧址群、龙泉市水塔村中共浙西南特委驻地、莲都区厦河村中共浙江省委机关旧址、青田县东源镇周恩来题词纪念碑以及畲族风情、龙泉登山、仙都攀岩、青田石雕等。丽水市逐渐形成以山水观光和畲乡文化、侨乡文化、剑瓷文化、黄帝文化、摄影文化为主要载体的特色文化旅游产品。

合 肥 市

合肥是安徽省省会，是全省政治、经济、文化、信息、交通、金融和商贸中心，全国重要的科研教育基地，长三角城市经济协调会会员城市。合肥因东淝河与南淝河均发源于此而得名。司马迁《史记》载："合肥受南北潮，皮革、鲍、木输会也。"这是历史典籍中首次出现合肥地名。

【自然地理】 合肥位于北纬30°56′－32°33′、东经116°40′－117°58′之间，分别与淮南、滁州、马鞍山、芜湖、安庆、六安等六市接壤，具有承东启西、贯通南北的重要区位优势。

合肥地处江淮之间，环抱全国五大淡水湖之一——巢湖，通过南淝河、巢湖和裕溪河，可以通江达海。境内有丘陵岗地、低山残丘、低洼平原三种地貌，以丘陵岗地为主，江淮分水岭自西南向东北横贯全境。全市海拔多在15－80米之间，平均海拔20—40米。主城区地势由西北向东南倾斜，岗冲起伏；西南部属大别山余脉，层峦叠嶂；海拔最高为境西的牛王寨595米。

合肥地处中纬度地带，属亚热带季风性湿润气候，季风明显、四季分明、气候温和、雨量适中。年均气温15.7℃，年均降水量在1000毫米左右，年日照时间在2000个小时左右，年均无霜期228天，平均相对湿度为77%。

【历史沿革】 合肥历史悠久。早在新石器时代，就有人类在此活动，有文字记载的历史长达4000余年。春秋战国时期，先后属楚、吴、越。秦汉之交，正式建立"合肥县"，属九江郡，至今有2200多年历史。东汉刘秀升合肥为侯国，三国时属魏国淮南郡，为扬州治所；东晋于合肥侨置南汝阴郡，南朝梁改名汝阴。隋唐和北宋时属庐州，为庐州州治；明清时属庐州府，为府治，故合肥又别称为"庐州"。清咸丰年间，合肥曾为安徽省临时省会。民国初，庐州府废，合肥县直属安徽省。抗日战争胜利后，1945年国民政府安徽省省会由立煌县（今金寨县）迁至合肥。1949年1月21日合肥解放，2月1日根据江淮区党委的决定，将合肥县分为合肥市、肥东县和肥西县。1952年8月17日，中央人民政府正式批准合肥市为省辖市和安徽省省会。肥东县、肥西县隶属关系几经调整，1983年7月复属合肥市；1964年，由肥东、肥西、寿县和定远四县各一部分新建长丰县，隶属合肥市；2011年8月，安徽省实施部分行政区划调整，撤销原地级巢湖市，原居巢区改设县级巢湖市，由安徽省直辖、合肥市代管，庐江县划入合肥市。

自东汉末年以来，合肥数为州郡治所，一直是江淮地区重要的行政中心和军事重镇，素以"淮右襟喉、江南唇齿"，"江淮首郡、吴楚要冲"之称，历来是重要商埠和兵家必争之地。西汉时，合肥是全国除长安外十八大商贸市场之一。三国时，合肥成为"恩化大行"、"官民有畜"的江淮"巨镇"。隋唐时期，合肥社会繁荣，百姓殷富。宋元时期，合肥为江淮之间首屈一指的政治军事重镇。南宋筑斗梁城，城中"百货骈集，千樯鳞次"，金斗河（淝河流经城区的一段）两岸"悉列货肆，商贾喧阗"。直到鸦片战争前，合肥的经济社会发展水平和全国大部分地区相比，仍毫不逊色。

【行政区划】 合肥现辖四县（肥东县、肥西县、长丰县、庐江县）、一市（巢湖市）、四区（瑶海区、庐阳区、蜀山区、包河区），拥有国家级高新技术产业开发区、国家级经济技术开发区、新站综合开发试验区、合肥巢湖经济开发区等四大开发区。截至2012年12月，全市共有乡镇84个、街道43个（不含5大社区、4个中心）、园区14个、城市社区406个、农村社区294个（不含8个居委会）、村委会1077个。全市总面积11445.1平方公里（含巢湖水面770平方公里），常住人口757.2万。其中，城市建成区面积378平方公里。

【人口民族】 市区常住人口370万。全市有43个少数民族，少数民族人口4.8万，约占全市总人口的0.6%。

【资源】 合肥自然条件优越，水资源、土地资源、农产品资源、矿产资源和旅游资源丰富。

水资源。合肥地处亚热带季风气候区，降雨丰沛，可利用水资源充裕，且成本较低，天然水资源总量为38.63亿立方米。地表水系较为发达，以江淮分水岭为界，岭北为淮河水系，岭南为长江水系，淮河水系主要有东淝河、沛河、池河等；长江水系主要有南淝河、派河、丰乐河、杭埠河、滁河、裕溪河、兆河、柘皋河、白石天河、西河等。境内巢湖是全国五大淡水湖之一，东西长54.5公里，南北宽21公里，水域面积770平方公里，号称"八百里巢湖"，湖底海拔5米，湖水容量随水位高程的不同而不同，当水位高程达14米时，湖水容量为63.7亿立方米。

土地资源。全市国土面积11445.1平方公里，其中，耕地面积840万亩。市区925.2平方公里总面积中，可建设用地超过50%，土地承载能力强。

农产品资源。合肥是全国重要的农副产品生产区，粮食作物以水稻、小麦为主，经济作物主要有油菜、棉花、瓜果、蔬菜等，畜禽养殖业发达，特色农产品丰富，被授予"中国淡水龙虾之都"、"中国坚果炒货之都"称号。三岗苗木花卉、长丰草莓、高刘白鹅、朱巷仔猪、巢湖银鱼、槐祥大米、大平油脂、柯坦有机茶叶等名牌农产品享誉大江南北。

矿产资源。合肥的矿产资源丰富，目前已发现的矿产资源有白云石、花岗石、磷、铁、铅、锌、银、明矾石、石膏、灰岩、矿泉水等。其中，肥东县磷矿储量居全省第二位；庐江县素有"地下聚宝盆"之称，铅、锌、硫铁矿、明矾石储量居全省首位，铜矿居第二位，其硫铁矿储量占全省二分之一、铁矿储量占全省三分之一。

经济社会发展主要指标

项　目	2012 年	比 2011 年增或减%
国内生产总值(亿元)	4164.32	13.6
第一产业增加值(亿元)	229.05	5.4
第二产业增加值(亿元)	2303.91	15.4
其中工业增加值(亿元)	1813.91	17.0
第三产业增加值(亿元)	1631.38	12.3
人均国内生产总值(元)	55182	4.9
粮食总产量(万吨)	303.38	14.17
棉花总产量(吨)	33700	-5.3
油料总产量(万吨)	33.47	35.9
全社会固定资产投资总额(亿元)	4001.10	23.7
外贸自营出口(亿元)	136.28	74.3
实际利用外资(万美元)	165600	持平
社会消费品零售总额(亿元)	1293.62	16.7%
零售物价总指数(%)		
地方财政收入(亿元)	389.50	15.06%
地方财政支出(亿元)		
职工年平均工资(元)	50722	9.4%
农民年纯收入(元)	9081	17.3%
邮电业务总量(亿元)	74.45	11.8%
电话普及率(部/百人)		
年末存款余额(亿元)	6913.84	
年末贷款(亿元)	6136.02	
大学(所)	60	
中小学(所)	1327	
下岗人数(人)		
企业兼并、破产数(个)		

长　丰　县

长丰县位于安徽省中部,1965 年由寿县、定远、肥东、肥西四县的边缘结合部划并而成,国务院在命名时取“长治久安,人寿年丰”之义。现辖 14 个乡镇、1 个省级开发区,总面积 1841 平方公里,总人口 77.26 万。

2012 年,全县实现地区生产总值 265.5 亿元,财政收入 27.1 亿元,固定资产投资 263.4 亿元,规上工业总产值 504.7 亿元,农民人均纯收入 8439 元。

区位独特、交通便捷。南与省会合肥相融,北与能源大市淮南紧依,东与交通枢纽蚌埠呼应。县域南部一区三镇为合肥北部组团,面积 486 平方公里,处于合肥北二环、北三环之间,蒙城北路、阜阳北路、淮南北路、合淮路等 10 条城市干道直通市区。淮南铁路纵贯县境,京福高铁、商杭客专在县域设有两个客运站。乘高铁,30 分钟可达南京,1 小时到杭州,2 小时到上海、武汉,3 小时到北京、福州。高速公路四通八达,北三环高速环绕县境,连接合淮阜、合六叶、合徐、合铜黄等七条高速公路,设有 7 个高速出入口。空港近在身边,距 4E 级新桥国际机场仅 10 分钟车程。

资源丰富、经济繁荣。是全国商品粮生产基地县、全国油料生产百强县、全国生猪调出大县、全国设施草莓生产第一大县、全国中部百强县、全省科学发展先进县。已培育形成汽车配件、新型建材、食品加工、电力电器、平板显示五大主导产业,是全省汽配生产基地、全省建材生产大县、全省农产品加工大县。中粮、海螺、万向、江汽、伊利、鄂尔多斯、新希望、世纪金源、恒大、南山集团、广银铝业、雨润等全国知名企业先后落户县内,浙江、福建等地商会 300 多家企业在此聚首,产业发展具有极强的互补性和协同性。

环境优美、生态宜居。滁河干渠串联双凤湖、双龙湖、鹤翔湖、梅冲湖、大官塘等五座水库、上万亩水面,大别山天然山泉水顺渠而下,享有“五湖连珠”的美誉。境内拥有合肥丰乐生态园、安徽元一双凤湖国际旅游度假区和中国(合肥)非物质文化遗产园 3 个国家 4A 级旅游景区。正着力打造 100 平方公里大房郢水库上游现代都市型生态农业园区。

2013 年发展目标:地区生产总值 300 亿元,增长 17% 以上(现价);工业总产值 800 亿元,增长 30% 以上;财政收入 30 亿元,增长 20% 以上;固定资产投资 300 亿元,增长 20% 以上;其中工业投资 200 亿元,增长 20% 以上;农民人均纯收入 10000 元,增长 16% 以上。

肥　东　县

肥东居皖中腹地,东望南京,南滨巢湖,西融合肥,北襟蚌埠,既有“吴楚要冲、包公故里”的盛名,又有“襟江近海、七省通衢”之美誉。全县总面积 2206 平方公里,人口 108.7 万,辖 18 个乡镇和 3 个开发园区。先后荣获“全国新型农村和城镇居民社会养老保险工作先进单位”、“全国创先争优活动先进县(市、区)委”、“中国中小城市科学发展百强”、“中国最具投资潜力中小城市百强”、“中国最具区域带动力中小城市百强”等荣誉称号。居全国县域经济基本竞争力排名第 147 位,中部百强县第 18 位。

2012 年,全县地区生产总值 357.7 亿元,增长 16.6%;固定资产投资 333 亿元,增长 29.4%,其中工业投资 181 亿元,增长 38%;规上工业总产值 595.7 亿元,规上工业增加值 144 亿元,增长 26.1%;财政收入 28.4 亿元,增长 20.4%,其中地方财政收入 19.7 亿元,增长 24.6%。城镇居民人均可支配收入 16463 元,农民人均纯收入 9709 元。

区位与综合交通优势明显。肥东是合肥构建区域性特大城市的东部组团,安徽“东向发展”的桥头堡,“长三角”西向延伸的“必经地”,是合芜蚌自主创新综合试验区的纵深腹地,皖江城市带承接产业转移示范区建设的核心区域。淮南铁路、合宁(合武)高铁纵贯东西;即将建成的京福高铁跨越肥东南部乡镇,并在长临河设站。合宁、合芜、合徐、合六高速公路和省级平安大道合相路贯穿全境，高速公路总里程居全省第一位。长江水运经巢湖直达肥东，店埠河三级航道工程动工建设，肥东通江达海优势凸现。

自然景观与人文景观交相辉映。肥东傍山依水，景色秀丽。全国五大淡水湖之一的巢湖烟波浩淼，景色如画，境内水域面积达45平方公里。古庐阳八景之一的"四顶朝霞"绚丽多彩，蔚为壮观。江淮分水岭上的璀璨明珠岱山湖蓝天碧水，仙鸟浮波。皖中第一高峰浮槎山云烟缭绕、奇石密布。国家级重点文物保护单位渡江战役总前委旧址和合肥青龙厂新四军四支队东进抗日纪念馆是肥东的"红色名片"。肥东人文荟萃，俊彦辈出。孕育了宋代的包拯、清代的李鸿章，当代的张劲夫、吴邦国等许多杰出人物。

资源优势和产业发展相得益彰。肥东电力供应充足，拥有合肥二电厂，全县年供电量13.6亿千瓦。水资源充沛，县内有大中型水库6座，小型水库225座，兴利库容3.85亿方；劳动力资源丰富，年外出务工人员30万人，是全国劳务输出基地县和全国外派劳务基地县。肥东三次产业协调发展，农副产品量大质优，是全国商品粮生产基地县和安徽省优质农产品十强县，拥有市级农业产业化龙头企业120家，农产品加工产值超百亿元。新型工业化稳步推进，拥有规上工业企业337户，主要工业产品400余种，20多个产品曾获省优、部优称号，初步形成了农副食品、家用电器、钢材深加工、起重机械等产业集群，被评为"中国县域产业集群竞争力100强单位"。三产服务业发展迅速，大物流格局初步构建，全省唯一的商贸物流开发区在撮镇镇规划建设。

2013年发展目标：地区生产总值395亿元，财政收入31.7亿元，全社会固定资产投资380亿元，其中工业投资195亿元，规上工业增加值172亿元，社会消费品零售总额60.3亿元，城镇居民人均可支配收入19200元，农民人均纯收入11340元，人口自然增长率控制在6‰以内。

肥 西 县

肥西地处合肥西南、巢湖之滨，辖4乡10镇4园区，总面积2083平方公里，人口94.4万，素有"淮军故里、改革首县、花木之乡、巢湖明珠"之美誉。先后荣获全国文明县城、全国粮食生产先进县、全国科技进步先进县、全国初级卫生保健先进县、全国体育先进县、全国绿化模范县、全国计划生育优质服务先进县等称号，连续4年位居全省科学发展先进县一类县前两名、连续3年跻身全国百强县。

2012年，全县地区生产总值417.1亿元，增长14%；财政总收入45.1亿元，增长12.7%，其中地方财政收入24.3亿元，增长13%；全县规上工业产值895.4亿元，规上工业增加值204.5亿元，增长19.1%；固定资产投资366.5亿元，增长26.3%；社会消费品零售总额53.1亿元，增长18.8%；实际利用省外资金187.1亿元，增长20.7%；农民人均纯收入9787亿元，增长15.6%；完成进出口总额3.71亿美元，增长29.2%。

区位优势明显。肥西县处于合肥经济圈和皖江城市带承接产业转移示范区的核心地带，与合肥滨湖新城、高新区、经开区、科学城和政务文化新区无缝对接，是合肥现代化新兴中心城市建设的重要组成部分。县域交通便捷，合九、宁西、合武铁路，合宁、合芜、合界、合叶高速和206、312国道穿境而过，4E级合肥新桥国际机场坐落肥西北部，建设中的1000吨级派河航道经巢湖可通江达海，构筑了现代化立体交通网络。

自然环境优美。东依全国五大淡水湖之一——巢湖，南拥千年水乡古镇、中国历史文化名镇、全国文明村镇——三河镇，中有国家森林公园、"庐阳第一名山"——紫蓬山。全县拥有国家A级以上旅游景区14个，其中三河镇、紫蓬山、肥西老母鸡家园均为国家4A级景区，省、市星级农家乐35家。县城上派紧临中国中部最大的苗木花卉基地——三岗，四季花木葱茏，四水婉转环绕。

文化积淀厚重。境内有舒王墩汉墓园、太平天国"三河大捷"古战场、清代淮军将领庄园圩堡群等重要遗址，是清代台湾首任巡抚刘铭传、两广总督张树声的故乡和现代世界著名物理学家杨振宁的客居地。山南镇小井庄是中国农村改革——包产到户的发源地。

产业体系完备。形成汽车、家电、装备制造、化工塑胶、生物医药和农副产品加工等"六大"工业主导产业，其中家电、汽车产业年产值已突破200亿元；形成苗木花卉、畜禽、水产、蔬菜园艺、蚕桑、花生等六大特色农业产业，三岗苗木、巢湖银鱼、肥西老母鸡、皖中花生等一批特色农产品畅销全国。

2013年发展目标：地区生产总值增长13%；财政收入增长11%，其中地方财政收入增长8%；规上工业增加值增长16.5%；固定资产投资增长20%；社会消费品零售总额增长18%；城镇居民人均可支配收入增长15%，农民人均纯收入增长16%。

马鞍山市

【自然地理】 马鞍山市位于安徽省东部,长江下游长三角区,地处东经117°53′~118°52′、北纬31°24′~32°02′,区域内长江东西贯穿。东邻南京市浦口区、江宁区、溧水县、高淳县,北接全椒县,西毗巢湖市,南泊芜湖市鸠江区、无为县,东南连芜湖县、宣城市宣州区。

全市市域总面积4049平方公里,下辖三县三区。耕地17.57万公顷,基本农田14.05万公顷,林地5.93万公顷,城镇村及工矿用地5.42万公顷,水域及水利设施用地9.91万公顷。

马鞍山市矿产资源丰富,主要有铁矿、硫铁矿、石膏、石灰土、钾、明矾石、高岭土和云母等。其中铁矿是马鞍山的主要矿产资源,矿区地处长江下游宁芜——罗河成矿带,为我国七大铁矿区之一。截至2012年底,全市共有各类矿山开发企业(137)家(市区(28)家,含山县(37)家,和县(30)家,当涂(42)家)。其中铁矿(25)家,绿松石矿(4)家,煤矿(2)家,地热(1家)石料(70)家,其他(35)家。铁矿储量16亿吨,石料储量10亿吨。（肖　军）

【历史沿革】 马鞍山地区历史悠久,西周时属吴国,春秋战国时期先后改属越国和楚国,秦至西晋均属丹阳县(治所今当涂县丹阳镇)。

东晋咸和四年(329年),淮河之滨的当涂县(今安徽怀远县境内)流民南徙,遂于今南陵一带侨置当涂县,江南始有当涂县名,但非实体县。永和元年(345年),江北豫州(今河南东南部,湖北东部)侨置于牛渚(今采石)。南朝梁天监元年(502年),分丹阳县置南丹阳郡,郡治采石。隋开皇九年(589年),侨置于皖南一带的当涂县徙治姑孰城(今当涂城关镇),此是姑孰为当涂县城之始,并迄今相沿未变。北宋太平兴国二年(977年)设太平州,治姑孰城,辖当涂、芜湖、繁昌三县。元改太平州为太平路。元至正十五年(1355年),朱元璋率起义军攻占当涂,改太平路为太平府,辖县照旧。明清府治隶属不变。民国裁府留县,当涂县直属安徽省。1949年4月,当涂解放。1954年2月,设马鞍山镇,隶属当涂县。1955年8月,设马鞍山矿区政府(县级),隶属芜湖专区。1956年10月12日,国务院批准设立马鞍山市,为省辖市。其间,当涂县先后隶属芜湖专区(地区)、宣城地区。1983年7月,当涂县(除大桥乡外)划属马鞍山市。

和县古名历阳,因“县南有历水”而得名秦置历阳县,属九江郡。汉属淮南国。王莽时期,一度改为明义县。东汉属扬州,治所历阳。三国属吴。晋太康六年(285),属扬州淮南郡。永兴元年(304),分淮南郡之乌江、历阳、阜陵、龙亢四县,置历阳郡。宋(南北朝)永初三年(422),历阳郡属南豫州,辖历阳、乌江、龙亢三县。文帝元嘉七年(430),罢南豫州并豫州,历阳郡属豫州。元嘉八年(431),历阳郡辖历阳、乌江、龙亢、雍邱、赞阝县五县。孝武帝大明三年(459),分淮南北,复置二豫州,历阳郡属南豫州。大明五年(461),乌江县与怀德县合并,立临江郡。历阳郡辖历阳、龙亢、雍邱、赞阝县四县。永光元年(465),撤临江郡,乌江县仍属历阳郡。元徽元年(473),赞阝县划归新昌郡。永明二年(484),雍邱县划归陈留郡,历阳郡辖历阳、龙亢、乌江三县。北齐天保六年(555),齐、梁在历阳协和,改历阳为和州。隋大业三年(607),复置历阳郡,下辖历阳、乌江二县。唐武德三年(620)复为和州。武德六年(623),和州辖历阳、乌江、含山三县。贞观元年(627)和州属淮南道,辖历阳、乌江二县。武后长安四年(704),和州辖历阳、乌江、武寿(今含山)三县。天宝元年(742),和州复改为历阳郡,辖历阳、乌江、含山三县。乾元元年(758),历阳郡仍改为和州,属淮南节度使。宋代和州为上州,置和州防御使,统于淮南西路。元至元十三年(1276),置和州镇守万户府,属淮西总管府。至元十四年(1277),改置和州安抚司,至元十五年(1278),和州安抚司升为和州路,辖历阳、乌江、含山三县。至元二十八年(1291)和州路复降为和州,属庐州路。明洪武七年(1374),属凤阳府,不久直属南京。洪武十三年(1380),设直隶和州,属京师,下辖含山县。清顺治二年(1645)和州属江南左右布政使司。乾隆八年(1753),属安徽巡抚部院,安庐滁和道。1911年11月12日,和州光复,结束了几千年的封建统治,改和州为和县,直属省都督。民国21年(1932),属安徽省第五行政专员督察区。民国29年(1940)4月,日军侵占和城,汪伪成立和县公署。国民党县政府迁至善厚集。民国31年(1942),新四军在抗日根据地功剩桥南陈村,成立和含行政办事处,后成立和县县政府。1948年7月,成立和含爱国民主县政府,同年11月,和、含划开。1949年1月成立和县民主县政府。1949年4月23日,和县全境解放,同年10月,改为和县人民政府,属巢湖地区。12月,划归南京市管辖。1950年春,仍属巢湖地区。1952年,属芜湖地区。1958年12月,和县与含山县合并成立和含县,划归马鞍山市。1959年4月,仍归属芜湖地区,同年5月,和含县划开。1965年,隶属巢湖专区管辖。2011年8月22日,和县(不含沈巷镇)划归马鞍山市管辖。

含山县秦时为历阳县地,属九江郡。汉高祖四年(公元前203),历阳属淮南国。元狩元年(公元前122),淮南国除,历阳仍属九江郡。武帝置十三州时,改九江郡为扬州,历阳属扬州。后汉因之。西汉末年,王莽篡政,改九江郡为延平郡,改历阳县为明义县。三国时,历阳属吴。西晋时期,历阳先属扬州淮南郡,永兴元年(公元304),属新设历阳郡。东晋大兴二年(319),分历阳县境西部侨置龙亢县,县治在今县南40里,相传即今杨府城村,属扬州历阳郡。南北朝时期,宋永初二年(421),龙亢属南豫州历阳郡,元嘉七年(430),属豫州历阳郡。大明三年(459),属南豫州历阳郡。齐建元二年(480),属豫州历阳郡。永明二年(484),属南豫州历阳郡。梁太清二年(548),侯景破历阳,江北之地尽属东魏。北齐天保六年(555),齐、梁通和,遂改历阳为和州,龙亢归和州。陈宣帝末,北周尽取江北之地,将龙亢县地并入历阳县,至此龙亢县废。隋开皇十三年(593),历阳县属和州。大业三年(607),历阳县属历阳郡。唐武德六年(623),分历阳县西部地区原龙亢县境域设含山县,县以境内的含山命名。含山,又名横山。《清一统志》说:"在含山县西三十里,崔巍雄峻,群山列峙,势若吞含,唐因以名县。"《太平寰宇记》又说;"以县境众山所含,故名含山县。"武德八年(625),含山县废,并入历阳县。长安四年(704),在原含山县境置武寿县,属淮南道和州。神龙元年(705),复名含山县,领属关系未变。自此含山县名沿用至今。唐天宝元年(742),和州改为历阳郡,含山属淮南道历阳郡。乾元元年(758),历阳郡再改为和州,含山属淮南节度使和州。贞元十六年(800),属舒庐滁和都团练使和州。天稀元年(904),属淮南节度使和州。五代十国时期,含山初属吴、南唐,后属后周,均隶和州。两宋时期,含山属淮南西路和州防御使。元至元十三年(1276),含山属淮西总管府和州镇守万户。至元十四年,属庐州路总管府和州安抚司。至元十五年,属和州路。至元二十八年,和州路降为和州,属庐州路和州。元至正二十七年(1367),含山县废,县南部分入无为州,余并入和州,属南京庐州府。明洪武七年(1374),属南京凤阳府。洪武十三年,复置含山县,属京师直隶和州。清顺治二年(1645),含山属江南左布政使司直隶和州。康熙六年(1667)属安徽布政使司直隶和州。民国元年(1912),废道、府、州,含山县直属安徽省。民国3年至17年,属安庆道。民国18年至37年,先后属安徽省第八、第五、第九视察区和行政专员督察区。民国27年,日军侵占含山县城,国民党政府转移谢集乡农村。次年4月3日迁回县城。民国30年7月,县城再度沦陷,县治北迁仙踪镇。民国34年7月17日县城光复,8月2日,县治由仙踪镇迁回县城。民国29年,日伪于含南运漕镇另立含山县政府,民国31年迁铜城闸镇。民国31年,由共产党领导在福山、陶家厂一带建立抗日民主政权,成立和含行政办事处,属皖中行署,后改属皖江行署。民国32年秋冬,成立含巢行政督导处,后改为含巢行政办事处(为县级政权),驻福山乡,属和含专员公署,直至1945年9月新四军北撤。1949年1月21日含城解放,含山属江淮解放区第五专区。同年6月,改属皖北行署巢湖专区。1952年1月30日改属安徽省芜湖专区。1958年12月15日,含山县、和县合并为和含县,属马鞍山市,县治设历阳镇。1959年4月和含县属芜湖专区。1959年6月1日,含山、和县分开,各还原建制。1965年7月28日含山改属巢湖专区(后专区改为地区、行署)。2011年8月22日,含山县划归马鞍山市管辖。

马鞍山1956年10月建市。2011年8月22日,原地级市巢湖市所辖含山县、和县(不含沈巷镇)划归马鞍山市管辖。2012年9月,撤销金家庄区、花山区,设立新的花山区;设立博望区,将当涂县博望、丹阳、新市3个镇划归博望区管辖。区划调整后的马鞍山市,横跨长江两岸,辖花山、雨山、博望3区含山、和县、当涂3县,总面积4049平方公里。马鞍山城市依山环湖临江而建,人文风光秀丽,生态环境优美,是全国文明城市。

(地志办)

【人口、区划】 2012年末,马鞍山市有居民家庭726627户,比上年减少9613户,下降1.3%。年末总人口2283679人,比上年减少2380人,下降0.1%。在性别构成上,男性人口1178346人,女性人口1105333人,男女性别比为106.6。在农业人口和非农业人口构成上,全市农业人口1468713人,非农业人口814966人,占总人口的比重分别为64.3%和35.7%。全市出生人口23533人,死亡人口23610人。2012年全市迁入人口13881人,迁入率6.1‰,迁出人口16073人,迁出率7.0‰,净迁移率-1.0‰。

全市土地面积4049平方公里,市区704平方公里。全市辖三县三区,5个乡,30个镇,159个社区居委会,400个村民委员会。

基层政权建设统计表

	单位	全市	市区	含山县	和县	当涂县
一、县以下组织结构	个	48	20	8	9	11
(一)县辖区数	个	0	0	0	0	0
(二)镇数	个	30	5	8	9	8
(三)乡数	个	5	2	0	0	3
(四)街道数	个	13	13	0	0	0
二、村(居)民自然组织						
(一)居民委员会个数	个	159	80	22	30	27
居民小组数	个	3785	2706	195	637	247
居民委员会人数	人	886	573	91	148	74
其中:女性	人	589	463	42	50	34
(二)村民委员会个数	个	400	90	95	85	130
村民小组数	个	8401	1655	2102	1974	2670
村民委员会人数	人	1559	363	411	423	362
其中:女性	人	470	89	101	142	138

(许 峰)

【气候】 2012年,马鞍山市降水量与常年相近略偏少、气温正常,日照偏少。降水时空分布不均,市区年降水量1060.7毫米,比常年偏少5%左右,含山县年降水量921.6毫米,比常年偏少18%;和县年降水量1012.9毫米,比常年偏少8%;当涂县年降水量1037.6毫米,比常年偏少8%。降水月季分布不均,1月、4月、5月、6月、10月、11月降水量比同期异常偏少,2月、8月、9月、12月降水量异常偏多,3月、7月降水量正常(市区)。年降水日数129天,较常年偏多7天(市区),日降水量≥50毫米的暴雨日数为3天(市区),与常年相近。年内日最大降水量为107毫米(市区),出现于7月13日。全年日照时数1838.3小时(市区),比常年略偏少。年平均风速为每秒3.3米。年蒸发量为1502.8毫米。2012年市区年平均气温为16.1℃,较常年偏低0.2℃;含山县年平均气温为15.9℃,与常年相同;和县年平均气温为16.6℃,较常年偏高0.4℃;当涂县年平均气温为16.3℃,较常年偏高0.1℃;年内四季温度变幅不一,夏季气温较常年同期偏高,其他季节气温较常年同期偏低。年极端最高气温38.1℃,出现于7月29日(市区);年极端最低气温-5.9℃,出现于1月23日(市区)。

2012年,马鞍山市出现以下气候灾害:年初、年末低温雨雪天气对工农业生产和交通运输及人民生活有一定的影响;初夏降水量明显偏少,旱象显现;秋、冬雾霾天气出现集中,有增多的趋势;降水时空分布不均匀,阶段性十分明显,多短时雷雨大风等强对流天气;8月,台风登陆时间集中。8月上旬一周内有3个台风接连影响全市,受台风"海葵"影响,马鞍山市出现暴雨、大风,其中当涂县8月8日19时出现极大风速每秒27.1米。

总体来说,2012年马鞍山市未发生重大气象灾害,气候年景正常,为气象灾害偏轻年份。 (陈金龙)

当 涂 县

【概况】 2012年,当涂县连续第二年进入"中国中小城市科学发展百强"、"中国最具投资潜力中小城市百强"和"中国最具区域带动力中小城市百强"排行榜,连续第七年进入全国中部百强县行列,连续第四年跻身全省"科学发展先进县"行列。10月11日,在上海举办的第六届长三角投资发展论坛·长三角慢生活旅游峰会上,当涂县获"长三角最佳慢生活旅游名城"称号。全年全县生产总值221.7亿元,增长22.6%;财政一般预算收入38.35亿元,增长32.4%;全社会固定资产投资281.63亿元,增长29.8%;社会消费品零售总额37.1亿元,增长16.7%;城镇居民人均可支配收入2.07万,增长14.6%;农民人均纯收入1.24万元,增长15.2%,连续十年位居全省县级第一位。

【经济建设】 全县工业总产值494.2亿元,增长25.9%。其中,规模以上工业产值405.6亿元,增长30.8%。规模工业增加值106.2亿元,增长33.9%。工业经济对全县经济的贡献率达84%,拉动GDP增长19个百分点。全年新发展规模以上企业45家,新增销售收入超亿元企业27家,总数分别达到178家、62家。全年新发展民营企业532家、个体工商户1954户,总数分别达到3976家、12340户。新增省著名商标5件。

全县农业总产值35.8亿元,增长4.8%。农业已基本形成以优质粮油、生态水产、规模畜禽、绿色蔬菜、精品林果为主导的五大特色产业。全年粮食总产量31.5万吨,增长4.9%;水产养殖面积1.6万公顷,其中生态养殖面积1.5万公顷,水产品产量5.2万吨。农业规模化经营取得新进展,新增土地流转面积2000公顷,累计1.4万公顷,占全县农户二轮耕地面积的50.3%。2012年,被农业部授予全国农业(河蟹)标准化示范县、全国"平安农机"示范县,被省政府授予全省粮食生产三大行动先进县。

全县服务业增加值39.1亿元,增长12%。金融服务平台不断壮大,新引进光大银行、招商银行、芜湖扬子银行,新成立当涂县德善小额贷款公司、当涂县裕隆小额贷款公司。新建成运营大润发超市。长江国际酒店晋升为五星级饭店。

全年协议引进超亿元项目65个、超10亿元项目11个。实际利用市外内资177.8亿元,增长57%。实际利用外资8477万美元,增长109%。外贸进出口总额1.02亿美元,增长21%。"三区四园"产业平台建设取得新成效。当涂经济开发区成功创建省级创新型园区,入园企业达300家,实现工业产值240亿元、财政收入11亿元。青山河高新技术产业园区被正式批准为省级新型电子元器件高新建设产业基地,完成园区58平方公里概念性规划、起步区8平方公里总体规划,基本建成福山路、赤铸山路等7条道路,"四横三纵"路网框架全面拉开,完成各类投资9亿元。当涂现代农业示范区规划面积扩大到50平方公里,建成园区主干道路9.6公里、314省道沿线景观带2.6公里,建成运行长河花木物流城一期交易市场,诗城盆景艺术文化园、富腾农业休闲园、交太牛牧山水园等产业化项目正在建设中。姑孰、太白、石桥、黄池等重点镇工业园规模不断扩大。

全年全县100个重点项目完成投资130亿元,其中,55个省"861"项目完成投资35亿元,60个市重点项目完成投资60亿元。长江钢铁产能置换、福马汽车零部件产业园、新联合压缩机配件、雨润百瑞食品等一批重点项目建成投产。着力破解用地、征迁、融资难题,全力保障重点项目顺利建设。7个整体推进农村土地整治示范项目、5000公顷高标准农田建设项目有序推进,清理闲置低效土地86.3公顷;全年拆迁房屋110万平方米,新建、续建安置房1.39万套,竣工安置5000套。成功改制县融资担保公司,大力发展股权、债券、基金、私募、信托、租赁等融资模式,累计实现融资13.1亿元。

县城东部路网全面建成,护城河综合治理二期工程有序实施,城乡规划展示馆、文体活动中心、九井山大桥工程开工建设,翠竹、马军寨农贸市场全面升级,城区污水管网改造、天然气置换工程全部竣工。205国道市政化改造征迁工作结束,314省道改建工程竣工通车,建成芜马高速出口景观工程。新建抗旱水源工程7处,襄城河排涝站完工。太白镇商贸中心主体工程完工。石桥康华建材大市场启动建设。江心洲整体开发保护项目正式签订框架协议,招投标工作结束。3月,在全省率先启动美好乡村建设,得到省委、省政府高度肯定。

2012年,被省科技厅批准为创建国家农村信息化示范省第一批示范县。新建安徽省吡啶碱工程技术研究中心、安徽省棉花科技专家大院。马鞍山市中天新型建材有限公司和安徽绿能技术研究院合作的科技项目"钢铁冶炼渣和粉煤灰生产复合微粉材料的研发与应用"获得安徽省2012年度科学进步三等奖。“巨型数字立体银幕”科技攻关项目被省科技厅列入省文化科技融合项目。全年申请专利1242件，其中发明专利305件。全县共有高新技术企业25家、民营科技企业52家、省级工程技术研究中心2家、省级重点实验室1个、博士后工作站2家、省级农业科技专家大院5个。

【政治建设】 全年办理人大议案4件、人大建议33件、政协提案96件。办结“县长信箱”信件256封，呈县长批阅256封，回复率100%。深入推进政务信息公开，全年通过市政府信息公开网站公开信息9141条，比上年增加1238条。强化对项目建设、民生工程、资金管理等重点领域、重要环节的审计，完善对政府重大投资项目的招投标监管。加强政务督查，全年督办领导批示件212件，办结202件，办结率95.2%。完成事业单位机构编制清理规范工作，撤销、合并事业单位25个。首次开展市县联动公开选拔干部工作，共选拔出3名县外年轻干部到当涂县任职。

组织开展“保持党的纯洁性、迎接党的十八大”主题教育实践活动，全县各级党组织召开专题学习会90余次，集中观看主题教育专题片60余次，举办党课报告100余场次，受教育党员干部2万余人次。不断深化廉洁自律工作，处理违规公务用车36辆，向组织部门反馈77名领导干部拟任人选党风廉政情况，对23名乡镇和县直单位党政主要负责人进行离任和任中经济责任审计，对17名党员干部实施了预警，其中科级干部7人。组织开展“作风效能提升年”活动，推行“三天办结制”等主要做法。认真落实党风廉政建设责任制，制发《当涂县2012年党风廉政建设和反腐败主要工作任务分工意见》、《2012年农村基层党风廉政建设工作要点》，惩治和预防腐败体系进一步完善。严肃查办违纪违法案件，全年立案查处各类违纪违法案件45件，其中县纪委监察局自办21件，基层纪检组织查办24件。立案45人，其中科级干部8人。结案41件，处分党员干部41人，其中，开除党籍11人，留党察看4人，党内严重警告5人，党内警告8人；行政记过3人，行政警告10人。10人被移送司法机关追究刑事责任，直接追缴违纪违法款65万余元，为国家和集体挽回经济损失140余万元。

围绕建党91周年、基层组织建设年、迎接十八大、美好乡村建设等重要阶段和中心工作，掀起创先争优活动热潮。举办“创先争优作表率，真情奉献迎十八大”演讲比赛，召开庆祝建党91周年暨创先争优表彰大会，表彰先进基层党组织60个、优秀共产党员100名。中央创先争优活动简报专题介绍了当涂县的经验和做法，中共当涂县委荣获“全省创先争优活动先进县（市、区）党委”称号。

开展纪念共青团建团90周年系列活动，在全县广泛开展“学理论，知团史”主题教育活动，进一步普及团史团情知识，坚定团员青年的理想信念；号召广大团员积极参加“创先争优作表率，真情奉献迎‘十八大’”演讲比赛；利用中央文明委部署道德领域突出问题专项教育和整治活动契机，举办“道德讲堂”活动，以道德模范先进事迹感染广大团员青年，进一步坚定广大团员青年共产主义理想信念，引导团员青年形成知荣辱、讲正气、促和谐的社会主义核心价值观。

【文化建设】 文化活动精彩纷呈。2月4日，在县行政中心广场举办第八届农民灯会，20支代表队、2000多人参演。4月6日，2012’中国·当涂园艺桃花节开幕，本届桃花节以“彰显桃花魅力，建设美好乡村”为主题，先后举办了当涂民歌及民俗节目演出、桃花丽影摄影大赛、书画联展、农家土菜烹饪大赛等系列活动。6月14日，2012’当涂护河园艺“采摘节”在桃花山庄举行启动仪式，采摘节历时4个月，期间，开展了吃农家饭、干农家活、垂钓、登山、鲜果采摘等活动。6月21日，当涂县承办南京都市圈第二届城市龙舟邀请赛，来自南京、合肥、扬州、镇江、芜湖、六安、马鞍山等城市的12支代表队参加比赛，当涂代表队获第二名。8月3日，安徽马鞍山·当涂第二届太白荷花节和当涂首届大陇葡萄节分别在太白镇和大陇乡开幕，此次荷花节的主题是“美好当涂，激情太白，山水之都”，活动期间，除举办开幕式外，还推出了“荷花美景映太白”摄影作品展、2012年安徽马鞍山·当涂农副（旅游）产品展销会、户外旅游体验活动等系列活动；葡萄节期间，通过推介、包装、促销等手段，大陇葡萄的知名度和附加值显著提高，葡萄成交额达到800多万元。10月23日，第二十四届马鞍山·中国李白诗歌节在当涂县龙舟广场举行开幕式，包括各地来宾和全市各界人士代表在内共3000余人观看了开幕式及文艺演出。

文化惠民工程。全年新建成农家书屋15个、乡镇综合文化站标准化公共电子阅览室10个，全县乡镇综合文化站、农家书屋、体育健身工程和文化信息资源共享工程服务点均实现全覆盖。县图书馆、文化馆、乡镇综合文化站全部免费开放。全力推进公共文化服务体系示范区创建工作，顺利通过国家中期督导。新编《当涂县志（1978～2010）》出版发行。

【社会建设】 2012年，全县实施民生工程40项，其中省民生工程33项、市民生工程5项、县民生工程2项，累计投入达16.2亿元。开展了以“政策扶持，促进就业”为主题的“春风行动”，鼓励外出农民工就地就近创业就业。以退役士兵、困难家庭大学生、大中专毕业生为对象，组织开展大型专场招聘会。9月21日，举办当涂县第二届职业技能大赛，来自乡镇、开发园区、企业共15支代表队、186名选手参赛。实施基层人社工作基础服务平台标准化建设，劳动保障信息网络得到加强。全年新增城镇就业5296人、农村劳动力转移就业7185人，城镇登记失业率控制在4%以内。

1月1日，县人社系统金保工程顺利上线运行，全面实现“保险政策、缴费标准、待遇标准、基金管理、信息管理统一”的市级统筹和同城化的目标。出台《当涂县城乡居民社会养老保险“巩固新成果，实现全覆盖”百日行动实施方案》，城乡居民养老保险实现全覆盖。率先在全省实现社会保险市、县“一卡通”和医疗保险待遇市、县一体化。城乡低保、五保供养、医疗救助标准全面提高。全年改善灌溉面积1400公顷、除涝面积2200公顷，建成高标准农田700公顷，治理水土流失面积5平方公里，解决了2万农村人口的饮水问题。城乡有线电视用户突破10万户。新建、续建廉租房1640套、公租房560套。建成留守儿童之家42个。

加大教育经费投入，全年发放义务教育阶段学校公用经费3138.3万元、义务教育阶段贫困寄宿生生活补助49.7万元、中职学生国家助学金77.3万元、高中困难学生国家助学金200.2万元、民办学校免杂费补助金198.5万元。扎实开展学前教育普惠行动，塘南中心幼儿园建成使用，大陇、石桥、新丰、护河、关马5所公办幼儿园正在建设中；进一步充实农村学校师资力量,为农村公办幼儿园招录幼儿教师 30 名。基本完成中小学布局调整,撤并初中 1 所、小学 5 所。推进义务教育阶段学校标准化建设,完成 2 所初中、3 所小学标准化建设任务,完善 5 所初中、4 所小学标准化建设。扎实推进职业教育校企对接工程,学生就业率达 100%。当涂一中新校区主体工程完工。

【生态建设】 全年投入 4.23 亿元,用于生态环境保护工作。4 月,县环境监测站正式取得省质监局认证资格,三大类 28 个项目取得认证证书。全方位实施环境质量监控,全天候运行大气自动监控站并及时发布环境空气质量月报,全年开展 4 个省控断面水质例行监测 9 次、农村 11 家水厂饮用水源水质例行监测 3 期,按月实施涉重企业及重点监管企业污染源监测。加大农村饮用水源保护力度,全县农村饮用水源的立牌保护和建立环保档案工作基本完成。6 月,大陇乡农村环境连片整治工程竣工,9 月,通过市级预验收,年底顺利通过省级验收。护河镇青山万山村、石桥镇关口村、乌溪镇七房村、塘南镇新卫村建成生活污水处理设施。护河镇和乌溪镇编制的乡镇环保规划通过专家评审。加大日常环境监察力度,开展以湖库集中式饮用水源检查和重金属企业环境安全排查为重点的环境隐患大排查、工业企业防治污染设施专项检查、“百日安全大检查”。及时处理环境信访投诉,全年受理环境污染投诉 167 件次。

当涂二中获“省绿色学校”命名,马桥中心学校、藏汉中心学校、查湾中学、太白一中 4 所学校获“市绿色学校”命名,大陇乡获“省生态乡镇”命名,姑孰镇五星村和黄池镇福光村获“省生态村”命名,黄池镇尚兴村、石桥镇陶村村、石桥镇团林村、乌溪镇一心村、大陇乡上禾村、塘南镇吴村港村 6 个村获“市生态村”命名。至年底,全县有省级绿色学校 4 所、市级绿色学校 19 所,省级生态乡镇 4 个、省级生态村 11 个、市级生态村 29 个。

【美好乡村建设】 2012 年 3 月,当涂县围绕“打造美丽新农村、建设美好新家园”这一主题,全面启动美好乡村建设行动。研究制定《当涂县美好乡村建设行动纲要(2012 ~ 2019)》和《2012 年美好乡村建设工作实施方案》。各乡镇、精品村、示范村均成立了“美好乡村”建设工作机构,形成县、镇、村三级联动的组织领导网络。在美好乡村建设中,当涂县坚持以实施“村庄建设、环境整治、园区建设、产业提升、服务提升”五大工程为抓手,成功探索出“产业支撑型、园区带动型、小镇塑造型、整村推进型、旅游度假型、旧村改造型”6 种建设模式。2012 年,全县初步建成桃花村、松塘社区、太白社区、洪家、万山、圣家庄、关口、新卫、七房等一批具有简约徽派、江南水乡风格的美好乡村示范点。

【当涂县名特优产品展销会举办】 9 月 25 ~ 26 日,2012 安徽马鞍山·当涂名特优产品合肥展示展销会在合肥杏花公园举办。14 家企业参展,集中展示展销被誉为中华“三只蟹”之一的石臼湖螃蟹、中国驰名商标黄池食品“金菜地”系列产品、绵柔甘冽的“鼎盛李白”系列酒,以及荣获首届文化艺术国际金球奖金奖的山川布锦画等 25 个系列 430 项名特优产品。活动期间,新华社、人民网及中国日报等 26 家媒体对当涂名特优产品合肥展示展销会进行了跟踪报道。

【《当涂县志(1978 ~ 2010)》出版】 12 月,《当涂县志(1978 ~ 2010)》出版发行。全书 24 篇、84 章、371 节,150 余万字,120 版彩页,保留了首轮县志《李白与当涂》、《民俗方言》篇,续写了《乡镇企业民营经济》篇,单设了《改革开放》、《姑孰丛谈》篇。客观记录了当涂县 32 年来,政治、经济、文化、社会生活等各个领域的发展状况。 (陶邦海)

芜 湖 市

【自然地理】 芜湖市为安徽省辖市,位于安徽省东南部,长江中下游,市域东与马鞍山市、宣城市相连,南邻宣城市,西南与安庆、铜陵、池州市相连,西与合肥市接壤,北接马鞍山市。芜湖市人民政府驻鸠江区政通路66号。全市总面积5988平方千米,人口383.43万人。其中市区面积1064.7平方千米,人口123.35万人。

地貌属长江中下游冲积平原,主要由河漫滩和阶地构成,还有台地和丘陵。地表河湖交织,残蚀山丘散布。地属北亚热带和中亚热带的交接地带。土壤类型复杂多样,自然土壤有黄壤、棕壤;耕作土壤有水稻土和潮土。植被属北亚热带——常绿阔叶混交林地带。由于人为影响,原生植被已不存,多为次生林和人工林,沿江平原则以栽培作物为主。2012年,芜湖市建成区绿化覆盖率39.5%,绿地率为34.07%,人均公用绿地面积9.62平方米,各项指标均达到或超过国家园林城市指标要求。2012年2月,芜湖市获得国家园林城市称号。

【历史沿革】 芜湖历史悠久。春秋时,因"湖沼一片,鸠鸟繁多"而见于史载,名"鸠兹",属吴国。战国时,先属越,后属楚,秦时属鄣郡。西汉元封二年(公元前109年),改鄣郡为丹阳郡,芜湖为所辖17县之一。因其治旁有"芜湖""蓄水不深而多生芜藻,因以名县",芜湖县名即始于此。吴黄武二年(223年),县治由鸠兹故地(今属芜湖县花桥镇)迁至青弋江北岸鸡毛山一带,仍属丹阳郡。东晋宁康二年(374年),上党百姓南渡,于芜湖县侨立上党郡,置襄垣县。东晋义熙九年(413年),芜湖县治被撤,为襄垣等所代达500余年。隋文帝开皇九年(589年),并襄垣、于湖、繁昌等县入当涂,原芜湖(城)降为当涂属镇。唐代,芜湖仍为当涂属镇。南唐李昇元年(937年),复置芜湖县,属江宁府。宋太平兴国二年(977年),芜湖属江南路太平州。元至正十五年(1355年),芜湖属太平府。明永乐十八年(1420年),芜湖属南直隶太平府。清顺治二年(1645年),芜湖属江南布政使司太平府。清康熙六年(1667年),芜湖属安徽省太平府。民国时期,芜湖历属安徽省芜湖道,安徽省第二、五、九、六行政督察专区,皖南行署。

1949年4月24日,芜湖解放。5月10日,成立芜湖市,从此市、县分置。芜湖市除1958年6月至1961年4月、1965年7月至1973年2月曾两度属芜湖专区外,余均直属安徽省。

【行政区划】 芜湖市辖镜湖区、弋江区、鸠江区、三山区4个区,无为县、芜湖县、繁昌县、南陵县4个县。有乡镇44个,街道办事处、公共服务中心29个,村委会683个,社区居委会290个。

【人口民族】 2012年,全市(含4县)有1268653户、3834335人,其中男性1981234人,男性人口占总人口的51.67%;女性1853101人,女性人口占总人口的48.31%;人口男、女性别比为107:100。全市平均每户3.02人。与上年相比,全市减少1957户、减少19302人。在总人口中非农业人口1627202人,农业人口2207133人。

2012年,市区425010户、1233495人,其中男性630531人,男性人口占总人口的51.11%;女性602964人,女性人口占总人口的48.89%;人口男、女性别比为105:100。市区平均每户2.9人。与上年相比减少860户、减少7400人。

人口自然增长情况:2012年,全市出生46260人,其中男性24839人,女性21421人,出生率12.03‰,与上年相比上升2.4个千分点。出生婴儿性别男女比为116:100。全市死亡51846人,死亡率13.49‰,与上年相比上升7.5个千分点。自然减少28756人,人口自然增长率为-1.45‰。

2012年,市区出生13623人,其中男性7220人,女性6403人,出生率11.04‰,与上年相比上升1.44个千分点。出生婴儿男女性别比为113:100。市区死亡16299人,死亡率为11.43‰,与上年相比上升8.34个千分点。自然减少2676人,自然增长率为-2.17‰。

人口机械减少情况:2012年,迁入芜湖市(含4县)34232人(其中省内迁入22593人,省外迁入11639人);迁出47948人(其中迁往省内23799人,迁往省外24149人)。人口机械减少7400人,机械减少率为8.29‰。

2012年,迁入芜湖市市区为14165人(其中省内迁入9077人,省外迁入5088人);迁出18941人(其中迁往省内10642人,迁往省外8299人)。市区人口机械减少3484人,机械减少率为2.82‰。

市区各区人口情况:镜湖区161434户、463427人,其中男性234412人、女性229015人;非农业人口463427人。弋江区79006户、222144人,其中男性112374人,女性109770人;非农业人口222144人。鸠江区124174户、360847人,其中男性187171人,女性173676人;非农业人口360847人。三山区60396户、187077人,其中男性96574人,女性90503人;非农业人口187077人。

【资源】 芜湖市地处长江中下游,属北亚热带和中亚热带的交接地带,水资源、土地资源、动植物资源、矿产资源和旅游资源都非常丰富多彩,丰富的自然资源,为芜湖经济的发展提供了很好的基础。

水资源。芜湖市地处长江下游,地貌类型多样,平原丘陵皆备。全市总面积5988平方公里,其中水面面积797平方公里,占13.3%。长江自西南向东北横贯市境,将全市划分为江南和江北两大片。江南青弋江、水阳江、漳河干支流贯穿南陵、繁昌、芜湖三县,黑沙湖、龙窝湖、奎湖散布其间;江北也是河流众多、水网密布,塘坝、水库星罗棋布,主要河流有西河、裕溪河、牛屯河,主要湖泊有竹丝湖等。长江从本市流过,使得过境的长江水资源极其丰富(多年平均年径流量8956亿立方米);由于芜湖市地处南北冷暖气流频繁交会地带,雨量充沛,致使本地地表水资源量较为丰富,多年平均年径流量(不包括过境水量)达到31.65亿立方米;此外全市范围均属冲积平原,降雨补给充分,致使地下水资源也极为丰富,单就浅层地下水蕴藏量多年平均就达7.03亿立方米。

土地资源。至2012年底,全市耕地面积268021.02公顷;园地3680.89公顷;草地7792.24公顷;城镇及工矿用地90226.66公顷;交通运输用地13581.06公顷;水域及水利设施用地116903.60公顷;其它土地(设施农业、田坎、盐碱地、沼泽地、沙地、裸地)6660.71公顷。

树种资源。芜湖属于北亚热带、中亚热带的落叶阔叶林与常绿阔叶林混杂林地带,由于人为影响,原生天然植物已不存在,多为次生和人工林,各类树种资源较为丰富,不仅为植树造林的选择、也为生态环境水平的提高和生物的多样性提供了广阔的发展空间。

动物资源。芜湖市境内野生动物资源非常丰富,其中不乏珍稀动物。属国家一级重点保护的有扬子鳄、梅花鹿、金钱豹、云豹、羉羚等,常见属国家二级重点保护的有穿山甲、苏门羚、獐、猫头鹰、猴面鹰、白鹇等。20世纪90年代以来,由于生态环境的变化,部分野生动物数量减少,如梅花鹿、野山羊已经绝迹。

矿产资源。全市矿产资源较为丰富,现发现矿产59种,探明矿产地百余处,已开发利用的矿种有21种。金属矿主要有铁、铜、锌、金等,非金属矿主要有硫铁矿、石灰岩、白云岩、含钾岩石和膨润土等。其中,2010年底在南陵县姚家岭发现特大型铜、铅、锌、金矿床,探明铜、铅、金、锌金属量165.30万吨,其中:铜金属量13.3万吨、铅金属量20万吨、锌金属量132万吨(共伴生金50吨、共伴生银850吨)。全市年产矿石总量3亿多吨,矿山直接从业人员达3.27万人,加上间接从业者,矿山从业人员4.16万人,约占全市第二产业从业人员的14.6%。矿产资源主要分布在无为县、繁昌县、南陵县境内,芜湖县、弋江区、三山区境内有少量分布。

旅游资源。芜湖古称"鸠兹",已有2000多年的历史,山水环抱,风光宜人,人文景观荟萃,古迹众多,为著名滨江旅游胜地。代表性的古遗迹有欧亚大陆迄今为止发现最早的古人类活动遗址的"人字洞"、载入《中国陶瓷史》的繁昌窑遗址遗迹、反映古吴越文化的皖南土墩墓群、彰显我国古代冶炼技艺的大工山古铜矿冶炼遗址等,均具有极高的历史文化价值和科考价值,也是全国重点保护单位。芜湖红色文化旅游资源十分丰富,有王稼祥纪念园、新四军第七师司令部旧址、谭震林将军活动旧址、渡江战役第一船登陆——板子矶,芜湖烈士陵园等。此外,芜湖佛教资源有广济寺、隐静寺、马仁寺、宝莲寺、三圣寺、乌霞寺等,2012年,芜湖市荣获"2012中国最佳休闲城市"十佳。方特主题公园和大浦乡村世界被评为全省"十佳"旅游景区。繁昌县被省旅游局和省农委评为全省休闲农业与乡村旅游示范县,南陵县雨田农业科技园和繁昌县五华山旅游区被评为全省休闲农业与乡村旅游示范点。芜湖科技馆成功创建3A级旅游景区。截至2012年12月,全市有国家A级旅游景区26处,其中:AAAA景区7处,AAA景区8处。

经济社会发展主要指标

项　目	2012年	2011年
国内生产总值(亿元)	1873.63	1658.24
第一产业(亿元)	117.63	107.01
第二产业(亿元)	1234.24	1092.55
其中工业(亿元)	1117.44	458.68
第三产业(亿元)	521.76	11.6
人均国内生产总值(元)		
粮食总产量(万吨)	133.70	142.02
棉花总产量(吨)	5.49	5.44
油料总产量(万吨)	15.30	15.09
全社会固定资产投资总额(亿元)	1700.79	1354.21
外贸自营出口(亿元)		
实际利用外资(万美元)	133965.0	105398.0
社会消费品零售总额(亿元)	490.20	421.01
零售物价总指数(%)	102.2	105.0
地方财政收入(亿元)	178.92	139.97
地方财政支出(亿元)	302.21	238.18
职工年平均工资(元)	46234	41945
农民年纯收入(元)	9675	8413
邮电业务总量(亿元)	26.71	24.25
电话普及率(部/百人)		
年末存款余额(亿元)	1876.26	1677.18
年末贷款(亿元)	1725.94	1427.84
大学(所)		
中小学(所)		
下岗人数(人)		
企业兼并、破产数(个)		

无　为　县

【概况】 无为县位于安徽省中部,长江三角辐射地区,总面积平方公里。2012年,辖19个镇、1个省级经济开发区。全县户籍人口142.3万人,比上年减少5156人。其中,男性人口74.2万人,女性68.1万人,60岁以上人口25.1万人。全年实现地区生产总值205.1亿元,比上年增14.3%。其中,第一产业增加值51.9亿元,增6.5%;第二产业增加值178.3亿元,增18.8%;第三产业增加值74.8亿元,增9.2%。三次产业比重为17.0∶58.5∶24.5,服务业增加值比重比上年减少0.6%。人均地区生产总值21437万元,比上年增加2711元,按平均汇率折算为3411万美元。全年实现财政总收入24.3亿元,增19.7%,其中公共财政预算收入14.1亿元,增24.6%。完成税收收入10.9亿元,增27.1%,占公共财政预算收入比重为77.5%。财政支出继续向民生倾斜,公共财政预算支出40.3亿元,增22.4%。其中,教育支出12.9亿元,一般公共服务支出3.1亿元,农林水事务支出4.3亿元,社会保障和就业支出5.9亿元,医疗卫生支出4.9亿元,分别增21.6%、6.0%、13.7%、27.0%和11.7%。

【农业】 2012年,全县实现农业总产值96.46亿元,比上年增6.3%。其中,农业、林业、畜牧业、渔业及其服务业产值分别为38.3亿元、2.5亿元、14.6亿元、17.98亿元和23.0亿元,分别增4%、3.8%、4.2%、6.2%和12.5%。粮食生产保持稳定,全县粮食播种面积109万亩,增2.05%;粮食亩产量459公斤,增0.3%;水稻亩产水平再创新高,亩产量510公斤。粮食总产量50.03万吨,增2.3%;油料产量8.6万吨,增5.86%;肉类产量5.18万吨,增2.6%;禽肉产量2.6万吨,增2.3%;水产品产量6.45万吨,减5.16%;禽蛋产量3.2万吨,增2.9%;茶叶产量226万吨,增5.6%;水果产量7.89万吨,增4.7%。

精彩亮相芜湖农博会和合肥农交会成功举办第二届长江特色水产节。长江螃蟹大市场、中颐水产等10大农业重点项目总体进展顺利。防洪保安能力明显增强,全年完成水利建设投入4.3亿元,万亩圩口防洪达标一期主体工程已完工,上下九连圩防洪达标工程进入扫尾阶段,永安河治理一期工程、永定大圩等大型泵站技改工程已建成。

【工业】 2012年,全县完成规模以上工业总产值635.8亿元,比上年增18.8%。其中,完成高新技术产业产值310.3亿元,占规模以上工业产值的46.8%;完成工业增加值152.3亿元,增21%。由于内外需不足、成本上涨等因素影响,企业经济效益有所下降,全县规模以上工业企业实现产品销售收入628.4亿元,增19.1%;实现利税总额44.2亿元,增6.1%;实现利润总额27.7亿元,增10.1%。电线电缆、羽绒羽毛和精细化工产业分别完成总产值415.8亿元、26.8亿元、12.5亿元,分别增19.6%、15.9%、81.9%,占规模以上工业产值的64.5%、2.5%、2%;纺织服装和生物医药产业全年完成总产值10.7亿元、11.7亿元,分别,增48.6%、6.8%,占规模以上工业产值的1.7%、1.8%。2012年,无为县首位产业(电缆及配套业)实现税收首次成功跨越10亿元新台阶,达10.2亿元,同比净增1.97亿元,增长23.91%;占该县全年的财政收入比重,由2011年的40.6%,上升至去年的42%,提高1.4个百分点。电缆及配套业全年上缴税金对全县财政收入增长的贡献率达49.2%,拉动财政收入增长9.7个百分点。安徽明星电缆随母公司成功上市,亚兰德公司首发报会和香枫公司股改步伐加快推进。3户企业被确认为全省暨皖江示范区上市后备企业。

【建筑业】 2012年,全县完成建筑业总产值18.2亿元,比上年增16.1%;完成房屋建筑施工面积153.1万平方米,增8.64%。全县具有资质等级的总承包和专业承包建筑业企业23家,实现总产值18.21亿元,同比增长16.1%。

【固定资产投资】 2012年,全县完成全社会固定资产投资200.0亿元,比上年增22.1%。其中,第一、二、三产业分别完成投资12.3亿元、126.5亿元和61.2亿元,三次产业投资结构为6.2∶63.3∶30.5,第一、三产业分别增166.6%和44.2%,第二产业增8.4%。完成基础设施项目投资25.9亿元,增69.7%。

【商贸服务】 2012年,全市实现社会消费品零售总额84.9亿元,比上年增15.2%,其中城镇实现零售总额74.6亿元,增15.1%;乡村实现零售总额10.3亿元,增15.2%。限额以上批发零售业实现商品销售额17.6亿元,增33.5%。其中,批发业3亿元,增31%;零售业14.6亿元,增34%。限额以上住宿餐饮业实现营业额1.6亿元,增71.5%。其中,住宿业0.5亿元,增26.2%;餐饮业1.1亿元,增107.3%。

【旅游】 旅游业继续保持较快增长。据不完全统计2012年全年国内旅游总收入1.65亿元,国内旅游总人数达15.6万人次。随着当地旅游产业的进一步发展壮大,全县旅行社和旅游服务网点发展呈现加速趋势,2012年新增3家旅行社及1家服务网点,至此全县有9家旅行社及服务网点。成功举办无为县文化艺术节等旅游活动。

【民营经济】 2012年,全县新增创业企业650户、个体工商户3850户,万人拥有私营企业、个体工商户204户,万人拥有私营企业注册资金1.75亿元。不断加强创业服务与指导,开展创业培训300人次。出台35项具体措施,全面拓宽准入领域。全年发放小额担保贷款2.1亿元、政府性担保贷款5亿元。强化创业富民载体建设,加快建设标准厂房、中小企业孵化器,5家入园创业企业安置300多名劳动者就业,创业劳动就业率达1∶5.4。2012年安徽省著名商标认定名单,无为县有7家企业商标荣获安徽省著名商标,至止,全县已拥有1件中国驰名商标、31件安徽省著名商标、59件芜湖市知名商标,另外无为电缆产业被认定为安徽省首批“安徽电缆专业商标品牌基地”。

【开放型经济】 2012年,全年全县外贸进出口总额累计达12566万美元,同比增长7.2%,其中:出口总额5364万美元,同比增长49.4%。全年全县累计利用外资13010万美元,同比增长40.2%,其中;外商直接投资10009万美元,同比增长153.6%。位列全省县级第五,全市第一,完成率达113%;同时引进境外世界500强投资取得新突破。实际利用内资174.53亿元,同比增长29.8%。2012年无为县新批1个外资项目,为世界500强企业德国林德集团与上海焦化有限公司合资成立的林德二氧化碳(芜湖)有限公司,至此已有4家境外世界500强企业落户无为县;此外,双钱集团(安徽)回力轮胎有限公司全年分三次到位外资10009万美元,成为全县首家一年内到资过亿美元企业,也是今年全市第一家到资过亿美元项目。

【开发区建设】 园区建设加快推进。按照“一区两园”模式启动建设无为经济开发区城东工业园,园区总体发展规划、产业布局规划、控制性详规通过专家评审。5平方公里起步区4条主干道及安置房、保障房、水厂、污水处理厂、高铁站前广场等项目的前期工作已完成。丰原药业募投项目入驻园区,200亩土地已交付企业,主体工程已开工。高沟经济开发区建成标准厂房8万平方米、公租房3万平方米,总体规划和控制性详规已通过专家评审。无为经济开发区配套服务设施日臻完善,华谊煤化工一期、双钱轮胎一期工程投产见效。

2012年,高沟镇已有24家高新技术企业,12家省级企业技术中心,1个中国驰名商标,拥有省级以上品牌38个、著名商标和23件,产业的集群优势正向着品牌优势迈进。年内,高沟经济开发区综合竞争力位居全省县办省级开发区首位,在全省省级开发区综合考评中列第13位。作为国家级特种电线电缆产业基地,正在规划的经济开发区面积50平方公里,由一个核心区和四个产业园区组成。园区拥有国家级电线电缆产品质量监督检测中心,企业首次独立制订了国家电缆行业标准。拥有国家级电线电缆产品质量监督检测中心和华菱、江淮、森海等一批10亿元人民币投资级的电线电缆骨干企业,其中"欣菱"牌电缆获中国驰名商标称号。形成了电线电缆、智能电网、电加热、机电产品四大板块,其中华菱、江淮、新亚特、华星、华海5个电缆集团位列安徽民营企业前10强。产业基地内有29家企业32项产品获"安徽省名牌产品",15件电缆商标获"安徽省著名商标",1件商标获"中国驰名商标",30家企业获"安徽省质量管理奖",31家企业获省级以上重信用守合同企业,68家企业通过ISO9001质量管理体系认证。

【城市建设】 2012年,无为县中心城区城东片区、城南片区、城东工业园区规划编制完成,完成城市总体设计,市民服务中心项目全面开工建设。军二路、高新大道(城南段)拓宽工程如期竣工,比亚迪大道等12项新建工程全面启动。东一环旧城改造项目全力推进,已签订房屋征收协议85%,通济桥、晏公花园安置房全面开工。新图书馆、南门新汽车站主体工程已完工,污水处理厂、一水厂迁建等配套项目前期工作已完成。高沟滨江新城建设稳步推进,完成投入4.6亿元。

【新农村建设】 2012年,全年投入4000多万元用于美好乡村建设,汤沟直埂、泉塘何家八房等6个示范点、无城马厂等15个其他建设点全面竣工。33个扶贫开发整村推进工程深入开展,新建改建公路里程58公里,疏理渠道20公里,改善灌溉面积1.7万亩。泥汊镇中央农村环境连片整治工程已竣工。全县有21个美好乡村整治点(含6个市级示范点),各示范点清杂工作基本完成;村内道路、污水管网、排水、路灯、绿化及各类休闲广场等工程正在加快推进。生态县建设步伐加快,主要污染物减排达标,姚沟、鹤毛申报国家级生态乡镇顺利通过省级公示。林业生态建设成效明显,完成成片造林1.5万亩,封山育林8000亩,绿化村庄300个、农村道路500公里。加强耕地保护利用,报批、复垦、清理盘活土地分别达5762亩、5191亩和1008亩。"联圩并圩、复耕增地"工程整理出耕地2445亩,置换出增减挂指标777亩。

【环境保护】 2012年,境内已探明的主要矿种有:煤、铁、铜、硬石膏、石炭岩、砖瓦粘土等22种,探明储量8种,其中煤400万吨,铁1200万吨,铜矿石300万吨,硬石膏87000万吨,明矾石350万吨,全县已开发利用的矿产有13种。

全年环境污染治理完成投资总额8500万元,比上年增长18.1%。工业二氧化硫排放量2199吨,工业废水排放量达标率为99%,工业烟尘排放量达标率为99.8%,已建污水处理厂2座。

【交通运输】 全年交通运输、仓储和邮政业增加值10.7亿元,增长7.5%。全县公路通车里程3505公里;内河航运航道里程334公里。2012年实现客运周转量15.2亿人公里/年,货运周转量36.8亿吨公里/年。总投资6亿元的无六路正式开工。

【邮电通信】 2012年完成邮电通讯业务总量39157万元。其中,邮政业务总量5028万元;电信业务总量34129万元。全县年末本地电话用户15.9万户,移动电话用户48.8万户,电话普及率(含移动)达到45部/百人,国际互联网用户53652户。

【科技创新】 科技创新能力不断提高。2012年。无为全县高新技术企业达44家、新增10家,实现产值300亿元,增长7.5%,占规模以上工业的比重达48.5%。创成果更加丰硕,新增省部级科技项目和新产品30余项,23家企业获省质量奖,2家企业获市政府质量奖。科研平台加快建设,丰原药业建成全县首个国家级企业技术中心,省级、市级企业技术中心分别达17家、3家,省级工程技术中心达5家、新增1家。知识产权工作强力推进,全年申请专利1280件,增长3倍,其中发明专利226件。品牌建设卓有成效,拥有省著名商标27件、新增4件,省名牌产品41个、新增6个。成功举办中国(芜湖)电线电缆博览会行业发展高层论坛,正式获准创建全国特种电缆产业知名品牌示范区,国家特种电线电缆产品质量监督检验中心主体工程即将竣工。

【教育】 全年全县中等职业教育学校5所,招生6046人,在校生13536人,毕业生4087人;全县高中招生9053人,在校生26988人,毕业生7960人;全县初中招生11233人,在校生39223人,毕业生20138人;小学招生9943人,在校生68504人,毕业生14636人;幼儿园56所,在园幼儿22454人。全面实施免费义务教育。

职业教育特色鲜明,县职教中心成功创建全省合格县区职教中心。二中申报省示范高中顺利通过市级初评。无为中学成为全省唯一获得2013年北大校长实名推荐资格的县级中学。教育教学质量持续攀升,全县高考成绩再获丰收,二本以上达线率位居全市第一。跻身"安徽省教育强县"行列,实现了由教育大县向教育强县的历史性跨越。

【文化】 2012年,年末全县有艺术表演团体5个,文化馆1个,乡镇文化站23个,公共图书馆1个,图书总藏量为34.3万册;文物保护管理机构1个,全年参观人员达25千人次。全县档案馆1个,档案馆馆藏档案资料19.33万卷(件),库容面积3123平方米。

组织举办第三次全国文物普查成果展,成功举办第九届文化艺术节和"激情广场"文艺演出,县直机关第三届运动会,"构建和谐家园、繁荣社会文化"乡镇文艺调演,爱国歌曲大家唱,青年歌手大奖赛,青少年合唱比赛,优秀电视剧展播,爱国主义教育影片露天电影周等活动。还举办系列书法、美术、摄影、图书等展览，编辑出版书籍等。“文化下乡”、“无为大讲堂”活动有声有色，群众文化体育生活日益丰富。县庐剧团改制基本完成。2012年在首届中国非物质文化遗产传统技艺大展会上，无为县选送的“剔墨纱灯”被评为金奖并颁发证书。

全县广播、电视节目综合覆盖率100%。

【卫生】 年末，全县有卫生机构428个，其中医院14个，妇幼保健院1个，专科疾病防治院2个，疾病预防控制中心1个，卫生监督所1个，乡镇卫生院24个。全县医院、卫生院有床位2382张。全县有卫生技术人员2738人，其中医院、卫生院2161人。在医院、卫生院专业技术人员中，有执业医师（含助理）782人，注册护士855人。2012年实际参加新型农村合作医疗的农业人口120.1万人。

农村居民医疗卫生条件逐步改善，新型农村合作医疗参保率100%。基层医药卫生体制改革成果不断巩固，县级公立医院改革全面启动。新中医院一期工程投入使用，县医院综合大楼正式开工。食品药品安全专项整治深入推进，省级食品药品安全示范县创建和“两小”整治工作取得阶段性成果。人口和计划生育工作不断加强，人口自然增长率控制在4.94‰。

【人民生活】 城乡居民收入稳步增长，年末全县城镇在岗职工年平均工资42894元，同比增长15.5%。全年全县农民人均纯收入8375元，与去年同期相比增加1090元，同比增长15.0%；城镇居民可支配收入17858元。

新建、改建小水厂7座，水源改造及管网延伸5处，并网整合小水厂18座，解决了10.5万人饮水安全问题。完成农村危桥改造14座。

【社会保障】 年末，全县有50134人参加城镇基本医疗保险，有39528人参加城镇基本养老保险，有22166人参加失业保险。城镇居民最低生活保障人数达11264人，农村居民最低生活保障人数达50262人，农村五保供养8263人。全年用于教育、医疗卫生、社会保障与就业等方面的财政支出累计达23.8亿元，比上年多支出4.1亿元，增长20.6%。

全年筹集资金14.4亿元，大力实现了35项民生工程，让发展的成果更多地惠及广大人民群众。乡居民低保标准进一步提高，实现“应保尽保”。城乡居民养老保险制度全面实施，参保人数达79万人。发放五保供养资金1974万元，五保对象集中供养率达50%。完成农民工技能培训2973人、新型农民培训4683人。新增城镇就业8400人，城镇登记失业率控制在3.9%。健全贫困重度残疾人生活救助制度，全年救助7843人。超额完成重大传染病救治和提高妇女儿童健康水平项目任务。完善城市低收入家庭住房保障机制，投入廉租房建设资金8828万元，发放住房补助587万元。城镇居民医疗保险参保率达98.8%，新农合参合率达99.1%。

芜　湖　县

【概况】 芜湖县位于安徽省东南部，长江中下游南岸，古称鸠兹，西汉元封二年（公元前109年）置县。现辖湾沚、六郎、陶辛、红杨、花桥5个镇，总面积670平方公里，人口34.71万人。2012年，实现地区生产总值146.6亿元，同比增长18%；财政收入24.5亿元，同比增长20.8%；全社会固定资产投资170.3亿元，同比增长26.1%；社会消费品零售总额37亿元，同比增长16.8%；外贸进出口总额2.57亿美元，同比增长56%；农民人均纯收入11134元，同比增长14.9%。

【工业】 大力培育发展高端装备制造及汽车零部件、电子电器、新能源新材料等三大主导产业，其中作为芜湖县首位产业的高端装备制造及汽车零部件业，实现产值189.1亿元，同比增长33.9%。战略性新兴产业实现产值87.2亿元，同比增长38.8%。全县新增规模以上工业企业81家，累计319家，完成工业增加值89亿元，同比增长23.8%。培育上市后备企业10家，德摩叉车完成股改，英派瑞塑料进入上市辅导期，恒升机床报会成功。扎实推进科技创新，全年申请专利1651件、专利授权1576件，每万人发明专利授权数居全省县级第一位。新增高新技术企业9家、省级高新技术产品和新产品9个、省级工程技术研究中心和企业技术中心3家。推进质量强县和商标战略工作，新申报安徽名牌产品7个，新申请商标注册320件、省著名商标10件、市知名商标19件，新芜经济开发区被认定为“安徽省机床及传动机件专业商标品牌基地”。

【农业】 全年粮食种植面积47.8万亩，粮食总产量20.9万吨，同比增长6.5%，荣获“全省粮食生产三大行动先进县”称号。推进六郎省级现代农业示范区建设，新建县级农业示范园区8家。推进农业产业化经营，新增省级农业产业化龙头企业2家，新注册成立苗木公司等农字号企业70家，新培育各类农民专业合作社31家，2家合作社被评为省级示范合作社，新增无公害农产品7个、绿色食品认证2个、农产品地理标志认证1个。推进适度规模经营，新增农村集体土地流转面积2.4万亩，其中千亩以上集中流转片7个。推进苗木花卉基地和绿色果蔬生产基地建设，开展“大绿化建设年”活动，新增苗木种植面积1.5万亩，规划建设苗木花卉交易大市场。推进“菜篮子工程”，新增蔬菜基地面积4271亩，其中新建钢构大棚1109亩。

【建筑业】 2012年，全县有建筑业企业49家，建筑劳务企业10家。从业人员约1.6万人，其中经考核认定一级建造师30人，专业技术人员1752人。全年施工面积约170.6万平方米，完成建筑业总产值28.4亿元。

【固定资产投资】 2012年完成固定资产投资170.3亿元，同比增长26.1%，比年初预期目标高出1.1个百分点。其中城镇固定资产500万元以上项目投资151.99亿元，比上年增长31%；房地产开发投资17.54亿元，比上年下降3.4%；农村非农户投资0.79亿元，比上年下降5.3%。在全部投资中，工业性投资115.16亿元，占全部投资的61.2%；在建亿元以上项目72个，完成投资121.77亿元。

【商贸服务】 2012年度，社会商品零售额任务数为37.58亿元，增幅18%。实际累计实现商品零售总额37.15亿元，增幅达17.2%，增幅列全市4县第1位。其中：限额以上企业完成零售总额13.97亿元，增幅达22%，列全市县第1位。实际利用外资 12480 万美元,占任务数的 108.52%,超额完成年度考核任务。

【旅游】 2012 年,县旅游局已将《芜湖县旅游总体规划》编印成书。拟订了《芜湖县旅游发展促进政策》讨论稿。开通了芜湖县商务网站,进一步加大芜湖县旅游企业和资源宣传推介力度,5.19 中国旅游日宣传活动期间发放宣传画册 1000 多份。国庆期间,在高速新竹服务区设置芜湖县旅游宣传导示区,宣传发放资料 2000 多份。全县 6 处旅游景区年吸纳游客 74.5 万人次,实现旅游收入 2.4 亿元,增幅 2.6%;在建旅游项目 4 个,总投资 11 亿元;旅游商品定点生产企业 9 家。

【民营经济】 2012 年,全县民营企业 3342 家,注册资金 127.57 亿元;个体工商户 10834 户,投资总额 8.23 亿元。

【开发区建设】 新芜经济开发区始建于 2001 年 3 月,2006 年 2 月经省政府正式批准为省级重点开发区,并于 2010 年 8 月正式更名为"安徽新芜经济开发区"。初始建区面积 3.2 平方公里。2012 年 11 月,开发区规划面积 16.8 平方公里扩区规划获省发改委批准确认,目前总体规划面积为 20 平方公里,升级国家级开发区申报材料已在商务部待批。

2012 年新芜经济开发区经省政府批准成为全省县域首家高新技术产业开发区,并获得"安徽新型工业化产业示范基地"、"安徽省两化融合示范区"及"安徽省机床及传动机件专业商标品牌基地"称号。截至 2012 年底,开发区累计投产企业 383 家,在建企业 167 家,规模以上工业企业 223 家,同比增长 39.4%;完成工业总产值 273.45 亿元,同比增长 38.64%;完成工业增加值 69.74 亿元,同比增长 38.85%;完成固定资产投资 121.27 亿元,同比增长 53.9%;完成税收 7.5 亿元。

【城市建设】 修编城乡总体规划,编制九连山茶场垦地合作产业园区规划、城东产业新城产城一体化规划、县城城北地区和城南新区控规。城东产业新城建设步伐加快,学校、中医院、保障房等一批项目进展顺利,阳光新城 1272 套廉租房竣工交付,南湖路、经二路绿化工程完成,汪溪河湿地生态公园开工建设,机电学院、林安物流商贸城完成规划设计。全县房地产市场平稳发展,房价基本稳定。县客运中心主体完工,县城市规划展览馆(博物馆)正在建设。县自来水厂二期扩建工程进展顺利,天然气长输管线暨综合门站建成投入使用,生态景观廊道全面建成开放。完善城区路网,小康路、罗福湖路、三元路竣工,芜湖南路下穿皖赣铁路立交工程加速推进。南湖路至滨湖大道污水连接工程、世纪大道下穿铁路排水工程竣工,开发区城北片污水管道工程加快推进。创新城市管理工作机制,巩固全国文明县城创建成果,推行路段长责任制,探索环卫保洁市场化运行,深化数字化城管平台建设,在市城市管理考评中获得好评。仅用一年时间,成功创建成为省级园林县城和省级生态县。

做好六郎镇芜湖市新市镇建设规划,推进陶辛镇亲水型生态旅游业和现代观光农业、红杨镇生态运动休闲旅游业、花桥镇生态农业和木器包装业发展。杨黄路全线竣工通车,潘双路改造、芜太二级路连接杨黄路接线工程完工,九三路、红太路、湾老路改造加快推进。通村公路建成 31.7 公里,农村公路安保工程建设完成 140 公里,危桥改造完成 11 座。清水河大桥、芜雁高速及其接线工程建成通车。农田水利建设扎实推进,荣获"全国农田水利建设先进县"称号,汤泊河中小流域综合治理工程完成一期河道开挖,青弋江分洪道工程征地拆迁工作稳步推进,实施农村安全饮水工程,启动花桥小水厂整合工作,陶辛集镇区与县城自来水实现联网。

启动第一批美好乡村示范点建设取得实效,六郎镇官巷、陶辛镇倪家、红杨镇万村、花桥镇五四村等 14 个示范村面貌焕然一新,全省美好乡村建设动员大会在芜湖县召开,湾沚镇鲁村列为现场观摩点。加快新农村安置房建设,全县新农村居民点经过二年建设封顶 7616 套,交房 5811 套。实施土地开发复垦项目新增耕地 2300 亩。完成 1050 户农村危房改造。推进农村清洁工程实施,五个镇均已建成垃圾压缩中转站,全年完成 3 万多吨生活垃圾的无害化处理。

【新农村建设】 新农村安置房按需稳步开展建设。全县批准在建的 37 个新农村居民点,开工建设安置房 325 幢 8836 套 92 万平方米,质量安全进一步加强。年底前,已有 267 幢 7434 套封顶,其中交房 5811 套,分房 4715 套,确保了农村拆房户率先安置。全县新增农村土地承包经营权流转 2.43 万亩,完成年度目标任务 121%。其中,新增千亩以上流转片 7 个,500－1000 亩流转片 9 个。全年按时按质按量完成了 14 个美好乡村示范点和 11 个居民点环境综合整治项目的规划与整治建设任务,重点实施了村庄道路、污水处理、垃圾治理、亮化绿化、活动场所等基础设施和公共服务设施建设。城乡建设用地置换陶辛镇续建项目 500 亩,6 月 21 日通过省国土厅验收。2012 年,省国土资源厅下达芜湖县建设用地增减挂钩项目 400 亩,分别由湾沚、六郎、陶辛和红杨四个镇实施,年底前顺利通过省国土厅验收。做到了边拆迁、边安置、边复垦,当年项目、当年实施、当年验收。据统计,全年拆除各类违法建设 20230 平方米。

【环境保护】 2012 年,投入资金 66.7 万元新建芜湖县空气质量自动监测站系统,子站一个,建设地点为芜湖县城城南新区行政 2 号楼裙楼五楼顶,中心站设在县环境保护监测站,该系统的建设主要完成空气二氧化硫、氮氧化物、PM10、PM2.5 及气象五参数 24 小时自动监测;投资 6 万多元新购置大气降雨自动监测仪,开展降雨酸度和电导率及降雨量的自动监测。完成地表水、大气、噪声等例行监测,重点污染源监督监测,饮用水源水质监测,全县 500 亩以上水面水质调查监测,建设项目竣工验收监测任务,全年出具监测报告 119 份。2012 年发布城关环境质量况状监测动态 4 期。取缔县自来水厂一级水源保护区范围内芜江、顺风造船厂和两个采沙点。调整花桥镇横九自来水厂水源地取水口位置,向下游迁移 1500 米。全县加大燃煤烟尘污染整治力度,完成世纪广场洗浴中心、开发区君禾电缆、金凯电镀、吉隆矿业等 17 家企业煤改电或天然气工程;县城及县域过境段主要交通干道两侧烟尘污染问题得到有效遏制。继续开展餐饮行业集中整治,实行环评前置审批,新建油烟净化器 46 台(套)。进一步开展秸秆禁烧工作,大力推广秸秆机械粉碎直接还田技术,利用农村沼气,发展秸秆腐熟气化技术,全年秸秆还田面积 60 万亩,实现综合利用 902 万吨,秸秆禁烧成效明显,县域空气环境质量保持良好。全年审批项目环评85个(其中登记表21份、报告表53份、报告书11份),主体工程项目试生产38个,验收37个。经环保部核定,2012年全县完成化学需氧量削减809.73吨、氨氮削减97.01吨,分别超额完成年度减排目标任务的47.79%和137.19%。县环保局争取农村环补项目7个,总金额达265万元。完成花桥镇红光村生活垃圾处置项目建设,总投入180万元。花桥镇集镇区政府大院片50吨/日微动力污水处理设施、沿山村片100吨/日无动力地埋式+人工湿地污水处理设施建成投入使用,香樟花园片100吨/日无动力地埋式+人工湿地污水处理工程开工建设;建成湾沚镇鲁村村、花桥镇九十殿村、红杨镇万村村等20个新农村居民点生活污水治理,全县农村生活污水处理设施日处理生活污水能力达8000吨,实际日处理生活污水量6400吨,农村居民点生活污水处理率达60%。全年现场监督检查企业300多家次,处理群众各类环境信访投诉116件,处理率100%,处罚环境违法企业(个人)7家,责令停产企业5家,罚款1.7万元,其中关停县城饮用水源保护区内造船厂2家。国家重点监控企业芜湖铭源污水处理有限公司污染物排放达标率为100%。

【交通运输】 2012年,交通运输局承担27项政府投资重点项目,改建芜湖南路下穿皖赣铁路立交,拓宽芜雁高速连接线杨黄路,兴修红太路、改造六方路等多条重要县乡道路,并完成11座危桥加固改造、31.7公里"村村通"延伸工程和120公里农村公路安保工程,完成投资3.005亿元。

【邮政】 2012年,全年邮政业务实现收入1381.06万元,完成年计划的100.54%,同比增长10.87%。除县局职能部门外,下辖5个邮政支局和5个邮政所,承担着全县的邮政通信任务。

【科技创新】 2012年,全年新增高新技术企业9家,高新技术产品5件。芜湖德孚转向系统有限公司等4个企业的5个成果进行了省级科技成果鉴定。2项农业成果分别通过省、市级成果鉴定。新增省级工程技术中心1家。全年申报专利1651件,其中发明专利317件,与上年同期相比增长12%。专利授权1576余件,同比增长25%。每万人发明专利申请授权数在全省排名第三,每万人发明专利拥有量在全省排名第一。全县科学技术支出7197万元,占县本级财政预算支出的2.63%。

【教育】 2012年,全县现有义务教育阶段学校54所,其中初中14所(不含县二中初中部),九年一贯制学校3所,中心学校14所,其它完全小学22所,特教学校1所,另有教学点15个。义务教育在校生28054人,其中初中9409人,小学18645人。小学、初中入学率100%。继续将省示范高中统招计划100%切块分解到各初中。南湖中学、湾沚一小建成并于2012年秋季招生。完成2012年薄弱学校标准化建设项目。2012全县有普通高中1所(省级示范高中)、完全中学1所(市级示范高中)。普通高中在校生7871人。2012年初中毕业生升学率100%。高考三本以上达线1641人,达线率58.84%。经审批的各级各类民办学校49所,其中幼儿园43所,非学历教育机构6个。认定幼儿看护点25个。县级一类(优秀)园7所,市级5所。在园幼儿7557人,学前一年入园率90.5%,学前三年入园率87.91%。落实《芜湖市学前教育三年行动计划》。新建公办幼儿园2所,审批普惠性民办幼儿园25所,并对家庭困难的在园幼儿实行资助券制度。成功申报芳芳幼儿园、阳光幼儿园为市级优秀园。公办城关幼儿园建成并招生。

【文化】 2012年,建成县图书馆新馆,湾沚、六郎、陶辛、红杨等4个镇公共电子阅览室,湾沚镇民主、陶辛镇双桥等2个社区农家书屋,投入使用;县博物馆建设工程主体封顶;县图书馆、文化馆和各镇综合文化站免费向公众开放,全县公共文化服务体系进一步完善。举办各类大型文化活动26次,大型群众文化活动29次。实施农村电影放映工程,完成全县一村一月放映一场电影目标,放映数字影片25部(含科教片7部)。

【卫生】 2012年,芜湖县有各级各类医疗卫生单位179个,其中县直医疗卫生单位8个(县医院、县中医院、县疾病预防控制中心、县血吸虫病防治站、县卫生局卫生监督所、县妇幼保健所、县城乡居民合作医疗管理中心、县医疗机构药品管理中心),镇卫生院5个,社区卫生服务中心1个,社区卫生服务站9个,村卫生室121个(含9个个体卫生室),民营医院2所,医学门诊部1个,个体诊所(医务室)43个。全县有各类卫生技术人员846人(不含乡村医生),其中县直医疗卫生单位和镇卫生院、社区卫生服务中心在编人员597人(县级402人,镇级195人),在编人员中具有本科学历170人,大专学历228人;具有副高职称32人,中级职称162人。现有一体化管理村卫生室上岗村医262人,其中具有中专以上学历的178人,具有执业(助理)医师资格的55人。

【体育】 2012年,县体育工作以庆祝第四个全民健身日为契机,出台了《芜湖县全民健身实施方案》(2011-2015);以群众体育和竞技体育为抓手,广泛开展全民健身活动和人员培训,取得较好成效。组织12名体育骨干参加"安徽省一级社会体育指导员培训班"培训,取得结业证书。19人次获得国家一、二级运动员称号。向省体育专业队输送击剑、举重运动员3人。新建镇级全民健身广场一个(湾沚镇新都校区)、省级社区体育俱乐部一个(六郎镇殷港社区)、农民体育健身工程12个点,新增体育健身俱乐部1家,创建优秀晨晚练点6个,培养一、二、三级社会体育指导员117名。销售体育彩票1161.8万元。

【社会保障】 全面落实省、市、县43项民生工程项目,其中县级实施10项,县财政投入3.14亿元,比上年增加5500万元。农村电网改造升级工程、城乡公共交通建设工程、农村公路管护和安保工程等县级实施的民生工程取得实效。

提高各类保险保障标准、统筹层次,全县城乡居民养老保险参保人数达20.1万人,荣获"全国新型农村和城镇居民社会养老保险工作先进单位"称号。扩大城镇职工养老、医疗、失业、工伤、生育保险覆盖面,建立未参保集体企业退休人员基本生活保障和生活费发放机制。城乡低保实现一体化,保障标准由340元/月提高到390元/月,全年发放城乡低保金5189万元。加大特殊群体和特困群众的救助帮扶力度,全年发放医疗救助和临时生活救助资金507万元。建立高龄津贴制度。新农合和城镇居民医疗保险并轨运行,城乡居民合作医疗参合率达98.45%,年人均筹资标准提高到300元,全年补偿合作医疗资金1.073亿元。扎实开展创业富民工作,促进创业就业,全年发放小额担保贷款2.64亿元,直接扶持2189人创业,城镇新增就业1.1万人。全县新增个体工商户2557家、私营企业501家。

加快文化体育事业发展,广泛开展迎接"十八大"系列文艺演出和群众性文化活动,举办全省青少年击剑锦标赛和红杨山越野车王争霸赛。红杨珩琅塔、陶辛胡氏宗祠、花桥楚王城遗址成为第七批省级文物保护单位,县图书馆新馆建成开放。继续调整教育布局,优化教育资源配置,荣获"全省两基工作先进地区"称号。南湖中学、湾沚一小建成并正式招生,陶辛中学、城关幼儿园交付使用,城东学校、启智学校开工建设,六郎镇和陶辛镇公办幼儿园建设加快推进。县级公立医院改革被列入全国试点。县医院病房综合楼、公共卫生大楼完工,4个镇卫生院环境改造、40个村卫生室达标建设竣工。计生工作深化村(社区)为主工作机制,落实利益导向政策,人口生育水平保持稳定。

南 陵 县

【概况】 南陵县位于安徽省东南部、芜湖市南,总面积1263.7平方公里,辖8镇157个村、22个居民委员会。全县总人口552851人,比上年减少2585人。其中,男性人口285544人,女性人口267307人。全年人口出生率为12.5‰,死亡率为11.2‰,自然增长率为1.3‰。全年实现地区生产总值1423672万元,比上年增长14.3%。其中,第一产业增加值252908万元,增长6.8%;第二产业增加值873449万元,增长18.2%;第三产业增加值297315万元,增长8.7%。三次产业比重由上年的18.2∶60.3∶21.5调整为17.8∶61.3∶20.9。全年实现财政收入160596万元,比上年增长20.2%;其中,地方财政收入115705万元,增长32.5%。各项税收85769万元,增长23.8%。全年完成财政支出227139万元,比上年增长15.2%。其中,农林水事务支出34988万元,增长16.8%;教育支出48320万元,增长45.5%;医疗卫生支出23455万元,增长18.7%。

【农业】 全年实现农林牧渔总产值44.35亿元,增长10.9%。粮食种植面积55384公顷,油料种植面积6834公顷,棉花种植面积1330公顷。粮食产量393086吨,比上年增长8.4%;油料产量17326吨,增长22.1%;棉花产量7980吨,增长299%;蔬菜产量132670吨,增长9.3%;肉类产量47867吨,增产11%;水产品产量32200吨,增长3.5%。新开4个农业示范基地和10个农业部水稻高产创建示范片,建设6000亩核心示范区。大浦国家级农业科技示范园区顺利通过中期验收。农村土地流转5.46万亩。新增省级农业产业化龙头企业5家、市级12家,无公害农产品8个,绿色食品2个。食品工业园获省级农业产业化示范区。顺利通过"安徽省大米专业商标品牌基地"认定。"弋江籽"紫云英获批国家农产品地理标志保护产品,"南陵大米"、"奎湖"牌河蟹商标获省著名商标称号。稳步推进蓝莓国家级农业标准化示范区建设,有贤龟鳖获批省级农业标准化示范区,宏顺粮油被评为省3A标准化良好行为企业。林地检查工作通过国家验收。全年完成造林433公顷。连续7年被列为省级财政支农资金整合县。

【工业】 实现工业总产值285.21亿元,比上年增长20.2%。年主营业务收入2000万元规模以上工业企业263户,累计完成产值236.9亿元,增长24.3%,其中产值超亿元企业59户,实现产值120.6亿元,比上年增长34.2%。在规模以上工业中,国有及国有控股企业实现产值10.8亿元,增长102.7%;股份制企业实现产值206.5亿元,增长22.9%;外商及港澳台商投资企业实现产值14.3亿元,增长15.5%。轻工业产值87.7亿元,增长17.7%;重工业产值148.8元,增长28.6%。工业产品销售率达到98.5%。

全年规模以上工业实现主营业务收入236.1亿元,比上年增长25.2%;实现利润总额24.6亿元,比上年增长83.3%。工业经济效益综合指数达到275.7%,比上年下降0.3个百分点。金牛电气登陆资本市场,发行安徽省首单中小企业私募债,获首届市政府质量奖;南翔羽绒被认定为省级企业技术中心;顺荣股份获批省产学研示范企业。省农机成套装备工程研究中心落户南陵。全年申报注册商标276件,"古麒"商标荣获中国驰名商标,拥有中国驰名商标总数达3件,居芜湖四县之首;新增省著名商标14件、市知名商标6件;新增省名牌产品2个、市名牌产品4个。全年专利申请数达1936件,再次跻身"专利申请十强县"。

【建筑业】 全县具有资质等级的总承包和专业承包建筑企业21家,完成产值449320万元,比上年增长23.0%;实现增加值136185万元,比上年增长8.2%。全年房屋建筑面积561万平方米,比上年增加246万平方米;房屋建筑竣工面积198.9万平方米,比上年增加62万平方米。

【固定资产投资】 全年完成全社会固定资产投资1396126万元,比上年增长22.4%。其中,城镇投资1304282万元,增长20.9%。固定资产投资中,第一产业投资41650万元,增长73.3%;第二产业投资729426万元(全部是工业投资),下降5.3%;第三产业投资625050万元,增长80.2%,其中房地产开发投资151491万元,增长38.1%。全年销售商品房57.52万平方米,增长4.6%;商品房销售额219161万元,增长5.4%。全县206个重点项目累计完成投资74.73亿元。其中,政府性投资项目152个,完成投资36.73亿元;产业类项目54个,完成投资38亿元。合福高铁进展顺利,铜南宣高速公路复工建设,205国道示范路,弋牧路改造工程开工建设,三荻路漳河大桥、马园河大桥及接线工程基本完工。青弋江分洪道、幸福闸、天然气江南联络线、淮上特高压等重大基础设施项目推进顺利。姚家岭锌金多金属矿综合开发利用项目开钻详查。瑞创农机南方装备基地项目新址建成投产。

【招商引资】 全年引进总投资5亿元以上项目11个,其中20亿元以上项目5个。实际利用外资9116.5万美元,比上年增长34.3%;实际利用内资191.51亿元,其中省外资金138.2亿元。有色铜基新材料产业园开始筹建,4000亩枫彩现代生态农业科技产业园项目实施规划。奇瑞重工、柯美特建材、中誉奔驰商务车、宝骐新能源汽车、雨润食品、合创电子信息产业园、凯迪生物质发电厂、大创现代农牧业专用车、福斯达新能源电动汽车等一批企业落户开发区,奇瑞重工、柯美特、中誉奔驰、合创电子、凯迪生物等陆续建成投产。新增鹏程机械、昭通电气2家高新技术企业。顺荣股份获批省产学研示范企业,南翔羽绒与安徽工业大学构筑产学研平台,南翔羽绒、“古麒”品牌获中国驰名商标。

【重点工程建设】 全年重点工程建设项目30项,累计完成投资9.6亿元,其中新开工项目6项,在建项目24项,包括安置房、廉租房、公益性建筑工程、市政道路工程等。建成道路6条,安置房交付21.8万平方米。滨河公园建设、县医院迁址新建工程、籍山镇城东实验学校、县体育场改造,芙蓉峰路、弋江大道、仙坊路、漳河大道等一批重点工程项目相继完工。

【商贸服务】 全年实现社会消费品零售总额467069万元,比上年增长16.6%。其中,城镇实现消费品零售额314384万元,增长17.2%;乡村实现消费品零售额152685万元,增长15.3%。批发和零售业实现商品销售额405819万元,增长16.8%;住宿和餐饮业实现营业额61250万元,增长15.0%。限额以上服务企业175户,实现三产营业收入66.4亿元,三产从业人员12.1万人。成功举办芜湖·中国米市国际大米交易会和第四届江南牡丹文化节,大浦乡村世界国家4A级旅游景区顺利挂牌。

全年实现进出口总额7937万美元,比上年下降7.1%。其中,进口总额2139万美元,下降24.7%;出口总额5798万美元,增长1.8%。

【开发区建设】 2012年,开发区启动规划修编工作,完成《安徽南陵经济开发区总体发展规划(2012~2020年)》文本,新开工建设涌珠泉路;续建完成工业大道等6条道路,平整场地2550亩;完成建设标准化厂房13.83万平方米。一期1320套7.6万平方米蓝领公寓主体建筑完工。

区内完成固定资产投资42.01亿元。截至2012年底,入区企业211户,其中投产企业142户,在建45户,签约24户。全年实现工业年产值119.24亿元,年税收2.42亿元。

【城市建设】 修编城乡总体规划和县城区控规。完成以县城为中心的100平方公里数字化地形图测绘。实施总投资10.8亿元的城市建设重点工程,新建、改造市政道路10条,太白大道开工建设,乌霞大道等重点道路基本建成,县医院迁址新建主体工程完工,城南农贸市场投入使用,应急垃圾填埋场开工建设。弋江大道、漳河大道绿化带等城市绿化景观工程全面完工,滨河公园D区建成开放,漳河湿地公园开工建设,启动市桥河整治工程,新增公共绿地面积24.5万平方米。与港华集团签订城乡供水项目投资协议。

【新农村建设】 建成高标准基本农田10.6万亩,新增耕地3278.6亩。拆迁安置农户1500户,开工安置房30万平方米,竣工17万平方米。完成农村公路危桥改造20座,小水库除险加固工程完成6座、新开工9座,解决了4.55万人农村饮水安全问题。水利兴修获省“江淮杯”二等奖。建立了村民“自选、自建、自管、自用”和政府监管服务的小型农田水利建设管理新机制,首批试点的万安村中干渠综合治理和马仁村农田综合治理项目进入村民自主施工阶段。投入1.3亿元,综合整治205国道沿线环境,许镇镇农村环境连片整治项目通过省级验收。投入3000万元,基本完成大木山、南陵湖等9个美好乡村示范点建设工作。大浦试验区获全国魅力新农村“十佳乡村”称号。

【交通运输和邮电】 205、318国道,320、216省道交汇于县城。京福高铁南陵段、铜南宣高速公路正在加紧建设中。

全县公路里程1435.2公里,其中高等级公路130.2公里。客运有运山运输公司、运山公交公司、运山出租车公司3家客运企业,均隶属于芜湖市运泰集团,有客运车站13个,各类营运车辆542辆。其中,省际班车26辆、市际班车20辆、县际班车62辆、农村客运135辆、城市公交50辆、出租车249辆。全年发运旅客80.4万人。有水路运输企业20家、水路服务企业1家、各类营运船舶307艘,载重总量38.7万吨。

全年邮电业务总量24570万元,比上年增长12.2%。其中,邮政业务总量3363万元,增长13.4%;电信业务总量21207万元,增长13.2%。本地固定电话用户6.71万户,下降17.9%;移动电话28.88万户,增长11.6%。年末计算机互联网用户3.18万户,其中宽带用户3.16万户。

【教育】 年末,普通中学31所,专任教师1495人,在校学生25286人;职业高中学校3所,在校学生2394人;小学47所,专任教师1446人,在校学生28830人;幼儿园80所,在园儿童9860人。小学学龄儿童、初中阶段适龄人口入学率均100%,初中毕业生升学率为93.23%。全县普通高中招生3255名,4056人参加高考,录取3554人,录取率为87.6%。全年招聘教师52名,选派25名教师支教、7名教师“援疆”。积极开展教育教学课题研究,3项省级课题结题,2项课题获得市级立项;3所学校通过省语言文字规范化学校验收。县教育局被评为芜湖市关爱农村留守儿童先进单位,许镇中心小学、籍山镇葛林完小、工山镇中心小学、三里镇中心初中、何湾镇绿岭完小、峨岭中心幼儿园分别被评为芜湖市示范留守儿童之家。县职教中心数控技术应用专业被评为芜湖市首批重点专业、芜湖市首批中等职业教育创业试点学校,5所民办幼儿园被评为“市级优秀幼儿园”,33所民办幼儿园被认定为普惠性民办幼儿园。建成城东实验学校,恢复南陵中学省示范高中称号。

【文化】 拥有文化馆1个;公共图书馆1个,馆藏图书10.48万册;乡镇文化站8个。举办各类文化训练班17次,训练班结业人员2110人次。完成图书馆、文化馆改建工程并免费对公众开放。全县有农家书屋162个。县文化馆创作的小品《重归于好》参加全市政法系统调研广受好评,县新黄梅文化演艺传媒有限公司创作的黄梅戏剧目《进货》参加第六届中国(安庆)黄梅戏艺术节·全省民营戏剧院团优秀剧目展演荣获最佳演出奖。成功举办第四届中国(南陵)江南牡丹文化旅游节和南陵县春节联欢晚会,组织开展南陵县妇女健身广场舞大赛、清风相伴南陵县廉政书画展、春谷情·中华颂国庆中秋广场文艺晚会、芜湖市南陵赛区社区文艺擂台赛、大浦新村社区文化艺术节等60余项大型文化活动。举办主题展览、读书演讲、书画摄影展等各类活动252场次。送文化下乡放映公益数字电影1884场(次),送戏下乡40场。县图书馆荣获市级“巾帼文明岗”称号。开展古桥文物普查工作,普查县内古桥28座,公布23处为县级文物保护单位。编印出版《穿越风雨沧桑. 珍贵历史遗迹——南陵古建筑图册》。普查各项非遗项目11类200项,编印了《春谷遗韵》——南陵县非物质文化遗产汇编一书;收集整理南陵民间歌谣五大类105首。申报省级非物质文化遗产《目连戏》、《十兽灯》、《大王冲佛香加工技艺》、《送春》4个,公布县级非物质文化遗产代表作18项。举办以“文化遗产与文化繁荣”为主题的大型宣传活动。

现有规划电视频道7个,自办节目频道3个;规划广播频道1个。开设《天南地北南陵人》电视专题节目,《南陵县确保企业不拖欠农民工工资》获省2012年度广播电视新闻节目评比二等奖;一档新闻节目获省广播电视新闻节目编排三等奖。县广播电视台荣获省广播电视系统先进集体。完成年度30个自然村广播电视村村通工程建设任务,项目区覆盖人口1425人,涉及农户407户,入网用户341户,入户率83.8%。

【体育】 县政府制定并印发《南陵县全民健身实施计划(2011-2015年)》。截至2012年,有县级体育中心1处(含体育馆、体育场、游泳馆),国家级乡镇健身广场1个、省级乡镇健身广场4个,建成健身路径16条,健身操场20个,镇级健身站点8个,街道健身站(点)10个,健身活动晨晚练点240个,建成农民体育健身工程点56个。2012年,在市级以上运动会上,获得奖牌26枚,其中金牌9枚。审批二级运动员3名。举办县乡运动会12次,参赛运动员达7600人。

【卫生】 年末,全县拥有各类卫生机构28个(不含村卫生室)。其中,医院、卫生院21个,疾病控制中心1个,妇幼保健院1所,社区卫生服务中心1个。卫生机构拥有床位719张,其中医院、卫生院696张。有卫生技术人员1049人,其中执业(助理)医生460人,注册护士391人。县城乡居民合作医疗管理服务中心荣获“全国新型农村合作医疗工作先进集体”称号;县医院被评为二级甲等医院,县医院迁址新建主体工程完工。

【人民生活】 据抽样调查,全年城镇居民人均可支配收入17932元,人均消费支出10296元,人均住房建筑面积34.1平方米。农村居民人均纯收入10588元,比上年增长15%;人均生活费支出6242元,比上年增长10.6%;人均生活用房面积40.6平方米。农村居民的恩格尔系数为40.1%。全年建成安置房支付面积21.8万平方米,竣工23.89万平方米。阳光花园、润福家园、梅园新村二期、东方花园、城北、城西、麒麟山庄等小区安置房相继建成交付使用。

【社会保障】 年末,全县有城镇职工基本养老、城镇职工基本医疗、工伤、失业、生育五大保险人数分别为38149人、21840人、19374人、16086人、16865人,分别比上年同期增长10.2%、19.3%、8.5%、29.3%、45.5%。其中:城镇职工基本养老保险在职24631人,离退休13518人。全年基金收入24007万元,比上年增长12.5%;基金支出22222万元,比上年增长22.8%;累计结余14947万元。城镇职工基本医疗保险在职16056人,离退休5784人。基金收入4619万元,比上年增长16.8%;支出2660万元,比上年增长6.7%;累计结余6316万元。工伤保险基金收入416万元,比上年增长50%;支出406万元,比上年增长165%;累计结余374万元。失业保险基金收入888万元,比上年增长126%;支出183万元,比上年增长22%;累计结余2456万元。生育保险基金收入170万元,比上年增长124%;支出36万元,比上年增长300%;累计结余338万元。

南陵县被国务院批准为新型农村社会养老保险试点县,将新型农村社会养老保险和城镇居民社会养老保险合并为城乡居民社会养老保险统一实施。年末,全县累计参保30.3万人,其中享受养老金待遇人员7.9万人,发放率达100%。超额完成省、市、县下达的参保率90%的目标任务,基本实现全覆盖。全年新认定就业困难人员451人,发放社保补贴2579952元;发放《就业失业登记证》6206本;为企业输送员工5108人;发放高校毕业生就业生活补贴316人次45.24万元。

繁　昌　县

【概况】 繁昌县地处安徽东南部、长江南岸,总面积590平方公里,人口28万,辖6个镇。繁昌历史悠久,西汉建县,距今已有2100多年历史,现有3处全国重点文物保护单位,其中“人字洞”是亚欧大陆已知的最早古人类活动遗址。2012年,繁昌县实现生产总值(GDP)166.6亿元,按可比价计算,比上年增长18.9%。分产业看,第一产业实现增加值7.5亿元,增长5.9%;第二产业增加值124.9亿元,增长22.4%;第三产业增加值为34.2亿元,增长9.8%。三次产业比由上年的4.8:73.7:21.5调整为4.5:75.0:20.5。人均GDP达到59965元,比上年增加9350元,人均增长19.8%。全县新增就业岗位6821个,失业人员实现再就业2859人,城镇登记失业率为3.9%。

全年新办私营企业248家,新批个体工商户2056户,累计分别达1987家和9729户。年末,私营企业注册资本达113.6亿元,个体工商户登记资金数额15.5亿元。

【农业】 全县实现农林牧渔业总产值14.3亿元,扣除价格因素增长5%。全年农作物总播种面积20745公顷,下降1.5%。其中粮食作物种植面积12565公顷,增长3.4%;油料种植面积3235公顷,下降10.6%;棉花种植面积974公顷,增长0.2%;蔬菜种植面积3621公顷,下降5.4%。

全年粮食总产量达到8.6万吨,增长7.6%;油料产量7599吨,下降4.9%;棉花产量1182吨,增长1.2%;蔬菜产量7.5万吨,增长3%。

全年生猪年出栏5.8万头,其中养殖大户出栏3.9头;家禽年出栏525万只,其中养殖大户出栏176万只。肉类总产量1.4万吨,增长6.1%。水产品产量1.2万吨,增长4%。

全县具备认证资格的农产品数量增加,其中无公害产品发展到26个,绿色食品37个,已建立无公害农产品生产基地8个。农业产业化龙头加工企业已发展到61个,增长1家。农业专业合作社112家。

年末,全县拥有农业机械总动力20.1万千瓦,增长3%。大中型拖拉机耕作机械159台,小型拖拉机5127台。农用排灌动力机械2.8万台,4.6万千瓦。水稻机械化插秧和收割面积分别1.6万亩和15.3万亩,分别增长23.5%和0.2%。全年农用化肥施用量(折纯)5178吨,增长17.6%;农用地膜使用量15吨,增长15.4%。

【工业和建筑业】 全年工业实现增加值114.4亿元,增长24%,占生产总值的比重为68.7%,比去年提高1.9个百分点。规模工业企业数由年初的255家发展到年末的287家,净增32家,实现总产值519.7亿元,比上年增长23.9%。产值超亿元的企业86家,比上年净增22家,其中超十亿元的企业12家。

全县规模工业27个行业中有18个行业保持增长。共生产水泥1214.1万吨,增长9.5%,生产熟料2162.4万吨,增长6.5%。以水泥行业为主的非金属矿物制品业共实现产值103亿元,下降6.3%,占规模工业总产值的20.2%,比上年下降6.5个百分点;医药食品实现产值40.9亿元,下降5.5%;纺织服装和黑色金属采选分别实现产值32.9亿元和101亿元,同比分别增长3.5%和38.4%。

全县规模工业经济效益综合指数达到381.6%,同比下降19.2个百分点;共实现利润20.6亿元、利税37.9亿元,分别下降33.1%和4.9%。

规模工业企业综合能源消耗363.3万吨标准煤,规模工业万元增加值能耗下降12.9%。

全县完成建筑业增加值10.6亿元,增长6.9%。15家资质等级建筑施工企业实现施工产值20.3亿元,增长12.8%;房屋建筑施工面积245.5万平方米,同比增长15.3%;竣工面积106万平方米,同比下降15.1%。

【固定资产投资】 全县固定资产投资159.4亿元,增长25.8%,其中城镇投资142.3亿元,增长23.6%。第一产业投资3.3亿元,增长129.1%;房地产投资12.5亿元,增长23.6%,商品住宅投资8.4亿元。

亿元以上项目67个,本年完成投资109.2亿元;十亿元以上项目3个。中耀陶板、同福食品、兴兆光伏共完成投资15.1亿元。工业投资继续占主导,共完成投资102.5亿元,占全部投资的64.3%,同比增长22.5%,其中战略性新产业投资36.6亿元,增长38.1%。随着嘉联购物、太平洋百货、中辰一品、江厦明珠等一批三产项目相继开工建设,推动了全县三产投资的快速发展,全年共完成三产投资53.6亿元,增长29%,高于工业投资和全部投资增幅,三产投资比重达到33.6%,同比提高0.8个百分点。

【国内贸易】 全县实现社会消费品零售总额29.6亿元,增长16.9%。其中:批发业和零售业分别实现零售额1.9亿元和23.2亿元,分别增长19.9%和15.2%;住宿和餐饮业实现零售额4.5亿元,增长24.9%。

限额以上单位90家,比上年增加28家,共实现零售额9.6亿元,增长41.4%。其中限额以上住宿餐饮业企业7家,实现营业额7126万元。

【园区建设】 繁昌经济开发区综合工业园建成区面积达8.7平方公里。园内已投产企业119家,其中规模企业42家。全年园区企业实现工业产值109.5亿元、税收1.8亿元。

【对外经济】 全年实际利用内资217.7亿元,增长26.5%,其中省外201.9亿元,增长24.5%;实际利用外资12481万美元,增长55%;招商引资形成固定资产投资156.3亿元,其中省外及外商投资151.9亿元。全年新引进内外资项目87个,其中亿元以上项目47个,10亿元以上项目5个。中耀新材料、胡商城市综合体、南方水泥、索菲特酒店、金索罗太阳能等一批大项目相继落户。

全县拥有自营进出口权的企业发展到114家,当年新增20家。实现外贸进出口总额13084万美元,比上年增长28.6%,其中自营出口12542万美元,增长25.8%。

【旅游】 全县接待国内外游客116万人次,增长13.7%,其中外国人来繁旅游397人次,旅行社国内组团1.4万人次。实现旅游总收入7.2亿元,增长17.8%。年末国家级A级旅游景点2处。

【交通运输】 年末全县公路总里程845公里,其中高速公路27.2公里。拥有民用汽车1.8万辆,增长16.4%,其中私人汽车1.3万辆,增长21.8%。全年交通运输业实现增加值13亿元,同比增长9.2%。全社会客运量2109万人,增长8.9%,旅客周转量5.4亿人公里,上升8.5%;全社会货运量7052万吨,增长15%,货运周转量120.2亿吨公里,下降5.8%。

【邮电业】 全县邮电业务总量2.1亿元,增长14.4%。其中邮政业务总量2351万元,增长20.7%;电信业务总量18239万元,增长12%。年末全县拥有固定电话用户5.6万户,下降12.5%;移动电话用户年末达到25.4万部,增长15.8%;国际互联网宽带接入用户3.3万户,增长33.2%。

【财政】 2012年,全年实现财政收入30.6亿元,同比增长18%。其中地方财政收入18.5亿元,增长35%。从收入结构看,税收收入占主体,全年共完成税收收入27.7亿元,占全部财政收入的90.6%。在主体税种中,完成增值税9.7亿元,增长12.4%;完成所得税6.5亿元,下降16.2%;完成营业税3.5亿元,增长9.7%。财政收入占GDP的比重达到18.4%,同比提高0.1个百分点。

2012年,全县财政一般预算支出27.3亿元,增长23.1%。民生保障进一步加强,全县教育、医疗卫生、社会保障经费支出分别增长4.3%、69.8%、12.3%,农林水事务支出增长23.1%。

【金融】 年末全县金融机构存款余额129.9亿元,增长14.1%;其中居民储蓄存款余额为80.5亿元,增长25.9%。年末全县贷款余额107.8亿元,增长18.6%。金融贷存比达83%,比上年末提高3.2个百分点。

【保险】 全年商业保险机构实现保费收入1.4亿元,下降0.3%。其中,财产险业务保费收入0.4亿元,人身险业务保费收入1亿元。财、寿险所占市场份额分别为29.1%和70.9%。全年各类赔付支付0.9亿元,增长9.8%。

【教育】 年末全县共有各类学校85所,在校生38173人,毕业生9810人,教职工2653人。其中:幼儿园47所,在园幼儿5945人;小学19所,在校生13966人,毕业生2366人;普通中学17所,在校学生13892人,毕业生4773人。普通高中、初中和小学平均每个教师负担学生数分别为14.7人、11.9人和18.8人。全县学龄儿童入学率达到100%,小学毕业生升学率106.3%,初中毕业生升学率91.4%,高中毕生业升学率85.4%。

【科学技术】 全县实有高新技术企业30家,新增3家,高新技术企业实现产值46亿元,高新技术产品63件。全年科技发展项目73项,4项科技成果获奖;全年专利申请量3177件,比上年增加863件,其中发明专利459件。专利当年授权1913件,比上年增加617件,其中发明专利10件,再创全国科技进步先进县。新增中国驰名商标1件、省著名商标4件、省名牌产品3个,创建全省优质产品生产示范区。

【文化】 年末全县共有文化馆、公共图书馆、文物馆各1个。广播调频台1座,电视转播台1座。有线电视用户3.2万户。年末广播综合人口覆盖率100%,电视综合人口覆盖率96.7%。县图书馆藏书9.4万册,阅览室座席500个,外借书刊22.5万册次。年末档案馆馆藏档案案卷12.8万卷、资料1.1万册,全年档案利用4020卷件次;档案室室藏档案案卷17.8万卷、资料11835册。馆室总库房建筑面积2860平方米。《繁昌报》刊出报纸50期,出版报纸3.1万份。

【卫生】 全县拥有卫生机构93个,其中医院、卫生院11家。专业技术人员996人,其中执业医师和助理医师530人。卫生机构实有病床723张,全年诊疗95.6万人次,参加健康检查6.2万人。全年报告传染病发病数1546例,其中,乙型肝炎215例,肺结核258例。

【体育】 全民健身点35个,全县运动员在国家、省、市级比赛中有54人次获奖。全年举办运动会60次,参加活动2.5万人。全年销售体育彩票1254万元,筹集体育发展资金87万元。

【人口】 年末全县户籍总人口为27.8万人,比上年末减少2137人,下降0.8%,其中女性13.5万人。当年出生人口3543人,出生率为12.7‰;死亡人口2742人,死亡率为9.8‰;自然增长率为2.9‰。出生人口性别比为107.8,全县计划生育政策符合率92.4%。

【人民生活】 2012年,全县城镇居民人均可支配收入为19266元,比上年增长15.1%。人均消费性支出12101元,增长17.5%,其中食品支出增长25.2%,衣着支出增长20.9%,居住支出增长17%。城镇居民人均住房建筑面积29.5平方米,比上年增加0.5平方米。农民人均纯收入首次突破万元,达10888元,比上年增长14.9%,其中工资性收入7260元,增长14.5%。人均消费性支出7147元,增长13.3%,其中食品支出增长11.6%,衣着支出增长7.5%,居住支出增长34%。农村居民人均拥有住房建筑面积42.6平方米,比上年增加4平方米。

【社会保障】 年末全县参加城镇养老保险人数52027人,其中参保职工34006人,离退休人员18021人。参加农村养老保险人数150002人。参加城镇医疗保险的人数273195人,其中城镇居民医疗保险人数240644人,城镇职工医疗保险32551人。参加失业保险的人数17724人,年末全县领取失业保险金人数为155人。参加工伤保险的人数26077人,参加生育保险的人数18796人。

全县社会福利单位13个,床位1614张,集中供养各类人员1080人,集中供养率达66.9%。全年城镇居民6206人、农村居民9795人领取了政府最低生活保障,城镇和农村低保月人均补差分别达到385元和219元。城镇建立各种社区服务设施24个,便民、利民网点110个。

【资源、环境】 全县探明资源保有储量并已开发的矿种12种,其中金属矿产4种,非金属矿8种,以石灰岩为最大,达5.8亿吨。

全年水资源总量4.6亿立方米,人均水资源1652立方米。全年累计降水量1412毫米,全年平均气温为16.4℃,比上年平均高0.4℃。

全年用电量21.4亿千瓦时,比上年增长4%,其中工业用电量18.9亿千瓦时,增长1.3%。

全年整合矿山企业3家,关闭选矿厂16家。实施国家和省级节能项目3个,完成8条水泥熟料生产线低氮燃烧改造,芜湖海螺、富鑫钢铁余热发电项目投入运营,孙村污水处理厂主体完工。年末自然保护区1个,面积400公顷。森林面积20303公顷,森林覆盖率33.5%,全年完成造林面积230公顷。

【城建和安全生产】 加快城市大建设,完善城乡一体的规划体系,完成县城总体规划、控制性详规、17项专业规划及各镇总体规划编制工作。水环境综合整治主体完工,峨溪河两侧沿街立面改造基本完成,中滩公园、峨溪河生态休闲景观带等工程有序推进,县文化馆、图书馆、青少年活动中心、影剧院、规划馆、博物馆等项目加快建设。改造老旧小区10个,安置房竣工47.3万平方米。加快美好乡村建设,完成14个示范点村庄整治。新增绿化面积3050亩,峨山镇被评为省级生态镇。市政道路长度为86.3公里,延长34.6公里,道路照明灯9782盏,新增1677盏;城区绿化覆盖面积570公顷,建成区绿化覆盖率38%。

全年农作物受灾面积5451公顷,造成直接经济损失3633万元。生产安全事故死亡5人,直接经济损失300万元;发生道路交通事故233起,造成20人死亡,262人受伤;发生火灾事故7起。

【世界最大水泥熟料生产线芜湖海螺三期项目全面建成投产】 5月10日上午,芜湖海螺三期2×12000T/D水泥熟料生产线B线点火投产,此前,2011年12月18日A线已成功点火,至此,芜湖海螺三期全面建成投产,代表了当前世界最先进的新型干法水泥熟料生产工艺和水平,标志着世界上最大的单产水泥熟料生产基地正式建成。

【上海繁昌经济社会发展促进会在沪成立】 5月26日,上海繁昌经济社会发展促进会在上海正式成立。这是该县接轨大上海、融入长三角的重要举措,为宣传繁昌、推介繁昌,承接转移、加快发展搭建了新平台。

长江三角洲城市党政领导人名录

中共上海市委领导人名录

俞正声　中共上海市委书记(11月免)
韩　正　中共上海市委书记(11月任)
韩　正　中共上海市委副书记(11月免)
杨　雄　中共上海市委副书记(12月任)
殷一璀(女)　中共上海市委副书记
俞正声　中共上海市委常委(11月免)
韩　正　中共上海市委常委
杨　雄　中共上海市委常委(5月免,12月任)
殷一璀(女)　中共上海市委常委
吴志明　中共上海市委常委(5月免)
董君舒　中共上海市委常委(5月免)
杨晓渡　中共上海市委常委
屠光绍　中共上海市委常委
杨振武　中共上海市委常委
李　希　中共上海市委常委
丁薛祥　中共上海市委常委
徐　麟　中共上海市委常委
朱争平　中共上海市委常委
艾宝俊　中共上海市委常委(5月任)
沙海林　中共上海市委常委(5月任)
尹　弘　中共上海市委常委(5月任)
丁薛祥　中共上海市委秘书长(6月免)
尹　弘　中共上海市委秘书长(6月任)

上海市人民政府领导人名录

韩　正　上海市人民政府市长(12月免)
杨　雄　上海市人民政府代理市长(12月任)
杨　雄　上海市人民政府副市长
屠光绍　上海市人民政府副市长
艾宝俊　上海市人民政府副市长
张学兵　上海市人民政府副市长
沈　骏　上海市人民政府副市长
沈晓明　上海市人民政府副市长
赵　雯(女)　上海市人民政府副市长
姜　平　上海市人民政府副市长
洪　浩　上海市人民政府秘书长

中共南京市委领导人名录

杨卫泽　中共南京市委书记
季建业　中共南京市委副书记
靳道强　中共南京市委副书记
刘以安　中共南京市委常委
刘志伟　中共南京市委常委
龙　翔　中共南京市委常委
周　谦　中共南京市委常委
徐金万　中共南京市委常委
项雪龙　中共南京市委常委
徐　宁(女)　中共南京市委常委
潘秀成　中共南京市委常委
陈尘肇　中共南京市委常委
李世贵　中共南京市委常委

南京市人民政府领导人名录

季建业　南京市人民政府市长
刘以安　南京市人民政府副市长
陈尘肇　南京市人民政府副市长
罗　群　南京市人民政府副市长

陆　冰　南京市人民政府副市长
陈　刚　南京市人民政府副市长
徐锦辉　南京市人民政府副市长
华　静(女)　南京市人民政府副市长
陈　勇　南京市人民政府副市长
胡万进　南京市人民政府副市长

中国苏州市委领导人名录

蒋宏坤　中国苏州市委书记
周乃翔　中国苏州市委副书记
陈振一　中国苏州市委副书记
蒋宏坤　中国苏州市委常委
周乃翔　中国苏州市委常委
陈振一　中国苏州市委常委
周向群　中国苏州市委常委
曹福龙　中国苏州市委常委
周伟强　中国苏州市委常委
王少东　中国苏州市委常委
郭腊军　中国苏州市委常委
王天琦　中国苏州市委常委
王　翔　中国苏州市委常委
蔡丽新　中国苏州市委常委
杨　晋　中国苏州市委常委

苏州市人民政府领导人名录

周乃翔　苏州市人民政府市长
周伟强　苏州市人民政府副市长
王鸿声　苏州市人民政府副市长
张跃进　苏州市人民政府副市长
浦荣皋　苏州市人民政府副市长
徐惠民　苏州市人民政府副市长
徐　明　苏州市人民政府副市长
冷本加　苏州市人民政府副市长(挂职)
盛　蕾　苏州市人民政府副市长

中共无锡市委领导人名录

黄莉新(女)　中共无锡市委书记
朱克江　中共无锡市委副书记
陈振一　中共无锡市委副书记(至6月)
蒋洪亮　中共无锡市委副书记(6月任)
黄莉新　中共无锡市委常委
朱克江　中共无锡市委常委
陈振一　中共无锡市委常委(至6月)
徐　劼　中共无锡市委常委(至4月)
周敏炜　中共无锡市委常委(至6月)
蒋洪亮　中共无锡市委常委
黄　钦　中共无锡市委常委(5月任)
陈德荣　中共无锡市委常委(5月任)
许　刚　中共无锡市委常委
张叶飞　中共无锡市委常委
王路奇　中共无锡市委常委(至7月)
周铁根　中共无锡市委常委
朱劲松(女)　中共无锡市委常委
王国中　中共无锡市委常委
陈金虎　中共无锡市委常委(5月任)
吴建齐　中共无锡市委常委(7月任)

无锡市人民政府领导人名录

朱克江　无锡市人民政府市长、党组书记
徐　劼　无锡市人民政府副市长、党组副书记(至4月)
黄　钦　无锡市人民政府副市长、党组副书记(6月任)
谈学明　无锡市人民政府副市长(至1月)
吴建选　无锡市人民政府副市长(至6月)
方　伟　无锡市人民政府副市长
陈金虎　无锡市人民政府副市长(至6月)
赵志新　无锡市人民政府副市长
华博雅(女)　无锡市人民政府副市长
曹佳中　无锡市人民政府副市长
朱爱勋　无锡市人民政府副市长(6月任)
刘　霞(女)　无锡市人民政府副市长(6月任)

中共常州市委领导人名录

范燕青　中共常州市委书记(至2月)
阎　立　中共常州市委书记(2月任)
姚晓东　中共常州市委副书记
邹宏国　中共常州市委副书记(至5月)
戴　源　中共常州市委副书记(5月任)
俞志平　中共常州市委常委(至5月)
孙国建　中共常州市委常委
沈　斌　中共常州市委常委
张春福　中共常州市委常委
徐　缨　中共常州市委常委
韩九云　中共常州市委常委(5月任)
徐光辉　中共常州市委常委(5月任)
邓志兵　中共常州市委常委
蔡　骏　中共常州市委常委

常州市人民政府领导人名录

姚晓东　常州市人民政府市长(1月任)
姚晓东　常州市人民政府代市长(至1月)
姚晓东　常州市人民政府副市长(至1月)
俞志平　常州市人民政府副市长(至1月)
韩九云　常州市人民政府副市长
居丽琴　常州市人民政府副市长(至6月)
张耀钢　常州市人民政府副市长
王成斌　常州市人民政府副市长
尚建荣　常州市人民政府副市长
张云云　常州市人民政府副市长(6月任)
朱晓敏　常州市人民政府副市长(至6月)
高　清　常州市人民政府副市长(至6月)
方国强　常州市人民政府副市长(6月任)
史志军　常州市人民政府副市长(6月任)

中共镇江市委领导人名录

许津荣(女)　中共镇江市委书记(~2012-04)
张敬华　中共镇江市委书记(2012-04~)
刘捍东　中共镇江市委副书记(~2012-01)

朱晓明(女) 中共镇江市委副书记(2012-02~)
李国忠 中共镇江市委副书记(~2012-05)
李茂川 中共镇江市委副书记(2012-05~)
魏红军 中共镇江市委常委
秦景安 中共镇江市委常委
张洪水 中共镇江市委常委
孙 健 中共镇江市委常委
王树均 中共镇江市委常委(~2012-12)
李小平 中共镇江市委常委
李雪峰 中共镇江市委常委
童国祥 中共镇江市委常委(2012-05~)
曹 寅 中共镇江市委常委(2012-12~)

镇江市人民政府领导人名录

刘捍东 镇江市人民政府市长(~2012-02)
朱晓明(女) 镇江市人民政府市长(2012-06~)
朱晓明(女) 镇江市人民政府副市长、代市长(2012-02~2012-06)
秦景安 镇江市人民政府副市长
陈建设 镇江市人民政府副市长(~2012-03)
陈 杰 镇江市人民政府副市长(~2012-05)
王 萍(女) 镇江市人民政府副市长(~2012-06)
冯士超 镇江市人民政府副市长(~2012-06)
李卫平 镇江市人民政府副市长(2012-05~)
曹当凌 镇江市人民政府副市长
夏新平 镇江市人民政府副市长(~2012-01)
王常生 镇江市人民政府副市长
李廷祥 镇江市人民政府副市长(挂职,~2012-03)
丁 憬 镇江市人民政府副市长(援疆)
胡宗元 镇江市人民政府副市长(2012-06~)
雷志强 镇江市人民政府副市长(2012-06~)
曹丽虹(女) 镇江市人民政府副市长(2012-06~)
孙晓南 镇江市人民政府副市长(援藏,2012-09~)

中国南通市委领导人名录

丁大卫 中国南通市委书记
张国华 中国南通市委副书记
陈 斌 中国南通市委副书记
丁大卫 中国南通市委常委
张国华 中国南通市委常委
陈 斌 中国南通市委常委
秦厚德 中国南通市委常委
陈照煌 中国南通市委常委
黄巍东 中国南通市委常委
贾建民 中国南通市委常委
庄中秋 中国南通市委常委
韩立明(女) 中国南通市委常委
曹 斌 中国南通市委常委
章树山 中国南通市委常委
费高云 中国南通市委常委

南通市人民政府领导人名录

张国华 南通市人民政府市长
韩立明(女) 南通市人民政府副市长(6月30日任)
陈照煌 南通市人民政府副市长(6月30日免)
秦厚德 南通市人民政府副市长(6月30日免)
杨展里 南通市人民政府副市长(6月30日免)
朱 晋 南通市人民政府副市长
徐 辉 南通市人民政府副市长
沈振新 南通市人民政府副市长(6月14日免)
秦剑平 南通市人民政府副市长(6月30日免)
陈惠娟(女) 南通市人民政府副市长(6月14日免)
孙金华 南通市人民政府副市长(挂职,6月30日免)
赵闻斌 南通市人民政府副市长(6月30日任)
黄爱军 南通市人民政府副市长(5月30日任)
孙建华 南通市人民政府副市长(6月30日任)
沈 雷 南通市人民政府副市长(6月30日任)
陈一星 南通市人民政府副市长(挂职,10月31日任)

中共扬州市委领导人名录

谢正义 中共扬州市委书记、市人大常委会主任
朱民阳 中共扬州市委副书记、市长
赵晓江 中共扬州市委副书记(正市级)
丁 纯 中共扬州市委常委、常务副市长
张跃进 中共扬州市委常委、纪委书记
张爱军 中共扬州市委常委、组织部部长
袁秋年 中共扬州市委常委、政法委书记
卢桂平 中共扬州市委常委、宣传部部长
陈 扬 中共扬州市委常委、市委秘书长
王智永 中共扬州市委常委、副市长(挂职)
袁启俊 中共扬州市委常委、扬州军分区司令员
姚苏华 中共扬州市委常委

扬州市人民政府领导人名录

朱民阳 扬州市人民政府市长
丁 纯 扬州市人民政府常务副市长
王智永 扬州市人民政府副市长(挂职)
闻道才 扬州市人民政府副市长
董玉海 扬州市人民政府副市长
孔令俊 扬州市人民政府副市长
张宝娟 扬州市人民政府副市长
丁 一 扬州市人民政府副市长
(注:以上为2012年底的任职情况)

中共泰州市委领导人名录

张 雷 中共泰州市委书记
徐郭平 中共泰州市委副书记
王守法 中共泰州市委副书记(至2012-05-28)
杨 峰 中共泰州市委副书记(2012-05-28任)
张 雷 中共泰州市委常委
徐郭平 中共泰州市委常委
王守法 中共泰州市委常委(至2012-05-28)
杨 峰 中共泰州市委常委
何 榕 中共泰州市委常委
唐小英(女) 中共泰州市委常委
陆 新 中共泰州市委常委
张爱平 中共泰州市委常委

卢佩民　中共泰州市委常委
倪　斌　中共泰州市委常委
孙庆祥　中共泰州市委常委
周广智　中共泰州市委常委(2012－03－15 任)
陆春云　中共泰州市委常委(2012－09－27 任)

泰州市人民政府领导人名录

徐郭平　泰州市人民政府市长
杨　峰　泰州市人民政府副市长(至 2012－06－22)
何　榕　泰州市人民政府副市长(2012－06－22 任)
丁士宏　泰州市人民政府副市长(至 2012－06－22)
刘　励　泰州市人民政府副市长(至 2012－06－22)
曹玉梅(女)泰州市人民政府副市长(至 2012－05－28)
戴胜利　泰州市人民政府副市长(至 2012－06－22)
贾春林　泰州市人民政府副市长
杨　杰　泰州市人民政府副市长
廖　涛　泰州市人民政府副市长(挂职)
苏钢强　泰州市人民政府副市长
(挂职,2012－02－15 任)
王　斌　泰州市人民政府副市长(2012－05－28 任)
孔德平　泰州市人民政府副市长(2012－06－22 任)
王学锋(女)泰州市人民政府副市长(2012－05－28 任)

中共盐城市委领导人名录

赵　鹏　中共盐城市委书记
魏国强　中共盐城市委副书记
李　驰　中共盐城市委副书记(～2012.05)
陈正邦　中共盐城市委副书记(2012.05～)
陈正邦　中共盐城市委常委(～2012.05)
戴元湖　中共盐城市委常委
章大李　中共盐城市委常委(～2012.05)
丁　宇　中共盐城市委常委
刘德民　中共盐城市委常委
宋修明　中共盐城市委常委
庄兆林　中共盐城市委常委
张礼祥　中共盐城市委常委
陈红红(女)中共盐城市委常委
潘道津　中共盐城市委常委(2012.05～)

盐城市人民政府领导人名录

魏国强　盐城市人民政府市长
陈正邦　盐城市人民政府副市长(～2012.06)
戴元湖　盐城市人民政府副市长(2012.06～)
章大李　盐城市人民政府副市长(～2012.05)
丁建奇　盐城市人民政府副市长(～2012.05)
陈还堂　盐城市人民政府副市长(～2012.06)
曹友琥　盐城市人民政府副市长(～2012.06)
朱传耿　盐城市人民政府副市长
谷家栋　盐城市人民政府副市长(～2012.06)
张庆奎　盐城市人民政府副市长(～2012.06)
马成志　盐城市人民政府副市长(2012.06～)
夏存喜　盐城市人民政府副市长
王　荣　盐城市人民政府副市长(2012.06～)
周绍泉　盐城市人民政府副市长(2012.05～)
吴晓丹(女)盐城市人民政府副市长(2012.05～)
陈友慧　盐城市人民政府副市长(2012.10～)

中共淮安市委领导人名录

刘永忠　中共淮安市委书记(2013 年 2 月免)
姚晓东　中共淮安市委书记(2013 年 2 月任)
高雪坤　中共淮安市委副书记(5 月免)
曲福田　中共淮安市委副书记(5 月任)
练月琴　中共淮安市委副书记
刘永忠　中共淮安市委常委(2013 年 2 月免)
姚晓东　中共淮安市委常委(2013 年 2 月任)
高雪坤　中共淮安市委常委(5 月免)
曲福田　中共淮安市委常委(5 月任)
练月琴　中共淮安市委常委
王正喜　中共淮安市委常委
葛　平　中共淮安市委常委(4 月任)
李卫平　中共淮安市委常委(5 月免)
肖本明　中共淮安市委常委
杨时云　中共淮安市委常委
杨　晋　中共淮安市委常委(1 月免)
史国君　中共淮安市委常委
戚寿余　中共淮安市委常委
刘　伟　中共淮安市委常委(1 月任)
董　平　中共淮安市委常委(9 月任)

淮安市人民政府领导人名录

高雪坤　淮安市人民政府市长(5 月免)
曲福田　淮安市人民政府市长(6 月任)
曲福田　淮安市人民政府代市长(5 月任)
王正喜　淮安市人民政府常务副市长
陆长苏　淮安市人民政府副市长(6 月免)
朱毅民　淮安市人民政府副市长(6 月免)
倪兴余　淮安市人民政府副市长
陈　涛　淮安市人民政府副市长(5 月任)
唐道伦　淮安市人民政府副市长
赵洪权　淮安市人民政府副市长
蔡敦成　淮安市人民政府副市长(6 月免)
窦立夫　淮安市人民政府副市长(援疆)
仲　柯　淮安市人民政府副市长(2 月任,挂职 1 年)
王红红　淮安市人民政府副市长(6 月任)

中共连云港市委领导人名录

李　强　中共连云港市委书记
杨省世　中共连云港市委副书记
张同生　中共连云港市委副书记
李　强　中共连云港市委常委
杨省世　中共连云港市委常委
张同生　中共连云港市委常委
丁军华　中共连云港市委常委(5 月免)
丁建奇　中共连云港市委常委(5 月任)
张光东　中共连云港市委常委
唐国海　中共连云港市委常委
吴自斌　中共连云港市委常委

祁　彪　中共连云港市委常委
杨　莉　中共连云港市委常委
李　皓　中共连云港市委常委
关永健　中共连云港市委常委
王加培　中共连云港市委常委

连云港市人民政府领导人名录

杨省世　连云港市人民政府市长、党组书记
唐国海　连云港市人民政府副市长、党组副书记
丁建奇　连云港市人民政府党组副书记(5月任)
徐开信　连云港市人民政府副市长、党组成员(5月免)
赵建华　连云港市人民政府副市长、党组成员(6月免副市长)
陆云飞　连云港市人民政府副市长、党组成员
吴以桥　连云港市人民政府副市长、党组成员(5月任党组成员,6月任副市长)
董春科　连云港市人民政府副市长、党组成员
滕　雯　连云港市人民政府副市长、党组成员
胡忠勇　连云港市人民政府副市长、党组成员(挂职,2月任副市长)
施　炎　连云港市人民政府副市长(3月免)
吴海云　连云港市人民政府副市长(6月任)
陈岩松　连云港市人民政府副市长、党组成员(挂职,10月任)

中共宿迁市委领导人名录

缪瑞林　中共宿迁市委书记
蓝绍敏　中共宿迁市委副书记
叶　辉　中共宿迁市委副书记(6月止)
侍　鹏　中共宿迁市委副书记(6月任)
侍　鹏　中共宿迁市委常委
王　益　中共宿迁市委常委
王建国　中共宿迁市委常委
田　洪　中共宿迁市委常委
马永强　中共宿迁市委常委
李圣华　中共宿迁市委常委
许步健　中共宿迁市委常委
赵正兰(女)　中共宿迁市委常委
吕德明　中共宿迁市委常委(6月任)

宿迁市人民政府领导人名录

蓝绍敏　宿迁市人民政府市长
王　益　宿迁市人民政府副市长
秦正宝　宿迁市人民政府副市长(5月止)
沈海斌　宿迁市人民政府副市长(5月任)
赵丽丽(女)　宿迁市人民政府副市长
刘亚军　宿迁市人民政府副市长
吕德明　宿迁市人民政府副市长(6月止)
顾玉坤　宿迁市人民政府副市长(挂职)
冯　岩　宿迁市人民政府副市长
赵　深　宿迁市人民政府副市长(6月止)
曹秀明　宿迁市人民政府副市长(6月任)

中共徐州市委领导人名录

曹新平　中共徐州市委书记
张敬华　中共徐州市委副书记(4月免)
朱　民　中共徐州市委副书记(4月任)
李荣启　中共徐州市委副书记
邹徐文　中共徐州市委常委
陈德荣　中共徐州市委常委(6月免)
夏文达　中共徐州市委常委
戚锡生　中共徐州市委常委
张　彤　中共徐州市委常委
蔡凡秀　中共徐州市委常委(1月免)
陈志扬　中共徐州市委常委
王　昊　中共徐州市委常委
张赴宁　中共徐州市委常委
高　峻　中共徐州市委常委(1月任)

徐州市人民政府领导人名录

张敬华　徐州市人民政府市长(4月辞职)
朱　民　徐州市人民政府市长(6月任)
朱　民　徐州市人民政府代市长(4月任,6月止)
邹徐文　徐州市人民政府副市长(常务)
段　雄　徐州市人民政府副市长(6月止)
李　坚　徐州市人民政府副市长(6月止)
李连玉　徐州市人民政府副市长
漆冠山　徐州市人民政府副市长
王　昊　徐州市人民政府副市长
顾林岗　徐州市人民政府副市长(6月辞职)
孔海燕　徐州市人民政府副市长
周宝纯　徐州市人民政府副市长
李　燕　徐州市人民政府副市长(6月任)
陈永清　徐州市人民政府市长助理(10月免)

中共宁波市委领导人名录

王辉忠　中共宁波市委书记
刘　奇　中共宁波市委副书记
陈　新　中共宁波市委副书记(2011.12免)
王　勇　中共宁波市委副书记(2012.02任)
寿永年　中共宁波市委常委
余红艺(女)　中共宁波市委常委
王剑波　中共宁波市委常委
宋　伟　中共宁波市委常委(2012.02免)
王惠敏　中共宁波市委常委
朱　伟　中共宁波市委常委(2012.08免)
陈利幸　中共宁波市委常委
暨军民　中共宁波市委常委
赵　凯　中共宁波市委常委(2012.08免)
周江勇　中共宁波市委常委(2012.02任)
陈伟俊　中共宁波市委常委(2012.02任)
杨立平(女)　中共宁波市委常委(2012.08任)
张明德　中共宁波市委常委(2012.08任)

宁波市人民政府领导人名录

刘　奇　宁波市人民政府市长、党组书记
王　勇　宁波市人民政府副市长、党组副书记

(2012.04 免副市长,2012.03 免党组副书记)
寿永年　宁波市人民政府副市长、党组副书记(2012.04 任副市长,2012.03 任党组副书记)
余红艺(女)　宁波市人民政府副市长(2012.04 免)
邬和民　宁波市人民政府副市长(2012.04 免)
成岳冲　宁波市人民政府副市长(2012.04 免)
苏利冕　宁波市人民政府副市长(2012.04 免)
徐明夫　宁波市人民政府副市长(2012.04 免)
王仁洲　宁波市人民政府副市长
陈奕君(女)　宁波市人民政府副市长
张明华　宁波市人民政府副市长(2012.04 任)
洪嘉祥　宁波市人民政府副市长(2012.04 任)
马卫光　宁波市人民政府副市长(2012.04 任)
陈仲朝　宁波市人民政府副市长(2012.04 任)
林静国　宁波市人民政府市长助理

中共嘉兴市委领导人名录

李卫宁　中共嘉兴市委书记
鲁　俊(女)　中共嘉兴市委副书记
冯志礼　中共嘉兴市委副书记(2012.08 免)
高玲慧(女)　中共嘉兴市委副书记(2012.08 任)
蒋唯民　中共嘉兴市委常委(2012.02 免)
武亮靓　中共嘉兴市委常委(2012.02 免)
杨立平(女)　中共嘉兴市委常委(2012.08 免)
梁　群　中共嘉兴市委常委
孙贤龙　中共嘉兴市委常委
徐鸣华　中共嘉兴市委常委
何炳荣　中共嘉兴市委常委
顾玉龙　中共嘉兴市委常委
连小敏　中共嘉兴市委常委(2012.08 任)
李　浩　中共嘉兴市委常委

嘉兴市人民政府领导人名录

鲁　俊(女)　嘉兴市人民政府市长
蒋唯民　嘉兴市人民政府常务副市长(2012.03 免)
梁　群　嘉兴市人民政府常务副市长(2012.03 任)
蒋仁欢　嘉兴市人民政府副市长(2012.03 免)
张志伟　嘉兴市人民政府副市长(2012.03 免)
陈越强　嘉兴市人民政府副市长(2012.03 免)
赵树梅(女)　嘉兴市人民政府副市长
柴永强　嘉兴市人民政府副市长
祝亚伟　嘉兴市人民政府副市长(2012.03 任)
张仁贵　嘉兴市人民政府副市长(2012.03 任)
盛全生　嘉兴市人民政府副市长(2012.03 任)

中共湖州市委领导人名录

马　以　中共湖州市委书记
金长征(女)　中共湖州市委副书记、市长
金建新　中共湖州市委副书记
陈　浩　中共湖州市委常委、纪委书记
胡菁菁(女)　中共湖州市委常委、宣传部长
金伯中　中共湖州市委常委、公安局长
杨建新　中共湖州市委常委、常务副市长
高　屹　中共湖州市委常委、秘书长
干武东　中共湖州市委常委、组织部长
温永东　中共湖州市委常委、军分区政委
张金根　中共湖州市委常委(援藏)

湖州市人民政府领导人名录

金长征(女)　湖州市人民政府市长
杨建新　湖州市人民政府常务副市长
李建平　湖州市人民政府副市长
崔凤军　湖州市人民政府副市长
沈建平　湖州市人民政府副市长
董立新　湖州市人民政府副市长
刘　芸(女)　湖州市人民政府副市长
闵　云(女)　湖州市人民政府副市长

中共绍兴市委领导人名录

张金如　中共绍兴市委书记
钱建民　中共绍兴市委副书记
谭志桂　中共绍兴市委副书记(~2012.2)
王文序(女)　中共绍兴市委副书记(2012.2~)
陈长兴　中共绍兴市委常委(~2012.2)
尹永杰　中共绍兴市委常委
何加顺　中共绍兴市委常委
魏　伟　中共绍兴市委常委
刘德萃　中共绍兴市委常委(~2012.8)
陈月亮　中共绍兴市委常委(2012.2~)
刘国富　中共绍兴市委常委
傅祖民　中共绍兴市委常委
吴晓东　中共绍兴市委常委
余祥明　中共绍兴市委常委(2012.8~)

绍兴市人民政府领导人名录

钱建民　绍兴市人民政府市长
陈长兴　绍兴市人民政府副市长(~2012.4)
陈月亮　绍兴市人民政府副市长
丁晓燕(女)　绍兴市人民政府副市长
徐明光　绍兴市人民政府副市长
杨文孝　绍兴市人民政府副市长
冯建荣　绍兴市人民政府副市长
盛世豪　绍兴市人民政府副市长(挂职,~2012.8)
钟洪江　绍兴市人民政府副市长(2012.1~)

中共舟山市委领导人名录

梁黎明　中共舟山市委书记
周国辉　中共舟山市委副书记
张　兵　中共舟山市委副书记
蔡步雄　中共舟山市委常委
忻海平　中共舟山市委常委
马国华　中共舟山市委常委
胡志权　中共舟山市委常委(至4月)
郭正钢　中共舟山市委常委
姚青林　中共舟山市委常委

周伟江　中共舟山市委常委
胡海良　中共舟山市委常委(4月任)
张明超　中共舟山市委常委
徐张艳(女)　中共舟山市委常委

舟山市人民政府领导人名录

周国辉　舟山市人民政府市长
马国华　舟山市人民政府副市长
王忠志　舟山市人民政府副市长
李善忠　舟山市人民政府副市长
刘宏明　舟山市人民政府副市长
姚青林　舟山市人民政府副市长
江　林　舟山市人民政府副市长
沈仁华　舟山市人民政府副市长
徐燕峰　舟山市人民政府副市长
王　忠　舟山市人民政府副市长

中共衢州市委领导人名录

陈　新　中共衢州市委书记
沈仁康　中共衢州市委副书记
江汛波　中共衢州市委副书记
陈　新　中共衢州市委常委
沈仁康　中共衢州市委常委
江汛波　中共衢州市委常委
杜世源　中共衢州市委常委
诸葛慧艳(女)中共衢州市委常委
傅根友　中共衢州市委常委
赵建林　中共衢州市委常委
王　建　中共衢州市委常委
彭德成　中共衢州市委常委
陈　欣　中共衢州市委常委
陈玲玲(女)　中共衢州市委常委
李　华　中共衢州市委常委
李　锋　中共衢州市委常委
叶　菁　中共衢州市委常委

衢州市人民政府领导人名录

沈仁康　衢州市人民政府市长
赵建林　衢州市人民政府副市长
占跃平　衢州市人民政府副市长
胡仲明　衢州市人民政府副市长
毛建民　衢州市人民政府副市长
彭德成　衢州市人民政府副市长
朱建华　衢州市人民政府副市长
马梅芝(女)　衢州市人民政府副市长

中共温州市第十届委员会(2007.3－2012.02)

陈德荣　中共温州市第十届委员会书记(－2012.02)
陈金彪　中共温州市第十届委员会副书记(－2012.02)
陈德荣　中共温州市第十届委员会常务委员(－2012.02)
陈金彪　中共温州市第十届委员会常务委员(－2012.02)
彭佳学　中共温州市第十届委员会常务委员(－2012.02)
王昌荣　中共温州市第十届委员会常务委员(－2012.02)
余梅生　中共温州市第十届委员会常务委员(－2012.02)
葛益平　中共温州市第十届委员会常务委员(－2012.02)
陈作荣　中共温州市第十届委员会常务委员(－2012.02)
孟建新　中共温州市第十届委员会常务委员(－2012.02)
李一飞　中共温州市第十届委员会常务委员(－2012.02)
陈晓明　中共温州市第十届委员会常务委员(－2012.02)
雷　林　中共温州市第十届委员会常务委员(－2012.02)
黄宝坤　中共温州市第十届委员会常务委员(－2012.02)

中共温州市第十一届委员会(2012.02－)

陈德荣　中共温州市第十一届委员会书记(2012.02－)
陈金彪　中共温州市第十一届委员会副书记(2012.02－)
王昌荣　中共温州市第十一届委员会副书记(2012.02－)
陈德荣　中共温州市第十一届委员会常务委员(2012.02－)
陈金彪　中共温州市第十一届委员会常务委员(2012.02－)
王昌荣　中共温州市第十一届委员会常务委员(2012.02－)
彭佳学　中共温州市第十一届委员会常务委员(2012.02－2012.05)
葛益平　中共温州市第十一届委员会常务委员(2012.02－)
陈作荣　中共温州市第十一届委员会常务委员(2012.02－)
李一飞　中共温州市第十一届委员会常务委员(2012.02－)
陈晓明　中共温州市第十一届委员会常务委员(2012.02－)
雷　林　中共温州市第十一届委员会常务委员(2012.02－)
吴开锋　中共温州市第十一届委员会常务委员(2012.02－)
胡剑谨(女)　中共温州市第十一届委员会常务委员(2012.02－)
王立彤　中共温州市第十一届委员会常务委员(2012.02－)
黄宝坤　中共温州市第十一届委员会常务委员

(2012.02－)

温州市人民政府领导人名录

陈金彪　温州市人民政府市长
彭佳学　温州市人民政府副市长(－2012.07)
葛益平　温州市人民政府副市长(2012.08－)
孟建新　温州市人民政府副市长(－2012.02)
朱忠明　温州市人民政府副市长(2012.01－)
徐育斐　温州市人民政府副市长(女,－2012.02)
章方璋　温州市人民政府副市长(－2012.02)
仇杨均　温州市人民政府副市长
陈　浩　温州市人民政府副市长
任玉明　温州市人民政府副市长
王祖焕　温州市人民政府副市长(2012.02－)
胡纲高　温州市人民政府副市长(2012.08－)
郑朝阳　温州市人民政府副市长(2012.02－)
陈金彪　温州市人民政府党组书记
彭佳学　温州市人民政府副书记(－2012.05)
葛益平　温州市人民政府副书记(2012.08－)
朱忠明　温州市人民政府副书记(2012.08－)

中共丽水市委领导人名录

王永康　中共丽水市委书记
黄志平　中共丽水市委副书记、市长
朱　晨　中共丽水市委副书记、政法委书记
陈瑞商　中共丽水市委常委、常委副市长
陈建波　中共丽水市委常委、宣传部长
毛子荣　中共丽水市委常委、莲都区委书记
胡　侠　中共丽水市委常委、组织部长
李生荣　中共丽水市委常委、军分区政委
廖思红　中共丽水市委常委、统战部长
夏建成　中共丽水市委常委、纪委书记
朱继坤　中共丽水市委常委、秘书长
卫中强　中共丽水市委常委、公安局长

丽水市人民政府领导人名录

黄志平　丽水市人民政府市长
陈瑞商　丽水市人民政府常务副市长
林建东　丽水市人民政府副市长
陈　重　丽水市人民政府副市长
葛学斌　丽水市人民政府副市长
任淑女　丽水市人民政府副市长
徐子福　丽水市人民政府副市长
戚永远　丽水市人民政府副市长
徐岳明　丽水市人民政府秘书长

中共合肥市委领导人名录

吴存荣　省委常委、市委书记
张庆军　中共合肥市委副书记、市长
凌　云　中共合肥市委副书记
马　立　中共合肥市委常委、副市长(挂职)
杨思松　中共合肥市委常委、秘书长
林存安　中共合肥市委常委、宣传部长
汪卫东　中共合肥市委常委、组织部长
张　进　中共合肥市委常委、政法委书记
张海林　中共合肥市委常委、纪委书记
聂爱国　中共合肥市委常委(援疆)
韩　冰　中共合肥市委常委、常务副市长
江　洪　中共合肥市委常委
韦　弋　中共合肥市委常委、统战部长
周善武　中共合肥市委常委、副市长
姜宗健　中共合肥市委常委、警备区政委
李武好　中共合肥市委常委、巢湖市委书记

合肥市人民政府领导人名录

张庆军　市委副书记、市长
韩　冰　常委、常务副市长
马　立　常委、副市长(挂职)
周善武　常委、副市长
吴春梅　合肥市人民政府副市长
程　瀚　合肥市人民政府副市长
吴建国　合肥市人民政府副市长
陈晓波　合肥市人民政府副市长
倪胜如　合肥市人民政府副市长(挂职)
杨　伟　合肥市人民政府秘书长

中共马鞍山市委领导人名录

郑为文　中共马鞍山市委书记
张晓麟　中共马鞍山市委副书记
訾金雷　中共马鞍山市委副书记
魏　尧　中共马鞍山市委常委
李　群(女)　中共马鞍山市委常委
盛厚林　中共马鞍山市委常委
毛长江　中共马鞍山市委常委
方晓利　中共马鞍山市委常委
沈天鹰　中共马鞍山市委常委
骆　磊　中共马鞍山市委常委(～2012.03)
耿耀峰　中共马鞍山市委常委
苏从勇　中共马鞍山市委常委(2012.07～)

马鞍山市人民政府领导人名录

张晓麟　马鞍山市人民政府市长
魏　尧　马鞍山市人民政府副市长
骆　磊　马鞍山市人民政府副市长
苏从勇　马鞍山市人民政府副市长
王晓焱(女)　马鞍山市人民政府副市长
杨跃进　马鞍山市人民政府副市长
高晓平　马鞍山市人民政府副市长
季　翔　马鞍山市人民政府副市长
张文静　马鞍山市人民政府副市长(2012.08～)
鄂德峰　马鞍山市人民政府副市长(2012.09～)

中共芜湖市委领导人名录

高登榜　中共芜湖市委书记
杨敬农　中共芜湖市委副书记
潘朝晖　中共芜湖市委副书记
张　峰　中共芜湖市委常委
胡邦明　中共芜湖市委常委

丁祖荣 中共芜湖市委常委
张海林 中共芜湖市委常委
冯克金 中共芜湖市委常委
朱 诚 中共芜湖市委常委
姜四清 中共芜湖市委常委(挂职)(-2012年6月)
张士军 中共芜湖市委常委
刘玉杰 中共芜湖市委常委(2012年4月-)
王振宇 中共芜湖市委常委(-2012年1月)
段玉嘉(女) 中共芜湖市委常委
单向前 中共芜湖市委常委(挂职)
蒋礼国 中共芜湖市委常委(2012年1月-)

芜湖市人民政府领导人名录

杨敬农 芜湖市人民政府市长
丁祖荣 芜湖市人民政府副市长
冯克金 芜湖市人民政府副市长
朱 诚 芜湖市人民政府副市长
姜四清 芜湖市人民政府副市长(-2012年6月)
单向前 芜湖市人民政府副市长(-2012年7月)
王沧江 芜湖市人民政府副市长(-2012年3月)
詹云超 芜湖市人民政府副市长
洪建平 芜湖市人民政府副市长
林 海 芜湖市人民政府副市长(-2012年6月)
曹云霞(女) 芜湖市人民政府副市长(-2012年6月)
汪华东 芜湖市人民政府副市长(2012年9月-)
杨 燚 芜湖市人民政府副市长
刘 泉 芜湖市人民政府副市长(2012年7月-)
刘振华 芜湖市人民政府副市长

合作与交流

上　海　市

【综述】 对口支援。坚持“民生为本、产业为重、规划为先、人才为要”,2012 年,在新疆喀什地区,西藏日喀则地区,云南文山州、红河州、普洱市、迪庆州,青海果洛州,重庆万州区,湖北宜昌夷陵区 9 个对口地区安排资金 24 亿余元,实施项目 700 多个,并为中西部地区、对口地区培训各类人员近 2 万人次。

区域合作。召开长江沿岸中心城市经济协调会第十五届市长联席会议。协助召开长三角城市经济协调会第十二次市长联席会议,确定和推进 12 个专(课)题的重点领域合作。贯彻国家区域发展战略,推进与中西部地区和东北地区的合作。组团参加各地重要经贸展会,协助长三角、珠三角、中西部和对口支援地区等在沪举办经贸洽谈、招商推介活动,加强与各地的社会经济合作。及时向云南、重庆、青海提供救灾援助资金 900 万元。

企业服务。举办“集聚总部经济、助推转型发展”主题活动,制定加强企业服务工作的政策措施,建立重点企业日常联系工作制度、跟踪服务机制,为各地企业到沪投资兴业搭建平台。全年,新增各地到沪投资企业(注册资本 100 万元以上)20027 家,注册资本总额 1931 亿元。

整合资源。召开上海市对口支援与合作交流工作领导小组全体会议和专题会议,调动全市资源落实对口支援与合作交流工作;加强对口支援与合作交流相关政策的研究与修订,制定并完善援疆前后方协调机制;修改完善援青“十二五”规划,研究制定对口支援青海果洛州项目管理办法,加强项目和资金的管理。

12 月,江苏省文化厅、浙江省文化厅、上海市文广影视局在上海签订《加快长三角地区网吧市场一体化建设的若干意见》,就建立区域网吧连锁企业互认机制、区域网吧市场准入互认机制、区域网吧市场监管联动机制和市场培育机制达成协议。2012 年,长三角城市专(课)题合作设立 2 个专题、10 个课题,分别由上海、南京、无锡、杭州、宁波、合肥等 10 个城市牵头,在社会公共服务、促进产业转移、推进转型发展和优化合作环境等领域取得突破。2012 年,由沪苏浙皖三省一市政府共同出资成立的长三角合作与发展共同促进基金启动运行。该基金的目的是研究解决和协调推进长三角合作与发展中的关键环节、共性问题和主要瓶颈,提高区域资源配置效率,提升区域整体竞争力,加快推进长三角一体化发展。

【概况】 2012 年,上海与其他长三角城市加快实施《长江三角洲地区区域规划》等国家区域发展战略,服务产业结构调整,开展多层次、多领域区域合作,促进长三角地区一体化发展。4 月 17—18 日,长江三角洲城市经济协调会第十二次市长联席会议在浙江省台州市召开,主题为“陆海联动,共赢发展”。会议确定年度推进长三角城市合作的专题和课题,22 个成员城市共同签署《长江三角洲地区城市合作(台州)协议》,并成立长三角城市合作专家咨询委员会。

【对口支援】 2012 年,上海贯彻中央扶贫开发工作会议和第三次全国对口支援新疆工作会议精神,实施全市对口支援与合作交流“十二五”规划以及有关专项规划,坚持“两个倾斜”(向基层倾斜,向农牧民倾斜),推进与对口支援地区的交流、交往、交融。其中在新疆喀什地区启动项目 125 个,安排资金 16 亿余元,重点推进莎车县、泽普县、叶城县、巴楚县新农村安居富民工程建设、社会事业建设和产业发展等,做好新疆喀什地区普通高校毕业生在沪培养和县乡村三级干部培训等工作。自 2011 年 3 月以来,上海承担新疆喀什地区普通高校毕业生在沪培养工作,浦东、徐汇、长宁、普陀、闸北等 12 个区会同上海海洋大学、华东师范大学松江培训基地等9所高校共接收1249名学员,占喀什地区派出培养学员总人数的30%,其中2012年共接收500人。第一批为期一年半的182名学员培养任务于6月底完成。组团参加第八届喀什·中亚南亚商品交易会。在西藏日喀则地区,推进新城镇功能建设和新农村、新牧区示范点建设,帮助实施"双百工程"(帮助西藏自治区救治100名先天性心脏病儿童,解决100名高校毕业生就业),支持亚东县灾后重建工作。在云南开展"整乡规划、整村推进"示范村、"整乡推进"试点工作。组织上海企业赴云南西双版纳、保山等沪滇经济合作重点区域投资考察,探索产业扶贫、劳动力转移就业新模式。在昆明举办"上海云南农特产品采购对接会",与中国扶贫基金会合作,在云南富宁县开展小额贷款扶贫试点工作。在青海果洛州重点支持生态移民示范点建设,改善教育、卫生等公共服务条件,探索扶持旅游等特色产业发展。在三峡库区召开上海市对口支援三峡库区移民工作第五次联席会议,组织全市企业赴三峡库区开展招工工作,援助移民就业基地标准厂房建设和农业示范基地,扶持当地生态工业园区建设和特色主导产业,协助举办"牵手三峡·感恩上海"上海市对口支援湖北省三峡库(坝)区20周年系列活动等。在都江堰召开上海·都江堰两地长效合作第一次联席会议,建立两地长效合作机制,巩固援建成果。

组团参加第八届喀交会。6月28日—7月2日,上海组织42家企业参加第八届中国新疆喀什·中亚南亚商品交易会。设立对口支援成果展示区,搭建感应背投式援疆视频、图片互动触摸屏,宣传上海对口支援喀什的总体情况。设立企业展示展销区,供参会企业展示商品和服务,洽谈贸易投资与合作,涉及纺织、建材、饰品、服装、食品、医药、机电、物流、商贸、信息、电气等行业,并组织中国商飞公司的C919和ARJ飞机模型、上海交通大研制的智能机器人、上汽荣威E50纯电动汽车等高精尖科技产品参展参会。上海经贸团现场签约45个项目,协议金额108亿元。

支援新疆。2012年,上海安排援疆资金16亿余元,实施项目128个,其中安居富民、定居兴牧、社会事业和人力资源发展等民生项目占总项目的75%。莎车县综合福利中心等5个"交钥匙"工程项目移交当地政府使用。3.8万户安居富民工程竣工率98%,入住率80%以上。建成一批试点示范村和保障房小区,近20万名农牧民受益。援建的泽普、巴楚职业高中开学。杨浦区与泽普县联合共建共管泽普县五中。叶城维吾尔医院项目建成投入使用。上海5家三甲医院支援喀什二院建立医疗中心,并再增派16名援疆专家医生。为21名先天性心脏病患儿和100多名贫困白内障老人免费实施手术。建成莎车图文信息中心,举办"我们喀什好地方"2012年喀什上海文化周系列活动。上海宝钢集团68亿元的投资项目转移到新疆八一钢厂,预计2013年年底投产。上汽集团公司年产5万辆的生产线落户新疆。盈德投资(上海)有限公司在新疆投资1.4亿美元建设气体和煤化工项目。组织喀什企业参加2012中国(上海)跨国采购大会和上海新疆农产品展销会。推进实施"疆果东送"计划,在上海30多家超市设立新疆喀什原产地农产品专柜。全年,喀什农产品在沪直销和团购销售额达7000万元。

支援西藏。2012年,上海安排援藏资金2.7亿余元,实施新农村新城镇建设、教育文化卫生农牧事业、特色优势产业扶持、人才培训等各类援藏项目119个,共有15批1613人次来沪培训、12名业务骨干来沪挂职。帮助西藏日喀则地区实施"双百工程",救治15名藏族先天性心脏病儿童,发动上海有关单位和企业招收录用西藏籍高校毕业生21人。支持西藏亚东、定日两县地震灾后重建工作。

支援青海。2012年,上海安排援青资金1.91亿余元,实施生态移民示范点建设、教育卫生事业、旅游等特色产业扶持、智力帮扶等援青项目42个,共组织对口地区到沪参加培训和挂职锻炼20批633人次,在青海省内安排人才培训9个班728人次。

支援云南。2012年,上海以《中国农村扶贫开发纲要(2011—2020年)》为依据,根据新的国家扶贫标准,以"两不愁、三保障"(稳定实现扶贫对象不愁吃、不愁穿,保障其义务教育、基本医疗和住房)为目标,结合云南文山、红河、普洱、迪庆四州市及怒江独龙族聚居区实际,在增收脱贫、集中连片扶贫开发、基层公共服务均等化、规模化农特产业扶持、人口较少民族和特困群体帮扶、人力资源开发培训等领域加大无偿援助和经济合作,安排资金2.5亿余元,实施帮扶项目364个。年内,实施整村推进288个(新纲要示范村21个),受益农户1.5万余户;援建标准化学校、标准化卫生院、农产品安全检测检验中心、应急物资储备仓库、因战致残人员假肢修缮更换等民生保障项目,上海19家三甲医院结对帮带云南19家县级医院;协助举办各类人力资源培训班125期(含当地培训),接受云南到沪培训1268人次,到沪挂职332人次;开展就业扶贫打工经济示范试点项目,实现就近和异地转移就业1109人;推进产业发展带动乡村建设,建设一批农村特色优势产业项目和生产、加工、物流、营销规模化产业链基地;动员上海企业赴滇投资,实现项目133个、资金76.1亿元,比上年增长超过60%;与中国扶贫基金会合作,在云南富宁县开展产业扶贫小额信贷试点项目,探索建立政府无偿援助资金与社会金融扶贫资金联合的新机制。

支援三峡。2012年,上海在三峡库区安排援助资金6110万元,实施帮扶项目50个。重点扶持重庆市万州区、湖北省宜昌市夷陵区建设现代农业试点项目,促进当地农民(移民)就业。援建夷陵区营盘社区、东城社区便民服务中心等公共设施,辐射周边9400户2.9万名移民。增强智力扶持力度,援助万州上海中学、新田中学、万州上海移民技能培训中心的实验室技能设备配备,为万州、夷陵两地医疗、教育、移民致富带头人开展培训。推进与库区产业合作,在沪举办经贸推介会,实现签约合作项目9个,协议投资总额25.8亿元。在沪举办2012年新春农产品博览会,万州、夷陵两地的农特产业龙头企业与上海企业签订购销合同10个,销售金额达48.28亿元。促进当地生态旅游产业开发,上海8家旅行社在"金秋游万州旅游推介会"上与重庆市万州区签订《组团社旅游合作协议》。

启动上海都江堰两地长效合作。2012年,上海与都江堰共同建立联席会议制度,每年在两地轮流召开,巩固援建成果,研究推进落实《关于构建上海市对口支援都江堰工作长效机制的框架协议》,为加强两地合作构建长效平台。4月11日,上海·都江堰长效合作第一次联席会议在四川省都江堰市召开。双方明确共办活动、产业合作和部门对接3个部分12项年度重点合作事项。邀请都江堰市到沪参加上海金秋名优农产品展览会、上海旅游节、西部地区特色商品迎春展销会。共同在沪举办第四届国际减灾与安全博览会和论坛。组织上海新闻媒体到都江堰开展专题报道。鼓励全市企业赴都江堰投资;举办上海投资都江堰工作座谈会、主题交流会。协助都江堰招商代表团在沪举办产业招商活动。做好都江堰市与长三角城市、企业、在沪商会的对接工作。组织都江堰市选派干部到沪挂职锻炼。为都江堰市医院、学校、福利院等提供技术支撑和智力帮扶。确定浦东新区、杨浦、嘉定、松江4个区为上海2012年具体对接部门。至年底,重点合作事项全部完成。

与其他省、自治区、直辖市合作交流。2012年,上海推进落实与相关省市的政府合作框架协议,加强与重点地区、重点城市的合作与交流,以组团参与大型经贸合作展会项目、举办专题研讨交流会为载体,增进与中西部地区和东北地区的经济联系与合作。7月17—18日,第三届全国各省(自治区、直辖市)国内合作交流工作研讨会在上海举办。会议围绕"深化战略合作、促进转型发展"主题,交流开展合作交流工作的经验和体会,分析国内合作交流工作面临的形势、机遇和挑战,提出加强国内合作交流工作的意见和建议。12月6—7日,长江沿岸中心城市经济协调会第十五届市长联席会召开,会议主题为"创新驱动、合作共赢——携手推进长江流域产业集聚带转型发展",发表《长江流域产业合作发展(上海)宣言》,确定今后两年长江沿岸中心城市经济协调会着重在园区共建、口岸合作、知识产权合作、文化合作、生态保护、流域合作机制建设等方面推进相关工作。2012年,上海采用委办联手、市区互动的参展方式,组织全市165家企业参加2012中国河南国际投资贸易洽谈会、第十六届中国东西部合作与投资贸易洽谈会、第十五届中国重庆投资洽谈暨全球采购会、第二十届中国昆明进出口商品交易会、2012年中国青海绿色经济投资贸易洽谈会、第八届中国新疆喀什·中亚南亚商品交易会、第十八届中国兰州投资贸易洽谈会、第二届中国亚欧博览会、第二届中国国际新材料产业博览会、第八届中国东北亚博览会、2012中国宁夏国际投资贸易洽谈会暨第三届中国·阿拉伯国家经贸论坛、第十三届中国西部国际博览会12个国内大型经贸展会,实现签约项目31个,涉及金额54.91亿元。

人力资源培训。2012年,上海按照"急需、实用、见效"的原则,采取在沪举办培训、组织专家赴对口地区讲学、安排对口地区干部到沪挂职等方式,为各对口地区培训各类人员2万多人,培训内容涉及社会管理、城镇化建设、教育卫生管理等。

苏　州　市

综　　述

【概况】 2012年,苏州市在国内合作方面主要是:对口援疆(新疆阿图什市、巩留县、霍尔果斯经济开发区)、对口援藏(西藏拉萨市林周县)、南北挂钩(江苏省宿迁市,连云港市灌南县、灌云县,及其共建园区)、对口支援与东西协作(陕西省榆林市、重庆市云阳县),以及内联协作等。2012年是实施全面援疆与援藏计划的第二年。按照中央和省委、省政府要求,由苏州市和张家港市、昆山市分别援建新疆伊犁州霍尔果斯经济开发区、巩留县和克州阿图什市。全年各级财政部门上缴省援疆建设资金4.11亿元,通过其他渠道筹措资金1531万元;上缴省援藏资金8200多万元。在南北挂钩方面,共实施挂钩合作项目113个,援助经费7197.31万元。对口支援陕西省榆林市18个项目726万元,三峡库区云阳县340万元。同时,围绕"产业转型升级,转变经济发展方式"总要求,苏州市与全国各地开展优势互补、互惠互利的经济合作,引进内资质量显著提升。

【"南北共建"全省领先】 截至2012年末,江苏省政府批准的南北共建园区共33个,其中苏州市10个(6个在宿迁市、2个在连云港市、2个在淮安市),占全省的30.3%,位居江苏省第一。10个共建工业园开发公司的注册资金累计15亿元,累计投入基础设施建设资金65.73亿元,开发总面积39.63平方公里。2012年,苏宿工业园区被省政府批准为省级开发区,成为全省南北共建园区首家省级开发区;同时还被省委、省政府评为"江苏省先进开发区"。在全省南北共建园区年度综合评比中,苏宿工业园继续名列全省第一,常熟(泗洪)工业园名列县级共建园区第一。　(王荣江)

对口援疆

【概况】 2012年,全市全面实施援疆项目。按照中央有关规定,全市各级财政部门共上缴省援疆建设资金4.11亿元,通过其他渠道筹措资金1531万元。全年实施援疆项目33个,重点在改善民生、发展社会事业、支持开发区建设、发展特色产业等方面;完成工作量3.57亿元,超额完成省下达的全年工作任务。张家港市对口援助巩留县共五大类10个项目,总投资3.38亿元,其中援疆资金安排6264万元,援疆项目建设3年任务两年完成。昆山市对口援助阿图什市共五大类19个项目,总投资7.47亿元,其中援疆资金安排2.49亿元。7月31日~8月5日,苏州市副市长、吴江市委书记徐明率苏州市代表团一行赴新疆考察援建项目,召开苏州对口支援霍尔果斯经济开发区工作座谈会,并向该区捐赠20万元旅游推介资金。

【实施民生工程】 2012年,张家港市完成4000户安居富民、450户定居兴牧住房建设;职业技能培训基地、良种奶牛繁育中心一期已经启用,二期建设正在推进;32个基层阵地项目已全部投入使用,增强了基层阵地的综合服务功能。昆山市建设城乡居民居住改善项目,其中廉租住房、公共租赁房项目,3500

套阿图什市农民安居工程、游牧民定居项目,以及游牧民定居试点(昆山新村230户)项目,已全部完工。

【发展社会事业】 至2012年末,张家港市分别投资8800万元、1500万元援建的高级中学和职业技能培训基地项目,竣工启用;昆山育才学校改扩建工程、阿图什市第一小学标准化建设、阿图什市综合应急救援中心项目、菜窖路改扩建工程,全部完工。昆山育才学校改扩建工程、阿图什市第一中学综合楼两个建设项目,被自治区评为"文明工程"。为新落成的巩留县人民医院配套的2000万元设备采购任务,已全部完成;援助阿图什市乡村卫生院(所)设备及车辆已投入使用。张家港市创建"港城情·爱洒巩留"援疆品牌,筹措资金600多万元,实施"连心牵手、名家引智、杏林春风、暖心希望、青蓝帮带、绿色生态"工程,扩大援疆民生工程受益面。昆山市援疆医疗组利用援助阿图什市人民医院的新医疗设备,施行手术100余台,开展新技术、新业务14项,其中在该院进行的首例腹腔镜手术,填补了阿图什市医疗空白。昆山市单位及个人向阿图什企事业单位捐款、捐物达400万元。苏州理想眼科医院为失明多年的哈萨克族妇女巴依拉和新疆生产建设兵团职工蒋文峰免费做眼角膜移植手术,为两地医院的技术合作开了先河,中央电视台及新疆、江苏等地多家媒体均进行报道。

【实施人才援疆】 至2012年末,全市接收在校培训的新疆籍普通高校毕业生共1293人,由苏州大学、苏州科技学院等6所高校承担。累计接收岗位实习学员641人,除省拨培养经费以外,承担培养任务的市本级及吴中区、相城区、苏州工业园区财政共投入资金620万元,人均3.3万元;安排受援地800多名党政干部、技术人员和专业人才到苏州培训。张家港市为巩留县基层阵地配置设备,建设红色流动毡房及开展远程教育活动等,建设数字化智能化社区(村)。乔勒盘、库尔旦、哈雷社区成为全州乃至全疆的智能化基层阵地示范点工程。昆山市计划用5年时间,投资9800万元,为阿图什市培养各类人才,全年举办各类讲座12期,培训500余人次。苏州市累计安排256名干部、442名中小学教师和92名医生,分别到江苏省内及苏州市和昆山市进修学习。

【支持开发区建设】 2012年,苏州市把对口支援霍尔果斯经济开发区作为援疆重点,主要做好三方面工作。一是进行开发区总体发展规划报批和各类专业规划编制工作,开发区总体发展规划经评审及修改,已上报国家发改委。编制5项专项规划,其中"一区三园"的城市总体规划已完成,于8月底通过自治区住建厅评审,待国家批准后实施。二是开展专业培训。全年举办开发区领导干部和专业人才培训班7期,有200多人次参加,并在培训资金中专项列支100万元,用于对财政、规划和教育等专业人才的培训。三是参与开发区筹建,注重开发区发展理念、管理体制和运行机制等方面经验输出。配合该开发区管委会起草《霍尔果斯经济开发区管理办法》,借鉴江苏开发区管理经验,对开发区"一区三园"的管理体系、组织架构、规划建设管理、项目审批管理和地区政策扶持提出意见和建议。

【实施产业援疆】 截至2012年末,苏州市利用社会资金参与援疆招商引资项目的总投资超过50亿元。苏州工业园区进行产业载体建设和项目招商引资。苏新中心、苏新工业坊(东部产业转移园标准厂房)和苏新公社(集宿区)等国资援疆项目建设,累计完成实物量10亿元。在东部产业转移园和苏新中心即将建成投入使用之际,开展载体招商工作,组织和接待各类商业考察团(队)10多批,与雅戈尔、中免集团、新疆农业银行和中国银行等达成投资意向。沙钢集团与霍尔果斯口岸签订合作协议。张家港市投入75万元,用于产业提升工程,并举办"旅游推介会"、"产业对接会"和"农产品展示展销会"等活动。昆山市抓好阿图什昆山产业园、农业科技示范园的建设,已有多家企业与昆山产业园签订产业合作协议。另外,通过鼓励引导苏州企业到新疆投资办厂、技术支持和经贸合作等,为受援地区经济发展注入活力。

对口援藏

【概况】 2012年,苏州市共上缴省援藏资金8200余万元,由拉萨市统筹安排林周县援藏资金4135万元。年内,重点做好水利工程移民与安置点建房,以及农业示范区、和谐矿区、城乡基础设施建设等工作。

【水利工程移民工作】 2012年,苏州市援藏部门利用国家旁多水利枢纽、青藏交直流联网工程在林周县境内实施的机遇,完成400户移民搬迁、征地、草场补偿,以及二期移民安置点建房工作;利用苏州援藏资金,重点解决农牧、交通、新农村建设、维稳建设等问题。另外,还筹得计划外援助资金1500多万元,用于购置维稳装备、改善县(乡)办公条件及加强党建等方面开支。

【现代农业示范区建设】 2012年,苏州市援藏部门以现代农业示范区建设为载体,促进林周县民众增收致富。结合林周农牧业资源丰富的实际,制定现代农业示范区规划,累计投入资金1.7亿元,实施林周县现代农业示范区建设。其中,投资845万元的农业机械化项目完成,组建的2个农机专业合作社,市场运营效果良好。投资2136万元的"2011年高标准农田"建设项目,已通过国家级验收;投资2976万元的"2012年高标准农田"建设项目,进展顺利;540栋高效日光温室项目已建成投入使用,综合效益明显。

【"和谐矿区"建设】 2012年,苏州市援藏部门以"和谐矿区"建设为抓手,实现经济、社会、生态的和谐发展。在全区率先建立以农牧民增收为核心,兼顾政府、企业、群众等多方利益的10项"和谐矿区"建设长效机制,改善投资环境,促使一批项目相继落户林周县。其中,林周县文殊山矿泉水项目开工生产,苏州阿特斯20兆瓦太阳能光电项目已批准建设,常州亿晶50兆瓦太阳能光电项目开始前期工作,西藏中凯矿业投资1亿多元的选矿厂和尾矿库项目已进入选址阶段。

【基础设施建设】 2012年,苏州市援藏部门以城乡基础设施建设为重点,实施县城东扩发展战略,改善林周县群众生产和生活条件。至年末,投入2000万元的农产品科技示范推广中心项目和投入2290万元的老城区改造工程,均开工建设;投资

2000万元的职工周转房、廉租房和公租房,以及县城水厂、垃圾填埋场等基础建设项目,正在建设中。通过整合援藏资金2333.08万元建设的“边交林乡”“江热夏乡”2个苏州新村与100座温室大棚,已全部完工。安居工程已竣工640户,累计兑现补助款890万元,受益群众3520人。农村人居环境建设及环境综合整治工程已完成总工程量的70%以上。年内,实现“一村一所卫生室”的目标,投资1100万元的县医院住院大楼投入使用,农牧区医保参保率达99.9%。

南北挂钩

【概况】 2012年4月5日,苏州市与宿迁市签订《2012年度南北挂钩合作协议》,明确年度挂钩合作工作目标和重点。苏州市共实施挂钩合作项目113个,援助经费7197.31万元,捐赠教学医疗器材等物资折价115.31万元。培训宿迁市教师、医生、公务人员2645人,苏北务工人员技能培训21446人;接收苏北务工人员就业13.75万人;接待对口地区公务到访人员260名。截至年末,苏州市共向对口挂钩的宿迁市、连云港市产业转移500万元以上项目90个,投资总额255.86亿元;实际到账资金97.79亿元,新增税收12.84亿元;带动就业12200人。其中:向宿迁市转移500万元以上项目56个,总投资额171.51亿元,实际到账36.84亿元,新增税收4.84亿元,带动就业8200人;向连云港市转移500万元以上项目34个,总投资额84.35亿元,实际到账60.95亿元,新增税收8亿元,带动就业4000人。年内,苏州转移项目已陆续开工投产。

【共建园区工作】 2012年,苏州市推进10个南北共建工业园的基础设施建设,提高招商引资的水平和质量。在苏宿工业园区的示范带领下,张家港(宿豫)工业园、常熟(泗洪)工业园、吴江(泗阳)工业园、吴中(宿城)工业园全面进入二期开发阶段。4月,昆山市、淮安市协商成立花桥经济开发区淮安工业园,获省发改委、商务厅批准。4月13日,苏州市委副书记、代市长周乃翔在参加全省苏北工作会议期间,专门考察苏宿工业园区。8月,苏州宿迁工业园区联合协调理事会和双边工作委员会组成人员调整。8月20日,苏州市发改委主任游膺一行赴宿迁洽谈南北挂钩合作事项,参观考察苏宿工业园区和常熟(泗洪)工业园,并向宿迁市政府捐赠帮扶教育资金200万元。9月2日,在宿迁市召开苏州宿迁园区联合协调理事会第三次会议,苏州市委副书记、市长、理事会苏州方主席周乃翔出席会议并讲话。另外,苏州工业园区支援苏宿工业园区办公经费1500万元,昆山市为昆山(沭阳)工业园厂房建设投资1030万元,常熟市援助泗洪县550万元、张家港市援助宿豫区200万元、吴江市援助泗阳县100万元,分别用于共建工业园区建设。截至年末,全市10个共建工业园开发公司的注册资金累计15亿元,累计投入基础设施建设资金65.73亿元,开发总面积39.63平方公里。与宿迁市共建的6个园区,全年新开发面积11.15平方公里,投入各类基础设施建设资金15.28亿元;共建园区新开工项目49个,总投资189.22亿元。实现业务总收入324.83亿元,规模以上工业销售收入252.75亿元;公共预算财政收入6.78亿元,税收收入7.99亿元。实际利用外资2.02亿美元,进出口总额2.46亿美元,新增就业22870人。

【推进产业转移】 2012年,苏州市组织苏州企业家300多人次赴宿迁市对口地区,进行投资考察和产业合作洽谈,实地考察聚德纺织、首义薄膜、斯迪克、富园广场等项目,一批项目相继落地。苏宿工业园区的可成集团新增3亿美元新建“可功科技”,江苏新东旭纺织科技有限公司(投资15亿元)落户沭阳经济开发区,苏州斯迪克新材料科技股份有限公司(投资15亿元)落户泗洪开发区,位于苏州吴江区的苏州宇晨纺织整理有限公司、友邦纺织品有限公司(分别投资10亿元)落户泗阳经济开发区。在9月18日省政府召开的南北产业转移推进会上,江苏恒力集团、江苏澳洋科技股份有限公司、江苏梦兰集团等12家企业被授予“全省产业转移先进单位”称号。

【参加投资贸易洽谈会】 2012年11月2~3日,省政府在宿迁市召开“第六届苏北投资贸易洽谈会”。江苏省苏北发展协调小组办公室分配苏州市50家企业参加,4个重点签约项目和洽谈室布展等任务;苏州市共有58家企业的150人与会,并推出产业转移推介项目148个,总投资额110.13亿元,发放项目册400本。另外,还与宿迁、盐城等地签约粮食、农副产品采购项目17个,贸易总额34亿元。在重大项目集中签约仪式上,苏州市14家企业分别与苏北、苏中地区签约,投资总额75亿元,项目签约数和投资总额均列全省第一。

【苏通科技产业园】 苏通科技产业园自2009年9月开工建设以来,经过3年多的运作,取得重大进展,已获批为省级经济开发区。截至2012年末,累计完成基础设施投入近65亿元。一期10平方公里区域内,22条道路、11条河道、160万平方米道路绿化、200万平方米临时绿化全部建成,二期基础设施全面启动。总投资近30亿元的研发中心、标准厂房、云计算中心、人才公寓、职工公寓、社区公园等配套项目陆续竣工。中奥苏通生态园落户该园,2.5平方公里合作区规划基本完成。招商引资取得重大进展,累计落户企业172家,总投资近161亿元,累计完成注册资本89.3亿元,其中注册外资近3.25亿美元,到账外资近1.21亿美元。此外,共派出12批243人次赴新加坡学习培训,国际化招商体系、一站式审批体系、扁平化管理体系基本形成。

【沿海合作】 苏州与盐城沿海合作园区于2011年9月举行开工典礼。2012年,全面推进苏盐园区(简称园区)总体规划,启动区域控制性详规编制和核心区域城市设计工作。园区总体规划、区域控制性详规已获当地政府批准实施;园区产业发展规划顺利通过专家评审,相关规划环评报告已编制完成。完成20万平方米标准厂房、1.3万平方米研发用房、18万平方米公租房勘探、规划方案设计工作。大丰市锦苏路一期工程基本建成。总投资140亿元的沙钢集团物流及产业基地、苏州德威投资有限公司高分子绝缘材料、苏州兴邦化学建材新型建材生产线等项目成功落户;总投资30亿元的苏州新港物流公司的物流中心、苏州苏虎投资公司的标准厂房以及苏州圣华集团的除尘设备等项目已进入开工前期准备。

对口支援与西部协作

【概况】 2012年,省政府下达苏州市对口陕西省榆林市援助资金计划任务210万元,三峡库区云阳县180万元。实际援助陕西省榆林市各类项目18个,资金726万元,捐赠医疗设备等物资折款102.78万元;三峡库区云阳县340万元,捐赠办公设备折款1万元。另外,还援助重庆市,广西省百色市,四川省白玉、马边、南部、隆昌县,贵州省施秉县等非对口地区(部门)资金184.78万元,捐赠物资折款1.6万元。超额完成国家发展改革委员会、省政府下达的各项对口支援任务。

【优化产业结构】 2012年,围绕发展农村产业,苏州市引导援建地区优化产业结构。张家港市援建的子洲县大棚蔬菜基地、黄芪种植加工基地面积不断扩大,后双庙湾村、曹硷村、杨大沟村、徐家河村的新农村建设有了长足进步。太仓市援助30万元用于添置米脂县陕北小杂粮集中交易中心设备,该项目位于米脂县十里铺工业园区内,包括信息咨询服务中心、产品展示交易中心、产品研发中心和综合服务中心,建成后,将促进当地老百姓增收致富;同时扶持米脂县高西沟村舍饲羊示范基地和基础设施建设项目,该村生产条件、村容村貌有了明显变化。

【医疗志愿服务】 2012年,苏州市先后派出两批11名医生,组成志愿医疗队赴榆林地区服务。共完成手术400余例,门诊看病4000人次,开展新技术(新项目)3项,培训各类人员200余人次,参加会诊30余次,抢救危重病人20人次,为革命老区群众现场义诊3次。由苏州第14批赴榆林支医志愿者、张家港市第一人民医院普外科副主任医师曹建国牵头,资助榆林市横山县16名学生共计50万元。

【教育与社会事业项目】 2012年,苏州市完成援建教育事业项目5个,投入资金305万元。按照苏州与榆林教育对口支援方案,以挂职实践培训为主要载体,培训教育局长、初高中骨干教师等共353人。苏州高新区重点援建定边县党员干部培训基地,并开展两地教育。4月,在苏州农村干部学院,为云阳县50名干部进行"城乡一体化发展"专题培训。年内,苏州高新区筹措资金140万元,用于援建云阳县特教学校、栖霞卫生院等;昆山市援助云阳县海峡小学建设资金20万元,张家港市援助云阳县教学设备款10万元。

【扩大产业合作】 2012年,苏州市探索产业合作新途径,帮助对口地区做大做强支柱产业,推动实施强企富民工程。2012年,经相关部门协调,三峡云海药业、旭达药业产品进驻苏州销售市场,销售额2300多万元,占江苏市场销售额的40%,扩大了云阳县移民的就业面,达到"安稳致富"目的。多年来,苏州各市(县)、区和市直机关、企事业单位帮助三峡库区秭归县果农推销脐橙;2012年销量为500吨,直接带动当地农民增收致富。

【参加东西部合作与投资贸易洽谈会】 2012年4月,苏州市组团参加第16届中国东西部合作与投资贸易洽谈会",与陕西、青海、新疆等省、市、自治区签订17个合作项目,其中投资项目5个、贸易项目3个、对口支援项目9个,苏州方投资(贸易)总额为130.898亿元。合作项目涉及房地产开发、电子信息、光伏产业、现代农业、教育卫生等方面。在江苏省重点项目集中签约仪式上,苏州市2个项目当场签约,总投资130亿元,完成了省政府下达的任务。 (王荣江)

内 联 协 作

【概况】 2012年,苏州市共引进内资项目7818个,比上年(下同)下降0.86%;协议引进内资投资总额1873.55亿元,下降18.21%;其中外地1724.07亿元,下降21.27%。内资项目注册资本899.71亿元,下降10.42%;其中外地资本841.30亿元,下降12.82%。外地资本实际到账资金1680.23亿元,下降13.84%。全市外地注册资本841.30亿元,其中列前三位的分别是昆山市、苏州工业园区、张家港市;外地资本实际到资金列前三位的分别是苏州工业园区、昆山市、吴江区。

【大项目投资增多】 2012年,苏州市内联协作的大项目投资增多,且资金的到账速度明显加快。从投资规模看,投资总额1亿元以上的外地企业有251个,投资总额为995.54亿元,占全部内资项目投资总额的59.91%;外地资本实际到账资金904.02亿元,占实际到账资金总额的61.89%。

【服务业投资大幅增长】 2012年,全市引进的内资项目中,第三产业项目为4777个,占总数的61.10%,投资总额为1260.53亿元,占67.28%;外地注册资本为561.91亿元,占66.79%;外地实际到账资金815.23亿元,占55.81%。其中,金融服务业项目成为投资新亮点。全年引进担保公司、创业投资公司共411家,投资总额431.40亿元,实际到账资金412.77亿元。仓储物流、研发中心、房产开发、文化创意、商贸零售等现代服务业,在投资中所占的比重大幅增加。

【长三角地区合作优势凸显】 在2012年引进的外地资本中,江、沪、浙地区到苏州投资的企业达3326个,占总数的42.54%,投资总额约占全市引进内资投资总额的45.63%。其中,江苏省位居第一、上海市位居第二、浙江省位居第三,分别为21.64%、14.27%、9.75%。3省市到苏州投资的注册资本为396.18亿元,占总注册资本的44%;实际到账资金799亿元,占总到账资金的43.8%。从长三角地区在苏州投资总额和实际到账资金来看,约占外地在苏州投资的近一半。

【投资来源地范围扩大】 2012年,福建省、安徽省向苏州市产业转移力度加大,成为苏州市引进内资的重点地区。全年福建、安徽客商在苏州投资项目达1201个,占项目总数的15.36%;总投资额115.82亿元,占总数的6.18%;注册资本金58.62亿元,占总数的6.52%;实际到账资金112.25%亿元,占总数的6.68%。同时,苏州优越的投资环境也吸引了东北和中西部地区的一批投资商。

镇　江　市

【外事概况】 2012年,镇江市外事系统邀请接待外宾131批1386人次,其中,副部级以上贵宾及党宾团5批53人次,外国记者6批27人次,外国驻华使领馆官员6批20人次。办理全市因公出访团组403批957人次,下降11%;办理邀请外国人来华签证函电578批816人次,增长10%;代办因私签证706批1585人次,增长15%;处理境内外涉外事(案)件26起。申办APEC商务旅行卡56张,增长56%。赴美加、日韩、中国香港和澳门承办8场新兴产业境外招商、招才引智活动,引进"331"人才团队2个,17名人才,引荐"马来西亚金狮百盛城市综合体""港澳创意创新基地"等境外合作项目5个,总投资3.29亿美元。举办"创新的镇江欢迎您"驻沪领馆官员联谊会、"外国驻沪领馆助推镇江科技创新座谈会""世界风·外国专家专题报告会"等国际交流活动。新增国际友城1对,与俄罗斯斯塔夫罗波尔市建立友城关系,使镇江市本级友城增至12对;新增国际友好交往城市3对,镇江分别与法国圣日耳曼昂莱市和马来西亚古晋南市建立友好交往城市关系,丹阳与俄罗斯莫斯科州电钢市建立友好交往城市关系。组织镇江·津市乒乓球联队(9人)参加全国友协举办的纪念中日邦交正常化40周年中日友好城市青少年乒乓球比赛;选送30件书法作品至日本小松市参加中日韩三国五城友好书法交流展;组织44件作品参加江苏省友协举办的纪念中日邦交正常化40周年中日友好交流城市青少年书画展,获优秀奖。第18次选派镇江第一中学和镇江中学的4名中学生赴美国坦佩市开展中学生暑期交流活动;第二次组织江苏大学日语系师生10人赴日本津市三重大学交流。中国人民对外友好协会和中国国际友好城市联合会在"2012百城论坛"上授予镇江市城市科学发展奖,省外办授予镇江市外办江苏省外事管理优秀奖。

【镇江市优秀市民友城行】 2012年3月22~28日,市人民对外友好协会会长吴树南率优秀市民代表团一行150人,赴日本友城津市、仓敷市访问,开启镇江乃至江苏友城交往史上最大规模的市民"走出去"对日民间交流活动。参团人员选拔采取面向一般市民的公开招募与鼓励涉及民生建设领域人员参与的定向募集相结合的办法,择优选拔社会各界优秀市民代表参加。除政府代表及市外办随团翻译外,141名来自城建、环保、社区管理、文教卫生、体育、商贸、交通等23个领域的优秀市民代表、"大爱镇江"年度人物,以及国家、省、市级劳模、标兵入选市民团,镇江主流媒体全程跟踪采访。团员们带着城建、环保、交通管理、文化遗迹保护与开发、灾害应急、终身教育、环保意识和文明习惯培养等15个调研课题,与日本友城实施"一对一"专业交流模式进行深入交流与探讨。日本津市和仓敷市成立市民团接待工作临时委员会负责对接,举办盛大欢迎仪式和中日市民联欢活动,津市市长前叶泰幸、市议会会长田村中博,仓敷市市长伊东香织、议长森守都分别致辞。访日期间,代表团分组考察仓敷"美观"历史文化街区、未来公园、三井主题园区、运动公园、科学馆,津市裁判所、检察厅、NHK放送局、津广大厦、携带电话营业所、中势北部科学城、安浓中央公园体育馆、津市中央学校供餐中心等场所,参观日中友好协会津支部为纪念中日邦交正常化40周年举办的专题展览,学习借鉴日本友城各领域经验。日本主流媒体《朝日新闻》《每日新闻》作跟踪报道及专访。该团形成《生活垃圾的分类与综合利用》《日本基础教育的观察与思考》《市政体育设施的科学运营与管理》《经济发展与服务理念》以及《樱花及其文化产业的延伸》等专题出访调研报告。

【镇江市与俄罗斯斯塔夫罗波尔市建立友城关系】 2012年12月19~20日,俄罗斯斯塔夫罗波尔市市长科利亚金·乔治率政府代表团一行3人访问镇江。20日,镇江市市长朱晓明与科利亚金·乔治共同签署镇江市与俄罗斯斯塔夫罗波尔市建立友好城市关系协议书。斯塔夫罗波尔市成为镇江市本级第12个友好城市,该市是俄罗斯北高加索地区的政治商业中心,是俄罗斯可持续发展城市的典范。在镇江期间,俄方参观考察(扬中)大全集团、镇江新区光伏产业、高新科技园和江苏大学,与镇江新区、江苏大学等部门洽谈两市科技及高校合作事项。

【中日江苏丹阳第一届汽车零部件展示会】 2012年7月2日,中日合作江苏丹阳第一届汽车零部件(精品)展示会开幕暨日本汽车零部件工业园一期在丹阳经济开发区落成。首批23家入园企业集中签约。江苏省副省长张卫国、日本驻上海领事馆总领事泉裕泰、中国汽车工业协会副秘书长董建平等出席开幕式。211家486名客商参加开幕式,由日本驻华10家媒体13名记者组成的报道团驻会报道。展会围绕"把日本汽车零部件企业引进到丹阳,把丹阳汽车零部件产品推介到日系车"这一主题,开展汽车零部件产业园招商发布会、JAPIC工业园开园仪式、中外汽车零部件精品展览会、汽车零部件生产商与整车制造企业采购商洽谈会四大活动。日本汽车零部件工业园及后期的日本汽车装备工业园是镇江市外办自2011年引进,并持续开展跟踪服务的中日合资项目。

【国际河豚烹饪邀请赛与国际河豚文化论坛】 2012年3月18日,在第九届中国扬中河豚美食节期间,扬中市举办首次国际河豚烹饪邀请赛,日本、韩国、新加坡,以及中国内地、香港、澳门、台湾等7个国家和地区的16名河豚烹饪师参赛。在首届国际河豚文化论坛上,与会来宾就各国河豚文化习俗、河豚资源开发以及河豚毒素监测与控制等问题,开展专题讲座,交流不同烹饪特色和饮食文化。　(奚向红)

【首批"镇江市对外交流基地"挂牌】 2012年3月2日,按照有一个中外文统一标识、有一套形象化的宣传资料、有一支训练有素的涉外人员队伍、有一批热心对外交流的志愿者(家庭)等标准,经各地推荐评审,市外办在全市外事工作会议上命名并授牌20家单位为首批“镇江市对外交流基地”。基地分为展示城市形象的历史文化型、彰显城市个性的特色展示型和推动民间外交的交流互动型等三种类型。首批“镇江市对外交流基地”分别是:西津渡历史文化街区,镇江醋文化博物馆、赛珍珠故居、镇江博物馆、镇江金山寺、镇江民间文化艺术馆(暨梅庵派古琴艺术馆)、镇江市规划展示馆、镇江新区科技新城、江苏农林职业技术学院、镇江市少年宫、镇江市乒乓球运动学校、江苏省镇江第一中学、江苏大学、扬中新坝镇新治村、丹阳天地石刻园、丹徒槐荫村、镇江万山红遍农业园、镜园法文化中心(镇江经济开发区人民法院)、京口区大市口街道米山人家社区、江苏大学附属医院。

扬 州 市

2012年,扬州市以完善协作机制为着力点,扎实推动长三角、宁镇扬、南京都市圈、长江沿岸经济合作、全国友好城市的合作与交流,加强联动,增进融合,全力推动区域经济的协同发展。一是完善协作机制,积极构建区域经济协同发展新平台。先后签署了《南京经济区2013－2014年度合作备忘录》、《南京经济区“青奥发现之旅”旅游合作协议》、《宁镇扬三市在重点领域全面合作协议》等协议;参与推动完成了《南京都市圈规划》、《宁镇扬同城化发展规划》的编制工作;组织开展调研,推动高邮、宝应与苏南省级经济开发区开展园区共建;完成《长三角地区实施基本公共卫生服务一体化》课题研究任务,协助长三角其他成员城市完成长三角地区专利运用合作体系建设专题、长三角城市群法制一体化研究、长三角文化产业合作研究等课题的调研,配合相关城市做好研究成果转化和有关政策措施的制定等工作。二是注重合作联动,努力打造区域经济协同发展新载体。深入推进宁镇扬同城化建设,宁镇扬三市建立了主要领导联席会议制度,成立了宁镇扬同城化协调办公室(设置在三市发改委),重点推进三市城际轨道交通项目的研究论证与沟通对接,研究细化电信同城化待遇的具体措施,积极推进三市固话区号统一工作;推进宁镇扬城际快客无障碍通行,建立城际快客绿色通道;推进三市港口合作;推动宁镇扬区域内教育、医疗、文化体育、社会保障等公共服务同城化,协调推进社会事业和公共管理同城化,让三市百姓共享“市民待遇”;推进人口管理、食品与药品安全、社会治安、生态环境建设等领域的深入合作,探索建立多层次、多形式的宁镇扬区域协商协调机制。组织开展区域和城市间的合作交流活动,先后组织参加了江苏省第六届苏北投资贸易洽谈会、第十六届中国东西部合作与投资贸易洽谈会、第十三届中国青海绿色经济投资贸易洽谈会、第五届中国南京世界历史文化名城博览会等区域经贸活动,帮助企业开发和拓展市场,推动企业转型发展;围绕“促进都市圈旅游市场融合发展”这一主题,积极宣传推广“扬子江之旅”旅游线路品牌战略,提升都市圈的旅游知名度;进一步推进与红河哈尼族彝族自治州红河州“友好州市”合作与交流,与淮北市结成“友好城市”。加强区域经济的互动与融合,利用驻北京、上海、深圳等地的办事机构的驻地优势,在对外宣传、联络协调、招商引资、信息反馈、接待服务等方面充分发挥“窗口”和“纽带”作用,推动扬州与驻地之间经济、社会的互动与融合,促进两地区域经济的协同发展。三是落实工作举措,谋求实现区域经济协同发展新成效。扬州市主要领导先后率团赴苏州、无锡、常州等地学习考察三市在推进科学发展、转型发展,率先实现基本现代化方面的实践经验;赴镇江丹阳市参观考察县域经济发展做法和经验介绍;赴台湾台北市考察城市公共服务建设;赴陕西西安、渭南等地考察旅游业、文化产业、科教合作、建筑业等。先后参加了省发改委南北挂钩苏北发展工作座谈会、全省发改系统苏州区域工作会议、南京都市圈规划编制工作会议等工作会议,成功举办了2012中国·扬州现代服务业(上海)合作恳谈会,组织参加了第六届苏北投资贸易洽谈会和第十六届中国东西部合作与投资贸易洽谈会,与各区域经济组织共议合作发展等议题,并取得了显著成效。扎实开展对口支援工作,从人力、物力、财力等方面全方位地为新疆新源、青海贵南、西藏拉萨农牧部门等地区和单位提供援助和支持,圆满完成了年度援疆、援藏、援青等各项对口支援工作任务。

淮 安 市

【宁淮挂钩合作】 2012年,淮安市认真贯彻落实省委、省政府区域共同发展战略,坚持“优势互补、注重实效、共同发展、实现双赢”原则,主动策应沿海开发,积极融入长三角,以承接产业转移为重点,加强南北挂钩合作,为淮安建设成为苏北重要中心城市提供了有力支撑。

多方缔结战略合作伙伴关系。2012年2月,宁淮两市签署《南京市——淮安市2012年挂钩合作协议》,协议内容包括两市交流、共建开发区、产业转移、人力资源、科技、商务、农业、旅游、交通、建筑业、社会事业、县(区)结对帮扶等12各方面。4月,在浙江台州与长三角各成员城市签订了《台州协议》,将在长三角城市群的地区专利运用、口岸合作、民营中小企业转型、文化产业合作、高新技术企业创新、创业人才交流、基本公共卫生服务一体化、城市协同发展管理等方面建立战略同盟,共享资源和成果,有效地促进了淮安在长三角区域的一体化进程。

积极打造"宁淮现代服务业集聚区"。7月4日,总投资近300亿元的宁淮现代服务业集聚区项目正式签约落户淮安市清浦区。宁淮现代服务业集聚区项目由南京国资新城投资置业有限公司和南京新工集团投资建设。该项目位于清浦区的苏北首个省级现代商务集聚区——淮安现代商务集聚区内,规划范围为北京南路以东,启秀路以西、创业路以北,占地106.7公顷。该项目按照推动淮安发展的重要增长极,体现淮安现代服务业的功能集聚区、展示淮安城市形象的标志区功能定位,发挥南京市和淮安市两地优势,通过实施现代服务业等城市功能综合开发,建设成为科技创新、软件开发、现代物流及商务商贸、金融会展、文化休闲、生态居住为一体的城市综合服务与产业集聚区域。该项目采取政府主导、市场化运作的方式合作共建。

参与《南京都市圈区域规划》编制。2012年,由中科院南京地理研究所编制的《南京都市圈区域规划》正式启动。淮安市抓住南京都市圈申报国家级经济圈的战略机遇,加紧与中科院南京地理研究所对接,承办都市圈七城市在淮安市召开的规划启动专题工作会议,以及多部门参与的专家组到淮安市座谈调研和实地察勘任务;加强与淮安市"十二五"规划实施过程的全面衔接,确保一批重点项目等事项纳入《规划》中;对接《长江三角洲区域规划》,提出一批重大基础设施建设、重点产业项目;推进与南京都市圈城市同城化进程,扩大公共交通、公共信息服务、医疗卫生合作、养老服务等方面同城化待遇的惠及面。

推进南北共建园区"全覆盖"。在省发改委、商务厅等部门的支持和市、县(区)共同努力下,4月份,省政府批复同意淮安设立南京高新技术产业开发区洪泽工业园和昆山花桥经济开发区淮安工业园2个共建园区。截止到2012年底,淮安南北共建园区达到了8家,其中与南京结对共建4家、与苏州、无锡分别共建2家、1家,创新与企业共建1家,实现了淮安省级以上开发区南北共建园区的"全覆盖"。8个共建园区规划总面积30.64平方公里,先期启动建设10.98平方公里,累计投入14.42亿元用于园区基础设施建设,吸引和承接苏南产业转移项目189个,总投资逾213.35亿元。

与南京林业大学签署全面合作协议。4月28日,淮安市政府与南京林业大学签署全面合作协议。根据合作协议,淮安市与南京林业大学将共同促进林业科技成果转化,在联合攻关、开发项目、人才培养与培训等领域全面开展多种形式的合作;南京林业大学在林木花卉及加工产业发展等方面,协助淮安制定行业战略研究、产业定位、项目产品选择、产业发展等中长期规划。双方共同建设南京林业大学淮安研究院。

全面加强农业合作。2012年,宁淮两市继续深化2万公顷优质稻米基地建设,实行稻谷订单收购6万吨,稳定两市粮食产销合作关系。全年签订粮食购销储协议13份,合同数量38.1万吨。淮安区圣玉米业、金湖宝应湖五七米厂、洪泽三河米厂等多家企业在南京下关粮油批发市场设立淮安大米销售窗口。

【积极搭建淮河生态经济走廊战略平台】 建设淮河生态经济走廊,把淮河变成一条造福于两岸人民经济与社会发展的黄金水道,从流域经济的更高层次上统筹城乡区域发展,可有效推进江苏沿海经济带和皖江城市带两大国家战略顺利接轨,为苏北、皖北及整个"泛长三角"地区发展提供新动力。为此淮安提出以淮安、蚌埠为先导区,打造沿淮河流域生态产业带和城市群,形成淮河生态经济走廊构建淮河生态经济走廊的战略性构想。2012年以来,淮安市多次与蚌埠等市进行沟通,初步达成共识,积极向国家争取,力争将打造淮河生态经济走廊上升为国家战略。市委市政府主要领导为此多次赴京赴省进行汇报、衔接,全力推动和呼吁,得到了国务院原副总理曾培炎等高层领导的高度认同和全力配合,决策上已被国家发改委采纳。

【淮海经济区第24届市长会议交流材料】 坚持区港联动发展海河经济　借力东中西示范区推动区域资源共享产业共兴发展共赢(2012年10月26日)

近年来,淮海经济区各兄弟市围绕共建、共享目标,矢志不移,协同奋进,区域间的协作机制日益完善、对接成果不断增多、发展步伐明显加快。特别是连云港成功获批并扎实推进东中西区域合作示范区,更为开拓国际国内两个市场、整合区域内外两种资源搭建了绝佳的平台,开辟了广阔的空间。淮海经济区已由过去要素集聚的"极化"发展,进入陆海联动的"协调"发展新阶段。我市作为南京都市圈和淮海经济区的交汇节点,将坚持网络互通、优势互补和开放互动原则,切实加强与各兄弟市之间的合作,努力在推进无缝对接中迎接"同城时代",在参与产业分工中提振地方实力,在区域协调发展中实现自身价值。

一、坚持区港联动,实现借港出海。去年8月份,江苏省委、省政府作出"加快淮安苏北重要中心城市建设"的战略部署。淮安位于苏北几何中心的位置,虽然临近大海,却没有海岸线。近年来,我市正从陆海空等多个层面入手,努力构建布局合理、衔接顺畅的综合交通体系,不断提升城际交通服务的能级,合力迎接海洋经济时代的到来。一是打通出海通道。为进一步深化我市与连云港市签署的《关于进一步建用连云港口岸的合作协议》,我市于2009年开始实施总投资达29亿元的盐河航道五改三整治工程,今年底竣工后将连通京杭大运河和连云港港,我市1000吨级船舶可直达连云港出海。同时,我市正积极争取国家尽快实施淮河入海水道二期项目,力争将之由单纯的泄洪通道改造成连接沿海港口的高等级疏港航道,建成后将等于再造一条扩大江苏沿海开发纵深腹地的水上"陇海兰新线"。二是优化口岸合作。今年8月份,淮安出口加工区成功升级为综合保税区,成为国内最高级别开放平台。我市将以此为依托,进一步加强与连云港在船期、货运、价格、代理等方面的合作,创新区域通关查验模式,建立集装箱运输绿色通道,力争实现"海港内移"。淮安涟水机场目前已开通14条国内航线,年底前还有望临时开通至香港航班,近期将进一步完善联检设施,力争尽快获批国家一类航空口岸,同时加强与连云港、徐州等机场的合作,努力打造"长三角"北翼航空货运枢纽。三是实现无缝对接。尽快启动连淮扬镇铁路建设,该线路建成后将贯通苏中、苏北,南延还可以对接浙、皖、赣铁路网,为淮海经济区连接"长三角"核心区提供便捷通道。

目前,项目预可研报告已通过部、省联合审查,下一步还需要沿线各兄弟市通力合作,会同省有关部门尽快上报国家发改委立项。同时,加快宿宿淮铁路建设,尽快上马新长铁路复线电气化改造。我市还将从推进区域共同发展出发,维护好淮安盐矿至连云港的输卤管道专线,保证连云港原盐供应。结合连云港炼化一体化基地项目,加快淮安境内日照、连云港—仪征双油源“Y 型”原油管道建设进度。

二、坚持生态优先,发展海河经济。淮海经济区绝大部分城市面临着发达地区和中西部不同比较优势的双重冲击,亟待在区域内找准最佳合作点,推动兄弟城市“抱团”转型、跨越发展。一是就区域发展而言。淮河流经湖北、河南、安徽、江苏、山东五省,覆盖36个地(市)。从区位看,淮河中上游地处我国中部经济腹地,下游连通长江,直达江苏沿海,连接“长三角”和淮海经济圈两大经济带,既是江苏等沿海发达地区拓展中部经济腹地的主要目的地,也是东南沿海产业梯度转移的主要承接区。虽然这里区位独特,资源丰富,交通也较为便利,但淮河目前主要功能仍偏重于灌溉、蓄洪和排洪,整个区域经济社会发展一直落后于全国平均水平。我市作为淮河下游地区主要的蓄洪区和排洪区,在这方面感受尤为深刻。二是就发展战略而言。我市在中国国际经济交流中心指导下,从宏观层面出发,提出以淮安、蚌埠为先导区,打造沿淮河流域生态产业带和城市群,形成淮河生态经济走廊,这样东可与连云港等沿海城市相接,西可与安徽的皖江城市群北翼互动,为对接两大国家战略、实现“陆海联动”、优化资源整合拓展广阔空间。去年起,我市就与安徽省蚌埠市进行了多次沟通,初步达成共识,即联合向两省和国家争取,力争将打造淮河生态经济走廊上升为国家战略。上述战略得到了国务院原副总理曾培炎的高度认同。目前,已编制了初步规划文本,近期正申报国家发展战略。该战略设想还需要淮河沿线各兄弟市的支持和配合。三是就未来趋势而言。如果能够成功从国家层面构建淮河流域生态经济走廊,将有效加强沿线各城市之间的整合,按照内河航道、港口群、产业带和城市群四位一体的模式联动开发,将淮河流域得天独厚的区位、交通、资源和产业等比较优势转化为经济优势,建立起若干国际性一、二类港口,实现区域经济社会整体协调快速发展,把千里淮河建设成为造福于两岸人民的黄金水道、产业大道、生态廊道。

三、坚持开放引领,促进共同发展。随着经济社会的加速发展,淮海经济区的人员往来将更加频繁,经济联系更加将密切,产业转移将更加迅速,这给我市积极引资引智、推进结构调整、转变发展方式带来了难得的机遇。近期,我市正立足自身基础,依托岩盐、凹凸棒土等资源优势,重点发展盐化工新材料、特钢、IT、节能环保、食品五大“千亿元产业”,打造台资集聚和浙商投资两大高地,在承接产业转移中融入地区分工。一是注重规划有机衔接。我市始终以着眼当前、立足长远、融合发展作为参与区域合作的出发点。在制定“十二五”规划时,坚持按照当前与长远并重、内源发展与外源发展并举的原则,在城市发展目标定位、产业发展方向、区域功能布局等方面,加强与淮海经济区兄弟市规划的有机衔接。下一阶段,将在区域合作协议框架下,抓紧修编完善有关专项规划,特别是重大基础设施、物流商贸、能源资源等合作项目,将与周边城市同步规划、同步建设,不断提升参与区域合作的持续性。二是努力破除地域壁垒。淮海经济区各兄弟市地缘相近、人缘相亲,长期保持着友好合作的传统,淮安近年来的发展也得益于兄弟市的支持。我市坚持把政府职能转变到提供服务和营造环境上来,绝不囿于本地利益、短期利益,而是坚持以区域共同利益、社会效益和生态效益为导向,与周边各兄弟市联手建设基础设施、维护竞争秩序、治理生态环境,努力实现“破壁互融”和“互利多赢”。三是充分发挥市场作用。我市将按照“政府推动、市场主导、行业协调”的思路。在承接产业转移、发展商贸物流、推进旅游合作等方面,充分发挥中介机构和民间社团的作用。同时,既支持本地企业做大做强,也一如既往的欢迎、支持皖、鲁、豫企业来淮发展,实现资源、理念、资金、技术、人才、管理等方面的优势互补,获取一体化的收益,增强区域竞争力。

宁 波 市

【概况】 2012年,宁波市在开展国内经济合作领域借助“宁波周”、“宁波帮”大会、系列“宁波行”平台,走“精、专、实”的路子,推进项目合作,寻求投资合作机会。相继举办深圳青年企业家协会“宁波行”,团中央青年企业家协会企业代表“宁波行”和在沪甬商及上海现代服务业企业“宁波行”活动;召开2012年首届世界宁波帮大会;举办“2012 上海·宁波周”活动。通过开展区域合作组织联谊沟通等工作,持续深化山海协作、浙东合作、长三角合作和国内区域合作交流。根据浙江省山海协作工程和支持浙商创业创新工作要求,与省内欠发达地区加强特色产业合作,落实百村经济发展促进计划。出台《宁波市参与西部开发、振兴东北以及山海协作工程的考评奖励办法》。组团参加长三角第12次、浙东经济合作区第21次、长江沿岸中心城市第15次等市长联席会等相关工作会议,签署《长三角地区城市合作(台州)协议》和《浙东五市合力推进浙江海洋经济发展示范区建设(嘉兴)协议》,牵头开展2012年度长三角合作课题“支持和促进长三角城市民营中小企业发展”的研究,推进浙东合作区区域发展规划的编制并承担合作区轮值方主席的职责。完成接轨上海参与长三角合作项目125个、协议总投资233亿元;浙东经济区合作项目37个,协议总投资20.84亿元。组织参与国内重要展会,全年共组织25家食品、家用电器、五金机电等企业参加第16届“西洽会”、第23届“哈洽会”、第18届“津洽会”、第13届“西博会”等国内重要展会,为宁波企业在西部地区构建营销网络服务。援助贵州省、重庆市万州区、丽水市的云和县项目291个、资金1.06亿元,其中政府援助资金6104亿元,社会帮扶资金4493亿元。在参与招商引资工作中,以商会为平台构建甬商联络框架。与

18个省市22个宁波商会签订《支持浙商创业创新促进宁波发展行动共识》;组织人员赴广州、深圳等10多个城市拜访宁波商会(经促会)。搭建国内投资合作信息平台,收集4500多名市外甬商信息,并建立日常工作联系;鼓励浙商回归,支持宁波建设。在省内率先出台支持浙商创业创新的实施意见和考核办法,并制定配套措施,形成政策支持体系。进一步做好对口支援的贵州省黔东南州、黔西南州、重庆万州地区以及省内的丽水市、衢州市的帮扶工作。市党政代表团和市领导分7个批次赴天津、上海、贵州、新疆、衢州、丽水、金华等地学习考察;全年接待40余个外省市代表团。

【举办"2012上海·宁波周"活动】 5月7~11日,"2012上海·宁波周"在上海举办。共举办10余场专题活动,签约44个项目,总投资169.2亿元,其中"引进来"项目42个,总投资158.5亿元,引进资金152.4亿元。引进项目涉及先进制造业、现代物流业、城市综合体开发和智慧产业等领域。在外经外贸合作专题活动中,与在沪知名国际企业、机构共签约总投资52.8亿元的"引进来"项目9个。优质农产品展示展销活动吸引20多个国家地区客商,与采购商现场达成2.7亿元的供货意向,并与经销商建立联络,拓展产品外销信息渠道。旅游合作专题活动达成5000套高端奖励旅游与旅游接待用房的采购协议,并举行百万上海人游宁波活动启动仪式。科技合作专题活动中,有近40家企业带着120余项技术需求与上海专家进行洽谈对接,签约科技合作项目8个,总投资1.26亿元,与上海科技开发交流中心签订技术经纪人培训合作协议。人才合作专题活动中,杉杉等39家宁波企业高端人才专场招聘会达成85个用人意向,42位宁波企业高管参加普华永道(上海)培训交流活动。此外还举办宁波大宗商品·智慧贸易推介会、宁波服装产业创新发展对接会和宁波服博会推介会等。

【举办上海现代服务业投资合作推介会】 11月8日,宁波市政府与上海现代服务业联合会投资合作推介会暨签约仪式在甬举行。来自上海现代服务业企业和在沪甬商50多位企业界代表,以及市有关部门和单位负责人参加本次活动。上海现代服务业联合会会长、上海市原副市长周禹鹏,上海百联集团总裁贺涛,长江经济联合发展集团董事长王亚奇以及龙元集团董事长赖振元,保集集团总裁裘东方,宏润集团董事长郑宏舫等参加活动。市长刘奇会见部分嘉宾,副市长陈奕君出席主要活动。宁波市政府与上海现代服务业联合会签署战略合作框架协议,在投资合作推介会上,将宁波现代服务业作总体推介,鄞州、海曙、江东、江北、宁波国家高新区作分区域重点区块推介。上海企业家分成地产、物流、文化旅游三个组,赴鄞州、海曙、江东、江北、北仑、东钱湖、梅山等地考察,并专程考察杭州湾新区。

【开通宁波国内投资合作信息平台】 5月,宁波国内投资合作信息网(www.nbtzhz.gov.cn)开通运行。该网以"一网、六库、四平台"为核心,以互联网、手机为主要转播载体,面向投资企业、合作组织和服务组织,提供投资合作信息发布、项目查询、咨询交流和分析评估等服务,促进合作方的科学决策。信息平台录入市内重点招商项目457项、市内企业信息6233个、市外甬商信息4390个、政策文件187个,向5000多名市内外甬商、经合工作者发送投资信息、工作经验交流51条,得到众多企业的响应和参与。

【举办浙东经济合作区第九次工作会议】 12月13~14日,浙东经济合作区第九次工作会议和浙东经济合作区秘书长会议在甬召开。会议由合作区执行副秘书长、市经合办主任王乐年主持。合作区执行秘书长、宁波市政府秘书长王建社,绍兴市政府秘书长丁如兴、舟山市政府秘书长陈仕俊、台州市政府秘书长陈才杰、嘉兴市政府副秘书长陈铭嘉,合作区副秘书长和5市联络员,各专业组牵头单位分管领导及有关人员出席会议。会议总结交流第二十一次市长联席会议以来浙东区域经济合作工作,听取《浙东五市关于合力推进浙江海洋经济发展示范区建设(嘉兴)宣言》落实情况,研究探索进一步加强区域合作的新途径和新方法,并就做好第二十二次市长联席会议有关筹备工作进行了商议。会议还听取了半年度工作报告;研究审议并原则同意《浙东经济合作区第二十二次市长联席会议主题建议方案》、《浙东经济合作区旅游画册——锦绣浙东的制作方案》、《关于工业专业组拟更名为经信专业组的建议方案》等方案;听取《浙东经济合作区发展规划》编制工作进展情况、《浙东经济合作区渔船互救奖励资金管理办法》实施情况、《建设浙东经济合作区资金清算区域电子支付平台的研究》相关情况的汇报并作专门研究。并部署下一阶段工作要点。会议建议浙东经济合作区第二十二次市长联席会议于2013年5月在宁波市召开。。

嘉　兴　市

【概述】 2012年,市合作交流办以科学发展观为统领,以支持浙商创业创新促进嘉兴发展工作为首要任务,深入推进"与沪杭同城"首位战略,深化区域合作和交流,做深做实对口支援、对口帮扶和山海协作工程,稳步推进嘉兴市合作交流工作。2012年,市合作交流办被评为全省经合系统工作目标责任制考核优秀单位、创新型创建优秀奖,被嘉兴市政府评为2012年度政府信息公开先进单位、旅游工作先进单位。被市档案局评为2012年度档案年度检查优秀单位,被嘉兴市城乡社区建设领导小组评为2012年度社区结对共建优秀部门。

2012年,市委、市政府成立支持浙商创业创新促进嘉兴发展工作领导小组(办公室设在市合作交流办),市委、市政府将支持浙商创业创新工作确定为嘉兴市当前和今后一段时期经济工作的"一号工程"。领导小组办公室按照部门职能分工,抓好目标任务的落实,通过健全组织保障、出台配套政策、强化项目推进、优化服务环境等举措,推进全市支持浙商创业创新促进嘉兴发展工作。

进一步完善嘉兴市参与长江三角洲城市经济协调会、杭州都市圈、浙东经济合作区(以下简称"三个圈")工作联席会议制度,建立实施"与沪杭同城"战略11个系列指标的统计制度。积极推进"三个圈"城市专(课)题合作。此外,积极推进嘉兴市与上海、杭州等长三角城市产业对接。开展合作办学、办医,实施道路和公共交通双向对接以及功能配套,有序推进港口合作、码头建设。杭州地铁轨道、电信线路、天然气管网延伸到海宁和桐乡,"与沪杭同城"效应日趋显现。全市近2000家工业企业与上海建立多种形式的合作关系,全年供上海、杭州等长三角城市农产品销售金额近200亿元,引进上海、杭州等长三角城市到嘉兴市投资设立企业超过900家,注册资本超过90亿元。

继续深化友好城市合作交流和经贸交流,做好与浦东新区两地党政代表团的互访考察工作,努力实现与浦东新区的对接发展、关联发展、借势发展。赴大兴安岭进行调研,并于2012年9月与大兴安岭地区行署签订友好地市合作意向书。组织嘉兴企业到西安、重庆和哈尔滨等地参加全国性"西洽会"、"渝洽会""和哈洽会"等各类经贸展会。

市政府印发《全市2012年对口支援和山海协作项目资金安排计划的通知》,由市委常委、常务副市长梁群率党政代表团到重庆涪陵开展合作交流、签订对口支援涪陵项目协议书,全市共筹集财政专项资金180万元,完成对口支援目标任务;筹集全市财政专项资金320万元,集中上交省办用于对口帮扶四川广元项目资金。为涪陵区对口乡镇、村举办致富带头人培训班,培训42人。

将山海协作与支持浙商回归省内产业转移结合,注重实效。与丽水市签订2012年山海协作协议,筹集项目资金205万元,用于支援丽水市的生态农业、社会公益事业、新农村建设等项目。同时,为丽水对口地区的村干部和致富带头人举办培训班。山海协作省内产业转移到位资金9.8亿元,超额完成省下达全年目标任务。

【支持浙商创业创新工作】 嘉兴市成立支持浙商创业创新促进嘉兴发展工作领导小组,并在市合作交流办设办公室。市委、市政府确定"1+X"一揽子政策框架,领导小组各成员单位分别制定并下发《实施意见》及13个配套政策文件,并对县(市、区)、开发区、港区和市级相关部门进行考核。

在用地保障、项目推进和落地审批上,出台《浙商回归引进重大项目推进服务办法》,对浙商项目提供从项目申报、立项到建设、投产等全程跟踪服务。腾退低效用地740.47公顷,新供浙商回归项目用地70个,供地总面积达352.47公顷。推行组团服务,对浙商回归重点企业、重大项目各个环节实行再优化。在审批过程中,实行"并联审批",需要两个以上部门配合的,由第一受理部门召集各相关部门协调解决。

充分发挥省级以上开发区、嘉兴现代服务业集聚区、现有临沪新区等平台作用。同时拓展新平台,加快建设浙商回归引进基地。其中规划总面积107.33公顷的嘉善"世界浙商工业园"将全力打造为"浙商回归"的示范点;平湖临沪产业园目标打造成在沪浙商回归首选地。占地186.67公顷的海宁尖山浙商总部经济基地,已承接总部基地、影视、电子商务、金融、服务外包等浙商回归项目15个。

加快"走出去"和"请进来"的力度。先后组织浙商创业创新洽谈会暨服务业发展(上海)推介会、支持浙商创业创新暨海外人才联谊活动、嘉兴市创业创新重点项目川渝推介会、天下浙商嘉兴行暨大院名校科技成果对接会、嘉兴市浙商创业创新文化产业洽谈会、创业创新洽谈会暨重点项目北京推介会和天津重点项目推介座谈会。2012年,全市共组织各类大型招商活动143次,吸引4121人次浙商参与,签约项目527个,协议总投资842亿元。

扎实开展"一家亲"关爱活动,进一步强化"礼遇感召",市四套班子和县(市、区)领导带队走访慰问回归浙商及家属,利用节假日慰问回家过节的浙商代表,着力解决浙商创业创新中遇到的子女就学、生活安居等问题。同时,对各地浙商创业创新工作的推进情况、成效亮点、杰出回归浙商、优秀引进项目等进行宣传,在全社会形成尊商、拥商、爱商、扶商的浓厚氛围。

全年报省浙商回归引进项目182个,协议总投资495亿元,到位资金103.3亿元,完成省年度目标任务95亿元的108.7%。全年浙商公益项目共1205个,公益捐赠到位资金2.2亿元。

【杭州都市圈节点市县(区)市长论坛】 9月20日,杭州都市圈第三届节点市县(区)市长论坛在海宁市举办。论坛围绕"文化引领、创业创新"主题,就如何推动杭州都市圈文化大繁荣进行探讨,杭州都市圈从过去重在产业联动、经济合作等领域的发展阶段,转型为经济与文化全方位融合的深层次联动发展阶段,文化发展正成为推动杭州都市圈融合发展的新动力。海宁市、萧山区、余杭区、杭州经济开发区、德清县、安吉县、桐乡市、绍兴县、诸暨市联合签署《海宁宣言》。

【浙东经济合作区第二十一次市长联席会议】 6月26日,浙东经济合作区第二十一次市长联席会议在嘉兴市召开。市委副书记、市长鲁俊出席会议并讲话。会议主题为"加强合作,主动服务国家战略,建设海洋经济强区"。会上,签署《浙东五市关于合力推进浙江海洋经济发展示范区建设(嘉兴)宣言》。会议商定浙东合作区五市要致力于共同打造亚太地区重要国际门户主要功能区、共同建设浙江港口联盟、共同构筑现代海洋产业高地、共同完善基础设施网络、共同推进海洋生态文明建设、共同创建区域合作发展新机制。

【承办"哈洽会"浙江展区】 6月15日,嘉兴市与金华市、舟山市共同承办"哈洽会"浙江展区。嘉兴市组织南湖区浙江森创服饰有限公司、秀洲区中国嘉兴(国际)毛衫城、依都针织制衣有限公司等企业到哈尔滨参展,据不完全统计,浙江省参展企业直接成交额1350余万元,签订合同及意向89份,总金额约3.2亿元,发放宣传资料和产品说明2.3万份。

【山海协作致富带头人培训】 嘉兴市为山海协作结对地区——丽水市农村乡镇村支书举办为期一周的山海协作致富带头人培训班,来自丽水市莲都、龙泉、遂昌的40名乡镇村干部参加学习培训,并实地考察嘉兴市的特种产业养殖、两分两换新村建设现场。

湖　州　市

【支持浙(湖)商创业创新】　2012年,为了支持浙商特别是湖商回归发展,市委、市政府出台《关于支持浙(湖)商创业创新促进湖州民营经济大发展大提升的实施意见》,制定43条扶持政策,并成立了由市委副书记任组长,分管副市长、政协副主席任副组长,市发改委、财政局、经信委等27个单位主要负责人为成员的领导小组。各县(区)也都建立领导小组和专门工作机构,出台了相应的鼓励政策。制定《目标责任制考核办法》和《实施细则》,对支持浙(湖)商创业创新工作进行单项考核,并纳入市委、市政府对县(区)的年度综合考核。建立浙(湖)商回归引进在谈、在建和建成3个项目库,有3个项目被列入2012年浙商回归引进省重点项目。扎实推进重大项目建设,先后建立领导联系项目、重大问题商议、“6+X”部门协调、会议定期交流、进展情况通报和项目实地督查等一系列推进机制。积极开展拜访商会、联谊交流、投资推介和项目洽谈等活动,市领导带队赴上海召开在沪湖商恳谈会,并拜访了上海市浙江商会;相继举办湖沪合作暨支持浙(湖)商创业创新投资洽谈会和浙商回归暨战略性新兴产业合作洽谈会,共签约项目33个,总投资277.6亿元。积极参与省组织的“2012天下浙商家乡行”活动,现场签订重大回归引进项目3个,总投资89亿元,活动期间,还组织部分浙商赴长兴县进行实地考察。市领导小组办公室不定期刊发《工作简报》,通报各县(区)回归引进项目情况及进度排名,交流推广各地、各部门的先进经验。汇编《湖州市支持浙(湖)商创业创新促进民营经济大发展大提升若干政策》,并开展了“送政策”服务活动,同时,在报纸、电视和门户网站等市级媒体大力宣传支持浙(湖)商创业创新工作,刊播相关政策,不断扩大社会各界对支持浙(湖)商创业创新工作的知晓率和参与度。会同市监察局对各县(区)和市级有关部门开展支持浙(湖)商创业创新工作进行了督查和检查,进一步推动了各项工作的落实。2012年,全市浙(湖)商回归引进项目省外到位资金89.33亿元。

【接轨上海融入长三角】　根据长三角城市经济协调会第十二次市长联席会议会上共同签署的《长三角城市合作(台州)协议》,市级有关部门主动参与“长三角地区专利运用合作体系建设”、“促进长三角城市群民营中小企业转型发展”等12个专(课)题工作,配合编写《2012年长三角洲城市发展报告》,为长三角产业联动、发展产业集群和避免区域内产业同构竞争提供决策参考。积极开展高层互访交流,市委副书记、市长金长征,副市长李建平等市领导率市级有关部门负责人赴上海市政府合作交流办公室进行座谈交流,共同探讨加快推进长三角一体化发展思路举措,听取加快湖州经济社会发展的意见和建议。专项接轨活动成效明显,成功引进了医疗器械科技产业园、南太湖科技新城综合体开发建设等重大项目。各县(区)也通过“走出去、引进来”的方式进行了形式多样的接轨活动,南浔区开展“浙商投资(上海)洽谈会暨项目签约仪式”,有20个项目签约,总投资100亿余元;长兴县在上海举行“装备制造业产业招商推介会”,充分利用该平台寻找招商引资对象,挖掘相关合作企业、上下游企业,对产业链进行延链、补链,做到效率最大化,从而推动长三角合作的最大化。

【参与杭州都市圈建设】　作为2012年杭州都市圈的执行主席方,成功承办了杭州都市圈第十一次主任办公会议、第六次政府秘书长会议暨第一次专家委员会会议和杭州都市圈第六次市长联席会议。主动参与杭州都市圈发展规划中的综合交通、环境共保等专项规划的修编和旅游、信息、金融、轨道交通等专项规划的编制,共同推进相关领域的一体化建设。德清县和安吉县通过举办“融杭活动月”等系列活动,进一步加强与杭州的经贸、旅游和科技文化等各方面的合作,提升了两地的知名度;通过实施“走出去、请进来”的方式,加大对杭资引进政策、环境等宣传工作,实现在理念上、产业上和感情上“三个接轨”的工作目标,推动产业梯度转移。至年末,安吉县引进杭资企业项目186个,总投资近170亿元。同时,德清县和安吉县通过沟通衔接、举办活动等举措,进一步加快在交通、医保和教育等民生方面的融入步伐。

【双对口工作】　2012年,全市共向重庆市涪陵区和四川省等地无偿援助资金440万元,用于改善民生和发展特色产业,有力地促进了当地经济社会发展。坚持输血与造血相结合的原则,积极鼓励和引导湖州市企业参与对口帮扶工作,实现两地优势互补,共赢发展,湖州中味酿造有限公司已经发展成为四川省仪陇县农业产业化龙头企业,建立了榨菜基地1333.33公顷、辣椒基地1666.67公顷,带动3.2万农户年增收6000万元以上;仪陇县从湖州市引进的吊瓜子农业效益项目共发展到146.7公顷,帮助1200户农户人均增收800元以上;从湖州市引进的白茶项目已经在仪陇县开始推广种植,两地的效益农业合作正向纵深推进。在开展对口支援和项目合作的同时,支持和配合受援地区选送优秀基层干部到湖州市挂职锻炼。结对以来,共有5批、46名涪陵区干部和75名仪陇县干部到湖州市有关县(区)挂职交流,并输入涪陵区和仪陇县劳务人员2400余人次到湖州市工作。劳动力转移就业拓展了双对口工作新的领域,成为帮扶工作一个亮点。

【对口援疆】　对口援疆工作成效初显,截至2012年底,共实施援疆项目16个,累计安排援助和捐助资金15800万元,其中计划内援助资金14043万元、计划外捐助资金1757万元,援疆进度继续走在全省前列。实施的项目涉及治水致富、双语育才、安居富民、健康普惠、文化春雨、人才培养、产业发展和结对捐助八大工程。柯坪湖州双语小学、柯坪湖州文化中心、玉尔其湖州新村等一批项目投入使用,受到当地干部、群众的好评和自治区领导、浙江省援疆指挥部的高度肯定。2012年实施的"文化走亲"进柯坪县系列活动，开展了以"送文化器材、送校园文化、送文艺节目、送书画作品、送宣传图书、送职工文化"为主要内容的文化走亲活动，计划外捐赠资金达100万余元。11月上旬，开展的"柯坪县融入湖州活动周"活动，通过文艺演出、产品推介等形式，进一步拉近柯坪县和湖州市之间的距离。形成了湖州市"文化援疆"的新模式，开创了全国对口文化援疆的先河。

【山海协作工程】 按照年初制定的《湖州市2012年度山海协作工程工作要点》，2012年，全市共向丽水市提供山海协作资金255万元，有力地提升了欠发达地区的自我发展能力。一是加强人力资源培训就业合作。结合欠发达地区的布点需求，巩固提升以山海协作职业技能实训基地为纽带的劳动力培训转移机制，落实资金50万元，用于改善实训基地办学条件，帮助欠发达地区培训转移劳动力1100人次。二是产业合作不断深化。德清乐源生物工程有限公司在衢州市龙游县设立4个农户+企业水果生产加工基地，2012年基地收购柑橘1.5万吨，为当地创收2640万元。长兴县和丽水市的庆元县积极开展农业产业化合作，重点扶持椎栗、灰树花、黑木耳、吊瓜、高山蔬菜和笋竹两用林等当地主导产业培育，极大地促进了当地农民增收致富。三是积极改善对口地区民生。吴兴区织里镇、八里店镇共援助丽水市遂昌县柘岱口乡、云峰镇和濂竹乡等14个村资金41万元，用于结对村镇的道路修建和学校建设等。长兴县援助资金50万元，支持庆元县的农村电子商务示范村建设，开展电子商务培训，并在四个结对乡镇（村）实施了农村危旧房改造、村道建设等新农村建设项目。德清县在丽水市的缙云县继续开展"低收入农户奔小康"活动，支援结对村新农村建设、效益农业等项目资金64万元，有力地促进了对口地区的发展。

合 肥 市

长江三角洲地区城市合作（合肥）协议

（2012年4月13日）

2013年4月13日至14日，长江三角洲城市经济协调会（以下简称长三角协调会）第十三次市长联席会议在安徽省合肥市召开。为了贯彻落实党的十八大会议精神、国家区域发展战略和沪苏浙皖三省一市主要领导座谈会确定的工作重点，各成员城市市长围绕大会主题，就加快结构调整、推动创新发展、强化公共服务、加强环保合作、深化共融合作等方面进行了深入讨论。经商议，2013年度要继续发挥长三角协调会的区域合作平台作用，通过设立并实施长三角品牌建设合作专题，开展长三角城市公共事件应对机制研究课题等8个合作课题的研究，进一步巩固会议成果，落实相关工作。

会议达成如下协议：

一、发挥区域合作平台作用，狠抓工作实效

为了更好地贯彻《进一步推进长江三角洲地区改革开放和经济社会发展的指导意见》和《长江三角洲地区区域规划》，落实沪苏浙皖三省一市主要领导座谈会精神，组织成员城市共同推动落实相关工作，2013年主要开展以下3个方面工作：

1、贯彻落实沪苏浙皖三省一市主要领导座谈会精神，长三角协调会有序开展扩容工作。为了长三角一体化发展的新要求，保持区域组织的凝聚力和行动力，协调会办公室将依托专家咨询委员会，从实际出发设计出适合新形势下城市群合作的机制，明确成员城市议事规则，提高协调会成员广泛参与的积极性，创新性地提出建立行政契约履约的激励与约束机制；

2、继续以专课题合作为抓手推进城市合作，督促检查各专课题组高质量完成年度工作任务。在各个城市市长高度关注的领域探索建立1-2个专业委员会（专业组），更好地促进各城市间共享城市一体化发展新红利。

3、加强协调会办公室的日常协调和服务功能，推进协调会专家咨询委员会和城市合作（复旦大学）研究中心有序开展工作，编写长三角城市合作刊物和2013年度长三角城市群发展报告。

由长三角协调会2013年度执行主席方合肥市和协调会办公室共同牵头负责。

二、聚焦城市群品牌建设领域，务实推进项目实施

实现长三角各城市间的产业对接和联动发展是长三角区域合作的重要内容，为了形成长三角品牌建设合作机制，开展品牌企业对接，推进长三角产业提升和融合发展，特设长三角品牌建设合作专题。2013年拟完成以下任务：

1、对长三角品牌现状进行梳理，提出建议。

2、建立长三角品牌建设合作机制。

3、初步建立长三角品牌数据库。

4、举办长三角品牌园区、企业对接活动。

5、邀请组织长三角城市共同参与上海品牌发展论坛。

6、推动长三角品牌企业参与中国国际工业博览会品牌馆建设。

7、建立长三角品牌建设专家队伍。

由上海市经济和信息化委员会牵头该专题的实施。

三、围绕城市群合作的重点领域，开展课题研究

（一）长三角城市公共事件应对机制研究课题

区域性特大灾害和公共危机往往威胁着社会秩序的稳定和市民的生命财产安全，为了有效应对长三角地区区域性特大灾害或公共危机，例如水污染、疫情、食品安全等，本年度特设立此课题。在借鉴国外区域应急管理模式和管理方法的基础上，结合我国区域协作和政府管理模式，探讨出构建长三角地区区域应急联动机制和管理方法。为此，2013年拟完成以下任务：

1、通过文献资料分析研究区域应急联动机制的理论与方法,进而在对欧美日本等发达国家及我国珠三角地区等应急联动实践进行分析的基础上,全面总结和分析区域应急联动的理论与运行实践经验。

2、运用实证调查方法分析长三角地区突发事件特征,依托长三角合作平台,综合分析长三角城市经济社会特征和灾害脆弱性特征;在实证调查分析长三角城市在经济、环境、公安等领域跨区域合作机制与模式的基础上,分析研究长三角应急管理现状、应急联动的需求和应急联动方法,探讨建立长三角城市应急联动机制。

3、探讨在长三角城市合作机制和模式的基础上,依托长三角信息系统(GIS),研究提出构建长三角城市应急联动模式与运行机制。

由上海社科院、复旦大学牵头该课题的研究。

(二)长三角地区战略性新兴产业共性技术合作产业化研究

战略性新兴产业共性技术产业化是促进区域经济发展和提升产业竞争力的关键,为了探讨长三角地区共性技术合作产业化的路径、模式与策略,特设立此课题。2013 年拟完成以下任务:

1、总结国内外关于共性技术产业化特点、实践经验、研究现状及未来发展趋势。

2、调查归纳长三角地区战略性新兴产业共性技术产业化现状、模式、问题及机遇,包括战略性新兴产业共性技术资源和企业的空间分布、地区差异;长三角地区战略性新兴产业共性技术产业化实践的已有模式、特征与经验,挖掘产业化过程中存在的主要问题及其原因。

3、分析长三角地区战略性新兴产业共性技术合作产业化的优势与挑战,研究合作产业化的路径、模式与策略,梳理相关影响因素,结合典型案例分析与设计形成系统解决方案。

4、剖析政府与企业在战略性新兴产业共性技术合作产业化实践中的角色,提出相关政策建议以促进长三角地区战略性新兴产业共性技术合作产业化进程。

由南京市发改委、东南大学牵头该课题的研究。

(三)全球价值链视角下长三角传统制造业升级的路径与对策研究课题

改革开放三十多年来,长三角传统制造业以不同方式融入全球价值链中,为长三角经济增长做出了重大贡献。然而,在新的对外开放时期,随着国内外经济发展环境的变化,长三角传统制造业如何突破低端锁定,向价值链高端攀升,仍然是未来一段时间亟需解决的难题。为此,特设立此课题,2013 年拟完成以下任务:

1、梳理传统制造业突破低端锁定、向价值链高端攀升的相关文献,从理论上探讨相关机理,为课题研究奠定基础。

2、分析长三角传统制造业的现状,及其在全球价值链中的价值等级。

3、通过调研,对影响长三角传统制造业向价值链高端攀升的各种因素进行分析,在定量估算与定性分析的基础上,确定主要影响因素。

4、通过国际比较,总结传统制造业向价值链高端攀升的驱动因素、演化规律与升级路径。

5、分析长三角传统制造业突破低端锁定的路径及相应的对策;对长三角区域协调与政府功能完善提出相关建议。

由宁波市经合办、宁波大学牵头该课题的研究。

(四)关于长三角区域差别化发展取向和重点的研究课题

党的十八大报告明确提出,要继续实施区域发展总体战略,充分发挥各地区比较优势。长三角地域辽阔、人口众多,协调会各成员城市的自然条件、社会人文、资源禀赋、经济基础存在着一定的差异,区域经济社会发展不平衡,带来了区域不协调、不持续的问题。为有效解决这些问题,特设立此课题,2013 年拟完成以下任务:

1、掌握长三角区域发展的总体情况。

2、对长三角区域发展差距及原因进行分析,包括省级区域的差别化分析和经济发展的差别化分析。从资本、劳动力、制度、产业结构等角度,研究分析长三角区域经济发展差别化产生的因素,并测算这些因素对各地经济增长差别化的不同影响。

3、为长三角区域缩小差别化提出总体要求和目标,拟定基本原则,设置重点任务并制定主要措施和对策。

由扬州市发改委牵头、盐城市发改委配合该课题的研究。

(五)新型城镇化——长三角一体化的新红利课题

2012 年中央经济工作会议指出,城镇化是我国现代化建设的历史任务,也是扩大内需的最大潜力所在。为了加快长三角的城镇化步伐,积极引导城镇化健康发展,特设立此课题,2013 年拟完成以下任务:

1、研究长三角城镇化的演进轨迹,包括长三角城市化发展的主要阶段、取得的主要成就和新型城镇化建设面临的主要问题。

2、借鉴国际经验,探讨长三角城镇化的发展趋势。

3、研究长三角新型城镇化的基本内涵、基本战略和发展原则。

4、提出促进长三角新型城镇化发展的政策建议,包括重新开启设市进程、创新城乡一体化治理模式、开发区与城镇化一体设置、建立和健全相关政策体系等。

由杭州市国内经济合作办公室,马鞍山市发改委、杭州市社会科学院、安徽工业大学管理学院共同牵头该课题的研究。

(六)长三角地区推进陆海统筹发展战略研究课题

党中央国务院高度重视海洋经济的发展,为了利用好中国东部最优越的海洋地理位置和丰富的海岸线资源,进一步加大长江三角洲地区对外开放的服务力度,提高经济、社会发展的质量,特设立本课题,2013 年拟完成以下任务:

1、在梳理陆海统筹理论的基础上,进一步分析长江三角洲地区推进陆海统筹的战略意义,从内涵、理念和路径三个方面提出长江三角洲地区推进陆海统筹的战略要点。

2、搜集国内外实施“陆海统筹发展”战略的成功案例,提炼其先进经验用于借鉴。

3、以舟山群岛新区为例进行研究,全面实施陆海统筹发展,服务长三角地区经济发展的新举措。

由舟山市经济合作与投资促进局、浙江海洋学院牵头该课题的研究。

(七)构建长三角地区现代农业合作机制课题

为贯彻落实中央关于加快发展现代农业的要求,并立足长三角地区,充分利用各城市之间的特色优势,积极推进现代农业的发展,以进一步增强农村发展活力,促进长三角区域一体化,特设立此课题,2013 年拟完成以下任务:

1、实行长三角地区现代农业合作基础与现状的调查研究。采用理论研究、案例分析、问卷调查等研究方法，对长三角地区农业合作的基础和现状进行全面梳理，掌握各地在发展现代农业中的政策及进度，辨别出现代农业合作中存在的主要问题，以及制约现代农业合作的关键因素。

2、深入研究关键因素对长三角地区现代农业合作的影响机理。借助经济学、管理学等理论和研究方法，研究长三角地区现代农业合作中利益分享及均衡机制。

3、根据影响机理的相关研究结论，设计具体的政策，为相关推进措施的落地提供必要保障。在政策措施实施一个阶段后，对具体的工作成效和各利益相关方的评价进行调查和分析。

4、针对跨地区现代农业合作存在的共性问题提出政策建议，并设计出能够推动现代农业合作的有效机制。

由台州经合办、湖州市发改委、淮安市发改委、台州学院共同牵头该课题的研究。

（八）长三角区域生态环境治理合作机制研究课题

长三角地区是我国城市化进程最快、经济活力最强的地区，但同时也是生态环境破坏比较严重的地区。为了响应党中央大力加强生态文明建设和环境保护的号召，为了建立和完善长三角区域生态环境治理的合作机制，加强区域生态环境的共同建设、共同保护和共同治理，促进区域生态文明，特设立此课题，2013 年拟完成以下任务：

1、与长三角各城市沟通联系，收集相关资料和数据，进行长三角区域生态环境治理的现状及特征分析。

2、研究并借鉴国内外跨行政区域生态环境治理合作的案例。

3、在把握长三角区域生态环境治理现状的基础上，以水、大气、土壤等污染跨行政区域防治为重点，构建长三角区域生态环境治理合作的创新机制。

4、对长三角区域生态环境治理的合作提出相应的政策建议。

由嘉兴市合作交流办、泰州市发展改革委、泰州市环境保护局、嘉兴学院共同牵头该课题的研究。

长三角城市环境保护（合肥）宣言

长三角区域是国内经济最具活力最发达的地区之一，是中国走向世界的重要窗口。近年来，环境问题成为制约区域经济发展的“沉重的翅膀”，建立起区域环境保护体系，推动区域环境质量改善，提高区域环保科技交流水平，创新多主体参与环境保护模式，促进区域生态环境安全，实现区域经济又好又快发展意义重大、影响深远。经市长联席会议协商，发出如下宣言：

一、共同构建区域环境保护体系。充分发挥各自城市优势，共同制定区域环境保护防范体系标准，坚持源头治理，形成合力，推进区域环境保护有序发展。共同推进区域绿色发展、循环发展、低碳发展，大力发展绿色经济、循环经济和低碳技术，培育壮大节能环保产业，形成节约资源和保护环境的空间格局、产业结构、生产方式、生活方式，从源头上扭转生态环境恶化趋势。

二、共同推进区域环境质量改善。区域内城市团结合作，共御环境风险，实施区域水环境综合治理、大气污染控制、危险化学品与危险废物管理、土壤污染等联防联控联治，共同打击环境违法行为，形成有效的联防、联控和联治机制，化解环境风险，共同致力区域环境质量改善，切实保障人民群众健康安全。

三、共同提高区域环保科技交流水平。按照构建环境保护体系格局的要求，建设区域环保科技交流平台，实现环保科技资源共享和优势互补，提升合作层次与效益，合力开展水生态修复、PM2.5 防治、机动车排气污染防治等城市环境保护重大项目科研合作。共同推进能源资源节约和循环利用，重点抓好工业、农业、交通、建筑、公共机构等领域合作，控制能源消费总量，降低能耗、物耗和二氧化碳排放强度。共同推动区域环境防治项目合作与互动，加快建立组织化、网络化、社会化程度较高的环境保护运行机制。

四、共同创新多主体参与的环境保护模式。建立政府主导、各方配合、运转顺畅、充满活力、富有成效的环境保护格局，发挥各自作用和优势，创新合作模式，推进环境保护。建立区域环境保护宣传教育合作机制，定期开设环境教育课程和经验交流，组织环保 NGO、环保社团进行培训，促进环保社会组织规范化运作，联合开展形式多样的环保宣传活动，有序引导公众参与，拓宽公众视野，增强公众的环境意识。

五、共同促进区域生态文明建设。大力弘扬区域生态环境文化，建立符合区域经济发展的生态文明目标责任体系、考核办法、奖惩机制等，树立尊重自然、顺应自然、保护自然的生态文明理念，促进区域生态环境安全。积极弘扬正确环境价值观、生态伦理观，坚决摒弃地方主义观念，增强全民节约意识、环保意识、生态意识。

六、共同推进环境保护机制创新。遵循“人际公平、代际公平、国际公平”的准则，推动区域联合保护环境，共同争取国家关于节能量、碳排放权、排污权、水权交易等试点，建立健全资源有偿使用制度、生态补偿制度以及环境保护责任追究制度和环境损害赔偿制度等体系。

七、共同促进环保产业发展和市场开放。按照公平竞争原则，互相开放环评咨询服务和环保产业市场，组成环保产业联盟，促进优势互补，合作发展。区域内环保企业、技术、产品、资质互认，为环保企业在区域的经营、合作提供方便。

八、建立健全环境保护协调机制。建立信息通报机制，共享环境监测信息，积极推行环评会商交流，建立区域内的重大环境事件的通报机制，污染整治工作的协作机制，区域联合执法机制。共同建立环境舆情收集、研判和处置机制，提高环境舆论引导的有效性，维护政府公信力，共同打造“绿色长三角”。

长三角城市实施创新驱动
推进产学研合作（合肥）宣言

在这春光明媚的美好季节，参加 2013 长三角城市经济协调会第十三次市长联席会议的代表们于 2013 年 4 月 13 – 14 日相聚合肥，就长三角城市的协作与发展进行广泛而深入的探讨，并达成以下共识：

一、共同推动科技要素有序流动。在长三角城市开展科技协同创新，鼓励科技成果、科技人才、创业资本等科技要素在长三角城市的有序流动。联合举办科技成果发布、展示、技术转移项目对接等交流活动,积极支持和参与在长三角城市中独立或联合举办的各种技术对接及会展活动,促进长三角城市技术转移、产权交易、知识产权保护、创业投资协作。

二、共同构建产学研合作平台。共建大学科技园、科技企业孵化器,提升大学科技园、科技企业孵化器孵化高新技术企业水平,加强高等院校、科研院所和企业技术转移和成果产业化。共同组建产学研合作示范基地和科技成果产业化基地,促进科技成果在长三角城市实现转化和产业化。

三、大力加强环保科技合作。联合各市高校、科研院所的力量,广泛开展产学研合作,积极开展绿色食品、绿色建筑、绿色照明、绿色公交以及江河、湖泊水污染治理、工业脱硫脱硝等技术的联合攻关与协作,为长三角城市"天更蓝、水更绿"提供科技支撑。

四、促进相互融合与共赢。各市政府应发挥产学研合作的有力推动者作用,大力构建各类产学研合作平台,制定切实可行的配套政策,鼓励发展服务产学研合作的中介机构,探索富有生机与活力的产学研合作新机制,营造产学研合作良好环境。

五、积极推进科技资源相互开放和共享。相互开放各级重点实验室、工程技术研究中心、中试基地、大型公共仪器设备等科技基础设施;推进科技文献、科技信息、专家库、动植物资源、水文资源等基础性科技资源的协作共享和信息互动。

六、建立产业推进合作机制。围绕国家科技发展战略需求,结合各市经济社会发展现实需求,集成高等院校、科研院所、企业的优势资源,共同申报、承担国家科技计划项目;支持和推动长三角城市在高新技术企业、高等院校、科研院所在长三角城市联合或独立建立实验室、工程技术研究中心或设立分支机构、中试基地等,对其基础设施开放和研发机构拓展等列入科技计划项目予以支持。

七、加快科技管理体制创新。加强长三角城市的科技宏观统筹,充分发挥长三角地区各类创新主体的作用,发挥城市的科技优势,保障国家科技重大专项等顺利实施。加强对科技重大项目管理的信息沟通,建立长三角城市科技专家库,拓宽科技项目需求征集渠道,建立科学合理的项目形成机制和储备制度。

八、推进创新人才队伍培养。联合各市高校、科研院所的力量,大力推进校所联合、校企对接、跨学科联合等培养模式,深化人才体制改革,大力培养造就高水平创新创业人才、青年人才和急需紧缺人才。开展领军人才引进培育工程、创新创业平台提速工程、科技成果转化扶持工程、创新创业政策支持工程、人才环境提升工程。

九、加强知识产权保护意识。加强本地以及引进技术的消化、吸收与创新成果的专利保护,进一步提高知识产权的保护意识,普及知识产权保护方面的知识,同时大力宣传专利制度在技术中的作用。

我们倡议:企业、高校科研院所、政府各自发挥自己在产学研合作中的作用,通过全社会创新力量的共同努力,诚信合作、合力推进,共同建设立足合肥、服务长三角、面向全国、走向世界的创新驱动拖动产学研合作的区域创新体系。我们坚信,只要目标明确、方向一致,并为之付出不懈的努力,就一定能够不辱使命、互利共赢,推动创新型国家的建设,实现全面协调可持续的发展。

上 海 市

【国民经济发展】 2012年，上海推进结构调整，经济在保持平稳发展中加快转型。(1)经济运行总体平稳有序。全市生产总值突破2万亿元，按可比价格计算，比上年增长7.5%。其中第三产业实现增加值12061亿元，比上年增长10.6%；第二产业实现增加值7913亿元，比上年增长3.1%；第一产业实现增加值128亿元，比上年增长0.5%。地方财政收入全年完成3743.7亿元，比上年增长9.2%。物价涨幅持续回落，居民消费价格比上年上涨2.8%，涨幅比上年回落2.4个百分点。(2)推进结构调整升级。第三产业领先第二产业增长，第三产业增加值比上年增长10.6%，增速高于第二产业7.5个百分点，其中金融业增加值增长12.6%、信息服务业增加值增长16.5%。消费增长领先投资增长，全年社会消费品零售总额7387.3亿元，比上年增长9%；网上商店零售额比上年增长75.5%；城市居民家庭服务性消费支出占消费总支出比重为30.3%；全社会固定资产投资总额5254.4亿元，比上年增长3.7%，其中民间投资比上年增长13.2%。(3)重点区域支撑带动作用显现。世博园区、虹桥商务区、国际旅游度假区、临港地区、前滩地区、黄浦江两岸地区六大重点功能区域加快建设。上海综合保税区商品销售额、工商税收占全国110个海关特殊监管区域的比重均超过50%。陆家嘴金融贸易区集聚各类金融及相关服务机构超过2100家，航运机构超过1000家。上海化工区升级为国家级经济技术开发区。(4)加大企业帮扶力度。贯彻落实国家和上海市鼓励引导民间投资、支持中小微型企业健康发展的各项政策，大力优化非公有制经济发展环境。聚焦减轻税费负担、拓宽融资渠道、优化发展环境，多管齐下加大对企业特别是中小微型企业帮扶力度，促进实体经济健康发展。

推进“四个中心”建设，提升城市综合服务功能。(1)国际金融中心资源配置功能增强。现代金融要素市场体系不断健全，全年金融市场交易总额528.1万亿元，金融市场直接融资额3.9万亿元，分别比上年增长26.3%和34.9%。加快集聚金融机构，中国银行上海人民币交易业务总部、银联国际有限公司和平安航运保险运营中心落户上海，人民币国际投贷基金——赛领基金正式设立；全市获第三方支付牌照企业51家，占全国的四分之一。金融创新步伐加快，白银期货挂牌上市，人民币对日元直接交易正式启动，首只跨市场交易型开放式指数基金(ETF)产品和首只跨境ETF产品发行上市。(2)国际航运中心服务功能提升。国际航运发展综合试验区建设取得重要突破，启运港退税、洋山港保税船舶登记、期货保税仓单质押融资、国际中转集拼等试点启动实施；单机单船融资租赁试点顺利推进，租赁资产规模超过25亿美元。航运服务便利化水平不断提高，口岸进出口货物“通关单无纸化”全面推广，上海国际航运服务中心正式启用。“航运集疏运”体系进一步完善，全年上海港货物吞吐量7.4亿吨，国际标准集装箱吞吐量3253万标准箱，国际标准集装箱吞吐量连续三年位居全球第一；集装箱水水中转比例42.8%，比上年提高1.7个百分点。上海机场旅客吞吐量7871万人次、货邮吞吐量338万吨；浦东机场货邮吞吐量连续四年保持全球第三。(3)国际贸易中心集聚辐射效应显现。出台《上海市推进国际贸易中心建设条例》，商务部与上海部市合作机制进一步深化。中国博览会会展综合体主体工程开工，国际贸易技术标准服务中心、常年展示交易中心等平台建成运营，法国、德国等国商品中心陆续开业。实施上海市稳定外贸政策措施，试点建立贸易便利化“一站式”服务中心。国际贸易结算中心外汇管理试点企业扩大到50家，全年跨境人民币结算量突破4800亿元。全年实现商品销售总额53795.1亿元，比上年增长16.8%；关区进出口总额8013.1亿美元,占全国的五分之一;服务贸易进出口总额1516亿美元,比上年增长17.2%,占全国的三分之一。(4)加快集聚发展总部经济。实施《上海市鼓励跨国公司设立地区总部的规定》《上海市关于鼓励外商投资设立研发中心的若干意见》等政策意见,全年新认定跨国公司地区总部50家、投资性公司25家、研发中心17家,累计分别为403家、265家和351家。央企和民企加快集聚,中国商飞公司、中化集团等一批央企总部项目落户世博园区,一批民营企业总部落户上海。

推进创新型城市建设,自主创新成效显现。(1)培育战略性新兴产业。制定实施上海市"加快培育和发展战略性新兴产业的实施意见"和"十二五"专项规划,发布新一轮鼓励软件和集成电路产业发展的若干政策。战略性新兴产业七大领域重点项目加快推进,大规模集成电路、物联网、云计算等11个专项工程启动实施。"上海市自主创新和高新技术产业发展重大项目专项资金"更名为"上海市战略性新兴产业发展专项资金",年内共安排落实专项资金30亿元,带动社会投资超过100亿元。发挥市创业投资引导基金带动作用,组建新兴产业创投基金36家,吸引民间资金150亿元。(2)科技创新能力进一步提升。召开上海市科技创新大会,出台深化科技体制改革加快创新体系建设的实施意见,颁布《上海市知识产权战略纲要(2011—2020年)》。加快建设张江国家自主创新示范区,制定股权激励试点和创业团队培育政策,完善新一轮张江专项资金管理办法,张江扩区工作顺利推进。杨浦国家创新型试点城区、紫竹国家级高新技术产业开发区建设加快推进。科技创新创业服务体系不断完善,全社会研究与试验发展经费支出相当于全市生产总值比例为3.16%,每百万人口发明专利授权数478件,比上年增长23%。企业创新能力提升,全市国家级、市级创新型企业分别有34家和500家,有高新技术企业4312家、科技小巨人企业878家、技术先进型服务企业283家。(3)创新创业型人才队伍持续壮大。完善重点领域人才开发机制,编制完成战略性新兴产业、航运和文化创意产业人才开发目录。国家和上海市海外高层次人才"千人计划"顺利实施,累计425人入选国家"千人计划",310人入选上海市"千人计划","雏鹰归巢计划"继续推进。高技能人才队伍加快建设,建立首批技能大师工作室及第二批高技能人才培养基地,高技能人才占技能劳动者比重达27%。

推进改革开放,转型发展动力进一步增强。(1)服务业营业税改征增值税试点取得成效。按照国家部署,在交通运输业和部分现代服务业开展营业税改征增值税试点,并出台实施过渡性财政扶持政策。试点工作进展平稳有序,全市15.9万户企业纳入试点范围,试点企业和原增值税一般纳税人合计减税约166亿元,其中小规模纳税人税负下降40%。稳步推进国家现代服务业综合试点,首批10个区域市级服务业综合改革试点启动实施。(2)深化重点领域改革。推进浦东综合配套改革试点,融资租赁业务创新试点、全球检测维修业务试点等重大改革事项有序开展。围绕"两高一少"目标,深化行政审批改革、改进政府服务方式、扩大政府信息公开,政府服务效能进一步提高。继续实施国资重组联合与布局优化,企业整体或核心业务资产上市加快推进,国资行业分布从64个调整收缩到59个。出台《关于进一步加强上海市社会信用体系建设的意见》,上海网络社会征信网平台正式建立。(3)拓展内外开放广度深度。利用外资态势良好,全年外商直接投资合同金额223.4亿美元,实际到位金额151.9亿美元,分别比上年增长11.1%和20.5%;服务业实到外资占比83.5%,其中金融、商务服务业分别比上年增长74.7%和29.5%。加大"走出去"力度,全年对外直接投资金额32.4亿美元,比上年增长22%。推进区域交流合作,长三角合作与发展共同促进基金启动实施,交通、旅游、能源、信息等重点领域合作深入推进。对口支援工作持续加强,安排落实对口支援资金25.4亿元,实施项目706个。

推进基本公共服务体系建设,市民生活水平不断提高。(1)加强就业工作。全年新增就业岗位61.4万个,其中农村富余劳动力非农就业岗位11万个;新安置就业困难人员1.7万人;城镇登记失业率控制在4.2%。启动新一轮鼓励创业带动就业三年行动计划,实施扶持失业青年就业启航计划,帮助1.1万人成功创业、7330名长期失业青年实现就业。制定上海市加强企业职工职业培训实施意见,继续实施农民工技能提升计划,农民工职业培训30.5万人。出台规范劳务派遣用工若干意见,建立劳动争议月报制度,促进劳动关系和谐发展。(2)完善分配保障制度。推进收入分配和社会保障制度改革,完善保障制度,提高待遇标准,职工基本养老保险、城镇居民养老保险、新型农村社会养老保险"三位一体"养老保险制度体系基本形成。全年企业退休人员平均养老金增幅15%,最低工资、城乡低保等标准上调幅度均超过10%。全年城市和农村居民家庭人均可支配收入分别为40188元和17401元,分别比上年增长10.9%和11.2%。(3)廉租房、共有产权房、公共租赁房、动迁安置房"四位一体"的住房保障体系基本建立。全年新开工建设和筹措保障性住房16.7万套1292万平方米,供应11.5万套865万平方米。制定新一轮大型居住社区配套建设支持政策,出台加强大型居住社区行政管理和公共服务资源配置的若干意见。贯彻落实加强房地产市场调控各项政策,稳步实施个人住房房产税改革试点,房地产市场保持平稳运行。(4)发展各项社会事业。加快建设国家教育综合改革试验区,上海纽约大学、上海科技大学建设顺利推进,成立上海开放大学,扩大中高职教育贯通培养模式改革试点,为150所招收进城务工人员随迁子女为主的民办小学建设综合实验室,新增幼儿园54所。立足提高基本医疗服务水平,医药卫生体制改革取得阶段性成果。加快国际文化大都市建设,中华艺术宫、上海当代艺术博物馆开馆运营,区县国有文艺院团体制改革完成,文化产业股权投资基金成立运营。举办首届市民运动会,上海体育运动员在伦敦奥运会取得优异成绩,国际体育仲裁院上海听证中心成立。制定实施推进上海市养老机构建设若干意见,全年新增养老床位5227张,新设社区老年人助餐点42个,新建老年人日间服务中心26家,为27.2万名老人提供居家养老服务。(5)保持物价基本稳定。采取保障供应、搞活流通、降低成本、强化监管等措施,保障主副食品供应充足和价格基本稳定。健全价格信息发布制度,促进价格信息公开透明。完善社会救助和保障标准与物价上涨挂钩联动机制,发放临时价格补贴40万人次,切实缓解物价上涨对低收入群众基本生活的影响。

建立完善常态长效管理机制,城市管理和社会管理进一步加强。(1)完善城市基础设施体系。轨道交通13号线一期西段、9号线南延伸段开通运营,嘉闵高架南延伸和北延伸等项目开工建设,虹梅南路—金海路越江、长江西路越江、中环线浦东段等工程继续推进，完成20条区域对接道路建设。公交优先战略加快实施，公共交通日均客运量1701万人次，日均公交优惠换乘318.6万人次。智慧城市建设深入推进，光纤到户和用户数、无线局域网覆盖密度、城域网出口带宽、高清电视和交互式网络电视（IPTV）用户数均居国内前列，在全市300处主要公共场所开通i-Shanghai免费上网服务。（2）城市运行总体安全有序。贯彻实施上海市安全生产条例，制定出台建设工程质量和安全管理条例、安全生产事故隐患排查治理办法，排查整治轨道交通、高架道路等基础设施运营安全隐患，推进建筑施工、消防、危险化学品、烟花爆竹等重点行业安全生产领域打非治违专项行动；726幢20年以上房龄高层住宅增配消防设施，8487个小区开展消防疏散演练，31.9万名农民工接受安全生产培训。按照最严的准入、最严的监管、最严的执法、最严的处罚、最严的问责“五个最严”要求，制定实施上海市食品安全行动计划，完善监管制度、健全监管网络、强化整治查处。加强能源安全保障，临港燃气电厂一期工程全面建成投产，西气东输二线实现向上海供气。（3）加强社会管理。贯彻中央加强和创新社会管理的意见，完善上海市社会建设和管理领导体制，建立市社会建设委员会和市社会管理综合治理委员会。加强来沪人员服务管理，探索制定居住证积分管理制度，完善实有人口、实有房屋、实有单位“三个实有”全覆盖管理长效机制。加强大型居住社区和新城社会服务管理，推进“镇管社区”试点，推广“大联动”“大联勤”管理经验。推进社区事务受理服务中心一门式服务，延长窗口服务时间。推进社会组织孵化基地建设，鼓励社会力量参与社会管理和服务。健全重大决策社会稳定风险评估机制，建立医患纠纷专业调解机制，全面推广建设信访大厅，不断完善信访事项核查终结机制。落实平安建设实事项目，完善社会治安防控体系，保持社会和谐稳定。

推进社会主义新农村建设，城乡一体化取得进展。（1）发展都市现代农业。农业设施化和组织化程度进一步提高，全市设施粮田8.7万公顷、设施菜田1.4万公顷，农民专业合作社3177家，农业产业化龙头企业388家。农业综合生产能力不断增强，全年粮食总产量122.4万吨，地产农产品供应稳定、质量安全可控。出台加快推进农业科技创新的若干意见，市级财政对农业补贴力度进一步加大，绿叶菜淡季成本价格保险制度继续完善。（2）加快新城和新农村建设步伐。贯彻落实加快新城发展和城乡一体化发展若干意见，建立完善新城建设推进协调机制，新城规划调整修编基本完成。加强新城基础设施建设，推进骨干道路建设，改善远郊地区交通出行条件，金山铁路建成通车。改善农村生产生活环境，启动实施第五轮环保农业三年行动计划，出台新一轮经济薄弱村村内道路改造扶持政策，完成105个村庄改造、727座农村桥梁改造。崇明生态岛建设加快推进。农村基本公共服务不断加强，8家郊区三级医院建成运营，实现每个郊区县至少有1家三级医院，村级公共服务中心基本全覆盖；全市113.7万名农民参加农村合作医疗保险，基本实现应保尽保。（3）深化农村改革创新。立足完善城乡统筹发展长效机制，推进农村产权制度和土地制度改革，增强农村经济发展活力。推进奉贤统筹城乡发展、金山新型工业化等专项改革试点和小城镇发展改革试点。

推进生态文明建设，节能环保工作取得成效。（1）节能降耗成效显著。召开全市节能减排和产业结构调整工作会议，分解落实年度节能减排目标。完善节能政策、推进节能工程、加强节能管理，调整优化能源结构，节能降耗取得成效。启动开展上海市碳排放交易试点，编制完成温室气体排放清单，推进虹桥商务区、临港、崇明等低碳实践区试点。全年单位生产总值能耗下降6.18%。（2）加大污染减排力度。推进污染减排重点工程，上海石化脱硫、石洞口第二电厂脱硝改造、松江东北部污水处理厂等工程相继建成。第五轮环保三年行动计划开局良好，配套出台鼓励黄标车淘汰更新、燃煤电厂脱硫脱硝超量削减、城镇污水处理厂主要污染物超量削减等补贴政策。全年环保投入相当于全市生产总值比例为2.8%，化学需氧量削减率2.6%，氨氮排放量削减率5.9%、二氧化硫排放量削减率4.9%、氮氧化物排放量削减率7.8%，城镇污水处理率85%，城镇绿化覆盖率38.29%。（3）资源节约集约利用效率提高。加强土地节约集约利用，深化城乡建设用地增减挂钩试点，在张江、金桥开展土地“二次开发”改革试点，全年工业园区单位土地产值提高到每平方公里65亿元。出台上海市再生资源回收管理办法，推进资源回收体系建设。出台生活垃圾无害化处理设施建设市级资金补贴、生活垃圾跨区县转运处置环境补偿办法等政策，2025个场所实现生活垃圾分类收集处置，生活垃圾无害化处理率91.5%。推进郊区集约化供水设施建设。全市万元生产总值用水量44立方米，比上年下降14%。

2012年，上海外部发展环境严峻复杂，全市经济运行总体平稳有序，创新转型态势持续显现，成绩来之不易。同时，上海经济稳定增长的压力较大，调整结构的形势紧迫，改善民生的任务较重，需要采取切实有效措施加以解决。

【体制改革】 2012年，上海坚持社会主义市场经济改革方向，坚持把改革作为“创新驱动、转型发展”的动力，推进浦东综合配套改革试点，以点带面，推进全市经济、社会等各个领域的体制机制改革。

加强政府自身建设，推进行政体制改革。（1）深化行政审批制度改革，颁布实施《上海市产业项目行政审批流程优化方案》，开展行政审批标准化第二批试点，完成第五批行政审批清理。（2）开通“12345”市民服务热线，实现公共服务热线“一线通”。（3）推进事业单位改革，选择浦东新区、嘉定区以及教育、卫生等领域开展分类试点。（4）有序推进服务业“营改增”试点，初步达到相关服务业整体减税、促进二、三产业融合发展的效果。（5）稳步推进闸北区国家服务业综合改革试点。

深化国资国企改革，促进非公经济发展，增强市场主体发展活力。（1）推进国资国企开放性市场化重组，国资行业布局从64个收缩到59个，90%的国有资产集中到汽车制造、现代装备等20个行业。（2）完善国有企业法人治理结构，按照产业、投资、公益、科研四大类，对国有企业实施分类监管。完善企业管理人员激励机制，探索建立由现金、股权和保障性等激励方式组成、短期与中长期互为补充的激励体系。（3）优化完善非公经济发展环境，成立中小企业上市促进中心，加强“专精特新”中小企业和小微企业运行监测，及时协调和解决企业的诉求和问题。

推进社会体制改革，公共服务体系日趋完善。（1）深化居住证制度改革，起草居住证管理办法。（2）出台《关于加强本市大型居住社区行政管理和公共管理资源配置的若干意见》，着力提高大型居住区行政管理能力和公共服务水平。（3）深化文化事业单位分类改革,基本完成第一批非时政类报刊出版单位转企改制工作,完成区县文广(化)局所属事业建制影(剧)院以及东方网的转企改制工作。(4)完善财政教育投入机制,建立统一转移平台并对区县公共教育财政支出进行有效监督,提高资金使用效益。(5)深化医药卫生制度改革,开展公立医院改革试点,探索医疗联合体内人员柔性流动等改革试点,探索建立家庭医生签约服务、预约诊疗、转诊服务、疾病管理等基本服务模式。深化城乡建设用地"增减挂钩"试点,完善运作机制,规范操作行为。(6)深化农村集体经济组织产权制度改革,出台《关于加快推进本市农村集体经济组织改革发展若干意见(试行)》以及相关配套政策。

推进浦东综合配套改革试点,显现示范带动作用。(1)优化完善金融、航运、贸易等领域的制度环境,上海股权托管交易中心正式运作,启动洋山保税港区船舶保税登记试点,深化国际贸易结算中心外汇管理试点。(2)完善基层社会治理机制,推广北蔡镇、合庆镇、陆家嘴街道等街镇社会管理创新经验。创新社会组织培育机制,简化社会组织登记程序,出台《浦东新区社会团体规范化建设指导意见》《浦东新区民办非企业单位规范化建设指导意见》。(3)实施公立医疗机构取消药品加成试点。(4)深化行政审批制度改革,颁布实施《上海市浦东新区报关企业设立并联审批操作细则》。推动企业准入制度改革,出台《关于深化工商行政管理改革创新,进一步推进浦东创新驱动、转型发展的实施意见》。

·工业经济·

【概况】 2012年,上海工业规模以上企业9694家,从业人员258111万人;实现总产值31548.41亿元,比上年下降0.4%;年末资产总计30729.49亿元,主营业务收入34549.24亿元,利润总额2131.33亿元。完成销售产值31324.4亿元,完成出口交货值2958.44亿元。工业企业经济效益综合指数为262.77,总资产贡献率13.46%,资产保值增值率110.55%,资产负债率50.21,全员劳动生产率25.25万元,流动资产周转次数2.04次,成本费用利润率6.79%,工业产品产销率达99.3%。电子信息制造业等六个重点发展的工业总产值20970.49亿元,比上年下降0.3%。

基本实现预期目标。全年工业增加值增长2.9%。汽车、医药和烟草行业可比增长6%以上,电力、石化行业实现增长;轻工业基本持平;机械、纺织、船舶、钢铁、电子行业呈现负增长。战略性新兴产业保持增长,其中新能源汽车、生物医药、软件和信息服务业保持两位数增长。生产性服务业重点领域重点企业营业收入增长16%左右;文化创意产业增加值增长12%左右;信息服务业营业收入增长超过18%。工业投资增长1%,六大工业重点行业共完成投资730亿元,比上年增长4%,占全市工业投资比重为57%。规模以上工业企业单位增加值能耗下降5.5%以上,超额完成年度目标。全年完成关停上海焦化公司5号、6号焦炉等897项产业结构调整项目,其中危化调整项目122项,共减少能源消费量约190万吨标煤。实施节能技改项目119项,节能量33.5万吨标煤;实施合同能源管理项目128项,节能量6.4万吨标煤。

【重点行业】 2012年,上海电子信息产品制造业共有企业1062家,有员工58.40万人;工业总产值6791.14亿元,比上年下降3.2%;工业销售产值6672.9亿元,年末资产总计4298.50亿元,主营业务收入6891亿元,利润总额162亿元,税金总额33.5亿元。其中集成电路制造业完成工业总产值358亿元,比上年增长3.2%;集成电路设计业完成销售收入171亿元,比上年增长14.5%;"909"工程(8英寸深亚微米生产线)升级改造项目华力微电子55纳米工艺通过客户验证开始量产投片;中颖电子在深圳创业版上市;集成电路工艺技术达到40纳米,设计能力进入28纳米。

2012年,上海汽车工业制造业共有单位552家,从业人员226.69万人,工业总产值4173.58亿元,工业销售产值4197.2亿元,年末资产总计4419.99亿元,主营业务收入5230.63亿元,利润总额769.61亿元,税金总额303.47亿元。完成出口交货值205.72亿元,比上年增长5.1%。汽车整车制造业实现主营业务收入3165.54亿元,利润总额563.3亿元。上海汽车集团股份有限公司(简称上汽集团)全年生产汽车447.99万辆,比上年增长12.7%。实现工业总产值4849.97亿元,比上年增长6.2%。完成出口交货值18.9亿元,比上年下降16.13%。实现整车销售449万辆,比上年增长12%。其中,乘用车销售298.3万辆,比上年增长12.5%,市场占有率22.7%;商用车销售150.7万辆,比上年增长10.8%,市场占有率22.4%。自主品牌乘用车销售20万辆,比上年增长23.5%。全年累计出口整车9.6万辆,比上年增长58.2%。

2012年,上海石油化工及精细化工制造业共有规模以上企业793家,从业人员28.13万人;完成工业总产值3932.38亿元,比上年增长2%。占6个重点发展工业行业的18.8%,占全市工业的12.5%;实现主营业务收入4045.7亿元,占6个重点发展工业行业的17.8%,占全市工业的12%;实现利润总额84.97亿元,比上年下降23.1%;完成出口交货值278.1亿元,比上年增长1.1%。2012年,纳入本市工业园区的石油化工及精细化工制造业企421家,完成工业总产值3533.33亿元,增长2.6%。

2012年,上海市精品钢材制造业共有企业101家,平均从业人员3.90人;实现工业总产值1561.16亿元,比上年下降3.7%;主营业务收入1993.68亿元,比上年下降12.3%;实现利润127.82亿元,比上年增长110%;全市钢材产量2341万吨,比上年下降7.6%;规模以上企业137家,从业人员41901人。

2012年,上海装备制造业共有规模企业1398家,从业人员13.6万人;资产总计15533.59亿元;共完成工业总产值16276.16亿元,比上年下降1.3%。完成销售产值2300.98亿元,比上年下降9.8%;完成出口交货值6036.23亿元,比上年下降6.1%;完成主营业务收入17507.70亿元,比上年下降2.1%;利润总额1216.02亿元,比上年下降8.9%。

2012年,上海生物医药制造业共有规模以上企业329家,从业人员8.43万人;年末资产总计780.83亿元;工业总产值745.7亿元,比上年增长17.5%,其中医药工业完成总产值656.1亿元,比上年增长10.1%;工业销售产值610.40亿元;主营业务收入656.4亿元,比上年增长13.4%;利润总额84.0亿元,比上年增长16.2%;税金总额35.15亿元。销售收入过2亿元的企业有81家,其中销售收入10亿元以上企业有12家。浦东新区生物医药制造业实现工业总产值330亿元,比上年增长16.2%,占全市生物医药工业总产值的44.3%。

【非公经济】 2012年,全市私营个体经济实现生产总值4883.73亿元,比上年增长8.8%,增速高于公有制经济2.3个百分点;占全市生产总值的24.3%;占全市非公有制经济的48.1%。全年私营经济实现限额以上消费品零售额1258.43亿元,比上年增长4.4%,占全市限额以上消费品零售额的23.8%。全年上海民间固定资产投资额1890.3亿元,比上年增长13.2%。

至年底,全市私营企业85.05万户(含分支机构),注册资本21347.28亿元,分别比上年增长10.2%和18.3%。其中注册资本在1000万元以上(1亿元以下)的私营企业41102户,比上年增长15%;注册资本在1亿元以上的私营企业2829户,比上年增长25.3%。全市私营企业集团926个,比上年增长15.9%。全年全市新设立私营企业12.49万户(其中分支机构11157户),比上年增长12%;注册资本2501.41亿元,比上年下降7%。

全年全市新设个体工商户4.95万户,比上年增长0.7%;资金数额20.89亿元,比上年增长14.7%。个体工商户中从事传统服务业的占主导地位。批发和零售业的新设个体工商户有4.01万户,占新设个体工商户总量的81.1%,资金数额16.26亿元,占新设个体工商户资金数额总量的77.8%。其余比较集中的行业有居民服务、修理和其他服务业4230户,住宿和餐饮业2352户。至年底,全市个体工商户36.15万户,注册资金90.11亿元,分别比上年增长0.4%和13.5%。

全年全市私营企业进口总额300.37亿美元,比上年增长12.1%;出口总额339.45亿美元,比上年增长10.2%。全市办理对外贸易经营者备案登记的私营企业41738家,比上年增长14.77%,占备案登记内资企业的87.35%。

外省市私营企业来沪投资增长趋势明显。至年底,外省市私营企业来沪投资52.5万户,占全市私营企业总数的66.5%,比上年增长14%;外省市在沪新设私营企业8.8万户,占全市新设私营企业总数的76.7%,比上年增长3.6%。

全年全市私营企业和个体工商户纳税额分别为1096.4亿元和67亿元,比上年增长2.6%和下降23%,占全市税收总额(不含海关)的比重分别为14.6%和0.9%。全市私营企业从业人员668.8万人,比上年增长8.5%,其中年内新增83.51万人,比上年增长13.6%。个体经济从业人员45.34万人,比上年增长2%,其中年内新增6.47万人,比上年增长3.8%。全年全市新设农民专业合作社1985户,比上年增长17.9%,其中从事种植业的农民专业合作社1530户,占77.1%,其后依次为养殖业164户和农产品销售114户。出资总额62.6亿元,比上年增长65.9%,其中货币出资额62.39亿元,占99.7%。成员1.47万人,比上年下降48.6%,其中农民1.28万人,占89.7%。至年底,全市农民专业合作社共7447户,出资总额154.73亿元,成员总数9.09万人

至年底,全市有民办非企业6913户,比上年增加396户,增长6%。其中户数居前五位的是:教育类2840家,占41.08%;民政类1669家,占24.14%;劳动类556家,占18.04%;体育类390家,占5.64%;文化类290家,占4.19%。这五类企业占全市民办非企业总量的93.09%。在民办教育机构中,有民办普通高校20所,在校学生8.78万人;民办普通中学107所,在校学生7.48万人;民办小学180所,在校学生16.98万人。全市有民办医院147所,床位0.84万张。

【节能降耗】 2012年,上海市第五轮环保三年行动计划启动,年度污染减排目标完成。空气污染指数(API)优良率为93.7%;水环境质量总体保持稳定;区域环境噪声达到标准要求;辐射环境质量保持正常。全市环保投入资金约570.49亿元,比上年增加12.57亿元,相当于全市生产总值的2.8%。其中城市环境基础设施建设投资为286.26亿元,污染源防治投资为138.41亿元,生态保护和建设投资为1.69亿元,农村环境保护投资为36.04亿元,环境管理能力建设投资为2.37亿元,环保设施运转费为73.25亿元,循环经济及其他方面投资为32.46亿元。2012年,出台《上海市节能和应对气候变化"十二五"规划》《本市"十二五"能源消费总量控制及提高能效等节能降耗目标分解方案》《2012年本市节能减排和应对气候变化重点工作安排》《本市"十二五"节能减排和控制温室气体综合性工作方案》等文件,指导推进节能和应对气候变化工作。发布节能减排地方标准78项。全年单位国内生产总值能耗下降6.18%,完成年初预定节能目标。

·农业和农村经济·

【概况】 2012年,郊区耕地面积19.90万公顷,比上年下降0.1%;农业户籍人口146.11万人,占全市总户籍人口的10.24%;共有103个镇、1605个村民委员会,农村常住人口298.70万人。农业从业人员44.87万人。全年,实现农业增加值127.8亿元,比上年增长0.5%;实现农林牧渔业总产值320.76亿元,比上年增长0.4%。其中,种植业产值171.2亿元,比上年增长0.3%;林业产值8.87亿元,比上年增长4.8%;牧业产值72.63亿元,比上年下降0.7%;渔业产值57.81亿元,比上年增长1.5%;农林牧渔服务业产值10.25亿元,比上年增长2.5%。上海域外市属农场实现农业总产值16.08亿元,比上年增长17.7%。

【农业产业化】 2012年,对农民专业合作社给予政策支持,鼓励发展合作社,开展农民专业合作社示范社建设,通过典型带动,引领全市农民专业合作社规范发展。至年底,全市合作社数量达3177家,涉及粮食种植、蔬菜种植、禽类养殖、水产养殖、农产品营销、农机服务、农业旅游等各个领域,入社成员达6.97万人,带动非成员农户17.08万户,由合作社经营的土地面积超过9.87万公顷。全市各类合作社共实现销售额70亿元。农民专业合作社入社农户和带动农户占全市务农农户的62%,由农民专业合作社经营的农田面积占全市农田面积的60%,加上农业龙头企业带动的农户,全市农业组织化水平达69%。

【农业现代化和标准化】 2012年,出台《关于进一步加强本市农田水利建设和管理意见的通知》《关于加快推进高水平粮田设施建设的通知》和《关于本市设施菜田建设的实施意见》。批复高水平粮田设施项目21个,建设完成设施粮田8.67万公顷;批复设施菜田项目44个,建设完成设施菜田1.42万公顷;批复畜牧标准化养殖场项目16个,累计建设完成畜牧标准化

生态养殖基地 270 个;批复标准化水产养殖场建设项目 30 个,累计建设完成标准化水产养殖场 293 个。推进农业产业化发展,印发《上海市人民政府贯彻 < 国务院关于支持农业产业化龙头企业发展的意见 > 的实施意见》,推动农业龙头企业发展。2012 年,农业产业化龙头企业实现销售额 670 亿元,比上年增长 8%。农民专业合作社数量达 3177 家,入社成员 6.97 万人,带动的农户数约 17.08 万户,农业组织化水平达 69%。推进浦东新区、崇明县国家现代农业示范区建设,完成浦东新区和崇明县示范区建设规划的编制和修订,指导示范区加快重点项目建设。

【新农村建设】 推进新农村建设。推进村庄改造。全市共有 153 个村列入中央、市级、区级财政奖补范围,涉及农户 66598 户。中央、市级财政投入专项奖补资金 2.4 亿元,(含中央奖补资金 7000 万元),70% 在中远郊地区。至年底,完成 540 个村的村庄改造,受益农户达 26 万户,占计划的 40%。完善农民宅基地置换试点工作的政策,推进新一轮农民宅基地置换试点工作,改善居住环境质量,增加农民财产性收入。推进农村公共服务设施建设,延伸社区服务功能,提升农村社会公共服务能力。1490 个村建立村级公共服务中心。提高农民收入水平。提高水稻农资综合补贴、水稻机械化育插秧生产补贴、绿叶菜生产等惠农政策补贴标准,加大农民专业合作社和农业生产经营大户的政策扶持力度,完善金融服务“三农”的各项政策,推进农业旅游发展等,增加农民经营性收入。落实《关于推进本市农村劳动力非农就业的指导意见》,加强对农村劳动力就业的指导和服务,落实培训、就业补贴等政策,推进农民非农就业,增加农民工资性收入。全“镇保”和“农保”人员基本养老金标准每人每月分别增加 130 元和 70 元,人均基本养老金增长 15%。调整“镇保”医疗保险政策,实现新农合全覆盖。鼓励和引导区县通过发展经营性不动产等方式增强农村集体经济实力;推进农村承包地经营权流转,推进镇村集体经济组织产权制度改革,推进农民宅基地置换试点,规范农民房屋出租,增加农民财产性收入。做好农民减负工作。加强对农村低收入人群和经济相对薄弱村的帮扶。全市农村居民家庭人均可支配收入达 17401 元,比上年增长 11.2% 以上,扣除物价因素,增长 8.2% 以上。

· 第三产业 ·

【商贸】 2012 年,上海商业(包括批发零售业、住宿餐饮业)实现商品销售总额 5.38 万亿元,比上年增长 16.8%,其中限额以上商品销售额 4.54 万亿元,比上年增长 19.7%。商品销售总额首次超过 5 万亿元,保持自 2003 年起连续 10 年两位数增长,下半年增速比上半年减少 10.8 个百分点。

全市社会消费品零售总额 7387.3 亿元,比上年增长 9.0%,其中限额以上社会消费品零售总额 5293.2 亿元,比上年增长 7.5%。社会消费品零售总额自 2004 年起连续 8 年两位数增长后首次跌入一位数增长,增速分别高于全社会固定资产投资总额、出口总额 5.3 个百分点和 10.4 个百分点。限额以上社会消费品零售总额中,限额以上批发和零售业企业(指批发业年销售额 2000 万元以上、零售业年零售额 500 万元以上的企业)实现零售额 4843.3 亿元,比上年增长 7.9%;限额以住宿和餐饮业企业(指年营业收入 200 万元以上的企业)实现零售额 450.0 亿元,比上年增长 3.4%。国有、集体商业和非公、混合经济商业分别实现限额以上零售额 433.25 亿元和 4859.98 元,比上年增长 8.3%、8.1%,其中港澳台商、外资商业实现零售额 1586.02 亿元,比上年增长 10.4%,占全市限额以上企业零售额的 30%。

全年区县商业实现社会消费品零售额 7129.77 亿元,比上年增长 12.4%。其中,浦东新区 1349.73 亿元,比上年增长 12.1%,占区县商业零售额的 18.9%;8 个中心区 2893.27 亿元,比上年增长 10.3%,占 40.6%;8 个郊区县(不含浦东新区)2886.77 亿元,比上年增长 16.8%,占 40.5%。对全市区县新增零售额的贡献率,中心区为 28.6%、郊区县为 52.9%、浦东新区为 18.5%;中心区拉动区县零售额增长 3.5 个百分点、郊区县拉动增长 6.6 个百分点、浦东新区拉动增长 2.3 个百分点。

全市人均(按照 2011 年上海常住人口计算)零售额 3.04 万元,其中中心区 4.12 万元、郊县 2.56 万元、浦东新区 2.61 万元。

全市商业完成增加值 3590.33 亿元,比上年增长 10.7%,高于全市生产总值 3.2 个百分点;占全市生产总值的 17.9%,推动第三产业占全市的比重首次上升到 60%。商业对全市经济增长的贡献率为 24.7%。其中,批发零售业实现增加值 3291.93 亿元,比上年增长 11.5%;住宿餐饮业 298.40 亿元,比上年增长 2.6%。

全年商业税收额 1997.02 亿元,比上年增长 6.9%,分别占全市和第三产业税收总额的 19.2%、36.99%。对全市和第三产业税收增长的贡献率分别为 15.8%、29.1%,拉动全市和第三产业税收增长 1.3 个百分点、2.5 个百分点。其中,批发零售业完成税收 1922.71 亿元,比上年增长 6.6%;住宿餐饮业 74.31 亿元,比上年增长 13.1%。

全市商业从业人员首次突破 230 万人,分别占全市和第三产业从业人数的 21% 和 37%,是第三产业中提供就业岗位最多的行业。商业对全市和第三产业净增从业人数的贡献率分别为 38% 和 60%。

商业引进外资合同项目 2244 个,比上年下降 6.8%;占全市和第三产业合同外资项目的 55.5%、58.8%,保持全市引进外资合同项目规模第一。商业引进外资合同金额首次突破 50 亿美元,达 51.64 亿美元,比上年增长 19.6%,分别高于全市和第三产业 8.5 个百分点、10 个百分点;对全市和第三产业引进合同外资增长的贡献率分别为 37.9%、51.6%。其中,批发零售业引进外资合同金额 46.65 亿美元,比上年增长 12.1%;住宿餐饮业 4.99 亿美元,比上年增长 2.17 倍。全年批发零售业实到外资 24.03 亿美元,比上年增长 13.8%,分别占全市和第三产业实到外资金额的 15.8%、19%。

全市商业固定资产投资总额 392.94 亿元,比上年增长 20.8%,是 2010 年上海世博会后首次增长,高于全社会固定资产投资增幅 17.1 个百分点。其中,房地产商业设施投资比上年增长 24.4%,占商业投资总额的 74.8%;零售业、餐饮业投资分别比上年增长 42.3%、20.9%;批发业、住宿业投资分别比上年下降 43.5%、2.3%。国有经济、外商港澳台商投资分别比上年增长 56.2%、21.1%,私营经济、股份制经济商业投资分别比上年增长 2.8%、0.8%。全年商业施工项目 141 个,比上年下降3.4%；施工面积1653.17万平方米，比上年增长8.2%；新开工面积450.62万平方米，比上年增长50.4%；竣工面积187.37万平方米，比上年下降21.9%，其中零售业竣工面积比上年增长3.8倍。全年商业营业用房投资额293.75亿元，比上年增长24.4%，居全市房地产开发投资类别第一位。

据市商业信息中心监测，全年无店铺零售额比上年增长38.8%，便利店增长13.5%，购物中心增长3.4%；专业专卖店零售额比上年下降9.0%，标准超市下降8.0%，百货商厦下降1.2%，大型综合超市下降0.8%。12个市级商圈零售额比上年下降1.3%，10个区级商圈零售额比上年增长8.9%。

【房地产】 2012年，上海商品房开发投资2381.36亿元，比上年增长9.7%，其中商品住宅投资1451.94亿元，比上年增长3.8%。商品房施工面积13250万平方米，比上年增长2.1%，其中商品住宅施工面积8316万平方米，比上年下降0.8%。商品房竣工面积2305万平方米，比上年增长2.9%，其中商品住宅竣工面积1609万平方米，比上年增长3.8%。商品房新开工面积2724万平方米，比上年下降25.2%，其中商品住宅新开工面积1563万平方米，比上年下降36.8%。全年完成上海市节能省地型"四高"（高起点规划、高水平设计、高质量建设、高标准管理）优秀小区创建45个项目，共计785万平方米。全市累计审核发放新建住宅交付使用许可证450件，共计2268万平方米。其中市住房保障房屋管理局发证14件，计62万平方米；区县住房保障房屋管理局发证436件，计2206万平方米。

2012年，上海市确立保障性住房建设的总体目标为新开工和筹措16.58万套、竣工9万套、可供应11.4万套。至年底，新开工和筹措保障性住房16.7万套、约1292万平方米，竣工9.75万套、约687万平方米，新增可供应11.5万套、约865万平方米。市住房保障房屋管理局按照"同步规划、同步设计、同步建设、同步交付"的要求，推进保障性住房基地公共基础设施和社会事业设施的建设。特别是针对2012年集中入住的基地，加快市政道路和公共交通的建设，引进优质教育卫生资源，完善银行、邮政、文体、商业等必备生活业态，全年累计完成中小学、幼儿园、市政道路、河道、社区行政设施、菜场、公交起讫站、环卫设施等各类市政公建配套项目开工147项，竣工69项。2012年，继续实行"建筑节能项目专项扶持资金"鼓励政策，建筑节能项目新增6个、约62万平方米新建住宅项目列入市建筑节能专项扶持公示范围。

【旅游业】 2012年，上海实现旅游收入3650.55亿元，比上年增长13%；国内旅游收入3224.39亿元，比上年增长15.7%；旅游外汇收入55.82亿美元，比上年下降4.3%。全年接待国内游客数2.51亿人次，比上年增长8.7%；接待入境游客数800.4万人次，比上年下降2.1%，其中入境过夜游客数651.23万人次，比上年下降2.6%；旅行社组织出境旅游人数达172.78万人次，比上年增长30.5%。全市星级饭店客房平均出租率达57%，比上年上升2个百分点；其他饭店客房平均出租率达62%，比上年上升3个百分点。全市星级饭店平均房价628元/间天，与上年基本持平；其他饭店平均房价329元/间天，比上年上升1%。

年内，推进以"一轴四馆"为重点的现代旅游集聚区建设。挖掘整合城市历史遗存、老字号文化内涵、创意园区旅游功能，将红色旅游、乡村旅游纳入"城市新印象"主题宣传活动。搭建平台引导企业培育"必购、必吃、必游、必看"产品，启动实施"品·上海"项目，遴选推出上海20家"必吃"名录，在此基础上组织开展"品·上海"体验之旅推广活动。以开幕式、花车大巡游、音乐烟花节、浦江彩船巡游等活动为重点，确保上海旅游节各项活动平安有序，吸引960余万名市民游客参与。确保中国"俄罗斯旅游年"闭幕式的圆满成功。完成2012中国国际旅游交易会展台布置、接待服务等工作。做好元旦、春节、清明、"五一"、端午、中秋、国庆等假日旅游工作，组织开展外滩新年倒计时灯光秀、龙华撞钟、宝华寺撞钟和豫园"新春民俗艺术灯会"等迎新活动。开展"5·19"中国旅游日大型旅游咨询宣传、主要景区半价优惠等活动。

【信息化建设】 2012年，上海智慧城市建设以提升网络宽带化和应用智能化水平为主线，夯实信息通信基础，着力深化智能应用，完善信息安全保障体系。上海被中国智慧城市论坛评选为"2012年度智慧城市领军城市"。至年底，国际互联网出口宽带扩容至550GB；全市光纤到户覆盖总量超680万户，基本覆盖全市城镇化地区，在全市300个主要公共场所开通i－Shanghai公益上网服务。

发展智能应用，深化重点领域信息化建设。市政府实事工程超额完成全年目标，共推广使用电子账单164万份；12345市民服务热线试开通运行，法人网上统一身份认证系统完成建设，累计发放"一证通"数字证书近11.3万张；推动政府信息资源向社会开放，基本建成信息资源服务平台，工商、公安等9家试点单位完成425条政府信息资源编注册，上海数据服务门户网站上发布206项数据产品及16项数据应用；"两化融合"发展水平指数达到75.53，开展"两化"深度融合"进区县、进园区、进企业"宣传培训，培训人才1万多人；上海市参加全国"两化融合"成果展取得良好效果；法人信息共享与应用系统、国际航运中心综合信息平台、建设市场综合管理平台等一批项目启动建设。

完善信息安全保障体系，城市信息安全态势总体可控。建立1354个重要工控系统的基础数据库，在重点行业率先开展工控系统安全改造和管理试点，得到工信部高度肯定；完善监测预警体系建设，整合现有监测预警资源，对189个重点网站实现实时动态监测、即时预警和应急处置。完成全市66家政府网站登记备案和实名认证工作，政府网站整体稳定性和安全性进一步提高；组织开展95家单位专项检查，营造安全的网络环境，成立全国首个区域性信息安全应急管理中心。

社会事业

【就业与人才引进】 2012年，上海继续实施积极的就业政策，全面完成就业工作目标。全年新增就业岗位61.38万个（其中非农就业岗位11.02万个），完成新增就业岗位50万个目标任务的122.8%。至年底，上海城镇登记失业人数控制在27.05万人（全年控制目标为28.5万人），城镇登记失业率4.2%，就业形势总体平稳。进一步加强创业带动就业工作，启动实施上海市新一轮鼓励创业带动就业三年行动计划，首批12个区县启动创业型城区创建工作，开展创业计划大赛、开业咨询指导技巧大赛等活动。全年帮助1.07万人成功创业，完成市政府“帮助1万人创业”的实事项目目标。职业培训工作取得新进展，制定《关于加强本市企业技能人才队伍建设实施意见》《关于区县运用地方教育附加专项资金支持企业组织开展职工职业培训工作的指导意见》，调动企业开展职业培训的积极性。运用中央与上海市的资金，完成农民工技能提升三年行动计划。开展职业培训机构办学质量和诚信等级评定工作，促进职业培训市场健康发展。全年57.18万人参加职业培训，其中补贴培训42.48万人。统筹做好重点人群的就业工作，探索实施帮助青年就业的“启航”计划。开展“公共就业服务进校园”“春风行动”“就业援助月活动”等专项服务活动，加大对重点就业人群的就业服务力度。采取提高企业吸纳就业困难人员补贴标准等措施，引导企业吸纳就业困难人员，促进就业困难群体的市场化就业。研究出台鼓励发展家庭服务业的指导意见，探索对来沪灵活就业人员实施就业管理的办法。

优化人才发展环境，人才高地建设取得新进展。探索优化人才户政政策，做好人才居住证、居住证转户口、直接落户相关工作，开展居住证积分制的研究。继续发布重点领域紧缺人才开发目录，在2011年会同市金融工委、市金融办发布金融领域紧缺人才开发目录的基础上，继续会同市建设交通党委、市建设交通委发布《上海市航运领域紧缺人才开发目录》，会同市经济信息化委、市科委发布《上海市战略性新兴产业紧缺人才开发目录》，会同市文化创意产业推进领导小组办公室发布《上海市文化创意产业紧缺人才开发目录》。对相关产业紧缺的各类人才，实行政策聚焦和服务聚焦，促进人才开发与产业发展同步规划，人才结构与产业结构相匹配，人才分布与产业布局相协调。进一步加大海外引智工作力度，全年引进海外人才1.3万人，有507名优秀的海外高层次人才进入“雏鹰归巢计划”人才库。至年底，在沪入选中央和上海市海外高层次人才“千人计划”的分别为425人、310人，入选国家“外国专家千人计划”的专家有13人，均居全国前列。完成“上海市浦江人才计划”评选工作，共273人(含团队)，资助总额近4500万元。全年受理用人单位申办外国人就业手续121508人次，比上年下降1.3%；受理申办台港澳人员就业手续19148人次，比上年下降5.8%。其中外国人新办就业证25632人，比上年下降6.0%；台港澳人员新办就业证7357人，比上年下降2.1%。至年底，实际在沪就业的外国人84857人，台港澳人员27755人，实际在沪就业的定居国外人员1441人。

【社会保障】　2012年，上海社会保障体系进一步健全，各类社会保险待遇标准进一步提高。1月增加城镇职工社会保险(简称“城保”)、小城镇社会保险(简称“镇保”)、新型农村社会养老保险(简称“新农保”)养老金等待遇标准，4月调整失业保险、工伤保险、遗属生活困难补助、“镇保”住院大病封顶线等待遇标准，下半年实施协议保留社会保险关系(简称“协保”)人员养老金补贴。以养老和医疗为重点，完善保障制度。贯彻《中华人民共和国社会保险法》，做好外来从业人员综合保险(简称“综保”)、“镇保”转“城保”过渡期缴费调整工作，实施在沪施工企业外来从业人员参保办法，调整完善被征地人员再就业后参保政策，出台“新农保”、城镇居民社会养老保险(简称“城居保”)与居民最低生活保障(简称“低保”)等保障制度衔接的政策。完善医疗保险制度，简化职工医保门急诊支付人群分类，试行“镇保”医保门诊统筹。落实鼓励定点医院接受上海参保生育对象的医保激励措施，缓解“孕产妇建大卡难”问题。继续开展老年护理保障计划试点工作专项调研。推进“防范和打击骗取医保药品贩卖违法活动”平安建设实事项目，进一步扩大医保定点医药机构范围，推进药品集中招标采购，选择部分基本药物开展“大包装、简包装”试点。修订《上海市工伤保险实施办法》。继续加强社会保险费征缴、社保基金网上实时监管。

年内，完成市政府有关养老服务实事项目。新建100家、改造200家标准化老年活动室，至年底，全市标准化老年活动室累计5028家，老年活动室累计6093家。新增养老床位数5227张，为计划的104.5%。新设社区老年人助餐服务点42个，为计划的105%。新建老年人日间服务中心26家，为计划的130%。为27.2万名老年人提供社区居家养老服务，为计划的100.7%。“老伙伴”养老计划中，有105513名高龄老人受益。“适老性”住房改造项目中，改造1005户受助家庭，竣工率100%。开展各类志愿者活动3000余次。

完善社会救助体系，提高城乡低保等各类救助标准。至年底，全市有各类救济对象25.95万人，累计支出各类救助资金17.84亿元。推进“低保”制度改革，在全国率先将居民经济状况核对机制引进“低保”管理。年内，市居民经济状况核对中心接受“低保”审批机关的核对委托23万户，出具核对报告19.76万份。加大医疗救助力度，全年实施医疗救助25万人次，支出资金2.15亿元。对“低保”和低收入家庭中义务教育阶段的学生发放教育助学券6.93万人次。

开展双拥优抚安置工作。全市重点优抚对象共52835人(户)，其中伤残人员7071人、烈士遗属4621人、因公牺牲军人遗属301人、病故军人遗属7078人、在乡复员军人2732人、带病回乡退伍军人574人、享受生活补助的参战退役人员2413人、享受生活补助的参加核试验军队退役人员204人、享受老年生活补助的60周岁以上农村籍退役士兵20224人、义务兵及其家属7617户。

廉租住房、共有产权保障住房、公共租赁住房、动迁安置住房“四位一体”的住房保障体系基本建成。加快保障性安居工程建设，全年新开工建设和筹措保障性住房16.7万套、约1292万平方米，供应11.5万套、约865万平方米。进一步放宽廉租住房实物配租申请条件和共有产权保障住房申请准入标准。

【科技事业】　2012年，上海全社会全年用于科学技术研究与试验发展(R&D)经费支出635亿元，占全市生产总值的3.16%。全市财政安排科学技术支出预算245.5亿元，其中市级支出预算131.2亿元。

全市专利申请量82682件，比上年增长3.1%，其中发明专利申请量37139件，比上年增长15.5%；专利授权量51508件，比上年增长7.4%，其中发明专利授权量11379件，比上年增长24.2%。依照国际《专利合作条约》(PCT)申请PCT国际专利申请量1024件，比上年增长20.9%。经认定登记的各类技术交易合同2.8万份，比上年下降4.4%；合同金额588.52亿元，比上年增长6.9%。全年战略性新兴产业总产出10089.44亿元，按现价计算，比上年下降1.4%。高新技术产品出口906.64亿美元,比上年下降2.8%。新认定高新技术成果转化项目635个,其中电子信息、生物医药、新材料等重点领域项目占87.7%。年内复审通过高新技术企业601家、新认定高新技术企业841家,累计高新技术企业4312家。新认定技术先进型服务企业28家,累计281家,认定企业数量位居全国第一。

加快实施国家重大科技专项项目。极大规模集成电路制造装备及成套工艺,高端光刻机具备系统设计与集成测试能力,先进封装光刻机、刻蚀机等战略产品加快市场拓展;新一代宽带无线移动通信网专项推出大陆地区首款40纳米产品并实现销售,TD-LTE增强型被国际电信联盟确定为4G国际标准;重大新药创制专项,有11个创新药物获得或即将获得生产批文,9个创新药物处于Ⅲ期临床试验阶段,21个新药获得临床批文,近40个新药进行临床前研究。此外,上海发挥自身科技优势,为中国“天宫”一号目标飞行器和“神舟”九号载人飞船交会,以及“蛟龙”号载人潜水器7000米级海试提供技术支撑。

加强产业技术攻关与部署。聚焦信息、高端装备、新能源、新材料等领域,强化前瞻布局和技术攻关,突破产业发展技术瓶颈。高转换效率聚光太阳电池技术、新一代超级电容器、通信基站用燃料电池备用电源等技术突破,以及荣威550、E50等自主品牌新能源汽车示范和应用,为上海新能源及新能源汽车产业发展提供重要支持。第六代半潜式深水钻井平台、中国新一代海洋科技综合考察船“科学”号、AP1000核岛主设备大锻件、大型客机C919项目(累计获得订单380架)等成果,标志上海高端装备产业迈出新步伐。燃气轮机涡轮高温叶片、微机电系统(MEMS)关键技术、污水处理设备用耐磨耐蚀硬质合金片和民机用TC4钛合金棒材等领域获得进展,为新材料产业发展夯实基础。

推进民生科技。加强城市公共安全与防灾减灾、城市交通、节能减排、资源环境、医疗健康、食品安全等领域的科技攻关和成果推广应用。研制出轨道交通防撞设备试验样机及相关测试系统;建成老港垃圾填埋气发电项目,每年产生绿色电力1.1亿千瓦时;开展PM2.5治理综合技术攻关,发布空气质量指数;部署并推动建筑玻璃幕墙安全监测及技术改造;保障青草沙水库原水安全,开展典型异嗅物质防控等技术研究;海水淡化装置完成国内首个万吨级项目——黄骅发电厂二期1.25万吨/天热法海水淡化项目;动植物新品种培育、水产品食用安全风险评估及预警关键技术进展顺利。

加强科学研究。上海科学家在生物、医学、纳米、量子、材料、光源、信息、环境、新能源等领域的研究取得突破,年内在《科学》《自然》《细胞》等国际学术期刊分别发表论文8篇、16篇、7篇,分别占全国的13.8%、26.2%和24.1%。材料选取和薄膜生长研究、百公里量级的自由空间量子隐形传态和纠缠分发、利用飞秒强激光在云室中非线性成丝诱导大面积降雪等成果,显示上海的原始创新能力。

创新人才培养模式。探索建立鼓励青年科技人才和企业科技人才脱颖而出的机制,市自然科学基金新设青年基金,资助32周岁(含32周岁)以下且无省部级(含省部级)以上项目主持经历的科技人员,首批150人;“优秀学术(技术)带头人计划”试点支持7名参与企业研究开发项目的高校、研究院所科研人员,以企业为依托单位申报优秀技术带头人。年内,22人成为新一批国家“973计划”和重大科学研究计划项目的首席科学家,24人获国家杰出青年科学基金,4个团队新入选国家自然科学基金创新群体。继续培育和引进高层次创新人才,自2008年中央“千人计划”实施,落户上海的海外高层次人才425人,占全国的15%,位列全国第二。

2012年,上海承担各类国家科技计划项目1438个(含课题),获国家资助经费约25.31亿元。其中主要有:国家科技支撑计划项目180个,获资助经费3.90亿元;国家高技术研究发展计划(简称“863计划”)项目148个(含课题),获资助经费4.96亿元;国家重大科学研究计划和国家重点基础研究发展计划(简称“973计划”)项目406个(含课题),获资助经费5.57亿元。承担国家基金委项目3567个,获经费22.64亿元;其中国家基金重点项目73个、面上项目1828个,分别比上年增长19.67%和12.49%。

年内,新建卫生信息共享技术及应用、可信嵌入式软件、车用超级电容动力系统、建筑与工程结构预制装配化4个国家工程技术研究中心;上海累计有国家重点实验室40个、国家工程技术研究中心21个。新建6个市重点实验室和23个市工程技术研究中心,新建市级研发基地,83%依托企业建设。全市累计市工程技术研究中心153个、市重点实验室98个。推进建设国家级产业化基地,上海有国家技术产业化基地3个,火炬特色产业基地7个,现代服务业产业化基地5个。

2012年,上海市获国家社科基金项目322个,获国家社科基金经费资助超过8000万元,连续11年居全国各省区市之首。获国家社科基金重大项目43个,有20个项目转为重点项目,立项总数居全国各省区市第一。

上海51项(人)成果获2012年国家科学技术奖,占全国获奖总数的15.1%,占全国的比重连续11年保持两位数。其中,国家自然科学奖7项,占全国总数的17%;国家技术发明奖7项,占全国总数的9%;国家科技进步奖36项,占全国总数的17%。

【文化事业】 2012年,上海文化项目建设取得新成效,文化惠民实现新突破,文化产业形成新态势,文博工作呈现新亮点,文化管理与服务再上新台阶。

搭建“重大文化项目协同推进平台”。10月1日,中华艺术宫和上海当代艺术博物馆开馆。至年底,中华艺术宫参观人数50.2万人次(日均约6350人次),上海当代艺术博物馆参观人数11.8万人次(日均约1500人次)。

搭建“公共文化建设协同推进平台”。完成《上海市社区公共文化服务若干规定》立法,推进第一批国家级和上海市公共文化服务体系示范区(项目)建设。推出“春、夏、秋、冬”系列上海城市广场音乐会。全市社区影视厅试点总数达25家;完成20家乡镇影院数字化改造;新增农民工公寓公共电子阅览室5家;推进“长兴岛农民工公共文化服务工作”。通过专项资金,吸引社会力量办好民办博物馆、民营院团、民营影视机构和乡镇影院,推进非遗传承。首次推出并免费发放近百万张“文化上海”系列导览图;首次以政府公告名义刊登免费开放博物馆名录、系列文博活动清单。举办亚洲首个户外艺术博览会;举办首届上海城市艺术博览会。“上海之春”开展50余项群众文化创作展演活动,各区县和各系统选送165部作品参加新人新作优秀节目展评展演。完成郊区县100万户有线电视数字化整体转换和100万户下一代广播电视网改造的既定目标。完成上海文广影视行业73家文化场馆无线局域网(WLAN)覆盖。

第三次全国文物普查工作结束,全市共有不可移动文物4422处,其中近现代代表性建筑3266处。首次公布包括109家场馆的"上海市博物馆名单"。上海市文物保护研究中心挂牌。建立上海市管辖海域内文化遗产联合执法工作机制。推进民办博物馆扶持资金管理办法的修订,加强对个人收藏展示馆扶持力度。

加强审读审看队伍建设,完善联动监控机制。完成全市37家区县电影院、11家区县国有文艺院团改革任务。完成上海历史文脉美术创作第二期工程。举办上海国际电影节、上海国际艺术节。推出上海市文广影视局政务微博。简化申报材料和申报手续,压缩审批时限,下放行政审批权限,帮助区县提升行政审批效能。开展棋牌类网络游戏专项核查、文化市场三级联动专项考核,落实公益演出和低票价工作。

年内,对外文化工作共完成交流项目802批、14085人次,其中来访项目540批、10644人次,出访项目262批、3441人次。策划组织浦东新区三林镇龙狮队、上海爵士乐团、上海木偶剧团以及上海金星舞蹈团和上海民族乐团等10批文化艺术团赴新西兰、丹麦、美国等国家及中国港台地区参与文化部"欢乐春节"品牌活动。与中国驻法国、德国、韩国、日本等海外文化中心合作,举办多项演出、展览、影展和讲座等活动。5月,配合中日邦交正常化40周年、中韩建交20周年,市文广影视局承办了由中国文化部主办的第四次中日韩文化部长会议。会议签署《中日韩文化部长会议——上海行动计划(2012年至2014年)》。6月,上海炫动汇展文化传播有限公司和贸易基地联合组织完美世界等7家游戏企业,首次以国家队形式参加2012年美国洛杉矶E3电子娱乐展,举办"中国文化·全球共享"专题推介会。7月,上海交响乐团和上海民族乐团赴德国参加庆祝中德建交40周年、"中德文化年"演出。10月,中华艺术宫开馆大展举办《来自世界的祝贺——国际美术珍品展》。展出英国大英博物馆、荷兰阿姆斯特丹国家博物馆、法国雨果博物馆、美国惠特尼艺术博物馆和新西兰国家博物馆馆藏珍品。11月,举办《翰墨荟萃——美国收藏中国五代宋元书画珍品展》,首次展出美国大都会艺术博物馆、波士顿美术馆、纳尔逊艺术博物馆和克利夫兰美术馆所藏中国古代书画珍品。广播影视对外交流有收获。3月,东方卫视作为长城(非洲)平台成员台,信号成功覆盖非洲撒哈拉以南38个国家。4月,东方卫视与日本中文产业株式会社合作,在日本IPTV平台恢复播出中文节目。6月,东方卫视与马来西亚广播电视网络公司合作,在马来西亚落地。9月,上海广播电视台参加在德国举行的科隆大会国际电影电视节,选送的纪录片《迷魅金星》、3D版电影《世博小达人》及《独立探店报告》分别获最佳纪录片、最佳故事片和最佳电视模式奖。

对台文化交流形式多样。1月,上海文化联谊会组织上海文化艺术访问团首次赴台湾金门、桃园、台中、台南、高雄等中南部地区举办"欢乐春节"巡演,6月,组派上海越剧院赴台北演出;7—10月,在台湾举办第二届"海派文化艺术节·上海视觉艺术展"系列活动,推出《相约台北—上海油画雕塑作品展》《江南风情—上海现代民间绘画展》《旧影新景—上海历史风貌影像展》3个展览。

【体育事业】 2012年,上海突出"体育是民生、体育是精神、体育是文化"理念,优化体育环境。

提高财政经费投入。全年全市各级体育部门事业经费财政拨款159229.1万元,其中市体育局部门体育事业经费100359.3万元;核准拨发体育彩票公益金24755.2万元,其中市体育局20446.3万元。

创新群众体育模式。首届市民运动会吸引全市631万人次参与竞赛、展示、擂台、活动和服务5个板块的活动。继续推进公共体育设施建设及体育行业协会建设,超计划完成市政府实事工程,在全市范围建成76条健身步道、35个百姓健身房、10个百姓游泳池。

竞技体育取得好成绩。38名运动员、13名教练员及其他科研医疗后勤保障人员参赛第三十届夏季奥林匹克运动会(又称2012年伦敦奥运会)实现"两个超越"目标,即金牌数超越历届境外举行的奥运会、上海运动选手对中国代表团的金牌贡献率超越北京奥运会。全年上海运动员在世界三大赛(奥运会、世界杯、世界锦标赛)上获金牌9枚,在全国最高级比赛中获金牌48枚。上海女篮首次获得全国冠军。

培养体育后备人才。市委、市政府颁布《关于深化本市体教结合工作的若干意见》,推动全市体教结合工作。重视运动员文化教育,首次规定参加2013年第十二全国运动会的运动员须经过语、数、外三门课程文化测试;配合市教委举办上海市第二届学生运动会;区县人才培养输送率提高;开展青少年十项系列赛;改革一线办队模式,把优秀运动队逐步办在学校,形成基础项目一、二、三线"一条龙"培养体系;重新审定2012年优秀苗子库入库标准,突出上海重点项目。

举办体育赛事。全年在上海共举行全国性以上赛事42个项目130次。举办国际滑联短道速滑世界锦标赛、世界一级方程式(F1)锦标赛中国大奖赛、上海国际马拉松赛、国际田联钻石联赛上海站、世界斯诺克·上海沃德大师赛、ATP1000上海劳力士大师赛、中国国际极限运动单车大师赛、WEC世界汽车耐力锦标赛上海站、国际自盟女子公路世界杯赛(上海崇明站)、中国杯世界花样滑冰大奖赛等重要赛事;上海国际足球邀请赛首次进入大学校园;"一区一品"赛事组织水平普遍提高,区县特色体育赛事得到发展。

发挥体育科研及教育支撑保障功能。结合奥运会全运会备战需求,增加科研经费及设备投入;强化食品安全,为350多名重点运动员提供营养配餐;兴奋剂检查无任何阳性事件;建立国家队上海籍运动员科医联络网;建立区县体育科研专业技术职务评价标准体系;健全运动员送教和补课机制,推进文化教育。

推进体育产业。根据市政府下发的《关于加快发展上海体育产业的实施意见》制定上海体育产业发展方案;完成体育产业调查,实现体育产业统计制度化、常态化、信息化;开展体育产业园区(基地)建设课题研究;区县体育彩票机构调整、销售网点扩大、产品结构优化,体育彩票年销量26.29亿元,比上年增长26.8%。上海东亚(集团)有限公司及各关联企业实现全年实际营业收入62106万元、利润总额2335万元经营目标。

南　京　市

【经济发展】 2012年,全市完成地区生产总值7201.57亿元,增长11.7%。第一产业增加值184.64亿元,增长4.9%;第二产业增加值3170.78亿元,增长11.9%,其中工业增加值2748.45亿元,增长11.0%;第三产业增加值3846.15亿元,增长11.8%。三次产业增加值比例由2.7∶44.9∶52.4调整为2.6∶44.0∶53.4。民营经济占全市经济的比重为39.9%,提高0.1个百分点。全年实现财政收入1427.25亿元,增长9.9%。其中,地方一般预算收入733.02亿元,增长15.4%。地方财政一般预算支出769.81亿元,增长15.6%。年末全市金融机构本外币各项存款余额16540.43亿元,比年初增加2299.11亿元。本外币贷款余额13079.32亿元,比年初增加1360.74亿元。全年完成全社会固定资产投资4683.45亿元,增长16.8%。其中,第一产业完成投资23.59亿元,下降19.5%;第二产业完成投资2414.95亿元,增长17.4%,其中工业投资完成2400.93亿元,增长20.0%;第三产业完成投资2244.91亿元,增长15.8%。

全市规模以上工业企业实现工业总产值11405.12亿元,增长11.8%。全市高技术产业完成工业总产值2431.96亿元,增长18.0%。智能电网、现代通信、生物医药、节能环保、风电光伏、新材料、轨道交通、航天航空等八大新兴产业实现主营业务收入3608.5亿元,增长20.1%。全年规模以上工业企业实现主营业务收入11149.85亿元,增长7.7%;实现工业利税1147.48亿元,增长3.3%;实现利润551.27亿元,下降3.3%。

全市完成农林牧渔及农林牧渔服务业总产值318.55亿元,增长12.4%。其中,农业产值完成183.47亿元,增长12.9%;林业产值完成3.39亿元,增长5.3%;牧业产值完成51.17亿元,增长8.8%;渔业产值完成65.46亿元,增长14.4%;农林牧渔服务业产值完成15.06亿元,增长10.6%。

全市实现社会消费品零售总额3080.58亿元,增长15.4%。全市居民消费价格指数为102.7,上升2.7%。2012年城市居民人均可支配收入36322元,增长12.8%;农民人均纯收入14786元,增长12.8%。批发和零售业实现零售额2793.48亿元,增长15.3%;住宿和餐饮业实现零售额287.09亿元,增长15.9%。全市年成交额亿元以上的商品交易市场有55家,交易金额达到1278.58亿元,增长1.5%。

全年实现旅游总收入1272.5亿元,比上年增长15.1%。接待海内外旅游者8113.16万人次,增长10.7%。其中,接待国内旅游者7950.45万人次,增长10.7%;接待入境旅游者162.71万人次,增长8.0%。全年实现国际旅游创汇收入13.62亿美元,增长13.6%。经旅行社组织出境旅游人数50.96万人次,增长38.6%。年末全市拥有星级宾馆饭店115家;拥有旅游景区73家,其中5A级景区2个,4A级景区10个;拥有各类旅行社535家,其中,具有组织出境游资质的旅行社26家。

【社会事业】 年末全市新增城镇就业人数20.2万人,新增农村劳动力转移就业6.9万人次。培育自主创业者1.46万人,实现再就业10.21万人,援助困难人员再就业1.32万人。城镇登记失业率为2.69%。

全年城镇社会保险五大险种累计参保人数为1296万人,新增97.29万人。其中,城镇职工基本养老保险参保人数268.88万人,增加33.1万人;城镇职工基本医疗保险参保人数334.37万人,增加25.35万人;失业保险参保人数229.58万人,增加11.02万人;工伤保险参保人数221.99万人,增加14.89万人;生育保险参保人数241.18万人,增加12.93万人。全市城镇单位基本养老保险和基本医疗保险覆盖率分别达到98.7%和98.67%。

年末全市新型农村社会养老保险和城镇居民养老补贴统一纳入城乡社会养老保险,累计参保人数达到112.53万人,保险覆盖率达99.3%。解决了1983年以来51.28万被征地人员进城保问题。实施了70岁以上老人和残疾人免费乘车,60至69岁老人半价乘车等惠民政策,开展残疾人“助学、助听、助行、助业”等四助活动。年末全市福利收养单位拥有床位4.02万张,增加0.72万张;收养人员1.94万人,增加0.09万人。全市拥有社区服务机构832个,其中农村142个,城市便民、利民服务网点18402个。城乡居民享受最低生活保障11.98万人,其中城市5.81万人,农村6.17万人;享受国家抚恤、补助等各类优抚人员1.99万人。

2012年,在宁普通高等学校54所,在校学生(不含研究生)71.96万人。研究生培养机构(普通高校、科研机构)31个,在校研究生9.57万人。全市拥有普通中学220所,在校学生23.07万人;中等职业学校32所,在校学生8.36万人;普通小学344所,在校学生30.72万人。中小学小班化实验学校157所。市小班化示范小学达到20所。全市拥有民办中小学29所,在校学生4.80万人。在宁成人高校9所,在校学生17.83万人。全市拥有建制幼儿园578所,在园幼儿17.06万人。全市省级优质园达317所,其中当年新创12所。全市包括流动子女在内的14.49万符合条件的在园适龄幼儿,按照每人每年2000元标准享受幼儿教育助学券,政府投入经费达2.9亿元。接纳义务教育阶段进城务工人员随迁子女7.09万人。其中进入公办学校就读的人数为6.87万人,占全市进城务工人员随迁子女就读总人数的96.92%,比上年提高1.42个百分点。

2012年,全市累计引进领军型科技创业人才1441人,入选省“双创计划”人才162人,自主培养中央“千人计划”人才116人。年末在宁中国科学院院士和中国工程院院士分别为46人和34人。全市20家科技创业特别社区正式挂牌运行。累计建成各类孵化器85个,孵化面积289万平方米,在孵企业3600家。区(县)校共建大学科技园13个、战略性新兴产业中心15个。全年引进世界500强企业研发机构8家,中国500强企业研发机构11家。全年完成专利申请量42732件,比上年增长52.4%,其中发明专利申请量16409件,增长

41.5%。全年完成专利授权量18612件,比上年增长50%,其中发明专利授权量4437件,增长28.5%。2012年,全市共签订各类输出技术合同19680项,增长28.4%。技术合同成交额145.38亿元,增长20.9%。全市新增技术贸易机构122家。全年南京地区共有34项成果获得国家科学技术奖励,其中获得国家自然科学奖二等奖4项,国家技术发明奖二等奖7项,国家科技进步奖特等奖1项、一等奖2项、二等奖20项。年末全市共有各级工程技术研究中心307家,其中国家级16家、省级248家、市级43家。拥有省市科技公共服务平台112家,省级以上重点实验室67家,其中国家重点实验室25家。

全市拥有世界文化遗产1处,全国重点文物保护单位27处,省级文物保护单位127处,市级文物保护单位358处。拥有博物馆45座。全市14个综合档案馆向社会开放档案29.5万卷(件)。年末有线电视注册用户达到243.79万户。广播电视数字化整体转换用户达166.88万户。全年建成"示范文化站"14个、"文化室示范点"104个。新命名南京市文化产业基地8个,创建国家文化产业示范基地1个。全市拥有艺术表演团体13个。组织实施"送科技书籍、送戏、送电影"下乡工程,全年送图书7.4万册,送演出631场,送电影9161场。举办"2012百场公益演出广场行"、第十二届南京文化艺术节等系列品牌文化活动,开展广场文化活动22291场。

年末全市拥有医疗卫生机构2305个,其中医院、卫生院和社区卫生服务中心321个,疾病预防控制中心20个,妇幼卫生保健机构14个。卫生机构拥有病床3.78万张,其中医院病床3.22万张。卫生技术人员为5.4万人,其中执业(助理)医师1.91万人,注册护士2.3万人。

2012年,全市举办各级各类群众性体育活动1000多项(次)。为市统筹建设保障房项目小区配置体育健身器材100套,为各区县改造出新健身器材300套。完善全民健身服务体系,建成4000个晨晚练健身点、1768个社区全民健身工程(点)、112个街镇体育活动中心、752个新农村体育健身工程、2301个较大自然村小篮球架和631个社区体育健身俱乐部、103个职工体育健身俱乐部,实现城乡社区全民健身一般性设施的全覆盖。年末全市公共体育设施面积达1574.88万平方米,城市社区"10分钟体育健身圈"覆盖率达54.4%。

苏 州 市

国民经济

【概况】 2012年,苏州市经济社会保持平稳发展态势,主要指标稳中有增,结构调整步伐加快,城乡一体协调发展,民生质量持续改善,现代化建设取得新进展。全市实现地区生产总值1.2万亿元,比上年增长(下同)10.1%;人均地区生产总值(按常住人口计算)超过11万元,按现行汇率折算超过1.8万美元。全年实现地方公共财政预算收入1204.3亿元,增长9.4%;其中各项税收收入1023.9亿元,增长10.2%。全年地方公共财政预算支出1113.47亿元,增长11.1%;其中教育支出180.7亿元,增长19.5%;科学技术支出66.59亿元,增长24.2%;社会保障和就业支出101.6亿元,增长20.1%。全市各级财政用于民生方面的支出605.4亿元,占财政支出的54.4%。

【农业生产】 2012年,全市农业生产提质增效。全年实现农林牧渔业总产值337.7亿元,增长4.1%。粮食总产量116.5万吨,增长1.3%;其中夏粮总产量36.7万吨,增长5.1%;秋粮总产量79.8万吨,下降0.4%。粮食连续实现3年增产。

农业现代化建设稳步推进。全市新增设施农业(渔业)面积9.15千公顷,累计41.25千公顷。新建高标准农田20千公顷,累计106.7千公顷。全市农业适度规模经营比重为86.8%。规模以上农业龙头企业年销售收入1050亿元,增长13.6%。全年新增无公害农产品、绿色食品和有机食品121个,累计1722个。

【农村建设】 2012年,全市农田水利设施改造升级加快,共完成农田水利总土方3121万立方米,疏浚整治各级河道1691公里,加高加固圩堤356公里,增砌护岸159公里。农业综合机械化率为87%。

城乡一体化综合配套改革取得新进展。全市新增农村社区股份合作、土地股份合作、农业专业合作组织431家,累计3928家,持股农户占农户总数的比重为96%。农村集体资产突破1200亿元,村均集体收入582万元,分别增长14%和15.7%。全市90%的农村工业企业进入工业园,88%的承包耕地实现规模经营,48%的农民实现集中居住。

【工业】 2012年,全市实现工业总产值34528亿元,其中规模以上工业总产值28746亿元,分别增长3.5%和5.2%。全市规模以上工业中,私营工业产值4868亿元,增长3.5%;外资工业产值18870亿元,增长4.0%。重工业产值21354亿元,轻工业产值7392亿元,分别增长6.1%和2.5%。全市新产品产值4627亿元,增长20.5%。

主导产业稳定发展。通信设备、计算机及其他电子设备制造业、黑色金属冶炼及压延加工业、电气机械及器材制造业、纺织业、化学原料及化学制品制造业、通用设备制造业六大支柱行业实现产值19420亿元,增长6.1%,占规模以上工业总产值的比重为67.6%。

新兴产业成为亮点。全市制造业领域新兴产业实现产值12367亿元,增长11%,占规模以上工业产值的43%,比上年提高5.0个百分点。新兴产业创造利税、利润分别占全市规模以上工业的45.3%和47.8%。其中新材料、新型平板显示、高端装备制造业产值分别达到3426亿元、2780亿元、2371亿元，占新兴产业产值的69.4%。

重点企业贡献度提升。全市百强工业企业完成产值12406亿元，增长13.7%，占规模以上工业产值的43.2%，百强工业企业中产值超百亿元的企业28家，完成工业产值8207亿元，增长16.1%。

高耗能行业有效抑制。钢铁、纺织、化工、造纸、建材、电力等六大高耗能行业产值增长2.8%，六大行业产值占规模以上工业总产值的比重为24.3%，下降1.6个百分点。

受市场环境制约，工业企业经营效益有所下降，但降幅逐步收窄。全年规模以上工业企业实现主营业务收入28999亿元，增长3.7%；利税总额1816.4亿元，下降5.7%，其中利润总额1215.6亿元，下降10.4%；规模以上工业产销率为99.3%。

【建筑业】 2012年，全市完成建筑业总产值1745亿元，增长13.9%。全市资质以上建筑业企业房屋施工面积11014万平方米，增长9.4%，其中新开工面积4574万平方米，下降12%。建筑业企业在外省完成建筑业产值300亿元，增长16.1%。年末拥有总承包和专业承包资质的建筑企业1477家，实现利润73亿元，增长17.4%；上缴税金71亿元，增长13.8%。

【运输邮电业】 2012年，全市完成交通基础设施投资116.1亿元，其中公路建设投资60.7亿元，港口建设投资35亿元。年末公路总里程13090公里，其中高速公路535公里。

客货运量稳定增长。全市完成公路、水路客运量6.9亿人次，旅客周转量307.74亿人公里，分别增长8.2%和12.1%；完成货运量1.73亿吨，货物周转量170.51亿吨公里，分别增长11.0%和13.8%。

港口运输能力增强。苏州港港口货物吞吐量4.28亿吨，增长12.6%；集装箱运量586万标箱，增长25.2%。苏州港新增万吨级以上码头泊位9个。太仓港年吞吐量突破400万标箱，太仓港在全国内河港中第一个获得批准享受海港待遇。

邮电通信平稳发展。全市邮政系统发送函件2.92亿件、特快专递2313万件、报刊3.1亿份。年末邮政储蓄余额433.8亿元，比年初增加60.86亿元。全市电信业务总收入187.35亿元，增长10.8%。年末移动电话用户1555万户，互联网宽带用户达到283.57万户。

私家汽车保有量继续增加。年末拥有机动车239.27万辆，其中汽车177.90万辆，分别增长7.1%和18.1%。私家汽车保有量144.54万辆，增长20.6%。

【国内贸易】 2012年，全市实现社会消费品零售总额3241亿元，增长14.5%；其中城镇消费品市场实现零售额2831.4亿元，增长14.3%；农村消费品市场实现零售额409.6亿元，增长16.3%。批发和零售业零售额2830亿元，增长14.3%；住宿和餐饮业零售额383亿元，增长19.1%。全市家电下乡产品销售额12.38亿元。

全市限额以上批发零售贸易业零售额中，服装、鞋帽、针纺织品类增长28.1%，食品、饮料、烟酒类增长23.1%，日用品类增长21.7%，通讯器材类增长20.7%，文化办公用品类增长11.1%，汽车类增长4.5%，金银珠宝类增长0.4%，体育、娱乐用品类下降0.1%，家用电器和音像器材类下降3.6%。

商业载体建设稳步推进。全市拥有国家级特色(著名)商业街13条。国家级、省级商业示范社区21家。年末，全市共有商品交易市场625个，其中亿元以上市场90个，实现成交额4855亿元。新型流通业态以及现代经营方式较快发展。网络购物、无店铺销售、仓储式销售等新兴业态发展迅猛。吴中区金枫电子商务产业园成为国家电子商务示范基地。

【金融业】 2012年，全市金融机构人民币存、贷款余额分别为1.77万亿元和1.36万亿元，分别比年初增加2483亿元和1754亿元。各项存款中，储蓄存款余额5788亿元；单位存款余额10758亿元。各项贷款中，短期贷款余额5717亿元，比年初增加1073亿元；中长期贷款余额7504亿元，比年初增加626亿元。年末金融机构本外币存、贷款余额分别为1.88万亿元和1.49万亿元，比年初分别增加2793亿元和2102亿元。

年末，全市共有证券营业部60家，证券交易开户总数121万户。证券机构托管市值总额1283亿元，增长10.9%。全年各类证券交易额10476亿元，下降26.8%。期货市场交易额34901亿元，下降8.6%。

保险业稳健运行。注册资本20亿元、国内首家在地级市设立的寿险法人总部机构——东吴人寿保险股份有限公司获准开业。全年新增保险机构5家，年末，全市保险机构共68家。全年保费收入237亿元，增长13.3%，其中财产险收入105亿元，增长19.4%；人身险收入133亿元，增长8.9%。

【房地产业】 2012年，全市完成房地产开发投资额1263.36亿元，增长5.4%，占全社会固定资产投资的比重为24%。商品房新开工面积2060.5万平方米，增长0.5%；商品房施工面积8404万平方米，增长5.8%；竣工面积1828万平方米，增长20.7%。商品房销售面积1466.29万平方米，增长21.1%，其中住宅销售面积1263.11万平方米，增长28.4%。市区存量房交易面积312万平方米，交易金额316亿元，分别增长28%和29%。

【旅游业】 2012年，全市实现旅游总收入1376.24亿元，增长15.1%；接待境外游客321.87万人次，增长8.1%。入境游客中，外国游客230.18万人次，港澳台同胞91.69万人次。旅游外汇收入16.47亿美元，增长12.1%。全市景区接待游客11503万人次，增长13.6%。

年末，全市拥有星级饭店148家，其中四星级及以上饭店75家。金鸡湖景区创建成国家AAAAA级景区。全市共有AAAAA级景区点4家，AAAA级景区点28家，AAA级景区点20家。苏州被确定为全国智慧旅游试点城市。

【现代服务业】 2012年，全市新增上市公司12家，年末拥有境内外上市公司82家，累计募集资金661亿元。发行企业债券174亿元。新增批准开业小额贷款公司11家，累计83家。股权创业投资快速发展。年末拥有备案创投企业102家，创投机构管理资金规模超过750亿元。全社会新增融资规模近4000亿元。

年末，全市省、市级服务业集聚区达到70个，集聚区从业人员超过80万人，年销售(营业)收入超6000亿元，增长20%

以上。新增制造业分离发展现代服务业企业 260 家,累计 1042 家。全年服务外包接包合同额和离岸接包执行额分别为 56 亿美元和 30.6 亿美元,分别增长 56.8%和 51.9%。

【民营经济】 2012 年,全市私营企业、个体户新登记注册户数 11.23 万户,年末实有私营个体登记注册户数 64.46 万户,其中私营企业 22.96 万户、个体工商户 41.50 万户,分别增长 9.1%、10.4%和 8.4%。年末私营个体注册资金 8716.11 亿元,增长 16.1%。年末注册资金超 1000 万元的私营企业 15967 户,增加 1773 户;其中超亿元的企业 1424 户,增加 252 户。全市民间投资占固定资产投资的比重达 56.1%,民营工业产值占规模以上工业产值的比重为 31.9%。

【对外贸易】 2012 年,全市外贸增长减缓。全年实现进出口总额 3056.92 亿美元,其中出口 1746.89 亿美元,分别增长 1.6%和 4.5%,增幅分别回落 8.2 和 4.7 个百分点。外资企业进出口 2273.5 亿美元,下降 7.5%。推进加工贸易转型升级,大力发展一般贸易、保税物流贸易和服务贸易,外贸方式加快转变。全市加工贸易增值率由上年的 77.1%提升至 83.8%。一般贸易出口占出口总额的比重为 25.3%,提高 1.9 个百分点。保税物流园区进出口贸易增长 59%。新兴市场增势强劲。全市对东盟、非洲和俄罗斯的出口额分别增长 13.8%、14.0%和 10.7%。举办第一届中国国际进口产品博览会。

【招商引资】 2012 年,全市实际利用外资 91.65 亿美元,增长 2.8%,其中服务业利用外资 30.24 亿美元,增长 3.1%,占实际利用外资比重为 33%。新兴产业和高新技术项目利用外资 35.14 亿美元,占实际利用外资的比重为 38.4%。新增外资地区性总部及功能性总部机构 45 家,累计 180 家。43 家企业被认定为首批省级跨国公司地区总部和功能性机构。世界 500 强企业中有 145 家落户苏州。

【对外经济合作】 2012 年,全市新批境外投资中方协议投资额 12.22 亿美元,增长 74.4%,连续 9 年规模在全省位列第一。全年新签对外劳务承包合同额 10.26 亿美元,完成营业额 8.37 亿美元,分别增长 7.9%和 8.9%。年末,境外投资涉及的国家和地区达到 80 多个。

【开发区建设】 2012 年,全市共有省级以上开发区 17 家,其中国家级开发区 11 家。全市开发区实际利用外资 76.09 亿美元,出口总额 1511 亿美元,实现地方公共财政预算收入 689 亿元,占全市的比重分别为 83.0%、86.5%和 57.2%。吴中经济开发区升格为国家级开发区,张家港保税港区汽车整车进口口岸获得国务院批准,苏州高新区成为全国首个国家知识产权服务业集聚发展区。

【固定资产投资】 2012 年,全市完成全社会固定资产投资 5266.49 亿元,增长 17%。其中国有经济完成投资 1226.61 亿元,增长 9.4%;私营个体投资 1586.95 亿元,增长 14.2%。投资结构继续优化,第一产业完成投资 10.01 亿元,增长 13.7%;第二产业完成投资 2184.89 亿元,增长 15.6%,其中工业投资 2176.43 亿元,增长 15.9%;第三产业完成投资 3071.59 亿元,增长 18%,占全社会投资的比重为 58.3%,提高 0.5 个百分点。新兴产业投入持续加快增长。全市新兴产业在建项目完成投资 1133.34 亿元,增长 31.8%。

【城乡规划与建设】 2012 年,围绕建设"一核四城"的发展目标,全市实施部分行政区划重大调整,撤销平江区、沧浪区、金阊区,设立姑苏区·苏州国家历史文化名城保护区。吴江撤市设区。中心城市首位度得到提升。苏州市区面积由 3254.7 平方公里扩大到 4474.4 平方公里(含水域面积)。农村生态环境进一步改善,新增林地、绿地面积 1.33 万公顷。村庄环境整治达标率超过 95%。基础设施全面提升。全年完成基础设施投资 908 亿元,增长 19%。轨道交通 1 号线建成投运,苏州成为国内首个运营轨道交通的地级市。轨道交通 2 号线实现"轨通"。轨道交通 4 号线及支线、2 号线延伸段,太仓港疏港高速公路、常嘉高速公路昆山至吴江段开工建设。苏虞张快速通道北段改建完成通车。中环快速路工程全面启动,东环、南环快速路延伸加快建设。±800 千伏锦苏特高压输电线路及同里换流站、胥门变电站建成启用。新增人防设施 72 万平方米。

【公用事业】 2012 年,全市多元化公共交通服务得到新提升。市区新辟公交线路 20 条,年末市区营运车辆达到 3826 辆,营运线路 285 条,线路总长为 6488 公里;市区公交运客总量 6.26 亿人次,增长 10.6%。年末城市轨道交通运营里程 25.2 公里。轨道交通 1 号线自开通运营到年底,运客量达到 2595 万人次。新增电调专用出租车 300 辆,市区年末营运出租汽车 4303 辆。市区新购公交车 506 辆,国Ⅲ以上排放标准的公交车比例达到 91.7%。新建公共自行车网点 151 个。全年新增农村客运(公交)班线 19 条,行政村农村客运班车通达率保持 100%,城乡客运一体化覆盖率达到 90%。

公用事业投入不断加大。市区新建、改建公共卫生间 25 座,新建、改建垃圾中转站 2 座,新建、扩建城镇污水处理厂 11 座,建设配套截污管网 798.74 公里,新增污水日处理能力(含扩建)20.75 万吨。

市区管道天然气供气总量 7.43 亿立方米,人工煤气供气总量 4449 万立方米。城乡居民生活用电 86.49 亿千瓦时,增长 12.1%。

市区新增绿地 450 公顷,市区人均公共绿地面积 14.94 平方米,市区建成区绿化覆盖率 42.4%。

【节能降耗与环境保护】 2012 年,全市万元地区生产总值能耗为 0.6375 吨标准煤,下降 4.61%。全年全社会用电量 1189.93 亿千瓦时,增长 5.2%,其中工业用电量 982.66 亿千瓦时,增长 3.9%。全年规模以上工业综合能源消费量 5015 万吨标准煤,增长 2.4%,其中消耗的主要能源品种为:原煤 5055 万吨,下降 1.1%;天然气 37 亿立方米,增长 8.5%;电力 807 亿千瓦时,增长 5.5%。全市环保投入 445 亿元,增长 14.9%。全市环境质量综合指数 93.26。市区空气质量优良以上天数达到 339 天。集中式饮用水源地水质达标率为 100%。功能区环境噪声达标率 100%。推动实施 PM2.5 监测。全市建成 55 个环境优美镇,其中 50 个为国家级生态镇;新增省级生态村 25 个,省级以上生态村累计达到 526 个,占行政村总数的48.4%。

开展“能效之星”创建活动，实施“万家企业节能低碳行动”，实现节能100万吨标准煤。全年实施减排项目174个，主要污染物二氧化硫和化学需氧量排放总量分别下降3.7%和3.0%以上，氨氮削减率和氮氧化物削减率均超过3%。

【科技事业】 2012年，全市研究与试验发展经费支出占地区生产总值的比重为2.5%。全年落实企业研发费加计扣除金额42.47亿元。

全市新增省级以上高新技术企业588家，累计1864家。新认定省级以上高新技术产品2367个，累计10031个。新增省级以上企业技术中心43家，累计176家。新增省级以上工程技术研究中心109家，累计337家。全市80%的本土大中型企业建立研发机构。高新技术产业实现产值11889亿元，增长11%，占全市规模以上工业产值的比重达到41.3%。

全市专利申请量和授权量达到14万件和9.8万件，分别增长37%和27.2%，专利申请量和授权量均列全国大中城市第一位。新增中国驰名商标17件，累计75件。苏州成为首批国家知识产权示范城市，并顺利通过全国版权示范城市验收。

【人才建设】 2012年，全市引进大专以上各类人才14.2万人。年末，全市各类人才总量178万人，其中留学回国人员超过1.28万人，高层次人才突破11万人，高技能人才达到38万人。年末，全市拥有各类专业技术人员110万人，增长14%。新增入选国家“千人计划”人才51人，累计105人，居全国地级市第一，新增入选省“双创计划”96人，累计301人；新增入选“姑苏双创人才计划”（姑苏创新创业领军人才计划）118人，累计347人。国家“千人计划”中，创业人才的比例为70%。

【教育事业】 2012年，全市拥有各级各类学校1097所，在校学生125.28万人，毕业生30.78万人，教职工总数9.72万人，其中专任教师7.95万人。在苏普通高等院校20所，独立学院4所。普通高等学校在校学生19.22万人，毕业生4.97万人；成人高等学校在校学生3.4万人，毕业生1.94万人。各类教育均衡发展。学前3年幼儿入学率为99.9%，义务教育阶段学生入学率、巩固率继续保持100%，全市初中毕业生升学率为99.7%。全市高等教育毛入学率为64.3%。苏州独墅湖科教创新区被教育部确定为高等教育国际化示范区。

【文化事业】 2012年，全市有艺术表演团体14个，文化馆12个，博物馆36个，公共图书馆12个。镇（街道）以上公益性文化设施实现全覆盖，行政村公益性文化设施覆盖率为90%。文艺精品新作连创佳绩。滑稽戏《青春跑道》入选国家文化部建国以来优秀保留剧目大奖。

发展文化产业。全市文化产业营业收入超过2600亿元。年末拥有国家级文化产业示范基地7个，省级文化产业示范基地5个、市级基地28个。

文化保护和传承加强。全市累计6个项目被列入联合国人类非物质文化遗产代表作名录，29个项目被列入国家级非物质文化遗产代表作名录，39人被列为国家级非物质文化遗产代表性传承人。大运河苏州段成功列入中国大运河首批“申遗”名单，昆曲遗产保护、传承、弘扬工程顺利通过国家级文化创新工程验收。

【卫生事业】 2012年，全市有各类卫生机构2992个，其中医院、卫生院和社区卫生服务中心251个，卫生防疫、防治机构13个，妇幼保健机构7个。年末，卫生机构拥有床位4.61万张，拥有卫生技术人员5.72万人，其中医生2.32万人，分别增长7.2%、12.4%和18.8%。城乡社区卫生服务机构覆盖率达100%。建成国家级示范卫生服务中心2个，镇村卫生机构均达到省定建设标准。

【体育事业】 2012年，苏州市第13届体育运动会举办。苏州运动员在第30届夏季奥林匹克运动会上获得2枚金牌、1枚银牌。新增4名世界冠军，苏州世界冠军总数为23人。全年共承办省级以上体育竞赛68项次，其中国际、洲际比赛23项次，全国比赛40项次，省级比赛5项，办赛数量在全省各市保持领先。体育设施进一步完善。市区新建、更新全民健身路径169条。体育彩票销售创新高，实现总销量33亿元，位居全国地级市第一位，全国大中城市第二位。

【人口与就业】 2012年，全市户籍人口出生6.8万人，出生率10.56‰，人口自然增长率为3.58‰。年末全市户籍总人口647.81万人，增加5.48万人，其中市区户籍人口248.51万人，增加3.26万人。

就业形势保持平稳。全市新增就业16.8万人，开发公益性岗位9500个。城镇居民登记失业率为2.7%。苏州籍高校毕业生就业率达到96.6%。全年免费培训城乡劳动力43.8万人。城乡基层就业公共服务平台加快建设。

【社会保障】 2012年，全市实现养老保险、医疗保险城乡并轨，成为全国首个全面实现社保城乡并轨的地区。年末，全市城镇职工养老保险缴费人数472.88万人，职工医疗保险参保人员541.56万人，城镇职工失业、工伤、生育参保缴费人数分别为375.74万人、404.07万人和403.97万人。城镇职工五大社会保险覆盖率和社会保障基金征缴率均保持在99%以上。城乡居民养老保险和居民医疗保险覆盖率均达到99%以上。城乡老年居民享受社会养老保险待遇覆盖率达到100%。企业退休人员月人均增加基本养老金165.5元。城乡居民最低生活保障标准由每人每月500元提至570元。苏州社会保障·市民卡发放，市区发放量超过250万张。

【社会福利与救助】 2012年，全市拥有各类养老机构191个，床位总数43542张，收养人数30480人。新增养老床位8355张、日间照料中心87个，助餐点142个。全市27711户、56911人纳入低保范围，累计发放保障金2.06亿元。全年社会救助支出达18.3亿元，惠及困难群众16.8万人次。

【人民生活】 2012年，全市落实城乡居民收入6年倍增计划，居民收入稳步增加。市区居民人均可支配收入37531元，农民人均纯收入19396元，分别增长12.9%和12.6%。收入结构进一步优化，非工资性收入保持较快增长。

保障性住房建设规模扩大，住房保障覆盖范围稳步提高。全市新开工建设保障性住房37454套、竣工25420套，为4894

户困难家庭发放廉租住房租赁补贴。市区完成 113 万平方米老住宅小区、16 万平方米零星居民楼综合整治任务，解危修缮直管公房 4.5 万平方米。实施城区居民家庭“改厕”8739 户，改造城中村(无地队)17 个。新增住房公积金缴存人数 52.64 万人，职工使用住房公积金 188 亿元。全市新建、改建城乡农贸市场 47 家，市区开设农产品直供网点 46 家，新建农产品平价直销网点 102 个。

【市场物价】 2012 年，在大宗商品价格震荡下行、全球通胀压力有所缓解的大背景下，居民消费价格指数逐步回落。全年市区居民消费价格总水平比上年上升 2.7%，八大类消费价格“六升二降”：食品类、烟酒类、衣着类、家庭设备用品及维修服务类、医疗保健和个人用品类、居住类价格分别提高 5.1%、1.7%、4.4%、5.3%、2.1% 和 2.7%；交通及通信类、娱乐教育文化用品及服务类价格分别下降 1.5%、0.2%。

注：以上分目中涉及的市区数据不包含吴江区数据。

社 会 事 业

【人口和计划生育】 2012 年，苏州市深化城乡一体的人口和计划生育综合改革，加强人口调控，注重家庭发展，免费孕前优生健康检查、青少年健康人格塑造、流动人口均等服务、计划生育特殊家庭帮扶等重点工作取得显著成效。据人口和计划生育部门统计，全年全市户籍人口出生 61583 人，流动人口出生 48789 人，计划生育率分别为 99.83% 和 95.48%，人口出生缺陷发生率 4.98‰。苏州市被列为国家流动人口社会融合工程试点市。苏州市“构建回应家庭需求的人口服务管理新模式”、张家港市“新市民积分管理制度促进流动人口社会融入”两个项目获得江苏省第三届人口和计划生育综合改革创新奖。全市 150 个单位被市委、市政府评为 2009 ~ 2011 年度苏州市人口和计划生育工作先进集体，200 名个人被评为先进个人。

【全市人口计生重点工作推进会】 于 2012 年 4 月 17 日召开，会议明确 2012 年全市人口计生 8 项重点工作。具体是：免费孕前优生健康检查项目，0 ~ 3 岁科学育儿实事项目和青少年健康人格工程，生殖健康促进和计划生育药具“易得”“优得”工程，计划生育家庭奖励扶助制度完善和生育关怀载体建设，人口家庭发展战略研究，以乡镇(街道)为单位的流动人口计生管理服务，计划生育死亡伤残家庭大走访和推广“连心家园”模式，全系统作风效能提升年活动。苏州市副市长王鸿声在会上强调要重点加强“四个建设”：加强人口宏观调控机制建设，完善家庭管理服务的体系建设，加强服务家庭发展的能力建设和拓展利民惠民的平台建设。

【省、市共建城乡一体统筹解决人口问题先导区工作】 2012 年，全市继续推进省、市共建城乡一体统筹解决人口问题先导区工作。一是进一步深化合作机制。省人口和计划生育委员会出台《省市共建城乡一体统筹解决人口问题专题会议纪要》，进一步加大工作力度，支持苏州市以深化城乡一体化为内容的人口体制综合改革。省、市加强六方面的共建工作：即深化包括流动人口在内的全员人口服务管理体制机制改革，研究城乡一体的生育政策框架及预案，创新建立与基本现代化相适应的人口与家庭公共服务体系，推进流动人口服务管理均等化，研究提升家庭发展能力和家庭公共政策，推进人口信息化“金人工程”建设。二是推进人口与家庭公共服务体系、流动人口服务管理均等化、人口文化园示范基地建设 3 个合作项目。三是成立统筹解决人口问题前沿课题研究组。开展“人口和家庭公共服务体系及家庭公共福利政策”“人口适度流动及城市人口规模调控”“苏州城乡一体化生育政策框架及预案”3 个协作课题研究。

【保障性住房建设步伐加快】 2012 年，苏州市政府印发《关于加快保障性住房建设的实施意见》，其中规划五大片区，总占地面积 221 万平方米，规划可建房屋面积 372 万平方米。通过集中成片启动保障房建设，解决困难家庭以及征收安置户住房问题。年内，全市建立保障性安居工程建设绿色通道，加快各项基建审批程序，通过组织签订住房保障目标责任书、对建设项目和进展情况实行通报公示、现场督查的形式，抓好保障性住房开工建设进度。全年全市新开工各类保障性住房 37454 套，竣工 25420 套，为 4894 户困难家庭发放廉租住房租赁补贴，全面超额完成省、市下达的保障性住房建设任务。

【住房保障政策落实】 2012 年，苏州市在坚决贯彻落实国家房地产宏观调控政策基础上，充分发挥制度保障性、互助性功能作用。一是苏州顺利获批列入国家第二批利用公积金贷款支持政府保障性住房建设试点城市，首期 20 亿元贷款支持 3 个危旧房解危改造项目，当年向市政府提供廉租房建设补充资金 1.82 亿元，为建立市场配置和政府保障相结合的住房制度提供支持。二是对首次购买中小套型和存量成套住房贷款“增额度、延期限、降首付”，加大中小套型贷款支持力度，实行存量成套住房与新建普通住房贷款政策并轨。当年全市放贷首超百亿元，共向 3.15 万户职工家庭发放公积金贷款 100.48 亿元，其中 2.96 万户职工家庭为购买首套住房，贷款额近 94 亿元，公积金已成为职工解决基本住房消费需求的重要途径。三是首次实施购买保障性住房的公积金贷款贴息政策，全市 1666 户中低收入家庭贴付资金 272 万元，为 1039 户中低收入家庭办理公积金贷款 1.66 亿元，各类公积金提取 87.16 亿元，增长 29.72%。

【社会救助概况】 2012 年，苏州市累计发放各类社会救助资金 18.3 亿元，惠及困难群众 16.3 万人。其中，低保对象 55819 人，发放低保金 20890 万元；低保边缘对象 22454 人，发放救助金 7338 万元；特殊困难残疾人 18457 人，发放救助金 9618 万元；临时救助 45793 人次，发放救助金 2708 万元。另外，在元旦、春节期间发放慰问金 3.83 亿元。

【城乡低保】 从 2012 年 7 月 1 日起，全市城乡低保指导标准提高至月人均 570 元，增长 14%，救助标准领先全省。上世纪 60 年代初精减退职老职工生活补助标准由 750 元/月提高至 855 元/月。城乡五保供养对象供养标准及低保边缘、重残、特殊残疾人生活救助标准按原政策规定随低保标准同步调整。

【物价补贴】 2012年,根据物价部门公布的低收入居民基本生活费用价格指数,全市于1~5月启动物价补贴动态机制,向城乡五保、低保、低保边缘、孤儿及享受国家抚恤补贴的优抚人员,按照不低于62.5元/月的标准及时发放物价补贴,全年全市民政部门共计发放3241万余元。

【慰问困难人员】 2012年元旦、春节期间,苏州市本级及各市(区)、镇(街道)组成2026个走访慰问组,对全市107个经济薄弱村、135个养老机构、30.2万余户困难家庭进行走访慰问,发放慰问资金3.83亿元,增长55.1%,慰问对象由过去15类扩大到18类,占全市户籍人口总户数的14.16%。

【社会救助规范化】 2012年,苏州市成立以市民政局等15个相关部门为成员的市低收入家庭经济状况核对工作领导小组,并出台《苏州市低收入家庭经济状况核对办法》(试行)。全面启用全国最低生活保障信息系统,全市城乡低保、农村五保、临时救助的申请、审核、审批全部实现网上作业。

【自然灾害民生综合保险】 从2012年12月1日起,由福彩公益金资助的姑苏区、工业园区、高新区自然灾害民生综合保险正式施行,苏州市在全省率先实现自然灾害民生保险制度全覆盖。2012年,全市投入自然灾害民生保险保费3212.6万元,理赔额1854.56万元,受益群众9000余户、近3万人。

(尹冬雷)

【和谐社区建设】 2012年,苏州市加快基层社会管理创新步伐,出台《苏州市城乡社区服务体系建设"十二五"规划》,依托社区平台试点探索建立社区、社会组织和社会工作人才的"三社联动"机制。推荐上报"中国幸福城市社会管理创新最佳实践案例",苏州市的政社互动、虚拟养老院、动迁社会管理、网上公安4个案例全部获评,占总数1/6。

【社区基础建设】 2012年,全市推进三级社区综合服务中心建设,市民政局与市财政局联合出台《苏州市社区综合服务中心建设"以奖代补"资金管理办法》,对区、镇(街道)两级社区综合服务平台建设达标项目分别按照每个100万元和40万元的标准进行奖励。

【社区经费保障】 2012年,全市进一步调整提高社区工作者待遇、社区工作经费及其他经费标准,其中,社区工作者年人均待遇提高至51600元,社区工作经费按社区总人口不低于20元/人/年标准拨付,每个社区居委会、工作站分别按不低于5万元/年拨付。此外,取得助理社会工作师、社会工作师证书的社区工作者,每月获得100元、300元不等的补贴。

【社区体制改革】 2012年,全市推进"一委一居一站一办"的社区管理模式,全面构建社区扁平式网格化管理机制。试点规范和优化社区规模,选齐配强村(居)民小组长、楼(道)长,形成村(社区)、村(居)民组、楼栋纵向到底、横向到边的社区服务网络。出台《关于三城区社区兼职委员、居民小组长和楼道长的设置及经费安排的通知》,按照每50户常住居民设置1名兼职委员、居民小组长或楼道长,工作经费按每人每年500元核拨。

【专业社工人才培育】 2012年,苏州市加快推进专业社会工作者(简称社工)在矫治帮教、养老扶幼助残、婚姻家庭等领域的应用与发展,全市新增持证社工1568人,共有持证社工3250人,居全省首位,其中初级2697人、中级553人,万人(户籍市民)持证社工人数达3.09人。全市累计开发专业社工岗位近400个,新成立专业社会工作服务机构近10家。

(尹冬雷)

无　锡　市

国民经济

·工业经济·

【概况】 2012年,无锡市工业生产实现平稳增长。全市规模以上工业企业实现增加值3056.90亿元,比上年增长7.1%。分轻重工业看,轻工业实现增加值646.90亿元;重工业实现增加值2410.00亿元。全市统计的246个主要工业产品中,产品产量比上年增长的有121个,占全市统计产品数的49.2%。在全市跟踪统计的22种重点产品中,有13种产品的产量实现增长。

工业经济效益逐步回升。全市规模以上工业实现主营业务收入14161.53亿元,产品销售率97.6%,工业企业实现利税1183.31亿元,利润824.19亿元,工业经济综合效益指数238.61%。

创新能力增强。2012年,无锡市R&D(研究与试验发展)经费占GDP比重由2002年的不足1%增加到2.7%,接近主要发达国家R&D投入程度水平。全市大中型和规模以上工业企业规模研发机构覆盖率分别超过97.5%和53.2%。加大企业技术中心培育,新增省级以上企业技术中心36个,列全省第一。省高成长型中小企业、中小企业创新能力建设示范企业、数字企业、科技型中小企业、中小企业公共技术服务平台分别达10个、9个、312个、102个、5个。全市专利申请量和授权量比上年增长60%和83%,万人有效发明专利拥有量突破10.7件,列全省第二。品牌建设取得重大突破。全市拥有省级以上品牌超800个,其中行政认定驰名商标47个。标准化工作快速铺开。由无锡企业组织参与的国际、国家标准化技术委员会

(分委会、工作组)26 个,居全国同类城市前列。

工业投入稳步增长。2012 年,无锡市大力实施项目促进年活动,成立工作领导小组,编制《无锡市 2012 年度工业项目计划》,建立项目推进例会、项目现场办公、项目建设进度督查和通报考评机制。召开多次工业投资项目洽谈会,开展“全市重大工业及技改项目现场服务推进活动”。简化项目备案手续,由限时办结改为即时办结。全年完成工业投入 1423.4 亿元,比上年增长 13.7%,其中技改投入 1094.3 亿元,占工业投入比重 76.9%,比上年提高 1 个百分点,比上年增长 15.1%。机械行业投入总量最大,占全市工业投入的 48.6%,纺织行业投入增幅最大,增长 44.2%,高能耗行业冶金降幅最大,比上年下降 11.1%。从投资主体看,民间投资保持较快增长,比上年增长 19.2%,占全部工业投入的 66.4%。全年锁定重点工业投入项目 760 项。全市亿元以上项目开工数、竣工数比上年提高八成。重大项目单体投资规模达 22 亿元,全市固定资产投资增值税抵扣额位居全省第二。

新兴产业迅速兴起。2012 年,全市物联网、新能源、新材料和新型显示、节能环保、微电子、生物技术和新医药、软件和服务外包、工业设计和文化创意产业等八大战略性新兴产业总产值(营业收入)6043.66 亿元,比上年增长 9.3%。其中,物联网产业取得重大突破,《无锡国家传感网创新示范区发展规划纲要》成功获批,第三届物联网博览会创规模、水平多项纪录。《无锡智慧城市发展规划》通过国内顶尖专家论证。微电子制造技术和能力居全国第一,节能环保产业规模为全国第一。

各地发展更趋协调。2012 年,无锡市区、江阴市、宜兴市规模以上工业分别完成现价产值 5831.42 亿元、6003.03 亿元和 2665.21 亿元,比上年分别增长 0.5%、3.7% 和 6.7%,增速差为 6.2 个百分点,较上年下降 2.5 个百分点。市区工业中,新区完成总量最多,完成 2913.76 亿元,比上年增长 0.9%,锡山区、北塘区、滨湖区增速快,分别完成 1032.98 亿元、101.97 亿元和 458.22 亿元,比上年分别增长 5.5%、4.4% 和 2.5%,崇安区受工业布局调整影响,出现负增长。

【新兴产业】 2012 年,无锡市八大新兴产业总产值(营业收入)6043.66 亿元,比上年增长 9.3%。物联网产业完成总产值 628.66 亿元,比上年增长 12.2%;新能源和新能源汽车产业完成总产值 681.34 亿元,比上年下降 16.2%,其中,太阳能光伏装备和太阳能利用完成总产值 487.38 亿元,比上年下降 20.6%;新材料和新型显示产业完成总产值 1725.16 亿元,比上年增长 8.8%;节能环保产业完成总产值 551.78 亿元,比上年增长 1.2%,其中,环保制造业完成总产值 306.70 亿元,比上年增长 2.1%;生物技术和新医药产业完成总产值 308.16 亿元,比上年增长 9.0%,其中,生物农业完成总产值 41.35 亿元,比上年增长 5.4%;微电子产业完成总产值 516.20 亿元,比上年增长 7.5%;软件和服务外包产业完成总产值 1223.55 亿元,比上年增长 34.4%;工业设计和文化创意产业完成总产值 408.81 亿元,比上年增长 16.0%。

物联网产业。2012 年,无锡市物联网产业发展迅速。全市物联网及相关产业总产值突破 1000 亿元,从业人员约 12 万人。全市列入产业统计的物联网企业 608 个,其中,设备制造类企业 332 个,软件产品开发类企业 134 个,系统集成类企业 137 个,网络及运营服务类企业 5 个。列入产业统计企业中,年产值超千万元的企业有 227 个,合计产值占全市物联网核心产业产值的 90% 以上。无锡示范区内物联网产业链条基本构建完成,初步形成具有较完备配套能力的产业集群。物联网产业规模化应用水平得到较大提升。全国唯一的国家级物联网应用展示中心初步建成,面向大众集中展示物联网产业创新成果。15 项省级以上应用示范工程项目顺利推进,食品安全监管、医药物流、特种设备管理、农资质量追溯、电动自行车防盗等重点应用示范项目陆续启动。交通、水利、环保、安防等行业和领域的应用解决方案逐渐成熟,市场化运行机制初步形成。无锡企业“走出去”步伐加快,在 17 个国家和地区、200 多个城市承建或参建物联网项目。

太阳能光伏产业。2012 年,无锡市太阳能光伏产业实现产值 487.38 亿元,比上年下降 20.6%。其中,新区、江阴市、宜兴市、惠山区分别完成总产值 129.41 亿元、191.27 亿元、85.83 亿元、72.06 亿元,占全市太阳能光伏总量的 98% 以上。年内,江阴海润光伏通过反向并购申龙,在上海证券交易所成功复牌上市,总市值超过 100 亿元。无锡国家太阳能光伏产品质量监督检验中心(CPVT)获得国际电工委员会 IECEE 颁发的 CB 实验室资质证书,被授权成为 CB 实验室,可按照 IECEE 网站公告的产品类别和标准范围开展检测活动。无锡振发新能源科技有限公司累计完成光伏电站建设,规模达到 500 兆瓦,位居全国第一。

环保产业。2012 年,全市节能环保产业营业收入 551.78 亿元,比上年增长 1.2%,其中环保制造营业收入 306.70 亿元,比上年增长 2.1%。按地区分,宜兴市、江阴市营业收入分别为 174.73 亿元、73.55 亿元,累计占全市总量的 44.9%。节能环保产业持续增长,新增环保工程专业承包、环保工程设计和污染设施运营等各类资质企业 25 个,入选 2012 年度高新技术企业培育计划 28 个,新增环保类高新技术企业 7 个、省级企业技术中心 4 个。凌志环保股份有限公司与孟加拉国工业部签订皮革污水处理工程总承包项目,合同总额 6400 多万美元。江苏新天地生物肥料工程中心有限公司实施成果转化的“克服土壤连作生物障碍的微生物有机肥及其新工艺”获得国家技术发明二等奖。

生物产业。2012 年,无锡市共有生物产业入库统计企业 454 个,其中规模以上企业 111 个。全市生物医药产值 308.16 亿元,比上年增长 9.0%,在全市新兴产业产值增幅中位于前列。全市生物产业上半年增幅较缓,下半年产值保持稳定持续增长,增幅呈 U 型逐渐回升,体现良好稳定性。一批生物医药类“530”企业逐步呈现良好发展态势,其中 12 个企业销售超千万元,傲锐东源成为首个销售超亿元的生物医药类“530”企业。

微电子产业。2012 年,无锡微电子产业经济运行情况良好,全市纳入统计的微电子企业 180 个,其中规模以上企业 98 个。部分微电子企业推出新项目和新产品,半导体市场逐渐回暖,微电子产业小幅增长,全年完成营业收入 516.2 亿元,比上年增长 29%。全市企业订单充足,原料供应情况正常,资金回笼较快。6 月,世成晶电项目投产,全年产值 28.9 亿元;新潮科技全年产值 56 亿元,比上年增长 23.4%;海太半导体全年产值 33.4 亿元,比上年增长 15%;中星微电子全年总产值 1.4 亿元,比上年增长 60.6%;德思普科技全年总产值 5965 万元,比上年增长33%。年内,无锡市半导体行业协会成立,协会开展各项工作,与省半导体协会合作,举办2012江苏省集成电路产业链市场研讨会、2012年长三角集成电路产业薪酬趋势研讨会,组织企业申报国家规划布局内集成电路企业资质,组织推进集成电路企业软件著作权认定工作。

软件与服务外包产业。2012年,无锡市软件业务完成收入900.85亿元,比上年增长32%,云计算产业实现销售收入200亿元。全市围绕新一代信息技术产业和打造"东方硅谷",先后赴美国、欧洲、日本、韩国、台湾、北京、西安、武汉、深圳、南京、上海等国家和地区举办24场招商引资活动,签订一批合作项目,全年新注册1328个新一代信息技术企业,促成深圳高新现代5亿元投资重大项目、北京安科兴业科技有限公司3.1亿元投资项目、交大联云科技5000万元投资项目等在无锡落户。推进NEC、NTTDocomo、用友软件、韩国ACS等一批重点合作项目进程,建立项目源。组织重点软件企业申报国家、省级专项资金,永中软件3465万元"核高基"专项资金、省经信委软件专项资金1364万元到位,4个软件企业入围省"双创团队",2个企业获评省软件技术中心,2个企业入选国家规划布局内重点软件企业,16个企业入选省规划布局内重点软件企业。全年新增软件及信息技术服务企业316个,新认定软件企业100个,新登记软件产品640项。出台《无锡市服务业(软件和服务外包)资金管理办法》,明确无锡软件产业的支持范围、申报程序等。2012年,市级财政共兑付软件产业政策专项资金1041万元,云计算产业专项资金870万元。

2012年,无锡市服务外包保持良好发展势头,完成业务合同总额64.4亿美元,比上年增长43.5%;执行金额51.2亿美元,比上年增长40.4%;离岸外包接包合同金额42.3亿美元,比上年增长42.7%;离岸外包接包执行金额33.5亿美元,比上年增长40.3%,主要业务发展规模继续位居全国示范城市前列。全市服务外包企业1100余个,从业人员13.76万余人,服务外包业务涵盖软件研发外包、集成电路设计外包、生物医药研发外包、工业设计外包、影视动漫创意设计外包、检验检测外包、物联网信息服务等多个领域,业务拓展到美国、日本、欧洲等91个国家和地区。在中国首个针对服务外包城市评估活动"2012年度中国服务外包城市投资吸引力评估"中,无锡综合排名再次名列第三位。年内,第三届中国大学生服务外包创新创业大赛在无锡举行,海峡两岸及香港、澳门158所高校的246支团队、1200多名大学生参赛,参赛规模进一步扩大。

工业设计与文化创意产业。2012年,无锡市工业设计产业工作扎实推进。举办第九届中国(无锡)工业设计博览会,开展工业设计招商活动。重点培育一批骨干设计企业,全市申报成立工业企业设计中心118个。向联合国教科文组织申报全球创意城市网络"设计之都"。7月17日,江苏省工业设计产业技术创新战略联盟在无锡国家工业设计园召开成立大会,40多个联盟成员单位出席会议,该联盟由无锡国家工业设计园、江南大学设计学院、无锡同捷汽车设计公司、苏州工业设计协会等11个单位发起成立。11月6日,无锡(国家)外观设计专利信息中心揭牌仪式举行。至年底,全市列入统计的工业设计企业733个,其中规模以上企业146个,全市工业设计产业实现产值241.24亿元,超过全年目标任务20.62%,比上年增长14.2%。

2012年,宜兴晨兴数字影院等15个项目入选2012年度江苏省文化产业引导资金项目,获1400万元补贴奖励,入选项目和资金总额继续保持全省前列。15个入选项目从全市76个申报项目中筛选产生,涵盖文化旅游、广播电视、新闻出版、动漫等多个文化产业门类。2月20日,中国无锡文化创意产业(东京)说明会在日本东京举办,会上签约一批合作项目。12月21日,市委、市政府在北京举办"2012无锡文化创意产业(北京)合作恳谈会",签约项目17个,投资总额36亿元。5月29日,由国家广电总局与江苏省共建的无锡国家数字电影产业园揭牌,英伦华夏、中乐文化、泓雅集、冯小宁工作室等50多个从事数字影视软件研发、后期制作的国内外知名影视文化项目签约入驻,《甜心巧克力》《大清公使》等5部影片现场开机。无锡国家数字电影产业园总规划面积约6平方公里,以数字电影拍摄为龙头,以后期制作为支撑,形成集电影申报、拍摄、制作、发行、交易等功能于一体的完整产业链,用3~5年时间,逐步引进海内外影视及衍生产业企业500个,集聚影视人才3万~5万人,实现影视及其相关产业年产值200亿元。

【传统行业】 2012年,无锡市机械、冶金、纺织、电子、石化等五大传统优势行业产值规模保持稳定,未出现大波动,分别占全市规模工业总量的35.5%、22%、12.5%、11.8%和11.5%,机械、电子两大行业总量共占规模以上工业近一半。机械行业全年实现产值5143亿元,比上年下降2%。电气机械(含光伏)、通用设备、专用设备制造业等大类行业产值比上年出现下滑,对机械行业拖累较大。主要产品中,发动机全年产量比上年下降6.6%;电力电缆比上年增长30.8%。冶金行业全年实现产值3191.4亿元,比上年增长5.7%。其中,黑色金属冶炼和压延加工业受行业产能过剩和产品价格下跌等影响,虽然粗钢和钢材等主要产品产量比上年分别增长5.1%和10.5%,但全年产值仅增长2.1%;有色金属冶炼和压延加工业表现稍好,全年产值增长14.1%。纺织行业全年实现产值1805.1亿元,比上年增长6.6%。主要产品中,纱、布产量有所上升,比上年分别增长4.2%和13.2%;服装和呢绒产量出现下滑,比上年分别下降3.4%和5.9%。电子行业全年完成产值1717.2亿元,比上年增长13.3%。主要产品产量回升较快,印刷电路板比上年增长147.1%、半导体分立器件比上年增长70.9%、数码相机比上年增长35.8%、集成电路比上年增长18.9%、硬盘存储器比上年增长8.8%。石化行业全年实现产值1670.4亿元,比上年增长2.7%,石油加工、炼焦等企业的生产总量有所增加,化工原料、化学制品和橡胶制品业的生产总量下降,但降幅逐月减少,行业出现低位盘整的运行态势。

机械工业。2012年,无锡机械行业调整结构,新品研发取得进展,整体运行质量有较大提高,新产品产值完成734.8亿元,比上年增长3%。增长速度持续下行,工业总产值、出口交货值、工业销售产值、主营业务收入、利润总额、利税总额等均呈下滑态势,行业形势分化加大。全市机械行业规模以上企业2324个,资产总计5592.1亿元,从业职工51.76万人。实现工业总产值5249亿元,比上年下降2.0%,10年来首现负增长,增速比2011年下降19个百分点。实现工业销售产值5006亿元,比上年下降3%,增速比2011年下降20个百分点。主营业务收入4956亿元,比上年下降5.5%。出口交货值831亿元,比上年下降13%。利润总额339亿元,比上年下降16.6%;利税总额497亿元,比上年下降9.4%。44家重点机械企业固定资产投资比上年下降29%,是近10年增幅最小的一年。主要产品中1/3产量下降。年内,全市机械行业出现积极态势。增速下滑趋缓、形势趋稳。机械工业总产值逐月增长速度曲线平稳,下半年在2.2%上下浮动,实现利润增幅呈现逐月小幅稳定上扬态势,产销率总体呈小幅上升之势,下半年用电量逐月回升。推进行业转型升级,调整产品结构,过剩产能开始探索转向新的市场。以降低人工成本、提高生产效率和产品质量为指向的生产线自动化改造出现加速之势,基础试验投入加大。关键零部件和特种材料自主化步伐加速,以降低成本和节能减排为取向的技术改造受到重视,探索富余能力转向发展新的领域。企业转型升级的自觉性加强,科技进步步伐加快。

冶金工业。2012年,无锡冶金工业主要产品产量稳中有增,经济规模保持不变,但效益严重下滑。钢铁企业所受冲击最大,有色业受市场影响不明显。全市生铁产量715.8吨,比上年增长3.5%;钢产量1301.8万吨,比上年增长5.1%;钢材产量2508.5万吨,比上年增长10%;耐火材料74.2万吨,比上年增长18.4%;金属丝绳68.37万吨,比上年下降3.3%。生铁产量集中在江阴兴澄特种钢铁有限公司(285万吨)、江苏长强钢铁有限公司(138万吨)、华西钢铁公司(113万吨)和江苏沙钢集团锡兴特钢有限公司(108万吨)等4个企业。钢产量前五位的分别是江阴兴澄特钢公司453万吨、华西集团292万吨、江苏新长江实业集团155万吨、锡兴特钢公司111万吨、长强钢铁公司101万吨。全行业销售收入3343亿元,与上年基本持平;实现利润153.5亿元,比上年下降15.3%。其中黑色金属冶炼及压延加工业销售收入2009亿元(占全行业的60.1%),比上年下降6%;实现利润82亿元(占全行业的53.4%),比上年下降25.8%。耐火材料业销售收入50亿元(占全行业的1.5%),比上年下降5%;实现利润3.7亿元(占全行业的2.4%),比上年增长1.9%。金属丝绳业销售收入240亿元(占全行业的7.2%),与上年基本持平;实现利润12亿元(占全行业的7.8%),比上年增长1.4%。有色金属业销售收入1044亿元(占全行业的31.2%),比上年增长14%;实现利润55.9亿元(占全行业的36.4%),与上年基本持平。无锡冶金工业继续在全省保持重要地位。全市钢产量占全省17.5%,生铁产量占全省总产量12.2%,钢材产量占全省总产量23%,其中钢管产量占全省总产量37.4%。

纺织工业。2012年,无锡纺织工业共有年销售收入2000万元以上的规模企业873个,从业人员240995人。全年生产化学纤维3714210.97吨、纱607005.21吨、布80178.05万米、印染布80473.15万米、呢绒14114.94万米、服装53602.17万件,分别比上年增长3.39%、4.23%、13.23%、-3.96%、-5.91%、-3.43%。完成工业总产值1849.5亿元,比上年增长5.71%;主营业务收入1832.5亿元,比上年增长4.49%;实现利润94.08亿元,比上年下降6.19%;完成利税总额140.62亿元,比上年下降1.50%;完成出口交货值360.05亿元,比上年增长4.81%。全市纺织经济呈前低后高态势,二季度末跌入谷底后逐月回升。无锡市第一棉纺织厂、红豆集团、海澜集团等企业产品结构得到优化,品牌经营成效突出,技术改造效果显著,劳动生产率大幅提高。年内,无锡市第一棉纺织厂成功开发并批量生产国内最细的300支纯棉纱,实现出口。江阴市被中国纺织工业联合会授予"全国纺织模范产业集群"称号。红豆集团江苏太湖柬埔寨公司努力打造柬埔寨西哈努克西港特区,被省委、省政府授予"江苏省开放型经济先进企业"称号。11月12日,江阴福斯特集团成为全省第一个在德国法兰克福证券交易所主板上市的企业。

电子工业。2012年,无锡电子信息产业依靠创新驱动,加快转型升级,深化"两化"融合,坚持稳中求进,有效遏制经济下行压力,克服市场、资金、成本及汇率等多重困难,实现经济总量有所增长,效益状态逐趋稳定,生产经营逐季回升。全行业规模以上企业实现现价工业总产值2088.94亿元,比上年增长10.65%,比全市工业增速高出7.7个百分点;主营业务收入2053.1亿元,比上年增长5.56%;实现利税118.33亿元,比上年降低8.13%;实现利润90.88亿元,比上年下降13.21%;亏损企业亏损额13.77亿元,比上年增长6.22%;全部从业人员平均人数305239人,比上年末增加41670人。全行业规模以上企业425个,比上年末减少3个。其中,通信设备、计算机及其他电子设备制造业完成现价工业总产值1717.16亿元,比上年增长13.32%;主营业务收入1689.17亿元,比上年增长7.98%;出口交货值1164.85亿元,比上年增长14.1%;利税总额78.55亿元,比上年下降13.83%;利润总额60.44亿元,比上年下降19.48%;亏损企业亏损额12.19亿元,比上年减亏1.68%;全部从业平均人数为256246人,比上年增长19.97%,净增用工42672人;规模以上工业企业数为246个,比上年减少2个。12月26日,希捷国际科技有限公司第10亿架硬盘驱动器下线,该公司生产的硬盘驱动器占全球生产量的33%。年内,无锡市全面启动"东方硅谷"建设,微电子行业全年完成工业投资191.76亿元,比上年增长45.8%,成为全市半导体行业投资最多的一年。无锡市电子仪表工业公司董事长张健、江苏新潮科技集团有限公司董事长王新潮、江苏晶石科技集团董事长冯建湘、江苏远东集团有限公司董事长蒋锡培、江苏俊知技术有限公司董事局主席钱利荣、美新半导体(无锡)有限公司董事长赵阳、无锡华润上华科技有限公司总经理李虹获2012年度"全国电子信息产业优秀企业家"称号。无锡电子商会协会成立,无锡远东集团主席蒋锡培任首届理事长。

石化工业。2012年,无锡石油化工行业依靠科技进步转型发展,行业整体平稳运行。全市规模以上化工企业完成工业总产值1670.4亿元,占全市工业总产值11.5%,比上年增长2.7%;主要营业收入1717.95亿元,比上年略有增长;利税总额143.94亿元,比上年下降9.6%;利润总额101.58亿元,比上年下降15%;全行业从业人员11.6万人,比上年下降1.2%;全年行业总投资139.12亿元,比上年增长31.4%。

【节能减排】 2012年,无锡市加强节能减排工作,全年单位GDP能耗下降5%,主要污染物排放削减率先完成省下达的任务指标。通过规划环评和项目引导,对重污染和高耗能企业实施关停并转,加快建设减排重点工程,加强运行管理,提高运行效率,促进绿色发展。完成环保部下达的涉水减排项目3个、江苏省下达的重点减排项目29个、无锡市下达的污染减排项目578个。完成化学需氧量、氨氮、二氧化硫、氮氧化物年度减排任务。

【民营经济】 2012年,无锡市民营经济保持平稳增长发展趋势。民营企业生产规模日益扩大,经济总量不断增加,全年民营经济完成增加值4857.24亿元,占全市GDP比重64.2%,按可比价计算比上年增长10.3%，比全市GDP增幅高0.2个百分点。从民营经济三次产业总量看，第一产业完成77.72亿元，占1.6%；第二产业完成2642.34亿元，占54.4%；第三产业完成2137.19亿元，占44%。

民营经济投资、税收和消费品市场呈现稳定上升态势。全市民营经济税收收入561.44亿元，比上年增长5.6%；固定资产投资完成2202.83亿元，总量占全市比重60.9%，比上年增长18.2%；社会消费品零售额2123.15亿元，占全市社会消费品零售总额的87.5%，比上年增长15.2%。

自主创新体系不断完善。全市入选省高成长型中小企业10个，高成长型培育企业6个，累计分别达22个和17个。创新能力建设示范企业9个，创新能力建设培育企业8个，累计分别达22个和15个。管理创新示范企业8个，进入江苏省中小企业专精特新产品名单10个，获评省五星级数字企业10个、科技创业优秀民营企业6个。

年内，无锡有24个企业入围2012中国民营企业500强名单，江苏新长江实业集团有限公司名列榜单第27位。入围民营企业500强的企业中，以制造业为主的企业21个，3个为批发和零售业企业。入围企业特点表现为科技创新、集团型经营，持续在科技创新和品牌建设上加大投入。8个企业年销售收入超过200亿元，多为集团型企业；8个企业年销售收入在100亿元~200亿元之间；7个企业年销售收入在60亿元~100亿元之间。

·农业和农村经济·

【概况】 2012年，无锡市农村工作紧紧围绕率先基本实现现代化战略目标，实施强村富民工程，推进幸福镇村争创活动，创新开展城乡发展一体化先导示范区建设，农村经济社会继续保持良好的发展态势，城乡统筹、一体发展水平进一步提升。全市57个镇（含涉农街道）公共财政预算收入454亿元，比上年增长14.2%；工业销售收入12521亿元、商业销售收入8540亿元，分别比上年增长6.0%、10.5%。全市村级集体收入比上年增长7.3%，达到612万元。

农民收入稳步增长。年内，市农业、人社等部门继续深化完善市、市（县）区、镇、村四级信息联网的就业管理服务网络，健全登记、培训、中介、用工衔接配套的农民就业培训服务体系，农村就业得到巩固加强，农村劳动力充分就业率提高到94.6%。切实完善养老、医疗、低保三大保障制度的城乡接轨工作，市区居民养老保险基础养老金标准提高到每月270元；被征地农民养老金“5060”（女50岁、男60岁）以上人员提高到每月540元、“5060”以下人员提高到每月430元；城乡低保标准市区提高到每月530元，江阴市和宜兴市分别提高到480元、490元。2012年，全市农民年人均纯收入18509元，比上年增长12.6%。

种植业。2012年，无锡市落实惠农政策，发挥技术优势，推进农作物规模化种植、标准化生产、产业化经营、社会化服务。全市夏粮亩产353.13公斤，面积53626.8公顷，总产28.39万吨，比上年分别增加0.66公斤、580.29公顷和0.36万吨。其中，小麦亩产359.73公斤，面积52146.06公顷，总产28.12万吨，分别比上年减产0.47公斤、面积增加760.38公顷和增产0.37万吨；油菜亩产134.73公斤，面积55921.28公顷，总产0.75万吨，分别比上年增产8.2公斤、面积减少613.64公顷、减产0.07万吨。全市实种水稻55921.28公顷，比上年减少2347.84公顷；亩产超600公斤，比上年增加10公斤；总产50.8万吨，比上年减少1.4万吨。全市果树面积15537公顷，果品产值14.4亿元。全市花卉苗木生产总面积13258公顷。

蔬菜业。2012年，无锡市农委对各辖区内蔬菜基地建设合理规划，明确各自建设重点，落实规划面积，全部在基本农田保护区范围内，连片面积不少于20公顷，提高基地规模化、集约化程度。全市常年蔬菜菜地面积15867.93公顷，季节菜地面积4782.39公顷，其中市区常年菜地面积4022.01公顷，季节性菜地面积360.18公顷。全市蔬菜产量123.94万吨。

养殖业。2012年，无锡市水产养殖面积19589.79公顷，比上年减少667公顷，其中池塘养殖面积17041.85公顷，湖泊围养面积947.14公顷。全市特种水产养殖面积15741.2公顷，占比80.3%，比上年增加2个百分点，其中河蟹10031.68公顷，青虾1354.01公顷，鳜鱼64.03公顷。全年放养鱼种1.75万吨，其中斤两鱼种1.41万吨，仔口鱼种0.34万吨，平均亩放鱼种61.9公斤，比上年增加7公斤。全年水产品总产量12.6万吨，与上年基本持平，其中淡水养殖量11.35万吨，淡水捕捞量1.25万吨；渔业总产值48亿元，比上年增加5亿元，其中一产37.04亿元，二产3.15亿元，三产8.09亿元。

农业机械。2012年，无锡市农机总动力107.2万千瓦，比上年增加2.3万千瓦。农机原值10.3亿元，机具总量19.75万台套，其中高效设施农业机械6.7万台套，占比34%。全年补贴新增各类农业机械3988台套，其中联合收割机进入更新换代高峰期，新增229台；新增插秧机80台（其中高速插秧机55台）、轮式拖拉机99台、秸秆粉碎还田机241台、旋耕机77台、机动喷雾机256台、开沟机53台、粮食烘干机191台。林茶果业、蔬菜园艺业、畜禽和水产养殖业等高效设施农业机械发展势头强劲，新增保鲜冷库119座、茶园除霜机36台、茶果树修剪机185台、增氧机5850台、投饵机5301台、高效植保机266台、静电喷雾器145台、田园管理机392台、喷滴灌设备837套，全市农机装备结构进一步调优。全市农业综合机械化水平86%，高效设施农业主要生产环节机械化水平65%，继续位居全省前列。全年夏秋两季分别投入联合收割机3200台，机收小麦5.15万公顷、水稻5.59万公顷，机收率分别达99%和98%；投入秸秆机械化还田作业大中拖4206台次，大型秸秆还田机3863台次，完成秸秆机械化还田面积6.3万公顷，还田率59.2%，比上年提高9.3个百分点；投入水稻插秧机3500台，机插水稻4.77万公顷，水稻机插率、机械化种植水平达83%和94%。投入机播三麦农机6698台套，冬麦播种面5万公顷，三麦机械化播种水平98%以上。全市鱼塘增氧、园艺微耕、果蔬灌溉、高效植保等高效设施农业主要生产环节基本实现机械化。

【现代农业】 2012年，无锡市围绕江苏省农业基本现代化指标体系，推进现代农业建设，提升农业现代化综合水平。全市投入各类高效设施农业资金1435万元，项目29个，各级对上争取高效设施农业资金2410万元，项目25个。高效设施农业装备水平和设施标准提高，高效设施农业（渔业）比重，从11.2%提升到19.65%；农户参加农民专业合作经济组织比重,从8.7%提升到81%;高效设施农业保险保费占农业保险保费总额比重,从13.9%提升到30.6%;持专业证书农业劳动力占农业劳动力的比重,从12.9%提升到21.5%。农业基本现代化21项指标体系中完成6项基本现代化指标,比上年增加4项。推进生物农业企业基础设施建设,全市生物农业产业平稳发展。无锡太湖生物农业谷南园、北园主体项目基本建成,累计吸引25个企业入驻园区。至年底,全市生物农业企业105个,其中规模2000万元以上17个,产值突破40亿元,比上年增长20%。全市农业龙头企业数量大幅增加,运行质量提升。全年新认定省级农业龙头企业10个,市级25个,累计建成市级以上农业龙头企业98个,其中,国家级4个,省级33个,市级61个,实现销售收入超过410亿元,比上年增长13.4%,带动农户超过70万户,比上年增长7.8%。全市农产品国际贸易总额持续稳步增长,实现农产品出口额2.86亿美元,比上年增长4.8%。

1月,无锡市被农业部认定为国家现代农业示范区。至年末,全市规模农业园区直接经营面积2.95万公顷,农业园区化比重达25%。江阴徐霞客现代农业产业园、宜兴太湖外向型农业示范区、无锡高科技农业示范园(锡山)、无锡水蜜桃科技园和滨湖区九龙湾生态农业示范园等5个农业园区被省政府授予"江苏省现代农业产业园区"称号,江阴华西现代农林科技示范园区等10个现代农业园区被认定为无锡市首批"市级现代农业园区"。

【农业资源开发】 2012年,无锡市农业部门围绕建设农业园区、发展现代农业,促进农业增效、农民增收目标任务,开展农业资源开发各项工作。年内,实施国家农业综合开发产业化经营财政补助项目2个,存量资金土地治理项目4个,增量资金土地治理项目1个,丘陵山区农业综合开发"先建后补"项目10个,开发面积1261公顷,辐射面积2201公顷,总投资6720万元。农业综合开发产业化经营财政贷款贴息项目9个,总投资39541.61万元,其中财政资金7547万元,治理土地面积2267.8公顷,开发丘陵山区面积1258.6公顷。

加强农业生态环境治理。无锡市农业部门推行以养殖场沼气工程为纽带的循环农牧模式,建成沼气工程142处,2100多个县级规模以上养殖场环境整治率94%以上。建设面源氮磷流失生态拦截工程55处,生态沟渠塘面积115万平方米,对农田径流中氮磷物质吸收率40%以上,有效减少农田污染物排放。降低化肥、农药施用量,2012年施用量比2007年分别下降22.7%和28.8%。实施沿太湖1千米保护区、主要入湖河道两侧和水源保护区等禁养区域内近2000家畜禽养殖场(点)或关停或搬迁,2401.2公顷水产养殖实施循环水养殖工程。建设生态湿地工程17处,保护与恢复湿地1520.7公顷,完成全长24千米环太湖200米生态防护林工程,城乡生态环境质量全面提高。

【新农村建设】 2012年,无锡市围绕深入推进城乡规划建设、产业发展、基础设施、社会保障、公共服务、社会管理"六个一体化",积极实施深度一体化"八大行动"(规划布局完善、发展方式转变、农民收入倍增、社会事业发展、生态环境整治、基础设施强化、社会管理创新、生产要素优配),深化推进幸福农村争创各项活动,社会主义现代化新农村建设各项工作有序、有力推进,农村基本现代化建设三大类共32项目标任务按时、高质、全面完成,新农村建设取得显著成效。全市"三个集中"进一步有序推进,2012年全市农业适度规模经营面积比例达81%,乡镇工业集中区产出占全市乡镇工业经济总量的比重达90.1%,有301个自然村居民并入城镇和农村新型社区。幸福镇村争创活动向纵深推进,年内,全市新创建成幸福镇12个、幸福村173个,全市累计创建成"幸福村"322个,覆盖率达45%。

·第三产业·

【运输和邮电】 公路。2012年,无锡公路建设完成投资51.1亿元。苏锡常南部高速公路、宜马快速通道前期工作稳步推进,沿江城际铁路前期研究深入开展。完成国省干线公路10公里,建成地方干线公路30公里,新增一级公路83公里,新改建农村公路163公里、桥梁156座。宁杭城际铁路基本建成。续建G104国道和S240省道宜兴段,丁山至大港收费站段、红塔改线段建成通车,环太湖高速公路(南泉至硕放段)、S232省道、S340省道通过竣工验收。宜金线改线、和桥南环路、兴阳公路、环保大道、阳山荡路、庆源大道建成通车,江阴大道、沿港大道开工建设。公路养护水平提升,对市区15个高速公路出入口开展环境综合整治,累计完成投资1.25亿元。全市普通干线公路技术状况指数MQI达到93,农村公路县道MQI达到89.4,平均优良路率89.37%,乡村道路平均好路率达79%。完成县道安保工程130公里,20公里县道创建成省级文明样板路,并成功创建2个省级"示范镇"、10个市级"示范镇"。以新修正的《无锡市公路条例》3月1日起施行为契机,出台《无锡市国省干线路政执法公告制度》,加大路政管理和治超力度,多次开展国省干线公路路容路貌专项整治,全年查处超限车辆2788辆、卸驳载22023吨,抄告超限处罚信息2029件,全市普通干线公路超限率下降到2%。路网服务水平提高,进一步完善路网服务与应急指挥体系,无锡市公路路网管理与应急指挥中心建成,无锡市公路应急指挥处置中心奠基。通过电台、电视、网络、情报板等多种载体播报路况信息3224条,保障干线公路安全运行。"e路畅行"服务品牌形成"一主六辅"集群发展模式。年内,无锡客运服务热线"82588188"被中华全国总工会评为"全国工人先锋号"集体,客运公司获"2012年度全国交通运输企业文化建设优秀单位"称号,无锡市公路处获"2009~2011年度全省交通运输行业文明单位"称号。至年底,无锡市境内公路总里程7637.58公里,等级公路密度165.07公里/百平方公里。其中,高速公路273.88公里,一级公路824.28公里,二级公路1677.96公里,三级公路1644.51公里,四级公路3216.96公里。全年完成营业性公路客运量(不含公交)2.28亿人次,旅客周转量104.33亿人公里;完成公路货运量1.53亿吨,货物周转量145.18亿吨公里。

铁路。2012年,铁路无锡站围绕"聚力科学发展,建设和谐上铁"主题,以确保安全稳定为前提,推进多元化经营,提升服务质量,高质量完成全年各项目标任务,开创车站改革发展新局面。全年共完成旅客发送量1441.39万人次,比上年增长8.5%。完成货物发送量121.22万吨,比上年下降3.9%。实现运输总收入19.21亿元,比上年增加1.54亿元,增长8.7%。其中,客运收入完成15.61亿元,比上年增加1.26亿元,增长

8.8%;货运收入完成2.76亿元,比上年增加2229.85万元,增长8.8%。建设基金完成8397.6万元,比上年增加480.5万元,增长6.1%。加强其他业务收入经营,实现收入862.1万元,完成年度计划169%。支持非运输企业发展,实现经营收入12764万元,完成年度计划106.2%。实现全年全站消灭责任事故,实现"1·29""5·8""8·16""11·24"4个百日安全目标和安全年目标。

民航。2012年,无锡民航航空安全形势稳定,连续实现第九个安全飞行年,航空公司总数达10个,驻场飞机达到11.3架。全年完成旅客吞吐量323.86万人次,比上年增长10.2%。其中,国内航线完成317.3万人次,比上年增长9.6%;国际航线完成6.6万人次,比上年增长48.8%。完成货邮吞吐量8.4万吨,比上年增长26.9%。其中,国内航线完成8.39万吨,比上年增长392.3%;国际航线完成110.6吨。完成起降28499架次,比上年增长9.4%。机场平均客座率78.1%,平均载运率72.5%。12月5日,苏南硕放国际机场年旅客吞吐量首次突破300万人次大关,年旅客吞吐量位居全省第二,跨入全国中型枢纽机场行列。年内,机场加快二期改扩建工程建设,无锡导航台迁建工程通过民航行业验收和军方批复,机场集团获"全省民航工作先进单位"称号,苏南硕放国际机场获2012年度省级"平安企业"荣誉,通过检验检疫总局"口岸核心能力建设"验收。

水路。2012年,无锡航道部门贯彻国家加快长江等内河水运发展战略,完成各项任务。

航道重点工程持续推进。全市航道建设完成投资12.7亿元。锡澄运河三级航道整治工程启动建设,新夏港船闸开工,江阴段航道和桥梁工程加紧施工,惠山区民房拆迁工作完成总量的65%,市区段征土拆迁前期工作展开。抓紧苏南运河无锡航道段完善工程建设,洛社大桥通车,向化桥人行桥完成主桥施工。锡北线剩余段航道整治工程持续推进。申张线剩余段进度加快,北新桥通过交工验收,利公桥主桥建设完成阶段性目标任务。《无锡市政府关于加快长江等内河水运发展的实施意见》出台,市政府加大资金投入力度。航闸养护统筹兼顾。开展六级以上航道普查工作,对29条计639公里的航道进行普查。贯彻执行《江苏省航道养护管理办法》,全年辖区干线航道通航保证率达95%以上,船闸通航保证率达98%,优良闸次率达99%以上,航标正常率99.9%。完成年度航闸养护改善工程,锡溧漕河屺亭段疏浚工程、江阴船闸闸区围墙建设工程以及市区站锡澄线胡埭段航道三期整治工程按计划完成,全部通过验收,优良工程率达100%。坚持科技兴航。"感知航道"建设通过交工验收并投入使用,全系统逐步在航道科学管理和养护管理中发挥作用,实现对苏南运河无锡段全天候、全区域、全过程监测,保障苏南运河无锡段安全畅通。依据城市发展的新格局新思路,做好航道前期规划研究。开展《无锡市航道网规划》修编工作,重视项目储备等前期研究工作,谋思区域经济发展与航道发展最佳结合点。"基于激光传感器的船舶交通量观测系统研究项目"通过中间成果审查,申报《基于物联网技术的泥浆运输船只监管系统研究》课题,研究开发泥浆船运输监管系统。强化依法治航。加大行业管理力度,开展"访、谈、巡"百日活动,对巡航发现的沿河企业建设违章设施、擅自排放泥浆等行为,及时送达《航政整改通知书》6起,加大对水上运泥行为的规范管理力度,处罚8起私自改装排放设施的泥浆运输船。强化安全监管。编制《2012年航道系统安全工作预控重点》,明确航道工程目标要求、预控措施和考核办法,杜绝重大事故发生。为民服务增新亮点。江阴船闸服务管理实现零投诉,始终保持安全畅通。5月,芜申线宜兴水上服务区建成。联手海事部门对锡北线惠山大道桥至白屈港口之间水利工程遗留的水下障碍进行清障疏浚,总投资50余万元。至年末,无锡航道总里程1577.97公里,等级航道里程476.89公里。其中,三级航道39.44公里,四级航道49.97公里,五级航道148.12公里,六级航道100.27公里,七级航道139.09公里,等外航道1101.08公里。全市航道密度36公里/百平方公里,等级航道密度7.5公里/百平方公里,在全省处于领先水平。全年完成水路运输量0.13亿吨,货物周转量52.38亿吨公里。

港口。2012年,无锡港全面开展"港口管理基础年"活动,港口建设稳步推进,完成投资10.56亿元。无锡(江阴)港申夏港区杂货件码头工程海轮泊位通过竣工审查,申夏港区6号码头一期工程开工建设。无锡(内河)港城郊港区新安大桥作业区码头一期工程建成投产,二期工程开工建设;胡埭作业区完成码头水工及道路堆场交工验收;宜兴港区长三角金属物流西氿码头开工建设。新增万吨级泊位2个,新增港口吞吐能力780万吨。生产经营稳定发展。加强长江、内河的沟通,增强港口辐射能力,拓展新的市场。与中铁物流集团和天津物资集团签订合作协议,引进国内外大型物流企业落地,利用内河航道改造升级机遇,逐步加大小、散、乱的内河老码头整治力度,推动内河港口向规模化、集约化转型。管理制度不断健全。市区成立无锡市港口管理站,各市(县)、区先后成立港口管理部门,基层交管所配备港口管理员,形成市、市(县)区、乡镇三级港口管理体系。规划体系逐步完善。各市(县)、区编制内河港口规划,《无锡内河港锡山港区总体规划》获批。行业管理逐步规范。加强港口建设管理和经营管理,发放港口经营许可证312张,"港口经营许可证"持证率达57%。开展对内河港口建设和经营行为、内河港口危险货物码头安全、港口危险货物储罐安全隐患排查和港口安全隐患排查4项专项整治行动,编制《全市内河港口建设和经营行为专项整治活动实施方案》。整改违规码头经营者7人,制止违规建设项目1个,吊销"港口经营许可证"3张,对查出问题落实整改。至年底,无锡港拥有码头泊位645个,码头总延长36550米。千吨级以上码头泊位89个,其中万吨级以上泊位45个,对外开放43个。全年完成货物吞吐量2.1亿吨,集装箱吞吐量117万标箱。

社会运输能力继续提高。至年底,无锡全社会拥有车辆137.08万辆,比上年增长7.2%。其中汽车101.37万辆,比上年增长16.0%。私人汽车有较快发展,达到75.32万辆,比上年增加12.51万辆。全社会客货运量全面增长。全年完成客运量32995.93万人次,比上年增长7.7%;完成货运量18267.66万吨,比上年增长18.7%。全市港口货物吞吐量21278.09万吨,比上年增长1.3%。全年空港旅客吞吐量323.86万人次,比上年增长10.2%,其中出入境游客吞吐量37.03万人次,比上年增长44.1%。

2012年,无锡全年邮电业务总量99.84亿元。邮政服务门类增多,投递速度加快。全年发送函件8577万件,比上年下降15.5%。

【对外贸易】 2012年,无锡市对外贸易结构优化。全年实现外贸进出口总额707.75亿美元,比上年下降2.3%。其中,进口总额294.61亿美元,比上年下降2.3%;出口总额413.14亿美元,比上年下降2.4%。出口结构持续优化,一般贸易出口比重上升,实现出口额205.15亿美元,总量占比49.7%,比上年提高0.1个百分点。

利用外资再创新高。全年新批外资项目442个,协议注册外资43.31亿美元,到位注册外资突破40亿美元,达到40.10亿美元,增长14.4%,总量再创历史新高。服务业利用外资占到位注册外资比重38.3%,十大重点产业到位注册外资占制造业比重45.8%。全年完成协议注册外资超3000万美元的重大外资项目54个。至年底,全球财富500强企业中有87个在无锡市投资兴办157个外资企业。服务外包产业快速发展。全市服务外包产业接包合同总额64.4亿美元,比上年增长43.5%,执行金额51.2亿美元,比上年增长40.4%;离岸合同总额42.3亿美元,比上年增长42.7%,离岸执行金额33.5亿美元,比上年增长40.3%。离岸外包业务全省第一。

对外经济合作增势强劲。全年完成境外投资项目85个,中方投资额突破9亿美元,达到9.2亿美元,比上年增长42.1%,其中200万美元以上项目53个。

【国内贸易】 2012年,无锡市消费品市场持续活跃。全年实现社会消费品零售总额2427.94亿元,比上年增长14.4%。其中,城镇零售额2103.63亿元,比上年增长14.3%,乡村零售额324.31亿元,比上年增长14.6%;批发和零售业零售额2240.38亿元,比上年增长14.1%,住宿和餐饮业零售额187.56亿元,比上年增长18.3%。在限额以上批发和零售业零售额中,书报杂志类增长310%,建筑及装潢材料类增长71.4%,日用品类增长34.7%,儿童玩具类增长33.7%,电子出版物和音像制品类增长31.6%。

市场建设平稳发展。年末拥有各类亿元以上商品交易市场62个,市场摊位总量41705个,实现成交额3695.93亿元。其中综合市场14个,专业市场48个。专业市场实现成交额3165.03亿元。新型流通业态以及现代经营方式均有较快发展。

【价格管理】 2012年,无锡市物价部门落实价格调控目标责任制,严控出台地方调价措施,加大对市场价格行为的监管和查处力度。全年全市居民消费价格指数比上年上涨2.5%,分别低于全国、全省、苏南五市平均涨幅0.1、0.1、0.06个百分点,实现物价涨幅低于全国、全省、苏南五市平均涨幅的目标。全面推进平价商店建设,认真实施农贸市场摊位费备案公示制度,拓宽民生价格信息发布渠道,扩大价格监测点,强化对学前教育、驾驶培训等收费行为的监管,督促相关行业严格执行中小学伙食、供热、公交、保安、殡仪、公墓等收费管理办法,推进基本公共服务均等化。坚持依法治价,充分发挥成本监审专家库作用,将稳评工作嵌入价格决策程序,实现“凡调必评”、过程稳控。依托“三位一体”(基层价格监督站、社区服务点和“12358”价格投诉联络站)价格维权服务平台,进一步畅通价格举报投诉渠道,严厉打击各类价格违法行为,强化价格基础工作,提高基层价格监管服务水平。年内,市物价局被评为全省价格系统2006~2011年度先进集体,连续第六次被评为全国农本调查工作先进集体,连续第七年被评为全市专业法宣传优胜单位,共获得市级以上各类集体荣誉23项。

【房地产业】 2012年,无锡市房地产业开发投资增速持续放缓。无锡市区房地产开发投资为685.47亿元,比上年增长10.95%,增幅自6月末以来持续回落近13个百分点。其中,住宅开发投资423.73亿元,比上年增长3.43%。

房地产新开工面积减少。2012年,无锡市区房地产施工面积为3718.61万平方米,比上年增长10.2%,其中,住宅2537.96万平方米,比上年增长6.94%;房地产新开工面积为1028.98万平方米,比上年下降7.62%,其中,住宅630.04万平方米,比上年下降19.11%;房地产竣工面积为555.63万平方米,比上年增长12.05%,其中,住宅365.33万平方米,比上年增长7.76%。

土地市场成交总体平淡。2012年,无锡市区共有76幅国有建设用地使用权挂牌,其中,成交65幅,土地出让面积为334.36万平方米,比上年下降20.71%。成交量为近年来较低水平,成交金额133.45亿元,比上年下降40.87%。其中,非住宅土地成交面积约为211万平方米,占总量的63%。成交土地分布显示,外围区域逐渐成为成交热点,滨湖区以22幅居首,锡山区、惠山区和新区分别以14幅、12幅、11幅位居其后。从竞拍过程看,除6幅地块溢价外,其余各幅土地均以底价成交,溢价仅为1.51%。

商品房市场供应总量充足。2012年,无锡市区商品房批准预售面积844.45万平方米,比上年下降8.76%;其中,住宅批准预售面积582.45万平方米,比上年下降14.46%。四季度商品房新增供应节奏比三季度略有加快,批准预售面积281.23万平方米,环比增长10.86%,其中,商品住宅批准预售面积191.69万平方米,环比增长14.08%。至年底,无锡市区商品房剩余可售面积进一步增加,达1484万平方米,比上年底增加216万平方米;其中,商品住宅剩余可售面积为821.46万平方米,比上年底增加53万平方米。

商品房市场成交活跃。2012年,无锡市区商品房成交面积631.38万平方米,另有政策性用房成交12.91万平方米,成交面积同口径较上年增长44.85%;成交金额541.41亿元,比上年增长32.23%。其中,商品住宅成交面积533.03万平方米,比上年增长54.85%;成交金额406.68亿元,比上年增长38.24%。从月度看,3月份以来随着楼市优惠促销面加大,商品房成交明显好转,保持平稳运行态势,尤其是7、8月份作为楼市传统淡季,月均成交量依然维持在60万平方米左右,12月份单月成交更是达75万平方米,创限购政策实施以来新高。二手房市场逐渐回升。市区二手房成交总面积200.01万平方米,比上年增长22.66%;成交金额102.26亿元,比上年增长32.51%。其中,住宅成交133.3万平方米,比上年增长31.49%;成交金额75.9亿元,比上年增长27.61%。四季度二手房成交81.26万平方米,环比增长85.02%;二手住宅成交40.3万平方米,环比增长4.92%。

房价趋于稳定。2012年,房地产宏观调控效果持续显现,无锡市房屋价格进一步理性回归,下半年以后基本趋于稳定。经测算,四季度无锡市区商品住宅加权均价为8096元/平方米,同比下跌4.6%,环比微涨0.27%,延续前期止跌回稳趋势。二手房方面,四季度住宅价格走势与商品房持平,二手住宅加权均价为7171元/平方米,环比上涨0.06%。

【旅游业】 2012年,无锡旅游业围绕"四个无锡"建设和打造"国内一流、国际知名的旅游度假胜地"目标,以提高旅游核心竞争力为重点,整合旅游资源,优化旅游产业结构,实施旅游优质工程,加大旅游宣传促销和招商引资,开展丰富多彩的旅游节庆活动。全年接待入境游客110.42万人次,比上年增长10%;接待国内游客6365.25万人次,比上年增长11.2%;实现旅游总收入1031.95亿元,比上年增长15.3%。

至年底,全市共有旅游饭店100家,其中旅游星级饭店62家,5星级饭店7家,4星级饭店19家,国际品牌酒店14个18家;各类品牌经济型酒店148家,其中国际品牌4个36家。日航饭店、万达喜来登酒店、山水丽景大酒店、君来洲际酒店、千禧大酒店、锦绣翠竹大酒店、凯莱大饭店、宜兴云湖国际会议中心、宜兴禄漪园大酒店、宜兴甲有农林生态园、宜兴公路宾馆等11家单位获得"银叶级绿色旅游饭店"。全市共有绿色旅游饭店67家,其中金叶级3家,银叶级64家。无锡君来·湖滨饭店蝉联第二届"中国饭店金星奖"。全市共有旅行社150家,其中出境游组团社16家。无锡市中国旅行社被评为"全国百强旅行社",位列第38名,是全市唯一获此荣誉的旅行社。无锡中国旅行社、江苏康辉国际旅行社、无锡中国国际旅行社3家单位被评为江苏省首批5星级旅行社。无锡灵山文化旅游集团公司冯波晶、无锡深航假期旅行社何亮被国家旅游局授予"全国优秀导游员"称号。

年内,无锡鼋头渚风景区荣膺国家AAAAA级旅游景区,南禅寺景区、鸿山泰伯景区2家单位荣膺国家AAAA级旅游景区。至年底,全市共有国家等级旅游景区44家,其中,AAAAA级景区3家,AAAA级景区18家,AAA级景区9家,等级景区数量和规模均位居全省前列。全市年接待游客10万人以上的景区52家。全国工业、农业旅游示范点15家;省级乡村旅游点47家,其中4星级23家,3星级24家。省级自驾游基地7家。旅游购物、餐饮、交通等推荐单位35家。8月,江苏省政府批准阳山生态休闲旅游度假区为省级旅游度假区,至此,全市共有国家级旅游度假区1个(太湖国家旅游度假区),省级旅游度假区2个(太湖山水城旅游度假区、阳山生态休闲旅游度假区)。蠡湖风景区被省旅游局和省环境保护厅联合批准为全市首家省级生态旅游示范区。

【开发区建设】 2012年,无锡市省级以上开发区和战略性新兴产业Park园区,以"项目推进年"为契机,加快推进转型升级和"二次创业",各项经济指标保持平稳增长,经济发展质量提升。全市开发区完成到位外资29.01亿美元,比上年增长12%,占全市比重72.4%;完成协议外资29.73亿美元,比上年增长6.6%;完成进出口总额527.5亿美元,比上年增长1%,完成出口额287.5亿美元,比上年增长1.5%;完成地区生产总值3421亿元,比上年增长16.1%;完成地方公共财政预算收入260.2亿元,比上年增长8%。

开发区功能升级。4月,国务院批准无锡出口加工区升级为综合保税区,成为无锡市首个综合保税区。无锡高新区获文化部批准成为国家文化产业示范基地,获新闻出版总署批准成为国家数字出版基地;宜兴环科园成立国内首个千人计划环保产业研究院,与中国—东盟环境保护合作中心结成战略合作关系;江阴临港开发区获工信部批准成为国家新型工业化产业示范基地。市知识产权试点园区创建工作取得进展,江阴高新区和江阴—靖江工业园区获批成为江苏省知识产权试点园区。

【固定资产投资】 2012年,无锡市投资呈现较快增长。全年固定资产投资完成3618.07亿元,比上年增长16.1%。分产业投向:第一产业投资15.26亿元,比上年增长7.9%,第二产业投资1423.59亿元,比上年增长13.7%;第三产业投资2179.23亿元,比上年增长17.8%。分注册类型:国有经济投资761.19亿元,比上年增长10.9%;三资经济投资567.06亿元,比上年增长13.6%,其他经济投资2289.82亿元,比上年增长18.7%。房地产业较为繁荣。全年房地产业实现增加值364.24亿元,比上年增长16.1%;完成房地产开发投资974.37亿元,比上年增长11.0%。全年城镇固定资产投资建成投产项目1689个,项目建成投产率为72.6%;新增固定资产2532.17亿元,固定资产交付使用率为70.0%。

【基础设施建设】 2012年,无锡市城市基础设施建设全面实施。地铁建设规划工作快速推进。地铁1号线高架车站、地下车站主体结构全部完成,盾构全线洞通。地铁2号线土建全部开工,高架段年内完工;地下车站主体结构、盾构按计划推进。《无锡市城市轨道交通建设规划(2012~2017)》相继通过国家发改委规划评审、环保部环境影响评估和住建部审查。城市重点道桥工程有序推进。人民东路延伸、大窑路、缘溪道南延、菱湖大道(运河西路—高浪路)等道路陆续建成通车,杨胡路、刘闾路、西环线、北中路、广惠路等道路建设加快实施,年内,市区道路施工总里程达146公里,建成城市道路92公里,人均道路面积24.4平方米,人均道路面积居省内第二。交通重点工程稳步推进。104国道等国、省干线项目基本完成,锡澄运河三级航道整治工程、江阴大道、海港大道等项目全面开工建设,宁杭铁路无锡段主体工程完工,苏南(硕放)国际机场二期扩建工程全面建设。社会事业项目加快推进。苏南硕放国际机场二期航站楼、太湖饭店、环境监控中心等3个在建项目有序推进。太湖大道、通江大道夜景照明整治工程,沪宁高速无锡出口、无锡东出口亮化工程完工,启动建设约71公顷城市绿地工程,运河景观工程梁溪大桥至蓉湖大桥段正加快实施。

【信息化建设】 2012年,无锡市信息化建设和无线电管理工作围绕"项目推进年"和"作风建设年"等活动,开拓创新,求实奋进,取得良好成绩。城市信息化水平不断提升,软件和信息服务业快速增长,微电子产业发展实现回升,云计算产业稳步发展,无线电管理工作规范有序。无锡市获第二届中国智慧城市发展水平评估第一名、第三届中国城市信息化第六名、中国云计算发展贡献奖、推动云计算行业应用突出贡献奖、中国软件和服务外包政府推进奖,连续四年获中国软件博览会最佳组织奖,连续三年获江苏省信息安全工作先进单位、省无线电管理工作创新奖。无锡政府门户网站获中国最具影响力网站领先奖第一名,蝉联全国政府网站综合测评第一名,蝉联全国政府网站国际化程度测评第一名。无锡被确定为全国TD-LTE(分时长期演进)扩大规模试验试点城市、三网融合试点城市、下一代互联网试点城市、首批教育信息化区域试点城市、首批智慧旅游试点城市。

2012年,全市信息基础设施建设投资超过20亿元。以"光网城市、无线城市、宽带提速、三网融合"四大工程为主体的信息通信基础设施建设取得较大进展。全市2G基站7692个,新增1103个;3G基站6756个,新增804个。移动电话用户数914.8万户,新增87万户;3G移动电话用户数242.3万户,新增98.5户。光纤到户端口数302万个,新增122万个,光纤到户覆盖到行政村;互联网出口带宽959G,新增420G;宽带用户数152.4万户,新增29.7万户;千人国际互联网用户数990户,超额完成率先基本实现现代化的年度目标。无线WIFI热点数5392个,新增2506个,在市区公共区域开通29个无线热点区域,220个AP点供市民免费体验,WIFI流量超过3G网络数据流量。三网融合应用逐步推开,用户数稳步增长,市区数字电视用户数80万户,其中高清用户30.7万户,互动用户29.4万户;iTV(中国电信与地方电视台、中央电视台、上海文广集团共同合作推出的通过专用机顶盒观看电视的产品)用户数42.37万户。

社会事业

【人口与就业】 2012年末,无锡市户籍总人口470.07万人,比上年增加2.11万人,增长0.45%。其中:市区241.08万人,比上年增加1.61万人,增长0.67%。在全市户籍总人口中,男性233.41万人,女性236.66万人,性别比(以女性为100)为98.6。2012年,全市户籍总人口中出生42697人,出生率为9.10‰;死亡33384人,死亡率7.11‰;人口自然增长率1.99‰。年内,全市户籍总人口中迁入人口4.71万人,其中省外迁入2.19万人,占迁入人口的46.50%;迁出人口3.23万人,其中迁往省外1.15万人,占迁出人口的35.60%。全市户籍人口出生政策符合率98%以上,户籍出生人口性别比107.39,免费孕前优生健康检查覆盖率80%以上。

2012年,无锡市人力资源和社会保障部门完善促进就业创业政策、推进就业服务体系建设。制定促进全民创业新政,增强促进全民创业的扶持力度。制定创业资金申领审核操作办法及小额担保贷款管理办法。制定《关于加快完善就业服务体系促进社会就业更加充分的实施方案》,推进吸引大学生到无锡就业创业,鼓励全民创业,引导公共投资促进就业试点,推动创业型示范城市创建工作。会同市财政局、市民政局等制定完善无锡市开发基层民政公益性岗位,重点帮扶困难家庭和就业困难大学生就业的政策,全年全市开发基层民政公共服务公益性岗位251个。全年全市城镇失业人员再就业人数10.03万人,就业困难人员再就业人数3.16万人,城镇登记失业率2.4%,辖区内登记失业的被征地农民再就业率98.5%,城乡充分就业率95.2%。全市扶持自主创业10592人,带动就业76292人,建立创业孵化基地32个,创业实训(见习)基地21个,收集创业项目72个。至年末,全市失业保险参保人员178.56万人,其中农民工参保43.97万人;全年扩面参保人员8.98万人,当期基金征缴收入17.55亿元。全市创建省级充分就业示范社区11个,创业型街道(镇)29个,省级农村劳动力充分转移乡镇创建率75%。至年末,全市创业带动就业比超过1∶7。

【社会保障】 2012年,无锡市社保经办工作全面完成省、市下达的各项目标任务。全市养老、医疗、失业、工伤、生育"五大保险"净增缴费人数分别为10.19万人、14.53万人、8.98万人、7.22万人、8.31万人。城乡基本养老保险覆盖率、医疗保险覆盖率、失业保险覆盖率均达99%左右。至年底,全市养老保险参保人数257.46万人,离退休人员121.94万人。其中,企业在职职工219.61万人,离退休人员56.9万人,负担系数0.259;机关事业单位在职职工4.4万人,离退休人员2.73万人,负担系数0.62;居民养老缴费人数33.45万人,领取待遇人数62.31万人。参加城镇职工基本医疗保险人数273.34万人,参加城镇居民医疗保险参保人数106.12万人。全年全市社会保险基金收入343亿元,比上年增收73亿元,增长27%,基金征缴率99.21%。各大保险全部收支平衡,各项基金运行态势良好,基金实力明显增强。至年底,全市累计企业养老保险基金结余292亿元,事业养老保险基金结余4.9亿元,居民养老保险基金结余12.97亿元,基本医疗保险基金结余104.79亿元,失业保险基金结余42.94亿元,工伤保险基金结余6.73亿元,生育保险基金结余8.62亿元,补充医疗保险基金结余14.94亿元,公务员医疗结余4.67亿元,居民医疗保险基金结余2.87亿元。

【教育事业】 2012年,无锡市教育事业全面健康发展。全市年末拥有各级各类学校424所,在校学生72.29万人,专任教师数49579人。2012年,全市教育经费总投入达到150.2亿元,比上年增长5.6%。其中,财政性教育投入达100.4亿元,比上年增长11.4%;财政性教育投入占教育经费总投入比例达66.8%,比上年提高3.5个百分点。全市在省、市优质幼儿园就读幼儿比例达88%以上,在义务教育现代化学校就读学生比例达100%,初中毕业生升学率保持在99.9%,88%的特殊教育学校建成省特殊教育现代化示范学校,省四星级普通高中达到27所,五年制高职和省职业教育招生制度改革试点项目招生人数占职业教育招生总数的比例达48%。高等教育加快发展提升,在锡高校发展到12所,本专科在校学生超过10.9万人。在无锡外籍学生超过2000人。9月5日,国务院发出《关于表扬全国"两基"工作先进地区的通报》,无锡市作为全国"两基"工作先进地区,受到国务院通报表扬,宜兴市教育局被国务院表彰为全国"两基"工作先进单位。江南大学无锡医学院揭牌成立,新增6个省级标准化社区教育中心。

【科技事业】 2012年,无锡市科技力量不断增强。全市共有国家、省级工程技术研究中心356个,省级以上科技企业孵化器45个,省级公共技术服务平台37个,国家、省级高技术研究重点实验室8个,省级产业研究院2个,省级企业研究院2个,国家级国际合作基地3个,省级以上外资研发中心25个,省级以上国际技术转移中心4个。全市累计47名人才入选国家"千人计划",引进国家"千人计划"专家49人。

高新技术产业快速提升。全市高新技术产业产值占全市规模以上工业总产值的比重39.1%,比上年提高2.5个百分点。2012年按新标准认定高新技术企业332个。全年新增国家级重点新产品18个、省级高新技术产品950个。

科技创新成绩显著。全市专利授权量达51442件,比上年增长51.0%,其中发明专利授权量2470件,比上年增长

35.6%。获国家、省科技计划项目571个,获国家和省科技计划到位经费4.66亿元。

在《福布斯》"2012中国创新能力最强25个城市"榜单中无锡位居第四;无锡获中国智慧城市发展水平第一名;全市科技进步统计监测综合评价得分为92.65分,继续列全省第二。全社会研发费用占地区生产总值比重达到2.7%,比上年提高0.1个百分点。全市大中型和规模以上工业企业研发机构覆盖率分别达93.03%和51.35%,大中型和规模以上工业企业专利覆盖率分别达97.22%和47.31%;无锡(国家)外观设计专利信息中心和中美科技创新园正式启动建设。

【文化事业】 2012年,无锡市公共文化服务体系建设迈上新台阶。公共文化服务资源提档升级。按照文化部新标准,组织新一轮基层公共文化设施达标建设,全市公共文化设施总面积108万平方米,万人拥有量1662平方米,覆盖率超过99.22%,全市"两馆一站"全部实现"全年无休"免费开放,部分馆、站、室还做到夜间开放,无锡市、江阴市及全市8个镇(街道)被命名为首批省级公共文化服务体系示范区,并在全国乡镇(街道)综合文化站试评估工作会议上作经验介绍。"农家书屋"建设向数字化拓展,向自然村覆盖,1家"农家书屋"被评为全国文化体制改革先进单位,2家"农家书屋"被命名为全国示范农家书屋,无锡市文化广电新闻出版局(以下简称"市文广新局")获"全国新闻出版系统先进集体"称号。公共图书藏书总量达1018.48万册,万人拥有量1.5万册。公共图书馆创新服务手段,市图书馆建成数字图书馆、移动图书馆,新区图书馆数字化服务项目获第四届文化部创新奖,崇安区图书馆、新区图书馆设置24小时自助借(还)书机,全年借阅量235万余册次。广播电视覆盖率不断提升,有线电视总入户率达103%,市区入户率达103.75%,全面完成城乡有线广播电视"村村通",城乡有线广播电视全面实现数字化、双向化改造。

公共文化服务活动丰富多彩。"激情周末"广场文艺演出、"幸福进万家·文化欢乐行"活动、"荆溪之夏"广场文艺演出等一批群众文化活动实现品牌常态化。全年累计举办各类公益性文艺活动2875场次,其中市(县)、区级以上广场文艺演出592场次,各种免费讲座656次,各类临时展览423场次,社会艺术培训445期(班)次。"四送"活动深入开展,全年共完成送电影下乡13120场次,送戏下乡3528场次,送书下乡10.66万册,送展览下乡308场次,各级共投入送文化下乡经费1428.82万元。首届"群芳奖"评选共收到各类群众文艺作品1200余件,直接参赛人数2000余名,产生各类奖项435个,5个专场比赛全部免费观看,并组织获奖优秀节目举行颁奖典礼暨公益演出。公共文化服务保障机制初步建立。年内,争取到省财政对市区公共图书馆、文化馆免费开放补助经费350万元。市财政投入800万元购买公共文化产品和服务项目45项,带动社会投入公共文化服务资金总量2406万元。设立群众文艺文化团队小额资助专项资金70万元,评选166支优秀群众业余文化团队,推动群众文化健康发展。引导文化消费专项资金设立20万元电影下基层扶持专项资金,重点扶持1000场电影下乡放映活动,在6个社区文化广场设立公益电影放映点。

大型文化活动成功举办。吴文化节推出惠山民俗文化庙会,"激情周末"广场文艺演出开幕式、徐悲鸿纪念馆馆藏作品展、"文化惠民月月演"首场演出等八大活动项目,丰富了全市人民的精神文化生活。无锡大剧院于4月30日晚举行落成典礼,成为太湖新城及整个无锡的地标性建筑和文化建设的又一力作。6月7日,市政府与中国艺术研究院签约,联合打造中国画院(无锡)创作研究基地。中国上海国际艺术节无锡分会场10月28日在无锡大剧院开幕,成为该节创办14年来首次在上海之外设立分会场,3大类15项国内外精彩节目在一周内轮番上演。

文艺创作成果丰硕。全年新创作群众文艺作品5000余件,其中表演艺术类作品556件。无锡市歌舞剧院的原创民族舞剧《绣娘》、无锡广电集团投资拍摄的电视连续剧《誓言今生》获全国"五个一工程"奖,《绣娘》和演艺集团锡剧院创作演出的《二泉映月·随心曲》赴京参加文化部主办的纪念毛泽东《在延安文艺座谈会上的讲话》发表70周年优秀剧目展演。在第10届省"五星工程奖"评选活动中,无锡市获得金奖16个、银奖20个、铜奖18个和服务奖1个。

文化产业发展取得新进展。市文化产业发展资金共扶持项目82个,资金总额7000余万元。15个项目获江苏省文化产业引导资金1400万元。文化产业园区集聚效应逐步提升,新区软件发展有限公司获"国家文化产业示范基地"称号,无锡(国家)数字电影产业园正式开园,签约落户项目73个。新区创新创意产业园等4个园区文化企业入驻率均超过60%。骨干企业引领效应日益凸显,慈文影视传媒集团完成股改工作,9月份进入上市辅导期,亿唐动画、金一文化、雪豹十月等公司上市工作有序推进。凤凰画材有限公司年出口规模近4000万美元。重大产业招商活动成效显著,先后成功举办无锡文化创意产业(东京)说明会、无锡文化创意产业伦敦说明会。全年原创动漫分钟数达12248分钟,动漫企业主营业务收入及衍生产品收入40亿元。动画作品《哈皮父子》、《快乐奔跑》等获得首届动漫人围奖,《生肖山传奇》等3部作品获国家动漫精品工程大奖,《我的布叮宝贝》等多部动画片获国家广电总局2011年度优秀动画片推荐,全国首款军事网络游戏《光荣使命》获2011年度中国游戏行业年会唯一"优秀军事游戏奖"。全年全市文化创意产业实现营业收入167.57亿元,比上年增长18.6%,全市文化产业增加值占GDP比重达3.8%。

历史文化遗产保护取得新突破。考古发掘取得丰硕成果。无锡市文化遗产保护和考古研究所获2012年度唯一国家考古发掘资质,积极参与泰东河水利工程、地铁二号线、阖闾城影视基地、锡山电厂等重点工程的考古调查勘探工作,获取一大批文物和遗存资料。文化遗产保护水平不断提升。经国家文物局核定,无锡市新发现文物遗产点1286处。25处文物点被省政府公布为第七批省级文物保护单位,全市省级文物保护单位83处。第七届中国文化遗产保护无锡论坛、第五届"薪火相传"——中国文化遗产保护年度杰出人物颁奖典礼暨事迹报告会在无锡举办,国内外文保专家齐聚无锡,共同探讨世界文化遗产可持续发展之路,无锡继续引领全国文化遗产保护的前沿风向。世界文化遗产申报工作取得突破性进展。黄埠墩等9处遗产点列入中国大运河第二批国家"申遗"点段,大运河(无锡段)遗产保护规划经市政府审核公布。成立惠山祠堂群申遗领导小组,惠山祠堂群通过世界文化遗产专家考察评估,被正式列入《中国世界文化遗产预备名单》。"非遗"保护工作有声有色。开通“无锡非物质文化遗产信息网”、“无锡非物质文化遗产”新浪微博等交流平台,启动市级第三批“非遗”项目申报工作,宜兴紫砂工艺厂入选全国首批40家“中国非物质文化遗产保护生产性保护基地”。

【卫生事业】 2012年,无锡市拥有卫生机构1951个,其中医院113个,社区卫生服务中心(卫生院)88个;拥有医疗床位28780张,平均每千人口拥有医疗床位6.48张(按户籍人口算)。年末全市共有卫生人员42812人,其中卫生技术人员35105人,执业(助理)医师13092人,注册护士14873人,平均每千人口拥有卫生技术人员7.47人(按户籍人口算)。

全市各级医疗机构全年共完成诊疗总人次3835.62万人,出院总人次90.58万人。全年卫生事业费为179126万元,比上年增长24.4%;卫生系统拥有资产740044万元,完成基建投资38527.67万元;平均每一门诊人次医疗费用158.97元。

卫生科教水平全面提升。全年新增省重点实验室1个、省创新团队2个、省重点人才7人,省市共建重点学科3个;确定市级临床医学重点专科11个及创建科室13个。获得局及局级以上科研立项45项,其中国家级科研项目1项,厅市级科研项目33项;获市科技进步奖6项,省、市医学新技术引进奖4项,35项科研项目通过科技成果鉴定和结题验收;发表SCI论文13篇、中华级论文37篇,获发明专利1项、实用新型专利3项。

【体育事业】 2012年,无锡市全民健身服务体系不断健全。出台《无锡市城乡社区“10分钟体育健身圈”建设实施方案》,建成无锡新区泰伯体育公园、中央体育公园、太湖广场中央健身景观区等全民健身设施1892个,60%行政村(社区)达到“10分钟体育健身圈”建设标准。在全省率先推进健康步道建设,建成健康步道86条。24个街道创建成全民健身工程达标(示范)街道,创建成功率达70%。全年举办各类体育活动2000项次,其中200人以上体育活动达583次,成年人经常参加锻炼人口比例超过30.5%,国民体质总体达标率达92.9%。

2012年,无锡籍运动员在全国以上各级各类比赛中共取得44个冠军、33个亚军和45个季军,其中,1人获3项世界冠军。4名无锡籍运动员参加第30届伦敦奥运会,取得2枚铜牌1个第六名的好成绩,创造近12年来参加奥运会的最好成绩。3名无锡籍运动员参加第14届伦敦残奥会,取得2枚金牌。

体育产业发展逐步壮大。10个项目在省体育产业发展引导资金申报中获得680万元资助,名列全省第三。体育彩票销售稳步增长,全年销售体育彩票总额达21.7亿元。全年举办环太湖国际马拉松赛、国际女子象棋名人赛、斯诺克无锡精英赛、环太湖国际公路自行车赛等全国性以上高水平比赛31项次,赛事组织水平和办赛能力不断提高,赛事影响逐年加大。

常　州　市

国民经济

·工业经济·

【工业行业】 2012年,全市工业经济总体呈现平稳运行态势,从年初的低开,到年中逐步趋稳,至年尾开始逐步回升。全市工业经济与往年相比,增速明显减缓,产业结构不够优化等问题逐步显现。

工业生产平稳增长,经济总体运行状况良好。2012年,全市规模以上工业完成产值9031亿元,比上年增12.1%;实现工业增加值1967亿元,增11.9%。全市规模以上工业实现利税703亿元,增4%,实现利润428亿元,增0.76%。全市应税销售完成7991亿元,降0.06%。

重点企业及新增长点支撑作用明显。重点企业对全市工业增长仍发挥较强支撑作用。全市200家新增长点企业合计新增产值918亿元,其中新增产值超10亿元的有瑞声声学科技有限公司、华润包装材料有限公司、江苏(常州)新时代铜业有限公司、常州新日化学有限公司、常州东方特钢有限公司等16家企业。重点跟踪的284家企业完成产值4938亿元,比上年增14%,增速高于全市平均1.9个百分点,产值实现增长的企业有192家。常州新日化学有限公司、江苏蓝色星球环保科技有限公司、常州同和纺机制造有限公司等32家企业产值实现翻番。

培育大企业(集团)成效显著。2012年,全市主营业务收入超亿元工业企业1256家。其中,超10亿元工业企业130家;营业收入超100亿元工业企业13家,比上年新增3家,分别是常州市盛洲铜业有限公司、华润包装材料有限公司和新阳集团有限公司。列入全市“510”行动计划的12家做强做大企业,完成营业收入1661亿元,实现入库税收16.36亿元。

行业发展差异较大。2012年,全市各行业运行情况呈现差异化发展趋势。电子、医药、服装等消费类行业稳定增长,全年保持较高盈利能力,纺织服装、医药、电子等行业实现利税分别增30.7%、3.6%、37.4%,实现利润分别增30.2%、2.1%、29%,是全市经济效益稳定增长的重要支撑。而装备制造、冶金、建材等投资类行业需求不振,生产经营保持基本平稳,但盈利能力下滑明显,部分企业开工不足;工程机械、光伏行业则全年比较低迷,工程机械订单较少,而光伏行业则由于产品价格暴跌,全行业陷入亏损境地。

【重点产业】 2012年,全市有装备制造业、新能源、新材料、电子信息、生物技术及医药等五大产业规模以上工业企业2516家,完成工业总产值6069亿元,比上年增12.4%,占全市规模工业经济总量的67.2%。

装备制造业。年内,全市装备制造业规模以上工业完成总产值3361亿元,占全市规模工业产值的37.21%。其中,输变电制造规模以上企业完成工业总产值645亿元,轨道交通制造规模以上企业完成工业总产值224亿元,工程机械规模以上企业完成工业总产值377亿元。装备制造业是全市工业经济的支柱产业,在国内同行业具有较高声誉,已形成输变电设备、轨道交通设备、工程机械和车辆、现代农业装备、数控机床及基础装备等门类齐全、上下游配套的产业特色和优势,呈现规模不断扩大、技术水平不断提高、机制不断创新的发展态势,积累较多的工业资产、较为先进的技术装备和较高科技含量的研发能力,形成较为雄厚的装备制造业产业基础。

新能源产业。2012年,全市新能源产业规模以上工业完成总产值126亿元。新能源产业是近年来发展最为迅速的产业之一,主要集中在太阳能光伏产业、风力发电设备制造、太阳能光热综合利用、生物燃料、核能等方面。至年末,全市有规模以上光伏企业70家,主营业务收入326亿元。其中,常州天合光能有限公司实现销售收入100亿元,比上年降30%;常州亿晶光电科技有限公司主营业务收入19.73亿元,降52%;江苏顺风光电科技有限公司、江苏正信新能源科技有限公司、金坛正信光伏电子有限公司、常州兆阳光电有限公司、常州协鑫光伏科技有限公司5家企业主营业务收入均超10亿元,江苏索拉特光伏科技发展有限公司、常州长源电子有限公司等8家企业主营业务收入增速超100%。年内,全市拥有规模以上风力发电整机及部件制造企业30余家,规模以上风电产业完成产值近100亿元。产品涉及风电整机、电机、电缆、变压器、齿轮、齿轮箱、塔筒、底座、轮毂、叶片及填充料,以及叶片试验设备等。江苏新誉重工科技有限公司1.5兆瓦风力发电整机已批量生产,2兆瓦直驱机组实现小批量生产。

新材料产业。2012年,新材料产业规模以上工业完成总产值1662亿元。新材料产业是全市重点发展产业,全市涂料总产量占全国的十分之一,其中新型涂料产量占全国的五分之一,工业涂料产量居全国前列。江苏亚邦药业集团股份有限公司不饱和树脂产量居全国第一位,亚什兰(常州)化学有限公司、常州华科树脂有限公司居全国前五位。常州华日升反光材料有限公司是国内最大的反光材料生产企业,华润包装材料有限公司生产的聚酯切片在国内占有较大市场份额。

电子信息产业。2012年,全市电子信息产业规模以上工业企业完成产值673亿元。电子信息产业经过多年发展,具有数字视听、计算机及通讯设备、电子元器件、软件产业等5大门类,其中17只产品在国内同行业中居领先地位。按国家工业和信息化部统计口径,全年常州市电子信息产品制造业主营业务收入1586.3亿元,比上年增26.8%。常州天合光能有限公司、江苏上上电缆集团有限公司2012年主营业务收入超100亿元。瑞声科技控股有限公司、江苏华威世纪电子集团有限公司、常州祥明电机有限公司综合排名分列第25届中国电子元件百强企业名录第3位、第39位、第81位。常州市物联网产业完成主营业务收入100.5亿元,比上年增38.7%。常州节安得能源科技有限公司的综合能效管理体系物联网应用示范工程、邦达诚科技(常州)有限公司的基于物联网的PM2.5细粒子检测仪器研发和产业化项目获江苏省物联网专项引导资助资金300万元。 (余亮明)

生物医药产业。2012年,生物医药产业规模以上工业完成总产值247亿元。全市生物医药产业初步形成以生物医药和化学医药为主体、医疗器械为特色、健康服务和流通为市场价值链终端的生物医药产业体系。全市拥有药品注册批文的产品901只,拥有医疗器械产品注册证的产品1019只,拥有药用包装材料产品注册证的产品72只。 (史樱煜)

【重点行业】 纺织服装工业。2012年,全市555家规模以上纺织服装企业完成产值787.09亿元,比上年增12.4%,超全市平均0.3个百分点,占全市规模工业比重的8.72%;完成出口交货值183.33亿元,增2.33%,超全市平均3.3个百分点;完成主营业务收入781.06亿元,增12.85%,超全市平均1个百分点;实现利税56.68亿元,增30.64%,超全市平均26.6个百分点;实现利润34.37亿元,增30.2%,超全市平均29.4个百分点。全市有162家纺织服装企业产值超1亿元,其中常州华利达服装集团有限公司、常州老三集团有限公司、东华纺织集团有限公司、黑牡丹(集团)股份有限公司、常州东奥服装有限公司和常州艾贝服饰有限公司6家企业主营业务收入均超10亿元,比2011年增加2家。行业前20名企业产值、销售额占全行业的比重均超50%,实现利税、利润占全行业的比重超60%。

建材工业。2012年,常州市125家规模以上建材企业完成产值265亿元,比上年增1.6%;实现主营业务收入262.4亿元,降1.9%;实现利税37.8亿元,降9.6%;实现利润23.1亿元,全市有62家建材企业产值超1亿元,降9.1%。其中,全市21家规模以上水泥企业完成产值102.9亿元,增5.2%;实现主营业务收入102.5亿元,降3.5%;实现利税21亿元,增6%;实现利润13.9亿元,增8.6%。全市有12家水泥企业产值和销售超1亿元,其中,江苏金峰水泥集团有限公司、溧阳市宏峰水泥有限公司、溧阳市新金峰水泥有限公司和盘固水泥集团有限公司4家企业产值和销售超10亿元。

化学工业。2012年,全市化工企业盈利能力减弱,但经过多年整治,行业产能过剩状况略好,整体运行平稳。全市有规模以上化工企业417家,完成销售收入1222.6亿元,实现利润44.2亿元,分别比上年增23.4%、降11.6%;全行业现价工业产值占全市规模工业总产值的13.7%。化工龙头骨干企业竞争优势继续增强,重点项目有序推进。华润包装材料有限公司销售收入首次突破100亿元,年产60万吨聚酯项目竣工并投入生产。亚什兰(常州)特种化学品有限公司年产1万吨胶衣树脂和2000吨粘合剂项目竣工。常州新日新材料有限公司年产1.66万吨丁二醇联产3.08万吨四氢呋喃项目通过环境影响评价,预计2013年建成投产。

【节能降耗】 2012年,全市万元GDP能耗比上年降4.2%,完成省政府下达的节能目标任务。重点推进60个节能和循环经济项目,总投资17.88亿元,节能量超50万吨标准煤。大力推广节能产品,积极帮助企业申报国家节能惠民工程产品,年内有7家家电类企业的6种产品、4家工业类企业的9个产品列入推广目录。

对重点行业进行调查摸底,结合区域调整规划,重点淘汰钢铁、水泥、纺织、印染等行业中受环境、资源制约,不具备可持续发展的产能,逐步调整化工、有色金属、机械加工中能耗高、污染大的产能。建立淘汰落后产能企业信息库,实施绿色经济发展工程,加强与企业的沟通协调,以多种形式深入企业宣传淘汰落后产能政策,掌握承担淘汰落后产能企业的基本情况,协助相关企业制定关停落后设备的相关方案及职工稳定预案。年内,全市淘汰钢铁落后产能80万吨、水泥落后产能90万吨、印染落后产能1.31亿米、铸造落后产能5.5万吨、化工落后产能1万吨、造纸落后产能3万吨、铅冶炼落后产能2万吨、铅蓄电池落后产能100万千伏安时,落后用能设备200台(套),可减少二氧化硫排放4100吨、化学需氧量3221吨,减少能源消耗68.5万吨标准煤,超额完成国家和省、市下达的目标任务。

【民营经济】 2012年,全市民营经济继续保持平稳、健康发展,至年末,全市有私营企业8.02万家、个体工商户18.26万户、个私注册资本2590亿元,均创历史新高。民营经济全年完成增加值2663.5亿元,比上年增11.6%,占全市国内生产总值的67.1%,其中工业增加值1551.6亿元,服务业增加值1064亿元,分别增17%和10.2%。规模以上民营工业企业2560家,占全市规模以上工业企业总数的78%,完成产值5932亿元,增17.4%;实现销售收入5934.2亿元,增17.9%;实现利税464.6亿元,增11.5%。规模以上民营工业企业完成产值、销售收入和利税分别占全市总量的67.2%、66.1%和66.1%。8月30日,2011中国民营企业500强名录在京揭晓,常州有13家民企跻身500强行列。

·农业和农村经济·

【概况】 2012年,全市实现农村经济总收入9011.8亿元,比上年增13.5%;全市农民人均纯收入16737元,增12.8%。全市农村工业完成营业收入9273.2亿元、工业增加值2007.7亿元,实现利税648.8亿元,分别增11.4%、22.8%、0.8%。

全市完成农林牧渔业总产值219.58亿元,实现农林牧渔业增加值126.36亿元,分别比上年增12.8%、13.1%。其中,农业产值120.82亿元,占55.02%,增12.1%;林业产值1.55亿元,占0.7%,增5%;牧业产值34.24亿元,占15.59%,增6.4%;渔业产值52.4亿元,占23.86%,增17.6%;农林牧渔业服务业产值10.57亿元,占4.81%,增22%。全市农业、林业、牧业、渔业和农林牧渔服务业分别完成国内生产总值(增加值)78.22亿元、0.78亿元、12.32亿元、28.19亿元和6.85亿元,占农林牧渔业增加值总量的61.9%、0.62%、9.75%、22.31%、5.42%。全市粮食总产量115万吨,水稻平均亩产633.7公斤,比全省平均亩产的561.9公斤高71.8公斤,连续四年创历史新高,实现亩产平均水平全省十连冠。肉类产量14.32万吨,增6.9%,其中禽肉产量7.45万吨,增4.7%;水产品产量18.12万吨,增5.7%;禽蛋产量3.36万吨,降1.7%;茶叶产量3502吨,增1.5%;水果产量11.7万吨,增25.9%;牛奶产量2.4万吨,增27.1%。农民人均纯收入16737元,增12.8%,其中来自第一产业1826元,增43.1%。

【现代农业】 2012年,全市农业基本现代化建设扎实推进。新建高标准农田19.09万亩,累计建成132.4万亩,高标准农田比重58.7%;新增高效设施农业8.6万亩、高效设施渔业4.8万亩,累计建成高效设施农业38.36万亩、高效设施渔业13.6万亩,高效设施农(渔)业面积占农业总面积的17.35%。农业综合机械化水平82.5%,全市优质农产品基地占耕地面积的90%,农业信息化覆盖率85%,工商登记农户入社率超80%,农业适度规模经营比重超74%。

全市新增金坛市上阮现代农业产业园区1家省级园区,认定市级农业产业园区11家,全市累计建成市级以上农业产业园区26家,其中省级5家。26家市级以上现代农业产业园区实现产值29.7亿元、利润9.8亿元,辐射面积23万亩,带动农户3.5万户。

【农业产业化】 2012年,全市组织开展农业龙头企业运行质量提升年活动,新培育市级"五个一"(创建一个基地、致富一方农民、振兴一个产业、对接一个农民合作组织、打造一个优势品牌)示范创建龙头企业11家,累计23家;新增省级"五个一"示范创建龙头企业4家,累计8家。年内,认定市级农业龙头企业16家,市级以上农业龙头企业总数64家,江苏中东集团有限公司成为国家级农业产业化龙头企业。其中国家级3家、省级25家。市级以上农业龙头企业实现销售收入(交易额)490亿元,创汇1.1亿美元,分别比上年增19%、10%。凌家塘农副产品批发市场、夏溪花木市场交易额分别为234亿元、115亿元,增13.6%、13.9%。

【农村发展环境】 2012年,全市在健全长效管理制度,确保人员、责任、经费三落实的同时,继续推进村庄环境整治提升工作。7158个村完成村庄整治任务,占总目标的78.71%。其中,三星级"康居乡村"90个,二星级"康居乡村"987个,环境整洁村6081个。做好村庄环境整治专项行动项目补助资金下达工作,省财政分3次下达资金5293万元,其中市本级2338万元。

【农村新五件实事工程】 2012年,全市继续推进农村新五件实事工程。根据省市部署,实施第二、第三轮农村实事工程,基本解决农村上学难、看病难、出行难、环境差和文化生活贫乏状况。

1. 农村道路通达工程。累计建设农村公路2543公里,改造农村公路旧危桥1466座,实现村村通四级以上水泥路,全市行政村通班车率100%。

2. 农村教育培训工程。基本实现城乡教育统筹,流动儿童公办学校就读比例从2007年的77.8%提高至87.3%。不断完善农村职业和社区教育体系,有全国社区教育示范区1家、全国社区教育实验区1家、省级社区教育实验区5家,在全省率先实现省级以上社区教育实验区和省级社区培训学院全覆盖。开展各类农民培训,培训人数超50万人次。其中,农村劳动力转移培训19.3万人次,农业实用技术培训33.5万人次,农民创业培训1.6万人,新型专业农民培训1.7万人。

3. 农民健康工程。全市新农合参保率实现全覆盖,统筹水平大幅提高。全市新农合参保180.98万人,参保率100%,人均筹资标准360元,住院实际补偿比例51.97%。

4. 农村环境整治工程。进行农村河道疏浚、村庄河塘整治。疏浚农村河道660条1908.1公里,土方3632万立方米;整治河塘1.82万个,土方5040.6万立方米。全面解决农村饮水安全问题,实现城乡供水一体化。全面整治村庄环境,达市级“五化三有”整治标准村480个，评出小康家园示范村30个，966个村完成“三清一绿”整治任务。

5. 农村文化建设工程。建成覆盖全市的公共文化服务体系，市、辖市区有文化馆、图书馆（室），镇有达标文化站，村有达标文化室。组织“送科普、送戏、送电影下乡”活动，累计送戏1095场、电影3.7万场，按每年每镇1万元标准将科普图书直接配送至镇文化站，累计送书超300万元。农村有线电视通达率100%。

·第三产业·

【运输和邮电】 全年完成公路客运量16542万人，比上年增长12.3%，公路旅客周转量102.6亿人公里。全年完成货运量17794万吨，增长15.2%，其中公路货运量16075万吨，水路货运量1719万吨；货物周转量133.5亿吨公里，其中公路货物周转量104.7亿吨公里，水路货物周转量28.7亿吨公里。铁路客运量（含常州、戚墅堰、常州北站）1099.7万人，其中常州北站客运量119.1万人。常州机场全年旅客吞吐量突破100万人次，达到107.8万人次，比上年增长15.5%，跻身全国中等机场行列；货物吞吐量1.1万吨，增长32.2%；起降航班22367架次，其中运输起降11384架次。全年港口货物吞吐量8998万吨，其中常州长江港货物吞吐量2666万吨。年末全市机动车拥有量达95.5万辆，比上年末增长8.3%；民用汽车拥有量72.7万辆，比上年末增长29.8%，其中私人汽车54万辆，增长24.3%。

全年邮政业务总收入6.7亿元，比上年增长14.1%；发送函件1.1亿件，特快专递506.2万件，分别增长14%、23.8%。

【对外贸易】 2012年，全市外贸进出口290.28亿美元，比上年增1.4%。其中，出口199.6亿美元，增3.1%；进口90.68亿美元，降2.2%。各项外贸总量指标均列全省第四位，外贸进出口总额占全省总量的5.3%。

主要行业进出口持续下降。2012年，主要光伏企业出口16.2亿美元，减少14.8亿美元，降47.1%。常州天合光能有限公司和常州亿晶光电科技有限公司出口额累计减少11.7亿美元。全市高新技术产品出口下降3.2%，机电产品进口下降8.5%。光伏和工程机械两大产业年内进出口额累计减少27.3亿美元，相当于全年外贸总量的9.4%，其他产业如轻工业、汽摩配件产业等的增长量无法弥补这一缺口，直接拉低了全市外贸进出口总量。纺织服装和化学品出口额减少2.1亿美元和0.5亿美元，下降5.5%和3%，连续12个月负增长。

重点企业进出口涨跌不一。占全市出口额近40%的出口前50位重点企业，全年累计出口74.7亿美元，增1.8%。其中，31家企业出口正增长，19家企业出口负增长，出口降幅20%以内的企业11家，降幅20%～50%企业5家，降幅50%以上的3家。光伏和化工行业跌幅较大。

自营生产企业逆势增长。2012年，全市自营生产企业进出口129.5亿美元，增33.7%。其中，出口增24.4%，进口增54.1%。江苏常宝钢管股份有限公司出口1.5亿美元，增113.1%。江苏友奥电器有限公司出口8550万美元，增184.8%。常州市盛洲铜业有限公司进口4.4亿美元，增1000.2%。强化木地板出口基地不断发挥产业集聚效应，全年出口6.5亿美元，增13.4%。

主要市场涨跌分化。全年对欧盟出口38.4亿美元，降25.4%；对日本18.3亿美元，出口降0.3%；对美国出口37.3亿美元，增5.4%。新兴市场出口进一步分化，增幅逐步趋缓。其中，对东盟、拉丁美洲、大洋洲、非洲出口分别增19.5%、17.3%、6.7%、7.1%；对中东、东欧出口出现负增长，分别为－4.2%和－5.5%。对台湾地区和俄罗斯出口势头保持良好，分别增8.1%、12.1%。

进口贡献不断提升。全市企业积极加大进口，中天钢铁集团有限公司和常州市盛洲铜业有限公司两大企业每月进口总量超1亿美元，全年进口量占武进区外贸进出口总量的20.2%，有力支持了武进区以及全市外贸的平稳增长。

【国内贸易】 消费品市场运行平稳。全年实现社会消费品零售总额1413.3亿元，比上年增长14.3%，扣除价格因素，实际增长12.4%。其中批发零售业实现零售额1293.2亿元，增长14.1%；住宿餐饮业实现零售额120.2亿元，增长17.5%。城乡市场呈现同步发展态势，城镇地区实现零售额1319.4亿元，增长14.3%；乡村地区实现零售额94亿元，增长15.2%。限额以上批发零售企业建筑及装潢材料类、体育娱乐用品类、家俱类、金银珠宝类和汽车类商品零售额增长较快，零售额分别比上年增长27.1%、21.3%、24%、20.2%和19%。

商品市场繁荣兴旺。全市亿元以上商品交易市场59家，商品成交额1890.88亿元，比上年增长16.5%。全市有7家市场年成交额突破百亿元，分别是江苏凌家塘市场、江苏长江塑料化工交易市场、江苏湖塘纺织城、常州市武进汽车城投资发展有限公司、常州市武进夏溪花木市场发展有限公司、常州钢材现货交易市场、常州淮都金属城有限公司，成交额分别达到234.07亿元、214.65亿元、204.21亿元、118.13亿元、115.61亿元、110.54亿元和110亿元。

【市场物价】 物价水平温和上涨。全年居民消费价格指数（CPI）102.5。八大类商品和服务价格“六涨二跌”，其中食品类上涨4.9%、烟酒类上涨3.3%、衣着类上涨1.6%、家庭设备用品及维修服务类上涨7.2%、娱乐教育文化用品及服务类上涨1%；居住类上涨2.5%，医疗保健和个人用品类价格下降0.4%，交通和通信类价格下降0.6%。

【房地产业】 2012年，全市商品房销量大幅回升。商品房及商品住房分别销售795.75万平方米和658.13万平方米，比上年增25.52%和33.76%，成交水平恢复至近5年平均水平。市区商品房及商品住房销售备案面积分别为684.2万平方米和576.35万平方米，增35.53%和45.92%。市区商品房销量仅次于南京市、苏州市，居全省第三位。

商品房价格止跌企稳。2012年，全市各大楼盘降价促销，中低价位刚需楼盘全面热销。全市商品房成交均价6969元/平方米，降7.3%，其中商品住房成交均价6648元/平方米，降5.78%。市区商品房、商品住房成交均价分别为7124元/平方米和6799元/平方米，分别降4.34%和1.19%。商品房价格在2月见底后，3～5月温和反弹，5月后保持平稳态势。市区商品住房均价低于南京市、苏州市、无锡市，居全省第四位。

商品住房供应量略有上升。2012年，全市商品房批准预售面积 1018.92 万平方米,降 2.4%;商品住房批准预售面积 785.95 万平方米,增 0.98%。其中,市区商品房批准预售面积 880.59 万平方米,增 13.60%;商品住房批准预售面积 675.62 万平方米,增 18.6%。市区商品房年度供销比 0.78,接近全省平均水平。

商品房有效库存合理。至年末,全市商品房累计可售余量 1360.26 万平方米,增 12.84%;商品住房累计可售余量 777.55 万平方米,增 14.44%。其中,市区商品房累计可售余量 1076.7 万平方米,增 17.93%;商品住房累计可售余量为 603.12 万平方米,增 20.99%。市区商品房可售余量低于无锡市、南京市,居全省第三位,与全市商品房销量规模匹配。

【旅游业】 旅游产业快速发展。全年实现旅游总收入 520.34 亿元,旅游接待总人数 4003.84 万人,分别比上年增长 22.2%、17.7%。全市接待国内游客 3958.27 万人次,国内旅游收入 490.37 亿元,分别比上年增长 17.8% 和 23.1%;接待入境游客 45.57 万人次,旅游外汇收入 4.74 亿美元,分别比上年增长 10.3% 和 12.6%。中华恐龙园魔幻雨林 4D 过山车、春秋淹城旅游区百灵水世界、环球动漫嬉戏谷中华龙塔、南山竹海二期历史文化区,天宁宝塔因缘果报殿等一批旅游新项目提档升级,为全市旅游发展注入新的动力。截至年底,全市共有国家 5A 级旅游区 1 家,国家 4A 级旅游区 12 家;全国工农业旅游示范点 17 家,江苏省四星级乡村旅游点 15 家,江苏省工业旅游点 3 家,江苏省自驾游基地 6 家。旅行社发展到 120 家,其中 2 家旅行社进入全省旅行社 20 强,1 家旅行社进入全国旅行社 100 强;星级酒店发展到 65 家,其中五星级酒店 6 家,四星级酒店 26 家。

【开发区建设】 开发区经济平稳运行。全市开发区当年完成全社会固定资产投资 1573.9 亿元,其中工业投入 954.5 亿元,基础设施建设投入 196.2 亿元;完成公共财政预算收入 234.4 亿元,工业产品销售收入 7869.2 亿元。开发区利用外资主阵地作用进一步显现,全市开发区当年完成工商登记协议注册外资 45.1 亿美元,实际到账外资 28 亿美元,新增工商登记注册外资 3000 万美元以上外资项目 41 个,占全市的 93.2%,其中制造业项目 27 个,占全市的 96.4%。

【固定资产投资】 2012 年,全市各项固定资产投资项目有序推进,固定资产投资额保持稳定增长,完成全社会固定资产投资 2760.14 亿元,增 18%。从产业结构看,产业投资呈现"一产投入下降、二产平稳增长、三产比重加大"发展态势。第一、二、三产业投资分别完成 5.81 亿元、1533.97 亿元和 1220.36 亿元,比例结构为 0.21∶55.58∶44.21。第二产业中,工业投资 1525.98 亿元,增 18%,与全社会投资增速持平,对全社会投资增长的贡献率 55.2%,比上年提高 0.6 个百分点,其中工业设备购置投资 845.66 亿元,占工业投资总额的 55.4%;第三产业投资中除房地产开发项目以外的服务业投资项目完成投资 623.4 亿元,增 33.4%,比服务业投资增长速度高 15.3 个百分点。

【基础设施建设】 全年完成交通建设投资 74.3 亿元,年内新增高速公路里程 20.2 公里,改扩建国省公路 41 公里,新改建农村公路 210 公里、桥梁 111 座;完成各类水利建设土方 1497.1 万立方米,恢复治理水土流失面积 25 平方公里;完成农村水利建设投资 4.3 亿元。泰州大桥南接线工程建成通车,常溧高速公路启动建设,"三纵三横"路网建设进度加快,大明路、劳动东路东段等已完成通车,龙城大道隧道、玉龙路等建设工程加快实施。江边污水厂三期扩建、魏村自来水厂装机备用工程完工投运。花博会主场馆及配套设施建设、现代传媒中心建设、青果巷改造工程等重大公共基础设施建设项目顺利推进。城市轨道交通建设规划获国家批准。新城建设加快实施,凤凰新城、钟楼新城等城市新片区建设全面推进,东大门建设工程顺利推进。

【信息化建设】 2012 年,全市信息基础设施建设投资 17.05 亿元,比上年增 7.7%。全市固定电话用户数 151.11 万户,移动电话用户数 593.7 万户,分别降 0.83% 和增 8.18%。全市固定宽带接入用户数 110.99 万户,移动互联网用户数 370.89 万户,分别增 17.15% 和 34.86%。全年通信业务总收入 59.19 亿元,通信业务总量 65.41 亿元。

年内,全市电信网、广播电视网、互联网三网融合国家试点工作有序推进,信息基础管道及设施专项规划被列为江苏省信息基础设施建设示范工程。出台《常州市政务云计算中心技术标准化指南》,推动政务云建设发展。7 月 11 日,工信部批准常州市开展全国智慧城市试点工作,武进区同步开展智慧城区试点工作。常州成为全国第二个智慧城市试点城市。

完成两化融合"十百千"工程。至年底,全市有经省经信委认定的示范、试点企业 121 家。其中,示范企业 14 家,试点企业 107 家。1600 余家企业利用信息技术转型升级,总数列全省第三位。全面完成省下达的 10 家省级两化融合示范企业、100 家省级试点企业、1000 家企业利用信息技术转型升级目标。

社 会 事 业

【人口与就业】 人口规模基本稳定。截至年末,全市户籍人口达 364.8 万人,比上年末增长 0.5%。户籍人口中,男性 181.6 万人,增长 0.4%,男女性别比为 99.1∶100;60 岁以上人口达 77.2 万人,占总人口的比重达 21.2%。年末全市暂住人口 155 万人,比上年末增长 16.5%。全市计划生育率达 98.9%,节育率达 86.7%,独生子女率为 77.4%;全市人口出生率 9.4‰,人口死亡率 7.9‰,人口自然增长率为 1.5‰。

就业创业扎实推进。全年新增就业 10.5 万人,援助困难群体实现再就业 10532 人,及时援助城乡零就业家庭,常州籍高校毕业生充分就业和特困家庭毕业生 100% 就业。扶持创业 6875 人,带动就业 41250 人。年末城镇登记失业率为 2.37%。成功创建 8 个省级充分就业示范社区,入选"全国创业先进城市"。2012 年新安置就业残疾人 1271 人。

【社会保障】 社会保障不断完善。全市企业养老、医疗、失业、工伤、生育五大保险分别扩面净增 6.32 万人、7.99 万人、6.18 万人、11.04 万人、6.56 万人。截至年末,共有 121.13 万人参加企业养老保险,比上年末增长 6.49%;95.98 万人参加失业保险,增长7.92%;162.87万人参加城镇职工基本医疗保险,增长7.29%。五大保险基金总收入153.33亿元,比上年增长29.3%;支出114.94亿元,增长22.8%。市区企业离退休人员月人均养老金水平提高至1849元,城乡居民社会养老保险基础养老金提高到110元/月。职工医保、城镇居民医保政策范围内住院医疗费用报销比例分别在89.3%和70.5%。

【**教育事业**】 教育事业扎实推进。年末全市共有各类学校617所,在校学生73.59万人,教职工5.26万人,其中专任教师4.13万人。学前教育加快发展,全市新建扩建幼儿园32所,公办幼儿园比例提高,占比达75%以上,市级以上优质园占比率、就读率分别达80%、90%以上。各辖市、区全面建立学前教育生均公用经费财政拨款制度。义务教育更加均衡,热点普通高中统招名额分配到各初中的比例达70%,全市公办学校吸纳流动就业人员随迁子女比例达88.91%,义务教育阶段省优质学校占比达84.2%、就读率达86.7%。实施高中质量提升工程,启动创新人才培养实验项目及课程基地建设,遴选、确定4所学校6个项目为市级普通高中创新人才培养项目,高考本二上线率56.34%(含体育、艺术)(其中市区63.11%),较上年提高近6个百分点。推进省职业教育创新发展实验区建设,殷村职教园开工建设,参加省技能大赛获一等奖54个(31个为项目一等奖第一名),国家中等职业教育改革发展示范学校增至5所,省级品牌、特色专业增至20个,职业学校单招高考和本专科录取率全省十三连冠。加强终身教育服务,有国家级社区教育示范区、实验区各1个,国家级社区教育示范乡镇(街道)增至7个,省级社区培训学院和社区教育实验区实现全覆盖,省级社区教育中心增至22个,省级社区教育示范乡镇(街道)增至8个,命名10个市民终身学习服务基地,市级标准化成人教育中心校增至24所,市级标准化村民(居民)学校增至103所。推进教育信息化,确定市"e学习"项目学校40所,13所学校成为省"e学习"试点校。切实加大帮困助学力度,落实政府政策资助2.23亿元,接受社会捐赠735万元。推进教育国际化,天合国际学校顺利招生,确定首批常州市国际理解教育试点学校25所。

【**科技事业**】 全年政府科技经费投入19.33亿元,比上年增长39.4%。新认定国家高新技术企业208家,累计达797家;争取省级以上科技项目451项,获得经费支持4.9亿元;成功举办"5.18"展洽会,组织产学研重大活动13次,新增产学研合作项目316项。全年完成专利申请39391件,同比增长68.4%,其中发明专利10123件;专利授权15379件,其中发明专利授权1188件,万人发明专利拥有量由上年的4.77件增加到7.59件。常州高新区、武进高新区成为首批省级科技金融合作创新示范区,武进高新区升格为国家级高新区。

．创新体系不断完善。着力加快创新载体建设,"一核八园"入库企业932家,全年营业总收入突破1000亿元,增长44.8%。科教城研发机构总数达101家,高科技创业企业达635家,各类研发人才超过1.5万人。全年新增"两站三中心"150家,累计775家。企业创新力度加大,全市有620家大中型工业企业建有研发机构,覆盖率超过90%。孵化器、加速器建设加快,常州生物医药孵化器全面启用,常州创意产业基地获得全省唯一、全国地级市唯一首批国家文化和科技融合示范基地授牌。全市市级以上孵化器、加速器累计达64家,其中国家级孵化器10家,省级孵化器22家,省级加速器2家。产学研用结合更显特色,成功举办"5.18"展洽会,签约34个重大项目,其中16个重大产业化项目的技术合同总金额达2.39亿元。

创新人才加快集聚。截至年底,共有396个领军人才签约我市创新创业。全市累计引进领军人才1200名,其中国家"千人计划"108名,省"双创"145名,形成了"搭建平台,引进人才,孵化企业,培育产业"的良好创新创业氛围。成立常州市高新技术企业协会,加强企业家之间的互动与交流。设立专项培训科技企业家,共组织2批115名高企负责人参加市科技型企业家培训班。

【**文化事业**】 精品创作卓有成效。原创舞剧《格桑花·茉莉花》荣获剧目金奖,并包揽7个单项奖。电影《秋之白华》、儿童剧《留守小孩》和广播剧《君子史良》荣获全国"五个一工程"奖;市滑稽剧团创排的《飞扬少年》成功入选第九届全国儿童剧展演;市锡剧院大型原创交响锡剧《天涯歌女》获省"五个一"工程奖;市曲艺团首部常州方言长篇评话《常州白泰官》获得中国曲艺最高奖"牡丹奖"文学奖。

文化服务扎实推进。常州市图书馆建成全省首家电视图书馆,覆盖终端用户突破100万户。各类免费开放公益文化单位全年举办各类文化艺术展览超过500场。全年送戏300场,送电影超过1万场,城市"15分钟公共文化圈"、农村"十里文化圈"更加完善。"智慧社区"第一批建设任务基本完成,惠及市民10万户。广播电视和新闻出版稳步推进,全市共有1080家印刷企业、894家书报刊发行企业、351家音像制品经营单位,印刷行业年产值超过70亿元,实现电影票房近两亿元。作品版权登记增长30%以上,总计超过700件。全市广播、电视节目综合覆盖率均为100%,全市数字电视用户达到109万户,比上年增长2.1%,《常州日报》《常州晚报》年发行量分别达3083.2万份和3516.3万份。

文物保护成效明显。在武进太湖湾成功发掘钱一本墓,象墩遗址发掘和环太湖艺术城地块考古勘探顺利推进。截至年底,全市拥有不可移动文物1677处,其中全国重点文物保护单位5处,省级文物保护单位50处,市、县级文物保护单位235处。省级历史文化街区3处,历史建筑48处。"国家历史文化名城申报"工作全力推进。

【**卫生事业**】 卫生服务水平不断提升。年末全市共有各级各类医疗卫生机构1128个,拥有总床位20497张,卫生技术人员2.53万人,其中执业(助理)医师10094人、注册护士10192人,全市每千常住人口拥有卫生技术人员5.39人、总床位4.37张。新农合保障水平得到提升,参合率100%,人均筹资标准达360元,比2011年提高55元。县乡两级政策范围内住院补偿比达76.13%,住院实际补偿比达51.98%。全面推进门诊总额预付制改革,3个地区推进住院费用混合支付方式改革。公共卫生服务逐步均等,按人均45元补助标准落实专项经费,10类41项基本公共卫生服务和7大类重大公共卫生服务项目全面开展。基层卫生服务不断强化,新创省示范乡镇卫生院6家、国家和省示范社区卫生服务中心各1家。基础建设顺利推进,一院综合病房大楼封顶,二院(阳湖院区)投入使用,四院(新北院区)投入试运行,儿童医院病房楼交付使用,七院门急诊病房综合楼完成外装。

【体育事业】 体育事业继续发展。年内全市承办国际级比赛7项、国家级比赛14项、省级比赛19项。常州籍运动员全年在重大比赛中获得40项冠军,其中世界冠军2项,亚洲冠军3项,全国冠军35项。全民健身扎实推进,全市新增社区健身活动场所83个,比上年增加20个,城市社区"十分钟体育健身圈"建设初见成效,连续16年获得全国全民健身活动优秀组织奖。全年发行体育彩票13.2亿元,比上年增长22.1%。

镇 江 市

国民经济

【经济发展概况】 2012年,镇江市实现地区生产总值2630.1亿元(统计公报数,下同),比上年增长12.8%。其中,第一产业增加值116.7亿元,增长5.4%;第二产业增加值1419.5亿元,增长13.1%;第三产业增加值1093.8亿元,增长13.0%。三次产业结构由上年的4.4:55.0:40.6调整为4.4:54.0:41.6。人均地区生产总值(按常住人口计算)83636元,增长12.0%,折合13250美元。全年实现公共财政预算收入215.5亿元,增长18.5%,其中:税收收入174.1亿元,增长19.4%。

【农业】 2012年,镇江市实现农林牧渔业总产值177.8亿元,比上年增长5.3%。其中:农业95.3亿元,增长5.3%;林业6.9亿元,增长3.4%;畜牧业25.8亿元,增长4.6%;渔业24.9亿元,增长5.6%;农林牧渔服务业24.9亿元,增长6.3%。全年粮食总产量129.3万吨,比上年增长6%;油料总产量5.7万吨,增长29.6%。全年粮食种植面积24.0万公顷,增加1133.3公顷;油料种植面积2.62万公顷,减少800公顷。主要畜牧产品中,肉类总产量8.5万吨,增长3.0%。全年水产品产量8.9万吨,增长1.2%。全市高效设施农业面积3.62万公顷,高效设施渔业面积0.32万公顷,分别增加1.48万公顷和0.1万公顷。

【工业】 2012年年末,全市规模以上工业企业2155家,其中:大型企业41家,中型企业247家,小微企业1867家。规模以上工业实现总产值6157.8亿元,比上年增长17.3%;实现规模工业增加值增长14.8%。在列统的48个主要工业产品中,有28个产品产量比上年增长。规模工业综合能源消费量1182.9万吨标准煤,增长6.2%;单位产值能耗0.19吨标准煤/万元,下降9.5%。规模以上工业实现销售收入5950.8亿元,比上年增长16.9%;工业产品销售率98.1%,下降0.2个百分点;实现利税总额558.9亿元,增长15.9%;利润总额358.1亿元,增长15.9%。企业亏损面10.6%,扩大3.2个百分点;亏损企业亏损额8.19亿元,增长100.3%。"五大"主导产业(造纸、新材料、特种金属、绿色化工、装备制造)实现销售收入、利税总额和利润总额5073.8亿元、468.9亿元和302.1亿元,比上年分别增长16.9%、17.3%和16.3%。"五大"新兴产业(新能源、新材料、电子信息、航空制造、海洋工程)实现销售收入2208.6亿元,增长35.1%。

【国内贸易】 2012年,镇江市实现社会消费品零售总额761.7亿元,比上年增长15.7%。按行业分:批发业零售额112.5亿元,增长26.6%;零售业零售额559.8亿元,增长12.7%;住宿业零售额6.9亿元,增长11.0%;餐饮业零售额82.5亿元,增长24.7%。按城乡分:城镇实现零售额722.2亿元,增长15.9%;乡村实现零售额39.5亿元,增长13.7%。年成交额亿元以上商品交易市场18个,完成成交额425.8亿元,增长14.4%。

【固定资产投资】 2012年,镇江市固定资产投资完成1500.7亿元,比上年增长22%,其中工业投资完成883.7亿元,增长22.5%;服务业投资完成612.5亿元,增长22.7%。全年在建亿元以上项目509个,增加53个;完成投资960.9亿元,增长33.1%,其中:新开工亿元以上项目306个,完成投资537.4亿元,分别增长79%和38.5%。全年完成房地产开发投资205.5亿元,比上年增长45.2%,商品房施工面积1696.6万平方米,增长4.7%;竣工面积403.7万平方米,增长4.5%。全年商品房销售面积420.2万平方米,增长26.8%;商品房销售额233.8亿元,增长13.9%。

【开放型经济】 2012年,镇江市完成进出口总额114.1亿美元,比上年增长13.3%,其中:进口总额36.8亿美元,下降17.4%;出口总额77.4亿美元,增长37.7%。出口按贸易方式分:一般贸易完成60亿美元,增长59.2%;加工贸易完成17.2亿美元,下降7.1%。出口按企业类型分:外商投资企业完成31.4亿美元,增长2.4%;内资企业完成45.9亿美元,增长93.4%。出口按国别和地区分:对亚洲出口36.4亿美元,增长36.3%,其中对东盟组织出口10.1亿美元,增长23.3%;对欧洲出口14.5亿美元,增长32.6%,其中对欧盟组织出口11.6亿美元,增长39.4%;对美国出口13.1亿美元,增长49%。新批外商投资企业142家,比上年增加18家,其中3000万美元以上36家。完成协议利用外资25.6亿美元,增长16.1%;实际利用外资22.1亿美元,增长22.5%。年末全市拥有境外投资企业121家,中方实际投资3.6亿美元,其中当年新批23家,中方实际投资5300万美元。服务外包执行额5.9亿美元,增长76.1%。

【交通】 2012年,镇江市完成交通基础设施建设投入90亿元。泰州大桥建成通车,宁杭高铁镇江段全线贯通,官塘桥路快速化改造项目基本完工;苏南运河“四改三”、扬中三桥、镇荣公路、镇江西(南)高速公路出入口整治工程进展顺利。全年交通客运量2.2亿人次,比上年增长18.9%(不含铁路,下同);交通货运量1.3亿吨,增长18.7%。全年实现港口货物吞吐量1.5亿吨,增长13.5%,其中长江港口吞吐量1.4亿吨,增长14.0%;港口集装箱运量37.6万标箱,增长3.6%。年末民用汽车保有量28.8万辆,比上年增长19.2%,其中本年新注册4.8万辆;年末私人汽车保有量24.0万辆,增长21.0%,其中当年新注册4.2万辆。全年新增出租车70辆(市区,下同),出租车总数1323辆。实施公交惠民工程,公交分段票价全省最低。年末公共交通车辆运营数1218标台,比上年增加133标台。年末公交营运线路100条,当年新辟优化公交线路50条。城市居民公交出行分担率20.3%;开通镇村公交线路123条,通达率100%。

【邮电】 2012年,镇江市完成邮电业务总量30.3亿元,比上年增长6.2%,其中电信业务总量27.3亿元,增长4.7%;邮政业务总量3.0亿元,增长22.2%。年末拥有电话用户451.5万户,增长3.1%,其中:固定电话用户113.5万户,增长4.9%;移动电话用户338万户,增长2.4%。国际互联网宽带接入用户数61万户,下降1.2%。

【金融】 2012年年末,镇江市金融机构各项人民币存款余额为2850.5亿元,比年初增加418.7亿元,增长17.2%。贷款余额2073.3亿元,增加285.9亿元,增长16.0%。有小额贷款公司35家,增加5家,其中:农村小贷公司33家,科技小贷公司2家。全市有保险公司49家,比上年增加2家,其中:财产险公司24家、人寿险公司25家。实现保费收入57.9亿元,下降0.1%,其中:财产险14.7亿元,增长11.6%;人身险43.2亿元,下降3.5%。全年保险赔偿与给付支出13.6亿元,增长14.5%,其中:财产险7.3亿元,增长19.7%;人身险6.3亿元,增长8.9%。 (统计局)

【人民生活】 2012年,镇江市城镇居民人均可支配收入为30045元,比上年增长12.8%,其中:工资性收入20522元,增长12.6%;经营性收入3657元,增长13.9%;财产性收入468元,增长12.1%;转移性收入7810元,增长13.4%。城市居民人均消费支出为17897元,增长15.3%。农民人均纯收入为14518元,增长13.2%,其中:工资性收入8776元,增长15.2%;家庭经营性收入4247元,增长10.0%;财产性收入412元,增长16.4%;转移性收入1083元,增长9.4%。农民人均生活消费支出10530元,增长15.3%。年末城乡百户家庭拥有汽车23辆和13辆、电脑98台和49台,分别增加2辆和3辆、3台和4台;城乡居民住房面积分别达39.1平方米和53平方米。

社会事业

【民政工作概况】 2012年,镇江市民政局突出保障和改善民生,着力加强和创新社会管理。全市有符合条件重残人员15595人,全年发放救助金6177.39万元;保障一户多残、依老养残残疾人939人,全年发放救助金215.95万元。全年累计救助临时困难群众5513户,支出救助金372.38万元。全市共认定按照人均收入1000元的城市低收入家庭1066户。从2012年7月起,对全市20世纪60年代精简退职老职工生活补助费标准进行调整,镇江市区城市提高到每月782元,农村提高到每月640元,每人每月分别较上年增长91元和75元。以辖市(区)为单位,农村五保平均供养标准达到或超过上年度农民人均纯收入40%。截至年底,全市共有农村五保对象4547人,其中集中供养3256人,分散供养1291人;全市年平均五保供养标准为5645元/人,其中:平均集中供养标准为6077元/人,分散供养标准为4555元/人。全市9个社区创建为国家级综合减灾示范社区,16个社区创建为省级综合减灾示范社区。全年共举办4期灾害信息员培训班,培训693人,在全省率先实现灾害信息员培训全覆盖。全市遭受各种自然灾害人口超过36万,紧急转移安置6362人;农作物受灾面积超过2万公顷,倒塌和严重损坏房屋200余间,直接经济损失近5亿元。全市累计下拨救灾资金1521万元。全年为6100名重点优抚对象发放抚恤、补助金6700多万元,6850名老年农村籍义务兵共领取生活补助近440万元。重点优抚对象抚恤补助标准平均增幅达11%以上。将义务兵优待金从上年度城镇居民人均可支配收入的30%提高到45%,发放义务兵优待金2983.78万元。在全市推行精神抚慰工程,即“七个一工程”:一张画(年画)、一封信(慰问信)、一块牌(光荣之家)、一日游、一场戏(或电影)、一次祝寿宴、一次座谈会(或联谊会)。“八一”、春节期间对优抚对象进行普惠制慰问,发放慰问金551.6万元;召开优抚对象座谈会98次。全年接收1202名退役士兵,安置率99.8%,发放安置补助费3470多万元。2011年,全市2011年冬季退役士兵参加职业技能培训人数1109人,安排培训经费1104万元,参训率95%。通过年检考核,全市年度培训“两证”(毕业证和职业技能证)获取率98%以上,培训结束后就业推荐率99%。全市福利彩票实现销售4.048亿元,销售总量比2011年净增4200万,增幅11.60%,其中电脑彩票销售3.13亿元,比2011年增长14.34%;刮刮乐销售4059万元,比2011年下降7.87%;中福在线销售5010万,比2011年增长14.01%。全市筹集公益金4603万元。全市共有福利企业278家,2012年新办10家,停办10家,全市福利企业安置残疾职工8966名。城市“三无”人员供养标准从每人每月600元提高到873元。机构养育和社会散居孤儿生活费分别提高到每人每月1290元和890元,高于全省平均水平。全年新建30个市级和谐示范社区,全市城乡和谐社区达标率分别上升到81.1%和79.3%,超额完成年度工作目标。开展城市社区不低于400平方米、农村社区不低于500平方米的社区办公服务用房达标建设。京口区城市社区用房达标率从29.4%提高到70%,润州区从32.1%提高到80%;农村社区有49个村面积均在1000平方米以上。全市城乡社区全面推行社区网格化管理,共设置社区网格9258个,聘请网格志愿者近2万名。全市42个城市社区开通“网上居委会”,农村社区50%的村开通“网上村委会”。在润州区试点建设的社区管理和服务综合信息平台年底开通运行。对部分新申办社会组织直接登记,对合伙类、个体类民办非企业单位一律改为法人类民办非企业单位,并试点批准成立分支机构,对新成立的基层社会组织,实行当地镇(街道)业务主管,纳入基层政府管理。全市新增社会组织 321 家,比上年增长 20.6%,登记总数 1883 家,其中社会团体 1173 个(市属社团组织 366 个),民办非企业单位 710 个(市属民非单位 188 个),备案的基层社会组织 610 个,每万人拥有社会组织数 6.9 个。全年新评出等级社会组织 14 家,其中,AAA 级 7 家、AAAA 级 7 家,比上年增长 55.6%。全市有 2283 人参加社工师考试,72 人通过考试;公开招聘民政协理员 159 人。完成镇江城区首批沿街门牌整治工作。完成《政区大典·镇江篇》编纂工作,收录镇江 1 个地级、6 个县级、53 个乡级共计 60 个词条,与常州市联合打造常镇线"平安示范边界",通过边界自查、联检和评比,完成界桩警示牌安装。句容市婚姻登记处成功创建为国家 AAA 级婚姻登记机关。全年累计救助流浪乞讨人员 2428 人次,其中流浪未成年人 47 人,市救助站创建为国家二级救助站。全年共办理国内收养登记 119 件,国外送养登记 13 件。全年为 5453 户困难群众减免基本殡葬服务费 567 万元。

【城乡低保提标】 从 2012 年 7 月 1 日起,市区城市低保标准提高到每人每月 480 元,较上年增长 14.3%;全市农村低保指导性标准提高到每人每月不低于 380 元,较上年增长 27%。截至 2012 年底,全市享受城市低保待遇的家庭有 7383 户、14491 人,发放低保金额 4295.54 万元;享受农村低保待遇家庭 13808 户、27264 人,发放低保金 5733.38 万元。

【实施对低保、五保对象普惠性节日慰问】 2012 年,按照城市低保对象每人 300 元,农村低保对象和农村五保对象每人 200 元标准,全市发放中央一次性补贴 1342.4 万元。对城乡低保对象、农村五保等对象发放两节慰问金 1039.54 万元。

【按月启动困难群体物价上涨动态补贴机制】 针对 2012 年 1 ~5 月全市月度低收入居民生活费用指数涨幅均超过 3% 的实际,镇江市为享受国家抚恤补助的优抚对象、城乡低保对象、农村五保对象、城市"三无"人员和孤儿共 5.4 万人发放物价补贴近 958 万元。 (殷建容)

【人口和计划生育工作概况】 2012 年,镇江市人口自然增长率为 0.37‰、出生政策符合率 99.91%,继续保持适度低生育水平;新生儿出生缺陷发生率 2.97‰,出生人口性别比 108.86,保持全省一类地区水平。全市 20 个单位被评为全省人口计生窗口服务示范单位,27 个基层站所被评为全省"世代服务示范岗",34 名计生干部被评为全省"国策服务标兵";句容市郑来华作为江苏唯一计生干部入选"最美在基层——2012 年度中国人口十佳杰出人物"。城乡一体同步实施免费孕前优生健康检查,全年服务 2 万多对新婚夫妇,覆盖率超 100%,超额完成省定指标任务。联合市残联、南京医科大学在城区免费开展高危人群耳聋基因检测工作,预防耳聋缺陷儿出生。建成丹阳市"新农村新家庭——沿江四镇亮点工程"、扬中市"一园二院三书屋"精品园区等一批具有示范性的市级人口文化示范基地。市、辖市(区)、乡镇(街道)、村(社区)四级同步创建"阳光计生行动"示范单位。扬中市被评为国家级"阳光计生行动"示范单位,京口区、丹阳市、句容市被评为省级"阳光计生行动"示范单位。21 村(居)被评为全省人口计生基层群众自治示范村(居),5 个村(居)被授予国家级人口计生基层群众自治示范村(居)。农村部分计生家庭奖扶标准由每人每月不低于 60 元提高到不低于 80 元,全市 37175 名应享受奖励和特别扶助人员的奖励扶助金发放到位。市财政局出台《镇江市计划生育手术并发症人员特别扶助制度工作实施方案》,落实三级以上计生手术并发症人员特别扶助政策。市属 1720 名持"独生子女父母光荣证"的退休职工一次性奖励金按时足额兑现到位。广泛开展婚育新风进万家,进企业、进市场、进军营等"六进"活动。结合"三下乡",走进润州韦岗革命老区送健康、送知识、送服务;以"关爱女孩行动"为平台,与市文明办联合举办首届校园心理剧大赛、"关爱女孩""爱心手拉手"等系列青春期教育活动。以"家庭人口文化百日宣传活动"为载体,联合市文联共同组织"我爱我家"优秀家书评选活动。全市 235 个村(社区)服务阵地达"星级世代服务室"标准。通过资源整合,在辖市(区)建立婴幼儿早期教育指导中心,在乡镇(街道)设立婴幼儿早期教育指导站,建成老年健康、青少年健康教育、0 ~3 岁婴幼儿早教基地 19 家。全市人口计生信息网络应用率 90.2%。全员人口数据质量有所提升,数据库逻辑关系准确率 95.6%。 (王玉明)

南　通　市

国民经济

【概况】 2012 年,南通市市经济社会发展呈现稳中有进态势。全市实现地区生产总值 4558.67 亿元,按可比价计算,比上年增长 11.8%。其中,第一产业增加值 319.09 亿元,增长 4.6%;第二产业增加值 2414.11 亿元,增长 12.4%;第三产业增加值 1825.47 亿元,增长 12.3%。

【三大需求拉动经济】 投资保持较快增长。完成固定资产投资 2886.47 亿元,比上年增长 21.4%。进一步优化投资结构,完成高新技术产业投资 757.59 亿元,占固定资产投资的 26.2%;服务业完成投资 1172.11 亿元,增长 40.1%,占固定资产投资的 40.6%;民间投资 2148.62 亿元,增长 21.4%,占全部固定资产投资的 74.4%。

消费需求平稳增长。实现社会消费品零售总额1708.65亿元，比上年增长15.5%。城镇、农村消费分别增长15.8%和14.7%。批发零售和住宿餐饮业零售额分别增长15.2%和20%。“菜篮子”工程加快推进，完成市区10家菜市场标准化改造。物价涨幅稳步回落，市区居民消费价格上涨2.5%。

对外贸易难中求进。完成外贸进出口总额263.25亿美元，比上年增长1.9%。其中出口187.94亿美元，增长4.2%。对东盟和拉丁美洲出口分别增长15.1%和48.9%。

【产业结构不断优化】 工业经济平稳增长。规模以上工业产值突破1万亿元，实现规模以上工业增加值2273.15亿元，比上年增长14.4%。制造业水平不断提升，实现新兴产业产值2573.69亿元，高新技术产业产值达到3936.84亿元，分别占规模以上工业的25.5%和39.0%，较上年分别提高2.5个和2.3个百分点。建筑业实力继续壮大。施工产值达到3800亿元。

现代服务业较快增长。实现服务业增加值1825.47亿元，比上年增长12.3%，占地区生产总值40%，比上年提高1.5个百分点。市级以上服务业集聚区实现营业收入1500亿元、增长20%；现代物流、现代金融、科技服务、服务外包等重点产业快速发展，完成货物运输量2.68亿吨，增长10.7%，港口货物吞吐量达到1.85亿吨，增长6.9%。

农业基础地位进一步巩固。粮食生产实现“九连增”，总产量333万吨；新增设施农业面积8万亩，累计占比达到14.6%。

【改革开放继续深化】 体制机制改革扎实推进。加强政府投融资平台建设和管理，新组建沿海开发、城建投资两大国有资产经营公司。市政务中心投入使用，行政审批“三集中、三到位”全面推行。调整中心城市重点区域建设管理体制，沿海前沿区域重点中心镇“区镇一体”管理体制有序推进。完成事业单位绩效工资改革，深入推进教育、文化、医药卫生体制改革。

金融创新成效明显。2012年末，全市本外币各项存款余额6477.84亿元，较年初增加863.26亿元；本外币各项贷款余额4006.48亿元，较年初增加597.96亿元。直接债务融资全省领先，发行企业债券80亿元、公司债券8亿元，中期票据和短期融资券融资65亿元，中小企业私募债融资3.8亿元，各类债券融资总量达156.8亿元。获批省级科技金融合作创新示范区，苏通科技产业园创新资本中心正式挂牌，新增创业投资和股权投资机构22家，引进创业投资和股权投资资金11亿元。2家企业在场外交易市场挂牌，新增小贷公司11家。

外资外经稳定增长。利用外资保持稳定，新批超3000万美元项目44个，注册外资实际到账22亿美元。外经合作成效显著，完成对外承包劳务营业额17亿美元，继续保持省内领先。新批境外投资项目47个，中方协议投资额7.5亿美元，比上年增长70%。

民营经济良性发展。全民创业稳步推进，个体工商户达到49万家、比上年增长10%；私营企业达到20万家，注册资本5900亿元，分别增长12%和19%。民营经济贡献份额不断上升，入库税金410亿元，增长21.1%，占全部税收的69.5%。私营企业对外出口比上年增长20.2%。海安鑫缘茧丝绸工业园区、海门工业园区获全国知名品牌创建示范区称号。全市新增驰名、著名商标34件，省级名牌产品86个。

【财政收入较快增长】 2012年，市实现财政总收入1055.9亿元，地方公共财政预算收入419.7亿元、增长12.3%；财政支出结构进一步优化，民生投入占地方公共财政预算支出的比重达到55.6%。 （李　霜）

·工业经济·

【概况】 2012年，南通市工业战线突出“保增长、调结构、快转型”主线，完成规模工业产值1.01万亿元，比上年增长14.1%，成为继苏州、无锡、南京之后，第四家跨进工业产值万亿城市。完成规模工业增加值2273亿元，比上年增长14.4%。完成工业投资1710亿元，投资总量继续保持全省前列。全市实现高新技术产业产值3936.8亿元，占规模工业比重39%，比上年末提升2.3个百分点。六大制造业新兴产业完成现价产值2573.7亿元，比上年增长18.3%，占规模工业比重25.5%，比上年末提升2.6个百分点。全市规模工业万元产值能耗下降12.33%，超额完成省下达目标。培育省级新型工业化产业示范基地1家，省级基地数达到5家。全年新增百亿级工业园区和百亿级产业集群各3个。全市重点园区（工业集中区）规模企业销售收入占全市比重达67.5%，比上年提升2.6个百分点。 （缪　晗）

【高新技术产业】 2012年，南通市实施高新技术产业“双倍增”计划，提升产业层次，壮大产业规模，全市高新技术产业保持高位增长、集聚发展、质态优化的良好发展态势。全年新增国家创新型试点企业2家（南通中远船务工程有限公司、江苏中天科技股份有限公司）；新增省级高新技术企业138家，总数达到390家；新增省级民营科技型企业598家。新增国家重点新产品17个，省高新技术产品748个。全市高新技术产业实现产值3936.84亿元，比上年增长16.57%，占规模以上工业总产值39.66%；实现主营业务收入3808.58亿元，比上年增长17.98%；出口交货值454.97亿元，比上年下降8.32%；完成利税总额468.93亿元，比上年增长13.74%。 （谭德进）

【船舶与海洋工程】 船舶修造2012年，全市431家船舶造修及配套相关企业完成总产值1483.4亿元，比上年增长5.8%。其中，船舶修造工业总产值529.7亿元，比上年下降1.6%；船舶配套产值953.7亿元，比上年增长10.3%。造船完工量881.3万载重吨，比上年下降5.3%，总量位居全省第一，占全省的39.7%，占全国的14.6%，增幅高于全国平均水平16个百分点。新承接订单104万载重吨，较上年下降83.9%，降幅高于全国40个百分点。手持订单约1660万载重吨，较2011年底下降38.4%，高于全国9.7个百分点，订单总量继续保持全省第一。

海洋工程2012年，全市海工特种船完工量476万综合吨，海洋工程新兴产业实现产值154.4亿元，比上年增长21%。全市有中远船务、振华重工、熔盛重工、惠生重工、蓝岛海洋5家企业进入海工平台总装领域，并接获海工平台订单。2012年6家海工企业共交付各类海工装备产品12艘。包括“希望2号”钻井平台、GM4000半潜式钻井修井平台、“海上安装者”号风电安装船、国内首制钻井辅助船、5.9万吨穿梭油轮、3000

米深水铺管起重船、世界首艘浮力塔式钻井及生产平台、抛石整平船、管节沉放船和300客位住宿铺管工作船等产品。全年9家企业接获海工装备订单28个,合同额达27亿美元,比上年增长35%。新接订单中,半潜式居住平台、浮式生产储油船(FPSO)、浮式天然气液化再气化生产存储平台(FLRSU)、LNG再气化装置、钻井包等产品填补南通市海工装备空白。

(李 炜)

【纺织服装业】 2012年,全市纺织服装业规模以上企业1603家,从业26.5万多人,完成现价工业总产值2002.31亿元,比上年增长12.55%;主营业务收入1944.75亿元,比上年增长12.27%;利润总额154.24亿元,比上年增长23.12%。纺织服装业中六大细分行业(纺织业、服装业、家纺业、化纤业、印染业、丝绸业),纺织业完成主营业务收入717.73亿元,比上年增长10.1%,总量占全行业36.9%;服装业完成主营业务收入500.87亿元,比上年增长8.7%,总量占全行业的25.8%;家纺业完成主营业务收入418.26亿元,比上年增长12.91%,总量占全行业的21.5%。全年家纺产品累计出口18.8亿美元,比上年增长10.5%。占全市总出口额的10%。

(陈宇荣)

【电子信息业】 2012年,南通市电子信息产业实现销售收入1402亿元,比上年增长18.23%,占全市规模以上工业13.95%,位居苏州、无锡、南京之后,列全省第四。电子信息业中有产值亿元以上企业163家,中天科技集团有限公司销售收入达126.51亿元,林洋电子、通光集团、富士通微电子、江海电容器等重点企业销售均超20亿元,市电子信息产业前10强企业销售收入占整个产业60%以上。 (范学兵)

【石化及新材料产业】 2012年,南通市拥有规模以上石化及新材料企业440家,完成主营业务收入1427.91亿元,比上年增长23.40%,总量仅次于纺织服装业和机械业。实现利税总额158.93亿元,比上年增长30.46%;其中利润总额111.97亿元,比上年增长34.00%。新材料产业发展平稳,2012年有规模企业228家,完成主营业务收入1000.02亿元,比上年增长27.7%;实现利税总额120.57亿元,比上年增长25.0%,其中利润总额89.89亿元,比上年增加27.2%。

南通市的石化及新材料产业形成一批有一定优势和潜力的特色产业。以醋酸为原料,生产山梨酸钾等食品添加剂,形成具有南通市特色的双乙烯酮产品系列,在全国占有较大比重。吡啶、甲醛等基础原料生产技术较为先进,在国内占有一定的地位,为市精细化工产业链延伸提供支撑。新材料方面,初步形成新型化工材料、电子信息材料、光电子材料、特种金属材料、新型合成材料、高性能纤维材料、特种陶瓷材料和新能源材料八大类产业。形成年产70万吨各类合成材料的生产能力,拥有三大合成材料的典型产品和集群企业,申华化学、台橡宇部、台橡实业、星辰材料、宝泰菱、三菱丽阳、汇羽丰、三大雅、三瑞斯、迈图化工等一批企业生产技术较为先进;丁苯橡胶、聚甲醛、聚偏氯乙烯、PBT以及高吸水性树脂、高品质工程塑料、有机硅等一批产品在同行业中具有较强的竞争优势。

(陈宇荣)

·农业和农村经济·

【农业生产】 2012年,南通市粮食生产再获丰收,实现粮食总产332.97万吨,比上年增加3.86万吨。粮食单产425.1公斤/亩,超历史纪录,其中水稻单产全省第二,小麦单产全省第四,油料单产、总产均列全省第一。全市共创建部、省级万亩示范片79个,南通有2个县跻身全省首批8个亩产吨粮县之列。畜牧生产平稳增长。全年生猪饲养量690万头,家禽年饲养量1.63亿只(羽),山羊饲养量474万头。“菜篮子”工程稳步推进,共建成5万亩蔬菜保供基地,全市蔬菜种植面积197万亩,比上年增长12.5%,总产量401.28万吨,比上年增长3.17%,实现产销两旺。蚕桑生产保持稳定。全市实有桑田面积26.9万亩,投产面积23.6万亩,实际投产面积较上年减少4%。全年发放蚕种70.02万张,比上年减少10.02万张。全年饲养量较上年减少12.5%。全年产茧2.79万吨,比上年减产2268吨,减幅7.5%。全市蚕茧产值达11.25亿元,比上年降低5%。全市农产品出口3.94亿美元,出口额列全省第三,比上年增长25.9%,高出全省平均水平16.9个百分点。农业实际利用外资2.52亿美元,列全省第二。

【农业服务体系建设】 全市“五有”(有先进的服务手段、有优良的专业人员、有规模的示范基地、有严格的责任制度、有稳定的财政保障)乡镇农技推广综合服务中心全面建成,乡镇农产品质量安全监管机构挂牌成立。农业社会化、专业化服务能力不断增强,全市共建成农业农机专业化服务组织1387个,40%的专业化服务组织达到规定标准,有3家被列入全国首批示范组织。

【高效设施农业】 2012年,全市新增高效农业面积26万亩,其中设施农业面积8万亩,累计设施农业面积达97.5万亩,占耕地面积14.57%。畜牧业加快转型升级,全市有农业部畜禽标准化养殖示范基地15个,列全省第一位;建设省级畜牧生态健康养殖示范基地258个。

【生态循环农业】 加强农业面源污染治理,推广测土配方施肥、病虫害统防统治,全市化学氮肥、化学农药使用强度均低于全省平均水平。推广秸秆综合利用等农作物循环利用技术,全市有秸秆综合利用规模企业105个,秸秆能源化利用点26个。推进农业标准化品牌化建设,强化“三品”(无公害农产品、绿色食品和有机农产品)认证,全市组织申报“三品”数299个,新申报产地面积74.36万亩,超额完成省下达任务。

(杨 建)

【农业园区】 2012年,南通市新增海安县现代禽蛋产业园、如东县如泰现代农业产业园区2个江苏省现代农业产业园区,实现省级农业园区的县(市、区)全覆盖。全市新认定市级现代农业产业园区10个:海安县南莫镇食用菌产业园区、海安县大公镇优质水稻产业园区、如皋市白蒲镇高效稻麦产业园区、如皋市磨头镇场北设施农业园区、如东县双甸镇富硒食品产业园区、海门市麒麟镇现代农业产业园区、海门市鹏翔循环农业生态园、启东市瑞鹏牧业循环养殖园区、通州区二甲镇设施农业产业园区、通州区五甲镇山羊产业园区。江海台湾农民创业园新增注册资金500万元以上项目5个。有7家农产品批发市场被认定为省级重点农产品批发市场。新增市级特色产业基地10个。 （刘蓉蓉）

【农业机械化】 2012年,全市农机装备总量持续增长。全市新增各类农机具2万多台套,其中新增大中型拖拉机802台,插秧机1164台,稻麦、玉米、油菜收割机713台,玉米油菜种植机械1148台,高效植保机械1001台,大中型秸秆还田机479台,高效设施及特色农业装备9011台套。农机总动力达350.67万千瓦,比上年增加15.76万千瓦。农机作业水平有提高。小麦机收面积277.40万亩,水稻机收面积260.44万亩,机收水平分别达到99.48%和97.76%;稻麦秸秆机械化还田278.47万亩,还田率达50.69%。实现水稻机插面积220.21万亩,机械化种植水平达91.07%,继续保持苏中苏北领先。农机经营服务效益大幅增长。全市组织引导联合收割机跨出作业8868台次,全市农机作业收入23.53亿元,农机化经营总收入28.85亿元。 （凌 霄）

【农业综合开发】 2012年,南通市立项68个农业综合开发项目,投入资金3.4亿元,其中项目奖励资金1608万元。年内共扶持龙头企业32家,扶持贷款贴息项目21个。全年共建旱涝保收、高产稳产、节水高效的现代高标准农田22.3万亩,其中建设高标准农田示范项目8万亩,改造高沙土3.5万亩、实施市区农业基础设施项目建设10.8万亩。项目区基本达到现代农田基础设施要求。垦区配套项目4个,合计面积2.2万亩。依托扬州大学、南京农业大学、省农科院等科研院所,推进产学研一体化。共引进农业新品种31个,推广新技术26项。培训农民2万人次。良种覆盖率达95%以上。全年农业综合开发利用“三资”(民间资本、工商资本、外商资本)25.72亿元,总量全省领先,其中投资额亿元以上项目5个。 （夏沛霖）

【渔业生产】 2012年,南通市实现水产品总产量84.80万吨,比上年增长3.3%。实现渔业经济总产值350.9亿元,增长16.9%,总量位居全省第一。大力扶持现代渔业产业园区建设,全市新增高效渔业面积15万亩、设施渔业面积10.5万亩,分别比省海洋与渔业局计划任务增加87.5%和420%。2012年末,全市有省级现代渔业园区2个,省级现代渔业精品园2个,省级现代渔业示范基地3个,省级现代渔业示范村5个,省级渔业龙头企业11家,市级现代渔业园区16个。

（施百灵）

·第三产业·

【概况】 2012年,全市服务业增加值占GDP比重达40.5%,在全省位次较上年前移3位;固定资产投资增长40.1%,增幅列全省首位;地税收入增长25%,高于全省平均水平6.6个百分点。重点产业取得新发展,南通综合保税区成功获批;濠河风景区被评为国家AAAAA级景区,如东小洋口获批省级旅游度假区;如皋软件园被评为省级服务外包示范区,全市总量达到5个(列全省第三);文峰集团、化轻公司进入全国企业500强,叠石桥国际家纺市场入选全国首批内外贸大市场。推进现代物流、旅游休闲等10大类总投资1802亿元的168个市级服务业重点项目,全年完成投资347.5亿元。其中南通供销物流中心棉花仓储物流配送中心及相关配套设施竣工并投入运营。

（袁蓓蕾）

【现代物流业】 2012年,南通市推进现代物流业和先进制造业的融合发展,全市物流总量4.5亿吨,比上年增长10%。全市规模以上物流企业(年业务收入超1000万元)实现业务收入124亿元,比上年增长28.6%。全市物流集聚区(园区、基地、中心)实现业务收入56亿元,比上年增长34%。有5家物流企业获得省级重点物流企业称号。在建、拟建超亿元以上重点物流项目41个,实际完成投入68.9亿元。 （陆晓东）

【科技服务业】 2012年,南通市新增科技服务机构83家,总数达到347家,实现科技服务业总收入92.1亿元,居全省第三,比上年增长31.43%。市政府出台《关于加快科技服务业发展的若干意见》,新增海安锻压装备特色产业基地和如皋输配电装备特色产业基地2家国家火炬计划特色产业园区,全市累计国家级特色产业园区达10家。新增4家省级科技产业园(通州电子元器件科技产业园、海门高端输变电科技产业园、如皋高分子材料科技产业园、南通崇川节能环保科技产业园),新增数列全省第二,全市省级科技产业园总数达10家。

（谭德进）

【软件业】 2012年末,南通市有软件企业268家,从业人员8000多人,全年实现软件和信息服务业销售收入30.5亿元,比上年增长55%。南通软件园、如皋软件园两个省级软件园业务收入均突破5亿元。新增千万元以上业务收入软件企业10家,首次实现软件企业迈入亿元企业行列。南通市软件和信息服务业初步形成以对日外包和嵌入式软件为主、软件服务和互联网服务为辅的软件产业格局,并涌现中天科技软件、海盟金网、连邦软件、携程信息等一批在国内外有影响的重点企业。 （范学兵）

【金融业】 2012年,南通市金融业增加值219.85亿元。2012年底,全市有银行类金融机构36家,其中市区21家;保险业分支机构65家,其中产险27家;证券公司营业部31家,其中市区18家;期货公司或营业部7家,其中1家为期货公司总部法人机构;小额贷款公司33家,其中农村小额贷款公司30家;纳入备案管理的担保公司34家,备案创业投资企业7家;上市公司28家。全市企业直接债务融资达156.8亿元,其中,经国家发改委核准的企业债券融资80亿元。7月,市发改委(市金融办)、市科技局、市财政局、人行南通市中心支行联合举办创业江海投融资洽谈会暨科技金融项目对接会。全市第一个“创业投资中心”——苏通科技产业园创新资本中心挂牌。

（任佩龙）

【旅游业】 2012年,南通市旅游业实现平稳增长,全市旅游项目总投资额达95亿元,比上年增长104%。全年接待海内外旅游者2451.54万人次,比上年增长14.05%;实现旅游总收入331.49亿元,比上年增长17.37%。南通国际江海旅游节被评为中国“十大旅游类节庆”;南通乡村旅游节获中国旅游协会

"中国休闲节会创新奖"。2月,濠河风景名胜区成功创建国家AAAAA级景区。9月,如东小洋口旅游度假区建成省级旅游度假区。10月,海门叠石桥家纺文化园、如皋红十四军纪念馆获批国家AAAA级景区,全市AAAA以上景区达7家。启东江天生态园、如东在水一方生态园、如皋通利生态农庄等3家四星级乡村旅游点通过省级验收,全市省星级乡村旅游点达15家。 (沙向军)

社会事业

【社会事业发展概述】 2012年,南通市以构建民生幸福城市为目标,推进改善民生"十大体系"建设,地方公共财政预算支出中民生投入比重达到55.6%,10件42项为民办实事项目全面完成。就业和保障水平持续提高。"万人创业"计划深入实施,新增就业8.8万人。城乡基本养老保险、医疗保险覆盖率超过98%,企业退休人员养老金、新农合筹资标准分别提高10%、23.3%,城乡低保标准分别提高10.9%、16.8%,新农合政策范围内住院费用补偿比例超过75%。发放各类救助金8亿多元、惠及30多万群众。市区安置拆迁户1.5万多户,竣工各类保障性住房1795套,低收入家庭住房保障实现应保尽保。文化建设持续加强。公共文化服务覆盖面扩大,城市"15分钟文化圈"和农村"十里文化圈"加速形成。海安523文化产业主题公园成为国家示范基地,唐闸文化创意产业园开园。一批重大公共文化设施和产业项目快速推进。社会事业持续发展。区域教育现代化加快推进,省优质幼儿园占比达到69%,城乡义务教育发展实现基本均衡,普通高中实现优质特色发展,职业教育和高等教育发展水平稳步提升。医疗卫生服务体系不断健全,基本药物制度惠民程度提高,基层医疗卫生机构门急诊、住院均次费用分别下降21.8%、17%。优生促进工程全面实施。社会养老服务体系建设加快。社会管理创新持续推进。全国社会管理创新综合试点和重点典型培育工作取得阶段性成效,三级社会管理服务平台建设加速推进。社会稳定、环境风险评估机制全面推行,"四项排查"扎实开展,公众安全感不断提升。基层基础建设进一步加强,矛盾纠纷多元化解、人口服务、新型社区网格化管理等机制不断完善。 (通 鉴)

【劳动就业】 2012年,全市新增就业7.96万人,城镇登记失业率2.58%,低于全省平均水平。全市实际创业人数1.15万人,吸纳就业5.90万人,失业人员享受小额担保贷款1.45亿元。全市就业技能培训3.49万人,其中新成长劳动力技能培训1.54万人。规模以上企业劳动合同签订率98.6%,集体合同签订率90%。

完善就业服务体系。人才、劳动力两大市场合二为一,统一对外服务。编制智能化就业信息服务系统"就业E图",全市2283家四级就业服务机构全部标识入图,每天近700家用人单位、3500条招聘信息、万个工作岗位通过"就业E图"平台发布。全年全市举办各类大型、专场及综合类招聘会485场,提供有效就业岗位26.72万个。多方建立劳务输入基地,组织101家企业赴贵州、甘肃、河南、陕西等地开展招聘活动,引进外来劳动力近3900人,其中市区引进1180人。

实施"万人创业"计划。完善创业政策,优化创业氛围,创业带动就业成效明显。市直属创业孵化基地江海创业园继续实行3年孵化期内新办小企业房租全免,并给予初始创业补贴、创业成功奖励等系列优惠政策。建立总额为1000万元的大学生创业基金,用于向在南通高校在校大学生创业发放小额担保贷款的金融机构提供担保。

【社会保险】 2012年,全市五大保险(养老保险、失业保险、医疗保险、工伤保险、生育保险)参保率稳定在97%以上,统筹层次进一步提升。全市企业职工养老保险参保缴费人数124.7万人,比上年末净增10.5万人,基金总收入125.6亿元,净增47.83亿元,当期结余37.47亿元,累计结余75.71亿元。职工医疗、生育、工伤、失业保险参保人数分别为161.97万人、91.05万人、109.8万人和96.09万人,分别比上年末增加11.36万人、8.46万人、11.1万人和13.4万人。全市城乡居民社会养老保险参保人数186.23万人,参保率99.87%,基础养老金发放人数139.48万人,发放率99.99%,参保率、发放率均居全省前列。 (袁瑜佳)

【教育事业】 2012年,南通市教育改革发展继续保持良好势头,各项重点工作和为民办实事项目全面完成。南通所辖9个县(市、区)全部通过全国义务教育发展基本均衡县(市、区)省级评估。普通高中优质特色发展取得新成果,新增5所省级普通高中课程基地学校,海安县曲塘中学通过省四星级高中评估。职业教育创新发展深入推进,海门市成为南通市第二个省级职业教育创新发展实验区,新创建国家中职教育改革发展示范学校、省高水平示范性职业学校各1所,新增省级品牌和特色专业12个。职业院校办学层次加快提升,南通商贸高校升格为江苏商贸职业技术学院,紫琅学院升本科、南通高师升专科列入江苏省高校设置"十二五"规划。终身教育体系加快完善,新创建全国社区教育示范乡镇(街道)4个、省级标准化社区教育中心5个,新增成人教育校外教学点13个。语言文字规范化工作扎实推进,2所学校成为国家级规范汉字书写教育特色学校。高等教育自学考试工作有序发展,学历报考连续三年保持2000人的递增规模。

推进教育设施建设。加快教育布局调整,市区通大附中、市二中新校区建设工程全面推进。全市中小学校舍安全工程新增开工、重建、加固校舍面积160.36万平方米,竣工160.11万平方米,累计开工、竣工面积总量均列全省第一,在全省率先完成三年规划改造任务。南通市基础教育专网基本建成,与各县(市、区)教育城域网对接。全市国家教育考试8个监控管理中心、38个考点、2687个考场标准化建设如期完成。

深化教育教学改革。基础教育课程改革进一步深化,中小学德育活动课程全面实施,科学活动课程和体育、艺术"2+1"活动课程开发完成。中考改革积极稳妥推进,64所学校启动"中考改革背景下学校办学实践项目"建设。中考模式和招生制度不断完善,热点高中招生名额分配到各初中的比例提高到60%,高职教育改革取得新进展,出台奖励政策,推进中等职业教育与高等职业教育的衔接。建立并运行南通市高校服务地方联盟暨高校技术成果转移中心,发布成果209项。

实施教育惠民政策。在全省率先出台相关政策,健全普通高中经费保障机制。各项教育助学政策落实到位。全市共发放助学款1.45亿元,惠及贫困学生12.6万名。全市义务教育阶段公办学校共接收外来人员随迁子女5.78万人。海安县出台外县市流动儿童少年、本县进城务工就业人员子女入学办法,港闸区中小学校吸纳的外来务工人员子女人数占全区学生总数50.8%。 (沈 淦)

【科技事业】 2012年,南通市科技工作继续保持快速发展。南通成为国家创新型试点城市、首批国家知识产权示范市,再次入选《福布斯》杂志评选的中国大陆城市创新能力25强。南通市委、市政府出台《关于实施创新驱动战略推进科技创新工程加快建设创新型城市的意见》,加快创新体系建设。全市高新技术产业产值达到3936.84亿元,居全省第四,占规模以上工业生产总值的比重达到39.66%。全市授权专利3.62万件,居全省第三;中国南通(家纺)知识产权快速维权中心,成为全国第二家快速维权中心。南通被认定为省首批科技金融合作创新示范区。全市新增2家省级高新技术开发区,新增2家国家级创新型试点企业,实现南通国家级创新型企业零的突破;有11家企业入选省首批创新型领军企业培育库,新认定高新技术企业166家,创历年新高。全年有13项科技成果获省级以上科技进步奖,其中国家技术发明二等奖1项,省二等奖4项、三等奖8项。 (谭德进)

【文化事业】 文化体制改革。2012年1月,市委成立文化改革与发展领导小组,统筹协调全市文化改革与产业发展,领导小组办公室设在市委宣传部。年内南通电视台和广播电台完成合并,组建南通广播电视台,筹建南通广电传媒集团;南通艺术剧院注册组建南通市演艺有限公司;推进南通报业集团组建。在2012年2月召开的全国文化体制改革工作会议上,中宣部、文化部、国家广电总局、新闻出版总署联合授予南通市"全国文化体制改革先进地区"称号。

艺术生产。2012年,全市艺术生产佳作迭出,文化创作活力增强。

话剧《周江疆》完成编排和首演,话剧《国考魔方》在上海首演,排练越剧《冒辟疆与董小宛》。小品《目击者》获第四届全国小戏小品曲艺大展一等奖、江苏戏剧奖金奖。小品《三个老婆一套房》获华东六省一市小品大赛金奖。打造南通美术家群体,南通书法国画研究院朱建忠画集由故宫出版社出版。举办中国书画名家纪念馆联会第十七届年会、"情系阿里山"两岸水墨名家联展、冷冰川艺术展等。如东中国画《秋清老屋香》获第二届全国群众文化美术书法大展金奖。启东版画院朱建辉应邀参加2012年伦敦奥林匹克美术大展,7件版画作品被中国美术馆、中国奥委会等收藏。组织参加2012年韩国丽水世博会中国馆江苏活动周活动,承演海洋主题文艺节目及中国馆主题片。开展"南通城市形象之歌"征集活动,收到歌词809件,曲谱625首。

文化外事活动。2012年7月4日,"茉莉飘香"2012年巴黎江苏文化年南通文化节在法国巴黎中国文化中心开幕。文化部部长蔡武、中国驻法大使孔泉,法国总统外事顾问燕保罗、法国文化和新闻部文化事务总监雅克·吉耶斯等两国政要和文化界人士200多人出席开幕式。文化节期间,推出4大系列活动:"花都潋滟"范曾2012年巴黎画展,展出南通籍书画家、著名诗人范曾中国画近作35幅;"印象·南通"摄影展,展出30幅摄影佳作并配以30首精妙诗文;话剧《风铃》上演;"南通书架"展示,200册南通题材的图书永久存放巴黎中国文化中心图书馆。 (张 俊 张 湏)

【卫生事业】 深化卫生体制改革。如皋市人民医院组建医管会和监委会。通过回购、新建等方式,新增政府办卫生院26所,实现全市各乡镇均有公办卫生院。全市建成村卫生室1593个,全市各行政村全部建有卫生室。市妇幼保健院迁建工程基本竣工,体臣卫校新校区一期工程土建完工,中心血站迁建土建工程施工。

落实国家基本药物制度。拓宽投入补偿渠道,完成诊疗项目调价。所有政府办基层医疗卫生机构按规定统一配备基本药物,乡镇民营医院和中心卫生院按比例配备使用基本药物。全年采购基本药物5.36亿元,零差率销售5.23亿元。基层门急诊量比2011年增长20.1%,门急诊均次费用66.3元,比上年下降31.3%;住院人次增长13.2%,住院均次费用2252.4元,比上年下降22.5%;村卫生室均次费用17.4元,比上年下降30.4%。

优化公共卫生服务。公共卫生整体绩效位列全省第一。人均公共卫生项目经费26元,建成居民健康档案644.8万份,电子化建档率88.5%;65岁以上老年人体检率95.7%。发现并治管活动性肺结核患者3931例;新发现艾滋病感染者和患者211例,免费抗病毒治疗率100%。甲乙类传染病发病率103.32/10万,达历史最低水平。规范免费疫苗程序,建成数字化接种门诊10个,基础接种率达99.7%。落实慢性病综合干预措施,3个县(市)建成省级慢性病防控示范区。建成市卫生应急指挥平台,处置各类突发事件20起,处置成功率100%。市肿瘤医院建成市级核辐射定点去污洗消医院,海安、通州成为省卫生应急示范县(区)。 (张 明)

【体育事业】 2012年,是第30届奥运会(伦敦)举办之年,南通籍选手陈若琳、马晋等6名选手参加奥运会,获2金1银、1个第四名、1个第六名,南通市获省体育局颁发的第30届伦敦奥运会参赛突出贡献奖。全年南通市承办2012年国际篮球对抗赛、2012年全国排球大奖赛、全国自行车公路公开赛、全国青年击剑锦标赛等全国以上比赛7项次、省级比赛8项次、市级比赛9项次,竞赛组织水平进一步提升。组织"全民健身日"和"南通体育日"系列活动,承办江苏省第七届沿江体育带全民健身大联动活动,获省体育局颁发的"全民健身工作突出成绩奖"。全年体彩销售超12亿元,销量位列苏中、苏北第一,比上年增长28%。体育社团建设有新发展,建立143个体育类社会组织和66个体育类民办非企业单位,市属体育社团达到32个。 (徐 锋)

扬　州　市

国民经济

·工业经济·

【工业行业】 2012年,全市规模以上工业完成产值7342亿元、增加值1770亿元、分别增长14.7%和13%,实现利税815亿元、利润472亿元、分别增长15%和14.8%。

【重点产业】 汽车、机械等基本产业全力提速增效,分别实现产值585亿元、2323亿元,同比增长27%、17.2%,高于全市规模工业增幅12.3个百分点、2.5个百分点。新能源及新光源、软件和信息服务业等战略性新兴产业加快发展,新能源及新光源产业完成产值598亿元,同比增长18%,高于全市规模工业3.3个百分点;软件和信息服务业业务收入185亿元,增长41.6%。石化、船舶等基地型产业发展质态提升,分别实现产值1404亿元、644亿元,同比增长7.5%、6.3%;实现销售收入1390亿元、527亿元,同比增长6.4%、3.9%;实现利税198亿元、68亿元,同比增长0.9%、14.0%。 (江林宵)

【高新技术产业】 2012年,全市完成高新技术产业产值3198亿元,同比增长17.8%,占规模以上工业产值比重达到43.5%,新增国家高新技术企业58家,全市高新技术企业累计达336家,省创新型领军企业入库企业10家,国家重点新产品项目15个,新认定省级以上高新技术产品795个。宝胜科技的"第三代(AP1000)核电用电缆及关键材料的研发与产业化"、一重数控的"锻压系统高效重载作业机器人研发与产业化"、亚星客车的"超级电容纯电动城市客车开发与产业化"等一批关键核心技术得以攻克,一批重大高新技术产品得以开发并产业化。

【非公经济】 2012年,全市2600家规模以上工业企业中,产值过亿元的民营企业959家,比上年增加33家,累计完成产值3749.2亿元,占全市规模以上工业总产值的51.1%。宝胜科技、万顺机电等2家企业入选中国民营企业制造业500强。江苏江都建设集团有限公司、江苏邗建集团有限公司、宝胜科技创新股份有限公司入选2012年中国民营企业500强。全市中小企业拥有省以上研发机构229家、省以上品牌382件,国家高新技术企业299家,分别占全市75.3%、83.1%、85.9%。新创成18家省级创新能力建设中小企业、18家省级高成长型中小企业、127家省科技型中小企业、21家市级"专精特新"示范企业,有8家企业产品被认定为省级"专精特新"产品。江苏怡丰通信设备公司的综合能耗监测管理系统级终端项目成功申报2012年度国家火炬计划。牧羊集团李敏悦获全国工商联"科技企业家奖";广陵万方电子公司获全国工商联"科学技术进步奖"优秀奖。

【节能降耗】 2012年,实施节能技术改造项目129项,实施循环经济项目39项,对168家企业实施了节能监察,开展清洁生产审核企业102家,开展资源综合利用认定企业87家。全年单位GDP能耗下降4%左右,实现节能35万吨标准煤。全市淘汰落后用能设备2232台(套),完成淘汰落后产能省以上任务3项,淘汰80万吨水泥产能、450万米织布产能、7万千伏安时蓄电池产能。 (江林宵)

【民营经济】 2012年,扬州市新发展私营企业15892户,同比增长1.6%;新发展个体工商户28476户,同比增长20.3%;新增民营企业注册资本金实际到资435.49亿元;新注册亿元以上有限公司(含增资)198个,同比增长8%;新开工投入亿元以上项目113个,其中10亿元以上项目41个。

(袁立中)

·农业和农村经济·

【概况】 2012年,全市农业总产值369.1亿元,增长11.7%。粮食总产量308.3万吨,增产2.6万吨,连续9年实现丰收。全市设施农业面积达51.8万亩,新增4.4万亩,设施农业占耕地面积比重达12.2%。全年生猪、家禽分别出栏137.8万头和4538.0万只,分别比去年同期增长0.96%和6.3%;生猪存栏75.2万头、家禽存栏1588.7万只,分别比去年同期增长1.5%和4.6%。肉类总产量19.1万吨,禽蛋产量14.0万吨,分别比去年同期增长4.5%和4.7%。水产品产量39.2万吨,比去年同期增长2.2%。

【现代农业】 全市农业基本现代化监测得分74.82分,位列江苏省省辖市第8位。农林牧渔业增加值205.2亿元,可比价增长11.2%。粮食亩产490.5公斤,高效设施农业(渔业)面积比重14.1%,农民人均纯收入12686元,比去年增长13.1%。全市农业科技进步贡献率61.46%,持专业证书农业劳动力占农业劳动力的比重17.4%,乡镇或区域农业公共服务体系健全率75%,新型农业信息服务覆盖率80.5%,高标准农田比重48.2%,农业综合机械化水平77.0%,农田水利现代化水平70.6%,认定的无公害绿色有机食品基地占耕地比重72.2%,农业废弃物综合利用率86.3%,林木覆盖率22.7%。

(胡荣利　王曙光)

【农业产业化】 1、农业龙头企业数量提升,全市县级以上农业龙头企业262家,其中:市级87家,省级39家,国家级4家,全年新增省级龙头企业11家、县级64家。全市规模以上农产品加工企业517家、年产值533.2亿元、增幅26.8%,规模以上农产品加工产值与农业总产值之比为1.45:1。2、农业龙头企业质态提升,2012年,全市县级以上农业龙头企业销售收入376.8亿元、增幅23.3%,利润11.2亿元、增幅20%,出口创汇1.71亿美元、增幅13.2%,带动农户119.8万户、增幅16.7%。全市销售超20亿元企业4家,10-20亿7家(含市场类3家)。3、产业基地质态不断提升,全年创成国家级一村一品示范镇1个,省级示范镇1个、示范村8个,建成江苏省出口农产品示范基地6个,向上争取建设补助资金700万元。

(孙建勇)

【农业标准化】 一是加强"三品"基地建设。2012年组织申报无公害农产品、绿色食品、有机农产品336个,全市有效期内"三品"总数突破1400个,居全省第4位。新申报"三品"产地28.6万亩,经省认定批准后,全市"三品"产地总面积占耕地面积比重将达83.8%。二是加强农业投入品管理。认真贯彻《扬州市农业投入品管理办法》,组织开展假劣农资问题专项治理行动。三是加强产地准出管理。进一步加大农业标准化推进力度,加快推进农产品产地准出制度,督促农产品生产者落实农药间隔期和兽药休药期等制度,建立健全各类生产记录档案,规范基地自检行为,加强收获、出栏前的监测,增加检测频次,禁止不合格农产品上市交易。2012年全市定量抽检农产品1555批次,其中:蔬菜480批次、食用菌150批次、水果20批次,瘦肉精780批次,生鲜牛奶115批次,水产品50批次,发布监测报告55期。其中蔬菜农药残留合格率99.45%,食用菌荧光增白剂合格率99%,水产品渔药残留、水果农药残留、畜产品"瘦肉精"和生鲜牛奶三聚氰胺及淀粉检测合格率均达100%,全市未发生一起重大农产品质量安全事故。

(张菊芳)

【农村发展环境】 2012年,我市继续把开展农业环境保护作为促进农业经济增长方式转变、保证农业可持续发展的重要抓手,一是通过继续推进农村沼气建设,进一步加强畜禽粪便污染治理。全市新增农村沼气用户8200个、新建规模养殖场沼气工程35处、新建农村沼气乡村服务网点15处,有13家规模养殖场通过了环保部的农业污染源减排核查,畜禽粪便综合利用率处于全省领先水平。二是通过实施省秸秆综合利用示范县项目和农业生态环境保护项目,继续推进秸秆综合利用。全市新建成了16处秸秆收贮、8处秸秆固化成型、10处秸秆集中供气工程、3处秸秆预处理站、4处秸秆种植食用菌、7处个果林田间覆草、1处秸秆大棚生态种植试点项目,秸秆综合利用达90%以上。三是根据农业部、省农委的要求和部署,全面启动了农产品产地土壤重金属污染防治工作。到年底,已完成采样任务的60%以上。 (戴 敌)

【新农村建设】 2012年,全市新农村建设迈上新台阶。农民实现持续增收。新增农村劳动力转移4.43万人,农民实用技术培训10.84万人次,扶持农民成功创业6667人。全市农民人均纯收入12686元、增长13.1%,连续6年保持绝对值和增幅双超省均水平。农村活力显著增强。当年新增农民专业合作社542个,新增入社成员10.9万户。全市经工商行政部门注册登记的农民专业合作社达3581个,工商登记成员数84.2万户,占总农户数82.5%,提前3年完成农业现代化考核指标中农民专业合作社入社农户占总农户比重达80%的目标任务。以销售合作联社为代表的各类合作联社加快发展,总数达到34个,成员合作社190多个,带动农民2万多户,拥有品牌商标40多个,销售农产品种类170多种,年销售额达3亿多元。农民专业合作组织总体发展名列全省前茅,工商登记入社成员数占比位列全省第一方阵。全市农业适度规模经营当年新增22.59万亩,总面积达301.68万亩,占耕地面积的70.16%。全市农业社会化服务专业防治覆盖率66%。农业保险主要种植业参保率95%以上,高效设施农业保险取得突破。扎实推进村级"四有一责"建设,建成村级标准厂房137.4万平方米,95%的行政村集体经营性收入实现20万元以上目标,其中:20~30万元的村344个,30~50万元的村311个,50~70万元的村107个,70万元以上的村272个。全市行政村"七室两超市一广场"实现全覆盖,村级活动阵地总面积达136.5万平方米,村平1307平方米。县乡村三级联网的"网上村委会"覆盖了80%以上的乡镇、村。农村环境逐步增优。91.8%的行政村创成生态村,72个乡镇创成国家级生态乡镇,顺利通过生态市创建国家级考核验收。新改建农村公路230公里、农桥100座,行政村客运班车通达率99%。疏浚县乡河道351条,整治村庄河塘912个。新建户用沼气池35000座、沼气工程150处,新建无害化卫生户厕35万座、无害化户厕普及率达90%。50%以上乡镇创建成省级卫生乡镇,90%的村庄完成环境整治任务,62个村建成三星级"康居乡村",农村清洁能源入户率、生活垃圾集中无害化处理率均达95%以上,农村环境"四位一体"长效管护体系基本建成。新增造林8.81万亩,其中成片造林5.75万亩。秸秆实现全面禁烧、综合利用率85%。统筹城乡发展增速。建成农民集中居住区50个。新创新农村建设"优美乡村"10个、村级组织五项能力建设"百强村"30个。全市村级公共就业服务平台覆盖率100%,新农合和被征地农民社会保障覆盖率均在99%以上,新农合人均筹资标准提高到300元。农村医疗急救网络体系基本建成。农村扶贫标准增高。启动新一轮低收入农户脱贫奔小康工程,将低收入农户脱贫标准由原定的3600元调增为5000元,明确从2013年起,用三年时间,实施"产业扶持、就业援助、生活保障、教育资助和医疗救助"五大工程,逐户帮扶、一户一策,明确责任、限期达标,确保到2015年实现所有建档立卡的4.24万户7.57万人低收入农户人均纯收入5000元目标。

·第三产业·

【市场物价】 2012年居民消费价格指数为102.6,同比上涨2.6个百分点。根据CPI月度涨幅,先后5次启动价格动态补贴,累计向12.25万困难群众发放价格补贴1492.53万元。建设保供稳价新载体,全市共开办平价商店75家(市区59家),累计节约居民生活开支962万元。

【旅游业】 2012年度,全市旅游接待总人数3638.49万人次,同比增长12.7%,位列全省第5。旅游总收入435.23亿元,同比增长17.4%,位列全省第6。其中接待国内游客3572.47万人次,同比增长12.8%,位列全省第5;国内旅游收入392.5亿元,同比增长18.9%,位列全省第6。接待入境游客66.02万人次,同比增长6.1%,位列全省第5;旅游外汇收入5.59亿美元,同比增长6.8%,位列全省第4。全市拥有星级饭店65家,其中四星级及以上饭店15家;旅行社126家,其中出境社4家、四星级旅行社3家;国家A级景区33家,其中5A级1家、4A级7家;江苏省星级乡村点17家,其中四星8家、三星9家;省级自驾游基地3家,省级旅游度假区1家。枣林湾旅游度假区成功创成江苏省级旅游度假区;东关历史文化旅游区创建国家4A级旅游景区;出台了《关于加快酒店业发展的意见》(扬府办发〔2012〕168号)、《扬州市市级旅游度假区管理暂行办法》(扬府规〔2012〕7号)和《扬州市市级旅游度假区评定规范》(DB3210/TF32-2012)等政策性、规范性文件;成功举办"烟花三月"国际经贸旅游节、运河名城博览会等节庆活动,其中运博会期间组织的世界运河大会"运河旅游与经济"论坛,吸引了法国、美国、荷兰、英国、波兰等70多位国内外旅游界、经济界的专家参加;举行扬州泰州机场首航庆祝仪式,唱响了扬州空港旅游新时代。

【引进内资】 2012年,扬州市内资企业总数为8666户、注册资本(金)11119568万元,企业总数同比上升1.3%,注册资金同比上升15%;农民专业合作社总数4421户、出资总额139亿元,同比分别上升45%、32%。全市新发展内资企业598户、注册资本(金)499961万元,同比分别上升25%、-33%;新发展农民专业合作社1416户、出资总额288414万元,同比分别上升68%和1.3%。（王　斌）

【固定资产投资】 2012年,全市完成固定资产投资1783.65亿元,同比增长20.9%,其中:第一产业完成投资17.91亿元,同比增长11.5%;第二产业完成投资1064.19亿元,同比增长17.6%;第三产业完成投资701.55亿元,同比增长27.3%。产业投资结构逐步优化。三次产业投资占比由2011年1.1∶61.6∶37.3逐步优化为2012年的1∶59.7∶39.3,二产投资占比下降1.9个百分点,三产投资占比上升2个百分点。重点项目投资支撑显著。市政府安排下达当年投资1亿元以上的重点建设项目投资计划200项,年度计划投资1001亿元。开工176项,开工率88%,完成投资1003.9亿元,占全市投资的56.3%。区域投资增长齐头并进。沿江、沿河地区投资增幅基本同步,沿河地区完成投资431亿元,同比增长20.9%,占全市投资比重为24.2%,沿江地区完成投资投资1352.6亿元,同比增长20.8%,占全市投资比重为75.8%。民间投资保持快速增长。民间投资完成1279.2亿元,占全市投资比例达71.7%,同比增长26.5%,增幅较全市平均水平高5.6个百分点,比2011年高2.7个百分点。

【基础设施建设】 2012年,全市基础设施建设快速发展,取得了突破性的进展。在交通方面,5月8日扬州泰州机场建成通航,已开辟北京、广州等10条航线;12月下旬,江六高速建成通车;扬州西部交通客运枢纽也已开工建设;全年国家、省干线公路建设完成投资11.26亿元,农村公路建设完成投资1.27亿元,分别建成里程50.4千米和180千米;完成港口建设投资9.15亿元,江都港区海螺水泥码头等均通过交工验收。在水利建设方面,2012年全市水利总投入19.2亿元,比2011年增长13.6%。扬州港新增万吨级泊位5座;南水北调高水河整治工程、里下河水源调整大三王河、卤汀河等工程以及沿运闸洞堵漏工程目前已基本完工;在完成新城西区双墩小水库除险加固工程后,已全面实现62座中小水库除险加固工程建设任务。在城市设施建设方面,广陵大桥和仙女庙大桥先后竣工;4月份友谊路改造工程完成;安墩西站排涝泵站扩建工程也于12月开工;对于念四河、杨庄河、玉带河、宝带河、新城河和四望亭河等六条河道水环境整治工程,采用了集水下生态清淤、淤泥固化和余水处理于一体的淤泥快速处理技术,并在念四河与维扬路交汇处建设了淤泥固化处理站,该工程于2012年12月竣工,共完成清淤水下方约50000立方米。继续推进瘦西湖隧道等重大基础设施建设、持续推进"清水活水、不淹不涝"城市建设。

【信息化建设】 2012年,全市软件和信息服务业收入185亿元,增长42%。新增省级"两化融合"示范企业5家、试点企业31家、示范区和试验区各1家、产业联盟15个。我市信息化建设荣膺中国城市信息化推进和中国智慧城市推进"双十强"。

社 会 事 业

【人口计生工作概述】 2012年,全市总人口4600561人,全年新出生人口32460人,人口出生率7.03‰,人口自然增长率0.31‰,计划生育率99.42%,出生人口性别比108.76。落实"十二五"人口发展规划,明确以育龄群众和计划生育家庭为服务主体,以"避孕节育、优生优育、生殖健康、家庭保健"为主要服务内容,以人口与发展综合决策机制、统筹解决人口问题的组织领导机制、人口和计划生育部门牵头的协调机制、城乡一体的利益导向机制、阳光透明的群众自治机制、纳入公共服务的投入保障机制为支撑,启动实施免费优生健康促进、宣传倡导提质行动、计生家庭奖扶特扶、流动人口计划生育基本公共服务均等化、人口信息共建共享、工作队伍职业化建设、人口理论研究深化、人口计生公共服务财力保障、生育关怀覆盖、避孕药具规范化服务管理等10个"人口家庭发展工程"项目。市人口和计划生育委员会被表彰为全省人口计生信访先进单位、全省实施妇女儿童发展规划先进集体。

【实施"计生民生"项目】 2012年,市委、市政府将"为全市1万对夫妇、1万名孕妇、20万名育龄妇女提供免费优生健康检查,建立20个流动人口计生服务点"纳入全市民生幸福工程。各县(市、区)均被列为国家和省级免费孕前优生健康检查项目点。全年完成免费孕前优生健康检查2.10万人次、出生缺陷干预检查2.46万人次、育龄妇女生殖道感染综合查治(RTI)20.47万人次。依法组织病残儿医学鉴定,全市鉴定病残儿161人。落实计划生育奖励扶助制度,全年奖励扶助农村部分计生家庭5.73万人,特别扶助独生子女伤残死亡家庭3669人,发放奖(特)扶金5220.81万元。推进流动人口计生公共服务均等化,增设流动人口(农民工)计划生育免费定点服务机构20个。全市新安装免费计生避孕药具自助发放机35台。

【首届科学育儿博览会】 6月1~3日,由市人口和计划生育委员会与扬州广播电视传媒集团联合主办的扬州市首届科学育儿博览会在扬州国际展览中心举行。博览会设置科学育儿功能区、专家咨询区、婴童用品展示区、亲子活动娱乐区等多个功能区，有近百个婴童用品厂家和婴幼儿早期教育机构参展，举办专家讲座5场，录制亲子游戏节目，推动了0～3岁婴幼儿早期发展促进工作。

【人口信息系统建设】　全市村级人口信息终端覆盖率99.7%。完成所有村级单位综合信息平台应用培训和统计报表、随访服务和组合查询功能模块推广应用。做好综合信息平台升级后的数据清理工作，运用数据评测手段，完善数据逻辑，提高数据质量，建设标准统一、管理规范、覆盖全部人口的信息数据库。加强网络和数据安全工作，市级人口信息系统安装服务器、存贮设备及双机热备系统，用于数据库备份和容灾，提高人口信息数据库安全性。（王　翔）

【社会保障】　2012年，全市企业职工基本养老保险、机关事业单位养老保险、城镇职工基本医疗保险、城镇居民基本医疗保险、工伤保险、生育保险参保人数分别达到92.9万人、3.9万人、107.4万人、52.9万人、67.8万人、49.7万人。

社保待遇水平稳步提高。调整企业退休人员基本养老金，全市企业退休人员人均养老金1521.8元/月，市本级企业退休人员人均养老金1741.2元/月。城镇职工基本医疗保险政策范围内住院支付比例达82%以上，城镇居民医保政策范围内住院支付比例达70%。按1.137系数上调工伤人员定期保险标准。6月1日起，扬州市区调整失业保险金标准。失业保险金上限不超过最低工资标准(1100元/月)，比上年提高170元/月；失业保险金下限调整为城市居民最低生活保障标准的1.3倍(520元/月)，比上年提高39元/月。实施第二轮企业退休人员免费体检工程，24.82万人参加体检，覆盖率100%。

社保基金运行质态平稳。2012年，全市各项社保基金收入120亿元，支出83亿元，当期收支结余37亿元。其中，企业职工基本养老保险、机关事业单位养老保险、城乡居民社会养老保险、城镇职工基本医疗保险、城镇居民基本医疗保险、工伤保险、生育保险收入分别为79.46亿元、4.95亿元、9.02亿元、21.08亿元、1.77亿元、1.96亿元、1.2亿元。

社保服务体系优化。2012年1月，启用标准化社保服务大厅，建立叫号排队系统、业务经办系统、内网管理系统、安全监控系统等，推进社会保险服务信息化、标准化。全市开展城乡居民社会养老保险参保登记、个人缴费、待遇领取、权益查询“四个不出村”示范点建设，建成示范县1个、示范镇9个、示范村12个，构建“15分钟社会保障服务圈”。调整市直企业基本养老保险参保人员退休手续办理流程，提高工作效率和服务水平。

实施城乡社会养老保险制度。将新农保和城镇居民养老保险两项制度并轨，实施城乡居民社会养老保险制度，全面覆盖全市未参加企业职工基本养老保险的农民居民和不符合参加企业职工养老保险条件的城镇非从业人员。2012年底，全市城乡居民社会养老保险参保率和基础养老金发放率均达95%以上。城乡居民社会养老保险参保104.4万人，参保率达99.8%，基础养老金领取率达100%；被征地农民社会保障覆盖率100%。推进社会保险“同城同步同标”。8月20日，市政府印发《关于区划调整有关市区社保若干问题的处理意见》(扬府发〔2012〕159号)，在确保平稳过渡的前提下，尽快实现市区社会保险征缴政策、待遇水平、基金管理、信息系统、经办管理、行政业务管理等方面的统一，加快推进市区社会保险“同城同步同标”。

发放标准化社会保障卡。12月18日，市政府在友谊路社保服务大厅举行国家标准化社会保障卡首发仪式，新的一项惠民利民工程正式启动。国家标准化的社会保障卡将成为办理社保业务的“通行证”和人力资源社会保障部门的“身份证”，进一步完善人人享有的社会保障体系，实现真正意义上的“一卡多用，一卡通用”，极大方便市民生活。通过政府推动、部门联动，形成合力，全市将建成面向全市城乡居民、标准统一、功能兼容、多领域使用的社保卡管理服务体系，实现“以人为本、记录一生、管理一生、服务一生”的目标。

【教育事业】　2012年，扬州市基础教育事业进一步巩固提高，职业教育和高等教育有新的发展。本年度全市学前三年幼儿入园率达98.5%，比上年提升2个百分点；小学学龄儿童入学率和在校生巩固率保持100%；初中入学率和在校生巩固率达100%；高中阶段毛入学率达100%，比上年提升0.1个百分点；中等职业学校共招收新生2.27万人(含非全日制培训生)，完成省、市招生计划的108.0%；高等教育毛入学率达47.8%，比上年提升1.8个百分点。（杨林山）

【科技事业】　2012年，全社会研发投入超60亿元、占地区生产总值达2.1%，高新技术产业产值达3198.44亿元，企业研发机构达600家，研发人员总量超过2.6万人，技术合同交易额超6亿元，科技进步贡献率超过55%。全市共获江苏省科学技术奖18项，获奖数量全省排名第三，创历史最好成绩。其中：江苏里下河地区农业科学研究所的程顺和院士荣获全省最高科技奖—江苏省科学技术突出贡献奖，江苏牧羊集团有限公司荣获江苏省企业技术创新奖，有16个项目获得江苏省科学技术奖，其中一等奖1项，二等奖7项，三等奖8项。累计组织400多家企业、邀请60多所高校科研院所的300多名科技专家参与产学研活动，签订产学研合作协议564项，建立校企联盟643家。申报江苏省国际科技合作项目23项，获批4项，获拨款80万元，6家企业获批第八批省外资研发机构。全年专利申请总量18996件，同比增长31.4%；发明专利申请4222件，同比增长33.9%；专利授权总量8091件，同比增长51.4%；发明专利授权总量482件，同比增长69.7%。江都区列入国家知识产权强县工程试点县，市经济开发区、化工园区、邗江经济开发区、江都经济开发区4家获批省级知识产权试点园区。大中型企业和高新技术企业研发机构建设取得突破，新增两站三中心(院士工作站、博士后工作站、企业技术中心、工程研究中心、工程技术中心)82家，累计达304家。西安交大扬州科技园建成开园，七二三文化科技园正式落成，东南大学扬州科技园和研究院启动建设，省级高新技术产业开发区实现零的突破。截至2012年底，扬州科技文献公共服务平台的单位用户数达2150家，累计全文文献下载量达366万篇(含行业数据库建设下载量184万篇)，其中企事业单位用户全文文献下载38万篇，比去年上涨22.6%。（张志军）

【文化事业】　公共文化服务方面,组织了2012中国·扬州“烟花三月”国际经贸旅游节、“亲情中华·锦绣江苏”扬州艺术团赴新加坡、马来西亚交流演出、“繁荣法治文化,深化法治建设”江苏省法制双十佳颁奖文艺晚会等一系列有影响、有声势、有水准的文化活动。全市共新建农村村级文化广场300个,获全国示范农家书屋1家、优秀管理员1名。共享工程社区基层点建设加快。建成80个市区城区社区基层服务点,覆盖率达到100%。流动图书馆(车)已在文昌花园和鸿福社区等点开展流动服务。市图书馆直属分馆、琼花观分馆和文昌花园分馆于年内建成开放。“幸福扬州”送演出展览进社区活动在市区全面展开,组织送展览演出进社区30场,组织送戏下乡736场、送电影下乡10109场、送图书下乡10.7万册,举办“扬图讲堂”等公益性文化艺术讲座20场。文化艺术创作方面,创作了扬剧《新亭宴》初稿、扬州清曲《扬州老井》、扬州评话《自清如水自千秋》、《一袋黄豆情》、木偶剧《胡桃夹子》等一系列节目,新创了舞蹈《人与海》、《春之韵》、《爱是阳光》等节目,重排新版经典扬剧《百岁挂帅》并亮相江苏省首届文化艺术节。《琼花仙子》参加首次在中国举办的第二十一届国际木偶艺术节,获得艺术节最高奖项“最佳剧目奖”;曲艺中篇《盛世红伶》参加第七届全国牡丹奖评比获节目奖;《盛世红伶》、《王少堂·教场打擂》和《扬州老井》等分别获得第七届江苏省曲艺节优秀节目奖和优秀创作奖;国画院创作的《祥云》获得“锦绣中原”中国画作品展优秀奖,《四季花语》获得2012吴冠中艺术馆开馆暨全国中国画作品展优秀作品奖;获省优秀广播电视节目奖一等奖的作品14件,一等奖作品数量列全省第四。马伟获得中国曲艺牡丹奖新人奖提名,包伟、马伟、康康获得第七届江苏省曲艺节优秀表演奖,赵松艳、于海、陈中获得表演奖。非遗传承保护方面,开展了第三批市级名录项目申报,全市推荐上报了36个项目。开展了国家级非遗项目中长期规划编制工作,为扬州剪纸、扬州清曲、高邮民歌和漆器髹饰技艺4个项目保护单位制定了2012—2020年项目传承、保护规划。组织扬剧、雕版、剪纸等国家级非遗项目参加央视“中华长歌行”拍摄活动。组织了省级杰出传承人和优秀传承单位申报,我市雕版印刷传承人陈义时和扬剧传承人李政成被命名为省级杰出传承人。整理出版了曲艺传统书目《珍珠塔》,编辑出版了《扬州艺术丛书》第二辑。　(蒋学亮)

【卫生事业】　全市卫生事业加快发展、服务能力和水平显著提升。全市卫生系统争取国家和省扩大内需投入5145万元,各级医疗卫生机构增加投入20240万元,新扩建医疗用房面积8.93万平方米,新增加100万元以上诊疗设备57台,固定资产总数达57.4亿元,卫生技术人员增加2.82%,床位增加4.7%,全市累计建成部级临床重点专科1个、省级重点专科15个,市级医学临床重点专科90个,市中医院肿瘤专科建成国家中医药局重点专科。获省、市科技进步奖107项,建成省级重点专科12个,获国家级自然科学基金立项9项、省部级立项8项、厅市级科研立项19项,省、市级科技进步奖24项,新技术引进奖省级4项、市级46项。培训基层卫生人员17800余人次,97.1%的基层医疗卫生机构建设达标准化要求,城乡社区卫生服务体系基本健全、功能逐步完善,全市“15分钟健康服务圈”基本建成。卫生惠民举措不断推进,开展专家“进社区、到乡镇”活动,近1000名城市医院专家到社区、到乡镇坐诊、帮扶,确保每个乡镇卫生院和社区卫生服务中心至少有一名专家帮助工作。全市所有公办基层医疗卫生机构全部实施基本药物零差率销售,全年减少群众医药费用支出近2亿元。卫生改革不断深化。我市蝉联全国无偿献血先进城市,血防工作位于全国前列,“中医中药中国行”在全国获贡献奖,儿童免疫规划工作获全省一等奖。卫生行风建设不断加强。组织开展“群众满意医院”、“三好一满意医院”、“医德医风标兵”评选、政风行风社会评议和“三公开三报告”等活动,实行不当处方院内公示、点评、药品用量动态监测和超常预警等,探索和建立治理医药购销领域商业贿赂的长效机制。深入组织开展以“让细节感动患者”为主题的第25届“白杯赛”活动,从医疗服务细节入手,在医疗质量管理、服务水平、医德风貌、患者满意度等多方面进行“比、赶、赛”,将温馨服务融入到医疗服务的每个环节,“白杯赛”活动被命名为我市文明优质服务品牌。

(周　信)

【体育事业】　群众体育方面,2012年实施了8项体育惠民建设行动,包括体育设施规划建设、健身活动品牌建设、健身组织建设、健身器材配送、城市社区“10分钟健身圈”建设、体质监测服务建设、科学健身阵地建设、全民健身考核评估等。举办第十四届元旦万人长跑活动、第十一届全民健身体育节以及市民日、全民健身日等活动,承办了江苏省广播操、江苏省运动会健身球比赛、鉴真国际马拉松、假日体育等,组队参加省级以上群体赛事20个项目以上。组织国民体质监测,每个县(市、区)体质测定都达到了3000人标准。市达到《国民体质测试标准》合格率为92%。竞技体育方面,对全市773名运动员进行骨龄拍摄,共有938名运动员注册成功。全市共开设23个训练项目,在训人数1300人,在省级以上训练单位参加集训的优秀运动员40多名。积极备战十八届省运会。我市组队参加省年度各项目比赛,共获得26.5枚金牌、72.5枚奖牌,总分966.5分。成功创建国、省、市高水平体育后备人才基地、俱乐部、单项训练基地、传统项目学校等66所,2012年市体校创成国家高水平体育后备人才基地。承办比赛方面,举办了扬州鉴真国际半程马拉松赛,承办了全国花样游泳冠军赛、NBL全国男子篮球联赛、全国艺术体操锦标赛、中国健身系列公开赛、环高邮湖自行车赛等多项全国以上比赛。除此之外,全市还承办了省青少年棒球赛和垒球赛、省青少年艺术体操比赛、“省长杯”足球赛4项省级比赛,分别由仪征市、广陵区和宝应县承办,进一步强化这些项目在承办地的优势。　(乔志刚)

泰 州 市

【概况】 经济平稳较快增长。全市地区生产总值2701.67亿元,比上年增长12.5%。其中,第一产业增加值191.75亿元,增长4.4%;第二产业增加值1434.53亿元,增长13.1%;第二产业中工业增加值1237.05亿元,增长13.2%;第三产业增加值1075.39亿元,增长13.0%。三次产业结构调整为7.1:53.1:39.8。按常住人口计算,全市人均地区生产总值58378元,增长12.4%,人均地区生产总值按当年汇率折算为9252美元。

转型升级加快推进。服务业发展水平稳步提升。全年实现服务业增加值1082.35亿元,增长13.0%,占GDP比重为40.1%,比上年提高1.1个百分点。高新技术产业较快发展,全年实现高新技术产业产值(新口径)2639.27亿元,增长21.7%,占规模以上工业比重达37.1%,提高2.6个百分点。战略性新兴产业加快发展,全年生物医药、电子信息、新能源等新兴产业实现产值1500.66亿元,增长19.7%,占规模以上工业比重达21.1%;智能电网、新材料、节能环保等新兴产品集群实现产值865.71亿元,增长16.7%,占规模以上工业比重达12.2%。单位产值能耗继续降低。全市规模以上工业万元产值能耗为0.10吨标准煤/万元,下降15.0%。品牌战略加快推进。年末全市拥有中国驰名商标24件,净增9件;拥有省著名商标182件,净增20件。财政收入稳定增长。全市财政总收入627.95亿元,比上年增长0.75%,其中公共财政预算收入23.25亿元,增长7.0%。公共财政预算收入中,税收收入188.95亿元,增长15.1%,税收收入占公共财政预算收入的比重为81.0%,提高5.7个百分点。全市财政总支出499.65亿元,增长5.5%,其中公共财政预算支出294.79亿元,增长16.8%。全市各级用于保障和改善民生的支出达200.70亿元,增长19.3%;民生支出占财政支出的比重达68.1%,提高1.5个百分点。

物价水平总体趋稳。市区居民消费价格指数累计上涨1.7%,其中服务项目价格指数上涨1.0%、消费品价格指数上涨2.0%。八大类商品和服务价格六升二降,食品类、烟酒及用品类、衣着类、家庭设备用品及维修服务类、医疗保健和个人用品类、居住类分别增长3.1%、2.6%、4.4%、1.2%、0.7%和2.0%,交通通讯类、娱乐教育文化用品及服务类分别下降1.4%和1.1%。工业生产者购进价格指数累计下跌3.9%,工业产品出厂价格指数累计下跌3.5%,涨幅分别比上年回落11.7个、9.7个百分点。

就业形势基本稳定。实行积极的就业政策,进一步加大就业促进力度,实施省完善就业服务体系试点示范项目,多形式促进充分就业,积极推进城乡统筹就业,着力解决困难群众就业问题。当年新增城镇就业9.14万人、农村劳动力转移3.28万人,城镇登记失业率2.4%。鼓励支持民众创业,新增创业人员8.01万人,带动就业17.32万人,我市被表彰为全国创业先进城市。

国民经济和社会发展中存在的主要问题是:经济回升势头尚未根本确立,部分行业、企业经营难度加大,外贸和消费等增长乏力;经济结构性矛盾依然突出,优质高端项目招引和推进难度加大,区域发展存在不平衡性;财政减收增支矛盾突出,城乡居民收入持续较快增长难度加大,民生工作与群众期待相比还有不小差距。

【工业和建筑业】 工业生产缓中趋稳。全市规模以上工业总产值7107.39亿元,比上年增长19.8%。分轻重工业看,轻工业1758.65亿元,增长17.2%;重工业5348.74亿元,增长20.7%。分经济类型看,国有、集体、股份制、外商和港澳台投资企业分别完成产值271.40亿元、175.29亿元、4202.65亿元、1870.41亿元,分别增长23.1%、3.4%、26.0%、8.4%。分企业规模看,大型、中型、小型企业分别完成产值1983.02亿元、110.36亿元、3996.25亿元,分别增长9.9%、24.4%、24.2%。分主要行业看,食品饮料行业完成产值461.25亿元,增长27.5%;纺织服装皮革行业完成产值330.78亿元,增长13.1%;石油化工行业完成产值1042.20亿元,增长17.9%;医药行业完成产值487.76亿元,增长18.3%;金属冶炼加工行业完成产值115.80亿元,增长15.8%;设备制造行业完成产值1663.97亿元,增长18.4%;电子设备及电气机械制造行业完成产值1459.74亿元,增长28.9%。

工业效益明显改善。全市规模以上工业实现主营业务收入6824.60亿元、利税858.14亿元、利润519.94亿元,分别增长19.1%、23.5%和21.4%,工业经济综合效益指数位居全省第一。生物医药、电子信息、新能源等新兴产业效益显著改善,分别实现利税、利润139.32亿元、81.43亿元,分别增长32.0%、39.0%。

中小企业发展势头良好。规模以上中小企业工业总产值5124.37亿元,比上年增长24.2%;主营业务收入4917.46亿元,增长23.7%;利税总额603.09亿元,增长40.6%;利润总额350.28亿元,增长45.7%。产值、销售、利税、利润增幅分别高于规模以上工业4.4个、4.6个、17.1个、24.3个百分点。民营企业发展步伐加快。当年新增私营企业7508家、个体工商户25213个,净增私营个体经济注册资本355.23亿元。规模以上民营工业企业实现产值4811.73亿元,增长25.2%;其中私营企业实现产值2637.51亿元,增长30.7%。

建筑业蓬勃发展。年末全市具有资质的建筑业企业736家;建筑业总产值1751.15亿元,比上年增长21.7%;房屋施工面积18892.58万平方米,增长9.7%;全市建筑业增加值197.48亿元,增长12.2%。

【农林牧渔业】 农业生产稳定增长。粮食产量实现九连增。全市粮食播种面积43.89万公顷,比上年增长0.7%;粮食总产量323.8万吨,增长0.8%;其中,夏粮117.01万吨,下降2.8%;秋粮206.76万吨,增长2.9%;粮食单产继续居全省第一位,粮食亩产491.7千克,增长0.1%。油料播种面积4.4万公顷,下降2.4%;油料总产11.63万吨,增长8.5%;油料亩产176.33千克,增长11.1%。棉花播种面积1.04万公顷,下降18.1%;棉花总产1.55万吨,增长4.0%;棉花亩产98.9千克,增长27.4%,单产为历史最好水平。

林牧渔业发展稳定。全市新增造林面积6500公顷;猪牛羊禽肉产量25.63万吨,比上年增长4.9%;禽蛋总产量11.65万吨,增长5.53%;牛奶总产量4.23万吨,增长9.6%;水产品总产量35.91万吨,增长4.3%。规模养殖加快发展。年末万头猪场15个,50万羽以上肉禽场8个,10万羽以上蛋禽场6个,千头奶牛场1个。

农业现代化建设加快推进。新增高效设施农业5600公顷、高效设施渔业3060公顷、高标准农田7900公顷,新建三大合作组织850家,农业利用“三资”40亿元,农业综合机械化水平达76%。兴化现代农业产业园区、靖江生祠现代农业示范园区被认定为省级园区,姜堰溱湖河蟹产业园区获批省级农业标准化示范区,靖江、海陵、高港通过省级基本实现水稻种植机械化县(市)验收。

新农村建设深入推进。启动实施“城乡转型215计划”,重点镇村建设完成投入150亿元。认真办好农村新一轮实事,完成3608个村庄环境综合整治,农村饮水安全工程新增受益人口16.9万人,维修农村低压线路2039千米,新建改造农村公路250千米、桥梁160座,疏浚县乡河道593千米。继续实施全面小康村建设“十百千”提升工程,创成达标村、示范村各100个。启动新一轮扶贫开发,组织实施农村脱贫奔小康工程,新增集体经济年收入20万元以上村400个。

【固定资产投资】 固定资产投资较快增长。全市固定资产投资1454.59亿元,比上年增长21.5%。其中,一产投资12.76亿元、二产投资800.80亿元、三产投资641.03亿元,分别增长93.3%、26.4%和15.0%;在二产投资中,工业投资792.37亿元,增长26.7%,工业投资增幅居全省第二位。项目投资中,民间投资900.69亿元,增长21.9%,占项目投资比重达73.8%。工业投资中,高新技术产业投资127.51亿元,增长42.4%,高新技术产业投资占工业投资的16.1%,比上年提高1.8个百分点。全年1亿元以上新开工项目136个,比上年增加28个;计划总投资489.68亿元,增长53.2%;当年完成投资270.46亿元,增长40.9%。

城乡基础设施建设成效明显。宁启铁路复线电气化改造稳步推进,泰镇高速泰州段获批,阜兴泰高速泰州段立项,引江河二期工程开工建设,卤汀河拓浚、泰东河整治和中小河流治理等工程实施进度加快,电力、邮政、通信等基础设施建设有力推进。中心城市功能和形象进一步提升。调整完善市区城建体制,加快十大重点工程建设,市区城建投入190亿元。积极实施“畅通工程”,推进城区路网贯通,迎春路东延、凤凰西路西延、育才路等建成通车。市博物馆、图书馆新馆、美术馆、规划展示馆建成开放,市档案馆建成国家二级档案馆,稻河古街区、海军文化公园建设完成序时进度,泰州师专新校区暨高教园区中心共享区、金融服务区、三水湾二期等工程启动建设。

房地产开发稳步发展。全市房地产开发投资234.48亿元,比上年增长2.7%;其中住宅投资157.33亿元,下降9.6%。房屋施工面积1835.33万平方米,增长11.9%,其中住宅施工面积1384.53万平方米,增长8.6%。商品房销售面积326.68万平方米,下降30.2%,其中住宅销售面积278.48万平方米,下降28.2%;商品房销售额199.64亿元,下降32.3%,其中住宅销售额157.40亿元,下降27.9%。

【国内贸易】 消费品市场稳步增长。全市社会消费品零售总额737.57亿元,比上年增长14.3%。按所在地分,城镇消费品零售额663.78亿元,增长14.5%;乡村消费品零售额73.82亿元,增长13.0%。按行业分,批发和零售业零售额633.73亿元,增长14.5%;住宿和餐饮业零售额103.87亿元,增长13.3%。限额以上企业(单位)消费品零售额241.81亿元,增长11.6%;其中,商品零售额221.77亿元,增长11.6%。

消费热点有所变化。在商品零售中,生活必需品增长平稳,食品饮料烟酒、服装鞋帽针纺织品、日用品分别增长9.8%、12.9%、10.2%;文化娱乐消费增长低缓,书报杂志、通讯器材、文化办公用品、家用电器和音像器材类商品分别增长1.2%、2.0%、-15.3%、-11.9%;除汽车类商品零售额增长24.5%外,其他部分耐用消费品增长平缓,石油及制品类、金银珠宝类分别增长8.5%、10.4%。

消费品市场规模稳步提高。年末全市1亿元以上商品交易市场26个,比上年净增2个;市场摊位总量、营业面积分别为20752个和188.7万平方米,比上年分别增长19.7%和33.7%。全市实现商品交易总额、消费品零售总额和业主交纳税金总额分别为279.26亿元、119.12亿元和1.01亿元,分别增长7.7%、40.5%和21.4%。全市156家限上零售企业中,有48家的销售额超过1亿元,其中,泰州第一百货商店股份有限公司稳居榜首,并成为泰州市有史以来第一家商品零售额突破10亿元的零售企业,全年零售额达10.99亿元。

【对外贸易】 对外贸易增速放缓。全市进出口总额103.70亿美元,比上年下降6.5%;出口69.47亿美元,下降7.1%;进口34.23亿美元,下降5.2%。出口按贸易方式分,一般贸易出口35.13亿美元,增长7.8%;加工贸易出口33.77亿美元,下降19.6%。出口按企业性质分,外商投资企业出口47.57亿美元,下降11.0%;私营企业出口20.09亿美元,增长20.2%。出口按商品类别分,机电产品出口40.09亿美元,下降16.2%,其中车辆航空器船舶及运输设备出口22.18亿元,下降25.8%。出口按国别地区分,对亚洲出口31.0亿美元,增长18.2%,其中对东盟组织出口9.06亿美元,增长39.7%;对欧洲出口16.61亿美元,下降26.0%。其中对欧盟组织出口15.46亿美元,下降23.0%;对美国出口8.44亿美元,增长18.2%。

开放型经济稳步提高。全年注册协议外资40.14亿美元,下降15.8%;实际利用外资14.50亿美元,增长2.3%。加强优质高端项目招引实施。新批总投资1000万美元以上项目129个,新引进世界500强企业2家,央企项目计划投资额850亿元。企业“走出去”步伐加快,支持重点企业开展境外资本运营,开辟国际化经营新空间。全年新签劳务承包合同额5.84亿美元,下降23.8%;完成外经营业额7.55亿美元,增长10.9%。

【交通、邮电和旅游】 交通运输能力进一步提高。全年公路客运量9470万人次,公路货运量4533万吨,分别增长5.7%和

8.5%;水路货运量1242万吨,增长16.8%。港口货物吞吐量1.56亿吨,下降1.3%;其中泰州港区吞吐量1.32亿吨,增长11.0%。年末民用汽车拥有量34.09万辆,增长21.4%;其中私人汽车拥有量27.43万辆,增长24.8%。城市居民公共交通出行分担率16.0%、镇村公共交通开通率46.9%,分别比上年提高0.4个和5.2个百分点。

邮电通讯能力进一步增强。全年邮电业务收入40.37亿元,比上年增长9.2%;年末移动电话用户406.81万户,增长10.2%;互联网宽带接入用户(电信用户)49.21万户,增长14.0%。

旅游业发展取得新进展。年末国家A级以上景点19个,其中,AAAA级景点2个,AAAAA级景点1个;全国工农业旅游示范点6个,国家红色旅游经典景区2个,江苏省星级乡村旅游点18个。全市旅行社110个,持有导游员资格证书的人员1517人,旅游星级饭店30个,其中三星级18个、四星级6个、五星级1个。全年接待国内外旅客1467.17万人次,旅游总收入170.81亿元,分别增长14.2%和17.3%。其中,接待境外人员10.13万人次,旅游外汇收入10855万美元,分别增长10.6%和15.0%。

【金融、保险和证券】 金融市场平稳运行。年末金融机构本外币各项存款余额3076.17亿元,比年初增加443.62亿元,增长16.8%。其中,单位存款1456.25亿元,比年初增加177.96亿元;个人储蓄存款1566.82亿元,比年初增加245.88亿元。本外币各项贷款余额2080.66亿元,比年初增加276.21亿元,增长15.3%。其中,短期贷款129.65亿元,比年初增加194.97亿元;中长期贷款758.89亿元,比年初增加45.03亿元。

保险事业稳步发展。全年保险业务收入69.88亿元,比上年下降3.1%;其中人寿保险收入51.74亿元,下降8.3%。保险业务支出18.34亿元,增长8.2%;其中人寿保险支出9.38亿元,增长2.4%。

证券市场交投趋于理性。全年全市证券交易额1464.02亿元,比上年下降10.8%。其中,股票交易额1152.14亿元,下降25.5%;基金交易额52.76亿元,增长99.8%;债券交易额33.13亿元,增长3.2倍。全市期货交易额939.20亿元,下降9.5%。

【教育和科学技术】 教育事业协调发展。年内兴化市顺利通过省教育现代化创建先进市(区)验收,标志着全市基本实现教育现代化。学前教育五年行动计划深入实施,学前教育毛入学率为96.0%。义务教育优质均衡发展不断加快,义务教育巩固率为99.8%,初中毕业生升学率为98.6%。高中教育质量稳步提升,高考本科录取率为50.3%,为全国高校输送了18617名本科新生。靖江市创成省职业教育创新发展实验区,泰州师专专升本工作接受教育部专家组现场考察,3所独立学院获得学士学位授予权。

科技事业稳步提高。全市新增省级院士工作站1个、省级工程技术研究中心9家、外资研发机构6家,重大科技成果转化资金项目8项,新建产学研联合体126个。全市引进高层次人才1230名,其中海外高层次人才262名,新增高技能人才2.31万人。全市共申请专利24177件,增长60.1%,其中发明专利申请达4694件,增长77.0%;专利授权8414件,增长50.1%,其中发明专利授权351件,增长37.1%。

高新技术产业化步伐加快。全市获批国家高新技术企业73家(公示中)、国家重点新产品9项、省高新技术产品326项,实施国家火炬计划40项、国家星火计划29项。

【文化、卫生和体育】 文化事业蓬勃发展。制定实施《文化名城建设行动计划》,加强历史文化资源保护,加快文化产业发展。文化创意产业综合体项目开工建设,3家企业获批国家文化重点出口企业,新增4个全国重点文物保护单位,望海楼入选中国历史文化名楼,溱潼镇获"中国民间文化艺术之乡"称号。不断完善城乡公共文化服务体系,推进各类公共文化设施免费向市民开放。年末全市公共图书馆总藏量5551千册,有线电视综合入户率81.3%,拥有公共文化设施面积43.99万平方米,公共文化服务设施网络覆盖率96.36%。成功举办水城水乡国际旅游节、梅兰芳艺术节、全国少儿曲艺大赛等重大文化活动。

卫生事业加快发展。年末共有各类卫生机构2016家,其中医院46家、卫生院124家;各类卫生机构拥有病床18326张,其中医院11455张、卫生院5528张;共有卫生技术人员21046人,其中执业(助理)医师9457人,注册护士7167人。强化医疗卫生服务,基本公共卫生服务范围扩大到10大类41项,对实施基本药物制度的基层医疗卫生机构补助资金1.81亿元。全市5岁以下儿童死亡率3.81‰,婴儿死亡率2.92‰,产妇住院分娩比例100%,新型农村合作医疗人口覆盖率100%。

体育事业持续发展。市体育公园建设项目奠基,成功举办市第四届运动会,承办中国男子排球联赛、省第七届农运会等重要赛事。泰州市输送的击剑运动员朱敏在伦敦奥运会上获得女子佩剑个人第七,侯逸凡获得国际棋联奥林匹克团体赛亚军,10人次在全国一类赛上获得冠军,参加省比赛获得金牌25枚。全民健身运动深入开展,城市社区"10分钟体育健身圈"建设"提档升级",年末拥有社会体育指导员9029名,体育单项协会30个。体育产业跃上新台阶,体彩销售总量同比增长21.5%。

【人口、人民生活和社会保障】 人口平稳增长。年末全市家庭总户数170.21万户,户籍总人口506.35万人,其中市区(不含姜堰区)83.26万人,女性247.70万人,性别比104.42。当年新出生人口4.78万人,人口出生率9.44‰;死亡人口6.10万人,人口死亡率9.89‰;人口自然增长率-0.45‰。年末全市常住人口462.98万人,其中市区(不含姜堰区)88.48万人。城镇化水平进一步提高。年末常住人口城镇化率为57.9%,比上年提高1.1个百分点。

居民生活持续改善。全市城镇居民人均可支配收入26574元,农村居民人均纯收入12493元,分别增长12.6%和13.1%,剔除价格因素,实际分别增长10.7%和11.2%。城镇居民、农村居民人均生活消费支出分别为16499元和8990元,分别增长14.5%和11.7%。城乡居民恩格尔系数分别为35.9%、33.0%。

保障水平不断提高。推进社会保障全覆盖,五大保险净增参保13.5万人,城乡基本养老、基本医疗保险覆盖率分别达

98.53%、99.19%,失业保险覆盖率为97.22%。全市职工医保、居民医保最高支付限额分别达30万元和20万元,报销比例平均达80%和70%以上。城乡低保户数分别为11700户、61912户,低保人数分别为19461人、93067人,市区及靖江市城乡低保标准均为400元,兴化市、靖江市、姜堰市城乡低保标准分别为400元、270元。加快保障性住房建设,当年新建各类保障性住房18765套(间)。

【安全生产和民主法制】 安全生产形势保持稳定。深入开展隐患排查治理和"打非治违"专项行动,全年工矿商贸(含建筑)安全事故27件、死亡30人,分别比上年增加2件、减少7人;交通事故1135件、死亡342人,分别比上年增加2件、减少12人;火灾事故201起、死亡1人,分别比上年减少3件、减少2人。全市亿元GDP生产安全事故死亡0.14人,比上年下降12.5%。

民主法制建设不断增强。全面实施社会稳定风险评估,深入开展"三解三促""四项排查"、党政领导干部接访下访活动,泰州市获"全省社会管理综合治理先进市"称号。全市基尼系数0.34,党风廉政建设满意度77.7%;法治建设满意度88.7%,公众安全感96.3%,比上年分别提高1.9个和1.1个百分点。加强基层基础建设,推进基层社会管理和服务体系建设。全市城市和农村和谐社区建设达标率分别达64.3%、62.1%。

【资源与环境】 生态建设成效明显。国家环保模范城市通过复核。新增国家生态乡镇14个、省级生态乡镇21个,姜堰、海陵分别通过省级生态市(区)考核验收和技术评估。强力推进节能减排,单位地区生产总值能耗降幅全省领先,化学需氧量、氨氮、二氧化硫排放量削减达到序时进度。环境基础设施建设加强。城区水生态环境控制工程竣工,城南第一污水处理厂改扩建建成运营,垃圾焚烧发电厂开工建设。

环境质量持续改善。深入开展园林绿化工作,全市林木覆盖率20.7%。市区年平均气温15.7℃,平均降水量979.4毫米,日照时数1855小时。市区空气质量优良天数比例为90.2%。全市地表水好于Ⅲ类水质比例为75%。

(统计局)

盐城市

国民经济

【工业经济】 工业经济较快增长。全年完成定报工业增加值1354亿元,增长17.3%;开票销售2771亿元,增长8.9%。增加值、开票销售两项指标增幅均居全省第二,增幅排名为近十年新高。工业投资在登上千亿台阶后继续保持较快增长,全年完成工业投资1237.4亿元,同比增长20.6%。工业投资占固定资产投资比重64%,居全省第一。全年完成固定资产设备投资抵扣税21.35亿元,抵扣税规模苏北排名第一。转型升级步伐加快。24个特色产业全年开票销售1700亿元,同比增长25.9%。新增百亿级产业集群2家,累计达6家。大企业培植成效明显,东风悦达起亚产销汽车48万辆,累计突破200万辆。万元GDP能耗前三季度同比下降4.5%,预计能够完成省下达的年度目标任务。创新融合成效明显。国家级企业技术中心实现新突破,新创省级企业技术中心16家,为历年最多。"起亚"等4件商标荣获中国驰名商标称号,盐都、响水实现中国驰名商标零的突破。新创管理创新优秀企业和示范企业17家,省两化融合示范(试验)区3个、示范(试验)企业31家,农村信息化应用示范基地4个,信息基础设施建设任务全面完成。民营经济活力增强。新发展私营企业3.1万户,个体工商户18万户,民营经济主要指标增速保持全省领先。

【重点行业】 年内,汽车行业持续拉动。全年东风悦达起亚公司按照48万台年度产销目标和淡旺季安排生产序时,全年产销进度有条不紊,推出的新车型K3较好地把握了市场需求和细分定位,月均销售破万台,成为继K2之后公司月销量万台以上的第二款车型。全年共生产汽车48.86万台,销售48.06台,8000台的库存主要用于应对春节消费热潮。年公司实现开票销售458.48亿元,同比增长9.87%,高出全市面上1个百分点,实现国税收入49.3亿元,同比增长4.93%,高出全市面上3.57个百分点。在悦达起亚公司的直接带动下,汽车行业共实现销售761.53亿元,占全市的27.48%,拉动全市增长2个百分点,在前几年的高基数和今年宏观经济压力较大的情况下,汽车行业保持稳定的产出,有力地支撑了全市工业的发展。机械装备制造业基本稳定。行业全年实现销售585.4亿元,同比增长7.6%,在全市占比仅次于汽车行业,尽管全年市场需求处于弱势行情,但行业总体产销平稳。通用设备制造业、专用设备制造业、运输设备制造业同比增长均在6%左右,主要原因在于外需不畅和无重大新增项目,增长部分基本上来源于自然增长和内需拉动。通信和电子设备制造业有较大突破,行业销售同比增长42.48%,主要得益于近年来吸收苏南一批产业转移项目,金属制品业在磊达钢帘线等重大项目的支撑下增长了25.31%。风电、光伏产业的销售在2011年低谷的基础继续下滑7.42%,产业仍无回暖迹象。纺织行业低谷持平。全年,皮棉吨价基本稳定在1.9万元上下,较上年最高3.2万元的吨价下跌了40.63%,导致行业的市场整年都处于低谷。1~12月行业累计同比增长1.19%,为上年首次月累计同比正增长,较年初的-16.45%的增幅回升了17.64%,增幅回升主要取决于上年基数的下降和大企业较强的抗风险实力。澳洋集团采取多种措施压降成本,坚持满负荷生产,三峡纺织积极向国家部委争取了5000吨进口棉配额,双山集团产品多元化、悦达纺织质量高端化,重点企业2012年的平稳产销,为2013年行业的复苏奠定了坚实的基础。化工行业价降销稳。虽然全球经济不景气导致非必需品的消费呈下降趋势,但食品、衣着类等必需品消费仍需要烧碱、己二酸、环氧氯丙烷等做为生产原料,而盐城市化工企业以基础性前套产品为主,在下降销售价格后可争取到一定的市场份额,大和氯碱、吉华化工等重点企业销售较2011年均基本持平,石化类的裕廊化工则下降24.11%。受病虫害影响需求拉动,农药企业增长稳定,联化科技、辉丰农化、剑牌集团等企业销售增速较快。建材行业全年保运转。国家对房地产市场持续调控,抑制了建材行业的市场需求,2012年行业开票销售同比下降3.32%,为全市9个行业大类中唯一一个负增长行业,下半年虽然国家释放了加强基础设施建设的政策信号,但未像2009年时配套资金,行业仅略有好转。冶金行业一企独秀。在胜丰钢铁、上矽电工、正祥金属等粗钢加工、建材用钢、不锈钢冶炼企业受大环境影响,均出现负增长的情况下,德龙镍业全年销售21.26亿元,同比增长767.92%,冶金行业在全市占比由2011年的3.3%提高到4.6%。食品行业高速增长。在益海粮油、中粮集团、红蜻蜓油脂等龙头垄断性企业进驻的情况下,促进行业同比增长25.08%,盐城正逐步成为长三角农副产品生产供应基地。三是沿海工业快速发展、产业布局拉开框架。县域产业结构进一步完善。2012年盐城市重工业增加值增速为17.7%,轻工业17.1%,仅相差0.6%,工业经济的质量明显提升。这主要得益于,江苏沿海开发区上升为国家战略后,盐城市合理规划,逐步形成了沿海地区临港产业、大市区环保和生产性服务业、内陆地区资源节约型产业、南部地区率先承接苏南转移产业的格局。全市产业呈现出重型企业领头、市区企业绿色节能、特色产业蓬勃发展、信息化产业快速启动的局面。沿海地区在全市工业经济中的比重正不断扩大,大丰港经济区已汇聚了博汇纸业、联鑫钢铁、中电大丰等一批行业龙头企业,伴随三鼎石化等重点签约进驻,国家一类口岸的区位优势和承载优势进一步凸显。随着江苏唯一染整园落户射阳,沙印集团、吴江染整园的相继投产见效,射阳已初步形成棉纺、染整、织造、纤维、服装的较完整纺织产业链,正不断吸引着相关产业链企业来园区投资。德龙镍业计划新上压延项目,形成不锈钢产业链,加之新上的华拓合金、国华陈家港电厂、裕廊化工重油裂解项目等一批大型项目在响水沿海产业园不断裂变式发展,为工业经济的增长提供了较为充足的后劲。东台主动承接了友新光电、生辉电子等电子信息产业项目,在产业结构中提供了新的增长极。响水、射阳、大丰、东台4个沿海县(市)全年开票销售分别增长31.7%、21.7%、18.9%、12.6%,较全市面上分别高出22.8、12.9、10和3.8个百分点。内陆地区和大市区保持健康的运行质态,市开发区的汽车产业已成为盐城市的城市名片,亭湖的环保产业支撑了结构的优化,盐都的涂装产业正向生产性服务业发展环节延伸,阜宁、市开发区、城南、盐都4个县(区)全年规上工业国税分别增长10.9%、10%、8.5%、1.5%,高出全市面上9.6、8.6、7.2、0.2个百分点。

【技术改造】 全年完成工业技改投资717.69亿元,占工业投资的比重58%,比上年度提高6个百分点,同比增长22%。全市列入“千百十”工程企业,共计实施千万元以上重点技改项目530项,全年完成投资435亿元,累计新开工项目478项、竣工380项,均完成年度目标计划;其中悦达起亚YDC新车型、摩比斯汽车零部件车灯二厂及安全气囊、德龙镍业镍铁合金二期、射阳港电厂三期等重大技改项目当年竣工投产,江淮农机装备、盐电阀门特种球阀、双山集团新型涤锦复合紧密纺纱等技改项目进展顺利。三百工程有序推进。全年新开工亿元以上工业项目210项,竣工亿元以上项目205项,其中亿元以上项目148项,5000万元-1亿元高科技、成长型项目57项;新增储备5亿元以上项目150项,累计在手5亿元以上储备项目400项,均超额完成全年目标。投资25亿元的海力化工、投资6亿元的宏泰纤维、投资5亿元的台玻悦达太阳能镜板等重大项目竣工投产。投资10亿美元的悦达起亚第三工厂、投资50亿元的三鼎石化一期、投资10亿元的碧海石油、马佐里纺机等重大项目顺利开工建设。重点大企业(集团)培育工作取得新进展。2012年全市重点培育的30户大企业(集团)实现销售773.21亿元,占全市的27.9%,同比增长9.53%,较定报企业面上高出4.93个百分点,增长面为66.67%,高出全市面上25.27个百分点,在建技改项目71项,累计投资146亿元。大企业(集团)培育规划正式启动实施3个多月,已经形成较好的开端,大企业彰显骨干支撑作用。

【工业投资】 2012年,针对工业投资“稳增长、保目标”压力持续加大的不利形势,工业投资条线坚持围绕工作职责,服务发展大局,开拓创新、锐意进取,全市工业投资和项目推进保持平稳较好的势头,“三百工程”建设圆满完成任务,技术改造势头良好,投资要素协调有力,政策扶持成效显现,有效投资逐步扩大,为全市工业经济实现快增与快转做出了积极贡献。年内,全市完成工业投资1237.4亿元,同比增长20.6%;投资总量排名苏北第二、全省第七,投资增幅居全省第九、苏北第五,与徐州市工业投资增幅基本持平。工业投资占固定资产投资的比重64%,居全省第一。全市完成固定资产设备投资抵扣税21.35亿元,同比增长6.17%,抵扣税规模居全省第六、苏北排名第一,超过了淮安与连云港抵扣税总和,比徐州高出27.3%;抵扣税增幅较全省高11.8个百分点,排名全省第五、苏北第三,为全省仅有5个抵扣税正增长的地级市之一,印证了盐城市工业投资的质量和位次。

从县区分布来看,市开发区完成工业投资92.4亿元,同比增长20.9%,城南新区完成工业投资7.8亿元,同比增长20.7%,亭湖区完成工业投资90.2亿元,同比增长20.3%,盐都区完成工业投资125.1亿元,同比增长20.3%,响水县完成工业投资116亿元,同比增长20%,滨海县完成工业投资121.6亿元,同比增长20%,阜宁县完成工业投资117.7亿元,同比增长20.3%,射阳县完成工业投资116亿元,同比增长20.1%,建湖县完成工业投资128.8亿元,同比增长21.1%,东台市完成工业投资178.6亿元,同比增长20.6%,大丰市完成工业投资143.2亿元,同比增长21.4%。

【工业技术改造】 全年完成工业技改投资717.69亿元,占工业投资的比重58%,比上年度提高6个百分点,同比增长22%。全市列入“千百十”工程企业,共计实施千万元以上重点技改项目530项,全年完成投资435亿元,累计新开工项目478项、竣工380项,均完成年度目标计划;其中悦达起亚YDC新车型、摩比斯汽车零部件车灯二厂及安全气囊、德龙镍业镍铁合金二期、射阳港电厂三期等重大技改项目建设当年竣工投产,江淮农机装备、盐电阀门特种球阀、双山集团新型涤锦复合紧密纺纱等项目进展顺利。

【企业技术中心建设】 2012年,始终把推动企业技术中心建设作为推动企业科技创新体系建设、提高企业自主创新主体地位的重要抓手和突破口,加大在全市规模以上工业企业培育建设技术中心的力度。争创国家级、省级、市级企业技术中心。帮助扶持盐城豪迈照明科技有限公司成功创建国家级技术中心,已获得国家发改委等五部门批准,成为盐城市第二家国家级企业技术中心。加强个性化指导和服务,培育促进相关企业争创省级技术中心,组织江苏宇达电站阀门有限公司等26家企业申报省级企业技术中心,有16家企业获得批准,开展市级企业技术中心申报评审认定工作,共新创建市级企业技术中心62家。全面启动创建国家级、省级、市级企业技术中心培育计划,在千家升级企业中选择具备一定基础条件的企业,组织编制《十家企业创建国家级企业技术中心培育计划》、《百家企业创建省级企业技术中心培育计划》、《三百家企业创建市级企业技术中心培育计划》,排出上述3个培育计划的具体培育企业名单、创建时间表和培育要求。狠抓企业技术中心创新能力建设。

·农业和农村经济·

【概况】 2012年,全市认真贯彻落实"三农"工作的决策部署,不断强化组织领导,大力发展现代高效农业,继续深化农村各项改革,深入推进城乡统筹发展,全市呈现出粮食持续增产、农业持续增效、农民持续增收、农村持续发展的良好势头。现代农业有了新发展。扎实推进农业现代化工程,组织实施生产基地、加工流通、基础设施、支持保障四大类100个重点项目,已完成投资近100亿元。全市已建成2个国家级现代农业示范区以及国家级台湾农民创业园区,新认定省级现代农业产业园区2个,总数已达10个,居全省第一。新增高效农业面积5.07万公顷,总面积达45.07公顷,高效农业增量、总量继续保持全省第一,新增设施农业9840公顷,设施农业增量跃居全省第一。水产、生猪、蔬菜和家禽业总量均超200亿元,新增造林折实面积2.12万公顷,林木覆盖率24.5%,达到省定小康标准。全市粮食总产量672.7万吨,比上年增长1.7%,实现了历史性的"九连增"。盐城市获得全国首批粮食生产先进市称号。农业产业化水平稳步提升,新办亿元以上农产品加工流通项目11个,新增省级农业龙头企业15个,省以上优秀示范合作社28个。农民收入有了新台阶。全面推进"十项富民行动",农民收入稳步增长,人均纯收入达11898元,比上年增长13.2%,实现"九连快"。农民收入结构不断优化,二、三产业的收入比重进一步提高,非农收入占比达62.6%,同比提高2.6个百分点。全市16万"一有三缺"(有劳动能力,缺资金、缺技术、缺项目)低收入农户实现脱贫,圆满完成省下达的目标任务。农村生产生活条件有了新改善。强化农田水利建设和农业综合开发,疏浚整治县乡河道512条,新建高标准农田4.33公顷,有效灌溉和旱涝保收面积分别占耕地面积的94.9%和74.8%。全市村通公路基本实现全覆盖,行政村客运班车通达率达98%,区域供水工程已覆盖95个镇。城乡统筹步伐加快,36个试点镇村共实施139个重点民生和基础设施项目,涌现出一批各具特色的新镇区、新社区、新村庄。农村环境综合整治取得阶段性成效,新增星级以上康居乡村1143个,环境整洁村庄2470个,东台市梁垛镇临塔村获得"江苏最美乡村"称号。农村组织保障能力有了新提升。在加强县(市、区)"三农"工作领导力量基础上,明确镇党政主要负责人亲自抓"三农"工作,形成上下联动、齐抓共管的良好局面。加大市、县财政支农力度,全市共落实各级财政支持"三农"项目资金80多亿元。出台全市镇域发展分类考核意见,实行差别化考核,提高"三农"工作在全市绩效考核中的权重,充分发挥考核导向作用,调动了各层各级抓"三农"工作的积极性。

【农村改革】 年内,全市围绕提高农民组织化程度、解决土地、资金等要素瓶颈制约,积极引导发展农专业合作组织、农村土地股份合作以及农民资金互助合作。积极发展农民专业合作。坚持多主体领办、多产业覆盖,农民专业合作组织发展数量快速增长,全市新发展农民专业合作社1187个,农民专业合作组织总数达6926个,登记成员数达170.7万户,占乡村总户数的92.9%。加快推进土地股份合作。全市累计组建农村土地股份合作社1357个,入股面积达4.91公顷,入股农户181283户。全市农村土地流转总面积达32.07万公顷,占承包总面积的61.07%。稳步推进农民资金互助合作。全市农民资金互助合作社试点已发展到138家,覆盖90%的乡镇,共吸收20万农户入社,吸纳社员股金及互助金24.42亿元,入社农户借款余额21亿元。试点以来累计为入社农户融资150多亿元,实际引导农民增加"三农"投入300多亿元。扎实推进政策性农业保险。2012年政策性农业保险保费总额达到3.2亿元。

【农业现代化工程】 2012年,全市确立"苏北领先,全省争先"的目标定位,以推进农业现代化工程为总抓手,以现代装备为基础、现代科技为支撑、现代经营为特征,开展高产高效创建、农业科技促进年、现代农业产业园区提升、农产品质量品牌创建、现代为农服务业突破年"五项活动",提升农业综合效益,促进粮食稳定发展、农业持续增效、农民持续增收,掀起了全面建设农业现代化的热潮。

【高效农业规模】 年内,新增高效农业面积5.07万公顷,设施农业面积9840公顷,高效农业、设施农业累计面积分别达到45.07万公顷、10.47万公顷。阜宁、射阳、盐都、东台、大丰5个县(市、区)被省政府表彰为现代高效农业工作先进集体。深入实施"百千万"设施农业工程,加快推进村有百亩框、镇有千亩片、县有万亩区的,全市全年新建万亩连片设施农业基地9个,千亩连片设施农业基地71个,年纯收益百万元以上养殖场69个,95%以上的农业村都有百亩以上设施农业基地,实现高效设施农业遍地开花。

【万元高效农业面积】 年内,坚持因地制宜,围绕挖掘传统种养潜力,充分发挥麦田、棉田、稻田、桑田和林地资源丰富的优势,积极探索、总结和推广麦田、棉田、桑田套种以及稻田养殖、林下种养等各类立体高效种养模式,大力推广"稻菜轮作"、"二茬蒜套玉米"、"瓜菜轮作"等亩均效益超万元的科学种植模式,进一步挖掘了全市大宗作物的增效潜力。至年底,建成亩产值万元的高效种植业5.65万公顷,万元高效林桑果业1.42万公顷、万元高效渔业2.39万公顷,新增规模畜禽养殖场2317个。

【外向农业】 年内,积极克服复杂多变的农业国际贸易环境,狠抓基地建设、境外促销、对外合作和质量提升,7个农产品出口示范基地被认定为省级出口示范基地,参加新加坡食品展、台湾食品展、韩国食品展等,积极巩固和拓展亚洲地区市场,推进外向型农业加快发展。全年农业出口创汇2.01亿美元,比上年略有提高,农业实际到账外资9976万美元,同比增长5.1%。

【农业综合开发】 2012年,盐城市农业综合开发以发展高效农业、促进农民增收为工作目标,坚持规模开发、集约开发、产业开发和科技开发,组织实施国家农业综合开发项目,为全市高效农业发展和农业现代化工程推进做出贡献。年内,完成总投资6.5亿元,其中财政资金4.58亿元,实施土地治理项目2.95万公顷,其中高标准农田示范工程0.93万公顷,一般土地治理项目1.23万公顷,黄河故道开发项目3000公顷,滩涂已围垦区配套项目4867公顷。实施农业产业化经营项目45个,其中财政补助项目14个,财政贷款贴息项目31个。财政投资总额、开发面积、扶持产业化项目总数等三项主要指标均居全省13个省辖市之首。在2012年全省农业资源开发系统目标管理考核中,盐城市被评为优秀等级。

【农业产业化经营,"双百"提升工程】 2012年,下发《关于实施百家农业龙头企业和百家农民专业合作社提升工程的意见》(盐委农[2012]22号),制定了"双百"提升工程的具体实施目标计划,在东台市富安镇专门召开了现场推进会,围绕做大规模、提升层次、增强带动和发挥示范的总体要求,采取"一企一策"和"一社一策",进行重点培植,做大做强做优,带动面上农业产业化龙头企业和农民专业合作社量的发展与质的提升。注重开展银企对接活动,引导市内22家金融单位向龙头企业提供信贷支持。争取省农业产业化经营项目资金2450万元,扶持27个龙头企业技改扩能和盐都、建湖、滨海3个县(区)农产品加工集中区建设。全市农业龙头企业全年实现销售收入1367.24亿元,利润56.72亿元,税收30.26亿元,出口创汇33482万美元,带动农户104.45万户。

【农产品加工集中区建设】 年内,加大对13家市级农产品加工集中区督查指导力度,推进省、市级农产品加工集中区提速升档,全年9个县(市、区)本级农产品加工集中区新增基础设施投入3.47亿元。新开工建设农产品加工企业(项目)18个,已完成投资19.51亿元。全市引进"三资"(工商资金、民间资金、外资资金)126.82亿元,完成年度目标任务127%。新发展规模农业龙头企业69个,总投资90.81亿元,已完成投资45.18亿元。其中,投资超亿元的项目28个。

【农产品加工业转型】 年内,围绕培植10亿元农产品加工特色产业集群,大力培育和发展"双带"(带动产业发展、带动农民致富)型农产品加工龙头企业,努力推进农产品加工业"五个"转型(发展路径转型,产业结构转型,龙头企业布局转型,产品结构转型,营销导向转型),加大对农产品加工业发展工作部署、政策支持、考核奖励和督促检查。全市农产品加工业实现产值1288.05亿元,与农业总产值之比达1.39:1。

【农业机械化】 2012年,全市农机工作以推广先进适用农机化装备和技术为着力点,以提升薄弱环节机械化水平为突破点,以发展新型农机服务组织为主攻点,加快农业机械化进程。全市农机总投入达5.3亿多元,新增大中型拖拉机1483台、联合收割机2804台、水稻插秧机2345标准台、大中型秸秆还田机及旋耕机2531台。全市三麦、水稻机收水平分别达99%、95%;水稻机插面积达16.55万公顷,机械化种植水平达61%,较上年提高8.9个百分点;完成秸秆机械化还田面积477万亩,秸秆机械化还田率达41.9%,较上年增加10个百分点。创省级"平安农机"示范县1个和示范镇7个,盐城市获得国家级"平安农机"示范市称号。

【富民强村工程】 2012年,全市上下认真学习贯彻中央和省有关富民强村的文件规定,从盐城地区工作实际出发,突出"三资四化"(农村集体资金、资产、资源管理制度化、规范化、民主化和信息化)、"四有一责"(有持续稳定的集体收入、有功能齐全的活动阵地、有先进适用的信息网络、有群众拥护的双强带头人,强化村党组织领导责任)、强村富民重点,理清第二批经济薄弱村化债指导路径,落实农业保险强农惠农政策,规范农民资金互助合作组织试点管理,积极探索新形势下推进城乡发展一体化服务新路子,不断提升农经工作业务指导新水平,促进了全市农业增效、农民创业增收、集体经济实力的壮大和农村稳定。

【脱贫攻坚工程】 2012年,按照江苏省苏北工作暨扶贫开发会议以及《江苏省农村扶贫开发"十二五"规划纲要》、《关于加快苏北全面小康建设的意见》的部署要求,紧紧围绕"两个率先"的总体目标,以促进低收入农户增加收入和经济薄弱村加快发展为中心任务,创新扶贫工作机制,着力打造"百、千、万"工程,多措并举,合力推进脱贫奔小康工程。市扶贫办获得全省扶贫系统市级先进集体特等奖。

【城乡统筹发展】 2012年,全市在编制完善城乡统筹规划的基础上,重点抓好36个试点镇村项目建设,扎实推进全市城乡基础设施和民生事业,各项工作取得明显成效,城乡面貌焕然一新。加大组织推进力度。市建立高规格的统筹城乡发展工作领导小组,市委书记担任第一组长,市长担任组长,相关市领导担任副组长。各县(市、区)也相应充实强化了组织领导体系。在工作领导体制上,市委、市政府明确县(市、区)党委、政府主要负责人分别挂钩一个试点镇和一个试点村,亲自调研会办,协调各方力量向试点镇村聚焦。在工作推进机制上,市委、市政府上下半年分别将统筹城乡发展工作列入重点督查内容和"家家到"项目观摩,加大考核权重,并定期组织调研和现场推进活动,对突出问题及时组织会办解决,对面上的困难和问题及时提出解决措施。在政策保障体系上,市委、市政府专门出台了政策意见,对加大财政支持力度、创新土地使用管理制度、深化户籍制度改革、建立城乡接轨的社会保障制度等

10个方面提出了明确要求，对工作推进提供了有力的政策支持。各县(市、区)按照意见要求，均相应出台了适合当地的政策意见。全市各级初步形成了上下联动，多方协助的立体化政策保障机制。

·第三产业·

【运输】 全年完成道路旅客运输量1.4亿人次，其中公路客运量1.4亿人次，民航客运量32万人次；完成货运量1.7亿多吨，其中公路货运量8007万吨，水路货运量9394万吨，民航货邮吞吐量2820吨；全市沿海港口累计完成货物吞吐量3119万吨，集装箱完成2.2万标箱，外贸吞吐量232万吨。全市拥有一级汽车客运站6座(盐城市区、大丰城区、射阳城区、建湖城区、阜宁城区、滨海城区)、二级汽车客运站6座(盐城北站、东台、盐都、阜宁、响水、建湖上冈)。全社会营运客车3442辆，其中农村客运班车1530辆；客运班线931条，其中农村客运班线196条，通达全国23个省(市、自治区)。

【邮政】 2012年，全市邮政系统实现业务收入5.29亿元，收入规模、增幅双列全省第七位，计划完成率列全省第三位。全年邮储平均余额净增27.1亿元；代理保险标保销量为10.13亿元，其中全年销售中邮保险3.19亿元，银保渠道市场占有率45.7%；实现数据库商函收入1903.3万元；全年净增邮储短信在线户数9.34万户，实现短信收入1351万元；全年发展联名卡3986张，完成代办车险总保费639.77万元；完成定向邮品开发收入795.91万元；实现"品牌+"(邮政部门专门针对企事业单位在畅销杂志上进行个性化宣传的一种载体)等第三方订阅流转额839.9万元。全面完成年度各项目标任务，各专业综合评定列全省邮政系统第一名。

【消费品零售】 2012年，全市实现社会消费品零售总额首次突破1000亿元，达1023.2亿元，同比增长14.3%。其中批发业、零售业、住宿业、餐饮业分别实现125.29亿元、794.17亿元、11.33亿元、92.41亿元，同比分别增长26.1%、10.9%、31.1%、30.3%。

【旅游】 2012年，全市旅游系统围绕年初确定的工作目标，以景区建设为重点，着力实施"旅游度假区(经济区)建设、旅游品牌建设、产业融合发展、培育骨干企业"四大工程，推动旅游业取得了新的发展。旅游经济有了较快发展。全市接待国内外游客1544.81万人(次)，实现旅游总收入150.08亿元，同比分别增长16%和18.5%。提档升级工作取得新的进展。全年新增省级旅游度假区1家，国家A级以上旅游景区6家，国家级水利风景区1家，省工业旅游区(点)3家，省四星级乡村旅游区(点)4家，2家申报五星级旅游饭店通过省级初检，1家旅行社成为赴台旅游组团社。驿都金陵、滨海欧堡利亚大酒店在全省旅游星级饭店工装展示大赛中获金奖，AA级景区东台村史馆入选全国"科学发展成就辉煌"图片展。核心资源开发有了新的主体。

【餐饮名店名菜交流评比】 4月16日，由盐城市工商联、盐城市餐饮商会、盐城市黄海美食烹饪协会举办的盐城市餐饮名店名菜交流评定大会在盐城新体育馆召开，中国烹饪协会副会长史正良，盐城市政协副主席、盐城市工商联主席吕拔生等出席活动。全市7县2区共108家餐饮企业参与了评定，其中盐城培友养生美食园、盐城上海人家餐饮公司、盐城锦绣天堂餐饮公司、盐城福德宫大酒店、大丰建丰国际大酒店、射阳香树湾美食会馆、建湖如家假日酒店、阜宁上海大酒店、嘉隆国际大酒店等被评为盐城最具魅力餐饮名店；盐城洪祥大酒店、盐城杏林大酒店、盐城小海洋酒店、大丰绿岛生态园、射阳玉波楼大酒店、建湖登达宾馆、滨海千岛湖大酒店、响水卢家菜馆、盐城晓成大酒店等被评为盐城最具特色餐饮名店；盐城东港国际大酒店、瀛洲宾馆、盐城鸿基国际大酒店、盐城宾馆、盐城鼎盛王朝大酒店、盐城楼上楼餐饮公司、盐城钱江财富大酒店、大丰市社大酒店、射阳河风国际大酒店、建湖润嘉大酒店、建湖永宁国际大酒店、建湖宾馆、林海国际大酒店、阜宁兴谷大酒店、滨海宾馆、亚邦国际大酒店、东台国际大酒店、东台开元国际大酒店等被评为盐城最受欢迎餐饮名店。

【开发园区建设】 2012年，全市园区发展步伐加快，省级以上开发区和重点经济园区实现公共财政预算收入119.8亿元，业务总收入5146亿元，注册外资实际到账14.2亿美元，进出口总额43.3亿美元，固定资产投资1206亿元。

【建筑、房地产】 2012年，盐城市建筑业总产值首次突破千亿元大关，达1054.75亿元，实现增加值295.44亿元。其中，增加值占全市GDP的比重达8%；完成出市施工产值640亿元，实现增加值180亿元；完成出国营业额5亿美元。率先在全省建成启用全市建筑业企业信用管理平台；建筑市场覆盖面更广，外出施工队伍在长三角市场领军地位明显增强，出国劳务遍及中东、东南亚和非洲近30个国家和地区；全市拥有总承包特级资质企业1个、一级资质企业35个、二级资质企业232个，盐城二建和盐阜集团跻身全省建筑业"百强企业"，全市内工程项目获江苏省"扬子杯"优质工程奖13项。

2012年，市区房地产市场整体呈现供需基本平衡、结构基本合理、房价总体稳定等特点。市区完成房地产开发投资273.40亿元；商品房新开工面积304万平方米；商品房竣工面积189万平方米。年内，市区中心城区(含保障房)商品房上市350.36万平方米；商品住房上市288.38万平方米；商品房销售298.51万平方米；商品住房销售268.04万平方米。

【城市建设与改造】 2012年，按照"完善功能、拓展新区、改造老城、改善民生、打造特色、创新机制"要求，遵循"尽力而为、量力而行、民生优先、急需先行"原则，盐城市坚持产城融合，注重与产业配套的城市基础设施建设，着力做大做强做优城市。年内，全市城市化率达到55.5%。组织实施市区十大类147个城建重点项目，完成投资133亿元，建成先锋国际广场一期、小海路高架、金色华庭安置小区、盐渎路串场河桥、国际创投中心等一批城建重点工程。市城南新区27平方公里核心区全部建成，各区新城建设加快推进。推进市区水环境整治，串场河景观带建设两侧道路基本贯通。金融城一期工程开工建设。实施"露水增绿"工程，打造"一河十园"和4个"千亩公园"，大市区新增绿地1272.8公顷，国家园林城市创建通过省级验收。

【信息化建设】 2012年,盐城市贯彻国家、江苏省信息化发展战略,推进信息基础设施建设,加快发展信息产业,深化信息技术应用,信息化建设取得新进展。信息基础设施不断完善。至年底,全市移动电话用户数498.3万户,互联网宽带用户数79.38万户,有线电视网络覆盖全市所有城乡家庭,用户数超过160万户,大市区基本实3G网络全覆盖。信息产业保持较快发展。全年,盐城市信息产业实现销售收入268.5亿元,实现利税69.9亿元。其中,电子信息制造业实现销售收入188.5亿元,全省排名第12位。企业装备数字化、生产智能化水平提升。软件与信息服务业实现销售收入82亿元,全省排名第七位,苏北第一位。信息技术在研发设计、生产制造、市场营销、经营管理等环节得到应用,信息化在改造传统行业、节能降耗、提高经济效益方面发挥较大作用。全市有1家国家级两化融合示范企业,3家省两化融合示范、试验园区,62家省级两化融合示范试点企业、183家市级两化融合示范试点企业。社会信息化深化。基本建成政府体系统一的电子政务内网,税务、金融、工商、公安、教育等重要业务和公共服务系统实现网络化应用,公共卫生信息服务体系初步形成,国家农村综合信息服务试点顺利完成,实现"村村通电话、村村通有线电视、村村通宽带"。根据江苏省最新公布的《2012年江苏省地区信息化指数报告》显示,全省信息化水平总指数为81.29,盐城总指数仅为71.75,列第12位。

社会事业

【就业服务】 年内,全市大力引导城乡劳动者自谋职业、自主创业。组织15776人参加创业培训,扶持4200名下岗失业人员实现自主创业,通过扶持创业带动3.8万人就业。推进小额担保贷款发放工作,提高发放额度,扩大发放范围,协调解决逾期贷款催收方面的问题。年内,全市共向3641名城乡创业人员发放小额担保贷款1.20亿元。组织有创业愿望的城乡各类人员参加创业培训和专业技能培训,为符合条件创业者发放小额担保贷款,面向全市征集切合当前实际和需求的小本创业项目,进一步充实、完善小本创业项目库,举办盐城市小本创业项目推介暨创业成果展示会。继续组织开展以促进双失业人员、零就业家庭人员就业为重点,以社区为依托,以街道保障平台为载体,以落实再就业优惠政策为内容的"充分就业示范社区"创建工作。年内,共有7家社区达到省级充分就业示范社区创建标准,1家社区达到国家级充分就业示范社区。全面推进"零就业家庭"就业援助工作,围绕确保"零就业家庭"至少1人实现稳定就业、动态消除"零就业家庭"的目标,建立完善申报登记制度,实施动态管理服务,采取落实就业扶持政策,多渠道开发就业岗位,采取托底安置就业,鼓励扶持自主创业和自谋职业,开展技能培训提高就业能力,通过就业服务,动态消除"零就业家庭"85户。全年举办各种类型的下岗失业人员招聘洽谈会97场次,共为下岗失业人员提供有效岗位信息22.89万个,进行职业指导15.39万人次,职业介绍成功9.07万人次,帮助0.63万名就业困难的再就业援助对象实现再就业。

【社会保障】 2012年,全市参加企业养老保险人数98.76万人,实际缴费人数92.78万人,征收养老保险基金46.96亿元,全市企业离退休人员29.4万人,全市全年支付企业离退休人员养老金45.72亿元,社会化发放率达100%。其中,市区参加企业养老保险人数20.89万人,实际缴费人数20.46万人,征收养老保险基金11.61亿元,市区企业离退休人员5.56万人,市区全年支付企业离退休人员养老金10.92亿元。

2012年,全市职工基本医疗保险参保人数118.77万人,征收基金23.74亿元,比上年净增4.13亿元。全市城镇居民医疗保险参保人数116.26万人。

2012年,全市失业保险参保人数65.23万人,其中市直参保人数12.07万人,失业保险覆盖面达96%,征收基金3.76亿元。

2012年,全市参加工伤保险人数68.96万人,其中市区参加工伤保险人数15.58万人;全市工伤保险基金征收1.16亿元。

2012年,全市参加生育保险人数57.04万人,其中市区参加生育保险人数13.12万人;全市生育保险基金征收9258万元,其中市区生育保险基金征收3602万;全市生育保险待遇支付4006万元,其中市区生育保险待遇支付2051万元。

2012年,全市共有参保单位3553个,在职参保职工11.58万人,离退休3.50万人。全市机关事业养老保险费收入13.52亿元,养老保险费征缴率99.92%。

2012年,征收城乡居保基金28.04亿元,全市城乡居民社会养老保险参保率达99%,累计参保217.41万人,全市符合条件的城乡老年居民基础养老金领取率100%,被征地农民社会保障覆盖率达95%。

【教育事业】 2012年,全市有各类学校1000所,其中幼儿园285所,小学397所,初中218所,普通高中59所,职业高中11所,普通中专7所,成人中专8所,普通高校5所(本科院校2所,大专院校3所),特殊学校10所;在校学生107万人,教职工8.13万人。全年,学前三年幼儿入园率96.03%,小学、初中入学率100%,巩固率分别为99.51%、99.18%;初中毕业生升学率99.12%。

【科技事业】 2012年,盐城科技工作以创新型城市建设为主线,以提升企业自主创新能力为重点,实施科技创新工程,加大抓创新、促转型的工作力度,科技工作成效显著。科技品牌创建取得新成效,创新型城市建设工作成效明显,盐城高新技术产业开发区被认定为省级高新技术产业开发区。大丰市被列为江苏省创新型城市试点市。东台市被列入省科技金融试点市;科技投入进一步加大,2012年外挂全市财政科技支出14.87亿元,占财政预算支出3.01%,市政府设2000万元科技创新引导资金,支持相关企业研发项目,全年共组织企业申报各类省级以上科技计划项目近1500项,有263个项目获省以上科技计划立项,争取到项目补偿资金1.7亿元,风险补偿贷款3.36亿元;科技支撑和引领经济社会发展作用更加突出,全年为企业减免企业所得税2.82亿元,其中高新技术企业税收减免额1.79亿元,企业研发费用加计扣除减免额1.03亿元,自主创新能力进一步提升,全年申请专利1.55万件,专利授权4964件,连续六年蝉连"全国科技进步先进市"称号,新增市级企业院士工作站5家,企事业研究机构4家,工程技术研究中心150家。

【文化事业】 艺术生产2012年,全国唯一戏曲现代戏创作基地在盐都区成立。省淮剧团编演的淮剧《王玉莲》入选省舞台艺术精品工程精品剧目,市淮剧团作为全国唯一入选的县级剧团,淮剧《半车老师》进京参加"喜迎十八大,全国优秀剧目展演"。小戏《老两口打电话》获第七届"江苏戏剧奖·小戏小品奖"一等奖,滨海县创作、编排的小淮戏《月上柳梢》获优秀剧目奖,市文广新局获优秀组织奖。响水小品《打电话》获"中华颂"全国优秀剧目展演优秀奖。市杂技团编演的杂技《软钢丝》参加法国瓦兹河谷国际马戏节获铜奖,《蹬人》获江苏省优秀"非遗"项目展演金奖,并登上央视《我要上春晚》舞台。全市有5幅花鸟画作品被评为省优秀奖,并代表江苏在国家画院美术馆展出。市演艺集团编排大型地方风情文艺节目《盐之城·海之歌》,在'2012中国盐城经贸洽谈会暨第五届海盐文化节和'2012中国盐城丹顶鹤国际湿地生态文化旅游节上演出,并在全市的巡回演出11场,得到社会各界的赞誉。

【卫生事业】 2012年,全市有卫生机构3088个,其中医院138个,乡镇(中心)卫生院136个,社区卫生服务站(中心)164个,门诊部、所472个,卫生防疫监督机构20个,妇幼保健机构11个,村卫生室2129个,其他卫生机构18个。全市现有病床2.66万张,其中卫生部门有病床1.99万张,每千人拥有病床3.69张。全市卫生行业在职职工4.14万人,其中卫生技术人员2.97万人,占职工总数的71.74%。至年底,全市政府办医疗卫生机构固定资产总值50.5亿元,业务总收入60.63亿元;业务总支出为70.07亿元。

【体育事业】 2012年,全市完成1562个行政村健身路径提档升级工程,实现1802个行政村全覆盖。启动城市社区"10分钟体育健身圈"建设,制定出台切合盐城实际的工作方案。创办了《体育健身健康》内部刊物,向全市免费发放。新增一批活跃在一线的各级社会体育指导员,实现每个晨晚练点都有社会体育指导员提供科学健身服务。利用全民健身日等重大体育节庆,深入开展各类丰富多彩的全民健身活动,并调动体育社团的力量,积极组队参加省及全国群体赛事,取得较好成绩。年内,市体育局获国家体育总局2012年全民健身活动优秀组织奖,盐都区体育局、阜宁县体育局和建湖县体育局分别被国家体育总局表彰为2012年全民健身活动先进单位。

2012年,盐城籍运动员骆晓娟、吴超梅参加第30届奥运会比赛,创盐城参加奥运会人数、成绩历史之最。市青少年校园足球代表队获全国比赛一等奖,国务院办公厅牵头在盐城召开全国青少年校园足球十年发展规划研讨会。全年新增阜宁少体校、建湖少体校2所省三星级体校,新增市青少年"杰人"足球俱乐部、市卧龙青少年体育俱乐部2所国家级青少年体育俱乐部。35人晋升为国家级、一级裁判员,新增15所省体育传统校、108所市体育传统校。全市共承办8项国际赛事、11项全国赛事、18项省级比赛,组队参加省青少年年度比赛,共获奖牌80枚,其中金牌21枚、银牌24枚、铜牌35枚。

淮 安 市

国民经济

2012年,淮安市认真落实省委省政府实施"八项工程"、推进"两个率先"决策部署,抢抓用好加快苏北重要中心城市建设的战略机遇,坚持新型工业化第一方略不动摇,同步推进工业化、城镇化、信息化和农业现代化,经济社会实现了又好又快发展。全市实现地区生产总值1921亿元,同比增长13.1%,人均GDP达6335美元;公共财政预算收入233.6亿元,增长14.2%;城乡居民人均收入分别达到22995元、9838元,分别增长13.5%、13.8%;规模以上工业实现销售3770亿元,增长31%;注册外资实际到账21.2亿美元,增长31.7%;城市化率提高到53.5%,"一主、四副、多点、网络化"的城镇体系加快形成,城市承载力和集聚能力显著增强。

·工业经济·

【工业行业】 2012年,全市规模以上工业完成增加值958.9亿元,同比增长17.6%,增幅全省第四。全市列统企业达到1922户,实现销售收入3850.5亿元、利税341亿元、利润177亿元,分别同比增长30.3%、21.6%和28.8%,增速分别位居全省第二、第四和第三。全年工业用电95.5亿千瓦时,工业经济效益综合指数353.2,位居全省前列。完成规模以上工业投资682.3亿元,增长29.5%,增幅全省第一;净增列统企业427户,净增数全省第一;240个新增长点新增销售220亿元、利税22亿元,拉动全市工业增长超过5个百分点。全市开票增量超2000万元企业达267户,实现开票增量293.6亿元,拉动全市列统工业开票销售增长21.9%。大力实施创新驱动战略,重点推进千企升级行动计划,新增省级企业技术中心5个,新开发国家重点新产品1个,2个项目入选国家重大科技成果转化项目,新认定中国驰名商标2件。

【重点产业】 全市现代产业体系加速形成,形成了以盐化新材料、特钢、电子信息、食品四大优势特色产业,机械、纺织、轻工、建材四大传统产业,高端装备、新能源汽车及零部件两个战略性新兴产业为特色的涵盖40多个行业及110个大类产品的崭新格局。四大主导产业实现产值2051亿元,占全市比重达到53%。1、盐化新材料产业。拥有1300亿吨的岩盐储量,具备180万吨原油加工、35万吨烧碱、220万吨纯碱、1100万套轮胎、300万吨元明粉、550万吨盐、26万吨硝酸的生产能力。2012年,全市盐化新材料产业拥有规模以上企业164户,总资产达285.1亿元,全年共实现销售收入509亿元、利税43.5亿元、利润21.8亿元。2、特钢产业。形成了300万吨特钢、300万吨材、300万吨铁、150万吨钢管的生产能力,是全国最大的管坯钢生产基地,建成世界最大口径无缝钢管生产线。2012年,全市特钢产业拥有规模以上企业131户,总资产达140.5亿元,全年共实现销售收入404亿元、利税14.2亿元、利润7.4亿元。3、电子信息产业。富士康、达方电子等大型外资企业先后落户淮安,同时集聚了南瑞集团、苏杭科技等一批知名企业,以总投资22亿美元的富士康淮安科技城为核心,全省最大的计算机周边设备生产基地已经建成。可生产各类计算机接插件30000万件、各类线路板800万平方英尺、各类电子元器件1000万件、各类仪器仪表500万件、生产液晶电视机和显像管电视机200万台。2012年,全市电子信息产业拥有规模以上企业141户,总资产达195.2亿元,全年共实现销售收入623亿元、利税21.1亿元、利润15.6亿元。4、食品产业。形成了以烟、酒、面、肉、油、糖等产品为重点的食品工业体系,具备60万箱卷烟、60万吨大米、60万吨面粉、30万吨油脂、210万吨饲料、10万吨肉类、1.4亿瓶白酒、2亿瓶啤酒的生产能力。2012年,全市食品产业拥有规模以上企业223户,总资产达210.4亿元,全年共实现销售收入545亿元、利税128.1亿元、利润47.6亿元。

【高新技术产业】 高新技术产业发展步伐加快,全年实现高新技术产业产值956.49亿元,增长64.7%,占规模以上工业产值比重达24.5%。新增省级高新技术企业47家,累计建成省级以上高企112家、创新型企业33家;新认定市级高新技术企业63家。全年新开发市级以上新产品1050个,其中80个被认定为省级高新技术产品、113个被认定为市级高新技术产品。成功获批省级淮安高新技术产业开发区,实现省级高新区"零"突破。在孵科技型企业395家,淮阴软件园新获批省科技企业孵化器,累计建成省级以上科技企业孵化器13家;涟水经济开发区新港电子(PCB)产业园和清河软件园获批省级科技产业园,全市累计获批省级科技产业园8家。科技创新载体建设平稳推进,全年新建市级企业(产业)研究院3个、院士工作站7个、科技公共技术服务平台12个,新建企业研发机构118个,累计建成省级以上工程中心、工程技术中心、企业技术研究中心等研发机构74个,大中型企业研发机构动态全覆盖。

【节能降耗】 全年单位GDP能耗下降5.079%,连续三年被省政府表彰为苏北唯一的全省节能先进集体,市经信委被国家发改委等四部委表彰为全国节能先进集体。坚持以节能降耗倒逼产业升级,突出主要耗能行业和重点用能企业,组织实施20项节能重点工程,实施重点用能企业节能与发展循环经济项目60多个,实现节能量16万吨标准煤。对54户列入万家节能低碳行动企业、30户年综合能耗2000－3000吨标准煤企业实施专项监察审计,对能耗超限额标准企业实施惩罚性电价,促进用能单位提升能效。

【体制改革】 企业改制取得新进展。积极协调、多方筹措资金,解决影响面上改制企业稳定的内退、协保职工转正退社保费等。在江苏率先建立了"劳动人事争议调、裁、诉一体化调处机制",取得了良好的社会效益,得到了省内外媒体的广泛关注。重点推进预算绩效管理改革,积极开展形式多样的金融产品创新,有效地解决了中小贷款抵押担保难问题。市场体系培育力度进一步加大。建立企业上市后备资源库,设立上市创投基金,健全企业上市工作机制等措施,及时跟踪、掌握企业发展动态。科教卫等事业改革不断加快。尤其是在苏北地区率先成立市级药品不良反应监测中心。社会保障体制不断完善。全市城镇职工、城镇居民参保人数分别为75.06万人、74.48万人,参保率均稳定在95%以上;被国务院表彰为"全国新型农村和城镇居民社会养老保险工作先进单位"。政务公开工作扎实推进。市直部门2012年行政权力事项网上办件数量突破300万件,全省排名第一。

【民营经济】 2012年,民营经济贡献税收占全市56.7%、GDP占全市61.3%、总就业人数占全市80.4%、企业总数占全市99%。出台《关于加快实体经济健康发展的九条意见》、《关于扶持中小企业健康快速发展的政策意见》等扶持政策,扶持金额近3亿元。大力实施"321"融资担保服务行动计划,深入开展银企保对接月月行、"助小微、送金融、共成长"、中小企业BCG融资市场专场对接等活动,全年为5844户企业担保贷款137亿元,中小企业BCG专业融资服务市场发放贷款80.3亿元。深入开展企业减负专项行动,总体收费额同比下降25.1%。在全省率先启动"数字企业"创建活动,获省五星级数字企业8家,数量苏北第一。认定省高成长型企业6家、省中小企业公共技术服务示范平台1家、首批市级中小企业优秀技术服务平台7家。

·农业和农村经济·

【概况】 通过大力实施富民壮村强乡镇战略,农村综合实力明显提升。2012年,全市乡镇公共财政预算收入125.2亿元、村平集体经营性收入34.7万元,同比分别增长48.3%和28.1%,乡镇工业集中区开票销售276亿元,增长21%,农民人均纯收入9838元,增长13.8%,连续九年保持两位数增长,增幅全省第一。实施新一轮扶贫开发,省定经济薄弱村集体经营性收入全部突破6万元,建档立卡低收入人口脱贫率达到25.8%。农业现代化加快推进,农业综合生产效益明显增强,2012年,农业增加值247.98亿元、农林牧渔业产值456.18亿元,按可比价计算,分别增长4.3%和15.3%。

【现代农业】 2012年,全市粮食种植面积980.64万亩,单产465.11公斤,总产91.2亿斤。大力推进设施农业扩面增效,新增设施农业面积9.4万亩,累计设施农业面积96.3万亩,比重13.6%。大力实施高效渔业规模化基地改造与建设,新增设施渔业面积2.36万亩,设施渔业累计面积达10.85万亩,占比达14.24%。大力推进畜牧业转型升级,建成淮阴、淮安、涟水3个国家级生猪调出大县和盱眙县省级生猪调出大县,生猪大中型规模比重达50%。全市建成25个市级以上现代农业产业园区,其中9个省级现代农业产业园区。

【农业产业化】 2012年,全市新增省级农业龙头企业13家、市级农业龙头企业59家,国家、省、市级农业龙头企业分别发展到4家、36家和169家。农产品加工集中区加速推进,涟水、洪泽两家获得省级认定并完成规划设计。农产品加工产值与农业总产值的比达到1.77:1。年销售超1亿元龙头企业达到55家,其中年销售超20亿、10亿和5亿元龙头企业分别达到4家、6家和10家。农业龙头企业的带动能力不断增强,县(区)级以上农业龙头企业实现销售收入839.66亿元,同比增长38.51%,带动农户数达88.32万户,同比增长19.51%。农业综合机械化水平提高到76%,荣获"中国优质稻米强市"称号,获"三品"认证标志1200个,其中"淮安大米"获评中国驰名商标,"金湖白鹅"等6个农副产品成功注册国家地理标志证明商标,总数全省第一。

【农业标准化】 2012年底,全市创建国家级、省级农业标准化示范区24个(其中国家级6个,省级18个),已有4个国家级、14个省级示范区建成并通过验收;先后制定以"淮米"、"淮菜"为代表的种植业、养殖业农产品质量标准和生产技术规程129个,其中江苏省地方标准28个、淮安市地方标准52个、企业标准49个。盱眙龙虾、洪泽湖大闸蟹成功获批地理标志产品保护。全市已有"新淮猪养殖"等6个国家级农业标准化示范区,"无公害浅水藕"等18个省级农业标准化示范区,24个农业标准化示范区覆盖种植面积71.4万亩,养殖畜禽4572万头(只/羽),发展无公害农产品14个,绿色食品4个,有机食品2个。

【农村发展环境】 建立健全"明确粮食数量、依据粮价调节,群众自愿选择、依约及时兑现"的土地流转市场价格形成机制,引导农民依法自愿有偿流转土地,乡镇土地流转服务中心实现全覆盖,当年新增流转面积40万亩。因地制宜培育村级创业点,引导农民就近就地创业就业,共启动建设1052个,建成标准厂房256万平方米,进驻企业1462户。有序推进农村集体"三资"规范流转,乡镇农村集体资产资源处置代理服务心覆盖面达96%。市、县两级财政安排专项资金扶持农民专业合作社发展。农民专业合作社参户率在全省率先突破80%,培育年销售额超5000万元合作社29个,新增土地流转40万亩,农业适度规模经营比重提高到65%。村镇银行实现县域全覆盖,培育小额贷款公司22家,在全省率先开展农业保险业务放开试点,高效农业保险比重达28%。

【新农村建设】 深入实施乡村公路通达工程和农村环境综合整治工程,全市除不具备通行条件的岛屿村外,实现四级公路村村通、行政村客运班车通达全覆盖,开通镇村公交14个乡镇,农村建制镇、乡集镇生活垃圾集中处理率分别达79.77%和72.69%,新解决13.6万农民饮水安全问题,完成20.83%的村庄环境整治,创成421个星级"康居乡村",淮阴区刘老庄乡刘老庄村获首届"江苏最美乡村"称号。注重产镇融合、产村结合,夯实新农村建设产业基础,乡镇工业集中区、村级创业点覆盖面分别达82.8%和71%,累计培育列统企业680家。积极开展新农村建设先进村创建活动,共创成省级40个、市级45个。

【城乡统筹配套改革】 科学编制市域城乡统筹规划,确立"一带两轴三圈一极"的城镇空间框架,形成"中心城市—县城—小城镇—新型村庄"发展体系,重点打造4个县域次中心、8个重点中心镇和20个特色镇。大力推进农民专业合作社提质增效,加快发展多种经营方式的规模农业,全市合作社已发展到6382个,参加农户比重以县(区)为单位突破80%;共完成3个乡镇和4个村土地承包经营权确权登记颁证试点工作,农业规模经营比重提高到65%。积极推进城乡建设用地增减挂钩试点,当年实施项目192个,新增耕地1.51万亩;开展万顷良田建设工程试点项目6个,新增耕地1.27万亩。加大金融支农力度,实现村镇银行县域全覆盖、银行卡助农取款服务行政村覆盖,培育农村小额贷款公司22家。在全省率先开展政策性农业保险业务放开试点,高效农业保险比重提高到28.7%。以完善土地征使用制度、健全被征地农民社会保障体系为主要内容的金湖县农村改革试验项目扎实有序推进。

·第三产业·

【运输邮电】 2012年完成公路客运量13496万人次、公路货运量8348万吨、水路货运量4827万吨,同比分别增长19.18%、18.02%、17.39%。邮政业业务收入43811.81万元。邮政速递物流淮安分公司实现业务收入4143万元,业务量102.9万件。登记注册42家社会快递企业实现业务收入9240.81万元,业务量746万件。互联网宽带入户数已达57万户,入户率已达35.6%(城镇47.9%,农村25.27%)。固定电话用户数达92.36万户,普及率达57.73%。移动电话用户数为417.48万户,百户手机拥有率达86.46%。

【国内贸易】 2012年全市实现社会消费品零售总额633.24亿元,同比增长15.6%,增幅全省第三。市场体系建设加快推进。全市总投资超5000万元以上的重点市场及商贸类项目投资达到810.3亿元,当年完成投资225亿元;40个年成交额超亿元的商品交易市场当年累计成交额达264.76亿元。扩内需政策成效明显。全市共设立家电下乡销售网点1300个,全年销售家电下乡产品90.8万台(部),增长31%,实现销售额25.76亿元,增长42%,对家电下乡产品销售财政补贴3.16亿元。商贸流通市场渐趋繁荣。全市10户重点商贸企业累计实现营业收入44.6亿元,增长13.2%;入库税金1.98亿元,增长37.7%。消费品市场平稳较快发展。全年批发零售业实现零售额567.6亿元,增长16.2%;全年限额以上贸易企业(单位)实现社会消费品零售总额174.2亿元,增长22.1%。成品油市场运行平稳。全年累计销售成品油74.9万吨,增长3%,其中汽油销售25.5万吨,增长18%,柴油销售49.4万吨。再生资源回收网络体系逐步完善。全市共有各类再生资源回收经营户798家,销售过亿元企业17家,苏北汽车家电回收拆解中心被商务部批准为"区域性大型再生资源回收利用基地"。

【对外贸易】 2012年,全市完成进出口总额42.4亿美元,同比增长48.6%,其中出口33.7亿美元,增长83%,进口8.7亿美元。一般贸易继续保持快速增长。一般贸易累计进出口28.5亿美元,增长84.4%,占全市的67.1%;其中出口25.4亿美元,增长130.1%。加工贸易企稳回升,累计进出口12.2亿美元,占全市进出口的29.9%;加工区进口设备2441.1万美元,增长94.2%。传统市场出口增长平稳。对美国出口6.6亿美元,增长66.3%,占全市出口总额的19.7%;对日本出口1.3亿美元,增长17.3%;对欧洲出口7.8亿美元,增长48.7%;其中对欧盟国家出口6.9亿美元,增长47.6%,对德国和英国出口均超1亿美元;对俄罗斯出口3865.51万美元,增长59.9%。出口商品结构不断优化。机电产品出口额首次突破10亿美元,达到10.6亿美元,增长114.4%,占全市出口的31.4%;其中电器及电子产品出口3.7亿美元,增长27.3%。高新技术产品出口8585万美元,增长32.9%,占全市出口的2.6%;其中生命科学技术产品和计算机与通信技术产品分别出口2936万美元、3628万美元,分别增长9.8%和46.3%。重点企业支撑效果显著。全市有进出口、出口实绩企业分别为620户、556户,较上年同期分别增加105户、92户。累计进出口超亿美元企业5户,比去年同期增加2户。累计进出口超5000万美元、1000万美元、500万美元企业分别为28户、64户、107户,较上年同期分别增加10户、22户、24户。76户重点企业累计进出口22.9亿美元,占全市进出口总值的53.9%。

【市场物价】 2012年淮安市居民消费价格总水平为102.4,增幅较全省平均水平低0.2个百分点。其中食品类价格指数同比上涨5.5%,非食品类价格指数同比上涨1%;消费品价格指数同比上涨3%,服务项目价格指数同比上涨1.3%。八大类商品中同比呈现"七升一降"格局,食品上涨5.5%,烟酒上涨5.2%,家庭设备用品及维修服务上涨0.9%,医疗保健和个人用品跌0.4%,交通和通信上涨1.8%,娱乐教育文化用品及服务上涨0.7%,居住上涨1.6%,衣着下跌1.6%。全年食品类涨幅5.5%,对总指数的上涨影响度超过7成,是CPI上涨的主要原因。居住类价格指数全年累计同比增长1.6%,特别是下半年上涨较快。水、电、燃料价格逐步上涨,水价全年上涨了5.7%,7月份施行阶梯电价后,下半年平均用电费用上涨了2.8%,液化气全年上涨了2.2%。2012年,汽油、柴油价格总体较2011年上涨了3%,受能源价格影响较大的服务行业也出现涨价,如出租汽车价格同比上涨2.6%,公共汽车由于空调车比例上升,上涨了7.2%,长途汽车价格同比上涨3.5%。

【旅游业】 2012年,全市接待国内外旅游者1614.20万人次,同比增长15.2%;实现旅游总收入178.03亿元,同比增长18.1%。出台了《淮安市旅游发展奖励办法》,完成了全省首个市级休闲旅游专项规划——《淮安旅游休闲规划》。产业规模不断壮大,当年竣工65个超5000万元旅游重点项目,全年投入旅游项目建设资金达61.8亿元,日月洲生态乐园、万达嘉华商务酒店等项目全面建成并投入运营。全市有国家A级旅游景区31个,其中4A级景区10个;全国农业旅游示范点5个;全国工业旅游示范点2个;省级自驾游基地3个;省星级乡村旅游区(点)7个,其中四星级4个;省级旅游度假区、省级生态旅游示范区各1个;旅行社数量达到92个,其中出境社2个,旅游星级饭店41个,其中五星级1个、四星级7个。

【引进内资】 2012年全市招商引资(内资)固定资产到位资金550亿元,新增注册资本到位资金166.71亿元,新增亿元以上大项目205个。深化项目推进机制,强力推进"3211"工业重大项目加快建设。新开工亿元项目157个,新竣工亿元项目102个,实施投资10亿元以上重大项目30个,其中天淮大无缝钢管等10个项目竣工投产或部分投产。成功举办第十一届淮安·中国淮扬菜美食文化国际旅游节投资说明会暨招商引资项目集中签约大会。本次活动集中签约120个项目。其中内资项目94个,投资总额405亿元;外资项目26个,投资总额9.65亿美元。

【固定资产投资】 投资总量平稳增长。2012年,全市完成规模以固定资产投资1247.99亿元,同比增长22.3%,增速位居全省第3,高出全省平均水平2.3个百分点,其中完成项目投资967.44亿元,增长31.8%;从运行趋势看,自2012年初以来,全市固定资产投资总量逐步攀升,增速比较平稳,全市投资增速主要22%至28%之间。投资结构逐步优化。2012年,在项目投资中,完成一产投资7.71亿元,增长41.96%;完成二产投资685亿元,增长27.8%,其中工业投资682.3亿元,增长29.45%;完成三产投资274.72亿元,增长42.59%。工业投资增长迅猛。完成工业投资增长29.45%,,高出全市规模以上固定资产投资7.15个百分点,高出全省平均水平近9个百分点,工业投资占固定资产项目投资的比重为70.52%,成为全市固定资产投资增长的重要支撑。在工业投资中,高新技术产业完成投资75.41亿元,增长19.47%。项目建设进展顺利。在建规模项目达到1323个,比去年同期增加63个;竣工项目817个,比去年同期增加115个;在建项目单体平均投资达到1.23亿元,比去年增加0.07亿元;全市新开工项目997个,比去年同期增加168个。民间投资快速增长。完成民间投资742.7亿元,增长38.21%,增速快于全部投资增速15.91个百分点,占全部投资的比重为59.5%。其中:从登记类型看,私营个体经济成为据民间投资主体,完成投资428.9亿元,增长69.52%,占比57.7%;从投资的投向来看,制造业为其主要投资方向,完成投资638.6亿元,增长28.8%,占比达85.9%。

【信息化建设】 电子信息产业已成为淮安主导产业,销售超亿元企业已经达32户,软件和信息服务企业已突破150家;全球单体规模最大的中国移动呼叫中心落户淮安,成功举办2012国际呼叫中心峰会,淮安被授予"中国声谷"称号。两化融合推进取得新进展,淮安经济技术开发区被评为省级"两化融合"示范区,清河新区、洪泽开发区被认定为试验区,淮安软件园获评省级两化融合服务产业示范园,新增省两化融合示范试点企业和"五星级"数字企业30家,位居苏北之首。数字淮安建设获得新成效,市级电子政务平台建设集成、共享水平位居全国前列;在苏北地区率先批量发放淮安市社会保障·市民卡,社会诚信体系"一网三库"建设全面启动,民政救助、人口计生、科技、金融等社会领域信息化也有序推进;农村信息基础设施建设水平进一步提升,行政村光缆通达率、自然村宽带通达率均为100%。

社会事业

【社会事业发展概述】 2012年,全市社会事业工作坚持以改善民生为重点,以品牌创建为载体,以"十件实事"为抓手,圆满完成各项目标任务。教育事业发展取得新成就,盱眙县创成省教育现代化先进县,清浦区、淮安区通过现场评估。新增四星级高中2所、省市级优质幼儿园60所,5个县(区)通过"全国义务教育发展基本均衡县(区)"省级评估,高考二本以上录取率达30.8%。全民健康保障水平进一步提高,新农合财政补助标准提高到240元/人·年,实现省内异地就医联网结算,加载金融功能的居民健康卡全国首发,全面实施基本药物制度,基层医疗机构门诊、住院次均费用同比分别降低17.42%、15.96%,新建10所惠民医院,新创2个国家级示范社区卫生服务中心。坚持文化惠民,推动文化繁荣,发展文化产业,扩大文化交流,"新三馆"、大剧院、中波发射台搬迁工程建设加快,新建社区文化活动中心35个,编制实施了10个遗产保护专题规划,大云山汉墓入选"全国十大考古新发现"。省运会筹备工作取得阶段性成果,完成"一场两馆"、省运会指挥中心主体框架,市经济技术开发区建成国内一流的曲棍球场,5个县(区)体育中心竣工使用,全市万人公共体育设施面积达2.03万平方米。

【人口与就业】 截止2012年底,淮安市总人口为546.81万人,人口出生率为11.56‰,人口自然增长率为4.75‰,低生育水平持续保持稳定,城乡全覆盖推进"助您好孕"——免费孕前优生健康检查项目,累计惠及7.8万对夫妇。在全国率先开展创建幸福家庭活动,实施"幸福家庭113工程"、"健家富家惠家三大行动",被确定为全国创建幸福家庭活动试点市。

2012年,全市新增城镇就业6.65万人,城镇失业人员再就业3.7万人,就业困难人员再就业6776人。辖区内登记失业的被征地农民就业率达96.7%。建成省级充分就业示范社区7个、省级农村劳动力充分转移乡镇46个。新增转移农村劳动力2.45万人,全市累计转移农村劳动力166.9万人。城镇登记失业率控制在2.25%,分别低于全国、全省平均水平1.85个百分点和0.89个百分点。

加强就业服务和政策支持,开展"春风行动"、"民营企业招聘周"、"高校毕业生专场招聘会"等活动,促进高校毕业生、城镇就业困难人员、农村转移劳动力等三类重点人群充分就业。组织891名高校毕业生开展就业见习,选聘300名大学生村官、100名"三支一扶"高校毕业生和303名公益性岗位工作人员,对淮安生源的未就业高校毕业生进行登记,有就业愿望的100%保底就业。加快"15分钟公共就业服务网"建设,在全省率先打造"招工求职E通"系统,"96515"家政服务信息平台实现全覆盖,2012年淮安就业创业工作获得省政府表彰。落实城镇就业困难人员社保补贴、岗位补贴和培训补贴,连续十年对"4050"等就业困难人员开展结对帮扶,全市"零就业家庭"保持动态清零。

加快建设创业型城市,支持城乡居民创业致富。2012年,全市开展创业培训2.62万人,开展城乡劳动者职业技能培训3.78万人,其中城乡新成长劳动力培训1.61万人。开展创业讲座、创业沙龙、项目推介等活动100余场,成功推介创业项目51个,实现经济效益2000多万元。举办"创富商学院—创业大讲堂"、"创业项目电视大赛"、"创业风采展示颁奖晚会"等主题活动,与淮海晚报联合举办的"创业商学院—创业大讲堂"活动被中国报业协会授予"首届中国报业新闻社会活动精品案例创新奖"。截至2012年末,全市累计发放小额担保贷款3.4亿元助推创业,扶持创业1.91万人,建成大学生创业园区3个。

【社会保障】 2012年,全市企业职工基本养老、城镇职工基本医疗、失业、工伤、生育保险参保人数分别达70.64万、76.60万、57.12万、44.24万、39.87万,五项基本社会保险合计新增参保40万人。盱眙、金湖、洪泽三县的基本养老、医疗、失业保险覆盖面达95%以上,达到小康指标要求。全市符合条件的城乡居民养老保险参保136.08万人,参保率达98.34%,基础养老金标准为每人每月70元,共为61.51万名60周岁以上城乡老年居民发放基础养老金5.26亿元,发放率达100%。被征地农民参加社会保障6.98万人,参保率达97.35%,发放社会保障金5.41亿元,发放率100%。

企业退休人员基本养老金实现"八连调",全市企业退休职工人均养老金水平达1403元/月,其中市区企业退休职工人均养老金水平达1633元/月。医保优惠政策集中出台。城镇职工医保总体报销比例由73%提高到81%;取消城镇职工医保大病医疗救助最高支付限额,10万元以下由城镇职工基本医保支付,10万以上部分由职工补充医疗保险(即大病医疗救助)支付且上不封顶;城镇居民医保政府补助标准提高到人均260元,居民医保基金统筹年度内可支付医疗费用额度为18万元,最高不超过23万元,政策范围内住院费用报销比例稳定在70%;工伤保险补偿水平进一步提升,一次性工亡补助金标准统一按照上年度全国城镇居民人均可支配收入的20倍执行;生育保险目录范围内零支付。

2012年淮安"特困群体助保工程"项目被国家人社部推选参加国际社会保障协会(亚太地区)第二届"良好实践奖"评选活动,最终荣获"良好实践奖"优胜奖,是全国4个获奖项目中唯一地方项目。新农保工作荣获国务院表彰。全国首创"总额控制下的病种分值结算办法",被列入全国医改工作"十大亮点",国务院医改简报专题进行推介,新华社高层内参《国内动态清样》深入报道。该项工作荣获2012年度市委市政府创新创优工作一等奖第一名。在全国首创"三方联网"社保费征管模式,促进社保费征管工作更加公开透明,参保单位和个人办理业务更加便捷,被省政府评为2012年度全省电子政务优秀应用案例。首次参与《社会保险术语养老保险部分》国家标准制定。

【科技事业】 2012年,淮安市大力实施创新驱动战略和科技创新工程,全市科技工作取得了显著成绩。全年全社会R&D经费支出达30亿元,占GDP比重达到1.4%以上,同比提高0.2个百分点;实现高新技术产业产值972.49亿元,同比增长64.47%,占规模工业总产值比重达24.87%。

全市新开发和引进市级新产品1050项;通过认定省级高新技术企业47家,市级高新技术企业63家;80个产品被认定为省高新技术产品,113个产品被认定为市高新技术产品。市政府出台《淮安市科技型企业小额贷款保证保险业务实施办法》,正式开展科技型企业小额贷款保证保险业务。全市共有13个项目获科技部国家创新基金项目批准立项,总资助额达1015万元,创历史最高纪录。江苏淮阴经济开发区正式更名为江苏省淮安高新技术产业开发区,成为淮安市首个省级高新技术开发区。涟水经济开发区新港电子(PCB)产业园和淮安清河软件园被认定为省级科技产业园,至此淮安市省级科技产业园增加到8个。

以特色优势产业提档升级和高效农业产业化为主题，切实加强科技项目的组织和实施。全年共组织实施国家重点项目1项，省级项目46项，市级项目103项。已建成省级农业科技园4个、农业科技型企业25家、科技型农业专业合作社15家、农村科技服务超市19家。新建市级农业科技园5个、农业科技型企业15家、科技型农业专业合作社10家、农村科技服务超市4家。全市已有省级农村科技特派员350人，市级科技特派员1530人，实现了所有行政村(居)的100%覆盖。“淮安红椒”项目获国家科技富民强县专项行动计划立项，“高产优质多抗小麦品种淮麦20”等12项农资科技新产品、优质品牌农产品进入江苏农村科技服务超市总店名录。11个项目获得省农业科技支撑计划项目立项，总数位居苏北第一，获省330万元资金支持，同比增长57.14%。

大力推进研发机构建设，新建市级科技创新载体平台78个，其中研究院3个，重点实验室6个，科技公共服务平台12个，院士工作站7个，工程技术研究中心50个。新建省级科技创新载体平台23个，其中科技公共服务平台(特色业务类)3个，工程技术研究中心6个，研究生工作站14个。全市高新技术企业和大中型工业企业研发机构建有率达99%，苏北第一。完成全市科技创新创业平台体系建设行动方案和2012～2016全市科技创新创业平台规划布局。全市省级以上孵化器孵化面积超过80万平方米，科技孵化器在孵企业205家。

不断加快国内外科技创新要素集聚，全面推进产学研结合与国际科技合作。组织完成科洽会签约项目460项，大院名校重点合作项目60项，国际合作项目20项。淮安市政府分别与中国矿业大学、南京林业大学、南京农业大学、河海大学签署全面合作协议。共新建大院名校产学研合作载体7个，在淮高校产学研合作载体6个，组织重大产学研活动30次，对接高校院所数120多个；实现向上争取项目11项，其中1项重大载体项目、10项产学研面上项目，争取资金支持505万元。制定出台了《淮安市产学研合作大院名校创新专项资金管理办法(试行)》，设立了总额700万元的产学研合作大院名校专项资金。

2012年，全市专利申请9325件，同比增长36.01%。其中：发明专利1484件，同比增长53.46%；实用新型专利1900件，同比增长82.17%；外观设计专利5941件，同比增长22.60%。专利授权3140件，同比增长58.27%。其中：发明专利276件，同比增长23.21%；实用新型专利1169件，同比增长52.21%；外观设计专利1695件，同比增长70.87%。

全面落实《淮安市中长期人才发展规划纲要》(2011－2020年)，出台了《淮安市2012年科技人才工作实施意见》，继续加大科技人才的引进、培育力度，有7人入选省高层次创新创业人才引进计划，5人入选企业博士计划，1人入选省产业教授，11名企业家入选省“科技企业家培育工程”；组织80名科技型企业负责人参加各类培训班学习；市“千人计划”专家人才库新入库专家180名。

【**文化事业**】 新编淮剧《鸡村蛋事》荣获省舞台艺术精品工程，淮海戏《秋月》获得省“五个一工程”奖。《鸡窝风波》荣获中国小戏“最佳推荐剧目奖”，本土电影《渔舟唱晚》获得长春电影节特别贡献奖。全市万人拥有公共文化设施面积达1252.9㎡，超过全省“十二五”末目标，新增农村有线电视10万户、数字电视用户10.6万户，有线电视入户率达90.5%。编制了清口水利枢纽、里运河文化长廊等总体保护规划，完成洪泽湖大堤高堰段保护与整治、周信芳故居及陈列馆维修改造等，大云山汉墓入选全国十大考古新发现。闽桥莲湘等7个项目获省级非遗保护，淮剧传承基地挂牌运行。全市90%网吧实现连锁化经营，荣获市吴承恩文学艺术奖一、二等奖多项，大师宋长荣获得中国戏曲表演艺术“终身成就奖”。

【**卫生事业**】 医改深入推进，新农合实现应保尽保，补偿封顶线全市统一提高到18万元；城乡一体化15分钟健康服务圈项目荣获世界卫生组织“健康城市创新发展奖”；首发全国第一张具有标准金融功能的居民健康卡；淮医品牌建设宁港签约会共签约19项合作协议；共引进硕士(副高)以上高层次医学人才153名，发表SCI论文80余篇；成功举办海峡两岸苏台医院院长论坛、三大院士论坛等46场极具影响力的淮医系列论坛；举办第四届中国淮医惠民大行动，为70余万60岁以上的城乡居民进行了10项免费体检，免收各种检查费1.4亿余元；创成1个国家慢性病综合防控示范区，2个全国示范社区卫生服务中心，1个“江苏省社区卫生服务先进区”。市急救中心荣获“全国卫生系统先进集体”称号。

【**体育事业**】 开展形式多样、内容丰富的群众体育活动，积极打造“十分钟体育健身圈”。创新形式举办了第六届省全民健身运动会开幕式，获得江苏省体育局授予的开幕式特别贡献奖。联合开展“舞美淮安·健康生活”活动，主题曲《淮安节拍》获市五个一工程奖。参加省赛金牌数、奖牌数、总分全部进入前六名。承办全国以上比赛3次、省级比赛15次，第四届“韩信杯”象棋国际名人赛、全国竞走冠军赛暨奥运会选拔赛、CCTV5《武林大会走进淮安》等重大赛事组织工作取得圆满成功，获得全国以上体育竞赛最佳赛区、优秀赛区。持续加大体育彩票销售力度，销售额实现大幅提升，获得2012年度省体育彩票工作先进单位称号。金湖县、盱眙县创成江苏省体育强县。

连云港市

【**国民经济概述**】 综合实力继续增强。2012年GDP达到1603.42亿元，增长12.7%；增幅居全省第5位，总量较上年增加192.90亿元。人均GDP达到36470元，较上年增加4351元，增长12.6%。其中市区人均GDP达到51556元。

产业结构更趋合理。第一产业增加值232.40亿元,增长5.7%;第二产业增加值736.14亿元,增长14.3%;第三产业增加值634.88亿元,增长13.3%。三次产业结构调整为14.5∶45.9∶39.6,第一产业比重保持稳定,与上年持平;第二产业比重在转型升级中略有下降,较上年下降0.5个百分点;第三产业比重提高0.5个百分点,产业结构更趋合理。

县域经济加快发展。县域GDP实现1039.42亿元,增长13.3%;比全市增幅高0.6个百分点,总量占全市比重达到64.8%。其中,赣榆、东海、灌云、灌南分别实现生产总值331.36亿元、277.3亿元、220.29亿元、210.47亿元,分别增长14.7%、12.6%、12.8%、12.6%。赣榆、东海两县达到全面小康标准,向省申报验收。但县域经济发展仍面临一些问题。一是产业结构欠佳;二是服务业发展滞后;三是开放经济水平低;四是人才和技术短缺。

【农林牧渔业】 粮食生产连续丰收。粮食播种面积746.4万亩,比上年增加14.5万亩,增长2.0%;亩产484.1公斤,增长1.9%;总产量361.4万吨,增长4.4%,连续十年丰产丰收。

高效农业规模不断扩大。新增高效设施农业10万亩、高效渔业10.3万亩,建成千亩连片基地81个、万亩连片基地8个。燕尾港获批为国家一级渔港。农业产业化水平稳步提升,新增省级农业产业园区2家、市级以上龙头企业42个,农业适度规模经营比重达到65%。

农业标准化、外向化水平不断提高。新增无公害、绿色、有机农产品485个,国家地理标志保护农产品达7个。灌南县获批省级食用菌农业标准化示范县,花果山蔬菜和赣榆泥鳅出口农产品质量安全示范区通过国家级认定。完成农产品出口4.1亿美元,增长10%。

畜牧生产整体较好。年末生猪存栏170.30万头,增加8.64万头,增长5.3%,其中母猪存栏30.90万头,增长6.7%;出栏306.27万头,增加15.68万头,增长5.4%。家禽存栏1544.35万只,增加21.44万只,增长1.4%;出栏3469.11万只,增加288.24万只,增长9.1%。羊存栏17.80万只,增加0.88万只,增长5.2%;出栏38.03万只,增加0.56万只,增长1.5%。牛存栏5.77万头,增加0.52万头,增长9.9%;出栏10.56万头,增加0.16万头,增长1.5%。

【工业和建筑业】 工业经济稳中有进。大力实施"双千双百"工程,着力提升产业规模化、集聚化、高端化水平,规模以上工业产值达到3353.48亿元,增长26.8%。完成增加值672.47亿元,增长17.3%,居全省第3位。

主导产业总量加快壮大。"三新一高"(指新医药、新能源、新材料、高端装备制造业)产业实现产值1514亿元,增长21.2%。其中,"新医药"保持较快发展,实现产值282亿元,增长35.6%;"新能源"实现产值338亿元,增长0.3%;"新材料"实现产值345亿元,增长17.2%;装备制造业实现产值806亿元,增长18.0%。

轻、重工业协调增长。全市规模以上工业中,轻工业完成产值933.00亿元,增长28.4%,增幅高于规模以上工业平均水平1.6个百分点;重工业完成产值2420.48亿元,增长26.1%,增幅低于规模以上工业平均水平0.7个百分点。规模以上工业产值轻重结构为27.8∶72.2。1271个规模以上工业企业中有出口实绩的133户企业完成出口交货值129.78亿元,增长15.5%,总量占全部规模以上工业销售产值的4.0%。

主要行业稳步发展。全市35个工业行业大类中有九个行业产值突破百亿元,九个行业合计完成产值2523.11亿元,增长26.8%,总量占全市规模以上工业的75.2%。其中六个行业完成产值占全部规模以上工业总产值的比重超过5%。

骨干企业支撑有力。产值20强工业企业完成产值超过1000亿元,达到1342.88亿元,增长27.7%,高于规模以上工业平均水平0.9个百分点。总量占规模以上工业产值的比重达40.0%,净增产值291.36亿元,对规模以上工业总产值增长贡献率达41.1%,拉动规模以上工业总产值增长11.0个百分点,有力支撑了全市工业经济的平稳运行。

建筑产业快速增长。建筑业总产值430.64亿元,增长16.9%;建筑业增加值152.83亿元,增长12.0%;在外省完成产值158.54亿元,增长11.8%。新增建筑业企业8家。现有总承包和专业承包建筑业企业231家,行业总资产达到257.43亿元,增长25.1%。

【固定资产投资】 投资高开稳走。固定资产投资1280.88亿元,较上年增加237.69亿元,增长22.8%,居全省第2位。增速以年初的29.6%高开,到上半年的22.4%,到全年的22.8%。全年呈现了高开稳走的良好运行态势。

三次产业投资协调发展。第一产业完成投资20.98亿元,增长133.2%,占固定资产投资完成额的1.6%;第二产业完成投资870.86亿元,增长23.1%,占固定资产投资完成额的68.0%;第三产业完成投资389.03亿元,增长19.1%,占固定资产投资总额的30.4%。

新兴产业投资向好。新兴产业完成投资234亿元,增长16.3%,占规模以上工业投资的27.3%。其中,新能源产业投资增长34.6%;新医药产业投资增长3.4%;新材料产业投资增长43.7%;高端装备制造产业投资增长26.9%。新兴产业项目的快速推进和加大投入,有效拉动了全市工业投资的稳步增长。

重大项目全力推进。国家东中西区域合作示范区建设全面展开,徐圩新区"一区七园"发展格局初步形成,示范区重大功能平台建设加快推进,出口加工区二期封关运作。列入省、市沿海开发三年计划的180个重点项目如期推进,完成投资1269亿元。重点建设项目数量增多,在建项目1327个,其中,新开工投资项目834个,同比增加63个,计划总投资1083亿元,完成投资588.1亿元,增长14.1%。亿元以上项目467个,较去年增加84个,其中亿元以上新开工项目248个,同比增加47个,计划总投资808亿元,完成投资354.1亿元,增长18.0%。列入今年全市重点建设计划的500个投资项目,计划总投资1040亿元,进展顺利。229个计划新开工项目推进正常。

【交通运输和信息通讯业】 港口建设强力推进。"一体两翼"组合大港加速形成。主体港区成为全国低碳试点港和科技示范港。集疏运体系逐步完善。旗台作业区铁路专用线主体完工,矿石带式输送机工程有序推进。北疏港公路、徐圩港前大道、徐新公路、242省道、310国道加快建设,临海高等级公路埒子口至青口段简易通车。全长120公里的港产城联动发展交通大动脉海滨大道开工建设。连盐铁路建设前期工作积极推进。新开国际集装箱航线8条,3条铁路班列纳入全国客车化运营,率先开通经霍尔果斯口岸出境的集装箱班列。港口完成货物吞吐量1.85亿吨,增长11.4%,集装箱502万标箱,增长3.5%。

交通运输呈现新局面。公路客运量1.59亿人次,增长10.4%,较上年提高0.7个百分点;旅客周转量64.29亿人公里,增长10.6%;货运量1.31亿吨,增长16.2%;货运周转量88.93亿吨公里,增长14.2%。水运客运量25.24万人次,增长2.1%,旅客周转量5737万人公里,下降19.0%;内河货运量完成1725万吨,增长6.4%;货物运周转量121.22亿吨公里,增长6.8%。民航连云港机场飞机起降达6229架次,增长15.2%;旅客吞吐量48.38万人次,增长5.0%;货物吞吐量3611吨,增长6.9%。

邮政通讯业务稳步发展。邮政通讯业务收入33.04亿元,增长11.0%;其中邮政业务收入3.64亿元,增长27.2%。年末电话用户数486.70万户,增长6.0%;其中移动电话用户383.09万户,增长8.5%。互联网用户281.31万户,增长33.8%。

【国内贸易和市场物价】 消费消费品市场平稳运行。实现社会消费品零售额575.49亿元,增长15.0%,居全省第6位。其中,批发业零售额57.90亿元,增长19.7%;零售业零售额467.36亿元,增长15.2%;住宿业零售额8.36亿元,增长18.4%;餐饮业零售额41.88亿元,增长6.9%。

刚性需求持续不减,中高端消费趋于谨慎。刚性需求中,食品烟酒类消费增长31.1%,服装鞋帽类消费增长16.3%,化妆品类消费增长27.8%;而家电、家具、汽车等中高端消费明显偏冷,其中家电消费增长2.6%,家具消费下降10.4%,汽车消费增长4.6%。

汽车及成品油消费放缓。汽车类零售额38.72亿元,增长4.6%,增速较上年回落2.1个百分点;受到汽车消费减缓等因素的影响,石油及制品类零售额41.23亿元,增长24.3%,增速较上年回落38.7个百分点。

物价水平保持平稳。物价稳定是宏观经济政策的四大目标之一,国家采取一系列相关措施来保证物价平稳,避免出现物价的大幅波动。城市居民消费价格指数从一季度开始到三季度均保持在102.7%~102.8%较高水平,从1~10月开始出现下降趋势,到年末下降为102.3%。

【对外经济】 开放型经济快速发展。高标准举办连云港之夏旅游节暨沿海开发经贸洽谈会、首届东中西区域合作论坛暨西游记文化节等经贸活动,吸引16个国家和地区的400多家客商、37家世界500强企业来连投资洽谈。以更大的步伐"走出去",设立5个境外招商机构,在韩国、新加坡、香港、台湾等国家和地区高质量举办大型经贸招商活动,港口、物流、旅游等49个项目成功签约,71个重大招商引资项目有序推进。直接利用外资7.34亿美元,增长20.3%。内联客方到位资金611亿元,增长15.9%。支持企业开展境外投资,新核准境外投资项目5个,对外直接投资1.1亿美元。完成外贸进出口80.02亿美元,增长16.0%。国际服务贸易达到13.2亿美元,增长62%。

【财政、金融和保险业】 综合财力进一步增强。财政总收入564.74亿元,增长22.1%。其中,公共财政预算收入208.94亿元,增长16.0%,增幅居全省第4位。主要税种中营业税为67.33亿元,增长61.6%;增值税、企业所得税实现16.59亿元、13.09亿元,分别增长6.8%、3.6%。公共财政预算收入占地区生产总值比重为13.0%,较上年提高0.3个百分点。

金融信贷稳健运行。年末金融机构存款余额1538.04亿元,比年初增加149.35亿元。其中,企事业单位存款756.75亿元,比年初增加33.37亿元;居民储蓄存款732.79亿元,比年初增加103.37亿元。

保险事业蓬勃发展。保险费总收入38.99亿元,增长10.9%,较全省平均水平高2.5个百分点,增幅居全省第4位。从保险构成看,人身险收入23.47亿元,占保险费总收入的60.2%。财产险保费收入12.83亿元,占保险费总收入的32.9%。健康险保费收入1.77亿元,增长31.2%。

【科技教育卫生和社会保障事业】 科技创新工作取得新进展。创新能力持续提高。新认定国家级高新技术企业30家、企业技术中心1家,创建两化融合示范试点企业25家,大中型工业企业研发机构实现全覆盖。创新资源加快集聚,争取国家重大科技专项8项,实施星火计划项目70项。高新技术产业完成产值1300亿元,占规模以上工业总产值的37%。组织实施"三百引才"等人才集聚工程,引进高层次创业创新人才900人、领军人才48人,2人入选国家千人计划、10人入选省"双创"计划,人才支撑不断强化。

教育事业成绩显著。学前教育三年入园率达96.36%,义务教育阶段入学率达100%,初中在校生巩固率达99.66%,高中阶段教育毛入学率达96.86%。师资队伍发展水平进一步提升,26名教师被评为省第十二批特级教师。校安工程新建、重建项目开工面积19.5万平方米,加固项目开工面积10.2万平方米,拆除项目完成12.8万平方米。

卫生工作有序开展。基本医疗卫生服务体系加快完善。城乡"15分钟健康服务圈"基本建立,全市县、乡、村卫生服务网络健全率达100%,新增2个省级示范社区卫生服务中心和7个省级示范乡镇卫生院。公共卫生服务成效显著。人均基本公共卫生服务经费增至25元,服务项目由9类22项扩展到10类41项。新增农村无害化卫生厕所6万座,无害化卫生户厕普及率达62%。

社会保障事业实现新发展。就业服务体系建设跨上新台阶。城镇新增就业8.07万人,城镇登记失业率控制在2.44%。社会保障体系建设迈出新步伐。全市企保、职工医保、失业、工伤、生育保险参保人数分别达49.66万人、67.55万人、32.35万人、38.72万人、35.14万人,比上年末分别增加6.12万人、6.84万人、2.61万人、2.01万人、1.75万人。

【文化宣传和体育事业】 文化服务体系进一步完善。强力推进国家公共文化服务示范项目社区文化中心建设。选择100家农家书屋试点建设200个阅报栏,对全市596家农家书屋图书进行更新。新发展有线电视用户4.68万户,增加数字电视用户16.9万户,25个乡镇广播电视站建设达标。推进文化体制改革创新,组建女子民乐团、歌舞剧院、淮海剧团、文化艺术中心四位一体的演艺中心。组织指导33个项目申报省级文化产业引导资金,7个项目获引导资金610万元。

实现体育基本服务均等、普惠化。完成10个街道、50个社区健身点建设,形成城区三级全民健身设施网络,城市"10分钟体育健身圈"基本架构初步形成。推动单项运动协会和人群体育协会等覆盖延伸到乡镇街道,基层体育俱乐部建成率达100%。组队参加田径、游泳、球类等20个大项的省年度锦标赛,获得38枚金牌、28枚银牌、34枚铜牌、1151分的优异成绩。开展体育系统场馆资源综合开发经营的研究,积极探索新的管理体制和运行机制,提高设施综合利用率和运营能力,为群众提供了多样化的公共体育服务。

【城市建设和环境保护】 城乡建设快速推进。以城市组团开发为主线、以重点工程推进为突破、以完善城市功能为重点,强化城市品质提升、注重海滨特色彰显。实施城建项目906个,年内完成投资556亿元。其中,市区计划实施城建项目402个,年内完成投资248亿元。建成区面积扩大到140平方公里。

基础设施不断完善。全长33.1公里BRT一号线工程建成运营;新增城市道路54万平方米。背街小巷整治力度加大,修建便民道路80余条,整治人行道路50余万平方米。实施供水、污水、天然气等公用事业重大项目6项,城市供水普及率达100%,城市污水处理率达82%。城市饮用水源安全保障工作稳步推进,沙板桥污水泵站及配套污水管道已建成运行;新建改建供水管网25公里,新建污水管网46公里;新增小区管道燃气用户共11000户,完成海宁东路、汇海路、纵五路等城市中压燃气管道约28公里。

水利建设稳步推进。投入7.3亿元重点实施小型农田水利建设、灌区节水改造、农村饮水安全、农村河道疏浚整治、农村小型桥梁工程、基层服务体系建设等农村水利基础设施建设。加固加高圩堤26.1公里,疏浚县乡河道236条,整治村庄河塘2148条,新建、改造泵站355座16165千瓦,新建防渗渠道879.45公里。新增有效灌溉面积30.37万亩,新增旱涝保收田面积55.51万亩,新增节水灌溉控制面积78.06万亩,年增节水5606万立方米;专项安排资金用于农村河道长效管护。

园林绿化扎实开展。全面推进国家园林城市创建工作,全年投资9.2亿元实施111个园林绿化项目,新增绿地380多公顷。东盐河景观绿化工程、朝阳桥游园等绿化工程已经竣工;孔望山公园、中华楹联园、新浦公园、北崮山生态公园等公园绿地等重要河滨绿化进一步完善实施;建设东路、红砂路等道路绿化工程付诸实施;动物园、园博园、大型公园稳步推进。

环境保护工作取得新成效。全市空气质量总体较好,市区环境空气质量优良天数达到321天,优良率87.7%;饮用水源保护工作得到加强,4座水质自动监测站24小时监控水质状况,每周发布水质报告;生态创建工作加快推进,全市有22个乡镇、街道建成污水处理厂,64个乡镇建成垃圾中转站,农村生态环境明显改善,加快开展PM2.5监测,并于年内规范性发布。声环境质量优于国家标准。

【人口及人民生活】 人口变动平稳。城市化水平明显提升。年末常住总人口440.69万人,同比增加2.08万人;其中市区109.74万人,增长0.6%。常住人口出生率11.49‰,下降0.07个千分点;自然增长率4.73‰,上升0.45个千分点。年末户籍总户数139.81万户,其中市区29.57万户;户籍总人口510.99万人,其中市区96.65万人。户籍人口出生率18.87‰,提高5.55个千分点;自然增长率11.79‰,上升1.56个千分点。人口计划生育率91.07%,独生子女率55.54%,上升0.4个百分点。城市化率达54.4%。

居民收入快速提高。城市居民人均可支配收入24342元,增长12.2%,人均消费15615元,增长10.7%;农民人均纯收入9589元,增长13.7%,人均消费6210元,增长13.0%。

宿 迁 市

国 民 经 济

·工业经济·

【综述】 2012年,全市工业经济积极应对复杂的宏观环境,努力化解市场不旺、竞争加剧、成本增加、价格下跌等矛盾和问题,总体保持快速健康发展的良好态势。全市工业经济运行总体呈现"六个突破"特点:一是规模总量实现突破。规模以上工业增加值突破500亿元,实现571.9亿元,增长20.6%,增速连续九年保持在20%以上、连续八年位居全省第一,高于全省8.0个百分点,占全省总量比重超过2%,达到2.15%;工业用电量79.9亿千瓦时,总量首次超过连云港市,增长幅度21.0%,位居全省第二;规模以上工业主营业务收入突破2000亿元,达到2040.5亿元,增长36.2%。二是企业培育实现突破。规模以上工业企业总数突破2000户,达到2022户、净增230户;主营业务收入超亿元企业总数突破300户,达到360户、净增120户;洋河股份开票销售突破200亿元、跻身FT全球500强;德顺纺织、箭鹿集团等18户企业主营业务收入超10亿元、净增5户。三是增量培育实现突破。全市工业投资650亿元,增长25.9%,增速位居全省第三位,其中技改投资405亿元,增长27.2%,增速位居全省第一。70个省级工业经济新增长点项目实现新增销售收入279.3亿元、利税52.4亿元,对规模工业增长的贡献分别达到43.3%和45.2%。四是转型升级实现突破。新兴产业实现销售收入450亿元、增长44%,高新技术产业实现销售收入316.9亿元、增长63.6%,分别高于规模工业销售收入增速7.8个和27.4个百分点。新批省级企业技术中心6个,总数达25个,开发新产品新技术210个,通过鉴定175个,其中国家级1个,省级以上129个;新批“新箭鹿”、“福庆”、“双星”3件中国驰名商标,累计达13件,总数位居苏北第二。五是产业集聚实现突破。四大支柱产业实现销售收入1295.5亿元、增长38.5%,占全市规模工业的63.5%。酿酒食品产业接近500亿元规模,林木加工产业达到300亿级,纺织服装、机械电子产业达到200亿级。新增省中小企业产业集聚示范区2个、省特色产业集群2个、省特色产业区2个。宿迁经济开发区获批为国家级经济开发区,苏宿工业园区成为同类首家省级经济开发区,宿豫经济开发区获批为江苏省高新技术产业开发区,成立市区六大新兴产业集聚区。六是效益水平实现突破。全市规模以上工业实现利税超过300亿元,达到321.8亿元,增长47.4%,利润超过200亿元,达到226.8亿元,增长46.8%。

【新型工业化】 2012年,全市围绕“一三六七”战略部署,积极化解各种不利因素影响,在转型升级中不断加快新型工业化进程,市政府连续七年在春节长假后第一个工作日召开专题新型工业经会议,并先后在县区召开了中小企业产业集聚、工业投资、节能工作、信息化工作等4次全市现场推进会,采取了重点企业问题重点会办等一系列帮扶举措,有力促进全市工业加快经济发展保持快速增长的良好势头。一是发展速度持续领先。全市规模以上工业实现增加值571.9亿元,增长20.6%,高于目标0.6个百分点。完成工业固定资投资650亿元,增长25.9%,高于目标0.9个百分点。102个重点工业投资项目完成投资214亿元,完成目标任务的101.4%。二是企业规模不断壮大。全市新增规模以上工业企业230户,完成目标任务的100%。新增主营业务收入超亿元工业企业120户,完成目标任务的6倍。新增主营业务收入超10亿元工业企业5户,完成目标任务的100%。三是产业质态加速优化。规模以上工业销售收入达到2040.5亿元、增长36.2%,其中四大传统产业实现销售收入1295.5亿元、增长38.5%,新兴产业实现销售收入450亿元、增长44%。新增省中小企业产业集聚示范区2个、省特色产业集群2个、省特色产业基地4个。新增省级两化融合示范试点企业24户、市级两化融合示范试点企业22户、建设两化融合重点项目26个。新增市级管理创新优秀企业和示范企业20户、信用管理贯标企业108户、信用管理示范企业20户。四是品牌创建再获丰收。全市“双星”、“福庆”、“新箭鹿”三件中国驰名商标,累计达到13件,位居苏北第二。新增省著名商标31件,完成目标任务的124%。新增市级以上企业技术中心26家(其中省级6家),开发市级以上新产品175个(其中国家级1个、省级129个)。五是载体建设成效明显。宿迁经济开发区获批为国家级经济技术开发区,宿豫经济开发区获批江苏省高新技术开发区,苏宿工业园区有南北产业共建园区中首家获批省级经济开发区。开发区规模以上工业增加值、公共财政预算收入、进出口总额分别占全市的50.1%、51.2%94.7%,其“火车头”、“领头羊”的作用日益凸显。六是服务水平全面提升。在全省首创地票交易制度,争取用地计划指标3.08万亩、同比增加11.3%。创造性实施创新券制度,首期向500户中小企业无偿发放2500万元创新券,带动企业1:8.5的科技投入。引导银行向上争取信贷规模,探索多元化融资渠道,加大政银企业对接力度,全年新增贷款242.9亿元,其中新增企业贷款占到一半。

【信息化与工业化】 2012年,宿迁市认真落实省经信委《关于实施江苏省信息化与工业化深度融合“百千万”工程的意见》、《市政府关于进一步加快信息化建设的实施意见》,大力实施“121”工程,建成省级“两化融合”示范试点企业10个以上、市级“两化融合”示范试点企业20个以上、信息化改造提升1000家企业。积极开展“两化融合进企业”活动,切实加强“管控模式优化与完善”等20个涉及纺织服装、机械电子、食品、新材料等行业的“两化融合”重点项目建设,投入信息化改造计划项目资金总计1.32亿元。在规模以上企业中,60%的企业建立了门户网站,50%的企业建立了独立的信息部门;全市规模以上企业装备自动化率达到70%,计算机辅助设计率达到90%,企业利用信息技术开展生产、管理、创新活动的比例超过40%,企业开展电子商务普及率达到42%。全市获得省级“两化融合”示范试点称号企业24家、省级“两化融合”研发设计类示范企业2家、省级“两化融合”供应链管理类示范企业1家、省级五星级“数字企业”4家、市级“两化融合”示范试点企业20家。“两化融合”示范区建设工作得到有效推进,泗阳经济开发区被评为我市首个获得的“江苏省信息化和工业化融合示范区”,宿迁经济开发区、宿城经济开发区被评为省“两化融合试验区”。

【白酒业】 白酒产业是宿迁市重要传统产业,全市共有白酒企业300余户,其中规模以上白酒企业近50户,全年累计生产白酒50.4万千升,同比增长41.3%。形成了酿酒、制曲、包装、物流等较为完善的产业链,以酿酒业为主导产业的洋河双沟酿酒产业集群已经形成,酿酒产业集群被省经信委批准为省级产业集群,并成为省级特色产业基地。全市白酒业已拥有多个省级名牌产品和中国驰名、省级著名商标,其中中国驰名商标5个,分别为洋河、双沟、蓝色经典、珍宝坊、梦之蓝,成为全国唯一的一座同时拥有两大名酒、五个中国驰名商标(白酒)的地级市。

【木材加工业】 林木加工是宿迁市传统支柱产业,在促进经济发展、劳动力就业和林业资源等方面具有重要意义。对社会贡献十分突出,以临河、桑墟、贤官为代表的众多乡镇因发展林木加工业而成为工业强镇,林木产业上缴税收占当地乡镇财政收入的比重达到90%以上

产业规模不断壮大。宿迁市林木加工产业起步于20世纪90年代初,现有规模以上企业487家,占全市规上企业数的26.3%,实现销售收入317.17亿元、利税41.72亿元,分别占全市规模以上工业总量的15.5、13.0%、。

门类全面品种齐全。市场常见的板材产品宿迁市都能生产,涵盖中高密度纤维板、胶合板、细木工板等多种产品。2012年全市共生产各种规格的人造板1566.15万立方米,全市密度板生产线达到19条,年生产能力175万立方米,在全省排名第一;画材生产能力2万立方米,占全国出口量的80%以上。

产业集群效应明显。企业数量众多,全市林木加工业有3000多家企业。地理上相对集中,主要集中在沭阳、泗阳两县,林木加工业占两县工业经济的比重高达30%以上。企业间联系紧密,形成了原木、旋切、板材、家具、胶水等各部门的分工合作。

【建材工业】 建材行业是宿迁市传统产业之一,拥有规模以上企业60多家,2012年主要建材产品产量上升较快,其中钢化玻璃达1601.7万平方米,增长34.3%;水泥产量达392.1万吨,同比增长60.1%;人造板产量达1506.1万立方米,同比增长19.1%。南钢金鑫轧钢、宿迁砂矿、秀强玻璃、苏华达、沂淮水泥、新三水水泥等骨干企业取得了长足发展。

【纺织工业】 宿迁市纺织服装业起步于上世纪六十年代,经过近年来的加快建设和发展,已形成纤维、纱线、布料、服装等生产和销售链条,成为我市支柱产业之一。

产业规模迅速扩张。2012年,宿迁市现有纺织服装规模以上企业252户,占规模企业总数的13.6%,实现销售收入265.3亿元、利税27.34亿元,分别占全市规模以上工业总量的13.0%、8.5%。

技术装备水平明显提升。企业技术装备水平快速提升,新一代棉纺织设备基本形成完整的配套,特别是清梳联、精梳机、自动络筒机、无梭织机等取得较大突破。产品档次不断提升,由低支纱、普通面料等发展到高支纱、精纺面料,棉纱的支数最高达到120支,毛纺支数最高达150支,绢纺支数最高达300支。

发展后劲不断增强。通过承接南北产业转移,翔盛粘胶、恒力工业园、海欣申禾、晨风服饰等一大批龙头型纺织服装企业相继建成投产;以箭鹿集团、泗绢集团、玖久集团等为代表的本土企业不断发展壮大,提升了纺织服装产业的整体竞争力。纺织服装企业出口多年位居全市行业出口总额的第一位,出口市场市场扩展到80多个国家和地区,形成多元化市场格局。

【乡镇企业】 2012年,全市1350家规模以上乡镇工业企业实现销售收入1094.3亿元、利税126.2亿元、利润78.2亿元,同比分别增长21.6%、20%、25.7%,分别占全市规模以上工业的53.6%、39.2%、34.5%。乡镇工业企业年内完成投资207.4亿元,新增固定资产投资167.2亿元,实现劳动者报酬71.4亿元,同比增长25.2%。全市乡镇工业集中区累计新建标准厂房882.25万平方米,入驻企业总数达到4762家。

【中小企业】 2012年,宿迁市中小企业得到进一步发展,主要经济指标增幅均在20%以上,规模以上企业总量不断增加,占全部规模以上企业的比例较去年提高3-5个百分点。全市1828家规模以上中小企业实现销售收入1614.3亿元、利税177.6亿元、利润121.4亿元,同比分别增长36.8%、57.9%、55.4%,分别占全市规模以上工业的79.1%、55.2%、53.5%。培育新增省中小企业创新能力示范企业、高成长型中小企业、科技型中小企业、五星级数字企业、专精特新产品,分别达到12家、14家、60家、4家和7个;启动千家"数字企业"创建活动,为企业数字化提供了翼机通、协同通信、天翼移动办公、网络传真、总机服务等产品,全市"数字企业"188家,其中五星级11家,四星级19家,三星级158家。以促进中小企业提档升级为核心,大力实施助推举措,努力促进工业经济转型升级。开展了中小企业服务年、中小企业"百企帮扶五个一"、市级领导挂钩帮扶企业等活动,动员和组织开展服务中小企业"十大行动"、"微小企业进规模、规模企业超亿元、亿元企业上台阶"活动,推进"千企升级行动"计划。举办23次银企项目签约会,落实融资项目3093个,协议贷款374.59亿元;编印《推动企业发展政策汇编》、《推进中小企业发展政策150问》等宣传材料6000多份,市、县(区)有关部门先后组织3200多人次,深入到3000多家企业宣传政策,累计发放各类政策宣传材料3万多份。创建江苏省特色产业集群2个、省级中小企业产业集聚示范区2个、省级小企业创业示范基地3个、省三星级公共服务平台3个、市级中小企业产业集聚示范区5个,沭阳县、泗阳县获得江苏省林木加工特色产业基地称号、苏宿工业园区获江苏省电子信息特色产业基地称号。

·农业和农村经济·

2012年,在市委、市政府坚强领导下,宿迁农业开发工作紧紧围绕服务农业现代化建设和统筹城乡发展等市委市政府中心工作,按照"项目建设好、资金使用好、队伍打造好"的总体要求,继续大力弘扬"开拓、开创、开放"的新时期农发人精神,坚持以科学规范管理作为提升项目管理水平的前提和基础,以不懈创新作为提升工作推动力的源泉和灵魂,努力践行"情系三农,开发为民"宗旨,各项工作呈现不竭的动力和活力,农业开发事业正不断向更高、更强迈进。

【社会主义新农村建设】 2012年,全市农民集中居住区新建住房6.55万套,其中,"三靠近"居住区4.37万套,涌现出沭阳县北丁集乡周王村、泗阳县王集镇太阳城、泗洪县瑶沟乡新庄花园、宿豫区王官集镇林海庄园、宿城区龙河镇将军里等规模大、配套全、环境美的优秀集中居住区。沭阳县塘沟镇胡塘桥村、沭阳县耿圩镇闸西村、泗阳县众兴镇界湖居委会、泗阳县裴圩镇裴圩居委会、泗洪县瑶沟乡大庄村、泗洪县陈圩乡颜莲村、宿豫区蔡集镇张油坊村、宿豫区关庙镇关庙社区、宿城区洋北镇张庄村、宿城区南蔡乡长庄村等10个村(居)获得"江苏省社会主义新农村建设先进村"称号。

【农民专业合作社】 贯彻实施《中华人民共和国农民专业合作社法》和《江苏省农民专业合作社条例》,开展"五好"农民专业合作社示范社创建活动,截至2012年年底,全市市级以上"五好"示范社累计达到210个,其中国家、省、市级分别达到2、42、166个。示范带动能力明显提升;鼓励和引导农民合作社以产业为纽带,组建农民专业合作联社,截至2012年年底,全市累计成立合作社联社160个,其中当年新增合作联社81个,在奶牛、蔬菜、水产三个产业成立了市级合作联社,并且实现了苏合农产品销售合作联社县区全覆盖,大大降低了生产成本,提高了经济效益;创新人才培训,以制度化、快捷化为手段,将现代农业管理知识,以及"合作共赢、抱团闹市场"经营理念,传递给农民,实现了合作社经营者意识观念的大转变和经营管理水平的大提升。2012年,全市农民专业合作社共新增入社农户42.56万户,累计达到84.28万户,入社农户比重达到80.05%。

【村集体经济发展与"三资"管理工作】 推进村级"四有一责"建设和千村对标竞赛,村均集体经营性收入达到17.53万元,沭阳县被认定为江苏省首批村级"四有一责"示范县。开展"三资三化"示范县和示范乡镇创建活动,推进农村"三资"

管理规范化、制度化、民主化。加强集体财务管理薄弱村治理工作,开展村级财务审计,稳步建立民主监督、会计监督、审计监督、网络监督和责任监督的财务监管机制。“三资”信息管理平台在全市所有乡镇实现全覆盖,泗阳县、泗洪县分别被表彰为全国、全省“三资”管理示范县。

【土地流转和适度规模经营工作】 坚持先确定经营主体、后流转,先付租金、后用地的原则,推广土地资金以粮食实物作价的方式,完善土地流转机制,创新土地流转模式。2012年,各地按照县“八有”、乡“六有”、村“四有”的标准,建立了完善县、乡、村三级土地流转平台建设。按照“依法、自愿、有偿”的原则,鼓励农民采取入股、互换、出租、转包等灵活多样的模式推进土地流转;发展农村土地股份合作社,把农民土地承包经营权转化为长期的股权,建立了农民稳定获得土地收益的长效机制;突出重点区域农业适度规模经营,做大做强特色主导产业。抓好高速公路、一级公路、国省干道沿线两侧的土地规模流转。发展土地集中型、合作经营型、统一服务型等多种形式的适度规模经营。农村承包土地确权登记发证工作基本完成,全年新增土地流转面积66万亩,新增农业适度规模经营面积123.76万亩,累计达到425.64万亩,农业适度规模经营面积占耕地总面积的比重达到了65.29%。土地流转机制逐渐完善,土地规模经营步伐不断加快。

【“三来一加”工程】 围绕促进农民增收目标,发展“三来一加”项目建设,促进“三来一加”项目“扩量、提质、增效、集聚”,使越来越多的人变“找饭碗”为“造饭碗”,带动广大群众就业。全市新增“三来一加”规模项目2155个,累计达到4389个;新增“三来一加”从业人数11.99万人,累计达到30.5万人;新增“三来一加”专业村数210个,累计达到343个。

【农业产业化经营】 围绕加快实现农业现代化的目标,开展“五个一”示范创建活动和实施“四扩四提”工程,加快形成“生产有基地、加工有龙头、销售有市场、研发有中心”的产业化格局。2月份,组织8家重点龙头企业家代表到苏州开展农业产业化学习交流活动;4月份,组织13家市级以上龙头企业负责人参加全省龙头企业负责人培训班学习。9月份,组织全市8家龙头企业负责人到清华大学培训;10月份,组织全市28家优秀龙头企业积极参与2012·宿迁现代生态农业博览会展示展销活动;12月份,组织7家龙头企业参加全省农产品展销活动。全市县级以上龙头企业达到533家,其中:国家级4家,省级24家、市级150家;533家县级以上龙头企业实现销售收入450.25亿元,比上年增长34.9%;全市新增入驻农产品加工集中区和农业现代园区的企业达50家,累计入驻企业数达200余家;全市农业龙头企业自建和联结的粮食、蔬菜、林木花卉、水产等生产基地累计达到370万亩,畜禽、生猪、奶牛饲养量达到3.2亿羽(头),沭阳县新河镇被认定为第二批全国“一村一品”示范村镇、宿城区南蔡乡等9个村镇被认定为首批江苏省“一村一品”专业示范村镇;近40余万农户与各级龙头企业建立了产供销联系,农民增收有了可靠保障。

【农业招商】 9月,市农业和农村经济工作领导小组出台了《宿迁市2012年度农业招商引资考核办法》(宿农组发〔2012〕16号),进一步加强对各县区农业招商工作的考核。10月份,在2012·宿迁现代生态农业博览会上,发布农业重点招商项目109个,签约项目63个。全市全年实现农业招商引资额44.1亿元,新引进亿元项目17个,千万元以上项目114个。百威啤酒、青岛啤酒、达利园食品等重点企业落户宿迁。

【农业保险工作】 2012年全市种植业签单保费共计1.45亿元,承担风险总额为25.78亿元。高效农业保险签单保费共计1.43亿元,承担高效农业保险风险总额31.32亿元。高效农业保险保费比重为49.59%,位居全省第一。理赔方面,2012年全市农业保险赔款共计6838万元,其中主要种植业险种赔付4618万元,高效农业险种赔付2220万元。5月份小麦赤霉病发生后,全市上下按照省市的相关部署,采取放宽起赔基点、放宽理赔标准和放宽理赔时间的“三放宽”原则,全市赤霉病定损面积共47.23万亩,理赔金额共计3307万元,于2012年7月10日全面赔付到位,全市共计27.19万户农户已经足额领取了小麦赤霉病的赔款。

·第三产业·

【商贸流通】 2012年宿迁市实现社会消费品零售总额388.23亿元,比上年增长15.5%。其中,批发零售业335.4亿元、比上年增长14.1%,住宿餐饮业52.83亿元、比上年增长25.0%。限额以上批零、住餐饮业单位435个,其中,批发零售业289个,比上年增长43.8%,住宿餐饮业146个,比上年增长27.0%。

【市场建设】 实施“家电下乡”工程,年内销售家电下乡产品65.3万台、销售收入17.1亿元,向农民发放补贴1.9亿元。实施“万村千乡市场”工程,建成60家农家店、6个商贸中心、1个配送中心,全市“农家店”数累计达到1510家,其中村级店1370家,覆盖到全市乡镇和98%行政村。建成放心早餐经营网点85个,每天提供放心早餐2.2万份。市人民政府办公室出台《市区农贸市场规范化建设工作方案》,13个农贸市场实现升级改造。 (侍争春)

【对外贸易】 2012年宿迁市累计进出口26.7亿美元,比上年增长25.6%,其中,出口22.1亿美元,比上年增长25.7%。新增进出口经营权企业203家,年内进出口实绩企业累计449家。进出口超百万美元企业224家,其中,进出口500-1000万美元企业35家,超1000万美元企业63家。纺织服装、机电产品和塑料制品出口分别占全市出口总量26.7%、24.2%和14.4%,分列出口前三位。重点出口产品中,塑料手套出口比上年增长12.31%,胶合板比上年增长20.61%,玻璃制品下降5.88%。年内进口4.6亿美元,其中,超百万美元企业43家,超500万美元企业18家。主要原材料包括有机化学品、化学木浆、塑料原料、木薯干、镍矿、羊毛、皮革等。与世界197个国家和地区开展贸易。出口前三位国家是:美国、日本、马来西亚,分别为39530万美元、14525万美元和13576万美元。进口前三位国家是:日本、加拿大、韩国,分别为10005万美元、7635万美元和6971万美元。 (杨 耀)

【利用外资】 2012年宿迁市新批外商投资企业68家,比上年增长33.3%,协议注册外资72071万美元,比上年增长102.3%,实际到账注册外资5.08亿美元,比上年增长167.4%。其中:沭阳县新批外商投资企业13家,实际到账注册外资11452万美元;泗阳县新批外商投资企业9家,实际到账注册外资7720万美元;泗洪县新批外商投资企业21家,实际到账注册外资6550万美元;宿豫区新批外商投资企业4家,实际到账注册外资5008万美元;宿城区新批外商投资企业6家,实际到账注册外资5201万美元;宿迁经济开发区新批外商投资企业8家,实际到账注册外资2909.7万美元;苏州宿工业园区新批外商投资企业2家,实际到账注册外资12010万美元。 (李 华)

【对外经济技术合作】 全市有2家对外劳务合作资格企业、2家对外承包工程经营权资质企业和1个省级对外劳务合作服务平台。年内,外派劳务641人,外经营业额2400万美元。宿迁市久鼎式贸有限公司、翔天国际公司、华威贸易有限公司、江苏苏酒实业(香港)股份有限公司、科思化学(香港)有限责任公司和欧意之星贸易有限公司6家企业"走出去"境外投资(办事处),中方协议投资530万美元,销售机电产品、建筑装饰材料、汽车、纺织产品等产品。 (王正英)

【会展业】 第22届中国华东进出口商品交易会上海、江苏、浙江、安徽、福建、江西、山东和宁波九省市共同主办。2012年3月1日至3月5日在上海新国际博览中心举行。展会场地面积11.5万平方米,标准展位5880个,设置服装、家用纺织品、日用消费品和装饰礼品四大展区。宿迁市10家企业参展,展位18个,其中特装展位12个,参展展品主要以服装、节日用品、纺织面料等为主,意向成交1100万美元。第111届中国进出口商品交易会中华人民共和国商务部主办,中国对外贸易中心(集团)承办。2012年4月15日至4月4日在广州举行。宿迁市64家企业,300名代表参加,展位88个,其中一期展位33个,二期15个,三期40个,意向成交1.04亿美元,其中木制品成交2820万美元,机电产品成交2270万美元,纺织服装成交1620万美元。第112届中国进出口商品交易会2012年10月15日至11月4日在广州琶洲展馆举行。宿迁市68家企业,400名代表参加,展位97个,其中,机电产品展位占展位总数的17.5%,纺织服装占27.8%,玻璃建材占18.5%。意向成交额1.1亿美元,其中,一期成交4500万美元,二期成交3000万美元,三期成交3500万美元。 (杨 耀)

社 会 事 业

【人与就业】 实施"筑巢强凤"技能培训工程,推行监察先导、培训提升、鉴定准入、荐业适岗"四位一体"技能培训模式,推动劳动者实现素质就业。开展就业困难人员实名制调查登记,实行"一对一"就业帮扶,保持城镇零就业家庭和农村零转移家庭动态清零。投入使用标准化的"五星级"市人力资源市场,打造"15分钟公共就业服务网"、"就业e图",创新建设"191"(要就业)创业就业服务网,推动公共就业服务均等化、信息化。2012年,全市实现城镇新增就业2.9万人,实现城镇失业人员再就业1.6万人,其中困难人员再就业0.75万人,城镇登记失业率为2.5%,控制在4.0%的目标以内。全市开展城乡劳动者职业技能培训3.9万人,创业培训1.3万人,其中7856人创业成功,带动就业4万余人。

首次党政企一把手参与开展"人才招引进校园"活动,年内引进"211"、"985"高校毕业生和硕士以上研究生学历1332名,建立省外高校人才工作站4个,加速各类人才集聚。加大海外智力引进,年内引进国外专业技术管理人才项目8项。加快高技能人才队伍建设,两名选手获省政府首届状元技能大赛三等奖,实现历史性突破。实施行业就业准入制度,拓宽行业职业技能鉴定范围,年内完成各类培训鉴定近1.2万人,职业技能鉴定6.6万人。创新"四个一批"军转干部安置办法,按时圆满完成82名军队转业干部安置任务,实现部队、军转干、用人单位三满意。年内实现高校毕业生就业1.13万人,争取省公益性岗位安置计划476人,招募"三支一扶"大学生100人,招募人数居全省第一。完成2012年公务员招考工作,新录用公务员406名,做好市直事业单位招录考试各项工作,共组织4.3万人次的人事考试工作。

2012年末,宿迁市总人口为560.26万人,比2011年增加5.21万人。总人口中女性269.25万人,非农业人口266.94万人。人口密度为654.89人/平方公里。全市人口和计划生育工作围绕稳定低生育水平、统筹解决人口问题目标任务,按照"突出重点、全面提升、创新创优、服务世代"的工作定位,深化人口计生综合改革,着力创新城市社区人口管理、优生促进、诚信阳光计生工作机制,重点推进人口和计划生育公共服务体系提质转型、免费孕前优生健康检查、人口信息化等工作,强化"文化人口,幸福家庭"建设,实现了人口和家庭公共服务体系、免费孕前优生健康检查和人口信息化村级终端建设全覆盖。人口自然增长率控制在5‰以内,出生政策符合率达到95%以上。

【社会保障】 健全完善社会保险体系建设,提高社会保险统筹层次,提高社会保险待遇水平,开展社保扩面征缴"幸福行动",扩大社保覆盖面,努力让人人享有基本社会保障。养老保险。实施《宿迁市城乡居民社会养老保险制度实施办法》,全市城乡居民养老保险参保缴费达179万人,参保缴费和待遇发放实现"全覆盖",调整基础养老金从每月60元提高到70元。企业职工养老保险实施省级统筹,全市参保人数达35.5万人,调整企业退休职工基础养老金,人均月增发174元,人均1424元/月,实现按时足额发放。失业保险。出台《宿迁市失业保险市级统筹暂行办法》,将市本级、宿豫区、宿城区纳入统筹范围,失业保险实现市级统筹。在抓好失业保险扩面征缴同时,严格按政策和程序做好发放失业人员失业保险金工作,切实维护失业职工合法权益。2012年,全市失业保险参保人数达27.4万人,调整失业保险金最低标准至548元/人.月,最高标准至800元/人.月,平均水平为723元/人.月。医疗保险。2012年,全市城镇职工医疗保险参保46.3万人,调整医疗保险职工大病最高支付限额到20万元;城镇居民医保险参保79.6万人,提高城镇居民医保报销标准,门诊报销起点从40元降低到10元,居民医保最高支付限额提高到14万元,学龄儿童、学生不设报销限额。建立市区"两定点"统一管理新机制,拓宽医保刷卡使用范围,将医疗保险功能从治病向防病延伸。完善医保“一卡通”应用系统,实现跨统筹区异地刷卡近20万人次。工伤保险。出台《宿迁市工伤保险市级统筹实施细则》,规范和统一工伤保险管理。首次实行工伤保险浮动费率,促进用人单位加强工伤预防、减少工伤事故的发生,维护劳动关系双方合法权益。2012年,全市工伤保险参保人数达33.3万人。生育保险。2012年度,全市生育保险实行市级统筹,参保人数达23.8万人,当期基金收入3894万元,支出1109万元。保险基金管理。出台《宿迁市社保基金网络监督管理办法》、《社保基金财务兑账管理制度》、《社会保险预算考核制度》,加强基金监管制度建设;开展“社保基金网上监管推进年”活动,将企业五项基本社会保险基金全部纳入网上监管;开展社保基金现场专项监督,加大对冒领、骗取、套取等问题的检查力度,减少基金损失;组建成立市社会保险监督委员会,强化基金监管人员队伍建设,提升监管能力。2012年,全市社保基金网络监控体系基本建成,社保基金网上监管覆盖率达到100%。

【教育事业】 全市共有各级各类学校和幼儿园796所,在校生95.86万人,在职教职工62332人,专任教师52226人。其中,幼儿园257所,特殊教育学校5所,小学320所,普通初中159所,普通高中31所,中等职业学校20所,普通高等学校3所。全市3~5周岁幼儿入园率达96.3%;义务教育阶段入学率、普及率保持100%,初中毕业生升学率达97.2%;全市省三星级以上普通高中18所,省优质幼儿园150所,特色学校155所。全市中等职业学校在校生97548人,职业学校学生本地就业率达到41.98%。全市省三星级以上中等职业学校14所,创建国家中等职业教育改革发展示范学校4所。全市已有普通高等学校3所,在校生总数达2.1万人。全市民间资本投入教育累计达到29.2亿元。全市现有民办教育机构217所,教职工1.5万人,在校生23.9万人,占全市在校生总数的24.89%。随着一系列改革措施的深入推进,宿迁市教育改革与发展的成果逐步显现,人民群众有了更多享受优质教育资源的机会,促进了区域内国民素质的不断提高,得到了社会各界越来越多的肯定和认同。全市高考二本以上达线人数连续3年突破万人大关,2012年全市本科达线12392人,本科达线率29.8%,被清华北大录取17人。宿城区积极申报全国义务教育发展基本均衡县(区),并通过省级验收。全市三县二区全部创建成省级“规范教育收费示范县(区)”。

【科技事业】 制定出台了《宿迁市“十二五”科技发展规划纲要》(宿政办发〔2012〕245号),明确全市“十二五”期间科技发展指导思想和目标任务。7月份,市委、市政府召开全市科技创新大会,成立了由市政府主要领导任组长的全市科技创新工作领导小组,并以市委、市政府名义出台了《关于深入实施科技创新工程的意见》(宿发〔2012〕17号)等政策文件,明确了在产业技术研究院、省级以上企业研发机构建设、高新技术企业成长等方面的奖励和扶持政策,把全社会研发投入占GDP比重作为对各县区考核的一票否决指标,进一步完善了对各县区、开发区科技创新工作的考核机制。进一步规范市级科技计划项目和市级科技进步奖评审方法,加大专家咨询在决策中的分量,初步形成了专家评审、局长办公会决策、社会公示、纪检监察部门全程参与监督的一整套的规范程序。当年全市新组织实施市级各类科技计划项目57项,下拨项目经费539万元;新获批省级以上各类科技计划项目118项,获省以上科技经费4675.5万元。

【文化事业】 2012年,全市文化广电新闻出版系统,紧紧围绕全市中心工作和文化强市建设目标,振奋精神,扎实苦干,狠抓干部素质提升,全面促进工作突破,全市文广新工作取得新的进步与发展。重点加强公共文化场馆提档升级,加快推进市图书馆和市博物馆提档升级工程,积极筹建市图书馆企业分馆和社区分馆,推进街道社区“三个一”、“五个一”建设。

2012年,市文广新局积极创新服务方式,拓展服务内容,重点开展了文化“五进”活动,全年举办“文化讲坛”10期、文化广场周周乐30场次,参与举办“2012中国·宿迁西楚文化节暨经贸洽谈会”文化活动、首届企业职工文化节、第二届市级机关文化艺术节等大型群众文化活动50余次。全年共送戏560场次,送电影15100场次,送图书10万余册,均超预期目标;各县区在“三送”工作的基础上,创新开展了富有特色的文化活动,基层文化建设工作成效明显,全市8个乡镇创建成省级公共文化服务体系示范乡镇,沭阳县、泗阳县被命名为省级文化先进县,城乡广大群众的业余文化生活得到进一步丰富。

深入实施艺术精品创作工程,全年创作戏剧、小品、曲艺等文艺作品80余部(个)。苏北大鼓《垓下悲歌》获第七届省曲艺节优秀节目奖、创作奖、表演奖;《第一江山春好处》获得第四届江苏省新人新作歌舞大赛优秀演唱奖、新创作品优秀奖,歌曲《英雄》获得新创作品三等奖;淮海戏《抢财神》、泗州戏《月上柳梢头》、小品《邻居》等3部作品获得第七届“江苏戏剧奖·小戏小品奖”大赛七大类共12个奖项。书画艺术创作取得突破性进展,李南海的书法作品获得第二届全国群众文化美术书法作品大赛金奖,13件作品分别获得第十届省“五星工程奖”作品展金银铜奖(其中金奖3件);朱志刚获得全国书法最高奖项兰亭奖,张书青《醉在江苏》和《今夕是何年》两幅作品在2012中国·江苏首届文化艺术节上获“写生创作奖”(最高奖),其中《醉在江苏》被江苏省国画院收藏,成为我市首次获此殊荣的艺术家。举办了“全市优秀美术书法摄影展览”、“水韵梨花苏北五市摄影作品联展”、“全市第四届摄影艺术展”等美术、书法、摄影展览20次。歌舞团提档升级,打造了一台主题为“感知宿迁”的节目赴台演出,精彩的演出获得了台湾同胞的高度评价。2012年,全市文广新系统共获省级以上各类奖项111项,艺术精品在数量和质量上都有了较大幅度的提高。

加强了对文化市场的规范化管理,开展“三色三星网吧”创建和“双优诚信企业”评选等活动;持续加大“扫黄打非”工作力度,积极开展非法安装卫星设备检查及消防安全检查,按照全省统一部署,市县联动,圆满完成了市级机关使用正版软件工作任务。在全省文广新工作会议上,我市荣获全省“扫黄打非”工作先进地区称号,市文广新局获得全省“扫黄打非”工作先进单位称号,市文化行政综合执法支队被评为全省文化市场十大案件办案单位,有多部文化行政处罚案件卷宗在省文化厅组织的全省优秀案卷评比中获奖,全市文广新系统依法行政工作水平明显提升。

坚持以发展为主题、以服务为宗旨,加强对文化企业的政策引导和服务,认真做好省级文化产业引导资金项目、省级文化产业示范基地、国家动漫企业认定、国家文化出口重点企业和重点项目申报等工作。经过争取,今年我市有7个文化产业项目列入省补助专项资金项目,争取省级文化产业引导资金达560万元,有4家企业入选全国文化出口重点企业名单,3家企业获得了国家"动漫企业"认证。积极组织安阳工艺、惠斯顿策划等4家文化企业参加首届中国·苏州文化创意设计产业交易博览会及洽谈会,帮助文化企业走出去,开阔了眼界,扩大了影响。2012年宿迁文化产业招商对接会硕果累累,现场签订了27个文化产业项目,总投资超过100亿元。

积极参与"1897"历史街区建设,完成了道生碱店平移工程后抗震加固和修缮保护工程,市博物馆新馆布展按序时进度快速推进;配合大运河申遗和保护工作,完成了境内大运河沿岸历史文化遗存调查及《大运河(宿迁段)遗产保护规划》编制工作;加大城市建设中抢救性考古发掘工作,顺山集遗址考古取得重大成果,入选中国社科院"2012年中国六大考古新发现";大力开展非遗保护工作,参加全省非物质文化遗产保护成果展演,有2项获得优秀传承奖;完成了市级第二批72位非遗项目传承人命名工作,苏北大鼓省级代表性传承人刘汉飞获得"江苏省十佳杰出传承人"称号。

市县广网公司加强了有线电视进村入户工程的实施力度,全市新增有线电视用户15.86万户,用户总数达95.5万户,入户率达64%,超额完成年度目标任务;编辑《宿迁收听收看》简报24期,收听收看中心的工作被省广电局评为全省第一名,广电节目质量明显提升,市广电总台充分发挥主流媒体新闻宣传职能,在省级以上电视媒体用稿1000多篇,其中央视用稿82篇,我市广电节目获得全省广播影视节目政府奖13件,成绩十分显著;加强广电安全播出,保证了全市"两会"、市委工作会议及党的十八大期间的广播电视信号的安全优质播出。

【卫生事业】 全市共有医疗卫生机构2411个,其中医院218个(三级医院4个,二级医院22个,一级医院192个);公共卫生机构141个(其中疾控机构6个,卫生监督机构6个,妇幼保健机构6个,血液机构2个,急救机构1个,医学教育机构2个,专科防治所1个,乡镇卫生院117个);村卫生室1585个(一体化管理的1467个);社区卫生服务站35个;个体诊所、门诊部23个,个体诊所409个。医疗卫生总资产60.56亿元,千人拥有卫生资1262.19元;共有病床16349张,千人拥有床位3.41张;执业医师(助理)7145人,千人拥有执业(助理)医师数1.49人;注册护士7406人,千人拥有注册护士1.54人。

徐　州　市

国 民 经 济

·工业经济·

【工业经济综合情况】 2012年,全市工业经济在转型升级中实现平稳较快增长,多项指标高于全省。全市规模工业实现总产值8916亿元,增长27%;工业总产值迈上8000亿元大关,其中5县(市)累计完成工业产值4308亿元,增长37.8%;市区(含铜山区、经济技术开发区)工业完成产值4608亿元,增长17.6%。完成工业增加值2087亿元、增速17.3%,总量超越常州居全省第五,增速高于全省4.7个百分点、居全省第三。实现销售收入、利税、利润8803亿元、1305.5亿元和732.2亿元,分别增长25.3%、14.2%和14%。全市六大千亿元工业产业产值突破8000亿元,实际完成8135亿元,增长26.5%;其中装备制造业实现产值2605.8亿元、增长33.6%,食品业产值2011亿元,增长20.9%,能源产业实现产值717.2亿元,略降3.3%,煤盐化工产业实现产值1671亿元、增长43.7%,冶金业实现产值766亿元,增长24.4%,建材业实现产值364亿元、增长21.9%。全年新增规模以上工业企业177家,总数达2827家,全市规模工业经济效益综合指数362.76个百分点,居全省第二。徐工集团营业收入突破千亿大关,成为全省仅有的3家1000亿级企业之一、也是国内工程机械行业首家1000亿级企业;同时新增天裕能源、徐钢集团2家百亿元企业。全市建成市级以上(含)企业技术中心810家,居全省前列,其中省级57家、国家级4家。全市工业投资完成1489.5亿元,超越无锡、常州居全省第四。单位GDP能耗下降4.1%以上,全面完成省下达任务。全市上市企业总数7家、股票8只,居苏北首位。3家企业在天交所挂牌交易,完成股权私募融资7500万元。

(张恒学　邓传奇)

【装备制造业】 装备制造业是徐州市重点发展的第一大主导产业,产品以工程机械及特种车辆为主,包括工程机械、矿山设备、锻压设备、建材机械和风电设备等。2012年全市规模以上装备制造企业610家,产值达2606亿元、同比增长33.6%,占全市规模工业总量的29.2%;实现利税331.45亿元,增长18.8%。2012年共生产起重设备14139台、铲土运输机械26284台、压实机械3604台、混凝土机械2452台、水泥专用设备2.4万吨。重点企业包括徐工集团、卡特彼勒等。其中,徐工集团营业收入2012年突破千亿大关,成为江苏省仅有的3家1000亿级企业之一、也是国内工程机械行业首家1000亿级企业。

【食品及农副产品加工业】 2012年,全市食品及农副产品加工业规模企业1080家,实现产值首次突破2000亿元大关,达2011亿元,占全市规模工业总量的22.6%。基本形成了饮料加工、林木加工、棉丝加工、粮油加工、畜禽加工、果蔬加工以及烟草等为主导的产业。年内,共生产卷烟64.4万箱、板材1955

万立方米、乳制品71.6万吨、软饮料111.7万吨、纱84万吨、布16966万米、服装2280万件。重点企业维维集团实现产值228亿元、徐州卷烟厂实现产值169亿元。

【能源产业】 2012年全市能源产业规模企业70家,实现产值717亿元,占全市规模工业总量的8%。以煤、电、新能源等产业为主。煤炭,全市煤炭开采企业5家、煤矿(井)21座,2012年产量3656万吨(本地2060万吨、异地1596万吨),完成产值395亿元,其中徐矿260亿元、大屯113亿元。电力,全市发电企业38家,装机容量1060万千瓦,居全省第二,2012年发电590亿千瓦时(含外送电量232亿千瓦时),完成产值240亿元,其中华润电厂52亿元、国华电厂50亿元。新能源,规模企业8家,以光伏为主,形成了"太阳能级多晶硅-硅锭-硅片-电池片-电池组件-光伏电站"完整产业链。2012年,中能多晶硅产量3.7万吨、产值50亿元,产能达到6.5万吨,规模世界第一;协鑫硅材料硅锭产量2.5万吨、硅片2.4亿片,产值68亿元,硅锭产能达到8GW(3.8万吨)、切片规模1.4GW(3.6亿片),规模世界第一。

【煤盐化工产业】 2012年全市煤盐化工产业规模企业359家,实现产值1671亿元,占全市规模工业总量的18.7%。2012年共生产焦炭772.8万吨、甲醇68万吨、烧碱8.9万吨、树脂15万吨、化肥53万吨。重点企业天裕能源煤、焦、化、电产业链初步形成,营业收入首超100亿,沂州煤焦化实现产值43.3亿元,伟天化工实现产值38.9亿元。

【冶金产业】 2012年全市冶金产业规模企业185家,实现产值766亿元,占全市规模工业总量的8.6%,主要包括钢铁、铅锌、铝、铜等多个行业。2012年共生产生铁375万吨、粗钢291万吨、钢材378万吨、铝材30.5万吨。炼钢、炼铁企业15家,产能过100万吨的企业为东南、东亚、成日、宝丰、兴达5家,现有产能为生铁1200万吨、粗钢900万吨、钢材800万吨。2012年徐钢钢铁集团营业收入超100亿元、东亚钢铁产值41.5亿元。铝加工企业34家,主要包括1家电解铝企业,现有电解铝产能10万吨、铝材25万吨。其它有色金属企业16家,主要包括1家大型铅锌企业—江苏新春兴再生资源有限公司,2012年产值12.2亿元。

【建材产业】 2012年全市建材产业规模企业209家,实现产值364亿元,占全市规模工业总量的4.1%,主要产品为水泥、玻璃及制品。水泥行业规模企业52家,其中旋窑企业4家(淮海中联有限公司、徐州中联水泥有限公司、徐州龙山水泥有限公司、徐州白水泥有限公司)。全市熟料产能1200万吨,粉磨能力4500万吨。2012年水泥产量2779万吨。大型旋窑企业设备情况:徐州中联水泥有限公司(贾汪境内),现有2条10000吨/日熟料生产线,2012年产值10.4亿元;徐州淮海中联水泥有限公司(铜山县境内),现有两条5000吨/日水泥熟料生产线,2012年产值20亿元;徐州龙山水泥有限公司(贾汪境内),现有2条5000吨/日水泥熟料生产线。2012年产值2.6亿元。

(张恒学　邓传奇)

【企业培育】 全市新增规模以上工业企业177家、总数达2827家,全年新增1家1000亿企业、2家100亿企业,其中徐工集团营业收入超1000亿元,天裕能源集团、徐钢钢铁集团2家工业企业收入超100亿元。认真组织徐州市级管理创新企业的申报评审认定工作,新增维维集团、中能硅业、宗申三轮等3家省级管理创新示范企业,天裕集团、星星家电、恩华药业等3家省级管理创新优秀企业。

【科技创新】 坚持政府引导与企业主导相结合,大力实施千企研发机构提升、新产品新技术推广应用、信息化引领三大行动计划,推动产业、企业向价值链的高端攀升。鼓励和支持行业优势企业加快建立技术中心等研发机构。江苏恩华药业股份有限公司获批国家级企业技术中心,徐州海伦哲专用车辆制造有限公司、徐工基础工程机械有限公司等16家企业获批省级企业技术中心;全市省级以上企业技术中心总数达到61家、居全省第七。全市建成市级(含)以上企业技术中心810家,实现了全市本土大中型企业研发机构全覆盖。徐工集团被评为国家第一批创新能力示范企业(当年江苏省仅徐工一家)和"全国质量标杆企业"(江苏省仅此1家),徐州卷烟厂、铜山供电公司获评"全国优秀QC小组",卷烟厂获评全国优秀QC小组活动优秀企业(江苏仅2家)。

【节能降耗】 严把企业技改项目节能评估审查关,实行项目建设与节能目标进度的衔接审批,坚决关停规模以下"两高"企业,强化高耗能企业有序用电工作,合理削减高耗能行业用电负荷。加强对重点地区的专项督查,制定完善县(市)、区节能目标责任评价考核办法,全面推行节能风险抵押金制度。完善节能预警调控机制,按月公布工业用电与增加值增速对比指标,按季公布单位GDP能耗指标,对节能目标完成进度滞后的地区,实行区域限批。加快节能技术开发和推广应用,以能量梯级利用、低温余热利用、高压变频调速、蓄热式加热炉、高效换热器等节能技术为重点,大力实施节能惠民工程,组织实施一批节能新技术、新产品应用示范工程,全年落实节能技改资金超4000万元,重点节能改造项目实现节能30万吨标准煤以上,年耗能3000吨标准煤以上企业节能改造实施率达到35%以上。同时持续推进万家企业节能低碳行动,对能耗限额标准执行情况、高耗能落后机电设备淘汰情况实行常态化监督检查。2012年全市单位GDP能耗降低4.1%以上,超额完成省下达的年度节能目标;承担国家、省任务的8家企业淘汰落后产能工作,到9月份全部完成,并于11月份通过了省级验收。

(张恒学　邓传奇)

【龙头企业】 全市有11家重点物流企业获评省重点物流企业(基地),涵盖综合物流、临港物流、商贸物流、保税物流等多种类型,集聚效应初显。2012年,列入全市大企业(市场)培育计划的6家重点企业,年度计划营业收入为321亿元,全年完成营业收入434.6亿元,超额完成全年任务的35.4%。超10亿元14家(徐工集团物资营销公司、中石化储运公司、东方运销实业集团、徐州医药、港务集团、中国汽配城、宝通物流、创新烟草物流等);超亿元企业超30家,重点企业的发展质量和综合效益得到显著提升。

【产业规模】 2012年全市物流产业营业收入突破1300亿元,

增长22%以上。根据省经信委在全国率先发布的《2011年江苏物流指数通报》显示,2011年,徐州物流增长指数由2010年的全省第6位提升至全省第2位;物流综合指数位居全省第6位;物流行业基础条件位居第4位,总体发展水平得到不断提升。

【物流业态】 全市物流业态日趋成熟完善。以徐工集团物资供应公司、宏康物流为代表的生产资料物流;以徐州医药、恩华和润、润东医药等公司为代表医药物流;以宝通物流、淮海物流园等为代表的综合物流基地;以金驹物流园、龙太物流园为代表的钢铁物流等多种业态竞相发展。此外,烟草物流、管道物流、铁路物流、港口物流冷链物流等专项物流业态日趋成熟,集聚能力不断提升。

【重大物流项目】 重点物流项目建设加快推进。列入转型升级的14项新开工项目中,在建项目5项,实际完成投资6.1亿元,超额完成计划(计划6亿元);新建项目9项,实际完成投资27亿元,超额完成计划(计划18亿元)50%。雨润全球农副产品采购中心、中国八里国际家居博览中心、苏宁电器物流、美的安得物流、亿吨大港等一批旗舰型龙头物流项目加快推进,粮食物流园、金驹物流园二期工程、双楼物流园一期工程等项目加快落地实施,这些均为全市物流产业积蓄了发展后劲。

【集聚效应显现】 一批各具特色的物流基地发展迅速,包括依托高速公路或铁路等交通枢纽以及徐州经济开发区,建设物流服务功能较全、辐射范围较广的综合性物流基地;依托内河港口和航空港,建设从事多式联运和货物中转等业务的临港物流基地;依托专业商贸市场,建设主要提供商品储运、配送等配套物流服务的商贸物流基地;依托保税区,建设以区域性物流服务为主要业务的保税物流基地等。这些基地幅射范围广、集聚效应强,为产业和物流业互动发展提供重要的载体平台。 (张恒学 邓传奇)

【民营经济】 2012年,全市规模以上中小工业销售收入增幅达到35%,利润总额增幅达到40.9%,均居全省2,4位。乡镇工业实现增加值、销售收入、利税、利润同比分别增长37.2%、37.7%、36.4%、33.9%,增幅均位居全省第1位。私营个体企业户数同比增长9.8%,注册资本同比增长23%,其中个体工商户数和注册资本同比分别增长9%和25.2%,增幅分别居全省第4位和第2位。全市规模以上中小工业实现销售收入6400亿元,超过常州600亿元,同比增长35%;实现利税920亿元,同比增长32.5%;实现利润570亿元,同比增长40.9%,分别居全省第二、第三、第四位,均超过常州。全市乡镇工业实现增加值、营业收入、利税、利润分别达到2100亿元、8350亿元、1020亿元和590亿元,同比分别增长37.2%、37.7%、36.4%、33.9%,均居全省第一位。

·农业和农村经济·

【概况】 2012年,徐州市贯彻中央、省、市关于"三农"工作的决策部署,围绕"徐州农业全国领先、全省第一"的总体要求,大力实施农业提档升级行动,农业农村经济迈上新的阶段。农业总产值达到1083.7亿元(含林业二产),增长20%;农业增加值510.3亿元(含林业二产),增长17.7%。全市农民人均纯收入首次突破万元大关,达到10762元,增长13.4%,连续3年高于城镇居民收入增幅。全市新增农村劳动力转移6.5万人,农民从二、三产业发展和劳务中获得收入大幅增加。徐州市获得全国粮食生产先进市称号,并首次承办全国春季农业生产现场会。

粮食生产能力显著提升。开展了高产增效创建、新品种新技术推广,落实粮食政策补贴,强化抗灾减灾措施,保持了粮食稳定增长。粮食生产主要环节基本实现机械化。全市农机化投入7.1亿元,农机具总动力达615万千瓦,较2011年增加24万千瓦,农业综合机械化水平、主要粮食生产机械化水平分别提高到76%和84%。全市粮食总产达到94.3亿斤,比上年增加3.2亿斤;单产达到860斤,比上年提高26斤。总产、单产均创历史新高,实现了"九连增"。

农业产业化水平显著提升。通过抓特色基地、龙头企业、加工集中区、现代流通市场,全市5大优势产业体系基本形成。新增省级农业龙头企业17个,省级农产品加工集中区4个。全年农业龙头企业销售收入同比增长37%,带动农户同比增长19%,超省任务的近3倍。全市农产品出口3.2亿美元,继续保持全省领先。

农村改革有了新突破。农民专业合作社发展档次进一步提升,新增工商登记成员78.7万个,新增合作联社75家;新增土地流转面积53.2万亩,农田托管经营服务面积超过15万亩,农业适度规模经营面积达到624.4万亩,居全省前列。农业政策性保险继续扩面,村级"四有一责"建设加快推进,农村"三资四化"管理机制不断完善。

城乡一体化建设取得新进展。20个未达标集中创建镇共建成项目129个,完成投资38.7亿元,承载能力不断增强;新建50个新农村示范村,2500多个村环境整治任务全面完成。

(韩志峰 王本奉)

【农业产业化经营】 2012年,按照"区域集中、企业集群、产业集聚"的要求,实施"三个一批"工程(加快建设一批农产品加工集中区,引导扶持培育一批大型龙头企业,加快培育一批名特优农产品品牌)。全市新增省级农业产业化重点龙头企业17个、省级农产品加工集中区4个;新增全国"一村一品"示范村镇2个、江苏省"一村一品"专业示范村镇11个。全市现有县级以上农业产业化龙头企业877家,其中国家级5家、省级52家、市级205家、县级615家。2012年县级以上龙头企业销售收入达到1537.4亿元,同比增长36.9%,企业带动农户数量达到169.7万户,同比增长18.9%。2012年底,全市农产品加工集中区达到18个,入驻各类企业增加到533家,比上年增加142家;入驻省级以上农业龙头企业40家,比上年增加16家。全年18个农产品加工集中区内企业年销售收入达589.2亿元,实现利润4.2亿元,分别增长33.8%和25.6%。

【农产品质量安全】 2012年,全市农产品质量安全形势稳定,全市没有发生农产品质量安全事故。全市镇级农产品质量监管站全部建立,形成镇级监管体系全覆盖。全面推进生猪瘦精、生鲜乳、兽药饲料专项整治,全市动物卫生监督部门共抽检企业4212个,抽检样品数40130个,检测合格率100%。蔬菜农药残留整治,检查生产经营企业1239家,对929个重点基地实行监测,检测抽取样品7424个,合格率达99.9%。农资打假专项整治,全市共出动执法人员7866人次,开展农资执法检查586余次,整顿各类经营户3537个,查获非法农资产品25248公斤,涉及金额115万元。积极扩大"三品一标"总量规模,全市新增"三品"数达920个,累计达到2900个。实施省级农产品质量安全示范基地建设项目27个;邳州市、贾汪区、睢宁县被列为江苏省农业标准化示范区;新沂20万亩花生、睢宁县50万亩水稻(小麦)成为全国绿色食品标准化生产基地。

【农业科技】 年内,"五有"乡镇农技推广服务中心全面建成,全市114个镇级中心设施设备、人员、制度、基地、财政保障等方面基本达到验收标准。项目实际完成投资7839万元,其中土建工程6436万元,仪器设备投资1224万元;项目仪器设备、办公设备采购2376台(套)。全年开展农业实用技术培训70.7万人次;职业农民培训1.35万人,农业信息化技能培训3056人,创业培训2244人,农业行业职业技能鉴定4147人,超额完成年度培训任务。2012年承担省级农业"三新"工程项目46项,获得补助资金1365万元。全市承担麦稻、瓜菜、棉花、花木、生猪、奶牛、家禽、蚕桑等23个农业科技入户工程项目,遍及全市2216个村,培育21000个示范户。实施农业科技促进年活动,积极筹建徐州市智能生态农业产业联盟。

【中心镇创建】 市中心镇创建办充分发挥牵头职能作用,组织开展镇区环境"五整治、五提升"和项目建设年活动,抓好达标验收工作,建立达标镇动态管理制度,督促落实达标镇激励政策,推动中心镇创建达标活动深入开展。2012年,市委、市政府对10个达标镇进行了命名表彰。

【新农村建设】 市新农办发挥牵头职能作用,在已达标的310个示范村中,开展"五好"示范村创建活动,促进达标示范村提档升级;继续开展"五杯"竞赛活动、村庄环境整治工作。2012年,全市新创建50个市级新农村示范村,有16个示范村获得省新农村先进村称号,30个示范村获得市新农村先进村称号。

【农业招商引资】 实施产业招商、精细化招商、重点区域招商,全年农业招商引资总额超过100亿元。市委农工办牵头组织举办了2012中国徐州(厦门)现代农业投资推介会,会上签约项目24个,协议资金68亿元。同时,加大对国家级农业产业化龙头企业的扶持,指导维维饮料股份有限公司、江苏东宝粮油集团有限公司、徐州中天棉业集团和徐州黎明食品有限公司4个国家级龙头企业,完成了2012年度发展项目的申报工作,帮助企业争取扶持资金450万元。2012年,市国家重点农业龙头企业经济运营形势保持了良好的发展态势,实现销售收入253.68亿元、出口总额15.9亿美元、净利润16.34亿元、加工农产品84.86万吨、带动农户17.92万户,分别比去年同期增7.36%、19.55%、5.78%、9.58%和15.1%。

【农村三大管理】 2012年,市委农工办发挥土地承包管理、农民负担管理、集体资产和财务管理三大主体管理职能,积极拓展农经工作新领域。在继续做好土地承包确权发证扫尾工作的同时,积极开展土地承包经营权证登记试点,沛县、铜山区3个村农村土地承包经营权证登记试点全面完成。加强土地承包纠纷仲裁制度建设,指导各地加快建设县级仲裁庭和乡镇调解机构,提高土地承包纠纷调处效果。全面落实一事一议财政奖补政策。按照工程建设抓质量、资金管理抓监督的思路,全市统一奖补道路建设技术要求、质量标准和工作流程,建立健全群众监督、行政监管与专业监理相结合的管理机制。2012年,全市共建设完成财政奖补项目1033个,项目总投资2.7亿元,受益人口282万人。完善村级"三资四化"管理。发展多种形式的村级集体经济,积极化解村级债务,农村集体资产财务规范化管理水平进一步提高,村级经济实力明显增强。2012年,全市村集体经营性收入达到12.6亿元,村均51.9万元,增长29.2%。全市303个经济薄弱村债务化解全面完成。沛县、铜山区分别获得省村级"四有一责"建设工作优秀县和示范县的称号,新沂市、邳州市分别获得全国、省"三资"管理先进县称号。

【合作组织建设】 全年新增工商登记成员78.7万个,新增合作联社75家,有3家合作社被评为国家级示范社,109家合作社被评为省"五好"合作社,成员总数、工商登记成员数位列全省第一。按照依法、自愿、有偿的原则,积极探索租赁、托管、反租倒包等多种流转形式,推广土地入股合作、集零归整等典型经验,加强扶持引导,促进农业适度规模经营。全市新增土地流转面积53.2万亩,新增适度规模经营面积75.9万亩,农田托管经营服务面积超过15万亩。加快村镇银行、农村小额贷款公司、农民资金互助社、扶贫互助社建设。新沂等地实行的"一权一房"抵(质)押担保贷款试点、丰县等地实行的信用村"五户联保"贷款政策,一定程度上解决了农民贷款难、担保难的问题。

【农村扶贫开发】 在省委对丰县、睢宁县派驻25名省委帮扶工作队员的基础上,市委向沛县、邳州市、新沂市、铜山区、贾汪区分别派遣市委帮扶工作队,5名处级领导任队长、45名年轻干部为队员,驻村开展帮扶。各县(市)、铜山区、贾汪区在此基础上,抽调301名县级帮扶队员,做到每个经济薄弱村都有一名帮扶工作队员,实现了全市359个经济薄弱村帮扶工作队员驻村帮扶全覆盖。根据省扶贫办《关于做好帮扶联系卡发放工作的通知》要求,对全市有劳动能力的17.92万户帮扶对象,建立帮扶联系卡制度,把低收入农户脱贫责任落实到具体人,确保每个低收入农户都能如期实现脱贫。全年共发放扶贫小额贷款10.2亿元,51个扶贫互助社发放资金2407.3万元。359个经济薄弱村、黄墩湖滞洪区、黄河故道沿线3个扶贫规划全面完成,92家市帮扶单位到位帮扶资金(含物资折款)1328万元。

【政策性农业保险】 2012年,在巩固主要种植养殖业保险品种的基础上,新开展了林木火灾保险、露地旱生蔬菜保险、池莲藕保险和果树保险等品种,徐州市政策性农业保险达到13个品种,基本覆盖了本市农业生产项目。全市保费总收入累计达到3.8亿元,主要种植业参保品种综合承保面达到98.6%,参保小麦、水稻、玉米、棉花等主要种植业保险面积1019.32万亩、承保面为98.56%、保费收入2.035亿元,分别比上年增81.67万亩、7.66%和2123.3万元;参保农户保持95%以上,超额完成了市政府提出的主要种植业参保品种承保面达到90%以上的目标任务。高效设施农业保险(含能繁母猪、奶牛)保费收入达到13825.5万元,占总保费收入的41.97%,比上年增5984.7万元、9.6个百分点。其中,高效农业保险承保105.7万亩,保费收入3906.6万元;设施农业保险承保25.6万亩,保费收入7823.9万元;能繁母猪、奶牛及育肥猪共承保49.6万头,保费收入2995.01万元。设施农业保费收入占比提高到45.3%,位居全省前列。全年全市共收取非政策性涉农保险保费471.5万元,比去年增273.3万元,为我市农村干部、农村劳动力、农村家庭财产及农村小额贷款人身意外伤害等提供了141亿元的风险保障。全年赔付承保小麦、水稻、玉米、棉花等主要种植作物面积67.9万亩、能繁母猪1.796万头、奶牛307头、设施大棚1.74万亩,理赔资金达到1.4亿元,参保农民利益得到有效保障

·第三产业·

【国内贸易】 2012年,徐州市社会消费品销售总额达到1293.2亿元,位居全省第六位,同比增长15.7%,增幅位居全省第一位。按经营单位所在地分,全市城镇消费品销售额1033.43亿元,增长16%;乡村消费品销售额259.77亿元,增长14.5%。按消费形态分,全市零售行业实现零售额893.12亿元,同比增长15.9%,占全市消费品销售总额的69.1%;批发业消费品销售额完成260.89亿元,同比增长15.7%;住宿行业销售额10.44亿元,同比增长14.2%;餐饮业销售额128.75亿元,同比增长14.7%。按商品类别分,烟酒类43.37亿元,增长26.8%;化妆品类15.33亿元,增长36.5%;金银珠宝类19.94亿元,增长25.3%;家用电器类79.60亿元,增长17.8%;家具类20.19亿元,增长49.2%;汽车类277.23亿元,增长24.4%。

【对外及港澳台贸易】 2012年,全市实际到帐注册外资完成17亿美元,总量居全省第10位,同比增长16%,增幅高于全省4.7个百分点,利用外资在全省占比为4.8%,比上年提高0.2个百分点。全市中方协议境外投资额完成6.08亿美元,总量位居全省第五位,苏北第一位,在全省前进三个位次,在全省占比12.1%;同比增长403.2%,增幅位居全省第一位。全市对外承包工程劳务营业额完成2.08亿美元,位居全省第八位,在全省占比3.2%;增幅27.2%,列全省第二位。新签合同额全年完成5.9亿美元,在全省占比8.2%,增长3倍。2012年,具有对外劳务合作经营资质的企业16家;新签劳务人员合同工资总额700万美元,劳务人员实际总收入430万美元。

【市场物价】 2012年,全市价格系统做好稳物价、促发展、推改革、惠民生各项工作,实现价格总水平基本稳定。率先推出"开放式价格监管体系"建设,促进价格工作又好又快开展。全年价格调控监管工作卓有成效:以价格调控为中心,保持价格总水平基本稳定;推进平价商店建设,全年共新建70家平价商店,超额完成市委、市政府建设30家平价商店为民办实事工程任务,完成市"十二五"平价商店建设任务;围绕市委、市政府中心工作,服务全市经济社会发展;理顺价格秩序,稳步推进价格改革;直面价费矛盾,保障民生价格权益;强化价格监督检查,营造良好市场价格秩序;开拓创新,深入构建价格监管新模式。全年CPI累计上涨2.57%,略低于全国、全省平均水平,完成全年的调控目标。

【房地产业】 市住房保障和房产管理局被市委、市政府表彰为全市城市管理、城建重点工程推进、脱贫攻坚工作先进单位,被市政府表彰为全市为民办实事先进单位、安全生产优秀单位,被市政法委表彰为清理执行积案活动先进单位,第五期经适房、廉租房、公租房被市政府表彰为获奖重大项目,行政执法培训、政府信息、督查工作被表彰为全市先进。房管局房产登记交易中心被表彰为2009~2011年度全省住建系统精神文明建设先进单位,云龙区、开发区房产系统为徐州市文明行业,租赁处、房屋安全鉴定处、直属房管处、测绘公司为徐州市文明单位,登记交易中心远程服务窗口被命名为省级青年文明号,房屋置换中心业务部等7个集体被继续确认为省级青年文明号。

【旅游业】 全年共接待海内外游客2772万人次,同比增长12%;实现旅游收入331.23亿元,同比增长17.5%。按照"精心、精致、精细、精品"的目标定位,推动景区提档升级,新沂马陵山风景区被评为省级生态旅游示范区,徐州吕梁山风景区、沛县千岛湿地等被省政府批准为省级旅游度假区,新沂窑湾古镇成功创建为国家4A级旅游景区,徐州圣旨博物馆等6家景区成功创建为国家3A级景区,全市达到9家,A级景区总数达到60家,居全省第二;新增省四星级乡村旅游点16家,总数达到27家,列全省第一;铜山区被国家农业部和国家旅游局评为"全国休闲农业与乡村旅游示范县";博顿君廷、大龙湖皇冠假日等一批按五星级标准的旅游饭店落成开业,全市新增三星级旅游饭店15家,星级饭店总数达到118家,列全省第二。旅行社总数达189家,列全省第三,其中徐州中国国际旅行社创建成为四星级旅行社。 (周子顺)

【开发区建设】 2012年,全市共有省级以上开发区9家,其中国家级2家,省级开发区7家。3月26日,经江苏省政府批准,原徐州城北经济开发区升级为省级开发区,定名为江苏徐州泉山经济开发区。8月19日,经国务院批准,原徐州高新技术产业开发区升级为国家高新技术产业开发区,定名为徐州高新技术产业开发区,是苏北唯一的国家级高新技术产业开发区。全市各开发区按照省商务厅的总体部署和争先进位目标要求,狠抓项目建设,推动跨越发展,开发区经济规模快速扩张,产业结构持续优化,综合竞争力明显上升。全市开发区实现业务总收入9556亿元,同比增长65%;固定资产投资1811.48亿元,同比增长46.93%;公共财政预算收入204.65亿元,同比增长66.42%。公共财政预算收入和固定资产投资分别占到全市总量的55.8%和67.3%,与上年同期相比,占比分别提高18和21个百分点。

【项目资金争取】 市发改委牵头会同市有关部门抢抓国家政策预调微调机遇,争取国家和省级资金支持,其中机器人自动化装备生产基地、"双动力"集装箱(抓斗)起重机扩建等一批项目获得中小企业与产业振兴、战略性新兴产业高端装备等专项资金支持。煤矿棚户区改造配套基础设施、污水垃圾处理设施、教育医疗等民生工程和一大批交通、水利等基础设施项

目纳入中央预算内投资计划、省级资金补助计划。全年共计争取国家、省各类投资20余亿元。其中煤矿棚户区改造配套基础设施工程争取中央投资8633万元;2项重点流域水污染治理工程5330万元;8项政法基础设施1907万元;3项城镇污水垃圾处理及污水管网工程3100万元;3项县城供水设施2300万元;2项重点镇基础设施900万元;1项供水管网建设改造工程即市供水安全保障工程1000万元;5项追加中央投资补助的市政基础设施5400万元;183项农田水利、畜牧、林业、沼气等农业项目共争取各类资金4.6亿元;49个教育医疗项目7655万元。

【招商引资】 2012年4月5~9日,市发改委牵头组织全市30多家企业参加第十六届"西洽会",并首次承担省重点布展任务,会上共签订项目30个,总金额约535亿元人民币。其中投资类项目14个,总投资额约517亿元,贸易类项目16个,贸易额约18亿元。在省重大项目融资和民间投资合作签约仪式上,全市3个项目成功签约,75个项目列入会议推介民间投资项目,项目个数占全省总数的20%以上。11月2~3日,市发改委牵头组织参加2012年江苏省第六届苏北投资贸易洽谈会,共推介徐州市项目230个,总投资额达2558.68亿元。其中"六大千亿元工业产业"项目75个、"五大千亿元服务业产业"项目88个、"六大战略性新兴产业"项目40个、文化产业项目16个、传统优势产业转型升级项目11个。共上台签约项目11个,占全部签约项目的22%,位居苏北五市首位,项目投资金额达47.8亿元,涉及先进制造业、现代服务业和高新技术产业等重点发展领域。市发改委还先后组织参与江苏省-巴符州论坛、市第十五届投资洽谈会、深圳香港招商周、徐州央企对接会等多项招商会议,为企业投融资搭建平台。

社 会 事 业

【劳动就业】 全市城镇新增就业11.5万人,失业人员再就业6万人,新增转移农村劳动力5.1万人,职业技能培训9.5万人,城镇登记失业率为2.39%,低于4%的省控线。一是打造更加便捷的就业平台。按照"省内一流、国内领先"的要求,建成"徐州人力资源服务中心",新建人才市场网,资源共享,拓宽服务。二是举办特色招聘、培训。全年举办各类招聘733场,提供岗位20万岗次。重点开展党员大学生、困难大学生的创业就业培训、推介就业工作,培训840人次。两项特色招聘、培训活动,全省首家。三是实施"十百千万"培训工程。在各类经济开发区(工业园区)建立10个示范点,组织100家用工量较大的企业,投入1000万元,开展10000名城乡劳动力技能培训。四是加快就业培训信息化。将就业培训资料进行信息化管理,实行培训补助人员实名制。

【大学生创业就业】 市区9所高校建立大学生创业园,各县(市)区大学生创业园全面开展。举办全国首家大学生村官创业培训2期80人次,帮助780名大学生村官创办项目578个。全市共建成大学生创业园18个,大学生创业企业2740家,吸纳毕业生2万余人。徐州大学生创业园被命名为"国家大学生创业示范基地",徐州成为全国大学生创业首选之地。

【困难群众救助】 2012年全市纳入城市最低生活保障17507户、37886人,支出城市低保资金10663.26万元,比上年增长10.6%,月人均224元,比上年增长19.8%;全市纳入农村最低生活保障113540户、242203人,支出农村低保资金42694.35万元,比上年增长21.2%,月人均158元,比上年增长11.3%。全市临时救助困难群众4575人次,支出救助资金530.05万元。救助特殊困难残疾人24165人次,支出救助资金5900.40万元。城市医疗救助98898人次,其中,民政部门直接救助53041人次,资助参加城市居民基本医疗保险45857人,共支出2932.19万元,比上年增长31.37%;农村医疗救助321872人次,其中,民政部门直接救助38238人次,资助参加合作医疗283673人,共支出14974.18万元,比上年增长26.86%。

【困难群众临时物价补贴】 针对物价不断上涨、城镇居民消费价格指数持续上升的实际情况,为妥善安排好低保家庭的基本生活,确保其生活水平不因为物价上涨而降低,CPI上涨幅度超过平均每月3%~5%,补贴标准按照当地低保标准的1/12发放;CPI上涨幅度超过平均每月5%,补贴标准按照当地低保标准的1/8发放。2012年分别在1月、3月、4月、8月、10月、11月和12月发放物价上涨动态补贴,每人共239.2元,物价补贴确保在CPI指数发布后30天内足额发放到位。

【五保供养】 各县(市)区落实农村五保供养标准自然增长机制,按照不低于农民人均纯收入的50%提高供养标准,确保随当地农民生活水平的提高而相应提高。7月1日起,全市五保分散供养标准达到每人每年3000~5640元、集中供养标准达到每人每年4900~6300元。全市农村五保集中供养24431人、分散供养11575人,支出1.67亿元,比上年增长10.6%。市民政局组织完成农村"关爱工程"4个床位建设项目、33个敬老院辅助设施项目和300张床位建设任务,五保集中供养率达到67%。

【教育事业】 2012年,徐州市有各级各类学校1779所,在校生168.3万人。其中,幼儿园544所,在园幼儿35.35万人;特殊教育学校12所,在校生2321人;小学860所,在校生62.85万人;初中241所,在校生26.33万人;普通高中80所,在校生16.28万人;中等职业技术学校33所,在校生9.97万人;在徐高校9所(不含军事院校),在校生17.3万人。全市学前三年入园率94.6%,小学、初中入学率100%,巩固率分别达100%和99.6%,高中阶段教育毛入学率96.9%,残疾儿童入学率98%。全市教育系统教职工11.73万人,其中学前教育17499人、小学35704人、中学46268人、职业技术学校6129人、高等院校11118人、特殊教育561人。

完善教育体系。实施学前教育五年行动计划,创建省优质园31所,新(改、扩)建幼儿园112所,新增幼儿学位1.7万个。推进义务教育均衡发展,实施"省义务教育优质均衡改单发展示范区"和"全国义务教育发展基本均衡县(市、区)"创建活动。提高普通高中教育教学质量,创建四星级高中2所、三星级1所,新增省课程基地5个。推动职业教育创新发展,启动省职业教育创新发展实验区建设,创建国家改革发展示范性职业学校2所、省高水平示范性职业学校4所,在全国、全省职业院校技能大赛中综合成绩全省第三。

推进教育重点工程建设。持续推进区域教育现代化创建工作,积极实施教育现代化建设提升工程,全面启动义务教育现代化学校创建工作,110 所学校通过市级评估。校安工程计划全面完成,年内加固校舍 24.1 万平方米、重建 91.6 万平方米,三年开工 306 万平方米、竣工 245 万平方米,分别完成三年规划的 126% 和 101%。中小学改扩建工程加快实施,新(改)建中小学 121 所,建设校舍 34 万平方米。

提升教育内涵。做优做靓“学生成长导师制、伙伴制”和“校园开放日”等德育品牌,加强学生行为习惯养成教育和心理健康教育。开展体育艺术“2+1”活动,举办中小学艺术展演,组织健康促进学校、体教结合和阳光体育运动,创建省体育传统校 20 所,徐州生源在全省大学新生身体素质测试中综合成绩获“五连冠”。深化教育教学改革,开展高效课堂教学模式论坛等活动,提高课堂教学效率;加强三星级以上普通高中质量监控,强化教育教学质量管理。

加强教育人才队伍全面。2012 年,徐州市 9680 人参加教师资格证书教育学、心理学考试。招聘教师 1048 名,认定教师资格 4861 人,1640 名教师晋升高级职称,3.54 万人参加国家、省、市级培训。出台《关于加强师德师风考核的意见》,提高师德师风建设水平。推进绩效工资制度改革和市直事业单位岗位设置。建设教师公租房 1056 套,进一步改善了偏远农村学校教师的居住条件。

提高教育管理和服务水平。广泛开展创先争优、“三解三促”和建设“高效、和谐、零障碍”机关活动。落实教育惠民措施,强化校园安全管理,开展规范办学行为、规范教育收费工作。依法保障弱势群体受教育权利,累计发放各类助学金 1.64 亿元,办理助学贷款 2.07 亿元。

【高技事业】 2012 年以来,徐州市科技局围绕加快转变经济发展方式,整合创新资源,加速推进高新技术产业化、新兴产业规模化、传统产业现代化发展,取得了显著成效。全年新增省级高新技术企业 71 家,首次超越盐城,居全省第 9 位;新增省民营科技企业 1430 家,获批省高新技术入库企业 219 家,省高新产品 272 项,新增省级高新技术企业 71 家。重点推动 48 项高新技术产业重大建设项目和 38 项高新技术产业重大成果转化项目实施,全年完成投资 208 亿元和 17 亿元,带动全市高新产业实现快速发展。2012 年,全市高新技术产业和战略性新兴产业实现高位快速发展,其中,高新技术产业全年实现产值 3016.11 亿元,规模总量赶超镇江,较上年进 2 位,居全省第 7 位,增幅位居全省前列,高新产值占规模以上工业产值比重达 33%,比 2010 年提高了 13 个百分点。

【文化事业】 2012 年,徐州市以彰显“舞动汉风”城市文化品牌为抓手,以打造精品力作和培育文化名人为重点,以建设区域性文化中心城市为目标,深入实施舞台艺术精品创作工程、“书画徐州”品牌打造工程、城市文化形象提升工程、文化产业发展壮大工程、文化人才培育引进工程、对外文化交流推介工程等文化建设“六大工程”,大力打造“舞动汉风”、“书画徐州”、“武术文化名城”、“彭祖饮食文化”等一系列文化品牌,在加快文化大市向文化强市跨越转变中取得了新成就。市文广新局获全国新闻出版系统先进集体称号。

【卫生事业】 优化医疗资源布局、建立跨省、市新农合协作组织,成立淮海经济区新农合协作组,率先实现了以徐州为中心的淮海经济区 8 个城市跨省、市异地计算机联网管理和现场结报,服务人口达到 5000 万人。徐医附院、市中心医院、市儿童医院等 10 多家市级定点医疗机构已经与安徽、山东、河南等 10 多个县(市)、区实现计算机联网管理,各地参合病人在徐州市市级定点医疗机构住院治疗均可现场刷卡结报,率先实现了以徐州为中心的淮海经济区 8 个城市跨省、市异地计算机联网管理和现场结报,国家医改方案提出的异地结报工作在徐州市已经实现。邳州市人民医院和邳州市中医院分别通过三级综合医院和三级中医医院评审,全市三级医院数量增至 13 家。其中,徐州医学院附属医院、市中心医院、市中医院进入全国地市级城市医院 100 强,入选数量与苏州市并列全省第一,居淮海经济区之首。市中医院心血管科和皮肤科分别成为国家中医临床重点专科和国家临床重点专科(中医专业)建设单位,同时取得国家中医临床重点专科建设单位 3 个,实现了徐州市国家级临床重点专科零的突破。徐州医学院附属医院成为江苏省综合性紧急医学救援基地。全市拥有江苏省重点实验室 2 个,江苏省医学重点学科 5 个,省级临床重点专科 39 个、建设单位 7 个。2012 年全市卫生系统诊疗总人数约 5100 万人次,出院病人约 110 万人次,医疗服务辐射至苏、鲁、豫、皖四省接壤地区近 20 个地市约 1.2 亿人口,区域性医疗卫生高地效应不断显现。

【体育事业】 2012 年,全市体育系统加快推进体育强市建设和省运会筹办,群众体育、竞技体育和体育经济等各方面都取得了新的成绩和进步。省运会筹备工作进展有序,奥体中心完成钢结构安装,面向全国征集会徽、会歌、吉祥物和主题口号。全民健身活动蓬勃开展,启动实施城市社区“10 分钟体育健身圈”。竞技体育实力稳步提升,省级竞赛金牌数、奖牌数、团体总分三项指标位居全省第一。5 家企业获得 340 万元体育产业发展引导资金扶持,贾汪区体育用品产业基地成为特色类体育产业基地,徐州军霞健身器材有限公司荣列体育产业示范单位,全年销售体育彩票 11.13 亿元。百姓办事“零障碍”工程扎实开展,开通运行“三点一线”作风效能建设短信平台。组织 4 家体育协会和健身服务企业加入 12345 政府服务热线系统,办理 9 件市民咨询及投诉。行政权力网上公开运行工作进展有序、全年网上审批 1136 件,率先通过市级标准权力库认定。主动公开政府信息 1900 余条,在网络发言人平台主动发言和答复回帖 80 多个主题,编辑手机报 40 余期、体育简报 18 期,体育局网站全年访问量突破 10 万人次、入选市部门十佳网站候选。举办迎省运 · 精彩瞬间体育摄影大赛,6 篇(幅)作品获省体育好新闻,11 作品入选迎亚青摄影作品展。沛县成功创建省体育强县,沛县、新沂市和邳州市荣膺省县级体育考核先进单位。

(张自军)

宁 波 市

国民经济

【概况】 2012年全市实现地区生产总值6524.7亿元,按可比价格计算,比上年增长7.8%。其中,第一产业实现增加值270.0亿元,增长1.6%;第二产业实现增加值3516.7亿元,增长6.0%;第三产业实现增加值2738.0亿元,增长10.9%。三次产业之比为4.1∶53.9∶42.0,第三产业增加值占地区生产总值比重比上年提高1.5个百分点。按常住人口计算人均生产总值为85475元,按年平均汇率折算为13541美元。全市完成公共财政预算收入1536.5亿元,比上年增长7.3%,其中地方财政收入完成725.5亿元,增长10.3%。完成公共财政预算支出828.4亿元,增长10.4%,增速同比下降14.6个百分点。财政支出继续向民生领域倾斜,全市财政用于民生支出548.5亿元,增长13.5%,占财政支出的比重为66.2%,其中社会保障和就业支出79.0亿元,增长34.8%,增速最快;教育支出141.7亿元,占民生支出比重最高,达25.8%,增长20.4%。2012年全市新增城镇就业岗位15.2万个,比上年增长2.7%,7.3万名城镇失业人员实现再就业,其中困难人员再就业2.4万人,分别增长17.4%和30.5%。全年人力资源市场提供岗位196.9万个,求职登记数109.1万人次。组织农村劳动力培训3.8万人。年末城镇登记失业率为2.55%,处于历史低位水平。社会消费品零售总额达到2329.3亿元,增长15.4%。2012年居民消费价格指数为101.7%,比上年回落3.6个百分点,比全国、全省平均水平分别低0.9和0.5个百分点,在全国36个大中城市中居末位。12月全市新建商品住宅销售价格同比下降7.4%,降幅居全国70个大中城市中第二位。全市金融业实现增加值502.4亿元,按可比价计算,比上年增长12.6%. 年末全市金融机构本外币存款余额11980.5亿元,其中人民币存款余额11602.3亿元;年末金融机构本外币贷款余额11961.0亿元。

【工业经济】 2012年全市实现全部工业总产值15843.9亿元,比上年增长2.7%。其中规模以上工业企业实现总产值11962.1亿元,增长1.3%,占全部工业总产值的比重达75.5%。石油加工、炼焦及核燃料加工业完成总产值1568.6亿元,产值居各行业之首;汽车制造业增长16.8%,增速居各行业之首。全年规模以上工业企业实现增加值2132.5亿元,增长5.0%;实现利税总额1057.5亿元,下降8.3%;实现利润520.3亿元,下降15.2%。规模以上工业销售产值为11788.06亿元。上海大众宁波基地等一批重大工业项目加速推进,中宇锂电池、宁波卷烟厂易地技改等一批重大项目开工建设。2012年规模以上工业企业科技活动经费支出156.5亿元,比上年增长12.5%,占主营业务收入的比重达到1.4%,同比提高0.2个百分点;实现新产品产值2415.0亿元,增长10.4%,快于规模以上工业总产值增速9.1个百分点,新产品产值率达20.2%,同比提高1.7个百分点,创历史新高;规模以上高新技术产业实现工业总产值3431.0亿元,增长4.0%,快于规模以上工业平均增速2.7个百分点。2012年全市完成建筑业总产值2510.5亿元,全市房屋建筑施工面积达到22343万平方米。

【民营经济】 民营经济是宁波市经济主体最主要、最活跃的组成部分。2012年,全市民营经济运行总体形势良好,保持增长态势。全市实有个体工商户35.995万家,资金数额199.9亿元;私营企业15.43万家(含分支机构),注册资本4042.05亿元。其中,实有私营企业集团307家,注册资本亿元以上企业521家。累计实有个体私营企业514236家,占全市实有541567家各类经济主体的94.95%。新增个体工商户63329家,比上年减少7.6%,资金数额49.25亿元,增长1.1%;新增私营企业(含分支机构)20974家,减少11.7%,注册资本721.99亿元,增长42.64%。共有22623户个体工商户办理注销手续,比上年减少12.3%,私营企业注销6874家,增长14.85%。全年个体工商户净增40706家,私营企业14100家。合计新设个体私营企业84303家,占全年新设86319户各类经济主体的97.66%。个体私营企业新设数量和新设资金数与上年同期相比,新设数量回落,资金指标实现增长。第三产业仍是个体私营经营者首选产业。新设私营企业集中进入的产业为租赁和商务服务业,个体工商户为交通运输、仓储和邮政业。全市出口创汇个体工商户312家,创汇折合人民币35.45亿元。私营企业6685家创汇折合人民币647.48亿元。欧盟、美国和东盟是宁波民营企业的前三大贸易伙伴。

【节能降耗】 2012年,宁波市政府分解落实节能降耗目标任务,并与15个县(市)区政府(开发区管委会)、177家重点工业用能企业签订和下达了节能减排目标责任书。对县(市)区节能目标实施GDP能耗强度为主和能耗总量为辅的“双控制指标”。全年规模以上工业单位GDP能耗下降7.0%、单位GDP能耗下降6.0%。加强工业循环经济和资源综合利用,认定2家宁波市工业循环经济示范园区和30家工业循环经济示范企业;新认定20余家资源综合利用企业,总数达到60多家。北仑区循环经济工作有力推进,获得国家1.37亿元财政专项支持;宁波经济技术开发区列入国家园区循环化改造示范试点。制定出台淘汰落后产能促进节能减排专项行动三年行动方案,全年淘汰落后产能企业568家,关停淘汰企业64家,淘汰S7变压器2560台,淘汰燃煤锅炉479台,腾出用能空间42.8万吨标煤,腾出土地1705亩。完成余姚河姆渡镇等7个高污染高耗能区域的整治提升。累计征收差别电价6296万元,46家不锈钢企业淘汰或转型升级。

【农业和农村经济】 2012年全市实现农林牧渔业总产值420.5亿元,按可比价格计算,比上年增长1.9%。其中,农业

200.0亿元,下降0.3%;林业11.4亿元,下降2.4%;畜牧业65.9亿元,增长4.9%;渔业137.5亿元,增长3.7%;农林牧渔服务业5.7亿元,增长8.4%。受天气影响,粮食产量有所下降,全年粮食总产量85.7万吨,下降4.9%。粮食播种面积148532公顷。农业设施和服务支撑更加有力。全市完成水利建设投资超过70亿元,同比增长25%以上。农田水利建设步伐加快,全年投入建设资金达20余亿元,占全市水利投资的近三分之一,小型农田水利受益面积9万亩,喷微灌工程已建成6万亩以上。农产品出口持续增长,实现出口12.4亿元,同比增3.1%。

【现代农业】 2012年,按照"一圈两带四区块"的总体产业布局,把"两区"作为提升现代农业水平的主载体,着力提升两区的集聚效应、带动效应和引领效应。新启动粮食生产功能区标准化建设项目25个、总面积10万亩,共投入资金1.06亿元;新启动现代农业园区建设项目63个,总面积8.36万亩,完成投资2.3亿元。全市已有15个综合区、10个示范区、28个精品园被列入省级现代农业园区创建点。全市累计在建的园区达到105个,14.6万亩。加强农业区域化布局、规模化生产、产业化经营、标准化生产,实现粮食"双千"面积10万亩,经济作物"万元地"达30万亩,全市农业劳动生产率达到4.4万元/人(全省约3.1万元/人),蔬菜瓜果、榨菜、蔺草等十大主导产业占农业总产值比重超过80%。新型农业经营主体快速发展,新增市级农业龙头企业20家,全市市级以上农业龙头企业达到273家,其中产值(销售额)上亿元的达91家,联接带动农户40万户。年末市级龙头企业已获国家农产品名牌13件、浙江省名牌65件。

市级示范性农民专业合作社102家,农民专业合作社总数达到1795家,入股社员4.04万户。全年培训农产品经纪人282人。农业科技支撑力明显,全市新增杂交稻制种面积5200亩,总面积达到1.7万亩,甬优系列杂交水稻推广200万亩,单季晚稻百亩示范方平均亩产达963.65公斤,创全国纪录,其中高产攻关田亩产达到1014.3公斤。国家星火计划重大项目"岱衢族大黄鱼养殖产业提升关键技术集成与示范"取得突破,岱衢族生态大黄鱼年底顺利上市。宁海土鸡育种平台项目全面建成,成为全省首个通过国家级审定的家禽新品种。农作物良种、禽畜良种覆盖率分别达到98%和96%以上。以特色优势农产品为重点,"三品一标"创建深入开展,全年新增无公害农产品99个,新增绿色农产品18个。农业标准化建设不断推进,全年共制(修)定市级地方标准11个。全面开展农产品质量安全专项整治"百日行动",农产品质量监测合格率达到97%以上。全年落实农机构置补贴资金1.21亿元,全市新增插秧机610台,水稻机插面积70.16万亩,居全省第一,机插率为54%,在全省率先实现水稻生产全程机械化。新增粮食烘干机168台,批次烘干能力达到7470吨位,居全省第一。实施设施农业项目60个,建设设施大棚202万平方米,新增农机专业合作社34家,总数达到292家。加快农业科技推广服务,新增基层农业公共服务中心30个。

【新农村建设】 2012年全市共投入"百千工程"资金11亿元,其中各级财政投入4.2亿元。累计2411个村启动村庄整治建设,占全部行政村的93%;建设生活污水生态处理设施村132个。新增全面小康村45个,累计达479个。2012年新批准实施农村住房制度改革项目13个,完成农村住房"两改"建设投资194亿元,开工改造建设农村住房9.5万户,已完工4.6万户,面积633万平方米,四年来全市累计投入农房建设项目资金600亿元,完成农房改造建设面积2500万平方米。深化幸福美丽新家园建设,围绕"四美"、"三宜"要求,坚持以"点"上创特色、"线"上出精品、"面"上求提升为重点,全面推进"三村一线"(全面小康村、中心村、特色村和精品线)创建,新增全面小康村45个,累计479个;新启动培育中心村24个、累计52个,特色村27个,精品线7条。创建市级幸福美丽新家园建设先进乡镇10个,奉化市、宁海县成为浙江省美丽乡村建设先进县。加强森林城镇创建和农村生态环境保护,完成森林通道建设396公里,新增沿海防护林2500亩,完成交通沿线9400亩林相改造,建设省级森林城市1个,省市级森林城镇10个,森林村庄180个。启动创建水环境示范村50个,完成验收40个,建成清水河道220公里。加快世行农村生活污水项目实施步伐,首批14个村投入运行,全年完成农村生活污水处理项目132个。乡村旅游快速发展,全年新增市级农家乐特色村3个,累计达35个,新增农家乐休闲旅游示范点15个,累计达91个。全年共接待游客1719万人次,实现营业收入17.2亿元,比上年分别增长44.2%和51.4%,解决农民就业4.3万人。新建农村社区服务中心295个。

大力推进农村改革,深化体制机制创新。余姚统筹城乡发展试点有序开展,慈溪省级农村合作经济体制创新改革扎实启动,象山、余姚等地成立农村产权交易中心。新型农村金融组织不断涌现,村镇银行达到14家,江北区等地还探索施行"房票"质押贷款。完善农村土地经营和流转机制,土地流转率、规模经营率分别达到60%和61.1%。村(社区)经济合作社股份合作制改革稳步推进,新完成14个村的股份制改革,累计完成562个。完善政策性农业保险,政策性农业保险补贴参保品种达到20个,参保户数13.7万户,保额达37.64亿元,赔付农户损失约1亿元。全年培训各类农村劳动力10.75万人。农村社会保障制度进一步完善,提高农村养老保险、合作医疗、最低生活保障等待遇标准,新农合制度日益完善,全市参合农民为292万人,参合率达到95%以上,全市人均筹资565元,其中各级财政人均补助达到405元。1月起全市城乡低保制度接轨,在全省率先实现最低生活保障"城乡一体、标准一致"。大力优化农村教育、医疗和文化条件,新增农村居家养老服务站207个,累计达1406个。

·第三产业·

【运输邮电】 2012年,完成全社会货运量3.26亿吨,比上年增长4.4%。其中,水路货运量1.41亿吨,货物周转量1768.5亿吨公里,分别增长2.5%和4.7%;公路货运量1.66亿吨,货物周转量302.6亿吨公里,分别增长8.4%和7.5%;铁路货物发送量1924.1万吨,下降11.3%;机场货邮吞吐量9.1万吨,增长6.4%。全社会客运量2.89亿人次,旅客周转量143.2亿人公里,分别增长4.4%和3.5%;铁路旅客发送量1118.7万人,增长1.1%;民航旅客吞吐量526.7万人次,增长5.0%。

2012年,全市邮政业务总收入86097万元,比上年增长

12.06%。其中市本级总收入25006万元，比上年增长13.83%，列全省市局本级第二位。全市投资1600万元，完成标准化网点改造40个；投入投递网建设改造资金700余万元，新增和改造投递生产场地1400余平米，新增机动车、摩托车及电动车270余辆；建成村邮站2335个。改造信报箱28.1万个，提前1个月完成建设任务。村邮站有效运行率98%，实际运行率95%。信息化村邮站便民服务量列全省第二位。全年共建设便民服务站1044个，完成计划119%，月均收入突破20万元。完成信息化报刊亭改造177个，占自营报刊亭数量97%。全市固定电话用户308万户；移动电话用户1088万户。

【国内贸易】 2012年，宁波市商品销售总额首次突破万亿大关，达10610.8亿元，比上年增长13.1%。全年完成社会消费品零售总额2329.3亿元，增长15.4%。分城乡看，城镇消费品零售额1954.9亿元，增长14.9%；乡村消费品零售额374.4亿元，增长17.7%。在限额以上企业销售的商品类值中，汽车类零售额增长4.8%，石油及制品类增长19.7%，食品、饮料、烟酒类增长11.9%，服装、鞋帽、针纺织品类增长39.0%，金银珠宝类增长19.0%、通讯器材类增长33.3%。年末全市限额以上贸易企业达2828家，全年实现营业收入6983.2亿元，实现利润总额51.3亿元。全市有限额以上贸易企业2828家。限额以上零售法人企业数597家。其中百货商店29家，超级市场31家，专业（专卖）店124家；限额以上批发法人企业数1923家；限额以上住宿餐饮企业456家。其中餐饮业269家，住宿业187家。全市共有各类商品交易市场779个。其中消费品市场672个，生产资料市场100个，服务类市场7个。全市有生产要素市场4个和网上交易市场12个。全市年成交额超亿元的各类商品交易市场124个。

【对外贸易】 2012年全市完成口岸进出口总额1975.8亿美元，比上年下降1.4%。完成外贸自营进出口总额965.7亿美元，下降1.6%。其中，出口614.4亿美元，增长1.0%；进口351.3亿美元，下降5.9%。新增对外贸易经营备案登记企业2520家，累计达19763家，有进出口实绩企业12928家。私营企业完成出口305.5亿美元，增长8.8%，占全市自营出口额的比重达49.7%，同比提高3.5个百分点。机电产品出口和进口分别增长1.7%和3.6%。一般贸易出口占全市出口总额的比重为80.0%，进口占全市进口总额的比重为69.8%，同比分别提高1.4和1.7个百分点。

【外商投资】 2012年，宁波市新登记外商投资企业301家，比上年减少4.7%，投资总额34.36亿美元，减少27.3%，注册资本19.34亿美元减少21.3%，其中外方认缴出资额14.8亿美元，减少31.1%。按行业分，第一产业2家，投资总额199万美元；第二产业90家，投资总额12.48亿美元；第三产业209家，投资总额21.86亿美元。全市累计实有外商投资企业6312家，比上年增长1.1%，投资总额586.37亿美元，增长7.8%，注册资本324.35亿美元，增长8.5%，其中外方237.37亿美元，增长7.6%。累计实有外商投资企业注册资本总额324.35亿美元。从注吊销情况来看，全市共计注销外商投资企业158家，比上年减少16.8%，投资总额19.27亿美元，注册资本8.18亿美元，却分别增长66.2%和14.7%。

【市场物价】 居民消费价格总水平低位运行。全年居民消费价格总水平累计上涨1.7%，比上年下降3.6个百分点，分别低于浙江省0.5、全国0.9个百分点，居省内11个城市和全国36个大中城市末位。八大类商品和服务价格六升二降。食品类价格涨幅居首，上涨5.2%；上涨较多的还有家庭设备用品及维修服务类和烟酒类，价格分别上涨3.3%和2.4%；娱乐教育文化用品及服务类价格降幅最大，下降5%。在食品类中，蔬菜价格上涨最多，涨幅达13%，其中鲜菜价格上涨15.4%；此外，水产品价格上涨9.7%，油脂价格上涨4%，干鲜瓜果价格上涨3.8%，粮食价格上涨3.2%，肉禽及其制品价格上涨2.5%（其中猪肉价格下降4.6%），蛋价格下降2.1%。全年工业品价格低开低走，三季度触底后逐渐小幅回升。工业生产者购进价格和出厂价格累计指数均为97.05%，其中生产资料价格指数为95.73%。1～8月，月购进价格同比指数从100.96%下滑至93.54%，下滑幅度达到7.42个百分点，月均下滑超1个百分点，创快速下滑新记录。进入9月后，随着国际市场环境逐步改善，国家加大财政、货币宏观调控力度，原材料市场需求扩大，部分原材料购进价格止跌回升。工业生产者出厂价格震荡下行。自2011年下半年以来，受国际国内市场需求下降影响，部分国内实体经济逐渐缩小生产规模，工业品市场价格出现连续多月环比下降。

【房地产】 2012年，宁波市商品房成交总体保持增长，商品房成交面积为578万平方米，同比增加14.2%；其中商品住房成交面积为437万平方米，同比增加48%。全年二手房成交面积561万平方米，同比增加5.8%。其中二手住房成交面积为270万平方米，同比增加27.9%。全市新建商品房（不含保障性住房）累计批准预售面积为806万平方米，其中商品住房（不含保障性住房）新增供应量为560万平方米，同比分别减少3.4%。2012年商品住房库存增长速度较2011年（98.85%）大幅下降，截止12月30日，商品住房库存为748万平方米，同比上年同期增加22%。房价回落趋稳，根据国家统计局数据，12月份新建商品住房价格同比跌幅为7.4%，跌幅位居70个大中城市第三，二手住房价格同比下跌4.7%。11、12月连续2个月新建商品住房价格环比为0，保持平稳。房地产投资平稳增长。根据统计局数据，全年累计房地产开发完成投资884.35亿元，增幅为16.8%，其中住宅开发完成投资515.65亿元，增幅为23.3%，施工面积6080.5万平方米，同比增长14.8%。

【旅游业】 2012年全市实现旅游总收入862.8亿元，比上年增长14.8%。接待入境旅游者116.2万人次，增长8.2%；旅游外汇收入7.3亿美元，增长12.1%；全年接待国内旅游者5748.3万人次，增长11.0%；国内旅游收入816.4亿元，增长15.2%。年末全市共有星级饭店170家，其中五星级19家，比上年新增1家；4A级旅游景区28处，比上年新增5处，5A级旅游景区1处。

【开发区建设】 2012年，宁波开发区完成全社会固定资产投资1155.94亿元，比上年增长31%；实现工业总产值8448.17

亿元,增长1.3%。合同利用外资27.38亿美元,实际利用外资17.32亿美元,实际到位内资286.23亿元,分别比上年减少15.16%、7.4%和17.5%。完成进出口额532.33亿美元,减少3.6%,其中出口274.57亿美元,减少6.5%。实现公共预算财政收入509.65亿元,减少24.7%。完成基础设施投资248.51亿元,增长10.3%;新建标准厂房面积260万平方米,增长78.11%。列入统计的全市开发园区年末贷款余额176.47亿元,同比减少5.2%。全市开发区实有高新技术企业493家,比上年增长8.8%;新增发明专利和实用设计专利26442件,增长45.33%。全年实现高新技术产业产值2974.36亿元,增长12.7%;高新技术产业增加值493.98亿元,占全部工业增加值1578.18亿元的31.3%。总投资千万美元以上项目62个,世界500强项目2个。合同利用外资5.88亿美元,实际到位外资1.68亿美元,到资率28.6%。全市开发园区内污水集中处理率71.42%,较上年提高近1个百分点;万元工业增加值能耗0.4吨标煤,降低3.39%;万元工业增加值水耗9.21吨,降低19.63%。大榭开发区、宁波经济技术开发区、宁波石化经济技术开发区、宁海经济开发区、余姚经济开发区、慈东滨海区等都加大环保设施的投入,建设生态园区。

【固定资产投资】 2012年全市完成固定资产投资2901.4亿元,比上年增长21.6%,增速快于上年4.0个百分点。其中,民间投资完成1306.8亿元,增长13.9%;基础设施投资完成850.1亿元,增长21.9%;房地产开发投资完成884.4亿元,增长17.1%。分产业看,第一产业投资完成10.9亿元,下降40.5%;第二产业投资完成822.2亿元,增长22.3%;第三产业投资完成2068.3亿元,增长22.1%。全年工业投资完成817.2亿元,增长22.3%,快于固定资产投资增速0.7个百分点,扭转了多年低位徘徊的局面。符合转型升级方向的项目投资领先增长,全年医药制造业、汽车制造业工业投资分别增长119.6%和94.9%。

【基础设施建设】 中心城区功能提升渐显成效,东部新城、南部商务区、铁路宁波站(南站)综合客运枢纽等33个区块完成投资871亿元。"三江六岸"滨江休闲带工程总体方案基本完成,启动段(姚江大桥到解放桥)基本建成;完成22个老小区整治,建筑面积108万平方米,投资8133万元;完成背街小巷综合整治42条,全年道路完好率90%以上,路灯亮灯率保持在98%以上;实施中心城区道路清爽行动,市区两级落实保洁经费及配套资金3.6亿元,1195条道路实现常态保洁,机扫率从36.9%提高到75.0%。综合交通网络构建日臻完善,轨道交通一号线一期工程隧道已贯通,二号线一期工程地下站已全面开工建设。南、北环快速路进行柱墩和现浇箱梁主体结构施工。年内计划打通的21条"断头路"已全部贯通,完成18个支路卡口项目。全市共新建公共停车泊位4996个。公共交通体系进一步优化,年内新辟、优化调整公交线路108条,共有66条公交线路实行早班提前晚班延时服务;更新、投放公交车1220辆,其中天然气公交车520辆,是前两年总和的1.5倍,运力总规模超过6千标台,市区公交车中天然气公交车、空调车的比例分别达到21%和98%;更新和新增油气两用出租汽车1200辆,已有5座加气站可以向出租车提供加气服务,年末共有出租车5834辆。

【信息化建设】 2012年,宁波市信息化和信息产业在信息基础设施建设、信息资源整合、重点行业智慧应用、软件产业、智慧产业培育和电子信息产品制造业等方面进展较快,并荣获"智慧城市领军城市"、"2012中国城市信息化50强"和"2012中国智慧城市推进十强城市"称号。加快推进光网城市工程、"无线城市"工程、"三网融合"试点工程等工程。启动实施《宁波市"光网城市"建设三年行动计划(2012-2014)》。全大市互联网宽带接入用户达221万户,光网覆盖家庭户数累计达185万户,实现城镇化地区光纤到户全覆盖,具有3G业务的用户达到200万户,增长78.1%,3G的无线宽带网络已覆盖城区。推进用户驻地网共建共享,《小区驻地网共建共享建设标准》通过专家评审。全市"无线城市"工程累计建成7200热点,54000个AP(Access Point,无线访问节点、会话点或存取桥接器)。积极推动与台湾之间的两岸无线城市合作试点工作,智慧教育高新区实验学校试点项目基本建成。2012年5月全市第一个4G(TD-LTE)试验网在国际会展中心片区建设完成,至年底全市4G试点规模达到700个站点以上。编制《2012年宁波市三网融合试点工作要点》和《宁波市三网融合试点实施总方案》。宁波广电网络股份有限公司组建工作已基本完成,有线电视网络数字化和双向化升级改造全面推进,初步形成了"全市一网"的格局。探索搭建政府云计算中心,重点推进人口、法人、自然资源和空间地理、信用信息等重点数据库建设,以满足智慧城市管理和服务的新要求。开工建设市人口基础数据库、法人单位基础数据库已完成一期建设目标。形成有效法人库单位约27万家。自然资源和空间地理数据库应用不断拓展,全市16个部门的21个系统实现数据共享。智慧信用宁波系统应用不断深入。建立了跨省、市、县(市)区多级政府的信息征集和共享体系框架;征集了21个市级部门和11个县(市)区的信用信息。数据库记录超过4200万条,实现了22个市级部门和单位的信息自动实时共享;与黑龙江、成都实现了三地注册登记企业的联网互查。《宁波市政府云计算中心建设总体方案》编制完成,初步明确云计算中心的总体架构、建设目标和运营服务管理模式。重点行业的智慧应用取得突破,智慧物流、智慧健康等"智慧浙江"首批试点项目成效明显。

社会事业

【人口与就业】 年末全市户籍人口577.7万人,比上年末增长2.27‰,其中市区人口226.1万人。人口出生率8.65‰,人口死亡率6.56‰,人口自然增长率2.09‰。全年新增就业人员15.21万人,城镇失业人员实现再就业7.27万人,就业困难人员实现就业2.42万人,年末城镇登记失业率2.55%,比上年下降0.89个百分点,连续7年控制在4%以下。启动实施"5113"创新人才培养工程。全年培训专业技术人员1.5万余人次,培训企业经营管理人才近2000人次,培养现代服务业人才3000余人次,培养中高层次紧缺人才2000余人次。市劳动关系综合指数为87.41分,在全省各市中排名第二。

【社会保障】 2012年新增基本养老、基本医疗、失业、工伤和生育保险参保人数39.9万人、21.6万人、15.6万人、16.9万人和18.4万人，年末参保人数分别达474.3万人、326.6万人、216.2万人、270.2万人和233.1万人。年末外来务工人员参加五大社会保险人数为179.4万人，全年参保人数净增22.6万人。新增城乡居民养老保险、城镇居民医疗保险参保人数10.1万人和18.1万人。本地户籍人口养老保障参保率达到83.4%。2012年企业退休人员基本养老金每月增加223元，人均每月达到2048元。医疗补助范围和标准进一步扩大，城镇职工和城镇居民政策范围内住院及特殊病种费用报销比例提高到85%和70.4%。城镇职工和居民医保市级统筹稳步推进，社会保障卡"一卡通"工程取得阶段性成果，累计发放社保卡突破200万张。

年末全市共有城乡低保39355户59483人，支出低保资金2.3亿元。全市农村五保对象5224人，集中供养人数4990人，集中供养率为95.5%，城镇"三无"对象1380人，集中供养人数1353人，集中供养率为98.0%。养老机构年内新增床位2468张，年末全市共有养老机构220个，床位33168张。保障性安居工程。2012年全市新开工建设保障性安居工程140.3万平方米、18858套，其中公共租赁住房56.1万平方米、10269套；竣工保障性安居工程6202套；新增发放廉租住房货币补贴3721户，超额完成省政府下达的各项住房保障目标任务。

【教育事业】 年末全市拥有各级各类学校2064所，在校学生总数133.1万人，教职工总数10.0万人，其中专任教师约7.6万人。全市累计义务段标准化学校达到492所，标准化学校创建率达到69.5%。学前三年幼儿纯入园率保持在99.7%以上，义务教育段入学率和巩固率分别保持在100%和99%以上，初中毕业生升入高中段的比例保持在99.1%以上，普职比为1:1。年末全市共有全日制民办中小学（幼儿园）1072所，在校（园）生约32万人，占全市全日制中小学（幼儿园）在校（园）生数的28.4%，有约6.9万名义务段外来务工人员子女就学问题得到妥善解决。在甬全日制普通高校在校生14.5万人，本专科在校生比为60:40；在甬研究生6850人；全市每万人在校大学生数达到252人。全年有240余家单位开展培训工作，培训项目180多个，完成培训8.1万人。完成成人"双证制"培训毕业人数8445人，农村预备劳动力职业技能培训人数2323人。全年教育经费总投入209.77亿元，其中财政性教育经费支出164.23亿元。用于帮困助学经费8.01亿余元，全市义务教育阶段共有78.99万人次学生享受免交杂费和课本费、作业本费、住宿费政策，涉及经费3.5亿元；15.18万名学生享受中职免学费政策，涉及经费2.96亿元，高校各类奖学助学政策惠及学生6.42万人次，涉及经费8853万元；安排全市民办流动人口子女学校引导性专项经费1600万元；建立学生免费体检制度，覆盖所有在甬学生（含外来务工人员子女）；推进免费午餐扩面工程，自秋季学期起，受助对象扩大到市级经济欠发达乡镇（片区）所有义务教育段宁波户籍和符合条件的非宁波户籍在校学生，资助标准为每生每年1500元，近3.4万人受助，资助金额2500余万元。完成第一批义务教育发展基本均衡县（市、区）评估。加固与重建改造校舍199.2万平方米，总投资53.7亿元，完成全市中小学校舍安全工程。从5月1日起，符合条件的民办学校（含幼儿园）教师纳入公务员医疗补助统筹管理。全市标准化学校达到368所，标准化学校创建率53%。

【科技事业】 由宁波大学为主完成的"非线性应力波传播理论及应用"项目获得国家自然科学二等奖，为全市获得国家自然科学奖的最高等级。全年获得省级科学技术奖26项，其中一等奖1项，二等奖2项，三等奖23项。全年专利申请量73647件，授权量59175件，比上年分别增长54.8%和58.5%，其中发明专利授权量2065件，增长27.1%。全市认定省级高新技术企业研发中心38家，省级企业工程中心12家，市级企业工程（技术）中心130家。年内新增高新技术企业189家，市级科技型企业261家，国家级创新型企业3家，省级创新型示范企业4家，省级创新型试点企业7家；新认定市级重点实验室2家，新增市级产学研技术创新联盟1家。年末全市有高新技术企业930家，市级科技型企业563家，市级企业工程（技术）中心746家，省级高新技术企业研究开发中心212家，国家认定企业技术中心8家，国家级创新型试点和创新型企业16家，省级创新型示范和试点企业52家，市级创新型试点企业156家。年末限额以上科技服务业企业258家，全年实现营业收入103.9亿元，实现利润总额19.2亿元，比上年分别增长19.5%和20.8%。

【文化事业】 2012年，全年各级文化部门共组织举办精品展览、公益讲座、高雅艺术演出各500多场，送电影下乡25000多场、送戏下乡2500场，为1100多艘渔船新装广播电视，行政村全部建立了"农家书屋"；"零门槛公共文化服务打造书香宁波"专题节目在《新闻联播》播出。城乡文化活动更趋活跃，承办了第七届全国优秀儿童剧展演、"群星璀璨"全国群众美术书法摄影优秀作品展等多项国家级大型文化活动，成功举办首个大型城市音乐欢唱活动——"2012阿拉音乐节"、第四届全民读书月、第五届中国（宁波）农民电影节等品牌节庆活动，形成了以国家级高水平文化活动为引领、市区（县）联动的节庆文化品牌为支撑的发展模式。文化产品创作与生产再获丰收，音乐剧《告诉海》、电视剧《向东是大海》、动画电视系列剧《少年阿凡提》、纪实文学作品《主义之花》四部优秀作品荣获全国第十二届精神文明建设"五个一工程"奖。儿童剧《神奇的田螺壳》获第七届全国优秀儿童剧展演优秀剧目奖，甬剧《宁波大哥》获"中国现代戏研究会突出贡献奖"。文化产业发展势头迅猛，浙江大丰实业有限公司被文化部授予"国家文化产业示范基地"，成为我国舞台机械设备领域内唯一一家获评企业。海伦钢琴股份有限公司在深交所创业板成功上市，成为全市第四家文化类上市公司。全年电影票房首次突破两亿元大关，达到2.3亿元，比上年增长28.3%，增幅位列全省第一。新增影院6家，年末共有多厅影院23家；全年引进电影112部，其中国产影片80部、国外影片32部

【卫生事业】 进一步改善城乡居民医疗卫生条件，年末实有病床2.8万张，拥有卫生技术人员4.9万人，其中执业医师（含助理）1.9万人，注册护士1.8万人。按户籍人口统计，每千人床位数、卫技人员数、执业医师（含助理）数和注册护士数分别达到4.8张、8.4人、3.3人和3.1人。年末全市共设置社区卫生服务中心（卫生院）151家，建成省级规范化社区卫生服务中心（卫生院）131家，创建率达86.8%，居全省前列；建成省级示范社区卫生服务中心21家，其中国家级4家。新型农村合作医疗制度进一步巩固，参合人数为292.8万，参合率达

97.7%,人均筹资水平从上年的396元增加到565元。公共卫生工作成效显著。全市甲乙类传染病报告总发病率为189.81/10万;适龄儿童免疫规划疫苗接种率99.6%,免疫预防服务质量保持全省先进水平;全年常住人口孕产妇死亡率为0,首次实现零死亡,婴儿死亡率2.96‰,5岁以下儿童死亡率4.05,均稳定在较低水平。无偿献血工作稳步推进。全年无偿献血70016人次,无偿献血量占临床用血比例为104.2%,继续保持我市临床用血全部来自无偿献血的目标。

【体育事业】 开展"体育系统直属场馆公益开放"活动,市民参与健身热情高涨,各大体育场馆已有近10万人次参与免费健身活动。全年有12个乡镇街道成功创建省体育强镇,4个街道51个社区成功创建浙江省城市体育先进街道社区。公共体育健身设施建设维护力度加大,全年更新体育健身路径586条,新建各类球场200个。群众体育活动丰富多彩,培训广播体操指导员(志愿者)500多名,举办各级各类广播体操比赛30多场次,使第九套广播体操成宁波市民健身新热点。竞技体育综合实力显著提高,征战奥运成绩取得新的突破,共有李金子、董程、汪顺、单丹娜、李玲等5名运动员参加了伦敦奥运会,获得了首枚奥运会女子拳击奖牌和2个第五名,加上输送到中国武警总队的女拳选手任灿灿,参赛人数超过了历届奥运会。另外,2012年市运动健儿还在各级大赛中分别获得2个世界冠军、9个亚洲冠军和24个全国冠军。体育事业与体育产业协调发展,全年全市共举办了42项国家级以上赛事。体彩销售销量首次过13亿元,超过温州,跃居全省第二。

嘉　兴　市

国 民 经 济

【概况】 2012年,面对世界经济复苏明显放缓和国内经济下行压力加大的严峻形势,全市上下坚持以科学发展观为指导,按照"稳中求进、转中求好"的工作总基调,积极应对多重压力和困难,全面贯彻落实国家和省有关政策措施,加快推进"三城一市"建设,全面提升服务发展效能,全市呈现出经济企稳回升,转型成效明显,民生持续改善,环境不断优化的良好局面。全年实现地区生产总值2884.9亿元,增长8.7%。其中第一产业增加值150.05亿元,增长1.1%;第二产业增加值1620.82亿元,增长8.4%;第三产业增加值1114.07亿元,增长10.2%。全市第一、二、三产业结构由上年同期的5.5:57.6:36.9调整为5.2:56.2:38.6,服务业比重提高1.7个百分点。财政收入稳步增长,全市实现财政总收入471.9亿元,增长13.4%,其中公共财政预算收入257.7亿元,增长13.8%。城乡居民收入继续提高,全市城镇居民人均可支配收入35696元,农村居民人均纯收入18636元,分别增长13.2%和11.5%,扣除价格因素,实际分别增长10.8%和9.1%。全市城乡居民人均收入比由上年的1.89:1扩大到1.92:1,农村居民收入水平已连续九年位居全省第一,城镇居民人均可支配收入增速居全省之首。投资消费稳定增长,全市完成固定资产投资1642.3亿元,增长10.4%。其中,工业生产性投资742.1亿元,增长12.8%;服务业投资842.3亿元,增长19.1%,占固定资产投资比重同比提高3.8个百分点;民间投资1005.9亿元,增长17.7%。实现社会消费品零售总额1083.7亿元,增长14.3%。消费价格总水平涨幅持续回落,居民消费价格上涨2.2%。转型升级积极推进,扎实开展"两退两进",腾退低效建设用地超过1万亩,启动中心城区有机更新工作。全社会研究与试验发展经费支出占生产总值比重达到2.3%。改革开放继续深化,统筹城乡综合配套改革深入推进,改造集聚农房2.3万户,验收通过示范性城乡一体新社区24个。

【工业经济概述】 2012年,嘉兴市工业经济运行呈现"低位开局、缓中趋稳、逐渐回升"的态势。年内,全市全部工业增加值为1460.8亿元,增长9.1%;全市规模以上工业完成增加值1115.1亿元,同比增长10.9%(增速高于全省平均3.8个百分点),分列全省第四和第五;全市规模以上工业实现总产值6004.1亿元,增长7.7%;完成销售产值5874亿元,增长7.4%;完成出口交货值1313亿元,增长4.1%;实现利税432.1亿元,下降4.7%;实现利润255.9亿元,下降10.8%。

工业投资继续强化。按照"四减两提高"(即减员增效、减能增效、减耗增效、减污增效,提高全员劳动生产率,提高优质品率)的要求,通过注重考核、建立机制、保障要素、招商引资、推进项目等有效措施,优化投资结构,促进工业有效投资。完善市、县(市、区)、有关部门、镇(街道)工业投资组织机构和推动网络,调整了市重大项目推进工作办公室和市推进工业有效投资工作领导小组成员,由市长挂帅,加大了组织领导和工作力度。坚持项目联席预审制度,把好项目门槛,全面开展工业投资项目准入评估管理工作,严格执行投资导向目录和产业布局规划。坚持"分级负责、上下联动"、重大项目专项推动、政策引导排名考核和财政激励等四项促进工业投资工作制度,从制度上推进工业有效投资。年内,全市完成工业生产性投资(不包含核电和嘉兴电厂投入)742.15亿元,增长12.8%,其中设备投资占工业生产性投资的61.6%。全市装备制造和电子信息两大优势产业共完成投资189.36亿元,占全部投资额的25.5%,增长35.5%,其中装备制造占比为74.1%、电子信息占比为25.9%。全市战略性新兴产业完成投资321.4亿元,占全部投资额的43.3%,增长131%,其中新材料完成投资占新兴产业投资的60.2%。

节能降耗成效明显。切实加大重点区域、重点领域、重点行业重点企业的节能监督力度,组织开展节能工作督查活动。加强各地节能降耗预警监测,坚持县(市、区)和重点用能企业的月度“三色”警示灯预警制度，坚持行政“一把手”约谈机制，加快重点节能项目建设，以百家企业节能低碳行动为有效抓手，切实发挥重点骨干企业节能的主体作用。大力推行建筑节能、商业节能新模式，全力推进合同能源管理。全面推行企业用电综合评价体系，按照今年迎峰度夏电力负荷供需状况，制定《关于做好2012年电力需求侧管理和有序用电工作的意见》，对未按照要求制定出台企业用电综合评价体系的地区，在有序用电期间，扣减其5%的用电指标。年内，全社会用电351.4亿千瓦时，增长7.17%，其中全市工业用电271.3亿千瓦时，增长6.61%，电力增速与规模以上工业产值增速基本匹配。全年全市单位GDP能耗下降5%左右，单位规模以上工业增加值能耗下降7.5%，其中八大高耗能行业能耗下降11.1%。

技术创新成果显著。巨石集团被认定为国家企业技术中心，成为嘉兴市第三家国家技术中心；巨匠建设集团被认定为省建设行业技术中心，填补了嘉兴市空白。在省级技术中心评价中，嘉兴市共有6个中心被评定为优秀。至年底，全市共有工业企业（行业）技术中心210家，其中国家级3家、省级55家、市级152家；建设行业企业技术中心8家。同时，积极争取到2项国家技术创新类项目，获扶持资金1350万元。全市通过省经信委备案的工业新产品达到287项，其中市本级163项。全市有9项新产品被评选为省优秀工业新产品，其中一等奖1项，填补了嘉兴市省级优秀新产品一等奖的空白。新产品产值率又创新高，达到30.9%，继续位居全省首位。

倍增计划深入实施。贯彻落实《嘉兴市战略性新兴产业倍增实施意见》，建立健全工作协调机制、引导机制和培育机制。年内，六大战略性新兴产业实现产值1998.6亿元，增长9.7%。其中，新能源产业完成产值309.7亿元，增长5.9%；新材料产业完成产值1382.4亿元，增长10.5%；节能环保产业完成产值169.5亿元，增加12.8%；生物产业完成产值24.43亿元，增长0.8%；核电关联产业完成产值50.4亿元，增长6.6%；物联网及相关产业完成产值62.1亿元，增长9.4%。六大战略性新兴产业实现利税177.4亿元，利润116.5亿元。贯彻落实《嘉兴市大企业倍增计划实施意见》，分析研究培育大企业的路径，提出通过创建“五型企业”，切实提高行业龙头骨干企业的竞争力，引导企业向又大又强发展。年内，销售收入超百亿元企业3家，超五十亿元企业8家，超十亿元企业80家，其中超十亿元的制造业企业76家。

工业结构持续优化。一是重化趋势持续。重工业完成增加值607.7亿元，增长15.0%，快于轻工业增速8.7个百分点；重工业产值3077亿元，增长9.8%，高于轻工业4.2个百分点，重轻工业比为51.2:48.8，重工业占比较去年底提高1个百分点。二是生产性服务业进一步发展。制定《关于推进特色工业设计基地建设，加快工业设计产业发展的指导意见》，组织开展市级特色工业设计基地、工业设计示范企业和工业设计中心创建活动，命名了一批特色工业设计基地、工业设计示范企业和工业设计中心，向工信部推荐上报了2家企业的6个工业设计作品。三是集约集群发展推进。按照市委、市政府《关于实施“两退两进”促进经济转型升级的若干意见》要求，及时开展全市工业用地绩效情况调查摸底工作，并对各地腾退低效用地情况进行认真核查，加强腾退规划指导和典型引路。贯彻落实《嘉兴市人民政府关于加快发展现代产业集群的若干意见》精神，组织开展市级现代产业集群培育对象转型升级实施方案编制工作，引导产业集群发展。

【传统优势产业】 主要包括纺织业、化纤、服装、皮革、造纸及纸制品业、橡胶和塑料制品业以及木材加工制造业七大行业。按统计大类口径分，全市工业类33个行业中，传统产业占了2/3以上，在全市工业经济中占有举足轻重的地位。

2012年，全市七大传统产业实现产值2469.1亿元，占全市规模以上工业的41.2%，是嘉兴市工业的重要支柱；规模以上企业2222家，共有从业人员数42.0万人，分别占全市规模以上工业的54.7%和52.3%，七大传统产业是嘉兴市工业企业的主要组成部分，是吸纳劳动力的主要途径；实现利税139.4亿元，占规模以上工业的32.3%，是嘉兴市工业利润和财政税收的重要来源。

2012年，全市七大传统产业科技研发经费支出37.1亿元，比上年增长11.4%，其中纺织、服装、造纸、橡胶塑料分别增长12.14%、13.21%、45.18%、23.53%。七大传统产业户均产值1.11亿元，户均利税627.4万元，人均产值58.8万元，人均利税3.32万元，相比2011年，户均产值下降7.5%，人均产值增长11.0%，户均利税下降23.8%，人均利税下降8.8%。全市纺织服装产业规模以上工业实现产值1105.3亿元，其中纺织业规模以上工业实现产值713.4亿元，增长5.6%；纺织服装、服饰业规模以上工业实现产值391.9亿元，同比下降0.6%。

年底，全市共有百亿以上块状经济13个，其中传统产业有8个，分别为海宁皮革、马桥经编、海宁家纺、嘉善木业、秀洲纺织、桐乡化纤、濮院毛衫、平湖服装。有国家级企业技术中心2个，建立技术研发服务、咨询服务、检测服务、资本服务等块状经济公共服务平台17个，行业协会7个，专业市场5个。

【新兴产业】 2012年，嘉兴市六大战略新兴产业共有规模以上企业452家，占全市规模以上企业的10.85%，完成工业总产值1998.6亿元，占全部规模以上产值的34.3%，同比增长9.7%，比面上多2.1个百分点，工业增加值实现372.2亿元，增长18.4%，高于面上9.3个百分点。2012年，嘉兴市六大战略性新兴产业实现利润116.5亿元，占全市45.5%，同比下降19.4%；实现利税177.4亿元，同比下降14.6%。2012年新兴产业完成投资321.39亿元，占全部投资额的43.30%。新兴产业企业的土地和固定资产全年支出为209.7亿元，占全市规模以上企业比为60%。新兴产业企业科技活动经费支出总额全年为50亿元，占比为51%，同比增长20%，比面上高6个百分点。

2012年，全市新能源产业规模以上企业60家，从业人数1.7万人，以太阳能光伏和光热为主。实现产值、利税和利润分别为309.7亿元、54.5亿元、31.1亿元，同比增长分别为5.9%、-12.1%、-17.7%。新能源完成投资80.8亿元，占新兴产业的25.1%。光伏行业受欧洲国家削减光伏补贴政策、美国“双反”及欧盟“双反”、人民币汇率和国内阶段性产能过剩多重影响，企业生产经营难度加大，出厂价格急剧下降，23家企业产值下降6%，利润下降123%，国内光伏行业正处于优胜劣汰的洗牌过程，部分小企业被迫转入半停产状态。由大唐（海盐）新能源股份有限公司投资4.5亿元建设的风力发电场项目正在报批,项目总装机规模计划设计48MW,预计2013年首台风电机组投产发电,项目建成并网后,每年可望向电网提供9047万千瓦时电量,每年可节约标煤2.7万吨。

2012年全市新材料产业规模以上企业265家,从业人员9.9万人,主要以中间体类化工新材料、差别化化纤、新型电子信息材料、新型金属材料和传统产业替代材料为主。全年实现产值1382.4亿元,同比增长10.5%,占战略性新兴产业产值的69.2%,实现利税、利润分别为92.7亿元、63.3亿元,分别下降22%、27%。新材料完成投资193.4亿元,占新兴产业的60%。上半年化工企业产品价格持续处于低位,差别化化纤也加速下滑。缺少新增项目,2012年一些化纤行业大项目在四季度投产,而上年多集中在上半年投产。桐昆、新凤鸣等行业龙头企业生产稳定,但下游需求延续低迷,行业竞争加剧,同时新增产能对当年贡献较小。总投资30.7亿元的嘉兴石化有限公司80万吨PTA项目9月投产,实际产能可以达到150万吨,该项目投产后,年产值可达120亿元,利润10亿元。总投资约80亿元的传化合成材料产业基地在嘉兴港区开建一期项目,总投资60亿元的兴兴新能源甲醇制烯烃项目也已开工。嘉兴港区巩固帝人、德山、信汇、三江、合盛、庆安等六个行业冠军,培育嘉兴石化、传化、赞宇、赞南、浙能等一批发展潜力大、竞争力强的企业,力争形成一批新的行业领军者。港区申报国家级新型工业化产业示范基地工作进展顺利,国家工信部已完成公示工作。

2012年嘉兴市22家物联网及相关产业规模以上企业实现产值62.1亿元、增长9.4%,利润3.1亿元、下降49%。该产业主要集中在南湖区,南湖区加快发展与物联网相关联的通讯电子产业,培育具有自主知识产权的物联网产业集群,以中航信、嘉兴软件园、斯达半导体、天通精电、闻泰通讯、德景电子、博创科技为龙头,集聚一批物联网产业制造企业,同时,加快推进有关项目建设,形成传感器、集成电路、软件、终端、节点等上下游产业链。浙江中科天顺物联网科技有限公司与中国科学院嘉兴无线传感网工程中心开展物联网技术产业化合作,加快物联网技术的产业化步伐。

2012年全市节能环保产业规模以上企业54家,实现产值169.5亿元,增长12.8%,利润12.7亿元,增长16.2%,从业人员2.4万人,主要以LED照明为主。嘉兴市LED产业初步形成了产业链,涵盖芯片制造、器件封装、产品应用等环节。2012年嘉兴市LED产业约40亿元,国家对2012年财政补贴推广LED照明产品进行国内公开招标,浙江生辉室内照明产品LED筒灯、反射型自镇流LED灯和室外照明产品LED路灯、LED隧道灯4个品种被纳入此次采购范围。海盐"杭州湾LED产业园"获得"浙江省外商投资新兴产业示范基地"称号,已入驻企业9家,总投资15.25亿元,注册资本6.74亿元。环保产业的海利环保纤维有限公司国内首条瓶片纺FDY生产线顺利上马,总投资7亿元,年产20万吨再生聚酯差别化纤维,计划2013年10月投产,2012年海利公司产值增长超100%。合同能源管理是嘉兴市正在推广的一种节能新机制,平湖热电厂与惠德时代能源科技有限公司签订了"锅炉控制系统节能改造"项目,改造成功后每年可以节约标煤9973吨。

2012年全市生物产业规模以上企业17家,实现产值24.4亿元,增长0.8%,实现利润2.8亿元,增长25.6%。全市生物产业完成投资12.6亿元。生物产业呈现出企业规模小,成长速度快,经营效益较好的特点。生物医药产业是平湖市的战略性新兴产业之一,目前有生物医药企业17家,总投资30亿元。平湖卡尔吉、泛亚生命、一就生物、南六以及新引进的优康制药发展势头良好,平湖市2012年生物医药产业完成投资6.3亿元,莎普爱思迁建、泛亚生物、华祥福医用器材、爱食客食品等7个项目进展顺利。嘉兴经济技术开发区设立浙江欧美生物科技产业园,千方百计引进生物医药项目,嘉兴市领军人才集聚了大批高科技人才和项目,如汇东生物、新生源医药、医孚软件、慧升生物等公司。

2012年全市核电关联产业规模以上企业34家,实现产值50.4亿元,增长6.6%,实现利润3.4亿元,增长37.7%。海盐县已有核电关联产业企业50多家,总产值40多亿元。6月28日,海盐·中国核电城建设正式奠基。依托核电城平台,核电关联产业集聚区取得重大进展,有66家企业进入核电关联产业联盟名录,其中规模以上企业26家;拥有省级以上技术(研发)中心6个;中达特钢获得《中华人民共和国民用核安全机械设备制造许可证》,27家企业获得非核级供应商资格,13家企业取得中核集团核电合格供应商资质,3家企业取得中国核电工程公司颁发的合格供方资格证书。浙江电渣核材、海重重工、中核清原乏燃料运输、华业钢构核电配管模块、中核二二核岛模块等一批大项目签约入驻海盐。核电关联产业基地分别被省经信委、省发改委列入省级产业示范基地、省军民结合产业基地和省高技术产业基地。

【大企业培育】 2012年底,全市销售收入达百亿元企业3家,比去年同期增加1家;销售收入超十亿元制造业企业76家,比去年同期增加11家;销售收入超亿元企业1044家,提前三年实现《嘉兴市工业"十二五"发展规划》中提出的培育"1000家销售收入超亿元重点企业"的目标。2012年以来,嘉兴市大企业在市场与成本双重压力面前迎难而上,采取了拓宽销售主渠道、强化管理增效益等多种开源节流措施,经营业绩逐月回升,为全市工业经济"稳增长"起到了关键作用。2012年,全市制造业主营业务收入列前100位企业的主营业务收入总额2007.84亿元,占全市规模以上工业企业主营业务收入35.8%,主营业务收入同比增长8.4%;实现工业总产值2092.61亿元,占全市规模以上工业企业的36.0%;实现利润93.36亿元,占全市规模以上工业企业的36.5%,利润同比下降22.9%;实现利税139.43亿元,占全市规模以上工业企业的32.3%,利税同比下降19.4%。

大企业的示范引领作用进一步增强。一是大企业创新能力不断提高。2012年,桐乡新凤鸣新材料有限公司、浙江生辉照明有限公司、浙江亚特机电股份有限公司和浙江晨光电缆有限公司的研发机构被认定为省级企业研究院4家;海盐的青莲食品有限公司的研发机构被认定为省级企业工程技术中心。全年新认定国家级技术中心1家,省级技术中心6家,省级研发中心28家,市级技术中心28家,市级研发中心55家。全市现有工业企业(行业)技术中心210家,其中国家级3家、省级55家、市级152家;研发中心441家,其中省级128家,市级313家。二是大企业资本运作能力不断提升。2012年,有13家企业通过了浙江证监局的辅导验收,有2家企业在境内外成功上市,募集资金总额5.1亿元,另有1家企业过会待发。全市已报会待审核的企业达到17家,处于辅导期内的有8家,位于全省前列,基本形成了上市一批、报会一批、备案辅导一批、培育一批的良好的上市企业梯队。上市公司积极利用资本市场进行再融资,2012 年嘉兴市有 6 家企业发布再融资计划,其中民丰特种、宏达高科 2 家企业定向增发申请获批;景兴纸业、桐昆集团 2 家企业公司债获批,其中景兴纸业 7.5 亿元公司债完成发行;有 3 家企业完成对外并购,其中:禾欣股份收购江苏宏国化工 100% 股份,卫星化工收购浙江聚龙石化 100% 的股份,海宁皮城收购北京银邦持有的北京新海宁皮革商贸有限公司 52% 的股份。三是大企业品牌经营意识不断加强。根据《嘉兴市"十二五"商标发展规划》,嘉兴市全面推进"商标兴企、品牌强市"战略,通过健全品牌建设领导机构、定向扶持重点企业、完善创牌激励机制、加大打假维权力度等系列措施,不断激发本土企业树牌创牌热情,力争经过五年努力,在全市建立起更为成熟的商标注册、使用、培育、发展和保护等工作机制。优先推荐和支持大企业争创中国驰名商标、浙江省著名商标、浙江省知名商号,到 2012 年底全市已拥有行政认定中国驰名商标 16 件。2012 年,新增群大、振业、友邦等 10 件省知名商号,全市累计数省知名商号数已达到 99 件。

【中小微企业扶持】 2012 年,全市工业类中型企业 541 家,小微型企业约 3.36 万家,中小微企业数量占全部工业企业的 98.2%。其中规模以上工业类中小微企业 4084 个,比去年增加 459 个,增长 12.7%;从业人员 62.6 万人,减少 10.9%,占全市规模以上工业企业从业总数的 77.9%;主营业务收入 4013.4 亿元,减少 11%,占全市规模以上工业企业主营业务收入总额的 71.6%;利税额 278.2 亿元,减少 27.2%,占全市规模以上工业企业利税总额的 64.4%;利润 162.7 亿元,减少 34.8%,占全市规模以上工业企业利润总额的 63.6%;资产合计 4093.8 亿元,减少 12.9%,占全市规模以上工业企业资产总额的 66.7%。中小微服务业企业占全市服务业企业数量的 99% 以上,是全市城乡居民生产生活服务的重要承担者。

加强对小微企业政策扶持,拓宽小微企业融资渠道。市政府出台《关于促进小型微型企业健康发展的若干意见》(嘉政发〔2012〕91 号),是嘉兴市首个促进小微企业健康发展的综合性政策,对优化嘉兴市小微企业发展环境,鼓励支持小微企业创业创新发展,具有十分重要的意义。为进一步推动和引导嘉兴市中小企业转型升级,重点扶持一批符合嘉兴市产业发展方向、成长性突出的中小企业,市经信委开展了"成长之星"企业评选活动,按企业成长特点分别评价认定"品牌之星"、"管理之星"、"技术之星"、"节能之星"、"创新之星"共 100 家优秀企业,并召开了表彰大会。市政府出台《嘉兴市级政府采购支持中小企业信用融资试点办法》,鼓励银行业金融机构以政府采购诚信考核和信用审查为基础,凭借中小企业取得并提供的政府采购合同,按优于一般中小企业的贷款利率直接向申请贷款的中小企业发放贷款。南湖区重点推广的银政投结构化中小企业集合信贷产品——"南湖烟雨"II 期,经区政府常务会议通过后,由区金融办牵头,浙江中新力合科技金融服务有限责任公司嘉兴分公司、杭州点石引导投资管理有限公司等具体负责,陆续接触并深入各镇、街道了解需求企业。在经过推介以及尽职调查以后,共有 15 家企业入选,额度共计 2810 万元。

加大担保行业监管力度,着力提升担保行业水平。2012 年,全市中小企业担保机构 83 家,比去年减少 20 家,注册资金总额 47.96 亿元,从业人员 803 人,资产总额 48.26 亿元,在保责任总额 95.41 亿元,在保户数 12458 户。担保结构中,专为中小企业担保机构 29 家,在保责任余额 24.85 亿元,占在保责任总额 26.05%;专为园区基础设施担保机构 7 家,在保责任余额 5.14 亿元,占在保责任总额 5.39%;专为专业市场商贸企业担保机构 11 家,在保责任余额 27.81 亿元,占在保责任总额 29.15%;专为个人消费和购车担保机构 2 家,在保责任余额 7.52 亿元,占在保责任总额 7.88%;为个人消费、购车及企业混合型担保机构 28 家,在保责任余额 26 亿元,占在保责任总额 27.2%;专为农户担保机构 6 家,在保责任余额 4.13 亿元,占在保责任总额 4.33%。为进一步加大政策引导和扶持力度,嘉兴市出台了《嘉兴市人民政府办公室关于转发市经信委等八部门〈关于促进融资性担保行业健康发展的若干意见〉的通知》(嘉政办发〔2012〕173 号),对嘉兴市融资性担保行业的发展做了总体规划和部署,加大扶持和监管力度,为担保行业可持续发展提供保障。全市有 8 家担保机构通过专业评级机构评定信用等级达到 A 及以上,其中桐乡诚信担保公司为 AA-,是全省第四家也是嘉兴市唯一信用评级为 AA 级的担保机构。海宁嘉丰担保有限公司、桐乡市诚信担保有限责任公司二家中小企业担保公司获得浙江省优秀融资性担保机构称号。市担保业协会与浙大管理学院合作开办第二期"嘉兴市融资性担保机构中高层专项研修班"。全市 64 名从业人员参加了融资性担保机构从业资格考试,考试通过率达 100%。

【节能降耗】 2012 年,嘉兴市围绕"十二五"时期单位生产总值能耗下降 18.5% 的目标任务,通过健全机制、落实责任、强化准入、加大投入等各项工作举措,节能降耗工作超额完成任务。年内,全市单位 GDP 能耗同比下降 4.9%,单位工业增加值能耗同比下降 7.5%,实现节能量 101 万吨标煤,其中八大高耗能行业能耗下降 11.1%;验收通过清洁生产审核企业 215 家;创建绿色企业 10 家。

【淘汰落后产能】 2012 年,市淘汰办按照国家、省关于淘汰落后产能的有关规定和市委、市政府关于"两退两进"、转型发展的总体要求,结合嘉兴市产业结构实际,继续将水泥、印染、化工等作为重点行业领域,对国家明确规定的落后产能,以及嘉兴市相对落后低效产能进行淘汰。经过各县(市、区)和市级相关部门的共同努力,基本顺利完成了年度淘汰落后产能目标任务。全市共淘汰 3 米以下水泥磨机 32 台,落后产能 510 万吨;印染行业落后产能 2073 万米,酸洗磷化和化工产能 4.37 万吨。此外,各县(市、区)还根据各自的产业结构、层次等实际情况,因地制宜安排了一些落后产能的淘汰工作,主要是化工、电镀、纺织、木业、造纸、制革、粘土砖瓦窑等产业,据统计:各县(市、区)共淘汰化工产能 15 万吨、电镀产能 7 万吨、纺织产能 0.22 万吨、木业产能 5000 件、造纸产能 8.1 万吨、制革产能 69 万牛皮标张、淘汰粘土砖瓦产能 38500 万块标砖。

及时分解落实目标任务。年初,在与各县(市、区)多次协商对接基础上,根据嘉兴市产业特点和转型升级要求,拟定 2012 年度全市淘汰落后产能总体目标任务,并选择部分行业上报列入国家、省任务。在国家和省任务正式下达以后,及时召开会议,将任务再次明确分解到各县(市、区),并要求各县

(市、区)把任务一直分解落实到有关镇和企业。对国家任务分解落实情况,在政府门户网站上予以公告,接受社会监督。

开展部门联动执法整治。充分发挥各职能部门的作用,通过加大行政执法力度、开展部门联合执法、重点行业专项整治等,促进高耗能、高污染落后产能的加快淘汰进程。一是强化能源监察,对各县(市、区)实施月度节能降耗进度预警制度;对各节能降耗项目,实行进展公示制度;加大对电力、钢铁、建材、印染等行业能耗限额的对标考核,对超能耗限额的企业实施累计加价政策,对落后产能实行差别电价。2012年对其昌、江浦2家不锈钢企业实行了差别电价。二是强化安全监管,围绕危险化学品使用单位安全生产,先后开展"和风"、"响雷"、"飓风"、"清剿"四个专项执法行动,下大力气整治危化品"老、小、差、危"企业,加快淘汰不符合安全生产要求的设备设施。三是强化环保执法,开展铅蓄电池、电镀、化工、印染、制革、造纸六大行业综合整治,至12月中旬,电镀行业完成关停17家企业,整治提升50家;开展燃煤锅炉专项整治,对35吨以上锅炉实施炉外脱硫,对65吨以上锅炉实施脱硝改造。四是强化质量管理,推行水泥行业联盟标准,以实施嘉善县水泥行业能源计量管理省级项目为契机,积极探索能源计量精细化管理。

严格新建项目市场准入。一是严格实行能源评估,出台《嘉兴市固定资产投资项目节能评估和审查管理办法》,对新上项目严格实行能评,凡未进行或未能通过节能审查的项目,各级投资主管部门一律不得审批、核准,供电部门不予电力报装和接入,全年市经信委共开展39个项目的节能评估和审查,上报省经信委审查12个,暂缓审查5个,有效控制了"两高一低"项目进入。二是严格规范土地利用,认真执行国家产业政策和浙江省用地控制指标,采取项目联审制度,积极推进差别化供地政策,做到"四保四压"。三是严格实行环境保护,对高耗能、高排放及产能过剩行业的项目从严把关,坚决管住新上项目。四是严格落实安全生产,对已明确列入淘汰落后产能的企业,在完成淘汰任务前,一律不核准为安全生产标准化各等级企业;对有淘汰任务的企业,一律不核发安全生产许可证。

组织重点督查验收。一是加强工作督查,2012年淘汰落后产能工作被市纪委、监察局加快转变经济发展方式监督检查工作领导小组列入嘉兴市2012年度落实加快转变经济发展方式重点监督检查事项,进一步明确淘汰时间和责任部门,定期抓好督查。市淘汰办专门制订了淘汰落后产能工作监督检查方案,实行月报制度和淘汰完毕即报制度,并先后于7月、8月和9月,三次组织相关部门进行淘汰工作督查。二是加强考核验收,由市淘汰办牵头,会同市发改委、环保局、监察局进行联合验收,并严格按照淘汰工作要求,进行现场拍照取证,对已经完成淘汰任务的企业,通过政府门户网站和经信网进行公告。

【农业农村平稳发展】 2012年,嘉兴市围绕统筹城乡发展、转变农业发展方式主线,以"两新"工程和"五个一百"示范工程为主抓手,推进统筹城乡综合配套改革和现代都市型生态农业建设,保持了农业平稳增长、农村和谐稳定。实现农业总产值253.85亿元,增长4.1%;实现农业增加值151.4亿元,增长6%;农民人均纯收入达18636元,实际增长9.1%。全市农作物播种面积510.7万亩,增长0.1%,其中粮食面积311.8万亩,增长2.4%,全年粮食总产量138万吨,增长1.9%。农业结构继续调整,农、林、牧、渔、服务业总产值比例由上年的44.4:0.3:40.6:11.0:3.7调整为47.4:0.4:37.4:11.0:3.8;全市农作物播种面积粮经比例由上年的59.7:40.3调整为61.1:38.9。农业发展平台深化提升,新建粮食生产功能区237个,面积15.6万亩,累计建成640个48.8万亩;新验收省级现代农业综合区1个、主导产业示范区3个、特色农业精品园11个,累计通过省级验收24个;改造农田渠道628公里,完成千万亩标准农田质量提升工程6万亩。新增市级示范性家庭农场11个,农民专业合作社72家,市级以上农业龙头企业26家。农业品牌建设取得新成效,新增无公害农产品基地2.5万亩,全市共有无公害农产品512个,绿色食品137个,有机食品70个,"国家地理标志保护产品"15个,无公害标准化生产基地面积已达110万亩。农业转型升级稳步推进,新通过省级水产良种场认定1家,新增市级水产良种场1家、省级水产规模化繁育基地5家。启动建设基层农业公共服务中心33个,新创建3个全国农技推广示范县。积极推进农村集体资产产权制度改革,加快集体资产产权流动,完成487个村集体经济审计,834个村完成了股份合作制改革,占总村数的93.4%。推进农村土地流转,新增土地流转面积10.88万亩,累计流转土地84.02万亩,占家庭承包经营耕地面积的34.4%。优化农业发展环境,加快绿化建设,累计完成平原绿化面积4.98万亩。开展生态循环农业示范创建工作,新增省级示范县2个、示范区5个,市级示范区5个、示范企业9个。城乡统筹发展深入推进,启动新市镇"五大中心"建设,推进3个省级小城市试点镇和15个"两分两换"试点镇建设,开工建设383个集聚点,其中示范性城乡一体新社区141个,新增流转土地承包经营权10.5万亩。加快"美丽乡村"建设,海宁市获评省级美丽乡村创建先进县(市),16个镇通过市级美丽乡村先进镇验收,39个中心村和50个待整治村全部通过省级村庄整治验收。

【服务业发展提速】 2012年,全市积极实施"服务业倍增计划",有力地推进了全市服务业发展,服务业在经济发展中的地位不断提高,逐渐成为全市经济转型升级的中坚力量。全市第三产业增加值1114.07亿元,增长10.2%,增速高于全省平均0.9个百分点,分别较一季度、上半年和前三季度提升3个、2.5个和1.5个百分点。服务业增加值占GDP比重为38.6%,比上年同期提高1.7个百分点。服务业增加值对GDP增长的贡献率43.1%,比上年提高2.2个百分点,拉动GDP增长3.7个百分点。全市服务业固定资产投资达842.3亿元,增长19.1%,其中,生产性服务业投资239.6亿元,增长26.6%,增速快于面上固定资产投资7个百分点,占固定资产投资完成额比重达51.3%,较上年同期提高3.9个百分点。服务业"百项百亿"工程顺利完成,共实现服务业投资301.8亿元,超额完成全年计划。旭辉广场、嘉兴宾馆改造等一批投资大、带动强的重点项目进展加快,豪仕登大酒店、旭彩百货等一批项目开业。全市完成第三产业税收189.5亿元,占全部税收的37.7%;其中第三产业地税收入125亿元,占地税部门征收税收的59.2%。全市第三产业从业人员达97.33万人,占全部从业人员的29.7%,比上年同期提高1.4个百分点,其中新增从业人员6.37万人,占全部新增从业超过100%,服务业成为吸纳新增就业的主渠道。现代物流增长平稳,全市完成道路运输货运量8432万吨,周转量86.17亿吨公里,分别增长0.64%和

5.96%；完成水路货运量8415.34万吨，周转量138.38亿吨公里，基本与上年持平。港口物流发展迅猛，嘉兴港港口货物吞吐量再创新高，全年完成6004万吨，增长14.2%，增幅位居长三角沿海港口首位，年货物吞吐量增幅已连续五年超10%，集装箱吞吐量达75.1万标箱，增长45.9%，年集装箱吞吐量连续五年增幅超40%，增幅均处于全国沿海港口前列；嘉兴内河港完成货物吞吐量1.086亿吨，集装箱中转量105806标箱，分别增长1.55%和78.36%。科技服务业发展加速，全市有4家企业被认定为省创新型示范企业，7家企业省试点企业。浙江省生辉半导体照明研究院等4家单位被认定为省级企业研究院；浙江省油墨工程技术研究中心等2家单位被列入省级工程中心。全市现有省级企业研究院8家，省级企业工程中心3家。28家单位被认定为省级研发中心，55家单位被认定为市级研发中心，引进大院名校共建创新载体10多家。金融业发展相对平稳，年末全市金融机构人民币存款余额4453.1亿元，增长9.3%，其中城乡居民储蓄余额2144.49亿元，增长14.6%；人民币贷款余额3419.5亿元，增长12.5%。村镇银行、小额贷款公司等小型金融组织的试点工作不断展开，全市已有24家小额贷款公司开办业务（其中2012年新成立7家），满足了中小企业和农村经济体的融资需求。服务外包高速增长，服务外包签约合同金额8.66亿元，增长40.9%；登记执行合同1436个，合同执行金额6.07亿元，增长40.6%，其中离岸合同执行金额4410.05万美元，增长32.25%，比2010年翻了二翻。文化创意产业突破明显，嘉兴国际创意文化产业园、中国桑蚕丝织文化遗产生态园等2个园区被列入浙江省重点文化产业园区名单，乌镇旅游股份有限公司被列入浙江省示范文化企业，嘉兴麦宝科技信息有限公司等6家企业被列入浙江省重点文化企业，入选数量比例处全省中上水平。成功举办浙商创业创新文化产业洽谈会，中国国家话剧院长三角区域嘉兴中心基地签约落户嘉兴市。现代商贸发展良好，全市社会消费品零售总额达1083.74亿元，增长14.3%；其中批发和零售业占主导，全市批发零售贸易业零售额971.65亿元，增长14.2%；全市住宿餐饮业实现消费品零售额112.09亿元，增长14.7%。全市城镇、乡村市场分别增长14.6%和12.2%。休闲旅游势头凸显，全市共接待海内外游客4176.7万人次，增长15.8%；实现旅游总收入421.6亿元，增长19%。全市共有国家A级旅游景区37家，其中5A级2家，4A级7家，3A级7家。全市共有星级旅游饭店56家，其中五星级5家、四星级13家、三星级31家；拟评五星级旅游饭店7家、四星级旅游饭店3家、三星级旅游饭店6家。房产业总体企稳回升，全市商品房销售面积450.3万平方米，增长13%。其中全市住宅销售面积368.5万平方米，增长26.8%。市本级商品房合同备案均价为7559元/平方米，下降1.9%；其中商品住宅合同备案均价为7288元/平方米，下降2%。

【个私经济稳步发展】 2012年，全市新设私营企业7433户，同比下降18.56%，注册资金2299364万元，同比下降53.15%；新设农民专业合作社346户，出资总额34504万元，分别同比增长24.46%和26%；新设个体工商户33057户，注册资金306182万元，同比增长5.28%和21.10%。2012年全市注（吊）销私营企业3381户，同比增长13.38%；注销农民专业合作社5户，同比下降16.67%；注（吊）销个体工商户20095户，同比增长1.2%。

年内，全市实有私营企业64351户、注册资本（金）17308819万元，同比增长了6.72%、13.47%；实有农民专业合作社1591户、成员出资总额112507万元，同比增长了27.28%、44.15%；实有个体工商户186076户、资金数额1137073万元，同比增长7.49%和16.88%。

全市私营经济发展呈现以下特点：一是新设数量和注册资本明显下降。全年新设私营企业7433户，同比下降18.56%，注册资金2299364万元，同比下降53.15%。新设数量与注册资本数均出现了明显下降。截至年底，实有私营企业64351户、注册资本（金）17308819万元，分别比去年同期增长了6.72%、13.47%。虽然私营企业数量和注册资本额都在增长，但增幅明显下降，去年同期的增长比例分别为11.35%、31.76%。二是私营企业规模下降。2012年新设私营企业户均注册资本为309.35万元，与去年同期的537.72万元相比，下降了42.47%。截至2012年底，全部私营企业户均注册资本268.98万元，比去年同期的252.97万元，增长了6.33%，与去年同期增长18.33%相比，增长幅度在下降。三是有限合伙快速增长。截至2012年底，全市共有有限合伙企业95户，认缴出资金额833506万元，比去年底分别增长126.19%和48.19%。全市实有合伙企业2947户，认缴出资金额935082万元，其中有限合伙企业数占合伙企业总数的3.22%，出资金额占总数的89.14%。四是私营公司占主导地位。截至2012年底，全市共有私营公司45263户（含股份公司），占私营企业总数的70.34%，比去年同期的69.71%略有增长；独资企业16141户，占比25.08%，比去年同期的25.71%%，下降了0.63个百分点；合伙企业2947户，占比4.58%，与去年同期基本持平。近几年来，公司制企业在嘉兴市私营企业中的比重不断上升，而相比之下，独资企业和合伙企业发展较慢，比重呈不断下降的趋势。截至2012年底，嘉兴市共有法人企业40838户，较去年同期增长了14.47%。五是新设企业三产比重上升。2012年，嘉兴市新设私营企业三次产业户数分别为66户、2435户、4932户，占比分别为0.89%、32.76%、66.35%，其中第二产业占比同比下降了3.9%，第三产业同比增长了4.07%，一定程度上显示了嘉兴市产业结构“退二进三”的趋势。截至2012年底，全市实有私营企业三次产业户数分别为600户、34665户、29086户，占比分别为0.93%、53.87%、45.20%。第二产业下降1.7百分比，第三产业增长了1.72百分比。六是制造业比重有所下降。从行业看，2012年新设企业数量最多的依次为批发零售业、制造业、租赁和商务服务业，分别占全年新设私营企业数的39.15%、28.84%和9.9%，三者合计达77.89%。与去年同期相比，制造业比例有所下降，下降4.4%。截至2012年底，全市期末实有私营企业户数最多的行业依次为制造业、批发零售业、租赁和商务服务业，户数为32754户、18012户、3619户，分别占比50.90%、28.00%和5.62%，三项合计户数共占私营企业总户数的84.52%。虽然，制造业仍是嘉兴市私营企业的第一大行业，但同比下降了1.81%，批发零售、租赁和商务服务等行业发展迅速，占比呈现上升态势。

全市个体工商户发展呈现以下特点：一是数量增长平稳。全年新设个体工商户33057户，同比增长5.28，是继两个年度出现下降后的首次反弹。期末实有个体工商户186076户，同比增长7.49%,实现了新设数和实有数都保持增长态势。二是产业结构呈现“退二进三”趋势。2012年,新设个体工商户三次产业分布为270户、4911户和27876户,占比0.82%、14.86%和84.33%,与2011年相比,第二产业下降了3.06%,第三产业增长了2.99%,产业结构进一步优化。截至2012年底,全市个体工商户第一产业有1420户,占比076%;第二产业29788户,占比16.01%;第三产业154868户,占比83.23%。三是行业高度集中。截至2012年底,个体工商户数量最集中的依次为批发零售业、制造业、居民服务和社会服务业、住宿和餐饮业,上述四大行业个体工商户数量之和为170242户,占总户数的91.49%,其中批发零售业就占到总数的58.33%。上述四行业2012年度新设立31035户,占新设总数的93.88%,其中批发和零售业占到总数的62.48%。四是个体工商户规模有增长。2012年底,嘉兴市个体工商户户均资金金额为6.11万元,比2011年同期5.62万元的户均资金增长了8.72%。

【国内贸易】 2012年,全市社会消费品零售总额突破千亿元,达1083.74亿元,增长14.3%;增速比上年回落4.4个百分点;扣除价格变动影响实际增长12.4%,增速比上年回落0.7个百分点。分季度看,一季度零售总额现价增长14.3%、二季度增长12.9%、三季度增长14.6%、四季度增长15.1%。按经营地分,全市城镇消费品零售额925.96亿元,比上年增长14.6%;乡村市场消费品零售总额157.78亿元,比上年增长12.2%,城乡消费品市场增幅由上年的1.8个百分点扩大到2.4个百分点。分地区看,嘉兴市区300.53亿元,增长11.6%(南湖区208.82亿元,增长9.4%;秀洲区91.71亿元,增长16.9%);嘉善县120.53亿元,增长15.6%;海盐县82.24亿元,增长15.0%;海宁市242.8亿元,增长14.7%;平湖市121.57亿元,增长15.8%;桐乡市216.08亿元,增长15.7%;嘉兴市经经济技术开发区61.36亿元,增长14%。按行业分,批发和零售业占主导。全市批发零售贸易业零售额971.65亿元,增长14.2%;住宿餐饮业实现消费品零售额112.09亿元,增长14.7%,快于批发零售业0.5个百分点。在商品零售中,全市汽车类增长11.4%,增幅比上年回落6.5个百分点;石油及其制品增长14.2%,增幅回落13.4个百分点;家用电器类下降17.3%,增幅回落34.3个百分点。

全市消费市场运行稳定,消费品市场的主要特点:一是零售业小幅增长,批发、餐饮销售增长较快。据全市“重点流通企业监测系统”统计数据显示,2012年,受监测的36家重点流通企业累计实现销售(营业)收入268.15亿元,同比增长7.5%。其中,25家零售业累计实现销售收入144.55亿元,同比增长2.5%;7家批发企业累计实现销售收入123.6亿元,同比增长14.0%。4家餐饮企业累计实现营业收入14.8亿元,同比增长14.5%。二是从各类商品销售上来看,保持较高增幅的有家具类、通讯器材类、中西药片类,累计分别增长15.0%、14.5%和12.5%;家电和音响器材类销售低迷,累计下降9.0%;汽车类企业销售额累计同比减少3.0%。4家餐饮企业累计实现营业收入14.8亿元,同比增长14.5%。三是生活必需品市场销售稳定,蔬菜、奶类价格上涨,肉蛋价格下跌。2012年嘉兴市生活必需品市场销售基本保持稳定,全年累计销售额除肉类、蛋类同比下降外,其余均小幅增长。

2012年嘉兴市商务局围绕促进消费转型升级工作目标,开展了卓有成效的工作。一是组织开展消费促进活动,积极实施商贸流通大企业培育工作。将扩大消费与培育品牌相结合,完善促进品牌消费的流通体系,积极扩大品牌销售,确定了一批品牌促进体系建设试点项目和品牌消费集聚区联系点,引导企业增强品牌意识,提高产品质量。4月2日至5月4日组织开展了消费促进月活动,中秋国庆期间举办了第四届休闲购物节活动。至2012年底,培育部级农产品流通试点企业2家、省级重点流通企业7家、省级示范商业特色街2条。二是深入实施“万村千乡”市场工程。全市44个镇开设乡镇连锁店62家,村级便利店861家,778个行政村便利店覆盖率达100%。今年在嘉兴市桐乡的便利店安装108台“农商通”信息机,确保了食品安全和两新工程政府工作,构建了便利消费的流通体系。积极推进农超、农批、农餐对接模式,首届长三角地区农超对接洽谈会在嘉兴成功举行。做好农产品流通综合试点项目的实施工作,6个项目已完成4个项目的省级验收,获得国家财政补贴资金1000多万元。三是推动太阳能光伏企业利用合同能源管理模式为商贸企业进行节能改造服务。通过大型商场、市场开展利用太阳能的综合示范,将商贸企业节能增效与光伏企业开拓国内市场有机结合,推进生态文明建设,这一做法得到了商务部的充分肯定。四是进一步完善市场监测和应急网络,确立了省生活必需品应急库供应企业100家,城乡市场服务体系样本企业74家,商务部应急商品数据库企业15家,审核清理前畜禽屠宰信息系统企业42家(审核清理后32家)。五是多措并举确保生猪定点屠宰与肉品安全供应。开展商务系统生猪定点屠宰肉品质量安全整治“百日行动”、生猪定点屠宰资格审核清理工作。全市定点屠宰生猪432.7337万头,生猪定点屠宰率99.24%;违禁药物“瘦肉精”抽检255473批次,合格率100%。六是创新配送模式提高万千工程农家店配送率,江南大厦友邦贸易联合配送模式成效显著,配送率提升了约10%,配送成本降低了20%,确保农村市场消费安全;加快蔬菜流通追溯体系建设,指导蔬菜批发市场申报国家级蔬菜追溯系统建设补贴项目,获得补贴500万元。七是完善酒类流通经营者备案登记制度和随附单制度,完善促进安全消费的流通体系。

【市场物价】 居民消费价格总水平涨幅持续回落。2012年,受经济增速放缓、宏观调控政策持续、国际市场需求不足、工业品购销价格下跌、粮食和猪肉等主要食品价格涨幅回落、翘尾影响减弱等因素影响,嘉兴市居民消费价格总水平呈高开低走态势,整体温和上涨2.2%。从分月指数看,同比1~12月全部正增长,但涨幅回落明显,由1月的5.5%降至9、10月的0.7%。从分项指数看,8大类商品和服务价格同比7涨1跌,上涨面有所缩小。其中,食品类、服务类价格上涨合计影响价格总水平上升2个百分点,是推动价格上涨的主要因素。全年食品价格上涨4.9%,拉动消费价格总水平上升1.5个百分点,涨幅较去年同期缩小6个百分点。粮食、油脂、水产品、菜、干鲜瓜果等主要商品价格不同程度上涨,但涨幅缩小;猪肉、蛋、干豆类及豆制品价格有所下跌。受国家及地方对房地产调控等因素影响,建房及装修材料、住房租金价格相对平稳,水电燃料价格小幅上涨,居住类价格全年处于基本稳定状态,同比上涨0.6%,影响消费价格总水平上涨0.1个百分点。由于供需格局未变及工业品购销价格持续走低，全年工业消费品价格平稳运行，同比上涨0.4%，拉动消费价格总水平上涨0.2个百分点。服务项目价格除城市间交通费外都有不同程度上涨，其中，对劳动力需求较大的家庭服务及加工维修服务价格上涨17.5%，涨幅明显增大。全年服务项目价格同比上涨1.7%，影响消费价格总水平上行0.5个百分点。工业品购销价格由升转降。全市工业品购销价格同比指数自2009年以来首次下跌。全年工业品出厂价格同比下跌2.9%，33个行业中同比13涨19跌1平；原材料燃料动力购进价格同比下跌3.4%，9大类原材料燃料动力购进价格除农副产品类价格小幅上涨0.4%外，其余均有不同程度下跌。工业品购销价格跌幅差为0.5个百分点，工业企业原材料购进价格下降速度要快于工业品出厂价格下降速度，购销价格差距较去年缩小1.9个百分点。2012年，全市价格监督检查部门查处各类价格违法案件71件，实行经济制裁总金额781.1万元，其中退款254.36万元，没收501.64万元，罚款25.1万元(市本级查处各类价格违法案件42件，实行经济制裁总金额536.94万元，其中退款83.03万元，没收438.11万元，罚款15.8万元)。

【旅游业】 2012年，全市旅游系统紧紧围绕市委市政府中心工作，把握文化大发展、城市有机更新机遇，借势借力，整合资源，创新营销，强化管理，优化环境，大力推进嘉兴旅游目的地建设、产业融合多元化发展、城市旅游特色化营销、旅游管理品质化提升，把实现旅游产业科学发展与服务业倍增计划、支持浙商创业创新、发展文化旅游、发展海洋经济等全市重点工作有机结合，努力发挥旅游产业的综合带动作用，为打造嘉兴创业创新城、人文生态城、和谐幸福城作出了积极贡献。2012年，全市共接待境内外游客4179.18万人次，实现旅游总收入419.06亿元，同比分别增长15.84%和18.30%，完成了年初定下的接待境内外游客4150万人次和旅游总收入418亿元的工作目标。其中接待入境游客78.2万人次，实现旅游外汇收入2.77亿美元，同比分别增长8.4%和7%。旅游业总收入相当于GDP的比重由2008年的10.6%上升到2012年的14.5%。

至2012年底，全市正式挂牌的A级景区共38家，其中5A级2家、4A级7家、3A级7家、2A级22家，省级休闲观光农业示范园8家，省级农家乐旅游村(点)40家，市级休闲观光农业基地45家，省级旅游度假区2家。全市共有星级饭店56家，其中五星级5家、四星级13家、三星级31家、二星级7家。全市有旅行社117家，其中四星级旅行社12家，三星级旅行社13家。全年旅游安全生产形势良好，无发生游客死亡或财产受损的责任事故。

【信息化建设】 2012年，嘉兴市扎实开展"智慧城市"建设，稳步推进"两化"深度融合工作，进一步提高电子政务和农村信息化的应用水平，完善政府投资信息化项目的管理机制以持续推进电子政务健康发展，加强企业信息化和公共信息网络安全，积极开展区域合作与交流。积极开展农村信息化"十百千"示范工程的认定、"两化"深度融合试验区和示范企业的申报认定工作，积极开展"智慧城市"试点的基础性工作，制定《嘉兴市开展产业集群"两化"深度融合试验区实施意见》和《嘉兴市"两化"深度融合示范企业认定管理暂行办法》等一系列政策措施，同时做好信息产业经济运行分析等工作。

2012年，全市电子信息产业制造业规模以上企业(298家)共完成工业总产值583.69亿元，比2011年同期增长2.18%；完成工业销售产值564.51亿元，同比增长0.86%；完成出口交货值220.27亿元，增长1.98%；完成主营业务收入558.21亿元，同比下降1.83%；利润总额19.19亿元，同比下降33.72%。电子信息产业占全市工业总量之比为10.03%，利润占全市工业总量的7.5%，保持全市工业发展中的支柱产业地位。全市软件和信息服务业主营业务收入共完成67.5亿元。

2012年市区信息产业发展专项资金两批共下达资金1395.9万元，第一批资金下达599万元，第二批计划下达补助经费796.9万元。其中当年下达软件与信息服务业项目资金657万元；电子产品制造业资金228万元；软件培训与规模奖励73万元；国家项目配套资金108万元；其他类项目28万元，结转项目资金301.9万元。

社会事业

【社会事业发展概述】 2012年，嘉兴市坚持富民为先，增进民生福祉，加快社会事业全面发展，努力打造和谐幸福城。全市财政用于民生支出190.68亿元，增长9%，增幅高出财政支出0.7个百分点；民生支出占财政支出的比重由上年同期的72.7%提高到73.1%。城乡居民收入稳步增长，全年全市城镇居民人均可支配收入35696元，同比名义增长13.2%，扣除价格因素，实际增长10.8%，其中工资性收入、经营性收入、财产性收入和转移性收入分别占家庭人均总收入比重为62.9%、12.4%、3.1%和21.7%；全市城镇居民人均消费支出21720元，同比名义增长11.2%，实际增长8.8%。全市农村居民人均纯收入18636元，名义增长11.5%，实际增长9.1%，其中工资性收入、经营性收入、财产性收入和转移性收入分别占家庭人均总收入比重61.6%、31.5%、3.1%和3.8%；全市农村居民人均生活消费现金支出12326元，名义增长15.1%，实际增长12.6%。教育事业全面发展，全市等级幼儿园比重达到85.7%，适龄儿童入读等级幼儿园比例达到90%，幼儿园教师持证上岗率达到95.4%。全市高考本科上线总人数13672人，一本上线率达到13.63%，较上年增加0.64%。卫生事业健康发展，全面推进以"药品零差率"为主要内容的县级、市级公立医院综合改革，从2012年5月31日零时开始，全市五县两区29家县级公立医疗机构全部取消药品加成，实行药品零差率销售。从2012年12月3日零时起，实施以"药品零差率"为主要内容的市级公立医院综合改革，嘉兴实现"药品零差率"全覆盖。深化卫生强镇(街道)创建工作，全市已建成卫生强镇(街道)71个，卫生强镇(街道)建成率达98.61%。全市共有190.33万人参加城乡居民合作医疗保险，其中农民参保137.79万人，参保率99.14%，城镇居民参保52.54万人，参保率98.51%。嘉兴市统筹区域内政策范围内住院费用报销比例达到73.56%，列全省第二位。新居民参保人数为695人。全市人均筹资标准为513元，全市城乡居民合作医疗保险筹资总额9.78亿元。健全基层卫生服务网络，全市共建成81家社区卫生服务中心(乡镇卫生院)，815家社区卫生服务站，基层医疗卫生机构覆盖率100%，规划建成率100%，中心和站实行紧密型一体化管理,一体化管理率100%。顺利通过国家卫生城市复查验收。人居环境进一步改善,深入实施"生态立市"战略,以"811"生态文明建设和"三清两绿"行动计划为抓手,积极推进"四边三化"建设,全面建立"河长制"。万元生产总值综合能耗下降5%,化学需氧量、二氧化硫、氨氮和氮氧化物排放量分别削减3.2%、3%、2.8%和3.1%。市区新增绿化面积约290公顷,完成污水管网建设260公里,市区污水处理率达到95%,各县(市)污水处理率达到88%。完成253公里生态绿道建设,累计建成生态绿道524公里。全市新开工建设各类保障性安居工程12019套,超额完成目标任务,竣工各类保障性安居工程5335套,新增廉租住房货币补贴229户。社会保障成效显著,全市城镇新增就业9.4万人、帮助城镇失业人员再就业4.82万人、就业困难人员再就业1.81万人、农村劳动力转移就业7.08万人,全市322个社区、775个村达到充分就业社区(村)标准,达标率分别为97%和95%。落实促进高校毕业生就业创业措施,高校毕业生初次就业率达97%,累计建立农村劳务合作社110家,吸纳农村闲置劳动力近7478人。全市累计投入促进创业资金22.3亿元,净增创业企业13626家,净增个体工商户21742人,带动和吸纳就业26.3万人。110个项目确定为2012年度"创新嘉兴·精英引领"项目,20个团队入选嘉兴市重点创业企业技术创新团队,全市领军人才项目完成工商注册215个,注册资本20.9亿元。城乡居民社会保障基本实现全覆盖,全市职工基本养老保险参保人数196.01万人,净增29.31万人;职工基本医疗保险参保人数166.81万人,净增20.7万人;失业保险参保人数94.83万人,净增8.51万人;工伤保险参保人数144.9万人,净增11.95万人;生育保险参保人数118.39万人,净增11.18万人。全市1.79万名低保对象和0.5万名低保边缘户参加了城乡居保,参保率分别为97.55%和91.93%,全市城乡居民社会养老保险覆盖79万人。全市户籍人口各类社会养老保障覆盖人数达到261.9万人,覆盖率达到96.8%。适度普惠型社会福利体系建设有效推进,全市新增床位5458张,现有各类养老机构107家,总床位20765张,每千名老人拥有床位数30张。农村五保和城市"三无"对象供养标准稳步提高,标准不低于上年度所在县(市、区)农民人均纯收入的60%。全市现有五保对象2242人、"三无"对象429人,集中供养率均达到100%。2012年两次启动补贴机制,累计为12.27万名困难群众发放物价补贴774.56万元。推进专业社工服务机构建设,现有民办专业社工机构21家,单位体制内社工机构21家,城市社区社会工作服务机构104家。社会秩序持续平稳,"平安嘉兴"建设进展良好,有望实现平安大市"八连冠"。开展食品安全大整治百日行动,食品安全形势持续好转,食品药品安全责任体系全面落实。

【人口与就业】 2012年,全市户籍人口上报出生人数29480人,出生率8.56‰,自然增长率1.26‰,计划生育率98.01%,常住人口出生性别比达到省考核指标。桐乡市人口和计划生育局被国家人口和计划生育委员会评为"全国阳光计生行动示范单位";秀洲区高照街道和嘉善县陶庄镇被国家人口和计划生育委员会评为"全国人口计生依法行政示范镇(街道)"。市人口计生委组织各县(市、区)开展各项收费罚款项目的清理和社会抚养费征收管理工作情况专项检查,全市未发生计划生育乱收费乱罚款事件。

确定人口计生工作六件实事。一是全面实施幸福家庭关爱工程。二是认真做好统筹城乡背景下的依法行政工作。三是稳步提高新居民计划生育基本公共服务均等化水平。四是不断健全出生缺陷三级干预体系,推进免费婚前医学检查和免费孕前优生检测工作,做好国家免费孕前优生健康检查项目试点工作。五是继续加大常住人口出生性别比偏高综合治理力度。六是进一步夯实人口计生基层基础,重视、支持计生技术服务机构培育和计划生育高级技术人才的引进,实施县级计生指导站标准化二期建设,加强中心镇服务站标准化建设,推进人口计生信息化建设。

2012年,全市城镇新增就业9.39万人、帮助城镇失业人员再就业4.82万人、就业困难人员再就业1.81万人、农村劳动力转移就业7.08万人,年末城镇登记失业率3.00%。嘉兴市被省政府授予全省创业先进城市称号,市人力社保局被国务院表彰为全国就业先进工作单位。

【社会保障】 2012年,全市深化"五费合征",重点抓好灵活就业人员、新居民和困难群众的参保工作,启动外国人参保,推行工伤保险单独参保。全市企业职工养老、医疗、工伤、生育和城乡居民社会养老保险参保人数分别达到196万人、166.8万人、144.9万人、118.4万人和79万人(其中市本级分别为55.5万人、49.2万人、34.5万人、35.6万人和14.7万人),户籍人员各类养老保险参保率达到96.8%,企业退休人员纳入社区社会化管理率达到90%。嘉善县人力社保局被国务院授予"全国新型农村和城镇居民社会养老保险工作先进单位"荣誉称号;嘉兴市社会保障事务局被省政府授予"浙江省城乡居民社会养老保险工作先进单位"荣誉称号。

2012年1月起实施省、市社保待遇调整政策,惠及全市41.4万名(市本级13.4万名)企事业退休人员和43.6万名(市本级7.9万名)城乡居民社会养老保险待遇领取人员以及精减遗属、农婚知青、被征地居民、企业退休军转干部等保障对象。全市企业退休人员基本养老金月人均提高220元,企业退休职工人均月养老金达到1530元(市本级1617元);城乡居民社会养老保险月基础养老金标准达到100元,同时对80周岁以上居民社会养老保险对象增发每人每月50元补贴,被征地居民养老基本生活保障月均待遇水平提高到785元,在全省处于前列;城乡居民社会养老保险缴费15年的人员,人均待遇水平为300元;市本级为7.2万人发放了600~800元不等的一次性生活补贴,精减遗属等人员生活困难补助费平均月增70元。参保人员养老、医疗保险关系跨区域转移接续工作平稳有序,全市共办理2.6万人次。继续实施解决社保领域历史遗留问题三个政策文件的经办事务,全市按照"221"文件累计受理参保20.94万人,其中市本级4.75万人。

2012年1月起市本级调整基本医疗保险政策,门诊补助年度内最高支付限额由2500元调整至3000元,单统、统账一住院费用统筹基金分段支付比例在原有基础上统一增加5个百分点,医保报销比例明显提高。全年实时结算门诊470.8万人次、住院4.2万人次,基金拨付6.7亿元;中心报账1.89万人次,基金支付4524.43万元。直管人员医疗费结算门诊9.9万人次、住院1265人次,基金拨付3895.3万元。继续做好上海参保人员在嘉兴医保代办服务工作,累计签约300人,受理代办业务539人次,代办结算费用265.6万元。工伤、生育保险待遇水平明显提高,工伤保险全年结算待遇2773人次,比上年增长26.9%,拨付工伤保险基金3945.86万元,比上年增长33.6%;生育保险全年结算待遇7075人次,比上年增长31.7%,拨付生育保险基金6098.51万元,比上年增长51.9%。市级统筹和医保“一卡通”工作顺利推进,2012年,市级异地就医结算平台结算36万人次,结算资金1.25亿元。全市失业保险参保人数达94.83万人,其中市本级26.56万人,失业保险净增参保人数8.51万人。根据《关于做好失业保险基金专项检查整改工作的通知》精神,针对失业保险基金存在的问题,制定落实整改措施,进一步规范了失业保险基金支出的使用管理。2012年,嘉兴市计划淘汰落后产能有10家,涉及职工1093人,其中在职职工1032人,离退休人员61人。其职工得到了有效安置、分流,其中转岗实现再就业991人,自主就业41人,办理离退休61人。

【科学技术】 2012年,在市委、市政府的正确领导下,在市人大、市政协的监督和支持下,全市科技工作以科学发展观为指导,围绕转型升级主线,深入实施“创新引领”战略,锐意进取,开拓创新,全市科技工作保持整体优化、均衡发展的态势,科技创新亮点纷呈,各项科技工作取得了新的成绩。

嘉兴市被省委、省政府评为市县党政领导科技进步与人才工作目标责任制考核优秀单位,南湖区和嘉善县被评为全省县(市、区)党政领导科技进步目标责任制优秀单位。南湖区、嘉善县、平湖市、海宁市、桐乡市被评为首批“浙江省创新型试点城市(县、区)”,秀洲区被省政府认定为全省唯一的省级光伏高新技术产业园区并开展光伏产业“五位一体”创新综合试点,嘉兴港区荣获全国循环经济工作先进单位和国家新型工业化产业示范基地两项“国字号”荣誉,平湖经济技术开发区升格为国家级经济技术开发区,海宁市科技局、海盐县科技局被评为全省科技系统先进集体。

【科技环境、人才与项目】 2012年,全市科技金融发展进一步提速增量,科技人才建设进一步加强,嘉兴市创新基础资源和要素保障不断夯实。全年共受理科技计划项目728项,全年共安排科技发展资金5683.2万元,主要用于支持科学技术研究、科技成果转化与产业化、科技创新环境与条件建设等,较好地发挥了科技发展资金“四两拨千斤”的作用。

科技金融。2012年,市科技局进一步研究促进科技与金融结合、鼓励科技银行和科技保险发展等政策。加强对高新技术企业的科技政策宣传工作,科技创业风险投资发展加快,金融对科技创新的支撑作用日益增强。全市科技金融发展进一步提速增量,市创业投资公司以参股方式投资浙江红土、浙江领庆和浙江中新力合三家风投公司。三家投资公司在嘉兴已完成直接投资1.24亿元,其中:股权业务投资4966万元,担保业务4200万元。浙江红土累计已到位资金3.26亿元,浙江领庆累计到位2.6亿元,浙江中新力合累计到位3亿元。南湖区与浦发银行嘉兴分行联合设立了“蓝天畅想基金”,把创新科技与金融扶持进行了很好的结合,通过科技项目授信、科技立项授信、小额信用授信、科技专利授信等四种融资模式帮助10余家高新技术企业获得超亿元授信,海宁市与杭州盈开投资管理有限公司合作创立“海创创新基金”,投资规模5000万元,目前已实现投资1950万元。与浙江省中新力合科技金融服务有限责任公司共同发起成立规模为1.5亿元的“海宁科金创业基金”,2012年底注册成立合伙企业。科技担保进一步推进,桐乡市面对本市孵化企业及各类科技型企业提供担保贷款。首期注入资金1000万元,对科技型企业提供总额8000万元的担保贷款,实施以来已对23家企业发放贷款2295万元。海宁市参股由浙江省科技厅牵头成立的科金公司,2012年下半年在海宁设立分公司,全年共完成了1760万元的担保、融资租赁业务。

科技政策环境与服务。一是出台了加快科技创新服务企业转型升级的若干政策,加快推进知识产权托管工作的指导意见和支持浙商创业创新促进科技成果转化产业化的配套实施意见,进一步优化科技创新环境。二是认真开展“双千双百”走访服务活动。按照全市统一部署,突出“抓六个一批服务、促百项成果转化”为主要内容的“百项重点科技成果转化项目”,全市科技系统全面开展企业走访服务活动,有500余人次参加,共走访企业700多家,排查梳理问题200多个,列入重点服务企业走访覆盖面达100%,并着力推动科技服务基层、服务企业常态化建设。三是积极鼓励创新创业,认真开展科技评奖表彰,全年共评审出嘉兴市自主创新贡献奖7名,科技进步奖95项;推荐申报省科学技术奖38项,获奖6项。

科技人才建设。一是继续大力推进创新领军人才队伍和创新团队建设。与市委组织部、市人社局一起积极参与第三批“创新嘉兴·精英引领计划”的实施工作,认真履行科技人才专项办公室的工作职责。截止目前,共受理“创新嘉兴·精英引领”计划领军人才项目1556个,评定创业创新领军人才项目293项,受理申报科技创新团队90个,评定重点科技创新团队45个。引进入选国家“千人计划”的专家共有9名、省“千人计划”专家共45名,在全省率先实现了省“千人计划”专家县(市、区)的全覆盖。二是持续做好人才引进服务活动。继续做好人才和项目的跟踪反馈工作,为国家、省“千人计划”等海内外高层次人才搞好服务,做好经常性的人才引荐活动,继续深入开展博士后创新创业驿站工作。

【区域创新体系与高新技术产业】 嘉兴市区域科技创新体系建设进一步完善,以嘉兴科技城、浙江科技孵化城、国际商务区、嘉兴高新区为核心的嘉兴创新城日趋显著。高新技术产业发展加快,产业结构不断优化升级,经济发展后劲增强。

科技区域创新体系建设。一是嘉兴科技城“双核六园”和浙江科技孵化城“一心八园”建设进度加快。目前,嘉兴科技城通过借款、融资、政策性支持等途径,共投资36亿元。已建成26万平方米的研发、孵化平台,已累计引进博士202名,硕士305名,海归人才180名,市“精英引领计划”31人,市级重点创新团队14个,引进培育国家“千人计划”5人,省“千人计划”17人,博士后科研工作站已有进站博士10名。截至到2012年,浙江科技孵化城已确认总投资额为177亿元,集聚了各类科技型企业170多家,累计已完成投资超23亿元。引进硕士以上学历人才195名,其中海外高层次留学人员47名、博士41名,拥有国家“千人计划”2人,省“千人计划”6人。引育市区两级领军人才及注册企业44家,其中利税超千万元企业1家,超五百万元企业2家。二是重大科技创新服务平台建设加快。浙江嘉兴皮毛产业技术创新平台被列入省创新平台,全市已有省重大科技创新平台 8 家。三是科技企业孵化器建设加快。积极探索综合与专业结合、政府与企业并举的孵化器建设模式,通过加大基础设施投入、公共服务平台建设、人才引进力度,培育在产业链上具有节点性作用的科技型企业,把孵化器建设成科技型中小企业发展和科技成果转化的重要载体。桐乡濮院 320 广场、嘉兴天盈科技园等 2 家单位被认定为省级孵化器。四是加大企业研发中心培育。2012 年全市新增省级研发中心 28 家,市级研发中心 55 家,巨石集团企业研究院被认定为国家企业技术中心,生辉半导体照明研究院等 4 家单位被认定为省级企业研究院。浙江省肉品加工与质量控制工程技术研究中心被认定为省级工程中心,浙江省油墨工程技术研究中心、浙江省纱线材料成型与复合加工技术研究重点实验室等 2 家单位被列入省级工程中心、重点实验室培育建设名单。五是加强培育农业科技型企业和研发中心,全市省级农业科技型企业累计达 109 家、农业企业科技研发中心建设单位累计达 59 家。

高新技术特色产业基地。2012 年以来,结合省级重大产业平台转型升级,重点启动嘉兴科技城和秀洲区光伏产业园区等的省级高新区申报,秀洲省级光伏产业园区获省政府批准。围绕战略性新兴产业倍增计划,高新技术特色产业基地建设取得新成绩,以嘉兴电子信息、无线通讯、嘉善电子电声、平湖光机电、海宁磁性材料、纺织、包装材料、太阳能、海盐电子仪器仪表、桐乡特种纤维、秀洲新能源等为代表的高新技术特色产业集聚效应明显,产业集群发展加快。目前,嘉兴市已有省级以上高新技术产业基地 14 家,其中国家级特色产业基地 9 家,占全省总数的 1/4 强,继续在全省同类城市保持领先水平。2012 年全市高新技术特色产业基地工业总产值 1270 亿元,同比增长 0.93%;产品销售收入 1247.14 亿元,同比增长 1.95%;利税 105.91 亿元,同比下降 7.42%,出口创汇 67.07 亿美元,同比增长 30.86%。

高新技术园区。高新技术产业发展取得新的进展,“一区多园”的高新技术产业发展格局已基本形成。2012 年,成功申报嘉兴太阳能光伏省级高新技术产业园区,成为浙江省太阳能光伏产业发展及其产业创新综合试点的核心载体,努力争取国家级高新技术产业开发区。同时,结合省级重大产业平台的转型升级,推动现代服务业发展,以嘉兴科技城为核心区块,按照布局集中、产业集聚、用地集约、配套完善的要求,积极创建与申报嘉兴科技城现代服务业省级高新技术产业园区。

科技企业孵化器。2012 年,桐乡 320 创新广场、嘉兴天盈科技园被认定为省级孵化器。全市共建有各级科技企业孵化器 13 家,其中国家级 4 家,省级 7 家,市级 2 家,拥有孵化面积 58.4 万平方米,已累计投入资金 13.8 亿元,在孵企业 800 余家。科技企业孵化器建设工作继续在全省同类城市保持领先水平,省级以上孵化器内在孵企业共实现产值 17.25 亿元。全市孵化器已累计毕业企业 339 家,其中 2012 年毕业 60 家。

高新技术企业。2012 年,全市新认定国家重点扶持高新技术企业 43 个,通过复审企业 75 个,全市累计有高新技术企业 294 个;新认定省创新型示范企业 4 个、省创新型试点企业 7 个,全市累计有国家级创新型试点企业 1 个、省级创新型示范企业 15 个,省级创新型试点企业 17 个;新认定省科技型中小企业 46 个,全市累计有省科技型中小企业 772 个。2012 年,全市高新技术企业实现工业总产值 941.37 亿元,比上年增长 5.46%;利税 97.16 亿元,下降 7.56%;出口创汇 33.73 亿美元,增长 2.12%。

【文化事业】 2012 年,全市文化系统深入贯彻落实党的十七届六中全会和十八大精神,以科学发展观为统领,深入实施文化兴市战略,紧紧围绕文化强市建设工作目标,全面推动文化改革发展,各项重点、特色工作齐头并进,取得了丰硕的成果。

深化公共文化服务体系建设,进一步改善文化民生。一是全面推进公共文化服务体系示范区创建基础工作。作为创建国家公共文化示范区的关键环节,“嘉兴市城乡一体化公共图书馆服务体系建设”项目通过了文化部首批示范项目中期督导,顺利完成了《嘉兴市城乡一体化公共图书馆服务体系管理体制、协同机制、城乡统筹机制研究》、《群众自发性文艺团队建设与扶持研究》等一批国家级、省级研究课题的结题工作。“嘉兴市城乡一体化公共图书馆服务体系建设”项目被评为 2012 年度浙江省“十佳民生工程”,受到省委、省政府表彰。全市各地积极探索公共文化服务新模式,海宁市作为浙江省首批创建公共文化服务体系示范区,制订出台了“示范区创建实施规划”,各项创建指标达到全省前列;嘉善县“以县带镇、打造乡村艺术团建设嘉善模式”项目作为浙江省首批创建公共文化服务体系示范项目,目前已建成各级文艺队伍 506 支,文艺骨干 9000 多人;平湖市“欢乐平湖,城乡互动”公共文化项目全年共计演出 102 场,参与观众 14.15 万人次,投入资金达 187.34 万元。至年底,全市公共文化服务体系示范镇(街道)达到 14 个。二是深入推进“文化有约”公益性文化场馆免费开放深化工程。嘉兴市通过建立网络信息服务平台,提供免费培训、讲座、展览、演出等各类公共文化服务,以“菜单式”预约形式引导广大市民亲近文化、体验文化、参与文化,打造了优质快捷的公共文化服务新平台。2012 年以来共接受城乡居民预约服务 4 万多人次,举办各类展览、讲座、培训、辅导、活动、演出 1059 场,直接受益群众 40 余万人次,受到人民群众的欢迎和好评。文化部蔡武部长、杨志今副部长,省委宣传部茅临生部长,李卫宁书记,鲁俊市长、陈越强部长先后对此项工作做出了重要批示,给予了充分肯定。《中国文化报》在头版头条以《在这里,与文化真情相约——浙江省嘉兴市创新公共文化服务方式纪实》为题进行了大幅报道。“文化有约”服务项目获得首届浙江省宣传思想文化工作创新奖,并在今年 1 月召开的全省宣传思想工作会议上予以了表彰。三是扎实推进公共文化服务阵地建设。重点推进了全市图书馆乡镇分馆的提升完善和村(社区)分馆建设,年内实现乡镇分馆社会效益稳步提高,新建村(社区)分馆 60 余个。积极创建文化示范乡镇、村(社区),全市省级文化强镇达到 5 个,省级文化示范村(社区)达到 16 个。在第五次全省乡镇综合文化站评估定级中,嘉兴市省特级文化站为 11 个,省一级文化站为 25 个。农家书屋工程全面建设完工,在村文化活动中心(室)的基础上,全市共建成 834 个农家书屋,达到了行政村全覆盖,被评为全省农家书屋工程建设先进单位。四是深入开展“双百、双千、双万”文化惠民活动。2012 年,全市广场文艺演出 1041 场次,观众 117 万余人次;歌舞戏曲下乡演出 1622 场次,观众 134 万人次;农村公益电影放映 1.4 万余场次,观众 226.7 万人次;市、县两级图书流动 45.2 万余册;举行公益性培训 2778 次,参加人数 13.5 万人次。

打造文化特色品牌，进一步扩大地方文化影响。一是节庆品牌影响力不断扩大。围绕“嘉兴端午、中国味道”活动主题，全力打造端午民俗文化节活动品牌。成功承办了端午民俗文化节开幕式暨全国端午民俗歌舞展演、端午祭暨子胥庙会以及“情韵端午”、“五色端午”、“锋彩端午”、“影像端午”等四大特色文艺活动，彰显了嘉兴端午民俗特色，提高了群众的参与度，嘉兴端午文化对外影响力不断提升。成功举办了2012中国·嘉兴国际漫画双年展暨首届漫画节，汇集了36个国家近2000余副作品，开展了嘉兴国际漫画双年展、中国国际漫画嘉兴论坛等13项艺术交流活动，与保加利亚加布罗沃市签订漫画友好交流协议，中国美协授予嘉兴全国首个“中国漫画创作基地”，嘉兴作为漫画之城的影响力日益提升。嘉善县深入挖掘和打造“善文化”品牌，举办“善文化”系列活动。南湖区合唱节、秀洲区农民画艺术节、平湖市西瓜灯节、海宁观潮节等一批老牌节庆文化品牌影响力进一步提升。二是各类社会文化活动更趋精彩活跃。成功举办了第六届乡村文化艺术周、第十届“社区之声”文艺调演、迎春团拜会、迎新春文艺广场演出、第六届嘉兴市调龙灯大赛、“文化走亲”系列演出等群众文化活动。秀洲区开展了“新农村嘉年华”、“现代田园新秀洲”两大群众文化活动；海盐县开展了“我们一家人”文化走亲活动，通过“走亲”和“接亲”的形式，开展交流和互动；海宁市通过开展“亲上亲，潮乡情”文化走亲活动、“潮乡大舞台”2012年度“种文化”展示系列活动、“潮乡”系列主题展演活动三大系列活动，营造出“百姓舞台百姓演百姓看”的浓厚氛围。

巩固名城保护成果，进一步开创文化遗产保护新局面。一是大运河（嘉兴段）申遗工作有力推进。大运河申报世界文化遗产是巩固和深化国家历史文化名城创建成果，凸显嘉兴运河文化品牌的重要工作，更是一项国家工程。围绕这一目标，市政府先后出台了《大运河（嘉兴段）遗产保护和整治工作指导意见》、《大运河（嘉兴段）遗产保护规划》、《大运河申报世界文化遗产嘉兴点段整治方案》，进一步落实了保护措施和工作责任，启动了长安闸、长虹桥、文生修道院、分水墩等一批保护整治项目，确保大运河遗产保护整治工程顺利推进。同时，抓紧完善了大运河申遗有关材料，目前已基本完成了申遗点段“四有”档案编制、申遗文本和宣传片摄制工作。嘉兴市文化广电新闻出版局荣获“2012年全国文物系统先进集体”称号。二是法规政策保障体系更加健全。制订出台了《关于加强嘉兴市古桥保护工作的意见》，《嘉兴市加强工业遗产保护工作的意见》、《〈嘉兴市促进民办博物馆发展的意见〉实施细则》等一批规范性文件也即将出台。三是文化遗产保护体系更加完善。加强对海宁市、平湖市申报国家、省级历史文化名城申报工作的指导，认真开展嘉兴市新塍古镇、新篁古镇等保护规划编制指导工作，逐步形成全方位、多层次的全市文化遗产保护体系。2012年，海宁市长安镇、平湖市新埭镇获省级历史文化名镇称号。四是文化遗产研究利用不断深化。成功举办了中国蚕桑丝织民俗文化论坛，召开了《中国端午节》丛书编纂中期报告会，举办了钱氏“清芬堂”纪念馆开馆仪式暨钱镠文史研讨会、朱生豪百年诞辰系列纪念活动及学术研讨会，完成了《嘉兴传统美术》、《嘉兴民间文学》、《粉墨江南——卞家班暨杭嘉湖水路京班纪略》编纂出版工作。

加大文艺精品扶持力度，进一步激发文艺创作活力。一是加大评奖扶持力度。开展第八届嘉兴市文学艺术成果奖评选工作，评选出视觉和表演两大艺术门类的获奖作品35件。开展2012年度嘉兴市文化发展工程重点特色扶持项目申报与评选工作，一批文艺精品创作、文艺表演和编辑出版项目获得扶持。各县（市、区）也通过各种政府奖励措施，进一步优化文艺创作生产环境，充分调动广大文艺工作者的积极性和创造性。二是文艺创作精彩纷呈，涌现出一大批精品力作。据初步统计，2012年全市共有300多件文学、视觉艺术、歌舞作品获得省级以上重要奖项。

加快文化产业发展步伐，进一步优化发展环境。一是建立健全政策保障。在去年10月召开的全市文化发展大会上，嘉兴市出台了《关于推进文化强市建设的若干政策意见》，明确通过降低准入门槛、落实税收政策、加大金融支持等多种方式繁荣和活跃嘉兴文化市场，为嘉兴市文化产业发展提供了坚实的政策保障。二是积极参与平台建设。认真组织嘉兴市35家文化企业参展义乌文博会。选送4家企业参加“文化新浙商”评选活动。积极参与2012嘉兴市创业创新洽谈会暨重点项目（北京）推介会，并与6家中央文化企业建立良好的关系。配合做好嘉兴文博会有关工作，搭建产销平台，实现节庆与产业的融合发展。三是持续推进产业发展。电影产业发展迅速，全市新建城市多厅影院4个，总投资达4940万元，面积为12577平方米，27个放映厅，座位数达3472个。全市共有多厅影院22家，总银幕数达102块，其中3D设备达72台。2012年，全市城市影院放映达11.3万场次、观众达225万人次、票房收入达7867.8万元，比去年增长46.3%。海宁市与华策影视共同成立中国（浙江）影视产业国际合作实验区。海盐逐步形成以浙江海利集团为龙头，海利文化创意园区、百步文化印刷创意园区、绮园文化休闲区和南北湖高档文化休闲区“点、线、面”结合的发展布局。嘉善县全年共签约引进重点文化产业项目11个，总投资达10.13亿元。

加强文化、广电、新闻出版行业规范管理，进一步提升了服务水平。一是加强文化市场管理，确保市场健康有序。加大文化市场许可审批规范化建设，调整嘉兴市本级文化市场管理体制，做好游艺娱乐场所的总量和规划布局工作，文化市场监管机制得到明显完善。突出工作重点，为党的十八大召开营造良好文化市场环境，开展“扫黄打非”和网吧专项整治行动，净化文化市场，嘉兴市文化市场执法支队荣获国家版权局打击侵权盗版有功集体二等奖，并在全省技能比武中取得了团体第一名的优异成绩。二是牢牢把握新闻出版导向。认真开展全市报刊核验工作与审读工作，全年编发报纸审读通报34期，内部资料审读通报12期，被评为全省报刊审读工作先进单位；加快构建新闻出版公共服务体系，持续推进农村出版物发行小连锁网店建设；大力推动软件正版化工作，各项目标如期完成；开展了第二届嘉兴市“十强”印刷企业评选活动，促进印刷业健康发展。三是确保广电安全播出，提高广电节目质量。全面贯彻落实广电安全播出工作规定，确保十八大及国庆等重大日期安全播出零事故；开展乡镇广播电视站规范化创建和广播电视相关信息系统安全等级认定工作，评出特级站17个，一级站20个；开展广电政府奖评选和全市广电新闻节目抽评工作，评出2012年度“广播电视新闻奖”获奖作品（节目）67件、“广播电视品牌活动·纪录片·服务类节目·内参·广播电视报刊新闻与专稿”获奖作品（节目）20件、“广播电视文艺奖”获奖作品24件、“广播电视播音主持奖”获奖作品23件、

“广播电视学术论文奖”获奖论文5篇、“广播电视广告作品奖”获奖作品24件;继续实施农村公益电影和广场电影放映工作,举办嘉兴市第四届大学生电影节等;海宁广播电视台荣获“全国广电系统先进集体”荣誉称号。

【体育事业】 2012年,嘉兴市体育工作紧紧围绕省体育局和市委、市政府的工作部署及体育强市建设目标,坚持以人为本、体育惠民,以构建公共体育服务体系、举办嘉兴运动休闲节和备战第十五届省运会为主导,努力创新、创业、创优,全面推动群众体育繁荣,努力提高竞技体育水平,积极发展体育产业,体育事业取得新发展。市体育局获得省体育局授予的“依法行政优秀单位”、“2012年浙江省竞技体育贡献优秀奖”等荣誉称号。

体育发展环境进一步优化。市发改委、市体育局联合印发《嘉兴市体育发展“十二五”规划》,市政府出台《嘉兴市全民健身实施计划(2012~2015年)》,各县(市、区)相继出台《全民健身实施计划》,积极培育品牌项目和特色体育,推进“一县一品”,南湖区的“网球星城”、嘉善县的“篮球之乡”、海盐县的“自行车之乡”、海宁市的“全国轮滑名城”和“游泳之乡”以及桐乡市的“太极之乡”等正逐步成为城市的新名片。“开展全民健身活动”被纳入2012年市政府十大民生项目,进一步完善市区群众健身设施和服务体系,提升经常性参加健身活动的人口比例。开展全民健身公益大培训,培训健身群众13000余名、社会体育指导员1100余名、教练员和裁判员260余名。加大市区全民健身设施建设,在居民小区、绿道等77个点布局增配健身路径1000多条,实现市区居民小区健身路径全覆盖。加强政策措施引导,市政府出台《关于嘉兴市区学校体育设施向社会开放的实施意见》,引导和鼓励学校体育设施向社会开放,以弥补公共场馆资源不足,丰富和完善体育公共服务。

公共体育服务水平进一步提升。全市城乡体育均衡发展,平湖市被列入省首批体育现代化试点县。嘉善县、海盐县和大麻镇等6个镇开展省体育强县、强镇的争创工作。申报创建23个城市体育先进社区、141个体育小康村。嘉善县体育公园建设进展顺利,桐乡市体育中心启动前期工作,市全民健身中心、平湖市全民健身中心、海盐县体育中心(二期)正在规划论证中。赛事活动向基层拓展,组织举办嘉兴市民迎春健身跑、体育小康村三人制篮球赛、第三届世界大学生龙舟锦标赛暨2012嘉兴市龙舟赛等精品赛事活动。同时,各县(市、区)、镇(街道)、社区(村)因时因地制宜,精心策划组织各类小型、分散、多样的全民健身活动,吸引更多人群积极参与,推进全民健身运动向广度和深度发展。组队参加省届女子体育节、省农民运动会、省职工运动会,均取得较好成绩。组织网络向基层延伸,群众体育组织进一步拓展,日益向社会化延伸。全市新创建省级青少年体育俱乐部7个、社区体育俱乐部10个、职工星级体育俱乐部2个、老年活动中心(体育俱乐部)2个、村级体育俱乐部35个。加强体育社团建设,指导篮球协会、农民协会等7个协会完成换届工作。

竞技体育基础进一步加强。加强谋划布局,启动省运备战,围绕业训调研、项目布局和年度省赛分析等环节,拓展市队县办、市队校办项目,全面启动第十五届省运会备战工作。市政府办公室《关于进一步推进我市“体教结合”工作的通知》正式下发实施,体教结合共育体育人才的长效机制更加完善。严格把好青少年运动员、教练员、裁判员的选材、培养关,全市共注册运动员1423人,向省体职院输送运动员34名,10名运动员晋升国家一级运动员、70名运动员晋升国家二级运动员,27人晋升国家一级裁判员、113人晋升名国家二级裁判员。加强基地建设,以创建新周期国家级和省级高水平体育后备人才基地为抓手,以创促建、以创促改,各级体校办学规模、质量和水平进一步提升。嘉兴市少体校、海宁市少体校被列为2013~2016年周期国家级高水平体育后备人才基地申报学校,桐乡市少体校、平湖市少体校、嘉善县汾湖水上运动中心、海盐县体校被列为2013年-2016年周期省级高水平体育后备人才基地申报学校。积极参赛办赛,2012年,嘉兴籍运动员参加全国以上比赛共获得金牌46枚。组队参加26项次省青少年锦标赛,按照第十五届省运会青少年部设置的项目和年龄组别的统计,嘉兴市共获金牌66.5枚,列全省第六位。全年共承办乒乓球等6项次省青少年锦标赛。在全省率先举办全市青少年学生阳光体育运动会,还组织举办了田径、游泳等13项全市中小学生体育比赛及147场青少年校园三级(小学、初中、高中)足球比赛。

体育产业进一步健康发展。加强规范管理,开展全市体育产业统计工作,摸清家底、加强对体育产业指导。据测算,嘉兴市体育产业增加值占GDP比重为0.783%,居全省第五位,略高于全省平均水平。积极探索体育场馆经营管理的新模式,提高利用效率。制定实施《嘉兴市健身场馆示范单位评选办法(试行)》,促进健身服务业的发展。平湖市九龙山旅游度假区创建为“2012年浙江省运动休闲旅游示范基地”。引导培育体育市场,通过县(市、区)和协会的联动,承办中国U22国家队与马拉维国家队足球赛、全国女排联赛等国际国内赛事。加强游泳市场的监管,公开招募游泳场所义务监督员,邀请市民代表参与监督。开放期间,全市游泳市场安全规范有序。着力提升体彩销量,落实省体育局《关于进一步加强体育彩票发行工作若干意见》,建立县级体彩站,强化网点管理,提升网点质量,加强营销宣传,拓展销售渠道,体彩销量保持稳步增长。全年全市共完成销量4.69亿元,同比增长17%。

湖 州 市

国 民 经 济

·工业经济·

【概况】 2012年,全市经信系统面对严峻复杂的外部环境和持续加大的经济下行压力,坚持以科学发展观为指导,以工业转型升级为主线,认真贯彻落实中央和省、市的决策部署,按照“稳中求进、转中求好”总要求,着力稳增长、调结构、促转型,全面深化“转型升级加速年”活动,加快推进工业强市建设,围绕工业经济重点工作,加强领导、落实责任、强化举措和优化服务,各项工作取得了明显成效,多项工作走在全省前列,确保了工业经济和信息化平稳健康发展。

【工业强市形成共识】 2012年,全市规模以上工业完成增加值555.6亿元,同比增长13.2%,增幅居全省第三位;全市规模以上工业企业实现利税256.7亿元,增长8.2%,其中利润158.8亿元,增长6.9%,增速均居全省第二位。全市工业累计完成投资527.84亿元,同比增长19.5%,比上年同期提高3.2个百分点,增幅位居全省第五。新增国家级企业技术中心1家和省级企业技术中心3家。新增销售收入超200亿元企业2家,100亿元企业新增1家,100亿元企业家数累计达到5家。市委、市政府高度重视工业经济工作。2月和8月,分别召开工业经济工作千人大会和工业强市建设万人动员大会。在充分调研的基础上,编制了工业强市建设规划,出台工业强市建设十八条扶持政策。形成了“强市必先强工业”、“要始终坚持工业强市、产业兴市不动摇”的广泛共识。各县(区)工业创强比学赶超,各级部门合力兴工、合力扶工,企业家抢抓机遇、加快发展,工业发展的整体环境进一步优化。

【产业结构持续优化】 “3+3”特色产业实现工业增加值214.2亿元,同比增长22.3%,快于面上9.1个百分点,占规模以上工业比重达38.6%,比上年底提高2.6个百分点。其中战略性新兴产业实现工业增加值133.3亿元,增加值增长24.4%,快于面上11.2个百分点,占规模以上工业比重达24.%,比上年底提高4个百分点。高新技术产业实现规模以上工业增加值141.42亿元,占全部规模以上工业比重为25.5%,比上年底提高1.3个百分点。“3+3”特色产业完成投资251.87亿元,占全市工业投资的47.72%,其中三大战略性新兴产业完成投资182.61亿元,占全市工业投资的34.6%,先进装备产业完成投资116.47亿元,列全市产业投资的首位。年度淘汰落后产能目标任务全部完成。

【大中小企业协调发展】 2012年,全市12家明星企业实现主营业务收入1352.6亿元,同比增长51.13%,实现利税64.43亿元,增长14.78%,其中利润43.37亿元,增长17.14%。明星企业的总体实力和产业竞争力得到进一步增强。291家重点骨干企业实现销售收入1929.3亿元,同比增长19.1%,实现利税145.7亿元,其中利润92.79亿元。上规模小微企业新增145家。全市大、中、小企业发展总体平稳,企业防范抵御风险能力进一步增强。

【编制工业强市建设五年规划】 根据走新型工业化道路,加快转变经济发展方式,推动科学发展的总体要求,在充分调研的基础上,编制《湖州市工业强市建设规划(2012~2016年)》。《规划》提出,将通过五年时间,集中精力做强、做大先进装备、新能源和生物医药三大战略性新兴产业和金属新材、绿色家居、特色纺织三大优势特色产业,培育一批具有国际竞争力的龙头企业,提高产品附加值和市场竞争力。通过建设生态产业高地和特色产业基地,成为绿色转型先行区和先进制造业集聚区。

【培育发展战略性新兴产业】 出台《湖州市战略性新兴产业发展“十二五”规划》,进一步明确发展思路、重点领域、主要任务和保障措施。成立湖州市战略性新兴产业推进领导小组,制定战略性新兴产业年度推进计划,健全机制,加大推进力度和考核。编制《湖州市产业发展导向目录(2012年本)》,引导企业积极投资战略性新兴产业。实施“百项重点战略性新兴产业项目”计划,加大战略性新兴产业投入。全年战略性新兴产业实现工业增加值133.3亿元,增加值增长24.4%,快于面上11.2个百分点。

【提升发展特色优势产业】 制定出台《关于加快推动工业产业集群发展的实施意见》,统筹省级产业集群示范区、省级产业示范基地、市级产业集群示范区、块状经济的提升和发展。吴兴装备制造及大型零部件、南浔电磁线、德清装饰建材、长兴长丝织造4个产业集群被列入第二批省级产业示范基地,占全省新创建产业基地的30.8%。安吉椅业产业集群被列入浙江省第二批产业集群示范区区域国际品牌试点。

【织里童装产业加快转型升级】 建立湖州市推进织里童装产业转型升级工作领导小组,加强对织里童装产业转型升级的领导和支持,协调和解决转型升级中的重大问题。制定出台《关于加快推进织里童装产业转型升级的若干意见》,在推动企业做大做强、加强品牌建设、提升研发能力和拓展营销渠道等方面给予重点支持。借鉴外地发展经验,明确了实施“322”行动计划,即建设“三大中心”,实施“两个试点”,出台“两项政策”的工作思路。

【工业设计中心建设】 制定出台《关于促进工业设计产业发

展的实施意见》,鼓励、支持工业设计产业加快发展。5 月 28 日,湖州多媒体产业园湖州国际工业设计中心挂牌成立。截至 2012 年底,中心一期已入驻企业 23 家。在全省 12 个省级工业设计基地中期评估中列第 5 位。

【实施工业项目"三百计划"】 围绕"3 +3"产业,组织实施百项战略性新兴产业、百项转型升级和百项"零土地"技改三个项目专项计划。加大重点产业项目的推进力度,鼓励企业积极投资"3 +3"产业,提高工业投资的规模、质量和效益。2012 年工业"三百计划"项目在建 276 项,完成投资 219.3 亿元。

【开展项目助推活动】 制定"重大项目突破年"活动实施方案,4 月举办全市重大项目集中开工仪式,进一步营造氛围,树立一批投资典型;5 月,组织开展吴兴区、南浔区和湖州经济技术开发区"重点工业项目现场服务推进会"活动,协调解决重大项目推进过程的困难和问题;7 月,组织召开全市工业有效投资现场会;11 月,组织召开全市重大工业项目现场推进会,分析、研究和判断投资形势,加快项目建设进度。

【盘活和挖潜节地行动】 充分挖掘现有建设用地潜力,出台政策,鼓励企业实施"零土地"技改,加大厂房扩建、改建和设备更新力度。2012 年全市盘活存量及挖潜节地 342 项,总投资 196 亿元,当年累计完成投资 111 亿元,其中盘活闲置土地 111 项、"零土地"技改项目 231 项,盘活挖潜工业用地约 367 公顷,部分缓解了工业用地的紧张的矛盾。

【特色产业工业园建设】 出台《关于加快市特色产业工业园建设的实施意见》和《湖州市特色产业工业园建设工作考核办法》,2012 年,全市 11 个特色产业园新增开发面积 1251.6 公顷,完成 1000 万元以上基础设施项目投资 12.63 亿元;累计供地面积 209.3 公顷,盘活存量土地 111.4 公顷,完成拆迁 1342 户。

【扶持小微企业发展】 设立湖州市小微企业发展专项资金,对小微企业创先评优、创业辅导、创业创新服务体系建设、融资担保服务体系建设和公共服务体系建设等方面加大支持。积极开展创业辅导,2012 年共开展创业辅导活动 72 场、3800 余人次。鼓励企业开拓市场,共组织 25 家企业参加了 APEC 技展会、全国农产品加工业投资贸易洽谈会、中欧中小企业合作周和浙江"名优新"产品博览会等活动。

【拓宽企业融资渠道】 积极搭建银企沟通平台,举办 2012 湖州银企对接会,15 家企业和 15 家银行机构现场签约 4.21 亿元,实际到位金额 4.53 亿元。2012 年全市融资性担保公司为 7070 户中小微企业提供了 81.2 亿元贷款担保。发放小企业专项信用贷款 287 户、5.52 亿元,累计放贷 658 户,放贷金额 13.08 亿元。湖州市中小企业公共服务平台建设初见成效,陆续开展了政策咨询、融资服务、法律服务、创业辅导和管理信息咨询等服务。

【加快企业技术中心建设】 修订《湖州市技术创新项目管理办法》和《湖州市企业技术中心管理办法》,进一步规范和完善技术创新管理。天能集团企业技术中心被认定为国家级企业技术中心;正导、瑞明和兄弟路标 3 家企业技术中心被认定为省级企业技术中心。

【企业高端技术人才队伍建设】 围绕六大特色产业领域内的企业人才建设,新增产业英才入库培养对象 20 名,入库人数达到了 135 名;组织开展特色纺织行业的 37 位高层次技术人才参与"南太湖精英人才"主题培训班;协助引进海外高层次领军人才及项目,新增入选 40 个南太湖精英计划项目;组织 25 家企业参与 28 位院士到湖州的对接交流,成功对接并创建了金洲、德宏、中机南方等 4 家市级院士工作站,有效地支撑了企业高端技术人才队伍建设。

【企业精细化管理和人员培训】 2012 年,培育省精细化管理示范企业 4 家、市级精细化管理示范企业 10 家、县级精细化管理示范企业 41 家,实施精细化管理企业 100 家;全市共培训企业经营管理人员 1.62 万人次,其中短期适应性培训 6313 人次、讲座论坛 7792 人次、MBA 等学历、学位教育 1545 人和国际合作培训 105 人,投入资金 1038.7 万元。

【完善节能降耗政策体系】 制定出台《关于单位 GDP 能耗和能源消费总量"双控"工作实施意见》、《关于进一步加快淘汰落后产能的实施意见》、《湖州市工业固定资产投资项目节能评估和审查实施细则》、《湖州市工业固定资产投资项目节能评估机构备案管理办法(试行)》、《湖州市淘汰落后产能工作考核办法》、《关于加快推进清洁生产审核工作的通知》等政策文件,编制完成《湖州市"十二五"淘汰落后产能规划》。

【淘汰落后产能】 2012 年,被列入淘汰任务的所有落后设备已经关停,涉及造纸、纺织印染、电镀、建材、化工和磁性材料六个高耗能、重污染行业 91 家企业的 539 台(套)落后设备,共腾出 15 万吨标煤的用能空间。其中被列入国家工信部任务的有 5 家企业的 77 台(套)落后设备已经拆除,涉及印染落后产能 1.02 亿米,水泥粉磨 20 万吨。开展对蓄电池、石粉加工业、电镀以及德清县钟管镇化工和南浔区有机玻璃行业专项整治。

【节能技改和清洁生产】 2012 年,共实施二批、149 项重点节能技改项目,总投资 18.7 亿元,节能 12 万吨标准煤。推进清洁生产审核,2012 年有 109 家企业通过清洁生产审核验收,新增绿色企业 8 家。全面推广工业循环经济发展模式,长兴经济技术开发区获得浙江省工业循环经济示范园区称号;安吉南方铜业有限公司、浙江泰普森休闲用品有限公司、浙江福莱福高新材料有限公司、浙江天振竹木开发有限公司和浙江天能电源材料有限公司获得浙江省工业循环经济示范企业称号。

【推进和完善信息化政策的实施】 制定出台《湖州市国民经济和社会信息化发展"十二五"规划》、《智慧工业"363"试点方案》、《关于加快推进湖州市信息化与工业化深度融合的若干意见》、《两化融合示范企业认定管理办法》和《湖州市两化融合重点项目管理办法》等政策意见;建立了市信息化工作领导小组及其办公室。制定并组织实施《智慧工业"363"试点方案》。组织全市首批 60 家企业开展"两化"融合试点。组织实施工业设计、装备智能、节能减排、仓储物流、电子商务应用及企业管理信息化集成应用等50个"两化"融合重点项目。长兴新能源及蓄电池产业集群被列入省第二批五个"两化深度融合"试验区之一。

·农业和农村经济·

【概况】 2012年,全市上下认真贯彻党的十八大和省、市党代会精神,按照省、市农村工作会议部署,围绕加快建设美丽乡村示范市,大力实施市校合作"新1381行动计划",不断发展农村经济、优化农村民生、深化农村改革、强化农村建设,使"三农"工作取得了新成效。全年全市实现农、林、牧、渔业总产值209.15亿元,同比增长5.4%;农村居民人均纯收入17188元,同比增长11.7%;城乡收入比为1.92:1。湖州市的美丽乡村建设深受广大群众认可,继续得到上级领导和外界的关注。

【提升现代农业】 1、扎实推进农业"两区"建设。开展农业"两区"建设推进年活动,新建粮食生产功能区147个、12.52万亩、累计达38.46万亩,其中经省级认定的粮食生产功能区21个、面积3.3万亩;新建成现代农业园区产业区块7.8万亩、累计达29.4万亩,新建成3个省级农业综合区、9个省级主导产业示范区、19个省级特色农业精品园,累计分别达到3个、12个和29个,在全省占比分别为27.3%、18.8%和14%,列居前茅。2、深入实施"4231"产业培育计划。蔬菜、茶叶、水果和特种水产四大优势产业发展势头良好,全年种、养面积达155.42万亩、同比增加8.99万亩,总产值108.16亿元、同比增长12.63%。粮食种植面积达204.2万亩、总产89.9万吨,超额完成省下达任务;南浔区被评为全国粮食生产先进县(区)。笋竹、花卉苗木产业持续增长,新建生态高效竹林基地4.65万亩、生态高效干鲜果基地1.11万亩,优化升级花卉苗木面积2.33万亩;竹笋总产量17.12万吨、总产值7.95亿元,同比分别增长9.5%和19.2%。蚕桑生产全线下滑,畜牧生产同比下降。休闲观光农业大力发展,农事节庆活动广泛开展,累计发展各种类型农家乐3156家,其中省三星级以上农家乐192家;接待游客人数1120.66万人,同比增长16.73%;直接经营收入12.95亿元,同比增长18.84%;长兴县成为国家休闲农业和乡村旅游示范县,实施的"一月一节"农事节庆活动被评为"浙江省2012年度十佳民生工程"。3、积极培育农业经营主体。新认定市级农业龙头企业15家,累计达到198家;新增年销售收入超过5000万元的农业龙头企业10家以上,农产品加工企业全年销售收入418.2亿元、实现税利50亿元,同比分别增长6.4%和6.1%。新增农民专业合作社139家,累计达到1278家,组建合作社联合社5家;新认定市级示范性农民专业合作社30家,累计达到160家,组织社员4.5万户,带动农民22.5万户;新增农机、植保专业合作社17家,累计达122家,服务面积25.2万亩,约占水稻面积的20%;安吉县被评为全国首批农民林业专业合作社示范县。4、切实强化农业科技支撑。召开全市农业科技大会,出台《关于加快推进农业科技创新的若干意见》;加强农业科技平台建设,浙江南太湖农高园区和浙大(长兴)农高园区再次被认定为省级农高园区,使湖州市成为全省唯一拥有两个省级农高园区的市;强化农业科技企业培育,新认定省级农业科技企业24家、农业科技企业研发中心4家,累计分别达到147家和72家;加强基层农业公共服务体系建设,启动建设58家基层农业公共服务中心,有11个示范性、24个一般性基层农业公共服务中心被列入省级创建点;市、县科技经费中用于农业科技的比例达到31.8%。5、不断提升农产品质量安全。深入实施标准化示范项目,首批15个项目通过市级验收、11个项目通过省级验收,标准化程度达到60.1%;德清县被农业部授予"全国农业标准化示范县"。积极开展农产品产地认定、产品认证,新增无公害农产品137只,累计有效715只,新增绿色农产品38只,累计达162只,通过"三品"认证面积20.6万亩、累计达130.3万亩;新增省级以上名牌农产品和著名商标24个,累计达到159个。农产品质量安全保持稳定,全市农畜、水产品综合抽检合格率达99.5%,位居全省前列,没有发生区域性重大动植物疫情和重大农产品质量安全事件。德清县成立农产品诚信联盟,设立诚信农产品生产奖,参与创建活动的企业有250家,县级以上农业龙头企业和示范性农业专业合作社参与率达90%。

【深化综合配套改革】 1、着力推进重点区域改革。深入推进吴兴区八里店南片改革试验区建设,围绕"三年见成效"目标,新建和续建项目共4大类、15项,新增土地流转面积1600亩、累计1.6万亩,流转率达69.5%;三大主导产业示范区建成核心区面积9500亩,尹家圩粮食生产功能区、金农瓜果蔬菜精品园和丰溢特种水产精品园等园区品位显著提升,依托八里店省级现代农业服务中心推行信息化、智能化服务模式;进一步加快三大农民新社区建设和临港公路、园区道路和圩区整治等基础设施建设,完成永福小鱼池等12个点的宅基地复垦目标;积极试行房权换股权改革,创新推行"公寓式+标准厂房、公寓式+商贸用房或股权式(房票)"安置模式,股权式签协522户。加快推进吴兴区南太湖产业带与妙新线林业产业带建设,修编完善产业带发展规划,湖州八福生态农业等农业园区项目全面启动,提升凤凰山笋竹省级精品园等沿线已建园区,同步推进沿线基础设施建设。稳妥启动南浔区城南城乡统筹发展试验区建设,努力实现城乡规划体系、产业布局、生态建设、资源配置、社会管理和体制改革深度融合,力争建设成为省内有地位、国内有影响、具有生机活力和示范效应的现代产业集聚区、古镇旅游拓展区、农村宜居新社区、魅力水乡展示区、绿色低碳生态区、体制机制创新区。至年末,已制定"一带、五园、三社区"的基本框架,成立领导工作机构,建立一系列工作制度,建设规划正在加快完善,土地综合整治项目报批、征地搬迁、贷款融资和土地整村流转试点等正有序推进。全市实施的省级乡村旅游提升发展专项改革试点方案已得到省批复同意;安吉县旅游综合改革试点县建设全面启动,以灵峰山区域为重点,大力推进大景区和试点核心区建设。德清县户籍制度改革方案经省批复同意,以探索农民经济权利长久化与社会权利属地化的管理制度为重点,稳步开展试点工作。2、着力推进土地使用制度改革。制定《湖州市深化农村集体建设用地制度改革工作的实施方案》,在全市农村土地综合整治区域内开展深化农村集体建设用地制度改革工作,如长兴县对洪桥镇太湖村农村土地综合整治项目中35亩集体建设用地进行市场化流转,引进上海某公司滨湖高端乡村休闲度假项目。积极推进农村土地综合整治,全市已获省批准项目72个,共获得农村土地综合整治周转指标约3万亩;已实施项目58个,复垦土地4133亩,搬迁签约1.25万户、完成搬迁7478户、新建安置区建筑面积94万平方米。以长兴县被列为省专项改革试验区为契机,稳步推进农村宅基地用益物权保障机制改革创新,《工作方案》已获省批准,试点工作正有序开展。加快土地流转,新增土地流转面积9.33万亩,累计达104.24万亩,占家庭承包经营耕地面积的58.6%。新增林地流转面积3.52万亩、累计69.92万亩;新增林权抵押贷款1.71亿元、累计6.6亿元。3、着力推进特色专项改革。深入推进现代农业产学研联盟发展,进一步做强首席专家团队,做大本地专家规模,扩大经营主体覆盖面,深化服务内容,至年末,首席专家达102名,本地农技人员达199名,联结经营主体达到820家,引进新品种40个、新模式和新技术25项、示范推广4.2万亩。在市校合作第六次年会上,湖州市正式启动省农业科研与技术推广体制创新专项改革试验区建设,进一步探索农业科技创新与技术推广新机制、新模式,加快农业成果转化,推动农业科技进步。重着办好湖州农民学院,2012年有150名农民大学生毕业,累计达447名,年末,学生在籍人数达1618人;开设农推硕士培养专业,已有40名学员就读;新增农民大学生创业基地9个、累计达19个。大力培育中心镇,完成三个县中心镇总体规划修编,中心镇基础设施、社会民生和产业提升三大类项目建设全面推进;突出省小城市培育试点,推进扩权改革,8个市级部门在吴兴区织里镇设分支机构、下放管理权限80项,吴兴区和德清县分别向织里镇、新市镇下放县(区)级管理权限85项和124项。不断深化农村金融改革,已评定信用乡(镇)60个、信用村999个,信用农户覆盖率达到64.19%;农村土地承包经营权抵押贷款加快推广运用,余额达1390万元,比年初增加675万元;德清县德农资金互助社作用日益显现,拥有社员332个,存款余额3000万元,累计放贷519笔、1.03亿元,支持170户社员发展农业生产。

【夯实农村基层基础】 1、不断完善基础设施。推进重大水利工程和"美丽乡村"重点水利工程建设,机埠标准化改造完成430座,完成整治建设的山塘119座,完成病险水库除险加固11座,完成农村河道综合整治256公里,解决农村安全饮水人口7.61万。大力推进交通设施建设,建成农村联网公路134.6公里、完成农村公路大中修283公里,积极开展农村公路网格化养护管理。加强农村气象灾害防御基础设施建设,新建22个气象灾害防御标准化乡镇(街道)、138个标准化村(社区)。加快村邮站建设,实现行政村全覆盖。完成新农村电气化村建设208个。新建村级社区服务中心82个,累计达856个。完成中央财政补助的农村改厕项目2.37万座,全市农村无害化厕所普及率提高到77.7%。全市行政村开设连锁便民店达到全覆盖,其中120个行政村开设直营店,覆盖率达12.2%。2、切实改善农村民生。2012年,农村居民养老保险参保总数71.03万人;在做好民办代课教师、农村电影放映员、乡村医生审核确认和待遇调整的基础上,研究制定了其他19类类似人员待遇调整政策;审核确认农村居民社会养老保险部分参保人员待遇调整11483人。长兴县和安吉县农村低保标准分别提升至每人每月300元和280元,全市农村低保标准增幅达25.98%,达到城镇水平的69.03%,人均救助水平达到80元/月。开展首批省义务教育均衡发展县区督导评估工作,德清县、长兴县、吴兴区和南浔区通过评估;有48所学校通过义务教育学校现代化水平评估,累计达到115所;实现乡(镇)等级中心幼儿园全覆盖,中小学生集中接送服务满足率达100%。全市新农合人均筹资标准统一提高到480元,参合率达97.78%,门诊实际报销比率为32.09%,统筹区域政策范围内住院报销比率达72.28%,各县(区)新农合最高支付限额达到农民人均纯收入的8倍,平均比上年提高2.5万元;计划生育率稳定在97.36%。完成农房改造建设2.21万户、改造面积445万平方米、投入资金58.8亿元,其中,完成农村困难群众危旧房改造1013户、总改造面积10.9万平方米、投入资金9226万元。认真贯彻全省扶贫开发工作会议精神,实施"低收入农户收入倍增行动",以产业扶贫、创业就业为重点,推进低收入农户持续,普遍,较快增收,全市共有1.31万户(低保户除外)家庭人均年收入超过4000元,占比提升到89.8%。大力实施农村文化"八有"保障工程提升计划,行政村图书室、广播室及健身路径实现全覆盖,通过探索设立村级公共文化服务岗位、推行"菜单式"和"点餐制"服务机制等,完善公共文化服务体系,加大文化供给,送文艺演出到农村1274场,送展览下乡275场,开展"文化走亲"活动367次,送电影下乡13956场。深入开展乡风文明建设,建成各类道德实践阵地150余个,省、市级文明村建成率达35%,"春泥计划"开展率达97.9%。突出复合型、高端型领军人才培育,扎实推进农民素质培训工作,完成农民素质培训5.68万人,其中完成农业专业技术培训1.81万人,完成农民转移就业技能培训2.67万人,农村实用人才培训1.2万人。3、注重夯实基层基础。深入开展"基层组织建设年"活动,建立市、县、乡三级领导干部联系指导基层党组织分类定级工作制度,对全市基层党组织进行分类定级,99个后进村转化率达100%;创新组织设置,采取"村社过渡"、"以村带社"和"社区主导"等模式,新建85个农村新社区党组织、累计达316个;积极推进区域化党建工作,依托316个农村新社区、27个工业园区(工业功能区)和112个街区商圈建立区域性党组织;选派272名优秀青年干部、后备干部到村担任书记或第一书记,新建农村优秀青年人才库78个,吸纳各类人才6200余名。认真贯彻全省农村工作指导员工作会议精神,出台了《关于进一步加强农村工作指导员工作的意见》,市、县(区)两级选派第八批农村工作指导员258名。全面完成市本级60个集体经济薄弱村脱贫工作;继续组织集体经济边缘村实施村级物业项目,新验收通过82个、累计完成98个边缘村项目,村均年增收4.9万元;新完成144个村社的股份合作制改革;全市村集体经济收入增幅为8.4%。实现"网格化管理、组团式服务"全覆盖,乡镇(街道)、村(社区)人民调解组织建成率达100%,乡镇(街道)及以下组织调解矛盾纠纷成功率达98.3%,创建省级民主法治村7个。

【深化各项合作共建】 召开市校合作年会及季度例会,积极落实推进"新1381行动计划"及教育、医疗卫生专项合作的具体举措;签订浙大湖州南太湖农推中心新一轮合作协议和深化教育、医疗卫生合作协议,浙大附属第一医院与长兴县第二人民医院(筹)医疗业务合作、浙大教育学院和市教育局合作开办"教育硕士班"等项目积极实施;市委组织部与浙大党委组织部实施新一轮五年人才合作开发;市校团组织实施创业帮扶计划,以浙大创业导师与湖州农村创业青年结成"伙伴团队"的形式共同创业,大力实施创业帮扶;市校妇女组织联合实施“女性成才计划”，推进城乡妇女创业创新。全年新增与浙大等院校所合作项目200项、累计达1333项。省农业厅与湖州市签署《共同推进湖州农业现代化合作备忘录》，在推进国家现代化农业示范区建设、加快现代农业产业提升、加强现代农业科技研发与体制机制创新、完善现代农业社会化服务、加强现代农业设施装备和生态环境建设、推进现代农业经营体制机制创新六方面进行合作。召开全市“村企同心同行·共建美丽乡村”工作推进会，制定下发《关于深入推进“村企同心同行·共建美丽乡村”活动的意见》，明确以“百家企业结对百个重点扶持村”为载体，以项目合作为抓手，开展形式多样的结对共建工作。

·第三产业·

【服务业】 服务业提升发展。2012年，湖州市服务业发展总体良好，实现增加值650.46亿元，按可比价格计算，比上年增长9.6%，增速同比回落3.9个百分点，但增速仍高于全省平均0.3个百分点，排名列全省各市第7位。服务业增加值占GDP比重达到39.1%，比上年提高1个百分点，占比排名全省各市第9位。近3年来，湖州市转型升级步伐明显，服务业增加值占比提升加快，与2009年相比，服务业增加值占比提高了2.3个百分点，已连续两年完成占比提升1个百分点的目标任务。

【文化产业】 文化产业逆势快速增长。2012年全市各级采取多种有效措施，大力推进文化建设，文化产业呈现出快速发展的良好态势，文化产业增加值达到50.16亿元，按可比价计算，比上年增长20.2%，增速比GDP快10.5个百分点，并已连续3年超过20%；文化产业增加值占GDP的比重达到3.02%。分行业看，文化制造业增长领先，达到24.8%，文化服务业增长14.3%，文化批零业增长7.5%。分县(区)看，县(区)之间差距较大，其中德清县增长34.6%、长兴县增长20.8%、吴兴区增长17.2%、安吉县增长15.7%，而南浔区下降2.2%。

【商贸业】 现代商贸业贡献进一步加大。2012年，湖州市商贸业继续保持较快发展，对全市经济增长的贡献作用继续加大，支撑作用日益明显，实现增加值191.61亿元，占GDP和服务业比重分别达到11.5%和29.5%，比上年分别提高1.1个百分点和2.4个百分点；2012年商贸业增加值增速达到18.1%，分别快于GDP和服务业增速8.4个百分点和8.5个百分点，商贸业对GDP和服务业的贡献率分别达到19.4%和51.2%，分别比上年提高0.8个百分点和12.6个百分点。消费市场总体活跃，2012年全市实现社会消费品零售总额703.87亿元，比上年增长15.4%，增幅高于全省平均1.9个百分点，列全省第5位。分行业看，批发和零售业零售额630.71亿元，增长15.4%；住宿和餐饮业零售额73.16亿元，增长15.2%。

【旅游业】 旅游业发展良好。2012年湖州市依托太湖、古镇、名山和湿地等优势资源，遵循因地制宜、差异发展的思路，开发了乡土体验、湿地休闲、避暑度假和健康养身等一系列新兴乡村旅游产品，得到广大旅客的青睐，全市旅游业呈现良好的发展势头。2012年全市休闲旅游业实现增加值82.83亿元，同比增长14.3%，快于GDP增速4.6个百分点，增速位居十大服务业行业第3位。2012年全市共接待国内旅游者4190.80万人次，同比增长19.1%；接待入境旅游者47.30万人次，增长18.8%；实现旅游总收入323.80亿元，增长23.1%；全市旅游景区实现门票收入3.12亿元，增长18.9%。

【物流业】 现代物流业增速放缓。受各种因素叠加影响，湖州市物流业发展较为困难，全年走势呈低迷状态，增长回升乏力。2012年全市交通物流业增加值59.62亿元，比上年同期增长4.1%，增速回落6.8个百分点。从季度增幅情况看，一季度下降0.4%、二季度增长4.0%、三季度增长3.6%，总体回升乏力。2012年，全市客运周转量32.85亿人公里，比上年下降2.8%；货运周转量239.94亿吨公里，下降3.5%，其中水路运输下降6.5%、公路运输增长10.7%。

【金融业】 金融业增幅出现回落。2012年我市金融业继续呈现明显的回落态势。2005年至2010年，湖州市金融业出现持续6年的快速增长，2011年开始出现回落。2012年全市金融业增加值仅增长4.9%，处于历史低位。金融存、贷款增速也明显放缓，2012年，全市金融本外币存款余额2285.66亿元，比上年增长8.7%、本外币贷款余额1912.40亿元，增长11.7%，增速与上年相比，存款余额回落7.7个百分点，贷款余额回落5.5个百分点。从贷款投向看，短期贷款增长13.7%，比上年回落16.5个百分点；中长期贷款增长5.8%，上升1.1个百分点。

【交通运输业】 交通运输业平稳增长。重点项目建设进展良好。10省道长兴公铁立交工程已建成通车，104国道长兴李家巷段改建工程已通过交工验收，杭长高速公路二期湖州段工程、长湖申线浙江段航道扩建工程和湖州站综合交通枢纽工程等重点项目进展良好。年末，全市公路通车里程达到8111公里，其中高速公路289公里、一级公路407公里和二级公路521公里。全年完成客运量9476万人，比上年下降5.2%；客运周转量32.84亿人公里，下降2.8%。完成货运量1.95亿吨，下降3.2%，其中公路7081万吨，下降0.7%，水路12386万吨，下降4.5%；货运周转量239.94亿吨公里，下降3.5%，其中公路48.28亿吨公里，增长10.7%；水路191.66亿吨公里，下降6.5%。全年内河港口货物吞吐量17840万吨，增长21.6%。年末，全市汽车保有量达到33.89万辆，比上年增加6.34万辆，增长23.0%。私人汽车保有量29.40万辆，增加6.05万辆，增长25.9%，其中轿车保有量22.48万辆，增加4.49万辆，增长25.0%。全年小型汽车上牌量6.95万辆，增长13.2%。

【邮电通信业】 邮电通信业稳步增长。全年实现邮政电信业务收入31.23亿元，比上年增长10.3%；年末，全市固定电话(含小灵通)用户101.70万户，比上年减少6.03万户；移动电话用户324.26万户，增加2.15万户；全市电话普及率为每百人163部，减少2部；年末，国际互联网用户60.08万户，增加6.71万户，增长12.6%，其中宽带用户60.06万户，增加6.71万户，增长12.6%。

【固定资产投资】　2012 年，全市固定资产投资 970.73 亿元，比上年增长 20.6%。非国有投资 795.45 亿元，增长 24.1%，其中民间投资 735.89 亿元，增长 26.7%；国有投资 175.28 亿元，增长 7.2%。分产业看，第一产业投资 7.94 亿元，增长 49.9%；第二产业投资 529.78 亿元，增长 19.8%；第三产业投资 433.00 亿元，增长 21.2%。从主要投资类别看，全年工业投资 527.84 亿元，增长 19.5%；基础设施投资 166.71 亿元，增长 14.4%；房地产开发投资 211.17 亿元，增长 14.3%。重点项目建设进展顺利。全年全市重点项目投资 351.1 亿元其中基础设施类、产业类、民生类项目分别为 111.53 亿元、170.23 亿元和 69.37 亿元。杭长高速全线通车，宁杭铁路湖州段及湖州综合交通枢纽基本建成，长湖申航道扩建等项目扎实推进；月亮酒店等项目竣工营业；三一重工、巨人电梯等项目建设加快。被列入国批、省批前期计划项目分别为 8 个和 12 个，分别占全省的 20% 和 12%，其中 13 个项目已完成审批。太嘉河和环湖河道整治等工程已获国家批复；苕溪清水入湖河道整治、扩大杭嘉湖南排、京杭运河三级航道整治等工程已报国家待批；318 国道改线南浔至吴兴段等项目已提前完成前期审批并开工建设。城乡统筹稳步推进。衣裳街建成营业，东吴国际等地标性建筑完成主体工程，仁皇山公园二期、梁希森林公园等项目加快推进。生活垃圾分类收集处置试点深入推进，非法营运三轮车集中整治取得阶段性成果，数字湖州地理空间框架建设试点工作全面完成。完成中心镇投资 90.1 亿元；撤销长兴县和安吉县原有的 6 个乡镇，合并组建了新的长兴县泗安镇、和平镇和安吉县梅溪镇 3 个中心镇；分别向吴兴区织里镇和德清县新市镇下放县（区）级管理权限 165 项和 151 项。全市 120 个美丽乡村创建村、9 条示范带和 32 个中心村建设全面推进。61 个村完成环境连片整治，农村河道整治建设完成 256 公里，农村土地综合整治扎实推进，历史文化村落保护得到加强。吴兴区的八里店南片等试验区建设加快推进。新增市校合作"新 1381 行动计划"（"新 1381 行动计划"是指围绕把湖州建成全省美丽乡村示范市这一目标，着力提升科技孵化辐射、人才智力支撑、体制机制创新"三大平台"，全面实施产业发展、规划建设、生态环境、公共服务、素质提升、平安和谐、综合改革、党建保障"等"八大重点工程"，每年抓好新增 100 个以上市校合作项目建设。）项目 200 个。

【对外经济】　全年外贸进出口总额 87.37 亿美元，比上年增长 0.9%。其中，出口 73.96 亿美元，增长 0.6%；进口 13.40 亿美元，增长 2.5%。按出口贸易方式分，一般贸易出口 67.03 亿美元，下降 0.6%；加工贸易出口 6.93 亿美元，增长 12.6%。按出口企业性质分，生产企业出口 38.23 亿美元，增长 1.7%；流通企业出口 11.09 亿美元，下降 0.7%；外资企业出口 24.64 亿美元，下降 0.5%。按主要出口产品分，纺织原料及纺织制品出口 24.45 亿美元，下降 8.3%；机电产品出口 22.40 亿美元，增长 0.9%。以出口市场分，东盟、俄罗斯、澳大利亚、智利等新兴市场分别增长 11.7%、20.4%、21.0% 和 68.7%，传统市场日本和美国分别增长 3.8% 和 10.7%。全年新批准及增减资利用外资项目 192 个，其中新批外商投资企业 108 家，批准增资项目 54 个。全年合同外资 16.87 亿美元，比上年下降 21.2%。全年实到外资 10.26 亿美元，增长 9.1%。其中，第一产业 3565 万美元，增长 1.5 倍；第二产业 6.45 亿美元，下降 5.1%；第三产业 3.45 亿美元，增长 40.2%。全年批准总投资 1000 万美元以上项目 80 个，合同外资 13.66 亿美元，占全部合同外资的 81.0%，其中新批总投资 1000 万美元以上企业 62 家，合同外资 11.38 亿美元，占全部合同外资的 67.5%。

社会事业

【教育事业】　教育事业均衡发展。2012 年，全市实现乡（镇）等级中心幼儿园全覆盖，等级幼儿园在园幼儿覆盖率达 94%。全市学前三年幼儿入园率达 98%。全市义务教育入学率、巩固率和"三残"儿童入学率均达到省均以上水平，义务教育主要质量指标均高于省均水平。创建 8 所省体育特色学校，新建 10 所市湖笔书法特色学校。初中毕业生升学率达 98.73%，其中优质高中教育招生比例达到 85%。积极深化普通高中课程改革，在全市 27 所学校建立 4 个样本群。中等职业技术学校与普通高中招生人数之比保持在 0.96∶1。全市普通高校招生考试成绩继续保持高位增长，文理科本科总上线率超省均水平，达到 62.34%，连续 13 年居省前茅。全市 18 至 22 周岁人口接受高等教育的比例达到 50.83%。创建 1 所国家级中等职业教育改革发展示范学校，创建 2 个省级骨干专业、1 个省级特色专业、1 个省级产学研实训联合体，新建 3 个市级品牌实训基地、6 个市级骨干专业、3 个市级特色专业、1 个市级新兴专业。全市各级各类成人教育培训总量达 43.88 万人次，其中预备劳动力培训 2223 人。扎实开展成人"双证制"教育培训，全年完成成人双证制培训 3920 人。创建 30 所省级标准化成校、3 所省级城乡社区教育示范学校、2 个新型农民素质培训示范基地。市 98% 以上学校实验室教学仪器设备达到省定Ⅱ类以上配备标准，计算机生机比例达到 6.2∶1，多媒体班套比达到 1∶1。教育投入力度加大，六大配套改革工程扎实推进，各级各类教育均衡协调发展。

【科技事业】　科技创新能力不断增强。启动国家创新型城市争创工作。新认定国家重点扶持高新技术企业 43 家，新增省级研发中心 19 家、研究院 4 家，高新技术产业实现增加值 141.42 亿元，增长 19.2%。新签约"南太湖精英计划"项目 38 个，入选国家、省"千人计划"5 人和 12 人。全年专利申请量 12656 件，比上年增长 32.7%；专利授权量 9870 件，增长 29.1%，其中发明专利 506 项，比上年增加 135 项。全年经认定登记的技术成交项目 320 项，技术成交金额 7142 万元。年末，全市已拥有省级高新技术企业研究开发中心 126 家，比上年增加 19 家；拥有国家级高新技术企业 235 家，增加 33 家。全年获市级以上政府奖的科技成果 75 项，其中省级 12 项。全年被列入国家级火炬项目 60 项，比上年增加 18 项。

【文体事业】　文体服务体系不断完善。国家历史文化名城申报、大运河（湖州段）申遗等工作扎实推进，南浔区南浔镇德清县新市镇被列入"江南水乡古镇"联合申遗名单。开展"文化走亲"360 场，第六届湖笔文化节和首届文化艺术节成功举办。农村文化活动日益丰富。扎实推进农村文化"八有"保障工程与"农村文化大舞台"工程建设。全市 913 个行政村实现"农家书屋"全覆盖，安吉县上墅乡上墅村获得"2012 年全国示范农家书屋”称号,已建成农村大舞台600余个。全市新创建“文化强镇”3个,省级文化示范村(社区)6个,创建市级文化示范村45个,市级文化示范社区5个。积极开展“送戏、送书、送电影下基层”等活动,推进基层文化的发展和繁荣。全年“送戏”1274场,“送展览”275场,“送电影”13956场,“送书”18.75万册。2012年,第三届环太湖国际公路自行车赛(湖州赛区)在湖州成功举行;举办了全市首届体育节,设立48项活动,近20万名群众参与。农村体育设施不断完善。全年新增省级中心村全民健身广场4个、省级中心村体育休闲公园1个和市级中心村全民健身广场21个、市级中心村体育休闲公园27个。安吉中南百草原被省体育局、省旅游局评为全省运动休闲旅游示范基地(全省仅3个),并纳入浙江省运动休闲旅游精品线路。

【卫生事业】 卫生事业稳步推进。完成了1家省级示范社区卫生服务中心、7家省级规范化社区卫生服务中心(乡镇卫生院)创建工作,累计创建省级规范化社区卫生服务中心(乡镇卫生院)50家。新创建市级社区卫生服务星级站48家,累计创建市级星级站464家,创建率达到了63.7%。完成新建和改扩建社区卫生服务站86家,累计已建社区卫生服务站726家。城乡居民医疗保障水平稳步提高,全市新农合人均筹资水平统一提高到480元,参合率达97.78%;新农合统筹区域政策范围内住院报销比例达78.3%,政策范围内门诊报销比例达32.09%。启动城乡居民大病医疗保险省级试点。完成城镇居民医保、新农村合作医疗和城乡医疗救助制度管理职能的整合并轨,同时,基层社区卫生服务站全面落实新农合定点实时报销、基本公共卫生服务项目和基本药物制度等职能。县级公立医院综合改革实现县(区)全覆盖。6月,在长兴县、南浔区率先试点的基础上,12月25日,吴兴区、德清县和安吉县共9家县级医院(吴兴区2家、德清县3家、安吉县4家)全面启动实施以药品零差率为切入点的县级公立医院综合改革。

【环保事业】 生态环境逐步改善。南浔区有机玻璃、长兴县粉体行业等专项整治有序开展,矿山企业综合治理不断深化,淘汰造纸、纺织印染等6个高耗能、重污染行业落后设备539台套,腾出用能空间15.4万吨标煤。“811”生态文明建设行动扎实推进,“三大清洁”行动和“四边三化”行动有序开展,太湖流域水环境综合治理有力推进。环保模范城市复核和卫生城市复评顺利通过,国家森林城市创建工作积极推进,完成省以上重点防护林2886.67公顷、公益林1000公顷,安吉获得“联合国人居环境奖”。湖州膜法水处理和南浔(德清)木材综合利用两个省级循环经济试点有效开展。环境质量继续保持稳定。全市地表水符合Ⅲ类水质标准以上的断面占87.2%,比上年提高4.9个百分点;Ⅴ类以下水质断面比例下降3.4个百分点;主要入湖断面水质全部符合Ⅲ类水;市出境断面水质达标率91.7%,与上年持平;县级以上集中式饮用水源地水质达标率为100%;市区环境空气质量优良率为88.5%,比上年提高1.9个百分点。

【人口与就业】 人口保持稳定。年末,全市户籍人口261.38万人,其中男性130.09万人、女性131.29万人;非农人口89.47万人,比上年增加4.30万人;60周岁以上人口52.93万人,占总人口的20.3%,占比提高0.7个百分点。全年出生人口2.41万人,出生率为9.24‰;死亡人口2.45万人,死亡率为9.39‰;人口自然增长率为-0.15‰。全年计划生育率为97.4%。全年新增城镇就业5.95万人,帮扶下岗失业人员再就业2.50万人;年末,城镇登记失业率为3.07%。生活水平持续提高。据550户城镇居民家庭抽样调查,全年全市城镇居民人均可支配收入达到32987元,比上年名义增长12.3%;人均可支配收入中位数28969元,增长11.9%;占户数20%最高收入组的收入为最低收入组的3.55倍;人均消费支出19898元,增长9.5%;恩格尔系数为36.9%;年末,人均住房面积36.53平方米。据800户农村居民家庭抽样调查,全年全市农村居民人均纯收入达到17188元,名义增长11.7%;人均纯收入中位数16499元,增长17.4%;占户数20%最高收入组的收入为最低收入组的7.26倍;人均生活消费支出11077元,增长9.7%;恩格尔系数为32.3%;人均住房面积67.93平方米。年末,按户籍人口计算的城乡居民人均本外币储蓄存款余额达41426元,比上年增加4864元,增长13.3%。城乡居民收入差距保持基本稳定,全市城乡居民收入比为1.919:1,在全省11市中排名第3。紧紧围绕城乡就业,大力实施就业优先发展战略,就业形势持续保持稳定。2012年全市新增城镇就业人数5.95万人,帮扶失业人员再就业2.5万人,其中困难人员再就业6300人,大学生就业率达92.3%,城镇登记失业率3.07%。一是出政策促就业。市政府出台《关于进一步完善就业政策的通知》,进一步构建促进就业工作的长效机制,为湖州市当前及今后一段时期就业工作提供了强有力的政策保障。制定出台困难中小企业“三补贴”等政策,帮助企业减轻负担,为全市184家困难中小企业发放社保补贴、岗位补贴3259.77万元,为7639名就业困难人员发放灵活就业社保补贴1711.61万元。全面推行小额信用贷款政策,大力帮扶创业,累计发放小额创业信用贷款1700笔、共6525万元。制定完善大学生就业扶持政策,对大学生到企业工作支付见习补助和保险补贴,进一步引导和推动大学生就业。二是建机制促就业。建立就业失业信息动态监测机制,在全市科学确定监测点1151个,及时掌握企业实际用工需求。广泛开展各类人力资源交流活动和技能人才对接活动,全市共举办大型现场招聘活动336场,提供各类招聘岗位11.23万个,达成就业意向5.22万人。深入开展“百名就业人服务百家企业活动”,努力解决企业实际困难。三是抓载体促就业。深入开展充分就业社区(村)创建活动,创建率分别达到98.4%和100%,使各类就业困难群体实现就地、就近就业。成功推出15个社区就业服务组织,吸纳就业困难人员600余人,确保全市“零就业”家庭保持动态消除。实行“未就业高校毕业生实名制管理”,深入开展大学生就业见习基地建设,全市已建立167个大学生见习基地。大力发展家庭服务业,3家企业成功创建“全国千户家庭服务业单位”。四是抓技能促就业。加大职业技能培训补贴力度,完成再就业培训1.21万人,创业培训2800余人,进城务工劳动者培训4.1万人,为2029名符合条件人员发放培训补贴145万元。广泛开展18个职业(工种)的技能竞赛,共有102人取得高级技师职业资格证书。强化职业技能鉴定站(所)建设,大力提升技能鉴定质量品牌,湖州职业技术学院等3家单位的国家职业技能鉴定所获得“全国示范职业技能鉴定所”称号。新建2个省级技能大师工作室,完成职业技能培训鉴定5万人。

【社会保障】 一是持续扩大社保覆盖面。以城乡居民、非公有制经济组织从业人员和农民工等为重点，进一步扩大社会保险覆盖面。2012年全市企业职工基本养老保险参保人数97.5万人，城乡居民社会养老保险参保人数71万人，合计新增21.5万人；城镇基本医疗保险参保人数114.31万人，新增12.62万人；工伤保险参保人数69.96万人，新增4.69万人；失业保险参保人数52.18万人，新增4.84万人；生育保险参保人数52.12万人，新增5.15万人。二是不断提高社保待遇。按时完成各类群体的待遇调整工作，其中调整了全市14.29万名企业退休(退职)人员养老金，人均月增加养老金220元，创历年新高。调整医疗保险待遇标准，在职和退休职工基本医疗保险门诊统筹支付限额分别由原来的960元和1080元提高至1500元和2000元。在全省率先将职工个人账户历年结余资金使用范围扩大到本人及家庭成员的七大类预防免疫接种和本人普通挂号费等六大类费用，出台未就业配偶享受生育医疗待遇政策，减轻参保人员家庭医疗费用负担。市区失业保险金标准调整为982元/月，三县调整为900元/月。被征地农民基本生活保障金由每月400元调整到470元，基本生活补助金由每月320元调整到380元。三是全力推进历史遗留问题解决。认真贯彻落实省养老保障相关政策，全市已审核办理未参保集体企业等人员参保缴费8.76万人，调整城乡居民社会养老保险部分参保人员待遇1.25万人。认定并发放精减退职人员生活困难补助6706人，发放总额5029万元。四是积极完善社会保障卡建设。完成87.4万人次的个人信息采集工作，发放社会保障卡82万张。进一步完善"一卡通"异地就医结算系统，全市凭卡发生异地就医医疗费用8963万元，有效地保障了参保人员的自主择医权。积极拓展功能应用，实现养老金、失业保险金通过社会保障卡发放。五是着力加强社保基金安全监管。认真开展社会保险基金阳光监管，适当充实监管内容，进一步规范基金管理和使用。加强定点医疗机构和定点药店的考核监督，强化"两定单位"考核奖惩，合理控制医保基金支出，得到了人力社保部、省人力社保厅有关领导的充分肯定。全市社保基金累计结余133.61亿元，运行安全平稳。

绍　兴　市

国 民 经 济

【概况】 2012年，面对严峻复杂的经济形势，全市上下以科学发展观为指导，深入实施"创业创新、走在前列"战略部署，按照"稳中求进、致力惠民、积极有为"的工作基调，千方百计稳增长、坚定不移抓转型、尽心尽力惠民生，全年经济呈现"缓中趋稳、难中有进"的特征，主要指标增长总体好于全省平均水平，不少工作走在全省前列。

经济增长稳中有进。年内，全市三大产业稳步增长，实现地区生产总值3620.10亿元，比2011年增长9.70%，增幅高于全省平均1.70个百分点，其中第一产业增加值184.72亿元，同比增长2.90%；第二产业增加值1949.07亿元，同比增长9.70%；第三产业增加值1486.31亿元，同比增长10.80%。内需实现较快增长，完成固定资产投资1722.56亿元，同比增长20.80%，其中完成工业投资881.40亿元；越商回归引进项目277只，协议总投资689亿元，到位市外资金184.40亿元，完成年度目标任务的123%；社会消费品零售总额1158.66亿元，同比增长15.10%，继续保持较快增长态势。物价涨幅平稳回落，居民消费价格总水平上涨2%，低于全省平均0.2个百分点。由于全球经济复苏乏力，出口255.57亿美元，同比下降1.65%。发展效益进一步提升，实现公共财政预算收入265.76亿元，同比增长10.90%，增幅高于全省平均1.70个百分点；规模以上工业企业利润总额同比下降0.20%，好于全省平均5.90个百分点；城镇居民人均可支配收入和农村居民人均纯收入分别达到36911元和17706元，同比分别增长10.90%和11.60%。

转型升级成效显著。年内，全市全面启动工业强市建设，规模以上战略性新兴产业完成产值2160.59亿元，同比增长12.80%，占规模以上工业总产值比重达到25.60%；完成战略性新兴产业投资308.82亿元，同比增长33.60%，快于工业投资增速15.20个百分点，完成工业技术改造投资572.46亿元，占工业投资比重达65%；全面实施淘汰落后产能三年行动计划，规模以上企业工业增加值能耗下降9.40%。制定出台发展服务业扶持政策的配套细则，服务业对经济发展的贡献度明显提高，服务业增加值占地区生产总值比重达到41.10%，较2011年提高2.30个百分点；完成服务业投资831.77亿元，同比增长23.20%，140只服务业重大建设项目实际完成投资242.54亿元；接待国内外游客4934.60万人次，实现总收入506.35亿元，同比分别增长17.80%和22.30%。以创建国家、省创新型试点城市为契机，切实强化科技创新的战略支撑作用，新上国家重点新产品计划70项，国家创新基金项目26项，数量分别居全省第一位和第二位；新引进大院名校共建创新载体20家。农业"两区"建设扎实推进，新建成2个现代农业综合园区、5个主导产业示范区、9个特色农业精品园，粮食生产连续9年增长。

改革创新力度加大。年内，全市全面开展按企业综合经济效益排序优化社会资源配置，按照单位纳税的用能、用地、排污等指标进行综合及分类排序。积极拓展融资渠道，全年新增贷款666.07亿元，比2011年多增137.25亿元；实现直接融资323.53亿元，直接融资占社会融资总量比重达到30%，比2011年提升12.50个百分点，其中新增上市公司3家、融资再融资91.60亿元，发行企业债券7只共79亿元，发行数量与募集资金规模均居全省第一位。大力推行节约集约用地，消化转而未供土地1866.68公顷，盘活存量土地580公顷。组织开展"进村入企”大走访和“双服务”系列活动,走访村庄2180个、企业1.80万家,解决实际问题2万多个。建立规模以上工业企业干部“一对一”联系制度,全面落实结构性减税政策,累计减税8亿元。启动新一轮行政审批制度改革,实行多证联办、联合图审等便利审批,下放县级事权96项、开发区事权191项。深化加快市区发展的相关研究,完善市区经济发展目标责任制考核,营造争先创优的竞争氛围。

【工业和建筑业】 全年全部工业增加值1738.45亿元,比上年增长9.9%,其中规模以上工业增加值增长11.0%。规模以上工业中,国有控股企业增加值增长4.7%,集体企业增加值增长0.6%,股份制企业增加值增长13.7%,外商投资企业增加值增长10.0%,港澳台商投资企业增加值增长9.5%,私营企业增加值增长10.6%。轻工业增加值增长11.2%,重工业增加值增长10.7%。

规模以上工业中,六大战略性新兴产业总产值2160.59亿元,同比增长12.8%,增速高于规上工业增速2.4个百分点,占规模以上工业比重25.6%。其中,新材料、节能环保产业增长19.3%和18.3%,先进装备制造业增长11.5%,生物医药产业增长13.8%,新兴信息产业增长6.6%,新能源产业下降19.1%。规模以上工业新产品产值2207.86亿元,同比增长12.4%,高于工业总产值增幅2.0个百分点;新产品产值率26.2%,居全省第2位。黄酒产量373191千升,增长6.1%;印染布产量201.47亿米,下降6.0%;领带产量14777万条,增长6.2%;袜子产量467521万双,下降3.9%;染料产量705344吨,增长7.3%;聚酯产量148.43万吨,增长7.1%。全年规模以上工业利润总额437.38亿元,同比下降0.2%。其中国有控股企业13.42亿元,下降20.4%;股份制企业51.58亿元,下降5.9%;外商及港澳台投资企业88.60亿元,下降14.4%;私营企业217.20亿元,增长4.8%。产品销售利润率5.5%。十一项工业经济效益评价指标综合得分300.62分,同比提高6.35分,综合得分居全省第4位。

重点行业中,2012年,全市纺织业、纺织服饰业、化纤制造业等纺织行业1584家规模以上企业共实现产值3234亿元,完成销售产值3152亿元,实现利税224.70亿元,其中利润141.60亿元,实现出口交货值618亿元。规模以上机械制造业企业完成工业总产值1909.40亿元,销售收入1852.60亿元,实现利润117.80亿元。食品制造行业共有规模以上企业98家,完成工业总产值167.20亿元,销售产值159.10亿元,实现利税21.40亿元,其中利润13.10亿元。全市147家规模以上石油化工企业完成工业总产值911.20亿元、销售产值888.30亿元,实现利税67.50亿元,其中利润50.20亿元。其中占行业比重99.60%的化学原料及化学制品业完成产值907.10亿元、销售884.10亿元、利润50.10亿元。全市278家规模以上冶金制造业企业完成工业总产值664亿元、销售637.80亿元,其中利润22.20亿元。2012年,全市非金属矿制品业有规模以上企业87家,完成工业产值179亿元,销售产值174.60亿元;实现利税20.20亿元,其中利润12.20亿元。全市规模以上企业生产水泥1200.20万吨、平板玻璃1740.60万重量箱。2012年,全市201家规模以上轻工企业完成工业总产值339亿元,销售产值328.70亿元,实现利税31.40亿元,其中利润22.30亿元。

加快淘汰落后产能。至年底,全市共有826家企业完成了淘汰落后产能任务。其中:淘汰落后印染产能16.31亿米,涉及企业66家;落后化纤产能22.18万吨,涉及企业13家;落后织造产能9.29亿米,涉及企业86家;关停落后砖瓦窑37家;关停小皮革企业13家;关停小型混凝土砖厂367家;整合铜熔铸企业155家;关停整改电镀企业25家;依法处理非法开采矿产资源点42个;注销无照经营落后产能企业92家。

全市建筑业以做大做强为主线、市场开拓为重点、创新发展为动力,优化结构为保障,各项工作取得显著成绩,完成总产值4847.74亿元,比2011年增长15.06%;上交税金138.05亿元,同比增长13.35%;实现利润119.3亿元,同比增长10.3%;实缴地税31.1亿元,同比增长12.07%,占全市地税总收入的15.4%。至年底,全市共有建筑企业近1000家,其中特级企业17家、一级企业144家、二级企业262家、三家企业500余家。

【农业和农村经济】 全年全市农业总产值达到278.59亿元,比2011年增长2.80%;实现农业增加值184.62亿元,同比增长2.90%。全年粮食播种面积187751公顷,比上年增长1.0%。油料播种面积25791公顷,下降2.8%;棉花播种面积2067公顷,下降12.6%;蔬菜种植面积66715公顷,下降2.1%;食用菌种植面积2281公顷,增长18.4%;果用瓜种植面积10108公顷,下降4.5%;花卉苗木种植面积16781公顷,增长2.4%。全年粮食产量120.06万吨,比上年增长1.5%。年末生猪存栏125.08万头,比上年增长5.2%;出栏198.41万头,下降0.2%。全年肉类总产量18.25万吨,比上年增长0.6%。全年水产品产量9.66万吨,比上年增长3.3%

全市农村实有劳动力233.93万人,比2011年增加3.48万人,增幅为1.51%,其中从事农业生产的劳动力50.54万人,比2011年减少0.27万人,减幅为0.53%。农民人均纯收入增长16.19%。全年,全市农民人均纯收入达17706元,比2011年增加1845元,同比增长11.60%。从收入来源看,人均工资性、家庭经营、转移性纯收入同比分别增长8.60%、17%、19.10%;人均生活消费支出达11107元,比2011年增加1034元,同比增长10.30%。

年内,全市有2个省级现代农业综合区、7个省级主导产业示范区、12个省级特色农业精品园、51个市级现代农业园区通过省、市验收认定,累计建成2个现代农业综合区、16个主导产业示范区、36个特色农业精品园和82个市级现代农业园区,园区建设工作走在全省前列。全市拥有农业龙头企业1227家,总资产达到135.14亿元,比2011年增长16.76%,实现销售额361.19亿元,同比增长13.37%;实现利润23.41亿元,同比增长11.09%;联结基地59.14万公顷,联系农户223.86万户。其中销售额超5000万元企业比2011年增加13家,总数达到170家。省级以上农业龙头企业36家,其中,国家级龙头企业5家,省级龙头企业29家。全市农副产品出口总额再创新高,出口累计达到7.18亿美元,比2011年增长0.56%;新增农业“走出去”企业7家,新增境外投资额0.29亿美元。新增9家省级骨干农业龙头企业,全市省级以上骨干农业龙头企业累计达到41家,年销售额达178.23亿元,带动农户33.75万户。2家基地列为省绿色食品生产示范基地创建点,全市共有4家基地被列为省绿色食品生产示范基地创建点,2家企业被评为省绿色食品示范企业。3家企业认定为省级生态循环农业示范企业,全市累计达到6家。新增诸暨市十里坪有机茶和上虞市二都杨梅2个"浙江名牌"农产品。新昌县镜岭镇外婆坑村被认定为第二批全国"一村一品"示范村镇,至此全市共有3个全国"一村一品"示范村镇。全市以实施省、市、县农业标准化示范基地建设工作和"三品"认证为载体,通过企业和合作社示范辐射作用,带动农民实施农业标准化建设,共创建省级农业标准化示范基地13个、市级11个、县级24个,农业标准化实施率达到55.50%。未发生重大植物疫情。全市沼肥利用面积超过1330公顷,规模化畜禽养殖排泄物、秸秆综合利用率分别达到97%以上和78%,农村清洁能源利用率达到74%。

全年,全市有农民专业合作社2593家,比2011年增加447家,新增规范农民专业合作社118家。入社社员5.70万户,带动农户62万户,社员和带动农户总数占总农户数的54%。全市新增农村土地承包经营权流转面积0.46万公顷,累计流转面积6.88万公顷,占农民家庭承包耕地面积的55%。全市深化完善农村集体"三资"管理,开展村级财务管理规范化创建活动。越城区成功创建为省村级财务管理规范化县(市、区),绍兴县成功创建为省级农村集体"三资"管理规范化县。加强农村集体"三资"管理,完成903个村的集体经济审计。新完成8个村经济合作社股份制改革,累计已成118个村。全面推行农民负担监督管理阳光行动,农民群众对加大涉农收费监管、落实惠农政策的满意率达95%以上。

【运输邮电】 全年货物运输总量9274万吨,比上年增长4.2%。货物运输周转量1110714万吨公里,增长0.7%。其中公路和水运货物运输总量分别为8051万吨和1223万吨,分别比上年增长4.6%和1.5%;公路货运周转量819204万吨公里,增长4.4%;水运货运周转量291510万吨公里,下降8.5%。

全年旅客运输总量17512万人,比上年增长0.6%。旅客运输周转量479957万人公里,增长1.0%。其中公路和水运旅客运输总量分别为17414万人和98万人,分别比上年增长0.5%和12.6%;公路和水运旅客运输周转量分别为479693万人公里和264万人公里,增长1.0%和10.9%。年末公路通车里程9587公里,比上年增长1.1%。

年末全市民用车辆拥有量100.56万辆,比上年末增长6.5%。其中汽车62.80万辆,比上年末增长19.4%。

全年邮电业务收入58.10亿元,比上年增长8.3%。年末固定电话用户(含小灵通)195.06万户,移动电话用户(通话用户)497.61万户。电话普及率157.13部/百人,其中固定电话普及率44.25部/百人,移动电话普及率112.88部/百人。互联网用户数(不含手机上网用户)126.19万户,同比增长17.3%。

【国内贸易】 全年社会消费品零售总额1158.66亿元,比上年增长15.1%,扣除价格因素,实际增长13.5%。其中,城镇消费品零售额1000.28亿元,增长15.1%;乡村消费品零售额158.38亿元,增长15.0%。分行业看,批发零售贸易业零售额1057.40亿元,增长14.8%;住宿餐饮业零售额101.25元,增长18.0%。

在限额以上批发零售业商品分类零售额中,汽车类零售额比上年增长13.1%,石油及制品类增长13.8%,食品、饮料、烟酒类增长13.5%,服装、鞋帽、针纺织品类增长9.0%,中西药品类增长24.3%,金银珠宝类增长33.9%,日用品类增长12.3%,家用电器和音像器材类增长1.3%。

年末有商品交易市场420个,其中成交额超亿元市场49个,超十亿元市场21个,超百亿元市场6个。全年商品市场成交额2297.63亿元,同比增长14.9%,其中消费品市场成交额1308.02亿元,增长9.7%;生产资料市场成交额989.62亿元,增长22.6%。中国轻纺城和钱清轻纺原料市场成交额分别为557.04亿元和415.29亿元,增长14.0%和3.6%。

【对外贸易】 全年货物进出口总额320.98亿美元,比上年下降4.2%。其中,进口65.41亿美元,下降13.0%;出口255.57亿美元,下降1.7%。有进出口国家和地区205个,其中出口超1000万美元的国家和地区111个,比上年增加4个。美国、阿联酋、巴西分别居出口额前3位国家,出口额分别为33.24亿美元、14.27亿美元和12.36亿美元。机电产品出口41.48亿美元,下降10.1%;化工产品出口15.80亿美元,增长4.1%;高新技术产品出口9.81亿美元,下降17.3%;纺织品及服装出口171.97亿美元,下降0.6%。新登记备案企业1656家,累计获进出口经营权企业13934家。全市出口超1000万美元企业578家,同比减少1家。

【市场物价】 全年居民消费价格比上年上涨2.0%,其中食品上涨3.3%,烟酒上涨3.8%,居住上涨4.6%,家庭设备用品及维修服务上涨1.9%,衣着上涨0.8%,医疗保健和个人用品上涨0.5%,交通和通信下降0.1%,娱乐教育文化用品及服务下降1.7%;工业生产者出厂价格下降3.1%,工业生产者购进价格下降2.2%。

【房地产业】 全年房地产开发投资467.71亿元,比上年增长16.0%。其中,住宅投资347.25亿元,比上年增长19.8%;办公楼投资26.13亿元,增长7.7%;商业营业用房投资59.47亿元,增长14.5%。

全年商品房销售面积483.74万平方米,销售额418.91亿元,同比分别增长5.9%和8.6%。房屋施工面积3176.23万平方米,增长10.6%;房屋竣工面积488.18万平方米,增长7.7%;待售面积231.57万平方米,增长8.3%。全市已开工保障性安居工程17460套,完成计划的124.3%;有6277套保障性安居工程住房基本建成,完成计划的108.2%。当年新增城市廉租住房保障474户。

【旅游业】 全年旅游总收入506.35亿元,比上年增长22.3%。其中,接待国内旅游者4865.92万人次,增长17.9%;实现国内旅游收入491.11亿元,增长22.9%;接待入境旅游者68.68万人次,增长13.8%;实现旅游外汇收入24128.11万美元,增长9.6%。全市新增省级旅游度假区1个、A级景区2家,新增星级宾馆1家、旅行社3家。

【固定资产投资】 全年固定资产投资1722.56亿元,比上年增长20.8%,扣除价格因素,实际增长21.8%。国有投资

345.75亿元，增长32.5%，占固定资产投资比重20.1%；非国有投资1376.81亿元，增长18.2%，占固定资产投资比重79.9%，其中民间投资1287.36亿元，增长20.0%，占固定资产投资比重74.7%。全年施工项目3268个，比上年增长7.1%，其中新开工项目2175个，增长19.8%。

【信息化建设】 2012年，全市深入推进"两化"深度融合，编制完成《绍兴市"两化融合"评价体系》，积极开展"智慧城市"试点建设，推进"智慧工业"示范创建，加快"智慧绍兴"建设，物联网、电子商务、文化创意等新型产业取得新成效。17个项目入选省电子信息产业重点项目计划。5月14日，绍兴市与中国航天科工集团第二研究院在杭州举行"智慧安居"合作协议签约仪式。全年全市软件业务收入实现销售收入9.13亿元，比2011年增长12.17%；信息产业实现主营业务收入405.88亿元，比2011年增长5.94%。

社会事业

【社会事业发展概述】 全市投入民生资金200亿元，占全年财政支出的71.9%。省级创业型城市创建深入推进，充分就业行政村和社区覆盖率分别提高到77%和95%。医疗保险制度实现城乡一体化，企业退休人员、城乡居民基础养老金标准不断提高。募集企业慈善冠名基金55亿元，荣获国家最高的"七星级"慈善城市称号。市县联动公立医院综合改革成效显著，创建成为全省唯一的国家基本公共卫生服务项目示范点，实现城乡居民健康服务全市"一卡通"。文化强市建设加快推进，顺利完成国有文艺院团体制改革，涌现获省级以上奖励的文化精品66个，成功举办了第21届中国金鸡百花电影节。各类教育协调发展，幼儿园园舍安全工程全面启动，义务教育教师流动以及中职教育跨区招生等举措扎实推进，浙江农林大学暨阳学院、浙江工业大学之江学院落户绍兴和元培学院新校区按期启用。全民健身活动广泛开展，成功举办全国游泳冠军赛等重大赛事。在全国率先开展优生免费检查和遗传基因筛查。"问题胶囊""黄酒风波"等突发事件得到妥善处置，食品药品安全大整治百日行动扎实开展。在全省率先实现气象防灾减灾标准化镇街全覆盖。建成保障性住房17460套

【人口与就业】 年末全市常住人口494.30万人，比上年增加0.9万人。年末全市户籍人口440.83万人，其中男性221万人，女性219.83万人，分别占总人口的50.1%和49.9%；全年出生人数35215人，人口出生率8.0‰；死亡人数31837人，死亡率7.23‰；自然增长人口3378人，自然增长率0.77‰。

全市城镇新增就业人数10.95万人，帮助失业人员实现再就业3.82万人；就业困难人员实现就业1.21万人；城镇登记失业率为2.91%，就业局势基本稳定。年内，依托基层劳动保障平台的全覆盖，充分就业社区和充分就业村的创建工作取得较大进展。到年底，全市共有175个社区创建充分就业示范社区，达标率为100%，有1983个村已经创建为充分就业村，创建比例为77.6%。3人获国务院特殊津贴，全市累计已有67人享受国务院颁发的政府特殊津贴。全市共组织参加技能鉴定89020人，其中高技能人才技能鉴定13463名。全市共组织7689名失业人员参加再就业技能培训，5366人参加创业培训。

【社会保障】 全市职工基本养老保险和城乡居民社会养老保险总参保人数314.33万人，职工基本医疗保险和城乡居民基本医疗保险总参保人数448万人。工伤、失业、生育保险总参保人数分别达到171.96万人、99.70万人和113.09万人，分别比上年增长8.9%、10.8%和12.8%。年末全市新型农村合作医疗参合人数288.3万人，参合率98.65%。新农合筹资标准每人每年534元，比上年增加104元。第四轮参合农民健康体检已完成145.61万人次，其中60岁以上老人体检48.91万人，体检率达到79.46%。

10月1日起，市区全面实施社会保障业务网上申报工作。年内，市政府制定出台绍兴市职工基本医疗保险办法、职工医保和城镇居民医保的过渡期政策等多项制度，建立规范职工医疗保险门诊统筹制度，提高企业退休人员的医保个人帐户标准和城乡居民社会养老保险基础养老金标准，进一步提高各类参保对象的待遇。出台市级公立医院基本医疗保险实施方案。全市顺利完成新农合管理职能的移交，实现平稳过渡。相继出台绍兴市城乡居民基本医疗保险办法和市区城乡居民基本医疗保险实施细则，建立起城乡一体的居民医保制度，取消户籍界限，城乡居民实现统一的缴费标准和统一的医疗待遇，真正实现城乡统筹。职工社会保障卡基本覆盖所有应保人员。

年末全市有城乡居家养老服务中心（站）93个，新增社会福利床位3829张。2408名五保供养对象供养标准提升至10200元/年，比上年平均增长15.6%，集中供养率100%。在全省率先出台城乡居民大病保险制度，成为省唯一试点城市。城乡低保标准位居全省第3，城镇低保标准平均达到468元，增长5.8%；农村低保标准平均达到354元，增长3.8%；全市发放低保金22249.70万元，比上年增加4195.37万元。积极开展慈善救助工作，全年支出善款9177.63万元，救助困难群众125522人次。全年福利彩票销量7.65亿元，比上年增长16.1%，福彩公益金投入4672.55万元，建设民生保障项目381个，资助困难群众52260人次。

【教育事业】 年末全市有普通高校7所，中等职业教育学校23所。普通本专科招生1.96万人，在校生5.98万人，毕业生1.55万人，普通高考录取率83.7%。各类中等职业教育（含技工学校）招生2.02万人，在校生6.44万人，毕业生2.18万人。17所中职学校33个专业开设"3+2"职业教育，9所中职学校7个专业开设"五年一贯制"职业教育。普通高中招生3.57万人，在校生11.10万人，毕业生3.58万人；初中招生4.97万人，在校生14.73万人，毕业生5.30万人。初中毕业生人学率99.28%，比上年提高0.1个百分点。小学招生4.84万人，在校生30.24万人，毕业生5.09万人，小学毕业生升学率100%。义务教育标准化学校建设走在全省前列，有387所通过省厅验收，创建率70.49%，居全省第一。拥有幼儿园673所，在园幼儿13.45万人。其中新建、改建幼儿园44所，省等级幼儿园创建率达到87.84%，市级标准化幼儿园创建率达到61.56%。保障符合条件的外来务工人员子女100%入学，全市义务教育段接纳进城务工人员子女入学9.82万人，占在校生总数

的22.4%。

【科技事业】 全年全市用于科技财政支出13.23亿元,比上年增长7.3%,财政科技支出占财政支出比重为4.7%。全年新上创新基金、重点新产品、火炬计划、星火计划等国家级科技项目202项,新上省重大科技专项计划、新产品等省级科技项目776项,5项成果获2011年度国家科学技术奖,其中技术发明二等奖1项、国家科技进步二等奖4项。新认定国家需要重点扶持高新技术企业62家,省级以上创新型企业12家,9家企业入选首批知识产权管理标准国家试点。新认定国家级科技企业孵化器、省级高新技术特色产业基地、省级重点实验室各1家,省级企业研究院17家,省级高新技术企业研发中心29家,滨海产业集聚区江滨区增挂省级高新技术产业园区牌子。全市专利申请量、授权量分别为22023件、12360件,同比分别增长40.6%、38.5%;发明专利申请量和授权量分别为3063件、646件,同比分别增长47.4%、21.0%。

【文化事业】 年末有艺术表演团体6个;演出919场次,增长11.3%,观众196万人次;广播电台1座,电视台1座,广播电视台5座。广播、电视综合覆盖率均达到100%。有线电视用户数140.9万户,入户率86.94%。有剧场6个,电影院21个。全市有文化馆(站)125个,公共图书馆6个。公共图书馆总藏量293万册,比上年增长9.7%。公共发行报纸8种,年发行量13.9万份;出版期刊2种,年发行量3万册。全省文化发展指数测评绍兴列第2位,其中区域文化创新力列全省第一。环迪荡湖文化创意产业园、嵊州文化创意产业园等成功入选省文化产业“122工程”。

【卫生事业】 年末有卫生机构2635个(含村卫生室1077个),其中医院40个,卫生院、分院及社区卫生服务中心(站)963个。卫生机构床位数18796张,其中医院14522张。医生数10638人,注册护士数9504人。每万人拥有医疗床位数42.64张,每万人拥有医生数24.13人,比上年分别增长11.4%和5.2%。“一卡通”实现市县联网,覆盖28家县级及以上医院、927家基层医疗机构。市中医院、市六院及市七院晋级三甲,县(市)级人民医院实现三乙全覆盖。全市卫生站(室)紧密型一体化管理率89.51%。全市96家预防接种门诊通过省卫生厅验收。完成初三学生麻风疫苗强化免疫或脊灰疫苗集中式查漏补种,开展血吸虫病防治和布鲁氏菌病防控。全市甲乙类传染病报告发病率较上年下降6.6%,死亡数下降25.0%。

【体育事业】 我市运动健儿当年取得亚洲冠军2个、全国冠军6个。共举办全国性竞赛3项次。体育创强工作继续推进,创建省级体育强镇(乡、街道)9个、省级体育先进街道1个、“体育先进社区”24个,创建率继续走在全省前列。开展备战省运会工作,业余训练空白项目全部填补,常年业余训练人数超过5000人。体育产业发展良好,体育彩票销售达到4.7亿元。市体育局被国家体育总局评为全国全民健身活动组织先进单位、全国健身气功工作先进集体。

舟　山　市

国 民 经 济

【概述】 2012年全市实现地区生产总值851.95亿元,比上年增长10.2%。三次产业结构比例为9.8∶45.2∶45.0。按常住人口计算,人均地区生产总值74831元,约11854美元,比上年增长9.3%。实现财政总收入133.45亿元,比上年增长4.9%。地方财政一般预算收入85.56亿元,比上年增长11.9%。

·工业经济·

【工业行业】 2012年全市实现工业总产值1585.35亿元,比上年增长10.0%。全市规模以上工业实现工业增加值223.63亿元,按可比价计算,比上年增长14.5%。规模以上工业总产值1215.66亿元,增长11.3%;工业销售产值1176.06亿元,增长8.7%;工业产销率96.7%。其中,临港工业完成总产值996.42亿元,增长9.2%,占规模以上工业总产值的比重为82%。规模以上工业中,重、轻工业分别完成工业总产值944.63亿元和271.03亿元,分别增长9.0%和20.0%,重轻工业比为78∶22。年末有工业总产值上亿元企业150家,比上年末增加9家,实现工业总产值1124.0亿元,比上年增长13.0%,占全部工业总产值的比重为70.9%。产业集聚区实现工业总产值410.2亿元,比上年增长14.8%,拉动规模以上工业增长4.8个百分点。

重点工业行业稳步增长。2012年,全市规模以上工业中九大主要行业呈“八升一降”格局,除医药制造业下降外,其它各行业都实现了不同程度的增长,船舶修造业、水产加工业和石油化工业三个行业产值总量居前三位。船舶修造业工业总产值首次突破600亿元,达到616.8亿元,增长8.1%。石油化工业全年实现工业总产值172.7亿元,增长12.0%。水产加工业实现工业总产值142.1亿元,增长13.8%。这三个行业工业总产值占全市规模以上工业的比重76.6%,拉动规模以上工业增长7.5个百分点。

轻工业增长较快。2012年,我市规模以上轻工业实现工业总产值269.8亿元,增长19.4%,高出全市平均水平8.1个百分点,主要是水产加工业生产形势良好;重工业实现工业总产值944.4亿元,增长9.0%,比全市平均水平低2.3个百分点,重轻工业比由2011年的80∶20调整到78∶22。

企业规模效应进一步显现。2012年,全市规模以上工业企业367家,比上年新增52家,新增企业实现工业总产值83.0亿元,比上年增长3.7倍,拉动规模以上工业增长6.0个百分点。产值过亿的企业150家,比上年增加9家,实现工业总产值1124.0亿元,增长13.0%,占全部工业的比重从上年的66.8%提高到70.9%;过10亿元的企业19家,实现工业总产值759.6亿元,增长12.8%;过50亿的企业有金海重工、中远船务、欧华造船、中海油舟山石化等4家,实现工业总产值428.3亿元,增长9.9%。

产业集聚度不断提高。一是产业集聚区的比重提高。2012年,全市产业集聚区实现工业总产值410.4亿元,比上年增长14.8%,高出全市平均增速1.5个百分点,拉动规模以上工业增长4.8个百分点,产业集聚区工业总产值占规模以上工业比重33.8%,比上年提高1.0个百分点。二是战略性新兴产业规模扩大。2012年,全市规模以上工业中战略性新兴产业实现工业总产值463.4亿元,增长8.9%,占规模以上工业的比重38.1%。从战略性新兴产业总产值居前三位的行业看,海洋新兴产业实现工业总产值331.3亿元,增长5.5%;高端装备制造产业61.6亿元,增长7.5%;节能环保产业31.5亿元,增长59.5%。三是装备制造业突破600亿大关。全市规模以上工业装备制造业实现工业总产值629.0亿元,比上年增长8.4%。从装备制造业八大行业看,金属船舶制造业实现工业总产值555.1亿元,比上年增长8.6%,占装备制造业比重88.3%;机械制造业实现工业总产值39.6亿元,增长4.3%,占装备制造业比重6.3%。

【海洋经济】 全年海海洋经济总产出1959亿元,按可比价计算,比上年增长13.1%;海洋经济增加值585亿元,比上年增长12.0%。海洋经济增加值占全市GDP的比重为68.7%,比上年提高0.1个百分点。

【节能降耗】 全年单位GDP能耗比上年降低6.1%,单位工业增加值能耗比上年下降17.8%。全社会用电量41.77亿千瓦时,比上年下降2.6%。其中,工业用电22.29亿千瓦时,下降11.0%;城乡居民生活用电7.18亿千瓦时,增长11.9%。

·农业和农村经济·

【概况】 全年实现农林牧渔业总产值163.71亿元,比上年增长9.2%。其中,渔业总产值148.02亿元,比上年增长10.0%;农业总产值10.33亿元,增长4.0%;林业总产值0.32亿元,增长15.3%;牧业总产值5.04亿元,下降3.0%。

全年水产品总产量148.30万吨,比上年增长4.5%。其中,远洋渔业产量25.05万吨,增长19.0%。全市海水养殖面积6262公顷,比上年下降10.3%,海水养殖产量11.59万吨,增长17.5%。

全市拥有国家级无公害农产品51个、国家级无公害养殖水产品34个、国家级绿色食品22个。全市有省级无公害农产品产地45个,面积1853公顷。

·第三产业·

【运输邮电】 全年全市交通运输、仓储和邮政业实现增加值89.41亿元,比上年增长5.3%。全年水路货运量15242万吨,比上年增长13.2%,货运周转量1870.52亿吨公里,增长15.1%;水路客运量2224万人,下降1.4%,客运周转量4.69亿人公里,下降6.3%。陆路货运量4697万吨,增长6.4%,货运周转量105.58亿吨公里,增长9.2%;陆路客运量13884万人,增长4.4%,客运周转量20.30亿人公里,增长1.4%。舟山普陀山机场全年完成客运量46.4万人,增长20.6%;货邮运量(不包括行李)425吨,增长48.4%。年末全市民用汽车拥有量8.55万辆,比上年末增长16.0%,其中,私人汽车拥有量6.07万辆,增长20.4%。

共有海运企业269家,比上年末增加28家,海上运输船舶1689艘,运力505.72万载重吨,比上年末增长11.8%。其中,万吨级以上船舶126艘,比上年末增加8艘,运力264.94万载重吨,占全市总运力的比重为52.4%。

舟山港域港口货物吞吐量29099万吨,比上年增长11.7%。其中,外贸货物吞吐量9816万吨,增长14.5%。全年集装箱吞吐量50.34万标箱,其中,出口25.53万标箱,比上年增长1.4倍。年末全市有生产性泊位289个,其中,万吨以上深水泊位45个。

【国内贸易】 社会消费品零售总额290.54亿元,比上年增长16.0%,扣除物价因素,实际增长14.1%。全年批发零售业商品销售总额1083.10亿元,比上年增长51.7%,住宿餐饮业营业额62.85亿元,增长13.0%。

中国(舟山)大宗商品交易中心设立运营,年内已上市电解镍、船用油和电解铜三个交易品种,交易所总成交额1513.6亿元,现货交易额121.1亿元。年末全市有商品交易市场132个,比上年末增加2个,其中,消费品市场126个,生产资料市场6个。全年商品交易市场成交额194.87亿元,比上年增长5.1%。其中,水产品类市场成交额101.85亿元,增长37.8%;工业消费品市场成交额12.44亿元,增长1.3倍;船舶交易市场和船用商品交易市场成交额分别为32.49亿元和9.80亿元,均下降41.7%;另外实现网上市场成交额7.67亿元。年末有亿元以上商品交易市场13个,全年实现成交额162.33亿元,比上年增长5.7%。

【对外贸易】 全年外贸进出口总额(含保税仓库货物)153.56亿美元,比上年增长15.8%。其中,进口总额61.32亿美元,增长5.9%;出口总额92.24亿美元,增长23.4%。全年初级产品出口额41.34亿美元,比上年增长35.7%,其中,水产品出口额7.55亿美元,增长0.5%。工业制成品出口额50.90亿美元,增长15.0%,其中,船舶出口额45.09亿美元,增长17.9%。全年新批设立外商投资项目10个,投资总额9.28亿美元,合同外资金额1.75亿美元,比上年下降27.8%;实际使用外资金额1.83亿美元,增长70.0%。新批境外中方投资额0.34亿美元,下降73.3%;境外承包工程劳务合作营业额1.64亿美元,增长4.9倍。新引进市外境内企业171家,比上年增加9家;合同利用市外境内资金74.52亿元,增长4.7%;实际利用市外境内资金62.08亿元,增长2.3%。全年舟山口岸进出口货运量8206万吨,比上年增长2.4%,其中,进口货运量7405万吨,下降0.2%;出口货运量801万吨,增长35.7%。全市进出口货运总值376.05亿美元,比上年增长3.3%,其中,进口货运值303.01亿美元,下降0.3%;出口货运值73.04亿美元,增长21.5%。外轮修理1098艘次,比上年增长6.4%。年末舟山口岸对外开放陆海域面积1302平方公里,其中年内新增开放面积109平方公里。

【市场物价】 全年居民消费价格比上年上涨1.7%,其中,服务项目价格下降0.6%,消费品价格上涨2.8%。商品零售价格上涨1.7%。工业品出厂价格下降9.9%,其中,船舶修造价格下降11.0%。新建住宅销售价格下降2.0%。

【房地产业】 全年房地产开发投资额119.46亿元,比上年增长102.6%,其中,住宅、办公楼、商业营业用房投资额分别为82.2亿元、11.7亿元和9.6亿元,分别增长109.6%、81.8%和34.3%。全年房屋竣工面积74.06万平方米,下降45.2%;商品房待售面积11.16万平方米,下降29.3%。

【旅游业】 年末全市有旅行社125家,比上年末增加7家。全市有星级宾馆51家,客房4516间,床位7984张,星级宾馆客房入住率为51.9%。全市有A级景区11个,其中,5A级景区1个,4A级景区2个。全年接待国内外游客共2771.02万人次,比上年增长12.6%,其中,接待国际游客31.05万人次,增长11.9%。从主要景区看,普陀山景区接待游客556.46万人次,比上年增长7.1%;朱家尖景区接待游客388.61万人次,增长12.1%;桃花岛景区接待游客170.59万人次,增长11.1%。全年实现旅游总收入266.76亿元,比上年增长13.3%;实现旅游外汇收入15865万美元,增长12.2%。

【固定资产投资】 2012年,市委市政府以"稳中求进、加快突破"为总基调,抓谋划、重投入、促转型、惠民生,努力加快推进浙江舟山群岛新区建设。年初,在复杂严竣的宏观经济环境下,固定资产投资的项目审批、资金等受到很大制约,一季度全市固定资产投资仅增长13.4%。为此,市委市政府及时下发了《关于印发项目推进攻坚战实施方案的通知》,并落实重点项目市级领导分工包干制度,积极协调解决项目推进中的问题,狠抓新项目引进、开工和建设进度。在全市上下的共同努力下,上半年和前三季度全市固定资产投资增速提高到29.4%和25.4%,全年投资增长26.2%,全年全市完成固定资产投资600.81亿元,比上年增长26.2%。其中,建筑安装工程投资407.72亿元,增长22.7%;基础设施投资224.40亿元,增长33.2%;城乡个私投资156.94亿元,增长18.0%。

从三次产业看,第一产业投资6.94亿元,比上年增长20.3%;第二产业投资201.00亿元,增长18.1%,其中,工业投资200.29亿元,增长18.3%;第三产业投资392.87亿元,增长30.9%,其中,交通运输仓储邮政业投资147.12亿元,增长49.2%。

社会事业

【人口与就业】 年末全市家庭总户数36.72万户,户籍人口97.18万人,其中,非农业人口37.41万人。按性别分,男性48.30万人,女性48.88万人。全年出生人数7630人,死亡人数7750人,人口自然增长率-0.12‰。年末全市常住人口114.0万人,城镇化率65.3%。

全年新增城镇就业人员10809人,城镇下岗失业人员中有4630人实现了再就业,城镇登记失业率为2.73%,比上年下降0.14个百分点。年末渔农村从业人员40.61万人,比上年末减少1.04万人,下降2.5%。

【社会保障】 年末全市参加基本养老保险人数(包括职工和城乡居民)70.41万人,基本医疗保险参保人数(包括职工和城乡居民)92.63万人,失业保险参保人数19.07万人,工伤保险参保人数27.04万人,生育保险参保人数17.69万人。全市被征地农民参加养老保险人数14.27万人。年末新型渔农村合作医疗参加人数46.5万人,新型渔农村合作医疗参保率98.8%,人均筹资水平475元。

年末全市有敬老院33所,社会福利院9所,民办养老机构7家,分别拥有床位数1981张、2139张和579张。城镇"三无"对象集中供养率100%,渔农村"五保"老人集中供养率98.25%。城乡居民得到政府最低生活保障人数12475人,其中,城镇低保对象2296人,渔农村低保对象10179人。城乡低保对象最低生活补助标准分别提高到每月每人465元和372元。城乡居民基础养老金从每月80元调整到100元。

【教育事业】 年末有普通高等院校3所,全年招生7258人,毕业学生6973人,在校学生22989人;成人高校1所,全年招生1441人,毕业学生799人,在校学生3151人;中等职业学校7所,全年招生2897人,毕业学生2611人,在校学生8598人;普通高中16所,全年招生4257人,在校学生13860人;普通初中34所,全年招生7196人,在校学生21498人;普通小学61所,全年招生7861人,在校学生46607人;幼儿园115所,全年招生8017人,在园幼儿25913人;特殊教育学校2所,特殊教育在校生146人,其中,聋人学校14人,弱智学校43人,普通学校随班就读89人。全市3—5周岁幼儿入园率99.53%,小学毕业生升学率100%,初中升高中段比例99.40%,高等教育毛入学率63.7%。在各类小学、初中学校就读的外来人口子女16269人,其中,公办学校13191人,民办学校3078人。

【科技事业】 全年组织实施各类科技计划项目共720项,其中,国家级53项,省级280项。申请专利2200件,授权1096件,其中,申请发明522件,授权115件。年末全市有高新技术企业36家,省级创新型试点、示范企业8家,省级科技型企业99家,省级农业科技企业65家,省级高新技术研发中心24家,省级农业科技企业研发中心22家。

年末全市有浙江名牌41个,其中,工业名牌14个、农业名牌20个、服务名牌6个,区域名牌1个。舟山名牌79个,其中,工业名牌38个、农业名牌24个、服务名牌17个。截止年末，全市拥有各类注册商标4040件，其中，代表品牌国际化的国际注册商标171件，代表品牌优质化的中国驰名商标8件、省著名商标73件、市著名商标117件，代表地方土特产开发的地理标志证明商标17件。

【文化事业】 启用集图书馆、博物馆、城市展示馆和文化馆·美术馆于一体的舟山海洋文化艺术中心。全年市艺术剧院引进演出团体24个，演出109场；市电影公司放映电影6960场，观众2.85万人次，票房收入突破1000万元。年末全市有文化艺术表演团体1个，艺术表演场所2处，文化馆5个，文化站43个，公共图书馆4个，藏书103.79万册。年末全市有线电视用户数26.13万户，其中，数字电视用户数22.15万户。广播人口综合覆盖率98.72%，电视人口综合覆盖率98.75%。

【卫生事业】 年末全市有医疗卫生机构（含村卫生室）618家，其中，医院21家，开放床位4577张。卫生技术人员（含村卫生室）7024人，其中，执业医师2694人，注册护士2449人。全市有社区卫生服务中心（卫生院）49个，社区卫生服务站142个。全年累计报告传染病（甲乙类）2319例，报告发病率（甲乙类）每10万人为206.82人。全市免费婚检率95.02%，孕产妇住院分娩率100%，计划生育率98.40%，节育率64.94%。

【体育事业】 全年全市共举办群众体育活动273次，参加活动人数33.45万人次，平均每次活动参与人数736人，连续4年被国家体育总局评为全民健身活动优秀组织奖。2012年，全市体育服务业总产出4.22亿元，创造增加值2.26亿元，现价比上年增长17.1%。依托丰富的海洋旅游资源，充分发挥普陀区白沙乡国家级海钓训练基地、塘头麒麟山青少年户外体育活动营地、定海东海大峡谷项目、岱山县秀山泥滑公园等作用，积极开展泥滑休闲、东海岸体育体验、海岛户外拓展等活动，成功举办了全国休闲体育大会、国际女子自行车赛、全国帆船锦标赛、全国帆板冠军赛及“普陀山杯”大帆船邀请赛等极具影响力的体育赛事，进一步提升了舟山群岛新区的城市知名度和美誉度。

衢　州　市

国民经济

·工业经济·

【概况】 初步核算，全年全市生产总值982.75亿元，按可比价格计算，比上年增长8.7%。其中：第一产业增加值79.85亿元，增长3.1%；第二产业增加值531.91亿元，增长8.7%；第三产业增加值370.99亿元，增长10%。在第三产业中：交通运输、仓储及邮政业增加值增长5.8%，批发和零售业增加值增长16.9%，住宿和餐饮业增加值增长18.4%，金融业增加值增长8.7%，房地产业增加值增长10.4%。三次产业增加值结构由上年的8.3∶55.6∶36.1调整为8.1∶54.1∶37.8。全市人均生产总值按户籍人口计算为38891元，合6161美元，比上年增长8.4%。

全市年末共有规模以上工业企业单位943家，比上年增加82家，其中：主营业务收入亿元以上的企业243家，比上年增加15家；大中型企业89家，比上年增加1家。

全年全部工业增加值457.56亿元，按可比价格计算比上年增长9.2%。规模以上工业企业全年完成产值1356.11亿元，增长4.8%，其中：重工业948.29亿元，下降0.6%；轻工业407.82亿元，增长20%。实现工业销售产值1322.17亿元，增长3.7%，产销率97.5%，比上年降低1.02个百分点。全年完成工业出口交货值97.11亿元，增长4.3%。

在规模以上工业中：化工行业实现产值239.82亿元，比上年下降8.5%；机械行业282.63亿元，增长4.6%；建材行业74.13亿元，下降13.2%；黑色金属冶压业171.3亿元，增长0.9%；造纸行业116.12亿元，增长27.2%；木材加工业45.88亿元，下降7%；纺织业55.83亿元，增长10.7%；电力行业75.68亿元，增长5.7%。

·农业和农村经济·

【概况】 全年实现农林牧渔业总产值135.30亿元，比上年增长4.2%。

全年农作物播种面积345.33万亩，比上年增长1.4%。其中：粮食播种面积201.01万亩，增长0.4%；油料播种面积58.86万亩，增长3.5%；蔬菜种植面积54.08万亩，增长3.3%；果用瓜种植面积7.89万亩，下降3.8%。

全年粮食总产量79.69万吨，比上年增长0.4%。油料产量6.41万吨，增长9.8%。蔬菜产量90.48万吨，增长3.3%。食用菌产量18.58万吨，下降3.8%。果用瓜产量14.31万吨，下降3.8%。茶叶产量6847吨，增长5.3%。水果产量80.96万吨，增长0.7%，其中柑桔产量62.60万吨，增长0.9%。

全年肉类总产量32.01万吨，比上年增长4.5%，其中猪肉27.76万吨，增长4.1%。全年生猪出栏479.17万头，增长0.9%。家禽出栏3273.42万只，增长4.7%；禽蛋产量2.31万吨，增长2.1%。蜂蜜产量2.66万吨，增长13.9%；蜂皇浆产量494.05吨，增长12.4%。牛奶产量1691吨，下降33.9%。水产品产量5.41万吨，增长6.2%。

·第三产业·

【对外贸易】 全年实现进出口总额30.18亿美元,比上年增长12.3%。其中:出口18.59亿美元,增长5.6%;进口11.59亿美元,增长25.1%。

全市有出口实绩的企业616家,比上年增加66家,其中当年新启动出口业务企业132家,增加15家。全年出口额在100万美元以上企业251家,其中1000万美元以上的企业42家,增加2家。

全市出口排前三位的市场依次是:欧盟、东盟、美国。对欧盟出口3.03亿美元,下降7.9%;对东盟出口2.34亿美元,增长52.7%;对美国出口2.15亿美元,下降8.3%。对这三大主要市场出口额合计占全市出口总额的40.5%。

在主要商品出口中:机电产品出口5.34亿美元,增长26.1%;高新技术产品出口0.76亿美元,下降36.8%;化工医药产品出口4.5亿美元,下降34.2%;服装、纺织品出口2.21亿美元,增长1.2%;农产品及其加工产品1.7亿美元,增长19.6%。

全年新批外商投资企业14家,比上年减少10家;合同利用外资0.46亿美元,下降61.9%;实际利用外资0.51亿美元,增长11.6%。

【国内贸易】 全年实现社会消费品零售总额396.36亿元,比上年增长15.2%。按经营地统计,城镇市场实现消费品零售额342.64亿元,增长14.7%;乡村市场实现消费品零售额53.72亿元,增长29.3%。按消费形态统计,批发业实现零售额62.53亿元,增长20.1%;零售业实现零售额289.53亿元,增长13.5%;住宿业实现零售额4.44亿元,增长9.4%;餐饮业实现零售额39.86亿元,增长21.5%。

全市限额以上批发零售业实现零售额111.71亿元,增长14.4%。其中:食品、饮料、烟酒类增长18.4%,服装鞋帽、针、纺织品类增长16.8%,日用品类增长21.8%,化妆品类增长27.7%,中西药品类增长8.7%,家用电器和音像制品类增长4.9%,汽车类增长15%。

全市共有成交额超亿元的各类市场22个,摊位数7752个,实现成交额242.9亿元,增长6.1%。成交额超十亿元市场有7家,比上年减少1家。

【旅游业】 全年旅游总收入149.69亿元,比上年增长23.7%,其中:接待国内旅游者2516.73万人次,增长21%,国内旅游收入145.48亿元,增长24.2%;入境的旅游者13.57万人次,增长16.8%,国际旅游外汇收入6658.91万美元,增长11.2%。在入境的旅游者中:外国人6.02万人次,增长12.9%;香港、澳门和台湾同胞7.55万人次,增长20.1%。全市拥有星级宾馆饭店36家,客房总数3468间。

【固定资产投资】 全年完成工业投资305.31亿元,比上年增长8.8%,其中制造业投资273.15亿元,增长1.2%。食品制造业、非金属矿物制造业和黑色金属冶压业等15个行业的投资增长20%以上,纺织业、木材加工业和化工业等11个行业比上年下降。有11个行业年投资额超10亿元,其中5个行业年投资额超20亿元:化学原料及化学制品制造业32.58亿元,下降30.2%;造纸及纸制品业28.58亿元,下降10.2%;电气机械及器材制造业22.55亿元,增长4.5%;金属制品业21.27亿元,下降41.2%;非金属矿物制造业20.23亿元,增长25.8%。

【基础设施建设】 全年完成基础设施投资127.27亿元,比上年增长26%。其中:水利、环境和公共设施管理投资54.5亿元,增长4.6%;交通运输、仓储和邮政业投资30.09亿元,增长13.1%;电力、燃气及水的生产供应业投资28.15亿元,增长208.7%;教育设施投资4.81亿元,增长25%;卫生设施投资2.97亿元,下降1%;电信及信息传输业投资3.63亿元,增长25.3%。全市组织实施重点项目266个,完成投资278.3亿元,其中:本年新开工项目155个,建成项目61个。

社会事业

【社会保障】 年末参加城镇基本养老保险的人数56.79万人,比上年末增长15.6%,其中:企业参保人数51.95万人,增长16.9%;参加失业保险的人数21.51万人,增长11.4%;参加职工基本医疗保险的人数49.66万人,增长9%;参加工伤、生育保险的职工分别34.55和23.5万人,分别增长4.6%和8.8%。年末享受失业保险职工人数6862人,增长18.2%。

年末拥有各类收养性社会福利单位103个,床位13490张,在院人数6410人。农村五保人员集中供养率95.4%,城镇“三无”对象集中供养率99.4%。年末全市城镇居民和农村居民最低生活保障对象月低保标准分别为424和272元,已保人数分别为4102人和5.6万人。

【教育事业】 全年全市拥有普通高校2所,其中本科1所、专科1所,在校生11687人。中等职业教育学校22所,在校生3.44万人。普通高中24所,在校生4.18万人。普通初中70所,在校生7.39万人。小学210所,在校生14.56万人。特殊教育7所,在校生496人。全市拥有幼儿园812所,在园幼儿7.77万人。

全市学前教育入园率94.8%,小学入学率100%,初中入学率100%,初中毕业升高中段的比例96.64%,高中段毛入学率94.61%,高等教育毛入学率45.01%。15年教育普及率97.4%,“三残”儿童入学率98.81%。

全市有普通高校专任教师517人;普通高中专任教师3056人,学历合格率98.99%;初中专任教师5324人,学历合格率99.83%;小学专任教师8116人,学历合格率99.96%;幼儿园专任教师3909人,学历合格率95.09%;中等职业教育专任教师1794人,学历合格率91.81%;特殊教育专任教师134人,学历合格率100%。

【科技事业】 全市拥有国家级高新技术企业74家,市级高新技术企业147家。国有独立研究开发机构12个,企业技术开发机构159个。全年获得省以上科技进步奖6项,市级科技进步奖40项。当年专利申请受理4899项,专利申请授权3208项,其中发明133项。

年末拥有产品质量检验机构66家，法定计量技术机构5个。全年强制检定计量器具52576(件)，其中：贸易结算用计量器具49296件，安全防护用计量器具1637件。全年检验特种设备10183台(件)，其中：电梯2334台，压力容器3272台。

【文化事业】 年末共有各类艺术表演团体15个，其中专业团体2个。公共图书馆7个，面积12593平方米，藏书量1375千册。博物馆3个，面积21997平方米。有广播电台6座，广播综合人口覆盖率97.51%。电视台7座，电视综合人口覆盖率97.85%。全年城市影院观看电影观众89.76万人次，票房收入2326.05万元。全市日均发行《衢州日报》6.06万份，《衢州晚报》7.7万份。年末共有综合档案馆7个和国家专门档案馆1个，面积21205平方米，馆藏档案全宗1082个，共计63.41万卷、18.97万件。全年查阅档案、资料3万人次，59457卷(件)次。

【卫生事业】 年末共有卫生机构793家。共有病床床位8743张。卫生技术人员11456人，其中医生4918人。年末共有疾病控制中心6个，公共卫生人员219人。累计报告发生甲、乙类传染病0.56万例，发病率263.64/10万。孕产妇和5岁以下儿童死亡率分别为9.43/10万和6.88‰。新型农村合作医疗参保人数164.72万人，参保率96.9%。农村安全饮用水普及率98.2%，农村自来水受益率72.94%，农村卫生厕所普及率88.4%。

【体育事业】 全年举办市、县运动会111次，参加人次10.89万人。在全国及全省各类体育比赛中，全市共获金牌62枚、银牌63枚、铜牌60枚。

温 州 市

国民经济

2012年全市生产总值3650.06亿元，按可比价计算，比上年增长6.7%。其中，第一产业增加值112.90亿元，增长1.2%；第二产业增加值1843.06亿元，增长6.0%；第三产业增加值1694.10亿元，增长8.0%。按户籍人口计算，人均地区生产总值45667元(按年平均汇率折算为7234美元)，增长5.8%。国民经济三次产业结构为3.1∶50.5∶46.4，第三产业比重较上年上升1.1个百分点。

全年新增城镇就业人数12.90万人，下岗失业人员再就业人数2.51万人，分别增长5.0%和9.0%；年末城镇登记失业人数2.54万人，城镇登记失业率为2.08%，比上年末下降0.1个百分点。全年培训农村劳动力4.63万人，实现转移就业2.48万人。

·工业经济·

【工业行业】 2012年，全市实现工业总产值6839.36亿元，比上年下降0.5%；工业增加值1615.07亿元，按可比价计算，增长4.5%。全市规模以上工业企业4202家，实现工业总产值4166.68亿元，比上年下降1.4%。其中，轻工业产值1469.82亿元，下降1.3%；重工业产值2696.86亿元，下降1.5%。规模以上工业销售产值4065.16亿元，下降1.5%；完成出口交货值690.98亿元，下降2.0%，占销售产值比重为17.0%。

【重点产业】 至2012年末，温州市获得由国家级行业协会(商会)颁发的“国字号”特色产业基地40个。

【重点行业】 按行业分，有12个大类行业产值超100亿元，实现工业总产值3397.08亿元，占规模以上工业总产值比重81.5%，其中电气机械及器材制造业、皮革毛皮羽毛(绒)及其制品业、电力热力的生产和供应业、通用设备制造业、纺织服装服饰业、橡胶塑料制品业等6个大类行业年产值超过200亿元。

【高新技术产业】 规模以上工业中，实现高新技术产业总产值1242.59亿元，增长0.5%，高于规上工业总产值增幅1.9个百分点。全年新产品产值492.46亿元，比上年增长5.3%；新产品产值率为11.8%，比上年提高1.3个百分点。

【节能降耗】 节能减排取得积极成效。全年完成省下达的节能降耗、污染减排目标。全市单位GDP能耗比上年下降6.1%，其中规模以上工业单位增加值能耗同比下降8.0%。33个行业大类中，有30个行业的单位增加值能耗有不同程度的下降。全年化学需氧量(COD)削减2.53%，氨氮(NH3－N)削减2.00%，二氧化硫(SO2)削减8.09%，氮氧化物(NOX)削减7.26%。全市已建成正式投入运行生活污水处理厂14座，实际处理水量68.7万吨/日，全市污水处理率达84.2%，其中市区污水处理率达87.3%。市区生活垃圾无害化处置率100%，农村生活垃圾集中收集行政村覆盖率100%。

【民营经济】 2012年，受全市民间借贷风波影响，温州市民营经济发展面临严峻挑战，工业增加值下降、外贸出口受阻，民营经济在下行压力下仍坚强前行。

年末，温州市私营企业89548户，比上年末增长8.15%，增幅减少6.48个百分点；总注册资本(金)2635.31亿元，增长9.07%，增幅减少22.97个百分点。其中新设私营企业13019户，注册资本(金)165.56亿元，增长率分别为－16.60%、－45.76%。全年私营企业数占全市企业总数的82.22%。

年末，温州市有个体工商户407019户，资金数额165.38

亿元,分别比上年末增长12.88%、32.69%。其中,新设立个体工商户99171户,增长22.86%,增幅上升20.41百分点;资金数额57.94亿元,增长58.36%,增幅上升43.98个百分点。

年末,个人独资企业总数6708户,比上年增长3.89%。合伙企业5567户,出资总额70.93亿元,下降9.04%,合伙企业数首次出现下降。

·农业和农村经济·

【概况】 全年农林牧渔业总产值185.11亿元,按可比价格计算,比上年增长1.3%。其中,农业产值79.59亿元,增长2.9%;林业产值4.37亿元,增长6.4%;牧业产值39.99亿元,下降3.8%;渔业产值58.90亿元,增长2.1%;农林牧渔服务业产值3.27亿元,增长12.9%。

全年农作物总播种面积370.62万亩,比上年下降0.9%,其中粮食播种面积234.89万亩,下降1.1%。全年粮食总产量为92.71万吨,下降0.4%。在经济作物中,除蔬菜减产外,水果、糖料、茶叶、油料等作物增产。

全年肉类总产量13.15万吨,比上年下降4.3%,除牛肉、兔肉增产外,猪肉、羊肉和禽肉产量比上年有所下降。年末生猪、牛、羊和家禽存栏均有所下降。全年水产品总产量57.69万吨,比上年增长2.5%,其中海洋捕捞44.81万吨,增长3.5%;海水养殖10.47万吨,下降0.3%;淡水产品2.40万吨,下降3.6%。

全年水利建设完成投资86.10亿元,年末拥有大型水库1座,中型水库18座,小型水库287座。全市旱涝保收田面积74.49千公顷,有效灌溉田面积126.95千公顷,其中机电排灌面积96.92千公顷。全市农(渔)业机械总动力233.14万千瓦,增长1.3%;农村用电量90.27亿千瓦时,增长0.5%。

农业产业化发展加快推进。"两区建设"提质提速,全年建成粮食生产功能区11.42万亩,主导产业示范区15个,特色农业精品园55个,休闲观光农业示范园区10个。农产品质量安全有所加强,建成农产品质量安全溯源管理枢纽站3个、溯源点43个,新增无公害农产品、绿色食品认证72个。全市农产品质量安全定量监测农产品合格率98.7%,畜产品合格率99.1%。基层农业服务体系得到健全,全市所有乡镇(街道)都组建了农村合作经济组织联合会,建成55个农业公共服务中心。

【农村发展环境】 2012年,温州市继续实施"千村整治、百村示范"工程,综合整治农村环境待整治村720个,累计完成行政村整治3860个,农村生活污水处理率67.3%,生活垃圾集中收集率100%。建设农村联网公路182.5公里,农村公路大中修471.997公里。综合整治农村河道413.79公里。建设农村饮用水工程,新增解决农村人口安全饮用水48.48万人,累计解决农村人口饮水不安全问题235.88万人。实施农村电气化和信息化工程,新增电气化村859个,累计2187个。文成县评为2012年全省美丽乡村创建工作先进县。

·第三产业·

【运输邮电】 全年高速公路、港口、物流基地等建设力度加大,交通网络体系日臻完善。年末公路总里程14158公里,其中高速公路289公里,一级公路363公里,二、三级公路1786公里。公路绿化率68.4%。客运班车通村率88.4%。市区公共交通营运线路129条,年载客量2.84亿人次。

年末机动车保有量157.09万辆,比上年末增加10.27万辆,其中载客汽车95.56万辆,载货汽车13.69万辆,摩托车47.33万辆。私人汽车96.42万辆,增加14.09万辆。全年货物运输量11916万吨,比上年下降2.8%,旅客运输量34501万人次,下降0.7%。

2012年各种运输方式完成客货运输情况

指　　标	实绩	比上年增长(%)
货物运输量(万吨)	11915.76	-2.8
#铁路	646.93	11.1
公路(营运)	8022.00	1.4
水运	3244.06	-14.0
航空出港货物	2.77	7.4
旅客运输量(万人次)	34501.22	-0.7
#铁路	607.41	-4.2
公路	33549	-0.6
水运	50.21	-6.8
航空	294.60	0.7
港口货物吞吐量(万吨)	6997	0.7
集装箱吞吐量(万标准箱)	51.75	10.0

全年邮电业务收入126.37亿元,比上年增长7.4%,其中通信行业业务收入119.88亿元,增长7.2%。年末本地电话交换机总容量425.77万门,本地电话用户数254.47万户。年末移动电话装机总量2281万门,移动电话用户数1110.40万户。年末互联网用户数748.67万户,其中宽带用户数206.11万户,增长15.3%。

全市邮政业务总收入6.49亿元,比上年增长11.1%。全年函件11582.56万件,包裹70.41万件,汇票240.19万张,特快专递1149.23万件。全年订销报纸19481万份,订销杂志480万份。

全市电力系统最高负荷601.06万千瓦。全年用电量326.95亿千瓦时,与上年基本持平。其中工业用电量210.51亿千瓦时,下降4.0%;建筑业用电量5.37亿千瓦时,增长29.1%;商业用电量12.35亿千瓦时,增长5.0%;居民生活用电量71.95亿千瓦时,增长9.0%。

【国内贸易】 全年社会消费品零售总额1929.29亿元,比上年增长9.1%。其中,城镇消费品零售额1746.12亿元,增长9.0%;乡村消费品零售额183.17亿元,增长10.1%。按行业分,批发零售贸易业零售额1695.06亿元,增长9.0%;住宿餐饮业零售额234.23亿元,增长10.3%。

在限额以上批发零售贸易业零售额中,汽车类零售额

342.45亿元，比上年下降2.9%；石油及制品类零售额150.13亿元，增长16.6%；食品饮料烟酒类增长10.8%，日用品类增长7.8%，金银珠宝类增长12.9%，鞋服、针纺织品类增长0.8%，化妆品类增长5.2%，中西药品类增长21.6%，家具类增长18.5%。

年末全市有各类市场500个，其中消费品市场379个，生产资料市场92个，生产要素市场8个，网上市场19个，服务市场2个。全年各类市场成交额916.65亿元，比上年增长6.6%，其中超亿元市场77个，年成交额778.00亿元；超十亿元市场23个，年成交额606.31亿元。

【对外贸易】 全年外贸进出口总额204.38亿美元，比上年下降5.3%。其中进口总额27.42亿美元，下降19.6%；出口总额176.96亿美元，下降2.6%。外贸依存度为35.3%，其中出口依存度为30.6%，分别比上年降低6.3和4.4个百分点。至年末，与我市建立出口和进口贸易关系的国家和地区共计205个，拥有进出口经营权企业9247家。

【市场物价】 全年居民消费价格指数（CPI）比上年上涨2.3%，涨幅较上年回落3.8个百分点。从八大类消费品及服务价格看，食品价格大幅回落是拉低物价回落的主因。食品类价格从上年的累计涨幅11.8%，回落至今年的5.7%。其余七大类除娱乐教育文化用品及服务类价格累计下降0.5%外，烟酒、衣着、家庭设备用品及维修服务、医疗保健和个人用品、交通和通信、居住等六类分别上涨1.7%、0.5%、2.9%、1.5%、0.4%和1.5%。全年工业生产者出厂价格下降3.3%，工业生产者购进价格下降2.3%。

【房地产业】 房地产投资比重降低，对投资拉动力减弱。全年房地产开发完成投资额687.50亿元，比上年增长1.0%。全市房屋施工面积3769.61万平方米，增长16.8%；竣工面积349.79万平方米，下降18.5%。房地产交易持续回暖，全年全市商品房销售面积204.25万平方米，比上年增长50.9%。其中住宅销售面积181.88万平方米，增长60.7%。

【旅游业】 全年接待海内外游客4944.17万人次，实现旅游总收入484.38亿元，分别比上年增长18.6%和23.6%。其中接待国内游客4886.63万人次，增长18.5%，国内旅游收入464.24亿元，增长23.7%；接待海外游客57.54万人次，增长22.3%，国际旅游外汇收入3.19亿美元，增长24.5%。

【开发区建设】 温州经济技术开发区2012年，温州经济技术开发区管委会经市政府授权行使安全生产、卫生、交通等23项行政管理职权，全面委托管理海城、沙河、天河、星海四个街道。全年地区生产总值213.97亿元，比上年增长9.4%；工业总产值531.55亿元，增长2.9%；工业增加值131.18亿元；财政总收入23.48亿元，其中公共财政预算收入12.27亿元，增长5.2%；完成全社会固定资产投资95.07亿元，增长15.9%，其中工业性投资48.75亿元，增长19.3%。进出口总额9.1亿美元，其中外贸出口总额8.7亿美元；城镇居民人均可支配收入32999元，增长8%；农村居民人均纯收入18850元，增长9.5%。全年完成技术改造投资4.3亿元。新增国家火炬计划重点高新技术企业1家，高新技术企业9家，列入国家创新基金项目企业7家，列入国家火炬计划项目企业11家，列入国家重点新产品项目企业2家；申报浙江名牌产品企业3家，申报温州名牌产品企业10家。温商回归到位资金15.64亿元，合同利用外资4522万美元，实际到位外资3806万美元。

项目建设。全年引进产业项目45个，其中包括中国汽车金融发展永久性论坛平台、汽车梦工厂、武汉楚天激光等重大项目。正泰电器、华润雪花啤酒、天宇轻工等项目开工奠基；滨海一道19个工业项目基本竣工投产；全国金融设备检测中心进场施工建设。

城市开发建设。全年完成基础设施投资38.8亿元，比上年增长25.1%。海洋科技创新园、交通枢纽客运中心、加油站、市民中心启动建设。金海园区27.2万平方米标准厂房建成。污泥热电联产项目第三污水处理厂基本建成，第一、第二污水处理厂连通。完成42个城区绿地、6个绿道网、9个重点改造提升项目建设，新增绿地面积142公顷，完成率107.4%。年内，全区人均公园绿地面积9.07平方米，其中滨海园区人均公园绿地面积29.43平方米。全年拆除违章87万平方米，创建无违建道路93条，推进“河河通”畅通河道26条。天河天津高轩、海城东溪、沙城大郎桥3个农房改造项目开工建设。沙城永丰家园二期等项目顺利结顶，全区新增农房集聚率5.05%。完成42个行政村的股改地改工作。

土地供应与开发。全年推出工业用地挂牌2006亩，占全市工业供地49%。完成转而未供土地清理4656亩；供而未用土地清理4828亩，用而未尽土地清理1005.21亩，完成率均为100%。金海园区天成垦区南片4900亩吹填造地进展顺利，完成造地3500亩。

民生工程建设。全年开工建设滨海第一幼儿园、天河中心幼儿园和滨海高级中学，推进6所小学、幼儿园改扩建项目建设。启动区人民医院一期和中心医院二期工程建设，3所社区卫生服务中心实施改扩建。完成公交站点建设，优化公交线路。完成5000平方米人才公寓建设。保障性住房项目开工20个，面积12.42万平方米；竣工8个，面积5.63万平方米。

全年新建非公企业党组织42家、工会组织40家、共青团组织15家。1家企业获省“工人先锋号”称号。

温州高新技术产业开发区2012年8月，温州高新技术产业开发区经国务院批准，升级为国家高新区。全年实现规模以上工业总产值618亿元，高新技术产业产值112亿元，进出口总额31.5亿美元，财政总收入30.3亿元。完成限额以上固定资产投资204亿元，其中工业性投资31亿元。

产业结构优化。通过世界温州人大会等各类大型会议开展科技招商，引进项目15个，到位资金25.2亿元，涵盖战略性新兴产业、总部经济、现代服务业等领域，重点引进PEC激光高端设备集群制造港项目。新增高新技术企业8家。在高新区科技园建设激光与光电产业研发区。启动温州激光与光电联合研究院建设，该研究院占地13.3亩，建筑面积5.39万平方米，总投资3.50亿元。通过“腾笼换鸟”，将闲置产房建成2.6万平方米的温州国际激光与光电孵化器，引进温州博纳激光有限公司等9个项目。启动建设高新区航空园规划1500亩的激光与光电产业基地。加快电子商务、文化创意产业等现代服务业培育，推进温州市物联网产业园建设，第一期8100平方米投入使用，引进中外合作共建的云计算中心平台1个。推进红连文化创意园建设,引进文化创意企业38家。

创新与公共服务平台搭建。完善国家级创业服务中心、留学人员创业园、温州科技城核心区等创新创业平台,统筹推进高新区科技企业孵化器、高新技术产业加速器等建设,新建科技企业孵化器8.6万平方米,新引进中科院上海国家技术转移中心、武汉国家激光工程加工中心、浙江省激光与光电研究所设立的温州分中心和成果转移中心等8个创新创业平台。打造温州激光与光电产业技术创新服务平台、温州生物医药创新服务平台和温州物联网技术研发与应用中心,组建高新技术成果产业化转换服务中心和科技投融资服务中心。

科技合作交流。推进产学研合作和招才引智,泰昌集团与中国工程院院士、浙江大学教授龚晓南合作建设院士专家工作站。鼓励企业自主创新,新获火炬计划项目15项,获国家科技型中小企业创新基金项目6项,财政补助630万元,其中浙江温兄机械阀业有限公司的项目获140万元无偿补助。推进知识产权工作,新增各级专利示范企业20家,其中国家知识产权试点企业1家,全年专利申请量2376件,授权量1927件。

人才建设。出台《在温州高新区建设人才特区的实施意见》,启动温州"人才特区"建设和省级高层次人才创新创业基地创建工作,制订引才、育才、留才措施,推进人才大厦和高端人才俱乐部等人才配套设施建设,开展人才评选和申报,2012年有6名高层次人才申报国家"千人计划"、9名高层次人才申报省"千人计划",其中2人入选"国家千人计划",2人入选"省千人计划"。

城市开发建设。文化商品市场创成"中国百强商品市场",广纳五金装饰市场、温州灯海城投入使用。商务园万达广场满铺开业,城市东部商业地标效应显现,万科、绿城等一批精品房地产项目主体结顶,温州银行、万康财富广场等商业项目投入使用。江滨路高新段全线通车,曹龙大道、通海大道东段基本建成,航空园市政道路网逐步成型,塘永公路永梅段完成整治,大罗山隧道开工。开展"三分三改"工作,行政村股改地改完成率99%,区街两级农合联组建完毕。三批15个保障性安居工程项目集体开工,总建筑面积110万平方米。城乡社区规范化建设达标率100%。拆除违法建筑160万平方米,创成无违建道路184条。建成公园3个。开展企业排污许可证注销和绿色保险试点,加强污染减排项目管控。推进国家环保模范城市和国家森林城市创建,创建森林6789亩。

科技金融结合。以温州金融综合改革为契机,建立全省首家科技金融合作社、全市首家科技支行,建成科技金融服务中心,创成省专利权质押融资试点区。设立了"科技金融发展基金",每年安排5000万元用于科技金融创新工作,每年投入3000万元建立科技型小微企业创新引导基金,首创科技贴息贷款支持科技成果产业化,吸引各类银行等金额机构为企业科研活动贷款20827万元,实现国内资本市场直接融资5000万元。先后出台人才特区建设、中国(温州)激光与光电产业集群建设发展相关政策。出台振兴实体经济"1+X"政策,开展"十组进百企""扶工兴贸"等系列活动,帮扶企业168家,减轻企业负担5.6亿元,协调企业贷款80亿元。

瓯海经济开发区2012年,工业总产值236.69亿元,其中规模以上企业产值185.05亿元;销售产值231.03亿元;出口交货值92.87亿元;全社会固定资产投资16.89亿元。通过国家级新产品试制项目1项、省级8项,通过国家级火炬计划2项,获得中央中小企业发展专项资金1项;通过省级新高新技术企业认定8家;通过专利授权数623个,其中发明专利22个。获得省著名商标认证2枚、名牌产品3个。被省政府评为全省整合提升工作先进单位和特色品牌园区。

工程项目建设。全年完成公建项目投资4.24亿元。大学科技园项目完成投资6000余万元,西经一路步行街的中心广场、北口广场、南口矩形牌匾等"一线三点"工程项目基本完成。推进道路管网建设,娄桥工业园中央路道路及排水工程、中央路及园二路电缆沟工程通过竣工验收,园区西路红线范围内的违章建筑全部拆除,完成施工任务70%,横屿路延伸段道路、桥梁、排水工程完成总工程量68%。仙岩工业园沈一路及沈竹路部分排污工程通过竣工验收;凤竹路南段、横五路东段工程完成投资约875万元,完成进度95%;莘一路中段、纵五路南段、竹东路及竹东路2号桥工程完成投资约1444万元,完成进度92%;横七路、纵三路、沈一路、沈竹路工程完成图纸审查。梧白工业园北片蛟凤路东半幅、呈祥路南段、工业路、教育路等道路前期工作基本完成。娄桥安心公寓、人才公寓交付使用,月乐西街职工培训大楼投入使用,三溪安心公寓一期6幢建筑全部结顶,电镀基地整治提升工程通过市政府验收。32家入驻企业办理了土地证,完成排水口两座初期雨水收集池工程,并被列为全省电镀产业整治示范点。仙岩消防站完成招投标手续并实现开工;仙岩污水处理厂完成设备安装验收,进入调试阶段。

环境整治工作。拆除梧白工业园违法建筑20000平方米,拆围透绿5000米。创建无违建道路13条。全年清理垃圾死角30个,疏通市政道路排污、排水管网90000米。完成梧白工业园A-F地块,大学科技园横港浃河、十里河灯具城两岸河边等地块的小游园建设,绿化面积9.13公顷。维修各园区沿街道路路灯710盏,铺设、修复电缆线2.8万米。

【固定资产投资】 2012年,全社会固定资产投资2357.11亿元,比上年增长34.6%;其中限额以上固定资产投资2110.34亿元,比上年增长37.0%。限额以上投资率为57.8%。投资三大板块结构有所优化,工业性投资比重上升,房地产开发投资比重有所下降。

工业投资增幅加快,产业结构逐步优化。全市限额以上工业投资469.29亿元,比上年增长42.0%,其中工业技术改造投资234.79亿元,增长37.1%。高新技术产业固定资产投资步伐有所加快,限额以上专用设备制造业,医药制造业,计算机、通信和其他电子设备制造业投资分别增长34.0%、41.2%和129.5%,对产业结构调整和重点行业技术改造起到重要的推动作用。

【基础设施建设】 基础设施投资增势强劲。全年限额以上基础设施投资额完成628.65亿元,比上年增长48.3%。其中电力、交通、电信、体育等基础设施保持较快增长,分别增长63.3%、82.1%、387.2%和120.3%。

【信息化建设】 2012年,温州市推进产业集群"两化"深度融合与智慧城市创建,城市信息化水平稳步提升。9月22日,入选第三届"中国城市信息化50强"。全市规模以上电子信息产业制造业实现工业总产值404.8亿元,比上年下降7.6%;通信服务业业务收入119.9亿元,比上年增长7.2%。

社会事业

【人口与就业】 年末全市户籍总人口800.21万人,其中市区人口149.66万人。从性别看,男性人口415.37万人,女性人口384.84万人,分别占总人口的51.9%和48.1%。全市当年计划生育率为84.9%,已婚育龄妇女综合节育率为84.1%。当年含往年补报出生人口性别比119.57,其中一孩、二孩和多孩的出生人口性别比分别为103.14、140.42和254.64。

全年新增城镇就业人数12.90万人,下岗失业人员再就业人数2.51万人,分别增长5.0%和9.0%;年末城镇登记失业人数2.54万人,城镇登记失业率为2.08%,比上年末下降0.1个百分点。全年培训农村劳动力4.63万人,实现转移就业2.48万人。

【社会保障】 年末参加基本养老保险职工204.03万人,比上年增加18.26万人,其中企业职工及自由职业者186万人,增加17.87万人。当年实缴基本养老保险费88.86亿元,全市享受基本养老保险的离退休职工36.23万人,发放养老金86亿元。参加工伤保险217.55万人,当年实缴工伤保险费3.73亿元。参加基本医疗保险148.02万人,城镇职工当年实缴基本医疗保险费35.22亿元,基本医疗保险待遇支出23.42亿元。

城乡居民享受最低生活保障人数13.22万人,发放保障资金3.15亿元。民政部门接受社会各界捐赠款2.38亿元。全市慈善系统共募款3.27亿元,支出救助金2.37亿元;资助贫困学生18650人,资助金额2936万元。全年办理结婚登记87021对。

【教育事业】 年末各类全日制学校在校学生146.38万人,占户籍总人口18.3%。全市拥有普通高等学校7所,全年招生23181人。全国普通高校在温录取新生46885人,比上年增加3546人。高等教育毛入学率49.5%。初中毕业生升入高中阶段比例96.47%,比上年提高0.37个百分点,其中初中毕业生升入普通高中比例54.50%,比上年提高1.32个百分点。

2012年各类学校基本情况

指　　标	学校数(所)	专任教师数(人)	在校学生数(人)
普通高校	7	4847	76547
普通中专	1	68	2385
成人中专	4	96	654
普通高中	123	12810	142367
职业高中	57	4261	68478
普通初中	354	22453	236784
小　　学	615	29136	602532
特殊教育	8	365	2542
幼 儿 园	1554	20473	332214

全市教学仪器设备达到省教育装备标准的学校占96.1%,生均图书增加2.34册;建有校园网的公办普通中小学校占99.1%,建有多媒体平台的教室占100%。全年新建中小学校舍41.87万平方米,排除危房16.64万平方米,改造破旧房14.5万平方米。年末各类学校校舍总面积1516.12万平方米,其中普通高校247.79万平方米。

【科技事业】 年末全市拥有国家级科技创业服务中心3个、省级科技创业服务中心3个;国家级大学科技园1家,国家级高新技术特色产业基地3个、省级高新技术特色产业基地9个;国家级企业技术中心5家、省级高新技术企业研发中心148家、省级农业科技企业研发中心8家。市级企业研发中心242家;科技强县5个。全年新增高新技术企业102家,累计480家。全年专利授权17267项,比上年增长54.4%;年末国家知识产权试点示范企业5家、省级专利示范企业81家。年末全市有国家级企业博士后科研工作站8家,省级19家;全年新增高级技术职称人员2136人,新增中级技术职称人员6944人。

【文化事业】 年末全市共有文化站129个,文化馆12个,公共图书馆13个,博物馆(包括民营)27个,艺术表演团体10个,电影放映单位27个。全年艺术团体演出1008场次;院线电影放映14.77万场次,观众338.87万人次;农村数字电影放映5.23万场次,观众889.9万人次。年末拥有国家级非物质文化遗产数量29个,省级非物质文化遗产数量131个,市级非物质文化遗产数量499个。公共图书馆藏书774.10万册(件),年总流通量477.05万人次。全市广播综合人口覆盖率98.3%,电视综合人口覆盖率98.6%,有线电视用户171.49万户。

【卫生事业】 全市有医疗卫生机构5255家,其中医院109家,卫生院166家,村卫生室2993家,各类诊所(卫生所、医务室)1238家。年末有各类卫生技术人员45397人,其中医生19537人,平均每万户籍人口有医生24.41人。全市医疗机构病床26159张,平均每万人有病床32.69张。全年医疗机构诊疗病人5861万人次。继续推进农村健康工程,全市已参合农村人口514.29万人,参合率98.74%,人均筹资515元。全市新医合门诊受益人数1357.92万人次,补偿金额2.56亿元;住院受益人数46.12万人次,补偿金额23.58亿元。

【体育事业】 全市有公共体育场馆35个,独立设置的业余体校9所,各类公共体育设施和健身苑点12668个。全年我市运动员在全国以上比赛获得奖牌414枚,其中世界冠军2枚,亚洲冠军10枚,全国冠军13枚。全年全市共有12个乡镇通过省级体育强镇的检查验收,累计95个;累计省级体育强县6个,比上年增加1个。全年发行体育彩票13.22亿元,比上年增长13.8%。

合　肥　市

国民经济

·工业经济·

【工业行业】 全市当年有36个工业行业的生产同比均实现增长,实现增速逾全市平均水平的行业有21个,实现增幅逾40%的行业有5个,分别为非金属矿采选业,石油加工、炼焦和核燃料加工业,有色金属冶炼和压延加工业,计算机、通信和其他电子设备制造业以及金属制品、机械和设备修理业,其中计算机、通信和其他电子设备制造业实现产值为429.96亿,同比净增产值达127.37亿元,实现增加值同比增长42.9%。

【重点产业】 六大千亿元产业

2012年,全市六大千亿元产业完成产值和增加值分别为3853.98和951.60亿元,占全市工业相应比重的58.4%和57.5%,同比净增产值592.49亿元,实现增加值同比增长15.9%,拉动全市工业增长9.1个百分点,对全市工业增长贡献率为52.4%。

是年,家电和装备制造业分别完成产值1309.37和1058.13亿元;食品及农副产品加工业与汽车产业分别完成产值577.48和673.80亿元;新型平板显示和光伏产业分别完成产值达122.85和112.35亿元。从走势看,汽车、家电和食品及农副产品加工产业完成产值的增速呈前低后高的态势,分别由上半年增长-6.3%、10.9%和18.6%,回升至全年的3.2%、12.5%和20.2%。

2012年六大千亿元产业生产完成情况

产业名称	产值(亿元)	增加值(亿元)	增长(%)
六大千亿产业合计	3853.98	951.60	15.9
六大千亿产业占全市比重	58.4	57.5	
一、家电产业	1309.37	298.86	12.5
二、新型平板显示产业	122.85	33.96	44.2
三、光伏产业	112.35	29.71	41.3
四、汽车产业	673.80	145.78	3.2
五、装备制造产业	1058.13	288.84	19.7
六、食品及农副产品加工业	577.48	154.46	20.2

【重点行业】

2012年全市实现产值逾三百亿元的重点行业生产情况

行业大类	总产值(亿元)	增加值(亿元)	增加值增速(%)
全市合计	6600.14	1653.54	17.4
电气机械及器材制造业	1631.35	381.76	15.6
汽车制造业	673.80	145.78	3.2
通用设备制造业	447.89	120.77	21.5
计算机、通信和其他电子设备制造业	429.96	123.65	42.9
专用设备制造业	394.36	110.78	14.5
农副食品加工业	372.54	65.18	30.4
化学原料及化学制品制造业	356.03	88.22	16.4
金属制造业	347.97	84.64	23.1
合计	4653.89	1120.78	18.1

在行业完成产值方面,全市当年实现产值逾300亿元的行业有8个,同比增加2个,分别是农副食品加工业和金属制品业;实现产值逾400亿元的行业有4个,比2011年增加了通用设备制造业和计算机、通信和其他电子设备制造业两个行业。全市当年实现产值逾300亿的行业累计完成产值和增加值分别为4653.89和1120.78亿元,占全市工业产值和增加值的70.5%和67.8%,实现增加值累计增长18.1%,高于全市平均增速0.7个百分点,拉动全市工业增长12.1个百分点,对全市工业增长的贡献率达69.4%。

【高新技术产业】 2012年,全市高新技术产业产值达到3646.5亿元,其中规上高新技术产业产值(下同)达到3533.74亿元,同比增长18.9%,超全省增幅2.95个百分点;占全省34.46%,占全市规上工业总产值53.54%。全市规上高新技术产业增加值达到895.81亿元,同比增长18.6%,超全省增幅2.1个百分点;占全省34.14%,占全市规上工业增加值产值54.18%,占全市GDP21.51%,比上一年度提高1.34个百分点。

【战略性新兴产业】 2012年,全市427户战略性新兴产业完成产值和增加值分别为1595.78和432.90亿元,占全市完成工业产值和增加值的相应比重分别为24.2%和26.2%,同比分别提高1.2和1.4个百分点,同比净增产值314.12亿元,实现增加值同比增长23.3%,高于全市平均增幅5.9个百分点,拉动全市工业增长5.8个百分点,对全市工业增长的贡献率为33.2%。

在具体产业发展方面,全市当年8大战略性新兴产业中,电子信息产业实现产值逾600亿元,高端装备制造业实现产值近500亿元,而新能源汽车、公共安全、节能环保和生物4个产业实现的产值均不足百亿元,最小的新能源汽车和公共安全产业实现产值分别为12.16和26.50亿元。在增幅方面,新能源和新能源汽车产业、实现产值增速逾40%,电子信息产业实现产值增幅逾34%,高端装备制造业实现产值增幅6.4%。

2012年战略性新兴产业生产完成情况

产业名称	产值（亿元）	增加值（亿元）	增长（%）
战略性新兴产业合计	1595.78	432.90	23.3
战略性新兴产业占全市比重	24.2	26.2	
一、电子信息	634.22	178.72	34.8
二、节能环保	67.86	18.71	25.0
三、新材料	147.05	35.74	29.1
四、生物产业	94.91	25.42	22.1
五、新能源	124.60	32.89	40.2
六、高端装备制造业	491.44	131.81	6.4
七、新能源汽车	9.2	1.79	48.3
八、公共安全	26.50	7.82	18.4

【非公经济】 总量显著增加,比重持续攀升截至2012年年末,合肥市有外资企业1338户、私营企业90782户、个体工商户190969户、农民专业合作社1900户,在全市注册实体中分别占0.5%、30.4%、65%、0.6%。全市私营企业投资者197747人,注册资金2331.5亿余元,与"十五"末期的2006年相比,私营企业数增长了近2倍,注册资本增长了4.8倍,个私企业成为全市最大的企业群体。全市个体工商户注册资金122亿余元,与2006年相比,个体工商户数增长了近1倍,注册资金增长了4.4倍。

2012年上半年,全市非公有制经济增加值达到988.31亿元,比上年同期净增155.13亿元;占GDP的比重为56.4%,比上年同期提高1.9个百分点,对全市经济发展的支撑作用进一步提升。

分产业看,2012年上半年,第一产业非公有制经济增加值24.50亿元,占全市一产比重为35.0%,比上年同期提高1.3个百分点;第二产业非公有制经济增加值708.75亿元,占全市二产比重为67.4%,比上年同期提高3.6个百分点;第三产业非公有制经济增加值255.06亿元,占全市三产比重为40.5%,比上年同期降低1.1个百分点。三次产业非公有制经济增加值占全部非公有制经济增加值的比重分别为2.5%、71.7%和25.8%。第二产业所占比重最大,非公有制经济增加值呈现显著的"二、三、一"产业格局特征。

从经济类型看,私营经济是全市非公有制经济的主要成分。2012年上半年全市私营经济增加值617.81亿元,占非公有制经济的比重为62.5%;外商投资经济增加值为170.70亿元,占非公有制经济的比重为17.3%;个体经济增加值为154.65亿元,占15.6%;港澳台经济增加值45.15亿元,占4.6%。

速度明显加快,增速高于GDP　2012年上半年,全市非公有制经济增加值增长18.5%,较上年同期加快2.5个百分点。同时,非公有制经济增长速度比同期GDP增速快5个百分点,非公有制经济成为经济增长的新亮点。

分产业看,非公有制经济第一产业增长8.5%,第二产业增长23.5%,第三产业增长7.2%,分别比GDP中第一产业增长速度快4.1个百分点,比第二产业快7.2个百分点,比第三产业慢2.7个百分点。

促进经济发展,贡献近四分之三　合肥经济快速发展,离不开非公有制经济的巨大贡献,非公有制经济已成为推动全市经济快速发展的主要动力。在全市上半年GDP增长率13.5%中,公有经济仅贡献25.2%,非公有制经济贡献率达74.8%,接近四分之三,较上年同期非公有制经济54.6%的贡献率提高了20.2个百分点,创历史新高;非公有制经济拉动全市经济增长10.1个百分点,较上年同期提高了1.4个百分点。

分产业看,第二产业非公有制经济贡献最大,拉动经济增长最明显,三次产业非公有制经济增加值对全市GDP的贡献率分别为0.8%、65.9%和8.1%,分别拉动经济增长0.1、8.9和1.1个百分点。

从构成看,私营经济对全市经济的贡献率为76.5%,拉动经济增长10.3个百分点,个体经济对全市经济的贡献率为11.5%,拉动经济增长1.6个百分点,个体经济、私营经济愈发成为全市经济快速增长的活力之源,为全市经济社会发展做出了巨大贡献。

非公有制工业快速发展,成为工业经济乃至全市GDP发展的重要力量　2012年上半年,全市全部工业增加值848.22亿元,较上年同期增加113.31亿元;工业非公有制经济增加值598.77亿元,较上年同期增加107.92亿元,占全部工业增加值的比重达到70.6%,比上年同期提高3.8个百分点,增长24.2%,较上年同期加快5.5个百分点,工业非公有制经济增加值增速快于全部工业7.1个百分点,是非公有制经济中总量最大、发展最快的行业。非公有制工业对全市工业的贡献率为94.3%,拉动工业增长16.1个百分点,对全市GDP的贡献率为57.8%,拉动GDP增长7.8个百分点。由此可见,非公有制工业创造了约95%的工业增加值和近60%的GDP,非公有制工业对全部工业乃至全市GDP的发展起着举足轻重的作用,成为全市经济发展的重要支撑。

非公有制经济投资热情高涨,带动投资增长活跃　随着非公有制经济发展环境的日益优化,非公企业投资热情高涨,投资呈现总量攀升、增速加快、比重提高的态势。2012年,全市民间完成投资2292.40亿元,增长16.2%,同比下降10.5个百分点,低于全市投资增速7.5个百分点,占全市投资的比重为57.3%,虽较上年同期下降3.0个百分点,但民间仍是支撑全社会投资的支柱性力量。其中第一产业完成民间投资41.98亿元,占第一产业的比重为74.1%,同比上升4.7%。第二产业完成民间投资1072.99亿元,占第二产业的比重为68.0%,同比下降4.0个百分点;其中工业完成民间投资1051.28亿元,占工业投资的比重为67.8%,同比下降4.0个百分点。第三产业完成民间投资1154.40亿元,占第三产业的比重为48.8%,同比下降3.1%;其中房地产业完成民间投资535.21亿元,占房地产业的比重为68.0%,同比下降4.2个百分点。

2012年,全市外资完成投资231.57亿元,增长43.3%,同比提高14.1个百分点,高于全市投资增速19.6个百分点,占全市投资的比重为5.8%,同比提高0.5个百分点;对全社会固定资产投资的贡献率为9.1%,拉动全社会固定资产投资增长2.2个百分点。其中,晶弘电器、尼普洛医疗器械2个项目当年完成投资超10亿元,累计完成投资26.04亿元,大陆马牌轮胎、花王等24个项目当年完成投资超亿元,累计完成投资78.95亿元。

创新能力不断增强,技术水平明显提升　全市各类注册商标30663件,民营企业累计申请约占80%。合肥市拥有全国驰名商标40件,其中24件为合肥华泰、真心瓜子等民营企业所拥有,占比高达60%。合肥市拥有安徽省著名商标317件,占全省著名商标第一位,其中绝大部分为民营企业所拥有。一大批省自主创新品牌、市自主创新品牌申请成功。90%以上的技术创新、90%以上的新产品开发,都是由非公企业完成的。安利合成革、科大讯飞、合肥三立、东方冶金、华恒生物等民营企业多次获得国家重大专利或软件著作权,有的企业甚至成长为国家有关行业标准制定者。

【节能降耗】　2012年,全市推动节能降耗工作:1. 淘汰水泥行业落后生产能力44万吨,超额完成10万吨;2. 淘汰造纸行业落后生产线28条;3. 淘汰产能14.53万吨,超额3.21万吨;4. 节能降耗淘汰24门以下轮窑120座;5. 淘汰1条5万吨电石生产线和1套12MW抽凝式汽轮自发电机组。此外,节约土地约近966.67公顷,实现节能43.38万吨标煤,实现节水1499万吨,实现减少SO2排放9450吨,实现减少CO2排放112.6万吨,实现减少氮氧化合物排放290.2万吨,实现减少粉尘排放2.16万吨。全市当年单位GDP能耗为0.601吨标煤,规模以上工业单位实现增加值的能耗为0.49吨标煤(当量值),同比分别下降6.25%、18.1%。

是年,六大高耗能行业完成产值和增加值分别为1197.66和290.82亿元,分别占全市工业相应数值的18.2%和17.6%,同比分别下降0.8和1.0个百分点,实现增加值增长15.0%( ),低于全市平均增幅2.4个百分点;实现用电量60.29亿度,( )下降1.4%,低于全市平均增幅5.5个百分点,低于同口径增加值增幅16.4个百分点,占全市工业用电量的50.1%,同比下降2.8个百分点。

2012年全市六大高耗能行业生产用电量情况

行业名称	增加值(亿元)	增速(%)	用电量(万度)	增长(%)
石油加工、炼焦及核燃料加工业	1.92	63.8	341	57.1
化学原料及化学制品制造业	88.22	16.4	82794	-15.5
非金属矿物制品业	80.32	16.8	151836	8.0
黑色金属冶炼及压延加工业	60.41	15.9	98058	0.0
有色金属冶炼及压延加工业	5.29	49.1	14460	35.3
电力、热力的生产和供应业	54.66	5.7	255382	-3.2
六大行业小计	290.82	15.0	602871	-1.4
全市合计	1653.54	17.4	1203642	4.1
六大行业占全市比重	17.6	-1.0	50.1	-2.8

·农业和农村经济·

【概况】　2012年,合肥市积极消除经济危机冲击,努力化解各种自然灾害影响,全市农业和农村经济继续保持了稳定健康发展势头,呈现出农业增产、农民增收、农村发展的显著特点,实现了县域生产总值、农产品生产、农业产业化、农民收入“四个新突破”,扶贫开发、城乡一体化、美好乡村建设“三个深入推进”。全市粮食总产量达303.4万吨,实现“九连增”;农民人均纯收入达到9081元,分别超过全国、全省1164元、1921元;增长15.5%,分别高于全国、全省2.0、0.6个百分点,高于全市城镇居民收入增幅2.3个百分点,实现了连续5年跨千元增长。

【现代农业】　深入推进农业结构战略性调整,以高效规模农业、特色产业和精品产业为重点,统筹推进近城、环湖、机场周边全面退出传统粮油生产,大力发展都市型高效、生态、规模、休闲农业。主要农产品产量再创历史新高。庐江县、肥西县获全国粮食生产先进县称号。蔬菜瓜果播种面积180万亩(15亩为1公顷,下同),总产量260万吨。肉、蛋、奶和水产品总产量100万吨。全市共新建千亩以上现代农业示范区80个,万亩示范区31个,市级以上现代农业园区发展至254个,面积突破100万亩;省现代农业示范区发展到4个,分别是庐江郭河省级现代农业示范区、肥东白龙省级现代农业示范区、包河牛角大圩省级现代农业示范区;国家现代农业示范区有庐江县国家现代农业示范区。全市特色规模农业面积发展到280万亩,新增80万亩,产值占农业总产值比重达78%,形成了三岗苗木、长丰草莓等一批年产值超10亿元的特色产业集群;市级以上“一村一品”特色村镇增至388个,分别新增80万亩、88个。养殖业总产值达186.7亿元,畜禽规模养殖比重达到67%。全市各类农家乐发展到2000多家,评定星级农家乐155家,新增五星级农家乐1家、四星级9家,创建全国农业旅游示范点4个,全市休闲农业旅游人数超过1350万人次,旅游收入突破11.6亿元。

【农业产业化】　深入推进农业产业化“双千亿”跨越发展行动(到“十二五”末,全市实现农产品加工产值1250亿元,农业产业化经营组织销售收入突破1800亿元),始终围绕“壮大主导产业,优化区域布局,依靠龙头带动,发展规模经营”的总体思路,全市农业产业化发展取得重大突破。全市规模以上农产品加工业产值1113.6亿元,增长24.9%,总量居全省第一,成为全省第一个农产品加工业千亿市。农产品加工业已成为继家电、装备制造业之后的第三大支柱产业。农产品加工产值与农业总产值比由2008年1.5:1提高到2012年的2.3:1,形成了粮油、畜禽和食品加工三个百亿元产业集群。规模以上农产品加工企业发展到479个,其中产值超亿元204个,超10亿元12个,省级重点龙头企业90个,国家级7个,上市企业3个;过百亿的县(市)区5个;过50亿元的农业产业化示范区4个,国家级农产品品牌(商标)19个,总量位居全省第一。全市农民专业合作组织突破2000个,其中联合社10个,合作组织建设实现行政村全覆盖。农民专业合作社达1782个,新增412个,带动农户占全市农户总数65%。全市家庭农场(农庄)达424个,300亩以上种植大户307个。各类农业企业突破2000个。农业产业化吸纳从业人员25万人,带动市内外农户突破300万户,户均增收4000元。

【美好乡村建设】

合肥市深入贯彻省委、省政府关于全面推进美好乡村建设的决定,于9月28日召开了全市美好乡村建设动员大会,全面启动美好乡村建设工作。

着力推进组织领导体系建设。市、县(市、区)都成立了美好乡村建设工作领导小组或指挥部,并设立办公室和工作指导组,抽调专人,集中办公。市委、市政府印发了《关于全面推进美好乡村建设的实施意见》,市委办公厅、市政府办公厅,市美好乡村建设领导小组及其办公室先后出台了14个配套文件。各县市也相继制定出台配套意见,明确美好乡村建设的目标任务、工作重点和保障措施。建立了市美好乡村建设领导小组办公室(简称“市美好办”)和各指导组牵头调度,市直部门、县市、乡镇、中心村四级联动、联系紧密、高效运转的网络体系。

着力推进规划编制工作,科学编制县域村庄布点规划和中心村建设规划。召开了美好乡村建设规划编制专题会议,出台了《合肥市美好乡村规划建设导则(试行)》,指导各地因地制宜,一村一策,分类指导规划编制工作。各县(市)域村庄布点规划修编工作基本完成。全市(不含区)23327个自然村,将规划建设中心村951个,保留基层村3903个,撤并自然村18473个,县域村镇体系更加合理,村庄数量大幅减少,村庄人口大幅增加。按照“一村一规划,一村一方案,一村一预算”的要求,编制中心村建设规划,首批157个省市美好乡村建设中心村(省批准合肥市首批中心村136个),已完成建设规划编制的有119个,完成率75.8%。

着力推进首批中心村建设。按照“交通便捷、集聚人口、功能完善、产业特色”四原则要求,在全省率先完成了首批省级美好乡村建设中心村筛选和申报工作。经省美好乡村建设领导小组审批审定,确定了全市136个中心村作为全省第一批美好乡村建设中心村。截至年底,全市首批157个省、市级中心村,已开工建设的有136个;936个环境整治村,启动实施的有618个。

着力推进农村环境综合整治。以开展“清洁家园,绿化乡村”活动为抓手,组织实施农村清洁工程,基本实现了农村环境综合整治行政村全覆盖。安排了3000万元农村环境整治专项资金,用于农村环卫设施的采购和建设。截至年底,全市村域范围累计安置了36610个垃圾桶,修建了7131个垃圾池(房),配备了3677台各类垃圾车。在全省率先将行政村专职保洁员队伍建设列入市政府民生工程项目,对全市1200多个行政村安排补贴资金880多万元,村级保洁员队伍达到1.3万人。

着力推进农村土地综合整治。把开展土地综合整治作为推进美好乡村建设的重要载体,以董铺水库和大房郢水库水源地、庐江汤池、新桥机场周边“三大区域”为重点,编制土地整治专项规划。截至年底,三大区域土地整治总体规划完成,各项目区单项规划有序推进。按照“成熟一个,推进一个”的思路,因地制宜制定分批实施计划。全年下达三大区域土地整治重大项目建设计划两批次14个项目,总规模14万亩,农村土地整治面积12万亩,复垦新增耕地面积9629亩。重点推进27个农村新社区建设,整合364个自然村庄,惠及1.4万户、5万人。出台了《合肥市支持三大区域土地整治和新农村建设项目资金整合方案》,集中了市直16个部门、27项资金予以重点支持,集中力量打造美好乡村建设示范典型。

着力营造美好乡村建设氛围。市美好办、市委宣传部组织市内6家媒体,以“打造大湖名城、建设美好乡村”为主体,多形式、多渠道集中宣传美好乡村建设工作。自9月份起,各类新闻媒体发稿500多篇,广泛宣传全市美好乡村建设工作。制作了以美好乡村建设为主题的专题网站,及时向社会公众展示建设进展和成效,引导人民群众理解、支持、参与美好乡村建设。各县(市、区)采取印发宣传册、刷文化墙、送戏下乡等多种形式,积极开展美好乡村建设宣传活动。

【城乡统筹配套改革】 农村道路、水利、生态等基础建设显著增强,建成环巢湖旅游大道64公里,新建400公里通村公路。完成51座中小型水库除险加固工程。解决27万农民饮水安全。建设森林合肥,新造成片林24.4万亩,绿化村庄1034个。完成6个乡镇、91个村新农村电气化建设和100个村亮化工程。农村民计民生工程深入推进,公共服务能力大幅提高。新建35个乡镇公办幼儿园。进城务工人员随迁子女定点学校覆盖城区所有学区。创建24个“示范乡镇卫生院”,建成标准化村镇卫生院(室)1259个。城乡低保、五保、医保、新农合进一步提标扩面,全市212.5万人次享受了农村低保,发放农村低保金2.95亿元。深入推进重点领域改革。在全国首创农业产业化组织与村级党组织“双任双促”活动。进一步健全规范农村土地流转与服务机制,全市农村土地流转面积突破200万亩,占耕地面积的40%以上。在长丰县试点规模流转土地抵押贷款,全市建立融资性担保公司44个、农村小额贷款公司72个,累计提供涉农担保金额突破20亿元。

·第三产业·

【运输邮电】 全年交通运输、仓储和邮政业增加值165.06亿元,比上年增长8.9%。

全年旅客运输量3.44亿人,比上年增长18.0%。货物运输量3.37亿吨,增长15.1%。

2012 年旅客运输量和货物运输量及其增长速度

指　标	单位	绝对数	比上年增长%
旅客运输量	万人	34417.1	18.0
其中:公路	万人	31858	18.5
铁路	万人	2245.5	11.8
民航	万人	286.6	19.5
水运	万人	27	14.5
货物运输量	万吨	33720.1	15.1
其中:公路	万吨	31525	18.9
铁路	万吨	152.8	-16.5
民航	万吨	2.3	21.9
水运	万吨	2040	-21.5

年末民用汽车拥有量66.55万辆,比上年增长20.9%,其中私人汽车48.65万辆,增长28.1%。民用轿车拥有量38.84万辆,增长29.3%,其中私人轿车33.47万辆,增长33.2%,占轿车拥有量的86.2%。

全年邮电业务总量74.45亿元,比上年增长11.8%。其中,邮政业务总量5.29亿元,增长35.6%;电信业务总量69.16亿元,增长10.4%。年末固定电话用户190.69万户,比上年减少13.49万户。其中,城市128.89万户,减少12.29万户;农村61.80万户,减少1.20万户。移动电话用户615.47万户,增加40.78万户。基础电信运营企业计算机互联网接入用户93.39万户,增加5.99万户。

【市场物价】 2012年,合肥市物价系统树立"大物价、大服务、大监管"工作理念,以稳定物价、促进发展、深化改革、规范行为、加强服务为工作重点,巩固物价预期调控目标引导机制,明确价格调控预期目标,制定目标责任制,将粮油肉蛋菜等居民生活必需品的生产、市场流通、商品储备等12项稳价目标任务分解落实到各县(市)区、开发区、市直部门。

在保障市场价格调节机制方面:1. 市政府安排1.33亿元资金支持农业发展,全市当年实现粮食总产303.4万吨,实现蔬菜瓜果总产190万吨,生产肉蛋奶水产品100万吨,同比分别增长4.9%、19%、5%;2. 有效加大供给,将粮食、肉类、禽蛋水产品、蔬菜等39个品种列入重点价格监控,按蔬菜类不高于15%、其他类不高于10%的标准,由相关单位实施价格重点调控;3. 降低流通环节费用;4. 制定出台全市农贸市场、农副产品批发市场摊位费管理办法;5. 鼓励产销衔接,全市实现农超对接额7.8亿元;6. 扶持流通体系建设,全市新建和改造农贸市场26个。

在落实惠民菜篮子联动机制方面:1. 出台《关于深入推进惠民菜篮子工程实施意见的通知》,在全市设立惠民菜篮子商店(专柜)85家;2. 当年国庆期间及时启动联动机制,以低于市场平均零售价15%的价格销售20种农副产品,惠民菜篮子活动为百姓节约支出逾1000万元,并带动城区17种主要蔬菜平均价格下降近20%;3. 落实1070万元价调基金,用于奖补惠民菜篮子活动和便民惠民流通体系建设。

在健全监测价格预警信息引导机制方面:1. 在全市设立价格实时监测点162个,对"米袋子"、"菜篮子"进行重点跟踪,完成食品、生产资料等逾900种品种的价格监测任务;2. 密切监测异常价格波动情况,对上涨幅度较大的重要商品和服务价格,及时开展成本调查;3. 定期分析市场价格变动趋势,为党委、政府科学决策提供依据;4. 开展价格公共信息服务,并通过报刊、电台、电视台、住宅小区LED显示屏、公交车、商场价格公示栏等形式,宣传群众关心的价格信息,引导社会合理消费。

在完善困难群体保障机制方面:1. 完善价格临时补贴联动机制,会同财政部门预留资金,在符合启动条件时,及时向困难群众发放临时价格补贴;2. 落实社会弱势群体的水、电、气、热收费减免优惠政策,减轻价格调整对困难群众生活造成的影响;3. 采取货币化直补方式给予全市低保户每月5立方免费水量,使每户每年可减少147元水费支出,并采取随低保金发放直补到户的方式,以方便群众。

是年,合肥市价格总水平涨幅为2.2%,低于预期调控目标1.8个百分点。

【房地产业】 全市共成交经营性用地134宗,面积864.9公顷,均价237.万元/亩,总价307.48亿元。其中,市区成交经营性用地83宗,面积708公顷(同比增长174.41%),均价251.8万元/亩,总价267.56亿元(同比增长104.13%),总成交面积及金额较上年同期增长一倍以上,从全市成交的经营性用地规划用途分析看,商办类用地占比例最高(35%),商住和居住类用地共计占58%。全年商品房新开工1488.75万平方米,竣工921.04万平方米,房地产开发总投资913.8亿元,其中住宅投资578.5亿元;商品房和商品住宅销售面积分别为1371.06万平方米和1173.27万平方米(117954套),其中,市区商品住宅销售956.72万平方米(97004套)。全市登记成交二手房总面积267.6万平方米,其中住宅213.5万平方米(共计24931套)。开发企业在投入房地产开发的资金中,国内贷款占11.27%,利用外资占0.52%,自筹资金占28.29%,收取的定金、预付款和个人按揭款占59.92%。房地产开发企业的商品住宅项目新开工面积894.34万平方米(占66.12%),办公楼项目新开工面积103.94万平方米(占7.68%),商业用房项目新开工面积183.28万平方米(占13.55%)。

年度市区销售备案的商品住宅户均建筑面积98.63平方米,首次置业的小户型和改善型购买的三室户型是热销户型。按成交套数计算,单套建筑面积在144平方米以下的普通商品住宅占总套数的94.63%。市区销售备案商品住宅中,按成交套数计算,销售单价在5000元/平方米以下的占成交总套数的18.88%,5000-6000元/平方米占总套数的29.33%,6000-8000元/平方米占总套数的45.50%,8000元/平方米以上的占总套数的6.29%;市场热销价位段是5000-8000元/平方米。在市区销售备案的商品住房中,根据购房人的户籍地划分,合肥市居民(含所辖四县一市)购买的商品住房套数占总比为66.85%,安徽省其他城市居民购买的占总比为27.88%,外省、国外居民和部队官兵购买的占总比为5.26%;本市居民是市场购买主体,本省其他城市居民对我市商品住房的认可程度较高,外省居民购房较少。

【旅游业】 全市旅游业保持平稳较快发展，全年实现旅游总收入459.63亿元，增长20.1%；接待国内游客5360万人次，增长20.2%；入境游客37.5万人次，增长13%；实现外汇收入2.1亿美元，增长11.9%。是年，获得全省"旅游目标考核一等奖"。

【开发区建设】 区划调整后，我市共有省级以上开发园区17个，其中，国家级开发园区3个，省级开发园区14个（含正在筹建的省级开发园区3个）。一年来，各开发园区大力开展招商引资、加快推进项目建设、积极探索体制机制创新，经济社会保持平稳较快发展势头。

（一）工业规模进一步壮大，经济实力明显增强。2012年是"十二五"承上启下的关键之年，全市开发园区经济继续保持快速增长，完成规模以上工业总产值5023.1亿元，同比增长22.67%；实现规模以上工业增加值1329.29亿元，同比增长22.12%；完成固定资产投资1668.32亿元，同比增长12.09%；完成税收187.54亿元，同比增长11.6%。分别占全市总量的76.1%、80.56%、41.71%、30.46%。其中，高新区、经开区、新站区和巢湖经开区四大开发园区共完成工业总产值3164.16亿元，实现工业增加值821亿元，完成固定资产投资913.62亿元，完成税收123.82亿元，分别占全市开发园区总量的62.99%、61.76%、54.76%、66.02%。合肥经济技术开发区继2011年规模以上工业总产值超过1500亿元之后，2012年再跃新台阶，一举突破2000亿元大关，达到2290亿元（全口径），跃居全国131个国家级开发园区第十三位，当之无愧成为安徽工业第一区。

（二）招商引资力度加大，项目建设不断推进。2012年，全市开发园区共引进内、外资项目分别为452个和52个；实际利用省外内资1076.85亿元，实际利用外资12.3亿美元。其中，高新、经开、新站、巢湖经开区四大开发园区共引进内、外资项目分别为172个和38个，实际利用省外内资585.14亿元，实际利用外资8.78亿美元。截止2012年底，全市17个开发园区累计引进项目7500多个，完成投资5700多亿元，成为支撑地方经济社会发展的主导力量。通过对项目进行精细化管理，各开发区项目建设不断推进。高新区晶澳、美的中央空调、长安微车、黄山精品线等已建成投产；家电质量检测中心、NSK、中建材等项目基本建成；3M、鞍钢、三洋冰箱二期和大陆轮胎扩建、英唐智控等项目加快推进；长安商贸综合体、东航总部办公、祥源综合体等一批现代服务业项目落地开工。经开区加速新兴产业培育力度，利用联宝项目落户开发区的集聚效应，落户配套企业15家，储备项目35个，总投资超50亿元，千亿电子信息产业正加速发展；远大住工、鹏远住工、宇辉集团在内的4个国家住宅产业化基地已经形成，集聚了西伟德、罗宝、仁创等一批龙头企业，千亿住宅产业化布局雏形初显。新站区通过为企业的靠前服务、快速服务、主动服务、全程服务，建立重点项目"绿色通道"，保障项目建设运营，产值效益逐步显现。超额完成年初制定的省"861"、市"1346"投资计划，全区121家在产规上企业总产值中，新型平板显示、新能源、新材料、光伏等战略性新兴产业产值占比超过44%。

（三）优势产业支撑有力，园区发展特色鲜明。通过多年培育发展，全市各开发园区呈现特色鲜明的产业发展态势。高新区通过大力实施"重点企业发展计划"和"创新型企业培育计划"，壮大支柱产业，培育战略性新兴产业，发展现代服务业，已形成了2个以上在全国知名的特色产业集群。经开区积极推进产业链招商、出口加工区招商，加强对日、对台招商以及与央企、知名民企、中国500强的合作对接，为打造千亿家电产业提供了有力支撑。新站区围绕"大项目—产业链—产业集群—产业基地"的跨越式发展思路，不断培育、完善以平板显示、新能源为核心的战略性新兴产业链条，形成战略性新兴产业集聚区。巢湖经开区以旅游养生、汽车及零部件、新材料产业为发展重点，集聚了一批有实力的大企业、大项目，形成了一定的规模和优势。各县区工业园区结合自身产业结构调整和区位条件，努力发展特色产业，成效逐步显现。

（四）体制机制不断创新，投资环境进一步优化。在体制机制创新方面，各开发园区通过整合信访、综治、工商、交管等社会管理职能，设立综合性办公室，实现了机构与人员的精简；通过全面推行干部竞争上岗、双向选择、全员聘用（任）制，打破了干部使用中个人身份的限制；通过实行同岗同酬、绩效考核和末位淘汰制，打破了干部能上不能下局面，激发了干部职工干事创业的热情，形成了开发园区人尽其才的用人机制；通过推行社区网格化管理等措施，极大强化了开发园区社会管理职能。在投资环境建设方面，通过推行"一站式"服务，设立了行政服务中心，对开发园区内的企业、群众需要政府解决的事项，实行全程领办、代办制外，使企业、群众只需进一个大厅，就能办好所有手续，提高了服务效率；通过实行并联审批，对于一些特殊事项，需要多个部门共同审批的，实行了"一窗受理、并联审批、统一收费、限时办结"的并联审批制度，为企业开通"绿色通道"、提供"保姆式"服务，极大地方便了企业；通过设立"企业宁静生产日"、"企业无障碍服务办法"、"企业投诉受理中心"等措施，保障企业生产经营不受外界干扰；通过组织产学研对接、银企对接，帮助企业争取国家政策、资金，进行企业上市培育等，提升了开发园区为企业、群众服务的水平。

（五）基础设施进一步完善，园区品位进一步提升。各开发园区在充分利用好省、市扶持资金的同时，通过市场化运作，吸纳社会资金投入建设；通过采取积极灵活多样模式与金融部门开展合作，拓宽建设融资渠道，加大园区基础设施建设力度。通过不断配套完善远期的基础设施，极大地提高了各开发园区的综合承载力，有力地促进了园区经济社会可持续发展。在园区道路、供水、排水、供电、电信、有线电视、路灯等基础设施同步建设的基础上，园区绿化、亮化逐步到位，园区品位、外部形象逐年提升，招商引资的硬件设施条件得到极大改善。

【信息化建设】 2012年，电信、移动、联通先后启动"无线城市"、"平安乡镇、和谐乡镇"、社区信息化、新农村信息化、企业生产经营信息化、服务传统产业的信息化改造、中小企业公共服务平台等工程项目建设。截至11月底，投资总额达43.73亿元。其中，电信投资14.74亿元、移动投资23.6亿元、联通投资5.39亿元。

截至11月底，全市建成当地光缆纤芯长度达315.7万芯公里，建成3G基站8128座；拥有电话用户数77.4万户，拥有移动用户数117.8万户，拥有互联网用户数89.87万户；实现互联网出口480G，实现家庭宽带（）逾20M；实现光纤覆盖所有行政村，农村和集镇具备逾8M接入能力，居全国领先地位；实现3G信号覆盖城乡100%，实现WIFI热点覆盖23万个公共区域和家庭;实现广播和电视人口综合覆盖率分别达98.3%和98.7%,数字有线电视用户达60万户,IPTV用户逾10万户。

社会事业

【社会事业发展概述】 2012年,合肥市人力资源和社会保障部门围绕就业创业、人事人才、社会保险、劳动关系等重点工作,深入落实“讲大局、强责任、提能力、抓落实”要求,始终坚持在服务发展中找准定位,在把握规律中寻求突破,在提升效能中促进发展,开拓创新,扎实工作。

【人口与就业】 2012年底,全市城镇非私营单位(以下统计口径相同)就业人员115.57万人。其中,在岗职工103.26万人,按注册登记类型分,内资单位就业人员58.72万人,港澳台商投资就业人员2.77万人,外商投资就业人员5.11万人。内资单位中,国有单位就业人员46.33万人,城镇集体单位就业人员2.65万人,股份合作单位就业人员1.34万人,联营单位就业人员0.19万人,有限责任公司就业人员41.49万人,股份有限公司就业人员12.11万人,其他内资单位就业人员3.58万人。城镇登记失业率为3.65%,控制在4.5%以内。

全年实现新增城镇就业13.98万人,下岗失业再就业4.59万人,就业困难人员再就业1.36万人。切实贯彻落实省、市有关帮扶困难企业的文件精神,针对困难企业实施缓缴社会保险费、降低四项社会保险费费率、给予岗位补贴等政策,2012年全市累计减收2.8亿元社会保险费;为36户困难企业办理缓缴手续,累计缓缴五项社会保险费3946.1万元、涉及职工1.6万人;为9718户企业调整了企业缴纳社会保险费基数,涉及38.8万人,累计减收金额1.53亿元;审批167户困难企业岗位补贴申请材料,涉及职工4.2万人、补贴资金7939.3万元;为企业引进技能人才1134人,发放职业介绍补贴34.02万元;帮扶229户企业开展新录用人员技能培训和岗位技能提升培训,培训结业人数4.7万人,发放补贴资金129.68万元。全市5个城区、37个街道、286个社区达到充分就业标准,充分就业社区达到全市社区总数的56%。帮助4201户“零就业家庭”、5644名家庭成员就业,实现了“出现一户、援助一户、稳定一户”的目标。充分发挥创业孵化基地、公益性岗位、街道劳务型服务公司和社区平台“四大抓手”作用,因人而异、分类施策。通过百帮创业基地,共帮助1.07万人实现创业和就业;通过公益性岗位,共帮助1.18万人实现就业;通过街道劳务型服务公司,共帮助4.11万人实现就业;通过社区平台,共帮助3.27万人实现社区“家门口”就业。在2012年7月份召开的全国就业创业工作表彰大会上,合肥市被国务院授予全国创业先进城市称号,市人社局也被国务院授予“全国就业先进工作单位”荣誉称号。

全市举办各类公益性专场招聘会500多场,近3万户企业进场招聘,30万人次求职者进场求职,近10万名求职者现场达成就业意向。认真做好就业登记和劳动合同备案工作,完成录用登记备案2.6万户,就业登记11.8万人(其中流动就业登记7.1万人)。认真做好各类人员的档案托管、灵活就业人员参保等劳动人才事务代理业务,接转人事代理人员户籍5909人,归档材料7000余份;办理社保有关手续6500余人次;接转档案13851份,开具各类证明等材料9500余份;重新核定档案工资等6500人(次);办理转正定级1100人;接转党员组织关系959人;考察、办理251名预备党员转正手续。积极宣传灵活就业人员社保新政策,不断完善就业人才事务代理管理制度和各项业务的操作流程,进一步提高服务水平。细化了劳务派遣的基础工作,进一步规范了劳务派遣业务流程;积极做好派遣单位、派遣员工的跟踪服务和协调工作。

2012年就业技能培训39108人,28939人取得职业资格证书或专项能力证书,取证率为74%,实现就业31678人,就业率达到81%,支付补贴资金1561.135万。

【社会保障】 (一)养老保险。2012年,全市共有132.42万名企业职工参加了基本养老保险。全年应征基金741409.92万元,实征基金733377.17万元(含清欠收入9572.18万元),基金征缴率98.9%;全年应发放养老金各项待遇492425.68万元,100%发放到位。2012年全市新增企业退休人员13021人,至年末,全市享受领取养老金的离退休人员达285672人,养老金社会化发放面达100%。全市企业退休人员社会化管理服务率达96.75%,其中社区管理服务率94%。

(二)失业保险。2012年,全市参加失业保险的职工人数为98.28万人,全年应征基金78003.81万元,实征基金77214.25万元(含清欠收入949.84万元),基金征缴率98.99%,全年基金支出30573.54万元。全年新增登记失业职工21751人,累计接收失业职工220846人,全年月平均领取失业救济金的失业职工12658人。

(三)工伤保险。2012年度全市参保职工109.5万人。全年征缴基金27122.11万元,21281人次享受了工伤保险待遇,支付15727万元。

(四)生育保险。2012年度全市参保职工92.98万人。全年征缴基金16629.94万元,24306人次生育女职工享受生育保险待遇,支付19088万元。

(五)医疗保险。

1. 城镇职工基本医疗保险。2012年全市参保职工人数135.41万人。全年基金收入323555万元,支出228819.2万元,共有227699人次享受了定点医院诊疗、急诊抢救住院、异地转(诊)院和异地安置等医疗保障待遇,对10675人次实施医疗救助,发放救助金1711.7万元。

2. 城镇居民基本医疗保险。全市参保173.38万人,全年基金收入45149.3万元,共有71654人次享受了医疗保险待遇,基金支出34416.9万元。

(六)城乡居民养老保险。2012年底,全市6个县(市、区)、102个乡镇开展了城乡居民养老保险工作,参保人数295.18万人。全年资金收入120745.16万元,支出65715.43万元,当年为77.2万名农民发放了养老保险金。

【教育事业】 2012年,在国家主要媒体刊发合肥教育发展经验36篇,省市媒体刊登3000余篇。共有省内外20多个教育代表团取经合肥教育发展举措。市教育局被国务院授予“全国‘两基’工作先进单位”称号,温家宝总理亲自给合肥市颁奖。被省教育厅再次评为“2012年度主要工作目标管理督导考核综合奖”,综合排名第一。连续三年荣获合肥市政府目标管理考核优秀责任单位称号。2012 年 4 月,国家教育咨询委员会秘书长、中国教育科学研究院院长袁振国在合肥调研时指出:“看了合肥的教育改革,对中国的教育改革都非常有信心。合肥教育改革中有很多好的思维、好的做法值得在全国推广。”

截止到 2012 年底,全市中等及中等以下各级各类学校数有 2131 所,其中:中等职业学校 93 所、普通高中 114 所、普通初中 247 所、小学 1051 所、特教 6 所、幼儿园 619 所、国防学校 1 所。中等及中等以下学校在校生 115.2 万人,教职工 7.3 万人,专任教师 6.1 万人。

【科技事业】 一年来,全市科技创新工作紧紧围绕“大湖名城、创新高地”定位和“新跨越、进十强”部署,突出提升产业创新、区域创新、企业创新“三种能力”,实现了“三个突破”、“三项赶超”和“三项新进展”。“三个突破”,即高新技术企业和创新型企业突破千户、发明专利授权量突破千件、全社会研发投入突破百亿元。“三项赶超”,即在全国省会城市中,发明专利授权量上升 3 位,全社会研发占 GDP 比重上升 2 位,技术交易合同额上升 1 位。“三项新进展”,即在培育爆发性增长源、建设高端研发平台、深化科技体制改革上取得新进展。新获批为国家科技金融结合试点、国家首批文化与科技融合示范基地、国家科技兴贸创新基地、国家专利保险试点。量子通信研究成果获得重大突破,成功入选《自然》杂志 2012 年度全球十大新闻亮点和 2012 年度中国十大科技进展。城市科研实力跃居全国第三(据英国《自然》杂志)。全年全市高新技术产业产值达到 3646.5 亿元,增长 18.9%,占全省 34.46%;高新技术产业增加值达到 895.81 亿元,增长 18.6%,占全省 34.14%;新认定国家高新技术企业 120 家,总数达 615 家,占全省 28.9%;发明专利申请和授权量分别达到 4748 件和 1242 件,增长 31% 和 63%,分别占全省 24.5% 和 40.5%;技术交易合同额 42.4 亿元,增长 26.9%,占全省比重为 49%;全社会研发投入 101 亿元,增长 31%。

【文化事业】 2012 年,合肥市文化广电新闻出版系统深化文化体制改革,以政府工作报告设定的目标任务和省市政府年度重点工作为抓手,开展“讲大局、强责任、提能力、抓落实”学习活动,扎实推进“文化强市”战略,先后获得全省文化系统先进集体、全省新闻出版版权工作综合先进单位、全省广播影视重点工作目标考核先进单位、全国文化市场“十大案件”办理单位等多项荣誉。

2012 年 5 月,合肥市被科技部、中宣部、文化部、广电总局、新闻出版总署五部门联合授予首批国家级文化和科技融合示范基地称号。全市制定出台了《文化专项资金使用管理办法》,“滨湖广播电视塔”、“东方田园”湿地公园、“国际影视制作基地”等一批重点项目分别立项,快速推进。

【卫生事业】 2012 年初,由《中国卫生》杂志社主办的“中国十大医改新闻人物”颁奖典礼暨“十二五”医改发展论坛在合肥市召开,标志着合肥市的基层医改工作获得社会各界的广泛认可。2012 年,全市新型农村合作医疗(简称“新农合”)实现了市级统筹,参保 407.36 万人,最高支付限额 20 万元,庐江县达到 25 万元,患者的自付比例降到 25 – 30%。推行“一站式”服务,调整住院起付标准和报销比例,实行“按病种付费”,要求实施“按病种付费”的病种净报销比不低于 60%,最高可达 80%。基层补偿机制得到落实,基本公共卫生服务支出总额为 17946.22 万元,全市基层医疗卫生机构竞聘上岗人员统一纳入社保。公共卫生服务功能明显增强,近三年基本公共卫生服务均等化 10 个项目和重大公卫项目全面完成,卫生院门急诊人次 419.99 万,比上年增长 15.98%。3 月 15 日,肥东县人民医院对药品全部实行零差率销售,率先进行县级公立医院改革试点,12 月 15 日县级公立医院改革在全市全面铺开,全市医改工作进入新阶段。长丰县和肥西县积极探索医疗纠纷第三方调解机制,与司法局联合成立医疗纠纷人民调解委员会,建立了医患纠纷处理的新机制。

【体育事业】 2012 年,合肥市体育工作紧紧围绕提高群众体育惠及程度、提升竞技体育综合实力、增强体育产业发展活力三大块面,以建立完善面向大众的公共体育服务体系为主线,深化改革,提升体育发展的水平和效益,改善发展结构和质量,促进体育事业又好又快发展。合肥市体育局先后荣获全国全民健身活动先进单位、全省体育工作突出贡献奖、优秀后备人才输送奖、全省体育信息宣传工作先进单位、全省产业工作先进单位等称号。

马鞍山市

国民经济

【国民经济发展情况】　经济总量实现较快增长。全年实现地区生产总值(GDP)1232亿元,按可比价格计算,比上年增长12%。其中,第一产业增加值71.5亿元,增长5.2%;第二产业增加值818.9亿元,增长12.4%;第三产业增加值341.6亿元,增长12.5%。

·工业经济·

全年完成规模以上工业增加值538.23亿元,扣除价格变动因素,比上年增长13.7%。县区、开发区和新区工业生产快速增长,三县规模以上工业增加值比上年增长30.9%,三区增长30.2%,开发区及新区增长26%。

全年战略性新兴产业产值达286.04亿元,比上年增长45%,增幅居全省第二位。其中,节能环保产业增长3.6倍、新能源产业增长23.9%、高端装备制造业增长40.8%、新材料产业增长27.6%。

全年规模以上工业企业产品销售率为97.7%。主要工业产品产量保持较快增长。

全年实现建筑业增加值73.5亿元,按可比价格计算,比上年增长7.5%。房屋建筑施工面积1963.4万平方米,房屋竣工面积761.9万平方米。

全年完成农业总产值121.72亿元,按可比价格计算,比上年增长5%。全市粮食种植面积不断扩大,达15.32万公顷,比上年增长4.9%。粮食作物在农作物所占比重达63.1%,比上年提高1.8个百分点。粮食产量实现九连增,达101.6万吨,比上年增长5.5%,增幅居全省第二位;棉花总产量1.6万吨,比上年下降5.3%;油料总产量10.24万吨,比上年增长0.5%。

全市肉类总产量7.74万吨,比上年下降1.5%;家禽出栏2965万只,比上年增长4.1%;禽蛋总产量1.7万吨,比上年增长6.6%;牛奶总产量4.06万吨,比上年增长1.2%;水产品总产量10.6万吨,比上年增长0.5%;蔬菜总产量67.88万吨,比上年增长4.9%;水果总产量2.91万吨,比上年增长35%。

全年固定资产投资完成1201.15亿元,比上年增长25.4%,投资总额居全省第三位。其中,房地产开发投资211.49亿元,比上年增长56.5%。

全年实现社会消费品零售总额262.94亿元,比上年增长16.5%。分地区看,城乡市场全面协调发展,全年城镇和乡村市场分别实现零售额241.65亿元和21.29亿元,分别比上年增长16.5%和16.3%。分行业看,批发零售业实现零售额228.96亿元,比上年增长16.9%;其中,限额以上企业实现零售额100.95亿元,比上年增长33.2%。住宿餐饮业实现零售额33.98亿元,比上年增长13.9%;其中,限额以上企业实现零售额6.4亿元,比上年增长14.3%。

全年进出口总额36.52亿美元,比上年下降12.8%。其中,出口12亿美元,增长51.3%;进口24.52亿美元,下降27.8%。

全年实际利用外资13.39亿美元,比上年增长34.4%。其中,实际利用外商直接投资12.79亿美元,增长29%。实际利用内资1260亿元,增长51.4%。

全年铁路旅客发送量95.7万人,铁路货运发送量443.9万吨。港口货物吞吐量6809.1万吨,比上年增长7.2%;集装箱吞吐量8.9万标箱,比上年增长11.1%。105省道改建工程竣工通车,314省道升级改造主体完工,长江公路大桥、马巢高速、205国道升级改造扎实推进。

全年完成邮电业务收入14.95亿元,比上年增长16%。年末固定电话用户57.43万户,其中,城市电话用户28.77万户。年末移动电话用户164.93万户,年末宽带用户28.61万户。

全年旅游业总收入103.97亿元,比上年增长26.8%;其中,国际旅游外汇收入9722.33万美元,比上年增长18.5%。全年共接待海外旅游者8.27万人次,比上年增长38.2%。年末星级饭店22家;其中,五星级2家,四星级6家,三星级8家。现有A级景区14处,其中4A级景区1处。

全年实现财政收入210.6亿元,比上年增长13%。其中,地方财政收入127.82亿元,比上年增长40.3%。全年累计财政支出190.37亿元,比上年增长37.7%。其中,社会保障和就业支出15.6亿元,比上年增长22.3%。民生工程累计投入资金149.16亿元,比上年增长25.5%。

民生银行马鞍山分行开业运营,中信银行马鞍山分行获准筹建,银行业金融机构增至19家。年末全市金融机构本外币存款余额1269.19亿元,比年初增加192.09亿元;其中,单位存款余额602.65亿元,比年初增加93.54亿元。年末金融机构本外币贷款余额877.14亿元,比年初增加75.8亿元;其中,短期贷款386.64亿元,比年初增加22.52亿元;中长期贷款391.11亿元,比年初增加28.96亿元。

全市各类保险机构19家。全年保费总收入21.4亿元,比上年增长28.9%。其中,财产险保费收入7.11亿元,比上年增长35%;人身险保费收入14.29亿元,比上年增长26%。

据抽样调查,全市城市居民人均可支配收入30937元,稳居全省首位,比上年增长13.2%。全市农民人均纯收入10920元,稳居全省首位,比上年增长14.9%。

全市居民消费价格比上年上涨2%。分类别来看,八大类商品及服务价格呈“七涨一跌”格局,除家庭设备用品及维修服务类价格与上年相比下跌外,其余七大类商品价格均上涨。其中,食品类价格涨幅靠前,同比上涨3.9%,烟酒类价格上涨2.4%,衣着类价格上涨2.9%,医疗保健和个人用品类价格上涨0.7%,交通与通信类价格上涨0.2%,娱乐教育文化用品类

价格上涨2.4%,居住类类价格上涨0.7%。工业生产者出厂价格比上年下跌8.9%。 (市统计局)

·农业和农村经济·

【概况】 2012年,全市农业农村经济继续保持良好发展态势。粮食总产101.6万吨,同比增长5.5%;蔬菜总产105万吨,同比增长6.7%;肉蛋奶、水产品等均不同程度增长,其中水产品产量居全省第七位。农民人均纯收入10920元,同比增长14.9%,在全省率先突破万元大关,总量继续位居全省第一。农业民生工程全面完成,培训新型农民1.3万人;全面完成省下达的全市500口户用沼气工程、12处农村沼气网点建设任务;农业发展方式转变成效明显,全市30个重点农业园区完成投资20亿元,建成面积1.67万公顷。新增市级龙头企业39家,规模以上农产品加工企业实现产值226亿元,同比增长25.2%。新增农民专业合作社135家,新增农村土地流转面积9366.67公顷,全市农村承包耕地流转总面积达4.32万公顷,占总承包经营面积的36.8%。粮食规模经营、畜禽规模养殖和水产生态规模养殖比重分别达23%、70%、76%。千万亩森林增长工程开始实施,完成造林整地9733.33公顷,全年完成人工造林1679.2公顷,占省计划任务132%。 (潘声伟)

【城乡一体化】 2012年,市农委成立城乡一体化工作领导小组,编制了与"两镇两区"建设项目对接方案。组织各示范村编制并实施39个新农村建设项目,争取各级各类财政性资金9071万元、新农村建设专项资金980万元。指导县区、新区编制现代农业园区项目30个,总投资118.08亿元,其中2012年投资10.93亿元。和县历阳镇蔬菜现代产业园成功申报为省级第二批蔬菜现代产业园试点。 (周德平)

【新型农民培训】 2012年,省农委安排马鞍山市新型农民培训民生工程目标任务13000人,其中阳光工程培训2360人、农业专业技术培训9103人、农民创业培训337人、农民科技示范培训1200人。至9月底,全市完成新型农民培训13034人,占省下达目标任务13000人的100.3%,提前超额完成省下达的新型农民培训目标任务。其中阳光工程培训完成2369人,占任务的100.4%;农业专业技术培训完成9128人,占任务的100.3%;农民创业培训完成337人,占任务的100%;农民科技示范培训完成1200人,占任务的100%。 (郭昌星)

【农民专业合作活动】 8月3日,在当涂县举办全省农经科(站)长暨合作社试点示范县典型交流会;组织优秀合作社参加2012中国合肥农交会、第十三届上海农交会;9月14日,在合肥安徽徽润联合社直供直销中心举办"马鞍山农民专业合作社馆日"活动,指导合作社积极开拓省城农产品市场。全年新增农民专业合作社135家,全市农民专业合作社总数发展到554家,新增国家级示范合作社1家,国家级信息化示范合作社5家,省级示范合作社5家。 (汪 倩)

【农村能源建设】 全年全市完成农村沼气民生工程建设任务,新增农村沼气用户500户,建成农村沼气乡村服务网点12个。 (马 骏)

【种植业概况】 全年全市农作物播种面积24.07万公顷。其中粮食作物15.32万公顷,经济作物8.75万公顷,粮、经比由上年的61.3:38.7调整为63.6:36.4。粮食生产稳定增长。单产442.3公斤/亩,总产达到101.6万吨,分别比上年增长0.6%、5.5%。油菜生产保持稳定。全市油菜籽播种面积4.01万公顷,较上年下降4.6%,单产158公斤/亩,比上年增长5.3%;总产9.52万吨,比上年增长0.4%。棉花生产略有下滑。全市棉花播种面积12.2万公顷,单产86.2公斤/亩,总产1.6万吨,分别比上年下降4.4%、0.9%、5.3%。

【农作物病虫测报与防治】 全年全市调查、预测粮棉油病虫草害16种(代),发布病虫情报30期(次),经验证中、短期病虫测报准确率为95%。全市农作物病虫草鼠发生面积1068.4万亩次,防治面积1383.1万亩次,挽回粮食产量26.36万吨,约占总产的25.9%,实际损失6.31万吨,约占总产的6.2%;挽回油料产量8706吨,约占总产的9.1%,实际损失6932吨,约占总产的7.3%;挽回棉花产量4279吨,约占总产的26.7%,实际损失1038吨,约占总产的6.5%。年初,制定下发了重大病虫防治预案,先后组织了以小麦纹枯病、赤霉病、油菜菌核病、水稻"两迁"害虫、穗期病害和病毒病、棉盲蝽蟓为重点的防治工作。全年全市试验示范、推广农药新品种30多个,高效、低毒、低残留农药品种占90%以上,应用面积累计1000万亩次,绿色防控面积327万亩次,占防治面积的30.7%,五种高毒农药被完全取代。植保专业化统防统治工作取得新突破。年初,制定印发《马鞍山市2012年农作物重大病虫害专业化统防统治实施方案》,全市成立专业化统防统治组织117个,其中注册备案17个,分别较上年增加6个和7个;从业人员1236人,其中持证上岗人数636人,分别较上年增加294人和40人;机械总装备1447台,其中大中型装备103台,分别较上年增加93台和30台;日作业面积2266.67公顷,较上年增加160公顷;全年全市植保专业化统防统治面积达103.1万亩次,较上年增加46.9万亩次,其中水稻81.1万亩次,小麦15.8万亩次,油菜等其它作物6.2万亩次,分别较上年增加41.32万亩次、3.8万亩次、1.7万亩次;全程承包防治面积366.67公顷,较上年减少266.67公顷。。

【种植业项目工程】 开展粮油高产创建活动。印发《马鞍山市2012年水稻产业提升行动实施方案》,当涂县、含山县承担了省农委2.67万公顷水稻产业提升行动核心示范区(当涂2万公顷、含山6700公顷),和县承担了水稻良种补贴与良种挂钩整县制等项目任务。同时,三县还建立了13个部、省级万亩水稻高产创建示范片(当涂4个、含山6个、和县3个),总面积9666.67公顷。9月14日,省农技总站、省土肥总站相关专家组成的省水稻高产创建验收组对和县水稻万亩高产创建示范片进行测产验收,实收亩产接近农业部水稻高产创建700公斤/亩的单产目标。在油菜高产创建方面,当涂县在石桥镇、含山县在仙踪镇、和县在白桥镇各建立一个农业部万亩优质油菜高产创建示范片,总面积2053.33公顷,单产分别为211.5公斤、204.1公斤和203.8公斤;实施水稻标准化育秧工厂项目。全年含山、当涂两县承担实施了安徽省水稻标准化育秧工厂建设项目,争取项目资金约200万元。新建水稻标准化育秧工厂7座(含山县3座,当涂县4座),

配套建设钢架大棚总面积8.8万平方米;播种车间7个,面积3814平方米,水泥场地8128平方米;购置播种流水线设备14套、碎土机11台,直接服务大田机插面积1875.33公顷。至年底,全市拥有各类插秧机952台,较上年新增205台,推广机插秧3.12万公顷,较上年扩大近6670公顷。实施测土配方施肥续建项目。全市测土配方施肥项目实施面积274万亩次。其中水稻8.87万公顷,小麦4.13万公顷,油菜3.67万公顷,棉花1万公顷,蔬菜6000公顷;新采集土样、植株样1600个,完成化验分析近2万项次,填写地块情况和农户施肥习惯各类调查表3200份。完成"3414"田间小区肥效试验18个,配方施肥校正对比试验27个。应用测土配方施肥技术,油菜每亩增产10.5公斤,增幅6.95%,总增产5775吨。小麦每亩增产20.2公斤,增幅5.85%,总增产1.25万吨。棉花每亩增产7.5公斤,增幅8.82%,总增产1125吨。水稻每亩增产22.9公斤,增幅4.04%,总增产3.05万吨;实施种子工程建设。全市农作物良种生产总面积超过7333.33公顷,其中常规水稻1200公顷、杂交水稻466.67公顷、杂交油菜333.33公顷、常规小麦1000公顷、蔬菜近4666.67公顷,繁育的种子已逐渐形成品牌。加强优质新品种展示和筛选,展示水稻新品种20多个、油菜新品种10多个、小麦新品种10多个。主要农作物良种覆盖率达98%。水稻主推品种为两优6326、新两优6号、两优华6号、武运粳7号、当育粳2号为主,示范推广两优0293、扬粳4038等;小麦主推品种为扬麦13、扬麦16、扬辐麦2号等;油菜主推品种为秦优10号、核优56、秦研211、蓉油11号等;棉花主推品种为鄂杂棉10号、鄂杂棉11等。　(王　娟)

【农业产业化概况】　2012年,马鞍山市继续实施全省农业产业化"671"转型倍增计划,以发展农副产品加工业为重点,做大做强加工型龙头企业,促进农业产业化经营水平提升,带动农业增效、农民增收。全年全市规模以上农产品加工企业实现产值226亿元,同比增长25.2%;龙头企业数量和规模得到大幅提升,并呈集聚发展趋势,含山县粮油食品加工集中区被评为省级农业产业化示范区;开工建设一批产业化项目;农业产业化发展带动全市农民人均增收850元。　(夏文建)

【三资投入农业持续增长】　全年全市引进新开工和增资建设"三资"农业项目130个,实际到位资金14.63亿元,占年度12亿元目标任务的122%,同比增长39%。其中,投资规模在亿元以上的项目数21个,1000万元以上的项目数89个。三资投入各行业的到位资金占总到位资金比例依次为:加工业31%、林业30%、种植业17%、养殖业15%、休闲农业占6%、市场建设1%。

【农业招商引资】　2012年,马鞍山市举办了合肥农交会企业对接会、2012马鞍山现代农业项目(上海)推介会两场农业专题招商推介活动,会上签订项目合作协议11个,协议金额达49.7亿元。组织农业招商小分队赴合肥、江苏、浙江、重庆、上海等地开展农业招商引资活动。年内,南京富腾房地产开发有限公司投资8亿元兴建姑孰现代农业生态观光园、马鞍山市诗城盆景艺术文化有限公司投资6亿元兴建诗城盆景艺术文化园等重点项目相继在马鞍山市落户。　(翟　艳)

【农业产业化龙头企业达130家】　2012年,农业产业化龙头企业重新评定,市级龙头企业由上年的91家增加到130家。全市过10亿元龙头企业5家,过亿元龙头企业23家。130家市级以上龙头企业营销总收入215亿元,利税总额10亿元。　(戎　洋)

【农业标准化示范基地建设】　全年全市建成8个国家级和9个省级农业标准化示范基地,涉及水稻、蔬菜、水产、畜禽养殖等。另有6个省级农业标准化示范基地通过复查认定。

【农产品质量安全例行监测】　2012年,实施市、县两级农产品质量安全例行监测制度,将全市农产品生产基地、农产品批发市场、大型超市及部分集贸市场全部纳入监测范围。县级主要承担蔬菜农残、生猪瘦肉精、水产品孔雀石绿、硝基呋喃的定性监测,市级主要开展蔬果、畜禽产品(含生猪、牛肉、牛奶、鸡肉、生鲜乳)、水产品(含河蟹、淡水小龙虾、多种鱼类)、蜂产品的定量监测,检测参数在4~12个不等。全年全市抽检农产品样品8741份。其中,蔬菜、水果样品6470份、畜禽产品6128份(其中,生鲜乳7份)、水产品159份、粮食11份。抽检合格率除蔬菜、水果为99.98%,其它均为100%。　(王志润)

【休闲农业与乡村旅游示范点认定】　2012年,市姚家寨生态农业发展有限公司、林海旅游发展有限公司、凤凰湖生态植物园有限公司3家企业获省级休闲农业与乡村旅游示范点认定。至年底,全市有省级休闲农业与乡村旅游示范点6个。年内,市农委和市旅游局共同开展了市级休闲农业与乡村旅游示范点创建活动,认定博望区智峰生态园、丹阳湖水产养殖专业合作社垂钓休闲中心、和县白果山庄、当涂县石桥农家乐休闲中心、当涂县雨顺水产养殖有限公司休闲渔庄等5个园区为马鞍山市休闲农业与乡村旅游示范点。

【"三品"认证】　2012年,和县万谷粮油有限责任公司生产的"月芽米"、"万谷香米"、"中圆粥米"、当涂县龙山桥粮油工贸有限公司生产的"江南鼠牙米(灿米)"、"太白粒粒香(粳米)"、"青山雪糯(籼米)"6个产品获绿色食品认证;当涂县苦菜圩水产养殖有限公司生产的河蟹、青虾、鳜鱼、鲢鱼、鳙鱼5个产品获无公害农产品认证。　(章炜炜)

【农资打假】　全年全市检查农资生产经营单位1736家次,出动执法人员5042人次。查处案件23起,其中种子14起、肥料4起、农药5起,涉及货值14.09万元,罚款5.6万元。开展农资产品质量监测,抽检农资样品203个,其中,农药85个、肥料70个、饲料48个,抽检合格率分别为96.47%、82.86%、100%。对不合格肥料经营者进行了处罚。　(秦家乐)

·第三产业·

【运输邮电】　2012年,全市交通系统完成固定资产投资24.67亿元,较上年增长31.36%;重点项目完成投资16.6亿元,较上年增长43.6%;争取各类政策性和计划外资金8.46亿元,位居全市第三位;完成客运量6940万人,同比增长66%;客运周转量666666万人/公里,同比增长96%;货运量14.85亿吨,同比增长14%;货运周转量220亿吨/公里,同比增长24%。

2012年,市邮政局全年实现邮政业务总收入1.4亿元,收入规模排全省第九位,完成省公司计划的100.09%,全省排名第11位;全员劳动生产率达到9.5万元,增长率18.52%;全年利润目标完成省公司计划;服务质量综合满意度超过集团公司和省公司考核标准;省级集邮文化先进城市创建顺利通过省有关部门验收,12月31日获得授牌;全年无重大安全责任事故。

【商业概况】 截至2012年底,全年社会消费品零售总额完成262.94亿元,同比增长16.5%。全市有限额以上商贸企业259家;其中,含山县27家、和县34家、当涂县31家、花山区93家、雨山区42家、博望区8家、市经济技术开发区21家、慈湖高新区3家;分行业为批发业31家、零售业137家、住宿业29家、餐饮业62家。全年新增60家,超上年全年数;其中,三区新增22家,三县新增33家,开发区新增5家。全市20家重点零售商业企业中有3家营业额突破5亿元。为22家商贸企业争取上级扶持资金3600万元,扶持商贸项目28个。2012年,全市限额以上批发零售企业统计的20个大类商品中,有16个大类保持增长;吃、穿、用类商品分别增长12.9%、17.6%和42.3%。分零售商品类别看,汽车类零售额增长92.3%,石油及制品类增长65.7%,金银珠宝类增长27.1%,家电类增长15.1%。

外贸进出口在马钢进口大幅下滑的压力下,全年完成36.5亿美元,总量居全省第三位,完成市政府确定的目标。其中,外贸出口值12亿美元,同比增长51.3%,中小企业进出口值11.2亿美元,同比增长19.1%,机电产品出口额4.2亿美元,同比增长42.1%,加工贸易进出口额1.2亿美元,同比增长82.8%,占比提高1.8个百分点。

外经营业额完成3.1亿美元,劳务输出850人,分别超年度目标1.6亿美元、250人。在全省16个城市中,位居第二。

【物价概况】 2012年,马鞍山市居民消费价格指数同比上涨2.0%,低于全省平均水平。全年价格举报中心受理咨询举报981件,其中,举报56件,政策咨询925件,实施经济制裁1.06万元。

【房地产开发概况】 2012年,全市新设立房地产开发企业35家,晋升二级资质2家,晋升三级资质6家,晋升四级资质2家,资质变更12家,资质延续103家。至年底,全市(含三县)有开发企业340余家,注册资本约119亿元,专业技术人员3500人,从业人员达8000多人。

2012年,全市完成房地产开发投资211亿元,其中商品房开发投资122亿元,施工面积880万平方米,新开工面积413万平方米,竣工面积215万平方米,分别完成年度计划的122%、105%、114%、109%。 (陈慧娟)

【旅游综述概况】 2012年,全市旅游总收入110.83亿元,同比增长35.17%;接待国内旅游人数1552.17万人次,同比增长25.97%;接待海外旅游者82678人次,同比增长38.20%;旅游外汇收入13461.49万美元,同比增长64.08%。

全市现有A级旅游景区14个,其中4A级1个,3A级9个;旅游星级饭店20家,其中五星级2家、四星级酒店6家、三星级9家;绿色旅游饭店6家,其中金叶级2家,银叶级4家;旅行社51家,持国家导游证导游人员411人;省级星级农家乐55家,其中五星级5家,四星级9家;全国工业旅游示范点2处;全国农业旅游示范点1家;省旅游星级餐馆18家,其中五星级3家,四星级9家;全市旅游商品定点生产企业32家。全市拥有8个旅游乡镇,其中当涂太白镇、当涂县姑孰镇为“最佳旅游乡镇”。另有凤凰湖原生态休闲山庄、甑山生态园、姚家寨生态园、太白生态乐园、绿野生态度假园等一批休闲旅游项目形成了有影响的区域品牌。 (王西坡)

【马鞍山经济技术开发区概况】 2012年,马鞍山经济技术开发区完成技工贸收入312.2亿元,按主营收入2000万元以上的新口径统计,实现规模以上工业总产值205.68亿元,同比增长8.9%,实现规模以上工业增加值54.65亿元,同比增长30.6%;战略性新兴产业完成产值51.5亿元,同比增长53%;限上商贸企业完成社会消费品零售总额10.65亿元,同比增长53.7%;完成财政收入17.33亿元,同比增长23.7%;实现外贸进出口总额2.84亿美元,其中进口1.34亿美元,出口1.5亿美元。

2012年,在商务部公布的国家级经开区2011年度综合发展水平评价结果中,马鞍山经济技术开发区在列入考核的90家国家级经开区中,综合排名第30位,较上年度提升26位,在中部21家国家级经开区中排名第七位,在安徽省位列第三位。12月13日,经省经信委批准成为安徽省首家省级电子信息产业园。 (张效彬)

【招商引资概况】 2012年,全市实际到位资金1345.72亿元,同比增长51%,完成确保、考核、力争目标的119.73%、117.74%、114.53%。其中,实际利用内资1260亿元,同比增长51.4%;实际利用外资13.39亿美元,同比增长34.4%。分别完成2012年内外资确保目标的120%和115.14%;完成2012年内外资考核目标的117.98%和113.61%;完成2012年内外资奋斗目标的114.75%和110.79%。从利用内外资产业类别看,一、二、三产业吸引到位资金比例为2.57%、39.79%、57.64%。

全市新增在谈项目1216个,意向总投资5240亿元。新签约项目1777个,较上年同期增加1019个,其中亿元以上项目403个(不含房地产);协议总投资2965亿元,同比增长29%。三产个数分别为121、795、861个,按总投资计算,占比为4:42:54;新开工项目880个,同比增长291个;总投资1307亿元,同比增长11%。三产个数分别为68、458和354个,按总投资计算,占比为4:43:53。

2012年,全市利用省外资金主要来源于长三角、广东、福建地区。其中长三角共603.3亿元,占省外资金的62%;广东和福建218.36亿元,占省外资金的23%。 (招商局)

【信息化建设】 2012年,花山区被认定为第三批安徽省信息化与工业化融合示范区,马鞍山港口(集团)有限责任公司、安徽盘景水泥有限公司等8家企业被认定为第三批安徽省信息化与工业化融合示范企业,安徽徽铝等12家企业被评为市级两化融合示范企业。完成国土资源执法视频监控系统和社区网格化综合信息平台 2 个重点信息化项目建设并投入使用。做好《每周部门网站信息更新情况通报》。组织申报安徽省文明网站,开展网上在线访谈,改版网上金融超市网站,制作企业政策网上汇编;做好公民站、企业站、投资站、旅游站的日常维护工作,政府网站信息更新及时、准确、高效。市政府门户网站被评为全省优秀政府网站和首届安徽省文明网站。

【党政统一机房的网络运维】 定期巡检中心机房、楼层弱电间的设备、配线、环境等,妥善处理多起网络故障,及时消除计算机病毒对网络的影响;为入驻行政中心的 33 家单位提供技术支持与服务,调试开通新信息点或解决个人计算机故障 600 余次;管理服务器 40 余台,应用网站 70 余个;调整政府网二级域名 400 余次,电子政务内外平台运行正常。组织公安、保密、网宣对政府网站群进行安全专项检查,全年堵塞内部漏洞 5 起,消除安全隐患 2 起;十八大期间邀请 3 家知名安全软件公司进行安全监测,做到提前预警、处置及时、防护得当。

(何　耀)

社会事业

【社会事业发展情况】 全市建设全面小康社会综合实现程度为 97.1%,比上年提升 2.6 个百分点。从 42 项建设全面小康社会监测指标看,有 30 项指标提前实现建设全面小康社会的预期目标,比上年增加 4 项。

城市建成区面积 86 平方公里,城镇化率达 61.4%。东环路高速化改造、105 省道改建工程建成通车。完成 57 个老旧小区整治三年计划,50 个美好乡村示范村加快建设。

实施城市中心区道路、广场及街头游园和城市入口绿化改造,建成 4 座街头游园。新增绿地面积 155 公顷,市区人均公园绿地面积 15.2 平方米,建成区绿化覆盖率 43.3%。

全年专利申请量 3944 件,比上年增长 97.2%。66 个项目被省级以上科技计划项目立项,其中,国家科技支撑计划、国家 973 计划、国家火炬计划等国家级项目 39 项。全年组建市级工程技术研究中心 21 家、重点实验室 9 家,组建全市第四家院士工作站——威龙科工贸院士工作站。

全年高新技术产业产值 590 亿元,比上年增长 10.3%。高新技术企业 167 家,高新技术产品 528 个。民营科技企业 288 家,技工贸总收入 103 亿元。

全年财政用于教育的支出 29.8 亿元,比上年增长 19.2%。全市高等院校 6 所;中小学及其他各类学校 660 所,其中,幼儿园 219 所,小学 312 所,特殊教育学校 3 所,普通中学 102 所。全市省一类幼儿园 7 所,省示范高中 11 所,省特色初中 1 所,省特色小学 2 所,国家重点职业学校 5 所。全市中小学及其他各类学校共有在校学生 33.76 万人、教职工 2.29 万人。全市高中阶段在校学生 8.68 万人,高中阶段教育毛入学率 108.98%。

举办各类人才招聘会 144 场,组织赴清华大学等外地招才引智 6 次,引进高层次人才 140 人。24 个引智项目被国家和省批准立项,其中国家级 1 项、省 1 项,已实施 14 项引智项目,引进国外专家 18 人。新增 4 个博士后工作站,建成省级技能大师工作室 4 个,其中国家级 1 个。

创建国家公共文化示范区建设扎实推进,成功举办第 24 届马鞍山中国李白诗歌节、第 27 届“江南之花”群众文化节、第三届“周末大舞台”等文化活动。年末拥有公共图书馆 17 个,藏书 196 万册;专业艺术表演团体 9 个,文化馆 7 个;广播人口覆盖率、电视人口覆盖率均为 100%。综合档案馆 7 个,档案资料 117.14 万卷(件),总建筑面积 1.5 万平方米。

全市有卫生机构 860 个。其中,医院、卫生院 93 个;社区卫生服务机构 105 家;标准化村卫生室 388 所。共有病床 6506 张,卫生技术人员 9737 人。全市以乡镇为单位四苗、五苗接种率 99%,乙肝疫苗首针接种率 99%。

成功举办首届马鞍山体育舞蹈公开赛、“丰盛杯”第二届长三角城市自行车越野邀请赛、南京都市圈城市龙舟邀请赛、第 38 届元旦环湖长跑等活动。举办了全市中小学 13 项体育比赛和大专院校 8 项体育比赛等。在全省率先将高校体育竞赛列入市级体育部门的竞赛计划。参加省常规比赛获得奖牌 208 枚,其中,金牌 67 枚、银牌 73 枚、铜牌 68 枚。

全市已发现 38 种矿种;其中,金属矿产 10 种,非金属矿产 26 种,水汽矿产 2 种。查明资源储量的矿种共计 27 种;其中,金属矿产 5 种,非金属矿产 22 种。

全年安排减排重点工程 65 项,市发电厂燃煤机组脱硫、山鹰公司循环硫化床锅炉炉内脱硫等工程相继建成。东部污水处理厂建成运行,全市共运行污水处理厂 9 座,城市生活污水处理率达 83% 以上。节能降耗、主要污染物排放量控制在省下达的指标以内。全市空气质量优良率 93.7%,城市饮用水水质达标率 100%。工业废水排放达标率 99.8%。

全市亿元 GDP 安全事故死亡人数 0.13 人。

年末全市户籍人口为 228.37 万人,比上年末减少 0.24 万人。其中,农业人口 146.87 万人,非农业人口 81.5 万人。据抽样调查,人口出生率为 10.3‰,死亡率为 5.45‰,自然增长率为 4.85‰。

全年累计新增就业 5.51 万人,其中下岗失业人员再就业 2.88 万人,“4050”人员等困难群体再就业 6459 人,城镇登记失业率为 2.8%。抓好下岗失业人员再就业培训,完成就业再就业技能培训 2.2 万人,创业培训 1.15 万人。全市城镇职工基本养老保险参保人数为 38.33 万人,失业保险参保人数 24.09 万人,医疗保险参保人数 46.58 万人,工伤保险参保人数 30.07 万人,生育保险参保人数 62.85 万人。城镇居民医疗保险参保人数 50.29 万人。全市新型农村社会养老保险参保人数 98.5 万人,参保率为 90.3%。被征地农民养老保障实现即征即保,参保人数为 11 万人。

城乡低保标准和补助水平稳步提高,城镇居民低保标准提高到户月人均 405 元,农村低保标准提高到户年人均 3840 元。全市城乡最低生活保障救助 113.16 万人次,全年支付低保金 2.78 亿元。全市社会收养性福利床位数 1.12 万张;抚恤、补助各类优抚对象 1.68 万人;接受社会捐赠 900 万元;拥有便民利民服务网点 680 个。全市福利彩票销售 1.82 亿元,比上年增长 25.4%;筹集福利彩票公益金 5458.5 万元,比上年增长 21%,其中市本级 2046.9 万元。

(许　峰)

【计划生育】 2012 年,全市出生 21936 人,人口出生率为 9.45‰,出生人口政策符合率为 97.7%,出生人口性别比 112.12。全市流动人口全员信息系统登记流动人口 50.85 万,约占总人口22%。其中,流出人口45.73万万。2012年,马鞍山市继续以稳定低生育水平为核心,以严格控制政策外生育和综合治理出生人口性别比为重点,加强农村人口计生工作,建立城市和流动人口计生工作新机制,进一步推进人口计生综合管理措施。全市深入开展计划生育宣传教育,大力推进“阳光计生”行动,加强城市和流动人口计生管理工作。强化出生人口性别比综合治理,有效遏制出生人口性别比升高趋势。继续实施计划生育家庭奖励扶助政策,全市确认计生奖励扶助对象7032人,发放奖励扶助资金934.254万元。广泛深入开展以计生手术服务、生殖健康咨询、三查一治等为内容的计划生育优质服务,进一步提高了育龄妇女的生殖健康水平。

(丁家强)

【人力资源和社会保障】 2012年,全市人力资源和社会保障部门坚持以“民生为本,人才优先”为主线,以促进就业和社会保障为重点,深入实施积极的就业创业政策,全市实现城镇实名制新增就业5.54万人,期末城镇登记失业率为2.8%,控制在4%的目标内。加强各类人才队伍建设,开展职业技能培训和职业技能鉴定5.18万人(次),专业技术人员培训1.9万人次。加快完善城乡社会保障体系,扎实推进“民生工程”,不断提升人力资源和社会公共服务水平。全市参加五项社会保险(基本养老、失业、医疗、工伤、生育保险)人数达171.91万人,累计征收社会保险费36.87亿元,比上年增加1.51亿元,增幅4.3%。

【公共就业服务】 着力完善公共就业服务平台,建设统一、规范、灵活的人力资源市场。新人力资源市场已进入内外装饰阶段,项目投资9800万元,建筑面积1.73万平方米。全市397个村实现就业信息网络互联互通,覆盖率达100%。19个社区成立创业指导室,13个社区被命名为首批“省级充分就业星级社区”,东苑社区被评为“国家级充分就业示范社区”。举办就业政策培训班6期,培训社区专管员230余人。建立就业工作例会制度,实行就业实名制。建立人力资源市场职业供求分析季报制度。进一步做好灵活参保人员缴费银行代扣工作,新增参保1688人,累计代理参保61408人。承担《职业指导服务规范》国家标准的框架制定和起草工作,9月,将《职业指导服务规范(初稿)》上报人社部。积极推进人力资源配置市场化改革,在全省建成首家人力资源服务产业园,已有广州红海、北京易才、上海嘉博等6家国内知名人力资源公司入驻产业园。全年实现城镇实名制新增就业5.54万人,其中失业人员再就业2.88万人、就业困难人员再就业6459人。城镇登记失业率为2.8%,控制在4%的目标以内。农村劳动力转移就业3.11万人。

(吴成友)

【教育】 2012年,全市有基础教育学校633所,在校学生298261人,专任教师18211人。其中,幼儿园219所,在园幼儿47777人,专任教师1848人;小学312所,在校生127281人,专任教师8083人;初中74所,在校生75378人,专任教师5378人;普通高中28所,在校生47825人,专任教师2902人。幼儿园毛入园率95.90%,小学毛入学率102.54%,初中毛入学率118.22%,高中毛入学率108.98%。中等职业学校13所,在校生38985人,专任教师1338人。全日制高等院校6所,在校大学生48335人,专任教师2750人。

重点工作全面推进。修订印发《马鞍山市“十二五”教育事业发展规划》;积极实施承担省基础教育体制改革6个试验项目;加快实施省市共建职业教育试验区建设。2月,市政府与省教育厅签订省市共建职业教育试验区框架协议,确定到2013年基本实现职业教育现代化,2015年职业教育发展主要指标达到长三角地区中上等水平,建成区域性、服务全省的现代加工制造业人才培养基地和面向“长三角”地区现代加工制造业高技能人才培养培训基地。

扎实推进教育体制改革,加快城乡教育一体化建设。市六中、市十一中整建制移交给所在区政府。成功学校改制成完全的民办学校。推广市九中小班化教育教学模式。马鞍山职业技术学院和马鞍山技师学院实质性合并。组织上海名校专家对180名农村义务教育骨干教师进行卫星远程互动培训。举办数字化校园建设巡回培训班。统筹市县区教研工作。组织68所市区(县城)学校和农村学校开展城乡学校网上结对互动共建,依托市导师团筹建“马鞍山教育名师网”。

加快学前教育发展。出台《马鞍山市新建小区配套幼儿园建设管理使用办法》。全年计划38个学前教育建设项目,开工72个,完工61个。落实市级专项经费1210万元,用于对各县区普惠幼儿园建设奖补和困难家庭学前教育补助。制定《全市普惠性幼儿园管理办法》,命名普惠性幼儿园174所。至2012年底,普惠性幼儿园比例79.5%,学前教育三年毛入园率95.9%。加强幼儿园教学管理,制定规范办园指导意见和幼儿园一日活动指导意见,聘请29位专家组成市学前教育专家指导组,加强对幼儿园保教和家长科学育儿的指导。

加快职业教育现代化建设。以市为主统筹各层次职业教育发展,指导和县布局调整,取消4所学校的招生资格,完成市职教中心和市信息技术学校实质性合并,新成立皖江职业教育中心学校。积极争取国家中等职业教育基础能力建设项目中央和省级专项经费,中职学校获得省三重项目6个(三个重点建设专业、3个重点建设实训基地),马鞍山信息技术学校信息技术主楼和马钢高级技工学校教学楼项目通过省级评审,共获得中等职业教育2012中央预算内投资2000万元,另外获得德国复兴信贷银行1500万欧元促进贷款用于职业教育建设与发展。探索非全日制教学,出台《中等职业学校非全日制学历教育管理工作的意见》,集中全市各校资源建成马鞍山市非全日制中职学历教育网上平台,开设会计等12个网络教学专业。指导开发13门市级精品课程,9门被省教育厅立项。举办职业教育与装备制造业对接洽谈会。组织开展全市职业院校技能大赛,组队参加全省技能大赛,获得16个一等奖。

抓好品牌促进社区教育发展。积极开展省级社区教育示范区和街道创建工作,2012年当涂县、姑孰镇和平湖街道通过省级评估。全市拥有全国社区教育实验区1个,全省社区教育实验区2个,全国社区教育示范街道2个,全省社区教育示范街道7个。9月,举办马鞍山市第三届全民终身学习活动周,开展“马鞍山市社区教育工作会议”、“马鞍山市志愿服务队成立”、“爱心助教——志愿者服务进社区活动”、“干部在线学习推进月”、“全市中华经典教育活动”、“马鞍山市第二届青年创业大赛活动”等13项活动。马鞍山市已连续3年举办“全民终身学习活动周”,并获得全国“全民终身学习活动周”优秀组织奖,2012年,马鞍山市被中国教育发展战略学会终身教育工作委员会推荐为首批全国建设学习型城市26个案例城市之一。

加强学校德育工作。加快全国青少年校外活动示范性综合实践基地建设,完成环境教育馆、交通安全教育馆、禁毒馆教育、法制教育馆等建设。投资1800万元在全市所有街道乡镇建立学校少年宫85所,实现马鞍山学校少年宫全覆盖。在爱国主义教育基地和社区、乡镇、工矿企业、驻军部队、社会服务机构等建立多种形式的学雷锋志愿服务活动基地。举办全市第18届青少年爱国主义读书教育活动,2012年再次荣获全国中学生演讲、征文一等奖。举办全市第十一届中小学运动会,组队参加全省第十一届中学生运动会。组织开展全市第20届校园文体节活动,举办"阳光下成长"第四届中小学艺术展演美术作品展和音乐文艺展演活动。(孟 永)

【教师队伍建设】 2012年,全市教育系统新评选第四届市学科带头人98名、市骨干教师485名。教师队伍建设"新干线"项目,在全市2011年度人才工作优秀创新项目评选中获一等奖第一名。开展第28届教师节"忠诚党的教育事业,争当教书育人模范"主题活动。2名教师获省20位"江淮好老师",3名教师获省"江淮好老师"提名奖。表彰市校园"十佳道德模范"、"十佳青年教师"、"十佳模范班主任"和369名优秀班主任。开展"学雷锋行师德争做学生喜爱的好教师"主题实践活动。执行"师德问题"一票否决制度。全年选派培训中小学教师15784人,其中"国培"项目5612人、"省培"项目6657人、"市培"项目3395人,参加培训的教师占中小学专任教师的83%。开展"幼师国培"、职业院校教师素质提高培训、骨干教师示范性集中和远程培训、微软(中国)"携手助学"创新教师培训、2012—2013学年度高中、初中、小学教师"有效学习内容"专题省级全员远程培训。实施"接力·明天"青年教师第四期培训项目。对含山县、和县初中学科1705名教师开展全员培训。含山、和县、当涂县180名农村义务教育骨干教师进行远程教育培训试点。举办首届中小学心理健康教育180名教师培训班,举办首届专、兼职92教研员培训班。实施特聘教师计划。选派10名优秀教师到皖北支教,选派2名教师援疆支教。开展中小学教师职称制度改革试点工作。

(李金明)

【科学技术】 2012年,慈湖高新技术产业开发区升级为国家高新技术产业开发区,全市高新技术产业产值实现590亿元,高新技术产业增加值占规模以上工业增加值比重达到32.5%以上。10个项目被评为2012年度省科技奖,其中2个项目被评为省科技进步一等奖。市本级应用技术研究与开发资金7600万元。申请专利4412件、授权2293件,分别增长80%和66%。登记技术合同333项,技术合同交易额6.2亿元,同比增长190.8%。(王小嵘)

【文化事业】 至2012年底,全市有县级以上公共图书馆7座,公共文化馆7座,博物馆11座,影剧院8座。各级文物保护单位共144处,其中国保单位4处、省保单位20处、市保单位48处、县保单位72处。全年完成44家农家书屋、29家电子阅览室、博望综合文化站、9个街道社区24小时自助图书借还系统等文化民生工程建设任务。(吴坤地)

【卫生事业】 2012年,马鞍山市有卫生机构860个,其中市区370个,三县490个;医院、卫生院93家;床位总数6741张,其中市区床位3893张,三县2848张。全市和市区平均每千人口床位数分别为2.95张和4.74张;全市有卫生人员13064人,其中卫技人员10061人(含乡村医生等),卫生人员中市区有7883人,三县5181人;平均每千人拥有卫技人员4.4人,其中市区每千人拥有7.77人,三县每千人拥有2.51人;诊所、卫生所、医务室从医人员400人。全市年门诊量778.1万人次,年急诊量27.1万人次。120全市急救网络接警26092起,实施救护21792人次。全市有14369人次参加无偿献血,献血量17368单位,自愿无偿献血比例100%。

(周衡安 李 明)

【体育事业】 2012年,全市有市体育运动学校1所,青少年业余体校1所,市体育馆1个,体育单项协会17个。国家级、省级社区体育俱乐部12个,国家级农民体育健身工程4个;省县级全民健身广场12个,省乡镇级全民健身广场16个,农民体育健身工程406个;社区体育健身路径245条,登记注册的全民晨晚练点317个,市、县国民体质监测中心(站)各1个,社会体育指导员培训基地4个、各级社会体育指导员2176人。至年底,全市建有国家级青少年体育俱乐部6所,省级青少年体育俱乐部8所,市级青少年体育俱乐部10所;省级体育传统项目学校13所,市级体育传统项目学校13所,省级体育专项特色学校4所,市级体育专项特色学校10所,市级青少年体育后备人才基地6所。(陈 洁)

芜 湖 市

国 民 经 济

·工业经济·

【工业行业】 2012年，面对宏观经济环境错综复杂、经济下行压力加大的形势，全市围绕稳中求好、好中求快的，落实稳增长、调结构政策，推进工业转型升级，帮助企业破解发展难题，全市工业经济保持平稳较快增长的良好势头。

工业总量扩大、增速加快。2012年，全市规模以上工业实现产值4233.85亿元，同比增长17.3%；实现工业增加值1080.23亿元，同比增长17.3%，增幅高于全国7.1个百分点，高于全省1个百分点，占全市GDP的比重达59.6%，同比提高11个百分点，工业总量继续保持全省第二位。

工业经济运行质量和效益稳步提升。全市规模以上工业实现销售收入3889.50亿元，比上年增长17.6%；实现利税总额387.02亿元，增长20.4%，实现利润总额199.61亿元，增长13.9%；工业经济效益综合指数达311.8%，比上年下降1.6个百分点。

工业主要产品产量。汽车56.40万辆，比上年下降11.5%；汽车仪表386.12万台，比上年增长17.5%；船舶128.28万载重吨，比上年增长2.5%；空调1410.46万台，比上年增长1.4%；水泥1522.94万吨，增长5.6%；钢材345.83万吨，增长23.8%；铜材41.71万吨，增长41.8%；全市发电量153.54亿千瓦时，比上年增长23.4%。

工业投资规模扩大。2012年全市完成工业投资859.78亿元，比上年增长17.1%，占全部固定资产投资比重的50.6%。

工业重大项目建设加快。新兴铸管三山基地项目、格力空调一期、美芝精密空调压缩机、奇瑞整车改扩建，海创弋江高新节能装备制造基地，宝骐新能源汽车、芜湖循环经济产业园、鑫科高精度电子铜带、奇瑞发动机和变速箱改扩，奇瑞重工重型机械、飞利浦瑞华LED、德尔小家电等重点项目建设加快。

产业结构壮大，战略性新兴产业增长较快。四大支柱产业实现增加值719.78亿元，比上年增长14.4%，占规模工业的比重达66.6%；汽车及装备制造首位产业实现增加值424亿元，比上年增长23%；战略性新兴产业发展加快，实现增加值242亿元，比上年增长35%。

工业企业数量增加。全市新增规模以上工业企业294户，规模以上工业企业总数扩大到1718户，产值超100亿元企业3户、超10亿元企业71户、超亿元企业655户，分别较上年增加3户、18户和168户。

【工业技术改造】 以支柱产业、首位产业和新兴产业为重点，谋划并实施一批对促进产业升级牵动作用大的技术改造和技术创新项目。全年列入安徽省“百千工程”技术改造导向计划项目220项，投资705.62亿元，分别比上年增长13.75%和53.19%。全年完成工业投资840亿元，同比增长20%以上，其中工业技术改造完成投资403亿元，同比增长30%。奇瑞重工、新兴铸管三山大型铸锻件、长信科技、东旭光电、格力电器、恒安纸业、双汇食品等投资10亿元以上重大技术改造项目建设加快、进展顺利。围绕技术改造、中小企业创新发展等帮助企业向上申报项目，争取到位国家和省级专项资金6628万元。牵头推进民企合作、皖粤对接，成功与全国知名企业合作项目217个，总投资2178.5亿元，已开工项目169个，完成投资657.33亿元；实施皖粤对接项目57个，总投资644.15亿元，已开工项目37个，完成投资101亿元。

【企业技术创新】 抓住合芜蚌自主创新综合实验区和承接产业转移示范区建设的机遇，推进自主创新，促进产业升级。全年新增高新技术企业60家、高新技术产品180个；新增国家级研发机构3家，其中新增鑫科新材料、鑫龙电器两个国家级企业技术中心；新增省级研发机构27家，其中新增广东美的（芜湖）制冷设备公司等19家省级企业技术中心；新增市级企业技术中心16家。鑫龙电器成为国家创新型试点企业，新芜经济开发区被列为省级高新技术产业开发区，无为县被国家科技部命名为特种电缆产业知名品牌示范区。出台企业股权和分红激励试点配套政策，支持鼓励企业自主创新。企业技术研发成果显著，全年专利申请14958件，授权9046件，均居全省第一位。引进和培育高端人才1720人、创新创业团队40个；培育培训各类人才2.9万人，全市成为全国首批23个国家知识产权示范城市之一。编制科技创新项目207项，总投资68亿元，其中列入全省创新导向计划项目102项，总投资22.3亿元。奇瑞公司、鑫科集团等企业研发的一批科技含量和附加值高的项目填补省内空白，并实现产业化、规模化生产。安得物流、精诚铜业等企业成为安徽省自主创新品牌示范企业，埃泰克技术创新项目获得国家“核高基”资金支持，绿叶制药等三家企业被授予安徽省产学研示范企业。

【工业节能降耗】 围绕年度工业节能目标，加强对企业能源消耗监测分析，实行市、县（区）和企业三级节能预警调控预案，加大对重点行业、重点企业能耗动态监控，及时采取措施，做好调控。加强对新上工业项目的节能审核，从源头控制高耗能项目，引导和鼓励企业实施节能技术改造，降低能耗，完成省政府下达的年度节能目标任务。万元GDP能耗下降4.88%，万元工业增加值能耗下降10.8%，超额完成省政府下达的年度工业节能目标任务。

【资源综合利用】 广泛利用工业废渣、矿渣、粉末生产新型建筑墙体材料，全年完成新型墙体材料总量34.8亿标块，新墙材应用面积达到701万平方米,折合节约土地382.8公顷,节约能源22万吨标煤;散装水泥使用量400万吨,折合节约标煤3.7万吨、节电2880万千瓦时、节水480万立方米,连续三年获得全省先进市称号。

【淘汰落后产能】 完成省经信委下达的淘汰落后产能计划,全年关闭小企业56户、小煤矿4户、非煤矿山19户,完成年度计划任务。淘汰落后水泥产能12万吨、淘汰蓄电池产能30万千伏安时。按照省市部署,开展非煤矿山专项整治,对全市164户非煤矿山进行安全对标检查,按照到2015年全市关闭整顿非煤矿山一半以上的目标任务,对储量小、不达标、安全隐患突出的非煤矿山实施关闭整顿,荣获全省非煤矿山调整振兴工作先进市称号。

【首位产业】 按照"首位产业、首位扶持"的思路,成立高规格首位产业发展战略研究推进组,建立协同推进机制,围绕汽车及零部件、新能源汽车、基础装备及关键基础件、农业装备、物流设备及工程机械、节能环保装备、航空及配套设备、船舶及配套设备八大重点领域,开展产业深度研究和招商引智,集中有限资源,多措并举、合力推进首位产业发展。全市首位产业实现产值1780亿元,占规模工业42.2%;增长24%。全市首位产业实现增加值441.42亿元,占规模工业的40.9%;比上年增长23.0%。

【新兴产业】 制定战略性新兴产业发展引导资金管理办法,印发战略性新兴产业重点领域发展指引意见,围绕高端装备制造、电子信息、节能环保、新材料四大重点领域,积极推进国家战略性新兴产业区域集聚发展试点,加快培育发展战略性新兴产业。全市战略性新兴产业实现产值971.6亿元,同比增长43.4%,总量位居全省第二、增速位居全省第三;全市战略性新兴产业实现增加值246.85亿元,增长39.2%。

【开发区建设】 开发区经济运行平稳。2012年,纳入全省考核的全市8个开发区当年GDP实现1015.13亿元,实现工业销售收入3804.09亿元,实现财政预算收入148.89亿元,完成固定资产投资771.61亿元,从业人员30.31万人。开发区利用外资主体位次上升趋势明显。2012年,全市开发区实际利用外资9.70亿美元,占全市72.4%,外商直接投资完成9.47亿美元,占全市72.0%,新批外资项目21个,占全市80.77%,合同外资完成34570万美元,占全市85.92%。芜湖经济技术开发区利用外资再创新高,全年实际利用外资达5.02亿美元,在全省90个省级以上开发区中位列第一,同比上升1位,无为经济开发区排名第13,同比上升1位,高新技术开发区排名第33,同比上升4位,新芜经济开发区排名第14,同比上升2位。

全市在建亿元以上工业项目255个,总投资2546.4亿元,其中新开工项目120个,总投资890.66亿元,开发区新开工项目10个,总投资218.6亿元,投产项目10个,总投资106.9亿元。汽车及零部件、电子电器、新材料等支柱产业比重不断提高,节能环保、装备制造、电子信息、生物医药战略性新兴产业项目均落户于各个开发区内。全市省级及以上工程技术中心、重点实验室32个,其中国家级2个,开发园区已成为科技创新和高新技术产业发展的重要基地。

【示范区建设】 江北产业集中区顺利完成管理体制调整,核心区基础设施建设完成投资20亿元,16个重点产业项目开工建设,总投资达161亿元。芜湖承接产业转移集中示范园区获批,并作为三山经济开发区区中园享受省级开发区权益。推进开发区转型升级,经济技术开发区加快"二次创业"步伐,长江大桥开发区新区建设全面推进,高新技术开发区新兴产业集中度提高,新芜开发区荣获省级高新区。

【节能减排】 实施节能惠民工程,奇瑞16款乘用车、贝斯特等37款太阳能热水器进入国家"节能产品惠民工程"推广目录。实施72个重点节能项目建设,芜湖海螺、信义玻璃、富鑫钢铁等余热发电重点节能工程投入使用。加快落后产能关停并转,淘汰落后产能小水泥企业1家,关闭小煤矿4家,整顿关闭非煤矿山19家。加强机动车排气污染防治管理,实施水泥低氮燃烧等78个减排项目,城东等3个污水处理厂加快建设。

【循环经济】 芜湖循环经济产业园启动建设,南翔羽绒等4家企业被评为省级循环经济示范单位,芜湖市被确定为全国第二批餐厨废弃物资源化利用和无害化处理试点城市、全国再生资源回收体系建设试点城市。

【新能源开发利用】 芜湖市荣获首批全国新能源示范城市,信义光伏二期10兆瓦、三期15兆瓦、鼎晟能源20兆瓦光伏发电项目列入国家金太阳示范工程目录,华电无为严桥风力发电项目获批开展前期工作,南陵凯迪30兆瓦生物质能发电厂建成试运行。

【民营经济】 近年来,芜湖市民营经济发展呈现规模扩大、速度加快、结构优化、贡献提升良好态势,2009年至2012年芜湖连续四年获得安徽省发展民营经济先进市称号,2011年度芜湖被国务院授予"全国创业先进城市"称号。

截至2012年末,芜湖市有各类型市场主体135406户,其中民营经济实体130962户,占总数的96.72%,其中私营企业26001户,外商投资企业530户,个体工商户103608户。全市规模以上工业企业1718家,其中民营企业1608家,占规模企业总数的93.5%。产值超亿元企业655家,其中民营企业579家,占88.4%;产值超百亿元企业3家,民营企业1家。2012年全市民营经济实现增加值1069亿元,占芜湖市地区生产总值比重为64.5%,比2011年提高0.8个百分点;民营经济实现入库税金203.64亿元,比上年增加1.54个百分点;全市外贸进出口民营企业523家,占全市各类外贸企业总数97.74%,2012年全市民营企业实现外贸进出口总值31.79亿美元,比上年增长23.91%。全市民营科技企业473家,其中,民营高新技术企业289家,占全市高新技术企业总数90%,2012年民营高新技术企业实现销售收入799亿元,户均达到2.7亿元。自2011年至2012年,芜湖市有4家企业跻身中国民营企业500强行列。

·农业和农村经济·

【概况】 2012年,全市实现农林牧渔业总产值211.29亿元,首次突破两百亿元大关;农民人均纯收入实现9675.49元,比上年增加1262.49元,增长15%。2012年,全市生产粮食133.7万吨,比2011年同期增幅4.6%,其中,水稻产量114.05万吨,比2011年同期增幅4.3%;小麦产量11.43万吨,比2011年同期增幅6.51%,全市粮食连续九年增产。2012年全市超级稻共建立万亩示范片14个,千亩示范方34个,百亩攻关点67个。种植面积由2011年52万亩扩大到67.6万亩,超7.6万亩。平均单产622公斤,亩增产65公斤,总增效11652万元。其中一季稻52.2万亩,单产643.9公斤。精心组织实施了12万亩国家优质油菜生产基地建设项目,2012年,全市油料总面积92.78万亩,比2011年96.02万亩,减少3.37%;总产量15.30万吨,比2011年15.09万吨,增加1.38%,亩均单产已达到164.89公斤。2012年棉花播种总面积67.30万亩,总产量6.09万吨,比2011年5.44万吨,增加11.81%。单产90.45公斤,比2011年79.53公斤(皮棉),增长13.74%。棉花种植主要开展了高产技术攻关,推广配套适用新技术,全面推行了棉花水浮育苗、控失型配方肥、棉花新型调节剂—棉太金等轻简化栽培技术。2012年全市生猪出栏78.66万头,较2011年增加4.17万头,增长5.60%;家禽出栏4596.54万只,较2011年增加280.54万只,增长6.5%;肉类总产14.89万吨,比上年增5.39%;蛋类总产7.80万吨,奶类总产5612万吨。已建立部级畜禽养殖标准化示范场3个,省级12个。渔业保持相对稳定发展态势。先后引进了日本锦鲤、斑点叉尾鮰等新品种,地方名优品种河蟹、龟鳖、青虾、细鳞斜颌鲴的养殖有了较快发展,并形成一定规模。全市渔业养殖面积已达到61.2万亩,比2011年增加0.6万亩,其中河蟹、青虾、黄鳝、龟鳖等特色水产养殖面积已达26.5万亩。全市有5个养殖基地荣获省部级水产健康养殖示范场。2012年全市水产品总产量16.3万吨,同比增长3.6%。

【蔬菜标准园及生产】 在2011年一期5000亩蔬菜标准园已建成并投入使用基础上,2012年二期工程10000亩蔬菜标准园建成,其中:国家级蔬菜标准园3个(芜湖县绿晟、紫华园,无为县健芳),省级蔬菜标准园9个。2012年,全市常年蔬菜种植总面积77.68万亩,比2011年73.44万亩,增加5.78%;总产量127.50万吨,比2011年119.2万吨,增加7.00%。其中设施蔬菜种植面积19.71万亩,比2011年的18.87万亩,增加4.45%。

【农业产业化】 2012年底,全市拥有各类市级以上农业产业化龙头企业233家,其中省级以上52家,国家级3家(南陵新东源、繁昌同福、芜湖县金田)。2012年,全市规模企业实现农产品加工产值417.33亿元。市级以上龙头企业中销售收入超2000万元以上的有210家,其中:超5亿元的5家,超亿元的30家。"同福"碗粥和"古麒"羽绒被被国家商标总局批准为"中国驰名商标"。全市已初步形成了粮油、果蔬、蜂产业、屠宰及肉类加工等10余个产业后续加工体系,其中粮食、棉花、果蔬、蜂产品、苗木花卉等已经形成一定规模的产业集群,在全省占有一定份额。

【美好乡村建设】 按照"三个集中"、"两个延伸"、"六个一体化"的总体工作思路,坚持统筹城乡发展,坚持以农村经济生产发展为中心,积极推进美好乡村建设,在全市范围内建设了59个美好乡村建设点,市本级财政投入1亿元,县级财政配套1亿元,整合中央和省级补助资金1亿元,农民筹资和社会捐助1亿元,共惠及36个乡镇、52个行政村、59个自然村的8072户、28141人,示范村建设取得新进步。全市农民人均纯收入由2005年的3993元增至2012年的9675.49元,增长2.42倍。

【农民组织化】 到2012年底,全市累计培育各类农村合作经济组织1080个,其中农民专业合作社866家。2012年新增合作社314家,其中:国家级示范合作社1家,省级示范合作社6家,市级先进和示范合作社95家。围绕发展都市型现代农业,全市组建了芜湖粮油产业协会、食品加工产业协会、果蔬加工产业协会、畜禽产业协会、农机协会等11大市级农业行业协会。

【农业机械化】 2012年全市农机购置补贴资金3948万元,比2011年增加593万元,共涉及农机购置补贴产品11大类,受益户数6200多户,补贴机具8700多台套。2012年末,拥有农业机械总动力190万千瓦,比2011年增长4%;大中型拖拉机1985台,比2011年增长45.85%;各类农业机械拥有量77.44万台(套),比2011年末减少0.16万台件。农田节水灌溉面积11.24千公顷。全市主要农作物生产环节的农机化水平显著提高,机耕水平97.66%,机播水平11.5%、机收水平47.91%,分别比2011年末提高0.12%、15%和3.43%。2012年奇瑞重工实现销售收入22亿元,形成了水稻、油菜、小麦、玉米耕种收及烘干等7大系列100多个组合农机产品。

【休闲农业】 大力发展休闲农业和乡村旅游业,截至2012年底,全市有各类休闲旅游农业企业219家,年接待城乡游客385多万人次,解决农民就业8650多人,带动周边7.4万多农民致富,发展休闲农业和乡村旅游已成为芜湖市农民增收新的增长点。

【"三品一标"】 到2012年底,全市新增无公害农产品16个、绿色食品标志43个、有机食品认证标志8个、农产品地理标志2个。全市累计有78个农产品获无公害农产品认证、158个农产品获绿色食品认证、42个农产品获有机食品认证,丫山丹皮、陶辛青虾和紫云英"弋江籽"等3个农产品获地理标志认证。

【"一村一品"】 2012年全市"一村一品"特色示范村已经发展到162个,其中种植业88个,畜禽类19个,水产类36个,乡村旅游类6个,其它类13个。目前已有25个村被评为省级"一村一品"特色产业专业示范村,其中"芜湖县陶辛镇马桥村——青虾养殖"、"无为县泉塘乡中垄村——濡泉螃蟹"专业村被授予全国"一村一品"特色产业专业示范村和省级优秀示范村。

【种质资源保护】 对芜湖市独具特色的圩猪、细鳞斜颌鲴(黄条)、小红稻、"弋江籽"紫云英、黄缘盒龟、五华鸡、繁昌长枣、南陵凤丹8个地方种质资源进行保护。目前圩猪、细鳞斜颌鲴(黄条)、小红稻、"弋江籽"紫云英、黄缘盒龟、五华鸡6个品种的种质资源保种方案已全部通过省级以上专家评审并全面开展了保护工作。

【农业博览会】 10 月 26 – 28 日,2012 芜湖农业博览会成功举办,全市有 262 家农业产业化龙头企业和先进、示范农民专业合作社参展,共有 12 大类 240 多个系列产品参加展示展销。农博会 3 天现场销售额达到 921.2 万元,其中无为县达到 436 万元,先后有 6 万人次观摩、采购。举办了采购商专场,全市共有 8 家大型超市、6 所大专院校及后勤管理部门与 14 家参展企业举行了贸易洽谈,双方共达成贸易协议额 8533.2 万元。农业博览会品种种类繁多,丰富多彩,受到广大市民好评。

·第三产业·

【运输和邮电】 2012 年,基础设施建设完成投资 19.5 亿元,超出年度计划 4.66%。客运量、客运周转量、货运量、货运周转量增长 8.87%、9.56%、17.83%、19.86%。全市班线客运公司化经营比例达 60%,旅游客运公司化经营达 100%。城市公交发展势头良好。客运量 1.9 亿人次,营运里程 7670 万千米,辅业利润超过 4000 万元;新开线路 10 条,优化线路 25 条;服务投诉较 2011 年下降 40%;无重大事故发生。完成城市郊区原承包班线的公交化改造。公交智能 GPS 调度系统已实现数据自动采集和线路运行情况实时监控。依法行政和安全生产得到新深化。2012 年,全市未发生一起行政复议和公路"三乱"行为。芜湖市运管处被评为全国交通运输行政执法评议考核优秀单位。

2012 年,芜湖口岸进出口货运量累计 115.76 万吨,同比增长 15.1%,其中出口 79.46 万吨,同比增长 25.8%,进口 36.3 万吨,同比下降 3%;进出口货值 38.57 亿美元,同比增长 5.4%。芜湖港完成港口吞吐量 8260 万吨,同比增长 10.5%,首次突破 8000 万吨大关;集装箱完成 25.03 万标箱,同比增长 13.6%,再创新的历史记录;商品汽车滚装完成 7.2 万辆;船舶交易额 753 艘、15.2 亿元;水运建设投资完成 11.4 亿元,同比增长 3.1%。水运经济实现逆势增长。

铁路芜湖东站全年办理量 446.54 万辆,实现运输收入 50960.79 万元,客发 94.98 万人,货发 545.08 万吨;实现年内 4 个安全生产百日,12 月 17 日实现安全生产 1000 天,年度经营业绩考评为优秀,被评为上海铁路局文明单位,被评为全路"三保一促"创先争优先进集体。

2012 年芜湖市邮政部门实现业务总收入 2.17 亿元,有效业务收入 1.67 亿元,同比增长 9.30%;全年函件业务实现收入 2645.78 万元,同比增长 7.9%;报刊业务实现收入 1499.69 万元。

【对外贸易】 2012 年,全市实现外贸进出口总值 462400 万美元,同比增长 16.71%,其中,出口值 337000 万美元,同比增长 24.63%,进口值 125400 万美元,同比下降 0.31%。进出口、出口增幅均高于全国平均增幅,进口降幅低于全省平均降幅。出口值在全省保持第二,进出口总值据全省第二。

2012 年受支柱产业产品汽车、空调、船舶出口大幅增长的拉动,全市机电产品出口继续大幅增长。实现机电产品进出口总值 33.99 亿美元,同比增长 10.11%,占全市进出口总值的 73.50%,其中出口值 27.10 亿美元,同比增长 22.07%。出口的主要产品是汽车及零部件(出口 12.75 亿美元、+8.08%)、空调器(出口 3.79 亿美元、+58.54%)、船舶(出口 9,709 万美元、+48.40%)、变压交流器(出口 1.26 亿美元、+25.49%)、洗碟机(出口 3,768 万美元、+6.17%)等,以上五类产品计出口 19.15 亿美元,占全市机电产品出口值的 70.68%。

全市龙头企业进出口带动效应显著,重点跟踪服务的 20 户企业实现进出口总值 34.04 亿美元,同比增长 18.02%,高于全市进出口增幅 1.31 个百分点,占全市进出口总值的 73.62%,其中出口 24.49 亿美元,同比增长 26.90%,高于全市出口增幅 2.27 个百分点。奇瑞集团进出口 14.68 亿美元、同比增长 14.67%,出口整车及底盘 178,451 辆,美的集团进出口 3.90 亿美元、同比增长 59.54%,中达电子进出口 3.33 亿美元、增长 2.61%,新联造船进出口 1.24 亿美元、增长 37.66%。进出口队伍进一步壮大,进出口孵化工作成效显著,全市发生进出口实绩企业 534 家,新增备案登记企业 202 家,新发生实绩企业 121 家,新增进出口值 2.87 亿美元,带动进出口增长 7.24 个百分点。

面对外需不足的严峻形势,积极指导企业稳住传统市场的同时,多措并举支持企业开拓新兴市场,全市与新兴市场双边贸易大幅增长,新兴市场逐渐成为全市进出口新的支撑。全市与非洲、拉丁美洲、东盟及东中欧等新兴市场国家(地区)双边贸易额达到 25.30 亿美元,增长 31.84%,高于全市进出口增幅 15.13 个百分点,占比达到 54.71%,比上年提高 6.27 个百分点,其中,与非洲的双边贸易增长 79.75%,与拉丁美洲的双边贸易增长 17.29%,与东盟的双边贸易增长 23.45%。而与传统发达国家市场欧盟的双边贸易 6.67 亿美元、同比下降 7.52%,与美国的双边贸易 6.97 亿美元、同比增长 33.00%,与日本的双边贸易 3.90 亿美元、同比下降 19.36%。

随着支柱产业不断提升,产品创新力进一步增强,产品出口能力进一步提高,一般贸易进出口占比持续上升,贸易结构持续良好调整。全市实现一般贸易进出口总值 32.12 亿美元,同比增长 24.31%,占比达 69.45%,同比提高 4.28 个百分点,其中出口值 22.54 亿美元,同比增长 39.40%,占比达 66.87%。一般贸易进出口增幅高于加工贸易 29.39 个百分点,占比高于加工贸易 42.13 个百分点。

【国内贸易】 消费品市场运行稳健。全年实现社会消费品零售总额 490.20 亿元,比上年增长 16.7%。分区域看,城镇零售额 444.06 亿元,增长 16.8%;乡村零售额 46.13 亿元,增长 15.4%。分行业看,批发和零售业零售额 426.48 亿元,增长 16.8%;住宿和餐饮业零售额 63.72 亿元,增长 15.5%。全年新进限额以上单位 295 户,实现零售额 24.86 亿元,占全市限额以上单位数和零售额的比重分别为 39.7% 和 10.1%,对社会消费品零售总额的增长贡献率为 24.9%,拉动全市社会消费品零售总额增长 4.2 百分点。

【市场物价】 2012 年,全市经济在稳增长、调结构、控物价等宏观调控措施下,市场物价涨幅回落,通胀压力有所缓解。芜湖城市居民消费价格指数(CPI)全年累计上涨 2.4%,涨幅比上年低 3.3 个百分点,低于全国平均水平(2.6%)0.2 个百分点,高出全省平均水平(2.3%)0.1 个百分点。总体看,各月 CPI 同比涨幅整体回落。其中:1 月 4.8%,2 月 3.2%,3 月

3.9%，4月3.2%，5月2.8%，6月1.2%，7月1.1%，8月1.3%，9月1.5%，10月1.1%，11月1.9%，12月2.5%。从环比看，除1月春节因素环比上涨1.3%，其余各月随季节、气候、农产品变化而出现波动，全年12个月份7涨4跌1平，涨幅最大的是1月份，环比上涨1.3%，降幅最大的是6月份，下降1.2%，各月环比波动幅度较小。从同比分类指数看，八大类指数全部上涨，但涨幅缩小。与上年相比，食品类、衣着类、家庭设备用品及维修服务、医疗保健和个人用品、居住类价格涨幅分别低于上年9.0、0.2、1.8、2.5和4.2个百分点。其中食品类和居住类价格涨幅明显低于上年水平，成为2012年CPI涨幅回落的主要因素。

【房地产业】 2012年，全市完成房地产开发投资388.13亿元，较上年同期增长23.02%。其中市区完成投资328.53亿元，同比增长32.15%，批准商品房预售392.28万平方米，较上年同期增长4.46%，销售商品房319.31万平方米，较上年同期增长37.71%，销售金额195.31亿元，较上年同期增长22.33%，商品住房销售均价为每平方米5390元，较上年同期下降6.52%。办理各类房地产登记及备案136046起，同比增长21.0%，登记各类备案房屋建筑面积2438.71万平方米，同比增长20.0%。

2012年，全市新增廉租房、公租房、棚户区改造安置住房开工率100%，比省政府的要求提前一个月；建成（竣工）102.51万平方米、14429套，完成投资17.2亿元。市区安置房开工184.64万平方米，竣工218.81万平方米，完成投资122.31亿元，同比增长61.38%。芜湖的保障性安居工程建设管理模式受到全国同行的关注，住建部专门在全市召开全国部分城市保障性安居工程现场会。

【旅游业】 2012年，全市接待国内外游客2035.61万人次，旅游总收入224.62亿元。其中：入境游客20.9万人次，旅游外汇收入1.06亿美元，国内游客2014.71万人次，国内旅游收入217.95亿元，同比分别增长40%、44.6%、34.3%、45.1%、40%、44.7%。

2012年，芜湖市荣获“2012中国最佳休闲城市”十佳。方特主题公园和大浦乡村世界被评为全省“十佳”旅游景区。繁昌县被省旅游局和省农委评为全省休闲农业与乡村旅游示范县，南陵县雨田农业科技园和繁昌县五华山旅游区被评为全省休闲农业与乡村旅游示范点。芜湖科技馆成功创建3A级旅游景区。截至2012年12月，全市有国家A级旅游景区26处，其中：AAAA景区7处，AAA景区8处。方特主题公园接待游客360.28万人，门票收入达到4.95亿，其中：方特欢乐世界接待游客218.58万人，门票收入3.03亿元，方特梦幻王国接待游客141.7万人，门票收入1.92亿元。2012年，华强旅游城投资开发有限公司被评为全省五家大型旅游企业之一，方特主题公园的龙头地位进一步显现。

【固定资产投资】 2012年，全市各项固定资产投资项目有序推进，固定资产投资额保持稳定增长，完成全社会固定资产投资1700.79亿元，增25.6%。第一、二、三产业投资分别完成21.67亿元，861.97亿元和817.15亿元，比例结构为1.27∶50.68∶48.05。第二产业中，工业投资859.78亿元，增17.1%，对全社会投资增长的贡献率36.2%，其中工业设备购置投资443.29亿元，占工业投资总额的51.6%；第三产业投资中除房地产开发项目以外的服务业投资项目完成投资450.48亿元，增43.0%，比服务业投资增长速度高8.4个百分点。

着力推进过江通道、铁路、公路、航运、水运等重大交通基础设施建设，加快江北地区、城东新区等路网及中心城区畅通工程建设，改扩建江北地区县乡道路，构建覆盖城乡的路网体系。城市美化、绿化、亮化成效明显，城市公园建设整体推进，全市新增绿化面积400万平方米，完成植树造林5333.33公顷。

城乡一体化综合配套改革取得新成效。农村土地综合整治有序推进，全市开发复垦新增耕地886.67公顷，完成建设用地增减挂钩置换指标431.73公顷。青弋江分洪道、无为万亩圩口达标、峨溪河排涝泵站、裕溪河综合治理等水利项目全面推进，南陵县农田水利投资建管体制改革获国家发改委、财政部批准试点。实施6项农村清洁工程，新改建农村公路145千米，改造农村危桥40座、危房7405户，59个美好乡村建设全面完成。

【服务业发展】 全市实现服务业增加值521.76亿元，增长11.7%。现代物流、金融、文化创意、服务外包和旅游五大现代服务业实现主营业务收入286.07亿元，增长15.8%。现代服务业集聚发展步伐加快，弋江区服务外包、镜湖区中央商务区新增获批省级现代服务业集聚区，全市省级现代服务业集聚区达4个，总数居全省第一，累计落户企业443家。

【多元化融资】 积极拓展股权、债券、票据等融资渠道，新增上市报会、增发企业4家，完成5家企业股改，全市实现股权融资30.6亿元、债券融资158.4亿元、票据融资28.4亿元。中小企业集合债券、集合票据和私募债券成功首发，在全省实现了零突破。多渠道缓解中小企业融资难，开展银企对接活动118次，为近千家中小微企业对接融资54.8亿元，全市融资性担保机构累计为中小企业担保贷款123.39亿元；小额贷款公司累计发放小额贷款75.75亿元；典当行典当余额10.65亿元。积极引进各类股权投资企业，全市73家各类股权投资企业认缴资金规模206.9亿元，累计向装备制造、电子信息等战略性新兴产业和中小企业投资82.1亿元，有力支持了实体经济发展。不断优化金融生态环境，出台融资性担保、小贷、典当三类准金融机构经营资格年度检查和高管人员任职资格管理办法，全面推行年检制度。

【信息化建设】 2012年全年计审核各类信息化项目109个，涉及信息化建设资金1.78亿元。同时积极对纳入2012年预算的30个信息化项目进行跟踪管理。启动建设信息化项目管理平台，用信息化技术手段实现信息化项目的申报、论证、管理和监督等，进一步规范和完善项目管理程序。

全市有134家单位加入统一政务平台，平台注册用户总数为2676人。2012年累计发文5448篇、收文123594篇、通知3154条，有效地推动效能建设。

网络全面延伸覆盖到市、区（县）、街道（乡镇）、居委会（村），完成全市县、区政务外网IP地址及VPN接入用户地址的规划工作。政务外网用户245家，其中VPN用户141家，专网用户 97 家。

截至 12 月 31 日,用百度搜索引擎以“芜湖”为关键词,搜索到相关标题新闻 54.2 万条,较上年同期增长 48.9%。分析数据显示,2012 年芜湖市的网络信息量日均值在 2900 条左右,较上年同期增长 31.8%。

社会事业

【人口与就业】 2012 年,全市(含 4 县)有 1268653 户、3834335 人,其中男性 1981234 人,男性人口占总人口的 51.67%;女性 1853101 人,女性人口占总人口的 48.31%;人口男、女性别比为 107:100。全市平均每户 3.02 人。与上年相比,全市减少 1957 户、减少 19302 人。在总人口中非农业人口 1627202 人,农业人口 2207133 人。2012 年,市区 425010 户、1233495 人,其中男性 630531 人,男性人口占总人口的 51.11%;女性 602964 人,女性人口占总人口的 48.89%;人口男、女性别比为 105:100。市区平均每户 2.9 人。与上年相比减少 860 户、减少 7400 人。

全年提供就业岗位 24.5 万个,有效化解部分企业用工难矛盾。积极推进素质就业,开展就业技能培训 1.7 万人,全年培训高级工 5144 人,培养新技师 671 人,职业技能鉴定 4.3 万人。组织开展企业缺工动态监测,完善就业信息网络建设,实施就业实名制登记,开展就业援助活动,重点帮扶就业困难群体就业,全市新增就业 8.5 万人,城镇登记失业率控制为 3.9%。全市新增创业企业 4379 户,新增个体工商户 20551 户,万人拥有个体、私营企业户数 336 户,登记注册资金 3.74 亿元,兑现创业扶持资金 5048 万元,被国务院授予全国创业先进城市。

【社会保障】 社会民生持续改善。政府性投入 71 亿元完成 39 项民生工程。大力实施城乡居民收入倍增规划,城镇居民人均可支配收入 23784 元,农民人均纯收入 9675 元,分别增长 13.2%、15%。保障性安居工程建设全面推进,新开工 382.27 万平方米,建成 136.79 万平方米,完成投资 22.85 亿元。

社会保障体系日趋完善。大力实施创业富民行动,全市新增创业企业 4100 户,新增就业 8.5 万人,发放小额担保贷款 10 亿元,芜湖市荣获全国创业先进城市。城镇居民医疗保险、新型农村合作医疗参合人数分别达 92.2 万人和 226.6 万人,实现城乡全覆盖。举办全省首届养老产业发展论坛,积极推动多层次的民办和公办养老服务机构建设。切实保障城乡贫困居民基本生活,城镇、农村低保对象月人均补差标准分别提高到 335 元、138 元,同比增长 17.9% 和 21%。

医药卫生体制改革纵深推进。继续深化公立医院改革,完善公立医院补偿机制,加快“金医工程”建设,率先开展全科医生执业方式和服务模式国家试点及大病医疗保障制度改革。全面实施县级公立医院综合改革,全市乡镇标准化卫生院实现全覆盖。巩固提高基本药物制度成果,全市 95 个基层医疗机构全部实行基本药物零差率销售,20 家公立医院实行药品零加成销售,直接让利群众 9797 万元。

社会事业项目建设取得新成果。大力开展幼儿学前教育试点工作,改扩建公办幼儿园 24 所;积极推进中职基础能力建设,无为职业中学扩建工程等项目基本建成。新建 17 个街道综合文化站、136 个农家书屋和 31 个公共电子阅览室,完成 10 个敬老院、8 个居家养老服务站和社区日间照料中心建设。建成公共自行车租赁系统,投放自行车 1.2 万辆。完成 10 个市区菜市场建设改造工程。

社会管理创新不断加强。在镜湖区率先开展社区管理体制改革试点,撤销街道办事处,实现区直管社区。启动市容整治规范年活动,推进全国文明城市创建常态化。双拥优抚安置政策全面落实,芜湖市再次被命名为全国双拥模范城。加强社会治安综合治理,建立企业安全生产长效机制,积极推进食品药品放心工程建设,打造平安芜湖。

【教育事业】 2012 年,全年各级财政投入的保障经费达 3 亿元,惠及全市 29.4 万名义务教育阶段在校学生,其中包括 1.3 万名进城务工人员子女和民办义务教育学校学生;全市发放国家助学金 3078.8 万元,资助普高和中职学校家庭经济困难学生国家助学金 2.2 万人(其中普高 14907 人,资金 2207.6 万元;中职 7042 人,871.2 万元),发放中职学生免费补助资金 1250 万元,受助学生 9502 人。

全市投入 9.3 亿元,完成基本建设项目 468 个,总建筑面积 73 万平方米,涉及全市 362 所学校。到年底全市有 379 所义务教育阶段学校完成标准化建设,80 个农村小学教学点完成改造。全年义务教育阶段学校标准化达标任务为 114 所,实施标准化建设项目学校 117 所,完成率 103%。新设立的荟萃中学于秋季学期开始招生,城南实验中学搬迁工作顺利完成。截至 2012 年底建成农村留守儿童之家 772 个,提前实现农村留守儿童之家全覆盖。

2012 年,芜湖市学前教育毛入园率为 84.44%,学前一年入园率 95.80%。全市小学和初中入学率均为 100%。小学毕业班学生毕业率为 99.95%,初中毕业班学生毕业率为 99.24%,初中升学率为 89.57%。全市高中阶段毛入学率为 89.39%。小学教师学历合格率为 100%,初中教师学历合格率为 99.52%。小学生师比为 16.8,初中生师比为 12.2。

2012 年市本级财政投入职业教育经费 12098 万元,占城市教育费附加的 75.5%。市本级设立职业教育专项经费 5300 万元,占城市教育费附加的 33.1%。中职学校生均占地面积 36.6 平方米,生均建筑面积 16.53 平方米,生均仪器设备总值 3109.6 元,生均图书 31.03 册,均达到《安徽省职业教育大省建设规划(2008 - 2012 年)》要求。中职招生 20030 人,顺利完省教育厅下达的 18600 人的招生任务;中职招生数占高中阶段学校招生人数的比例达到 47.3%;在校生数占高中阶段在校生总数的比例达到 45.1%。中职学校专任教师学历合格率达到 91%,专业课教师和实习指导教师占专任教师的比例达到 70.3%,“双师型”教师占专业课教师和实习指导教师的比例达到 62.2%。截至 12 月底,芜湖市有 2 所国家级改革发展示范中职学校、1 所国家级重点中职学校、6 所省级示范中职学校、4 个合格县职教中心。民办教育规模继续扩大,全年审批设立非学历教育机构 24 所,筹设民办学校 8 所,增加办学层次的民办学校 1 所,增设办学点的民办学校 0 所,注销民办学校 3 所,非学历教育机构变更审批 17 件。目前全市有各级各类民办教育机构 517 所。

2012 年末,全市各级各类高校有:安徽师范大学、安徽工程大学、皖南医学院、安徽商贸职业技术学院、芜湖职业技术学院、安徽中医药高等专科学校、安徽机电职业技术学院、安徽广播电视大学芜湖市分校、安徽芜湖技师学院，以及非独立建制的安徽师范大学皖江学院、安徽工程大学机电学院等，在芜高校本专科专业涉及工学、理学、管理学、经济学、文学、法学、艺术学、医学、农学、教育学等学科门类。成人高等学历教育主要有函授教育、现代远程教育、开放教育、自学考试等形式。开设专业涉及管理、经贸、建筑、教育、卫生、司法、外语、计算机、机械等。

【科技事业】 2012年，芜湖市被批准为全国首批23家之一、全省唯一“国家知识产权示范城市”；市科技局（知识产权局）分别被授予“全国科技管理系统先进集体”、“全国专利系统先进集体”、“全省专利执法及双打工作先进单位”称号；市高新技术创业中心留学人员创业园被批准为“省部共建园”，并荣获“中国产学研合作促进奖”；市生产力促进中心和市科技创新服务中心分别被科技部列为“全国科技金融服务试点单位”、“国家技术转移示范机构”；鑫龙电器被命名为“国家创新型试点企业”。

科技创新再获新成效。发挥企业主体地位，新增国家火炬计划重点高新技术企业10家，占全省认定总数的23.8%。新认定高新技术企业61家，总数达343家，占全省总数的17.9%。新认定高新技术产品180个，总数达454个，占全省总数的12.5%。新增省创新型（试点）企业8家；新增国家创新型试点企业1家，总数达34家。推进企业创新能力建设，新增省级工程技术研究中心8家、院士工作站2家、省级生产力促进中心6家、省制造业信息化科技工程试点企业18家、省创新方法试点企业2家。加强创新载体建设，新增省级科技企业孵化器2个，新增科技企业孵化器面积5.25万平方米。加快公共科技服务体系建设，引进高校科研院所研发机构和知名科技咨询公司各3家。推进科技园区建设，南陵县芜湖农业科技园区通过科技部中期评估，芜湖县新芜经济开发区被批准为省级高新区，芜湖经济技术开发区、无为县高沟经济开发区被评为省创新型园区。组织实施科技短信入户工程，发送农业短信292条，受益群众87万人次。开展农村信息化试点省建设，繁昌县、南陵县获批省农村信息化试点县，建立综合信息服务站和专业信息服务站13个。做好新能源汽车产业推进组工作，编制《芜湖市新能源汽车产业发展战略专题研究报告》，完成“1+8”产业推进组牵头和参与的各项工作任务。

知识产权试点示范取得新突破。成立国家知识产权示范城市工作领导小组，制订《芜湖市国家知识产权示范城市工作方案》和专利资助政策，成功争创示范城市。全市兑现奖励资助资金达3181万元，比上年增长56%。加强知识产权优势企业和试点示范企事业单位培育，在培企事业单位54家，其中国家、省级24家，位居全省之首。制订保护知识产权工作方案，实行市、县区联动，集中开展打击假冒专利行政执法行动3次，检查大型商场、超市、药店21家，检查商品2.1万余件，对9种假冒专利商品依法进行立案处理。加强专利行政执法培训，新增执法资格人员9人，执法队伍进一步壮大。扶持代理机构发展，引进知名知识产权代理咨询机构，服务体系进一步完善。

全市专利申请16861件，其中发明专利申请3961件；专利授权10408件。专利申请量和授权量分别占全省年度总量的22.5%和24.1%，再次双双位居全省第一。当年万人发明专利授权量1.89件，在省政府目标管理绩效考核四个一类市中排序第一；累计万人发明专利拥有量4.2件。奇瑞公司成为全国发明专利授权十强企业，1项发明专利荣获第十四届中国专利优秀奖。成功举办国家知识产权示范城市授牌仪式暨中国芜湖汽车及高端装备制造业知识产权战略高峰论坛。全国第一家发明创业工场——中国发明协会（芜湖）发明创业工场在创业中心挂牌成立，已有来自全国的7个项目入驻开展发明项目转化和功能样机加工制造。

市创新办工作稳步推进。提请市委、市政府召开自主创新、重大政策推进、科学技术（知识产权）工作暨科技奖励“四合一”大会。发布自主创新政策、动态、信息120余条，编发简报45期，被省创新办转发10期。组织实施各类产学研活动18次，达成意向协议形成合作项目50余项。起草《芜湖市引进兴建产业技术研究院实施方案》。成功筹办中国工程院管理论坛·芜湖院士行活动。组织参加中关村示范区与合芜蚌试验区战略合作对接，签约项目8个。协助9家企业办理专利质押贷款，授信7580万元。成功举办全省南片科技型企业创业投资项目对接活动，14家科技型企业与33家创业投资机构参加对接。会同市财政、税务部门审核认定92家企业税前加计扣除研发项目333个，研发经费21.5亿元，可抵扣所得税2.7亿元。组织凝炼申报省自主创新试验区专项获立项12项，争取资金10200万元。

【文化事业】 2012年，芜湖市完成136个农家书屋、31个公共电子阅览室、17个街道综合文化站的建设任务。全市各级图书馆、文化馆（站）每周开放时间均在56个小时以上，免费服务项目90余个，特色活动品牌38个，建立图书馆流动服务点146个，服务人次提高近1倍，一年接待各类群众180万人次，取得很好的社会效果。

组织举办群众性普及性文化活动。以2012元旦、春节的庆祝活动为抓手，开展“送演出下乡、进社区”活动，送演出59场次，举办“季季欢歌”、“高雅音乐演出”等文艺演出活动16场，组织《喜迎党的十八大“时代的交响”》大型文艺晚会、《盛世华章、百年中行》2012年芜湖市新年音乐会、2012新春民族音乐会、2012迎新春越剧名家名段演唱会、中国吴桥杂技团芜湖专场演出、2012京剧名家名段演唱会等专业文化活动多场。市艺术剧院完成演出300场，营业收入280万元，艺术剧院有限公司生机和活力进一步体现。

组织芜湖市重大历史题材美术作品创作工程，6幅作品签约安徽省重大历史题材美术作品创作工程。组织全市新创作剧（节）目汇演，评选出优秀剧目奖4名、演出奖2名。芜湖地方文化丛书之《国史中的芜湖》印刷出版，芜湖历史上首部《芜湖通史》出版发行。

完成全市500余家文化经营场所和600余家新闻出版印刷经营单位的年审工作。积极部署全市机关软件正版化工作。集中开展“12318”文化市场法制教育宣传、“4·26培育知识产权文化，促进社会创新发展”集中宣传活动，得到良好社会效果。相继开展“打击侵犯知识产权专项行动”、“加强两节、两会期间文化市场监管专项行动”等集中行动，取得显著成效。全年出动检查人员1.2万人次，检查经营单位2615家次，立案87件，罚款15.5万余元。通过这些活动的开展，有效地把整治工作落到实处,规范、净化和繁荣文化市场。2012年,市文化市场综合执法大队被评为文化部全国动漫市场专项整治行动先进单位。

加强广播电影电视管理。报业集团新闻作品在全国、省各类好新闻评比中获三等奖以上奖项123篇,其中23篇荣获一等奖。芜湖日报通讯《医药分开"芜湖模式"探路"二次改革"》获中国新闻奖二等奖。全年实现广告收入7800万元,"两报一刊"平均期发行量分别达到《芜湖日报》2.5万份、《大江晚报》6.1万份、《金周刊·芜湖广播电视》1.8万份。印务公司实现总收入2940多万元。报业集团蝉联"金长城传媒奖·中国年度影响力城市传媒集团"称号,并获得"2011中国品牌传播力创新传媒机构"荣誉称号。2012年,广播电视在省台发稿800余条,其中新闻频率与中央人民广播电台华夏之声、香港之声,以及内地及港澳15家电台推出的大型直播节目《城市新跨越》,受到中央人民广播电台的通报表扬,芜湖医改的电视新闻在中央台《新闻联播》首条播出。在参加年度广播电视作品评奖活动中,有46件作品获得安徽省广播、电视、网络、论文奖各类奖项,其中,电视作品《承诺》荣获安徽新闻奖一等奖,《母亲河边的游击战》等4件作品获安徽新闻奖二等奖。

推进文物保护工作。统计全市三普名录公布情况,开展三普成果图册、音像制品的资料准备。配合古城建设,做好文物保护工作,对古建维修的施工过程进行监督。做好文物维修工作,老芜湖医院、天主堂、芜湖中国银行、英驻芜领事署旧址四处文物保护单位维修工作正式启动。

【卫生事业】 卫生服务水平不断提升。截至2012年末,全市有各类卫生机构604个,其中医院75个,三级医院5个,二级医院19个,民营医院42个,卫生院59个,社区卫生服务中心30个,社区卫生服务站98个。医疗卫生机构拥有床位14598张,平均每千人口床位3.8张。医疗卫生技术人员16908人,每千人口为4.4人,其中执业(助理)医生6754人,注册护士7186人。不断完善新农合制度,参合人口由2007年191.5万人增加到2012年226.6万人,参合率由2007年85.31%上升到2012年116.23%。

围绕"人人享有基本卫生保健和基本实现卫生现代化"这一目标,自2009年起,全面启动基本公共卫生服务均等化项目工作。健康档案信息化建设迅速发展,至2012年电子居民健康档案建档率达70%以上,累计发放健康教育宣传资料455.52万份,设置健康教育宣传栏949个,举办健康教育讲座和咨询活动1.16万次,参加人数累计达55.57万人次;0－6岁儿童一类疫苗预防接种剂次累计达223.23万剂次;孕产妇保健管理服务人次达32.2万人次;分别为27.66万名65岁以上老人、26.24万高血压患者、5.27万糖尿病患者、9133例重性精神病患者进行健康登记管理。建成以市精神卫生指导中心为龙头,各基层医疗卫生机构为依托的三级精神卫生防治体系。各县区建立起基层食品安全协管员、信息员制度,实现食品安全监管向薄弱地区和农村地区覆盖。

【体育事业】 2012年全市体育工作全面贯彻实施《全民健身条例》和《全民健身计划(2011—2015)》,完善新时期芜湖体育运行机制,建立体育现代服务业体系,构建体育事业和体育产业共同发展框架;促进群众体育和竞技体育全面发展,成立体育产业集团,各项工作取得显著成绩。市体育局荣获国家体育总局授予的2012年度全国全民健身活动优秀组织奖,省体育局授予的2012年省辖市体育工作考核优胜奖和全省群众体育突出贡献奖、竞技体育贡献奖、优秀后备人才输送奖及体育产业、体育宣传等先进单位称号。

全年组织实施各类群体活动100余次,参与人数多达30万人。组队参加省级以上各类全民健身竞赛活动,在参加安徽省第四届农民篮球赛中,无为县获得第五名,并获优秀组织奖;组织170名运动员参加安徽省第三届体育大会的20个大项比赛,取得较好成绩。

2012年举办、承办11项国内外体育赛事活动,为由华亿集团赞助的全国围棋甲级联赛、中国葡萄牙国际乒乓球对抗赛、全国男子武术散打精英赛、安徽省第9届业余围棋名人赛、2012年安徽省青少年武术散打锦标赛、省排球锦标赛、省足球锦标赛、省击剑锦标赛、省航空(天)模型锦标赛、航海车辆建筑模型锦标赛等。

上 海 市

城乡建设

【概况】 2012年,上海完成城市基础设施建设投资1038.61亿元,比上年下降9.8%。其中,电力建设投资110.06亿元,比上年下降6.8%;交通运输投资473.43亿元,比上年下降20.5%;邮电通信投资96.94亿元,比上年增长34.2%;市政建设投资301.74亿元,比上年下降4.0%;公用事业投资56.45亿元比上年增长9.4%。全年安排产业结构优化、生态环保节能、重大社会事业、交通基础设施和郊区及新农村建设五大类市重大工程项目104个,完成投资1212.3亿元,占上海全社会固定资产投资总额的23.1%。华锐风电科技上海临港基地、中科院上海佘山天文台65米射电望远镜项目、上海当代艺术博物馆、临港燃气电厂一期工程、郊区三级医院建设项目等17个项目建成投入使用;嘉闵高架南北延伸、第二轮大型居住社区外围市政配套项目、崇明原水输水系统一期工程、徐工集团临港奉贤基地、轨道交通13号线二期等34个项目开工建设;其他在建项目节点基本受控。推进城乡一体化规划建设的郊区新城骨干道路建设项目。

上海城市基础设施运行安全正常。轨道交通运营引入第三方评估机构,完成网络运营安全评估报告,整改消除38个重大隐患。检测城市高架道路防噪屏,监测越江桥隧、区县桥梁,排查基础设施安全隐患,完成各类危桥的抢修加固。实施338公里燃气隐患管网三年改造计划,整治非法经营液化石油气行为。健全工程建设监理报告制度,强化工程分包合同备案管理和项目现场监管,严格处理挂靠借用资质招标、串通投标、围标等行为,完善招投标监管流程,维护建筑市场秩序。

优化城市环境,完成18项重点整治任务,全年拆除违法建筑452万平方米。推进工程渣土出土和资源化利用,开展滩涂促淤工程消纳工程渣土试点。启动新一轮交通发展白皮书修编和第一轮上海交通白皮书后评估,完成20个专题研究和5个专项调查。节假日高速公路小客车免费通行工作平稳有序,未发生重大安全责任事故。完善城市网格化管理,全市网格化管理新拓展区域200平方公里,基本实现城市化地区全覆盖。推进实施智慧城市建设三年行动计划。

推进民生实事项目建设。全年新开工建设和筹措保障性住房16.7万套1300万平方米。开工建设大型居住区外围市政设施配套工程57个项目,基本建成6个项目,市财政拨付补贴资金83亿元。市中心城区拆除二级旧里以下房屋71万平方米,受益居民2.53万户,41块在拆基地收尾,完成旧城区改造年度目标。启动金山朱泾镇新汇街、浦东三林镇杨思老街改造,推进浦东、徐汇、普陀、闵行等区"城中村"改造。开展新一轮农村低收入户危旧房改造。推进公交优先,全市轨道交通运营线路长度增加到468公里,轨道交通占公共交通比重上升至36.5%;全年优化调整公交线路200条;全市公共交通日均客运量1700万人次,享受换乘优惠人次250余万,公共交通卡日均使用920万人次。完成20条区域对接道路建设。市域高速公路网ETC车道数增加至184条,站点覆盖率75%,实现泛长三角区域ETC系统互联互通。

开展市容绿化、公用事业、环境保护、海洋和水务、国土资源等工作。年内上海撤消原市市政管理处、市公路处和市道路管线监察办,新成立上海市路政局。全年环境保护资金投入570.49亿元,占全市国民生产总值的2.8%,环境空气质量优良率(API)93.7%,比上年提高1.4个百分点。全市污水处理能力每日701.05万立方米,城镇污水处理率85%以上。全年处置生活垃圾716.42万吨,生活垃圾无害化处理率91.4%,比上年提高3.8个百分点。全年新建绿地1037.9公顷,其中公共绿地513.35公顷,城市建成区绿化覆盖率38.3%。全年造林面积1168公顷,全市森林覆盖率12.58%。自来水日供水能力1145万立方米,比上年下降0.5%。至年底,全市家庭人工煤气用户75.7万户,家庭液化气用户328.2万户,家庭天然气用户502.8万户。

环境保护

【概况】 2012年,上海市第五轮环保三年行动计划启动,年度污染减排目标完成。空气污染指数(API)优良率为93.7%;水环境质量总体保持稳定;区域环境噪声达到标准要求;辐射环境质量保持正常。全市环保投入资金约570.49亿元,比上年增加12.57亿元,相当于全市生产总值的2.8%。其中城市环境基础设施建设投资为286.26亿元,污染源防治投资为138.41亿元,生态保护和建设投资为1.69亿元,农村环境保护投资为36.04亿元,环境管理能力建设投资为2.37亿元,环保设施运转费为73.25亿元,循环经济及其他方面投资为32.46亿元。

2012年,上海市水环境质量总体与上年基本持平。上海市环境空气质量优良天数为343天,API优良率为93.7%,比上年增加1.4个百分点。上海市区域环境噪声达到相应功能的标准要求,但道路交通噪声夜间时段未能达到相应功能的标准要求。辐射环境质量总体情况良好。6月启动国控点细颗粒物(PM2.5)监测发布工作。

2012年,黄浦江淀峰和松浦大桥2个断面水质控制标准为II类水,临江断面水质控制标准为III类水,南市水厂、杨浦大桥和吴淞口3个断面水质控制标准为IV类水。与上年相比,黄浦江总体水质状况基本持平。近5年(2008—2012年)的监测数据表明,黄浦江总体水质状况基本保持稳定。苏州河白鹤断面水质控制标准为IV类水,黄渡、华漕、北新泾桥、武宁路桥和浙江路桥5个断面水质控制标准为V类水。与上年相比,苏州河总体水质状况基本持平。

2012年空气质量优良天数为343天,比上年增加6天;空气污染指数优良率为93.7%,比上年增加1.4个百分点。全年首要污染物为可吸入颗粒物的有361天,占总数的98.6%;首要污染物为二氧化硫的有2天,占总数的0.5%;首要污染物为二氧化氮的有3天,占总数的0.8%。近5年(2008—2012年)的监测数据表明,API优良率总体呈上升趋势,连续4年高于90%。2012年,上海市可吸入颗粒物年日均值为每立方米0.071毫克,比上年下降每立方米0.009毫克。近5年(2008—2012年)的监测数据表明,上海市可吸入颗粒物年日均值均达到原国家环境空气质量二级标准,均未达到新国家环境空气质量二级标准,总体呈下降趋势。上海市二氧化硫年日均值为每立方米0.023毫克,比上年下降每立方米0.006毫克。上海市二氧化氮年日均值为每立方米0.046毫克,比上年下降每立方米0.005毫克。年内,上海市一氧化碳日均值范围每立方米0.420? 1.935毫克,比上年下降每立方米0.149毫克。全市平均区域降尘量为每月每平方公里5.7吨,道路降尘量为每月每平方公里9.4吨。全市降水pH平均值为4.64,酸雨频率为80.0%。

2012年,全市区域环境噪声达到相应功能的标准要求,但道路交通噪声夜间时段未能达到相应功能的标准要求。市区域环境噪声昼间时段的平均等效声级为54.7分贝(A),比上年减少0.3分贝(A);夜间时段的平均等效声级为48.2分贝(A),比年增加0.2分贝(A)。近5年(2008—2012年)的监测数据表明,全市区域环境噪声在55分贝(A)左右,均达到相应功能的标准要求,总体保持稳定。全市道路交通噪声昼间时段的平均等效声级为69.3分贝(A),比上年减少0.7分贝(A);夜间时段的平均等效声级为64.4分贝(A),比上年下降0.1dB(A)。近5年(2008—2012年)的监测数据表明,全市道路交通噪声夜间时段未能达到相应功能的标准要求,总体呈下降趋势。

2012年,全市有33家危险废物经营许可证单位,其中31家由市、区两级环保部门核发,1家由环境保护部核发,1家具备环境保护部颁发的"汞处理"危险废物经营许可证和市级环保部门颁发的危险废物经营许可证。按照危险废物经营许可证类型区分,其中2家为危险废物收集经营许可证单位,31家为危险废物综合经营许可证单位。全市危险废物处理处置能力为48.06万吨。纳入全市危险废物管理备案企业4623家。全年危险废物(不含医疗废物)市内转移处置28.71万吨,危险废物跨省市转移7.62万吨。医疗废物产生量为2.66万吨,医疗废物无害化集中处置率达到100%。

2012年是全市第五轮环保三年行动计划的启动年。至年底,列入计划的268个项目完成33个,开工、启动154个,总体开工启动率70%。推进集约化供水管网建设,关闭19个中小水厂,松江区实施斜塘一级水源保护区清拆;白龙港污水厂扩建二期工程和白龙港污泥预处理应急工程建成,东风西沙水库、竹园污泥处理等工程在建;未纳管污染源截污纳管改造工程启动,2个雨水泵站完成污水截流设施建设及改造工程;河道整治类项目完成10条(段)。建成上海石化自备电厂2台机组湿法脱硫工程和2台机组高效除尘改造工程以及石洞口第二电厂、外高桥第一和第二电厂的3台机组脱硝工程;上海石化等4家企业VOCs控制示范工作启动;完成约300台燃煤(重油)锅炉清洁能源替代;启动黄标车淘汰工作。老港再生能源利用中心、金山永久生活垃圾综合处理厂基本建成,金桥、外高桥工业固废区域化收集试点、危险废物专业运输体系等均启动,建成1.8公里低噪声路面试点。完成897项企业结构调整项目,18家涉铅企业结构调整完成;控制104个工业区块外新建有污染的项目,一期30公顷生态绿化完成16.3公顷建设。完成14家规模化畜禽场污染减排工程,推广商品有机肥1.33万公顷,蔬菜、农作物秸秆等农业废弃物综合利用工程均启动;完成107个村庄改造项目,受益农户3.6万户。全年新建绿地1037.9公顷,外环生态专项工程完成建绿105公顷,闸北区中心绿地后续工程和浦东牡丹园工程建成,推进崇明生态岛建设。

2012年,《上海市社会生活噪声污染防治办法》发布,自2013年3月1日起施行。"办法"对公园等公共场所健身娱乐活动噪声、住宅小区公用设施噪声、装修噪声、车辆防盗报警装置噪声等方面作出规范。

2012年,上海环保系统共出动执法人员20766批次、64600人次,现场监察企事业单位49420户次;检查废水处理设施

17804套、废气烟尘治理设施28189套、噪声治理设施3170套、固废治理装置6845套、现场监督检查建设项目5089户次;开征排污费26806户次,共征收1.96亿元。全市环保系统共实施行政处罚1217件,处罚金额4766万元。漕河泾新兴技术开发区、上海化工区建成国家生态工业示范园区。松江区泖港镇、嘉定区南翔镇、奉贤区青村镇、浦东新区祝桥镇、六灶镇被命名为上海市生态镇。共创建市级安静居住小区14个,创建面积142.6万平方米,受益群众3.7万人。至年底,全市创建市级安静居住小区146个,创建面积1486万平方米,受益群众40.2万人。

【地方性重要政策法规】 2012年,市政府出台《上海市节能和应对气候变化"十二五"规划》,"规划"分为"十一五"回顾和形势分析、"十二五"发展指导思想和目标、"十二五"发展具体举措、规划实施保障4个方面。规划目标:到2020年,实现传统化石能源消费总量的零增长,能源利用效率主要指标达到国际先进水平,人均能源消费量和碳排放量基本实现零增长,单位生产总值二氧化碳排放量比2005年下降40%?45%。6月27日,上海按新标准要求启动国控点细颗粒物(PM2.5)监测发布。至12月31日,全市PM2.5平均浓度为每立方米48微克,超出新国家环境空气质量二级标准13微克。

【工业污染防治】 2012年,市政府与各区县政府、各主要责任单位签订《"十二五"主要污染物总量控制目标责任书》。强化污染减排考核体系建设,指导并督促各区县政府和责任单位把总量控制指标分解落实到所属乡镇、街道和企业;所有污水处理厂和脱硫电厂都按要求安装在线监测设备,并与环保部门联网。实施"清洁发电、绿色调度",使高效机组、清洁机组多发电。全年落实电厂脱硫超量减排奖励0.96亿元、污水处理厂超量减排奖励1.27亿元、脱硫电费10.12亿元、脱硝电费1.31亿元、脱硝工程建设补贴0.78亿元。全市化学需氧量、氨氮、二氧化硫和氮氧化物排放量在上年基础上分别削减2.57%、5.86%、4.94%和7.75%。

【园林绿化】 2012年,新建绿地约1060公顷,其中公共绿地500公顷(包括外环生态专项105公顷),新增林地约666.67公顷,建城区绿化覆盖率38.3%,人均公共(园)绿地13.2平方米,全市林地总面积10.05万公顷,其中森林面积81421公顷,全市森林覆盖率12.84%。实现绿化林业建设计划目标和林业三年计划目标。推进宝山顾村公园二期、闵行七宝文化公园、浦东滨江二期、外环补天窗等外环生态专项项目,推进彭越浦、宝山南大、浦东周康航、浦江鲁汇等结构性绿地和郊区新城绿地建设,推进公益林、经济果林、"四旁林"和农田林网建设,加快构建城郊互补、互通、互连的生态廊道。落实生态环境建设任务,推进公共绿地景观提升与公园改造,完成年度老公园改造、绿地调整改造近100公顷、53条林荫道命名工作。推出绿化认建认养点117个,包含183万平方米绿地、8.99万株树木、258株古树名木;引导企业实施古树名木公益保险。立体绿化示范项目纳入市建筑节能减排专项资金扶持政策,明确补贴标准和准入范围,完成30万平方米的立体绿化建设。推进森林防火基础设施建设,新建防火道路130公里、隔离网29公里、预警监测点65个。

南 京 市

【城乡建设·环境保护】 2012年,全市城市品质、承载能力和服务功能进一步提升,纬七路过江隧道、南京长江四桥、绕越高速等一批引导支撑城市发展的重大交通项目相继建成。京沪高铁、沪宁城际、南京南站建成运营,纬三路过江隧道、宁杭和宁安城际铁路、禄口机场二期工程、红花机场迁建等项目有序推进。地铁3号线、10号线一期、4号线一期、宁高一期等轨道交通线全面开工建设。老城南文化街区保护、下关滨江旧区改造、燕子矶化工区整治、浦口新城和麒麟生态科技园开发逐步推进。全市公路通车里程达11060公里,其中高速公路550公里。轨道交通运营里程85公里。全力实施"动迁拆违、治乱整破"专项行动,全年完成16条主次干道环境综合整治、500条街巷和40个老旧小区500幢老旧房屋整治出新。新改建道路长度176公里,新增道路面积522万平方米。全年城区新建和改建公厕10座、维修公厕41座。新改建垃圾中转站6座,新建垃圾中转站4座。全年公共供水日供水能力为241.8万吨。城市燃气居民用户为209.67万户。

按照"区区县县通轻轨、干线公路连街镇、区域供水全覆盖、城乡公交一体化、水利能力大提升"和建设郊区县先进制造业基地目标,扎实推进城乡规划、产业发展、要素配置、基础设施和公共服务一体化。江北大道、宁高新通道、122省道等三条城乡动脉建设全面实施。全年新改建四级以上农村公路300公里。镇村公交开通率达90%。市域范围内出租车和城乡公交车实现刷卡付费,公交车IC卡覆盖率达100%。全年完成长江干堤加固提升工程73公里。全面完成10个统筹城乡试点镇街建设规划,基本完成4482个村庄环境整治任务。加大城乡帮促力度,市区(县)为204个集体经济薄弱村建造100多万平方米标准厂房,基本消除可支配收入低于50万元的行政村。全年郊县实现地区生产总值3590亿元,占全市比重达到49.9%;按可比价计算,比上年增长13.4%,增幅高于全市1.7个百分点。

围绕创建国家生态城市、国家生态园林城市和国家森林城市目标,制定实施了蓝天清水、绿化建设行动计划,推进大气环境、水环境、垃圾分类处理、生态环境、村庄整治等专项行动,市容环境和人居品质进一步提升。全年完成对162家"三高两低"企业的整治工作。当年投产建设项目同时建设防治污染设施的达100%。全年空气质量优良天数为317天,优良率达到87%。拥有全国环境优美镇20个,国家级生态村6个,省级生态村119个。人均公园绿地面积达到14.2平方米,城镇绿化覆盖率为44.6%,林木覆盖率为27.26%。

苏州市

城乡建设

·综 述·

【住房建设概况】 2012年,苏州市完善住房保障体系,提高住房保障家庭收入标准、政府购房补贴标准,放宽居民公租房配租条件,让更多中低收入家庭享受住房保障政策。加大保障性安居工程建设规模,超额完成省、市保障性住房建设任务。构建全方位工程监管机制,规范政府投资建设项目。推行预选承包商和网上招投标制度,扩大预选承包商制度覆盖面;制定加强房屋建筑和市政工程项目招标投标监督管理工作意见。加快建筑市场信用体系建设,制定出台建筑业企业信用管理办法。深化"两场联动"机制,制定工程变更管理实施细则。加强在建工程质量安全日常巡查,采用LBS无线定位管理系统,加强管理人员在岗动态考核。制定实施管理操作办法,规范住宅维修资金管理。《苏州市商品住宅专项维修资金管理暂行办法》颁布实行,明确首期商品住宅专项维修资金交存标准,起草制定城区商品住宅专项维修资金管理工作规程,明确维修资金管理审核、审批环节。

【房屋征收工作】 2012年,全市作出房屋征收决定28项,涉及4965户、建筑面积约67万平方米,其中城区作出征收决定17个,涉及3579户、建筑面积约54万平方米,保证一批城建重点工程按时启动。不断完善房屋征收补偿政策体系。对启动征收前置条件及程序进行优化,进一步缩短征收决定时限。对原房屋拆迁有关政策标准进行梳理,制定房屋征收补偿若干问题处理规定,拟订征收直管公房补偿政策,起草市区危旧房改造房屋搬迁补偿安置指导意见,提出对人民法院准予执行征收补偿决定非诉执行案件组织实施的操作意见。对未登记建筑认定进行研究探讨,制定统一征收文本格式,出台相关征收补偿工作制度,初步形成征收与补偿政策体系和管理制度。合理制定房屋征收补偿方案,征求公众意见,畅通群众表达诉求渠道,解决群众合理诉求。实施征收项目负责人制度,全面推开"八公开一监督",实现补偿安置协议网上运行,做到征收程序更严格,公众参与度更高,补偿安置更公开透明。

【建设管理工作】 2012年,全市完善物业纠纷调解工作机制,将物业管理融入社会管理,构建起多层次、多方位、广覆盖调解网络。建立健全物业纠纷预警机制,制定处置预案,细化处置措施,形成重大物业纠纷应急处置机制。继续加强工程质量以及燃气安全监管。为预防重大事故发生,重点开展建筑施工安全专项整治、"打非治违"等专项行动,全市施工安全形势平稳。抓好保障性住房、轨道交通质量监管,加大住宅工程质量分户验收监督核查,防止和克服住宅工程质量通病。

(肖　军)

·城市规划·

【概况】 2012年,苏州市不断加大规划编制力度,加强规划前瞻性和科学性,进一步扩大规划成果影响力。完成苏州市规划局"十二五"信息化规划编制工作。加强对信息化、规划测绘指令性任务管理,按照测绘指令性项目特点,加强对指令性项目跟踪监管,对已完成项目组织审核和验收,对未能按计划进度实施项目加大跟踪监管力度,协调解决项目实施过程中出现的问题。相继成立吴中、相城规划编研中心。

发挥苏州市规划展示馆对外宣传、交流、展示平台作用。全年共接待党政代表团及各类社会团队200多批次,承接各类会议80多档,全年共接待国内外宾客及市民、游客15万人次。

【加强规划编制】 2012年,全市完成《苏州市城市总体规划2007~2020》调整以及《苏州市城市总体规划2007~2020》环境影响评价篇章工作,并通过苏州市政府审核。完成《苏州近期建设规划》(征求意见稿)。进一步落实城市总体规划战略目标。通过公开招标,确定近期建设规划编制单位,完成近期建设规划征求意见稿。

滨湖新城、苏相(苏州工业园区和相城区)合作区等重点片区的规划。推进滨湖新城规划编制工作,完成滨湖新城相关规划编制和服务工作。完成滨湖新城核心区城市设计和启动区控制性详细规划,并得到苏州市政府批复。完成越溪横泾街道总体规划,为滨湖新城控制性详细规划提供上位规划和法定规划,并得到苏州市政府批准。完成滨湖新城综合交通规划、基础设施、生态环境3项研究。编制完成苏相合作区规划。将苏相合作区47.8平方公里规划纳入到北桥总体规划修编中,完成《苏州市相城区北桥片区总体规划(2010~2030)》。《苏相合作区产业片区控制性详细规划》已上报苏州市政府,《苏相合作区综合生活片区控制性详细规划》及《北桥中心片区控制性详细规划》正在编制中。推进西部生态城控制性详细规划编制工作。完成《生态科技城概念性规划》前期规划研究和《生态城启动区控制性详细规划》初步成果。配合高铁新城管委会,做好高铁新城概念规划国际咨询和规划深化工作。完成高铁新城概念规划、总体规划编制工作,《苏州高铁新城片区总体规划(2012~2030)》通过专家论证。

重要地段规划编制工作。完成沿独墅湖地区城市设计、"两河一江"环境综合整治提升规划、虎丘湿地公园等市重点工程规划工作。《沿独墅湖地区城市设计》整合工作已形成最终成果,并报苏州市政府批复。完成"两河一江"环境综合整治提升规划,并获得市政府批复同意。开展《苏州市虎丘风景区北扩工程(虎丘湿地公园)总体规划》修编工作,已获苏州市政府批复。启动太湖度假区中心区总体规划、控规及城市设计,《苏州太湖国家旅游度假区总体规划(2011～2030)》已通过专家论证。做好虎丘地区综合改造、桃花坞历史文化片区综合整治、火车站地区综合改造、古建老宅修缮保护利用等重点工程规划、服务工作。

中心城区控制性详细规划整合、修编工作。全面完成《苏福单元控制性详细规划整合》《金门单元控制性详细规划整合》《西留园单元控制性详细规划整合》《城东单元控制性详细规划整合》《相城区元和塘以东地区控制性详细规划调整》《相城区元和塘以西地区控制性详细规划调整》《胥江单元控制性详细规划》编制工作,均获苏州市政府批准。完成《苏州市相城区黄桥片区控制性详细规划》《木渎苏福路以北地区控制性详细规划》《苏州市吴中区越溪城市副中心控制性详细规划》编制工作。

城市基础设施规划。开展对城市综合交通规划修编前期准备工作。结合城市总体规划修编,联合市轨道公司编制完成《苏州市轨道交通线网规划修编(2012～2030)》,加密城区轨道线网,为新轨道近期建设规划提供依据。完善轨道交通4号线城区站点方案,完成轨道交通2号线阳澄湖路站、迎春南路站两站点单体换乘枢纽规划。完成干将路西延方案论证报批工作,完成内环快速路东段、南段改善规划。完成三香路、桐泾路等大修道路管线规划工作,完成《广济路综合整治规划》。完成《苏州高新区慢行交通系统规划》最终方案。完成《苏州市地下空间规划整合》《苏州高新区狮山路沿线地下空间规划》。

各镇总体规划和控制性详细规划成果审核和报批工作。完成《角直镇总体规划》《渭塘镇总体规划调整》《东山镇总体规划(2006～2020)局部修改》《渭塘镇控制详细规划调整》《苏州市木渎镇总体规划》等审核、验收工作,完成《越溪横泾片区总体规划》《通安老镇控制性详细规划》,组织开展各镇控制性详细规划编制及报批工作,完成相城区望亭镇、农业示范园、吴中区角直镇、穹窿山地区等控制性详细规划,组织开展吴中区现代农业示范园控制性详细规划编制工作。

推进村庄环境整治工作。配合开展全市村庄环境整治规划(方案)编制工作,完成各项村庄环境整治相关规划编制任务,完成苏州辖区内所有交通干道沿线村庄环境整治规划编制任务。

年内,专项研究危旧房改造、经济适用房、廉租房等保障性住房项目、农贸市场、加油点等民生项目,完成《苏州市城区保障性住房近期建设计划(2010～2012)》并报苏州市政府批准,开展《苏州市城区农贸市场布局规划及实施导则调整》《苏州市城区保障性住房建设规划(商业服务设施布局)》规划编制工作,会同市商务局完成《苏州市区城市便利加油点近期建设布局规划》并报苏州市政府批准。做好南环新村、朱家庄、梅巷地区危旧房改造工程规划工作,完善南环新村商业拍卖地块方案,初步确定朱家庄危旧房改造方案,完成梅巷地区规划方案招标工作。

【规划管理】 2012年,全市加强建设项目审批管理,引导城乡有序建设。市区(包括高新区、吴中区、相城区、太湖旅游度假区)共核发用地规划许可证326份,用地面积1095.8万平方米;核发建设工程规划许可证880份,建筑面积1959.1万平方米。受理私房翻建申请48份,通过实地踏勘,办结并发放建设工程规划许可证20份,批准建筑面积近2173.6平方米。

加强制度建设。制定《苏州市经营性商业用地业态引导规划管理暂行规定》,推进全市服务产业发展,规范商业用地,起草《关于违法建设快速联动处置的意见》,进一步加大对违法建设查处力度。完善《苏州市城乡规划若干强制性内容的规定》,起草《苏州市古村落保护条例》,制定《江苏省城市规划管理技术规定——苏州市实施细则之一"指标核定规则"》和《江苏省城市规划管理技术规定——苏州市实施细则之二"日照影响分析规则"》。

拍卖土地规划管理工作。完成2012年度土地储备规划编制工作,共储备515个地块,土地面积1978.5公顷,储备范围涵盖姑苏区、吴中区、相城区和太湖旅游度假区。

年内,对市规划局重大项目工程(南环新村、危旧房解危改造工程、桃花坞历史文化片区综合整治保护利用、虎丘地区综合改造工程、石路商圈西扩、苏州古城墙保护修缮工程等)提前介入。

【规划监督】 2012年,全市加强城乡规划卫星遥感动态监测所涉及变化图斑核查工作。检查卫星遥感图斑项目,对涉及违法建设依法处理,并通报警示,保证变化图斑实地核查不流于形式、不走过场,把"卫片"(卫星遥感图像)督察作为提升全市城乡规划编制与实施管理水平重要措施。全年共作出各类违法建设行政处罚决定280件,结案238件,未结案42件,其中35件移交法院申请强制执行。

加强对重点区域巡查力度,开拓城乡规划监督新思路。将沧浪新城、平江新城、金阊新城、高铁新城、太湖新城作为重点跟踪区域,针对房地产建设项目容易造成纠纷情况,将房地产建设项目纳入跟踪管理重点项目,做到及时跟踪,通过发联系单形式,提醒建设方按图施工,发现违建及时制止、纠正、整改、处理。全年(不含高新区)共跟踪检查有证项目238个,发出工作联系单238份,发现有证违建项目75件,处理27件。

加强私房翻建批后管理,缓解私房翻建矛盾。私房翻建审批工作开展以后,私房违建蔓延趋势得到控制,但还存在一部分私房翻建中的有证违律,个别项目群众举报反映强烈。全年共接到私房违建举报103件次,查处9件,立案处理4件。

贯彻落实《苏州市征收和补偿办法》。对3144户未经登记建筑出具认定意见函,完成解放新村、梅巷、朱家庄等市政府实事项目2547户征收认定工作,并按要求完成在拆迁裁决和强制拆迁中56户无证建筑认定工作,确保石路商圈、桃花坞地区和平江新城等拆迁改造工作顺利推进。

执行重大处罚案件听证制度,共对42起拟做出重大行政处罚案件举行听证会,并按规定把92起重大处罚案件处罚决定报苏州市法制办备案,代理1起行政诉讼应诉活动和9起行政复议答辩,审核违法建设案件270件,组织会办违法建设案件21件,发出违法建设通报12期。做好与其他执法部门案件移交衔接工作,避免出现"执法真空"现象。 (黄雪芬)

·城乡一体化发展·

【概况】 2012年,苏州市城乡一体化改革发展保持在全省和全国领先水平,在全省率先基本完成村庄环境整治任务,组织实施"省村庄建设与环境整治试点"工作,全市村庄环境面貌得到普遍改善和提升。倡导生态、节约、人文理念,昆山市陆家镇、常熟市碧溪新区申报"江苏人居环境范例奖",昆山市巴城镇申报"中国人居环境范例奖",吴江市同里镇申报"联合国人居环境迪拜奖"。昆山市千灯镇、吴中区角直镇申报"江苏省园林小城镇",已通过省级考核。申报昆山市张浦镇、常熟市梅李镇为"国家绿色低碳重点小城镇"试点,进一步推动小城镇人居环境建设,加快城乡统筹,为群众提供优质生活和工作环境。（石晓泉 肖 军）

【制度政策体系建设】 2012年,全市推进城乡发展一体化政策制度创新取得突破。先后出台加快股份合作经济转型升级、加快推进现代农业园区建设发展、率先基本实现农业现代化等政策意见,进一步完善城乡发展一体化政策制度体系,为全面提升城乡发展一体化水平提供制度保障。中央电视台《新闻联播》栏目、《新华日报》、江苏卫视《新时空》栏目先后报道苏州城乡一体化进展情况,中央电视台《焦点访谈》栏目在中国共产党十八大召开前夕以"发展之路·进城以后"专题报道苏州城乡一体化成果。（石晓泉）

·城市重点项目建设·

【概况】 2012年,苏州市完成重点项目投资1532亿元,完成年度投资计划99%,80个项目竣工投运,完成全年重点项目建设任务。苏州火车站地区综合改造工程全部完成,高新区有轨电车1号线工程、中环路等工程如期开工建设,轨道交通1号线全面开通运营,轨道交通2号线、4号线建设进展顺利,太湖新城建设有序推进。张家港玖隆钢铁物流中心启动区基础设施建设全面完成,工程全面启动,金鸡湖金融商贸区、独墅湖科教创新区新兴产业集聚区、花桥商务城工程进展顺利,虎丘山风景名胜区环境综合整治工程继续建设,苏州市公安(应急)指挥中心投入使用。张家港沙钢技改项目全面完成,江苏国望高科纤维工程投产运营,常熟奇瑞捷豹路虎汽车、芬欧汇川二期等项目全面启动。

【火车站地区综合改造工程】 2012年,苏州市火车站地区综合改造工程总规划面积2.4平方公里,工程总投资129.76亿元,主要包括火车站房,南北广场及轨道交通配套地下空间、长途汽车换乘综合楼、公交换乘综合楼、平门段城墙修缮工程及配套道路、绿化、河道及街景整治等工程。工程于2006年正式开工建设,2012年基本建成,成为苏州市具有现代化水平区域综合交通枢纽。

【独墅湖科教创新区新兴产业集聚区建设】 2012年,苏州市独墅湖科教创新区新兴产业集聚区建设用地约2.5平方公里,规划总建筑面积约470万平方米。项目于2010年启动建设,截至2012年底,已建成中国科学院苏州纳米所二期,生物纳米园北区、苏州纳米城一期。

【有轨电车1号线建设】 2012年,苏州高新区有轨电车1号线项目开工建设,总投资32亿元。初、近期承担中心城区至高新区西部湖滨片区生态城、科技城快速公共交通联系功能,远期承担轨道交通3号线支线补充功能。

【东太湖整治工程建设】 2012年,苏州东太湖整治工程总投资45.3亿元,主要进行行洪供水通道工程、生态清淤工程、退垦还湖(含堤线调整)工程、水生态修复工程。年底,工程完工。（江晓峰）

【城市路桥工程建设】 2012年,全市以完善城市快速路网体系、打通断头路、疏解拥堵节点为重点,加快推进城市道路加密和拓宽工程。加强板块联动,全面启动中环快速路工程,协调推进东环南延、南环西延等快速路网建设。完成友新高架上下匝道工程、友新路石湖西路节点工程、西出入口高架及地面道路改造工程、轨道交通1号线23个站点配套市政项目。

【老住宅小区综合整治】 2012年,全市老住宅小区综合整治涉及小区28处,整治面积113万平方米,楼房475幢,其中"平改坡"258幢,受益居民14794户,小区居民整体居住环境质量得到提升。（肖 军）

环境保护

【概况】 2012年,苏州市全社会环保投入445亿元,增长14、29%。拒批高耗能、高污染等不符合环保要求建设项目171个,投资额26.7亿元。全年全面完成省下达年度减排目标。苏州及下辖4市创建"国家环保模范城市"群通过环保部复核,苏州及所辖各市(区)全部成为全国生态文明建设试点地区。制定实施《苏州市环境维稳工作方案》,开展"双百日"环保专项行动,确保在党的十八大召开期间全市没有因环境问题影响社会稳定,环境保护社会满意度有所提升。推进环境综合整治,苏州市小康社会环境质量综合指数实现值为93.35。地表水水域功能区水质达标率为90.70%,集中式饮用水源地水质达标率为100%,太湖流域23个考核断面达标率为69.56%,市区空气优良以上天数达339天,增加4天。苏州工业园区、张家港市、昆山市率先基本实现现代化建设生态环境指标全部达标。开展弘扬"五个环保"文化活动,"五个环保"文化活动成为颇具影响环保品牌。苏州市环境保护局、常熟市环境保护局、太仓市环境保护局被列为省评估试点单位。

【创建国家环保模范城市】 2012年,全市完善经济环境综合决策机制,加强生态工程和环保基础设施建设,5月21~25日,环保部对苏州市"创模"工作进行现场复核,26项指标中24项均达到考核验收要求,其余2项基本达到要求。年末,完成现场核查后整改工作,并通过环保部华东督查中心专项后督查,待环保部正式授牌。

【农村环境保护】 2012年,苏州市本级投入1000万元,专项用于农村环境连片整治和村庄环境整治项目的以奖代补。按期完成吴中区中央农村环境连片整治任务,加快推进吴江区连片整治。吴中区成为第二轮中央农村环境连片整治试点,整治方案通过省级评审。昆山市张浦镇姜巷村等国家级生态村建设规划通过专家评审,全年全市申报国家级生态村5个,新增省级生态村25个,累计526个。

【主要污染物减排目标实现】 2012年,全市列入环保部公告要求实施的11个减排项目和列入江苏省环保厅下达年度计划的174个减排项目全部完成。重点抓好氮氧化物减排项目,建成太仓协鑫电厂4台30万燃煤发电机组脱硝工程和国华太仓电厂、望亭电厂4台60万燃煤发电机组脱硝设施改造工程。制定《苏州市建设项目新增排污总量区域平衡审核办法》,审批219个项目,全部符合总量平衡要求。加快淘汰落后产能,淘汰铅蓄电池生产能力94万千伏安时,淘汰水泥生产能力146吨,提标淘汰印染生产能力6780万米。做好自动监控设备运行、维护工作,"环保局污染在线"监控中心稳定运行率为98.61%,自动监控设施正常运行率为87.97%。根据国家环保部核查,全市化学需氮量削减率4.18%,氨氮消减率3%,二氧化硫消减率4.56%,氮氧化物消减率6.61%,全部实现减排目标。

【大气污染防治】 2012年,苏州市在全国率先发布环境空气质量指数(AQI)和相关监测数据(8个国控点、5个省控点)。关闭化工企业12家、钢铁和小火电企业各1家,新建6个电厂脱硫工程和2个钢铁行业烧结机脱硫改造项目。开展机动车排气污染联合执法,检查车辆273辆,查处59辆,劝退外地黄标车10辆。开展冒黑烟车辆有奖举报,受理举报188件,查处66辆。贯彻《苏州市扬尘污染防治管理办法》,制定《苏州市区扬尘污染专项整治行动方案》,公布举报投诉热线,组织联合执法检查,开展码头堆场扬尘污染专项检查行动,检查市区企业20多家。编制《苏州市燃煤锅炉烟尘治理实施方案》,安排除尘设施改造等3大类76个治理项目。615座加油站、15座储油库油气回收改造任务完成80.9%,建成区加油站基本完成改造任务。

【流域水环境治理】 2012年,全市推进年度太湖流域水环境治理11大类745个项目,完成率99.5%。除4项工程因拆迁、方案调整等客观原因滞后外,循环经济试点、重点企业清洁生产审核、污水管网工程、农业面源污染治理超额完成任务。投资18.84亿元,新增污水处理能力20.75万吨/日,铺设污水管网798公里,全市建成区、镇区(街道)生活污水处理率分别为97%和88%。建成氮磷拦截工程项目38个,建成生态沟渠塘116.2万平方米,超额完成年度任务。按期建设1672.67公顷池塘循环水养殖工程。完成古城区110条河道148万方清淤任务。投入8亿多元,完成昆山吴淞江石浦断面水环境整治15项年度工程和千灯浦口断面13项年度治理工程。完成环湖生态农业圈有机农业示范工程和循环农业工程23处。投入2.5亿元,完成175个自然村或农村集中居住点生活污水净化处理工程。落实太湖一级保护区综合整治方案,在吴江区、吴中区关闭56个排污口,张家港市、昆山市、吴中区共计关停、搬迁污染企业17家。化学氮肥、化学农药减施率达50%以上,废弃物利用率达90%以上。全年疏浚各级河道1885条1613公里,完成土方2442万立方米。

【重金属污染整治】 2012年,全市落实重金属污染减排项目,列入省规划项目23个,已完成18个,达到"十二五"期间78%进度目标;列入市年度计划46个项目,全部按期完成;上报年度减排项目24项,铅、镉、铬、砷累计净削减率远超中期5%目标。对370家涉重金属企业开展环保专项检查,针对重点区域加强重金属污染企业整治,实施相城区黄桥地区电镀(线路板)企业第二轮集中整治方案。限期整治65家企业,拆除落后手工线近百条;吴江邱舍电镀区拆除33条落后生产线,停产整治企业11家,盛泽地区关闭17家电镀车间。常熟市对自愿关停企业补贴设备额总数30%资金,关停企业29家,张家港市限期治理24家涉一类重金属企业,排放全部达标。开展涉铅企业环保核查,3家企业达标,1家企业搬迁。

【化工园区环境整治】 2012年,全市对化工园区进行环境整治。昆山千灯化工区关闭化工企业4家,整治化工、镀锌企业8家,涉重废水治理设施全部整治到位。吴中经济开发区17家接管企业全部安装控制阀,排出污水稳定达标。常熟市化工区投资6000多万元扩建污水处理厂,在全省首家通过省级生态工业园考核。张家港市对飞翔化工集中点等110多家企业实施综合整治。除化工区外,吴中区光大环保能源(苏州)有限公司完成垃圾渗滤液设施改造工程,实现渗滤液污染零排放。七子山生活垃圾填埋场完成渗滤液设施提标改造工程,排出污水稳定达标。

【环境执法监管】 2012年,全市出动环境执法监察人员13万余人次,检查企业5.7万余家,限期治理企业203家,立案查处环境违法行为案590件,建议处罚金额3843.8万元。加强建设项目环境监察,全年受理建设项目254个,现场监察238个,核准同意试生产(延期试生产)188个,否决50个,行政处罚8个。开展工业污染源分级分类管理,确定市级重点污染源名单188家,有针对性地增加暗查和抽查频次。抓好秸秆禁烧工作,推进苏州市农作物秸秆综合利用工作,抓好重点地区秸秆禁烧巡查工作,采取定时定点检查与抽查相结合方式对城镇周边、国省道、铁路和高速公路等重要交通干线两侧进行日巡查,未发现明显秸秆焚烧着火点。

【解决突出环境问题】 2012年,全市在全面排查基础上,重点对群众反应强烈信访问题、重点行业及集中式污水厂违法排污行为、突出区域性空气污染问题、环境安全隐患环境问题、敏感区域环境问题5个方面89件突出环境问题进行督办,其中市级挂牌督办41件,县(区)级挂牌督办48件。关停或搬迁问题严重或治理不到位企业43家,停产整治80多家企业。

【保障环境安全】 2012年,全市环境保护部门根据《2012年苏州市环境安全大检查工作方案》,提高化工园区和企业应急预案规范化建设水平。在"双百日"专项行动中,检查环境风险源企业304家,开出行政警示书129份。全年应急处置9起化学品运输、生产安全事故次生的环境事件,确保事件未对生态环境产生影响。镇江自来水异味影响长江水源地安全事件应急处置到位,受到市级表彰。"5·6"沪宁高速苏州段苯乙烯泄漏事故应急处置受到江苏省环保厅通报表扬。自日本福岛核事故发生后,全市开展辐射环境监测,累计编制、上报监测报告307份,环境γ(伽马)辐射瞬时剂量率最大值均低于省天然电磁辐射背景水平。妥善处置3起突发辐射污染事件,受污染放射性物质得到安全处置。抓好蓝藻预警监测和应急防控工作,发送《太湖蓝藻日报》214期、《手机快报》214期。开展集中式饮用水源地环境风险等级评估,制定《苏州市饮用水源地风险防范工程建设方案》和《长江饮用水源地突发污染事件应急处置实施方案》。开展湖库型集中式饮用水源地专项执法检查,以7个湖库型饮用水水源地及一、二级保护区为核心区域,在湖泊沿岸、调水通道沿线、饮用水源地周边等范围坚持污染源监督检查常态化。针对太湖水质异味和望虞河水质挥发酚异常等问题,开展水质调查分析并查处违法排污企业。建成吴江区深度处理水厂等一批饮用水安全项目,建成昆山市阳澄湖富营养化治理等水源地整治项目。推进集中式饮用水源地达标建设,太湖金墅港、渔洋山及浦庄水源地达标建设通过预验收。

【环境综合治理】 2012年,《苏州市环境维稳工作方案》制定,其中包括建立建设项目社会风险环境评价办法等6项维护社会稳定工作措施,排查整治16件影响社会环境不稳定案件。主动调处上海青浦垃圾填埋场气味扰民(昆山)等两件跨省环境纠纷。开展"喜迎十八大保障环境安全""双百日"环境执法检查行动,开展危险废物、环境风险隐患等6个方面执法检查,排查村庄工业污染源15139个,各类工业园699个,排查产生废物单位1490家,限期整改200家违法企业,取缔"十五小""新五小"企业18家,不规范危险固废处置点10个,危废(污泥)不规范堆场及倾倒坑塘2个,整治钢丝绳生产企业8家,关闭未经环保审批及验收企业1家。排查57家生猪定点屠宰厂(场),对8家提出关闭意见。开展"环保局长大接访"工作,接待群众来访47批次75人,带案下访30件(次),组织开展4次后督查,解决57件老大难环境问题。针对市政工程建设热点,统一办理夜间施工作业许可证,限制时间段;针对建筑工地投诉多情况,昼夜反复检查噪声工地956次,辖区内夜间建筑施工噪声投诉量下降21%;针对废气扰民投诉,搬迁、淘汰企业(车间)44家,帮助企业开展环保技术改造。通过限期整改问题并普及辐射知识,妥善处理辐射环境信访20起。取缔两处危废非法加工点,调解2起危废跨地倾倒事件,妥善处理固废信访纠纷65起。全年处理环境信访案件1225件("寒山闻钟"论坛转办84件),下降7.8%,其中省级以上转办件521件,下降10.2%。

【固体废弃物管理】 2012年,全市完善危废利用处置体系,新增3家危废经营单位,累计81家,占全省数25%,处置利用能力达146万吨。严格审批进口废物,现场核查55家进口废物申请企业,办理进口废物申请84批(次),办理危废(医疗废物)经营许可证申请4批次,准确率100%。医疗废物全部集中规范处置。在江苏省环保厅抽查中,苏州市危险废物规范化管理合格率名列前茅。加强对废弃电器电子产品拆解处理企业现场检查,全年回收五类废旧家电385.15万件,因管理规范受到环保部表扬。推进城镇污水厂污泥规范处置,污泥干化焚烧能力达800吨/日。加强固体废弃物环境监管,检查610厂(次),建议处罚金额99万元,下达行政处理通知书46份,2人受到行政拘留处罚。对全市23家危废经营单位(4家焚烧处置企业)实施视频监控。

【辐射环境管理】 2012年,全市按规定审批196个核技术利用项目,验收139项核技术利用项目,审批辐射安全许可证328份,审批放射源转让15家35枚,完成放射源转移备案(注销)12家17枚。全市581家涉辐射企业年度评估率100%。审批电磁辐射类环评、验收、试生产运行检查等各类项目30个。辐射单位"三同时"验收申请率、许可证申请率、年度评估率均达100%。办理78家核技术利用单位延续换发辐射安全许可证工作,注销7家单位。开展核技术利用辐射安全综合检查专项行动,检查722家涉及Ⅳ、Ⅴ类放射源或Ⅱ、Ⅲ类射线装置辐射工作单位,覆盖率100%,发出9份监督意见书,对330家核技术利用单位提出整改要求,整治达标率100%。对全市23家废旧金属回收熔炼企业开展监督检查,监督废弃、闲置放射源回收、送贮6家9枚。

【噪声环境管理】 2012年,全市环境保护部门根据《苏州市"十二五"环境噪声污染防治工作实施方案》要求,完成苏州市噪声功能区划调整工作,已报市政府审批。全面开展"绿色护考"城市噪声专项执法行动,针对建筑施工工地数增加63%情况,以75个商住项目建筑工地为重点,逐一走访,告知政策;抓住市政设施管线单位施工作业"难点",限制夜间施工作业项目;加强执法,停止审批夜间施工项目(抢修、抢险除外),增加夜间执法力量;加强考场噪声污染监督管理,禁止100米半径范围建筑工地噪声排放。"绿色护考"期间噪声污染投诉量下降。

【环境宣传教育】 2012年,全市围绕PM2.5、创建国家环保模范城市等环保热点,组织环保新闻发布活动。在《新华日报》上整版刊发苏州市"五大环保"文化引领生态文明建设文章,在《苏州日报》《姑苏晚报》上开辟环保专栏。联合开展"关注环保从我做起共同呵护美好家园"活动。开通"苏州环保宣教"官方微博。名城苏州网开设全民环保大视野专栏、"环保大讲坛",举办环保新闻评比等活动。开展"参与绿色消费共建宜居家园""六·五"世界环境日宣传活动。联合中华环保基金会开展"卡特彼勒公益林"植树活动。开展苏州市第三届"环保民星"评选、"生态文明嘉年华"、"生态文明在苏州"摄影大赛等一系列活动。编印《呵护"母亲湖"——太湖》《辐射基本知识》《危险废物规范化管理手册》《市民环保手册》等,向企业和群众普及环保知识。

【环境质量监测】 2012年,全市抓好202家国家重点监控企业监督性监测工作。开展农村污水处理设施监督性抽测工作,抽测乡镇污水处理厂80厂次、村庄生活污水和畜禽养殖污水集中治理设施180点次。开展生活垃圾焚烧厂环保指标监测工作和2家二恶英排放企业、32家市控企业监督性监测工作。做好集中式饮用水源地月测月报、环境空气质量自动监测日报、功能区噪声等环境质量监测工作。开展率先基本现代化环境质量监测,为环境质量达标提供分析和建议。开展城区"一城两线三片"34条河道40个断面水环境日测日报工作,报出监测数据1.5万余个,编报城区河道水环境监测周报30次,月报7期。开展工业污染场地土壤治理验收监测试点。完成81家Ⅳ、Ⅴ类放射源及Ⅲ类射线装置单位监督性监测任务。

【提高环保效能】 2012年,全市取消太湖流域建设项目立项前环保审核程序,审批时间缩短7个工作日。开展环保"百人千企”结对帮扶活动，推行行政指导帮助企业实施环保化改造，环保服务企业改造取得实质性突破。推动公开透明行政，利用电子监察网适时监督“窗口”受理、网上审批，重大项目审批集体决策。危险废物转移、核技术利用填报及审批实现网络化运行。项目审批、行政处罚、排污费征收、“两项资金”使用等全部网上公示。（黄　雷）

无　锡　市

城乡建设

【无锡获“最具国际生态竞争力城市”称号】　12月20日，由中国国际贸易促进委员会、全国政协经济委员会、国家林业局主办的“第四届中国国际生态竞争力大会”在京举行。无锡市获“2012中国最具国际生态竞争力城市”称号。无锡市在实施太湖水环境综合治理、推进城市公园绿地建设、推动生态景观林建设、开展村庄环境整治、加强大气及固废治理和推行节能减排等方面取得明显成效，城市生态环境得到明显改善，“资源节约、环境友好”型社会综合改革持续推进，不断提升城市生态竞争力，努力把无锡建成天更蓝、地更绿、水更净的美丽城市。

【无锡获“最具幸福感城市”称号】　12月30日，“2012中国城市幸福盛典”在京举行。无锡市第4次获“最具幸福感城市”称号，并获“中国幸福城市特别荣誉大奖”。由新华社《瞭望东方周刊》、中国市长协会《中国城市发展报告》联合发起的“中国最具幸福感城市调查推选活动”已举办6届。此次评选以“幸福民生·成就中国”为主题，自9月启动。组委会在全国综合竞争力前百名的地级以上城市和综合竞争力百强县中，遴选出50个地级及地级以上城市和50个县级城市，委托专业调查机构进行入户调查，从人情味、交通状况、医疗条件、教育质量、自然环境、房屋价格、物价水平等22个指标观察分析中国城市的幸福感状况。至12月，共采集2万多个独立入户调查样本，全国有3000多万人次参与了报纸、网络问卷调查。其他获得“最具幸福感城市”称号的地级及以上城市有杭州、成都、宁波、南京、天津、长春、长沙、西安、南通。

【启动餐厨垃圾管理工作】　2012年，无锡环境卫生管理处按照《市政府办公室关于加强地沟油整治和餐厨废弃物管理的意见》和《无锡市餐厨废弃物管理办法》要求，在市区逐步建立起源头申报、集中收运、资源化处理的餐厨废弃物收运处理管理体系。建立餐厨废弃物源头数据库，要求各区排查取得餐饮服务许可证的7481家供餐单位，并补充核查其他未取得许可证的供餐单位；向有关供餐单位发放“宣传手册”5000份、张贴画5000份、《无锡市餐厨废弃物管理办法》单行本2000册，宣传有关餐厨废弃物处置的政策和要求。临时许可两家集中收运公司，配备餐厨专用收集车40辆、油脂收集车30辆，共与431家餐饮企业签订收运协议，每天集中收运处置垃圾50多吨。保证餐厨垃圾处理示范站正常运转，确保餐厨垃圾得到消纳处置。启动总体规模400吨/日、一期200吨/日、油脂50吨/日的综合处理厂建设前期工作。

【加强生活垃圾和建筑垃圾监管】　2012年，无锡环境卫生管理处采取有效措施，加强生活垃圾和建筑垃圾日常监管。做好生活垃圾处置场（厂）的日常监管，结合区域性大型生活垃圾转运站的投运，合理调度7个区生活垃圾。对桃花山生活垃圾填埋场进场垃圾的种类、性质、数量等实施重点把关，以延长其服务时限。全年共处置生活垃圾108.87万吨，其中卫生填埋18.77万吨，焚烧处理90.1万吨。处置粪便9.57万吨。针对突发事件，牵头惠山区、锡山区执法大队组成规范运输督查小组，每天对进入惠联垃圾焚烧厂的运输车辆进行督查，进行技术改造，使生活垃圾运输车辆污水滴漏和车容车貌得到明显改善。根据省住建厅《关于组织开展城市生活垃圾填埋场和焚烧厂等级评定的通知》要求，配合市城市管理局对申报生活垃圾填埋场和焚烧厂等级评定的项目进行复核。为确保焚烧发电厂和生活垃圾填埋场的安全运行，委托上海环境院和河海大学对生活垃圾焚烧发电厂及填埋场运营指标和填埋场安全监控与垃圾土坡稳定性分析的相关数据进行监测、分析，为实施生活垃圾的合理调度和监管提供依据。提高建筑垃圾管理效能，全年共配合办理建筑垃圾运输处置43件、核准42件，消纳处置32件、核准32件，车辆准运许可1200件、核准1184件，泥浆车42件、核准42件，水路换装15件、核准14件。

·村镇建设·

【村庄环境整治】　2012年是全省开展村庄环境整治的关键之年，无锡市按照省、市部署和“六整治、六提升”、“三整治、一保障”要求，强力推进村庄环境整治工作。据统计，年内，全市累计投入整治资金25亿元，整合其他整治资金2.7亿元；新建和改造道路170.38公里，各类排水管道201.68公里（包括污水、雨水、自来水管道）；新建公厕510座，新添垃圾箱38285个，新增绿化面积909.16公顷；清理乱搭乱建49.3万平方米，建筑物出新1710万平方米。全年共有6320个村庄完成环境整治，创建133个省三星级、319个省二星级康居乡村；江阴市华西村、宜兴市善卷村、锡山区山联村被命名为首批“江苏最美乡村”；江阴市长泾镇蒲市村、宜兴市西渚镇五圣村、锡山区锡北镇斗山村等20个村庄获无锡市“美丽乡村”称誉。全市村庄环境面貌明显提升，得到省、市领导及有关部门的肯定和老百姓的真心赞誉，副省长史和平和市委书记黄莉新、市长朱克江分别视察村庄环境整治工作并给予充分肯定。11月24日，《无锡日报》头版头条刊载全市村庄整治的阶段性工作成果，在社会上产生良好效应。

【小城镇建设】 2012年,无锡市贯彻省委、省政府关于推进城镇化的有关意见,重视梳理省域城镇体系中城市带(轴)地区的节点镇以及省内具有特色产业、文化积淀、生态魅力的特色镇名单,探索新型城镇化建设路子。开展全国特色景观旅游名镇(村)和江苏省人居环境范例奖等创建工作,按照全国特色景观旅游名镇(村)、江苏省人居环境范例奖和江苏省园林小城镇的评选标准,经推荐、专家实地考察、评选公示并报省评选领导小组审定,江阴市申港街道、宜兴市官林镇获“中国人居环境范例奖”,惠山区阳山镇被命名为“江苏省特色景观旅游名镇”,江阴市长泾镇被命名为“江苏省特色景观旅游创建示范镇”,宜兴市“篱笆园农家乐”、“绿缘山庄”、“唐寅农庄”被命名为“江苏省康居乡村乐游农家”。

【农村生活污水治理】 2012年,全市围绕市委、市政府推进“城乡五个一体化”、实施“十大强农惠农工程”要求,环境保护和生态文明建设要求,对照2012年度太湖水污染治理目标任务,结合工作实际,加大工作力度,有序开展农村生活污水治理工作。全市计划使216个自然村的生活污水得到有效处理,实际有效处理535个自然村的生活污水,占年度目标任务的247.7%。其中,锡山区、滨湖区、新区基本实现农村生活污水处理的全覆盖,超额完成省、市下达的目标任务。

【村镇基础设施建设】 2012年,全市村镇统计范围内,建制镇自来水用水普及率为100%,燃气普及率为97.34%;村庄自来水用水普及率为95.74%,燃气普及率为81.41%。建成区道路长度为2670.83公里,村庄道路长度为3615.09公里。建成区绿地面积为4914.07公顷,其中,公园绿地面积为594.98公顷。有公共厕所1212座,各类环卫机械902辆。共有村镇污水处理厂52个,污水处理能力达69.74万立方米/日,年污水处理总量11208.35万立方米。

· 房地产业 ·

【住房保障工作有序推进】 2012年,市住房保障和房产管理局系统梳理现行住房保障政策,开展住房保障对象排查、保障房建设需求量测算,科学分解目标任务,研究制定公租房装修标准指导意见和转性经济适用房上市补交土地出让收益标准,起草《关于开展普通商品住房团购推进重点工程建设和住房保障工作的指导意见》,确定公租房租金标准,调整2012年度住房保障标准,进一步完善住房保障法规体系。加大保障性住房建设监督管理力度,会同市监察局等部门,开展保障房建设专项督查,实现监督、指导、协调常态化,推进保障房开工目标任务的完成。组织住房保障实施,全面完成2010年以前申请经济适用房家庭的住房销售工作,为90多户住房困难家庭实施廉租住房实物配租,保证公平、公正、公开。年内,全市完成新开工23644套(市区13914套),竣工10414套(市区7829套)。其中,公共租赁住房(含廉租房)新开工10232套(市区6183套),竣工6479套(市区4539套);新开工经济适用住房3618套(市区3000套),竣工600套(市区600套);新开工限价商品住房4827套(市区1150套),竣工6272套(市区1272套);发放廉租住房租赁补贴4266户(市区3445户);棚户区危旧房改造建设新开工4967套(市区3581套),竣工2063套(市区2063套)。全面完成省、市下达的目标任务。

【为民办实事工程成效显著】 2012年,全市旧住宅区整治改造完成150万平方米,涉及20个旧住宅区、2.3万余户,受益群众6.7万人,旧住宅区整治改造规模为历年之最。整治范围包括崇安区塔影一村、塔影二村、春晖新村、靖海新村,南长区芦庄六区,北塘区盛岸一村北片、盛岸二村,滨湖区稻香新村、水秀新村、公益新村、上里东小区等。同时,结合市容环境综合整治行动,对城际铁路、青祁高架、凤翔高架、江海高架、盛岸路沿线部分旧住宅实施屋面“平改坡”及外墙粉刷亮化,进一步提升城市形象。按期完成40万平方米危旧房改造。

【提升物业服务行业管理水平】 2012年,全市新成立物业服务企业48家,暂三级升三级37家,18家外地企业进入无锡备案。至年底,全市拥有一级资质物业服务企业10家,二级资质企业35家,三级资质企业361家,暂三级资质企业139家,企业总数545家。建成物业行业信息管理平台,完善企业诚信系统,组织专项检查,及时督促整改,进一步规范市场秩序。推进创优达标及平安创建工作,全年共有3个项目申报部优,14个项目申报省优,75个项目申报市优。深入开展调研,结合“三解三促”、“进企业为企业服务”等活动,对30多家各级资质企业进行走访座谈,努力帮企业解决实际困难。开展《无锡市物业管理条例》立法前期调研准备工作。通过房管“122”热线,全年抢修服务超过4500起,回访满意率99.8%。

【商品房开发建设】 2012年,无锡市住宅建设继续保持良好的发展趋势。全市房屋施工面积5591.82万平方米(市区3718.61万平方米),其中住宅3861.44万平方米(市区2537.96万平方米);房屋新开工面积1691.87万平方米(市区1028.98万平方米),其中住宅1100.85万平方米(市区630.04万平方米);房屋竣工面积825.96万平方米(市区555.63万平方米),其中住宅571.06万平方米(市区365.33万平方米);商品房实际销售面积926.27万平方米(市区642.49万平方米),其中住宅784.56万平方米(市区550.34万平方米);商品房空置面积322.31万平方米(市区219.21万平方米),其中住宅178.88万平方米(市区109.02万平方米)。

环 境 保 护

【概况】 2012年,无锡市环境保护局坚持科学发展观,按照打造“四个无锡”、率先基本实现现代化的部署要求,以生态优化发展,以环保助推转型,加快改善生态环境质量,不断健全生态文明体系,环境保护和生态文明建设各项工作取得新进展,通过国家环保模范城市复核的现场检查和后督查,并被环保部授予国家生态市的荣誉称号,建成全国首个生态城市群。2012年,无锡市市区生态环境状况指数为73.16,江阴市生态环境状况指数为62.03,宜兴市生态环境状况指数为73.53。

【太湖治理】 2012年,无锡市加强以太湖治理为重点的水环境治理,促进水质持续改善。围绕太湖治理确保饮用水安全、确保不发生大面积湖泛、基本实现国家治太总体方案确定的2012年太湖治理“两个确保,一个基本实现”目标,加强太湖应急度夏和枯水期监测预警,规范饮用水源地管理,全市6个集中式饮用水源地水质稳定达标,13条主要出入湖河流主要污染物平均浓度比上年有所下降,连续五年实现安全度夏。

【大气污染防治】 2012年,无锡市环保部门制订年度大气污染防治实施方案,编制完成《无锡市大气污染防治规划》。全面开展工业废气治理,加强火(热)电企业已建脱硫设施运行在线监管,开展化工园区专项整治工作,加强持久性有机污染物(POPs)、挥发性有机污染物(VOCs)、锅炉烟尘污染防治。加强机动车排气污染防治,推动实施“黄标车”区域限行,全面实行机动车环保标志管理,累计发放环保标志100余万张。开展油气回收治理工作,全市403个加油站、308辆油罐车改造完毕。加强餐饮业油烟污染防治,5个餐饮企业试点建设油烟在线监控设备。

【工业污染专项整治】 2012年,无锡市实施重金属污染防治规划,对全市304个涉重金属企业进行集中整治。全市74个铅蓄电池企业关闭56个,其余18个进行整改。全市5个电镀园区、61个电镀企业进行全面排查,对存在环境污染问题的电镀企业实施挂牌督办。加强固体废物进口利用单位资料审查。明确危险废物转移审批权限,规范委托程序,推进危险废物处置设施建设,推行危险废物规范化管理。开展“整治违法排污企业,保障群众健康”环保专项行动,全年出动执法人员9万多人次,检查企业3万多次,行政处罚案件500多件,联合市监察局对9个存在严重环境违法行为的企业和区域环境问题实施挂牌督办。集中开展以“提升企业环境管理,服务经济转型发展”为主题的“百日环保服务活动”,帮助企业提高环境管理水平。

【水环境质量】 太湖:2012年太湖无锡水域水质比较稳定,总体水质符合Ⅳ类标准,整个湖区水体处于轻度富营养。与上年相比,总氮、总磷和富营养化指数分别下降4.7%、8.2%,富营养化指数下降2.4%。蠡湖水质为全太湖水质最好湖区,其总氮和总磷浓度接近或符合Ⅲ类标准。

集中式饮用水水源地:无锡有6个集中式饮用水水源地,分别为位于太湖的沙渚、锡东水源地,位于长江的肖山湾、小湾、澄西水源地以及位于宜兴的横山水库水源地。2012年,6个集中式饮用水水源地水质全部达标。

河流:河流水质状况主要分为区域内主要河流、主要出入湖河流、区域补偿河流。无锡市区域内主要河流水质总体有所改善,34条主要河流中水质符合Ⅱ~Ⅲ类的有5条;水质符合Ⅴ~劣Ⅴ类的有12条,主要污染因子为氨氮和化学需氧量。

无锡市主要出入湖河流有大港河、乌溪港、陈东港、大浦港、洪巷港、官渎港、社渎港、殷村港、百渎港、直湖港、梁溪河、小溪港、望虞河等13条。2012年13条主要出入湖河流水质总体比较稳定,其中符合Ⅱ~Ⅲ类标准的有4条,符合Ⅳ类标准的有7条,符合Ⅴ类标准的有2条。

2012年,无锡市20个河网水(环境)功能区考核断面,达标率40%,33个区域补偿断面总体水质有所改善。从区域看,宜兴北部河流、市区京杭运河、伯渎港、望虞河西岸支流张家港河和新兴塘九里河出境断面较入境断面水质略有改善;锡澄运河出境断面较入境断面水质变差。

【空气环境质量】 2012年,无锡市区、江阴市和宜兴市空气质量优良天数比例分别为94.0%、93.7%和97.3%。与上年相比,市区和江阴持平,宜兴下降2.1个百分点。全年全市二氧化硫、二氧化氮和可吸入颗粒物平均浓度均达到环境空气质量二级标准。从区域上看,二氧化硫平均浓度市区和宜兴市比上年分别下降7.5%和6.1%,江阴市持平。二氧化氮平均浓度市区比上年上升4.9%,江阴市下降3.6%,宜兴市持平。可吸入颗粒物平均浓度市区、江阴市和宜兴市分别比上年下降1.2%、9.9%、5.3%。

2012年,无锡市区、江阴市和宜兴市酸雨频率分别为34.4%,52.8%和46.3%,比上年分别上升5.5%、12.1%和1.7%。

【声环境质量】 2012年,无锡市区域环境噪声昼间平均等效声级为56.9分贝,评价等级为一般水平。噪声声源主要为生活噪声和交通噪声,声源构成与上年相似。江阴市、宜兴市区域噪声昼间等效声级分别为55.6分贝、52.6分贝。

2012年无锡市区交通噪声等效声级为68.7分贝;江阴市和宜兴市交通噪声等效声级分别为67.0分贝和67.8分贝。

【城乡绿化】 2012年,无锡市以创建国家生态园林城市、优化城乡生态环境、率先基本实现现代化为目标,科学规划,加大投入,结合生态建设、太湖水治理、农村环境整治、路桥建设等重点工程,全力推进“绿色无锡”建设,城乡绿化工作取得明显成效。全年建成区新增城市绿地501万平方米,建成区绿化覆盖率为42.68%,城镇绿化覆盖率38%,市区城镇人均公园绿地面积达14.61平方米。全年完成造林绿化面积2801.4公顷,其中,成片造林2394.53公顷。2012年,全市各地、各部门结合地块开发、路桥建设、河道整治等项目的实施,整合绿地资源,公园绿地面积持续增加。年内,相继建成石门游园、地铁西漳站站前园区湿地公园、冷渎港游园、长流生态公园、春雷桥桥头公园等23个城市游园,增加公园绿地130万平方米,提高城市中公园绿地500米服务半径覆盖率。

常州市

城乡建设

【常州获国际花园城市竞赛综合金奖和特别金奖】 11月26日,常州从30多个国家的61个参赛城市中脱颖而出,获国际公园协会与联合国环境规划署联合主办的国际花园城市竞赛E类城市综合金奖,并因在建设新市民公寓、促进外来人口宜居方面卓有成效,获国际花园城市特别金奖。

国际花园城市竞赛始于1997年,是全球公认的"绿色奥斯卡"大赛,也是世界城市建设与社区管理领域的最高荣誉之一。竞赛内容涉及城市景观改善、遗产管理、公众参与、健康生活方式、环保实践、未来规划、可持续发展等。常州市从2010年开始筹备申报工作,在3年准备工作期间,对全市自然人文景观、历史文化遗存、环境保护以及居民健康生活方式等方面进行了全面提升。

【餐厨废弃物管理】 2月24日,常州市政府下发《市政府关于加强我市餐厨废弃物管理工作实施意见》,加快推进餐厨废弃物收集、运输和处置一体化运营。各级城管和环卫部门对全市餐厨废弃物产生情况进行调查摸底,全市有餐厨废弃物产生单位9000余家,每天产生餐厨废弃物200余吨,其中180吨为食物残余,20吨是废弃食用油脂。9000余家单位中,规模较大的餐饮单位1200余家,每天产生的餐厨废弃物约110吨。市城管局制定餐厨废弃物产生申报、收运处置联单、台账定期报告、收运处置许可等各项制度,建立通用信息平台,对全市餐厨废弃物实行全面监管。完成日处理能力200多吨的全市餐厨废弃物综合处置一期工程的立项批复和土地预审。在一期工程尚未投入运行的过渡期,先期收运159家规模较大的餐饮单位产生的餐厨废弃物。全市环卫部门购置收运车21辆,通过上门调查与宣传、沟通等方式,与纳入餐厨废弃物收运范围的餐饮单位签订收运责任书190份,发放收集桶2130只。5月20日起,159家餐饮单位将每天产生的餐厨废弃物投放到专用收集桶内,由各区环卫部门定时上门收集,运至市生活废弃物处理中心。在对食物与油水等进行分离后,残渣作无害化填埋处理,污水处理达标后排放,食物油脂由专业部门提炼生物柴油。市城管支队、各区大队会同公安等部门开展餐厨废弃物收运处置综合整治活动28次,查处非法收运、非法委托等违章行为80余起,有效保障餐厨废弃过渡期管理工作的正常开展。10月,常州市被财政部确定为江苏省唯一的第二批餐厨废弃物资源化利用和无害化处理试点城市,获得补助资金3108万元。至年末,全市有335家餐饮单位纳入收运、处置范围,处理食物残余1.27万吨,日均处理量60吨。

【中心镇建设】 常州市委、市政府将2012年确定为中心镇建设重点项目推进年。围绕各镇新修编的规划确定100个年度市级中心镇建设重点项目,包括经济发展、社会事业建设、基础设施建设和生态文明四大类,项目总投资315亿元,年内计划投资119亿元。至年末,100个重点建设项目累计完成投资101.8亿元,完成年度计划的85.2%。年内,8个中心镇实现地区生产总值489亿元,比上年增15.8%;全社会固定资产投入257.7亿元,增19.4%,高于全市平均水平;农民人均纯收入17523元,比全市平均数高786元。

【住宅保障体系】 年内,市房管局实施保障房社会化收储,初步建立"建储并举"筹集保障房源的格局,在全省率先实现中低收入住房困难家庭应保尽保。在继续推进金泽、金润、金安等保障房建设的同时,5月,开辟"多快好省"保障房筹集新渠道,向社会收储保障房。超额完成新开工建设保障房2.32万套(户)、竣工5670套(户)、发放廉租住房租赁补贴2880户的省目标任务。年内,全市新开工各类保障房2.51万套(户),竣工各类保障房7371套(户),发放廉租住房租赁补贴3712户。

廉租住房。2012年,常州市廉租住房申请门槛降低,市区廉租住房租金补贴申请家庭人均月可支配收入标准由1140元以下(含1140元)调整为1300元以下(含1300元)。租金补贴标准提高,持有效低保证或特困证的家庭每人月均每平方米租金补贴为16元;其他符合条件的家庭每人月均每平方米租金补贴为14元;单人家庭按1.5倍的标准补贴,两人家庭按1.2倍的标准补贴,保障家庭成员每人每月补足20平方米。实物配租覆盖面扩大,将持有效低保证、特困证的无房租金补贴家庭全部调整为实物配租。全年新增廉租住房租金补贴家庭530户、实物配租家庭175户。

公共租赁住房保障。2012年,市区公共租赁住房申请家庭人均月可支配收入标准由1750元以下(含1750元)调整为2000元以下(含2000元)。全年新增公共租赁住房实物配租家庭1370户。

经济适用住房。2012年,常州市继续通过货币化补贴实施经济适用住房保障,市区经济适用住房货币补贴申请家庭人均月可支配收入标准由2190元以下(含2190元)提高至2500元以下(含2500元)。全年中心城区新增经济适用住房货币补贴家庭346户。

住房制度改革。年内,全市房管部门继续开展老职工购房补贴、房改房接轨、公房出售等工作,全年办理老职工购房补贴2660户,补贴总金额6943.3万元;办理房改房成本价接轨526户,接轨金额130.98万元;办理公房出售73户,面积3915平方米。

.7月7日,国务院总理温家宝考察市飞龙新苑保障房小区,对常州市"吸收多元主体参与建设、采取多种方式筹措房源"工作思路给予充分肯定。

【商品开发建设】 商品房销售和价格实现双稳定。贯彻落实中央、省有关房地产市场宏观调控政策,加强房地产市场监测分析,在月度、季度、年度、重要节假日结束后第一时间开展市场测评,通过媒体发布市场监测信息,及时准确引导市场预期;加强对市场的分析研判和对开发企业预售行为的监管,房地产市场发展态势总体平稳。房价基本稳定。1~12月,全市商品房成交均价6969元/平方米,比上年降7.3%,其中商品住房成交均价6648元/平方米,降5.78%。商品房销售量大幅增加。1~12月,全市商品房成交795.75万平方米,增25.52%,其中商品住房成交658.13万平方米,增33.76%。

【物业管理】 2012年,市房管局以召开全市和谐物管工作推进会为契机,加强对物业服务企业的监管,努力化解矛盾纠纷,行业管理水平逐步提升。

严格物业服务企业资质管理。加强物业服务企业资质核查,把好企业资质准入关,确保新成立的企业有固定的办公场所、规范的内部管理制度、持证上岗的工作人员。对于人员和办公场所落实不到位的新办企业,严格按要求督促其整改,年内有7家企业延期办理二级企业资质,11家企业没有通过升三级审核。全面启动企业资质核查工作,核查企业资质66家,发放整改通知书38份,吊销(或注销)5家物业服务企业的三级资质证书。

建立健全物业管理矛盾调处机制。建立常州市住宅小区物业管理矛盾纠纷调处联席会议制度,着力构建市、区、街道、社区四级工作网络,天宁区、钟楼区、戚墅堰区先后将物业服务管理矛盾调处纳入区调解中心,把小区物业管理矛盾化解在萌芽状态。加强对各辖市区物业管理纠纷调解工作的指导与监督,协调处理金禧园、荣亨逸都、紫荆苑等20余个住宅小区的矛盾纠纷。

环境保护

【概况】 2012年,常州市全面启动国家生态文明示范市建设,加快推进清水蓝天宜居和污染减排工程,创新环境管理,环境质量和人居环境持续改善。据监测,漕桥河、武进港、太滆运河3条入太湖河道水质总体改善,高锰酸盐指数、氨氮和总磷浓度分别比上年降11.1%、8.5%和13.4%,全市主要湖泊未出现蓝藻大规模聚集现象。全市空气质量优良天数为337天,占总天数的92.08%,比上年增加1天。

年内,全市环保部门开展"服务创新驱动,深入打造环保直通车品牌"活动,围绕"审批通道更流畅、审批服务更规范、服务对象更满意"的要求,拓展绿色通道,将全市三星级以上企业和拟上市企业、"510"行动计划项目、"一核八园"等重点项目列入绿色通道。审结省重点项目环评文件20个,办结率83.3%;审批市发改委重点项目环评文件137个,办结率87.8%;具备审批条件的重点项目均完成环评审批。6月5~8日,常州市通过国家环保模范城市现场复核,获国际花园城市E类综合金奖和特别金奖。

【农村环境连片整治】 2012年,常州市继续推进农村环境连片整治,涉及武进区、金坛市的64个行政村,总面积229.72平方公里,受益总人口15.1万人。工程总投资2.19亿元,其中中央资金8546万元,市区配套资金1.34亿元,整合各项涉农资金1800万元。建设污水提升泵站13座,铺设污水收集管网241.9公里;建成分期式污水处理装置80套,配套管网161.9公里,新增污水处理能力6975吨/日;新增化学需氧量减排324吨/年、氨氮减排53.5吨/年。

【园林绿化】 绿化水平不断提升。年末建成区绿地面积达7072公顷,其中公园绿地面积1759公顷,分别比上年末增长6.4%和3.3%;城区人均公园绿地达到12.5平方米;建成区绿化覆盖率达42.21%,比上年提高0.04个百分点,建成区绿地率38.59%,比上年提高0.19个百分点。荷园廉政文化主题公园建设工程年内完工,武进中国花博会主展区常州园建设工程进场施工,丁塘河湿地公园、凤凰公园、新区新龙国家森林公园建设顺利推进。实施花都花城建设工程,年内完成机场路、中吴大道景观提升和月季种植工程。积极推进农村村庄环境整治工程,村庄绿化覆盖率达到30%以上。

【首例环境公益诉讼案结案】 7月20日,常州市环境公益协会作为原告向溧阳市人民法院水资源保护巡回法庭提起对被告高某擅自倾倒污泥行为的环境公益诉讼,要求被告承担消除损害、恢复原状的民事责任。

2012年1月,溧城镇歌岐村村委会与溧阳市航务工程公司及高某签订了一份河道清淤协议。2月底,高某在村委会不知情的情况下擅自将清出的200吨化工污泥倾倒在红武村附近一废弃鱼塘内,造成严重的环境污染。事发后,政府多次督促整改,而当事人落实进展缓慢。为维护被污染地居民的环境权益和社会公共环境利益,溧阳市检察院依法支持常州环境公益协会作为原告,向溧阳市人民法院提出要求高某、溧阳市航务工程公司立即采取措施消除环境污染损害、恢复土地原状的诉讼请求。

7月20日,该案在位于溧阳市水利局内的水资源保护巡回法庭公开开庭审理。8月9日和10月25日,溧阳法院水资源保护巡回法庭两次召集原、被告以及溧阳市检察院、溧阳市环保局等多家单位召开调解会。最终,双方在合议庭的主持下自愿达成协议:被告高某在鱼塘租用期限内不得将该鱼塘用于食用类农作物种植或鱼类等养殖;被告高某自愿捐赠2万元给常州市环境公益协会,用于日后的环境保护公益诉讼;原告常州市环境公益协会放弃其他诉讼请求。

镇江市

城乡建设

【城乡建设综述】 2012年,镇江市区实施城建项目135项,完成投资524亿元,全年运作资金124亿元,新增到位融资91亿元,其中运用中期票据、短期融资券、非公开定向债务等直接融资工具融资到位62亿元。基础设施建设明显提速。市区20项城建重点工程全面竣工。完成京江路、天桥路、中山西路一期等11条道路建设、改造和提升。征润洲水源地一级保护区实现全封闭管理,金山水厂深度处理工程竣工投产,区域供水覆盖率100%,供水安全保障能力进一步提高。镇江新区第二污水处理厂和征润洲污水处理厂改造工程竣工,左湖、四摆渡等7座雨污水泵站建成投用,完成5平方公里区域雨污分流改造,城市污水集中处理率73.5%。南徐新城基础设施基本建成。公共服务功能日趋完善。体育会展中心和商务办公A区工程竣工。实施西津渡文化旅游项目,建成云台阁,完成环云台山居民搬迁和伯先路、京畿路沿线保留建筑修缮。市区建成凤凰家园、米山雅居、金山水城、象山花园等10个农贸市场和体育会展中心(北)等13个公交场站。城乡人居环境不断优化。全面推进金融集聚区、太古山地块等首批"7+1"旧城区城中村改造项目。高质量完成市区西、南出入口整治。改造老小区和街巷32万平方米,整治积水区59处。完成3975个村庄环境整治,整治率57%,创成省级"三星级康居乡村"36个。建制镇绿化覆盖率26%,建制镇污水处理设施实现全覆盖,农村家庭住房成套率59%。镇江市顺利通过江苏人居环境奖考核。住房保障水平稳步提升。新建拆迁安置房219万平方米、竣工256万平方米、安置23219套,6362套一年以上逾期安置房全部消化完毕。全市各类保障性住房新开工17979套,竣工8387套,市区低收入住房困难家庭应保尽保,城镇保障性住房供给率、覆盖率分别达到64%和12.8%,均列全省第六位。落实私房政策,发还私房81户。完成直管公房维修2万平方米。行业管理全面提标。建筑业发展增速明显,市政府出台促进全市建筑业发展的相关意见,全市完成建筑业总产值480亿元,比上年增长16.5%。市区招投标工作全程网上运行,"创文明工地、建精品工程"工作经验被省住建厅在全省推广;创省级文明工地45个、省优"扬子杯"项目13个、市优"金山杯"优质工程项目59个,安全生产形势保持平稳。出台《镇江市建筑节能管理办法》,争取部、省级节能专项资金7554万元,市住建局获住建部"十一五"建筑节能先进单位,官塘新城成功申报省级绿色建筑示范区。房地产市场稳健发展,市区完成商品房投资114.49亿元,开发面积120万平方米,竣工面积130万平方米,销售面积130万平方米,房地产业增加值和规模投资分别达到110亿元、200亿元,城镇家庭住房成套比例93.5%,商品房销售面积增幅进入全省前2位。物业管理水平不断提高,构建物业管理长效机制,物业管理网络平台进一步完善,建立区、街道、社区三级物业管理中心(站)126个,创建国家示范项目1个、省优住宅物业管理项目5个。2012年,市住建局被评为全国住房和城乡建设系统先进单位。

【城市建设重点工程】 2012年,市区计划实施城建项目135项,年度投资524亿元,分为老城滨水区、南徐片区、丁卯—官塘片区、丹徒片区、东翼、西翼、城乡统筹7大板块。其中,扬溧高速西南出入口整治和体育会展中心等20项城建重点项目年度投资157亿元,涉及基础设施、民生工程、文化建设、产业载体四大类。到2012年年底,完成98项,完成投资524亿元,京江路、岗子下路、镇江新区第二污水处理厂改造、市区主要出入口整治等20项城建重点项目竣工。

【房地产开发】 截至2012年12月,市区房地产开发完成投资130.81亿元,比上年下降35.94%;市区房屋施工面积1151万平方米,增长14.09%;市区房屋新开发面积121万平方米,下降49.76%;市区房屋竣工面积201万平方米,下降17.03%。市区商品房累计批准预售251.27万平方米,下降8.91%;累计合同销售195.01万平方米,增长36.84%;平均成交价格为6459元/平方米,下降15.01%。其中,商品住房累计批准预售198.26万平方米,下降6.46%;累计合同销售面积172.1万平方米,增长58.08%;商品住房(含别墅)的平均成交价格5946元/平方米,下降6.79%。 (田 甜)

【保障性住房建设】 2012年,省政府下达镇江市的保障性住房建设任务是新开工15370套、竣工2240套,其中公共租赁住房(廉租住房)新开工5600套(其中政府投资4640套)、竣工1100套,经济适用住房新开工3000套、竣工600套,限价商品住房新开工2800套、竣工540套,棚户区危旧房改造新开工3970套,廉租住房租赁补贴1650户。全市各类保障性住房全年累计新开工16459套、竣工3415套,其中公共租赁住房(廉租住房)新开工5731套、竣工1319套,经济适用住房新开工3014套、竣工830套,限价商品房新开工2820套、竣工1058套,棚户区危旧房改造新开工4894套、竣工208套。

【建筑业】 截至2012年底,全市共有建筑业资质企业724家。按资质类型分:总承包企业298家,占总企业数的41.17%,其中一级24家、二级97家、三级177家;专业承包企业367家,占总企业数的50.69%,其中一级28家、二级94家、三级238家,不分等级7家;劳务分包企业59家,占总企业数的8.14%。全市完成建筑业总产值483.6亿元,比上年增长17.34%。市政府召开全市加快建筑业发展动员大会并出台《加快建筑业发展的若干政策意见》,起草《关于加强外地建设类企业进镇管理的通知》《镇江市国有投资项目预选承包商管理制度》等一系列配套文件,对有升级、增项条件和愿望的企业主动对接联系,帮助企业转型升级。2012年,市、县两级住建部门和行业协会召开各类现场会及考察活动20余次。镇江建工集团促进本地市场施工结构转型，重点向高层建筑、重钢结构、网架施工、粮食筒仓、水泥厂工程等多领域拓展，同时开拓海外市场。镇江安装集团涉足光电新能源、高效农业等高科技项目。镇江蓝舶科技公司桥梁和船舶防腐工程在业内领先。江苏山水建设集团以施工带动设计、监理协同发展，同时注重发挥园林绿化特长，打好专业牌，成功打入安徽、重庆、贵州、湖北等外省市场。镇江索普建筑安装工程公司注重"质量兴企"，打造优质工程，实施品牌企业战略。市住建局与市发改委、经信委、科技局、人社局、财政局、地税局等部门加强沟通协作，帮助建筑企业争取政策，解决发展中的实际困难。与江苏科技大学、江苏大学等驻镇高校建立全市良好的合作关系，在员工培训，紧缺人才定向培养、科研开发等方面为企业牵线搭桥。与市金融办、人行和多家商业银行加强接触沟通，积极为企业与银行创造银企合作机会。与省住建厅在全国各地的办事处及木省兄弟城市的主管部门建立良好的合作关系，帮助企业到外地市场开拓发展。利用建筑业企业信用管理系统，严格控制三级企业特别是三级房建总承包企业新办数量，鼓励企业资质升级，引导和培育市场前景好的专业承包企业，加强资质动态核查，依法撤回97家不合格企业，进一步优化全市企业的资质结构。

环 境 保 护

【概况】 2012年，镇江市通过生态市建设国家考核，镇江成为全省第四家，全国第五家生态市（地级市）。镇江市、句容市国家环保模范城市按新标准通过复核并重新命名，丹阳市国家环保模范城市创建通过国家考核验收。全年发生"2·3"水污染事件、"7·12"索普二氧化硫泄漏事件和"11·8"宏达化工火灾事件等10起环境突发事件，是历史上环境事故最多的一年。2012年，镇江市市区东部地区、高资地区两个环境隐患多的重点地区均开展整治，一些重点环境隐患得以逐步消除。全市环境质量保持稳定，全年基本现代化考核断面好于Ⅲ水质以上的比例为78.8%，全市7个空气自动站点累计优良大数比例为94.7%，集中式饮用水源地达标率100%，环境噪声达标率100%。开展沿江化工企业专项整治、环境安全百日大检查，重金属污染防治、危险废物专项执法检查、东部地区大气环境综合整治、高资工业园区整治、韦岗地区整治、辐射安全检查等专项行动，排查企业1000余家，责令整改150余家，责令关停32家，作出行政处罚决定169件。蓝天工程完成省政府目标任务，实现全境秸秆"零焚烧"。太湖流域水污染治理5大类161项重点工程全部启动，完成157项，7个考核断面达标率42.8%，完成省政府下达的年度目标任务。长江水污染防治8项重点工程提前完成。完成第七批清洁生产审核企业38家。丹阳工业园区通过生态工业园区省级考核验收，扬中工业园区、句容工业园区通过省级技术考核。环境监测能力不断增强。建成运行长江上游南京与镇江交汇处、高资化工园区下游两个水质自动站，监测指标提高到12项；完成市区国控空气站点PM2.5、臭氧、一氧化碳自动监测能力建设，并与部、省联网，实时发布。 （颜正清）

【发生10起环境污染突发事件】 2012年，镇江市发生10起（不含南京金陵石化原油泄漏和扬州硝酸沉船事件）环境污染突发事件，其中水上运输2起，化工企业6起，公路运输2起。 （叶佳周）

【市委、市政府明确东部地区环境综合整治10项意见】 2012年8月2日下午，市委、市政府对市区东部地区环境综合整治专题研究部署，明确10项意见：1. 妥善做好"7·12"二氧化硫事件善后处置工作。尽快确定补偿方案，在认真调查的基础上进行责任追究。环保部门进驻索普集团工作组暂不退出，继续加强环保监控，督促集团增加监控点，建立索普化工基地预警监控信息平台。2. 加强重点污染企业整治。列入整改行列的30家企业，3个月内整治到位，否则停产整顿。向江苏索普化工股份有限公司、江苏索普集团醋酸厂、江苏索普集团甲醇厂、光大环保能源（镇江）有限公司、镇江南帝化工有限公司、镇江新昌源化工有限公司、镇江新宇固体废物处置有限公司等7家重点整改企业派驻环保监督员，加大监督执法力度。3. 对短期内无法解决污染问题的5家企业实施关停（其中2012年关停3家，2013年将关停两家）。4. 提高东部地区企业环境管理水平。从8月上旬开始，对相关企业负责人举办学习班，要求相关企业做到落实责任、公开承诺、投保"环境责任险"、交纳环境安全保证金，严格奖惩考核。5. 加快启动索普化工基地和镇江新区化工园区居民搬迁工作。市政府将专题研究和制订切实可行的搬迁方案，细化时间任务和工作责任。6. 由市环保部门组成夜间巡查小组，每周组织一次夜间突击检查，发现问题从严查处。7. 加强基层环保机构和队伍建设，从体制机制上进行优化，落实属地管理要求，充实执法力量，提高装备水平和管理能力。8. 提高化工企业准入门槛。今后化工园区内新上项目必须是符合国家产业政策、环评标准的规模企业，化工园区外一律不得新上化工项目。园区内新上化工项目固定资产投资要达到10亿元或1亿美元以上，对新上项目流程和设备必须进行联合会审，同时引导园区外化工企业向园区集中。9. 加强基层环保力量，对京口区、镇江新区重点整治的镇（街道），明确一名分管环保工作的副镇长（副主任），专门负责环保及维稳工作。10. 全力做好社会稳定工作。至2012年底，以上10个方面意见均落实完成。

【环保部通报镇江市处理自来水"异味"事件】 2012年3月30日，环保部就江苏省环保系统妥善应对韩籍货轮苯酚泄漏导致镇江市自来水"异味"事件进行通报：2月2日至3日，一艘韩国籍货轮在镇江李长荣综合石化工业有限公司化工码头卸货，其间船方违反操作规程作业，未关闭通向舷外的水下排放管路盲断阀和舱底单向截止止回阀，该管路的手动蝶阀操作系统虽已关闭，但因缺乏维护保养致阀体与阀盘存在间隙，导致卸货过程中部分货物（苯酚）通过该船的水下排放管泄漏，对长江水体造成影响。事件发生后，江苏省环境保护厅领导带领省环境应急与事故调查中心、省环境监测中心及省环境科学研究院等部门和单位组成的工作组赶赴现场，协助指导镇江市人民政府、镇江市环境保护局开展处置工作。镇江市环境保护局开展应急监测，通过多种技术手段及时确认污染因子为挥发酚；迅速组织市、县环境监察人员320余人次对辖区内300多家企业特别是涉及苯酚的企业进行排查，排除陆源污染因素；配合海事部门对辖区内危险品码头作业情况和运载危险货物船只进行排查,锁定污染源为一艘装载苯酚的韩国籍化工货轮。污染因子的及时确认和污染源的及时锁定控制了事态发展。江苏省环境保护厅在确认污染因子后,统一指挥,迅速制订处置方案,科学布设监测断面,确定监测频次,连夜向沿江各市环保部门发布指令,要求同步开展应急加密监测,及时掌握挥发酚浓度变化趋势。沿江各市环境保护局按照统一要求,对沿江各饮用水水源地采样,连续两昼夜不间断监测,科学测定挥发酚浓度变化趋势,为沿江各地自来水厂有效应对提供科学依据。江苏省环境保护厅及镇江市环境保护局依照《江苏省集中式饮用水源突发污染事件应急预案》,第一时间将事件信息通报相关部门,指导自来水厂严密监控进水水质,及时采取有效措施,确保水厂出水水质达标。按照环保、海事签署的应急联动合作协议要求,江苏省环境保护厅与江苏海事局互相通报对肇事船只检查及处置的相关信息。按照《突发环境事件信息报告办法》要求,江苏省环境保护厅及时将水质情况通报上海市环境保护局。江苏省环境保护厅及时向省政府进行专题汇报,并配合省政府向社会发布公告,澄清有关江阴危化品沉船事故的谣言。镇江市环境保护局及时向社会发布水质监测数据,消除群众的担心和疑惑,维护群众环境权益和社会稳定。 (颜正清)

【处理“7·12”索普二氧化硫泄漏事故】 2012年7月12日上午10时,镇江索普化工新发展有限公司30万吨硫酸生产装置,在准备结束1个月的维护检修、进行喷磺开车时,因工作人员未及时更换尾气吸收设备中的碱液,导致二氧化硫少量泄漏,事故持续时间约5分钟。事故发生后,企业当即关停硫酸生产系统。12日上午10时20分左右,泄漏气体造成索普化工新发展有限公司周边(京口区谏壁街道焦湾大道附近)的部分居民感到身体不适。12日下午5时40分,涉事企业在自身查明原因后,向社会公开道歉。事故发生后,市委、市政府在第一时间实施人员救治、事故调查、环境监测和新闻发布等各项工作,所涉人员总体稳定、无生命危险。当日下午,企业附近居民的生产生活均已正常。13日上午10时,市委书记张敬华主持召开索普泄漏事故处理办公会,专题研究对索普“7·12”二氧化硫泄漏责任事故的处理意见。会议提出8项处理意见:1. 由市卫生局牵头、京口区政府配合,做好所涉人员的观察与治疗工作。2. 由京口区政府负责,对企业周边群众做好思想稳定工作。3. 立即对企业进行停产整顿,同时对索普周边环境安全问题进行全面整治。一个月内拿出方案,分轻重缓急、分片区予以实施。4. 由市环保局、监察局分别牵头,成立事故调查组与责任追究组,开展事故调查和责任追究。责成索普集团对新发展有限公司分管环境安全的副总经理予以撤职处理,对其他具体责任人员,待查清责任后再严肃处理。5. 由市环保局分管副局长带队进驻索普,对索普集团环境安全管理进行彻底检查。全面提升企业管理水平,加强安全生产培训和环境监管。6. 开展全市范围内环境安全和安全生产大检查,杜绝各类安全隐患。7. 开展全市化工行业专项整治,对化工行业提档升级提出具体措施。8. 及时向社会和媒体如实公布事故调查及处置进展情况。7月13日中午,镇江市人民政府就索普化工二氧化硫泄漏事故专题召开新闻发布会,镇江市政府新闻发言人卜晓放向社会和媒体如实公布事故调查及处置情况。 (匡文虎　王鹏程)

【市区东部地区大气环境综合整治】 2012年6月,市环保局下发《东部地区两年整治行动方案》,整治31家企业,关停5家企业。至年底,22家企业完成整改工作,3家企业停产(星飞化工、宏达化工、联港化学),6家企业在进行整改中;5家关停企业中3家企业(格兰春普化工、镇江佳乐电源有限公司、镇江京口润宝电讯电器厂)停产,另2家企业(镇江天龙化工有限公司、镇江碳素总厂)计划在2013年6月前关停。市环保局分别向镇江新区化工园区和索普化工基地转发省政府办公厅《关于切实加强化工园区(集中区)环境保护工作的通知》,提出隔离带搬迁意见;向镇江新区化工园区7家企业和索普化工基地分别派驻专职环保监督员。自8月13日开始,实施夜间及节假日突击检查行动,成立12个夜查组,每周组织2次突击夜查,每次检查3家以上重点污染企业。

南　通　市

城市建设

【概况】 2012年,南通市坚持城乡统筹发展,中心城市和城镇化建设持续升温。中心城市空间战略研究和重点片区规划编制取得重要成果,完成控制性详规、专项规划和城市设计等44项规划。重点区域开发提速。新城区10个项目竣工,商业金融文化集聚区启动建设。观音山新城、市北新城开发建设提速。南部新城形象显著提升。老城区改造提升扎实推进,启动寺街·名人文化区等历史文化保护工程,完成十字街综合改造主体工程。城市功能不断提升。146个重点城建项目完成投资超过200亿元,一批商贸、金融、文化、教育、医疗等功能性项目实现突破。市区交通畅通工程取得新成效,5个城市快速路和27个骨干路网项目竣工。初步建成公共自行车服务系统。市容环境综合整治成效明显。完成城中村改造、老小区整治、城市菜市场升级等项目45个。城镇建设步伐加快。5个县(市)城新增建成区面积近20平方公里,重点中心镇功能提升。全市城市化率达到59%。水利建设投入加大,市区河道整治和农村河道疏浚年度任务全面完成。市区应急水源基本建成。全市城乡居民普遍饮上长江水。城乡生态环境建设不断加强。生态市建设深入推进,国家环保模范城市、国家园林城市通过复核。

【加快中心城市建设】 3月31日,市委、市政府召开加快中心城市建设工作会议,就高标准统筹推进中心城市发展,加快提高中心城市辐射力作出部署。会议印发《关于加快推进中心城市新城区、观音山新城、北翼新城、五山地区、南通滨海园区开发建设的实施意见》。市区重点发展的5个区域及功能定位分别为:新城区,建成以现代服务业、高端商务商业、行政文化、教育科研、高端居住等为主导功能的城市核心区的重要组成部分。观音山新城,建成以居住、科技研发、都市型产业和现代服务业为主要功能的城市服中心。市北新城(北翼新城),建成集生态居住、交通枢纽、现代服务业、高新技术产业、区级政治文化中心为一体的重要城市副中心和综合性现代新城。五山地区,通过以风景带动产业集聚、以产业回馈风景建设、以文化提升旅游影响力,建成中国著名的具有生态保护、宗教文化、旅游休闲、观光度假等综合功能的现代风景名胜、旅游度假区。南通滨海园区,建设高水平的先进制造业基地、重要的港口物流中心和环境优美、生态宜居的海港新城。

【中央商务区建设】 南通中央商务区是新城区三大重要组成部分之一。自2005年6月正式动工建设至2012年底,中央商务区从城市南郊的农田和村舍,变成高楼林立、人气旺盛的新城核心区。截至2012年底,中央商务区总建筑面积约250万平方米,开工面积近150万平方米,交付面积近100万平方米,先后建成体育会展中心、高层住宅及写字楼群、滨水餐饮休闲街区、金石国际大酒店、中南城购物中心、中央公园等,400多家企业进驻办公,300多家商户开业。2012年,中央商务区内商住楼宇和餐饮娱乐项目建设进展顺利。1月31日,金石国际酒店公寓一期交房,首批业主入住。5月19日,中央公园广场5A级写字楼开盘销售。11月17日,中南城产权酒店开盘销售。5月,中南新世界广场启动建设,分餐饮、娱乐、服饰、影院、公寓等功能区。8月,占地面积6000平方米的中央公园水上乐园建成,可容纳千人同时嬉戏。9月29日,台湾新光百货与中南集团签约,入驻中央公园广场。11月27日,经沿河景观带改造后,南通老街夜市正式开街。12月1日,位于中南城东侧的98街区正式开街,近20家特色餐饮店同时开业。在中国房地产研究会、中国房地产业协会、中国房地产测评中心联合组织的2012年中国房地产500强测评中,南通中央商务区入选2012年中国房地产开发企业典型项目10强(第三名)。

【观音山新城建设加快推进】 11月5日,观音山新城党工委、管委会揭牌,同时进行集中签约和重大项目集中开工仪式。16个签约项目包括亚邦物流等产业项目,城市综合体、邻里中心等功能性项目,安置房、公建配套等民生类、基础设施类项目,总投资超过200亿元。同日,崇川开发区总部经济产业园奠基,崇川学校落成。

【园林绿化】 2012年,南通市大力度推进生态园林城市创建,市区新增绿地230公顷。环保公园、龙潭公园、1895广场、钟楼广场、绿地小游园、道路风光带等16个景观工程建成开放;工农路、人民路等18条"双百日"市容环境综合整治路段绿化提升到位;崇川路东延、世纪大道东延等配套绿化全部完工;老洪港湿地公园、南山湖景区、两河两岸绿廊等项目有序推进。完成市区48条路段的绿化补植和800多株行道树、9万多平方米绿地的基建移伐工作,组织70多处8000多平方米200多万盆常年花卉布置及节日摆花工作。组织参加第八届中国国际园林博览会,获1金1银3铜;参加第五届中国菊花精品展获栽培金奖;参加2012年"红豆春杯"京津唐宁通常锡七城斗菊擂台赛获组织奖;成功举办2012年南通菊花展暨市花(菊花)命名30周年展览"活动。

【历史文化保护工程】 南通·1895历史文化街区保护工程该工程是2012年市政府为民办实事项目。总规划面积87公顷,以唐闸镇河东、河西两个历史文化街区为主体,同时向东扩展包含唐闸公园及周边用地,向西扩展包含造纸厂、油脂厂、大生纱厂及周边用地,总投资约20亿元。3月,改造工程启动,具体由南通国有置业集团组织。范围东起通扬运河,西至西工房(高岸街工房)及新民巷西侧、老工房、大生纱厂仓库,南起西市街、兴隆街,北至东工房、高岸街北约300米,总面积约19.88公顷。其中以原油脂厂为主体实施南通·1895文化创意产业园一期修缮保护工程。至9月初,文化创意园一期工程基本完成。11月8日,文化创意园开园。

伶工学社保护利用工程 3月31日,伶工学社保护利用工程开工。1919年张謇创办的伶工学社,是中国第一所新型戏剧学校。2004年,伶工学社旧址被公布为南通市第四批文物保护单位。伶工学社保护利用工程列为2012年市重点文化工程。经修缮、复建后,总面积达3355平方米,包括伶工学社旧址原有建筑6间,以及新建的小剧场、露天戏台、望亭、景观连廊等。至年底,主体建筑竣工。 (通 鉴)

·村镇建设·

【概况】 2012年,南通市辖各县(市)推进民富、村美、风气好的社会主义新农村建设。如东县洋口镇、通州区五接镇开沙村分别创建成省级特色景观旅游名镇、名村。通州区五接镇开沙村、如皋市如城镇顾庄村创建成江苏最美乡村。如皋市高明镇中心村、通州区十总镇中心村等17个自然村创建成省级"三星级康居乡村"。通州区兴东镇孙李桥村、兴仁镇徐庄村、十总镇十总居和如皋市高明镇育贤社区等乡村成为南通新农村建设典型。

【村庄环境整治】 2012年,全市1253个行政村实施村庄环境整治,占总数75.6%,完成省级整治任务数量列全省第一。全市109个乡镇(涉农街道)中32个实施整镇连片推进。共争取省级引导资金1亿多元,市、县财政落实计划资金1.70亿元,整合涉农资金9.11亿元。如皋市吴窑镇立新社区、磨头镇塘湾村、袁桥镇纪港村、搬经镇湖刘社区、江安镇鄂埭村、石庄镇思江村、白蒲镇朱家桥村和东陈镇尚书村8个村进行省级村庄建设与环境整治试点,并通过省级验收。

【农村危房改造】 组织全市危房情况摸底调查,建立全市2.5万户的危房情况基本档案。全面完成省下达的4500户(如东1800户、海安1700户、通州1000户)农村危房改造计划,争取国家危房改造项目资金4000万元,并通过住房和城乡建设部

抽查验收。 (李长群)

·房地产业·

【概况】 2012年,南通市加快公共租赁房、拆迁安置房、保障性(限价)商品房等保障性安居工程建设,加大普通商品住房供应量,加强房地产市场监管,促进房地产市场平稳健康发展。市区完成房地产开发投资额330.3亿元,比上年增长23.3%,商品房新开工面积1043.5万平方米,比上年增长27.6%。市区普通商品房住房销售量178万平方米,为近三年来最高纪录,成交均价保持平稳;存量住房和商办类用房销售量保持高位增长。市区城镇家庭住房成套比例达到96%,提前完成"十二五"规划目标值。

【房地产市场】 房地产开发。2012年,市区商品房完成投资额330.3亿元,比上年增长23.3%。其中,住宅开发投资268.9亿元,比上年增长36.2%;普通商品房完成房地产投资227.8亿元,比上年增长11%。市区普通商品房新开工面积432.20万平方米,比上年增长4.80%;其中普通商品住房新开工面积323.50万平方米,比上年增长13.80%。

普通商品房供销。2012年,市区普通商品住房批准预售面积为290.12万平方米(2.30万套),比上年增长5.87%;实际销售面积178.25万平方米(1.46万套),比上年增长30.43%。2012年末普通商品住房可售面积393.13万平方米(3.05万套),比上年增长38.02%。市区普通商品住房全年成交均价为8533.7元/平方米,比上年增长3.18%。

【房产交易会】 5月25~27日,市第53届房交会在市体育会展中心举行,共有29家开发企业携31个楼盘参展,参展面积共计417万平方米,其中商品住宅类389万平方米,商业办公类28万平方米。现场成交113套,其中住宅107套,成交面积1.22万平方米;非住宅成交6宗,成交面积280平方米。10月19~21日,市第54届房交会在市体育会展中心举行,共有31家开发企业参展,参展楼盘32个,参展项目面积421.24万平方米,其中商品住宅类322.93万平方米,商业办公类98.31万平方米。现场成交商品房144套(间),成交面积1.6万平方米。

【市场监管】 2012年,市政府贯彻国家、省有关房地产宏观调控政策,全市房地产市场平稳健康发展。9~10月,市物价局协同市住房保障和房产管理局开展市区商品房销售明码标价专项检查,规范商品房销售行为。

【房屋征收(拆迁)】 市出台《关于加快推进市区国有土地上非住宅房屋征收工作的指导意见》,搭建信息交流平台,促进动迁企业到园区落户安置。建立健全"市级服务、区级决定、街办推荐、区级招标、劳务外包"房屋征收工作体制,形成多元化纠纷解决机制。探索房屋征收(拆迁)行业新型管理模式,全面推行"三评六制"(准入评审、绩效评比、群众评议;从业人员首签责任制、持证上岗身份公示制、文明执业情感签约制、绩效点评末位停牌制、同业支持良性竞争制、举报查实责任追究制)。2012年,市区完成房屋征收拆迁面积793.6万平方米,完成搬迁3.05万户,拆迁面积和户数均创历史最高水平。

【拆迁安置房建设】 2012年,市住房保障和房产管理局完善拆迁安置房专项规划,建立审批绿色通道,实行安置房综合预审和联合竣工验收制度,进一步加快拆迁安置房建设。同时,推动拆迁安置房剩余房源调剂,建立临时过渡房优先保障机制、保障性(限价)商品房动态平衡机制,保障拆迁户利益。全年市区拆迁安置房新开工731.97万平方米,竣工交付262.79万平方米,安置1.61万户。

【物业管理】 开展物业管理标准化服务建设年活动,确定崇川区七星花园、南通国际贸易中心为标准化、规范化物业服务示点。年内,海门运杰·龙馨园获评全国物业管理示范项目,南通国际贸易中心等7个项目获评省级优秀;玉兰公寓等19个项目获评市级优秀。制定市区老小区环境整治五年行动计划,年内完成27个老小区35个整治项目。着力缓解住宅小区停车难,在学田千禧园等小区开展试点。对专项维修资金实行规范、透明管理。 (杨嘉理)

环境保护

【概况】 2012年,南通市坚持铁腕治污,全面启动化工园区生态化改造和钢丝绳行业标准化建设,钢丝绳集中生产地区铅浓度均值明显下降。加强工业污染源防治,落实"蓝天工程"行动计划。新增机动车排气检测站4座,检测线7条,形成年检测能力65万辆,城市扬尘污染防止效果明显。"三重"(重点区域流域、重点行业、重点污染源)治污取得新的成效。环境执法监管保持高压态势,环保专项治理取得成效。加强秸秆禁烧工作,环保部卫星通报、省卫星遥感监测,在苏中苏北地区火点数最少,被省环境保护委员会表彰为先进地区。污染源自动监控设备正常运行率位于全省前列,排污费征收超过前两年平均数,被环境保护部环境监察局列为试点单位。市环境监测站标准化建设通过省级达标验收。

【环境问题督办】 2012年,市环保部门对19个影响社会稳定的突出环境问题进行挂牌督办,组织六次专项检查,如皋港化工园区整治、如东大豫镇临江新能源废旧轮胎炼油加工点整治、南通翔鹰钢丝绳弹簧有限公司污染整治等15个突出问题整改到位。开展涉重生产企业污染整治、化工园区污染整治、苯酐富马酸企业专项检查、塑料制品企业专项检查、危险废物专项整治及污染减排重点企业专项整治等专项行动,对全市41家涉铅蓄电池生产企业跟踪整治,39家不符合生产条件的企业全部停产,整治任务完成率100%。专项行动中,共出动执法人员1.88万余人次,检查企业8400余厂次,立案查处违法排污企业144家,关闭取缔企业60家,责令停产整治39家,实施经济处罚796万元。

【污染控制】 对违法排污企业保持高压态势,加强国控、省控等重点企业监管。重点污染源企业监管每月2次,集中式污水处理厂每周1次、市区重点污染源每月监察1次,对全市污水处理厂、重点园区、重点企业进行5次24小时蹲点和18次飞行检查。全年检查企业5200余厂次,查处16家环境违法行为企业,处罚金额100万元。自动监控设备联网率100%、正常运行率95%,位列全省第二,污染源基础信息完整率100%。对南通开发区印染企业开展集中整治,对南通开发区化工三区实行24小时监督巡查的大气污染联防联保制度。

【危险固废管理】 加强固体废物监管。确定危险废物单位196家,其中年产废物100吨以上102家(国家级管理),年产废物10吨以上100吨以下94家(省级管理)。对全市203家危险废物重点单位进行检查,消除环境隐患53处。配合省环保厅危险废物专项检查组开展危险废物规范化管理检查,共检查企业36家次,对存在问题责令限期整改。对通海片区114家钢丝绳企业整治情况进行拉网式大检查。查处倾倒废酸、污泥等非法处置危险固废行为案件5起。全年接受各类危险废物转移申请404件,办结率100%。开展持久性有机物申报工作,对南通市64家持久性有机物申报信息进行逐一审核,并要求相关单位保持环保处理设施运行完好。开展二噁英委托监测,减少持久性有机物排放总量。

提升危险废物处置能力。钢丝绳行业废酸污泥资源化中心全年共收集污泥1.87万吨,均得到有效处置。市环保部门指导南通宝钢钢铁有限公司利用公司烧结炉开展钢丝绳污泥综合利用的前期工作。加强市清源工业废物综合处置厂等3家环保再生资源处理企业的监督管理,全年接收1.73万吨。南通开发区与法国苏伊士公司3万吨危险废物焚烧处置项目得到推进,如东大恒1万吨危废焚烧扩建项目环评送审,如东、启东危险废物填埋场项目有序推进。如东"废五金电器、电缆、电机圈区管理"项目通过省环保厅环评审查。观音山环保热电技改项目于12月底完工,正式运行后市区的污泥处置能力可达400吨/日。

【生态市创建】 2012年,南通市创建生态市工作取得初步成果。南通市、海门市国家环保模范城市复核通过环保部现场考核,南通市创建国家生态市通过省级验收,如东县通过国家级技术评估。生态园区、生态村、绿色学校、绿色社区、绿色宾馆等创建取得新的进展。全市省级以上工业园区均完成生态工业园区规划编制并通过省级评审,通州平潮、启东滨海工业园区完成市级生态工业园区创建工作。2012年12月,环保部命名江苏100个国家级生态乡镇,南通占26个,居全省第一。16个村获得省级生态村命名。

【编制生态功能区规划】 对沿江、沿海岸线和部分重点区域进行全面的现场勘查和调研。会同国土、规划、海洋10多个部门,编制完成《南通市重要生态功能区区域规划(2012～2020)》,受保护地面积提高到20.13%。

【节能减排】 2012年,全市单位GDP能耗约0.507吨标准煤/万元(2010年不变价),比上年下降5.98%。规模以上工业综合能源消费1327.9万吨标准煤,比上年减少用能0.09%,规模以上工业万元产值能耗下降12.33%。其中,重点用能企业综合能源消费1040.4万吨标准煤,比上年减少用能2.14%,占规模以上工业综合能源的78.35%,重点用能企业万元产值能耗比上年下降8.92%。

2012年,南通市坚持工程减排、结构减排、管理减排"三管齐下",实施减排项目118个。全年化学需氧量、氨氮、二氧化硫、氮氧化物增量4项指标全年削减量分别为0.90万吨、0.107万吨、0.28万吨和0.41万吨,达到年初确定目标。完成1381家重点工业企业、84家污水处理厂、646家规模化畜禽养殖户基本数据调查,通过环保部核审。

【空气质量与烟尘控制】 开展大气污染调查,更新全市炉窑名录、炉窑参数、监测数据。编制完善全市电厂、热电企业的提标改造目标计划,促进市重点大气污染企业达标排放。投入30万元开展机动车监管信息系统暨监控平台建设,实现检测数据的实时传输和监控。加强机动车污染防治、城市扬尘污染防治、秸秆禁烧工作。对秸秆综合利用和禁烧工作实施考核奖惩,禁秸禁烧期间空气环境质量好于上年。 (黄 华)

扬 州 市

城 乡 建 设

【城市设施建设】 全年完成友谊路改造、广陵大桥等市区8条道路的建设与改造任务以及扬菱路、润扬路西延、九龙路、太平路、安家巷、老虎山西路、上方寺路东延、阮家祠堂、东关街美食广场、街南书屋等13项道路和景观亮化工程。实施念四河、杨庄河、玉带河、宝带河、新城河和四望亭河等六条河道水环境整治,工程采用集水下生态清淤、淤泥固化和余水处理于一体的淤泥快速处理技术,并在念四河与维扬路交汇处建设了淤泥固化处理站,共完成清淤水下方约50000立方米。加强城市排水管理力度,全年核发排水许可证62份、征收自备水源用户96万元。抓好主城区污水管网工程质量监督工作,全年共参与审查23个小区、17条市政道路以及24个其他项目,共提出意见190多条。加强污水厂监管力度,定期审核汤汪、六圩污水处理厂污泥焚烧量,共计审核22932.72吨,比去年同期减少17.94%。督促完善城市排水设施,完成史可法北路等道路约48公里的污水管网建设,槐泗河、大学南路等污水提升泵站投入运行,江都北路、瓜洲镇污水提升泵站正式开工。市区新增天然气居民用户22916户,商业用户132户,工业用户8户,天然气出租车209辆,私家车102辆,截止年底,共有天然气居民用户195882户,商业用户720户,工业用户24户,天然气出租车2617辆、公交车450辆、私家车341辆。建成省级节水型企业(单位)8家,建成省级节水型小区10家,市区全年节水达3000万m3,工业用水重复利用量达1.90亿m3,工业用水重复利用率82.5%,万元GDP取水量12m3,万元工业增加值取水量8m3。

【垃圾产业化处理】 生活垃圾无害化处理率达100%。广陵区、邗江区、开发区、新城西区的生活垃圾全部实现焚烧发电处置。采用BOT形式,投资4.8亿元建设的日处理1000吨生活垃圾的焚烧发电厂,自2011年5月份建成投运,2012年保持良好的运行质态。据统计,2012年共焚烧处理生活垃圾45.84万吨,发电量1.13亿度,上网电量0.94亿度,各类排放指标均控制在国家规定的限值之内。江都区2012年共产生16.50万吨生活垃圾,全部达到了卫生填埋的无害化处理标准。

·村镇建设·

【概况】 以小城镇建设、村庄环境整治、农村危房改造等为重点,努力提升镇村居住功能和公共服务功能,改善镇村人居环境,全面推进村镇建设事业健康发展。2012年村镇房屋建筑和市政公用设施建设完成投资59.78亿元,其中房屋建设投资41.29亿元,市政公共设施建设投资18.49亿元。

【村镇建设】 2012年村镇房屋建筑和市政公用设施建设完成投资59.78亿元,其中房屋建设投资41.29亿元,市政公共设施建设投资18.49亿元。加快全市11个重点中心镇基础设施建设,2012年开工建设基础设施和公共服务设施89项,总投资9.5亿元。根据自然条件和区位优势,积极引导小城镇加快建设,广陵区泰安镇、高邮市菱塘回族乡被认定为江苏省特色景观旅游名镇,宝应县射阳湖镇被认定为江苏省特色景观旅游创建示范镇,江都区邵伯镇洋湖村被认定为江苏省特色景观旅游创建示范村。大力实施村庄环境整治,累计投入资金9.24亿元,出动劳动力106万人次,机械设备7.2万台班,完成10109个村庄环境整治任务,占全市自然村庄总数的75%。积极争取中央和省补助资金1800万元,完成了3600户农村危房改造任务。

【新农村建设】 以重大工业项目、重大基础设施项目、城乡建设用地增减挂钩、万顷良田等土地整理项目为推进机遇,按照示范引导、分步实施的原则,积极稳步推进农民集中居住区建设。至2012年底,全市已建、在建集中居住区200个,总占地面积1370.65公顷,总建筑面积1092.49万平方米,规划总户数82400户,在建总户数11417户,已建成总户数39876户,入住农民34324户。

【设施建设】 截至2012年,累计建成区域供水水厂19座,铺设供水主干管道1438公里,支干供水管网12953公里,日供水能力达159.5万吨,满足460万人生产生活用水需求,实现市域区域供水全覆盖。涉农乡镇全部建成了生活污水处理设施,建制镇污水处理率达59.2%。乡镇生活垃圾中转站实现了全覆盖,生活垃圾处理率达100%;小城镇燃气普及率达89.34%,绿化覆盖率达18.8%,人均道路面积达16.81平方米,人均公园绿地面积达5.92平方米。

【房屋建设】 2012年住宅建房10246户,其中在新址上新建7297户;竣工建筑面积180.23万平方米,其中混合结构以上建筑面积172.67万平方米;至2012年末实有住宅建筑面积11408.21万平方米,其中混合结构以上建筑面积8490.17万平方米;人均住宅建筑面积达38.75平方米。

【农村人口向城镇转移】 2012年底,市域常住总人口446.72万人,城镇人口262.67万,全市城镇化率达58.81%,全市有10.8万农村居民迁入城镇。

·房地产业·

【概况】 2012年,扬州市坚持商品住房和保障性住房“两条腿”走路,围绕增加住房有效供给,积极推进住房产业化建设,不断加大投资建设力度,有效满足普通居民的购房需求;做好保障房建设的资金、土地等要素保障,完善分配管理体系,优先保障中低收入家庭的居住需求;着力抑制投资投机性购房需求,加强房地产市场监管,充分履行行业监管、房产测绘、权属登记、住房贷款担保、房屋征收拆迁、房屋安全、信息化管理等职能,确保市场规范有序运行;积极推进物业管理、老小区整治、公房解危等与老百姓利益相关的民生事项,真正实现产业发展惠及民生。当年,受国家宏观调控政策和经济形势大环境影响,扬州市房地产市场运行整体表现为“低开高走”。6月份之后,受首套房贷款利率下调、央行降息等利好政策影响,房地产市场逐步呈现平价放量的增长态势。全年扬州市完成房地产开发投资235.8亿元,竣工商品房559.6万平方米,销售商品房365.3万平方米,保持平稳健康发展。

【房地产投资】 2012年,扬州市完成房地产开发投资235.8亿元,比上年增长19.3%;其中商品住宅投资181.7亿元,增长12.9%。市区完成房地产开发投资184.54亿元,增长18.05%;其中商品住宅投资137.64亿元,增长11.07%。

【商品开发建设】 2012年,扬州市房地产开发新开工面积666.5万平方米,比上年增长0.76%;其中商品住宅新开工面积526.38万平方米,下降2.89%。市区房地产开工面积414.08万平方米,下降20.55%;其中商品住宅新开工面积295.02万平方米,下降28.89%。积极培育房地产市场需求,放大春、秋两季房交会品牌效应,针对目标人群组织对外营销,举办优秀楼盘上海推介会。搭建存量房交易平台,定期组织主题团购等活动,创新对内营销模式。2012年,扬州市批准商品房预售面积494.3万平方米,比上年下降2.48%;其中商品住宅预售面积389.3万平方米,下降7.43%。商品房合同成交面积365.3万平方米,比上年增长5.8%;其中商品住宅合同成交面积305.4万平方米,增长0.93%。

【住宅保障体系】 2012年,扬州市进一步健全完善住房保障制度体系,根据社会经济发展水平,及时做好提标扩面,出台市区廉租住房、经济适用住房、中等偏下收入住房困难家庭公共租赁住房保障三大实施细则，市区住房保障申请标准分别放宽至家庭人均月收入850元、1150元、1600元。统筹协调、督查推进保障性安居工程建设，抓好资金、土地等要素供给，市区积极争取中央和省级住房保障资金1.17亿元。全市新开工建设各类保障性住房1.63万套，竣工4433套，其中经济适用住房2000套，公共租赁住房（包括廉租住房）7851套（间），限价商品房2642套，棚户区危旧房改造安置房3806套。市经济适用住房发展中心（市保障房建设发展有限公司、市房地产开发中心）开工建设联谊南苑、杉湾花园六期、佳家花园四期等一批市级保障性住房项目；佳家花园一期、杉湾花园四期项目分别在全国和江苏省保障性安居工程建设劳动竞赛中荣获“优秀工程项目”奖；积极拓展住房保障资金来源渠道，成功申请国家社保基金专项贷款10亿元。加快推进2012年度住房保障申请、审核、公示确认工作，建立健全住房保障联席会议制度，执行“三审两公示”（“三审”—社区、街办初审，区住房保障部门复审，市住房保障中心终审；“两公示”—初审后各社区张榜公示7天，终审后在报纸、网络上公示10天）、年审监测等审查纠错制度，严把公平分配关，确保让最需要的群众享受到住房保障“公共资源”。市区（不包括江都区）受理各类住房保障申请1524户，经审核、公示，确认1299户符合住房保障条件，其中经济适用住房1001户、廉租房135户、公共租赁住房163户；全年累计发放保障性住房补贴527万元，符合条件的家庭实现应保尽保。

【房地产行政管理】 房产测绘管理：优化房产测绘流程，全年实施房产测绘900万平方米，实现房产测绘系统与网备产权、物业管理系统对接。积极拓展业务范围，开展二手房课税评估、拆迁补偿评估、抵押融资评估等业务。不断完善测绘质量保障体系，市房地产测绘中心顺利通过省测绘局“质量管理年”考核验收。

房屋权属登记管理：市房屋权属登记中心开通存量房网上备案系统，新增他项权网上比对、抵押权网上注销等服务项目。市房产交易服务大厅全年接待12万人次，办理各类登记业务46687笔，发放各类权证9.12万本；办理二手房转移登记6048笔、28.9万㎡；被市政府评为市行政服务中心“五星级分中心”荣誉称号。

住房贷款担保服务：市住房贷款担保服务中心提请市物价部门明确担保服务收费标准，出台对困难群众的减免政策，并积极拓展市场性业务，全年实现公积金贷款担保金额19.37亿元、二手房资金托管金额18.68亿元，分别增长70%、26%。

房屋征收拆迁管理：规范房屋征收拆迁工作，强化项目批文审查、补偿方案审核、风险维稳评估、补偿资金监管等措施，加强拆迁实施单位和拆迁评估机构管理，组织开展房屋平安征收拆迁专项检查，规范现场管理、全程跟踪管理、档案管理等工作。市区全年核发国有土地征收决定12个，发布集体土地拆迁公告24个，保障“城中村”改造、重大项目和城市建设。督查拆迁安置房“两证”（房屋所有权证、土地使用证）办理和超腾仓期安置工作，疏通办证“绿色通道”。

公有住房管理：开展市区公有住房的日常监测、保护，制定直管公房住用安全与自然灾害专项应急预案，做好汛期应急抢险、夏冬两季拉网式危房查勘等工作。制定《扬州市市区直管公房管理办法》，明确公有住房租赁管理、收益使用、修缮解危等职责，积极发挥解危腾让公房的效益。

房屋安全管理：市房屋安全鉴定中心强化房屋安全管理意识，建立健全房屋安全制度体系，新设结构安全核准、强制性鉴定两项制度；全年实施房屋安全鉴定53万平方米，增长28.9%，被评为江苏省房屋安全鉴定工作先进单位。市白蚁防治中心建立扬州市统一的白蚁防治业务软件网络管理平台和白蚁防治质量管理体系；成立城市虫害防治有限公司，拓展虫害综合治理业务范围；建立古树名木、古建名居白蚁危害防控监测体系；全年实施新建房屋白蚁预防工程438万平方米。

房产信息化管理：市房地产信息中心联合住房保障部门新开通我省首个经济适用房自主调换信息平台，当年成功调换121组，惠及居民200余户；积极申报国内第一个住房保障信息精细化管理“国家高分专项示范项目”，顺利通过住建部评审。

【物业管理】 强化对新建小区市场化物业服务准入的监管，落实新建商品房住宅小区100%实施市场化物业服务制度。推动街道（乡镇）成立物业服务中心，为部分老旧小区提供“五有”（有治安防范、有清扫保洁、有绿化养护、有维修服务、有停车管理）基本物业服务。继续推广社区居委会、业主委员会、物业服务企业“三位一体”服务协调机制，发挥基层组织参与物业管理的作用。加强行业监管，定期开展企业资质管理、项目经理备案、从业人员培训，推进物业管理达标创优及复验工作，举办市区物业服务行业文明优质服务百日竞赛活动。市区新增住宅小区物业服务面积522万平方米，其中市场化物业299万平方米，住宅小区物业覆盖率达82%。成立瘦西湖街道、汤汪乡、城北乡、双桥街道、扬子津街道和平山乡等6个基本物业服务中心，构建市区“三位一体”协调服务机制小区31个，63个老旧小区实施基本物业服务223万平方米。扬州市新增物业管理二级资质企业8家，评选表彰市级以上物业管理优秀项目23个，其中省级3个，市级20个。

【规范房地产市场】 扬州市房管部门发挥部门联合、市县（区）联动监测作用，建立市场信息定期发布制度，引导消费预期。加强商品房预售资金、价格备案、交付使用及项目管理，加大执法力度，有效稳定房地产市场秩序。规范房地产交易中介企业行为和租赁市场管理，评选表彰2011年度优秀房地产经纪机构15家、优秀房地产经纪人（协理）16人。加强诚信房地产企业建设，市房地产业协会组织开展诚信企业评选活动，授予140家单位“诚信企业”称号，涵盖房地产开发、拆迁、物业、中介、评估5个行业。市房地产监察支队被省住建厅评为江苏省住建系统行政执法队伍规范化建设先进集体、三星级单位。

【房地产产业化】 大力推广住宅成套技术和“四新”技术（新材料、新设备、新工艺、新技术）的应用，提高住宅科技含量，不断提升住宅性能；积极推进房地产项目智能化建设，提升房地产项目信息化水平、智能化水平；大力推广绿色住宅，鼓励建设“绿色三星”建筑，提升市场竞争力；鼓励成品住房建设，丰富成品住房的装修风格，倡导选择性强、适应性强的菜单式装修，充分满足购房者不同层次的装修需求；推动中小户型、中低价位产品有效供给，引导房地产业转型发展。

【民生幸福工程】　老小区综合整治、老宿舍、老房子解危是扬州市委市政府民生幸福工程和为民办实事项目的重要内容。2012年,市房管部门根据市委、市政府明确的时间节点和工作要求,强化责任、加强组织、完善政策、创新探索,通过实施老小区综合整治和公有住房解危,有效改善老小区和老城区居民环境和居住条件。老小区综合整治:2012年,市区老小区整治工作坚持综合整治与长效管理相结合,构建群众参与"四民"(民意采集点、民情恳谈室、民生听证会、民间评议员)机制,围绕道路绿化、雨污分流、房屋出新等群众需求,全年实施整治老小区40个、180万平方米。至此,从2008年启动实施的市区1996年以前建成、面积2万平方米以上的整建制规模老小区整治工作基本结束,惠及95个老小区近20万居民。着手开展1996年以前建成、面积2万平方米以下的零散老小区普查,制定《关于加强市区老小区综合整治的补充意见》,启动新一轮零散老小区综合整治。公有住房解危:公有住房包括单位自管公房和老城区直管公房,也就是"八老"改造中的"老宿舍、老宅子"。市房管部门完善解危方案,加强指导协调,出台《市区2012年度公有住房解危异地安置实施细则》。全年实施公房解危6.18万平方米,其中原地原样修缮4.12万平方米、异地搬迁2.06万平方米,帮助老城区1368户家庭改善居住条件。

环境保护

【概况】　2012年,市区(不含江都)空气质量优良天数322天,城市饮用水水源地水质达标率100%。实施"美好城乡建设行动",开展农村河道河塘疏浚整治,完成"六路一边"(迎宾馆至扬州泰州机场、火车站至仪征汽车工业园、润扬大桥至新城西区、扬州泰州之间主要连接线、市区环城高速、宁启铁路扬州段沿线、扬州泰州机场及机场高速周边)593个村庄整治任务,新创省三星级"康居乡村"60个、市级"优美乡村"10个。全年实施节能技术改造项目127个、循环经济项目39个、减排项目171个,淘汰落后用能设备2232台(套),关闭"五小"企业(小电镀、小化工、小水泥、小冶炼、小砖瓦)104家。加大环保执法监管力度,全年查处违法案件126件。扬州市通过国家环保模范城市复核现场检查,扬州经济技术开发区被列为首批国家循环经济教育示范基地,广陵区田桥村被评为"江苏最美乡村"。扬州生态市创建工作通过国家级考核验收。扬州市小康社会环境质量综合指数考核得分89.4分,超过小康社会综合考评标准9.4分。

【工业污染防治】　以国控、省控重点污染源和总量减排项目为重点,坚持日常监管的制度化、经常化,周密制定监察计划,加大监察频次和力度,督促辖区企业污染治理设施正常运转和污染物达标排放。全年共出动3586人次,现场检查1445厂次,其中夜间和节假日检查323厂次;对建设项目环保"三同时"核查310人次,其中试生产核查95人次,竣工验收核查160人次,督促企业污染治理设施正常运转、污染物达标排放和建设项目"三同时"的落实到位。

【生态市创建及城乡环境建设】　扬州市2000年启动国家生态市创建工作,至2012年底,江都区、邗江区、宝应县、高邮市通过生态县(市、区)国家考核,仪征市通过国家技术评估,扬州市国家生态市创建工作通过国家考核。全市累计创成国家级生态乡镇72个,各级(国家级、省级、市级)生态村992个、绿色家庭8000户、绿色社区62个、绿色学校163所、绿色医院92所、绿色商场10家、绿色宾馆11家、绿色机关70家、绿色企业62家。

环境基础设施基本全覆盖。全市累计投入20多亿元用于城市污水处理设施和配套管网建设,城市污水处理能力57.25万吨/日。累计投入9.6亿元,全市73个涉农乡镇全部建成污水集中处理设施,铺设污水主干管网720千米。累计投入近1.6亿元,所有乡镇配套建设垃圾中转站,配备垃圾压缩机和清运车。累计投资28.47亿元,建成主供水厂19座,铺设供水主、支管道1.45万千米,全市区域供水实现主管网、支管网全覆盖。改善城乡环境面貌。2012年,全市完成造林0.59万公顷,全市森林覆盖20.4%、林木覆盖率22.5%,村庄绿化覆盖率均达30%以上;市区新增绿地125.48万平方米。实施农村环境综合整治,开展"百万人清洁家园"大行动,全市基本实现农村环境长效管护队伍全覆盖。

【城市绿化工程】　2012年,扬州市区建成区绿化覆盖面积5524.22万平方米,绿化覆盖率43.16%;绿地面积5223.24万平方米,绿地率40.81%;城市人均公园绿地面积17.32平方米。市区新增城市绿地面积170.49万平方米。其中邗江经济开发区纵一路绿地面积4.5万平方米,春季造林绿化景观工程绿地面积2.5万平方米、扬菱路绿化景观提升工程绿地面积19.7万平方米、邗江大道道路行道树绿化工程绿地面积0.9万平方米、新甘泉大道道路退让带绿化工程绿地面积4.48万平方米、江苏省质量技术监督管理局绿化景观工程绿地面积0.6万平方米、扬州迎宾馆绿化工程绿地面积1.5万平方米、市区小游园及主干道景观提升绿地面积3.94万平方米。

【第三批城市永久性保护绿地公布】　2012年1月5日,扬州市第六届人民代表大会常务委员会第二十九次会议通过了同意将北城河风光、肯特园绿地、双博馆广场、沿山河风光带(文昌西路—真州中路段)、真州中路景观绿地、揽月河风光带(博物馆路—真州中路段)、扬州西出入口绿地共7个绿化地块确定为第三批城市永久性保护绿地,合计面积62.45万平方米,其中北城河风光带2.06万平方米、肯特园绿地1.44万平方米、双博馆广场1.13万平方米、沿山河风光带2.88万平方米、真州中路景观绿地10.05万平方米、揽月河风光带6.22万平方米、扬州西出入口绿地38.67万平方米。　(万　平)

【区域和流域污染防治】　推进重点流域水污染防治,完成淮河流域治污工程7个、长江流域治污工程3个。组织开展全市饮用水水源地环境状况专项调研,每月监测22条城市河道水质。实施"蓝天工程",执行《扬州市市区扬尘污染防治管理办法》,每月开展市区建筑工地扬尘污染防治情况专项检查;对蜀冈—瘦西湖风景区实行高污染汽车区域限行,核发车辆环保标志32.5万张;开展秸秆禁烧巡查;加强油气回收治理,完成182座加油站、34辆油罐车、2座储油库油气回收治理改造。制定"十二五"重金属污染综合防治规划,加强铅蓄电池企业环保核查,检查全市危险废物产生及经营单位238家。在环保部组织的2011年度城市环境综合整治定量考核中，扬州市考核结果总分和公众环境满意率均名列全省第一。

【清理整顿不法排污企业行动】 深入开展整治违法排污企业、保障群众健康环保专项行动以及危险废物专项执法检查、化工行业专项整治行动、重金属污染防治专项行动。全年出动3586人次，现场检查企业1445家次，其中夜间和节假日检查323家次；核查建设项目环保"三同时"310人次，其中试生产核查95人次、竣工验收核查160人次。下发监察意见13份、违法行为整改通知10份、函17份，立案查处违法案件126件。对重点环境问题实行挂牌督办，全市12个重点环境问题（其中环保部挂牌督办问题2个、省厅挂牌督办问题1个、市政府挂牌督办问题5个、被国家环保部通报问题4个）基本整治到位。加强重点时期市区环境巡查监管，分别制定巡查行动方案，组织不间断巡查。夏、秋期间，组织开展农作物秸秆禁烧巡查行动，禁烧形势好转，成效明显。

泰州市

城乡建设

【概况】 2012年，泰州市坚持城乡一体、统筹发展，不断健全规划体系，开展"美好城乡建设行动"，城乡面貌、人居环境继续改善，中心城市功能和形象继续提升。调整和完善市区城建体制，加快市区城建十大重点工程建设，全年市区城建投入190亿元。

完善主城区功能。推进城区路网贯通工程，迎春路东延、凤凰西路西延、育才路等建成通车。市博物馆、图书馆新馆、美术馆、规划展示馆建成开放。市档案馆建成国家二级档案馆，稻河古街区、海军文化公园建设完成序时进度，泰州师专新校区暨高教园区中心共享区、金融服务区、三水湾二期等工程启动建设。6个老旧小区完成燃气改造，惠及4000多户居民。城区水生态环境控制工程竣工，城南第一污水处理厂改扩建项目建成运营，垃圾焚烧发电厂项目开工建设。市区公交新开辟和优化线路9条，建成首末站8个；高港区新建1处公交停车场。加大拆除违法建设力度，推进物业管理进社区，提高城市管理水平。

推进新农村建设。启动实施"城乡转型215计划"，重点镇村建设完成投入150亿元。办好农村新一轮实事，3608个村完成村庄环境综合整治，农村饮水安全工程新增受益人口16.9万人，维修农村低压线路2039千米，新建改造农村公路250千米、桥梁160座，疏浚县乡河道593千米。

城乡基础设施建设成效明显。宁启铁路复线电气化改造稳步推进，泰镇高速泰州段获批，阜兴泰高速泰州段完成立项，引江河二期工程开工建设，卤汀河拓浚、泰东河整治和中小河流治理等工程实施进度加快，电力、邮政、通信等基础设施建设按序时推进。

加大生态环境建设力度。国家环保模范城市通过复核。新增国家生态乡镇14个、省级生态乡镇21个，姜堰市、海陵区分别通过省级生态市（区）考核验收和技术评估。强化饮用水源地保护，推进秸秆综合利用，向社会发布PM2.5等6项环境空气质量监测指标。全市新增造林面积6480公顷，市区新增绿地面积100万平方米。

【市区城建十大重点工程】 医药城康健医疗区一期工程包括建设占地45万平方米的生态湖，完善康健医疗区道路基础设施等。市体育公园（奥体中心）工程总建筑面积18万平方米，建设3万座的体育场、6000座以上的体育馆、1500座的游泳馆、1万多平方米的全民健身中心及相关配套设施。高教园区中心共享区总建筑面积38万平方米，建设科研楼、行政楼、学术交流中心、图书馆、接待中心、网络中心、继续教育中心、对外交流中心、大学生活动中心等。市区道路贯通工程包括森园路：海陵北路—江洲北路段，全长1550米，宽30米，有桥梁4座；迎春路：京泰路—苏蔡路段，全长2700米，宽40米，有桥梁1座；海陵南路：药南路—高港大道段，全长1200米，宽60米；海军大道：春兰路—海纪馆段，全长2520米，宽45米，有桥梁1座。滨江新城一期工程包括建设海军舰艇爱国主义教育基地，实施锦江路、江堤堤顶道路、舰艇码头、渡江广场、海军舰艇博物馆、大型水上舞台和看台以及配套建设望江塔等工程。三水湾二期工程建设文商创意和时尚休闲街区。金融服务区总建筑面积74万平方米，共建设建行泰州分行、吴江农村商业银行等建筑物11幢，其中40层以上高楼2幢。231省道泰州至高港段改线工程路线全长34千米，为一级公路。文化工程包括扩建柳敬亭公园，改建盐税文化博物馆，修复南山寺，新建老省泰中图书馆。生态工程包括实施城市水环境提升工程、自来水扩容工程，新增园林绿化面积100万平方米，建设餐厨等垃圾收集系统及处置中心，新增污水管网20千米、泵站2座。

【农民培训工程】 全市共举办农业实用技术培训班3145期，培训农民15.2万人、29.4万人次，超额完成省下达的13万人培训的任务。举办职业农民、农民创业、信息技能培训班91期，培训农民7501人。超额完成省下达的7135人的培训任务。组织2200多人参加农业职业技能鉴定。各市（区）自筹资金举办职业农民地方任务培训班290期，培训农民3.8万人。

【房地产业概况】 2012年，市房管局落实全市住房建设规划和年度计划，进一步完善市区房地产市场调控工作，市区房地产市场呈现总体健康平稳发展态势。全年泰州市区累计完成房地产开发投资108.93亿元，比上年增长6.94%；市区在建商品房施工面积达 768.57 万平方米,增长 13.41%。办理开发项目预售许可事项 32 件,批准预售面积 101.96 万平方米,其中住宅面积 85.66 万平方米、非住宅面积 16.3 万平方米。完成合同网上备案 9794 套,面积 117.06 万平方米。其中,住宅 8798 套,面积 103.04 万平方米;非住宅 996 套,面积 14.02 万平方米。成功举办“泰州之春”“泰州金秋”两场房地产博览会,推动房地产市场的稳定健康发展。

【住房保障】 2012 年,泰州市区将人均住房建筑面积 18 平方米(含)以下、人均月收入 900 元以下的低收入家庭纳入廉租房保障,全年共落实廉租住房租赁补贴 691 户,实物配租 35 户,租售并举经济适用房 350 套,公租房完成 436 套(间),全面超额完成省、市下达的住房保障目标任务。审批发放老职工一次性住房补贴 450 户,补贴金额 696.28 万元;市直公有住房共出售 5 套,总面积 290.74 平方米;完成市区 300 多家单位的住房(租金)补贴基数审核,审核新职工租金补偿 4087 人,逐月发放月住房补贴额 286.93 万元;审核老职工租金补贴 7282 人,月租金补贴额 247.76 万元;审核离退休人员租金补贴 2820 人,月租金补贴额 66.11 万元。年内,市房管局连续第七年被省住建厅表彰为“全省住房保障先进单位”。

【房屋征收】 2012 年,泰州市区共作出房屋征收决定项目 3 件,涉及征收房屋面积 17.7 万平方米;完成房屋征收 523 户、面积 3.74 万平方米。完成搬迁扫尾工程 568 户、面积 17 万平方米。全年市房管局共受理裁决 61 件,召开调解会 61 场,作出裁决书 49 份;行政复议答复 16 份,行政诉讼应诉 31 起。

环境保护

【概况】 2012 年,全市环保系统发挥环境保护对经济社会转型升级的推动作用,着力改善区域环境质量,推进主要污染物总量减排,深化环保体制机制创新。开展“群众满意窗口”和优质服务品牌创建活动,提升机关效能。年内,市环保局被市台办、市台企协会评为“台商满意服务单位”,市环境监察局获“全省环保系统服务群众优秀窗口”和“全省环境信访工作先进集体”称号。

【环境准入】 加强建设项目环境管理,严格执行建设项目三级审批规定,对“两高一资”、产能过剩及涉重金属行业等建设项目坚决予以否决。全市共审批建设项目 1533 个,劝退各类生产工艺落后、不符合环境准入条件的重大建设项目 25 个,拒批和劝退项目投资总额近 30 亿元。强化“三同时”验收督查工作,全年共验收项目 353 个,核准试生产(运行)项目 187 个。开展 2006 年以来建设项目环保“三同时”清理专项行动,共清理各类项目 588 个。建立建设项目环保审批网上申报系统,实施项目联网审批,推进环评审批工作的规范化和高效化。

【污染防治】 推动通榆河流域水环境质量区域补偿试点,开展跨界断面水质目标考核工作,加强跨行政区域河流的水质保护,完成南水北调区域环境整治工作。市区建成四个大气环境监测点,全面开展 PM2.5、一氧化碳、臭氧等环境空气质量指标监测并向社会发布。加强机动车定期环保检测,各市(区)均已实现机动车环保检测与安全检测同步,全市机动车尾气环保检测率达 89%,其中市区检测率达 95.7%。开展挥发性有机物污染物整治工作,对不符合整治要求的泰兴市宏远化工厂和泰兴市江北染料化工厂实施关停。

【资金支持】 建立市区环保专项资金项目储备库,筛选并贮备 17 个重点项目,定期跟踪项目实施进度。及时组织上争资金项目申报、评审工作,加强环保专项资金项目监管。2012 年,市区上争各类污染治理资金 3804.91 万元,其中中央资金 840 万元、省级资金 2964.91 万元。

【企业环境行为评级】 推进企业环境行为信用评价及信息公开工作,对全市范围内 54 家国控重点污染源企业组织实施评级,共评出绿色企业 8 家、蓝色企业 29 家、黄色企业 15 家、红色企业 1 家。对全市 2340 家一般污染源环境行为企业进行评价,评出绿色企业 84 家(含泰州市绿色企业 45 家)、蓝色企业 1474 家、黄色企业 603 家、红色企业 146 家、黑色企业 33 家。评级结果纳入银行企业征信系统,作为各商业银行授信的重要依据,实行环境信用修复制度,推动绿色信贷政策取得实效。

【环境污染责任保险】 开展环境污染责任保险工作,全市确定 37 家企业参加首批环境污染责任保险试点工作,全年共有 56 家企业投保环境污染责任险,缴纳保费 168.7 万元,总保额 9435 万元。

【环保专项行动】 2012 年,全市有 10 件环境问题、10 件重点环境信访和 13 件交办案件(共涉企 153 家)被列为市级挂牌督办和交办案件。全年全市共出动检查人员近 3 万人次,检查企业近 1 万厂次,关停取缔治理无望企业 120 家,新上和改造治污设施 210 台(套),投入整治资金 3.2 亿元。通过一年的专项整治,靖江市涉铅企业为代表的重金属行业环境污染问题、姜堰市兴泰镇高炉渣加工业为代表的行业性污染问题、兴化市戴南镇史堡村不锈钢企业为代表的区域性污染问题,以及海陵区宏益化工有限公司为代表的群众反映强烈的环境污染问题得到根本解决。

【现场监察】 实施西北工业园区企业提标工程,组织对园区 10.5 平方千米区域内的 86 家工业企业和个体加工场所、10 多千米河道及 11 千米市政管网逐一进行排查,对发现的问题及时督促整改,确保河道水质正常和农业灌溉安全;联合公安、交通等部门对西北工业园油品运输车辆环境问题进行专项整治,落实并公示环境管理要求和监管责任。开展高港工业园区督查工作,对高港区所有工业园区内企业排污状况进行专项督查和暗访,对查实的环境问题提请高港区政府落实相关停产整治措施,有效遏制园区违法行为的发生。开展滨江化工园区建设项目督查工作,对园区内“三同时”执行不到位的企业进行立案查处,责令 3 家企业停产整治。通过专项整治,区域环境质量明显好转,跨界环境纠纷得到有效化解。

【排污申报及收费】 坚持“依法、全面、足额”征收排污费,利用有关媒体及泰州环保网公开收费标准和收费情况，提高透明度，接受社会监督。2012年，全市共核定排污申报单位5000多家，征收排污费1.45亿元，为企业污染治理和区域环境质量改善积累资金。

【环境信访】 建立健全局长接待日、信访排查、现场督办、反馈抽查、有奖举报等工作制度，全面落实信访听证、挂牌督办、带案下访等措施，解决一批群众反映强烈的环境信访投诉问题。2012年，全市共受理1703件环境信访，比上年下降1.3%，办理率和回复率均为100%。其中市环保局办理主城区环境信访409件，增加1.5%；办理省级以上越级信访496件，下降14.3%；办理市委书记信箱转办环境信访18件、市长信箱转办环境信访114件、“12345”政府热线转办环境信访611件。

盐 城 市

城 乡 建 设

【概况】 2012年，按照“完善功能、拓展新区、改造老城、改善民生、打造特色、创新机制”要求，遵循“尽力而为、量力而行、民生优先、急需先行”原则，盐城市坚持产城融合，注重与产业配套的城市基础设施建设，着力做大做强做优城市。年内，全市城市化率达到55.5%。组织实施市区十大类147个城建重点项目，完成投资133亿元，建成先锋国际广场一期、小海路高架、金色华庭安置小区、盐渎路串场河桥、国际创投中心等一批城建重点工程。市城南新区27平方公里核心区全部建成，各区新城建设加快推进。推进市区水环境整治，串场河景观带建设两侧道路基本贯通。金融城一期工程开工建设。实施“露水增绿”工程，打造“一河十园”和4个“千亩公园”，大市区新增绿地1272.8公顷，国家园林城市创建通过省级验收。

【服务保障性住房规划建设】 年内，市规划局把为保障性住房规划建设提供一流的规划审批服务作为保障性住房规划建设，工作的出发点和落脚点，最大限度地帮助困难群众和低收入家庭解决住房问题，下移重心，简化程序，减少环节，加快服务保障性住房项目建设，优化规划审批流程。按照集中审批权、精简审批环节、优化审批程序的要求，再造审批流程，对保障性住房规划的审批，实行“零等待”，随到随接待。建立服务“直通车”。对保障性住房规划建设工作涉及的重点工程、项目，实施全过程跟踪服务，定期深入企业和建设现场，主动帮助建设单位解决实际问题。针对项目需求开通个性化、无假日服务，特事特办、急事急办。强化主动超前服务。整合规划系统人才，超前介入保障性住房涉及的建设项目，提前了解规划审批需求，明确专人上门，帮办申报材料，请专家先行审查方案，加强沟通协调，减少环节，提高一次性通过率。完善督查考核，对保障性住房规划审批全过程进行跟踪督查，考察办结时限、办理质量、服务态度等。市区全年建设各类保障性住房1.1万套、100万平方米，金色华庭等5个重点保障性安居工程建成交付。

【村镇建设】 2012年，盐城市坚持“县为主体、群众参与，规划引导、城乡统筹，先点后面、镇村同步，因地制宜、综合整治”的工作思路，从地方实际出发，因地制宜、整体推进全市各地的农村环境综合整治工作。重抓国道、省道、高速公路和铁路沿线及重要窗口地带村庄绿化和建筑物立面出新，整治可视范围内河塘水体、暴露垃圾、乱堆乱放、乱搭乱建，交通干道沿线形象得到改善。推进时序节点任务，至年底，累计投入27.9亿元，其中省下达补助资金1.02亿元，完成环境整治村庄任务数3613个，占全市村庄总数20.9%，完成数量居苏北五市之首。创三星级康居乡村38个，二星级342个，一星级688个。坚持分类指导、示范引领，涌现出东台临塔、大丰恒北等一批典型村庄，其中临塔村获省首届“最美乡村”。坚持整治与管理同步，在全市初步建立起集农村河道保洁、道路养护、垃圾清运、绿化管护、公厕保洁“五位一体”长效管理机制，制订落实资金保障、队伍建立、监督考核等管理制度，实现“点亮、线美、面好”整治目标。

【房地产业概况】 2012年，市区房地产市场整体呈现供需基本平衡、结构基本合理、房价总体稳定等特点。市区完成房地产开发投资273.40亿元；商品房新开工面积304万平方米；商品房竣工面积189万平方米。年内，市区中心城区（含保障房）商品房上市350.36万平方米；商品住房上市288.38万平方米；商品房销售298.51万平方米；商品住房销售268.04万平方米。 （曹为军）

【房屋投资经营】 年内，盐城市房屋投资经营有限公司继续推进盐城市房产交易中心、东河嘉园安置房两个重点工程项目，全年完成投入2.4亿元，回笼资金8000万元，上交税金2900万元。完成498套存量安置房向社会销售的任务，形成政府收益1210万元。 （吴长春）

【经济适用住房】 年内，盐城市区经济适用住房保障对象扩大到家庭人均年收入低于1.37万元、人均建筑面积低于18平方米、5年内没有房产交易行为的低收入住房困难家庭。经济适用住房保障对象为低收入住房困难家庭（含30周岁以上单身人士）、城市建设征收（拆迁）补偿款低于15万元的被征收（拆迁）人和市区工作的县城城镇家庭。市区新开工经济适用住房1502套，竣工500套。市区组织1次经济适用住房公开摇号销售，有457户低收入住房困难家庭购买经济适用住房。

【保障性住房建设】 2012年,盐城市区和7个县(市)全部提前超额完成省、市政府下达的保障性住房建设目标任务。全市新开工建设各类保障性住房3.03万套,竣工1.58万套。其中,市区新开工建设各类保障性住房1.11万套,竣工各类保障性住房3776套(户)。全年全市新增2.04万户享受住房保障,其中市区5151户。全市保障性住房建设总量和保障性住房覆盖面在全省处于领先水平。8月,市政府成立以分管市长任组长,分管秘书长、市住房保障和房产管理局局长任副组长的市区安置房建设推进工作领导小组,并颁布《盐城市区国有土地上房屋征收安置房建设管理实施办法》。全年,市区争取中央、省财政补助资金1.18亿元,市本级财政累计投入1.3亿元。市区住房保障服务窗口被省住建厅表彰为创先争优十佳服务窗口,市区住房保障工作被省住建厅列为2013年住房保障管理服务体系建设试点项目。市住房保障中心获省级"青年文明号"、市级"文明单位"称号。

【物业管理】 2012年,市政府对鸿基花园、紫竹苑、金贸小区、前进小区、益达花园、众想新苑6个老小区分别实施综合整治或专项整治,整治工作在年底前全部完成。整治过程中,广泛征求整治小区所在街道、社区、业主意见,整治方案在整治小区中公示。市区两级财政共投资经费约1300万元,整治面积约35万平方米,受益户数3750户约1.7万人。通过整治,小区基本达到路平、灯亮、有停车位、有绿化、有安全技防监控设施、有健身器材,能满足居民生活、出行、活动基本要求,达到功能完善、设施配套、管理有序。 (陆守来)

环 境 保 护

【概况】 2012年,盐城市环境质量总体呈稳定向好态势。全市环境空气质量总体状况优良,盐城市区优良天数比例达91.8%,各县(市)优良天数比例在88.5%至93.2%之间,均能达到国家空气质量二级标准。全市11个主要饮用水源地取水总量1.69亿立方米,达标率100%。全市地表水总体上属轻度污染级,62个省控、市控断面水质功能区达标率90.3%。上游入境水体污染仍然严重,全市5个入境断面有3个达到功能区划要求,达标率60%。全市入海河口总体水质状况为轻度污染,10个监测断面达标率100%。与上年相比,全市入海河口水质有所好转。全市近岸海域5个监测点达标率80%。与上年相比,全市近岸海域水质状况无明显变化,断面达标率持平。全市声环境质量总体较好,城市区域环境噪声达到声环境质量二级标准;道路交通噪声强度为一级,声环境质量为好。

【污染减排】 2012年,盐城坚持重点减排工程旬调度、月督查、季通报制度,实时跟踪监控各地污染减排进展情况。推动各地、各相关部门狠抓产业结构调整、重点减排工程、减排设施监管、减排政策落实,重点推进全市列入环保部公告的10项重点减排工程。全年全市实施近200项重点减排工程,安排20家企业开展强制性清洁生产审核。全市城镇污水日处理能力突破54万立方米,运行的大型火电机组中,脱硝达到装机容量的88%。日处理能力1万吨以上的污水处理厂全部安装中控设施,加强过程管理和排污监控。企业减排实现最大突破,大丰市海丰农场奶牛场、川东畜牧场等农业减排现场获得环保部核查专家肯定,全年减排化学需氧量2560吨,在全省领先。全市化学需氧量、二氧化硫、氨氮和氮氧化物4项主要污染物均完成年度减排任务。

【污染防治】 年内,盐城组织实施"十二五"淮河、通榆河、入海河流等水污染防治规划,市政府与各地签订"十二五"目标责任状,通榆河水污染防治规划实施情况,受到省政府考核组的肯定。启动实施蓝天工程,组织开展机动车尾气、挥发性有机废气、油气回收、城市扬尘等大气污染防治工作,部署完成2012年度蓝天工程工作任务25项,发放机动车环保标志16万多枚,调整增加市区机动车尾气检测场站,提高外省市轻型汽油车转入门槛,标准由国Ⅲ提高至国Ⅳ,实现盐城市区环保标志年检前置和区域限行,开展加油站、油库、油罐车油气回收。大丰、响水、滨海开展化工园区废气整治,占全省首批试点的6个园区的一半。按时完成4个大气国控站点PM2.5监测能力的升级改造和试运行。推进工业尘、固废、重金属污染防治,组织实施《盐城市重金属污染综合防治"十二五"规划》和2012年度实施方案,通过省重金属污染综合防治规划实施情况考核组的检查。组织全市45家企业实施强制性和自愿性清洁生产审核。开展上市环保核查,对8家企业出具核查意见。加强危废、医废监管制度建设,颁布《盐城市医疗废物集中处理管理办法》,推进大丰、阜宁、响水、滨海等县(市)危废基础设施建设。及时协调、指导处置6起危废突发事件,没有发生二次环境污染。加强核与辐射安全管理,辐射项目实现网上申报,预审和审批辐射项目54个,验收辐射项目14个,发放辐射安全许可证18个,审批放射源转让2家单位13枚放射源,办理放射源异地使用备案1家。

【生态市建设】 年内,全市9个县(市、区)生态建设规划全部通过省级评审。加快生态基础工程建设。至年底,全市创成3个国家级生态镇(街道),2个国家级生态村;11个镇创建国家级生态镇、7个村创建国家级生态村报环保部待批;建成省级生态镇(街道)48个、省级生态村52个。组织全市9个县(市、区)开展连片整治规划编制和申报工作,全部通过省环保厅审核,上报环保部。盐城珍禽自然保护区调整工作取得进展,国务院办公厅发文批准同意调整。推进亚行贷款盐城湿地保护项目实施。重要生态功能保护区调整工作顺利推进,全市拟划定八大类型、43个重要生态功能保护区,受保护面积达4160.77平方公里,占国土面积比例24.57%,受保护面积比例在全省位于前列。启动生态文明建设工程。组织召开全市生态文明建设工程推进大会,颁布《关于大力推进生态文明建设的意见》,签订生态文明建设《五年目标责任状》。协助省环保厅举办中国盐城首届环保产业博览会。

【园林绿化】 年内,以规范管理和提升品味为着力点,开展绿化完善提升工作。改造建成开放廉政文化公园,整治完善世纪大道、范公路等31条道路绿化和大桥绿地、通榆河绿地等5块公园绿地。大量应用北美枫香等彩叶树种、二月兰等宿根花卉和"市树"女贞、"市花"紫薇,全年补植乔木7378株、花灌木1.74万株,新播宿根、球根花卉2.1万平方米,布置草花30万株。全市首条植物有机肥生产线建成投产,推动园林绿化植物修剪废料循环利用。

淮 安 市

城 乡 建 设

【概况】 2012年,淮安中心城市建设投入682亿元,实施781个建设项目,成功申报了第二批全国低碳交通运输体系建设试点城市,生态新城创成国家绿色建筑示范区,全市城市化率提高到53.5%。

【城市设施建设】 完成基础设施投入40.7亿元,实施枚皋西路、解放西路改造、防汛排涝应急工程等项目;市区新增道路、燃气管网、污水管网各130公里、55公里和15公里,新发展天然气用户3.7万户,燃气普及率达99%,新装路灯2000余盏;完成北京路水厂提标改造工程,达到国家新水质标准;新建6个应急避难场所,竣工民防工程18.4万平方米。完成大交通建设投入36.2亿元,涟水机场一类航空口岸实现临时开放并首航香港;新开通5条航线,通达14个大中城市,全年吞吐量达34.6万人次;历时3年多的盐河航道整治工程正式通航,内河集装箱年吞吐量达5.5万标箱;宿淮铁路主体建成,237省道淮安段建成通车。创成省市级市容管理示范路12条、精品亮点项目21个;市区环卫机械化清扫率提高到50%以上;建成生活垃圾焚烧发电项目,乡镇垃圾中转站基本实现全覆盖。

·村镇建设·

【概况】 全市有建制镇91个,乡24个,行政村1441个,自然村庄29976个。村镇总人口451.56万人,其中暂住人口18.45万人,平均每个建制镇3.6平方公里;平均每个集镇建成区面积1.19平方米公里。

【村镇建设】 按照省"美好城乡建设行动"部署,完成6175个村庄环境整治任务,创成12个三星级"康居乡村",洪泽县被省命名为村庄环境整治示范创建县。《村庄整治规划研究》课题被纳入国家住建部2012年项目,《淮安市村庄环境整治技术要点》和《关于加强淮安市村庄规划建设工作的指导意见》两项理论成果通过住建部组织的专家组评审。

【新农村建设】 2012年新建或在建农民集中居住点(新型社区)53个,规划建设农民房屋12851套数,面积2847370平方米,已经完成人住面积837416平方米。

全市乡镇市政公用设施投资80215万元,其中供水投资1400.7万元,全市乡镇供水总量为6956.9万立方米,自来水受益人口94万人,新建供水管网320.5公里;燃气投资1066万元;道路桥梁投资25174万元,新建道路183.89公里,新建桥梁139座,排水投资20145万元(其中新建污水管网12837万元),建设污水管网147.7公里;防洪投资4623万元,园林绿化投资7590万元,新增绿地面积105.94公顷;环境卫生投资7254万元(其中垃圾处理1035万元),年底全市小城镇镇区主街道基本达到硬化。乡镇新增道路照明灯盏数2431盏。

全市村庄住宅竣工面积130.93万平方米(其中混合结构以上124.65万平方米),总投资123001万元。实有住宅总建筑面积10090.96万平方米,全市村镇人均住宅建筑面积31.62平方米。新建房屋9645户(其中在新址上新建4979户),农村已改造C级和D级危房户数6896户。争取中央农村危房改造资金预拨5000万元,争取1万户中央农村危房改造试点任务,占全省20%,金湖县银集镇复连村6联组被省确定为示范点。

·房地产业·

【概况】 加强房地产开发项目监测分析工作,保持房地产市场平稳运行,全市全年房地产开发完成施工面积2556.38万平方米,竣工面积500.96万平方米,全省首家实现个人住房信息系统全市联动。将保障性安居工程列入科学发展目标和为民办实事工程,全年新开工各类保障性住房15244套,竣工各类保障性住房12214套,发放廉租住房租赁补贴2680户,与常州市一起被列为全省两个"省级住房保障体系建设示范市"。

【房地产投资】 2012年市区商品房房地产开发完成投资214.59亿元。其中:清河区50.08亿元,清浦区27.08亿元,开发区66.35亿元,淮阴区27.9亿元,淮安区43.18亿元。

【商品开发建设】 市区全年完成房地产开发投资214.59亿元;商品房新开工面积498.15万平方米,同比下降21.5%,竣工面积470.45万平方米,同比增长28.4%。市区商品房、商品住房成交面积分别为297.21万平方米、240.90万平方米,市区商品房和商品住房的成交量列全省省辖市市区的第六位、苏北第一。

【住宅保障体系】 2012年3月,市政府出台了《淮安市公共租赁住房管理办法》,为新就业人员、外来务工人员和不符合廉租住房条件又买不起经济适用房的住房困难家庭解决住房问题提供保障,创新建设住房保障内控平台,优化供应流程实现凭证选房、扩大按揭贷款保障覆盖范围。全市全年新开工各类保障性住房15244套,竣工各类保障性住房12214套,发放廉租住房租赁补贴2680户,超额完成省下达年度目标任务。全市城市低收入家庭住房困难户占总户数比重下降到0.62%,居全省前列,被列为全省两个"住房保障体系建设示范市"之一。

【房地产行政管理】 开展房地产开发项目监测分析工作,通过网上楼市和商品房销售备案系统掌握开发项目经营状况,及时发现滞销风险楼盘,列为重点监控对象。加强分析研究,定期对房地产市场的走势进行调研。针对房地产市场状况,起草了促进淮安房地产市场平稳健康发展的建议措施。

【物业管理】 制定出台《关于加强市区住宅小区综合管理工作的意见》、《关于市区老住宅小区综合整治及停车消防技防设施建设的实施意见》等政策文件,着力解决老小区环境差、物管难问题。在维修资金、资质管理信息化基础上,在全省率先实施物业服务项目信息化,完成信息系统数据库建设,完成578个物管项目的数据入库,占物管企业全部托管项目的80%。严格维修基金归集、管理、使用,全年归集维修资金9400万元。受理112个小区121个维修批次180个项目维修资金使用申请,为市主城区15085户业主解决了住房维修问题,实现资金使用审核服务及时率和满意率100%。

【规范房地产市场】 开展商品房预售款监管制度执行情况检查,重点检查监管信息系统的建立、预售款资金的缴存与使用、各监管银行的履行等情况,加强预售款监管制度的执行力度。对市区在建在售楼盘进行动态监测,多方采集风险因素,全年排查风险因素28个,以提示函和督办函的形式加强对企业的行政指导工作,风险因素全部得到有效应对和控制。

【房地产产业化】 市区共有房地产开发企业369家,比2011年底增加56家。市区现有在建和拟建的房地产开发项目394个。亿力未来城、康居花园、蓝惠首府等5个项目申报创建国家康居示范工程,1个项目申报省康居示范项目,16个项目创建江苏优秀住宅。

环境保护

【概况】 2012年,淮安市以科学发展观为指导,认真落实"环保优先、节约优先"方针,环境保护和生态建设工作扎实推进。全市环境质量保持稳定,减排任务圆满完成,环境监管有力加强,生态建设亮点频现。市区环境空气质量总体较好,达到国家环境空气质量二级标准;集中式饮用水源地水质达标率100%,地表水功能区水质达标率稳定在90%以上,声环境质量符合功能区划标准,危险废弃物安全处置率100%,城乡环境质量位居全省前列。

【工业污染防治】 2012年,淮安市深入实施蓝天工程,开展PM2.5监测试点,完成国控点位空气自动监测站改造工作,市区已形成PM2.5、臭氧等新增指标监测能力;积极推进清洁生产,25家企业通过审核验收;建立健全落后产能退出机制,淘汰水泥84万吨、造纸3万吨、纺织800万米、化工250吨的生产能力,实现节能6643吨标煤,减排SO2330吨;制订实施老旧车淘汰方案,2012年全市报废机动车5996辆;全力加强秸秆禁烧和综合利用,秋季火点较夏季有了大幅度下降。扎实推进"碧水工程",国家淮河流域"十一五"规划中的28项重点工程全部完成,"十二五"规划中的26项重点工程,开工率超过80%,南水北调工程淮安沿线水质达到国家考核要求,受到省政府表彰;创新流域水污染防治机制,全面推行"河长制",加强洪泽湖、白马湖生态保护,开展环境综合整治,水环境质量明显改善。加强环境应急管理工作,12家国控重点源及涉铅企业环境应急预案通过省级专家评审。

【城乡环境建设】 全市113个创建乡镇中,共建成乡镇污水处理厂115座;新建乡镇垃圾中转站34座,全市累计建成120座;改造集镇农贸市场22个,全市累计达116个;新上乡镇医疗废水废物处理设施30个,全市累计安装109台。全面推进农村环境综合整治,实施农村河道河塘疏浚整治工程,完成县乡河道疏浚319条,计1078公里,整治村庄河塘1534个(条),累计完成土方3265万方;完成造林面积5万亩,新建和完善林网20万亩,新建50个省级绿化示范村;积极开展农业面源污染治理。组织盱眙县、洪泽县、金湖县、涟水县、清浦区、淮阴区和淮安区等7个涉农县(区)编制县(区)"十二五"《农村环境连片整治实施方案》,所编制的"十二五"农村环境连片整治项目全部进入国家及省级"十二五"农村环境整治项目库。

【园林绿化】 建成大运河滨河绿化、白马湖环湖大道景观提升等项目,新增绿地394公顷,改造绿地171.2公顷,城市绿化覆盖总面积达到5592公顷,绿地面积达到5264公顷,中心城市绿化覆盖率、绿地率和人均公园绿地面积分别达39.94%、37.6%和11.6平方米。市生态动物园建成开园,月季园实现免费开放,钵池山公园被省旅游局定为淮安市22个重点旅游景点单位之一,古黄河生态民俗园、钵池山景区和楚秀园顺利通过了市级文明景区验收。在第八届中国(重庆)国际园林博览会国内外173个参展城市和地区中,淮安"梅韵荷风"景点获得金奖。

【区域和流域污染防治】 积极探索流域污染防治新方法新途径,持续提升水环境质量。自觉把节约优先、环保优先理念以及水环境保护各项要求,切实融入到产业发展、城市建设、资源开发等经济社会发展的各项战略规划,使各项发展规划与水环境保护和水资源利用的要求相适应。结合境内重点区域、重点流域、重点河段水污染防治的实际需要,积极制定和实施水环境保护的各种专项规划,确保水污染防治的各项工作有规划约束和引导,有法规可依,促进境内淮河流域水质全面好转。明确断面辖区行政领导负责制即断面长制度,参照饮用水源保护区划分规范,对重点断面实行保护区划分;选择淮河流域和南水北调重点河流,施行水环境质量区域补偿。

【清理整顿不法排污企业行动】 扎实开展环保专项行动,严厉打击各类违法排污行为,切实解决群众反映强烈的突出环境问题。全年开展大规模专项行动11次,现场督查4553厂次,对20多家存在环境问题的企业实行关停并转。坚持并完善"领导包案制、限期办结制、跟踪回访制"等信访工作机制,及时办结各类环境信访案件2501件,办结率100%、满意率95%以上。积极开展企业环境行为信息公开化工作,参评企业超过1000家;大力推进环境污染责任保险试点,全市参与企业突破40家。

【垃圾产业处理】 切实加强生活垃圾处理和处置,积极开展生活垃圾综合利用试点。全市现建有5个填埋场,即王元生活垃圾卫生填埋场、金湖县生活垃圾无害化填埋场、洪泽县生活垃圾无害化填埋场、涟水生活垃圾无害化处理场和盱眙县生活垃圾简易填埋场,开工建设生活垃圾焚烧发电厂。全市115个乡镇中已建成运行114座乡镇生活垃圾中转站,在建2座。“组保洁、村收集、县(区)转运、市(县)处理”的生活垃圾收运处理体系已经建立,农村环境卫生质量已有较大提升。清河、清浦、淮阴、淮安、经济开发区五区日产垃圾在850吨左右,涟水、洪泽、金湖、盱眙四县日产垃圾在600吨左右,城区生活垃圾无害化处理率达98%。2012年淮安共计无害化处理生活垃圾38万吨,其中镇村生活垃圾3.5万吨。淮安市生活垃圾焚烧发电项目进展顺利,项目总投资3.74亿元,设计日处理能力1000吨/天,最大日处理能力1500吨/天,主要用于消纳处理市区生活垃圾,王元垃圾填埋场作为应急备用场,主要负责处理市污水处理厂干化污泥、市政养护和园林绿化产生的垃圾,以及餐厨废弃物处理运行后产生的废渣等。淮安市餐厨垃圾处理厂项目已经开工建设,占地面积57亩,设计规模为95吨/日,采用预处理+厌氧消化技术的处理工艺,将于2014年竣工投产。

连云港市

城乡建设

【概况】 2012年,连云港市海滨城市建设按照“加快沿海崛起、实现新的跨越”的总体要求,紧紧围绕又好又快的发展方针,突出“抓转型、促发展”的工作主题,树立抢抓机遇乘势而上的发展意识、解放思想敢于突破的创新意识、凝聚力量攻坚克难的实干意识,全力突破连云新城、新海新区和徐圩新区3个市级重点片区的开发建设,重点推进滨河新城、西盐河片区、港口配套发展区和商务中心区、花果山大道轴线功能带以及综合性旅游风景区5个区级组团的开发建设,全市城乡建设工作实现跨越发展。2012年,全市共实施城建项目906个,完成投入620亿元,其中市区实施城建项目402个,完成投入248亿元,全市城市化率达55%,建成区面积扩大到140平方千米,人口达到106万。 (仲伟华)

【中心城市建设】 坚持平安和谐、公平自愿、公开透明的征收理念,全力加快重要街道、重点地块、关键节点和棚户区的整治改造,迅速提升老城区建设水平,居民生活环境和居住条件得到有效改观。2012年,全市实施94个旧城改造项目,完成改造面积61万平方米,其中市区涉及旧城改造项目47个,完成改造面积21万平方米。争取国家专项棚改补助资金1.5亿元,锦屏磷矿棚户区改造完成建筑面积12.3万平方米,完成项目投资7000万元。金桥盐化棚户区完成建筑面积20.5万平方米,完成投资5亿元。孔望山新城安置房完成建筑面积4万平方米,新建东路安置房进行征地拆迁,外仓街拆迁完成40户。

【市政基础设施建设】 以市政道路和公用事业为重点,以重点工程建设为突破,基础设施不断完善,城市功能显著提升。投资9.8亿元快速实施38项道桥工程,新增城市道路54万平方米。国庆期间,全长34千米BRT(城市快速公交)一号线工程建成运营。投资6000万元的秦东门大街跨西盐河景观大桥建成通车;陇海东路、凌洲西路、新建东路等道路工程全力推进;投资2.3亿元的科苑路、学院路等5条道路出新工程,投资1.4亿元的瀛洲路、海宁东路、新海路等8条道路的绿化提升、城市家具工程全面实施;背街小巷整治力度加大,修建便民道路80余条,整治人行道路50余万平方米,人居环境得到大幅改善。

【公用事业建设】 2012年,市区投资2.4亿元实施供水、污水、天然气等公用事业重大项目6项,城市供水普及率达100%,城市污水处理率达82%。市第三水厂扩建工程完成投资6500万元,徐圩自来水厂和污水处理厂工程建设进展顺利;城市饮用水源安全保障工作稳步推进,投资300万元的沙板桥污水泵站及配套污水管道建成运行;取水口上移工程完成可行性研究报告;投资5000万元新建改建供水管网25千米,投资6300万元新建污水管网46千米;新增小区管道燃气用户11000户,全年投资5500万元建设海宁东路、汇海路、纵五路等城市中压燃气管道约28千米。

【园林绿化】 国家园林城市成功创建,全年投资9.2亿元实施111个园林绿化项目,新增绿地380多公顷,城市绿化覆盖率41.6%,绿地率达37.6%,人均公园绿地面积13.9平方米。年内完成东盐河景观绿化工程、朝阳桥游园等绿化工程;孔望山公园、中华楹联园、新浦公园、北固山生态公园等公园绿地进一步完善设施;建设东路、红砂路等道路绿化工程付诸实施;动物园、园博园、大型公园稳步推进。市城乡建设局组织参加第八届中国国际园博会,获得特优建设奖、建筑小品优秀奖等荣誉称号。

·建筑业·

【概况】 2012年,全市建筑业企业不断开拓省内外、国内外建筑市场对全市财税贡献力度不断加大,建筑业产业结构进一步优化,企业资质等级和企业实力进一步提高,全市建筑业总产值达514亿元,建筑业增加值达到117亿元,上缴税收48亿元,分别比2011年增长20.3%、23.5%和62.1%。新增建筑业一级资质3家、二级资质6家、三级资质58家,劳务5家。到年底,全市有一级资质企业28家、二级116家、三级311家、劳务49家,初步形成大、中、小梯次结构合理,总包、专业分包、劳务分包配套成龙的专业结构体系。

【工程质量管理】 切实加强工程质量监督执法,深入开展"安全生产年"活动,全面提高工程质量安全监管水平。2012年,全市质量监督受监工程2501项,建筑面积2375万平方米,其中竣工工程236项,建筑面积258.51万平方米。到年底,全市在建工程2265项,面积2117万平方米。市区在建项目1449项,建筑面积1045.3万平方米;全年新受监工程346项,建筑面积269.2万平方米;全年竣工交付单位工程187个,建筑面积139.88万平方米;住宅工程验收136项,建筑面积99万平方米,实施分户验收率100%。市区质量监督覆盖率达99%,应监理工程监理率98%。全年对161项申报优质结构工程进行检查,其中136项工程通过检查,推荐为优质结构工程。市城乡建设局对63项申报市优的工程履行考评程序,评选出49项市"玉女峰杯"优质工程奖,从中选出7个项目推荐省优,11月通过省城乡建设厅资料审核和现场复查程序。全年培育77项工程创建市级文明工地,36项工程成功创建省级文明工地。

【房地产开发】 2012年,连云港市坚决贯彻落实中央调控政策不动摇,严格执行国家、省关于房地产市场调控政策,加强市场监管,组织有关部门联合开展市场大检查,要求开发企业在商品房交易场所的醒目位置放置标价牌、价目表或者价格手册,对在售商品房进行明码标价,在规定时间内一次性公开全部销售房源,按照规定实行"一套一标",对违反明码标价规定销售商品房的行为严肃查处,促进全市房地产业的健康发展。

2012年,全市有房地产企业626家。全年完成房地产开发投资162.23亿元,其中住宅建设投资118.79亿元,比2011年增长3.9%。全市商品房施工面积2322.53万平方米,其中住宅1761.16万平方米,分别比2011年下降2.47%和2.62%。新开工面积461.28万平方米,其中住宅353.24万平方米,分别比2011年下降42.38%和40.23%;房地产竣工面积378.24万平方米,其中住宅288.96万平方米,分别下降11.4%和14.27%。 (葛堂华)

【保障性住房建设】 2012年,全市累计投资11亿元,新开工各类保障性住房10874套,其中公共租赁住房、廉租住房6120套,经济适用住房1641套,限价商品住房3113套。全市竣工各类保障性住房7390套,其中公共租赁住房、廉租住房3790套,经济适用住房2000套,限价商品住房1600套。市区累计投资6.5亿元,新开工各类保障性住房5771套,其中公共租赁住房、廉租住房3065套,经济适用住房773套,限价商品住房1933套。市区竣工各类保障性住房3206套,其中公共租赁住房、廉租住房1548套,经济适用住房866套,限价商品住房792套。全市发放廉租住房租赁补贴1985户,其中市区1216户。市区新建人才安置房100套。茗馨花园小区被评为省级"绿色建筑示范项目",徐圩新区公共租赁住房项目被评为全省"公共租赁住房示范项目"。 (葛堂华)

【房地产市场交易】 2012年,全市商品房、商品住房网上登记销售面积分别为457.23万平方米、386.06万平方米,分别比2011年增长3.49%和6.56%。其中市区商品房、商品住房销售面积分别为208.52万平方米和183.19万平方米,分别增长4.18%和13.03%。东海县商品房交易在四个县中名列前茅,全年交易面积达77.5万平方米;灌云县商品房交易增幅明显,比2011年增长11.89%。10月27~30日,市住房局牵头举办"九龙杯"2012连云港市(秋季)房展会,23家房地产企业、20余家家装企业参展,意向成交房源11.5万平方米。

【房地产调控与管理】 严格商品房预售管理,市区全年审批办理商品房预售许可证121份,监管90家开发企业的商品房预售资金50亿元,监管24家开发企业商品房售后质量保证金2740万元。积极实施存量房交易网上备案及交易资金托管制度,保证存量房交易资金安全。创新监管机制,建立房地产开发企业和开发项目信息档案,对商品房预售项目实施动态监管。规范售楼处公示内容,对销售人员未持证上岗的,要求限期整改。处理群众投诉案件74件,对3家违规预售和一房多卖的的房地产开发企业进行约谈和查处。全年举办预售商品房退房房源公开摇号再销售11期,销售房源93套。大力推进数字房产建设,全市建立了统一的个人住房信息系统,市区107幢楼房有了"三维身份证"。自主研发的商品房预售资金监管系统,为建立健全商品房开发风险防范机制提供有效的技术支撑,此项作法被评为全省"科技示范工程"项目、全市服务创新奖三等奖。10月2日,《扬子晚报》头版头条予以报道推广。

【住房价格管理】 严格实行商品房销售明码标价制度,商品房预(销)售网上备案和"一房一价"网上公示率达100%。加强房屋租赁管理,定期发布房屋租赁价格,积极开展租赁房屋上市交易调查,稳定租赁市场。2012年全市商品房、商品住房成交均价分别为每平方米4535元、每平方米4139元,分别比2011年增长10.33%和8.91%。其中,市区商品房、商品住房成交均价分别为每平方米5553元、每平方米5088元,比2011年增长10.02%和9.71%,低于市区城镇居民家庭年度人均可支配收入14.5%的增长幅度。

【房屋权属管理】 贯彻落实行业新标准《房地产登记技术规程》,加强规范作业,推行产权登记受理终身负责制和登记官制度,提高产权办证质量和效率。市区全年完成房屋产权登记发证近3万件,产权登记发证率达99.9%,档案资料扫描排照存档率100%。积极探索开展集体土地上房屋登记工作,在东海县率先开展农民自有住房抵押试点,取得初步成效。通过实行统一发证机构、统一登记收件标准"两统一",全市全年累计完成农村房屋登记发证847户,其中市区221户、四县626户。 (葛堂华)

【物业管理】 积极推行"四位一体"物业管理模式,完善物业管理行政管理网络。通过物业服务公司管理、社区准物业管理、业主自治管理、产权单位管理等多种分类管理形式,不断提高物业管理覆盖率,全市住宅小区物业管理覆盖率达83.63%。完善小区业主投诉处理机制,指导完成新浦区物业住宅小区"四级投诉网络"建设试点工作,召开住宅小区"四级投诉网络"建设工作现场会。物业招投标、物业服务企业诚信档案、物业履约保证金制度进一步规范和完善,物业服务企业资质管理和日常考核得到加强。截至到2012年底,全市已注册登记的物业服务企业242家,实施物业管理项目452个,注册项目经理950人。市区新增物管项目26个,其中住宅小区19个,新建商品房物业管理覆盖率、前期物业管理招投标、物业项目合同备案率均达100%。全年确认物管用房、社区用房3.7万平方米,确认率100%。全市新增市级以上优秀物管项目24个,其中国家示范项目1个、省优6个、市优17个。新浦区苍梧河滨花园获得"全国物业管理示范住宅小区"称号。市物业管理协会被评为4A级社会组织。市住房局评选出2012年度全市"十佳业主委员会"和20名"优秀物业服务项目经理"。（葛堂华）

【房屋中介管理】 市住房局出台《关于加强商品房销售代理经纪机构备案管理的通知》、《关于开展2012年度房地产估价机构年检备案工作的通知》,全年共对28家经纪机构和1822份估价报告进行备案,中介机构管理逐步走上正轨,进一步规范房地产中介市场秩序。积极做好全国房地产估价师和经纪人的执业资格考试报名初审工作。（葛堂华）

环 境 保 护

【概况】 2012年,市环保局认真贯彻落实十八大会议精神,探索环保新道路,围绕环保重点工作,拓宽视野,创新办法,推动环境保护工作取得新成效。2012年,全市空气质量总体较好,主要饮用水源地水质达标率保持稳定,全市Ⅲ类水达标率为56.0%;空气质量总体较好,市区环境空气质量优良天数达321天,优良率87.7%。区域环境噪声年均值符合国家城市环境综合整治定量考核环境噪声标准要求,交通噪声年均值为67.2分贝。全市环境质量总体保持稳定。

【固体废弃物处置】 全市产生工业危险废物的工业企业173家,主要集中在市化工产业园区(灌南县堆沟港化工园区)、灌云县临港产业区及市经济开发区三个园区。2012年度全市共审批工业危险废物交换转移申请178件,全市工业危险废物共处置利用9985.5吨,比2011年增长6245.5吨(其中:焚烧处置3653.5吨,比2011年增长333.5吨);医疗废物集中处置1355.7吨,比2011年增长145.7吨。进一步提升全市危险废物处置基础设施建设,连云港市赛科废料处置有限公司9000吨/年危险废物焚烧处置项目已投入运行,获得省环保厅颁发的危险废物经营许可证;完成了在全市省级以上危险废物重点监管源企业的视频监控系统安装工作。

【水源地保护】 水源保护区的环境监管情况:一是实施蔷薇河综合整治。实施蔷薇河下游出口段清淤工程,在蔷薇河大堤两侧增设里程桩、界桩、警示牌、宣传牌、隔离网及配备执法船,全线河长上岗开展管理工作;实施蔷薇河河道沿线清障工程,清理河堤、滩面种植、垃圾堆放、养殖、坟墓及各类房屋设施;实施农业生产标准化、农药减量化工程,扩大配方肥施用面积,提高秸秆综合利用率,实现规模养殖场禽畜粪便无害化和资源化。二是加快基础设施建设。完成白塔污水处理厂建设,开工建设平明、张湾、安峰等乡镇污水处理厂及配套的污水截流管网;全长58.2公里的东海县污水处理厂尾水通道工程投入运行,尾水通道支线工程平明至白塔段完成21公里管道铺设和3个提升泵站建设;开工建设市第三水厂10万吨/日自来水深度处理工程建设。三是推进工业污染源治理。26家重点企业完善污水处理设施,安装自动监测装置;铺设专用管道,将江苏太平洋石英股份有限公司等11家重点企业工业尾水接入东海县尾水通道;按照"污染源向酸洗小区集中、酸洗废水进行集中处理"的两集中原则,建设房山镇、驼峰乡、安峰镇、曲阳乡4个石英砂酸洗集中区及配套废水处理设施。

【生态文明建设】 2012年全市积极推进生态文明工程建设,制定并出台了《关于推进生态市建设全面实施生态文明建设工程的意见》、《连云港市生态市建设工作方案》和《连云港市市级生态文明建设工程专项资金使用管理办法(暂行)》等文件。强化组织建设,成立连云港市生态文明建设工程工作领导小组,市长任组长。领导小组办公室设在市环保局,环保局长任办公室主任;全市乡镇环保助理设立取得成效,所有县区设有专兼职环保助理,其中赣榆县成立环保办公室。大力推进全市生态文明工程建设。2012年开展《连云港市生态市规划》(修编)编制工作,各县区生态创建规划编制工作有序开展,连云港经济技术开发区和连云区已经完成规划的颁布执行工作。落实生态创建奖补资金,四县生态文明资金到账单全部落实,赣榆县已制定生态创建资金使用管理办法。截至2012年底,全市建成国家生态镇2个(赣榆县青口镇、东海县温泉镇)、省级生态镇24个、省级生态村33个,连云港经济技术开发区省级生态工业园通过验收,生态创建活动取得明显进展。

【生态环境保护】 2012年开展重要生态功能保护区规划的优化调整工作,拟调整的重要生态功能区有9大类38个,调整方案已经通过省环保厅评审。大力推进乡镇环保基础设施建设,全市89个涉农乡镇中有22个乡镇、街道建成污水处理厂(含4个街道污水接入市政管网),10个乡镇街道开工建设污水处理厂,64个乡镇建成垃圾中转站。

【市区河流整治情况】 2012年4月16日,国务院正式批复《重点流域水污染防治规划(2011－2015)》,连云港市共有7项治污工程列入规划。其中,开发区西北组团污水处理厂一期工程,已完成前期工作;徐圩污水处理厂及配套管网一期工程,土建及设备安装已经全部完成,即将投入试运行;新海城区污水管网四期工程,于12月份完成前期工作;板桥工业园污水处理厂及管网配套建设工程,已投入试运行;江苏德邦兴华化工股份有限公司入园及废水治理工程,已完成前期和场地回填平整工作;排淡河综合整治工程,正在实施拓浚施工;院前大沟综合治理工程项目正在实施,部分标段已经完工。2012年7月19日,江苏省人民政府与连云港市人民政府政府签订《连云港市人民政府淮河流域水污染防治工作目标责任书(2011－2015》,明确了连云港市"十二五"期间,淮河流域考核断面水质目标、饮用水源保护目标和治污工程建设任务。10月9日,市政府召开全市淮河流域暨通榆河水污染防治工作会议,会上市政府与各县区政府、有关部门签订《淮河流域水污染防治工作目标责任书(2011－2015)》,成立连云港市淮河流域暨通榆河污染防治领导小组,会议明确全市"十二五"期间水污染防治工作目标任务,并将任务进行分解,进一步明确治污责任主体,为全面改善连云港市流域水环境奠定了基础。

【环境污染监管】 全市共有国控重点污染源企业45家,污染减排项目36个。2012年认真落实污染源现场监察制度要求,推进污染源达标排放,促进减排项目进展。全年共出动执法检查2056余人次,检查企业754厂次,其中开展夜间、节假日突击检查403多人次。通过开展环保专项行动、突出环境问题集中整治、重金属污染专项检查、危险废物专项检查、开发园区环境专项整治督查、环境监察专项执法以及环境专项稽查等工作,促进工业污染源稳定达标排放率在90%以上,推进减排项目进展。强化建设项目现场核查力度,完成51家企业的试生产现场核查。落实市优化办关于涉企规范化检查的要求,加大对环境违法行为的查处力度。全年向相关县区下达51份环境监察通知,对13家企业进行了立案查处。

【环境监测】 严格按照省环境监测工作实施方案,制订全市监测工作方案,全面按序时进度完成了辖区内环境空气质量、地表水、饮用水源、近岸海域水质、生物监测、噪声、国控污染源等各项例行监测工作任务。全年共获得监测数据约50余万个,出具各类监测报告报表400余份,按照市政府部署,对全市饮用水实施监督监测。根据国家环保部公布了新的《环境空气质量标准》(GB3095－2012)开展PM2.5空气监测,完成连云港市空气自动站升级二期改造工程验收,自3月19日开始,连云港市环境监测中心站监测点位PM2.5等6项指标的监测数据在江苏环保网上实时滚动更新,并完成2个全省环境空气质量监测质控站选址方案。10月份全市4个国控自动监测点位全面实施PM2.5监测,并于2012年度末实现实时传输与发布。全面启动噪声自动监测点位的建设工作,共投入近300万元进行能力建设。

【节能减排】 随着沿海开发的深入推进,全市集中布局发展大型石化、钢铁、造船、粮油加工等临港产业,七大高耗能行业产值占全市工业比重持续上升,全市能源消费总量快速增长。江苏新海石化有限公司300万吨/年原料预处理及120万吨/年重油催化裂化项目(二期)、连云港亚新制管有限公司钢铁深加工项目、江苏镔鑫特钢材料有限公司120万吨/年带肋热轧钢筋项目等20个重点耗能项目将在"十二五"期间纷纷投产运行,届时将产生约1600万吨标煤的耗能量,将给节能工作带来巨大压力。2012年,省下达连云港市节能目标任务是单位GDP能耗下降3.5%。根据统计部门反馈,全市全年单位GDP能耗下降4.3%,超额完成省下达的年度目标任务。

【工业节能】 2012年,全市重点围绕化工、建材、电力、纺织等重点耗能行业,以燃煤锅炉(窑炉)改造、热电联产、电机节能、余热余压利用、能量系统优化为重点,大力推进节能降耗。市经信委组织企业申报国家、省、市三级节能专项资金项目,组织江苏新海发电有限公司#16号机组(330MW)综合升级改造项目申请国家级节能技术改造项目。三吉利化学工业有限公司系统能量优化工程获得80万国家级节能技术改造资金扶持,连云港晨兴环保产业有限公司、连云港陇东节能建材有限公司、连云港皓越新能源技术有限公司等4家企业获得164万省级节能专项资金扶持,金桥益海(连云港)氯碱有限公司、江苏科盛富邦饲料有限公司、连云港科威建材有限公司等7家企业单位获得320万余市级节能专项资金扶持。

【节能管理】 2012年,节能管理工作主要有三项。落实县区人民政府节能目标责任考核制度。市政府办公室下发《"十二五"县区人民政府节能目标责任评价考核办法》,每年4月底前,完成县区节能目标考核,实行奖惩措施。做好专项能源监察审计工作。完成全市70家重点能耗企业的专项能源监察审计工作,对主要用能设备和工艺再进行拉网式排查,严肃查处单位产品能耗超限额标准用能、使用国家明令淘汰的用能设备或生产工艺等问题。加强对年耗能5000吨标准煤以上重点用能单位的节能监管,落实能源利用状况报告制度,推进重点耗能行业能效水平对标活动。加强节能评估审查。完善固定资产投资项目节能评估和审查制度,将固定资产投资项目对区域能耗水平影响作为节能评估审查的重要内容,对新上固定资产投资项目,要求单位增加值能耗一律不得超过全市单位GDP能耗平均水平,全年共组织节能评估审查项目6个。

【污染减排工作】 2012年,市环保局以生态市创建为重点,采取科学排定减排计划、下达减排任务书、制定工作方案、加大督查监管等手段,全力推进减排工程建设。全年共组织实施完成41项工业生活类减排项目,其中,新建成7个污水处理厂,新增污水处理能力11.95万吨/日,督促县区对13家污染严重治理无望的企业或生产线予以关闭。同时,积极推进农业畜禽养殖场和机动车污染防治,建成107个农业规模化畜禽养殖粪便治理减排项目,淘汰老旧黄标车2064辆。经省环保厅初步测算,全市化学需氧量完成年度目标,二氧化硫超额完成任务。

(张　君)

宿 迁 市

城 乡 建 设

【概述】 2012年,围绕推进“不堵车、很方便、最干净、玩不够”的苏北最美城市建设目标,进一步强化城乡规划的引导和调控作用。中心城市规划控制区面积2108平方公里,建成区面积85平方公里,人口70万,全市城镇化水平达到50.9%。

【城乡规划与计划编制研究】 2012年,突出引领发展,加快推进规划与计划编制研究,城乡规划成果体系更加健全,引领和服务宿迁新型城镇化进程加速推进。

规划研究工作更加扎实,更具指导性。开展了城市综合交通规划、通用机场等重大基础设施规划研究,引领中心城市区位提升;组织了中心城区集聚发展研究,明确了中心城市核心区建设目标和三年行动计划;形成了洋河新城建筑风貌、黄河路幸福路街景改造提升等专项规划研究成果,引领重点区域协调发展;提出了低碳、生态、宜居城市规划六大指标体系,引导中心城市可持续发展。

规划编制成果更加丰硕,更具系统性。大力推进不同层级的规划编制,为依法实施规划管理提供科学依据。城市规划编制方面,第三轮城市总体规划修编工作形成规划成果并报批;城乡统筹规划、中心城市近期建设规划、洋河工业园区规划等重点规划,市府新区、宿城经济开发区西区等控规,城市综合交通规划、运河岸线控制性规划等专项规划,古黄河水景园北侧地块、雄壮河湾景区北侧地块等城市设计深入推进。村镇规划编制方面,组织编印了村镇公共设施建设与村庄环境整治指导图集,牵头编制了徐宿淮盐、宁宿徐、京沪高速公路沿线村庄整治规划,在省内率先启动了特色村庄保护规划编制工作,村镇规划在“美好宿迁建设行动”中的指导、引导作用充分发挥,我市20个村庄成功创建成为省级三星级村庄,高速公路沿线村庄整治初显成效。县域规划编制方面,沭阳县积极推进总体规划修编,编制了城东、城中片区控制性详细规划,完成了南部新城市场物流区概念性规划和城区中小学教育设施布点规划编制;泗洪县总规修编即将进入公示阶段,编制了南部新城控制性详细规划、泗州大街城市设计、湿地大道沿线概念规划、地震应急避难场所布局规划、梅花镇控制性详细规划等;泗阳县总体规划编制形成正式成果报批,编制了城北片区控制性规划、城厢护城河南侧地块设计、裴圩镇控制性详细规划等。

重大计划安排更加全面,更具前瞻性。围绕推动中心城市可持续发展的总体部署,年初组织编制了2012年度中心城市重点基础设施建设计划,安排了151项总投资813.6亿元的中心城市重点基础设施计划。在计划的指导下,雨润广场、水韵城等商贸项目加快建设,市第一人民医院、老城区部分中小学布局调整等公共服务项目启动实施,项里核心景区、雄壮河湾景区南岸公园建成开放,中心城市功能和品位进一步提升。10月份,集中力量,深入调研,组织编制了中心城市2013年重点基础设施计划,安排了总投资915亿元、当年完成投资373亿元的163项重点基础设施项目,进一步强化了规划的统筹引领作用。同时,超前开展研究,拟定了《重点工程规划设计编制计划》,安排了包括马陵中学、实验小学新校区、古黄河楚地文风景区等23项重大工程的规划设计,涉及项目投资概算约66.6亿元,为中心城市未来一段时期重点项目、重大工程的安排和顺利推进提供了科学的规划指导。

【城乡规划管理与服务】 2012年,坚持依法行政,持续创新创优,以高效管理助推城乡经济社会又好又快发展。全年中心城区共核发“一书两证”987份、拍卖地块规划条件及红线图270份,规划核实226个项目、1300余栋建筑,核实总建筑面积520万平方米。

规划管理机制不断优化。积极推进中心城市规划管理体制优化;进一步理顺内部工作流程,构建高层建筑日照分析复核、建筑面积与容积率指标核算和规划验线新机制,提升规划管理技术支撑水平;进一步优化规划方案审查、规划核实工作机制,提高方案审查与规划核实的科学性;进一步推进规划公示工作,从载体选择等方面不断提升公众参与的广度与深度;建立了审批许可、行政事务和信息化建设“三轨”督查工作机制,确保管理工作高效快捷推进。

规划服务机制不断创新。着眼于优化服务、提升效率,积极“向下扎根”,实施规划服务全覆盖机制,建立了覆盖中心城市各片区的规划协管员队伍,服务基层、服务民生水平有效提升;加强“横向联系”,实施重点建设项目服务直通、规划联动联审机制,服务片区发展水平有效提升,该机制也被市委、市政府授予全市经济社会制度创新奖;主动“上位服务”,实施规划审批许可分析研究报告机制,服务领导决策水平有效提升;切实“换位思考”,实施规划方案一次性初审告知、预核发工程规划许可证机制,服务项目建设水平有效提升;实施“跟踪服务”,根据网络问政平台传递的信息,主动深入宝龙24街调研,形成了进一步提升该区域繁荣发展的调研报告,得到了市政府主要领导的充分肯定。

规划管理制度不断完善。落实《江苏省城市规划管理技术规定(2011版)》要求,细化并建立了宿迁地方性的技术规范,特别是《宿迁市规划局规划条件(住宅项目范本)》,进一步强化规划研究成果向规划管理手段转化的规范性。制定实施了《关于进一步规范规划审查、审批、核实等工作流程的通知》及《宿迁市居住区项目配建体育设施规划管理规定》,审批管理制度进一步完善,工作效率进一步提升。

规划管理技术支撑持续增强。“数字宿迁”项目建设实现了省、市合作共建,地理信息系统、地下管线系统、规管系统全面应用,150平方公里三维数模系统初步建成。

规划展示阵地建设加速推进。围绕“国内领先、省内一流”的目标,加速推进城市规划展览馆布展工作,完成了文案、多媒体影片、墙体铺装、吊顶安装等工作,现场施工加速推进。

环境保护

【城乡环境】 按照城乡统筹的思路,坚持以"五城同创"为重要抓手,先后开展城市出入口、居住小区、农贸市场、工程渣土、流动摊点、乱贴乱画、废品收购点、工地围墙,以及"大干70天·确保市容市貌大提升"等系列整治活动30余次。共整改各类市容环境问题100余万处,整治居住小区98个、农贸市场16个。牵头制定出台《市政府关于进一步加强中心城市生活垃圾处理工作的实施意见》和相关考核办法,积极争取省住建厅补助资金1064万元,全面实行生活垃圾收集"定量月考"制度,切实加强动态考核,环卫设施设备配套完善取得历史性突破。垃圾收运体系及配套设施建设、垃圾填埋场改造及渗滤液深度处理工程、建筑垃圾处置场等重点工程建设全面完成。市光大垃圾焚烧发电厂建成运行,中心城市投入1亿余元新建压缩式垃圾中转站37座、二级垃圾中转站348座,新建或改建公厕56座,新建果壳箱2362个,新购置清扫车、收集车、清洗车等各类环卫作业车辆179辆。积极争取省村庄环境整治引导资金11154万元,全市投入整治资金近10.1亿元,完成3687个村庄整治,创建32个省三星级"康居乡村",成功打造全省村庄环境整治的"宿迁样本"。沭阳县、泗阳县被命名为全省首批村庄环境整治示范创建县,宿豫区顺河镇林苗圃被评为"江苏最美乡村",秸秆综合利用做法在全省推广。

徐 州 市

【概况】 2012年,徐州市区(含铜山、贾汪区)面积3040平方公里,居全国第八位和全省第三位,城区人口密度3533人/平方公里,建成区面积253平方公里,市区道路面积3238.94万平方米,人均城市道路面积21.45平方米,供水总量22029.2万立方米,供水管道长度2815.25公里,人均生活用水量146.4升,用水普及率98.08%,污水排放总量18980万立方米,污水处理总量17134万立方米,生活垃圾无害化处理率99.98%,燃气普及率99.3%,建成区排水管道密度6.2公里/平方公里,污水处理率90.27%,人均公园绿地面积16.09平方米,建成区绿地面积14.95万亩(9968公顷),建成区绿化覆盖面积16.06万亩(10707公顷),建成区绿化覆盖率42.32%,建成区绿地率39.4%。市城乡建设局荣获全国住房城乡建设系统先进集体、住建部"十一五"建筑节能先进集体、2012年度全省住房保障工作先进单位、2012年度全省住建系统优质服务先进单位、2011~2012年度徐州市创建"平安机关"活动先进单位、"五五"普法依法治理先进单位、2012年度全市督查工作先进单位、市政协提案工作先进单位、规范性文件备案审查情况优秀单位、行政处罚案卷评审优秀单位、2011~2012年度档案工作优秀单位等多项荣誉。

【市政基础设施建设】 2012年,高质效完成涉及《政府工作报告》、城建重点工程、为民办实事等41个重大项目建设(追加项目5项、直接承建21项,总投资8.23亿元,直接承建项目投资6亿元、完成投资3.6亿元)。抓好道路设施建设及美化亮化工作。改造、拓宽解放南路、黄河南路、民主南路等6条中心区主干道,对共建路、子房北巷等10条次干道实施大修改造,市区道路出新面积36万余平方米;完成湖北路与苏堤路等两个交叉路口渠化工程,建成40个港湾式站台、104个不锈钢候车亭和22个智能公交站牌,对110条线路40个"名不副实"站名进行更换,发布公交线路图2300余幅,八里屯公交首末站投入使用。开展消灭路灯盲区工程,完成市区63条小街巷路灯安装,实现三环路以内宽度3米、长度50米以上,147条小街巷路灯设置的全覆盖,道路亮灯率、自动化控制率分别达到98%和70%;高标准实施云龙湖北岸沿线建筑物远景亮化和主次干道沿街楼体夜景灯饰安装工程,4条道路、156幢建筑物穿上华美"晚礼服"。

【城建重点工程】 围绕建设充满活力的创新型城市,充满魅力的生态园林城市和极具竞争力的区域性中心城市,突出抓好城建重点工程的实施,开工207项,开工率达90%。徐贾快速通道、珠山景区等101项工程建成使用,开竣工数量分别增长20.4%和14.8%。

【棚户区改造】 完善征收政策,着手调整补偿标准,坚持依法阳光拆迁,市区实施44个棚改项目,启动征收168.17万平方米,完成151.67万平方米。定销房建设开工12667套、竣工6707套,大幅超额完成省定计划。

【村镇建设】 开展村庄环境整治,突出抓好"六整治、六提升"(整治生活垃圾、整治生活污水、整治乱堆乱放、整治工业污染源、整治农业废弃物、整治疏浚河道沟塘;提升公共设施配套水平、提升绿化美化水平、提升饮用水安全保障水平、提升道路通达水平、提升建筑风貌特色化水平、提升村庄环境管理水平)和"三整治、一保障"(生活垃圾、乱堆乱放、河道沟塘等环境卫生整治,保障农民群众基本生活需求),村容村貌、生态环境、乡村特色、基础设施、公共服务等进一步提升。争取省引导资金1.2亿余元,全省第一,成功创建25个三星级"康居乡村"和8个村庄建设和环境整治示范村,完成2586个村庄环境整治任务,整治工作处于苏北领先地位。

【房地产业概况】 2012年,住房保障和房产管理工作贯彻落实国家、省、市部署,突出"规范、服务、创新、发展"主题,强化业务建设,狠抓作风效能,全面完成年度各项目标任务,步入依法行政、科学发展轨道。市住房保障和房产管理局被市委、市政府表彰为全市城市管理、城建重点工程推进、脱贫攻坚工作先进单位，被市政府表彰为全市为民办实事先进单位、安全生产优秀单位，被市政法委表彰为清理执行积案活动先进单位，第五期经适房、廉租房、公租房被市政府表彰为获奖重大项目，行政执法培训、政府信息、督查工作被表彰为全市先进。房管局房产登记交易中心被表彰为2009～2011年度全省住建系统精神文明建设先进单位，云龙区、开发区房产系统为徐州市文明行业，租赁处、房屋安全鉴定处、直属房管处、测绘公司为徐州市文明单位，登记交易中心远程服务窗口被命名为省级青年文明号，房屋置换中心业务部等7个集体被继续确认为省级青年文明号。

【保障房建设】 2012年，省政府下达徐州的保障性安居工程建设目标任务为：公共租赁住房（含廉租住房）开工5700套、竣工4060套，经济适用住房开工3670套、竣工1440套，发放廉租住房租赁补贴1510户。全市共开工建设经适房3748套，完成102.13%；开工建设公租房（含廉租房）6213套，完成109%。竣工经适房1700套，完成100%；竣工公租房（含廉租房）5293套，完成130.37%；发放廉租房租赁补贴1805户，完成119.54%。全面完成省政府下达的保障性住房建设目标任务（具体见附表：2012年1～12月份保障性安居工程建设目标任务进展情况表）。铜山区房产服务中心、睢宁县房管局受到省住建厅表彰。市住房保障部门接受国家、省、市审计部门对保障房的专项审计和市人大代表、政协委员对保障房建设工作的视察，工程进度和质量得到认可。全市认真开展住房保障和保障性安居工程建设劳动竞赛活动，徐州市住房保障和房产管理局和沛县、睢宁县、邳州市、铜山区住房保障部门被表彰为江苏省住房保障和保障性安居工程建设劳动竞赛先进集体，康乐房屋开发经营公司和新沂市、铜山区房产服务中心荣获优秀组织奖，市区的保障房建设者赵亚平同志获得全国五一劳动奖章。

【公租房建设】 2011年市区安排建设的3200套（间）公租房正在建设中，2012年市区公租房采取多渠道建设的方式建设公租房2649套。

坝山公租房。2011年由市房管局承建的公租房位于坝山地块，建筑面积11.56万平方米、20栋高层、1479套（2703间），建筑面积在32平方米、65平方米、75平方米左右，室内按照《江苏省公共租赁住房规划与设计导则》的标准进行装饰装修，厨卫镶贴地、墙砖及吊顶，设备安装满足基本生活需要，具备拎包入住条件。小区配套建设公共浴池、食堂、便利店、健身房、卫生所以及社区文化活动中心、物业用房、民警值班室等。2012年底，工程全部通过单体楼竣工验收，内部装修基本结束，2013年6月底具备上房条件。

第五期经济适用房、公租房（廉租房）。位于三环北路北、徐矿城东，总建筑面积29.8万平方米，共计30栋、2844套住房（其中经济适用房2100套，公租房、廉租房744套）。户型分为一室一厅、两室两厅，建筑面积为49－75平方米左右。该项目借鉴国内外社区规划设计的最新理念，采用混合社区、和谐共生、开放道路、次街经济的设计，努力营造高品质保障房住宅社区，集中配置了幼儿园、商业和地下车库等，总投资约6.5亿元。至年底，工程已全面封顶，并进行内外粉施工。2013年底具备上房条件。

其他公租房项目。新城区管委会投资建设公租房1000套，经济技术开发区管委会投资建设软件园二期公租房369套，徐工集团建设公租房1280套，均在建设中。

（周平泉）

【房改工作】 2012年，全年共出售直管公有住房766套、33981.53平方米；核准市区53个自管房单位出售公房2490套、10.89万平方米，核准市区50个单位发放588人购房补贴2773万元，核准59个单位使用公房维修基金利息269万元。

【私房政策落实】 2012年，落实政策工作重点接待群众来信来访，对历年来结案住户的2000多份档案进行分类整理。以房抵债收回500万元欠款，通过主动衔接与建档催收，房改移交资产清欠工作有了新进展。

【园林绿化】 2012年，全市园林系统共承担园林绿化重点工程42项，为民办实事工程5项，实现按时竣工率100%、优质工程率100%和零返工率的目标。新华社专题刊发《从“老灰穷”到“新绿富”的嬗变》，市3报2台多家媒体集中对市园林绿化建设成果进行全方位的报道。沛县以“一场四园十路十二院十八区”绿化工程为重点，一点一品，一街一景，各具特色，城区新增绿地面积130万平方米。睢宁完成“六园五路两河”景观绿化工程，以睢宁地方历史、现代文化特色为脉络，建设优美、特色鲜明的城市园林景观。新沂市突出“城南馨园”文化特色，增加园林文化小品建设，乔、灌、花、草搭配合理，增加绿量，美化环境，方便市民。丰县、邳州、贾汪、铜山也都结合各地实际和地域文化，打造一批景观亮点。

【城乡环卫一体化建设】 2012年，着力加快生态文明工程建设，建立健全城乡环境容貌监管标准体系，开展京沪高铁沿线综合治理，“三解三促”示范点倪园村环卫基础设施建设扎实推进。督促各县（市、区）制定、完善村镇环卫总体规划。年内，全市116个建制乡镇（办事处）98个乡镇建成垃圾中转站（含在建17座），建制乡镇生活垃圾收运覆盖率达到96%；全市2232个行政村初步建立“组保洁、村收集”的行政村达到1187个，镇村生活垃圾集中收运率达到53.18%。贾汪区在全省率先推行生活垃圾前端收集、转运市场化运作。主城区（不含贾汪区、铜山区）生活垃圾无害化处理率达100%，城区（含贾汪区、铜山区）生活垃圾无害化处理率达92%，全市城市（县城）生活垃圾无害化处理率达90%。探索、推广“四位一体”和“日扫夜洗”保洁新模式，创新市场化监管机制，引入社会第三方评估监理机构对保洁单位实施考核，确保市区环卫保洁质量始终保持在较高水平。完成雁群生活垃圾渗滤液处理升级改造项目的招标工作，雁群垃圾填埋场、协鑫垃圾焚烧厂顺利通过国家一级填埋场验收和国家A级焚烧场等级评定，泉山、云龙两座大型中转站基本建成。完成50座公厕提档升级和165座免费公厕新一轮招标工作。巩固完善垃圾处理费征管创新模式，年度征收生活垃圾处理费3100余万元。

【环境整治工程】 以道路综合整治为重点，加快改善市容市貌；以示范村建设为龙头，推进村庄环境整治，全面提升城乡环境面貌，计划实施民主南路省级示范路建设、塔东路等道路综合整治、云龙湖北岸亮化、城区路灯改造、幸福家园创建、村庄环境整治等17项工程。环境整治工程已开工8项。民主南路省级示范路，青年路至建国路段，管线单位已进场施工。塔东路综合整治，施工队伍已进场。机场路综合整治，已启动拆违工作。云龙湖北岸亮化，71栋建筑物亮化施工单位全部进场，开始布设管线。淮海路中山路民主路亮化，淮海路、中山路亮化灯具安装完成，部分建筑物进行亮灯调试；民主路亮化施工单位进场，进行布设管线。城区路灯改造，汉源大道路灯已完工，其余道路路灯进行管线铺设。小街巷路灯改造，鼓楼区已启动李沃路等14条道路路灯管线预埋工作；云龙区正进行管线沟槽开挖；泉山区正进行基础管线施工。村庄环境整治示范工程，贾汪区、铜山区正有序推进。

宁　波　市

城乡建设

【概况】 2012年，全市完成城市市政公用设施建设固定资产投资168亿元，中心城区完成109亿元，11条绕城高速连接线实现主线贯通，机场快速干道永达路连接线与杭甬高速互通立交等重点工程开工建设；21条“断头路”按期打通，18个支路卡口完成改造。城市环境综合整治行动全面实施，全年完成主干道整治项目17个、城市主要出入口5个，“三江六岸”滨江休闲带启动段建成开放。此外，白沙公园地下停车场、滨江大道绿化带地下场等公共停车场建成投用，共建成泊位4996个。城镇生态基础设施建设加快。17个建制镇污水处理设施建成通水，15个镇污水处理设施项目开工建设，全市完成配套管网330公里。开展幸福美丽新家园建设，新增全面小康村45个，累计479个；新启动培育中心村24个、累计52个，特色村27个，精品线7条。创建市级幸福美丽新家园建设先进乡镇10个，奉化市、宁海县成为浙江省美丽乡村建设先进县。农房“两改”扎实推进，2012年新批准实施农村住房制度改革项目13个；全市开工改造建设农村住房9.5万户，已完工4.6万余户，全年完成建设投资194亿元，四年来，全市共投入农房建设项目资金600多亿元，完成农房改造建设面积2500万平方米。加强森林城镇创建和农村生态环境保护，完成森林通道建设396公里，新增沿海防护林2500亩，完成交通沿线9400亩林相改造，建设省级森林城市1个，省市级森林城镇10个，森林村庄180个。启动创建水环境示范村50个，完成验收40个，建成清水河道220公里。加快世行农村生活污水项目实施步伐，首批14个村投入运行，全年完成农村生活污水处理项目132个。农村新社区建设稳步发展，新建农村社区服务中心295个。推进22个省级中心镇发展改革，市委办公厅、市政府办公厅出台了《关于扩大中心镇管理权限的指导意见》，市编委办会同市委组织部、市人社局出台《关于完善中心镇行政管理体制的意见》，指导相关县(市)调整优化中心镇行政管理体制。今年是宁波开展卫星城市试点的第四年，着力推进卫星城市试点工作，组织召开全市卫星城市试点工作座谈会，对卫星城市试点重点工作进行全面部署，印发《关于进一步规范和完善卫星城市试点镇扩权工作的通知》，指导督促试点地区进一步做好卫星城市扩权事项对接、权限运行指导监督、干部队伍建设等工作，搭建镇校合作平台，积极开展校镇科技服务对接合作。8个卫星城市都已进入了加速发展期，全市22个中心镇(含8个卫星城市)全年实现国内生产总值约750亿元，约占全市的12%，财政总收入近100亿元。推进中心村培育建设工作，2012年完成第一批28个中心村创建项目验收，新启动中心村培育建设24个，其中启动建设省重点培育示范中心村9个。通过中心村建设，农村集聚水平进一步提高，至年底，全市中心村拆除危旧房面积达45万平方米，新建房屋面积约44万平方米。全市10个村确定为全省2012年度农房改造建设示范村试点。

【房地产业】 2012年全市商品房成交面积为578万平方米，同比增加14.2%；其中商品住房成交面积为437万平方米，同比增加48%。全年二手房成交面积561万平方米，同比增加5.8%。其中二手住房成交面积为270万平方米，同比增加27.9%。全市新建商品房(不含保障性住房)累计批准预售面积为806万平方米，其中商品住房(不含保障性住房)新增供应量为560万平方米，同比分别减少3.4%。商品住房库存为748万平方米，同比上年同期增加22%。据国家统计局数据，12月份新建商品住房价格同比跌幅为7.4%，跌幅位居70个大中城市第三，二手住房价格同比下跌4.7%。11、12月份连续2个月新建商品住房价格环比为0，保持平稳。全年累计房地产开发完成投资884.35亿元，增幅为16.8%，其中住宅开发完成投资515.65亿元，增幅为23.3%，施工面积6080.5万平方米，同比增长14.8%。建立房地产开发项目手册管理制度，将房地产开发企业基本信息、开发项目信息等由企业自行录入房地产开发项目手册信息管理系统，其中项目信息结合开发建设进展情况实施动态更新，全市有527个开发企业、595个本地开发项目和82个本地企业赴外地开发项目的基本信息录入了项目手册信息管理系统。至12月，全市共有一级资质房地产开发企业20家、二级资质房地产开发企业47家。出台《宁波市国有土地上房屋“阳光征收”实施细则》。实施国有土地上房屋征收，全市有97个项目作出征收决定，建筑面积193.8万平方米，户数6602户；全市拆迁遗留项目实际完成拆迁建筑面积约56.35万平方米，拆迁户数1619户，有57个项目完成清零，遗留项目明显减少，扫尾工作进展显著。并出台《宁波市国有土地上房屋“阳光征收”实施细则》。

【住房保障】 2011年,《宁波市市级住房保障补助资金管理办法》、《公共租赁住房租金标准及承租家庭租金补贴标准》等配套政策制定出台,公共租赁住房体系建设全面加速,以公共租赁住房为主,廉租住房、经济适用住房、限价房等保障方式为辅的住房保障体系得到进一步完善。保障性房源建设方面,全市新开工建设各类保障性住房109.4万平方米、18010套,其中公共租赁住房新开工73.61万平方米、13902套,建成102万平方米、11114套。全年新增解决中低收入住房困难家庭7057户,其中,推出销售保障性住房3972套,新增廉租住房保障家庭2997户,实现应保尽保。截至年底,廉租住房在保户数13507户,累计保障户数24343户。第二轮老小区整治实现圆满收官,2012年中心城区完成老小区整治22个、108万平方米。旧住宅区改造深入推进,加固解除危房190幢、建筑面积10.06万㎡。全市住房公积金归集102.93亿元,实现增值收益4.83亿元,发放贷款53.64亿元,为12774户城镇居民购房提供资金支持

【物业管理】 至年底,宁波市共有物业管理企业329家,其中一级资质企业23家,二级资质企业28家,管理项目达2010个,面积12851.75万平方米。全市全年经考评,获得2012年度宁波市物业管理示范小区(大厦)称号22个,宁波市物业管理优秀小区(大厦)称号11个。新增省级物业管理示范小区(大厦)3个、部级物业管理示范小区(大厦)4个。深入开展文明物业活动,提升物业服务水平。

环 境 保 护

【概况】 宁波市制订下发《2012年宁波市加快建设生态文明工作行动计划》,确定以环保基础设施建设、产业升级、环境提升和民生保障等重大项目为抓手,强化监督执行和跟踪反馈。计划投资83.1亿元的114个生态项目全面完成,实际投资101.6亿元。慈溪市、鄞州区、北仑区通过省级生态市(区)考核验收,宁海县通过国家级生态县技术评估,余姚市通过省级环保模范城市验收。全市累计创建国家级生态示范区5个,省级生态县(市)区5个,国家级生态乡镇25个,国家级生态村2个,省级生态乡镇(街道)78个,"森林城镇"20个,"森林村庄"351个。

【工业污染防治】 顺利推进节能减排工作。全年下达177家市级重点用能企业(单位)节能目标任务书,完成重点节能改造项目1128项,投资额68亿元;加大对重点用能单位的监察力度,完成108家企业能源监察和124家企业单位产品能耗指标与国家强制性标准的对比工作。节能目标完成良好,结构节能成效明显。2012年,年度单位GDP能耗下降6%、全市能耗总量增长1.3%。2011~2012年两年累计单位GDP能耗下降9.67%,完成"十二五"总目标任务的52.3%。加快完善环境经济政策,稳步推进企业排污权有偿使用和交易工作,以新鲜用水量为主要依据,对企业主要水污染物排放实行总量控制,实现从浓度管理向总量管理转变;深化绿色信贷、绿色保险、绿色证券工作,建立企业信贷与环境行为相挂钩的审核制度,全年通过上市环保核查企业20家,加入环境污染责任保险试点企业63家,可承担环境风险保额1.16亿元。基本完成电镀行业整治。宁波市电镀行业原有注册企业225家(含配套电镀车间)。整改前专业电镀企业以手工电镀为主,沿袭粗放型经营管理模式。为减少重金属污染物的排放,2012年全市投入资金近21亿元,对电镀行业实施深度整治。关停15家,搬迁入园19家(已搬迁在建,原址已停产),原地整治提升191家(其中139家完成整治并通过验收,其余企业已基本完成整治),新建电镀园区1个(余姚市临山电镀集聚区)。制定《宁波市铸造行业污染整治提升方案》,到2015年,全市铸造行业产业结构、区域布局明显优化,区域环境质量明显改善,实现行业发展和环境保护协调发展。

【城乡环境建设】 宁波市总体环境质量在全国120个环保重点城市中处于中等水平。饮用水源水质良好,全市集中式饮用水水源地水质达标率100%,其中Ⅰ类水的水源地1个,Ⅱ类水源地22个,Ⅲ类水源地12个。地表水水质优良率和功能达标率总体较低,水质状况评价仍为轻度污染。全市废水排放总量为5.63亿吨,其中工业废水排放量2.01亿吨,占全市污水排放量的35.7%。全市近岸海域共有8个环境功能区,近岸海域海水均为劣四类水质,均属营养型,富营养化程度总体呈加重趋势。全市环境空气质量有所好转,市区空气优良率93.4%,各县(市)区空气优良率普遍高于宁波市区,其中象山县空气优良率最高,达到98.9%。宁波中心城区8个国控站点提前实施《环境空气质量标准》(GB3095-2012),按新标准AQI试评价,中心城区空气优良率为80.3%。区域环境噪声相对保持稳定,市区、余姚市、慈溪市、奉化市、宁海县和象山县区域环境噪声质量均属较好,交通噪声总体尚好,余姚市、宁海县、象山县道路交通噪声质量属好。一般工业固废处置利用率为99.44%,比2011年上升2.3个百分点,危险废物处置利用率为99.16%,医疗废物集中处置率100%,生活垃圾填埋处理138.08万吨,焚烧处理108.82万吨,无害化处理率达到100%。辐射环境质量总体良好,电离、电磁辐射水平保持稳定。生态环境质量总体保持稳定,生态环境状况指数为79.4,等级为优。余姚市、奉化市、宁海县和象山县生态环境质量等级为优,市区和慈溪市生态环境质量等级为良,宁海县生态环境质量继续保持首位。由于污染物排放总量大,产业结构不够合理,平原河网水质轻度污染仍存在,饮用水源地水华风险较高,近岸海域富营养化,局部重点区域环境空气质量改善缓慢,酸雨污染程度较重。

【区域和流域污染防治】 由于污染物排放总量大,产业结构不够合理,平原河网水质轻度污染仍存在,饮用水源地水华风险较高,近岸海域富营养化,局部重点区域环境空气质量改善缓慢,酸雨污染程度较重。完成三溪浦水库涵养林工程(画龙溪)、章水镇李家坑清洁性小流域治理工程、溪口镇大张村渠道环境治理工程、西溪(黄坛)水库黄坛坑溪道治理工程,基本完成象山县大塘港水库水质生物净化处理工程。开展"千里清水河道"新一轮建设。全市完成生态河道220公里,完成投资1.35亿元。续建6个、开工新建4个镇(乡)水环境治理项目,完成40个市级村庄水环境治理项目,合计投资8500万元;开工建设鄞东南沿山干河整治、镇海东排南线工程等骨干河网工程,完成投资9.7亿

元。推进农村环境基础设施建设,建成太阳能生化减量处理设施120多座,分散式村级生活污水处理设施100多个。落实全省"四边三化"行动方案总体要求,完成国省道公路绿色通道69.55公里、高速公路绿色通道30公里、边坡复绿6500平方米;建成生态河道200公里,新增市级公益林1.12万亩;完成废弃矿山治理12个,需修复废弃矿山治理率达95%。

【园林绿化】 2012年,宁波全市园林绿地面积达到17107公顷,其中公园绿地面积3807公顷。全市人均公园绿地面积为10.97平方米,建成区绿化覆盖面积为17469公顷,覆盖率为38.21%。建成包家河公园建并开放,该公园建设工程是市政府确定的2012年重点建设项目,位于宁皮市海曙区徐家漕以南,包家路以西,规划用地9517平方米,工程总投2218万元。整个建设工程于2012年9月1日开工,12月9日完工,12月25日通过初验。包家河公园是以"依山筑园"为设计主题,河流生态重建为基础,滨河人性空间为纽带的城市滨河公园,整个公园借鉴传统中国画山水长卷做法,根据现状分成绿屿听风、包河流春、春晖遗韵、城西荷香四大区,建有饮绿轩、春晖亭等景观构筑物;在植物配置上,通过种植乡土植物群落重建生态系统,种植乔灌木20余种,地被植物30余种,滨水植物以湿生、水生植物相互搭配,筑有鸢尾池、荷花池等。原位于宁波南效的盆景园2012年,为配合铁路南站建设重点工程,整个盆景园包括盆景暖房、盆景架、园科院和数字园林办公房、盆景花木、景石等分步完成了整体搬迁。据悉,新盆景园选址将在宁波新铁路南站周边。

【清理整顿还法企业排污企业行动】 开展"绿剑"系列、污染源监督性监测等专项执法活动,建立健全环保、公安等部门的执法联动协作机制。全年全市共出动执法人员61976人次,检查企业30918家次,作出行政处罚决定1330件,罚款总额5791万元,责令停产企业934家,涉案人员移送公安机关19人。开展环境信访处置工作,建立健全重点环境信访稽查机制,深入实施"防群体性事件"和"积案化解"活动,全年共受理环境信访件9562件,处理率100%,满意率98%,有效解决一批公众反映强烈的环境污染问题。

嘉兴市

城乡建设

【概况】 2012年,嘉兴市城乡规划建设管理部门紧紧围绕市委、市政府加快建设"三城一市"的目标,在统筹城乡发展、提升城市功能、关注服务民生、加强队伍建设等方面取得明显成效,全市城乡规划建设管理水平进一步提高。

坚持区域城乡统筹规划,现代化网络型田园城市建设扎实推进。按照市域一体化、设施网络化、城镇组团化的要求,深入开展轨道交通线网规划、轨道交通用地控制规划、西部临杭经济区协调规划、大型基础设施廊道控制规划等一批重点专项规划的编制工作,促进市域重大产业、公共事业、社会项目的统筹协调,市域基础设施建设不断完善。按照加强规划指导和调控、增强中心城市凝聚力和辐射力的要求,进一步开展城市定位与发展目标、产业发展与空间布局、文化与现代化网络型田园城市构建、人口发展与城乡统筹等专题调研,深入进行嘉兴市区基本生态控制线、嘉兴空港新城总体规划等专题研究,初步完成《嘉兴城市战略2030暨总体规划修改(2012修改)》方案,精心谋划中心城市发展蓝图。按照推进城市建设由外延规模扩张向内涵功能提升、由粗放型发展向集约型发展的要求,实施嘉兴市中心城区城市有机更新,根据三年行动计划,顺利完成子城广场片区原第一医院地块房屋征收工作。按照推进新型城镇化的要求,加快"两新"工程和"美丽乡村"建设,适度调整"1+X"布局规划,优化农村社区的规划选址和数量,建成示范性城乡一体新社区24个;深化王江泾、姚庄、崇福3个省级小城市试点镇总体规划的修编工作;继续推动农房的改造集聚和农房改造建设示范村试点工作。

落实城建为民工程,民主保障服务能力不断加强。2012年嘉兴市区安排城建计划各类工程项目255项,至年底完成项目77项,占30.2%;已在实施项目102项,占40%;进入前期或未实施项目76项,占29.8%。计划安排工程项目资金49.24亿元,至年底完成投资38.35亿元,完成投资总额的77.8%。全面落实住房保障工作,全年全市新开工保障房12019套,竣工5335套,新增廉租房保障229户。启动市区30个老旧住宅区的环境综合整治,第一批12个点全部完成整治任务。积极推进"天地图"应用开发,充分发挥"天地图"服务民生的功能。加快"数字城管"平台建设,进一步发挥"数字城管"在社会管理中的积极作用。认真做好供水水质监管、供气行业安全隐患排查、道路桥梁整修以及高温、雨雪冰冻、台风、暴雨等极端天气下基础设施应急抢险等工作,城市安全运行保障得到加强。

推进生态文明建设,人居环境质量持续改善。继续推进生态绿道建设,按照"提升一批、推进一批、享用一批"的建设思路,重点推进市区内环八放射基础主干生态绿道工程,全年新建生态绿道253千米,全面提升绿道的生态治理和社会服务功能。积极实施植物园二期、瓶山公园、大德桥鹭鸟观赏公园等公益性群众休闲设施项目和绿化植树系列活动,城市园林绿化水平进一步提高。加强污水处理设施建设,新建污水收集管网321千米,氨氮、化学需氧量等主要污染物减排指标全面完成。深入开展节水型企业、单位、住宅小区创建,社会节约用水意识得到增强。启动"河网城市雨水径流污染控制与生态利用关键技术研究与工程示范"和"浙江太湖河网地区饮用水安全保障技术集成与示范"课题研究,国家水专项示范城市建设稳步推进。继续坚持"以创建推进城建,以城建落实创建",市区加强道路整治、环卫保洁、绿化养护、市政设施维修、公厕和垃圾中转站改造提升、小区物业和建筑工地管理,顺利完成国家卫生城市复查和全国文明城市指数测评等各项迎检任务。大力推进嘉兴市可再生能源建筑应用示范城市建设,至年底有44个示范项目获批,获中央财政补助资金1169万元。

【启动嘉兴市中心城区城市有机更新】 3月,在嘉兴市第七次人民代表大会第一次会议期间,南湖区代表团第四小组的18位人民代表联名提交议案《关于加快城市有机更新的建议》。3月26日,《政府工作报告》中提出:"加快中心城区有机更新步伐,深入开展旧区老居整治,扎实推进南湖湖滨、原第一医院等区块改造,努力形成一批集高端商务、休闲购物、金融服务于一体的区域商贸中心。"市建委按照市政府的要求,深入现场调查摸底,广泛听取各界意见,认真进行分析测算,为启动城市有机更新做好各项准备。7月25日,市委、市政府成立嘉兴市城市有机更新工作领导小组,下发《关于嘉兴市中心城区有机更新的实施意见》、《嘉兴市中心城区城市有机更新三年行动计划》,文件指出,全面推进中心城区城市有机更新,带动各副中心城区及各新市镇区的有机更新。以嘉兴市区二环以内及东栅老街区域28平方千米范围为重点,主要包括南湖湖滨片区、子城广场片区、三塔路片区、博海路片区、文生修道院片区、火车站片区、城隍庙片区、人民剧院片区、杉青闸片区、城东路片区、城北路片区、民丰冶金片区、电控厂片区、东栅老街片区等14个片区的36个地块,涉及面积近万亩。同时明确分步实施的目标是"两年打好基础、五年明显见效、十年基本完成"。2012年7月至2013年6月为城市有机更新开局之年,主要任务是完成中心城区城市有机更新总体规划暨城市中心区城市设计和分区规划的编制,完成子城广场片区和南湖湖滨片区的城市设计和修建性详细规划的国际招标工作;启动子城广场片区、南湖湖滨片区、三塔路片区、杉青闸片区、博海路片区的征收工作;力争完成子城广场片区原第一医院地块、城隍庙片区工具量具厂地块、南湖湖滨片区毛纺新村地块的房屋征收工作。8月2日,市委、市政府召开嘉兴市城市有机更新工作动员大会,进一步部署市本级中心城区的城市有机更新工作,动员全市各级各部门和广大党员干部统一思想、扎实工作,形成推动城市有机更新的强大工作合力。8月13日,嘉兴市城市有机更新工作领导小组成立嘉兴市区城市有机更新指挥部,启动市区城市有机更新工作。8月16日,子城广场片区原第一医院地块启动旧房拆除工作。8月16日,南湖区政府依法发布原第一医院区域房屋征收决定书。12月16日,原第一医院区域房屋征收工作圆满完成。

·村镇建设·

【概况】 2012年,嘉兴市村镇建设按照扎实推进"两新"工程(现代新市镇和城乡一体新社区)建设的要求,优化"1+X"镇村布局。在做好"1+X"镇村布局规划与"十二五"经济社会发展规划、市域总体规划和新一轮土地利用总体规划有机衔接的基础上,结合美丽乡村建设、传统村落调查保护工作,适当调整城乡一体新社区的布点数量,从"44+309"调整为"44+325"。因地制宜修编新社区建设规划,累计完成413个社区建设规划,完成率达到93%。继续推进农房改造集聚,累计开工建设集聚点383个,全年完成农房改造集聚22267户。继续推进示范性城乡一体新社区建设,全市启动示范性新社区建设140个,其中在新市镇上的社区84个、新市镇以外社区56个。在新市镇上竣工集聚户数超过500户的新社区有20个,新市镇外竣工集聚户数超过300户的新社区有10个。通过新社区建设,完成绿化面积156万平方米;建成公共服务配套设施47.9万平方米,其中社区服务中心62个、社区卫生服务站48个、文化建设活动场所10.1万平方米、社区商业设施24.9万平方米;有108个新社区接入污水管网,有28个新社区自建污水集中处理设施;有35个新社区成立居委会,24个新社区通过市级考核验收。

年内,深化提升村庄整治工程,狠抓6个整镇整治镇、50个省待整治村,推进39个省级中心村建设。全市省待整治村建设项目(包括整镇整治项目)和省级中心村建设项目,新增村内主要道路337.8千米,新增公共厕所93座、卫生厕所4772户,发放垃圾桶6770只,新增污水治理农户33458户,新增村内河沟池塘整治面积44.12万平方米,新改造危旧房面积9.24万平方米,新安装路灯4300盏,新种植各类绿化苗木59.31万株,6个整镇整治镇和50个待整治村全部通过省级村庄整治验收。组织开展国家绿色低碳重点小城镇试点示范申报工作,加强对7个申报镇的指导,秀洲区新塍镇和海盐县澉浦镇通过国家考核组现场考评。

开展在建"两新"工程建设项目和农民自建房质量安全大检查,对存在的安全隐患进行整改。组织村镇建筑工匠和施工班组人员开展农房施工安全、施工质量、房屋拆除规范及抗震技术等方面的集中培训。选送16名村镇建筑工匠,参加浙江省农村建筑工匠技能比武大赛,获得大赛组织奖和个人一、二、三等奖。

【稳步推进美丽乡村建设】 2012年,按照科学规划布局美、村容整治环境美、创业增收生活美、乡风文明身心美的要求,全市美丽乡村建设规划编制基本完成,先进县、示范镇、精品村、优美庭院户四级联创机制初步建立,美丽乡村建设稳步推进。平湖市和海宁市成为美丽乡村创建先进县。按照嘉兴市美丽乡村先进镇的创建要求,新启动19个镇创建,累计启动创建美丽乡村先进镇30个,有16个镇通过市级美丽乡村先进镇验收。制定精品村建设要求和考核办法,全面开展精品村建设活动。按照《关于开展嘉兴市创建"优美庭院"、助力"美丽乡村"建设活动的意见》,全市51个镇(街道)开展"优美庭院"示范村创建活动并通过市级验收。

【开展传统村落调查】 2012年,开展传统村落调查摸底,对照传统村落评价认定指标体系,包括村落传统建筑评价、村落选址和格局评价、村落承载的非物质文化遗产评价,进行全面的梳理和评估,初步确定全市保留的传统村落39个,其中凤桥镇新民村兴善寺等历史文化村落17个,油车港镇古窦泾村等民俗风情村落6个、盐官镇桃园村等生态自然村落15个、海盐县经济开发区海塘村农业园区村落1个。

【实施农房改造建设示范村试点工作】 年内,根据省人民政府办公厅《关于实施农房改造建设示范村工程的意见》,开展农房改造建设示范村试点预报和申报工作,嘉善县姚庄镇桃源新村等10个村被确定为2012年度农房改造建设示范村试点。示范村建设以推进新社区的功能提升、道路、绿化、环卫等基础配套设施为抓手,加快建设科教文卫、治安、社保、商业网点等服务设施,提高农村新社区的宜居水平;倡导节能、节地、节水、节材、环保、安全的绿色建筑,推广太阳能等可再生能源的应用;结合地方实际选用生活污水治理新技术和生活垃圾处理新工艺;做好"水"和"绿"的文章,在特色亮点上下功夫。通过创建建成一批规划设计一流、质量安全一流、风貌特色一流、生态环境一流、社区管理一流的农房改造建设示范村,为全市农村在提升宜居水平、彰显地域特色、传承弘扬历史文化、节约集约利用资源等方面发挥示范带头作用。

·房地产业·

【概况】 2012年,嘉兴市贯彻落实国务院和省政府房地产调控政策,加强房地产市场监管和引导,保持房地产业健康平稳运行。全市完成房地产开发投资415.88亿元,比上年增长8.5%,其中市本级完成投资149.3亿元,增长9.6%。全市房屋施工面积3654.8万平方米,增长7.9%,其中市本级房屋施工面积1350.5万平方米,增长1.3%。全市房屋新开工面积882.8万平方米,下降29.5%,其中市本级新开工面积307.6万平方米,下降22.9%。全市房屋竣工面积470.1万平方米,下降13.0%,其中市本级房屋竣工面积195.7万平方米,下降0.6%。全市商品房销售面积450.3万平方米,增长13.0%,其中市本级商品房销售面积183.2万平方米,增长38.6%。全市新批准预售商品房709.53万平方米,其中住宅485.27万平方米;市本级新批准预售商品房276.09万平方米,其中住宅181.15万平方米。全市实现房地产业入库税收41.77亿元,比上年下降4.9%,其中市本级房地产业入库税收17.21亿元,下降4.6%。全市城镇居民人均住房建筑面积35.61平方米,与上年基本持平;农村居民人均生活用房建筑面积72.39平方米,增长1.4%。全市新成立房地产开发企业40家,其中市本级17家;全市新成立物业服务企业31家,其中市本级8家。市本级实施住宅小区竣工综合验收备案337.85万平方米、25136套。

2012年,全市归集物业专项维修资金3.47亿元,使用837.71万元,其中市本级归集0.94亿元,使用398.32万元;全市归集住宅物业保修金1.40亿元,其中市本级归集3092.8万元,返还1583.71万元。年内,根据市委、市政府关于国家卫生城市复查工作部署,对市本级范围内93个住宅小区、65家物业服务企业进行指导检查,发出72张督办单、278条督办意见,限期整改到位。组织110家物业服务企业、276名物业从业人员培训。

2012年,严格落实商品房销售备案规定,调整新建商品住房预(销)售备案价格评估制度,开展商品房预售许可变更业务。贯彻落实住房和城乡建设部《房地产开发企业资质管理规定》,清查注销市本级范围内68家房地产开发企业资质证书。贯彻落实住房和城乡建设部《房地产估价机构管理办法》,加强和完善房地产估价机构资质核定管理,规范房地产估价行为。认真做好家装管理工作,上门勘查并处理违章装修35起。继续加强商品房预售资金监管,市区新纳入商品房预售资金监管项目31个,建筑面积115.78万平方米,计18429套,工程预算清册总额达39.77亿元。

2012年,全市房地产管理部门积极推进产权产籍规范化管理工作。全市办理国有土地范围内房屋权属登记226260件,10976.7万平方米。其中,初始登记27098件,2006.7万平方米;转移登记71200件,881.8万平方米;变更登记3706件,328.3万平方米;注销登记1452件,36.8万平方米;抵押登记71905件,6485.4万平方米;预告登记35253件,371.1万平方米;其他登记15646件,866.6万平方米。年内,市建委住房保障局办理国有土地范围内房屋权属登记43313件,1564.1万平方米。其中,初始登记429件,246.8万平方米;转移登记15179件,175.6万平方米;变更登记520件,36.5万平方米;更正登记291件,3.0万平方米;抵押登记18652件,943.3万平方米;产权注销登记303件,8.5万平方米;预告登记4253件,48.2万平方米;查封登记2519件;55.0万平方米;解封登记1150件,47.0万平方米;异议登记9件,0.1万平方米;异议注销登记8件,0.1万平方米。市建委住房保障局办理房屋交易转让5595件,55.7万平方米,成交金额24.57亿元。推进库藏产权产籍档案电子化工作,全年房产档案归档26260宗,完成房产档案数字影像67041宗。房产预测绘成果备案204.1万平方米,实测绘成果备案294.1万平方米。发放预售证31件,108.74万平方米,网上商品房合同备案撤销1021件,修改204件。

环境保护

【概况】 2012年,嘉兴市环保系统以科学发展观为指导,围绕中心工作,坚持生态立市战略,扎实开展污染减排,不断强化执法监管,巩固提升环境安全,着力解决民生热点,全力改善环境质量,有效推进科学发展,各项工作取得新进展。全年全市共审批建设项目(不含三产项目)2485个,总投资额1470.59亿元。工业项目环评预测化学需氧量排放强度0.1千克/万元、二氧化硫0.06千克/万元。否决项目196个,否决金额108.59亿元。新增项目排污权交易307个,交易资金2850万元,交易化学需氧量851吨,二氧化硫84吨。2012年,嘉兴市城市空气环境中二氧化硫、二氧化氮和可吸入颗粒物均有所下降,降水的酸雨率略有上升,pH值持平,酸雨污染仍较严重;全市85个地表水断面劣V类比例比上年上升8.8个百分点,总磷平均浓度上升9.2%,氨氮持平,高锰酸盐指数下降2.2%;声环境质量状况总体与上年持平。

【加强节能减排工作】 2012年,市政府制定下发《嘉兴市节能降耗行动方案(2011~2015年)》、《嘉兴市2012年度能源双控工作实施意见》,并与各县(市、区)签定年度能源"双控"目标责任书,确保责任落实。制定发布全市行业能效标准,完成29个大类169个种类行业能效的测算分析,形成完整的指标体系。加强能源管理制度创新,建立节能降耗"红黄绿"制度,企业能管员制度和合同能源管理备案制度。举办嘉兴市节能环保和新能源产业展览会、产业发展论坛,开展合同能源下基层、重点企业能源监察、机关能源紧缺体验日、钢铁和棉纺行业能耗对标考核等活动。大力推进重点减排项目实施,严格执行建设项目审批制度和污染物总量替代原则,新上项目一律实行企业内部或区域总量调剂;实施生猪养殖减量提质,严格控制并逐步消减畜禽存栏总量,全市生猪养殖量下降22万头;对全市重点热电企业下达561万吨用煤限额指标;开展燃煤锅炉整治行动,淘汰改造锅炉132台,570蒸吨,完成35吨以上锅炉中控系统建设和第一批65吨以上燃煤锅炉脱硝改造,对256家加油站、8个储油库和55辆油罐车尾气回收改造,年减排有机废气4000吨。全市关停36家重点污染企业或生产线,11家污水处理厂扩容提能,23家工业企业实施中水回用工程,9家热电企业实施烟气炉外脱硫改造,5家企业实施清洁能源替代,71家规模化养殖场加强治理设施运行管理。

【推进水环境整治】 2012年9月11日,嘉兴市召开全市治水大会。11月1日,揭牌成立嘉兴市水环境综合治理领导小组办公室。下发《关于加快推进水环境治理工作的若干意见》和《关于全面建立"河长制"的实施意见》,以"139"行动计划为载体,统筹谋划水环境综合整治。摸排全市32段河道基本情况,确立河长名单,全市共有市级河长16人,县级河长34人,镇级河长72人,涉及32个责任部门。制定《嘉兴市河长制河流水质监测工作实施方案》和《"水环境监测能力提升工程"实施方案》,监测结果作为河长制考核的依据。开展专项执法行动,全年共出动环境执法人员52000多人(次),检查企业20748家,依法关停取缔污染企业59家、限期治理企业17家,查处环境违法案件1558件,处罚额4209.36万元。进一步加大饮用水源保护力度,编制《嘉兴市饮用水水源保护2012年工作计划》和《嘉兴市清洁水源行动方案》,结合贯泾港饮用水源地湿地建设工程,积极开展贯泾港规范化饮用水源地创建工作,对保护区进行重新划分,调查饮用水源保护区内污染源状况。

【推进清洁空气行动】 2012年,出台《嘉兴市大气复合污染防治实施方案》、《嘉兴市大气复合污染防治2012年工作计划》,将大气复合污染防治实施情况列入生态考核和局长目标责任制考核内容,共淘汰燃煤设施总蒸吨量275吨,年减少用煤量近4万吨。

【开展重金属污染防治】 2012年,制定出台《重金属污染综合防治"十二五"规划2012年度实施方案》,对海宁市、南湖区、桐乡市等重点防控区域加紧治理。经整治,海宁市关停新围制革、宏昌制革、金石电镀3家涉重企业,铬排放量与2007年污普基数相比削减33%,超额完成7%的年度任务。除海宁市外的其余各县(市、区)削减铬排放量352.3千克,削减铅排放量91.5千克,削减镉排放量10.4千克,削减砷排放量4.51千克,与2007年污普基数相比,铬削减54.6%,铅削减60.2%,镉削减21%,砷削减58.6%。通过对3个国家规划重金属污染综合防治项目,3个省规划重金属污染综合防治项目的验收。

【强化固体废物和危险废物监管】 2012年,嘉兴市紧扣固体废物"减量化、资源化和无害化"主题,推动固体废物管理工作的规范化和制度化。从全市危险废物重点监管企业入手,制订2012年嘉兴市危险废物产生企业达标创建工作方案,对全市84家危险废物重点产生企业进行专项检查,全面检查建立台账管理制度、规范委托利用处置和履行转移报批等管理制度的落实情况。全市54家企业的"双达标"创建工作通过省级验收。对重点监管企业的危险废物储存、利用和处置去向、危险废物台账记录情况、接受单位的危险废物经营许可证资质、转移前报批手续执行情况和转移联单执行情况进行监督,对存在问题的企业发整改通知书,对存在违法现象的22个单位进行立案查处。

【深化排污权交易工作】 2012年,嘉兴市继续推进排污权有偿使用和交易。开展"排污权有偿使用与交易评估"、"深化排污权有偿使用、交易、储备"、"排污权与总量减排"等专项课题研究,探索符合市场规律的氨氮和氮氧化物排污权交易规则、交易价格、交易程序等,完善排污权交易市场。全市初始排污权有偿使用331家,有偿使用金额4712万元,有偿使用化学需氧量5354吨,二氧化硫8160吨。排污权交易307个,交易资金2849万元,交易化学需氧量851吨,二氧化硫84吨,排污权有偿使用率达到71%。截至2012年12月底,全市排污权有偿使用和交易累计资金9.09亿元。其中,新增项目排污权交易1554个,交易资金2.67亿元;排污权有偿使用1668家,有偿使用费6.38亿元,临时排污权交易229个,交易资金0.05亿元。省环保厅批复嘉兴市开展氨氮和氮氧化物排污权交易试点,排污权交易工作继续走在全省和全国前列。

【开展清洁生产审核】 2012年,嘉兴市按照重点防控企业每两年完成一轮强制性清洁生产审核的要求,制定并实施年度强制性清洁生产审核计划,全市开展清洁生产审核的企业共201家,制定各种清洁生产方案4061个,其中无(低)费方案3369个,中(高)费方案692个,实施方案3907个,实施率为96.2%,实施清洁方案后全年可减少化学需氧量排放461吨,减少废水排放656万吨,减少二氧化硫排放238吨,减少固体废物排放6978吨,节水767万吨,节电11168万千瓦时,实现经济效益48480万元。

【加强辐射环境管理】 2012年,嘉兴市继续加强辐射管理监测能力建设,创建绿色和谐电磁环境,巩固"放心放射源"和"放心熔炼企业"创建成果,提高辐射事故应急能力,全市辐射环境安全、辐射环境管理各项工作走在全省前列。2012年出动执法人员731人次。环保、公安、卫生部门共检查放射性同位素应用单位88家,放射源1387枚,射线装置工作单位165家,射线装置414台;金属熔炼企业165家。开展"12369绿色和谐电磁环境"创建工作,制定1个气象雷达站、1个变电站、8个绿色基站的创建工作计划。加强辐射建设项目审批工作,截至10月底,共受理辐射安全许可证申请19项、辐射安全许可证延续13项,辐射安全许可证变更12项,移动通信基站打包项目审批4项,输变电工程环评审批10项,输变电项目初审5项。

【加强环境质量综合评价】 2012年,市环境监测站在做好常规分析报告的基础上,编制《环境监测月报》、《环境监测简讯》、《环境质量专题分析》等刊物,对海宁市饮用水源地水质氯离子、桐乡晚村断面总磷浓度等异常情况进行预警分析。完成饮用水源地全分析、近年嘉兴市水环境变化情况分析、农村环境质量年报等专题报告,开展主要市级河道巡查,针对环境空气新标准出台编制《不同标准下嘉兴市区环境空气质量现状评价结果》专题报告,对PM2.5数据试发布以来数据情况进行专题分析。编制52期空气质量周报、52期泵站水质周报、12期太湖流域地表水水质月报、1期菜篮子基地环境监测简报等各类环境质量报告和4期污染源监测季报,为环境管理和领导决策提供科学依据。

【加强环境监测能力建设】 2012年,按照浙江省环境监测"十二五"发展规划的要求,完成能力建设"一站一方案"编制申报工作,以标准化建设达标验收为契机,加大能力建设力度。市环境监测站完成中央减排专项资金补助应急能力建设500万项目的建设方案报批、进口产品论证、标书编制、招投标等程序。完成实验室卤素测定仪、流动注射仪、常规理化设备调研、选型、申报及招标工作,完成电感耦合等离子体发射光谱仪(ICP－AES)、石墨全自动消解仪、行星式研磨器和翻转式振荡器等一批仪器安装、调试、验收工作。各县级站投入仪器设备购置经费1500多万元,共添置近200台(套)仪器设备,实验室仪器装备水平进一步提升。

市本级监测站大楼空气站、北部站和全市10个饮用水站完成验收;全市12个交界断面二期水质自动站建设工作有序推进;加快推动大气复合污染立体监测网络建设项目建设进度,完成市本级3个空气站常规6个指标全面升级改造,实现与国家、省数据平台的联网,按照新《环境空气质量标准》发布实时监测数据,炭黑、VOC、EC/OC等灰霾指标二期建设工作进入招标阶段;完成王江泾国家地表水水质自动监测站更新改造。市环境监测站今年新增ICP－AES法,用于测定水中铜、镍、铅等12项重金属、气体中铅和土壤中的铜、锌、铅等。

【开展"绿色使命一号"系列专项执法行动】 一是实行"告知执法",开展"绿色使命一号"专项执法行动。2012年2月,嘉兴市首次尝试"告知执法",分7个小组对全市357家重点污染企业进行体检式全面检查,实行"首查责任制",发现少数企业存在私设暗管偷排和稀释排放等严重违法行为,50余家企业废水超标(包括雨水口渗漏污水),达标率为80%,立案查处企业52家,整改企业60余家。二是全面开展医疗废水专项行动。6月中旬,对全市21家大中型医院医疗废水进行专项执法检查。发现存在超标行为的医院2家,全市达标率90.47%。三是开展污水处理厂专项检查行动。2012年市环境监察支队每月对全市15家污水处理厂进行2次执法检查,全年检查污水厂360家次。采取严格泵站浓度考核和督办制度、加强上游企业监管、严控泵站超标、不定期突击检查、严打企业偷排等有力措施,从源头上严控入网浓度。嘉兴市联合污水厂入网浓度长期控制在350mg/L以下。四是开展水环境治理专项执法检查,对全市126家重点污染企业污水排放情况进行全面检查。五是结合网格化管理开展重污染企业执法检查。根据网格化划分区域,对全市100多家重点企业实施检查,查获超标等违法企业十余家。六是实行执法倒逼机制,推进电镀行业整治提升工作。2012年以来每月对全市电镀企业开展2次滚动式执法,全市环保部门出动执法人员4170余人次,检查电镀企业2070余家次,立案查处43起,共处罚160余万元。全市各类电镀企业128家,其中专业电镀企业68家、配套电镀车间企业60家,按照要求需整治提升59家,关闭37家,搬迁入园32家。截至2012年12月14日,已关停17家;基本完成原地提升整治50家(其中8家关停),其中31家已完成整治验收。拟建的4个电镀集聚区,土地已基本落实。

【开展环保公安联动执法】 2012年,启动嘉兴市县级环保、公安联动执法模式,召开联动座谈会,形成长效机制。2012年7月,共查处环保违法企业115家,罚款459万元,责令限期整改企业48家,责令停产企业9家,关闭企业16家,刑事拘留2人,司法拘留5人,行政拘留13人。

【公众参与环保继续推进】 2012年,嘉兴市以市民检查团、专家服务团、生态绿色宣讲团和环境权益维护中心为框架,通过联合会与环境学会共建,整合公众参与资源,推进环保社团联合,增强组织工作实力。嘉兴市累计发展市民检查团代表128余名,专家服务团代表84名,生态绿色宣讲团代表20名,联合会共登记注册团体会员21个,个人会员83个。批复成立平湖市、海盐县、南湖区、秀洲区、桐乡市、海宁市、嘉兴港区、嘉兴经济开发区8个环保联合会分会。开展"治水我们在行动"活动;向全市招募治水志愿者3254名。

【实施嘉兴市域绿道网总体规划】 2012年,经市城市规划委员会全体会议审议通过实施《嘉兴市域绿道网总体规划》。规划范围为嘉兴市区、嘉善县、平湖市、海盐县、海宁市、桐乡市所辖全部陆域,规划期限近期为2010～2013年,远期为2010～2020年。绿道网结构为"两环六放射"。"两环"是指内环绿道和外环绿道。内环绿道是指沿市区外环河、湘家荡设置的绿道;外环绿道是由北部古镇绿道、南部滨海绿道、西部乌镇—盐官绿道和东部丁栅—乍浦绿道组成。"六放射"是指沿市区呈放射状的6条主干河道设置的连接各副城的绿道,包括苏州塘绿道、嘉善绿道(沿三店塘—嘉善市河)、平湖绿道(沿平湖塘)、海盐绿道(沿海盐塘)、海宁绿道(沿长水塘—尖山)、桐乡绿道(沿杭州塘)。嘉兴市域绿道网主要包含11条主干线,包括内环绿道、苏州塘绿道、嘉善绿道、平湖绿道、海盐绿道、海宁绿道、桐乡绿道、古镇绿道、滨海绿道、丁栅—乍浦绿道、乌镇—盐官绿道,总长度506.1千米。9条支线,包括水乡湿地、桐乡崇福镇—海宁盐仓、市区沿新塍塘至古镇绿道、桐乡绿道--洪合—海宁市区—丁桥—滨海绿道、丁栅—乍浦绿道—广陈、新丰镇—海盐县城、桐乡崇福—桐乡市区—秀洲区王店镇、广陈镇—黄姑—乍浦(九龙山)、长安镇—周王庙镇—斜桥镇—海宁市区—于城镇—海盐绿道,总长度为237千米。

湖 州 市

城 乡 建 设

【概况】 2012年,全市建设系统坚持以加快建设现代化生态型滨湖大城市为总目标,以推进新型城市化发展为主抓手,按照"规划科学、功能完善、文明有序、清丽宜居"的城市建设方针,精心组织开展了"城乡环境优化"行动,全力以赴推进旧城更新、新区开发、民生保障、城市管理和行业发展等各项工作,城市形象不断更新,群众生活逐步改善,城市品质全面提升。截至年底,全市城市化水平达到60.5%,其中市本级62.5%,中心城市建成区面积达到92平方公里。

【规划工作】 按照"中心极化、东西联动、南北呼应、滨湖崛起"的城市发展战略,全面加强规划编制和管理,进一步增强规划引导、调控能力。一是编制4年行动纲要。根据市委、市政府的统一部署,着眼长远、统筹全局,精心编制《中心城市建设行动纲要(2013~2016年)》,谋划今后4年城市建设的六大目标任务和六大行动,对基础设施、民生保障和生态文化等六大类近300个重点项目的启动建设作出了合理安排和科学指导。二是提升规划设计水平。立足现代城市功能提升和形象改善需求,高标准开展了中心城市治理交通拥堵工作实施方案、南郊风景区总体规划、历史文化名城保护规划、环太湖绿道(湖州段)和中心城市48个单元控制性详规等一批专项规划编制,为下一步城市建设发展提供科学依据。同时,深入开展历史建筑认定、历史街区保护和城市历史格局研究等工作,扎实推进国家历史文化名城申报。三是加强规划监督管理。深入实施"阳光规划",坚持"处室初审、专家评审、处长例会审核、局长例会审查、市规委会审定"的五级规划决策体系,全年召开规划评审论证会18次,召开局长例会审定议题30余项,协助组织召开4次规划委员会会议审定议题30余项,网上和现场公示项目40个。充分利用现代信息技术,初步建立了规划管理信息系统基础框架,建成后将为广大市民和城市建设提供更加高效、便捷的规划管理服务。

【城建重点工程】 按照"城乡环境优化行动"的部署,努力破解房屋征收、土地和资金等要素制约,全力推进六大类、76项重点项目建设,全年完成投资44.7亿元,投资额继续保持在高位。一是开展征迁专项行动。针对重点项目涉及征迁多、征迁扫尾项目难度大的实际,开展中心城区公益性项目建设专项行动,发动全市力量,加快推进房屋征迁进程。截至2012年底,共完成征迁370户、搬迁214户(城市房屋征迁完成176户、搬迁113户),取得了阶段性成果,为道路改造、安置房建设等民生项目的顺利推进创造了条件、营造了氛围。二是加快地标项目建设。围绕"精品精做"的建设要求,加快推进仁皇山公园、奥体公园、梁希森林公园和外环线等一大批关乎城市品质和功能的标志性建筑建设;服务促进了东吴国际、新浙北等一批地标性项目加快建设,精致精彩的城市形象逐步显现,城市内涵品质显著提高。三是完善城市功能。狠抓破解城市交通拥堵工作,全力推进外环线、滨湖大道和外环北路等框架性道路建设,"外成环、内成网、分层保护、综合治理"的现代综合交通体系建设进一步完善。大力推进污水管网和污泥处置设施建设,全市新增污水管网155公里,超额完成省定目标任务,中心城市污水厂污泥无害化处理率达到90%以上,污水处理率达到92%左右,污水处理率处于全省领先地位,城市综合承载力不断增强。

【为民办实事】 围绕"城建为民"的理念,扎实推进各项惠民实事工程,努力让更多群众共享城市建设发展成果。一是推进住房保障工作。围绕"住有所居"的要求,在加快怡和家园、仁北家园、新华路和碧浪湖等各类保障性住房小区建设的基础上,全面完成了省下达的新开工69个项目、23644套保障房的目标任务(中心城区13815套)。进一步完善长效管理制度,制定《租赁住房管理办法》、《租赁住房实施细则》和《湖州城区经济适用住房上市规定》,"能进能出、公平有效"的动态管理机制逐步形成。二是推进民生实事项目。剩余30万平方米老居住区改造继续深入推进,中间整治工程基本完成,四中路、吉北路和文教路北段等6条主、次道路综合改造工程已全面竣工,切实改善了人民群众的生活出行条件。三是优化为民服务能力。以群众满意为目标,着力通过"两案"办理、热线办理等方式,全面做好服务发展、服务群众各项工作,全年开展"两案"办理119件,"两案"办理量常年保持在市级部门首位,已连续7年被市评为先进单位。受理市长热线1233件,城建热线2231件,城建窗口受理申请74323件,合理要求满意率达到100%,实现了建设队伍服务理念、服务能力和服务质量的"三提升"。

【城市管理工作】 围绕"建管并重"的理念,着力将建设现代化的城市管理体系作为提升管理水平的切入点,推动城市管理向"科技化、常态化、安全化"发展。一是加快数字城管建设。积极创新城市管理模式,以精细化、数字化和实时化为抓手,全面推进"数字湖州"地理空间框架建设试点项目,规划、公安、城管、房管和地图5个典型应用示范系统开发已经完成,并通过国家验收,形成了统一、权威的地理空间信息平台,着力为城市建设发展提供详尽、现实的准确数据。二是优化城市环境品质。以国家卫生城市和环保模范城市双复评为契机,狠抓城市保洁、绿化和亮化管理,对城郊结合部、拆迁工地和在建工地等卫生死角开展专项督查,努力提升城市环境和形象。垃圾分类试点深入推进,20吨/日的厨余垃圾处置中心正抓紧推进,垃圾填埋场渗滤液处置中心已调试完毕,城市管理水平得到进一步提升。三是提升城市抗灾能力。全力推进城市内涝片区整治,潮音泵站、杭长桥中路泵站等8个老泵站的升级改造全面完成,龙溪港泵站、龙泉渡泵站两个新建泵站已顺利完成,城市排涝抗灾能力进一步增强。同时,强化对供水、供气、公交和污水等城市生命线的监管力度,进一步完善公共突发性事件预警系统和各类应急预案,全力保障城市安全运行。

【百千工程】 围绕建设全省美丽乡村示范市的目标,扎实开展“百千工程”、农房改建和农村环境长效管理等工作,全力推进城乡一体化进程。一是切实抓好规划修编完善。按照“无规划不设计、无设计不开工”的理念,进一步完善村庄布局规划、村庄建设规划和农村新社区建设规划。截至年底,三县村庄布局规划编制已完成,市本级村庄布局规划已进行最后一轮修改,正准备上报市政府审查。全市144个中心村的建设规划编制全部完成,为各项工作有序推进提供了科学指导。二是深入推进村庄整治扩面提升。按照2012年创建100个美丽乡村的目标,加快村庄整治工程,全年累计投入建设资金1.11亿元,完成42个村庄环境整治提升,实现了城乡居住环境的同步优化。特别是立足“三优先、三集中、三提高”的要求,深入推进中心村建设,第二批启动的7个重点示范中心村已集聚农户1886户,村庄布局逐步优化、农民居住品质不断提升。三是有序开展农房改造建设。结合大项目、大平台建设、中心村建设和土地综合整治等工作,多措并举推进农村住房改造建设,促进村庄有效集聚。全年全市共投入资金58.8亿元,开展了港西家园、憩园小区、紫金桥社区等一大批农民集中安置社区建设,累计完成农房改造建设2.2万户,比省定目标翻了一番多,农村的居住环境进一步改善。

【行业管理】 贯彻落实国家和省、市相关政策,坚定信心、强化监管、注重引导,各建设行业保持了稳定有序发展。房地产业:坚持调控政策不动摇,2012年中心城市新建商品住宅价格指数为94.5,市场运行状况总体平稳。特别是针对销售价格、销售面积和投资增速三回落的情况,及时出台《进一步规范中心城市商品房交易秩序》的通知,避免了开发企业“以价换量”趋势的蔓延,市场稳控能力不断提升。建筑业:坚持“大建筑”发展战略,着力优化产业结构、提升整体资质水平,全市一级资质企业达到43家,二级资质企业达到96家。全年完成总产值507.7亿元,同比增长6.8%,再创历史新高,其中省外产值102.9亿元,同比增长4.4%,“走出去”力度进一步加大。城建档案馆针对档案几何式增长的现实情况,积极更新馆藏理念,引入科技手段,在全省率先实现了档案管理数字化,馆藏文件的数字化率已达到100%。科技勘察业:全市新建建筑节能设计率达到100%,竣工项目达标率达到98%,建筑节能技术得到广泛应用。制定下发《进一步规范建筑节能材料和产品备案登记》的通知,积极培育新型节能材料产业,2012年全市共完成节能材料备案46项,申请省级建设科技推广7项,有力地促进了建筑节能事业的发展。

·村镇建设·

【概述】 2012年,全市村镇建设工作认真贯彻落实省委十二届七次全会精神,着力将美丽乡村建设作为深化湖州市新农村建设的工作推进总导向、水平提升总抓手、形象打造总举措,扎实推进全市小城市培育、小城镇建设、美丽乡村建设、农村住房改造建设和村庄环境整治等工作,取得新成效。

【村镇规划编制】 牢固确立人口集中、产业集聚、要素集约和功能集成的城乡规划建设理念,以土地利用总体规划修编为契机,突出中心镇、中心村培育建设,进一步加快小城镇(市)总体规划修编调整、市(县)村庄布局规划完善、村庄建设规划和农村新社区建设规划编制步伐,不断优化农村土地利用结构,引导推进小城镇(市)培育建设、农房改造和农村环境整治建设。一是修编完善小城镇(市)总体规划。吴兴区完成东林镇城镇总体规划修编审查和报批工作,规划成果已由市政府批准实施。织里小城市试点培育项目已委托中规院编制小城市发展规划和镇区整体城市设计。南浔区完成旧馆镇、千金镇城镇总体规划修编,成果已报市政府批准实施。18个中心镇率先开展控制性详细规划编制及新一轮总体规划修编工作,力争用2年到3年时间全部编制完成。二是调整优化村庄布局规划。根据《完善湖州市中心村布局规划和加快农村集中居住社区建设的指导意见》,结合吴兴区高新区成立、南浔区全域规划等新情况,进一步调整完善中心村布局及中心村选点位置,局部调整土地利用规划,确保村庄布局规划的科学性、合理性和可操作性。截至年底,三县村庄布局规划编制已完成,市本级村庄布局规划进行最后一轮修改,已上报市政府审查。三是科学编制村庄建设规划。按照“无规划不设计、无设计不动工”的要求,着力抓好村庄建设规划的再修编工作,对近期启动建设的中心村制定涵盖整个村域的村庄建设规划和农民集中居住区(社区)建设规划。2012年全市所有中心村建设规划均已完成。四是精心设计农房通用图集。加大农房通用图集设计推广力度,组织专家精心设计一批符合当地实际的典型农民住宅图集,供农户选用,确保做到农房建设“一户一图”。农房建设从无序建房逐步发展到在规划控制下的有序建设,建筑用材、建筑样式逐步规范和统一,农房美观性和安全性得到有效提升。2012年德清县和安吉县已开始推行第四套农房图集。

【村镇规划管理】 围绕“五美三宜”要求,加强小城镇(市)、村庄规划建设管理。一是协调村镇重大、重点项目和区域基础设施规划选址。完成湖州农民学院、市淡水研究所和市环保局太湖水质监测点(站)等项目的规划选址工作。二是完善政策措施。制定出台《湖州市深化农村集体建设用地制度改革工作的实施方案》,创新宅基地置换模式,优化农户选择权,保障农房改造建设项目顺利进行。出台全市《关于建立健全农村环境长效管理机制的意见》,着重从责任落实、人员落实、经费保障和监督考核四个方面健全村庄规划建设、环境卫生管理长效管理机制。三是加强吴兴区和南浔区村镇建设项目规划管理指导工作。做好建设用地公开出让、规划选址、建设用地和建设工程等日常规划管理工作。吴兴区、南浔区全年村镇规划共核发建设项目规划许可证“一书两证”98件,其中建设项目选址意见书9件;建设用地规划许可证35件,用地面积259.48公顷;建设工程规划许可证54件,建筑面积107.33万平方米。吴兴区、南浔区村镇共规划核实建设项目44个、建筑面积33.91万平方米。

【“百村示范、千村整治”工程】 一是村庄整治深入开展。按照整治标准，村庄配套设施不断完善，部分村开展修建公共休闲广场、新建污水处理、提高外立面涂白标准、新建水冲式厕所和拆除违建房屋等工作，村庄整治成效显著。2012 年全市环境整治提升共安排 42 个村，新增村内主干道硬化 288 公里；累计新增改厕农户 1.34 万户、垃圾箱 2704 只、垃圾箱清运工具 90 辆和污水治理农户 1.2 万户；村内河沟、池塘整治 198 公里，种植绿化苗木 9.7 万株，新增绿化面积 15.6 万平方米，累计投入建设资金 1.11 亿元。二是中心村建设持续推进。突出“引导集聚”，强化规划引导作用，各地结合各自美丽乡村创建载体、农房改造建设以及农村土地综合整治等工作，创造条件，落实政策，引导农户有序搬迁集聚，逐步优化村庄布局，综合整治居住环境，提升农民居住品质。2012 年全市中心村共集聚农户 4198 户，第二批启动的 7 个重点示范中心村已集聚农户 1886 户，7 个重点示范中心村规划保留原居住点新增垃圾箱 393 只、卫生改厕 716 户，新建公厕 5 座，新增主干道 8 公里、绿化苗木 1.2 万株，新建污水处理池 822 立方米；规划新集聚点新增垃圾箱 327 只，新建污水池 499 立方米，新增卫生改厕 1886 户，新建公厕 3 座，新增主干道 7.4 公里、绿化苗木 4900 株；累计完成投入 3446 万元。中心村农村居住环境得到进一步提升，中心村集聚成效明显。三是配套工程建设成果显著。有序推进“美丽乡村”重点水利工程建设，截至 2012 年底，完成 115 座山塘整治建设、11 座水库除险加固，建设万里清水河道 256 公里，农村饮水安全已解决 7.61 万人。大力推进交通设施建设，全年共投入 3.87 亿元，建成 134.6 公里农村联网公路，完成 283 公里农村公路大中修工程和 42 座农村公路病害桥梁改造工程。新农村电气化村完成 208 个村，年度投资达到 4.88 亿元，至年末，湖州市所有县（区）、乡（镇）、村均已实现电气化。四是着力强化农村环境卫生长效管理。按照湖委办《关于建立健全农村环境长效管理机制的意见》要求，强力推进农村环境卫生长效管理工作，完善市、县（区）长效管理财政专项补助政策，加强农村环境卫生长效管理监督检查和考核。市“百千工程”办公室联合市财政局、农办、卫生局、环保局、水利局等单位专门成立督查小组，开展日常巡查工作，2012 年开展联合监督检查 4 次。

【农房改造建设工程】 一是加快农房改造建设步伐。按照年度工作任务，结合大项目大平台建设、中心村建设和土地综合整治等工作，通过多种途径，推进全市农村住房改造建设。全年全市共完成农房改造建设 2.21 万户、面积 445 万平方米，累计完成投入 58.8 亿元。其中，完成农村困难群众危旧房改造 1013 户、面积 10.9 万平方米，投入资金 9226 万元。二是制定出台财政补助措施。德清县、长兴县出台中心村建设财政补助措施，其中德清县给予中心村基础设施建设 1.5 万元/户补助；长兴县给予中心村基础设施建设集聚 50 户以下补助 2 万/户，集聚 50 户以上补助 2.5 万/户，管线地埋补助 4.5 万/户。南浔区财政安排预算 1000 万元，用于农房补助，鼓励引导农房改造建设向中心村集聚。三是落实农房改造建设配套支持政策。市发改委出台《关于农村住房改造建设中有关价格收费政策》，对有关行政事业性收费、经营性项目收费实行减免或按成本价收费。市公积金中心认真落实《关于住房公积金支持农村住房改造建设试点工作的实施意见》，累计办理 113 户，发放贷款 1010.6 万元。农房确权发证稳步推进，2012 年全市共发农房房屋产权证 113 本。

·房地产业·

【概况】 2012 年，全市共完成房地产开发投资 211.17 亿元，同比增长 14.3%；商品房销售面积 273.56 万平方米，同比下降 17.4%；全市商品房竣工面积 191.96 万平方米，同比下降 9.9%；房地产业增加值 65.62 亿元，同比下降 4.0%。其中，市本级完成房地产开发投资 102.93 亿元，同比增长 7.4%；商品房销售备案面积 129.36 万平方米，同比增长 27.85%；商品房竣工面积 75.4 万平方米，同比下降 37.24%。截至 2012 年底，商品住宅可售面积为 194.48 万平方米，同比增长 41.61%。

【房地产行业管理】 加大房地产市场调控力度，完善房地产行业管理，保持房地产业平稳健康发展。一是持续贯彻落实房地产宏观调控政策。认真贯彻落实国家和省、市关于抓好房地产市场的一系列调控政策，经过近 2 年的贯彻和实施，房价总体水平已出现较快回落。2012 年湖州市中心城区新建商品住宅价格指数为 94，降幅达 6%。二是规范房地产市场交易秩序。针对房地产销售市场存在的问题，及时出台《关于进一步规范中心城市商品房交易秩序的通知》，加强房地产市场交易秩序监管。对于在预售前以认购、发放 VIP 卡等方式收取或变相收取定金、预定款性质的费用，或者发布类似于“存××抵××”等涉嫌非法吸储信息的，将不受理预售许可申请，待整改并消除社会影响后发放预售许可证。三是加强商品房预售许可管理。认真贯彻落实《关于进一步规范中心城市商品房预售管理的通知》，严格执行商品房预售许可最低规模、预售合同网上备案等各项制度，进一步完善商品房预售方案备案制度，对商品房预售情况实施动态管理，全年中心城市共核准商品房预售项目 77 个，面积达 212.37 万平方米。四是严抓商品房预售资金监管。认真贯彻执行《湖州市商品房预售资金监管实施细则》，确保商品房预售资金落实到工程上。通过资金监管月报表制度，有效规范开发企业行为，防范商品房交易风险，保障预售商品房当事人的合法权益。2012 年市本级预售资金监管项目新增 48 个，核定监管额度新增约 73 亿元。

【住房保障工作】 围绕“住有所居”的总体目标，加快完善城乡住房保障体系。一是全面完成住房保障目标任务。2012 年省政府下达湖州市的住房保障目标任务是：新增廉租住房租赁补贴户数 200 户，新开工建设保障性住房和实施城市旧住宅区（危旧房、城中村）改造住房 23644 套。截至年底，全市新增廉租住房保障户数 511 户，新开工 69 个保障房项目，总面积 210.48 万平方米，提前并超额完成省定任务。湖州市住房保障工作多次作为典型为中央电视台正面报导。二是加快推进保障房项目建设进度。全市 69 个保障房项目于 10 月 18 日前全部开工。历年在建项目中，已有 29 个项目、3848 套基本建成，其中已竣工项目 21 个、2244 套，分别占省下达任务的 113.2% 和 101.9%，其余项目均按计划处于主体或基础施工阶段。湖州市最大的保障性住房项目，规划总建筑面积达 37.9 万平方米的怡和家园项目正在加紧施工，至年底，Ⅰ、Ⅱ标段总面积 30 万平方米的 22 个单体已完成结顶，Ⅲ标段完成桩基础施工。三是全面提高住房保障服务水平。一是公平、公正、公开做好保障房分配工作,年内全市完成经济适用住房分配 338 户,发放廉租住房租赁补贴 474 万元,新增廉租住房保障户数 511 户,其中中心城区 139 户。二是在深入调研的基础上,与国土、财政等相关部门多次协商、多方征求意见,出台湖州市经济适用住房上市办法。三是针对湖州市在建公共租赁房即将交付使用的实际,在参照周边城市先进经验的基础上,初步拟定湖州市公共租赁房管理办法和相关实施细则,正抓紧征求国土、财政等相关部门意见,计划于 2013 年中期出台。四是抓好公有住房的出售和部分产权住房过渡全产权及房改房上市审批工作,年内共受理办结出售公有住房和过渡全产权业务共 102 套、5159 平方米,审批上市交易公有住房 552 户、33400 平方米,发放住房补贴近 3000 人、约 4000 万元。

【物业管理工作】 进一步加强物业服务市场监管工作。一是规范物业企业服务行为。会同市发改委出台《湖州市区物业服务收费管理实施办法(试行)》,严格规范物业服务收费行为,提高物业服务水平,促进行业健康发展。二是加强物业项目承接验收管理和前期物业招投标指导监督工作。全年参与 16 个小区的竣工验收工作,督促物业企业按规定做好承接验收手续。做好首创悦府、金色水岸和奥园壹号等 10 个项目的前期物业招投标指导监督改造,对中奥美泉宫、百盛国际名都等 6 个协议招标项目做好指导和备案工作。三是开展 2012 年度物业服务示范优秀住宅小区评比工作。全市共有 11 个住宅小区报名参评,其中 5 个住宅小区经评审获得"优秀示范(优秀)小区"称号。四是严把物业服务企业准入关。严格执行《关于加强物业服务企业资质管理工作的通知》,年内,共新批和延期核定 38 家物业服务企业资质。至 2012 年底全市共有物业服务企业 176 家,其中一级资质企业 2 家、二级资质企业 5 家。五是指导业主大会和业主委员会活动。对馨水园、金色地中海、天盛花园和宏基花园等 10 个小区业主大会召开及业主委员会换届进行指导和备案工作。六是做好物业维修资金和保修金收缴工作。进一步细化物业专项维修资金使用申请、审批流程,全年中心城区共归集物业专项维修资金 5393.56 万元,保修金 1687 万元。

【城市房屋征收工作】 进一步完善城市房屋征收政策。一是抓紧完善城市房屋征收相关政策。认真组织三县四区(吴兴区、南浔区、湖州开发区和太湖旅游度假区)对《浙江省国有土地上房屋征收与补偿条例》征求意见稿进行研读、讨论,结合已实施征收项目的实践经验,汇总修改意见,提交省住房和城乡建设厅。二是依法规范行政裁决程序。严格审查裁决申请,通过调解、听证等裁决程序,推进拆迁工作。全年裁决受理 12 户,作出行政裁决 10 户,向法院申请执行 8 户,司法强制拆迁 3 户。三是加强征地拆迁工作的监督检查。根据《国土资源部、住房城乡建设部、监察部、农业部关于开展征地拆迁专项检查的通知》,组织市有关部门对三县四区的国有土地上房屋征收工作开展专项检查,对各县(区)征收体制的建立、征收项目的实施、强制拆迁等工作加强监督,深化落实《征收条例》的贯彻执行。

【产权产籍管理】 进一步提升房产登记的服务水平。一是加快推进全市个人住房信息系统建设工作。全市个人住房信息档案已全部完成数字化扫描,GIS 地理信息系统建设正在稳步推进,中心城区住房查询功能已向银行机构开放。项目建议书及可行性研究报告获市发改委批准,设计方案经专家论证,预算资金已通过财政审核,机房改造与搬迁、项目监理招标均已完成,软、硬件采购工作正在抓紧进行,机房建设于 12 月初完工。二是加大窗口服务建设工作力度。整合二手房交易窗口与行政审批中心窗口,启动业务办理排队叫号管理系统,实现了"统一收件、统一发证"的一站式服务,方便市民群众。三是进一步提高房屋登记水平。建立初始登记项目会审制和质量抽查制度,有效地提升了房屋登记质量。全年中心城区共受理各类房屋登记 7.23 万件。其中初始登记 1.51 万件、转移登记 1.69 万件、变更登记 434 件、他项权登记 1.83 万件、预告登记 4935 件、抵押权预告登记 3660 件、他项注销登记 1.27 万件和权证管理(含遗失补证等)270 件,共接待对外查询 4.41 万人次,完成房屋测绘面积 658.61 万平方米。

环 境 保 护

【概况】 2012 年,全市环保系统以国家环保模范城市复核迎检为契机,全力服务科学发展,强化污染治理,改善环境质量,维护群众环境权益,全面推进生态文明示范区建设,各项目标任务全面落实。生态文明建设稳步推进。国模复核顺利通过现场核查,湖州市作为环太湖设区市代表在全国生态文明促进会年会上作典型发言,作为全省唯一的设区市代表在全省农村环境连片整治现场会上作典型发言;安吉县生态文明建设从"全国试点"向"示范建设"跨越提升;长兴县蓄电池行业整治转型升级成功,成为全国蓄电池转型升级示范区。主要污染减排深入推进。通过实施年度减排计划,深入挖掘减排潜力,2012 年湖州市化学需氧量、氨氮、二氧化硫、氮氧化物分别削减 4.86%、2.12%、5.12% 和 5.43%,超额完成省政府下达的年度减排任务。全市环境质量稳定改善。全市水环境质量总体较好,地表水符合Ⅲ类水质标准以上的断面占 87.2%,比上年提高 4.9 个百分点,Ⅴ类以下水质断面比例下降 3.4 个百分点;主要入湖断面水质全部符合Ⅲ类水标准;市出境断面水质达标率 91.7%,与上年持平;县级以上集中式饮用水源地水质达标率为 100%;市区环境空气质量优良率为 88.5%,比上年提高 1.9 个百分点,优良天数增加 11 天。湖州市生态环境质量公众满意度继续位居全省前列。

【服务转型升级】 一是严格环境准入。坚决实行"三位一体"(空间准入、总量准入和项目准入三位一体的环境准入体系)"两评结合"(专家评审和公众评议相结合环境咨询体系)新型环境准入制度,以环境准入引导全市产业结构优化升级,有效控制"两高一资"(高污染、高耗能和资源消耗型)项目。2012 年,全市共审批建设项目 2912 个,27 个项目通过联审程序,57 个项目在咨询阶段被否决和劝退,全面完成南太湖产业集聚区 4 个产业园规划环评及湖州市综合交通运输发展"十二五"规划环评,修编完成三县两区生态功能区规划调整。二是扶持淘汰并重并举。制定出台支持浙商创业创新 9 项举措,建立省、市、县(区)三级重点项目跟踪服务台账,开辟绿色通道。确保 1 个省级重点浙商回归项目和 29 个南浔区浙商回归项目的顺利推进，6 家拟上市企业顺利通过上市环保核查、审核。同时，对污染重、能耗高的落后产能坚决予以整治和淘汰，继续开展重点工业功能区环境整治，德清县结合小化工园区整治，关、停小化工 17 家、停产整治 4 家和异地搬迁 2 家；长兴县积极开展石粉行业整治，关闭不法企业 235 家，南浔区开展“黑烟囱”环境污染专项整治，累计整治黑烟囱 3000 余支。同时，不断加大重点企业清洁生产审核力度，全市 25 家企业完成强制清洁生产审核。三是完善深化环保服务。抓好监测服务，及时发布空气质量 PM2.5 监测数据，编制《2011 年度湖州市环境质量报告书》，做好全市环境质量监测、污染源监测、验收监测、委托监测、预警和应急监测工作，全市完成企业各类委托监测 486 家次、污染源监督性监测 527 家次、出具监测数据 56.5 万个，为领导决策、企业监管提供基础数据支撑。强化对中介机构监督考核，通过考核，规范环境影响评价市场秩序及从业行为，提高环境影响评价质量，更好地服务于经济建设，促进经济又好又快发展。

【主要污染物减排】 一是制定年度减排计划，组织实施 77 个减排项目，明确时间要求和工程减排措施，狠抓重点项目推进，继续对各县（区）实施差异化减排要求。二是严控新增总量，将建设项目的新增总量纳入县（区）减排总量考核管理中；强化排污许可证管理，深入推进排污权有偿使用和交易，全市累计有 518 家企业实施排污权有偿使用与交易，有偿使用金额达 1.38 亿元，从源头上减少污染物新增量。

【生态文明建设】 一是狠抓规划方案部署推进。有机衔接《湖州市生态文明建设规划》、“811”生态文明建设推进行动方案、“四边三化”行动方案的目标任务与各县（区）、各部门年度生态市建设任务书，努力抓好任务落实。新增贸粮、工商和安监 3 个生态市领导小组成员单位；出台全市“四边三化”行动总方案和七个子方案。二是顺利通过国模现场复核。2012 年，湖州市顺利通过了国家环境保护模范城市持续改进工作进行的现场检查，同时，根据专家组反馈意见，积极开展创模复核整改工作，明确 4 大主要工作任务、22 项工作内容和 23 个突出问题企业，并通过环保部华东督查中心创模复核后督查。三是扎实推进生态文明创建。安吉县从生态文明试点走向示范，2012 年全面启动生态文明示范建设；德清县深入推进农村生态文明建设各项工作；长兴县顺利通过国家生态县现场验收；吴兴区重点培育 68 个示范点；南浔区以 10 大行动稳步推进生态区创建。全市有 4 个乡（镇）、3 个村分别申报国家级生态乡（镇）、国家级生态村，并通过省生态办资料核查和公示；2 个省级生态街道已命名；124 个村完成市级生态村创建。广泛开展绿色系列创建，新创建省级绿色家庭 15 户、省级绿色学校 17 所和省级绿色企业 8 家。

【环境污染防治】 一是深入实施“三大清洁”行动。及时制定并分解落实三个行动年度工作计划。在清洁空气行动方面，理清全市大气污染现状，实施清洁空气试点工程，有效地降低了挥发性有机物（VOCs）、烟粉尘和机动车排气污染。重点推进机动车污染防治，严控全市新车及外埠转入机动车排气污染，全年共淘汰高污染车辆 625 辆，全市有 197 座加油站、5 座储油库和 43 辆油罐车完成油气回收治理任务，实现全市油气回收全覆盖。在清洁水源方面，重点加强饮用水源保护，开展中心城市饮用水源地环境污染整治，对全市范围内各饮用水水源地安全隐患开展专项排查，全面实行河流交接断面水质考核制度，深入实施太湖流域综合治理方案，入湖断面水质全部达到Ⅲ类。同时，加强蓝藻预警监测，以有效保障双源供水时饮用水安全。在清洁土壤行动方面，重点突出危险废物规范化管理、污染场地排查治理、污泥处置、多氯联苯专项整治和持久性有机污染物防治等工作。共完成 20 家危险废物企业“双达标”年度创建，超额完成省下达的目标任务；完成吴兴区妙西镇南埠多氯联苯封存点清理；被列入国家规划的天能电源材料年回收 15 万吨废铅酸蓄电池项目即将投入试生产，升大皮革淘汰原皮生产及企业搬迁项目已完成环评编制。二是加快推进重污染、高耗能行业整治提升工作。重点推进电镀行业整治，制定《湖州市电镀行业污染整治实施方案》。2012 年，全市 35 家电镀企业中，3 家整治无望电镀企业已关停，原地整治提升 8 家电镀企业已全部完成整治验收，搬迁入园 24 家电镀企业已有 15 家完成整治验收、9 家正实施停产整治。同时，全面启动印染、造纸、制革和化工四大行业整治工作，制定出台整治方案。三是不断深化矿山环境专项整治。2012 年，全市审批涉矿《环境影响评价报告》项目 15 个，巡查矿山企业 455 次，出动人员 1477 人次，检查矿山企业 839 家次，其中夜间和专项执法 11 次，检查企业 19 家次。全年共立案查处矿山企业环境违法行为 34 件。

【环保执法监管】 一是执法力度持续加大。开展 4 次“天网”系列环保专项行动，每月定期开展飞行监测，深化电镀和涉重金属化工行业执法检查，依法依规、从重从严、从快处理违法案件，首次对环境违法行为人实施司法拘留。2012 年全市共出动环境执法人员 4.29 万人次，检查企业 1.83 万家次；立案查处环境违法企业 386 家，罚款金额 1691.93 万元，发出各类环境违法通知书 1666 份，依法取缔、关闭环境违法企业 332 家。二是环境应急扎实推进。积极参与市政府组织的道路安全、化学品泄露应急演练；结合“环境安全百日大检查”活动，加大环境安全隐患排查，开展“天网”2012－1 号环境安全隐患排查专项行动，对 109 家环境安全重点监管企业应急能力进行排查；对全市 13 处湖库型集中饮用水源地开展每季定期安全巡查，切实消除环境安全隐患。及时妥善处置 3 起突发环境污染事故。三是信访维稳卓有成效。切实做好十八大、省、市党代会和市“两会”期间环境维稳工作，下发《关于进一步加强全市环保信访工作的通知》；充分发挥 12369 环保热线平台，推出局领导定期、定点接访制度和领导包案制度，妥善处理 14 个环境信访问题；积极开展“信访积案化解年”活动。同时，加强日常监管力度，从源头上减少新的环境纠纷，行政处罚电子平台基本完成构架搭建工作，对 2008 年以来的 161 件省级以上信访件逐一进行后督察，确保信访处理落实到位。2012 年全市受理各类环境信访 2872 件，同比下降 4.27%，所有信访件处理率、结案率均达 100%。及时完成 31 件市党代会提案、市人大建议和市政协提案办理工作。

【环保能力建设】 一是完善环境监测监控网络。县级以上饮用水源地水质自动站全部通过整体验收，全市饮用水源自动监测体系实现县（区）全覆盖；完成市区 3 个空气自动站升级改造,从11月16日起,按新标准发布空气质量指数AQI;全面完成噪声监测点位优化调整;8个地表水交界断面水质自动站建设进展顺利;2012年通过加大巡检、预警、通报和考核四大机制,对167个在线监测和253个视频监控点位实行动态管理,实现视频和在线监测故障率双下降,环境监测监控能力水平进一步提升。二是加强机构队伍建设。结合"进村企,优环境,促发展"环保大走访、全面深化"三个年"活动,开展"优作风优环境、新形象新业绩"主题大讨论等活动,切实转变作风和提升队伍整体素质。以国模复核迎检为契机,通过向上积极争取,市环保局系统新增编制38名,设立湖州市机动排气污染防治监督管理中心、七个环境监察中队,机构人员大幅增强。提出"忠于职守、造福人民,科学严谨、求实创新,不畏艰难、无私奉献,团结协作、众志成城"的环保机关精神,不断提高行政效能。

【环保宣传教育】 一是注重媒体合作,扩大宣传影响。2012年《湖州日报》推出"人与环境"专刊12期;《中国环境报》专版宣传湖州生态建设及环境保护3期。在《湖州日报》、《湖州晚报》以及湖州电视台等地方新闻媒体刊发生态环保报道870余条。邀请中央电视台、新华社、中国环境报、浙江日报社和新蓝网等新闻媒体进行专题采访,宣传和推进湖州市生态文明建设。二是创建绿色细胞,夯实宣传基础。将生态保护纳入社会各界的思想道德教育中,开展绿色学校、绿色社区和生态文明教育基地创建等。截至年底,全市累计创建国家级绿色学校3所,省级绿色学校90所,市级绿色学校155所;国家级绿色社区2个,省级绿色社区35个,市级绿色社区61个;省级生态文明教育基地4个,市级生态文明教育基地8个。三是搭建宣传平台,举办宣教活动。开展全市优秀环境教育校本课程评比、第四届生态文明建设摄影大赛、纪念"六五"座谈会、2012"浙江·杭湖嘉绍环保行"和第五届"民间环保公益使者"评选等多项环保专项宣传活动,提高公众保护生态环境的意识,激发公众参与生态文明建设的热情。四是开展教育培训,深化生态理念。强化领导干部的生态环保教育,借助党校等教育平台,开办生态城市与美丽乡村建设专题研讨班,推动市、县(区)、乡(镇)等各级政府及部门不断重视与加强环境保护工作;发挥工会、共青团、妇联和网络公益联盟等群团组织和社会力量,组建环保宣讲团,编写不同层面的宣传培训教材,增强公众生态环保意识;加强生态文化载体建设,建设湖州市生态文明展馆;推行环境素质教育,确保全市中小学生环境教育普及。

绍兴市

城乡建设

【概况】 绍兴市城市总体规划正式获得国务院批准。滨海新城的滨海大道、世纪大道等建成通车。镜湖新区与"三大片区"的接点路网全线开工,"一桥三路"等基础设施全面建成,科技中心、文化中心、奥体中心、行政中心、迎恩门工程、金融集聚区等城市综合体项目进展顺利。迪荡商圈日益繁荣,绍兴高新区功能逐步提升。编制实施袍江开发区"两湖"规划,建成集亚物流等重点项目。在省内率先完成11个省级开发区整合提升,面积扩大7.3倍,柯桥开发区升级为国家级开发区。对中心镇和中小城市培育试点镇开展评价排序,切实加快钱清、店口等小城市建设步伐。全市35个中心村、10个美丽乡村示范区和11个大型农民集聚区建设顺利推进。重大基础设施布局不断优化,杭绍台高速、绍三线北延等项目前期顺利启动,二环北路拓宽、越兴路南延等工程开工建设,杭甬客运专线绍兴段等重大工程加快推进,建成高铁绍兴北站枢纽等重大项目,实现了嘉绍大桥全线贯通。"清水工程""蓝天工程"和生态系列创建深入推进,全市创建国家级生态乡镇16个,顺利通过国家环保模范城市现场复核,并荣获省生态优秀市称号。大力开展公路边、铁路边、河边、山边的洁化、绿化、美化以及"拆违控违"专项行动,城乡环境面貌不断改善。

【城市设施建设】 至年底,市奥体中心工程完成总体形象进度70%,市文化中心工程完成总体形象进度75%,绍兴科技馆新馆工程完成总体形象进度88.5%,市立医院建设项目完成总体形象进度9.25%,越西路南延伸段建成通车。实施11条背街小巷整治工程,完成市区7条道路(桥梁)维修工程。实施市区公共自行车服务系统(二期)工程。实施路灯改造及消暗节能工程。实施环城河步行道(滨河路段)改造工程,至12月底完成形象进度60%。开展中心城市轨道交通前期工作。

·村镇建设·

【新农村建设】 按照"四美三宜"的要求,深入实施美丽乡村建设五大工程,积极推进各类美丽乡村创建活动。新完成村庄规划编制71个、完成村庄环境整治村310个、整乡整镇整治乡镇16个,第二批11个省级重点培育中心村通过省级验收,受益农户14.8万户。全市村庄生活垃圾集中收集处理实现全覆盖,4.3万户以上农户家庭实现卫生改厕,当年新增232个村庄开展生活污水治理,村庄整治基本实现全覆盖。全市有28个村创建成为市级全面小康建设示范村,有8个乡镇创建成为市级美丽乡村先进乡镇。绍兴县成功创建全省第二批美丽乡村建设先进县。全市第一批10个美丽乡村示范区建设进展顺利,15个村庄被确定为市级首批美丽乡村重点培育精品村。制定出台历史文化村落保护利用政策意见,全市3个村被列入首批中国传统村落,4个村被列入首批省级历史文化村落保护利用重点村,12个村被确定为首批市级重点培育村。

【房屋建设】 年内,全市新开工农村住房改造建设30070户,完成目标的107.4%;完成农村住房改造建设29655户,完成目标的109.8%;完成农村危房改造1553户,完成目标的141.2%;启动200户以上规模性农房改造项目13个,提前完成全年目标任务;全市计划启动建设农房改造示范村6个,已启动8个。另外,农房登记工作全面推开,完成农房发证6973户,同比增长106%。

【完成城镇污水处理目标任务】 年内,全市4个集中式污水处理厂完成COD削减量298166吨,完成计划量的112%;氨氮去除量18208吨,完成计划量的125%;城镇污水管网建设累计建成79.84千米,完成省计划的114.06%。完成15个镇的镇级污水处理设施建设;总投资4200万元的嵊新污水处理厂污泥处置设施工程完成建设并投入试运行;设区市本级污水处理率达到95.02%,县以上城市达到83%。

·房地产业·

【概况】 全市房地产开发投资为4677089万元,比2011年增长16.0%;商品房销售额4189122万元,同比增长8.6%;商品房销售建筑面积483.74万平方米,同比增长5.9%;房地产开发施工面积3176.23万平方米,同比增长10.6%,其中,新开工678.82万平方米,同比减少22%;商品房竣工面积488.18万平方米,累计同比增长7.7%;待售面积231.57万平方米,同比增长8.3%。

【住宅保障体系】 全市实际开工保障性安居工程17460套(户),完成计划的124.3%(其中公共租赁住房6505套,完成计划的107.9%);基本建成保障性安居工程住房6277套,完成计划的108.2%(其中竣工5893套,完成计划的116.8%),提前超额完成全年目标任务。全市新增城市廉租住房保障474户(其中租赁补贴362户,完成计划的278.5%)。其中,市区继续开展一年两次的廉租住房保障工作,分别在4月和10月开展了廉租住房保障申请登记工作,全年共有71户家庭获得廉租住房保障。

【物业管理】 市建设局加强市区物业服务行业调研工作,全面修订《绍兴市区物业管理办法》,会同发改委适当调整物业服务费标准,推出优质优价报备制度。共为78家物业企业和300余名从业人员开展各类上岗培训、物业经理人风险防范和危机处理等专题培训。协助指导街道、社区完成17个住宅小区成立业主委员会。全面开展物业服务企业的不良行为考评。开展省、市优秀住宅小区(大厦)评选活动。全年办理物业用房预留确认13家、物业用房确认18家;物业企业二级资质核准初审3件,发放暂三级资质3件、三级核准物业服务企业资质证书16件。至年底,市区共有在管物业项目企业79家,其中本地物业企业55家(二级企业7家、三级企业42家)、外来企业24家。市区274个项目实施了专业化物业管理,项目总面积约1563万平方米。

【全市基本实现房地产信息数据联网共享】 年内,全市基本实现房地产信息数据三级联网共享,市本级与各县(市、区)基本建成商品房网上备案、存量房网上备案、房屋登记、从业主体以及房地产项目等五大计算机软件管理系统,实现数据联网和交换。同时,建成市级数据集中平台,具备一定的数据采集整合、数据综合分析以及房屋销售和买卖网上备案、网上签约等市场监管功能,基本实现省、市、县房地产信息数据三级联网共享。

环境保护

【概况】 2012年,全市环保工作以生态文明建设为主线,以改善环境质量为核心,以解决影响可持续发展和损害群众健康的突出环境问题为重点,大力提升环境管理水平,各方面工作均取得了新成效。全年,全市环境空气质量指标基本达到国家二级标准。全市地表水环境监测市控断面70个,其中34.3%的断面水质达到或优于地表水环境质量Ⅲ类标准,65.7%的水质为Ⅳ、Ⅴ类或劣Ⅴ类。全年化学需氧量(COD)削减3.62%,其中工业生活削减3.51%,农业削减4.40%;氨氮(NH3-N)削减3.70%,其中工业生活削减3.92%,农业削减3.05%;二氧化硫(SO2)削减4.73%;氮氧化物(NOX)削减4.87%。四项指标均完成省政府下达的年度污染减排目标。主要污染物总量减排监测体系建设考核结果78.05分,比上年提高0.22分提高""三废"处理和利用率,全年全市工业用水重复利用率74.95%,工业烟(粉)尘去除率98.96%,工业固体废物综合利用率92%。3月,市本级和诸暨市通过了"国家环保模范城市"复查组的现场复查。

【开展工业污水进管和出水"双提标"行动】 年内,全市大力推进工程减排,开展工业污水进管、出水"双提标"专项行动。从7月1日起,工业废水化学需氧量和氨氮纳管标准统一提高到500毫克/升、35毫克/升,倒逼企业提高废水预处理能力。绍兴污水处理厂、上虞市污水处理厂和嵊新污水处理厂分别制定了处理提标方案。

【开展"清洁空气"行动】 年内,市政府出台《绍兴市人民政府关于进一步提升环境空气质量的实施意见》,明确各部门的大气污染防治职责和任务;全面启动了印染企业清洁能源替代工程,要求对全市天然气管网覆盖范围内的燃煤蒸汽锅炉和有机热载体锅炉实施清洁能源替代,下达了三批合计97家印染企业的煤改天然气任务;全市共建成6个机动车排气检测站,实现了全覆盖;全面实施机动车环保定期检验和环保合格标志核发工作,发放检验合格标志255669份;出台《关于对黄色环保标志及无环保标志的汽车实施限制通行措施》等规定,将市区二环线内划定为"黄标车"限行区;出台《绍兴市区高污染柴油车淘汰补助实施办法》,加快淘汰高污染柴油车;加快推进热电和水泥熟料生产企业脱硫脱硝工作,制定印发了《绍兴市区燃煤热电和水泥熟料企业脱硝工程改造资金补助实施办法》。

【开展"清洁水源"行动】 年内,曹娥江、浦阳江、鉴湖流域及绍兴市区和绍兴县南部上游污染企业的治理搬迁工作稳步推进;市政府制定出台《绍兴市集中式饮用水源突发污染事件应急预案》;完成县级以上饮用水水源地水质自动监测系统建设;开展市区城西青甸湖区域环境专项整治,制定印发了《关于进一步深化城西青甸湖区域环境专项整治方案》;严格按照《绍兴市水环境质量考核办法(试行)》要求,每月组织开展对全市55个地表水环境质量考核断面的监督监测工作,加强对监测数据的统计分析,及时向各有关部门进行通报。

【养殖污染治理】 年内,全市开展畜禽规模化养殖场排泄物治理工程运行情况检查和50头以上生猪养殖场排泄物治理。开展汤浦水库饮用水源上游6个乡镇规模以下畜禽养殖污染集中治理。对20余家规模化养殖场开展了深度治理改造,淘汰清理越城区范围内养殖水面80余公顷。

【固体废物污染防治】 全年,全市工业固体废物产生量为407.9023万吨,综合利用量为361.492万吨,处置量为35.0694万吨,贮存量13.4694万吨,排放量为0万吨。其中,危险废物产生量为17.0704万吨,综合利用量1.9246万吨,处置量为15.2263万吨,贮存量为0.1973万吨,排放量为0吨。全市处置城市生活垃圾57.3050万吨,城市生活垃圾无害化处置率为100%;农村垃圾集中收集处理覆盖率达到96.8%。全市183家县(市)、乡(镇)两级医院医疗废物产生量为4856吨,全部进行了集中焚烧处置。全市危险废物综合利用单位5家,危险废物综合利用量19939吨。全市危险废物集中处置单位2家,其焚烧处置能力为40吨/日,当年危险废物处置量为4584吨。

【1751家单位征收排污费7724万元】 全年,全市缴纳排污费的单位有1751家,征收排污费7724万元,全部上缴财政。完善排污权有偿使用和交易制度,全市共缴纳排污权有偿使用金4627.20万元,其中市本级79家排污单位缴纳排污权有偿使用金942.40万元。

【全市已有278家重点企业安装刷卡排污系统】 全年,全市刷卡排污自动控制系统建设继续推进,已有278家重点企业安装刷卡排污系统;完善污染源自动监控系统网络建设,新建自动监控系统50套。通过污染源自动监测数据预警企业1358家(次),向企业发出预警短信3103条,向各级环保部门、乡镇领导发出企业预警短信15798条。

【完成环境空气质量自动监测网络体系建设】 全年,全市完成环境空气质量自动监测网络体系建设。市区投资1422万元,改造提升现有3个空气质量自动监测站、新建3个空气质量自动监测点,大气监测的指标从原来的三项增加到六项,全面开展对PM2.5和灰霾监测工作,并按规定做好互联网发布工作;诸暨市增添仪器设备,开展了PM2.5监测工作;上虞市针对杭州湾精细化工园区的空气污染现状,建成特征污染因子自动监测站,实现对53种大气特征污染物的动态监测和超标预警。加快全市水环境质量自动监测网络体系建设,新建完成集中式生活饮用水水源地水质自动监测站4个。

【完成平原绿化面积0.25万公顷】 全年,全市完成平原绿化面积0.25万公顷,建成优质林分面积14.67万公顷,完成森林抚育面积1.4万公顷,完成针叶林阔叶化改造面积0.27万公顷。

【组织开展系列环保专项执法行动26次】 年内,全市环保系统组织开展"蓝剑""双控""利剑""飞鹰"等系列环保专项执法行动26次,累计出动执法人员56644人次,检查企业37353家,依法办理环境违法案件454件,罚款额2421万元,停产整顿违法企业243家,个案处罚金额5.33万元。依法行政或刑事拘留53人,追究刑事责任2人,有效遏制了各类环境违法行为多发高发势头。

舟 山 市

【城市建设】 年末全市建成区面积66.09平方公里,实有城市道路面积958.73万平方米,建成区绿化覆盖率38.86%,建成区绿地率34.35%,人均公园绿地面积15.28平方米,城市污水处理率84.62%,城市生活垃圾无害化处理率100%。全年城区排水管道长度992.86公里,供水总量5182.47万立方米,液化石油气供气总量2.84万吨,天然气供气总量2223.52万立方米。获"国家卫生城市"、"国家节水型城市"、"中国优秀旅游城市"等称号。

【新农村建设】 全年全市共投入"三农"资金32.1亿元,比上年增长10.3%,完成4个乡镇、36个行政村整体整治,"美丽海岛"建设验收通过18个精品社区、14个特色社区,改造渔农村住房7551户。渔农村改水受益率达到98.33%,其中,自来水受益率96.21%。渔农村卫生厕所普及率92.45%,粪便无害化处理率84.92%。

【住宅保障体系】 全年全市保障性安居工程投资5.4亿元,新开工各类保障性住房4084套,其中,公共租赁住房2745套,廉租住房170套,经济适用住房861套,城区危房改造308套。年内完成经济适用房投资额1.40亿元,竣工面积7.55万平方米;城镇危房改造0.45万平方米,共68套;享受廉租房家庭249户。

【环境保护】 全年市区环境空气优良率为99.7%;PM2.5日均值达到国家环境空气质量二级标准天数占96.5%,其中,一级天数208天。县级以上集中式饮用水源水质达标率99.9%,水环境功能区水质达标率84%。区域环境噪声平均等效声级52.4分贝,烟尘控制区总面积40.82平方公里。年末优质林建成面积累计 55.31 万亩,全年有效灌溉面积 13.93 千公顷,节水灌溉面积 9.03 千公顷。

全市达到国家一、二类海水水质标准的海域面积占 38.4%,四类和劣四类海水海域面积占 57.2%,近岸海域环境功能区达标率 22.2%。全年舟山海域共发生赤潮 7 次,累计赤潮面积 750 平方公里。

衢 州 市

城 乡 建 设

年末全市城区面积 730.25 平方公里,其中建成区面积 110.38 平方公里,城区人口 75.12 万人。全年新增道路面积 84.53 万平方米。全市日供水能力 120.53 万立方米(含企业自备水),全年供水总量 11468 万立方米(其中公共供水 7240 万立方米)。全市用气人口 69.12 万人,燃气普及率 92.01(按城区人口计算),其中:液化气供气量 29628 吨,人工煤气供气量 490 万立方米,天然气供气量 3295 万立方米。全市共有污水处理厂 8 座(含企业),日处理能力 18.2 万立方米,城市污水处理率 83.04%。生活垃圾处理率 100%。全年新增园林绿地面积 84 公顷(城区范围),建成区绿地率 40.61%,人均公园绿地面积 11.81 平方米(城区范围)。

·村镇建设·

全市实施整乡整镇整治乡镇 23 个,整治行政村 201 个,其中:新增村内主干道硬化里程 470.25 公里,新增卫生厕所农户 53204 户,新增污水治理农户 42946 户。规划建设的 14 条美丽乡村创建线路全面实施。全市农村垃圾集中收集处理覆盖率 95.07%。新增市级农家乐特色村(点)26 个,申报省级农家乐特色村(点)8 个,全年累计接待游客 900 多万人次,营业收入 4.46 亿元。全年累计培训农民 8.07 万人次。

·房地产业·

【房地产业】 全年完成房地产开发投资 75.79 亿元,比上年增长 7.3%,其中住宅投资 60.31 亿元,增长 6.7%。房地产开发施工面积 573.17 万平方米,下降 2.5%;竣工面积 132.03 万平方米,下降 4.5%;销售面积 104.12 万平方米,增长 31.1%,其中:住宅销售 83.42 万平方米,增长 41.2%,商业营业用房销售 8.35 万平方米,增长 20.3%。商品房销售额 70.24 亿元,增长 27.6%,其中住宅销售额 56.61 亿元,增长 33.8%。

全年新开工建设保障性安居住房 6618 套,完成年度任务的 114.1%,其中:廉租房 337 套,开工率 133.7%;经济适用房 156 套,开工率 100%;公共租赁房 1657 套,开工率 106.9%。新增廉租住房保障户 836 户,其中实物配租 122 户,货币补助 714 户。

环 境 保 护

出境水水质和集中式饮用水源地水质全部达标,县级以上城市空气质量全部达到二级标准,城市区域环境噪声平均值为 52.81 分贝,符合功能区要求。

初步预计,全年全市万元 GDP 综合能耗可完成全省核定下降 4.3% 的考核目标任务,四项减排指标(化学需氧量、氨氮、二氧化硫、氮氧化物)年度减排计划目标可全面完成。

全年全市共新增 5 个乡镇获得国家级环境优美乡镇命名,10 个乡镇获得省级生态乡镇称号,新增省级绿色饭店 2 家,省级绿色家庭 20 户,省级绿色学校 15 所,省级生态文明教育示范基地 3 个。累计建成优质林分面积 324.05 万亩,完成平原绿化扩面 5.54 万亩、森林抚育提质 27.2 万亩,国省道边坡复绿面积 6.6 万平方米。

全年自然灾害受灾人口 72.48 万人,因灾死亡人口 0 人,倒塌房屋 489 间。农作物受灾面积 60.9 千公顷,其中绝收面积 1.53 千公顷。因灾害造成的直接经济损失 6.48 亿元,其中农业经济直接损失 3.3 亿元。

温 州 市

城 乡 建 设

【概况】 2012年,温州市区城市建成区面积204.9平方千米,比上年增加10.1平方千米。年内,温州市成为中国住房和城乡建设部卫星遥感监测和督察对象,第七批城乡规划督察员派驻城市。市规划局制定《温州市规划局建设工程批后管理制度(试行)》,明确建设工程项目批后监管工作的要求和程序,对接规划许可、规划核实工作,市区各规划所承担了这项批后监管职能。

年末,全市规划设计单位13家,均为事业单位,从业人员503人。其中,甲级2家,乙家4家,丙级7家。

【房地产业概况】 房地产开发投资2012年,温州市住宅用地供应10288亩,其中普通商品房用地2372亩。全年完成房地产开发投资780亿元,比上年增长15%。房屋施工面积3742.7万平方米,累计比上年同期增长17.4%;房屋竣工面积144.09万平方米,累计比上年同期下降41.3%。全市发放销售许可156宗,预售现售商品房30508套,面积354.99万平方米;其中商品住房24642套,同比增长32.64%。

【住宅保障体系】 2012年,温州市制定保障性安居工程建设"四策合一"①政策体系,统一市区城中村改造、农房改造集聚建设和工程建设房屋征收安置补偿标准,并将三类安置房项目作为"政策支持性住房"纳入城镇保障性安居工程建设内容,给予用地保障、政府投入、信贷支持和税费减免等方面的优惠政策。

2012年,温州市成为住房公积金贷款支持保障性住房建设项目试点城市。争取到中央和省财政补助资金1.195亿元;获批计提城市廉租住房建设补充资金1.18亿元;与金融机构签订400亿元的意向性融资协议等。全市完成住房保障工程建设投资495亿元。全市新开工建设各类保障性住房8007套51.44万平方米,其中廉租房551套2.71万平方米,经济适用房2137套16.49万平方米,公共租赁住房4783套26.54万平方米,限价商品房536套5.7万平方米。基本建成各类保障性住房7726套71.61万平方米,其中竣工5082套。新增廉租住房租赁补贴508户。

【房地产行政管理】 2012年,《温州市区商品房预售资金监管实施细则》出台,及时对商品房最低销售规模、商品房销售价格调整监管、退购商品房集中销售、预购商品房抵押权预告登记及外地高资质企业在温开发等相关政策进行调整和完善。全市全年商品房供应充足,结构合理调整,交易市场在刚性需求作用下稳步回暖,销售价格回归理性,房地产市场整体呈现平稳发展的态势。全市销售商品房19871套250.16万平方米,比上年分别增长79.34%、89.54%。其中商品住房17571套,增长92.88%;成交建筑面积218.67万平方米,增长86.77%;交易金额389.02亿元,均价17790元/平方米。市区销售商品房7305套,其中商品住房5658套,增长507.08%,成交建筑面积67.72万平方米,增长493.49%,交易金额175.09亿元,均价25856元/平方米,下降21.96%。全市存量房交易27245套,增长23.12%,建筑面积462.85万平方米,增长24.66%;其中住宅24515套,建筑面积317.31万平方米,占交易套数的89.98%。市区存量房交易12217套,增长36.67%,建筑面积158.20万平方米,增长35.89%,其中住宅11155套,建筑面积116.79万平方米,占交易套数的91.31%。

【物业管理】 2012年,温州市开工城区旧住宅(危旧房、城中村)改造项目59个,建筑面积596.03万平方米,累计开工率为148.46%。旧房拆除建筑面积259.35万平方米,累计拆旧率为144.03%。开工历史遗留拆迁安置房73.7万平方米,竣工65.4万平方米。

【规范房地产市场】 2012年,温州市协助完成住房和城乡部个人住房信息系统全国联网工作以及省厅房地产监管分析平台数据联网建设工作。按时上报统计月报及"城房指数";按时进行数据统计分析并形成房地产市场运行报告;每半年向社会发布市区房产交易情况分析白皮书。

环 境 保 护

2012年,温州市推进生态环境保护工作,全市生态环境质量稳中趋好,完成主要污染物减排年度考核任务,获省级环保模范城市称号。全市地表水水质功能区达标率46.1%,比上年提高2.7个百分点。入海河流中,瓯江干流、楠溪江、飞云江水质为优,鳌江水质为中度污染;平原河网水质类别以劣V类为主,总体污染仍然严重,但部分平原河段水质比上年略有好转,其中温瑞塘河氨氮和总磷分别较上年下降15.2%和13.6%;县级以上集中饮用水水源地水质达标率100%。全市环境空气质量有所改善,市区环境空气质量优良率94%,优于上年的92.05%,各县市空气质量优良率均在95%以上;环境空气污染物年均值均符合国家二级标准,主要污染物为可吸入颗粒物;全市酸雨污染仍然严重。部分区域声环境质量有明显改善,市区区域环境噪声为55.9分贝,交通噪声68.9分贝,分别较上年下降2.1和1.9分贝。全市辐射环境质量总体良好。

全市水资源总量为183.94亿立方米,比上年增长107.2%。市区自来水日生产能力95万立方米,年供水量24707.35万吨。国家森林城市创建全面推进。全年荒山荒(沙)地造林面积12.25万亩,其中建设沿海防护林2.74万亩;

年末实有封山(沙)育林面积116.61万亩;全市森林覆盖率60.03%。

生态建设成效显著。全市已建成国家级生态示范区3个,省级生态县4个,国家级生态乡镇16个,省级生态乡镇72个;国家级自然保护区2个,省级自然保护区1个,国家级风景名胜区3个5处,国家级森林公园5个;已建成合格(规范)饮用水源保护区83个。全市建成国家级绿色学校6所,省级绿色学校145所;国家级绿色社区3个,省级绿色社区81个;省级生态环境示范教育基地3个。

据市环境监测中心站监测,市区环境空气质量达到Ⅰ级标准的72天,达到Ⅱ级标准的272天。全市地表水市控及市控以上站位76个,水质在Ⅰ至Ⅲ类的站位34个。市区有取水的两个饮用水源地年度达标率为100%。市区区域环境噪声昼间等效声级平均值55.9分贝,比上年下降2.1分贝;交通噪声等效声级平均值68.9分贝,比上年下降1.9分贝。

节能减排取得积极成效。全年完成省下达的节能降耗、污染减排目标。全市单位GDP能耗比上年下降6.1%,其中规模以上工业单位增加值能耗同比下降8.0%。33个行业大类中,有30个行业的单位增加值能耗有不同程度的下降。全年化学需氧量(COD)削减2.53%,氨氮(NH3-N)削减2.00%,二氧化硫(SO2)削减8.09%,氮氧化物(NOX)削减7.26%。全市已建成正式投入运行生活污水处理厂14座,实际处理水量68.7万吨/日,全市污水处理率达84.2%,其中市区污水处理率达87.3%。市区生活垃圾无害化处置率100%,农村生活垃圾集中收集行政村覆盖率100%。

合 肥 市

城 乡 建 设

【概况】 2012年,合肥市全年续建、新建大建设工程822项,完成376项,在建446项,完成投资218.35亿元,较上年增长1.2%。包河大道高架、徽州大道与高铁衔接工程、铜陵路高架南段、繁华大道等一批重点工程竣工;阜阳北路高架、铜陵路高架北段、轨道交通一号线、胜利路畅通工程、环巢湖道路、团肥路、生活垃圾焚烧发电等一批重大工程进展顺利;城市支路建设和小街巷改造工作成效显著,续建和新开工支路网工程44项,总长度约43.69公里。

【城乡规划】 通过专家领衔、公众参与和国际招标,完成《合肥市空间发展战略规划和环巢湖生态保护及旅游发展规划》,确定区划调整后"1331"市域空间发展新格局;完善提升主城区"141"布局,编制完成《合肥市东部组团规划》、《合肥市西部组团概念规划》、《一山两湖城市设计》、《中国科学智慧城市概念规划》、《西合肥市南组团战略规划》、《合肥经开区产城融合规划》、《合肥新站区总体规划》等,推动城市各组团中心形成;以国际化水准打造滨湖新区城市名片,邀请美国SOM公司等国内外知名设计单位开展滨湖中心主轴线、沿湖岸线、徽州大道、庐州大道、包河大道等九条轴线城市设计,科学引领滨湖新区开发建设;启动环巢湖生态示范区建设规划编制,完成"123520"生态修复和保护行动计划,划定环巢湖生态保护区范围,确定环巢湖及市域基本生态空间、水资源保护及调配方案,为城市可持续发展提供法定依据。编制完成《合肥市绿道网络规划和建设导则》、《南淝河、十五里河生态轴线及沿河景观设计》、《蜀山森林公园》、《滨湖森林公园》、《南艳湖风景区》、《少荃湖风景区》、《王咀湖风景区》等园林风景区规划,向社会公示33个公园和52块绿地控制规划;完成《半汤、汤池国际温泉度假区概念规划及城市设计》,统筹温泉资源,高起点、高标准、高品质地对温泉度假区进行综合一体化保护和开发;坚持控规在城市新区、重点地区、出让土地三个百分百覆盖。完成市辖各区拟出让用地、城中村改造、危旧房改造、工业用地升级改造等152个项目的控规编制。创新开展瑶海区三里街地区、庐阳四里河周湾片区、滨湖新区第五、第六、蜀山区片区等单元规划编制。完成高铁站片区规划、空港新城、华南城、京商城、茶博城、中科大、中科院先进研究院等重点片区规划和城市设计;编制美好乡村建设和民生工程规划,完成各县(市)域城镇体系规划和17个重点镇总体规划编制。依据安徽省美好乡村总体规划,编制《合肥市美好乡村规划导则》,完成五县市村庄布点规划和美好乡村首批157个中心村建设规划。完成城区城中村、危旧房改造规划修编任务,完成中小学、学前教育、养老机构、体育设施等专项规划。

·村镇建设·

【概况】 通过"以奖代补"方式,重点支持新农村建设示范镇、省重点镇、中心镇的基础设施项目,提升了村镇承载力。推进城市市政公用设施向县城、乡镇延伸。组织建成16个乡镇农村清洁工程。截止到当年底,合肥市农村清洁工程覆盖率达74%,完成省住建厅下达全市农村危房改造任务,共11888户,工程总投资1.428亿元。

·住宅与房地产管理·

【概况】 2012年,合肥市房地产管理局围绕市委、市政府提出的"新跨越、进十强"工作目标和"讲大局、强责任、提能力、抓落实"的工作要求,打造"效率房产、法制房产、和谐房产、靓丽房产、阳光房产、创新型房产",规范房地产市场秩序,优化服务流程,完善管理制度,推进管理型政府向服务型政府转变,推进房屋登记提速、扩大住房保障范围、物业宜居宜业、试点住宅产业化等重点工作,促进房地产各项事业平稳发展。全市商品房批准预售面积为959.7万平方米;完成房地产登记15.14万件;完成房地产交易(办证)金额577.39亿元,其中商品房467.05元,存量房110.35亿元;完成房地产抵押登记6.89万件,房屋抵押金额632.38亿元。

【房屋权属登记和市场管理】 贯彻落实国家宏观调控政策,严格落实住房限购政策,及时报经市政府批准,延期执行2011年开始的住房限购政策,累计住房限购查询84947件,其中,2012年查询51194件,引导市民住房理性消费,遏制住房价格过快上涨,市区商品住宅销售均价为6205.63元/平方米,同比增长4.63%,远低于GDP和国民可支配收入增幅(GDP和城镇居民人均可支配收入同比增长约14%),实现房地产市场年度调控目标。针对房地产成交低迷等情况,提出提高公积金贷款额度、改革土地价款支付方式等措施,保护刚性住房合理需求,促进房地产市场的平稳发展,截止当年底,销售面积连续10个月超过100万平方米,达到房地产市场"量增价稳"调控目的。为规范市场行为,减轻企业负担,化解交易风险,保障交易双方当事人合法权益,印发《商品房现房销售管理暂行规定》。

加强房地产领域的协税护税工作,及时向财政部门提供房地产税源信息,帮助财政部门掌握房地产项目的进展和实施情况;配合市财政局、市国土局做好"两税"(耕地占用契税)移交工作,与税务部门加强沟通,并发文做好"两税"移交过程中"家庭唯一住房查询"的接管工作,方便纳税群众;对一处四中心(既局属房地产产权监理处和庐阳、瑶海、蜀山、包河四个房屋交易办证中心)进行定期督查,防止少报、漏报有关房地产税收的行为;按时参加市财税联席会议,配合财税部门对全市财税收入进行定期分析、征管。全市累计完成房地产业地方性税收(不含建筑业)114.3亿元,同比增长5.45%,占2012年全市财政收入的16.46%,占地方财政收入的29.34%。

贯彻执行《房屋登记办法》和房屋登记技术规程,规范房屋登记收件,严格执行三级审批制度,完善首问责任制,防范登记风险。建立健全房屋登记工作例会制度,将范围由局属一处四中心扩展到市辖各县(市),解决房屋登记工作中遇到共性和难点问题。加强房屋登记官制度建设,发文通知要求市属各县(市)高度重视,强化培训,组织一处四中心参加全国登记官考核,全年通过率达到62%以上,居全省第一。落实好"不能办"登记报告、"限时办结"等制度,累计办结"不能办"5856件;细化登记业务收取要件,严格执行"限时办结",确保所有登记业务7个工作日内办结,标准化收件1日办结率达到70%以上,3日办结率达到100%。加强对存量房交易的资金监管,对原有的存量房托管资金软件进行修改,对存量房资金托管程序和收取要件进行优化和调整。

更替新老房地产管理信息系统,更新权属登记子系统、存量房网上备案子系统、从业主体管理子系统、项目管理子系统、信息统计发布子系统、测绘及成果管理子系统、商品房联机备案子系统,实现联机稳定运行和历史数据安全迁移,完成合肥市个人住户信息联网;局属档案馆努力适应房地产市场发展,加快权属档案扫描进程,发挥数字档案作用,对档案查询人员进行专门培训,做好司法取证和限购查询工作;行政审批窗口加快信息化建设步伐,实现与省厅网上审批系统的对接工作,率先在全省实施房地产开发企业资质网上审批工作,履行"一网审批、一网转报、一网查询"模式,先后被《安徽日报》、《江淮传真》、新浪网等媒体报道。房屋租赁实行属地管理,房屋租赁备案由瑶海(负责瑶海、新站)、庐阳、包河、蜀山(负责蜀山、高新)、经开区五个区组织管理,共办理房屋租赁登记备案5102件,建筑面积240万平方米,收取租赁手续费162万元;探索存量房交易网上备案工作,推进网上交易试点;做好全市房地产经纪人协理考试和考前培训工作,参加培训人员465人,报考1863人;做好全市土地收储评估备案和探索房屋征收补偿评估管理工作,完成市工投合肥化工总厂11228.3平方米、1060.87万元备案工作。

【房屋登记官持证上岗】 房屋登记官是房屋登记工作步入标准化、规范化、专业化执业的标志。组织房屋登记人员参加全国统一考核,36人通过考核并获得登记官证书,至此共有86名房屋登记官持证上岗。按上级要求,安排有《房屋登记官考核合格证书》的工作人员在审核、登簿、质量管理等重要岗位,确保房屋登记质量。全年共完成各类房屋登记逾15万件,未发生一起有理投诉。

【房地产开发与监管】 全市共成交经营性用地134宗,面积864.9公顷,均价237. 万元/亩,总价307.48亿元。其中,市区成交经营性用地83宗,面积708公顷(同比增长174.41%),均价251.8万元/亩,总价267.56亿元(同比增长104.13%),总成交面积及金额较上年同期增长一倍以上,从全市成交的经营性用地规划用途分析看,商办类用地占比例最高(35%),商住和居住类用地共计占58%。全年商品房新开工1488.75万平方米,竣工921.04万平方米,房地产开发总投资913.8亿元,其中住宅投资578.5亿元;商品房和商品住宅销售面积分别为1371.06万平方米和1173.27万平方米(117954套),其中,市区商品住宅销售956.72万平方米(97004套)。全市登记成交二手房总面积267.6万平方米,其中住宅213.5万平方米(共计24931套)。开发企业在投入房地产开发的资金中,国内贷款占11.27%,利用外资占0.52%,自筹资金占28.29%,收取的定金、预付款和个人按揭款占59.92%。房地产开发企业的商品住宅项目新开工面积894.34万平方米(占66.12%),办公楼项目新开工面积103.94万平方米(占7.68%),商业用房项目新开工面积183.28万平方米(占13.55%)。

年度市区销售备案的商品住宅户均建筑面积98.63平方米,首次置业的小户型和改善型购买的三室户型是热销户型。按成交套数计算,单套建筑面积在144平方米以下的普通商品住宅占总套数的94.63%。市区销售备案商品住宅中,按成交套数计算,销售单价在5000元/平方米以下的占成交总套数的18.88%,5000－6000元/平方米占总套数的29.33%,6000－8000元/平方米占总套数的45.50%,8000元/平方米以上的占总套数的6.29%;市场热销价位段是5000－8000元/平方米。在市区销售备案的商品住房中,根据购房人的户籍地划分,合肥市居民(含所辖四县一市)购买的商品住房套数占总比为66.85%,安徽省其他城市居民购买的占总比为27.88%,外省、国外居民和部队官兵购买的占总比为5.26%;本市居民是市场购买主体,本省其他城市居民对我市商品住房的认可程度较高,外省居民购房较少。

房地产市场监管坚持以"高效服务企业,有效实施监管,防范市场风险"为目标,突出加大督查力度,及时查处房地产开发经营、交付中违法违规行为,规范房地产秩序。全年共对128家房地产开发企业、274个商品住房项目进行"日常巡查",对100个商品住房项目实行"跟踪督察",共有45家开发企业被书面责令限期整改,25家开发企业相关负责人被约谈,现场协调处理群体性上访事件47件,及时约谈32家开发企业,1家立案查处,确保了合肥市房地产市场有序发展。加强对《商品房买卖合同》格式条款的备案审查,特别是对商品房交付期限及条件、出卖人逾期交房的违约责任、商品房交接、出卖人关于基础设施、公共配套建筑正常运行的承诺、产权登记约定、合同补充协议等方面进行重点审核;针对《商品房买卖合同》格式条款中不适当免除卖方责任,加重买受方责任、排除消费者权利等"霸王条款"严格审查;共对325个领取预售许可项目的《商品房买卖合同》进行格式条款审查。与市工商行政管理局联合开展房地产广告专项检查行动,主要针对广播、电视、报纸期刊、互联网、印刷品、户外等发布的房地产广告进行专项整治,检查房地产企业32家、在售楼盘32个,印刷品广告4大类158份、报纸广告53份、户外广告41条,下发《限期整改通知书》20份。加强项目管理,共向开发企业发放"两书"130000套,累计完成470家房地产开发企业资质换证的统计报表及项目手册查验工作。建立适应市场经济发展需要的企业诚信体系,并对局信用档案系统提出修改完善方案,全年累计验核843家;完成390个建设单位(或企业)、409个建设项目的现场查看工作,完成2079幢房屋的现场查看拍照工作。

推进"四节一环保"(太阳能与建筑一体化、太阳能光伏发电或光电转换、住宅全装修交房、雨水收集以及采用绿色环保建材),采取资料审查和现场核验的方式,报批安徽佳诚置业有限公司"铂金汉宫"等9个"省地节能环保型"住宅建设试点项目和合肥前城置业有限公司"前城大厦"等5个"省地节能环保型"公共建筑建设试点项目,总实施面积达217.45万平方米。安徽置地投资广场荣获国家"广厦奖",扶持合肥百协置业有限公司的"大溪地现代城六期"项目申报安徽省绿色建筑示范专项资金702万元。开展房地产开发项目用电隐患排查工作,对市区范围内当年交付的房地产开发项目的供电配套设施验收情况、用电交付情况及原因进行专项调查,共63个开发项目;组织供电隐患项目实地调查,就56个开闭所问题会商市住建委、市供电公司,明确具体整改措施,对问题开闭所建设单位或物业公司下发限期整改通知书并抄送各辖区政府。开展房地产开发项目逾期交房排查工作,重点跟踪调查存在资金困难和延期交房问题的开发项目,共排查汇总了127家房地产开发企业的131个项目,涉及713幢楼,共有15家开发企业的15个项目存在逾期交房情况,依法约谈企业相关负责人,避免风险扩散和失控。针对预售款监管业务办理中的新情况和市场的变化,及时制定补充政策规定,出台《关于明确商品房预售款监管相关业务办理要求的通知》、《关于商品房预售款监管涉及住房公积金贷款问题的通知》和《关于住房公积金贷款划转使用监管问题的通知》,截止当年底,共监管账户650个,核定的重点监管资金466亿元,累计拨付重点监管资金4685次、约193亿元;监管账户累计拨付一般监管资金1559次、约54亿元;监管账户总入账资金约314亿元,账户总余额约62亿元;合肥市商品房预售资金监管工作受到国家住建部充分肯定,并被概括为预售资金监管的"合肥模式"并向各地推广。

【住房保障】 省下达合肥市保障性安居工程建设任务5.45万套,市政府以6.95万套分解下达,占全省总任务量的20%。截止当年底,实际新开工各类保障性安居工程7.53万套,完成省下达目标任务的138.4%。基本建成5.9万套,完成184.5%;竣工2.6万套,完成135%,新增保障户数2479户,完成275%;新增保障性安居工程基本建成、主体结构施工和基础施工套数,分别占实际开工总套数的34%、45%和21%,全面完成国空住建部"三个1/3"的要求,在省民生工程年度单项考核中获得99分,评为优秀层次。

理顺保障房管理体制,发挥街道、社居委作用,改进审核手段和动态管理方式,实现"两级政府、三级网络、四级管理",确保住房保障制度公开、公平、公正。落实"四个保障":在机制保障上,构建市政府统揽负责、房产部门牵头负责,职能部门分工负责、市县(市)区联动、以市县(市)区为主的工作格局,实施工作例会、月报和月调度、督查通报等制度;在制度保障上,修订出台《合肥市廉租住房保障暂行办法》、《合肥市廉租住房保障实施细则》、《关于实物配租廉租住房后期管理的实施意见》,拟订《合肥市公共租赁住房管理办法》、《合肥市关于进一步加强保障性安居工程建设和管理的实施意见》,印发《关于建立年全市保障性安居工程建设项目备案制度的通知》、《关于认真落实2012年保障性安居工程目标任务的通知》、《关于合肥市住房保障工作目标责任考核有关问题的通知》、《合肥市保障性住房信息公开办法》等文件,规范保障房建设、管理和考核工作;在用地、资金保障上,对接市国土局,梳理项目用地,编报保障房用地计划223公顷,做到应保尽保。会同市财政局,编制投资预算、争取资金补助,五年来共争取中央和省各类保障房专项补助资金30.9亿元,其中2012年争取16.9299亿元,按进度拨付15.7亿元。争取国开行政府投资公租房专项信贷13亿元,申报发行企业债券18亿元,与中国房地产集团签署协议,争取保障房建设资金41亿元;在政策保障上,配合保障房实施单位,依据政策规定、落实规费税费减免,提升企业参与保障房建设的积极性。采取"四个结合":与纠风整治结合,联合市发改委、市财政局、市纠风办等有关成员单位对住房保障目标任务完成、资金拨付与管理、工程建设质量、分配入住等情况进行督查通报;与效能建设结合,联合市效能办,加大对保障房开工进度实施周调度通报,对进度缓慢的实施问责通报;与工程治理重点领域检查结合,会同市建委解决保障房工程建设中挂靠借用资质投标、违规出借资质等问题,对136个保障性住房项目进行专项排查;与工程质量安全检查结合,会同市建委开展3次保障房工程质量大检查,严格基本建设程序。创新"四个举措":推进保障房产业化,从政府投资公共租赁住房项目中,选择5个项目、7034套,约41.6万平方米,推行整体装配式和建造装修一体化住宅产业化试点;创建示范工地,所有保障性安居工程创建"安全文明示范工地"和优质结构工程,确保工程质量和安全;落实节能减排,出台《关于加强保障性住房太阳能建筑一体化应用管理工作的通知》,在全省率先推行保障性住房太阳能与建筑一体化设计,提升建筑和装修品质;争创省级示范,当年获批3个项目、3388套省级保障性住房示范项目。把好"四个关口":准入关,严格执行"三级审查”、“二级公示”制度,无异议方可登记;摇号分配关,坚持“公开摇号、顺序选房”,引入第三方摇号并实行全程公证,对“荣城北苑一期”和“永和公寓二期”两项目892套进行实物配租;保障服务关,建立小区服务管理例会制度,公开保障房小区负责人、管理部门、投诉部门的电话号码,主动接受监督。试点筹建保障房小区“爱心商店”,鼓励住户参与社区志愿服务;动态使用关,落实和推行年度审核、定期回访、不定期巡查、举报奖励、居民自治等制度,加大保障房使用情况监管。

【住宅产业化】 以住宅产业化实现千亿产值为目标,以住宅生产工业化为核心,主动作为,大力招商,加快保障房产业化试点进程。在合肥设立混凝土预制件工厂的住宅产业化企业有西伟德宝业公司、长沙远大住工、黑龙江宇辉集团等。西伟德宝业公司设计产能40万平方米,长沙远大住工设计产能100万平方米,黑龙江宇辉集团设计产能120万平方米。市政府成立合肥市住宅产业化工作领导小组,并以市政府第33号专题会议纪要明确细化各相关部门在实施住宅产业化中的职责分工。市房产局抽调精干力量,赴南京、上海、长沙、深圳、沈阳和哈尔滨等住宅产业化先进城市考察招商,先后引进长沙远大住工、上海城建集团和黑龙江宇辉集团来合肥投资。远大住工先期在合肥经开区租赁厂房安装生产线,设计产能100万平方米,同时拟在肥选址投资建设住宅产业园,项目初步规划用地约20公顷,总投资约10亿元人民币,年产300万平方米PC构件;宇辉集团在经开区先期租赁厂房安装生产线,设计产能120万平方米;上海城建与合肥本地预制构件企业达成合作意向。初步建立质量保证体系、招投标管理体系、科技创新体系和整体推进体系,确保住宅产业化项目的顺利实施。选择5个政府投资的公共租赁住房项目先行试点住宅产业化工作,总建筑面积达38.7万平方米,其中,整体装配式产业化试点项目2个,建筑面积14万平方米,分别为经开区出口加工区公租房、新站区平板显示基地公租房,由安徽宝业公司实施;建造装修一体化单项产业化试点项目3个,建筑面积24.7万平方米,分别为高新区第二公租房、包河区花园大道公租房、蜀山新产业园公租房,由合肥鹏远住工实施。至10月底,5个公租房产业化试点项目全部开工。

中科大先进技术研究院项目是省、市重点工程,建设工期短、标准高,省市领导高度关注。市政府多次召开该项目综合调度会,对各家企业的设计方案进行审议,确定远大住工和宇辉集团为项目实施单位,按住宅产业化模式建设学生公寓(3栋13层、建筑面积48000平方米)与专家楼(2栋6层、建筑面积8000平方米),于当年底前开工。市政府确定滨湖新区拆迁安置房项目(总建筑面积约80万平方米)采用住宅产业化方式建设后,立即组织宇辉集团、远大住工、上海城建、安徽宝业四家企业与建设单位快速对接。对产业化龙头企业和产业化项目主动对接服务,多次深入住宅产业化基地和产业化企业进行调研,了解基地企业的规模、产能、产品性能、经营状况和物流运输等情况,并与宝业、西伟德、鹏远住工等重点企业就产业化设计、招标、施工等环节进行座谈,协助远大住工、上海城建、黑龙江宇辉等产业化龙头企业摸排、对接住宅产业化项目;组织方案评审,建立全市住宅产业化专家库,组织规划、建筑、结构和施工等专家,对实施项目的产业化方案进行评审论证;召开现场推进会,会同市重点局、招管局、业主单位和产业化企业多次召开产业化项目现场推进会,从建设标准、工程造价、施工工期和建设模式等方面提出优化建议,确保产业化项目工期可控、成本可控、质量可控。

【物业与维修资金管理】 推进物业管理工作重心下移,监督管理机制不断创新,完善“两级政府、三级管理、四级网络”的物业管理新体制,形成市局综合协调、各区政府属地负责、街道办事处具体实施、社居委密切配合的工作格局;全年共调查处理园景天下、梦园等小区的群体性物业矛盾纠纷24件,较上年同期下降50%以上;各级物业主管部门及各企业按规定的范围、时序、目录、程序开展物业管理档案资料搜集整理工作,出台实施《合肥市物业管理若干规定》,配套出台《合肥市业主大会和业主委员会指导规则》等一系列规章制度和示范文本。经过住建部、省住建厅的严格考核,3个项目获国优示范项目,13个项目获省优示范项目称号;创新市级评先评优及考核的组织形式,建立物业管理专家库,组织评优和考核时,邀请人大代表、政协委员、党代表及物业管理专家组成考评组,对“目标管理”、“市优项目”、“流动红旗”进行考评验收,共有20个住宅项目和14个大厦项目获得“市优项目”称号,全年评出123面流动红旗,约谈35家后三名物业管理企业负责人;开展物业转让时物业服务费查验工作,依据《若干规定》制定《关于实施物业转让时物业服务费查验工作的通知》,实施了物业转让时物业服务费查验工作,对于促进业主按服务合同约定的标准交纳物业服务费,保证小区物业服务工作正常运转,建立和谐的物业管理关系具有重要意义;组织开展《合肥市物业管理若干规定》专题培训,共计培训各县(市)、区(开发区)、各街道、社居委物业管理人员2018人次。加强企业资质管理,严格行业准人和退出管理,依法注销三级及暂定资质企业247家;加强与市招投标中心的合作,将前期物业选聘工作全部纳入招投标管理,采取物业管理项目招投标文件电子档“点对点”传输方式,防止招投标作弊行为;兑现22家物业服务企业奖励税费245万元,社会效益显著。

物业维修资金管理中心与局属各房屋权属登记部门联动配合,在房屋办证环节即足额归集维修资金,全年归集维修资金约9.33亿元,累计归集维修资金约49.58亿元,涉及业主60多万户,累计增值收益约1.62亿元,杜绝了漏缴和欠交维修资金现象;开始二手房交易时补交或续交维修资金的前期准备工作;办理维修资金过户业务44866笔,涉及维修资金2.4亿元,建筑面积达458万平方米;共受理维修资金申报、支用项目10个,惠及业主1111户,建筑面积13.3936万平方米,共计拨付维修资金125.8327万元。按照《合肥市物业专项维修资金管理暂行规定》,在全省率先开发建设维修资金电子过户系统;通过试点引路,探索新的归集模式,在业主收房时同步归集维修资金,确保维修资金安全;与相关银行合作,开发出维修资金卡式查询系统,使业主通过查询卡即可非常方便地查询自己的维修资金相关信息;创新电梯维修检测方式,使用其他同类电梯配件暂时更换代替,找出电梯损坏部位和部件,尽快完成检测。开展房屋状况调查,完善电子楼盘表建设,全年共建立和修改电子楼盘表2394幢39473户,核对《业主分户清册》39589户。

【拆迁安置小区历史遗留房屋办证工作】 根据市政府第91

次常务会议纪要精神，将解决拆迁安置小区历史遗留房屋办证工作，列入当年“十件大事”之一，并超额完成既定任务。针对拆迁安置小区历史遗留房屋建设时间久、各种手续欠缺补办难度大，个案多、情况复杂等情况，按照“协调引导、依法办理、先易后难、全力推进”的工作方针，通过摸排梳理、现场督办等方式，使拆迁安置房办证工作进展顺利，梳理出59个拆迁安置小区(除集体土地安置小区后为45个)，所涉及安置房办证的50754户中，补办土地手续24件、规划手续618件、质量验收(含鉴定)手续615件，已补办相关手续并进入初始登记的小区共38个，44573户，占全市总数的93%(不含集体土地)，申报分户登记办证23433户，199.2万平方米，其中已发证22119户。7月2日，庐阳区大杨镇紫桐新村2000多户拆迁安置居民领到安置房屋房产证。

【行政权力运作】 推进管理型政府向服务型政府的转变做到“阳光行政”：动态公开权力，自查清理行政许可、审批、处罚项目等其他行政行为标准，编制权力运行流程图，细化行政处罚档次，压缩自由裁量权，逐步向“零自由裁量”转化；对涉房法律法规、管理规定全部上网并及时更新，提高群众对政策的知晓度；对退房摇号、廉租房配租、物业服务招投标等关乎群众切身利益的工作，公开公示。建立制度约束权力的滥用、乱用，如“不能办”事项登记报告制度，因报件等原因不能立即办理的实行登记报告制度，避免出现不作为、乱作为等问题，让申请人对办得成的事感到放心、办不成的事感到理解。全过程监督权力，实行月度督察制度，对局属单位和部门的工作程序、环节、结果等进行不间断检查，及时发现和纠正执行权力过程中的偏差。结合廉政风险防控体系建设，制定防范权力不正当使用的防控措施、公布廉政风险点，全面接受监督。开展“微笑服务”、“为民服务创先争优”、“五级书记大走访”、设立“党员先锋岗”等活动，号召全体党员职工做一流职工、出一流成绩、创一流品质；开辟绿色通道，对困难群众、外资企业、重点工程、招商引资等申请事项一律特事特办；以“流动红旗”综合评比为抓手，打造“靓丽、阳光、法制、和谐、效能、创新”房产形象；设立督查服务台，实行包保责任制，领导轮流充当服务督导员，引入社会监督，邀请人大代表、政协委员、新闻媒体担当监督员，加强政风行风建设。局属窗口单位坚持制度创新，强化规范化、程序化建设，杜绝“自由裁量权”，瑶海、庐阳、蜀山包、河房屋办证中心分别开展“制度建设年”、“人性化服务，让服务对象满意”、建设高效文明房产”、“零违规、零失误、零投诉”等活动。

环境保护

【概况】 合肥城市空气质量优良天数331天，优良率90.4%，环境质量总体稳定。可吸入颗粒物为主要污染物，年日均值为0.107毫克/立方米；二氧化硫年均值为0.022毫克/立方米，符合环境空气质量二级标准；二氧化氮年均值为0.031毫克/立方米，符合环境空气质量一级标准。巢湖西半湖水质保持稳定，南淝河及其支流、十五里河、派河等河流水质无明显变化；城市饮用水水源地董铺水库、大房郢水库水质109项全项指标均达到《地表水环境质量标准》(GB3838－2002)规定标准，达标率100%。城市区域噪声等效声级为54.8分贝，道路交通噪声等效声级为67.5分贝，符合功能区标准要求；全市辐射环境质量保持在天然本底水平。

【地方性重要政策、法规】 2012年3月1日起施行经安徽省第十一届人民代表大会常务委员会第三十次会议通过的《合肥市水环境保护条例》。

适用于该市行政区域内河流、湖泊、水库、池塘、渠道、湿地等地表水体和地下水体的水环境保护。坚持科学规划、统一管理、分级负责、综合治理、公众参与的原则。优先保护饮用水水源，合理使用水资源，严格控制水污染，科学进行水安全防范，促进水环境的全面改善。市、县(市)区、乡镇人民政府对本行政区域内的水环境质量负责，实行政府目标考核责任制。开发区和各类工业园区管理机构应当按照市、县(市)区、乡镇人民政府的要求做好本辖区水环境保护工作。市、县(市)区环境保护行政主管部门对本辖区内水环境保护实施统一监督管理。城乡建设、水务、城市管理、发展改革、规划、交通运输、海事、农业、畜牧水产、林业和园林、卫生等行政主管部门在职责范围内，做好有关水环境保护的监督管理工作。环境保护行政主管部门对本条第二款所列水环境监督管理部门未履行监督管理职责的，可以向同级或者上级人民政府提出整改意见或者建议。市、县(市)区人民政府应当建立水环境保护联合执法、信息共享、公众参与和生态补偿等工作机制。

【工业污染防治】 合肥市深化污染防治，改善环境质量。市政府成立水污染防治工作领导小组，加大项目调度频次，组织专项督查，加快规划项目实施进度，截至当年底，规划项目完工14个，调试3个，在建27个；董大水库水源地土地整治项目全面启动，已搬迁20个村民组近8000人；颁布施行《合肥市水环境保护条例》；建立“河长”制，明确14条河流“河长”，河流巡查范围扩大到17条，督促整改违规排污行为60多个；建立蓝藻监测预警机制，建成蓝藻打捞应急处置项目。贯彻落实空气质量新标准，10个空气自动监测点位均配备PM2.5监测设备，11月30日起对外发布PM2.5等新增指标的监测数据；全市共拥有机动车环检站10家、检测线42条(其中稳态工况法32条)，建成机动车排气污染监管信息系统，核发机动车环保标识31万张。通过媒体公布225家重点排污企业名单，56家企业签订清洁生产审核合同，26家重点企业通过省清洁生产审核验收。印发“十二五”重金属污染防治实施方案，在建安徽天辰化工深度脱吸除汞项目改造项目，合肥万达蓄电池厂、安徽海容电源动力通过清洁生产审核验收，安徽和鼎搬迁新址后将实施清洁生产审核。

【农村环境保护】 合肥市各级环保部门开展农村环境连片整治，进行生态创建，自然生态和农村环境保护得到加强。编制全市农村环境连片整治项目库，2011年肥西县山南镇项目通过验收，肥东县长临河镇、长丰县岗集镇、庐江县郭河镇、柯坦镇项目主体工程完成；2012年庐阳区三十岗乡、巢湖市烔炀镇、黄麓镇、中庙街道4个乡镇项目和肥西县铭传乡鸽子笼村“问题村”整治项目进入尾声。开展生态创建，肥西县铭传乡、长丰县杨庙镇、庐江县同大镇被授予第六批省级生态乡镇荣誉称号,长丰县陶楼乡新丰村等5个村被授予第六批省级生态村;组织申报21个乡镇、村候选第七批省级生态镇、生态村,截至当年底,全市共创建国家级生态乡镇5个、省级生态乡镇24个、省级生态村45个。推动畜禽养殖污染防治,市政府出台《关于加强畜禽养殖减排工作的通知》,分解畜禽养殖减排目标任务,对长丰县伊利乳业宋岗牧场和陈刘牧场进行挂牌督办,对40个规模化畜禽养殖场实施减排工程;加大秸秆禁烧执法力度,未出现大面积焚烧现象。

【园林绿化】 2012年,按照市委市政府的总体要求和部署,全市林业园林工作坚持以科学发展观为指导,各项工作取得新突破、实现新跨越。近两年累计投入绿化资金70亿元,完成植树造林28200公顷,城区绿化2237万平方米。截至当年底,全市森林覆盖率26.69%(剔除水面达32.7%),城区绿化覆盖率45.2%,绿地率40.3%,人均公共绿地面积12.8平方米。城区园林化、城郊森林化、道路林荫化、农田林网化的城乡绿化格局基本形成。

共实施城区绿化项目217个,投资14.45亿元,完成绿化总面积1212.9万平米,比2011年增加约20%。其中新增绿化面积990.28万平米,提升绿化面积222.62万平米;共栽植乔木45.12万株、花灌木96.86万株、色块266.75万平米。新增绿化面积为市政府下达目标任务的149%,超额完成年度目标考核任务。城区三项绿化指标在全国省会城市、全省地级市中均居于前列。

单位坚持公园绿地新建提升并举,围绕"做大做美公园绿地,提升城区绿化品质"的目标,推进公园、游园建设和改造,先后建成陶冲湖公园、大张圩森林公园(一期)、滨湖公园(一期)、王咀湖坝下河公园(一期)、繁华公园等一批公园、游园,新建公园绿地539.89万平方米;4月29日,占地345公顷的大蜀山森林公园西扩景区建成并对外开放,使大蜀山森林公园的总占地面积达到867公顷,形成距市中心仅6公里的大型森林绿肺,并成功创建国家级森林公园;建设大张圩滨湖湿地森林公园(一期),占地180公顷,建有焦姥路林荫大道、焦姥河生态水系、游步道、木栈道休闲漫步体系、带状湿地生态廊道四重主景系统,于9月29日对外开放。建成滨湖湿地公园(试验段),面积达80.24万平米,该工程于2011年12月开工,2012年4月竣工,总投资约4536.8万元。加强道路绿化绿量统筹,按照"增加绿量、营造层次、丰富色彩、提升景观"的要求,高标准实施道路绿化;完成新蚌埠路、魏武路、东方大道等113条道路及节点景观绿化建设,望江西路、科学岛路等21条道路沿线及节点绿化改造提升,绿化面积达376.88万平方米;完成全长约17.6公里的机场高速绿化,道路两侧绿化带宽30米,栽植美洲杨、雪松、栾树等乔木10万余株。开展拆房建绿、拆违建绿、见缝插绿、垂直绿化,千方百计增加绿化,全市累计实施天都小区、嘉和苑小区、曙宏新村、光明新村等"三无、老旧小区"绿化整治65个,实施

【清理整顿不法排污企业行动】 合肥市各级环保部门加大执法监管力度,解决突出环境问题,执法监管取得显著成效。以重金属排放企业、危险废物企业和重点减排项目为重点开展环保专项行动,以危险化学品、饮用水水源地、工业园区、尾矿库为重点开展环境安全百日大检查,出动环保执法人员约9200人次,检查企业约3300家次,共下达限期整改通知书60份,取缔3家"小电镀"工厂,公开曝光存在严重环境问题单位17家,挂牌督办严重环境违法单位9家。全年处理环境信访投诉5785件,查处率100%,结案率88%,化解信访重点难点积案11件,12369环境投诉受理中心被环保部表彰为创先争优为民服务先进窗口;修订合肥市突发环境事件应急预案,投入百万元建成环境应急处置物资储备库;加强中高考"禁噪",从重从快处理噪声污染投诉273件。全面使用排污费征收管理系统,完成排污申报2102家,排污申报率100%,超额完成年度征收目标任务;完善污染源在线自动监控系统网络,安装污染源自动监控设备144台套;国控省控重点污染源能够稳定达标排放,废气达标排放率100%,废水达标排放率100%。

马鞍山市

城乡建设

【概况】 2012年,马鞍山市住房和城乡建设项目742个,完成投资427.06亿元,其中完成副城区、县城和小城镇建设投资81.37亿元(含博望区),城镇化率提高1.8个百分点,达61.2%。争取到中央、省财政补助资金6.43亿元。实施城乡基础设施项目333个,完成投资186.64亿元。完成桥山路、九华东路(一期、二期)、印山路东路、花园路(军民路-慈湖河路)等道路建设,实施湖南路、湖西南路、红旗北路、花山路改造及东环路改建等道路综合改建工程。实施南湖公园景观提升、花果山公园续建、采石河路与东环路出入口、葛羊路与东环路出入口环境综合整治等园林景观工程。植树2900株,绿篱3000平方米,垂直绿化2.4万株,铺草2.8万平方米,换植草花150万盆(株),养护绿地600万平方米,建设街头游园2处。举办第21届金秋花展。采石风景区积极推进国家5A级旅游区创建,建设草坪停车场,整修改造林散之艺术馆,建成全景式无线监控系统等。完成长沟水系、南塘水系、黄家塘印山支流、雨田路至红旗路水系整治工程,印山西路等5处易涝点的整治,实施污水处理厂外部配套污水设施工程项目13项,新建污水泵站2座,改造泵站1座,建成污泥处置厂一期工程,日处理污泥约100吨。

保障性安居工程超额完成省下达的目标任务,完成投资29亿元,争取到中央、省财政补助资金5.02亿元。新增保障性安居工程开工19021套,开工率112%;基本建成15299套

(含结转项目),完成率 156%,其中竣工 1.002 万套,完成率 170%。实施旧城改造项目 20 个,完成投资 17.5 亿元。完成廉租住房配租 6598 套,发放廉租住房补贴 8019 户,发放补贴资金 2647.4 万元。安置房建设完成投资 51.5 亿元,新开工项目 27898 套开工建设,累计竣工 20307 套。完成 15 个老旧小区整治工程,投入资金 4749 万元,整治面积 72 万平方米,受益居民 1.25 万户。

农村清洁工程建设投资 1450 万元,建成 10 个乡镇的压缩式垃圾中转站。农村危房改造 6544 户,完成投资 8210 多万元。村庄整治投入 6300 多万元,涉及 16 个乡镇 53 个自然村,整治成果惠及 5000 农户近 2 万人。

全面完成文明创建各项整治任务。加强施工工地现场管理专项整治,建立建筑渣土清运联运监管机制,狠抓施工现场安全文明施工基础性工作,安排 4 个督查组对城区范围内的 268 个工地的文明施工状况进行拉网式排查,对需整改的问题及时跟踪落实。及时修复破损基础设施,完成各类路面整治约 2 万平方米,维修路灯 2099 盏,亮灯率达 98% 以上。更换窨井盖 785 块,疏通下水管网约 29 公里,清淤外运 10 处过路涵管淤泥 3000 立方米。加强对雨山湖、南北湖、永丰河等市管河湖的保洁,对雨山河、南塘、黄家塘水系进行驳岸和清淤。继续对市管道路两侧约 22 万平方米绿化带及空地、“门前三包”约 13 万平方米绿地进行环境整治,补植提升,栽植花坛 2.6 万平方米、草花 90 余万株,在花雨路、湖南路等路口摆放 1.2 万玻璃钢花盆花草。更换垃圾桶 60 个,增设休闲坐椅 8 个,维修健身器材 10 余组,新增护栏 1500 余米。对全市 123 个物业管理小区进行全面排查,梳理出各类问题 5 大项 400 多个,列入督查的重点,并以通知的形式下发到各区和各物业企业,先后对 7 个项目下达整改通知,对 1 家企业进行警示处理,重点督查整治较差的 26 个物业管理小区,督促整改到位。

【城建重点工程建设】 推进马巢高速公路、联合西路建设、205 国道改造,完成 105 省道建设、东环路高速化改造,开工建设 206 省道、226 省道、205 国道北段示范工程,314 省道升级改造竣工通车,畅通博望区对接南京、连接主城区的快速通道。完成印山东路、湖西南路等建设,实施湖东路等破损道路综合改造提升。建设东部、慈湖等 5 个污水处理厂外部管网配套工程,实施长沟水系、黄家塘水系整治,续建宁安铁路马鞍山站前广场配套建设工程、市体育中心及政务中心大楼等公用设施。建设南湖公园景观提升工程,实施城市出入口综合整治。完成郑蒲大道、东部环路等新区园区道路建设。开工建设石桥工业干道、太白农贸市场、乌江镇前广场、黄池货运码头、乌溪荷月小区等项目。

【勘察设计行业概况】 2012 年,马鞍山市有勘察设计单位 29 家,其中设计甲级企业 5 家,勘察甲级企业 1 家,设计乙级企业 8 家,勘察乙级企业 6 家,设计丙级企业 10 家,勘察丙级企业 3 家。 (刘玲华)

【房产中介概况】 2012 年,马鞍山市有房地产中介机构 63 家,其中房地产经纪机构 47 家,房地产评估机构 16 家,从业人员约 500 人。其中,全国房地产经纪人 25 人,省房地产经纪人协理 69 人;房地产评估师 67 人。全年新增房地产经纪机构 3 家、房地产评估机构 6 家。

【城建监察】 2012 年,市城市建设管理监察支队推行服务为先、教育为主、教育与处罚相结合的人性化执法理念,坚持“首查不罚”制度。全年出动监察 1200 余人次,对首次检查发现的 317 起各类轻微违反建设法律法规行为进行现场制止和普法宣传教育,并跟踪复查,全年实施简易处罚 1 起,一般程序处罚 7 起,处罚款 41.3 万元。与建管处、市政处、住建委业务科室开展多项联合执法和专项检查,下发整改通知书 92 份。其中,限期整改 61 份,停工整改 31 份,查处责任单位 46 家。全年“爱民热线”受理各类投诉 1745 个,其中市长公开电话 810 个,住建委热线电话 307 个,政府网投诉帖 628 个,反馈率 100%,办结率达 99.8%,超出年度目标达 9.8 个百分点。

【白蚁防治研究】 全年接收了市体育馆、市会展中心、承接产业转移示范园区安置房工程、市教育局办公楼、向山安置房工程、博望安置房工程等多家建设单位的白蚁预防工程,签订合同 123 个,签约面积约 416.86 万平方米,应收收入为 833.72 完元,实际收入为 454.3 万元,政府政策性减免 379.42 万元。全年完成白蚁预防施工约为 230 万平方米。完成房屋白蚁灭治 72 户,约 7830 平方米,安装白蚁诱杀装置 60 个;处理被白蚁危害树木 128 棵;处理市长公开电话 12 起。协助住建部全国白蚁防治中心完成《白蚁防治工程基本术语标准》(我国白蚁防治行业第一个国家标准,于 2012 年 10 月 1 日起实施)评审工作。完成最新版白蚁学教材——《白蚁生物学:现代综合》第 13 章、第 18 章、第 19 章的翻译任务。在《华中昆虫研究》第 8 卷发表《等翅目分类学研究进展》。译文《澳大利亚白蚁防治方法回顾及白蚁防治方法与白蚁生物学生态学联系》在《白蚁防治》杂志第 1 期刊登,译文《象白蚁兵蚁额腺中信息素对兵蚁形成的调节》在《城市害虫防治》第 1 期刊登。

【批后监管】 房地产市场批后监管。会同市工商行政管理局对全市 24 家在销售的房地产开发企业经营中的销售、合同、广告、资质等情况进行专项检查。发布商品住房退房房源公开销售公告 9 期,举办公开摇号销售 3 期。印发《关于规范商品房销售工作的通知》,自 2012 年 12 月 1 日起,对商品房预售方案和销售现场公示内容进行标准化管理。规范房地产估价工作,印发《关于进一步规范房地产估价工作的通知》,加强资质管理、规范抵押评估、强化异地执业。开展 2012 年度房地产评估机构专项检查,对全市已备案的 12 家房地产估价机构进行全面检查,并将检查情况和评估结果向社会进行公示,记入企业诚信档案。对房地产中介机构进行年检备案并开展全面检查,清理非法中介。出台《马鞍山市存量房交易网上备案及交易结算资金监管实施意见》,并依据国家有关规定和要求设计开发了马鞍山市存量房网上备案系统,于 7 月 1 日正式运行。配套出台马鞍山市从业主体管理系统,规范房产经纪机构和房产经纪人行为,建立规范的存量房交易市场,10 月,存量房交易资金监管正式运行。

建筑行业标后监管。与市监察局、市招管局联合对市重点投资项目的招标单位、中标企业、监理单位进行约谈,就合同签订、施工组织、工期与质量、项目(监理)班子人员管理、工程款及农民工工资支付等方面提出要求,规范政府投资重点建设项目建设行为。建立日常巡查监管机制,强化对法定基本建设程序、合同履约情况、主要岗位人员到岗履职、工程款及农民工工资支付情况监管,全年累计巡查470多人次。开展劳务用工专项检查。检查施工企业59家,排查项目数101个。加大合同履约调解力度,及时调解工程价款结算矛盾及纠纷,遏制拖欠农民工工资行为的发生。

【水系调查工作】 2012年年初,市住建委组成6个调查小组,采用现场踏勘方式对全市主城区范围内的长沟水系、黄家塘水系等16个水系进行了调查,了解水系的基本情况及存在问题,研究制定解决方案。全年投资约2亿元,实施长沟水系整治等11个项目。（陶　刚）

【物业行业管理】 2012年,马鞍山市有物业服务企业180家,其中市区114家,当涂县35家、含山县17家、和县14家;拥有二级资质企业16家,从业人员达8500多人。物业类型包括住宅小区、办公大厦、学校、医院、大型商场、步行街、工业区以及园区等。全市实施物业管理的住宅小区230多个,面积2200多万平方米,其中市区130个,面积1400多万平方米。联合物价局对《马鞍山市普通住宅物业综合服务等级收费标准》进行修改,新的服务等级指导标准和收费标准于2月1日起执行。5月20日,印发《物业管理项目经理责任制》的通知,对项目经理实行"准入、培训、考核"制度,全年开展5期物业管理项目经理和从业人员的培训。8月1日,《马鞍山市物业管理实施办法》正式实施。8月3日,印发施行《关于老旧小区物业管理全覆盖的实施意见》。9月,与质量技术监督局联合印发施行《马鞍山市二次供水工程技术导则》。12月20日,《马鞍山市物业专项维修资金使用管理操作规程》正式实施,对三县物业专项维修资金交存使用人员进行培训,马鞍山市物业专项维修资金交存总量全省排名第二,使用总量位居全省排名第一。全年完成15个老旧小区整治任务。

【"2012马鞍山(北京)阳光工程建设项目座谈会"召开】 5月10日,2012马鞍山(北京)阳光工程建设项目座谈会在北京梦都大酒店举行。中国城建等10多家国内外知名建设施工企业高层出席座谈会。会上,市住建委推介重点工程建设项目25个,总投资达153亿元。其中2012年即期实施的项目15个,总投资86亿元;预期实施项目10个,总投资67亿元。项目涵盖道路桥梁工程、生态园林工程、公共建筑、基础设施项目等多个领域。

【城区停车场建设】 全年建设社会停车场6处,建设面积1.39万平方米,新增停车位865个,结合42个老旧小区的整治建设停车位600个,建设面积9000平方米,累计新增停车泊位约1465个。

【5个项目获补助资金】 争取到位中央补助资金共2866万元。晶威电子、中弘光伏2个企业成功申报太阳能光电建筑应用示范项目,获得补助资金1631万元;博望镇成功申报可再生能源建筑应用集中连片示范项目,获得中央财政一期补贴资金800万元;安工大成功申报建筑节能监管体系建设项目,获得补助资金400万元;御景园居住区41－50号楼项目通过绿色建筑二星级评定,获得补助资金35万元。（张业林）

·房地产开发·

【概况】 2012年,全市新设立房地产开发企业35家,晋升二级资质2家,晋升三级资质6家,晋升四级资质2家,资质变更12家,资质延续103家。至年底,全市(含三县)有开发企业340余家,注册资本约119亿元,专业技术人员3500人,从业人员达8000多人。

2012年,全市完成房地产开发投资211亿元,其中商品房开发投资122亿元,施工面积880万平方米,新开工面积413万平方米,竣工面积215万平方米,分别完成年度计划的122%、105%、114%、109%。

【房地产开发行业管理】 全年出具建设条件意见书12份,征缴城市基础设施配套费1.3亿元,同比增长16.07%。实现《住宅使用说明书》、《住宅质量保证书》全面覆盖,发放约1.3万套。完成140家房地产开发企业资质核验工作,对其中10家企业晋升了资质等级,对103家企业批准资质延续,对不符合条件的27家企业予以注销资质。积极开展开发企业网上资质审批工作,并组织开发企业参加网上申报培训。组织开展市春季、秋季房展和三县巡回房展,50家开发企业参展。编印了《2012年马鞍山房地产购房指南》,印发了《关于进一步规范我市房地产开发管理有关问题的通知》,对和县、含山以及博望区房地产开发管理方面的工作进行指导。

【建立商品房预售款监管制度】 2012年7月13日,马鞍山市人民政府办公室颁布了《马鞍山市商品房预售款监管办法》。9月29日,市住建委出台了《马鞍山市商品房预售款监管实施细则》。10月30日,市住建委与人民银行马鞍山市中心支行联合下发了《关于商品房预售款监管有关问题的通知》,该制度于12月31日起正式施行。商品房预售款监管制度是规范全市房地产业发展进程中的一项重要举措,它既是落实现行法律法规的要求,也为解决和完善当前商品房预售制度中存在的问题创造了有利条件。

【申报5个节能省地型住宅试点项目】 2012年,马鞍山市积极推进节能省地环保型住宅试点示范工作,新申报节能省地环保型住宅项目5个,分别为"亿丰环球商业中心"、"泰和天成"、"微山花园"、"深业华府"、"恒泰·达观天下"。

【协调处理各类房地产投诉案件110余件】 2012年,市房开办协调解决全市房地产开发建设中出现的各类问题,妥善处理了"采秾二期"信访问题,"东方翡翠"140户产权登记问题,"伟星、东方城房闹事件",以及大汽配地块土地出让金问题等。全年积极协调处理各类房地产投诉案件110余件,及时处理回复率达100%。（陈慧娟）

环境保护

【国家环境保护模范城市复核迎检】 2012年,马鞍山市政府印发了《关于分解落实马鞍山市巩固提高国家环境保护模范城市创建成果工作的通知》,将工作任务分解为59项内容、91项要求,具体落实到35个责任单位。市委督查室、市政府目标办、市环保局联合开展专项督查,全面启动含山、和县创模迎检工作,26项基础指标基本达到目标要求。6月上旬,马鞍山市通过环保部组织的国家环保模范城市现场复核。针对复核组整改要求,市政府下发了《马鞍山市创建国家环境保护模范城市现场复核反馈意见整改工作方案》,加强薄弱环节和存在问题的整改。10月中旬,马鞍山市顺利通过环保部华东督查中心的整改验收。

【马鞍山市位列全国城市环境综合整治定量考核全省第一】 2012年12月,国家环保部发布《2011年度城市环境管理与综合整治年度报告》。马鞍山市2011年城市环境质量保持稳定,城市工业固体废弃物和医疗废物集中处置率、清洁能源使用率保持较高水平,城市环境建设力度加大,公众对城市环保满意率保持在80%以上,综合考核结果位列全省第一。

【环境基础设施建设】 全年安排65项重点减排工程基本完成。大唐当涂发电公司2台66万千瓦机组脱硝设施建设、低氮燃烧器改进完善和取消烟气旁路改造工程全部完成,神皖万能达发电公司2号和3号机组、马钢公司自备电厂CCPP燃气机组完成低氮燃烧改造,长钢2台192平方米烧结机脱硫工程建成投运。全市新建污水管网64公里,各污水处理厂运行负荷明显提高,9座污水处理厂总处理能力达到42.75万吨/日,城市生活污水处理率到达85%以上。东部污水处理厂建成投运。含山县污水处理厂完成提标改造工程,当涂第二污水处理厂和开发区南区污水处理厂基本建成。和县污水处理厂提标改造工程、博望区污水处理厂和丹阳镇污水处理厂完成前期工作。

【第六届全国钢铁城市环保年会在马召开】 11月1日,第六届钢铁城市环保年会在马鞍山市召开,来自北京石景山区、上海宝山区、内蒙古包头市、山西太原市、湖北武汉市、贵州六盘水市、四川攀枝花市、新疆乌鲁木齐市等钢铁城市环保局的代表参加了会议。本届年会以"治理PM2.5污染,加强大气污染防控"为主题,参会代表就各自城市开展PM2.5污染治理、加强大气污染防控管理工作等分别作了会议交流,畅谈了各城市的相关管理经验,并结合"十二五"环保规划研讨了钢铁城市PM2.5污染治理的应对措施。会议还研究了钢铁城市环保年会的组织工作机制,并确定由新疆乌鲁木齐市环保局承办第七届钢铁城市环保年会。

【环境保护宣传】 2012年,市环保部门组织开展"国祯"杯节能减排绿色发展摄影大赛的作品征集和参赛活动,获得银奖一个、铜奖一个、优秀奖一个。积极做好环保回收箱免费发放活动,发行《新人类的低碳生活》环保图书和世界环境日主题宣传画。6月2~3日,市环保局、市商务局联合在大润发超市开展了"绿色消费"大型环保宣传活动,当涂县和雨山区在华润苏果、和县在安德利购物中心、花山区在欧尚超市、金家庄区在联华超市,也同步开展了此项活动。市环保局为选购绿色产品的消费者,免费发放了环保购物袋和环保扑克。全市环保志愿者向消费者散发宣传单8000余份,展出宣传展板50余块,活动参加人数达30000余人次。6月4日,"2012马鞍山环保世纪行启动暨世界环境日新闻发布会"在市会议中心第二会议厅举行,并正式启动2012马鞍山环保世纪行活动。在随后举行的新闻发布会上,市环保局新闻发言人发布了马鞍山市2011年度环境状况公报和2011年度马鞍山市企业环境行为信息。

【开展"校园二手市场进社区"活动】 2012年,全市28所绿色学校与周边绿色社区联合在社区开展了家庭闲置物品置换活动,通过小手拉大手,带动家庭积极参加家庭闲置物品置换,倡导绿色消费行为。各绿色社区积极配合学校开展活动,并在社区内开展了各种宣传纪念活动。

【绿色学校创建活动】 2012年,市环保部门将绿色学校创建工作列入年度工作计划,建立了绿色学校创建评估专家库,开展了绿色学校申报和复查验收工作。至年底,全市创建绿色学校总数为100所,其中国家级2所、省级24所、市级74所。

【大气环境质量】 2012年,全市环境空气质量保持良好状况,空气质量状况优良天数达343天,优良率为93.7%,较上年上升1.6个百分点。空气质量状况为优的天数有30天,空气质量状况为良的天数有313天;空气质量状况为轻微污染为23天。可吸入颗粒物仍为环境空气首要污染物,年均值浓度达到国家《环境空气质量标准》(GB3095—1996)二级标准;二氧化硫的年均值达到国家《环境空气质量标准》二级标准;二氧化氮年均值保持国家《环境空气质量标准》一级标准。

【水环境质量】 2012年,马鞍山市境内长江、采石河、雨山河、慈湖河、姑溪河、青山河、裕溪河、得胜河和石臼湖共14个监测断面及2个重点城市饮用水水源地监测结果表明,各监测断面水质均符合环境功能区划要求。全市境内无劣Ⅴ类水体。

【声环境质量】 2012年,全市交通噪声平均等效声级为67.3dB(A),道路噪声等效声级范围在61.1~70.7dB(A)之间,超标干线长度11.4公里,占干线总长度11.6%,70分贝(A)以上超标测点4个,占总测点数的7.69%。全市区域环境噪声昼间平均等效声级为55.4dB(A),声级范围分布在46.5dB(A)~65.0dB(A)之间,没有超过65.0dB(A)的监测点位,总体的声学环境水平与上年基本持平。

【开展化学品生产使用企业检查】 2012年,全市涉及化学品企业有61家,主要行业有硫酸、染料中间体、油漆、特种气体、焦化、炭黑等。市环保局牵头开展了全市化学品生产使用企业专项检查,从检查情况看,各企业均落实了环评和"三同时"手续,制定了相应的环境应急预案,配套建设了各类污染防治设施,废气的化学品均能规范贮存,多数企业能够做到稳定或基本稳定达标,总体状况较好。在饮用水水源一、二级保护区范围内没有涉及化学品企业。通过专项执法活动,进一步加大环境监管力度,督促企业落实整改措施,规范贮存、处置废弃化学品,严格执行转移联单制度,完善应急预案,建立健全企业档案,开展清洁生产,实施技术改造,淘汰落后产能。

【“十二五”长江流域、巢湖流域水污染防治工程】 马鞍山市列入长江流域、重点流域规划中项目有8个。至2012年底,当涂县污水处理厂项目,慈湖河上游地表水治理工程,含山县污水处理厂扩建与提标技改项目,和县污水处理厂配套管网建设工程等4个项目均已完成并通过验收。含山县48家规模化畜禽养殖场污染综合治理项目,和县15家规模化畜禽养殖场污染综合治理项目,含山县林头镇污水处理厂建设项目和清溪河、得胜河、牛屯河、滁河综合治理与生态修复项目尚在建设。

【重金属污染防治】 2012年,全市有涉一类重金属企业12家。铅蓄电池生产企业4家,涉重企业环评手续齐全,“三同时”执行情况较好,无违反国家相关产业政策的情况。企业按照规定均配套建设有较完善的污染防治设施,含重金属污染物的废水、废气能做到经处理后达标排放,危废贮存、转移、处置等环节合法有序。2012年度监测情况表明,马鞍山市地表水国控断面及城镇集中式地标饮用水水源中,重金属污染物监测因子均达标,达标率为100%,无超标现象发生。汞、镉、铬三项重金属污染物监测因子在全市的地表水国控断面监测中基本无检出,铅、砷两项重金属污染物监测因子均低于《地表水环境质量标准》(GB3838－2002)中Ⅱ类标准值;城镇集中式饮用水水源监测中,汞、镉、铬、铅四项重金属污染物监测因子基本无检出,砷低于《地表水环境质量标准》(GB3838－2002)中Ⅱ类标准值。与2011年监测数据相比,无明显变化,均达到相关的标准。

【清洁生产审核】 2012年,市环保部门将清洁生产审核作为污染减排、建设项目申请总量指标、企业申请各类环保专项资金的必要前提和重要依据;在企业各种评优、上市公司核查、出口贸易、化学品或废物进出口、企业环境行为评定绿色等级企业实行一票否决;对按期通过清洁生产审核并通过评估验收的企业,给予一定补助资金;对拒不开展清洁生产审核、不申请评估、验收或评估、验收“不通过”的企业,依照《清洁生产促进法》有关规定予以处罚,并对企业的环境行为公开曝光。2012年,全市清洁生产工作覆盖5个重金属污染防治重点防控行业、7个产能过剩主要行业及其他21个重点行业,全市74家重点企业经环保部公告完成清洁生产审核工作,完成数量位居全省前列。

【农村环境连片整治】 2012年,马鞍山市持续推进城乡生态一体化建设,当涂县2011年度农村环境连片整治示范项目通过省环保厅验收,含山县2012年度农村环境连片整治示范建设项目完成市级复核。含山县铜闸镇周洼村、和县姥桥镇农村环境“问题村”整治项目通过市级预验收。

【环境监测】 2012年,马鞍山市编制实施了《马鞍山市环境监测体系能力建设规划(2010～2015)》,对21家企业每季度开展不少于一次的监督性监测,主要污染物监测完成率100%,组织开展了20家国控重点污染源的比对监测。全市4个环境空气自动监测站运行情况良好,运行率在98%以上,全年收集有效数据约23万个,上报国家总站约4000个数据、省中心站日报数据1100个。慈湖马鞍山长江水质自动站运行情况良好,运行率在99%以上,全年收集有效数据约2万个。全市11家国控废水污染源均具备自行监测能力。在全省率先开展PM2.5(细颗粒物)监测工作。至年底,4个自动监测站已完成设备选点和安装调试工作,开始实测数据。

【环境执法】 2012年,马鞍山市开展了全市环保专项行动,深入整治重金属排放企业环境污染问题,全面排查整治危险废物产生、利用、处置企业,严格监管污染治理和污染减排重点企业,持续开展大气环境污染综合整治工作。全市出动执法人员8652人次,现场监察3165厂次,发出《环境违法行为责令改正通知书》25份,下达《环境监察通知书》53份。先后开展了核技术利用辐射安全综合检查专项行动、环境安全百日大检查活动、和环境后督察、环境监察专项稽查工作。组织开展了2012年度秸秆禁烧专项工作,辖区内发现秸秆焚烧点38处,及时对违反禁烧规定的行为进行了查处,未发生因秸秆焚烧引发的交通事故.国控、省控重点污染源全年平均达标排放率为100%,环保设施均能正常运行,全市污染源在线监控设施建成226台(套),运行正常率达99%。全市870家企业进行了年度排污申报,征收排污费8252万元。全市受理环境污染投诉1467件次,处理率始终保持100%,结案率达99.7%。

【环评审批】 2012年,马鞍山市认真执行规划环评相关规定,除正在编制申报规划环评审批手续的园区外,全市各开发区均已办理了规划环评审批手续。严把新上项目环保审批关、验收关,市环保局批复建设项目环境影响评价文件118件,对59个建设项目进行了“三同时”验收,否定了硫酸渣炼金、氧化铅等涉重、涉铅项目13个,涉及投资额20亿元。新建项目环评执行率100%,省“861”项目环评执行率100%,建设项目“三同时”执行率100%。

【危险废物管理】 全市危险废物产生单位均建立了危险废物专项档案,并实行规范化管理,达标率100%。全年产生各类危险废物1.87万吨,全部得到处置利用,处置利用率100%。重建了医疗废物焚烧处置系统,所有医疗废物均由芜湖市医疗废物集中处置中心处置。全年产生医疗废物465吨,均得到集中安全处置,集中处置率100%。

【辐射安全管理】 积极开展辐射安全专项检查。至年底,全市使用密封放射源单位11家,工业X射线装置的单位8家,使用X射线装置的医疗机构86家。全市现有密封放射源166枚,主要为Ⅳ类和Ⅴ类放射源。射线装置273台,其中Ⅱ类29、Ⅲ类244台。全市无闲置放射源,安全处置率100%。全市所有辐射工作单位均持有《辐射安全许可证》,持证率100%。

【饮用水水源地保护】 至2012年底,全市有市区城市集中式饮用水源地2处,县城集中式饮用水源地3处,全项指标均达到《地表水环境质量标准》(GB 3838－2002)中Ⅱ类标准限值,饮用水水源地水质达标率为100%。全年取水量8964.68万吨,达标水量8964.68万吨。市政府颁布了《关于进一步加强城乡用水源保护确保水质安全的通知》,制定下发《马鞍山市集中式饮用水水源地保护工作方案》,建立了《马鞍山市集中式饮用水源地突发环境事件应急预案》,对饮用水源保护区内的违法行为多次开展专项整治,及时清除区域内建筑垃圾、取缔运砂码头。全市饮用水源地保护区内均完成立牌保护工作。投资6878万元实施了备用水源地建设工程,已投入试运行。

【生态创建】 2012年,马鞍山市积极开展生态创建工作。含山县铜闸镇、和县香泉镇完成省级生态乡镇创建工作,含山县林头镇隐龙村、当涂县黄池镇劳动村、花山区霍里街道濮塘村获得省级生态村命名。完成含山县、和县、当涂县等10个市级生态村创建并命名。示范园区太仓村创建国家级生态村工作申报材料已通过省环保厅复核并上报环保部。全市有国家级环境优美乡镇2个,省级生态乡镇12个,国家级生态村2个,各级生态村53个。全市有国家级绿色社区1个,省级绿色社区6个,市级绿色社区47个。

芜 湖 市

城 乡 建 设

·综 述·

【开放合作】 芜马同城化全面推进,与马鞍山市签署同城化建设合作框架协议,启动芜马城市组群城镇体系规划。与亳州市结对合作有序推进,亳州芜湖工业园全面建设,芜湖县与濉溪县共建现代产业园规划启动。积极拓展与央企对接合作,49个项目与央企合作签约,总投资610亿元。

【统筹城乡综合配套改革】 制定统筹城乡年度工作计划,农村土地综合整治有序推进,全市开发复垦新增耕地13300亩,完成建设用地增减挂钩置换指标6476亩。青弋江分洪道、无为万亩圩口达标、峨溪河排涝泵站、裕溪河综合治理等水利项目全面推进,实施6项农村清洁工程,新改建农村公路145公里,改造农村危桥40座、危房7405户,59个美好乡村建设全面完成。出台户口登记管理办法,促进人口合理有序流动,加快城市化进程。

·村镇建设·

【美好乡村建设】 2012年,芜湖市选择59个村庄开展美好乡村建设试点工作,涵盖全市36个乡镇、52个行政村、59个自然村的8079户,28141人,完成投资1.3亿元。同时确定23个村庄作为市领导和市直部门联系的示范点,进行重点建设,收到了良好的建设效果和社会效益,为今后芜湖市的美好乡村建设摸索出一些有效的经验。2012年9月份省委省政府在芜湖市召开了全省美好乡村建设现场会,省委书记、省长,各市、县主要负责人均参加了现场会。2012年芜湖市农村危房改造计划6847户,完成7608户。

·房地产业·

【概况】 2012年,全市完成房地产开发投资388.13亿元,较上年同期增长23.02%。其中市区完成投资328.53亿元,同比增长32.15%,批准商品房预售392.28万平方米,较上年同期增长4.46%,销售商品房319.31万平方米,较上年同期增长37.71%,销售金额195.31亿元,较上年同期增长22.33%,商品住房销售均价为每平方米5390元,较上年同期下降6.52%。办理各类房地产登记及备案136046起,同比增长21.0%,登记各类备案房屋建筑面积2438.71万平方米,同比增长20.0%。

2012年,全市新增廉租房、公租房、棚户区改造安置住房开工率100%,比省政府的要求提前一个月;建成(竣工)102.51万平方米、14429套,完成投资17.2亿元。市区安置房开工184.64万平方米,竣工218.81万平方米,完成投资122.31亿元,同比增长61.38%。芜湖的保障性安居工程建设管理模式受到全国同行的关注,住建部专门在全市召开全国部分城市保障性安居工程现场会。

【保障性住房建设】 全市新增廉租房43.79万平方米、9100套和公租房259.92万平方米、52000套,以及棚户区改造住房8281户,在9月份全面开工建设,开工率均达100%,比省政府的要求提前一个月;全市2012年基本建成保障性住房、棚户区改造住房136.79万平方米、18651套,占年度目标任务(17700套)的105.37%;全市完成住房保障家庭(含租金补贴和实物配租)计19186户,占目标任务103.08%,其中新增住房保障家庭2284户,占目标任务的179.84%。

【物业管理】 2012年,全市有物业管理项目541个,管理面积3914.44万平方米,物业管理覆盖率82.2%;完成老旧小区整治52个,投资5700万元;新成立物业服务企业20家;指导成立业主委员会16个;全市2012年征收专项维修资金4632万元。

环 境 保 护

【概况】 2012年,芜湖市强化工业废气污染物减排,全市12条4000吨/日以上水泥熟料生产线全部完成低氮燃烧改造,其中2条生产线同步配套建设SNCR脱硝设施。发布实施《芜湖市机动车排气污染防治管理办法》,全年核发机动车环保检验合格标志142795张,淘汰报废机动车4229辆,有效遏制机动车快速增长带来的空气污染。全力推进工业污水治理,开展芜湖桥北工业园环保专项执法行动,对园区环境违法行为进行整治。规范企业排污口并做到雨污分流,完善园区配套管网建设,加强污水处理厂监管,确保处理污水达标排放。

全力保障饮水安全。以环保专项行动为抓手,加强沿江4个饮用水源保护区的监管。重点开展饮用水源地安全整治,确保城市饮用水源水质达标率100%。

2012年市辐射自动监测站通过上级验收测试,启动辐射委托监测任务,妥善处置通讯发射基站等电磁辐射投诉9件;协助涉源单位开展放射源收缴,安全处置涉源辐射风险事件2起。

以生态创建推动美好乡村建设。深入开展省"百镇千村万户生态示范工程",全年建成2个省级生态乡镇,5个省级生态村。加强农村环境综合整治。在无为县和南陵县实施农村环境连片整治工程。示范项目惠及两个乡镇12个村,受益人口4万多人,项目工程总投资4104万元。建设18座集中式生活污水处理设施、66套分散式人工湿地处理系统、漳河水源保护区隔离网(755米)及一批生活垃圾收集处置设施,有效改善农村环境质量。

全力支持重点项目建设,对满足环保准入条件的民生工程、节能减排等项目,开辟"绿色通道"。全年完成建设项目环评审批207个,验收项目107个。严格环保准入,全年否定、劝阻6个不符合环保要求的项目投资建设,促进产业转型升级。

全年出动执法人员3500多人次,检查企业1500多家次,对50多家企业下达监察意见,责令整改或建议关停、搬迁,对15家企业实施行政处罚,督促2家企业、1个工业园区完成环境问题的摘牌整改,有利保障全市环境安全。

【园林绿化】 2012年,在创建国家园林城市的基础上,在全省率先提出创建国家生态园林城市的目标。神山公园正在加快建设,力争早日对市民开放。雕塑公园二期10月27日开园,西洋湖公园、大阳埠湿地公园、芦花塘湿地公园、莲花湖公园、大桥中心公园、四褐山公园、三华山公园、银湖公园、龙山公园、三潭公园、文化戏曲公园、扁担河景观带正在建设,汀棠公园、三潭公园、上新塘公园已完成方案设计。全市新增绿化面积422.6万平方米。

上 海 市

【对外贸易】 2012年,上海货物贸易进出口额4367.6亿美元,比上年下降0.2%。其中,出口2068.1亿美元,比上年下降1.4%;进口2299.5亿美元,比上年增长1.0%。货物贸易逆差231.4亿美元,比上年扩大29.6%。全年服务贸易进出口1515.6亿美元,比上年增长17.2%。其中,出口515.3亿美元,比上年增长8.9%;进口1000.3亿美元,比上年增长22.1%。全市服务贸易进出口额占全市进出口总额(货物贸易进出口额与服务贸易进出口额之和)的25.8%。

进出口市场出现分化。从出口看,传统市场基本稳定,对美国、日本出口增速高于全市水平,对欧盟出口比上年下降10.3%;新兴市场中,俄罗斯、中东增速分别为27.8%、7.1%,对非洲出口比上年下降11.2%。从进口看,传统市场中,欧盟比上年增长9.6%,日本、美国分别比上年下降6.7%和5.8%;新兴市场差异明显,拉美比上年增长4.7%,东盟增长8.0%,俄罗斯比上年下降13.3%,澳大利亚下降7.7%。

外贸结构继续调整。一是一般贸易好于加工贸易。加工贸易出口比上年下降6.9%,占全市出口的比重近10年来首次降至50%以下;一般贸易出口比上年增长2.3%。二是进口好于出口。进口前十位商品中,6类增长、4类下降,特别是汽车、酒类、医药品等消费类产品保持两位数增长;出口前十位商品中,4类增长、6类下降,其中自动数据处理设备、服装、船舶、钢材等是造成出口下降的主要商品。三是民营企业好于其他企业。民营企业进出口增长较快,增速分别高于国有企业、外资企业18.1个百分点和11.9个百分点。

服务贸易持续快速增长。服务贸易进出口额首次突破1500亿美元,上海服务贸易进出口总额、服务贸易出口额和服务贸易进口额均居全国首位。其中,受国际原油价格高位震荡、货物贸易增速放缓等影响,运输服务进出口429.8亿美元,比上年增长9%,低于平均增长水平;旅游进口实现贸易额519亿美元,比上年增长33.3%;新兴服务出口快速增长,计算机和信息服务出口比上年增长29.4%,广告宣传出口比上年增长28.5%;保险服务和专有权使用费服务出口等增速在30%以上。全年离岸服务外包合同协议金额52.0亿美元,比上年增长10.9%;执行金额36.3亿美元,比上年增长13.8%。

上海综合保税区进出口额持续较快增长,出口加工区出口额出现较大回落。综合保税区进出口总额1130亿美元,比上年增长14.5%。其中,进口额867.1亿美元,比上年增长15.1%;出口额263.4亿美元,比上年增长12.7%。全市出口规模最大的两个加工区松江和漕河泾出口加工区出口额分别为303.9亿美元和98.5亿美元,比上年下降18.7%和4.8%。

至年底,全市通过办理“对外贸易经营者备案登记”的外贸企业61075家,比上年增长14.87%。其中,外资企业13290家,比上年增长18.13%;内资企业47785家,比上年增长13.99%。内资企业中,私营企业41738家,比上年增长14.77%,占87.35%。

年内,上海贯彻商务部提出的“稳增长、调结构、促平衡”外贸工作方针,促进对外贸易转型升级、稳定增长。(1)推进贸易便利化。召开“上海市推进贸易便利化服务企业大会”。针对8月1日实行新的外汇管理制度和“无纸通关”试点,组织1.2万家企业培训,为全市进出口企业免费提供近3000册《上海市贸易便利化服务企业手册》,培训新外贸企业领导人1700人次。推进长宁区、浦东新区“贸易便利化一站式服务中心”试点。推动大虹桥基地企业享受检验检疫“集中报检、专窗服务”的便利化服务政策,降低基地企业出口成本。(2)加大国际市场开拓力度。组织企业赴境内外参展。上半年举办第二十二届中国华东进出口商品交易会,组织参加中国进出口商品交易会(广交会)。下半年重点组织中国品牌商品欧洲展、华交会法国展、约旦中国商品展、巴西圣保罗展等境外展,亚欧博览会、东盟博览会、跨国采购大会、减灾与安全博览会、外贸精品内销展等国内展会。扩大政府支持企业参展的力度,政府支持的展会由7个增加到50个。(3)推动外贸转型升级。一是加快外贸公共平台建设,增强企业承接订单能力。推进大虹桥服装出口创新基地、新浦江轻工产品出口创新基地以及杨浦区国际设计与贸易促进中心、闸北区上海国际贸易技术标准服务中心等转型升级示范基地建设,形成研发、设计、制造、加工、检测和贸易服务一体的新模式。二是促进上海外贸企业创立自主品牌,提升外贸产品附加值。开展2010—2011年度"上海市出口名牌"和"上海市出口品牌"的评定工作。(4)加大促进进口贸易的力度。推进外高桥"国家进口贸易促进创新示范区"建设,推进综合保税区与虹口区国际贸易中心建立合作机制,通过功能互补,拓展进口消费品内销渠道。落实上海鼓励类商品进口贴息政策。打造进口贸易展示交易平台,推动世贸商城"上海国际贸易常年展示交易中心"建设。

在服务贸易方面,市政府办公厅转发市商务委等三部门制定的《上海市服务贸易发展专项资金使用和管理办法》和《上海市促进服务外包产业发展专项资金使用和管理办法》。举行第十届上海软件外包国际峰会,22家企业获"上海市软件和信息服务出口重点企业"称号,8家境外发包商获"金百合"特别奖。贯彻落实商务部、国家中医药管理局、财政部等14个部门出台的《关于促进中医药服务贸易发展的若干意见》,将中医药服务贸易纳入《上海市服务贸易发展专项资金使用和管理办法》的专项资金支持范围。推进"国家文化贸易语言服务基地"建设。中国图书进出口上海公司等39家企业、"国家对外文化贸易基地"等8个项目获评"国家文化出口重点企业和重点项目"。中国工商银行股份有限公司上海市分行等10家金融机构获"上海市服务贸易和服务外包企业最佳伙伴银行"称号。承办由商务部服务贸易和商贸服务业司主办的首届"全国商务系统技术贸易培训班"。举办推进上海服务贸易发展系列讲座,共3讲,内容有服务贸易企业税收政策解读等。市服务外包企业协会成立。

【开发区、集聚区】 2012年,上海市新一轮区县"两规合一"(城市总体规划和土地总体利用规划合并),确定全市107个规划工业区块,规划面积为789.3平方公里,分为公告开发区、产业基地、城镇工业基地三类。其中,公告开发区有国家级经济技术开发区5个:上海漕河泾新兴技术开发区、上海闵行经济技术开发区、上海虹桥经济技术开发区、上海化学工业经济技术开发区、上海金桥出口加工区;有海关特殊监管开发区7个:上海综合保税区、上海金桥出口加工区(南区)、上海松江出口加工区、上海漕河泾出口加工区、上海闵行出口加工区、上海青浦出口加工区、上海嘉定出口加工区;有高新技术产业开发区2个:上海市张江高科技园区、上海紫竹高新技术产业开发区;有金融贸易区1个:上海陆家嘴金融贸易区;有旅游度假区1个:上海佘山国家旅游度假区;有市级开发区24个:上海市市北高新技术服务业园区、上海崇明工业园区、上海星火工业园区、上海浦东康桥工业园区、上海新杨工业园区、上海浦东合庆工业园区、上海南汇工业园区、上海奉城工业园区、上海未来岛高新技术产业园区、上海宝山工业园区、上海月杨工业园区、上海青浦工业园区、上海富盛经济开发区、上海浦东空港工业园区、上海嘉定工业区、上海嘉定汽车产业园区、上海莘庄工业园区、上海西郊经济开发区、上海松江工业区、上海松江经济开发区、上海奉贤经济开发区、上海金山工业园区、上海枫泾工业园区、上海朱泾工业园区。其中上海化学工业经济技术开发区于2012年被批准为国家级经济技术开发区。

2012年,全市开发区完成工业总产值25050.6亿元,占全市工业总产值的75.5%;二、三产业营业总收入50241.7亿元,比上年增长10.8%,二、三产业收入之比为53:47;上缴税金3822.1亿元,比上年增长10.4%;完成固定资产投资1782.9亿元,比上年增长19.1%;累计完成固定资产投资1040.6元,比上年增长8.4%,占全市工业投资的80.5%;累计引进外资项目1469个,比上年增长5.1%,占全市外资项目总数的36.3%;累计吸引合同外资106.5亿美元,比上年增长19.6%,占全市合同外资的的47.7%;引进内资项目12017个,比上年下降5.2%;落户内资企业注册资金902.8亿元,比上年增长4.4%;固定资产投资强度42.3亿元/平方公里,单位土地产出水平65.5亿元/平方公里;二三产营业收入105.4亿元/平方公里,其中国家级公告开发区单位土地面积产出131.7亿元/平方公里;开发区经济规模从2010年的3万亿元增加到2012年的5万亿元。

全年,二、三产业营业总收入超千亿元以上的开发区(产业基地)11个;工业总产值约8700多亿元,占全市工业区总产值近35%,平均工业总产值近800亿元;上缴税金650亿元左右,约占全市工业区的20%。其中上海综合保税区收入超过万亿元,上海金桥出口加工区收入超过4900亿元,国际汽车城收入超过4000亿元,名列全市开发区经济规模前三位;上海漕河泾新兴技术开发区、上海松江工业区规模收入超过3000亿元;上海市张江高科技园区、上海嘉定工业区、上海浦东康桥工业园区、上海莘庄工业园区、宝山钢铁基地和上海青浦工业园区等超过1000亿元。

年内,上海浦东软件园和上海莘庄工业园区成功申报为第四批国家级新型工业化产业示范基地。

"十二五"期间,上海市确定25个集聚区作为重点建设项目;新增青浦区西虹桥商贸商务集聚区、金山区枫泾国际商务区、松江区松江新城国际生态商务区、崇明县陈家镇现代服务业集聚区及调整布局后的嘉定新城上市企业总部集聚商务区。至年底,全市集聚区建成面积2782万平方米,完成投资总额3680多亿元,吸引全球跨国公司地区总部176家(约占全市44%),从业人员约89万。全年完成税收652亿元,年度税收亿元以上楼宇约127栋。陆家嘴金融贸易区吸引3600家服务型企业,其中600多家为金融要素市场和银行、证券、保险等金融机构,约占全市的70%。西藏路环人民广场现代商务区和淮海中路国际时尚商务区全年金融业实现税收14.9亿元,比上年增长19.2%。北外滩航运和金融服务集聚区集聚3876家航运及相关企业。宝山钢铁物流商务区吸引包钢、首钢、中国冶金自动化研究院、MYSTEEL、钢之源等钢铁行业上下游企业入驻。以我的钢铁(MySteel)螺纹钢价格指数为基准的螺纹钢掉期合约于纽约商品交易所(NYMEX)上市。虹桥涉外商务区依托国际跨国采购大会等平台,试点建设跨采园区。年内,奥特莱斯品牌直销广场和吉盛伟邦国际家具村实现销售收入29.54亿元,上缴税金1.42亿元,带动就业3400多人。奉贤南桥中小企业总部商务区引进金融、保险、文创等企业总量1200家,税收亿元楼2栋。松江(欢乐谷)休闲旅游区接待游客200万人次,实现营业收入32亿元。嘉定新城上市企业总部集聚商务区吸引东方财富网等入驻。枫泾国际商务区开展与国有大企业临港集团(漕河泾开发区)合作,首期地块进入土地储备阶段。西虹桥商贸商务集聚区重点引进北斗卫星导航服务项目。漕河泾高新科技产业服务区服务业比重达到53%。长风生态商务区入住企业数400家,服务业实现税收20.73亿元,有5幢税收亿元楼。南京西路专业服务商务区集聚上千个国际国内知名品牌。苏河湾商业商务服务业集聚区集聚6个跨国公司总部,税收亿元楼9栋。

南　京　市

【开放经济·园区建设】 2012年,全市完成进出口总额552.35亿美元,下降3.7%。其中,出口总额319.01亿美元,增长3.4%。对亚洲、欧洲、北美洲三大主体市场全年完成出口额260.65亿美元,下降1.9%,占全市出口额的81.7%。全年对非洲和拉丁美洲货物出口分别增长31.8%和38.9%。全市实现一般贸易出口194.03亿美元,占出口比重达到60.8%;加工贸易118.95亿美元,增长8.7%,占出口比重达到37.3%。全年高新技术产品出口79.77亿美元,下降2.8%,占出口比重为25.0%;机电产品出口168.87亿美元,增长2.4%,占出口比重为52.9%。全年新批外资企业461个,新批注册合同外资额61.15亿美元,下降0.8%;实际使用外资41.30亿美元,增长18.0%。全年对外承包劳务合作合同金额16.1亿美元,增长29.7%;实际完成对外承包劳务营业额22.34亿美元。年末在外劳务人数达11643人,增长94.3%。2012年9月举办的"金洽会",吸引境内外客商达到1365人,其中境外客商1134人,共签约项目240余个。其中外资项目23个,总投资52.2亿美元。

2012年,全市围绕转型创新发展,大力推进强园区改革,实施开发园区扩容。通过托管镇街及相关园区、企业的方式,南京高新区的管辖面积由19.2平方公里扩大到160平方公里;南京经济技术开发区管辖面积由22.46平方公里扩大到200平方公里;南京化工园管辖面积由45平方公里扩大到约200平方公里,为园区发展创造了广阔空间。同时,最大限度向四个开发区包括七个功能区下放市级行政管理权限四大类202项,进一步增强园区的发展活力。9月,江苏省政府正式批准新加坡——南京生态科技岛为省级经济开发区,全市省级以上开发区由12家增加到13家。

苏　州　市

开放型经济

【概况】 2012年,苏州市进出口总额3056.9亿美元,比上年(下同)增长1.6%,其中出口1746.9亿美元,增长4.5%,进出口额和出口额分别位居全国大中城市的第四位和第三位。其中,对美国和欧盟两大主要出口市场分别出口397.65亿美元、336.29亿美元,对日本和香港分别出口159.73亿美元、236.59亿美元;四大市场出口额合计占全市出口额的64.7%。近八成的进口来自亚洲地区,全市主要进口市场是台湾、韩国、东盟和日本,合计进口额809.59亿美元,占全市进口比重为61.9%。全年新设外资项目1189个,新设及增资3000万美元以上项目208个;新增注册外资151.7亿美元,实际利用外资91.65亿美元,增长2.8%。境外中方投资协议额12.22亿美元,增长74.4%,规模实现全省九连冠。服务外包接包合同额56亿美元,离岸接包执行额30.5亿美元,增幅双双超过50%。截至年末,全市通过CMM/CMMI3级以上认证的服务外包企业92家,其中6家企业通过CMMI5级认证;通过ISO27001国际认证企业136家,认定技术先进型服务企业累计133家。

（张志萍）

【外商投资】 2012年,苏州市实际利用外资91.65亿美元,占全省的25.6%,占全国的8.2%,总量规模位居全国第二(仅次于上海)、全省第一。虽然全年新引进外资项目数量有所减少,注册外资规模也稳中有降,但结构优化、转型加速的特征更为明显。

外资来源保持稳定。全年外资实际投入苏州市前三位的国家和地区是中国香港、台湾(含英属维尔京群岛、开曼群岛、萨摩亚)与日本,分别投入28.1亿美元、14.4亿美元和14亿美元,分别下降2.6%、27.0%及增长0.9%。新加坡、韩国等地区投资增长较快,分别增长44.3%和35.5%。以上5个地区合计,实际投入外资占全市的76.1%,下降4.3个百分点。

引进项目产业结构优化。全年全市新设外资项目1189个,累计28054个;新增注册外资151.7亿美元,累计1864.1亿美元。其中,制造业项目620个,注册外资108.3亿美元,占比71.4%;服务业项目556个,注册外资42亿美元,占比27.7%。全年实际利用外资91.65亿美元,增长2.84%。其中,制造业61.3亿美元,占比66.9%;服务业30.2亿美元,占比33.0%。现代制造业和高新技术产业新增注册外资占总数的30.7%,占制造业的43%;现代服务业新增注册外资占总数的11.1%,占服务业的39.9%。战略性新兴产业和高技术项目35.1亿美元,占比达38.3%。先进制造业和现代服务业项目的占比均进一步提高。

大中项目的引领作用增强。全年全市新引进投资总额3000万美元以上项目208个,注册外资占总额的49.9%;其中投资总额5000万美元以上项目130个、9000万以上项目74个。全部制造业新设项目平均注册外资(不含增资)1208万美元,增长13.9%,平均规模扩大。外资大中项目产业投向机械及装备制造、电子通讯业等主导产业和高端装备制造、新平显、新能源、生物医药、节能环保等战略性新兴产业,以及总部经济、科研、融资租赁等高端服务业,产业发展后劲增强。

企业增资比例提高。全年共有837家企业增资扩股,注册外资56.5亿美元,占全部注册外资的37.2%,比上年提高近4个百分点,成为保证外资规模稳定的重要支撑之一。有101家企业总投资净增资超过3000万美元,新增注册外资33.5亿美元。其中18家企业新增总投资超过1亿美元,新增注册外资15.7亿美元。住友橡胶、三洋能源、金红叶纸业集团、道康宁、利星行等一批龙头企业增资扩股项目均超过1亿美元。

地区总部和功能性机构增加。全年全市新引进和形成具有地区总部特征(或共享功能)的外资企业45个,其中投资性公司3家、独立研发企业12家、其他功能性机构30家,累计有180多家。经省商务厅认定的首批省级跨国公司和地区性总部各功能性机构43个,占全省总数的一半以上。引进的地区总部和功能性机构包括:日月光、横河电机、科蒂等知名跨国公司的区域总部,佳格食品(中国)、德辉珠宝金行等大区级管理型总部,AW汽车技术、庞贝捷技术、世钟(中国)汽车配件技术研发等知名跨国公司的独立研发中心,以及一批外资融资租赁企业。

【新增世界500强企业】 2012年,全市新增世界500强企业4家,分别是美国的摩托罗拉(Motorola)、江森自控(Johnson Controls),日本的永旺(Aeon),德国的费森尤斯(Fresenius)。截至年末,全市累计有17个国家(地区)的145家世界500强公司在苏投资企业400多家。

【新增外资投资性公司、研发机构】 2012年,全市新设外资投资性公司3家,独立研发企业12家,非独立研发机构80家。截至年末,全市已设立外资投资性公司23家,独立研发企业101家,非独立研发机构517家。 (张志萍)

【对外贸易】 2012年,苏州市实现进出口总额3056.92亿美元,增长1.6%;其中,出口1746.89亿美元,增长4.5%;进口1310.03亿美元,下降2%。进出口额和出口额继续分列全国大中城市的第四位和第三位。

对外贸易总量再攀新高。年内,全市累计进出口增幅与全国的差距逐月缩小,年初低于全国增幅8.4个百分点,年底与全国差距已缩至4.6个百分点。与全省相比,年初低于全省增幅3.4个百分点,7~11月实现反超,全年增幅基本持平;占全省的比重由年初的52.3%提升至全年的55.8%;9月进出口、出口分别为297.18亿美元、172.5亿美元,绝对值均创历史新高。从进出口增幅走势看,全年有7个月单月进出口增长,表明“稳增长”的各项措施取得显著成效。

新兴市场贸易稳步增长。全年全市对美国和欧盟两大主要出口市场分别出口397.65亿美元、336.29亿美元,分别下降0.3%和13.3%;对日本和香港分别出口159.73亿美元、236.59亿美元,分别增长3.8%和53.7%;四大市场出口额合计占全市出口的64.7%。其中,对香港出口增幅高出全市平均水平49.2个百分点,成为支撑全市出口稳定增长的重要因素。对东盟、非洲等新兴市场,出口额分别为117.61亿美元、增长13.8%和23.49亿美元、增长14%,增幅分别高于全市平均水平9.3个和9.5个百分点。对俄罗斯和印度等“金砖国家”贸易总值分别为32.51亿美元、44.85亿美元,均增长6.5%,高出全市进出口水平2个百分点。

一般贸易逆势增长。由于苏州市出口产品的市场竞争力增强,全年一般贸易出口441.71亿美元,增长11.5%,高出全市平均水平7个百分点,比加工贸易高20.3个百分点。全年加工贸易出口1162.96亿美元,下降8.8%,加工贸易进出口、出口、进口占全市的比重分别为53.4%、60.7%和43.6%,分别下降7.1个、8.8个和5.5个百分点。

特殊监管区贸易快速增长。年内,苏州市海关特殊监管区域进出口优势明显,包括保税仓库进出境货物和保税区进出境仓储或转口货物两种方式,累计进出口、出口、进口额分别为617.36亿美元、242.74亿美元和374.62亿美元,分别增长52.6%、116.7%和28.1%。

内资企业占比显著提升。全年全市内资企业进出口、出口和进口分别为783.41亿美元、459.71亿美元和323.69亿美元,占全市的比重分别为25.7%、26.3%和24.7%,分别比上年提高7.4个、7.9个和6.5个百分点。其中,民营企业(包括集体、私营企业及其他企业)进出口、出口和进口分别为644.31亿美元、357.58亿美元和286.72亿美元,分别增长41.3%、57.8%和25.1%,占全市比重分别为21.1%、20.5%和21.9%,分别比上年提高5.9个、6.9个和4.7个百分点。

机电和高新技术产品成为主导。全年全市机电产品进出口2263.92亿美元,增长3.5%;高新技术产品进出口1681.45亿美元,增长3.7%;机电和高新技术产品进出口额占全市进出口总额的比重分别为74.1%和55%,分别比上年提高1.4个和1个百分点。其中,电子技术产品进出口618.77亿美元,增长29.4%;航空航天技术产品进出口10.19亿美元,增长18.4%;生物技术产品进出口1995万美元,增长11%。从进口产品看,主要大宗商品进口量升价跌,全年进口铁矿砂及其精矿3526.7万吨,增长3.6%;进口总额48.33亿美元,下降21.3%。

【服务贸易】 苏州市服务贸易发展较快,已形成区域优势。2012年,服务贸易进出口总额122.24亿美元,增长23.8%,进出口总额、出口额、进口额分别占全省总额的23.8%、20.4%和26.6%,各项指标均居全省首位。

【重点培育和发展的出口品牌】 截至2012年末,苏州市累计拥有商务部出口名牌企业5家,分别是:江苏通润机电集团有限公司、波司登股份有限公司、江苏梦兰集团有限公司、江苏紫荆花纺织科技股份有限公司、江苏AB集团有限责任公司;江苏省重点培育和发展的国际知名品牌企业40家,与上年持平;年内,新增苏州市出口名牌企业9家,累计有75家(含江苏省重点培育和发展的国际知名品牌企业)。

【苏州出口基地】 2012年,按照《关于加快和完善我市出口基地建设的工作意见》和《商务部关于开展外贸转型升级示范基地培育工作的函》的要求,各级政府部门加强对全市出口基地的业务指导和政策服务,以及对外贸转型升级示范基地的培育工作。年内,全市新增1家国家级出口基地——江苏省常熟市休闲装基地、1家省级出口基地——江苏省儿童用品出口基地。其中,常熟市休闲装基地获商务部"第二批外贸发展转型升级示范基地"称号,成为全市第三个国家级出口基地(另外两家:昆山科技兴贸创新基地、吴江外贸转型升级专业型示范基地)。在第111届和第112届广交会上,吴江区和常熟、张家港市纺织服装出口基地的企业抱团参展,以区域品牌、规模效应取胜。

【规模型外贸企业】 2012年,全市进出口规模前百强内资企业实现进出口额567.28亿美元,增长107.1%,占全市内资企业进出口总额的71.9%,占全市进出口总额的18.6%。全市进出口规模前百强外资企业实现进出口额1338.82亿美元,增长6.8%,占全市外资企业进出口总额的58.8%,占全市进出口总额的43.8%。 (张志萍)

【外经合作】 2012年,苏州市境外投资新批项目187家,中方协议投资额12.22亿美元,分别增长35.5%和74.4%;占全省总量的32.7%和24.2%,连续9年居江苏省第一位。新签对外承包工程劳务合作合同额10.26亿美元,完成营业额8.37亿美元,分别增长7.9%和8.9%;对外工程承包合同额、营业额分别居全省第二、第三位。

民营企业成为境外投资主导力量。全年全市新批民营企业境外投资项目122个,中方协议投资额6.92亿美元,增长32.1%,占全市总额的56.6%。其中,外资企业新批境外投资项目58个,中方协议投资额4.95亿美元,增长228.2%,占全市总额的40.5%。

发挥香港国际投资平台作用。全市的境外投资分布于45个国家和地区,其中亚洲项目94个,中方协议投资额为79047万美元,占全市总额的64.7%。其中,香港投资项目47个,中方协议投资额为4.73亿美元,占全市总额的38.75%。以商务服务和贸易为主的赴台投资增加,新批7个项目,中方协议投资额579万美元,增长196.7%。对非洲、欧洲、北美洲、拉丁美洲、大洋洲的投资项目,中方协议投资额分别为6897万美元、17646万美元、9512万美元、2806万美元、6254万美元,各占全市总额的5.7%、14.4%、7.8%、2.3%和5.1%。至此,苏州市企业境外投资已遍布80多个国家和地区。

大型项目量多质优。年内,全市新批500万美元以上境外投资项目60个,中方协议投资额为10.78亿美元,增长87.0%。其中,1000万美元以上境外投资项目17个,中方协议投资额7.18亿美元,增长83.4%。全年全市39家企业累计实现增资4.47亿美元,增资项目数比上年增加12个。266家境外投资企业在境外投资联合年检中达一级,达标率为87%,位列全省第一。

境外投资结构优化。全年全市新批第三产业境外投资项目139个,中方协议投资额8.45亿美元,增长78.7%,占比69.2%。其中,批发业和商务服务业的投资额分别为3.94亿美元和1.49亿美元,分别增长54.7%和75.2%;科学研究及技术服务类项目13个,中方协议投资额8870万美元,增长89.3%;境外加工贸易项目3个,中方协议投资额2308.8万美元;境外资源开发类项目3个,中方协议投资额1157.3万美元;参股并购类项目28个,中方协议投资额为6834万美元,增长19.6%。

推进埃塞俄比亚东方工业园建设。年内,苏州市加快园内的基础设施和服务环境建设,并与国内开发区和东道国政府建立合作关系。至年末,基础设施部分已完成投资4634万美元,招商引资工作取得明显进展。10家入园企业已投产运行,协议投资金额1.45亿美元;实际完成投资9499万美元,为东道国增加就业岗位1936个。

对外工程承包有序发展。截至年末,全市有36家具备对外承包工程资质的企业。全年对外工程总承包(对外承包工程含总包与分包)占比97%,非土木工程占比96%。苏州中材建设有限公司承包了越南、伊拉克多个水泥生产线建设项目,当年新签合同额累计3.78亿美元,占全市总额的37%。年内,新获对外工程承包资格的企业在海外新能源建设领域承接项目,其中:信达重工(苏州)有限公司在巴基斯坦承接100MW风电总承包项目,合同额1.33亿美元;天顺风能(苏州)股份有限公司在丹麦承接维斯塔斯风电项目,合同额1874万美元;中利腾晖光伏科技有限公司在意大利承建光伏电站项目,合同额1500万美元。 (张志萍)

【服务外包】 2012年,苏州市进一步推进服务外包产业发展,在市场开拓、层次提升、产业集聚和人才培养上均取得新进展。业务规模增长。截至年末,苏州市在商务部服务外包管理系统中登录的服务外包企业累计1900余家。全年服务外包接包合同额55.96亿美元,离岸执行额30.54亿美元,分别增长56.8%和51.9%,占全省比例分别为27.4%和31.4%,分列全省第三位和第二位。

市场份额扩大。2012年,在国际经济疲软的形势下,苏州市承接国际服务外包项目却逆势上扬,且业务类型和国别呈现多元化,美国、欧洲、日本、中国台湾、中国香港和新加坡成为苏州市六大发包来源国(地区)。

人才培训体系完善。年内,全市服务外包企业、培训机构及高等院校等各类主体参与服务外包人才培训工作,形成多层次、多渠道的服务外包人才培训体系。苏州大学应用技术学院、沙洲职业工学院、苏州高博软件技术职业学院被认定为第三批江苏省国际服务外包人才培训基地。截至年末,全市已经认定的省、市级服务外包人才培训基地有60个,其中省级11个、市级49个。

企业竞争力提高。年内,全市服务外包企业参与国际分工,大幅度提升承接、交付和管理流程能力。方正国际软件有限公司获评"2012中国服务外包十大领军企业",新宇软件有限公司、凌志软件有限公司、万国数据服务有限公司、华硕科技有限公司4家企业入选“2012年中国服务外包成长型企业”。截至年末,全市通过CMM/CMMI3级以上认证的服务外包企业累计92家(年内新增6家),其中6家企业通过CMMI5级认证;通过ISO27001国际认证企业累计136家(年内新增34家);新增技术先进型服务企业23家,累计为133家。

园 区 建 设

【概况】 2012年,苏州市11个国家级、6个省级开发区立足率先基本实现现代化的总目标,推进城市、人才、服务国际化,继续调结构、促转型,在产业发展、科技创新、人才集聚、功能提升等方面取得新成绩,开发区可持续发展能力进一步增强,主要经济发展指标继续保持平稳增长。全年各级开发区完成地区生产总值8500亿元,地方公共财政预算收入693亿元,比上年(下同)分别增长9.3%和11.8%;完成进出口总额2659亿美元,增长4.9%,其中出口1510亿美元,增长7%,分别占全市的87%和86.4%;开发区共引进外资项目816个,完成注册外资116.6亿美元,下降13.4%,占全市的77%,到账外资76.1亿美元,增长6.9%,占全市的83%。　(吴　江)

·苏州工业园区·

【概况】 2012年,苏州工业园区(简称园区)经济社会发展呈现“高端集聚、转型加速,内涵提升、民生和谐,创新突破、活力增强”的特点,“两个率先”取得新的成果,区域各项指标达到基本实现现代化要求,初步展现基本实现现代化的总体形态。全年实现地区生产总值1738亿元,增长10.7%;公共财政预算收入185亿元,增长12.6%;新增实际利用外资19.6亿美元,增长1.3%;完成进出口总额795亿美元,增长3.3%;完成全社会固定资产投资740亿元,增长11.1%;实现社会消费品零售总额242亿元,增长17%。

【经济转型】 2012年,园区围绕创新型经济和服务型经济发展目标,加快构建现代产业体系。加快三星高世代液晶面板、华为、苏州中心、东方之门等重点项目建设,IBM全球交付中心、摩根大通银行、礼来胰岛素等优质项目落户园区。以纳米技术应用为引领的战略新兴产业和高新技术产业产值占规模以上工业总产值比重分别为54%、60%,21家企业入选省跨国公司地区总部和功能性机构,数量占全省的1/4、全市的1/2,80%的大中型工业企业设立研发机构。以金融、商贸、物流等为代表的现代服务业发展迅速,服务业增加值占国内生产总值(GDP)比重比上年提高2个百分点,为37.7%。离岸外包执行金额占苏州市58%。“金融三年翻番计划”完成。外贸结构持续优化,一般贸易占比提高1.4个百分点,国家进口贸易促进创新示范区获批,综合保税区进出口占比提高5.7个百分点,实现监管货值1080亿美元,增长8%。

【科技创新】 2012年,园区实施创新引领战略,加快建设创新型园区。研发(R&D)经费支出占GDP比重为3.33%(科技部火炬中心口径为4.8%)。新增国家高新技术企业137家、累计459家,总数居全市及全省高新区首位。新增专利申请12646件,增长46%,其中发明专利占比52%,万人有效发明专利拥有量超30件,成为“国家知识产权示范园区”。新增国家“千人计划”人才32人、省“双创计划”人才22人、“姑苏双创计划”人才31人,累计分别为62人、88人和119人,均居全市第一。东南大学—澳大利亚蒙纳士大学苏州联合研究生院、中国人民大学中法学院等在园区揭牌成立,美国乔治·华盛顿大学中国研究院签约落户,园区获批全国首个“高等教育国际化示范区”。

【城市建设】 2012年,园区按照苏州中心城市“一核四城”(指苏州古城及东部综合商务城、西部生态科技城、南部滨湖新城、北部高铁新城)战略定位,全力建设国际化现代化综合商务城。苏州工业园区国际商务区揭牌成立,全面推进独墅湖科教创新区、阳澄湖半岛旅游度假区等重点板块建设,已建、在建及拟建80米以上高层超高层楼宇107幢。生态环保指标连续4年居国家级开发区之首,70个生态文明重点项目加快推进,公共自行车系统一至三期工程建成投用,新增永久绿地58公顷,空气环境质量优良天数比例提升近4个百分点,为95.1%,地表水功能区达标率保持100%。举办第二届金鸡湖商务旅游节等一批重大活动。信息化建设继续加强,社区管理服务综合信息平台、智能交通管控系统一期、智能公交二期等建成投用。金鸡湖景区成为国家AAAAA级景区,阳澄湖半岛获批省级旅游度假区。

【体制机制创新】 2012年,园区推进改革创新,增强体制机制活力。召开中新联合协调理事会第14次会议,赋予园区新的先行先试政策。国家仓储有害生物检疫重点实验室、国家级开发区人才培训基地正式挂牌,综合保税区境外非中国制造产品维修业务试点启动,园区成为首个中新社会管理合作试点单位。关键领域和重点环节改革有序推进,娄葑、唯亭、胜浦3个乡镇撤镇设立娄葑、斜塘、唯亭、胜浦4个街道。理顺科教创新区管理体制,明确独墅湖科教创新区工委管委会(高教办)、综合保税区管理办公室、园区阳澄湖半岛开发建设管理办公室等功能定位。推进国资国企改革,成立中新苏州工业园区开发集团股份有限公司、苏州新建元控股集团有限公司和苏州元禾控股有限公司直属党委,国资国企总资产和净资产分别突破1300亿元和400亿元。“走出去”战略稳步实施,苏相合作区开发全面推进,苏宿工业园区、苏通科技产业园获批省级开发区,新疆霍尔果斯经济开发区援建项目顺利推进,苏滁现代产业园启动。

【社会民生】 2012年,园区采取就业富民、合作经济富民等措施,促使居民收入增长,城镇居民年人均可支配收入和农村居民年人均纯收入分别为4.49万元和2.76万元,均增长15%左右。推进落实一批民生实事项目,湖东市民服务中心、苏州大学附属儿童医院园区总院、老校扩容改造和教育技术装备升级、动迁社区环境提升等民生项目加快建设。深化医药卫生体制改革,调整、提高居民医保和养老标准。开展国家公共文化服务体系示范区创建工作,构建文明创建长效机制,城市文明程度指数测评居全市第一。开展“四项排查”和社会稳定风险评估,有效预防化解各类矛盾纠纷,越级上访率继续在全市保持低位。开展狠抓重点领域专项整治、重大隐患挂牌整改和

"打非治违"工作,社会保持和谐稳定。

【中新联合协调理事会第14次会议】 于2012年7月6日在苏州举行。中国国务院副总理、理事会中方主席王岐山和新加坡副总理、理事会新方主席张志贤共同主持会议。中方出席会议的理事及特邀代表有:商务部国际贸易谈判代表兼副部长高虎城,国务院副秘书长毕井泉,外交部部长助理乐玉成,国家发展改革委员会副主任胡祖才,科技部副部长曹健林,财政部副部长王军,国土资源部副部长胡存智,住房和城乡建设部副部长仇保兴,商务部副部长王超,海关总署副署长邹志武,国家税务总局副局长王力,国家质检总局副局长魏传忠,江苏省副省长张卫国,苏州市委副书记、市长周乃翔,以及特邀代表:江苏省委书记罗志军,江苏省委常委、苏州市委书记蒋宏坤,苏州工业园区管委会主任杨知评。新方出席会议的有:贸易与工业部部长林勋强、教育部部长王瑞杰、贸易与工业部兼国家发展部政务部长李奕贤、贸易与工业部政务部长张思乐、新加坡驻华大使罗家良、贸易与工业部常任秘书吴凤萍。

会议指出,园区积极应对复杂的国际经济形势和激烈的区域竞争,推进"二次创业",区域经济实力增强,转型升级成效明显,科技创新活力提升,城市建设全面推进,社会事业快速发展,取得令人鼓舞的业绩。同时,借鉴新加坡经验工作取得新成效,在城市建设、旅游发展、科技教育、"走出去"战略等领域的友好合作不断深化,中新合作品牌进一步辐射推广。会议指出,园区要继续围绕优化经济结构、转变发展方式的中心,推进企业国际化、城市国际化、人才国际化,进一步突出特色,重点在高端制造、科技创新、现代服务业等领域下更大功夫,充分借鉴新加坡的先进经验,加强"软实力"建设,加快推进体制机制创新,努力开创转型升级的新局面。会议重申,中新双方将继续坚持"平等互利、真诚合作"原则,在更加广泛的领域里开展形式多样、内涵丰富的合作与交流。

会议审议并通过《关于苏州工业园区开发建设情况和未来发展的报告》。会议明确,将给予园区新政策扶持,主要包括:支持江苏省和有关部门进一步研究论证在园区设立"纳米真空互联试验站(暂定名)"等,根据论证情况将其纳入国家重大科技基础设施建设中长期规划等相关规划;研究税收等相关扶持政策,促进园区纳米技术产业发展;支持园区深入推进商务旅游发展,提升金鸡湖景区建设水平;支持园区创新进口贸易促进方式,探索贸易便利化的有效途径;支持在园区建立国家仓储有害生物检疫重点实验室;加快审核在园区设立药品进口口岸;支持园区开展全国开发区人才培训工作。

(姚皓雁)

·苏州国家高新技术产业开发区·

【概况】 2012年,苏州国家高新技术产业开发区(简称高新区)完成生产总值830.11亿元,增长10.2%;地方公共财政预算收入82.04亿元,增长15.5%;全社会固定资产投资总额390.10亿元,增长18.0%;社会消费品零售总额158.00亿元,增长12.1%;工业总产值2575.22亿元,增长2.0%;新兴产业产值1257.60亿元,占规模以上工业总产值比重达53.2%;进出口总额353.39亿美元,增长3.7%,其中出口额220.19亿美元,增长5.0%,进口额133.20亿美元,增长1.7%;新增外资企业103家,新增注册外资15.80亿美元,实际利用外资9亿美元,新增内资企业2166家,内资企业新增注册资金225.30亿元,增长9.9%。在岗职工年人均工资59080元,农民年人均纯收入20438元。年内,高新区入选江苏省首批省级科技金融合作创新示范区,获批全国首家知识产权服务业集聚发展试验区,被授予"国家高新区建设20周年先进集体"称号。11月19日,苏州高新区管委会机关由运河路8号搬迁至苏州科技城科普路58号科技大厦办公。

【开发建设】 2012年,高新区不断优化城乡形态布局。狮山路沿线企业"退二进三"工作进展顺利,7家企业签约。浒墅关、横塘老镇改造进度加快,动迁安置工作稳步推进。苏州盐城合作开发园区基础建设正式启动,10项重点工程集中开工。现代有轨电车1号线、南环快速路西延高新区段、中环快速路高新区段等重大项目开工建设,兴贤路东延及兴贤大桥全线贯通,"城中村"改造、苏南运河改造、马涧路西延、中心城区道路"白改黑"和"三线"入地等工程推进,完成何山路西段、金山路西段、邓尉路、珠江路等道路综合改造。港龙城市商业广场奠基,金鹰商业广场落户,绿宝广场升级扩容,天都大厦开工。全省首家进口食品监管区在高新区综合保税区挂牌,江苏省内最大的散装水泥集散中心——苏高新水泥物流中心在长江路中外运高新物流园开业,与复旦大学上海医学院合作共建苏州市立科技城医院签约,省防汛仓储基地苏州迁建工程在浒墅关开发区阳山环路启动建设,沪宁高铁新区站站前广场获"全国市政金杯示范工程"奖。完成中心城区"七纵两横"道路和太湖大道绿化提升工程,新增绿地150公顷。统筹推进城乡环境整治,全面完成何山花园、新升新苑、万枫家园等小区综合改造,累计完成自然村整治277个,成功申报市级山体综合整治项目(宕口整治)4个。开展环境卫生创建工作,浒关镇成为省级卫生镇,省级卫生镇实现全覆盖。新建防洪闸5座、改建6座、维修5座,完成防洪挡墙6.8公里,完成河道清淤11条、27.7公里。苏州首个"数字社区"在狮山街道启用,高新区"数字房产"全面建成。从苏州开往欧洲的直达货运列车——"苏满欧"班列正式开通。

【科技创新】 2012年,高新区科技创新创业工作取得显著成绩。科技投入力度继续加大,全区财政科技投入6.37亿元,占财政地方一般预算支出比重超过11%;区本级财政科技投入2.6亿元,占区本级可用财力比重超过10%;全社会研发投入28亿元,占GDP比重提高到3.4%。全年专利申请首次突破1万件,为10829件,增长37.2%,其中申请发明专利3870件,增长48.79%,专利授权5767件。全年获批市级以上科技项目462项,争取上级资金2.33亿元。新增市级以上各类研发机构92家,有158家大中型工业企业建立了研发机构。加快创新载体建设,中科院苏州医工所正式纳入中科院序列并通过国家验收,江苏省医疗器械检验所苏州分所揭牌,中科院地理科学与资源研究所、俄罗斯联邦医疗技术科学院中国分院落户高新区,浙江大学苏州工程技术研究院、中国传媒大学苏州研究院建设加快。全区累计获批省级科技产业园5家,省级以上科技企业孵化器11家。获批建立国家知识产权服务业集聚发展试验区先导区,已入驻知识产权服务机构13家。全年完成服务外包接包合同额11亿美元,离岸执行额5.5亿美元,分别增长59%。新增市级以上领军人才项目28个,新增区级科技领军人才项目50个,累计212个。全区各级科技领军人才累计308人次,其中国家"千人计划"人才28人,省创新团队4家,省"双创计划"人才31人,姑苏创新创业领军人才50人。全年全区引进落户科技型企业431家,增长17.8%。完善多元化的科技投融资体系。年内,在高新区注册登记的创业投资企业和专业管理公司近100家,资本规模超过100亿元。担保公司全年融资性担保33.6亿元,累计担保总额132.6亿元。科贷公司全年发放贷款14.62亿元,累计28.11亿元。成功发行全国首支"科技型"中小企业集合票据,发行总额度1.8亿元。苏州市首个"微小贷"融资项目平台在苏州创业园设立,"科技之星"项目累计获得科技贷款1.1亿元,"科贷通"项目累计获得科技贷款5.33亿元,"统借统还"平台运行良好,向上争取科技、企业扶持资金5亿元。

【社会事业】 2012年,高新区加大民生项目投入力度,全年用于民生项目的财政性资金40亿元。建立就业创业专项资金,实施就业创业"521"工程,扶持500名失地失业人员自主创业,对2000名失地失业人员进行职业技能和创业培训,开发1044个公益性岗位,援助4797名失地失业人员实现就业,实现本地人员就业1万名,保持"零就业家庭"动态清零。征地保养人员纳入社会化管理,实现城乡老年居民社会化管理全覆盖,2.9万名原新农保参保人员纳入市区居民社会养老保险体系,并为其中1.15万名老年农民核发居民养老金,实现城乡养老保险制度一体化。优化教育配套设施,完成敬恩小学附属幼儿园新建、敬恩小学扩建和苏州学府初级中学续建工程。江苏省青少年模型活动基地在吴县中学揭牌,枫桥街道获批"全国社区教育示范街道"。公共文化服务体系建设快速推进,建成玉山文化活动中心,新增市图书馆分馆4个。镇湖生态旅游区获评省级生态旅游区,镇湖街道获评"中国最具特色文化休闲旅游胜地",何山道院落成,文殊寺景区开园。《苏州市高新区·虎丘区志》正式出版。医疗卫生服务体系不断健全,明基医院建成运营,为3.7万名企业退休人员和老年居民进行免费健康体检。实施社区建设服务提升工程,新建3个城市社区,新建、改扩建14个社区服务中心,镇湖敬老院和东渚敬老院改建完成。加强食品安全监测,完成承担全区22个农贸市场农副产品检测任务的监测室升级改造。完成公共租赁自行车第一期工程,设置21个租赁点、550辆自行车,建成轨道交通1号线沿线6个出入口附近的近3000个公共自行车停车位及邓尉路润园、澄园两个半地下停车库,开通科技城环线公交。全年新建安置房面积20万平方米,新增保障性住房4866套,开工建设富民载体37万平方米。

【省内首条有轨电车开建】 2012年9月11日,高新区有轨电车1号线工程开工典礼举行。这是省内首条有轨电车、全国首条百分之百低地板钢轮钢轨现代有轨电车线路。高新区有轨电车线网规划共有6条线路,总长约80公里,将与地铁、常规公交共同组成高新区多层次多模式的公共交通网络。开工的1号线项目,全长18公里,总投资31亿元,规划建立22个站点,初期先设10个站点。预计2015年上半年通车试运营。运行后,将极大缩短高新区中心城区与西部湖滨片区之间的通行时间。

【高新区成立20周年纪念活动】 2012年6月5日,苏州高新区成立20周年暨日本企业突破500家纪念会在日本东京举行。11月26日,苏州高新区金秋经贸招商活动暨成立20周年表彰大会在苏州举行。会上,总投资达15.25亿美元的名硕电脑新一代消费电子产品项目、苏州国发创业投资控股有限公司的金融租赁项目等10个外资项目,以及总投资达301.8亿元的江苏苏钢集团的北大青年城、绿地集团的城市综合体等10个内资项目进行集体签约。苏州高新区成立20年来,在全国创造了众多的"第一"和"唯一",综合实力和核心竞争力不断提升,发展水平处于全省国家级开发区前列,为全市乃至全省开发区建设积累了经验。大会对26名有突出贡献的开发建设者、20名突出贡献的创新创业人才和20项民生亮点工程及十大纳税企业进行表彰。

【高新区24个项目集中开工】 2012年2月10日,高新区重点项目开工奠基仪式在通安镇举行。该次集中开工的24个重点项目总投资近230亿元,涵盖了新能源、新材料、医疗器械、电子信息、先进装备制造、汽车零部件、现代商贸和现代物流等多种产业类型,呈现出内外资平衡、制造业和服务业发展并重的特点。其中绿宝广场二期、普洛斯物流园、勤堡精密机械等10个外资项目,总投资69.23亿元。苏州科技城现代服务业聚集区、启龙湖温泉酒店、远雄房地产等14个内资项目,总投资160.64亿元。超1亿美元外资项目及超10亿元内资项目共有8个。

【赫斯基新工厂落户科技城】 2012年7月4日,高新区与加拿大赫斯基公司投资新项目签约仪式举行。赫斯基将在科技城建立苏州新工厂,一期用地5.33公顷,投资5000万美元,注册资本1700万美元,预计2014年投入运营,年销售额将达10亿元,同时预留二期土地9.33公顷。新工厂一期从事热流道的生产及模具翻新,二期生产注塑机。目标是将苏州工厂建设为赫斯基公司在中国的生产基地。

【镇湖苏绣产业园获全国最佳创意园区奖】 2012年12月,苏州镇湖苏绣产业园在"2012第七届中国创意产业年度大奖"活动中,获"中国创意产业最佳园区奖"。"中国创意产业年度大奖"是国内创意产业领域最具权威性和影响力的公益性奖项,由中国版权保护中心和中国(北京)国际文化创意产业博览会共同主办。镇湖苏绣产业园凭借对苏绣技艺卓有成效的创新与发展而获奖。

【苏盐园区基础建设10项重点工程开工】 2012年3月26日,苏州盐城沿海合作开发园区10项重点工程在园区港区片集中开工,标志着苏盐园区50平方公里的建设正式启动。基础先行、政府拉动、加速产业集聚、产城融合,是苏盐园区加快发展的重要举措。集中开工的四大类10项重点工程,计划投资17.5亿元。其中,投资3.3亿元建设道路5条、总长11.7公里,投资6亿元建设标准厂房20万平方米,投资2500万元新建5000平方米研发用房,投资8亿元建设20万平方米公租房。

【高新区与复旦大学共建科技城医院】 2012年11月30日,

苏州高新区与复旦大学上海医学院签约，合作共建苏州市立科技城医院。该医院位于230省道东、青城山路南。医院总投资12亿元，用地9.33公顷，总建筑面积15.53万平方米，规划设置床位1000张(一期800张)。按照“优势互补、错位发展、服务新区、辐射苏州、影响全省”的建院办院理念，高新区与复旦大学上海医学院、附属中山医院、附属肿瘤医院进行合作，邀请对方参与科技城医院的规划建设、功能定位、医疗队伍组建等筹建工作，并在医院的学科建设和特色专科培养方面进行长期合作，将该院建设成为一家综合性与特色性相结合的三级甲等医院。

【全国首个国家知识产权服务集聚区揭牌】 2012年6月14日，高新区获批全国首个国家知识产权服务业集聚发展试验区并正式揭牌。这是苏州高新区继建造国家专利审查协作江苏中心、中科院苏州医工所、苏州高新区人才广场、财富广场等一批创新载体后，区内打造的又一创新平台。苏州国家知识产权服务业集聚区位于科技城中央核心区域——智慧谷，分知识产权高端服务、高层次人才培训和知识产权成果孵化应用3个功能区。集聚区立足苏州、服务江苏、辐射华东，既为中国知识产权服务业的发展提供实践经验，也为地方经济转型升级和创新发展提供支撑力量。

【江苏省医疗器械检验所苏州分所签约】 2012年9月28日，江苏省医疗器械检验所苏州分所签约揭牌仪式在苏州科技城举行。苏州高新区与省医疗器械检验所签约共建苏州分所。该分所位于苏州科技城的江苏医疗器械科技产业园内，总投资5600万元，将建设电器安全、电磁兼容、电声、医用激光、医用超声、医用影像等10多个实验室，开展200多项法定项目检验。为高新区、苏州市乃至整个华东地区的医疗器械企业，提供更为便捷的医疗器械产品检验检测服务。 (陈 英)

·昆山经济技术开发区·

【概况】 截至2012年底，昆山经济技术开发区累计吸引45个国家和地区客商投资的1900多个项目(其中千万美元以上项目626个)，投资总额近330亿美元，注册外资近180亿美元，形成电子信息、光电显示、精密机械、装备制造、民生轻工五大主导产业和特色产业。2012年，昆山开发区连续11年位列全国国家级开发区投资环境综合评价前四名。全年实现地区生产总值1440.64亿元，增长5.34%；完成地方公共预算收入67.69亿元，增长2.64%。

【招商引资】 2012年，全区把招商选资作为促转型的首要环节，坚持招商扩量与服务增效并举，首创芭蕾雨大型服务业项目正式落户，中强光电、三一矿机、秀传国际医院、常春藤国际学校等项目相继入驻。全年新批外商投资项目83个，新增开业投产项目60多个，投资亿元以上项目32个，富士机械、东电光电、乐凯锦富、新世纪光电、叶水福物流园等一批项目开工开业，汉扬、天乐、中科等30多家企业增资扩股。全年注册外资8.4亿美元，到账外资7.3亿美元，注册内资62亿元。

【产业发展】 2012年，全区实施“工业设计推进计划”，助推区内终端产品企业提档升级，产业发展持续向好。全年工业投资增长11.9%，生产性投资增长22.3%。以龙腾、友达等核心项目为基础，康佳、旭硝子、东电等上下游配套厂商相继进驻，龙灯化学成为昆山市首家返台上市企业。新显示、新能源、新材料、高端装备制造等四大新兴产业经济总量超过1600亿元，新兴产业产值占规模以上工业产值比重为33.8%，比上年提高2.2个百分点。

【基础设施建设】 2012年，全区功能平台不断完善。光电产业园承载能力增强，友达光电主体工程基本完工，协毅、普昱、厚生等一批重点配套项目跟进集聚。综合保税区二期通过国家验收。金融街、人才公寓、云计算中心、创意中心等功能项目进展顺利，世茂广场全面开业，金鹰国际、崇邦城市综合体等大型商业项目建设加快。台湾中华航空公司、长荣航空公司入驻昆山航站楼。全区城市形象逐步显现。以“三区一商圈”为主体的开发区城市“东扩”、“南进”步伐加快，新建、改建道路10条，完成民房动迁335户、企业动迁41家，动迁安置房新开工面积27万平方米，竣工22.5万平方米。环境面貌加快改善。东新街滨江景观、夏驾河景观带二期工程有序推进，完成中华园东村、富华西村等老小区改造，建成PM2.5移动监测平台，铺设污水管网23公里，新增绿化面积150公顷。当年万元GDP能耗下降4%以上，化学需氧量、二氧化硫排放总量均削减4%以上，成为全国生态工业示范园区。

【进出口贸易】 2012年，全区对外贸易实现平稳增长。全年完成进出口总额704亿美元，增长3.15%；其中出口总额459亿美元，增长4.7%。进出口贸易中，外资企业占据主导地位。全年“三资”企业进出口总额达462.7亿美元，增长27.2%，其中出口额381.4亿美元，占“三资”企业进出口总额的82.4%，占全区出口总量的83.1%。内资企业出口量增加，出口额为78亿美元，占全区出口总量的16.9%。对外依存度比上年同期下降20个百分点。

【科技创新】 2012年，全区高新技术产业产值1720亿元，增长8.4%。引进国家“千人计划”人才11名，累计30名，新增昆山市级以上领军人才20名，博士团队10个，留学人员创办企业30家。全区研发投入占地区生产总值比重2.8%。与上海交通大学、成都电子科技大学、哈尔滨工业大学开展校地合作、校企合作，新增产学研项目29项。建有各类孵化器、中小企业园总面积14万平方米，形成完善的孵化加速体系，吸引海归人才创办高新技术企业200多家。国家自然科学基金重大研究计划项目、国家战略性新兴产业专项、国家科技重大专项获批立项。国家知识产权示范园创建评审入围，专利申请突破7000件，专利授权3500件。完善创新创业环境，健全投融资体系，鼓励科技企业上市直接融资，实现人才、技术、资本、市场有效对接。

【现代服务业发展】 2012年，全区实现服务业增加值320亿元，增长20%。以产业之间连接、资产重组整合、外向配套协作和经营方式转变等多种途径，推进内外资经济融合发展、二三产业协同发展。充分发挥产业集聚优势、区位优势、环境优势，努力建设与工业化相配套、与城市化相适应、与国际化相接轨的现代服务业,服务业增加值占 GDP 比重增加 2 个百分点。重点加快先进制造业企业服务环节分离,发展科技研发、营销贸易、现代物流等项目,纬创、牧田、仁宝、捷安特、统一等企业总部相继落户。加快会展业发展,2012 世界电子竞技大赛、中国国际进口产品博览会、中国零售商大会、中国包装博览会等"国字头"展会相继成功举办。昆山经济技术开发区获得"2012 年度中国十佳品牌会展城市"称号。

【社会事业】 2012 年,全区富民增收成效明显。富民发展公司"三产"项目快速发展,全区实现集体经济可支配收入 10042 万元;农民人均纯收入 25000 元,增长 16%;发放农民创业小额贷款 3125 万元。民生事业协调推进。推出"民生 365"服务品牌,群众就业、社会保障、科教文卫等方面诉求得到有效化解;青阳港学校、开发区实验小学投入使用,绣衣幼儿园、蓬溪幼儿园、富春江小学幼儿园启动建设;"国家公共文化服务体系示范区"创建工作稳步开展。维稳措施保障有力。创新工作方法,健全基层调解网络,调解各类矛盾纠纷,继续保持和谐稳定的良好局面。全年全区实现致富群众多源化、发展教育均衡化、养老事业居家化、医疗卫生就近化、居住环境现代化、管理手段精细化等"六个化"协调发展。

【工会工作】 2012 年,全区完成工会组建 73 家,工会换届 94 家,发展会员 33900 多名,成功组建精密机械产业园、物流行业两个行业工会,解决 10 多家重点企业"建会难"的问题。职代会、工资集体协商在基层普遍建制。新(续)签订集体合同 348 家、工资协商协议 759 家,签订率均为 96.9%;新增职代会、厂务公开建制 68 家,建制率为 96.2%。重新修订出台《昆山开发区企业职工帮困计划》,有 130 多名特殊、困难、患病职工获得补助。开展"一区一品""五大能手"和群众性经济技术创新活动,举办技术创新、合理化建议成果展示及发布会。全年全区 95% 以上的企业参与劳动关系和谐企业复查和创建,已有 2 家企业获江苏省劳动关系和谐企业称号,26 家企业获苏州市劳动关系和谐企业称号,209 家企业获昆山市劳动关系和谐企业称号,295 家企业获昆山经济技术开发区劳动关系和谐企业称号,昆山经济技术开发区获江苏省工会工作模范开发区称号。 (翟永桢)

· 张家港保税区 ·

【概况】 2012 年,张家港保税区(含金港镇)实现地区生产总值 553.53 亿元,增长 10.2%;工业开票销售收入 1267.47 亿元,增长 6.4%;公共财政预算收入 32.02 亿元,增长 12.4%;入库税收 68.7 亿元,增长 6.6%;进出口总额 143.82 亿美元,其中进口总额 115.4 亿美元,出口总额 28.41 亿美元。张家港保税区被江苏省委、省政府表彰为"江苏省先进开发区"。

【招商引资】 2012 年,张家港保税区实现注册外资 6.43 亿美元,到账外资 3.67 亿美元;完成注册外地资本 35 亿元,增长 16.6%,外地资本投入 30.76 亿元,增长 103.4%;完成工业投入 106.01 亿元,增长 12.6%,服务业投入 45.32 亿元,增长 29.1%。全年新开工项目 103 个。新增私营企业 776 家,注册资本 23.18 亿元。4 月,总投资 4 亿美元的润英联添加剂项目,10 月,总投资 25 亿元的张化机海工装备项目,12 月,总投资 10 亿美元的霍尼韦尔特性材料项目签约。1 月,总投资 40 亿元的张家港扬子江石化有限公司年产 120 万吨丙烯项目,4 月,总投资 45 亿元的康得新光学材料有限公司年产 2 亿平方米光学膜产业集群项目,10 月,由江苏多维科技投资建设的磁传感产业基地项目开工建设。

【规模企业培育】 2012 年,张家港保税区规模企业实现工业总产值 1095.6 亿元,增长 5.04%,占区镇工业企业总产值的 76.97%;工业销售收入 1154.15 亿元,增长 2.57%,占区镇工业企业销售收入的 79.18%;入库税收 26.84 亿元,占区镇工业企业入库税收的 62.55%。销售超 10 亿元的规模企业 33 家。新增上市辅导企业 2 家。

【基础设施建设】 2012 年,总投资 9.22 亿元的 13 条道路工程顺利推进,香山"一湖两路"工程全面启动,东山村遗址博物馆概念性规划方案正式确定。滨江新城和香山开发雏形初显,滨江大厦完成地上二层建设,金科地产高档商住小区展示区正式开放,后塍高级中学异地新建主体工程竣工。投入超亿元完成十大水利工程,有效解决部分区域汛期内涝问题。实施城乡环境整治工程,办事处主干道街景改造工程顺利推进,文星新村、安利小区等老宅区综合改造基本完成。全年基础设施投入 26.38 亿元,增长 5.2%。

【新兴产业与科技创新】 2012 年 4 月,《张家港保税区新兴产业育成中心管理办法》(试行)出台;11 月,在省内率先启动保税仓储货物抵押试点工作;12 月,江苏扬子江化学工业园规划编制通过环评和第一轮专家评审。获批张家港锂电池及材料科技产业园、国家火炬计划张家港锂电特色产业基地和江苏省知识产权试点园区。全年完成新兴产业产值 558.2 亿元,占工业产值总量的 39.2%;投入 101.2 亿元,占工业投资的 95.5%。全年自主申报国家"千人计划"人才实现零的突破,引进国家"千人计划"人才 5 人,获评省高层次创新创业人才 3 人,市级以上创新创业人才总数累计达 42 人。获批国家 863 计划项目 3 个,获评张家港市首个"省创新团队"和"省重大科技成果转化项目",新增省高新技术企业 13 家,累计达到 47 家。

【流量经济】 2012 年,保税区完成服务业增加值 247.6 亿元,增长 21%,占 GDP 比重 44.7%;服务业投入 45.3 亿元,增长 29.1%。长江国际 10 万立方米化工储罐开工建设。完成进出区货运总量 1180 万吨,货值 166.8 亿美元,海关征收税款 83.13 亿元。8 月 28 日,中国·张家港液体化工指数在北京发布。纺织、粮油和名贵木材等专业市场不断放量发展,世纪康鑫橄榄油分拨中心、北大荒江苏开票中心等一批项目落户。国际进口消费中心加快发展。7 月,保税区被江苏省政府批准设立"江苏进口商品集采分销中心",全年进口葡萄酒突破 100 万升;12 月,江苏省首家葡萄酒检测实验室在区内正式揭牌。江苏丰立集团有限公司、东华能源股份有限公司等 7 家企业入选"中国服务业 500 强"。11 月 16 日,省内唯一的进口汽车整车口岸获批,并与石化期货交易所建设一起列入国家苏南现代化规划草案。

【康得新光学膜产业集群项目开工】 2012年4月26日，张家港康得新光学材料有限公司光学膜产业集群项目开工奠基典礼举行。该项目总投资45亿元，项目包括年产2亿平方米的光学膜、年产6000吨的UV树脂、1万吨的光学保护膜和5万吨的光学PET，计划于2013年2季度投产，建成后将成为全球规模最大、集中度最高、产业链最完整、年均规模达百亿的光学膜产业集群。

【汽车整车进口口岸获批】 2012年11月16日，经国务院正式批准，张家港保税港区成为江苏省首家汽车整车进口口岸。年内，张家港保税港区已完成汽车整车进口口岸概念规划和顶层设计及详细建设方案，韩国现代、起亚每年进口2万辆整车物流中心项目成功签约。码头改造、堆场、检测线等功能规划已定，分拨分销中心区域的拆迁全面启动。张家港保税港区加大汽车口岸的宣传力度、土地指标的争取力度和知名重点进口品牌汽车区域经销商及物流分拨中心的招商力度，力争2013年上半年口岸通过海关、国检等部门的验收，进入实质性运营。张家港保税区将按照错位发展、补位发展的原则，建设一套完整的装卸、堆放、检测、展示交易、整车和零部件分拨分销、改装、金融服务等汽车整车进口产业体系，重点进口品牌中规车、高档非中规车以及特种车辆，计划通过3~5年发展，达到年进出口20万辆整车的规模。 （许 涛）

·昆山高新技术产业开发区·

【概况】 昆山高新技术产业开发区（简称昆山高新区）是国内首个设在县级市的国家级高新技术产业开发区，位于昆山市中部。东与昆山市经济技术开发区相连，南与张浦镇相望，西与苏州工业园区、巴城镇相邻，北与周市镇相接。东西最长距离13.1公里，南北最长距离17.4公里。辖区面积118平方公里，分设阳澄湖科技园、新城北产业园和吴淞江产业园三大板块，下辖7个街道办事处、51个社区居委会、22个村委会。年末总户数69030户，户籍人口20.32万人。2011年，昆山高新区和玉山镇“区镇合一、以区为主”的管理体制启动，2012年初，“区镇合一”顺利完成，以区为主，继续保留玉山镇，以“产城结合”的理念进行整合开发建设。全年全区完成地区生产总值590亿元，增长11.3%；工业总产值1198.7亿元；服务业增加值228亿元，增长20%；进出口总额83.75亿美元，其中出口47.92亿美元；完成全口经财政收入112.08亿元，其中公共财政预算收入47.01亿元，增长6.1%；完成全社会固定资产投入122.04亿元，增长22.8%。综合保税区（西区）实现封关运作。

【招商引资】 2012年，昆山高新区引进内外资企业2400家，其中总投资超1000万美元的外资项目18个、超5000万元的内资项目22个；新批注册外资5.2亿美元、实际利用外资4.15亿美元，新增注册内资45.2亿元。列入昆山市的重大产业项目年内全部开工，全年在建项目188个，新建工程面积257万平方米，其中工业企业新建面积80万平方米。通力电梯实施搬迁改造和扩能增产，销售收入突破百亿元。

【科技创新】 2012年，昆山高新区实现高新技术产业产值650亿元、新兴产业产值401亿元，占规模以上工业总产值比重分别为61.5%和38%。三次产业比例优化调整为0.3∶48.7∶51。年内，全区研发投入占地区生产总值比重3%。机器人产业基地获批成为第3个国家火炬计划特色产业基地，启用创业孵化大楼、科技企业加速器，运作昆山产业创新研究院和南京大学创新研究院，组建西安电子科技大学创新研究院和哈尔滨工业大学机器人研发中心，设立美国硅谷海外人才工作站。新增科技型项目83个，新认定各级研发机构95家、高新技术企业29家、技术先进性服务企业2家，新设研发机构101家、产学研联合体14家。专利申请8390件、授权3708件。新增中国驰名商标1个、江苏省著名商标和苏州市知名商标各5个。获批国家科技支撑项目2个、国家火炬计划项目7个，纳入省重大成果转化项目2个，获得省企业技术创新奖1项。申报江苏省“双创计划”人才9人、“姑苏双创计划”人才13人和昆山市“双创”人才17人，江苏省“双创”团队2个；新增国家“千人计划”人才10人、省市“双创计划”人才19人，引进培养高技能人才7471人。争取各类科技经费超2亿元。成立和运作区资产经营公司、高新创投公司、红土高新基金（国内首个产融创投基金）等，参与组建信用再担保、创业科技小贷公司，引进静德国际、青石资本等金融机构。新增上市后备企业5家、拟上市企业4家。“新三板”（指中关村科技园区非上市股份有限公司进入代办股份系统进行转让试点，因为挂牌企业均为高科技企业而不同于原转让系统内的退市企业及原STAQ、NET系统挂牌公司而称之“新三板”）签约企业11家，其中6家完成股改。

【新兴产业】 2012年，昆山高新区发展新兴产业。一是机器人产业。昆山高新区机器人产业园规划面积33.33公顷，聚集企业25家，投资总额超15亿元，10月，被省科技厅确认为省级科技产业园。华恒焊接股份有限公司的“焊接机器人成套装备”项目获国家火炬计划项目立项，“PTM纵缝焊接系统”获批国家重点新产品。7月30日，华恒公司首次公开募股（IPO）申请获中国证监会创业板发行审核委员会批准通过，成为昆山首家上市的留学生企业。二是生物医药产业。至2012年底，昆山高新区小核酸产业基地已投入3亿元建设公益性、非营利性的小核酸应用研究和孵化实体，2个产品处于临床试验，10余项小核酸药物正在研发。基地3500平方米的过渡用房已满负荷运行，价值3000万元的研发设备基本到位，建立起了小核酸研究所的公共技术平台。完成20公顷的小核酸基地规划，研发楼竣工，1.4万平方米的研究所办公楼和多功能厅将于2013年全面投入使用。苏州瑞博生物技术有限公司与全球最具RNAi药物临床研发经验的美国夸克制药公司正式宣布结为战略合作伙伴，并成立昆山瑞博夸克医药科技有限公司。三是新能源产业。由海外留学团队领衔的弗尔赛能源有限公司完成燃料电池微型车、观光游览车的小功率燃料电池发动机及通信用燃料电池备用电源的研发，涉及燃料电池电源技术的多个核心领域。OLED显示技术。年内，昆山维信诺显示技术有限公司大规模生产基地一期开发，厂区总建筑面积3万平方米，先进洁净车间3000平方米，具备年产1200万只小尺寸OLED显示器件的生产能力。至年底，该公司已开发出近30款OLED产品。同年5月22日，中共中央政治局常委、国务院副总理李克强考察维信诺显示技术有限公司。

【社会民生】 2012年,昆山高新区计划总投资超68亿元的45项重点实事工程,达到年内进度目标。完成房屋征收1118户、搬迁企业59家,新增动迁安置房35万平方米,并引入BT(建设－移交)代建模式。完成吴淞江邻里中心、人才公寓等配套项目建设,完成昆山市第二人民医院病房楼建设,投入1.7亿元新建、续建、改造学校、幼儿园14所。12月9日,由昆山市政府和美国杜克大学、武汉大学三方合办的综合性中外合作大学——昆山杜克大学(筹)正式揭牌,占地面积14.67公顷、投资约50亿元的一期工程基本完成。年内,完成各类职业技能培训5080人。新建工会35家,发展会员8867人,新增省级充分就业示范社区1个。成立居家养老管理中心,启用金谷园等7个日间照料中心。农村居民人均纯收入25520元,增长10.7%。推进国家公共文化服务体系示范区创建,举办各类文体活动618场。开展"四项排查",落实安全生产责任制,安全事故数、伤亡人数分别下降17%和22%,信访人次下降21%。

【市政建设】 2012年,昆山高新区全面完成区内控制性详细规划编制,以及姜巷、唐龙2个保留村庄整治规划;完成老小区改造和中华园西路西延年度计划。配合做好中环快速化道路建设、朝阳西路区域改造、杨林塘整治、西部医疗中心规划等重点工作。总建筑面积80万平方米、总投资40亿元的昆山低碳主题公园破土动工,实施吴淞江、张家港河等滨江景观带及道路造绿工程,建设以南淞湖、中心湖、玉湖、城北湖等为核心的生态区,完成同心河、吴淞江流域水环境综合整治阶段性任务,铺设污水管网8公里。新建改造绿地面积137公顷,植树造林540公顷。

(王　莉)

·常熟经济技术开发区·

【概况】 2012年,常熟经济技术开发区(简称常熟开发区)在发展经济、保障民生、推进城乡一体化三大方面成效显著。全年实现地区生产总值672亿元,增长4.52%;工业销售收入2137亿元,增长3.75%;公共财政预算收入37亿元,增长4.60%;实现进出口总额116.7亿美元,增长2.06%。在商务部国家级经济技术开发区2011年综合发展水平评价中,列全国2010年后升级或设立的41家国家级经济技术开发区第二。

2012年,全区完成基层组织建设年工作,184个基层党组织全部实现整改到位和晋位升级。新建党组织7家,发展党员97名。成立开发区总工会,新建企业工会15家,积极创建省工会工作模范园区。

【招商引资和项目建设】 2012年,常熟开发区完成注册外资11.7亿美元,到账外资7.1亿美元,注册内资124亿元。总投资175亿元、一期年产13万辆整车的奇瑞捷豹路虎项目,顺利完成项目审批和工商注册,已正式开工。总投资150亿元、年产45万辆整车的观致汽车项目,总装、焊装、涂装三大车间已竣工,实现第一辆整车下线。常熟电厂2台100万千瓦机组项目获国家发改委批准。全年共有40个项目完成报批,43个重点工业项目加快建设,其中23个新开工、12个竣工投产。在开发区成立20周年庆典上,总投资121亿元的22个项目集中签约。

【科技创新和人才培育】 2012年,常熟开发区创建国家科技企业孵化器,建成江苏省首批创新型开发区,获批省知识产权试点园区和中国科协海智计划常熟工作站。获批国家科技型中小企业创新基金项目3个、省产学研联合创新载体资金项目2个。新认定省高新技术企业6家、省高新技术产品20个,专利申请总量近300件。新入选省"双创计划"人才计划7项、"姑苏双创计划"人才项目5项、常熟市领军型人才项目26项。南京理工大学常熟研究院、华东理工大学常熟研究院被列入省重大创新载体建设项目,北京理工大学常熟研究院正式启用。7月26日,常熟市天银机电股份有限公司在深圳证券交易所挂牌上市。12月5日,中金所上海金融期货信息技术有限公司常熟研发中心签约揭牌。

【生态环境和载体建设】 2012年,常熟开发区全面加强各类环境监管,提高企业准入门槛,全年未出现环境污染事件,同时加强对区内闲置土地、闲置厂房的调查摸底,鼓励现有企业采用清洁生产工艺,提高资源综合利用效率。年内,新申报国家级节能项目1个、省级节能项目3个、"能效之星"三星以上企业2家。累计26家企业通过清洁生产审核,12家企业被评为省级节水型企业,41家单位通过ISO14001环境管理体系认证。5月,国家环保部、商务部、科技部联合发文同意常熟经济技术开发区开展国家生态工业示范园区建设。同时,完成滨江新城中心区亮化工程,建设启用滨江国贸会议接待中心及开发区展示馆。万和工业坊、东张邻里中心一期10万平方米建筑竣工投用。长江港务码头试运行。全年种植林木986.67公顷,全区绿化覆盖率达18.4%。建成城市森林公园,进一步提升新城生态休闲环境。城乡一体化示范小区聚和佳苑一期17幢单体结构建筑封顶,数字化城管中心正式运行。东张现代农业科技示范园区一期顺利推进,主体道路框架已形成,233.33公顷节水灌溉、3万平方米连栋大棚、40公顷单栋大棚建成投用。已建成7个产学研合作基地,被评为省级出口蔬菜示范基地。

【社会事业和社会建设】 2012年,常熟开发区加快推进便民工程,完成公共自行车布点,完善开发区及镇村公交网络,推进集贸市场升级改造,促进社区商业网店合理布局,试点建设社区警校,开发区(碧溪新区)数字化城管分中心揭牌成立。积极关心弱势群体,社会救助体系不断完善。对低保及低保边缘户、残疾人、老年人三类群体,采用党员关爱基金、慈善救助金、大病医疗救助金和有线电视费用减免等措施给予生活保障,农村合作医疗参保率达99.7%。浒浦高级中学成为常熟市第四所、常熟市区外第一所省四星级普通高中。新区计生服务站被评为省人口计生系统窗口服务示范单位。举办开发区(碧溪新区)首届中外企业文化节,打造区域特色文化品牌。滨江文联、常熟市图书馆滨江分馆、常熟市文化馆滨江艺术培训基地揭牌成立,与常熟市图书馆联网、通借通还。全年组织举办各类文体活动65场次,完成"文化惠民村村行"公益巡演24场和农村电影流动放映372场次。开发区侨界联合会揭牌成立。

(徐顺舟)

·吴江经济技术开发区·

【概况】 2012年,吴江经济技术开发区(含同里镇,简称吴江开发区)完成地区生产总值332亿元,增长10.9%;工业开票销售收入1307.1亿元,增长0.6%;全口径财政收入69.5亿元,增长19.2%,其中地方公共财政预算收入30亿元,增长13.6%;全社会固定资产投入158.1亿元,增长20.9%;新增注册外资9.95亿美元,到账外资5.3亿美元,新增注册民资37.7亿元;完成进出口总额170亿美元,其中出口90亿美元、进口80亿美元,出口加工区进出口总额跻身全国十强。

同年1月,吴江开发区被工信部评为"国家新型工业化产业示范基地";6月,被省委、省政府授予"江苏省先进开发区"称号;8月,被省商务厅、省知识产权局授予"江苏省知识产权试点园区"称号;11月,被省侨联命名为首批"江苏省侨界人才创新创业示范基地"。江苏省LED特色产业基地、化工集中区等特色园区顺利获批,物流中心获评"全国先进物流企业"。年内,新建非公企业党组织41个,实现非公企业党组织组建覆盖率100%。

【招商引资】 2012年,吴江开发区新批项目43个,注册外资8.59亿美元,其中出口加工区新批项目4个,注册资本1.25亿美元;增资项目24个,增资额1.19亿美元。新批项目中总投资1亿美元以上的外资项目5个,注册超亿元的民资项目6个。新批欧美日项目12个,占新批项目总数的27.9%;新批装备制造类项目20个,注册外资3.8亿美元。三井金属特种陶瓷、金狮饮料、黑牛食品等38个大型工业项目开工建设。总部企业麦考林科技、敏华实业、世界500强企业卡特彼勒、佳施金属制品等37个大型优质项目投产。

【基础设施建设】 2012年,吴江开发区完成基础设施建设投入43亿元。初步完成云梨路、运东大道、同津大道周边城市设计,完成轨道交通4号线5个站点周边区域的城市设计。重点工程中,总投资4.92亿元的运河大桥、东太湖大道东延伸段于9月竣工通车。苏嘉杭高速以东片区累计投资41亿元,建成道路72公里,16.5平方公里实现"七通一平"。总投资5亿元新建同津大道北延、运东大道南延、长港路等道路10.5公里。完成庞金路、吉市路、同津大道等路面改造10公里。继续推进江陵路、苏震桃公路入口、苏嘉杭高速吴江出口等重点景观改造,新增绿地面积373.33公顷,吴江开发区被评为"绿色苏州先进集体"。新增的日处理3万吨生活污水设施投入运行,日处理5000吨中水回用工程开工建设。

【科技创新】 2012年,吴江开发区新认定高新技术企业11家,高新技术产品21个。新设立研发机构7家,投入研发创新资金9.13亿元。专利申请1500件,其中发明专利230件。获批国家创新基金项目2项、国家星火计划1项。新增入选国家"千人计划"4人、省"双创计划"人才5人、姑苏科技领军人才7人、吴江科技领军人才45人。领军人才项目注册突破100家,全年销售达8亿元。科创园10多万平方米的研发楼、实验厂房及人才公寓开工建设。清华大学苏州汽车研究院研发基地开工建设,并获江苏省创新基地扶持资金2000万元。中达电子获批建设全区首个金太阳示范工程。

【产业发展】 2012年,吴江开发区继续加大产业结构调整力度。电子信息产业全年实现销售879.72亿元,下降4.46个百分点;装备制造业实现销售135.89亿元,增长22.97%;新材料行业实现销售69.32亿元,增长22.72%;新能源行业实现销售70.14亿元,增长4.28%。

【民生事业】 2012年,吴江开发区投入10多亿元,全面实施涉及安居、就业、教育、医疗、文化、社会保障、社会治安管理等多领域的便民惠民工程。投资1.2亿元,建设花港迎春小学及附属幼儿园,完成主体施工。建成动迁安置房16.4万平方米、1188套。新开工新柳溪花园、山湖鸿辉苑动迁安置房48.3万平方米、3379套,累计在建达101.6万平方米、7316套。山湖花园市民公园开工建设。公共自行车系统投入运行。成立开发区法庭、城南派出所,并投入运行。违法犯罪警情比上年下降1.17%,"八类"案件下降13.9%,"两抢"案件下降11.6%。全区实现村级可支配收入6405万元,增长18.1%,农民人均纯收入2.23万元,增长15%。率先完成城乡养老保险并轨工作,城保覆盖面列吴江区第一。继续做好扶贫帮困工作,对区内低保和低保边缘家庭子女就读相应学校的学杂费免减、困难群体残疾群体救助,以及养老居所建设等10项民暖工程的支出达2100万元。完成35个自然村的环境整治工作。

(孙 洁)

·太仓港经济技术开发区·

【概况】 2012年,太仓港经济技术开发区实现地区生产总值438亿元,业务总收入1774亿元,地方公共预算收入47亿元,进出口总额98亿美元,其中出口额39亿美元,均比上年有较大增长;引进外资项目62个,注册外资10亿美元,到账外资5.35亿美元。

【港区建设】 2012年,太仓港经济技术开发区港区(简称港区)实现地区生产总值216.8亿元,增长12.8%;完成工业总产值736.04亿元,增长5.1%;工业销售收入713.48亿元,增长4.52%;完成进出口总额55.13亿美元,增长9.34%;完成固定资产投入145.25亿元,增长13.3%,其中工业固定资产投入84.3亿元;实现公共财政预算收入14.89亿元,增长9.7%。新增宝洁、协鑫晶硅切片、天瑞节能科技等规模企业25家,规模企业总数达到144家,实现规模工业总产值590.63亿元,增长7.3%。全年产值超亿元骨干企业57家,超10亿元企业16家,超20亿元企业9家,超30亿元企业6家。

招商引资。全年完成注册外资4.04亿美元,实际利用外资2.42亿美元,增长41.72%;内资新增注册资本48.5亿元,完成全年任务的107.98%。总投资7.5亿美元的扬子江海洋工程、总投资33亿元的联东产业综合体和总投资20亿元的天良港一期等11个重大项目签约,总投资超过146亿元,其中总投资超亿美元项目7个。润邦卡哥特科港口装备、天顺海上风电设备、中化霍尼韦尔新材料等13个项目开工建设,总投资约93亿元,建成后预计新增工业产值超150亿元。宝洁华东物流基地一期、艺康科技、琪优势表面活性剂、台玻LOW-E玻璃等14个项目竣工投产,总投资超过73亿元,达产后预计新增工业产能123亿元。扬子江海洋工程、中集冷箱、华能煤炭储运中心等21个项目在建,总投资约114亿元。截至年底,港区共集聚11家世界500强企业投资的20个项目,总投资247.66亿元。集聚12家美资企业投资的15个项目,总投资145亿元,已建成投产项目12个,年营业收入超过148亿元。集聚15家中央企业投资的26个项目,总投资261亿元,其中已建成的13个工业项目年产值超144亿元。

新兴产业。年内,港区新能源、新材料、新装备"三新"产业快速发展,新引进协鑫光伏系统集成、诺坦尼亚新材料等新兴产业项目8个,总投资111.4亿元,占引进项目投资总额的75%以上。32家投产的新兴产业企业实现产值290.4亿元,占规模工业比重达49.2%,比上年提高6.7个百分点,增长4.8%;实现利润12.5亿元,占规模以上工业利润的31.2%。新能源产业中,太阳能光伏行业积极应对美国和欧盟"双反"和"反制裁",全年共完成产值87.72亿元,净增53.3亿元,增长154.8%。新材料产业中,艺康科技、台玻LOW-E玻璃、中化HFC-125制冷剂等一批项目相继建成投产,中化霍尼韦尔新材料、诺坦尼亚新材料等项目加快建设。新装备产业中,总投资7.5亿美元的扬子江海洋油气装备项目成功签约,润邦卡哥特科港口装备、天顺海上风电设备、中集冷箱等一批重大项目开工建设,敦邦交通运输装备、龙杰机械装备等项目竣工投产。

科技创新。全年港区实现高新技术产值138.8万元,占规模以上工业比重为23.5%,提高3.7个百分点。规模以上工业完成研发经费投入7.91亿元,占GDP比重3.65%。申请专利1157件,增长41.44%,其中发明专利293件,增长97.97%,授权专利1030件,增长46.1%,申请国际PCT专利3件。1人入选省"双创计划",2人入选"姑苏双创计划",6人入选太仓领军人才计划。年内新认定高新技术企业8家,累计总数19家,其中奥特斯维被认定为国家火炬计划高新技术企业,雅本化学获得省青年基金项目立项,华益美获得省社会发展科技支撑项目立项,新认定高新技术产品23个。中化国际等企业与10多家高校签订37项产学研合作协议,新增江苏省企业研究生工作站1家,雅本化学等3家企业获批省工程技术研究中心,港区率先在太仓市实现大中型企业及高新技术企业研发机构全覆盖。

现代物流。全年港区实现三产增加值45.3亿元,增长19.9%,占GDP比重20.9%。华能煤炭储运中心1个重点项目和太仓物流园区1个重点集聚区列入省服务业"十百千"行动计划。普洛斯物流、普凯物流等一批项目签约,阳鸿石化二期、华能煤炭储运中心开工建设,苏州钢领钢铁服务中心主体结构封顶,美锦汇风码头、武港码头扩建工程建成投运。完成服务业固定资产投入60.98亿元,增长38.8%。保税物流中心运作监管货值32.47亿美元,增长56.8%;引进各类商贸物流企业46家,注册资金1.97亿元,实现主营业务开票销售收入23亿元。港区新注册物流贸易企业213家,总数为1112家。实现物流贸易营销额200亿元、入库税金3亿元,分别增长24%、35%。

港城建设。《太仓港经济技术开发区(暨浮桥镇)城乡统筹规划》编制完成中期成果,港城医院设计方案启动编制。和平花园五期、14号地块等安置小区,港城综合治理中心、港城第二小学、中兴商业街等公建配套设施,长江大道、平江河等基础设施工程设计完成。新通车道路里程约10公里。新修建河道6公里,新增绿化面积约95公顷,绿化保有量突破1000公顷。滨江名都一期和上海花城一期竣工交房,康来特大厦竣工验收,合生房产主体结构封顶,美乐房产开盘销售,全年竣工商品房面积29.1万平方米,住宅房屋2074套,共销售商品房669套。港区第一个城市综合体项目——太仓港城邻里中心正式开业运营,站点商业竣工投用。新城花园幼儿园建成投用,中兴商业街、港城综治中心等功能设施开工建设。

社会事业。年内,港区制定出台《港区农村房屋拆迁安置补偿实施办法》、《关于动迁企业安置的补充意见》等配套政策。动迁农户570户,完成评估550户,签约480户,签约率84%;动迁工业企业(含个体工商户)140户,搬迁105户。安置1558人,其中土地置换社保1110人,发放各类安置费用1577万元。竣工安置公寓房62万平方米,其中移交安置23.2万平方米,新分配安置公寓房994套、联体公寓248套,自建单体和连体公寓255户。九曲、牌楼、荷池花园、明珠花园等社区服务中心竣工,港城第二小学、浏家港中学教学楼扩建工程开工建设。村集体平均可支配收入462万元,增长53%;农民人均收入20011元,增长16.8%。新增参加社保企业25家,参保人数12828人,累计19043人。化工园区污水处理厂正式投入运行,江城污水厂日处理1万吨污水扩建工程和全市小化工废水集中预处理设施投入试运行。共投入约5.3亿元实施协鑫、华能、玖龙等企业脱硫脱硝环保设施新建和改造,全年可减少排放氮氧化物16000吨、二氧化硫4000吨。累计投入资金5500万元开展村庄环境整治,并顺利通过省市验收。

【新区建设】 2012年,太仓港开发区新区(简称新区)做好保增长、促转型、惠民生等各项工作,全区经济社会呈现加快发展、协调发展的良好态势。全年实现工业总产值672亿元,比上年略有增长;进出口总额43亿美元,增长6.9%;公共财政预算收入32亿元,增长12%;服务业增加值96亿元,增长13.7%;全社会固定资产投入113亿元,增长15.2%。

招商引资。全年新区实现注册外资5.8亿美元,实际利用外资3.2亿美元,全面完成年度计划。引进项目质优体量大,其中佳格食品、拉夏贝尔、博格华纳、德特威勒、龙福科技、龙志包装、积水房屋等7个项目超亿美元。新引进德资企业15家,全区德资企业总数达到180家。

中德合作。年内,新区被国家工信部授予全国首个"中德中小企业合作示范区"称号。在德国弗莱堡成功举办一年一度的"2012走进德国-太仓日"活动,并作为唯一的中国地方政府参展"2012汉诺威工博会"。10万平方米的中德工业园加快建设。

自主创新。年内,新区经政府批准筹建"江苏省太仓高新技术产业开发区",新引进世钟汽配、德特威勒、平和精工3家研发中心项目。太仓市特灵空调器有限公司新建8000平方米研发大楼,苏州斯迪克新材料科技股份有限公司新建5万平方米研发中心。全区高新技术产业产值占规模工业比重为35.5%,提高近10个百分点。新增高新企业11家,新增江苏省、苏州市级外资研发机构4家,新增江苏省、苏州市级内资工程技术中心10家。全区累计高新企业总数36家,研发机构28家,工程技术中心20家,均占太仓全市1/3以上。

城市建设。年内,新区内3平方公里中央商务区加快建设,万达广场通过18个月的建设顺利竣工开业,国际广场、商务广场等12幢46万平方米行政商务楼已启动并抓紧建设。城市东进步伐加快,陆渡中心城区控制性详规完成,主干道上海东路改造工程顺利推进。完成常州路东延、北浏河路等4条新路建设和惠阳路、向阳路、柳州路等5条道路改造。生态建设加快推进,新增绿化面积80公顷,全区绿化面积近960公顷。

城乡一体化发展。年内,新区内拆迁工作稳步推进,完成拆迁农户550家,总面积13.75万平方米,拆迁工业厂房5万平方米、门面房5000平方米。建成城北六期、惠阳新园、恒通花园3个安置小区,恒通佳苑、陆渡锦绣东方城等100万平方米4个安置小区加快建设,建成后基本解决区内农户拆迁安置问题。创新村级经济发展模式,按照城东、板桥、陆渡3大片区成立育民、浩民、顺民城乡一体化建设发展公司,并出资组建"中德中小企业示范区有限公司",开创村级经济参与中德合作的新模式。

民生事业。年内,新区完成华盛园小学及幼儿园、香花幼儿园建设,实施惠阳社区、太平社区的老小区改造,满足人民群众对高质量生活的需求。全区居民医疗保险参保缴费44839人,基本达到全员参保。推进就业工作,组织各类招聘会177场,进场招聘企业4033家,达成就业意向17854人,月平均薪资2776元。创新社会管理,推进"政社互动",与全区22个社区(村)签订管理协议书;把握维稳工作主动权,全区信访案件办结率98%,便民服务热线办结率100%。

(冯金宝　王一鸣)

·张家港经济技术开发区·

【概况】 2012年,张家港经济技术开发区(简称张家港开发区)完成地区生产总值647亿元,增长12.3%;业务总收入2159亿元,增长12.1%;工业总产值1765亿元,增长6.5%;入库税收89.86亿元,增长15%;财政收入96.15亿元,增长14.3%;完成固定资产投资206亿元,增长21.3%。

年内,张家港开发区非公企业党组织组建率为99.7%。区镇党(工)委被评为全省创先争优先进基层党组织。

【招商引资】 2012年,张家港开发区新批外资项目49个。新批注册外资6.45亿美元,实际到账外资4.15亿美元,分别增长8.4%、20.4%。新增外地注册资本55亿元,增长124%。围绕发展新能源、新材料、新装备"三新产业",全年组织3批项目集中开(竣)工活动,欧璧医药包装、现代海斯克等一批投资超5亿元的产业项目落户,并全部开工建设,西马克技术、中鑫汽配、麦德龙等重点项目竣工投产。

【产业升级】 2012年,张家港开发区有世界500强投资企业19家。年内,完成上报上市首发材料1家,完成辅导备案2家。软件动漫产业园获批"国家影视网络动漫实验园"。城南国际商务新城、城北科教新城与中心城区形成"一体两翼"发展格局。印度NIIT、中国标准化研究院张家港科研基地、中国网库江苏电商谷、绿城(代建)总部等一批重大项目落户。国际商务中心、国泰金融广场等一批总部项目开工建设。80家服务业企业营业收入超亿元,10家营业收入超10亿元,7家获评AAAA级物流企业,5家被认定为苏州市首批重点文化企业,3家入围中国服务业500强。5部原创动画片在境内外播出。完成服务业增加值125亿元,增长29.5%。

【科技创新】 2012年,张家港开发区自主申报国家"千人计划"人才2名,累计3名,引进国家"千人计划"人才4名,嫁接型领军人才创业项目5个;新增省"双创计划"人才5名,累计15名;新增"姑苏双创计划"人才4名,累计12名;新增张家港市领军型创业创新团队19个,累计65个。获批省知识产权试点示范园区。建成省级博士后创新实践基地1个,成为张家港市首家区域性总站。智能电力研究院获批省电网柔性输电工程技术中心。苏州大学张家港工业技术研究院揭牌投运,国家开发投资公司海外人才创新基地、中国标准化研究院苏南检测中心、南京理工大学张家港工业技术研究院、北京大学张家港技术转移中心、清华大学江苏锂电技术研究院成功落户。年内,获批国家科技项目14个、省级科技项目15个。新增省高新技术企业20家,累计79家;新增省研究生工作站13家,累计33家;新增省工程技术研究中心5家,累计18家;新增苏州工程技术研究中心22家,累计39家;新增苏州院士工作站1家。新增发明专利申请655件、发明专利授权237件。

【节能环保】 2012年,张家港开发区淘汰落后企业12家,调整用地78.27公顷,完成节能项目15项,淘汰落后用能设备58台(套),新增ISO－14000认证企业12家、能源审计企业10家、清洁生产审核企业14家、苏州市"能源之星"企业3家。万元GDP能耗降至0.41吨标煤,下降29.7%。区内企业治理设施运转率、工业用水重复利用率、工业固体废弃物综合利用率、生活污水集中处理率、生活垃圾无害化处理率、进区项目环评率和"三同时"制度执行率均达到100%。全年无污染事件发生。

【民生事业】 2012年,张家港开发区农村居民年人均纯收入22518元,城镇居民年人均可支配收入40328元,分别增长18%和14.8%。农村"三大合作"改革深入推进,土地股份合作社、社区股份合作社全覆盖,新建各类专业合作社12家,总数47家,农民参加率100%。村级经济发展壮大,村均可用财力达827万元,净增48万元。投资8.3亿元实施民生实事工程。新建道路28条、23公里,铺设污水管网7公里,沟通水系5条,开挖河道10公里,新增绿地535.27公顷。410个村庄通过"康居乡村"验收,建成苏州市级以上"康居乡村"示范点4个。塘市中小学、幼儿园交付使用,福前小学、幼儿园开工建设。新建卫生服务站4个,全年门诊近50万人次,大病风险补偿9813人,大病救助1099人。投入社区建设4200万元,新辟停车位近5000个,新建便民餐厅6个,装备社区服务中心12个。城保扩面9871人,住房公积金扩面9575人,超龄人员"农转城"3470人,医保扩面2213人。全年新增就业岗位14505个,帮助特困家庭人员就业527人,零就业家庭实现"动态清零"。开展"情暖万家——五进工程"活动,共发放慰问金4058万元,惠及各类困难家庭3万户。推行"新市民积分管理办法",新增新市民子女入学1990人、参加当地医保3388人。动迁民宅4600户,新开工安置房48.64万平方米,竣工48.59万

平方米。彩虹苑获苏州市优秀农民集中居住区二等奖。杨舍镇获评全国社会主义新农村示范镇。（陆　园）

·苏州太湖国家旅游度假区·

【概况】 2012年,苏州太湖国家旅游度假区(简称度假区)全年实现地区生产总值55.42亿元,增长10.73%;完成工业总产值66亿元,其中规模以上工业产值39亿元,分别增长8.4%和7.9%;完成全口径财政收入8.54亿元,增长9.95%;完成地方公共预算收入6.4亿元,增长19%,占全口径财政收入75.06%;完成进出口总额3.33亿美元,其中出口2.05亿美元;完成服务外包接包合同额1905.3万美元,其中离岸执行额1072.5万美元;全年接待国内外游客708.8万人次,增长30.5%,实现旅游收入85.06亿元,增长30.9%(注:原2011年旅游收入数据有误,应为64.98亿元);完成社会固定资产投资60亿元(含房地产),增长49.78%。

【招商引资】 2012年,度假区项目引进取得新突破。全年新增注册外资1.08亿美元,到账外资154.5万美元。新增民资注册资金10亿元,增长87.9%。中心区引进尚卡化妆品、水月春藤项目和金诚财富8个基金公司,产业园引进亚都环保、安洁二期、以色列基金等项目,金庭镇南峰五星酒店项目、唐人数码、优尔总部和光福镇沃柏模塑、天地一号项目落户。另有洽谈储备项目近40个。

【重点项目建设】 2012年,度假区17个区级重点项目完成投入30亿元,一级游客中心、工艺文化城二期等项目进展顺利。"千企创新升级"全面启动。优尔食品、亚都环保等新兴企业自主创新能力不断提升,并通过江苏省民营科技企业认定,安洁市级院士工作站正式落户,苏州大福外贸食品有限公司、苏州久王多铵盐科技有限公司、苏州安洁科技股份有限公司等被认定为江苏省研究生工作站。酒店集群项目快速推进。已签约洲际、万豪、万丽、鹤雅等4家国际知名酒店管理公司,其中万豪、万丽进入建筑设计阶段,并完成设计顾问单位的比选和酒店内部配置论证等工作。

【基础设施建设】 2012年,度假区规划修编工作加快进行,总体规划通过方案论证,中心区控规、城市设计及重要交通节点等规划工作全面展开。年内中心区完成近333.33公顷土地整治提升,存量土地清理工作稳步实施,共有134.53公顷土地得到清理处置。中心区大房型农户拆置已全部评估,签约1010户,拆房986户;光福镇评估工作全面完成,签约985户,拆除934户。孙武路改造、金庭环岛公路等道路工程启动,总投资2.6亿元的孙武路、长沙岛、舟山路等9项三线入地工程完成。223个村庄全部通过区级整洁村验收,光福窑上、虎山弄和香山墅里等乡村通过江苏省"三星康居乡村"验收。长沙岛、叶山岛景观改造及湿地公园提升工程顺利完成。

【旅游经济】 2012年,度假区旅游经济发展呈良好态势,全年接待海内外游客708.8万人次,旅游收入85.06亿元,分别增长30.5%和30.9%。旅游服务业增加值31.33亿元,增长20%。旅游节庆精彩纷呈。组织太湖梅花节、太湖开捕节两大传统节庆活动,完成苏州国际旅游节活动之一的"吴中太湖杯中国旅游业高尔夫排名赛"。同时支持区内旅游企业自办节庆活动,苏州太湖欧亚女子公开赛、中国·苏州光福首届工艺文化节、中国(苏州)"子冈杯"玉石雕精品博览会、国际游艇模特大赛江苏总决赛、太湖龙舟赛、牛仔风情节绿光农场宠物节及CKC宠物大赛等节庆活动相继推出。市场推介成效显著。组织参加南京国际旅游度假展览会、"苏州人游苏州—走进昆山"大型广场旅游推介会、"苏州旅游—走进上海"大型广场旅游推介会、中国国内旅游交易会、"圆融时代"苏州旅游咨询日夏季旅游产品推介会、中国北方旅游交易会、苏州名优新产品武汉展销会等各类推介活动,加强与报刊、电台、网络、电视台等主流媒体的合作,加强旅游整体营销工作。开发适合不同消费需求的旅游产品,丰富旅游市场。

【社会民生建设】 2012年,度假区加强社会民生建设。农村集体经济快速发展。完成集体总收入2.2亿元,增长19.4%,集体总资产18.8亿元,增长32.9%。村均稳定收入231万元,增长19.4%,农民人均纯收入18159元,增长15.2%。社会民生实事工程加快推进。香山中学新校区建成投用,各地校园翻建项目全面启动,区域教育环境不断优化;一批生活污水处理设施及金庭垃圾中转站建成投用,金庭镇国家卫生镇创建工作进展顺利。社会保障工作全面发展。企业就业招聘、培训工作有序开展,提供就业岗位1200余个,农保置换城保工作进展顺利,完成置换2561人。全面落实"四项排查",加强社会综合治理网格化管理,组建水上派出所,实现区域社会治安综合治理工作从陆地到水上的有效延伸。

【节庆活动】 2012年,度假区举办了形式多样、内容丰富的多项节庆活动,主要有:

(1)苏州太湖梅花节。2月11日,以"梅开五福,醉美太湖"为主题的第16届苏州太湖梅花节暨第11届"太湖之春"旅游月在文化论坛国际会议中心开幕。该活动主要特点:一是突出市场营销。组织90家上海旅行社、30家度假区旅游企业在上海、苏州两地举行推介会,搭建旅游企业营销合作平台。二是突出活动内涵。把梅文化与艺术形式结合起来,开幕式邀请代表中国戏曲艺术最高水准的梅花奖得主王志萍、唐元才、小王彬彬演绎中国戏曲。"太湖之春"旅游月活动,以"踏雪寻梅""旅友探梅""灯下赏梅"为主题,吸引文人墨客、摄影爱好者以图文方式共同探寻梅花的"色香味"。三是突出资源整合。制作图文并茂的《自驾太湖行》旅游手册,对度假区交通线路、景区游览、酒店住宿、特色美食、娱乐设施等进行全面介绍,推出一日游、二日游和三日游不同旅游线路。四是突出抱团优惠。推出"玩转太湖"旅游优惠年卡,游客凭卡可在林屋洞、香雪海、牛仔风情度假村等19个旅游景点、宾馆酒店享受折扣优惠。

(2)吴中太湖渔悦节。3月5日,"2012吴中太湖渔悦节"开幕式在苏州太湖新天地生态公园举行。主题为"感恩母亲湖,洁净太湖水"。渔悦节的成功举办,体现了尊重生态、尊重自然、天人和谐的可持续发展理念,为吴中创建AAAAA景区、走进太湖时代提供平台。

(3)太湖开捕节。8月31日,2012第八届中国(苏州)太湖开捕节暨第二届太湖金秋旅游月在太湖新天地公园开幕，从9月1日起太湖正式开捕。开捕节以“同舟蓝天下”主题歌舞开场，由体现“共美好、更美好”愿景的开捕仪式、渔家祭湖仪式和展现吴地民俗风情的文艺表演三大篇章组成，呈现“同心同德同舟、亲民惠民富民”节庆氛围。在第二届太湖金秋旅游月中，策划了“舌尖品太湖·太湖专场美食汇”“心间护太湖·太湖环保旅游签名活动”“指尖靓太湖·微博晒太湖”和太湖牛仔风情节等一系列活动，着力打造集文化、运动、美食，以及体验渔家风情于一体的“旅游盛宴”，整个活动持续到10月8日结束。

【度假区成立20周年庆祝活动】 2012年10月12日，度假区成立20周年庆祝活动举行。全国政协副主席王志珍，省委常委、市委书记蒋宏坤，副省长张卫国，南京市市长、原度假区党工委书记季建业，苏州市领导周乃翔、陈振一、盛蕾、金海龙，国家和江苏省相关部门领导，国家级旅游度假区代表，以及参加’2012苏州吴中·太湖经贸合作洽谈会的客商出席。

整个活动以“扬帆太湖·激情时代”为主题。在活动开幕式上，公布1992年国家级旅游度假区获批、太湖大桥通车等度假区成立20周年以来10件有影响力的大事；中央电视台主持人朱军、凤凰卫视主持人许戈辉同台主持，韩雪、谢霆锋、张韶涵、冯巩、李玟等众多明星登台献艺。活动回顾总结度假区建区20年来艰苦创业、奋发拼搏的光辉历程，全面展望度假区未来发展蓝图，开启“二次创业”新征程。度假区将以“发展保护两相宜，质量效益双提升”为主线，更加突出“速度+总量”，更加注重“品牌+形象”，重点打造太湖科技产业园、度假区东入口、渔洋山“金三角”和中央商贸区“三点一核”区域，精心培育旅游业、现代服务业、先进制造业、现代农业“四大产业”，积极推进创建国家AAAAA级景区、超百亿旅游综合体项目等重点工程，打造“苏州太湖新时代、东方度假新天堂”。

（杭子超）

·吴中经济技术开发区·

【概况】 2012年12月11日，吴中经济开发区经国务院批准升格为国家级经济技术开发区（简称吴中开发区）。年内，全区加大稳增长、促转型、提质量、惠民生力度，经济社会取得新发展，太湖新城建设全面启动，吴淞江科技产业园、出口加工区、东太湖科技金融城均呈现大开发态势。东太湖科技金融城获批国家级创业企业孵化器。旺山景区作为吴中太湖旅游区的一部分，被列为国家AAAAA级景区。

【经济发展】 2012年，吴中开发区实现地区生产总值422.1亿元，地方公共财政预算收入32.3亿元，全社会固定资产投资238.9亿元，实现工业总产值1148.0亿元；新批外资项目35个，合同外资8.8亿美元；新批内资、民资企业（项目）621个，注册资金168.9亿元。世界500强企业投资的美铝车轮、爱信AW等一批重点项目开业投产，耐克森线缆、康福斯航空等项目签约落户，苏州国际金融城、永旺梦乐城等一批重大三产项目加快建设。吴中经济技术发展总公司总资产近200亿元。成立苏州吴中国太发展有限公司及3家子公司，推动太湖新城的开发建设。区内集体经济总资产增长30%以上。

【城市建设】 2012年，太湖新城启动区控制性详细规划和核心区城市规划编制完成，太湖新城规划展示馆建成，苏州湾一期完成基础工程，太湖大堤景观工程开工。完成东太湖综合整治总工程量的80%。城南建成区加快推进“退二进三”和旧城改造，白金汉爵大酒店、广奕天厦等高端服务业项目在建。尹山湖·独墅湖双湖新城区运动公园文体中心竣工，保利、合景、中富、万业等一批高端房地产和商业项目开工建设。越溪城市副中心天鸿大厦、塔韵大厦等高层楼宇建成投用，永旺梦乐城、翠湖湾大酒店、美田美乐城等一批商业项目开工建设。年内，全区加大交通网系、城市配套设施及环境建设，新建、改建道路约42公里，新增绿化面积200公顷。

【转型升级】 2012年，吴中开发区内美铝车轮、美泰乐电工、药明康德检测检验等一批先进制造业、现代服务业及新兴产业龙头项目加快开工、建设、投运，一批金融服务业项目落户，先进制造业和现代服务业双轮驱动的产业格局日趋成熟。吴中科技园更名东太湖科技金融城转型发展，规划面积25平方公里，区域内研发大楼二期基本竣工，生命科学园二期加快建设，尚金湾总部经济园一期开工，1.6平方公里太湖金港启动建设，一批总部和规划设计项目落户，全省规模最大的科贷公司苏州国发科技小额贷款有限公司挂牌成立，苏州药检所新所启用。出口加工区一期23万平方米的各类载体在建，天运广场一期竣工，二期基础设施建设顺利推进。尹山国际汽车城一批知名品牌入驻。吴淞江科技产业园内基础设施建设加快推进，一批高端制造业项目签约入驻。

【科技创新】 2012年，吴中开发区内一批拥有自主知识产权的科技创新型企业迅速发展壮大，全年新批高新技术企业17家，高新技术产业实现产值280.5亿元，占工业总产值比重为38.4%。“千企创新升级”步伐加快，技改项目50多个，完成技改投资38.8亿元。专利授权量1200件，申报市级以上科技计划项目137个，研发投入8.4亿元，占GDP比重达2.8%。国家级创业服务中心通过答辩，江苏省知识产权试点园区、省博士后创新实践基地、省中小企业公共服务平台成功申报。实现国家“千人计划”人才零突破，新增“姑苏双创计划”人才2人。

【社会事业】 2012年，区内城南中小学及幼儿园、郭巷中心小学、碧波小学综合楼、横泾文体中心、越溪卫生院、郭巷卫生院、越溪公租房、市民文化公园加快建设，横泾中学综合楼、横泾农贸市场建成投用。社会保障更加完善，城乡居民医保和少儿医保实现全覆盖，发放失地农民生活费及缴纳社保费2.8亿元，在建安置小区15个，新建安置房近200万平方米。成立城市管理办公室，加强管理监督，城乡面貌大为改观。完成一批河道清淤，铺设污水管网150公里，28个社区、400多家企业实现污水集中接管处理。开展村庄综合环境整治，旺山村获“全国文明”村和“江苏最美乡村”称号。

（姚逸青）

·省级开发区·

【相城经济开发区】 2012年，相城经济开发区抓住苏相合作区（苏州工业园区—相城区）建设机遇，发展新优势，各项工作取得新成效。全年完成地区生产总值 185.25 亿元，增长 21.4%；工业总产值554.72 亿元，增长 8.7%；全口径财政收入 27.68 亿元，增长 17.0%；地方公共财政预算收入 13.60 亿元，增长 15.8%；全社会固定资产投资 117.20 亿元，增长 8.6%。

经济发展。全年新增规模以上工业企业 11 家，销售超亿元工业企业累计 59 家，纳税 500 万元以上制造业企业累计 28 家。完成进出口总额 26.11 亿美元，其中出口总额 15.31 亿美元。新开工工业和服务业项目 12 个，新投产项目 10 个，累计在建项目 18 个，总投资 47.5 亿元，当年完成投资 9.7 亿元。科阳光电、申达汽配、世迈常青等重点项目开工建设。福鑫写字楼、景融红鼎湾花园完成主体建设并开盘。全年签约项目 30 个，累计总投资 87.6 亿元，其中西安交通大学漕湖科技园正式启用，入驻高科技企业 10 家。

规划建设。苏相合作区总体规划、产业片区控制性详细规划经苏州市政府批准。新增建设用地 664.63 公顷，其中工业用地 448.13 公顷。全年完成基础设施投入 8 亿元。拆迁签约农户 616 户、企业 31 家，平整地块 113.33 公顷。漕湖邻里中心、永昌花苑加快启动，漕湖花园四期、澄阳国际科创园完成主体封顶，公交换乘中心如期完工，航空产业园一期、污水处理厂二期加快建设，人才公寓、集宿楼二期、漕湖学校启动设计，主干道节点景观改造工程全面启动，“九通一平”基本到位。

科技创新。年内，新增省级高新技术企业 8 家，“两化融合”（信息化和工业化融合）省、市示范试点企业 5 家，各级企业技术中心 10 家，工程技术研究中心 4 家，申报省、市级科技项目 89 项，申请专利 589 件，授权专利 512 件。引进“姑苏双创计划”人才 2 人、相城科技领军人才 4 人。管委会博士后创新实践基地区域站增设江源精密、法泰电器、冯氏实验、新安电器、漕湖实业等 5 个分站，进站博士后 2 人。省级生态工业园创建通过考核验收，节能环保科技园已获省相关部门验收通过，上报省政府审核。

社会事业。推进“充分就业新三年”工程，提供就业岗位 11050 个，解决本地劳动者就业 3100 人，就业培训 2484 人。加强社区管理，完善居民属地管理方案和各项公约，4 个新社区服务中心、漕湖花园社区居家养老服务站、文体服务中心投入使用，泰元家园天然气入户改造工程顺利完工。完成环境综合整治村庄 71 个，启动实施徐阳路、依福园路、泰元路重点区域环境综合整治。全年发放各类民生补助救助资金 572 万元。加强综合治理和各类安全监管，司法调处各类矛盾纠纷 658 件，督促整改安全隐患 1965 处，拆除违章搭建 7200 平方米。

综合管理。修订党工委议事决策和管委会工作规则，积极构建学习型、服务型、效能型、和谐型、廉洁型“五型”机关。完善国有资产管理、干部队伍建设、党群议事、建设工程招投标等相关实施意见，建立全年目标任务考核督查、财税收入征管联动、经济指标预警等机制。加强审计监督，完成财政财务、工程项目审计 132 个，工程审计核减造价 2.01 亿元。

（赵　戈）

【苏州浒墅关经济开发区】　2012 年，苏州浒墅关经济开发区完成地方公共财政预算收入 8.8 亿元，增长 20%；固定资产投资 43.2 亿元，增长 14%，其中工业投资 7.5 亿元；服务业增加值 10 亿元，增长 27.7%；工业总产值 150 亿元，增长 8%；注册内资 33.5 亿元，增长 10%，主要经济指标达到年初既定目标。企业发展良好，克诺尔车辆设备（苏州）有限公司纳税全区首位。全年有神钢汽车铝部件、圣晖工程技术、天纳克汽车工业等 19 个重点项目开工、投产，面积 20 万平方米。

招商引资。在重点做好内资项目招商的基础上，为更好地实现开发区产业转型升级，全区全年共引进旭明置业、菲沙机电科技、瑞穗机械、维仕格涂布技术、吉事益环境衬垫科技等 5 个外资项目，注册资本 10674 万美元。宝馨科技、百胜动力机器、明鑫船舶、达强电讯器件、北城实业等 5 家工业企业新项目开工建设。推进中虹工业园、大新科技园等的“退二优二”工作，全年回收土地 5.33 公顷，上市地块 5 宗、面积 24.6 公顷。与中央企业合作利用存量房产建成铭源创业园，加大对科技型、旗舰型、总部型项目的招商力度，全年引进苏州宏建机电安装有限公司、苏州六合大通精密器材有限公司等 100 个内资企业，苏州方林科技股份有限公司等 23 家企业增资。

科技创新。设立 200 万元科学技术专项经费，奖励、扶持区内企业科技研发与创新。企业申请专利 322 件，新设研发中心 8 个。获准创建省级生态工业园区。申报建设国家级开发区和省创新型园区。

文化旅游。江苏大阳山国家森林公园文殊寺景区建成营业，接待游客 17 万人次，植物园一期、生态果园等项目竣工。阳山温泉度假山庄获批首家江苏省 AAAA 级温泉度假山庄，大白荡城市生态公园获批国家 AAA 级旅游景区。

社会事业。完成动迁安置房浒墅人家南区主体建设，启动阳山花苑三期，老镇改造基础设施及配套设施建设按序推进。兴贤商业广场、大家浜驳岸、阳山河防洪挡墙、太湖大道电力通道等重点工程竣工。帮助就业超 1500 人，就业技能培训 300 多人，扶持创业 45 人。医保参保 23223 人，参保率 100%。全年发放低保及低保边缘户补贴、残疾人救助金、“4050”社会救济金等共计 434 万元，发放慈善基金 200 多万元。创新社会管理与服务平台，开通阳山街道“民情一网通”。新设苏州图书馆分馆 2 个、电子阅览室 2 个，新增（更新）社区健身设施 16 套。持续开展“幸福家园”主题系列活动，市级评弹演员专业演出 70 场次，播放数字电影 45 部、89 场次。全年无计划外生育，无重大安全责任事故和火灾发生。

党的建设。2012 年设立村级党组织 11 个，新建东吴博物馆党支部和非公党支部 10 个。继续做好党员干部扶贫帮困、联系群众工作，发放党员关爱基金 40 万元。开展基层组织建设年活动，对 144 家基层党组织进行分类定级，17 个基层党组织实现晋位升级。

（施震宇）

【江苏省汾湖高新技术产业开发区】　2012 年，江苏省汾湖高新技术产业开发区（简称汾湖高新区）完成地区生产总值 180 亿元，增长 11.8%；公共财政预算收入 19.55 亿元，增长 11%；完成进出口总额 14.81 亿美元，增长 0.9%；全社会固定资产投资 75 亿元，增长 30%；全社会用电量 20.31 亿度，增长 2.7%。8 月，经省政府批复，汾湖经济开发区更名为江苏省汾湖高新技术产业开发区，12 月，获批省级生态示范园区。

招商引资。年内，汾湖高新区加大招商引资力度。全年完成到账外资 3 亿美元，增长 21%，新增内资注册资本 46.5 亿元，增长 6.8%。服务业投资额 23.4 亿元，增长 15.3%。海岸药业、金鹰纸业、圣欧新材料等高端优质项目开工，康师傅方便食品、典发食品、欧普照明等重点项目投产，阿姆斯壮、南阳防爆等在建项目加速推进，大唐电厂首台燃机热电机组成功并网，如家总部、新地物流等服务业项目稳步推进。以在汾湖举行的全省百项重点技改项目集中开工仪式为动力，加快康力电梯产业园、康普食品、林善机械等重大产业项目建设进度，积极鼓励企业加大技改投入，提升科技创新水平。21个列为吴江区2012年重点项目完成投资36.8亿元，完成全年计划投资的103.6%。

工业经济。全区全年完成工业销售收入458亿元，增长5%；完成工业技改投入23.5亿元，增长15%。新能源、新材料、新装备、新医药等四新产业工业销售完成150亿元，增长22%。完成省级生态工业园创建和ISO14001三年重审工作。企业上市工作取得新进展，东吴水泥在香港联交所上市，固德电材在天交所挂牌，巨峰科技、申龙电梯等企业上市工作加速。推进创新平台和特色基地建设，获批国家级高速节能电梯特色产业基地和江苏省电梯出口基地，省级电梯公共检测中心启用，新型食品特色产业园区推进建设。

科技创新。加快培育和发展战略性新兴产业，打造科技创新和人才集聚高地。全年新增高新技术企业7家、院士工作站1家、博士后工作站2家。全年完成专利申请4083件，授权2145件。依托国家级汾湖科技企业孵化器，加速科技成果转化，发展新兴产业和创新型企业。汾湖科创园新落户科技型企业32家，累计83家，涉及新能源、新材料、生物医药、节能环保、电子信息和软件服务外包等多个领域，全年销售超10亿元。参与“吴江国际精英周”、“广州留交会”等人才交流活动，加大招才引智力度。在巩固与南京大学、南京邮电大学、西安交通大学等高校合作的基础上，加强与中国科学院等国内知名院所的合作交流，拓展科技创新与转化渠道。加快汾湖科创园人才公寓楼等载体建设，全力完善科技产业链和功能型设施配套。全年新增国家“千人计划”2人，累计5人；新增省“双创计划”人才1人、“姑苏双创计划”人才4人、吴江科技领军人才20人，累计73人。

开发建设。按照汾湖高新区“苏州桥头堡，虹桥副中心”的发展定位，全面推动产业与城市良性互动发展。编制完成《汾湖镇中心城区城市设计》《汾湖镇高压电网及中心城区中压配电网规划》等规划。全年完成基础设施建设投入近10亿元。总投资1.5亿元的乐购综合性大卖场顺利开业，金鼎世纪广场和汾湖新天地等综合性商业项目相继开工，海公馆、水城名邸、华府一号（一期）等商品住宅项目陆续交房。总投资15亿元的城市综合体项目挂牌上市。创意、动漫、医药等公共平台的服务功能加快完善，汾湖数码艺术基地、天奕国际入选2012年“首批吴江市文化产业示范基地”。总建筑面积2.3万平方米的吴江思源创业园已有天旅网、宝尊电商、亿脉网络科技等多家互联网企业入驻。

城乡面貌。2012年，汾湖高新区以高标准推进农村村庄、河道、公路主干道环境建设，累计投入资金1.18亿元，全面完成3个三星级康居示范村、54个二星级康居示范村、72个一星级康居示范村和220个环境整洁村的创建任务。按照国家卫生镇的最新标准，突出重点，全力推进道路桥梁、环境绿化、污水处理等硬件设施改造升级，以大渠荡、太阳湖生态景观公园为核心，积极打造汾湖城市新亮点。加快中心城区环境升级，管网覆盖率90%，亮灯率98%，完成莘塔大街等5条主要道路综合改造。

社会事业。做好吴江第五人民医院投运前期准备，汾湖实验幼儿园创建成苏州市优质幼儿园、苏州市平安学校。常嘉高速、东西快速干线沿线动迁工作有序实施，汾湖人家等农民公寓房加快建设。社会保险扩面工作持续推进，完成1.2万人城乡养老保险并轨工作，城镇企业职工养老保险参保单位1820家，参保人数5.8万人。“2012中国龙舟公开赛（吴江汾湖站）”“2012中国吴江．汾湖国际攀岩大师赛”相继成功举办。安全生产和社会治安形势稳定。

古镇保护。编制论证、报批完成《汾湖历史文化名镇保护规划》和《黎里古镇历史文化街区保护规划》，编制《黎里浦南片区控制性规划》《古街修复性详规》《古镇旅游规划》。加快推进总投资4.1亿元的黎里古镇8个综合开发项目建设，人民路改造、公交换乘中心建造完工，南环路新建、端本园修复工程任务过半，人民路东延、古镇风貌试点性修复相继启动，核心区污水截留、三线入地工程加快施工，周公傅祠修复工程完善方案设计，加快推进古镇首期6万平方米动迁安置房建设前期工作。加强黎里古镇区日常秩序管理，规划新建货车停车场及自产自销疏导点，规范商贸经营，开通古镇迷你公交和夜间公交，实施古镇“畅通工程”。“十一”黄金周期间，累计有5000多名游客到黎里镇旅游。（冯　海）

【江苏省常熟高新技术产业开发区】 2012年，常熟高新技术产业开发区（简称常熟高新区）围绕建设“转型发展引领区、城市功能提升区、总部经济集聚区、争先进位示范区”的目标，以转型为主线，以创新为动力，保持了经济平稳较快增长和社会和谐稳定的良好局面。全年完成地区生产总值196.93亿元，增长17.5%；完成工业总产值708.91亿元，增长14.6%；完成工业销售收入638.34亿元，增长14.6%；完成财政总收入45.73亿元，其中地方公共财政预算收入19.34亿元，分别增长9.6%和11.9%；完成全社会固定资产投资123.75亿元，其中工业投资95.07亿元，分别增长12.3%和11.1%。新兴产业增势强劲，全年完成战略性新兴产业产值361.42亿元，增长28.1%，占工业总产值的51%。服务业发展成效喜人，全年完成服务业增加值28.8亿元，增长32.2%，完成服务业投资28.68亿元，占固定资产投资总额的23.2%。

开发建设。全年全区在建产业项目67个，总建筑面积75万平方米；其中新开工项目31个，总建筑面积42万平方米。三菱电机汽车部件、三菱电机自动化、丰田研发中心一期等27个项目竣工投产，竣工投产面积47万平方米，新增产能40亿元。同时，总建筑面积4.28万平方米的鑫杭工业坊建设工程、8300平方米的东南会研发用房、中水回用工程等相继竣工投用。新架设电力线路20公里，三一产业园变电所建成投用。三塘路、华盛路等多条道路工程相继开工建设。另外，南部新城规划工作全面推进，按照“弹性布局、融合共生、有机生长”的可持续规划开发理念，在完成产业发展战略咨询的基础上，多次组织专家、部门梳理新城核心区城市设计，于10月底组织国际招标，年底城市设计方案确定，总体规划和分项规划正同步推进。

招商引资。全年全区完成注册外资7.51亿美元，到账外资3.6亿美元，注册民资6.9亿元。其中，新兴产业占比74%。项目质量明显提高。丰田汽车研发中心项目吸附效应逐渐显现，首期投资2.85亿美元的丰田汽车自动变速器项目顺利开工建设，丰通合金、后藤金属、东乡弹簧等汽车配套项目进驻，汽车零部件产业由点扩面策略成功推进。项目增资形成热潮。

三菱电机、大陆汽车、东洋饮料、日立维亚、日清纺等22家外资企业提档升级、增资扩产,增资注册资本1.68亿美元,占全年外资注册总额22.4%。外资服务业招商成效显著。成功引进总投资6000万美元的普洛斯汽车物流分拨中心、总投资6000万美元的中国-东盟贸易中心、总投资4000万美元的波司登品牌营销中心等优质外资服务业项目,世界联合学院常熟分院项目落户,汇丰银行常熟支行开业。全年完成服务业注册外资6283.8万美元,连续3年入选"中国服务外包园区十强"。

科技创新。创新体系更趋成熟。全年新引进创新创业团队26个,自主培育获评国家"千人计划"人才团队1个、省"双创计划"人才团队2个、"姑苏双创计划"人才团队5个、常熟领军人才团队17个;进一步完善科技园"专业孵化+创业投资+创业导师"的科技孵化体系,全波通信、云才材料等一批孵化项目发展顺利,已分批进入加速成长期;大学科技园被授予江苏省博士后创新实践基地和江苏省小企业创业示范基地。招才引智成效显著。与中国留德学者学生联合会等海内外科技人才机构签约联盟,成功设立法国招才引智工作站;全年新引进博士(含正高职称)84名,硕士(含副高职称)187名。科技创新成果初显。制订出台科技创新奖励意见,完善科技人才配套政策,科技创新推进行动计划全面实施;全年完成发明专利拥有量175件,实现目标的250%,增幅位居常熟全市第一;华威履带、全波通信等5家企业被新认定为省级以上高新技术企业,云才材料等5家企业获批省、市级研究生工作站。

管理服务。2012年2月,经江苏省政府批准,常熟市东南街道办事处正式成立,行政区划与常熟高新区合一,常住人口1.6万人,外来人口3万人,下辖小康、苏锋、东渔、昆承4个行政村和湖东社区1个居委会。9月,高新区、大学科技园、东南街道办事处、昆承湖管委会实施"四位一体"管理体制改革,进一步整合区域资源,优化职能,推动高新区各项工作高效灵活运转,就业、社保,教育、卫生、文化、体育、计生等各项社会事业工作全面推进,顺利通过省级生态工业园区考核验收。同时,组织开展游摊散贩集中整治、违章建筑清理拆除、安全生产"打非治违"和社会管理突出问题"百日整治"等专项行动,平安法治建设加强,综合环境持续改善。　(张亚明)

【昆山花桥经济开发区】 2012年,昆山花桥经济开发区围绕产业结构、城市建设、人才集聚、社会建设、机制创新"五个领先"的工作目标,推进花桥国际商务城开发建设,全区各项经济指标保持平稳较快增长。全年完成地区生产总值141.48亿元,增长25.2%;完成地方公共财政收入18.25亿元,增长24.7%;实现服务业增加值95.04亿元,增长41.8%;完成全社会固定资产投资115.19亿元,增长11.8%。

产业发展。全年全区新增注册外资3.96亿美元,实际利用外资1.25亿美元,新增注册民资27.11亿元,CDP信息、汉庭总部等74个较具规模的服务业项目落户。主导产业加速产出,天宏泰利、博智永达等一批产业项目投运,主导产业实现服务业增加值63.95亿元,增长47.2%,占服务业的比重为67.29%。产业项目和载体加快建设,完成生产性投入51.27亿元,增长37.52%,台湾商品交易中心、中信花桥产业园、捷美医疗等60万平方米产业项目加快建设,阿里巴巴大厦、苏豪国际广场、中城总部等40万平方米产业项目投运。

城市建设。全年全区新开工建筑面积210万平方米,竣工面积189万平方米。功能载体不断完善。服务外包基地、企业总部基地和海峡两岸(昆山)商贸示范区三大产业载体建设取得明显成效,海峡两岸(昆山)商贸示范区已建、在建建筑面积100万平方米;基金产业园、金融园等载体加快建设,电子商务产业园等电子商务载体启用。基础设施建设加快推进。上海轨道交通11号线花桥段进入轨道铺设阶段,外包区综合管廊等工程启动,东方绿地医院、人才公寓三期、御富豪酒店、温德姆酒店加快建设,交付动迁房29.5万平方米。生态环境全面改善。完成吴淞江滨江景观带一期等绿化景观建设,新增绿化面积110公顷,区域总部基地获批住建部国家绿色建筑创建区,天福区域获评省级生态湿地公园。

发展环境。全区产业承载力提高。与国家认证认可监督管理委员会合作推进服务外包认证国家示范区建设,与南京财经大学合作设立的现代服务业研究院顺利运作。科技创新力加强。年内申报科技项目165项,新增省外资研发机构2家、省工程技术研究中心1家,新认定高新技术企业13家、技术先进型企业1家;新增专利申请1354件,授权1043件,增长100%。知名度和影响力提升。举办第四届金融外包峰会、第三届电子电机暨设备博览会等活动,连续3年入选"中国服务外包园区十强"并跃居第二名。

人才集聚。全年全区累计引进人才20138人,实现新增人才保有量10230人,累计人才保有量31792人,累计引进国家"千人计划"人才7人、"姑苏双创计划"人才38人。推进国家级服务外包人才培训基地建设,拓展引才网络,人才培养输送合作院校累计135所,全年培训服务业从业人员16096人。

社会事业。全年全区卫生、医疗、教育、文化等各项社会事业有效推进。全区本地劳动力社保综合参保率99.8%,居民医保参保率99.4%。新建富民载体4.55万平方米,农民收入稳步增长,年人均纯收入为24282元,增长15.8%。深入开展"三访三解三促"活动,一批企业和群众关注的问题得到有效解决;集中开展"四项排查"工作,社会矛盾调处机制不断完善。　(周丽琼)

无　锡　市

【利用外资】 2012年,无锡市利用外资及港澳台资总量突破40亿美元,5年增长10亿美元。外资结构进一步优化。服务业到位外资及港澳台资达到15.3亿美元,占全市比重38.3%。十大重点产业到位注册外资及港澳台资11.3亿美元,占制造业比重达到45.8%。全年累计新批外资及港澳台资项目442个,协议注册外资及港澳台资43.3亿美元,比上年增长2.2%。交通运输、仓储和邮政业、文化、体育和娱乐业、轻工等行业均出现高速增长。其中,交通运输、仓储和邮政业以及轻工行业增速最快,两者协议注册外资及港澳台资分别比上年增长1715.3%、465.4%。从资金来源地区和国别分析,传统来源地对无锡市投资保持稳定增长。其中,中国香港、欧盟和日本的到位资金分别为16.2亿美元、4.7亿美元和4.4亿美元,比上年增长2.43%、124.1%和61.29%,占全市到位资金的比重分别为40.45%、11.7%和11.1%。全年,全市外资及港澳台资企业缴纳税收344.9亿元,比上年增长0.3%。无锡利用外资及港澳台资占全省11%的国际资本,实现占全省16%的涉外税收。

总部经济集聚效应明显。2012年,无锡市有16个外资企业获得全省首批认定的外资地区总部和功能性机构。其中,跨国公司地区总部有布勒(中国)投资有限公司、阿斯利康(无锡)贸易有限公司、阿里斯顿热能产品(中国)有限公司等5个企业;跨国公司功能性机构有贝卡尔特(中国)技术研发有限公司、卡特彼勒技术研发(中国)有限公司、阿特拉斯·科普柯(无锡)研发中心有限公司等11个企业。

重大项目投资增大。2012年,全市完成协议注册外资及港澳台资超3000万美元的重大项目54个。其中,总投资超亿美元重大项目24个,2亿~3亿美元重大项目5个,超3亿美元重大项目1个。总投资5.5亿美元的三星康宁玻璃基板项目填补了无锡市液晶产业链重要环节的空缺,奠定了与三星和康宁两大跨国公司进一步合作的基础。总投资2.4亿美元的新区欧司朗光电半导体项目具备50亿欧元产值规模。全球最大、科技最先进的光通信器件厂商——美国菲尼萨公司总投资2.1亿美元的光电通信项目是其在中国内地建立的最大生产和研发基地。

【对外经济技术合作】 2012年,无锡市对外及对港澳台经济合作呈现强劲稳健的发展态势,全年新批境外企业(机构)85个,投资领域新增比利时、西班牙、斯洛伐克和津巴布韦4个国家,累计70个国家(地区)。中方协议投资额再创历史新高,超出"十二五"规划前累计中方协议投资额的总量,首次突破9亿美元,达到9.2亿美元,比上年增长42.1%,超过时序进度18%,居全省第二。其中,民营企业对外投资58个项目,中方协议投资6.3亿美元,项目数和投资额分别占总量的68.2%、68.5%,继续保持对外投资主力军地位。全年,对外承包工程新签合同额8676万美元,比上年增长882.56%,增幅居全省第一。积极应对光伏行业面临的困局,浚鑫科技股份有限公司和国电光伏(江苏)有限公司均获得对外承包工程资质。至此,全市有对外承包工程资质企业达到21个。在对外援助方面,无锡市具有国家援外资格的机构,以其专业领先优势,继续承担和积极发挥在渔业养殖和寄生虫防治方面的培训基地作用。

境外投资规模提升。2012年,全市完成的85个新批项目中,200万美元以上项目53个,累计中方协议投资额89556.5万美元,占全市总额的97.3%;超1000万美元项目累计15个,中方协议投资额69260万美元,占全市总额75.2%。项目平均单体规模1083万美元,分别超出苏南平均水平、全省平均水平322万美元、201万美元。

对外增资占比攀升。2012年,无锡市境外投资企业不断增资,22个对外增资项目共计36260.9万美元,占全市总额的40%。增资项目平均单体规模1648万美元,超出对外投资平均单体规模565万美元。表明企业跨国经营能力逐步提升,企业国际化趋势逐渐显现,产业全球布局发展的步伐日渐加快。

西港特区取得良性进展。2012年,柬埔寨西哈努克港经济特区(以下简称西港特区)新增入驻企业9个,总入驻企业增至26个,其中开工投产企业19个。吸纳7000名柬籍员工入区工作。基础配套设施逐步满足入区企业要求,包括平整土地15公顷,新增2000千瓦重油发电机组,引进METFONE网络公司,建设网球场和篮球场,完成西港特区培训中心的改建工程。全面启用综合服务中心大楼内的餐饮、客房、商务办公功能,引入物流清关公司2个、货代公司及相关银行1个。制定《2012年度推进西港特区建设重点工作计划》,与商务部、省商务厅共同召开西港特区协调委员会工作组第一次会议及西港特区副部级协调委员会第一次会议,开设"柬埔寨开发区建设研修班",完成中柬方相关领域人员20人次在无锡的培训工作。

【服务外包】 2012年,无锡市服务外包保持良好发展势头,完成业务合同总额64.4亿美元,比上年增长43.5%;执行金额51.2亿美元,比上年增长40.4%;离岸外包接包合同金额42.3亿美元,比上年增长42.7%;离岸外包接包执行金额33.5亿美元,比上年增长40.3%,主要业务发展规模继续位居全国示范城市前列。全市服务外包企业1100余个,从业人员13.76万余人,服务外包业务涵盖软件研发外包、集成电路设计外包、生物医药研发外包、工业设计外包、影视动漫创意设计外包、检验检测外包、物联网信息服务等多个领域,业务拓展到美国、日本、欧洲等91个国家和地区。在中国首个针对服务外包城市评估活动"2012年度中国服务外包城市投资吸引力评估"中,无锡综合排名再次名列第三位。年内,第三届中国大学生服务外包创新创业大赛在无锡举行,海峡两岸及香港、澳门158所高校的246支团队、1200多名大学生参赛,参赛规模进一步扩大。

培育重点企业和项目。2012年,全市新增"123"计划企业16个,累计89个,入围企业离岸执行金额9.9亿美元,占全市离岸业务总量的29%。重大项目招引取得新突破,全球服务外包100强、国内服务外包50强中有30个到无锡投资设立区域性总部或业务交付中心,国内十大领军型服务外包企业有9个在无锡落户发展。全市全年新引进总投资超100万元服务外包企业53个。软通、海辉及全球服务外包企业50强之一的墨西哥萨孚凯(Sofftek)公司等将中国区总部设在无锡,示范及带动作用明显。

举办首届中国跨国公司服务外包圆桌会议。4月,首届中国跨国公司服务外包(无锡)圆桌会议在无锡举办,现场签约18个服务外包项目,签约总金额1.37亿美元。项目涉及云计算、软件开发、集成电路设计、生物医药、人才培训等,部分签约项目质量较高,包括6个基于云计算平台和4个超过1000万美元的服务外包订单项目。会议发表《跨国公司服务外包无锡共识》。

【开发区建设】 2012年,无锡市省级以上开发区和战略性新兴产业 Park 园区,以“项目推进年”为契机,加快推进转型升级和“二次创业”,各项经济指标保持平稳增长,经济发展质量提升。全市开发区完成到位外资 29.01 亿美元,比上年增长 12%,占全市比重 72.4%;完成协议外资 29.73 亿美元,比上年增长 6.6%;完成进出口总额 527.5 亿美元,比上年增长 1%,完成出口额 287.5 亿美元,比上年增长 1.5%;完成地区生产总值 3421 亿元,比上年增长 16.1%;完成地方公共财政预算收入 260.2 亿元,比上年增长 8%。

开发区功能升级。4 月,国务院批准无锡出口加工区升级为综合保税区,成为无锡市首个综合保税区。无锡高新区获文化部批准成为国家文化产业示范基地,获新闻出版总署批准成为国家数字出版基地;宜兴环科园成立国内首个千人计划环保产业研究院,与中国—东盟环境保护合作中心结成战略合作关系;江阴临港开发区获工信部批准成为国家新型工业化产业示范基地。市知识产权试点园区创建工作取得进展,江阴高新区和江阴—靖江工业园区获批成为江苏省知识产权试点园区。

Park 园区加快发展。2012 年,无锡市列入统计的 23 个战略性新兴产业 Park 园区完成业务总收入 1971.80 亿元,比上年增长 26.57%,实现税收总额 78.47 亿元,引进各类新兴产业项目 1311 个,项目投资总额 170.64 亿元。建设公共服务平台 108 个,独立研发中心 128 个。落户 Park 园区的“530”项目企业实现销售额 71.26 亿元。Park 园区国际化程度提升,总投资 12 亿美元的美国新云云计算产业园和美国休斯网络投资的“下一代宽带卫星网络运营中心及研发生产基地”项目签约落户无锡(太湖)国际科技园。全国首个“中美创新园”在太科园启动建设。以色列(无锡)国际技术转移中心、中芬国际技术转移中心等一系列国际科技合作园区加快建设。Park 园区品牌知名度和发展内涵提升。根据国家火炬计划软件产业基地排名,无锡软件园综合排名位列全国第七、江苏第一;无锡软件园排名第四届 TOP10 服务外包园区全国第四、江苏第一。无锡国家数字电影产业园举行揭牌仪式,成为全国首个部省共建数字电影产业园。无锡山水城获批成为全省首批江苏省电子商务示范基地。在由国内知名生物医药专业咨询机构 BioInsight 与专业服务外包咨询机构鼎韬 Devott 共同举办的“中国最佳生物医药园区”评选活动中,无锡(马山)生物医药研发服务外包区、锡山科技创业园、无锡(惠山)生命科技产业园榜上有名。

常　州　市

【利用外资】 2012 年,全市实际到账外资 33.6 亿美元,比上年增 10.1%;新增工商登记注册外资 54.2 亿美元,增 0.2%;到账外资连续七年保持两位数以上增长,到账外资总量占全省总量的 9.4%,列全省第四位。

外资项目结构继续优化,制造业和生产性服务业引资水平进一步提升。全年制造业和生产性服务业实际利用外资比重 70.1%,提高 1.2 个百分点。从引资来源地结构看,北美地区实际引资规模比重 4.7%,提高 2.2 个百分点;欧洲地区比重 7%,提高 0.6 个百分点;新加坡比重 6.7%,提高 1.6 个百分点;跨国公司在中国投资性机构直接到资比重 3.5%,提高 0.5 个百分点。

外资项目质量、项目单体规模继续提高。新引进项目平均单体协议利用外资规模 1311 万美元,增 12.7%。世界 500 强企业投资继续加速。全年新增世界 500 强企业投资项目 6 个,其中德国蒂森克虏伯集团和瑞士 ABB 集团均首次在常州投资。此外,博世力士乐公司、普利司通自行车公司等 6 家世界 500 强企业年内实现增资。

投资性公司和功能性机构有新突破。香港瑞声集团投资设立瑞声(中国)投资有限公司,注册资本 1 亿美元,成为继光宝科技股份有限公司之后落户常州的第二家投资性公司。经省商务厅批准,由美国爱科集团投资的爱科农业机械有限公司成为全市首家获得认定的省级功能性机构。

规模以上大项目有所增加。全年累计新增工商登记注册外资超 3000 万美元项目 44 个(其中制造业项目 28 个),比上年增加 1 个。其中,新批项目 35 个,新增协议外资 18.1 亿美元;增资项目 9 个,新增协议外资 6 亿美元。注册外资超 1 亿美元项目 4 个,比上年增加 2 个。

【对外经济技术合作】 2012 年,全市对外承包工程和对外劳务合作稳步增长,新签外经合同额 5.99 亿美元,比上年增 3.2%;完成外经营业额 5.4 亿美元,增 9.1%。新派劳务人员 2715 人,年末在外劳务人员 3755 人。

全市外经合作国别进一步拓展,外经大项目实现新的突破。对外承包工程业务方面,新誉集团有限公司新签伊朗牵引电机项目合同额 7538 万美元,南车戚机公司新签阿根廷机车项目合同额 4874 万美元。对外劳务合作业务方面,金坛市昌盛建筑安装工程有限公司新签阿尔及利亚 TIPAZA 军营项目合同额 5900 万美元。

全年核准对外投资项目 51 个,增 4.08%;中方协议投资 2.51 亿美元,降 43.52%。新批 500 万美元及以上境外投资项目 13 个,减少 5 个,中方协议投资额 2.01 亿美元,降 48.98%,占全市对外投资总额的 80.08%。单个项目平均投资规模 492 万美元,比上年减少 415 万美元。亚洲依然是企业境外投资重点区域,核准项目 22 个,占 43.14%;中方协议投资额 9188.73 万美元,占 36.6%。第三产业为重点投资行业。新核准的 51 个投资项目中有 35 个为第三产业项目,增 29.63%,主要是批发零售业和商务服务业,中方协议投资额 1.06 亿美元,占 42.04%。

2012 年 68 家境外投资企业统计年报数据表明,43 家提供经营效益数据的境外投资企业,带动国内出口 10 亿美元,比上年增 25%;通过境外企业带动进口 9231 万美元,增 35.75%。常州企业通过在境外设立贸易公司、办事机构,积极构建国际营销网络，维护外销主市场，稳定海外大客户，拓展品牌营销渠道；通过兴办加工贸易企业，实现产业梯度转移，盘活国内过剩产能，同时规避贸易壁垒，扩大出口。常发实业集团有限公司在美国设立的阿波罗动力工业有限公司，带动出口2500万美元，比上年增25%；江苏胜大石油设备制造股份有限公司在越南设立越南热轧钢管有限公司和越南宝润有限公司，主要生产石油专用钢管，带动出口4507万美元，增38.98%；常州派尼曼家私有限公司在澳大利亚设立金奥国际控股有限公司，主要从事家具制造业，带动出口605万美元，增39.08%；常州贝尔装饰材料有限公司在泰国设立前丰(泰国)有限公司，主要从事木材加工，带动出口385.49万美元，增36.94%。

【服务外包】 2012年，全市完成服务外包合同额3.4亿美元，比上年增24.1%，服务外包执行额2.9亿美元，增16.1%。至年末，全市拥有服务外包企业412家，从业人员近3万人；CNITO江苏省国际服务外包公共服务平台累计发包项目9300余个，涉及金额近4亿美元，成功对接项目600余个。

【开发区建设】 2012年，全市2个国家级和8个省级开发区实现地区生产总值2224.4亿元，比上年增14.9%；工业产品销售收入7869.2亿元，增17.3%；公共财政预算收入234.4亿元，增18.6%；全社会固定资产投资1573.9亿元，增22.9%。其中，工业投入954.5亿元、基础设施投入196.2亿元，分别增19.3%、14.4%。

全市开发区新增工商登记协议注册外资45.1亿美元，增11.5%；实际到账外资28亿美元，增5.5%；新批1000万美元以上项目112个。全市开发区实际到账外资、工商登记注册外资、新批协议注册外资占全市总数的83.2%、83.1%和78.8%。新增工商登记注册外资3000万美元以上外资项目41个，占全市的93.2%，其中制造业项目27个，占全市的96.4%。至年末，全市开发区累计吸引世界500强企业52家。

武进高新区升格为国家级高新区，新北工业园更名滨江经济开发区，西太湖科技城完成空间布局规划和产业规划并启动建设。至年末，全市开发区累计获批省级特色产业园区7家、国家级生态工业示范园区创建规划3家、省级生态工业园6家、省级知识产权保护试点园区5家。

镇 江 市

开 放 经 济

【概况】 2012年，镇江市对外开放经济战线实现“增幅进入全省前六”目标。全市实到外资22.14亿美元，总量列全省第五位，比上年进两位；增长27.2%，列全省第四位，比上年进两位。进出口总额完成114.1亿美元，列全省第六位，比上年进两位；增长13.3%，列全省第五位，比上年进四位。其中出口额77.37亿美元，列全省第七位，比上年进一位；增长37.7%，列全省第三位，比上年进八位。国际服务贸易完成24.12亿美元，总量全省第六位，与上年持平；增幅66.48%，列全省第四位，比上年进九位。服务外包执行额5.86亿美元，总量全省第四位，与上年持平；增幅75.8%，保持苏南第一。境外投资中方协议额5399万美元，总量列全省第九位，比上年进两位；增长94.4%，列全省第四位，比上年进九位。全市开发园区一般预算收入147.6亿元，增长71.8%；实到外资16.96亿美元，增长18.2%；全社会固定资产投入1398亿元，增长30.7%。

【全市“四招四引”情况】 2012年，全市“四招四引”(招大引强、招新引高、招才引智和招金引银)取得成效。全年全市开展外资招商活动约1200场次。其中全市性综合性招商活动2场，分别为5月和12月台湾招商活动；专题性招商活动15场，分别由市委宣传部、市商务局、外办、台办、侨办等部门举办；全市小分队等形式招商活动1100多场次，其中组织各类赴台招商团组119个448人次。全市累计推进总投资1000万美元以上的外资项目217个(含57个增资项目)，总投资188亿美元，协议外资73亿美元。其中总投资5000万美元~1亿美元项目34个，总投资22亿美元，协议外资10亿美元；总投资1亿美元以上项目42个，总投资125亿美元，协议外资42亿美元。

【利用外资及港澳台资】 2012年，镇江市确认实到外资22.1亿美元，增长27.2%；协议利用外资25.6亿美元，增长16.1%；新批外商投资企业142家，增长14.5%，新批项目数和协议外资结束连续两年负增长局面。当年获批145个项目总投资47.4亿美元，协议外资25亿美元，当年到位18.3亿美元。其中5000万美元~1亿美元项目17个，总投资1亿美元以上项目13个。规模位前3名的项目是：巨宝增资1.5亿美元、三星能源增资1.25亿美元、华通动力增资1.14亿美元。全市累计实到外资中，中国港台占55%，美欧占15%，日韩占5%左右；三次产业中，一产占5%、二产近75%、三产占20%，其中，现代制造业占55%，现代服务业占15%(其中2012年房地产实到外资占9.9%)。金东、奇美等重点企业持续增资扩产；爱励、哈电、巨宝、环太、荣德、山特维克等一批重大产业项目落户。沃得、天工等8家企业境外上市，凯迩必被认定为省级外企地区总部，台泥、凯迩必、建华3家外资投资公司落户，润光、沃得融资租赁、铭创城投3家外资金融产业落户，股权并购12项；引进海外高层次人才80名。

【对外及对港澳台贸易】 2012年，全市进出口114.1亿美元，比上年增长13.3%。其中出口77.37亿美元；增长37.7%，进口36.77亿美元，下降17.5%。全年全市有进出口实绩的企业1729家，其中进出口超亿美元企业10家，出口超亿美元4家，进口超亿美元4家。全市前50位重点企业出口比上年下降

4.2%,低于全市41.9个百分点,出口占比51.1%,下降4.3个百分点,显示中小企业出口增加,比重提高。全市机电产品进出口占全市33%,高新技术产品占7%左右。出口商品主要是纸张、工具、纺织服装、汽车零部件、眼镜、铝制品、焦炭和化学品等。纸张出口居全省非电子类产品前三名,占全省纸张出口45%;五金工具占全省25%。出口超亿美元市场16个,美、欧、东盟、日韩、中国港台出口占全市66%,金砖国家占10%。一般贸易进出口占70%并呈现提高趋势,加工贸易占比近30%。外资企业进出口占60%,民营企业进出口占比逐步提高到34%。全市创成国家级眼镜出口基地、汽车零部件出口基地各1个,国家级出口基地企业3个。省级五金工具集聚监管区、五金工具出口基地、汽车零部件出口基地各1个。金东等9个品牌入选江苏省重点培育的国际知名品牌;大赛璐等10家企业成为省级汽车零部件出口基地骨干企业。

(吴苏凌)

【国际服务外包】 2012年,镇江实现服务外包执行额5.86亿美元,比上年增长75.8%;离岸外包执行额2.96亿美元,增长68.9%;总量保持全省第四,列省级服务外包示范城市第一。服务外包合同额6.40亿美元,比上年增长60.1%,其中离岸外包3.34亿美元,增长69.0%。当年新增企业92家,增长27.8%,其中注册资本1000万元以上企业10家。2012年,全市整合省级国际服务外包人才培训基地、试点学院等资源,建设“高端引进、中端专培、低端职训”的多层次服务外包人才培养体系,全市有近20家培训教育机构,新增受训就业人员9000多人。至2012年底,全市累计建成服务外包载体面积超200万平方米。分层次推进外包园区建设,高标准推进数据存储信息传输等公益性基础设施建设。整合闲置资源转换为适合服务外包产业使用的载体,提高楼宇经济产出效率。引进专业发展商到镇江建园,鼓励知名服务外包企业自建园区。2012年离岸外包执行额50万美元以上企业110家,离岸外包执行额占全部的50.5%,美国、欧洲、日本、中国香港和台湾是全市离岸外包主要来源国家(地区),全部离岸外包的81.1%。

【对外经济技术合作】 2012年,全市新签对外承包工程额3.50亿美元,比上年下降37%;完成营业额2.17亿美元,下降16%。新派劳务人员3058人,增长196%;年末在外人员5033人。2012年获批1家对外承包工程经营资格,全市获权企业累计11家。全年1000万美元以上的对外承包工程项目10个,其中省交通工程公司承建喀麦隆一号国道沥青路段翻修设计施工总承包工程,合同额7025万美元;镇江建工集团承建尼日利亚OBJ6000TPD水泥生产线工程,合同额为1064万美元;二航三公司承接越南码头堆场、国际集装箱码头工程项目,两个项目合同额1亿美元;二建公司承建尼日利亚奥巴加纳水泥生产线项目合同额为5432万美元;镇江国际公司新签中国驻瑞士、芬兰、奥地利、波恩、比利时、加蓬、突尼斯等国使领馆工程,合同额2326万美元。

开发区建设

【概况】 2012年,镇江市抢抓江苏沿海开发、长三角一体化发展和国家苏南现代化示范区建设的重大发展机遇,以“集约、集聚、创新、生态”为目标,加快开发园区转型升级,当年建成1个省级特色产业园区、1个省级生态工业园区、3个省级知识产权试点园区。截至年底,全市有国家和省级开发区7家,其中:国家级开发区1家,省级开发区6家。全市开发区内设有1个出口加工区、5个南北共建园区。2012年,全市开发园区业务总收入8684.8亿元,比上年增长60.86%;规模以上工业增加值1344亿元,增长51.2%;公共财政预算收入147.6亿元,增长71.8%;全社会固定资产投入1398亿元,增长30.7%;实际到位外资16.95亿美元,增长18.2%;进出口总额84.34亿元,增长7.5%;出口额52.22亿元,增长-32.5%。丹徒氢能源产业园被省商务厅批准为省级特色产业园区,全市累计有8个省级特色产业园区。句容经济开发区、京口工业园区、丹阳经济开发区被省商务厅和知识产权局批准为省级知识产权试点园区。5个南北共建园区建设得到加强,两地积极开展共建园区对口交流和研讨活动,不断提高共建水平和工作力度。丹徒赣榆工业园、东海镇江工业园在2012年南北共建园区考核中,分列全省第10名、第14名。2012年,市商务局先后撰写开发区转型升级、特色产业园区建设、共建园区建设、综合保税区建设、开发区机构改革与创新等10多篇调研报告,探索全市国家级园区创建工作。2012年9月,润州工业园区经省政府批准更名为江苏省镇江高新技术产业开发区。镇江高新技术产业开发区申报国家级高新区、镇江出口加工区升级为镇江综合保税区、丹阳经济开发区升级国家级开发区均进入国务院相关部门会审阶段。句容、扬中经济开发区创建国家级开发区的准备和申报工作业已启动。

【开发园区招商引资】 2012年,全市开发园区实际到账注册外资16.95亿美元,其中:镇江经济技术开发区实到外资7.08亿美元,比上年增长34.6%,居全省131家省级以上开发园区第7位;丹阳经济开发区实到外资3.25亿美元,增长27.4%,居全省第26位;句容经济开发区实到外资2.01亿美元,增长-37.8%,居全省第38位;扬中经济开发区实到外资1.21亿美元,增长-6.6%,居全省第66位;丹徒经济开发区实到外资8905万美元,增长7.7%,居全省第92位;京口工业园区实到外资1.20亿美元,增长66%,居全省第67位;镇江高新技术产业开发区实到外资1.32亿美元,增长182.2%,居全省第59位。

【开发园区项目建设】 2012年,镇江市各开发园区推进在建大项目126个,其中,外资项目28个,项目总投资29.95亿美元;国资项目13个,项目总投资194.1亿元;民资项目85个,项目总投资370.2亿元。待建在谈大项目54个,其中,外资项目14个,项目总投资13.3亿美元;国资项目5个,项目总投资125.2亿元;民资项目35个,项目总投资235.5亿元;镇江经济技术开发区87个内外资项目,计划投资150亿元。其中,奇美化工增资、扬子LED照明灯具、捷科美龙内饰品、捷科彤明航空照明、永隆城市广场等外资项目总投资均在1亿美元以上,中建材薄膜太阳能电池基板、中节能300兆瓦太阳能电池片、航天海鹰大飞机复合材料等超10亿元以上的内资项目达17个;丹阳经济开发区的恒神碳纤维、大力神铝业、国际眼镜城等27个重大项目推进顺利;句容经济开发区巨宝三期、智达高压电气、碧桂园城市综合体二期等项目完成;扬中经济开发区临港高端海工、华东工程装备物流总投资在30亿元~40亿元,达产后年销售均可达100亿元以上;丹徒经济开发区江苏国华煤炭储备基地和二重物流、京口工业园区爱励鼎胜铝业、镇江高新技术产业开发区普尔利斯和镇江船厂三期等内外资项目成为园区特色产业。

【开发园区生态建设】 镇江市各开发园区坚持环保优先,推进生态文明建设,按照循环经济发展的要求,规划和建设园区,不断提高投资强度、产出效益和环保标准,创建省级循环经济产业园区和国家级循环化改造示范园区。2012年,市商务局会同环保局先后召开全市生态工业园建设推进会、季度督查会,到全市开发园区企业指导创建工作。至年底,全市各开发园区完成生态、环保重点工程52项,完成投资25.54亿元。丹阳经济开发区省级生态园区完成考核验收,并获得省级命名,扬中、句容经济开发区通过省级生态工业园区技术考核,其他开发园区完成技术考核申报工作。推进中瑞生态产业园、中芬数字生态园区建设和丹徒开发区省级循环经济产业园创建。

【全市各开发园区建设发展综合评价】 2012年7月,省商务厅通报2011年度全省经济开发园区科学发展综合评价结果,将全省124家参与评价的开发园区(国家级25家、省级99级)由高到低分为四个板块。与上年比,扬中经济开发区和丹阳经济开发区由全省经济开发园区第二板块晋升第一板块,句容经济开发区和润州工业园区由全省经济开发区第三板块晋升第二板块。全市经济开发园区3家列第一板块(镇江经济技术开发区、扬中经济开发区、丹阳经济开发区),3家列第二板块(京口工业园区、句容经济开发区、润州工业园区),1家列第三板块(丹徒经济开发区)。7个开发园区平均前移6.29个位次,其中润州工业园区前移22个位次,句容经济开发区前移12个位次。 (陈 达)

·国家级经济技术开发区和出口加工区·

【镇江经济技术开发区】 2012年,镇江经济技术开发区全年实际利用外资7.08亿美元,合同利用外资7.24亿美元,招引重大节点项目28个。引进瀚星通用航空整体机制造、海洋工程装备制造基地、碳化硅纤维生产及威信广厦模块化建筑等一批具有带动性的龙头项目,引进谷源物流、招商物流、汽配城项目等一批服务业大项目。完成固定资产投资287.9亿元,增长21.8%,其中:工业性投入222.2亿元,增长20.4%;全社会技改投资131.2亿元,增长24.7%。完成服务业产业投入31.1亿元,增长26.7%;完成新兴产业投入183亿元,增长74.9%;全区新兴产业投入占规模工业投入比重为82.4%,比上年提升21.8个百分点,完成量列全市第一。亿元以上项目完成投资241.3亿元。固定资产投资总量、新兴产业投入总量、亿元以上项目完成投资量均居全市第一。市级重点项目完成投资71.5亿元。完成筹融资198亿元,与北京信托、华夏银行等金融机构强化合作,共同创立6年期总规模达50亿元的“北信镇江城市发展基金”,被业内称为“镇江模式”。镇江经济技术开发区R&D(研究与试验发展)经费投入占比为2.61%;高新技术产业产值582.39亿元,占规模工业产值比重达48.59%;新增高新技术企业15家;专利申请3151件,其中发明专利796件;专利授权1031件,其中发明专利授权118件;新增市级以上研发机构37家,其中省工程技术研究中心5家、省企业技术中心2家、省级企业研究生工作站15家。全年引进圆坤二维码中心、峰谷源储能技术研究院等7家研发平台和检测机构。创成首批省级科技金融合作创新示范区,成立全国首家开发区知识产权维权援助中心暨中国(镇江)知识产权维权援助中心镇江新区分中心、江苏省航空材料和部件产业技术创新战略联盟、镇江航空航天产业院士专家顾问组。全年建设创新载体面积80万平方米,金融大厦等26万平方米创新载体竣工交付。引进创业投资机构6家,引进创业投资基金总规模13.4亿元。新增孵化面积8.3万平方米,累计达100.23万平方米。先后组织北美创业大赛、深圳招商会、2012华侨华人专业人士创业发展镇江洽谈会等活动,全年引进高层次人才110人,其中引进国家“千人计划”特聘专家3人,国家青年“千人计划”专家1人,入选省“双创计划”11人。入选省“六大人才高峰”1人,入围省博士集聚计划面试8人,第四批“331计划”落户26人,第五批“331计划”入选43人,占全市总数55.8%。先后获市领军人才引进工作一等奖、自主创新重大成果奖、杰出人才奖各一项。威信广厦模块建筑项目由爱特源吉香港有限公司、昆山诚商建材有限公司、深圳市创新投资集团有限公司和镇江经济技术开发区高新技术产业投资有限公司共同投资设立。总投资5486万美元,注册资本2185万美元,项目用地6.7公顷。年产20万平方米预制装配式房屋。项目2012年9月开工建设,预计2013年6月一期试生产,达产后将新增销售收入6亿元,利税6000余万元。菲舍尔航空部件项目由镇江经济技术开发区高新技术产业投资有限公司、中航工业西飞镇江航空技术发展有限公司、未来航空国际投资有限公司联合投资设立。投资总额14亿元,注册资本7.44亿元,主要产品为飞机复合材料内装饰件和结构件。项目2012年4月开工建设,预计2013年年底建成。中技加气混凝土生产项目由江苏中技新型建材有限公司投资设立,项目总投资10.1亿元,占地面积13.9公顷。新建金工车间、加气混凝土生产车间、加气干粉搅拌站,总建筑面积62978平方米。项目2012年8月开工建设,计划2013年6月底建成一条标准生产线,另两条生产线计划在2014年年底前建成投产。项目建成后,形成年产240万立方米加气混凝土产品,预计新增年销售收入达18.88亿元,新增利税近6亿元。

【中国镇江出口加工区】 2012年,镇江出口加工区进出口额达到11942万美元,比上年增长80.94%。实现工商税收、海关税收及代征税12175万元,增长183.7%,其中工商税收776万元,海关关税及代征税11339万元,增长227.6%。增值税8912万元,增长230%。海关监管货值实现4.1亿美元,增长39%;监管货运量20.75万吨,增长459%。全年工业实现产值6.39亿元,增长52%;销售5.35亿元,增长30%;利税2.8亿元,增长428%;物流及贸易企业实现销售19.65亿元,增长2.6%。保税物流业务发展良好,全年实现保税物流业务进出区货值3.06亿美元,增长28%。前五位产品主要为初级形状丁二烯橡胶、多晶硅片料、含氮磷化肥、不锈钢管、船用设备等。引进镇江中沙保税物流有限公司,该公司由西沙国际货运有限公司投资设立,注册资金50万元,主要从事保税物流相关业务。截至年底,累计引进项目13家(不包括退区),其中加工贸易企业9家,物流企业4家,总投资2.89亿美元,注册资本9601万美元,实际到位外资8250万美元。2012年9月12日,镇江市人民政府向省政府提交《关于申报设立镇江综合保税区的请示》;11月14日,市政府行文《关于申报设立镇江综合保税区的补充说明》,就规划选址范围进行说明:以原出口加工区为基础,向北扩展,总规划面积3.064平方公里,设置南区(原出口加工区一期和二期2.3665平方公里,东至通港路,南至金港大道,西至青龙山路,北至镇大铁路)和北区(0.6976平方公里,东至通港路,南至纬二路,西至北山路,北至临江西路和兴港西路)。12月12日,江苏省关于设立镇江综合保税区的请示报告上报到国务院,12月下旬,国务院批转海关总署办理。　　(陈　达　贺联中)

·省级经济开发园区·

【江苏省丹阳经济开发区】　江苏省丹阳经济开发区行政区域总面积168平方公里,下辖20个村、19个社区,总人口122487人,2012年新增外资企业30家,内资企业151家。主要经济指标总量与区域竞争力位居全省省级开发区“第一方阵”、镇江市开发区前列。产业建设。大力神铝业、恒神碳纤维、鱼跃科技、建丰新材料、沥泽医药、万得新能源、贺利氏催化器、奇一科技等新兴产业重点项目加快推进;国际眼镜城、中合新农批发市场、宏福汽配物流园等现代服务业项目建成;明月光学高档镜片、鸿晨光学隐形眼镜、肯帝亚移动木洋房、日本汽车零部件产业园等传统产业项目全力推动;仅一包装机械、丹上电气设备、沃德立高铁装备、威克特精工等高端装备制造业项目加速建设。招商引资。全年引进产业类和服务业项目30个,实际利用外资3.25亿美元,比上年增长27.4%;引进市内外民资88亿元,增长17.5%,实际利用外资达历史最高水平。举办“中日合作江苏丹阳第一届汽车零部件(精品)展示会”,签约日资企业50家。科技创新。引进高层次人才团队10个、高层次人才30名,创成省级家用医疗器械工程技术中心、省级木质纤维材料工程技术中心,入选省“双创计划”6人、省产业教授2人、镇江“331计划”3人。生命科学产业园、新材料工业园、精密制造产业园、文化科技产业园、中芬数字生态园、科技创业园、日本汽车零部件工业园等开工或落成。城市建设。迎宾路、齐梁路、银杏路、开发大道、高铁站前路、丹桂路等建成或加快改造,眼镜商贸集聚区、城际高铁站前综合体、火车站片区综合改造、练湖水城建设等启动,恒大名都、国骅天波、国际华城、嘉源首府、天怡人家等住宅区先后落成,新建成第二污水处理厂、新能源热电厂、园区污水收集系统工程,建成区和工业区管网、道路、绿化等配套设施进一步完善。社会事业。全省设施最先进的开发区新敬老院投入使用,丹阳新区人民医院、练湖社区卫生服务中心实施现代化扩建改造,丹阳新区实验小学、实验幼儿园、大泊幼儿园、荆林九年制学校扩建并更名挂牌;东南新城、嘉荟新城、高铁新城、河阳新城、练湖新城等安置安居工程建设全面推进;实施社会保障接轨工程和“撤组保养”全覆盖工程,被征地农民权益得到充分保护,城乡统筹和“三新”建设加快进行。

【江苏省句容经济开发区】　江苏省句容经济开发区行政区划面积143平方公里,下辖21个村(社区),总人口约10万人。2012年,句容经济开发区党工委被江苏省委组织部评为科学发展争一流类“全省创先争优先进基层党组织”。产业建设。先后成功申报江苏省光电子科技产业园和江苏省知识产权试点园区,并获得江苏省电子信息产业基地称号。京华电气、同达科技、国能电力和华伟电气等10个项目投产运行,碧桂园和世茂2个五星级酒店正式营业。全区在建和待建项目40个,其中28个项目在建。招商引资。先后引进冠美现代办公用品、广龙厨具、中祥生物、鄂尔特特新材料、国信大江科技和赛达电子等15个新兴产业项目。科技创新。先后签约江苏国核管道系统工程技术研究院、中科院沈阳自动化研究所食品智能加工生产线和江苏省高新技术创业服务中心句容孵化基地等3个科研院所项目。申报专利400多件,其中发明专利158个。国家及省各类科技计划项目116项,实现“千人计划”引进零的突破;成功申报江苏省“双创计划”2个。中容环保、纳赛诺科技等企业高层次人才成为省级“创新创业领军人才”,育达复合材料、苏南药业、光电子产业园设立研究生工作站,五洲电磁线、骏成电子新设工程技术研究中心,华阳金属管件、中容科技、镇江育达复合材料、骏成电子、江苏海田技术等多家骨干企业与清华大学、上海交通大学、南京大学、上海核工程研究设计院、北京化工大学、上海理工大学等高等院校、科研院所签订产学研合作协议。“单克隆抗体药物的研究与应用”项目落户富达创业园,高压输电线检修机器人项目落户开发区。园区建设。2012年,句容经济开发区重点工程15项,完成投资19.4亿元。总建筑面积137万平方米的黄梅新村、通宁公寓和梅花苑三期建成交付。葛村路和福地路西延部分竣工通车。黄梅片区11万伏变电所进行项目论证,京容变11万伏易地扩建工程开工建设。完成61个自然村整治任务,建成1个“三星级康居乡村”、3个“二星级康居乡村”、7个“一星级康居乡村”。社会事业。总建筑面积125万平方米的黄梅新村交付使用,实现超大体量安置小区建设和回迁的零上访。涉及全区2.05万人的被征地农民保障工作完成目标任务。维修大卓中心校、中心园,黄梅中心校及南巷幼儿班,完成新型农民合作医疗工作,实现低保户应保尽保。完成总投入4000多万元的农路和农电改造、河塘清淤等民生工程。

【江苏省扬中经济开发区】　江苏省扬中经济开发区位于扬中市中部,总托管面积27.4平方公里,拥有深水岸线7.2公里,下辖8个村(社区),总人口4.65万人。产业建设。兆伏新能源公司总投资3.6亿元,建设太阳能并网(离网)逆变器、太阳能通讯电源、太阳能路灯控制器、户用控制器等研发和制造项目。一大批中小企业投入光伏配套产业领域,光伏焊带、碳化硅、坩埚、光伏玻璃、密封胶、石墨器件、汇流带、接线盒等多个配套产品投放市场。风电产业在叶片、塔筒、变流器、风机总装、蓄能及控制系统等系列产品方面逐渐起步。在核电配套领域,星河集团获中国第一张“核承压设备制造资格许可证”,“星河”牌核级阀门在全国核电站工作中频频中标,打破进口配套产品长期垄断的局面。招商引资。推进岸线招商,始终把装备制造、仓储物流等临港产业招商作为重中之重,有针对性地予以推进。物流园占地面积13.33公顷,总投资8亿元,建设金属物流配送中心,建筑面积10万平方米。该中心建成后集供销、开平、配送、运输、装卸、加工、仓储和信息等一体,实现一站式服务。中浩滨江新城开发、宝华物流园、兴隆码头一期和二期等一批重大项目落户。社会事业。四旁植树12.4万株,新增绿化面积107公顷。新增高效农业面积150公顷,建设高效农业秧草基地2个。投入水利建设经费430余万元,翻新改造排涝站5座,维修圩内涵洞25座。推进自来水管网改造工程,改变农村自来水管道布局不合理、管网陈旧、管材质差的状况。健全完善矛盾纠纷调处机制,调解成功率达到98%。总投资2000余万元的扬中经济开发区文化中心项目主体工程竣工。开展基层医疗机构标准化建设,开发区兴隆卫生院创建成省级标准化建设示范卫生院。

【江苏省丹徒经济开发区】 2012年,江苏省丹徒经济开发区经济总量平稳较快增长。产业建设。重点支持装备制造项目,依托二重集团镇江出海口基地项目落户契机,启动和推进二重一、二期施工建设、石化容器、海工产品、成套装备项目,利用二重加工设备和重件吊装条件,吸引一批大型机械制造组装项目落户。利用区位交通、港口、产业等资源,发展现代物流业,加快推进二重与中远集团合作的国家级大型物流基地建设。依托金海宏业、焦化集团、鹤林水泥等龙头企业和循环经济产业园,推进新型材料及新材料产业研发和生产。继续发展新能源产业建设。至年底,园区有中国二重(镇江)装备制造有限责任公司等规模企业42家,主导产业从化工、建材、普通机械逐步向高端装备制造、现代物流等新型产业转化。招商引资。做好国华煤炭储备基地、鹤林水泥三期等15个项目的报批工作,完成二重二期、联合水泥置换土地证办理、化工园区专项整治以及省级循环化改造产业园创建等工作。科技创新与服务。新增高新技术企业1家,实现高新技术产值56.4亿元,完成发明专利70件,获各类科技成果27项。利用中科院北京国家技术材料中心江苏丹徒分中心这一平台,优化资金、项目、人才、政策等资源配置,集中向高新技术企业倾斜,扶持、实施一批重大科技项目。全年组织申报省、市科技项目4项。循环经济。近几年来,丹徒经济开发区引导企业发展循环经济,在企业中构成废物回用链,促成镇江焦化、李长荣化工、金海宏业等骨干企业,实行煤气、蒸汽、中温沥青、煤焦油、焦炉气等副产品的相互循环利用。园区企业每年减少二氧化碳排放500余吨、烟尘排放300余吨,企业直接年经济受益超亿元。2012年12月,园区获得"镇江首批循环经济示范园区"称号。园区建设。新修镇村公路21公里,维修公路30公里,新建公交站场1个。对京沪高铁、312国道、长香公路沿线和75个自然村的环境进行综合整治;对园区所辖集镇道路和下水道管网进行维修;绿化面积2万平方米等。园区基础设施建设累计投入资金1.3亿元。社会事业。投入300万元提升改造村级卫生室4个;投入1300万元引进高端医疗器材,升级现有设备,提高园区中心卫生院医疗水平。投入300万元,解决最后一个行政村自来水入户问题。全区4936户被征地农民纳入基本生活保障体系。新建安置房2.9万平方米。农民参加农村社会养老保险8961人,投保金额958万元。

【江苏省镇江京口工业园区】 2012年,江苏省镇江京口工业园区先后获批成为江苏省知识产权试点园区、省级科技创业园、镇江市特色产业集聚示范区。产业建设。引进大项目4个:爱励一期增资9900万美元的航空航天及交通运输用大规格高强度铝合金板带制造工艺及过程控制升级改造项目,总投资1.8亿美元的铝材料仓储物流项目,总投资6.4亿元的镇江鼎胜铝业股份有限公司年产16万吨可替代热轧板坯新型毛料生产线项目,总投资2.9亿元的镇江鼎胜铝业股份有限公司年产5000万平方米高档PS及CTP印刷版。招商引资。围绕新材料、新能源、汽车零部件产业定位,园区重点推介以爱励铝业、鼎盛铝业为依托的高性能铝合金材料产业,致力于拉长延伸铝产业链。突出引进新兴产业,建设以宏鑫绿洲、海龙核材、科捷锂电池为核心的产业新格局。在推进爱励铝业一期项目投产、完成一期航空板技改报批的同时,二期总投资超2亿美元的高档汽车用铝板项目达成初步合作意向;推进鼎胜铝业挂牌上市和发行债券工作,拟募集25亿元~30亿元,实施技改年产35万吨连铸连轧高精度铝板带、8万吨汽车散热器用复合箔、年产12万吨铝箔等项目;宏鑫绿洲新能源完成设备调试,并进行试生产;园区高创中心建成投入使用,开始吸纳项目入驻;方源科技、立达纤维等项目开工建设。科技创新。申请专利220件(发明专利93件),3家企业通过省高新技术企业培育计划,1家中心被认定为省级工程技术中心。基础设施建设。完成爱励铝业、宏鑫绿洲项目水、电、气配套设施建设,正恺电子技改项目、爱励防护区拆迁工作,宝华西侧挡土墙工程,园区内燃气管网、自来水管网建设工程等。

【江苏省镇江高新技术产业开发区】 江苏省镇江高新技术产业开发区位于镇江市区西部,原名江苏省镇江润州工业园区,2012年9月变更为现名,是中国重要的船舶与海工配套产业基地,先后培育出镇江船厂、中船设备、正茂集团等本土骨干企业,集聚了德国曼、芬兰瓦锡兰、挪威康士伯、德国贝克尔、韩国现代、挪威TTS、日本夏普及日立造船等8家国际知名行业龙头企业。园区生产的船用中速柴油机、螺旋桨、环保电站、船舶电器、全回转港作拖船、船用系泊链等六个产品市场占有率保持全国第一,其中全回转港作拖船世界第二。风电领域有哈电通用风能、荣基重工、铁科橡塑等重点企业,形成较强的陆上风电和海上风电机组研发设计、生产制造能力。依托中国二重集团镇江出海口基地项目,在第三代核电成套装备领域具备较强的技术创新实力,并进入成果转化关键阶段。产业建设。2012年,江苏省镇江高新技术产业开发区船舶与海工配套产业实现产值382亿元,占园区工业总产值的45%;新能源产业实现产值195亿元,占园区工业总产值的23%。现代服务业实现营业收入711亿元,集聚现代服务业企业300余家。现代物流依托惠龙港国际钢铁物流电子商务平台,发展港口物流,开展水陆联运,构建起覆盖全国的运输网络。文化科技创新围绕江苏国家数字出版基地镇江园区,以睿泰科技、软通动力等龙头企业为依托,发展数字出版产业;瞄准文化科技创新,突出互联网教育、智慧旅游、心智休闲等,实现文化与科技融合的双驱动、双提升。招商引资。注册资本1211.8万美元的普尔利斯(中国)环保分离设备有限公司项目,占地4.85公顷,主要生产核电环保分离系统设备、叶片及压力容器等产品,预计2013年销售1亿元,达产3年内累计销售10亿元。总投资448万美元的贝克尔高性能船用舵、导流罩生产项目,由德国贝克尔船舶系统有限公司投资兴建,该项目完全达产后,可年产船用舵120套,销售额超过3亿元。总投资30亿元的镇江知识城项目完成设计方案的专家评审;总投资40亿元的东山文化园一期项目完成设计优化方案;总投资89亿元的卡通奇境文化创意体验园项目加快推进。科技创新。全区高新技术企业工业总产值实现195.59亿元,新增授权专利916件,其中发明专利111件。江苏镇江船厂建成中国第一艘具有国际先进水平的大功率柴电混合动力多功能海洋工程船舶;镇江中船设备有限公司技术中心入选第19批国家级企业技术中心,成为高新区首家国家级企业技术中心,也是中国在远洋船用中速柴油机领域认定的首个企业技术中心;普尔利斯(中国)环保分离设备有限公司亚太制造基地落户高新区,美国普洛保利斯股份有限公司中国研发中心、美国普尔利斯有限公司中国研发中心在镇江高新区揭牌。截至2012年年底,高新区拥有国家高新技术企业57家、省创新型企业28家、省高新技术产品316项、省级工程技术中心37个,在全省率先实现大中型企业研发机构全覆盖;推动区内企业与清华大学、北京大学、南京大学、华中科技大学、吉林大学、天津大学等50余所高校院所签订合作意向531项,正式实施313项;先后引进高层次人才276名,其中国家"千人计划"10人。环境与园区建设。推进中心区、高端装备产业基地、科技企业孵化基地、科教研发培训基地、文化科技创新基地、商务金融配套基地等"一中心五基地"六大功能片区建设。城市功能基本配套方面完成商务办公区、职工文体中心、交通综合楼、体育会展中心等建设,国家级高新技术创业服务中心的孵化面积达15万平方米。建成万科魅力之城、冠城国际、君临南山等多处高档小区。扬溧高速西出入口金桥大道道路主体27.5米拓宽至50米,中小企业科创园五洲路二期、强凌北路和留脉湾北路等道路功能实现提升改造。全力推进生态园区建设,完成中小企业科创园二期污水管网与南徐大道主管网对接工程,沿江高等级公路、金江路道路绿化完成标准化改造。社会文化事业。建立区级社会管理综合信息服务平台,建成镇江市首个平安法治文化主题公园;"四项排查"(社会安全稳定和信访热点难点问题、征地拆迁问题、安全生产事故隐患、基层基础建设薄弱环节)工作扎实细致,多年积累的重点信访案件办结率达100%。　（陈　达　贺联中）

南　通　市

【概况】 2012年,全市开放型经济保持良好发展态势。全市新增工商登记外资项目349个,新增工商登记注册外资45.58亿美元;商务部确认注册外资实际到账22.05亿美元,利用外资连续7年保持20亿美元以上的较高水平。全年贸易进出口263亿美元。全年新增注册资本100万元以上的服务外包企业205家;服务外包执行金额25.33亿元,比上年增长70%以上(因统计口径因素,外资、外贸、外经数据,一般包含对外国和对中国港澳台地区的经贸数据,编者注)。

【利用外资稳定增长】 外资利用质态全面提升。全市新批总投资超3000万美元重大外资产业类项目47个,合计总投资45.4亿美元,协议利用外资18.13亿美元,占全市协议外资总额的38.3%。实际到账外资超1000万美元项目57个,共计到账14.13亿美元,占全市实际到账外资的64%。全市引进超千万美元新兴产业项目33个,涵盖生物医药、新能源与节能、新材料、装备制造等领域,实际到账外资1.5亿美元,比上年增长125.9%。全市服务业实际利用外资占全市实际利用外资的30%。

重大外资项目实现突破。外资项目呈现向先进制造业集聚、向高新技术产业延伸和向现代服务业领域拓展的态势。总投资2亿美元的MISUMI精工机械、总投资1.5亿美元的万州石化、总投资1亿美元的赫比电子通讯设备、总投资1亿美元的太平物流装备、总投资9000万美元的音户神商精工、总投资8000万美元的吉晶光电、总投资1.55亿美元的华润万象城城市综合体等重大项目落户。帝人纤维研发项目成功落户,世界500强企业日本爱信精机株式会社投资成立的汽车技术研发中心正式运营,熔盛重工全面推进海工战略转型取得进展,国际医药产业巨头——美国礼来制药与南通联亚药业签署战略合作协议,东丽纤维研究所获批省首批外资功能性机构,巴塞利亚药业成为苏中苏北地区唯一新获批外资研发机构减免税资格的企业。

【产业招商力度加大】 2012年,全市在境内外举办170场招商活动,累计近400个项目签订初步投资意向,外资项目总投资额近95亿美元。接待美国、英国、新加坡、日本、韩国等国家和中国香港、台湾地区50多批次600多名客商,联系世界500强企业和世界知名公司50多家。全市举办各类招商培训活动18场,累计培训招商人员2100人次。

【对外贸易好于全省】 组织海关、出入境检验检疫、外税、外汇等部门出台外贸保增长举措,为南通外贸企业营造相对宽松环境。两次召开全市重点外贸企业座谈会,完善重点出口企业跟踪服务责任制。全年贸易进出口263亿美元,比上年增长2%,进出口增幅高于全省平均增幅0.4个百分点。其中出口187.9亿美元,增长4.3%;进口75.1亿美元,下降3.3%。进出口总额继续排名全省第五,增幅在全省进出口五强城市(苏州、无锡、南京、常州、南通)中位居首位。

对外贸易结构持续优化。船舶、家纺、化工出口分别比上年增长8.6%、10.5%、18.9%,成为拉动全市出口保持增长的支柱。机电产品出口下跌2.6%,高新产品出口下降18.7%,其中光伏电池出口下降51.6%,拉低全市出口增幅近5个百分点。新兴市场占比上升,对东盟出口增长15.1%,对拉丁美洲出口增长48.9%,对中东、印度地区出口增长45%,对非洲出口增长34.8%,对俄罗斯出口增长60.8%,以上新兴市场占全市出口近40%。对日本、欧盟、美国出口分别为35.59亿美元、30.18亿美元和24.32亿美元,增幅分别为4.2%、-

19.9%和-1.4%。2012年,全市有进出口实绩企业4357家,有出口实绩企业4050家,分别比上年多271家、259家。进出口超亿美元企业36家,超千万美元企业396家;出口超亿美元企业18家,超千万美元企业308家。全市外贸企业进出口平均为604万美元,出口平均为464万美元。民营企业进出口、出口增幅均为20%,外商投资企业进出口、出口分别下降5.0%和3.3%。一般贸易大大好于加工贸易。一般贸易进出口、出口分别增长4.7%和10%,加工贸易进出口、出口分别下降1.1%和1.8%。一般贸易、加工贸易进出口占比分别为56%、36.5%。

市场开拓力度持续加大。全年组织1200家次企业参加境内外各类展会,其中境外参展企业超300家次,展位350个。江苏日本大阪展南通展团规模位居全省第一,参展人数占全省1/4。新加坡亚太海事展上南通船舶产业得到充分展示。第112届广交会上南通市有324家企业参展,展位514个。指导韩华新能源、罗莱化纤、南亚塑胶等重点涉案企业应对"双反"调查。

外贸发展方式加快转变。指导和推进通州家纺成功获批国家外贸转型升级示范基地,海门叠石桥市场成功获批国家重点培育内外贸结合大市场。分类推进现有国家船舶出口基地等12家国家、省、市出口基地建设,申报化工新材料出口基地。开展2012~2013年度市级出口品牌培育工作,评出46个南通市重点培育和发展的国际知名品牌。全年新增境外商标注册企业40家。

【外经合作快速增长】 全年新批境外投资项目中方协议投资额8亿美元,比上年增长77.2%,跃居全省第三;全年完成对外承包劳务营业额16.8亿美元,比上年增长15.5%,在省内同类城市中名列第一;新签对外承包工程合同额6.74亿美元,其中新签1000万美元以上项目26个,比上年增加9个。新派劳务1.04万人,比上年增长11.2%。

经营主体做大做强。新获对外承包劳务经营权企业3家,新批援外成套项目经营资格企业2家。南通建工、南通三建、南通六建再次位列"ENR国际承包商225强",12家外经企业入选"2012中国民企500强",4家企业入选"江苏省建筑外经十强"。

境外投资快速发展。新批1000万美元以上投资项目18个,中方协议投资额6.88亿美元,占协议投资总额的92%。完成对外承包工程营业额14.39亿美元,比上年增长17.6%。苏通建设集团签约总造价14.58亿美元的苏丹安居房项目,创江苏有史以来最大境外总包项目。

劳务合作环境不断优化。贯彻国务院颁发的《对外劳务合作管理条例》,继续开展对外劳务市场整治,对外劳务市场秩序持续好转,外派劳务规模进一步扩大。 (张 明)

园 区 建 设

·综 述·

【概况】 2012年,全市开发区实现规模以上工业增加值2327.2亿元,比上年增长24%;地方一般预算收入275.2亿元,比上年增长46.2%。注册外资实际到账19.51亿美元。外贸进出口总额225.5亿美元。其中出口153.7亿美元、进口71.7亿美元,分别比上年增长32.94%和22.58%。船舶海工、光伏能源、家纺、服装、化工五大特色产业成为全市开发区出口的主要产业。14个省级以上开发区(园区)以5.6%的面积实现全市65.6%的公共财政收入、85.2%的进出口总额、89.7%的实际到账注册外资,分别比2011年提高2.5、17.8、2.7个百分点。

【开发区升格升级】 7月30日,国务院正式同意海安经济开发区升级为国家级经济技术开发区,实行现行国家级经济技术开发区的政策。3月18日、9月19日,省政府批准分别设立吕四海洋经济开发区、苏通科技产业园区,实行现行省级经济开发区的政策。南通滨海园区申报省级开发区请示通过省发改委、住建厅、国土厅、环保厅、商务厅等五部门评审并报省政府。锡通科技产业园申报省级开发区同步推进。

【投资环境】 2012年,全市开发区强化规划引导,促进产业发展、商贸服务、社区建设合理布局,交通、能源、环保等基础设施配套衔接,城市功能进一步拓展。政府服务不断加强,加快构筑高效、快捷的服务平台,逐步形成接轨国际的商务环境。全市开发区实现全社会固定资产投资2506.8亿元,比上年增长28.09%;其中基础设施投入306.8亿元,比上年增长45.85%。

【招商引资】 2012年,全市开发区新批外商投资企业242个,注册外资实际到账19.5亿美元,比上年增长9.45%。新增注册内资企业4753个,新增内资企业注册资本552.5亿元,比上年增长22.53%。全年累计举办各类专题招商活动110场,参会人数超过5000人,参会企业近2700家,签约项目约350个,其中外资项目总投资额近90亿美元。组织招商骨干赴台湾、新加坡等地开展"新兴产业"、"创新投资方式"等培训班,全年共培训招商人员2100人次。

【产业转型】 2012年,全市开发区坚持转型升级,加快特色产业建设。南通市经济技术开发区强力推进精密机械产业园、电子信息产业园、装备制造产业园、医药健康产业园、新材料产业园以及能达商务区、综合保税区、品牌商业集聚区等特色园区建设。海安经济技术开发区初步形成高端装备制造、汽车及零部件、光伏光电、现代纺织、现代商贸物流、软件及服务外包、高端家具等七大特色产业。崇川经济开发区清之华园获批省级孵化器。南通高新技术产业开发区着力打造不锈钢新材料、汽车零配件铝合金压铸、现代物流产业基地三大产业基地。海门经济开发区加快建设海宝工业园、宝钢物流产业园建设,省级装备制造产业园不断壮大,沿江片区重工装备制造基地初显形象。如东经济开发区机械装备制造、安全防护用品两大产业产值占比达50%,被评为"中国新能源最具投资价值园区"。如皋经济开发区获批省级"如皋市新能源汽车产业基地"、"如皋市汽车及零部件新型工业化示范基地"和国家级"如皋输变电特高压电力设备及配件产业基地"。洋口港工业园区江苏LNG接收站一期累计进船47艘,总规模达431万吨,3号储罐于年底投入运营。华东LNG运输、华港LNG调配中心项目全面营运,态势良好。临港工业区石材产业园道路、桥梁、河道基础全面实施。如皋港工业园区海工和船舶配套产业取得新进展,绿色新材料产业初具规模。启东吕四港经济开发区电力、物流、新材料等临港产业项目加快建设。

【特色园区】 全市16个省级特色产业园业务总收入3840亿元。其中,2个园区业务总收入超500亿元,分别为海门叠石桥家纺产业园850亿元,如皋港船舶配套与修造产业园622亿元;3个园区业务总收入超300亿元,分别为天汾电动工具产业园450亿元,海安电力装备制造产业园370亿元,海门装备制造产业园310亿元。

【科技研发】 3月13日、9月20日,省商务厅和省知识产权局先后发文,同意海安经济开发区、崇川经济开发区为省知识产权试点园区。海安开发区、崇川开发区、海门工业园区、启东开发区年内申报省级创新型开发区。2012年,全市开发区实现高新技术工业总产值3471.3亿元,比上年增长52.4%。全市开发区科技领军型人才总数达到372人。全市开发区高新技术创业服务中心(孵化器)达到46个,孵化器内企业达到1714个,比上年增加455个。南通开发区内的中天科技被确定为国家创新型试点企业。

【合作共建】 加大与上海、苏南等地的跨江联动合作开发力度,合作领域不断拓展,苏通科技产业园、锡通科技产业园、上海市北高新(南通)科技城、上海外高桥集团(启东)产业园等9家重点合作园区加快建设。中奥苏通生态园进展顺利,抓紧对园区10.6平方公里的启动区的规划和建设。张江国家自主创新示范区南通崇川数字产业园、国际医疗器械产业园揭牌,上海奉贤(海安)工业园正式签约。 (张　明　李　念)

·南通经济技术开发区·

【概况】 南通经济技术开发区(简称"南通开发区")为全国首批14个国家级开发区之一,区内设有南通出口加工区、精密机械产业园、电子信息产业园、装备制造产业园、医药健康产业园、新材料产业园及能达商务区、品牌商业集聚区等特色园区。2012年,南通开发区完成地区生产总值590.74亿元,比上年增长22.6%;财政总收入81.2亿元,比上年增长8.9%。主要经济指标保持增长势头,完成规模以上工业产值1240.8亿元,比上年增长20.5%;完成工业应税销售收入648.6亿元,比上年增长0.64%;完成进出口总额43.63亿美元,比上年增长4.9%,其中出口25.16亿美元,增长8.8%;完成固定资产投资373亿元,增长20%。

【先进制造业项目】 2012年,南通开发区现代装备制造、精细化工、纺织服装、轻工食品四大主导产业板块实现产值1175亿元,比上年增长18%,产值超亿元企业突破150家;实现高新技术产业产值508.7亿元,比上年增长21.4%,占规模工业产值的41%;实现新兴产业产值374.3亿元,比上年增长23.4%,占规模工业产值的30%。全年完成工业投入141.6亿元,比上年增长12%,信越有机硅、日立化成精细化学品、朗盛台橡丁腈橡胶、清华同方LED一期等60个总投资138.5亿元工业项目竣工投产。SKC功能薄膜、科聚亚高新材料、日立化成导电膜等25个总投资81.3亿元重大工业项目开工建设。开展国家级循环经济改造示范试点园区创建工作。

【现代服务业项目】 2012年,南通开发区实现服务业增加值57亿元,比上年增长15.5%;服务外包合同额1.14亿美元、执行额9234万美元,其中离岸服务外包合同额2834万美元、执行额2218万美元,分别占全市的47%、41%。全年完成服务业投入162.4亿元,比上年增长35.4%。能达总部基地、月星集团、聚尚网、512创意设计园等总投资超过60亿元的服务业项目成功签约;南通工业博览城、吉宝湖畔居等重大项目开工建设。东方国际汽车城获批为南通市现代服务业集聚区,医药健康产业园被评为南通市新兴产业特色基地。南通石化产品交易中心组建有序推进。

【招商引资】 全年新增工商登记注册外资7.89亿美元,比上年增长22.7%;新批外资项目39个,总投资近15亿美元,其中超千万美元以上项目21个;实际利用外资6.83亿美元,比上年增长6.4%。日本大王生活用品、日本丝路咖精机、韩国奥瑟亚、新加坡胜伟新能源、新加坡赫比电子、灵碟冷链物流等一批投资额超亿美元的重大项目成功落户。

【科技创新】 全年11家企业获批为高新技术企业,中天科技被确定为国家创新型试点企业。新增省级企业工程技术研究中心4家、省级企业技术中心2家、市级工程技术研究中心9家。获批省级高新技术产品50个。7个项目获得国家级科技项目立项,共争取市级以上科技创新扶持资金近5000万元。国家"千人计划"水处理研究院、生物医药研究院,西北工业大学工业设计研究院成功落户。全区专利授权数2750件,其中发明专利授权157件,总量居全市第一。实施产业人才发展计划,投入人才配套建设、扶持奖励等资金3亿多元,引进国家"千人计划"专家10名,省"双创计划"专家3名,海外创新创业团队12个、高层次人才49人。 (丁佐峰)

·江苏南通苏通科技产业园区·

【概况】 苏通科技产业园位于苏通长江公路大桥北翼,是苏州、南通两市合作开发建设的园区。园区于2009年5月奠基,引进新加坡先进城建理念和中新合作苏州工业园经验进行规划、开发和建设。2012年,苏通科技产业园完成全社会固定资产投资45.58亿元,其中基础设施投入23.8亿元、工业固定资产投入8.7亿元、功能配套项目投入13.02亿元。完成公共财政预算收入2.34亿元,比上年增长55.7%。

新落户制造业项目30个、研发服务类项目14个,总投资44.2亿元(其中新增外资企业7家,注册外资8560万美元);新增总部类企业47家,总投资34.04亿元。8家企业投产或试生产,7家企业开工建设。园区累计落户外资企业15家、制造研发服务类企业17家,总部经济企业共注册142家、国有公司12家;累计完成基础设施投入85.2亿元。

【管理体制】 2012年5月25日,市委、市政府发文批准成立苏通科技产业园党工委、管委会。9月19日,省政府批复同意苏通科技产业园为省级经济开发区,定名为"江苏南通苏通科技产业园区”,实行现行省级经济开发区的有关政策。江苏南通苏通科技产业园区(简称“苏通科技产业园”)规划面积9.5平方公里,四至范围为:东至经十一路、经十二路(暂命名),南至纬四路(暂命名),西至东方大道,北至沿江高等级公路。9月3日,苏通跨江联动合作开发第八次联席会议在苏通科技产业园召开。会议回顾三年来园区开发建设初步成果,就进一步加大合作力度,制定和实施园区建设新三年推进计划进行研究部署。苏州市委副书记、市长周乃翔,南通市委副书记、市长张国华等出席会议。年内,南通市规划局苏通科技产业园分局正式挂牌,相关行政审批的权限得以明确;南通农场二期土地顺利交割,农场社会事务正式移交园区管理。

【中奥苏通生态园项目启动】 9月28日,中奥节能环保工作组第一次会议在苏通科技产业园召开,商务部外资司副司长邱丽新,奥地利联邦经济、家庭和青年部国际环保事务处处长赫尔维希·杜尔共同主持会议。双方签署《关于共同支持建设中奥苏通生态园的谅解备忘录》。中奥苏通生态园是2011年中奥两国元首互访期间确定的合作项目。工作组第一次会议的成功举行,明确了双方合作方向,初步建立生态园节能环保产业发展推进机制。会上,奥地利国家中心项目也正式确定。2012年3月,在中奥双边经贸联委会上确定选址在苏通科技产业园,是南通市首个国家级国际合作平台。园区启动区规划总面积10.6平方公里。

【招商引资与项目建设】 2012年,苏通科技产业园区与一批国际著名咨询机构签订合作协议。加强与外国驻华机构的联系,与奥地利驻华使领馆频繁沟通,参加荷兰、芬兰、丹麦、捷克等国领事馆举办的各种商业活动。深化产业招商,汽车零部件、新能源和节能环保等项目投资集群初步形成。加大宣传力度,组织境内外各类招商活动15场。加快推进项目建设,促进早开工、早投产。中部新材料科技(南通)有限公司、戴闻医疗产品(江苏)有限公司、江苏中谷光电股份有限公司等企业投产;广岛铝工业(南通)有限公司、江苏尼欧凯汽车研发有限公司、南通天丰电子新材料有限公司、音户神商精工(南通)有限公司、萧氏地毯(中国)有限公司等开工建设。

【载体构建与功能配套】 启动“智慧城市”建设。2月7日,苏通科技产业园与中国电信南通分公司签订协议,合作建设云计算数据中心项目,总投资2.7亿元,同时签订“智慧政务”合作协议,至年底,已完成基础建设。成立南通首家创投中心。7月7日,苏通科技产业园创新资本中心揭牌成立。至年底,42家企业注册落户,注册资本25.1亿元,形成产业投资项目19个。研发中心、标准厂房、职工公寓、人才公寓等载体投入使用。恒实总部园、新立文化创意园等一批功能性载体项目推进顺利。

【人才引进与科技创新】 2012年,苏通科技产业园举办高层次人才创新创业政策说明会,获得一批“千人计划”领衔的创业项目信息。年内,引进“千人计划”项目3个、5名人选。认定高新技术企业1家、省高新技术产品1个,新增发明专利11个。江苏天丰电子新材料有限公司获国家及市产业振兴、技术改造专项奖励,中科院南通光电工程中心获省重大创新载体专项扶持,江苏西格玛电器有限公司入选第二批节能产品惠民工程推广企业目录。

【基础设施建设】 完善规划体系。完成门户公园、金英湖项目设计方案,智慧园区规划方案通过专家评审,园区一期控制性详规调整基本完成,开展中奥苏通生态园建设咨询工作。加快高等级外连路网建设。全长约14公里的东方大道高架路5月开工建设,总投资约30亿元,至年底完成全部工作量的60%。推进城市功能项目建设。园区拆迁安置房项目——星苏花园一期竣工交付。位于园区中心的商品房项目金科城9月开盘。

【社会事务管理】 2012年,苏通科技产业园低价位商品房建设、江海学校改造、优质教育医疗资源引进等民生重点工程建设扎实推进。发挥农场社区联合管理委员会的作用,不断提高农场居民生活水平。 (丁孝勤)

·江苏省南通崇川经济开发区·

【概况】 江苏省南通崇川经济开发区(简称“崇川开发区”)总规划面积25.86平方公里,分东区和南区两部分,分别位于主城区东部和南通港港口后沿。2012年,崇川开发区紧扣经济结构优化和产业发展转型主线,克服宏观经济形势所带来的不利影响,强势推进招商引资,强力推进项目建设,危中抢机,难中求进,各项工作取得重要进展。在全省99家省级开发区科学发展综合评价排名中列第34位,比上年度前移13位。全年实现地区生产总值303亿元,比上年增长21%;财政总收入55.3亿,一般预算收入28.5亿元,比上年增长110.2%。完成全社会固定资产投资210亿元,比上年增长105.3%。

【发展规划】 根据全市中心城市五大重点区域开发建设的总体部署,开展区域产业规划研究。加快东区产业集聚,积极构建“五园一带”产业格局(张江数字产业园、国际医疗产业园、节能环保及智能装备产业园、东区物流园、印刷包装产业园,沿人民路总部经济带),重点打造精密机械装备、数字信息、现代纺织服装、总部经济四大产业板块。力推南区整体转型,重点发展总部经济、商务商贸、港口物流、科技服务等现代服务业。启动“一街一带两片区”规划建设,力推南区转型取得新进展。“一街”,即沿城山路整体包装,打造文化商业街区;“一带”,即沿城山河建设休闲滨水景观带;“两片区”,即飞马、铁人、莱华地块及周边规划建设电子商务城,中牧物流、服务外包大厦等地块及周边打造商务商贸功能区。

【载体建设】 以跨江合作为重点,有效拓展发展载体。3月5日,上海张江高新区与崇川开发区合作共建的“张江国家自主创新示范区南通崇川数字产业园”签约。6月15日,数字产业园正式运作,国际医疗器械产业园同时揭牌成立。总部经济产业园加速推进,总投资2000万美元的普洛斯电子商务物流园抓紧建设。崇川科技园通过合作建园、自主创园、租赁扩园等多种渠道,形成创业创新载体20万平方米,清之华园获批省级孵化器。年内,南通市印染工业园进行概念规划评审。

【招商引资与项目投入】　2012年,崇川开发区招商引资成效明显。张江科技加速器、华东云媒基地等一批高端项目实现落户。全年新办外资企业11家,增资3家,协议注册外资2.51亿美元,实际到账外资1.01亿美元。新增民营企业218家,注册资金36.5亿元。崇川科技园引进光二维码技术研发、威英软件、CK电子商务等科技服务业项目,全年新认定服务外包企业32家,实现服务外包执行额5.9亿元,占南通市服务外包执行额的92%。

紧扣项目落地、开工、竣工、投产四大节点,通过专题推进、会办解难、现场办公,推动重点项目建设提速。通能精机、柴油机电力专线、万达锅炉二期涉及庙宇搬迁等一批难点问题得到顺利解决,富士通三期、同洲一期、金通灵鼓风机等8个投资超5000万元项目竣工达产,柴油机、烟滤嘴、金通灵离心压缩机等3个投资超5亿元项目有序推进。7月,南通同洲电子有限公司一期SMT生产线正式投产运行。

【产业转型升级】　高新产业稳步提升。全年全区完成高新技术企业产值213.5亿元,占规模以上工业58%。设备、技改投入25.1亿元,占全部工业投入的74%。富士通02专项等一批科技项目顺利实施。工业企业研发投入11.6亿元,占工业销售收入2.5%,比上年增长11.9%。金通灵组建省级工程风机产业技术创新战略联盟,富士通成为国家火炬计划重点高新技术企业,入选省百强民营科技企业。全年专利申请2361件(其中发明专利342件),专利授权1037件(其中发明专利75件)。

现代服务业快速发展。服务业投入占全社会固定资产投资比重达67%。非房地产服务业投入59亿元,占全部服务业投入40%。聚贤公寓、龙源总部、化轻总部、国药物流等一批服务业项目快速推进。省级节能环保科技产业园、知识产权试点园区获批。崇川科技园新引进企业60家,创成“省重点培育小企业创业基地”、“省小企业创业示范基地”、“省电子商务示范基地”。　(王　炜)

·江苏省南通港闸经济开发区·

【概况】　江苏省南通港闸经济开发区(简称“港闸开发区”)位于南通市区西北部,总面积40平方公里,是全省沿江15个重点开发园区之一。港闸开发区管委会与永兴街道办事处、天生港镇街道办事处合署,下辖8个行政村、6个农村社区和6个城镇社区居委会,户籍人口5万多人。2012年,港闸开发区完成全部工业应税销售286亿元,经营性服务业税收3.09亿元,财政一般预算收入9.03亿元。共完成新兴产业产值72亿元,完成规模工业投入55.2亿元。全年新增私营企业265家,私营企业注册资本净增14亿元,新增个体工商户390家。引进市外民资9.1亿元,新增注册资本1000万元以上项目15个。

【基础设施建设】　2012年,长江路快速化改造、江海大道高架、城北大道、长平路等重大市政工程竣工通车和区内路网的完善,加快港闸开发区与南通老城区的无缝对接。长江北路西延、纬七路、永和路开工建设,完成兴福路、大生路、山神路、经三路雨污水管铺设,长平路西延两侧景观带、保利东侧规划路绿化竣工。规划2平方公里,建设集高档商业、高端商务、高品质住宅于一体的永兴五水城。规划2.8平方公里,建设设施完善、配套齐全的拆迁安居住宅集中区——龙潭幸福城。成立天生置业公司,推进区内居民安置房建设,总建筑面积25万平方米的龙潭福里一期、总建筑面积15万平方米的曙光福里一期顺利封顶,龙潭福里二期、永兴福里开工前准备工作基本就绪。开工建设集卫生中心、养老中心、文体中心于一体的福民中心。区内首个免费公园——龙潭公园投入使用。

【项目建设】　加快建设“生产发达、生意兴隆、生态良好、生活舒心、生命充实”的产业新城。新兴产业带建设初显成效。研祥智能科技产业园项目、阿里巴巴·南通(天安)电子商务示范基地项目相继落户。现代服务业项目快速推进。大型购物中心——欧尚商业中心开业,全球最大运动用品连锁超市迪卡侬南通店主体建筑封顶,亚洲规模最大电子产品运营商赛格集团投资的赛格时代广场综合体项目落实征地,城市综合体项目天安中心签约。产业转型升级效果明显。现代电力产业园竣工投产,吉宝重工海上石油钻井平台项目全面开工并实现部分投产,南通电厂“上大压小”项目主体厂房封顶。

【科技创新】　2012年,港闸开发区完成高新技术产业产值72亿元,认定国家高新技术企业8家。支持现有企业转型升级和技术创新。陶氏益农作为南通市区第一家世界500强企业中国区总部,2012年实现工业应税销售收入9.9亿元,纳税4007万元,分别比上年增长330%和77%。吉宝重工作为南通市区第一家海工平台制造商,2012年实现工业应税销售收入5.3亿元,纳税3717万元,分别比上年增长197%和102%。

(曹　艳)

·江苏省南通高新技术产业开发区·

【概况】　2012年,江苏省南通高新技术产业开发区(简称“南通高新区”)以争创国家高新区为主线,以重大项目建设为中心,强势推进招商引资、拆迁安置、载体建设、社会建设和服务保障等五项重点工作,全年工作取得新进展。2012年,南通高新区完成工业应税销售87.8亿元,比上年增长25.8%;工业投入62.7亿元,比上年增长34%;实际到账外资1亿美元,比上年增长180%;一般预算收入9.2亿元,比上年增长36%。全年在建重大项目25个,总投资规模205亿元,新开工项目10个,总投资规模96亿元,新开工建设安置房101万平方米,竣工交付67万平方米。南通高新区综合实力跃居全省省级开发区第6位。

【项目建设】　“新江海动力电子”项目。3月21日,总投资12亿元的南通新江海动力电子有限公司在南通高新区举行开工仪式。该项目由南通江海电容器股份有限公司(简称“江海股份”)全资投入,采用世界先进技术,专业生产大型高压薄膜电容器,项目建成后将形成35亿元的销售规模,并推动江海股份跻身全球同行业前三位。

“通州建总大厦、南通高新区科技创业大厦”项目。4月5日,通州建总大厦、南通高新区科技创业大厦奠基。该项目用地2.13公顷。两栋大厦分东西两部分,均为24层,以裙楼形式相连,总建筑面积6.2万平方米,地下室建筑面积为1.45万平方米,项目建设周期为20个月。

“综艺金融港”项目。5月18日,由江苏综艺集团投资建设的综艺金融港开工建设。该项目占地2.4公顷,总投资6亿元,是通州区首个大型5A级智能化城市建筑综合体,目标建成区域性金融服务业集聚区。

“瑞木木业”项目。7月3日,瑞木木业环保科技(南通)有限公司在南通高新区奠基开工,这是世界500强企业瑞典宜家集团在中国投资的首个生产制造企业。项目总投资6300万美元,注册资本2100万美元,主要从事新型环保木制品的生产、销售和贸易等。

“华电通州燃机热电联产”项目。9月4日,总投资50亿元的江苏华电通州燃机热电联产项目奠基。项目由中国华电集团公司投资建设,总投资50亿元,其中首期投资30亿元,主要建设2×200兆瓦燃气-蒸汽联合循环供热机组。一期工程投产后可形成年发电能力30亿千瓦时、年供热能力480万吉焦。

【项目投产】 “综艺新材料”一期项目投产。5月18日,南通综艺新材料有限公司一期工程投产仪式在南通高新区“综艺科技产业园”举行。项目总投资30亿元,形成1200兆瓦晶硅铸锭、拉棒、切片的年生产能力。一期工程建设投资12亿元,年产400兆瓦高品质太阳能切片。综艺新材料一期工程建成投产,为综艺集团建成世界级的太阳能光伏整体解决方案集成供应商打下坚实基础。

“大富豪科技产业园”开园。5月19日,大富豪科技产业园开园。总投资7.8亿元的江苏大富豪酿酒科技发展有限公司50万吨纯生、易拉罐、瓶装啤酒新工程正式投产;总投资2.2亿元的南通大富豪纺织科技有限公司10万锭多功能纺织新纤维工程投产。同时全国啤酒行业唯一的“中国啤酒酵母及发酵技术研究中心”正式挂牌。大富豪科技产业园是通州区的“退城进园”项目,各项设施按国内一流水准建设,目标成为长三角地区工业旅游项目。

“富加宜汽配”开业。7月6日,富加宜汽车配件(南通)有限公司新厂举行开业庆典。主要从事设计、开发、生产、销售各种汽车配件、连接器、互联系统等产品。年内,该公司被世界500强企业美国德尔福公司收购,更名为德尔福连接器系统(南通)有限公司。

“甬金金属”项目一期投产。9月,江苏甬金金属科技有限公司一期项目正式投产。项目总投资30亿元,总占地36.4公顷。一期工程投资16亿元,达产后年加工精密不锈钢板30万吨。

“南通供销产业园”一期工程竣工投产。12月28日,南通供销产业园办公楼及综合服务区投入使用,标志中国供销集团南通供销产业园一期工程全面竣工投入运营。此前,棉花专用仓库于2011年12月竣工,通用商品库于2012年11月竣工,存放棉花8万多吨;南通棉机公司于12月中旬开始陆续搬迁。南通供销产业园一期占地35公顷,建筑面积15万平方米,建设内容包括棉花仓储物流配送中心8.4万平方米,技术装备制造基地3.8万平方米,综合服务区2.7万平方米。

【服务设施建设】 10月19日,在通州区召开的中国压铸产业高峰论坛开幕式上,“南通高端铝压铸件工艺技术及新材料公共技术服务平台”授牌。该平台依托清华大学、上海交通大学等院校及雄邦压铸(南通)有限公司等压铸企业组建,主要承担压铸产业的人才培养、研究开发、质量标准化、管理咨询、信息化及市场开拓等功能,促进南通高新区压铸产业集聚发展。11月,南通高新区内金乐小学、文山初中迁建工程启动。两校总占地面积约13.2公顷,总投资1.5亿元,计划2014年秋季建成启用。 (黄映如)

扬　州　市

【利用外资】 2012年,扬州市共批准外资项目413个,协议注册外资42.64亿美元;商务部确认实际利用外资21.4亿美元,同比增长1.69%,总量居江苏省第7位。全市新批准1000万美元以上大项目(经工商注册)66个,比上年减少6个,但合同外资增加2.28亿美元。其中,新批投资总额亿美元以上项目15个,比上年增加3个,投资总额17.07亿美元,增长2.8%,注册外资8.26亿美元,增长8.4%。启动“530”招商行动计划(5年内招引世界500强企业及跨国公司项目30个以上),举办“烟花三月”国际经贸旅游节商机说明会、“名城扬州携手世界名企”联谊会等境内外招商活动,成功招引10个世界500强项目落户。

【对外贸易】 2012年,扬州市实现进出口总额102亿美元,比上年增长0.3%。其中,进口20.3亿美元,同比下降29.1%;出口81.7亿美元,同比增长11.6%,总量居江苏省第6位,主要产品有机电产品、化学化工制品、纺织原料及纺织制品、钢铁制品、鞋帽等20类,销往203个国家和地区。按贸易方式划分,一般贸易出口58.3亿美元,占全市出口的71.4%;加工贸易出口22.7亿美元,占27.8%。全市对传统主要出口市场欧美市场出口增速表现出先抑后扬的态势,对欧盟市场出口同比增速从4月开始转负为正,波动提速,全年累计出口19.3亿美元,增长24%;对美国市场累计出口同比增速从7月开始转负为正,稳步提速,全年累计出口14.8亿美元,增长22.2%。新兴市场出口形势总体平稳,对非洲、东盟、拉美和大洋洲市场分别增长171.5%、28.9%、5%和5.2%。2012年,扬州经济技术开发区获批第四批国家科技兴贸(节能环保)创新基地,广陵区护理用品基地被商务部认定为国家外贸转型升级专业型示范基地,宝应县获批“江苏省输变电产业出口基地”。

【对外经济技术合作】 2012年,扬州市完成外经营业额41800

万美元,比上年增长 20%;新批境外投资项目 14 个,中方协议投资额 1773 万美元。全市对外承包工程和劳务合作项目涉及五大洲 35 个国家。全市完成国际工程业务营业额 3.73 亿美元,比上年增长 16%,占全市外经营业额的 89.33%。全市派出纯劳务 1078 人次,比上年增长 37.7%,完成营业额 4461 万美元,比上年增长 63.2%。全市新办境外投资项目分布在亚洲、欧洲、美洲的 9 个国家和地区,其中贸易型企业 6 家、生产型企业 5 家、窗口型及其他类型企业 3 家,投资主体以民营企业为主。

【服务外包】 截至 2012 年,扬州市拥有软件信息和服务外包企业或人才培训机构 100 多家,其中,ITO 代表企业有:新宇软件、宁时代(扬州)科技拓展有限公司、税友软件和惠普软件等;BPO 代表企业有:江苏电信、江苏移动、江苏联通及中国移动集团的后台语音处理中心及谷歌、百度、慧聪等业务中心等;KPO 代表企业有:微软 IT 学院、笛沙动漫、扬州热点人才培训等。全市在商务部“服务外包业务管理和统计系统”登记录入的外包企业 20 余家,其中 16 家通过 CMM/CMMI3、ISO27001/BS7799 级以上国际认证及其它类型国际认证 24 项,外包企业累计在“服务外包业务管理和统计系统”录入接包合同总额 2276 万美元,录入执行合同 1000 多万美元。

【开发区建设】 2012 年底,扬州市有开发园区 10 个,其中国家级经济开发区 1 个、省级经济开发区 8 个、市级重点工业园 1 个;另有国家级出口加工区 1 个。全市开发园区规划建设面积合计 504 平方千米,建成面积 158 平方千米。2012 年,全市开发园区实现业务总收入 1.19 万亿元,比上年增长 38.9%;工业产品销售收入 9404 亿元,比上年增长 36.5%;公共财政预算收入 183.6 亿元,比上年增长 33.4%;自营出口 70.3 亿美元,比上年增长 12%;注册外资实际到账 14.87 亿美元,比上年下降 1.6%。全市开发园区基本形成以机械装备产业、汽车及零部件产业、船舶及配套件产业、石油化工产业、软件与信息服务业和新能源、新光源等新兴产业为核心的产业发展格局。其中,机械装备产业、汽车及零部件产业、船舶及配套件产业、石油化工产业实现产值 4830 亿元,增长 14.5%;新能源、新光源产业实现产值 600 亿元,增长 17.5%。软件与信息服务业完成业务收入 185 亿元,增长 41.7%。2012 年,全市开发园区签约重大项目 45 个,计划总投资 725.51 亿元;开工建设重大项目 26 个,计划投资 285.28 亿元;竣工重大项目 11 个,实际投资 203 亿元;投产重大项目 19 个,实际投资 297.92 亿元。

(潘阳春 徐其祥)

泰 州 市

【概况】 2012 年,全市开放型经济在严峻的国内外宏观形势下呈现总体平稳、稳中隐忧的运行态势。消费规模持续扩大,利用外资质态提升,外资结构继续优化,对外贸易再超 100 亿元,对外经济合作平稳增长,项目载体特色化快速发展。全年全市协议利用外资 40.14 亿美元,比上年下降 15.8%;实际到账外资 14.5 亿美元,增长 2.3%。完成进出口总额 103.69 亿美元,下降 6.5%。其中出口 69.47 亿美元,下降 7.1%。全市新签外经合同额 5.84 亿美元,下降 23.8%;实现外经营业额 7.54 亿美元,增长 10.9%。

【对外及港澳台贸易】 2012 年,全市完成外贸进出口总额 103.69 亿美元,比上年下降 6.5%,增速下降明显。其中出口 69.5 亿美元,下降 7.1%;进口 34.2 亿美元,下降 5.2%。受国际金融危机影响,全市外贸进出口开局低迷。1 月份进出口总额、进口总额、出口总额分别下降 28.9%、30.9%、28%。从 2 月开始,进出口跌幅震荡收窄,基本保持在 -3% ~ -8% 的区间。12 月,全市外贸进出口总额、进口总额、出口总额跌幅分别为 6.5%、5.2%、7.1%。受进出口商品结构的因素影响,各市(区)外贸增长分化严重。医药高新区、泰兴、姜堰进出口形势较好,相对于全国、全省实现较快的增长,累计完成进出口总额分别为 6 亿美元、20.4 亿美元、7.7 亿美元,分别增长 23.4%、14.4%、11.5%;兴化、海陵、高港、靖江受不锈钢、光伏、船舶产品出口下降等因素影响,累计完成进出口总额分别为 5.8 亿美元、8.5 亿美元、15 亿美元、35.1 亿美元,分别下降 2.9%、9%、12.1%、19.5%。

【对外承包工程】 承接重大项目的能力增强。全市新签 1000 万美元以上的境外工程项目 16 个,比上年增加 8 个。江苏河海集团 3.36 亿美元的印度尼西亚围海造陆工程、江苏正太集团 2.01 亿美元的博茨瓦纳大学城项目实施进展顺利。

【对外承包市场】 工程劳务市场迅速拓展。全市对外承包工程和对外劳务合作市场分布在 31 个国家和地区,比上年增加 13 个。外经市场以亚洲、非洲为重点区域,其中亚洲 13 个、非洲 12 个,分别增加 6 个、2 个。对欧洲等发达国家的市场拓展取得重大突破,共拓展到 6 个欧洲国家,增加 5 个。

【境外投资】 境外投资继续增长。全年新批 30 家境外投资企业,其中贸易型项目 17 个、非贸易型项目 13 个。海陵区凯盟房地产开发有限公司在加拿大投资矿产开发项目,中方协议投资额达 8400 万美元,是泰州市目前最大的境外投资项目。非贸易型项目投资拓展到太阳能电站、矿产开发、生物制药和科研开发、港口建设等领域。全市外经企业业绩不断提升,货物出口增长明显,带动成套设备和施工材料的出口,全年全市外经企业成套设备和施工材料自营出口 3.3 亿美元。

【开发区概况】 2012 年,全市 1 家国家级开发区及 6 家省级经济开发区实现工业产品销售收入 5374.4 亿元,比上年增长

42.2%；地方公共预算收入89.2亿元，增长20.9%；全社会固定资产投入886亿元，增长18.2%；实际到账外资额11.0亿美元，增长2.9%；进出口总额74.4亿美元，下降12.3%，其中出口49.9亿美元，下降14.5%。2012年4月10日，举行台湾可成集团泰州项目签约仪式

项目引进。泰州医药高新区注册落户企业455家，其中内资企业40家、外资企业15家、私营企业400家。中海油气一体化、台湾可成、德国勃林格殷格翰动物疫苗等一批重大项目签约落户；阿斯利康全球最大的生产基地、康淮生物全球最大的疫苗产业化基地、东联化工等一批在建项目快速推进。靖江开发区新签项目33个，计划总投资87.8亿元，成功引进无锡电缆厂、苏恒海洋工程装备、包钢稀土发光材料等13个投资超1亿元重大项目；木材产业园、重粮大豆加工基地、万都五金机电城、城北工业集中区等一批重大项目先后启动，重钢钢材加工配送中心、扬子江废钢加工等11个项目建成投产，南方小麦电子交易市场启动运行。泰兴开发区新签约项目11个，总投资280亿元，其中投资超1亿美元外资项目3个、投资超7亿元内资项目5个。成功引进总投资10亿元的苏博特60万吨/年高性能混凝土外加剂新材料产业基地项目、总投资150亿元的上海碧科清洁能源技术有限公司甲醇制烯烃一体化项目、总投资1.2亿美元的联成化学15万吨/年特种PVC项目、总投资13.6亿元的丹青化工年产30万吨甲基丙烯酸及24万吨甲基丙烯酸甲酯项目、总投资9.6亿元的裕廊化工年产2×40万吨烷烃脱氢项目；沙桐化学粗苯精制、裕廊化学二期、三蝶化工二期、晶化天成、锦汇化工等6个项目竣工投产。兴化开发区全年新批外商投资企业18家，实际到账注册外资1.02亿美元；新批内资企业216家，注册资金32.53亿元；引进的重点项目有伽力森主食、晶晶电光源、克劳斯重工等。姜堰开发区全年累计签约项目14个，其中投资超1亿元项目10个；全年新开工建设项目12个，竣工投产或即将竣工投产的工业项目8个；总投资1.02亿美元的LCD显示屏项目、总投资12亿元的高氮合金新材料项目已全面开工建设。海陵工业园区重点推进的11个文化创意及服务业项目正在建设投产中。高港高新区招引万向精工、鹏翎、统一、明浩润滑油、CMC、华能、泰宁石油、扬子催化剂等多个投资超1亿元项目，大自然二期投资1亿美元的橱柜项目顺利落户，华润雪花建立苏中苏北区域总部，产能扩至年产60万吨。

载体建设。2012年，泰州出口加工区二期规划调整获批，靖江开发区升级为国家级开发区。海陵工业园区、泰兴开发区先后获批江苏省知识产权试点园区。泰兴开发区、靖江开发区创建江苏省创新型开发区取得初步成效。至年末，全市6家省级开发区获批创建省级生态园区，4家省级特色园区获批，一批特色园区加快形成。开发区投资发展环境明显优化，产业项目承载能力不断提升。

利用外资。全市省级以上开发区不断创新招商引资方式，利用外资工作取得成效，全年全市开发区实际到资项目129个，其中1000万美元以上项目39个，3000万美元以上项目7个。泰州出口加工区招引的纬创资通项目实际到账外资6200万美元，医药高新区招引的阿斯利康项目实际到账外资4000万美元，武田药品项目实际到账外资3000万美元。泰兴开发区招引的索尔维生物化学实际到账外资3206万美元，高港高新区招引的统实项目、靖江开发区的采佳仓储项目实际到账外资3000万美元。兴化开发区招引的威弘金属制品项目实际到账外资2980万美元，海陵工业园区招引的振杨精密机械制造项目实际到账外资2960万美元。

盐 城 市

【概况】 2012年，全市开放型经济工作坚持“走出去”和“请进来”并举，扩总量与提质量并重，突出招商引资和项目推进，开放型经济实现持续快速发展。全年新批外商投资项目332个，协议注册外资37.21亿美元，注册外资实际到账首次突破20亿美元，达21.1亿美元。实现进出口总额57.54亿美元，其中出口首次突破30亿美元，达34.65亿美元，进口22.89亿美元。全市开发区、重点经济园区实现公共财政预算收入119.8亿元，占全市的比重由上年的35.2%上升到38.3%；规模以上工业开票销售收入1673亿元，占全市的比重由上年的69.7%上升到73.2%；工业国税税收103亿元，占全市的比重由46%上升到55.5%；进出口总额43.3亿美元，占全市的比重由2011年的73.7%上升到75.3%。新批境外投资企业9家，比上年增长4家，总投资达1.4亿美元，超过前六年的总和，同比增长222.6%，增幅列全省第三。服务外包企业达到82家，实现主营业务收入8.5亿元。

【对外经济技术合作】 2012年，全市实施“走出去”战略，努力提高在全球范围内配置发展资源的能力和水平，对外经济技术合作取得重大进展。全年新批境外投资企业9家，中方协议投资额8692万美元，增幅全省第三；新签合同额1405万美元，全市外经企业新派劳务人员2588人。

【招商引资】 2012年，全市以打造江苏韩资密集区和沿海台资新高地为目标，先后举办两届中国盐城经贸洽谈会、’2012盐城·跨国公司驻沪机构合作对接会等活动；组织各地、各开发园区赴日、韩及中国香港、中国台湾开展综合招商和小分队招商活动；组织参加广交会、厦洽会等重点商务活动，并与省商务厅签订全面合作协议，通过走出去、请进来，更好地推介盐城，取得积极成果；全年重点经贸活动先后有72个项目签约，总投资75亿美元。同时，以全市“十大利用外资重点工程项目”和60个重点利用外资项目为重点，加大服务推进力度，全面加快重点利用外资项目到账速度，并对利用外资工作实行领导挂钩、定期督查、考核奖惩等一系列推进制度，有力促进利用外资工作开展。2012年全市新批外商投资项目332个，协

议注册外资 37.21 亿美元,注册外资实际到账 21.1 亿美元,全市新批外资项目平均规模达 1120.7 万美元。新批总投资 3000 万美元以上项目 39 个,其中 5000 万美元以上项目 16 个。东风悦达起亚第三工厂项目新增总投资 10.02 亿美元,到账 1 亿美元,为全市首个总投资超 10 亿美元和单体项目年度到账超亿美元项目。

【对外及对港澳台贸易】 2012 年,全市立足扩大规模提升质量,加快出口产品结构调整,奋力开拓国际市场,全市对外贸易实现较快发展。全市实现进出口总额 57.54 亿美元,出口额和进口额双创历史新高,其中出口首次突破 30 亿美元,达 34.65 亿美元,进口 22.89 亿美元,全市进口增幅列全省第三,出口增幅列全省第五。

【出口商品】 年内,全市主要出口商品有服装、玩具、柴油机、龙虾、肠衣、玻璃制品、有机化学品、纺织机械、车辆零配件、陶瓷产品和橡胶制品。全市机电产品出口增幅居各大类商品之首,出口 12.5 亿美元。高新技术产品出口较快增长,出口 3.9 亿美元。全市传统优势产业纺织服装出口 7 亿美元,化工产品出口 7.6 亿美元,农产品出口 1.7 亿美元。

【加工贸易】 年内,全市实现加工贸易进出口总额 9.53 亿美元。按加工贸易性质分类,全年实现来料加工贸易进出口总额 4.64 亿美元,其中进口额 1.14 亿美元,出口额 3.49 亿美元,进料加工贸易进出口额 4.89 亿美元,其中进口额 1.42 亿美元,出口额 3.47 亿美元。

【国家级经济技术开发区建设】 2012 年,盐城经济技术开发区辖区面积 200 平方公里,下辖 1 镇、1 个街道,常住人口 12 万人。有工业企业 318 家,其中 500 强投资企业 7 家、外资企业 103 家,初步形成以汽车及汽车零部件产业为主导,新能源汽车及零部件、软件及服务外包、光电光伏及 LED 等新兴产业为重点,现代物流、城建及服务业为补充的现代产业体系。2012 年实现地区生产总值 210 亿元,财政收入 100.5 亿元,一般预算收入 23.8 亿元,外资到账 3.3 亿美元。成为江北第一家财政收入过百亿的国家级开发区。被省委、省政府表彰为江苏省先进开发区,综合实力排名位居全国 41 家新升格国家级开发区第六位。

【东台经济开发区】 2012 年,开发区围绕"一年突破百亿、两年实现翻番、三年争创国家级开发区"的总体目标,组织招商引资,推进项目建设,完善基础配套,启动园区东扩,各项工作再上新台阶。全年,全区完成地区生产总值 70.6 亿元,其中工业增加值 65.2 亿元;实现业务总收入 315 亿元,其中工业开票销售 123 亿元;公共财政预算收入 9.01 亿元,完成全社会固定资产投资 136 亿元。9 月、12 月,开发区分别被省科技厅和省发改委认定为江苏省东台特种金属材料科技产业园、江苏省功能材料特色产业基地。

【大丰经济开发区】 2012 年,大丰经济开发区提升传统产业,突破战略性新兴产业,培育现代服务业,经济社会保持又好又快的发展势头。全年实现公共财政预算收入 8.46 亿元,固定资产投资 72 亿元、工业投入 59 亿元;新开工亿元以上项目 16 个,竣工亿元以上项目 3 个;注册外资实际到账 1.05 亿美元。年内,承办韩国汽车零配件、日本电子信息及上海、苏州等专题推介活动;参与麋鹿生态旅游节、深圳战略性新兴产业、香港招商推介等活动,招商成果不断显现。全年正式签约 1 亿元以上项目 25 个,协议总投资 75.9 亿元。

【大丰港经济开发区】 大丰港经济开发区是依托大丰港而设立的省级开发区,辖区面积 500 平方公里,规划建设区 200 平方公里,建设启动区 60 平方公里。11 月 27 日,省政府批复同意设立省级江苏大丰港经济开发区,实行现行省级开发区的有关政策。这意味着大丰港经济开发区成为全市 5 个沿海经济区中首个被省政府正式批准的省级沿海经济区,大丰市也成为盐城首家拥有 2 个省级开发区(大丰经济开发区、大丰港经济开发区)的县级市。港区产业形成新能源、石化与新材料、新型医药、冶金及机械制造、木材及农产品加工五大特色产业;石化产业园、生物医药产业园、海洋生物产业园、木材产业园、风电产业园、不锈钢产业园、石材产业园、海港新城和海洋科教城等园区建设速度加快,"产业园区"逐渐成为大丰港发展的新亮点。2012 年,大丰港经济开发区按照打造江苏沿海中部特色产业港的要求,加快发展临港大石化、大冶金、大物流等特色产业,重点突破海洋生物、新能源、重型装备制造等战略性新兴产业,大丰港建设实现科学发展的新跨越,全年实现地区生产总值 80 亿元,全社会固定资产投资 122 亿元,实际利用外资 1.09 亿美元;公共财政预算收入 11.08 亿元,首次突破 10 亿元大关。园区在全省率先建成海洋产业研究院,与中科院、清华大学等高校院所建成紧密型产学研联合体 45 个、工程技术中心 26 个、院士工作站 6 个、博士后工作站 3 个。南京工业大学、青岛海洋大学、上海海洋大学等 10 多家高校科研院所入驻,孵化项目 12 个。大丰港海晶创投中心入驻创投机构 13 家、孵化项目 8 个。

【盐城高新技术产业开发区】 盐城高新技术产业开发区成立于 2007 年 6 月,总面积 70 平方公里,由核心区、规划控制区和综合配套区组成,与盐都区盐龙街道合署办公,下辖 15 个村居,总人口 4.3 万人。2012 年,实现地区生产总值 31.7 亿元,公共财政预算收入 3.1 亿元,农民人均纯收入 16182 元。经过 5 年的发展,形成江苏华锐风电产业园、通讯电子产业园、新材料产业园三大新兴产业园区。2012 年 11 月 16 日,高新区成功获批为省级高新技术产业开发区。

【建湖经济开发区】 建湖经济开发区为省级经济开发区,位于县城东北部,园区规划面积 100 平方公里,是中国石油装备制造业基地与中国节能灯产业基地,拥有节能灯和石油装备制造 2 个全省重点培育的产业集群,初步形成节能灯具、装备制造、生物产业等特色产业,创建节能电光源制造基地核心区域、上海嘉定(建湖)工业园、科技型创业园、农产品集中加工区和商务区五大板块。2012 年,园区开工亿元项目 19 个,完成基础设施建设投入 10.5 亿元,实现地区生产总值 28.84 亿元,完成财政收入 10 亿元,其中公共财政预算收入 6.2 亿元,被评为全省共建园区先进单位、全市开发区工作先进单位。

【射阳经济开发区】 射阳经济开发区创建于1992年,1993年12月经省政府批准成为盐城市首批省级开发区,启动区面积1.5平方公里。经过2003年、2008年和2011年三次区划调整,现下辖村居10个。开发区先后被中国开发区促进会评为中国最佳投资环境开发区,被上海市对外合作交流办评为长三角合作共建示范区。至年底,园区集聚规模工业企业500多家,其中美资、日资等外资企业40多家,成为机械电子、新能源、生物食品、高端纺织等产业的重要集聚地。开发区拥有40家国家高新企业和省、市高新企业,重点科技型企业占全县的60%,形成较为完整的科技研发、孵化、服务体系,省级科技孵化器闽豪工业园正在创建国家级科技孵化器。经过发展,园区形成一区七园格局,分别是精密机电工业园、生物食品科技园、高端纺织产业园、服务业集聚区、科技创业园、武进工业园、江苏智阳创意产业园。

【阜宁经济开发区】 阜宁经济开发区成立于1998年8月,2002年4月经江苏省人民政府批准为省级经济开发区。规划面积70.6平方公里。初步形成风电装备、光电光伏等为主导,机械电气、轻工食品等为支撑的产业格局,正在规划建设中粮集团农副产品精深加工产业园、中铝集团稀土应用产业园、三得普华智能电网产业园、中一汽车后市场产业园。进区企业300多家,拥有中粮集团、台湾富士康、日本富士通等世界500强投资企业5家;长江三峡集团、中材科技股份、香港协鑫集团、金风科技、法尔胜集团、荣威国际、黄河药业等国内外知名企业投资项目30多个。下辖29个居委会,农业人口5.48万人。2012年实现公共财政预算收入5.82亿元,业务总收入179.6亿元,注册外资实际到账6033万美元,进出口总额7214万美元,固定资产投资85亿元,规模以上工业开票销售66.4亿元。

【滨海经济开发区】 滨海经济开发区总体规划面积27.6平方公里,分为城中区、城南区、城北区三大板块,是滨海重点规划建设的泵阀产业和先进制造业加工基地,有浙江超威集团、江苏亚邦集团、江苏雨润集团、中国宣达集团、上海邦浦集团、中国正丰集团、江苏万恒集团、江苏金昉集团、江苏苏盐集团等160多家企业落户。开发区工业园被评为和谐中国·最具投资潜力开发区;并在2010年经江苏省商务厅批准设立江苏滨海流体装备产业园,2011年被省经信委授予“江苏省中小企业产业集聚示范区”称号,2012年11月被中国通用机械协会授予“中国·滨海流体装备产业基地”称号。2012年,园区完成开票销售43.23亿元,实现财政收入5.32亿元。其中,流体装备特色产业逆势上扬,全年累计实现开票销售18.5亿元,入库税收1.16亿元。

【响水经济开发区】 响水经济开发区总面积约40平方公里,区内水电等配套设施齐全。2012年,全区实现业务总收入237.13亿元,全社会固定资产投资44.83亿元,规模以上工业增加值34.01亿元,公共财政预算收入3.26亿元,全社会基础设施投入12.67亿元,注册外资实际到账3459万美元。

淮安市

【利用外资】 2012年,全市新批外资项目344个,协议外资30.7亿美元,注册外资实际到账21.2亿美元,同比分别增长8.5%、9.6%和30.9%。注册外资实际到账首次突破20亿,达到21.2亿美元。新批外资项目344个,同比净增27个;协议外资首次突破30亿美元,达到30.7亿美元。全市新批总投资3000万美元以上大项目40个,较上年净增7个,总量苏北第一。台资高地加速崛起,全市新批台资项目144个,到账台资11.6亿美元,分别增长33.9%和27.1%,获批省级台资产业转移集聚示范区,并首次被台湾电电公会评为大陆地区投资环境“极力推荐城市”。清河区顺泰包装项目成功在香港上市,成为淮安首家在港上市企业。

【对外经济技术合作】 2012年,全市完成外经营业额1.37亿美元,同比增长16.3%。对外承包工程发展态势良好。全市新签对外承包工程项目8个,新签合同额7412.6万美元;完成对外承包工程营业额6790万美元,增长11.95%;累计在建工程14个,较去年同期增加8个,其中超500万美元的3个,高技术含量的项目7个。对外承包工程市场扩大到苏丹、蒙古、科威特、安哥拉、沙特、卡塔尔、阿联酋、毛里求斯、阿尔及利亚等30个国家,业务渠道不断扩大。境外投资协议额翻番增长。全市中方协议投资额2303.7万美元,增长282.7%。全市新增境外投资企业3家,分别为:江苏井神盐化股份有限公司在香港并购了1245万美元的香港彩裕公司、江苏浩源集团在加拿大投资900万美元的林业项目和江苏辉煌太阳能有限公司在南非投资158.7万美元的能源项目。

【对外贸易】 2012年,淮安市大力推进外贸企业“双百”工程,即对100户进出口骨干企业和100户年内新增有进出口实绩的增长点企业的帮扶和指导工作,助推“双百”企业加快发展。江苏韩泰、富士康、江苏理士电池等5户企业累计出口超亿美元。江苏共创、理士电池、清江电机、康乃馨、华顶鞋业、安邦电化、金石集团、江苏金卫、李龙食品等9户企业获得首批“淮安市出口名牌”称号。全市机电产品累计出口10.6亿美元,增长114.4%,占全市出口的31.4%;高新技术产品出口8585万美元,增长32.9%,占全市出口的2.6%。全年先后组织近400户企业参加第22届华交会、首届中国国际进口产品博览会、第111/112届中国进出口商品交易会及第16届江苏出口商品(日本大阪)展,被表彰为全省六个“第111届广交会优秀分团”之一,同时推荐、组织100多家次企业到境外参加各类专业展会。

2012年,全市外贸环境得到明显提升,淮安出口加工区正式升级为淮安综合保税区,由原来的1.36平方公里单块园区发展成包括两个片区,共4.92平方公里“一区两片”格局,即出口加工区周边的南片区和空港北片区,为淮安进一步扩大进出口规模提供了较好的承载平台。淮安海关正式启动“港站快速转场/集港”通关模式;淮安外汇管理局对具备对外贸易经营者资质的企业全部开放人民币跨境结算业务;国税局实现外贸流通公司出口退税随到随审,生产企业一月三次审核,出口退税速度居全省前列。经过努力争取,淮安成为全省首家小微企业出口信用保险全覆盖试点城市,对去年年出口300万美元以下的企业保费实行全额补贴,争取中国出口信用保险公司江苏省分公司对全市117户小微企业免收保费承保出口信用保险,为企业节省保费约120万。

【服务外包】 全市已注册成立的服务外包企业48家,其中淮安软件园30家、淮阴软件园15家、清河区淮安大学科技园3家、洪泽软件园1家。今年江苏泛亚软件有限公司被列为省重点服务外包企业,列入市重点监测服务外包企业17家。全市离岸外包合同额318万美元,执行额22.1万美元,实现了离岸外包零突破。2月14日,中国移动集团全球最大呼叫中心项目——江苏万千呼联信息服务有限公司落户淮安,为打造“中国声谷”奠定了坚实基础。逐步探索制定服务外包产业扶持政策。加大对服务外包示范园区、公共服务平台、人才培训基地建设的支持力度,鼓励中高级服务外包人才来淮安服务或创办企业,支持服务外包企业开展资质认证、拓展海外市场、培育自主知识产权。加快服务外包集聚区建设。加快服务外包示范园区规划建设,不断完善示范园区配套服务功能;加快推进孵化载体建设,吸引服务外包企业向示范区集聚;探索园区建设新机制,大力引进专业化的园区开发建设和经营管理机构,打造特色鲜明、产业集聚、生态集聚、配套完备、苏北一流并在国内有一定影响力的服务外包品牌示范园区。加强服务外包产业公共服务平台建设。加快建设公共测试中心、公共数据中心、业务解决方案中心等技术平台;建立完善服务外包公共信息平台、专业网站,为企业提供政策咨询及信息服务;加强服务外包通信基础设施建设,为企业提供专业、快捷、稳定的网络环境;探索建立集工作、生活、商务、休闲于一体的人性化“软件社区”和“服务外包社区”,为服务外包产业发展提供良好的配套环境。

【开发区建设】 截止2012年底,全市共创成国家级经济技术开发区、综合保税区、留创园、台创园和软件园等5个“国字号”开放平台,7个省级开发区、12个省级特色产业园,8家南北共建园区实现全覆盖。2012年,全市开发园区实现规模以上工业开票销售收入986.2亿元,同比增长15.6%;入库税收90.2亿元,增长29.4%;新增内资注册资金205.6亿元,增长50.6%;注册外资实际到账17.6亿美元,增长33.3%;进出口总额37.1亿美元,增长40.8%。12家特色产业园累计实现规模以上工业开票销售收入218.5亿元。全市8家省级以上开发区在2012年度全省开发区科学发展综合评价中,有6家实现不同程度进位。淮安经济技术开发区排名22位,较2011年进2位;涟水开发区排名60位,进4位;洪泽开发区排84位,进14位;淮安开发区排99位,进6位;淮安高新技术开发区排105位,进6位;淮安工业园区排108位,进2位。苏北十强省级开发区中,淮安占2强,涟水开发区第7、金湖开发区第10。2012年7月19日,淮安出口加工区成功升级为国家级综合保税区;昆山花桥经济开发区淮安工业园和南京高新技术产业开发区洪泽工业园4月份获批南北共建园区,全市8家省级以上开发区全部与苏南完成合作共建;金湖经济开发区通过省级生态工业园区验收,积极创建国家级生态工业园区;淮安经济技术开发区和洪泽开发区获批省级知识产权试点示范园区。

连云港市

【概况】 2012年,全市有国家级经济技术开发区1个,国家级特殊功能区1个,省级经济开发区9个(包括省级高新技术区1个),省级以上开发区内设省级特色产业园6个、南北共建园区7个,其他开发区8个。全市开发园区完成业务总收入4162.7亿元,比2011年增长40.8%;完成工业增加值673.6亿元,增长33.6%;完成财政总收入218.2亿元,增长30.2%;完成一般预算收入93.3亿元,增长33.2%;完成全社会固定资产投资996.2亿元,增长32.6%;当年新增内资企业1269个,新增内资注册资本123.2亿元,增长14.4%,新批外资及港澳台资项目73个,实际到账外资及港澳台资5.7亿美元,比2011年下降4.9%。全市开发区自营出口额26.8亿美元,比2011年增长16.8%,自营进口28.1亿美元,增长13.3%。

【南北共建园区】 全市有经批准的省级南北共建园区7个,即连云港经济开发区昆山工业园、镇江经济开发区东海工业园、江宁经济开发区连云港工业园、丹阳经济开发区灌云工业园、太仓港经济开发区灌南工业园、丹徒经济开发区赣榆工业园、句容经济开发区海州工业园。

全年南北共建园区共完成业务总收入291.15亿元,比2011年增长69.13%;实现工业增加值58.11亿元,增长44.98%;地方一般预算收入5.08亿元,增长41.5%;基础设施投资5.24亿元,下降8.55%;实际到账外资0.92亿美元,增长63.8%;注册项目数41个,其中外资及港澳台资项目11个,内资项目30个。

【特色产业园】 2012年,全市有经批准的省级特色产业园6个,分别是江苏东海硅材料产业园、江苏灌云农业机械产业园、江苏灌南金属精加工产业园、江苏灌南特种船舶产业园,江苏连云盐业科技产业园、江苏赣榆新能源产业园。其中江苏连云盐业科技产业园、江苏赣榆新能源产业园为2012年新批省级特色产业园。全年特色产业园实现业务总收入316.28亿元，规模以上工业增加值61.38亿元，实现税收收入8.24亿元，期末建成投产企业193个，当年新批项目投资总额56.97亿元。（董 峰）

【连云港经济技术开发区】 2012年，连云港经济技术开发区设有国家级出口加工区、省级高新区，管理面积162平方千米，管理范围包括3个街道（朝阳街道、中云街道、猴嘴街道）和2个盐场（台北盐场、青口盐场）。2012年，连云港开发区实现地区生产总值330亿元，比2011年增长23%；规模以上工业总产值1005亿元，增长25.2%，建成全市首家“千亿园区”；财政总收入93.6亿元，其中公共预算收入33亿元，增长18%；实际利用外资1.87亿美元；进出口总额44.3亿美元，增长20.2%；固定资产投资187亿元，其中工业投入138亿元，增长23%。在商务部最新公布的131家参评国家级经济开发区综合发展水平评价中，综合排名列第28位，其中体制创新指数获得满分。

【连云港出口加工区】 2012年，连云港出口加工区实行“境内关外、进口免税、进料保税、入区退税”的政策，海关按照“一线放开、二线管住、区内自由、入区退税”的原则，实施全封闭、信息化、集约化的监管模式。区内企业享有海关提供的“一次申报、一次审单、一次查验”的24小时通关便利。10月，出口加工区二期正式封关运作。全年共完成工业增加值1.9亿元，比2011年增长11.4%；完成工业总产值9.2亿元，增长31%；完成税收总额2541万元，增长16.8%；完成保税物流量6.9亿美元。012年11月，在“第四届中国（无锡）国际新能源大会暨展览会”上，连云港出口加工区被中国国际贸易促进委员会和中国（无锡）国际新能源大会暨展览会组委会联合评为“2012年中国新能源最具投资价值园区”，是苏北地区唯一入选的园区，全国共10家园区入选。

【江苏东海经济开发区】 江苏东海经济开发区于1995年经省政府批准设立，规划面积70平方千米，分为东、西、北三区，到2012年，形成硅工业、食品工业、新型建材、机械汽配等为主导的产业体系。东海经济开发区先后被批准建设国家半导体硅材料产业集聚标准化示范区、国家级新材料高技术产业基地，建成国家硅材料深加工产品质量监督检验中心、院士工作站等省级以上科研中心25家。园区入驻企业400多家，其中外资及港澳台资企业135家，累计实际到账外资及港澳台资6.5亿元。美国爱普拉斯、英国吉凯恩、德国博世、中材、雨润等国际500强、行业领军企业相继落户发展。2012年，实现业务总收入380亿元，增长46.5%；财政总收入13.5亿元，增长40.4%，其中公共财政预算收入8.8亿元，增长45.7%；全社会固定资产投入132.3亿元，增长39.1%；规模以上工业增加值73.4亿元，增长35.5%。在2011年江苏省级开发区科学发展评价中位列第57位，连云港市第一位。（周 宝）

【赣榆经济开发区】 赣榆经济开发区于1993年经江苏省人民政府批准设立，总体规划面积57.5平方千米，建成区面积16.8平方千米，获得首届长三角最具投资价值开发区“最具投资潜力奖”等多项荣誉。自建区以来，经济开发区按照“城市型园区、园区型城市”的总体定位，围绕建设“中高端先进制造业基地”目标，大力实施“强工兴区、城建兴区、三产兴区和创新兴区”四大战略，强力打造“百亿园区”，初步形成了新能源、新材料、机械制造、钢铁制品、汽车零配件、生物医药等六大支柱产业。累计完成基础设施投入近10亿元，建成“六纵九横”50多公里路网，绿化面积达120多万平方米，建有新康110千伏变电所，拥有4万吨/日的工业污水处理厂，供排水、通讯、亮化等基础设施日益完备，商务、休闲等城市功能更加完善。2012年，园区实现规模以上工业主营业务收入127亿元，规模以上固定资产投资33.2亿元，工业投资32.9亿元，公共财政预算收入2.0799亿元，财政总收入2.48亿元，工业应税销售收入50亿元，内联到位资金23.2亿元，自营出口5700万美元。为加快转型升级步伐，园区投资2亿元，启动了连云港捷成科技创业园建设，致力打造集“科技创新、两化融合、仓储物流、文化创意”四大平台于一体的综合性科技孵化器，不断提高园区科技创新水平。（郭建都）

【灌云经济开发区】 灌云经济开发区总体规划面积40平方千米，形成机械制造业、金属制品业、纺织服装业、食品配料四大主导产业。2012年进区项目共有17个，其中过亿元5个，超10亿元的2个，新增投产企业19个。2012年完成规模以上工业产值96亿元，比2011年增长41%；完成业务总收入217亿元；完成地方自营出口11320万美元，增长131.6%；完成工业用电量15000万千瓦时；新增规模以上工业企业9家，全区规模以上企业达到59家；财政收入9.9亿元，增长40.4%，其中，一般预算收入5.03亿元，增长41.3%；全区纳税超100万元达到30家，其中超过2000万元的1家。累计投入10亿元用于基础设施建设，形成“七纵五横”的道路框架，园区的投资环境优化，项目承载能力显著提升。（王守伟 黄 兵）

【海州经济开发区】 海州经济开发区于1992年经市政府批准设立，2000年经市政府批准增设连云港市中小企业开发园，2006年4月晋级为省级经济开发区，用地面积约9平方千米。2012年，海州开发区完成全社会固定资产43.65亿元，其中工业固定资产投资29.23亿元，新投产3000万元以上工业项目10个，新引进过10亿元工业项目1个，新增规模以上工业企业5家。规模以上工业增加值增长24.3%，销售收入增长38.3%，利税增长28.2%。申请和实施科技计划项目26个，专利申请143个，完成年度目标的143%。完成财政收入6.15亿元，新培育纳税额300万元企业7家。（刘汉芝）

【连云经济开发区】 连云经济开发区始建于1992年6月。2006年4月升格为省级开发区。规划总面积36.9平方千米，其中板桥园区34.2平方千米，云山园区1.5平方千米，临港产业园1.2平方千米。2012年实现地区生产总值27.35亿元，财政总收入3.33亿元，其中一般预算收入1.63亿元，规模工业产值127.3亿元，全社会固定资产投资61.05亿元，其中工业投资52.4亿元。（柳 莉）

【江苏连云港化工产业园区】 江苏连云港化工产业园区坐落于灌南县东北部的堆沟港镇，2012年全区实现工业投入36.6亿元，比2011年增长31.5%；实现工业产值77.2亿元，增长28.7%；实现销售收入75.3亿元，增长30.2%；实现财政收入

5.06亿元,增长38.6%;实现税费收入3.15亿元,其中入库工业税收2.86亿元。2012年12月,省机构编制委员会明确化工园区党工委、管委会为连云港市委、市政府派出机构,机构规格为副处级;省发改委认定授牌化工园区为江苏省专用化学品特色产业基地,成为江苏省第四批省级特色产业基地。全年新增规模以上企业12家,规模以上企业总数达到65家,其中产值突破5000万元的企业42家,突破1亿元的25家,新增省级高新技术企业5家,建成宏业化工等3个省级工程技术研究中心和三联化工等10个市级企业工程技术中心,园区高新技术产业产值占工业总产值比重为12.5%,企业拥有本科及以上学历研发人员1100多人,具有大专以上学历工人达30%。

【赣榆海洋经济开发区】 赣榆海洋经济开发区位于青口镇东北部,规划面积16.8平方千米,到2012年底建成核心区4平方千米。赣榆海洋经济开发区按照"镇区合一"的发展模式,修编总体规划和产业发展规划,加强基础设施建设,推进高涂蓄水养殖围海项目,初步形成"五横四纵"48千米功能齐备的综合产业区,海州湾科技城、海洋广场、蓝湾科技大厦、蓝湾邻里中心等一批重点工程快速推进。全区拥有2家省级高新技术企业、1家省级科技孵化器、3家公共技术服务平台、5家工程技术研究中心和1家企业技术中心,初步形成以机械制造、电子信息、食品加工以及海洋生物化工为主的特色产业集群。2012年,完成全社会固定资产投资45.8亿元,公共财政预算收入4.5亿元,工业增加值12.1亿元,注册外资实际到账2879万美元,自营出口2548万美元。

(郭建都)

宿迁市

【概况】 宿迁经济技术开发区是国务院批准成立的国家级经济技术开发区。经开区位于宿迁市新城区南侧,地理位置优越,现辖一乡、两社区,社会人口15万人。

2012年,经开区围绕"两年翻一番、增速争第一"的总体目标,科学应对宏观环境的不利影响,经济社会呈现又好又快发展的良好态势。全年实现地区生产总值126.8亿元,财政总收入32.9亿元,公共财政预算收入13.9亿元,工业增加值57.1亿元,进出口总额2.7亿美元。经开区已经成为以工业为主导、基础配套功能日臻完善、各项社会事业同步推进的中心城市重要板块。

【产业发展】 经开区加速构建"以光电为主导产业,食品、机电、轻纺为支柱产业"的"1+3"产业体系,宿迁市光电产业园已经汇聚了泰源光电、兰普诺光电等光电企业;国家级食品产业园汇集了中国饮料业排名领先的娃哈哈饮料、中国乳品行业排名领先的蒙牛乳业、中国果汁行业排名领先的汇源果汁、"中国饼干大王"嘉士利饼干等品牌食品企业;机电产业园汇集了铝技精密机械、中科君达科技、华力制动器等机电企业;轻纺产业园汇集了亚洲纺织行业排名领先的恒力集团投资的德华纺织、中国出口服装行业排名领先的晨风服饰等轻纺企业,经开区已经成为江苏乃至长三角地区新兴的工业制造业基地。

【招大引强】 经开区按照"全员招商、全线出击"的工作要求,在全区开展"百名干部大招商"等招商活动,积极组织参与"百名台商看宿迁"、厦门(江苏)投资推介会、江阴(宿迁)投资推介会、携手央企(北京)恳谈会等专项招商活动,瞄准"国际500强、国内500强、行业50强"企业,着力招引符合点供条件的龙头项目和旗舰项目。2012年,签约亿元以上项目40个,合同引资额252亿元;新开工亿元以上项目29个,其中10亿元以上项目20个,计划总投资350亿元,包括总投资20亿元的泰源光电项目、总投资33亿元的允有成新材料项目等;新竣工工业项目36个,到位固定资产投资40.5亿元,与上年相比接近翻番。

【科技创新】 经开区大力实施科技创新战略,着力打造宿迁科技产业园。通过建设科技公共服务平台,大量集聚创新要素,提升自主创新能力,集聚高新技术产业,园区科技创新水平持续提升。苏北工业技术研究院投入使用,宿迁大学科技城、光电研发中心等功能平台加快推进,为企业发展提供各类技术支撑。积极开展高校与企业的产学研合作,东南大学、南京工业大学等高等院校为进区企业解决技术难题。大力开展人才助企活动,2人入选省"双创计划",12人入选市领军人才集聚计划。区内已有48家单位设立了企业科技研发中心和工程技术中心,5家企业被评为国家级高新技术企业,2012年高新技术产业产值22.2亿元,占规模以上工业总产值比重15.4%。R&D经费支出1.77亿元,占GDP比重1.4%,2012年专利申请量170件,专利授权量65件。

【城市建设】 经开区按照"布局合理、功能完备、宜业宜居、形象靓丽"的要求,紧紧围绕"南部新城"的发展定位,全面启动总投资78亿元的6大类54项基础设施建设工程,不断完善产业配套和城市功能。一次性开工振兴大道、世纪大道、富康大道、人民大道南延等20条道路、5条河道整治和4项景观绿化工程。5.5万平方米苏北工业技术研究院、3.1万平方米国家白酒检测中心、3万平方米人才公寓、世界之窗文化风情园建成投入使用;台商创业创新产业园一期即将竣工,3万平方米人才公寓二期封顶,7.5万平方米国贸中心启动建设。新竣工兰亭御城一期、中豪国际花园等商业房地产项目55万平方米,新竣工泰和祥府、幸福之家等各类保障性住房11万平方米。淮海建材城、中青国际家居生活广场等专业市场日益繁荣,"南部新城"各项功能不断完善。

【社会事业】 经开区始终坚持把提高人民群众的生活水平作为民生之本。2012年,投资4.06亿元新建三棵树中心小学,扩建开发区中学、黄河小学、古楚小学,启动建设3所公办幼儿园。投入7.26亿元用于园林绿化、环卫设施、市场改造、村庄整治等综合整治活动,创卫工作取得阶段性成果。城乡居民养老保险实现全覆盖,城镇居民医疗保险参保率达到95%。城乡救助标准稳步提高,对低保、五保等七大类人员实行二次医疗救助,民生幸福感得到进一步提升。全力打造15分钟公共就业服务圈,实现村级公共服务平台覆盖率100%。通过技能培训、专场招聘和推荐就业等措施努力提高被征地农民、新成长劳动力和失业人员的就业能力,全年发放招工简章25万份,举办各类招聘会50场,为企业推荐工人9800名,基本满足进区企业的用工需求。深入开展社会治安综合治理,高度重视信访稳定,平安园区、法制园区、和谐园区建设取得新的成效。

【运行机制】 经开区不断优化内部运行机制,全面推行条线工作法,成立“六部一办”和“五园三区”建设领导小组,进一步提升了重点工作推进的组织化水平。深入推进国企改制,对开源置业等4个国有独资公司实施“一改四制”,即全部改制成市场化运作公司,实行经理招聘制、待遇年薪制、队伍组阁制、绩效挂钩制。通过一系列的改革和创新,机关效能和活力进一步增强。

【帮办服务】 经开区全力打造“五全服务”和“三同帮办”品牌,深入推进“1对1帮办”、“全员帮办”、“离岗帮办”等帮办服务制度,重点在建项目帮办人员与客商同吃、同住、同劳动,有效促进项目快速推进。实行“一岗三责”制,所有工作人员除本职工作以外,还要负责招商和帮办服务。深入企业开展“两找两保”调研活动,切实帮助企业解决实际问题。2012年,组织召开银企洽谈会3次,为区内124家企业协调担保贷款,担保金额达6亿元。充分发挥“365服务大厅”功能,实行“一个窗口”对外,“一站式”办结、“一条龙”服务的全过程服务体系,努力营造“亲商、安商、富商”的浓烈氛围,积极营建良好的投资软环境。

徐州市

【对外经济合作概况】 2012年,全市实际到帐注册外资完成17亿美元,总量居全省第10位,同比增长16%,增幅高于全省4.7个百分点,利用外资在全省占比为4.8%,比上年提高0.2个百分点。全市中方协议境外投资额完成6.08亿美元,总量位居全省第五位,苏北第一位,在全省前进三个位次,在全省占比12.1%;同比增长403.2%,增幅位居全省第一位。全市对外承包工程劳务营业额完成2.08亿美元,位居全省第八位,在全省占比3.2%;增幅27.2%,列全省第二位。新签合同额全年完成5.9亿美元,在全省占比8.2%,增长3倍。2012年,具有对外劳务合作经营资质的企业16家;新签劳务人员合同工资总额700万美元,劳务人员实际总收入430万美元。

【重点区域招商】 2012年,全市按照“巩固港资、主攻台资、突破欧盟、拓展日韩”的招商战略,有针对性地开展高密度的小分队招商和专业化招商活动。全市新批港、台和欧盟地区资金项目181个,占新批外及港澳台项目总量的85.78%,同比增长0.56%;港、台资和欧盟企业协议注册22.87亿美元、实际到帐注册资金13.9亿美元,分别占全市总量的93.79%和81.77%。

【重大项目引资】 全市共引进投资总额3000万美元以上的大项目27个,比上年增加2个,位于苏北第3位位;实际到帐注册外资在1000万美元以上的项目41个,到帐注册外资9.74亿美元,同比增长5.12%。全市六大主导产业引进外资项目127个,占全市新批外资项目总数的60.19%,其协议注册外资和实际到帐注册外资均占全市总量的约70%。

【境外投资】 2012年,新批境外投资项目19个,投资额近6.09亿美元。其中,徐工集团投资2亿美元南亚(印度)工程机械生产基地及投资2.9亿美元收购德国施维英有限公司两大项目,创徐州市境外投资规模新高。该集团累计境外投资规模达到4.52亿美元。新沂市新润胶合板制造有限公司在加拿大增资8551万美元,江苏德力金属矿产有限公司在印尼投资3000万美元。

【对外工程承包】 全市对外工程承包在建项目36个,其中超过500万美元的大项目20个;在谈项目18个,其中超过500万美元的大项目10个。

【国际服务贸易】 2012年,全市国际服务贸易进出口4.09亿美元,同比增长33.22%,增幅居全省第8位。其中,出口1.01亿美元,同比增长121.32%,增幅居全省第4位;进口3.08亿美元,同比增长17.83%,

【服务外包】 2012年,全市服务外包合同总额完成5078.81万美元,同比增长370.10%,增幅居全省第一位。国际服务外包执行额完成2423.45万美元,总量保持苏北第一位,同比增长142.80%,增幅居全省第三位。

【徐州经济技术开发区】 徐州经济技术开发区创建于1992年7月,2010年3月晋升为国家级经济技术开发区。现有辖区面积152.8平方公里,下辖2镇和3个街道办事处,常住人口20余万,是徐州市重点建设的新型工业化示范基地和高新技术产业中心,也是精心打造的徐州城市东部中心,即高铁新城。徐州经济技术开发区先后成为国家工程机械特色产业基地、国家新能源特色产业基地,江苏省国际服务外包示范区、江苏省生态工业园区。2010~011年,科学发展水平位居江苏开发区前10位,是淮海经济区最具经济规模、最具投资价值、最具发展前景的开发园区。2012年,在全国172个国家级开发区科学发展评价中,徐州经济技术开发区综合排名居第20位,前进8位,其中生态环境质量指标评价跃居第16位,前进22位。同时,成功创建省级汽车产业(专用车辆)示范基地、新型工业化新能源产业示范基地、工程机械产业链国际合作示范区,成为全国工程机械产业知名品牌创建示范区,国家生态工业示范园区创建取得了阶段性成果。全年全区实现业务总收入2100亿元,增长26.1%;公共财政预算收入30.03亿元,增长3.1%;地区生产总值完成431亿元,增长19.7%,高于全市6.5个百分点;工业增加值完成368亿元,增长17.2%;规模以上固定资产投资230.4亿元,增长24.5%,高于全市2.5个百分点;工业投资完成163.4亿元,增长15%;自营进出口达到32.6亿美元,增长10.3%;自营出口达到20.6亿美元,增长54.6%,高于全市3.4个百分点;实际到账外资7.15亿美元,占全是增量的42%,增长19.6%,高于全市3.6个百分点。主要指标增长实现争先进位,综合排名继续保持全省前10名,由江北第二位跃居第一位。

【徐州高新技术开发区】 2012年,徐州高新技术产业开发区(以下简称徐州高新区)实现业务总收入1233.6亿元,高新技术产业产值520亿元,地区生产总值310亿元,财政收入37亿元,其中公共预算收入18.9亿元,实际到账外资1.27亿美元,外贸出口额2.7亿美元。各项主要经济指标继续保持高位增长,经济发展的速度和质量继续位于苏北同类开发区首位。

宁波市

【利用外资】 2012年,宁波市新批外商投资项目437个,合同利用外资53.13亿美元,实际利用外资28.53亿美元,分别比上年增长5.9%和1.5%。全市合同利用外资实现小幅增长,引资规模均再创历史新高。全年新批总投资1000万美元以上外资项目(含增资项目)228个,合同外资50.81亿美元,占全市总量的95.6%;新批3000万美元以上重大项目(含增资项目)79个,合同外资29.64亿美元,占全市总量的55.8%;新批总投资1亿美元以上特大项目9个。第三产业合同利用外资19.92亿美元,实际利用外资15.35亿美元,分别比上年增长12.5%和0.5%,占全市总额比重为37.5%和53.8%;第二产业合同利用外资外资33.19亿美元,实际利用13.16亿美元,分别比上年增长3.1%和10.2%,占全市比重为62.5%和46.1%;第一产业合同利用外资127万美元,实际利用外资171万美元,分别比上年下降95.0%和98.0%。香港地区仍是外资主要来源地,全年来自香港地区的合同利用外资31.74亿美元,比上年下降6.8%,占全市总量的59.7%,实际利用外资18.70亿美元,增长3.2%,占全市总量的65.6%。新批外商投资并购项目25个,总投资4.95亿美元,合同外资1.64亿美元。其中,总投资1000万美元以上并购项目7个,总投资4.63亿美元。全年引进世界500强企业项目6个,总投资4.7亿美元;引进世界500强企业3家。

【对外经济技术合作】 宁波市2012年新批境外企业和机构205家,核准中方投资额13.07亿美元,比上年增长18.3%;实际中方投资额6.09亿美元。全年境外承包工程劳务合作营业额12.38亿美元,比上年增长12.17%。期末在外人数1935人,比上年增长20.71%。新批境外企业以贸易性为主。境外投资分布在45个国家和地区,按大洲分,亚洲为第一大投资区区域,中方投资额3.5亿美元;欧洲为第二大投资区域,中方投资2.13亿美元;分别占全市实际中方投资额的57.5%和35%。全市境外投资(实际中方投资额)排名前五位的国家(地区)分别是中国香港、德国、英国、美国、柬埔寨,合计实际中方投资额5.53亿美元,占全市总额的90.8%。至年底,宁波市境外投资遍及全球五大洲103个国家和地区。境外投资侧重生产性企业,投资范围向科技、房产、制造、服务等高科技、高附加值领域拓展。全市核准中方投资额超千万美元大项目26个(含增资项目7个),大项目平均核准中方投资规模3515万美元,合计核准中方投资额9.14亿美元,占全部项目核准中方投资总额的69.9%。有关企业在59个国家和地区开展境外承包工程劳务合作业务,亚洲取代非洲成为宁波市境外承包工程最大市场,占全市境外承包业务总额的44.3%。境外承包工程业务开始从传统的房屋建筑承包向制造工程加工和电力工程承包转变,此两项工程承包营业额比上年分别增长55.8%和160.2%。

【对外贸易】 2012年,宁波全年进出口总额为965.72亿美元,比上年下降1.6%;出口为614.45亿美元,增长1.0%;进口351.27亿美元,下降5.9%。宁波市对东盟、俄罗斯、澳大利亚、巴西出口分别比上年增长10.7%、11.7%、7%和7.2%,从东盟、澳大利亚、巴西进口分别比上年增长3.4%、5.2%和10.5%。除对美国出口增长11.9%外,对欧盟出口、进口分别比上年下降9.3%和4%;对日本出口、进口分别比上年下降4.5%和6%;对美进口比上年下降12.8%。欧美日三大传统市场出口、进口合计占比分别比上年减少1.3和0.5个百分点。全市自营进出口企业出口、进口分别比上年增长4.5%和2.1%,占全市出口、进口比重分别达到23.8%和24.6%,比2011年提高4.5和2.1个百分点;同期外商投资企业出口、进口分别比上年下降1.5%和4.7%;外贸公司出口比上年增长0.8%,进口比上年下降14.5%。全年有进出口、出口、进口实绩企业分别为12928家、11723家和4883家,分别比上年净增918家、812家和154家。全市上亿美元进出口、出口、进口企业分别为134家、71家和60家,分别比上年减少6家、3家和7家。全市一般贸易出口比上年增长2.8%,进口比上年下降3.6%,好于总体贸易方式的平均水平,占全市比重分别提高1.4和1.7个百分点,达到80%和69.8%;加工贸易出口、进口分别比上年下降5%和3.9%。新登记获进出口权企业2520

家,其中内资企业2406家,外资企业114家;历年累计获权企业19763家,其中内资企业19052家,外资企业711家。全市已退免税511.58亿元(其中退税408亿元,免抵调库103.58亿元),完成退税指标99.9%,退税增长6%。进出口、出口和进口增幅分别低于全国7.8、6.9和10.2个百分点,分别低于全省2.5、2.8和0.1个百分点。8月,海关总署公布2011-2012年中国外贸100强城市名单,宁波外贸综合竞争力居全国第七,其中外贸结构竞争力排名,宁波位列百强城市第二名。宁波连续十年入选"中国最具投资价值城市"十强;6月,社科院发布中国城市竞争力报告,其中宁波开放程度居第六位。

【服务外包】 2012年全市服务外包合同总额114.56亿元,比上年增长33.8%;完成服务外包执行额84.63亿元,比上年增长34.1%;离岸服务外包合同额5.32亿美元,比上年增长39.8%;完成离岸服务外包执行额4.10亿美元,比上年增长46.4%。新增服务外包从业企业115家,新增从业人员3241人。高新区软件与服务外包产业园、鄞州区南部新城服务外包产业园、宁波经济技术开发区服务外包园区和江东服务外包示范园区所在的鄞州区、江东区、北仑区、高新区,服务外包执行总额合计达55.66亿元,离岸执行额达2.5亿美元,分别占全市总额的65.8%和60.9%。产业格局相对稳定,全市信息技术外包(ITO)业务合同总额为50.06亿元,商务流程外包(BPO)业务合同总额为54.08亿元,知识流程外包(KPO)业务合同总额为10.41亿元,分别占全市服务外包合同总额的43.7%、47.2%和9.1%,从离岸业务态势看,ITO仍是业务主源。全年ITO离岸合同额3.26亿美元,BPO离岸合同额1.57亿美元,KPO离岸合同额0.49亿美元,分别占全市离岸合同总额的61.4%、29.5%和9.2%,三块业务的占比与上年同期基本相同。

【开发区建设】 2012年,宁波开发区完成全社会固定资产投资1155.94亿元,比上年增长31%;实现工业总产值8448.17亿元,增长1.3%。合同利用外资27.38亿美元,实际利用外资17.32亿美元,实际到位内资286.23亿元,分别比上年减少15.16%、7.4%和17.5%。完成进出口额532.33亿美元,减少3.6%,其中出口274.57亿美元,减少6.5%。实现公共预算财政收入509.65亿元,减少24.7%。其中完成基础设施投资248.51亿元,增长10.3%;新建标准厂房面积260万平方米,增长78.11%。列入统计的全市开发园区年末贷款余额176.47亿元,同比减少5.2%。年末实有开业企业23241家,增长3.8%,企业技改资金投入285.2亿元,增长4.02%;企业新设独立的研发(检测)机构60个。企业内部市级以上非独立研发(检测)机构80个。至年底,全市开发区实有高新技术企业493家,比上年增长8.8%;新增发明专利和实用设计专利26442件,增长45.33%。全年实现高新技术产业产值2974.36亿元,增长12.7%;高新技术产业增加值493.98亿元,占全部工业增加值1578.18亿元的31.3%。开发区举办多个专项活动进行招商引资,受国际大环境影响,及受土地、能源、排放等要素制约,出现下滑情况,总投资千万美元以上项目62个,较往年少近20个,世界500强项目2个。以外引外项目63个,合同外资5.88亿美元,实际到位外资1.68亿美元,到资率28.6%,低于往年5~8个百分点;以民引外项目42个,合同外资3.9亿美元,实际到资0.38亿美元。落实建设用地1.49万亩,比上年减少20.94%;出让企业用地6830亩,减少74.21%。开发园区内污水集中处理率71.42%;万元工业增加值能耗0.4吨标煤;万元工业增加值水耗9.21吨。结合新农村建设和农村零星土地整合、宅基地整合,开发园区加大产业隔离区(带)的建设,农民集中居住地(安居房)建造范围扩大,失地农民培训、保险范围扩大,帮助农民向产业工人和服务业人员转变。各省市级开发区实现工业总产值3431.59亿元,比上年增长22.96%。工业增加值734.40亿元,增长5.49%,全年实现财政收入200.58亿元,税收收入175.30亿元,分别增加23.14%和22.70%。全年新开发土地面积23.39平方公里。全市省市级开发区完成出口总额128.88亿美元,全年省市级开发区合同利用外资14.10亿美元,减少14.13%;实际利用外资7.33亿美元,减少12.74%。

嘉 兴 市

【对外贸易】 2012年,嘉兴市实现进出口总额287.44亿美元,同比增长0.9%。其中,出口196.03亿美元,同比增长1.7%;进口91.41亿美元,同比下降0.8%。

对新兴国家出口比重提升,市场结构日趋多元化。2012年,与嘉兴市有贸易往来的国家和地区有206个,比上年增加5个,外贸市场结构进一步多元化发展,对新兴市场国家出口增速较快,新兴市场国家在嘉兴市贸易伙伴中的地位不断提高。嘉兴市对东盟、拉丁美洲、非洲的出口额分别为11.3亿美元、11.7亿美元、7.2亿美元,同比分别增长11.3%、19.2%、24.4%,这三个市场出口占嘉兴市出口的比重为15.4%,比上年提高2个百分点。嘉兴市对"金砖国家"的出口规模也在扩大,对俄罗斯、印度、巴西、南非的出口额分别为7.11亿美元、4.5亿美元、3.3亿美元、1.9亿美元,同比分别增长15.3%、2.2%、29.7%、8.2%,高于全市出口平均增幅13.6个、0.5个、28个、6.5个百分点,对金砖四国出口占全市出口比重达8.6%,比上年高出0.8个百分点。同期,在传统出口市场中,因外需不振,嘉兴市对美国出口增长放缓,出口45.9亿美元,同比增长8.1%,比上年回落4.9个百分点,但占全市出口比重比上年提高了1.4个百分点;受日本经济政治因素影响,嘉兴市对日本出口22.1亿美元,同比仅增长0.7%,出口比重比上年回落0.1个百分点;对欧盟出口46亿美元,同比下降6.9%,出口比重比上年回落2.2个百分点。

内资、小微企业出口增幅较为显著,出口主体结构更趋合理。全市新增进出口权备案登记的企业有809家,有出口实绩的企业共4354家(其中内资企业3105家,外商投资企业1249家),同比增加了315家(其中内资企业增加296家,外商投资企业增加19家)。新增出口实绩的企业出口总额达5.3亿美元。内资企业出口保持较快增长,外资企业占比下降。内资企业出口109亿美元,同比增长7.5%,高出全市出口平均增速5.8个百分点,占全市出口比重达55.6%,比上年提高3个百分点;外商投资企业出口87亿美元,同比下降4.2%,占全市出口比重44.4%,比上年下降3个百分点。体现在贸易方式上,一般贸易出口增速快于加工贸易5.4个百分点,一般贸易出口占嘉兴市出口比重达76.3%,比上年提高1个百分点。小微企业出口增长较快,出口前100位企业出口下降。2012年,出口实绩在300万美元以下的小微企业共3157家,比上年增加278家,出口23.4亿美元,同比增长6.8%,小微企业出口占嘉兴市出口比重为11.9%,比上年提高了0.5个百分点。而出口前100位企业出口额为78.1亿美元,同比下降4.6%,占全市出口比重39.8%,比上年回落2.7个百分点,其中有53家企业出口为负增长。

机电产品出口保持稳定增长,出口产品结构渐趋优化。嘉兴市机电产品出口63.4亿美元,同比增长3.9%,高出全市出口增速2.2个百分点,占嘉兴市出口总值的32.3%,比上年提高0.6个百分点。其中,机械设备出口15.2亿美元,同比增长11.8%。同期,嘉兴市传统服装及附件产品出口39.1亿美元,同比下降5%,占全市出口额的19.9%,比上年减少1.3个百分点。"一升一降"体现出嘉兴市外贸出口商品结构层次有所提高。

进口商品结构逐步改善。2012年,国家、省都出台了进一步鼓励扩大进口的相关政策,为企业扩大进口创造了更加有利的外部环境,虽然嘉兴市进口增速同比下降0.8个百分点,但仍高于全省5个百分点。一是进口龙头企业发挥显著作用。全市共有进口实绩的企业2001家,同比增加35家。其中前20位企业的进口总额为38.3亿美元,占全市进口的比重达41.9%,比上年提高1.6个百分点。在这20家企业中,进口额超1亿美元以上且增速高于100%的企业有5家。二是内资企业进口表现优于外商投资企业。全市内资企业进口41.4亿美元,同比增长14.2%,占全市进口比重为45.3%,比上年提高5.9个百分点。其中,民营企业进口37.8亿美元,增长10.7%;国有企业进口3.6亿美元,增长68.3%。外商投资企业进口50.0亿美元,同比下降10.5%,占全市进口比重为54.7%。三是设备和资源型产品进口较快。设备及其零件进口6.97亿美元,同比增长10.5%;有机化学品进口21.5亿美元,同比增长12.3%;木浆进口6.6亿美元,同比增长25.9%;木及制品进口4.56亿美元,同比增长22%;生皮及皮革进口4.1亿美元,同比增长11.7%;矿物燃料、矿物油及产品进口2.8亿美元,同比增长6%。

【利用外资】 2012年,全市新批外商投资项目234个。其中,合同利用外资28.14亿美元,同比下降9.6%;实际利用外资17.82亿美元,同比增长3.5%。合同外资和实际外资规模均居全省第三位。

重大项目数量减少,规模层次有所提高。全市总投资(增资)1000万美元以上大项目140个,较上年减少31个,其中总投资(增资)3000万美元以上大项目46个,较上年减少16个;总投资(增资)5000万美元以上大项目20个,较上年减少11个;总投资(增资)1亿美元以上大项目4个,较上年减少1个。尽管重大项目数量有所减少,但项目规模层次却有提高,总投资(增资)1000万美元以上大项目合同外资占总量的90%,平均单个项目合同外资1803万美元,2011年平均为1723万美元。嘉兴市新引进了日本日立和三菱化学2个世界500强投资项目以及总投资9800万美元的敏实投资性公司项目。重大项目中,世界五百强、行业龙头、上市企业增资项目居多,包括壳牌化工、杰富意容器、日本电产、富鼎电子、昱辉能源、海利普电子、卫星股份等。

产业结构调整明显,三产业态趋于丰富。全市一、二、三产合同利用外资比重分别为0.7%、56.2%和43.1%,实际利用外资比重分别为1.7%、67.3%和31%。一产比重低,但增幅最为明显,合同外资和实际外资同比分别增长353%和20%;二产合同外资同比下降27%,实际外资增长5.7%,合同外资几乎全行业下降,纺织、皮革、化工等传统、低端制造业下降尤为明显,而通信设备、计算机制造业、交通运输设备制造业、通用设备制造业虽也有不同程度下降,但利用外资行业排名仍居前列。三产合同外资同比增长26.6%,实际外资微降1.6%,行业业态趋于多元化,商务服务业、房地产业和批发业成为拉动服务业利用外资前三大行业,多数行业呈现较快增长,计算机服务和软件业合同外资增长1318%、批发零售业增长111%、租赁和商务服务业增长59%、交通运输仓储业增长64%、居民服务业增长1353%。

投资来源趋于多元,发达国家比重提高。投资前十位的国家、地区中除港台、自由港、日韩外,美国、加拿大、卢森堡、德国、新西兰、澳大利亚等国家和地区投资比重逐步提高。来自亚洲的合同外资和实际外资比重分别为65.2%和65.6%,自由港分别为15.9%和19.4%,欧洲分别为4.1%和7.4%,北美分别为8.5%和2.3%,发达七国(美、英、法、德、意、加、日)分别为16%和13.7%,较上年分别提高了8个和5.7个百分点。从增速看,来自北美的投资增长较快,合同外资同比增长1314%,其中,加拿大增长1499%,美国增长972%;来自亚洲的合同外资同比下降19.2%,其中,韩国增长149%,日本增长4.4%,香港下降20%,台湾下降51%;来自欧洲的合同外资同比下降56%。

开发区比重较稳定,增速好于全市面上。按整合提升区域统计,全市省级以上开发区(园区)合同外资24.86亿美元,同比下降5%,占全市合同外资的88%;实际利用外资15.45美元,同比增长8%,占全市实际利用外资的87%。开发区利用外资好于全市面上水平,合同外资降幅低于全市面上4.6个百分点,实际外资增幅高于全市面上4.5个百分点,完成全年目标的113%和126%。

投资方式偏于单一,功能项目为数不多。利用外资仍以绿地投资项目为主,增资、并购等投资比重未有显著提高,增资项目合同外资10.58亿美元,占比38%;新增7家外资并购企业,较上年减少1家,合同外资413万美元;鼓励类项目合同外资9.75亿美元,占比35%,较上年下降3个百分点。

【对外经济技术合作】 2012年,全市新批境外投资项目和增资项目57个,投资总额35158万美元。其中中方投资额32999万美元,同比下降12.4%。全市对外承包工程和劳务合作营业额18590万美元,同比增长104.9%。

境外投资依然以大项目为主。境外投资额在500万美元以上的投(增)资项目12个,投资总额达31282万美元(其中中方投资额29582万美元),占全市境外投资总额的89%,平均单个大项目投资额为2606万美元。其中:浙江华友钴业股份有限公司进一步扩大在刚果的资源开发力度;巨石集团有限公司为在香港设立的巨石集团香港有限公司增资;浙江桐昆控股集团有限公司在加拿大设立公司;浙江尖山光电股份有限公司在香港设立公司;嘉兴埃迪尔丝绸有限公司并购意大利塞尔里尼制丝有限公司等。

境外资源开发仍然是嘉兴市境外投资的重点之一。境外资源开发投(增)资项目虽然只有3个,投资总额达9914万美元(其中中方投资额9200万美元),占全市境外投资总额的28%。资源开发项目仍然是嘉兴市境外投资的重点之一。三个资源开发项目是:浙江华友钴业股份有限公司在刚果(金)的铜钴矿共同开发项目;浙江泛亚装饰面板有限公司在美国投资设立圆农木材有限公司;振石控股集团有限公司为在印度尼西亚南雅加达的贾尔巴克提林塔斯努沙登加拉有限公司增资。

企业境外营销机构越来越多。境外营销机构的新批项目和增资项目共43个,投资总额18493万美元,(其中中方投资额18288万美元)占境外投资总额的53%。在新批和增资的境外营销机构中,500万美元以上的投(增)资项目有4个,如:巨石集团有限公司为在香港设立的巨石集团香港有限公司增资;浙江桐昆控股集团有限公司在加拿大投资设立公司;浙江尖山光电股份有限公司在香港设立公司;振石控股集团有限公司为在香港的振石集团(香港)和石复合材料有限公司增资。

境外生产型项目比往年有所增加。境外投(增)资生产型项目共10个,投资总额5799万美元,(其中中方投资额4559万美元)占境外投资总额的16%。在新批和增资的境外生产型项目中,投资500万美元以上的投(增)资项目有3个,如:嘉兴埃迪尔丝绸有限公司在意大利投资设立塞尔里尼制丝有限公司;浙江众成包装材料股份有限公司在美国设立众成包装(美国)公司;海宁宇立塑胶有限公司在泰国泰中罗勇工业园内投资设立宇立塑胶(泰国)有限公司。这些企业都将生产和销售扩大到境外,境外投资中生产型项目比往年有所增加。

境外经贸合作区投资促进工作有了收获。近年来嘉兴市各级商务部门积极做好境外经贸合作区的投资促进工作,充分利用各种境外投资促进机会,组织各种推介活动,为企业搭建交流合作的平台,推动企业到境外园区发展,取得了一定的效果。2012年有两家企业成功到境外园区落户。

对外承包工程又有新的进展。2012年,对外承包工程营业额完成17634万美元,比上年增长128%。对外工程承包营业额主要是华友钴业股份有限公司在非洲的配套工程项目,尖山光电股份有限公司德国光伏电站项目和浙江鸿翔建设集团在马来西亚国立高中项目。在对外承包工程方面,还有多家企业正在努力提高开展境外承包工程的能力与水平,积极寻找境外承包工程项目与合作。

【服务外包】 2012年,全市实现服务外包签约合同金额8.66亿元,同比增长40.9%;合同执行金额6.07亿元,同比增长40.6%,其中离岸合同执行金额4410.05万美元,同比增长32.3%,比2010年翻了二番。全年新增注册服务外包企业47家,累计企业数达248家;其中,在商务部服务外包业务管理与统计系统内有业务报送实绩的企业96家。96家企业中,签约合同金额在1000万美元及以上的有2家,合同金额在500万~1000万美元的有6家,合同金额在100万~500万美元的有21家;执行金额在1000万美元及以上的企业有1家,执行金额在500万~1000万美元的有3家,执行金额在100万~500万美元的有21家。

人才培训略有不足。2012年,嘉兴市共培训服务外包从业人员4065人,同比减少20.4%,其中省级、市级服务外包人才培训机构培训3675人。从各省级、市级服务外包人才培训机构开班情况来看,由于杭州、无锡等地培训机构加大了培训的支持力度,嘉兴市培训机构存在开班不足,生源不够的情况。

省级、市级服务外包示范园区建设取得新进展。一是业务规模有所扩大。全市11个省级、市级服务外包示范园区完成签约合同金额7.52亿元,同比增长41.95%;完成合同执行金额5.42亿元,同比增长48.21%,其中离岸合同执行金额3309.97万美元,同比增长27.55%。示范园区合同执行金额、离岸合同执行金额分别占到全市的89%、75%。二是园区建设有新成就。据统计,全年各示范园区共投入建设资金17.07亿元,其中用于公共平台建设投入9988万元,建成服务外包业务用房107019平方米,为服务外包产业快速发展打下了良好基础。

【开发区建设】 2012年,嘉兴市首批开发区已成立20周年,开发区在推动嘉兴市改革开放、经济建设和社会发展等方面都发挥了举足轻重的作用。为进一步提升发展理念,创新发展模式,加快开发区实现由"要素拉动"向"创新驱动"转变,由粗放型发展向创新发展、集约发展、绿色发展转变,全面提升开发区能级和综合竞争力,积极争取在全国、全省同级同类开发区中争先晋位、走在前列,市委、市政府全面启动开发区二次创业转型发展工作。

开发区建设发展成效显著。一是经济总量不断扩大。2012年,全市国家级、省级开发区(园区)(以下简称"开发区")规模以上工业总产值2528.7亿元,同比增长9%,占全市规模以上工业总产值的42%;规模以上工业增加值479.9亿元,同比增长13.5%;税收收入143亿元,同比增长16.2%,占全市税收收入的31%;财政总收入148.4亿元,占全市财政总收入的31%。二是开放程度日益提高。2012年,全市开发区进出口总额145.3亿美元,同比增长5.6%,占全市进出口总额的51%,其中,出口总额89.1亿美元,占全市出口总额的45%;实际利用外资12.2亿美元,同比增长12.3%,占全市实际利用外资的68%;新增总投资5000万美元以上重大产业项目15个,其中外资13个,内资2个;新批世界五百强投资企业2家,外资投资性公司1家。三是产业集群有序发展。2012年,全市开发区产值十亿以上工业企业47家,百亿以上产业集群2个,主导产业集聚率最高的为77.6%,战略性新兴产业产值占比最高的为63.4%。四是科技创新成果显著。2012年,全市开发区新增省级及以上研发中心、技术中心23家,引进国家和省"千人计划"17人,新增省级以上高新技术企业26家。五是投入产出趋于合理。2012年,全市开发区固定资产投资额636.1亿元,同比增长17%,占全市固定资产投资额的39%;工业生产性投资额360.8亿元,同比增长14.9%;全市开发区平均工业土地税收产出率达到每亩13万元;全员劳动生产率12.6万元/人;目前,全市12家国家级、省级开发区(园区)中,已有9家通过ISO9001质量认证和ISO14001环境认证。

开发区实施二次创业、转型发展。一是成立开发区领导小组。为适应新形势的需要,推动产业转型升级,转变发展方式,增强开发区核心竞争力,市委、市政府决定实施开发区二次创业、转型发展,为此,市政府成立了由市主要领导任负责人、相关部门和单位为成员的市开发区二次创业转型发展工作领导小组。同时,为加强嘉兴市各级各类省级以上开发区与政府部门和相互之间的联系、交流与合作,建立了市开发区主任联席会议制度。二是深入开展开发区调研。为全面了解嘉兴市开发区建设发展现状,更好地引导和促进开发区全面提升发展水平,通过赴外地开发区学习考察、走访调研嘉兴市开发区和企业、召开座谈会等形式,开展开发区二次创业、转型发展调研工作,同时制定并出台了《关于加快开发区二次创业转型发展的若干意见》,全面指导和推动开发区实施二次创业、转型发展工作。三是强化开发区工作推手。一是为明确开发区建设发展方向以及实施二次创业、转型发展的目标、举措和进度,指导开发区制订实施"二次创业"三年行动计划。二是围绕培育产业集群、深化节约集约、推进生态建设等六个方面开展特色示范区创建工作。三是以"招大引强"为主题,以扩大总量和提高质量为目的,鼓励和引导开发区争先晋位,进一步强化开发区(园区)招商引资工作。四是完善开发区考核机制。为全面评价开发区综合发展水平,从激励机制上引导和促进开发区转变发展方式,提升发展水平,修订完善了开发区考核办法,从总量规模与发展速度、质量效益与自主创新等全方位考评开发区发展水平。五是营造开发区发展氛围。为学习借鉴先进开发区建设发展的经验和做法,研究完善推动嘉兴市开发区发展的思路和举措,今年8月,市委副书记、市长鲁俊率市政府代表团前往苏州、泰州、南通考察,并召开了全市开发区工作会议,围绕开发区实施二次创业、推动转型发展进行工作部署。为营造开发区二次创业、转型发展工作氛围,扩大社会影响,进一步提升嘉兴市开发区的品牌形象,11月份集中时段、集中版面对开发区进行系列化集中宣传报道,全面宣传和展示嘉兴市开发区发展成就和典型事例。为强化招商引资氛围,市委、市政府召开了全市招商大会,嘉兴经济技术开发区、平湖经济开发区等开发区分别围绕平台建设和转型发展作了典型发言,为开发区掀起新一轮招商引资高潮营造了良好氛围。

湖 州 市

【利用外资】 2012年,全市共批外资项目192个,其中新批"大好高"项目26个;完成合同外资16.87亿美元(包括境外借款8624万美元),同比下降21.2%;完成实到外资10.26亿美元(包括境外借款8624万美元),同比增长9.1%。实到外资突破10亿美元,创历史新高;外资到位率49.8%。合同外资和实到外资总量均列全省第四。大项目主导地位提高2012年,全市批准总投资1000万美元以上项目80个,占批准项目总数的41.7%;总投资、注册资本和合同外资分别为27.04亿美元、15.20亿美元和13.67亿美元,合同外资占全市总额的81.0%。批准总投资3000万美元以上外资企业31家(包括增资7家),占全市批准外资企业家数的16.1%;总投资、注册资本和合同外资分别为18.72亿美元、9.57亿美元和7.74亿美元。新批鑫元盛世新材料和港中旅等5个总投资超亿美元大项目。产业集聚效应显现2012年,全市第二产业(制造业)引进合同外资10.11亿美元,主要集中在电子设备、纺织品、汽车零部件及配件行业,三个行业分别引进合同外资2.72亿美元、1.38亿美元和1.21亿美元,占全市第二产业引进合同外资总量的53.1%。单体项目增资势头强劲积极鼓励近年来利润水平较高的外资企业利润再投资,切实做好增资项目的跟踪服务工作。2012年,涌现了琥珀(安吉)燃机热电(增资3570万美元)、比奇厨卫(增资3000万美元)、超威电源(增资3439万美元)及港奥电梯(增资2000万美元)等一批增资规模较大的项目。香港地区继续引领外商投资2012年,全市引进合同外资前5位的资金来源国家(地区)分别是中国香港、中国台湾、中国澳门、美国和法国;实到外资前5位的资金来源国家和地区分别是中国香港、芬兰、美国、日本和新加坡。其中香港地区合同外资12.33亿美元,实际外资6.61亿美元,分别占全市总数的73.1%和64.5%,继续列引资国家(地区)合同外资和实到外资首位。开发区仍为利用外资主战场2012年,全市5个省级以上开发区共完成合同外资11.36亿美元,占全市总量的67.3%,合同外资同比下降30.7%;完成实到外资7.25亿美元(包括境外借款8287万美元),占全市总量的70.7%,实到外资同比增长6.0%。在全市新批的24家总投资3000万美元以上的外资企业中,有20家落户在各级开发区(园区)。2012年,在商务部对全国国家级开发区2011年综合发展水平评价中,湖州经济技术开发区在90家老国家级经济技术开发区中位列第48位,长兴经济技术开发区在41家新国家级经济技术开发区中位列第18位。启动招商引资突破行动2012年,根据市委、市政府"八大专项行动"的总体部署,牵头组织开展招商引资突破行动,研究制定《招商引资"百日攻坚行动"计划方案》,以"五个一批"(招引一批、精办一批、推进一批、拜会一批、宣传一批)为主抓手,以招引世界500强和行业龙头为主攻方向,以开发区(园区)为主阵地,全力打好"大好高"项目、企业增资扩股和民资嫁接改造、应到未到资金"三个攻坚战"。成功引进德国大众、瑞士雀巢2家世界500强企业和旺能环保、港中旅、德泰港务和帕罗节能材料等26个外资"大好高"项目,实现新增合同外资3.45亿美元,力促55家注册资本未按期到位企业实现到资3.7亿美元。精心组织招商活动2012

年,根据优化产业链、完善城市功能的要求,积极包装推出一批重点招商引资项目,进行重点招商。编印《招商项目本》,对全市58个重点招商项目,通过“2012中国浙江湖州-美国南加州生物医药产业洽谈会”、“浙江——静冈投资贸易洽谈会”、“2012浙江湖州·台湾战略性新兴产业投资说明会”、“浙洽会”和“投洽会”等重大境内外招商洽谈经贸活动进行推介,取得了良好成效。强化外资考核督查2012年,紧紧围绕“三个转变”,进一步健全完善考核推进机制,重点突出对引资质量的考核,尤其是加大对上年度所批项目推进情况的考核力度,同时,对当年度新引进的世界500强项目、科技型企业给予加分。指导全市各县(区)修改和完善考核办法。

【对外贸易】 2012年,全市完成外贸进出口总额87.4亿美元,同比增长0.9%;其中,出口总额为74亿美元,同比增长0.6%;进口总额为13.4亿美元,同比增长2.5%。全市进出口、出口和进口总额三项指标均创历史新高。出口市场有增有减随着美国经济温和复苏和日本需求的增长,2012年湖州市对美国和日本分别出口15.46亿美元和4亿美元,同比分别增长10.7%和3.8%;受欧盟经济陷入衰退和中国香港转口业务萎缩影响,2012年湖州市对欧盟和中国香港分别出口18.4亿美元和1.1亿美元,同比分别下降12.3%和5.8%。同期,由于新兴经济体经济增长相对较快,以及通过鼓励出口企业深入推进市场多元化,湖州市对新兴市场出口保持平稳增长,2012年共出口35亿美元,同比增长4.2%,高于全市平均3.6个百分点。其中对东盟、澳大利亚和俄罗斯出口额分别为5.7亿美元、2.1亿美元和1.7亿美元,分别增长11.7%、21%和20.4%。出口产品有升有降2012年,湖州市以坐具、电线电缆、车辆及配件等为代表的机电产品共出口22.4亿美元,同比增长6.8%(扣除光伏因素),高于全市平均6.2个百分点,占全市出口比重的30.3%;化工产品出口4.7亿美元,同比增长5.3%。纺织服装,2012年共出口24.5亿美元,同比下降8.3%,占全市出口比重的33.1%;受光伏出口下降70.3%的影响,湖州市高新产业出口为1.9亿美元,同比下降39.7%。对外贸易持续壮大2012年,全市共有新备案外贸企业401家,新增各类出口企业323家,合计新增出口1.59亿美元。全年有外贸进出口实绩企业2001家,比2011年增加156家;有出口实绩企业1893家,比2011年增加135家。全市进出口超亿美元企业7家,比2011年增加1家。在全市鼓励发展实体经济政策的引导下,外贸生产企业出口发展良好,全年生产企业共出口38.23亿美元,同比增长1.7%,高于全市平均1.1个百分点,占全市出口比重的51.7%,进口7.03亿美元,同比增长11.8%,高于全市平均9.3个百分点。同期,流通和外资企业分别出口11.09亿美元和24.64亿美元,同比下降0.7%和0.5%。出口品牌基地蓬勃发展坚持以出口品牌和基地为抓手,引导企业加快自主创新步伐和产业集聚提升。2012年全市新增“越球”等9件“浙江省出口名牌”产品和“先登”等21件“湖州市出口名牌”产品,至年末,全市共有32个“浙江省出口名牌”产品和81个“湖州市出口名牌”产品。2012年全市新增“安吉竹产业”等5个省级出口基地,并争取到1000万元资金用于扶持基地内产品设计中心、公共试验检测平台和公共技术研发平台等公共服务平台的建设。通过政策扶持、紧俏展会倾斜、鼓励企业国际认证和境外商标注册等方式,着力促进湖州市工业“3+3”产业的外向型发展,2012年全市先进装备、生物医药、新能源、绿色家居等六大特色产业共出口34.3亿美元,同比增长4.7%。发挥“四体联动”防范国际贸易风险坚持不断完善国际贸易摩擦预警体系和产业损害调查机制,把国际贸易摩擦对全市外贸影响降到最低。2012年全市共遭遇欧盟、美国、澳大利亚等13个国家发起的贸易救济调查案25起,共涉及各类出口产品24种,涉案总金额达3.11亿美元,涉案企业144家,均创历史新高。为更有效地应对,以预警示范点建设为抓手,进一步完善国际贸易摩擦预警机制,2012年在原有8个省级对外贸易预警示范点的基础上,又成功获批长兴县新能源(电池)和吴兴区金属材料2个省级预警示范点,通过加强预警示范点建设,及时了解国外最新贸易救济措施,发布各类动态预警信息520条,并帮助和指导久立、金洲和诺力等近50家企业参与“双反”调查。同时,为进一步推进湖州市贸易救济和维护产业安全工作,2012年首次举办了全市贸易救济与维护产业安全工作会议培训,制定并发布《湖州市产业损害预警监测分析工作考核制度》。

【对外经济技术合作】 2012年,全市共批境外投资项目26个。实现境外投资总额1.11亿美元,其中,中方投资额8623.5万美元,同比增长103.7%;实现外经营业额2554万美元。境外投资量质并举2012年,围绕湖州产业优化结构、拓展深度和提高效益的目标,进一步加快“走出去”步伐。境外投资中,大项目比重增加,项目质量有所提升,其中200万美元以上项目14个,占比54%。在境外设立生产、加工型企业成为湖州市境内投资者投资主方向之一,电梯、机械设备、小家电、房地产和矿产等新兴行业也为我市“走出去”,作了新的大胆尝试,进一步拓展了湖州市境外投资领域。“走出去”带动出口成效显著2012年,全市境外投资企业带动出口4亿美元,同比增长33%,多数正常经营的境外投资企业能够通过设立境外营销窗口,及时掌握境外市场动态,把握境外消费者最新需求,带动境内母公司扩大出口。如湖州市中山化工集团在中国香港设立营销窗口,借助这一渠道带动境内产品出口到南美、东南亚市场,带动公司出口逆势增长近50%。此外,大港集团、永达集团和久立集团公司等也分别在尼日利亚、安哥拉和美国等地设立了分公司或办事处,通过“走出去”工作,进一步拓展海外市场,扩大了出口成交。境外投资空间进一步拓展加快推动“走出去”工作,指导企业在更大范围、更广领域、更高层次拓展市场,助推企业转型升级、做大做强。境外投资市场进一步开拓。2012年,湖州市企业分别在加纳、尼日利亚、墨西哥、日本和南非等国家开拓了境外投资新市场。进一步利用中国浙江品牌(匈牙利)中心这一平台,在原有入驻摊位的基础上,新增入驻企业3家,为湖州市企业开拓和巩固欧洲市场起到了积极的作用。境外投资形式日趋多样湖州市企业在境外的投资形式进一步呈现多样化发展趋势,2012年,湖州市“走出去”并购、增资类项目增多。德清县的恒力数控、长兴县的爱侣健康、南浔区的莱茵电梯等并购项目的获得批准和成功运行,进一步提升了企业产品品质与技术,为湖州市企业接轨行业国际先进水平,全面融入国际市场奠定了基础,也为有效规避贸易壁垒、引领企业技术创新和拓展国际市场树立了良好的典范。境外安全意识有所增强在落实商务部《境外中资企业机构和人员安全管理指南》基础上,指导企业建立科学的境外安全风险管理体系,加强事前管理,有效地规避和控制风险。通过宣传和工作指导,至年末全市各县(区)均已建立境外安全管理体系及制度建设,境外安全应急机制的健全与完善,进一步保障了湖州市"走出去"工作的健康持续稳定发展。

【开发区建设】 湖州南太湖产业集聚区(以下简称集聚区)2012年规划控制区范围内基础设施建设完成投资89.82亿元,其中重点规划区内39项基础设施项目中,有36项启动实施,完成投资51.36亿元,同比增长18.5%。集聚区规划控制区范围内完成产业项目投资60.06亿元,其中重点规划区在建项目37项,完成投资46.84亿元,同比增长15.9%。加强运行管理一是进一步完善规划体系。功能分区规划、区域规划环境评价已报批发布,集聚区部分区域空间等量置换已形成规划调整方案。二是进一步完善工作基础。开通了集聚区网站,纳入两办OA系统,完善信息交流平台。强化工作督查,集聚区管委会每季度对各分区项目推进情况进行督查通报,并会同市委督查室进行了专项督查。三是强化产业项目准入的初审管理服务。按照各区块主导产业定位,对拟进区项目的产业性质、投资强度、容积率和生产性设备投入占比等指标强化准入初审服务力度,全年开展了金洲管道、星光农机、天奥电梯、久立特钢等14个项目的准入初审,总投资54.28亿元,总用地1232.5亩,其中符合产业导向项目13个,主导产业符合率为98.32%,提出异议项目1个。加大难题破解一是牵头制定市领导联系集聚区各分区主体与重点项目制度。市5位主要领导分别联系五个分区开发主体和一批重点项目,1位集聚区领导(含兼职副主任)协调联络,集聚区管委会提前调研、梳理各分区需要市里解决协调的重大事项,会同市级有关部门提出初步意见供市领导调研决策参考,提高了联系工作的针对性和有效性。二是认真做好省领导联系南太湖产业集聚区的联络工作。借助副省长王建满联系南太湖产业集聚区工作的有利条件,认真梳理需要省级部门协调解决的重大交通项目前期、太湖水域使用报批、重大产业项目储备和局部区域规划调整等问题,争取省级相关部门的支持。三是组织承办南太湖产业集聚区规划建设工作现场推进会,市委、市人大、市政府、市政协四套班子主要领导及领导小组全体成员,实地查看建设现场,汇报交流工作。拉开建设框架一是狠抓重大交通项目建设。强化工作协调、着力推进三大在建交通项目建设,104国道长兴李家巷段改线已建成通车;滨湖大道吴兴段交通工程正常施工,太湖度假区段大钱港桥桥梁施工;中心城市外环线工程、东南线全线路基、东苕溪特大桥及东环互通正抓紧施工,黄泥岗大桥合拢,西线、北线施工队均已进场施工。强化衔接指导、狠抓三大交通项目前期,318国道改线完成前期审批,南浔段BT建设方式已得到省级部门认可,试验段路基已形成;康山大道初步设计完成审查;南浔高速公路连接线工程,工可前置条件等前期工作均已开展。二是着力拉开分区建设框架。湖州经济技术开发区南太湖生物医药专业园道路框架基本形成,废弃矿山已整治完成;南浔临沪节能电机专业园向阳路、外环西路等道路已基本完成,江蒋漾路等工程扫尾;吴兴区织东光伏新能源专业园腾飞路等主要道路工程已完成管线埋设,面层沥青已摊铺完成;吴兴区八里店临港重型装备专业园正在开展经五路等道路路基建设,部分农民社区房建设竣工;南浔区旧馆临港重型装备专业园大桥路延伸段等已进场,部分桥梁正在施工;长兴县李家巷新型纺织电器专业园5条道路工程正在施工,2号路已基本完成。110KV虹桥变、包桥变扩建已具备投产条件;110KV长田变土建结顶;220KV输变电项目,南浔变、旧馆变正在开展前期。天然气西塞门站迁建工程开展场址协调工作。三是征地拆迁步伐加快。各分区开发主体抽调精干力量,全力投入征迁一线,攻坚克难,征迁工作较快推进,全年累计完成征迁农户2000余户,新拓展平台空间5平方公里。推进项目建设至2012年底,集聚区范围内共计产业项目84个,其中在建项目66个(新建项目24个,续建项目42个)。金洲管道、汇能新材料、特瑞思生物医药和游艇俱乐部等项目有序推进;越球电机、怡达电梯和奥特莱斯等项目已完成主体厂房建设;月亮酒店、桐昆纺织一期、永鑫机械、久鼎电子、惠胜机械、士商机械、世润机械和纯一生物等一批项目已竣工投入试生产。抢抓资源要素一是积极争取用地指标。通过协调开展临沪、织东和旧馆等3条快速路以及长兴县新老318国道连接线、疏港公路2条连接线前期工作,争取到省级用地指标2500亩,带动周边约16平方公里的开发。积极组织申报省重大产业储备项目,有星光农机等7个产业项目列入储备库。二是争取上级资金补助。全年争取到省级以上资金补助4亿元,其中滨湖大道公路专项资金1.8亿元、水利专项资金1.31亿元、外环道路0.8亿元和省集聚区专项建设资金补助400万元。此外,组织新投产的12家企业开展税收奖励申报。组织宣传推介一是组织各开发主体积极参加浙洽会、海洽会、湖笔文化节以及湖沪合作投资洽谈会等重大活动,加强对外宣传。在2012年浙江战略性新兴产业与世界500强对接恳谈会上,专门就集聚区战略性新兴产业投资发展环境进行推介,并向广东湖州商会和成都湖州商会进行推介。会同市工商联,与全国工商联下属的医药业、环境服务业、新能源、纺织服装业、五金机电和科技装备业6家商会进行多次对接,成功邀请了四环生物、修正药业、辅仁集团、北京桑德集团和中国核子医疗等10家副会长及理事单位的相关负责人,对湖州南太湖产业集聚区开发区分区、吴兴分区和南浔分区进行实地考察和对接洽谈。二是各分区按照专业园区功能定位,组织了专业化的招商推介。全年集聚区新签约项目23个,协议总投资180亿元;至年末,在谈项目19个,总投资约120亿元。优化产业结构2012年,集聚区已投产"四上"(规模以上工业企业、资质等级建筑业企业、限额以上批零住餐企业、限额以上服务业企业)企业72家,比上年增加16家,实现总产值114.7亿元,同比增长18.5%。其中工业总产值90.96亿元,同比增长11.4%;服务业营业收入为20亿元,同比增长20.8%。先进制造业、新能源、生物医药、新材料和现代服务业5大主导特色产业实现主营收入82.7亿元,占全部企业营业收入比重的74.5%,比上年增长12.6个百分点。战略性新兴产业加快发展,至年末,集聚区内有战略性新兴产业企业21家,2012年实现产值33亿元,占工业总产值比重的36.2%,比上年提高8.4个百分点。招商引资力度加大,大企业入户数由2011年的6家增加至10家。受房地产开发项目锐减和生产性服务业项目尚未投产等因素的影响,服务业增加值比重下降幅度较大,同比下降11个百分点。增强创新能力集聚区以建设对外开放和创新引领示范区为目标,大力实施工业强市有关政策,加大科技公共服务平台建设,鼓励企业加大研发投入,加大人才引进力度,取得较为明显的成效。2012年,企业科技活动经费支出

2.4亿元,同比增长25.3%。申报国家和省“千人计划”数比2011年增加3人。企业拥有发明专利47件,比上年同期增加18件,每万人从业人员有效发明专利数达55.7件,同比增长24.3%。新产品总产值为14.5亿元,同比增长23.2%,占工业总产值的16%,同比提高1.6个百分点。年末,科技活动人员数557人,比2011年增加77人,但由于从业人员增长较快,科技人员占集聚区从业人员比重,比上年下降0.8个百分点。提升发展效率2012年末,集聚区内已开发建设面积和已建成投产面积分别为18.9平方公里和13.3平方公里,分别比上年同期增加1.2和1.6平方公里。实现投资66.6亿元,单位土地面积投资额3.52亿元/平方公里。实现产业增加值24.4亿元,同比增长20%。单位土地面积产业增加值1.29亿元/平方公里,同比增长12.2%。受房地产销售收入大幅下降的影响,2012年财政预算总收入3.5亿元,同比下降18.8%。2012年从业人数为8434人,同比增长30.3%,劳动生产率与上年基本持平,达到32.7万元/人。企业总资产贡献率为6.8%,同比下降3.5个百分点。加强环境保护集聚区鼓励企业加大技改力度,按照“三同时”要求,加大环保投入,取得了较好的成效。2012年,集聚区企业综合能耗为35.7万吨标煤,同比下降2.2%,单位增加值能耗水平为1.47吨/万元,同比下降18.3%;企业用水总量为283.8万吨,单位增加值水耗水平为11.7吨/万元,同比下降7%。

湖州经济技术开发区牢牢把握科学发展主题和转型升级主线,全面贯彻落实省、市一系列重大决策部署,咬定“翻两番、冲千亿”的奋斗目标,精心谋划、主动攻坚、奋力发展,实现了经济运行总体平稳、产业结构不断优化和发展质量不断提升。全年全区生产总值完成122亿元,同比增长8.4%;规模以上工业企业完成总产值314亿元,同比增长14.5%;规模以上工业增加值完成43.24亿元,同比增长11.8%。全社会固定资产投资完成89.13亿元,同比增长18.5%,其中,工业性投资完成35.65亿元,同比增长13.6%。完成合同外资2.68亿美元;实际利用外资1.71亿美元,同比增长8.3%;完成进出口总额6.67亿美元,其中自营出口5.75亿美元,增长0.3%。完成体制内财政收入16.01亿元,其中地方财政收入9.12亿元。主导产业生物医药、新能源、节能环保和新材料等战略性新兴产业和汽配机电、健康食品等“4+2”主导特色产业全年实现的销售收入、利税、利润分别占全部规模以上企业的84.4%、84.8%和92.1%。生物医药产业保持良好发展态势,从研发—中试及转移转化—产业化比较完整的价值链体系正在形成,加快建设以特瑞思“单克隆抗体类生物药cGMP国际化研发与生产基地”、健能隆“创新型抗体类蛋白类生物药cGMP国际化研发与生产基地”为代表的生物医药企业集群。南太湖生物医药产业园的建设对于确立湖州市在长三角生物医药产业发展格局中的地位具有深远意义。现代服务业全年服务业增加值占全部GDP比重的45.2%。服务外包产业异军突起,在商务部注册的服务外包企业总数达到52家,全区完成服务外包合同执行额1875.04万美元,位列全市第二。其中,离岸执行金额805.46万美元,在岸执行金额1069.58万美元。现代商贸业蓬勃发展,全区“十大”市场完成交易额139.4亿元,同比增长11.5%,红星美凯龙家居广场、亿丰建材城和中钢钢铁交易市场等快速发展,湖州国际软件园等服务业重大项目建设加快推进。节能减排全年全区规模以上企业单位工业增加值能耗为0.72吨标煤/万元,同比下降5%;共实施节能技改项目26个,总投资9.4亿元,实现节能5万吨标煤,新增销售收入2亿元,其中列入市级重点节能及循环经济项目15项;累计淘汰落后产能5500吨标煤,完成年度目标的110%。全面拆除湖州市弁南电镀厂老旧设备,节约标煤消耗2000吨;全面关停浙江鲸鱼机电有限公司和浙江鲸鱼电镀有限公司,节约标煤消耗3500吨,腾出用地空间60余亩;大力支持企业开展清洁生产,积极实施有序用电方案,最大限度保障工业企业的正常生产经营。科技创新全年全区高新技术产业完成生产总值40.98亿元,同比增长30.9%。29家重点扶持的高新技术企业完成工业总产值98亿元、实现销售收入95.6亿元、利税总额11亿元,其中利润7.26亿元,同比分别增长24.3%、24%、25.1%和24.2%,分别占全区规模以上企业的39.1%、55.5%、59.8%和63.6%。企业自主创新能力加强。全年共申报市级以上各类科技创新项目200项,新认定国家重点扶持高新企业3家,省级专利示范企业1家,省级高新技术研发中心2家,省农业科技型企业2家,省创新型试点企业3家,省区域创新服务中心1家。完成中科院上海生科院湖州营养与健康产业创新中心组建区域性的博士后工作站申报。共申请专利263件,同比增长44.3%,微宏动力公司被列为国家知识产权试点城市重点企业,中机南方被评为省级专利示范企业,实现了开发区在此类项目上的“零突破”。科创中心平台实现倍增效应。科创中心被确定为浙江省第一批重点科技中介服务机构。入驻的18家产业化创新中心转移高科技成果11项,直接实现产值1.16亿元、销售收入9612.5万元、利税1744.6万元,其中利润1439.2万元。中科鸿安、中科瑞泰两个科技成果转化项目成功落地建设;共有69个项目与当地企业建立战略合作关系,共建12个联合实验室和14个科技合作公司。人才引进全年全区引进各类专业人才4000余名,其中硕、博士以上高层次人才200余名、海外高层次领军人才40余名。累计入选市“南太湖精英计划”团队(项目)23个、省“千人计划”团队(项目)10个和国家“千人计划”团队(项目)5个。尤为注重实施以项目带团队、以团队促项目的人才“集团式引进”,如微宏动力公司通过实施“磷酸亚铁锂动力电池”项目,先后引进高层次人才50余名、海外高层次领军人才2名;济和集团引进美国吴幼玲团队,在湖州开发区组建特瑞思药业公司,并整体引进10名生物医药领域的“领军级”高层次人才;浙江中科瑞泰医药股份有限公司通过建设“缓控释技术药物生产基地”项目,已引进国内外高层次人才5名,其中美籍华人留学人员2名。海外高层次领军人才在湖州开发区内创办的企业已达30家。湖州留学人员创业园被教育部、科技部授予“中国留学人员创业创新基地”称号,湖州开发区被列为省级区域性博士后工作试点单位。招商引资全年全区共新批外资项目16个、增资项目7个、股权并购项目1个和吸收合并项目2个,总投资3.4亿美元,其中新批项目中,总投资在1000万美元以上项目10个;共新批内资项目62个,总投资38.25亿元,其中5亿元以上项目3个。全力推进浙商回归,共新批浙商回归项目15个,总投资15.5亿元,其中项目总投资超亿元的有7个;完成浙商回归项目到位资金11.5亿元。成功举办“杭商大讲堂”暨走进“国家级湖州经济技术开发区”活动、机电及高端装备制造业招商洽谈会、上海张江园区相关研发团队和企业生物医药(医疗器械)产业推介会。项目建设2012

年,全区排定的60项转型升级产业化重点项目,累计完成投资40.5亿元,已竣工投产(试生产)项目17个,在建项目23个。其中,世润机械、惠盛机械、康德医疗和美普兰等项目已经实现了试生产;泰合电气、三行轴承、日新汽车和新兴汽车部件等已经完成部分厂房结顶。40项重大城乡建设项目,完成投资29.5亿元,其中21个在建项目中,中景国际金属物流园正在进行一期港口施工;嘉年华国际商务广场已基本完工;悦文大酒店写字楼已结顶、办公楼建至19层;腊山4S店等项目进展顺利;五菱汽车、雷克萨斯和康桥汽车三个4S店已开业,并已对开发区财政带来实质性的贡献。集中攻坚的20个重点项目开工率达到100%,其中辛子精工、特瑞思、赛格数码城、科创中心二期和保障房安居工程等7个项目已超额完成年度推进目标。产业平台加快推进西南分区、南太湖生物医药产业园、杨家埠工业区、湖州综合枢纽区、康山分区和南太湖科创中心(二期、三期)等产业主平台建设。西南分区:以二环西路沿线为主线,整体布局的10大商务楼群加快建设,城市副中心地位显现。南太湖生物医药产业园:路网工程中,有2条道路已经建成,另外5条道路已全面实施;地块平整、公共基础设施、特瑞思等落地项目加快推进。杨家埠工业区:加快推进黄芝山西拓、敢山采空区综合治理和安置社区等配套建设工作。湖州综合枢纽区:进行农房拆迁安置、路网工程建设,至年末,憩园小区基本建成、杨家庄安置社区开工建设,“一纵三横”骨干道路完成路基工程。康山分区启动区:加快征地拆迁和抓紧做好三条骨干道路建设前期准备工作。至年末,南太湖科创中心二期土建全面完成。发展环境切实加大土地回购、置换和调整的力度,累计盘活闲置低效利用土地150余公顷,有效地缓解了土地供给紧张与土地闲置低效利用的矛盾。大力实施“腾龙换鸟”工程,积极对园区道路宽度、河边绿地布局等进行规划调整,有序推进“退二进三”地块开发。深入开展农村土地综合整治,积极推进100公顷黄芝山西拓工程、40公顷敢山采空区综合治理工程,有序推进28平方公里塘口农村土地综合整治项目。组织实施拆迁攻坚,加快项目建设专项行动,共拆除各类违章建筑2.9万多平方米,共签约农户615户,腾空460户,其中签约重点户42户、签约各类企业22家。城乡发展坚持“产城融合”理念,着力推进新型城市化,切实加快城乡一体化步伐。按照凤凰老城、西南新城、杨家埠工业城、高铁枢纽城、康山科技城和塘口城乡统筹先行区的“五城一区”定位,全面开展控规修编和城市设计,站高起点,做优品位。着力提升开发区整体形象,以“完善配套、增强功能、提升品位”为目标,有序推进亿丰赛格数码城、新城国际广场、嘉年华国际商务广场等十大城市品质提升工程和城市外环线开发区段、康山大道、红丰西路西延、二环南路西延、环漾大道等基础设施建设工程以及老翠苑、陈板桥、杨家埠区块三大老城有机更新工程;及时启动了“四边三化”各项工作。社会民生切实保障和改善民生,大力推进基本公共服务均等化。农村居民人均纯收入达到18036元,同比增长15.2%。外庄中学完成开工前准备工作;夹山漾保障性安居工程、清河嘉园二期、憩园小区、杨家庄安置社区、基山安置社区和中铁十六局三公司棚户区改造等保障性安居工程有序推进;塘口农村土地综合整治工作加快推进,首个40公顷矿区复垦项目已基本完成;农房改造工作扎实推进,完成农房改造面积25.92万平方米,受益农户2376户;农村信息化工作稳步推进,“白鹭引航”农村信息化综合服务平台全面建成。全力做好社会保障,落实城乡居民养老保险补助资金近1000万元,解决了6600人的未参保集体企业退休人员基本养老保险保障和147个精简减退人员生活困难补助;高度重视农村剩余劳动力转移就业,完成农村劳动力素质培训615人,转移就业255人。社会管理2012年,按照“发展是第一要务、稳定是第一责任”的要求,强化基础,健全机制,主动防范,全力稳控,成功实现了全国、省、市“两会”和党的十八大、省、市党代会期间“零进京”的维稳目标,较好地保持了辖区内社会秩序平稳有序。强化领导包案责任机制,全年落实领导包案的31件重大矛盾纠纷已化解23件、稳控或正在化解8件。组织开展领导干部大接访活动,全年共接访、约访群众15批次、222人次,调处集体欠薪事件15起,涉及金额632万元、民工570余人。加强社会治安综合治理,严厉打击各类犯罪活动,全年治安案件同比减少6.4%,查处率达100%。切实加强社会管理创新,扎实推进“网格化管理、组团式服务”工作,建立了新居民服务管理工作机构,罗师庄社区流动人口“一室七站”服务管理新模式得到进一步推广,流动人口、特殊人群的服务管理得到进一步加强。基层基础积极推进学习型党组织建设,借助“机关学习日”、网络学院和远程教育网络三大平台,全面提升干部能力素质。以“进村入企”大走访、深化“三个年”活动为载体,对180个项目和企业、54个行政村开展三轮走访活动,共解决影响发展的各类难题294个。“创先争优”活动取得阶段性成效,全年共完成239个基层党组织及5347名党员目标承诺,建设培育基层党组织党建示范点17个。以“分类定级”为抓手,扎实推进“基层组织建设年”活动,全区239个基层党组织已全部完成分类定级工作。积极探索非公企业党建工作新模式,不断扩大党组织覆盖面,全区810家非公企业党组织覆盖率达到100%。严格落实党风廉政建设责任制,不断深化廉政文化教育,组织委机关、镇、街道382名党员干部和职工参观市反腐倡廉警示教育基地。加快推进杨家埠镇、康山街道便民服务中心平台建设,方便群众办事,提高服务水平。

长兴经济技术开发区(以下简称开发区)认真贯彻落实长兴县第十三次党代会精神,结合县行政区划调整和机构融合,立足当前,着眼长远,科学谋划并启动了“二次创业”,以“四大突破”攻坚行动为载体,统筹开展各项工作,经济社会保持了平稳较快的发展态势。全年完成财政收入31.7亿元,同比增长12.08%;实现规模以上工业产值657.3亿元、同比增长24.97%;完成工业增加值124.3亿元,同比增长18.23%;完成合同外资3.66亿美元,实到外资1.74亿美元。谋划园区发展一是抓“二次创业”谋划。以县行政区划调整为契机,紧密结合当前实际和发展远景,成立专项调研小组,先后赴嘉兴市的嘉善县和杭州市的富阳市等地考察学习,在剖析自身发展和借鉴先进经验的基础上,拟定了“二次创业”行动方案,提出了“一年整合提升、三年实力倍增、四年跨越发展”的奋斗目标,提出了“两园三区”的空间布局,进一步明确了“十二五”期间的发展方向和路径。二是抓空间布局规划。围绕“二次创业”确定的“两园三区”空间布局,优化调整开发区总体规划,深化国际商务区和三河湾新区等核心区域的城市设计,编制完成第七小学及许家桥四期等重大规划设计方案。三是抓产业发展规划。以现有产业为基础,分行业召开企业家交流座谈会,深入走访园区企业,形成动力电池、机械汽配、电线电缆、纺织服饰和电子电器等产业调研报告；邀请北京大学王缉慈教授城市规划团队到长兴县考察和指导，通过实地调研、座谈交流、专家号脉，编制产业定位及发展战略咨询报告，积极促进产业的集聚、集群发展。经济发展得到新提速一是狠抓招商引资。坚持招商引资"一把手"和"一号工程"不动摇，结合开发区实际，进一步整合招商力量、调整招商布局和深化产业招商，修改完善总部经济政策，制定出台招商引资实施意见，制作完成招商宣传资料，积极探索委托招商、合作招商、后台招商和主题招商等多种招商模式，充分借势"长洽会"以及深圳、金华、杭州、上海四地招商推介会活动载体，集中攻坚一批"大好高"项目。二是狠抓项目推进。按照"快、稳、转"的要求，加强项目服务、协调和督促。全年完成工业性投入30亿元，推进第二产业和第三产业项目74项，其中，新开工项目22项、竣工项目18项、投产项目20项。三志纺织二期、金指科技一期和金三发等14项工业项目顺利投产；新紫金大酒店、农村合作银行总部大楼交付使用；鑫荣大厦等6幢高楼主体结顶，总部经济园的形象进一步凸显；商业项目中，雪佛兰、冀超等汽车4S店正式营业，奥迪、奔驰汽车4S店项目加快建设，专业市场区汽车4S店已呈现集聚效益。三是狠抓企业培育。坚持服务和管理并重，制定并出台《加强企业管理和服务的措施意见》和《开发区企业现场管理标准化实施意见》，建立健全班子成员和科室人员联企机制等服务管理体系，工业税收同比增长40%，成功创建"浙江省工业循环经济示范园区"。企业服务不断优化。着力培育骨干企业，组织投资公司对接园区企业，引导企业加快战略合作和资本运行，海悦自动化、中德阀门和诺力机械上市步伐加快；鼓励技术研发和品牌创新，签约产学研项目22项，创建高新技术企业3家，完成国家级火炬产业化项目7项、省级新产品43项和专利授权204项(其中发明专利授权41项)，完成驰名商标申报1件、省著名商标2件。企业管理不断强化。出台《开发区厂房租赁管理办法》，60余家厂房转租企业整治和清退工作有序开展；加大企业动态监管力度，建立健全企业信息档案管理信息库，协助企业完善"十二五"发展规划，每月制作企业经济运行透视表，动态关注企业发展趋势，营造"比学赶超"的良好氛围；积极开展"安全生产百日大决战"、"企业内部现场管理推进月"等活动，环保查处并整改企业5家，创建安全生产标准化40家、"三化"建设5家和5S管理15家，清洁化生产达标2家，经济发展质量得到有效提升。四是狠抓平台建设。围绕14项重点基础设施工程，开展平台建设"2332"(即，两个新区、三条道路、三处安置小区、两所学校)攻坚行动。全年平台投入建设资金超13亿元。三河湾新区规划设计与征地拆迁同步开展；国际花园周边地块企业"退二进三"和征地拆迁工作完成测算并正式启动。发展大道二期建成通车，中央大道、D区5号路工程有序推进。陆家斗二期平稳交付使用，许家桥二期工程完工；陆家斗三期、许家桥三期与央企华东院签订合作意向并正式动工，至2014年可基本实现"房等人"目标。开发区中学项目完工，第七小学项目正在进行深化设计。要素供给得到新保障一是强化用地保障。积极对内挖潜，有序开展"腾笼换鸟"工作，研究出台《开发区闲置土地处置办法》，成功收回宇峰新能源、IC卡、爱侣等项目土地13块，盘活用地68.4公顷。强化征地拆迁，按照"地等项目"要求，重点攻坚和整拆整迁并举，全力推进三河湾新区和新建第七小学项目等21个地块，完成土地征用112.47公顷，房屋拆迁437户、13.57万平方米。二是强化人才保障。开发区人力资源与劳动保障分局成功创建为"湖州市就业工作先进集体"；湖州职业技术学院科研培训基地和重庆三峡职业学院人力资源引进合作基地正式运营；通过政府搭台、校企联动，引进各类人才858人、国家"千人计划"人选3人；开发区人力资源市场成功举办各类培训班7期，开展"周五"招聘会47场，提供就业岗位近2.7万个，达成就业意向5100余人。三是强化资金保障。克服融资平台管控、银行银根紧缩等不利因素，强化项目包装、积极主动争取，有序开展开发区企业债券申报，成功取得农业发展银行、工商银行、建设银行、万豪投资公司等金融机构信贷支持，重点工程建设和征地拆迁资金得到有力保障，全年还贷工作顺利完成。社会事业得到新提升一是扎实推进民生改善。安置服务有序推进。投入安置房建设资金3.3亿元，陆家斗二期平稳交付550套，共计5.59万平方米；许家桥二期、白鹭湾安置房加快推进；陆家斗三期、许家桥三期全面启动，"房等人"目标加快实现；组建成立安置服务中心，建立健全《公寓房安置小区内部管理办法》等规章制度，进一步加强安置管理和服务，白溪安置公寓房办证、违章改建车库等遗留问题有序解决，安置点强弱电、给排水和天然气管道安装工作陆续完成。"美丽社区"启动建设。结合"一宣讲、六推动"活动，开展全面创建"美丽社区"的调研和准备，并启动"村庄环境整治"专项行动，已有8个村委会申报并启动了项目。二是统筹开展社会事业。计生服务均等开展。户籍人口和长兴新居民的均等化服务全面铺开，流动人口服务中心成功创建为省级示范。基本保障全面覆盖。村级便民服务中心建设全面铺开，民政、人武和残联保障工作进一步落实；新型农村合作医疗保险覆盖率达99%；长兴县下箬卫生院成功收购，公共卫生工作开展顺利。文教事业扎实推进。积极参与"锦绣长兴"排舞大赛，取得1金2银的佳绩；第七小学、培智小学的搬迁和异地重建工作平稳推进。三是严格实施社会管理。违章建房管控有力。制定并出台《农(居)民建房审批办法》，严格审批、严格管理和严控违章，全年共查处违章建筑77处，面积达8230平方米，拆除26处、2800平方米，并同191户违章建房户签订了无条件拆除承诺书，违章数量与面积同比下降76%和83%。环境创建力度加大。以"创建提升百日大行动"和"环境整治百日大攻坚"为抓手，健全联动机制，突出抓好节假日、周末和重要时段的城市管理，疏堵结合整治流动摊贩集中区，"流动红旗"考评制度推动村居环境创建，绿化、美化、亮化、洁化和养护等工作有序推进，森林单位成功创建，绿源物业通过公司化运作，全年节省建设资金230万余元。四是全力维护社会稳定。扎实推进"平安开发区"创建工作，完善社会服务管理中心建设，认真落实领导包案化解、领导出访接访等工作机制，强化维稳工作的源头管控，2012年共受理信访事项32例，同比下降60%，办结或转办32起(集中积案化解4起)，办结率100%。高度重视安全生产，加大对安全隐患的监督、排查和整治力度，全年无重大安全事故发生。

太湖度假区按照市委、市政府的工作部署要求，以争创国家级旅游度假区为目标，围绕项目、提升人气，大力开展"百日攻坚、百日无休"项目建设、征地拆迁集中攻坚行动，突出重点、全力推进事关度假区全局和整体形象的"十件大事"和20个重点项目，开发建设和旅游发展都取得新成效。全年市重点建设项目完成投资18.5亿元，完成年度计划的100.56%；财政总收入2亿元,同比增长20.4%。重点项目顺利推进一是月亮酒店建成开业。特别是酒店美轮美奂的亮化效果和周边整体环境,获得各界一致好评,影响力持续提升,正在抓紧后续功能完善。二是20万平米的黄金湖岸景区建成开放。极大地提升了滨湖岸线形象,正在抓紧后续配套功能完善,春节全面对外开放,真正打造成为环太湖地区最具魅力与特色的亲水临湖大型诗画文化休闲广场。三是古木博物馆建成开馆。作为世界上收藏古木最全的博物馆,为度假区增添了一个景点亮点,整体运营情况良好。四是温泉高尔夫27洞建成运营。高尔夫实现了27洞全部建成运行目标,11月份还隆重举办了高尔夫全明星年度总决赛,影响力持续提升。五是其它重点项目顺利推进。"发现岛"乐园项目完成第六轮方案设计;郁金香公园方案设计、征地拆迁等各项前期工作有序推进;意大利生命关爱中心和南太湖动物园两个项目也相继签约,各项前期工作都已经启动推进;奥特莱斯10.8万方折扣店全部建成,游艇俱乐部主体会所结顶,都在深入对接沟通,加快推进;渔民新村投入使用,临时安置上岸的渔民陆续搬进新居;外环线及黄龙洞社区7月1日开工,都在抓紧施工,路基路型、房屋基础等已初见形象;游客集散中心、农贸市场先后开工建设,路网配套道路、110KV变电所、绿化景观、水环境整治、污水管网等一批基础设施建设项目也顺利推进。滨湖旅游迈入新阶段继续围绕旅游要素,细化服务功能,加强旅游公司专业运作,完善水上旅游项目,强化旅游策划营销、积极举办特色活动,圆满完成了月亮酒店落地建成、月亮广场建成开放、极限赛、帆船赛和古木博物馆开馆等"9·28"五大活动,特别是随着月亮酒店的建成,度假区影响力和知名度极大提升。目前,度假区的"特色餐饮、湿地观光、黄金岸线、亲水临湖、温泉体验、婚纱摄影、康体娱乐"等特色项目越来越得到各地游客的广泛青睐,全年度假区游客总数突破300万人次,尤其"五一"、国庆黄金周,渔人码头游人如织,"一房难求、一餐难订",单日最高接待量突破10万人次,创下历史新高。在首届"长三角最佳慢生活旅游名城"系列评选活动中,度假区获评"长三角最佳慢生活旅游宜居目的地"、月亮酒店获评"长三角最具影响力地标度假酒店"。社会总体保持和谐稳定我们牢固树立稳定是第一责任的理念,强化领导,完善机制,创新方法,排摸研判,主动应对,进一步完善了领导包案调处责任制,全面推进信访工作"百日攻坚活动",今年共排查各类矛盾纠纷136件,有效化解130件,妥善处理了湖州三狮与雀立水泥厂、垄山小桥头、桥西村、横塘桥村、湖滨村等征地拆迁、天际花园、天玺别墅、假日阳光社区等不稳定因素,有效保障了党的"十八大"期间社会和谐稳定。以"打黑除恶"为突破口,集中开展了建设环境整治工作。进一步落实责任,特别注重工程建设、道路交通、水上旅游等领域安全,在开发建设快速推进过程中,度假区总体保持平安和谐稳定不出事,平安创建工作继续走在前列。各项工作顺利推进积极开展"招商引资百日攻坚"行动。进一步配强招商力量,明确招商方向和重点目标,创新招商方式,探索开展网上招商、以商引商,积极开展或参与"2012上海浙江服务业推介会"、度假区服务业产品(上海)推介会、度假区上海媒体说明会等活动,营造浓厚的招商氛围。今年以来共引进正式签约项目2个,签订意向项目2个,在谈项目2个。大力开展征地拆迁百日攻坚和重大项目动迁行动。先后三次召开动员大会,进一步严肃拆迁工作纪律,调动基层干部积极性,充分发挥基层组织作用,今年累计拆除农户300多户,基本保障了重点项目推进的需要。稳步推进新农村建设。积极组织实施蟹苗繁育中心、深介洋生态渔庄等生态农业项目和垃圾收集房建设、村庄道路改造等16个新农村建设及一事一议项目,为4个村级公益事业"一事一议"项目争取省级补助资金95万元,全面推进仁皇山一、二、三社区和阳光假日社区争创省、市级和谐社区。全面提升区域整体环境。抓好生态修复、太湖清淤、矿山复绿、蓝藻应急打捞等生态治理工程,对照一流休闲旅游度假区的标准要求,做好太湖路与滨湖大道等主要道路、沿湖沿岸及重点景区的绿化亮化美化工作,全面展现度假区沿湖、沿路、沿线的靓丽形象。进一步强化安全生产。深化"打非治违",严查违法违规,今年共组织检查人员382人次,检查企业4316家次,下发整改指令书83份,强制措施责令书8份,有效确保了辖区安全生产形势的总体稳定。同时注重抓好农村环境卫生整治,扎实开展国卫、国模复评迎检各项工作,累计完成了7个市级生态村、1个市级生态街道的创建工作。

湖州省际承接产业转移示范区(以下简称湖州示范区)2012年7月,省政府批复同意发展规划。规划范围涉及长兴的泗安、林城和安吉的天子湖、梅溪4个建制镇,22个行政村,常住人口54487人。规划控制区域面积为165平方公里,其中,生态保护与生态农业区面积为94.1平方公里;规划建设区面积为70.9平方公里。湖州示范区范围涵盖了国家优化开发区域、省级重点开发区域以及省级重点开发区块,示范区控制区范围内有低丘缓坡3266公顷,低丘缓坡资源丰富,土地后备资源较为充裕,开发潜力大。同时,湖州示范区具有临边、临沪和临杭的区位特点,属"泛长三角"几何中心,是浙、皖两省通衢重要门户、杭州大都市圈北部重要节点和湖州滨湖大城市西部新兴组团。湖州示范区内有三条高速公路(杭长、申苏浙皖、申嘉湖安高速)、一条国道(318国道)、三条省道(04、11、12省道)、一条铁路(宣杭线)和三条水道(梅湖、泗湖、浑泥港)穿境而过,规划中的"商合杭"高铁设站,将使湖州示范区迈入高铁时代。区位交通优势的凸显,将使湖州示范区更加有利于承接国内外产业转移。功能定位湖州示范区建成后,将成为"长三角"承接产业发展重点区、浙江山区经济转型发展示范区和浙北地区"三化"同步发展先行区。1、"长三角"承接产业发展重点区。突出高标准承接,严格产业准入标准,选择性引进战略性新兴产业、先进制造业以及产业链长、附加值高的其他产业,在承接省内外高层次产业转移方面发挥示范作用;突出高层次对接,积极实施"东引上海、北接苏南、南承杭州"战略,争取上海、苏州、杭州等地的成熟工业园区到湖州示范区设立园中园,加强产业对接和合作;突出高水平合作,加强与全球500强企业、大型央企、省属国企、国内外知名科研院所合作与技术对接,共建科创研发与服务平台,提升科技创新水平。2、浙江山区经济转型发展示范区。强化交流合作,突出湖州示范区在浙江省山区经济转型发展中的战略地位,加强与沿海地区的联动发展,推动山区经济转型升级;强化集聚集约,通过特色产业园区的集中布局,基础设施的联建共享,优化湖州示范区发展格局,提升发展集约和节约度;强化融合发展,加快发展先进制造业,不断壮大现代服务业,优化发展现代农业,提升产业融合发展水平;强化生态富民,积极发展绿色低碳制造业和高效生态农业,促进居民特别是低收入群众增收,加大水环境保护力度,着力构筑生态安全屏障,推进区域可持续发展。3、浙北地区“三化”同步发展先行区。突出城乡建设，按照“工业化、城镇化深入发展中同步推进农业现代化”的总体要求，加快建设泗安森林小城市，积极培育梅溪省级中心镇，带动新农村和美丽乡村建设，打造浙、苏、皖省际边界区域新型城市。强化区域联动，发挥湖州示范区的集聚示范效应，加强与湖州城区、南太湖产业集聚区以及安吉县和长兴县城的联动发展，提升区域整体综合竞争力。推进体制创新，探索建立保障“三化”同步的体制机制，加快健全“三农”投入稳定增长机制，继续深化城乡联动改革，建立健全农业转移人口的权益保障机制，形成城乡经济社会统筹发展新格局。示范区建立11月15日，在安吉县天子湖镇举行湖州省际承接产业转移示范区挂牌仪式，省、市领导分别为示范区管委会和安吉、长兴分区管委会授牌。湖州示范区内现有林城工业园区、泗安城西工业园区、天子湖工业园区和梅溪临港经济开发区等平台，承接了来自杭州、浙东沿海城市和上海等地的转移产业，初步形成了装备制造及零部件、精密铸造及零配件、现代纺织、竹木加工和热处理装备等产业集聚，新材料、新能源、电气制造等产业正逐步兴起，产业规模初显，集聚平台初步形成。

吴兴工业园区是2006年4月经国家发改委审核通过、浙江省人民政府批准设立的省级工业园区。2012年8月，经市人民政府批准，成立湖州南太湖高新技术产业园区，核准面积75平方公里。湖州南太湖产业集聚区吴兴分区由织东工业新区、临港装备产业园和城南工业园三个区块，控制规划区93.31平方公里，重点区域面积14.91平方公里。吴兴区委、区政府按照“巩固提升老平台、整合连通散平台、开辟拓展新平台”的工作思路，以整体打造“一区一廊”为总目标，加大投入，加快项目引进，推进基础设施建设，不断提升平台承载能力。2012年，吴兴区工业平台完成拓展开发面积10平方公里，完成基础设施投入8.18亿元，盘活土地存量41.87公顷，新建设道路43.99公里，架设桥梁6座，铺设管网43.03公里，亮化和绿化面积18.16万平方米。园区建设1. 织里工业园位于中国童装名镇、品牌羊绒服装名镇和全国百强乡镇——吴兴区织里镇。园区总规划面积17.4平方公里，其中：新规划新兴产业集聚平台织东新区6.05平方公里。园区内产业体系完善，形成了以特色童装、新型纺织、羊绒羊毛、铝合金型材和装备制造为支柱，电子信息、生物制药等综合发展的现代工业体系。2012年，园区内已有规模企业70家，实现规模以上工业总产值121.59亿元。2. 东部工业园位于吴兴区八里店镇，介于申苏浙皖高速和申嘉湖高速之间，是吴兴区东部新区的高新技术和新兴产业的综合平台。园区总规划面积19.2平方公里，其中：规划新兴产业集聚平台临港产业园5.2平方公里。2012年，园区内已有规模企业63家，实现规模以上工业总产值223.85亿元。3. 城北工业园位于湖州中心城市东北部，是国家级开发区湖州经济技术开发区的东部新区，内分商贸综合开发区、新型纺织工业区、电子工业区、机械装备工业区和食品加工区五大区块，总规划面积9.79平方公里。2012年，园区内已有规模企业24家，实现规模以上工业总产值34.97亿元。4. 城南工业园位于吴兴区西南部，由道场工业功能区和妙西工业功能区组合而成，总规划面积9.49平方公里。2012年，园区内已有规模企业4家，实现规模以上工业总产值28.92亿元。5. 青山工业园位于吴兴区南部，由埭溪工业功能区和东林工业功能区组合而成，总规划面积15.49平方公里。2012年，园区内累计已引入规模以上企业51家，实现规模以上工业总产值59.17亿元。

南浔经济开发区深入贯彻落实区第三次党代会和区委三届三次全会精神，紧紧围绕全年的重要指标、重点工作、重点工程和重点项目等目标任务，按照“征迁攻坚、融资破难、项目求效、服务争优、管理创新”的工作总要求，迎难而上、开拓创新、攻坚破难，各项工作均取得了较好的成绩。2012年，开发区共计完成规模以上企业工业总产值168.37亿元，同比增长8.3%；销售收入164.84亿元，同比增长8.5%；实现利税15.97亿元，同比增长17.67%，其中完成国税和地税收入5.5亿元，同比增长10.2%；完成全社会固定资产投资28.66亿元，增长19.35%，其中工业性投入15.5亿元，增长18%。平台建设2012年，开发区集中力量加快工业平台建设步伐。一是规划引领，定位明确。开发区按照“一城五区”的发展定位，进一步完善了各功能区块的详细规划。至年末，开发区工业平台规划体系基本完成，初步形成了以打造“与中心城区高度融合的现代化生态型产业新城”为目标，以节能电梯电机产业园、浙（浔）商回归创业园、装备制造业临港产业园、中央商务区和318国道以北的老工业区等特色产业园区相互促进的布局。二是征地拆迁取得历史性突破。开发区按照“全面完成道路和项目内征迁任务，基本完成江蒋漾、漾南、直港巷三个村征迁任务，全面实施新安村征迁工作，启动实施东迁村征迁前期工作”的征迁工作总要求，通过完善集中攻坚的新模式、强化全员参与的新举措和落实上下联动的新机制，集中开发区的人力、财力和物力，决战征迁，全年共完成拆迁1075户，完成平台拓展203.33公顷。同时，一批久拖不决、久攻不克的拆迁地段和线路内的拆迁问题得以全面解决，比较典型的是人瑞路、318国道复线和综园路等已全线贯通。新安村征迁的前期工作全面完成，共完成农户评估552户、企业评估181家，签约拆迁工作已全面铺开。东迁村征迁前期工作加速推进。三是基础设施建设投入加大。全年共完成道路基础设施投入1.4亿元。人瑞路、向阳路、外环西路、综园路和富华西路等13条道路工程建设加快推进，开发区道路网基本实现了“双井字型”循环，临沪工业区一期框架已基本拉开，平台形象初步显现。项目推进按照“签约项目抓开工，在建项目抓投产，投产项目抓效益”的工作要求，全年3大类、17个项目建设工作有序推进。其中：6个在建项目中，恒达富士已竣工投产；永鑫机械已开始试生产；南方通信两座厂房已结顶，准备进行设备安装；巨人控股一期一号、二号车间已结顶，正在安装生产设备；越球电机厂房浇筑已基本完毕；怡达电梯已开始办公楼浇注，生产车间正在搭建钢结构。4个拟开工项目中，天奥电梯矿渣回填已基本完成；寰宇科技矿渣回填已完成50%；国电电力已完成方案初步设计；巨人控股二期用地已挂牌。7个前期项目中，和明新纤和帝力驱动项目前期手续已完成，其他5个项目的前期手续正在办理中。

招商引资坚持招商引资“一把手”工程，着力转变招商观念，使招商目的由单一完成指标，向完成指标与注重项目真实有效并重，并以项目真实有效为主转变；招引项目由单纯追求数量，向追求量质并举，并以质为主转变；招商重点由抓注册资金的实到，向抓注册资金的实到与项目落地并重，并以项目落地为主转变。通过努力，开发区全年引进“大好高”项目7个，其中10亿元以上的项目1个。共完成区外实到注册资金7.16

亿元;完成市外实到注册资金6.69亿元。综合保障工作开发区围绕平台建设、招商引资和项目推进等中心工作,统筹做好各项综合保障工作。一是强化融资保障。按照积极探索、多管齐下的原则,一方面,利用省、市、区对于工业平台建设的财税奖励扶持政策,积极向上争取;另一方面,立足自身,创新拓宽融资渠道。探索整合资产,做大做强融资平台。全年共完成融资超10亿元,切实保障了平台建设的资金需求。二是强化作风建设。以提升干部执行力为主题,以制度建设为核心,通过明确目标抓作风、落实责任抓作风和强化考核抓作风,建立了干部执行保障体系考核制度,根据机关干部的工作特点,具体分为"制度执行"、"四重工作"、"服务提质"、"平安创建"及"攻坚克难"五个方面进行考核,考核结果直接与干部的报酬挂钩,有效地调动了干部的积极性,有效地促进了各项工作的推进。三是扎实做好综治维稳工作。以"创平安、维稳定"和"十八大"安保为工作主线,通过树立新理念、建立"片组维稳制度"和"信访工作三访制度",积极开展争创"三无责任区"活动,即无越级上访、无重大群体性事件和无重大安全生产事故,形成了具有开发区特色的维稳工作和社会管理新格局。民生与社会事业开发区坚持围绕中心工作,突出基层党建和民生,促进社会事业新发展。一是紧紧围绕"强组织、增活力、创先争优迎十八大"这一主题,加大"基层组织建设年活动"推进力度。二是加大扶贫力度,提升集体经济边缘村的发展,并加快推进社会主义新农村建设。农业增加值比上年同期增长5%,农村居民人均纯收入比上年增长12%。进一步加强农村集体"三资"的管理,对下属20个行政村进行了清产核资。三是社会事业全面进步。进一步强化计生、残联、卫生、文体、教育工作,卫计生工作各项指标全面达标,新农村合作医疗参保率达95%以上。

德清经济开发区(高新区)是1993年10月经浙江省人民政府批准为首批省级经济开发区,2010年6月,被认定为省级高新技术产业园区。开发区(高新区)位于最具活力的长三角经济区,是杭州都市经济圈的重要组成部分,区位优势十分突出,杭宁高铁、杭宁高速公路、申嘉湖(杭)高速公路、104国道、09省道、宣杭铁路和京杭大运河穿区而过,距杭州市中心仅半小时车程,距上海、宁波和南京均在2小时车程以内。近年来,开发区(高新区)深化创新"德清模式",日渐成为浙江经济转型升级的示范和带动县域经济不断快速增长的引擎,2010年成功步入全省"十强"开发区行列。2012年,实现规模以上工业产值671亿元,自营出口16.2亿美元,实现财政收入43.2亿元;全年完成合同外资2.58亿美元,实到外资1.39亿美元,实到内资42亿元人民币;完成固定资产投资145亿元,其中工业性投入89亿元。截至年底,全区共有规模以上企业608家,其中国家高新技术企业36家,初步形成了以生物医药、特色机电、新型材料、纺织服装及休闲用品等为特色的主导产业,电子信息、通用航空和新能源等新兴产业得到迅速发展。平台建设加大平台基础设施投入力度,道路桥梁、绿化亮化及安置小区等15项重点基础设施项目加速推进,全年共完成新增基建投入3.9亿元。龙山安置小区主体建成,完成了低丘缓坡二期区块场平工程、砂村废弃矿区规划设计方案评审等工作,为下一步平台空间拓展打下了坚实基础。产业转型加大企业扶持力度,实施品牌战略、标准化战略和知识产权战略,以点带面,以块状经济拉动产业集聚发展;精耕细作主导产业,积极发展新兴产业,推动园区经济从粗放型增长转变为集约式发展。以泰普森、嘉宜实业为龙头的休闲用品制造业产业集群效应初步显现;生物医药产业发展势头强劲,佐力药业成功上市,我武生物通过国家证监会发审委审核;康泰管业、华之杰塑料建材和新远见木塑等新型建材产业蓬勃发展;服务业发展势头增强,微软淡竹软件园、歌林小镇和金银岛五星级酒店等重大项目如期推进。经济结构出现深度调整趋势,开发区(高新区)工业与服务业双轮驱动效应日趋显现,并逐步由单一的工业区向综合性经济新区方向发展。创新驱动围绕新型工业化战略目标,强化科技创新,积极引导企业加强与专业研发机构和高校院所的合作,推动产业优化升级。鼓励企业加大技术改造和技术创新力度,做好新产品及各项专利技术的申报工作,全年新认定省级高新技术企业3家;国家级、省级重大、重点项目立项3项;省级新产品23项,国家级新产品计划1项,国家级创新基金项目1项;实施重大科技成果和共性技术转化的产业化项目3项。

德清工业园区成立于2001年5月,2002年10月被浙江省经贸委等三部门批准为"浙江食品工业专业区",同年11月,被国家农业部批准为"全国乡镇企业科技园区",2006年8月,通过国家发改委审核确认为省级开发区(园区)。德清工业园区区位优势突出,交通便利、运输快捷,申嘉湖(杭)高速公路连通沪、杭、湖,距杭州市、湖州市、嘉兴市均为30分钟路程,距上海市1小时路程,黄金水道京杭大运河绕园区达10余公里。近年来,德清工业园区紧紧围绕"创接沪融杭工贸重镇,建京杭运河活力新城"目标,以小城市培育试点工作为契机,制定《德清工业园区"十二五"发展规划》,深化"开放创新、接沪融杭",大力拓展工业平台,加大选商引资和项目推进力度,推进经济转型升级。2012年,德清工业园区完成工业总产值152亿元,实现销售收入145亿元,创造税利6.3亿元,实现财政收入3.2亿元,至年末,已有156家企业入驻,其中规模以上企业52家,初步形成了食品加工、新型建材和先进装备制造三大主导产业,纺织、电子和物流等特色产业也得到迅速发展。平台与项目双推进2012年投入2.16亿元,实施工业园区扩容等基础设施建设,新拓展平台面积66.67公顷,建成平台面积33.34公顷。扎实开展"推项目、强投资、优服务"双百攻坚活动,26个重点工业项目进展顺利,中圆管桩等9个项目竣工投产,完成工业投入12亿元。全年新引进项目8个,其中"大、好、高"项目2个,完成合同外资4157万美元,实到外资2260万美元,实到内资4.16亿元人民币。转型升级显成效深入实施"腾笼换鸟"和"零土地"技改,淘汰造纸、电镀和印染等行业的落后产能,盘活存量土地资源,提高土地利用率。加强科技创新,研发新产品,打造品牌,增强核心竞争力。坚持培大育强龙头企业,新市油脂和五龙新材产值分别突破20亿元,五龙新材税利突破2亿元。

安吉经济开发区位于安吉县中部,东临德清县,西邻安吉县孝丰镇,南依天目山,北接安吉县溪龙乡和天子湖镇,管理面积375平方公里,辖40个行政村(社区),766个村民小组,常住人口9.6万人,是安吉县面积最大的行政区域和政治经济文化中心。2012年,规模以上企业销售收入、工业增加值分别达到171亿元和30亿元;财政收入19亿元,同比增长26%;合同外资、实到外资、实到注册内资分别完成1.4亿美元、6500万美元和6.6亿元人民币,分别占全县的63%、50%和41%。平台投入17亿元,工业性投入37.5亿元;农村居民人均纯收入突破1.8万元,同比增长10%。工业经济努力化解各种不利因素,逆境中保持经济平稳增长。招商引资取得新突破。深化招商引资"双评估"制度,成功引进总投资35亿元的大型装备制造项目—宜工控股入驻安吉经济开发区,刷新历史记录。美意空调、琥珀热电等8家企业增资扩股,实现"零土地"招商8000万元。项目建设取得新进展。全年新开工重点工业项目12个、竣工13个,洁美光电、奋进齿轮破难开工,亚太机电、藤仓橡胶顺利投产,新兴产业占比进一步提高,产业结构进一步优化。服务企业取得新成效。协助法院基本完成金贸公司破产清算,排查企业资金链风险20余起,化解企业债务危机8起,帮助企业协调转贷资金3亿元,全年盘活低效利用土地46公顷,保持了区(镇)实体经济稳步发展。基础设施建设努力克服土地、资金要素制约,困境中保持基本建设有效投入。全年完成基础设施项目85个,基础设施投入6亿元,征地360公顷,拆迁450户。城市框架全面拉开。杭长高速、绕城南线建成通车,天荒坪北路、吉二中路和机场路基本贯通,天目北路改造、绕城东线征地与拆迁工作全面启动。平台配套更加完善。城北、城西北两大工业平台日趋完善,一批道路、桥梁、河堤、绿化和亮化工程加快建设;琥珀热电、污水处理厂建成使用,平台形象和承载能力大幅提升。城市品质不断优化。大力实施城南、范潭旧城改造,,顺利完成华电环保、洁美电子退二进三。全力配合昌硕街道开展城市环境卫生整治,顺利完成国家级卫生县城复评。大力开展"两违"整治,制止违法用地39起,拆除违章建筑6.2万平方米。全力推进现代服务业发展,篁都、宏宇物流等一批商务、贸易和物流项目开工建设。着力构建浒溪、西苕溪沿河景观长廊,山水之城又添新彩。美丽乡村继续深化"中国美丽乡村"全覆盖,全力壮大村级集体经济。加快美丽乡村改造提升。赵家上、南北庄、赤芝和双一村积极争创美丽乡村精品村,安城、鲁家完成精品村提升扩面,荷花塘、鲁家、东浜成为美丽乡村典范。加大农村基础设施投入。全力推进农村道路、水利设施和饮用水改造等项目,基本建成城北农贸市场和伍峰桥、银湾大桥等重大民生工程,全面完成南北庄、康山老集镇改造。农村土地综合整治拆迁农户2000余户,县城及各村安置区启动建设,双河小高层公寓安置小区快速推进,城乡一体的新农村建设示范区即将呈现。加强农村"三资"经营管理。完成各村6%留用地调查摸底和留地确认工作,逐步落实留用地货币安置资金。城南、义士塔和高坞岭等村创新林权流转方式。全力推进现代农业规模化经营,成功引进远洲等12个特色农业项目,建成一批特色农业精品园区。社会事业全面推行"加强和创新农村社会管理十六条"政策,递铺镇财政每年新增投入3000万元。民生保障不断加强。落实村级创新社会管理补助政策,保障村级经济平稳可持续发展。加大老年人关爱和危房改造补助力度,优惠政策喜得民心。积极争取失地农民参保,全年完成失地农民养老保险4000余人。农村管理更加民主。进一步强化重大事项村民代表大会集体决议制度,村务监督委员会和村级便民服务中心规范运行。平安稳定不断巩固。高度关注企业安全生产,全年签订安全生产责任书1500余份。深化重大信访领导包案制,一批重大信访上访案件得到有效化解。社会事业不断繁荣。基本建成安城、南北庄、凤凰山以及三官中心幼儿园扩建主体工程,完成城南幼儿园、塘浦小学配套工程建设。成功举办第二届乡村排舞比赛,全县运动会喜获团体第一名。圆满完成征兵工作任务,计划生育符合率达98%。加强依法行政坚持民主集中制,严格落实"三重一大"集体决策,重大项目、大额资金主任办公会议集体讨论,重要工作党委会集体研究,重大规划听取专家意见,倾听群众呼声。主动接受递铺镇人大监督,及时办理人大议案52件、建议6件,办结率和满意率均达100%。加强创新执政。继续提升工程建设、财务管理机制创新,推行行政许可联合预审,加强村级财务管理,推行政务公开,完善机关内部管理制度,开展阶段性破难行动,积极营造全镇上下合力推项目和攻坚克难题的浓厚氛围。加强廉洁从政。争取县检察院设点常驻办公,经常性对干部进行廉政约谈。主动联系县审计局指导下属7家公司财务内审,厉行节俭,政府"三公经费"开支比上年降低16%。

绍 兴 市

【利用外资】 2012年,全市新增外商投资企业134个,总投资15.46亿美元,比2011年下降26.56%;合同外资8.32亿美元,同比下降27.97%;实到外资9.54亿美元,同比增长18.51%,实到外资在全省排名宁波、杭州、嘉兴、湖州之后列第五位。其中市区新批外资项目16个,新增合同外资8239亿美元,同比下降61.68%;实到外资1.41亿美元,同比下降1.76%。

至年底,全市累计批准三资企业5697家,总投资366.92亿美元,合同外资186.69亿美元,实到外资103.16亿美元。投资总额1000万美元以上项目1221家,总投资263.96亿美元,合同外资123.65亿美元,分别占全部外资总数的21.43%、71.94%和66.23%,其中投资总额超5000万美元的项目已达71家,总投资57.41亿美元,合同外资18.79亿美元,投资总额过一亿美元的项目累计11家,总投资14.69亿美元,合同外资5.19亿美元。

至年底,全市已投产三资企业1911家,实现销售(营业)收入2095.70亿元,实现利润52.86亿元,纳税总额77.14亿元。资产总计3087.22亿元,负债总计2148.22亿元,外资企业从业人员30.76万人。全年自营出口三资企业达到1013家,自营出口额71.64亿美元,同比下降12%,占全市总出口额的28.03%。

【对外经济技术合作】 2012年,全市新批境外投资企业65家(企业增资13家),境外投资企业总投资额28987万美元,其中中方投资额 25854 万美元。全市新签承包工程合同额 65474 万美元,比 2011 年增长 80.91%;完成营业额 43827 万美元,同比下降 4.15%,其中实际境外工程营业额 10598 万美元,同比下降 2.02%,完成计划的 105.98%。全市外派劳务 71 人次,期末在外人数 219 人。

至年底,全市累计批准设立境外投资企业 994 家,总投资额 21.56 亿美元,其中中方投资额 20.59 亿美元。境外投资呈现多元化趋势,生产基地、资源开发、增资和并购项目、展示中心等各占相当比重,投资市场拓展到东欧、中东等新兴市场的国家和地区。65 家新批境外投资企业中,投资额超 100 万美元的有 36 家。投资行业涉及服装印染、建筑建材、家用电器、矿业木业开发、造纸等多个领域;投资区域涉及美国、德国、西班牙、尼日利亚、澳大利亚、俄罗斯、以色列等 20 多个国家和地区。

【对外贸易】 2012 年,全市完成自营进出口总额 320.98 亿美元,比 2011 年下降 4.19%,其中自营出口 255.57 亿美元,同比下降 1.65%;自营进口 65.41 亿美元,同比下降 13%;自营出口额和自营进出口总额均居全省第三位,自营进口额居全省第四位。

全年,全市加工贸易进出口 36.43 亿美元,比 2011 年下降 10.32%,其中加工贸易出口 24.38 亿美元,比 2011 年下降 9.91%,低于一般贸易出口增幅 10.59 个百分点,占全市出口总额 9.54%,比重较 2011 年下降 0.87 个百分点。全市新登记备案企业 1656 家,历年累计获进出口经营权企业 13934 家。至年底,全市有出口实绩企业 7789 家(包括三资企业),比 2011 年同期增加 554 家。全市完成自营进口 65.41 亿美元,比 2011 年下降 13%,其中一般贸易进口 53.37 亿美元,同比下降 11.19%,占全市进口总额的 81.59%,加工贸易进口 12.04 亿美元,同比减少 11.14%,占全市进口总额的 18.41%。

全年,全市纺织服装出口 171.97 亿美元,比 2011 年下降 0.61%,占全市出口总额的 67.70%;机电产品出口 41.48 亿美元,比 2011 年下降 10.08%,占全市出口比重 16.23%;化工产品出口 157959 万美元,比 2011 年增长 4.09%,占全市出口比重为 6.18%。高新技术产品出口 98103 万美元,比 2011 年下降 17.32%,占全市出口比重为 3.84%;农副产品出口 63115 万美元,比 2011 年增长 0.39%,占全市出口比重为 2.47%。

全年,与绍兴有进出口业务的国家和地区有 205 个,比 2011 年增加 6 个。其中出口超 1000 万美元的国家和地区 111 个,比 2011 年增加 4 个。全市民营企业出口 168.82 亿美元,比 2011 年增长 4.14%,占全市出口比重为 66.06%,占比较 2011 年提高 3.67 个百分点。三资企业出口 71.68 亿美元,同比下降 11.95%,占全市出口比重为 28.05%。民营企业和三资企业为主要出口企业类型,占比达 94.10%。

【服务外包】 至年底,全市经商务部服务外包业务与管理统计系统注册登记的服务外包企业达到 172 家,其中,年内新注册企业 52 家,全年承接服务外包离岸合同额 7545 万美元,比 2011 年下降 18.74%;完成离岸执行额 6508 万美元,同比增长 16.86%,在全省各市排名中位于杭州、宁波、金华之后列第四位。承接的离岸业务来自瑞士、香港、美国等 42 个国家及地区,业务类型以医药研发、企业业务流程设计、行业应用软件研发、物流运输、工业设计为主。

年内,绍兴柯桥国际服务外包示范园区被认定为全市第三个浙江省国际服务外包示范园区。至年底,全市共有 3 家省级服务外包示范园区,所在县(区)有服务外包注册企业 154 家,占全市的 89.5%;全年完成服务外包离岸执行额 6189 万美元,占全市总量的 95.1%。服务外包示范园区已成为全市服务外包发展的重要平台和主阵地。

【开发区建设】 全年,全市开发区(园区)实现规模以上工业企业产值 4949.12 亿元,同比增长 12.77%,比全市增幅高 2.37 个百分点,占全市的 58.36%;利润 287.83 亿元,同比下降 2.34%,比全市增幅低 2.14 个百分点,占全市的 65.81%;税金 147.19 亿元,同比增长 8.65%,比全市增幅高 2.87 个百分点,占全市的 68.18%;完成自营出口 131.75 亿美元,同比下降 1.18%,比全市增幅高 0.52 个百分点,占全市的 51.55%。开发区(园区)主要经济指标在总量上已占到全市的 50% 以上,在发展速度上除利润低于全市平均水平外,工业产值、税金、自营出口等指标均高于全市平均,经济发展水平和生产效益明显高于全市平均水平。

10 月 13 日,国务院批准柯桥经济开发区为国家级经济技术开发区,这是全市继袍江经济技术开发区、绍兴高新技术产业开发区后的第三家国家级开发区。柯桥经济技术开发区成立于 1992 年,1993 年经省政府批准成为全省首批省级经济开发区,2011 年被批准设立省级高新技术产业园区。经过 20 年发展,开发区建设面积已达 40 平方千米,连续 14 年进入全省开发区综合指标考核前 10 位。升级为国家级开发区后,开发区将围绕建设工业强县先导区、产业升级转型区、高新技术承载区、绿色生态示范区的目标,加快建设全面、协调、可持续发展的现代化工业新城。

舟 山 市

【舟山海洋经济产业集聚区】 舟山海洋产业集聚区是舟山群岛新区的重要产业平台,重点打造港口物流与港航服务、船舶与临港装备、临港石化、海洋旅游、现代渔业、水产品精深加工与海洋生物、大宗物资加工和海洋清洁能源等八大产业集群。集聚区以良好的投资环境吸引了一批临港制造、新材料、新能源、现代物流、生物医药产业等企业前来洽谈投资,为集聚区打造成为舟山经济转型升级的引领区提供了保障。

截止 2012 年末,集聚区入区企业超过 700 家,已开发建设面积29.6平方公里。2012年,全市产业集聚区实现工业总产值410.4亿元,比上年增长14.8%,完成固定资产投资314.5亿元,比上年增长1.1倍,其中,制造业投资133.2亿元,增长62.8%;第三产业投资144.5亿元,增长1.5倍;基础设施投资154.5亿元,增长1.6倍。产业集聚区投资占全市固定资产投资比重达到52.3%。2012年,市本级一块集聚区(综保区、开发区)完成工业总产值91.37亿元、固定资产投资65.23亿元,分别比上年增长21.8%和81.5%。基础设施不断完善。2012年,市本级一块集聚区(综保区、开发区)完成工业总产值91.37亿元、固定资产投资65.23亿元,分别比上年增长21.8%和81.5%。2012年,市本级一块集聚区各项基础设施建设累计投入28.64亿元,实施各类政府性投资项目近40个。

衢州市

【利用外资】 全年实现进出口总额30.18亿美元,比上年增长12.3%。其中:出口18.59亿美元,增长5.6%;进口11.59亿美元,增长25.1%。

全市有出口实绩的企业616家,比上年增加66家,其中当年新启动出口业务企业132家,增加15家。全年出口额在100万美元以上企业251家,其中1000万美元以上的企业42家,增加2家。

全市出口排前三位的市场依次是:欧盟、东盟、美国。对欧盟出口3.03亿美元,下降7.9%;对东盟出口2.34亿美元,增长52.7%;对美国出口2.15亿美元,下降8.3%。对这三大主要市场出口额合计占全市出口总额的40.5%。

在主要商品出口中:机电产品出口5.34亿美元,增长26.1%;高新技术产品出口0.76亿美元,下降36.8%;化工医药产品出口4.5亿美元,下降34.2%;服装、纺织品出口2.21亿美元,增长1.2%;农产品及其加工产品1.7亿美元,增长19.6%。

全年新批外商投资企业14家,比上年减少10家;合同利用外资0.46亿美元,下降61.9%;实际利用外资0.51亿美元,增长11.6%。

温州市

【经济技术开发区】 温州经济技术开发区 2012年,温州经济技术开发区管委会经市政府授权行使安全生产、卫生、交通等23项行政管理职权,全面委托管理海城、沙河、天河、星海四个街道。全年地区生产总值213.97亿元,比上年增长9.4%;工业总产值531.55亿元,增长2.9%;工业增加值131.18亿元;财政总收入23.48亿元,其中公共财政预算收入12.27亿元,增长5.2%;完成全社会固定资产投资95.07亿元,增长15.9%,其中工业性投资48.75亿元,增长19.3%。进出口总额9.1亿美元,其中外贸出口总额8.7亿美元;城镇居民人均可支配收入32999元,增长8%;农村居民人均纯收入18850元,增长9.5%。全年完成技术改造投资4.3亿元。新增国家火炬计划重点高新技术企业1家,高新技术企业9家,列入国家创新基金项目企业7家,列入国家火炬计划项目企业11家,列入国家重点新产品项目企业2家;申报浙江名牌产品企业3家,申报温州名牌产品企业10家。温商回归到位资金15.64亿元,合同利用外资4522万美元,实际到位外资3806万美元。

项目建设。全年引进产业项目45个,其中包括中国汽车金融发展永久性论坛平台、汽车梦工厂、武汉楚天激光等重大项目。正泰电器、华润雪花啤酒、天宇轻工等项目开工奠基;滨海一道19个工业项目基本竣工投产;全国金融设备检测中心进场施工建设。

城市开发建设。全年完成基础设施投资38.8亿元,比上年增长25.1%。海洋科技创新园、交通枢纽客运中心、加油站、市民中心启动建设。金海园区27.2万平方米标准厂房建成。污泥热电联产项目第三污水处理厂基本建成,第一、第二污水处理厂连通。完成42个城区绿地、6个绿道网、9个重点改造提升项目建设,新增绿地面积142公顷,完成率107.4%。年内,全区人均公园绿地面积9.07平方米,其中滨海园区人均公园绿地面积29.43平方米。全年拆除违章87万平方米,创建无违建道路93条,推进“河河通”畅通河道26条。天河天津高轩、海城东溪、沙城大郎桥3个农房改造项目开工建设。沙城永丰家园二期等项目顺利结顶,全区新增农房集聚率5.05%。完成42个行政村的股改地改工作。

土地供应与开发。全年推出工业用地挂牌2006亩,占全市工业供地49%。完成转而未供土地清理4656亩;供而未用土地清理4828亩,用而未尽土地清理1005.21亩,完成率均为100%。金海园区天成垦区南片4900亩吹填造地进展顺利,完成造地3500亩。

民生工程建设。全年开工建设滨海第一幼儿园、天河中心幼儿园和滨海高级中学,推进6所小学、幼儿园改扩建项目建设。启动区人民医院一期和中心医院二期工程建设,3所社区卫生服务中心实施改扩建。完成公交站点建设,优化公交线路。完成5000平方米人才公寓建设。保障性住房项目开工20个,面积12.42万平方米;竣工8个,面积5.63万平方米。

全年新建非公企业党组织42家、工会组织40家、共青团组织15家。1家企业获省“工人先锋号”称号。

温州高新技术产业开发区　2012年8月，温州高新技术产业开发区经国务院批准，升级为国家高新区。全年实现规模以上工业总产值618亿元，高新技术产业产值112亿元，进出口总额31.5亿美元，财政总收入30.3亿元。完成限额以上固定资产投资204亿元，其中工业性投资31亿元。

产业结构优化。通过世界温州人大会等各类大型会议开展科技招商，引进项目15个，到位资金25.2亿元，涵盖战略性新兴产业、总部经济、现代服务业等领域，重点引进PEC激光高端设备集群制造港项目。新增高新技术企业8家。在高新区科技园建设激光与光电产业研发区。启动温州激光与光电联合研究院建设，该研究院占地13.3亩，建筑面积5.39万平方米，总投资3.50亿元。通过“腾笼换鸟”，将闲置产房建成2.6万平方米的温州国际激光与光电孵化器，引进温州博纳激光有限公司等9个项目。启动建设高新区航空园规划1500亩的激光与光电产业基地。加快电子商务、文化创意产业等现代服务业培育，推进温州市物联网产业园建设，第一期8100平方米投入使用，引进中外合作共建的云计算中心平台1个。推进红连文化创意园建设，引进文化创意企业38家。

创新与公共服务平台搭建。完善国家级创业服务中心、留学人员创业园、温州科技城核心区等创新创业平台，统筹推进高新区科技企业孵化器、高新技术产业加速器等建设，新建科技企业孵化器8.6万平方米，新引进中科院上海国家技术转移中心、武汉国家激光工程加工中心、浙江省激光与光电研究所设立的温州分中心和成果转移中心等8个创新创业平台。打造温州激光与光电产业技术创新服务平台、温州生物医药创新服务平台和温州物联网技术研发与应用中心，组建高新技术成果产业化转换服务中心和科技投融资服务中心。

科技合作交流。推进产学研合作和招才引智，泰昌集团与中国工程院院士、浙江大学教授龚晓南合作建设院士专家工作站。鼓励企业自主创新，新获火炬计划项目15项，获国家科技型中小企业创新基金项目6项，财政补助630万元，其中浙江温兄机械阀业有限公司的项目获140万元无偿补助。推进知识产权工作，新增各级专利示范企业20家，其中国家知识产权试点企业1家，全年专利申请量2376件，授权量1927件。

人才建设。出台《在温州高新区建设人才特区的实施意见》，启动温州“人才特区”建设和省级高层次人才创新创业基地创建工作，制订引才、育才、留才措施，推进人才大厦和高端人才俱乐部等人才配套设施建设，开展人才评选和申报，2012年有6名高层次人才申报国家“千人计划”、9名高层次人才申报省“千人计划”，其中2人入选“国家千人计划”，2人入选“省千人计划”。

城市开发建设。文化商品市场创成“中国百强商品市场”，广纳五金装饰市场、温州灯海城投入使用。商务园万达广场满铺开业，城市东部商业地标效应显现，万科、绿城等一批精品房地产项目主体结顶，温州银行、万康财富广场等商业项目投入使用。江滨路高新段全线通车，曹龙大道、通海大道东段基本建成，航空园市政道路网逐步成型，塘永公路永梅段完成整治，大罗山隧道开工。开展“三分三改”工作，行政村股改地改完成率99%，区街两级农合联组建完毕。三批15个保障性安居工程项目集体开工，总建筑面积110万平方米。城乡社区规范化建设达标率100%。拆除违法建筑160万平方米，创成无违建道路184条。建成公园3个。开展企业排污许可证注销和绿色保险试点，加强污染减排项目管控。推进国家环保模范城市和国家森林城市创建，创建森林6789亩。

科技金融结合。以温州金融综合改革为契机，建立全省首家科技金融合作社、全市首家科技支行，建成科技金融服务中心，创成省专利权质押融资试点区。设立了“科技金融发展基金”，每年安排5000万元用于科技金融创新工作，每年投入3000万元建立科技型小微企业创新引导基金，首创科技贴息贷款支持科技成果产业化，吸引各类银行等金额机构为企业科研活动贷款20827万元，实现国内资本市场直接融资5000万元。先后出台人才特区建设、中国（温州）激光与光电产业集群建设发展相关政策。出台振兴实体经济“1+X”政策，开展“十组进百企”“扶工兴贸”等系列活动，帮扶企业168家，减轻企业负担5.6亿元，协调企业贷款80亿元。

【经济开发区】　瓯海经济开发区　2012年，工业总产值236.69亿元，其中规模以上企业产值185.05亿元；销售产值231.03亿元；出口交货值92.87亿元；全社会固定资产投资16.89亿元。通过国家级新产品试制项目1项、省级8项，通过国家级火炬计划2项，获得中央中小企业发展专项资金1项；通过省级新高新技术企业认定8家；通过专利授权数623个，其中发明专利22个。获得省著名商标认证2枚、名牌产品3个。被省政府评为全省整合提升工作先进单位和特色品牌园区。

工程项目建设。全年完成公建项目投资4.24亿元。大学科技园项目完成投资6000余万元，西经一路步行街的中心广场、北口广场、南口矩形牌匾等“一线三点”工程项目基本完成。推进道路管网建设，娄桥工业园中央路道路及排水工程、中央路及园二路电缆沟工程通过竣工验收，园区西路红线范围内的违章建筑全部拆除，完成施工任务70%，横屿路延伸段道路、桥梁、排水工程完成总工程量68%。仙岩工业园沈一路及沈竹路部分排污工程通过竣工验收；凤竹路南段、横五路东段工程完成投资约875万元，完成进度95%；莘一路中段、纵五路南段、竹东路及竹东路2号桥工程完成投资约1444万元，完成进度92%；横七路、纵三路、沈一路、沈竹路工程完成图纸审查。梧白工业园北片蛟凤路东半幅、呈祥路南段、工业路、教育路等道路前期工作基本完成。娄桥安心公寓、人才公寓交付使用，月乐西街职工培训大楼投入使用，三溪安心公寓一期6幢建筑全部结顶，电镀基地整治提升工程通过市政府验收。32家入驻企业办理了土地证，完成排水口两座初期雨水收集池工程，并被列为全省电镀产业整治示范点。仙岩消防站完成招投标手续并实现开工；仙岩污水处理厂完成设备安装验收，进入调试阶段。

环境整治工作。拆除梧白工业园违法建筑20000平方米，拆围透绿5000米。创建无违建道路13条。全年清理垃圾死角30个，疏通市政道路排污、排水管网90000米。完成梧白工业园A－F地块，大学科技园横港浃河、十里河灯具城两岸河边等地块的小游园建设，绿化面积9.13公顷。维修各园区沿街道路路灯710盏，铺设、修复电缆线2.8万米。

瑞安经济开发区　2012年，工业产值230.4亿元，比上年增长4.1%，其中规模以上工业实现产值210.5亿元，占全市规模以上工业性产值30.5%；固定资产投资51.2亿元，其中工业性投资33.1亿元。全年融资9.16亿元。

全年出让工业用地1372亩，出租临时工业用地80.5亩。引进内资4.3亿元，实际利用外资3600万美元。出售标准厂房38395平方米，引进企业14家。推进六大类130个工业项目建设，年内共有24个项目开工，36个项目竣工。

阁巷新区建设。吹沙工程完成并通过验收，300亩耕地垦造工程于11月完工，完成投资约1.3亿元。9月，长5公里、宽7米的56省道东延伸线临时沥青混凝土施工便道完工并投入使用。江南大道一期、围一路、围二路三条主干道加快建设。12月，安心公寓开工，标准厂房项目完成方案设计，一期70亩项目完成施工图设计。人才公寓项目完成环评、水保报批和方案调整工作。垦区累计引进项目44个，其中30个工业项目开工，力诺阀门等4个项目竣工，迅达汽车部件项目投产。

基础设施建设。全年完成投入3.25亿元。北区人才公寓完成主体中间验收及内外墙粉刷，总部经济大楼完成工程桩基施工，江南邻里中心完成1号楼主体结顶及2~7号楼主体中间验收，准厂房配套生活区累计完成投资4300万元。江南标准厂房2号、3号楼完成主体中间验收。加快道路网建设，发展区罗阳大道接线、滨江大道接线和飞云新区经十三路、纬二十一路、经十路建成通车，开发区大道东延伸线、城南大道、纬6路3个工程开工。加快基础配套设施建设，56省道开发区段给水管、D号河岸驳坎工程建成投用。

园区环境建设。滨江大道起步区连接发展区段、罗阳大道开发区段建成通车。“七必拆”、“两拆两绿”及“拆围去丑”等工作完成全年任务130%。完成云江标准厂房建设、三桥下绿化公园等绿化工程，启动河滨公园建设。

征地及后续工作。完成横河村等村（场）土地农转用审批。突击完成通力项目及56省道东延伸线工程。完成供地507亩。滨江大道10间民房拆迁安置、开发区大道东延伸线二期工程政策处理、发展区市计量大楼、江华针织公司等五家企业安置及豪华五金等四家企业拆迁安置政策处理、飞云新区经十三路等5条道路（下厂段）民房拆迁安置等工作取得突破。

规划建设与管理。完成《发展区控制性详细规划》《总部经济园规划设计方案》和“瑞安水产城改造提升”项目前期规划论证、上埠村留用地的概念性方案论证、横河村下段自然村拆迁安置方案设计、下厂村住宅留用地（富豪花苑）方案设计。全年发放建设用地规划许可证39本，用地面积1424亩。办理建设工程规划许可证61本，完成规划核准18个项目，建筑面积29.12万平方米。办理施工许可证38个，建筑面积82.94万平方米。对92个在建工程（总建筑面积389.94万平方米，总造价51.99亿元）施工质量和安全实行动态管理。全年未发生等级工伤事故和一般事故。

乐清经济开发区　2012年，落户企业269家，其中已投产企业212家。工业总产值163亿元，比上年增长25%，其中规模以上工业总产值140亿元，增长7.24%；高新技术产业产值63亿元，增长115%；工业增加值31亿元，增长23%；财政收入6.9亿元，增长34.49%，其中税收收入5.39亿元，增长12.16%。社会固定资产投资41.6亿元，其中工业性投资33.8亿元，重点工程投资8.14亿元。

推进乐海填方工程。乐海围垦区总面积9142亩，概算总投资约13亿元。年末，乐海围垦区填方工程累计完成投资额6.59亿元。

完善配套设施。加快二期道路网、三期道路网、中心公园等基础道路建设速度；加快二期Ⅰ标段、二期Ⅱ标段、二期道路网、三期道路网、经五路、纬十七路、中心公园等工程的建设进度。总用地面积66亩的邻里中心完成规划及前期工作。

推进企业安全生产规范化创建工作，完成标准化达标企业15家，其中兰普电器集团公司为浙江省安全生产标准化国家二级达标示范企业，14家企业为国家三级达标示范企业。

开展党群工作。新组建非公有制企业党总支2家、党支部24家。区内非公有制企业党总支5家，党支部112家，下属两新组织覆盖率100%，党员总数531名。

马鞍山市

开放经济

【招商引资概况】 2012年,全市实际到位资金1345.72亿元,同比增长51%,完成确保、考核、力争目标的119.73%、117.74%、114.53%。其中,实际利用内资1260亿元,同比增长51.4%;实际利用外资13.39亿美元,同比增长34.4%。分别完成2012年内外资确保目标的120%和115.14%;完成2012年内外资考核目标的117.98%和113.61%;完成2012年内外资奋斗目标的114.75%和110.79%。从利用内外资产业类别看,一、二、三产业吸引到位资金比例为2.57%、39.79%、57.64%。

全市新增在谈项目1216个,意向总投资5240亿元。新签约项目1777个,较上年同期增加1019个,其中亿元以上项目403个(不含房地产);协议总投资2965亿元,同比增长29%。三产个数分别为121、795、861个,按总投资计算,占比为4:42:54;新开工项目880个,同比增长291个;总投资1307亿元,同比增长11%。三产个数分别为68、458和354个,按总投资计算,占比为4:43:53。

2012年,全市利用省外资金主要来源于长三角、广东、福建地区。其中长三角共603.3亿元,占省外资金的62%;广东和福建218.36亿元,占省外资金的23%。 (招商局)

【对外贸易概况】 2012年,商会新增会员10家;举办年会、副会长扩大会议等4次;组织会员企业赴秀山新区、含山等地考察2批次。全年在人民网、新浪网、中国贸促报、扬子晚报、南京晨报、现代物流报,中外会展、会展财富以及本地新闻媒体刊发各类宣传报道130篇。培育名特优品牌促进产品销售,利用全市举办的各类展会平台促进本地产品销售。引导本地企业"走出去",为本地名优特产品扩大国际、国内市场牵线搭桥。联合市传统文化促进会举办"五千年的中医养生智慧"大型公益论坛;组织40多家企业参加在南京、合肥等地举办的"国际贸易中的法律风险防范及纠纷解决"等涉外法律知识讲座4次。举办"2012市贸促会原产地证业务培训班";由市贸促会代办企业商事证明书,节省企业人力资源。

【经贸交流】 组织4个经贸代表团,先后赴美国、加拿大、俄罗斯、匈牙利、马来西亚等5个国家和澳门地区开展经贸交流活动;组织全市50多家企业参加"活力澳门周(合肥)"、"第八届中国(南京)国际软件产品和信息服务博览会"、"2012南京台湾名品交易会"等境内大型展会或经贸活动9批次。加强与国家部委、有关商协会的联系;参加国家贸促会举办的全国贸促系统基层干部培训班和"贸易促进机构培训管理者"培训项目。与俄中经济贸易合作中心等4家国际商协会组织签订友好协议。接待芜湖市贸促会、宣城市贸促会、宿州市贸促会等在马学习考察;邀请并接待以色列驻上海总领事馆总领事艾雅克到马考察。争取到"特殊教育"等"国际莫沙夫"免费培训项目3个。

【出证认证】 2012年,为企业办理原产地证明书随到随办、特事特办。全年为外贸出口企业签发一般原产地证明书1786份,商业单据认证120份,代办领事认证37份,代办国际商事证明书7份;签证总额34179万美元,无一差错。

【招商引资】 完成"马鞍山(北京)友好人士迎春恳谈会"嘉宾邀请和接待任务,拜访台北世界贸易中心、上海美国商会等重要客商6批次,接待来访客商5批次;与百奥泰(大连)国际会展有限公司等建立联系;成功引荐2个符合标准的招商项目(总投资7亿元)、安徽清雅会展传媒有限公司等3家符合要求的会展企业(注册资金300万元以上)。 (俞振华)

【商业概况】 截至2012年底,全年社会消费品零售总额完成262.94亿元,同比增长16.5%。全市有限额以上商贸企业259家;其中,含山县27家、和县34家、当涂县31家、花山区93家、雨山区42家、博望区8家、市经济技术开发区21家、慈湖高新区3家;分行业为批发业31家、零售业137家、住宿业29家、餐饮业62家。全年新增60家,超上年全年数;其中,三区新增22家,三县新增33家,开发区新增5家。全市20家重点零售商业企业中有3家营业额突破5亿元。为22家商贸企业争取上级扶持资金3600万元,扶持商贸项目28个。2012年,全市限额以上批发零售企业统计的20个大类商品中,有16个大类保持增长;吃、穿、用类商品分别增长12.9%、17.6%和42.3%。分零售商品类别看,汽车类零售额增长92.3%,石油及制品类增长65.7%,金银珠宝类增长27.1%,家电类增长15.1%。

外贸进出口在马钢进口大幅下滑的压力下,全年完成36.5亿美元,总量居全省第三位,完成市政府确定的目标。其中,外贸出口值12亿美元,同比增长51.3%,中小企业进出口值11.2亿美元,同比增长19.1%,机电产品出口额4.2亿美元,同比增长42.1%,加工贸易进出口额1.2亿美元,同比增长82.8%,占比提高1.8个百分点。

外经营业额完成3.1亿美元,劳务输出850人,分别超年度目标1.6亿美元、250人。在全省16个城市中,位居第二。

(陈 龙)

【推进外向型服务】 整合全市外经企业资源,培育"走出去"队伍,发挥十七冶、中冶华天等大企业的带动作用。全市有29家有资质的外经企业、1个省级外派劳务输出基地、1个市级外派劳务培训基地,形成对外工程总承包、对外工程设计、对外劳务输出的完整外经产业链,全市对外工程承包能力提升。2012年5月,十七冶签下全省最大总承包项目,总承包科威特大学项目,签约金额6.7亿美元,带动材料和设备出口5250万美元、劳务出口约500人。

从加强各方联系、做好自查工作、维护人员合法权益、做好安全防护工作和加强外派人员安全教育等5个方面做好境外项目安全防范,督促境外企业确保项目正常施工和人员生命财产安全。指导企业妥善应对苏丹和尼日利亚项目,确保工程项目顺利完工,工作人员安全回国。

组织当涂县申报对外劳务合作服务平台,并在全省对外劳务合作服务平台建设工作现场会议上作经验推广交流。帮助企业开拓国际市场,组织马钢工程设计等3家企业参加第九届东盟博览会以及全省"走出去"投资论坛及项目对接洽谈会。

利用"引进来"平台促进利用外资。组织赴日经贸交流、安徽省与驻沪跨国公司经贸合作恳谈会、中部六省投资贸易博览会、中国国际投资贸易洽谈会、德国——中国文化年安徽周活动和中国(深圳)高新技术交易会、皖深经贸恳谈会,成功签约16个项目,总投资4.7亿美元。梳理世界500强和跨国公司投资线索,并分解到各载体追踪落实。服务外商投资企业,开展并联审批,提高审批效率。印度籍商人特别送来"OK中国公务员"锦旗予以赞扬。

推进服务外包产业发展。为11家企业申报上级扶持资金160余万元,兑现2012年市级政策资金10.49万元,省级促进资金78万元。组织企业赴京参加第一届京交会和第10届软交会,签约项目1个,投资金额6000万元。成立全市服务外包企业协会,举办2012中国(马鞍山)软件和服务外包大会暨2011中国软件出口(服务外包)排行榜发布会。截至年底,全市累计新增服务外包企业6家,全市外包企业已达94家,新增就业人数400人;全年外包合同金额2550万美元,执行额2500万美元。(陈　龙)

园区建设

·马鞍山经济技术开发区·

【概况】 2012年,马鞍山经济技术开发区完成技工贸收入312.2亿元,按主营收入2000万元以上的新口径统计,实现规模以上工业总产值205.68亿元,同比增长8.9%,实现规模以上工业增加值54.65亿元,同比增长30.6%;战略性新兴产业完成产值51.5亿元,同比增长53%;限上商贸企业完成社会消费品零售总额10.65亿元,同比增长53.7%;完成财政收入17.33亿元,同比增长23.7%;实现外贸进出口总额2.84亿美元,其中进口1.34亿美元,出口1.5亿美元。

2012年,在商务部公布的国家级经开区2011年度综合发展水平评价结果中,马鞍山经济技术开发区在列入考核的90家国家级经开区中,综合排名第30位,较上年度提升26位,在中部21家国家级经开区中排名第七位,在安徽省位列第三位。12月13日,经省经信委批准成为安徽省首家省级电子信息产业园。

【招商引资】 全年累计签约项目63个,项目总投资116.21亿元,正崴科技产业园、康佳绿色科技产业园、台湾科技园、晋西车轴、唐盛国际、普邦融资等一批重大项目成功签约,其中亿元以上项目23个(超10亿元项目4个)。引进亿元以上项目主导产业比重达78%,产业集聚已初具规模;4个超10亿元项目中3个项目为电子信息产业,开发区产业转型成效显现。全年实际利用内资76.01亿元,同比增长30.5%;实际利用外资38419万美元,同比增长8.2%;新发展中小企业50户,新发展私营企业注册资本8.61亿元,个体私营企业纳税2.6亿元。

【重大项目建设】 全年完成固定资产投资112.16亿元,同比增长33%,其中市重点项目累计完成57.18亿、工业性投资完成72亿元、城乡建设完成投资8.18亿元。银塘片区路网全面拉开,南区30公里"五纵五横"的路网框架基本建成,章塘沟、横山渠水系整治和银塘污水处理厂基本竣工。"项目推进年"活动取得成效显著,数字硅谷产业园、马钢晋西轨道交通装备项目、欣创节能环保科技等78个项目开工建设,其中总投资达5000万元以上项目35个;鹰唛食用油、同杰良聚乳酸一期、雨润二期等66个项目竣工投产,其中5000万元以上的项目24个;中国一重、蒙牛PET、西安开米等一批重点项目建设稳步推进。

【会展经济】 牵头承办了首届海峡两岸(马鞍山)电子信息博览会、中国(马鞍山)——日本中小企业高新技术项目洽谈会、中国家电协会理事会专题推介会、粤商商会(顺德)专题推介会等系列高规格会展活动。其中,中国(马鞍山)——日本中小企业高新技术项目洽谈会汇聚了63家日本企业和106家境内企业,并分别与日本中部产业协同组合、西日本中华总商会、日中文化经济交流推进协会签订合作协议书;首届海峡两岸(马鞍山)电子信息博览会开创了中部地区举办海峡两岸高规格电子信息展会的先河,吸引了304家企业布展455个展位,20多个国家和地区的1300多位专业采购商以及3.3万余人次民众观展,达成现场交易额约1300万元,并促成21个项目成功签约,总投资101.4亿元。(张效彬)

·马鞍山慈湖高新技术产业开发区·

【概况】 2012年,马鞍山慈湖高新技术产业开发区实际利用内资77.8亿元,同比增长52.8%;实际利用外资2.04亿美元,同比增长21.2%;实现规模以上工业增加值41亿元,同比增长23%;实现战略性新兴产业产值19.1亿元,同比增长69.6%;完成财政收入5.2亿元,同比增长23%;完成固定资产投资85亿元,同比增长29%;完成外贸进出口总额1.08亿美元,同比增长60.7%。

【升级扩区】 8月19日,国务院正式批复慈湖高新区升格为国家高新技术产业开发区,定名为马鞍山慈湖高新技术产业开发区。10月25日,市委、市政府举行马鞍山慈湖高新技术产业开发区建设推进大会暨揭牌仪式。11月8日,市委、市政府正式实施高新区扩区,扩区后的慈湖高新区规划面积由9平方公里增至56.5平方公里,其中,直管区29平方公里,挂牌区27.5平方公里。

【项目建设稳步推进】 扎实开展"稳增长促发展"和"项目推进年"活动,投资和项目建设保持了良好势头。全年全区128个在建项目完成投资约85亿元,其中22个市重点项目完成投资32.7亿元。金桐二期表面活性剂、迈特诺特种电缆一期等15个项目竣工投产。制定出台《慈湖高新区投资促进暂行办法》,对招商引资协议实行合同化管理,建立完善新入区项目预审机制,成功举办马鞍山(浦东)投资环境说明会。全年新签约项目117个,总投资424.6亿元。其中,工业项目39个,总投资339.2亿元;服务业项目78个,总投资85.4亿元。同时,还有7个外资和18个内资项目在谈,计划总投资分别约为13.1亿美元和153亿元。　(慈　开)

·郑蒲港新区现代产业园区·

【概况】 2012年1月4日,郑蒲港新区建设指挥部揭牌仪式举行,新区建设正式启动。11月12日,省政府批复设立马鞍山郑蒲港新区现代产业园区,享受省级开发区各项政策并同时享受省江北产业集中区政策,发展规划控制面积180平方公里,起步区规划面积30平方公里,明确新区定位是"港城一体、产城一体、城乡一体",要求打造安徽江海联运枢纽中心和现代化新城区,加快建设综合保税区,成为皖江城市带崛起的重要增长极。托管姥桥镇、白桥镇全境,总面积225平方公里,人口11.8万人。新区拥有9.5公里的深水岸线,是长江唯一没有开发的、也是安徽江北唯一的万吨级深水港岸线资源。

【经济运行】 2012年,郑蒲港新区现代产业园区完成财政收入1.48亿元,同比增长239.6%;固定资产投资累计完成24.45亿,同比增长218.7%;规模以上企业增加值累计实现1.89亿元,同比增长13%;进出口总额实现1571万美元,同比增长24.1%;利用内资完成15.55亿元,同比增长16.2倍,利用外资完成1600万美元,同期数为零。

【招商引资】 2012年,全区摸排招商线索108条,新引进签约项目21个,在谈项目16个,参加各重大招商、专题招商活动28次,出访上港集团、深圳前海合作管理局、富士康(重庆)公司、江苏一德集团、中铁四局、中国建筑材料集团有限公司等活动86次,接待各类客商200余次,完成实际利用内资15.5亿元,完成实际利用外资1600万元,引进主导产业项目4个,开工4个,申报重大项目15个,基本实现完成全年任务。

【规划建设】 完成新区115平方公里的1:1000地形图测绘工作,围绕"港城一体、产城一体、城乡一体"的发展定位,高起点、高标准的编制180平方公里新区概念性总体规划、30平方公里新区起步区总体规划和《马鞍山郑蒲港新区现代产业园起步区总体发展规划》、20平方公里新区起步区核心区控规和城市设计、新区村庄布点规划、新区防洪排涝规划、供电规划、郑蒲港港区、万亩农业示范园、白桥镇大许村、姥桥镇姥长、菱湖3个中心村建设规划等12项总规、控规及专项规划。根据新区总体规划,开工建设了安置房、基础设施、公用设施、民生工程等方面城建项目。

【项目建设】 2012年,郑蒲港新区现代产业园区市重点在建项目7个。其中,新开工项目6个,前期工作项目1个。累计完成投资18.9亿元,完成目标任务的161%。新区5000万以上开工项目8个,当年竣工项目3个。

【社会事业】 2012年,郑蒲港新区现代产业园区实施民生工程24项。全区3765人享受农村居民最低生活保障,923人享受城镇居民最低生活保障,731人享受农村五保供养待遇。至年底,全区发放城乡低保资金628.9万元,五保供养资金157.7万元。全年城乡居民养老保险完成参保人数6.14万人,完成城镇新增就业1037人,其中下岗失业人员再就业375人,就业困难人员再就业102人。全年全区新型农村合作医疗已完成110413人,参保人数、参保率均超额完成。

制定80周岁以上老人高龄补贴方案,全年发放资金22.6万元,涉及老人2129人。676名重度残疾人得到生活救助,发放资金44.6万元。制定了被征地农民基本养老保险暂行办法和实施细则,首批被征地农民的养老保障金已于2012年11月份发放。

·马鞍山承接产业转移示范园区·

【概况】 2012年8月,马鞍山承接产业转移示范园区获省政府批复,比照省级开发区进行管理。10月,经省发改委批准为安徽省现代服务业集聚区。2012年,完成固定资产投资90亿元,增长60.4%;实际利用内资75亿元,增长40%;实际利用外资4861万美元,增长29.8%;实现财政收入2.84亿元,增长51%;完成外贸进出口总额3390万美元,增长52.7%。新签约项目25个,新投产企业7家,新增规上企业8家。

【招商引资】 2012年,马鞍山承接产业转移示范园区探索推行"协会+龙头企业+园区"的合作共建园区模式,全方位、大力度开展产业链招商、协会招商和驻点招商等活动,先后与中国建筑装饰协会、中国中小企业协会、中国纺织机械器材工业协会、顺德机械商会、顺德高新企业协会、安徽省物流协会、台湾农业协会7家行业协会签署战略合作协议,聘请国务院发展研究中心、瑞士环境科技促进署、安徽师范大学等单位6名专家顾问,为招商项目提供智力支持。园区专门成立了7个专业招商小组和4个重大项目招商服务小组,注重招商信息和产业分析,明确任务,责任到人,实行"人盯人、点对点"的跟踪,分别赴北京、广东、福建、浙江、上海等地开展招商活动,接洽客商310批次1600人次,全年新签约项目25个,10亿元以上项目5个,亿元以上项目20个。

【重大项目建设】 2012年,马鞍山承接产业转移示范园区着力打造"四园两区"。其中,装备制造产业园:入园项目20个,总投资73亿元。万联精工、晟驰机械、中凯机械、聚源机械、宏泰二期、美格尔热水器、利邦电气、泰富重工、菲斯特热水器等10个项目在建,美格尔电器、宏泰建材、亿科机械、浩科机械、星杰尔五金、金碧涂装、蛟龙科技7个项目投产。新能源产业园:入园项目11个,总投资126亿元。金太阳示范工程、光电建筑一体化项目加快实施。电子信息产业园:入园项目7个,总投资38.75亿元。国际科技园、广大科技园2个项目在建,汇能电子、立信电气、格尚软件、尚友科技4个项目投产。综合物流园：入园项目8个，总投资42.2亿元。百利威物流、馨盛物流、共速达物流、闽江物流4个项目在建，顺宇物流、四方物流2个项目投产。智慧农业示范区：入园项目2个，总投资24亿元。今日景艺综合示范农场项目于2012年8月开工建设，完成投资1.35亿元。至年底，10万平方米种苗基地、万种兰花博物馆、蝴蝶兰组培中心主体、台湾果园、花卉园、盆景园，已完成主体工程量的65%。饮马湖科创服务区：落户项目2个，总投资65亿元。绿色装饰材料产业园项目主要进行绿色装饰材料的研发检测及电商物流、直供式交易、商贸服务等。绿城桃花源项目主要打造"住品质、住服务、住文化"的高品质住宅社区。

【基础设施建设】 2012年，马鞍山承接产业转移示范园区建成主干道路43公里，次干道路65公里，路网闭合区域达30平方公里，年龙公路、永丰路、官碾路等支干道路随项目快速建成，绿化、亮化、管网同步到位。完成预征土地111.87公顷、拆迁248户、拆违面积1574平方米，安置527户拆迁户。累计交付房屋1500套，入住5250人。电力设施投入1.3亿元，基本完成从农村电网向城市及大工业电力保障转型。台湾商贸中心初步建成、旺家园商务酒店、超市对外开放，举办首届台湾风情节。

【社会事业】 2012年，民生工程投入达4800多万元，约占财政可支配收入的二分之一。农民人均纯收入达13500元。园区优先发展教育事业，新建年陡中学综合楼、改建少年宫，塑胶跑道等一批现代设施投入使用。开展困难儿童"四个一"爱心行动，为50名困难儿童每人每天提供一个鸡蛋、一杯牛奶，每年一份学习刊物、一套学习用具，并组建了爱心合唱团；连续3年、每年投入191万元实施平安校车工程；出台园区高考奖励办法，发放奖金13.2万元；实施高龄老人津贴制度，为80周岁以上老人每人每月发放80～400元津贴；60周岁以上老人常态化免费体检。投入43万添置先进的医疗检测仪器；建立特困低保户实物救助发放机制，29户59人全保的低保户每人每月发放价值120元实物补助。投资256万元完成查湾集镇自来水末端管网改造，受益农户达1000余户。投入1400万元开展美好乡村建设，完成农民体育健身场所8处、文化活动广场7处、图书超市7个、停车场2个、村庄道路改造、亮化、绿化、环境整治等工作。危旧房改造590户、2.4万平方米。太仓村美好乡村建设工作在全市经验交流。 （胡文翔）

·滨江新区·

【概况】 2012年，滨江新区建设指挥部新建、续建工程累计完成固定资产投资30.4亿元，完成年度奋斗目标的104.8%；招商引资累计到位内资54.5亿元，完成年度奋斗目标的129.76%，同比增长46.25%；到位外资3250万美元，完成年度奋斗目标的150.46%，同比增长62.5%。

【招商引资】 2012年，通过"上海·百乐门"、"优质地块推介会"等各种形式的招商活动，形成产业链招商、以商引商的招商氛围，将工作方向转向"选商"、"选资"，为新区招商工作打造良好软环境。全年完成与中央企业合作发展新签约项目20亿元，达到目标任务的133.33%；实际完成投资额26亿元，达到目标任务的173.33%；实际完成新开工目标任务20亿元，达到目标任务的133.33%；全年服务业发展完成服务业固定资产投资29亿元，达到目标任务的145%，服务业招商引资实际到位资金45亿元，达到目标任务的150%。至年底，招商引资签约项目9个，累计到位内资102亿元，引进外资9327万美元。全年签约项目4个，总投资额约117亿元。年内，采石古镇、百乐门、长江文化湿地公园和宝雅福地四大项目全部开工。

【重大项目建设】 滨江九华万家花园累计投入建设资金16亿元，全年新开工建设安置房2000套，保障性住房615套。小区一、二组团25栋920套安置房及城市棚户区改造住房全面交付使用。采石古镇改造、百乐门、明清园、宝雅花园四大项目实质性动工。开工建设九华牌坊、小九华山与荷包山山体截洪和防护工程、如愿路工程等基础设施项目12个。长江湿地公园、风景区北入口建设初见形象，荷包山主题文化游园建成，采石河路桥、沿江大道、牛渚路景观配套与安置房一、二组团生态社区建设全面完成。新区规划范围内新增绿化面积50万平方米。 （季　毓）

·秀山新区·

【概况】 2012年，秀山新区完成固定资产投资62亿元，完成奋斗目标的103%，是新区三年来累计投资量120亿元的52%，同比增长51%。招商引资。全年到位内资75亿元，完成奋斗目标的109%，达到累计到位内资量141亿元的51%，同比增长45%，全年到位外资2607万美元，同比增长15%，超额完成全年任务。

【招商引资】 2012年，秀山新区围绕软件及服务外包、商业金融、商务休闲、总部经济等主导产业，加大招商力度，不断提升招商引资的层次和水平，推动招商引资向招商选资转变。先后组团参加省、市赴北京、南京、合肥等地招商活动，组织参加厦洽会、徽商大会、2012年中国（马鞍山）—日本中小企业高新技术项目洽谈会等，自行组团赴江苏、上海、杭州等发达地区主动寻求洽谈对接合作项目，拓宽招商引资渠道，好中选优，优中选强。全区有LED背光源与照明产品研发孵化基地、市金融大厦、安粮期货马鞍山营业部、华东农机机电大市场与CNG加气母站、恒大御景湾、新城市广场、中富财富广场、台商大厦与石油公司大厦、秀山城市森林花源与信达公馆等12个项目签约，总投资96亿元，单个项目投资均在亿元以上。至年底，已有11个项目落地，签约落地成功率达92%。同时，金轮新世纪商业广场、台湾数码城、马鞍山中美生命科技产业园与翠林山水文化中心等意向待签约项目4个，总投资62亿元。

【重大项目建设】 2012年，秀山新区全力推进"基础设施、公共事业、产业发展、生态优化、惠民宜居"五大工程建设，全年在建项目48个，其中续建项目25个，新建项目23个，竣工项目10个。

东部环路、丁香路、软件路已竣工，正在加快五担岗路、五亩山路等14条道路及附属设施建设，全区道路通车里程数约

42公里。苏李变、桃冲变主体已完工,秀山专线已正式供电,采上线廊改线工程招标结束。新区高教园区内安工大东校区、河海大学文天学院二期、中加双语学校教职工楼、中职园等5个项目已基本建成,培正学校东校区教学楼主体已完工。马鞍山软件园二期6家企业正加速施工,皖江国际金融中心、石油公司大厦、台商大厦项目已开工。同时,新城市广场、信达公馆正在做开工前准备。秀山湖主体已完工。霍里山公园一期已竣工。秀山城市森林花源、小轻山、桃李山、毓秀路景观带、桃冲沟、五亩山河水系整治等项目正在不断推进。御景园一期已竣工,雨山片区安置房、绿地臻城、伟星·蓝山、秀山湖壹号、恒泰达观天下、恒大御景湾等居住类项目正按时序进度推进。

（张思嘉）

·宿州马鞍山现代产业园区·

【概况】 宿州马鞍山现代产业园区是马鞍山、宿州两市市委、市政府为响应省委、省政府加快皖北崛起、建设美好安徽的重要战略部署而成立的一个合作共建园区。园区于2012年1月经省人民政府批准成立,享受省级开发区政策。园区位于京沪高铁宿州东站东西两侧,京沪高铁、泗洪-许昌高速公路、市内快速通道、水上运输等交通体系已初步形成,宿州—淮安铁路正在建设。园区托管宿州东部新城行政管理区11个行政村104平方公里约5万人。规划面积50平方公里,其中,起步区面积10平方公里,规划到2030年,建成区面积达30平方公里,人口达30多万。2012年,宿州马鞍山现代产业园区完成固定资产投资15亿元,实现招商引资到位资金20.32亿元,超额完成年度目标任务。

【重点工程】 区内9条主干路网已建成通车;8万平方米公租房已经完工90%;新河治理工程已全部完工;招商展示中心已投入使用;两高连接线、宿州东站、宿州大道、马鞍山大道等重点区域绿化亮化工程正在提速,园区绿化亮化工作已完成90%。700余套临时性过渡板房已投入使用;1500套14栋公租房已全部开工建设,其中5栋已经封顶;一期10万平方米安置房正在加快建设,二期9.6万平方米安置房处于筹备开工阶段。

【社会事业】 2012年,园区完成药闫村290户房屋整体搬迁任务,实现复垦土地逾16公顷。高滩村33.33公顷拆旧工作已正式启动,部分地块正在拆除。已选定黄树秦等4个中心村示范点,数据摸排工作已经结束,乡村规划工作正在完善。已出台促进园区失地农民充分就业帮扶办法,在道路管养、保洁绿化、区内企业用工方面,优先解决失地农民就业。至年底,园区已安排1000余名失地农民就业,失地农民就业率达到90%以上。

【招商引资】 2012年,园区举办了招商网络推介会,成立马鞍山、上海招商联络处和南京、深圳招商代理机构,更新了招商网站,制作宣传片和多媒体资料等,招商引资成效显著。全年签约投资协议的项目27个,投资总额304亿元;签订框架性协议项目20个,投资总额202亿元;引进亿元以上项目22个,5亿元以上项目10个,10亿元以上项目8个。投资80亿元的中科院云计算产业园、投资50亿元的深圳光电产业园、投资35亿元的大成植物秸杆深加工、投资19亿元的瑞年健康产业园、投资4亿元的德仁星级酒店、投资3.2亿元的北大附属宿州实验学校等项目成功签约,招商引资开局良好。

【项目建设】 全年开工项目29个,投资总额90亿元。津达建材项目已顺利投产;瑞年健康产业园、鸿丰生物科技、快客站、农业大观园等项目正在基础建设;深圳光电产业园、德仁星级酒店、和盛广场、污水处理厂、高铁新城供水工程等在建项目推进顺利。

（苗宗坡）

芜　湖　市

【利用外资】 2012年,全市累计批准外商投资企业26家,同比增长4%,合同利用外资40237万美元,同比下降37.0%,实际利用外资13.40亿美元,总量居全省第二位,同比增长27.1%,超额5.1%完成市政府下达的全年目标任务,其中,外商直接投资完成13.17亿美元,同比增长26.5%,超额5.4%完成省商务厅下达的全年目标任务,外商其他投资完成677万美元,同比增长31.7%,对外借款完成1633万美元,同比增长102.4%。

引进境外世界500强全省第一。2012年,芜湖市致力于开展针对世界500强精准化招商,成效显著。全年引进法国液化空气工业气体、德国林德集团食品级二氧化碳、博世集团汽车多媒体、大陆集团汽车车身电子系统、美国丹纳赫-福禄克精密仪表等5个境外世界500强投资项目,目前已有37家境外世界500强企业在芜湖投资了42家企业,主要分布在汽车、白色家电、新材料、节能环保及商业等领域。据省商务厅统计认定,全省引进境外世界500强投资项目9个,芜湖市引进项目5个,占全省项目数一半以上,位列全省第一。同时,已落户芜湖的境外世界500强投资项目进一步扩大投资规模,由台塑集团控股的华亚芜湖塑胶有限公司总投资和注册资本分别增加3500万美元和1200万美元,扩建塑胶管材项目,益海嘉里增资项目即将报批。此外,一批境外世界500强投资项目正在快速推进,德国麦德龙超市项目已经摘牌,即将报批,普洛斯物流园等项目已签约。

欧美发达地区投资比重进一步提升。2012年,全年新批26个外资项目中,来自欧美地区项目10个,合同外资1.16亿美元,占全市新批项目数和新批项目合同外资额比重分别达到38.5%和48.4%,占比较上年同期分别增长16.5%和15.4%。从实际利用外商直接投资看,欧美地区到资项目42

个,实际利用外商直接投资4.61亿美元,占全市比重分别为28.4%和35.0%,占比较上年同期分别增长11.4%和15.2%。欧美发达地区投资比重进一步提升,芜湖市利用外资区域结构进一步优化。

服务业利用外资比重逐步上升。2012年,全市服务业利用外资比重逐步提升,全年新批及增资项目12个,合同利用外资1.19亿美元,占全市比重分别为30.0%和29.4%,较上年分别增长14.3%和23.8%。从实际利用外商直接投资看,服务业到资项目49个,实际利用外商直接投资4.90亿美元,占全市比重分别到达33.1%和37.2%,占比同比增长8.7%和5.4%。

利用外资主体位次上升趋势明显。2012年,芜湖经济技术开发区利用外资再创新高,全年实际利用外资达5.02亿美元,在全省90个省级以上开发区中位列第一,同比上升1位,无为经济开发区排名第13,同比上升1位,高新技术开发区排名第33,同比上升4位,新芜经济开发区排名第14,同比上升2位。在全省62个县(市)实际外商直接投资排名中,无为县、繁昌县、芜湖县均进入全省前七强,分列5、6、7位,排名分别上升2、3、3位,南陵县列13位,与上年排名相同。

【对外经济技术合作】 2012年,全市对外承包工程、劳务合作累计签订合同52份,新签合同金额7520万美元,外派人员773人,完成营业额6173万美元。与上年同期相比,合同金额增长3.68倍,外派人员下降4.09%,营业额增长15.49%。新增境外投资企业4家,新增境外实际投资额4713万美元,同比增长4.8倍。

对外劳务合作平稳发展。2012年,全市对外劳务合作累计签订合同47份,新签合同金额1327万美元,外派人员391人,完成营业额5205万美元,与上年同期相比,合同金额下降4.05%,外派人员下降14.25%,营业额增长6.35%。

境外实际投资成倍增长。2012年,全市新增境外投资企业4家,投资方式为并购、独资;新增企业境外实际投资4578.43万美元,实现境外企业利润再投资134.57万美元,合计新增境外实际投资4713万美元,同比增长4.8倍。实现了境外投资企业总数和投资方式的双突破。

到2012年底,全市有22家境外投资企业(含境外机构1家),注册资本达到1.31亿美元,境外实际投资达8621万美元。分布在澳大利亚、日本、马来西亚、俄罗斯、英属维尔京、意大利、伊朗、乌拉圭、香港、柬埔寨、美国、巴西、印度尼西亚、阿尔及利亚、坦桑尼亚、赞比亚等16个国家地区。

积极承接境外承包工程分包业务。2012年,全市有12家企业具有对外承包工程经营资格,涉及建筑工程、建筑设计、防腐工程等行业。芜湖市对外承包工程企业根据各自业务优势,积极承接境外承包工程分包业务,安徽海螺建材设计研究院为巴西水泥工程提供设计服务,已实现营业额151万美元,为印尼水泥工程提供设计服务,业务量约500万美元,已正式签订协议一份,合同额约为160万美元;安徽海螺股份有限公司为印尼水泥项目提供设备,合同额5200万美元,已完成600万美元;芜湖市天润建筑实业有限公司已取得中石化在沙特工程的分包业务,工程量约800万美元,已正式签订协议二份,合同额为673万美元,已完成217万美元。为全市完成全年对外经济合作营业额目标任务打下坚实基础。

【口岸与服务外包】 2012年,芜湖口岸进出口货运量累计115.76万吨,同比增长15.1%,其中出口79.46万吨,同比增长25.8%,进口36.3万吨,同比下降3%;进出口货值38.57亿美元,同比增长5.4%,其中出口27.55亿美元,同比增长30.2%,进口11.02亿美元,同比下降28.6%;集装箱累计250166标准箱,同比增长18.9%,其中重箱125422标准箱,同比增长15.1%;到港船舶1565艘,同比下降4%,其中外籍轮98艘,同比下降8.4%。

新老骨干企业双拉动,口岸运量稳步增长。2012年,全市进出口骨干企业不断增加,进出口产品结构不断优化,芜湖口岸的国际市场空间不断扩展。在奇瑞汽车、新联船厂、格力空调等重点骨干企业的带动下,芜湖市汽车及零配件、船舶等产品出口稳步增长,中达电子、日立家电的进出口仍将发挥龙头带动作用。美的集团、格力电器等一批通过招商引资新落户芜湖市的外向型大企业不断壮大,成为芜湖市口岸进出口增长的新生力量。

优化通关环境,提高服务水平。芜湖海关开展一站式报关服务、芜湖边防检查站成立了"安徽省出海边防证件芜湖办理处",解决了长期困扰安徽省江海联运船舶办证难题,这些措施提高了通关效率,促进了集装箱运量大幅增长。2012年,芜湖港外贸集装箱运量突破25万标箱,同比增长18.9%,再创新高。

服务外包。2012年,全市完成服务外包执行金额2.16亿美元,同比增长81.51%;服务外包企业新增就业人数3065人,累计从业人数12822人;新增服务外包企业34家,累计160家。在新增34家企业中招商引进的有26家,其中不乏亚洲脉络有限公司、甲骨文、南京天斯努办公设备有限公司、比茨·普尔什投资管理有限公司等一批知名服务外包企业落户芜湖服务外包产业园。

【开发区建设】 芜湖市现有开发区13家(2013年新批芜湖市承接产业转移集中示范园区,位三山区境内,面积与三山开发区和大桥开发区重叠,属于省级开发区),其中国家级开发区2家(芜湖经济技术开发区、芜湖高新技术产业开发区),省级开发区11家(含4个批准筹建开发区),开发区核准规划面积为90.7平方公里,实际建成面积为192.21平方公里。

2012年全市各开发区完成全社会固定资产投资1014.87亿元,增长47.58%,实现经营收入4280.70亿元,比上年增长23.29%,其中国家级开发区实现经营收入2762.88亿元,增长16.73%;实现税收总额139.21亿元,增长31.67%,其中,国家级开发区实现税收总额87.82亿元,增长17.41%,占全部开发区财政收入的63.09%。实际利用内资总额867.89亿元,增长27.27%,其中,国家级开发区实际利用内资总额280.23亿元,比上年增长16.42%;实际利用外资总额9.14亿美元,比上年增长15.11%,其中,国家级开发区实际利用外资总额4.96亿美元,比上年减少6.24%。

上　海　市

城市交通

【概况】 2012年,上海港货物吞吐量7.36亿吨,比上年增长1.1%;集装箱吞吐量3252.9万标准箱,比上年增长2.5%。水水中转比例达42.8%,比上年提高1.7个百分点。全年接待国际邮轮靠泊180艘次、邮轮旅客35.03万人次,分别比上年增长59.3%和71.4%。浦东、虹桥两机场全年起降航班59.67万架次,比上年增长3.96%;旅客吞吐量7870.89万人次,比上年增长5.56%;货物吞吐量336.80万吨,比上年下降4.84%。铁路上海市境内旅客发送量6758.1万人次,比上年增长9.0%;货物发送量825.3万吨,比上年下降7.0%。公路长途旅客发送量3748.25万人次,比上年增长7.81%;道路货物运输量4.29亿吨,比上年增长0.5%。

加快国际航运中心建设。国际航运发展综合试验区政策试点取得重要突破。交通运输部与市政府签署新一轮国际航运中心建设合作备忘录。启运港退税正式启动实施,8月1日起,武汉、青岛至洋山保税港区之间试行启运港退税。洋山保税港区成为中国第一个"保税船舶登记"试点区,融资租赁船舶视作认定企业自有运力政策在上海先行试点,首艘保税登记船舶正式投运。完善航运服务体系。北外滩、浦东机场"一门式"口岸通关服务中心相继启用。通关作业无纸化改革试点正式启动。浦东机场在国内率先试行24小时直接过境旅客免办边检手续,航空口岸过境免签时间延长至72小时。全国班轮运价备案中心新系统基本完成,进口矿石、原油运价指数正式发布。健全集疏运体系。基本建成临港产业区东港区公用码头工程。黄浦江上游航道整治工程竣工,完成大芦线一期、赵家沟航道整治工程。芦潮港内河港区主体工程基本完工,外高桥内河港区一期工程全面推进。洋山港区实现双向通航"单套"作业向"双套"作业升级。中外运敦豪国际航运快递有限公司(DHL)北亚枢纽工程投运,联邦快递上海国际快件和货运中心项目签约。

全市公路12541公里,公路密度每百平方公里197.79公里。1月1日起,沪嘉高速公路不再收费,向社会开放。市政府决定取消收取"上海贷款道路建设车辆通行费"。国庆节、中秋节期间,高速公路网总流量为613万辆次,其中小客车528万辆次,免征通行费1.03亿元,未发生重大安全责任事故。8月2日,江苏、安徽、江西、福建、浙江、上海华东五省一市高速公路网实现电子不停车收费(ETC)系统的互联互通。

全市14个危险品车辆指定道口专用检查通道建设启动。落实省际客运安全行车强制措施,设置专职安全管理人员、提高驾驶人准入门槛、严格休息制度等。加强水上运输安全和港口安全监管。加强应急指挥和预警,完成春运等时期有关交通调度保障。严把从业人员资格考试关,完成全年道路运输资格考试,探索建立和完善交通港航职业资格制度。重点推进水陆一体化安全应急管理系统建设并优化动态监管功能,"两客一危"(即长途客运班车、旅游客车和危险品运输车)车辆安全监管系统升级。基本完成内河搜救系统建设。

完成开行崇明(陈家镇)至启东公交化客运班线筹备工作。对《上海市省际道路旅客运输服务规范》达标情况进行评估,达标率达95.5%。

中国海运集团(简称中国海运)、中远集装箱运输有限公司(简称中远集运)和长航凤凰股份有限公司上海地区单位、上海长航国际海运有限公司共完成海上货运量6.26亿余吨。

内河运输,内河港区货物吞吐量9819.0万吨;长航凤凰股份有限公司上海货运分公司长江货运量191万吨。全年交通运输部东海救助局执行救助任务620起,出动救助力量728次,援救遇险人员1001人,救助遇险船舶34艘;交通运输部上海打捞局完成公益性抢险救助和财产性救助等打捞任务21次,救助遇险船员61人,船舶待命389艘次,拖航运输516艘次。上海海事局巡逻艇巡航26169艘次,633211.9海里;协调搜救行动220次,救助遇险人员1126人。

【概况】 2012年,上海市域公共交通客运总量约62.3亿人次,比上年增长2.2%。其中,公共汽(电)车年客运量28.04亿人次,占全市总量的45.0%;轨道交通年客运量22.76亿人次,占全市总量的36.53%;出租车年客运量10.75亿人次,占全市总量的17.3%;城市轮渡0.72亿人次,占全市总量的1.2%。

全市有地面公交运营企业34家,运营线路1257条,运营路线总长度23190公里,运营车辆16695辆。新辟公交线路81条,撤销26条,延伸和调整155条。公交专用道累计161.8公里。综合客运交通枢纽累计74个。新增投运公交车521辆,汽车燃油国Ⅲ排放标准和环保车辆占全市公交车总数的68.49%。改造(新建)公交候车亭700座、新式立杆站牌990根。至年底,全市有"公交品牌线路"76条、"信得过公交线路"339条,车容车貌合格率90%,规范停站执行率97%,规范服务执行率97%。

全市有轨道交通线13条(含磁浮线),运营线路总长度468.19公里(含磁浮线29.1公里),轨道交通车站289座,其中轨道交通换乘枢纽站37个(二线换乘27个、三线换乘9个、四线换乘1个);运营车辆508列3130节,全年运营总里程5569.5万列公里。

全市有出租车企业125家,个体经营3076户;营运车辆中顶灯出租车49697辆。有出租特准汽车企业40家,特准营运车辆986辆。出租汽车电子标签完成试运行及全覆盖安装正式投入使用,实行执法监管、行业管理、企业管理三位一体。全年使用手持稽查终端设备(PDA)稽查出租车13.07万余辆次,查处克隆出租车344辆,占总查处量522辆的65.90%。

全市有公共停车场(库)2234个、停车泊位39.8万个,其中停车换乘(P+R)停车场6个、停车泊位2281个,衔接轨道交通1、2、7、8、9号线。

推进公交优先,全市轨道交通运营线路长度增加到468公里,轨道交通占公共交通比重上升至36.5%;全年优化调整公交线路200条;全市公共交通日均客运量1700万人次,享受换乘优惠人次250余万,公共交通卡日均使用920万人次。完成20条区域对接道路建设。市域高速公路网ETC车道数增加至184条,站点覆盖率75%,实现泛长三角区域ETC系统互联互通。

邮政电信

【邮政业务】 2012年,上海市邮政公司(简称上海邮政)在全市共设置邮政网点542个,代办邮政所3个,信筒、信箱3541个,邮政报刊亭1620个。上海邮政调整中心城区邮政机构设置,全市邮政由原来14个区县局和4个投递局调整优化为与行政区划基本对应的16个区县邮政分支机构。市区邮路总数为346条,邮路总长度19332公里。城市投递道段计3932条,单程长度37432.64公里;农村投递道段计568条,单程长度9985.44公里。至年底,共有员工1.98万人。全年重点建设"经营服务十大平台"(电子商务平台、集邮收藏平台、城市缴费平台、票务通平台、慈善爱心捐献平台、商业银行平台、速递物流平台、广告传媒平台、数据库营销平台、报刊发行平台)。全年邮政业务收入50.56亿元,比上年增长13.04%。其中代理金融业务收入11.3亿元,比上年增长8.9%;函件业务收入17.6亿元,比上年增长11.2%;集邮业务收入8.3亿元,比上年增长7.9%;发行业务收入8.9亿元,比上年增长35%;电子商务和分销业务收入2.3亿元,比上年增长25.7%;机要通信业务比上年增长4.3%。年内获"全国文明单位""上海市文明行业"等称号。

【邮政业务】 2012年,上海电信行业完成电信业务总量447.4亿元,比上年增长9.2%;完成主营电信业务收入512.8亿元,比上年增长8.3%;实现电信利润总额96.3亿元,比上年下降0.7%;实现电信业增加值268.4亿元,比上年增长2.4%。

电话用户总数3911.2万户,其中固定电话用户902.9万户,移动电话用户3008.3万户,分别比上年下降2.5%和增长14.8%。固定电话用户普及率为38.5%,移动电话用户普及率为128.2%。3G移动电话用户748.2万户,比上年增长61.0%,3G用户占移动电话用户的比例24.9%。互联网网民1606万人,比上年增长5.3%,普及率为68.4%,增速排名位居全国第29位,普及率排名保持在全国第二位。固定互联网宽带接入用户541.0万户,比上年增长9.6%,其中速率在8M以上的用户312.8万户,比上年增长79.1%,占固定互联网宽带接入用户的57.8%。移动互联网用户2161.7万户,比上年增长21.3%。交互式网路电视(IPTV)用户178.0万户,比上年增长15.8%。

至年底,上海市共有237964个网站主办者开办304539个网站,比上年实际增长51361个。网站主办者中,68.48%为单位,31.52%为个人。在各区县中,开办网站最多的是浦东新区,共开办网站27054个,网站数超过1万的还有闵行区、徐汇区、普陀区、黄浦区、嘉定区;开办网站最少的是崇明县,为1178个。

南 京 市

【交通邮电】 全市全年完成货物运输总量为41998.52万吨，增长6.2%，货物运输周转量4624.72亿吨公里，增长17.2%。其中公路为22020万吨，增长11.1%；水运为15090万吨，增长7.1%；铁路为1805.86万吨，下降0.8%。港口货物吞吐量为19197万吨，增长1.4%。全市各种运输方式共完成旅客运输总量46254.68万人次，增长9.4%，旅客运输周转量414.32亿人公里，增长12.8%。其中公路为42519万人次，增长8.8%；铁路为3066.36万人次，增长15.7%；民航为662.32万人次，增长19.2%。港口集装箱吞吐量为230万标箱，增长24.8%。

全市年末民用汽车拥有量达到117.75万辆，比上年增长18.1%，其中本年新注册19.98万辆。年末私人汽车拥有量96.36万辆，增长21.0%，其中本年新注册16.73万辆。年末私人轿车拥有量70.77万辆，增长21.4%，其中本年新注册12.46万辆。全年共优化调整34条公交线路，新辟7条公交专用道，总长度142.8公里，新辟11条公交线路，延长38条公交线路服务时间，完成1000辆公交车的招标采购。全年完成出租车更新411辆，出租车总数达10643辆。全市公共交通车辆运营数达到9386标台，其中地铁1200标台。

全年完成邮电业务总量134.81亿元，比上年增长11.5%。其中，邮政业务总量8.88亿元，电信业务总量125.93亿元，分别增长15.5%和11.2%。全年完成邮电业务收入(现价，下同)116.04亿元，比上年增长11.3%。其中，邮政业务收入9.75亿元，电信业务收入106.29亿元，分别增长21.6%和9.4%。年末拥有移动电话用户1153.1万户，比上年末净增151万户。年末固定电话用户288.92万户，比上年末减少5.18万户。年末国际互联网用户数达269.63万户，比上年末净增19.47万户。全年国际国内特快专递共完成1143.28万件，增长23.2%。

苏 州 市

交 通

·交通综述·

【概况】 2012年，苏州市交通运输部门完成各项工作任务。交通基础设施建设稳中求进，全年共完成投资116.1亿元，占年度计划107.2%。安全稳定工作总体好转，实现事故起数、死亡人数"双下降"。行业管理工作全面加强，道路、水运等各项指标位全省前列。港口发展实现大提升，苏州港完成货物吞吐量4.28亿吨，完成集装箱吞吐量586.35万标箱，完成外贸货物吞吐量1.05亿吨，3项指标均创历史新高，港口货物吞吐量上升至全国第五位，世界第七位。公共交通发展取得突破，轨道交通1号线于4月28日正式运营，截至年底客运量达2515万人次，日均运送乘客10.5万人次，运行图兑现率和列车准点率均在99%以上；公交惠民政策得到落实。苏州在全国率先推出电调专用出租车，新增电调专用出租车300辆，市区出租车数量增至4303辆。

年内，全市交通运输部门机关作风建设和行业文明创建活动深入推进。立足构建"清正廉洁、运转高效、沟通无限"的行业形象体系，推进党风廉政建设、作风效能建设与交通运输事业同步协调发展。苏州市交通运输系统被评为2009～2011年度苏州市文明行业，苏州市交通运输局被评为苏州市作风效能建设优胜单位，市区公交1路线获评交通运输部全国公共交通先进线路，苏州汽车客运集团有限公司连续3年获得中国道路运输百强诚信企业第一名，同时获得"中国服务业500强"称号。

·交通基础设施建设·

【重点工程概况】 2012年，苏州市交通建设项目中有8项为市重点项目，总投资267.60亿元，年内投资计划33.30亿元。续建太仓港疏港高速公路15.4公里，完成投资4.17亿元。开工建设张家港疏港高速公路20公里、常熟至嘉兴高速公路昆山至吴江段28公里。苏虞张快速通道工程(不含中环快速路共线段)完成投资2.0亿元。312国道苏州段改线工程(不含中环快速路共线段)前期工作已经开展。苏南运河"四改三"整治工程苏州段继续推进，完成投资5.53亿元。续建杨林塘航道整治工程，完成投资5.19亿元。无锡至太仓高速公路苏州段完成立项批复，工程可行性研究已开展。中环快速路工程吴中区段、相城区段、312国道共线段、苏虞张共线段开工建设。

【高速公路建设】 2012年，全市建设高速公路及通道项目有6项，年度完成投资14.82亿元。太仓港疏港高速公路完成投资4.17亿元，累计完成8.64亿元，路基桥涵施工基本完成，路面及附属设施的施工已进行。张家港疏港高速公路开工。常嘉高速公路昆山至吴江段工程完成部分征迁工作。无锡至南通过江通道南北公路接线工程苏州段取得项目建议书批复,工程可行性报告通过省发改委审查。苏锡常南部通道已进行路线方案研究。苏嘉杭高速公路吴江互通改建及江陵东路东延工程进展顺利,吴江互通完成所有工程,江陵东路管桩完成84.3%,桥梁桩基完成65.9%。

【国省干线公路建设】 2012年,全市交通运输部门推进312国道苏州段改线工程等16项国省干线公路建设,全年完成投资22.19亿元。228省道改造工程(苏虞张公路快速通道工程)北段于6月25日通车,被评为江苏省交通运输行业首批节能减排示范项目。227省道相城区段扩建工程南段5.4公里已于上年完工,北段9.7公里在建。227省道常熟至相城段完成投资10.2亿元,为年度计划的255%。224省道昆山市玉山至锦溪段扩建工程完成投资0.8亿元,占年度计划的53.3%。312国道苏州段改线工程中环快速路北段共线段完成投资2.0亿元。339省道(338省道—苏沪界)新建工程农户拆迁完成90%,完成投资2.3亿元,占年度计划的230%。258省道新建工程(苏震桃一级公路南段)完成投资3.50亿元,占年度计划的175%。343省道吴中区段改扩建工程完成投资2.5亿元,占年度计划的833%。342省道常熟段预可行性研究报告已批复。228省道张家港北段、230省道木渎至越溪段、408省道(苏嘉杭高速阳澄湖互通连接线)前期工作已开展。339省道昆山段(西环北环高架)完成投资0.6亿元,占年度计划的120%。609省道昆山段(同周公路)完成投资0.28亿元,占年度计划的93.3%。256省道新建工程进展顺利,太沙公路—338省道12.3公里建成通车。

【县乡公路建设】 2012年,全市建设地方一般公路项目有16项,完成投资9.15亿元。重点连接公路项目有14项,完成投资9.02亿元,其中,苏州吴中区金庭环岛公路完成投资1.40亿元,苏州高新区大同路东延工程一、二期完工;太仓港疏港快速公路暂缓开工,太仓市岳鹿公路南延新建工程进展顺利,江南路—新港公路7.0公里建成通车,新港公路—双浮公路建成通车;昆山市黄浦江路南段改建工程、吴江区盛坛南线坛丘至南麻段改建工程、吴江区松汾线同里至幸二段改建工程完成施工,昆山市迎宾路改造工程进行底基层施工;吴江区沪苏浙高速公路平望互通连接线(胜平线)新建工程开工,吴江区周湖公路周庄至幸二段改建工程路基完成;张家港市晨丰公路(港城大道—双鹿路)完成全部拆迁,道路工程和桥梁工程分别完成18%、68%;张家港市新泾路(苏虞张—塘桥北环路)完成拆迁99%,道路工程和桥梁工程分别完成18%、25%;常熟市支梅公路(梅李改线—G204)通车,吴江七都互通连接线八三线新建工程建设计划推迟。一般连接公路项目有2项:苏州市相城区绕城沈周复线东延工程开展前期准备工作,相城区浒东公路改建(新区沪宁城际连接线)工程完工(1.65公里段落取消)。加快农村公路项目建设,新改建农村公路126公里,建成通车100公里。建设农村公路桥梁26座,投资3.66亿元。做好市政府"挂牌督办"的3座农路危桥的安全隐患整改工作,隐患已经全部排除。

【航闸建设】 2012年,全市航道船闸项目完成投资11.88亿元,占年度计划125%。苏南运河"四改三"整治工程全线完成19.5公里航道整治,完成1座桥梁改建;在建航道整治里程37公里、改建桥梁3座。申张线航道整治工程(张家港—江阴段)完成投资1.17亿元,占计划的117%,船闸主体土建工程基本完成,张家港复线船闸工程正式通航。杨林塘航道整治工程完成投资5.19亿元,太仓先导段完成护岸13396米,土方70万立方米;昆山先导段完成护岸2833米,土方18万立方米。

【站埠建设】 2012年,全市客运场站建设项目有3项,完成投资1150万元:苏州高铁汽车客运站完成方案招标,太仓浏河客运站底层梁柱已施工,盛泽西二环客运站投入运营。货运场站建设项目有6项,完成投资2.07亿元:苏州金阊公共物流配送中心进入方案设计、立项阶段,苏州传化物流基地完成投资9.0亿元,越海全球物流苏州基地项目一期投入使用,中外运高新物流港一期、二期工程进入竣工备案阶段,吴江经济技术开发区物流中心主体工程投入使用,物流信息平台建设一期完成建设。公交场站建设推进顺利,完成59个公交候车亭建设,金阊新城综合物流园首末站、国际教育园北区公交首末站建设并交付使用;配合火车站南广场施工,完成南广场公交站台及换乘设施的建设;积极推进江日路公交首末站、汽车南站公交换乘枢纽站建设。

【铁路建设】 2012年,苏州境内沪宁城际、京沪高铁等待国家审计组最终审计,沪通铁路可行性研究报告获得国家发改委批准,沿江城际铁路"先行先试"计划已经省政府常务会议研究,通苏嘉城际铁路线位基本稳定。 (徐洪伟)

·轨道交通建设·

【概况】 2012年,苏州市轨道交通集团有限公司(简称轨道交通集团)在确保在建工程质量安全、平稳、受控的基础上,抓好项目开工建设,力保首条线路开通,挖掘经营潜力,规范企业管理,各项工作取得新成绩。其中,轨道交通1号线于4月28日开通投运,全年完成投资7.76亿元,为年度计划的101.9%。2号线实现"洞通""轨通"重大节点目标,全年完成投资39.52亿元,为年度计划的113.6%。4号线及支线、2号线延伸线于9月27日开工,全年完成投资15.57亿元,为调整后年度计划的110.9%。年内,轨道交通集团先后获"江苏省五一劳动奖状"及"苏州市文明单位"等称号。

【1号线试运行及运营】 2012年1月1日起,轨道交通1号线率先在国内按照新规范要求进行为期3个月试运行。其间,完成39项单位工程验收和8项专项验收。在试运营前完成16个系统的综合联调,实现信号系统、综合监控系统的完整自动控制功能。信号系统获得第三方载客安全认证。在试运营基本条件评估中,1号线获得"具备试运营条件"的最优评价。4月28日,1号线正式开通试运营,苏州成为国内首个开通轨道交通的地级市。1号线开通首日创单日最高客流24.6万人次的全年最高记录。至年底,1号线已安全平稳运行248天,累计开行60319列次,总运营里程1534118公里,累计运送旅客2604万人次,日均10.5万人次,实现主营业务收入7001万元,运行图兑现率99.98%,列车准点率99.83%,均超过对社会公开承诺。

【运营管理】 2012年,轨道交通集团编制各类技术规程、制度372个。通过ISO9001:2008质量体系认证,完成环境、职业健康安全体系建设。开展危险源和环境因素识别,全年共识别危险源1079条。组建6支专业救援队伍,开展列车火灾事故应急救援等各类演练270次,各专业月度故障率下降25%。完善车站票务、导向、车站广播、无障碍等客运服务设施。组织开展"车辆段开放日""温馨出行·幸福001"集体婚礼、服务之星、技术比武等活动,3人在全国轨道交通行业劳动竞赛中获奖。

【2号线建设】 2012年,轨道交通2号线全线车站主体结构施工全部完成,附属结构完成总量的85%,3个明挖区间施工完成,旁通道施工已完成93%。在确保安全的前提下,实现"洞通""轨通"目标。车站风水电等设备安装完成总量的60%。首列车车辆生产完成50%,供电接触网已完成总量的60%,通信综合完成总量50%,主变电所进入供电设备安装调试阶段。

【4号线及2号线延伸线建设】 2012年1月,苏州轨道交通第二轮建设规划获国务院批准,轨道交通集团组织4号线及支线、2号线延伸线的工程可行性研究并上报,8月中旬取得立项批复,9月取得初步设计批复,9月27日正式开工。到年底,2号线东延伸线的11个车站除通达路站外均已开展围护结构施工。4号线9个车站开始围护结构施工。

【资源开发】 2012年,轨道交通集团全年实现开发收入1905万元。1号线广告、通信、商业开发实现与试运营同步。《城市早八点》报纸已出刊107期,《城市快线》杂志创刊。1号线苏州乐园站、广济南路站地下大空间招商已完成。民用通信和有线通信同步开通。和基广场、东方之门等5个较大项目对接工作已达成一致。开展2号线广告、通信、商业经营条件准备工作。

【物业管理】 2012年3月,轨道交通集团成立物业管理全资子公司。在完成其机构设置、人员配备和建章立制工作后,子公司正式接管控制中心大楼物业工作。年内,子公司加强对车站委外保洁项目的考核管理,着手进行开发及车辆段物管项目的接管工作。开展1号线风水电系统维保筹备,维保方案已获准通过。

【安全生产】 2012年,轨道交通集团编制《安全生产监督管理办法》《控制保护标准》等9项管理制度。全年完成轨道交通控制保护区建设项目方案审查94个,现场巡查33次,对20个保护区内在建项目进行第三方自动监测。联合市质监站开展7次质量检查,对23个标段进行质量交底。组织安全检查30次,排查出的隐患全部进行复查闭合。继续推行重大方案评审和关键节点验收,加强应急救援管理。11月,轨道交通公司全面安全受控的质量安全工作,在住建部全国轨道交通质量安全经验交流会上,再获好评。

【科技创新】 2012年,轨道交通集团完成"苏州轨道交通深基坑支护关键技术研究"等6项课题的验收和鉴定,参与编制国家规范1项,1项技术规程入围"苏州市科学技术进步奖"。开展"2号线盾构区间下穿建筑物安全控制关键技术研究"攻关工作。

【资金保障】 2012年,轨道交通集团全年完成4次共35.18亿元资本金到账,共筹集银团贷款32.93亿元。引进20亿昆仑租赁资金,已到账15亿元。着手两个新开工项目银团组建,落实了参贷行及参贷份额。促成市级层面设立轨道交通专项资金,以制度形式对资金来源及出资方式进行明确。

【招投标管理】 2012年,轨道交通集团召开22次招标领导小组会议,完成招标标段93个,累计中标金额114.62亿元。全年签订合同289个,合同金额124.13亿元。完成1号线58批次进口设备的清关到货。2号线信号、牵引、轨道打磨车首批设备已完成清关到货。全年完成1号、2号线工程变更审核6992万元,核减650万元。完成工程支付31.9亿元。

(毛　寅)

·交通行业管理·

【运政管理】 2012年,苏州交通运输部门以"打非治违"和市区"非法营运"专项整治为重点,结合规范执法、严格执法、阳光执法、智能执法、文明执法5项执法行动,全面推进运政执法效能提升,基本形成队伍建设规范化、市场监管长效化、违章处理人性化、监控指挥信息化的工作格局。全年全市共出动执法、执勤人员10.05万余人次,查获各类道路运输违法违规案件23422起,其中无经营许可7564起;通过运政视频监控系统抓拍各类违法违章行为3589起,其中出租车"钓鱼"536起,大客车违法上下客3053起。制定安全生产管理制度,出台企业安全机构和专职管理人员配备标准,上门指导企业建立健全组织机构和安全管理制度,开展安全管理工作。开展长途客运清理整顿,逐线逐车排查长途夜班车线路、车辆和驾驶人,严格执行长途客运班车凌晨2时至5时停运措施,落实企业中层带班监控制度,试点开通苏州至济南等6条长途客运接驳运输线路。运政信息化建设稳步推进,初步建成运政数据中心,建立基础数据库框架,实现管理数据、资源的整合,解决业务系统各自为政、互不关联的问题。"苏州运政网"升级改版,突出业务工作、网上办事和信息查询功能,规范政务信息公开事项。开发危险货物运输管理网上审批、电子台账及源头治超会办等系统,获市政府行政服务创新工作奖。

【路政管理】 2012年,《苏州市公路条例》正式出台实施。为此,苏州交通运输部门推进公路"5项执法行动",在全市公路系统深入推进规范执法、严格执法、阳光执法、智能执法、文明执法。健全规章制度,印发执行《苏州市公路管理处治理车辆超限超载工作考核办法》,不断提升各项超限管理制度执行力。建立执行货运车辆超限联合抄告机制,建立运行全省首个公路超限信息抄告系统,全年全市共抄告苏州籍车辆896辆次、驾驶员849人次。加强对苏州传化公路港物流有限公司等46家重点源头单位的超限管理,从源头管控超限。加大联动治超力度,实现高速公路、普通公路、农村公路联网,路政、运管、交警联合,相邻省市联动治超模式,组织参与多次联合治超行动,共同打击超限运输。全年全市共出动路政执法人员29589人次,检查车辆23914辆,查处违法超限车辆9138辆,卸驳载货物58983.73吨,辖区内普通公路平均超限率稳定控制在2%以内,高速公路低于3%。对路政与养护联合巡查办法、巡查与办案分离办法、巡查评价与成本办法的实施进行探索,全市路政巡查总里程511931.7公里,路政案件结案率为100%。推进"标准化中队"创建,共有7个国省道中队和41个农村公路中队通过"标准化路政中队"验收,所有国省道管理路政中队和农村公路路政中队实现创建达标。继续开展农产品"绿色通道"免费通行工作,全年免费放行"绿色通道"车辆85.47万辆,免征金额2.12亿元,为全省各市"绿色通道"免征金额最高。

【航政管理】 2012年,全市干线航道通航保证率99.4%,船闸通航保证率99.9%、优良闸次率99.9%、船闸机电设备完好率99.9%。7月20日,苏州市政府出台《关于进一步加快全市水运发展的实施意见》,自2012年起,市、县(区)两级政府统筹安排及政府投融资平台每年用于内河航道建设专项资金不少于2亿元,安排航道管理和养护资金不少于1000万元,并根据需要逐步扩大资金规模,安排适当的资金用于水运支持保障系统的建设和维护。制定实施《苏州市航道、船闸养护管理实施细则(暂行)》《苏州市航道系统船闸岗位考核指导意见书》等一系列养护管理制度,全年实施年度养护计划项目20项,实际完成4175万元。全市共办理干线航道临跨过河设施许可148件,行政处罚19件,累计巡航15.36万公里,辖区内未出现1起违章碍航设施和违规执法行为。完成六级以上航道普查,共普查航道29条计712.05公里,对2003年以来苏州航道数据库进行修正、补充和完善。年内,全市"科技兴航"取得新成绩,共开展11项QC(质量控制)活动,其中8项QC成果获中国交通质协表彰,3项QC成果获江苏省质协表彰。

【海事管理】 2012年,全市接处警983起,救助船员311名,救助船舶274艘,水上搜救成功率继续保持在100%。辖区共发生水上交通事故16起,死亡6人,沉船1艘,直接经济损失56.1万元,同比均有不同程度下降。加强安全信息化管控,制定"十二五信息化建设规划",出台《苏州旅游船艇综合监管平台建设》的初步方案。明确《视频图像监控系统设计要求》,吴江、常熟、太仓等地筹建视频监控点26处,逐步将危险品、旅游码头纳入监控范围。完善短信平台、VHF(甚高频)平台预警信息发布功能,安装客船、海巡艇AIS终端58台,增设AIS(船舶自动识别系统)基站1处,完成省水上应急指挥管理平台在海事局的试运行工作。完善自身应急装备建设、鼓励社会力量参与安全救助,吴江80吨级打捞船的建成填补了全市沉船打捞领域的空白,苏交航(捞)216号、苏张浚6号等社会救助船只获得交通运输部海事局的专项奖励资金。在"4·04"重大水上交通事故中,苏州海事部门第一时间投入救援,第一时间参与处置,现场处置和舆论引导同步进行,及时发布权威信息、妥善回应社会关切,取得良好效果。

【城市客运管理】 2012年,全市交通运输部门完成全球环境基金项目技术准备报告初稿编制工作,并递交交通运输部和世界银行审核;完善项目技术准备报告和详细的工作任务大纲,做好项目评估各项工作,重点做好项目采购能力、财务能力评估及两条公交快线环评等工作;设立项目管理专用账户、落实项目管理资金,编制项目评估材料并正式递交世界银行和全球环境基金会审核。6月25日,印发《关于印发苏州市区提升公交服务质量三年行动计划的通知》,计划通过3年的努力,打造具有苏州特色、国内领先的公交服务品牌。4月28日,轨道交通1号线成功开通试运营,开通以来整体运营情况平稳良好,日均客流量为10.5万人次。为配套公交设施,完成《轨道交通一号线开通后公交线网优化规划》,制定并实施"完善公交配套、开行夜间线路、增设导乘提示"3项措施。吴江撤市设区后,加快推进公交配套对接,开通3条公交线路。建成并投用京沪高铁苏州北站公交枢纽及苏州工业园区、吴中区、相城区和苏州高新区的钟南街、东方大道、灵峰村、大阳山等7个公交首末站,完成59个公交候车亭建设,市区累计拥有公交枢纽9个,规范公交首末站达到121个。净增驾驶员800余名,人车比提升到1.69:1;降低驾驶员工作强度,全年平均工作时间降低的线路达38条,线路班次日里程降低的线路达44条,考核时间放宽的线路达20条。召开第四届乘客委员会大会,更新乘客委员30余名,全年收集乘客委员会来信、来电、收集民意6062件次,开展调研活动23次,进社区、走企业13次,参与公交行业服务质量联合检查58次,出席公交行业例会、座谈会、公众咨询等会议51次。针对城区打车难的问题,创新推出专用电调出租车,并出台《苏州市区出租汽车合乘规则(试行)》,取得较好的效果。首创驾培管理工作规范,机动车驾驶人培训与公安考试系统信息全面对接,行业管理能力和效率进一步提升;率先与公安部门联合实施机动车驾驶人培训结业证制度、驾校联合评估机制,推动驾培市场由"重数量"转入"重质量"良性发展轨道;首创"智慧驾培"新模式,开展网上远程教学试点,引导驾培行业经营与管理实现跨越式转变;首创"阳光e驾"服务品牌,填补了驾培行业品牌建设的空白。从业人员管理扎实有效。建立从业人员管理程序化工作机制,规范各工作环节的权力制衡;稳步推进维修从业人员资质达标,完成维修从业人员考试发证5331人,为全省维修从业人员职业资格管理提供经验。

【交通物流管理】 2012年,全市交通运输部门加快提升运输组织化程度。苏锡常通四地交通物流发展战略合作联盟2012年会在苏州召开,会上,签订四地货运与物流行业管理一体化合作协议、物流企业具体业务合作协议。培育节能减排示范企业,江苏昆山飞力达国际物流股份有限公司被认定为部级试点企业,苏州康诚仓储有限公司、张家港众益物流公司列入第二批省级试点企业。全市拥有部级试点企业2家、省级试点企业2家、市级试点企业3家。发展区域甩挂运输,苏汽物流与金南物流等3家部甩挂试点企业成立苏盟物流股份有限公司,实行一体化运作;江苏飞力达国际物流股份有限公司与江苏中天凤凰集团有限公司、苏州龙瀚投资管理有限公司、江苏新宁现代物流股份有限公司共同成立由飞力达控股的常州融达现代物流有限公司,实现跨地区资源整合重组。培育多式联运项目,以中外运高新物流和苏州铁路西站为平台,成立铁公水中心联合办公室,建成苏州地区最大的铁公水联运中心。城市共同配送业务开展,苏州货的城市配送有限公司共同配送业务拓展至众多市民消费领域,客户160余家,"货的"270辆,日配送量超过1600吨。优化运力结构,全市专业化货运车辆、专用运输船舶比例分别达到44%、25.9%。

【驾培管理】 2012年,全市交通运输部门开展驾培满意度调查,全年通过智能化系统对全市结业学员发送短信283524条,平均满意度为98.95%,通过结业学员短信回访系统,促使驾校和教练员不断提高培训质量,提升服务水平。严厉打击各类违规行为,全年共查处驾校、教练员违规违纪121起,对13名教练员作出处理。

【机动车维修管理】 2012年,全市交通运输部门加快推进机动车维修专业化、连锁化、品牌化发展,全市二类以上汽车维修业户达到1324家,4S品牌及特约维修店达到339家,分别比上年增加38家、29家、连锁经营维修门店57家,比上年减少47家。车辆维修救援网络进一步完善,全年受理维修救援服务832起,用户满意度97%。　(徐洪伟)

·城市交通管理·

【概况】 2012年,苏州市公安交巡警部门围绕警务现代化目标,以信息化建设为抓手,不断创新机制、创新管理、创新服务,改善警务工作态度,提升人民群众满意度。

"交警进社区和勤务信息化"建设。年内,全市交巡警传统"高峰守点、平峰巡线"勤务模式变为"区域包干、责任到人"的责任区模式,市区共划分民警责任区290余个,将交通管理由路面延伸到社区、单位,缩短了与群众之间的距离。同时,研发使用交巡警警务平台和新版警务通,一线执勤民警所有勤务活动全部通过警务通业务模块实现,所有工作数据、信息全部流转到警务平台,由机关部门在系统后台进行监督、研判、指导,实现了交通管理工作业务流、信息流、管理流的"三流"合一,勤务效能得到提升。

"路长制和门前三包责任制"实行。年内,全市交巡警部门协同市文明办建立沿街单位路长制和包"门前交通秩序、门前卫生环境、门前市容市貌"的"门前三包"责任制。组织参加市级机关效能考核的123家市级机关企事业单位为市区主干道"路长",负责牵头组织责任区段内所有单位落实"门前三包"工作,并将支路层层分包给各区级机关及文明单位,推动交通管理社会化,让沿街部位成为展示文明交通形象的窗口。

"渣土车监管平台和联动机制"建立。年内,全市推行安全监管新模式,推广渣土车动态监管平台,为市区4300余辆渣土车安装GPS或G-BOS动态监管终端,使市区90%的渣土车纳入平台监管,实现对车辆运行轨迹、行驶状态和驾驶人操作细节的实时掌握和违规行为自动报警。在机制上,对符合条件的渣土车发放"苏E准"专用号牌,规定其渣土倾倒地点和运输线路,并按计划将施工工地、工程发包商等信息纳入平台,在源头上加强多部门联合监管。全市渣土车事故下降60%。

"网上办事和新兴媒体服务"平台创建。年内,全市交巡警部门重点打造以"96122"为龙头的"交管综合服务群",向群众提供全方位的交管服务。建立"网上办事服务"模式,做强"网上交警队""网上车管所",变传统的民众出门到网点办事为进行"网上自助办事"的新模式。发挥云媒体电视作用,借助有线电视网、"无线苏州"手机客户端等载体,对外发布实时路况信息、视频,实现手机看路况、查资讯,让群众获得"掌控交通"的新体验。

推动交通立法和管理智能设施。年内向社会颁布的《苏州市道路交通安全条例》,计划于2013年5月份正式实施。针对以往交通设施由各行政区分头自行建设,存在标准不一致、设备不联网等问题,编制出台《苏州市城市道路交通智能交通管理系统建设规范》,确立全市统一的新、改(扩)建道路交通智能管理设施的配建、管理、维护、更新标准,确保全市智能交通系统实现信息共享、联网运行、协调控制,全面提升交通管理科技化水平。　(徐剑虹)

【城市公共交通】 2012年,苏州市区新购公交车506辆,均为国Ⅲ及以上排放标准。截至年底,市区(不包括吴江区)公交车辆总数为3826辆,比上年(下同)增长4.4%;国Ⅲ及以上排放标准车辆为3509辆,在市区公交车中的比例为91.7%;空调车达到3022辆,在市区公交车中的比例为78.9%。全年新购气电混合动力公交车95辆,液化天然气(LNG)公交车384辆,截至年底,清洁能源公交车达到529辆,占车辆总数的13.83%,其中油电混合车150辆。建立完善财政补贴当月预拨机制,公交IC卡刷卡6折优惠、空调车季节性优惠、九年制义务教育学生免费乘车和残疾人免费乘车等惠民政策得到落实,全年日均享受各类优惠乘车的人次达90余万人次,市民公交车出行成本降低近50%。加快推动公交专用道及路口优先信号的设置,全年共新增公交专用道15.07公里,截至年底,设置公交专用道的路段共12处,总长68.57公里,增长28.17%,占市区主干道长度的8.8%。公交行业服务质量明显提升,市区智能公交合格率同比提高36%,安全行车投诉率下降53%,服务质量万人投诉率下降48%,车容车貌投诉率下降57%。

【公交场站建设】 2012年,全市公交场站建设稳中有进。国际教育园北区公交首末站、金阊新城综合物流园站建成并交付使用。配合火车站南广场施工,南广场公交站台及换乘设施建成。推进江日路公交首末站、汽车南站公交换乘枢纽站建设。新增新区金山路公交保养场。完成59个公交候车亭建设。根据安全保卫需要,在平海路公交首末站、公交三场、晋源桥、解放西路、南门、葑门、杏秀桥和东南环等8个公交停车场及首末站安装安保监控系统,对各停车场的公交车停放、安全监控等进行综合管理。截至年底,市区拥有公交枢纽9个,规范公交首末站121个。

【公交线网布局】 2012年,全市公交线网进一步加密,公交线路285条(含5条夜线,不含吴江3条跨区线路和2条临时线路),增长7.55%;公交营运里程2.77亿公里、增长9.9%,客运量6.26亿人次,增长10.6%。以做好轨道和公交的衔接为重点,市区共优化调整公交线路56条次,新辟线路20条(含5条夜线,不含2条临时线路),延长线路服务时间、加密线路班次34条次。通过调整,市区"公交+轨道"日均客流合计突破180万人次,增长17.4%,公共交通出行分担率26.4%,增幅0.96%。

【出租车管理】 2012年,苏州市区出租车增至4303辆(不含吴江区),年总业务量为6310万次,其中普通出租车单车日均营运里程444.46公里、里程利用率65.64%、业务量42.67笔,里程利用率与上年基本持平;电调专用出租车单车日均营运里程232.82公里、里程利用率57.34%、业务量16.17笔。电话调度中心影响力进一步扩大,全年召车业务总量为515.58万次,调度成功359.54万次,成功率为70%。1月16日,《关于苏州市区客运出租汽车运价结构性调整的通知》发布,自2月1日开始,实施"取消5分钟免费等候、实行时速低于12km/h时距并计"的运价收费政策。3月22日,根据《关于公布苏州市区客运出租汽车油运价格联动基准点和启动点的通知》,市区首次启动出租车油运价联动机制。根据油价变化,7月11日,取消1元燃油附加费,10月12日,再次加收1元燃油附加费。8月1日,苏州在全国率先推出电调专用出租车项目,首批投放电调专用出租车300辆,项目采用"电调+泊位+预约"的营运模式,市区建成出租车停靠点121个,泊位307个,基本覆盖各商业闹市区、大型居民社区和大型医疗机构。10月1日,《苏州市区出租汽车合乘规则(试行)》出台。合乘以乘客发起、协商一致、起始地合乘、价格协商、诚实信用为原则,采用合乘路段按照计价器显示金额60%~70%的折扣率区间协商收费,非合乘路段仍按照实际金额收费的方式。

(徐洪伟)

·交通运输·

【铁路苏州站】 铁路苏州站改造工程于2007年11月28日开工建设,计划于2013年4月建设项目全部竣工。站场最终规模为12台16线,其中城际车场5台7线,普速车场7台9线,至2012年,已开通7台9线,其中城际车场4台6线,普速车场3台3线。车场总面积13.36万平方米,其中高架候车屋面积18280平方米,无柱雨棚面积为74893平方米。同期建设的还有苏州市轨道交通2号线、4号线苏州火车站及2个出入口、2个风井等地下结构,约计12300平方米,工程总投资23.23亿元,代建地铁项目投资3.0亿元。

保证运输安全。2012年,苏州站开展安全风险源点排查,编制安全风险控制手册,下发干部安全风险控制表和岗位安全风险提示卡,加强安全风险动态研判,实现车站安全特别是高铁安全动态受控。制定干部带班作业实施办法,完善安全生产奖惩和安全风险管理评价实施细则,安全生产责任制得到进一步落实。推进标准化建设,组织开展"遵章守纪、按标作业"主题竞赛,按月组织标准化建设平推检查,车站标准化建设水平进一步提升。根据安全工作不同阶段的特点,适时开展主题鲜明的安全生产大检查活动,围绕防寒、防汛、防台等季节性安全重点和设施设备质量,开展安全专项整治和隐患排查,车站安全基础工作得到夯实。年内,苏州站实现安全生产2000天,再次实现"安全年"目标。

多元化经营效益增长。2012年,苏州站面向市场开展货运营销工作,进行货运市场调研,成立营销分中心,建立专兼职营销队伍,制定货运营销工作制度和上量考核办法,货运营销工作初显成效。下半年,海关部门在苏州西站设立海关验放点,实现车站在铁路国际联运业务方面"零突破"。特别是开展货运上量工作以来,新货源增量明显,下半年新增货源1596车,日均新增运量8车。车站货物发送量连年滑坡现象停止,全年货物发送完成93.78万吨,增长0.78万吨。全年完成货运收入2.36亿元,超年度计划1363万元,增幅9.7%。高铁客运业绩显著。做好客流调查,加强客运市场分析,向上级提供客流市场第一手资料,争取运能配置。全年发送旅客2627.98万人,增加353.35万人,增幅为15.5%。全年完成运输收入26.31亿元,超年度计划1731万元,增收3.54亿元,增幅为15.5%。加强车站商贸业务的管理职能,开发利用苏州客站商贸资源,支持苏州北、昆山南高铁站商业开发与物流企业发展,进一步优化客票代售点布局,促进多元经营全面发展。全年苏州站商贸业务收入3475万元,增收1124万元,增幅48%。

客货服务水平提高。2012年,苏州站将"服务旅客创先争优"活动纳入日常管理中,组织月度平推检查,提升软、硬件服务质量。制定客流高峰期常态化管理机制,落实重点旅客服务流程,规范服务内容、配齐服务设备、明确服务要求,服务品质不断优化。开展"货运服务质量年"活动,推进标准化货场建设,改造苏州西站货运营业大厅,完善运转、货运、物流、装卸等部门的联动协作机制,应用货运电子商务,车站网上受理比例保持在95%以上。运用客运服务台及货运洽谈室功能,及时处理旅客投诉,行风得到改进。

效能管理提高。2012年,苏州站完善企业管理责任体系,修订车站管理工作考核办法及车站管理人员安全包保及现场检查量化考核办法等制度,促进管理层改进作风。完善激励约束政策,修订车站工效挂钩考核办法及安全生产奖惩办法,调动干部职工积极性。完善劳动用工管理和成本管理,按工作量大小配备岗位,按产出效益配置成本资源,促进管理效能的提高。年内,苏州站再次通过ISO9000质量体系认证。开展合理化建议征集,全年共征集合理化建议89条,采纳21条。

(王　峰)

【公路运输】 2012年,全市完成公路客运量7.12亿人次,旅客周转量307.62亿人公里,货运量1.68亿吨,货物周转量135.73亿吨公里。落实节假日高速公路免收小型客车通行费政策,"十一"黄金周期间,绕城高速公路日均流量为17.9万辆,苏嘉杭高速公路日均流量为19.57万辆,均创新高。以市区客运站为主枢纽、5市(县)客运站为中心站,与铁路等运输方式无缝衔接的高等级标准化客运站网络格局日臻完善。结合客运线网规划,稳步推进农村客运站亭建设,新建城乡公交首末站8个、保养场5个,建设完工候车亭546个,全市二级以上客运站14个,农村客运站104个、候车亭2582个,城乡客运基础设施进一步得到完善。对农村客运(公交)线路进行优化调整,新增线路39条,优化调整线路133条,新增车辆354辆,报废更新车辆382辆。全市镇村公交实现全覆盖,列入省交通运输厅年度开通计划的8个乡镇全部开通镇村公交,共投入镇村公交车辆48辆,开行镇村公交线路19条,解决农村居民出行最后一公里难题。完善毗邻地区公交网络衔接,新辟、延伸区域内毗邻公交线路6条,满足常熟市蒋巷村与昆山市北区、太仓市双凤镇,昆山市巴城镇与苏州工业园区唯亭镇间群众出行需求;新辟毗邻外省市公交线路2条,解决太仓市与上海市、吴江区桃源镇与湖州市南浔镇的毗邻地区公交出行问题。对中长途线路进行优化调整,进一步扩大客运网络覆盖面,形成覆盖省内、通达全国18个省市的道路客运网络,日均发送班次和人次分别达到1.2万班次和14万人次,基本满足群众出行需求。10月24~25日,首届"两岸四地公路交通发展论坛"

在苏州举行,论坛的主题为:共融·共享·共赢——低碳、安全、环保的公路交通发展模式。

【水路运输】 2012 年,全市水路运输同比有所增长,全年完成水路客运量 102.8 万人,旅客周转量 1128.2 万人公里,货运量 896.1 万吨,货物周转量 34.78 亿吨公里。

【港口装卸】 2012 年,全市完成港口吞吐量 4.83 亿吨,其中苏州港完成 4.28 亿吨,占苏州港口装卸的 88.61%,内河港口完成 5501 万吨,占苏州港口装卸的 11.39%。 (徐洪伟)

·港 口·

【概况】 苏州港现有码头泊位 240 个,其中万吨级以上码头泊位数 116 个。2012 年,苏州港全港完成货物吞吐量 4.28 亿吨,其中完成集装箱吞吐量 586.35 万标准箱,完成外贸货物吞吐量 1.046 亿吨,分别增长 12.6%、25.1% 和 6.3%。其中,太仓港区全年完成货物吞吐量 1.23 亿吨,完成集装箱量 401.46 万标准箱,太仓港务集团公司完成组建并已开始承担发展重任。苏州内河港全年完成货物吞吐量 4841 万吨(不包括昆山市)。

全年完成港口投资 35 亿元,新增码头泊位 29 个,其中万吨级泊位 10 个,新增码头泊位年吞吐能力 1386 万吨。太仓美锦汇风码头、武港码头扩建工程、常熟兴华四期码头、张家港沙钢海力 2 号泊位改扩建工程、段山港重装码头工程(长江泊位)、东沙作业区盛泰通用码头工程(水工部分)等已竣工。太仓玖龙纸业煤码头、件杂码头,常熟华润化工,张家港东华能源码头等分别通过省、市组织的竣工验收或初步验收。省重点工程华能太仓煤炭储运中心等一批在建工程进展顺利。码头加固改造工程继续加快推进步伐,全港 51 个需要加固改造的码头泊位,全部通过部、省方案设计审查,其中 39 个泊位通过施工图设计审查,7 个泊位开工建设,张家港港务集团 1 号、2 号泊位和孚宝码头成为全省首批通过竣工验收的泊位。港口规划前期工作加快推进,《苏州港总体规划》方案优化调整通过部、省组织的联合审查,《苏州内河港总体规划》通过省政府审查,《苏州内河港规划环评》获省环保厅批复,常熟长春化工、吴江立新码头等 4 个利用岸线项目获部、省批复或许可。港口经营许可持证率有新的提高,全市共有各类内河港口经营企业 564 家(不含昆山市),新核发港口经营许可证 130 张,截至年底,已累计核发经营许可或临时经营许可证 447 张,持证率 79.3%,超额完成省局下达的年度考核目标。完成与地方安监部门管理职责的交接,全港从安监部门接收 8 家港口危化品企业储罐区 445 个储罐 164 万立方米危险货物的安全监管任务,并依法组织对张家港保税区长江国际港务有限公司 10.1 万立方米危险货物储罐改造项目的安全条件审查和安全设计专篇审查,完成张家港港区 18 号泊位集装箱码头工程项目和苏州港常熟港区金泾塘作业区国邦石油化工码头项目安全条件审查的报批工作。港口节能减排工作成效显著,太仓武港码头多驱动节能控制系统、太仓港区集装箱三期码头选用电动轮胎吊节能减排项目列入交通运输部第五批节能减排示范项目,张家港港务集团、太仓武港码头列为万家企业节能低碳企业。

【张家港港区】 2012 年,张家港港区完成投资 17.4 亿元,沙钢海力 2 号泊位改扩建工程、段山港重装码头工程(长江泊位)、东沙作业区盛泰通用码头工程(水工部分)均已竣工。截至年底,张家港港区有码头泊位数 150 个,其中万吨级码头泊位 67 个。年内,张家港港口共完成货物吞吐量 2.42 亿吨,集装箱运量 150.24 万标箱,分别增长 9.87%、14.9%,港口生产稳中有升,港口货物吞吐量继续位居全省前列,集装箱运量连续 3 年超百万标箱。

年内,港区全面开展码头结构加固改造工作。港口辖区内 37 个加固改造泊位全部通过方案设计审查,其中 32 个泊位通过施工图设计审查,15 个泊位已开工建设,其中 6 个泊位已交工,张家港港务集团 1 号、2 号泊位成为全省首批通过竣工验收的泊位。加快港口公共支持系统建设,总投资 3 亿元的港口支持系统工程顺利开工建设。推进张家港港口综合管理信息系统二期和电子口岸三期全程物贸平台建设,在港口管理信息化平台一期建设的基础上,研发危险品全程监管平台和港口管理决策支持平台;完成张家港地区物流门户网站"物流通 365"的建设。

张家港疏港高速公路工程于 11 月 22 日正式开工建设,该工程北起港区长江路与东海路交叉口,南接沿江高速公路,路线全长 20.71 公里,总投资概算 31.85 亿元,建设工期 4 年,该工程的建设对提升张家港核心港区集疏运条件和促进现代港口物流业发展有重要作用。

年内,港区共审批危险货物作业 15231 批次,危险货物吞吐量 1100 万吨,确保危险货物港口作业零事故。组织开展联合执法行动,完成年内"三无"船舶总体数量减少 20% 的目标。6 月,张家港口岸再次被评为江苏省文明口岸。口岸核心能力建设成效显著,9 月,在首届"中国质量发展论坛"上,张家港口岸获评首批世界卫生组织口岸核心能力达标单位。

【常熟港区】 截至 2012 年底,常熟港区有码头泊位数 30 个,其中万吨级以上码头泊位数 17 个。2012 年,常熟港区完成货物吞吐量 6312 万吨,其中外贸量 1082 万吨,集装箱 34.65 万标箱,分别增长 10.7%、4.5%、8.2%。

完成新增组揽货 330 万吨,新增航线 4 条,其中 2 条首次由民营企业开辟,填补苏州"一港三区"没有民营航运公司从事江海货物联运的空白。常熟港新开工泊位 15 个,其中大新华码头 5 个、东港化工码头 6 个、长春化工码头改扩建 2 个、兴华码头三期加固改造 2 个;建成泊位 10 个,其中长江港务 8 个、长春化工码头改扩建 2 个,完成总投资 7.22 亿元。配合做好铁黄沙及福山水道南岸边滩整治工程相关工作;推进长江南京以下 12.5 米深水航道一期工程上延至常熟港,8 月底该工程在常熟港正式开工。

严把港口危货作业审批关,完成审批危险货物港口作业 2434 批次,危险货物吞吐量 229.56 万吨。制定出台《常熟港行政服务(管理)行为规范》并细化完善相关制度。推行"一船一报"审核制度,审核把关企业靠船作业条件,监督检查现场作业,确保企业工作正常开展。

【太仓港区】 截至 2012 年底,太仓港区有码头泊位数 60 个,其中万吨级码头泊位 32 个。2012 年,港口货物吞吐量为 1.23 亿吨,集装箱吞吐量为 401.46 万标箱。

向上争取政策扶持。自2012年5月18日起，太仓港进出境船舶引航实现“一次申请、在航交接”，港口全面享受海港待遇；争取到财政部、国家发改委、交通运输部的批准同意，自2013年1月1日起，太仓港作为沿海港口管理，并执行相关的行政事业性收费政策。争取各级各方海关支持，自2012年7月1日起，取消“苏太联动”货物集中施验封和纸质单证流转，建立洋山水中转货物特殊天气情况下水改陆应急机制，简化长沙地区集装箱太仓港中转通关手续。岸线规划审批实现新突破，争取交通运输部和省政府支持，开展以太仓港岸线规划调整为主要内容的《苏州港总体规划》调整修编工作，调出一定数量的产业岸线供地方发展产业，并通过交通运输部和省政府联合组织的专家评审。争取省、市政府和各有关方面支持，协调解决集装箱三期上游泊位后方土地遗留问题，达成土地转让购置协议。太仓港区管委会与太仓海关、国检局、海事局签订合作备忘录，为优化口岸环境提供条件。

加快港口设施建设。苏州工业园区、苏州高新区、昆山市分别建设服务中心。全年组织开展15次宣传推介活动，新引进和扩大出货企业131家、大型货代企业21家，累计新增出货量15万标箱。在苏州工业园区设立“无水港”，方便企业订舱、提还箱和通关。加快公共服务平台建设，建成投运口岸集中查验中心，顺利通过海关总署总验收，查验效率明显提高，通关成本明显降低。建成投运信息中心一期工程，订舱、报关、报检等从人工纸质向网络信息化转变。建成投运危险品堆场、海轮锚地扩建、综合监管救助基地、集卡免费通行高速公路信息化等平台，港口服务提升至新的水平。开工建设太仓港疏港高速、疏港航道杨林塘整治工程。组建完成港务集团公司，建设投资、集装箱、件杂货、港口服务、港口物流“五大”板块业务顺利推进，太仓港务集团公司下属子公司为13家、总资产44.7亿元。加快重点工程建设，完成集装箱四期工程所有前期准备工作，已报请国家有关部委审批。建成投运美锦汇风等一批码头，开工建设华能煤炭储运中心工程。

提升口岸服务水平。太仓港口岸连续5年获得省“文明口岸”称号，并被批准为全国首批世界卫生组织口岸核心能力达标口岸。出台10条促进贸易便利化政策措施并已全部落实到位，全年累计为港区企业节省物流成本超过1.5亿元。

企业加快开拓业务。集装箱海运公司由上年成立时的3艘船、2条航线，发展到6艘船、6条航线，去日本、韩国出口装载率均在75%以上，全年完成箱量为15万标箱。继续做好航线开辟工作，新开9条内外贸航线，全港航线总数达到108条。

（徐洪伟）

邮　　政

【概况】 2012年，苏州邮政完成邮政业务总收入13.24亿元，增长13.87%，人均劳动生产率达到27.86万元。邮政类业务与代理金融业务在总收入中的占比分别为50.75%和44.84%。全区“职工小家”增至153个。年内，苏州邮政局获得全国质量奖，成为全国邮政系统首家获该奖的企业，获得“全国模范职工之家”称号。苏州邮政局“亲情邮路”代表朱克华登上“中国好人榜”，当选为“敬业奉献好人”。另外，苏州邮政局配合公安部门做好反电信诈骗宣传，全年共防范电信诈骗40余起，避免邮政客户120万元的资金损失。

【企业建设】 2012年，苏州市全部邮政企业成为全国实施卓越绩效管理模式先进企业。对接苏州城市发展，根据苏州城市区域调整，吴江区邮政局、姑苏区邮政局成立。生肖邮票博物馆筹建工作进展顺利。加强后备人才培养。完善网点负责人和营销人员薪酬待遇管理办法，编制《人才成长管理手册》，实施动态管理。建立多渠道的员工晋升通道，建立重点和横向的人才交流机制，实施全市专业人才的相互交流。推进市、县财务一体化，统一全市邮政系统财务管理和核算模式，成本预算管理系统在全区推广，完善主要经济指标预警机制。

【邮政服务能力提升】 2012年，苏州邮政系统提升服务规范管理水平，开展“建标杆、创品牌，满意在邮政”服务主题活动，建成40个标杆网点。加强服务监督检查和服务质量分析。优化大客户管理体系，建立分层开发维护制度。开展技能大练兵活动，在首届全省邮政全工种职工职业技能大赛中，苏州邮政局获得团体第三名，投递工种、数据库营销、BIU团队PK获团体分项第一名。营销队伍建设进一步加强，全市增配95名营销人员。营投平台服务能力提升。全年完成网点改造40个，其中建成旗舰店5个，精品店24个，VIP理财专区（柜）176个。“苏邮惠民”点建成919个。实施投递网建设和管理，加快商务投递中心建设，形成普邮、商函、商务3个层次的投递服务体系。邮件处理能力提升。10月10日起，中国邮政集团公司调整普通邮件分拣封发关系，苏州邮区中心局升二级中心局，扩大了邮件处理功能，各类普通邮件进出口处理量上升46%。技术创新能力提升。身份证自动联网核查打印系统在苏州市邮政局55个网点的230个台席推广使用。引进个性化投递管理系统，推广使用大宗挂信收寄信息自动录入系统，包单分离系统在全区推广应用，报刊分发堆积机自动分报系统成功运行，挂信半自动分拣机投产，开发智能传输皮带机，提高了转运质量。

【《壬辰年》生肖特种邮票首发】 2012年1月5~6日，由中国邮政集团公司主办，江苏省邮政公司、苏州市人民政府承办，江苏省集邮公司、苏州邮政局协办的“2012（壬辰年）生肖文化节暨《壬辰年》生肖特种邮票首发式在苏州图书馆举行。同时举办2012苏州邮票（品）专场拍卖会、生肖集邮展览、全国第七届生肖个性化邮票附票青少年设计大赛优秀作品展、龙年邮票设计者陈绍华先生现场签售、第四届生肖画信展以及限量发行首轮首套生肖个性化“辰龙献瑞，行运呈祥”龙年邮票、邮品现场销售等活动。

【苏州邮政投递百万社保个人权益单】 2012年4月25日，苏州市社会保险个人权益记录单首发启动仪式在苏州邮政局举行。苏州市区近百万份《2011年度苏州市区职工社会保险个人权益记录单》陆续通过邮政投递到参保人员手中。苏州邮政局还推出绿色通道，为邮寄记录单提供设计、数据匹配、打印、封装、邮寄、专车投递一条龙服务。

【苏州轨道交通1号线通车邮资封首发活动】 2012年4月28日，苏州轨道交通1号线正式试运营，中国邮政集团公司特发行《苏州轨道交通》邮资信封1枚,并在苏州举行邮资信封首发仪式,苏州邮政局启用"苏州轨道交通"开通纪念戳为市民免费加盖。苏州轨道交通1号线开通纪念封同日首发。

【执行新《普通邮政分拣封发关系》】 2012年10月10日起,苏州邮区中心局执行中国邮政集团公司发出《关于改革调整普通邮件分拣封发关系的通知》,其中,增加苏州中心局普通邮件省际出口封发功能,苏州市和南通邮区中心局经转范围内的省际出口邮件由上海调整到苏州处理;同时,10月10日起,苏州邮区中心局对发往南通及六县(市)的平信、平刷(除城区外)直封至投递点,包裹按照南通信息预处理的格口直封至各投递部或营业点,挂号信现暂按南通本口,海门、启东、通州、如东、如皋、海安本、转进行封发。

【保障"社会保障·市民卡"发放】 2012年11月,苏州市推行全国统一标准的"社会保障·市民卡"。苏州邮政局主动为该项政府实事工程服务。在市民卡信息采集阶段,针对部分参保人员照片缺失的情况,建议苏州市民卡中心采用挂号信的形式向各参保单位发放告知函。在市民卡发放阶段,应对部分退休参保人员以及居外人员市民卡无法配送的情况,为客户提供个性化投递,采用挂号信的形式寄递该类市民卡,要求本人签收,对无法由本人签收的开具自领单,凭本人有效证件直接到当地邮局领取,确保市民卡准确、安全投递。

(张春晖)

信 息 业

【概况】 2012年,苏州市信息化工作围绕加快"两个率先"和"三区三城"建设总目标,在转变政府职能与经济发展方式以及构建和谐社会中发挥了重要作用,全市信息化整体水平位居国内大中城市前列。在由亚太地区城市信息化合作办公室和中国计算机用户协会共同组织的2012中国城市信息化推进大会上,苏州市位列"2012中国城市信息化50强"第七名。

【信息基础设施完善】 2012年,全市数字传输主干网容量和传输速率不断提高,宽带IP城域网实现大市范围全覆盖。传输骨干网带宽达到400G,城域网出口带宽达到720G。城区、乡镇20M覆盖超过85%,农村8M覆盖超过80%。全市电信业务总收入184.6亿元,比上年(下同)增长9.1%,固定宽带用户数为235万户,接入率97%,年末移动电话用户1547万户。全市有线电视用户为230万户,有线数字电视普及率100%,双向网改造覆盖用户已完成93万户,高清互动用户数已完成26万户。截至年末,全市IP骨干网出口带宽大幅提升,宽带客户大幅提速,8M以上用户占宽带用户量已超过30%。加快高清互动双向改造工程,建设完成大容量的ITV高清电视和增值应用平台、公共呼叫中心、IDC数据中心、灾备中心等,全面满足三网融合试点工作的需求。

【信息产业发展】 2012年,全市规模以上电子信息产业实现工业总产值11507.73亿元(国家工业和信息化部电子信息制造业统计口径),增长7.9%,产值占全市规模以上工业总产值的39.98%,位居全行业之首,增幅高于全市规模以上工业2.7个百分点。出口交货值完成8743.24亿元,增长5.6%。全市规模以上工业企业生产微型电子计算机8752.04万台,增长2.1%,其中,笔记本计算机7479.12万台,减少3.3%。软件业发展迅速,实现软件销售收入1008.98亿元,占全省23.4%。通过省级以上认定软件企业累计已达到771家,至2012年累计有92家软件企业通过CMM/CMMI评估。

链接:软件能力成熟度模型

软件能力成熟度模型(CapabilityMaturityModelForSoftware,简称SW-CMM/CMMI),是由美国卡内基梅隆大学软件工程研究所(CMUSEI)研究出的一种用于评价软件承包商能力并帮助改善软件质量的方法,其目的是帮助软件企业对软件工程过程进行管理和改进,增强开发与改进能力,从而能按时地、不超预算地开发出高质量的软件。其所依据的想法是:只要集中精力持续努力去建立有效的软件工程过程的基础结构,不断进行管理的实践和过程的改进,就可以克服软件开发中的困难。CMM/CMMI是国际上最流行、最实用的一种软件生产过程标准,已经得到了国际软件产业界的认可,成为当今(企业)从事规模软件生产不可缺少的一项内容。

【政务信息化建设】 2012年,全市电子政务基础设施不断完善。全市政务内网升级扩容,上联省电子政务内网链路从50M升到155M;继续做好下辖市(区)政务内网扩建改造工作,政务内网已延伸到下辖市(区)党政机关部门和乡镇街道。电子政务应用不断深化。全市人口公众查询信息系统和标准地址公共服务平台启动建设,政法信息综合管理平台不断完善,电话预约挂号服务平台"一号通"投入使用并获得好评。张家港市被选为全面推进县级政府政务公开和政府服务江苏省省级试点城市之一,其"网上政务通"工程和新市民积分信息系统有效提高了政府公共服务水平。

【社会信息化水平提高】 2012年,"智慧苏州"建设不断推进,"苏州市社会保障·市民卡"等一批涉及交通旅游、现代农业、智能电网、人口计生、卫生教育、社保民政、环保城管、广电文化等众多领域的项目启动或完成建设。推进两化融合示范(试点)区建设工作,江苏省太仓经济开发区、吴江区盛泽镇纺织科技产业园区被评为省级两化融合示范区,昆山高新技术产业开发区被评为省级两化融合试验区。截至年末,全市共有5个示范区和3个试验区。 (柳绪宁)

·信息产业·

【概况】 2012年,苏州市规模以上电子信息业企业1757家,完成产值11507亿元,增长7.9%,占全市规模以上工业总产值的39.98%,占江苏省电子信息产业总量的近50%。其中苏州工业园区、苏州高新区、昆山开发区、吴江开发区、吴中开发区、常熟东南开发区等6个省级电子信息产业基地产值占全市电子信息产业的90%。软件产业销售破千亿元级,为1008.98亿元,增长25.4%,增速居全市八大新兴产业之首。

附表:苏州市软件产业产出情况(2012)

类别	销售(亿元)	增速(%)
张家港市	3.30	65.00
常熟市	3.05	52.50
太仓市	2.20	37.50
昆山市	390.00	21.80
吴江区	4.50	114.30
吴中区	5.50	77.40
相城区	0.30	200.00
苏州工业园区	390.00	23.40
苏州高新区	210.00	27.30
合计	1008.98	25.40

【产业规模扩大】 2012年,苏州电子信息产业已成为全市第一大支柱产业,成为带动全市工业经济增长的支柱行业和战略性产业,形成集成电路、新型显示、计算机、现代通信等优势产品集群,约占产业比重70%。全年电子信息产品制造业快速成长,对外资企业大项目、大产品,实行引进消化吸收和专业化配套协作。计算机、彩色显示器、大屏幕彩色电视机等零部件本地化配套率已超过80%,注塑产品的本地化率基本接近100%,初步形成电子元器件、电子专用材料、塑料等完备的配套协作产品群。

【新项目投资建设】 2012年,全市推动新兴产业发展,加大对新一代信息技术和物联网等新兴产业的支持力度,一大批战略性新兴产业项目开始投资建设。投资额达5亿美元的LED企业达亮电子开始试生产。首期投资30亿美元的三星高世代液晶项目主厂房外墙工程、配变电站设备正安装调试。苏州国科数据中心有限公司二期投资3.2亿元,规划建筑面积2.4万平方米,配置标准机柜2400个,项目期结束后,平台总建筑面积4.2万平方米,机柜容量4200个,可服务企业超过1000家。

【软件产业快速发展】 2012年,全市继续推进政策宣传和落实,推进软件企业及软件产品申报工作。全市软件产业销售收入达1008.98亿元,增长25.4%。全年共申报软件企业182家,增长63.87%,位居全省第一。申报软件产品2169个,增长77.25%,居全省第一。全国计算机技术与软件专业技术资格(水平)考试苏州考区报名人数达到2175人,继续稳步增长。年内,全市有21家获批省规划布局内重点软件企业,5个软件产品获"金慧奖",5家企业被列为国家电子信息产业百强榜企业,方正国际软件、神州数码、汇川技术3家信息产业企业产值突破10亿元。至2012年底,全市电子信息产业领域集聚上市企业已超过30家,浩辰软件、蜗牛电子、方正软件等一批软件企业进入或拟进入上市筹备程序。 (柳绪宁)

·无线电管理·

【无线电监测】 2012年,苏州市无线电管理部门完成日常无线电监测任务,苏州市无线电管理监测站(简称监测站)累计监测7849小时,监测时间比上年同期增加34%,主要新增两项监测内容:一是针对苏州市轨道交通使用的8组800MHz集群通讯频率,按月定期进行的保护性监测;二是针对周边城市多次出现非法广播电台的情况,对苏州市广播频段进行不明信号的查找工作,特别是在党的十八大召开期间,对广播、电视频段进行重点监测,严防出现非法插播。另外,监测站还完成国家下达的19段重点频段占用度监测任务,完成省下达的5组森林防火频率、5组人防频率和4组航运频率的保护工作。在春运和其他长假前后,监测站先后开展4次高铁GSM-R通讯频率保护性监测,巩固上年为京沪高铁昆山段排除干扰的成果,预防CTCS列车控制系统因通讯干扰出现降速、异常停车等问题。依据不同时期监测重心的变化,监测站还先后开展清明期间的森林防火通讯频率保障、用电高峰来临前夕的电力负控频率保障、夏季的防汛抗涝通讯频率保障等工作,降低各时期因通讯干扰出现事故的风险。

【满足无线电用频需求】 2012年,苏州市无线电管理部门为苏州市轨道交通有限公司、张家港防汛抗旱指挥部、苏州银行股份有限公司、三洋能源(苏州)有限公司等18家单位组建的通讯网监测了27组预指配频率,通过现场测试采集数据,对照历史数据综合分析,为这些单位组建通讯网络提供最为合适的频率资源。年初和年末,监测站通过多次现场测试获取数据,为江苏省无线电管理局指配苏州轨道交通1号线、上海轨道交通11号线昆山延伸段800MHz集群通讯网频率提供16组预指配频率的技术依据。无线电管理部门在保证新指配频率质量的同时,通过排除干扰,保障已指配频率的正常使用。年内,监测站为苏州大学第二附属医院、太仓市民防局、太仓电视台、苏州电信公司、苏州联通公司、盘门雅苑小区物业等10家单位排除了通讯干扰,其中涉及到医疗安全、电视转播、移动通讯等与百姓生活息息相关的无线电业务。全市无线电管理部门还对全年新设的745台对讲机和13台固定电台以及223个到期固定台进行设备检测,严格把关用户送检设备的技术参数,确保设备用频符合规范,保障设台单位的通讯质量。新设电台中2台固定电台和43部对讲机为数字式设备,占整体比例的6%;175台对讲机为业余无线电台,占整体比例的13%。

【安全保障工作】 2012年,全市无线电管理部门做好17场大小考试保障工作,其中包括公务员考试、高考、研究生入学考试等社会关注度极高的考试,并且在研究生入学考试、一级建造师、造价师考试过程中发现8个考试作弊信号,对其中的3个信号进行定位,其余的5个信号被及时干扰阻断,查获5套用于考试作弊的无线电发射设备。保障任务比上年更为繁重,考试保障次数增加5起,每场考试的规模也都有所扩大,全年保障考点数量累计达100个,增加了47%。为缓解考试保障的工作压力,无线电管理部门开展考试安全培训工作,与全市教育系统各考点的工作人员进行了现场交流,介绍了在考场内防范利用无线电设备进行考试作弊的相关知识和实用手段,获得良好效果。 (顾 建)

通　信

【中国电信苏州分公司】　2012年,中国电信苏州分公司(简称苏州分公司,下同)继续执行中国电信转型战略方针,推进基础业务和互联网业务水平提高。3月1日,苏州分公司宽带用户突破200万户;7月18日苏州天翼用户突破300万。苏州分公司获中国电信集团2012年度"双领先奖",中国电信股份有限公司江苏分公司"天翼先锋奖"金奖、"渠道贡献奖"、"校园市场营销杰出奖"、"流量经营综合发展奖"等。

推动网络能力向市场能力和用户感知转换。年内,苏州分公司加快光网建设,围绕市场宽带提速和高带宽发展,利用网格系统完成光网全覆盖规划,确定建设目标,分优先建设次序,推进有序覆盖和迁移发展,FTTH(光纤到户)用户数和实装率均居全省前列。

4月28日,中国电信苏州科技城数据中心在苏州高新区科技城落成,建筑总面积5400平米,总投资1亿元,抗震设防达到7级,防洪标高3.32米。数据中心为政府信息化应用提供专门隔离区,以专业的设备、机房和技术人员进行全天候的服务,进一步提升高新区政府信息化应用水平及数据稳定性,为入驻企业提供国际最高标准的专业服务。数据中心的建成,进一步引导政府信息化应用平台、互联网公司、海内外集团级客户优先选址落户苏州高新区,为服务外包企业提供信息通信基础设施。

4月,苏州分公司与苏州工业园区建设部门启动合作开发"建设施工现场远程视频监控管理系统"。该系统借助天翼3G无线方式,通过视频传输技术,将建设施工现场作业面的清晰画面实时传输至监管部门,监督人员能够针对工地现场情况对画面的方向、聚焦点进行随意的切换和操作,并能进行视频采集、传输、编解码和录像,以实现将先进的信息化技术与施工安全质量管理相结合,使安全质量监管信息化、实时化、高效化。

年内,苏州分公司抓好网站备案现场核验点及备案人员网络工作,开展"专项行动",重点加强专线、IDC机房接入服务器的安全管理和信息安全事件应急处置预案,做好信息安全日常工作,提高备案率和备案信息准确率。　(吕文杰)

【中国移动苏州分公司】　2012年,中国移动通信集团江苏有限公司苏州分公司(简称苏州移动,下同)逐步建成覆盖范围广、通信质量高、业务丰富、服务一流的移动通信网,网络覆盖率100%。截至年底,客户规模超1000万户,收入超过100亿元(纳税14亿元),累计解决就业岗位2万多个。

建设"智慧城市"。苏州移动建设基础网络,在政务、企业、民生等多个领域推动"智慧苏州"建设,拓展社区信息化、农村信息化、市民卡应用、智慧医疗、智能交通、智慧消费、平安城市、数字旅游八大应用领域。5月,苏州市委、市政府与中国移动通信集团江苏有限公司签订《共建苏州市无线智慧城市战略合作协议》,苏州移动推进其各项工作落实。参与打造"胥江民情通"等一批"高效政府"电子政务系统,同时面向全市居民先后推出健康守护、家庭安防、电动车定位等一批信息化应用项目,为近15万的苏州市民提供涵盖生活、工作、学习、娱乐等方面共计89项服务。继续运营苏州生活网、掌上苏州两大门户网站,提升苏州地区"医、食、住、行、文、购、闲"等七大领域最便捷的生活服务功能,超过430万人的苏州市民成为网站的用户。

提高服务水平。苏州移动继续推进"沟通100"服务体系建设,以客户需求为导向,以能力提升为重点,深入推进"服务蓝海战略",服务品质不断提升。完善俱乐部建设,高尔夫俱乐部、丽人行俱乐部等针对目标客户继续开展主题活动。推进营业厅服务质量提升工作常态化。年内,苏州移动先后获得"全国实施卓越绩效模式先进企业""2012年度江苏省质量管理先进企业""全国现场管理星级评价五星级现场"等多项称号。

助建和谐社会。2012年,苏州移动连续7年与市委宣传部、市精神文明委共同打造"欢乐社区行"公益活动平台,开展"欢乐社区行"活动190场次,累计覆盖人口超过300万人次,为丰富群众业余生活、促进社区和谐作出贡献。同时,通过举办"爱心义卖""走访社区困难家庭实行关怀慰问"和推动开展全市"春风行动"等爱心活动,展示苏州移动"关爱大众,服务社会"的企业形象。　(徐美珠)

【中国联通苏州分公司】　2012年,中国联通苏州分公司(简称苏州联通)主要业务呈稳步发展的良好态势,各项业务保障能力明显增强,实现3G和宽带业务历史性高增长、大发展。全年主营业务收入增长近27%,增幅显著。

网络建设。年内,苏州联通全年完成网络建设投资近10亿元。新增3G基站760座、2G基站350座、室内分布系统390套,宽带新增覆盖25万户。顺利完成轨道交通1号线等重大民生工程的通信网络覆盖。无线数据处理能力、容量提升能力得到显著提高,客户满意度提升明显。全面启动资源清查工作,组成百余人清查队伍,通过清查资源现状、清理闲置资源,为网络维护和规划提供基础信息,为盘活资产、避免重复投资,提高资源利用率。

客户服务。年内,苏州联通针对服务难点,开展流量查询、密码重置、网络覆盖、装维及时、网站提速五大服务短板专项提升行动,取得明显成效。流量查询比之前下降19%,3G现开户密码重置率增长35%,解决苏州工业园区和昆山市10余个难点的3G网络覆盖,宽带装机和修障及时率提升至93%以上,装机和修障满意度保持在96%和97%以上,完成苏州车管所、常熟政务网等19个本地热点网站的直连。开通"总经理服务热线",推出在线客服和微博客服等新型服务渠道。

信息化建设。苏州联通突出3G优势,加大行业拓展力度,组建行业应用专家团队,开发推广成熟和典型的行业应用,以"3G+互联网+专线"为行业产品重点发展战略,推出一系列基于满足政府、企业、个人信息化需求的3G业务,广泛应用于"平安城市""智慧苏州""数字校园"等多个领域,其中LBS(无线定位技术)、视频监控、移动办公、监测监控等应用已在苏州通信应用市场逐步形成规模。

社会服务。年内,苏州联通把服务社会、回馈社会作为企业责任,响应政府号召,进行社会渠道拓展、服务外包工作,提供近千个就业岗位。20个集体先后获各级"工人先锋号""文明行业""诚信单位"等称号,23位个人先后获各级"劳动模范""巾帼标兵""先进个人"等称号。　(张静文)

无 锡 市

城 市 交 通

【概况】 2012 年,无锡市社会运输能力继续提高。年末全社会拥有车辆 137.08 万辆,比上年增长 7.2%。其中汽车 101.37 万辆,比上年增长 16.0%。私人汽车有较快发展,达到 75.32 万辆,比上年增加 12.51 万辆。

全社会客货运量全面增长。全年完成客运量 32995.93 万人次,比上年增长 7.7%;完成货运量 18267.66 万吨,比上年增长 18.7%。全市港口货物吞吐量 21278.09 万吨,比上年增长 1.3%。全年空港旅客吞吐量 323.86 万人次,比上年增长 10.2%,其中出入境游客吞吐量 37.03 万人次,比上年增长 44.1%。

【公路】 2012 年,无锡公路建设完成投资 51.1 亿元。苏锡常南部高速公路、宜马快速通道前期工作稳步推进,沿江城际铁路前期研究深入开展。完成国省干线公路 10 公里,建成地方干线公路 30 公里,新增一级公路 83 公里,新改建农村公路 163 公里、桥梁 156 座。宁杭城际铁路基本建成。续建 G104 国道和 S240 省道宜兴段,丁山至大港收费站段、红塔改线段建成通车,环太湖高速公路(南泉至硕放段)、S232 省道、S340 省道通过竣工验收。宜金线改线、和桥南环路、兴阳公路、环保大道、阳山荡路、庆源大道建成通车,江阴大道、沿港大道开工建设。公路养护水平提升,对市区 15 个高速公路出入口开展环境综合整治,累计完成投资 1.25 亿元。全市普通干线公路技术状况指数 MQI 达到 93,农村公路县道 MQI 达到 89.4,平均优良路率 89.37%,乡村道路平均好路率达 79%。完成县道安保工程 130 公里,20 公里县道创建成省级文明样板路,并成功创建 2 个省级"示范镇"、10 个市级"示范镇"。以新修正的《无锡市公路条例》3 月 1 日起施行为契机,出台《无锡市国省干线路政执法公告制度》,加大路政管理和治超力度,多次开展国省干线公路路容路貌专项整治,全年查处超限车辆 2788 辆、卸驳载 22023 吨,抄告超限处罚信息 2029 件,全市普通干线公路超限率下降到 2%。路网服务水平提高,进一步完善路网服务与应急指挥体系,无锡市公路路网管理与应急指挥中心建成,无锡市公路应急指挥处置中心奠基。通过电台、电视、网络、情报板等多种载体播报路况信息 3224 条,保障干线公路安全运行。"e 路畅行"服务品牌形成"一主六辅"集群发展模式。年内,无锡客运服务热线"82588188"被中华全国总工会评为"全国工人先锋号"集体,客运公司获"2012 年度全国交通运输企业文化建设优秀单位"称号,无锡市公路处获"2009～2011 年度全省交通运输行业文明单位"称号。至年底,无锡市境内公路总里程 7637.58 公里,等级公路密度 165.07 公里/百平方公里。其中,高速公路 273.88 公里,一级公路 824.28 公里,二级公路 1677.96 公里,三级公路 1644.51 公里,四级公路 3216.96 公里。全年完成营业性公路客运量(不含公交)2.28 亿人次,旅客周转量 104.33 亿人公里;完成公路货运量 1.53 亿吨,货物周转量 145.18 亿吨公里。

【水路】 2012 年,无锡航道部门贯彻国家加快长江等内河水运发展战略,完成各项任务。

航道重点工程持续推进。全市航道建设完成投资 12.7 亿元。锡澄运河三级航道整治工程启动建设,新夏港船闸开工,江阴段航道和桥梁工程加紧施工,惠山区民房拆迁工作完成总量的 65%,市区段征土拆迁前期工作展开。抓紧苏南运河无锡航道段完善工程建设,洛社大桥通车,向化桥人行桥完成主桥施工。锡北线剩余段航道整治工程持续推进。申张线剩余段进度加快,北新桥通过交工验收,利公桥主桥建设完成阶段性目标任务。《无锡市政府关于加快长江等内河水运发展的实施意见》出台,市政府加大资金投入力度。航闸养护统筹兼顾。开展六级以上航道普查工作,对 29 条计 639 公里的航道进行普查。贯彻执行《江苏省航道养护管理办法》,全年辖区干线航道通航保证率达 95% 以上,船闸通航保证率达 98%,优良闸次率达 99% 以上,航标正常率 99.9%。完成年度航闸养护改善工程,锡溧漕河屺亭段疏浚工程、江阴船闸闸区围墙建设工程以及市区站锡澄线胡埭段航道三期整治工程按计划完成,全部通过验收,优良工程率达 100%。坚持科技兴航。"感知航道"建设通过交工验收并投入使用,全系统逐步在航道科学管理和养护管理中发挥作用,实现对苏南运河无锡段全天候、全区域、全过程监测,保障苏南运河无锡段安全畅通。依据城市发展的新格局新思路,做好航道前期规划研究。开展《无锡市航道网规划》修编工作,重视项目储备等前期研究工作,谋思区域经济发展与航道发展最佳结合点。"基于激光传感器的船舶交通量观测系统研究项目"通过中间成果审查,申报《基于物联网技术的泥浆运输船只监管系统研究》课题,研究开发泥浆船运输监管系统。强化依法治航。加大行业管理力度,开展"访、谈、巡"百日活动,对巡航发现的沿河企业建设违章设施、擅自排放泥浆等行为,及时送达《航政整改通知书》6 起,加大对水上运泥行为的规范管理力度,处罚 8 起私自改装排放设施的泥浆运输船。强化安全监管。编制《2012 年航道系统安全工作预控重点》,明确航道工程目标要求、预控措施和考核办法,杜绝重大事故发生。为民服务增新亮点。江阴船闸服务管理实现零投诉,始终保持安全畅通。5 月,芜申线宜兴水上服务区建成。联手海事部门对锡北线惠山大道桥至白屈港口之间水利工程遗留的水下障碍进行清障疏浚,总投资 50 余万元。

至年末,无锡航道总里程 1577.97 公里,等级航道里程 476.89 公里。其中,三级航道 39.44 公里,四级航道 49.97 公里,五级航道 148.12 公里,六级航道 100.27 公里,七级航道 139.09 公里,等外航道 1101.08 公里。全市航道密度 36 公里/百平方公里,等级航道密度 7.5 公里/百平方公里,在全省处于领先水平。全年完成水路运输量0.13亿吨,货物周转量52.38亿吨公里。

【口岸(港口)】 2012年,无锡港全面开展"港口管理基础年"活动,港口建设稳步推进,完成投资10.56亿元。无锡(江阴)港申夏港区杂货件码头工程海轮泊位通过竣工审查,申夏港区6号码头一期工程开工建设。无锡(内河)港城郊港区新安大桥作业区码头一期工程建成投产,二期工程开工建设;胡埭作业区完成码头水工及道路堆场交工验收;宜兴港区长三角金属物流西氿码头开工建设。新增万吨级泊位2个,新增港口吞吐能力780万吨。生产经营稳定发展。加强长江、内河的沟通,增强港口辐射能力,拓展新的市场。与中铁物流集团和天津物资集团签订合作协议,引进国内外大型物流企业落地,利用内河航道改造升级机遇,逐步加大小、散、乱的内河老码头整治力度,推动内河港口向规模化、集约化转型。管理制度不断健全。市区成立无锡市港口管理站,各市(县)、区先后成立港口管理部门,基层交管所配备港口管理员,形成市、市(县)区、乡镇三级港口管理体系。规划体系逐步完善。各市(县)、区编制内河港口规划,《无锡内河港锡山港区总体规划》获批。行业管理逐步规范。加强港口建设管理和经营管理,发放港口经营许可证312张,"港口经营许可证"持证率达57%。开展对内河港口建设和经营行为、内河港口危险货物码头安全、港口危险货物储罐安全隐患排查和港口安全隐患排查4项专项整治行动,编制《全市内河港口建设和经营行为专项整治活动实施方案》。整改违规码头经营者7人,制止违规建设项目1个,吊销"港口经营许可证"3张,对查出问题落实整改。

至年底,无锡港拥有码头泊位645个,码头总延长36550米。千吨级以上码头泊位89个,其中万吨级以上泊位45个,对外开放43个。全年完成货物吞吐量2.1亿吨,集装箱吞吐量117万标箱。

无锡市港口管理站成立。年内,无锡市港站疏运管理处更名为无锡市港口管理站,挂无锡市港政执法支队牌子。2012年,港站疏运完成港站货运列发总量695.08万吨,为上年的101.94%。其中,货物发运量127.62万吨、列达量567.46万吨,为上年的101.74%、101.99%。装车35044车、列车98511车,为上年的110.55%、102.12%。完成出货565.92万吨,为上年的101.67%。日均待卸车48.3车,为上年的139.47%。日均滩存量3079.13吨,为上年的51.43%。日均货位周转天0.54天,为上年的49.09%。完成春运工作,获市春运先进集体称号。

【铁路】 2012年,铁路无锡站围绕"聚力科学发展,建设和谐上铁"主题,以确保安全稳定为前提,推进多元化经营,提升服务质量,高质量完成全年各项目标任务,开创车站改革发展新局面。全年共完成旅客发送量1441.39万人次,比上年增长8.5%。完成货物发送量121.22万吨,比上年下降3.9%。实现运输总收入19.21亿元,比上年增加1.54亿元,增长8.7%。其中,客运收入完成15.61亿元,比上年增加1.26亿元,增长8.8%;货运收入完成2.76亿元,比上年增加2229.85万元,增长8.8%。建设基金完成8397.6万元,比上年增加480.5万元,增长6.1%。加强其他业务收入经营,实现收入862.1万元,完成年度计划169%。支持非运输企业发展,实现经营收入12764万元,完成年度计划106.2%。实现全年全站消灭责任事故,实现"1·29""5·8""8·16""11·24"4个百日安全目标和安全年目标。

【民航】 2012年,无锡民航航空安全形势稳定,连续实现第九个安全飞行年,航空公司总数达10个,驻场飞机达到11.3架。全年完成旅客吞吐量323.86万人次,比上年增长10.2%。其中,国内航线完成317.3万人次,比上年增长9.6%;国际航线完成6.6万人次,比上年增长48.8%。完成货邮吞吐量8.4万吨,比上年增长26.9%。其中,国内航线完成8.39万吨,比上年增长392.3%;国际航线完成110.6吨。完成起降28499架次,比上年增长9.4%。机场平均客座率78.1%,平均载运率72.5%。12月5日,苏南硕放国际机场年旅客吞吐量首次突破300万人次大关,年旅客吞吐量位居全省第二,跨入全国中型枢纽机场行列。年内,机场加快二期改扩建工程建设,无锡导航台迁建工程通过民航行业验收和军方批复,机场集团获"全省民航工作先进单位"称号,苏南硕放国际机场获2012年度省级"平安企业"荣誉,通过检验检疫总局"口岸核心能力建设"验收。

航线网络延伸。2012年,机场国际(地区)航线网络延伸取得重大突破。扬子江快运航空Y87429航班B747-400飞机执飞浦东—无锡—香港货运航线,该机成为在苏南硕放国际机场起降的最大机型;开通无锡至泰国曼谷、普吉、柬埔寨、熊本、宫崎以及济州岛国际旅游包机;新开无锡—温州—海口、无锡—福州—珠海、无锡—汕头、哈尔滨—无锡—三亚航线;加密无锡—深圳、无锡—重庆、无锡—长沙—贵阳等航班。机场航线网络向东北、西南、东南等方向扩展,每周客运航班达到560架次,通航城市超过30个。

【城市公交管理】 2012年,无锡公交继续保持优先发展势头。《"十二五"公交发展规划》编制完成,市区新增公交车106辆、更新55辆,新辟公交线路12条,优化调整一批公交线路,新建公交场站2座,新增电子站牌66块,市区日均客流量达120万人次,公交分担率达26.5%。无锡市公共交通股份有限公司获无锡市"人民满意基层站所"称号。加强出租汽车行业科学监管,完成市区196辆经营权到期出租汽车延期经营工作。开展出租汽车行业和谐劳动关系创建活动,出租汽车电话叫车日均调度量达8000笔,成功率达89%。建成江阴市出租汽车服务中心,市区成功举办首届"的士节"。以大众出租汽车公司驾驶员顾建明为代表的一批先进人物成为无锡交通新时期的先进典型,出租车行业"爱心车队"入选"感动中国"候选事例,华驰出租汽车公司等5个企业被评为AAA级企业。

【轨道交通】 2012年,无锡地铁1、2号线建设取得阶段性成果,全年完成投资53.2亿元,开工累计完成162.66亿元。地铁1号线开工累计完成107.6亿元,完成总投资的58%。高架车站和地下车站主体全部完工,地下车站附属结构累计完成80%,高架段钢结构完工;无锡地铁1号线除联络通道外,实现全线洞通;西漳车辆段房建工程完工;控制中心及配套工程主体完成64%。车站设备安装全面展开,轨道、风水电、装修、供电设备等施工安装有序推进,完成轨道工作量48%、风水电工作量24%、装修工程工作量15%、机电设备安装工作量25%。

机电设备招标基本完成。地铁2号线开工累计完成55.06亿元,完成总投资的31%。土建工程全面展开,高架车站土建全部完成,完成10个地下车站主体结构,出入场线及车辆段完成土石方工程量的80%;主体结构施工向盾构施工转换,10台盾构完成始发,盾构区间掘进完成58%。机电设备招标基本完成。年内,无锡地铁1、2号线综合监控系统采购合同签约仪式暨新科电子(新加坡科技电子有限公司)投资无锡意向协议签约仪式举行;京沪高铁无锡东站交通综合体及立体停车楼通过竣工验收,该站配套及地铁项目全部完工;无锡地铁加盟YRDMA(长三角轨道交通企业发展战略联盟)组织。

【交通运输管理】 2012年,无锡市交通运输管理坚持"以人为本、依法行政"理念,加强行业管理。客运服务能力持续增强,公路客运市场形成"一城一站一主体"经营格局,市际班车公司化经营率93%,居全省领先水平。现代交通物流体系加快成型,运输保障和服务能力显著增强,全市物流基地建设投资3.2亿元,在全国率先组建甩拖运输联盟苏盟物流,金南物流甩拖运输升级为国家级试点,新增"江苏快客"班车19辆、"江苏快货"线路23条,创建"江苏快修"连锁品牌企业2个,新增4S店25个。公共交通发展体系不断健全,市区日均公交客流量达120万人次,公交分担率26.5%,推出公交站台显示屏、手机软件查询等公交智能化电子信息发布平台,完成市区196辆经营权到期出租汽车延期经营工作,开展出租汽车行业和谐劳动关系创建活动,建成江阴市出租汽车服务中心,市区成功举办首届"的士节",推出智能手机自助召车服务,电话叫车日均调度量8000笔,单日调度量突破11000笔,成功率达89%。行政执法日趋规范,全市办理交通运输行政案件12万余件,未发生行政诉讼和经行政复议被撤销、变更案件,行政许可事项由79项调整到51项,行政权力下放前移27项。安全形势总体稳定,节能减排、实现低碳交通取得突破,新增LNG压缩液化气客车111辆,首次新增LNG货运车10辆,改装CNG压缩天然气出租车3545辆,东方汽车城绿色汽车维修技术应用项目被交通运输部评为节能减排示范项目。推广驾培模拟器、新能源教练车以及多媒体教学模式的应用,新增"油改气"教练车276辆,全市达1266辆。建成驾培物联感知平台,实现教学化管理。加强交通信息服务,实现与公安交管信息对接共享,累计发布各类信息近万条,"96196"交通服务热线接入量达93533件。落实国家关于节假日收费公路小型客车免费通行政策,全市4个国、省干线公路收费站免费通行车辆12万辆,免收通行费122万元。水上监管加强,安全形势稳定。水上搜救中心二期工程竣工投用,海事装备信息化建设不断推进。全年海巡出航21078艘次,巡航里程45.44万公里,检查船舶32.56万艘次,查处违章船舶10.4万艘次;办理船舶进出港签证24.7万艘次,签证量为5307万吨,其中危险品船舶签证9094艘次。实施水上交通管制77次,维护天数累计672天次;安全渡运游客393.93万人次。应急处置各类险情130起,救助船民51人次、船舶43艘次,挽回经济损失371.5万余元,湖区遇险搜救成功率100%。共检验船舶1860艘,其中新建船舶208艘;审核各类图纸53套;检验船用产品2041台(套);检验安装AIS船台1079套;完成船舶登记493艘次,实施船员各类考试878人次。至年底,未发生6小时以上航道堵塞事件,无重特大水上交通事故,无重特大船舶污染水域事故。无锡获长江干线船型标准化工作一等奖。

邮政电信

【邮政】 2012年,无锡邮政局以建设"政府信赖、社会尊敬、员工自豪、上级满意的企业"为目标,加强能力建设、基础管理及和谐企业建设。开展"作风建设年"活动,各项工作效率及服务意识、能力和水平有所提高。开展"助老希望邮路"活动,全区创建"助老希望邮路"422条。创办《无锡邮政报》,实现局、行、司信息共享。无锡邮政社会满意度提高,在市级机关服务效能评议中位次逐步上升。年内,无锡邮政局获"江苏省五一劳动奖状"和"江苏省厂务公开民主管理先进单位"称号,在省内全工种技能大赛中获全省团体总分第二名。发行投递局城区投递部获"江苏省工人先锋号"称号,职工培训中心被评为"全国职工教育培训示范点",江阴局华西支局获"无锡市工人先锋号"称号。

无锡市邮政管理局成立。11月13日,无锡市邮政管理局成立,成为国家完善省级以下邮政体制改革后全省首个挂牌的市级邮政管理机构。该局内设办公室、普遍服务科(机要通信科)、市场监管科,贯彻执行国家邮政法律法规、方针政策和邮政服务标准,研究拟订本地区邮政发展规划,监督管理本地区邮政市场及邮政普通服务和机要通信等特殊服务的实施,负责行业安全生产监管、统计等工作,保障邮政通信与信息安全,承办省邮政管理局及市政府交办的其他事项等。

邮电通信稳定发展。全年邮电业务总量99.84亿元。邮政服务门类增多,投递速度加快。全年发送函件8577万件,比上年下降15.5%。

【电信】 2012年,无锡城乡本地固定电话用户213.64万户。移动电话用户896.74万户,比上年增加15.97万户。计算机互联网用户163.07万户,比上年增加10.84万户。

2012年,中国电信股份有限公司无锡分公司(简称"无锡电信")紧扣信息化发展契机,提升信息服务水平,推进企业转型发展,取得公司化运营以来最好业绩。年内,无锡电信跨越式提升拓展主干网络能力,扩容无锡城域出口带宽至620吉,达到"十五"期末的20倍。加快推进全市宽带提速,城区20兆、乡镇12兆、农村8兆带宽实现全覆盖,FTTH(光纤到户)覆盖近1900个小区逾170万户,在全省位居前列。率先部署建设下一代互联网,建成展示中心并在全国率先实现规模商用,用户超过20万户。"无线无锡"建设取得突破,无线接入点实现翻番,建成无线热点4000个、无线AP18000个,完成重点公共区域全覆盖,覆盖区域实现多种信息化应用,部分区域率先免费开放。无锡电信"光网无锡"和"无线无锡"建设取得成效,全市信息基础设施水平提升。推进规模和等级国内领先的中国(无锡)国际数据中心二期(云计算中心)工程建设,扩充呼叫中心坐席和人员配备,成立专业公司提升服务运营水平。创新研发应用"网络安全管理系统",实现对相关网络安全管理任务派发、网络安全检查问题点整改的电子化、流程化和规范化。年内,无锡电信综合评价位列全省第一,获得"中国电信集团双领先地市分公司""全国企业文化建设优秀单位""江苏省放心消费示范单位”等多项荣誉。

2012 年,中国移动江苏公司无锡分公司(以下简称“无锡移动”)以“移动改变生活”为战略,坚持“创新、精细、均衡”式发展,致力建设无线智慧城市,提升无锡信息化和物联网发展水平,助推地方产业转型升级,推动企业与社会和谐稳健发展。全年客户规模超过600万户,运营收入超过52亿元。年内,无锡移动蝉联“全国用户满意企业”称号,获“全国安康杯竞赛优胜单位”“江苏省五一劳动奖状”江苏省“平安企业”等荣誉,无锡移动“社会妈妈助春蕾”活动被评为“无锡市第一批公民道德建设品牌”。

常 州 市

城市交通

【概况】 2012 年,全市完成交通建设投资 74.27 亿元,市本级完成 31.61 亿元,完成年计划的 105.2%;完成客运量 1.65 亿人次、旅客周转量 102.59 亿人公里,分别比上年增长 12.28%、14.32%;完成货运量 1.61 亿吨、货物周转量 104.74 亿吨公里,分别增长 15.35%、21.95%。公交完成客流量 4.12 亿人次,增长 1.16%。

交通规划。《常州市域公路运输枢纽总体规划》《常州至金坛快速通道方案》《常州地区铁路货场规划》等规划编制完成,市政府出台《加快常州市内河水运发展实施意见》《关于加快推进我市城乡客运统筹发展的意见》等文件。市交通局、市规划部门开展现代有轨电车示范线线路方案规划研究工作。沪蓉高速公路青龙互通、常宜高速公路、122 省道、238 省道、宁杭高速公路溧阳东互通连接线工程等项目前期工作有序推进。

运输保障。全市各级交通运输部门圆满完成重大节日运输和各专项运输保障任务,全力保障煤电油等重点物资运输。严格执行重大节假日小型客车免费通行和公路“绿色通道”政策,全年免收农产品车辆通行费 133 万元。积极扶持交通物流发展,建成省级交通物流基地 2 家和省级农村物流示范点 3 家。4 家企业分别被评为全省道路货运 50 佳、水路货运 20 佳和货运站场 10 佳。常州综合物流园区、常州奔牛港物流园区、常州港录安洲物流园区被列入交通运输部“十二五”公路货运枢纽建设规划。

依法行政。行政执法进一步规范,市交通局连续 6 年获“省级依法行政示范点”称号,全年办理行政许可 8 万余件。统一执法服装试点稳步推进,完成 668 名交通行政执法人员换装工作。

安全生产。全市交通运输行业安全形势持续稳定,未发生因监管不到位而造成的重大责任事故。积极推进平安工地、平安港口创建工作。深入开展道路旅客运输安全大检查、卧铺客车隐患专项治理、公路隐患排查等专项行动。全面加强应急救援体系建设,全市落实货运应急车辆 54 辆 1193 载重吨、大客车 10 辆 510 个座位。加强水上安全监管,全年内河水上搜救接警 791 起,救助船舶 7 艘,救助成功率 100%,挽回经济损失 330 万元。

信息化和节能减排工作。市级交通信息集成平台一期工程通过验收,对已集成的 1052 路视频和 6000 余辆运营车辆的卫星定位数据进行自动巡检和定期通报。大力推广使用节能技术,降低运输工具能耗。出租车、公交车、驾培训练车使用天然气比例分别提高至 95%、29.6%、31.7%,全市 LNG 大客车 157 辆,常州公路运输集团有限公司(简称常运集团)的“综合运用节能减排技术,打造低碳高效道路客运”项目被列为交通运输部第五批节能减排示范项目。常州公交集团公司组织实施的公交车“柴改气”项目被评为 2012 年度全国交通运输节能减排优秀成果。着力提高科研成果的应用转化效率。武进交通运输局在环湖东路建设中广泛使用节能新技术,建设低碳公路。市公路处在 240 省道路面养护维修中广泛使用厂拌热再生技术,沥青路面就地再生利用率 85%,节约沥青 110 吨、石料约 2800 吨。常运集团自主研发的运输车辆 GPS 系统通过交通运输部信息中心检测,成为江苏省第二家达《道路运输车辆卫星定位系统平台技术要求》的企业级平台。

【公路】 2012 年底,全市公路里程 8677.19 公里。按行政等级分,国道 208.99 公里,其中国家级高速公路 123.74 公里;省道 529.89 公里,其中省级高速公路 143.76 公里;县道 1311.86 公里;乡道 2462.11 公里;村道 4164.34 公里。按技术等级分,等级公路里程 8624.87 公里,其中高速公路 267.5 公里,一级公路 917.88 公里,二级公路 1215.16 公里,三级公路 1312.08 公里,四级公路 4912.24 公里,等外公路里程 52.32 公里。按路面类型分,沥青混凝土路面 2547.68 公里,水泥混凝土路面 6046.58 公里,简易铺装路面 30.61 公里,未铺装路面 52.32 公里。公路密度为 197.93 公里/100 平方公里,公路网化基本成型。

至年末,全市桥梁数为 2676 座 17.87 公里。按跨径分,特大桥 15 座,大桥 284 座,中桥 914 座,小桥 1463 座。按使用年限分,永久性桥梁 2676 座,危桥 158 座,全部属于农村公路桥梁。

2012 年,全市完成高速公路建设投资 9.47 亿元,高速公路通车里程 267.5 公里。其中,新增高速公路里程 20.2 公里,为江宜高速公路泰州大桥接线工程常州段。3 月 1 日,宁常高速公路西太湖互通正式开通。7 月 24 日,沪蓉高速公路青龙互通项目获省发改委立项,土地预审取得省国土资源厅批复,投资估算 3.06 亿元,各项前期准备工作稳步推进。8 月 8 日,常溧高速公路征地拆迁工作全面启动,工程概算投资 28.14 亿元,年内完成主线贯通 28.7 公里,项目驻地建设全部完成,桥梁桩基、软基处理湿喷桩、河塘清淤回填的“两桩一塘”施工全面展开。

【水路】 2012年,常州市三级航道网整治工程完成投资9.5亿元,完成年度计划的123.5%。苏南运河西段11公里建成通航,东段戚墅堰大桥2013年春节前建成通车。丹金溧漕河金坛改线段4座桥梁完成交工验收并通车,航道驳岸主体基本完成;非改线段7座桥梁进入上部结构施工,护岸工程完成50%以上;丹金船闸主体工程及上下游引航道基本完成,闸管所站房及附属工程建设积极推进,管理机构设立基本完成。锡溧漕河二期新建驳岸及部分老驳岸加固完成,桥梁进入上部结构施工。芜申线泓口大桥通车,五澤渡大桥具备通车条件,徐葛大桥主桥基本完成。

全年完成跨年度专项工程1项、疏浚及驳岸修复养护工程10项,总投资1467万元。疏浚苏南运河西口门、薛埠河、戴埠河等土方21.61万立方米,新建常宜线、通尧线及戴埠河驳岸751米,改建万寿河、德胜河航标4座,维修航标6座,航标正常率99%,干线航道通航保证率95%。苏南运河补种绿化700米。对全市六级以上干线航道技术状况进行普查,普查航道422.53公里。11月5日,武进区航道管理处被交通运输部评为全国航道管理与养护先进集体。

【口岸(港口)】 2012年,常州港完成货物吞吐量8997万吨,比上年减少5.5%,其中内河港口完成货物吞吐量6330万吨。通过规范内河港口经营,纳入统计的企业数量有所增加,内河港口吞吐量与上年基本持平;沿江港口完成货物吞吐量2667万吨,比上年减少3.7%,主要原因一是黄沙非法过驳市场的取缔,二是煤炭、金属矿石以及液体化工等大宗货物均出现不同程度下滑。集装箱吞吐量完成14.2万标准箱,比上年增长4.4%。全年发放港口经营许可证51张。正式开征货物港务费,征收港务费609万元。港口安全生产形势平稳,未发生重大安全事故。3月15日,完成长江、内河等港口和港区危化品储罐安全监管的交接工作。11月30日,常州港录安洲港区化工码头2个万吨级泊位、4个千吨级泊位以及管架桥工程通过竣工验收。深入开展内河港口管理基础年活动,开展联合执法和专项整治行动,对非法建设、设施破旧、安全性能差以及污染严重的小码头进行拆除和整合,取缔非法码头95个。

【铁路】 2012年,常州市全面实施宁杭铁路客运专线及溧阳站、瓦屋山站建设以及青龙煤场搬迁工程项目建设。其中,宁杭铁路客运专线至年末完成投资43.58亿元;瓦屋山站和溧阳站站场配套工程站前广场和道路工程基本结束。青龙煤场于6月30日停止铁路煤炭到达业务。

【民航】 2012年,常州机场集团有限公司下设常州机场有限责任公司、常州机场经营发展有限公司、常州机场物流发展有限公司、常州机场产业园开发有限公司4个全资子公司,承担公司运营的各项主营业务。运营常州至北京、广州、深圳、沈阳、哈尔滨、大连、天津、珠海、三亚、成都、西安、昆明、重庆、厦门、桂林、张家界等近20个城市的航线,每周执行260余个航班。全年起降飞机1.14万架次,实现旅客吞吐量108万人次,货邮吞吐量1.51万吨,分别比上年增长12%、16%和28%。年末,各单位拥有固定资产原值总额1.06亿元、净值总额4007万元。实现业务总收入1.02亿元,比上年增长47.53%,上缴税收597.86万元。全年未发生重大安全事故。年内,东方航空公司(简称东航)过夜基地及顺丰速运(集团)有限公司(简称顺丰速运)全货机相继落户常州。

【城市公交管理】 2012年,常州市区新增公交车辆200辆;新辟公交线路29条,优化调整32条,武进区环线顺利开通,快速公交2号线延伸段通车;市区公交日均客流量113万人次,城市公交出行分担率26.35%。全年投入运营里程1.48亿公里,实现客运量4.12亿人次,实现营业收入3.6亿元。新增清洁能源LNG公交车200辆,天然气车占运营车辆总数的29.6%。公交调度指挥中心和快速公交综合枢纽顺利交付,智能调度系统实现全覆盖,站台编码和数据管理全面完成,50套电子发车屏率先安装,ERP(指建立在信息技术基础上,以系统化的管理思想,为企业决策层及员工提供决策运行手段的管理平台)管理系统全面建立。服务品质继续提升,乘客公交满意度达89.8%,满意率99%,再创历史新高。常州公交集团有限公司(简称公交公司)被交通运输部评为全国城市公共交通十佳先进企业,获中国城市公共交通协会颁发的推动中国公交发展特别贡献奖,并被评为全国交通运输节能减排优秀贡献企业。

【道路交通管理】 2012年,全市道路交通事故起数、死亡人数、伤人数三项指数分别比上年下降4.08%、3.3%、4.66%,经济损失上升0.25%。全年未发生一次死亡5人以上事故、群死群伤重大恶性事故和涉及危险化学品殃及无辜的事故。全市公安交巡警部门查处酒驾、毒驾、"三超一疲劳"等各类交通违法行为300万起,增长31.8%,行政拘留426人。

市公安局交巡警支队围绕降事故、保安全、保畅通工作中心,在提升交通舒适性、道路安全感、服务满意度方面下功夫,提出"建设幸福常州,从实施幸福交通开始"。车辆管理所推行"5+2"和"8+1"工作制度,办理各类业务1万余起;扩充"网上车管所"15项服务栏目,办理预约业务325起,在线咨询1662起,网上自编自选号牌4655副;"刘新民窗口""流动车管所"每周走进社区、企业预约办理业务1200余起;完成各类交通警卫保障任务220批次。在完善一周交通运行通报机制的基础上,深化拓展320实时交通电视频道的实时交通直播、交通出行提示、交通信息发布、交通违法查询、交通记分查询、交管业务指南六大服务功能。在全省首推道路交通事故保险快速理赔服务信息系统。市公安局交巡警支队依托国家道路交通安全科技行动计划课题,建成全国示范、全省首家融知识性、趣味性、体验性和互动性为一体的道路交通安全主题宣传教育示范基地。对龙城大道隧道等重点市政工程项目和市区21所中小学校、2所医院周边主要交通节点实行课题化研究和项目化推进;实施"两长(常)一短工程"(新型交通信号配时,高峰"长"绿,平峰"常"绿,低峰"短"绿,最大限度减少路口延误),对市区8纵8横主干道路210个灯控路口实施"绿波"控制,道路平均通行能力提升25%;采集电子监控记录321.3万条,比上年增长60%,非现场处罚率77.4%。

邮政电信

【邮政】 2012年,常州市邮政部门实现业务收入5.4亿元,完成年度计划的100.24%,业务规模列全省第六位。年末,全市邮政储蓄余额146亿元,比上年净增18亿元。发放邮政储蓄卡36.3万张,比上年增112.6%。完成保费14.15亿元,增48%,市场占有率30.42%,居全市银保渠道之首。全年全市函件业务累计实现收入1.12亿元,比上年增24%;邮政系统报刊业务收入4500万元,增8.14%;市邮政速递实现业务收入1.63亿元,增11.5%。中邮快购网自营店铺实现销售589万元;"苏邮惠民"加盟店总数达668家,其中加盟店448家、便民店220家,全年交易金额1.4亿元;发展"自邮一族"会员4.47万户,列全省第二位;电费充值卡销量大幅提升,年末月销量达1200万元;代理销售汽车票13.8万张、火车票5.4万张、航空客票7.2万张。实现集邮收入4970万元。7月,在第15届中华全国集邮展览上,常州市参展的10部邮集分获大镀金奖加特别奖1个、镀金奖5个、银奖3个、铜奖1个。

【电信】 2012年,全市信息基础设施建设投资17.05亿元,比上年增7.7%。全市固定电话用户数151.11万户,移动电话用户数593.7万户,分别降0.83%和增8.18%。全市固定宽带接入用户数110.99万户,移动互联网用户数370.89万户,分别增17.15%和34.86%。全年通信业务总收入59.19亿元,通信业务总量65.41亿元。

镇 江 市

【交通运输综述】 2012年,镇江市完成交通投资超91亿元。全市公路总里程7068公里,比上年增长0.8%。公路网密度183.7公里/百平方公里,增长1%。其中,高速公路182.1公里,一级公路714.5公里,二级公路894.2公里,三级公路626.5公里,四级公路4651.2公里。镇江市内河航道总里程597.19公里,其中四级航道18.46公里、五级航道24.28公里、六级航道46.21公里、七级航道22.35公里、等外航道485.89公里,通航船闸1座,内河港口1个,码头泊位144个,码头总延长8009米。推进镇江市交通基础设施建设。铁路:全年完成投资5.1亿元。"轨道交通线网规划"通过专家评审。宁杭高铁镇江段建成。京沪高铁镇江段环境整治基本完成,绿化全面实施。公路:完成投资47亿元。泰州长江大桥及镇江接线建成,实现所有辖市(区)通高速公路。泰州长江大桥2007年12月26日开工建设,2012年11月25日正式通车。工程全长62.088公里,全线采用双向六车道高速公路标准。建成104国道句容石狮至天王段、338省道丹阳段、238省道扬中本岛段等六个项目,新开工沪宁高速镇江支线、265省道丹徒段等六个项目。改造农村公路88.1公里、危桥39座。航道:完成投资3.1亿元,苏南运河"四改三"新建成7.24公里、新开工11.86公里。出台《镇江市政府关于进一步加快水运发展的实施意见》。内河港口完成投资1.3亿元。场站:句容客运枢纽主体工程建成。导墅、延陵、下蜀农客站启用。发展全市农村交通事业。全市开通镇村公交线路123条,投放车辆230辆,通达46个乡镇(街道),通达率100%,提前三年实现"十二五"期间通达目标,与苏州、无锡成为全省首批全部通达镇村公交的城市。句容客运枢纽完成主体工程。建成导墅、延陵、下蜀3个农客站和205个候车亭。全市共建成农客站22个、候车亭1039个。以一、二级站为中心,重点乡镇等级站为节点的城乡客运站网基本形成。编制镇村公交发展规划和基础设施建设需求规划,对不符合客运车辆安全通行条件的农村公路和桥梁,优先改造建设。牵头编写《江苏省镇村公交服务规范》。句容、扬中镇村公交做法得到推广。丹阳开通6个乡镇17条镇村公交线路,丹徒开通20条镇村公交微循环线路,实现辖区内镇村公交全覆盖。区内客运主体首次实现合理分工、错位发展。按照一线一主体,线路整合促进主体整合原则,推进客运企业重组。市区公交线路由公交公司经营,跨区客运线路由江天集团经营。经多方协调、多年努力,镇江至淮安、镇江至楚州班线实现公司化经营,解决困扰市区客运市场的承包经营、不规范经营顽症。句容成立城乡公交有限公司,统一经营城乡客运线路,全市已基本形成一县一家经营主体模式。引导企业开展主体整合,原江天丹阳公司经营的无锡、苏州班线全权委托句容长运公司经营,实现一线一主体,发运量增加近50%。有客车3778辆,客运班线公司化经营率100%;货车21259辆,货运户均车辆数增长3.7%,危险货物运输车等特种车占37.9%。有货运船舶503艘,共载重270052吨。有客运站点32个,总计443条(不含县际线路)。全市累计完成公路旅客运输量2.17亿人次、周转量142.2亿人公里,分别比上年增长18.9%、19.5%;公路货运量1.33亿吨,货运周转量73.1亿吨公里,分别增长18.7%、19.3%;水路货物运输量完成922万吨,周转量完成26.6亿吨公里,分别增长12.7%、19.3%。全市内河港口(不含长江港口)完成货物吞吐量1680万吨,比上年增长9.8%。发展甩挂运输、多式联运等先进物流运输组织方式,全市有市级以上甩挂运输示范项目3个,市级多式联运示范项目1个。镇江兴港物流甩挂运输项目列入交通运输部第二批示范项目。镇江纬泰公司被中国物流与采购联合会评为AAA级物流企业。引导农村物流示范点拓展经营网络,提高服务质量,新增镇江恒伟物流等5个江苏省交通运输厅农村物流项目。确定江苏宏马物流有限公司、丹阳市滨江物流中心、扬中市四通物流有限公司、镇江金山物流中心为2012年交通物流基地建设投资计划项目,争取江苏省交通运输厅补贴490万元。创成江苏省交通运输厅和市级文明行业、单位30个,312国道站获全国交通运输行业文明单位;刊用新闻稿件2800余篇、头版头条26篇。创成市级党务公开示范点1个、廉政文化示范点5个,巩固公路、航道基本无"三乱"(乱收费、乱设卡、乱罚款)成果。推进法治交通建设,出台内河港口管理办法,在全省率先完成行政权力三级联网试点。交通行政许可事项全部授权行政中心,36项行政权力下放镇江新区、20项下放辖市(区)。交通窗口办理审批40322件,连续九年获群众最满意窗口。行政处罚45921起,未发生一起行政诉讼和复议案件。强化公路、航道养护管理。104国道句容段通过交通部年度养护检查,全市干线公路好路率94%以上、超限率2%以内,一、二类桥梁占比99.2%。平稳开征货物港务费,完成过闸费调整。航道通航保证率99%、优良闸次率100%,谏壁船闸获全国航道养护先进集体。公路、海事两个科研项目获市科技进步二等奖。交通安全形势持续稳定。建立公路、水上、运输等专业应急保障队伍。救助遇险船舶77艘、216人次,挽回损失5000余万元,水上搜救成功率100%。

【铁路运输】 2012年,镇江市铁路部门推行安全风险管理,加强客货运输组织,提高服务质量,增强市场竞争力。全年完成运输收入10.2亿元,比上年增加0.84亿元,增长8.9%。

【火车票实行实名制】 根据铁道部安排,自2012年1月1日起,铁路镇江站实行火车票实名制发售。可用于实名制购票乘车的有效身份证件种类包括:居民身份证、临时身份证、户口簿、中国人民解放军军人保障卡、军官证、武警警官证、士兵证、军队学员证、军队文职干部证、军队离退休干部证、护照、港澳居民来往内地通行证、中华人民共和国来往港澳通行证、台湾居民来往大陆通行证、大陆居民往来台湾通行证、外国人居留证、外国人出入境证、外交官证、领事馆证、海员证、外交部开具的外国人身份证明、地方公安机关出入境管理部门开具的护照报失证明、铁路公安部门填发的乘坐旅客列车临时身份证明、中华人民共和国旅行证等24种。火车票实名制实行后,旅客购票、乘车、退票、改签等须遵守铁路车票实名制相关管理规定。

【铁路货运电子商务开通】 2012年8月1日起,铁道部所属上海铁路局开始试行货运电子商务,铁路镇江站被列为首批试点车站。货运电子商务,是通过计算机网络平台,使客户能够不受地域、时间限制,完成铁路运输办理过程。客户可以通过"12306"网站办理铁路货运网上业务,该系统具有信息服务、客户注册、需求提报受理、装卸车信息采集处理、发到端信息传递、客户关系基本管理、基础信息维护、车流货流到达预测、统计分析、货物到达交付、理赔办理、物流处理反馈、网上支付等功能。铁路镇江站按照电子商务推进要求收集大客户、固定客户有关资料,帮助原窗口客户完成货运电子商务注册。截至2012年底,注册客户86家,支柱企业注册率100%。为满足社会各界客户的不同需求,铁路镇江站在推出货运网上受理服务后,还保留车站营业厅的业务办理功能,客户仍可在车站营业厅办理货运业务。 (侯晓强)

【公路运输公路运输】 2012年,镇江市累计完成干线公路建设投资14亿元。建成104国道句容石狮至天王段、338省道丹阳段、238省道扬中本岛段71公里。优质高效完成扬溧高速镇江西出入口城市化改造工程。全面启动干线公路储备项目前期工作,312国道镇江城区改线段、338省道官塘新城改线段、265省道镇荣公路、266省道下茅线通过工程可行性研究审查,357省道镇江段通过预可行性研究审查,358省道镇江段、240省道镇江段、462省道镇江段基本完成预可行性研究报告。2012年,镇江市公路部门提高路况质量,全市干线公路路况综合指数(MQI)93.6,路面破损指数(PCI)优良路率94%,路面平整度指数(RQI)优良路率96.6%。完成122省道句容段8公里养护大中修工程,对全市130座干线运行桥梁进行专业化养护,一、二类桥梁占比99.2%。全省首家出台《普通国省干线公路桥梁桥孔管理办法》。全市县道路况综合指数(MQI)87.2,优良路率86.8%,乡、村道好路率78.5%。理顺京口区、润州区、镇江新区管养责任,与镇江新区管委会签订《镇江新区公路管养备忘录》;同时建成丹阳云阳镇、句容天王镇省级"乡村公路管理养护及安保工程示范乡镇"及句茅线20公里省级县道文明样板路。开展"路政执法规范年"活动,出台《公路巡查工作手册》,试点开展路政、养护联合巡查工作。继续保持路面治超高压态势,重点加大高速公路出入口、公路桥梁、重点路段(312国道宝华段、243省道韦岗段、谏壁集镇段)整治力度,确保干线公路平均超限率控制在2%以内。突出科技对公路科学发展支撑引领作用,"系杆拱桥梁安全评价体系"获得市级科技进步二等奖;"江苏省干线公路冰雪灾害分级预警及处置研究"通过省级科技成果鉴定,成果国内领先;"镇江公路交通现代化研究"通过结题验收,成果总体水平达到国内先进水平。推进市县网络带宽升级改造,完成市县6条线路由2米向4米的升级,完成丹阳市养护应急处置基地网络延伸、6个交通量观测站点建设,完成10条国省干线电子地图数据采集、录入及校核等工作。危险货物运输"两证"(经营许可证和道路运输证)实现无纸化年审。2012年11月,镇江市交通运输局运管处采用自主研发的货运管理电子档案系统,完成全市44家道路危险货物运输企业经营许可证、1042辆危险货物运输车辆道路运输证的年审工作,在江苏率先实现年审全程无纸化操作。镇江市实现年审申请网上预约,运输业户只需通过电子邮件、通信平台,在线与业务部门工作人员交流,传送申请表;缩短办理周期,运输业户只需提交有效年审材料的电子档,业务部门就可对电子档材料进行预审,发现问题可及时沟通解决;实现节能降耗,以电子文件的形式替代纸质文件,减少用纸量。在全市一、二类维修企业推广"绿色汽修"创建,并把创建工作与企业年审、信誉等级评定挂钩。该项工作被列为交通运输部推广项目。编制驾培行业发展规划,作为驾培行业发展和管理的基本依据。开展公交线网优化布局研究,通过市级评审。推广驾培合同文本,驾校未与学员签订合同的,发生投诉由驾校承担全部责任。制定教练员职业道德准则,与教练员签订《廉洁自律公约》。对被投诉的教练员诫勉谈话,严重违章者停止执教。根据市区客运线路调整,优化重点路段电子监控设施。制定重点运输车辆卫星定位系统监管制度,强化客车、危险品车GPS动态监管,在线率保持99%以上,居江苏省首位。

【内河水路运输】 2012年,苏南运河镇江段全年完成投资3.06亿元,比上年增长17%,实现历史新高。江苏省谏壁船闸管理所提前27天完成江苏省、镇江市下达的5300万元的过闸费征收任务,实际征收突破5781.2万,完成计划的109.1%,增长31.93%,征收总量在全省复线船闸中列第一,同比增幅列第一。干线航道通航保证率100%,船闸通航保证率99.94%,航标正常率99%,船闸运行优良闸次率100%。未发生因执法违法、失当导致的行政诉讼败诉、复议被撤销和其他执法错案,收取航道赔(补)偿费156万元。办结行政许可6起,对重点工程中的桥梁项目办理行政许可3起,水利部门的河道护岸建设实施航道报批。2012年,镇江市航道管理处继续推进苏南运河整治工程建设,续建两个整治段计7.245公里。12月26日,九曲河口—缪马村段交工验收,至此苏南运河“四改三”镇江段已整治里程达到22.92公里(交工18.73公里)。新开工谏壁船闸闸区段、辛丰镇段、沪宁铁路桥—北二环桥段三个整治段计11.86公里,新开工建设辛丰公路南桥1座。完成镇江首个“水上服务区”的选址和方案设计。出台《镇江市政府关于进一步加快水运发展的实施意见》和《镇江市内河港口管理办法》。制定并出台《镇江市航道养护管理实施细则》《镇江市四级以上航道养护范围和维护标准》,航道养护管理系统投入运用。谏壁船闸管理所获交通运输部2012年全国航道管理与养护先进单位称号。“激光水位计在船闸的应用”和“船舶超越界限标报警技术在船闸的应用”均通过镇江市交通运输局项目揭题,完成实施,通过验收。辖区内航、闸安全运行无事故。巩固深化“平安航道示范点”、“平安工地”活动成果,组织安全活动,安全隐患排查治理工作做到常态化,处及处直单位排查治理隐患共40处(个)。谏壁船闸和市区航道站被评为省级航道平安示范点。集中开展“打非治违”专项治理以及“回头看”活动。谏壁船闸以100%的优良闸次率安全开放套闸24340次,增长6.2%;船舶通过量1.226亿吨,货物通过量7511.1万吨,自建闸以来累计安全运行近12000天。2012年,镇江市地方海事部门先后组织开展客渡船专项安全检查、安全执法月行动、水上打非治违专项整治、吨位丈量专项活动、船舶超载超限隐患排查等活动。全系统上航22780人次,出艇9527艘次,巡航时间1.76万小时,巡航里程9.52万公里,检查船舶25.12万艘次,查处、纠正违章船舶3.74万艘次,排除航道堵塞险情6起,检查危险品码头48次。组织实施涉水施工维护31次,维护时间900天。接处警228起,处理小事故47起,组织应急搜救行动66起,成功救助遇险船舶77艘、遇险人员216人,挽回直接经济损失5054.04万元,搜救成功率100%。全市水上交通安全连续36个月实现“四零”目标,即零死亡、零沉船、零污染、零堵航。

【城市公共交通】 2012年,镇江市公共交通总公司完成客运量11063万人次、比上年增长14.5%,公交分担率为20.3%、上升1.3个百分点,客运收入1.31亿元,总行驶里程4717.55万公里。车次执行率95.60%、首末班准点率99.27%。该公司有职工2220人,资产总值3.81亿元,下辖7个营运公司、1个修理厂、1个驾驶员培训中心、1个广告公司、6座停车场和2座附属加油站;公交车辆1018辆,其中新购车辆235辆(首次引进LNG公交车40辆);营运线路首次突破100条(含专线),其中新辟公交线路21条,优化调整公交线路23条,线路总长1810公里;日均客运量33多万人次。镇江市区共有出租汽车1323辆,其中,2012年镇江新区发展区域经营出租汽车70辆。出租汽车企业总数达到9家,从业人员约3000人。据统计,市区出租汽车实载率60%左右,年客运量约4200万人次。燃料主要以汽油、燃气为主,有1315辆车改装为燃油、燃气双燃料车。

邮政电信

【邮政】 2012年,镇江邮政局提升服务能力和企业效益。全市累计完成邮政业务总量3.03亿元,比上年增长22.16%;实现邮政业务收入3.29亿元,增长17.17%。其中镇江邮政局累计完成邮政业务总量1.31亿元,增长21.26%;完成邮政业务收入1.4亿元,增长15.37%。为全市政府机关和企事业单位制作数据库商函744.11万件,发行邮政贺卡74.05万张。为各大商业银行制作、邮寄银企账单16.16万件、保险账单3.8万件。新增短信用户6.2万户,有效在线户数17万户。做好党报党刊征订发行工作,征订发行党报党刊6.42万份。举办《中国共产主义青年团成立九十周年》《国家博物馆》《壬辰年》《福禄寿喜》等邮票首发式,为企事业单位制作发行个性化邮册1万余册。改造营业网点28个,其中旗舰网点1个、精品网点4个、标准网点23个,新建VIP理财专区(柜)28个,新增自助存取款机具25台。换发城市投递电动自行车102辆,机动车投递量占比达40.5%。将普邮投递部改造为市内专递部,增强个性化投递服务能力。开展远程培训等各类培训2564人次。下发邮政营业服务规范标准,全年未发生媒体曝光等重大服务质量问题。全市邮政服务综合满意度为91.61分。机要通信质量实现“二十一连冠”。加强资金管理,规范资金上缴渠道,重点规范营业与代收资金管理;加强成本费用集中支付管理,实行市县核算与财务一体化;完善远程报账系统、欠费管理系统和房产管理平台系统,提升财务信息化管理水平。银行业金融机构安全评估得分99.1分,列江苏省邮政系统第2位。全年完成建设审计项目102个。“致富邮路”的示范带头人解加平获江苏省十佳文明职工称号。华国平当选镇江市文明职工。新建30条“致富邮路”。丁卯投递部被评为江苏省工人先锋号。镇江邮政局被评为镇江市文明行业。丹阳市邮政局利用该年度爱心包裹项目可以指定捐赠的独特性,与15个单位联合发起倡议,开展“关爱流动儿童温暖助学行动”活动,筹集近60万元的款额。

【发行《纪念赛珍珠诞辰120周年》邮票】 2012年6月8日,镇江市举行赛珍珠诞辰120周年纪念大会,纪念著名作家、诺贝尔文学奖获得者赛珍珠。大会由镇江市政府主办,镇江市对外友好协会和市赛珍珠研究会承办,来自美国、德国、韩国的嘉宾和全国各地的赛珍珠研究专家、学者150余人出席会议。镇江邮政局为此次纪念活动制作《纪念赛珍珠诞辰120周年》个性化邮票380多版、纪念封1000枚、《赛珍珠》邮票珍藏册300册。举行该系列邮品的发行仪式,赛珍珠研究会在大会议程中加入《纪念赛珍珠诞辰120周年》个性化邮票、纪念封、《赛珍珠》邮票珍藏册首日发行揭幕仪式。

(罗　瑶)

【慈爱邮政报刊亭投入运营】 2012年6月19日,由镇江市慈善总会和镇江邮政局联合实施的慈爱邮政报刊亭项目,经过一年多筹备,首批20座慈爱邮政报刊亭投入经营。镇江市慈善总会会长周大平和镇江邮政局副局长朱宏波向20名贫困居民颁发慈爱邮政报刊亭经营钥匙。这是慈善机构和邮政部门联手帮扶贫困待业居民解决生活出路、增加家庭收入的积极举措,也是由单纯给钱给物救助转向慈善项目帮扶、解决生活出路的转变,是慈善救助工作的创新和探索。

南 通 市

城市交通

·综 述·

【概况】 2012年,南通市境内公路客运量2.14亿人次,客运周转量174.45亿人公里;货运量2.02亿吨,货运周转量140.69亿吨公里。水路货物运输量6500万吨,货运周转量441.99亿吨公里;内河港口货物吞吐量5000万吨。全年完成交通投资65亿元,占年度计划的115%。南通市交通运输局首次名列省交通运输厅年度工作考核前三名。1项技术研究获部级科技进步三等奖,2项技术成果获市级科技进步三等奖。

【交通重点工程】 通洋高速一期工程完成50%路基土方和所有桥梁基础工程,临海高等级公路南通段建成通车30公里。连申线南通段海安船闸主体工程完工,江海河联运项目通吕运河整治工程启动。汽车客运枢纽东站主体工程土建基本完成。海启高速正式立项,环评、土地预审等专题研究全面启动。锡通高速项目建议书获省发改委批复,江海河联运项目通扬线东段航道整治工程预可行性研究通过审查,九圩港复线船闸立项。

【公交优先发展】 新投入100辆公交车辆,新辟、优化、调整18条各类城市公交线路。实现主城区与通州区公交IC卡一卡通,市区建立"掌上公交"信息查询系统。市区营运公交车实现100%空调车,新能源车占19%,电子站台占6.3%。

【农村交通】 新改建农村公路533公里、桥梁401座,公交化改造22条农村客运班线,40个乡镇所有行政村通公交,1104个行政村通公交,村级通公交率提高到75%。

【交通行业管理】 市交通运输系统6大门类54项行政审批事项全部归并到市政务中心授权窗口。32项许可事项办理环节减少50%以上,23个承诺件调整为即办件,9个审批事项承诺时限压缩近半,免收6项费用。交通招标市场进入市公共资源交易中心,实行统一规范运作。局成立信息中心,启动智能交通(一期)工程。市公路处成立26个路政管理中队,市运管处固定点监控系统一期工程建成使用,实现违章取证智能化。开发公路协同巡查系统,全面推进现场移动执法。在全省率先完成水上统一上航执法,率先推进航道系统执法场所标准化建设。

【安全管理】 汽运集团3G动态监控覆盖所有省市县际班线。公交总公司GPS运营调度系统覆盖所有线路和车辆,实行公交车车厢视频动态监控。出租汽车总公司开发GPS超速监控系统。全市提前更新更型148辆危货车辆,累计更新483辆。

(季建芳)

·公 路·

【概况】 2012年,南通市公路基础建设加快推进,干线公路完成投资28.3亿元,农村公路完成投资4.5亿元,总体路况水平不断提升,路政中队管理机制基本建立,安全保障能力明显增强。

【临海高等级公路建设】 临海高等级公路年内完成投资17.8亿,累计完成投资43.4亿,占总投资72.2%,建成通车30公里。开展施工标准化创建活动,实行分项工程质量指标、标段进度指标一票否决。5个标段获评省级"平安工地",在全省公路建设项目中数量第一。

【干线公路建设】 加快336省道海门段等4个省计划内及223省道通州段等5个计划外项目的建设,完成投资10.5亿元,建成通车34.4公里。平海公路东段、省道334线如皋西段前期工作全部完成,225省道通州段等8个储备项目前期工作加快。

【干线公路管养】 干线公路技术状况指数(MQI)达92.6,路面损坏指数(PCI)优良率达93.6%、路面行驶质量指数(RQI)优良率达99.1%。干线超限率控制在1.3%以内。引入竞争机制,面向社会公开招投标养护企业。投入约500万元,新增7台清扫车,6台灌缝机。一级公路机械清扫率100%,二级公路达到40%以上。薛窑大桥改造全面启动。首次采用同步顶升系统更换九圩港船闸桥支座。投资160万元更换丁堡河桥吊杆。省计划4个大中修项目全面完工,投资4235万元,其中利用地方资金885万元。国道328线海安段等3个项目大中修,与地方交通局合办,投入资金6900万,其中地方出资4600万。

【农村公路管养】 2012年,全市建成农路197.5公里,省计划外建设农路335.5公里。完工桥梁486座,改造农桥401座,农桥改造三年任务基本完成。全市县道大中修投入2.08亿元,大修里程114.5公里。县道养护质量连续两年全省第一。县道优良路率达88%,乡村道好路率达80.2%。投入1600万元,支持如东县掘港镇、启东市寅阳镇创建省级乡村公路管养及安保工程示范乡镇。投入1271万元,打造389公里县道安保工程。海安县在全省率先实现农路安保工程镇级全覆盖。海门正麒线创建为南通首条省级县道文明样板路。

【公路行政执法】 公路行政许可事项全部归并到市政务中心办理,14项许可项目合并为5类,20天办理时限缩短为5天。全年查处案件1.38万起,受理路政许可83起,收取赔补费1143.8万,查获超限车辆680辆,驳载货物6831.3吨,提供公众服务1230人次。年内,开展干线公路污染专项整治月等活动,参与华东片区治理超载等专项活动。

【公路科技】 海砂吹填土填筑路基关键技术取得突破,成功解决200万立方米土方缺口,节约耕地1100亩,节省资金6000万,入围市政府首届"创新奖"。自主研发灌入式复合路面技术,投入100万元在省道221线灯控路口实验灌注式混合路面。如东盐渍土应用课题被省交通厅、科技厅鉴定为"总体水平国际先进水平,部分研究国际领先"。钢筋砂浆护筒、压浆密封罩2项实用新型技术获国家专利。启东盐碱地公路绿化技术列为国家星火计划。推广抗裂型水稳级配等10多项新技术,开展综合景观设计、"感知公路"建设等课题研究。沿海地区混凝土梁桥评估体系及维修策略、系杆拱桥吊杆技术状况检测与评定等课题通过省交通厅、省公路局大纲评审,并立项。开发协同巡查系统,将"路政、养护、路网"巡查三合为一。

(杨　涛)

·航　运·

【概况】 2012年,南通市航道管理处在全省率先推行船闸安全标准化建设,南通船闸、九圩港船闸、焦港船闸监控调度中心基本建成。船闸养护体系得到逐步完善,全市船闸优良闸次率达99.8%。航道运行畅通,干线航道通航保证率达95%,航标正常率达99.5%。年内,航道管理部门完成航道普查,全市内河航道共3515.9公里。所有航政审批事项进驻市政务中心集中办理,全年实施行政许可146起。

【航道船闸建设】 全市首条三级航道——连申线南通段整治工程累计完成投资18.46亿元,占概算总投资的46%。其中,海安船闸土建主体工程完工,航道工程完成一级护岸93公里,二级护岸31公里,26座桥梁下部结构完成过半。焦港船闸工程通过省环保厅验收。通吕运河整治工程开工建设,标志江海河联运工程全面启动。通扬线东段(海安船闸－吕四段)航道整治工程项目预可行性研究报告通过省交通运输厅审查。九圩港复线船闸及通江连接线航道工程项目工程可行性报告通过省交通运输厅内审,前期工作同步开展。

【航道养护】 全年航闸养护工程投资1899万元,完成船闸中小修工程12项。其中,投资575万元的九圩港船闸抢修工程实现全省同类工程工期最短,质量优良的目标。对通吕运河新江海河口、如皋司马港河等重点航道、薄弱航道进行疏浚,疏浚土方3.68万立方米,保障航道通畅。通过地方联动,完成焦港河北岸护岸、通州四安中心横河护岸建设。组织台风"海葵"等恶劣天气后的应急抢修,对部分拥堵航道进行紧急疏浚。

【航道普查】 根据全省统一部署,市航道处组织开展航道普查和有关勘测工作。共普查航道534公里,测量航道断面1043个,临河建筑物1269座,跨河建筑物998座,枢纽7个,标志、标牌70个,航标24个。据普查统计,全市内河航道3515.9公里,其中等级航道(三级至七级)788.93公里,比上一轮普查增加27.76公里。

【规费征收】 改进船闸运行调度,加强引航道秩序管理,船舶过闸效率有提升。全年市航道处所属船闸开放闸次4.84万次,船舶通过量和货物通过量分别为1.17亿吨和6028万吨,分别比上年增长23.74%和21.12%;征收过闸费5859万元,比上年增长16%。加强航产航权保护,收取航道赔补偿费700万元。

(施　葵)

【长江引航】 2012年,长江引航中心南通引航站引领中外籍船舶1.08万艘次,其中国际航线船舶7359艘次,内贸船舶3417艘次,引航工作量比上年下降9.33%。引航船舶总吨1.59亿吨,净吨8908万吨,载重吨2.7亿吨,三项指标均为长江全线第一。全年未发生引航事故。

(朱良芝)

·铁　路·

【铁路规划】 2012年,南通铁路部门围绕"构建长三角长江北翼铁路枢纽",推进铁路规划取得突破性进展。沪通铁路工程可行性研究报告取得国家发改委批复,被评为2012年度南通市政府系统"创新奖"一等奖。4月中旬,沪通铁路补充可行性研究评审会在南通召开。5月上旬,铁道部组织对沪通铁路长江大桥线位、线型、桥位、桥式、主跨尺度等关键技术进行最后论证确认。7月上旬,沪通铁路工程可行性研究报告由铁道部、江苏省和上海市联合会签并报送国家发改委。12月19日,国家发改委正式批复沪通铁路工程可行性研究报告。沪通铁路是国家中长期铁路网规划、江苏省铁路"十二五"规划中的重要项目,是连接苏中、苏北与上海的一条客货兼顾、以客为主的快速铁路。该铁路正线全长137公里,按国铁Ⅰ级、设计速度200公里/小时建设,建设工期5年6个月,拟于2013年开建。宁启铁路南通至启东段完成项目环评、土地预审延期等工作,9月下旬省政府专题会议纪要和11月上旬部省会商纪要中均明确提出"争取2013年完成可研审批"工作。开展洋口港至吕四铁路预可研工作,年内完成初稿。轨道交通方面,依据《江苏省轨道交通"十二五"规划》、《沿江八市城际铁路网规划》,完成南通至上海轨道交通过江通道方案的前瞻性研究。

【铁路工程】 宁启铁路复线电气化改造工程全年完成投资6.8亿元(累计完成投资25.6亿元),线下工程全部完成。在上海铁路局组织的综合考核中,宁启线南通段名列第一。海洋铁路克服资金困难,完成如东、栟茶两站站房工程建设任务,通过上海铁路局组织的初步验收和安全评估,具备开通客、货运输条件。

【平安铁路创建】 以争创全国"平安铁路市"和创造最牢固的铁路运输安全保障体系为目标,进一步推进铁路、地方政府和社会三个层面的资源整合,全年辖区内铁路治安没有发生大的治安问题,没有发生影响恶劣的治安、刑事案件,没有发生群体性冲击铁路、拦车断道事件。南通市被江苏省综治委铁路护路工作领导小组命名为“江苏省平安铁路市”和江苏省2009～2011年度“平安铁路示范市”荣誉称号。

（吴云霞）

·民　航·

【概况】 2012年，南通机场营运客运航线11条，分别为：南通—北京、南通—北京（南苑）、南通—广州、南通—深圳、南通—天津、南通—厦门、南通—沈阳、南通—大连、南通—武汉—成都、南通—重庆—昆明、南通—长沙—昆明。运营货运航线2条，分别是：深圳—南通、深圳—南通—西安。2012年累计完成旅客吞吐量38.60万人次，比上年增长54.72%；完成货邮吞吐量1.32万吨，比上年增长71.43%，货邮吞吐量进入全省前三名。全年保障各类飞机安全起降3.21架次，其中保障航班4928架次，比上年增长48.17%。完成营业收入3708万元，比上年增长41.2%。其中，主营业务收入2649.51万元，比上年增长40.16%，比上年减亏188万元。

【航线航班】 2012年，南通机场科学规划设计航线网络。客运航班增加到每周71班。3月，优化南通—重庆航线，改造为南通—重庆—昆明，既增加昆明航线密度，又解决之前飞机小、误点率高等问题，昆明航班达到每天一班。7月份，开通南通—沈阳、南通—厦门航线，每周3班。10月底，南通—深圳、南通—北京南苑航线分别由每周3班、4班，加密到每天1班，并新开大连航线每天1班。货运航班增加到每周10班。3月开通深圳—南通—西安第二条全货包机航线。

【工程建设】 4月5日，3400米新跑道正式启用。5月11日，国际货运仓库通过航空管理部门行业验收。8月13日，机场新配电中心建成并投入使用。顺丰速运区域枢纽、华夏航空维修基地项目一期工程竣工。10月25日，新建1435米南平行滑行道工程、扩建4万平方米站坪工程动工，计划工期7个月。11月25日，国际候机楼工程开工建设，计划工期10个月。中国民航飞行校验中心东方（南通）基地完成立项项目评估（代可研）。

（周子钦）

·港口建设与管理·

【概况】 2012年末，南通港有各类码头泊位229座，其中生产性泊位139座；万吨级以上泊位95座，码头设计年货物通过能力1.06亿吨，集装箱通过能力42.5万标准箱。全年南通港完成货物吞吐量1.85亿吨，比2011年增长6.9%。其中，沿海港口完成吞吐量1550万吨。全港外贸吞吐量3867.3万吨，比2011年增长24.2%。全年完成集装箱吞吐量50.4万标箱。全年完成港口建设投资20.97亿元。市港口管理局获评2012年度全省港口管理工作综合先进单位。

【港口规划】 《吕四港区环抱式港池规划方案》、《吕四港区通州作业区东灶港作业区规划方案》获得交通运输部、省交通运输厅联合批准。《如皋港区挖入式港池规划方案》、《天生港区总体规划（含横港沙）》通过交通运输部、省交通运输厅联合评审。启动新一轮南通港总体规划修编工作，将塘芦港、环港、老坝港等岸线纳入规划范围。通州湾港区总体规划开始编制。

【港口建设】 沿海深水航道开发建设。2月28日，市政府出台《关于进一步加快南通海域深水航道开发建设的实施意见》。年内，吕四港区进港航道上延工程前期工作完成。洋口港区15万吨级、吕四港区10万吨级航道建设由省发展和改革委立项，列入国家“十二五”航道建设计划。吕四港区10万吨级航道完成初步设计，争取到交通运输部补助资金1.81亿元。吕四港区东灶作业区通用码头工程2个2万吨级泊位通过交工验收，被评为全省交通平安示范工程。洋口港区10万吨级石化码头工程初步设计获批，施工图通过审查，完成码头桩基施工。开展通州湾物理模型基地、沿海引航基地等港航配套设施建设前期工作，物模基地开工建设。

沿江港口设施建设。南通港联检锚地改扩建工程通过交工验收，投入使用。启海港区太平港务码头、宏华海洋油气装备制造基地滑道港池及码头，如皋港区国鼎管桩码头通过竣工验收，正式投产。华能南通电厂“上大压小”项目配套7万吨级码头工程获国家发改委核准，初步设计上报交通运输部。推进沿江老码头结构加固改造，14个泊位加固改造方案通过审查，其中4个泊位改造年内完工。长江北支启东锚地工程完成通航安全影响论证。

【港口管理】 清理沿江各通航支流闸外小码头，涉及小码头企业29家，核发临时港口经营许可证22份。联合市经济和信息化委开展港口企业信用评级，评出10家诚信A类港口企业。组织港口一线安全督查84次，排查整改安全隐患1305个，全年南通港继续保持零责任事故纪录。2012年，如皋港区阳鸿石化、东方石化的库区安全监管职责划归如皋市港口管理局。

【港口信息化】 建成港口经营管理信息系统，与省级港口综合管理系统实现正常联网运行。“一港多区综合管理与公共服务信息平台架构与应用研究工作大纲”通过省交通运输厅审核。市港口管理局被评为全省交通运输信息化工作先进集体。

（邵金泉）

·口岸管理·

【口岸扩大开放】 洋口港、启东港、兴东机场新开口岸和海门港扩大开放列入《国家口岸发展规划（2011～2015年）》，是全国规划开放口岸最多的城市，分别占全国、全省规划总数的4.2%、36.4%。洋口港、启东港开放列入2012年度国家口岸开放审理计划，通过国家相关部委联合会审，启动正式开放审理程序。完成洋口港、吕四港第七、八轮临时开放报批工作，两港区临时开放期限延续到4年。加快码头开放进程，沿江正式开放码头增至34座55个泊位。沿海港区10座临时开放码头进出靠泊外轮40余艘次。

【口岸载体建设】 市口岸委编制完成《南通海关特殊监管区域布局规划》，推进南通综合保税区正式获国务院批准。全力推进“南通家纺—叠石桥海关监管”建设，占地1.63公顷的监

管点全面规划建设。构建沪通空陆联程转关运输渠道,为外贸企业进出口运输提供快捷通道。 (张 明)

邮 政

【概况】 2012年,南通邮政稳健发展,主要经营指标完成情况保持全省前列,全市各局收入规模跻身全省县市局前十。全年基础设施投入3500万元,完成64个营业网点、3个投递网点的升级改造;技术改造投资2793万元,增强网络支撑和运营能力。全区邮政社会公益性投入40万元。"爱心邮路"影响力不断扩大,帮扶对象人数达659名。与市委宣传部联合举办"爱心邮路"先进事迹报告会。如东县邮政局"文明信使"群体荣登中国好人榜。

【邮政服务】 对全市327个营业网点、106个投递部及477处信箱(筒)基础资料进行摸底统计,调整服务、开箱时间,严格邮件收寄检查,确保邮运渠道的安全畅通。继续加大邮政服务"三农"力度,全区建成"苏邮惠民"连锁加盟店1290家,覆盖近70%的行政村和市区重点社区,开办代缴水电煤费、商品分销等业务,带动特色农产品返城。与供电部门联合推广"福农卡",为177万户农户提供电费预存代扣等服务。邮储银行助力小微企业,年累计放贷47.57亿元。

【邮文化产业】 建成南通首家集邮文化礼品旗舰店,提供集邮与贵金属礼品一站式服务。举办党的十八大纪念邮票首发仪式,与市委组织部等联合开展"祝福寄语十八大"和创建江苏省集邮文化先进城市活动。举办首届全国青少年生肖集邮联谊会,成立神州教师集邮联谊会南通市分会。在市北城中学开办"少年邮局"。5月1日,狼山专用邮资图发行。11月30日,"中国审计"特种邮票在南通首发。 (杨海宁)

电信与信息化

【概况】 2012年,南通市以智慧城市建设为目标,加快信息化服务生产生活,信息化发展对社会经济发展的支撑作用日益显现。实施50万元以上的政府投入信息化项目50个,全市信息基础设施水平有效提升。社会信息应用消费能力不断增强,民生领域重点信息化项目有序推进。全市电信主营业务收入62.81亿元;固定电话用户数259.55万户,移动电话用户数809.13万户,互联网用户数582.51万户,其中,固定互联网用户数147.86万户,移动互联网用户数434.62万户。

【信息技术推广】 推广信息通信新技术,不断优化和改造信息通信基础网络建设。互联网城域网出口带宽从360G增加到620G,国际互联网用户数达736户/千人。

【智慧城市建设】 加强资源整合,合力共建智慧城市。搭建无线智慧城市综合门户平台,重点围绕"医、食、住、行、文、购、闲",全方位打造与市民生活密切相关的精品应用,建成市政府向市民发布信息与沟通的重要渠道。 (葛 蕾)

【电信业务】 2012年,中国电信股份有限公司南通分公司(简称"南通电信分公司")完成国际口径经营收入23.37亿元,比上年增长7.4%。移动通信、宽带接入等核心业务规模发展,号码百事通和ICT(信息和通信技术)系统集成业务收入超额完成年度目标,全业务市场份额继续位居全省前列。完成江苏电信OSS(综合资源信息支撑系统)结构性优化试点项目。加快FTTH(光纤进户)建设,完成移动通信网络年度建设任务。网络运维、客户服务等基础管理工作继续走在全省前列。

(徐李健)

扬 州 市

城 市 交 通

【概况】 2012年,扬州市交通基础设施建设完成投资56.26亿元。其中,高速公路建设完成投资18.89亿元;国家、省干线公路建设完成投资11.26亿元;地方干线公路建设完成投资5.3亿元;农村路桥建设完成投资2.81亿元,建成农村公路180千米;航道、船闸建设完成投资2.81亿元;港口建设完成投资9.15亿元;宁启铁路复线电气化改造工程扬州段完成投资5.09亿元;汽车客货运站场建设完成投资0.95亿元。公路、铁路、水路分别完成客运量8877万人次、121.62万人次、30.3万人次,完成货运量7645万吨、11.53万吨、4599万吨;港口完成货物吞吐量8822万吨;集装箱吞吐量41.4万标箱。全市物流业增加值111.39亿元。市区城市公共交通行业全年完成客运量2.48亿人次。

【交通基础设施建设】 公路建设。江六高速公路扬州段建设完成投资18.89亿元,占年度计划的104.9%。干线公路建设:全年完成投资16.56亿元,占年度计划的101.7%。省道237扬州段完成投资5.16亿元,宝应段二期工程7.88公里、高邮段先导段11.5公里建成通车。省道333扬州段完成投资4.1亿元,高邮西段26.7公里、宁通公路上跨333省道立交桥建成通车。扬州泰州机场集疏运道路完成投资0.5亿元,全面建成通车。331省道宝应段累计完成投资2亿元,宝应段4.3公里建成通车。农村公路建设:全年完成投资2.81亿元,占年度计划的100.3%,完工总里程达180公里,桥梁改造完工185座。

港航建设。航道船闸建设完成投资2.81亿元,占年度计划的103.6%，京杭运河施桥、邵伯三线船闸扩容工程附属工程完工，施桥三线船闸重要节点工程施桥运河大桥建成通车；宝应船闸大修扩容改造工程完成投资0.81亿元，船闸主体施工、闸门吊装以及上、下游地连墙驳岸施工完成，船闸面貌初步显现。港口建设完成投资9.15亿元，占年度计划的101.3%，江都港区海螺水泥码头、泰富码头水工工程、海昌公用码头堆场、内河港扬城港区汤汪作业区码头一期及二期水工工程通过交工验收；仪征港区液体化工码头二期工程、江都港区3、4、5号泊位开工建设；仪征港区环球造船码头改建项目获得交通运输部岸线使用批复。

站场建设。客货运站建设完成投资0.95亿元，占年度计划的101.1%。扬州西部交通客运枢纽开工建设。扬州港务集团城北物流园项目完成，宝应县宝胜物流园、高邮市诚信应急物流园和江都区宏信龙物流园进一步扩大建设和营运规模。

铁路建设。宁启铁路复线电气化改造扬州段工程完成投资5.09亿元，占年度计划的101.8%。铁路征用林地上报手续完成，仪征站变更设计方案由宁启建指上报上海铁路局审查。高水河特大桥、上跨扬菱路铁路桥建成，跨京沪高速公路特大桥主跨浇筑完成；全线公铁立交建成4座。

民航建设。2012年5月8日，作为全省“7+2”航空布局之一的扬州泰州机场正式建成通航，飞行区等级指标为4C，预留4D发展空间。机场位于扬州市江都区丁沟镇境内，占地2291亩，总投资20.82亿元，由扬州、泰州两市按8:2比例投资共同建设。机场营运腹地以扬州、泰州两地为主，辐射镇江、南通及安徽省部分地区。

【交通运输】 公路运输。2012年，全市完成营业性公路客运量8877万人次、旅客周转量58.19亿人千米。全市有道路客运经营业户18户、营运客车1745辆（不含城市公交、出租车）、客位6.11万个，户均拥有车辆97辆，其中市区有道路客运经营业户8户、营运客车986辆、客位3.45万个。全市开通客运班线406条，其中省际线路121条、市际线路162条、县际线路41条、县内线路82条，客运班线覆盖全省及全国其他大部分省（市）地区。2012年，全市开通12个乡镇镇村公交，开通线路26条，投放车辆32辆，镇村公交开通率47.8%。2012年，全市完成营业性公路货运量7645万吨、货物周转量94.02亿吨千米。全市有专业道路货运企业273家，其中道路化学危险品货物运输企业46家。载货汽车总数4.09万辆、总吨位24万吨，分别比上年增长7.7%、14%。其中，厢式货车1.04万辆，与上年持平；集装箱车636辆，比上年增长22.8%；危险货物运输车辆1121辆，比上年增长15.9%。货车平均吨位数5.9吨/辆，比上年增长5.3%。

水路运输。2012年，全市有水路客运经营业户2家、客船16艘、客位1306个，完成全社会营业性水路客运量30.3万人次、旅客周转量121万人千米。全市有营业性货船3018艘、总吨位373.79万吨，分别比上年增长4.21%和22.12%；船舶平均吨位1238.53吨/艘，比上年增长17.19%。其中，液货危险品船476艘，下降2.05%；沿海运输船舶44艘，增长4.76%。全市完成营业性水路货运量4599万吨，货物周转量158.69亿吨千米。

港口营运。2012年，全市港口完成货物吞吐量8822万吨（含南京港六公司、仪化码头货物吞吐量1084万吨），比上年增长4.37%。沿江港口完成货物吞吐量5924万吨，其中外贸吞吐量483万吨（含南京港六公司、仪化码头外贸吞吐量87万吨），分别增长7.6%、18.1%；完成集装箱吞吐量41.1万标箱（含南京港六公司、仪化码头集装箱1.05万标箱），下降0.66%；内河港口完成货物吞吐量2898万吨，下降1.6%。

铁路运输。2012年，宁启铁路扬州站发送旅客121.62万人次，到站旅客121.61万人次，实现客运收入2.11亿元。发送货物11.53万吨、装车2583辆，到站货物37.54万吨、卸车6200辆，实现货运收入4855.95万元。发车货物主要为钢管等大件产品，到站货物主要为粮食、木材、化工产品等。

民航运输。2012年，扬州泰州机场先后开通北京、西安、广州等10条航线，通过中转联程可到达全球40多个城市。完成旅客吞吐量24.73万人次，货邮吞吐量0.15万吨，平均客座率68.3%。

物流联运。开展多式联运、甩挂运输试点，扬州市天成国际集装箱货运有限公司甩挂项目被列入省级甩挂试点项目。依托扬州城北物流园，发展多式联运，扬州至成都联运试点线路运行良好。

【城市公交管理】 2012年底，扬州市区有公交企业3家、公交从业人员2797人；有公交车1356辆、公交线路125条（含镇村公交线路38条），分别比上年增长8.56%和31%；有公交停车场13个、公交站台2370座，线路总长1801.2千米，分别比上年增长30%、51%和40%，万人拥有公交车标台数为主城区12.15标台、江都区4.1标台；公共交通出行分担率为主城区19.6%、江都区7.25%。市区有出租汽车经营企业30家、出租汽车运营车辆2465辆、从业人员4903人，有三轮车管理企业1家、人力观光三轮车250辆、从业人员240人；城市全年公交客运行业客运总量2.48亿人次，其中公交车客运量1.78亿人次。 （王 东 刘 华）

【道路交通管理】 一是推动社会化交通安全管理。按照“政府领导，部门协作，社会联动，齐抓共管，综合治理”的思路，进一步凝聚共识、增强合力，集聚合成优势，强化联勤联动，全市共发生交通事故609起，死亡346人，受伤467人，直接经济损失204.49万元，同比分别下降12.37%、3.35%、19.06%和38.64%。二是推进精细化城市化交通管理。实行交通秩序每月“248”（即每月支队组织2次、大队组织4次、中队组织8次集中整治）整治行动，净化通行秩序，市区共查处违法鸣号3897起，查扣机（电）三轮车1457辆、摩托车2514辆；建成并警用地理信息系统、流量检测系统等14个子系统高度集成的智能交通综合应用系统。三是实施规范化渣土运输管理。出台《扬州市区渣土运输车辆管理办法》、《扬州市区渣土运输公司百分考核规定》，组成集中整治行动队，开展长效整治。市区共成立22家渣土运输公司，拥有464辆专段号牌渣土运输车。四是组织系列化文明交通宣传。深化文明交通志愿劝导服务，壮大和规范志愿者队伍，形成常态化机制；建设交通直播室，开设“路况及时报”、“1035有事您说话”等栏目；建成扬州市青少年交通安全教育馆。全市公安交巡警部门共在电视、电台播放宣传节目3897条（篇），发放宣传资料97.3万份。五是实行人性化交通管理服务。在市区建成6个执勤执法服务平台,实行交通执勤执法、动态治安巡防、交通安全管理、服务人民群众的"四职合一";推进完善实施交通事故社会救助制度和交通事故损害赔偿人民调解制度,市区两个快速理赔中心受理轻微道路交通事故10757起;全市累计对事故当事人垫付抢救费用381次计976.4万元;全市人民调解室成功调处25410起事故,赔偿金额1.87亿元,实现了执法效益和民生效益的有机统一。

邮政电信

【邮政】 2012年,全系统实现邮政业务收入5.07亿元,比上年增长14.7%。邮政业务快速健康发展。函件专业全年成功开发285个项目,实现收入6652万元,同比增长11.99%。集邮专业实现收入3168万元,同比增长7.1%。发行零售专业实现收入2984.2万元,同比增长5%。电子商务实现分销收入1573万元,同比增长68.8%,实现代理信息收入1686万元,同比增长33.6%。代理金融实现专业收入3.27亿元,同比增长16%,其中存款规模达197.8亿元,发放有效绿卡46.33万张,新增电子银行注册客户14.36万户,代理保费8.6亿元,其中中邮人寿保费1.97亿元。代理速递物流基本完成资费收入。邮政VIP以上大客户达1681个,累计实现收入1.42亿元,同比增长16%。能力支撑进一步增强。积极推进基础设施建设,完成金融网点改造21个,完成39台ATM、247台IC卡终端设备的安装调试工作。优化邮运网路和生产流程,增开扬州-南京(扬2)邮路,加快了畅销报刊的投递及零售面市速度,解决了部分出口邮件作业时限问题;将原市趟2班邮路改为市趟2南、市趟2北邮路运行,满足了市区所有网点11点频次邮件封发时限。加强资源平台和信息化建设,强化邮政数据库建设,开发了应用邮政数据电子地图,全年商务数据管理系统上传数据量385万条。完成全区邮政营业信息系统上线及网点视频发布系统服务器的安装并投入运行。

【全国邮政分销业务现场推进会在扬州召开】 6月15日-16日,全国邮政分销业务现场推进会在扬州召开。中国邮政集团公司总经理李国华出席会议并作重要讲话。集团公司副总经理张荣林作工作报告。集团公司邮政业务局、财务部、人力资源部、集团工会以及各省(区、市)邮政公司相关领导参加了会议。山东、河南、江苏三省邮政公司作了经验介绍。

【扬州设立首家少年邮局】 12月25日,扬州局在扬州旅游商贸学校设立了首家少年邮局暨扬州市青少年集邮活动示范基地。为培养青少年对邮文化的兴趣,少年邮局还建立了全部用邮品布置的"文化扬州导游实训室",向学校师生宣传集邮知识,使集邮文化进入校园,成为校园文化的一部分,推动了扬州青少年集邮活动的有效开展。当日还启用了"江苏扬州少年邮局"日戳和"扬州市少年邮局成立纪念"连体邮戳,凡是从学校寄出的信件均会盖有少年邮局邮戳。

【电信】 2012年累计完成信息基础设施投资近12亿元,3G网络得到优化,"光网工程"、"三网融合"工程不断推进。6个工程项目获批省"三网融合"及信息基础设施示范试点工程,江苏信息产业服务基地被认定为省"三网融合"示范区。完成了92个智慧小区建设,实施FTTH(光纤到户)22.6万户,安装了2100台地面移动数字电视终端屏,全市交通运输系统横向网络带宽扩容为百兆网。全市互联网出口带宽380G,光纤宽带城市8兆全覆盖,农村4M基本全覆盖,家庭宽带互联网用户数超80万、有线电视109万、数字电视66万、移动电话用户数超440万户。 (朱　敏)

【扬州在全国首创12345政府服务热线云】 2012年4月投入运行的扬州市12345政府服务热线云,是扬州市人民政府与中国电信合作,通过云技术、3G无线网络和智能终端,整合12345热线、寄语市长等信息资源,率全国之先共同创新开发的民生服务综合信息系统。实现了电子政务从"一号"、"一门"、"一网"、一"站"向"一屏"延伸,将群众建议、求助、投诉等信息,直接推送给政府和成员单位领导的手机智能终端参阅处理,从而建立起自上而下的绿色通道,有效提高了民生诉求办理效率。热线云平台具备热线聚焦、热线点评、热线待办、寄语市长、政服微博五大功能。82家成员单位可随时随地使用热线云办理事务,实现将12345热线、寄语市长随身携带。

【"智慧扬州"门户成功上线】 2012年12月12日,"智慧江苏"全省首家分平台——"智慧扬州"门户率先上线。在物联网、云计算、下一代互联网等新一代信息技术支撑下,一个开放、个性化、多屏融合、可持续发展的智慧服务平台和综合接入平台构建而成。该平台涵盖智慧政务、智慧民生、智慧产业、智慧旅游等4大版块120多种应用,可实行定制个性化,真正服务到每一位城乡居民。平台支持PC、手机、Pad等多种终端访问方式,并提供基于Android、IOS的手机和Pad客户端。"智慧扬州"门户将利用信息技术来感知、分析、整合并智能地响应各类应用需求,服务于扬州政务、产业、民生等经济社会运行和人民生活,必将有利于创新社会管理与公共服务模式,加快推进城乡信息化进程,不断提升扬州市人民群众的幸福指数。

【扬州市通信行业共建共享成效明显】 近年来,扬州市通信行业协会认真践行绿色通信发展理念,有效组织各大运营商,科学建设信息通信基础设施。据统计,2012年,扬州已有70多个住宅小区商住楼进入共建共享程序,其中23个小区建筑面积达318.6万平方米的住宅楼通过协会综合验收,并已开通放装了用户,33个小区经过协会会审,其余小区按照流程正在规范有序地推进之中。协会还注重倡导公用通信基站铁塔共建共享和天线美化,全年三大运营商共建共享基站铁塔累计达191个,初步测算节约投资3800多万元。据近期公布的《扬州市2012年环境状况公报》显示,通过利用专业监测仪器,定点、定期监测,扬州市电磁辐射始终保持安全状态,全市电磁辐射环境处于优良水平。 (钱江鸿)

泰州市

【概况】 2012年,全市交通基础设施完成投资43亿元。大桥北接线全线建成,与泰州大桥同步通车。泰镇高速项目获省发改委批复,阜兴泰高速项目通过工可审查。

【公路建设】 全年完成干线公路建设投资11.75亿元,占年度计划的106.6%。336省道靖江改线工程全线建成通车,23省道兴化改线工程路基桥梁全面贯通,334省道泰兴改线工程城区至黄桥段拆迁基本完成并开工建设,市区231省道改线工程、站前路卤汀河大桥和328国道九龙段征地拆迁、杆线迁移开始启动。新改建农村公路250千米,新改建农村公路桥梁160座。完成农村公路大中修工程85.6千米,小修保养15万平方米。

【航道建设】 全年完成航道工程建设总投资1.25亿元,占年度计划投资额的104%。周山河船闸建成并投入使用。盐邵线、高东线疏浚工程按期竣工,航道设施技术状况进一步改善。

【站场建设】 全年建成农村客运站3个、客运站亭208个、农村班车会车道145个,新增11个行政村开通班车,客运班车通达率达99.3%;新增15个乡镇开通镇村公交,全市镇村公交开通率达53%。泰州火车站站前广场改造完成,京泰路客运站投入运营。

【交通运输】 至年末,全市拥有营运客车6229辆,其中高级客车比上年增长5%;营运货车3.1万辆,其中专用货车占比上升至30%;营运船舶1.2万艘,其中3000吨以上货运船舶达556艘,增长26%,运输行业服务社会经济发展的能力得到增强。全年完成道路客运量0.95亿人次、周转量74.5亿人千米,分别增长5.7%和7.05%;完成道路货运量0.46亿吨、周转量47.2亿吨千米,分别增长8.52%和16.32%;完成水路货运量1.2亿吨、周转量248亿吨千米,分别增长16.79%和24.07%。全年沿江完成港口货物吞吐量1.32亿吨,增长9.7%,继续高于全省平均增幅。其中,外贸吞吐量1072万吨,增长9%,集装箱吞吐量13.6万标准箱,增长13.7%。完成内河货物吞吐量2300万吨。

【运输管理】 坚持"公交优先发展"战略,全市建成公交首末站7个,新辟、优化调整公交线路29条,新增、更新公交车94辆,中心城区城市公交分担率达18%。市区建成100对公交站台,完成100对智能化电子站牌的安装,第二批100对公交站台正在建设中。公交IC卡发行量突破21万张,落实残疾人免费乘坐公交车等优惠政策,公交智能化调度中心运行正常。提升公交服务质量,车辆准班准点率、公交实载率得到提高。推动出租汽车行业稳定发展。全国试点的泰州市出租汽车管理信息系统建设基本建成,出租汽车电召服务量逐步上升。出租车智能化指挥中心建设步伐加快,市区、兴化出租车车载终端全部安装完毕,管理平台运行正常,出租车营运数据实现共享。完善驾驶员营运行为约束、激励和考核机制,出租车投诉率明显下降。加快客运经营主体整合。推进客运班线整合改造。全市新增"江苏快客"班线20条、"江苏快客"班车40辆,泰州飞鹿客运公司完成改造任务,客运班线公司化率上升至75.5%。推进物流业发展,全市新增"江苏快货"线路28条,"快货"线路总里程达2.6万千米;推进市区公路港、城北物流园区、兴化得胜湖物流园区、高港联江综合物流基地等一批物流园区建设,初步形成"一个枢纽、三个园区、四个中心"联动发展的物流园区格局;推广实施甩挂运输、多式联运等先进运输组织方式,帮助物流企业申报项目补助。打造绿色运输行业,推动新能源汽车的推广应用,全年更新中高级客车118辆,其中液化天然气(LNG)客车87辆。全市拥有新能源客车197辆,70%的出租汽车实现"油改气"。全市新增"绿色汽修"示范企业5家,"江苏快修"企业7家,全年共拆解老旧运输船189艘,超额完成省局下达任务。完善行业监管机制。市政府发布《泰州市机动车驾驶人培训管理规定》,建立泰州市城市客运联席会议制度,支持交通运输行业发展。开展异地执法互查、打击"黑车"、打非治违、整顿市区免费接送车等专项整治和"5115"品牌驾校创建等活动。市场秩序不断规范,全市运输行业社会有效投诉案件34起,比上年下降40%,全市公路客运行业未发生一起责任交通事故。

【邮政概况】 2012年,泰州邮政系统围绕"深化改革、创新发展、转变方式、整合资源、科学管控、构建和谐"的工作方针,加快转型发展,全区邮政累计实现收入4.8亿元,比上年增长19.1%,实现收支差额2696万元,居全省第四位。年内,市局被泰州市评为"社会管理综合治理先进集体""依法管理诚信经营示范单位",并成功创建为泰州市"五A级和谐企业"。泰兴局何健忠被评为"全国优秀志愿者",并当选为第十二届全国人大代表。

【电信概况】 2012年,全市国民经济和社会信息化进一步发展,信息产业和信息化建设取得新成果。完善网络与信息安全保障体系建设,增强协调安全保障能力;加大应用信息技术改造传统产业的力度,加快信息化和工业化深度融合步伐;加大农村信息化建设力度,省级农村信息化应用示范基地建设取得成效,建设农村信息化水平稳步提升。以被确定为国家试点城市的契机,三网融合工作取得较大进展。

全市电子信息产业规模以上列统企业199家,实现主营业务收入462.63亿元、利税54.65亿元、利润32.99亿元,比上年分别增长23.4%、43.2%、54.7%。全市物联网产业完成营业收入69.11亿元,增长40.47%。全市电子信息产品制造业企业实施1亿元以上重点工业投资项目23个,共完成投资91.09亿元,其中外汇6.8亿美元。

全市无线电管理工作以"和谐与创新"为工作主题,注重理念创新、技术创新和管理创新,加强频谱、台站管理和空中电波秩序维护三项核心工作,构建和谐的电磁环境、工作环境和发展环境。年内,市无管办连续第11年被表彰为全省无线电管理先进单位。

盐城市

【概况】 2012年,盐城市以加快交通运输现代化为目标,以服务沿海开发为主线,推进交通基础设施建设,加强行业规范化管理,盐城交通运输事业发展取得发展。年内,盐城融入长三角2小时都市圈,境内基本形成以宁靖盐、沿海、盐徐三条高速公路为主骨架,204国道、331省道等"六纵十二横"干线公路为支撑的公路运输网络。至年底,全市公路总里程1.88万公里,其中等级公路1.67万公里,高速公路323公里,一级公路1200公里,二级公路2558公里。年内,全市交通运输行业创建成省厅级平安交通示范点20个、人民满意基层单位10个;创建成全市文明行业4个、文明标兵单位2个、文明单位43个。民航站"飞燕班组"被中华全国总工会、国家安监总局表彰为"安康杯"竞赛活动优胜班组。

【交通基础设施建设】 全年,盐城市完成交通建设投资82.6亿元(不含沿海港口),占省厅下达计划的145%。"两路一航"全面建成。省道234全线、省道226亭湖至大丰段建成通车;刘大线航道整治工程建成通航。两条高速启动建设。阜建高速公路全线开工;盐城至大丰港高速公路完成全部审批手续,征地拆迁启动。临海高等级公路有序推进。亭湖段、大丰北段、东台北段建成通车;射阳、滨海、响水段完成路基处理,年度完成投资26亿元。南洋机场改扩建工程进展顺利。项目获军方许可,地方审批程序报至国家发改委;征地拆迁工作推进较快;停机坪项目完成部分水稳施工。交通服务领域不断拓展。盐城南洋机场开通至泰国旅游航线、至武汉定期航班,加密至韩国首尔航班;与中国商飞公司洽谈的大飞机试飞基地项目,开展可行性研究。航空假日酒店外部装饰装潢工程基本完成,新洋、刘庄收费站服务区改造项目推进较快。完成盐阜大众报社老办公楼的收购工作,火车站组团项目进入策划和设计。

【公路】 至2012年底,全市共有公路总里程18755公里,其中国道403公里(G204、G临海)、省道1178公里(S331、S332、S333、S328、S329、S327、S326、S231、S226、S234、S229、S233);拥有等级公路16709公里,其中高速公路323公里(连盐、连通、盐淮、宁靖盐),一级公路1200公里,二级公路2558公里;国土密度111公里/百平方公里。

【内河航道】 2012年,盐城市全省内河航道里程总里程4349公里、拥有营运船舶1.38万艘236万吨。境内有三级航道(通榆河、灌河、泰东河、淮河入海水道)272公里、四级航道125公里、五级航道295公里、六级航道321公里、七级航道418公里、等外级航道2918公里。年内,刘大线航道建成通航。

【空港】 年内,盐城民航站加密首尔航班,在暑期旺季加密盐城—北京航班,采用市场化运作方式引进旅行社承包开通盐城—泰国曼谷航线。11月1日,民航站优化现有航线网络,增开盐城—武汉航线。机场开通直飞首尔、台北、香港的国际航班和到北京、广州、武汉等城市的国内航班,周航班量最高达87班。全年安全保障航班3350架次,进出港旅客31.69万人次,货邮吞吐量2842.4吨。

【运输市场规范化】 年内,盐城开展"事故隐患整治百日攻坚"及"打非治违"行动,狠抓客运行业、危货运输的安全监管。推进城市客运管理规范化建设,开展源头治超、市区客运站点及出租车营运秩序专项整治,全市运政稽查查处违章案件3800多件,维护运输市场秩序稳定。

【交通依法行政】 年内,盐城开展"规范执法、严格执法、阳光执法、职能执法、文明执法"五项行动,加强依法行政示范点建设。推进乡镇交通运输综合执法体制和水上综合执法改革,各地综合执法机构全部成立。全年办理各类行政许可17万余件,实施行政处罚1.3万余件,未发生一件重大负面影响事件。

【邮政】 2012年,全市邮政系统实现业务收入5.29亿元,收入规模、增幅双列全省第七位,计划完成率列全省第三位。全年邮储平均余额净增27.1亿元;代理保险标保销量为10.13亿元,其中全年销售中邮保险3.19亿元,银保渠道市场占有率45.7%;实现数据库商函收入1903.3万元;全年净增邮储短信在线户数9.34万户,实现短信收入1351万元;全年发展联名卡3986张,完成代办车险总保费639.77万元;完成定向邮品开发收入795.91万元;实现"品牌+"(邮政部门专门针对企事业单位在畅销杂志上进行个性化宣传的一种载体)等第三方订阅流转额839.9万元。

【电信】 至年底,天翼移动用户达104万户,其中3G用户达50万户,宽带用户达65万户,iTV(网络电视)用户达20万。

有线传统交换容量196万线,NGN(下一代网络)容量45万线,宽带端口容量130万线,出口带宽160千兆;CDMA(码分多址)核心容量170万,宏基站1000个;电缆7.5万皮长公里,光缆12万皮长公里,管道1.2万孔公里。

2012年,中国联合网络通信有限公司盐城市分公司在网用户120.5万户。其中,移动在网用户91.8万户,2G用户67.3万户,3G用户24.5万户;固网在网用户累计28.7万户,宽带用户13万户,固话用户14万户,专线用户1.7万条,全年完成主营业务收入4.7亿元,列全省第三位。

盐城联通公司推进2G和3G融合发展,全年发展2G业务

46万户,发展3G业务20.6万户,3G网卡销售3.4万户。落实网格化营销体系,开展精细化营销,加强到期用户维系等方式,固网业务发展稳定,全年发展宽带3.5万户。

年内,盐城移动公司在网用户逾470万户,自办厅252家,合作营业厅1415家,各级服务网点遍及城、乡、镇、村和社区,覆盖率近100%。

淮 安 市

城市交通

【概况】 至2012年底,淮安市境内公路总里程达12804.33公里,公路密度达127.10公里/百平方公里。其中,高速公路380.10公里、一级公路496.31公里、二级公路1478.75公里、三级公路776.78公里、四级公路8770.36公里,等外公路902.03公里。航道总里程达1482.99公里。其中,二级航道56.08公里,三级航道175.02公里,四级航道44.42公里,五级航道29.50公里,六级航道113.49公里,七级航道106.44公里。通航船闸16座。全市拥有港区7个,内河码头泊位432个,码头总延长23097米,总设计综合通过能力6027万吨。铁路里程达81公里,车站4个。机场1个。

【交通基础设施建设】 全年完成交通基础设施建设投资36.17亿元。盐河航道整治工程跨航桥梁全部完成,船闸主体建成,提前交工通航。237省道建成通车,428省道主体建成,金马高速、205国道西绕城等稳步推进。新改建农村公路528公里、桥梁84座。宿淮铁路主体建成,徐宿淮盐铁路、连淮扬镇铁路前期工作取得较好进展,盐化工新区铁路专用线正在进行施工图设计。洪泽汽车客运站内外装修基本完成。淮安交通服务中心主体封顶交通服务中心项目主体封顶。在全省首推试验室标准化建设,工程质量始终处于良好受控状态。

【交通运输】 全年客运周转量87.65亿人公里、货运周转量223.67亿吨公里。港口货物吞吐量5097万吨,内河港口集装箱吞吐量5.5万标箱。铁路客运量193万人次,旅客周转量1.56亿人公里;货运量0.017亿吨,货运周转量1.41亿吨公里。民航旅客吞吐量34.7万人次,货邮吞吐量1910吨,航线15条。翔和翎、淮通2家物流公司获评国家4A级物流企业。新增省重点物流基地和物流企业各1家、省级农村交通物流示范点3个,获批外商投资道路运输企业2家,货运物流业累计获省、市补(奖)资金834万元。

【城市公交管理】 深入开展公交优先发展实施年、"公交优先"示范城市创建,出台全市城市客运联席会议制度。全市新辟、调整公交线路25条,新投放城市公交车127辆。至2012年底,市区建有公交站亭1450个、大型停车场5处、公交首末调度站52处,拥有公交线路67条(另有学生专线80条、厂区专线64条)、公交车884辆,市区万人拥有公交车8.24标台,城市公交分担率达到14.45%,全年公交客运量1.32亿人次。着力推进出租汽车行业规范发展,组织市区出租汽车扩容调研,深入开展和谐劳动关系创建,出租汽车行业投诉显著降低。1条公交线路和1名出租汽车驾驶员入选全省公交出租行业"五十佳"。

【道路交通管理】 公路技术状况良好,超限治理工作成效显著,全年查处超限车辆近4000辆次,处罚案件数为2011年的2.8倍,全市普通干线公路超限运输比例控制在3%以下。深入开展长途卧铺客车、旅游客运市场、城市公交运营安全管理、市区出租汽车市场等专项整治,保持运输市场监管的高压态势。坚持依法行政、文明执法,市交通运输局获得省级依法行政示范点称号。

邮政电信

【邮政】 2012年邮政业业务收入43811.81万元。其中淮安邮政局实现业务总收入30428万元,同比增长18.10%。电子商务专业实现收入1305万元(不含分销收入),同比增幅97.73%;函件专业实现收入3169万元,同比增幅17.84%;集邮专业实现收入1502万元,同比增幅31.64%;报刊业务收入2920万元,同比增长6.52%;代理金融业务实现收入2.0125亿元,同比增幅14.78%。邮政速递物流淮安分公司实现业务收入4143万元,业务量102.9万件。登记注册42家社会快递企业实现业务收入9240.81万元,业务量746万件。洪泽湖"水上邮路"被市委宣传部授予"淮安市优秀外宣示范基地"称号。优秀邮递员唐真亚同志被评为"全国创先争优优秀共产党员",并光荣当选党的十八大代表。

【电信】 2012年三大通信运营企业在淮安信息基础设施建设投资6.75亿元,比2011年增长了95%。淮安互联网宽带入户数已达57万户,入户率已达35.6%(城镇47.9%,农村25.27%),超出了全省至2015年宽带普及率达到30%的信息化总目标。固定电话用户数达92.36万户,普及率达57.73%。移动电话用户数为417.48万户,百户手机拥有率达86.46%。固定带宽平均为8M,其中城镇平均带宽10M,农村地区6M。建设移动通信基站数3543座,WLAN接入AP数13520个。

连云港市

连云港市是全国42个综合交通枢纽之一,国家45个公路主枢纽之一,长三角地区7个国家级综合运输枢纽之一,战略位置突出,交通优势明显,已初步形成了以港口为核心的公路、铁路、水运、航空、管道“五位一体”的综合交通体系。2012年,全市交通运输呈现新局面。公路客运量1.59亿人次,增长10.4%,较上年提高0.7个百分点;旅客周转量64.29亿人千米,增长10.6%;货运量1.31亿吨,增长16.2%;货运周转量88.93亿吨千米,增长14.2%。水运客运量25.24万人次,增长2.1%;旅客周转量5737万人千米,下降19.0%;内河货运量完成1725万吨,增长6.4%;货物运周转量121.22亿吨千米,增长6.8%。民航连云港机场飞机起降6229架次,增长15.2%;旅客吞吐量48.38万人次,增长5.0%;货物吞吐量3611吨,增长6.9%。集疏运体系逐步完善。旗台作业区铁路专用线主体完工,矿石带式输送机工程有序推进。北疏港公路、徐圩港前大道、徐新公路、242省道、310国道加快建设,临海高等级公路埒子口至青口段简易通车。全长120千米的港产城联动发展交通大动脉海滨大道开工建设。全年新开国际集装箱航线8条,3条铁路班列纳入全国客车化运营,率先开通经霍尔果斯口岸出境的集装箱班列。

2012年,全市交通服务业实现增加值89.35亿,比2011年增长14.13%。市区形成1条BRT主线、6条喂给线、49条常规公交线路的线网布局,公交运营里程增加到993.4千米,建成区公交覆盖范围增加到98.6%,市区城市公交分担率达到18.3%。投入使用LNG(液化天然气)公交车138辆、客车20辆、货车24辆,双燃料出租汽车1626辆。开通镇村公交乡镇5个。符合通车条件的农村客运班车通达率达到100%。新增3个省级农村交通物流示范点。全市营运客车发展到1447辆4万余座、开行客运班线412条,营运货车近4万辆、44万吨,营运船舶增加到1640艘、86万载重吨。完成56条省市际客运班线经营主体整合,市县际客运班线公司化经营率稳定在76%以上。 (张保东)

【交通运输行业管理】 2012年,市交通运输部门完成甩挂运输量1.8万标箱,全省首家集装箱甩挂运输交易中心正式运营。提请市政府出台《连云港市关于加快内河水运发展的实施意见》、《连云港市农村公路管理办法》。不断优化交通运输法制环境。全年查处超限运输车辆5613辆、卸驳载货物27万余吨,查处运输违章案件8000多起,查纠违章船舶4480艘次。清除航道沿线违栽、违植12万平米。圆满完成迎国检任务,国省干线公路技术状况指数达92.8、路面使用性能指数达86%,均高于省定目标。完成全市14条536千米六级以上航道普查和定级,确定了六级以上航道的养护范围和维护标准。干线航道通航保证率达95%。检验各类船舶2157艘、96万总吨,船检质量进一步提升。航道养护系统、GIS地理信息系统等推进航道养护提档升级。积极推广网上远程评标,规范招投标管理。GPS车务通系统得到有效应用,部分学生渡口实现全天候视频监控,数字化疏港航道建设初见成效。96196热线提供电话短信咨询服务约2万人次。 (张保东)

【公路建设】 截至2012年底,全市公路总里程达11507千米,公路密度达151.1千米/百平方千米。其中,高速公路349千米,一级公路334千米,二级公路1930千米,三级公路666千米,四级公路8136千米,等外公路92千米。公路一、二级枢纽客运站8个,农村客运站32个。全年完成交通建设投资达40亿元。全长34千米的快速公交一号线建成投入运营。临海高等级公路完成投资9.8亿元,全线软基处理完成并实现贯通,路面工程完成70%以上。北疏港高速公路完成隧道掘进1745米。瀛洲路改造出新工程建成通车。海滨大道跨海大桥设计、融资、工程准备等前期工作加快推进。310国道东海段建成,灌南新港大道建成通车,236省道双店至驼峰段基本完成路基和桥涵工程,东海西互通及连接线工程开工建设,324省道南环大桥完成部分下部结构,242省道善后河北段建成一期工程。徐新公路、徐圩港区港前大道有序推进。全年新改建农村公路467千米,新改建农村公路桥梁147座。灌云汽车客运站、灌云杨集客运站建成投入营运,赣榆汽车站完成主体工程。连云港港中心货运站货运交易中心主楼封顶。连云港港庙岭集装箱中转站拆装箱场地启动建设。新增“江苏快客”班车29辆,“江苏快货”线路22条,“江苏快修”企业4家。全市境内公路客运量1.59亿人次,客运周转量64.29亿人千米;货运量1.31亿吨,货运周转量88.93亿吨千米。

【公路运输】 2012年,全年公路客运量1.6亿人次、旅客周转量64.2亿人千米、货运量1.3亿吨、货物周转量88.9亿吨千米,较2011年分别增长10%、11%、16%和14%。全市营运客车发展到1447辆4万余座、开行客运班线412条;新增中高级客车115辆,全市中高级客车达940辆,县际及以上班线客车中高级比率达84%。全市营运货车近4万辆、44万吨;新增专用货车1479辆,厢式及专用货车拥有量突破1.3万辆,占全市营运载货汽车总量比率达44%,比率位居全省第一。完成56条省市际客运班线经营主体整合,市县际客运班线公司化经营率稳定在76%以上。完成甩挂运输量1.8万多标准箱,全省首家集装箱甩挂运输交易中心正式运营。

【BRT一号线建成开通】 10月1日,连云港市快速公交(BRT)一号线启用并投入运行,连云港市成为中国第16个建设发展快速公交系统的城市。

连云港市快速公交(BRT)一号线全长33.1千米,西起海州客运站,经幸福路、海连路、港城大道、中山路、海棠路,东至在海一方公园,全线除桥梁外按照双向8车道设计改造,设首末站2个,保养厂和指挥调度中心各1个,全程采用中央专用车道,设置中央侧式车站27对54个,行车间隔4至8分钟,运营速度35千米/小时,单程运营时间60分钟,运营时段为6:

00至24：00。运营车辆采用低碳环保的BRT专用铰链天然气车，通过专用车道、专用站台、专用车辆以及水平登乘、车外售检票、实时信息监控、智能化信息调度系统。与快速公交(BRT)一号线同时开通运营的另有"两环四支"6条喂给线，主线配18米长车30台，"两环四支"配12米长车108台。

【海滨大道跨海大桥建设】 11月22日，连云港市启动全长120千米的海滨大道贯通工程，市交通运输局承担海滨大道跨海大桥建设任务。海滨大道跨海大桥起自高公岛，止于烧香河闸南，全长约4.5千米，总投资约20亿元。跨海大桥是海滨大道的控制性节点工程，也是技术标准最高、建设难度最大的工程之一。到年底，跨海大桥项目建议已批复，工可已审查，初步设计通过审查待批复，招标用施工图纸已完成。桥梁通航净空尺度和技术要求论证研究等专题加快推进。

【北疏港高速建设】 2010年3月，北疏港高速开工建设，截至2012年12月底，北疏港高速公路累计完成投资3.5亿元，累计完成单洞掘进2019米。该高速公路南起连徐高速公路零千米处，设置墟沟互通后，向东北以隧道方式穿越后云台山后，在黄石嘴南侧接入西大堤，向东在规划北港区内利用西大堤布线，止于港区终点，全长10.91千米。墟沟互通和北固山隧道段共计5.02千米，采用双向四车道高速公路标准，港区段5.9千米采用Ⅰ类进港道路标准建设。全线路基宽26.5米，设计速度为每小时80千米。项目概算总投资10.06亿元。其中，隧道左线长2830米，右线长2780米，隧道单洞净宽14米，净高5米，设置4.5米宽紧急车带。

【瀛洲路改造出新工程建成通车】 瀛洲路是进出连云港市城区的主要道路，是南北方向过境连云港市区的唯一干线公路。2012年10月，瀛洲路改造出新工程开工建设，年底建成通车。项目起自龙河广场，沿老路线位，终于宁海立交2号桥南，全长7.38千米，按双向六车道城市主干道标准建设，沥青混凝土路面，总投资1.43亿元。 （张保东）

【内河航道建设】 截至2012年底，全市航道总里程达1113.68千米。其中，三级航道117.89千米，四级航道93.45千米，五级航道90.95千米，六级航道64.24千米，七级航道135.34千米，等外航道611.83千米。通航船闸5座。内河港口码头67个，码头泊位121个，码头总延长5289米。2012年，连云港港疏港航道通过竣工验收。盐河航道建成通航，实现千吨级船舶直通京杭大运河。连云港内河港中云台作业区一期工程基本完成29个泊位主体工程；中云台二期工程完成投资约3600万元；灌南新安码头完成投资约2600万元。灌云裕丰作业区博鹏码头、板浦善后河码头、东辛农场码头岸线通过审批。东辛农场群英码头通过初步设计。

【内河运输】 2012年，全市水路货物运输量1725万吨，货运周转量121.22亿吨千米，分别比2011年增长6.9%和7.1%。内河港口货物吞吐量1080万吨。内河船闸通过货物量1351万吨，增长63%。全市营运船舶达到1664艘、876731吨位。内河船舶全面实现公司化经营，全市培育5万吨级以上内河航运企业4家，其中10万吨级以上1家。全年完成拆解符合长江干线船型标准化拆改要求的普通船舶23艘。

【盐河航道整治工程建成通航】 2009年12月29日，盐河航道整治工程连云港段开工建设。2012年12月31日，盐河航道整治工程交工通航。盐河航道是江苏省"两纵四横"干线航道网主骨架之一，是淮河出海航道重要组成部分，南起淮安市淮阴区杨庄船闸，北到连云港市区玉带河，全长144.8千米。此次整治里程91.6千米，其中连云港段15.95千米，按三级航道标准进行建设，设计最大通航船舶为1000吨级。

（张保东）

【铁路建设与运输概况】 2012年，连云港市境内有9个铁路站点，其中连云港站、连云港东站、连云站、云台山站为二等站，新浦东站、东海站、墟沟站、盐坨站为三等站，白塔埠站为四等站。全年连云港铁路客运收入完成23409万元，货运收入完成520160万元，年发送旅客249.5万人次。连云港站顺利通过上海铁路局"标准中间站"评比验收，被上海铁路局评为"春运工作先进集体""自控型先进班组"等荣誉称号。

（徐州铁路办）

【3条铁路班列列入全国客车化运营】 2012年，原铁道部新推出35条按照客车化模式运营管理的集装箱班列，连云港至阿拉山口、西宁、郑州3条班列入选，被纳入全国客车化运营模式范围。连云港市3条铁路班列实行客车化运营后，拥有定点(装车站各卸车站固定)、定线(运行线固定)、定车次(班列车次固定)、定时(货物发到时间固定)等旅客列车所拥有的运输优势，给货主带来更快捷、更准时、更方便的服务。

（张保东）

【出租客运】 到2012年底，全市拥有出租车企业12家，规模最大的出租车企业拥有出租车589辆，规模最小的出租车企业拥有出租车30辆。全市拥有在册出租汽车2276辆，其中市区1611辆、四县665辆。更新、新增出租车398辆，市区出租车公司化率稳定在100%，在全省领先。出租汽车用户满意度逐年提升，服务市民出行需求不断得到落实。

【BRT一号线建成运营】 10月1日，经过半年多紧张施工，全市重点民生工程快速公交(BRT)一号线顺利开通运营。BRT一号线全长33.1千米，建成中间站54个，常规站亭120个，公交智能调度中心1个，公交首末站1个，停保场1处，市区形成1条BRT(城市快速公交)主线、6条喂给线、49条常规公交线路的线网布局。

【城市公交】 全年新增LNG(液态天然气)公交车138辆，公交运营里程增加到993.4千米，建成区公交覆盖范围由上年81.1%提高到98.6%，万人拥有标台数由6.7提高到8.5，市区城市公交分担率由16.9%提高到18.3%。城市客运跨入快速公交时代。 （运管处）

邮 政 电 信

【综述】 2012年,全市邮政通讯业务稳步发展。邮政通讯业务收入33.04亿元,增长11.0%;其中邮政业务收入3.64亿元,增长27.2%。年末电话用户数486.70万户,增长6.0%;其中移动电话用户383.09万户,增长8.5%。互联网用户281.31万户,增长33.8%。

【邮政概况】 2012年,市邮政局树立"服务创造价值"的理念,制定具体有效的服务规范和服务标准。在全市营业、投递等窗口单位开展"创岗位先锋、创满意窗口、创服务品牌"竞赛活动。加强投递管理,在城市建设精品投递队伍,提高银企账单投递服务水平,更新投递电动自行车98辆,城市机动车投递占比达38%。加大农村投递网建设力度,实施农村中心局管理模式,全年增配摩托车12辆,使全区农村投递实现摩托化。积极实施网点改造建设计划,安排对23个网点进行改造,连续三年对全市70个邮政网点进行装修和升级改造,建成一批功能齐全、设施一流的示范网点。2012年,市邮政局共完成业务收入3.64亿元,增长27.2%,列全省第一位,计划完成率列全省第2位。市邮政局主动融入全市地方重点项目建设,争取地方部门的支持,参与BRT一号线建设工作,邮政报刊亭被作为全市的城市家具,在BRT一号线沿线共设置了18个邮政报刊亭。

【邮政安全管理】 2012年,市邮政局加大金融业务安全防范资金投入,对新改造网点均实现了邮政营业台席与储蓄台席的物理隔离,对尚不具备改造条件的网点先期实施监控改造。全年改造监控网点达30个。加强网点安防力量配备,为市区邮政局、东海县邮政局全部邮政代理金融网点和灌南县、赣榆县、灌云县部分城市网点配备了大堂保安。为各个网点编制了安全管理台账,将安防设施、奖惩情况、组织建设、维修记录、人员配备等相关安全管理信息编制成册,并建立动态管理档案。

【"驿路邮爱"荣获优质服务品牌】 坚持融入和服务地方经济,关注社会利益,认真履行社会职责,实现企业与社会和谐发展。积极打造"驿路邮爱"服务品牌,充分发挥邮政优势,利用分布城乡的邮政网点、邮政投递线路、邮政工作人员,在传递邮件的同时,奉献爱心。积极开展关爱留守儿童、"爱心包裹"捐赠、关爱空巢老人等活动。为留守儿童制作母亲节贺卡,开展"给外出给外出务工父母的一封信"竞赛活动,开展以"爸爸、妈妈,我想对你说"为主题的留守儿童绘画大赛活动,市邮政局与曹庄小学开展留守儿童结对帮扶活动。"驿路邮爱"荣获江苏省未成年人思想道德建设工作创新案例、全省邮政优质服务品牌和全市优秀志愿服务品牌等称号。　(高跃丽)

【电信概况】 2012年,市电信局积极落实市政府与中国电信江苏公司共同签署的"十二五"战略合作协议,全年投资2.7亿元,大力推进连云港地区光纤宽带、3G网络和公共信息服务平台建设,推动行业信息化应用,全面实施光网城市、无线城市、区域信息资源中心及信息共享平台等重点工程项目,提升能力、创新手段,全力推进智慧港城建设。市电信局被市委市政府授予"建设连云港有功单位"称号。圆满完成抗台防汛、BRT工程建设、"淮海-9号"军演等一系列重大通信保障任务,先后荣获"全国用户满意工程先进单位"、"江苏省诚信单位"等称号。

【通信建设】 2012年,市电信局进一步优化无线网络覆盖,完成1套BSC新建和3套BSC的扩容,新建市外宏基站30个、新建滴灌站30个、新建室内分布系统98个、新增WLAN热点95个,无线网接通率、3G覆盖率保持领先。大力推进"光网城市"建设,全区光网覆盖近50万户,城区FTTH(光纤到户)覆盖率为住宅套数的78.6%。全区城区20M覆盖率已达到96.2%;乡镇12M覆盖率达到94.9%;农村8M覆盖率96.5%。新建市区核心波分、市-县、县-乡波分环7个;新建市区西部SDH汇聚环2个。完成IP城域网出口核心扩容,出口带宽由160G扩容到260G。完成国家一级干线青岛——连云港光缆的建设和验收,提升连云港地区干线光缆承载能力。完成连云港BRT一号线沿途56个站台140个无线热点公话亭的建设。

【信息化项目建设】 充分发挥自身技术、网络、人才优势,积极配合市相关单位做好智慧政府、智慧民生、智慧产业等信息化项目的推广实施,全力促进全市信息化水平提升。2012年,市电信局完成市县乡三级党政部门电子政务办公业务网的扩建覆盖,实现与省政府网的互联互通。积极拓展12345政府服务热线功能,研发12345天翼办公云平台。围绕物价、医疗、教育等市民关心的热点问题,整合构建面向各类人群的信息化公共服务平台,完成"天翼看交通"、易打车、智慧公交、教育云、掌上大学等平台的研发与推广,实现信息化公共服务体系的普及化和无障碍化。完成无线数字医院应用开发、完成健康顾问平台研发,在全省率先建成连云港市区域卫生信息平台,成为IBM智慧城市应用示范案例。实现了医保、社保、养老、水电费、交通违章信息的综合查询。2012年,建成一星级智慧小区35个,完成全市300多家各类数字企业的建设,完成教育标准化考点项目两期8个市、县(区)两级中心平台、26个考点学校、1766个考场的标准化考点建设。　(董　博)

宿 迁 市

交 通

【概况】 至2012年底,全市公路总里程达10597.034公里,公路密度达123.87公里/百平方公里。其中,高速公路244.917公里,一级公路455.012公里,二级公路1528.159公里,三级公路708.878公里,四级公路6279.45公里,等外公路1380.618公里。航道总里程达914.93公里。其中,二级航道112公里,四级航道120.58公里,五级航道81.84公里,六级航道217.65公里,七级航道225.67公里,等外航道157.19公里。通航船闸6座。港口75个,码头泊位195个,码头总延长9321米。铁路里程达70公里,车站2个。

【基础设施建设】 全年实现交通重点工程投资36.51亿元。高速公路完成投资4.3亿元,国省干线公路完成投资11.81亿元,重点连接公路建设完成投资8.08亿元,农村公路建设完成投资3.84亿元,内河港口建设完成投资0.54亿元,汽车客货运站建设完成投资7.79亿元。其中宿新高速公路宿迁段完成投资4.3亿元,累计完成投资17.82亿元,11月1日建成通车;245省道沭阳至泗洪段完成投资3.45亿元,累计完成投资25.47亿元;205国道宿迁段完成投资3.18亿元,累计完成投资15.28亿元,建成通车;325省道淮安至宿迁段完成投资3.58亿元,累计完成投资7.13亿元;330省道宿迁段完成投资1.6亿元,累计完成投资5.27亿元;农村公路完成投资3.84亿元,建成农村公路道路249公里,错车道879公里,桥梁75座;宿迁中心港区果园作业区码头完成投资0.48亿元。

【运输生产】 2012年,全市境内公路客运量1.11亿人次,客运周转量88.94亿人公里;货运量0.57亿吨,货运周转量87.3亿吨公里。水路货运量0.21亿吨,货运周转量49.84亿吨公里;港口货物吞吐量0.18亿吨,集装箱吞吐量3469标箱。城乡客运一体化方面。建立了城市客运工作联席会议、企业亏损财政兜底补贴和残疾人免费乘公交制度,城乡客运一体化规划已获市人民政府批复,并将纳入城市综合交通总规划。加快城市客运发展,市区城市公交分担率达15%;加快城乡客运一体化步伐,行政村客运通达率达100%;加快镇村公交发展,全市已开通镇村公交乡镇42个,提前3年完成“十二五”目标任务。交通物流发展方面。推动市政府出台了《加快现代物流业发展意见》和《重点物流园区(中心)、重点物流企业和重点培育物流企业认定办法》,明确规定了认定标准和重点培育方向;联合统计局、经信委、商务局、纬信公司等5部门对全市物流总量、流向、流量等进行全面调查,为政府制定宏观政策等提供决策依据;新培育省级农村物流示范点项目3个,通联国际一期已完工,沭阳百盟物流产业园建成并通过审查。运输产业集约化方面。全市市县际客运班车的中高级车辆占总数的98%;拥有100辆以上货车的企业数达到13个;运力达5万吨的水路运输企业数增至6个,增长50%;新增船舶216艘,全部标准化。

【行业管理】 安全监管方面。广泛开展“安全生产年”、“三互一提高”、“四项排查”、“专项整治”等活动,抓好隐患排查、强化安全教育、注重专项整治、强化安全检查,保持了安全生产的良好态势。应急保障和行业稳定方面。进一步健全应急救援体系,做好突发事件管理;重点抓好高速公路资本金、工程款发放等重点领域的信访维稳工作,保持行业稳定;继续规范96196交通服务热线宿迁分中心的运营,规范服务流程、拓宽服务载体,提高热线接通率和满意率;切实抓好政务信息工作,在市委、市政府排名中均进入先进行列名列前茅;切实抓好网站管理,做到及时更新、定期维护;抓好行政权力网上公开透明运行工作,确保权力公开。公路超限运输治理方面。扎实开展华东片超限集中整治工作,建立与高速公路联动执法和省际联合治超机制,并对重大案件实行大队会审制度,对于处罚数额较高的,一律要求报市公路处或市交通局核批。建设市场管理方面。切实规范招投标机制,规范交通建设市场主体,优化交通工程建设实施阶段程序,推进建设市场的规范化。

【机构设置】 内设处室7个,分别是办公室(政策法规处),政治处,综合计划处,建设管理处(安全监督处、应急办公室),综合运输处(科技信息处、行政服务处),财务处(会计核算中心),审计处与驻局纪委(监察室)合署办公。下属单位12个,分别是铁路办、高指、公路处、运管处、航道处、地方海事局、港口局、交通工程质量监督站、交通投资公司、公共交通公司、宿汽集团、港务处。

邮 政

【概况】 宿迁邮政局下辖沭阳、泗阳、泗洪三个县局和宿城、宿豫两个区分局,共设网点132个,其中金融网点99个,邮政生产用车34辆,汽车邮路17条,邮路总长度(单程)1506公里;城市投递段道93条,总长度(单程)4226公里;农村投递线路82条,农村投递路线总长度(单程)16000多公里,所辖邮区中心局为三级辅助邮区中心局,担负着全市8555平方公里、104个乡镇的普遍服务职能,为560万宿迁人民提供邮政服务。2012年,全市邮政紧紧围绕建设江苏特色邮政事业的工作主线,牢牢把握省委省政府推动宿迁发展实现更大突破的有利契机,积极融入地方经济发展,以“三个确保”为总体要求,转变发展理念,转变工作方法,转变发展策略,推动各项工作取得了新业绩。

【经营发展】 2012年,全市邮政业务总收入同比增长

22.58%,完成年度计划100.05%,分别列全省第二和第四。邮务类业务增幅26.88%,全省排名第二。其中,函件业务同比增幅25.18%,增幅排名全省第一。集邮业务同比增幅35.96%,完成计划101.17%,增幅排名全省第二。信息与代理业务同比增幅66.53%,增幅和完成率均列全省第三。分销业务同比增长31.62%。报刊发行业务实同比增幅9.63%,完成计划101.24%,完成率和增幅分列全省第一和第二。代理金融类业务增幅21.20%,全省排名第二。

【服务能力】 加大营投平台建设,做好网点能力提升工作,累计改造网点26处;新购城乡邮政服务网点9处;全区网点安防设施等建设全部达标;安装ATM机21台。加快投递网建设,给所有市局城市投递人员更换了电瓶车,普遍服务能力进一步提升。加大“苏邮惠民”连锁经营体系建设,全市新建“苏邮惠民”加盟网点428个,累计建成1043个,完成省公司计划的111%。加大网运支撑平台建设,调整优化邮路,利用邮政速递物流宿迁分公司组开的特快邮路,试行开通了晓店、井头、耿车、双庄、洋河等部分农村支局各类邮件的带运工作,使这些网点的市内邮件实现了次日投递,市外邮件提前1天到达投递局。优化网运流程,新调整了部分市际进口报刊的作业计划和分发作业流程,使市际以外发行并分发的报刊,提前了2个小时到达城区各投递部。

【科学管理】 财务管理精细化。强化财务支撑,重点支撑企业能力建设和经营发展重点领域,进一步优化了资源配置。强化财务管控,深化会计检查,将专项检查和重点检查相结合,加强了对县局成本费用、资金归集、款项支付和集中采购的管控。人力资源管理集约化。推进队伍建设,强化用工管理,完善薪酬绩效管理,加强劳动用工管理和劳动保护工作,强化教育培训工作,从业人员大专化率已达55%。服务管理规范化。出台了《关于印发宿迁邮政通信服务质量管理奖励办法的通知》,加强邮件规格质量检查和全程时限管理,开展以规章制度执行、网点服务、投递质量综合治理、邮件安全等方面为检查重点的综合大检查活动和专项活动,实施第三方“神秘人”服务检查评价和满意度测评工作,规范投诉,提升了服务规范化水平。在全省邮政用户满意度调查中,获得了全省第二名的好成绩。安全管理全面化。开展安全教育,健全规章制度,加强金融、消防、交通、邮件、人身、信息等安全管理,全市邮政安全保卫、安全生产形势总体平稳。

【党建工作】 党建和党风廉政建设常抓不懈。出台了《宿迁邮政局2012年党风廉政建设重点工作责任分解表》、《宿迁邮政局党风廉政建设责任制实施细则》等办法,落实党风廉政责任制。加强反腐倡廉宣传教育。宿迁邮政局党委、纪委组织了全区邮政(含三县局、二区分局)管理人员以上领导干部以及重点岗位工作人员计50余人,到泗洪劳改农场,现场开展了警示教育。开展合规经营、“小金库”治理等专项活动,加强效能监察和《廉洁准则》、《廉洁从业规定》执行情况检查。加强廉洁风险防控体系建设,年度廉政风险点系统使用情况良好,全局梳理排查廉政风险点299个,涉及风险岗位152个,无预警现象发生。文明创建取得新成绩。市局函件局被江苏省工商局授予“2012年度江苏省广告行业诚信经营单位”称号,罗圩支局获“江苏省工人先锋号”荣誉称号,员工自创的小品《非诚勿扰》荣获宿迁市首届职工文化艺术节“优秀组织奖”。全局有3人荣获宿迁市劳动模范荣誉称号,晓店支局李保龙荣获江苏省“优秀共青团员”,集邮公司陈支群获中华全国集邮联合会“全国集邮先进个人”称号,函件局荣蓉获得全省数据库技能大赛第四名等等。“护蕾邮路”创建工作取得新进展,4名“护蕾”投递员代表被帮扶学校聘为校外辅导员。和谐企业建设持续深化。完善职工代表大会制度和局务公开制度。为基层员工办实事,开展冬季送温暖、夏季送清凉、日常送关爱活动和职工小家建设活动。对农村支局人员及城区投递人员增发了生活综合补贴,各县局小食堂也分别提高了补贴标准。关注员工身心健康,组织开展了丰富多彩的文体活动和心理讲座、健康讲座,减轻员工发展压力,促进了和谐。

【福农卡工程】 为给全市广大用户提供更加优质的服务,在“系统思考、统筹推进、全面支撑、典型引路、整体推动、合规高效”的指导思想下,联合市供电公司,通过召开多个层次专题会议宣贯布置,让全局上下各个层面对做好福农卡项目的认识真正到位,切实增强员工做好这项工作的自觉性、主动性、能动性,激发员工做好福农卡项目的内生动力,做到全局上下同心同向同行,形成全方位、全系统、全环节、全过程、全局上下支持支撑推进福农卡项目的强大合力。最终全局上下一盘棋,取得了优异的成绩:于8月20日,提前两个多月完成本年目标,完成率排名全省第二。

电　信

【概况】 2012年,中国电信宿迁分公司在市委、市政府和省公司的正确领导下,公司上下坚定不移地贯彻聚焦客户的信息化创新战略,进一步调整结构、深化转型,提升能力,精确管理,各项工作均取得良好成效。2012年收入完成率全省第一,增幅超过省均,苏北第一;2009-2012年三年复合增长率在苏北第一;宽带完成率全省第三,净增数全省第七名,苏北第二名。2012年,公司获得了省公司规模发展先锋银奖、江苏省用户满意服务明星企业、江苏省质量管理小组活动优秀企业、江苏省厂务公开民主管理先进单位等荣誉称号,树立了良好的社会形象。

【经营情况】 积极推进“天翼3G”、“天翼宽带”产品的市场份额提升,突出终端引领方式加快智能机发展;通过家庭通信计划方案推广,加强产品融合;通过强化自有渠道服务、加快社会网点建设,实现渠道销售与服务能力提升;坚持做好“天翼E家”、“天翼领航”的套餐优化与套餐推广工作,实现了全业务的稳定发展。发挥带宽品质优势,开展“光宽带极速行动”,加大光宽带的体验,培养用户光宽带消费不可逆习惯;拓宽社会代理渠道,重视宽带维系工作,提升宽带能力,确保主导地位加强宽带品质宣传,通过五心服务、宽带无条件受理、打10000号装宽带等,塑造宽带差异化优势。2012年,积极开展“双百大战”、“聚力争先”活动,通过行业应用带动天翼发展。行业、高端聚类客户以“双百大战”为抓手,中小聚类市场继续开展“聚力争先”活动,围绕天翼领航品牌,以智能机、光纤宽带为重点产品,以保有固网存量、促进天翼和宽带发展。进一步扩大"长城计划"目标客户群、选定目标落实"燎原行动",实现"保存激增"。加快中小聚类客户规模拓展,根据聚类市场渠道覆盖现状,加快全区政企实体渠道建设工作,建立实体店+直销合作拓展方式对中小聚类客户实施阵地式的覆盖。高校市场上积极组织天翼部落开展网格化扫楼营销、密集扫楼营销活动。注重校园学生宽带刚需,开展团购限时促销,实现"一带多"销售;中小学市场上通过翼校通应用大力发展天翼,建立常态化营销工作制度,落实教师团购,建设代理渠道;农村市场上聚焦农村渠道拓展和销售能力提升。

【网络运行维护】 2012 年,继续以聚焦客户的信息化创新战略为引领,全力加快建设宽带互联网,优化提升移动网络,巩固发展全业务的宽带领先优势;以推进固移融合为抓手,推进各类客户群的融合业务提供,增强差异化服务支撑能力;进一步优化投资结构,推进管理创新,为全业务发展、差异化经营提供网络保障。2012 年公司继续推进室分建设,从设计源头统筹考虑 1X/DO 和 WLAN 的接入需求,促进 1X、DO 和 WLAN 的协同发展。继续优化 IP 网络结构、提升能力,满足宽带提速需求,扩容、升级出口核心 NE5000E 设备,满足至 2013 年底宿迁出口带宽达到 240G;优化 BRAS 局点布放,在业务密集的沭阳二分局、泗阳、泗洪分别新增 1 台 ME60 设备,替换原 2.5G 平台 BAS;扩容 BAS 接入端口,满足 OLT/汇聚交换机接入需求。进一步提高认识,推进节能减排工作,严格控制耗电增长幅度,保持耗油、耗气、耗水稳定为核心内容,对现有网络设备缩容退网、空调技改等降低电耗,对新建机房、基站将通过智能通风,热管空调机房升温等规划设计降低其能源消耗。

【客户服务】 围绕客户感知,以 3G 服务能力提升为主线,开展了"3G 服务水平提升专项活动"、"服务创先争优评选活动"、"强化投诉管控和越级申诉专项考核"、"解决热点服务问题严控群体投诉专项活动""坚决杜绝'三强'问题、提升'透明消费'服务专项活动"等一系列活动,并启动"10000 号知道知识库推进",强化服务前置工作,深入做好服务质量管理系统的试运行工作,取得了良好成效,基础服务能力得到较大提升。越级申诉率明显下降,部、通管局申诉率已控制在 <5/百万用户.月,全业务投诉率明显低于省控指标,越级投诉处理及时率持续保持 100%,全业务投诉处理及时率稳定在 98% 以上,首次处理率超过 60%。

【精确管理】 根据省公司资源配置"是地方、是时候、有规模、有价值、可持续"的总体指导思想,成立了"四级穿透"预算管理工作团队,积极开展"四级穿透"预算管理工作。深入开展"三电"专项斗争,严厉打击各类通信违法犯罪,针对电信运营的智能犯罪活动,注重做好维护外包、业务外包的安全管理,全力保障企业安全稳定和信息、网络安全。充分发挥法律顾问的作用,对破坏通信、恶意欠费等案件提起诉讼,利用法律武器维护了企业的合法权益。认真开展财务管理专项审计、经济责任审计和工程审计,2012 年,完成内控管理会审 10 项、工会财务审计 1 项、内控制度审计 1 项、经营审计 1 项、工程审计 1193 项。开展了"廉洁同行、幸福人生"主题教育活动;加强信访工作的分析,针对存在的问题,督促有关部门完善规章制度,力求从源头上杜绝或减少职务犯罪。另外,节能减排、档案管理、离退休人员服务、后勤管理等工作均取得较好的成绩。

【和谐企业建设】 落实关爱激励一线员工的具体举措,本着"向重点地区、关键业务、一线倾斜"的配置原则,切实落实"四级穿透"的有关部署,确保基层一线经营单元获得资源,实现人工成本管理纵向到底。在抓市场拓展和企业管理的同时,注重着力打造切合自身实际、符合自身特点的企业文化。加强企业战略、办事规则、规章制度的宣贯,全体员工在对企业发展目标、经营模式、行为标准高度认同的基础上,逐步规范自己的行为。以岗位培训为主线,多层次、多渠道、多形式的员工教育培训工作。开展人员交流,促进人才成长,先后接受和结束新疆石河子公司、省号百、省客服、镇江公司赴宿的 8 人次交流工作。关心员工生活,通过召开员工座谈会、公司领导和员工联欢等多种途径了解和倾听职工心声,从关心员工切身利益出发,解决职工反映的问题。积极开展业务竞赛和合理化建议活动,促进生产经营任务的完成。加强领导班子建设,公司领导成员率先垂范,所有党员干部充分发挥带头作用,改进工作作风,扎实有效地开展工作,营造出了企业内外部和谐的发展环境,在企业稳步发展的过程中打造优秀的企业文化。

徐 州 市

【交通概况】 2012 年,全市交通运输系统围绕"两快两带三先"和"八大中心"建设,突出"三重一大",凝心聚力谋发展,攻坚克难求突破,加快发展、转型升级、服务民生等方面迈出坚实步伐。全年完成投资 50.56 亿元,为省厅下达年度计划 27.56 亿元的 183.4%,创历史新高。

【公路建设】 徐贾快速通道、宿新高速公路和徐商公路顺利建成通车,新增一级公路 23.7 公里、高速公路 29.15 公里,全市高速公路通车总里程达 440 余公里。三环东路高架快速路建设全面推进,徐沛快速通道通过省立项审查和用地批复。微山湖环湖西路工程设计和施工、监理招标均已完成。改造农村公路 189 公里,改造农路危桥 141 座。

【铁路建设】 破解地方铁路建设难题,丰沛铁路复工。郑徐客专徐州段前期工作完成,上跨京沪高铁先期工程完工。高铁站区功能性配套项目建设进展顺利。

【水运建设】 出台实施《市政府关于加快内河水运发展的实施意见》,徐州水运发展滞后的局面正在改善。其中,湖西航道一期工程超额完成年度计划,已完成总工程量的69%。“亿吨大港”顺堤河作业区疏港航道、疏港公路一期工程全面完工,具备通航通车条件。京杭运河邳州水上服务区主体工程建成,徐州水上服务区项目开工建设。全年完成投资9.4亿元。

【城市轨道交通建设】 根据2011年《徐州市城市轨道交通线网规划》,2012年市委托设计单位编制《徐州市城市快速轨道交通近期建设规划(2012-2020)》,徐州市远景年城市轨道交通线网为“放射状+半环形”的网络结构,由4条放射线和1条半环线路组成,总长约151.9公里。近期建设轨道交通1、2、3号线一期工程,线路总长67公里,建设项目总投资443.28亿元,技术经济指标为6.62亿元/公里,资本金177.31亿元,占总投资的40%。根据基本建设程序,《建设规划》在国务院审批前需要完成多达27项相关支撑文件,4项需国家、省等上级部门审批,涉及部门多、审批环节多、时间跨度长、报批难度大。市发改委打破常规,围绕“通过专家评估”和“中咨公司出具意见”核心报批环节开展工作。经过极力争取,3月27日国家发改委基础产业司起草了委托函,经投资司会签、办公厅签发付印等环节,3月29日正式发函委托中咨公司进行评估。中咨公司打破项目评估时间按委托顺序安排、上报材料需经中咨公司组织内部审查、在专家名单最终确定的情况下才下发通知的3个惯例,4月15日在徐组织评估,仅用10天时间就完成评估报告的起草。《评估报告》送至国家发改委后,经市发改委多次赴京与国家发改委汇报衔接,实现公文流转的无缝对接和国家发改委内会签程序在最短时间内全部完成,确保徐州市城市轨道交通建设规划报批前期工作完满结束,为徐州市城市轨道交通建设规划的顺利获批奠定坚实基础。徐州市发改委因此获得徐州市2012年度“振兴徐州老工业基地创新奖”二等奖。

【公路】 徐州公路运输集团有限责任公司(简称:徐运集团)始建于1948年12月,从专营道路运输业做起,发展为经营道路客运、汽车服务、仓储物流、资产经营、旅游、驾驶员培训等几大产业的现代服务业企业集团。下辖近30家公司,在全国道路运输百强诚信企业排名第40位,是江苏省大型道路运输企业、徐州市道路运输龙头企业。2012年完成总营业收入24.46亿元,全年共上缴税费2631万元,上缴各项社会保险统筹金3342万元。截至年底,徐运集团旗下已开通运营二级以上客运站10个及多个乡镇客运站,其中一级客运站6个,二级客运站4个。运营客运线路408条,其中省际班线224条,市际班线114条,县际班线68条。全公司共有营运客车810辆,营运货车63辆,在用车辆成新率为64.04%。全年完成旅客发运量2019.89万人次,客运周转量24.46亿人公里。公司行车安全4项考核指标均优于部颁标准,被市政府评为“2011年度安全生产优秀单位”,2009~2011年度徐州市文明单位,江苏省及徐州市春运工作“先进集体”,省交通厅“农民工平安返乡返岗”先进单位。

【铁路】 徐州站位于京沪、陇海两大干线交汇点,地处苏、鲁、豫、皖四省交界处,是全国铁路43个较大客运站之一,为上海铁路局客运一等直属站,担负着徐州及周边地区每年近1420余万人次的旅客发送任务,日均周转旅客约7.5万余人。车站居于江苏省西北部,徐州市云龙区境内,中心里程为京沪线k803+023、陇海线k223+891,下辖徐州南、窑场站2个中间站。设站长办公室、安全科、客运科、财务科、劳人科、技术科信息等6个行政科室和1个党群工作办公室,有客运、运转、设备和徐州东站4个生产车间,共有干部职工1035人。徐州站主站房启用于1996年9月,2008年9月起开工改造,2011年3月施工完毕,现主楼7层,建筑面积3.3万平方米,无柱风雨棚4.6万平方米,站内有9台10线、10个候车室,候车室面积共9851平方米,采用高架进站、线上候车、地道出站的流程方式组织旅客运输,可同时容纳1万人候车。站内设有旅客、行包、邮政3个地下通道,售票大厅设有30个售票窗口、10台自助售票机,在市区及周边地区设有77个售票联网点。先后荣获“全国五一劳动奖状”、“全国精神文明建设工作先进单位”、“全国模范职工之家”、“全国铁路文明单位”、铁道部“文明车站”、上海铁路局“模范职工之家”等荣誉称号,连续五年被评为“江苏省文明单位”。2012年,获得“全国铁路厂务公开民主管理先进单位”、铁道部“文明车站”、“江苏省春运先进集体”、上海铁路局“春运立功竞赛先进集体”、“徐州市春运先进集体”、“徐州市双拥工作先进单位”、上海铁路局“平安单位”等荣誉称号。

徐州北站是上海铁路局路网性特等编组站。主要办理京沪、陇海4个方向列车到达、解编、出发业务和整车、集装箱货运业务。设6个行政科室和1个党群办公室,下辖6个车间、5个中间站。在岗1697人,其中女职工223人,在岗干部161人。具有高级职称8人,中级职称60人,初级职称72人。编组站场型为双向3级6场,并配有子场、交换场、辅助场、地区场。车站上下行均为TW-2型自动化驼峰,采用双推单溜方式,设有减速顶7171个。拥有2个货场,总面积924725平方米,仓库12座,站台11座,装卸线22条,装卸线有效长5295米。23家专用线(专用铁路)。拥有固定资产9559.3万元。2012年,车站被江苏省总工会授予“江苏省五一劳动奖状”,还被评为江苏省厂务公开民主管理先进单位。

【高铁】 京沪高铁徐州东站位于既有徐州站以东10公里,2011年6月30日开通,为线侧式站房,主体2层,局部3层,总建筑面积为14984平方米,最高峰聚集人数2500人/小时。站场规模为13台15线,其中基本站台1座,正线2条;站台雨棚为无柱风雨棚,长437米,为树枝状钢梁结构。结合进出站流线模式,站内设天桥一座、出站地道一座。售票大厅设有13个售票窗口,11台自助售票机。全年发送旅客388.60万人,完成运输收入48114.60万元。

【水运】 江苏徐州港务(集团)有限公司是京杭运河上现代化的大型港口物流企业,交通部确定的全国28个主要内河港口和全国内河十大枢纽港之一。下辖万寨港、邳州港、双楼港、孟家沟港、金港大酒店和10余家物流贸易公司,建有徐州华东煤炭交易市场,正在建设徐州“亿吨大港”顺堤河作业区煤炭码头一期工程项目。港口以煤炭中转为主,其他生产资料综合物资物流服务为补充,主要承担西煤东输和北煤南运的中转重任,港口日最高吞吐量可达10万吨,年综合吞吐能力2800万吨(经过港口改扩建工程及其他港口的改造项目后,可新增吞吐能力2000多万吨,达到5000万吨),是国家煤炭运输体系中的重要转运港,徐州交通枢纽的重要组成部分和长江三角洲地区综合运输体系的重要物流节点。由提供单一的装卸服务发展成为以内河物流业务为支撑,现代物流商务功能提升为延伸,集码头装卸、仓储保管、多式联运、加工配送、市场交易、信息服务、物流金融和电子商务等物流服务功能为一体的综合性现代化内河港口物流中心,顺利通过国家ISO9001质量管理体系认证,成为多元经营的国家4A级综合型物流企业、江苏省重点物流企业和全国先进物流企业,被确定为第七批国家税务总局试点物流企业,被客户称为"放心港"、"满意港"。

【航空】 2012年,观音机场运营的航线有台北、香港、曼谷、北京、上海、深圳、长沙、海口、广州、成都、大连、厦门、福州、三亚、杭州、昆明、重庆、贵阳、武汉、南宁、哈尔滨等21条,每周航班量达到100个,并继续开展中转联程业务。全年累计保障航班10000架次,同比增长20.9%;实现年旅客吞吐量97.5万人次,同比增长15.2%;年货邮吞吐量6000吨,同比增长21.6%。全年主营收入4200万元。徐州市观音机场有限公司共有职工419人,其中女职工128人;干部58人,其中处级5人,科级24人,一般干部29人;专业技术人员96人,其中高级职称2人,中级职称30人,初级职称66人。

【管道】 管道储运公司是中国石化集团从事油气储运的专业化管理企业。基地位于江苏省徐州市,创建于1975年2月17日,始称华东输油管线指挥部。1978年9月经石油工业部批准,改称华东输油管理局。1998年6月石油、石化两大集团公司重组,成立中国石化集团管道储运公司。截至2012年底,管道储运公司管辖原油管道38条,全长6505千米;油罐总罐容3312万立方米(包括托管的商业储备油库和国家储备油库);30万吨级原油码头6座。业务范围涉及北京、天津、河北、山东、江苏、河南、安徽、浙江、上海、湖北、湖南、江西、广西、广东等14个省、自治区和直辖市,担负着胜利、中原、河南等油田的原油以及部分进口原油的输送任务,为燕山石化、齐鲁石化、上海石化、金陵石化、扬子石化、镇海石化、安庆石化、九江石化等21个长江中下游及华北、东南沿海地区的炼油、化工企业输转原油。企业资产总计574亿元,在册职工8359人。

【公交服务】 2012年,全市公交行业在册企业7家,营运线路223条,公交线路总长4704公里,首末站13个,途经站3478个,从业人员6599名,营运车2598辆,总行驶里程22040.2万公里,客运量35134.7万人次。实施公交优先发展战略。推动市政府出台《关于加快实施公交优先有关问题的会议纪要》。建立城市客运发展联席会议制度,明确以公交刷卡量上升和投诉率下降为考核指标的联动激励机制。排查城市建成区范围内公交线网空白,新辟和优化调整公交线路20条,更新节能环保公交车200台。新建公交首末站2个,改造公交港湾63个。开展城市客运行业"服务质量提升年"活动,聘请行风监督员强化服务质量监督考评,服务满意率大幅提升,公交11路被评为全省城市公交行业"十佳文明公交线路"。推进城乡客运一体化,编制《徐州市镇村公交发展规划》。在省、市镇村公交配套奖励的基础上,对镇村公交车辆购置,争取市财政给予补贴2.5万元/车,组织镇村公交和农村客运班车通达情况回头看,加强监督检查,保障已开通的镇村公交和通达班车持续稳定经营。新沂、沛县、铜山、邳州等地努力克服农村公路线网建设困难,积极争取地方政府出台发展扶持政策,加快推进镇村公交发展。

邮　　政

【概况】 2012年,业务收入同比增长14.8%,规模排名全省邮政第5位,与全市经济总量相适应。累计完成总包邮件工作量775.3万袋捆,交换量731.9万袋捆,火车押运量3.9亿袋公里,汽车邮运量4.3亿袋公里。徐州邮政服务社会综合满意度持续保持在90分以上,在集团公司和省公司服务综合满意度测评中得分92.71分,位列全省同行业第一名。徐州邮政局申报的《以信息化推进廉政风险防控体系的构建》管理创新项目被评为第九届(2012年)全国通信行业企业管理现代化创新成果"一等奖"、第八届全国邮政企业管理现代化创新成果一等奖。顺利通过徐州市文明行业现场审核,并荣获江苏省诚信单位、江苏省用户满意服务明星企业、徐州市诚信单位等荣誉称号。全年未发生重大安全生产事故和重大"三类"案件。

【邮政服务能力提升】 硬件能力提升,全年累计改造网点26个,改造后的营业网点服务面积均在150平方米以上。完成全市投递网改造工程,全面推广农村投递摩托化、城区投递电动化,城市机动车投递量占比达到40%。邮件投递时限等服务质量得到进一步提升。加强新建小区信报箱建设的督导和验收,全市完成48个新小区3.7万户信报箱的建设,满足居民通信、订报等普遍服务需求。软件能力提升,在全市邮政开展"百姓办事零障碍"等活动,强化落实邮政服务"首问负责制"及各项规章制度,加速提升邮政服务效率。全面提升邮政员工服务技能,利用现有的徐州邮政扁平化管控培训平台、远程教育平台等实施快捷、有效的培训计划,提升员工为百姓办事的服务能力。同时积极组织参加全省邮政全工种职工职业技能大赛,取得优异成绩。强化服务监督机制,继续实施"神秘顾客"访问制度,调整新的社会监督员队伍,完善相应机制,形成长效的服务提升监督机制。

【和谐邮政建设】 2012年,推进为职工办"十件实事",坚持做好"送温暖、送清凉"工作,落实对农村"职工小家"和"城市投递员之家"小食堂补贴工作。落实互助保障会要求,全年受益职工41人。推进职工疗休养活动,并配备"快乐员工健康箱"41个,为市局所有班组订阅《健康时报》,为职工送生日蛋糕,为当年退休职工定制退休纪念品,并建成3处"投递员之家"。

(马正辉)

电　　信

【徐州电信】 2012年,中国电信徐州分公司坚持以规模发展为中心、以转变方式为主线、以增效增收为目的,大力拓展社会渠道、优化资源配置、加强集约化管控,推动服务创新和管理创新,在经营发展、维护建设和精确管理等方面均取得了显著成绩。全年,徐州分公司全业务收入完成16.198亿元,同比增长100.05%。

【徐州联通】 2012年徐州联通按照年初确立的工作目标,着力提升销售、网络、管理、服务能力,通过一系列改革和创新,努力使经营发展迈向了新台阶。全年主营收入比去年同期增长22%,3G新增用户26万户,2G新增19万户。公司持续提升网络质量和能力,2012年解决了市区、县城的深度覆盖,实现重点乡镇、主要高速公路的全覆盖;高铁覆盖质量第三方测评列全国前列。大服务体系建设得到进一步深化。2012年客户投诉总量、申诉总量大幅下降,全年投诉总量14800件,同比下降26%。申诉总量112件,控制在全省最好水平。管理提升得到进一步推进。

【徐州铁通】 2012年,增宽带用户同比2011年增长7.5%;全年语音业务收入同比2011年增长1.7%;主营业务收入同比2011年增长9.3%;息税折旧前利润同比2011年大幅提高38.9%,集团客户收入在总收入中的占比达32.1%,发展趋势持续向好。

【徐州移动】 2012年,中国移动江苏公司徐州分公司(以下简称徐州移动)客户规模突破560万,用户净增总量位于全省第1位,用户净增效率居全省5位。公司荣获"全国用户满意企业",省级"百佳示范企业"荣誉称号,4个集体被评为省级"放心消费创建先进单位",4个班组被授予"五一巾帼标兵岗",1个班组荣获"江苏省质量信得过班组"荣誉称号。

宁　波　市

城 市 交 通

【概况】 2012年,在宁波市在交通领域共完成固定资产投资226.8亿元,占全市固定资产投资的7.8%,其中完成交通基础设施投资181.8亿元,为年度计划的112.9%;港口集装箱吞吐量突破1500万标箱,达到1567万标箱,港口货物吞吐量达到4.5亿吨,均位居全国第三位;实现全社会客运量2.9亿人次、货运量3.3亿吨,公交客运量5.9亿人次,机场旅客吞吐量526万人次、货邮行吞吐量9.1万吨;交通运输业增加值达到338亿元,对GDP贡献度达到5.2%,占全市服务业比重达到12.4%;全市道路运输万元营业额能耗下降5.57%,水路运输千吨海里能耗下降1.81%,公交百万人千瓦公里能耗降低2.1%,均完成年度目标任务。

【交通基础设施建设】 2012年全市交通基础设施建设投资完成181.5亿元。象山港大桥及接线建成通车,标志我市"一环六射"高速公路网络正式建成,全市进入"一小时交通圈"。年末全市公路总里程达到1.07万公里,公路网密度108.6公里/百平方公里,达到中等发达国家水平,其中高速公路461.9公里,一级公路959.9公里,二级公路813.4公里,三级公路1549.7公里,四级公路6176.2公里,基本形成了以高速公路为骨架、国省道为支撑、农村公路为脉络的公路网络。铁路建设难中求进,完成投资32.5亿元,铁路宁波站改建、货运北环线和北站迁建主体工程均全面展开,杭甬客专宁波段进入联调联试阶段。国际强港建设加快推进,建成北仑港区五期集装箱码头10#和11#泊位、穿山港区中宅煤炭码头工程、镇海港区通用散货码头等万吨级以上泊位7个,新增货物吞吐能力3738万吨,集装箱吞吐能力100万标箱。全年建成重大公路项目8个,新增公路里程224公里,其中新增高速公路47公里。穿好公路实现全线基本贯通。全年推进重大铁路项目4个。建成重大水运项目5个。18个国道省道提升工程共改造里程83.2公里,二级以上国省道比例由66%提高到71%。深入开展《宁波市城市公共交通发展规划》、《宁波市综合客运枢纽布局规划》等14个事关行业长远发展的规划编制及研究项目,规划龙头地位进一步确立。充分发挥各方合力,实施交通重点项目前期45个,其中三门湾大桥及接线、杭州湾大桥杭甬高速连接线、铁路集装箱中心站等项目取得不同程度进展。全年争取中央、省级资金4.58亿元;探索创新各类投融资模式,实现BT建设融资9.56亿元,宁海、鄞州等县区在投融资模式创新方面为全市起到了良好示范作用。开辟新增近洋支线5条。拓展城乡物流配送,以交邮合作形式在宁海县试点完成364个村邮站建设。开辟新增近洋支线5条。

【交通运输】 2012年,2012年完成全社会货运量3.26亿吨,比上年增长4.4%。其中,水路货运量1.41亿吨,货物周转量1768.5亿吨公里,分别增长2.5%和4.7%;公路货运量1.66亿吨,货物周转量302.6亿吨公里,分别增长8.4%和7.5%;铁路货物发送量1924.1万吨,下降11.3%;机场货邮吞吐量9.1万吨,增长6.4%。全社会客运量2.89亿人次,旅客周转量143.2亿人公里,分别增长4.4%和3.5%;铁路旅客发送量1118.7万人,增长1.1%;民航旅客吞吐量526.7万人次,增长5.0%。宁波市推进城乡公交一体化改造,推动余姚市率先实现城区、城镇、镇村公交一体化率"三个100%",慈溪市、奉化市启动改造试点;完成宁波至余姚班线公交化改造,启动搭建市域公交试点框架;加快宁波至象山班线整合提升改造试点。全市城乡客运一体化率由58%上升到65%。加大综合运输保障力度,春运和"十一"期间旅客发送2000余万人次,精心组织并顺利完成史上首个小型客车免费通行保畅任务。实施收费公路专项清理,全市取消收费项目10个,撤销收费站点6个,为63000辆农产品车辆开设了"绿色通道",全年减免全社会通行费2.4亿元。全力做好抗击11号强台风“海葵”等重大自然灾害运输保障，历史性推出绕城高速免费通行和中心城区公交免费乘坐优惠政策，为全市抢险救援和群众出行提供了坚实保障。

【城市公交管理】 持续优化城市客运服务，全年新投放公交车1220辆，新辟、优化公交线路108条，实行公交线路延时服务66条，新建公交客运首末站5个，推出省内首家“无线公交”平台。鼓励引导230辆个体出租车实现公司化经营，新投放200辆普通出租车和50辆无障碍出租车。

【道路交通管理】 宁波市推进交通法规体系建设，修订并颁布实施《宁波市出租汽车客运管理条例》和《宁波市公共汽车客运条例》。成为交通行政执法规范化建设省级示范点。实施行政审批提速增效，采取联合审批、网上审批、模拟审批等方式，全年20911件行政许可平均承诺办理时限压缩率达到61.5%，审批服务项目删减率达到21.4%。牢牢树立安全发展理念，加强质量监督管理，重点开展了“安全生产规范年”、“道路客运安全年”等6个专项活动，实施各类整治行动1128次，排查治理大型桥隧62座，全年安全生产三项指标均在可控范围并持续下降。认真实施社会风险源头防范，全年办理各类信访和网络投诉1436件，办结率达100%。编制完成《宁波市智慧交通建设规划》，并纳入全市智慧城市示范项目。市级道路运输指挥中心初步实现动态指挥和数字稽查，机动车维修配件追溯系统在首批10家企业试点运行，全市高速公路视频监控资源实现实时共享。有2项交通科研成果处于国际先进，4项成果处于国内先进。成功申报全国第二批低碳交通建设试点城市。全年更新改造天然气公交车860辆、油气两用燃料出租车1000辆、港区天然气集卡车193辆，沿海船舶平均吨位达到9000载重吨，全市高速公路ETC覆盖率达92.3%。全年新批交通运输企业1747家，新增营运车辆7800辆，净增船舶载重吨53万吨，创造就业岗位25万个。通过扶持带动，全市920家限上交通运输企业实现营业收入833亿元，同比增长8.3%；实现营业利润74亿元，实缴各项税收31.4亿元，同比增长12.5%。深化推进体制改革，市、县两级交通前期机构和质监机构普遍建立，市三区道路运输管理机构正式组建，为提升全市交通运输管理服务水平提供了体制保障。

邮政电信

【邮政】 2012年，宁波市邮政业务总收入86097万元，比上年增长12.06%，完成省公司确保目标102%，发展目标100%。其中市本级总收入25006万元，比上年增长13.83%，列全省市局本级第二位。全市各局累计实现收支差额1916万元，劳动生产率人均16.9万元，比上年提高8.64%。全市投资1600万元，完成标准化网点改造40个，并通过验收；投入投递网建设改造资金700余万元，新增和改造投递生产场地1400余平米，新增机动车、摩托车及电动车270余辆；建成村邮站2335个；改造信报箱28.1万个，提前1个月完成建设任务。村邮站有效运行率达98%，实际运行率95%。信息化村邮站便民服务量列全省第二位，其中奉化局点均收益列全省第一位；宁海局建设三类站数量列全市第一位。全年共建设便民服务站1044个，月均收入突破20万元；完成信息化报刊亭改造177个，占自营报刊亭数量97%。宁波局获“全国安康杯竞赛活动优胜企业”称号；奉化局获全国邮政“模范职工之家”称号；宁波局中山东路邮政支局被评为全国级“工人先锋号”。

【电信】 2012年，宁波电信有移动电话用户192.41万，固话用户270.64万，宽带用户157.1万。全年营业收入38.19亿．增值电信服务收入5.62亿。推进宽带普及提速工程，出口带宽达到1000G，FTTH能力160万线，县城以上住宅用户基本实现高速宽带全覆盖，发达乡镇小区住户覆盖率达到50%以上，行政村基本实现光缆全通达，宽带4M及以上用户超过80%。由宁波电信主要承建的宁波智慧城管中心投入运行。开通智慧宁波城市门户，开发“智慧农村·便民服务”平台，提升农村信息化水平。

嘉兴市

【公路】 2012底，全市公路总里程7863.165公里，境内有高速公路11条，其中国家高速公路5条、省级高速公路6条；普通国道公路1条，省道公路3条。全市公路密度以国土面积计为200.85公里/百平方公里，以人口计为22.98公里/万人，其中桐乡市最高为271.65公里/百平方公里，29.21公里/万人。全市乡（镇）、村公路通达率100%。按行政等级分：国道（含国家高速公路）305.72公里；省道（含高速公路）313.465公里；县道1771.972公里；乡道1890.236公里；专用公路78.848公里；村道3502.925公里。按公路等级分：高速公路347.871公里，其中国道213.447公里，省道134.424公里；一级公路701.71公里；二级公路581.379公里；三级公路1089.486公里；四级公路3690.601公里；准四级公路1319.307公里；等外公路132.812公里。按路面等级分：高级路面7116.069公里，（其中沥青混凝土2363.898公里，水泥混凝土4752.171公里）；次高级路面257.997公里；中级以下未铺装路面489.099公里。高级、次高级路面铺装率占总里程的93.77%，比上年提高1.02个百分点。全市农村公路里程7243.981公里。已绿化公路里程7644.842公里，绿化率占可绿化里程的97.22%。全市有公路桥梁7171座，总长325262.34延米。其中互通式立交桥22座，13781.78延米。按跨径分：特大桥15座，19264.45延米；大桥442座，132372.28延米；中桥2191座，86756.35延米；小桥4523座，86869.26延米。

2012年,全市共有普通干线公路管养单位7个,下设公路养护工区(站、道班)16个,养护企业7个,收费公路经营企业6个,高速公路服务区8对。农村公路养护站49个,养护企业4个,收费公路经营企业1个,公路养护里程7863.165公里。完成年度高速公路养护工程投资11552.898万元;完成普通公路养护工程投资4193万元,其中小修保养投资1893万元,大修工程投资2300万元。当年绿化资金投入5117.2387万元。普通国省道公路平均优良率98.17%。

2012年,全市拥有100辆以上车辆的客运业户9个;50辆车以上的13个,其中班线客运业务176个;汽车货运业单位28602个;维修业户2671个,其中二、三类维修业户分别比上年增加21户和83户,驾驶员培训单位41个,从事道路运输企业单位29316个,道路运输从业人员73110万人。全年,全市完成营业性客运量11469万人次,周转量364692万人公里,较上年分别增长0.5%、1.2%;完成营业性货运量8432万吨,周转量861726万吨公里,较去年分别增长0.6%、6%;完成汽车维修108.7万辆次,驾培行业完成学员培训达到16万人次,较去年分别增长13.3%、5.9%;完成物流基地投资7.69亿元,物流龙头企业投资1.89亿元,物流A级企业数达到17家,较去年增加9家。

嘉兴智慧交通建设试点工作启动。2012年,嘉兴智慧交通列入省政府智慧城市建设试点13个试点项目之一,并列入全省示范推广项目。年内,完成嘉兴智慧交通试点实施方案编制并通过评审;10月,组织编制嘉兴智慧交通公众出行服务系统方案;12月20日,智慧交通公众出行服务禾行通-智慧电召(测试版)系统开通运行。

海宁两条公交线同步接轨杭州地铁。11月24日,杭州地铁1号线正式运行,海宁两条接轨杭州地铁的公交线路也同步开通。两条公交线分别是K868专线,起终点站分别为海宁中国皮革城和下沙文泽路公交站,途经南北大道、东西大道、农发大道等;K534专线,起终点站分别为海宁中国皮革城和临平南站地铁口,途经许村大道、人民大道等。票价均采用一票制,车程约70分钟。

嘉兴市公共自行车系统全面推广。2012年,嘉兴市加快公共自行车系统全面推广工作。9月25日,市区公共自行车交通系统(二期)工程开工建设,主要覆盖市区一环(含一环)、中山路(东至环城东路,西至新洲路)、禾兴路(南至环城南路,北至中环北路)等区域,总投资2780万元,投入公共自行车2000辆,新建服务网点100个,建设服务亭26座、自行车棚57套、锁止器4200套、集中控制设备100套等,市区公共自行车建设总体框架基本形成。年内,在海盐县召开全市公共自行车建设工作推进现场会,海盐县新增服务网点25个、扩建14个,新增公共自行车800辆;海宁市新建服务网点30个,投入公共自行车1200辆;桐乡市新建服务网点70个,投入公共自行车2200辆;市区公共自行车新增服务网点100个、投放自行车2000辆。

嘉兴至绍兴跨江公路通道北接线项目。2012年,嘉兴至绍兴跨江公路通道北接线项目完成投资6.3亿元,占年度计划的105%,累计完成投资50.1亿元,占总投资概算的94%;完成建安投资3.56亿元,占年度计划的102%,累计完成建安投资30.7亿元,占施工图总量的90%。嘉兴至绍兴跨江公路通道北接线项目起点为乍嘉苏高速公路及嘉兴南湖大道的交叉口处,向南经秀洲区、海盐县、海宁市,于尖山新区跨越钱塘江,进入绍兴市。全长43.26公里,枢纽3处,互通3处,特大桥4座,大桥10座,中小桥35座,连接线12.03公里。全线采用双向八车道高速公路标准建设,路基42米,设计速度120千米/小时。项目总投资概算53.042亿元,2009年5月开工建设,至2012年底一期土建工程完成,二期路面工程水稳施工基本完成,主线、互通区水稳底基层、基层施工除部分平交口外全部完成;主线沥青下面层全部完成,并完成大部分匝道沥青下面层施工。开展桥梁、通道等限高门架施工及各互通枢纽的土方平整、苗木种植;2012年10月,房建工程完成开评标工作,展开基础桩基施工;2012年11月29日,机电工程完成开评标工作。嘉兴1号枢纽7号桥拼宽施工取得进展,38跨梁板完成架设(其中3跨为跨越沪昆铁路并委托铁路代建),2跨现浇段完成。

钱江通道北接线项目隧道至杭浦高速段开工。2012年7月,钱江通道北接线项目隧道至杭浦高速公路相联通段开工建设,合同价2.34亿元。至年底,项目完成投资2.69亿元,完成建安产值7089万元,完成控制性工程跨越杭浦高速桥梁中墩下部结构。钱江通道北接线项目连接沪杭、杭浦、杭甬三条高速公路,北接江苏省苏震桃高速,南接规划建设的诸绍高速,与诸永高速相连,是环杭州湾地区接轨上海市、北通苏州市,苏州、嘉兴到萧山国际机场和绍兴市的最快捷通道。项目起点骑塘枢纽互通位于桐乡市骑塘乡西北,与沪杭高速公路相交。路线呈北南走向,跨南沙渚塘河、骑荆公路、洛塘河后进入海宁市境内,跨沪杭铁路、规划的硖许一级公路及东西大道和杭浦高速公路后,与钱塘江过江隧道相接。路线总长11.415千米,设枢纽互通2处、互通1处,主线上跨分离立交1座、主线下穿分离立交1座,服务区1处、收费站1处。工程按6车道高速公路标准建设,设计速度100千米/小时,路基宽度33.5米,桥梁宽度33米,涵洞与路基同宽。该项目批复概算投资21.18亿元。项目引进"预应力张拉与压浆智能化成套技术及远程监控系统",可实现预应力张拉全过程自动化,杜绝人为因素干扰,能有效确保预应力张拉施工质量,是国内预应力张拉领域最先进的工艺,具有精确施加应力、及时校核伸长量、同步张拉、智能控制、质量管理、远程监控等功能和特点,嘉兴市交通项目首次引进该技术。

【铁路】 2012年,嘉兴车务段隶属上海铁路局,主要担负嘉兴市、湖州市及周边地市经济吸引区的客货运输任务,管辖沪杭客运专线春申线路所—笕桥线路所176.7公里和7个车站2个线路所(松江南站、金山北站、嘉善南站、嘉兴南站、桐乡站、海宁西站、余杭站、春申线路所、笕桥线路所);管辖沪昆线嘉兴东站—长安镇站63.63公里和6个车站(嘉兴站、海宁站、嘉兴东站、长安站、马王塘站、斜桥站);管辖宣杭线泗安站—德清站85.5公里,宣杭老线德清站—石濑站17.87公里,长牛线长兴站—煤山站19.15公里,共11个车站。行政机构共6个:行政办公室、业务科、安全技术科、调度统计科、劳动人事科、财务科;党群机构1个:党群办公室。

2012年,嘉兴车务段重点抓好安全运营,加强安全风险管理,制定了安全风险管理实施细则,建立了管理评价体系及量化检查标准;加强现场安全过程控制,落实重点车站双岗值班制度,各级管理人员利用明查暗访、视频监控等形式进行现场检查,着重加强对施工、沪杭客专、接发、调车及劳动安全等关键环节的控制,确保了现场作业基本受控;强化应急管理,修订完善应急预案,组织应急演练500余次,提高了应急处置能力,处置突发应急事件340余次,抓好季节性安全防范,以春运调图、防暑降温、防寒过冬、防雪抗台为重点,落实安全卡控措施,对段、站两级问题库实行动态控制,杜绝了责任D类及其以上事故,实现了安全年,荣获路局2012年度"安全优质站段"称号。全年完成多元化经营收入13.94亿元,其中完成主营运输收入11.2亿元,同比增加6677万元,完成其他运输收入366万元,超计划66万元,完成非运输企业收入2.71亿元,超考核数1716万元;完成客发1030万人,同比增加92万人;完成货发173万吨,同比有所减少。客货运主要是:加强沪杭客专客运营销组织力度,抓住沪杭客专客流市场日趋稳定及运行图优化调整的有利因素,沪杭客专客发同比增长106.6万人;加强节假日、暑运等重点运输时段的客运组织,同比增加客发23.54万人;加大团体票、异地票销售力度,办理团体票9.63万张,异地票收入占客运总收入的35%以上;深化实施大客户战略,加强水泥、矿建、化肥等优势产品的营销组织,在经济结构转型、货运运价调整等宏观背景下稳定了基本货源;强化运输组织,加快车辆周转,压缩了中停时技术指标,提高了运输效率。

南北湖大道下穿沪杭客运专线通道通车。10月,南北湖大道下穿沪杭客运专线通道全部完工。该通道位于嘉兴高铁南站东侧,2011年4月开工建设,由中铁第四勘察设计院集团有限公司设计,浙江大城建设有限公司承建,浙江水运咨询有限公司监理,路基总宽54.5米,行车道为双向六车道,两侧分别设置一条人行道和非机动车道,布置形式为:4米(人行道)+4米(非机动车道)+2.75米(客专桥墩)+2.5米(硬路肩)+3×3.75米(行车道)+0.75(路缘带)+4米(绿化带)+0.75米(路缘带)+3×3.75米(行车道)+2.75米(客专桥墩)+4米(非机动车道)+4米(人行道)。

长水路下穿沪昆铁路立交通车。7月16日,市区长水路下穿沪昆铁路立交工程竣工通车。该立交位于市区长水街道,由中铁第四勘察设计院集团有限公司设计,杭州地方铁路开发有限公司承建,北京铁城监理有责任限公司监理,总投资约1.92亿元,工程于2011年3月8日完成施工图审查,2011年4月8日完成施工组织设计审查,2011年5月4日开工建设,工程分为下穿沪昆铁路立交桥段及东西引坡两部分,是城市东西向的主干道,立交桥全长380米,路幅宽42米,行车道为双向四车道,两侧为非机动车道,规模为(8+8.5+8.5+8),东引坡段长193.245米,西引坡段长256.069米。

东余公路下穿沪杭客运专线通道基本完工。11月,东余公路下穿沪杭客运专线通道基本完工。该工程位于高铁南站东侧,总投资约1800万元,由中铁第四勘察设计院集团有限公司设计,中铁十局承建,北京铁城监理有限责任公司监理,于2012年2月开始施工,路幅宽16米,实行双向两车道并采用机非隔离方式,单向机动车道4米宽,非机动车道3米宽。

【水路】 2012年全市完成水运基础建设投资5.60亿元,为年度考核2.5亿元的224%。其中重点工程完成投资2.40亿元,社会化码头完成投资3.20亿元。嘉兴内河港新建、扩建码头泊位22个,其中1000吨级泊位6个,500吨级泊位15个,300吨级泊位1个,增加港口吞吐能力670万吨。全行业完成水路货运量8415.34万吨,货运周转量138.38亿吨公里,分别为去年同期的99.49%和95.67%。完成水路客运量52.06万人,旅客周转量269.26万人公里,分别为去年同期的71.97%和72.60%。完成内河港口货物吞吐量1.09亿吨,同比增长1.5%。嘉兴内河港多用途港区完成集装箱吞吐量10.40万标箱。全市拥有营运货船4151艘,98.29万载重吨。其中:内河营运货船4126艘,85.68万载重吨;沿海营运货船25艘,12.62万载重吨。净增船舶运力3.07万吨,船舶平均吨位达到236.80吨。全市辖区发生水上交通事故68起(其中一般等级及以上事故1起),死亡1人,无人员受伤,沉船14艘,直接经济损失139.2万元,与去年同期相比事故件数上升6.3%,死亡人数下降3人、受伤人数下降1人,沉船增加6艘,直接经济损失上升6.2%,未发生一次死亡3人以上的水上交通事故和水运在建工程安全生产事故。共检验船舶5935艘次(包括海船80艘次),105.49万总吨,其中建造检验252艘(包括海船7艘),5.81万总吨;审查船舶设计图纸166套,检验船用产品64批次,在建检验船舶96艘。完成港航事业费征收3538.57万元,为去年同期的106.24%(不含货物港务费);完成通行费征收7371.44万元,为去年同期的116.55%。办结行政许可事项66.21万件,实施行政处罚案件1505件,办理行政确认事项1398件,无行政强制案件,未发生行政复议和行政诉讼案件。

港航基础设施建设。2012年,湖嘉申线嘉兴段一期工程完成投资5484万元,完成年度计划的102%,累计完成63615万元,占总投资98%,航道主线基本贯通;秀洲区段累计完成土方工程171.3万立方米、护岸工程11.11千米,分别占合同的96.2%和86.8%;完工桥梁3座、水闸6座;嘉善段做好交工验收准备工作。嘉兴芦花荡锚泊服务区完成疏浚和护岸工程,完成房建工程870万元,占合同的85%;完成绿化50%。海盐何家桥线航道改造工程完成投资2486万元,完成年度计划的100%,累计完成投资9566万元,占总投资101%,航道主线贯通,工程基本完工。嘉于硖线航道改造工程竣工决算报告上报省交通运输厅,项目竣工报告、竣工验收申请已上报,计划于2013年1月组织竣工验收。嘉兴内河港多用途港区二阶段工程通过交工验收,累计完成投资6900万元,完成计划总投资的115%。新建重箱堆场14546.4平方米,空箱堆场24240.6平方米,件杂货堆场44315平方米。实现年通过能力38万标箱的集装箱,货物年吞吐能力达到250万吨,并可提供全天候装卸服务。

2012年,杭平申线(浙江段)航道改造工程4月工可获省发改委批复,5月完成补充水保方案编制并备案,10月通过省建设厅规划选址延期的批复、平湖段初步设计获省发改委批复,11月平湖段水功能区调整报告获省环保厅和省水利厅联合批复、平湖段(青阳汇—终点泖口)施工图设计获省交通运输厅批复,12月环境影响报告获省环保厅批复,12月18日在平湖青阳汇航段举行了全线开工典礼。京杭运河(浙江段)三级航道整治及"二通道"工程规划选址延期通过省建设厅的批复,全线土地预审资料已上报国土资源部,工可前的所有支持性文件均已完成,项目前期取得重大进展。湖嘉申线(嘉兴段)二期工程项目建议书已获省发改委批复,工可报告、环境影响评价初稿已编制完成,水土保持方案通过审查,并已形成了防洪影响评价专家组意见,上报嘉兴市人民政府。丁诸线航道整治工程项目建议书、水土保持方案、环境影响评价、规划选址和土地预审均已批复,工程可行性研究报告上报待批。

推进嘉兴内河港口物流建设。2012 年,建成嘉兴内河港多用途港区二期、中粮项目海宁经济开发区专用码头、桐加石油濮院成品油库、嘉兴铁路东站货场煤炭专用码头等工程;开工建设嘉兴现代综合物流园北区码头、浙江盐业集团嘉兴配送中心码头、嘉兴石化有限公司专用码头、浙江茂友物流码头等工程。嘉兴内河港多用途港区集装箱吞吐量突破 10 万标箱,新开通太仓和乍浦港区的集装箱航线,增加班轮密度,实现每天班轮运输五进五出,平均实载率达到 94%。嘉兴内河国际集装箱码头有限公司完成交通大物流扶持项目申报工作,“嘉兴内河港集装箱河海联运项目”被列为浙江省交通运输行业第三批节能减排示范项目。

邮政电信

【邮政】 2012 年,嘉兴邮政局累计完成邮政业务总收入 3.88 亿元,奋斗目标完成率为 100.21%,同比增幅 13.22%。顺利完成省公司各项发展目标。全市有邮政局所 144 个,其中自办 138 个,代办 6 个;邮路 34 条,总长度 2183 公里;城市投递路线 205 条,投递长度 5118.8 公里,农村投递路线 277 条,投递长度 11467.43 公里。坚持政治服务为先,社会效益为先,确保机要通信安全畅通,全市累计投送机要 4.13 万件,进出口邮件总包量 169.21 万个(其中嘉兴市本级累计投送机要 2.1 万件,进出口邮件总包量 101.42 万个)。2012 年邮政普遍与便民服务村邮站建设被列入省政府 2012 年十方面实事工作,也列入嘉兴市级政府的十大民生工程之一。至年底,嘉兴市的村邮站建设全面完成了建设目标,全市共建成村邮站 893 个,其中市本级建成 201 个。同年底,完成嘉兴市本级阳光小区、东方新家园、万家花园、长睦公寓等 43448 户信报箱建设任务。党报党刊是社会主义意识形态的重要阵地,是党执政的重要资源和工具,嘉兴邮政配合省委、市委做好党报党刊的发行工作是一项重要任务。至年底,市邮政局全面完成市委宣传部下达的 2013 年度各类党报党刊的收订指标,完成率为 107.22%。2012 年嘉兴邮政投入近千万元,完成全地区 230 个新型报刊亭的改造(其中市本级投入近 300 万元,90 个报刊亭更新升级),安装 LED 显示屏并实现全省信息化发布联网要求。同时,在报刊亭上加载便民服务信息系统,叠加各种便民服务项目,真正实现“文化亭 + 便民亭”功能。2012 年,嘉兴局继续投资改造邮政网点环境,先后完成秀洲新区支局、王江泾所、二环所和象贤所等多处网点装修改造,提升了网点的窗口形象。2012 年度,嘉兴塘汇邮政支局被市总工会授予了“嘉兴市工人先锋号”光荣称号。2012 年度,嘉兴全市机要通信质量无失密丢损实现了“三十六连冠”的目标,而且在全省机要通信同工种竞赛中荣获“优胜市第一名”的好成绩。

湖州市

城市交通

【概况】 2012 年,湖州市交通部门牢牢把握“稳中求进”的总基调,积极谋划“网络交通、秩序交通、惠民交通、智能交通、阳光交通”五大现代交通建设,全力以赴,攻坚克难,较好地完成了年初确定的各项目标任务,为湖州经济社会发展作出应有贡献。

一、加快推进重点建设,交通基础设施不断完善。2012 年全市共组织实施交通建设项目 38 项,完成总投资 55.54 亿元。其中公路 31.3 亿元、航道 2.05 亿元、港口 2.27 亿元、铁路 15.5 亿元和站场 4.41 亿元。为确保各项工程建设顺利推进,通过转化融资平台,发行中期票据、信托和私募基金等多种方式,努力缓解资金压力,全年完成建设融资 64 亿元;全年共有 28 项交通项目被列入省重点,为争取省级土地指标创造条件,有力地保障了工程建设如期开工。至 2012 年底,全市公路总里程达 8110.93 公里,比去年同期增长 1.54%,以国土面积及人口计算的全市公路密度为 139.39 公里/百平方公里和 31.13 公里/万人,分别比上年同期提高 2.09 百分点和 0.4 个百分点,公路密度位列全省第二。全市等级公路 7406.42 公里,比上年同期增长 2.05%;高速公路比上年同期增长 9.47%;二级以上公路比上年同期增加 19.18 公里。全市航道总里程 1171.51 公里。其中三级航道 77.38 公里、四级航道 207.3 公里,四级以上航道占航道总里程 24.3%。

二、扎实推进结构优化,行业转型发展继续深入。现代物流稳步发展,全市 10 个物流园区建设项目共完成投资 9.61 亿元,其中长兴综合物流园区已具备一定规模,被省政府确定为第二批省级服务业集聚示范区。物流龙头企业培育扶持力度加大。全市新增 4A 级物流企业 1 家,3A 级物流企业 2 家,2A 级物流企业 3 家,实现了 A 级物流企业三县两区全覆盖;鑫达国际物流和一通物流 2 家企业被列入省级首批货运甩挂运输试点单位;通过推动银企合作,帮助水运物流企业实现船舶抵押贷款融资 2.1 亿元。

水上运输方式继续优化,集中力量发展内河集装箱运输,全年完成吞吐量 4.74 万标箱、货运量 28.7 万吨,分别为 2011 年的 4 倍和 6.5 倍;加快水上休闲观光旅游发展,全年客运量突破 40 万人次,创 1997 年以来水上客运量最高记录。积极建设生态交通,全年实施公路和水运绿化项目 19 个,完成公路绿化 140 公里、边坡荒地复绿 4.2 万平方米,航道绿化 8 万平方米;推广应用标准化、专业化运输装备,继续扩大节能环保型运力占比,全市新增液化天然气公交车 237 辆、中长途客运班车 31 辆,并首次在营运货车和营运船舶上实现新能源应用。

三、大力发展惠民交通,公共服务水平明显提高。按照政府主导、市场运作的发展思路,在全省率先出台《公共交通管理办法》,制定实施《湖州市区公共交通综合规划》;新增或调整城市、城乡公交线路70条,更新公交车辆387辆,分别为年度计划的140%和103%,公交班线的准时率、准点率得到保障,脱班、少班等"老大难"问题得到改善;充分利用信息化载体,首批40个电子智能公交站牌已建成并投入使用,手机刷卡付费系统正式推广应用;广泛开展"万名群众评公交"、"乐享车生活"等创建活动,市区公交服务有责投诉率同比下降40%。在2012年全国城市公共交通工作会议上,湖州公交作为全省唯一的创新经验典型在大会上交流。积极搭建城市货物配送体系,延伸拓展农村配送。通过医药合作配送、邮政配送等多种配送方式,全市乡(镇)、村物流配送点数量增加到550个。在全市各主要路段、航道、桥梁和站点设置视频监控380个,境内9个港航管理站(点)实现船舶免停靠监管,24个高速公路收费站全部完成ETC站点设置,ETC用户突破1万户。

四、突出抓好安全管理,客货运输生产平稳有序。湖州市交通系统各级各部门严格按照市委、市政府、省交通运输厅有关工作要求,深入推进"安全生产规范年"、"打非治违"和"道路客运安全年"等专项活动,认真抓好机构、制度、工作、行为和责任的"四规范一落实"。在全省率先启动交通运输安全生产标准化建设,已在6家道路客运企业完成试点。全市交通运输安全生产形势保持平稳。2012年道路交通运输生产事故死亡人数分别占市政府、省交通运输厅考核指标的30%和26%,水上交通死亡人数均占市政府、省交通运输厅考核指标的14.3%,未发生重大事故。圆满完成重要节假日的运输保障和首个免费通行节日期间的通行保畅任务。认真做好交通战备和"三防"应急管理工作,在2012年抗击"海葵"强台风的抢险救灾中,湖州市交通公路应急架桥队被省交通运输厅授予"浙江省交通战备应急架桥先锋队"荣誉称号,得到省长夏宝龙、副省长王建满以及市委、市政府领导的批示肯定。

五、着力改进工作作风,全面提升交通整体形象。以普法教育为载体,认真做好《行政强制法》、《浙江省道路运输条例》等法律法规的宣传贯彻工作,全面落实依法行政,稳步推进基层站所标准化建设,按照"四统一"标准,完成3个执法站(所)样板房建设;深入开展"行政执法规范年"活动,通过谈心谈话、问题排查、培训考试等举措,规范执法程序,提升执法形象。以切实加强廉政防范为抓手,修定完善《党风廉政建设责任制执行情况考核和责任追究办法》,逐级签定廉政建设目标责任书,全面落实监督检查;坚决惩治腐败现象、并在全系统开展警示教育,促进干部职工筑牢思想道德防线;继续深化廉政风险防控机制建设,推行廉政风险防控项目化管理;组织实施"阳光政务"活动,收费公路"阳光收费"、行政审批"阳光服务"、行政处罚"阳光公开"和建设项目"阳光监管"等工作得到市纪委领导的充分肯定。以推进学习型、服务型党组织和部门建设为契机,深入开展湖州市领导干部"三实三强"创先争优示范行动和"进村入企"大走访活动和省交通运输厅"找差距、走前列"及湖州市委"作风建设加强年"等主题活动,系统内各级领导亮晒承诺,领衔破难,帮助企业和基层解决实际难题64个;广泛宣传和学习杭州长运公司吴斌的先进事迹,重视加强行业文化建设和精神文明建设,年内创建全国交通运输行业文明示范窗口1家、全省交通运输行业惠民服务模范集体3家。

【公路基础设施建设】 一、高速公路建设。1. 杭长高速公路二期(杭州至安城)湖州段工程:全长66.72公里,其中湖州境内24.45公里(含一期1.88公里),起于杭州市余杭区与安吉县交界,终于安吉县递铺镇安城村,路基宽26米,双向四车道,设计行车速度120公里/小时,概算投资20.12亿元(含一期0.79亿元)。2008年12月18日举行开工典礼,2009年4月开工建设,2012年末建成通车,累计完成投资20.3亿元,占总投资的101%,其中2012年度完成投资1.71亿元。12月26日上午,省交通运输厅、杭州市人民政府和湖州市人民政府联合在安吉县举行杭长高速公路二期工程建成通车仪式。下午3时,正式开通运营。自此,杭长高速公路全线贯通运营。2. 杭宁高速公路拓宽工程:拓宽改造里程全长97.21公里,其中湖州境内86公里,总投资14亿元。2008年7月,浙江杭宁高速公路有限责任公司委托省交通规划设计研究院编制工程"预可"报告,2009年,"预可"及咨询意见完成并上报省交通运输厅待审查。由于"预可"完成时间较早,与现在的车流量和当地的规划等已不相适应。为此,2011年对"预可"及咨询意见进行重新编制并上报省交通运输厅。2012年计划开工,实际未动。3. 杭宁高速公路长兴互通立交工程:路线长2.5公里,收费站2处、站房2处,总投资8500万元。计划2012年开工建设,2014年建成。年内完成工程设计招标,但未开工。

二、干线公路建设。2012年,全市国、省道及重要县级公路续建、新建工程共计25项,全年实际完成投资24.96亿元。1、104国道杨家埠至鹿山段:全长10.14公里,一级公路标准,设计速度80公里/小时,概算投资12.17亿元,2011年8月25日开工,计划2013年建成。截至12月底,累计完成投资4亿元(含前期工作及政策处理),其中年内完成1.5亿元。2、104国道长兴李家巷段改建工程:全长5.6公里,按六车道一级公路标准设计建设,设计速度100公里/小时,概算投资3.2亿元。2011年6月开工,计划2012年建成。截至12月底,累计完成投资3.615亿元,占总投资数的113%,其中2012年完成2.3亿元。工程已通过交工验收。3、104国道长兴夹浦段改建工程:全长5.3公里,按六车道一级公路标准设计建设,设计速度100公里/小时,概算投资1.98亿元。2012年开工,计划2014年建成。截至12月底,基本完成征地拆迁工作;施工单位进场施工;启动路基和桥梁建设。累计完成投资6200万元,占总投资的31.3%。4、318国道南浔至吴兴段:全长36.7公里,其中主线一级公路33公里,支线二级公路3.7公里,设计速度100公里/小时,概算投资26.68亿元。2012年开工,计划2014年建成。至12月底,已开工建设2.1公里试验路段,并进行全线政策处理,累计完成投资2.85亿元。5、04省道安吉兰田至良朋段:全长5.2公里,按一级公路标准设计建设,兼顾城市道路功能,设计行车速度为80公里/小时,路基宽39米,概算投资7672万元。2012年开工,计划2013年建成。施工图已完成,招投标工作已展开,政策处理正在进行。至12月底,累计完成投资2000万元。6、09省道秋山互通至乾元段:全长8.5公里,其中一期长4.65公里,二期长3.85公里,按六车道一级公路标准设计建设,兼顾城市道路功能,设计行车速度为80公里/小时,路基宽66米。一期工程于2009年12月开工,2012年基本完工,一期概算投资6.55亿元(其中省交通运输厅批复主体工程概算2.3亿元),至12月底,累计完成投资6.39亿元,其中年内完成投资9850万元。7、09省道塘西至乾元段整治工程:全长9.7公里,按一级公路标准设计建设,兼顾城市道路功能,设计行车速度80公里/小时,路基宽31.5米,概算投资1.43亿元。2011年10月开工,计划2013年建成。截至12月底,累计完成投资1.1亿元,占总投资的77%,其中年内完成8000万元。8、09省道武康至筏头段:全长6.3公里,按二级公路标准设计建设,设计速度60公里/小时,路基宽12米,估算投资1.6亿元。计划2012年开工,2014年建成,但因线位及"工可"调整未动工。9、10省道长兴公铁立交:总长2.2公里(其中主线长1.6公里,匝道长0.6公里)。按一级公路标准设计建设,主线设计速度60公里/小时,匝道设计速度30公里/小时。横断面结合城市道路功能布设:铁路跨线桥宽25米,匝道宽8.5米。概算投资约2.6亿元。2010年开工建设,2012年建成通车。截至12月底,累计完成投资2.8215亿元,占总投资数的108.5%,其中年内完成3930万元。10、11省道马家渡至椅子塔公路改建工程:改建长度19.5公里,按一级公路标准设计建设,设计速度80公里/小时,估算投资约7.1亿元。2012年开工,计划2014年建成。截至12月底,累计完成投资5500万元,占总投资数的7%。11、13省道安吉段,改建段全长18.7公里:其中一级公路7.2公里,二级公路11.5公里,概算总投资5.77亿元(安吉段5.2亿元,临安段5700万元);二天电站改线段长4.6公里,三级公路标准,概算总投资1.2亿元。2010年12月开工,计划2013年建成。截至12月底,累计完成投资3.02亿元(改建段累计完成投资1.82亿元,二天电站改线段累计完成投资1.2亿元),占总投资的52.4%。其中年内完成1.01亿元(改建段完成投资7200万元,二天电站改线段完成投资2850万元)。12、申苏浙皖至申嘉湖高速公路连接线:全长14.3公里,按六车道一级公路标准设计建设,设计速度80公里/小时,概算投资10.6亿元。2010年8月18日举行开工典礼,计划2013年建成。截至12月底,累计完成投资6.4亿元,占总投资的60.5%,其中年内完成投资1.9亿元。13、环太湖公路浙江段(公路部分):全长50.7公里,其中长兴段21.5公里,按二级公路标准设计建设,路基宽15米;湖州段29.2公里,按一级公路标准设计建设,路基宽24.5米,概算总投资15.92亿元。2008年12月开工,计划2012年建成。截至12月底,长兴段已建成通车,整个项目累计完成投资16.06亿元(湖州段8.82亿元,长兴段7.24亿元),占总投资的100.9%,其中年内完成1.06亿元(度假区4050万元,吴兴区6550万元),占年度计划1.4亿元(度假区6000万元,吴兴区8000万元)的75.7%。14、三济桥至新市公路改建工程:全长28.1公里,按二级公路标准设计建设,设计行车速度80公里/小时,概算投资4.6亿元,计划2012年建成。截至12月底,项目累计完成投资4.389亿元。其中,(1)善琏大桥由于老桥坍塌已先行组织实施完成,完成投资2000万元;(2)双林大桥拓宽工程已结合湖嘉申航道改造工程一并实施完成,完成投资900万元;(3)莫蓉至双林镇路段作为申嘉湖高速公路双林互通连接线工程已建成,长1.8公里,完成投资2100万元。(4)双林至新市段累计完成投资1.59亿元。其中南浔境内已完工;德清段累计完成5000万元,其中年内完成投资2000万元;(5)三双段累计完成投资22164万元,其中年内完成投资4000万元。15、杨家埠至丘城公路:全长8.5公里,一级公路标准,估算投资3.7亿元,2012年7月开工,计划2013年建成。至12月底,完成投资9300万元。该工程为湖州市首个BT项目,即工程按照投资、施工一体化的公开招标形式确定具有相应投融资能力和施工资格的BT合作方,建成后再转让给业主。此举有利于缓解当前基础设施建设需求与建设资金紧缺的突出矛盾。16、妙西至新路头公路:全长18.3公里,二级公路标准,估算投资1.21亿元,2011年5月开工,计划2012年建成。截至12月底,累计完成投资1.06亿元,占总投资的87.8%,其中年内完成投资4713万元。17、三桥至莫干山公路:全长6.5公里,按二级公路标准设计建设,路基宽26米,设计行车速度60公里/小时,概算投资1.5亿元,2011年5月开工,计划2013年建成。截至12月底,累计完成投资4100万元,占总投资的27.3%,其中年内完成投资1100万元。18、三家村至花墩桥公路(临杭物流园区道路):全长6.79公里,按一级公路标准设计建设,路基宽39米,设计行车速度80公里/小时,概算投资2.33亿元,2010年开工建设,计划2013年建成。截至12月底,累计完成投资2.18亿元,占总投资数的93.4%,其中年内完成投资1.13亿元。19、老余杭320国道至申嘉湖杭高速新市互通公路:全长7公里,按一级公路标准设计建设,路基宽24.5米,设计行车速度80公里/小时,概算投资约3.2亿元,2011年开工建设,计划2013年建成。截至12月底,累计完成投资2.07亿元,占总投资数的64.7%,其中年内完成投资1.65亿元。20、李家巷至图影公路:全长9公里,按二级公路标准设计建设,路基宽15米,设计行车速度80公里/小时,概算投资6200万元。2011年开工,2012年建成通车。截至12月底,累计完成投资7110万元,占总投资数的114.7%,其中年内完成2500万元。21、杭宁高速至环太湖公路连接线(中央大道):全长5.3公里,按一级公路标准(城市主干道)设计建设,路基宽15米,设计行车速度80公里/小时,概算投资3.6亿元。2011年开工建设,计划2012年建成。截至12月底,累计完成投资3.98亿元,占总投资数的110.5%,其中年内完成2.65亿元。路基、中小桥完成,路面基本完成,跨杭宁高速大桥基本合拢。22、晓墅至南林场公路:全长17.9公里,其中梅溪大桥段已先实施完成,实际建设里程为16.72公里,按二级公路标准设计建设,路基宽15米,设计行车速度80公里/小时,概算投资约3亿元。2010年开工建设,计划2013年建成。截至12月底,累计完成投2.3亿元,占总投资数的76.8%,其中年内完成1亿元。23、晓墅至庚村公路:全长9.4公里,按二级公路标准设计建设,12米路基宽约4公里,8.5米路基宽约5公里,设计行车速度60公里/小时,概算投资约1.1亿元。2011年开工建设,2012年建成通车。截至12月底,累计完成投资1.1亿元,占总投资数的100%,其中年内完成5281万元。24、04省道至11省道连接线(梅灵线):全长7.9公里,按二级公路标准设计建设,12米路基宽,设计行车速度60公里/小时,概算投资1.58亿元。2011年开工建设,计划2012年建成。截至12月底,累计完成投资1.31亿元,占总投资数的83%,其中年内完成5125万元。25、干线公路大中修工程:截至12月底,S306(11省道、鹿唐线)、S304(09省道、临莫线)、S301(长牛线)和湖盐线均已开工,共完成投资9722万元(其中2012年国、省道危桥修复完成2594万元,跨年度国、省道桥梁修复347万元),占计划投资数的122%。

三、农村公路完善工程。截至12月底,全年累计完成投资4.63亿元,为年度计划3.5亿元的132%。其中:一般县、乡公路完成14公里,投资4745万元;农村联网公路完成135公里,投资1.4亿元;完成农村公路桥梁加固与改造42座,投资9399万元;完成农村公路大中修工程283公里,投入资金1.82亿元。

【水运基础设施建设】 1、长湖申线浙江段航道扩建工程:全长77.7公里,其中三级航道62.58公里,四级航道15.11公里,总投资18.59亿元,2008年7月29日开工建设,建设工期为5年。截至12月底,累计完成投资18.03亿元(湖州段9.56亿元,长兴段8.47亿元),占总投资数的97%,其中年内完成投资2.05亿元(湖州1.06万元,长兴9900万元)。形象进度为:完成陆上土方487.89万立方米,水下疏浚土方330.23万立方米,新建护岸9.18万米,老岸修复4.87万米;1座枢纽改建、3个服务区和3个锚泊区均已开工;桥梁工程开工20座,完工13座。12月31日,一期扩建工程(长湖申线长兴段)举行通航仪式。2、全社会港口建设:年内建成300吨及以上泊位12个,累计完成投资2.27亿元。全年全市内河港口吞吐量完成1.78亿吨,比上年同期增长21.6%,其中,出港1.53亿吨,进港2569.9万吨,出港比上年同期增长35.8%,进港比上年同期下降24.9%。2012年将200家无证码头单位纳入统计范围,约占全市800家码头单位的25%,新增港口吞吐量约3500万吨。3、京杭运河湖州段整治工程:工程计划整治三级航道43.61公里,改造桥梁12座,新建服务区2个、锚泊区1个。概算总投资16.57亿元,计划2012年开工建设,2015年完成。2012年已上报“工可”,待批复,未开工。

【湖州市公路建设首现B(建设)T(转让)项目】 所谓BT项目即工程将按照投资、施工一体化的公开招标形式确定具有相应投融资能力和施工资格的合作方,项目建成后再转让给业主。5月3日,作为全市首个交通BT建设项目——杨家埠至丘城公路改建工程相关事项获省发改委批复。项目位于湖州市吴兴区,全长8.5公里,一级公路标准,估算投资3.7亿元。2012年7月开工,计划2013年建成。至12月底,完成投资9300万元。采取BT模式,将有效缓解当前基础设施建设需求与建设资金紧缺的突出矛盾,对进一步拓宽基础设施建设投融资渠道,持续推进交通基础设施建设具有十分重要的意义。

【宁杭铁路及配套工程建设】 1. 宁杭铁路湖州段:全长77.5公里,I级电化双线,时速350公里/小时,概算投资109亿元,2008年12月27日举行开工典礼。截至12月底,累计完成投资108.1亿元,占总投资的99.2%,其中年内完成投资15.5亿元。2. 配套工程建设:⑴湖州站综合交通枢纽,配套工程总用地约38.6万平方米,项目一次规划,分期实施。一期实施用地面积12.74万平方米,概算投资9.82亿元。2010年8月31日举行开工典礼。截至本年度12月底,累计完成投资8.3亿元,占总投资数的84.5%,其中年内完成投资4.02亿元。⑵德清站站场连接线配套工程,总投资2.5亿元,其中连接线长4.17公里,二级公路标准。2010年开工建设,截至本年度12月底,累计完成投资2.55亿元,占总投资数的102%,其中年内完成投资4000万元。

【重点物流基地建设】 2012年,全市10个物流重大建设项目共完成投资9.61亿元。其中:中景国际金属物流园(环太湖国际金属物流园)完成投资1.73亿元;德清百诚物流德清家电物流配套中心完成投资1.29亿元;长兴综合物流园区完成投资2.87亿元;渤海物流东部交割总库项目完成投资4400万元;德清临杭物流园区Ⅱ区工程项目完成投资1.31亿元;德清多功能港区完成投资6030万元;宏宇物流集散中心完成投资2480万元;湖州长运祥瑞物流项目完成投资3480万元;浙江德隆物流仓储项目完成投资4676万元;浙江华安物流现代服务中心完成投资3000万元。

10月29日,长兴综合物流园区被中国物流与采购联合会正式评为“中国物流实验基地”,这是2012年浙江省唯一入选的物流基地。长兴综合物流园区位于湖州市长兴县东南方向,园区规划总占地面积170.35公顷,总投资23.16亿元,分A、B、C三区开发。2008年10月,长兴综合物流园区A区(主要是物流配载和仓储服务)启动建设,计划投资4.6亿元。3月,A区工程竣工并投入营运,至年末,已吸引近130家物流企业入驻,全年完成货运量360万吨,园区总体营业额超过9亿元,上缴税收4365万元,提供2700余个就业岗位。长兴综合物流园区B区建设项目按计划顺利开展,具体项目为:(1)公寓安置房项目,9月启动,由中国建设一局承建,用地面积6.67万平方米,建筑面积10.27万平方米,共596户。计划2013年底一期工程交付使用,2014年底全部交付使用。(2)仓储中心项目,总建筑面积6.3万平方米,为单层钢结构仓库。至年末土建工程完成70%,钢结构建设完成40%。计划2013年5月完工。(3)下穿宣杭铁路工程。计划总投资5500万元,全长460米,宽度为33米(其中铁路部分宽度为28米)为二孔分离箱涵下穿。项目委托杭州地方铁路开发公司建设,2012年末施工单位已进场,计划2013年6月建成。

【工程质量安全监督与造价管理】 8月1日,《浙江省交通建设工程质量和安全生产管理办法》正式颁布实施。全市交通工程三级质监体系得到加强和完善,德清、长兴、安吉三县和南浔区相继成立质监站,其中三个县级质监站已顺利通过市交通运输局和省交通运输厅质监局共同组织的考核验收。全年全市500万元以上公路工程和100万元以上水运工程共17项(不包括大中修及民营码头工程),市交通工程质量安全监督站受监17项,监督覆盖率100%;3000万元以上公路和水运工程的监理招标7项,招标率100%;50万元以上的专项检测招标1项,招标率100%。共完成公路水运工程竣(交)工质量鉴定19项,交工质量检测3项,合格率100%;完成竣(交)工质量评定备案6项,开展项目监督交底14次。所有受监项目全年未发生重大质量责任事故,未发生死亡3人及以上的重大安全生产责任事故。全市在建交通工程质量均处于受控状态,全年通过各类督查检查,共发出质量抽查意见书69份,责令停工3项,返工4处,报废梁板1块,约谈业主1次。全年对主管监督及部分县管重点项目开展安全检查83次,排查安全隐患426处,下发抽查意见书107份。在严格监管基础上积极应用先进施工科技确保工程质量,年内重点推广预应力智能施工技术,全面巩固混凝土通病治理和沥青路面“五八工程”两项质量成果,有效地保障了工程建设质量。全年共有5个项目实行初步设计概算或调整概算审查,审查金额38.9亿元;20个项目开展工程量清单预算审查,审查金额11.01亿元;7个项目进行勘察设计招标限价审查,审查金额5890万元。为保证审查质量,坚持审查会制度和报告制度,努力促进工程造价逐步走向合理、公平。同时,抓好工程实施阶段的造价管理,全年对30个在建项目进行了合同造价检查,检查覆盖率100%,发出抽查意见书30份。

【湖州市普通"四自公路"全部停止收费】 10月15日零时,湖州市最后一个普通"四自公路"收费站(104国道长兴收费站)15年收费期限届满,根据国家和省、市有关文件要求,正式停止收取通行费。1月1日,根据全省收费公路专项清理工作座谈会精神,对照交通部等五部委和省收费公路专项清理工作实施方案通知,104国道德清收费站、09省道收费站德清收费点和04省道安吉收费站霞泉收费点停止收取通行费。104国道长兴收费站是本市第一个到期自行停止收费的普通公路收费站,也是最后一个停止收费的普通收费公路收费站。至此,全市普通收费公路划上历史性句号(高速公路除外)。湖州市车辆通行费征收处及三个县的车辆通行费征收所相继撤销,人员分流安置。

【首次在节假日免收小型客车的高速公路通行费】 9月30日至10月7日为中秋、国庆假期。根据上级部署,湖州高速公路首次对小型客车免收通行费。市辖区内五条高速公路出入车流量达214万余辆,比上年同期增长65%,其中小客车达89万余辆,免收通行费4072万余元;为维护通行秩序,出动路政执法人员550人次,执法车辆180辆次,上报路况信息260余条,及时处置各类路产案件30起。免费通行期间,全市高速公路整体运行平稳、通行有序。

【客货运输生产】 全年全市完成公路、水路客运量9476.1万人次、旅客周转量32.84亿人公里,分别比上年同期下降5.2%和2.8%;完成货运量1.94亿吨、货物运输周转量239.9亿吨公里,分别比上年同期下降3.2%和3.5%。1. 公路运输:全市完成公路客运量9431万人次,旅客周转量32.82亿人公里,分别比上年同期下降5.3%和2.8%。中、长途客运呈现运量下降,平均运距增加的特征,市重点公路客运企业浙北高速客运中心全年完成旅客运输量比去年同期下降5.33%、旅客周转量下降2.85%,票款收入1.32亿元,与去年同期持平,平均运距114.76公里,比上年同期增长2.6%。县内短途客运增速减缓,受私家车快速发展和运营成本大幅上升等因素影响,企业效益普遍不佳。湖州康达公交运输有限公司营运收入5188.63万元,与上年同期持平,营运成本达到8886.9万元,比上年同期增长20.04%,营运利润亏损1587.6万元。全市完成公路货运量7081万吨、货物周转量48.27万吨公里,货运量与上年同期基本持平,货物周转量比上年同期增长10.7%。货物周转量增幅明显,主要得益于车辆运力和路网结构不断优化带来平均运距的较快增长。平均运距从61.19公里提高到68.17公里,同期相比,提高11.4%。全市货运场站建设发展态势良好,有道路货运场站(物流中心)10个,占地面积达到135万平方米,占全省货运场站总面积的13.5%,货运场站吞吐量占全省总量6%。2. 水路运输:全市完成水路客运量45.1万人次,旅客周转量273.4万人公里,分别比上年同期增长31.6%和15.7%。湖州市水路旅客运输主要以市内水上旅游项目客源为主,受季节和节假日影响明显,一年中,5月、10月为高峰,1月、12月为低谷。全市完成水路货运量1.24亿吨,货物周转量191.66亿吨公里,分别比上年同期下降4.5%和6.5%。水路货运市场经历了自2009年至2011年连续三年高速增长后,2012年出现明显调整。主要受制于三方面因素:首先是宏观经济调控,固定资产投资建设降温,国家房地产"限购"政策的延续是影响湖州水路货运市场的主要原因。湖州水路货运货种单一,流向集中,水运货物中,矿建材料、非金属矿石和水泥3种货物占发出量的95%以上,流向上海、江苏和浙江嘉兴市的水路运量占85%以上,建筑市场降温,对湖州水路运输生产影响明显;其次,随着节能环保和环境整治力度加大,矿山关、停、并、转步伐加快,建材产出量减少,矿建材料基地逐渐向安徽和浙江舟山市等地转移。其三,油料、人员工资等经营成本持续增长,水运价格低位徘徊,企业经营困难,有许多经营户纷纷停运或转户。3. 公路、水路运力结构继续改善。道路运力持续增长,车型结构趋于优化。全市拥有营业性客车(不包括出租车、城市公交车)1532辆,5.63万客位,中、高级客车占比达70.16%,比上年同期提高0.96个百分点;全市拥有营业性载货汽车1.82万辆、9.42万吨位,分别比上年同期增长12.2%和9.3%。厢式车增长16.4%,集装箱车增长40.3%,罐车增长32.4%;厢式车、专用车、重型车占比重分别达到20.7%、7.8%和22.4%。水运运力规模增速放缓,结构调整力度加大。年末全市拥有营运船舶5414艘,153.63万净载重吨、1150客位、480标准箱位和86.06万千瓦时。船舶吨位增速放缓,净载重吨比上年同期增长1.06%,增速低于5年来6.66%的平均增长水平。船舶结构调整步伐明显加快。其中,散装水泥船增长9.16%;集装箱船增长184.97%。危险化学品船和非机动驳船分别比上年同期下降44.4%和9.6%。船舶平均吨位达287吨/艘,比上年提高5.59吨/艘,保持了连续上升态势。4. 内河集装箱运输优势突显。全年全市内河集装箱运量47397TEU、货运量28.7万吨、周转量7465.2万吨公里,分别比上年同期增长301.9%、549.6%和549.6%。被列入省物流业重点工程的安吉川达物流集装箱码头,是"长三角"地区首个千吨级内河支线码头,自建成投产以来发展较快,集装箱运量加速增长。湖州市及周边地区的杭州市和安徽等地出口货物多通过湖州内支线集运至上海港进行转口贸易,航道通畅、便捷,物流成本低廉的优势进一步显现。

【全行业安全生产形势】 湖州市交通行业全年安全形势基本平稳。水上事故率与上年同期相比明显下降,全市辖区受理水上交通事故401起、死亡2人、沉船5艘、直接经济损失158万元,与上年同期相比,分别下降26%、下降33.3%、持平和下降16%;道路事故率有所上升。全市道路运输企业行车事故共发生35起(其中18起轻微事故,17起死亡事故)、死亡17人、受伤39人、直接经济损失439.3万元,分别比上年同期上升45.83%、上升6.25%、上升116.67%和上升88.31%;交通在建工程项目未发生安全生产死亡事故。未发生职工工伤死亡及火灾事故。

【交通服务企业总体经营状况】 截至11月底,纳入网上直报的交通服务业企业法人单位237家,实现营业收入52.49亿元,与上年同期相比增长5.46%;上缴营业税金及附加1.27

亿元,增长5.23%,实现增加值11.04亿元,增长8.97%,交通服务业企业对全社会贡献率持续提高。在全市237家交通服务业企业法人单位中,道路运输企业资产占88.5%,水运企业占4.3%。湖州市16家重点物流企业中,有7家为公路运输(站场)企业,9家为水路(港口)企业。公路物流企业实现营业收入、营业利润和增加值3项指标均呈增长态势;水路物流企业营业收入增长8.67%,营业利润下降17.03%,增加值下降0.85%。市重点水路物流企业中,有3家企业营业利润出现亏损,亏损面为33.3%。道路运输企业经营状况整体好于水路运输企业。

【物流龙头企业培育成效明显】 2012年,通过物流政策引导、上门联系指导、邀请专家现场指导和开展物流创新项目试点等措施,在推进物流企业规模化、规范化建设方面取得明显进步。一是企业创A成效显著。全市共新增4A级物流企业1家,3A级物流企业2家,2A级物流企业4家,创A数量之多为历年之最。截至11月底,全市拥有2A级以上物流企业24家,居全省中上水平。二是龙头带动发展较好。全市被列入省"十二五"物流发展规划的4家重点物流企业(华安物流、鑫达物流、兴一物流、捷通物流)发挥了积极带动发展作用,据有关数据显示,截至12月底全市16家重点物流企业,营业收入同比增长18.65%、增加值同比提高17.96%。

【生态交通建设】 湖州市交通主管部门以优化完善公共交通,加快调整运力结构为重点,积极推进道路节能减排工作。年内先后淘汰、更新货运车辆3546辆,淘汰和更新客运车辆271辆,投放LNG客车250辆,可实现年减排二氧化碳3780吨,节约能源成本1500万余元。5月22日,湖州市首批新能源LNG(液态天然气)货运车辆在长兴县投入运营,实现了全市货运行业新能源车辆"零突破"。随着湖州水运行业老、旧、小船舶退出水运市场和大吨位标准化货船的快速发展,航区单船平均吨位快速提升,运输船舶千吨公里油耗逐年下降。水运行业货船每千吨公里油耗从2011年的5.30公斤降至2012年末的5.16公斤,与上年同比,节约燃油2683吨,折合标准煤3909吨,减少二氧化碳排放量9773吨。全年全市实施公路、水运绿化项目19个,完成公路绿化140公里、边坡荒地复绿4.2万平方米,航道绿化8万平方米。

【交通行政执法】 全市各级交通行业管理部门继续强化公路、航道管理,积极实施道路运输市场、水路运输市场监管,不消极执法、不越权执法,全年(至11月末),共办理行政处罚案件2.1万多件,办理行政许可3088件,报备重大案件232起,没有发生行政复议或行政诉讼。结合"行政执法规范年"活动,市交通运输局对各执法单位的行政许可案卷、行政处罚案卷进行评查,评选出"十佳执法案卷",对存在问题及时反馈。继续加强执法主体资格管理,对全系统1500余名执法人员集中统一培训考试,不合格者不得实施交通执法行为。在执法工作中,严格依照法律规定履行经济调节、市场监管、社会管理和公共服务等职责;严格执行"查处分离"、"罚缴分离"和"收支两条线"制度;严格执行重大行政处罚案件集体讨论制度和行政处罚公示制度。湖州市交通运输局制定并下发《关于推行说理式行政执法的指导意见》,要求各执法单位在依法行政的基础上,全面、具体告知当事人享有的申请回避权、陈述权、申辩权和要求听证权等合法权益,认真听取当事人的陈述和申辩,力求做到"说清事理,说透法理"。全系统各执法单位在实施行政许可、行政处罚和行政强制等具体行政行为中做到事实清楚、依据正确、程序合法,无违法或不当的行为发生。

【交通科技研究与推广应用】 年内,湖州市交通系统结题验收的交通科技研究项目共计7项,分别是由湖州市公路管理处承担的《沥青稳定材料加铺水泥混凝土路面应用研究》、《振荡压实技术在沥青路面施工中的应用研究》;湖州市交通工程质量安全监督站承担的《混凝土梁桥加固后结构可靠度分析模型研究》;湖州长兴县交通学会承担的《钢－预应力砼组合连续箱梁桥在平原区航道应用研究》;湖州交通学校承担的《传统运输企业转型升级的研究》;湖州市公路运输管理处承担的《道路客运行业主要经济运行指标体系构建研究》和《道路运输行业管理水平及执法能力第三方评价体系建设研究》。此外,还完成6项交通科技项目的推广应用,分别是由湖州市公路管理处推广应用的《橡胶沥青断级配磨耗层》、《水泥就地再生技术》;湖州市港航管理局的《19米港航管理艇》;湖州市运管处的《出租车服务信息平台》;湖州市交通学会科技成果应用推广中心和湖州市交通工程质量安全监督站的《瑞利波检测高速公路复合地基加固效果研究的推广》;长兴县交通运输局的《钢桁架桥关键技术在中承式连续钢桁架拱中的研究应用》。各项交通科技研究成果较好地服务于交通转型发展和现代交通建设,加快了行业创新步伐。

邮政电信

【邮政】 湖州市邮政局主要经营邮件寄递,邮政汇兑、邮政储蓄,邮票发行、集邮票品制作销售,国内报刊、图书等出版物发行以及国家规定的其他业务。并对信件、规定重量范围内的印刷品、包裹的寄递以及邮政汇兑提供邮政普遍服务,此外还按照国家规定办理机要通信、国家规定报刊的发行,以及义务兵平常信函、盲人读物等的免费寄递等特殊服务业务。中国邮政储蓄银行湖州市分行于2008年4月成立,目前业务范围包括本外币储蓄、个人业务、对公业务、信贷业务、国际国内汇兑等。中国邮政速递物流股份有限公司湖州分公司于2011年1月1日成立,主要经营邮政国内外特快专递和邮政物流等业务。截至2012年年末,全市邮政从业人员2122人(专业技术人员65人),邮政服务网点213个,便民服务站425个,报刊亭237个,CRS/ATM自助机具202台,邮路总长5551公里,农村投递路线10755.32公里。2012年,全市邮政系统累计完成业务总收入4.48亿元,其中邮政企业1.79亿元,银行2.08亿元,速递0.61亿元。全市邮政储蓄余额78.66亿。

2012年,市邮政局被湖州市政府评为湖州市2011年减轻农民负担专项考核优秀单位,被湖州市献血办评为"2011年度无偿献血爱心团体单位"。市邮储分行荣膺"市级文明机关"光荣称号。市邮政局红旗路分局费珍珍获"浙江省青年岗位能手"称号。市邮政局凤凰邮政营业中心获2011年度"省级青年文明号"称号。市邮政局开发区支行被继续认定为"省级青年文明号"。市邮政局吴玉宇和长兴县邮政局唐寄斌分别被湖州市人民政府授予“湖州市劳动模范”荣誉称号。市邮政局团委被评为“2012年度湖州市先进团委”。市邮政局姚玉萍被评为“2012年度湖州市优秀共青团员”称号。

扎实开展“三个年”主题活动 2012年,根据全省邮政工作会议精神,市邮政局紧密结合自身实际,深化“以信息化引领,实现湖州邮政三个转变”主题活动,努力营造浓厚氛围:开展“文化养人助推转型”学习实践活动,组织骨干员工教育培训,召开“以信为本、韧者常青”企业文化学习座谈会,开展浙江邮政转型发展知识竞赛,举办湖州邮政劳模先进事迹巡回报告会和“以信为本、韧者常青”主题演讲比赛。深入推进金融网点转型,改造红旗路营业网点,将其打造成全省一流的标杆网点。全市共新增或更新CRS15台、ATM10台。组建商务投递部,加开湖州至杭州的早班车,运用投递信息反馈系统、党报寻根系统等现代化信息手段,实时监控服务质量。完善全市邮政内控体系,严格控制成本费用管理,完善专业收支考核,及时掌握经营状况和财务预警指标。

“邮政便民服务站”挂牌 6月5日,湖州市区首个“社区居委会邮政便民服务站”在吴兴区月河街道三里桥社区居委会挂牌。

加快建设村邮站信报箱 2012年,村邮站信报箱建设被列入湖州市委、市政府2012年度十大民生实事项目。全市共建成村邮站1003个(其中与便民服务中心结合994个;信息化村邮站240个,基本服务功能村邮站763个),补建和更新改造信报箱9.5万户。年底,南浔区完成全区各镇221个村邮政验收。

赵洪祝在安吉县东浜村邮站调研 9月18日,全省加强村级便民服务、村务监督和村集体经济建设现场会在安吉县召开。省邮政公司总经理鞠勇陪同时任省委书记赵洪祝等到安吉县递铺镇东浜社区现场观摩,赵洪祝充分肯定了邮政便民服务举措和村邮站建设成效。由省领导龚正、陈德荣率领的观摩团和省领导王建满、梁黎明率领的观摩团,分别视察安吉县的横山坞村和荷花塘村的村邮站建设和运行,并给予了高度评价。

举办迎接党的十八大胜利召开邮展 9月29日,湖州市迎接党的十八大胜利召开集邮展览在湖州钱业会馆开幕。中华全国集邮联常务理事、著名集邮家林衡夫,省集邮协会专职副秘书长王建人和市有关部门领导、嘉宾出席了开幕式。

签订战略合作框架协议 11月27日,市邮政局与市旅游局签订了战略合作框架协议,安吉县大竹海景区与安吉县邮政局签订了景区门禁系统协议,湖州天下湖品旅游商品购物中心与市邮政局电子商务局签订了旅游商品销售协议。

市领导重要批示 12月29日,湖州市委副书记、市长金长征对我市村邮站信报箱建设工作作出重要批示:全市村邮站信报箱建设内容实在,服务便捷,值得肯定。12月31日,市政府沈建平副市长对我市村邮站信报箱建设工作作出重要批示:注重长效、把村邮站功能发挥好,使之成为百姓满意工程。

做好“浙乡邮礼”村邮配送工作 市邮政局认真做好“农产品进城、工业品下乡”,“浙乡邮礼”村邮配送工作。分月完成枇杷737箱,杨梅652箱,水蜜桃1236箱,三门青蟹279箱,泳溪香米1282箱,庆元香菇550箱的配送。

“德清县公民道德教育明信片”首发 10月20日,“德清县公民道德教育明信片”举行首发仪式。该明信片由德清县宣传部主办,德清县邮政局协办,以“道德品行”为主题,首次发行2000套,每套5枚,共计10000枚。

长兴县邮政局人民路支局成为全市邮政首个转型网点 11月13日,长兴县邮政局人民路支局网点转型正式启动,成为湖州全市邮政首个转型网点,标志着湖州邮政网点转型工作的全面铺开和代理金融的发展进入一个新的里程。

安吉县邮政局签约“政府采购农家书屋出版物项目” 7月,安吉县邮政局与安吉县文化广电新闻出版局签订首批“农家书屋报刊采购分合同”,为全县10个乡、镇、村级图书馆(室)配送邮发报刊。

【电信】 2012年,中国电信湖州分公司始终深度聚焦规模发展和效益提升,全体员工紧紧锁定“市场份额企稳回升”这一核心目标,通过服务和创新双领先,持续推动规模发展,持续提升服务工作,持续抓好有效举措,较好地完成了全年任务,保持了企业持续、健康发展,获得了中国电信集团公司“创新和服务双领先”本地网称号。湖州分公司继续保持了“省级文明单位”称号;再次荣获“第九届湖州市消费者信得过单位”称号,已连续九年获得该称号,成为湖州市通信行业标杆企业;获得工业和信息化部“节能减排先进单位”、获得浙江省“依法治企先进单位”等称号。

2012年湖州分公司新增了大量C网室外基站、室分RRU信源、WLAN热点等,使移动网络有效面积覆盖率达到99%,CDMA掉话率降至0.128%,接通率升至99.5%;持续开展IP城域网优化。通过新增IP城域网出口,扩大宽带接入服务器和一级汇聚交换机容量,进一步优化IP城域网,IP城域网出口新增20G,宽带接入服务器扩容11台,一级汇聚交换机扩容23台;有序实施光进铜退。全年完成退网铜缆31万线对公里,新增中继光缆6497芯公里,新增接入光缆10.94万芯公里,新增管道58.8孔公里。

2012年,中国电信湖州分公司进一步贯彻落实服务领先工程,实现“客户感知提升,业内对比领先,集团排名领先”的服务领先目标。通过开展“为民服务创先争优”、“通信业道德领域突出问题专项教育和治理活动”、“通信行业行风建设”、“纠正电信领域侵害消费者权益问题专项行动”等活动进一步促进电信服务能力的提升和电信业务的规范。依托省公司推进的2012年全业务达标、宽带服务与3G服务重点工作和宽带服务与3G服务的同业对标体验活动等工作,科学地认识存在的服务短板或不足,采取整改提升措施,以规范服务推进强渠销售市场,通过服务产品化、产品服务化,提升服务的价值,确保服务承诺有效履行实现重点业务同业领先。同时借助政府监管与企业自律、社会监督等手段相结合,改善通信服务质量,解决社会反映突出的服务热点问题,营造服务贴心、经营规范、通信安全的服务环境及氛围,有效提升了客户感知度。

2012年度,中国电信湖州分公司持续推进“强渠”计划。通过加快营业厅的卖场化改造、拓展社会渠道网点和实施销售流程再造;通过销售渠道架构的及时调整、优化人力资源配置、变革核心销售渠道流程等举措,有效促进渠道运营能力的提升变革,从而提升了渠道销售能力,为广大客户提供了更为便捷、高效的服务。加强装维服务能力提升。通过装维责任落地、装维人员技能培训、关键指标强化管控等有效措施,抓好无条件受理、无资源响应、快装快修等重点工作,装维服务各项指标得到了有效提升。

绍 兴 市

城市交通

【概况】 2012年底,包括5条高速公路在内的903千米国、省道高等级外联主干公路网与8684千米村村通公路的县、乡、村道区域公路网一起构成了绍兴市现代公路网络体系。随着铁路网络中杭甬铁路客运专线和水运网络中新浙东运河即将加入,绍兴市现代交通网络初步形成。

【交通基础设施建设】 2012年全市公路基础设施已完成投资72.4亿元,完成年度计划的111.3%。计划内项目投资完成比例列全省第三位,项目开工率列全省第一位。年底,全市公路总里程9587.192千米,其中,高速公路393.611千米。公路密度为116.12千米/百平方千米;乡镇公路通畅率为100%,行政村公路通畅率为100%。全市2012年新增公路里程107.592千米,增长1.13%。全市共有公路桥梁3891座,计187070.07延米。新增桥梁17座,计216.06延米。在公路养护方面,公路的"四边三化"环境整治工作成效明显,成功承办了全省公路边环境整治现场会。年底,全市有包括五条高速公路在内的903千米国、省道高等级外联主干公路网与8684千米村村通公路的县、乡、村道区域公路网,它们共同构成了绍兴市现代公路网络体系。至年底,嘉兴至绍兴跨江通道(G15W)工程(绍兴市负责实施部分)累计完成投资79.7亿元,总体形象进度已达91%。31省道北延绍兴至萧山段绍兴市区段工程累计完成投资10.22亿元,完成总投资的55%。

【交通运输】 公路。2012年,公路旅客运输基本稳定,全市拥有营业性载客汽车2932辆(不包括出租汽车和城内公交车)、81158个客位,比2011年底增加29辆,增加3014个客位。由于高铁的开通对公路客运影响巨大,旅客运输量增长趋缓。全市旅客运输量17414万人,客运周转量479693万人千米,同比分别增加0.5%和1%。全市拥有班线客车2356辆,57847个客位,比2011年底增长19辆,2336个客位。全市有旅游车辆537辆,比2011年增加了7辆,增速持续放缓。客运业户稳定,总数为38家,班线班次趋于稳定,全市共有客运班线820条。货运车辆增幅持续趋旺,营运货车总数41273辆、167049吨,比2011年增加3436辆、26771吨,增幅分别为9.1%和19%。车辆结构优化较为明显,营运货车呈大型化和重型化发展趋势,大型车10337辆、117864吨,重型车6335辆、95493吨,均保持了较高增幅,但全市货运市场依然是小型车占主导,占比高达70.4%。货物运输量增长趋缓,全年全市货物运输量8051万吨,货物周转量819204万吨千米,同比分别增加4.6%和4.4%。机动车驾驶员培训行业持续趋旺。年底,全市共有机动车驾驶员培训业户63户,增加了12户,增幅为23.5%;教练员4487人,增加了1202人,增幅为36.6%;全年培训人次达141407人,增幅为29.5%。交通物流建设有新发展,建立部级物流示范企业1家,省级物流示范企业2家,市级物流示范企业14家,发展甩挂运输和多式联运。交通信息化建设取得新进展,市区、绍兴县1400辆出租汽车推行电召服务。启动绍兴公众出行网手机查询系统一期项目建设。启动绍兴交通信息指挥中心、应急视频监控中心建设。取消5个公路收费项目,全市每年免征普通公路通行费近亿元。城乡公交客运一体化在全市深入展开。

水路。2012年底,全市共有航道119条,通航总里程为1106.63千米,其中等级航道721.38千米,准七级航道385.25千米,等级航道中四级航道176.6千米。共有营运船舶887艘、194836载重吨、2480客位,内河货运船舶平均吨位达到189载重吨,较2011年底增长了3.8%。共有水路运输企业24家,其中:沿海运输企业2家,内河普货运输企业11家(其中散装化学品运输资质企业3家),内河客运企业11家(客船45艘,2022客位)。水路运输服务企业5家,船舶管理企业2家,代管船舶5艘,8785载重吨,全部为散货船。共有110家港口企业,其中危险货物港口经营企业9家。全市完成港航建设投资23876万元,同比增长3.17%;完成港口货物吞吐量1205.3万吨,同比增长3.8%;完成水路客运量97.53万人、周转量263.65万人千米,同比分别增长12.25%和10.66%;完成水路货运量1223万吨、周转量291510万吨千米,其中完成内河水路货运量1144万吨、周转量212512万吨千米,同比分别增长4.49%和2.8%。总投资5亿元的绍兴港越城港区中心作业区,至8月已完成作业区的B区码头工程、C区码头工程、D区码头工程。杭甬运河绍兴市区段桥梁移交管理。9月29日,全市首家沿海码头——上虞杭州湾作业区卧龙码头工程完成交工质量鉴定及验收,投入试运行。

铁路。杭甬铁路客运专线绍兴北站建设于年底完成,项目已通过竣工验收,并整体移交市交通投资集团有限公司。杭长铁路客运专线绍兴段累计征用土地143.67公顷,办理施工临时用地100公顷,拆迁房屋30万平方米,基本完成前期征迁任务。新铁路东站及货场迁建工程至2012年底,累计完成投资约65900万元,总体形象进度已达98.60%。

【城市公交管理】 年内,为提高适应城市环保和交通发展需要,应对燃料成本居高不下的局面,交通管理部门在全市推广使用新能源客运车辆。市公交集团公司80辆天然气环保公交车于6月上路,市汽运集团配置了17辆天然气客车用于跨地市班线。通过对舒适性、环保性、安全性和实用性等因素综合评估,10月,市交通局确定5款油气混合出租车车型供驾驶员选择。市交通局在完成各公交站点数字化编码的基础上,积极完善公交出行信息系统,市民可通过手机短信及手机上网(APP)尝试查询部分公交到站信息。市区调整14条公交线路走向,同时增设4条线路。完成公交线路延伸到解放南路,完善高教园区的公交配套,继续建设快速公交BRT一号线,完成

13对站点的定位工作,初步完成市区二环外道路及候车亭施工,初步确定滨海新城至市区公交开行方式。开展公交发展大调研,制订全市公交优先发展政策,会同财政、发改等部门对公交票价和补贴方式进行调整。

【道路交通管理】 开展市区交通堵点专项整治。市城管执法局配合市公安交警开展市区学校周边市容环境秩序为重点的两批十大交通堵点专项整治。成立专项整治领导小组,制定专项整治方案,召开专题部署会,组织执法队员及机关人员,突出抓好7所中小学校学生上学和放学两个高峰时段的交通环境秩序,严管严查非机动车、客运三轮车乱停放、学校周边200米内店铺占道经营、流动设摊等违章行为。通过与公安交警的联合整治,使学校周边市容环境秩序为重点的两批十大交通堵点的通行环境,得到了明显改善。开展"严管重罚优秩序"专项整治。市城管执法局重点开展"严管重罚优秩序"专项整治,全面推行"严管严治、严查严罚"并重的执法模式,开展"遏制占道经营,做到罚大禁小;严禁流动摊点,做到强势取缔;规范疏导点(摊),做到有序整洁;完善拆违机制,做到拆罚并举;严管停车秩序,加大执法力度;从严三轮车管理,确保有序运营;强化养犬控制,做到文明遛犬;加强信息采集,做到高效流转"等八个方面整治,尤其对屡教不改、屡罚屡犯的违法违章行为,加大严管重罚力度,构建常态长效执法管理体系。

邮政电信

【邮政】 2012年,全市邮政系统累计完成业务总收入41248万元,比2011年增长10.86%;实现收支差额1206万元。其中,市邮政局完成业务总收入15405万元,同比增长3.40%;实现收支差额566万元。至年底,全市共有在岗邮政职工704名,其中市邮政局236名;全市固定资产原值4.13亿元,其中市邮政局1.71亿元;全市有邮政局(所)149个,其中自办局(所)123个,代办局(所)26个,总营业面积为20530平方米;有邮运邮路48条,单程邮路总长度为2096千米;城市投递邮路209条,农村投递路线总长度为16389千米。全年,全市完成固定资产投资1464万元,其中购置网点188万元,购置车辆184万元,终端设备1072万元,报刊亭20万元;全市装修改造网点27个,投资1283万元。

8月31日,由绍兴邮政局承办的《宋词》特种邮票首发式在市区沈园景区举行。11月15日,全面完成村邮站信报箱建设目标,全市共建成村邮站2240个,新建信报箱11.58万只,可以向村民提供电费等公用事业费代收代缴,电信、移动、联通话费充值,账户转付、小额现金支付、领取养老金和社保等助农取款金融服务以及代售长途汽车票和飞机票等业务。

【电信】 2012年,电信绍兴分公司共投资9.50亿元,上交税收2.25亿元,新招员工200余人。完成主营业务收入18.82亿元,增长8.69%;基础业务增长9.10%,居全省第二位;收入市场份额达35.12%,较2011年末提升0.31个百分点。利润率增长16.61%,用户预存款增长22.25%,经济增加值率达10.85%。公司获"天翼先锋"银奖。全年,电信绍兴分公司投资3.50亿元进行"光网城市"建设,新增互联网出口带宽120G,总量达到400G。年内,电信绍兴分公司与市政府合作开发的全省首个"智慧绍兴综合信息门户"正式上线。积极配合航天科工,开展诸暨枫桥"智慧安居"项目试点建设。完成绍兴"数字城管"二期项目建设和嵊州市"数字城管"系统建设。投资10亿元的电信浙江公司轻纺城省级通信机楼于12月正式开工建设。全年,电信绍兴分公司共创建信息化示范镇13个、信息化示范村128个、信息化达标村106个。截至年底,全市范围内平安联防用户数达到25万户。开展村级便民服务和"三务"公开平台试点建设工作。

中国移动绍兴分公司全年实现运营收入超过27亿元,用户总数超过500万户。网络实现了县市和乡镇的全覆盖、高话务区域的立体覆盖及主要交通干道的无缝覆盖。公司在抓好通信建设和业务发展的同时,加快移动信息化建设步伐,创新开拓移动信息化行业新应用。公司全年获得荣誉25项,其中,绍兴县分公司阳光营业厅获全国"巾帼文明示范岗"称号。

联通绍兴分公司全年主营业务收入超过5亿元,增长率创历史新高。

衢州市

城市交通

【概况】 全年完成交通运输、仓储和邮政业增加值34.04亿元,按可比价格计算,比上年增长5.8%。

全年各种运输方式完成货物运输量8736.52万吨,比上年增长2.1%,其中:铁路368.47万吨,下降17.1%;公路8364万吨,增长3.1%;水运4万吨,下降19.4%;民航470.2吨,增长78.2%。全年各种运输方式完成旅客运输量11726.39万人,比上年增长1.9%,其中:铁路215.76万人,增长2.8%;公路11485万人,增长1.8%;水运6.62万人,增长51.5%;民航19.01万人,增长27.7%。

年末民用汽车拥有量17.73万辆,比上年增长17%,其中:载客汽车13.77万辆,增长20.8%;载货汽车3.1万两,增长8.8%。私人汽车15.05万辆,增长19.4%。全市摩托车拥有量25.43万辆,下降0.8%。

年末各类公路里程7822.9公里,其中高速公路317.32公里，一级公路 282.77 公里，二级公路 703.23 公里，村道 3711.02 公里。

邮政电信

【邮政】 全年邮电业务收入 15.8 亿元，比上年增长 7.1%，其中邮政业务收入 1.3 亿元，增长 25%；通信业务收入 14.5 亿元，增长 5.8%。全年邮政传送函件 2412.1 万件，包件 5.7 万件，累计订销报纸 4650.7 万份，订销杂志 303.7 万份。

【电信】 年末城乡固定电话用户 52.09 万户，比上年减少 3.27 万户。年末移动电话用户 208.2 万户，增加 9.05 万户。电话普及率（含移动电话）102.95 部/百人，增加 2.17 部/百人。互联网用户 35.81 万户，增加 7.69 万户，互联网普及率达到 40.9%。

温州市

城市交通

【概况】 2012 年，温州市 96 个交通项目同步推进，多项指标创历史新高。全市公路水路交通建设投资首次突破百亿大关，达到 126 亿元，比上年增长 75.5%，增速和总量分别位居全省第一和第二位。全年完成公路水路客运量 3.36 亿人次、旅客周转量 231.95 亿人公里，完成货运量 1.13 亿吨、货运周转量 476.22 亿吨公里；完成港口货物吞吐量 6996.96 万吨，集装箱吞吐量 51.75 万标箱。

【交通运输】 公路 2012 年，温州市高速公路建设完成投资 41 亿元。其中，诸永高速公路温州延伸段完成投资 9.1 亿元、甬台温高速公路复线乐清至瑞安段完成投资 6.6 亿元、绕城高速公路西南线完成投资 23.1 亿元、金丽温古岸头互通完成投资 0.6 亿元。龙丽温高速公路温州段项目建议书得到批复和工可审查，14 项专题项目深入研究。绕城高速公路北线二期工程，通过"工可"补充审查。瓯江北口"三桥合一"项目建议书获省发改委批复。

2012 年，温州市干线公路建设完成投资 55.5 亿元，为年度计划的 111%。41 省道南复线永嘉岩头至大若岩段、鹿城双屿至藤桥公路等 11 个项目按期开工；77 省道洞头延伸线、330 国道鹿城仰义至双屿段、雁楠公路等 68 个续建项目加快建设；56 省道文成花园至西坑段、瓯海源口至林岙公路等 4 个项目建成通车。干线公路大中修工程 23.04 公里。

水路 2012 年，温州市水运工程建设完成投资 18 亿元，为年度计划的 133%，同比增长 75%，增速位居全省港航系统首位。七里港区二期工程、龙湾一期技改工程等项目顺利完成。乐清湾港区一期工程、状元岙港区化工码头和围垦促淤工程、乐清湾港区进港航道一期工程等项目加速建设。

口岸（港口） 2012 年，温州港口水上工程建设投资年度计划为 13.5 亿元，实际完成投资额 15.68 亿元，为年度计划的 116%，比上年增长 75%，超过"十一五"时期总投资额的 50%。至年底，温州港拥有万吨级以上泊位 16 个，分别是：小门岛 5 万吨级油气泊位 1 个，七里港作业区 2 万吨级多用途码头和件杂货泊位 5 个，磐石电厂 2 万吨级煤炭泊位 2 个，乐清浙能电厂 3.5 万吨级（兼靠 5 万吨级）泊位 2 个，龙湾作业区万吨级多用途码头和件杂货泊位、散货泊位 4 个，状元岙港区 2 万吨级（兼靠 10 万吨级）泊位 2 个。全年，温州港完成港口货物吞吐量 6996.96 万吨，比上年增长 15.90%。其中，外贸货物吞吐量 492.56 万吨，同比增长 10.27%；集装箱吞吐量 51.75 万标准箱，同比增长 10.27%；对台集装箱完成 9315 标箱，同比增长 92.7%。

铁路

民航 2012 年，温州龙湾国际机场完成旅客吞吐量 563.73 万人次、货邮吞吐量 4.97 万吨、航班起降量 5.02 万架次，比上年均有增长。其中，国际（地区）旅客吞吐量 12.86 万人次，比上年增长 66.5%；全年实现固定资产投资 10.27 亿元，完成年度投资任务的 101.2%；总产值 5.5 亿元，比上年增长 7.8%；利润 1938.7 万元。

温州机场开辟国际线路 2012 年 2 月 24 日，温州机场通过航空口岸扩大开放省级预验收。3 月 25 日，开通由台湾华信航空公司承运的温州－台北松山航线，至此，温州正式对台直航。5 月 2 日，中国国际航空公司开通温州－台北桃园航线。7 月 24 日，通过航空口岸扩大开放国家验收。8 月 13 日，民航局宣布温州机场正式对外国籍飞机开放。8 月 20 日，韩国济州航空公司首航温州－韩国济州航线，这是温州机场开辟的第一条国际航线。10 月 2 日和 11 月 23 日，中国东方航空公司与大韩航空公司相继开通温州－韩国首尔航线。12 月 9 日和 21 日，泰国都市航空公司与泰国亚洲航空公司相继开通温州－泰国曼谷航线。

管道

联运 2012 年，温州海运公司拥有货轮 13 艘，共计运力 50 万吨，主要经营国际、国内航运业务。全年完成货运量 780 万吨，货运周转量 153.32 亿吨公里；营业收入 5.3 亿元，为年度计划的 80%。年末总资产 19.77 亿元，所有者权益 1.25 亿元。

合　肥　市

城　市　交　通

【概况】 2012年,合肥地区交通运输行业加快建设区域性综合交通枢纽,深化运输结构调整,提高管理和服务水平。市交通运输部门完成交通基础设施建设投资40.2亿元,其中公路建设投资28亿元,水运建设投资10亿元,站场建设投资2.2亿元,全长17.6公里的新桥机场高速建成通车,开工建设全省最大的旅客集散中心合肥客运综合枢纽站。当年合肥市重点推进公交优先发展战略,争取公共财政对公交发展的支持力度,进一步加快停保场、枢纽站、首末站等公共交通基础设施建设,增加城市公共交通专用车道,扩大信号优先范围,促进城市内外交通便利衔接和城乡公共交通一体化发展。铁路交通项目建设方面,合蚌客运专线建成通车,合福客运专线、铁路枢纽南环线及高铁南站等一批重大铁路建设工程加快推进。民航基础设施建设方面,新桥国际机场各项工程建设已进入收尾验收阶段,各项转场前的准备工作正有序快速推进。

市公路运输部门当年完成公路客运量3.19亿人次、旅客周转量262.17亿人公里、公路货运量3.15亿吨、货物周转量776.49亿吨公里,同比分别增长18.47%、15.12%、18.94%、19.16%。全年公交营运里程达19429万公里,同比增长12.70%,累计完成公交客运量6.65亿人次,同比增长9.98%。合肥火车站全年发送旅客2016万人,发送货物77万吨。全市水运完成港口吞吐量4500万吨,同比增长39.5%,完成集装箱吞吐量7.1万标箱,同比增长42%。合肥骆岗机场完成旅客吞吐量5194178人次,同比增长18.1%,货邮吞吐量42602.4吨,同比增长10.9%。东航安徽分公司完成旅客运输量239.07万人次,货邮运输量20409.3吨,其中合肥地区始发航班旅客运输量719904人次,始发货邮运输量6163.6吨。

【交通基础设施建设】 2012年合肥市交通运输部门完成交通基础设施建设投资40.2亿元,其中公路建设投资28亿元,水运建设投资10亿元,站场建设投资2.2亿元。全长17.6公里的新桥机场高速建成通车,完成合安高速(小西冲至方兴大道段)四改八工程服务保障工作,提前完成环巢湖旅游大道前期各项工作,合店路、合白路等7个续建项目顺利完工,竣工总里程99公里。S105合马路、G206改线段(南岗至上派段)等9个一级公路项目开工建设,在建里程121公里,团肥路(高刘至新桥机场)当年开工,当年建成通车。按照"竣工一批,续建一批,建设一批,储备一批"的前期工作机制,快速推进合六路、合铜路等27个项目的前期工作。服务保障水运重点项目建设,完成合裕线航道整治抛泥区和巢湖、裕溪船闸办公用房选址协调任务,建成一批水运重点项目,推进丰乐河、兆河航道升级改造、中派河码头工程前期工作。

合肥市公路交通运输部门继续推进农村公路和站场建设,完成省、市下达的危桥加固改造民生工程建设任务,续建的10座桥梁全部建成,新安排的29座桥梁主体工程全部完工。完成县乡公路改造工程203.3公里,建成村村通提级联网延伸工程400公里。在推进农村公路建设管养工作中,区划调整后巢湖、庐江交通运输局后来居上,特别是巢湖交通运输局工作成效明显,积极推进巢湖旅游资源整合,突击完成白马山至黄麓师范道路建设。完成5个农村客运站场,加快枢纽站场建设,完成客运西站主体工程,基本完成客运东站、北站及滨湖汽车站的规划选址,开工建设全省最大的旅客集散中心合肥客运综合枢纽站。

截至当年底全市公路总里程达到16145.91公里,其中国省干线公路1029.57公里(含高速公路447.52公里),农村公路15116.34公里。

【新桥国际机场高速公路建成通车】 2012年11月18日新桥国际机场高速公路建成通车。该路位于合肥市西北部,是在建的合肥新桥国际机场与城区顺畅连通的主要通道,北接新桥国际机场大门,顺接机场内部道路A1路,向东南跨越合六叶高速公路,经黄岗至蜀山区南岗镇,与长江西路平面交叉,终点顺接规划中的方兴大道,全长17.6公里,其中起点段1.5公里和终点段2.4公里采用八车道城市快速路标准建设,中段13.7公里采用双向六车道高速公路标准建设,设计速度100千米每小时。道路全线共设大桥1座、互通立交1处,分离式立交7座。全线设主线收费站1座,匝道收费站1座。项目总投资12.09亿元,于2010年3月28日开工建设,2012年年7月底实现合六叶高速跨机场高速互通立交放行通车,9月完成全线主体施工,11月16日通过交工验收。合肥市民从市区出发,只需20多分钟便可抵达新桥国际机场。

【公路客运】 2012年全市完成公路客运量3.19亿人次、旅客周转量262.17亿人公里,同比分别增长18.47%、15.12%。当年市交通运输管理部门全面保障旅客运输行业健康有序发展,一是圆满完成"春运"、"五一"、"国庆"等节假日道路旅客运输工作。成立假日客运工作领导小组,确保假日期间客运工作平稳有序进行。2012年春运期间,全市累计发放加班、包车牌5564张;全市(含四县一市)累计发送59万个班次;完成客运量1240万人次,同比增长10.89%。节假日期间,全市客运市场未发生一起重特大交通事故和重大服务质量事件。二是在全省率先推行互联网预售及移动手机订购汽车票服务。该服务的顺利开通,大大优化了市民的购票方式,缓解了春运期间旅客购票难问题,受到了广大市民的一致好评,社会反响良好。三是加快推进营运客车公司化改造步伐。按照"尊重历史、先易后难、统一管理、稳步推进"的原则,2012年先后对合肥至池州、合肥至九华山、合肥至定远三条班线(29台客车)进行公司化改造,营运客车公司化比例已达65.17%,公司化比例全省领先。四是严格把关，对全市4286台(含四县一市)班车开展年度客运班线核查、年审工作，年审率达100%。五是开通环巢湖旅游观光巴士，为广大市民和游客游览巢湖提供了便捷条件。六是开通合肥首条车站换乘班车，缓解汽车站、火车站周边交通压力。七是加强农村客运站网点建设，2012年共完成新建农村客运站5个。

【公路货运】 2012年全市完成公路货运量3.15亿吨、货物周转量776.49亿吨公里，同比分别增长18.94%、19.16%。当年市交通运输管理部门全面加强货运行业动态监管。一是认真开展道路危险货物和大型普货运输安全生产大检查，特别是对全市(含四县一市)31家道路危险货物运输企业进行了专项检查。对检查中发现的问题及时进行梳理，并要求企业立即整改。二是进一步加强源头治超工作力度，推动源头治超工作持续、深入开展。严格按照省治超领导小组"2012年联合治超1号、2号、3号、4号行动"、合六叶高速公路超限超载车辆集中整治行动和雷霆专项行动有关要求，积极配合落实各项工作任务。全年共出动运管执法人员4600余人次，巡查里程8.5万公里，检查货源单位1.8万户次，检查车辆总数6万余台次，查处违法超限超载及擅自改装车辆218台，配合公路部门转卸载货物6400余吨。严重超限超载现象得到遏制，治超工作取得了较好的成效。三是常抓不懈，继续开展"三车"整治工作。密切配合相关部门对全市从事建筑沙石的企业和车辆进行摸底统计，完善基本台帐。对"三车"，尤其是运料车实行常态化管理。四是强化责任，进一步督促巢湖市、庐江县危货企业实行规范化管理。督促原巢湖市8家、庐江县1家危货运输企业认真清理所属车辆和从业人员信息，消除安全生产隐患。

【出租汽车管理】 2012年市交通运输管理部门全面提升出租汽车行业管理服务水平，一是根据上级部门要求，圆满完成全市8395辆出租汽车运价的理顺和调整工作。二是进一步加强常态化教育培训工作，全年4期、近9万人次的大规模全员教育培训工作落到实处。三是制定《合肥市出租汽车行业2012年创律全国文明城市工作实施方案》，采取各项措施，编印并发放各类宣传手册共8万份，通过各类新闻媒体做文明创建专刊5期，营造浓厚氛围，掀起我市出租汽车行业创建全国文明城市活动的新高潮。四是继续发展"小太阳文明示范车队"。目前我市"小太阳文明示范车"已达412台，队员658名。其中7名驾驶员入选"中国好人"，1名安徽好人和两名省、市道德模范。五是多措并举，亮化车容车貌。3次对全市8395辆出租汽车逐台进行外检，确保车容车貌整洁和车辆技术状况完好。六是为维护出租汽车行业稳定，深入调查研究，掌握行业动态，及时化解行业内存在的不稳定因素，全力维护出租汽车企业、经营者和驾驶员的正当权益。

【出租汽车运价调整】 2012年9月7日合肥市物价局发布公告，理顺城市客运出租车运价，于9月15日执行新的出租车运价方案。新的调价方案中，取消征收临时燃油附加费，起步基价分别调为8元/2.5公里(排量2.0升以下)，9元/2.5公里(排量2.0升及以上)。车公里租价适当提高了0.2元每公里，空贴费启动标准从现在的10公里以上提高到15公里以上，并建立了运价与车用天然气价格联动机制实施方案。此外等时费做了较大调整，保留了5分钟免费时间，并采用高峰时段与普通时段不同等时费标准。

【打击取缔非法营运】 2012年市交通运输管理部门始终将打击非法营运作为工作的重中之重，时刻保持狠抓、严查、重处的高压态势。一是多次召开动员会，传达市委、市政府领导重要批示精神，统一思想，提高认识。制定新一轮打击非法营运工作方案，明确工作目标和责任分工，市运管处抽调全处(包括机关工作人员)所有经验丰富运政执法人员，对火车站、汽车站周边区域道路运输市场秩序开展24小时不间断整治，从严、从重打击各类非法营运车辆。通过深入一线调查，科学制定"集中整治，加强协作，巩固成果，建立长效"的综合整治方案；二是加大工作督查力度，主要领导和各分管领导深入一线进行督促指导工作，现场查看路面执法情况和相关制度的落实情况，对发现的问题要求及时整改。三是建立"一日一上报"和"每周一调度"制度。将"查处分离"制度进行强化，有效地杜绝执法人员"讲人情"，实现行政处罚的公平、公开、公正。四是坚持一手抓打击、一手抓宣传，两手抓、两手硬，加大宣传非法营运的危害性，提高市民的知晓率，赢得市民的理解和支持，促进打击非法营运工作平稳有序开展。2012年市运管处共查处各类非法营运车辆2137台，公开销毁假牌出租汽车252台，自2010年累计查处各类非法营运车辆4439台。

【机动车维修(检测)管理】 2012年市交通运输管理部门全面推进维修检测企业诚信服务工作，一是依据国家标准，严把市场准入关，坚持公平、公开、公正和便民的原则，对新开业的维修企业，严格把关。全年共审批9家一类维修企业，13家二类维修企业，44家三类维修企业。二是完成全市784家机动车维修企业(其中一类84家、二类302家、三类398家)、7家汽车综合性能检测站质量信誉考核工作。对考核不合格的14家企业下发整改通知书，限期整改。三是根据《营运车辆技术等级划分和评定要求》等相关规定，严把车辆技术关，保障道路运输车辆技术状况良好，确保道路运输安全。四是开展维修质量检查工作。加大对营运客车和危险品车辆的二级维护监管力度，并组织人员对11家客车和危险品维修厂进行安全和维修质量检查。五是积极开展维修检测人员资格培训考核工作。组织开展了16批从业人员资格考试。

【驾驶员培训管理】 2012年全市新增教练车辆699辆，教练车总量达到3803台；新增教练员800人，教练员总数达到4200人；新增教练场地275亩，训练场地总计2025亩；全年累计培训人数近20万人，同比增长39%，累计培训、考核合格驾培从业人员1.25万人，同比增长20%。当年市交通运输管理部门全面规范驾驶员培训管理工作。一是2012年4月起开展了为期三个月的合肥市机动车驾驶培训市场专项整治活动，效果明显。二是继续规范机动车驾驶培训教练场地。聘请专业测量人员按照交通运输部《机动车教练场技术要求》，对巢湖、庐江及合肥市新增的共43处教练场地进行了勘验审核，对符合要求的教练场地统一制作标牌，对13处不符合要求的教练场地给予限期整改，整改仍不合格的4处教练场地予以取缔。三是规范教练员管理，开展万人学员大回访。一年来共回访学员1.1万人，通过回访对查证属实的19名有违规教学行为的教练员进行了处理。四是开展教练员年度再教育培训考试和道路运输从业人员诚信考核工作,进一步提高从业人员综合素质。五是是协同省运管局举办两期教练员资格考试,协助物价部门重新核定合肥市机动车驾驶培训收费标准。

【合肥火车站客货运输】 合肥火车站是上海铁路局客货运直属一等站,主要办理客运、货运、承担合肥枢纽货运列车和枢纽小运转列车解编作业任务。合肥枢纽内配有固定调机7台,有正线22股,站线119股,特别用途线23股,衔接专用线20家,段管线5家。闭塞方式采用64D型单线半自动闭塞、单线自动站间闭塞、双线自动闭塞。站房面积1.0072万平方米,货场面积87.24万平方米,总有效货位1674个。2012年合肥火车站共发送旅客2016万人,发送货物77万吨,实现运输总收入172340万元。至年末该站实现行车安全2000天和安全年,荣获"全国五一劳动奖状"、铁道部"文明车站"称号,合肥市第十二届文明单位称号。

【合肥至北京高速列车首发暨合蚌高铁开通】 2012年10月16日上午,合肥至北京高速列车首发暨合蚌高铁开通仪式在合肥站举行,是日8时整合肥至北京南G262次首发列车开行。合蚌高铁起于京沪高速蚌埠南站,终点在合肥火车站,正线全长129.341公里,在合肥境内近80公里,采用无砟轨道,500米超长钢轨。合蚌客专北连京沪高速铁路,南接合肥铁路枢纽与合宁、合武、合福铁路相衔接,是京沪高速铁路与沪汉蓉快速客运通道间快速连通线,也是京福铁路的重要组成部分,构成合肥北上的快速通道。该项目2009年1月9日正式开工,设计行车速度为350公里/小时,由铁道部与安徽省合资建设,投资估算为136亿元,施工总工期3.5年。

合肥至蚌埠高速铁路运营将按照便民利民、方便快捷的总体要求,合理安排列车开行方案。初期安排开行高速动车组列车15对,具体为:合肥至北京南9对,合肥至青岛2对,合肥至蚌埠南4对。此外上海虹桥至合肥、合肥至温州南1对普通动车组列车经合蚌高铁延伸至淮南东站终到、始发。合肥至北京南最短运行时间3小时50分,比既有线旅客列车最短运行时间缩短5小时42分,合肥至北京一日往返变为现实。

【地方铁路运输】 2012年合肥地区拥有专用铁路(含铁路专用线)45条。其中市区25条,肥东县7条,肥西县1条,长丰县4条,巢湖市8条,线路长度184.70公里。全年完成货运量1182.26万吨,运输安全无事故。

2011年8月22日合肥市行政区划调整,新增巢湖市铁路专用线8条(安徽皖维高新材料股份有限公司、安徽省巢湖铸造厂有限责任公司、中央储备粮巢湖直属库、安徽巢东水泥股份有限公司(东亚)、中石化巢湖石油分公司、巢湖辉能贸易有限公司、七四一O工厂、巢湖华能电厂),线路长度23.10公里。其中巢湖辉能贸易有限公司专用线停止运输。

铁路专用线基础建设:1、六安市地方海事局双墩办事处铁路专用线,投入58.8万元,对线路进行了大修;安徽锦邦化工有限公司专用铁路,投入了23.5万元,对线路进行了中修。2、安徽肥西国家粮食储备库,投资150万元,新建防雨棚5000m²;安徽军工物流有限责任公司,投资17.5万元,新建防雨棚1500m²。3、全市铁路专用线完善了站场、道口、机车运行监控设备、设施,加大了线路维修和设备资金投入,提高了线路质量,保证了行车安全。

铁路专用线建设规划:1、合肥市粮食局第二仓库(合肥城东国家粮食储备库)铁路专用线于7月1日获铁道部批准正式开通运营;合肥循环经济园专用铁路12月通过上海铁路局竣工验收,获得批准开通。2、合肥市地方铁路投资建设有限公司在1月5日"合肥市交通运输发展与管理"论文研讨会上,发表的合肥市地方铁路及十八公里专用线在"十二五"期间的发展论文,引起了市领导高度重视,10月13日合肥市十八公里专用铁路改造利用已列入市重大项目发展规划;3、该公司代表了合肥地区地方铁路,参加了在德国柏林举办的"国际轨道交通技术展览会"和"地方铁路投资与规划建设"专场中外交流会,并在会上介绍了合肥地方铁路建设、规划以及合肥市十八公里专用线改造利用发展规划情况。4、为了加强铁路建设发展,充分发挥各自优势,建立创新合作平台,该公司11月22日与铁道部第三勘察设计院集团有限公司签署了地方铁路建设发展战略合作框架协议。

铁路专用线运营管理:1、合肥市物价局核定批准了合肥恒通铁路有限责任公司、合肥循环经济园专用铁路运价和收费标准。2、12月6日合肥市地方铁路协会与安徽交通职业技术学院联合建立了合肥地方铁路培训和轨道交通实训"双基地",共同打造培训优质专业技能人才平台。3、合肥市地方铁路协会举办了一期地方铁路道口值班员业务技能培训班,参训人员34人,经训后考试,均合格上岗。4、合肥市地方铁路投资建设有限公司,加强合肥循环经济园专用铁路建设组织领导,精心施工,积极协调化解各方矛盾,加快了施工进度,节省了工程费用4600多万元。3月21日被中国地方铁路协会,授予2011年度全国地方铁路先进单位称号,并在全国地方铁路工作会议上作了交流发言。5月29日,中国地方铁路协会领导来肥检查地方铁路工作,对合肥地方铁路建设和运营工作,给与了很高评价。5、安徽盛隆物流有限公司8月30日经安徽省工商局核准,更名为"安徽军工物流有限责任公司"。

【地方海事(港航管理)】 2012年合肥海事、港航部门以区划调整为契机,组织开展《合肥港总体规划》修编工作,完成初稿;加强对跨越拟建江淮运河工程建筑物通航净空尺度的控制,编制完成《江淮运河线路及水文梯级研究报告》;兆河航道升级改造、巢湖旅游码头等项目前期工作加快推进。港航建设方面,合裕航道升级改造、合肥港综合码头二期工程如期开工建设;巢湖、裕溪复线船闸工程竣工试通航。连续实施3项航道养护工程,完成投资705万元,累计疏浚土方量12万方。南淝河交管工程、钓鱼河航道整治工程通过验收;滨湖水上搜救基地40米工作趸船、30米海事指挥艇建成并投入使用;综合信息网络平台、海事电子地图和海巡指挥艇的无线视频传输系统开发与应用效果明显。集航运、防洪、水生态环境良好等多重功效于一体的全省首条"省市共建"航道—店埠河航道升级改造工程正式开工建设,完成投资3000万元;与包河区政府合作共建施口巡航救助基地,完成主体工程。

合肥海事、港航部门加强水上交通安全监管,及时协调解决水上安全问题,排查并整改安全隐患6处。完成"春运"、"十一"、汛期、枯水季节等重点时期,特别是党的十八大召开前与会议期间,以及省市领导视察巢湖国际水上旅游节、环巢湖综合治理等重大活动的水上安全保障工作；制定《2012巢湖旅游节水上交通管制行动手册》，现场维护水上交通秩序，出色地完成了2012中国合肥·巢湖（国际）旅游节各项活动水上安保任务。进一步规范水上水下活动通航安全论证评估和现场安全管理，完成水上水下监管活动1项，在建水上水下监管活动10项。因“渡改桥”等原因撤销渡口19道。建立了海事、渔政联系机制，就巢湖湖区货船、渔船的安全生产管理、宣传教育以及人员培训、矛盾纠纷的调处、灾害天气的水上救助等方面达成合作意向，并开展联合巡航活动。建立了海事、船闸安全管理联动机制，就水上突发事件、恶劣天气时船闸联动达成共识。组织开展合裕航道大型综合巡航检查。完成《合肥市水上搜救应急预案（送审稿）》上报待审；成立合肥市水上搜救志愿者服务队，壮大水上搜救力量；组织开展以“构建和谐水运，创平安岱山湖”为主题的水上搜救演习和水上交通消防应急救援演练，全面提升了应急救助能力和水平；加大对恶劣天气湖区及裕溪河航行船舶的安全监控，及时启动应急响应和相关预案，成功抗击了台风连续来袭；组建了水上搜救志愿者队伍并开展了应急演练；全年共出警95次，处置事故险情29起，救助船舶55艘，救助船员64人，处理船员纠纷14件，救助成功率达100%。

水运市场管理方面，出台《合肥船检办事处外出检验管理办法》、港航企业联系制度、跟踪调研制度，着力为船东船员提供人性化服务。全面实施普货运力调控政策，大力发展集装箱运力，新增集装箱运输船舶12艘、1593箱位、3.4万载重吨，结束了我市无集装箱船舶的历史；长江干线船型标准化工作推进顺利，发放补贴资金2155.61万元。实施船舶“油改气”工程，完成皖合肥货0398船舶“油改气”试点工作。依法行政方面，切实从重审批、收费转变到以企业经营资质和经营行为为重点的市场监管上来，不断规范市场秩序。稳步推进老旧小码头整治，拆迁老旧小码头6座；不断强化港口规划和岸线使用管理，全年转报审批港口岸线项目3件。加大航道养护管理，顺利通过交通运输部航道养护技术考核。

全市当年完成水运建设投资近10亿元，同比增长244.8%，再创历史新高，完成港口吞吐量4500万吨，同比增长39.5%，排名由去年的全省第5位升至第3位，完成集装箱吞吐量7.1万标箱，同比增长42%，位居省内第3位；拥有营运船舶2259艘、180万载重吨，排名全省第7位；完成非税收入征收计划，排名全省第5位；水上交通安全形势平稳，连续十五年无死亡事故。合肥海事局荣获全国海事系统2012年度先进集体、合肥市第十二届文明单位称号。

【合肥骆岗机场客货运输】 2012年3月1日，安徽省政府与国家民用航空局签署加快推进安徽民航事业发展的会谈纪要。“十二五”期间，双方将发挥各自优势，以完善安徽民航机场布局、提升航空运输能力、改善机场保障条件、构筑综合交通枢纽为重点，促进安徽民航业整体水平再上新台阶。2012年9月，安徽省财政厅、省交通运输厅联合下发了“关于印发《安徽省民航发展专项资金使用管理暂行办法》的通知”，将省级资金拨付给机场集团进行专户管理，并增加了“货运航线航班补贴”、“异地城市候机楼补贴”、“新增过夜飞机奖励”等，这是安徽民航寻求政策扶持的历史性突破。

是年安徽民航机场集团有限公司创新航空运输市场发展思路，通过进一步优化航线网络布局，加大“惠农”航空旅游开发、异地城市候机楼等工作力度，提升航空市场发展规模水平。当年在合肥骆岗机场运营的航空公司已达21家，每周计划执行航班超过500班，比去年同期增加近100班，共恢复、新开和加密国内外定期航线27条，其中包括合肥至日本大阪、韩国济州岛的国际航班，同时还开通了至泰国曼谷的旅游包机。为积极应对合京高铁开通对民航带来的新挑战，集团公司协同东航、国航、海航等单位联合推出打造空中“合京快线”服务项目。同时集团公司继续推进全省各地市的城市候机楼建设工作，共开通20个城市候机楼。今年陆续开通马鞍山、和县、淮北、无为、含山、九华山景区及庐江7个异地城市候机楼，使民航“大众化、便民化”服务网络逐步向各县区和旅游风景区延伸，进一步提高了民航服务的覆盖能力。在此基础上成立了我国首家省级民航城市候机楼联盟，使我省民航机场城市候机楼的发展进入了一个新阶段，空中、地面交通网络一体化更加完善。该公司坚持“安全第一，预防为主，综合治理”的方针，强化持续安全理念，深入推进机场安全管理体系和航空保安安全管理体系（SeMS）建设，强化全员安全生产责任制，航空安全综合保障能力得到进一步提升。在合肥新、老机场对接转场的特殊时期，适时建立集团公司总值班及合肥机场1号值班的24小时双岗值班工作制度，提升了集团公司整体指挥调度水平。当年合肥骆岗机场共安全保障各类飞行起降48993架次，同比增长17.0%，连续实现24年航空安全无事故，空防安全连续保持53个安全年，先后完成两会专机、央企对接会、第十三届中国航线航班商务洽谈会和全国农业科技教育工作会议等重要航空运输保障任务。当年合肥骆岗机场完成旅客吞吐量5194178人次，同比增长18.1%，其中8月份的迎送旅客数创新高，达499370人次；货邮吞吐量42602.4吨，同比增长10.9%，其中9月份的货邮量达到最高，为4676.5吨。2012年12月18日合肥骆岗机场突破年旅客吞吐量500万人次大关，顺利迈入全国大中型运输机场行列。

【新桥国际机场建设】 2012年合肥新桥国际机场各项工程建设按照省委省政府的要求全面快速推进，已进入工程收尾验收阶段，机场航油工程、东航南工作区工程、助航灯光工程和道路桥梁工程已完成单体验收。根据省政府主要领导“拟以2013年2月25日转场为目标，确保新桥国际机场‘一夜转场、一次成功’”的指示精神，安徽民航机场集团有限公司成立转场工作领导小组，并召开了转场动员大会，与各分子公司及保障单位签订了转场工作责任状，层层分解转场工作任务，各项转场前的准备工作正有序快速推进。

【东航安徽分公司客货运输】 2012年东航安徽分公司不断提升服务品质，对各服务接触点优化流程、改进细节、提高标准、深化内涵，致力于通过“面对面”和“背靠背”服务，达到与旅客“心连心”的效果。在“合肥北京”精品航线基础上，创新开展系列内涵丰富、品味高端的特色服务，积极打造“合肥香港、合肥台北”两条服务精品航线，制定精品航线系统保障方案，以点带面提升服务品质；推动服务转型，继续完善高端旅客和集团客户信息库，识别和细分客户群体和需求，积极开展高端客户个性化、全流程管家式服务，尝试向个性化、亲和力、互动型服务转变，树立精致服务品牌；推出空地服务系列新产品，节假日空、地创新开展一系列体验精彩的特色主题活动进入常态化,在服务"精细和精致"上做足功夫,并对各环节服务产品实施串联整合,打造完整空地服务链条;先后推出如"站立式值机、服务引导前移、生日优享、雅静服务、燕子姐姐一路行、茶香云端、空中书吧、健康之旅、到达行李把手朝外摆放、设立货主休息室"等多项服务新举措。2012 年东航安徽分公司高品质完成重要航班运输保障工作,先后圆满完成"两会"安徽政协代表团、"十八大"代表、莫桑比克总理专机保障、安徽省党政代表团出访、合肥市委赴京慰问团、省市领导赴京参会等重要航班保障,获得广泛赞誉。当年东航安徽分公司优化航线网络,开通合肥至大阪、青岛沈阳、曼谷等航线,加密合肥至台北、昆明、广州等航线,通过发挥中转联程网络优势,在皖运力和市场份额逐步提升。

是年,东航安徽分公司执飞航线 44 条,其中国内航线 41 条(合肥出港的航线共 23 条),国际航线 3 条。国内航线(包括港澳地区航线和两岸定期航班)有:合肥 - 台北、合肥 - 香港、合肥 - 北京、合肥 - 深圳、合肥 - 上海、合肥 - 成都、合肥 - 广州、合肥 - 桂林、合肥 - 厦门、黄山 - 合肥 - 北京、合肥 - 兰州、合肥 - 三亚、合肥 - 海口、合肥 - 重庆、合肥 - 昆明、合肥 - 西安 - 西宁、合肥 - 乌鲁木齐 - 和田、合肥 - 青岛 - 沈阳、合肥 - 贵阳、合肥 - 石家庄、合肥 - 呼和浩特。上海 - 成都、上海 - 汕头、上海 - 临沂、上海 - 长沙、上海 - 大连、上海 - 广州、上海 - 桂林、上海 - 福州、上海 - 深圳、上海 - 哈尔滨、上海 - 长春、上海 - 厦门、上海 - 重庆、广州 - 淮安、盐城 - 香港、上海 - 香港、上海 - 武汉、上海 - 珠海、上海 - 海口、上海 - 沈阳。国际航线有:合肥 - 大阪、合肥 - 曼谷、上海 - 广岛。当年东航安徽分公司执管 10 架 A320 飞机,平均飞机在册日利用率 9.9 小时,正班载运率 74.9%,正班客座率为 78.5%,共安全飞行 20693 架次。全年累计完成运输飞行时间 42169 小时,总周转量 29845.9 万吨公里,旅客运输量 239.07 万人次,货邮运输量 20409.3 吨。其中合肥地区始发航班旅客运输量 719904 人次,始发货邮运输量 6163.6 吨。实现安全飞行 28 周年和 2012 安全生产年,获得东航 2012 年度无事故征候优胜单位和维修部连续五年无事故征候优胜单位奖牌,8 名机长被东航股份公司授予五星机长金质奖章。

【东航合肥新桥国际机场基地建设】 2012 年东航安徽分公司严格按照省政府要求的时间节点推进机场迁建转场工作,除机库计划 2013 年 3 月底完工外,货运、维修、航食和保障四个功能区全部通过竣工验收和消防验收,各区家具设备均已安装调试完毕,新基地已具备转场运行的基本条件。

【合肥 - 大阪 - 合肥航线首航】 2012 年 4 月 26 日,由东航执飞的 MU2005 航班从合肥骆岗国际机场正点起飞,并准点到达大阪关西国际机场。执飞机型为空客 A320,空中距离 1750 千米,空中飞行时间 160 分钟。这标志着安徽直飞日本的第一条点对点国际航线顺利完成首航。与通常的国际中转相比,合肥直飞大阪对我省来说,具有标志性的意义,不仅方便了商务文化往来,还直接降低了安徽与日本间的出入境旅行观光成本。

【城市公交管理】 2012 年合肥市重点推进公交优先发展战略,贯彻落实国务院关于优先发展城市公共交通的决策部署,落实公交优先发展战略,力争出台《合肥市关于进一步促进公交优先发展的实施意见》。实施国家公交都市建设,推进公共交通优先发展。强化规划调控,编制《合肥市公共交通发展专项规划》。争取公共财政对公交发展的支持力度,进一步加快停保场、枢纽站、首末站等公共交通基础设施建设,增加城市公共交通专用车道,扩大信号优先范围。加快环保检测不达标车辆更新步伐,不断优化公交线网布局,拓宽公交服务面,促进城市内外交通便利衔接和城乡公共交通一体化发展。

是年合肥市区(不含经开区、新站区和高新区)共有公交营运车辆 3097 台,营运线路 130 条,线路总长 2002.8 公里,线网长度 820.1 公里,年总行驶里程 17868 万公里,年客运总量 63013 万人次,日均客运量 172.6 万人次。当年市公交集团共新开公交线路 16 条,城市主城区与城市外围新建区域的联系更加顺畅。滨湖公交公司撤销,其 2 条支线整体移交市公交集团。公交信息化建设逐步完善,公交集团按期完成智能公交(一期)项目建设的主要内容,信息化和企业管理得到有机融合,130 条线路已全部实施智能调度,共安装了 241 块调度屏、100 套车内站节牌,152 台站务通投入站点使用,部署 29 个调度台,运营线路行车日报及路单实现全电子化,智能公交系统整体运行良好。运营服务方面,因市轨道交通 1 号线及多个高架工程开工建设,公交线路调整达 195 条次,涉及公交线路 101 条。公交集团科学制定行车作业计划,采取智能化调度与现场管理相结合的手段,运营秩序平稳,保障了市民正常出行。继续开展"星级驾驶员、星级线路"评比活动,共评出星级驾驶员 4188 人,驾驶员入星率 85.2%。其中:一星级驾驶员 291 人,二星级驾驶员 784 人,三星级驾驶员 2866 人,四星级驾驶员 148 人,五星级驾驶员 99 人。共评出星级线路 79 条,线路挂星率 60.77%,其中,三星线路 1 条,二星级线路 25 条,一星级线路 53 条。当年经开区、新站区和高新区加强支线公交运营管理,共有支线公交线路 17 条,营运车辆 208 台,营运线路长度 229 公里,营运里程 1583 万公里,客运量 3574.8 万人次。截至当年底合肥市区全年公交营运里程达 19429 万公里,同比增长 12.70%. 累计完成公交客运量 6.65 亿人次,同比增长 9.98%。全年建成 11 个公交首末站,推进张洼停保场、北城停保场建设。全市共有公交保养场 7 个,面积约 52 万平方米;首末站 149 个,停靠站 3444 个。首末站总面积达到 12.7 万平方米。

是年巢湖市公交营运线路 24 条,公交客运车辆 244 台;肥东县公交营运线路 7 条,公交客运车辆 84 台;长丰县公交营运线路 5 条,公交客运车辆 56 台;庐江县公交营运线路 6 条,公交客运车辆 74 台。

邮 政 电 信

【邮政概况】 2012 年,合肥市邮政局围绕"提速增效,奋力赶超"的中心任务,倡导"用户至上、员工至亲"企业行为规范,实现业务收入近 4.138 亿元,同比增长 8.99%,其中实现有效收入逾 2.86 亿元,同比增长 23.15%,实现业务收入规模居全省邮政系统同行首位。

是年,市邮政局推动业务发展。在邮务类业务发展方面,实现函件专业完成业务量在全省占比 23.96%,较上年提高

4.08个百分点,其中邮资机()收入占比44%,占全省相应比重的40.1%;实现集邮专业完成业务量在全省占比23.92%,较上年提高3.5个百分点;实现报刊专业完成业务量在全省占比15.18%,较上年提高3.4个百分点,实现报刊订阅业务收入2540.79万元,其中期刊占比39.11%;实现报刊零售收入1184.63万元;实现信息及代理业务同比增长22.8%;分销专业也取得良好业绩。并创新营销模式,开发婚庆市场和幼教市场商务期刊项目,取得积极成果。在代理金融业务发展方面,实现邮政储蓄余额增幅达22.9%,获省储蓄达标奖、储蓄优胜奖等五个奖项;并建立一支30人的专业理财队伍,实行能上能下的管理机制,实现全年理财销售额较上年增长150%。在新型业务发展方面,实现代收费同比增长611.65%,占全省代收总额的26%;并实现代售汽车票和机票规模及完成率均在省邮政系统同行中排名第一。在业务结构调整方面,邮务类业务完成预算101.57%,占全省邮务类收入近20%,占市邮政局总收入的45.52%;代理金融类业务完成预算101.83%,占全局总收入的49.15%;代理速递物流类业务完成预算100.54%,占全局总收入的2.91%。

2012年,市邮政局在工作成效方面:1. 该局完成业务收入规模占全省比重同比提高3.19个百分点,完成邮务类三大业务占比均同比提高逾3个百分点。庐江县邮政局实现收入规模在全省县级邮政局中排名第6位,肥东县邮政局、肥西县邮政局、长丰县邮政局实现业务增幅进入全省县级邮政局排名前十位;2. 确保邮政品牌营销项目领先全省增长水平,"徽乡茶"项目在省邮政公司评选中获一等奖,并实现"思乡月"项目同比增长33.18%,其规模及增长率均在全省邮政系统排名第一。此外,在完成专业营销事务方面,完成邮政贺卡、报刊和集邮形象年册三大专业营销事务,其中完成2013年度邮政有奖贺卡同比增长21%,新增定制型贺卡客户481家,成功运作29个项目;并实现2013年度()报刊大收订同比增长13.75%,缴款率达84.18%,同比增长21%,位列全省市级邮政局第二名;重点报刊营销完成率和规模均列全省第一,期刊占比39.11%,在全省邮政系统排名第一;实现集邮形象年册营销同比增长143.48%。在降低欠费指标工作方面,实现2012年用户欠费控制在省邮政公司规定的目标以内,比上年下降68.76%。在提高服务质量工作方面,建立监督检查长效管理机制,实施窗口服务监控录像调审制度,全年检查416个网点,覆盖率达90.37%。经省邮政公司聘请的第三方测评,市邮政局全年用户满意度高于全省平均得分。在合肥市行风评议中,市邮政局获通信类行业第一名;还首次获省邮政公司服务质量二等奖;实现邮件全程时限管理全面达标。在中国邮政集团公司安排的各项服务质量考核中,省11185客户服务中心考核成绩跃居全国前列。

是年,市邮政局先后获"安徽省第三届创建文明行业工作先进单位"、"合肥市第十二届文明单位"称号。

【邮政基础平台渠道建设】 2012年,市邮政局抓好企业邮政基础平台和渠道建设。在邮政投递基础建设方面,优化邮政投递作业组织,初步形成"大户投递汽车化,城市投递电动化,农村投递摩托化"的邮政投递网络架构;并规范邮政投递基础管理,在邮政投递作业现场推进"5S"管理、邮政投递部基础资料规范管理;另做好邮政信报箱维护工作,全年更新社区楼房邮政信报箱6780户、邮政投放补装单口信报箱4256只。在邮政营业平台建设方面,完成邮政营业信息系统上线工作;并优化邮政网点布局,完成15处邮政网点标准化改造工程;另规范邮政营业网点管理,全面推行邮政营业"三个规范()",提升邮政网点服务和管理能力。此外,做好全市15个空白乡镇邮政所的补建工作,开业1处、交接6处。在邮政服务渠道建设方面,主动介入政府民生工程建设,拓宽邮政服务渠道并推出邮政数字化便民服务亭。在邮政分销渠道建设方面,建成县域邮政仓储配送中心3个和各类农资邮政销售网点308个,使邮政服务"三农"能力提高;并拓展邮政代理金融业务渠道,布放商易通1456台,设立邮政助农取款点164个。截至年底,全市累计建设并使用的邮政便民服务站有1038个,遍及全市城乡、街道和社区,为市民交纳水、电、话费、煤气等社会公共费用提供方便、快捷的服务。在邮政基础名址库建设维护工作方面,完成邮政信报箱、街道、门牌、建筑物等专项维护工作,使邮政基础地址库属性规范率、准确率、丰富率等相关指标达到省邮政公司要求。此外,加强邮政组织机构库日常维护、检查和通报工作,邮政组织机构库()准确率89.1%。

【转变经营和质效管控方式】 2012年,市邮政局抓好经营方式和质效管控方式的转变。在转变经营方式方面:1. 转变营销方式,组建30支精英营销团队,对大客户中心实行实体化运作,各专业公司按照"专业+综合"模式,各区县邮政局以营销骨干为主,组建综合营销团队开展业务;2. 转变激励机制,营销人员绩效考核采取日常综合业绩和重点工作积分相结合的积分制,将薪酬直接跟业绩挂钩,多劳多得、上不封顶,效果良好,全年营销人员业绩人均达43万元。在转变质效管控方式方面:1. 实现有效收入比上年增长23.15%,比业务总收入增长率高14.16个百分点,差异率列全省邮政系统第二,并实现有效收入占业务收入比重为69.18%,较上年提高7.96个百分点;2. 实现资金管理良性运转,货币资金存量比上年末增加4220万元,全年计上缴省邮政公司资金5955万元;3. 完成省邮政公司安排的考核利润目标的160%,在全省名列前茅,并实现自主支配成本增长率小于收入增长率7.05个百分点,实现修理费、折旧费、低值易耗品费、业务费等多项成本负增长。

【邮政通信能力建设】 2012年,市邮政局推动企业邮政通信能力建设。在邮政营业网点建设方面,利用自有资金,安排好邮政营业网点建设,全年装修和改造邮政营业网点25处;并改造邮政金融四类库37个;另购置邮政营业网点设备和安排设备租赁事宜。在信息网络安全运行方面:1. 完善编制普邮作业计划;2. 实施进出口邮件封发清单无纸化改革工作;3. 优化和调整合肥—长丰二级干线邮路;4. 完成市邮政局中心机房机柜扩容改造、市邮储分行两网隔离、上收县邮政局网点网络至市中心等工程。在开展信息网安全运行年活动方面,各项指标成绩提高,信息网巡检成绩首次进入省邮政同行前三名。在省邮政信息网运维知识和技能竞赛中,市邮政局以总分476.21分的好成绩获全省团体第一名,并获优秀组织奖。在邮政设备及车辆投入方面,做好省邮政公司统购设备制定电子化支局和储蓄网点终端的配置发放、身份证鉴别仪等营业设备600台(套);并自筹资金购置生产经营和办公用电脑100台等设备;另确定18个邮政储蓄网点的叫号机安装进行前期选点、供应商选定、安装方案。在邮政生产车辆维修维护工作方面,实行定点维修并开发维修上线系统;并对车辆保险和加油实行统一定点保险和加油;另为部分车辆办理徽通卡,使其能在高速公路行驶时实行刷卡缴费。在配置邮政运营设备方面,重新调整车辆配置,均衡车辆运输能力,同时配置19辆新车,更新60辆摩托车。

【邮政企业精细化管理】 2012年,市邮政局推进邮政企业精细化管理工作。在修订目标管理办法方面,深化全面预算管理,对区县(市)邮政局、专业公司实行利润目标管理,对内部生产单位和机关职能部门实行成本费用预算管理,并修订下辖县(市)邮政局、区邮政局和专业公司、管理人员绩效考核办法,制定部门分类、分等分级办法等配套措施,引导区县邮政局、专业公司关注效益提高和业务结构优化,提高专业盈利能力。在改革与调整区邮政局设置方面,改革区邮政局体制,精简区邮政局数量,并打破行政区划界限,将原来的6个区邮政局简化为4个,另重新分配邮政局所网点的隶属关系,按照"业务收入和管辖网点数量相对均衡、城市和城郊网点相结合"的原则,对重新成立的四个区邮政局的内设机构和岗位进行统一设置。在调整一般管理岗位工作方面,通过竞聘上岗和业绩考核,合理调整25名科级干部,对机关一般管理人员实行双向选择岗位的方式,对空缺的12名一般管理岗位实行竞聘上岗,其中全日制大学生占9名。此外,在全局范围内,通过"民主推荐"、"基层组织推荐"、"工作业绩选拔"和"组织考察选拔"的方式,进行双推双选人才培养,建立后备人才库,实现人才与岗位的合理匹配。

【邮政服务质量监督检查】 2012年,市邮政局抓好邮政对外服务质量监督检查工作。在邮政服务监控录像调审工作方面,举办录像监控资料调取业务培训班,每月进行一次邮政服务监控录像调审,及时通报审查结果并严格考核,有效地促进了窗口营业人员服务水平和安全生产防范意识的提高。在邮件寄递质量专项检查工作方面,全年开展邮件寄递质量专项检查6次、日常检查56次,并安排社会监督员暗察暗访3次,另重点检查:1. 营业、投递环节和营业验视制度执行情况;2. 投递邮件清单的签收、保管情况;3. 单位收发室、代收点邮件转交情况,未发现有重大服务质量问题及邮件寄递安全隐患。在"邮件时限达标回头看"专项检查工作方面,重点组织收投环节作业计划执行情况的自查,对各县(市)邮政局寄发平常信件测试信,分两次每次缮发100份测试信函,两批测试结果时限达标均逾95%。

是年,市邮政局没有发生被中国邮政集团公司和国家邮政局投诉网投诉的情况,并在合肥市行风评议中获第五名、通信类行业评议中获第一名,另在省邮政公司安排的邮政服务质量评比中获二等奖。

【邮政通信网络运输调度】 2012年,市邮政局做好邮政通信网络运输调度工作。在完善和编制普邮作业计划方面,完成作业计划导入工作,并做好县邮政局普邮作业计划编制工作。在进出口邮件封发清单无纸化改革工作方面,肥东县邮政局通过调配、人员培训、演练等工作,于七月份正式实现进出口邮件无纸化交接,实现了"邮件信息一次采集、全程数据共享"的目标。在优化和调整邮路方面,在确保普邮时限达标的情况下,对合肥—长丰汽车二级干线邮路进行优化调整,降低了网路运行成本。在校园包裹、军营包裹的收寄方面,依照校园包裹项目运行模式,为全市相关区邮政局筹集相关设备,并与省邮件容器调拨局联系,储备项目开展所需空袋,调度安排邮运车次,及时疏运揽收邮件,确保无邮件积压。在开展邮政信息网络运输安全年活动方面,成立信息网巡检工作小组,落实到人,责任到人,对市邮政局和5县(市)邮政局技术人员进行集中培训,提供技术指导,并加强值班监控力度和机房内部管理,制定相应的规章制度,严格执行生产作业流程。

【邮政信息应用系统工程建设】 2012年,市邮政局推动信息应用系统工程建设:1. 完成该局中心机房机柜扩容改造工程,改造后的机房功能布局更加合理,设备规整安装到位,线缆有序美观,标识整齐明确;2. 完成对市邮储分行生产用PC机和终端设备两网隔离工程,并通过设备安全隔离,使新入网设备绑定MAC地址,另加强了设备入网管控工作;3. 完成合肥市区划调整后集中上收县邮政局网点网络至市中心的工作任务,并优化全区邮政网络统一管理和维护工作,减少了县域邮政网络中心节点;4. 完成合肥邮政营业网点信息化建设和标准化施工及示范点建设工程;5. 完成市中心邮政机房至省邮政中心主干线路MSTP改造扩容工程,为业务数据提供更为流畅的线路环境和网络保障;6. 做好该局大楼高压配电柜改造工作;7. 完成该局办公局域网优化改造工程,确保办公网络畅通。

【邮政网路设备维修改造】 2012年,合肥邮政系统推动邮政网路设备维修改造工作:1. 完成18条邮政线路升级和市中心邮政机房至五县(市)邮政网点的线路提速改造工程;2. 全市邮政专线均100%达到市县邮政局网点2M线路的速度,促进网点线路全面提速;3. 做好邮政业务高峰期的封网及各项邮政网络预检和保障工作;4. 把邮政企业"开源节流,降本增效"落到实处;5. 拓展网络新技术使用领域,运用路由无线技术,先后对学府路、经济技术学院、肥西金桥、长丰双墩等多个邮政电子化支局所网点引入无线运行模式(一条专线每年可节约6000元);6. 先后完成市区邮政网点LED屏更新改造任务和VPN及办公机、办公网络的维护工作,并完成市邮政局的电视电话会议系统改造工程,实现在此会议中心通过电视视频和电话系统就可对所辖市县邮政局召开会议的目标;7. 安徽邮政11185客户服务中心完成投递三级派单事务,加快了工单处理速度。

是年,合肥邮政系统拥有和使用邮政专线逾二百条,其中代维专线新增加20条。

【首个邮政自营火车票代售处开通出票】 2012年3月23日,市邮政局所属第一个自营火车票代售处在东七邮政所正式开通并成功出票。为了做好此项工作,市邮政局与合肥火车站按期完成代售网点的改造,及时做好网点的监控设备和空调的安装,按时完成网点售票专线与电话的申请,并配合铁路技术部门进行专线的调试。此外,该局组织有关人员对周围单位和市民进行上门宣传,同时还散发DM宣传广告,收到良好效果,开通上线当天就出售火车票218张。

【邮政投递员业务技能大赛】 2012年7月31日,合肥市当年度(第13届)职业技能大赛邮政投递员业务技能决赛在市邮政局四楼礼堂结束。参加这次决赛的44名优秀选手代表,是从市辖五县(市)邮政局和市邮政收投服务分局等6个单位619名投递员中,经过层层初试选拔,推荐上来的。这次投递员业务技能比赛分三个部分六小项:一是投递业务理论知识笔试;二是实际操作。分别有数报套报、盖戳排信、函件批改、开写报刊收据等四个单项的操作比赛;三是现场知识竞赛。包括必答题、抢答题和风险题3各部分。六个参赛代表队经过三轮激烈的角逐,巢湖市邮政局代表队以总分140分成绩获此次互动抢答环节比赛排名第一。

【合肥市举行《宋词》邮票首发式】 2012年8月31日,市邮政局在四牌楼邮政广场举行《宋词》邮票首发仪式。在首发仪式上,省市相关领导宣布邮政集团《宋词》邮票发行公告,并为宋词邮票图样揭幕;《宋词》邮票及系列集邮品是市集邮公司做好的。仪式结束后,工作人员引导来宾前往销售柜台欣赏或购买《宋词》系列邮品,并品尝"思乡月"中秋月饼。当日上午就出售《宋词》邮票及系列邮品近千册(枚),实现业务收入逾3万元;同时还刻制《宋词》邮票纪念戳一枚,供集邮爱好者现场免费加盖。

【"安全用药月"宣传和首届安全饮食用药知识邮政明信片有奖竞答】 2012年9月1日上午,安徽省暨合肥市"全国安全用药月"、安全饮食用药知识邮政明信片有奖竞答活动启动仪式在合肥"国购广场"举行。在启动仪式上,各位领导向"健康邮箱"投放首批"安全饮食用药知识有奖邮政明信片",出席仪式的市邮政局20名投递员由现场出发,向全市预先设定的重点地域投送"安全饮食用药知识有奖邮政明信片"。此次活动是省食品药品监督管理局、省邮政公司、省药学会主办,由市食品药品监督管理局、市邮政局、市药学会承办的,在活动中使用的首届安全饮食用药知识竞答有奖邮政明信片经过药监和邮政部门双方协定制作,合肥市首批计划印制的明信片答题卡有50万枚,制作费用由市药监局配合市邮政局招商解决。

【第43届世界邮政日系列纪念活动】 2012年10月9日,市邮政局围绕第43届世界邮政日"情系万家信达天下"主题,开展系列纪念活动:一是在四牌楼邮政广场开展大型系列业务宣传咨询和邮政法律咨询活动,在全市193个邮政网点张贴世界邮政日宣传海报,并散发安徽邮政报纪念第43届世界邮政日特刊等;二是在邮政广场举办2013年贺卡首发和样品展示,并联合省内报刊社开展报刊展示和现场赠报、2012年热销邮品展示,以及邮政电子商务、网上银行等新业务咨询宣传活动,收到较好效果;三是组织合肥邮政对外开放日,被邀请的用户代表对函件安徽乐游游产品、电子商务自由一族业务、报刊文化礼盒、缴费一站通便民业务、账单制作封装现场,11185后台服务现场等,进行现场询问,效果良好。此外,当日在邮政广场活动现场销售了特制作的5000枚纪念封,并免费为市民加盖当日纪念邮戳近1000人次,散发世界邮政日宣传专刊逾1500份、各类报刊宣传单页5000逾份、各类样报样刊逾4000份,另接待用户咨询500人次。

【职工综合素质培训】 2012年,市邮政局注重职工综合素质培训,对全局272名代理金融从业人员进行当年度岗位轮换,安排54名高管和569名代理金融从业人员到内控政策场进行集中测试,在邮政金融资金安全专项整治活动网上专项考试活动中,市邮政局参考率、合格率等7项指标位列全省同行之首。此外,在省邮政储汇业务员技能大赛中,市邮政局获团体第一名和5个单项第一名;在邮政代理金融网点营业人员业务制度再教育远程学习活动中,市邮政局辖全区代理金融从业人员的注册率、参考率、合格率均为100%。

是年,市邮政局开展教育培训和职业技能鉴定,累计举办各类培训班32期、组织网上远程学习培训8期、送培46期,有5166人次参加各类培训,全员培训率达194%。

截至年底,市邮政局拥有大专及以上学历的占从业人员的46.8%。

【企业文化建设】 2012年,市邮政局重视企业文化建设,在全局弘扬崇尚劳模精神,在全体员工中以"用户至上、爱心服务"主题,开展"学习劳模、关爱劳模、争当先进"、窗口微笑服务、党员示范岗、最美投递员评选等多项活动,并推出一批一线服务明星,为员工干事创业营造了良好氛围;另发挥新闻宣传舆论引导作用。贴近基层一线进行多方位报道。在员工文化建设方面,开展贯穿全年的"我关注、我参与、我关心、我很棒,我为文明创建做贡献"大型系列摄影书画展和"我为企业提速增效建言献策"为主题的合理化建议活动,并发放《邮政员工新知手册》,开展形式多样的读书和网络学习活动,组织员工进行基层巡讲及网上知识竞赛活动,收到职工合理化建议326条。

【电信概述】 2012年,合肥电信分公司不断深化企业转型和创新运营,全业务运营能力进一步提高。4G驶入快车道,LTE发展进入快速增长期。全年收入从1月1.65亿提升到12月1.92亿。全年增长率11.4%,其中原合肥地区12.9%(全省12.4%)。

【机构优化与资源调整】 优化组织架构:市公司部门由27个精简为23个;县公司只设4个四级正部门。营销体系网格化:市区成立39个城市营业部,营维合一,装维随销占比全省第一。在清晰销售体系方面:明确16个二级销售单元和140个三级销售单元;集中管控按日通报、按周例会、按月清算。集约支撑管控:客调、客支一点支撑响应;实现工单集中受理、接入网数据集中制作、故障集中管控。优化人员结构:全口径用工较年初减少148人;前、后、管辅占比由53:40:7优化为58:36:6,其中管控人员占比3%,提前完成省公司3年目标。其中一线人员占前端全口径人员81%;200多名员工输送到前端一线销售服务岗位。岗位融合、人员复用:线路与设备维护岗位融合,动力/测量/跳纤人员合一;接入中心维护分部双技能、多技能人员分别占总人数的38%、24%。

【强化约束激励加强成本管控】 合肥电信分公司实行管理队伍能上能下,调整三级经理63人次,其中管理实职下降6人,三级经理岗位轮换率56%;调整城市营业部主任6人次。同时激励和问责并行:阶段活动预配激励,论功行赏突出个人、团队,问责后进团队(扣绩效、诫勉谈话、辞职等);总经理奖励基金重奖突出贡献团队和个人。城市营业部主任实行收入发展提成。其中移动、宽带、智能机、一体化发展量分别增长56%、24%、87%、75%。在网操维中心人员与人工成本双控方面:精简16人,其余员工月绩效增加约200元。9所校园营业厅自建他营招标承包:面向社会能人、达人、内部员工。其中师范学院秋营智能机发展997部,同比增长15倍,承包人员收入提升5倍以上。与此同时,资源配置向县公司、一线岗位倾斜。营销资源配置到三级单元,按月抢盘;县公司人工成本增配系数最高上浮19%。10个面向客户的一线岗位,绩效上浮10%、20%,增配人工成本约200万元。

【完成升位并网、十八大保障】 合肥电信分公司有效应对道改挑战,接入网故障历时达标。移动网全年断站率、掉话率、1X资源利用率、EVDO连接成功率好于全省平均;无线网络攻坚,周投诉量下降110%。WIFI设备可用率98.6%,同比提升2.3%,关联成功率位居全省前列。其中91家省管客户机房按季走访和巡检,完成24家省管客户中心节点倒换演练,实现省管中心机房电路物理双路由接入。企业信息、业务管理工作全省纵向考评靠前;开发通报激励系统、客户资料自动划配系统。圆满完成CRM2.2、云平台试点,计费2.8系统上线。圆满完成十八大通信保障。

【精神文明建设】 合肥电信分公司学习、宣贯十八大精神,开展党员承诺制、先锋工程。扎实推进"基层组织建设年"活动。彩信签到、短信小时报、彩信日报提升销售氛围;评选忠诚奉献奖、营销状元、支撑能手等;宣传推广典型。关键岗位风险防控;参与招标监督、合同会签。企务公开延伸到部门和班组,征集合理化建议。以赛代训,"天翼争先"系列劳赛,岗位练兵、技术比武等提升技能。"六好"创建效果得到省公司认可;改造、优化12个部门办公环境。荣获2012年度全省创新组织的奖项主要有:"智慧百大"项目荣获创新成果一等奖,4个项目荣获三等奖、优秀奖;全省营销策划大赛、信息化应用拓展大赛、客户投诉处理技能大赛团体一等奖;集团智慧城市推进工作优秀单位(中部地区仅合肥)、集团首批智慧城市标杆城市;合肥本地电话网升8位工作先进单位、先进集体;顺利通过"全国文明单位"复查;安徽省创建文明行业工作先进单位;合肥市厂务公开民主管理工作先进单位;杨庙营业部:安徽电信十佳农村营业部;李茜等7名员工在国资委、集团系列赛事中荣获金奖等奖项;王伟等7名员工荣获安徽电信营销状元、服务明星、技术支撑能手称号。

马鞍山市

城市交通

【城市公交概况】 至2012年底,中北巴士有限公司有员工1294人,营运车辆539辆(其中30辆为租赁纯电动公交车),公交线路49条,线路总长度549.52公里,年营运里程3020万公里,客运总量约1亿人次。

2012年,公司在围绕提高公交服务水平,继续开展"规范化线路竞赛"、"驾驶员亮牌服务"、"星级服务"考评、"安康杯"竞赛、"争当规范化服务标兵"等主题活动,重点开展"微笑服务车组"争创、"安全文明行车综合整治"活动,与市交警支队联合开展了警企"牵手平安行"活动。通过多种渠道加强与市民的交流、沟通,8月,公司官方微博开通。

【优化调整公交线网】 2012年,新开通203路公交线路,调整了8路、113路、14路、202路、4路、26路6条公交线路的走向。线路调整后,公交线网布局更趋合理,市民出行更加便利。其中,202路线路走向的调整构建了市县两级政府间的直达线路,填补了新建的湖东南路公交空白,使市区与当涂县城间连接由原来湖西南路唯一通道,增加到两条。

【引进30辆纯电动公交车】 2012年底,马鞍山市公交引进30辆纯电动车。2013年元月23日,纯电动公交车投入公交4路和26路试运营。实行普通车票价,一元一票,月票和免费乘车卡均可使用。

【公交智能调度系统建设】 2012年,中北巴士公司将建设智能调度系统作为重点建设项目,计划总投资约500万元,至年底,完成一期工程建设,在10条公交线路160台车上试运行。

【公交服务品牌建设】 2012年,中北巴士公司在营运线路中开展"微笑服务规范",争创"微笑服务车组"活动。"微笑服务规范"即规范交接班、规范操作、规范运行、规范报站、规范服务行为、规范服务语言。微笑服务车组分微笑服务运行车组、微笑服务示范车组、微笑服务模范车组三个级别。至2012年底,公司评选出微笑服务运行车组31辆、微笑服务示范车组11辆、微笑服务模范车组11辆,有242辆车组正在参加新一批微笑服务车组争创。

【开辟公交站台公益广告专栏】 2012年,中北巴士公司在沿雨山湖四条路和雨山路、佳山路、花雨路、太白路等8条城市主要道路,95个公交站点,发布101只站亭灯箱公益广告。同时,加强了站容站貌和站台公益广告的管理,并形成常态化的管理机制,固定公益广告宣传站台,张贴明显的"公益广告宣传专版"字样。

【开展警企"牵手平安行"活动】 2012年7月1日~12月31

日，中北巴士与市公安局交警支队联合开展警企“牵手平安行”活动。7月12日，活动启动仪式举行。中北巴士各车队与市交警支队各大队分别牵手结对，开展“队对队”宣传教育、“一对一”重点帮扶、文明乘车体验、交通协勤体验、事故警示体验、违法信息抄告、交管便民服务等多项活动内容。

【公交场站建设】 全年新建20座人性化公交候车亭。印山路公交调车场建成。该调车场是公交“一大四小”场站建设计划中的枢纽中心项目，由市城投集团负责建设，项目位于印山路与雨田路交叉口东北角，2012年底主体工程已完工。

（夏秋芬）

邮 政 电 信

·邮政管理·

【市邮政管理局成立】 2012年11月16日，马鞍山市邮政管理局正式揭牌，市长张晓麟，省邮政管理局局长方晓潜为市邮政管理局揭牌。市邮政管理局属中央垂直管理单位，实行双重管理体制，受省邮政管理局和市政府双重管理，实行党组制，党的关系在地方。市邮政管理局主要职责是：贯彻执行国家邮政法律法规、方针政策和邮政服务标准；研究拟订本地区邮政发展规划；监督管理本地区邮政市场以及邮政普遍服务和机要通信等特殊服务的实施；负责行业安全生产监督、统计等工作；保障邮政通信与信息安全；承办上级邮政管理部门和地方人民政府交办的其他事项。

【十八大寄递渠道安全保障】 为了给党的十八大胜利召开创造和谐稳定的社会环境，市邮政管理局会同公安机关、国家安全机关指导寄递企业对内部生产活动各个环节、各个部位开展全面、系统、彻底的安全检查，督促邮政企业、快递企业按照规定严格执行收寄验视制度，切实保证了十八大期间寄递渠道的安全。

【信息安全保障检查】 为切实维护邮政通信安全与信息安全，保护用户通信秘密及个人信息安全，从2012年11月中旬开始，市邮政管理局在马鞍山市区范围内开展寄递企业信息安全保障大检查活动。要求快递企业进行自查，然后对其进行现场检查，发现相关问题后及时提出整改意见。并在12月下旬对其进行复查。

【依法开展监督检查】 2012年，市邮政管理局依法开展监督检查，及时发现邮政企业履行普遍服务义务存在的问题，以检查促落实，以监管促服务，结合实际，有针对性的解决邮政普遍服务存在的热点、难点以及群众反映比较突出的问题，切实保障广大用户的用邮权益。

【邮政业务概况】 市邮政局全年实现邮政业务总收入1.4亿元，收入规模排全省第九位，完成省公司计划的100.09%，全省排名第11位；全员劳动生产率达到9.5万元，增长率18.52%；全年利润目标完成省公司计划；服务质量综合满意度超过集团公司和省公司考核标准；省级集邮文化先进城市创建顺利通过省有关部门验收，12月31日获得授牌；全年无重大安全责任事故。

【经营情况】 2012年，马鞍山市邮政局实现了“三大板块”联动发展。全年实现邮务类业务收入5434.43万元，完成计划的98.5%，同比增长2.79%，规模排名全省第六位。其中，函件业务收入1780.24万元，规模排名第六位，与上年相比位次上升两位。报刊发行专业收入1685.68万元，完成计划的100.04%，同比增长11.33%，规模排名第四位，与上年相比位次不变。集邮业务收入1265.21万元。完成计划100.02%，同比增长8.93%，规模排名第五位，与上年相比位次持平。电子商务业务收入450.33万元，完成省公司全年计划的100.07%，同比增长37.33%，规模排名第11位，与上年相比位次上升一位。分销配送业务收入190.42万元，完成计划的100.22%，规模排名第九位，与上年相比位次上升1位。实现邮政代理金融业务实现收入7446.47万元，收入规模位居全省第11位，与上年相比位次上升一位。实现代理速递物流业务结算收入实现875.55万元，完成计划的108%，增长15.25%。

（彭 岩）

【电信概况】 2012年，马鞍山分公司全年经营收入完成率100.19%；智能3G净增用户占比113.83%；建设投资、财务利润均完成考核指标。分公司先后获安徽省第九届“诚信单位”、全市第三批“廉政文化建设示范点”等称号；两名员工获得集团公司中国电信创先争优“优秀共产党员”和“为民服务创先争优服务标兵”称号。

芜湖市

城市交通

【概况】 2012年,基础设施建设完成投资19.5亿元,超出年度计划4.66%。客运量、客运周转量、货运量、货运周转量增长8.87%、9.56%、17.83%、19.86%。

交通发展态势取得新突破。在国省道规划调整工作中,争取4条省道(省道104线、206线、319线、321线)231千米升格为国道;争取7条县乡公路230千米列入省道网,争取改造补助资金28.13亿元。芜湖长江公路二桥前期工作进展顺利。

交通建设取得新成果。一是芜湖长江公路二桥工可阶段10个专题和工可报告审查两个意见先后通过审查并取得批件,初步设计及施工图设计正全力推进。二是芜雁高速公路建成通车。三是国省干线公路全年在建项目11个,改建里程达147千米。四是芜申运河清水河公路桥、三荻路漳河桥建成。五是国道205改造示范工程峨山路东延立交工程主线贯通,弋江路北延线和其他市区过境段全线开工建设。六是长江南路一期、三荻路马园河桥基本建成。七是国道318(青弋江至柯店段)、省道351无六路开工建设。八是泰山路长江大桥,通江大道和弋牧公路亚行项目,综合客运枢纽站、城南客运枢纽站、世行绿色公交等前期工作有序推进。九是新改建农村公路145千米,改造农村危桥40座。十是城市公交民生工程完成2座公交停调车场、1座公交首末站,更新公交车36辆。

交通融资能力得到新提升。全年争取上级补助资金26.66亿元(含芜湖长江公路二桥补助资金17.86亿元),到位资金8.8亿元。交投公司注册资本从3亿元增加到55亿元,分别与国开行、交行、建行、徽商银行及中信银行签订"十二五"期间战略合作协议,初步商定融资规模超过200亿元。全年通过银行贷款融资5亿元,有效缓解交通建设资金紧张的压力。

运输行业管理迈上新台阶。一是全市班线客运公司化经营比例达60%,旅游客运公司化经营达100%。二是芜湖县客运中心、无为县汽车南站建设进展顺利。三是争取将安得物流列为全国甩挂运输试点单位,引导安得、飞阳两大物流园区规范经营。四是建立完善出租车企业、出租车驾驶员诚信考核长效管理机制。加强出租车客运市场专项整治,市县运管机构累计查处"黑头车"372辆,查处违章出租车1200余辆。五是驾培、维修行业管理及节能减排工作扎实开展。六是城市公交发展势头良好。客运量1.9亿人次,营运里程7670万千米。

城市管理及文明创建开创新局面。完成国家、省文明指数测评及争创全国文明城市各项工作,打造"雷锋"出租车队和"刘卫娣"公交线路等行业标杆,形成行业文明创建长效机制。

【公路】 2012年底,全市公路里程8799.26公里,按行政等级分,国道267.87公里,其中高速公路147公里;省道266.24公里;县道1278.978公里;乡道2990.928公里;村道3637.836公里。按技术等级分,等级公路里程8401.04,其中一级公路235.65公里,二级公路645.1公里,三级公路1105.34公里,四级公路6414.96公里,等外公路里程398.21公里。按路面类型分,沥青混凝土路面1132.406公里,水泥混凝土路面4124.384公里,简易铺装路面524.738公里,未铺装路面3017.734公里。公路密度为132.06公里/100平方公里,公路网化基本成型。

全市桥梁数为578座11314.62延米。其中特大桥2座,大桥41座,中桥81座,小桥454座。按使用年限分,永久性桥梁514座,危桥64座,全部属于农村公路桥梁。

2012年,全市完成高速公路建设0.6万元,高速公路通车里程147公里。

【水路】 水路上以长江和芜申运河、合裕航道形成水运"十字交叉",大力提升内河航道等级,将合裕航线提升为二级,芜申运河、兆河—西河航道提升为三级。同时建设漳河(五级及以上)、青弋江(五级)、西河(四级)等重要支流航道。全年水运货运量9391.0万吨,客运量8.6万人次。

【口岸(港口)】 2012年,芜湖口岸进出口货运量累计115.76万吨,同比增长15.1%,其中出口79.46万吨,同比增长25.8%,进口36.3万吨,同比下降3%;进出口货值38.57亿美元,同比增长5.4%,其中出口27.55亿美元,同比增长30.2%,进口11.02亿美元,同比下降28.6%;到港船舶1565艘,同比下降4%,其中外籍轮98艘,同比下降8.4%。

2012年,芜湖港完成港口吞吐量8260万吨,同比增长10.5%,首次突破8000万吨大关;集装箱完成25.03万标箱,同比增长13.6%,再创新的历史记录;商品汽车滚装完成7.2万辆;船舶交易额753艘、15.2亿元;水运建设投资完成11.4亿元,同比增长3.1%。水运经济实现逆势增长。

【铁路】 芜湖铁路属铁路华东路网。铁路在芜湖境内,贯穿南北,连接东西。宁芜、芜铜、皖赣、淮南四线交汇于芜湖枢纽一点。铁路由芜湖南下,经皖赣线、宣杭线接浙赣线,北上经宁芜线进南京接京浦线、京沪线,通过芜湖长江大桥沿淮南线北上,经淮阜线在阜阳接京九线。芜湖铁路已成为华东路网南北第二通道(商丘至杭州)的重要咽喉要道,在苏、浙、皖、赣四省、乃至华东地区国民经济发展中占有重要位置。

上海铁路局芜湖车务段是上海铁路局基层客货运输单位,地跨安徽省芜湖、铜陵、池州、宣城市、黄山5个地级市、13个县。管内辖66个车站和1个列车乘务室,管辖运营里程662.5千米。

上海铁路局芜湖工务段管辖宁芜、芜铜、皖赣、宣杭、淮南和铜九等线。正线923.472千米、站线421.685千米,道岔1310组,专用线108.04千米,正线道口92处,桥梁434座/

73871 延米,隧道 47 座/14704 延米,涵渠 2751 座/59710 延米,总换算工作量为 46576 换算米。

芜湖东站为上海铁路局直属站,管辖里程宁芜线(K59 +697—K109 +952)50.255 千米,管辖站为芜湖东编组站及宁芜线马鞍山站、安江站、慈湖站、采石站、黄梅山站、当涂站、毛耳山站、塔桥站。主要担负芜湖枢纽,宁芜、淮南、芜铜、皖赣、宣杭、铜九 6 个方向的货物列车的解编技术作业、无调中转列车技术作业;马鞍山地区旅客运输以及货场、马钢等专用线、机务段、车辆段段管线取送作业。2012 年,全年办理量 446.54 万辆,实现运输收入 50960.79 万元,客发 94.98 万人,货发 545.08 万吨;实现年内 4 个安全生产百日,12 月 17 日实现安全生产 1000 天,年度经营业绩考评为优秀,被评为上海铁路局文明单位,被评为全路“三保一促”创先争优先进集体。

【参与泛长三角地区春运联动稽查】 2012 年 2 月 8 日,市运管处参与泛长三角地区春运联动稽查,联合交警开展第三次联合大稽查,检查客车 62 辆,纠正违规行为 28 起,查获违章经营客车 2 辆,营造泛长三角地区安全、和谐、便捷的道路运输市场环境。

【城市公交管理】 城市公交发展势头良好。客运量 1.9 亿人次,营运里程 7670 万千米,辅业利润超过 4000 万元;新开线路 10 条,优化线路 25 条;服务投诉较 2011 年下降 40%;无重大事故发生。完成城市郊区原承包班线的公交化改造。公交智能 GPS 调度系统已实现数据自动采集和线路运行情况实时监控。公交集团获交通运输部通报表扬,“刘卫娣车组”获全国工人先锋号称号。

【道路交通管理】 公路养护和治超取得新进展。全年累计完成投资 4860 万元,重点对国道 205、318、省道 321、319 等路面病害较多路段进行集中维修,完成省道 208 柘无路水毁修复工程。芜湖县三力养护公司获 2012 年度全国交通建设系统“工人先锋号”。全年出动路政执法人员 6.6 万人次,查处超限超载违法车辆 5302 台次,卸货 8.43 万吨。巡查源头企业累计 6300 户次,纠正单位违规行为 530 起。

依法行政和安全生产得到新深化。2012 年,全市未发生一起行政复议和公路“三乱”行为。芜湖市运管处被评为全国交通运输行政执法评议考核优秀单位。开展“道路客运安全年”、“打非治违”专项行动,强化科技监管,全市所有旅游包车、三类以上班线客车和危险品货车已安装 GPS 终端。全系统各类安全事故亡人数 9 人,占全年安全控制指标的 45%,为历年最低值。

邮 政 电 信

【邮政】 2012 年芜湖市邮政部门实现业务总收入 2.17 亿元,有效业务收入 1.67 亿元,同比增长 9.30%,全省排名第八位。2012 年全年实现代理金融业务收入 1.34 亿元,占全局总收入的 61.75%,较同期多增收 1654.91 万元,2012 年余额全区同比多增 5.11 亿元,绝对值排名全省第一。代理速递物流实现收入 864.65 万元。代理快包收入达到 178.28 万,全省排名第三位。全年函件业务实现收入 2645.78 万元,同比增长 7.9%;报刊业务实现收入 1499.69 万元,利用十八大召开契机,做大零售图书销售量,实现销售额 4 万余元,位居全省第二;电子商务业务实现收入 973.58 万元,同比增长 32.98%,高出全省平均水平 7.52 个百分点,储蓄短信全年净增 13.75 万户,完成省公司确保计划的 127.32%,全省排名第三位。代收代缴业务加载度全省排名领先。全省第三个成功开办火车票代售业务。全年累计销售火车客票 31678 张,全省排名第五位;集邮业务实现收入 1355.18 万元,同比增长 12.57%,以喜迎党的十八大为重要契机,成功开发芜湖市总工会、中集瑞江 10 周年、无为中医院等集邮产品;分销业务实现收入 246.33 万元,82 处分销渠道建设实现农资配送直达田间地头,助力农民致富梦。

【电信】 2012 年,全市邮电业务总量实现 26.71 亿元,,办理罕见 307.00 万件,报刊期发数 37.48 万份,全市交换机容量 43.60 万门,移动电话年末用户 269.36 万户,其中 3G 移动电话用户 78.58 万户,固定电话年末用户 82.43 万户。

建设淮河生态经济走廊 推动苏北全面协调发展

改革开放以来,特别是"十一五"以来,省委、省政府为加快苏北振兴,先后出台一系列政策措施,有力增强了苏北地区的内生发展动力。苏北地区奋发努力,扎实工作,经济社会发展进入了快车道,主要经济指标增速连续六年高于全省平均增幅,2011 年人均 GDP 首次超过全国平均水平,全面小康建设稳步推进,已有 6 个县(市、区)达到省定全面小康标准。但由于历史和地域等原因,苏北地区的经济基础仍较薄弱,发展水平总体还不高,县域经济实力比较弱,正处于全面建成小康社会攻坚克难的关键期,全面达小康还需要付出艰苦努力。

"十二五"时期,是我省全面实现小康并向基本实现现代化迈进的重要阶段,也是加快苏北振兴的关键时期。全省全面达小康,关键在苏北,重点在苏北,难点也在苏北。加快苏北全面小康建设,是推进区域协调发展的重要举措,是增强可持续发展能力的内在要求,是提升苏北人民生活水平、构建和谐社会的必然选择。本文在苏北取得战略性突破的基础上,从流域经济发展的新视野,提出以连云港为龙头,以江苏淮安和安徽蚌埠为双核共建"淮河生态经济走廊",把苏北、皖北境内淮河流域建设成科技型、外向型和生态型的健康生态经济长廊,将苏北的长三角一体化、沿海开发、东陇海线、淮安中心城市等几大战略进行叠加,从更高层次上进行战略全面升华,提高这三大战略的综合利用效率。

一、建设淮河生态经济走廊的新思路

1、从淮河的整治到淮河发展的思路转变

淮河流域地处我国经济腹地,涉及河南、安徽、江苏、山东和湖北五省,覆盖 36 个地级市,是东部与中部的连接桥梁、南方与北方的过渡地带。淮河从古自今不断祸害沿河两岸,20 世纪以来,1931 年、1954 年、1963 年、1991 年、2003 年和 2007 年淮河流域特大洪水,至今这条复杂多灾的河流,每年直面历史的洪水洗礼,直至 2007 年仍炸坝泄洪。由于水资源综合开发利用效率不高,淮河流域经济发展水平一直落后于全国平均水平,仍属经济欠发达地区。

新中国 60 年来淮河水患没有根治主要原因之一,在于淮河治理思路仍然停留在 20 世纪 50 年代,仅仅把淮河作为一种蓄洪、排洪的通道,每年需国家和地方投入大量人力和物力,而未使淮河成为推动两岸经济发展、造福一方的黄金水道。本文彻底解决困扰淮河 50 年的治理难题,把淮河变成一条造福于两岸人民经济与社会发展的黄金水道。

2、建设淮河生态经济走廊的区域战略作用

建设淮河生态经济走廊,一可为江苏沿海开发战略的深入实施开辟一个广袤的支撑腹地,实现沿海港口和腹地经济的双赢发展;二可通过公、铁、水、空、管现代综合交通体系建设,将推动淮安中心城市迅速崛起,为我省苏北腹地实现跨越式发展提供新动力;三可为皖江城市带开辟一个全球化发展的出海通道,通过淮河生态经济走廊连通江苏沿海港口与淮河、灌河两岸,打造两岸物流产业、商贸、服务业和新兴产业聚集高地,发展成为盘活区域流通、激发经济新活力的"出海口",促进两岸经济向全球化发展。

3、对目前长三角区域空间战略的补充作用

2009、2010 年,江苏沿海开发战略和安徽皖江城市带发展战略相继上升为国家战略。两年来,江苏省委、省政府举办了多次沿海经济带的系列专题招商会,每年协议引进资金超过 5000 亿。由于沿海经济带历史上长期是全省经济的"洼地",产业基础薄弱,加工能力不强,在这种情况下,极易形成对引进资金的"消化不良"。而安徽皖江城市群的发展特色一直是承接长三角地区的产业转移,其中,制造业的 50%、汽车零部件和白色家电的 70%、引进省外资金的 70% 均来自于长三角的产业转移。从战略实施目标来看，两大国家战略成功对接，互相融合，将极大促进流域区域经济一体化进程。两大战略对接所面临的现实问题是，需要在两大战略覆盖区域之间，即淮河流域，建立连接东中部地区的黄金通道，从空间与时间上缩短东中部距离，为区域融合发展创造便利条件。经过研究，以淮安和蚌埠为双核，建设淮河生态经济走廊，能够有效推进两大战略对接，促进东中部协调发展。构建以淮安和蚌埠为双核的淮河生态经济走廊发展模式。

二、开创淮河生态经济走廊的新模式

"以港兴城，港为城用，港城相长，衰荣共济"是世界范围内港口城市发展演变的普遍规律。淮河生态经济走廊就是要将沿淮河多市的得天独厚区位、交通、资源、产业等比较优势转化为经济优势，在沿运河地区建立若干国际性二类港口，形成一个新型工业化产业带，发展一个新兴城市群。

1、构建淮河生态经济走廊发展新模式

遵循经济发展规律，从流域经济构建淮安＋蚌埠双核发展模式，打造淮河流域黄金走廊，有效推进江苏沿海经济带国家战略和皖江城市带国家战略顺利接轨，为江苏沿海、皖北乃至整个"泛长三角"地区发展提供新动力。淮河经济走廊建设重点是"两点一线"，两点即淮安和蚌埠两个中心城市，一线即淮河黄金走廊。

2、建设"淮安＋蚌埠"两个中心城市

淮安市正在积极实施"借港出海"战略，主要有"北－中－南"三条入海路线：即从辖区北部经盐河至连云港入海；辖区中部经灌溉总渠至各沿海港口入海；辖区南部经入江水道进入长江沿岸港口进而由长江入海。努力实现"海河联运"、"海港内移"，在江苏沿海开发上升为国家战略和苏北地区整体纳入长三角发展规划的大背景下，淮安市作为江苏省的重要交通枢纽、长三角北部地区的区域交通枢纽和中心城市以及"能够辐射周边地区2000—3000万人口的苏北重要中心城市"，必将发挥更大的经济节点和辐射带动作用。

蚌埠市是沿淮和皖北地区重要的交通枢纽和加工、商贸、科技中心城市，对皖北地区快速崛起以及安徽省经济社会全面协调发展具有重要的辐射带动作用。随着皖江城市带战略上升为国家战略，蚌埠的战略地位更加重要。作为自主创新综合配套改革试验区的龙头、承接产业转移示范区的核心城市，以及联系皖江城市带与皖北广大区域的桥梁和枢纽，蚌埠将凭借其人才优势、产业优势和资源优势，进一步延伸皖江城市带战略对皖北地区的辐射能力。同时，随着安徽向东靠拢，拥抱大海，积极融入"泛长三角"，蚌埠也将是安徽与江苏衔接的重要节点。

3、重点工程

打造淮河黄金走廊，一是建设淮河流域综合交通走廊。首先发挥内河航道比较优势，连通江苏出海通道。建议实施淮河入海水道三级航道升级工程和灌河开放工程。其次大力发展集装箱运输，建设内河集装箱国际港，把上海港、连云港、大丰港、洋口港等港口功能"拿到"淮安、灌南、阜宁、宝应、洪泽和安徽的蚌埠、天长、淮南等地，成为直接出口的二类口岸国际港。再次由盐城大丰港向东，建设"新东陇海铁路线"；最后构建空港经济圈，发展面向全球的"泛长三角"北翼空港经济中心。二是建设淮河流域产业一体化走廊。依托产业转移和高新技术发展，培育和发展支柱产业，推进产业合理化和高级化。三是实现淮河流域经济板块深度融合。将淮河流域"板块经济"整合为一体化的"经济板块"，通过资源优化配置和生产要素合理流动推进空间结构优化，逐步形成经济、社会、资源、环境协调发展的经济圈。

三、推进苏北全面协调发展的新纽带

淮河生态经济走廊成为苏北三大战略的升华，是苏北区域经济协调发展的新"引擎"，要以市场机制为纽带，以连云港、淮安、盐城、蚌埠等城市为中心，以现代综合交通运输体系为轴线，按照内河航道、港口群、产业带和城市群四位一体的联动开发模式展开，实施联动开发、资源整合、联合营销和可持续发展的区域经济合作战略。

*一是为苏北现代产业体系提供平台。*建设淮河生态走廊为苏北现代产业体系提供平台。依据生态走廊提供的区位、资源和产业优势，加快完善基础设施，大力开展招商引资、引进项目，可带动工业、旅游、房地产及其它第三产业的迅速发展，加快融入大淮安、大交通、大旅游格局。着力优化产业结构，加快新型工业化进程，提高产业竞争力。通过淮河经济走廊加快发展徐州先进装备建造、连云港新医药新材料、盐城汽车、淮安电子信息、宿迁轻纺食品等特色产业。促进形成产业对接、功能互补、产业集群效应明显、特色突出的工业发展区域，积极发展新能源、新材料、生物技术和新医药、节能环保、新能源汽车等战略性新兴产业，推动产业向价值链高端攀升。构建我国东部地区首个非石油烯烃产业集群，以煤电盐一体化化为基本标志，以转变经济发展方式为根本目的的总和开发规划，形成淮安非石油烯烃路径的发展模式，通过构建"五大产业链条"将淮安等地打造成江苏重要的盐煤化工生产基地，将其打造成我国东中部地区一流的煤盐化工基地。

*二是推动沿海港口群、产业带和苏北城市群联动发展。*实现沿海港口与腹地城市连动发展，构筑港口大交通，打造综合运输网络，进一步提高多式联运效率，实现多种运输方式一体化发展，实现港口群供应链一体化。加强各港口与腹地城市之间交通等基础设施建设，强化中心城市与港口之间的互动作用。统筹规划港口群、出口加工区、港城之间的空间组织关系。确立港城之间的主要发展轴线，依托轴线实现产业、功能据点的布局和基础设施建设，加强空间组织主体之间的信息化、智能化和生态化建设，加快空间组织主体的职能定位转化，处理好不同产业与不同功能区的空间配置关系。

三是发展综合交通运输体系，加大对苏北基础建设的支持力度。"十二五"时期将新增高速公路100公里，完成新（改）建干线公路通车里程1500公里。开工建设连盐铁路、郑徐客运专线江苏段、青连铁路，力争建成宿淮、丰沛铁路，加快连云港港等港口建设，拓展苏北机场功能，建成徐州观音机场二期工程，改造连云港白塔埠机场、淮安涟水机场和盐城南洋机场。加快南水北调东线送水、淮河入海水道二期、淮河入江水道整治、洪泽湖大堤加固、分淮入沂整治、海堤达标以及城市防洪工程等基础设施建设，加快构建苏北现代水利综合保障体系。支持苏北地区电网、天燃气管道建设，完善苏北信息化基础设施和服务体系。

*四是加快淮河流域城镇化发展步伐，加大苏北城乡统筹发展力度。*淮河流域跨越五省40个地（市），总人口为1.65亿人，平均人口密度为611人/km2，是全国平均人口密度122人/

km2 的 4.8 倍,人口基数很大,城乡均有大量的劳动力剩余,大批农民工的涌入,势必加重当地的就业压力。另外,大规模的人口流动必将造成流出地和流入地的人口结构失调,尤其不利于流出地的产业发展。据统计,我国城镇化水平每提高一个百分点,就有一千多万农民转为城里人,淮河流域城镇化水平每提高一个百分点,就有两百多万农民转为城里人。城镇化是淮河流域经济发展的必然趋势,人口转移模式应以就地转移为主,尽量在小城镇实现就地消化,实现淮河流域大中小城市的协调发展。

加快淮河流域城镇生产要素自由流动组合,大力发展县域经济,形成江苏省内淮安、宝应、大丰、宿迁,安徽境内蚌埠、淮南、阜阳、亳州等若干个小城镇,使农村人口以就地转移为主,逐步形成以大城市为中心的区域城市带,形成"大城市——中小城(镇)——乡村"的两头小中间大的三级城镇化人口格局,是解决淮河流域"三农"问题的根本方法,也是实现"城乡一体化"的必由之路。

四、小结

构建"淮安+蚌埠"双核发展模式,建设淮河生态经济走廊,把淮河变成一条造福于两岸人民经济与社会发展的黄金水道,这是加快苏北振兴步伐、推动全面小康建设,从流域经济的更高层次上统筹城乡区域发展,又好又快推进江苏"两个率先"的重大举措。这种发展模式可有效推进皖江城市带国家战略和江苏沿海经济带国家战略顺利接轨,为苏北、皖北及整个"泛长三角"地区发展提供新动力,并成为我国东中部地区协调发展的示范区。

(江苏省宏观经济研究院　顾为东　张　萍)

关于以江苏省淮安市和安徽省蚌埠市为先导区构建淮河生态经济走廊的设想

一、淮安市经济社会发展基本情况

淮安是江苏省省辖市,地处黄淮平原、苏北腹地,是国务院公布的第二批全国历史文化名城。现辖清河、清浦、淮安、淮阴4个区和涟水、洪泽、金湖、盱眙4个县,另有国家级淮安经济技术开发区、省级淮安工业园区,总面积1.01万平方公里,总人口540万。淮安是一座独具魅力的历史古城。自秦时置县起,至今已有2200多年的历史,境内有著名的"下草湾文化"和"青莲岗文化"遗址。在明清鼎盛时期,与扬州、苏州、杭州并称为运河沿线"四大都市"。淮安是一座积淀深厚的文化名城。这里诞生过一代伟人周恩来、千古名将韩信、小说大家吴承恩、汉赋大家枚乘、巾帼英雄梁红玉、民族英雄关天培等众多名人,中国四大名著之一《西游记》、中医四大经典之一《温病条辨》、晚清四大谴责小说之一《老残游记》等都创作完成于此,这里还是全国四大传统名菜之一淮扬菜的发源地,现存淮扬菜名点1300余种,新中国开国大典宴会选用的就是淮扬菜。淮安是一座秀丽宜居的生态水城。淮河、京杭大运河纵贯全境,洪泽湖、高邮湖、白马湖、宝应湖镶嵌其间,大运河、里运河、古黄河、盐河、淮沭新河穿城而过,境内水域面积占整个市域面积的1/4,被誉为"漂浮在水上的城市"。湿地资源在全国名列前茅,6个县(区)建成国家级生态示范区,先后创成中国运河之都、中国优秀旅游城市、国家卫生城市、国家园林城市、国家环保模范城市、江苏省文明城市。淮安是一座快速崛起的工业新城。现有各类工业企业1万多家,已形成IT、特钢、盐化工新材料、节能环保和健康食品等五大主导产业,机械、纺织、烟草、医药等支柱产业,以及新能源、新医药等一批新兴产业。

近年来,淮安市坚持以科学发展观为统领,认真贯彻江苏省委、省政府落实"六个注重"(即更加注重增强发展协调性、提高自主创新能力、改善民生、扩大人民民主、文化建设和建设生态文明)、实施"八项工程"(即科技创新工程、转型升级工程、农业现代化工程、文化建设工程、民生幸福工程、社会管理创新工程、生态文明建设工程、党建工作创新工程)、推进"两个率先"的决策部署(即率先全面建设小康社会,率先基本实现现代化),大力弘扬以"三创三先"为主要内容的新江苏精神(即创业创新创优,争先领先率先),积极抢抓省委、省政府支持淮安加快建设苏北重要中心城市的战略机遇,在"宏观偏紧、微观困难"的复杂形势下,推动全市经济社会保持了又好又快的发展势头。2011年,完成地区生产总值1690亿元,同比增长13.2%;实现财政总收入、公共财政预算收入407.8亿元、204.6亿元,同比分别增长35.9%和44.7%;完成全社会固定资产投资2000亿元,同比增长34.6%;注册外资实际到账16.1亿美元,同比增长54.1%;城镇居民人均可支配收入20260元、农民人均纯收入8645元,同比分别增长14.6%和19.5%,5项主要经济指标增幅在全省排名第一、5项排名第二、2项排名第三,实现了"十二五"的良好开局。今年1-5月份,预计规模以上工业实现增加值370亿元,同比增长18%;实现财政总收入186.1亿元,同比增长9.8%,其中公共财政预算收入101.9亿元,同比增长20%,在全省主要经济指标增速面临下行压力的情况下,淮安.市大部分主要经济指标保持逆势上扬的态势并在全省位居前列。

以去年人均GDP首次超过全国平均水平为标志,淮安.市已进入工业化转型、城市化加速、外向化拓展互动并进的快车道。去年8月,江苏省委、省政府正式出台《关于加快淮安苏北重要中心城市建设的意见》(苏发〔2011〕23号),将扶持淮安建设苏北重要中心城市上升为省级战略。《江苏省域城镇体系规划》将淮安.市列为全省新兴经济增长极。淮安在全省的发展定位中被提升到前所未有的高度,这一里程碑式的质变为淮安.市跨越发展注入了强劲的动力。站在新的历史起点上,淮安.市提出了"十二五"期间"1+4"发展目标,即全面落实"经济发展水平和人民幸福指数同步提升"的总体要求,全力实现"总量再翻番、财政超千亿、建成生态市、全面达小康"的总体目标。当前,全市上下正围绕"争进位走前列、调结构上水平、惠民生促和谐"这一主线,奋力推动经济社会发展,努力向建设富庶、美丽、幸福的苏北重要中心城市宏伟目标迈进。

二、构建淮河生态经济走廊的设想

构建淮河生态经济走廊的战略构想,首先得益于中国国际经济交流中心和省发改委的前瞻性思考,淮安市对此是高度认同、主动参与和全力配合。

(一)背景分析。一是就淮安市发展需求而言。当前,区域一体化发展已经取代了一个个单独的城市概念,要求各个城市充分依托区域内完善的合作机制和广阔的合作前景,充分提高利用国际国内两个市场、两种资源的能力和水平。对淮安这类后发展地区而言,同时面临着发达地区和中西部地区不同比较优势的双重冲击,更需要在区域内找准最佳合作点和突破口,推动区域内不同城市"抱团"转型、跨越发展。二是就淮河流域发展现状而言。淮河流域介于长江和黄河流域之间,包括河南省大部、安徽和江苏两省北部、山东省南部以及湖北省的部分地区,覆盖36个地(市)、182个县(市)。从区位条件看,淮河中上游地处我国中部经济腹地,下游连通长江,直达江苏沿海,连接"长三角"和淮海经济圈两大经济带,既是江苏等沿海发达地区拓展中部经济腹地的主要目的地,也是东南沿海产业梯度转移的主要承接区。虽然这里区位独特,资源丰富,交通也较为便利,但淮河目前的主要功能仍然偏重于灌溉、蓄洪和排洪,整个区域经济社会发展一直落后于全国平均水平。淮安市作为淮河下游地区主要的蓄洪区和排洪区,在这方面感受尤为深刻。三是就区域未来发展趋势而言。面对日趋激烈的区域竞争,淮安市在中国国际经济交流中心和省发改委的指导下,一直希望能够以淮河为纽带,以淮安和蚌埠两市为先导区构建淮河流域生态经济走廊,加强沿线城市整合,按照内河航道、港口群、产业带和城市群四位一体的联动开发模式,将淮河流域得天独厚的区位、交通、资源和产业等比较优势转化为经济优势,建立若干国际件一、二类港口,实现区域经济社会整体协调快速发展,把淮河建设成为造福于两岸人民的黄金水道、产业大道、生态廊道。

(二)现实条件。一是就整个区域而言。流域有1.7亿左右人口,人口密度在全国大江大河流域中位居前列,劳动力资源极为丰富。有1.8亿亩耕地、近1千万亩滩涂、2千万亩水面,是我国主要的商品粮棉油基地。这里有岩盐等极为丰富的矿产资源,煤炭产量占全国总量的1/8,是"长三角"和华中地区重要能源基地。已形成煤炭、电力、机械制造和食品、轻纺等一系列优势产业,崛起了淮安、蚌埠、淮南等一批大中型城市,交流的基础十分厚实,合作的条件已经具备。二是就淮安市而言。淮安历史上就有"南船北马、九省通衢"的美誉。从"长三角"整体范围来看,淮安是"长三角"区域规划中的"区域性交通枢纽、商贸物流中心、先进制造业基地和历史文化旅游目的地"。从江苏发展战略来看,淮安市目前正在建设苏北重要中心城市,是江苏加快苏北崛起的核心之所在,也是江苏经济拓展中部腹地的关键节点,区位优势十分明显。正在分南、中、北三线实施"借港出海"战略,南部经入江水道进入长江沿岸港口而入海,中部经淮河入海水道二期至沿海港口,北部经盐河至连云港入海,努力实现"海河联运"、"海港内移"。同时立足产业基础,依托岩盐、芒硝、凹凸棒土等资源优势,重点打造盐化工等五大主导产业,就区位、交通、人口和经济发展水平来说,淮安市在淮河中下游地区具有极其重要的地位。三是就安徽省蚌埠市而言。蚌埠是淮河沿线和皖北地区重要的交通枢纽和加工、商贸、科技中心,对皖北地区快速崛起以及安徽省经济社会全面协调发展具有重要的辐射带动作用,安徽省已经将蚌埠市定位为皖北重要中心城市。随着皖江城市带建设上升为国家战略,蚌埠的地位愈加重要。作为自主创新综合配套改革试验区的龙头、承接产业转移示范区的核心城市,以及联系皖江城市带与皖北广大区域的桥梁和枢纽,蚌埠将凭借其人才优势、产业优势和资源优势,进一步延伸皖江城市带战略对皖北地区的辐射能力。同时,随着安徽向东靠拢,拥抱大海,积极融入"泛长三角",蚌埠和淮安市将成为其重要的衔接支撑点。综上所述,淮安市认为以淮安和蚌埠两市为先导区,构建以淮河为纽带的生态经济廊道已经具备基础条件。

(三)战略意义。构建以淮安和蚌埠两市为先导区的淮河生态经济走廊,对于发挥淮河沿线城市资源优势与经济潜力,对接江苏沿海开发和皖江城市带两大国家战略,推动区域协同健康快速发展具有积极而深远的意义。一是有利于促进我国东中部协调发展。淮安和蚌埠两市分别位于"长三角"和皖江城市带北翼,以这两个城市为引领,加强淮河沿线城市之间经济社会发展的整合和互动,可以实现淮河中下游城市"借港出海"和两大经济带顺利对接,有利于促进东中部地区协调发展。二是有利于填补国家区域发展战略空白。目前,我国东部地区除淮河外,其他的主要大江大河都有了国家层面的区域规划。将构建淮河生态经济走廊上升为国家发展战略,可以填补这一空白,推动淮河流域在更高层次上实现又好又快发展。三是有利于拓展淮河治理范围和思路。淮河入海水道因排涝行洪的需要,占用了大量土地,仅淮安市境内就占用3万亩土地,无汛期一直处于荒废的状态。构建淮河生态经济走廊,将行洪通道拓展为航道,大力发展临港产业,优化区域生态环境,可以将淮河由传统的防洪泄洪通道打造成为造福两岸人民的黄金水道,为"治淮"这个老大难问题探索出一条新路径。四是有利于加快沿线淮安、蚌埠等区域性重要中心城市建设。建设淮河生态经济走廊,构建以淮安和蚌埠为先导区的铁、公、水、航空、管道综合交通运输体系,可以减少洪泽湖天然物理屏障的阻碍作用,加强沿线城市间的交流,进一步拓展淮安和蚌埠等区域中心城市在整个淮河流域的辐射力和影响力。

(四)目标定位。经初步研究,淮安市认为淮河生态经济走廊可以从五个方面进行定位:一是全国重要的经济增长板块。建设淮河生态经济走廊,可以提升淮河流域城市群的整体竞争力,通过建设先进制造业和现代服务业基地,打造内陆开放和人才集聚两个"高地",成为与"长三角"南北呼应、引领苏北和皖北加速崛起的核心,成为推动我国东中部地区经济社会发展的重要引擎。二是全国区域协调发展的战略支点。建设淮河生态经济走廊,可以充分发挥淮河流域承东启西、连南接北的区位优势,加速生产要素集聚,强化东部地区产业转移、西部地区资源输出和南北区域之间的交流与合作。三是新型工业化、特色城镇化和农业现代化协调发展示范区。建设淮河生态经济走廊,可以在加快区域内新型工业化、城镇化进程中同步推进农业现代化,探索建立工农与城乡利益协调机制、土地节约集约利用机制和农村人口有序转移机制,加快形成城乡经济社会一体化发展新格局。四是国家重要的粮食生产和现代农业基地。建设淮河生态经济走廊,可以整合区域力量集中建设粮食生产核心区,巩固提升流域在保障国家粮食安全中的地位,加快发展高产、优质、高效、生态和安全农业,不断提高农业专业化、规模化、标准化和集约化水平,建设全国农业现代化先行区。五是国家内河水患防治和综合开发利用的典范。建设淮河生态经济走廊,可以彻底解决淮河水患,造福两岸人民。淮安市洪泽湖在汛期要承接上游15.8万平方公里的客水,加之洪泽湖湖底海拔达10.5米,而淮安市市域平均海拔小于9米,一到汛期淮安市等里下河地区就易受害。目前,国家水利部门正在研究拓宽拓深淮河入海水道,如能综合发挥淮河入海水道行洪和航道功能,必将根除淮河在汛期带来的灾害,有力地助推两岸经济社会的发展。

三、关于近期课题研究的几点思考

在中国国际经济交流中心和省发改委的关心、支持和指导下,淮安市近期与蚌埠市进行对接并达成广泛的共识,决定合力推进"淮河生态经济走廊"战略构想。

(一)区域覆盖范围。全长约1000公里的淮河流经河南、湖北、安徽、山东、江苏五省36个地(市),可以分为上游、中游、下游三部分,其中洪河口以上为上游,洪河口以下至洪泽湖出口中渡为中游,中渡以下至三江营为下游。虽然说建设淮河生态经济走廊的最终目标是涵盖和惠及整个淮河流域,但就前期课题研究而言,如果覆盖整个流域,涉及范围太广,利益诉求太多,近期协调起来推动难度也比较大。淮安市综合考虑多方面的因素,认为在前期课题研究中,可以先选取在淮河中下游地区具有典型意义的淮安、蚌埠等作为重点研究对象,以此为支点建设淮河生态经济走廊,以后再逐渐向整个流域辐射。这样一方面既有利于减少协调推进的难度,另一方面也可以增强该战略构想上升为国家战略的可能性。

(二)空间开发模式。"以港兴城,港为城用,港城相长,衰荣共济"是世界范围内港口城市发展演变的一项普遍规律。构建淮河生态经济走廊,就是要将淮河沿线得天独厚的区位、交通、资源、产业等比较优势转化为经济优势,在沿河地区建立若干国际性二类港口,形成一个新型工业化产业带,发展一批新兴城市群。其重点是"两点一线","两点"就是要着力打造淮安和蚌埠两个区域性中心城市,"一线"就是要以淮安和蚌埠两市为依托,努力将淮河打造成为黄金航道和经济走廊。以此为目标,要推动沿线城市按照当前与长远并重、内源发展与外源拓展并举的原则,在规划城市定位、产业发展方向、区域功能布局等方面,加强相互之间的衔接,在区域合作框架下,抓紧修编和完善有关专项规划,特别是交通等重大基础设施、商贸物流、能源资源等合作项目,增强区域合作发展的可持续性。

(三)重点工程项目。去年,江苏省委、省政府专门出台文件,支持淮安加快苏北重要中心城市建设。在构建淮河生态经济走廊研究工作中,我们设想在综合交通运输体系规划建设上,要从国家层面支持淮安建设成为淮河流域中下游地区重要中心城市。一是发挥淮河航道优势。推动国家在实施淮河入海通道二期项目中,将淮河入海水道三级航道升级工程和灌河开放工程纳入其中,为淮河流域打通直接出海通道,兴建一个水上新陇海线。二是加快内河口岸建设。推动国家支持淮河沿线城市建设内河集装箱国际港,将淮安市的新港、南港、盱眙港建设成为规模较大、效益较高、在区域范围内具有重要影响力的内河集装箱枢纽性港口。同时依托淮河航道,把上海港、连云港、大丰港、洋口港等港口功能"接入"淮安、蚌埠等淮河沿线主要城市。三是完善铁路运输体系。推动淮安市加快建设连接连云港、新沂、盐城、扬州、南京、宿迁六个方向的"米"字型铁路网,加快建成启用宿宿淮铁路,尽快启动建设由蚌埠经淮安市盱眙、金湖至盐城港口的货运铁路。四是构建空港经济圈。推动淮安涟水机场尽早获批一类航空口岸,加强沿线机场之间合作,力争建设面向国际的"泛长三角"北翼空港经济中心。

(四)生态环境建设。良好的生态环境,既是人民群众健康生活的本质要求,也是一个地方区域竞争力的核心之所在。一是加强对淮河流域的水污染防治。构建淮河生态经济走廊,必须保护两岸人民的人居环境,尊重整个流域的长远发展,而不能单纯追求产业发展和经济利益。迫切要求从国家层面加强对淮河及其两岸产业规划和水污染治理的引导力度,协调沿岸城市强制上马截污导流、污水处理厂、农田水利基本建设等工程,切实防止工业、农业和生活污水进入河道,支持和推动沿线城市创建国家生态城市、国家级低碳经济试点城市。二是建立健全淮河流域污染联防联控、跨界防治机制。由于行政区划等原因,导致河道下游地区客观上往往难以对跨区域流域性污染进行防范,亟需从国家层面建立淮河流域跨界防治机制,并建立因上游的水污染损害对下游地区的生态补偿机制。三是成立国家洪泽湖水资源管理机构。目前我国五大淡水湖泊除洪泽湖外,均成立了专门的湖泊管理机构。洪泽湖既是南水北调东线最大调蓄水湖泊,也是典型过水性湖泊,涉及河南、安徽、山东、江苏四省。由于缺乏统一规划和管理,重特大污染事故频发。需要成立国家洪泽湖管理机构,对湖区的水资源和水环境实施统一的监督管理。

(五)快速城镇化。淮河流域超过60%的人口现在仍居住在农村,加快新型城镇化和新农村建设,将为统筹区域和城乡发展、破除城乡二元结构带来广阔的空间。一是对淮河流域城镇化进行总体规划和引导。推动国家支持淮河流域加快城镇化建设步伐,合理确定产业布局和功能分区,逐步构建以城市群为主体形态,区域中心城市、一般中心城市、县城、中心镇与农村社区协调发展的城乡体系,加速人口、项目、物流和资金向城市集聚,为工业化崛起创造条件。二是创新户籍和土地制度。从长远发展来看,淮河流域的人口应以就地转移为主,尽量在小城镇实现消化,实现淮河流域大中小城市协调发展。在这方面中原经济区发展规划做了很好的探索。需要国家允许淮河流域参照中原经济区做法,在严格执行土地利用总体规划和土地整治规划的基础上,探索开展城乡之间、地区之间人地挂钩政策试点,实行城镇建设用地增加规模与吸纳农村人口进入城市定居规模挂钩、城市化地区建设用地增加规模与吸纳外来人口进入城市定居规模挂钩。

(六)争取政策支持。构建淮河生态经济走廊,关键需要国家在政策上予以支持。一是在新型工业化方面。推动国家支持淮安市利用岩盐资源,打造"中国新盐都",力争到"十二五"末形成600万吨盐、400万吨纯碱、400万吨硝、100万吨烧碱的生产规模,利用淮河中上游丰富的煤炭资源,促进淮安市向煤盐化工、煤基碳化工、煤基烯烃等综合型煤盐经济转型,构建我国东部地区首个非石油烯烃产业集群和东中部地区一流的煤盐化工基地。加快发展凹土新材料等为主的新材料产业,打造"中国凹土之都"。二是在现代服务业方面。支持淮安市依托独特的区位优势和便利交通条件,以中国移动(淮安)呼叫中心项目为核心,打造"中国声谷"和"长三角"北翼现代物流基地。三是其他政策方面。加大中央财政在水利基础设施建设、中低产田改造、高标准基本农田建设、土地整理和复垦开发项目上的补助力度,逐步取消粮食主产县县级配套。将蚌埠市"合芜蚌自主创新试点工作"支持政策扩大至淮河流域主要城市。

(淮安市政府)

统筹城乡发展加速构建新型城乡关系

◎李兵弟

"加快完善城乡发展一体化体制机制,着力在城乡规划、基础设施、公共服务等方面推进一体化,促进城乡要素平等交换和公共资源均衡配置,形成以工促农、以城带乡、工农互惠、城乡一体的新型工农、城乡关系。"党的十八大提出的这一目标,是中国特色城镇化发展的内在要求;是新型城镇化发展直面的重大课题;是现阶段城镇化进程必须完成的艰巨任务;更是各级政府努力持续破解着的发展难题。构建新型的城乡关系要从中国特色城镇化发展的实际出发,着眼于城市和乡村,工业与农业发展的两个相对面,从彼此之间相互关联、相互制约的内在联系,以及互为市场、互为因果的发展规律去认识,从制度创新机制建设政策保障上务实地推动。基本路径是:城乡分治→城市主导→城乡融合。中国绝不能走城镇化基本完成后再解决农村问题的老路。

一、牢固树立城乡平等发展的基本理念

迄今为止,人类的城镇化道路并没有走完。一些发达国家,尤其是发达的经济大国的发展历程已经证明并且在继续证明,脱离现代农业,失却繁荣稳定农村的支持,失却自然循环的生态保障,单纯推动工业化、城镇化、信息化、全球化的发展道路充满着极大的危险性、不可预见性和不可持续性。走西方国家尤其是美国分散化发展的城镇化道路不是中国城市群和大城市郊县发展的首选,更不是我国农村地区小城镇发展的必然,当然就绝不可能是中国特色城镇化道路的可选路径。

长三角要率先实现全面建成小康社会,就意味着要在构建新型的城乡关系上有担当、有突破、有实效、有经验。其一有良好的经济社会文化发展基础,早期的乡镇企业、现在的"一镇一村一品"的产业支撑;其二有密布的小城镇——合理的城乡居民点空间布局体系;其三城乡之间的收入差距不是很大,城乡之间交往紧密;其四有网络化的基础设施和公共服务设施的分布,其五各级政府见识早、行动快、力度大、政策稳。

我们对农村卫生状况分析可知,农村卫生条件不仅关系到农民,也关系到整个社会的健康安全。据农业部的报告,在现在200种动物疫病中,80%是人畜共患疾病。"病从口入","人病畜防",人的病要从防控动物的疫病开始。由此我们不难发现,农村的安全是城市的安全、社会的安全、民族的安全、发展的安全保证。

提升城镇化质量——以人的城镇化为主,必须转变土地城镇化倾向,基本解决城乡人均收入差距扩大为农村更快增长。城乡差距持续扩大的基本成因已经从产品形态转向了价值形态——即"主要表现为农村资源要素价值流失"。小城镇吸纳农村劳动力的比重逐年下降就是一例。

要素价值流失主要体现在三个方面:农村土地资源要素——低价征收农村土地;农村劳动力要素——廉价使用农村劳动力;农村金融要素——大量抽取农村储蓄资源(前三十年工农业产品剪刀差,后三十年土地征用剪刀差)

二、坚持城乡有差异化的空间发展

新型城镇化的生长点、工业反哺农业、城市支持农村应该长期化、制度化、显效化,三化协调发展公共服务均等化是着力点。要改变以往自然经济条件下形成的农村地区聚落方式,重构和优化城乡空间聚落形态,形成以中心城市、县城、重点建制镇、一般镇和中心村为核心的城乡居民点聚落体系。还要改变以城市为主、为重的公共服务布局模式,形成推进城乡基础设施、公共服务设施和社会保障等基本公共服务均等化建设的制度机制,形成以小城镇为核心的农村地区公共服务中心服务圈。更要改变乡村地区以农事为主的社会管理模式,探索新型城乡社区的市民社会管理方式,形成依托小城镇和新社区的城乡统一协调的社会管理体制。

在体现城乡差异化的职责承担功能上,在不同的城乡聚落空间承担者不同的功能或职能。城乡在我们国家发展中承担着不同的任务,农村地区——承担国家粮食安全、生态安全、环境安全、能源安全以及资源安全的重任,以五大安全保证城镇化的健康持续发展。城市地区——继续发挥特大城市、大都市群在城镇化发展中的核心作用:转变以工业生产发展为主的模式,提升区域辐射和带动的区域发展能力;提升大城市的创造功能、服务功能、信息引领功能为主的创新能力;提升绿色发展、生态发展、人文发展为主的城市综合承载能力;提升都市区域城乡建设成熟程度的建设能力;提升民生发展民生保障和市民幸福指数为主的服务能力。

城乡融合地区——城镇密集地区、大城市周边郊县地区、国家重点发展的沿海地区,应该重点加快推进城乡一体化建设。适时适度改造农村居民点的传统聚落形态,完善基础设施和公共服务,再造和修复已经失却的城乡生态环境,形成城镇分布合理、产业联系紧密、功能互补互惠、城乡共同繁荣的空间格局。笔者以为,城镇化发展中的国家体系应该是:经济+社会+政治,其核心是要以城市行政体制改革为核心的顶层制度设计。在城乡规划上实现"要素统筹、公共政策、社会管理、产权制衡"

三、从国家层面确立重点小城镇发展十年培育期

构建新型城乡关系的一个重要方面——加强小城镇发展,这是不能忽视、不容忽视、不敢忽视问题。完善小城镇功能,就是要扩大产业规模,强化集聚人口能力;集约用地规模,优化空间布局;解决民生难题,提升城镇品质;配置公共设施,服务周边农村。

明确县城、重点镇是国家城镇化未来十年培育的重点,是现阶段国家和地方城镇群发展的重点,是深化体制改革配套主攻的重点。明确国家培育期的主体政策(小城镇产业引入机制、行政管理体制与户籍制度改革、二元结构混合用地管理制度、可转移的社会保障制度等)加强农村地区小城镇有特色的发展——优先发展能够带动现代农业发展的建制镇,为农村特色产业服务的特色镇,有一定产业基础吸纳农民工能力强的工业镇,承接大中城市产业转移的小城镇,有效改善周边农村地区人居环境的中心镇。低成本城镇化依然是可循的基本路径——小城镇。

从发达国家来看,小城镇是承载城镇人口的主体。如德国的城镇化率现在是97%,70%的人居住在小城镇;美国城镇化率84%,有50%以上的人居住在5万人口以下的小城镇;而根据我国2008年的统计数据,居住在小城镇的人口是2.6亿,占全国的20%,占城镇人口的40%,而60%的城镇人口居住在城市中。

寻求小城镇发展动力——新区建设。首先是科学界定新区作用:整合资源,掌握区域发展主动权;突破空间局限,争取区域发展可持续性;破除行政分割,顺应区域一体化发展新趋势。

其次是新区设定的要件:要有一定的区域性枢纽依托;要有主导型产业推动;要有实质性空间整合要求;要推进综合性的制度创新探索。再就是改革新区设置模式:应跳出单一部门审批的藩篱,不能以计划经济模式按项目审批进行,应采取一家牵头部委参与联合审批。形成改革合力,避免部门利益和部门局限。最后是继续实施园区发展战略:一是继续挖掘园区发展的红利,扩区提级升品质、专业招商集成服务上水平;二是推进现有园区整合,解决破碎化的历史遗留;三是推动产城一体、镇园融合的新发展模式。

四、务实推动统筹城乡发展的制度创新

首先,启动设市机制,改革设市基础条件。改革现行市管县管理模式,弱化地级市的直接管权。强化县级公共财政支配权,支持县域经济特色发展。探索加快撤镇设市步伐和县辖市的可能模式:由市带县到省直管县;由县级市到县辖市。其次,将城市维护建设税改革为城乡建设维护税:独立税种、扩大税源、稳定税基、提高税率、专征专管专用。第三,探索农村集体建设用地上发展小城镇的新模式:利用农村集体建设用地建设小城镇;探索小城镇二元土地性质建设用地的混合使用;鼓励小城镇发展过程中的城乡土地置换。

实现城乡一体化是一系列制度建设的积累过程,包括中国农村住房制度改革:①农民建房宅基地供给制度改革与农房拆迁补偿制度改革;②将现在的城镇经济适用房制度整体转移给农民工,建立农民工住房基本供给制度;③构建农村困难群众住房保障政策及农房保险制度;④按照"同一平台、分类实施,独立编码、封闭运作,预留接口、逐步过渡"的原则,推进农村房屋登记管理工作,为逐步建立城乡统一的房地产制度做好制度准备;⑤推动冗余农房在农村地区的交易制度与配套的信用环境建设(从本集体经济组织到行政村试点,核心是宅基地流转)(城乡建设用地增减挂钩到人地挂钩);⑥进城进镇落户的农户宅基地有偿退出机制;⑦持续改善农村人居生态环境,建立国家专项税收支持农村基础设施建设维护管理的长效机制。

制度规范农村居民点调整,这是统筹城乡发展制度创新的基础。一是尊重城镇化发展的客观规律和依循农村发展实际调整农村居民点,二是要明确调整农村居民点的规划要求和建设原则(村改居后怎么建),三是农村新居民点调整必须注重保护农村特色(传统村落和民居)。城乡居民点调整是要素流动、要素集聚、要素重组的发展过程,重点是农村大量散落的居民点,分散的自然村落,必须采取和平的、渐进的、利益逐步调整的做法。

以城乡规划促进城乡资源要素的合理配置,以市场力量实现城乡资源要素的公平竞争,用科学规划指引农村新居民点建设,重点解决发展中的区域、城乡两个不平衡:空间布局上同步谋划城乡居民点;基础设施建设上同步推进向农村地区延伸;主要生产要素配置上同步组织、同步安排;发展成果上城乡共同享有、共同繁荣。

加强农村新社区社会管理,即村改居后怎么管,坚持村级公共服务和社会管理、村级治理机制与现代社区管理方法现结合是不二选择。

(作者:中国城市科学研究会副理事长住房城乡建设部村镇建设司原司长)

推进长三角城乡发展一体化发展杭州共识

2012 年 12 月 25 日

2012 年 12 月，来自国家相关部委、研究机构和长三角城市群的省、市领导与国内著名专家学者及其他代表，参加了由中国城市经济学会长江三角洲城市发展研究中心、浙江省人民政府发展研究中心、浙江日报社、浙江大学区域与城市发展研究中心、上海市人民政府发展研究中心、江苏省城市发展研究院、安徽省社会科学院主办的“第四届长江三角洲城市发展论坛”。与会代表围绕“长三角一体化与城乡发展一体化”的论坛主题，进行深入研讨，形成如下共识。

一、推进长三角一体化纵深发展

长三角一体化在基础设施建设、产业功能联动、资源平台共享方面已取得长足进展。随着十八大开启中国发展的新时期，长三角将面临更为重要的战略机遇，将承担更为重大的战略任务，应当积极推进长三角一体化进程进一步向纵深发展。

着力从四个方面深化长三角一体化发展战略理念，推进长三角一体化纵深发展。一是在促进经济平稳快速增长的同时，更加注重提高增长质量，缩小发展差距，提高区域均衡发展水平。二是在加快经济一体化发展的同时，更加注重社会民生领域互通，努力构建一体化的社会保障和公共服务网络。三是在加快缩短空间距离的同时，更加注重信息、资源和要素流动的顺畅化，努力构建便捷高效的交易网络。四是在加快推进一体化发展同时，更加注重保持和发扬地方特色，强调合理分工协作，促进差异化发展，彰显城市个性。

二、推进长三角城市化发展模式转变

进入“十二五”时期，长三角地区面临要素制约、人口老龄化、增长放慢等问题，经济社会处于转型转折时期。加快推进长三角地区新型城市化发展，对于集聚发展要素、优化消费需求、加快结构转变、完善功能配置具有重要意义。

着力从四个方面转变长三角城市化发展模式，促进新型城市化加快迈进。一是由强调单一类型的城市发展向大中小城市协调共进转变，更加注重不同城市和小城镇在集聚人口和产业中的积极作用。二是由分散型城市化向网络型城市化转变，加快打破城乡二元结构，进一步促进城乡要素资源流动和产业协作互动。三是推进物本型城市化向人本型城市化转变，“以人为本”制定实施改革政策，为农民在城市定居和发展创造条件，真正实现城乡文明共创和发展成果共享。四是推进速度型城市化向质量型城市化转变，注重承载力强、设施高效的品质建设，强化低碳环保、多元开放的内涵建设。

三、推进长三角乡村发展模式转变

长三角地区人口稠密，产业密集，城镇村庄星罗棋布，农村与城市在地理空间上已没有明显界限，传统“三农”日渐淡化，部分乡村地区越来越具有都市化特征，要根据新的发展阶段和环境来推进乡村发展模式转变。

着力从三个方面转变长三角乡村发展模式，打造宜居宜业宜游的“美丽乡村”。一是打造生态田园，长三角乡村地区是区域整体发展的生态支撑，强化农村环境保护，促进乡村绿化美化，积极发展乡村现代农业和生态农业，合理开发生态旅游业，保护和发掘生态文化。二是打造都市郊区，长三角乡村地区是城市的有机延伸部分，强化城市对乡村的辐射带动，促进乡村与城市规划共绘，设施共享，网络共联和产业共进。三是打造人居胜境，长三角乡村地区是城乡居民共同的美好家园区，推进村庄整治，强化中心村镇建设，促进农居优化布局，提升乡村社区建设管理水平，优化教育、医疗、文化等规划布点和功能增强，加快乡村地区现代化进程。

四、推进长三角城乡一体化深入发展

党的十八大报告把推动城乡发展一体化作为加快转变经济发展方式的五大重点工作之一。推进长三角地区更高水平的城乡一体化对于促进城乡统筹发展、区域均质化发展和长三角全面一体化具有重要意义。长三角应当积极开创城乡发展一体化新局面，建设国家城乡发展一体化示范区。

着力从四个方面促进长三角城乡融合发展，提高城乡一体化发展水平。一是加速人口集中，把县城、中心镇、中心村作为人口集聚主平台，推进土地制度、户籍制度、农村产权制度等改革，促进农村人口加快转移。二是加快产业集聚，把各产业集聚区、各类经济开发区作为产业集聚主平台，加大建设投入力度，提升三次产业集聚发展水平。积极谋划长三角农业农村经济发展新思路，确定发展新目标，探索发展新路径，推出发展新举措，全力把长三角打造成全国现代农业发展的示范区、农村改革创新的主导区、农民收入倍增的先行区，确保在全国率先基本实现农业现代化。三是推动城市基础设施向农村延伸，着力推动城市道路交通、电力电信、垃圾污水处理等基础设施向中心村延伸，切实改善农村生产生活条件。四是促进城市公共服务向农村覆盖，深入实施基本公共服务均等化，加快推进城乡并轨改革，提升农村公共服务水平。

五、推进长三角合作机制创新共赢

区域合作动力一方面来源于企业主导的市场化要素流动机制，另一方面来源于政府主导的区域协调机制。长三角一体化进程中要进一步突破机制体制束缚，全方位、宽领域和多层次构建区域合作网络。

着力从三个方面推进长三角合作机制创新，努力实现有序竞争和共赢发展。一是进一步强化政府层面协调合作，破除行政区划界限意识，消除省域和城市之间政策壁垒，加快区域社会保障体系、信用体系、经济监测等多方合作和共享。二是进一步强化企业主导作用，培育和实现长三角消费品市场、技术市场、资本市场、劳动力市场、信息市场一体化。三是进一步强化社会民间和各类学术机构的交流合作，探讨和分享各区域在推进新型城市化、促进乡村发展、加快城乡一体化过程中的做法经验。以新型城市化和城乡一体化为基础，加快实现长三角一体化的整体推进和纵深发展。

第四届长江三角洲城市发展论坛综述

2012年12月25日,来自国家相关部委、研究机构和上海、浙江、江苏、安徽等省市决策咨询部门的领导、专家学者、企业家及其他代表,参加了由中国城市经济学会长江三角洲城市发展研究中心、浙江省人民政府发展研究中心、浙江日报社、上海市人民政府发展研究中心、江苏省城市发展研究院、安徽省社会科学院主办,浙江日报社、浙江大学区域与城市发展研究中心承办的"第四届长江三角洲城市发展论坛"。论坛的主题是"长三角一体化与城乡发展一体化"。

全国政协副主席厉有为发来了贺信,全国人大常委会法制工作委员会原副主任、中国城市经济学会第一副会长王茂林等在大会做了主题报告,中国社科院原副院长、中国城市经济学会常务副会长龙永枢、国家住房与城乡建设部村镇建设司司长李兵弟做了重要讲话,江苏省人民政府政策研究室原副主任、中国城市经济学会长三角城市发展研究中心主任、江苏省城市发展研究院院长张锋主持了论坛开幕式,上海市人民政府发展研究中心副主任朱金海与中国城市经济学会长三角城市发展研究中心副主任、浙江省社科联原党组副书记蓝蔚青分别主持了论坛演讲,江苏省委党校原副校长、中国市场经济研究会副会长、中国城市经济学会长三角城市发展研究中心常务副主任、江苏省城市经济学会会长周明生对论坛做了总结。来自上海、浙江、江苏、安徽等省市10位代表围绕"长三角一体化与城乡发展一体化"的论坛主题,进行深入研讨,会议通过了长三角一体化与城乡发展一体化的《杭州共识》,论坛取得了丰硕的成果。

一、对"长三角一体化与城乡发展一体化"论坛的高度评价

全国政协副主席厉有为在贺信中指出,本届论坛是长三角城市区域又一次城乡发展一体化理论与实践研讨、区域合作与交流的盛会。这对于深入贯彻落实十八大精神,进一步推动长江三角洲区域协调发展,全面建成高水平的小康社会具有重要意义。

中国社科院原副院长、中国城市经济学会常务副会长龙永枢认为,本次论坛的主题确定为长三角一体化与城乡发展一体化,会议邀请了国家与省、市有关部门领导及长三角地区对城乡统筹协调发展等城市科学发展问题研究较深的知名专家学者作主题演讲,旨在对党的十八大报告进一步的学习、理解与解读,结合长江三角洲区域经济发展的特点,在理论上进一步探明长三角一体化与城乡发展一体化的实际意义与重要性,拿出具体可行的方案与措施,真正意义上的去实现党的十八大报告所提出的:加快完善城乡发展一体化体制机制,着力在城乡规划、基础设施、公共服务等方面推进一体化,促进城乡要素平等交换和公共资源均衡配置,形成以工促农、以城带乡、工农互惠、城乡一体的新型工农、城乡关系。

二、对城乡发展一体化的理论进行了深入探讨

(一)深入探讨了城乡发展一体化的时代背景

全国人大常委会法制工作委员会原副主任、中国城市经济学会第一副会长王茂林认为,城乡发展一体化是有时代背景的,十八大以后,我国仍处于重要战略机遇期,未来10年,和平、发展、合作仍是时代发展的主流,百年难遇的经济危机并未改变经济全球化的发展趋势,全球经济发展多极化格局正在形成。尽管国内经济增长速度回缓,但城乡一体化发展带来的需求旺盛,重点领域改革将形成巨大动力,长期增长潜力很大。处在经济发展转型期的长江三角洲地区正在大力提升经济发展质量,长江三角洲地区应率先实现城乡一体化。

(二)深入探讨了城乡发展一体化的重要意义

全国政协副主席厉有为在贺信中指出,新形势下,我国区域合作呈现领域越来越广泛、形式越来越多样、作用越来越突出的良好态势。以长三角、珠三角、环渤海等为代表的区域经济合作,对深化我国对外开放,促进经济持续健康发展,推动区域协调,发挥了非常重要的作用。

安徽省政府参事,研究员,原省社科联党组书记、社科院副院长程必定认为,城乡发展一体化是城市与乡村在发展过程中逐渐形成的一种新型空间结构,在不改变城市与乡村空间存在的状况下,城乡之间经济社会发展联系的扩展与加深,城乡差距逐渐缩小,城市与乡村逐渐成为互动发展、相互依存的经济社会综合体的过程。城乡发展一体化的最高形态是城乡差距完全消失,城市与乡村地区只存在景观、产业及人口密度的差别,而不存在"城市性"的差别,城市与乡村在经济、社会、文化上已成为一个地域综合体。显然,城乡发展一体化是国家或地区政府不懈追求的发展目标,也是城乡居民的共同理想。

(三)深入探讨了城乡发展一体化的内涵

安徽省社会科学院副院长杨俊龙认为,城乡发展一体化就是要实现城市农村之间包括人在内的生产要素的良性互动,建立新型工农关系、城乡关系,实现共同发展,互利共赢。推进城乡一体化发展的最终目标,是着眼于建立城乡一体的经济社会发展管理体制和运行机制,形成城乡规划建设、产业发展、就业保障、社会事业、生态环境一体化的发展格局,逐步缩小城乡差距,提高整体的城市化和工业化水平,使农村经济更加发达、环境更加优美、社会更加和谐、生活更加富裕。

浙江省人民政府咨询委员会副主任、省发改委原副主任刘亭认为,城乡一体化的"体"是什么?"我的理解是体制,是社会主义市场经济体制,通过'逐步建立有利于改变城乡二元经济结构的体制',最终实现城乡要素自由流动、人口自由迁徙、劳动力自由择业。如果仅仅从外在形象的投入,或者是从城乡建设的角度来强调城乡一体化,那就要非常注意,不要掉入‘城乡一体化’等于‘城乡一样化’的泥沼。”

三、对城乡发展一体化的对策进行了深入探讨

(一)城乡发展一体化要构建新型城乡关系

国家住房与城乡建设部村镇建设司司长李兵弟认为,城乡发展一体化要构建新型城乡关系。要坚持城乡有差异化的空间发展指导,在发展上要体现城乡差异化的转变要求,改变农村地区聚落方式,改变以农事为主的作业方式,改变公共服务布局模式,改变传统的社会管理模式;在功能上要体现城乡差异化的职责承担,农村以粮食安全、生产安全、环境安全、能源安全、资源安全的职责承担,城市要充分发挥特大城市、大都市群在城乡发展一体化中的核心作用。要建设紧凑的城市、开敞的农村,生产空间集约高效,生活空间宜居适度,生态空间山青水秀。要从国家层面确立重点小城镇发展方向,明确功能,出台支撑政策。不能以计划经济模式推动新区发展,要改变新区设置模式。

(二)城乡发展一体化要按照统筹城乡建设要求,全面提升城乡建设水平

江苏省城市发展研究院城市评价中心主任、中共江苏省委党校教授储东涛认为,要坚决按照统筹城乡建设要求,全面提升城乡建设水平,。在工业化、城镇化、信息化和农业现代化“四化”同步中做到完善城乡空间布局、构建城乡公共服务设施体系、优化现代城乡形态、发展农业产业化和高效设施农业。

(三)城乡发展一体化要建立城乡统筹发展机制

中共南通市委原副秘书长、江苏省城市发展研究院院长黄鹤群认为,建立城乡统筹发展机制,把城市和农村作为一个整体,从更高层面、更宽视野来考虑城乡架构、产业分布、功能配套,推进城乡经济融合、产业联动和设施共享。要统筹城乡经济发展统筹城乡发展规划、统筹城乡生产力布局、统筹城乡产业发展、统筹城乡社会公共事业发展、统筹城乡区域发展。

(四)在深化区域发展一体化进程中提升城乡发展一体化水平

苏州市政协原副秘书长、江苏城市发展研究院江南研究院院长徐伟荣认为,从贯彻落实“十八大”精神的战略高度出发,把城乡发展一体化置于区域发展一体化的大背景下,向新的广度和深度推进。就当前而言,除了进一步解放思想,创新理念,更重要的是付诸行动,在区域发展一体化的实践中积极探索推进城乡发展一体化的科学方法和实现路径。

(五)城乡发展一体化要推进城乡基本公共服务均等化

江苏师范大学区域与城市研究中心、淮海发展研究院马晓冬、沈正平、宋萧君认为,城乡基本公共服务供给的严重失衡是我国推进城乡一体化发展的突出问题。中共八大报告明确指出,加快城乡基本公共服务均等化发展是统筹城乡一体化发展的核心工作。因此,推进城乡基本公共服务均等化是解决“三农”问题、全面建设小康社会的关键之一。

四、对长三角城乡发展一体化进行了深入探讨

(一)长三角一体化与城乡发展一体化的重要意义

全国政协副主席厉有为在贺信中指出,新形势下,我国区域合作呈现领域越来越广泛、形式越来越多样、作用越来越突出的良好态势。以长三角、珠三角、环渤海等为代表的区域经济合作,对深化我国对外开放,促进经济持续健康发展,推动区域协调,发挥了非常重要的作用。

(二)长三角具备率先推动城乡发展一体化的基本条件

南京市社会科学院经济发展研究所原所长、中国城市经济学会长三角城市发展研究中心学术活动部主任唐启国认为,长三角地区作为我国城乡发展水平相对比较平衡的地区,推进城乡一体化的时机和条件较为成熟,已经成为实现城乡一体化的先行者。长三角地区总体经济实力雄厚,城镇化水平高,实现城乡一体化具有特殊的优势。在城乡一体化进程中强化城市对农村的支持力度,积极贯彻工业反哺农业、城市支持农村的方针,通过单位、企业对口帮扶等途径和资金、项目支持等手段,发展现代农业,强化农村经济,增加农民收入。在长三角地区率先改革分割城乡的体制机制,在城乡规划、基础设施建设、基本公共服务、社会事业发展等方面已经取得可喜的成绩。

(三)长三角城乡发展一体化的基本内涵

江苏省人民政府政策研究室原副主任、中国城市经济学会长三角城市发展研究中心主任、江苏省城市发展研究院院长张锋认为,长三角城乡发展一体化要加快推进长三角城市群建设,实现特大城市、大城市、中小城市、小城镇和农村的协调发展,推进工业化、信息化、城镇化、农业现代化同步发展,加快形成以工促农、以城带乡、工农互惠、城乡一体的新型工农、城乡关系,实现城乡互促共进。加快城乡规划、产业发展、基础设施、公共服务、就业社保、社会管理一体化步伐,促进城乡要素平等交换和公共资源均衡配置,加快形成功能互补、特色鲜明、优美宜居的现代城乡形态。

(四)推进长三角城乡发展一体化要遵循客观规律

浙江大学区域与城市发展研究中心执行主任、城市发展与管理系主任陈建军认为,推动长三角城乡发展一体化要遵循客观规律,要科学评估长三角城市化与城乡发展一体化的水平,对长三角城市群发展进行客观公正的评价,进行科学分类。从长三角城市群实际出发,建设门户城市、研发城市、制造城市,加快产业转型升级,在加快长三角城市群发展一体化的基础上推动城乡发展一体化。

(五)长三角城乡发展一体化要完善农村公共产品供给的体制机制

上海市发展改革研究院副院长汪胜洋认为,城乡发展一体化面临着农村公共产品供给不足的问题,农村公共产品供给总体水平低,城乡一体化加速推进了农村公共产品供给与需求矛盾的激化。要解决这个矛盾,必须对城乡分割的二元体制、条块分割的事权体制、分灶吃饭的财政体制、政府统揽的供给体制等进行改革。完善农村公共产品供给的体制机制的主要途径是抓好“两权”“一平台”,“两权”即基本公共服务均等化享受权和农村自主发展权,“一平台”即建立城乡统筹平台。

(六)对长三角城乡发展一体化进程中的房地产业发展进行了深入探讨

中国房地产研究会副会长、江苏省城市发展研究院房地产研究所所长、南京市房地产学会会长胡志刚认为,城乡一体化的实现大大拉动农民的消费需求,新兴房地产作为城镇化的重要载体,将迎来巨大的商机。调整房地产产品结构,主动

做好房地产业的转型与转轨,做好腾龙换鸟、梯度转移、填空补缺、布点扩容工作。要从传统地产向新兴地产转型,在做好住宅地产的同时,努力做好商业地产、旅游地产、文化地产、老年地产和复合地产。

浙江大学房地产研究中心主任贾生华认为,目前,国家调控政策初见成效,房价明显回落,房地产泡沫明显收缩,但房地产价格降下来是很因难的,仍将在高位运行,居民购房压力仍然很大。解决这一问题的正确途径是是"两手抓",一手抓好稳定房价工作,坚持稳定房价政策,促进房地产市场健康发展;一手抓收入,通过采取切实可行的措施,千方百计地增加收入,提高购买力。

(唐启国整理)

上 海 市

【教育事业】 2012年,上海市3周岁至未满6周岁适龄幼儿学前教育入园率115.0%(含户籍适龄儿童和非户籍适龄儿童);义务教育阶段(6周岁至15周岁)入学率保持在99.9%以上,普及九年制义务教育的各项指标均达到或超过国家标准;高中阶段新生入学率96%。

教育经费快速增长。全年全市教育部门财政预算内教育事业费拨款数465.46亿元,比上年增长10.63%。其中,市级教育事业费拨款数134.58亿元,比上年增长11.51%;区级教育事业费拨款数330.88亿元,比上年增长10.28%。

加强教育规划与统筹,加大体制机制改革力度。推进教育综合改革国家试验区建设,教育部与市政府联合召开部市共建领导小组会议,确定"深化省级政府统筹高等教育管理改革"等8项全年主要工作内容。落实"10+10+27"项目(指上海市中长期教育改革和发展规划纲要所确定的10个教育综合改革重点试验项目、10项重点发展项目,以及27个国家教育体制改革试点项目),安排30亿元专项资金用于推进教育改革与发展重点项目;建立项目跟踪管理信息平台,形成试点项目进展情况月报制度,监督项目实施。优化高等教育布局结构,编制全市高校设置"十二五"规划,明确"十二五"期间全市高校设置总体思路、发展目标和主要任务。"两部一市"共建上海财经大学,筹建上海科技大学,成立上海纽约大学。

推进国家教改试点项目"整体规划大中小学德育课程"研究,编制6门高校思想政治理论课教学指南和《上海市中小学生课外活动辅导手册》。成立上海学生心理健康教育发展中心,制定"加强区县心理健康教育中心建设实施意见"。探索建立上海学校心理咨询师继续教育和认证机制,推动学校心理咨询师规范化、专业化发展。

继续义务教育学业质量评价改革,公布上海市中小学生学业质量绿色指标首次评价结果,初步建成全市基础教育学业质量数据库。全面推行"小学快乐活动日",编制出版《快乐活动——上海市小学"快乐活动日"优秀活动方案汇编》。完成上海市提升中小学(幼儿园)课程领导力行动实践研究,相关学校围绕各自承担的项目开展经验总结,展示成果。成立上海市基础教育国际课程比较研究所,借鉴国际经验推动高中课程改革。

实施城乡基础教育一体化工程,加快基础教育均衡优质发展步伐。完善学前教育公共服务体系,市政府实事项目之"新增40所幼儿园"全面完成,建设学前教育资源库,构建课程支持系统总体框架,成立上海学前教育研究所。召开城乡基础教育一体化工作推进会,以常住人口为基数,部署"十二五"期间上海市城乡基础教育一体化工作。推动优质教育资源辐射郊区农村,上海交大附中、华师大二附中、格致中学等到郊区新城办分校,中心城区54所品牌学校与大型居住社区、郊区新城新建义务教育学校或幼儿园建立对口关系。编制《上海市新优质学校推进指导手册》,在区县推广"新优质学校"项目。

保障来沪务工人员随迁子女接受义务教育权益。53.8万名随迁子女全部在义务教育阶段学校就读。继续加大随迁子女接受义务教育专项经费投入,生均基本成本补贴提高到每年5000元。扩大职业教育招收随迁子女规模,64所中职校录取随迁子女8036名,占全年中职招生总数的20%左右。允许随迁子女中职毕业后参加高职自主招生;"中高职教育贯通培养模式试点"招收随迁子女29人。出台随迁子女在上海升学考试方案。

强化特殊教育工作。召开市特殊教育工作会议,出台加强特殊教育师资配备和经费保障等方面政策,将特殊教育生均公用经费标准提高到7800元,基础教育阶段残疾学生全面实施免费教育。

建设现代职业教育体系。中高职教育贯通培养模式试点范围扩大到各中职校、独立设置的高等职业院校、本科院校高职学院,新增6个试点专业。开展中职学历证书和职业资格证书"双证融通"改革,发布实施"双证融通"改革试点实施方案。启动第二批28个专业35个国际水平专业教学标准开发。

加强高等教育内涵建设。推进"985工程"三期建设,专家组论证评审在沪"985工程"高校服务地方经济社会发展项目。"211工程"三期共建,地方配套投入资金17.93亿元全部到位。完成"地方高校内涵建设(分类指导、分类管理改革)"年度专项资金支持项目评审,"上海高等教育内涵建设工程'085工程'信息平台"建设进展顺利。继续实施研究生教育创新计划,推进专业学位研究生教育综合改革试验。

构建终身教育服务体系。上海电视大学更名为上海开放大学,初步完成上海开放大学"总部—学院—学习中心"三级系统架构;成立上海终身教育研究院。召开市学习型社会建设与终身教育推进大会,上海市终身教育学分银行运行。新版"上海终身学习网"上线运行。完成"建设四所上海老年大学分校"市政府实事项目。

扶持民办教育发展。市级财政拨付额度7亿元用于示范性民办高校建设、民办高校内涵建设、民办教育规范特色发展试验、民办教育公共服务平台建设和国家教育改革试点项目实施等。启动实施民办高校"强师工程",投入专项资金近2000万元,用于民办高校青年教师和管理干部集中培训。投入专项资金1700余万元资助民办高校骨干教师开展科研,19所民办高校1000余名教师获得科研启动经费资助。

深化教育对外开放。全市有独立设置中外合作办学机构19个,非独立设置中外合作办学机构13个,中外合作办学项目167个。完善留学生教育质量服务机构建设,成立首个地方预科学院——上海市外国留学生预科学院,11个国家55名留学生成为首届新生。继续执行上海市高校学生海外学习、实习项目,资助项目762个、资助学生5824人次。

落实各类学生帮困资助政策。2000人获国家奖学金1600万元,17392人获国家励志奖学金8696万元,1000人获上海市奖学金800万元,94884人获国家助学金20319.33万元。141万人次获得各类资助10.4亿元。其中,中央财政投入16757.74万元,市财政投入31194万元,高校投入31278万元,金融机构办理国家助学贷款18177.34万元,企事业团体个人等助学5388.5万元,其他资助1640.67万元。所有家庭经济困难学生均通过不同方式获资助。

苏 州 市

【概况】 2012年,苏州市教育部门贯彻落实国家、省、市中长期教育规划纲要,加快转型发展,教育对经济社会发展贡献度和人民群众对教育满意度进一步提升。全市新建和改、扩建中小学35所、幼儿园102所,新增公办学位7.4万个。全市317所小学、180所初中均衡发展情况通过市级复核、省级督导。全年新增5个省普通高中课程基地,6所高中通过省星级高中复评。全市中小学校舍安全工程竣工面积超150万平方米,总投资50亿元。全市有79所学校获江苏省"平安校园"称号,新增符合国际标准校车289辆。苏州市轻工业学校撤并,苏州市高等职业技术学校、苏州旅游与财经高等职业技术学校改、扩建工程完成,苏州市高等幼儿师范学校迁建,苏州市老年大学改、扩建等工程启动。全市各级各类学校总计1097所,在校生125.28万人,毕业生30.78万人,教职工总计9.72万人,其中专任教师总计7.95万人。

【教育经费投入】 2012年,全市教育经费总投入244亿元,比上年(下同)增长18%。市本级小学、初中、高中年生均公用经费保持10%以上增长,小学年生均公用经费从上年645元提高到710元,初中年生均公用经费从825元提高到910元,高中年生均公用经费从440元提高到500元。首次安排幼儿园年生均公用经费200元/生。

【教育服务民生】 2012年,苏州市成立教育惠民服务中心,全面对接"12345"苏州市政府公共服务平台。建立市教育局惠民服务大厅,通过整合服务窗口、电话热线、手机短信、领导信箱、"寒山闻钟"论坛、中国苏州网《公众监督》栏六大载体,拓宽人民群众教育诉求渠道。回应和办理"寒山闻钟"论坛帖子900多条,一天内答复占比为65%,其中表示理解、满意或感谢帖子占比为93.3%,接待来访市民1000余次,接受来信和电话咨询1000多封和4000多个。成立学生资助管理中心,各类学生资助目标人群全覆盖。开展"走进家庭,走近学生"集中家访月活动,出台《关于进一步加强中小学幼儿园家访工作的意见》,推动家访工作常态化、制度化,全市39405名教师访问了237616户学生家庭。出台《苏州市中小学校伙食费管理暂行办法》,明确中小学学生伙食费标准及管理规范。加强政风行风建设,重点整顿义务教育阶段学校教辅材料征订不规范和"家校通、校讯通"使用和管理不合理问题,完善教辅材料目录公示、限量限价制度等,争取到"家校通"等收费价格下调。在年末全市11个公共服务部门政风行风评议中,苏州市教育局名列前茅。

【加强素质教育】 2012年,全市全面加强素质教育。坚持德育为首,通过正面引导,学科渗透,构建学校、家庭、社会相结合教育网络,增强学校德育工作针对性和实效性,努力把每一个学生都培养成社会主义建设者和接班人,有84名学生被评为省"三好"学生,19名学生被评为省优秀学生干部,8名学生被评为省"美德少年",3所学校被认定为省中华经典诵读基地学校;网上家长学校网站访问量达516万人次,"林老师"咨询超过6000人次。

推进课程改革,开发传统文化和地方特色文化课程,建立跨学科综合课程和实践课程,设立“校本选修”课程,构建丰富多样义务教育课程体系。推进教学改革,倡导启发式教学,推进研究性学习,开展双语教育实验,加强课程与信息技术整合,全面扩展、提升学生面向现代化、面向世界、面向未来国际视野与发展意识。

开展阳光体育运动,加强学生体质监测,加强艺术教育和科技教育,促进学生全面发展。全年全市普通高考本二上线率为44.32%,录取率为95.79%,位居全省第一;对口单招考试本科上线率为44.3%,连续多年名列全省前茅。苏州高等幼儿师范学校队获全国青少年校园青春健美操比赛总决赛团体特等奖,苏州学生包揽省第二届阳光体育节所有团体冠军,16名学生获苏州市第一届“青少年科技创新市长奖”,23个项目获省青少年科技创新大赛一等奖,6所学校被命名为第二批省级青少年科学教育特色学校。

推进学生综合素质评价系统研发和试运行。对“学生综合素质评价系统”软件设计方案进行可行性评估,并选定部分直属学校对“学生综合素质评价系统”进行试运行,为全面开展此项工作积累经验。

【师资队伍建设】 2012年,全市加强师资队伍建设,服务教育转型发展。在全省率先成立教师发展中心,定位于“高端化、专业化、国际化、信息化”,坚持“小实体、多功能、大服务”原则,把教师发展中心建设成为引领和指导全市教师专业发展“四大基地”——精品课程研发基地、苏派名师培养基地、学术文化交流基地、教师发展辐射基地。做好做强苏派名师品牌——20个名师专业发展共同体,围绕“出人、出书、出成果”主题,开展“名师高徒”教学展示系列活动300多次,近8万人次参加,并通过名师学术休假制度,为名师思考、探究问题,创造良好学术研究、交流环境。为青年教师成长创设平台,设立“导教团”,选聘最优秀学科专家做新教师成长导师,为新教师缩短成长周期、尽快成为骨干创造条件;指导每位青年教师根据自己特点和需求制定职业生涯发展计划,明确目标、严格考核;开展青年教师把握学科能力竞赛,以赛促练、以赛促研。开设校长“校本研修”专题研修班,提升校长引领、开展“校本研修”能力和水平。组织教师参加通识培训、专题学习、远程学习、校本研修、海外研修等多类型培训,支持教师跨地域、跨系统、跨学科自主学习,组织市级以上各类校长、教师培训3万人次,全市教师继续教育年度审核合格率达99%以上,教师网络远程培训覆盖率、信息技术教育水平考试通过率名列全省前茅。完善承包式帮扶、置换式流动、小区域流动等校长或教师流动机制,3100多名校长和教师在区域内流动。11个直属学校校级岗位实行竞争上岗,19位年轻干部通过“上挂下派”得到锻炼。

全年师资队伍建设有成效。1名教师获江苏省十佳师德模范称号,14名教师获江苏省师德先进个人称号,500多名教师在省级以上教学基本功大赛、信息技术应用比赛中获奖,9名教师被评为姑苏教育人才,34名教师被评为第12批省特级教师,279名教师被评为市中小学学科带头人,48位教师被评为优秀双师型教师。吴江市教师进修学校、太仓市教培研中心成为省首批示范性县级教师发展中心,苏州市教育局、张家港市教育局、昆山市教育局被评为省教育人才工作先进单位。

链接:校本研修

校本研修又名校本培训,是基于学校、为了学校、发展学校的研修。它是作为教师工作实践的主要场所——学校成为一个有利于教师专业发展的学习型组织,尊重教师个体的发展愿望,创设一切便利条件,充分发挥教师个体创造力和教师群体合作力,形成一种弥漫于整个组织的学习氛围,并凭借着群体间持续不断的互动学习与实践,使个体价值与群体绩效得以最大限度的显现。

【教育信息化】 2012年,全市加快“智慧教育”建设,持续推进教育E卡通和教育公共服务平台两大项目。教育E卡通发放范围扩大到民工子弟学校,总发放数达24万张,学生凭E卡通免费乘坐公交、轨道交通,月均乘坐量140万人次,学生凭E卡通在市图书馆日均借阅量超过1000人次。教育公共服务平台拥有2200多节“名师课堂”,日均访问量超3000人次。推动信息技术与课程整合,全市共获得全国特等奖6个,一等奖82个,位居全省前列。改版苏州教育门户网站,获市优秀网站和省十佳教育网站第一名。改版升级信息报送平台,拓宽信息渠道,平台日均报送信息45条,经审核报送后被省教育厅录用270余条,位居全省第一。《光明日报》《人民教育》《江苏教育报》先后报道苏州市在师资队伍建设、教育国际化、教育惠民服务、教育政风行风建设等方面典型经验。

【教育国际化】 2012年,全国首个高等教育国际化示范区在苏州成立,全年新增国际友好学校20多所。苏州教育在国际交流项目上更加注重示范性作用的体现,重视满足基层学校和师生需求,推进实施“外教课堂”“梦想与团队”“中外校长挂职”等特色项目。在国际教育培训上,率先推行出国教师摸底和跟踪测试、外教岗前培训等,在细节中考量培训设计合理性、有效性。同时,更加注重教育国际化研究,首次开展“高中阶段学生出国留学状况”抽样调研,引入“云课堂”实验项目,推行市(县)、区与澳洲教育比较研究项目。 (彭 坚)

【苏州国际教育园】 2012年,苏州国际教育园围绕转型发展要求,完善园内及周边基础配套,排查梳理问题,全面规划未来发展。

推进教育园转型发展。教育园管理办公室组织力量展开专题调研,制订未来发展规划,努力把教育园建设成高素质技术技能型人才培养示范基地、教育国际交流合作示范基地、大学生创新创业示范基地、市民特色文化旅游示范基地和体制机制改革创新示范基地。10月22日,中共苏州市委组织部、市委教育工委联合印发《关于建立苏州国际教育园党员服务中心(区域党建工作站)的意见》。11月23日,国际教育园展示中心项目组成立。

完善基础设施配套。为配合吴越路拓宽改造工程(涉及苏州大学文正学院新建地下人行通道和苏州文正学院、苏州工艺美术职业技术学院、苏州工业职业技术学院、苏州旅游与财经高等职业技术学院、苏州建设交通高等职业技术学校沿线5所院校围墙改造及路灯和绿化等工程),教育园管理办公室会同上述5校,与市相关部门多次沟通协调,解决有关问题,确保吴越路4月底全线通车。教育园配合上方山“三园”建设,规划教育园南区致能大道向北延伸工程,形成连接南北两区和周边道路沟通新格局。9月,位于科慧路的教育园(北区)公交首末站建成投入使用,成为北区院校师生公交出行重要载体。

开展建园10周年系列活动。9月11~30日,约2.3万名师生参加全国财政“六五”普法法规知识竞赛教育园赛区网上答题活动。10月17日,“江苏·苏州梅花奖艺术家进园惠民专场演出”在苏州工艺美术职业技术学院文化艺术中心举行。10月18日,教育园管理办公室、苏州邮政局、市教育投资有限公司、高新中锐科教发展有限公司联合发行建园10周年庆纪念邮册和纪念封。12月5日,苏州市委党校十八大精神基层宣讲活动启动仪式暨国际教育园首场报告会在苏州工业职业技术学院学术报告厅举行。12月12~13日,组织开展“首届国际教育园学生闲置用品交流节”活动。 (王 鹏)

【学前教育】 2012年,苏州市有幼儿园465所,增加21所,在园幼儿22.97万人。3~5岁适龄幼儿入园率为99%。全市幼儿园园舍建筑面积208万平方米,增加27.7万平方米;生均园舍面积9.05平方米,增加0.47平方米。专任教师数1.11万人。 (彭 坚)

【义务教育】 2012年,苏州市义务教育阶段学校共490所,在校生61.81万人,专任教师4.24万人。

全市小学有294所,在校生44.04万人,专任教师2.57万人,学生与教师之比为17.1∶1。在校生中外来人员子女17.42万人,占在校生总数39.55%。专任教师学历达标率100%,其中具有大学专科及以上学历者占93.85%,比上年(下同)增加1.32个百分点;具有小学高级及以上职称者占62.42%,提高0.59个百分点。全市小学入学人数为8.28万人,适龄儿童入学率100%。校舍建筑面积433.03万平方米,增加54.72万平方米;生均校舍建筑面积9.83平方米,增加0.71平方米,生均图书25.67册,生均计算机0.17台。

全市有初中196所(含9年一贯制学校28所),在校生17.77万人,专任教师1.68万人,学生与教师之比为10.6∶1。在校生中外来人员子女5.37万人,占在校生总数30.21%。专任教师学历达标率99.43%,其中具有本科及以上学历者占92.76%,提高1.33个百分点;具有中学高级职称者占20.92%,提高2.23个百分点。全市初中入学人数为6.37万人,学龄人口入学率100%。应届初中毕业生升学率99.7%,增加0.05个百分点。校舍建筑面积335.8万平方米,增加8.41万平方米,生均校舍建筑面积18.90平方米,生均计算机0.29台。

【推进义务教育均衡发展】 2012年,全市创建首批“全国义务教育发展基本均衡县(市、区)”,所属12个市、区通过省级督导评估。推进薄弱初中结对帮扶项目,通过派驻骨干教师、交流听课、资源共享等形式,实现薄弱初中与帮扶学校在课程建设、学科管理、教育科研等方面无缝对接。首次举办“伟长实验班”,为优秀学生成长发展开辟新通道。启动苏州市高水平教育现代化初中、小学创建工作。全市完成首批189所中学和334所小学网上调研性评估。

【加强外来工子弟学校管理】 2012年,全市修订和完善《苏州市外来工子弟学校合格标准(试行)》,实施“达标升级”工作,逐步淘汰低层次学校。依法取缔一批不合格民工子弟学校。进一步加大对家境贫困外来民工子女在苏接受义务教育支持力度,改善合格外来工子弟学校办学条件,为城区5所合格外来工子弟学校各装备1间学生信息技术教室。

【推进办学绩效第三方评估】 2012年,全市尝试完善学校评价体系,推进办学绩效第三方评估机制。对苏州市草桥中学、苏州市平江中学组织开展办学绩效第三方评估。评估组从学校建设发展、校长团队发展、教师专业发展和学生全面发展等方面进行调研,评价客观、准确、公正,提出的建议和意见具有很强针对性、操作性,为学校今后实现更高层次发展指明方向。

【组织学生参加PISA项目测试】 2012年,全市通过组织学生参与学生能力国际评价PISA项目测试,学习和借鉴国际新教育评价理念和方法,促进学校持续不断推进课程教学改革。

【开设直属初中校施教区查询平台】 2012年,全市为方便学生家长上网查询施教区信息,在苏州市教育局门户网站上设立直属初中施教区查询平台,家长只需输入自己家庭所在地址,就可以方便查询到所属施教区。学生报名入学期间,平台点击量达15000次。

【“小升初”实现网上报名登记】 2012年,全市开发小学生信息网上采集系统,实现与省学籍管理系统无缝对接,提高报名登记工作准确性和时效性。

【普通高中教育概况】 2012年,苏州市普通高中(含完中)65所,招生2.66万人,在校生8.41万人,专任教师9163人,学生与教师之比为9.18∶1。专任教师学历达标率99.5%,其中具有研究生学历者占13.76%,提高2.03个百分点;具有中学高级职称者占32.61%,提高1.96个百分点。全市15~17岁人口高中阶段学校毛入学率100%,高中生毕业率99.88%。全市普通高中校舍建筑面积295.73万平方米,生均校舍建筑面积35.17平方米,普通中学生均图书49.37册,生均计算机0.36台。

【普通高中课程基地建设】 2012年,全市根据全省普通高中改革创新工作思路,推动省、市课程基地建设,江苏省苏州市第十中学、江苏省梁丰中学、江苏省常熟中学、江苏省昆山中学、苏州大学附属中学成为第二批省课程基地,全市有省级普通高中课程基地10个,居于全省前列。出台《苏州市普通高中课程基地建设标准》。

【开展普通高中星级复评】 2012年,张家港市暨阳湖中学、沙洲中学,苏州市吴县中学、盛泽中学、陆慕中学、江苏省外国语学校6所普通高中全部通过省星级高中复评工作。

【推动高中多元特色发展】 2012年,苏州市第六中学与德国劳西茨音乐学院签订合作办学协议。苏州中学与南京大学签约合作免高考、“2+4六年贯通”匡亚明实验班招生工作正式启动,该班立足培养对专业研究有浓厚兴趣、综合素质全面创新型人才。苏州中学还与英国德威学校联合举办德威国际高中项目。

【高考情况】 2012年,全市高考报名人数为31559人。其中报考文科类11152人,占35.34%;理科类人数17379人,占55.07%;艺术类(含兼报)2278人,占7.22%;体育类(含兼报)262人,占0.83%;体育单招等488人,占1.55%。全市高考实考人数为30360人,本科阶段录取人数为22222人,其中本一录取率为16.6%,本二以上录取率为40.5%,本三以上录取率达71.26%。全市包括高职(专科)在内的高招总录取率高达95.79%,位居全省第一;对口单招考试本科上线率达44.3%,连续多年名列全省前茅。 (彭 坚)

【特殊教育概况】 2012年,全市特殊教育学校共13所,在校生2802人,专任教师300人。学生与教师之比为9.34:1。专任教师具有本科及以上学历者占61.67%,具有小学高级及以上职称者占59%。全市特殊教育招生数为408人,毕业生数为493人。校舍建筑面积5.84万平方米,占地面积9.72万平方米。

【按需供教】 2012年,异地新建的苏州盲聋学校与新建的苏州工业园区仁爱学校相继投入使用,两校不但在现代化专用教室和康复训练室(场)等硬件设施数量和质量上有较大提升,而且提供多样性特殊教育服务,缓解了残障学生入学困难。年内,推进特殊教育体系建设,探索特殊教育向学前教育和高中阶段职业教育两头延伸,逐步提高残障幼儿学前受教育率,促进残障学生职业类技能培训和岗位实习,推动学校与用人单位(企业)合作,为残疾学生提供支持性就业服务。

(彭 坚)

【中等职业教育概况】 2012年,苏州市中等职业教育学校共33所,在校生6.47万人,专任教师4830人。学生与教师之比为13.4:1。专任教师具有本科及以上学历者占95.59%。全市中等职业教育招生数为20179人,毕业生数为17726人。校舍建筑面积190.33万平方米,占地面积350.95万平方米。

【职业教育创新发展实验区建设】 2012年,全市创建国家中等职业教育改革发展高水平示范学校2所、省四星级学校1所、三星级学校1所。创建省级品牌专业、特色专业12个。开展第四届优秀双师型教师评选。全市共有2348名师生参加13个大类56个项目全市职业教育技能大赛。在省职业教育技能大赛中共获264枚奖牌,金牌总数和团体总分位居全省第二。在全国职业教育技能大赛中,获金牌13枚,列全省第二。在省职业教育信息化大赛中,共获16个奖项。

【职业教育"五大创新行动"】 2012年,全市落实职业教育"五大创新行动",即普职互通行动:探索普通中学与职业学校在资源开放共享、普职衔接等方面途径和方式,职业学校实训基地普遍面向初中及普通高中开放;中高职衔接行动:结合经济社会发展和产业转型升级对技能人才需求,研究制定创新人才培养方案,探索建立现代职教体系,经省教育厅批准,苏州市共有23个中高职衔接试点项目,占全省获批试点项目32.4%,共安排招生计划1130人;优秀企业文化进课堂行动:提炼、整理有代表性企业文化和精神,编撰出版《优秀企业文化》读本,在全市职业学校中开设优秀企业文化课程;名师工作室创建行动:制定名师工作室建设标准,举行名师工作室现场观摩活动,以典型引路,促进各学校名师工作室建设工作;学生社团普及行动:通过普及学生社团,丰富校园生活,发展学生个性特长,提高学生综合素质,召开全市职业学校学生社团建设现场会,出台《关于加强职业学校学生社团建设的意见》。

(彭 坚)

【高等教育概况】 2012年,苏州市高等教育学校共20所,在校生22.62万人,专任教师1.04万人。专任教师具有硕士及以上学历者占56.2%,具有副高及以上职称者占42.77。全市高等教育学校招生数为73420人,毕业生数为69083人。校舍建筑面积1104.69万平方米,占地面积602.87万平方米。

【教育规模扩大】 2012年,江苏科技大学苏州理工学院作为独立学院落户张家港市,中美合作办学昆山杜克大学获教育部批准筹建,南京铁道职业技术学院苏州校区整体并入苏州大学。全年全市高校在校生持续增长,位居江苏省第二。接轨国际高等教育,全市形成由专科起点到博士研究生中外合作高等教育完整体系。苏州独墅湖科教创新区被教育部确定为高等教育国际化示范区,老挝苏州大学正式招生开学,2个非法人资格中外合作办学机构(沙洲职业工学院与美国荷晶大学亚特兰大分校合作、苏州市职业大学与澳大利亚启思蒙学院合作)获批招生。

【江苏省现代职业教育体系建设试点】 2012年,全市3所本科高校和9所高职院校获批牵头24个项目对接中等职业学校,占全省项目总数33.8%。教育部组织的高等职业教育综合改革试点项目调研检查组在工作督查报告中专门介绍、肯定苏州市及太仓市区域高等职业教育发展与改革实绩。

【高校内涵建设成果】 2012年,全市3所独立学院获批成为学士学位授予单位,西交利物浦大学获批实施英研究生教育项目、英国利物浦大学硕士和博士学位教育。由高校自主设立的苏州大学研究生院正式挂牌成立。经全省优势学科建设工程一期项目立项学科中期报告评估,在苏高校中有1个优势学科被评为优秀、6个优势学科被评为良好。在2012年度高等学校省品牌特色专业建设点验收中,在苏高校有3个专业被评为品牌专业、16个专业被评为特色专业。

【成人高等学历教育与普通高等教育协调发展】 2012年,全市共获批新增13个高等学校成人教育校外教学点,6所在苏高校获批新增18个成人高等教育专业,为苏州市成人高等学历教育和培训提供保障。 (彭 坚)

【创建社区教育基地】 2012年,苏州市创建省标准化乡镇(街道)社区教育中心6个,省标准化村(居)民学校67所,创建省高水平农科教结合富民示范基地1个。评估确认市级社区教育示范乡镇(街道)15个、市级教育现代化市民学校100所、市级农科教结合示范基地3个。

【城乡老年教育发展】 2012年,全市推动乡镇(街道)老年大学现代化建设。制订出台《苏州市教育现代化乡镇(街道)老年大学办学标准(试行)》及《评估标准(试行)》,23所市级教育现代化乡镇(街道)老年大学通过评估。

【非学历教育机构管理】 2012年,全市开发建设信息化管理软件平台,实现非学历教育信息化动态管理,对42个非学历教育办学机构授予"诚信单位"称号,全年新批非学历教育办学机构4个,依法注销21家非学历教育办学机构。

(彭　坚)

无　锡　市

【概况】 2012年,无锡市各级各类教育优质发展。年末拥有普通高等学校12所,在校学生109461人;拥有普通中学169所,在校学生210528人;拥有小学192所,在校学生319363人;拥有幼儿园245所,在园幼儿144251人。

教育事业发展实现新提升。2012年,全市教育经费总投入达到150.2亿元,比上年增长5.6%。其中,财政性教育投入达100.4亿元,比上年增长11.4%;财政性教育投入占教育经费总投入比例达66.8%,比上年提高3.5个百分点。全市共有各级各类学校和幼儿园661所,成人学校1310所,在校在园学生和幼儿89万多人,在省、市优质幼儿园就读幼儿比例达88%以上,在义务教育现代化学校就读学生比例达100%,初中毕业生升学率保持在99.9%,88%的特殊教育学校建成省特殊教育现代化示范学校,省四星级普通高中达到27所,五年制高职和省职业教育招生制度改革试点项目招生人数占职业教育招生总数的比例达48%。推进中小学校舍安全工程建设,累计完成加固校舍面积100.73万平方米,重建校舍面积130.06万平方米。无锡市义务教育优质均衡发展工作经验在全省推广,入选教育部首批教育信息化区域试点项目,无锡市人民政府教育督导室获"全国教育督导先进集体"称号。

【教师队伍建设】 2012年末,无锡市各级、各类学校有教职员工5.8746人,其中专任教师49579人。全市有普通高校专任教师5774人、中等专业学校专任教师3862人、成人中等职业学校专任教师186人、技工学校专任教师1550人、普通高中专任教师6825人、普通初中专任教师12569人、小学专任教师18214人、幼儿园专任教师8855人、特殊教育学校专任教师243人。

2012年,全市教育系统加强师德教育,深入推进"践行师德创先争优,办人民满意教育"主题实践活动,开展"爱生·敬业·奉献"宣讲和"爱生三走进"公益志愿服务活动,大力提升师德水平,全市教育系统14名教师被评为"省十佳师德模范和师德先进个人"。加快校长教师专业发展,开展省、市合作学科带头人高级研修、农村教师校长提高培训、骨干教师培训、省名师培训等活动,组织近万名校长、教师参加国家和省级培训,整体提高校长教师实施素质教育和新课程改革的能力水平。加快教育领军人才培养,全面实施中小学教育名家培养工程,遴选30名校长和名、特教师为中小学教育名家培养对象,评选41名市名教师、24名名校长、423名中小学教学能手、40名中小学教科研带头人,全市新增27名省特级教师,中小学教育名师名家队伍进一步壮大。

【人才资源开发】 2012年,无锡市以建设"东方硅谷"为目标,推进国际国内顶尖人才、社会事业领军人才以及中介服务领军人才等各类高层次人才引进工作。开展博士后工作站考核工作。考核采取现场听取汇报、查阅台账、考核小组成员独立打分等方式逐一进行,至年末,博士后工作站空站率由2010年年底的53.3%下降至8.9%(不含当年新建站),全年新招收博士后56人,是历年招收总数5倍以上。启动无锡市创建重点产业职工技能提升培训示范城市实施方案。完善符合高技能人才特点的评价方式,推行企业首席技师和技能大师工作室,鼓励企业探索建立高技能人才带头人制度。全年全市引进各类人才9.08万人,完成目标的156.6%;引进留学人员1306人,完成目标的174.1%。

创新完善人才政策体系。2012年,无锡市实施创新驱动战略,围绕建设高科技产业城,推进"530"计划,吸引海内外高层次人才到无锡创新创业。1月,推出《关于深化"530"计划,建设"东方硅谷"的意见》《关于推进"东方硅谷"建设的意见》,面向海内外引进包括诺贝尔奖获得者在内的顶尖人才和科技创业、科技创新、社会事业、中介服务等七大类人才。无锡市人力资源和社会保障部门制定发布国际国内顶尖人才、社会事业领军人才以及中介服务领军人才引进的相关实施细则和报名公告,明确无锡市领军人才引进的范围和条件。参与组织召开全市科技创新创业暨"东方硅谷"建设动员会和《关于深化"530"计划,建设"东方硅谷"的意见》及其实施细则媒体见面会,邀请《中国组织人事报》等媒体进行报道,扩大"东方硅谷"系列政策的影响。开展国际国内顶尖人才、社会事业领军人才以及中介服务领军人才引进的对外推介、申报动员、现场辅导、审核评审、路演考察、表彰颁奖、媒体宣传等各项工作。推进"东方硅谷"相关领军人才的推荐申报工作,全市有23人申报无锡市中介服务领军人才,83人申报社会事业领军人才。引进28名社会事业领军人才和8名中介服务领军人才,其中4名风险投资领军人才主持的在无锡投资金额均超过2亿元,2名法律服务领军人才为数十个无锡科技企业的股权融资或上市融资提供高附加值的法律服务。引进诺贝尔医学生理学奖获得者理查·罗伯茨,成立理查·罗伯茨生物科技研究院。全年引进海外留学人才1306人。

举办高端人才招聘会。6月16日,无锡市举办2012年高端人才招聘会,参会单位51个,提供不低于税后年薪10万元的高端岗位700余个,登记入库人数1600余人,入场人数1500余人。参会的高端人才中,外地人才超过四成,其中包括原工作地在上海、北京、广州的人才,占比创无锡历届高端人才交流会纪录。12月29日,无锡市首场海外留学人员暨国际化人才交流会在国际饭店举办,35个企业提供800余个招聘岗位,1000多名海外留学人员和具有外资企业工作背景的国际化人才进场交流。

常州市

【概况】 2012年末,全市有大专院校12所、中等职业技术学校21所、普通高中36所、普通初中126所、普通小学187所、幼儿园232所、特殊教育学校(机构)5所,在校学生73.59万人。高中阶段普通高中与职业技术学校招生比1:0.97,18~22周岁适龄人口高等教育毛入学率58.63%,新增劳动力人均受教育年限14.93年。

【教师队伍建设】 2012年末,全市各级、各类学校有教职工5.26万人,其中专任教师4.13万人。全市有普通高校专任教师5249人、成人高校专任教师422人、普通中专专任教师2565人、成人中专专任教师11人、技工学校专任教师717人、普通高中专任教师4772人、普通初中专任教师9172人、小学专任教师1.23万人、幼儿园专任教师6030人、特殊教育学校专任教师101人。常州市被确定为全国教师教育学会实施教师网络研修社区建设试点项目地区。

7月,市教育局完成1819人的教师资格认定。其中,获各类教师资格证书的分别为幼儿园教师532人、小学教师340人、初中教师284人、高中教师317人、中等职业学校教师345人、中等职业学校实习指导教师1人。

年内,表彰市优秀教育工作者350人。开展第十二批省特级教师、第四批市特级教师后备人才、第十批职教骨干、学科带头人评选。17人被评为第十二批省特级教师,在职在岗特级教师增至88人。31人被评为第四批市特级教师后备人才,总数增至102人。至年末,教坛新秀、教学能手、青年骨干教师、学科带头人、教育名师"五级梯队"优秀教师达4906人,占全市专任教师总数的15%。

分别实施省、市级教育培训项目12个和40个,培训教师3.6万人次。举办暑期"名师大学堂"微型课程培训活动,培训教师2.8万人次。与南京师范大学合作,举办江苏省特级教师后备力量高级研修常州班,68名优秀教师成为重点培养对象。

年内,出台《关于推进义务教育学校干部、教师轮岗交流工作的意见》《2012年常州市教育局直属义务教育学校教师轮岗交流方案》,15所初中的101名教师轮岗交流。

【高等教育】 2012年末,全市有常州大学、江苏理工学院、常州工学院和河海大学常州校区(非独立建制)4所全日制普通本科院校,常州信息职业技术学院、常州纺织服装职业技术学院、常州工程职业技术学院、常州轻工职业技术学院、常州机电职业技术学院和建东职业技术学院6所专科院校,常州市广播电视大学、常州市职工大学(常州市建筑职工大学)2所成人高校。在常高校有本科专业(方向)60余个、专科专业(方向)50余个,涉及工学、理学、管理学、经济学、文学、法学、艺术学、医学、农学、教育学10大学科门类。

年内,全市在籍统招全日制研究生和普通本科、专科大学生12.46万人,比上年增0.56%,其中硕士生1789人、本科生5.52万人、专科生6.77万人(其中五年制高职后两年学生9401人)。在籍成人学历教育学生3.1万人。招收新生3.5万人,向社会输送本科、专科毕业生3.25万人,增0.44%和0.75%。全市大学毕业生平均当年就业率95%,高于全省平均水平。年末,全市高校有教职工8289人,其中专任教师5671人。有正高级职称教师411人、副高级职称教师1797人、中级职称教师2663人,分别占全市专任教师总数的7.25%、31.69%和46.96%;专任教师中有博士620人、硕士1680人。

成人高等学历教育主要有函授教育、现代远程教育、开放教育、自学考试等形式。有高等学校成人教育校外教学点81个,其中函授站(点)51个、现代远程教育校外学习中心(点)30个。51个函授站点为28所高校所设,在籍人数1.42万人,其中专科8884人、本科5339人;22所高校在常设立30个远程教育学习中心,在籍人数4357人,其中本科2745人、专科1612人。各校外教学点开设专业涉及管理、经贸、建筑、教育、卫生、司法、外语、计算机、机械、农业、纺织11大类近40个专业。

全市高校有部级重点学科2个、省优势学科1个、一级学科省重点(培育)学科8个、部省级重点实验室6个、博士点3个、一级学科硕士学位授权点11个、二级学科硕士学位授权点46个、工程硕士专业学位授权点12个。有国家级卓越工程师教育培养计划试点专业3个、国家级重点专业2个、国家级特色专业11个、省级重点专业129个、省级特色专业43个、省级品牌专业6个,开设国家级精品课程20门、省级精品课程100余门。有省"十二五"高等学校重点专业135个。其中,本科专业类别18个,涵盖专业48个;高职专业群19个,涵盖专业87个。

【成人教育】 社区教育。2012年,常州市继续推进社区教育基础能力建设,以社区教育项目创建为抓手,推动完善社区教育网络构建。新增国家级社区教育示范镇街道3个,累计7个;新增省级社区教育中心3个,累计22个;新增市级标准化成人教育中心校4个,累计24个;新增市级标准化居民(村民)学校36个,累计103个;新增省级高水平农科教结合富民示范基地1个。评出优秀实验项目5个,实验成果一等奖5个、二等奖4个,特色课程奖和特色课程建设奖各10个。社区成员参加社区教育占社区总人数的55%,其中参加农村劳动力转移培训9.43万人,企业职工培训18.58万人次。

(张惠芬 朱传平)

非学历教育培训。2012年,常州市继续推进民办非学历教育机构分级审批和属地管理,试行新办非学历教育机构负责人答辩制,拟定非学历教育机构品牌培训项目评估办法。

年内，完成非学历教育机构年检 251 家，向 14 家非学历民办教育机构颁发民办学校办学许可证，为 18 家非学历教育机构变更办学项目，广告备案 82 件；对 7 家社会办学单位开展新一轮分等定级（提档升级）评估，新增 A 级单位 6 家。全市非学历教育机构举办计算机、外语、财经、机电、艺术、体育、化工、家政服务、学前教育等培训项目 30 余大类。市区培训总人次 54.7 万，其中文化培训 4.3 万人次，外语培训 3.5 万人次，艺术体育培训 3.1 万人次，计算机培训 1.4 万人次，技能类培训 4.9 万人次，新市民培训 1.6 万人次，其他培训 33.8 万人次。

【职业技术教育】 2012 年，全市有高等职业技术学院 6 所（其中民办 1 所）、高等职业技术学校（初中后五年制）6 所、中等专业学校 6 所、技工学校（技师学院）8 所（其中武进、金坛、溧阳技工学校与武进、金坛、溧阳中等专业学校合署办学）。有初中后职业教育在校生 7.94 万人，招收新生 2.33 万人，毕业学生 2.29 万人。其中，江苏联合职业技术学院、江苏教育学院、江苏城市职业学院的五年制高职（含部分高职院的五年制）在校生 2.89 万人，招收新生 5771 人，毕业学生 5263 人；技工学校技师班在校生 692 人，招收新生 380 人，毕业学生 585 人；技工学校高技班在校生 1.05 万人，招收新生 4112 人，毕业学生 3617 人；技工学校中技在校生 1.52 万人，招收新生 5604 人，毕业学生 5473 人；中等专业学校在校生 2.26 万人，招收新生 7482 人，毕业学生 5501 人；职业高中在校生 1201 人，毕业学生 2291 人；综合高中在校生 106 人，毕业学生 135 人；成人中专（招收应届初中毕业生）在校生 136 人。

全市有 1321 名考生参加省普通高校单招考试，录取本科 664 人、专科 642 人；本科录取率 50.26%，总录取率 98.9%，均居全省第一位。

9 月，常州旅游商贸高职校、武进中等专业学校被教育部、人社部、财政部确定为第三批国家中等职业教育改革发展示范学校立项建设学校。12 月，江苏省常州建设高等职业技术学校老师潘飞、管名豪、刘大君的《消防自动化系统仿真安装与调试》获 2012 年“神州数码杯”全国职业院校信息化教学大赛多媒体教学软件项目比赛一等奖。常州创胜特尔职业教育集团成立。

【龙城英才计划】 2012 年，常州市委组织部继续深化“龙城英才计划”的组织实施，更大规模引进领军人才，支持创新创业，推动新兴产业发展。研究制定《常州市领军人才创业 A、B 类项目创业资金和国家“千人计划”创业企业发展资金拨付管理办法》等 5 个文件，进一步规范各类资金的拨付程序，完善龙城英才创投引导基金跟进投资操作规范，提高政府资金的使用效率。在《人民日报》《光明日报》等媒体全面宣传“龙城英才计划”，在十多个国内高层次人才集聚城市举办 50 余场“龙城英才计划”推介会。依托国内“985 工程”高校及海外人才社团，建立人才资源信息库，设立招才引智联络处，组织赴德国、英国、加拿大等国进行“龙城英才计划”推介，举行纽约、墨尔本人才政策视频推介会。全年签约引进领军人才 396 人，其中国家“千人计划”专家 56 人。37 名领军人才成功入选省高层次创新创业人才引进计划，比上年增 50% 以上。4 个领军人才团队入选省“创新团队”，比上年增 300%。引进和培育由创投机构和重点企业首先投资、国有资本和引导基金跟进投资的领军人才创业重点项目 66 个，首轮现金投资 19 亿元，平均每个项目 2800 余万元。

【人才资源开发】 2012 年，常州市引进各类人才 4.1 万人，比上年增 7.8%，其中硕士以上高层次人才 2200 人。全市开展职业技能鉴定 8.6 万人次，取证 7 万人次，其中高技能人才取证 1.6 万人次，每 1 万名劳动者中高技能人才数 505 人。实施“龙城英才计划”，第二、第三批“龙城英才计划”有 396 名领军人才签约落户常州创新创业。36 人入选省创新创业人才引进计划，比上年增 50%。国家“外专千人计划”（海外高层次人才引进计划中的高层次外国专家项目）申报评审工作取得突破，常州天合光能有限公司的澳大利亚籍专家 Pgerre Jacques 成功入选首批国家“外专千人计划”；常林股份有限公司的嶋田英之、常州益菌加生物科技有限公司的 Nikolay Dobrev Zhilkov 成功入选 2012 年度国家高端外国专家项目。莱尼电气线缆（常州）有限公司的 Jerry Cummins 和雷勃电气（常州）有限公司的 Steve Henry Donithan 获 2012 年度江苏友谊奖。全市获 30 项国家、省级引进国外智力项目立项，执行率 94%。办理来华工作许可 148 件、外国专家证 560 件。创建省级博士后创新实践基地 7 家、市级留学生创业园 1 家。

镇　江　市

【概况】 2012 年，镇江市有高校、中小学、幼儿园 448 所，其中，高校 5 所，中职学校 13 所，完全中学 3 所，高级中学 19 所，初级中学 71 所，九年一贯制学校 18 所，普通小学 122 所，幼儿园 190 所，特殊教育学校 5 所。在校生 34 万人，教师 2.8 万人。事业发展水平省内领先。全市幼儿入园率 98%；义务教育普及率 100%，巩固率 99.99%；高中阶段毛入学率 100%；高等教育毛入学率超 46%；职校毕业生就业率超 99%；主要劳动年龄人口平均受教育年限达 9.8 年，事业发展相关重点指标继续保持省内领先位置。德育工作全面推进。开展第七批“学生行为规范示范校”的评估暨第四批“学生行为规范示范校”复审，第二批市级“毒品预防教育示范学校”评估，省、市级“绿色学校（幼儿园）”评估，省、市级“科学特色学校”创建评估和“不让毒品进校园”“小手拉大手共建生态市”“金钥匙竞赛”“科技园丁和科技辅导员评选”等主题教育活动。在党的十八大召开之际，主办中小学校歌演唱比赛，激发学生爱党、爱乡、爱校的情怀。重点围绕未成年人学习成长过程中存在的“留守儿童的心理健康教育”“未成年人挫折教育”等问题，组织开展全市未成年人心理健康教育千场宣讲活动。开展市首届“美德少年”评选表彰活动。其中，有7人获江苏省首届“美德少年”，1人获省首届“十佳美德少年标兵”，并被推荐为全国“美德少年”。参加全国中小学“学科德育精品课程”和“育人精彩瞬间”征集评选活动，获得28个一等奖，列全省第二。其中4个项目中的视频类和照片类的一等奖总数居全省第一。开展“我学习·我成长·我成人·我担当——小学入学仪式和成人仪式教育”活动案例评选。全市有29篇“入学仪式”案例和19篇“成人仪式”案例获等级奖。“文明美德伴我成长”读书活动成果：市教育局关工委等8个单位获全国先进集体称号，1人获全国先进个人称号，2人获全国优秀工作者称号，20所学校获示范学校称号，7名同学获征文特等奖，695人获征文一、二、三等奖，1人获全国演讲总决赛一等奖。改革力度进一步加大。解决非义务教育阶段教师绩效工资问题；开展“调动教师积极性”“支持校长自主办学”“区域教育现代化建设”等重点工作调研，制定关于《调动教师积极性》《推进校长、教师交流》《推进简政放权》等5个实施意见；争取中央、省专项资金近1.2亿元，完成省定财政教育投入考核指标；制定举办国际小学、支持民办初中、试办女子中学等实施方案，创办镇江教育论坛，调动各种积极因素共促事业发展。超额完成列入市民生工程任务重点指标。幼儿园建设完成“十二五”总任务的42%，省优质园达65%，扬中率先试点农村免费1年入园。完成市区4所学校布局优化任务。中小学校舍安全工程开工面积达年度计划的143.2%。丹阳市、扬中市、句容市和京口区、润州区通过全国义务教育发展基本均衡县(市、区)评估。地方公办职业学校调整为11所，职校学生技能大赛成绩跻身全省前六，培养高技能人才900人。帮困助学资金累计发放超4500万元。市教育局被评为省纪检监察先进集体。在全省首家出台地级市市区学前教育布局规划，承办全省学前教育改革发展推进会，央视等省级以上媒体多次报道试点情况。

【基础教育】 2012年，全市有普通中学111所，其中完全中学3所，高级中学19所，初中71所，九年一贯制学校18所。初中在校生62901人，高中在校生41668人。小学122所，在校生131926人。幼儿园190所，在园人数67020人。特殊教育学校5所，在校生894人。截至2012年底，现代化小学、初中学校创成比65%左右，全市特色学校占31.3%。丹阳市第五中学、丹阳市第六中学、吕叔湘中学通过省四星级高中复评。全市有公办普通高中20所，其中三星级9所，四星级10所，三星级以上比例为95%，列全省第一位。四星级比例为50%。

【职业教育】 2012年，全市有12所中等职业学校，在校生2.4万人。镇江高等职业技术学校、江苏省丹阳中等专业学校和句容中等专业学校为国家中等职业教育改革发展示范校项目建设学校，丹阳市、句容市为省职业教育创新发展实验区。教育部门举办的6所学校全部为省四星级中等职业学校，市体育局举办的市体育运动学校为省三星级中等职业学校。职业学校专业设置实现主导产业全覆盖，开设12大类专业群，60多个专业，累计认定省级示范品牌专业35个，省级品牌特色专业13个，省级以上专业实训基地11个，其中国家级2个、省级9个，省级课程改革实验学校5所，课程改革实验专业10个，在职业学校建成的国家职业技能鉴定站7个。职校专任教师1700多人，学历达标率97%，硕士和在读硕士教师占18%，“双师型”教师75%以上。职校学生双证获取率99%，毕业生就业率99%以上。在全国职业院校技能大赛中，镇江市选手获得4金3银。在省技能大赛中，夺得25枚金牌、54枚银牌和86枚铜牌。镇江高等职业技术学校连续三年在全省200多所学校中总分名列第一。在首届“江苏技能状元”大赛的学生组十个第一名中，镇江市有2人。在全省教师信息化教学大赛中，镇江市取得2个一等奖。京口区谏壁街道、润州区金山街道、润州工业园区、镇江新区平昌新城、丹徒区宝堰镇、丹阳市司徒镇、扬中市西来桥镇等7个乡镇(街道)社区教育中心被省教育厅确认为省标准化社区教育中心。

【高等教育】 2012年，全市有普通高校5所，在校本、专科学生88479人，教职工9760人，其中专任教师5338人，占地面积637.2381公顷，建筑面积24万平方米。一般图书821.93万册。江苏大学、江苏科技大学为省属本科院校。专科院校中，镇江市高等专科学校为市属高校，江苏农林职业技术学院为省农委直属高职院校，金山职业技术学院为民办高校。学科涵盖工学、理学、医学、农学、管理学、经济学、法学、文学、哲学、教育学、艺术学等门类，各校本专科毕业生20781人，招生21883人。江苏大学、江苏科技大学有博士生804人，硕士生7581人，研究生指导教师1359人。

【教师队伍】 2012年，全市共有教职工39122人，其中专任教师29434人。普通中小学教职工21823人，其中专任教师18814人；幼儿园教职工5136人，专任教师3888人；特殊教育教职工169人，专任教师121人。高中专任教师学历达标率99.78%，初中专任教师学历达标率99.61%，小学专任教师学历达标率100%，幼儿园专任教师学历达标率99.79%。

南 通 市

【概况】 2012 年,南通市教育改革发展继续保持良好势头,各项重点工作和为民办实事项目全面完成。市教育行政部门把握“促进公平”和“提高质量”两个基本点,深入实施先进理念引领工程、学前教育奠基工程、精锐师资锻造工程、素质教育拓展工程、建设管理精致工程、公共服务利民工程。南通所辖 9 个县(市、区)全部通过全国义务教育发展基本均衡县(市、区)省级评估。普通高中优质特色发展取得新成果,新增 5 所省级普通高中课程基地学校,海安县曲塘中学通过省四星级高中评估。职业教育创新发展深入推进,海门市成为南通市第二个省级职业教育创新发展实验区,新创建国家中职教育改革发展示范学校、省高水平示范性职业学校各 1 所,新增省级品牌和特色专业 12 个。职业院校办学层次加快提升,南通商贸高校升格为江苏商贸职业技术学院,紫琅学院升本科、南通高师升专科列入江苏省高校设置“十二五”规划。终身教育体系加快完善,新创建全国社区教育示范乡镇(街道)4 个、省级标准化社区教育中心 5 个,新增成人教育校外教学点 13 个。语言文字规范化工作扎实推进,2 所学校成为国家级规范汉字书写教育特色学校。高等教育自学考试工作有序发展,学历报考连续三年保持 2000 人的递增规模。

【教育设施建设】 加快教育布局调整,市区通大附中、市二中新校区建设工程全面推进。全市中小学校舍安全工程新增开工、重建、加固校舍面积 160.36 万平方米,竣工 160.11 万平方米,累计开工、竣工面积总量均列全省第一,在全省率先完成三年规划改造任务。南通市基础教育专网基本建成,与各县(市、区)教育城域网对接。全市国家教育考试 8 个监控管理中心、38 个考点、2687 个考场标准化建设如期完成。

【教育教学改革】 基础教育课程改革进一步深化,中小学德育活动课程全面实施,科学活动课程和体育、艺术“2 + 1”活动课程开发完成。中考改革积极稳妥推进,64 所学校启动“中考改革背景下学校办学实践项目”建设。中考模式和招生制度不断完善,热点高中招生名额分配到各初中的比例提高到 60%,高职教育改革取得新进展,出台奖励政策,推进中等职业教育与高等职业教育的衔接。建立并运行南通市高校服务地方联盟暨高校技术成果转移中心,发布成果 209 项。

【教育惠民】 在全省率先出台相关政策,健全普通高中经费保障机制。各项教育助学政策落实到位。全市共发放助学款 1.45 亿元,惠及贫困学生 12.6 万名。全市义务教育阶段公办学校共接收外来人员随迁子女 5.78 万人。海安县出台外县市流动儿童少年、本县进城务工就业人员子女入学办法,港闸区中小学校吸纳的外来务工人员子女人数占全区学生总数 50.8%。

【师资队伍建设】 全面实施名师培养工程。2012 年,全市教育系统新增省特级教师 31 人、被市人才工委确定“226 高层次人才”培养对象 149 人,评选南通市首届高校教学名师 10 人和中小学学科带头人 239 人、骨干教师 422 人、教坛新秀 244 人。举办市级以上教师培训项目 46 个,参加培训 5.82 万人次,其中 103 人参加出国培训。李吉林应邀参加北戴河休假,受到中央领导接见。建立暑期校本研修学习平台,4.29 万名中小学在职教师全部参加培训,600 多个研修成果在平台上展示。在 2012 年江苏省基础教育青年教师教学基本功大赛中,南通市 11 名教师获一等奖。李吉林、李庚南获南通市基础教育杰出贡献奖,10 人获南通市第九届“园丁奖”。评选表彰 2012 年度“感动南通 · 教育人物(群体)”10 个。市教育局下发《关于深入学习教书育人楷模,进一步规范办学从教行为的决定》,深入开展师德教育,加强教育行风建设。

【南通支教案例入选全国社会扶贫创新案例】 12 月,由市教育局报送、省发展和改革委推荐的“跨越时空的牵手——南通与咸阳支教案例”入选全国 100 个社会扶贫创新案例,征集评选活动由国务院扶贫开发领导小组办公室组织,该案例为江苏教育系统唯一入选全省及全国的扶贫创新案例。2000 年,南通市与陕西省咸阳市结为对口支援城市,并签订教育对口支援协议。12 年间,南通市及所属各县(市、区)在教育项目援建、师资培训、教学研究、扶贫助学等方面对咸阳教育给予了全方位的支持和帮助。南通市在咸阳的扶贫协作建设项目共有 69 个,援助资金 2040 万元,建起咸阳实验中学综合教学楼、咸阳市特殊教育学校综合楼等项目。先后有 200 多名特级教师、学科带头人、骨干教师赴咸阳进行支教讲学活动,共为咸阳培训高中教师 6200 余人,培训义务教育阶段教师 1.3 万人次,培训初中、小学骨干教师 1500 人次。2012 年,南通市完成援助陕西咸阳、新疆伊宁教育对口支教工作。暑期,组织 2 批支教团队分赴咸阳、伊宁培训,同时接受咸阳、伊宁等地来南通市挂职学习 80 人。 (沈 淦)

【学前教育概况】 2012 年,市教育行政部门贯彻落实全市学前教育改革发展工作会议精神,推进学前教育改革发展示范区建设和普惠性幼儿园建设,对“一镇一所公办园”实行月报制度。全市新增省优质幼儿园 19 所,省优质园总数增至 267 所,占幼儿园总数的 70%。

【乡镇公办中心幼儿园建设】 2012 年,新增公办中心幼儿园 43 所,全市 115 个乡镇(街道)全部建有公办中心幼儿园。崇川区、如皋市接受省级学前教育改革发展示范区创建工作评估。通州区、如东县、启东市把乡镇公办幼儿园建设列入政府为民办实事项目,有效提高建设水平。通州区 13 个没有公办幼儿园的镇区,分别采取新建、回购、改扩建的方式相继完成公办幼儿园建设任务。如东县 4 个镇启动建设公办幼儿园,8 个镇完成资产评估。启东市 12 个镇(乡)全部建成公办幼儿园。

海安县 20 所幼儿园改扩建工程全面推进,4 所幼儿园成功创建省优质园。如皋市异地新建幼儿园 12 所,其中 6 所幼儿园竣工。

【学前教育经费保障】 5 月,市财政局、市教育局联合发出通知,市级财政设立学前教育奖补专项经费,各级财政新增教育经费向学前教育倾斜。2012 年起,市区公办(含其他部门办、集体办)幼儿园生均公用经费拨款标准不低于 500 元/年,年审合格的普惠性民办幼儿园生均公用经费拨款标准不低于 200 元/年。南通开发区安排学前教育专项资金 200 万元,落实公办幼儿园和普惠性民办幼儿园生均公用经费、困难家庭幼儿补助以及幼儿教师培训经费。海门市出台并落实幼儿教育收费全部用于幼儿教育事业发展的政策规定,每生每年 400 元的补助经费及时、足额拨付到位。 (沈 淦)

【小学与普通中学教育概况】 2012 年,南通市小学与普通中学教育不断深化改革,教育质量不断提升。全市 9 个县(市、区)申报全国首批义务教育发展基本均衡县(市、区),全部通过省级验收。崇川区义务教育优质均衡发展经验在全省交流。如皋市进入首批创建省义务教育优质均衡改革发展示范区建设行列。市教育局被国务院评为全国“两基”(基本普及九年义务教育、基本扫除青壮年文盲)工作先进单位。实施义务教育优质均衡发展示范区建设,开展薄弱初中质量提升工程项目申报工作。本年度,义务教育阶段学校取消择校招生,全面实行免试就近入学。作为国家教育体制改革试点地区,南通市承担“推进中考改革,切实减轻中小学生课业负担”改革试点项目。启动“中考改革背景下学校办学实践”项目,项目按两年的周期开展实验。4 月 26 日,《中国教育报》头版头条以“改革让学生学习轻松有效”为题对南通中考改革进行专题报道。高考成绩主要指标位居全省第一:全省文理科前 100 名考生中南通考生有 40 人,本一、本二录取人数超过 2 万人。

【课程改革】 在规范实施国家课程的同时,努力丰富地方课程的形态。《南通市中小学德育活动课程》全面实施;《南通市中小学科学活动课程》完成开发和正式出版,组织 500 人次的课程实施工作培训;启动《南通市中小学综合实践活动课程》的开发工作;《南通市中小学体育艺术 2 + 1 活动课程》的开发进入尾声。开展第二批优秀校本课程评选。推进普通高中多样特色发展,启动普通高中特色项目(课程)建设工程,全市所有普通高中均根据自身的资源特点确定建设项目。建立首批 9 个省级普通高中课程基地建设培育项目,5 所学校参加省课程基地答辩。

【学科基地建设】 制定学科基地管理制度及考核办法,推进各学科教学研究工作。至 2012 年底,全市有高中学科基地 9 个、初中学科基地 30 个、小学学科基地 27 个。

【中小学校舍安全工程】 继续推进中小学校舍安全工程建设,至 2012 年底,南通市中小学校舍安全工程三年累计开工改造校舍 372.5 万平方米,竣工校舍 302.5 万平方米,开工与竣工面积总量均居全省第一。其中 2012 年完成校舍改造 102.54 万平方米,超额完成年度目标任务。

【高中择校率下降】 普通高中建设推行均衡教育理念,加强基础薄弱学校建设,办学条件明显改善,与名校之间的差距逐渐缩小。市、区两级教育行政主管部门在确定普通高中招生计划时,加大名校正式录取人数,逐年缩小择校生比例。家长及学生对学校的选择回归理性,择校热开始消退。根据国家统计局南通调查队对南通市区全部 7 所普通高中招生及收费情况的调查,2008 ~ 2012 年,市区普通高中新生择校比例分别为 31.5%、30.4%、27.5%、20.7% 和 16.5%,五年间择校生占比减小 15 个百分点。随着较高收费的择校生占比减小,人均每学期学费也逐年下降,由 2008 年的 1969.7 元,下降至 2012 年的 1431.3 元,五年间学费降幅达 27.3%。

【特殊教育】 全市有特殊教育学校 10 所,其中盲校 1 所、聋校 2 所、培智学校 2 所、特殊教育学校 5 所。各地扎实做好特殊教育巩固提高工作,努力增强特殊教育学校的吸纳能力,并推进随班就读。5 月,南通市特殊教育学校教学常规管理调研工作会议在南通特殊教育中心举行,交流汇总对各特教学校实地调研情况。11 月 20 ~ 22 日,2012 年南通市特殊教育研讨会在海门市特殊教育学校举行。 (沈 淦)

【中等职业教育】 2012 年,南通市有中等职业学校 27 所,毕业生就业率超过 95%,对口就业率达 80%,本地就业率达 85% 以上。加大对职业教育经费的投入,建立稳定的职业教育经费保障机制。海门中专继南通中专、如皋中专之后,成为南通市第三个国家级示范学校建设单位。南通体臣卫校晋升为江苏省高水平示范性中等职业学校。如东第一职教中心通过省四星级中等职业学校;市旅游职中、市体校通过省三星级中等职业学校网络评审和现场考察评估。全市申报设立中职专业 377 个,其中新设立中职专业 46 个。市教育行政部门指导职业学校开展品牌和特色专业创建,如皋第一中专的建筑工程施工等 9 个专业被省教育厅认定为省级品牌专业。深入推进职业学校实训基地建设,组织申报江苏省高水平示范性实训基地 28 个,评选第二批南通市职业学校公共实训基地 11 个。2012 年,全市职教对口单招参考人数 4521 人,本科上线 1389 人,专科上线 4142 人,本科上线人数占全省本科计划数 31.18%,列全省第一。

【职业教育创新发展试验区建设】 2012 年,继如皋市之后,海门市成功入选第二批江苏省职业教育创新发展实验区。市教科研中心、如皋市教育局参与江苏省教科院职教研究所主持的“区域职业教育创新发展指标体系的构建”研究,参与编制“区域职业教育创新发展指标体系”。市教育局指导开展全市中等和高等职业教育衔接培养试点工作,促进职业教育向更高层次发展。2012 年,南通市 3 所中职校的 6 个中职专业与 2 所高职院的 3 个精品专业、2 所高职院的 4 个高职专业与本科高校的 2 个精品专业试行分段培养。

【参加全国中职“文明风采”竞赛】 全国中等职业学校“文明风采”竞赛活动是由教育部、中央文明办、中华职教社等联合主办,面向全体中职学生的德育实践活动,活动包括征文、设计、摄影、动漫和展示等。南通市继 2011 年第八届竞赛中获佳绩后,在 2012 年第九届竞赛中又创佳绩,如东第一职业教育中

心校有158件作品获奖,海门中专有86件作品获奖,另有6个学校获组织奖。　(沈　淦)

【高职教育改革发展综合实验区建设】　南通市有综合性大学1所,普通高职院校5所、成人高职院校2所、五年制高职学校3所。2012年,南通开展国家教育体制改革试点项目——地方政府促进高职教育改革发展综合试验区建设,建立产教结合管理体制。市教育局、市财政局印发《南通市促进高职教育改革发展综合试验区建设经费管理办法》,设立示范性(骨干)院校建设奖、品牌特色和精品专业建设奖、精品课程建设奖等。推进高职院校理事会制度建设,南通航院、南通职大先后成立理事会,推动校企产教深度合作。探索改革招考制度,组织开展部分专业单独招考改革。实施高等教育质量提升工程,发挥"南通高校教学联合体"的作用,加强高校专业建设和科研建设。首次组织评选高校名师奖,建立南通高校教学资源共享平台,实现在南通高校紧缺人才和富余人才信息互通和高校教师校际兼课互聘。扩大中外合作办学试点,培养、培训留学生421人。

【南通大学建校100年】　5月5日,南通大学在南通体育会展中心举行建校100周年庆祝大会。南通大学是江苏省政府和交通运输部共建的综合性大学。学校的前身是张謇于1912年创办的私立南通医学专门学校和南通纺织专门学校。2004年,南通医学院、南通工学院、南通师范学院三校合并组建南通大学。中共中央政治局委员、国务委员刘延东,全国人大常委会副委员长蒋树声,中央军委委员、总参谋长陈炳德,省委书记罗志军致信或题词祝贺。全国政协副主席李金华,全国人大常委会原副委员长、中国关工委主任顾秀莲,省长李学勇,省政协主席张连珍出席庆祝会。南通大学以建校百年为新起点,加快推进教学型大学向教学研究型大学的转变。　(沈　淦)

【成人教育】　2012年,全市有社区大学1所,社区学院6所,109所乡镇(街道)成人教育中心校;拥有省级社区教育实验区7个,省级社区教育中心22个,省级社区教育示范乡镇8个。市开展"智力扶贫"开发工程,各高校及其所办的成人教育校外教学点开展岗位技能培训、就业与再就业培训等,累计培训各类人员3.4万人次。市教育行政部门推进社区教育功能拓展,构建终身教育体系。组织开展全市全民终身学习活动周,全市培训退役士兵1985人。指导海安县创建并申报国家级社区教育实验区;督促5所学校申报省级社区教育中心,16所学校申报市级社区教育中心;累计建成省级标准化居民学校51个。对崇川区、港闸区、南通市经济技术开发区社区教育工作开展视察指导。组织举办全市社会教育研究交流会暨省社会教育"十二五"规划课题开题辅导班,15项课题被确定为省社会教育"十二五"规划2012年度立项课题,其中2项为重点课题。

【非学历教育培训】　大力实施职业技能培训工程,基本建成以县域为单位集职工教育、农民教育、社区教育、远程教育、自学教育为一体的非学历教育体系。发挥现有职业院校、乡镇成人教育中心校和各类社会办学机构的作用,面向社会开展各类非学历教育培训服务,鼓励企业与社会力量开办培训点。全年完成农村实用技术培训100万人次、务工农民岗位技能培训20万人次、农村劳动力转移培训10万人次,初中、高中毕业生职业技能培训4万人次。

【民办非学历教育机构管理】　2012年,市教育行政部门组织全市民办非学历教育机构年检,对市直管理部分年检合格的31个单位和注销的3个单位进行公示;对因负责人变更、地址变更、办学内容变更的10个单位换发办学许可证。组织3个检查组,对市直民办非学历教育机构依法办学、安全工作、学校建设、师资队伍、办学管理等进行重点巡查。查处相关举报5件。

【高校成人教育管理】　市各高校规范成人高等教育管理,开展成人教育校外教学点年审和优秀教学点创建活动,对18个新增校外教学点进行评审,13个获得通过。　(沈　淦)

【人才引进和开发概况】　2012年,南通市实施加强高层次人才引进和开发,启动实施产业人才发展"312"行动计划,制定出台人才引进与培养政策5项,引进国家"千人计划"特聘专家人数占全省总量的9%;博士后创新实践基地申报成功率和新增数量位列全省前列。南通市工贸技工学校升格为"江苏南通工贸技师学院",并成功申报国家高技能人才培训基础建设项目。

【产业人才发展"312"行动计划】　成立正处职建制的市人才工作办公室,组建全额拨款事业单位性质的江海英才服务中心,人才工作统筹协调力度明显加强。深入推进江海英才计划,启动实施产业人才发展"312"行动计划("十二五"期间,围绕优先发展的重点产业,市县联动引进30名国家"千人计划"专家、100个创业创新人才团队、2000名科技领军人才),制定出台顶尖人才、人才团队和企业紧缺人才等3个专项引才计划。组织中国工程院—南通化工冶金与新材料产业发展合作峰会、海外生物医药高层次人才合作洽谈会,举办第二届江海英才创业周活动。组织实施第二届杰出专业技术人才评选工作,49名优秀人才获市表彰奖励。完成第四期"226"高层次人才培养对象评选,分别确定23人、239人、498人为中青年首席专家、中青年科技领军人才、中青年科学技术带头人培养对象。65人入选省"科技企业家培育工程"培育对象,居全省第三。

(杨江华)

【高层次人才引进】　实施南通市江海英才引进计划、南通市产业人才发展312行动计划(到2015年,全市引进国家千人计划专家30名,创业创新人才团队100个,科技领军人才2000名),出台《南通市引进企业紧缺类人才专项计划实施办法》等政策。集中力量办好各类引才、引智活动。全年引进国家"千人计划"特聘专家15名,超过历年引进数的总和。引进省"双创计划"人才(团队)39名,省"企业博士集聚计划"项目22个,引进科技领军人才550名,柔性引进紧缺类高层次人才912名。新批准增设江苏省博士后创新实践基地5家。

【海外招才引智】　举办"江海英才创业周"海外人才交流活动暨第十一届南通海外高层次人才交流会,达成合作意向117

项,成功签约46项,投资总额15.8亿元。组织申报引智项目106项,有78项列入国家、省、市引智项目计划,7项列入中国科技交流中心花甲项目计划、2项获省级留学人员科技择优经费资助。新建省级留学人员创业园1家,省级引智成果示范推广基地(单位)2家。

【高技能人才培养】 以创建重点产业职工技能提升培训示范城市为契机,在船舶制造、纺织服装、建筑等产业中,开展岗位培训、技工教育等,全市新增高技能人才2.95万人,完成职业技能鉴定14.61万人,取证12.55万人,鉴定、取证总量在全省继续保持领先。 (袁瑜佳)

扬 州 市

【概况】 (一)幼儿教育:2012年,全市有成型幼儿园285所,比上年增加8所;有幼儿教学班2704个,比上年减少3个。全市幼儿园在园幼儿总数98949人,比上年增加1016人;幼儿园招生总数35193人,比上年增加1022人。全市3-5周岁幼儿入园率98.5%,比上年提升2%。全市有幼儿园教职工8449人,比上年增加308人,有幼儿专任教师4830人,比上年增加159人。全市幼儿园专任教师学历全部达标,其中具有大专及以上学历的比例达83.4%,比上年提升3.1%。优质幼儿园建设取得新进展,本年度全市新创建省级优质幼儿园13所,市级优质园13所,全市省级优质幼儿园总数已达198所,占全市成型幼儿园总数的69.5%。

(二)小学教育:全市有小学215所,比上年减少5所,有教学班5189个,比上年增加29个;在校生224400人,比上年减少2848人;招收新生35566人,比上年减少1954人;毕业生38477人,比上年增加821人。全市学龄儿童入学率100%,毕业生升学率100%,小学生在校年巩固率100%。全市有小学教职工14502人,比上年减少67人;有专任教师13513人,比上年增加6人。小学专任教师学历达标率为100%,其中专科及以上比例达89.1%,比上年提升2.3%。2012年全市达省实验小学标准的优质学校为127所,占全市小学总数的57.73%。

(三)普通中学教育:全市计有普通中学170所。其中,高中38所(含完全中学);初中132所(含九年一贯制学校),比上年减少2所。有高中班级1654个,比上年减少73个;有初中班级2725个,比上年减少45个。中学生在校生总数197908人,比上年减少10225人,其中高中在校生80421人,比上年减少6365人;初中在校生117487人,比上年减少386人。中学毕业生总数73477人,比上年减少4549人,其中高中毕业生31606人,比上年增254人;初中毕业生41871人,比上年减少4803人。中学招收新生63832人,比上年减少1347人,其中,高中招生25160人,比上年减少2113人;初中招生38672人,比上年增加766人。初中毕业生升学率99.52%,比上年上升0.12个百分点;高中阶段毛入学率达100%,比上年上升0.10个百分点。初中毕业班学生毕业率99.82%,比上年上升0.09个百分点;初中在校生年巩固率99.95%,比上年上升0.04个百分点。全市有中学教职工21027人,比上年减少266人。全市中学专任教师16725人,比上年减少50人,其中,高中教师6185人,比上年减少3人;初中教师10540人,比上年减少47人。全市高中教师学历达标率为100%,其中研究生学历教师占7.4%,比上年提高0.8个百分点;初中教师学历达标率为100%,其中本科及以上学历教师占87.1%,比上年提高2个百分点。2012年全市有省三星级以上高中29所,占高中总数的76.3%,比上年提高1.94个百分点;有省示范初中113所,占初中学校总数的85.6%,比上年提升2.02个百分点。

(四)特殊教育:全市2012年有特殊教育学校7所,其中盲、聋哑学校4所,培智辅读学校3所;有特殊教育班级76个,比上年增加2个;特校在校生832人,另有特殊教育随普通学校班就读的学生3000余人;特殊教育学校毕业生74人(不含特教随普通班就读的毕业生),招收新生107人(不含普通学校招收的特教随班就读生)。全市有特殊教育学校教职工217人(不含普通学校附设特教班的任课教师),比上年减少2人,其中专任教师174人,比上年减少2人。

【教师队伍建设】 2012年,扬州市教师队伍着重加强师德和师能建设。本年度,全面开展新一轮师德建设"百千万"工程(百名机关干部下基层进学校,结对联系促发展;千名教师进社区访家长,共商教育促成长;万名教师立师德树师表,示范引领形象),举办青年教师职业理想演讲比赛,广泛开展"我身边的好老师"学习推介,举办2012年度扬州市"十佳师德标兵"评选和教育十大新闻人选评选,组织优秀教师师德先进事迹演讲和宣传活动。进一步加强师能建设。全市350多名校长、1800多名骨干教师和15000多名青年教师参加了"我的教学主张"、"我的教学研究"、"我的教学改进"等三大系列的实践展示、过程展示和成效展示,有效地促进了师资队伍业务素质的提高。实施教师继续教育和培养培训工程,组织6600多名教师参加出国培训或国家级、省级集中培训和远程网络培训;分层分类组织15000多名幼儿园教师、中小学学科教师参加了市级培训;全市各学校普遍开展了全员化的校本培训活动。市、县(市、区)名师工作室开展名师送培送教活动,"名师大讲堂"覆盖2500多名教师,送培送课到农村活动覆盖4000多名师生,20多场教学研讨活动覆盖3000多名教师。全面推进异校拜师活动,组织全市四个层次4000多名教师结对拜师。实施名师校长培养"领雁工程",首批遴选第一层次培养对象20名、第二层次培养对象200名、第三层次培养对象2000名,进行分层次培养。2012年全市又有15名中小学教师被评为省特级教师,10名中学教师评为中小学正高级教师,11名教师被列为省第四批"333"工程第三层次培养对象。2012年度在中小学学科教学和基本功竞赛中,荣获国家级、省级一等奖50

人次。

【教育管理】 着力拓展中小学素质教育。在德育方面,大力弘扬中华传统美德,集中开展刻苦学习、励志成才专题教育。推进实施小学素质教育“五大工程”(优质课堂、百佳社团、特色文化、养成教育、学校发展共同体),实施体育与艺术“2+1”工程(学生拥有2项健身技能,1项艺术特长),邗江、江都、宝应素质教育基地本年度共接待中小学生6万人次进行各项素质教育和培训。全面关心中小学生心理和生理健康成长,组织400余名教师参加新一轮学校营养配餐师、心理咨询师和幼儿园育婴师的专业培训。强化中小学生环保生态教育,推进“绿在学校”生态行动,新创市级绿色学校72所,全市市级以上绿色学校达611所,占学校总数的89.3%。加大教育投入,改善办学条件,推进教育现代化。2012年全市教育经费投入总额达73.82亿元,比上年增加5.45亿元。经费总额中,财政拨款50.20亿元,比上年增加6.40亿元,教育收费和其他收入以及社会捐资助学等经费比例减少。义务教育经费投入不断增加,按小学生每生每年不低于550元、初中生每生每年不低于750元的财政拨款标准落实了生均公用经费。全市校舍安全工程开工95.36万平方米,年度任务全部完成。进一步加强教育信息化建设,全市教育信息网建成“多功能网上教研平台”,新增网上结对学校55所,农村中小学与城市优质学校结对共建率达94%以上。又有32所学校成功建成第七批“扬州市数字化校园”,全市“数字化校园”总数达338所,占全市中小学总数的80%。拍摄制作高中《名师大讲堂》210讲、“同步课程”280讲,新增其他网上优质教育教学资源100课时。加强教育督导。组织了全市幼儿教育督导和中小学素质教育督导,主要是对照幼儿园综合督导评估细则和江苏省中小学素质教育督导考核实施细则自查、自评,教育督导机构组织督查,并将督导结果上网公布,让家长和社会各界评议。加强对非学历教育培训机构的管理和督查,全市严格年检112家非学历教育机构,年检合格86家,注销10家,限期整改16家。强化行政监察。着力控减教育收费信访举报,规范教育收费行为;继续严格落实师德档案管理和考评制度,在绩效考核、职称评审和评优评先中进一步强化师德要求。对各类信访举报逐一进行查处,并按要求及时报结,查办率、办结率达100%。社会对教育收费和师德师风满意度进一步提高。

【高等教育】 2012年,扬州有普通高等院校7所,另有1所成人高校(扬州教育学院)举办普通大专教育。其中,市属高等学校3所,即扬州市职业大学、扬州环境资源职业技术学院、扬州教育学院。市属高校计有在校普通专科生21112人,教职工1973人,其中专任教师1314人。驻扬省属高校5所,即扬州大学、扬州大学广陵学院、扬州工业职业技术学院、南京邮电大学通达学院、民办江海职业技术学院。省属高校计有本、专科在校生51520人(本科36833人,专科14687人)。省属高校教职工总数5471人,其中专任教师3319人。(南邮通达学院本年度迁入扬州首次招生,任课教职工数暂不列入省属高校教职工总数内)。

本年度,扬州各高等院校加强了高校学生管理。市委教工委联合团市委指导各院校开展各类主题教育活动和校园文化活动;开展评选普通高校“三好学生”、优秀学生干部和先进班集体活动。共评出104名市级“三好学生”、94名优秀学生干部和36个先进班集体,通过表彰,事迹介绍,树立典型,引导全市在校大学生积极投身“三个扬州”建设和“世界名城”建设的各项社会实践活动。加强高校的安全管理。开展高校周边环境整治和社会治安综合治理。扬州大学和扬州市职业大学本年度创成省平安校园,实现了全市高校全部创成省平安校园的目标。全面落实助学贷款。全市共受理990名学生申请办理生源地信用助学贷款,发放总额达561.68万元(其中新生办理人数和贷款金额分别为345人和151.4万元),全面完成省学生资助管理中心下达的目标任务。

【成人教育】 2012年,扬州有市属成人高校1所,即扬州教育学院。另有扬州大学、扬州职业大学、扬州环境资源职业技术学院、民办江海职业技术学院、扬州工业职业技术学院等普通高等院校的成人教育机构招收成人本、专科生。全市成人高等教育的在校生总数为19927人,比上年增加1871人。全市成人高等教育共招生8274人,比上年增加1786人;共有毕业生5998人,比上年增加322人。全市有独立建制的成人教育系列高校教职工156人,其中专任教师101人。专任教师中具有正高级职称的2人,副高级职称的30人,中级职称的45人,初级职称的24人。

全市成人中专教育已无在校生,仅剩的1所成人中专校尚有教职工75人,其中专任教师55人。学校本年度主要从事中等职业培训教育。

2012年市教育行政部门加强了对成人高等教育的规范监督。对全市新增“高等学校成人教育校外教学点”进行实地勘查评估,报省评审。全市获批新增6个普通高校成人教育校外教学点。组织开展全市“高等学校成人教育数据采集平台与管理系统培训”工作,并利用系统平台对全市63家校外教学点的招生宣传、注册入学、教学实施、考试考务、年度检测等各方面工作实行全过程动态监控,有效地规范全市成人高等教育的办学行为。

积极开展成人社会教育培训。2012年全市农村成人教育机构,进一步推进“服务新农村建设五项行动”。积极推进农村成人高等教育,本年度全市成人教育共开设各类高等学习班42人,在读学生2219人。各县(市、区)和乡镇成教部门大力开展各类成人培训,其中全市退役士兵1551人接受职业技术培训,出国劳务人员培训2321人次,劳动力转移培训和实用技术培训11.4万人次。大力加强社会教育,全市城乡居民结合文明创建普遍开展全民终身学习活动。积极开展省、市级社区教育创建工作。2012年全市共创建省级社区教育中心5个,省级居民学校50个,市级示范社区教育中心6个。

高等教育自学考试工作创扬州历史新高。2012年全市共有220257人报名参加各类自学考试,比上年同期增加41847人,增长23.5%。自学考试中,学历考试报考规模为44519人,比上年减少5557人;非学历证书考试报考规模为175738人,比上年增加47404人。另有近10万人的大学生四、六级英语考试未列入全市非学历证书考试报考规模。2012年全市有48361课次通过自学考试课程合格,占全市学历考试实考课次的66.56%,比上年提升5.52个百分点。

【职业技术教育】 2012年,全市有中等职业教育学校15所,其中普通中专校10所,职业高中校5所。此外还有其他中等职业技术教育培训机构(培训点)4个。全市中等职业学校(机构)计有在校学生61162人,比上年增2581人。中职学生总数中普通中专校在校生42111人,职业高中学校在校生19051人。全市中职校毕业生总数18505人,其中普通中专校毕业生10660人,其他机构中职毕业生866人,职业高中校中职毕业生6979人。全市中职校计招收新生18597人(不含非全日制培训生4082人),比上年增1059人;招生总数中普通中专校招生11121人,其他职教机构招生444人,职业高中校招生7032人。

全市各类中等职业学校(机构)计有教职工2799人,比上年增15人;教职工总数中专任教师2298人。此外,各类中职校还聘请了校外兼课教师246人,全市中职校专任教师总数的65.1%,比上年提高5.5%。

2012年,全市有技工学校及技师学院13所(其中2所与普通中专校合一,一校两牌),技工类学校在校生总数28131人,比上年减少30人。全市各类中等职业学校和技工类学校在校生总数89293人(不含培训生),比上年增加2552人。

本年度,全市职业教育优质教育资源建设得到加强。全市15所职业学校中,有12所达省三星级以上职业学校标准,重点学校比例达80%。

为推进职业教育发展"集约化、校企合作制度化",2012年5月20日江苏光伏职业教育集团在扬州高等职业技术学校正式成立。该教育集团由省内外57家工业类职业学校和光伏产业企业加盟成立。该集团成立不仅为职业教育与地方经济社会发展紧密结合搭建广阔平台,同时建立起适应市场、立足行行、依托企业的现代职业教育模式。

2012年,扬州市江都区大胆革新,破解职教校企合作的"瓶颈",实现校企合作双赢。具体做法是:1. 企业车间进学校。由企业投资建造生产车间和加工生产线,学校为企业提供场地和水电资源以及相关专业的实习生。改变过去学生进企业增加企业负担的状况,变"消耗性实习"为"生产性实习",既培养人才技能,又创造财富。2."校园孵化器",为企业共建区域新兴产业。在"校园孵化器"内培养新兴产业人才,共同培植市场,在产学研一体的基础上共建区域新兴产业。江都职教集团孵化创建的软件园达省级水平,吸引了很多国内外企业落户江都,给职教集团实现校企合作带来了新机遇。3. 政府出台规范性文件促校企"联姻"。江都区政府围绕重点打造机电、造船、特钢、机车零部件等四大千亿产业群,进行了针对职业学校校企合作的调研和规划,出台《江都职业教育校企合作促进办法》,并在年内正式实施。 (杨林山)

【人才开发】 2012年,全市累计引进培养博士人才362人,引进培养硕士人才2194人,引进外国专家89人。完成专业技术人员知识更新工程培训人数2.18万人,新增专业技术人员1.99万人,新增留学回国人员113人,新增高技能人才1.31万人,培养技师、高级技师2123人。42人获批省"双创计划",列全省第5位;35人入选省"企业博士集聚计划",列全省第4位;2个团队入选省"创新团队",实现历史性突破。全年共受理市"绿扬金凤计划"创业创新领军人才申报对象317名、优秀博士人才申报对象218名,经资格审查、技术评审、实地考察和综合评审,产生创业创新领军人才资助对象50名,优秀博士人才97名。截止2012年底,全市人才资源总量达50.9万人,其中高层次人才3.63万人。

泰 州 市

【概况】 至年末,全市共有各级各类学校679所(其中幼儿园319所、小学137所、初中161所、特殊教育学校5所、普通高中41所、中等职业学校10所、高等学校6所),在校生共有613593人(其中幼儿园106714人、小学22009人、初中114194人、特校968人、普通高中82017人、中等专业学校39182人、高等学校全日制在校生48509人),教职员工51843人(其中幼儿园7598人、小学12059人、中学26484人、特殊教育学校175人、中等专业学校213人、高等学校3414人)。全市小学、初中、普高、职高专任教师学历达标率分别达100%、99.84%、99.46%和96.21%,高校副教授以上职称教师比例达30.7%,现有"省人民教育家培养对象"8人,教授级中学高级教师33人,在职省特级教师86人,市名校长22人、名教师67人。

泰州师专专升本通过教育部高校设置评审委员会的评审。3所独立学院获学士学位授予权,各高职院校建成4个省级品牌特色专业,九个专业群的33个专业入选省"十二五"期间重点专业建设名单,4所院校被表彰为"江苏省高校毕业生就业工作先进集体"。制定下发《泰州市高等学校成人教育校外教学点管理细则》,校外教学点管理实现制度化、规范化、信息化。

【教师人才队伍建设】 组织教师参加国家、省、市各级各类各学科培训活动,培训人数超过2万人次。市教育局被国家教育行政学院表彰为优秀地方培训中心。组织省特级教师后备人才高级研修班,开展第二批特级教师后备人才评选,新增42名特级后备人才,全市特级教师后备人才总数达85人。组织骨干教师送教活动,举办"教师专业成长与教育教学质量提升"论坛。组织名师工作室三年工作综合考核,展示名师工作室成果,评选表彰优秀名师工作室。加大高层次人才引进力度,全市中小学共引进博士研究生、硕士研究生60多名。

【职业教育】 2012年,靖江市创成省职业教育创新发展实验区,靖江中专校建成国家中职改革示范校,姜堰中专校建成省四星级职业学校。全市共建成2个省级实训基地,新建8个校外实训基地和2个企业职工培训基地,新开设3个五年制高职专业和6个中职专业,建成5个省级品牌专业,80个专业被评定为省合格专业。出台《泰州市台资企业劳动用工服务工作意见》,部分在泰台企和职校分别互建职工培训基地和学生实习就业基地。3所学校和泰州国宾馆签订联合办学协议,8所学校开设“纬创班”。全市职业教育规模保持稳定,剔除生源下降因素,招生总数比上年提高1.32%。

【技能教学和创新教育】 完善面向全体学生的技能抽测制度,全市职校学生技能抽测合格率比上年提高8%。组织师生参加国家、省级技能大赛,获3枚国赛金牌,实现泰州市国赛奖牌“零”的突破,省赛获奖总分比上年增加近50%。在第七届国际发明展上,获1金4银4铜。在省青少年科技创新大赛上,获一等奖1个、二等奖3个、三等奖4个,1名学生被评为省第三届青少年发明家,泰州机电高职校被评为青少年发明家摇篮学校,创新教育成果居全省前列。

【社会教育】 创成国家级社区教育示范乡镇1个,省级社区培训学院1所,省级社区教育中心5所,省级居民学校50所,全市90%的乡镇(街道)社区教育中心达市级标准。

盐 城 市

【概况】 2012年,全市有各类学校1000所,其中幼儿园285所,小学397所,初中218所,普通高中59所,职业高中11所,普通中专7所,成人中专8所,普通高校5所(本科院校2所,大专院校3所),特殊学校10所;在校学生107万人,教职工8.13万人。全年,学前三年幼儿入园率96.03%,小学、初中入学率100%,巩固率分别为99.51%、99.18%;初中毕业生升学率99.12%。年内1所四星级高中和3所三星级高中接受省复审,5所高中成功申报省高中课程建设基地,高中阶段教育毛入学率达100%。职业教育年内新增12个专业,创建省级品牌特色专业9个。驻盐高校培养高层次适用型人才的数量、质量与地方经济发展契合度进一步增强。继续教育发展进一步加快,年内创建申报3个省级社区学院,5个省级社区教育中心,52所江苏省居民学校。全市4万人报名参加高等教育自学考试,21万人参加各类非学历证书考试。终身教育体系逐步完善,学习型社会建设初见成效。

【教育投入】 年内,全市教育经费总投入111.38亿元,其中预算内财政性教育经费达88.18亿元,高于全市财政经常性收入增增幅4.53个百分点,首次达到并超过法定增长要求。市教育局先后出台《盐城市市直普通高中公用经费管理暂行办法》、《市直普通高中基本建设债务风险控制机制和化解方案》、《盐城市人民政府关于加快学前教育改革发展的意见》和《市直公办幼儿园公用经费管理暂行办法》等一系列政策性文件,明确普通高中预算内公用经费基准定额标准为每年每个学生500元,规定普通高中年度公用经费预算总额中教师培训费按不低于5%的比例安排,要求各地每年从教育费附加中安排不低于20%的资金用于化解债务;明确公办幼儿园公用经费基准定额标准为每年每个学生200元,规定幼儿园收取的教育保育费全部用于正常运转。

【校园校舍建设】 年内,全市新建中小学、幼儿园70所,其中大市区新建学校10所,包括3所小学、2所初中、4所九年一贯制学校和1所普通高中。投入资金27.3亿元,实施校安工程面积115.48万平方米,其中加固11.05万平方米,新建104.43万平方米。

【职业教育】 至年底,全市有各类中等职业学校26所,其中职业高中11所,成人中专8所,普通中专7所;高等职业院校5所。四星学校9所,三星学校2所,国家级、省级实训基地24个,品牌、特色专业17个,基本形成数控技术应用、机电一体化、电子技术应用、汽车制造与维修、纺织服装、建筑、商贸、旅游管理与服务、现代农业、计算机应用技术等十大重点专业群。年内,代表盐城的332名优秀选手在全省职业学校技能大赛中共获得139枚奖牌,其中金牌11枚,银牌30枚,铜牌98枚。在全国职业学校技能大赛中,生物工程高职和机电高职校4名选手代表江苏夺得3块金牌1块银牌。

【盐城工学院】 盐城工学院是一所以工为主,工、经、管、文、理、农、艺多学科协调发展的省属全日制普通本科高校,系国家“卓越工程师教育培养计划”试点学校和“国家教育体制改革”试点高校、教育部本科教学工作水平评估优秀单位、全国优秀教育科研单位、全国和江苏省大学生社会实践先进单位、全国绿化模范单位、全国高校后勤十年社会化改革先进院校、全国高校节能管理先进院校、江苏省和盐城市文明单位、江苏省文明学校。2012年,学校有固定资产16亿元,图书馆藏书160万册;学校设立14个公办二级学院、1个民办二级学院和5个教学部;开设55个本科专业,本科在籍生1.98万人。年底,学校专任教师1099人,正高职称119人,副高职称426人,高级职称教师占49.59%;博士180人,硕士723人,硕士以上教师占82.17%;有国务院和省政府特殊津贴获得者、省“333工程”和“青蓝工程”培养人选、省级教学名师、省有突出贡献中青年专家等省级以上人才工程培养人选90人;有省高校优秀教学团队1个,“青蓝工程”科技创新团队2个;75名教师被东南大学、中南大学等高校聘为博士或硕士研究生导师,在校研究生96人;聘有中国工程院院士等特聘教授、兼职教授160人。2012年,土木工程专业通过住建部本科教育工作评估,成为全国本二院校中第一家通过评估的高校;学校拥有3个国家特色专业建设点,4个省特色专业,7个省重点建设专业(类);建有4个一级学科省重点建设学科,1个省级大学科技园,1个省级技术转移中心,7个省级科研机构,1个国家级实践教育中心和7个省级实验教学示范中心。

淮 安 市

【概况】 截止2012年底,淮安市共有各级各类学校、成规模幼儿园852所,在校生90.14万人,专任教师4.91万人,其中成规模幼儿园365所,在园幼儿17.35万人,幼儿教师0.42万人;小学279所,小学生31.19万人,小学教师1.87万人;初中144所,初中生14.87万人,初中教师1.33万人;普通高中29所,高中生9.35万人,普通高中教师0.65万人;中等职业学校21所,中职生9.08万人,中职教师0.28万人;高校7所,大学生8.14万人,高校教师0.34万人;特殊教育学校7所,特教生0.16万人,特教教师0.02万人。社区教育资源不断丰富,目前,全市建成省级社区教育实验区8个、社区教育培训学院6个、社区教育中心20个、居民学校50个,建成市级社区教育中心60个、居民学校110个。基本形成了较为优质的现代国民教育体系和较为完善的终身教育体系。2012年,淮安教育系统紧紧围绕"江北领先、全省进位、特色显著"的总体目标,扎实推进教育现代化建设,着力打造"学在淮安"品牌,努力办好人民满意教育,义务教育质量监测成绩进入全省前列,高考二本以上录取人数连续四年突破万人,职技能大赛成绩位居全省前列,成功举办"学在淮安"与苏北重要中心城市建设高层论坛,市教育局被国务院表彰为"全国'两基'工作先进单位"。

【教师队伍建设】 全市招聘入编教师1192名,市直改制收归公办学校483名教师顺利入编,公开竞选产生5名市直小学和特校副校长。全市幼儿园专任教师专科及以上学历、小学教师专科及以上学历、初中教师本科及以上学历、普通高中教师研究生学历、中职学校教师"双师型"比例分别达到83.3%、90.10%、86.54%、7.44%和60%。教师培训活动深入开展。开展"做一个师德高尚的人"主题读书活动,张彩霞老师荣登"中国好人榜"。组织147名教师出国培训,与北京大学合办"淮安市533教育英才高级研修班"。组织市级教师培训26期,全年市级以上参训教师近万人,其中农村教师占参训教师总数的60%。教师教学素养显著提升。开展"五课"教研和"两课"评选活动,实施小学及幼儿园"百位名师课堂展示"、初中"教研进百校"、高中"百项微型课题研究"素质提升"三百计划",10余人在省青年教师教学基本功大赛中获一等奖。有20名教师被评为江苏省第十二批特级教师,全市在职特级教师达89名。

【教育管理】 积极打造"学在淮安"品牌,淮安市人民政府与省教育厅成功联合举办"学在淮安"与苏北重要中心城市建设高层论坛。教育部、省教育厅、市四套班子领导出席论坛,中国教育科学院袁振国院长作专题报告,论坛成功推介"学在淮安"品牌建设经验,中国教育报、江苏教育报等专题报道论坛盛况,"学在淮安"的知名度和影响力进一步提升。出版了《强教之路》第二卷。积极创新学校管理和教学模式。评选出市"十大教育管理模式"和"十大教学模式",省教育厅沈健厅长、华师大崔允漷教授等领导专家给予高度评价。编写《课堂回归:教学形态透析与示例》一书。积极推进中小学特色发展。研制出台《淮安市学校文化建设优秀单位评选办法》,22所学校申报学校文化建设优秀单位。大力开展各类创建活动,创成体育、艺术、文化、科技特色学校200多所。

【高等教育】 全市现有高校7所,占地面积共384万平方米,建筑面积140万平方米,在校生8万余人。现有教职员工近4000人,专任教师3200余人,具有教授、副教授等高级职称教师1062人,享受国务院政府特殊津贴6人,省市级突出贡献中青年专家10余人,省"333工程"高层次人才培养对象30余人。有2个国家级特色专业建设点,1个省级品牌专业,4个省级特色专业(建设点),3个一级学科省重点建设学科,5个省级(重点)实验室,6个省级基础课实验教学示范中心(建设点)。驻淮高校坚持走"产学结合、校企合作"的办学之路,着力提升原始创新、集成创新和引进消化吸收再创新能力,大力推进政产学研互动协作,高校人才培养质量不断提高,毕业生就业率稳定在90%以上,为淮安经济和社会发展提供了有力的人才支撑和智力支持。

【成人教育】 着力构建完善的社区教育网络,全市有9个县(区)被认定为省级社区教育实验区,6个县(区)建成省级社区学院,60%以上的乡镇(街道)社区教育中心建立了独立校址。着力开展面向社区居民的多元培训,针对不同群体的不同需求,推行菜单式和项目化培训,重点实施技能型人才培养培训工程、农村劳动力转移培训工程、现代农民教育培训工程、下岗再就业培训工程、新市民教育培训工程等"五大培训工程"。成功举办"2012年江苏省暨淮安市全民终身学习活动周总开幕式",全年完成下岗转岗培训2.445万人,开展农村各类实用技术培训60万人次,培训退役士兵2400名,农村劳动力转移培训1.61万人。

【职业技术教育】 对接地方产业需求,调整备案中等、高等职业教育专业262个,涉及16个专业大类。深化校企合作,投入2.6亿元,建立了76个紧密合作项目、20多个企业冠名班。对接地方人才需求,出台了《关于打造淮安技能人才品牌服务苏北重要中心城市建设的意见》,评选了市首届"十大技能之星"和"十大创新之星",向地方大企业输送实习生和技能人才近2万名。职业学校创新、创业大赛成绩保持全省领先,在2012年国际发明展上荣获25个奖项,位居全国地级市前列,"爱家乡、有技能、肯吃苦、会创新"的淮安技能型人才特质逐步形成。

连 云 港 市

【概况】 2012年,连云港市有幼儿园688所,在园儿童17.6万人;普通小学435所,在校生34.9万人,专任教师19876人,小学教师具有专科及以上学历比例达83.48%;初级中学143所,在校生16.6万人,专任教师14589人,初中教师具有本科及以上学历比例达82.45%;高级中学36所,在校生10.3万人,普通高中教师具有本科及以上学历比例达98.31%;中等职业学校12所,在校生5.3万人,中职教师具有本科及以上学历比例达到93.88%;高等院校3所、成人高校1所、高等职业技术学校3所,在校生5.4万人。连云港市教育局被国务院表彰为全国"两基"工作先进单位。东海县、灌云县通过省教育现代化建设先进县现场评估验收,全市所有县区全部通过省现场验收,率先在苏北基本实现教育现代化。

【师资队伍建设】 2012年,连云港市面向社会公开招聘新教师988名,其中具有研究生学历的教师93名;26名教师被评为省第十二批特级教师;评选表彰"港城名师"40名、"高校教学名师"10名、优秀教育园丁300名,3名教师被评为市级劳动模范;东海县教师季洪开作为全省5位最美乡村教师之一被广泛宣传。完成中小学高层次人才"333工程"第一周期建设任务,评选连云港市中小学"名校长"19人、"模范班主任"69人、"名教师"123人。教师培训工作成效显著,开展"国培计划"、省"名师送培"、市"青蓝课程"等重点培训项目,全年开设"青蓝课程"110场、举办公开课(讲座)1300节,全市完成国家、省、市级教师培训4.3万人次。赣榆县、东海县分别成立教师发展中心,对全县教干教师培训、继续教育工作实行统一管理。教师职称评审工作顺利完成,全市有2056名教师晋升职称,其中获得高校教授、副教授、中学高级教师、中专校高级讲师职称的教师861名。市教育局、赣榆县教育局被评为2012年全省教育人才工作先进单位。

【职业教育】 2012年,连云港市职业教育优质创新发展。灌南县被批准为第二批江苏省职业教育创新发展实验区。连云港中等专业学校被批准为国家中等职业教育改革发展示范学校建设计划项目,金山中等专业学校创建为省四星级中等职业学校、省高水平示范性中等职业学校。创建国家级、省级职业教育实训基地7个,其中,海州中等专业学校机电技术应用专业创建为国家级职业教育实训基地,连云港中医药高等职业技术学校中医药(制药)、连云港财经高等职业技术学校现代商务、赣榆中等专业学校工业与民用建筑、东海中等专业学校珠宝玉石加工与营销、灌南中等专业学校船舶制造与修理、生物工程中等专业学校现代农业等6个专业创建为省级中等职业教育高水平示范性实训基地。

【高等教育】 2012年,在连高校新增国家战略新兴产业相关本专科专业7个、省级重点专业群(类)15个、省级高职实训基地建设点2个、省级实践教育中心建设点1个。南京医科大学康达学院基本建成。淮海工学院获"全省挂县强农富民工程先进单位"。在2012年美国国际大学生数学建模竞赛(MCM)中,淮海工学院的两支参赛队分别获得一等奖和三等奖。在连云港市举办的东中西区域合作创业联盟城市青年创业大赛中,来自连云港职业技术学院的大学生团队的"手办有限责任公司"创业项目获得第二名。

【职业教育】 2012年,连云港市职业教育优质创新发展。灌南县被批准为第二批江苏省职业教育创新发展实验区。连云港中等专业学校被批准为国家中等职业教育改革发展示范学校建设计划项目,金山中等专业学校创建为省四星级中等职业学校、省高水平示范性中等职业学校。创建国家级、省级职业教育实训基地7个,其中,海州中等专业学校机电技术应用专业创建为国家级职业教育实训基地,连云港中医药高等职业技术学校中医药(制药)、连云港财经高等职业技术学校现代商务、赣榆中等专业学校工业与民用建筑、东海中等专业学校珠宝玉石加工与营销、灌南中等专业学校船舶制造与修理、生物工程中等专业学校现代农业等6个专业创建为省级中等职业教育高水平示范性实训基地

【淮海工学院】 2012年,淮海工学院占地130.4公顷,校舍面积51万平方米。设有18个二级学院,本科专业60个,专业门类覆盖10大学科。有教职工1522人,841名专任教师中423人具有高级职称,669人具有博士和硕士学位,其中正高118人,博士195人。有在校本科学生18819人,联合培养研究生87人,高等学历教育在籍学生4957人。学校有各类教学实验仪器设备6万台(套),总值2.16亿元。有省级实验教学示范中心8个,中央与地方共建实验室32个。图书馆藏书142.13万册,中外文期刊1592种,拥有超星数字图书馆、清华大学中国学术期刊镜像站、万方、EBSCO、Elsevier、Springerlink等数据库系统。学校室内外运动场地总面积一万多平方米,拥有主运动场、第二运动场、主体育馆、龙舟训练馆、瑜伽训练馆、篮排球场和网球场等一批室内外体育设施,学校绿化覆盖率达50%,是全国绿化模范单位。

【连云港师范高等专科学校】 2012年,连云港师范高等专科学校占地66.67公顷,规划建筑面积40万平方米。有教职工541名,专任教师409人,其中教授47名、副教授198名,高级职称的教师占教师总数的59.9%。16人入选省"333"工程、16人入选省"青蓝工程"、38人入选市"521"工程。教师中专业带头人34名、骨干教师72名,校外专业带头人31名。馆藏图书65万余册,电子图书8700G,报刊1200余种。2012年,该校录取专科生2276人,与江苏师范大学合作录取本科生500人,共有毕业生2235人,其中师范类毕业生1329人。毕业生首次就业率达82.5%,年终协议就业率98%。该校先后被评为省、市级文明单位,先后荣获全国诗教先进单位、全国绿化模范单

位、全国艺术教育工作先进单位、江苏省德育先进集体、江苏省教师培训工作先进单位等称号。

【连云港职业技术学院】 2012年,该校占地76.67公顷,建筑面积33万平方米。有教职工600余人,具有高级职称教师199人,具有博士、硕士学位的教师205人。全日制在校生近11000人。设有9个二级学院2个教学部共11个教学单位。开设50余个专业,其中2个国家重点建设专业,4个江苏省特色专业,3个省级重点建设专业群。建有2个国家级实训基地,3个省级实训基地,60余个校级实训基地,1个国家职业技能鉴定所,教学仪器设备总值6000余万元。

徐 州 市

【概况】 2012年,徐州市有各级各类学校1779所,在校生168.3万人。其中,幼儿园544所,在园幼儿35.35万人;特殊教育学校12所,在校生2321人;小学860所,在校生62.85万人;初中241所,在校生26.33万人;普通高中80所,在校生16.28万人;中等职业技术学校33所,在校生9.97万人;在徐高校9所(不含军事院校),在校生17.3万人。全市学前三年入园率94.6%,小学、初中入学率100%,巩固率分别达100%和99.6%,高中阶段教育毛入学率96.9%,残疾儿童入学率98%。全市教育系统教职工11.73万人,其中学前教育17499人、小学35704人、中学46268人、职业技术学校6129人、高等院校11118人、特殊教育561人。

完善教育体系。实施学前教育五年行动计划,创建省优质园31所,新(改、扩)建幼儿园112所,新增幼儿学位1.7万个。推进义务教育均衡发展,实施"省义务教育优质均衡改革发展示范区"和"全国义务教育发展基本均衡县(市、区)"创建活动。提高普通高中教育教学质量,创建四星级高中2所、三星级1所,新增省课程基地5个。推动职业教育创新发展,启动省职业教育创新发展实验区建设,创建国家改革发展示范性职业学校2所、省高水平示范性职业学校4所,在全国、全省职业院校技能大赛中综合成绩全省第三。

推进教育重点工程建设。持续推进区域教育现代化创建工作,积极实施教育现代化建设提升工程,全面启动义务教育现代化学校创建工作,110所学校通过市级评估。校安工程计划全面完成,年内加固校舍24.1万平方米、重建91.6万平方米,三年开工306万平方米、竣工245万平方米,分别完成三年规划的126%和101%。中小学改扩建工程加快实施,新(改)建中小学121所,建设校舍34万平方米。

提升教育内涵。做优做靓"学生成长导师制、伙伴制"和"校园开放日"等德育品牌,加强学生行为习惯养成教育和心理健康教育。开展体育艺术"2+1"活动,举办中小学艺术展演,组织健康促进学校、体教结合和阳光体育运动,创建省体育传统校20所,徐州生源在全省大学新生身体素质测试中综合成绩获"五连冠"。深化教育教学改革,开展高效课堂教学模式论坛等活动,提高课堂教学效率;加强三星级以上普通高中质量监控,强化教育教学质量管理。

加强教育人才队伍全面。2012年,徐州市9680人参加教师资格证书教育学、心理学考试。招聘教师1048名,认定教师资格4861人,1640名教师晋升高级职称,3.54万人参加国家、省、市级培训。出台《关于加强师德师风考核的意见》,提高师德师风建设水平。推进绩效工资制度改革和市直事业单位岗位设置。建设教师公租房1056套,进一步改善了偏远农村学校教师的居住条件。

提高教育管理和服务水平。广泛开展创先争优、"三解三促"和建设"高效、和谐、零障碍"机关活动。落实教育惠民措施,强化校园安全管理,开展规范办学行为、规范教育收费工作。依法保障弱势群体受教育权利,累计发放各类助学金1.64亿元,办理助学贷款2.07亿元。

【教师资格认定工作】 市教育局抓好教师入口关,教师招聘实施资格准入制,持证上岗,岗证相符。2012年,市区认定各类教师资格4861人,其中市教育局认定1904人(含高中1720人,中等职业学校180人,中等职业学校实习指导教师2人)。县(市)区认定2957人。

【国家及省级教师培训工作】 2012年,全市市参加"国培计划"义务教育骨干教师远程培训项目14个学科共计1400人,参加"国培计划(2012)"幼儿园骨干教师示范性远程培训项目200人,参加"国培计划"县级教师进修机构培训50人,参加"国培计划(2012)示范性集中培训项目105人,参加教育部—微软(中国)携手助学信息技术教师培训200人,参加"英特尔未来教育培训"600人。全市教师参加省教育厅组织的省级教师出国培训210人,省级国内培训人数达13746人,其中高端教师和校长高级研修165人,高中教师和校长提高培训503人,省、市合作农村教师和校长培训6540人,特殊教育学校教师和校长培训66人,德育骨干教师培训96人,远程网络培训5400人,专项培训976人。省"名师送教"送培到市活动及网络培训,各占5000人左右,达全市省级培训指标的75%,2012年度省送培徐州市10个团。

【市级教师培训工作】 2012年,市级财政拨款300余万元用于市级教师培训。举办市级农村初中校长任职资格培训、市级教师心理健康教育专题工作培训、健康救护知识培训、转岗英语教师培训、师资管理者培训、英语骨干教师上海外国语学院暑期专修、省优质幼儿园创建培训、新教师培训等共计29个项目近1500人。

【职教师资培训工作】 2012年,安排国家级骨干教师培训68人,国家级青年企业实践24人,国家级校长培训5人,其它各种省、市级培训近千人次。推荐出国培训3人;落实2012年国家级骨干教师培训计划48人,推荐2012年青年企业实践23人。暑假期间,市职成教研室举办2012年全市职业学校基础学科教师培训活动,历时八天,培训教师363人,覆盖德育、计算机、英语、数学、语文五大基础学科。培训中,除开设讲座外,聘请外市获省示范课的教师谈体会、上示范课,再由专家点评。

【高等教育】 2012年,在徐高校以科学发展观为指导,积极构建和谐校园,加强内涵建设,不断提高人才培养的质量,办学水平得到进一步提高,徐州市高等教育取得新发展。在徐高校总占地896.8645公顷,建筑面积4439939平方米,固定资产总值4801191万元。在职教职工11312人,其中专任教师7547人,具有高级职称的3289人。各类在校生186197人,其中全日制本专科学生127717人,博士硕士研究生12960人,成人在校生45520人,留学生409人。

【成人高校招生考试与录取】 4月,徐州市成人高校招生考试与录取工作开始。全市选设19个考点,910个考场,抽调监考教师及工作人员近2400人。2012年,徐州市成人高考报名28172人,其中报考高中起点升专科(高职)13371人,占47.5%;报考高中起点升本科1540人,占5.5%;报考专科起点升本科13261人,占47%。徐州市考生被省内外各类成人高校录取20238人,录取率为83.38%,其中高中起点升专科(高职)录取10513人占51.95%;高中起点升本科录取857人,占4.23%;专科起点升本科录取8868人,占43.82%。徐州市成考报名人数比去年增加1395人,超额完成成考报名人数的增幅。

【职业教育】 2012年,徐州市有职业学校33所,招生3.9万人,毕业22800人,在校学生13万人。年内,徐州市启动省职业教育创新发展实验区建设,全力实施优化发展战略,着力推进职业教育优化发展,努力提高培养高素质技能型人才的能力,圆满完成各项工作任务。

宁　波　市

【概况】 2012年,宁波市共有各级各类学校(幼儿园)2062所,在校学生143.78万人,教职工9.95万人。其中,普通高校和成人高校16所,在校生19.70万人(其中成人高等教育在校生5.16万人),教职工1.17万人,全市每万人在校大学生数为251.9人。中职学校(不含技校)55所,在校生8万余人,教职工0.55万人。普通中学299所,在校生29.52万人,教职工2.54万人,初中毕业生升入高中段的比例99.09%。小学476所,在校生47.88万人,教职工2.5万人。幼儿园1208所,在园幼儿27.57万人,教职工1.59万人。特殊教育学校10所,在校学生853人,教职工223人。全年教育经费总投入209.77亿元,其中财政性教育经费支出164.23亿元。用于帮困助学经费8.01亿余元,全市义务教育阶段共有78.99万人次学生享受免交杂费和课本费、作业本费、住宿费政策,涉及经费3.5亿元;累计15.18万名学生享受中职免学费政策,涉及经费2.96亿元,高校各类奖学助学政策惠及学生6.42万人次,涉及经费8853万元;安排全市民办流动人口子女学校引导性专项经费1600万元;建立学生免费体检制度,覆盖所有在甬学生(含外来务工人员子女);推进免费午餐扩面工程,自秋季学期起,受助对象扩大到市级经济欠发达乡镇(片区)所有义务教育段宁波户籍和符合条件的非宁波户籍在校学生,资助标准为每生每年1500元,近3.4万人受助,资助金额2500余万元。完成第一批义务教育发展基本均衡县(市、区)评估。加固与重建改造校舍199.2万平方米,总投资53.7亿元,完成全市中小学校舍安全工程。从5月1日起,符合条件的民办学校(含幼儿园)教师纳入公务员医疗补助统筹管理。全市标准化学校达到368所,标准化学校创建率53%。完成市第二技师学院迁建、宁波卫生职业技术学院综合楼建设项目,宁波城市职业技术学院图书实验综合楼、宁波市先进制造业公共职业培训平台等建设项目进展顺利。新(改、扩)建幼儿园80所,省等级幼儿园招生覆盖率达85%,有省二级幼儿园249所,省一级幼儿园84所,新增省二级幼儿园46所,省一级幼儿园10所。学前幼儿纯入园率99.2%以上,义务教育段入学率100%,巩固率99.9%以上,99.09%初中毕业生升入高中段,中等职业学校与普通高中招生比例相当。全日制普通高校在校生14.54万人,其中本科生9.03万人,高职高专生5.51万人;研究生6850人。成人中等学历教育在校生13482人,成人大专以上学历教育在校生16405人。完成各级各类培训389.6万人次,其中企业职工培训45.69万人次,农业实用技术培训19.25万人次,农村劳动力转移培训6.92万人次,其他社会类培训317.74万人次。出台《宁波市教师现代教育技术能力提升工程实施方案》,建设高清远程网络教学平台(远程视频会议系统),启动数字化校园建设评估,推进教育装备与信息化管理。

【教师队伍建设】 2012年,宁波市新认定教师资格1966人,招聘录用事业编制教师2279名;启动直属学校(单位)校级领导班子及校级领导干部学年度考核。推进中小学教师职称制度改革试点。出台《宁波市教育局关于实施中小学校高层次人才引进"百川计划"的若干意见》和《宁波市教育局关于实施中小学青年教师建设"曙光工程"和"卓越工程"的意见》。组织第71期"学习型校长领导力"等专题培训,有3500余人次中小学校长参训。组织300学时的新任副校长和后备干部封闭式集中培训,1000余人次的幼儿园园长高级研修班和专题培训和250位新园长和后备干部的岗位资格培训。478位中小学、中职、成校、幼儿园校(园)长参加国家级、省级指令性培训。与英国诺丁汉大学、香港中文大学等合作举办名校长、骨干校长培训,举办第二届教育管理名家培养对象"我的教育思想"研讨会,完成首批教育管理名家培养任务。中职教师培训纳入省师训平台管理，提升中小学体育艺术教师专业能力培训质量。全市中小学幼儿园教师共完成培训近480万学时，教师实际参训率93%以上。推进小学语文、中学语文、中学数学“学科教学家培养对象”培训。开展第三届“感动甬城学子十大优秀教师”、王宽诚育才奖等各类先进德育工作者评选活动。369位先进教师和支持教育的先进人物在第28个教师节表彰大会上受到表彰。

【教育管理】 浙江省十一届人大常委会第三十二次会议审议通过《宁波市学前教育促进条例》。建立学前教育联席会议和学前教育考核机制，制发《宁波市市级学前教育专项经费使用和管理办法》。首批24个高等职业教育综合改革试点项目取得阶段性成果，评审认定8个重点项目和31个协作研究项目。18个试点项目列为市教育科学规划“十二五”重点课题。制发《关于印发宁波市教育局开展现代学校制度试点实施方案的通知》，确定宁波中学、宁波三中、宁波经贸学校、甬江职高、宁波万里国际学校5所学校为市属首批试点学校。制发《宁波市中小学校章程管理办法》和《宁波市中小学校章程参考样本(试行)》，并召开直属学校现代学校制度建设启动会。市政府与教育部签署首批教育国际交流合作改革试验区协议。推行小学一二年级学生弹性上学制、全市初中学校新年级严格均衡编班、推广“四点钟学校”。成立职业教育校企合作促进会，开通职业教育校企合作公共服务平台。党务、校务公开覆盖面达100%。推行义务教育阶段“阳光招生”，取消公办高中招收“三限生”政策。推进大学生思想政治教育研究，印发《2010－2012宁波大学生发展报告》。提升高校思想政治理论课教学质量。

【高等教育】 2012年，在甬高等院校16所，其中全日制本科院校8所，高职高专院校6所，成人本科院校2所。全日制在校学生14.54万人，其中本科学生9.03万人(占62%)，专科学生5.50万人(占38%)；成人高等教育在校学生5.16万人。在甬研究生达到6850人。高校办学条件不断改善，生均资产总值、仪器设备值、藏书量等逐年提高。宁波大学实现了教育部、省、市共建，拓展了发展空间，提高了全市高校建设水平。宁波大学在《中国大学评价》百强排名中继续进位(由99位提升到95位)；公安海警学院实现了公安部、省、市共建，探索部属军事院校服务地方发展、维护地方安全的新路子。宁波工程学院通过教育部本科教学合作评估。宁波大红鹰学院通过学士学位授予权单位评审。宁波诺丁汉大学国际博士创新研究中心面首次向全球招收数字经济和能源领域的博士研究生14人。在甬高校43个学科成为省“十二五”高校重点学科(其中宁波大学水产学科被列为重中之重一级学科)，17个本科专业、13个高职专业被列为省“十二五”优势专业建设项目；确定17个宁波市品牌专业、45个宁波市特色专业予以重点建设。全年高校科研经费超过4.5亿元，比上年增加0.5亿元，其中千万级科研项目4项。宁波大学首次获得国家自然科学二等奖1项，首次承担了科技部国际科技合作与交流专项重大项目。在甬高校共有专任教师7829人，其中正高765人，副高2243人，博士1439人，硕士3853人。启动实施新一轮高校“甬江学者”计划，增设15个特聘教授岗位和20个讲座教授岗位，组织评审8个特聘教授岗位。教育系统全年引进国家“千人计划”1人、省“千人计划”2人、国家“外专千人计划”2人、市“3315计划”4人。推进高校教学改革，深化高校教学工作三级督导体系建设，建立完善的高校督导开学巡视制度，各高校基本建立教学督导制度。开展高校教学督导工作研究，召开市高校教学督导工作研究课题开题论证会，评审认定26个研究课题。宁波大学探究式课程教学改革、万里学院研究性教学模式、浙大宁波理工学院实践教学等人才培养模式改革引起各界关注，宁波大学获得首批国家“卓著医师教育培养计划”项目。麦可思公司出具的《宁波市高校毕业生社会需求与培养质量2012报告》显示，2011届宁波市本科毕业生就业竞争力在全国副省级城市中排名第三，高职毕业生排名第二。与中国社会科学院共建研究中心进展顺利，市政府与中国社科院签订《宁波基本建成现代化国际港口城市的目标内涵、指标体系及实现路径研究》等3个委托课题。以共建研究中心、基地为平台，启动32项研究课题，举办4次高层次学术研讨会。与同济大学战略合作全面启动，宁波工程学院与同济大学共建杭州湾汽车学院项目正式开工；与四川大学战略合作签订正式协议；与浙江大学就浙大宁波理工学院的发展方向达成一致意见。创新大学生社会实践模式，浙江大学宁波理工学院坚持开展“用声音叙事”实践活动，1月17日获得省委书记批示。7月，市开展首届宁波高校校园文化品牌评选，宁波大学法律大篷车等9项文化品牌被确定为宁波市首届高校校园文化品牌。举办高校辅导员工作论坛，论坛还举行“结合自己工作实际，谈谈如何做一名优秀辅导员”的主题报告会，十五位辅导员畅谈了各自的工作收获和体会。高等职业教育综合改革走在全国前列，启动“地方政府促进高等职业教育综合改革试点”第二轮改革。确定8个重点改革项目和31个协作研究项目，在专业规划调整、行业指导办学、校地合作共建等方面取得实践案例成果，起草相关政策文件，得到国家教育咨询委员会职业教育办学模式改革组高度评价，通过教育部职成司中期检查，在教育部举办的国家职业教育体制改革试点工作暨职业教育集团化办学现场交流会上，被作为高职改革试点城市唯一发言代表。推进宁波市智慧产业人才基地建设，开展智慧产业人才基地第三、四批核心引导课程建设，共开设232门核心引导课程，参加学习学生达9000余人，联合各领域龙头合作企业开展智慧产业人才实训500余人次，培训信息产品设计、金融信息技术、软件开发三个领域专业教师180余人。

【成人教育】 2012年，全市有成人学校2254所，其中，省示范性成人学校54所，省标准化成校25所，市级成人学校1所，县级成人教育中心学校(社区学院)11所，村级成校2180所。依据《宁波市社区教育推进工程实施方案》，初步建立起一个能基本适应全市经济社会发展要求，基本满足城乡居民需求，开放、灵活、城乡一体的社区教育体系。举办宁波市社区教育实验项目骨干研修班和宁波市优秀学习型社区骨干研修班。江东、江北、镇海、慈溪被确定为“全国数字化学习先行区”。与市社区教育工作指导委员会一起编印《宁波社区教育》，全年印发四期。成人学校全年开展非学历培训312.56万人次，其中，企业职工岗位技能培训45.69万人次，农业实用技术培训19.25万人次，农村劳动力转移培训6.92万人次，农村预备劳动力培训2454人次，与市农办共同组织选拔280位优秀农民到高校进修。3所学校被认定为省新型农民素质培训示范基地。2 月 14 日,中国成人教育协会社区教育专业委员会公布慈溪市、江东区、江北区、镇海区 4 区(市)被确定为全国数字化学习先行区。在全国社区教育成果展示评选中,鄞州区获一等奖,江东区、江北区、北仑区获二等奖,海曙区、慈溪市获三等奖。宁波市获奖数位居全国前列。11 月 5 日,中国成人教育协会公布了第三批全国社区教育示范街道(乡镇),海曙区、江东区、江北区、镇海区、北仑区、鄞州区、慈溪市、余姚市、东钱湖旅游度假区的鼓楼街道等共计 14 个街道(乡镇)被认定为第三批全国社区教育示范街道(乡镇)。

【中等职业教育】 2012 年,全市中等职业学校招生 2.5 万人。中等职业学校在校生 8 万人。全市共有独立设置的中等职业学校 40 所,其中 10 所国家级中等职业教育改革发展示范学校、5 所浙江省中等职业教育改革发展示范学校,有 48 个省级示范专业,27 个国家级、26 个省级实习实训基地,并在宁波韵升集团等 4 家企业建立校外实训基地。在省第四届职业教育教学成果奖评选上,宁波经贸学校等单位 6 项成果获得一等奖,宁波市职教中心学校等单位 6 项成果获得二等奖,获奖篇数位居全省前列。宁海第一职业中学等学校 18 本教材入选全国首批中等职业教育改革创新示范教材。深化新一轮中等职业教育学校布局及专业结构调整工作,以学校布局调整带动专业结构调整,专业结构调整促进学校布局调整,初步形成与区域产业经济匹配的专业簇群、校内主干专业和学校专业格局。余姚市职成教中心学校、鄞州职业高级中学、宁波外事学校等 3 所学校入选第三批"国家中等职业教育改革发展示范学校"建设计划项目。慈溪职业高级中学等 5 所学校被确定为首批省中等职业教育改革发展示范学校立项建设单位。召开各县(市)区中职学校布局调整论证会并开展市级品牌专业、重点发展专业建设,指导各县(市)区优化学校布局调整方案,2 所学校增挂特色专业校牌,全市特色专业学校有 14 所,实施品牌专业、重点发展专业、市级实习实训基地建设项目,评选出 10 个市级品牌专业、7 个重点发展专业和 4 个实习实训示范基地。实施中高职衔接改革试点工作,促进中等和高等职业教育协调发展,扩大"3 + 2"培养规模,升学比例超过 70%。启动五年一贯制试点,完善中高职课程衔接体系,宁波职业技术学院、浙江纺织服装职业技术学院成为试点单位,与甬江职业高级学校、鄞州职教中心学校、慈溪职业高级中学等多所中职学校联合培养,完成招生 654 人。引进国外优质职教资源,提升中澳 TAFE(职业技术教育)学院办学水平,扩大招生规模,新增报关与国际货运专业,拓展中职教育的办学模式。扩大中西部职业教育合作,鄞州职业高级中学西藏班、宁波行知中等职业学校新疆班在读学生达 333 人。对全市中等职业学校落实免除学费政策,增强中职学校的吸引力和服务力。余姚第二职业技术学校现代农艺技术专业、宁海第一职业中学民族工艺品制作专业、奉化职教中心学校电子技术应用专业、慈溪市周巷职业高级中学电子电器应用与维修专业等 5 个实训基地被教育部、财政部认定为国家级职业教育实训基地。全市中等职业学校国家级职业教育实训基地达到 27 个。

【人才引进与开发】 2012 年新增各类人才 14.5 万人,年末全市人才总量达到 130 万。其中,专业技术人才 71.2 万;高技能人才 21 万;硕博人才 3.3 万;海外留学人才超过 3500 人。高层次人才开发计划加快推进。新增海外高层次人才国家级"千人计划"5 名、省级"千人计划"28 名、市"3315 计划"34 名。选拔推荐国家特殊津贴人选 8 名,新增省 151 工程重点资助人选 2 名、第一层次人选 4 名、第二层次人选 23 名。确定首批市级领军和拔尖培养人选 605 名,新储备中高层次人才近 4200 名。产学研平台建设成效显著。新建留学人员创业园 3 家,实现县(市)区全覆盖。新增博士后科研工作站(流动站)17 家,总数达到 63 家,累计招收博士后 302 名,全面完成博士后"135"计划。新增市级企业技术创新团队 40 家、省级团队 4 家。建立首批市级技能大师工作室 11 家,其中国家级 1 家、省级 8 家;建成首家高技能人才公共实训中心。

宁波市出台《宁波市引进重点高层次人才配偶就业子女入学暂行办法》。并成立人才工作推进协调小组。健全人才信息引导机制,发布第六轮宁波人才紧缺指数报告。举办第 14 届"高洽会"以在职高层次人才、在读高学历人才引进,提升人才市场化配置水平为重点,1169 家企事业单位推出人才需求 1.29 万余人。人力资源服务业展示推介会扩大至泛长三角区域。14 届"浙洽会"期间,组织海外高层次人才智力合作洽谈会,推出引进外国专家项目 446 项。组织"上海 · 宁波周"人才招聘,组团参加省人社厅组织的北京、上海高层次人才招聘活动,引进紧缺高层次人才。推动国家"外专千人计划"和高端外国专家项目,引进的从事仿生智能材料研究的诺贝尔奖获得者等 2 位外国专家进入国家"外专千人计划",新材料等 3 个项目列入国家高端外国专家项目,推进"海外工程师"计划,引进该计划人才 223 人。办理聘请外国专家单位资格年检 79 家。办理专家来华工作许可证 257 份,新办经济类外国专家证 93 人次,文教类外国专家证 257 人次,办理外国专家证延期 390 人次。执行出国(境)培训项目 45 项,参加培训人数 698 人次。提升企业人才技术创新优势,新增 4 家省级企业重点技术创新团队,40 家市企业技术创新团队。签订宁波首个人力资源服务产业园区共建协议。举办 2012 甬港人力资源服务合作论坛。

嘉 兴 市

【概况】 2012年,嘉兴市教育系统以推进教育现代化为工作目标,突出教育公平、提升质量、深化改革、促进发展的工作重点,较好地完成了年初确定的各项任务,确保了教育事业持续健康发展。

全市有各级各类学校696所,毕业生18.08万人,招生18.74万人,在校学生总数68.34万人。其中,普通高校6所,成人高校3所,高职学院2所,专修学院1所,高校在校生达9.92万人(其中普通高校在校生6.08万人),高等教育毛入学率为55.06%。全市有全日制中等职业学校20所,在校生5.9万名。普通中学156所,在校生18.34万名,其中,高(完)中36所,在校生7.02万名;初中120所,在校生11.32万名。共有小学192所,在校生23.1万名。特殊学校6所,在校生1119人。幼儿园301所,在园幼儿10.68万名。全市教职工总数45381人,其中专任教师37577名。

启动"两县"争创工作。召开全市教育工作会议,各县(市、区)政府与市政府签署义务教育均衡发展工作目标责任书,启动义务教育均衡发展县(市、区)和教育基本现代化县(市、区)申报创建工作。全市所辖县(市、区)全部通过"义务教育均衡发展县(市、区)"评估验收,成为全省唯一全部通过评估验收的地市。认真总结"两基"推进经验,荣获全国"两基"先进地级市,是浙江省唯一获此殊荣的地市。以教育现代化县(市、区)争创为抓手,认真对照评估标准,全面排摸教育短板,提升教育现代化水平,教育现代化县(市、区)争创工作正式启动。

教育改革进一步深化。推进教师资格注册国家级改革试点,完成全市中小学教师资格定期注册制度试点首次注册的各项工作。全市共有2.6万余名教师通过首次注册,通过率99.4%。推进非义务教育段学校绩效工资改革,实行市属教育系统退休人员生活补贴新标准,实行市属各校(单位)退休人员同职级同待遇标准,调整退休人员补贴标准。市属非义务教育学校(单位)教职工兑现基础性绩效工资,完成高中段学校的绩效总量申报审核。国家级教育体制改革试点项目——"嘉善县义务教育学校教师流动"推进顺利,全县流动教师210人,占比10%,基本实现每所义务教育学校有1位名师的目标,全市共交流校长和教师777人,促进了城乡师资均衡发展。嘉善试点经验入选教育部案例汇编,参加教育部组织的新闻通气会和十八大精神宣讲活动,在全国产生较大影响。嘉兴高级中学"中加班"项目和平湖中学"中美班"项目正式获批,全市中外合作办学项目学校达到3所。"千校结好"工作推进顺利,全市全年共有49所中小学与英国、美国、马来西亚、荷兰等国家中小学建立姐妹学校关系。

队伍建设持续推进。开展中小学教师专业发展培训,全市全年中小学教师专业发展90课时培训有效选课4894人,其中市教育学院承担集中培训1782人,其他各类培训班选课达54659人次。开展中小学师德楷模和教书育人楷模等评比活动,推荐和评比浙江省中小学师德楷模11名、省春蚕奖21名,市教书育人楷模10名。完善中小学教师职业道德考核与奖惩办法,进一步强调教师师德的重要性,坚持其晋级、升职,评优师德考核"一票否决制"。继续做好援疆支教工作,新疆阿克苏地区双语教师培训和首批新疆沙雅援疆支教任务顺利完成。目前7名教师在阿克苏地区援教,7名教师在沙雅地区援教。推进"名校长工程",举办第三批名校长培养人选培训班。举办市属学校后备干部培训班,建立市属学校(单位)后备干部人才库。市属学校(单位)选拔任用校级领导干部6名,对部分岗位进行调整、充实。

学前教育得到大力推进。出台《嘉兴市学前教育先进示范县(市、区)和先进示范镇(街道)督导评估办法》等文件,进一步规范学前教育招生、教育教学和收费管理,提升学前教育整体办学水平。推进学前教育三年行动计划。全市共新建幼儿园36所、改扩建幼儿园35所,所有镇(街道)均建立了中心幼儿园,中心园等级率达到100%,公办率达到82.9%。设置幼儿园维修及设备购置专项资金,确保幼儿园设施建设不断跟进,不少镇(街道)幼儿园实现了班班有钢琴,幼儿园各类教玩具配备率平湖市和海宁市均达90%以上。加大公益幼儿园建设。全年共安排公益幼儿园补助资金1728.34万元,惠及本级幼儿园66所,有效提高了教师待遇,改善了办园条件。全市公益性幼儿园占幼儿园总数的比例达74%,公益性幼儿园在园幼儿数占幼儿总数的79%。

义务教育内涵持续发展。加大"减负提质"监督指导工作,开展优质公办初中教学情况调研,推广先进教学管理经验。推进小班化试点项目。召开全市小班化教育试点工作推进会,总结前期市首批小班化试点经验,出台全市小班化教育推进工作实施方案,新增小班化试点学校42所,全市试点学校达到70所。合理划分学区,全面实施"阳光招生",坚决遏制并大幅减少择校,明确不得以任何名义和方式收取择校费或捐资助学费。全市所有县(市、区)择校比例均控制在0.9%以下,其中南湖区、嘉善县、平湖市、桐乡市和海宁市实现零择校。海宁零择校经验入选中国教育改革发展典型经验汇编,在全国进行推广。中考工作顺利平稳,减少高中段学校招生加分项目,降低加分分值,提升教育公平,加分人数较去年明显减少。扩大保送生名额,市本级省一级重点高中招生保送生达816人,占比58%,较2011年提升1个百分点。继续实行民办初中70%"大摇号"措施,民办初中招生平稳有序。加大质量监管力度。启动义务教育段质量监控体系,开展教学视导工作,指导学校根据教育部新课标开展教育教学。加大公办学校吸纳新居民子女入学力度,召开全市新居民子女教育现场会,开展新居民子女学校教师队伍状况专题调研,总结新居民子女学校管理经验,提升教育质量和水平。

普通高中深化课程改革平稳推进。制订《嘉兴市深化普通高中课程改革实施方案》等文件,有序推进深化课改实施。各普通高中学校均制订了选修课程体系,保障每位学生的选课权利。同时,始终坚持行政教研"双推动"模式,搭建以学科基地为纽带的研究交流平台,全市16个学科基地成为新课程改革的资源载体,共开发网络选修课程16种,开发部分普通高中选修教材13种。建立普通高中选修课程研究和管理的专职队伍,开展深化高中课程改革专题巡查活动。加大高中教学质量管理。召开普通高中教学工作会议,总结高三教学及管理工作经验,完善高中学科考试和高三模拟考试质量检测和监控体系。通过教学调研、高中学科基地、高中创新团队等项目促进高中课堂教学模式转变,提升高中教学内涵和品质。优秀普通高中品质不断提升,嘉兴市第一中学、桐乡市高级中学等学校获得北京大学、复旦大学、上海交通大学等多所知名985高校中学校长实名制推荐资质。高考工作顺利完成,全市一本上线人数3139人、上线率13.63%,本科上线率为59.31%。

中等职业教育质量和水平有新提升。成功创建嘉兴技师学院。完成10所转评省一级重点中等职业学校工作,1所学校通过省二级职业学校评估。启动中等职业教育专业创新基地建设工作,浙江科技工程学校等4所学校的4个专业成为市首批中等职业教育专业创新基地;组织开展中央财政支持实训基地创建,5所学校的5个实训基地通过中央财政支持实训基地验收,2所学校的2个实训基地参加中央财政支持实训基地申报;开展中职学校新设专业设置工作,8所学校新设置的10个专业列入市2012年中职招生计划;开展"五年一贯制"职业教育试点,5所学校的5个专业成为"五年一贯制"中高职试点专业。推广全市中职教育专业课程改革成果,举办中等职业教育专业课程改革论坛和省首批中职教育课程改革专业教学展示等活动,推动教育管理水平提升。省中职学校学生技能大赛暨全国选拔赛,全市共获12金、37银、41铜,全国技能大赛获6金、5银、3铜。省第四届中职学校学生创新创业大赛,获一等奖5项、二等奖9项、三等奖10项。省首届中职学校教师创新大赛,获一等奖2项、二等奖2项。中职高考成绩优异,2424人上线,上线率达94.4%。其中,67人上本科线,占全省的16.8%,8人成为专业状元。

高等教育服务发展能力进一步增强。继续支持嘉兴学院做好创建嘉兴大学的基础性及人才引进工作、同济大学浙江学院独立学院学士学位授权审核工作、嘉兴职业技术学院省级示范性高职验收工作。高教资源继续得到扩充,签署浙江理工大学桐乡校区建设协议,嘉兴南洋职业技术学院迁建一期工程顺利启动。提升高校服务地方社会、经济发展的能力。强化了高校在人才培养、科技创新、文化引领及社会服务方面的作用,鼓励高校开放办学,在专业建设、学科建设、人才培养模式等方面与区域产业集群发展之间建立对话机制和合作平台,扩大毕业生在当地就业的比例。进一步做好高校安全稳定工作。

切实加强平安校园创建工作。健全学校安全管理机构设置,全市所辖所有县(市、区)均成立校园安全管理处,校园安全管理有了新抓手。民生工程——市区农村小学生上下学交通保障项目试点稳步推进,学生接送车实行公交化运行,实现了公交线路优化延伸、站点布点加密,完成了15条线路的基础设施建设并投入运行。加强学生接送车安全监管,下发《关于进一步加强中小学幼儿园接送学生车辆安全管理工作的意见》,真正做到"一县一档"、"一校一档"和"一车一档"。继续加强学校"三防"建设。全市99%的学校安排有保安人员、95%安装了视频监控、99%配备了入侵报警探测器。开展校园周边环境整治,加大安全教育,建设和谐发展教育环境。

【教师队伍建设】 2012年,全市有教职工45381名,专任教师37577名。其中,高等教育(包括高职学院、成人高等教育和专修学院)教职工4189名,专任教师3531名;中等职业教育(包括中专、中师、中技、成人中专和职高)教职工3055名,专任教师2815名;普通中学教职工16738名,专任教师14126名;小学(含特殊教育)教职工11859名,专任教师11233名;幼儿园教职工9540名,专任教师5872名。全市学前、小学、初中、普通高中专任教师的学历合格率分别达到99.61%、99.98%、99.76%和99.31%;其中小学、初中、普通高中专任教师的学历合格率分别高出省平均0.06个百分点、0.10个百分点和0.29个百分点。幼儿园教师专科及以上学历达到87.23%,小学教师专科及以上学历达到92.52%,初中教师本科及以上学历达到91.66%,分别比上年提高5.38个百分点、2.60个百分点和2.63个百分点。高中教师研究生学历(学位)达到6.75%,比上年提高1.22个百分点。其中小学、初中和高中高学历专任教师比例分别超出省平均0.28个百分点、2.11个百分点和0.89个百分点。

全年引进在职教师119人,其中高级职称8名,中级职称53名,初级职称58名。招聘944名(硕士69名,本科693名,专科及以下182名)高校毕业生充实中小学师资队伍,其中进入市直属学校(包括民办学校)50名(具有硕士学历12名),师范类44名,非师范类6名,从本省调剂及省外引进8名。面向社会招聘教师333名(硕士2人,本科200人,专科及以下131人)。全市83名在职教师离开教育系统,其中公务员录用30人。

全年评审各类教师职务3383名,其中:中小学(幼儿园)正高级教师10名;副教授2名,中专高级讲师(高级实验师)24名,副研究员8名,中小学(幼儿园)高级教师520名;高校(中专)讲师(实验师)39名,助理研究员(实验师)20名,中小学(幼儿园)一级教师1275名;高校(中专)初级教师43名,中小学(幼儿园)二级、三级教师1439名,研究实习员3名。

全年共评选出浙江省第二十四届"春蚕奖"23名,浙江省第二十二届"绿叶奖"8名;嘉兴市教书育人楷模10名,嘉兴市属级教书育人楷模10名,2011年度市属级优秀教师、教育工作者61名。

全年共认定各类教师资格1152人,其中高级中学教师257人,中等职业学校教师124人,中等职业学校实习教师12人,初级中学教师243人,小学教师217人,幼儿园教师299人。

2012年,全市全面实施中小学教师专业发展培训制度,中等职业学校首次纳入"浙江省中小学教师专业发展培训管理平台",以自主选课形式开展90学时集中培训。全市34348名教师在"培训管理平台"注册,完成总计2577052学时的培训,其中7808名教师顺利完成90及以上学时集中培训。一年来,全市共有640名中小学教师参加省级培训,195名中小学教师参加国家级培训。

【高等教育】 2012年,全市有普通高校5所3个校区,毕业生13182人,招生18874人,在校学生60753人,毕业班学生10336人,教职工3748人,专任教师3210人,其中高职学院2所,毕业生4052人,招生4420人,在校学生12475人,毕业班学生4120人,教职工716人。成人高校3所,毕业生8801人,招生12992人,在校学生36467人,毕业班学生738人。专修学院1所,招生445人,毕业生370人,在校学生2011人。一年来,各高校以科学发展观为指导,深入贯彻党的十七届六中全会和党的十八大精神,以提高教学质量、加强学科建设、改善师资队伍结构和推进党的建设为重点,开拓创新,措施有力,各项事业又有新的发展。

教学质量不断提升。嘉兴学院召开第七次教学工作会议,推进教学工作内涵发展,多次专题研讨提高本科教学质量,组织开展"卓越计划"辅导报告会等一系列研讨、专题讲座活动,组织评选学院第六届教学成果奖,并推荐参评浙江省第七届教学成果奖,继续推进人才培养模式改革与创新。制订出台《嘉兴学院关于提升人才培养质量的实施意见》和《嘉兴学院教师教学工作业绩综合考核办法》等,启动2012版人才培养方案修(制)订工作,修订完善《嘉兴学院学生课外学分管理办法》,组织召开经管类专业人才培养模式改革研讨会,积极筹建评估处、创新学院与创业学院,进一步强化实践教学。嘉兴职业技术学院加强教学基本建设,专业建设水平进一步提高,重视教学质量监督,建立督导队伍,加强实践教学,校内外实训基地建设扎实推进。嘉兴南洋职业技术学院重视实践教学环节,着力学生综合素质和能力的实用性、技能型和发展性,把部分课程的授课地点改到生产现场、实验实训室和一体化教室,使学生在实训中心、产学研基地做中学、学中研,做到"手、脑、口并用"和"教、学、做合一"。嘉兴广播电视大学强化教学过程管理与检查,探索综合实践教学模式,新增种植社、养殖社两个校外教学实践基地,推进教学支持服务创新,教学保障水平不断增强。

学科建设持续发展。嘉兴学院区域经济学、机械电子工程、思想政治教育等8个学科入选浙江省"十二五"省高校重点学科。确定了数学等8个学科为院级重点学科,计算机应用技术等12个学科为院级重点培育学科。全年教师申报省部级及以上课题78项,申报各类奖项113项,新增文化创新类省级重点创新团队1个。

师资队伍结构不断改善。各高校引进和补充师资97人,其中教授5人,博士38人,聘请嘉兴市首席技师4人,新增入选省"钱江高级人才"特聘教授1人,推荐嘉兴市育才工程项目5人,省留学回国人员资助2人,推荐入选省新世纪151人才工程第二层次2人,申报省级千人计划3人。166人申报专业技术资格,23人晋升正高职称,37人晋升副高职称。认定"双师"素质教师79名。

对外交流不断深化。嘉兴学院选派10多名教师赴美国阿拉巴马大学等海外高校短期培训和访学交流,接受韩国、美国、丹麦等国各类长短期留学生120余人,接待美国明尼苏达州中国文化艺术考察团等境外来访88人次,学院组团出访和派出参访人员共21人次,全年累计向国外选派交换生和攻读硕士生达71人。同济大学浙江学院与德国伊尔梅瑙工业大学共同成立同济大学浙江学院中德学院。嘉兴南洋学院先后接待美国纽约州立大学国际部主任KristaMorthup女士与原教育部国际交流与合作司处长、威久国际教育集团董事长、美国东西与国际教育基金会理事长王伟先生一行和丹麦LEGO集团负责产品创新研究的专家亨利克·索伦森与香港乐高有限公司潘肇基总裁等五人的考察访问。

党的建设进一步加强。嘉兴学院面向全国公选产生了文法学院院长,经过专家推荐和学院的全面考察,从校外引进了医学院院长,经民主推荐,产生了思想政治理论教学科研部主任。同济大学浙江学院加强基层组织建设,新设立中共同济大学浙江学院土木工程系总支部委员会等三个党组织。市委教工委向南洋学院委派冯俊虎任党委书记。

【中等职业和成人教育】 2012年,全市有中等职业教育学校27所,其中普通中等专业学校8所,在校生25287名;成人中专6所,在校生2153名;技工学校4所,在校生8209名;职业高中13所,在校生26472名。2012年,全市初中毕业生42317人,中职学校招生20143人,职业教育与普通高中的招生比例大体相当。各类中等职业教育学校毕业生18480人,在校生62121人。全市从事中等职业教育的专任教师2557人,学历合格率97.5%,具有高级职称者538人,"双师型"教师占73.76%,聘请校外教师209人。全市中职学校占地面积190.93万平方米,图书117.25万册,教学用计算机17614台,教学实习设备总值31587.25万元。

2012年,全市有成人高等教育学校3所,招生12992名,毕业生8801名,在校生36467名,教职工335名,其中专任教师255名;成人中等专业学校6所,招生888名,毕业生1316名,在校生2153名,教职工181名,其中专任教师144名。全市有乡镇成人文化技术学校63所,全部达到省二级成校以上标准,其中省示范性和一、二级成校各30所、18所和13所;标准化乡镇成校52所。全市农村成人文化技术学校有专职教师246名,兼职教师1601名。

【基础教育】 2012年,全市共有幼儿园301所,在园幼儿10.68万人。其中省一级幼儿园41所,占13.62%;省二级幼儿园66所,占21.93%;省三级幼儿园151所,占50.17%。户籍儿童学前三年入园率为98.7%,进入等级幼儿园儿童占总数的90.78%。全市共有普通中小学354所,在校学生41.55万人。其中,小学192所,在校学生23.10万人;初中120所,在校学生11.32万人;高(完)中36所,在校学生7.02万人;特殊学校6所,在校学生1119人。全市九年义务教育完成率100%,初中毕业升入高中段比例为98.92%,残疾儿童少年入学率100%,十五年教育普及率达到99.5%,初升高普职比总体维持在1:1的规模。

【教育投入与装备】 2012年,全市教育经费总投入90.3亿元,比上年增长15.93%,其中财政公共预算投入57.8亿元,比上年增长19.4%。全市人均教育经费总投入达到1990元,比上年增长15.42%;人均财政性教育经费达1560元,比上年增长15.32%。全市小学、初中生均公用经费为1868元和2901元,比上年分别增长11.79%、38.59%。

全市全年投入教育装备经费1.4亿元,累计达11.57亿元,全市小学、中学生均占有教育技术装备金额分别为2306元和3390元。截至年底,全市小学计算机装备累计总金额1.59亿元,占全市小学教育技术装备总量的32.7%;全市中学计算机装备累计总金额2.2亿元,占中学教育技术装备总量的32.8%。全市小学、中学已装备计算机41534台和55444台,生机比分别为5.1∶1和3.6∶1。小学、中学配备多媒体教学设备的普通教室分别为4896个和4542个,公办中小学多媒体教学设备的班套比达100%。全市拥有校园网学校数330所,占学校总数的99%。全市小学实验室及功能教室合计3409个,其中:科学实验室353个,综合实践教室127个,体艺室867个,计算机教室339个;全市中学实验室及功能教室数量合计4805个,其中:理化生实验室950个,通用技术与综合实践教室223个,体艺室755个,计算机教室463个。全市中小学理科教学仪器达到二类及以上配备的达标学校328所,占学校总数的98%。全市全年小学图书购置经费总计711万元,小学图书室(馆)纸质藏书总金额累计7081万元。中学图书购置经费总计840万元,中学图书室(馆)纸质藏书总金额累计9257万元。目前全市小学、中学图书室(馆)纸质图书藏书合计分别约647万册、737万册,生均图书为30.6册、37册。制作并开通教育督导、廉政讲堂、党代表工作室等网站专栏,第二批高中学科基地网站在教育网全面启动。组织开展2012年市属学校校园网考核工作,参与教育部教育管理信息中心全国中等职业学校优秀网站评选活动,全市共有5所学校参评。做好中国教育电视台浙江记者站暨浙江教育网络视频通讯员站工作。海盐县元济高级中学卢明校长的"开学第一讲"被中国教育电视台录用。完成2012年初中实验操作考查工作,41106名初三学生参加实验考试。

湖　州　市

【概况】　2012年,湖州市有各级各类全日制学校和幼儿园462所,其中高等学校4所(含成人高校1所)、独立设置的中等职业技术学校12所、普通高中25所、初中100所、小学136所、幼儿园180所、特殊教育学校5所。有专任教师2.68万人。全市有各级各类全日制在校学生和幼儿44.57万人,其中高等学校在校生4.88万人、全日制中职学校在校生3.36万人,普通高中在校生5.32万人、初中在校生7.82万人、小学在校生15.69万人、在园幼儿7.46万人、特殊教育在校生381人。2012年,全市中小学基本建设在建项目建筑面积27.71万平方米,完成基本建设投资4.72亿元,全年竣工项目建筑面积22.56万平方米。湖州市聋哑学校和衣裳街学校异地新建工程进展顺利。全市有省一级幼儿园28所;市义务教育现代化学校115所;省级重点普通高中17所(其中省一级重点普通高中10所);全市现有国家级重点中等职业学校7所、国家级重点技工学校(技师学院)2所、省级重点职业学校4所;国家中等职业教育改革发展示范学校4所、省级改革发展示范学校3所。省级示范成人学校28所。2012年,全市中小学校教师申报晋升中学高级教师372人,评审通过176人(其中中学高级教师150人,"小中高"26人);申报晋升中专高级讲师10人,评审通过3人;申报晋升中小学校教育管理副研究员3人,评审通过1人;高级资格评审通过率为46.8%。中级职务评审通过425人,通过率为51%。2012年,全市有8名教师获"浙江省师德楷模"荣誉称号,15名教师获省第二十四届"春蚕奖",6名教师获省第二十二届"绿叶奖",45名教师被评为市第四届教学明星。

【教师队伍建设】　2012年,湖州市共有中小学和幼儿园专任教师24899人,其中普通中学10040人、小学8533人、中等职业学校1861人、特殊教育97人、幼儿园4368人。积极开展中小学教师全员培训和其他各种形式的继续教育,不断完善教师招聘考核,强化岗位竞争机制和管理,教师队伍整体素质不断提高。中小学专任教师学历合格率与上年相比,有较大程度的提高。初中教师合格学历达到99.75%,提高0.06个百分点;普通高中达到98.91%,提高0.12个百分点;中等职业学校达到96.29%,提高1.16个百分点;小学达到99.94%,提高0.05个百分点;幼儿园合格学历为99.36%,提高0.6个百分点。专任教师高学历比例:初中92.32%,比上年提高1.26个百分点;普通高中5.14%,提高1.12个百分点;中等职业学校5.10%,提高2.16个百分点;小学92.63%,提高1.56个百分点。幼儿园高学历比例达84.98%,提高4.9个百分点。

【民办教育】　2012年,全市民办学校(含教育培训机构)295所,其中普通高校1所,在校学生7456名,占同类学校总数的13.81%;普通高中学校7所,在校学生16545名,占同类学校总数的31.10%;中职学校4所,在校学生4638名,占同类学校总数的13.81%;初中10所,在校学生9465名,占同类学校总数的12.11%;小学15所,在校学生22920名,占同类学校总数的14.61%;幼儿园129所,在园儿童44052名,占同类学校总数的59.01%。全市民办学校在校生总数105076名,占总数的24.6%,与上年相比,稳中有升。全市教育培训机构117家,年培训22.32万人次。

【教育管理】　2012年,全市教师培训管理平台注册教师数22223人。全年完成教师培训总学时160万学时,人均72学时;教师通过培训管理平台自主选课87万学时;90及以上学时集中培训完成总人数5079人,占专任教师总数的23%;按省级、国家级培训计划,全年完成普通中小学、幼儿园、特殊教育、中职教育省级教师培训473人,完成普通中小学示范性集中培训和示范性远程培训国家级教师培训143人,完成中职学校专业骨干教师和青年教师企业实践培训国家级教师培训30人,完成率均为100%。全年市财政共安排教师培训专项经费2552万元、各学校从日常公用经费中安排了1873万元用于教师培训,均比上年有了较大的增长,为教师培训工作提供了强有力的财力保证。市、县(区)培训中心制定并印发《学校教师继续教育学时登记、审核工作细则》,确保校本培训有章可循。组织召开全市中小学教师校本培训经验交流会,来自三县二区及市属学校校长、代表64人参加会议,表彰了24个校本培训先进集体和30名先进个人。

【高等教育】 全市共有全日制高等学校4所，即湖州师范学院、湖州师范学院求真学院、湖州职业技术学院和湖州广播电视大学。高等教育自学考试全日制自考助学机构1个，即浙江宇翔外国语专修学院。2012年全市高等教育招生14593人，在校学生48742人，毕业学生8756人，专任教师1918人。高等教育占地面积200余公顷，建筑面积87万平方米。湖州师范学院和湖州职业技术学院共有副高以上教师478人；博士、硕士600余人。23所省内外试点高等学校在湖设立现代远程教育教学点29个，在册学生8000余人。26所省内外高等学校在湖设立函授站36个，在册学生6000余人。高等教育自学考试累计报考人数9518人，报考课次13538课。高等教育毛入学率达50.83%。

【职业技术和成人教育】 2012年，湖州市有独立设置的中等职业技术学校14所，其中国家级重点职业学校7所，国家级重点技工学校(技师学院)2所，省级重点职业学校4所；国家中等职业教育改革发展示范学校4所，省级改革发展示范学校3所。全日制中职学校在校生3.75万人，校均规模2681人。90%的中职学生在重点中职学校就读。中职学校的“双师型”教师占教师比例达到89%；中职毕业生的就业率连续5年达到98%以上。

至年末，全市中等职业学校占地面积203.05公顷；学校产权建筑面积86.59万平方米，新增3.23万平方米；生均占地面积和建筑面积分别为54平方米和21.72平方米。教学设备总值2.47亿元，新添设备价值2601万元；校均仪器设备价值1679.42万元，生均仪器设备价值6600余元，均处全省前列；图书藏量99.82万册，新增3.41万册。

2012年，全市中职学校专任教师总数2051人，专业课教师和实习指导教师共1136人，其中“双师型”教师1022人，所占比例为89.96%。硕士及以上学历教师106人；高级职称教师417人。学历达标人数为1976人，学历达标率为96.3%。师生比为1:18.3。年内，全市共有3231人次参加各级教师培训，其中国家级培训169人次，省级培训446人次，市级培训609人次，国(境)外培训40人次。

2012年，全市中职毕业生12377人，参加考高职2102人，上线1777人，上线率84.54%；录取1751人(其中本科录取163人，占参考人数的70.75%)，录取率98.54%。至年末，就业9693人，就业率99.68%。2012年，中职学校招收新生12740人。至年末，全市在校学生取得2张以上职业等级证书的有10920人，与高校联合举办四年制自考大专班学生2232人，五年制高级工教学班学生3339人，五年制(高级工+大专函授班)学生735人，与高职院校举办(3+2)模式班学生2908人。

至年末，全市中职学校共建成省级以上实训基地31个(其中国家级紧缺型人才培养基地1个，中央财政支持的职业教育实训基地9个，省综合公共实训基地6个，省级实训基地15个)，省级示范专业29个；建成市级实训基地25个，市级品牌专业33个，市级示范专业35个，市级校外实习基地51个，市级校企合作职工培训基地22个，顺利完成市职业教育“六大行动计划”建设目标任务。

绍　兴　市

【概况】 2012年，全市共有各级各类全日制学校和幼儿园1300所，其中：普通高校7所、各类中等职业学校23所、普通高中42所、初中144所、小学405所、幼儿园673所、特殊教育学校6所。共有专任教师48593人，幼儿园、小学、初中、高中、中职专任教师学历合格率分别为99.89%、100%、99.96%、99.56%、96.07%。共有在校全日制大、中、小学生和幼儿819915人，其中：全日制普通本专科在校生59758人，中等职业学校在校学生64422人，普通高中在校学生111006人，初中在校学生147252人，小学在校学生302445人，在园幼儿134510人，特殊教育在校学生522人。幼儿园、小学、初中、高中、职校校均规模分别为200、747、1023、2643、2801人。义务教育段农民工随迁子女在绍兴入学96153人，其中小学80571人、初中15582人。义务教育段学龄人口入学率、巩固率均为100%；盲、聋哑、弱智少儿入学率为100%；学前三年入园率为99.05%。初中毕业生升入高中段比例达99.28%(市本级为99.88%)。全市普通高校毕业共15545人。

【教师队伍建设】 2012年，全市共有中小学教职工59551人，专任教师48593人，其中幼儿园专任教师7496人，小学专任教师15278人，普通中学专任教师18476人，中等职业学校专任教师2699人，特殊学校专任教师108人。全市中小学专任教师的合格学历比例为：小学100%，其中大专以上比例94.33%，市区97.02%；初中99.96%，其中本科比例91.54%，市区96.40%；普通高中99.56%，市区99.21%；职业学校96.07%，市区94.92%。全市中小学教师有722人晋升高级职称(含中学高级教师601人，中专高级讲师16人、高级实验师3人、副研究员6人、小中高96人)。13人获浙江省中小学师德楷模，27人获浙江省“春蚕奖”，7人获浙江省“绿叶奖”。职业学校专业课教师中“双师型”教师比例达82.40%。

【教育管理】 全年，全市共投入教育经费101.96亿元，比2011年增长12%。其中，财政性教育经费73.56亿元，同比增长19%；预算内教育经费61.68亿元，同比增长18%；教育税费11.83亿元，同比增长24%；事业收入24.16亿元；社会捐赠0.46亿元；民办学校投入及其他收入73万元。

年内，市教育局进一步加强“教育优质均衡示范乡镇”创建的督查指导，组织开展第一批绍兴市教育优质均衡示范乡镇评估工作，绍兴县的马鞍镇、柯岩街道、柯桥街道，越城区的斗门镇，诸暨市的牌头镇等5个乡镇通过首批验收，由市政府命名为“教育优质均衡示范乡镇”。绍兴县、上虞市、越城区率先通过省全国县域义务教育发展基本均衡县评估。2月8日，中央文明委发文表彰全国未成年人思想道德建设工作先进单位，绍兴市教育局被授予全国未成年人思想道德建设工作先进单位称号。9月5日，国务院下发《关于表彰全国“两基”工作先进单位和先进个人的决定》，授予绍兴市教育局“全国‘两基’工作先进单位”称号，授予上虞市教育体育局局长章兆钧“全国‘两基’工作先进个人”称号。全年，全市教育系统切实加强学校安全管理常态化，实施安全工作行事历，扎实开展季节性安全工作预警机制和警示教育，组织“防灾减灾”安全应急演练和培训4000余次，参加人次近90余万。实施中小学生交通安全保障工程，建立破解校门口交通拥堵难题的长效管理机制，积极推进“公交化”为主体的学生接送模式，共开通专用校车、专线公交车1000多辆，开辟线路250余条。上虞市学生接送车专业化运营模式和诸暨市校车30码工程，受到教育部高度肯定。积极推进学校食堂管理改革，全面实施学校食堂大宗物品提统一配送管理，升级改造食堂，越城区、绍兴县、诸暨市、上虞市等4个县(市、区)已全面消灭C级食堂。全市学生非正常死亡27人，比2011年减少3人，学生非正常死亡人数连续六年下降。深化“平安校园”建设，创建率达到99.50%。

【高等教育】 2012年，全市共有全日制普通高校7所，其中绍兴文理学院(含独立设置的元培学院)、浙江越秀外国语学院为普通本科院校，绍兴职业技术学院、浙江工业职业技术学院、浙江邮电职业技术学院、浙江农业商贸职业学院为高等职业学校。在绍高校招收全日制普通高校本专科新生19558名(其中本科9740人，专科9818人)，在校生达59758人(其中本科生32428人，专科、高职生27330人)。共有高校教职工4438人，其中专任教师2874人，取得博士学位者237人，取得硕士学位者1139人；获正高职称者254人，获副高职称者690人。高校校园总占地面积292.03万平方米，总建筑面积165.16万平方米；图书藏书总计488.12万册，电子图书11253.28万册；计算机总量由2011年的27633台增加到29884台；语音实验室座位数4328个；多媒体教室座位数由2011年的46564个增加到64208个。固定资产总值28.67亿元，其中教学、科研仪器设备资产4.91亿元。全市有独立设置的成人高等教育即电大开放教育学校6所，注册学生13866人。年内，全市共下拨高校内涵建设补助经费600万元，主要用于硕士学士学位授予点、重点学科、重点(特色)专业等建设。

【成人教育】 2012年，全市有成人中学34所(职工中学6所，农民中学28所)，教学班(点)38个，注册学生6804人，比2011年增加2951人。职工技术培训学校(机构)11个，教学点271个，注册学生21427人；农村成人文化技术培训学校(机构)414个，教学点2129个，注册学生256063人；其它培训机构220个，教学点625个，注册学生42672人。全市有乡镇成人文化技术学校112所，其中省级标准化成校48所，省一级成校69所，省二级成校6所，省三级成校5所，被确定为县级以上农村劳动力素质培训基地的成校有43所。国家级社区教育实验区1个，省级社区教育实验区4个。新建省级企业职工培训示范基地1个；省级新型农民素质培训示范基地3个；省级社区教育示范学校2个。

【职业技术教育】 全市共有17所中职学校计33个专业开设有“3+2”职业教育，招生数为2281人；9所中职学校计7个专业开设“五年一贯制”职业教育，招生数为750人，两者合作高职院校共计26所。招生增幅达51%，占全省计划数的15.70%。已创建省级实训基地总量达24个、省级示范专业总量达48个、省级骨干专业4个、省级特色专业2个、省级综合公共实训基地总量3个、中央财政支持职业教育实训基地总量达9个。年内，全市共新组建6个职业教育集团，至年底全市职业教育集团增至15个。全市中职学校加强就业指导，主动与用工单位建立长期合作关系，以举办就业洽谈会、开通网上就业服务为主渠道，服务学生就业。全年中职毕业生就业率达98.60%，对口就业率也逐年提高，达到70%多，尤其是与当地经济紧密结合的专业和传统特色专业，如建筑、机电、服装、化工、木雕、护理等专业，毕业生供不应求，就业率接近100%，基本做到了高质量就业。

温 州 市

【概况】 2012年，温州市围绕“实现教育现代化，办人民满意教育”这一工作目标，紧抓提高教育质量、促进教育公平两大战略重点，着力做好推进民办教育综合改革试点工作、加强师资队伍建设和加强学校基本建设等重点工作。创评学前教育先进(达标)乡镇(街道)22个，其中12个由市人民政府命名授牌。创建省等级幼儿园116所，其中省一级7所、省二级16所、省三级93所，超额完成16%。创建省级义务教育标准化学校235所，超额完成56.7%，创评市义务教育办学水平评估一级学校46所。确立普通高中四大类选修课程的基地学校42所，组织申报省普通高中特色示范学校11所，占普通高中学校总数的8.66%。创建中等职业教育改革发展示范校国家级1所、省级3所，通过省一级转评5所，通过省二、三级评估11所。创建实训基地(学研联合体)国家级2个、省级5个，市级骨干专业、新兴专业17个、实训基地2个，超额完成140%。创建等级社区学校50所，其中市示范社区学校5所，市一级社区学校(分校)13所，市二级社区学校(分校)32所。全市乡镇(街道)社区学校覆盖率109.2%，超额完成42.8%。

【教师队伍建设】 2012年，温州全市有幼儿园教师22286人，同比增加494人；学历合格率99.28%，同比增加0.56个百分点。小学教师32687人，同比增加758人，学历合格率99.66%，同比提高0.11个百分点；专科及以上学历比例

89.93%,同比提高2.6个百分点。初中教师20953人,同比减少199人,学历合格率99.26%,与上年持平;本科及以上学历比例85.17%,同比提高2.1个百分点。普通高中教师10759人,同比减少159人;学历合格率98.38%,同比提高0.33百分点;研究生及以上学历比例6.24%,同比提高0.5个百分点。职业学校(不含技校)教师4425人,学历合格率92.52%,同比提高1.88个百分点。

【成人教育】 2012年,温州市完成全市社区学校布局规划,实现207所社区学校依托学校办学,建设"温州市终身学习在线";建立社区教育工作责任制,开展数字化学习应用社区学校达标活动;开展社区教育培训和娱乐健体活动,开辟温州社区大学老年学习苑。全市成人中专4所,在校生654人,比上年减少704人。完成成人农村预备劳动力(暨双证制教育)培训9626人,完成计划数的106%。

合 肥 市

【概况】 2012年,在国家主要媒体刊发合肥教育发展经验36篇,省市媒体刊登3000余篇。共有省内外20多个教育代表团取经合肥教育发展举措。市教育局被国务院授予"全国'两基'工作先进单位"称号,温家宝总理亲自给合肥市颁奖。被省教育厅再次评为"2012年度主要工作目标管理督导考核综合奖",综合排名第一。连续三年荣获合肥市政府目标管理考核优秀责任单位称号。2012年4月,国家教育咨询委员会秘书长、中国教育科学研究院院长袁振国在合肥调研时指出:"看了合肥的教育改革,对中国的教育改革都非常有信心。合肥教育改革中有很多好的思维、好的做法值得在全国推广。"

截止到2012年底,全市中等及中等以下各级各类学校数有2131所,其中:中等职业学校93所、普通高中114所、普通初中247所、小学1051所、特教6所、幼儿园619所、国防学校1所。中等及中等以下学校在校生115.2万人,教职工7.3万人,专任教师6.1万人。

【教师队伍建设】 开展师德建设年活动。分层开展明查暗访,查处有偿补课等违规行为,进一步规范从教行为,在全市通报了11名违规教师的处理情况。组织百姓身边的好学校、学生心中的好老师"双好"推介,表彰一批师德楷模、师德先进个人和师德建设先进集体,在全市教育系统树立典型。肥东阳光小学陈万霞、蜀山新城学校汪传道、庐江白湖镇初级中学许玉奇等3位教师登上了"中国好人榜",此外陈万霞还获全国"最美乡村教师"荣誉称号。

教师继续教育人数创历史新高。教师培训经费连年大幅增加,达到1160万元,比2010年、2011年分别增加了510万、160万。全年市级专项培训30期,培训人数近2.8万人,市级及以上培训人数近3.5万人,占全市教师人数的二分之一,创历史新高。

教育家培养工程再度起步。在全面总结教育家培养工程第一期经验基础上,启动第二期培养工作,从在职的中小学教师、校长和教育行政主管部门教研员、教育管理干部中遴选51名教育家培养对象。教育家培养周期为5年,市教育局与培养对象签订目标责任书。培养实行动态管理,对培养对象进行中期考核,考核不合格的不再列为培养对象,培养期满后进行终期考核评价。"教育家培养工程"人均培养经费为5万元,主要用于培养对象的培训、科研、专著出版和导师指导费等。同时,给予每个挂牌的名师工作室补助经费每年2万元,主要用于工作室的教育科研等活动。

校本培训亮点纷呈。组织对各县市区教育主管部门和部分学校,负责校本培训的同志,开展为期5天的专题培训,以加强校本培训的制度建设,提高校本培训的针对性和实效性。部署全市校本培训工作,指导督促各县市区、各学校开展具有区域特点、学校特色的校本培训新模式。合肥一中青蓝学习共同体、合肥六中青年教师专项培训、瑶海区骨干教师联盟、庐阳区片内联动协作共进、?包河区学校发展共同体、蜀山区一十百千培养工程、经开区以考促学资源共享等都是具有鲜明特色的培训模式。

教学科研成效显著。全年共有20项省级课题结题,31项市级课题结题。48人次在省级教学或课例评比中获奖,各学科论文共有300余人获省级以上等次,数理化生物学科共有241人获省级以上竞赛将次。

【职业与成人教育】 2012年,经省政府批准,巢湖职业技术学院更名为合肥职业技术学院,填补了我市高等职业教育学校的空白。成立了市属职业学校(磨店)新校区建设工作现场办公室,全力推进市属职业学校建设。合肥电子、物流、旅游等3所学校已搬入磨店新校区正式办学。年底,在磨店职教基地办学已达10所院校、9万余师生入驻,累计完成投资40多亿元。推进职教资源整合,安徽冶金技工学校、合肥建设管理学校的整合基本完成。提升校企合作水平,促进专业与产业对接,重点建设了25个专业,安排90名职业学校文化课教师参加转岗培训,选派75名职业学校教师到企业实践锻炼。

成人教育在全省继续保持领先优势,瑶海区获省级社区教育实验区,庐阳区杏林街道等9个街道获省级社区教育示范街道,肥东县桥头镇成人文化技术学校等2所学校获省级示范乡镇成人文化技术学校。

【教育民生工程】 2012年,校舍安全工程累计完成校舍加固和重建任务375万平方米,完成率101.8%,累计投资22.1亿元。继续推进义务教育经费保障机制改革,共投入经费4.56亿元,惠及学生64.4万人。减免城市义务教育阶段学生课本费,共1500万元,在全省率先实现真正意义上的免费义务教育。继续开展普通高中家庭经济困难学生国家资助和校内资助,发放资助资金4082万元,资助学生49818人次,比2011年分别增加了29.5%和7.3%。继续开展中职困难学生资助,共发放国家助学金4284.5万元,资助学生61879人次,免学费53766人次,共计5781.8万元,免学费人次和金额分别是2011年的2.8倍和3倍。全面完成留守儿童之家551个项目建设任务,累计投资165.3万元。全面完成35所乡镇公办幼儿园建设项目(主要是利用闲置校舍进行改扩建),总改造面积55955平方米(配套设备1623件),总投资3639万元。

【民办教育】 2012年,继续对民办中小学优质规范发展予以奖补,共发放奖补资金3000万元。实施民办中小学幼儿园1+3过程性管理,10所学校被予以记分处理。印发了《合肥市民办非学历教育机构管理若干规定》,进一步规范全市民办非学历教育机构的管理。开展暑期无证培训机构排查清理,全市共有61家无证办学机构被依法停止办学,175家责令限期整改,2家具备办学资质,取得了办学资格。

马鞍山市

【概况】 2012年,全市有基础教育学校633所,在校学生298261人,专任教师18211人。其中,幼儿园219所,在园幼儿47777人,专任教师1848人;小学312所,在校生127281人,专任教师8083人;初中74所,在校生75378人,专任教师5378人;普通高中28所,在校生47825人,专任教师2902人。幼儿园毛人园率95.90%,小学毛入学率102.54%,初中毛入学率118.22%,高中毛入学率108.98%。中等职业学校13所,在校生38985人,专任教师1338人。全日制高等院校6所,在校大学生48335人,专任教师2750人。

重点工作全面推进。修订印发《马鞍山市"十二五"教育事业发展规划》;积极实施承担省基础教育体制改革6个试验项目;加快实施省市共建职业教育试验区建设。2月,市政府与省教育厅签订省市共建职业教育试验区框架协议,确定到2013年基本实现职业教育现代化,2015年职业教育发展主要指标达到长三角地区中上等水平,建成区域性、服务全省的现代加工制造业人才培养基地和面向"长三角"地区现代加工制造业高技能人才培养培训基地。

扎实推进教育体制改革,加快城乡教育一体化建设。市六中、市十一中整建制移交给所在区政府。成功学校改制成完全的民办学校。推广市九中小班化教育教学模式。马鞍山职业技术学院和马鞍山技师学院实质性合并。组织上海名校专家对180名农村义务教育骨干教师进行卫星远程互动培训。举办数字化校园建设巡回培训班。统筹市县区教研工作。组织68所市区(县城)学校和农村学校开展城乡学校网上结对互动共建,依托市导师团筹建"马鞍山教育名师网"。

加快学前教育发展。出台《马鞍山市新建小区配套幼儿园建设管理使用办法》。全年计划38个学前教育建设项目,开工72个,完工61个。落实市级专项经费1210万元,用于对各县区普惠幼儿园建设奖补和困难家庭学前教育补助。制定《全市普惠性幼儿园管理办法》,命名普惠性幼儿园174所。至2012年底,普惠性幼儿园比例79.5%,学前教育三年毛入园率95.9%。加强幼儿园教学管理,制定规范办园指导意见和幼儿园一日活动指导意见,聘请29位专家组成市学前教育专家指导组,加强对幼儿园保教和家长科学育儿的指导。

加快职业教育现代化建设。以市为主统筹各层次职业教育发展,指导和县布局调整,取消4所学校的招生资格,完成市职教中心和市信息技术学校实质性合并,新成立皖江职业教育中心学校。积极争取国家中等职业教育基础能力建设项目中央和省级专项经费,中职学校获得省三重项目6个(三个重点建设专业、3个重点建设实训基地),马鞍山信息技术学校信息技术主楼和马钢高级技工学校教学楼项目通过省级评审,共获得中等职业教育2012中央预算内投资2000万元,另外获得德国复兴信贷银行1500万欧元促进贷款用于职业教育建设与发展。探索非全日制教学,出台《中等职业学校非全日制学历教育管理工作的意见》,集中全市各校资源建成马鞍山市非全日制中职学历教育网上平台,开设会计等12个网络教学专业。指导开发13门市级精品课程,9门被省教育厅立项。举办职业教育与装备制造业对接洽谈会。组织开展全市职业院校技能大赛,组队参加全省技能大赛,获得16个一等奖。

抓好品牌促进社区教育发展。积极开展省级社区教育示范区和街道创建工作,2012年当涂县、姑孰镇和平湖街道通过省级评估。全市拥有全国社区教育实验区1个,全省社区教育实验区2个,全国社区教育示范街道2个,全省社区教育示范街道7个。9月,举办马鞍山市第三届全民终身学习活动周,开展"马鞍山市社区教育工作会议"、"马鞍山市志愿服务队成立"、"爱心助教——志愿者服务进社区活动"、"干部在线学习推进月"、"全市中华经典教育活动"、"马鞍山市第二届青年创业大赛活动"等13项活动。马鞍山市已连续3年举办"全民终身学习活动周",并获得全国"全民终身学习活动周"优秀组织奖,2012年,马鞍山市被中国教育发展战略学会终身教育工作委员会推荐为首批全国建设学习型城市26个案例城市之一。

加强学校德育工作。加快全国青少年校外活动示范性综合实践基地建设,完成环境教育馆、交通安全教育馆、禁毒馆教育、法制教育馆等建设。投资1800万元在全市所有街道乡镇建立学校少年宫85所,实现马鞍山学校少年宫全覆盖。在爱国主义教育基地和社区、乡镇、工矿企业、驻军部队、社会服务机构等建立多种形式的学雷锋志愿服务活动基地。举办全市第18届青少年爱国主义读书教育活动,2012年再次荣获全国中学生演讲、征文一等奖。举办全市第十一届中小学运动会,组队参加全省第十一届中学生运动会。组织开展全市第20届校园文体节活动,举办"阳光下成长"第四届中小学艺术展演美术作品展和音乐文艺展演活动。　　(孟　永)

【教师队伍建设】 2012年,全市教育系统新评选第四届市学科带头人98名、市骨干教师485名。教师队伍建设"新干线"项目,在全市2011年度人才工作优秀创新项目评选中获一等奖第一名。开展第28届教师节"忠诚党的教育事业,争当教书育人模范"主题活动。2名教师获省20位"江淮好老师",3名教师获省"江淮好老师"提名奖。表彰市校园"十佳道德模范"、"十佳青年教师"、"十佳模范班主任"和369名优秀班主任。开展"学雷锋行师德争做学生喜爱的好教师"主题实践活动。执行"师德问题"一票否决制度。全年选派培训中小学教师15784人,其中"国培"项目5612人、"省培"项目6657人、"市培"项目3395人,参加培训的教师占中小学专任教师的83%。开展"幼师国培"、职业院校教师素质提高培训、骨干教师示范性集中和远程培训、微软(中国)"携手助学"创新教师培训、2012—2013学年度高中、初中、小学教师"有效学习内容"专题省级全员远程培训。实施"接力·明天"青年教师第四期培训项目。对含山县、和县初中学科1705名教师开展全员培训。含山、和县、当涂县180名农村义务教育骨干教师进行远程教育培训试点。举办首届中小学心理健康教育180名教师培训班,举办首届专、兼职92教研员培训班。实施特聘教师计划。选派10名优秀教师到皖北支教,选派2名教师援疆支教。开展中小学教师职称制度改革试点工作。

(李金明)

【教育科研】 2012年,市教育局组织城区学校125名骨干教师,分赴76所学校开展85次互惠教研活动。分学科组织教学指导组到140所中小学进行常态教学指导。举办各学段的教学研究周活动,68位教师参加14门学科的课堂教学活动展示。举办市区与和县、含山中小学教育科研手拉手合作学校签字仪式,市区10所学校与含山、和县10所学校结成科研手拉手合作学校。组织市县区教育工作者赴南京等地开展教研业务培训和课堂教学观摩活动。组建新一批"三名"工作室。组织开展体育教师基本功展示、体育大课间、师生艺术、音乐展演、学前教育大讲堂、青少年"阳光心灵"行动计划、心理健康教育宣传月(周)等活动,加强音体美等学科教学研究和幼儿园园本教研工作。开展"命好题"等专题培训活动。教师在国家级教学大赛中获一等奖17名,获得国家级称号13项。学生在国家级高中学科竞赛活动中获得一等奖1名。中职选手在技能大赛中获得国家级银牌2枚,省级金牌16枚,团体总分名列全省第二。组织145项课题申报省教育科学规划立项课题。全年编印6期《马鞍山教育》和13期《马鞍山教育报》。协助初中教学巡视督导组完成两轮对市区21所初中学校(含完中初中部)听课评课工作,全年听课700多节,撰写对三个区初中教学巡视督导的反馈意见。 (张先义)

【教育督导】 2012年,市教育督导系统开展县(区)党政领导干部2011年度教育工作督导考核。开展中小学校素质教育督导评估工作。做好义务教育发展基本均衡县(区)验收工作。发布2011年度基础教育督导报告。完成直属普通中学发展规划年度督导评估工作。做好教育督导信息报送工作。全年省教育督导网采用本市教育督导信息116条。加强教育督导队伍建设。2012年,当涂县教育局、含山县环峰第三小学校长洪茂涛分别被国务院授予全国"两基"先进单位和先进个人荣誉称号。和县等3个地区、市教育局等6个单位及郎平等8人被省政府评为全省"两基"先进地区、先进单位和先进个人。

(曾大新)

【党风廉政工作】 4月1日,全市教育系统党风廉政建设工作会议召开,签订《党风廉政建设目标责任书》41份。集中对新提任的22名科级领导干部进行廉政集体谈话教育,建立廉政档案。本年度对1名校级科级领导干部实施预警谈话。对直属16所学校的校级领导干部履行党风廉政建设、行风建设、校务公开职责及廉洁自律等情况进行民主测评。举办两场"保持党的纯洁性、迎接党的十八大"社区廉政文艺演出。开展公共权力规范运行预警机制"回头看"活动与延伸拓展工作。全年对35个基建维修工程、大宗材料设备公开招投标项目进行执法监察,节约建设资金67万余元;全年对中等职业教育园开展廉政督查12次;全年查处学校乱收费案件3起,1名校长受到行政警告处分,2所学校共被责令退还违规金额12.636万元。 (涂银娜)

【学校安全】 2012年,市教育系统未发生一起学校安全责任事故。全年全市学校安全演练827场次,参加演练学生近50万人次。建立校所联防、警校共建制度。校所联合定期进行摸底排查,排查治安隐患238处,处理涉校维稳纠纷45起,重点排查并严控有潜在暴力倾向的重性精神病人7人。开展学校及周边经营市场和文化市场整治行动。开展交通秩序整治行动。全年查处接送学生上下学非法车辆76辆,清理取缔社会接送学生车辆80余辆;市示范园区政府采取"专营公司"的运营模式,博望区政府探索实施"公交化"的运营模式,解决偏远农村义务教育阶段学生上下学交通问题。全年提供咨询1015次。成立全省首家校园纠纷调解委员会。做好十八大期间维稳工作。强化校园内部安全管理。全市学校配备专职保安800人,配备安防器械2533件,166所中小学设立警务工作室,154所学校安装110联网报警系统,安装视频监控探头3355个。 (陈海鸣)

【小升初招生录取情况】 2012年,市教育局坚持公办义务教育学校坚持划片就近入学,及时向社会公布学区划分情况,保证适龄儿童就近入学。高度重视进城务工人员随迁子女入学问题,修订完善招商引资、进城务工人员等特殊群体子女入学办法,2012年开始民办初中招生向外来人员子女开放,实现进城务工人员随迁子女义务教育零障碍。完善公办初中择校生和民办初中超计划招生的告知、公示制度和跨学区、跨校借读通报制度,严格控制公办学校择校行为和民办学校超计划招生,有效控制义务教育阶段热点学校大班额。 (杨 阳)

【初中升高中招生录取投档分数线】 2012年,全市有23178人参加中考,其中市区7321人、含山县4902人、和县4670人、当涂县6285人。2012年全市普通高中招生总计划为15103人,市区、含山县、和县、当涂县录取投档分数线分别为571分、460分、460分和470分。

【高校录取情况】 2012年,全市有16822人参加普通高考,其中市区6317人、含山县 3289 人、和县 2829 人、当涂县 4387 人。全市本科录取 8096 人,录取率 48.13%;专科以上录取 13496 人,录取率 80.20%。 (程言君)

【特殊教育概况】 2012 年,全市有特殊教育学校 3 所,分别是马鞍山市特殊教育学校、含山县特殊教育学校、当涂县特殊教育学校。在校学生 386 人,专任教师 65 人。市特教学校占地面积 3.37 万平方米,建筑总面积 2.1 万平方米。儿童康复中心招收学龄前残障儿童进行康复训练,是马鞍山市唯一一家在中残联注册的定点康复机构,承担中残联的聋儿抢救性康复和智障儿童抢救性康复项目,开设有聋儿语训班、双语班、亲子班和智障自闭症康复班,脑瘫儿童康复试点班。市特教学校设立职业教育班,招收本校毕业生,开设丝棉画、漆画制作专业和智障职业基础教育。 (杨　阳)

【发展职业教育】 2 月 12 日,马鞍山市人民政府与省教育厅签署《共建职业教育改革发展试验区合作框架协议》。调整含山、和县职业教育规划,取消和县乌江、石杨、西埠、姥桥四所学校的招生资格,含山县合格职教中心创建工作取得成功。中职园一期建成投入使用,马鞍山市职业教育中心和马鞍山市信息技术学校完成搬迁工作,并整合成立皖江职业教育中心学校。举办马鞍山市 2012 年装备制造业校企对接会,开通马鞍山市校企合作对接网络平台。马鞍山职业教育中心和马鞍山市汽车运输有限责任公司合作共建汽车综合维修工厂、比亚迪汽车 4S 店和交通汽车驾驶培训学校 3 个项目建成开业。举办"2012 年马鞍山市职业院校技能大赛暨省技能大赛中职组选拔赛",选拔派出 76 名中职选手参加省中职组 32 个项目比赛,获得 16 个一等奖,团体第二名。在 2012 年全国职业院校技能大赛上获得 2 块银牌 6 块铜牌。 (钱红兵)

【成人教育】 2012 年,全市有成人高等教育函授站 9 个,函授生 2300 多人。马鞍山网络(电视)大学各类在校学生 8 千人余,开设金融等 40 多个专业。开展职业教育机构和农村成人文化技术学校技能培训工作 35954 人次,其中就业再就业培训 9865 人、农村实用技术培训 6312 人,企业职工岗位培训 10454 人,创业培训 1250 人,农村劳动力转移培训 8073 人,涉及专业工种 34 个。

9 月,举办马鞍山市第三届全民终身学习活动周,开展活动 300 余项,参与人数十万余人 (钱红兵)

【民办教育】 全市有民办教育机构 247 所,其中,民办高校 2 所,在校生 15730 人,民办中小学 13 所,在校生 18536 人(其中:小学 71 个班 1991 人,初中 201 个班 9185 人,高中 125 个班 7360 人),民办幼儿园 142 所,在园幼儿 24883 人,民办培训机构 90(含人社部门批准的 33 所民办职业培训机构),年培训人数 9 万多人次。 (钱红兵)

【高等教育】 2012 年,全市有全日制高等学校 6 所,在校大学生 48335 人,教职工 3860 人,其中专任教师 2750 人。根据经费来源和管理渠道分为四种类型:省属本科院校 1 所:安徽工业大学;本科层次独立学院 2 所:河海大学文天学院和安徽工业大学工商学院;地方高职高专 2 所:马鞍山职业技术学院和马鞍山师范高等专科学校;企业所属的安徽冶金科技职业学院。这 6 所高校做到本科、专科相衔接,高专、高职相结合。10 月 15 日,河海大学文天学院郑蒲港校区暨科教产业园项目签约仪式举行,该项目占地面积约 1116 亩,总建筑面积约 40 万平方米,主要功能是科技产业、本科教育和实习实验。 (潘生根)

芜　湖　市

【教育工作概况】 2012 年,芜湖市全面贯彻国家和省教育规划纲要,取得了较为显著的成绩。在 12 月 19 日全省义务教育均衡发展暨"两基"工作总结表彰电视电话会议上,市长杨敬农代表市政府作典型发言。市教育局被国务院表彰为全国"两基"工作先进单位,芜湖市成为全国教育信息化区域综合试点城市。

全年各级财政投入的保障经费达 3 亿元,惠及全市 29.4 万名义务教育阶段在校学生,其中包括 1.3 万名进城务工人员子女和民办义务教育学校学生;全市发放国家助学金 3078.8 万元,资助普高和中职学校家庭经济困难学生国家助学金 2.2 万人(其中普高 14907 人,资金 2207.6 万元;中职 7042 人,871.2 万元),发放中职学生免费补助资金 1250 万元,受助学生 9502 人。

全市投入 9.3 亿元,完成基本建设项目 468 个,总建筑面积 73 万平方米,涉及全市 362 所学校。到年底全市有 379 所义务教育阶段学校完成标准化建设,80 个农村小学教学点完成改造。全年义务教育阶段学校标准化达标任务为 114 所,实施标准化建设项目学校 117 所,完成率 103%。新设立的荟萃中学于秋季学期开始招生,城南实验中学搬迁工作顺利完成。截至 2012 年底建成农村留守儿童之家 772 个,提前实现农村留守儿童之家全覆盖。

为巩固和提高九年义务教育水平,提供高标准的免费义务教育经费保障,彻底关上义务教育收费之门,市教育局、财政局拟订了《芜湖市 2011 – 2013 年深化义务教育经费保障机制改革实施方案》并获市政府批准。方案分 3 年逐步实施。2011 年,全市义务教育阶段中小学生全部免除作业本费(已实施);在农村学生和城市困难学生全部免除国家教科书费用的基础上,城乡学生全部免除国家教科书费用;2012 年,进一步提高经费保障水平,免费向中小学生提供一套印制作业和一套寒暑假作业,其中小学为语文、数学和外语 3 个科目,初中为语文、数学、外语、物理、化学、政治、历史、地理、生物 9 个科目;2013 年,免除初中学生毕业会考与中考考试费,即免除中考报名费、中考考务费、体育加试费、理化生考务费。继续提高义务教育阶段中小学公用经费预算标准,建立健全义务教育阶段民办学校经费保障机制。据测算,从2012年起,实施该方案后市县区将需新增财政投入7000余万元。该方案实施后,芜湖市将成为全省率先实现义务教育全免费政策的城市。

2012年是实施学前教育三年行动计划的第二年,全市新增公办幼儿园24所,公办园总数达53所。扶持普惠园147所,普惠园占全市幼儿园总数的近50%。会同公安等多部门对幼儿看护点情况进行全面摸底排查,全市有358个看护点,其中有87个申报了A类、227个申报了B类、44个申报了C类,已对存在安全隐患的C类予以取缔。两年来通过公开招聘的方式逐步补充了公办园教师324名,完成400名园长及骨干教师培训任务,各县区完成40%的幼儿教师培训任务。在全省率先对家庭经济困难儿童接受学前教育给予资助,并将外来务工人员随迁子女纳入资助范围,资助幼儿998人,资助标准为每人每年1400元,全市资助幼儿1568名。至此芜湖市学生资助体系实现了从幼儿园到高职院校的全覆盖。继2011年市聋哑职业学校率先在全省开设了学前康复部,2012年又在市培智学校开设了学前康复部,对0－6岁智障和孤独症患儿进行抢救性康复。2012年将公办义务教育阶段特教学校生均公用经费从1725提高到4625元,民办特教学校生均公用经费从1800提高到3000元。

借助省出台义务教育法实施办法,积极向社会宣传政策,争取广大家长的理解和支持,下大力气化解矛盾,着力解决遗留问题,叫停信息技术实验班,停办安师大子女班,严管南陵中学的招生和收费。

为了进一步增强学生的交通安全意识,提高自我保护能力,切实加强安全教育,确保学生的安全,市教育局改变教育方式,拍摄了《交通安全警示片》。该警示片借助一些事故现场的画面展示让同学们意识到遵守交规的重要性,也让同学们了解到生命的可贵。市教育局将警示片刻录了1000份光盘,免费发放到各级各类学校,并要求学校将宣传片融入到安全宣传教育的课程中去。针对暑期期间学生由学校监管转向由家长监管的情况,市教育局还在暑假前和暑假中向广大家长发送20000余条预防溺水温馨提示消息,提醒、督促学生家长暑期中做好孩子的安全监护,切实增强家长的安全意识和监护责任意识。

北塘小学作为安徽省仅有的两所学校之一获得"全国百强特色学校"称号,镜湖小学获得"全国素质教育先进示范校"称号,繁昌县繁阳镇城关实验小学成为首批"全国中小学中华优秀文化艺术传承学校",安师大附中和育红小学成为第三批"国家级语言文字规范化示范校",芜湖县六郎镇中心小学获"国家级规范汉字书写教育特色学校"称号。在第十八届全国青少年信息学奥林匹克联赛上获国家一等奖73人(占全省获奖总数46.2%);普及组获国家一等奖43人(占全省获奖总数48.9%)。在第十四届国际机器人大赛中,获得中学组机器人创意项目银牌。

2012年,芜湖市学前教育毛入园率为84.44%,学前一年入园率95.80%。全市小学和初中入学率均为100%。小学毕业班学生毕业率为99.95%,初中毕业班学生毕业率为99.24%,初中升学率为89.57%。全市高中阶段毛入学率为89.39%。小学教师学历合格率为100%,初中教师学历合格率为99.52%。小学生师比为16.8,初中生师比为12.2。

2012年芜湖市中考中招政策作出较大调整,继续扩大切块分配指标生比例,实行将省级示范高中非择校生计划的80%(芜湖县为100%)切块分配到各初中学校(含民办初中)的政策(省里规定比例为70%);严格执行普通高中招生"三限"政策,择校生招生数控制在统招生计划的20%以内(2011年为30%)。并且从2012年起取消市区省、市示范高中以外的一般普通高中的择校生,今后还将逐步取消省、市级示范高中的择校生。根据省教育厅文件精神,2012年芜湖市中考加分只保留三项加分政策:归侨、华侨子女和台湾籍考生、烈士子女在其中考成绩基础上加10分投档,少数民族考生在其中考成绩基础上加5分投档,援疆和援藏人员子女在其中考成绩基础上加10分投档,其他政策性加分项目一律取消。从2012年初一年级起,只有在学籍所在初中学校实际就读满三年的考生,中考时方可填报分配到该校的指标到校生(切块指标生)志愿(现为在籍在校须满两年)。

【高等教育】 2012年末,全市各级各类高校有:安徽师范大学、安徽工程大学、皖南医学院、安徽商贸职业技术学院、芜湖职业技术学院、安徽中医药高等专科学校、安徽机电职业技术学院、安徽广播电视大学芜湖市分校、安徽芜湖技师学院,以及全日制普通本科独立学院安徽师范大学皖江学院、安徽工程大学机电学院等,在芜高校本专科专业涉及哲学、经济学、法学、教育学、文学、历史学、理学、工学、农学、医学、管理学、艺术学等学科门类。

其中,安徽师范大学有5个博士学位授权一级学科,45个博士学位授权二级学科,5个博士后流动站,26个硕士学位授权一级学科,128个硕士学位授权二级学科,18个省级重点学科,84个本科专业,1个教育部人文社会科学重点研究基地,1个教育部重点实验室,5个安徽省高校人文社会科学重点研究基地,8个省级和省高校重点实验室(中心),1个省级工程技术研究中心,1个省高校工程技术研究中心,1个省级科技创新公共服务平台,2个省级创新团队。安徽工程大学有9个一级学科和34个二级学科硕士学位授权点,4个领域工程硕士授权点,设有国家级纺织行业创新服务中心,6个省级重点学科,1个省级重点人文社科研究基地,4个省级工程技术研究中心,2个省级公共服务平台,5个省级重点实验室;3个国家级特色专业建设点,3个省级教学团队,24门省级精品课程,8个省级特色专业,省级专业综合改革试点5个,7个省级人才培养模式创新实验区。皖南医学院有3个硕士学位授权一级学科,31个硕士学位授权二级学科和8所附属医院(含6所非直属附属医院)。芜湖职业技术学院有国家级示范专业5个、地方财政支持的国家级示范专业3个、国家级教改专业1个、专业服务产业发展能力专业4个、省级特色专业9个,省级专业综合改革试点专业1个、省级教改专业5个。

年内,全市普通高等学校在校学生数14.74万人,在校学生毕业生数4.25万人。年末,全市普通高等学校有专任教师0.64万人。

成人高等教育主要包括函授教育、高等教育自学考试、继续教育、夜大学教育、岗位培训等形式,开设专业涉及管理、经贸、建筑、教育、卫生、司法、外语、计算机、机械等多个领域。

【成人教育】 积极与电大合作,筹建芜湖社区教育学院。截至12月底,已完成各类培训43637人。目前全市已拥有1个国家级社区教育示范区(安徽省唯一的国家级社区教育示范区),2个省级社区教育实验区,5个国家级社区教育示范街道、19个省级社区教育示范街道,社区教育的质量和水平均处于全省领先地位。

民办教育规模继续扩大,全年审批设立非学历教育机构24所,筹设民办学校8所,增加办学层次的民办学校1所,增设办学点的民办学校0所,注销民办学校3所,非学历教育机构变更审批17件。目前全市有各级各类民办教育机构517所。

【职业技术教育】 2012年芜湖市职业教育认真贯彻落实全省职业教育工作会议和全市教育工作会议精神,加强基础能力建设,设立职业教育和民办教育专项经费,加大招生和培训工作力度,实施职业教育改革,全力谋求芜湖市职业教育新一轮发展。职业教育投入进一步加大。2012年市本级财政投入职业教育经费12098万元,占城市教育费附加的75.5%。市本级设立职业教育专项经费5300万元,占城市教育费附加的33.1%。中职学校生均占地面积36.6平方米,生均建筑面积16.53平方米,生均仪器设备总值3109.6元,生均图书31.03册,均达到《安徽省职业教育大省建设规划(2008－2012年)》要求。工业学校新校区建成,师范学校新校区主体工程完工;无为职教中心被省教育厅确定为合格县职教中心,芜湖市职教中心等9所学校为芜湖市首批中等职业教育创新创业试点学校。中职招生20030人,顺利完省教育厅下达的18600人的招生任务;中职招生数占高中阶段学校招生人数的比例达到47.3%;在校生数占高中阶段在校生总数的比例达到45.1%;毕业证"双证率"达98.3%。中职学校专任教师学历合格率达到91%,专业课教师和实习指导教师占专任教师的比例达到70.3%,"双师型"教师占专业课教师和实习指导教师的比例达到62.2%。截至12月底,芜湖市有2所国家级改革发展示范中职学校、1所国家级重点中职学校、6所省级示范中职学校、4个合格县职教中心。

给各开发区发出《关于筹备芜湖中等职业教育与开发区对接对话活动的函》,并邀请了4家开发区召开座谈会,交流产教研一体化、校企合作现状、存在问题、解决办法,协商校企对接活动相关事宜。向市直各单位发函,对芜湖市各行业协会进行了摸底调查,与电子、机械装备等行业开展对接活动,成立专家委员会和行业指导委员会,为进一步发挥行业指导作用做好了准备。芜湖市职教中心是国家及改革和发展示范校,又是全省电子骨干教师培训基地,经省教育厅领导同意,依托芜湖市职教中心组建安徽省电子技术职业教育集团,依托职教集团与市外学校加强合作交流。

【人才工作概况】 2012年,芜湖市人才工作以省"人才特区"建设为主线,统筹推进以高层次和高技能人才为重点的各类人才队伍建设。新入选国家"千人计划"1名,1个产业创新团队入选省"115"产业创新团队,11个产业创新团队入选市"555"产业创新团队,60人认定为安徽省战略性新兴产业技术领军人才,157人入选市产业振兴"千名人才计划"。市及县区举办各类专场招聘会278场次,组织参加海外人才专场招聘会2场次,引进、接收各类人才3.8万人,全市培育和引进高端人才1720人。截至目前,全市有国家"千人计划"5人,省"百人计划"1人,市级创新创业人才领军人才3人,108个企业341名创新创业人才入选市产业振兴"千名人才计划",培育市"555"产业创新团队41个(带头人41人),省"115"产业创新团队8个(带头人8人),2人获合芜蚌自主创新试验区创新人才奖,11人入选合芜蚌试验区创新创业人才特别扶持计划,1人获得留学人员回国创业启动支持计划资助,2人获得科研活动择优资助,获得资助60万元。

【创新型人才和创新型团队培养工程】 通过组织实施市第五批"555"产业团队建设工程,引进培养产业创新团队。2012年全市申报市"555"产业创新团队54家,经初评有16家单位进入终评,近期将进行终评,提请上会,公示后确定10个研发团队入选市"555"产业创新团队。年初对前三批30个市"555"产业创新团队科技创新成果和经济效益进行评估,经初步统计共凝聚培养创新人才1367人,创新成果产业化投入98407.44万元,科技创新成果369个,发明专利117个,直接经济效益249729.27万元。通过组织实施市产业振兴"千名人才计划"工作,选拔培养企业科技创新型人才。2012年产生的第二批市产业振兴"千名人才计划"有53家企业157人。对每名入围人选,市县(区)财政给予3万元奖励。近期下发了《关于做好2012年度产业振兴"千名人才计划"申报工作的通知》,新一轮"千名人才计划"申报工作正式启动。

【创新创业平台建设工程】 积极做好国家(省)级博士后科研工作站申报工作,无为县华能电缆集团有限公司省级博士后科研工作站获批挂牌。目前已依托产业链建立博士后科研工作站9个,其中国家级7个,省级2个,在站博士后28名,累计带动培养创新科研人才100多人。以企业、科研机构为依托,采取灵活多样的方式,充分整合人才资源优势,形成了一个初具规模的吸引和聚集高层次人才的载体,自主创新能力显著提升。新增院士工作站2家,总数达4家。新增国家火炬计划重点高新技术企业10家,占全省认定数的23.8%。摸排了127家企业作为高新技术企业重点培育,并进行专题培训。全年组织完成了99家高新技术企业认定申报,已公示61家,占全省公示数的14.6%,完成市目标任务的101.7%。新认定第一批高新技术产品92个,第二批公示88个。高新技术企业和高新技术产品总数均位居全省第二。2012年以来,组织申报了11家省级工程技术研究中心、2家重点实验室,2个省级创新平台,20家省级企业技术中心。其中,8个省级工程技术中心、20家省级技术中心已获批组建,2家国家重点试验室和2家省级创新平台正在审批中。截至目前,全市有国家级、省级创新型(试点)企业数34家;国家级、省级重点实验室和工程实验室18家;国家级、省级工程技术研究中心和工程研究中心65家;国家级、省级企业技术中心107家;获批省级生产力促进中心5家,总数达8家。新增省级科技企业孵化器2家。新增科技企业孵化器5.3万平方米。深化产学研合作,搭建招才引智桥梁。邀请中科院计算机所、自动化所、浙江大学科研院、产业研究院等高校院所来芜对接洽谈;组织协调11家规模以上企业与清华大学、中关村、东南大学等高校院所进行项目对接,征集合作意向需求近百项;举办了合肥工业大学芜湖产学研对接会和浙江大学产学研芜湖对接会,达成18个项目合作意向。

【皖江医疗卫生中心人才保障工程】 加大对高层次人才的引进力度,畅通人才引进培养“绿色通道”,规定医疗单位引进博士和具有副高职称以上的专业技术人员,不受编制和专业职务结构比例的限制,经人社、编制等部门同意后直接办理和聘用手续。2012 年,公开招聘各类专业技术人员 200 余名。加强基层医疗卫生人才队伍建设,2012 年实施全市乡镇卫生院和社区卫生服务中心医护人员统一招聘,为基层卫生院招聘 70 多名医生和社区卫生服务中心 42 名工作人员。完善柔性引才机制。采取咨询、讲学、兼职、技术合作等形式柔性引进国内外智力。2012 年,市四院采取技术合作建立了院士工作站。市五院建立中德芜湖国际康复医院综合体大楼,将德国在康复领域积累的先进理念、技术、领先的设备、服务模式、管理经验等引进芜湖。设立高层次人才队伍建设基金,专项用于人才引进、培养和奖励等。加强重点学科建设,积极申报科技成果评审,市二院超大前列腺电切项目获省科技进步三等奖。加强学科国际交流和合作,选拔 6 名业务骨干赴德国参加为期 8 个月中德临床医学交流。完善人才激励机制,深化分配制度改革,发挥分配激励机制的杠杆作用,提高医疗技术人员工资待遇。

【“金蓝领”培训工程】 继 2011 年完成 4 所高校创业模拟实训基地建设后,2012 年新建了安徽商贸职业技术学院创业模拟实训基地 1 个,芜湖技师学院创业模拟实训基地正在建设中。开展了高校毕业生就业见习基地授牌和优秀单位评选工作,授予玉柴联合动力股份有限公司等 6 家企事业单位“芜湖市高校毕业生就业见习基地”称号,威灵(芜湖)电机制造有限公司等六家单位被评为“芜湖市高校毕业生就业见习基地优秀单位”,全市已授牌建立高校毕业生就业见习基地 133 个。引导社会、企业和各类技能劳动者广泛参与高技能人才培养工作,加大技能人才培养,其中,全市培养新技师 648 人、高级技师 39 人,培训高级工 5144 人。

上　海　市

【卫生事业】 2012年,上海有各级各类卫生机构3465家(各级各类医疗机构3369家),其中医院317家(综合性医院184家、中医医院17家、中西医结合医院7家、专科医院92家、老年护理院17家)、社区卫生服务中心(站)1002个、妇幼保健院(所、站)21家、专科防治院(所、站)19家。全市医疗机构有床位10.96万张,每千人口7.68张。有卫生技术人员14.61万人,其中执业(助理)医师5.42万人,每千人口执业(助理)医师3.80人;注册护士6.32万人,每千人口注册护士4.43人。全年全市医疗机构诊疗总量21402.13万人次,比上年增长5.92%,其中门急诊21114.29万人次;出院302.21万人次;住院手术126.21万人次。

全市户籍人口平均期望寿命82.41岁,其中男性80.18岁,女性84.67岁;婴儿死亡率5.04‰;孕产妇死亡率7.10/10万。全市常住人口甲、乙类传染病报告发病率136.40/10万。

改革医药卫生体制。制定实施《关于本市基本公共卫生服务项目和重大公共卫生服务项目的实施意见》,推进公共卫生服务均等化。试点公立医院改革,制定发布《上海市进一步深化公立医院体制机制改革三年行动计划(2013年—2015年)》。继续推动瑞金—卢湾、新华—崇明区域医疗联合体试点。制定发布《上海市医疗机构设置规划(2011—2015年)》。郊区三级综合医院建设项目进展顺利,上海市第六人民医院东院、复旦大学附属华山医院北院、上海交通大学医学院附属瑞金医院北院、上海交通大学医学院附属仁济医院南院、复旦大学附属金山医院、复旦大学附属中山医院青浦分院、上海市奉贤区中心医院、上海交通大学医学院附属新华医院崇明分院陆续建成(升级)运行。推进部分二级医院功能转型。发展现代医疗服务业,推进上海国际医学园区、上海新虹桥国际医学中心建设。推进家庭医生制度,起草《关于本市推进家庭医生制度试点的指导意见》。建设上海健康信息网,实现全市三级医院与6个试点区的电子健康档案数据中心联网共享。

完善公共卫生服务体系。全面启动实施第三轮公共卫生三年行动计划五大类47个项目。全市甲、乙类传染病发病率继续控制在历史较低水平。创建卫生应急综合示范区县,静安区成为首批“国家级卫生应急综合示范区”。一支国家级急性传染病防控应急队伍和一支国家级紧急医学救援队伍组建完成。

开展“医疗质量万里行”和“三好一满意”(即服务好、质量好、医德好、群众满意)活动。组建上海市医疗质量控制管理事务中心。全市所有三级医院和二级甲等医院实施临床路径管理。开展上海市康复医疗服务体系试点和电子病历试点。制定实施《上海市医疗机构不良执业行为积分管理办法》和《上海市医师定期考核管理办法(试行)》。建立医疗机构卫生监督联络员制度。

创建示范社区卫生服务中心,有10家被评为全国示范社区卫生服务中心,48家被评为上海示范社区卫生服务中心。2012年度上海市新型农村合作医疗人均筹资1200元。完成市政府舒缓疗护(临终关怀)实事项目。

推进《上海市进一步加快中医药事业发展三年行动计划(2010年—2012年)》。加强浦东国家中医药发展综合改革试验区工作。推进龙华医院国家中医临床研究基地建设,国家重点学科“中医各家学说”临床教学研究基地落户龙华医院。成立“上海中医药国际服务贸易促进中心”。

制定下发《关于加强本市卫生系统学科建设与人才培养工作的指导意见》,明确学科人才发展目标与思路。打破“条块分割和评审标准不一”的现行模式,在全国率先实行卫生高级职称全行业评审,建立统一的全行业卫生系列高级职称评审机构和标准。年内,市卫生系统18人入选上海领军人才计划;获得国家级科技奖励7项,占全国卫生系统的21.9%;第二军医大学肺癌临床与基础集成化研究创新团队获2012年度国家科技进步奖创新团队一等奖。全面开展住院医师规范化培训,启动“上海青年医师培养资助计划”。

落实《上海市卫生改革与发展“十二五”规划》各项工作。制定《上海市区域卫生规划(2011年—2020年)》。开展《上海市院前医疗急救管理办法》《上海市精神卫生条例》(修订)等项目立法调研,启动卫生标准新三年行动计划课题研究。

设立上海市统一卫生监督投诉举报电话962223,成立市卫生监督机动执法队。制定实施《进一步加强本市公共卫生监督管理行动纲要》。修订《上海市现制现售水卫生监督管理办法》和《上海市现制现售水卫生管理规范》。实施《上海市职业病防治规划(2010-2015年)》。

推进健康城市建设和爱国卫生运动。开展全民健康生活方式行动,组建市民健康自我管理小组1.6万个,28.9万人参与小组活动,60万余人参与健康讲座。启动全民心理健康知识普及项目,开展心理健康基线调查。实施《上海市公共场所控制吸烟条例》。持续推进国家卫生区(镇)创建和巩固工作。

重点推进卫生援疆工作“高地”和“低谷”建设。“高地”即喀什地区第二人民医院建成南疆地区医疗临床技术“高地”(重点是神经内科、妇产科、心血管科、消化科和中西医结合肿瘤科5个中心建设);“低谷”即喀什的叶城、泽普、巴楚、莎车4县建成南疆地区传染病发病率、孕产妇死亡率和婴幼儿死亡率等均得到下降。继续开展19家医院对口支援云南省19家县级医院工作。接受西藏藏族先天性心脏病儿童来沪治疗,14名患儿成功得到治疗。

苏州市

【概况】 2012年,苏州市医药卫生基础设施建设顺利推进,市区便民服务“一卡通”继续得到推广,市区集约式预约挂号“一号通”平台投入使用。昆山市“全民健身行动”等6个项目获世界卫生组织健康城市最佳实践奖。全市开展食品安全集中整治“天安行动”,食品安全工作继续保持全省优秀市行列。苏州市卫生局推出“三护”(护民、护企、护才)服务品牌,全市医药卫生系统建成苏州市文明行业。全年全市人均期望寿命81.77岁,比上年(下同)增加0.21岁,婴儿死亡率3.27‰,未发生产妇死亡情况,全市传染病总发病率112.31/10万,主要健康指标达到中等发达国家平均水平。

全市登记注册的卫生机构2992个,其中包括医院、卫生院、诊所、医务室、卫生所、社区卫生服务中心(站),增加134个机构;年末,全市实际开放床位46070张,增加3098张,其中医院38954张,卫生院4818张,社区卫生服务中心2038张。按户籍人口计算,全年每千人卫生机构床位数7.11张,医院、卫生院、社区卫生服务中心床位数7.07张,每千人医院床位数6.01张。

年末,全市卫生机构人员总数70449人,增加7040人。其中:卫生技术人员57168人,占81.15%;其他技术人员2598人,占3.69%。按户籍人口计算,每千人卫生技术人员8.82人,执业(助理)医师3.58人,注册护士3.39人。

全市医疗机构总诊疗人次数7324.96万人次,增加644.03万人次,其中门诊人次数为6618.44万人次。全市医疗机构入院人数131.41万人,增加15.88万人。全市医院住院病人手术人次为33.88万人次,增加3.4万人次。全市医疗机构病床使用率为87.83%,其中医院病床使用率为91.42%,卫生院为73.42%,社区卫生服务中心为50.67%。全市医疗机构出院者平均住院日为10.2日,其中医院出院者平均住院日为10.7日,卫生院为7.5日,社区卫生服务中心为7.7日。

全市综合医院平均每一门急诊人次医疗费用为206.1元,增加6.99元,平均每一出院病人住院医疗费用为9854.6元,增加715.88元。中医医院平均每一门急诊人次医疗费用为198.5元,增加5.08元,平均每一出院病人住院医疗费用为8646.5元,增加693.87元。

【医药卫生体制改革】 2012年,全市继续推进基层医疗卫生机构综合改革,开展岗位设置、人员聘用等人事制度改革。实施改革投入补偿机制,进行收支两条线管理,开展基层医疗卫生机构债务化解工作。《苏州市深化公立医院改革意见》出台,苏州市公立医院管理委员会成立。各县级市、吴江区、吴中区、相城区、苏州高新区以及市属医院完成卫生事业单位核编工作,新增编制5909个。苏州工业园区出台《关于率先基本实现卫生现代化 加快推进医疗卫生服务体系建设的若干意见》。年内,全市推进卫生基础建设,明确“十二五”期间全市公立医院建设投入总额为160亿元,吴江区、常熟市、太仓市3个省级试点地区启动县级公立医院综合改革试点工作。

【社区卫生工作】 2012年,全市城乡社区卫生服务普及率达99%以上,服务人口实现全覆盖,“15分钟健康服务圈”基本建成。全年,全市社区卫生服务机构门急诊3092.4万人次,增长7.36%,51.69%的就诊人次在社区卫生服务机构,平均每次费用63.33元,下降2.57%。全市所有政府办基层医疗卫生机构全部实施基本药物制度,全年减少群众医疗费用支出5.29亿元。推进大医院与社区卫生服务机构建立上下联动、分工协作机制,实施双向转诊,建成苏州市首个社区影像会诊中心。开展家庭医生签约和健康管理团队服务,全市累计建立健康档案904.21万份,居民建档率为85.87%,其中65岁以上老人建档率为98.15%,家庭医生签约率为33.96%。

【农村卫生工作】 2012年,全市新型农村合作医疗人均筹资550元,筹资水平与城镇居民基本医疗保险水平相当。住院费用实际补偿比为56.19%,县乡两级政策范围内补偿比为

71.11%。常熟市被列为卫生部支付方式改革试点地区。截至年底,全市先后有12名先天性心脏病和3名儿童急性白血病患儿纳入儿童重大疾病保障并获得救治。全年全市享受到提高终末期肾病、再生障碍性贫血、重性精神病医疗保障待遇政策贫困人群338人,实际补偿比为97.24%;全市住院恶性肿瘤患者2654人,政策范围内报销比例提高到78.16%,实际补偿比提高到55.70%。

【卫生科研与人才】 2012年,全市建成省临床医学中心(创新平台)2个、医学重点学科6个,市级重点学科16个。9人成为省医学领军人才,23人成为省医学重点人才,3人成为姑苏卫生领军人才,17人成为姑苏卫生重点人才。全年获部、省级科研立项91项,获省科技进步奖一等奖1项、二等奖1项、三等奖3项,市科技进步奖一等奖3项。市属单位57名业务骨干赴国(境)外中长期研修。在省内率先全面推进住院医师和全科医师规范化培训工作。 (段建攀)

【2012苏州国际护理论坛】 于2012年8月25~27日在苏州举行,来自海内外近200名国内外护理学专家及337名学员参加,探讨优质护理与专科内涵的护患沟通。论坛由苏州大学附属第一人民医院、苏州市护理学会、苏州大学护理学院共同举办,卫生部医政司副司长郭燕红、英国女王大学护理学院院长Linda Johnston等出席开幕式。与会者围绕公立医院改革中的优质护理实践主题,在护理管理、岗位绩效考核、专业化实践,尤其是"肿瘤、慢性病"及危重症、营养、伤口护理的健康管理和同伴支持、人文关怀方面进行研讨和交流,来自海内外的护理学专家在论坛上分享最新护理科学研究和创新成果。 (周黎明)

【爱国卫生和健康城市建设】 2012年,苏州市新建健康镇2个,健康村76个。开展城乡环境卫生整洁行动,代表江苏省接受全国城乡环境卫生整洁行动督查。全市乡镇全部创建成省级卫生镇,创建国家卫生镇3个、省级卫生村14个,国家卫生镇比为71.4%,省级卫生村比为94%。农村生活饮用水水质合格率保持在100%,农村无害化卫生户厕普及率为99.5%。建立有害生物防制协会,加强病媒生物防制服务行业的自治。14家企业创建成为江苏省健康促进示范企业,总数为29家。推行社区卫生服务机构健康教育规范化建设。实施"盖茨无烟城市"合作项目。组织开展单位卫生交叉检查,全市共检查单位150余家。全市居民健康素养水平为18.3%。

【爱国卫生运动60周年纪念活动】 2012年,全市开展爱国卫生运动60周年纪念活动,编纂出版《情系百姓健康——苏州爱卫60周年》《现代健康城市发展研究——苏州健康城市范例》。拍摄爱国卫生运动60周年专题片。

【健康城市建设】 2012年,苏州市道路安全等项目获世界卫生组织健康城市最佳实践奖,至此,苏州市国际健康城市奖项数累计为25项。"东西部地区健康城市建设科学化促进策略"课题入选中国/世界卫生组织2012~2013年度合作项目。完成中非民间论坛病媒生物保障工作。深化全民健康促进与教育,开展健康促进百千万工程,形成"健康苏州大讲堂""健康大巴进社区""健康教育园"等品牌。 (段建攀)

【医政管理】 2012年,苏州市继续推广市区医疗便民服务"一卡通",平均使用率达57%。市区集约式电话预约挂号"一号通"(12320)平台开通,日均话务量超千人次,约占全省总预约挂号量的2/3。全年全市临床供血39.5吨,无偿献血占临床用血比例100%,自愿无偿献血比例为100%,成分血比例为99%,保证全市临床供血及血液安全。苏州市获"2010~2011年度全国无偿献血先进城市"称号。年内,全市开展"三好一满意"(服务好、质量好、医德好、群众满意)活动,推进"平安医院"建设,医疗纠纷调解成功率为86.5%。

【医院建设】 2012年,苏州大学附属第一医院主体迁建、苏州大学附属儿童医院园区总院、市公共医疗中心和市立医院本部门急诊楼、吴中人民医院门急诊综合楼、张家港市第一人民医院妇儿大楼、太仓市中医医院病房楼扩建、吴江区第五人民医院、吴江区康复医院和市立医院国家级全科医生临床培养基地等一批重点工程建设进展顺利,姑苏医院(暂定名)、独墅湖医院(暂定名)建设规划确定。全年全市在建项目52个,总建筑面积167.29万平方米,投资127.38亿元,其中政府投入88.83亿元。完善多元化办医格局,苏州高新区明基医院正式运行。

【等级创建与专科建设】 2012年,全市加强综合医院建设,全市三级医院增至16所,居全省地级市首位。建成国家级重点学(专)科8个,省级重点学(专)科41个,市级重点学科16个,其中国家级重点专科数量居全国地级市首位。实现市级平台与张家港市、太仓市和吴江区等健康档案的互联互通。 (段建攀)

【疾病防控概况】 2012年,苏州市以常住人口为基数,按人均38元的标准,实施城乡均等的十大类41项基本公共卫生服务项目。张家港市、太仓市通过国家慢性病综合防控示范区建设验收,慢性病防治工作处于全国领先水平。加强应急保障能力建设,常熟市、吴江区创建成首批"国家卫生应急综合示范县(市、区)",苏州市获全省卫生应急比武竞赛团体一等奖,完成市级重大活动医疗卫生监督保障任务78项,实施突发事件紧急医学救援46起,抢救危重伤员214人。

【疾病防控与妇幼保健工作】 2012年,全市传染病总发病率112.31/10万,婚前医学检查率92.04%;婴儿死亡率3.27‰,五岁以下儿童死亡率4.53‰;未发生孕产妇死亡情况,出生缺陷发生率4.98‰。排前五位死因依次是恶性肿瘤、脑血管病、呼吸系统疾病、心脏病、损伤和中毒。全市落实农村妇女"两癌"(乳腺癌、宫颈癌)检查、补服叶酸等重大公共卫生项目。实施重性精神病患者免费服药和母婴阳光工程等特色项目,全市规范管理和免费服药的重性精神疾病患者为24003人,规范管理率为96.89%。 (段建攀)

【建立食品安全监测预警体系】 2012年,苏州市针对食品安全分段监管的现状,有效整合监管资源,各级政府共投入4210万元,完成"建立食品安全监测预警体系"实事项目建设。统一建立食品安全监测预警网络互通平台，汇集各监管部门的数据，实现监测数据互通共享；统一安排食品安全重点品种监测任务，全市抽检总量4.15万批，抽检动态合格率达97.8%。苏州市食品安全委员会办公室定期在地方主要媒体发布食品安全抽检信息公告，全年公告6期，发布不合格食品信息702批次。

【开展“天安行动”】 2012年7月，全市启动食品安全集中治理整顿“天安行动”，成立由市委常委、纪委书记王天琦任总指挥的“天安行动”工作指挥部。苏州市委、市政府联合下发《苏州市食品安全“天安行动”集中治理整顿工作方案》，整治范围涵盖“从农田到餐桌”整个食品产业链，集中开展“食品中违法添加”“十大类重点品种”和“六大环节”的综合治理。全年累计出动执法人员16万人次，检查单位23万户次，食品案件数为2461件，比上年(1773件)增长38%，其中刑事立案33件，对55人采取强制措施，涉案货值2806万元，罚没款1983万元。

【推行“五常法”管理】 2012年5月，《苏州市餐饮服务单位实施“五常法”等先进管理体系推行方案》《苏州市餐饮业食品安全“五常法”管理体系实施指南》和《苏州市餐饮业食品安全“五常法”管理达标评定标准》等公布。按照“创新思路，精心组织，试点先行，以点带面”的工作思路，力争5年内，全市所有餐饮单位普及推广“五常法”(常组织、常整顿、常清洁、常规范、常自律)管理。该管理是实施全面质量管理的一种基础科学管理方法，根据现场现物情况，从细节入手，动员全体员工自觉参与，提高行为素养，实现现场管理的规范化、标准化和经常化。

【建立学校食堂远程监控系统】 2012年，苏州市食品药品监督管理局联合市教育局建立学校食堂远程监控系统，由苏州市卫生监督所对苏州市教育局直属学校食堂实现远程视频监控。系统充分运用现代网络和信息技术，强化餐饮监管的威慑和服务的职能，弥补监督人力不足，防止学校食源性疾病的发生。9月1日起该系统正式运行，监管人员通过授权权限，在办公室随时可以对市教育局直属29所学校食堂餐饮加工场所的操作情况进行实时动态察看。

【普及食品安全知识】 2012年6月11～20日，全市开展以“共建诚信家园、同铸食品安全”为主题的食品安全宣传周活动。活动期间，举办现场宣传咨询活动100多次，设置宣传图版360余块，发放宣传资料20多万份，悬挂宣传横幅900多条，张贴举报奖励公告1.5万多份，发布电子屏幕宣传50块，举办各类食品安全相关培训讲座200多场，取得良好的宣传效果。同时，通过电视台、电台节目及“政风行风”热线、“寒山闻钟”论坛等，与市民互动，鼓励广大市民为食品安全建言献策，共筑食品安全防线。制定《苏州市食品安全举报奖励办法》，政府每年拨款100万元用于食品安全奖励金的发放，最高奖励金达10万元；全市城乡食品举报投诉电话统一使用“12345”，受理咨询、投诉举报4400多件，办结率100%。

【药品集中整治与日常监管】 2012年，全市食品药品监管部门全面实施药品集中整治，全年共对100家药品生产企业进行检查，未发现药品生产企业存在擅自接受药品委托加工、出租厂房设备等违法违规情况。加强基本药物生产监管，全市37家基本药物生产企业中已有34家企业全面实施电子监管(其余3家企业基本药物全面停产)，赋码药品416个，对280个基本药物品种进行处方工艺核查并建立品种档案；结合集中整治，对注射剂、基本药物等高风险品种进行飞行检查，检查率达到100%，对全市38家药品生产企业委托检验进行重新报备和监督检查，组织完成39家重点企业的飞行、跟踪检查，并做好后续跟踪整改工作；开展中药监管工作，以原料来源、物料检验、生产工艺为重点，对13家中药制剂生产企业、12家中药饮片生产企业进行现场检查，并对中药饮片进行抽样检验；开展瘦肉精专项集中清查，对苏州99家药品生产企业、33家药品批发企业、150余家药品零售企业进行检查，未发现瘦肉精的违法生产、销售、使用。

【药品流通领域监管】 截至2012年底，全市共有药品零售企业3665家，其中新开办272家。市区有614家，其中新开办59家，变更91家次，换证56家，注销12家。全年共组织实施药品零售企业GSP(药品经营质量管理规范)认证459家，跟踪检查698家。同时，配合江苏省食品药品监督管理局完成GSP认证检查4家(药品批发企业1家，零售连锁企业3家)，GSP认证跟踪检查9家(药品批发企业5家，零售连锁企业4家)。2～6月，开展全市药品流通领域集中整治行动。共检查药品批发企业32家，药品零售连锁企业19家，药品零售企业3451家，出动执法人员6985人次，责令整改137家，移送稽查29家。检查三级医疗机构13家，检查二级及二级以下医疗机构181家。制定下发《苏州市互联网药品信息和交易服务专项整治方案》，由专人负责辖区内37家取得《互联网药品信息服务资格证书》网站的网页检查。苏州市食品药品监督管理局联合市卫生局下发《关于进一步加强中药饮片经营使用监督管理的通知》，严格中药材及中药饮片的供应商资质审计、质量验收，严厉查处各类违法违规行为。

【争创药品安全示范市(区)】 2012年，苏州市把药品安全作为稳增长促转型惠民生的关键举措，成立以副市长王鸿声为主任、13个职能部门分管领导为委员的苏州市药品安全委员会，建立健全“地方政府负总责，监管部门各负其责，企业是第一责任人”的药品安全责任体系。苏州市食品药品监督管理局制定下发《关于全市开展创建药品安全示范县(市、区)工作的意见》，成立苏州市创建国家级药品安全示范县(市、区)工作领导小组。张家港市、昆山市、吴江区作为“国家药品安全示范市(区)参创市(区)”，先后成立创建领导小组并顺利通过江苏省食品药品监督管理局检查组的现场评价验收。

【药品流通行业健康发展】 2012年，全市食品药品监管部门推进药品经营企业诚信体系建设。继续做好药品零售企业信用分类管理，完成全区551家药品零售企业2011年度信用分类评定，其中A级397家，B级61家，C级93家，D级0家；完成全市10家试点药品批发企业2011年度药品安全信用等级评定工作。开展家庭过期失效药品收集活动。经过征求意见、专家评审、网上公示、风险评估等程序，9月25日，正式印发

《苏州市居民家庭过期失效药品收集管理办法》,实现过期失效药品回收工作制度化、规范化、常态化。市区共有55个收集点,全年收集过期药品6351盒/瓶,货值金额103799.6万元。

(胡智琴)

·中医药·

【等级医院创建与重点专科建设】 2012年,张家港市、常熟市和昆山市中医医院通过国家中医药管理局组织的三级中医医院评审。苏州市中医医院妇产科、临床药学等5个专科成为国家中医药管理局“十二五”重点专科建设项目和培育项目;苏州市中医医院肿瘤科、肛肠科等8个科室成为省中医药局“十二五”中医重点专科建设项目。

【中医传承】 2012年,苏州市任光荣等4人和黄菲等8人分别入选为第五批全国老中医药专家学术经验继承项目的指导老师和继承人。为此,苏州市举办拜师仪式,8名继承人分别向4名指导老师行拜师礼,指导老师向每位继承人赠送中医书籍。年内,常熟市通过国家中医药管理局组织的“全国农村中医工作先进单位”复核评审。

(段建攀)

无　锡　市

【概述】 2012年,无锡市拥有卫生机构1951个,其中医院113个,社区卫生服务中心(卫生院)88个;拥有医疗床位28780张,平均每千人口拥有医疗床位6.48张(按户籍人口算)。年末全市共有卫生人员42812人,其中卫生技术人员35105人,执业(助理)医师13092人,注册护士14873人,平均每千人口拥有卫生技术人员7.47人(按户籍人口算)。

全市各级医疗机构全年共完成诊疗总人次3835.62万人,出院总人次90.58万人。全年卫生事业费为179126万元,比上年增长24.4%;卫生系统拥有资产740044万元,完成基建投资38527.67万元;平均每一门诊人次医疗费用158.97元。

【爱国卫生】 根据《无锡市建设健康城市行动计划(2011～2015年)》,2012年,市卫生局制定《各类健康促进场所建设标准规范》,规范健康步道、健康社区、健康小屋等健康场所建设标准。推进实施健康城市八大行动,实施2个省级监测点900人和7个市级监测点2100人的监测工作。新创市级“亿万农民健康促进行动”示范镇7个。新建成健康促进示范企业16家、健康步道39条、健康社区58个、自助式体检健康小屋15个。居民健康素养综合水平达19.9%。新增无烟机关、宾馆48家,“无烟中小学校”实现全覆盖。完成城乡环境卫生整洁三年行动任务。城市生活垃圾无害化处理率100%、污水处理率96%;逾95%的城市农贸市场实行信用分类监管;农村生活饮用水监测覆盖率、水质合格率100%,农村无害化卫生户厕普及率98.9%,完成农村生态改厕14654户。新增国家卫生镇3个,91个村通过省卫生村复审,9个国家卫生镇通过全国爱卫办复审,建成国家卫生镇34个、园林小城镇2个。10个农贸市场被命名为病媒生物防制先进农贸市场。

无锡市健康城市建设经验参与全国交流。6月7～8日,市卫生局局长谢寿坤代表无锡市赴北京参加全国健康城市建设工作经验交流会,并作大会发言。会议由中国医药卫生事业发展基金会、中国非处方药物协会、北京市爱卫会联合举办,全国30个率先开展健康城市建设的城市代表参加会议。无锡市自2008年启动第一轮健康城市建设以来,全市各地突出重点、强力推进,经过努力,68项健康城市工作指标综合完成率95.6%,5岁以下儿童死亡率、孕产妇死亡率、甲乙类传染病年发病率等指标呈连续下降趋势。围绕“营造健康环境、建设健康社会、培育健康人群”三大战略任务,2011年起启动第二轮健康城市建设,设立40项工作指标,实施八大行动计划,按照重点工作项目化管理思路,深入推进健康城市建设。南长区作为这次会议唯一城区区域健康城市建设单位参加经验交流,展示该区建设成果。

【卫生改革】 6月,无锡市政府出台市卫生局、市食品药品监管局机构改革“三定”方案,将综合协调食品安全、组织查处食品安全重大事故的职责划入市卫生局,将市卫生局保健食品、化妆品卫生监督管理的职责划入市食品药品监督管理局。市卫生局、市食品药品监管局同设6个综合处室合署办公。启动县级公立医院改革。宜兴市人民医院被列为全省15家县级公立医院改革试点医院,宜兴市中医医院被列为全省第一批县级公立中医医院改革试点单位,江阴市人民医院被列为全省第二批县级公立医院改革试点单位。宜兴市制定《宜兴市公立医院综合改革试点实施意见》、《宜兴市公立医院医疗技术服务价格调整方案》。加快多元化办医步伐。新设置医疗机构43家,其中民办医疗机构35家,占81.4%。江阴百意中医医院等二级以上民办医院执业,无锡明慈心血管医院、无锡正大耳鼻喉科医院等二级以上民办医院获准设置,上海瑞金医院无锡分院进入审批程序,无锡太湖新城国际医院签约。拟定《无锡市医改重大专项培训实施方案》。

【卫生监督执法】 2012年,无锡市卫生局开展卫生监督协管服务。深化实施“放心餐桌”、“放心餐具”专项行动及食品安全专项治理,查处违法案件1045起,罚没款353万余元,完成重大活动保障107起。餐饮食品安全监督量化分级管理率逾96%。开展餐饮具集中消毒单位量化分级管理工作,先后公布4批39家餐饮具集中消毒卫生监督检查合格单位。创建成省级餐饮服务食品安全示范县1个、示范街2条、示范单位10家,评定首批无锡市餐饮服务食品安全示范单位36家、2011年餐饮服务食品安全A级单位368家,学校食堂全部实施量化分级管理,餐饮服务食品安全监督抽检和风险监测覆盖率100%。评定2011年度无锡市二次供水卫生管理示范单位32

家。推进公共场所卫生监督量化分级管理,做好公共场所控烟督查。加强医疗服务监督,实施处罚254起,罚款145万余元,取缔无证行医401起,移送法院处理17件,强制执行23件,吊证1起,吊销科目2起。查处医疗机构违法发布医疗广告25家次。加强职业卫生、放射卫生、传染病防治监督和健康相关产品卫生监管。制定《无锡市卫生监督管理工作事权划分规定》,下放事权30项,服务前移2项。

【公共卫生服务】 2012年,无锡市居民人均期望寿命81.47岁,其中男性79.28岁,女性83.76岁。完成基本公共卫生和重大公共卫生服务项目任务。法定报告传染病发病率118.87/10万,麻疹发病率0.41/100万,实现麻疹发病率小于1/100万的控制目标。全市63个建制镇(社区)建成免疫规划现代化门诊,儿童免疫规划疫苗全程接种率逾95%。制定《无锡市艾滋病防治行动计划(2012~2015年)》,发现并管理活动性肺结核病人2426例。完成血防查螺3326.5万平方米、血防查病22217人,未发现阳性钉螺。修订完善《无锡市环太湖生态湿地钉螺监测方案》,新增生态湿地钉螺监测点30个,环太湖生态湿地钉螺监测点实现城区全覆盖。贯彻实施《无锡市结核病防治规划(2012~2015年)》,发现并管理活动性肺结核病人2426例。市区建立健康档案544万份,常住人口建档率85%。开展免疫规划疫苗查漏补种月活动,补种60241人次,接种率96.6%。麻疹发病率0.41/100万。加强慢性病人与老年人动态健康管理,35岁以上门诊病人首诊测血压率100%;规范管理高血压病人46.5万余人,登记率7.27%,管理率95.42%;规范管理糖尿病病人13.7万余人,登记率2.14%,管理率95.08%;6个市(县)区创建慢性病综合防控示范区,承担"全国慢病防控示范区经验交流会"现场观摩工作。实施精神病人建档管理和重性精神病人规范管理,报告率27.07%,管理率107.3%,动态管理重性精神病人14493名,成立市民心理健康学校并开展心理干预。将碘盐监测纳入基本公共卫生服务项目。生活饮用水末梢水、出厂水水质监测合格率分别为98.81%、100%。孕产妇死亡率4.91/10万,婴儿死亡率3.19‰,出生缺陷发生率3.95‰,免费婚检率94.77%;孕产妇保健管理率98.3%,儿童保健管理率98.6%;完成住院分娩补助12722人、叶酸增补53418人、乳腺癌筛查340578人、宫颈癌筛查338765人。建成现代化社区妇儿保门诊59家、托幼机构卫生站86家。无锡市获省"社妇管理创新奖",江阴市、宜兴市被确认为首批省妇幼卫生先进市(县)。市妇幼保健院儿童营养专科、北塘区疾控中心孕前保健专科获全国妇幼保健专科建设贡献奖。

常 州 市

【概述】 2012年末,全市有各级各类医疗卫生机构1128家,其中医院、卫生院107家,包括三级医院9家;全市拥有总床位2.05万张;有卫生技术人员2.53万人。其中,执业(助理)医师1.01万人,注册护师(士)1.02万人;每千名常住人口拥有卫生技术人员5.39人、执业(助理)医师2.15人、床位4.37张。年内,全市各级各类医疗卫生机构完成总诊疗2451.76万人次,其中门急诊2312.31万人次,出院53.64万人次。

【爱国卫生】 2012年,常州市、金坛市、溧阳市顺利通过国家卫生城市复审。10月25日,常州市接受省政府组织的全省城乡环境卫生整洁行动终期督导评估,各项指标均达省考核要求。武进区湟里镇国家卫生镇创建工作通过省级考核和全国爱国卫生办公室(简称爱卫办)暗访。武进区洛阳镇、新北区薛家镇通过国家卫生镇复审。金坛市指前镇创建江苏省卫生镇通过省级暗访检查。全年新创成江苏省卫生村49个,2007年命名的35个江苏省卫生村全部通过省级复审确认。

市卫生局、市爱卫办联合制定《2012年常州市农村饮用水卫生监测工作计划》,召开全市农村饮用水监测专题工作会议,健全完善农村饮用水卫生监测网络,监测覆盖率100%;全年新增无害化卫生户厕4549户,无害化卫生户厕普及率97.89%。经评估、监测、统计,全市城乡居民健康素养综合水平20.28%,比上年提高1.45%。溧阳市有8个行政村开展健康村创建,钟楼区在青枫公园建成常州市首个健康主题公园,全市建成健康自测小屋15个,常州天合光能有限公司被评为江苏省健康促进示范企业。金坛市、溧阳市通过灭鼠、灭蝇、灭蟑先进城市省级复审。

【公立医院改革】 2012年,常州市全面推进公立医院服务体系改革。新增溧阳市为江苏省县级公立医院综合改革试点县;金坛市和溧阳市围绕江苏省县级公立医院综合改革试点实施意见推进各项改革任务;金坛市成立医疗集团,取消药品加成,推进价格综合改革和医保支付方式改革。金坛市金城镇、溧阳市南渡镇、武进区横山桥镇、新北区薛家镇卫生院和戚墅堰区戚墅堰街道社区卫生服务中心被评为全省实施基本药物制度工作先进集体。完善大型医院巡查内容和方法,制定《常州市大型医院巡查工作方案(2012)》《常州市大型医院巡查标准细则(2012)》,市卫生局组织对常州市肿瘤医院、市儿童医院开展大型医院巡查工作。制定《常州市"十二五"市区医疗机构设置规划》,明确各级政府举办公立医院和社会资本举办医疗机构数量、类别、规模、布局。金坛市成立金坛市人民医院医疗集团和金坛市中医医院医疗集团,武进区成立武进人民医院医疗集团和武进中医医院医疗集团。完成对儿童、传染、精神、康复、急救医疗5个专科医疗事业发展规划制定。基层医疗卫生机构综合改革有序实施。全面实施绩效工资制度,初步建立完善以服务质量和效率为核心、以岗位责任和绩效为基础的考核办法和奖惩机制。锁定基层医疗卫生机构长期债务6.7亿元,落实各项措施,有序组织化解。

【卫生监督执法】 2012年,全市出动卫生监督员6.95万人次,监督检查各类单位12万余户次,责令整改1.86万户次。

新发餐饮服务许可、各类卫生许可证5513件,复核9967件,注销许可证1056件。实施行政处罚778起,罚款149万元,没收违法所得8.08万元,没收、销毁违法食品、药品医疗器械8310公斤。参与各类重大活动卫生监督144项,保障食宿安全10万余人次。监督抽检样品1.57万件。举办培训班275期,培训人员4.16万人次。

【妇幼保健】 2012年,全市孕产妇死亡率2.75/10万,婴儿死亡率2.56‰,5周岁以下儿童死亡率4.18‰,出生缺陷发生率5.83‰。孕产妇保健管理率99.77%,0~6周岁儿童保健管理率98.87%,婚前医学检查率94.91%,新生儿疾病筛查率97.31%,妇女病普查率95.11%,孕妇产前筛查率82.98%。天宁区创建成为首批江苏省妇幼卫生工作先进区。溧阳市、戚墅堰区妇幼保健所创建成为江苏省甲等妇幼保健所。市妇幼保健院通过省三级甲等复评,天宁区、钟楼区妇幼保健所顺利通过省级第三周期等级复评。市妇幼保健院妇女保健科被确定为江苏省妇幼保健重点学科建设单位。

【天宁区启动家庭医生制度】 2012年,天宁区在全市首先开展家庭医生服务协议签约活动。家庭医生以全科医生为第一责任人,主要为社区老年人、孕产妇、儿童、高血压、糖尿病等病人提供综合、连续、协调的服务及健康照顾。居民家庭可自愿与家庭医生签订《健康服务协议》,签约后即可获建立电子健康档案、健康教育和健康咨询、7岁以下儿童健康管理、孕产妇保健管理、老年人健康管理、慢性病患者管理、精神病患者管理、传染病管理、双向转诊和预约门诊、开展基本医疗服务及与被签约人双方约定的其他服务。除特色服务外,其余均为免费、连续提供。全年签约2.01万户家庭7.51万人,并向全市推广。

镇　江　市

【概况】 2012年,镇江市卫生系统落实国家、省政府和省卫生厅医改试点工作,启动医药价格综合改革。全市参加新农合人口159.28万人,参合率100%,人均筹资标准为378元,各级财政补助为263元。新农合县乡两级政策范围内住院费用报销比例比上年提高4.2个百分点;住院费用实际补偿比51.39%,提高0.25个百分点。推行8类重大疾病的保障工作,救助重大疾病患者245例。基本药物制度全覆盖。全市所有基层医疗卫生机构执行新一轮基本药物集中采购中标目录,以省医疗机构药品集中采购与监管网络为平台集中采购、统一配送,零差率销售。基层医疗卫生机构减轻群众医药费用负担2.57亿元。图32－12012年6月13日,卫生部党组书记张茅(右四)调研镇江医改工作(尹庄)全市投入建设资金6727.55万元,完成38个示范乡镇创建和所属的283家村卫生室标准化建设,占全市村卫生室总数的89%。全市人均基本公共卫生服务经费辖区45元/人,完成10类41项基本公共卫生服务任务,超额完成重大公共卫生服务项目。妇幼卫生各项指标位居全省前列,重大传染病防治结核病、艾滋病、免疫规划工作考评蝉联全省第一,结核病防治指标继续保持在100%,连续六年保持无急感疫情。全市投入2037.78万元完成农村改厕21097户,累计完成农村改厕65.3万户,卫生户厕普及率98.46%,位居全省第三位。全市清理完善各类卫生许可审批事项,22项审批项目全部进入市行政服务中心。丹阳市和扬中市分别成立医院管理委员会,提升服务能力和技术水平;句容市成立医疗集团,建立公立医院法人治理机制,推进医院集团化管理。康复医疗集团推进学科建设、社区管理等9项一体化管理,建立、完善集团儿科、产科、心血管科等临床诊疗中心和影像、临检、病理等临床诊断中心,明确中心运行模式、专科规划、人员管理和绩效分配等工作机制。江滨集团根据成员医院特色和优势资源,在明确功能定位、优化资源配置和调动积极性的原则下,建立分级诊疗、临床检验、社区管理、集约经营等一体化资源利用机制,提高医疗集团及各医院的集约经营水平和运行效率。镇江市第一人民医院内科医技综合楼建成使用,争取到中央预算内投资2600万元。镇江市儿童医院争取到中央预算内投资1350万元。镇江市第二人民医院、镇江市精神卫生中心异地迁建工程竣工。（朱训挺）

【医药卫生体制改革】 2012年,全市二级以上非营利性医疗机构实施医药价格综合改革。探索建立多部门协作的医药价格动态、联动调整机制。改革新农合支付方式。句容、丹徒、京口、润州和镇江新区申报开展省混合支付方式改革试点地区,实施住院费用按病种付费、按床日付费等相合混合付费试点。实施一般诊疗费纳入医保基金支付范围,收费标准除丹阳市村卫生室为6元/人次,其他均为10元/人次。报销比例丹阳市为80%,其他地区均为90%。制定转外就医补偿政策,各统筹地区对转外就医人员保底补偿标准达30%。完善分工协作机制。2012年,区级政府投入5000多万元加快建设基层卫生机构,镇江市两大医疗集团托管城区18家社区卫生服务中心,实行一体化管理。医疗集团在硬件建设、设备配备、资源共享、人员培训、信息化建设等方面对社区进行帮扶。制定医院和社区双向转诊工作规范。在社区开设康复联合病房,康复期病人转到社区治疗,医院派人查房护理。推进村卫生室标准化建设。明确辖市(区)政府的主导地位、建设责任和保障作用,镇、村两级提供村卫生室统筹规划建设用地,实施标准化建设。统一科室设置、设备设施、标志标牌、服务内容、人员配备、业务管理、信息管理和绩效考核。推行"健康服务零距离"。各社区网格团队到家庭签订居民健康服务协议,建立健康档案,实施健康维护,宣传健康知识,实现电子化管理,移动平台与区域卫生信息系统无缝对接。推进健康镇江行动。市政府成立健康促进委员会,制定《健康镇江三年(2013~2015)行动方案》,构建政府主导、部门推动、社会参与的工作格局。把健康载体建设、示范项目创建、智慧健康建设作为重点,深化健康教育与健康促进、健康细胞工程建设、健康环境和健康社会工作。

（蒋栋明）

【卫生机构、床位和人员】 2012年，全市有各级各类卫生机构906个，其中医院39所，卫生院55所，妇幼保健院（站、所）6个，疾病预防控制中心7个，卫生监督（检验）机构7个，其他卫生单位11个；其他部门诊所、医务室、卫生所和社区卫生服务站781个。全市实有床位12574张，比上年增加1634张，其中医院病床9526张，增加1316张，占全市病床总数的75.76%。综合医院、中医院和卫生院分别有病床6848张、1043张和1962张，分别占病床总数的54.46%、8.29%和15.60%。全市有卫生人员20459人，增加2211人，其中卫生技术人员16402人，增加2177人，占人员总数的80.17%，全市每千人拥有卫生技术人员5.20人。全市有执业（助理）医师6881人，注册护士6609人，每千人拥有执业（助理）医师和注册护士分别为2.18人和2.09人。隶属于卫生部门的422个卫生机构有卫生人员18150人，增加2000人，占人员总数的88.71%。其中卫生技术人员、其他技术人员、管理人员和工勤人员分别为14577人、1089人、540人和1469人，分别占人员总数的80.31%、6.00%、2.98%和8.09%。 （朱月兰）

【卫生收支情况】 财政拨款：2012年，镇江市医疗卫生机构共争取到各级财政拨款96262.06万元，比上年增加27102.01万元，增幅39.19%。其中：医疗机构的财政补助65375.2万元，增加18780.97万元，增幅为40.31%；其中公立医院增加6051.86万元，增幅37.08%；基层医院增加12375.82万元，增幅45.46%；中医医院增加353.29万元，增幅11.58%。卫生机构的财政拨款30886.86万元，增加8321.04万元，增幅为36.87%。筹集国债资金6215万元，用于改善医疗卫生服务体系建设。收入情况：2012年全市医疗机构实现收入506160.97万元，较上年增加87329.76万元，增长20.85%。公立医院的业务收入358185.23万元，占收入比重93.22%，增加73799.67万元，增幅25.95%，其中，药品收入占业务收入的比重为39.42%，下降1.82个百分点。基层医院医疗收入71607.09万元，占收入比重58.74%，减少5265.29万元，下降6.85%，其中，药品收入占医疗收入比重平均为56.68%，下降0.73%。全市卫生机构总收入40133.83万元，减少5840.68万元，下降12.7%，其中，事业收入6880.24万元，减少14276.02万元，降幅67.48%。支出情况：2012年全市医疗机构共支出491894.72万元，较上年增加77140.43万元，增幅18.6%。公立医院支出372505.98万元，其中，医疗业务成本295512.99万元，管理费用58386.7万元，其他支出2548.25万元。基层医院支出119388.74万元，增加7564.79万元，增长6.76%，其中，医疗卫生支出116095.98万元，增加8684.54万元，增幅为8.09%，其中医疗支出占84.89%，公共卫生支出占15.11%。卫生机构支出39997.89万元，减少4735.75万元，降幅10.59%。工作量完成情况：全市医疗机构共完成门急诊工作量为1640.66万人次，比上年增加198.87万人次，增长13.79%。实际出院人数30.06万人次，增加4.29万人次，增长16.65%。实际开放总床日为370.45万床日，实际占用总床日数304.21万床日，病床使用率82.12%，病床周转次数29.18次。均次费用：公立医院门诊均次收费为153.35元，其中药品费72.98元。每床日平均收费水平782.14元，其中药品费271.81元。出院者平均医药费用7868.33元，其中药品费2734.41元。基层医院门诊均次收费为86.16元，其中药品费51.94元。每床日平均收费水平304.76元，其中药品费123.01元。出院者平均医药费用2730.65元，其中药品费1102.17元。 （吕 娟）

【学科学术建设】 2012年，市第一人民医院重症医学科和江大附院心血管内科建成国家级临床重点专科建设项目，市中医院脾胃病科成为国家中医药管理局重点专科建设单位。全市建成11个省级临床重点专科、3个省中医药管理局中医临床重点专科建设单位、1个省妇幼保健重点学科、1个省妇幼保健重点学科建设单位，建成30个市级临床重点专科、11个市级临床中医（中西医结合）重点专科、6个市级临床重点专科建设单位、2个市级临床中医（中西医结合）重点专科建设单位。培养省医学领军人才与创新团队4个、省医学重点人才4人、省妇幼保健重点人才2人，有市级医学重点人才34人、市自主创新杰出人才奖1人。有87项科研课题立项，资助经费564.2万元。获省科学技术奖三等奖3项，省卫生厅新技术引进奖一等奖2项、二等奖5项，市科技进步奖一等奖1项、二等奖7项、三等奖17项。

【卫生监督概况】 2012年，镇江市着力于卫生监督长效、常态的标准化建设与管理，修订完善卫生行政许可工作规范10项、日常卫生监督工作规范13项、卫生行政执法业务规范13项、卫生行政执法规范性制度26项，在全市统一实施。充实卫生监督机构的内涵建设，推进卫生监督业务的全面发展。完善硬件设施，包括扩大移动工作站点使用、深化信息系统应用、推行现场快速检测设备的使用。优化工作机制，推进依法行政。继2009年市卫生监督所及5个辖市（区）通过省卫生监督体系建设评估验收后，2012年12月，润州区以“达标示范”的成绩通过卫生监督体系省级评估验收。

【基层卫生、妇幼卫生概况】 2012年，镇江市基层卫生和妇幼保健工作突出重点，整体推进。提升新型农村合作医疗制度。全市参加新农合人口159.28万人，参合率100%，实现农村人口全覆盖。新农合人均筹资标准378元，各级财政补助标准263元。全市筹资总额6.04亿元。全市县乡两级政策范围内住院费用补偿比报销比例达到76.08%，住院费用实际补偿比51.39%。完成乡镇卫生院派驻村卫生室专项编制核定工作，全市增核编制458个。制定《镇江市“村卫生室标准化建设示范乡镇”创建活动方案》《镇江市村卫生室标准化建设实施方案》。全市投入村卫生室建设资金6727.55万元，完成38个示范乡镇创建和所属283个村卫生室标准化建设任务，占全市村卫生室总数的89%。有3家社区卫生服务中心、4家乡镇卫生院建成省级示范中心卫生院，丹阳市建成省农民健康工程先进县（市）。城市社区卫生服务机构门急诊比例55.2%，预防保健服务比例91.4%，门急诊均次费用比三级医院低50%以上。全市人均基本公共卫生服务经费各级财政补助标准按常住人口计算，辖区达到45元/人，句容市、扬中市达到40元/人，丹阳市为30元/人。辖区补助标准位居全省第一。全市基本公共卫生服务项目财政补助资金总量达到1.2亿元，其中市财政预算安排补助资金 2320 万元。全市基层医疗卫生机构共采购基本药物 3.75 亿元，基本药物销售金额 3.46 亿元，减轻群众医药费用负担 2.57 亿元，基本药物配送率 95.38%、验收率 94%。制定《贯彻 2011～2015 年镇江市妇女儿童发展规划实施方案》。扬中市、丹徒区妇保所通过甲级妇保所省级评审，市妇保院通过省卫生厅三甲妇保院复核评价，全市通过等级评审的妇幼保健机构达到 86%。3 项重大妇幼卫生年度任务完成率均超过 100%。全市孕产妇死亡率 0，婴儿死亡率 2.11‰，新生儿出生缺陷发生率 2.97‰，婚检率 86.01%。

【医政管理概况】 2012 年，镇江市医政管理工作围绕公立医院改革重点任务和医政工作重点展开。推进公立医院改革，加强医疗集团实体化运作。重点推进集团学科整合一体化管理，加快医疗集团主信息平台建设，实现优势资源共享，发挥各医院的专科优势和科研资源，加强专科和科研合作。建立分级医疗、双向转诊制度。推进县级医院综合改革，提高技术服务水平。加强以人才、技术、重点专科为核心的县级医院能力建设，实施医药价格综合改革，建立医药费用综合控制考评体系和医疗服务价格动态调整考核联动机制。全市二级以上医院全面开展预约诊疗服务。全年门、急诊 19729819 人次，比上年增长 10.1%；出院病人 303335 人次，增长 8.8%，全市二级以上医院出院病人函调满意度达 93.23%。　（朱朝阳）

【医疗服务】 2012 年，全市各级各类医疗机构落实省卫生厅制定的《改善医疗服务 24 条》。创新门诊“一站式”导医服务，落实便民惠民措施。大部分医院开通电子叫号系统和检验检查结果自助查询打印等服务功能。全市二级以上医院全面实施门诊服务窗口和诊室弹性排班制、无假日门诊、全日制专家门诊和出院病人一周内电话随访。全面开展预约诊疗服务，推进医院就诊流程重建，落实“预约优先”原则，方便群众就医。完成“12320”预约诊疗服务和区域性预约诊疗服务平台建设，实现省、市级预约诊疗服务平台有效衔接。以江大附院、市第一人民医院为市内培训基地，加强护理队伍素质培养。落实“年轻护士素质提高行动”，注重年轻护士思维能力、实践能力、人文素养的养成。在省卫生厅组织的年轻护士临床工作能力考核中，全市 12 名护士考核合格率达 100%。全市二、三级医院 100% 开展优质护理服务。3 所三级综合医院 A 类病房开展总数 45 个，平均达到病房总数的 58.5%；9 所二、三级专科医院 A 类病房开展总数 29 个，平均达到病房总数的 49.2%；6 所二级综合医院 A 类病房开展总数 24 个，平均达到病房总数的 51.1%，达到省卫生厅确定的工作目标。通过第三方满意度调查，市区江大附院等 6 所医院优质护理服务满意度达 95.67%，在全省 60 所三级医院综合满意度调查中市第一人民医院获第三名。　（朱朝阳）

【医疗质量】 2012 年，全市卫生系统强化医务人员 14 项医疗核心制度的教育与培训，突出抓好首诊负责制、院内会诊、交接班、病房值班、重症和危重病人监护等制度的落实。组织对全市二级以上医院随机抽取 219 份住院病历进行质量检查，甲级病历 192 份，乙级病历 15 份，重度缺陷病历 12 份。随机抽取各医院部分内、外科运行病历，重点围绕病程录书写、三级医师查房、术前讨论等医疗核心制度的执行情况进行检查。加强医疗基础质量管理，组织全市 19 所二级以上医院 385 名医务人员参加“三基”理论考试，总体考核合格率为 72%，合格率在 80% 以上的医院有丹阳妇保院、镇江市第一人民医院、镇江市第四人民医院、丹阳市人民医院、江大附院和扬中市人民医院。制订《全市医疗机构深入开展“医疗服务、质量、安全对标找差”活动实施方案》。

南　通　市

【概况】 2012 年，南通市有各级各类医疗卫生机构 3254 个。医疗卫生机构开设床位 3.15 万张，每千人拥有床位 4.32 张；卫生技术人员 3.47 万名，每千人拥有卫技人员 4.46 人。全年门急诊人次 3148.69 万人，住院 89.42 万人，人均门诊医药费用 147.9 元，人均住院医药费用 8057.8 元。年内医药卫生体制改革扎实推进，基本医疗卫生体系进一步完善，公立医院改革不断深化，公共卫生服务水平有效提升。全面加强医德医风建设，着力构建和谐医患关系，全系统广泛开展卫生职业精神大讨论，总结提炼出讲道德、讲诚信的“无红包”精神。中央电视台“焦点访谈”栏目、《健康报》相继报道南通推行“无红包”医院的情况。

【卫生改革与发展】 县级医院改革深入展开，如皋市人民医院组建医管会和监委会。通过回购、新建等方式，新增政府办卫生院 26 所，实现全市各乡镇均有公办卫生院。全市建成村卫生室 1593 个，全市各行政村全部建有卫生室。市妇幼保健院迁建工程基本竣工，体臣卫校新校区一期工程土建完工，中心血站迁建土建工程施工。

进一步巩固落实国家基本药物制度，探索取消药品加成政策。拓宽投入补偿渠道，完成诊疗项目调价。所有政府办基层医疗卫生机构按规定统一配备基本药物，乡镇民营医院和中心卫生院按比例配备使用基本药物。全年采购基本药物 5.36 亿元，零差率销售 5.23 亿元。基层门急诊量比 2011 年增长 20.1%，门急诊均次费用 66.3 元，比上年下降 31.3%；住院人次增长 13.2%，住院均次费用 2252.4 元，比上年下降 22.5%；村卫生室均次费用 17.4 元，比上年下降 30.4%。

【公共卫生服务】 基本公共卫生项目实现精细化管理，重大项目完成率 100%，整体绩效位列全省第一。人均公共卫生项目经费 26 元，建成居民健康档案 644.8 万份，电子化建档率 88.5%；65 岁以上老年人体检率 95.7%。发现并治管活动性肺结核患者 3931 例；新发现艾滋病感染者和患者 211 例，免费抗病毒治疗率100%。甲乙类传染病发病率103.32/10万,达历史最低水平。规范免费疫苗程序,建成数字化接种门诊10个,基础接种率达99.7%。落实慢性病综合干预措施,3个县(市)建成省级慢性病防控示范区。建成市卫生应急指挥平台,处置各类突发事件20起,处置成功率100%。市肿瘤医院建成市级核辐射定点去污洗消医院,海安、通州成为省卫生应急示范县(区)。

【农村卫生】 新农合参合人数493.06万人,参合率99.93%。人均筹资标准318元,其中财政补助240元,住院费用政策补偿比75.92%。全面推行支付方式改革,实现统筹地区、定点医疗机构和住院病例"三个全覆盖",成为全国项目试点地区之一。重大疾病保障全面推进,惠及13.3万名大病患者。新型农村合作医疗信息系统实现即时结报。基层医疗卫生机构标准化建成率90%,新增省示范乡镇卫生院5家、省示范社区中心2家,村卫生室示范化率95%。乡镇健康管理服务普遍推行,实施社区家庭医生制度,重点人群签约率55.2%,社区就诊比例51.08%。海安、通州成为省妇幼卫生工作先进县(区)。完成农村改厕15.1万座,新增省以上卫生镇6个、卫生村141个,市卫生局被评为全国爱国卫生先进集体。

【医政管理】 开展"三好一满意"(服务好、质量好、医德好,群众满意)活动,推行窗口满意度即时电子评价系统,优化服务流程,落实预约挂号,减少预约检查。全面推行优质护理服务示范工程,二、三级医院优质护理服务病房覆盖率分别达90%、100%。实行处方公开点评制度,加大临床用药监管力度,抗菌药物整治取得成效。加强感染管理等环节暗访督查,完善记分管理及告诫谈话制度。推进住院流程重组,探索急慢分治、双向转诊机制,平均住院日比上年缩短1.19天。开展医疗广告等专项整治,医疗市场秩序明显好转。开展无偿献血公益宣传,扩大献血队伍,规范互助献血,倡导自体储血,全市无偿献血率继续保持100%,再次获"全国无偿献血先进市"称号。

【卫生监督】 建成省级餐饮服务食品安全示范县1个、示范单位10个。实现卫生监督网格化监管,直管单位监督覆盖率100%,餐饮单位量化分级管理率99.5%、住宿业分级管理率92.2%,卫生监督协管服务覆盖率85%。开展"放心餐具"创建和足浴行业、餐饮业"地沟油"等专项整治行动,查处食品安全违法案件1450件。建成食品检测管理平台,开展动态监测2289件,平均检测合格率96.6%。

【医学教育与科研】 推进新一轮"科教兴卫"工程,对重点学科、医学人才实行动态考核管理。重点加强10个市级医学创新平台、25个重点学科建设,强化26个医学创新团队、49名医学重点人才培育。新增"省333工程"重点人才10人、市"226工程"培养对象68人。获市以上立项科技项目105项,其中国家自然基金项目2项;通过成果鉴定22个,获市以上科技进步奖29项;医学重点学科获发明专利4项。采取全科医生转岗培训、住院医师规范化培训等多种形式,加快基层卫技人才培养。完成全科医学注册751名,实现每万人有1名全科医生。城乡适宜卫生技术全面推广,遴选农村适宜技术22个,开展送医送教下乡活动,培养农村卫技人员1356名。

【中医工作】 农村中医药服务网络逐步健全,县级中医院均达到二级甲等标准,海安县中医院通过国家三级中医院评估验收。如东、通州成为全国基层中医药工作先进单位,市一院获评全国中医药工作示范单位。新增省中医药特色社区卫生服务中心2个。市中医院外科、脾胃专科入选国家"十二五"规划中医临床重点专科建设项目,海安县中医院针灸科等7个专科入选省"十二五"规划中医重点专科建设项目,筛选9种民间医技和方药,列入省中医药局科研课题。加强中医人才培养,4人获"全国优秀中医临床人才"称号,158人参加西学中研究生课程班。市中医院国医大师工作室、国家和省名中医工作室项目建设顺利。开展中医药文化推广活动,受益群众1.5万人;组织5场中医适宜技术培训,印发《基层中医药适宜手册》5000本。 (张　明)

【医疗、生育保险】 2012年,南通市职工医疗保险参保人数为161.97万人,比上年末增加11.36万人。年内进一步提升医保待遇,调整职工医保部分药品和诊疗项目额报支比例,提高居民医保筹资标准,建立居民医保二次补偿机制,职工、居民医保政策范围内住院报支比例稳定在83%和70%以上,在省内处于领先水平。稳步推进医疗、生育保险市级统筹,通州区与市区医保系统实现联网,各县(市、区)政策标准、经办模式、内控体系和市区基本保持一致。改革医疗费用结算体系,以定点单位自主管理为核心,实行总额和指标"双控双预付"付费方式,将居民医保纳入结算管理范畴,使医保基金支出管理的可控性、规范性得到进一步加强。 (袁瑜佳)

扬　州　市

【概述】 2012年末,全市各类卫生机构总数1903个。其中,医院59所、社区卫生服务中心(站)157所、卫生院82所、村卫生室969所、门诊部118所、诊所、卫生所、医务室机构481所、专科疾病防治所(站)5所、妇幼保健机构8所、急救中心2所、疾病预防控制中心(卫生防保中心)7所、卫生监督所7所、采供血机构1所、其他卫生机构7所。全市医疗机构实有床位总数17704张,比上年增加795张,增长4.7%。其中,医院床位12786张,占总床位数的72.22%;社区卫生服务中心(站)床位

1185张,占总床位数的6.69%;卫生院床位3067张,占总床位数的17.32%;专业公共卫生机构床位数666张,占总床位数的3.77%。平均每千人口拥有床位数3.8张。全市卫生人员总数27618人。其中,卫生技术人员23928人,占86.64%;其他技术人员861人,占3.12%;管理人员1030人,占3.73%;工勤人员1793人,占6.49%。全市执业医师和执业助理医师8818人;注册护士8240人。平均每千人口卫生技术人员5.36人,其中,平均每千人口执业医师和执业助理医师1.97人;平均每千人口注册护士1.85人。2012年底,全市23所二级以上医院总诊疗人次869.882万人次,比上年增长13.56%;门诊人次763.29万人次,增长11.6%;急诊人次101.13万人次,增长28.38%;出院37.05万人次,增长16.22%;手术11.09万例,增长15.08%;病床使用率100.79%,提高2.11%;病床周转次数33.91次,增长2.11%;出院者平均住院日10.55天,降低0.55%。

【农村卫生服务】 2012年,全市新农合人均筹资达300元,参保率99.8%,政策范围内住院补偿比75.98%,最高补偿限额提高到18万元,超额完成了省、市政府确定的目标任务。在省内率先推行新农合补偿政策"十个统一"。全面开展了提高儿童白血病、儿童先天性心脏病等8种重大疾病保障水平的试点工作,补偿标准提高到70%以上。全市新农合"一卡通"工程已全面推行,与9家省级联网定点医院签订了服务协议,做到全省联网管理,参合农民本地就医即看即报,异地就医可以享有即时结报,并逐步实现即看即报,看病就医更加方便。

【爱国卫生运动】 以纪念爱国卫生运动60周年活动为契机,加强爱国卫生宣传。全市共建成无害化卫生户厕77156座,无害化卫生户厕普及率苏中第一。邗江区公道镇、仪征市新集镇创建国家卫生镇通过国家考核,新创国家、省市卫生镇8个,卫生村76个,全市国家及省级卫生镇总数列全省省辖市第三位,城乡居民健康素养综合水平比上年提高了两倍。

【公共卫生服务】 实施10大类41项基本公共卫生服务项目,全市城乡居民电子健康档案建档率85.5%,重性精神疾病患者规范化管理率100%。妇幼保健各项指标全省领先。全面实施血吸虫病防控项目,血吸虫病防治工作全国先进。甲、乙类传染病年发病率控制在121.93/10万,连续三年下降。邗江区创成省慢病综合防治示范区,全市创成18个慢病防治示范乡镇。全市卫生监督信息系统建设顺利通过省级验收,大力开展餐饮食品安全"十百千万"示范工程,创成10条示范街、107家示范单位,食品安全等级A级单位1000家,餐饮食品安全长效管理机制得到巩固。开展市级突发公共卫生事件公共卫生风险评估工作,通过开展卫生应急大练兵大比武活动,公共卫生应急能力得到新提升。

【社区卫生服务】 抓住国家下达扩大内需项目、省扶持项目的机遇,加强基层医疗卫生机构标准化建设。为基层医疗机构添置基本医疗装备408台(套)价值1500万元。全市基层医疗卫生机构标准化建设率达97.1%,建成1个全国和14个省示范城市社区卫生服务中心,16个省示范乡镇卫生院,936个村卫生机构配备电脑并实现信息化管理。宝应县创成"江苏省农民健康工程先进县"。组织乡村医生免费培训近8000人次,培训社区卫生服务中心业务骨干862人。开展健康管理团队服务的乡镇卫生院比例近100%,组建健康管理团队338个,覆盖近1000个村卫生室。实行家庭医生制度和绩效考核管理制度的社区卫生服务中心比例达100%,重点人群签约率达57%。社区卫生服务机构门急诊占各级各类门急诊比例48%。

【公立医院改革】 制定和完善了扬州市区域医疗机构设置规划以及儿童、传染、精神、康复、急救医疗等专科医疗事业发展规划。全市先后对20家政府所在地和41家非政府所在地已改制乡镇卫生院完成回购。加强政府医改投入监测和卫生专项资金使用监管。深入开展市二院、市妇保院、仪征市人民医院改革试点工作,举办全市"公立医院改革研讨会",推进体制机制改革,建立了岗位绩效考核体系,出台了一系列全面改善医疗服务、控减医药费用等综合改革举措。各基层医疗机构创新用人机制,推进人事改革,强化绩效考核,建立以公益性为导向、以服务质量和效率为核心,以岗位责任和绩效为基础的考核机制和按岗定酬、按工作业绩取酬的内部分配激励机制,进一步优化人员结构,提升工作效率,提高运行效益,公立医院改革试点单位门诊、住院人次均明显增长,医疗费用增长势头明显减缓,群众满意度明显提升。

【城市医疗保险】 基本医疗保险"两定"管理。12月28日,市人社局制定出台《扬州市基本医疗保险定点零售药店管理办法》和《扬州市基本医疗保险定点医疗机构管理办法》,统一全市基本医疗保险定点机构及零售药店准入条件,健全准入审批机制,完善定点机构协议管理制度,加大日常监督检查和处罚力度;落实定点机构资格年检制度,建立表彰奖励和退出机制。

市区灵活就业人员医疗保险缴费标准调整。10月起,市区灵活就业人员医疗保险月缴费基数由1737元调整为2025元,大病医疗救助缴费标准由定额6元/月调整为按比例缴纳,缴费比例为1%。调整后,市区灵活就业人员医疗保险缴费标准从162元/月调整为202元/月(其中基本医疗保险缴费标准由156元/月调整为182元/月,大病医疗救助缴费由定额6元/月调整为按比例20元/月)。此次调整共涉及市区6万余名参加医疗保险的灵活就业人员。

市区提高失业人员医保补助标准。10月1日起,市区领取失业保险金人员参加基本医疗保险补助标准从162元提高到202元。标准调整后,市直失业人员医保补贴每月增加支出14万元。至2012年12月底,市直每月有3600多名失业人员享受医保补贴,累计报销医保补贴达208万元,环比上季度支出增长18.9%。

【创建文明城市】 加强社会主义核心价值体系建设,建立覆盖社会所有人群的城市荣誉体系。开展"存好心、做好事、当好人"主题活动,组织第二届"十大扬州好人"评比,放大"扬州好人"效应。开展"弘扬'三创三先'精神,争当'三个扬州'先锋"(弘扬"创业创新创优、争先领先率先"的新时期江苏精神,争当"创新扬州、精致扬州、幸福扬州"建设先锋)主题教育活动。启动新一轮全国文明城市创建工作,通过2012年度全国城市文明程度指数测评。推进志愿者服务活动。市志愿者协会形成11个分协会、24个直属专业总队,有"学雷锋"志愿服务队500多支。深化"文明交通志愿服务行动"、"关爱空巢老人四大志愿服务活动"、关爱农民工"温暖大行动"、"农民工春晚"以及助残等品牌活动。扬州广电总台新闻女生志愿服务团获"全国优秀志愿组织"称号,1人获"全国优秀志愿者"称号。加强未成年人思想道德建设,扬州市被中央文明委授予"第三届全国未成年人思想道德建设工作先进城市"称号,《人民日报》、新华社、《光明日报》等中央媒体集中报道扬州市未成年人思想道德建设工作经验。

泰州市

【概况】 2012年,全市市直医疗卫生单位实现业务收入12.4亿元,比上年增加1.8亿元。市人民医院综合实力居全国地级市第55位,建成省癌痛规范化治疗示范病房。市中医院新院奠基并通过三级甲等中医院复核评估,骨伤科被列为卫生部中医类重点专科建设单位。市疾病预防控制中心突发公共卫生事件风险评估、慢性疾病控制等工作居全省前列。市卫生监督所获"全国卫生系统先进集体"称号。市中心血站基建项目顺利立项。推进公立医院改革,制订实施区域卫生规划、区域医疗机构设置规划和公立医院发展规划,提高医疗服务可及性和优质医疗资源的覆盖面。靖江、泰兴、兴化市发挥公立医院主导作用,落实惠民政策和惠民措施,全面实施基本药物制度,调整医疗收费结构,降低药品及大型医药设备检查费用。制定《鼓励和引导民间投资民营医疗机构的意见》,全市批准设置医疗美容、老年康复等民营医院10所。

【爱国卫生】 制订《泰州市纪念爱国卫生运动60周年活动安排》,制作纪念爱国卫生运动60周年和公民健康素养展板,上报纪念爱国卫生运动60周年画册并拍摄农村改水改厕工作电视专题片。制定《2012年泰州市城乡居民健康素养干预及效果评估方案》。全年共发放宣传材料1.5万份,制作展板70块。市电视台在《泰州新闻》黄金时段播放健康公益广告66条,建成泰州市首个健康主题公园。制定下发《2012年度泰州市烟草烟雾危害控制项目实施方案》,"无烟医疗机构"工作通过卫生部考核评估,至年末,开展"无烟单位"创建工作的有128所学校、9家机关单位。城乡环境卫生整洁行动通过省终期考核,完成无害化卫生户厕改造9.2万座、卫生户厕普及率达91%,新建省卫生镇村23个、市卫生镇村41个、"亿万农民健康促进行动"示范乡镇6个、省健康促进示范企业1个。城乡居民健康素养水平高于国家标准。全市134家农村水厂,实际监测覆盖率为100%,水质监测合格率为89.41%,比上年提高近16个百分点。

【妇幼保健】 兴化市建成二级妇幼保健院,泰兴市创建成江苏省甲等妇幼保健所,姜堰市妇幼保健所置换到原人武部办公大楼后,业务用房达5800平方米,靖江市妇幼保健所新增业务用房5460平方米。开展县级妇幼卫生工作绩效考核评价,托幼机构卫生保健合格率为100%。制定《泰州市高危婴幼儿管理规范》,加强孕产妇高危管理,孕产妇死亡率为0,婴儿死亡率为2.92‰,5岁以下儿童死亡率为3.81‰。加强"二系"管理,孕产妇保健管理率为99.01%,7岁以下儿童健康管理率为98.92%。制定《泰州市新筛办公室考核细则》和《医疗机构新筛工作考核细则》,全市产前筛查率为81.53%,新生儿疾病筛查率为96.03%,出生缺陷发生率为3.85‰。开展重大妇幼卫生服务项目,开展艾滋病、梅毒和乙肝母婴阻断项目,全年住院分娩补助19901人,补服叶酸31650人,补助率为241.23%。完成适龄妇女宫颈癌及乳腺癌检查89508人。全面推行免费婚前医学检查服务,婚检率为73.65%。

【卫生监督】 泰州市卫生监督综合管理信息系统首家通过省级评估验收,市卫生监督所获"全国卫生系统先进集体"称号。泰州代表队在全省卫生监督技能竞赛中获团体第一名、个人第一名,被授予"全省卫生监督先锋号"称号。初步建立食品安全综合协调良性运行机制,制定并实施食品安全有奖举报制度、考核评价制度,加强农村基层食品安全网络建设,组织开展多层级的食品安全应急处置实战演练,提升食品安全综合协调能力。开设食品安全、公共场所、医疗、饮用水等各类培训班169次,抽检食品种类24种,查处食品违法案件973件,捣毁生产加工黑窝点80多个。

【医疗服务】 在全市卫生系统树立"以病人为中心"的服务理念,制定《2012年泰州市卫生系统"三好一满意"活动方案》,全面落实改善医疗服务的24条措施,重点加强医院"八大窗口"规范化建设,开展创建"人民满意窗口"活动。二、三级公立医院专家门诊预约率分别达到40%、60%,出院病人复诊预约率为100%。二级以上医院开展临床路径管理,进入临床路径管理的病种全部达到卫生部要求。制定下发《泰州市优质护理服务工作方案(2012年)》。"优质护理服务示范工程"实现二级以上医院全覆盖;三级医院建成优质服务病区83个,覆盖率为100%;二级医院建成优质护理服务病区110个,覆盖率超过70%。以方便群众就医、提高管理水平、控制医疗费用、保证医疗质量、利于行业监管和社会监督为目标,以HIS、电子病历、远程医疗系统为三大核心任务,推进医疗行业信息化建设。健全医患纠纷人民调解组织各项制度,统一工作模式、工作流程;对现行的医疗责任保险制度进行调研、评估,修改完善相关政策措施。加强对医学会医疗事故技术鉴定和医疗损害鉴定工作的指导,加强医患沟通,维护患者的知情同意权、选择权等各项权益。落实"平安医院"创建活动的考评机制,年内全市二级医院全面达到"平安医院"创建标准。

盐 城 市

【概况】 2012年,全市有卫生机构3088个,其中医院138个,乡镇(中心)卫生院136个,社区卫生服务站(中心)164个,门诊部、所472个,卫生防疫监督机构20个,妇幼保健机构11个,村卫生室2129个,其他卫生机构18个。全市现有病床2.66万张,其中卫生部门有病床1.99万张,每千人拥有病床3.69张。全市卫生行业在职职工4.14万人,其中卫生技术人员2.97万人,占职工总数的71.74%。至年底,全市政府办医疗卫生机构固定资产总值50.5亿元,业务总收入60.63亿元;业务总支出为70.07亿元。

【卫生监管】 全市出台卫生监督体系标准化建设长效管理考核办法,将体系标准化建设中软件管理内容与日常监管工作紧密结合,动态检查考评,促进体系标准化建设工作。在省厅组织的卫生监督体系建设"回头看"中,盐城10家卫生监督所全部通过考核验收,巩固发展体系建设成果的做法得到省厅肯定。

市卫生系统开展学校食堂、旅游景区餐饮、鲜肉和肉制品、瘦肉精、打击非法食品添加剂、酒类、食用油、调味品、小餐饮和饮品等系列食品安全专项整治,共检查餐饮单位3.0万户次,查处各类餐饮食品安全违法案件499起,罚没款125.93万元,销毁问题食品2367.4公斤,责令改正违法行为454户。

市卫生局在全市范围开展学校、厂矿企事业单位医疗机构专项监督检查,立案查处7户次,向公安机关移送非法行医案件2起,有8户非法行医者自动关门歇业。

2012年全市查处违法案件1347起,未发生一起行政诉讼败诉、行政复议撤消或更改案件。认真开展说理式执法活动,市卫生局获市法制办案卷评比一等奖,6个案件分别获得全省卫生行政处罚案卷评查活动优秀案件二等奖和三等奖。

按生活饮用水卫生规范要求,全市设立22个采样点监测,每月对出厂水、管网末梢水进行采样监测,全年共采集出厂水、管网末梢水样品228份,获监测数据3252个,合格数据3252个,所测指标全部合格,监测结果定期在《盐阜大众报》上公告。全年,对日均供应生活饮用水50立方米及以上的二次供水设施进行水质监测,共采集二次供水水样50份,获监测数据550个,合格数据545个,指标合格率99.1%。

淮 安 市

【概述】 截至2012年底,全市卫生机构有738个,其中医院、卫生院182个,卫生监督、疾病控制机构10个,妇幼保健机构2个。各类卫生机构拥有病床20266张,其中医院、卫生院病床18716张;共有卫生人员31917人,其中卫生技术人员23468人;平均每千人口医院床位3.9张,平均每千人口卫生技术人员4.89人;全市医疗卫生机构总诊疗人次2406.56万人次,以上数据均包含村卫生室人次数(12年村卫生室总诊疗755.27万、门急诊708.48万人次),出院人数56.35万人次。

【爱国卫生】 全市新增农村无害化卫生户厕60594座;新建成省农民健康促进行动示范县1个、健康促进示范企业2个、市农民健康促进行动示范乡(镇)6个;推进控烟工作,开展世界无烟日宣传活动,巩固无烟医疗卫生系统创建成果,新建成无烟单位50家;建成6个乡镇新省级卫生镇,新建省卫生村43个、市卫生镇12个、市卫生村66个;认真组织水质监测,全市共监测1050座水厂水样3014份,监测覆盖率达100%,水质合格率90.3%,继续保持农村水厂水质监测全覆盖;全市城市生活垃圾无害化处理率达95%,城市污水处理率达87%,农村生活垃圾无害化处理行政村比例达55.7%,生活污水有效处理村的比例达15.2%,开展农村环境综合整治行政村比例达83.1%,农村生活饮用水水质卫生合格率90.3%,实行信用分类监管的城市农贸市场比例达92.6%,农村无害化卫生户厕普及率达66.5%,达省级以上卫生镇标准的比例达11.2%,达到省级以上生态镇标准的比例达65.5%,新建成淮安市城乡环境卫生整洁行动示范乡镇21个、示范村65个。

【农村卫生】 全市新农合实现应保尽保,统筹标准达290－300元/人,政策补偿比75.18%,最高支付限额18万元,是农村居民人均收入的20倍。全市共有8个县(区)开展混合支付方式改革试点,按病种付费数均达到了20－30个。新创建成1个省社区卫生服务先进区、1个省农民健康工程先进县、5个省示范化乡镇卫生院。全市每个乡镇卫生院(农村社区卫生服务中心)建立3－5个健康管理团队。建设完成10家惠民医院。15分钟健康服务圈获得"健康城市创新发展奖"。全面开展8大类重大疾病保障工作,并将肺癌、食道癌等12类疾病纳入重大疾病试点范围,救助后大多数病种的新农合的实际费用报销比例达到90%。与去年同期相比,基层医疗机构出现"两升两降",即住院人次数平均增长3.52%,门诊人次数平均上升21.12%,住院次均费用平均下降15.96%,门诊次均费用平均下降17.42%。

【社区卫生和妇幼保健】 建成2个全国示范社区卫生服务中心,15个省级示范社区卫生服务中心。新增3个政府办社区服务中心,中心覆盖每个街道(城区建制镇),体系健全率达96.42%。城市居民社区卫生服务机构门诊就诊比例达47%,社区卫生服务机构完成的预防保健服务量占总数的73%,社区门诊次均费用比三级医疗机构低64%。家庭医生制度实施比例为92.6%。妇幼保健机构网络健全100%。

【疾病预防与控制】 淮安区创成国家慢性病综合防控示范区。全市法定传染病疫情报告质量综合率99.9%,无甲类传染病报告,乙类传染病总发病率74.19/10万。安全规范接种疫苗70万人次,实现以乡镇为单位,5周岁以下适龄儿童11种免疫规划疫苗查漏补种接种率达95%以上。完成脊灰强化免疫,两轮服苗率99.49%。AFP病例监测6项指标均达国家要求,继续保持无脊灰状态。开展麻疹疫苗查漏补种与监测,接种率97.87%,10项指标均达国家要求,以市为单位麻疹发病率低于1/100万。建立50个艾滋病初筛实验室、1个初筛中心和1个确证实验室。组织申报8个全球基金艾滋病项目社区组织,均全部中标。规范开展输入性疟疾病人处置、发热病人血检、疟疾休根等工作,各率均100%。开展麻风病防治,开展口腔卫生项目,强化重性精神疾病管理,规范管理高血压患者34.71万人、糖尿病患者7.43万例。

【卫生改革】 全市村卫生室实施基本药物制度覆盖率达100%。基层医疗卫生机构完成债务剥离工作,人事分配制度改革工作全面完成,岗位设置完成率达到100%,全市128个政府办基层医疗卫生机构全部完成竞聘上岗工作,共签订聘用合同5831人,签订聘用合同100%。盱眙县人民医院以破除药养医机制为重点,积极推进综合改革。各级公立医院在管理体制、机制运行改革方面取得新进展,市第二人民医院、淮阴医院建立医疗集团,整合资源共同发展。

【卫生信息化建设】 在全国率先发行兼具标准金融功能的居民健康卡,独立设置数据中心,实现当年招标、当年投入、当年运行,被卫生部称为卫生信息化建设的"淮安模式"。已完成了对全市281万人口的居民健康卡基础信息采集工作与信息比对工作。各县(区)基层医疗卫生机构综合业务信息系统全面推进。市区两级基于居民健康档案的区域卫生信息平台建设全面展开,居民健康电子化档案工作有序推进。区域卫生信息平台项目一期项目基本建设完成,各县(区)及市直单位陆续接入,初步实现了居民健康档案信息的动态管理。

【医学科技与教育】 评选出3名第二届中国淮医金牌奖人物,11名淮医银牌奖人物。建成3个省级临床重点专科。开展年度市级重点专科评审,共评出市级一类重点专科28个,二类重点专科9个。SCI论文发表80余篇,新获2项国家自然科学基金项目,1项国家级医学继续教育项目,4项省厅新技术引进奖二等奖。成功举办46余场极具影响力的国际论坛、院士论坛、区域性专业论坛。选拔128名技术、管理、护理骨干分批次赴海外基地培训、进修,海外淮医博士工作站揭牌运行。组织实施重点学科建设和重点人才培养工作。全年共有34项市级继续医学教育项目及26场医学巡回讲学。

连云港市

【概况】 截至2012年底,全市卫生机构达到2619个,其中二级以上医院27个。床位数16504张,卫生工作人员27680人,其中执业医师7333人,注册护士7861人。

【爱国卫生】 2012年,为充分展示连云港市爱国卫生运动60年来所取得的成就和经验,举行纪念爱国卫生运动60周年暨第24个爱国卫生月活动启动仪式。现场展出反映爱国卫生及健康教育展板400余块,市直20多名医疗卫生专家现场接受群众咨询、义诊3700多人次,新浦区组织群众文艺表演。《连云港日报》专版报道连云港市爱国卫生运动60周年所取得的成果。东海县举办专场文艺演出,赣榆县举行"全县奔小康,全民要健康"大型广场活动,连云区编印发放爱国卫生运动60周年纪念画册。市爱卫办与团市委联合开展"我与创卫同行"纪念爱国卫生运动60周年主题演讲比赛。在纪念爱国卫生运动60周年活动中,新浦区、赣榆县荣获江苏省爱国卫生先进集体荣誉称号,123个单位荣获连云港市爱国卫生工作先进单位,1人被授予全国爱国卫生工作先进个人荣誉称号,6人被授予江苏省爱国卫生工作先进个人荣誉称号,34人被表彰为连云港市爱国卫生工作先进个人。

【基本公共卫生服务】 2012年,连云港市人均基本公共卫生服务经费增至25元,服务项目扩展到10类41项。成功应对"7·8"特大内涝灾害,实现"大灾之后无大疫"目标。全市数字化预防接种门诊建成率达85%。东海县、赣榆县建成国家慢性病综合防控示范区。开通"孕育通"、"村医通",推行一站式免费医学婚检。新增市级卫生应急示范乡镇16家。临床用血100%来自无偿献血,无偿献血志愿服务成为特色。院前急救体系不断完善,医疗保障能力稳步提升。国家卫生城市创建工作扎实推进,赣榆县、东海县建成省级卫生县城,全市新增省级卫生镇2个、省级卫生村27个。新增农村无害化卫生厕所6万座,无害化卫生户厕普及率达62%。

【医院建设与发展】 2012年,积极推进东海县公立医院补偿机制、管理体制和运行机制改革试点,同时将赣榆县、灌云县两县纳入全省第二批公立医院改革试点单位。四个医疗集团健康运行,市一院在帮扶支援陕西省岐山县人民医院以及市一院集团成员单位发展方面取得积极成效。加快专科医院的建设与发展,新增连云港市口腔医院、连云港市第一人民医院医疗集团眼科医院。深入开展"三好一满意"等系列活动,全市二、三级公立医院优质护理病房覆盖率分别达90%、100%。

通过第三方调查,患者对护理服务的满意度达97.1%。连云港市第四届健康节深受群众好评。

【城乡环境整洁行动】 2012年,全市结合“四城同创”、美丽乡村行动、村庄环境整治、生态文明建设等载体,采取典型推动、示范带动、督促拉动等多种形式,推动整洁行动深入开展。加大资金投入,推进城乡环境卫生基础设施建设,农村“组保洁、村收集、镇转运、县(市)处理”的生活垃圾收集处置体系不断完善。投入2亿多元对城市西、南出入口进行整治改造、美化亮化。连云区实施小渔村改造工程,实现渔民迁入新居集中居住,对农副产品市场全部改建和升级。赣榆县开展马路市场联合整治,结合乡镇实际,采取样板镇村统一规划、交通干线镇村“1332”模式整治等方式,促进镇村优化升级,实现“环境优美乡镇”全覆盖。借助12345热线、政府网站等平台,对群众反映的问题进行梳理和整改,城乡居民对环境卫生的满意度不断提升。

【妇幼保健体系建设】 2012年,市政府印发《关于贯彻2011-2015年连云港市妇女儿童发展规划实施方案》,并成立实施“十二五”规划工作领导小组。下发《关于做好妇幼保健机构复核评估的通知》,对东海县、赣榆县、灌南县、灌云县妇幼保健机构进行了等级复评。东海县妇幼保健所通过省级评审,并获得甲级保健所称号。继续开展规范化妇产科和数字化妇儿保门诊创建工作,规范化建成率为100%,数字化儿保门诊达标率30%以上。积极推进妇幼保健学科和人才队伍建设,获批省级妇幼保健重点学科2个、重点学科建设单位1个、重点人才1人、重点人才培养对象1人。6月30日,市妇幼保健集团理事会、监理会成立。

宿 迁 市

【概况】 至2012年底全市共有医疗卫生机构2411个,其中医院218个(三级医院4个,二级医院22个,一级医院192个);公共卫生机构141个(其中疾控机构6个,卫生监督机构6个,妇幼保健机构6个,血液机构2个,急救机构1个,医学教育机构2个,专科防治所1个,乡镇卫生院117个);村卫生室1585个(一体化管理的1467个);社区卫生服务站35个;个体诊所、门诊部23个,个体诊所409个。医疗卫生总资产60.56亿元,千人拥有卫生资1262.19元;共有病床16349张,千人拥有床位3.41张;执业医师(助理)7145人,千人拥有执业(助理)医师数1.49人;注册护士7406人,千人拥有注册护士1.54人。

【“1+2”惠民工程】 出台乡村卫生一体化管理、村卫生室实施基本药物、新农合结报体系延伸到村三项制度,成立专项督导组,推动工作落实。卫生室由原来的2297个自然村卫生室合并为1467个行政村卫生室,通过村委会无偿提供或租赁等途径基本解决业务用房,配备了电脑、打印机、空调和医疗设备等硬件设施,乡村医生由原来的8306人精减到5885人,实现乡镇卫生院对村卫生室“六统一”管理。组织乡镇卫生院开展基本药物网上采购,配送至村卫生室零差率销售,全年累计网上采购基本药物1450.53万元,平均单张处方药费下降了60-70%。新农合结报体系延伸到村的,6元一般诊疗费中的5元和45%的基本药物费用实现当场结报,方便了群众就医,减轻了医药费用负担,基本实现“小病不出村”。

【公共卫生】 完善公共卫生实施方案和考核办法,推进项目落实。预防接种安全开展,适龄儿童免费接种建证率99.89%,异常反应规范处置率100%。建立统一、规范的居民健康档案,建档率82.42%,电子建档率72%。进行慢性病高危人群登记管理和健康指导,高血压、Ⅱ型糖尿病、重型精神病患者规范管理率分别达76.96%、81.09%和91.88%。开展妇女病普查75.3万人,检出疾病治疗率达100%。新生儿筛查率城市97.19%、农村96.13%,完成农村孕产妇住院分娩补助和农村妇女补服叶酸。市婴儿死亡率3.97‰,5岁以下儿童死亡率5.04‰,孕产妇死亡率3.6/10万。强化检测能力建设,市疾控中心具备生活饮用水106项全分析检测能力和艾滋病确认资格,现有艾滋病检测、筛查实验室29家。宿豫区疾控中心取得实验室资质和食品检验机构资质认定。

【医政管理】 发展优质医疗资源,鼓励民营医疗机构做大做强,沭阳县人民医院、市中医院、沭阳县中医院升级为三级医院,市妇产妇医院和红十字眼科医院按照三级专科医院标准新建。市钟吾医院引入上海复星集团10多亿元按三级标准规划新建肿瘤医院。总投资16.5亿元的市第一人民医院基本完成桩基工程,储备了300名医务人员。开展“三好一满意”、“优质护理服务示范工程”和“抗菌药物专项整治”,实施医疗机构不良行为记分制度,规范医疗机构诊疗行为。在7所二级以上医院开展市级临床路径试点,共试点病种69种,进入临床路径病例1876例。出台《宿迁市医疗纠纷和医疗事故责任追究管理办法》,全市一级以上医院医疗责任参保率达到100%。强化临床重点专科考核管理,确认市级重点专科28个,市级重点专科建设单位7个。推进全科医生制度建设,组织319名医生注册为全科医师,基本达到每个一级医院配备1-2名全科医生。开展基层卫生适宜技术全免费培训,累计培训基层医生2600余人,实现三县两区全覆盖。

【中医药】 加强中医机构建设,宿迁市中医院二期病房楼完成主楼十四层和辅楼封顶,泗洪县中医院病房综合楼于该年10月份投入使用。沭阳县中医院定期设立名中医科评选,先后开设了骨伤科、肾内科、消化内科、老年病科、小儿哮喘科等近十个中医特色专科。沭阳县人民医院在肝病、肾病治疗等方面不断推陈出新,创设了富有特色的中西医结合专科,吸引了大批病人。全市建成市级中医临床重点专科6个,市中医院肛肠科、脑病科相继被国家中医药管理局和省中医药局确定为国家中医药管理局“十二五”中医重点专科建设单位和“十二五”江苏省中医重点专科建设单位。市中医院和沭阳县中医院顺利通过国家三级中医医院验收。市县级中医院共招录本科以上学历人员两百余名，选送百余名医、护人员到省内外知名三甲医院进修学习。市中医院启动中医“师带徒”培养计划，10位名老中医带教本院青年中医师，举办“西学中”培训班，以中医基础、诊断、中药方剂等知识为培训内容，突出常见病中医药治疗，使西医人员在临床上能用中西两法诊治专科常见病多发病。各市县中医院加强对乡镇卫生院、村卫生室和个体诊所开展中医药技术的业务指导，定期对医院的中医药人员和乡村医生进行中医药知识与技能培训，推广中医药适宜技术，提高中医药服务能力。开展“中医药就在你身边”活动，在查房、处方、会诊、典型病例讨论、带教中突出中医四诊资料和辨证论治。开展中医药科普知识宣传活动，发放中医药科普知识手册两万余份，中医药适宜技术手册2000份，其他宣传资料5万份，组织开展义诊两百余次，让中医养生防病进社区、进家庭、进学校。

【新农合制度】 2012年新农合人均筹资标准提高到300元左右，参合农民367.6万人，参合率达99.56%，县乡两级住院费用政策补偿比达75%，补偿封顶线提高到14万元。推行以“按病种付费、按床日付费”为主的支付方式改革，一级、二级医院住院次均费用分别下降700元、400元。开展儿童白血病、先心病等20类重大疾病保障及试点，与农村医疗救助的衔接，为1392名农村重大病患者补偿862万元，实际补偿比达到了90%。

【爱国卫生】 以创建国家卫生城市为抓手，结合爱国卫生运动60周年，深入开展农村改厕、除四害、城乡环境卫生整洁行动等活动，改善群众生活环境。2012年全市完成农村改厕5.58万户，农村水质监测覆盖率达100%，水质合格率达83.74%；先后通过除四害先进城市达标复核、城乡环境卫生整洁行动终期考核和国家卫生城市创建省级推荐考核。泗阳县争创国家卫生县城，泗洪县创建成为市级卫生县城；宿豫区顺河镇、湖滨新城晓店镇创建成省级卫生镇，泗阳30个村、泗洪12个村、沭阳5个村、宿豫4个村、宿城4个村、湖滨新城3个村创建成省级卫生村。

【食品安全和卫生监督】 履行食品综合协调职能完善食品安全综合协调、联席会议、联合执法、督查督办工作机制，出台食品安全举报奖励、餐饮服务食品摊贩管理、食品加工小作坊和食品摊贩监管等管理办法，牵头组织开展非法添加食品添加剂、肉制品、乳制品、农产品质量安全、酒类、餐饮具集中消毒等专项整治行动，保障食品安全和公众健康。全市范围内集中开展以打击“黑诊所”等无证行医、违法违规发布医疗广告、特殊诊疗技术服务、医疗美容和性病诊疗等为重点的系列专项行动，清理整顿医疗服务市场。加强卫生监督信息化建设，全市卫生监督综合管理信息系统建设超预期完成。规范卫生行政执法，执法卷宗质量提升，泗洪县卫生监督所在全省卫生行政执法卷宗质量评比中获二等奖。

【行风建设】 按照“管行业必须管行风”要求，组织召开了全市政行风建设大会，在全市卫生系统创新开展“十查十看十纠十不准”和“十查十看十纠一站建设”等行风建设活动，同时聘请10名行风指导员、10名监督员和10名信息员，开展明查暗访和综合评议，每季度对二级以上医疗机构和卫生事业单位组织一次全面考评，排出名次，并对前五名进行表彰，推动医疗卫生单位转变工作作风、改善服务态度。沭阳县召开3次全县卫生系统软环境工作会议，开展“讲医德、讲医术、构建文明和谐医患关系”主题实践活动，泗洪县积极探索推行廉情发布会制度，有效促进医疗卫生单位抓行风、比服务、赛医德，改善了卫生系统的医德医风，提升了社会满意度。在2012年度全市政（行）风评议中，我局在21个行政执法监管类部门中排名由2011年度的倒数第2位前进13位到第7位，近十多年来首次跨入政（行）风先进行列。作为评议重点岗位的市疾控中心获得“2012年度政（行）风建设工作群众满意服务岗位”，在多年的重点岗位评议中第一次获此荣誉。（陈　香）

徐　州　市

【医疗中心建设】 优化医疗资源布局、建立跨省、市新农合协作组织，成立淮海经济区新农合协作组，率先实现了以徐州为中心的淮海经济区8个城市跨省、市异地计算机联网管理和现场结报，服务人口达到5000万人。徐医附院、市中心医院、市儿童医院等10多家市级定点医疗机构已经与安徽、山东、河南等10多个县（市）、区实现计算机联网管理，各地参合病人在徐州市市级定点医疗机构住院治疗均可现场刷卡结报，率先实现了以徐州为中心的淮海经济区8个城市跨省、市异地计算机联网管理和现场结报，国家医改方案提出的异地结报工作在徐州市已经实现。邳州市人民医院和邳州市中医院分别通过三级综合医院和三级中医医院评审，全市三级医院数量增至13家。其中，徐州医学院附属医院、市中心医院、市中医院进入全国地市级城市医院100强，入选数量与苏州市并列全省第一，居淮海经济区之首。市中医院心血管科和皮肤科分别成为国家中医临床重点专科和国家临床重点专科（中医专业）建设单位，同时取得国家中医临床重点专科建设单位3个，实现了徐州市国家级临床重点专科零的突破。徐州医学院附属医院成为江苏省综合性紧急医学救援基地。全市拥有江苏省重点实验室2个，江苏省医学重点学科5个，省级临床重点专科39个、建设单位7个。2012年全市卫生系统诊疗总人数约5100万人次，出院病人约110万人次，医疗服务辐射至苏、鲁、豫、皖四省接壤地区近20个地市约1.2亿人口，区域性医疗卫生高地效应不断显现。

【医疗服务】 提升医疗服务质量。开展临床路径和单病种管理,全市所有二级以上医院临床路径管理病种数达到732个,完成临床路径管理病例21718例,三级医院和二级医院平均住院天数较2012年分别减少1.23天和1.02天,控制了医疗费用。优化就医流程,落实网上预约、现场预约、电话预约等多种挂号方式,实行专家全日制门诊、周末门诊,全市出院病人随访率100%,增进医患沟通,提高病人满意度。三级医院开展优质护理病房覆盖率达100%。通过"三基"抽考、病例质量检查等形式,推进二级医院主要医疗质量指标达到等级医院标准。严肃查处医师违法违规行为,对2011年最终认定的三级以上医疗事故负有主要责任的机构和医师进行通报,对个人实施了暂停执业等处分。做好无偿献血和血液质量管理工作,徐州市继续保持了无偿献血"八连冠"城市荣誉,无偿献血量在全省排名第一。全市门诊和住院患者对医疗服务的满意度达到93.5%。

【医药卫生体制改革】 基本药物制度实现全覆盖。在政府办基层医疗卫生机构基本药物制度覆盖率达到100%基础上,出台《徐州市非政府办社区卫生服务机构实施基本药物制度指导意见》,以购买服务的办法,在鼓楼区、泉山区、沛县17个非政府办社区卫生服务中心(乡镇卫生院)实施基本药物制度,基本实现了基层医疗卫生机构和全人口基本药物制度的全覆盖。基层医疗卫生机构累计使用基本药物6.31亿元,为群众减少药品费用支出3.78亿元。坚持政府在基本医疗卫生体系建设中的主导地位,加快打造覆盖城乡的"15分钟健康服务圈"。创建13个省级示范乡镇卫生院,新建村卫生室330个,标准化卫生室基本实现行政村全覆盖。制定下发《关于全面推进健康管理团队服务工作的意见》,建立市、县、镇三级健康管理服务团队10个,开展健康团队服务试点工作。

【爱国卫生】 在全省首家将农村卫生创建工作纳入市委、市政府乡镇科学发展分类考核体系。推进开发区大庙镇开展国家卫生镇创建活动。铜山区汉王镇、贾汪区大吴镇、新沂市窑湾镇、睢宁县李集镇创建成为省级卫生镇,全市141村通过省级卫生村考核验收。沛县、邳州市、新沂市分别通过省灭鼠、灭蚊、灭蝇、灭蟑活动先进地区的验收。农村改厕工作,筹集资金12028万元,完成改厕任务152500户,占全省改厕总数的近六分之一,农村生活饮用水监测覆盖率达到100%。

【妇幼保健】 基本公共卫生均等化稳步推进。以落实"八免一关怀"政策为载体,实现10大类41项国家基本公共卫生服务项目全覆盖,全市孕产妇死亡率、婴儿死亡率、出生缺陷发生率均达到省定标准,居民电子健康档案建档率84.6%,高血压患者规范管理率90.8%,糖尿病患者规范管理率87.9%,老年人健康体检工作全面完成。完成年度重大公共卫生服务项目,全年对47071名符合生育政策的农村孕产妇发放了住院分娩补助,农村妇女口服叶酸93818人次,完成乳腺癌筛查52325人,完成宫颈癌筛查53218人。全面开展艾滋病、梅毒、乙肝母婴传播阻断项目试点工作,完成贫困白内障患者复明手术2826例。

【公立医院改革】 以睢宁县为试点,深化县级公立医院改革,统筹做好破除以药补医、创新机制体制和推进便民惠民措施三方面工作。睢宁县公立医院启动综合改革,全面取消药品加成,人民群众看病就医负担明显减轻。市肿瘤医院积极探索,抓住建设北区综合股份制医院契机,在改善服务、临床路径、优质医院创建等方面成效明显。在全省率先实行医疗机构主要运行指标社会公示制度,按季度公布药占比等核心指标。建立覆盖市、县二级的全市远程会诊系统。

【卫生监督】 强化卫生监督机构建设,泉山区在全省率先通过体系评估,获得"达标示范"称号,全市卫生监督体系建设省级评估通过率82%,"达标示范"数7个,列全省首位。苗升浩在全国卫生监督技能竞赛中获个人一等奖,荣获"全国卫生监督技能标兵"称号。卫生监督综合管理信息系统市级平台建成并投入使用,各县(市)、区已全部实现和省级系统互联互通。

宁 波 市

【概况】 2012年,宁波市全年卫生事业经费38.57亿元,增长2.57%,其中全市卫生基建经费达4.84亿元。剔除基建经费后,卫生事业经费增长13.7%,卫生事业经费占财政支出的4.66%。新型农村合作医疗经费12.54亿元,再创历史新高。年末全市各类医疗机构共有病床2.8万张,拥有专业卫生人员5.9万人,卫生技术人员4.9万人,其中执业医师(含助理)1.9万人,注册护士1.8万人;每千人(户籍人口)医疗机构床位数、医生数和护士数分别为4.9张、3.30人和3.16人,分别增加0.19张、0.12人和0.28人。全市参加合作医疗农民为292.76万人,参合率达到97.67%;全市人均筹资达到565元,其中,各级财政人均补助405元。市财政(含中央财政)对余姚市欠发达地区和奉化市、宁海县、象山县人均补助增加到130元,其他县(市)区人均补助增加到55元。全市统筹区政策内住院报销比例达71.8%,住院补偿最高支付限额(封顶线)达到当地农民人均纯收入6倍以上,政策内门诊费用补偿比例为36.7%。完善重大疾病保障,将偏瘫肢体综合训练等25项医疗康复项目纳入基本医疗保障范围;儿童孤独症等疾病门诊治疗纳入住院报销。

2012年,居民平均期望寿命80.33岁,其中男性78.26岁,女性82.57岁。全市年度常住人口孕产妇死亡率为"0",是全市妇幼保健工作历史上唯一一次实现零死亡;流动人口孕产妇死亡率8.09/10万;常住人口婴儿死亡率2.96‰,5岁以下儿童死亡率4.05‰;流动人口婴儿死亡率3.74‰,均控制在历年较低水平;全市累计报告甲乙丙类法定传染病发病率189.81/10万;无偿献血占临床用血比例在100%以上。

【疾病防控】 2012年,宁波市出台《2012年宁波市流动人口艾滋病行为干预项目方案》、《宁波市学校结核病预防控制工作规范》,规范学校结核病防控工作。制定印发《关于进一步加强消除麻疹工作的通知》,成立市消除麻疹工作领导小组和专家组,强化疫情分析研判和疫情报告与处置。出台《宁波市扩大国家免疫规划实施方案(2012年版)》,规范一类、二类疫苗的使用和管理。确定市妇儿医院、鄞州区率先推进新生儿产科信息化,将免疫规划信息化管理触角延伸至新生儿。创建以县(市)、区为单位,扩大慢性病防控覆盖面。

【卫生监督】 组织开展"医疗机构依法守护健康","全市游泳场所夏季保健康保平安","校园卫生安全健康1号、2号、3号"行动和"打击非法行医"、餐饮具消毒企业开展监督检查等专项行动。实施《宁波市卫生行政处罚自由裁量细则》,并同步使用自由裁量标准"电子化"查询系统,促进卫生行政执法的公开、公平和公正。同时,推进网上行政执法暨电子监察系统建设。

【医疗诊治】 全市共设置社区卫生服务中心151家,建成省级规范化社区卫生服务中心131家,创建率达86.8%;建成省级示范社区卫生服务中心21家,其中国家级4家。全市共新(改、扩)建城乡卫生服务站(村卫生室)133家。其中,新建卫生服务站(村卫生室)82家,欠发达地区新建卫生服务站(村卫生室)16家;全市新增床位数1000张以上。完成4家二级乙等综合医院复评、新申报5家二级乙等综合医院和1家二级乙等骨科医院的评审工作。调整、充实全市16个专业医疗质量控制中心,新增宁波市骨科质量控制中心。鄞州区人民医院成立全市首家肿瘤诊疗中心。3月1日,正式实施《宁波市医疗纠纷预防与处置条例》。市医疗纠纷理赔处理中心年内共受理重大医疗纠纷报案943起,协商调处终结818起。启动市级医院统一支付平台,至年末,理赔处理中心已代为支付13起,金额94.27万元。获市厅级科技计划项目立项172项。其中,获国家自然科学基金3项、省自然科学基金8项、省医药卫生科技计划38项、省中医药科技计划10项、宁波市科技计划项目113项。获省厅级科技奖励26项。2012年,宁波大学附属医院应用"隧道内镜"技术,成功实施市首例环周病变早期食管癌全周切除术和食管、贲门固有肌来源的黏膜下肿瘤切除术;市第一医院成功完成腹腔镜经盆腔入路括约肌间超低位直肠癌保肛术2例;市妇儿医院成功救治8例患孕26周左右的超低出生体重儿。

【中医药工作】 市、县两级财政对同级综合医院和中医医院给予中医门诊、中医住院专项补助约4082万元,增长14.8%。其中,市级财政补助约1300万元,余姚、慈溪及北仑等各拨款近500万元。宁波市中医院、奉化市中医院分别晋级三甲、三乙,慈溪市中医院等4家单位通过二甲评审,北仑区中医院成功创建二乙。宁波市中医药科研项目入选2012年度浙江省中医药科学研究基金计划10项,获省中医药科学技术奖二等奖1项、三等奖2项。启动全国名老中医专家王晖传承工作室、钟一棠传承工作室建设;市卫生局、市财政部门安排专项资金125万元,对全市5个省级名老中医专家传承工作室进行专项资助。

嘉 兴 市

【概况】 2012年,全市共有各级各类医疗卫生服务机构1343个。其中有医院45所,妇保院(所)7所、社区卫生服务中心(卫生院)82所,社区卫生服务站799所,卫生监督所8所,疾病预防控制中心7个。全市卫生机构从业人员总人数29090人,其中卫生专业人员25286人,占86.92%,平均每千人拥有医生数2.45人、护士2.91人。全市有病床17992张,平均每千人拥有医院床位5.22张。医疗卫生服务能力快速提升,群众对医疗服务满意率不断上升。

全面推进公立医院改革。以"维护公益性、调动积极性、保障可持续"为原则,以"取消以药补医机制、全面实施药品零差率销售"为主线,加快推进公立医院综合改革试点工作。自5月31日开始,嘉兴所属29家县级公立医疗机构全部取消药品加成,实行药品零差率销售,成为浙江省首个县级公立医院改革全覆盖的地市。12月3日起,市第一医院、市第二医院、市妇保院、市中医院4家市属医院除中药饮片外的全部药品按实际进价实行零差率销售。省武警医院、省荣军医院2家在禾的省属公立医院参照执行。

卫生创强率先实现全覆盖。继续深入推进卫生强市、县(市、区)创建工作,进一步完善卫生创强工作机制,加大卫生创强工作力度,继海宁、桐乡、南湖区、秀洲区、平湖市成功创建卫生强县(市、区)后,2012年上半年,市本级、嘉善县、海盐县分别通过创建工作省级调研,市区卫生创强工作11月通过省创强办的创建工作考核,成为全省唯一的创强"满堂红"地市。进一步深化了卫生强镇(街道)创建工作,全市已创建成功卫生强镇71个,卫生强镇(街道)建成率达98.6%。

医疗机构内涵建设。市一医院、市二医院、市妇保院、市中医院发挥"三甲"医院优势,加强管理,提升质量,优化服务。继续开展"三好一满意"活动,深入开展临床路径管理,完善和实施预约诊疗服务制度,扩大实行预约诊疗服务的范围。进一步加大临床路径管理的执行力度,进一步深化医疗质量持续改进活动,推进"优质护理服务工程"。切实加强医疗技术资源纵向整合工作,推进两大医疗技术联合体及市、县(市)间医院对口支援工作。优化医疗服务流程,简化环节,继续开展错峰服务和分时段诊疗,实行分层挂号收费,加快推进挂号、取化验单、查询等自助服务系统建设,简化就医手续,缩短群众候诊时间。

城乡居民合作医疗保险。提高重大疾病医疗保障水平,实现“十二个统一”。2012 年全市共有 190.33 万人参加城乡居民合作医疗保险,其中农民 137.79 万人,城镇居民 52.54 万人,农民参保率 99.14%,城镇居民参保率 98.51%。统筹区域内政策范围内住院费用报销比例为 73.63%(列全省第二位)。

基层卫生服务机制改革。市发改委、卫生局联合下发了《嘉兴市社区卫生服务中心(乡镇、街道卫生院)运行机制改革试点实施意见》,确定了 11 家社区卫生服务中心(乡镇、街道卫生院)为试点单位。健全基层卫生服务网络,推进社区卫生服务机构建设。加强基层医疗机构基础建设,规范机构管理,提高服务能力。基层医疗卫生机构覆盖率 100%,规划建成率 100%,中心和站实行紧密型一体化管理,一体化管理率 100%。平湖市钟埭街道社区卫生服务中心,积极申报创建全国示范中心。2012 年共有 9 家社区卫生服务中心(乡镇卫生院)申报创建省级规范化中心,嘉兴市省级规范化中心达到了 78 家,省级规范化率达到了 96.3%。参合农民健康体检 109 万人次,全市城乡居民健康档案累计建档 328 万人,建档率为 95.84%;其中规范化电子建档人数为 319.76 万人,规范化电子档案建档率为 93.43%。

卫生监督执法、疾病预防工作。组织开展各类食品安全专项整治工作。全市以严厉打击违法添加非食用物质和滥用食品添加剂专项整治行动为重点工作,全市共抽检生食水产品、火锅底料、熟肉制品、猪肉、蔬菜、餐饮具等共 1047 份,合格 918 份,合格率 87.68%。加强疾病预防控制工作,进一步规范急性传染病监测,加强重点场所指导,落实重点人群防控措施,强化病媒生物监测与防制技术指导,2012 年全市传染病疫情平稳,无暴发疫情报告发现,累计报告发现甲乙类传染病 7931 例,较去年同期下降 14.71%,海宁市报告一起霍乱散发疫情。全市孕产妇死亡率为零,5 岁以下儿童死亡率为 3.68‰。

爱国卫生工作卓有成效,无偿献血和医疗急救等工作进一步加强。以国家卫生城市复查为抓手,加强市容环境卫生整治,巩固国家卫生城市成果。组织开展了以市级领导牵头、以环境卫生为主要内容的市区“八大专项行动”。全面推进城乡环境卫生整洁行动,继续开展以“整洁城乡、美丽家园”为主题的十大专项行动。2012 年底,全国爱卫会发文公布嘉兴市通过国家卫生城市复评。2012 年全市无偿献血 41940 人次,献血量达 13169 升。无偿献血量占临床用血量的比例达 100%,志愿无偿献血比例达 100%,各项指标名列全省前茅。出动救护车 18956 次,抢救各种病人 14204 人。

【医疗卫生体制改革】 全面推进公立医院改革。自 2012 年 5 月 31 日开始,嘉兴所属的海宁、平湖、嘉善、海盐 4 个县(市)的所有县级公立医院,全部实行药品零差率销售。加上 2011 年 12 月开始试点的桐乡市,嘉兴市 29 家县级公立医疗机构全部取消药品加成,成为浙江省首个县级公立医院改革全覆盖的地市。改革的主要内容是实施“一降一调一补”。即降低药品费用、调整医疗服务价格和职工医保、合作医疗政策、加大财政投入。11 月 7 日,市政府召开市级公立医院改革动员大会,鲁俊市长作了动员报告。自 12 月 3 日起,市第一医院、市第二医院、市妇保院、市中医院 4 家市属医院除中药饮片外的全部药品按实际进价实行零差率销售。省武警医院、省荣军医院 2 家在禾的省属公立医院参照执行。

完善城乡居民合作医疗保险工作。完善提高重大疾病医疗保障水平工作,2012 年全市共有 1621 人次重大疾病患者进行了结报,其中儿童白血病 6 例,儿童先天性心脏病 53 例,6 类重大疾病 1504 人,12 类大病 58 人,总补偿费用达到 1903.17 万元,儿童两病实际补偿率达到 70%。推进合作医疗支付方式改革,各地在充分考虑定点医院、参保群众、医保基金三方利益的基础上,因地制宜,积极开展支付方式改革工作。嘉善县开展门诊统筹总额预付制、平湖市、海盐县实行总额预付制、海宁市实行按服务单元付费制、桐乡市实施以控制定点医疗机构合作医疗费用总额和均次费用为主要内容的支付方式改革。加强合作医疗信息化建设,2012 年 12 月 1 日起,合作医疗市域内异地就医实时结报工作开始试运行,下一步将与省级医院及上海等医院,开展异地就医实时结报工作,进一步方便参保居民就医。2012 年全市共有 190.33 万人参加城乡居民合作医疗保险,其中农民 137.79 万人,城镇居民 52.54 万人,农民参保率 99.14%,城镇居民参保率 98.89%。合作医疗人均筹资 500 元以上,市本级各级财政补助 300 元,个人缴费 200 元。2012 年全市统筹区政策范围内住院补偿率为 73.63%,6 种重大疾病政策范围内补偿比例达到 80% 以上。嘉兴市被卫生部授予“全国新型农村合作医疗先进集体”称号,成为唯一一个获此殊荣的地级市。

健全基层卫生服务网络。结合嘉兴市“两新工程”的特点和社区卫生服务机构的功能性质,推进社区卫生服务机构建设。目前嘉兴市共有 81 家社区卫生服务中心(乡镇卫生院),814 家社区卫生服务站,基层医疗卫生机构覆盖率 100%,规划建成率 100%,中心和站实行紧密型一体化管理,一体化管理率 100%。2012 年共有 9 家社区卫生服务中心(乡镇卫生院)申报创建省级规范化中心,嘉兴市省级规范化中心达到了 78 家,省级规范化率达到了 96.3%。

【卫生监督】 2012 年,嘉兴市加大卫生监督执法力度,提高卫生执法效能。组织开展公共场所卫生监督工作,共检查各类公共场所单位 21341 户次,对 45 家违法单位实施行政处罚。对全市星级宾馆、普通旅店、3000 平方米以上商场开展环境空气质量和公用物品消毒效果监测,共监测 178 家,合格 143 家,合格率 80.34%;抽检样品 1393 份,合格 1368 份,合格率 98.21%。全市共取缔无证行医点 151 处,其中立案 89 起,行政罚款 61.8 万元。全市现有职业病诊断机构 5 家,其中三甲医院 3 家、三乙医院 1 家、二甲医院 1 家,全年新诊断职业病 19 例。开展城市饮用水监测。全市共采集水样 1149 份,合格 1033 份,合格率 89.90%。发放公共场所卫生许可证 2501 份。2012 年全市无公共场所、饮用水卫生等方面重大突发公共卫生事件发生。

继续推行公共场所卫生监督量化分级管理。制定下发了《嘉兴市 2012 年公共场所卫生监督量化分级管理工作实施方案》,全市经量化评分,评定 A 级单位 66 家、B 级单位 466 家、C 级单位 6036 家。其中旅店业、游泳场所量化分级率为 100%;美容美发场所量化分级率 83.56%;沐浴场所量化分级率 89.94%;歌舞厅、商场场所量化分级率 88.07%。发放公共场所卫生信誉度等级公示牌 6568 张。

开展游泳场所夏季保健康保平安专项行动。2012年全市开放的营业性游泳场所共有92家。其中市本级26家,秀洲区8家,嘉善县6家,平湖市9家,海盐县7家,海宁市17家,桐乡市19家。共监测单位192户次,合格136户次,合格率70.83%;监测水样510份,合格452份,合格率为88.63%,

开展生活饮用水卫生监督监测。全市组织开展了集中式供水单位、涉水产品生产企业和二次供水单位监督检查,共检查集中式供水单位17家,涉水产品生产企业22家,监督检查覆盖率100%;开展城市饮用水监测。全市共采集水样1149份,合格1033份,合格率89.90%。

加强医疗机构监督管理。开展医疗机构"依法执业守护健康"活动,规范公立医疗机构的依法执业行为。对全市1132家中小医疗机构依法执业分级和消毒管理专项监管工作,检查覆盖率为100%。对全市1310家医院、社区卫生服务中心、门诊部、诊所等医疗卫生机构和5家中心血站及其分支机构、7家疾病预防控制机构医疗废物进行监督检查,监督覆盖率达到100%。严厉打击各类无证行医活动,全市共取缔无证行医点151处,其中立案89起,行政罚款61.8万元,所有无证行医者的信息全部录入"浙江卫生监督信息网"的无证行医"黑名单"。今年共移送公安刑事处罚案件34起,其中市本级3起、秀洲区4起、嘉善县7起、平湖市2起、海宁市3起、桐乡市15起。

开展职业病诊断和鉴定工作规范化建设行动。加强职业病危害建设项目职业病防护设施预控评工作,从源头把好职业病防治关。至年底,全市共开展建设项目职业病危害预评审核20起(职业卫生14起,放射卫生6起),建设项目职业病危害控评审核72起。2012年,全市共进行职业健康检查企业2227家,体检103039人,发现职业禁忌2115人,疑似职业病病人89人。开展职业病危害因素检测评价的1298家,检测点18756个,合格点16199个,合格率86.37%。新诊断职业病19例,其中尘肺病8例,职业性慢性二硫化碳中毒(轻度)3例、苯中毒6例,职业性皮肤病1例,职业性噪声聋1例。

卫生监督法制稽查和行政许可工作。为规范卫生执法行为,强化内部监督制约机制,组织开展了卫生监督本级和层级法制稽查,重点开展了投诉举报处理稽查、卫生行政许可、卫生行政处罚案件稽查。共稽查投诉举报案件95件,卫生行政许可案卷60件,卫生行政处罚结案案卷105件。全市共发放公共场所卫生许可证2501份,其中新发1660份,变更129份,延续669份,注销43份。

2102年,全市共受理投诉举报655件,其中食品安全366件,医疗卫生212件,公共场所卫生29件,职业卫生投诉35件,饮用水6件,消毒产品4件,其他3件,均按时办结;查处各类卫生违法案件591起,罚没款总额为214.43万元。

【爱国卫生】 2012年,嘉兴市迎来国家卫生城市的首次复查,市区以国家卫生城市复查为抓手,结合全国文明指数测评,全面加强市容环境卫生整治,巩固国家卫生城市成果。组织开展了以环境卫生为主的市区"八大专项行动",并分别于5月和9月通过了省级复查和全国爱卫办组织的暗访,并被全国爱卫会确认国家卫生城市。平湖市、海盐县继续全面开展争创国家卫生城市(县城)工作,海盐县还通过全国爱卫办组织的暗访和现场检查,平湖市顺利通过了国家卫生城市省级考核并通过了全国暗访;桐乡市推进创建健康城市(县城)活动,制订了新三年计划,进一步健全建设健康城市的体制机制。

【疾病控制】 2012年,全市今年累计报告发现甲乙类传染病7931例,较去年同期下降14.71%,海宁市报告一起霍乱散发疫情。累计报告211例流感确诊病例,较去年同期上升185.14%,无重症和死亡病例,无暴发疫情报告。报告手足口病9674例,比去年同期上升2.17倍,其中重症病例6例(5例已痊愈,1例死亡)。基础免疫接种743024人次,基础免疫报告接种率均在98%以上,乙肝疫苗首针及时接种率为97%。加强免疫接种276432次,报告接种率均在98%以上。推广实施"外来流动儿童免疫预防管理策略与服务模式研究",0~7岁流动儿童免疫规划疫苗基础免疫接种430868人次,比2011年增加25859人次。全市有108个行政村开展钉螺普查(轮查),查螺面积735.46万平方米。有3个县(市、区)的3个乡镇查到钉螺,共计有螺面积217670平方米,

县级以上综合性医院常年开设肠道门诊,全市肠道门诊已累计接诊腹泻病人18909人次,采样送检率99.33%;开展外环境、食品、水源等监测,未发现阳性标本。进一步加强以学校为重点的手足口病防控工作,倡导健康生活方式,深入推进嘉兴市全民健康促进行动,以"全民健康生活方式行动示范食堂"为标准,积极开展健康食堂创建工作。

湖　州　市

【概况】 2012年,全市卫生工作以开展"卫生改革深化年"、"服务品质提升年"、"卫生文化建设年"活动为载体,以专项竞赛活动为抓手,结合实际,探索创新,各项工作取得了新的成效。至年末,全市医疗卫生机构共有1349家,其中二级以上医院24家、三级以上9家、三级甲等5家。全市医疗机构实有床位11265张,平均每千人口拥有床位4.31张,卫技人员17738人,执业(助理)医师6262人,注册护士6148人,每千人口拥有卫技人员6.79人,每千人口拥有执业(助理)医师2.40人,每千人口拥有注册护士2.35人。全市卫生事业投入57831.7万元。全市医疗机构门、急诊人次达2100.88万人次,出院人次达347028人次,全市病床使用率86.25%,出院者平均住院日为9.2天。衡量地区人群的主要健康指标持续优化,基本达到中等发达国家水平,全市常住人口孕产妇死亡率为零、婴儿死亡率3.78‰,5岁以下儿童死亡率5.20‰,人均期望寿命

80.12 岁。

【实施县级公立医院综合改革】 长兴县和南浔区按照“总量控制、结构调整”总体要求和“一减两调一补”原则，于6月底前，取消了5家县级公立医院的药品加成，启动了县级公立医院综合改革，通过调整诊查费、床位费、护理费、手术费和治疗费5项医疗服务收费价格，弥补“药品零差率”销售减少的收入。运行状况表明，医院收入结构合理改善，业务收入中，药品比例、门急诊及住院均次费用明显下降，“以药补医”模式逐渐得以合理纠正；各试点医院针对医疗质量、安全、服务和费用等方面采取积极措施，增加基本药物使用比例，改善就医流程，内部运行机制进一步完善。至年末，全市17家县级公立医院全部实施了“药品零差率”基础上的综合改革，运行良好。

【提高农民基本医疗保障水平】 2012年，全市新农合人均筹资标准480元，其中各级财政人均补助330元，参合率为97.78%。落实资助困难人群参保政策，县(区)财政统筹解决农村五保户、低保家庭、特困残疾人和低收入农户等困难群众参加新农合个人出资部分，困难群众统筹资金达到308.01万元。各级政府新农合投入近5亿元。落实新生儿、复员军人和婚嫁迁入等人员中途参加新农合的相关政策。坚持“住院统筹为主，兼顾门诊统筹”的保障模式，新农合最高支付限额(封顶线)达到农民人均纯收入的8倍。2012年住院实际报销比例为49.79%，统筹区域政策范围内报销比例达78.3%；门诊实际报销比例为32.09%。合理拉开不同等级医疗机构之间的住院补偿比例，县级医院实际报销比例达到58.75%、比上年同期提高6.93个百分点，市级医院实际报销比例达到43.53%、比上年同期提高8.78个百分点。全面开展提高重大疾病医疗保障工作，各县(区)在上年覆盖儿童白血病、先天性心脏病、终末期肾病、重型精神病、耐多药肺结核、乳腺癌、宫颈癌和艾滋病机会感染8个病种的基础上，2012年又增加了12种疾病，将重型精神病、尿毒症、器官移植后续治疗、恶性肿瘤和儿童孤独症等病种纳入特殊病种门诊统筹范围，补偿比例参照住院补偿标准。20种重大疾病实际报销比例达到55.59%。全市严格执行新农合基金财务制度，做到财政专户、专款专用和收支两条线管理，完善定点医疗机构准入和退出机制；建立了新农合经办机构与定点医疗机构的谈判机制，将平均住院日、医疗费用、大型设备检查阳性率、合理检查和合理用药纳入协议范围，严格控制新农合医疗费用。各县(区)因地制宜开展总额支付、按病种付费和按人头付费等多种支付方式改革，逐步实施不同定点医疗机构“结余奖励、超支分担”的住院费用弹性总额预算管理。

【扩大基本药物覆盖面】 进一步完善在基层医疗卫生机构实施基本药物制度，长兴县、德清县和吴兴区独立设置药品采购机构，2012年全市基层医疗机构完成网上药品采购2.94亿元；建立基层医疗机构和县及县以上医院配备使用基本药物月报制度，加强基本药物品种、配送、经费补助和使用等情况的监测分析。2012年全市基层医疗卫生机构共减少患者药品支出1.46亿元。全市县级以上公立医院配备和使用基本药物的比例为30.21%，达到省定标准，县级以上医疗机构配备和使用基本药物比例(按药品同一通用名口径计算)分别为：三级甲等医院为33.7%、三级乙等医院为37.1%、二级甲等医院为36.5%、二级乙等为33.7%，好于省卫生厅规定的等级医院基本药物配备使用比例。

【提高医疗服务质量】 全面实施第三方质量评价工作，加强医疗质量管理。实施医疗服务阳光用药工程，增加了对质子泵抑制剂和辅助性用药的监管，通过卫生局门户网站及媒体对医疗机构的9类指标进行公示。实现全市所有二级以上医院和临床专业开展临床路径管理全覆盖，继续开展抗菌药物临床应用专项整治活动。推进用血医疗机构输血科的规范建设，推进自体输血技术，自体输血比例进一步提高。开展对全市8家医院的复评和3家医院(包括二家民营医院)的初评工作。完成了第三人民医院、长兴县人民医院、德清县中医医院的等级评审工作，完成了国家中管局对市中医院、长兴县中医院和安吉县中医院的等级医院评审工作。完成15家省级“平安医院”的复查验审和33家市级“平安医院”的复查工作。年初，全市5家市级医院均参加了共保体的医疗责任保险，有效地化解了医疗风险。完成了12家医疗机构的市级“绿色医院”的评审工作。优化便民、惠民服务。启动了电子病历“医联惠民”工程，建立了以身份证就诊为基础和通用就诊卡、社会保障卡和医保卡就诊为补充的多元化通用就诊机制，在5家市级医院实现就医“一号通”和一卡通用就诊，至年末，共为140.7万人次提供了“一号通”挂号服务，发行通用就诊卡43.1万张，为58.9万名群众建立了以身份证号码为唯一识别号的个人就诊信息档案，身份证号码登记率达63.4%，比系统启用前提高了57.6个百分点。在二级以上医院已全部实施预约诊疗服务。推进优质护理示范工作，积极创建温馨病房，提高护理服务质量。市中心医院胸外科等5个病区被评为“浙江省第一批优质护理示范病区”。在全市献血管理机构和二级以上用血医院建立了网络直报管理系统。

【加强中医中药工作】 贯彻落实《关于扶持和促进中医药事业发展的意见》，积极遴选全国中医药人才和继承人，有2人入选第三批全国优秀中医临床人才研修项目培养对象，有1名指导老师和3名继承人入选第五批全国老中医药专家学术经验继承对象，在全国老中医药专家学术经验继承上，实现了零的突破。继承开展中医“治未病”工作，完成300例低保人员的哮喘和高血压病的中医药阶段防治工作，市中医院和市疾控中心联合在全市选择了12个社区卫生服务中心作为试点单位，将对临界高血压和糖尿病前期人员进行中医药防治干预，努力探索中医预防保健新模式。

【加强基层医疗卫生机构能力建设】 按照全市医疗卫生服务体系(2012～2015年)建设规划，制定和完善了基层社区卫生服务机构建设具体步骤。2012年全市共投入近1000万元，新建(迁建)社区卫生服务站23家，改扩建社区卫生服务站63家；至年末，全市共有城乡社区卫生服务中心91家，社区卫生服务站726家。长兴县进一步深化农村医疗卫生体制改革，不断强化卫生院和社区卫生服务站的管理，规范运行，28家乡(镇)卫生院已全部转型为政府举办性质。继续巩固和完善社区卫生服务乡村一体化管理成果，结合新农村建设实际，继续全面推进乡村一体化管理模式，对社区卫生服务中心和站实行统一机构设置、统一药品配送、统一业务管理、统一财务管理、统一人员调配和统一绩效考核的"六统一"紧密型乡村一体化管理,把村级社区卫生服务站人、财、物、事等全部纳入乡镇社区卫生服务中心(卫生院)管理。基层社区卫生服务站全面落实新农合定点实时报销、基本公共卫生服务项目和基本药物制度等职能,着力提升服务内涵。以实施"基层社区卫生提升计划"为抓手,各县(区)积极开展规范化卫生院和星级站创建工作,进一步深化基层医疗卫生机构内涵建设。2012 年完成了 1 家省级示范社区卫生服务中心、7 家省级规范化社区卫生服务中心(乡镇卫生院)创建工作,累计创建省级规范化社区卫生服务中心(乡镇卫生院)50 家,创建率为 50.5%。新创建市级社区卫生服务星级站 48 家,累计创建市级星级站 464 家,创建率达 63.7%。

【提高公共卫生管理水平】 加强卫生执法监督工作。在全市开展为期一个月的"执法月"活动,组织联合执法检查组对全市 22 家二级以上医疗机构开展执法检查,对检查发现的问题,责令限期整改、书面通报和追踪复查,依法严厉查处违法行为。开展电镀行业职业病危害专项整治,各县(区)分别开展了铅酸蓄电池企业专项整治回头看和石英砂、石棉制品加工及木质家具、玩具制造、4S 店等行业的专项检查,强化落实企业主体责任,改善作业场所环境。加强对餐饮具集中消毒单位的监管,在全市 34 家企业中,关闭及合并 6 家,28 家企业 100% 发放卫生监督合格证。加强重点传染病防控。全市无甲类传染病和相关突发公共卫生事件信息报告,共报告乙类传染病 5716 例,发病率 197.54/10 万,比上年同期下降 24.82%,低于全省平均水平,居全省第九位,为十年来最低。以现代信息和传播手段为平台,在艾滋病防治上创新男男同性恋网络信息干预措施,逐步在全省推广;"四位一体"的结核病综合防治模式和结核病诊治临床路径经验在国内得到推广;国家免疫规划一类疫苗接种率继续保持在 99% 以上,已申报省级五星级预防接种门诊 2 家、三星级预防接种门诊 10 家、规范化预防接种门诊 68 家。扎实做好慢性病规范管理治疗,高血压、糖尿病和重性精神病基本规范管理率分别达到 94.85%、93.2% 和 91%;成功争取到国家精神卫生"686"项目在湖州市的全面实施,对 6804 名重性精神疾病患者实施了规范化管理治疗和社区监护。加强妇幼卫生工作。严格实行危急重症孕产妇、儿童报告与随访制度,实行危重流动孕产妇首诊负责制。2012 年全市未发生户籍孕产妇死亡;流动孕产妇死亡 3 例,流动孕产妇死亡率 36.49/10 万;户籍婴儿死亡率 3.78‰,5 岁以下儿童死亡率 5.20‰;流动人口婴儿死亡率、5 岁以下儿童死亡率分别为 9.00‰ 和 12.29‰。加强婚前医学检查,婚检率达 85.35%,比上年提高 4.05 个百分点,检出疾病 8705 人,疾病检出率 23.11%。产前筛查率平均达到 84.88%;新生儿疾病筛查项目由 2 项增加到 27 项。以降低非医学指征剖宫产为重点,有效降低剖宫产率,全市助产机构剖宫产率为 50.49%。

【提高应急处置水平】 启动市突发公共卫生事件应急指挥和决策平台建设项目,即将进入建设阶段;指导德清县、长兴县开展省卫生应急强县建设,及时开展台风等自然灾害的公共卫生应急处置。切实加强院前急救能力建设,急救平均出车时间 1 分钟 34 秒,比上年缩短了 6 秒;急救平均反应时间(接警至到达现场时间)为 12 分 45 秒,快速应对长兴县和平镇横山群叶茶场房屋倒塌抢险救援和抗击"海葵"台风的紧急处置工作得到了各级党委、政府的好评。

【深入开展爱国卫生运动】 深入贯彻《浙江省爱国卫生促进条例》,制订出台《湖州市单位卫生标准及实施办法》,聘请 64 名义务监督员,加强爱国卫生社会监督工作。扎实做好湖州市爱国卫生城市,德清县和安吉县国家卫生县城,德清县钟管镇和长兴县煤山镇国家卫生镇的复评工作。6 月,"湖州健康在线"网站上线试运行。推进健康促进医院和健康促进学校建设,全年创建健康促进医院 10 所,创建健康促进学校金奖 3 所、健康促进学校铜奖 17 所。结合美丽乡村建设,完成了 2.37 万座的中央财政补助的农村改厕项目任务。

【加强卫生行风建设】 以"卫生文化建设年"为契机,组织开展向钟杏菊、吴棣梅等先进人物学习活动;组织机关干部、医疗卫生单位班子成员和中层骨干赴市警示教育基地接受警示教育,总数达 3109 人次。继续深化医药回扣专项治理活动,突出重点行为、重点岗位、重点环节和重点人员四个方面,签订廉洁行医承诺,开展谈心谈话。制订出台局管领导干部收入和投资申报规定、基本药物采购使用意见和骨科耗材带量采购等政策。

【加强人才学科建设】 加强人才培养和引进,全年市级医疗卫生单位共引进博士生 1 名、硕士生 45 名,招聘大学毕业生 203 名。通过培养,取得博士学位 1 名,硕士学位 16 名;选派 12 名优秀人才出国培训学习。采用竞争性选拔形式,7 人担任单位副职领导。制订"湖州市卫生系统年轻干部培养锻炼计划",选派 50 余干部名参加由浙大继续教育学院组织的领导干部思维创新与领导力提升专题研修班。加强重点支撑学科建设,确定 22 个医学重点支撑学科,市卫生局与浙江大学医学部签订了合作备忘录及学科建设方与指导方的共建协议。加强医学科研工作,市级医疗卫生单位被列入市级以上各类科技计划的项目共 77 项,获市级以上科技奖励 24 项,科技成果获专利授权 47 项(超过往年总和),其中发明专利 4 项,发表 SCL 论文 12 篇。2012 年卫生系统共获得市政府科技进步一等奖 1 项、二等奖 2 项、三等奖 9 项,占全市总获奖项目的 28%,居市级各行业之首。加强教育与培训工作,与发改、财政等部门联合下发《湖州市住院医师规范化培训实施办法(试行)》,12 家单位的 66 个学科通过了省卫生厅组织的住院医师规范化培训(含中医)临床培训基地评审。至年末,全市已通过评审的临床培训基地有 17 家,共 106 个学科。成功申报继续医学教育项目共 16 项,其中国家级 5 项、省级 11 项。湖州市荣获浙江省"'十一五'继续医学教育工作先进单位称号"。

【加强食品安全综合协调】 全面部署 2012 年全市食品安全重点工作,全年未发生食品安全事故。紧急部署开展药用胶囊铬超标和蜜饯企业添加剂超标等食品安全隐患大排查、大清理工作。在 7 月至 10 月全省开展的食品安全大整治百日行动中,得到了省考核评估组的充分肯定和高度赞扬,湖州市、德清县和长兴县被省政府授予"食品安全大整治百日行动先进集体”称号。组织宣传周活动。开通启用全市统一的食品安全投诉举报电话“96317”,并安排专项经费用于举报查实奖励。结合湖州实际和规定要求,有计划地开展食品安全风险监测,共监测11大类食品615件样。

绍　兴　市

【概述】 2012年末,全市有各级各类医疗卫生机构2635所,其中等级医院28家(三级医院15家,二级医院13家),疾病预防控制机构7家,卫生监督机构7家,乡镇(街道)社区卫生服务中心(卫生院)111家,社区卫生服务站852家,村卫生室1077家。全市医疗机构实际开放床位18796张,平均每千人口拥有床位4.26张。卫生专业技术人员25722人(其中执业医师和助理医师10638人),平均每千人口2.41人;注册护士9504人,平均每千人口2.16人(按户籍人口计算)。

【爱国卫生】 2012年,诸暨市王家井镇、上虞市崧厦镇、新昌县南明街道、越城区塔山街道4个镇(街)创建成绍兴市卫生强镇(乡、街)。绍兴县柯桥街道、陶堰镇创建成浙江省卫生街道(镇);上虞市盖北镇、上虞市丁宅乡、嵊州市黄泽镇、新昌县羽林街道、诸暨市五泄镇、越城区塔山街道6个镇(乡、街道)创建成绍兴市卫生镇(乡、街道);全市共创建成234个省、市级卫生村(单位)。

全年,全市完成2000座中央农村改厕项目任务。绍兴县、诸暨市、上虞市、嵊州市4个县(市)被确定为省农村饮用水水质卫生监测点。绍兴县创建成省级生活饮用水水质卫生管理示范县。当年底,全市卫生厕所普及率92.80%,无害化卫生厕所普及率83.01%;改水受益率96.66%,自来水受益率94.09%。

【公立医院持续发展】 至6月,绍兴县、诸暨市、上虞市、嵊州市、新昌县均已启动县级公立医院综合改革。9月12日,市级8家公立医院启动综合改革。至此,全市30家公立县级、市级医院全部实施药品“零差率”为核心的综合改革,为全国第二个、省内首个公立医院全部实施综合改革的地市。

【卫生监管】 2012年,全市卫生管理部门共监督24817户次,出动执法人员61260人次,发放许可证2400本,抽检健康相关产品6615份,立案处罚350起,罚没款110.48万元,没收违规产品10528千克,取缔非法经营400户次,处理投诉举报524起。其中市本级共监督2841户次,出动执法人员6758人次,发放许可证191本,抽检健康相关产品2145份,立案处罚30起,罚没款48.70万元,没收违规产品3490公斤,取缔非法经营57户次,处理投诉举报71起,全市未发生生活饮用水污染、职业中毒等重大公共卫生事件。

【妇幼保健】 全年,全市本地孕产妇零死亡;5岁以下儿童死亡率4.92‰,婴儿死亡率3.41‰,低于全省平均水平。孕产妇系统管理率96.60%,住院分娩率100%,高危产妇住院分娩率100%。3岁以下儿童系统管理率96.21%。产前筛查32721例,筛查率71.89%;产前诊断3523人次,确定胎儿异常199人,其中染色体异常44例;新生儿疾病筛查45867人,筛查率100%,新生儿听力筛查45416人,筛查率99.24%,查出先天性甲状腺功能低下症等疾病29例,听力异常128例,均进行康复治疗观察。全市婚检人数59278人,婚检率97.99%。完成农村孕产妇住院分娩补助17779人,农村妇女增补叶酸29131人;市区启动农村妇女两癌检查项目,所有县(市、区)列为国家第二期农村妇女“两癌”筛查项目县,完成免费宫颈癌检查36996人,乳腺癌检查4036人。上虞、嵊州市妇幼保健院分别创建为三级乙等、二级甲等妇幼保健院。

【新型农村合作医疗】 2012年,全市参加新农合人数288.3万人,参合率98.65%,较2011年提高1.03个百分点。全市共筹集资金13.7亿元。住院补偿27.99万人次,补偿金额143448.72万元;普通门诊补偿1178.13万人次,补偿金额22143.76万元;特殊病种大额门诊补偿10.37万人次,补偿金额6686.2万元;正常分娩定额补偿3286人次,补偿金额182.45万元;其他补偿320人次,补偿金额19.2万元。年内,全市人均筹资标准(不含健康体检费)达到534元,其中各级政府补助376.9元,增幅分别为24.19%、26.24%。全市统筹区域政策范围内住院补偿率72.85%,住院受益率9.71%;实际住院补偿率57.40%,居全省首位。门诊受益率408.65%,补偿率31.56%。

温　州　市

【概述】 2012年,温州市有医疗卫生机构5255个。其中公立医院47家,民办医院62家,疗养院4家,乡镇卫生院166个,社区卫生服务中心(站)491个,村卫生室2993个,门诊部201个,诊所、卫生所、医务室1238个。疾病预防控制中心12家,妇幼保健院(所、站)9家,急救中心(站)3家,采供血机构5家,卫生监督所12家,医学在职培训机构4家,临床检验中心(所、站)2家,其他机构6家。全市有卫技人员45397人,医生19537人,千人医生数2.44人;护士16197人,千人护士数2.02人;设病床26159张,千人床位数3.27张。全市传染病总报告发病率697.95/10万。孕产妇死亡率9.09/10万,5岁以下儿童死亡率3.85‰,婴儿死亡率2.81‰。全市医疗机构诊疗5861万人次,住院78.4万人。全市医疗机构门诊费用均次142.1元,住院费用均次8985.6元。全市农村累计改水受益人口654万人,累计受益率95.15%,其中自来水受益率92.79%。全市有194.6万户农村家庭使用卫生厕所,卫生厕所普及率85.21%。

序号	机构名称	执业(助理)医师	注册护士	管理人员	实有床位(张)	总诊疗人次数	出院人数
1	温州医学院附属第一医院	1018	1324	285	2401	2802983	67996
2	温州医学院附属第二医院(温州医学院育英儿童医院)	779	1434	81	1941	2884915	86738
3	温州医学院附属眼视光医院	128	164	80	180	441224	13775
4	温州医学院附属口腔医院	83	81	17	0	222301	0
5	温州市第二人民医院	573	852	100	1333	1112245	40979
6	温州市第三人民医院	414	545	15	800	838340	30231
7	温州市中医院	178	240	8	675	862577	9818
8	温州市中西医结合医院	333	493	9	770	955396	24265
9	温州市精神病院(温州市民康医院)	34	134	28	872	38020	4088
10	温州市戒毒中心	8	9	6	50	139808	598
11	温州市第八人民医院	60	51	41	0	0	0
12	温州市鹿城区人民医院	63	98	19	120	293852	4623
13	温州市鹿城精神病医院	10	17	2	80	11736	350
14	龙湾区第一人民医院	121	107	4	280	547892	10326
15	龙湾区人民医院	34	23	0	50	172726	199
16	瓯海区人民医院	49	53	2	110	144525	1515
17	瓯海区第二人民医院	54	56	3	111	276677	3307
18	瓯海区第三人民医院	85	88	5	120	274851	4836
19	乐清市人民医院	391	490	23	992	1213230	38887
20	乐清市第二人民医院	187	227	15	345	482011	13490
21	乐清市第三人民医院	182	209	12	316	452639	11075
22	乐清市中医院	64	66	5	155	268789	3002
23	瑞安市人民医院	562	980	57	1769	2141325	66294
24	瑞安市第二人民医院	44	35	2	100	61007	1328
25	瑞安市第三人民医院	38	32	4	72	128497	1625
26	瑞安市第五人民医院(精神病院)(社区卫生服务中心)	45	78	4	220	96896	1578
27	瑞安市中医院	183	190	47	350	702983	10544
28	瑞安市红十字医院	92	78	24	83	324386	1163
29	瑞安市塘下人民医院	70	70	2	124	303072	5031
30	永嘉县人民医院	176	224	9	340	340021	11656
31	永嘉县中医院	144	153	14	300	461457	6189
32	洞头县人民医院	56	84	7	145	269717	4386

续表

序号	机构名称	执业(助理)医师	注册护士	管理人员	实有床位(张)	总诊疗人次数	出院人数
33	洞头县中医院	10	0	0	0	30338	0
34	文成县人民医院	113	182	0	348	381137	10821
35	文成县中医医院	39	27	11	60	130307	1359
36	平阳县人民医院	253	452	44	675	802353	24391
37	平阳县第二人民医院	110	135	10	242	228451	8180
38	平阳县中医院	162	202	54	436	607348	11721
39	泰顺县人民医院	103	159	3	294	303484	12382
40	泰顺县第二人民医院	24	16	2	20	34044	57
41	泰顺县中医院	49	62	6	139	129472	4331
42	苍南县人民医院	267	426	75	705	619175	26138
43	苍南县第二人民医院	159	209	57	350	392321	17134
44	苍南县第三人民医院	124	196	13	280	354688	15490
45	苍南县中医院	93	96	4	188	258846	7826
46	浙江省温州矾矿医院	34	47	14	165	48548	574

合　肥　市

【基层医改取得阶段性成果】 2012 年初,由《中国卫生》杂志社主办的“中国十大医改新闻人物”颁奖典礼暨“十二五”医改发展论坛在合肥市召开,标志着合肥市的基层医改工作获得社会各界的广泛认可。2012 年,全市新型农村合作医疗(简称“新农合”)实现了市级统筹,参保 407.36 万人,最高支付限额 20 万元,庐江县达到 25 万元,患者的自付比例降到 25 - 30%。推行“一站式”服务,调整住院起付标准和报销比例,实行“按病种付费”,要求实施“按病种付费”的病种净报销比不低于 60%,最高可达 80%。基层补偿机制得到落实,基本公共卫生服务支出总额为 17946.22 万元,全市基层医疗卫生机构竞聘上岗人员统一纳入社保。公共卫生服务功能明显增强,近三年基本公共卫生服务均等化 10 个项目和重大公卫项目全面完成,卫生院门急诊人次 419.99 万,比上年增长 15.98%。3 月 15 日,肥东县人民医院对药品全部实行零差率销售,率先进行县级公立医院改革试点,12 月 15 日县级公立医院改革在全市全面铺开,全市医改工作进入新阶段。长丰县和肥西县积极探索医疗纠纷第三方调解机制,与司法局联合成立医疗纠纷人民调解委员会,建立了医患纠纷处理的新机制。

【创卫工作高效推进】 市卫生局按照 2012 年 5 月 21 日市委扩大会议关于“三城同创”的精神,成立卫生城市创建工作组,印发了《合肥市创建省级卫生城市工作实施方案》,对照省级卫生城市的十项标准,将申报材料汇编成册报送省爱国卫生运动委员会办公室,仅用半年时间,各项迎检指标明显提升。多频次开展了病媒生物防制工作,5 个月内举办了 2 次市级、7 次县区级病媒生物防制工作培训班,在全市范围内进行“四害”(鼠、蚊虫、蝇、蟑螂)密度自查工作。10 月 15 日,合肥市接受省爱卫办病媒生物防制工作的检查,各项工作及全市总体情况得到省专家组的肯定。

【民生工程按计划完成】 在全市实施的 33 项民生工程中,市卫生局继续承担包括继续完善农村合作医疗制度、建立重大传染病病人医疗救治和艾滋病病人生活救助制度、提高妇女儿童健康水平三项民生工程。全年实际救治重大传染病 1352 人。完成了新农合筹资工作,实际筹集新农合基金共 12.1 亿元,支出 11.72 亿元,当年基金使用进度为 96.82%。婚前医学检查目标任务全面完成。农村孕产妇住院分娩补助率达 100%。儿童计划免疫接种实际接种率达到 99.55%,儿童口腔疾病综合干预工作已扩大到所有县(市)区。全年传染病防控形势稳定,未发生大的传染病疫情。

【医疗卫生服务能力稳中有升】 全市卫生系统扎实开展了“三好一满意”活动,并将此活动与“医疗质量万里行”活动、“优质医院创建”等活动统筹安排,整合开展,持续改进医疗质量,保障人民群众健康权益。进一步巩固了抗菌药物专项整治工作,开展了医疗质量与安全管理专项督查。以创建全省中医药特色社区卫生服务示范区和全国农村中医药工作先进单位活动为载体,有力推动全市中医药事业的发展进步,庐阳区、蜀山区被安徽省中医药管理局授予“安徽省中医药特色社区卫生服务示范区”。完成继续医学教育项目共计702项,对34个市第三周期重点学科建设工作进行督导。卫生监督重点以医疗服务市场、餐饮监管等社会关注的热点问题为突破口,全面开展工作,全年共办理行政处罚案件627件,检查各级各类医疗机构、母婴保健机构和采供血机构2229家,取缔无证行医488户(次),重点开展餐饮服务机构食用油脂、工地食品安全等专项执法检查。应急处置和保障有条不紊,圆满完成了省、市重大公共活动的医疗卫生应急保障工作。临床用血100%来自无偿献血。

【党风廉政建设成效明显】 2012年,全系统扎实开展惩治和预防腐败体系建设,深化改革和制度创新,在全市医药卫生系统初步形成用制度管权,按制度办事,靠制度管人的体制机制。党风廉政建设和纠风工作责任制全面落实。反腐倡廉教育和廉政文化建设扎实开展,党员领导干部廉洁自律意识明显增强。规范权力运行,全面开展好廉政风险防控各项工作,在系统内按照“全面清理、认真查找、全面执行”的原则扎实推进此项工作。扎实推进政风行风评议工作,在全市卫生系统全面开展“三好一满意”和“群众满意的社区卫生服务中心”评议活动,先后出台多项便民利民措施,患者满意度明显提高。在市属三甲医院开展反统方软件安装工作,注重用科技手段深入推进反商业贿赂。在全市组织开展合肥市首届十大“医德医风标兵”评选活动,此项活动得到全市卫生系统高度重视和社会的广泛关注,有30多万人次参与评选活动,进一步弘扬正气、树立了医疗卫生系统新风。深入推进党务(政务)公开工作,以党务公开工作引领系统内各医疗卫生单位的政务公开工作,有效实现党务公开和政务公开的有机相结合,党务公开和保障党员群众基本权利的有机相结合,党务公开和权力阳光运行有机相结合,党务公开和推进单位工作上水平有机相结合。

马鞍山市

【概况】 2012年,马鞍山市有卫生机构860个,其中市区370个,三县490个;医院、卫生院93家;床位总数6741张,其中市区床位3893张,三县2848张。全市和市区平均每千人口床位数分别为2.95张和4.74张;全市有卫生人员13064人,其中卫技人员10061人(含乡村医生等),卫生人员中市区有7883人,三县5181人;平均每千人拥有卫技人员4.4人,其中市区每千人拥有7.77人,三县每千人拥有2.51人;诊所、卫生所、医务室从医人员400人。全市年门诊量778.1万人次,年急诊量27.1万人次。120全市急救网络接警26092起,实施救护21792人次。全市有14369人次参加无偿献血,献血量17368单位,自愿无偿献血比例100%。

【医药卫生体制改革】 全市新型农村合作医疗制度进一步完善。全年参合率达101.36%,标准化村卫生室门诊统筹率100%;门诊实际报销比例45.18%,实际住院补偿比54.47%,白血病和先心病患儿报销比最高可达90%;就医“一卡通”全面普及,门诊联网结报率达100%。加强以全科医生为重点的基层医疗卫生队伍建设,探索实施社区卫生服务中心站的一体化管理,进一步提升基层医疗卫生机构服务能力。全市80%以上社区卫生服务机构建立社区全科医生卫生服务团队,开展家庭医生制度试点,为辖区居民提供方便、连续的健康管理服务。基层医改实施成效进一步提升。基层医疗卫生机构补偿机制进一步完善,核定基层医疗机构公共卫生支出和基本支出被纳入财政预算,实行收支两条线管理,收支结余全额返还;实行“一费制”,将挂号费、诊查费、注射费以及药事服务合并为一般诊疗费。进一步完善基层医疗卫生机构激励约束机制,全面建立定期考核机制、绩效工资定期发放机制,人员基础性绩效和奖励性绩效比例由6:4统一调整为3:7,并建立机构、业务骨干等特殊性奖励办法和奖励基金。加大村卫生室保障力度,市财政补助每个村卫生室每年2000元的运行经费,并在省补助每1000位农民5000元基础上,增加4000元补助。公共卫生服务均等化水平进一步提高。2012年,市委市政府继续按人均5元标准投入640万元,免费为城乡居民实施新增4项市级基本公共卫生服务项目(分别为:孕产妇产前筛查、市区适龄妇女“宫颈癌、乳腺癌”普查、城乡居民免费急救搬运、城乡居民生活饮用水水质安全监测)。2012年,全市人均基本公共卫生服务经费城市为38元,农村为30元。10项41类国家基本公共卫生服务项目、8项国家重大公共卫生服务项目、4项市级基本公共卫生服务项目年度任务超额优质完成。城乡居民电子健康档案建档率达71.77%,全市孕产妇保健覆盖率为86.63%,孕产妇系统管理率为52.70%;全市7岁以下儿童保健覆盖率为86.61%,3岁以下儿童系统管理率为64.04%。中医药事业进一步加快发展。制定实施《2012年全市中医药工作要点》、《马鞍山市公立中医医院改革试点2012年度工作方案》以及《马鞍山市公立中医医院改革试点(2012~2013年度)工作方案》。加强公立中医医院基础设施建设,当涂县新建中医院项目投入使用;和县中医院扩建工程完工投入使用,新增病区6个,床位100余张;含山县中医院改建项目前期工作启动。开展“三名”工程建设,市中医院成为全国第四批“治未病”试点单位,市中医院康复科成为国家级中医重点科室。强化中医药特色建设,加强重点专科建设,含山县中医医院骨伤科等9个省级中医重点专科、市中医医院内科等6个市级中医专科专病建设按计划推进。深化中医药文化内涵建设,印发实施《2012年中医药知识宣传普及活动执行方案》,开展“治未病”试点建设,实施中医药适宜技术培训,全市首届中医药适宜技术培训分市区、含山、和县、当涂、博望5个片区,培训学员364名。

【公立医院改革】 出台《2012年公立医院改革试点工作安排》,全年29项改革任务全面完成。推进秀山医院新建项目,在专科环节推进市精神病医院建设项目。深化人事分配制度改革。改革编制管理制度,实行人员总量控制和动态管理,逐步实行聘用期内薪酬、职业发展和养老保险等方面同岗同待遇。推进医药分开。2012年2月6日起,市属四家公立医院配备和使用的基本药物全面实施零差率销售。市财政改革公立医院经费供给方式,变定项补助为实行政府购买服务。建立市县乡一体化体系和分工协作机制。市人民医院与三县县医院签订分工协作协议。推进医保支付方式改革。根据"以收定支、收支平衡"原则,实行"总额控制、按月预拨、年终决算,节超奖惩"。县级公立医院综合改革工作加快推进。完成管理体制、院长选聘、绩效考核、价格调整、医保支付、所有药品零差率销售等阶段性改革任务,破除了以药养医机制,初步形成新的运行机制。各县县医院实行基本药物零差率销售,财政全额补偿,三县每年补偿经费近900万元;三县出台建立县级公立医院与基层医疗卫生机构分工协作机制实施方案,县医院选择部分卫生院签订协议,开展建立分工协作机制试点工作。各县县级医疗纠纷第三方调处机制全面建立。

【公共卫生应急管理】 2012年,马鞍山市进一步加强卫生应急能力建设,制定下发《马鞍山市卫生系统卫生应急大练兵活动方案》,各级医疗机构积极开展相关应急预案编制和梳理、卫生应急相关人员培训、知识竞赛和应急演练等活动,完成各项培训和演练任务。成功举办全市卫生应急知识竞赛、桌面演练竞赛、多类传染疾病技术知识培训,举行综合性应急演练2次。指导和县积极开展省级卫生应急综合示范县创建工作,并通过省厅验收。全年组织市级疾控专家指导县区开展突发公共卫生事件技术调查,有效处置传染病疫情18起,调查病例346人,波及人口6805人,协助查找突发公共卫生事件原因,针对性采取有效预防控制措施,无死亡病例发生。通报突发公共卫生事件处置进程,及时报告率100%,无突发公共卫生事件和医疗卫生救援信息迟报、漏报、瞒报行为。

【重大传染病防控】 完善艾滋病检测监测网络。全年完成自愿咨询检测4886人,公安司法筛查检测1600人;加大预防艾滋病传播的干预力度,减少感染艾滋病的高危行为,针对多种等性途径传播高危人群干预近2万人;加强《艾滋病防治条例》宣传工作,开展大中学校学生和农民工艾滋病宣传活动;规范救治、管理艾滋病病人和稳妥推进美沙酮治疗工作,救助抗机会感染艾滋病病人65人,完成感染者随访47人,抗病毒治疗145人;积极开展同伴教育、高危行为干预和自愿咨询检测等各项市级培训,培训咨询员35人、医务人员62人、高干队员60人。加强结核病防治工作。制定下发了《马鞍山市结核病防治规划(2011~2015)》和年度结核病防治项目实施方案。2012年,全市活动性肺结核病人发现1349人,完成任务111.9%;新涂阳病人发现427人;登记新涂阳病人601人,治愈551人,治愈率91.7%;登记涂阴病人554人,完成治疗525人,治疗率94.8%;筛查密切接触者865人,筛查率100%;医疗机构网络报告肺结核患者1461人,追踪到位1266人,总体到位率86.7%;救助现症贫困结核病病人385人,完成目标任务104%。加强血防工作。牵头制定并印发《马鞍山市实现"十二五"血防规划目标工作方案》。2012年,全市有7个乡镇21个行政村达到了血吸虫病传播控制标准;疫情控制地区人、畜血吸虫感染率均控制在1.5%以下,传播控制地区人、畜血吸虫感染率均为零,传播阻断地区未发生当地感染的血吸虫病病人和病畜,全市急性血吸虫病发病率为零;疫情控制地区消灭钉螺面积250.9万平方米,传播控制地区消灭钉螺面积81.3万平方米,传播阻断地区持续保持无钉螺状态,全市有螺区域未查获感染性钉螺,实现了年度防治目标。全年全市完成查螺7478.3万平方米,药物灭螺849.1万平方米,血检查病14.87万人,粪检查病1.54万人,化疗1.35万人,渔船民定点检测2个,分别完成年度防治任务的117.4%、124.9%、101.2%、126.2%、100.7%和100%。

【疾病预防控制】 2012年,市卫生局全面完成麻风病防治工作任务,麻疹发病率4.78/100万,采样率97.22%,检测率100%,完整率97.37%,排除率2.45/10万,规范治疗率达100%,随访率达100%,2级畸残率控制10%以下,麻风密切接触者年检查率达95%以上,严重麻风不良反应治疗率达100%。完成性病和梅毒防控工作任务,规范开展性病漏报调查与梅毒准确性现场核查,性病漏报率和梅毒现场核查准确率达到省规定指标,全市2家医疗机构作为国家性病监测点顺利通过国家性病实验室质控考核,6家县级以上医疗机构通过省梅毒实验室质评考核。巩固扩大疟疾防治成果,按《安徽省消除疟疾行动计划(2010~2020年)实施方案》要求,实现年度控制目标,全年发生输入性恶性疟4人,均为援非工作回国人员,未发生本地感染疟疾病例。加强慢性病管理,启动含山县、和县死因统计工作。花山区慢病综合防治示范区创建工作,相继通过省卫生厅、卫生部专家组考核评审;12月,被卫生部授予全国慢病综合防治示范区称号。推进扩大国家免疫规划工作,完善和健全入托、入学查验预防接种证制度和流动儿童管理制度,全市适龄儿童一类疫苗接种率22针次均达90%以上。加强碘缺乏病防治工作宣传,组织开展第十九届"防治碘缺乏病日"宣传咨询活动;全市完成1800份居民户盐样监测任务,碘盐合格率、碘盐食用率、碘盐覆盖率分别为99.4%、99.4%、100%,均达到95%以上的目标要求;完成8~10岁1200名学生甲状腺触诊任务,甲肿率为1.1%,达到低于5%的标准要求;完成8~10岁600名学生和600名孕妇尿碘水平监测任务,全市以县(区)为单位,保持消除碘缺乏病目标成果持续得到巩固。

【医疗质量管理】 2012年,市卫生局开展"服务好、质量好、医德好,群众满意"的"三好一满意"活动。组织开展民营医院、二级以上医院医疗废物处置、医疗文书、临床药学、血液透析、临床合理用血及输血科(血库)规范化建设等专项督查。开展2012年抗菌药物临床应用专项整治活动,对抗菌药物使用品种、住院患者抗菌药物使用率等分别作出相应规定,二级以上医院均签订责任状。大力开展无偿献血宣传,不断改进献血服务,自愿无偿献血比例继续保持100%。开展全市医疗美容专项整治工作,规范市医疗美容服务市场秩序,提高医疗美容服务质量和安全。加强医疗机构管理,指导帮助市中心医院通过全省大型医院巡查、三级医院复审暨现场校验。完成市2012年医师资格考试工作,实践技能考试通过率为75.8%。开展临床路径管理试点。所有二级以上医院(包括县级医院)全部实行临床路径管理,其中,市立医疗集团试点专业数达到30

个,病种数102个。开展优质护理服务活动,三级医院优质护理服务病房开展率达100%,二级医院优质护理服务病房数达50%以上,市内部分二级医院达100%。建立重大医疗过失行为和医疗事故报告制度与医疗纠纷患者投诉举报制度,规范医疗纠纷报告和处理程序,完善医疗纠纷第三方调处机制。有效开展"8·16沉船事故"获救者医疗救治工作,启动医疗救援应急预案,市人民医院、市中心医院两家救治医院全力救治,出动救护车80余车次,出动急救人员200余人次,现场紧急处置20多名人员,9名溺水获救人员均得到妥善救治并出院。推进宁马两市卫生合作,市人民医院、市中心医院等医院分别与南京鼓楼医院、南京市妇幼保健院、南京市儿童医院等建立了危重病人转诊绿色通道;成立"南京同仁医院眼科、耳鼻咽喉头颈外科十七冶医院分中心"。

【社区卫生服务】 2012年,市卫生局进一步加强社区卫生服务机构规范化服务能力建设,迁址新建雨山区采石、平湖、佳山创社区卫生服务中心,加大"示范社区卫生服务中心"创建力度,雨山区佳山社区卫生服务中心获"全国示范社区卫生中心"称号。培训社区医护人员480人,36名社区医技人员参加铜陵市省级培训。雨山区安民社区卫生服务中心、佳山社区卫生服务中心和花山区慈湖社区卫生服务中心成为省级社区卫生服务机构培训实践基地。

【妇幼卫生保健】 继续实施儿童保健门诊规范化建设,加强妇保门诊指导,依法开展妇幼保健技术服务,降消项目、母婴阻断项目、城乡适龄妇女两癌普查和产筛工作顺利实施;进一步加强孕产妇和儿童保健工作,全市孕产妇保健覆盖率为86.63%,孕产妇系统管理率为52.7%;全市7岁以下儿童保健覆盖率为86.61%,3岁以下儿童系统管理率为64.04%;加强婚前医学检查质量管理,全市免费婚前医学检查率为91.18%。提前完成农村孕产妇住院分娩补助和叶酸补服任务。

【爱国卫生运动】 2012年,市卫生局进一步巩固国家卫生城市成果,结合全国文明城市文明指数测评工作,牵头组织实施"七小"行业整治工作,达到良好的效果。督查指导当涂县做好迎接国家卫生县城复审工作,当涂县顺利通过复审成为"国家卫生县城"。组织对1998年8月由市政府颁布实施的《马鞍山市爱国卫生管理条例》进行了修订,2012年9月,市政府正式颁布实施。投资35万元在市中学生实践基地建设了"健康教育馆",展馆采用了视频、实物和图片展示、互动查询等形式,向广大中学生介绍健康教育知识、急救知识、疾病防控知识。继续推进健康社区和健康学校创建活动。扎实开展基层卫生先进创建活动。全年创建市级卫生先进单位15个、卫生村11个、健康社区18个、健康学校4个。加强对城乡生活饮用水监管,实施城乡居民生活饮用水水质安全监测服务项目,有效保障城乡居民的饮水安全。实施农村血防改厕项目,新建卫生户厕5000座。

【农村卫生】 2012年,市卫生局认真落实《马鞍山市城乡卫生服务体系建设民生工程项目管理养护办法》,加强标准化乡镇卫生院、村卫生室管理养护,按时完成中央投资项目乡镇卫生院建设任务。按照"五统一两独立"要求,强化乡村卫生组织一体化管理,开展国家基本公共卫生服务,村卫生室全部实行新农合门诊统筹。

【卫生监督执法】 全年完成各类新、改、扩建项目预防性审查13项,按时办结率100%;办理各类卫生行政许可331件,执业医师注册、变更926人,执业护士注册、变更985人。完善"说理式"行政处罚,被市政府确定为全市六个依法行政工作创新与示范点之一。严厉打击各类违法行为,全年实施行政处罚32起,罚款7.05万元,没收违法所得8960元,违法案件查处率100%,行政处罚案件按时结案率100%。完成国家卫生监督业务系统二期系统扩充相关业务应用的测试工作。启动国家卫生监督业务系统县区推广工作。组织开展全市卫生监督技能竞赛活动,并组队参加了全省卫生监督技能竞赛。加强卫生执法宣传。全年在各类报纸、电台、电视台和网络等媒体发布各类卫生执法信息562篇次。不断创新卫生监督执法手段,开展学校卫生量化分级、饮用水卫生信息公示、集中空调可视化监测、"六位一体"稽查模式等一系列工作。

【食品安全监管】 2012年,市卫生局认真做好食品安全监管工作。加强食品安全宣传,组织开展"食品安全宣传周"及"食品安全江淮行——马鞍山在行动"系列活动,并会同市直相关部门及各县区在全市7个广场开展了主题为"共建诚信家园同铸食品安全"的大型广场宣传咨询活动;多次走进市电台《政风行风热线栏目》宣传《食品安全法》及食品安全有关知识;9月,举办"马鞍山市食品安全科普知识竞赛";全年开展"五进"活动1047次,媒体报道244次;编发食品安全信息简报13期。加大对食品安全工作投入。全年下拨安全监管工作经费485.2万元(市级347万元,三县三区138.2万元)。市疾控中心采集各类食品样品423份,完成全年食品安全监测任务。9月25日,开展重大食品安全事故应急实战演练。市食安办全年组织召开4次全委会,印发《2012年马鞍山市食品安全工作要点》和《关于切实做好当前工作的紧急通知》。切实开展专项整治行动。先后组织开展重大节日期间食品安全检查、学校和幼儿园及其周边食品安全专项整治、食品行业道德领域突出问题专项教育和治理活动、劣质食用医药胶囊摸底排查等专项活动,顺利通过省政府食品安全工作考评验收,全市未发生重大食品安全事件。

【卫生人才培养】 2012年,市卫生局加强在职人员业务培训,全年23名基层在岗人员参加全科医生转岗培训,8名全科医师骨干、97名临床全科医师、18名中医全科医师参加全科医师岗位培训,113名社区护士、27名其他专技人员参加岗位培训,27名专科方向、5名全科方向住院医师参加住院医师规范化培训。开展全省统一组织乡镇卫生院招聘专业技术人员马鞍山市招聘工作,全市招聘39名大中专毕业生赴含山、和县、博望区共15家乡镇卫生院工作,并按要求落实招聘人员全科医生岗位转岗培训任务。下拨乡镇卫生院招募毕业生2012年度市级财政专项补助经费48.42万元,对62名在岗服务期内招募(聘)毕业生实施项目补助。推进实施卫生人才"千人计划",培育安徽省第一届"江淮名医"2名,继续开展"十佳医生"、"十佳护士"评选表彰,全年新晋升卫生系列正高级职称10

人、副高级职称 39 人。认真做好 2012 年度全国卫生专业技术资格暨护士执业资格考试工作,马鞍山考点考生合计 1866 人,其中,初、中级资格报考 1193 人,护士执业资格报考 673 人。

【新农村合作医疗】 2012 年,筹集资金 3.99 亿元,支付补偿金 3.72 亿元,基金支付进度为 93.34%;补偿 199.08 万人次,受益率达 144.68%。进一步扩大按病种付费实施范围,全面开展新农合住院费用支付总额预算管理。其中,市级三甲医院 30 种,县级医院 20 种,乡镇卫生院 5 种。加大对定点医疗机构的监管力度,实行定点医院约谈制,住院次均费用不合理增长得到有效控制,实际报销比进一步提高,新农合保障能力不断增强。

【卫生民生工程】 完善新型农村合作医疗制度。全市参合人数为 137.6 万人。开展重大传染病病人医疗救治。制定下发《马鞍山市重大传染病病人医疗救治与生活救助保障机制实施办法》和艾滋病、结核病、血吸虫病防治项目实施方案,全年救治艾滋病病人 65 人、贫困结核病病人 385 人、晚期血吸虫病病人 133 人,淘汰耕牛 336 头,聘用禁牧协管员 95 人,建无害化卫生户厕 5000 座,对 2 所血防机构设备进行了装备,分别完成年度任务的 166.7%、104.1%、114.7%、172.3%、100%、100%、100%。提高妇女儿童健康水平。积极开展免费婚前医学检查,全市免费婚检人数为 4.23 万人,完成了年度任务的 162.55%;婚检率达 91.48%,较年度任务高出 11.48%。对 1.22 万农村住院分娩孕产妇进行了补助,完成年度任务的 108.61%;按时完成花山区、雨山区妇幼保健站规范化建设任务;全市儿童一类疫苗接种 46.27 万人次,完成了年度任务的 114.9%;接种率达 90% 以上。

芜　湖　市

【概况】 截至 2012 年末,全市有各类卫生机构 604 个,其中医院 75 个,三级医院 5 个,二级医院 19 个,民营医院 42 个,卫生院 59 个,社区卫生服务中心 30 个,社区卫生服务站 98 个。医疗卫生机构拥有床位 14598 张,平均每千人口床位 3.8 张。医疗卫生技术人员 16908 人,每千人口为 4.4 人,其中执业(助理)医生 6754 人,注册护士 7186 人。2012 年,继续深化医药卫生体制改革,推进公立医院改革试点,全面实施卫生民生工程建设,各项卫生工作取得显著成效。2012 年全市孕产妇死亡率 10.91/10 万,婴儿死亡率 7.01‰,两项指标均较五年前大幅降低,低于全省平均水平。农村卫生厕所普及率五年增长近 30 个百分点,达到 93.47%。

【爱国卫生】 根据全国、省爱卫会有关开展城乡环境卫生整洁行动文件精神,围绕《芜湖市 2010—2012 年城乡环境卫生整洁行动实施方案》、美好乡村建设,广泛开展城乡环境卫生整洁行动。按照省爱卫会统一部署,结合安徽省美好乡村建设建设暨村庄整治活动,在全市组织开展以“整洁城乡、促进健康”及“卫生志愿服务清洁城乡环境”为主题的群众性活动。制定了《芜湖市城乡“清洁家园”整治行动实施方案》及“城乡生活垃圾收运处理一体化作业规范和质量标准”,全力推动城乡环境卫生整洁行动的深入持久开展。

根据新修订的《安徽省卫生镇(县城)、卫生村(社区)、卫生先进单位标准及其考核命名监督管理办法》,结合 2012 年度安徽省卫生镇、村复核工作,先后深入繁昌、南陵、无为县的孙村镇、平铺镇、弋江镇、三里镇、泥汊镇指导开展卫生镇村创建暨复核迎检工作,促进城乡环境卫生的改善。

截至 2012 年底创建省级卫生县城(镇)4 个、省级卫生村 25 个、省级卫生先进单位 119 家。全市新建或改造菜市场 12 个,清理卫生死角 1290 处,清理积存垃圾 310 吨,全市建成并投入运行的污水厂 6 座,还同步建设了在线监控系统,污水处理能力达 50 万吨/日,生活污水处理率已达 85%,城市生活垃圾无害化处理率超过 90%。58 个村庄完成环境综合整治,初步建立生活垃圾收处机制。

【医药卫生体制改革】 芜湖市公立医院改革继续以 2010 年被列为全国医改试点城市为契机有力推进,赢得卫生部和省卫生厅的认可,并被卫生部定为管办分开和人事分配制度改革协作组牵头单位。

全面实施公立医院医药分开。从 2008 年起,将药品销售加成比例由原 15% 下降为 10%,加成收入采取“收支两条线”方式进入财政账户,年终根据考核结果,通过以奖代补形式全额用于公立医院发展。2011 年 10 月份起,在市县两级公立医院全面实施药品零差率销售,进一步推动公立医院由“以药养医”向“以质养医”的良性发展轨道转变。2012 年药占比为 34.4%,远低于全国的平均水平(41.8%)。五年来让利群众 4.2 亿元。全市 95 个基层医疗机构全部实行基本药物零差率销售,20 家公立医院实行药品零加成销售,直接让利群众 9797 万元。

优化公立医院布局和投入。从 2008 年起,市政府每年投入不少于 5000 万元的资金,用于整合医疗资源,支持医疗机构加快基础设施建设。2012 年出台的《芜湖市市属公立医院改革补偿暂行办法》明确市财政建立市属公立医院改革发展专项资金。“十二五”期间继续每年安排 5000 万元,主要用于市政府批准的项目贷款贴息。印发《芜湖市区域卫生规划(2011－2015 年)》,通过迁移、改造、新建等方式,科学规划设置医疗机构。新建市一院、市中医医院新院区,市二院、弋矶山医院、市精神病医院门诊住院综合楼建成使用,市传染病医院即将选址迁建,并以市五院为基础开工建设中德芜湖国际康复医院。

推进公立医院体制机制改革。2009 年底整合现有医疗资源,组建三大医疗集团,建立法人治理结构。2011 年成立市公立医院管理委员会,作为公立医院管理的高层议事决策机构。

在市卫生局下设医院管理局，内设医院监督局。逐步建立以成本费用控制和患者满意度为主线的绩效考核体系，初步完成与现代医院发展要求相适应的医院管理评价体系。建立一套符合公立医院医疗集团工作特点和人才成长规律的人事管理和收入分配制度。改革以来，芜湖市新增医技人员3036人，引进副高以上专业技术人才50人和硕士384名、博士生6名。医护人员及医院领导班子成就感、工作积极性及工作效率均有所提高。2010年探索建立医院集团化改革向区级医疗机构延伸新机制，根据区域分布，将各区医院和27家公办社区卫生服务中心整体划入相关医疗集团。

公立医院服务能力和水平不断提高。全面推行惠民便民措施，优化医院门急诊环境和流程，全市所有二级以上综合医院实行预约诊疗，三级医院全部开展优质护理示范工程，实施137个病种临床路径管理。市二院骨科、市一院儿科、市中医院高血压中心被确定为国家临床重点专科（病）建设项目，实现市级医院国家重点学科建设零的突破。另有3个学科被评为省第三周期重点学科。全面推进医疗责任保险，发布《芜湖市医疗纠纷预防与处置暂行办法》，完善患者投诉受理机制，及时有效处理医疗纠纷。通过实施金医工程已在二级以上公立医院建立起以电子病历为核心、以医院信息平台为基础的、覆盖医院所有业务和管理的一体化医院信息系统。

全面实施县级公立医院改革。为提升县级医院服务能力，各县加大县级公立医院基础设施建设，优化调整公立医院布局，增加医疗资源总量。成立县药品医用耗材管理中心，实行药品零加成销售。2012年南陵县、繁昌县医院成功创建二等甲等医院后，芜湖市所有县医院位列二甲行列，县域服务能力增强。

【完善新型农村医疗合作制度】 不断完善新农合制度，参合人口由2007年191.5万人增加到2012年226.6万人，参合率由2007年85.31%上升到2012年116.23%。年度筹资标准也不断提高，从2007年55元/人提高到2012年290元/人。2008年以来，新农合基金累计筹集资金19.06亿元，支出17.93亿元，783万人次受益，参合居民就医费用负担明显减轻。繁昌县、芜湖县、南陵县建立城乡一体的基本医疗保障制度。参合居民住院实际报销比明显上升，由2007年的31.06%提高到55.33%，积极探索按病种付费、总额预付的新农合支付方式改革工作，全市三级综合性医院按病种付费工作试点病种扩大到34组大病，二级综合性医院试点病种扩大到25组疾病。新农合信息网络系统已实现100%的市级公立医院即时结报，辖区内村卫生室互联互通，参合农民持卡、证即可刷卡报销。芜湖市新农合工作得到省卫生厅高度认可，是全省新农合民生工程考核连续4年名列前3名的唯一地级市，2012年南陵县新农合管理办公室还被卫生部评为安徽省4个全国新农合工作先进集体之一。

【卫生监督执法】 加强职业卫生、放射卫生监管工作，完成全市职业健康状况基本情况调查及录入工作。加强公共场所卫生信誉度量化分级管理，推进饮用水安全工程。建立对县区一年两次的卫生执法稽查制度，不断规范执法行为。各类公共场所单位2423家，供水单位206家，建立各单位分户档案，监督覆盖率100%。受理审查各类卫生行政许可和行政审批1772件，服务相对人满意度97.2%。自2008年以来，受理群众举报投诉211起，市本级直接查处54起，移交县区查处157起，做到有报必查，件件有落实。

【保障妇女儿童健康】 2009年以来，基本完成县区妇幼保健所能力建设，妇幼卫生服务体系初步形成。完成婚前医学检查15.6万余人，婚检率为90.3%，补助农村住院分娩孕产妇5.1万余人，全面实施降低孕产妇死亡率和消除新生儿破伤风项目、农村育龄妇女两癌检查等重大公共卫生项目。妇女儿童的健康状况进一步改善，孕产妇死亡率、婴儿和5岁以下儿童死亡率逐年下降。芜湖市获得安徽省儿童口腔疾病综合干预项目优秀市称号。

【开展爱国卫生运动】 截至2012年，创建省级卫生县城（镇）4个、省级卫生村25个、省级卫生先进单位119家，均位居全省第一。争取中央、省农村改厕资金4080万元，在全市新建改建无害化卫生户厕74383座。农村改厕工作连年获得省级表彰，多次代表安徽省接受全国爱卫会的考评。顺利通过2011年“安徽省灭鼠灭蝇灭蟑先进城区”达标复核，为推进卫生城市创建奠定了基础。

2012年长江三角洲各城市主要经济指标一览表

城市＼项目	土地面积（平方公里）	年末总户籍人口数（万人）	地区生产总值（亿元）	人均地区生产总值（元）	农林牧渔业总产值（亿元）	全社会固定资产投资总额（亿元）	对外经济贸易：		外商及港澳台投资企业（亿美元）	
							进出口总额（亿美元）	出口总额（亿美元）	合同外资金额	实际利用外资
上海市	6340.5	2380.43	20101.33	85000	10.25	5254.38	4367.58	2068.07	223.38	151.85
南京市	6587.02	638.48	7201.57	88525	318.55	4683.45	552.35	319.01	61.15	41.30
苏州市	8488	647.81	12011.65	114029	337.70	5266.49	3056.92	1746.89		91.65
无锡市	4627.47	470.07	7568.15	117357	224.15	3618.07	707.75	413.14	43.31	40.10
常州市	4385	364.77	3969.75	85036	219.60	2760.14	290.28	199.60	6	33.60
镇江市	3847	271.40	2630.42	83650	176.49	1500.67	114.10	77.40	25.60	22.10
扬州市	6591.21	458.42	2933.20	65692	369.08	1783.65	101.73	81.72	42.69	21.38
南通市		765.20	4558.70	62506	548.86	2886.47	263.00	187.86	45.58	22.05
泰州市	5787	506.35	2701.67	58378		1454.59	103.70	69.47	40.14	14.50
盐城市	16972	822.40	3120.00	68650	925.20	1940.90	57.54	34.65	57.54	21.11
淮安市	10072	546.81	1920.91	39992	247.98	1247.99	42.41	33.66	30.71	21.21
徐州市		990.53	4016.58	46877		2685.89	83.27	62.88	24.39	17.00
连云港市		510.58	1603.42	32119		1280.88	80.02	36.02		
宿迁市	8555	560.26	1516.77	31717	415.98	1025.56	27.93	23.18	7.21	4.52
杭州市	16596	880.20	7803.98	88985	384.34	3722.75	616.83	412.62	82.65	49.61
宁波市	9816.23	577.70	6524.70	85475	420.50	2901.40	1975.80	614.40	53.10	28.50
嘉兴市	3915	344.52	2890.57	84080	253.85	1642.31	287.44	196.03	28.14	17.82
湖州市	5820	261.38	1661.87	63625	208.48	970.73	87.37	73.96	16.87	10.26
绍兴市	8256	440.83	3620.10	82196	278.59	1722.56	320.98	255.57	8.32	9.54
舟山市	1440.12	97.18	851.95	74831	163.71	600.81	153.56	92.24	1.75	1.83
台州市	9411	590.95	2927.34	49711	348.99	1242.56	206.22	172.39	7.85	4.75
金华市	1090	470.63	2700.12	57468	134.44	1133.18	227.39	213.13	3.49	2.83
衢州市	8845	212.00	972.25	45871	135.20	566.13	18.59	11.59	0.46	0.51
丽水市		262.59	894.10	42244		471.98	22.29	19.76	1.49	1.04
温州市		800.21	3650.06	45667	185.11	2357.11	204.38	176.96		3.98

续表

项目 城市	土地面积（平方公里）	年末总户籍人口数（万人）	地区生产总值（亿元）	人均地区生产总值（元）	农林牧渔业总产值（亿元）	全社会固定资产投资总额（亿元）	对外经济贸易：		外商及港澳台投资企业（亿美元）	
							进出口总额（亿美元）	出口总额（亿美元）	合同外资金额	实际利用外资
合肥市	11408.48	710.53	4164.32	55182	43.92	4001.10	176.42	136.28	11.77	16.56
马鞍山市		228.37	1232.00			1201.15	36.52	12.00		13.39
淮南市		245.60	709.50	30400		501.30	23.87	9.14	5.08	16.20
芜湖市		383.43	1873.63	48742	211.29	1700.79	46.24	12.54		5.00
滁州市		452.06	970.7	24650		882.60	15.32	11.60	13.17	5.37

2012年长江三角洲各城市国民经济主要指标情况表

单位：亿元

城市 项目	全社会固定资产投资	房地产投资	地方财政一般预算收入	地方财政一般预算支出	城乡居民储蓄存款（人民币）	社会消费品总额	居民消费价格总指数（%）	居民可支配收入（元）	农民可支配收入（元）
上海市	5254.38	2381.36	3743.71	4184.02	21512.01	7387.32	102.80	40188	17401
南京市	4683.45	1015.76	733.02	769.81	16540.03	3080.58	102.70	36322	14786
苏州市	5266.49	1263.36	1204.30	1113.47	5788.00	3240.97	102.70	37531	19396
无锡市	3618.07	974.37	658.03	648.61	3731.83	2443.24	102.50	35663	18509
常州市	2760.14	597.00	379.00	391.22	2473.27	1404.53	102.50	33587	16737
镇江市	1500.70	205.48	215.50	233.60	1301.36	766.46	102.40	30045	14518
扬州市	1783.65	235.84	225.00	268.48	1698	967.87	102.60	28001	12686
南通市	2886.50	481.70	419.72	513.00	3605.70	1708.65	102.50	28292	13231
泰州市	1454.59	234.48	627.95	499.65	1546.50	737.60	101.70	26574	12493
盐城市	1940.90	273.40	789.43	505.43	1523.40	1023.20		21943	11898
淮安市	1247.99	280.55	233.61	338.01	808.97	633.24	102.40	22995	9838
徐州市	2685.89	310.07	366.76	527.87	1794.72	1293.20		21716	10762
连云港市	1280.88	1025.56	208.94	304.88	732.79	575.49	102.30	21695	8434
宿迁市	1025.56	218.64	158.13	272.40	621.02	388.23	102.8	16991	9495
杭州市	3722.75	1597.36	859.99	786.28	6089.98	2944.63	102.50	41842	17017
宁波市	2901.40	884.40	1536.50	828.40	11602.80	10610.80	101.70	37902	18475
嘉兴市	1642.31	415.88	471.92	260.70	2144.49	1083.74	102.20	35696	18636
湖州市	970.73	211.17	138.55	167.51	1082.79	703.87	102.00	32987	17188
绍兴市	1722.56	467.71	265.76	278.71	2503.32	1158.66	102.00	36911	17706
舟山市	600.81	158.90	133.45	155.22	508.59	290.54	101.70	34224	18208
台州市	1242.56	357.38			2405.68	1304.30		33979	14567
金华市	1133.18	285.19	376.47	271.95	2684.35	1260.41	102.20	33164	13286
衢州市	566.13	75.79	63.42	138.84	608.73	396.36	102.40	26232	10714
温州市	2357.11	687.50	279.01	387.79	3616.96	1929.29		34820	14719
丽水市	471.98	84.99	64.61	167.94	835.00	371.09	102.50	26309	8855
合肥市	4001.10	913.80	389.50	572.10	2125.19	1293.62	102.20	25434	9081
马鞍山市	1201.15	211.49	127.82	190.37	637.58	262.94	102.00	30937	10920
芜湖市	1700.79	388.13	178.92	302.21	869.05	490.20		23784	9675
淮南市	501.30	107.00	71.40	108.40	480.00	222.00	102.90	18219	6995
滁州市	882.60	229.81	96.94	183.00	599.25	296.81	102.10	20426	8091

上海市政府工作报告(节选)

——在上海市第十四届人民代表大会第一次会议上

上海市人民政府代市长　杨　雄

(2013 年 1 月 27 日)

一、过去五年工作回顾

市第十三届人民代表大会第一次会议以来的五年,全市人民在党中央、国务院和中共上海市委的坚强领导下,高举中国特色社会主义伟大旗帜,以邓小平理论、"三个代表"重要思想为指导,深入贯彻落实科学发展观,攻坚克难,砥砺奋进,加快推进"四个率先",加快建设"四个中心",开启了创新驱动、转型发展的新局面,完成了本届政府工作目标和任务。

五年来,我们在中央的直接领导和全国人民的大力支持下,坚持科学办博、勤俭办博、廉洁办博、安全办博,举全国之力、集世界智慧,举办了一届成功、精彩、难忘的世博会,城市国际影响力显著提升。八年艰辛筹备、184 天精心举办,全市人民齐心协力,社会各界共襄盛举。高质量完成世博会场馆和城市基础设施配套建设,认真做好活动策划、招展布展、对外推介等筹办工作,全面开展迎世博 600 天行动计划。面对参观人流长时间高度聚集,坚持以人为本,不断改进园区服务和城市运行管理,周密细致做好安保、交通、外事、旅游、接待、宣传和志愿者服务等工作,经受住连续高温天气、单日 103 万超大客流等严峻考验,创下了 246 个参展国家和国际组织、7308 万参观人次的历史之最,赢得了国内外宾客对上海世博会和上海这座城市的普遍赞誉,谱写了世界博览史的新篇章。精心谋划"世博后"这篇大文章,一批绿色、低碳、环保的科技成果得到应用,一批世博会期间行之有效的城市服务和管理措施制度化、常态化,中国馆等重要场馆改造成公共文化场馆并对外开放,"城市,让生活更美好"的理念深入人心,上海世博会精神成为推动转型发展的强大精神力量。

五年来,我们积极应对国际金融危机的严重冲击和自身发展转型的严峻考验,努力摆脱传统发展模式的束缚,经济保持持续平稳健康发展,经济发展方式转变迈出实质性步伐。经济增长的质量与效益明显提高,全市生产总值年均增长 8.8%、2012 年突破 2 万亿元,地方财政收入从 2007 年的 2103 亿元提高到 2012 年的 3744 亿元,单位生产总值能耗"十一五"期间下降 20%、近两年再下降 10.5%,主要污染物排放量超额完成削减目标。金融中心建设取得重大进展,股指期货等金融创新顺利推进,大型商业银行二总部、上海清算所等功能性机构加快集聚,各类金融机构累计 1227 家,金融市场交易额达到 528 万亿元,股票市场、期货市场规模跃居全球前列。航运中心建设取得新突破,启运港退税等一批先行先试政策启动实施,上海港集装箱吞吐量连续三年位居世界第一,浦东国际机场货邮吞吐量连续四年位居世界第三。贸易中心建设步伐加快,关区和本市进出口总额分别达到 8013 亿美元和 4368 亿美元,商品销售总额达到 53795 亿元,社会消费品零售总额年均增长 13.8%。产业结构调整成效明显,第三产业增加值占全市生产总值的比重提高到 60%,战略性新兴产业规模突破 1 万亿元,大型客机等一批国家重大项目落地。经济发展对投资拉动、房地产业、重化工业、加工型劳动密集型产业的依赖减弱,消费对经济增长的贡献率上升到 70% 以上,房地产业增加值占全市生产总值的比重从2007年的7.7%下降到2012年的5.4%，五年淘汰高污染、高能耗落后产能4760项。科技创新能力明显提高，张江国家自主创新示范区启动建设，上海光源、光刻机研制等取得重大突破，全社会研发经费支出相当于全市生产总值的比例达到3.16%。知识产权创造、运用、保护、管理全面加强，每万人口发明专利拥有量达到17.2件。人才发展环境进一步优化，高层次人才不断集聚。滚动实施环保三年行动计划，环保投入相当于全市生产总值的比例保持在3%左右，新增绿地5500公顷。

五年来，我们坚持民生优先导向，把转型发展与改善民生有机结合起来，不断加大民生投入，着力加强和创新社会管理，人民生活水平明显提高。城市和农村居民家庭人均可支配收入分别从2007年的23623元、10222元提高到2012年的40188元、17401元。实施积极的就业政策，每年新增就业岗位60万个左右，城镇登记失业率保持在4.5%以内。加强郊区"菜园子"、市区"菜市场"建设，增强粮食、蔬菜综合保障能力，物价总水平保持基本稳定。覆盖城乡的社会保障体系基本建立，"职保"、"镇保"和"新农保"人均养老金分别提高90%、89%和192%，最低工资标准、城镇和农村低保标准分别提高73%、63%和84%。养老服务体系不断完善，养老床位增加到10.6万张，社区居家养老服务覆盖27.2万人。住房保障体系基本形成，累计开工建设和筹措各类保障房83万套，竣工47万套，拆除中心城区二级旧里以下房屋332万平方米。贯彻国家房地产市场调控政策，房价过快上涨势头得到遏制。开展个人住房房产税改革试点。社会管理创新进一步加强，社区事务受理服务中心、卫生服务中心、文化活动中心实现街道乡镇全覆盖，实有人口、实有房屋全覆盖管理基本实现，重大事项社会稳定风险评估制度全面推行，分级分责化解社会矛盾、信访事项核查终结等制度建立实施，平安建设深入推进，社会保持和谐稳定。

五年来，我们顺应人民群众新期待，加快社会事业改革发展，全面推进国际文化大都市建设，城市软实力明显增强。国家教育综合改革试验区建设全面推进，财政性教育投入从2007年的290亿元增加到2012年的724亿元，新增343所幼儿园、75所中小学，城乡免费义务教育全面实现，上海纽约大学、上海科技大学建设顺利推进。深化医药卫生体制改革，在郊区新建4家三级医院，基本药物制度在公立基层医疗卫生机构全面实施，医疗保障水平稳步提升。出生人口素质继续提高，人均期望寿命达到82.4岁。成功创建全国残疾人工作示范城市。

妇女儿童、国防动员、双拥和档案工作取得新进展，民族、宗教、外事、港澳、对台、侨务工作得到加强。建成东方体育中心和近5000处社区健身设施，成功举办第十四届国际泳联世界锦标赛和第一届市民运动会，上海体育健儿在奥运会等重大赛事上取得优异成绩。文化发展不断加快，中华艺术宫、当代艺术博物馆等一批重大文化场馆建成开放，公共图书馆、博物馆等一批公共文化场馆免费开放基础服务项目，国际艺术节等一批重大文化活动成功举办，经营性出版单位转企改制等改革全面完成，文化创意产业增加值占全市生产总值的比重超过10%。

五年来，我们始终把统筹城乡发展放在重要位置，推动建设重心向郊区转移，加快建设现代化基础设施体系，加强和改进城市管理，推进社会主义新农村建设，城乡一体化发展取得重大进展。枢纽型、功能性、网络化基础设施体系基本建成，洋山深水港区三期工程、浦东国际机场二期扩建工程、虹桥国际机场扩建工程建成运营，虹桥综合交通枢纽投入使用，京沪高速铁路上海段、沪宁城际铁路、沪杭客运专线、金山铁路建成通车，轨道交通运营线路从2007年的263公里增加到2012年的468公里。长江隧桥、外滩地区综合交通改造工程、崇启通道和一批黄浦江越江工程相继建成。青草沙水源地原水工程全面建成。智慧城市建设加快推进，光纤宽带使用家庭达到250万户，无线局域网覆盖300处主要公共场所。全面加强城市安全管理，建立健全城市长效管理机制，加大城市维护投入，城市面貌显著改善，交通运行平稳有序。黄浦江两岸、临港地区、虹桥商务区、国际旅游度假区等重点区域建设取得重大进展。郊区新城规划调整修编基本完成，重点新城建设加速，小城镇发展改革试点稳步推进。新建改建3300公里农村公路，完成527个村庄、20万户农村生活污水处理设施、8151户农村困难户危旧房改造。农业投入加大，累计建成设施粮田129.8万亩、设施菜田20.3万亩。稳定和完善农村土地承包关系，有序推进农村集体经济组织产权制度改革。生态补偿机制建立健全，对财力困难区县的财政转移支付力度进一步加大。崇明生态岛建设加快推进。

五年来，我们直面制约科学发展的老矛盾、新问题，奋力推动改革开放不动摇，重点领域和关键环节改革取得新突破，开放型经济水平不断提高。浦东综合配套改革试点深入推进，南汇并入浦东新区顺利实施，跨境贸易人民币结算、期货保税交割等创新在浦东率先推进。按照国家部署，在部分服务业先行开展营业税改征增值税试点，为全国扩大试点范围积累了经验。国资国企开放性、市场化重组有序推进，一批国有企业集团整体上市，全市经营性国资证券化率从2007年的17.6%提高到2012年的35.2%。实施财政专项资金支持等政策措施，缓解中小微企业"担保难、融资难"问题，非公有制经济增加值占全市生产总值的比重超过50%。社会信用体系建设继续推进，人民银行征信中心落户上海。开放型经济达到新水平，实际利用外资595亿美元，对外投资超过100亿美元，在沪跨国公司地区总部累计达到403家，服务贸易进出口总额占全国30%以上，对外承包工程新签合同额连续四年超过100亿美元。支援都江堰市灾后重建任务全面完成，对口支援力度继续加大，与长三角和其他地区的合作交流不断深化。

五年来，我们紧紧围绕服务政府、责任政府、法治政府、廉洁政府建设，着力创新政府管理，着力改进政府服务，"两高一少"行政区建设取得重大突破。推进行政审批制度改革，建立审批标准化管理制度，共取消调整审批事项1040项，产业项目平均审批期限缩短三分之一。电子政务网络实现全覆盖，网上政务大厅开通运行，网上办事事项达到1792项，"12345"市民服务热线建成运行，以"上海发布"为核心的政务微博群成功上线。全面深化政府信息公开，共依法公开73.2万条政府信息，信息公开工作走在全国前列。减少行政事业性收费，共取消和停征368项收费项目，成为行政事业性收费占地方财政收入比重最小的省市之一。市、区县两级政府机构改革和黄浦、卢湾"撤二建一"顺利完成，市级政府部门与所属企业全面脱钩。市与区县财税管理体制改革进一步深化，政府预算体系框架基本形成。建立健全公众参与等决策程序，完善行政执法人员管理等制度，依法行政水平进一步提高。强化对政府投资项目、重大政策执行等的审计监督，在财政资金、土地交易等领域实行“制度加科技”的预防腐败新机制，廉政建设进一步加强。

各位代表：刚刚过去的五年，我们在党的十七大、十八大精神指引下，奋力推进创新驱动、转型发展，取得了令人欣喜、来之不易的成绩。这是党中央、国务院和中共上海市委坚强领导的结果，是全市人民共同奋斗的结果。在这里，我代表上海市人民政府，向在各个岗位上辛勤劳动的全市人民，向给予政府工作大力支持的人大代表和政协委员，向各民主党派、工商联、各人民团体和社会各界人士，表示最崇高的敬意！向中央各部门、兄弟省区市和驻沪部队、武警官兵，向关心和支持上海发展的香港、澳门特别行政区同胞、台湾同胞、海外侨胞和国际友人，表示最诚挚的感谢！

同时，我们清醒地看到，在前进道路上还有诸多困难和问题，政府工作中还存在不少缺点和不足。资源环境约束加剧，商务成本持续上升，新的经济增长点不多，不少产业能级不高，转方式、调结构的任务非常艰巨；创新创业活力不足，国有经济发展动力不够强，扩大出口的困难更多，“走出去”层次不高，深化改革开放更加紧迫；城乡区域发展差距仍然较大，农民增收基础依然薄弱，城乡区域协调发展的推进力度亟待加大；常住人口总量快速增长，人口老龄化程度加剧，基本公共服务和社会保障压力加大，收入分配差距依然较大，群体利益诉求日趋多样，改善民生和社会管理的任务繁重；城市运行安全和生产安全问题多发，薄弱环节还有不少，城市管理的科学化、精细化水平急需提高。有些政府部门职能转变相对滞后，推动转型发展、加强公共服务管理的能力和水平亟待提高；一些政府工作人员责任感不强、工作效率不高已经成为比较突出的问题，不主动作为和相互扯皮、相互推诿的情况时有发生，形式主义、做表面文章的现象仍然存在，直接导致一些政府工作落实不力、服务不到位；少数政府工作人员缺乏忧患意识、群众观点不强，脱离群众，铺张浪费，极少数人甚至以权谋私、贪污腐败。对这些困难和问题，我们必须高度重视，不掩饰、不回避，切实加以解决。

五年实践探索，我们的体会主要是：始终把人民利益放在第一位，切实解决人民群众最关心、最直接、最现实的利益问题，使改革发展成果更多、更公平地惠及全市人民；始终围绕创新驱动、转型发展，加快经济结构战略性调整，努力实现经济持续健康发展；始终坚持社会主义市场经济的改革方向，坚定不移深化改革、扩大开放，不断为城市发展注入强大动力；始终处理好改革发展稳定的关系，加强和创新社会管理，确保社会和谐安定；始终把政府自身建设放在突出位置，加快建设服务政府、责任政府、法治政府、廉洁政府，为做好各项工作提供重要保障。

总结五年奋斗历程，最重要的就是我们始终高举中国特色社会主义伟大旗帜，解放思想、实事求是、与时俱进、求真务实，坚持以人为本、执政为民，不断探索中国特色、时代特征、上海特点的科学发展之路。这既是我们过去实践的根本经验，也是我们开创未来的致胜法宝！

二、今后五年工作的总体要求和主要目标

今后五年，是上海推进“四个率先”、建设“四个中心”的重要时期，也是创新驱动、转型发展的攻坚阶段。世界经济格局继续发生深刻调整，经济环境更趋复杂，但和平与发展的时代主题和经济全球化的大势没有改变。我国发展面临更为严峻的风险挑战，但仍处于可以大有作为的重要战略机遇期没有改变。上海转型发展的深层次矛盾更加凸显，但在实现国家战略中的地位和使命没有改变。我们必须准确把握上海发展所处的历史方位和阶段特征，进一步增强忧患意识、机遇意识，以更大的勇气和智慧开拓前行，在新的起点上谋求新的发展、实现新的突破。

今后五年政府工作的总体要求是：在以习近平同志为总书记的党中央坚强领导下，高举中国特色社会主义伟大旗帜，以邓小平理论、“三个代表”重要思想、科学发展观为指导，全面贯彻落实党的十八大及市第十次党代会精神，按照当好全国改革开放排头兵和科学发展先行者的要求，坚持创新驱动、转型发展的总方针，奋发有为，攻坚克难，加快推进“四个率先”，加快建设“四个中心”，努力建设经济活跃、法治完善、文化繁荣、社会和谐、城市安全、生态宜居、人民幸福的社会主义现代化国际大都市。

根据市第十次党代会提出的奋斗目标，建议在全面完成“十二五”规划的基础上，今后五年上海经济社会发展的主要目标是：

——努力实现“四个中心”建设的新跨越，为到2020年基本建成“四个中心”奠定坚实基础。国际经济中心地位全面提升，新增跨国公司地区总部150家，主要金融市场规模保持或进入世界同类市场前列，金融市场直接融资额占全国社会融资规模的比重达到25%左右，现代航运服务功能显著提升，国际贸易中心核心功能基本形成，商品销售总额达到10万亿元。

——努力实现经济发展方式的根本性转变，服务经济为主的产业结构基本形成。力争在2020年前实现全市生产总值和城乡居民人均收入比2010年翻一番。地方财政收入与经济保持同步增长。第三产业增加值占全市生产总值的比重达到65%以上。创新成为经济发展的主要驱动力，全社会研发经费支出相当于全市生产总值的比例达到3.3%以上。

——努力完善基本公共服务体系，人民生活水平全面提高。城镇登记失业率控制在4.5%以内，收入分配差距缩小，社会保障体系和住房保障体系更加完善。完成350万平方米二级旧里以下房屋改造。轨道交通运营线路达到600公里以上。社会主义新农村建设成效显著。市民享有更丰富的精神文化生活，更公平的基本公共教育服务和基本医疗卫生服务。

——努力建设智慧、低碳、宜居的城市，人口资源环境更加协调。城市信息化整体水平迈入国际先进行列。环保投入相当于全市生产总值的比例保持在3%左右，单位生产总值能耗、单位生产总值二氧化碳排放量、主要污染物排放量在完成“十二五”目标的基础上进一步下降。

——努力构筑推进科学发展的体制机制，制度创新取得新突破。政府职能进一步转变，市场配置资源的基础性作用在更大程度、更广范围得到进一步发挥，开放型经济新优势更加突出，有利于创新驱动、转型发展的体制机制基本形成。

围绕上述目标，今后五年的主要任务是：

（一）凝心聚力推进经济结构战略性调整。

（二）更加有力地在改善民生和创新管理中加强社会建设。

（三）更加自觉地推动国际文化大都市建设。

（四）持之以恒推进生态宜居城市建设。

（五）坚定不移深化改革开放。

三、2013 年主要任务

2013 年是实施"十二五"规划承前启后的重要一年,也是新一届政府各项工作的开局之年。我们要按照中央经济工作会议、十届市委三次全会的部署,紧紧围绕创新驱动、转型发展,以提高经济增长质量和效益为中心,稳中求进、开拓创新、扎实开局,着力稳增长、调结构、促改革、惠民生,实现经济持续健康发展和社会和谐稳定。

综合各方面因素,建议 2013 年全市经济社会发展主要预期目标是:在提高质量和效益的基础上,全市生产总值增长 7.5% 左右,城乡居民家庭人均可支配收入增幅力争高于经济增幅,地方财政收入与经济保持同步增长,城镇登记失业率控制在 4.5% 以内,居民消费价格指数与国家价格调控目标保持衔接,全社会研发经费支出相当于全市生产总值的比例达到 3% 以上,环保投入相当于全市生产总值的比例保持在 3% 左右,单位生产总值能耗、单位生产总值二氧化碳排放量进一步下降,主要污染物排放量削减率完成国家下达目标。重点做好以下工作:

(一)聚焦重要产业、重大项目、重点区域,在加快调结构、转方式中实现经济增长

大力发展现代服务业。

加快发展战略性新兴产业和先进制造业。

推动重点区域发展。

加强资源节约和环境保护。

(二)优化发展环境,促进技术创新体系和人才队伍建设支持企业增强自主创新能力

健全创新创业服务体系。

加强各类人才队伍建设。

(三)注重先行先试,深入推进经济体制改革深化浦东综合配套改革试点

推进财税体制改革。

加快国资国企改革发展。

改善非公经济发展环境。

加强市场监管。

(四)着眼于提升集聚辐射功能,进一步扩大对内对外开放提高对外开放水平。

(五)完善服务配套,切实保障和改善民生积极促进就业。

完善社会保障体系。

完善保障性住房建设管理机制。

(六)把握市民新需求,加快社会事业改革发展深化教育改革发展。

(七)着力提高服务效能,发展文化事业和文化产业加强公共文化服务。

(八)加强城市建设管理,推动智慧城市建设狠抓城市安全。

强化城市管理。

完善现代化基础设施体系。

建设智慧城市。

(九)创新体制机制,切实加强社会管理夯实社会管理基层基础。

引导社会力量参与社会服务管理。

预防和化解社会矛盾。

(十)加大城乡统筹力度,加快郊区新城和新农村建设分类推进新城建设。

积极推进新农村建设。

深化农村改革。

各位代表:做好今年和今后五年工作,关键还是要加强政府自身改革和建设。坚持以人为本、执政为民,更加注重从严治政、高效施政、依法行政、廉洁从政,全面建设服务政府、责任政府、法治政府、廉洁政府。

着力转变政府职能。

着力提高行政效率。

着力提高行政透明度。

着力提高法治化水平。

着力加强作风建设。

各位代表:时代赋予重托,奋斗铸就辉煌。让我们紧密团结在以习近平同志为总书记的党中央周围,高举中国特色社会主义伟大旗帜,以邓小平理论、"三个代表"重要思想、科学发展观为指导,在中共上海市委的领导下,齐心协力,开拓创新,为加快推进"四个率先"、加快建设"四个中心"和社会主义现代化国际大都市而奋斗!

南京市政府工作报告(节选)

——在南京市第　届人民代表大会第　次会议上

南京市人民政府市长　季建业

(2013年1月6日)

一、本届政府工作回顾

2012年,面对宏观经济形势复杂多变、经济下行压力不断增大的困难挑战,全市人民在省委、省政府及市委的正确领导下,紧紧围绕率先基本实现现代化总目标,团结奋斗,攻坚克难,全力以赴稳增长、调结构、促转型、惠民生,使经济社会继续保持稳定健康发展。预计全年实现地区生产总值7200亿元,按可比价计算比上年增长12%左右;公共财政预算收入733亿元,增长15.4%;工业增加值2740亿元,增长11.3%;第三产业增加值3845亿元,增长12.1%;完成全社会固定资产投资4650亿元,增长16%;实现社会消费品零售总额3150亿元左右,增长17%;实际到账注册外资41亿美元以上,增长18%;万元地区生产总值能耗降低6.5%左右;城市居民人均可支配收入36700元,增长14%,农民人均纯收入15000元左右,增长14.4%;居民消费价格涨幅控制在3%以内。除因国际市场变化导致出口未能达到预定增幅目标外,基本完成十四届人大五次会议提出的各项目标。至此,本届政府已圆满完成了市人大各次会议确定的主要任务。

五年来,本届政府高举中国特色社会主义伟大旗帜,坚持以邓小平理论、"三个代表"重要思想和科学发展观为指导,开拓创新,务实奋进,率先建成了惠及全市人民的小康社会,开启了率先基本实现现代化的新征程。

这五年,综合实力显著增强。地区生产总值从2007年的3340亿元跃上7000亿元台阶,近三年年均新增1000亿元以上,五年翻了一番。公共财政预算收入从2007年的330亿元跃上700亿元台阶,近三年每年新增近100亿元,五年翻了一番以上;全社会固定资产投资是2007年的2.5倍;规模以上工业总产值为11400亿元,五年翻了近一番;三次产业增加值比例由2007年的3.5∶48.1∶48.4,调整为2012年的2.6∶44.0∶53.4;社会消费品零售总额年均增长17.3%;进出口总额年均增长8.6%;五年累计实际到账注册外资达153亿美元,新增私营企业注册资本2203亿元,新增个体工商户注册资金219亿元。结构调整、产业转型成效显著,实施"千企升级"计划、科技创新创业计划、新兴产业发展计划、现代服务业发展计划等,提升电子信息等四大支柱产业发展水平,推进智能电网、新型显示、生物医药等八大新兴产业,以及软件和信息服务、金融保险等八大现代服务业发展。经过近三年的治理,目前燕子矶地区66家化工企业已全部停产,335家"三高两低"企业得到整治,南京主城突破了化工围城、异味扰民的"环境困局"。首家被国家工信部授予中国软件名城称号,软件业务收入超过2000亿元。出台鼓励科技创新创业20条、"1+8"系列政策、"科技九条"等,推进"紫金科技创业特别社区"、软件谷、麒麟生态科技园、模范马路创新街区等载体建设。实施"紫金人才"和"321人才"计划,入选国家"千人计划"人才116名。研发经费支出占地区生产总值比重较上年提高0.2个百分点,专利授权量达1.65万件,是2007年的4.36倍。研究出台鼓励扩大内需的政策措施。综合保税区获国务院批准设立,江宁开发区升格为国家级开发区,金陵海关获批挂牌。承办了第四届世界城市论坛、中欧领导人会晤和中欧工商峰会、海峡两岸紫金山峰会、台湾名品交易会等重大国际国内展会。

这五年,民生保障得到显著改善。城乡公共服务支出占公共财政比例从2007年的61.4%提高到2012年的70%。制定实施城乡居民收入"双倍增计划",城市居民人均可支配收入年均增长12.5%,农民人均纯收入年均增长13.3%;连续三年出台关于改善民生的"一号文件",完善了10项民生政策,重点解决了10类特殊群体的困难;市区两级财政分期投入139亿元,解决了1983年以来近52万被征地人员进城保问题,为他们解除了后顾之忧,使他们成为真正的市民,生活得更有尊严;投入500多亿元,实施了南京历史上最大的安居工程,四大保障房组团1000多万平方米全面建设,首批住户顺利入住,改善了市民住房条件;2011年出台了全国最早的学前教育惠民举措,约有17万左右适龄儿童每人每年获得2000元助学券;医药卫生体制改革深入推进,基本医疗、公共卫生服务和医疗保障实现全覆盖,基本药物制度全面实施,减少了城乡居民医疗支出;千方百计扩大就业,五年新增城镇就业98万人;扩大社会保险覆盖面,五项险种累计参保人数达1296万人次;实施70岁以上老人和残疾人免费乘车、60至69岁老人半价乘车等惠民政策,开展了残疾人"助学、助听、助行、助业"等四助活动。

这五年,公共服务水平不断提高。统筹历史文脉传承和文化事业、文化产业发展。孙权纪念馆、非物质文化遗产博物馆、金陵图书馆、妇女儿童活动中心建成使用,六朝博物馆、江宁织造府、大报恩寺遗址公园、南京直立猿人化石遗址公园等文化项目加速推进。公共文化服务体系不断完善,基层文化服务设施全面提档升级,文化产业增加值达330亿元,年均增长25%以上。鼓楼医院、妇幼保健院、儿童医院等一批医疗机构改扩建工程竣工,河西医疗中心等工程加快建设。平安南京建设不断推进,社会整体发展稳定有序,群众的安全感进一步增强。畅通人民信访渠道,社区建设和管理得到加强,和谐社会建设不断推进。玄武湖和中山陵陵寝两大核心景区免费对市民开放。对外交流、宁台合作、涉外侨务、民族宗教工作不断拓展,友好城市和友好合作城市达47个。佛顶骨舍利盛世重光。荣获全国双拥模范城市"七连冠"。成功申办2014年青年奥林匹克运动会和2013年亚洲青年运动会。顺利举办历史文化名城博览会和中国航海日活动。先后荣获联合国人居奖特别荣誉奖、全国民族进步模范集体、联合国国际花园城市金奖、全国文明城市等光荣称号。

这五年,城市功能品质明显提升。围绕建设现代化国际性人文绿都目标和"一城三区"总体规划布局,修编了新一轮城市总体规划,实施了"三个提升"计划和河西新城等十大功能板块建设。南京长江隧道、长江四桥、绕越高速、玄武大道快速化改造等一批引导支撑城市发展的重大交通项目相继建成。纬一路和绕城公路改造加快推进,纬三路过江隧道建设、城西片区快速路网改造进展顺利。京沪高铁、沪宁城际铁路及南京南站建成运营,宁杭和宁安城际铁路、禄口机场二期工程、红花机场迁建等项目有序推进。地铁1号线南延和2号线竣工运营,开工建设地铁3号线、10号线一期、4号线一期、宁高一期等轨道交通线。河西新城青奥村和一批功能性大楼建设进展顺利。老城南文化街区保护、下关滨江旧区改造、燕子矶化工区整治、浦口新城和麒麟生态科技园开发等逐步推进。实施国家生态市、国家生态园林城市、国家森林城市"三城"同创,推进大气环境、水环境、垃圾分类处理、节能减排、"动迁拆违、治乱整破"等专项行动。基本完成玄武湖、金川河"一湖一河"区域雨污分流和城北护城河、外金川河环境综合整治任务。五年累计完成小区出新271个,整治街巷1509条。明外郭—秦淮新河百里风光带、滨江两岸百里风光带和紫金山—玄武湖中央公园及百个小游园等建设全面启动,人均公园绿地面积达14.2平方米。

这五年,城乡统筹一体发展逐步加快。大力推进"区区县县通轻轨、干线公路连街镇、区域供水全覆盖、城乡公交一体化、水利能力大提升"和郊区县先进制造业基地建设,促进城乡规划、产业发展、要素配置、基础设施和公共服务一体化。深入推进跨江发展,江北地区发展明显加快。一批好的先进制造业和新兴产业项目落户郊区县,郊区县地区生产总值占全市的比重达54%。以农业"1115工程"为抓手,推动现代农业发展和国土资源保护,粮食生产连续九年获得丰收,发展乡村旅游、生态旅游。江北大道、122省道、宁高新通道三条城乡大动脉和340省道、247省道等干线公路建设全面实施。堤顶宽8米的长江干堤提升工程完成73公里,滁河和水阳江治理加速推进,大大提高了防洪能力和生态水平。基本完成4482个村庄环境整治任务。加大了城乡帮促力度,市区县为204个集体经济薄弱村建造100多万平方米标准厂房,基本消除了可支配收入低于50万元的行政村。

这五年,服务型政府建设进一步加强。实行了"大部制"改革,推进了审批制度、简政强区县、国资管理、财政体制、土地利用、城市管理等综合改革,向区县和开发区下放了202项市级行政权力。健全了重大行政决策咨询、论证、听证等制度。建成市级行政服务中心,开通运行"12345"政府服务呼叫中心。制定并实施了全面推进依法行政五年规划,制定和修订政府规章24部,向市人大常委会提交立法议案29部。实施项目联审联评,推进部门公开办事程序、时限等服务承诺。开展"联系市民、服务百姓"、"改进服务、千企走访"和"向人民汇报"民主评议直播等活动,为人民群众生活和企业发展排忧解难。与此同时,人防、司法、工会、妇女儿童、慈善、档案、地方志、社会科学等各项工作取得新的进步。

过去的五年,我们实现了全面小康的奋斗目标,为率先基本实现现代化夯实了基础,积累了经验。我们坚持科学发展不动摇,不断提升发展标杆,推动经济社会转型创新跨越发展,使整体实力、发展水平不断跃上新台阶;我们坚持以人为本、执政为民不动摇,不断满足人民群众的需求,解决人民群众关注的现实问题,让老百姓得实惠,使人民生活水平、社会保障水平不断跃上新台阶;我们坚持提升城市功能品质不动摇,集中力量推进一批事关全局、事关长远、事关民生的基础设施、功能设施、生态环境及文化项目建设,使城市承载能力、竞争力不断跃上新台阶;我们坚持全域统筹发展不动摇,构建城乡统筹、跨江发展、区域协调的新格局,使城乡面貌、公共服务、产业集聚不断跃上新台阶;我们坚持改革开放创新不动摇,沉着应对国际金融危机,着力解决发展中的体制机制障碍,维护社会公平正义,使经济发展活力、社会创新能力不断跃上新台阶。

各位代表,过去五年取得的辉煌成就,靠的是中国特色社会主义旗帜的正确指引,靠的是党中央国务院、省委省政府和市委的正确领导,靠的是全市广大人民群众的团结奋斗、顽强拼搏和社会各界的鼎力支持。在此,我代表南京市人民政府,向在各行各业辛勤劳动的全市人民,向所有支持和关心南京建设和发展的朋友们、同志们,表示衷心的感谢!

与此同时,我们也清醒地看到,南京经济社会发展中还存在不少矛盾和困难:做大经济总量和产业结构调整转型升级、构建现代产业体系、转变发展方式的任务十分繁重;城乡居民收入、环境质量、郊县发展仍是我们需要主攻提升的"三大短板";企业生产经营成本上升和创新能力不足的问题并存;公共服务水平滞后于经济发展,交通拥堵等压力亟需解决;各种体制机制显现出来的深层次矛盾有待化解。这些问题和矛盾,我们将在新一届政府工作中不断加以克服。

二、今后五年的发展目标

今后五年,是南京全面贯彻落实十八大战略部署、率先基本实现现代化的重要时期,是以"办亚青、办青奥"为契机提升城市竞争力的重大机遇期,是实施"十二五"规划"建设新南京、创造新生活"的关键时期。

从国内外形势来看,机遇和挑战并存,机遇大于挑战。我们面临着世界经济总体向好,发展空间不断拓展的机遇;面临着新一代数字化技术应用带来的生产方式、商业模式、生活方式变革,产业向高端发展的机遇;面临着扩大内需、提高创新能力、促进经济发展方式转变的机遇;面临着国家在关键领域推进改革、释放改革"红利"的机遇;面临着城乡统筹、新一轮城镇化发展的机遇。从南京来看,随着我市"十二五"规划的实施,以及一系列推动科学发展的政策举措逐步落实到位,全市经济社会必将保持平稳较快可持续发展,我们对南京的发展前景充满信心。

各位代表,我们深知,人民群众对南京的未来充满着期盼。期盼我们保持经济持续增长,做强整体实力,实现富民强市,为不断改善全市人民生活奠定物质基础,提供更多更好的就业创业机会,让人民群众收入更高、财富更多;期盼我们完善城市功能,提升承载能力,让市民出行更便捷,生活更便利;期盼我们建立包容、均等、优质的公共服务体系,为百姓提供更多更好的教育、医疗、住房保障等社会公共服务,让困难群众得到更多的帮扶;期盼我们下大功夫解决大气环境、水环境等生态文明建设中的突出问题,让天更蓝、水更清、空气更清新、城市更宜居。这些期盼,既是广大人民群众对美好生活的向往,也是政府工作的目标和重点,我们将为之坚持不懈地努力。

今后五年,我们要全面贯彻落实党的十八大和市十三次党代会精神,围绕"办青奥盛会、创率先大业、建人文绿都"的目标,坚持"创新驱动、内生增长、绿色发展"的道路,坚持"民生为先、统筹为要、生态为基、文化为魂"的方针,全面推进政治建设、经济建设、文化建设、社会建设、生态文明建设,着力打造"三都市、三名城",逐步使美好的蓝图变为现实,使人民群众的期盼变为现实。

综合实力新跨越。牢牢把握科学发展这个主题,继续做大做强经济总量,确保2015年地区生产总值突破万亿,公共财政预算收入突破千亿,确保"十二五"末达到省定基本实现现代化目标,城市综合实力和发展能级显著提升。

产业升级新突破。以科技创新、结构调整为抓手,推动经济发展方式转变,使新兴产业成为支柱产业,传统支柱产业提档升级,创新创业潜力得到有效释放,真正把科技创新优势转化为产业优势、竞争优势,基本建成现代产业体系。

城市品质新提升。以办青奥为契机,加强城市基础设施建设,优化城市空间,完善城市功能,提升城市品质,保护古都神韵,延续历史文明,推进旧区更新,改善城乡面貌,城市国际化功能不断提升。

生态文明新形象。树立尊重自然、顺应自然、保护自然的生态理念,基本建成国家生态市、国家生态园林城市、国家森林城市,建设美丽乡村,充分彰显绿色、宜居特色,城乡生态环境质量明显改善。

人民生活新改善。大力实施城乡居民收入"双倍增计划",想方设法提高人民群众收入,社会保障实现全覆盖,城乡居民充分就业,创业活力进一步增强,收入分配更趋合理,困难群众生活得到明显改善,人民生活更加幸福。

公共服务新水平。文化、教育、医疗、体育等社会事业全面进步,人民群众的基本权益得到有效保障,人口素质不断提高,社会公平正义得到切实维护,人民群众能享受到更多更好的覆盖城乡、功能完善、均等优质的公共服务。

城乡统筹新格局。加快推进新型城市化进程,基本建成郊区县先进制造业基地,"区区县县通轻轨、干线公路连街镇、区域供水全覆盖、城乡公交一体化、水利能力大提升"的蓝图基本实现,使现代农业大发展、农村环境面貌大变化、农村文明大提升。

行政能力新提高。践行以人为本、执政为民的理念,恪守为民、务实、清廉的准则,坚持依法行政、依法管理、依法办事,切实转变政府职能,做到干部清正、政府清廉、政治清明,初步建成学习型、法治型、服务型政府。

我们将围绕这些愿景,制订周详的规划、政策和具体的措施,积极整合资源,合理配置人力财力,努力让人民群众共享发展成果。

三、2013 年经济社会发展主要任务

2013 年是全面贯彻落实十八大战略部署的开局之年,是率先基本实现现代化和实施"十二五"规划的关键之年,是"办亚青、迎青奥"的落实之年,更是新一届政府履行职责的第一年,政府工作的总体要求是:全面贯彻落实党的十八大精神,以科学发展为主题,以加快转变经济发展方式为主线,以提高经济增长质量和效益为中心,以"稳中求进、以进促稳"为主基调,突出经济平稳较快增长,突出创新驱动结构调整转型升级,突出民生改善管理创新,突出城市功能建设品质提升,突出城乡统筹区域协调,突出环境保护生态建设,突出关键领域改革突破,集中力量主攻薄弱指标提升、城市面貌整体提升和办好亚青会,夺取率先基本实现现代化的阶段性胜利。

按照省委、省政府的部署和市委十三届四次全会的安排,2013 年经济社会发展主要指标是:地区生产总值增长 11%;公共财政预算收入增长 13%;服务业增加值占地区生产总值比重提高 1 个百分点;全社会固定资产投资增长 15%;社会消费品零售总额增长 16%;实际利用外资增长 14%;外贸出口增长 5%;全社会研发经费支出占地区生产总值比重提高 0.3 个百分点;万元地区生产总值能耗降低 7% 以上、化学需氧量排放强度控制在 1.55 千克以内、二氧化硫排放强度控制在 1.8 千克以内;城镇居民人均可支配收入增长 13%,农民人均可支配收入增长 14%;居民消费价格指数控制在省定标准。

实现今年经济社会发展的目标,着重做好以下八个方面的重点工作:

(一)着力推动经济在结构调整转型升级中稳健增长,增强经济整体实力

积极发展高端制造业。

加快发展高端服务业。

切实增强投资和消费拉动。

(二)着力实施创新驱动战略,促进科技与产业融合发展

推进科技创新与产业发展相融合。

增强企业在科技创新中的主体地位。

加快建设科技创新载体。

(三)着力保障与改善民生,提高公共服务能力和水平

提高城乡居民收入和社会保障水平。

切实提供更好的公共服务。

加强和创新社会管理。

着重推进民生实事项目。今年的重点是:

1、危旧房和城中村改造。

2、改善老旧小区。

3、建设保障房。

4、养老服务。

5、医疗卫生。

6、教育惠民。

7、农贸市场升级改造。

8、绿道建设。

9、区域供水工程。

10、公交都市建设。

(四)着力提升城市功能品质,改善市民生活质量

基本完成十项城建节点任务。

推进基础设施建设。

加大功能性项目建设力度。

提高城市管理水平。

改造危旧房和城中村,改善市民居住质量。

(五)着力加快城乡一体化建设,切实提升全域统筹发展水平

加快先进制造业向郊区县集聚。

加快农业现代化进程。

综合推进城镇化和美丽乡村建设。

(六)着力加强环境保护,进一步加快生态文明建设

实施环境综合治理。

加大生态建设与保护力度。

全力推进节能减排。

(七)着力推进重点领域改革,实施更加积极主动的开放战略

深化各项综合改革。

提高对外开放的层次。

(八)着力强化依法行政,努力建设人民满意的法治型、服务型政府

扎实转变工作作风。

切实加强依法行政。

广泛接受各界监督。

苏州市政府工作报告(节选)

——苏州市十五届人大二次会议上

市长　周乃翔

2013 年 1 月 7 日

一、2012 年工作回顾

过去的一年,市政府在中共苏州市委的正确领导下,团结依靠全市人民,紧扣科学发展主题和转变经济发展方式主线,围绕加快"两个率先"、建设"三区三城"的奋斗目标,积极应对国内外环境的复杂变化,深入实施创新引领、开放提升、城乡一体、人才强市、民生优先、可持续发展战略,突出加快转型、稳定外贸、兴盛文化、广惠民生等重点,统筹做好各项工作,推动了经济平稳较快发展和社会全面进步。

1. 经济保持平稳增长,转型升级成效明显。全市完成地区生产总值 1.2 万亿元,比上年增长 10%;地方公共财政预算收入 1204 亿元,增长 9.4%;全社会固定资产投资 5265 亿元,增长 17%。工业经济提档升级,实现总产值 3.44 万亿元,增长 3.3%;其中规模以上工业产值 2.87 万亿元,增长 5%。制造业领域新兴产业实现产值 1.23 万亿元,增长 11%,占规模以上工业的比重达到 43%,比上年提高 5 个百分点。提升发展支柱产业,实施万企升级计划,技术改造投资占工业投资的比重达到 68.7%。吴江经济技术开发区成为国家新型工业化产业示范基地。服务业量质齐升,增加值占地区生产总值的比重比上年提高 1.5 个百分点。新增市级服务业集聚区 10 个、制造业分离发展服务业企业 260 家。金融业规模持续扩大,金融总资产达到 2.7 万亿元,增长 18%。商贸业稳步增长,完成社会消费品零售总额 3254 亿元,增长 15%。旅游业快速发展,接待境内外游客人次、旅游总收入分别增长 10% 和 17%。金鸡湖景区成功创建国家 5A 级景区。文化产业创新发展,张家港软件(动漫)产业园成为国家影视网络动漫实验园,相城区阳澄湖数字文化创意产业园二期建成启用,首届文化创意设计产业交易博览会成功举办。大力推进农业现代化,太仓市、相城区进入国家现代农业示范区行列,全市现代农业园区面积增加到 47.3 千公顷。粮食单产、总产、效益全面增长,省下达的扩储计划顺利完成。

积极构建区域创新体系,科技综合实力保持全省领先。加大创新投入力度,全社会研究与试验发展经费支出占地区生产总值的比重提高到 2.6%。实施高新技术产业倍增工程,新增高新技术企业 588 家,实现产值 1.17 万亿元,增长 11%。大中型工业企业研发机构建有率提高到 80%,新增 4 个国家级企业技术中心。苏州纳米城首期建成使用,苏州生物医学工程技术研究所纳入中科院序列,长三角地区首个国家科技成果转化服务示范基地落户我市。国家"千人计划"创业投资中心暨沙湖股权投资中心二期加快建设,"科贷通"项目新增贷款 34.8 亿元。国家专利审查协作江苏中心投入运行,我市成为首批国家知识产权示范城市,专利申请量、授权量均居全国大中城市第一位,又添中国驰名商标 17 件。我市被列为全国首批创建质量强市示范城市和综合服务标准化试点城市。实施各项人才计划,扩大国际精英创业周、"赢在苏州"创新创业大赛的品牌效应,新增国家"千人计划"人才 51 人,累计达到 105 人,继续位居全国地级市首位;新增省"双创计划"人才 96 人,累计达到 301 人,保持全省第一。

2. 改革开放不断深化,发展活力持续增强。实施行政区划重大调整,撤销平江、沧浪、金阊区,合并设立姑苏区,成立苏州国家历史文化名城保护区;撤销吴江市,设立吴江区。省直管县体制改革试点和经济发达镇行政管理体制改革试点稳步开展。事业单位分类改革扎实推进。政府办基层医疗卫生机构全部配备、使用并零差率销售基本药物。加强监督管理,优化资源配置,国有资产运行质量和效益不断提高。开展营业税改征增值税试点,结构性减税步伐加快。注重金融创新,新增金融机构 75 家,总数达到 605 家,东吴人寿保险股份有限公司开业运营;新增上市企业 12 家,累计达到 82 家;成功发行全国首单中小企业私募债和科技型中小企业集合票据。民营经济进一步壮大,私营企业和个体工商户注册资本总额突破 8700 亿元。

全力以赴稳定外贸增长,优化开放型经济发展格局。全市完成进出口总额3060亿美元,增长1.6%以上,其中出口1748亿美元,增长4.4%以上。服务外包接包合同额、离岸执行额分别增长56.8%和52%。全国首个检验监管综合改革试验区获批设立,首个加工贸易废料交易平台建成运行。招商引资量稳质升,实际利用外资90.8亿美元,服务业、新兴产业利用外资分别占到33%和38.5%。中方境外协议投资额达到12亿美元,增长71.3%,总量实现全省“九连冠”。吴中经济开发区升格为国家级开发区,张家港保税港区汽车整车进口口岸获得国务院批准,苏州高新区成为全国首个国家知识产权服务业集聚发展试验区,苏州工业园区被列为国家进口贸易促进创新示范区,中德(太仓)中小企业合作示范区获批设立,太仓港成为全国第一个享受海港待遇的内河港口,苏州工业园区—相城区合作经济开发区建设大力推进。南北挂钩合作与对口援建工作积极开展。外事、侨务、对台工作再创新业绩,第二届中非民间论坛在我市成功举办。

3. 城乡建设统筹推进,区域发展更趋协调。苏州市城市总体规划、轨道交通线网规划、太湖国家旅游度假区总体规划完成调整修编工作,东部综合商务城、西部生态科技城、南部太湖新城、北部高铁新城高标准建设。苏州火车站南站房和南广场配套工程基本完工。轨道交通1号线建成运营,2号线实现“轨通”,昆山花桥与上海的轨道交通对接进入铺轨阶段。苏虞张快速通道北段建成通车。苏州港新增9个万吨级以上泊位,完成货物吞吐量4.3亿吨、集装箱吞吐量587万标箱,分别增长12.4%和25.2%,其中太仓港集装箱吞吐量突破400万标箱。张家港复线船闸实现通航。±800千伏锦苏特高压输电线路及同里换流站建成投运。新增人防设施72万平方米。垃圾焚烧发电三期工程顺利竣工,餐厨垃圾收集处置二期和七子山垃圾填埋场二期工程基本建成。强化市容环境、道路交通管理,打造最干净、最整洁城市取得成效。

城乡一体化发展综合配套改革全面深化,农村发展更具活力。城乡空间布局不断优化,48%的农民实现集中居住,90%的工业企业进入工业园,88%的承包耕地实现规模经营。农村集体经济继续壮大,集体资产突破1200亿元,村均收入达到580万元,分别增长14.2%和15%。新增新型合作经济组织431个,持股农户比例提高到96%。城乡养老保险、居民医疗保险全面并轨。公共财政投入“三农”的总量、增量和比例持续提高,政策性农业保险和农业担保覆盖面逐步扩大。做好全国水利现代化试点工作,加强农村水利和圩区堤防达标建设,防洪抗灾能力进一步增强。在全省率先完成村庄环境整治任务,长效管理机制初步建立。

4. 节能减排力度加大,生态环境不断优化。加强水源地保护,集中式饮用水源地水质达标率保持100%。太湖流域水污染治理年度任务全面完成,东太湖综合整治和走马塘拓浚延伸工程基本完工。实施水质提升工程,干河清淤城区河道110条,整治农村黑臭河道244条。新建和改造污水处理厂11座,新增污水处理能力20.8万吨,建设配套截污管网799公里,城镇生活污水处理率达到95%,农村生活污水处理率达到60%,其中太湖、阳澄湖保护区分别达到80%和78%。实施蓝天工程,开展PM2.5监测,空气质量有所改善。防控噪声污染,声环境功能区噪声达标率保持100%。加强核与辐射安全监管,规范固体废物处置,切实防治重金属污染。狠抓节能减排,淘汰落后产能,单位地区生产总值能源消耗下降、主要污染物排放量削减完成省下达任务。落实最严格的耕地保护制度和占补平衡制度,土地利用水平明显提高。实施循环经济发展规划,再生资源综合利用体系和循环产业链加快构建。加强节能监察审计与合同能源管理,开展“能效之星”创建活动,重点企业能源消耗继续下降。建成石湖滨湖景区等重大绿化工程,市区新增绿地450万平方米。全市新增林地绿地13.3千公顷,陆地森林覆盖率达到27.8%。高度重视湿地保护和管理,恢复湿地650万平方米。我市获批开展国家低碳城市试点工作,苏州及各县级市、区全部成为全国生态文明建设试点地区,国家环保模范城市复核实现“满堂红”。

5. 惠民措施有效落实,民生水平得到提高。城镇居民人均可支配收入、农民人均纯收入分别达到3.8万元和2万元,增幅均在14%以上。年度实事项目全面完成。新增就业16.8万人,免费培训城乡劳动者43.8万人,城镇登记失业率控制在2.7%,苏州籍高校毕业生就业率达到96.6%,零就业和零转移贫困家庭保持动态清零,我市被评为全国创业先进城市。城镇职工养老、医疗、失业、工伤、生育五大社会保险参保覆盖面和基金征缴率均保持在99%以上,吴中、相城区社会保险与市本级实现并轨,太仓市大病再保险、吴江区特殊病症人员再救助等工作取得实效。城乡居民最低生活保障指导标准由每人每月500元提高至570元。苏州社会保障·市民卡顺利发行。全市发放各类社会救助资金18.3亿元,惠及困难群众16.8万人次。市社会福利总院一期工程如期竣工。整体推进养老服务,新增养老床位8355张、日间照料中心87个、助餐点142个。发展残疾人服务事业,我市进入全国首批“阳光家园”示范区行列,贫困残疾人家庭普及基本家用电器计划积极实施。开展接送流浪孩子回家专项行动,基本实现城市街面无流浪未成年人目标。红十字和公益慈善事业健康发展。新开工保障性住房3.7万套,竣工2.5万套,为4894户困难家庭发放廉租住房租赁补贴。市区完成113万平方米老住宅小区和16万平方米零星居民楼整治任务,实施城区居民家庭“改厕”8739户,解危修缮直管公房4.5万平方米,启动改造城中村(无地队)17个。南环新村解危改造新建住宅封顶。全市新增参加住房公积金制度的职工52.6万人,职工使用住房公积金187.6亿元。落实公交优先发展新三年行动计划,市区新购公交车506辆,新增电调专用出租车300辆,增加公共自行车网点151个。开展食品安全集中整治“天安行动”和药品安全示范市创建活动,建成食品安全监测预警体系。新建农产品平价直销点102个、“菜篮子”直供店46个。居民消费价格总水平涨幅控制在2.7%。

6. 各项事业繁荣进步,社会管理全面加强。新建和改扩建中小学、幼儿园137所,新增公办学位7.4万个,基本完成中小学校舍安全工程。我市普通高中高考录取率位居全省第一。市高等职业技术学校、旅游与财经高等职业技术学校改扩建工程全面完成,教育惠民服务中心、学生资助管理中心、教师发展中心相继成立。与中外著名高校合作办学取得新成果。完善公共文化基础设施和服务网络,国家公共文化服务体系示范区创建工作积极推进,张家港市在全国率先推出网格化公共文化服务模式。一批历史遗存被列入中国大运河申报世界文化遗产名单,昆曲遗产保护、继承、弘扬工程通过国家文化创新工程验收。滑稽戏《青春跑道》获得国家文化部优秀保留剧目大奖。虎丘地区综合改造、桃花坞历史文化片区综合整治保护利用工程加快推进,相门、平门、阊门段古城墙保护性修复顺利完成,古建老宅、古村落保护修缮取得成效。《苏州市志》完成总纂,《苏州通史》抓紧编写。健全城乡社区卫生服务体系,镇村卫生机构全部达到省定建设标准。医院与基层医疗卫生机构之间的双向转诊广泛实施,建成首个社区影像远程会诊中心。市区集约式电话预约挂号“一号通”平台投入使用。常熟市、吴江区成为国家卫生应急综合示范市(区)。城乡一体的人口和计划生育管理体系不断完善,生育关怀、科学育儿、流动人口服务管理等工作有序开展。苏州体育健儿在伦敦奥运会、残奥会上争金夺银、再创佳绩,我市获得2015年世乒赛举办权。全民健身服务积极开展。民族团结进步事业健康发展,依法管理宗教事务水平不断提高。妇女儿童事业继续走在全国前列。支持驻苏部队建设,做好优抚安置工作,军政军民关系更加密切。

精神文明建设深入推进,各项社会管理成效显著。苏州和张家港市在全国城市文明程度指数测评中获得可喜成绩,均被评为全国未成年人思想道德建设工作先进城市。加强法治苏州建设,昆山市成为全省首批法治建设示范市,7个县级市、区被评为省法治县(市、区)创建工作先进单位。法律援助、“关爱民生法治行”等工作有效开展。吴江区成为全国普法和依法治理联系点。太仓市“政社互动”经验得到推广。张家港、太仓、昆山市和吴江区获评全国村务公开民主管理示范单位。实施“万企贯标、百企示范”和“诚信计量”工程,社会信用体系加快构建。强化网格化社会管理综合治理,安定和谐的社会秩序得到维护。实行流动人口居住证制度,与人口主要流出地建立全面协作机制。做好大排查大调解工作,层层落实信访工作责任,调处解决了一批矛盾纠纷和信访问题。切实增强应急管理能力,突发公共事件得到妥善处置。狠抓安全生产专项整治、重大隐患挂牌整改和“打非治违”工作,有效遏制了重特大事故。

与此同时,政府自身建设进一步加强。认真做好政府立法工作,提请市人大常委会审议通过地方性法规2件,颁布政府规章3件,制定规范性文件5件。扎实开展助企解忧、惠民服务、项目绩效、服务提质、品牌引领等作风效能建设“五大行动”,健全行政审批跟踪服务和行政权力公开透明运行机制,便民服务水平得到提升。完善惩治和预防腐败体系,严肃查处了一批违法违纪案件。严控行政经费,公车购置及运行、会议、公务接待、因公出国(境)支出普遍下降。开展金融行业专项监督检查,优化企业融资环境。加强审计监督,政府资金使用效率继续提高。市政府自觉接受市人民代表大会及其常务委员会的法律监督、工作监督和市政协的民主监督,坚持重大事项向市人大常委会报告、向市政协通报,注重发挥各民主党派、工商联、无党派人士和人民团体的参政议政作用。组织实施人大议案1件,办复人大代表建议307件、政协提案615件。

各位代表,过去的一年,面对宏观形势的严峻挑战,面对经济增长的下行压力,面对转型发展的迫切需要,全市人民齐心协力、和衷共济,付出艰辛努力,发挥聪明才智,克服种种困难,获得了来之不易的发展成果。在此,我代表市政府向全市人民,向人大代表、政协委员,向离退休老同志,向各民主党派、工商联和无党派人士,向各人民团体,向驻苏解放军、武警和消防官兵,向国家和省驻苏单位,向参与、支持、关心苏州现代化建设的海内外朋友,表示衷心的感谢和崇高的敬意!

回顾过去的一年,我们也看到,经济社会发展和政府工作中仍然存在不少问题与不足,主要是:受国际市场需求持续低迷等因素影响,开放型经济和实体经济面临更大困难,地区生产总值、地方公共财政预算收入、进出口总额、社会消费品零售总额增速趋缓;自主创新能力有待提高,产业结构亟需优化,节能减排任务艰巨,转变经济发展方式任重道远;环境质量不如人意,可持续发展能力还要切实增强;社会建设和社会管理需要进一步加强,政府工作效能和服务水平必须加快提升。对此,我们将高度重视,下大力气加以解决。

二、2013年工作总体要求和主要预期目标

当前,我们面临的外部环境依然错综复杂、充满变数。全球经济低速增长态势仍将延续,各种形式的贸易保护主义明显抬头,世界经济已由危机前的快速发展期进入深度转型调整期。国内经济趋稳的基础尚不稳固,扩大有效需求面临不少制约因素,企业生产经营困难增多,经济增长下行压力和产能相对过剩的矛盾有所加剧。在正视困难的同时,更应当看到的是,我国发展仍处于可以大有作为的重要战略机遇期。中共十八大明确了未来发展的新要求新任务,为我们做好今后工作指明了方向。国家加强和改善宏观调控,全面深化体制改革,积极稳妥推进城镇化,必将有力地促进经济持续健康发展。苏南现代化建设示范区的推进、苏州城市发展格局的优化也为经济增长提供了新的动力和支撑。综合分析,一方面,整体有利的宏观经济环境已经确立、总体向好的发展趋势已经确立、稳中求进的工作基调已经确立;另一方面,外需不足与内需不旺双重叠加、企业成本上升与产品价格下降双重挤压、财政收入增长趋缓与刚性支出持续上升双重影响等一系列矛盾仍然存在。我们将深刻认识苏州经济进入平稳增长期的显著特征,因势利导,主动作为,全力推动经济社会发展再创新辉煌。

根据中共苏州市委十一届四次全体(扩大)会议的部署,今年政府工作的总体要求是:认真学习贯彻中共十八大精神,高举中国特色社会主义伟大旗帜,以邓小平理论、“三个代表”重要思想和科学发展观为指导,以转变经济发展方式为主线,以提高经济增长质量和效益为中心,围绕建设“三区三城”总目标,突出创新引领、聚焦转型、生态优先、民生为本等重点,稳中求进,量质并举,努力实现经济社会持续健康发展。

全市经济社会发展的主要预期目标是:地区生产总值增长10%,地方公共财政预算收入增长10%,服务业增加值占地区生产总值的比重提高1.5个百分点,新兴产业和高新技术产业产值占规模以上工业产值的比重各提高2个百分点左右,全社会固定资产投资增长15%左右,社会消费品零售总额增长16%左右,进出口总额增长3%左右,实际利用外资与上年基本持平,城镇居民人均可支配收入和农民人均纯收入均增长12%以上,居民消费价格总水平涨幅控制在3.5%左右,城镇登记失业率控制在3.5%以内,全社会研究与试验发展经费支出占地区生产总值的比重达到2.7%,单位地区生产总值能源消耗下降、主要污染物排放量削减完成省下达任务。

我们要认真落实十八大确定的“五位一体”的总布局,按照本届政府任期内实现“六个全国领先”的要求,重点把握好以下几个方面:

坚定不移地以加快转型升级为核心任务。着力推动增长动力由资源消耗为主向创新驱动为主转变、经济结构由制造业为主向服务经济为主转变、工业经济由传统产业主导向新兴产业主导转变。完善区域创新体系,更多地依靠科技进步、劳动者素质提高和管理创新促进经济发展。改善需求结构,牢牢把握扩大内需这一战略基点,增强消费对经济增长的基础作用,发挥好投资对经济增长的关键作用,千方百计拓展外需、稳定外贸,使消费、投资、出口三者结构更加合理、拉动更加有力。优化产业结构,发展新兴产业,壮大现代服务业,提高农业综合生产能力和综合效益。做大做强中心城市,更好地发挥其对区域发展的辐射带动作用。

坚定不移地以推进改革开放为强大动力。坚持改革不停顿、开放不止步,大胆探索、勇于实践,用改革开放的办法解决前进中的矛盾和问题。尊重群众的首创精神,提高改革决策的科学性,增强改革措施的系统性、整体性、协同性。深化经济体制改革,构建充满活力、富有效率、更加开放、有利于科学发展的体制机制。深化行政体制改革,加快政府职能转变,建设职能科学、结构优化、廉洁高效、人民满意的服务型政府。更加注重对外开放与对内开放相结合、引资与引智相结合、"引进来"与"走出去"相结合,加速形成以国际化企业为主体、国际化城市为基础、国际化人才为支撑的新格局。

坚定不移地以促进城乡一体为战略追求。深入推进城乡一体化发展综合配套改革,持续缩小城乡差距,实现城乡共同繁荣,把城乡一体化打造成为苏州最大的优势和品牌。推动资源要素向农村配置,优化城乡布局,拓展发展空间,着力形成以工促农、以城带乡、工农互惠、城乡一体的新型工农、城乡关系。贯彻多予少取放活的方针,大力发展农村经济,培育新型经营主体,鼓励农民从就业向创业转变,从单纯生产者向既是生产者又是投资者转变,让广大农民平等参与现代化进程、共同分享现代化成果。

坚定不移地以加强社会建设为关键环节。坚持人民主体地位,树立强市惠民理念,更加注重权利公平、机会公平、规则公平,真正让人民群众成为幸福苏州的建设者和共享者。促进城乡居民收入普遍较快增长,深化收入分配制度改革,缩小收入差距,做好就业创业、社会保障、社会救助、优抚安置等工作。健全公共服务体系,竭力解决群众最关心最直接最现实的利益问题,努力让全市人民学有优教、劳有厚得、病有良医、老有颐养、住有宜居。加强和创新社会管理,增强城乡社区服务功能,引导社会组织健康发展,充分发挥群众参与社会管理的基础作用,构建社会主义和谐社会。

坚定不移地以打造文化强市为重要使命。加强社会主义核心价值体系建设,激发文化创造力,增强文化软实力、竞争力。弘扬民族精神和时代精神,发扬"张家港精神"、"昆山之路"和"园区经验",与时俱进丰富发展苏州城市精神。坚持把社会效益放在首位、社会效益和经济效益相统一,推进文化事业全面繁荣、文化产业快速发展。促进文化旅游深度融合,发展新型文化业态,提高文化产业规模化、集约化、专业化水平。以高度的文化自觉和文化自信,推动文化传承、借鉴与创新互动并进。

坚定不移地以建设生态文明为长远大计。树立尊重自然、顺应自然、保护自然的理念,把生态文明建设放在更加突出的位置。健全土地开发、资源节约和生态环境保护的体制机制,推进绿色发展、循环发展、低碳发展,实现经济效益和生态效益的协调统一。加强"绿色苏州"建设,实施重大生态修复工程,维护生态安全,增强生态产品生产能力。注重宣传教育,提高全体市民的节约意识、环保意识、生态意识。始终不渝地走生产发展、生活富裕、生态良好的可持续发展之路,建设美丽宜居新苏州。

三、2013 年主要任务

新的一年里,我们力求在以下十个方面取得新成效。

1. 在推动经济持续增长上取得新成效
2. 在增强产业竞争能力上取得新成效
3. 在深化改革扩大开放上取得新成效
4. 在推进城乡一体发展上取得新成效
5. 在加强城市建设管理上取得新成效
6. 在强化生态环境建设上取得新成效
7. 在统筹发展社会事业上取得新成效
8. 在不断改善人民生活上取得新成效
9. 在促进社会和谐稳定上取得新成效
10. 在提高政府工作水平上取得新成效

无锡市政府工作报告(节选)

——在无锡市第十五届人民代表大会第二次会议上

市长　朱克江

(2013 年 1 月 7 日)

2012 年工作回顾

2012 年是国内外宏观环境发生重大变化、无锡发展遭受最严重困难的一年。在中共无锡市委领导下,全市上下顽强拼搏,积极应对困难挑战,着力提高工作的针对性、创造性和有效性,经济社会呈现"逐步趋好、结构优化、质量提升、民生改善"的良好发展态势,各项工作取得新的进展,现代化建设迈出了新的步伐。预计,全市地区生产总值增长 10% 左右;公共财政预算收入增长 7%;固定资产投资增长 16%;社会消费品零售总额增长 14%;城镇居民人均可支配收入、农民人均纯收入分别增长 12.5% 以上和 13% 左右;城镇登记失业率 2.45%;居民消费价格指数 102.5。

(一)全力应对困难挑战,经济实现平稳健康发展

把保持经济平稳较快增长作为首要任务,及时采取一系列有针对性的对策措施,集中制定出台稳增长 26 条、促转型 40 条意见以及鼓励外贸、房地产、光伏等发展的政策措施,企业发展总体保持平稳。全市工业超百亿元大企业 25 家,入围中国企业 500 强 15 家、中国制造业 500 强 21 家,新上市企业 8 家。全年新登记注册工商企业 18820 家,3283 家企业新获 2018 亿元授信规模,为企业减免各类税费超过 200 亿元。房地产市场在全省率先回暖,商品房销售增幅持续居全省首位。一些主要经济指标逐月回升并持续向好。预计全市人均 GDP 达 11.5 万元,保持全省第一。

(二)大力推进项目建设,经济增长后劲逐步增强

组织开展"项目推进年"活动,围绕重点新兴产业和传统优势产业发展,全力推进 160 个重大项目。加强招商队伍建设,强化项目服务。在抓好现有项目增资扩股的同时,大力引进一批产业链长、带动性强的重特大项目,全市到位注册外资达 40 亿美元,近四年来首次实现两位数增长。落实鼓励民间和社会投资的政策,全年民间投资增长 17.5%。新增 2 亿美元以上重大外资项目 6 个,亿元以上新开工项目数增长超过 80%。市级重大项目平均单体投资额达 22 亿元。

(三)积极推进结构优化,经济增长的质量效益明显提升

大中型工业企业建立研发机构数量实现翻番,国家(无锡)外观设计专利信息中心等一批重大创新载体成功落户,全社会研发费用占地区生产总值比重达 2.7%,高新技术产业产值占规模以上工业产值比重达 38.7%。服务外包发展继续保持全国领先,无锡国家数字电影产业园揭牌投运,全市文化产业增加值占 GDP 比重达 3.8%,旅游总收入增长 16%,鼋头渚被评为国家 5A 级景区,服务业增加值占 GDP 比重达 45%。启动国家现代农业示范区建设,高效设施农业面积比重较上年提高近 6 个百分点。单位面积产出效益上升,每平方公里实现地区生产总值约 1.62 亿元。加强节能减排,预计全年单位 GDP 能耗下降 5% 左右,主要污染物排放削减率先完成省下达的任务指标。

(四)加大改革开放力度,发展活力和动力不断增强

着力转变政府职能,加大简政放权力度,向市(县)区下放行政审批事项 262 项、行政管理权限 371 项,清理企业设立前置审批 55 项。按照"资源节约、环境友好"型社会建设要求,扎实推进综合配套改革试点。排污权有偿使用和交易列全省第一。推进投融资体制改革,组建无锡地铁集团、保障房公司。注重提升各类开放载体功能,无锡出口加工区升级为综合保税区。全市新批境外协议投资额达 8.5 亿美元。

(五)坚持统筹城乡发展,城市现代化进程继续加快

太湖新城、江阴临港新城、宜兴东氿新城等重点地区加快建设,蠡湖湾、马山国际旅游岛等片区启动建设。地铁 1 号线实现洞通、2 号线进展顺利。苏南硕放国际机场航站楼二期工程全面推进,全年旅客吞吐量 323 万人次。中惠路等一批重点道路建成通车,市区新辟、调整公交线路 28 条。新改建农村公路 163.8 公里。实施村庄环境、道口整治、空地绿化、运河景观及城市亮化等五项工程,市区完成 14 条道路包装出新、206 条背街小巷治理,全市完成 6320 个村庄的环境整治。太湖水质稳中趋好,集中式饮用水源地水质全部达标,连续五年实现安全度夏。全年空气质量优良率为 95.1%。全市完成植树造林 2800 公顷,市区新增绿地 500 万平方米。

(六)着力保障和改善民生,群众生活质量持续提高

将本级财政支出的 70% 以上用于保障和改善民生,全面完成当年 12 件 55 项为民办实事项目。在全国率先对来锡大学生发放租房补贴,全市城镇新增就业 13.2 万人。全市最低工资标准提高到 1320 元,市区城乡居民低保标准提高到 530 元,市区企业退休人员基本养老金提高到 1825 元。职工基本养老、基本医疗、工伤、失业、生育保险等五大社会保险覆盖面均达 98% 以上。全市新增机构养老床位超 6000 张,每千名老人拥有机构养老床位突破 30 张。全市新开工建设、筹集各类保障性住房 21276 套,完成市区 40 万平方米危旧房、150 万平方米旧住宅区整治改造。新建、改扩建幼儿园 52 所,义务教育现代化学校 100% 全覆盖。深入推进医药卫生体制改革,规范建设社区卫生服务机构。无锡大剧院建成启用,惠山祠堂群成功列入中国世界文化遗产预备名单。推进城乡社区"10 分钟体育健身圈"建设,成功举办环太湖国际公路自行车赛等高水平赛事。加强市场保供稳价,推进农贸市场标准化建设,市区新建、改造农贸市场 12 个,建设平价店 170 家。

(七)切实加强社会管理,社会环境保持和谐稳定

加大社区基层管理力度,推进“一委一居一站一办”建设,提升服务水平,实现社区扁平化管理全覆盖。加大安全生产工作力度,全市安全生产事故死亡人数同比下降11.2%。加强食品药品监管,未发生重大食品药品安全事故。加大信访工作力度,深入开展信访问题排查和信访积案化解活动,为十八大召开营造了良好社会环境。

面对2012年异常困难的发展环境,努力加强政府自身建设,认真贯彻市人大及其常委会各项决议,扎实办理人大代表建议和政协委员提案。通过开展“作风建设年”活动,努力提升行政效能,全力服务基层企业,尽力为企业和群众解决问题。加强廉政建设,坚持厉行节约,主动削减开支,与基层和企业共渡难关。

2013年工作任务

2013年无锡经济社会发展的总体要求是:全面贯彻党的十八大精神,按照市委十二届四次全会决策部署,围绕率先基本实现现代化目标,坚持稳中求进,开拓创新,扎实开局,突出以质量和效益为中心,全力保增长,着力促转型,大力推改革,努力提升生态文明水平、民生保障水平和社会管理水平,加快打造“四个无锡”,确保经济持续健康发展和社会和谐稳定,确保走在苏南率先基本现代化前列。

2013年经济社会发展主要预期目标是:地区生产总值增长10%左右;公共财政预算收入增长10%左右;城镇居民人均可支配收入和农民人均纯收入分别增长13%左右;城镇登记失业率控制在3.5%以内;居民消费价格指数控制在省定范围内;万元地区生产总值能耗和主要污染物排放削减量完成省下达指标。2013年重点抓好以下工作:

(一)在实现经济平稳较快增长上采取更实举措。

全力支持企业发展。

加大产业有效投入。

开发市场消费潜力。

优化企业发展环境。

加强经济运行监测和要素保障。

(二)在促进经济调整转型上下更大力度。

做大做强重点优势产业。

一是建设新兴产业高地。

二是建设先进制造业基地。

三是建设旅游度假胜地。

四是建设创新创业人才集聚中心。

五是建设文化创意中心。

六是建设商贸物流中心。

切实把握调整转型方向。

强化调整转型的保障措施。

(三)在深化关键领域改革上实现更大突破

重点加大投融资体制改革。

加快国有管理体制改革。

继续深化行政管理体制改革。

扎实推进各项领域改革。

(四)在加快经济国际化进程上迈出更大步伐。

促进外贸稳定增长。

优化外资利用结构。

鼓励企业“走出去”。

提高城市国际化水平。

(五)在推进城乡一体化发展上达到更高水平。

提升城市基础功能。

以城镇化促进城乡发展一体化。

建设美丽乡村。

加快重点片区投资开发。

(六)在加强生态文明建设上确立更高目标。

加大太湖综合整治,构建标本兼治的生态保护体系。

加强生态环境建设,构建绿色环保的生态保障体系。

加快“两型社会”建设,构建循环高效的生态资源体系。

(七)在解决群众切身利益问题上取得更大实效。

扎实办好12件69项民生实事和重点工程项目,不断提高群众满意度。

适应群众文化需求,推动文化大发展大繁荣。

加强和创新社会管理。

(八)在提高政府服务效能上争取更大作为。

坚持把改进作风摆到更加突出位置。

着力打造风清气正的政府工作队伍。

坚持在法治环境下履行好政府职能。

常州市政府工作报告(节选)

姚晓东

(2013 年 1 月 8 日)

一、2012 年工作回顾

刚刚过去的2012年,世界经济形势更加严峻,国内经济下行压力明显加大。市政府以迎接十八大召开和贯彻十八大精神为强大动力,牢牢把握"稳中求进、稳中有增,又好又快、好中求快"的发展导向,在中共常州市委的坚强领导下,在市人大、市政协的监督支持下,认真贯彻落实科学发展观,全面实施"四大战略",深入推进"八项工程",统筹做好稳增长、调结构、抓创新、惠民生、促和谐各项工作,紧紧依靠全市人民克难奋进,经济社会发展保持了稳中有进的良好态势,总体上完成了去年年初市人代会确定的年度工作任务,为率先基本实现现代化奠定了扎实基础。

(一)经济实现平稳增长。2012 年,预计全市实现地区生产总值3950亿元,按可比价增长11%左右。公共财政预算收入达378.99亿元,增长8%。完成全社会固定资产投资2760亿元,增长18%,其中工业投入1526亿元,增长18%。完成规模以上工业总产值9030亿元,增长12%左右。完成社会消费品零售总额1408.8亿元,增长15%左右。注册外资实际到账33.5亿美元,增长10%,新引进朗盛等4个协议外资超亿美元项目。在光伏等骨干行业进出口受国际市场低迷和贸易保护主义重大影响的严峻形势下,完成外贸进出口总额287亿美元,实现持平略有增长。单位GDP能耗下降4.2%。

(二)转型升级步伐加快。积极顺应宏观经济环境变化,大力实施转型创新"510"行动计划,着力调整经济结构,转变经济发展方式,以转型促增长增优势强后劲。工业转型步伐提速。深入实施新兴产业三年倍增计划和工业转型千企升级五年计划,加大新技术、新产品推广应用,提高产业整体竞争力和行业抗风险能力,全市营业收入超百亿元工业企业达12家,入库税收超亿元企业达30家。服务业发展势头良好。预计服务业增加值占地区生产总值的比重为43.9%,比上年提高1.5个百分点。接待国内外游客4000万人次、旅游总收入达520亿元,分别增长17%、23%。环球恐龙城、天目湖旅游度假区等重点旅游续建项目顺利实施,中华孝道园建成开放,太湖湾度假区成为省级旅游度假区。科技服务、信息服务、文化创意等快速发展,常州创意产业基地入选首批国家级文化和科技融合示范基地。金融服务能力提升,银行业金融机构本外币存贷款余额分别达5789.9亿元、4018.2亿元,分别增长15.3%、14.62%。设立3.5亿元规模的风险应急专项资金,有效防范区域性金融风险发生。加大金融支持中小企业和科技企业的信贷投放力度,新增股份制商业银行分支机构2家、科技支行4家,企业上市2家、过会1家;新增创业(股权)投资机构27家,新增资本规模48.8亿元;成功发行3只企业债券,债券融资规模累计突破200亿元。现代农业加快推进。建成省级农业产业园区5家,高标准农田、设施农业占耕地面积的比重分别达到58.7%、18.8%,水稻单产实现全省"十连冠"。新增花木面积3.5万亩,造林6.7万亩,全市林木覆盖率达到农业现代化标准。

(三)科技创新能力增强。大力开展"创新驱动加速年"活动,不断提高全社会创新能力,创新型城市建设迈出新步伐。高新技术产业快速发展。预计全年完成高新技术产业产值3700亿元,增长16%,占规模以上工业总产值的比重达41%,比上年提高4个百分点左右。企业创新力度不断加大。新认定国家高新技术企业106家,累计724家,列全省第三。新增"两站三中心"144家,累计769家。全市建有研发机构的大中型工业企业达620家,覆盖率超过90%。创新载体扎实推进。国家创新型科技园区建设顺利推进,预计"一核八园"全年营业总收入突破1000亿元,新增国家发明专利申请1000件,企业研发总投入占营业收入的比重达5%,常州高新区、武进高新区成为首批省级科技金融合作创新示范区。科教城入驻研发机构和在孵科技企业达616家,研发人才总数超过1.5万人。武进高新区升格为国家级高新区,江苏中关村科技产业园当年签约、当年开园,西太湖科技城完成空间布局规划和产业规划并启动建设。全市孵化器、加速器面积累计达480万平方米,在孵企业4260家。创新创业人才加快集聚。积极实施"龙城英才计划",全年签约引进396位领军人才来我市创新创业,其中国家"千人计划"56名,累计达109名。

(四)城乡建设扎实推进。加大精品城市建设力度,积极推进城乡一体化,城市功能不断提升,人居环境质量持续改善,荣获联合国环境规划署认可、国际公园协会颁发的国际花园城市金奖和特别奖。新城建设加快实施。凤凰新城、钟楼新城等城市新片区建设全面推进,东大门建设工程顺利实施。综合交通体系不断完善。泰州大桥南接线工程建成通车,常溧高速公路启动建设,常州机场"一类口岸"开放工作顺利推进,旅客年吞吐量突破100万人次,跻身国内中型机场行列。城市路网得到优化。大明路、晋陵南路、清潭西路等道路的部分路段顺利通车,劳动东路东段、中吴大道延伸工程基本完工,龙城大道隧道工程加快实施。城市轨道交通建设规划获国家批准。城乡水利建设力度加大。全面完成小水库除险加固工程,主城区防洪大包围格局初步形成。完成新一轮土地利用总体规划修编。生态文明建设扎实推进。全面启动国家生态文明示范市建设,三条入太湖河道和主要湖泊水质进一步好转,完成41条黑臭河道整治,开展大气PM2.5监测,市区空气质量优良天数达337天。省节水型城市和省人居环境城市通过省级考核验收。城市管理水平继续提升,市容环境卫生持续优化,全市餐厨废弃物管理正式启动。村庄环境整治工作加快推进,完成7158个村庄的环境整治工作,整治率达80%。花博会筹备工作有序推进,主场馆顺利封顶,室外展园建设全面启动。

(五)社会事业协调发展。加大民生幸福工程和各项社会事业推进力度,民生继续得到改善,社会保持和谐稳定。城乡居民收入持续增长。预计城镇居民人均可支配收入和农民人均纯收入分别达33706元、16766元,均增长13%左右。创业富民工程扎实推进,新增私营企业1.12万户、个体工商户3.53万户。"富民强村"工程加快实施,村级经济造血功能不断增强。社会保障水平稳步提高。养老、医疗、失业三大保险综合覆盖率稳定在98%以上,市区城乡低保标准提高15%,新农合人均筹资标准达360元,职工医保和居民医保住院现金自付比例降至23.8%、42.9%。加大保障性住房建设力度。全市新开工各类保障房25103套(户),实施收储社会房源用于住房保障,在全省率先实现中心城区中低收入住房困难家庭应保尽保。茅山老区"百千万"帮扶工程扎实推进。敬老帮困、和谐安民等十件民生实事全面完成。各项社会事业加快发展。教育现代化工程扎实推进。学前教育服务能力明显提升,义务教育优质均衡发展,职业教育人才培养体系更加完善,天合国际学校和牛津国际公学常州学校正式开学,常州工学院新校区建设顺利启动,常州大学获批博士学位点,江苏理工学院有14项成果分获省哲学社会科学优秀成果一、二、三等奖。卫生服务水平进一步提升。基本药物制度全面实施,公立医院改革试点顺利推进,二院(阳湖医院)建成启用。文化事业繁荣发展。原创舞剧《格桑花·茉莉花》获第四届全国少数民族文艺会演金奖,电影《秋之白华》、儿童剧《留守小孩》和广播剧《君子史良》获全国"五个一工程"奖。全面启动国家历史文化名城建设工作,青果巷历史文化街区修缮保护利用、大运河申遗等工作顺利实施。

体育事业继续发展。城市社区"10分钟体育健身圈"建设初见成效,我市连续16年获得全国全民健身活动优秀组织奖。智慧城市建设加快推进。电信、移动、联通三大云计算平台加快建设,智慧社区一期工程完工,我市被国家工信部列为智慧城市试点。社会管理创新取得新成效。扎实开展"四项排查"工作,法治常州、平安常州建设取得新进展,社会治安综合绩效考核获全省第一。深入开展"道德讲堂"活动,双桂坊"诚信做食品"经验受到中央领导充分肯定,中央文明办开现场会向全国推广。积极配合做好苏南现代化建设示范区规划编制工作。与此同时,粮食供销、安全生产、人武人防、双拥工作、外事侨务、对台事务、审计统计、海关国检、药监质监、工商物价、边防海事、邮电供电、档案方志、防震减灾、应急管理、民族宗教、妇女儿童、人口计生、残疾人事业和关心下一代等工作都取得了新成绩。

(六)发展环境更趋优化。积极转变政府职能,创新服务举措,全力做好服务企业、服务发展的各项工作。积极应对国内外宏观环境变化,全面落实国家和省促进经济发展的各项政策,及时出台一系列稳增长、促转型、惠民生的政策措施和改革举措,促进了经济平稳增长。广泛开展"双送双保"、"三解三促"活动,深入企业了解实际需求,帮助企业解决发展中面临的问题和困难。组织实施常州名优产品万里行、政银企恳谈会、央企对接会、招商推介会等一系列活动,努力帮助企业开拓市场、持续发展。加大行政审批制度改革力度,不断简化审批程序、畅通审批渠道、控减服务收费,切实减轻企业和群众的负担。深入推进行政权力网上公开透明运行工作,"三合一"阳光政务平台建设水平明显提高。大力推进依法行政,自觉接受市人大、市政协和各民主党派的监督,办理人大代表建议、政协提案756件,推进解决了一大批经济社会发展的问题。

各位代表!过去一年各项成绩的取得,是全市上下在省委、省政府和市委的正确领导下,团结拼搏、攻坚克难、开拓创新的结果。在此,我代表市人民政府,向辛勤工作在各个领域的全市人民,向市人大代表、政协委员,向市各民主党派、工商联、各人民团体、各界人士和离退休老同志,向驻常人民解放军、武警官兵、公安政法干警和部省驻常单位,向所有关心、支持、参与常州建设和发展的中外投资者、科技工作者、务工人员和海内外朋友们,致以衷心的感谢和崇高的敬意!

在肯定成绩的同时,我们也清醒地认识到面临的挑战和工作中存在的不足。主要表现在:区域竞争更加激烈,巩固常州在全省第一方阵地位的任务十分艰巨;受国内外宏观经济形势影响,地区生产总值、公共财政预算收入等指标的增幅与年度目标还有一定差距;产业结构依然偏重,转型升级面临较大压力;土地、资金等要素制约日趋凸显,发展空间受到很大制约;环境压力不断加大,节能减排任务十分艰巨;政府自身建设还存在薄弱环节,服务水平和行政效能需要进一步提高。对此,我们一定高度重视,在今后的工作中采取更加扎实有效的措施,认真加以解决。

二、2013年工作安排

2013年是全面贯彻落实党的十八大精神的开局之年,是实施"十二五"规划承前启后的关键一年,也是机遇和挑战并存、风险和困难较多的一年。面对新形势、新情况,我们必须增强机遇意识和忧患意识,牢固确立科学发展慢进则退、停滞则衰、倒退则亡的观念,进一步解放思想、创新举措、开拓奋进,更加主动扎实地按照率先基本实现现代化要求推进各项工作,促进我市经济平稳较快增长和社会和谐稳定。

今年政府工作的总体要求是:深入贯彻落实党的十八大精神,坚持以邓小平理论、"三个代表"重要思想、科学发展观为指导,按照市委十一届四次全会部署,抢抓苏南现代化示范区建设的重大机遇,紧紧围绕主题主线,以提高经济增长质量和效益为中心,坚持稳中求进的总基调和又好又快的工作导向,大力开展"现代化建设推进年"活动,继续推进"八项工程"和"八大重点",加快经济转型升级,增强科技创新能力,加大改革开放力度,推进城乡一体发展,提升民生保障水平,全面增强经济发展的内生活力和动力,为率先基本实现现代化奠定更加坚实的基础。

今年全市经济社会发展的主要预期目标是:地区生产总值增长10%左右;公共财政预算收入增长10%左右;固定资产投资增长15%左右;社会消费品零售总额增长15%左右;外贸进出口总额和注册外资实际到账力争分别增长5%左右;城镇居民人均可支配收入和农民人均纯收入分别增长12%以上;居民消费价格总水平涨幅控制在3.5%左右;城镇登记失业率控制在4%以内;研发经费支出占地区生产总值的比重达2.6%;单位GDP能耗和主要污染物减排完成省下达的指标。

为实现上述目标,我们将重点做好以下八个方面的工作:

（一）实施重点突破，形成竞争新优势

1. 推动县域经济跨越发展。

2. 培育壮大特色优势产业。

3. 大力建设国家历史文化名城。

4. 加快建设智慧城市。

5. 积极打造民生事业新亮点。

（二）推动转型升级，构建现代产业体系

1. 加快工业经济转型升级。

2. 加快现代服务业发展。

3. 加快现代农业发展。

（三）推进科技创新，增强城市创新能力

1. 培育创新主体。

2. 建设创新载体。

3. 集聚领军人才。

（四）深化改革开放，增强发展活力和动力

1. 加快重点领域改革步伐。

2. 提高利用外资质量。

3. 提升外贸外经水平。

4. 推动开发区转型升级。

（五）统筹城乡发展，建设现代化精品城市

1. 加快城乡建设步伐。

2. 提升城市管理水平。

3. 推进小城镇和新农村建设。

（六）加强生态文明建设，打造美丽常州

1. 推进资源节约集约利用。

2. 加大污染治理力度。

3. 加强生态宜居环境建设。

（七）加快社会事业发展，提升市民幸福感和满意度

1. 加快教育卫生事业发展。

2. 促进文化繁荣发展。

3. 协调发展社会事业。

4. 加强和创新社会管理。

5. 大力办好民生实事。

（八）加强政府自身建设，提高推动科学发展的能力和水平

1. 着力提升依法行政水平。

2. 切实提高政府行政效能。

3. 扎实推进反腐倡廉建设。

镇江市政府工作报告（节选）

——在市第七届人民代表大会第二次会议上

市长　朱晓明

2013年1月7日

2012年工作回顾

一、全力以赴保增长，经济发展跃上新台阶。预计全年实现地区生产总值2630亿元，比上年增长12.5%；公共财政预算收入215.5亿元，增长18.5%；固定资产投资1500亿元，增长22%；社会消费品零售总额767亿元，增长15.5%；实际利用外资23亿美元，增长27%；进出口总额116亿美元，增长15%。

二、狠抓项目促转型，结构调整迈出新步伐狠抓重大产业项目。累计签约央企项目48个、投资总额1327亿元；签约台资项目49个、投资总额52亿美元。狠抓科技类项目。引进和建设11家重点研发和检测机构，率先在全省实现大中型工业企业研发机构“全覆盖”。高新技术产业产值占规模工业比重居全省第二。获首批“国家知识产权示范城市”称号。国家“千人计划”总数突破30人，省“双创”计划超百人，各类高层次人才数量突破2万人。狠抓载体类项目。十里长山高校园区开工建设，镇江生态新城规划编制启动，润州工业园区成为省级高新区并积极争创国家级高新区。镇江新区成为国家级园区循环化改造示范点，中瑞生态产业园落户镇江，国家级综合保税区申报工作加快推进。狠抓服务业项目。镇江软件科技产业园奠基，国家数字出版基地镇江园区获批。成立“三山”景区管委会，并创成国家5A级旅游景区，茅山风景区被评为全国健康养生示范区，世业洲、茅山湖成为省级旅游度假区。金融机构突破200家，新增社会融资总额650亿元。狠抓农业项目。粮食生产实现“九连增”，新增省级现代农业产业园区1家、亩均效益万元以上设施农业面积8000公顷，“三资”投入农业突破60亿元。成为省级水利现代化试点市。

三、突出重点快推进，城乡建设展现新面貌确立规划龙头地位。完善城乡规划体系，调整市规划委员会，实行规划审查会、首席规划师和镇村规划师制度，主城区按“一体两翼、一核四区”有序整合。狠抓城建重点工程。市区完成投资524亿元，完成房屋征收拆迁255万平方米。扬溧高速西、南出入口整治和体育会展中心等20项城建重点工程顺利竣工，北固山景区修缮等项目建成开放，市档案馆新馆等投入使用，伯先路等历史文化街区彰显特色。首批“7+1”旧城区城中村改造项目启动实施。官塘新城建设全面启动。泰州大桥建成通车。开展环境综合整治。沿江化工企业环境安全专项整治、东部地区与韦岗地区环境整治、秸秆禁烧取得明显成效。历经7年努

力,全国第5家通过国家生态市考核验收。顺利通过国家卫生城市复查,成为国家低碳试点城市和省城市管理优秀城市。全面完成省下达的节能减排任务。京沪高铁镇江段沿线环境整治成效明显。“万顷良田”建设、矿山复绿工作走在全国前列。水源地一级保护区实现封闭管理,金山水厂深度处理工程正式供水。统筹城乡发展。“三新”建设成效明显,建成农民安置房380万平方米,新集中安置15600户。累计完成3975个村庄环境整治任务,整治率达57%。

四、加大力度惠民生,人民生活得到新改善。全年九大类民生支出155.6亿元,比上年增长25.1%,高于公共财政预算支出增幅9.7个百分点。成为全国首批创业先进城市,成功扶持创业1.1万人,城镇登记失业率2.33%。城镇居民人均可支配收入30640元,农民人均纯收入14750元,均实际增长12.3%。社会保障体系建设和社会救助工作走在全省前列,被评为“全国慈善七星级城市”。新建保障性安居房17979套、拆迁安置房219万平方米,市区逾期一年以上的拆迁安置问题得到有效解决。推行公交惠民举措,公交票价全省最低。市区建成10个菜市场、5个邻里之家、24家平价商店。

五、创新管理抓落实,社会建设呈现新局面。“网格+网络”社区管理服务模式走在全省前列,城乡和谐社区达标率为75%。文明城市创建年度国家测评列江苏提名城市之首。国家学前教育体制改革试点取得新突破,5个辖市(区)通过全国义务教育发展基本均衡县评估。国家公立医院改革试点深入推进,“健康镇江”行动积极实施。落实社会稳定风险评估机制,深入推进“平安镇江”“法治镇江”建设,积极开展“六五”普法,信访稳定工作走在全省前列。

六、尽心尽力履职责,自身建设取得新提升。全年由政府系统承办的人大代表建议255件,满意率96%;办理政协提案647件,办复率100%,满意和基本满意率100%。市级审批主体100%、许可审批事项97.7%进行政服务中心,比例均为全省最高。简化招商人员因公出国(境)手续。新增1个国际友好城市。市政府“12345”服务热线成为优质服务品牌。事业单位法人治理结构建设试点全国领先。需要向大会报告的是,对照市六届人大五次会议确定的任务,主城区老铁路范围内的“城中村”改造、梦溪广场改造等项目未能如期实施,主要原因是规划进行调整。

2013年主要工作

全市经济社会发展的主要预期目标是:地区生产总值增长11.5%;公共财政预算收入增长18%;固定资产投资增长21%;社会消费品零售总额增长15%;实际利用外资增长15%;进出口总额增长8%;研发经费支出占地区生产总值比重2.45%;城镇居民人均可支配收入实际增长11%;农民人均纯收入实际增长12%;城镇登记失业率控制在3.5%以内。全面完成省下达的节能减排约束性指标。

2013年,我们全力抓好以下八个方面:

一、推动产业集中集聚集约发展,促进经济转型升级加快建设先进制造业特色园区。

二、全力拼抢三大机遇,增强区域综合竞争力抢抓苏南现代化建设示范区的机遇。

三、坚持创新驱动,全面加快科技创新步伐建设科技创新载体。

四、迎难而上求突破,大力推进山水花园城市建设。全面提升规划的现代化、国际化水平,完善多中心、组团式、网络型城市空间结构。

五、充分彰显独特优势,高标准推进生态文明建设建设低碳示范城市。

六、全面深化改革开放,不断增强发展活力推进体制机制创新。

七、保障和改善民生,着力提高人民的幸福程度增加居民收入。

八、大力发展社会事业,推进社会管理创新创建文明城市。

南通市政府工作报告(节选)

——在南通市第十四届人民代表大会第二次会议上

南通市人民政府市长　张国华

(2013年1月6日)

一、2012年工作回顾

过去的一年,面对复杂严峻的经济形势,我们在省委、省政府和市委的正确领导下,深入贯彻落实科学发展观,紧紧围绕“两个率先”的目标和“落实‘八项工程’、实现‘八个领先’”的要求,坚持稳中求进,奋力攻坚克难,较好完成了全年目标任务。预计地区生产总值4558.7亿元,增长11.8%。财政总收入1055.9亿元,地方公共财政预算收入419.7亿元,增长12.3%。预计,固定资产投资2886.5亿元,增长21.4%;社会消费品零售总额1708.7亿元,增长15.5%;外贸进出口总额263.3亿美元,增长1.9%;城镇居民人均可支配收入28292

元,农村居民人均纯收入 13231 元,分别增长 12.7% 和 12.8%;居民消费价格指数涨幅低于省控水平;城镇登记失业率2.48%;全社会研发投入占 GDP 比重 2.2%;基本完成省下达节能减排目标任务。

（一）经济发展稳中有进。全力以赴稳增长,千方百计顶住下行压力,经济实力稳步提升。创新政策稳增长。根据经济形势变化,果断采取应对举措,制定进一步保持经济平稳较快发展的7条政策措施和全力稳增长调结构促转型等重点工作意见,实施支持新兴产业和服务业发展、鼓励科技创新、稳定外贸、提升开放型经济发展水平、加快市级中心镇建设等政策措施,把握了经济工作主动权。扩大需求稳增长。组织总投资近2000亿元的400多个项目集中开工。沪通铁路工程可研和广汇能源物流等一批重大项目获批,恒力纺织新材料产业园、三一重工如东工业园等一批基地型产业项目落户、开工,150个市级重大项目完成投资超过800亿元。赴欧美、日本和台湾、上海、武汉等地开展专题招商,注册外资实际到账22亿美元,新增私营企业注册资本986亿元。落实扩大消费政策,加强城市商圈和特色商业街、市场建设,城乡消费不断扩大。优化服务稳增长。全力化解要素瓶颈,各类债务融资总额超过150亿元,中小企业私募债实现零的突破,“区域集优”债务融资取得实质性进展,存贷比提高近2个百分点。加强中小企业服务体系建设,市本级整合设立产业发展资金5.4亿元,全市减轻企业负担超过23亿元。通过努力,主要指标增幅高于全省平均水平、在沿江八市保持领先,规模以上工业产值突破1万亿元。

（二）创新转型步伐加快。坚定不移抓创新、调结构,转型升级步伐加快。产业结构加速优化。六大主导产业产值占规模以上工业比重达到90%,家纺产业成为全国区域工业转型升级试点示范产业集群。新兴产业产值超过2600亿元,新培育形成海工、新材料等市级以上特色产业基地13家,10条特色产业链建设有力推进。服务业增加值占 GDP 比重达到40%。物流、旅游等产业快速发展,农副产品物流中心一期投入运营,濠河景区成为国家AAAAA级景区。建筑业施工产值达到3800亿元。粮食生产实现“九连增”,设施农业面积占比达到14.6%。创新体系加速完善。成为国家创新型试点城市、知识产权示范市,获批创建全国质量强市示范市,新增2家国家创新型企业、2个全国知名品牌创建示范区。全社会研发投入突破100亿元,高新技术产业产值占规模以上工业比重达到39.7%。国家级南通高新区进入审批程序,省级海安、如皋高新区获批,新增省级企业工程技术研究中心和技术中心45家。新增创投和股权投资机构22家。高端人才加速集聚。地方公共财政预算收入的3%用于科技人才发展,“312”产业人才发展行动计划全面实施,新引进国家“千人计划”人才15名、省级人才计划资助对象38名。

（三）沿海开发全面提速。把沿海开发作为稳增长、促转型的新空间,着力推进港、产、城融合发展,沿海开发进入加速产出阶段。规划体系不断完善。沿海区域布局总体规划,功能分区和控制性详规,港口、产业、滨海城市规划全面推进,市域高速路网、铁路网、轨道交通网、快速路网、内河航道网等规划全面完成。基础设施快速推进。通洋高速、临海高等级公路建设加快,通州湾快速通道开工,海启高速正式立项。宁启铁路复线电气化改造深入实施。连申线航道整治完成70%的工程量,通吕运河航道升级工程启动。兴东机场国际候机楼开工。洋口、吕四、东灶港一批港口基础设施投入运行,三夹沙匡围工程扎实推进。全市围垦滩涂7万多亩。载体功能加速提升。南通开发区“5+3”特色园区格局形成。海安开发区晋升国家级开发区,苏通科技产业园、吕四港经济开发区获批省级开发区。南通滨海园区建设全面展开,苏通、锡通科技产业园和市北高新(南通)科技城等跨国、跨江合作园区功能有效提升,中奥苏通生态产业园落户。综合保税区获批,洋口港、吕四港国家一类口岸开放申报进入国务院审批程序,家纺产业集聚区海关监管点投入运营。

（四）改革开放深入推进。坚定不移以开放促改革、促发展、促创新,发展活力不断增强。开放型经济发展水平实现新提升。新批超3000万美元项目44个、高新技术产业类项目37个。外贸结构进一步优化,国家级外贸转型升级专业型示范基地获批。新批境外投资项目中方协议投资额增长70%。服务外包执行额增长50%以上。争创“江苏民营经济第一大市”迈出新步伐。私营企业数、个体工商户数保持全省第二,民营经济税收、民间投资占全市比重分别提高4.4个、1.4个百分点。新增百亿级特色板块2个,中天科技销售收入超百亿。新增驰名、著名商标34件,省级名牌产品86个。重点领域改革取得新进展。所有制改革扎实推进,国有资源优化整合,沿海开发、城建投资集团成功组建。投融资体制改革不断深化,五大国有资产经营公司融资能力增强,浙商银行南通分行开业。城乡制度设计和创新力度加大,中心城市重点区域建设管理体制调整,沿海前沿区域重点中心镇“区镇一体”管理体制实施。教育、文化、医药卫生体制改革深入推进,事业单位绩效工资改革完成。行政审批制度改革深化,“三集中、三到位”全面推行。

（五）城乡面貌明显变化。大力推动城乡统筹发展,城乡面貌加快改善。中心城市和城镇化建设持续升温。中心城市空间战略研究和重点片区规划编制取得重要成果,完成控制性详规、专项规划和城市设计等44项规划。重点区域开发提速。新城区10个项目竣工,商业金融文化集聚区启动建设。观音山新城、市北新城开发建设提速。南部新城形象显著提升。老城区改造提升扎实推进,启动寺街·名人文化区等历史文化保护工程,完成十字街综合改造主体工程。城市功能不断提升。146个重点城建项目完成投资超过200亿元,一批商贸、金融、文化、教育、医疗等功能性项目实现突破。“102030”交通畅通工程取得新成效,5个城市快速路和27个骨干路网项目竣工。初步建成公共自行车服务系统。城市环境展现新貌。市容环境综合整治成效明显。完成城中村改造、老小区整治、城市菜市场升级等项目45个。新建2个综合性公园、5个小游园和一批道路绿化景观带,新增绿地230公顷。城镇建设步伐加快。5个县(市)城新增建成区面积近20平方公里,重点中心镇功能提升。全市城市化率达到59%。农村和水利现代化建设扎实推进。农业现代化实现程度达到75.4%。66%的行政村通过村庄环境整治验收。村级集体建设用地试点全面展开,扶持薄弱村集体经济发展成效明显。水利建设投入加大,市区河道整治和农村河道疏浚年度任务全面完成。市区应急水源基本建成。全市城乡居民普遍饮上长江水。城乡生态环境建设不断加强。生态市建设深入推进,国家环保模范城市、国家园林城市通过复核。制定实施加强环保工作的意见,开展“铁腕治污”行动,推进36项环境整治任务,镇村污水处理等三大工程加快实施。引江调水成效明显。秸秆禁烧和综合利用力度加大。连续21年保持耕地占补平衡。新一轮绿色南通建设取得成效,全市新增成片造林面积14万亩。

(六)社会建设全面加强。落实加强社会建设构建民生幸福城市和办好民生实事的意见,以改善民生为重点的"十大体系"建设有力推进,地方公共财政预算支出中民生投入比重达到55.6%,10件42项为民办实事项目全面完成。就业和保障水平持续提高。"万人创业"计划深入实施,新增就业8.8万人。城乡基本养老保险、医疗保险覆盖率超过98%,企业退休人员养老金、新农合筹资标准分别提高10%、23.3%,城乡低保标准分别提高10.9%、16.8%,新农合政策范围内住院费用补偿比例超过75%。发放各类救助金8亿多元、惠及30多万群众。市区安置拆迁户1.5万多户,竣工各类保障性住房1795套,低收入家庭住房保障实现应保尽保。文化建设持续加强。精神文明"南通现象"得到弘扬。公共文化服务覆盖面扩大,城市"15分钟文化圈"和农村"十里文化圈"加速形成。海安523文化产业主题公园成为国家示范基地,唐闸文化创意产业园开园。一批重大公共文化设施和产业项目快速推进。南通籍健儿在伦敦奥运会、残奥会上勇夺2金2银。社会事业持续发展。区域教育现代化加快推进,省优质幼儿园占比达到69%,城乡义务教育发展实现基本均衡,普通高中实现优质特色发展,职业教育和高等教育发展水平稳步提升。医疗卫生服务体系不断健全,基本药物制度惠民程度提高,基层医疗卫生机构门急诊、住院均次费用分别下降21.8%、17%。优生促进工程全面实施。社会养老服务体系建设加快。社会管理创新持续推进。全国社会管理创新综合试点和重点典型培育工作取得阶段性成效,三级社会管理服务平台建设加速推进。社会稳定、环境风险评估机制全面推行,"四项排查"扎实开展,公众安全感不断提升。基层基础建设进一步加强,矛盾纠纷多元化解、人口服务、新型社区网格化管理等机制完善。食品药品监管扎实有效。安全生产事故总数和死亡人数连续11年双下降。

我们也清醒认识到工作中还存在不少薄弱环节。增长动力仍然不足,外资、外贸增长乏力,消费拉动不强。经济结构仍需大力优化,服务业和新兴产业比重还不高。创新动力还不强,研发投入占比不高,高层次创新平台、领军型创新人才不足。城乡发展差距仍较明显,城镇化水平有待提高,农村建设仍需加强。社会建设和管理任务仍较艰巨,公共服务与多样化民生需求还不相适应,转型发展中出现的社会矛盾日益增多,一些领域存在道德失范、诚信缺失现象。政府服务效能还需要进一步提升,少数政府工作人员存在推诿扯皮、作风飘浮甚至消极腐败现象。这些都是我们继续努力突破的难点,也是今后工作的重点。

二、2013年工作目标

今年政府工作的总体要求是:深入学习贯彻党的十八大精神,以邓小平理论、"三个代表"重要思想、科学发展观为指导,按照中央、省委省政府和市委一系列重要会议部署,紧紧围绕主题主线,以提高经济增长质量和效益为中心,以改革开放和创新驱动为动力,以保障和改善民生为重点,稳中求进,开拓创新,扎实开局,继续落实"八项工程",奋力实现"八个领先",保持经济持续健康发展和社会和谐稳定,开创"两个率先"新局面。

今年经济社会发展的预期目标是:地区生产总值增长11%左右;地方公共财政预算收入增长11%以上;固定资产投资增长18%以上;社会消费品零售总额增长15%;外贸进出口总额增长6%左右;城镇居民人均可支配收入、农村居民人均纯收入均增长13%;居民消费价格指数涨幅低于省控目标;城镇登记失业率控制在4%以内;全社会研发投入占GDP比重达到2.3%;万元地区生产总值能耗降幅和主要污染物减排完成省下达任务。

三、2013年主要任务

实现今年目标,我们将重点抓好十个方面工作:

(一)着力推进产业升级,加快提升发展质量。

提升发展主导产业。

集聚发展现代服务业。

大力发展现代农业。

(二)着力推进创新驱动,加快构建区域特色创新体系。

加快推进技术创新。

加快建设创新载体。

加快构筑人才高地。

加快优化创新环境。

(三)着力推进江海联动开发,加快打造新的增长极。

统筹开发优化布局。

集约开发优化布局。

联盟开发优化布局。

(四)着力推进中心城市建设,加快增强城市综合竞争力。

以规划体系完善引领城市发展。

以重点区域开发完善城市功能。

以综合整治改造提升城市品位。

以重大工程建设优化城市服务。

以做强城区经济支撑城市发展。

(五)着力提升城镇化质量,加快推动城乡发展一体化。

强化城乡发展一体化支撑。

夯实城乡发展一体化基础。

创新城乡发展一体化制度。

(六)着力推进改革开放,加快经济国际化进程。

大力发展开放型经济。

加快民营经济国际化进程。

深化重点领域改革。

(七)着力推进文化强市建设,加快文化事业和产业发展。

增强先进文化引导力。

增强公共文化服务力。

增强文化产业竞争力。

(八)着力推进社会建设和管理,加快构建民生幸福城市。

推进教育现代化建设。

增加城乡居民收入。

完善社会保障体系。

提高人民健康水平。

加强社会管理创新。

(九)着力推进环境质量提升,加快生态文明建设。

(十)着力推进服务型政府建设,加快转变政府职能。

扬州市政府工作报告(节选)

——在扬州市第七届人民代表大会第二次会议上

市长　朱民阳

2013年1月6日

2012年工作回顾

2012年,面对国际国内经济发展环境复杂困难的形势,我们在中共扬州市委的领导下,团结和依靠全市人民,以科学发展观为统领,围绕市六届人大五次会议和七届人大一次会议确定的目标任务,克难求进,开拓创新,扎实推进"三个扬州"和世界名城建设,取得了良好成效。预计全市实现地区生产总值2950亿元,增长11.5%。财政总收入554.51亿元,公共财政预算收入225亿元;税收收入180.61亿元,增长16.2%;公共财政预算收入税收占比80.3%,比上年提高9个百分点。城市居民人均可支配收入28370元,增长14.5%;农民人均纯收入12900元,增长15%。

*加强分析研判,努力把握主动权,经济保持平稳增长。*一是狠抓项目建设。通过加强要素保障、协调服务、督查考核,推进实施了一批重大产业项目和基础设施项目。上海大众30万辆整车等30个重大项目投产。普洛斯物流等100个重大项目开工。扬州泰州机场建成通航。江都至六合高速公路、333省道高邮西段和新民滩特大桥建成通车。扬州港新增万吨级泊位5座。润扬河工程建成通水,南水北调东线一期工程扬州段基本建成,淮河入江水道整治工程加快建设。500千伏仪征输变电工程建成运行。固定资产投资增长20.3%。二是着力抓好内需。在巩固零售、餐饮等传统消费市场的同时,活跃汽车、家电等消费市场,社会消费品零售总额963亿元,增长14.3%。采取有效措施,促进房地产业稳定健康发展,完成投资220亿元,竣工商品房480万平方米。出台促进和支持建筑业发展意见,实现建筑业总产值2100亿元,增长15%。三是推进经济国际化。举办"烟花三月"国际经贸旅游节和名城扬州携手世界名企联谊会等境内外招商活动,注册外资实际到账21亿美元,新引进世界500强企业10家。促进外贸企业调优产品结构、加强品牌建设、开拓新市场,实现进出口总额102亿美元,其中出口80亿美元,增长9.3%。完成外经营业额4.1亿美元,增长17.3%。四是全力支持企业发展。召开全市企业发展大会,开展"走进企业、服务企业"系列活动,在土地供应、融资担保、成果转化、人才员工、市场开拓等方面抓好服务。推进与央企的合作。帮助企业向国家和省争取各类财政扶持资金7.6亿元、债券融资45.2亿元,推动银企签约53项、发放贷款256亿元。分别出台支持国资公司优化发展的意见。新增民营企业注册资本金实际到资430亿元,增长22.8%。

*加快结构调整,推进科技创新,转型发展步伐坚定。*一是先进制造业健康发展。重点围绕五大千亿级产业分别研究发展战略和举措。落实国家各项扶持政策,加大对新兴产业金融和人才支持。机械装备、汽车及零部件、船舶及配套件、石油化工产业实现产值4830亿元,增长14.5%;新能源、新光源产业实现产值600亿元,增长17.5%。二是现代服务业加快发展。编制文化创意、工业设计、科技金融等新兴服务业发展规划。制定扶持政策,推进服务业九大产业和地区总部经济、会展业加快发展。实现服务业增加值1180亿元,增长12%;占地区生产总值比重40%,比上年提高1.3个百分点。旅游业总收入430亿元,增长16%。软件与信息服务业业务收入185亿元,增长41.7%。年末人民币存贷款余额3273亿元和2020亿元,分别增长16.1%、17.7%。三是提高科技创新能力。西安交大扬州科技园建成开园,东南大学扬州科技园和研究院启动建设。获批江都建材装备、仪征汽车及零部件、高邮特种电缆3个省级科技产业园。新增国家高新技术企业58家,获批省级以上两化融合示范试点企业36家。省级以上高新技术孵化器孵化面积64.6万平方米、在孵企业627家。全社会研发投入占地区生产总值比重达到2.1%,实现高新技术产业产值3200亿元,占全市规模以上工业总产值比重43%。新增专利授权7571件、发明专利授权443件,分别增长56%和75%。创成中国驰名商标5件。扬州被分别授予"中国城市信息化推进"和"中国智慧城市推进"十强称号。四是推进园区提档升级。出台关于推动扬州经济技术开发区跨越发展和促进市化工园区绿色发展的意见。专题研究各省级开发园区发展定位,实行一园一策。6家省级以上开发区进入全省第一板块,扬州经济技术开发区获批国家科技兴贸创新基地,邗江开发区创成省高新技术开发区,广陵产业园升格为省级开发区。全市开发园区业务总收入、工业产品销售收入、公共财政预算收入分别增长36%、36%、30%。五是强化节能减排。全年实施节能技术改造项目127项、循环经济项目39项、减排项目171项,淘汰落后用能设备2232台(套),关闭"五小"企业104家。全市单位地区生产总值能耗下降4%,实现节能34.6万吨标准煤,节能减排和重金属污染综合防治工作完成省定目标。

*抓好城乡统筹,推动融合发展,城乡一体化进程加快。*一是推动沿江地区率先融合发展。实施沿江地区融合发展行动计划,优化重大基础设施和产业布局,推进沿江各市(区)组团之间及沿江各区域内部的融合。谋划和推动江广融合地带建设。新城西区城市副中心功能进一步完善。二是提升主城区建设和管理水平。推进瘦西湖隧道等重大基础设施建设,友谊路拓宽改造竣工通车,文昌路东延及广陵大桥、仙女大桥建成。推进"清水活水、不淹不涝"城市建设,完成河道生态清淤6

条,整治积水路段14个。推进古城保护,东关历史文化街区通过4A级景区验收。国展中心二期建成,西部客运枢纽开工。开展占道经营、违法建设、渣土车等专项整治行动,全面提高城市管理水平。开发利用地热资源,扬州被国土部命名为“中国温泉之城”。城镇化工作稳步推进,全市城镇化率59.4%。三是积极推进“三农”工作。落实各项惠农强农政策。全年粮食总产306.4万吨,实现“九连增”。新增设施农业12.3万亩、设施渔业5.4万亩,新增高标准农田15万亩。县级以上农业龙头企业销售收入、利润分别增长20.6%、15.7%。工商登记的农民专业合作社累计3464个。村级“四有一责”建设成效明显,扶持经济薄弱村建设标准厂房累计95万平方米。承办第14届江苏农业国际合作洽谈会。新建市区“菜篮子”基地2500亩。农机、粮食、供销、气象、农业科研在“三农”工作中发挥重要作用。四是壮大县域经济。实施沿江地区率先基本实现现代化和沿河地区加速崛起行动计划。争取省财政提高对高邮宝应转移支付比例、扶持南北园区共建政策和城镇化建设试点取得突破。推进万顷良田建设工程试点,完成土地整治4万亩。五是加强生态环境建设。全市新增造林8.81万亩,市区新增绿地125.48万平方米。市区空气质量优良天数322天,城市饮用水源地水质达标率100%。实施“美好城乡建设行动”,继续开展农村河道河塘疏浚整治,完成“六路一边”村庄整治任务,新创省三星级“康居乡村”60个、市级“优美乡村”10个。生态市创建通过国家级考核验收。

*积极深化改革,创新社会管理,和谐社会建设成效明显。*一是协调推进各项改革。事业单位清理规范工作全面完成,绩效工资改革稳步实施。公立医院改革试点和规范化建设有序进行,医改主要工作任务和基层医疗卫生机构债务化解工作基本完成,乡村卫生机构一体化管理基本实现。做好“营改增”试点工作。高邮市和杭集镇、邵伯镇入选第三批全国发展改革试点城镇。二是发展各项社会事业。创成江苏省教育现代化建设先进县(市)区2个。南邮通达学院来扬办学。育才小学东区校建成招生。创成省四星高中2所、省优质幼儿园13所。新招宏志班24个。中等职业教育创成省品牌和特色专业9个。高考本二上线人数增长11.5%。社区卫生服务中心(乡镇卫生院)标准化达标率97.1%。实行新型农村合作医疗补偿“十个统一”政策,参合农民政策范围内住院补偿比例达75%。健全公共文化服务体系,新建村级文化广场300个,文化惠民活动深入开展。曲艺中篇《盛世红伶》获全国“牡丹奖”,木偶剧《琼花仙子》获国际木偶节最佳剧目奖。纪录片《自然之子》获中国广播电视星光奖。成功举办世界运河名城博览会暨世界运河大会。新实施文化博览城项目7个。大运河申遗文本预提交世界遗产中心。非遗保护工作成效明显。推进全民健身服务体系建设,扬州马拉松赛被国际田联授予“金标赛事”称号。人口计生、科普、档案、方志、台湾事务、侨务、外事和工会、青年、妇女、儿童等事业取得新进步。三是加强和创新社会管理。推进和谐社区建设,建成社区工作站282个,市区社区服务中心建设覆盖率86.6%。深化行业协会和社会管理改革创新,出台政府购买社会组织服务政策意见和实施办法。开展领导干部接待群众来访工作,办结信访积案276件。全市各类调解组织受理矛盾纠纷2.2万件,调处成功率98.6%。市级民主法治村(社区)建成率95%。做好“四项排查”工作,加强社会稳定风险评估、情报信息研判和网上舆情导控。开展治安重点地区整治,公众安全感继续位居全省前列。实施食品药品生产流通领域集中整治行动,着力解决影响群众饮食用药安全的突出问题。严格落实安全生产责任制,加强对交通运输、消防、建筑施工和危险化学品等重点领域的安全监管。迅速处置、科学应对高邮、宝应地区“7·20”地震,救灾和灾后恢复工作有力有效。平安扬州和法治扬州建设取得新进展。国防动员和后备力量建设取得新成效,实现全国双拥模范城“六连冠”。民族、宗教、民防、仲裁等工作扎实开展。

*致力增加居民收入,切实为民排忧解难,民生工作扎实有效。*一是实施城乡居民收入倍增计划。多措并举建设充分就业城市,新增城镇就业6.1万人,转移农村劳动力1.4万人,城镇登记失业率2.4%。“就业e图”获国家工信部创新应用奖。开展创业培训1.1万人,新建创业孵化基地15个。完善工资正常增长机制和工资集体协商制度。引导鼓励城乡居民拓宽投资渠道,城镇家庭经营性、财产性收入分别增长15%、8%,农村家庭经营性、财产性收入分别增长10%、25%。实施了城乡低保、农村五保、孤儿赡养标准的新一轮提标。二是提升社会保障水平。企业职工养老保险净增缴费4.5万人,城乡居民基本养老保险参保覆盖率98.5%,被征地农民社会养老保险覆盖率96.4%。落实提高企业退休人员养老金政策。城镇职工和城镇居民医保政策范围内住院支付比例分别达82%、70%。推进市区社会保险征缴政策、待遇水平、信息系统的统一。三是推进民生工程。保持物价基本稳定,居民消费价格指数103%。建设平价商店75个,发放困难群体价格补贴1492.53万元。如期实现区域供水全覆盖。新改建农村公路230公里、危桥100座。基本完成农产品市场检测室升级改造。市食品安全快速检测中心建成启用。市区整治改造老小区40个、“城中村”15个,完成公有住房解危6.18万平方米,调整优化公交线路13条。全市新建经济适用房2000套、公租房7491套(间)、廉租房360套。住房公积金新增扩面7.5万人。新建社区(村)居家养老服务中心157个。扬州被评为全国公益慈善七星级城市。老龄、残疾人事业取得新业绩。

*强化能力作风建设,努力提高服务水平,政府自身建设进一步加强。*继续开展“三下三联三交”活动。围绕事关经济社会发展和民生改善等6项重点课题进行深入调研。认真接受市人大及其常委会的法律监督、工作监督和市政协的民主监督,广泛听取各民主党派、工商联、无党派人士和社会各界意见。全年办理市人大代表议案、建议472件,政协提案596件。科学界分权力,归还和下放给广陵区459项行政事权。畅通重大项目行政审批“绿色通道”,实施基本建设项目并联审批改革。加强政务公开和新闻发布工作,完成“中国扬州”门户网站群主站和95个子站整合建设。政府信息公开满意度全省第一。开展领导干部到12345政府服务热线中心现场接听群众来电活动,回复率、解决率均达94%以上。制定政府规范性文件18件。办理行政复议案件354件。开展“三公开、三报告”电视直播活动。实施重大项目监督检查和考核问责办法。强化行政效能监察和审计监督,开展工程建设等领域突出问题专项整治,查处了672件违纪违法案件。

各位代表,这些工作的开展和成绩的取得,是中共扬州市委正确领导的结果,是市人大、市政协有效监督、大力支持的结果,是全市人民攻坚克难、共同奋斗的结果。在此,我代表扬州市人民政府,向全市人民,向人大代表、政协委员,向各民主党派、工商联、无党派人士、各人民团体,向驻扬部队、驻扬单位,向所有关心、支持、参与扬州建设和发展的同志们、朋友们,表示崇高的敬意和衷心的感谢!

在肯定工作和成绩的同时,我们也清醒地看到经济社会发展中还存在一些深层次的矛盾和问题,主要是:做大经济总量和提升发展质量的双重要求十分迫切;部分行业经济下行和资源环境制约的双重压力持续加大;城乡居民收入稳定增长和维护社会和谐稳定的双重任务依然繁重;做大做强县域经济和推进城乡统筹发展的双重目标难度较大;政府行政管理和公共服务的双重能力还需不断提高,等等。对此,我们一定高度重视,并采取切实有效措施加以解决。

2013 年工作安排

2013 年政府工作的总体要求是:高举中国特色社会主义伟大旗帜,以邓小平理论、"三个代表"重要思想、科学发展观为指导,全面贯彻落实党的十八大和中央、省经济工作会议精神,按照市委六届四次全会的部署和要求,稳中求进、进字当先,强化基本、扎实开局,进一步推进创新转型,进一步深化改革开放,进一步促进城乡统筹,进一步加强社会建设,进一步提升生态文明,进一步增进民生幸福,全力推进"三个扬州"和世界名城建设,加快建成更高水平小康社会。

2013 年全市经济和社会发展的主要预期目标为:在提高质量和效益的基础上,地区生产总值增长 11%。公共财政预算收入增长 8%。固定资产投资增长 20%。社会消费品零售总额增长 14%。城市居民人均可支配收入和农民人均纯收入增幅高于省均水平。城镇登记失业率控制在 4% 以内。节能减排完成省下达任务。

重点做好以下八个方面工作:

一、以稳中求进为首要任务,保持经济持续健康发展

抓好工业重大项目建设。

扶持实体经济发展。

发展现代服务业。

增强消费拉动作用。

二、以创新转型为核心,加快提升产业竞争力

增强企业自主创新能力。

推进创新创业平台建设。

深化政产学研金合作。

三、以增强活力为目的,扎实推进改革开放

加快开发园区建设。

提升发展开放型经济。

扶持民营经济发展。

继续深化改革。

四、以城乡统筹为引领,全面提升城乡建设水平

扎实推进城镇化。

推进农业现代化。

加快发展县域经济。

五、以融合发展为方向,进一步做优做美中心城市

加快宁镇扬同城化步伐。

建设重大基础设施。

完善城市功能。

加强城市精细化管理。

六、以生态文明为支撑,坚持走绿色发展道路

坚决抓好节能减排。

推进城乡生态建设。

加强资源环境保护。

七、以民生幸福为根本,不断提高惠民利民水平

着力提高居民收入。

推动文化大发展大繁荣。

加快发展教育、卫生等社会事业。

办好民生实事。

八、以共建共享为目标,切实加强社会管理

深化和谐社区建设。

推动安全发展。

维护社会稳定。

建设为民务实清廉政府

完成今年目标任务,建设人民满意政府,关键在于坚持以人为本、根植人民、执政为民,将人民装在心中;关键在于做到求真务实、狠抓执行,将责任落到实处;关键在于政府要清正、清廉、清明,维护社会公平正义,以好的作风带好的政风、民风。我们要以政府服务的国际化和行政行为的法治化为方向,不断开创政府工作新局面。

改进工作作风,提高服务效能。

规范行政行为,坚持依法行政。

强化政务诚信,维护政府公信。

坚持惩防并举,严格廉洁从政。

泰州市政府工作报告(节选)

——在泰州市第四届人民代表大会第二次会议上

市长 徐郭平

2013年1月6日

一、2012年工作回顾

过去的一年,我们在中共泰州市委的正确领导下,坚持以邓小平理论、"三个代表"重要思想、科学发展观为指导,狠抓转型升级这一事关未来发展的根本,认真实施"八项工程",深入推进"双轮驱动",加快建设"三个名城",统筹抓好稳增长、调结构、惠民生、促和谐等各项工作,全市经济社会发展呈现稳中有进的良好态势。

这一年,是我市历史上极不平凡的一年,大喜事不断。国家主席胡锦涛回家乡考察,省委、省政府正式确定我市为全省转型升级综合改革试点,泰州大桥正式通车,扬泰机场顺利通航,姜堰撤市设区获国务院批准,国家现代农业示范区成功获批,靖江经济开发区升格为国家级开发区,总投资0亿元的中海油气项目开工建设,总投资85亿元的国电泰州电厂二期获批建设。

经济平稳较快发展。积极应对复杂形势,把稳增长放在更加重要的位置,经济发展经受住严峻考验,在困境中实现了赶超。预计全年实现地区生产总值700亿元,增长.%;三次产业增加值分别为90亿元、45亿元和075亿元,分别增长4.5%、%和.5%。公共财政预算收入.5亿元,同口径增长5%。完成固定资产投资455亿元,增长.5%,其中工业投资增长5%。社会消费品零售总额74亿元,增长5%。外贸进出口总额0亿美元,实际利用外资亿美元,外经营业额7.亿美元,增长6%。农业现代化建设加快推进。新增高效设施农业0万亩、高效设施渔业4万亩、高标准农田.8万亩,新建三大合作组织850家,农业利用"三资"40亿元,农业综合机械化水平达75%,粮食生产实现"九连增",粮食单产、淡水产品产量保持全省第一。兴化现代农业产业园区、靖江生祠现代农业示范园区被认定为省级园区,姜堰溱湖河蟹产业园区获批省级农业标准化示范区,靖江、海陵、高港通过省级基本实现水稻种植机械化县(市)验收。工业经济运行质态良好。规模以上工业实现销售6800亿元、利税780亿元、利润480亿元,分别增长8%、6%和6%,工业经济综合效益指数位居全省前列。民营经济更趋活跃,新增私营企业7000家、个体工商户5000户,新增私营个体经济注册资本00亿元。建筑业实现总产值800亿元,工程结算收入首次过千亿元。现代服务业持续发展。8大服务业集聚区、0强企业分别实现营业收入60亿元和5亿元,0个重点项目完成投资05亿元,服务业地税收入占比达6%,新增家省服务业百强企业、4家省服务业创新百强企业,总投资86亿元的天星洲港口物流园等项目签约落户,姜堰镇村服务标准化项目入围国家级服务业标准化试点。金融业加快发展,年末全市本外币存款余额000亿元,贷款余额080亿元,分别增长.9%和4.9%,新增直接债务融资00亿元,在全省率先实现村镇银行和异地支行县域全覆盖。旅游品牌影响进一步扩大,我市荣获"长三角最佳慢生活旅游名城特别奖",溱湖风景区获批国家5A级旅游景区,全市接待游客550万人次,实现旅游总收入75亿元。

转型发展步伐加快。新兴产业贡献份额逐步提高。着力构建"++N"产业体系,全市生物技术与新医药、新能源、电子信息三大新兴产业实现利税50亿元、利润90亿元,分别增长0%和8%,占规模以上工业的8.8%和9.%,提高个和.个百分点。坚持用高新技术和先进适用技术改造提升传统产业,实现高新技术产业产值500亿元,增长%,占规模以上工业的5.%。产业园区的集聚效应加快放大。围绕打造高品质特色产业园区,推进"一城一区一园一带一块"产业发展和功能布局。继续举全市之力建设中国医药城,建成国家新型工业化产业示范基地,新落户企业80家,落地申报医药创新成果0个,阿斯利康、武田制药等产业项目进展加快,成功举办第六届中国生物产业大会、第三届国际医药博览会。出口加工区二期获批,纬创资通追加投资.8亿美元,导光板、触摸屏等产品和项目顺利投产。新能源产业园金钢切割线项目投产,新引进汉能TCO导电玻璃、AA集团风光电互补等一批重大项目,成功举办全国新能源产业高层研讨会。沿江产业带建设纵深推进,新签约过亿美元项目个,核心港区永安港务三期集装箱码头主体竣工,靖江港获批国家一类独立对外开放口岸。里下河特色经济板块加快发展,姜堰众品食业等农副产品深加工项目竣工投产,可可、安井、伽力森等一批知名食品企业落户兴化。泰州新技术船舶基地、新能源产业园获批国家级特色产业基地,高港高新区获批中国通用电力产业基地,靖江核电装备、泰兴现代装备科技产业园获批省级科技产业园。企业发展的影响力不断扩大。出台"工业大企业(集团)培育计划",新增销售0亿元以上企业0家、利税过亿元企业4家、上市企业家。加强企业技术改造,实施亿元以上重点项目75个,9个项目列入国家产业振兴和技术改造投资计划。引导企业加大研发投入,加快研发机构建设,新公示国家高新技术企业7家,7家企业入选省首批创新型领军企业培育库。支持企业加强新品开发和品牌建设,新增国家重点新产品9项、省级高新技术产品6项、省名牌产品0个、中国驰名商标件,77家企业参加9个项目的国家和行业标准制修订,70家企业获批国家标准化良好行为企业。重大项目拉动经济发展的作用明显增强。加强优质高端项目招引实施,新批总投资000万美元以上项目9个,新引进世界500强企业家,央企项目计划投资额850亿元。创新驱动的能量进一步显现。完善开放式创新体系,推行"政产

学研金”合作模式,新建产学研联合体6家、院士工作站8个、省级工程技术研究中心9家、市级以上外资研发机构家。推动科技成果转化,40个项目列入国家火炬计划,扬子江银杏叶项目获国家科技进步二等奖,春兰高功率镍氢电池研发项目列入国家86计划。抓好知识产权工作,全市专利授权6000件,其中发明专利00件。深入实施“凤城千人计划”,引进各类优秀人才(团队)0名、海外高层次人才6名,医药高新区人入选国家第八批“千人计划”。强力推进节能减排,单位地区生产总值能耗降幅全省领先,化学需氧量、氨氮、二氧化硫排放量削减达到序时进度。

城乡建设扎实推进。坚持城乡一体、统筹发展,不断健全规划体系,深入开展“美好城乡建设行动”,城乡面貌、人居环境继续改善。中心城市功能和形象进一步提升。调整完善市区城建体制,加快十大重点工程建设,市区城建投入90亿元。积极实施“畅通工程”,推进城区路网贯通,迎春路东延、凤凰西路西延、育才路等建成通车。市博物馆、图书馆新馆、美术馆、规划展示馆建成开放,市档案馆建成国家二级档案馆,稻河古街区、海军文化公园建设完成序时进度,泰州师专新校区暨高教园区中心共享区、金融服务区、三水湾二期等工程启动建设。完成6个老小区燃气改造,城区水生态环境控制工程竣工,城南第一污水处理厂改扩建建成运营,垃圾焚烧发电厂开工建设。市区公交新辟优化线路9条,建成首末站8个,在高港新建处公交停车场。加大拆除违法建设力度,推进物业管理进社区,城市管理水平进一步提高。新农村建设深入推进。启动实施“城乡转型5计划”,重点镇村建设完成投入50亿元。认真办好农村新一轮实事,完成608个村庄环境综合整治,农村饮水安全工程新增受益人口6.9万人,维修农村低压线路09公里,新建改造农村公路50公里、桥梁60座,疏浚县乡河道59公里。城乡基础设施建设成效明显。宁启铁路复线电气化改造稳步推进,泰镇高速泰州段获批,阜兴泰高速泰州段立项,引江河二期工程开工建设,卤汀河拓浚、泰东河整治和中小河流治理等工程实施进度加快,电力、邮政、通信等基础设施建设有力推进。生态环境建设力度加大。国家环保模范城市通过复核。新增国家生态乡镇4个、省级生态乡镇个,姜堰、海陵分别通过省级生态市(区)考核验收和技术评估。强化饮用水源地保护,推进秸秆综合利用,向社会发布PM.5等6项环境空气质量监测指标。全市新增造林面积9.7万亩,市区新增绿地面积00万平方米。

社会保持文明和谐。制定实施“文化名城建设行动计划”,加强历史文化资源保护,加快文化产业发展,实现文化产业增加值56亿元。文化创意产业综合体项目开工建设,家企业获批国家文化重点出口企业,新增4个全国重点文物保护单位,望海楼入选中国历史文化名楼,溱潼镇荣获中国民间文化艺术之乡称号。不断完善城乡公共文化服务体系,推进各类公共文化设施免费向市民开放。我市被表彰为全国文化体制改革先进市,兴化被评为省文化先进县,全市8个镇(街)成为省首批公共文化服务体系建设示范镇(街)。成功举办水城水乡国际旅游节、梅兰芳艺术节、全国少儿曲艺大赛等重大文化活动。推进群众性精神文明创建和城乡文明共建,全国城市文明程度指数测评顺利通过,未成年人思想道德建设工作通过省级测评。大力发展教育事业,学前教育五年行动计划深入实施,义务教育优质均衡发展不断加快,高中教育质量稳步提升,靖江市创成省职业教育创新发展实验区,泰州师专专升本工作接受教育部专家组现场考察,所独立学院获得学士学位授予权,全市基本实现教育现代化。强化医疗卫生服务,基本公共卫生服务范围扩大到0大类4项,对实施基本药物制度的基层医疗卫生机构补助资金.8亿元;我市创成全国首批基层中医药先进市,靖江、姜堰通过全国农村中医药工作先进单位复核。推进流动人口计生信息管理和均等化服务,在全省率先实现免费孕前优生检查全覆盖。实施“体育惠民工程”,成功举办市第四届运动会,承办中国男子排球联赛、省第七届农运会等重要赛事。加强和创新社会管理。全面实施社会稳定风险评估,深入开展“三解三促”“四项排查”、党政领导干部接访下访活动,及时妥善解决重点信访问题,我市荣获全省社会管理综合治理先进市,“社会管理创新工程”在全省考评中名列第一。推进平安泰州建设和法治城市创建,加强“六五”普法,高港荣获全国法治创建工作先进单位。全国双拥模范城实现“三连冠”,“三属”抚恤金及义务兵家庭优待金标准实现城乡一体化。突出安全生产监管,深入开展隐患排查治理和“打非治违”专项行动,安全事故起数、死亡人数实现双下降。组织开展食品药品安全专项整治,保障人民群众生命健康安全。海关、国检、海事、边检为地方经济发展做出新贡献,社会科学、广播电视、新闻出版、妇女儿童、民族宗教、外事侨务、统计、气象、防震等工作继续加强,国防动员、民兵预备役和人民防空事业取得新业绩。

人民生活持续改善。城镇居民人均可支配收入7000元,农民人均纯收入600元,分别增长4%和4.%。进一步加大就业促进力度,认真实施省完善就业服务体系试点示范项目,新增城镇就业9.万人、农村劳动力转移.4万人,城镇登记失业率.46%。鼓励支持民众创业,新增创业人员5.76万人,带动就业7.万人,我市被表彰为全国创业先进城市;全市小额担保贴息贷款发放总量突破0亿元,居全省首位。推进社会保障全覆盖,五大保险净增参保.5万人。全市企业退休职工基本养老金、新农合筹资水平和城乡低保标准进一步提高,职工医保、居民医保最高支付限额分别达0万元和0万元,报销比例平均达80%和70%以上。继续实施全面小康村建设“十百千”提升工程,创成达标村、示范村各00个。启动新一轮扶贫开发,组织实施农村脱贫奔小康工程,新增集体经济年收入0万元以上村400个。认真开展农副产品“保供抑价”工作,对困难群众及时发放物价补贴。出台市区社会救助家庭认定办法、城乡医疗救助实施办法,完善流浪乞讨救助、孤儿基本生活保障自然增长等制度,关心关爱残疾人,加快发展慈善福利事业。着力优化养老服务,推进民办养老机构发展,新建改造居家养老服务站46家,为市区80岁以上老年人发放尊老金。不断完善住房保障体系,全市新建各类保障性住房890套(间)。住房公积金新增开户4万人、归集金额0亿元。

政务环境不断优化。加大政策引导和扶持服务力度,千方百计稳定经济增长,着力营造良好发展环境。进一步强化政策导向。深入开展调查研究,及时研判经济走势,全面了解掌握行业企业运行动态,适时制定有针对性的对策措施,先后出台了《关于做好当前工作、促进经济持续平稳较快发展的意见》《关于进一步改善中小微企业发展环境的实施意见》等政策措施。进一步优化政府服务。完善“三服务”活动长效机制,加大要素协调力度,推进服务平台建设,帮助基层和企业排忧解难。实施“中小企业百千万金融服务”工程,开展“小微企业信贷机制建设年”活动,化解企业融资难题。严格控制涉企检查,规范和降低行政事业收费,进一步减轻企业负担。坚持民生优先,全市新增财力的8%用于民生投入,市级财政民生方面的支出占公共财政预算支出的比重达7%。认真办好“45”政府服务热线、市长信箱、政风行风热线和望海楼实名论坛,政府服务热线提前实现全覆盖,一批事关群众切身利益的热点难点问题得到有效处理。进一步规范施政行为。加快行政审批制度改革,大力推行并联审批,调减行政审批项目78项。实施经济发达镇行政管理体制改革试点,积极推进事业单位分类改革。深化行政权力网上公开透明运行,推进绩效管理,加强效能监察和审计监督。自觉接受人大的工作监督、法律监督和政协的民主监督,主动听取各民主党派、工商联、无党派人士和各人民团体的意见,认真办理人大代表建议和政协提案。严格落实党风廉政建设责任制,着力完善惩治和预防腐败体系,加大监督检查、纠风治乱和案件查处力度。

各位代表,过去一年成绩的取得,是中共泰州市委正确领导的结果,是市人大、市政协关心支持的结果,是全市上下团结拼搏、开拓创新、克难奋进的结果。在此,我代表市人民政府,向全市广大干部群众,向全体人大代表、政协委员,向各民主党派、工商联、无党派人士、各人民团体和广大离退休老同志,向中央和省驻泰机构以及驻泰部队指战员、武警官兵和政法干警,向所有关心支持泰州发展的海内外朋友们,表示衷心的感谢!

我们也清醒地看到,全市经济社会发展中还存在一些矛盾和问题。主要是:经济回升势头尚未根本确立,部分行业、企业经营难度加大,外贸和消费等增长乏力;经济结构性矛盾依然突出,优质高端项目招引和推进难度加大,区域发展存在不平衡性;财政减收增支矛盾突出,城乡居民收入持续较快增长难度加大,民生工作与群众期待相比还有不小差距;政府自身建设还存在薄弱环节,机关作风和行政效能仍需进一步改进,等等。对于这些问题,我们将采取有效措施,认真加以解决。

二、2013 年工作任务

各位代表,今年是全面贯彻落实党的十八大精神的开局之年,是推进转型升级综合改革试点、争创全省转型升级示范区的关键一年,也是发展机遇和挑战并存、风险和困难较多的一年。做好今年的政府工作,必须抢抓试点机遇,放大大桥、机场和行政区划调整效应,稳中求进、开拓创新、扎实开局,实现经济持续健康发展,保持社会和谐稳定。

今年政府工作的总体要求是:以党的十八大精神为指引,坚持以邓小平理论、“三个代表”重要思想、科学发展观为指导,深入贯彻中央和省经济工作会议、市委四届四次全会决策部署,认真落实省《试点意见》和市《行动纲要》,紧紧围绕主题主线,以提高经济增长质量和效益为中心,以“转型升级突破年”活动为抓手,突出开放创新、综合改革和城乡统筹,认真实施“八项工程”,加快建设“三个名城”,大力发展优势产业、特色园区、重点企业和高端项目,以经济领域、关键环节的率先突破带动城乡、社会全面转型升级,以转型升级、融合发展的新突破为全省“两个率先”做出更大贡献。

全市国民经济和社会发展主要调控目标为:地区生产总值可比增长%左右;公共财政预算收入增长0%;固定资产投资增长9%;社会消费品零售总额增长5%;实际利用外资4亿美元,外贸进出口总额增长5.5%;城乡居民收入增长%;城镇登记失业率控制在.5%以内;居民消费价格总水平不高于全省平均水平;研发经费支出占地区生产总值的比重.%;单位地区生产总值能耗下降,化学需氧量、二氧化硫、氨氮、氮氧化物削减完成省定目标任务。

今年将重点做好六个方面的工作:

1. 加快调整产业结构,着力构建富有特色的现代产业体系。

推进中国医药城跨越发展。

推进先进制造业高端发展。

推进现代服务业提速发展。

推进现代农业高效发展。

2. 强化开放创新驱动,创建新的竞争优势。

全面提高开放型经济水平。

精心打造高品质特色产业园区。

认真组织实施转型升级重大项目“双百工程”。

加快构建区域创新体系。

3. 充分发挥企业主体作用,不断发展壮大实体经济。

推进重点企业发展。

扶持中小微企业发展。

加强人才队伍建设。

4. 更大力度推进改革,增强发展动力和活力。

推进行政管理体制改革,加快转变政府职能。

推进重点领域和关键环节的体制机制改革,加快转变经济发展方式。

5. 扎实推进城镇化,推动城乡发展一体化。

提升中心城市形象品位。

强化重大基础设施建设。

推进城乡统筹协调发展。

加强生态环境建设。

6. 加强社会建设和管理,增进民生幸福、社会和谐。

千方百计增加居民收入。

全面推进社会进步。

加强和创新社会管理。

各位代表,推进转型升级综合改革试点、争创全省转型升级示范区,对政府工作提出了新的更高要求。我们将扎实推进学习型、服务型、创新型政府建设,以能力素质、行政效能的大提升推动转型升级的新突破。

盐城市政府工作报告(节选)

——盐城市第七届人民代表大会第二次会议

市长　魏国强

(2013 年 1 月 7 日)

2012 年工作回顾

过去的一年,是新一届政府的开局之年,也是我市继续抢抓机遇、克难求进,推动经济社会又好又快发展取得较好成绩的一年。预计全市完成地区生产总值3120亿元,增长12.7%;公共财政预算收入312.8亿元,增长16.3%;城镇居民人均可支配收入22520元,增长16%;农民人均纯收入12000元,增长14.2%。主要经济指标增幅位居全省前列,以市为单位总体上达到省定全面小康标准,县域全面小康进程苏北领先,较好地完成了市六届人大五次会议确定的目标任务,落实了市七届人大一次会议提出的工作要求。

一、积极应对各种困难和挑战,实现了经济平稳较快增长。受国内外宏观经济环境变化影响,我市经济发展遇到前所未有的困难,经济下行压力自始至终存在。我们坚持定期分析研究经济形势,主动采取各项扎实举措组织推进经济工作。力保企业健康运行。深化细化“三服务”,强化政策支持和要素保障,制定落实企业减负措施,与企业共度难关、共克时艰。全市规模以上工业实现增加值1354亿元,增长17.3%。东风悦达起亚公司产销汽车48万辆,累计突破200万辆。狠抓项目推进。实施八大类重点工程、工业“三百”工程,组织重点项目“家家到”观摩,下半年开始每月10日举行重大项目集中开工活动,东风悦达起亚汽车第三工厂等一批项目顺利推进。全年完成固定资产投资1938亿元,增长22.1%,其中工业投资1237亿元,增长20.6%。发展民营经济。认真落实国务院、省政府鼓励引导民间投资各项政策,推动全民创业。全市新发展私营企业3.1万家,个体工商户18万户,民营经济主要指标增速继续保持全省领先。积极争取支持。抢抓国家稳增长政策预调微调机遇,围绕项目审批、政策支持,主动到国家和省对接争取。积极申报国家可持续发展实验区,国家珍禽自然保护区区划调整方案获得批准,省政府出台支持盐城发展专项政策,为我市推进科学发展注入新的活力。

二、坚定不移调整产业结构,推动了经济转型升级。全市三次产业结构调整为14.4:47.5:38.1,二三产业比重提高0.6个百分点。发展壮大新特产业。加大战略性新兴产业规划提升、项目推进力度,强化特色产业园区建设,发展高新技术产业,动员市直部门支持服务新特产业发展,强力推进“千百十”工程、大企业(集团)培育工程。成功举办首届国际汽车博览会、环保产业博览会。全市新特产业实现开票销售1700亿元,增长26%。实施服务业提速计划。积极推进服务业“双百”工程,抓好30个重点服务业集聚区建设,先锋国际广场一期建成运营。阜宁金沙湖景区获批省级旅游度假区。全市实现服务业增加值1190亿元,增长12.9%;社会消费品零售总额1024亿元,增长14.4%。加快发展现代高效农业。部署实施农业现代化工程,继续加强“三大载体”建设,提升农业产业化水平。全市新增高效农业面积76万亩,高效农业总面积占比达到54%。粮食生产实现“九连增”,被表彰为全国粮食生产先进市。新认定省级现代农业(渔业)示范园区8个、省级定点批发市场7个。加强节能减排和环境保护。坚持源头控制、科技支撑、严格监管,较好地完成了节能减排任务。加快绿色盐城建设,全市新增造林折实面积31.8万亩,森林覆盖率达到20%,建湖县建成全国绿化模范县。开展美好城乡建设行动,完成1374个村庄环境整治任务。

三、全力主攻沿海重大项目,加快了沿海发展步伐。强势推进港口建设。支持大丰港区发展,建成万吨级泊位4个,刘大线疏港航道建成通航。滨海港区中电投煤炭码头开工建设,响水灌河2万吨级公用码头建成使用,射阳港区南北导堤顺利竣工,东台深水港建设预可行性报告通过专家组论证。盐城港货物吞吐量突破3000万吨。积极实施临港产业项目。列入省沿海开发五年推进计划的78个项目,已实施65个,累计完成投资1299亿元。全市沿海发展50个重点项目,完成投资450亿元。陈家港电厂一期工程获国家发改委核准,江苏博汇项目完成投资160亿元,大丰港经济区获批省级开发区。开发利用滩涂、盐田资源。东台条子泥匡围一期工程条南围区正式合龙。对盐田资源开发利用进行专题调研部署,组建灌东、新滩开发公司。口岸、海关、检验检疫、海事、边防在服务沿海发展中发挥了积极作用。

四、扎实抓好城市和基础设施建设,改善了城乡发展条件。全力推进中心城市建设。组织实施市区十大类147个城建项目,完成投资133亿元。着力提升城市功能,串场河景观带两侧道路基本贯通,金融城一期工程开工建设;亭湖高级中学一期、市第三小学等5所学校建成招生;市新图书馆、广播电视塔投入运行;盐城大桥实现全幅通车。支持新区发展,城南新区积极打造智慧新城、生态新城、现代新城,市开发区新城拉开框架,亭湖新城、盐都新城加快建设。加大老城区改造力度,强化城市综合管理。大力实施“露水增绿”工程,国家园林城市创建通过省级验收。加快县(市)城和重点镇建设步伐。对镇域发展实行分类指导考核。全市城市化率达到55.5%,提高1.5个百分点。扎实推进城乡统筹,完善提升36个试点镇村建设规划,139个重点项目完成投资60多亿元,涌现出一批各具特色的新镇区、新社区、新村庄,东台梁垛镇临塔村获得“江苏最美乡村”称号。加大交通基础设施建设力度。开工建设阜建高速公路,加快实施临海高等级公路。全市新开通一级公路

120公里、二级公路150公里、农村公路323公里,改造农村公路桥梁278座。盐城南洋机场改扩建工程顺利推进,新增两条国际国内航线。强化农田水利建设和农业综合开发,疏浚整治县乡河道512条,新建高标准农田65万亩。实施万顷良田建设工程,推进土地整治。加强沿海电网规划建设,邮政、通信设施建设等取得新的进展。

五、进一步深化改革扩大开放,激发了经济社会发展活力。深入推进各项改革。实施营业税改征增值税试点工作。深化医药卫生体制改革,抓好公立医院改革试点,巩固完善基本药物制度。加快文化体制改革,组建市演艺集团,筹建市广电集团。深化农村各项改革,新发展农民专业合作社848家,新增土地流转面积43.4万亩。着力提升开放水平。精心组织一系列重大招商活动,成功举办"5·18"、"11·18"经贸洽谈会,实施了一批利用外资重点项目,全市新批投资3000万美元以上外资项目39个。注册外资实际到账21.4亿美元,增长26.9%。外贸出口总额35.8亿美元,增长20%。推动开发区转型升级,盐城综合保税区实现封关运行,全市开发区业务总收入增长42%。不断强化科技创新。支持企业建立研发平台,加快城南科教城规划建设,深化政产学研金合作,全社会研发投入占地区生产总值比重达1.4%。开展"国家知识产权试点城市"建设,全年专利申请量突破1.4万件。新增中国驰名商标6件。全力打造长三角北翼人才高地、金融高地,在上海成功举办第二届沿海发展人才峰会,设立21家海外人才工作站,引进国家"千人计划"专家28人、创新创业团队31个;在南京成功举办沿海项目金融对接会,金融高地建设规划通过评审,新引进银行保险证券机构10家,新增股权投资等公司12家,全市新增贷款289.6亿元。

六、千方百计保障改善民生,提高了人民群众生活水平。多渠道扩大就业。全面落实促进就业、鼓励创业各项政策,全市新增城镇就业10.5万人,帮扶4600名就业困难人员再就业,城镇登记失业率控制在2.5%以内。完善社会保障体系。各类保险持续扩面,城乡居民养老保险并轨运行。落实低保、五保、优抚救助自然增长机制,及时发放尊老金、养老服务补贴以及困难家庭物价上涨动态补贴。开展新一轮扶贫开发行动,帮助16万低收入人口脱贫。积极兴办民生实事。20件实事项目基本完成年度任务。建成盐龙湖饮用水源工程,大市区区域供水管网基本实现乡镇全通达。扩大住房保障范围,市区新建各类政策性保障住房100万平方米。改善老城区人居环境,完成66条后街巷道、6个老旧小区整治任务。推进校安工程,全市新建改造校舍115.5万平方米。积极筹集资金1.6亿元,基本还清16年前的新长铁路借资款。落实临时救助和特殊困难残疾人救助政策,累计发放救助资金8000万元,免费为困难群众提供法律援助5780件。

七、大力强化社会建设与管理,促进了社会和谐稳定。全面发展各项社会事业。推进教育事业优质均衡发展,全市新建中小学、幼儿园70所。建立健全基层医疗卫生服务体系,市区新建3个社区卫生服务中心、4个社区卫生服务站,亭湖区人民医院投入运营。实施文化惠民工程,240个农家书屋实现数字化阅读,13个文化产业集聚区建设初见成效。深化群众性精神文明创建活动,有7人和1个团队入选"中国好人榜"。全民健身运动蓬勃开展,青少年校园足球进入全国先进行列,骆晓娟荣获奥运会女子重剑团体金牌,实现我市奥运冠军零的突破。加强人口与计划生育工作,人口自然增长率控制在3.5‰以内。注重发挥工会、共青团、妇联、科协等群众团体作用,关工委、老龄、红十字、慈善等事业进一步发展,物价、供销、气象、防震减灾、住房公积金、新闻出版、档案、地方志、人事编制、机关事务管理、保密、援疆等工作取得新的进展。实施社会管理创新工程。创新社区管理办法,推行网格化管理,完善了社会管理工作体系。加强"平安盐城"、"法治盐城"建设,深入开展"四项排查"、"三解三促"活动,排查化解各类社会矛盾纠纷。全市化解信访积案590件,实施重大项目风险评估130件,整改安全环保治安隐患1.2万个。被省委、省政府表彰为社会管理综合治理先进市。强化食品药品监管、消防、民族和宗教事务等工作,推进国防动员、国防后备力量建设,优抚安置、拥军优属、军民共建取得新的成绩,海军一艘护卫舰被命名为"盐城舰",荣获"全国双拥模范城"四连冠。

八、切实加强政府自身建设,增强了政府执行力和公信力。深入开展"迎接十八大、保持纯洁性"教育实践活动,完善政府工作规则,制定加强政府自身建设意见。强化政府服务职能。深化行政审批制度及公共资源交易体制改革,成立市政务服务管理办公室,组建市公共资源交易中心,建成"12345"公共服务平台。实施新一轮行政审批权限下放,对市级机关53个职能部门许可审批和收费事项进行了集中清理。提高依法行政水平。加强法治政府建设,自觉接受市人大及其常委会、政协以及各民主党派、社会团体、人民群众的监督,认真听取人大代表、政协委员反映社情民意,办理市人大代表建议314件、市政协委员提案446件。全面推进行政权力网上公开透明运行,建立网络新闻发言人制度,不断提高统计、审计、行政监察工作水平。加强廉政建设。严格落实党风廉政建设责任制,完善惩防体系,健全招投标、政府采购等重点领域的反腐倡廉长效机制。大力倡导艰苦奋斗,坚决制止铺张浪费。加强廉政文化建设,强化公务员教育管理,严肃查处违法犯罪行为,树立了政府为民务实清廉的良好形象。

各位代表,过去的一年,在严峻复杂的宏观环境下,全市经济社会发展能够取得上述成绩,实属不易。这是省委、省政府和市委正确领导的结果,是各地、各部门、各单位同舟共济、拼搏奋进的结果,凝聚着全市人民的智慧和力量。在此,我谨代表市人民政府,向全市人民,向人大代表、政协委员,向各民主党派、工商联、人民团体和各界人士,向驻盐人民解放军和武警官兵、省属驻盐各单位,向关心和支持盐城发展的各位老同志、海内外朋友,表示崇高的敬意和衷心的感谢!

各位代表,在肯定成绩的同时我们也清醒地看到,我市经济社会发展中还存在许多困难和问题:产业结构仍不够合理,新兴产业尚未形成规模优势,中小企业发展面临生产经营成本上升、效益下降等突出问题;沿海重大产业项目不多,港城建设推进不快;城市基础设施、功能配套建设欠账较多,城镇化水平亟待提升;农业现代化基础薄弱,村级负债较重;改善民生、维护社会稳定的任务还很艰巨;机关作风不实、办事拖拉、推诿扯皮等现象依然存在,政府服务效能需要进一步提高。对这些问题,我们一定高度重视,并在今后的工作中采取更加有力有效措施,切实加以解决。

2013年工作安排

今年我们面临的形势依然严峻。全球经济虽然存在温和回升迹象,但宏观环境仍然错综复杂、充满变数;区域竞争更加激烈,进位争先难度进一步加大;困难矛盾有增无减,改革发展稳定的任务更为繁重。在清醒认识不利因素的同时,我们更要看到许多积极变化和有利因素。今年是全面贯彻落实党的十八大精神的第一年,用十八大精神武装头脑、统一思想、指导实践,有利于我们凝聚各方面智慧力量,加快建设高水平小康社会;今年是各种机遇政策效应全面释放之年,沿海开发、长三角一体化发展、省振兴苏北"一市一策"支持等多重机遇叠加,有利于我们乘势而上,实现科学发展新跨越;今年是盐城建市30周年,经过近30年的努力,我市工业化、城镇化已经进入加速期,经济综合实力和抗风险能力大为增强,有利于我们在新的起点上,向着更高目标迈进。为此,我们一定要科学研判形势,切实增强忧患意识、机遇意识、责任意识,坚持"苏北领先、全省争先"发展定位,坚定信心、攻坚克难,抢抓机遇、赢得优势,扎实推进新型工业城市、统筹发展城市、创新创业城市、生态文明城市、和谐幸福城市建设,奋力开创盐城科学发展新局面。

今年政府工作的总体要求是:全面贯彻落实党的十八大精神,以邓小平理论、"三个代表"重要思想、科学发展观为指导,以"推进科学发展、建设美好盐城"为主题,以转变发展方式为主线,以提高经济增长质量和效益为中心,以全面建成高水平小康社会、实现盐城科学发展新跨越为目标,深入实施"八项工程",全力推进经济较快增长、沿海加快开发、产业转型升级、城乡统筹发展、改革开放创新、生态文明建设、民生持续改善,稳中求进,真抓实干,努力实现经济又好又快发展和社会和谐稳定。

全市经济社会发展主要预期目标是:地区生产总值增长12%,公共财政预算收入增长16%,固定资产投资增长22%,社会消费品零售总额增长15%,外贸出口总额增长15%,全社会研发投入占地区生产总值比重1.9%左右,城镇居民人均可支配收入、农民人均纯收入增长13%,居民消费价格涨幅控制在3.5%左右,城镇登记失业率控制在4%以内,节能减排完成省定目标,人口自然增长率控制在4‰左右。

围绕上述总体要求和目标任务,我们将着力抓好以下六个方面工作:

一、强化又好又快导向,保持经济持续健康较快增长。

大力推进新型工业化。

全力加快沿海开发。

积极发展现代服务业。

二、坚持城乡统筹建设,推动城乡互动发展共同繁荣。

进一步做大做强中心城市。

扎实推进农业现代化工程。

加快新型城镇化步伐。

加强城乡交通基础设施建设。

三、深入推进开放创新,不断增强创新创业动力活力。

坚定不移扩大对外开放。

坚持不懈实施创新驱动。

坚决主动推进园区开发。

四、加强生态文明建设,全面促进资源节约环境友好。

推动绿色发展。

改善生态环境。

强化生态建设。

五、更加注重以人为本,努力让人民群众过上更好生活。

促进城乡居民增收。

提高社会保障水平。

繁荣发展社会事业。

全力维护社会稳定。

继续办好民生实事。

六、全面提升行政效能,同心协力建设人民满意政府。

增强政府行政能力。

保持务实高效作风。

加快建设法治政府。

加强勤政廉政建设。

淮安市政府工作报告(节选)

——在淮安市第七届人民代表大会第二次会议上

市长　曲福田

2013年1月5日

2012年工作回顾

刚刚过去的2012年,是党的十八大胜利召开的喜庆之年,也是我市发展进程中充满挑战、富有成效的一年。面对严峻复杂的宏观形势,我们在省委省政府和市委的正确领导下,团结带领全市人民,积极应对各种考验,全力推动科学发展,经济社会保持了又好又快的发展态势。

过去的一年,我们致力扩量提质,综合实力和发展后劲持续增强。经济保持较快发展。预计实现地区生产总值1905亿元,增长12.7%;公共财政预算收入233.6亿元,增长14.2%;社会消费品零售总额628亿元,增长14.6%;金融机构本外币存贷款余额分别达到1533亿元和1211亿元,增长14.8%和17.8%;城乡居民人均收入提高到23200元和9900元,增幅均超过14.5%。主要经济指标增幅继续位居全省前列,省定全面小康四大类25个指标有21个达标。转型升级加速推进。在提升农业生产质效的同时,二三产业比重提高到87%。五大主导产业实现产值2051亿元,占规模以上工业产值53%;七大战略性新兴产业实现产值650亿元,增长32.1%。软件信息业销售收入突破30亿元,居苏北第一;生产性服务业增加值占比达到25.7%;全市实现旅游业总收入176亿元,增长19.1%,天泉湖旅游度假区获批省级旅游度假区。发展质量稳步提高。规模以上企业实现利税总额331亿元,增长21.2%。公共财政预算收入完成省控指标,总量位次在全省前移两位,税收占比由71.2%提高到77.5%。科技创新成效明显。新增国家级高新技术企业43户、省级科技产业园2家,新建企业研发机构118个。完成全社会研发投入27亿元,科技进步贡献率达到45.1%。高新技术产业实现产值840亿元,占规模以上工业产值21.7%。节能降耗完成省定指标,获批国家低碳试点城市。

过去的一年,我们狠抓项目建设,新型工业化和特色城市化互动并进。项目投资快速增长。完成规模以上固定资产投资1230亿元,增长21.8%。实施投资5000万元以上项目1436个,其中10亿元以上项目136个;一批重大项目列入国家和省计划,获国家发改委批复项目11个。工业发展势头良好。规模以上工业实现销售收入3770亿元,增长31%。新开工亿元以上项目157个、竣工102个,天淮大无缝钢管、实联化工纯碱、共创人造草坪产业园等10个投资10亿元以上重大项目竣工投产或部分投产。全市新增规模以上企业501户,增量全省第二,年销售亿元以上企业超过650户。中心城市加快建设。投入682亿元实施781个建设项目,解放西路改造、淮金公路绿化等工程全面完成,生态动物园、万达嘉华酒店等一批功能性项目建成投运,体育中心、丰惠广场等成为城市新地标,生态新城建设步伐加快,清河新区、清浦新南城、淮阴新北城、淮安古城区功能不断完善。房地产竣工面积371万平方米,建成民防工程18.4万平方米,发放住房公积金贷款12.9亿元。白马湖湖滨新区概念性规划国际招标进入方案设计阶段,西南化工片区搬迁工作全面启动。城镇建设水平提高。四座县城建设各具特色、功能较为完备,重点中心镇、特色小城镇等多层次城镇化加快推进,全市城市化率提高到53.5%。

过去的一年,我们突出城乡统筹,农村经济和城乡面貌稳步提升。农业现代化步伐加快。新创省级现代农业产业园区4个,新建国家级畜禽、水产健康养殖示范场13个,建成国家级稻麦育种科研创新基地,新增省级农业产业化龙头企业13户,新注册国家地理标志证明商标6件,"淮安大米"获批中国驰名商标,销售收入超亿元龙头企业、超千万元农民专业合作社分别增加到55户和303个。实施淮河入江水道整治等181项重点水利工程,新建高标准农田30.5万亩,粮食生产实现"九连增"。成功举办第11届中国优质稻米博览交易会,荣获"中国优质稻米强市"称号。镇村工业规模不断扩大。乡镇工业集中区新建标准厂房128万平方米,新增规模以上企业108户,实现开票销售276亿元,施河工业集中区被认定为省中小企业产业集聚示范区。村级创业点新增178个,有力推动了农民就业创业。新农村建设扎实推进。完成6175个村庄环境整治,创建三星级康居乡村12个,启动1万户农村危旧房改造,新建改建农村公路528公里。生态市创建卓有成效。生态新城获批国家级绿色建筑科技示范区,清浦、金湖在苏北率先通过国家级生态县(区)省级考核验收,45个乡镇通过国家级生态乡镇省级考核,52个乡镇创成省级生态乡镇。新增成片造林面积3.8万亩,启动白马湖退圩还湖二期工程。

过去的一年,我们深化改革开放,发展环境和体制机制明显优化。开放型经济快速发展。新批外资项目344个,其中超3000万美元项目40个,注册外资到账21亿美元;完成进出口总额42亿美元,增幅全省第一;外经合作扩大到30个国家和地区。新批台资项目144个,台企总数近千家,获批省级台资产业转移集聚示范区。全市开发园区建设水平不断提升,淮安出口加工区创成国家级综合保税区并通过封关预验收,淮阴经济开发区获批省级高新技术产业开发区,金湖、涟水、盱眙经济开发区进入苏北十强,所有县(区)均建有南北共建园区。台商论坛纳入紫金山峰会板块,淮扬菜美食文化国际旅游节影响不断扩大。全方位推进对外友好交流,获得"全国友城合作战略发展奖"。环境优势更加显现。一类航空口岸临时开放并实现直航香港,宿淮铁路和237省道淮安段主体建成,盐河航道整治工程建成通航,徐宿淮盐、连淮扬镇铁路规划立项取得实质性突破。101%服务理念深入实践,出台加强服务台资企业等意见,区港联动、分类通关顺利推进,荣获“浙商重点推荐投资城市”、“苏商投资中国首选城市”,被台湾电电公会评为“大陆地区投资环境极力推荐城市”。各项改革稳步实施。市级审批事项精简至75项,首次引入第三方考评机关效能,行政效率逐步提高。完成食品安全监管职能调整。“营改增”试点工作有序推进。引进银行、证券、保险机构15家,盱眙、金湖农村合作金融机构顺利改制成农村商业银行,村镇银行实现县域全覆盖,淮安区创成省级金融生态优秀县(区)。开展科技企业小额贷款保证保险,农业保险业务放开试点。有1户企业在香港上市,3户企业境内上市获证监会受理。深化农村各项改革,新增土地流转面积37.7万亩。

过去的一年,我们加快民生改善,社会事业和公共服务全面进步。民生保障水平逐步提高。在全省率先开通“招工求职E通”服务系统,城乡劳动力技能培训2.9万人,新增城镇就业6.65万人,下岗失业人员再就业3.7万人,城镇登记失业率2.25%。养老、医疗、失业、工伤和生育保险体系逐步完善,特困群体助保工程获国际社保协会亚太地区“良好实践奖”,城镇居民和新型农村社会养老保险工作获得国务院表彰。实施新一轮扶贫开发,14.3万建档立卡低收入人口实现脱贫。社会事业协调推进。“教育现代化建设攻坚年”取得显著成效,义务教育均衡发展工作受到国务院表彰,高考二本以上录取率苏北领先,“学在淮安”品牌影响力进一步提升。“15分钟健康服务圈”荣获世界卫生组织健康城市创新发展奖,新农合住院补偿封顶线提高到18万元,王营、钵池山社区卫生服务中心创成国家级示范中心。文化惠民工程加快实施,建成35个社区文化活动中心,一批文化精品获得省“五个一工程奖”,大云山汉墓入选“全国十大考古新发现”。群众性体育活动蓬勃开展,省运会备战备赛有序推进。孕前优生健康检查和新型家庭人口文化建设全省领先。惠民十件实事如期完成。投入资金31.4亿元,提高城乡低保标准,新建一批幼儿园、惠民医院、居家养老服务中心,校舍安全、残疾人帮扶、保障房建设、农村改厕等均超额完成目标。

过去的一年,我们增强创新能力,服务发展和社会管理水平不断提高。破解难题能力得到提升。相继出台支持实体经济发展、加强土地集约利用、促进金融改革创新等政策文件,基本构建起发展县域经济、促进转型升级、打造台资高地、健全流通体系等政策框架。放大省委23号文件效应,积极争取事关长远发展的政策、项目、要素加速向淮安集聚。社会管理得到加强。认真落实省“四项排查”部署,从源头上化解了一大批矛盾隐患。整合升级阳光淮安“12345”政府公共服务平台,全面推广劳动人事争议一体化调处机制,信访工作荣获全国先进,网格化社会管理服务新模式获得“全国十大社会管理创新奖”。健全大防控体系,严厉打击各类犯罪活动,社会治安持续好转。深入开展安全生产综合治理和打非治违等专项行动,安全生产形势平稳。其他工作同步推进。全面加强依法行政,积极推进政府信息公开和行政权力网上公开透明运行,法治建设群众满意度全省排名第二。宁淮等区域合作成效显著,援疆工作完成投入1.03亿元。创建全国双拥模范城实现“三连冠”。统计、物价、供电、招投标、供销、审计、国资、质监、检验检疫、机关事务、民族宗教、广播电视、妇女儿童、青少年、老龄、关心下一代、老区开发、慈善、红十字、防震减灾、气象、档案、地方志等工作都取得了新的进步。

回顾过去一年的工作,我们负重前行、迎难而上,经历了十分严峻的挑战,取得了较为显著的成绩。我们深切体会到,越是困难的时候,越要坚持科学发展、转型升级这一主题主线;越是困难的时候,越要抓牢项目建设这一关键举措;越是困难的时候,越要强化为企业服务这一重要职责;越是困难的时候,越要突出保障和改善民生这一根本要求。成绩来之不易,经验弥足珍贵,这是市委正确领导的结果,是全市人民团结拼搏的结果,是社会各界共同努力的结果。在此,我代表市政府向全市广大干部群众,向全体人大代表、政协委员,向各民主党派、工商联、无党派人士、各人民团体和离退休老同志,向各驻淮单位及解放军、武警驻淮官兵,向来淮投资客商和广大建设者,向所有关心支持淮安发展的海内外各界人士,表示衷心的感谢并致以崇高的敬意!

在肯定成绩的同时,我们也清醒地看到发展中还存在不少矛盾和困难,主要是:经济增长速度有所放缓,部分指标增幅低于年初预期;结构性矛盾较为突出,加快经济转型升级任务艰巨;一些重大项目进展不快,部分企业生产经营困难;社会保障水平有待提高,民生改善还有大量工作要做;政府职能转变不够到位,社会管理服务和机关效能建设仍需进一步强化。对此,我们将高度重视,全力以赴在今后工作中加以解决。

2013年工作安排

今年是贯彻落实党的十八大精神的开局之年,是实施“十二五”规划的关键之年,也是以市为单位全面建成小康社会的决胜之年。做好今年工作,需要正确研判面临的形势,科学制订应对的措施。我们清醒地看到,全球经济形势错综复杂,不稳定、不确定因素明显增多,难以尽快走出低速增长的困境;国内经济发展经受外贸增长放缓和内需驱动不足双重压力,不平衡、不协调、不可持续问题依然突出,改革发展稳定任务十分繁重,“紧”的态势短期内难以改变。但“进”的趋势也更加明显,当前我国仍处于可以大有作为的重要战略机遇期,世界主要经济体发展出现温和回升迹象,国内经济基本面总体向好。特别是我们自身具备了一系列有利因素:长三角地区一体化发展、江苏沿海开发和省里支持淮安苏北重要中心城市建设等重大战略的叠加效应逐步显现,国家加快交通基础设施建设将使我市区位优势进一步凸显,加之近年来日益增强的产业基础和不断提振的干群精气神,为实现新的跨越提供了有力保障。只要我们从最难处着眼,向最好处努力,就一定能掌握加快发展的主动权,保持稳中求进的好态势,开创跨越赶超的新局面。

今年政府工作的总体思路是:认真贯彻党的十八大和中央、省经济工作会议精神,紧紧围绕省“八项工程”总体部署和建设苏北重要中心城市战略定位,按照“建设富庶美丽幸福新淮安”总目标以及“富、强、美和城市美誉度、群众满意度”新内涵,以提高经济发展质量和效益为中心,坚持稳增长、调结构、抓创新、惠民生,全面实施“十大行动计划”,全力主攻重大项目,突出培育主导产业,突出建设中心城市,突出统筹城乡发展,突出深化改革开放,突出保障和改善民生,努力实现转型增效益、增幅保前列、群众增实惠、城乡增魅力,确保以市为单位全面建成小康社会。

今年全市经济社会发展的主要预期目标为:地区生产总值增长12.5%左右,公共财政预算收入增长14%左右,规模以上固定资产投资增长18%,注册外资实际到账增长20%,社会消费品零售总额增长15%,城乡居民人均收入增长13%以上,城镇登记失业率控制在4%以内,居民消费价格指数不超过全省平均水平,节能减排完成省定任务。这些指标是综合考虑各方面因素、慎重权衡提出的,体现了稳中求进、好中求快的工作导向,体现了争先进位、力保前列的总体要求。完成这些指标尽管有一定的压力,但通过全市上下的共同努力,是完全可以实现的。

围绕上述思路和目标,将重点抓好以下六个方面工作:

(一)紧扣产业转型升级主线,在新型工业化上取得新突破。

推进产业升级工程。

推进企业壮大工程。

推进园区提档工程。

推进科技创新工程。

(二)抓住筹办省运会重要契机,在苏北重要中心城市建设上实现新提升。

加快省运会项目建设。

增强中心城市功能。

完善重大基础设施。

不断改善生态环境。

(三)突出“三农”工作重中之重,在城乡统筹上迈出新步伐。

加快现代农业发展。

加快城乡发展一体化进程。

加快县域经济提速增效。

(四)着眼增强发展动力活力,在改革开放上增创新优势。

推进更高层次的对外开放。

推动更为广泛的区域合作。

完善更具活力的体制机制。

(五)按照优化产业结构总体要求,在服务业发展上跃上新台阶。

建设商贸物流中心。

培育新兴服务业态。

发展文化旅游业。

(六)围绕发展为民根本目的,在民生改善和社会管理上取得新成效。

千方百计增加居民收入。

健全社会保障体系。

推进社会事业发展。

优先兴办惠民实事。

维护社会安定和谐。

各位代表,做好今年各项工作,确保实现全面小康,人民寄予厚望,政府肩负重任。我们按照中央和省、市委关于改进工作作风、密切联系群众的规定要求,把今年确定为“作风建设年”,努力以优良的作风和更大的作为,建设好总理家乡,服务好淮安百姓。

连云港市政府工作报告(节选)

——在连云港市第十三届人民代表大会第二次会议上

市长　杨省世

2013年1月8日

2012年工作回顾

刚刚过去的2012年,是我市发展史上不平凡的一年。在中共连云港市委的正确领导下,全市上下深入贯彻落实科学发展观,牢牢把握国家战略叠加的机遇,积极应对宏观经济下行、重大自然灾害侵袭等严峻挑战,统筹推进各项工作,保持了经济社会平稳较快发展的良好态势。预计实现地区生产总值1600亿元,同比增长13%左右;三次产业结构为13:48:39,二三产业比重较上年提高1.5个百分点;完成公共财政预算收入208.9亿元,增长16%;全社会固定资产投资、社会消费品零售总额分别增长23%、14.6%;居民消费价格涨幅和城镇登记失业率均低于控制性目标,较好完成了市人代会确定的年度目标任务。一年来的工作主要有以下几个方面:

一、加强组织谋划,经济发展稳中有进

深化思路促发展。把握又好又快工作导向,从抢抓战略机遇、实现跨越发展的全局出发,在港口、产业、城市、农村、民生、生态、创新、文化等方面形成一系列远近结合、重抓当前的操作性思路,制订完善具体措施,扎实推进各项建设和发展。围绕港口转型升级、综合发展、做大做强,同步推进港口能力建设、结构调整和功能完善;按照制造业出城、服务业进城的思路,拓展和优化城市产业发展空间框架,加快产业集聚发展、转型发展;突出规划引领,明确“两新一老五组团”布局,全面深化完善规划体系,迅速掀起城市建设热潮;坚持城乡统筹,推进新一轮乡镇区划调整,开展城乡统筹发展试点工作,加快推进农村改革,积极构建城乡一体化发展的体制机制;实行“目标项目化、任务阶段化、工作责任化”管理,加大组织力度,加快工作

节奏,推动各项目标任务有效落实。

多措并举稳增长。加大经济工作组织力度,千方百计稳定存量、培植增量、扩大总量。狠抓项目带动,组织开展工业投资“双强双促”、项目集中开工等推进活动,500个重点项目完成年度投资923亿元。积极促进需求拉动,及时研究制定对策,进一步刺激消费、扶持外贸发展。强化要素保障,抓好土地、资金、用工和煤电油气运调度。多元拓展融资渠道,着力增强金融支撑,全市各项贷款余额1286.7亿元,新增中小微企业贷款90亿元、涉农贷款83.7亿元。新增上市企业2家,企业直接融资总额113.8亿元。落实财政奖励、挂钩帮扶等措施,清理规范涉企收费,支持企业扩销挖潜、减负增效,累计减免退税30亿元。全市实体经济总体保持了效益提升、稳定发展的良好势头。规模以上工业产销率97.8%,经济效益综合指数较上年提高29个百分点。

二、重抓港口建设,沿海开发成效明显

“一体两翼”组合大港加速形成。连云港区25万吨级航道正式通航,30万吨级矿石码头获批对外开放,氧化铝、散化肥码头建成试投产。徐圩港区10万吨级航道和2个10万吨级泊位加快建设,东防波堤开工建设。赣榆港区5万吨级航道建成通航,实现开港运营。灌河港区灌河口拦门沙治理一期工程完工,2万吨级航道通航,海河联运区和燕尾作业区一批万吨级泊位加快建设。主体港区转型升级实质性启动,港容港貌整治出新初显成效,散杂货实施标准化堆放,船用岸电技术上升为国家标准,获批建设国家海铁联运物联网应用示范工程,成为全国低碳试点港和科技示范港。

集疏运体系逐步完善。旗台作业区铁路专用线主体完工,矿石带式输送机工程有序推进。北疏港公路、徐圩港前大道、徐新公路、242省道、310国道加快建设,临海高等级公路埒子口至青口段简易通车。全长120公里的港产城联动发展交通大动脉海滨大道开工建设。盐河航道建成通航。连盐铁路建设前期工作积极推进。新开国际集装箱航线8条,3条铁路班列纳入全国客车化运营,率先开通经霍尔果斯口岸出境的集装箱班列。港口完成货物吞吐量1.85亿吨、集装箱502万标箱,客运量12万人次,海铁联运量居全国首位。

重大事项重点项目取得积极进展。国家东中西区域合作示范区建设全面展开,徐圩新区“一区七园”发展格局初步形成,示范区重大功能平台建设加快推进,出口加工区二期封关运作。列入省、市沿海开发三年计划的180个重点项目如期推进,累计完成投资1269亿元。新机场建设、空港开放列入国家专项规划。炼化一体化项目取得实质性进展,神华能源基地等一批重大产业项目签约。田湾核电二期工程开工建设,新电公司首台百万千瓦机组并网发电,珠江钢管、益海盐化、华乐合金等重点产业项目建成投产。徐圩新区送水工程、三洋港挡潮闸等重点水利工程完工。一批输变电工程投入运行,我市电网升级为独立的分区电网。

三、加快转型升级,产业发展增量提质

工业经济加快壮大。大力实施“双千双百”工程,推动产业集中集聚集约发展,规模以上工业增加值增长17.4%、利税增长31%。主导产业和特色产业较快发展,石化、冶金等临港产业实现产值1650亿元,“三新一高”产业实现产值1600亿元。新医药产业增势强劲,产值增长41.3%,硅资源等5个特色产业和新海石化、益海粮油等4家企业销售收入过百亿。产业集中集约效应逐步显现,开工建设亿元以上工业项目144个,100个新增长点项目形成产值400亿元。市开发区率先建成千亿园区,六大园区销售增幅高于规模以上工业3.5个百分点,园区工业增加值占规模以上工业70%。14个中小企业园、20个工业集中区加快建设。扎实推进节能减排工作,完成省定节能减排目标任务。

现代服务业加快发展。突出抓好集聚区和重点项目建设,加快打造26个现代服务业集聚区,52个服务业重点项目完成投资93.9亿元,服务业增加值增长12.4%。新兴服务业不断拓展,酷歌动漫产业园、省级服务外包示范区加快建设,保税物流中心进出货值14亿美元。金融服务体系不断完善,太仓农商行新浦支行等5家金融机构开业,东方农商行、灌云农商行挂牌运营。民航增开至香港等3条航线,旅客吞吐量突破50万人次。积极构建“大云台山”旅游格局,花果山5A级景区创建和国家级旅游标准化试点扎实推进。新增国家级景区11个,大伊山景区、羽泉景区成为4A级景区,东海温泉获批省级旅游度假区。游客接待量、旅游总收入分别增长15%、20%。传统服务业稳步提升,兴隆商贸广场等一批商贸项目建成营业。

农业现代化加快推进。克服严重自然灾害影响,粮食生产实现“十连增”。高效农业规模不断扩大,新增高效设施农业10万亩、高效渔业10.3万亩,建成千亩连片基地81个、万亩连片基地8个。燕尾港获批为国家一级渔港。农业产业化水平稳步提升,新增省级农业产业园区2家、市级以上龙头企业42个,农业适度规模经营比重65%。农业标准化、外向化水平不断提高,新增无公害、绿色、有机农产品485个,国家地理标志保护农产品达7个。灌南县获批省级食用菌农业标准化示范县,花果山蔬菜和赣榆泥鳅出口农产品质量安全示范区通过国家级认定。完成农产品出口4.1亿美元,增长10%。县域经济加快发展,23个乡镇财政收入过亿元,赣榆、东海两县达到全面小康标准,赣榆县进入全国百强县行列。

四、实施组团开发,城乡建设统筹推进

城市形象快速提升。新一轮城市建设框架全面拉开。老城区加快改造升级,完成旧城改造72万平方米。全长34公里的BRT一号线建成运营,瀛洲路等7条道路开展整治,城市主干道面貌焕然一新。连云新城建设全面加快,完成投资60亿元,三级路网基本形成,海州湾国际会议中心、美食水岸等一批重点项目有序推进。新海新区33条道路基本建成,市体育中心一场三馆全面完工,市公共卫生中心、广播影视城、花果山国际酒店、福利中心主体封顶,科技创业城、景观湖公园开工建设。市开发区创智街区建设加快,徐圩新区城市功能配套快速完善,滨河组团、盐河组团、国际商务中心组团有序推进。市区建成区面积突破140平方公里、人口超过106万。全市城市化率55%。

城市功能加快完善。实施市政道路桥梁工程120项,金海大道、秦东门大桥建成通车。完成排淡河治理工程,新改建雨水管网100公里,南城污水处理厂和沙板桥污水泵站建成运行,城市污水处理率82%。城市饮用水安全保障工程扎实推进,蔷薇河下游段完成清淤,流域环境综合整治取得阶段性成果,自来水深度处理一期工程建成运行。实施东盐河景观绿化、新浦公园改造等重点园林绿化项目111项,新增绿地380公顷。苏宁广场、振兴时代广场等城市综合体加快建设。城市

精细化管理进一步强化,“四城同创”积极开展,获批为国家园林城市。

城乡建设力度加大。四县实施城建项目500项,完成投资300亿元。统筹城乡发展镇村规划工作全面启动,完成首批11个试点乡镇、19个试点村规划编制任务。实施215个新农村建设重点项目,灌南县汤沟镇、东海县白塔埠新镇区和赣榆县柘汪镇王坊新社区等一批新型镇村建设初见成效。惠民实事工程扎实推进,新改建农村公路462公里,行政村客运班车通达率99.7%,“农家店”村覆盖率97%。美好城乡建设行动深入开展,完成1285个村庄环境综合整治任务,新增20个省三星级康居示范村。四县全部建成国家级生态示范区,赣榆县青口镇获批国家级生态乡镇。全市林木覆盖率26.6%。秋季秸秆实现全面禁烧,秸秆综合利用率86%。

五、强化创新驱动,发展活力得到增强

创新能力持续提高。新认定国家级高新技术企业30家、企业技术中心1家,创建两化融合示范试点企业25家,大中型工业企业研发机构实现全覆盖。新增中国驰名商标6件。中复神鹰T700高性能碳纤维实现规模化生产,恒瑞医药成为全国首家制剂产品进入美国和欧盟市场的企业。重大研发平台建设取得新进展,中科院能源动力研究中心开展科技研发。创新资源加快集聚,争取国家重大科技专项8项,实施星火计划项目70项。全社会研发支出占地区生产总值1.3%。高新技术产业完成产值1300亿元,占规模以上工业37%。组织实施“三百引才”等人才集聚工程,引进高层次创业创新人才900人、领军人才48人,2人入选国家千人计划、10人入选省“双创”计划,人才支撑不断强化。

重点改革加快推进。创新体制机制,增强发展活力,成立新城开发等指挥机构,组建市旅游发展集团。投融资体制改革不断深入,国有资产公司专业化发展步伐加快。价格改革逐步深化,居民阶梯式电价全面实行。农村产权、土地、户籍、金融、就业和社保制度改革统筹推进,东海县建成全国首家县级农村产权交易所,柘汪镇获批为国家第三批小城镇综合改革试点镇。文化体制改革扎实推进。医药卫生体制改革不断深化,公立医院运行机制逐步完善,村卫生室基本药物制度实施率100%。

开放型经济工作得到加强。以更高的水平“请进来”,高标准举办连云港之夏旅游节暨沿海开发经贸洽谈会、首届东中西区域合作论坛暨西游记文化节等经贸活动,吸引16个国家和地区的400多家客商、37家世界500强企业来连投资洽谈。以更大的步伐“走出去”,设立5个境外招商机构,在韩国、新加坡、香港、台湾等国家和地区高质量举办大型经贸招商活动,港口、物流、旅游等49个项目成功签约,71个重大招商引资项目有序推进。全市直接利用外资8.1亿美元,增长32.6%。内联客方到位资金611亿元,增长15.9%。完成外贸进出口78亿美元,增长13%。国际服务贸易达到13.2亿美元,增长62%。支持企业开展境外投资,新核准境外投资项目5个,对外直接投资1.1亿美元。

六、着力保障民生,人民生活持续改善

城乡居民收入稳步提高。认真落实十大民生工程,民生领域支出占公共财政预算支出72%。推动就业创业富民,开展创业及各类职业技术培训32万人次,实现自主创业并带动就业1.1万人。加快15分钟公共就业服务圈建设,组织开展创业贷款助推和充分就业“双创”行动,积极促进高校毕业生、农村劳动力和城镇困难人员就业。新增城镇就业8.1万人、农村劳动力转移就业1万人。实施脱贫奔小康工程,实现10万低收入人口脱贫、40个经济薄弱村达到省定脱贫目标。城市居民人均可支配收入达到24840元,农民人均纯收入达到9700元,分别增长14.5%、15%。

社会保障水平不断提升。统一城乡居民社会养老保险制度,职工五项社会保险参保人数平均新增3万人。企业退休人员养老金人均每月增加173元。城镇职工和居民医保住院医疗费用报销比例分别为81%和70%。新农合实现应保尽保,支付方式改革经验在全国推广,重大疾病救治病种增至20个。稳步提高城乡居民低保标准和医疗救助比例,发放各类救助资金3.1亿元。新建平价商店33家、“菜篮子”生产基地16个,改造城区农贸市场12个。采取集中公开收购、发放货币补贴等方式,拓宽保障房筹集渠道。全市开工建设各类保障性住房10874套,竣工7390套,住房困难保障标准扩大到人均18平方米。落实惠老助老政策,为10万名80岁以上老人按时足额发放尊老金。慈善募捐和红十字救助工作得到加强,老龄和残疾人康复事业加快发展。

社会事业全面进步。各类教育发展水平不断提高,省优质幼儿园比例达66%,公办普通高中和中等职业教育全部建成省三星级以上学校,基本实现教育现代化。中小学校舍安全工程三年任务基本完成。连云港社区大学成立。义务教育免费政策和贫困生资助制度全面落实,1.5万名进城务工人员子女顺利入学。公共卫生服务体系不断完善,省级示范基层医疗卫生机构增至32家,基本公共卫生服务项目增加到10类41项。在全省率先建成区域卫生信息平台,发放居民健康卡6万张。市食品安全快速检测中心建成运行,药品不良反应监测实现全覆盖。统筹推进城乡文化发展,繁荣文艺创作生产,举办惠民展演活动400多场,有线电视村村通工程和新闻出版工作有效推进。加快城市10分钟体育健身圈建设,全民健身和竞技体育取得新进展,赣榆县获评中国拔河之乡。人口管理服务措施不断加强,妇女儿童、民族宗教、气象、防震减灾、档案、地方志、关心下一代和老区开发事业取得新进步。

社会管理得到加强。组织实施社会管理创新工程,强化基层基础建设,所有县区和90%以上乡镇街道建成社会管理服务中心,新增全国民主法治示范村2个,开通“互联社区网”,东海县122民生热线经验在全国推广。深入开展“三解三促”、“四项排查”活动,健全矛盾纠纷“大调处”机制,狠抓信访问题源头化解,扎实做好安全生产工作。巩固平安连云港、法治连云港建设成果,建立侦查、研判、巡防“三项合成”警务机制,有效维护社会治安,公众安全感和法治建设群众满意度得到提升。全面推进行政审批服务“三集中四到位”,进一步提高行政效能。加快惩防体系建设,建成电子化招投标系统,反腐倡廉工作得到加强。大力推进公民道德建设,广泛开展群众性精神文明创建活动,“雷锋车”组成为全国重大典型。国防动员、民兵预备役和优抚安置工作取得新成绩。

各位代表,回顾过去一年,我们经受了宏观环境复杂多变的严峻考验,夺取了抗击历史罕见的干旱、暴雨、台风灾害的重大胜利,展现了大力度、快节奏、高质量推进城市建设的崭新风貌,更增强了应对困难、推动发展的能力,积累了创新思路、破解难题的经验,锤炼了顽强拼搏、连续奋战的作风,坚定了迎难而上、敢打必胜的信心。所有这些,归功于市委的正确领导,归功于市人大、市政协的监督支持,归功于社会各界的共同奋斗。在此,我代表市人民政府,向全市人民,向人大代表、政协委员和离退休老同志,向各民主党派、工商联、人民团体和无党派人士,向驻连部队、武警官兵、公安干警和驻连部省属单位,向热心支持连云港发展的海内外人士,表示衷心的感谢!

在肯定成绩的同时,我们也清醒地看到,我市经济社会发展中还存在不少困难和问题:规模以上企业数量较少,产业实力和竞争力不强,重大项目还需要加快突破;资源环境约束加剧,要素瓶颈制约还没有很好地破解,转型升级的步伐需要进一步加快;城市建设管理水平仍需加快提升,环境保护和生态建设需要进一步加大工作力度;小康社会建设存在不少薄弱环节,统筹城乡发展、改善群众生活还有大量工作要做;投资发展软环境还存在一些突出问题,机关作风建设需要进一步加强。对此,我们一定高度重视,不回避矛盾,不掩盖问题,深入分析原因,积极采取有效措施切实加以解决。

2013 年主要工作任务

2013 年是全面贯彻落实党的十八大精神的开局之年,是实施"十二五"规划承前启后的重要一年,也是全市深入推进沿海开发、全面建成小康社会的关键之年。综观当前形势,世界经济已经进入深度转型调整期,低速增长态势还将延续,宏观环境依然复杂严峻,不确定因素仍然较多,风险和挑战不可低估。但是,我们更要看到,我国仍处于可以大有作为的重要战略机遇期,经济社会发展基本面长期向好的态势没有变。特别是党的十八大对新的时代条件下推进中国特色社会主义事业作出了全面部署,为我们紧紧抓住用好重要战略机遇期,不断开创科学发展新局面指明了方向。当前,我市国家战略聚焦的机遇效应正在加快释放,港产城联动发展的新格局正在加快形成,广大干部群众的思想观念和能力作风正在深刻变化,推动连云港崛起跨越的有利条件和积极因素正在不断累积。全市上下必须进一步坚定后发先至的实践自信、路径自信和前景自信,进一步强化加快跨越的思想自觉、责任自觉和行动自觉,咬定目标,抢抓机遇,不懈奋斗,全力以赴把连云港崛起振兴的事业推向前进。

根据市委十一届五次全会的部署,今年政府工作的总体要求是:在党的十八大精神指引下,坚持稳中求进、好中求快,项目推动、重点突破,加快全面小康建设进程,加快转型升级步伐,加快港产城联动发展,加快县域经济发展,加快提升中心城市现代化和国际化水平,着力在港口建设及港容港貌、重大产业项目及特色产业和园区建设等十个方面实现突破,着力推进事关群众切身利益的十大民生工程,推动全市科学发展、跨越发展取得更大成效。主要预期目标是:地区生产总值增长13%左右;公共财政预算收入增长 18%左右;全社会固定资产投资增长 23%;直接利用外资 9 亿美元;内联客方到位资金710 亿元;社会消费品零售总额增长 15%;城市居民人均可支配收入增长 13%,农民人均纯收入增长 13%;城镇登记失业率控制在 3.6%以内;居民消费价格涨幅不高于省控标准;节能减排完成省定目标。

新的一年,围绕全面建成小康社会,我们将强化跟踪分析、动态监测,实施分类指导、重点攻坚,对消费水平提升、产业结构调整等 4 个难点指标强力组织推进,对已经达标的 21 个指标继续巩固提高,把各项指标分解为具体工作任务,融入到经济社会发展当中,逐项落实责任,落实措施,确保按序时进度达到目标要求。在此基础上,积极推动赣榆、东海做好达标验收和巩固提升工作,支持灌云、灌南加速小康建设进程,为明年全市以县为单位全面建成小康社会奠定坚实基础。

围绕上述目标和要求,着力做好八个方面工作:

一、奋力开拓沿海开发新阶段

加快港口综合发展。

加快重大基础设施建设。

加快国家东中西区域合作示范区建设。

二、积极增创转型升级新优势

千方百计促进经济稳定增长。

加快工业经济扩量提质。

推动服务业优化升级。

着力增强创新发展能力。

三、全面塑造海滨城市新形象

高标准推进组团开发。

全方位完善城市功能。

大力度提升城市品质。

四、着力开创改革开放新局面

深化重点领域和关键环节改革。

加快提升对外开放水平。

五、扎实迈出统筹发展新步伐

大力推进新型城镇化。

大力推进农业现代化。

大力推进生态文明建设。

六、加快推进社会事业新发展

扎实推进教育和卫生事业发展。

繁荣发展文化事业和文化产业。

统筹推进各项社会事业全面发展。

七、大力推动民生质量新改善

加快实施居民收入倍增计划。

全面提升社会保障水平。

加强和创新社会管理。

八、切实推进政府作风新转变

改善政府服务。

坚持依法行政。

加强廉政建设。

宿迁市政府工作报告(节选)

——在宿迁市第四届人民代表大会第二次会议上

市长　蓝绍敏

2013年1月8日

2012年工作回顾

过去的一年,在市委的正确领导下,我们认真贯彻落实科学发展观,大力实施"一三六七"战略部署,提振精气神,全力促发展,顺利完成年度各项目标任务,实现了本届政府工作的良好开局。主要指标跃上新的平台,地区生产总值达1506.7亿元、增长12.8%,人均突破3万元;财政总收入达333.3亿元、增长20.7%,其中公共财政预算收入158.1亿元、增长30.7%,税收占比达82.3%;固定资产投资、贷款余额登上千亿台阶,分别达1012亿元、1002.9亿元;实际到账外资突破5亿美元。重点工作取得重大进展,徐宿淮盐铁路、国电二期项目顺利通过预可研审查,宿新高速建成通车,宿迁经济开发区创建国家级开发区取得重大突破,第六届苏北投资贸易洽谈会、西楚文化节暨经贸洽谈会等活动取得圆满成功。民计民生得到有效改善,各级财政用于民生的投入达174.6亿元,占公共财政预算支出的64.4%;城乡居民收入连续9年保持两位数增长。

*一是突出抓好及时应对,经济保持平稳较快发展。*面对复杂严峻的宏观形势,科学决策,狠抓落实,牢牢把握工作的主动权。注重形势研判,在深入分析研究国内外经济动态的基础上,确立了稳中求进、进中求好、好中求快的工作导向;针对一季度高开低走、二季度逐月下行的趋势,及时提出着眼于"稳"、立足于"进"、致力于"好"、突出于"快"的发展思路;针对三、四季度尚未见底的迹象,坚定不移抓服务抓推进抓落实,对保持经济平稳运行发挥了关键作用。强化政策保障,在支持中小企业发展、培育大企业大集团、推进科技创新等方面,相继出台了针对性强、含金量高的政策措施,并切实加强政策的宣传和落实,有力促进了经济持续健康发展。重抓关键举措,聚力抓好政府投资,全力引导社会投资,全面推进总投资超过2000亿元的301个重大项目和中心城市重点基础设施项目;坚持以创新驱动为引领,推动企业加快提档升级;大力实施民生幸福工程,扎实推进社会管理创新,努力保持社会和谐稳定。正是这一系列行之有效的思路、政策和措施,有力推动了经济社会的平稳较快发展,公共财政预算收入、固定资产投资等多项指标增速位居全省首位。

*二是突出抓好实体经济,产业转型取得新的成效。*充分利用金融危机形成的倒逼机制,坚定不移调结构、抓创新、促转型。扎实开展中小企业服务年活动,定期召开工业企业座谈会,完善重点企业帮办服务机制,全力支持实体经济稳健发展。规模以上工业企业净增230户、累计达2022户,完成增加值560亿元、增长20.6%;销售收入超亿元企业净增120户、累计达360户。洋河股份跻身FT全球500强。我市荣获"中国白酒之都"称号。全面启动千企升级行动计划,四大支柱产业实现销售收入1300亿元、增长42%。深入实施新兴产业千亿计划,创新新兴产业引导资金使用办法,新兴产业实现销售收入450亿元、增长44%。新增国家高新技术企业21户、累计达48户,高新技术产业实现产值370亿元、增长55%。大力推进服务业提速计划,完成服务业增加值572亿元。软件和服务外包产业主营业务收入达31.5亿元,离岸外包合同额、实际执行额领跑苏北。以创建省级现代生态农业示范市为抓手,加快提升农业现代化水平。新增高效农业40.7万亩、渔业15.4万亩。粮食产量实现"九连增",单产增幅全省第一。新增省级农业龙头企业11户,新增省级现代农业产业园区1个、市级5个,新创建市级以上农业"三名"商标9个。全社会研发经费支出占地区生产总值比重达1.03%。大中型工业企业和规模以上高新技术企业研发机构实现全覆盖。质量强市工作迈出坚实步伐,国家白酒质检中心投入使用。深入实施创业创新领军人才集聚计划,新引进各类高层次人才152人。节能减排扎实推进,全年实施重点节能和工业循环经济项目40个,新增污水日处理能力6.25万吨,主要污染物年度减排任务基本完成。

*三是突出抓好中心城市,城乡面貌发生明显变化。*以科学的理念引领城市发展,按照"一核多极、组团发展"的空间布局,着眼于百万人口的承载目标,全力打造不堵车、很方便、最干净、玩不够的苏北最美城市。扎实推进中心城市151项重点基础设施项目,宿迁1897、雨润广场、中豪国际广场、水韵城等商贸流通项目加快建设,市第一人民医院、老城区部分中小学校布局调整等公共服务项目启动实施,发展大道南延至洋河段、环城西路北延至水杉大道等交通工程顺利推进,市区第二水厂并网供水,七堡引水枢纽工程如期竣工,项王故里核心景区、雄壮河湾景区南岸公园建成开放。沭阳南部新城、泗阳运河新城、泗洪南部新城加快建设。小城镇新建住房3.7万套,农民集中居住区新建住房6.5万套。在苏北率先完成省"十二五"镇村公交发展目标。全面推进"五城同创",深入实施"美好宿迁建设行动"计划。幸福路、黄河路整治提升工程顺利完成,市区农贸市场改造提升初见成效。创卫通过省级验收,创模通过省级调研,全国绿化模范城市创建通过国家级验收。数字城管二期工程建成试运行。村庄环境综合整治被誉为"宿迁样本"。秸秆禁烧和综合利用经验在全省推广。

*四是突出抓好改革开放,经济发展活力得到逐步增强。*以实施区域协调发展综合改革试点为契机,创新理念保障发展要素供给,创新举措推动开放型经济发展。深入实施万顷良田建设工程,加快成子湖周边地区城乡统筹土地管理创新试验

区建设,在全省率先实现国有建设用地使用权网上交易。创新实施地票交易制度,实现建设用地指标存量的有效盘活和节约使用土地内在约束机制的有效形成。实施创新券制度,发挥了财政资金对中小企业科技创新的杠杆效应。加快金融改革试点,浦发银行、苏州银行宿迁分行挂牌运营,在苏北率先实现企业债融资、票据融资、信托融资、私募债融资的整体突破。坚持实施外向带动战略,持续加大对台招商力度,预计完成进出口总额26.7亿美元、增长25.6%。我市首次被台湾评为大陆投资"值得推荐城市"。区域经济活力进一步增强,沭阳名列全国百强县第57位,苏宿工业园区率先创成省级经济开发区,宿豫经济开发区成功创建江苏省宿迁高新技术产业开发区,骆马湖旅游度假区和泗洪洪泽湖生态旅游度假区获批为省级旅游度假区。深入开展招商引资竞赛年活动,抓好专业招商、驻点招商和协作组招商,成功举办万人千企网络招商会、携手央企恳谈会、现代生态农业博览会、百名台商看宿迁、旅游招商会等活动,新引进亿元以上合同项目413个、新开工206个、新竣工134个,竣工项目完成固定资产投资501亿元。

五是突出抓好民计民生,社会事业实现全面进步。以"六年倍增计划"为抓手,不断拓宽就业、创业、投资、社保、帮扶"五大增收渠道",城镇居民人均可支配收入、农民人均纯收入分别达17448元、9530元,增长16.5%和14.2%。以"六大体系"建设为重点,加快提高公共服务水平。围绕强化学前教育,启动幼师免费培养工程,创建省优质幼儿园21所。本科达线人数连续三年超万人。围绕完善社会保障体系,将城乡低保标准分别提高到每人每月310元和240元,五保集中和分散供养标准分别提高到每人每年4550元和3800元。启动实施新一轮扶贫开发工程,泗洪西南岗地区、成子湖周边地区和黄墩湖滞洪区被省列入集中连片开发地区。围绕推进公共就业服务均等化,城镇新增就业2.8万人,转移农村劳动力5万人。围绕提高新农合保障水平,政策范围内报销比例提高到75%,结报体系延伸到村。实现基本药物制度村级卫生室全覆盖,群众用药负担大幅下降。围绕完善住房保障体系,新开工各类保障性住房4.6万套、新竣工3.3万套,开竣工完成率均居全省第一。完成商品房销售488万平方米。围绕推进养老服务,实现养老保险城乡统筹,宿城区达到"中国长寿之乡"标准。以统筹兼顾为方针,协调推进各项社会事业发展。公共文化服务网络覆盖率达94.3%,在苏北率先实现县区数字影院全覆盖。对2万多对夫妇实施免费孕前优生健康检查。我市健儿在伦敦残奥会上勇夺四枚金牌。国防动员和民兵预备役工作扎实推进,全国双拥模范城创建实现"两连冠"。民防、物价、气象、食品安全、民族宗教、外事侨务、对台事务、档案、史志、资政工作取得新进展,妇女、儿童、青少年、老龄、残疾人、红十字、慈善事业取得新进步。以营造党的十八大和谐稳定环境为目标,社会管理科学化水平不断提升。应急管理水平显著提高,安全生产形势持续平稳,公众安全感进一步增强,法治建设满意度全省第一。

六是突出抓好自身建设,政府工作效能有了显著提升。顺利完成政府换届工作。新一届政府确立真心为民、造福百姓的理念,明确"勤学、为民、敬业、善政"的要求。深入开展领导干部下基层"三解三促"活动,帮助群众解决实际问题。注重从制度上完善工作流程,对政府重点工作每周一会办、重点事项每月一督办,形成精细化、高效化的落实机制。按照任务项目化、项目目标化、目标节点化、节点责任化的要求,环环紧扣抓好重点项目的推进。建立健全市政府重大行政决策机制,法治政府建设步伐进一步加快。加快建设服务型政府,着力打造集行政审批、公共资源交易、便民服务、政府热线、效能监察、电子监察于一体的政务服务"宿迁品牌"。便民方舟正式启动运行。新版"网上宿迁"跻身中国政府网站绩效评估前五强,政务微博"宿迁之声"在全国首创营销推广城市新模式。自觉接受市人大及其常委会的法律监督、工作监督和市政协的民主监督,认真执行市人大及其常委会决议,支持市政协参政议政。严格执行党风廉政建设责任制,行政监察、审计监督工作不断强化,惩治和预防腐败体系建设深入推进,领导干部廉洁自律意识进一步增强。

各位代表!过去一年,在宏观环境复杂严峻的形势下,我市经济社会发展之所以取得新的成绩,离不开省委、省政府和市委的正确领导,离不开省级机关和苏州等兄弟市的关心帮助,离不开市人大、政协和社会各界的监督支持,离不开全市人民的团结一心、奋力拼搏。在此,我代表市人民政府,向奋战在各行各业的全体劳动者,向人大代表、政协委员、各民主党派、工商联和无党派人士、各人民团体,向离退休老同志,向中央和省驻宿单位以及人民解放军、武警官兵、公安干警,向参与宿迁建设的海内外客商、高层次人才、广大援宿干部,以及所有关心支持宿迁发展的各级领导、各界人士,致以崇高的敬意和衷心的感谢!

同时,我们也清醒看到,全市经济社会发展中还存在不少矛盾和问题。一是产业竞争力不强,自主创新能力弱,调结构、转方式的任务十分艰巨。二是资源瓶颈制约依然突出,节能减排工作还需进一步加强。三是实体经济面临着成本上升、市场萎缩等诸多困难和挑战。四是城镇化进程相对滞后,城镇化质量依然不高,中心城市承载能力亟需进一步增强。五是社会建设体系还不够完善,一些群众生产生活仍较困难,部分小康指标完成压力较大,保障和改善民生的任务依然繁重。六是少数部门服务发展能力不足,工作效能、办事效率有待进一步提高,形式主义、官僚主义和消极腐败现象在少数人身上仍不同程度存在。对这些问题,我们将高度重视,并在今后的工作中切实加以解决。

2013年工作总体部署

今年是全面贯彻落实党的十八大精神的开局之年,是实施"十二五"规划承前启后的关键一年,是为全面建成小康社会奠定坚实基础的重要一年。政府工作的总体要求是:深入学习和全面贯彻落实党的十八大精神,以科学发展为主题,以加快转变经济发展方式为主线,以提高经济增长质量和效益为中心,大力实施"一三六七"战略部署,坚持"三化并进"、"双轮驱动",突出稳中求进、好中求快工作导向,进一步增加有效投入、推进转型升级、扩大对外开放、完善城市功能、统筹城乡发展、集聚资源要素,加快改善民生,推动经济社会持续健康跨越发展。

今年全市经济社会发展的主要预期目标是:地区生产总值增长13%左右,公共财政预算收入增长20%左右,固定资产投资增长25%左右,规模以上工业增加值增长20%左右,社会消费品零售总额增长16%,进出口总额增长25%,实际到账外资增长30%以上,城镇居民人均可支配收入、农民人均纯收入均增长14%以上，节能减排完成年度目标任务。

实现上述目标，必须以党的十八大精神统领政府各项工作，具体需牢牢把握三个方面：一是紧扣建成全面小康这一目标。切实增强建成全面小康的责任感和紧迫感，按照全面小康新内涵新标准，明确新的要求，谋划思路举措，全力打好攻坚战，为2015年如期建成不含水分、人民群众得实惠、老百姓认可的全面小康奠定坚实基础。二是抓住改革开放这一关键。坚持改革不停顿、开放不止步，在重点领域和关键环节上求突破、见成效，持续不断地提升城市价值，最大限度地集聚资源要素，加快新型工业化、新型城镇化、农业现代化进程，不断增强发展的动力和活力。三是坚持民生优先这一导向。牢固树立并认真践行真心为民、造福百姓的理念，像抓经济建设一样抓民生保障，像落实经济指标一样落实民生任务，让老百姓的腰包一年一年鼓起来，保障水平一步一步高起来，使发展成果更多、更公平地惠及全市人民。

千方百计推动经济又好又快发展

新的一年，我们将着力做好六个方面的经济工作：

一、以增加有效投入为重点，着力增强经济发展后劲

在加快项目建设上下功夫。

在加强项目前期工作上下功夫。

在优化项目服务机制上下功夫。

二、以推进转型升级为重点，着力提高产业发展水平

加快构建以企业为主体的科技创新体系。

大力发展以四大支柱产业为龙头的传统产业。

快速壮大以八大产业为先导的新兴产业。

聚力突破以旅游业为重点的现代服务业。

三、以扩大对外开放为重点，着力推动开放型经济发展

提高招商引资水平。

扩大外贸规模总量。

增强开发区承载能力。

四、以完善城市功能为重点，着力提升城市辐射带动力

聚焦核心区重点项目，进一步提高建成率。

聚焦城市功能完善，进一步提高配套率。

聚焦管理水平提升，进一步提高达标率。

五、以统筹城乡发展为重点，着力加快新农村建设

加速农业现代化进程。

提高镇村承载能力。

加快美好城乡建设。

六、以集聚资源要素为重点，着力深化改革创新

以金融改革创新推动融资总量突破。

以用地制度创新推动土地难题化解。

以人才政策创新推动智力支撑增强。

以行政服务创新推动政务环境优化。

更大力度保障和改善民生

多渠道增加居民收入，让百姓更富足。

广覆盖完善社保体系，让群众更受益。

均衡化发展公共服务，让人民更满意。

深层次推进管理创新，让社会更和谐。

矢志不渝加强政府自身建设

强化学习调研。

转变工作作风。

加强廉政建设。

徐州市政府工作报告(节选)

——在徐州市第十五届人民代表大会第二次会议上

市长　朱　民

2013年1月7日

一、2012年工作回顾

过去的一年，面对复杂严峻的国内外形势，全市上下在省委、省政府和市委的正确领导下，紧紧围绕“两快两带三先”的新要求，始终坚持稳中求进、好中求快的工作导向，牢牢把握主题主线，深入实施“八项工程”，全力推进“三重一大”，沉着应对挑战，积极抢抓机遇，有力推动了经济社会平稳较快发展。

(一)争先进位成效明显，经济综合实力稳步壮大

经济规模跃上新台阶。全市主要经济指标(预计，下同)增长继续高于全省平均水平，部分指标增幅全省领先。地区生产总值有望突破4000亿元、增长13%左右。公共财政预算收入实现366.8亿元、增长15.2%，其中税收收入增长19.8%，税占比较上年提高3个百分点。固定资产投资完成2685亿元、增长22%，其中工业投资1477亿元、增长21.5%，宿新高速、徐工大吨位起重机、卡特彼勒大挖掘机等重大项目如期竣工，亿吨大港、必康新医药等重大项目顺利推进。城乡消费同步拓展，社会消费品零售总额达1320亿元、增长18%左右。县域经济和民营经济快速发展，五县(市)地区生产总值和公共财政预算收入占全市比重分别达46%、44.8%；全市民营经济实现增加值2300亿元、增长14%。

产业转型升级深入推进。规模以上工业增加值突破2000亿元、增长17%，六大千亿元工业产业产值超8000亿元。服务业增加值达1650亿元、增长13.5%，现代服务业集聚区新增入驻企业503家。粮食产量实现“九连增”，荣获“全国粮食生产先进市”称号。高效设施农业新增面积、总面积保持全省

第一,新增省级农产品加工集中区4个,黄河故道综合开发启动实施。高新技术和新兴产业产值分别完成3600亿元和3300亿元、均增长80%;全社会研发投入增长20%,规模以上工业企业研发机构覆盖率达85%。全市引进高层次人才2700多人、其中国家"千人计划"专家17人,首次入选省创新团队2家、实现了该项目的重要突破。新增2家百亿元工业企业、5家五十亿元服务业企业(市场),徐工集团营业收入超千亿。

改革开放迈出更大步伐。镇级行政管理体制改革试点有序实施,云龙湖风景区管理体制改革顺利完成。事业单位分类改革加快推进,精简市直事业机构61家。医药卫生体制改革进一步深化,以我市为中心的淮海经济区核心区8个城市实现新农合异地结算。财税金融体制改革不断加快,"营改增"试点顺利推进,农信社改制组建银行工作基本结束,村镇银行实现县域全覆盖。开放型经济加快发展,实际到账注册外资完成17亿美元、增长15%;进出口超千万美元的企业达120家、同比新增49家,全市自营出口达62亿美元、增长50%。

集聚发展能力进一步增强。各类开发园区实现业务总收入8676亿元、增长50%。徐州经济技术开发区成为工程机械全国知名品牌创建示范区,获批创建国家生态工业示范园区;徐州高新区成为苏北首家国家高新区;泉山经济开发区晋升省级开发区,沛县绿色食品产业园、睢宁白色家电产业园、新沂新型材料产业园获批省级特色园区,丰县在我省率先建成国家级出口果品质量安全示范区,邳州国家级大蒜出口基地创建通过商务部初审,沛县微山湖千岛湿地景区、吕梁山旅游度假区获批省级旅游度假区,新沂窑湾古镇成功创建国家4A级景区。矿大科技园成为全省唯一一家国家A类大学科技园,徐州医学院生物技术和新医药产业园获批省级科技产业园,大学生创业园获首批国家大学生创业示范基地称号;徐州软件园、徐州工业园科技创业园获批国家级、省级科技企业孵化器。

(二)城乡面貌大幅提升,一体化建设扎实开展

中心城市功能更加完善。启动新一轮城市总体规划修编,制定"八大中心"建设意见和专项规划,区域中心城市建设的目标定位和实现路径进一步明晰。243项城建重点工程进展顺利,项目总量和投资额均创历年新高,徐贾快速通道、彭城欢乐世界一期等重大项目投入使用,珠山景区、植物园、潘安湖湿地公园等精品园林景观建成开放,三环东路高架、韩山隧道、微山湖快速通道等道路工程加速推进,苏宁商务广场、中央国际广场、八里家居中心等商贸项目稳步实施,城市轨道交通等重大前期项目取得突破性进展,观音机场开通至泰国曼谷的国际航线。网格化城市管理体系逐步健全,市容专项整治效果明显,中山北路、民主路成为省级示范路,"数字化城管"通过省级验收并被国家住建部列为科技示范项目,我市荣获"江苏省城市管理优秀市"称号。

城乡建设协调推进。各县(市)城乡规划体系不断完善,组织实施了一大批基础设施和功能性项目,城乡面貌明显改观。投入资金23.2亿元重点加强30个中心镇建设,完成基础设施、社会事业、生产服务三大类项目87个,第一批10个中心镇达到验收标准。投入资金35.6亿元新创建新农村示范村50个,25个村被评为三星级康居村,8个村被评为省村庄建设和环境整治示范村。镇区环境"五整治、五提升"初见成效,村庄环境整治年度任务全面完成,京沪高铁沿线环境综合整治扎实开展。完成农村水利投资9亿元,解决了44万农村人口饮水安全问题,改造卫生厕所15万座。

生态建设进一步加强。积极开展PM2.5监测试点,大力实施污染防治设施提标改造,完成7450辆高排放机动车淘汰任务,市区环境空气质量良好率达90%。南水北调一期工程完成序时进度,截污导流工程投入运营,市区污水集中处理率达87%以上,重点断面水质稳定达标,功能区三类以上水体占比达76%。单位GDP降耗和主要污染物总量减排完成年度任务。绿化荒山2.2万亩,新增造林12万亩,改造绿地1500公顷,建成潘安湖等6个省级湿地公园,10个镇和11个村通过国家生态镇(村)考核验收,荣获"国家森林城市"称号,国家生态市创建扎实推进。我市被列入全国工矿废弃地复垦利用试点城市。

(三)民生民计持续改善,社会建设得到加强

人民生活水平不断提高。城乡居民收入分别达22100元和10900元,均增长12.3%。启动新一轮扶贫开发,实现农村低收入人口建档立卡全覆盖,发放扶贫小额贷款10.2亿元;对359个经济薄弱村全部制定了帮扶规划,一批帮扶项目相继实施。新增城镇就业12万人、失业人员再就业4.7万人、农村劳动力转移6万人,登记失业率控制在2.46%,大学生创业企业发展到2740家。"全民社保"框架体系基本形成,城乡居民养老保险参保及养老金发放实现动态全覆盖,新农合政策范围内报销比例达79.3%、位居全省第一,城乡低保标准分别提高到每人每月440元和270元。开工建设保障性住房10317套,竣工5810套,发放廉租住房租赁补贴2336户,建成棚户区改造安置房6707套,新建农村偏远学校教师公租房1056套。年初确定的三大类70件实事完成年度任务,投放7500辆公共自行车等实事受到群众普遍欢迎。

社会事业健康协调发展。教育优质均衡发展稳步推进,7个县(市)区创建国家义务教育基本均衡县(市、区)工作通过省级评估,新建改建农村中小学119所、幼儿园112所,超额完成校舍安全工程三年计划任务,农村中小学生上下学交通安全保障水平明显提高;生物工程职业技术学院成功升格,我市被确定为第二批省职业教育创新发展实验区。徐医附院新病房楼建成使用,中心医院新城区分院、第一人民医院和市精神病院迁建等项目有序推进,30家社区卫生服务中心完成升级改造,标准化卫生室基本实现行政村全覆盖。精心打造"舞动汉风"品牌,文化产业发展明显加快,一批文艺精品在国家和省获奖,社区文化共享工程基层服务点实现城区全覆盖,公共文化设施基本做到免费开放,我市被评为全国文化体制改革先进地区。行政村健身设施提档升级工程全面完成,奥体中心建设加快推进,第十八届省运会备战训练和筹办工作稳步开展,成功举办第一届市全民健身运动会和第二十届市运会。村(社区)综合服务中心建设任务圆满完成,服务功能进一步提升。人口计生综合改革深入推进,计划外生育反弹和出生人口性别比偏高的势头得到初步遏制,出生强度持续回落。再次荣膺"全国双拥模范城"称号,顺利实现"七连冠"目标。残疾人"强基育人"工作成效显著,镇村两级残疾人组织建设全国领先。妇女儿童、青少年、关心下一代、老龄等事业持续发展,人防、民兵、民族宗教、档案、外事、侨务、台港澳事务、统计、审计、机关事务、广播电视、淮塔管理、住房公积金管理、新闻出版、气象、援疆等各项工作都取得了新成绩。

社会管理创新得到强化。深入开展“三解三促”、“大接访”和“百日百案”活动,扎实推进“四项排查”,稳定风险评估数量和评估质效均居全省前列,非法集资专项治理等社会管理创新项目实现重点突破,来市上访总量和进京上访登记量不断下降。社会治安形势持续改善,严重刑事案件数量降至10年来最低。积极开展“幸福家园”创建,建成居家养老服务中心1300个,市养老信息服务中心投入使用,65%的城市社区和40%的农村社区达到和谐社区标准,5个社区被命名为国家级和谐社区示范单位。安全生产形势总体平稳,事故总量和死亡人数分别下降10%和11.2%。食品药品监管力度进一步加大,全市餐饮单位量化分级管理率达95%,药品生产经营企业监督检查覆盖率达100%。

(四)政府自身建设全面加强,行政效能明显提高

百姓办事“零障碍”工程扎实开展。设立400个协办中心和2100个协办岗位,建立了网络、电话、手机“零障碍”工程投诉平台,对群众申办事项实行全流程电子化监控和群众满意度即时测评,群众反映突出的29项办事障碍得到及时清除。112家市直单位修订完善相关制度160个,对85个事项的服务流程进行了优化,促进政务服务提速的长效机制不断完善。

“三位一体”政务服务新格局基本形成。大力推进审批服务提速,压缩行政审批事项113个,取消、下放审批事项20个,进驻行政服务中心事项审批时限压缩到5个工作日以内。着力推进便民服务提质,精心实施“市民卡工程”,主动拓展延时、预约、上门等便民服务。“12345”政府服务热线平台实现市县两级全覆盖,帮助解决群众诉求事项4万多件,综合服务功能全面加强。

法治廉洁政府建设再上新水平。自觉接受市人大及其常委会的法律监督和工作监督,主动接受市政协及社会各界的民主监督,深入推进依法行政,进一步细化了工作要求和标准,全市行政诉讼案件总量明显下降。开通全国首家政务公开和政务服务系统,12家试点单位的部门预算向社会公开。不断加强廉政主题教育,扎实推进“两个习惯”作风建设,积极开展领导干部“晒权力”试点活动,建立了集绩效、教育、监督、预防、惩戒于一体的勤廉评价系统,有力维护了为民务实清廉的政府形象。

各位代表,过去一年各项成绩的取得来之不易,这是全市人民同心同德、攻坚克难、开拓奋进的结果。在此,我代表市人民政府,向全市各族人民群众、向人民解放军驻徐部队、武警官兵和公安民警,向各民主党派、工商联、无党派人士和人民团体,向支持徐州现代化建设的香港特别行政区同胞、澳门特别行政区同胞、台湾同胞、海外侨胞和各界人士,向投身徐州经济社会发展的国内外投资者和企业家,表示衷心的感谢!

在肯定成绩的同时,我们也清醒地认识到,当前我市经济社会发展不充分、不平衡、不可持续的问题还比较突出,尤其是在经济下行压力加大的严峻形势下,部分企业经营困难明显加大,财政增收节支压力明显加大,居民收入持续增长压力明显加大,一些经济指标增速同比明显趋缓。公共服务供给与民生改善需求之间的差距仍然较大,教育、就业、医疗、住房、社会保障等事关群众切身利益的问题还不少。城市管理水平和城乡文明程度有待进一步提高,交通拥堵问题亟待解决。城乡之间、区域之间的发展尚不平衡,经济发展与资源环境约束加剧的矛盾比较突出。一些公务人员的服务意识不强,解决问题的能力和办事效率不高。在今后的工作中,面对推进跨越发展、科学发展、和谐发展的多重艰巨任务,如何更加有效地统筹解决好上述问题,是我们面临的重大考验。我们必须进一步凝心聚力谋发展、强化创新抓落实,以更强的执行能力、更高的工作标准和更优的服务效能,努力推动全市经济社会发展再上新水平!

二、今年政府工作的主要任务

今年是深入贯彻落实党的十八大精神的开局之年,是实施“十二五”规划承前启后的关键一年,也是在更高水平上全面建成小康社会的重要一年。综观宏观形势,我们仍处于可以大有作为的重要战略机遇期,具备许多有利条件和积极因素,但面临的困难和挑战依然较多。我们要看到,当前世界经济低速增长的态势仍在延续,在经济国际化不断加快的大背景下,产业转型升级的任务更加繁重,保持经济平稳较快发展压力较大。我们更要看到,国家继续实施积极的财政政策和稳健的货币政策,宏观调控将不断加强和改善,特别是党的十八大为推动科学发展进一步指明了方向,提供了强有力的支撑和保障。近年来,我市坚定不移地推进“三重一大”建设,积蓄了强大的发展后劲。只要我们切实增强紧迫感和忧患意识,始终坚定信心、抢抓机遇、攻坚克难,一定能够夺取新一轮发展的主动权。

做好今年的政府工作,要全面深入贯彻落实党的十八大精神,高举中国特色社会主义伟大旗帜,坚持以邓小平理论、“三个代表”重要思想和科学发展观为指导,按照“五位一体”的总布局,紧紧围绕“两快两带三先”的战略部署,始终突出主题主线,以提高经济增长质量和效益为中心,稳中求进、开拓创新、扎实开局,坚持又好又快工作导向,深入实施“八项工程”,集中力量抓好“三重一大”,坚定不移深化改革开放,全力以赴稳增长、转方式、调结构、抓创新、惠民生、促和谐,持续推动全市经济社会总量指标进位、速度指标争先、结构指标提升,在更高层次上振兴徐州老工业基地,在全面建成小康社会新征程上迈出更加坚实的步伐。

今年经济社会发展的主要预期目标是:地区生产总值增长13%,公共财政预算收入增长15%,固定资产投资增长22%,社会消费品零售总额增长16%,实际到账注册外资和进出口总额均增长15%左右,城市居民人均可支配收入和农民人均纯收入均增长12%以上,居民消费价格涨幅不高于全省平均水平,新增就业人口10万人,城镇登记失业率控制在4%以内,节能减排完成省定任务,人口自然增长率控制在6‰以内。

为顺利实现上述目标,我们将着力抓好以下几个方面的工作:

(一)一心一意惠民生。

在增加居民收入上下功夫。

在强化社会保障上下功夫。

在完善公共服务上下功夫。

(二)千方百计稳增长。

加快推进重大项目建设。

积极推动各类园区集聚集约发展。

大力强化招商引资和市场开拓。

(三)坚定不移调结构。

加快新型工业化步伐。

狠抓现代服务业发展。

大力提升农业现代化水平。

加速壮大县域经济。

(四)全力以赴抓创新。

大力推动科技创新。

大力推动国有企业体制创新。

大力推动投融资体制创新。

大力推动行政管理体制创新。

(五)统筹协调建城乡。

持续提升中心城市现代化水平。

着力推进新型城镇体系建设。

扎实抓好新农村建设。

(六)齐心协力促和谐。

更大力度抓好生态文明建设。

更大力度加强和创新社会管理。

三、加强政府自身建设

(一)推动行政服务再上新水平。

(二)坚持不懈改进工作作风。

(三)促进行政行为更加规范有序。

(四)牢固树立清正廉洁的良好形象。

宁波市政府工作报告(节选)

——在宁波市第十四届人民代表大会第三次会议上

宁波市人民政府市长　刘　奇

(2013年2月21日)

一、2012年工作回顾

2012年是本届政府的开局之年。一年来,面对严峻复杂的外部环境和困难挑战,市政府在中共宁波市委的领导下,以邓小平理论、“三个代表”重要思想、科学发展观为指导,全面实施“六个加快”战略,坚持“稳中求进、进中求好”的工作总基调,奋力开拓,攻坚克难,进一步开启了稳定增长、转型发展、民生改善的新局面,较好地完成了市十四届人大一次会议确定的目标任务。全年实现地区生产总值6524.7亿元,增长7.8%;完成地方财政收入725.5亿元,增长10.3%;市区居民人均可支配收入达到37902元,农村居民人均纯收入达到18475元,分别增长11.3%和11.8%;居民消费价格指数101.7%。十方面民生实事全面完成。

一年来,我们主要做了六个方面的工作:

(一)围绕稳定增长,加强需求协调拉动

把扩大有效投资作为稳增长、促转型、惠民生的重中之重,以“双百”项目为抓手,有效开展“六个加快”重大项目突破年活动,完善领导干部联系重大项目制度,加快项目谋划生成和开工建设,推进外商直接投资、央企投资、浙商甬商回归投资和民间投资,实现了投资快速增长,扭转了工业投资多年来低位徘徊的态势。完成固定资产投资2901.4亿元、增长21.6%,其中工业投资增长22.3%。上海大众宁波基地等一批重大项目加速推进,中宇锂电池、宁波卷烟厂易地技改等一批重大项目开工建设。出台稳定外贸增长“14条”,加大出口退税、信保等政策支持力度,引导企业巩固传统市场、开拓新兴市场,完成自营进出口总额965.7亿美元。支持企业拓展国内市场,推动名品直销网络建设,加大本地产品政府采购力度,鼓励企业到市外参展、设立营销网点,规上工业企业产品内销比重同比提高0.3个百分点。扩大消费需求,积极培育休闲旅游、文化教育等新兴消费热点,发展网络购物等新型消费模式,加快城市商圈、商业特色街和农村商贸流通网络建设。社会消费品零售总额达到2329.3亿元,增长15.4%。

(二)围绕转型升级,加快调整产业结构

大力实施工业“4+4+4”产业升级工程,出台工业经济稳增长调结构促转型“26条”,战略性新兴产业、高新技术产业和传统优势产业发展势头良好。工业技改投资占全部工业投资比重达到69%,新产品产值率达到20.2%,高新技术产业产值占规上工业总产值比重达到28.7%。建筑业总产值增长29.9%。深化国家服务业综合改革试点,促进服务业提速、提质、提能级。服务业增加值占地区生产总值比重提高到42%,金融业增加值增长12.6%,旅游总收入增长14.8%,会展业直接产值达到63.1亿元。提升现代农业发展水平,启动建设标准化粮食生产功能区25个、现代农业园区63个,新增市级农业龙头企业20家、示范性农民专业合作社14家,在全省率先实现水稻生产全程机械化,“甬优12”单季晚稻百亩方平均亩产创全国纪录。推进海洋经济发展,宁波大宗商品交易所、宁波航运交易所列入国家电子商务试点项目,梅山保税港区汽车整车进口口岸获批,浙台(象山石浦)经贸合作区加快建设,海洋经济生产总值突破1000亿元,港口集装箱吞吐量突破1500万标箱,大宗商品交易额突破5000亿元。深化国家创新型试点城市建设,设立天使投资引导基金,新增院士工作站16家、高新技术企业189家,专利授权量位居副省级城市首位。

加快创建智慧城市,中心城区基本实现光纤到户覆盖,智慧物流、智慧健康保障省级试点取得积极进展。扎实推进人才工作,新增人才21万人,33人入选国家和省“千人计划”。强化节能减排,健全能耗强度和能耗总量“双控”管理机制,实施电镀、印染等行业污染整治,淘汰燃煤锅炉650台,关停落后产能企业59家。宁波经济技术开发区列入国家园区循环化改造示范试点。节能减排指标完成国家和省下达的任务。

(三)围绕强化功能特色,推进城乡区域统筹发展

提升中心城区辐射带动功能,东部新城、南部新城等区块建设步伐加快。实施“三江六岸”滨江休闲带工程,开展户外广告整治和城区道路清爽行动,打通“断头路”21条,整治主干道17条、背街小巷42条,第二轮老小区整治任务全面完成。余慈地区基础设施共建共享有序推进,奉化滨海新区开发建设稳步实施,宁波三门湾区域发展规划通过专家评审。完善“内接外联”大交通体系,象山港大桥建成通车,大榭第二大桥顺利合龙,穿好高速建设接近收尾,绕城高速11条连接线全部建成,城市轨道交通1号线一期和2号线一期、铁路宁波站改建、南北环快速路等项目有序推进。加快城市基础设施和公共服务向农村延伸,新增城镇污水处理配套管网330公里,城乡客运一体化率达到65%。深入开展卫星城市建设试点,中心镇、中心村发展步伐加快。推进幸福美丽新家园建设,创建全面小康村45个、省级森林村庄36个,培育建设中心村、特色村51个,完成农房改造4.6万户、633万平方米,建成清水河道220公里。加强对口协作帮扶,开展村庄整治建设提档升级“十大行动计划”,相对欠发达地区的发展面貌进一步改善。

(四)围绕增强发展活力,深化改革开放合作

深入推进各项综合配套改革试点。完善民间投资政策体系,加快国有资产调整重组。开展营业税改征增值税试点。深化水价、电价等资源性产品价格改革。实施低丘缓坡荒滩开发利用试点,开展“批而未供、供而未用”土地消化利用专项行动,盘活消化利用土地9.4万亩。加强金融改革创新,出台金

融支持实体经济发展"13条",改制重组成立宁波通商银行、东海银行和镇海农商行,新增上市公司5家,中小企业私募债和集合票据等直接融资工具发行实现新突破。大榭开发建设管理体制顺利调整。财政、规划、事业单位等改革有序推进。积极转变外贸发展方式,扩大"两自一高"产品出口,服务外包、离岸服务外包执行额分别增长34.1%和46.4%,新增国家外贸转型升级示范基地4家。推动进口贸易便利化,扩大先进技术装备、能源原材料等进口,宁波保税区成为国家进口贸易促进创新示范区。加强招商引资,推进招商机制和招商队伍建设,举办首届世界宁波帮大会、海内外宁波周、国内重点客商"宁波行"等活动,实际利用外资28.5亿美元。加快企业"走出去"步伐,新批境外企业和机构205家。创新考核评价机制,促进重点开发区域整合提升。区域合作不断拓展,援疆、援藏、援黔等工作取得新进展,外事、侨务和港澳台事务迈出新步伐。

(五)围绕改善民生福祉,办好实事抓出实效

深入实施"六大民生工程",公共财政用于就业社保、教育、医疗卫生支出分别增长34.8%、20.4%和19.5%。改善就业服务,培训城乡劳动力23.1万人,城镇新增就业15.2万人,实现充分就业县(市)区全覆盖。"无欠薪宁波"行动深入开展。促进居民创业,建成创业服务平台169个,荣获全国创业先进城市称号。落实社会保险"五缓四减三补贴"政策,扩大养老保险政策惠及面,企业退休人员等群体养老待遇稳步提高,职工医保实现省域、市域"一卡通",三项基本医疗保险参保率进一步提高,在全省率先实现城乡低保一体化。完善住房保障体系,开工建设保障性住房109.4万平方米。推进教育现代化,探索学前教育公益普惠性运作机制,促进义务教育优质均衡,强化素质教育,深化职业教育校企合作,帮困助学政策实现从学前教育到研究生教育全覆盖,宁波大学成为部省市共建高校。全面启动新一轮医改,县级公立医院综合改革稳步推进,新十大医疗卫生基础设施加快建设。大力发展文化事业,培育社会主义核心价值观,深化群众性精神文明创建,开展全民修身行动,文明程度指数测评取得较好成绩,4部作品荣获全国"五个一工程"奖。我市运动员在奥运会、残奥会上取得历史最好成绩。哲学社会科学、史志档案、新闻出版、广播影视、文化遗产等事业取得新进步。顺应群众对生态环境的新要求,动态发布PM2.5监测值和空气质量指数。推进社会管理创新综合试点,探索城管综合执法机制,健全社会矛盾联合排查调解和社会治安动态防控体系,"两新"组织培育管理和流动人口服务管理体制机制进一步完善。加强应急管理和消防工作,实施"打非治违"专项行动和食品安全大整治百日行动,生产安全事故连续第八年下降。民族宗教、人口计生工作取得新进展,国家安全、国防建设和军民融合发展取得新进步,工会、共青团、妇女儿童、老龄、助残、慈善等工作取得新成绩。

(六)围绕提高工作效能,强化政府自身建设

严格依法履行政府职责,主动向人大报告工作、向政协通报重大事项,自觉接受人大、政协和社会各界监督,办理市人大代表建议629件、市政协提案649件。扩大政务公开和信息公开,完善新闻发言人制度。推进行政审批标准化建设,健全联合审批会审会办工作机制。加强调查研究,转变工作作风,开展破解难题专项行动和"干部进村入企、一线解难创优"活动,完善8718公共服务平台,开通企业政策查询平台,积极帮助企业解决生产经营中的各类难题。被评为全国服务型政府十佳城市。加强工程领域招投标问题专项治理,严肃查处违纪违法案件,惩防体系建设不断加强。一般性支出得到有效控制,因公出国经费和人数实现"零增长",市级机关公务用车制度改革全面完成。

各位代表!去年,我市还遭受了历史罕见强台风的正面袭击,全市上下众志成城,风雨同舟,取得了抗台救灾的重大胜利。在复杂严峻的形势下,我市各项建设取得的成绩来之不易,这是党中央国务院、省委省政府和市委正确领导的结果,是全市人民共同努力的结果。

同时,我们也清醒地看到,我市发展中还存在不少问题,政府工作与群众期盼还有不少差距。去年,我市地区生产总值、自营进出口指标没有实现预期目标。发展中的深层次矛盾日益凸显,资源环境制约不断加剧;企业创新能力亟待增强,战略性新兴产业尚未形成规模优势,产业转型升级步伐有待加快;城乡基础设施建设相对滞后,城乡管理存在不少薄弱环节;生态环境保护力度亟待加大,住房保障、食品安全、交通出行、就医就学、养老服务等方面还有许多难题亟待破解;一些政府工作人员服务意识不强、办事效率不高、行政不作为和铺张浪费等问题依然存在;由镇海炼化扩建一体化项目引发的群体性事件教训深刻。对于这些问题,我们将高度重视,采取有效措施,切实加以改进。

二、2013年工作的总体要求、主要目标和重点任务

2013年是全面贯彻落实党的十八大精神的开局之年,是深入实施"十二五"规划承前启后的关键一年,做好各项工作意义重大。今年政府工作的总体要求是:坚持以邓小平理论、"三个代表"重要思想、科学发展观为指导,全面贯彻落实党的十八大精神、省委"八八战略"和"两富"总目标,紧紧围绕主题主线,深入实施"六个加快"战略,以提高人民生活水平为目标,以提高经济增长质量和效益为中心,着力扩大有效需求,着力强化创新驱动,着力提升产业优势,着力深化改革开放,着力建设生态文明,着力改善民生福祉,保持经济持续健康发展和社会和谐稳定,为实现"两个基本"、建设"四好示范区"奠定坚实基础。

综合考虑发展趋势和工作导向,围绕"四个翻一番"目标,建议今年经济社会发展的主要预期目标为:地区生产总值增长9%左右,地方财政收入增长8%以上,市区居民人均可支配收入、农村居民人均纯收入分别增长10%以上和11%以上,城镇新增就业12.8万人,城镇登记失业率控制在3.6%以内,居民消费价格指数控制在103.5%左右,节能减排指标完成国家和省下达的任务。

围绕上述目标要求,今年重点做好以下十个方面的工作:

(一)扩大有效需求,促进经济持续健康发展

以"有效投资提升年"活动为抓手,实现战略性新兴产业投资、民间投资增速快于全社会投资增速。

增强消费对经济增长的基础作用,努力培育消费增长点。

全力支持企业开拓国内外市场。

(二)强化创新驱动,增强转型升级发展动力

全面推进国家创新型试点城市建设。

推进智慧城市建设。

完善多层次的人才培育引进体系,实施海外高层次人才和团队引进"3315计划"、领军和拔尖人才培养工程。

强化企业创新主体地位,促进企业科技创新、品牌创新、制度创新、管理创新、产业组织创新和商业模式创新。

(三)推进结构调整,加快构建现代产业体系

加快工业强市建设,培育工业强县(市、区)、工业强镇(街道)。

加大对现代服务业重点领域、薄弱环节和新兴业态的政策支持。

以发展农业主导产业和特色品牌农产品为重点,健全现代农业产业体系。

深入创建全国质量强市示范城市。

(四)增强特色优势,提升海洋经济发展水平

围绕打造国际强港,提升港口辐射能力。

提升海洋产业发展层次。

以优势大项目为支撑,完善海洋产业平台。

(五)立足协调发展,加快城乡一体化发展进程

以新型城市化引领城乡区域统筹发展。着力增强中心城区的集聚辐射能力,积极打造"一城三片多组团"的空间结构。

加大对都市区南北两翼发展的统筹力度,加快推进新城新区和产业平台建设。

优化村庄规划布局,深入推进幸福美丽新家园建设。

(六)深化改革开放,增强科学发展动力活力

以更大的力度深化重点领域和关键环节改革。

深入实施国际化战略,增强国际合作和竞争新优势,提升开放型经济发展水平。

更加注重国内交流合作,构筑与国内重点区域、重要城市的全方位、常态化合作机制。

(七)坚持生态立市,加快建设"美丽宁波"

全力推进节能减排,强化能耗强度和能耗总量"双控"管理。

把资源节约集约利用作为推进可持续发展的重要手段。

加大生态环境保护投入力度,环境保护支出占地区生产总值比重达到1.8%。

(八)建设文化强市,切实提高城市发展软实力

大力培育社会主义核心价值观,挖掘和宣传一批先进典型。

繁荣发展文化事业。

做大做强文化产业。

(九)注重民生为先,推进社会事业加快发展

坚持促进就业与鼓励创业"两手抓"。

完善社会保障体系,推进城乡社会保险制度的衔接转换。

努力办好人民满意的教育。

完善城乡医疗卫生服务体系,不断提高人民健康水平。

把保持价格总水平基本稳定作为重要任务,把握好价格调节基金使用方向和力度,严肃查处价格欺诈行为。

(十)创新社会管理,全力维护社会和谐稳定

着力完善社会管理格局。

建设"平安宁波",提升人民群众的安全感。

三、全面加强政府自身建设

强化职能转变和服务创新。

强化依法行政和科学行政。

强化作风改进和效能提升。

强化从严治政和廉洁从政。

嘉兴市政府工作报告(节选)

——在嘉兴市第七届人民代表大会第三次会议上

嘉兴市人民政府市长　鲁　俊

2013 年 2 月 21 日

2012 年工作回顾

2012 年是我市在困难中前行、转型中发展的一年。在省委、省政府和中共嘉兴市委的坚强领导下,全市上下深入贯彻科学发展观,牢牢把握"稳中求进、转中求好"的工作总基调,负重拼搏、开拓进取,积极应对严峻挑战,着力提高工作的针对性和有效性,经济社会呈现一系列新的积极变化。全市地区生产总值 2885 亿元,增长 8.7%;财政总收入 471.9 亿元,其中公共财政预算收入 257.7 亿元,分别增长 13.4% 和 13.8%;城镇居民人均可支配收入 35696 元、农村居民人均纯收入 18636 元,分别增长 13.2% 和 11.5%。除地区生产总值增速和进出口总额增速指标外,市七届人大一次会议确定的主要预期目标顺利完成。

(一)全力应对困难挑战,经济实现平稳健康发展。始终把稳增长作为首要任务,在主要经济指标年初大幅回落的情况下,及时采取对策措施,着力发挥政策的引导作用、投资的拉动作用和企业的主体作用,推动经济逐步实现"稳走向上"。组织开展扩大有效投资"百日攻坚、五大会战"专项行动,强力推进基础设施、产业升级、社会民生等一批重大项目,完成固定资产投资 1642 亿元,投资增速由一季度的 0.8% 提高到全年的 10.4%,民间投资和服务业投资分别增长 17.7% 和 19.1%。制定出台保持工业经济平稳较快增长、金融服务实体经济发展等一揽子政策措施,全面落实国家结构性减税政策,设立中小企业应急专项资金,减轻企业负担 19.6 亿元,全力支持和帮助企业克服困难,有效扭转了工业经济下行态势,规模以上工业总产值突破 6000 亿元。完善外贸扶持政策,各级财政安排 1.2 亿元专项资金鼓励企业开拓市场,积极推广行业出口信用联保和小微企业简易承保模式,新增省级以上出口基地 9 个,实现出口 196 亿美元。落实促进消费的各项政策,完善城乡商贸服务体系,积极培育新的消费热点,全社会消费品零售总额增长 14.3%。

(二)强化倒逼机制,产业结构调整扎实推进。遵循市场经济发展规律,制定出台实施"两退两进"促进经济转型升级的政策意见,综合运用多种措施,加快低端产业退出步伐,全年腾退低效用地超过 1 万亩。部署实施开发区"二次创业",平湖经济开发区升格为国家级经济技术开发区。启动全省光伏产业"五位一体"创新综合试点,高新技术产业和装备制造业在规模以上工业增加值中的占比分别达到 19.8% 和 22.1%。加快传统产业改造提升,实施企业重点技改项目 392 个。深入开展"十百千"大企业梯度培育行动,新增上市企业 2 家、主营业务收入 10 亿元以上企业 10 家。实施服务业"百项百亿"工程,新增省级服务业集聚示范区 4 个,嘉兴港货物吞吐量突破 6000 万吨,全市旅游总收入增长 18.3%,服务业增加值占 GDP 比重达到 38.6%,比上年提高 1.7 个百分点。推动农业发展方式转变,新建粮食生产功能区 15.8 万亩、现代农业园区 15 个,农业设施化程度达到 33.4%,农业经济保持稳定增长。

(三)加大改革创新力度,发展活力不断增强。创新区域科学发展体制机制,嘉善县域科学发展示范点建设扎实推进。深入开展统筹城乡综合配套改革,农村集体资产产权交易、土地流转经营权抵押贷款等改革稳步实施。深化医药卫生体制改革,市、县两级公立医院综合改革全面启动。加快金融创新步伐,新设立小额贷款公司 10 家、股权投资机构 33 家,新增金融机构本外币贷款 458 亿元。部署开展营业税改征增值税试点。加强招商选资,浙商回归到位资金 161 亿元,实际利用外资 17.8 亿美元。支持企业"走出去"拓展发展空间,完成境外投资 3.3 亿美元。加快科技平台建设,积极引进大院名校共建创新载体,新增院士专家工作站 7 家、省级企业研发中心 28 家,组建美国普渡大学长三角技术转移中心。研究与试验发展经费支出占生产总值比重达到 2.3%,发明专利申请量、授权量分别增长 40.4% 和 36.9%。设立"南繁精神奖"。深入实施"创新嘉兴·精英引领计划",引进培育创业创新领军人才项目 111 个,实现县(市、区)省级"千人计划"专家全覆盖。

(四)坚持区域城乡统筹发展,现代化网络型田园城市建设加快推进。完善市域基础设施,嘉绍通道、钱江通道北接线、杭平申线航道改造等项目进展顺利,贯泾港水厂二期、何家桥线内河航道改造等工程基本建成。启动"智能电网"建设试点,220 千伏安兴输变电工程等一批能源项目顺利投产。实施中心城市有机更新三年行动计划,高起点编制总体规划和重点片区详细规划,子城广场、南湖湖滨等区块改造全面启动。深入实施城市交通通畅工程,新建改建城市道路 55 公里,规划建设一批社会停车场,中心城区路网框架进一步完善。加强市区公交线网和场站建设,调整优化公交线路 35 条,新增公共自行车服务网点 100 个。扎实推进"两新"工程和"美丽乡村"建设,优化"1+X"镇村布局,建成示范性城乡一体新社区 24 个,完成土地整治复垦 1.4 万亩。深化王江泾、姚庄、崇福 3 个省级小城市培育试点工作,新市镇综合服务功能得到增强。加强区域协作,与沪杭在公交、教育、医疗、通信等公共服务领域的资源共享水平进一步提高。积极参与"山海协作",援疆援藏援青等对口支援工作成效明显。

(五)狠抓环境保护,生态建设取得新进展。部署水环境治理攻坚,成立市治水办,推行市、县、镇三级"河长制"。组织开展河道清洁、拆除违章猪舍、封堵排污口等专项行动,清淤疏浚河道1255公里,关停和拆除猪舍18万平方米,新增污水收集管网321公里。强化水质监管,在全市范围设置88个监测点,严肃查处了一批涉水违法案件。开展PM2.5监测,加强重点区域环境治理。实施"四边三化"行动,新增和改造绿化面积5万亩,市区新建绿道253公里。深入开展生态创建工作,新增国家级生态镇2个。加强能源消费总量和能耗强度双控管理,实行地区和重点用能企业月度"三色"预警制度。抓好行业环境准入和技术改造,实施节能重点技改项目243个,否决能评不达标项目10个,全面完成水泥磨粉机和印染行业落后产能淘汰任务。初步测算,单位生产总值综合能耗下降5%,化学需氧量、二氧化硫、氨氮和氮氧化物排放量分别削减3.2%、3%、2.8%和3.1%。

(六)协调发展各项社会事业,城市文明巩固提升。启动国家公共文化服务示范区创建,城乡一体化公共图书馆服务体系被评为浙江省"十佳民生工程"。积极推进大运河联合申遗,启动长虹桥、长安闸等一批文化遗产保护修复项目。加快文化产业集聚区建设,国家话剧院长三角区域中心基地落户我市。深入实施学前教育三年行动计划,新增公益性幼儿园38所。深化普通高中课程改革,实现省级义务教育均衡发展县(市、区)"满堂红"。加强中等职业教育专业创新基地建设,组建嘉兴技师学院。开展省级规范化社区卫生服务中心创建,基层卫生服务一体化管理率达到100%。举办首届嘉兴运动休闲节,嘉兴籍运动员在国内外重大赛事中获得奖牌39枚。人口计生工作得到加强,妇女儿童事业发展水平不断提高,统计、档案、史志、气象等在服务经济社会发展中发挥了积极作用。顺利通过全国文明城市文明程度指数测评和国家卫生城市复查验收。

(七)着力保障和改善民生,社会保持和谐稳定。深化统筹城乡就业,新增农村劳务合作社82家,帮助1.8万名城镇就业困难人员实现再就业。推动社会保险扩面提标,户籍人口养老保险参保率达到96.8%,城乡居民养老保险基础养老金标准提高到每月100元。完善社会救助机制,全年发放物价补贴775万元,城乡低保月均补助标准分别提高到334元和235元。加强保障性安居工程建设,开工建设各类保障性住房1.2万套,新增廉租住房受益家庭229户。积极发展老龄事业,新建改建居家养老服务照料中心171家,市老年大学新校区和老年活动中心建成使用。全面落实残疾人帮扶政策,在省内率先实现扶残助残爱心城市创建"满堂红"。创新社会管理服务,制定实施政府购买社会服务办法,市社会组织培育发展中心落成启用。开展新居民积分制管理试点。加强食品药品监管,组织开展食品安全大整治百日行动。健全应急工作网络,强化重点行业领域安全事故防范,安全生产事故起数、直接经济损失数、死亡人数实现"三下降"。积极化解信访积案,加强治安防控体系建设,严厉打击各类刑事犯罪,人民群众安全感进一步增强。国防建设和人民防空工作得到加强,再次荣获"全国双拥模范城"称号。民族、宗教关系融洽和谐,外事、对台、侨务等工作取得新成绩。

与此同时,政府自身建设进一步加强。认真执行人大及其常委会决定决议,积极配合人大、政协开展视察、调研活动,广泛听取社会各界意见建议,全年办理人大代表建议401件、政协提案414件。深入开展"双千双百"活动,专题召开帮企业办实事解难题促发展工作会议,对基层反映集中的突出问题实行部门"一把手"领办制。深化行政审批制度改革,开展重大项目模拟审批,新增并联审批事项17项。强化行政效能监察,对服务窗口进行明察暗访。坚持厉行节约,大力压缩行政性开支,机关公务用车制度改革稳步实施。加强惩防体系建设,反腐倡廉工作取得积极成效。

各位代表,过去一年,面对严峻复杂的宏观环境,面对经济增长的下行压力,面对转型发展的繁重任务,全市上下齐心协力、和衷共济,付出艰辛努力,克服种种困难,取得了来之不易的发展成果。在此,我代表市人民政府,向在各领域辛勤工作、作出贡献的全市人民致以崇高的敬意!向给予政府工作大力支持的人大代表、政协委员,向各民主党派、工商联、无党派人士和人民团体,向驻嘉人民解放军和武警官兵,向所有关心、支持嘉兴发展的海内外朋友们,表示衷心的感谢!

在肯定成绩的同时,我们也清醒地看到,当前我市经济社会发展中还存在着一些突出的矛盾和问题:固定资产投资增速回落,部分企业生产经营困难,保持经济平稳较快发展压力依然较大;经济困难中暴露出的结构性、素质性矛盾更加突出,产业层次不高、自主创新能力不强等问题尚未根本解决,土地等要素日益趋紧,发展空间受到制约,环境保护压力加大,节能减排任务繁重,我们面临着稳增长与促转型的双重压力;社会管理创新有待加强,食品安全、安全生产、社会治安等还存在薄弱环节,影响社会和谐稳定的因素仍然不少。同时,制约发展的体制机制问题也很突出,尤其是行政效率提高、机关作风转变等方面还有较大差距。对此,我们必须高度重视,切实增强紧迫感和责任感,采取有效措施努力加以解决。

2013年的目标任务和主要工作

今年是全面贯彻党的十八大精神的开局之年,也是实施"十二五"规划承上启下的关键一年,做好今年工作意义重大。当前,世界经济正在缓慢复苏,我国经济社会发展基本面长期趋好的态势没有改变,这为我们做好今年工作创造了良好条件。但就现阶段来看,嘉兴经济社会发展面临的挑战依然严峻。我们务必保持清醒头脑,切实增强危机意识,充分做好应对各种困难挑战的思想准备,大力倡导求真务实、真抓实干的工作作风,坚定信心、奋发有为,努力在开拓创新中破解难题,在转型升级中增创优势。

根据市委七届五次全会精神,今年政府工作的指导思想是:高举中国特色社会主义伟大旗帜,坚持以邓小平理论、"三个代表"重要思想、科学发展观为指导,认真贯彻党的十八大精神,全面落实省委"八八战略"和"创业富民、创新强省"总战略,牢牢把握主题主线,以提高经济增长质量和效益为中心,不断深化改革开放,进一步强化创新驱动,大力实施转型升级提速、民生福祉增进、发展环境优化"三大行动",着力在"稳增长、促转型、强平台、重统筹、惠民生、优服务"上抓落实、见成效,为加快打造"三城一市"、全面建设"两富"现代化嘉兴奠定更加坚实的基础。

按照省委、省政府提出的干好"一三五"、实现"四翻番"部署要求,立足快翻早翻,综合考虑我市经济社会发展趋势和工作导向,建议2013年全市经济社会发展的主要预期目标为:地区生产总值增长8.5%以上;城镇居民人均可支配收入和农村居民人均纯收入均增长10%以上;公共财政预算收入增长8%;研究与试验发展经费支出占生产总值比重2.4%;城镇登记失业率控制在4%以内;人口自然增长率控制在1.5‰左右;居民消费价格总水平涨幅控制在3.5%左右;节能减排各项指标完成省下达目标。

完成以上目标任务,必须始终做到“五个坚持”:坚持加大有效投入不动摇。充分发挥投资对经济增长的关键作用,切实抓好一批事关当前和长远发展的重大基础设施、产业升级和社会民生项目,努力优化投资结构、放大投资效应,为经济持续健康发展提供有力支撑。坚持转型升级不动摇。更加注重提升存量与优化增量相结合,加快改造提升传统产业,积极发展新兴产业,不断壮大规模优势,切实把推动发展的立足点转到提高质量效益上来。坚持改革创新不动摇。以更大的勇气和智慧不断深化重点领域改革,着力破除制约发展的体制性障碍;全面实施创新驱动战略,依靠科技创新、管理创新推进结构调整和发展方式转变,切实增强发展的动力和活力。坚持生态优先不动摇。把生态文明建设放在更加突出的位置,进一步健全资源节约和环境保护的体制机制,加快推进绿色发展、循环发展、低碳发展,努力实现经济效益与生态效益的协调统一。坚持惠民利民不动摇。始终把人民群众对美好生活的向往作为政府工作的不懈追求,多为人民谋利益,多为群众办实事,努力让发展成果更好地惠及全市人民。今年重点抓好以下五个方面工作:

(一)以扩大有效投入为抓手,努力保持经济平稳增长

实施招商“一号工程”。

提升平台承载功能。

加快重大项目建设。

(二)以改革创新为动力,加快经济转型升级步伐

推进重点领域改革。

促进科技创新和成果转化。

积极发展现代都市型生态农业。

大力推进工业强市建设。

加快发展服务业。

(三)以推进新型城镇化为方向,不断深化区域城乡统筹发展

加快城市有机更新。

推进城乡一体化。

加大滨海开发力度。

(四)以环境治理为重点,着力加强生态文明建设

突出水环境综合整治。

深入开展节能减排。

统筹推进城乡绿化工作。

(五)以加强社会建设为基础,切实保障和改善民生

加强就业和社会保障。

提升文化软实力。

大力发展教育卫生等社会事业。

维护公共安全和社会稳定。

努力建设人民满意政府

新形势、新任务对政府工作提出了更高的要求。我们要始终将人民满意不满意作为检验评判工作的第一标准,以优质高效的工作推动嘉兴发展再上新台阶。

切实转变工作作风。

着力强化工作执行。

全面推进依法行政。

始终坚持廉洁从政。

湖州市政府工作报告(节选)

——在湖州市第七届人民代表大会第三次会议上

湖州市人民政府市长　金长征

(2013 年 2 月 20 日)

一、2012 年工作回顾

过去的一年,外部发展环境严峻复杂,我市发展任务艰巨繁重。在省委、省政府和市委的坚强领导下,在市人大、市政协的监督和支持下,我们紧紧依靠全市人民,以迎接党的十八大胜利召开、学习贯彻党的十八大精神为动力,稳中求进、迎难而上,奋力推动经济社会持续平稳较快发展。全市地区生产总值达到 1662 亿元,比上年增长 9.7%;完成固定资产投资 970.7 亿元,增长 20.6%;社会消费品零售总额 703.9 亿元,增长 15.4%;外贸进出口总额 87.4 亿美元,其中出口 74 亿美元,分别增长 0.9% 和 0.6%;财政总收入 246.9 亿元,其中地方财政收入 138.6 亿元,分别增长 12.7% 和 13.5%;城镇居民人均可支配收入 32987 元,农村居民人均纯收入 17188 元,分别增长 12.3% 和 11.7%;城镇新增就业 5.95 万人,登记失业率 3.07%;居民消费价格总水平上涨 2%。预计研究与试验发展经费支出占生产总值比例达到 1.95%;单位生产总值能耗下降 6.5%;化学需氧量、氨氮、二氧化硫、氮氧化物排放量分别削减 2.6%、2%、3% 和 3%;人口自然增长率基本稳定。多数经济指标如期实现,十大民生实事项目顺利完成,经济社会发展稳中有进,本届政府工作开局良好。

一年来,我们按照市第七次党代会作出的部署和市七届人大一次会议确定的目标任务,以扎实开展"进村入企"大走访、全面深化"三个年"活动和全力实施"八大专项行动"为抓手,主要做了以下工作:

(一)全力抓好经济保稳促调、转型升级。制定出台工业强市建设"十八条"和五年规划,大力推进工业经济转型升级,完成规模以上工业增加值 555.6 亿元,增长 13.2%,其中"3+3"特色产业增长 22.3%,高新技术产业增长 19.2%,长兴县被列为全省工业强县试点。加快建设现代产业集群,开展"363"智慧工业试点,新增省级产业示范基地、高新技术特色产业基地各 4 个,湖州多媒体产业园成为省级特色工业设计示范基地。大力改造提升传统产业,组织实施市级"零土地"技改项目 231 项、节能技改项目 149 项、污染减排项目 77 项,淘汰落后设备 539 台(套),腾出用能空间 15.4 万吨标煤,对全市电镀以及南浔有机玻璃、德清和安吉竹拉丝、长兴粉体等行业进行专项整治,织里童装产业转型升级"三项试点"工作扎实推进。狠抓大企业培育,促进中小微企业健康发展,营业收入"超百亿"企业增加到 5 家,永兴特钢首次入围,天能、超威突破"两百亿",规模以上工业企业增加到 2390 家。提升现代服务业发展水平,省级乡村旅游提升发展专项改革试点全面启动,长兴县成为全国休闲农业与乡村旅游示范县,湖州文化发展集团组建工作扎实推进,电子商务等新型商贸业态加速发展,内河集装箱吞吐量、服务外包合同执行额成倍增长,新增省级现代服务业集聚示范区 4 个,服务业增加值占比提高到 39.1%。推进现代农业、现代林业两个国家级示范市建设,新建成粮食生产功能区 12.5 万亩、现代农业园区 7.8 万亩,新增市级农业龙头企业 15 家、示范性农民专业合作社 30 家,"米袋子"、"菜篮子"有效保障,特色优势农业快速发展,农技推广联盟体系不断完善,南浔区被评为全国粮食生产先进集体,吴兴区八里店现代农业综合区在全省首个通过挂牌认定。狠抓招商引资,扩大有效投资,实到外资 10.3 亿美元,浙商回归项目到位资金 89.3 亿元,5000 万元以上市外内资项目实到资金 106.7 亿元,市重点建设项目完成投资 351.1 亿元,均超额完成预期目标。强化建设用地保障和节约集约用地,新增建设用地指标 3.4 万亩,消化批而未供土地 1.7 万亩,盘活存量建设用地 3116 亩。积极推进金融创新,社会融资规模较年初增加 301.3 亿元,其中银行业金融机构新增贷款 200.2 亿元,中小企业应急周转金等举措在防范和化解金融风险中发挥明显作用。实施"拓市场保增长"专项行动,加大企业赴外参展扩销和出口信用保险支持力度,新增省级出口基地 5 个。切实做好科技、人才、品牌、质量等工作,科技创新试点示范"四城联创"和产学研合作扎实推进,通过国家知识产权示范创建市验收,"南太湖精英计划"新签约项目 38 个,分别有 5 人和 12 人新入选国家、省"千人计划",新增行政认定驰名商标 9 件、浙江名牌 21 只。

(二)努力提升城乡建设水平和促进区域协调发展。制定中心城市建设四年行动纲要,开展中心城区公益性项目建设专项行动,协调推动三县县城建设,深入推进中心镇发展改革和小城市培育试点,全市城市化率提高到 60.3%。注重完善功能、提升品质,扎实推进中心城市建设重点工程,环城南路改造等项目基本完工,外环线、梁希森林公园等一批项目加快建设。加快滨湖开发,月亮酒店、古木博物馆等建成运营。强化区域联动,促进产城融合,湖州开发区西南分区商务楼宇新高地形象初显,吴兴东部新区公建配套设施建设进一步加快,南浔中心城区城市功能不断完善。推进"数字城管"建设,加强城市保洁、交通管理,城市管理水平不断提升。加快美丽乡村建设,120 个行政村完成创建,32 个中心村建设扎实推进,农村环境连片整治继续深化,历史文化村落保护切实加强。不断改善农村生产生活设施,五项农田水利标准化工程全面推进,农村公路、电力、气象、信息化等建设进一步加快,吴兴区被列入全国小型农田水利重点建设区域。制定"五年强村计划",加大集体经济欠发达村帮扶力度。新农村建设综合配套改革试验试点深入推进,市校合作领域进一步拓宽,共建机制进一步完善。大力推进重大基础设施建设,宁杭铁路湖州段及综合交通枢纽基本建成,杭长高速公路全线通车,长湖申航道扩建、太嘉河工程试验段、浙北变电站等项目加快建设。深入推进生态文明建设,开展"三大清洁"行动和"四边三化"行动,建成省以上重点公益林1.5万亩、防护林4.3万亩,通过国家环保模范城市现场复核,安吉县获得联合国人居环境奖,长兴县通过国家生态县考核验收。开展矿山企业综合治理,关闭矿山企业12家,全面推行污染治理清洁技术。更加注重市区经济与县域经济协调发展,调整长兴县、安吉县、吴兴区部分乡镇(街道)行政建制,实施湖州开发区优化提升和太湖度假区扩容整合,加快南太湖产业集聚区开发建设,设立省际承接产业转移示范区和南太湖高新技术产业园区,德清县被列为省闭坑矿地综合开发利用试点,南浔区在全省率先开展全域发展规划编制工作。

(三)大力推动民生改善、社会进步。出台新一轮促进就业政策,加大就业引导和创业扶持力度,积极构建和谐劳动关系。超额完成社会保险扩面任务,妥善解决部分人员养老保障历史遗留问题,企业退休人员养老金人均每月增加220元。提高城镇职工基本医疗保险待遇水平,实施城镇居民基本医疗保险、新型农村合作医疗、城乡医疗救助管理职能整合。加强住房保障体系建设,省下达的69个保障房项目全面开工,完成农房改造建设2.2万户,其中农村困难群众危旧房改造1083户,新增住房公积金缴存职工3.6万人。提高社会救助水平,壮大社会福利事业,社会养老服务体系建设加快推进,残疾人共享小康工程深入实施,慈善、红十字事业健康发展。深入实施发展学前教育三年行动计划,推进义务教育高水平均衡发展,深化普通高中课程改革,加强职业教育校企合作,促进高等教育提质发展,德清县被评为全国"两基"工作先进地区,吴兴区被评为全国中小学心理健康教育示范区。加快公共文化服务体系建设,"文化走亲"活动不断深化,农家书屋实现行政村全覆盖,成功举办第六届国际湖笔文化节。完成广电有线网络"一省一网"整合发展。国家历史文化名城申报、大运河湖州段申遗等工作扎实推进。深化医药卫生体制改革,县级公立医院综合改革全面实施,基层医疗卫生服务能力得到提高,顺利通过国家卫生城市复评。实施联合国"第七周期项目"和幸福家庭促进计划,计划生育优质服务水平不断提高。颁布实施全民健身计划,成功举办第十三届全国极限运动大赛和第三届环太湖国际公路自行车赛。积极推进援疆等对口支援,扎实做好民族、宗教、外事、侨务、对台等工作。村级便民服务中心和村务监督委员会规范化建设深入推进,法律"六进"活动和法律援助工作不断深化,基层民主法治创建活动取得新成效。深化"平安细胞"创建,推进重大决策社会稳定风险评估,加强矛盾纠纷排查化解,全力做好信访工作,社会保持和谐稳定。加强和创新社会管理,"网格化管理、组团式服务"全面推进,流动人口和特殊人群服务管理工作进一步强化。深化"警务广场",开展公安惠民十大行动,社会治安形势保持良好。推进企业安全生产标准化建设,开展"打非治违"专项行动和食品安全百日大整治,公共安全得到有效保障。加强防灾减灾体系和社会应急联动体系建设,成功抗击11号强台风"海葵"。支持驻湖部队建设,实现全国双拥模范城"六连冠"。

(四)切实加强政府自身建设。坚持重大事项向市委汇报、向人大报告、向政协通报,交由政府系统办理的167件市人大代表建议、313件市政协提案全部办结。加强与各民主党派、工商联和工青妇等人民团体的协商,组建新一届市政府咨询委,决策民主化、科学化水平得到新提高。规范行政执法行为,推进政府信息公开,加强政府法律顾问制度建设,建立行政规范性文件评估制度,法治政府建设得到新加强。深化行政审批制度改革,取消和调整市级审批项目229项,其中下放县区126项,减免审批收费17项。落实结构性减税政策,实施营业税改征增值税试点,切实减轻企业负担。拓展国有资产监管范围,防控政府性债务风险。推进公务卡改革,严控行政一般性开支,努力提高财政资金使用绩效。加强行政监察和审计监督,开展廉政风险防控项目化管理,深化工程建设领域突出问题专项治理,强化公共资源交易综合监管,惩治和预防腐败体系进一步完善,一批违法违纪案件得到严肃查处。

回顾本届政府开局之年各项工作,成绩来之不易,感受尤为深刻。一年来的实践,使我们深切地体会到:做好政府工作,务必突出抓重干实。政府工作千头万绪,必须突出重点、真抓实干。实践中,我们始终坚持发展是硬道理,围绕工业强市、平台建设、有效投入、企业帮扶等领域和环节,下重力、出实招,在抓重点、干实事中实现了各项工作的良好开局。加快湖州发展,迫切需要攻坚克难。困难面前,要有信心,更要有办法。实践中,我们始终保持奋发有为、昂扬向上的精神状态,千方百计破解土地、资金等要素制约,全力以赴提效能、优环境,在创新破难、奋力攻坚中促进了经济社会持续平稳较快发展。造福一方百姓,必须坚持统筹协调。民生期盼日益提高,公共服务亟需加强。实践中,我们始终坚持全覆盖、保基本、多层次、可持续方针,统筹推进就业社保、教育文化、医疗卫生、生态环保、公共安全等各项工作,在解民忧、保民安中取得了民生改善的新进步。推进各项事业,关键依靠凝心聚力。团结就有力量和智慧。实践中,我们始终坚持民主集中制,注重听取各方面的意见和建议,充分调动基层干部群众干事创业的积极性、主动性和创造性,在心齐气顺、风正劲足的氛围中推动了各项事业不断向前发展。

各位代表!过去一年我市发展取得的成绩,是全市人民在中共湖州市委的正确领导下,和衷共济、顽强拼搏的结果,是各方面关心支持、共同努力的结果。在此,我谨代表市人民政府,向在湖州工作和生活的全体人民,向给予政府工作支持、监督的人大代表、政协委员和各民主党派、工商联、各人民团体以及离退休老同志、社会各界人士,向大力支援湖州建设的驻湖人民解放军、武警部队官兵和省部属驻湖单位,向所有关心、支持湖州发展的海内外朋友们,表示衷心的感谢,致以崇高的敬意!

同时,我们也清醒地看到,我市经济社会发展存在不少矛盾和问题,政府工作还有差距和不足。主要是:市场需求减弱,要素成本上升,部分行业和企业生产经营困难,外贸出口未能实现预期目标;产业层次不高、创新能力不强等问题依然突出,特别是缺乏"大好高"项目的支撑;区域协调发展不够,市本级发展速度相对缓慢;基本公共服务水平需要进一步提升,养老、医疗、教育等群众关切的民生问题有待更好地解决;影响社会和谐稳定的因素依然不少,加强和创新社会管理面临更多考验;少数公职人员责任意识、服务意识有待进一步增强,作风不实、效能不高的问题依然存在,铺张浪费、消极腐败现象在一些领域时有发生。对此,我们一定高度重视,坚决采取措施,切实加以解决。

二、2013 年工作安排

今年是全面贯彻落实党的十八大精神的开局之年，是实施“十二五”规划承前启后的关键一年，也是机遇和挑战并存、风险和困难较多的一年。我国经济社会发展基本面长期趋好，但外部发展环境依然错综复杂，特别是世界经济已经进入深度转型调整期；我市经济社会发展总体平稳，特别是随着宁杭铁路等重大交通基础设施的建成，区位、生态、人文优势将进一步凸显，同时，区域竞争的压力不断加剧，做大经济总量、提高发展质量的任务十分艰巨。我们一定要满怀信心、从容应对，以更加奋发有为的精神状态、更加勤勉务实的工作作风，扎实做好各项工作，努力开创湖州科学发展的新局面。

今年政府工作的总体要求是：以邓小平理论、“三个代表”重要思想、科学发展观为指导，全面贯彻落实党的十八大精神和省、市党代会决策部署，紧紧围绕主题主线，以提高人民生活水平为目的，以提高经济增长质量和效益为中心，牢牢把握“稳中求进、转中求好”总基调，振奋精神、攻坚克难，深入实施“八大专项行动”，着力优化经济结构、统筹城乡发展、深化改革开放、保障改善民生，保持经济持续健康较快发展和社会和谐稳定，为实现“四个翻番”、打造“四个湖州”，加快建设现代化生态型滨湖大城市奠定坚实基础。

综合考虑各种因素，建议今年全市经济社会发展主要预期目标为：地区生产总值增长 9% 以上；固定资产投资增长 16%；社会消费品零售总额增长 13%；外贸进出口总额及出口额均增长 7%；财政总收入、地方财政收入均增长 8%；城镇居民人均可支配收入增长 10%，农村居民人均纯收入增长 10% 以上；城镇新增就业 4 万人，登记失业率控制在 4% 以内；居民消费价格总水平涨幅控制在 3.5% 左右；人口自然增长率控制在 2.5‰以内；研究与试验发展经费支出占生产总值比例提高 0.13 个百分点；节能减排完成省下达任务。

按照上述总体要求和预期目标，做好今年政府工作，要切实做到：坚持稳定增长与调整结构相统一，提高发展质量；坚持工业强市与生态优市相协调，打造发展特色；坚持开放带动与创新驱动相结合，增强发展活力；坚持民生改善与经济建设相适应，共享发展成果；坚持依法行政与改革创新相配套，优化发展环境。重点抓好以下工作：

(一)在项目建设引进和平台优化提升上要有新突破

狠抓重大产业项目建设推进和投产达效。

着力引进“大好高”项目，提高招商引资水平。

努力提升产业平台集聚和承载功能。

加快重大基础设施建设。

(二)在产业优化升级和企业转型发展上要有新成效

全力推进新型工业化。

大力推进服务业加快发展。

加快推进农业现代化。

加大企业扶持力度，促进企业转型提升。

(三)在城乡统筹发展和生态文明建设上要有新推进

提升中心城市品质。

深化美丽乡村建设。

推进生态文明建设。

提高区域协调发展水平。

(四)在改革激发活力和创新驱动发展上要有新进展

深化重点领域改革。

提高开放合作水平。

推进科技创新和成果转化。

优化资源要素配置。

(五)在民生事业发展和社会管理创新上要有新进步

加强就业和社会保障，提高城乡居民生活水平。

强化公共服务，办好社会事业。

加强和创新社会管理。

各位代表！民生所盼，当是政府所为。今年，我们将继续全力办好十大民生实事项目：一是食品安全方面，二是就业创业方面，三是住房保障方面，四是医疗保障方面，五是养老助残方面，六是宜居环境方面，七是公共交通方面，八是教育文体方面。

绍兴市政府工作报告(节选)

——在绍兴市第七届人民代表大会第三次会议上

绍兴市人民政府市长　俞志宏

(2013 年 4 月 16 日)

一、2012 年政府工作回顾

2012 年,是国内外发展形势十分严峻复杂的一年。面对困难与挑战,在中共绍兴市委领导下,市政府坚持以科学发展为主题,以转变经济发展方式为主线,深入实施“创业创新、走在前列”战略部署,保持了经济社会平稳健康发展的良好势头。全市实现生产总值 3620 亿元,增长 9.7%;公共财政预算收入 266 亿元,增长 10.9%;研究与试验发展经费支出占生产总值比例为 2% 左右;固定资产投资 1723 亿元,增长 20.8%;社会消费品零售总额 1159 亿元,增长 15.1%;外贸出口 256 亿美元,下降 1.7%;城镇居民人均可支配收入 36911 元、农村居民人均纯收入 17706 元,分别增长 10.9% 和 11.6%;城镇登记失业率 3%;人口自然增长率 0.3%。;居民消费价格涨幅 2%。除生产总值、外贸出口两项指标外,市七届人大一次会议确定的其他目标全部完成。生产总值增幅低于预期目标 0.3 个百分点,高于全省平均 1.7 个百分点;出口总量保持全省第三位,出口依存度下降 5.8 个百分点。

一年来,我们紧紧围绕“稳中求进、致力惠民、积极有为”的工作基调,着重抓了五方面工作:

*一是全力以赴稳增长。*面对严峻经济形势,及时出台一系列促投资、拓外贸、扩消费等政策措施。启动实施“新三年建设计划”,完成重大项目投资 1009 亿元。大力推进产业升级投资,完成工业投资 881 亿元,增长 18.4%。积极争取上级项目支持,110 个项目被纳入中央预算内投资计划,获得扶助资金近 5 亿元;30 个项目列入省重大产业项目,获得用地奖励指标 1216 亩。引导支持越商回乡投资,规划建设镜湖总部基地、滨海示范区等产业平台,到位资金 184 亿元。认真贯彻中央调控政策,正确把握房地产投资重点。出台促进外贸稳定增长的扶持政策,投入资金 6000 多万元,组织企业参展参会 400 余场。加快推进中国安防城等商贸综合体建设,落实家电下乡和汽车以旧换新政策,专业市场成交额达 2600 亿元。着力强化资金、土地、人才等要素保障,全市金融机构新增贷款 666 亿元,实现上市、债券等直接融资 323 亿元;严格节约集约用地措施,消化转而未供土地 2.8 万亩、盘活存量土地 8700 亩;引进各类人才 4.7 万人,新入选国家“千人计划”3 人。

*二是坚定不移促转型。*全面启动“工业强市”建设,开展工业强县、工业强镇建设试点。积极培育战略性新兴产业,完善扶持政策、导向目录和“一事一议”办法,实施“三百推进计划”,战略性新兴产业占工业产值比重提高到 25.6%。改造提升传统产业,打造现代产业集群,新昌装备制造成为国家“新型工业化示范基地”。加快淘汰落后产能,涉及企业 826 家,稳步推进“浙化联”处置工作。倡导绿色建筑,建筑业产值继续保持全国同类城市领先。建设粮食功能区 14 万亩,粮食总产量实现“九连增”。新建现代农业园区 51 个,投入资金 8 亿元。新增农民专业合作社 258 家。农村联网工程村级网站总数全省第一。出台服务业龙头企业扶持办法,加速现代服务业集聚区项目落地,继续推进市区二环线内工业企业提升、转型、搬迁,服务业增加值占生产总值比重提高到 41.1%。广泛开展全城游、全市游和全民游,全年接待游客 4935 万人次,实现旅游收入 506 亿元,分别增长 17.8% 和 22.3%,鲁迅故里·沈园成功创建为全市首个国家 5A 级景区。强化科技创新支撑,新建省级企业研发中心 29 家、院士专家工作站 10 家,启动省级新产品试制计划 908 项,国家级黄酒工程、珠宝检验和环保设备监督检验中心落户绍兴。严格节能减排,完善按企业效益配置资源、排污权使用交易、差别电价等促进机制,全市万元生产总值能耗下降 6.3%,化学需氧量排放削减 3.62%,二氧化硫削减 4.73%,氨氮削减 3.7%,氮氧化物削减 4.87%,全面完成省下达的各项任务。

*三是持之以恒抓统筹。*加快实施“三片融合、中心崛起”城市发展战略,完善城市分区规划和专项规划,组织编制城市轨道交通、“六湖”区域开发等专题规划,绍兴市城市总体规划正式获得国务院批准。滨海新城框架逐步拉开,滨海大道、世纪大道等建成通车。镜湖新区与越城、柯桥、袍江的接点路网全线开工,科技中心、文化中心、奥体中心、行政中心、迎恩门工程等城市综合体项目进展顺利。在全省率先完成 11 个省级开发区整合提升,面积扩大 7.3 倍,柯桥开发区升级为国家级开发区,绍兴高新技术开发区、袍江经济技术开发区的龙头带动作用进一步增强。嵊新组团和诸暨、上虞等县域中心城市加快发展,钱清、店口等中心镇加速向小城市迈进。启动培育第三批中心村 35 个,完成 310 个村庄环境整治,建设美丽乡村示范区 10 个、大型农民集中居住区 11 个。加快完善城乡重大基础设施布局,启动杭绍台高速、绍三线北延等工程前期工作,开工建设二环北路拓宽、越兴路南延等工程项目,加快推进杭甬客运专线绍兴段等重大工程,建成高铁绍兴北站交通枢纽等一批重大项目,实现了嘉绍大桥全线贯通。强化城乡环境保护和生态修复,顺利通过国家环保模范城市现场复核,荣获生态优秀市称号。深入推进“清水工程”,严格实施废水进管和污水处理“双提标”,实行“河长制”管理,启动鉴湖水环境综合整治二期和迪荡湖治理工程,完成河道治理 205 公里,减少五类和劣五类水质断面 5 个。大力推进“蓝天工程”,全面启动“煤改气”和热电企业脱硫脱硝改造,新建改建空气监测站 6 个。积极推进公路边、铁路边、河边、山边等区域的洁化、绿化、美化,推行沿街商铺“门前三包”,推广生活垃圾分类收集处理,开展

"拆违控违"专项行动,切实改善城乡环境面貌。

*四是尽心尽力惠民生。*全年投入民生资金200亿元,占当年财政支出的71.9%,市七届人大一次会议确定的十方面实事工作如期完成。积极创建省级创业型城市,新增城镇就业11万人。建立城乡一体的居民医保制度,新型农村合作医疗筹资标准提高到534元。增加社会福利机构床位3829张,募集企业慈善冠名基金55亿元,荣获国家最高"七星级"慈善城市称号。开工建设保障性安居房17460套,竣工5893套。出台加快文化强市建设政策意见,深入开展文化惠民活动,成功举办第21届中国金鸡百花电影节。创建200个省级小康体育村,承办全国游泳冠军赛等重大赛事。启动幼儿园园舍安全工程,义务教育标准化学校创建率居全省首位,浙江农林大学暨阳学院、浙江工业大学之江学院落户绍兴,元培学院新校区按期启用。

在全省率先市县联动推进公立医院综合改革,创建成为全省唯一的国家基本公共卫生服务项目示范点,实现城乡居民健康服务全市"一卡通",在全国率先开展优生免费检查和遗传基因筛查。加强城市交通管理,建立全警执勤、大队分包等工作机制,对重点路段推行"一点一案"综合治理。妥善处置"问题胶囊"、"黄酒风波"等突发事件,扎实开展食品药品安全大整治,食品安全检测提高到每千人三批次。加强社会治安综合治理,建立110社会应急联动机制。深入开展基层矛盾纠纷化解与信访积案处置,信访总量下降17%。妇女、儿童、老龄和残疾人事业取得新进步,民族宗教、外事侨务、对台事务、新闻出版取得新成绩,拥军优属、国防动员、后备力量建设、人民防空、国家安全等工作得到新加强。

*五是千方百计优服务。*组织开展"进村入企"大走访和"服务企业、服务基层"系列活动,走访村庄2188个、企业1.9万家,解决实际问题2万多个。建立规模以上工业企业与干部"一对一"联系制度,全面落实结构性减税政策和小微企业扶持政策,积极推进"营改增"等企业税制改革,发放企业补贴9366万元。启动第七轮行政审批制度改革,加强行政审批标准化建设。强化行政文件规范化管理,废止行政文件20件,办结行政复议146件。认真办理人大代表议案建议和政协委员提案,满意或基本满意率分别达到100%、99.8%。加强公共财政管理,首次按全口径编制预算,全面推行国库集中支付和公务卡制度,严格会议培训、因公出国、公务用车等支出标准,努力减少"三公"经费支出。加强审计监督和行政监察,建立廉政风险防控示范点220个。

各位代表,过去一年是我们迎难而上、奋力前行的一年。在全市人民的共同努力下,我们有效应对各种挑战,经受住了考验,经济发展继续走在全省前列、社会保持和谐稳定。在此,我谨代表市人民政府,向在各个领域、各个岗位上辛勤耕耘的全市人民,向给予政府工作大力支持的人大代表、政协委员,向所有参与、关心、支持绍兴发展的同志们、海内外朋友们,表示崇高的敬意和衷心的感谢!

在看到成绩的同时,我们也认识到,绍兴经济社会发展任重道远,政府工作与群众期望还有差距。传统产业改造提升、战略性新兴产业培育步伐都不够快,经济增长的质量和效益有待改善;中心城市带动力、辐射力不强,片区融合程度不高;城乡统筹发展的制约因素还不少,新农村建设需要进一步加强;贫富差距依然较大,低收入群体增收艰难;社会治安、安全生产、食品药品、交通管理等方面还存在不少问题,群众对改善环境质量等方面呼声很高;一些干部大局意识、责任意识、服务意识不强,官僚主义、形式主义、奢侈浪费等现象不同程度存在。对此,我们一定保持清醒头脑,以对绍兴历史、对全市人民高度负责的精神,加快解决这些问题,更加努力做好各方面工作,绝不辜负人民的期望!

二、2013年工作总体要求

2013年是全面贯彻落实"十八大"精神的开局之年,是干好"一三五"、实现"四翻番"的起步之年,也是实施"十二五"规划承前启后的关键一年。当前,我市经济社会发展具备很多有利条件和积极因素,随着两轮"三年建设计划"的持续展开、战略性新兴产业的不断壮大、大交通格局的加快形成、滨海新城的规划建设,在区域竞争中形成了独特的区位、产业和平台优势。但同时,全球经济复苏艰难曲折,市场环境瞬息万变,区域竞争日趋激烈,外贸出口、企业经营等面临不少风险和挑战。我们既要看到形势的积极方面,把握发展机遇,坚定发展信心;也要看到形势的复杂性,增强忧患意识,不断攻坚克难,努力开创绍兴科学发展新局面。

2013年政府工作的指导思想是:认真学习贯彻党的"十八大"精神,深入实施省委"八八战略",坚持市委"创业创新、走在前列"战略部署,围绕主题主线,以提高人民生活水平为目标,以提高经济增长质量和效益为中心,强化创新驱动,深化改革开放,加快转型升级,统筹城乡发展,着力改善民生,实现经济持续健康较快发展和社会和谐稳定,为加快现代化绍兴建设奠定坚实基础。

综合分析发展环境和自身条件,建议全市经济社会发展主要预期目标为:生产总值增长9%,发展的协调性进一步增强;公共财政预算收入增长8%;研究与试验发展经费支出占生产总值比例为2.1%;固定资产投资增长12%;社会消费品零售总额增长13%;外贸出口增长6%;居民消费价格涨幅控制在全省平均水平;城镇居民人均可支配收入增长10%,农村居民人均纯收入增长11%;人口自然增长率低于1.59‰;城镇登记失业率控制在3.2%以内;节能减排完成省定任务。

实现上述目标,我们有坚实的基础,但仍然需要付出艰苦的努力。全市上下必须紧紧围绕市委确定的"稳中求进、务实创新、惠民利民"工作基调,凝聚一切力量、激发一切能量,释放全民活力、发挥全民智慧,勇于拼搏、敢于争先,力争把各项工作做得更扎实一些,把各项目标完成得更圆满一点。

三、努力实现经济平稳健康较快发展

经济建设是政府的中心工作,经济繁荣是发展的基石。要把稳增长放到更加重要的位置,着力提升经济增长的质量和效益,力争稳中有进、进中求好。

积极扩大有效投资。

大力拓展内外市场。

全面打造工业强市。

加快发展现代服务业。

扎实推进农业现代化。

着力强化创新驱动。

不断深化体制改革。

四、全面建设美丽绍兴

生态宜居是我们的城市发展目标,也是我们的共同向往。要坚持走新型城市化道路,统筹区域发展,加快城乡一体化。

把生态文明建设放在突出地位，努力推进绿色发展，实现永续发展。

加快建设美丽城市。

广泛建设美丽乡村。

突出生态环境保护。

完善城乡基础设施。

五、切实保障和改善民生

民之所望，就是施政所向。要坚持把人民利益放在首位，解决好人民群众最关心、最直接、最现实的利益问题，让发展成果更多、更公平惠及更广大人民群众，增强市民幸福感。

健全社会保障体系。

积极打造文化强市。

切实加强社会管理。

做好十方面民生实事工作：(1)环境保护改善方面：(2)交通建设和管理方面：(3)食品药品安全方面：(4)创业就业方面：(5)社会保障方面：(6)住房保障方面：(7)文体教育等方面：(8)公共卫生方面：(9)公共安全方面：(10)农业生产和“菜篮子”工程方面。

六、建设人民满意的服务型政府

转变工作作风，提升群众满意度。

坚持依法行政，提升政务透明度。

深化廉政建设，提升政府公信度。

舟山市政府工作报告(节选)

——在舟山市第六届人民代表大会第三次会议上

舟山市人民政府市长　周国辉

(2013年2月21日)

一、2012年工作回顾

2012年是本届政府开局之年,是全市上下抢抓机遇、应对挑战、经受考验,扎实推进新区规划建设和经济社会平稳发展的重要一年。我们在省委、省政府和市委的正确领导下,在市人大、市政协的监督和支持下,坚持以科学发展观为指导,认真贯彻省委"八八战略""两创"总战略和市委"稳中求进、加快突破"总基调,全面实施"六大攻坚",较好地完成了市六届人大一次会议确定的目标任务。全市实现地区生产总值852亿元,增长10.2%。财政总收入133.5亿元,其中公共财政预算收入85.6亿元,分别增长4.9%和11.9%。城镇居民人均可支配收入和渔农村居民人均纯收入达到34224元和18601元,分别实际增长10.3%和11%。实现社会消费品零售总额290.5亿元,增长16%。研究与试验发展经费支出占地区生产总值比例预计达到1.35%。节能减排各项指标完成省下达任务。

*新区规划建设务实起步。*新区发展规划经反复论证修改、汇报沟通,由省政府上报国务院,并于2013年1月17日正式批复,新区发展迈出了关键一步。自由贸易园区、规划环境影响评估等重大课题研究取得积极成果。城市和土地利用总体规划修编同步开展,产业、交通等17个专项规划编制扎实推进。舟山港综合保税区在较短时间内成功获批,一期六大工程建设进展顺利。国家相关部委以资金、指标、项目和试点等形式支持新区建设,对外开放、用地用海和财政扶持等政策取得突破。省政府下放400项经济社会审批管理权限,十多个省级部门出台支持新区建设的政策意见。深入实施项目攻坚专项行动,加大项目协调、督查力度,有效破解要素制约,全力推进87个市级重点项目,329国道舟山段和定马公路改建工程开工建设,大陆引水二期、北向疏港公路二期、金塘互通至大浦口疏港公路、220千伏舟北变工程等基本建成。全年实现固定资产投资600.8亿元,增长26.2%。适应新区发展实际,整合招商机构和资源,组织央企对接会、综保区新闻发布会等系列活动,积极实施浙商回归、山海协作工程,引进了一批重大项目,签订了一批战略合作协议。全年实际利用市外资金74.6亿元,其中实际利用境外资金1.83亿美元,增长70%。浙商回归引进省外到位资金76.84亿元,增长105%。

*海洋特色产业稳步发展。*针对产业发展面临的困难和矛盾,一手抓企业帮扶,一手抓转型升级。实现规上工业总产值1216亿元,增长11.3%,规上工业增加值增速居全省前列,工业投资突破200亿元,其中技改投入67.8亿元。突出抓好船舶业整合提升,造船业三项指标占全国份额进一步扩大。海洋生物医药产业园实质启动,国家船舶与海工装备新型工业化示范基地、省级船舶工业设计基地和海洋电子信息产业基地建设扎实起步,装备制造业、高新技术产业增加值分别增长14%和16.8%。鼓励建筑企业拓领域、上规模,实现产值162.7亿元。"三位一体"港航物流服务体系扎实推进,大宗商品交易所通过国家清理验收,年交易额突破1500亿元,交割量居国内同类市场前列。鼠浪湖矿砂中转码头等4个项目获国家核准批复,武港矿砂中转码头、新港3万吨级配套码头、老塘山五期陆域堆场和减载平台等重点项目建成,港口货物吞吐量2.9亿吨,增长11.7%,集装箱吞吐量突破50万标箱。船舶运力保有量突破500万载重吨。出台扶持民营经济、实体经济的政策意见,帮助企业解决融资等即期困难,新增企业流动资金贷款115.5亿元,市级中小企业专项信用贷款扶持企业扩大到800家,累计发放贷款16.5亿元。落实结构性减税政策,清理减免涉企收费,为企业减负7亿元。扎实推进旅游"四大提升工程",游艇、海钓、康体和禅修等旅游新业态项目进展顺利,国际邮轮码头主体工程基本完成,一批旅游集散中心及高星级酒店建成投用。全年接待游客2771万人次,旅游收入267亿元,分别增长12.6%和13.3%。优化渔农产业结构,生态、休闲、观光等特色渔农业不断发展,西码头国家远洋渔业基地加快建设,远洋渔船增加到402艘,新增土地流转面积近9000亩,实现渔农业总产值164亿元,增长9.2%。科创园区、摘箬山科技岛建设扎实推进,船舶工程重点实验室建成投用,中小企业公共服务平台开通运行。浙江海洋学院迁建工程基本建成,浙大舟山校区开工建设。新设院士专家工作站6家、博士科技创业服务基地6个,申请专利数和授权专利数分别增长46.3%和77.4%。引进紧缺人才1882名,培训各类职业技能人才1.2万人次,省"百人计划"成效明显。

*城乡建设步伐继续加快。*坚持以城带乡、城乡联动,中心城区和小城市建设扎实推进,新城购物中心二期、海天大道扩建工程定海至新城段等项目建成,小干商务区前期工作正式启动,旧城改造步伐加快,市政设施进一步完善。三年交通畅通工程建设取得实效。中心城区实现"数字城管"全覆盖,数字城市地理空间框架建设试点通过验收。推进"美丽海岛"建设,投入"三农"资金32.1亿元,增长10.3%。18个精品社区、14个特色社区通过验收,完成了4个乡镇、36个行政村整体整治,改造渔农村住房7551户。一批农田水利设施和河网水系整治项目顺利竣工,"强塘工程"全面完成。开展"811"海洋生态文明建设推进行动,实施生态县区创建和绿色城镇行动计划,完成岛北污水处理厂、虹桥水库治污工程和32家重点企业环境污染整治,水源地生态环境进一步优化,化学需氧量等四项主要污染物排放削减率达到预定指标。落实节能降耗措施,单位地区生产总值能耗下降6.7%。实行PM2.5监测和环境

信息公开,市区空气质量优良率达99.7%。

*改革开放领域不断扩大。*制订实施渔农村集体产权制度、金融体制和渔农业经营管理体制改革指导意见,六方面25个专项改革试点扎实推进。完成陆海统筹等国土资源四大改革试点方案申报,推行海域使用权作价出资,排污权市场交易正式实施。创新投融资渠道,争取中央国债资金,海投、交投融资功能进一步发挥,舟山港和交投中期票据、定海国资企业债顺利发行。大力发展金融机构,浦发银行入驻舟山,定海海洋农商银行改制成立,浙商银行舟山分行顺利升格,新设小额贷款公司3家、融资租赁公司2家。推进行政管理体制改革,市规划管理体制和定海城区管理职能得到完善,产业集聚区和新城管理机构进一步健全。行政审批和招投标职能有效整合,211项市级审批权限下放县区。完成公交体制改革,"营改增"工作顺利实施。推进船舶、水产品国家级出口基地建设,实现进出口总值153.6亿美元,增长15.8%,其中出口92.2亿美元,增长23.4%。船舶交易市场和国际水产城跻身全国百强市场,提升改造农贸市场19家,连锁超市覆盖所有行政村。17个口岸扩大开放项目获批,5个港区获准扩大开放,新增开放面积109平方公里,核增查验人员编制672名。38个项目列入国家"十二五"口岸扩大开放规划。开通往返台湾航空联程中转业务,普陀被列为浙台经贸合作区,台湾南海观音普陀山寻根之旅影响广泛。与沪杭甬等长三角城市合作进一步深入,援青、援疆、援藏工作扎实推进,外事、侨务工作取得新成效。

*社会民生事业持续发展。*切实抓好十方面为民实事项目,进一步加大社会民生投入,就业社保和教育支出分别增长19.7%、36.3%。加强就业培训和指导,新增城乡就业1.58万人,大学生就业率达到93%,城镇登记失业率2.73%。建立统一的城乡居民基本医疗保险制度,政策范围内住院报销比例提高到80%。城乡居民基础养老金从每月90元调整到100元。调高城乡最低生活保障标准,渔农村低保标准达到城镇的80%。发放市民卡102万张,并增加使用功能。建成保障性住房2646套,廉租房政策享受条件继续放宽,房地产市场调控取得实效。建立价格调节基金,新增和改造"菜篮子"基地面积1350亩,居民消费价格总水平涨幅控制在2%以内。全面实施阳光招生政策,学前教育三年行动扎实推进,国有民办高中顺利转制,舟山中学新校区、舟山二小、新民学校等投入使用,校安工程三年计划全面完成。实施县级公立医院综合改革,舟山医院新城院区正式启用,急救指挥体系建成运行,社区卫生服务机构市级规范化率超过80%,甲乙类传染病报告发病率明显下降。优生促进工程继续深化,出生人口性别比保持稳定。海洋文化艺术中心建成启用,公共文化场馆免费开放,新档案馆投入使用,海洋数字图书馆、数字方志馆建设有序实施,渔农村农家书屋和村邮站实现全覆盖。精神文明建设扎实推进,广播电视、新闻出版事业持续发展。成功举办全国休闲体育大会、第十一届市运会和系列赛事。深化"网格化管理、组团式服务",加强社会治安防控体系建设,人民群众安全感名列全省前茅。全面实施公共安全十大领域整治和食品安全百日行动,加强气象预警和三防工作,安全生产三项指标继续实现零增长。深入推进普法和依法治理,加强信访工作和矛盾纠纷调解。重视民族宗教工作。进一步发挥工青妇等群团组织作用,关爱儿童、老龄群体,发展红十字和慈善事业,扶残助残爱心城市创建取得积极进展。促进军地融合,国防海防、民兵预备役、人民防空和军转安置、优抚等工作成效明显,第六次荣获全国双拥模范城称号。

一年来,我们认真践行对全市人民的承诺,认真学习贯彻党的十八大精神,切实推进政府自身建设。自觉接受人大依法监督和政协民主监督,定期向人大报告工作、向政协通报情况,坚持重点议案、提案市长领办制度。重视发挥决策咨询委的作用,强化重要政策实施的跟踪评估,落实重大行政决策合法性审查制度。强化执法监督,规范自由裁量权,认真做好行政复议与行政应诉,建立了三级政府法律顾问体系。健全政务公开和政府信息公开制度,建成统一的政府信息公开平台。加强行政审批实时监控,市本级办理行政审批和服务事项15万件,提前办结率达到98.4%。加大审计力度,查出违规金额1.47亿元,净核减项目投资1.5亿元。强化行政监察和机关效能建设,查处违法违纪案件110件,挽回经济损失5164万元。保持"三公"经费零增长,清理违规公务用车,市本级党政机关专项经费压缩5%。

我们清醒地看到,对照新区建设的新形势、新任务、新要求,我市海洋产业层次和整体水平不高,经济素质性、结构性和体制性矛盾没有明显改善,尤其是受全球经济持续低迷影响,船舶、海运行业遭到较大冲击,部分企业生产经营困难加剧;资源要素制约依然突出,发展基础比较薄弱,人才科技支撑不足,保持财政收支平衡难度增加;社会保障、教育文化、城建交通、医疗卫生、食品安全等民生方面还存在许多问题,促进城乡居民持续增收的压力加大;一些政府机关和公务人员的精神状态、工作作风和能力素质亟需加强,官僚主义、形式主义和消极腐败现象仍然存在。我们必须直面群众关切,正视存在问题,切实予以解决。

二、今年目标和工作任务

2013年是深入贯彻落实党的十八大精神、全面实施新区发展规划的开局之年,也是实施"十二五"规划承上启下的关键一年。做好今年工作,必须以党的十八大精神为指导,认真贯彻省委"八八战略"和干好"一三五"、实现"四翻番"部署,牢牢把握市委"稳中求进、进中求快、快中求好"工作基调,继续坚持"战略带动、创新驱动、投资拉动、实体推动、海陆联动、全民发动"六项原则,加快推进"四岛一城"建设。综合考虑宏观形势和我市发展趋势,建议今年经济和社会发展的主要预期目标为:地区生产总值增长10%;公共财政预算收入增长8%;研究与试验发展经费支出占地区生产总值比例达到1.45%;城镇居民人均可支配收入和渔农村居民人均纯收入分别实际增长10%和11%;居民消费价格总水平涨幅控制在3.5%以内;城镇登记失业率控制在4%以内;节能减排各项指标完成省下达任务;力争在规划实施、项目推进、招商选资、民生改善和建设海上花园城等方面取得新突破,促进经济持续健康较快发展和社会全面进步。

围绕上述目标,重点实施以下十大举措:

(一)全面实施新区发展规划。

(二)全力推进基础设施建设。

(三)强化招商和开放合作。

(四)加快产业转型升级。

(五)深入推进各项改革。

(六)提升创新发展能力。

(七)加快城乡一体发展。

(八)推进海洋生态建设。

(九)繁荣海洋特色文化。

(十)加强民生和社会建设。

三、全面加强政府自身建设

不断提高能力水平。

深入推进依法行政。

大力加强廉政建设。

切实转变工作作风。

打铁还须自身硬。

衢州市政府工作报告(节选)

——在衢州市第六届人民代表大会第四次会议上

衢州市人民政府市长　沈仁康

(2013 年 03 月 08 日)

一、2012 年工作回顾

2012 年是政府工作难中求进的一年,也是全市创业创新取得新进展的一年。一年来,在市委的正确领导和市人大、市政协的有力监督支持下,我们全面落实科学发展观,牢牢抓住山区科学发展试验区建设重大机遇,紧紧围绕“一个中心、两大战役”,凝心聚力,创新破难,狠抓落实,全市经济保持平稳发展,各项社会事业协调推进,人民生活水平稳步提高,社会保持和谐稳定。全市实现地区生产总值 982.8 亿元,增长 8.7%;财政总收入 106.4 亿元,其中公共财政预算收入 63.4 亿元,分别增长 12% 和 10.1%;固定资产投资 570.8 亿元,增长 13.1%;社会消费品零售总额 396.4 亿元,增长 15.2%;外贸进出口总额 30.2 亿美元,增长 12.3%;城镇居民人均可支配收入 26232 元,农村居民人均纯收入 10714 元,分别增长 12.9% 和 11.2%;人口自然增长率 4.47‰;为民办实事各项目标任务全面完成。

过去的一年,我们积极应对经济下行严峻形势,密集推出强实体、促转型一系列惠企政策,全年经济实现企稳回升。

企业帮扶扎实有效。开展市级机关“百组”调研活动,组建中小企业融资担保、还贷周转、政策咨询等服务机构,全面落实减、免、缓、补举措,及时兑现奖补资金 8.9 亿元。规模以上工业实现产值 1356.1 亿元,增幅由一季度下降 0.1% 回升到全年增长 4.8%。深化政银企合作,与国开行、省建行和驻沪外资银行签订合作协议,新设立商业银行县级支行 7 家,小额贷款公司实现县(市、区)全覆盖,在全省率先开展“续贷无缝对接”和小额贷款保证保险工作,股权交易、企业票据、债券等直接融资取得新突破。全市金融机构贷款余额突破 1000 亿元。出台扶持外贸、稳定出口政策,实施出口“直通关”新模式,成功开展海铁联运业务。

转型升级步伐加快。出台培育主导产业、扶持小微企业、加快“腾笼换鸟”等一系列政策,设立工业转型升级专项资金,实施“亩产倍增计划”,衢州巨化一体化战略深化推进,对元立等龙头企业实行“一企一策”、专项服务,新增亿元以上企业 15 家、国家高新技术企业 12 家。出台促进建筑业发展政策,建筑业走出去步伐加快。启动“一村一品”行动,加强农田水利建设,组建市农科院,新建粮食生产功能区 8.9 万亩、现代农业园区 35 个,柯城区成为国家级出口柑桔质量安全示范区,衢江区再获“全国粮食生产先进县”称号,全市农业总产值突破百亿元。出台发展总部经济、引进城市综合体等促进服务业发展政策,加快服务业重大项目建设,改造提升一批专业市场和农贸市场,电子商务、文化创意、现代会展等新兴服务业加快发展。

旅游业呈现新气象。全面打响旅游业大发展战役,出台促进旅游业大发展政策,启动开化根博园、江郎山——廿八都 5A 级景区创建,五龙湖国家生态度假旅游实验区获国家旅游局批复,成功举办第七届华东旅交会暨 2012 浙江森林旅游节,乡村休闲旅游加速转型、蓬勃发展,全市接待国内外游客 2530 万人次,实现旅游总收入 149.7 亿元,分别增长 21% 和 23.7%。

产业平台建设实现重大突破。完成绿色产业集聚区、经济开发区、高新园区和物流园区“四区合一”整合,省级氟硅新材料高新区正式挂牌,合作共建省级山海协作产业园 5 家。加强用地保障,全面推进低丘缓坡综合开发利用,新增工业用地 2.6 万亩,消化利用批而未供土地 1.7 万亩,垦造耕地 2.5 万亩,建成标准农田 4.2 万亩。大力推进科技创新平台建设,成立院士专家工作站 3 家,新培育省级企业研究院 10 家,12 家企业入驻慧谷工业设计产业园,“海创园”开工建设。质量强市建设深入开展,新获中国驰名商标 2 件,省氟硅新材料产品质量检测中心获批建设。出台人才强市新政,新入选省“千人计划”人才 5 人。

过去的一年,我们牢牢抓住项目这一经济工作生命线,千方百计扩大有效投资,发展基础进一步夯实。

项目建设扎实推进。开展重点项目建设“互看互学”活动,出台促进有效投资政策,构建重大项目全程服务机制,一批重大项目取得突破性进展。衢江航运、杭长客专、杭新景高速、西气东输、天然气热电联产等项目加快推进,205 国道改造、绕城公路西线、巨化己内酰胺一期、华友钴业等项目开工建设,市级以上重点项目完成投资 278.3 亿元,为年度计划的 126.4%。项目前期工作得到加强,机场搬迁、九景衢铁路、衢宁铁路等项目前期有力推进,91 个项目列入省重点。

招商引资创新推进。完善招商工作机制,组建六个专业招商局,建立重大招商项目“四个一”对口联系服务制度,专业招商、产业招商力度进一步加大。实施浙商回归工程,出台支持浙商创业创新政策。全市招商引资实际到位资金 188.4 亿元,其中浙商回归到位资金 70.6 亿元。对外交流和区域合作取得新成效,与西班牙穆西亚市、南非茵弗里尼市和黑龙江省鹤岗市建立友好城市关系。

过去的一年,我们以田园城市理念引领城乡规划,统筹推进城乡建设与管理,人居环境不断优化。

城市品位持续提升。围绕打造“三生三宜”城市,加快新城区建设和老城区改造,成功创建国家和省森林城市,获“中国宜居休闲之都”、“中国十佳宜居城市”称号。完成市区“两江两港”、城市综合交通和水亭门历史文化街区等规划编制。基本完成“两南”改造征迁任务,强力推进优化城市环境行动,城市水系综合整治、道路绿化提升等工程有序推进。城市管理体制逐步理顺,“数字城管”覆盖老城区和西区。县城、小城市和中心镇建设加快、管理加强,开化县获“中国休闲小城”称号。

新农村建设纵深发展。推进美丽乡村“四级联创”,加强历史文化村落保护和利用,开展“四边三化”行动,完成201个村庄整治建设,改善29.5万农民饮水条件,除险加固病险水库47座,异地搬迁脱贫1.3万人,江山市、龙游县分获全国“魅力新农村十佳县市”和省级“美丽乡村创建先进县”称号。农民素质培训扎实推进,成立衢州农民学院。农村改革不断深化,新增土地流转面积5.3万亩,林权抵押贷款余额达6.1亿元,常山县获全国农村“三资”管理示范县。

生态文明建设力度加大。深入推进国家环保模范城市创建,“智慧环保”项目列入省智慧城市建设试点。严格能源“双控”管理,加强新建项目能评和环评,抓好循环经济试点基地建设。加强主要污染物排放总量控制,在全省率先开展水泥行业脱硝治理,完成电镀行业整治,推进信安湖流域污染治理,启动市区PM2.5数据监测。深入开展“811”生态文明建设推进行动,新增全国环境优美乡镇5个、省级生态乡镇10个。

过去的一年,我们致力于加强和创新社会管理,新增财力近九成用于民生事业,社会更加和谐文明。

保障水平不断提高。完善就业、创业扶持政策,新增城镇就业3.3万人,实现再就业1.4万人,获省级创业型先进城市称号。加大社保扩面力度,企业退休人员基本养老金、城乡居民社会养老保险基础养老金、职工基本医疗保险、被征地农民基本生活保障和城乡低保标准进一步提高,有效解决一批养老保险历史遗留问题。深化社会养老服务体系建设,建成城乡社区居家养老服务照料中心29个,新增养老床位1331张。加强住房保障,新增廉租住房保障836户。社会救助、社会福利、慈善、红十字等事业取得新成效。

各项事业加快发展。全面启动教育现代化县(市、区)创建,完成校安工程建设,新增省三级以上幼儿园57所、省义务教育标准化学校89所、省三级以上中职学校11所,高校学科专业建设得到加强,“两基”教育工作获国务院表彰。基本完成医药卫生体制改革三年任务,县级公立医院综合改革全面启动,市第三医院、衢江区人民医院等项目建设顺利推进,爱国卫生工作获全国先进。制定文化强市建设规划和扶持政策,谋划推进重大文化设施建设,成功举办孔子文化节、省首届女子体育节和中国围棋冠军赛等活动。新闻出版、广播电视、民航、海关、检验检疫和统计工作得到加强。援疆援藏、人口计生、气象、邮政、档案、地方志、妇女、儿童、老龄、残疾人等事业取得新进展。

平安建设深入推进。精神文明创建活动蓬勃开展,“最美衢州人”不断涌现。全国双拥模范城创建实现“三连冠”。完善应急联动机制,加强社会治安防控体系建设,积极解决一批信访积案和疑难问题,有效处置少数企业资金链、担保链危机,维护了社会稳定。推进“三民工程”标准化建设,城乡社区等基层基础不断夯实。全面落实安全生产责任制,开展食品安全大整治百日行动,安全生产连续8年实现“三个零增长”。国家安全、国防动员、人民防空、民族、宗教、外事、侨务、对台等工作进一步加强。

过去的一年,我们围绕提高政府执行力,切实增强政府工作计划性,不断推进政府管理和服务创新,行政效能进一步提高。

深入开展“行政效能提升年”活动,推行“两项工作、三项制度”,实施“四办联合督查”,下放市级公共管理权限523项,投资项目审批时限大幅压缩,市县两级“一办三中心”效能进一步提升。探索市、区管理体制和运行机制,全面推进园区整合、国资整合和招商资源整合。自觉接受人大法律监督、工作监督和政协民主监督,坚持重大事项向人大报告和政协通报制度,办好人大代表议案建议和政协提案。建立健全市县两级决策咨询机构,不断提高决策科学化民主化水平。推进依法行政,严格行政败诉责任追究。健全廉政风险防控机制,坚决压缩“三公”经费,强化审计监督和行政监察,严肃查处违纪违法案件。

各位代表!过去一年取得的成绩来之不易,这是省委、省政府和市委正确领导的结果,是全市人民创业创新、团结奋斗、克难攻坚的结果。在此,我代表市人民政府,向在各个领域辛勤劳动的全市人民,向给予政府工作大力支持和有效监督的人大代表、政协委员,向各民主党派、工商联、各人民团体和社会各界人士,向驻衢部队和武警官兵,向外来投资者和建设者,向所有关心、支持衢州改革和发展的海内外朋友,表示衷心的感谢和崇高的敬意!

我们也清醒地认识到,前进道路上仍面临许多困难和问题,政府工作还有不少差距和不足:地区生产总值、固定资产投资、公共财政预算收入、外贸进出口总额等4项指标没有实现预期目标;资源、环境承载压力加大,实体经济创新动力不足,部分企业生产经营困难;城镇化水平偏低,城乡规划建设管理水平不高,中心城市辐射带动能力亟待提升;城乡低收入群众持续增收难度不断加大,基本公共服务、社会事业、民生保障与群众期望仍存在较大差距;政府职能转变、行政效能提速仍跟不上发展要求,一些政府工作人员缺乏大局观念、创新意识和担当精神,综合素质和执行力有待提升。我们要高度重视,采取切实措施加以解决。

二、2013年总体要求和主要目标

2013年是全面贯彻落实党的十八大精神的开局之年,是干好“一三五”、实现“四翻番”的关键之年,是深入推进“一个中心、两大战役”的落实之年,做好各项工作意义十分重大。

2013年政府工作的总体要求是:坚持以邓小平理论、“三个代表”重要思想、科学发展观为指导,全面贯彻落实党的十八大精神和省委、市委战略部署,紧紧围绕加快山区科学发展试验区建设,牢牢把握“干实事、抓落实”核心要求,以提高人民生活水平、促进社会和谐为根本目的,以提高经济增长质量和效益为中心,着力在促进产业转型、增强发展后劲、统筹城乡发展、保障改善民生、优化发展环境等方面取得新突破,努力成为全省新的经济增长点,为建设“两地三城”、加快“两个崛起”、实现富民强市奠定坚实基础。

综合考虑发展趋势和工作导向,建议2013年全市国民经济和社会发展主要指标为:地区生产总值增长确保9%、力争10%,公共财政预算收入增长确保8%、力争9%,固定资产投资增长确保16%、力争30%,社会消费品零售总额增长确保13%、力争14%,外贸出口总额增长确保6%、力争8%;城镇居民人均可支配收入增长11%,农村居民人均纯收入增长12%,城镇登记失业率控制在4%以内;人口自然增长率控制在4.5‰以内;节能减排完成省下达指标。

具体工作中，要切实把握好以下几个方面：

一是强化加快发展、改革创新。欠发达是衢州最大的市情，必须始终牢牢把握经济建设这一中心和发展实体经济这一基础，举全市之力坚定不移抓发展，努力实现跨越发展、高质量发展。改革是最大红利，必须以改革创新的精神突破一切阻碍发展的困难和问题，坚持不破法规破常规，以一往无前的勇气和智慧，争创区域经济社会发展新经验。

二是强化规划引领、统筹发展。坚持规划龙头地位，注重以规划布局项目、统筹政策、整合资源、协调利益。真正把统筹作为核心理念指导规划编制，切实增强规划的前瞻性、科学性和权威性，不断提高市区一体发展、市县联动发展、城乡统筹发展水平。

三是强化项目抓手、平台支撑。围绕山区科学发展试验区建设，加大项目谋划和前期工作，完善项目推进机制，千方百计突破项目实施主要瓶颈，强力营造项目建设良好环境。抓住低丘缓坡综合开发利用有利时机，加快征迁配套、扩容提升，努力打造功能齐全、生活便利、环境优良的绿色产业发展新空间。

四是强化企业为基、民生为本。确立"三待三亲"理念，营造最优发展环境，倡导全社会形成尊重劳动、尊重创造、尊重企业家的良好风尚。把人民对美好生活的向往作为政府的奋斗目标，把提高群众生活幸福指数作为政府工作的根本取向，把新增财力绝大部分用于保障和改善民生，努力让衢州百姓物质富裕、精神富有、生活幸福。

五是强化作风建设、真抓实干。大兴求真务实之风，深化市情、规律、制度和政策研究，把发展战略和目标落到实处。集中精力干实事、抓落实，善于聚合正能量，敢于较真碰硬，勇于承担责任，切实形成比学赶超、干事创业的浓厚工作氛围。

三、2013 年主要工作

（一）全力做好项目工作，千方百计扩大有效投资。

大力推进项目建设。

提升招商引资实效。

全力做好要素保障。

（二）突出"工业立市"中心，推动工业经济增量提质。

推动产业转型升级。

突出绿色产业集聚区建设。

提高科技创新能力。

加强环境保护和生态建设。

（三）打好城市建设与管理战役，加快推进新型城镇化步伐。

不断完善城乡规划体系。

强力推进城市"十大专项"建设。

切实提升管理水平。

着力繁荣城市经济。

（四）打好旅游业大发展战役，努力打造全国重要的生态休闲度假旅游目的地。

加快打造旅游精品。

强化旅游宣传营销。

（五）更加注重城乡统筹，深化推进美丽乡村建设。

加快发展现代农业。

积极促进农民增收。

不断改善农村环境。

深化推进农村改革。

（六）强化民生保障体系，努力实现社会和谐稳定。

健全社会保障体系。

加快社会事业发展。

加强和创新社会管理。

各位代表！2013 年我们将继续安排一批群众急需、社会关注、惠及面广、共享度高的实事项目，让百姓享受更多的改革发展成果。

做好今年政府工作，必须按照"法治、实干、廉洁"的要求，深入推进自身改革和建设，努力建设人民满意政府。

一要全面推进依法行政。

二要不断增强执行能力。

三要切实加强廉政建设。

温州市政府工作报告(节选)

——在温州市第十二届人民代表大会第三次会议上

温州市人民政府市长　陈金彪

(2013 年 1 月 19 日)

一、2012 年工作回顾

刚刚过去的 2012 年,是国际国内经济形势极为复杂、发展遭遇较大困难的一年,也是温州爬坡过坎、奋力推进转型发展的一年。我们在省委、省政府和市委的坚强领导下,深入贯彻落实科学发展观,认真实施"两海两改"四大国家战略举措,扎实推进"三生融合·幸福温州"建设,抓统筹攻改革、优环境强投入、兴实体推转型、惠民生促和谐,经济社会发展总体保持平稳。初步核算,全市生产总值 3650 亿元,同比增长 6.7%;财政总收入 500 亿元,其中公共财政预算收入 279 亿元,均增长 3%;全社会研究与开发投入占生产总值比重 1.12%;外贸出口总额 177 亿美元,下降 2.6%;社会消费品零售总额 1929 亿元,增长 9.1%;城镇居民人均可支配收入 34800 元,农村居民人均纯收入 14700 元,分别增长 9.7%、11%;单位生产总值综合能耗下降 5.5%,化学需氧量、二氧化硫、氨氮和氮氧化物排放量分别削减 2.8%、9.1%、2.3%、8%。

(一)发展支撑条件日益改善。坚持"周督查、月协调",强力推进交通、水利、电力等重大基础设施建设,完成全社会固定资产投资 2357 亿元,增长 34.6%,投资率达 64.6%,增速连续两年居全省第一。瓯飞工程开工建设,市域铁路建设规划通过国家审批,绕城高速西南线、诸永高速延伸线、金温铁路扩能改造、乐清湾港区一期、温州机场 T2 航站楼及飞行区改扩建、华润苍南电厂、平阳顺溪水利枢纽等项目加快推进,瓯海大道西段快速路、七都大桥、飞云江大桥新桥、500 千伏乐清输变电、珊溪水利枢纽平苍引供水等工程建成。瓯江口新区、温州经济技术开发区、温州生态园三大市级功能区投资额同比翻一番,列入考核的 25 个都市型功能区完成投资 1383 亿元。加大土地挖潜力度,完成土地清理 10 万亩、耕地垦造 5.7 万亩,新增建设用地指标 2.3 万亩、城乡建设用地增减挂钩指标 1 万亩。

(二)产业转型升级迈出新步伐。出台振兴实体经济"1 + X"政策和"扶工兴贸"十大举措,开展"进万企解难题"活动,帮助企业解决难题 3400 多个,减轻企业负担 42 亿元,政府应急转贷金循环使用累计达 160 亿元。实施"亩产论英雄"和企业分类管理,帮扶企业 1307 家。开展银项、银企对接,中小企业贷款增长 14.2%。积极引导社会资本回归实业,鼓励企业进行用地二次开发,突出抓好 20 个超 5 亿元重大产业项目对接落地,工业投资增长 42%,增速居全省第一。科技创新取得重大突破,高新技术产业园区升格为国家级高新区,国家级大学科技园获批。激光与光电产业集群建设加快。新增省级以上企业研发中心 18 家,新建科技孵化器面积 21.6 万平方米。建成国家金融设备质检中心。被评为首批国家知识产权示范城市,专利申请量、授权量分别增长 59.6%、54.4%。引进国外智力项目 170 个,新入选省"千人计划"29 人。出台推进服务业跨越发展"1 + 17"政策,金融集聚区、温州科技城等省级服务业示范区建设取得成效,电子商务、工业设计、服务外包等产业增势喜人,服务业增加值增长 8.5%。被列为全国首批智慧旅游试点城市。农业"两区"建设加快,建成粮食生产功能区 11.4 万亩,晚稻单产创历史新高。

(三)"1650"大都市建设扎实推进。完成城市总体规划修编中间成果。大都市核心区和 6 个副中心城市建设全面提速,"瓯洞一体化"改革启动实施。滨江商务区 30 幢大楼加快建设,龙湾万达广场建成开业,瓯海华润万象城、瑞安新天地广场等一批城市综合体相继开工。深入开展"六城联创",大力推进破难攻坚七大行动,全市拆除违法建筑 2927 万平方米、户外广告 17.8 万平方米,绿化造林 16.3 万亩,建成森林公园 22 个、市域绿道 1000 公里;市区 6 个山地公园、36 个滨水公园向市民开放,人均公园绿地面积达 13 平方米。启动市区"城中村"改造,开工建筑面积 596 万平方米。实施农房改造集聚 3069 万平方米,新增集聚率 6.2%。完成 440 个待整治村环境整治。实施珊溪水源保护"五大工程",畜禽养殖污染整治初见成效。温瑞塘河水质持续改善。推进电镀业整治入园,未按时入园企业全部停产整顿。获得省环保模范城市称号,洞头创成国家生态县。

(四)改革开放取得新成效。金融综合改革试验区建设开局良好,设立地方金融管理局,组建民间借贷服务中心 4 家、民间资本管理公司 4 家,新增小额贷款公司 26 家,完成农村合作金融机构股份制改革 2 家。温州金改广场等一批要素交易市场开业,股权投资、企业债券、中期票据等融资渠道进一步拓宽,全年发债 122.7 亿元,新增上市企业 4 家。启动农村金融改革,农村资金互助会试点稳步推进。着力防范和化解区域金融风波后续影响,切实抓好风险企业帮扶和银行不良贷款处置。城乡统筹综合改革取得新进展,股改、地改基本完成,户改试点工作启动。柳市、塘下、桥头列为第三批全国发展改革试点小城镇。公共财政体制改革、招投标市场改革深入推进。完成第二轮国企整合重组,市级经营性国有资产基本实现统一监管。实施招商引资"一号工程",实际到位内资 211 亿元,利用外资 4 亿美元。加强对台合作交流,农业、金融、旅游等领域的合作对接取得实效。温州航空口岸升格为国际口岸,进口水果指定入境口岸获批,开通对台客运直航,及至韩国、泰国等国际航线。援疆、援藏、援青工作成效明显。

(五)社会建设和民生保障水平不断提高。全市财政用于民生支出 295.8 亿元,增长 8%。开展市区"安置提速"专项行动,完成安置房交钥匙 6391 套。推进社保提质扩面,新增五大险种参保人数86.9万人,新型农村合作医疗人均筹资水平达515元。居家养老服务照料中心实现城市社区全覆盖、农村社区覆盖30%。启动教育现代化县(市、区)创建,推进基础教育优质均衡发展,创成省义务教育标准化学校148所、等级幼儿园109所。温州肯恩大学(筹)开工建设并完成首批招生,温州城市大学挂牌成立。国家民办教育综合改革试点成效明显。温州文化创意产业园开工,市文化艺术大楼、东瓯王庙工程进度加快,县级"三馆"建设顺利推进。电视剧《温州一家人》广受好评。成功举办第四届温州艺术节。荣获"中国龙舟名城"称号。奥体中心主体育场一期开工,建成登山健身步道438公里。医药卫生体制改革有序开展,乐清、平阳、苍南14家县级公立医院改革稳步推进。社会资本办医列为全国试点。温医附一医新院开诊。开展食品安全大整治,食品安全监管体制不断健全。农村饮水安全覆盖率达98%。完成市区城乡公交一体化改革,鹿城公共自行车系统投用。人口计生工作得到加强,工青妇、老龄、慈善、残疾人等事业全面发展,民族、宗教、外事、侨务、双拥等工作取得新成绩。殡葬改革开启新模式,青山白化治理进一步深化。狠抓社会管理和应急处置,创新社会组织登记管理和社工资格认定,社区"五大服务中心"建成率达92%。联动推进历史遗留问题化解攻坚,化解积案951件。开展平安大市"四连创",安全生产整治取得实效,社会治安总体良好,社会大局保持稳定。

(六)政府自身建设进一步加强。着眼于解决问题、理顺关系、提高效率,出台了一系列政府工作规定。严格落实"五个凡是",市县两级下放事权509项。市本级审批事项削减780项,集中度达92%。完成政务服务热线整合,实现"一个号码找政府"。开展行政处罚结果网上公开试点,推进行政执法规范化建设。自觉接受人大法律监督、工作监督和政协民主监督,办好人大代表建议和政协提案。深化"五型"机关创建,推行全员绩效考核。大力压缩行政性开支,完成市级机关公车改革,实施公务接待"三严四禁"制度,严格公务人员出国(境)管理。开展"万企评行风"活动,实行"四查"倒逼问责,严肃处理了一批"中梗阻"典型案件。强化审计监督和行政监察,加强惩防体系建设,反腐倡廉工作成效明显。

各位代表,过去一年我们经受了严峻考验,取得了来之不易的成绩,这是全市上下迎难而上、开拓进取、奋力拼搏的结果。在此,我代表市人民政府,向在各个领域辛勤工作、做出贡献的全市人民和外来建设者,致以崇高的敬意!向给予政府工作大力支持的人大代表、政协委员,各民主党派、工商联、无党派人士和人民团体,向积极参与温州建设的驻温部队、武警官兵和中央、省驻温单位,向情系家乡的海内外温州人,向所有关心支持温州发展的港澳台同胞、海外侨胞和国际友人,表示衷心的感谢!

我们也清醒地看到,我市经济社会发展长期存在的产业结构不合理、自主创新能力不强、城乡区域发展不平衡、社会事业发展滞后等深层次矛盾依然突出,特别是受欧债危机等国内外因素的综合影响,又面临一系列新困难新挑战;政府工作还存在不少差距和不足。主要有:伴随全球性经济下滑,我市主要经济指标增幅回落,生产总值、工业、出口等没有达到预期目标;受制于政策、要素等因素,个别工程未能如期开工;区域金融风波影响尚未消退,社会信用体系亟待修复;市场需求萎缩,综合成本上升,企业生产经营面临较大困难;财政减收增支因素增多,保障和改善民生的压力加大;社会管理创新有待加强,社区建设和运行机制需进一步完善;转变机关作风任务艰巨,一些政府部门为企业、为群众服务的主动性不强,一些工作人员缺乏克难攻坚、敢于担当的责任意识。对于这些问题,我们一定高度重视,切实采取措施,努力加以解决。

二、2013年工作总体要求和主要目标任务

2013年是全面贯彻落实党的十八大精神的开局之年,也是实施"十二五"规划承前启后的关键一年。纵观各个方面,今年宏观环境总体上将好于去年,经济社会发展具备诸多有利条件和积极因素,特别是"两海两改"四大国家战略举措的深入实施,为我市加快转型发展提供了历史性机遇。同时,世界经济复苏艰难曲折,国内经济社会发展面临一些新情况新变化,温州转型发展正处在破茧化蝶、不进则退的临界点上。我们必须进一步增强机遇意识、忧患意识,坚定发展信心,加快转型步伐,全力推进"三生融合·幸福温州"建设,向全市人民交出满意的答卷。

今年政府工作的总体要求是:坚持以邓小平理论、"三个代表"重要思想、科学发展观为指导,深入贯彻党的十八大、中央经济工作会议和省委十三届二次全会、市委十一届三次全会精神,围绕建设"三生融合·幸福温州",继续加大招商引资和有效投入,着力加快产业转型和实体经济振兴,大力推进城乡统筹和环境建设,不断深化改革开放和自主创新,更加重视民生改善和社会和谐,全域推进大都市建设,全面开创温州转型发展新局面。

今年全市经济社会发展的主要预期目标是:地区生产总值增长8%左右,公共财政预算收入增长8%左右;全社会研究与开发投入占生产总值比重达1.3%;外贸进出口总额增长5.5%;社会消费品零售总额增长12%;城镇居民人均可支配收入增长9%,农村居民人均纯收入增长10%;节能减排完成省定目标任务。

重点抓好八个方面工作:

(一)强化大项目支撑,推动投资持续快速增长

狠抓重大基础设施建设。

深入实施招商引资"一号工程"。

强化重大项目全程服务和要素保障。

(二)大力发展实体经济,加快产业转型升级步伐

推动工业集群化发展。

加快服务业升级扩张。

强化科技和人才支撑。

加快发展海洋经济。

大力发展现代农业。

关心和重视企业发展。

(三)加快新型城市化步伐,推进"1650"大都市建设

统筹组团城市开发。

深化城市有机更新。

加快完善城乡基础设施。

推动欠发达地区跨越发展。

(四)深入推进改革开放,增强发展动力和活力

精心组织实施《温州市金融综合改革试验区实施方案》。

大力推进城乡统筹综合改革。

深化重点领域改革。

扩大对内对外开放。

(五)加强生态文明建设,努力建设"美丽温州"
加大生态创建力度。
加强环境综合治理。
强化节能减排攻坚。
(六)推进文化大发展大繁荣,提升文化软实力
建设美好精神家园。
实施文化惠民工程。
培育发展文化产业。
创建国家历史文化名城。
(七)大力发展社会事业,切实保障和改善民生
坚持教育优先发展。
提高全民健康水平。
完善"大社保"体系。
抓好民生实事项目。
(八)加强社会管理创新,维护社会和谐稳定
推进"三社"互动发展。
深化"平安大市"创建。

三、加强政风建设,推动政府工作提质提效

(一)转变作风,优化服务。
(二)破难攻坚,强化执行。
(三)简政放权,提高效能。
(四)依法行政,廉洁从政。

丽水市政府工作报告(节选)

——在丽水市第三届人民代表大会第三次会议上

丽水市人民政府代市长　黄志平

(2013 年 3 月 26 日)

一、2012 年政府主要工作

2012 年,是本届政府履行职责的开局之年,也是全市上下攻坚克难、奋发有为的一年。面对复杂多变的外部环境,在省委、省政府和市委的坚强领导下,全市上下紧紧围绕“绿色崛起、科学跨越”战略总要求,牢牢把握“稳中求进、好中求快”主基调,大兴干事文化,全力推进稳增长、重投入、兴实体、抓改革、优环境、惠民生各项工作,主要经济指标增幅走在全省前列。

全市实现生产总值 885.17 亿元,增长 10.5%,增幅连续两年居全省首位;规模以上工业总产值 1533.76 亿元,增长 16.6%,增幅居全省第一;社会消费品零售总额 371.09 亿元,增长 17.5%,增幅居全省第一;固定资产投资 471.98 亿元,增长 31.7%;财政总收入 112.66 亿元,其中地方财政收入 64.61 亿元,均增长 12.6%;外贸进出口总额 22.29 亿美元,增长 4.9%;城镇居民人均可支配收入 26309 元,名义增长 12.5%;农村居民人均纯收入 8855 元,名义增长 13.4%,增幅连续四年居全省首位;节能减排完成省定目标;全市十件大事和市区十件实事较好完成。

一年来,我们主要做了以下七个方面的工作:

(一)着力扩大有效投资

重点项目和基础设施网络化加快推进。深入开展重点工程“强服务破难题大推进”、“百日攻坚”等活动,狠抓政策处理和要素保障。完成重点项目建设投资 170.06 亿元,为年度计划的 123.2%。云景和龙庆高速公路完成主体工程,龙浦高速公路龙泉段开工建设,金丽温铁路扩能改造和 23 个国省道、重要县道项目建设进展顺利,衢宁铁路等重大项目前期取得突破。完成瓯江干堤和中小河流堤防加固 65.8 公里,整治河道 209.9 公里。金丽温天然气输气管道及城市天然气利用工程开工建设,220 千伏景宁鹤溪等一批输变电工程基本完工,遂昌蟠龙水电站和 17 座增效扩容农村水电站投入运行。

招商引资实现新突破。创新招商引资政策和推进机制,出台支持浙商创业创新措施,成功引进康盛新照、美特斯邦威、德国肖特等一批大型国企民企和外商投资企业。全年引进市外内资项目 297 个,其中亿元以上大项目 110 个,实际利用内资 177.61 亿元,增长 77.6%;实现浙商回归到位资金 58.61 亿元,完成年度目标的 234.4%;实际利用外资 1.04 亿美元,增长 134.4%。

工业投资和民间投资强劲增长。制定扩大工业有效投资措施,先后组织百亿工业投资项目集中开工仪式和百亿投资项目集中签约仪式,完成工业投资 156.87 亿元,增长 32%,其中工业技改投资 84.07 亿元,增长 100.8%。完善民间投资政策,实现民间投资 276.4 亿元,增长 42.9%。

(二)着力发展实体经济

生态农业特色优势更加鲜明。全面推进 15 个省级现代农业综合区建设,新建主导产业示范区 3 个、特色农业精品园 12 个、生态精品农业示范基地 55 个,新增开心农场等休闲观光农业区(点)32 个,新建粮食生产功能区 6.18 万亩,粮食等主要农产品产量稳中有升。新增有机、绿色和无公害认证农产品 102 个,新培育省市级农业龙头企业 39 家、省市级示范性农民专业合作社 57 家。

工业经济在强劲集聚中企稳回升。深化实施工业“三千亿行动计划”,制定兴工强工的一揽子政策措施,扎实推进丽水生态产业集聚区和 10 个产业集群示范区建设,启动总面积 42.7 平方公里的丽缙五金科技产业园等一批台地工业园建设。全市工业总产值达到 1921.91 亿元,增长 16.3%,年主营业务收入超亿元企业达到 311 家。青田成为省级工业强县建设试点县。稳步推进莲都碧湖产业区块省级战略性新兴产业示范基地建设。新增国家高新技术企业 32 家、省级高新企业研发中心 15 家。

现代服务业支撑能力持续增强。丽水现代商贸中心、松阳浙南茶叶市场被列为第二批省级现代服务业集聚示范区,12 个项目列入省服务业重大项目计划。云和商贸城投入营业,市区南城城市综合体和缙云路网物流中心等一批服务业项目顺利实施。绿谷信息产业园建设有序推进,“智慧丽水”公共服务平台在全省率先开通,遂昌建成全国首个淘宝网县级特色馆。

自主创新能力稳步提升。成立国家大院名校丽水产业科技服务中心和工业技术研究院,新创省级区域创新平台和产业技术创新战略联盟 4 个。成功举办 2012 中国丽水“人才·科技”峰会,成立高层次人才服务中心,引进国家“千人计划”专家 3 人,建成院士工作站 4 家、省级博士后试点单位 3 家。新增专利 3305 件,增长 68%;新增注册商标 2209 件、中国驰名商标 1 件、省市级著名商标 49 件、省市级名牌 40 个;参与制订和修订国家标准、行业标准 5 项,新创省级农业标准化示范项目 13 个。

(三)着力统筹城乡发展

新型城市化步伐加快。全市城市化率达到 52.5%,提高 2 个百分点。统筹推进中心城市“六城联创”,深入实施三个“三年行动计划”,新增城市绿地 52.12 万平方米,成功创建国家森林城市。市区绕城西线顺利建成,全长 26.4 公里的绕城公路全线通车,新建城市道路 16.25 公里,首批 53 个服务点的公共自行车租赁系统投入试运行。环南明湖区块综合开发和南城东扩步伐加快,旧机场及周边区块拆迁基本完成。各县(市)城区基础设施、商业配套加快完善,特色优势进一步彰显。

新农村建设纵深推进。新增龙泉八都、青田腊口和缙云新建等3个省级中心镇。基本完成首批100个中心村培育建设任务,完成433个村庄环境综合整治和32个整乡整镇整治任务,实施农村危旧房改造2.57万户,整村搬迁179个村。莲都被评为"全省美丽乡村创建先进县"。137个村庄列入省级历史文化村落保护名录。实现农村来料加工费10.02亿元,增长16.5%。农村电子商务销售10.46亿元,是上年的2.9倍。

(四)着力保障和改善民生

社会保障更趋完善。新增城镇就业1.96万人,帮扶失业人员再就业0.8万人,农民转移就业1.98万人,城镇登记失业率3.3%。新增基本养老、基本医疗、工伤、失业、生育保险21.39万人次,城乡养老和医疗保险参保率均稳定在95%以上。城乡居民基础养老金标准提高到每人每月80元,城乡居民医疗保险政策内住院报销比例提高到70%以上。社会保障卡实现全省医保"一卡通"。发放高龄老人一次性补贴907万元。7.27万名符合低保条件的城乡居民实现应保尽保,无固定收入残疾人生活补助制度在全省率先实施。基本建成保障性住房3907套,新开工商品房196.67万平方米。

社会事业统筹推进。新建和改扩建幼儿园51所,乡镇中心幼儿园实现基本覆盖,市实验幼儿园基本竣工。完成中小学校安全工程三年建设改造任务,新创义务教育标准化学校68所、现代化达标学校28所。高考第一批上线2163人,增长19%。丽水职业技术学院被评为省示范性高职院校。县级公立医院综合改革全面启动,紧密型乡村卫生服务一体化率达到81.7%,5家医院晋升二级甲等以上医院,无偿献血连续五届十年蝉联全国先进市。市博物馆完成土建工程,市体育馆开工建设,松阳文化中心基本建成。成功举办丽水文化精品武汉展览会和第五届乡村文化艺术节,成功承办世界自由式轮滑锦标赛和全国皮划艇锦标赛。大型畲族风情舞蹈诗《千年山哈》获第四届全国少数民族文艺会演表演金奖等11个奖项。成功创建全国书法创作培训基地。

社会环境和谐稳定。深化平安丽水、法治丽水建设,社会治安综合防控体系进一步健全,群众安全满意率达97.8%,连续三年居全省前列。安全生产事故总量、死亡人数和直接经济损失连续九年"三下降"。较大以上食品药品安全事故保持"零发生"。积极防范和化解企业资金链、担保链断裂风险。统计、档案、方志、妇女、儿童、老龄、慈善、红十字等工作取得新成绩。人口计生、民族宗教、侨台外事、防灾减灾、援藏援疆、国防动员等工作扎实开展,成功创建"全国双拥模范城"。

(五)着力优化生态环境

生态建设和环境保护成效明显。生态环境状况指数连续九年居全省首位、全国领先,九县(市、区)全部成功创建省级生态县,云和成功创建国家级生态县,遂昌通过国家级生态县技术评估,新创国家级生态乡镇21个。遂昌湖山、龙泉宝溪入选浙江人心目中"最美生态乡镇"。丽水开发区杭丽热电项目开工建设,龙泉溪北等一批污水处理厂相继建成。推进工业园区生态化改造,关停和转产造纸、化工、电镀企业23家。

"养生福地"建设加快推进。制定生态休闲养生(养老)基地政策,成立生态休闲养生(养老)经济促进会,累计启动65个总投资400亿元的养生(养老)项目。庆元百山祖、松阳箬寮原始林成功创建国家4A级旅游景区,欧陆风情园、九龙湿地公园等项目和丽水瓯江风情旅游度假区等8大旅游综合龙头项目建设稳步推进。新增省级特色旅游村11个、旅游特色经营点58家。全市旅游总收入205.84亿元,增长32%,增幅连续七年居全省首位。

(六)着力深化改革创新

山区科学发展综合改革全面启动。编制实施山区科学发展综合改革试验区总体方案和实施计划,重点抓好"三大改革试点"。强力推进全国低丘缓坡开发利用试点,完成土地征收4.5万亩和试点区块场地平整1.89万亩。开展全国农村金融改革试点,在全国率先实现农村信用体系和银行卡助农取款全覆盖,年末涉农贷款余额559.05亿元,林权抵押贷款余额30.17亿元;引进辖外银行机构1家,新设村镇银行4家、小额贷款公司5家,年末金融机构本外币存贷款余额分别增长14%和16.6%,达到1475.23亿元和1117.86亿元。完成扶贫改革试验方案编制,成功创设全国扶贫改革试验区和全省农村改革试验区。

对内对外开放不断扩大。签订山海协作项目170个,到位资金108.3亿元,增长34%,遂昌、莲都、龙泉、松阳工业园被列为省级山海协作产业园。主动对接长三角和接轨海西区,新启动与省外区域合作项目64个,合作金额30.2亿元。新增省级出口基地6个、省级出口品牌2个。全年实现出口19.76亿美元,增长8.9%。积极引导企业"走出去",实现企业境外投资1525万美元。

(七)着力创新政府管理

民主法制进一步健全。修订完善政府工作规则,健全科学民主决策机制。连续四年被评为全省依法行政先进市。主动向人大报告工作、向政协通报重大事项,自觉接受人大法律监督、工作监督,政协民主监督和社会各界监督。办理人大代表建议188件、政协提案412件,满意率均达99%以上。积极支持民主党派和工商联、工青妇等人民团体开展工作。

服务效能进一步提升。成立投资项目审批代办服务中心,推进行政审批"四减少"改革,市本级削减审批事项581项,削减率47.8%。推进村级便民服务中心规范化建设,创建省级示范中心98个。开展"万名干部进村入企大走访"和"千名干部结对千家规模企业送服务"活动,全市市场主体达到10.93万户,增长19.3%。高度重视"微博问政","丽水发布"荣膺全国优秀政务微博,市政府门户网站被评为全国优秀政府门户网站。

廉政建设进一步加强。深化以"阳光工程"、权力制衡等为主要内容的廉政风险防控机制建设,强化重点领域行政监察和审计监督,严厉查处一批违法违纪案件。推进公共资源交易平台建设,开展规范与创新招投标工作试点。严控行政经费和一般性支出,全面推行公务卡制度,"三公"经费保持零增长。

在肯定成绩的同时,我们也清醒地认识到,全市经济社会发展中还存在不少困难和问题,政府工作还存在许多不足。主要是:经济总量依然偏小,结构性矛盾较为突出;外部经济环境趋紧,部分企业特别是中小企业生产经营困难增多;城市功能还不完善,规划建设管理方面还有不少薄弱环节;财政刚性支出增加,收支平衡压力加大;民生综合指数仍处于全省较后位置,保障和改善民生还有大量工作要做;政府作风和廉政建设、效能建设还有待加强，一些部门和工作人员精神状态不佳、作风不够扎实、执行力不够到位，甚至存在有法不依、为政不廉等问题。同时，受国际国内宏观形势的影响，工业产值、进出口总额等部分经济指标增幅回落，未能达到预期目标。我们将认真负责地对待这些问题，不回避、不推卸、不护短，尽最大努力切实加以解决。

二、2013 年主要目标和重点任务

市委三届四次全体（扩大）会议提出，力争到 2020 年全市生产总值、人均生产总值、城镇居民人均可支配收入、农村居民人均纯收入比 2010 年“翻一番半”，分别达到 1900 亿元、90000 元、59000 元、21000 元，努力与全省在实现物质富裕、精神富有的社会主义现代化征程中保持同步。

实现“四个翻一番半”的目标，要坚持“一三五”分步走。第一步，全力以赴做好 2013 年这一年的工作。第二步，在今后三年，不折不扣地完成“十二五”规划确定的目标任务。确保到 2015 年，按 2010 年可比价计算的全市生产总值达到 1100 亿元，人均生产总值 53000 元，城镇居民人均可支配收入 35000 元，农村居民人均纯收入 12000 元。第三步，力争到 2017 年，按 2010 年可比价计算的全市生产总值达到 1300 亿元以上，人均生产总值 64000 元左右，城镇居民人均可支配收入和农村居民人均纯收入分别达到 42000 元和 15500 元左右，为到 2020 年实现“四个翻一番半”奠定坚实的基础。

实现以上目标，需要全市上下付出比以往更大的努力。我们必须更加自觉地把科学发展观贯彻和体现到政府工作的全过程、各方面，强化“以特色论输赢”的差异化发展理念、“以品质论高低”的精品理念、“以实干论英雄”的干事理念，开拓创新，奋勇争先，力争科学发展走在全国山区城市前列。

做好 2013 年政府工作，总的指导思想是：坚持以邓小平理论、“三个代表”重要思想和科学发展观为指导，以全面贯彻落实党的十八大精神为主线，深入实施省委“八八战略”、“两创”总战略、“两富”总目标和市委“三市并举”发展战略，牢牢把握“绿色崛起、科学跨越”战略总要求，围绕“稳中求进，好中求快”主基调和 12 大类主要指标，以“四个年活动”为主抓手，全力促经济、美生态、优环境，为全面建成小康社会打下更加坚实基础，迈出更加坚定步伐。

综合考虑各种因素，建议 2013 年全市经济社会发展的主要预期目标为：地区生产总值增长 11%，达到 1000 亿元左右；固定资产投资增长 20% 以上，达到 560 亿元；全部工业总产值增长 20% 以上，达到 2300 亿元；社会消费品零售总额增长 13%，达到 420 亿元；外贸进出口总额增长 7%，达到 24 亿美元；财政总收入和地方财政收入均增长 9%，分别达到 122 亿元和 70 亿元；城镇居民人均可支配收入名义增长 10% 以上，达到 29000 元；农村居民人均纯收入名义增长 14%，达到 10000 元以上；人口自然增长率控制在 7‰ 以内；节能减排指标均按省定目标要求安排。

围绕上述目标，2013 年重点抓好以下十方面的工作：

（一）更加注重改革创新，扎实推进综合改革，探索山区科学发展新路径

高标准推进全国低丘缓坡开发利用试点。

全面开展全国农村金融改革试点。

启动建设全国扶贫改革试验区。

（二）更加注重扩大有效投资和招商引资，加快重点项目建设，增强经济发展后劲

以加强重大项目建设扩大有效投资。

以促进浙商回归撬动有效投资。

以优化投资结构保障有效投资。

以扩大开放助推有效投资。

（三）更加注重转型升级，提升产业发展水平，增创实体经济竞争优势

做优生态农业。

做强生态工业。

做实现代服务业。

做活民营经济。

（四）更加注重完善基础设施，突出抓好“四网”建设，强化发展基础支撑

建设综合交通网。

建设能源保障网。

建设水利设施网。

建设高速信息网。

（五）更加注重城乡一体，加快“美丽丽水”建设，促进宜居宜业宜游

建设“美丽城市”。

打造“美丽县城”。

培育“美丽乡镇”。

创建“美丽乡村”。

（六）更加注重生态文明，加快“养生福地”建设，培育新的经济增长极

优化生态环境。

发展养生经济。

提升生态旅游。

（七）更加注重创新驱动，强化科技和人才支撑，发展创新型经济

引进创新资源。

创建创新平台。

提升创新能力。

发展新兴产业。

（八）更加注重文化强市，繁荣发展“瓯江文化”，着力增强区域文化软实力

深化文明创建。

繁荣文化事业。

发展文化产业。

（九）更加注重社会事业，推动基本公共服务均等化，努力提供优质公共服务

努力办好人民满意的教育。

提高人民健康水平。

协调发展各项社会事业。

（十）更加注重民生改善，创新社会建设和管理，促进社会和谐稳定

推进创业就业富民。

完善社会保障惠民。

创新社会管理安民。

三、大兴干事文化，努力建设人民满意的服务型政府

（一）强化责任意识，依法行政。

（二）强化创新意识，科学理政。

(三)强化作为意识,实干兴政。

(四)强化效率意识,高效勤政。

(五)强化自律意识,廉洁从政。

今年将继续围绕事关人民群众切身利益的问题,全力办好民生大事实事。今年全市十件大事为美丽乡村建设、产业转型升级、交通网络建设、城乡安居建设、旅游养生养老、生态环保建设、拓展发展空间、水利网络建设、金融要素保障、能源网络建设等十方面工程。市区十件实事为城市畅通、扶贫济困、医疗服务、养老保障、教育共享、市容改善、文化惠民、小区改造、食品安全、平安建设等十方面项目。

合肥市政府工作报告(节选)

——在合肥市第十五届人民代表大会第一次会议上

市长　张庆军

2013 年 1 月 5 日

一、过去五年及 2012 年工作回顾

本届政府任期的五年,我们以科学发展观为指引,在省委省政府和市委的坚强领导下,奋力抢抓中部崛起、产业转移等重大机遇,积极应对复杂多变的宏观经济环境,紧紧围绕大发展大建设大环境的工作主题,深入实施工业立市、县域突破、创新推动、东向发展、可持续发展战略,完成了各项既定目标任务,实现了经济社会又好又快发展,取得了跨越赶超、争先进位的辉煌业绩,把合肥发展推上了一个更高的起点。

——这五年,是综合实力大幅跃升的五年。全市生产总值达到 4100 亿元以上,由全国 26 个省会城市第 18 位升至第 15 位,年均增长 16% 以上,成为全国发展最快的省会城市。规模以上工业总产值达到 6600 亿元;增加值 1650 亿元、年均增长 23.7%,总量由省会城市第 15 位升至第 11 位。财政收入达到 694.4 亿元、年均增长 24.6%,其中,地方财政收入达到 389.5 亿元、年均增长 28.3%,总量进入省会城市前 10 位。全社会固定资产投资突破 4000 亿元,总量由省会城市第 9 位升至第 7 位,累计完成 15300 亿元、年均增长 29.6%。社会消费品零售总额达到 1290 亿元、年均增长 20%,总量由省会城市第 18 位升至第 16 位。城镇居民人均可支配收入达到 25400 元,农民人均纯收入达到 9200 元,年均分别增长 13.6% 和 17.2%。

——这五年,是产业层次显著提升的五年。坚持走新型工业化道路,建立完善"四大政策体系",加快发展与转型发展同步并进。推进信息化与工业化融合发展,成为国家级两化融合试验区和电子信息国家高技术产业基地。工业投资累计完成 5438 亿元、年均增长 37.2%,其中技改投资 2872 亿元。京东方 6 代线、大陆轮胎、联想产业基地等一大批标志性大项目落地生效,家电、汽车、装备制造、食品及农产品加工等支柱产业主导作用更加突出,新型平板显示、太阳能光伏、新能源汽车、公共安全等战略性新兴产业占据全国领先地位。建筑业发展壮大,增加值占全市生产总值 12% 以上。服务业蓬勃发展,增加值达到 1600 亿元、年均增长 12%。金融体系日趋完善,本外币各项贷款余额突破 6000 亿元,上市公司达到 30 家、居省会城市第 9 位,滨湖国际金融后台服务基地入驻机构达到 14 家;现代商贸业提质扩量,入选国家现代物流技术应用和共同配送试点城市,电子商务、服务外包、连锁超市等快速发展;会展经济长足发展,跻身中国"十大节庆城市";旅游业增长迅速,年收入突破 400 亿元。文化产业实现增加值 260 亿元,占全市生产总值比重超过 6%。

——这五年,是城市建设快速拓展的五年。行政区划调整圆满成功。坚持规划引领、交通先行,老城提升、新区开发、组团展开同步推进,大建设如火如荼,累计完成 1629 项工程、总投资 1886 亿元,建成道路 1035 公里、桥梁 134 座,城市建成区面积扩大到 360 平方公里,城区人口突破 350 万,城镇化率达到 65%。区域性综合交通枢纽加速建设,新桥国际机场全面建成,合蚌高铁开通运营,高速公路形成"一环六射"格局,航运通江达海能力得到提升。轨道交通一号线全面建设、二号线正式开工。市区道路形成"两环七射加方格网",主城区与各组团实现"一刻钟快速交通"。滨湖新区路网围合面积 34 平方公里,常住人口突破 40 万;政务文化新区全面建成;各组团产城一体加快推进。市政公用事业全面发展,水电气热等供应能力显著提升,公交车数量增至近 4000 标台。环境保护和生态建设成效明显,新建、续建 11 座污水处理厂,建成城区污水主干管 1628 公里、覆盖率达 98%,基本实现污水全收集全处理,巢湖总体水质由劣 V 类转为 V 类,城市建成区绿化覆盖率增至 45.2%,全市森林覆盖率达到 22.2%。

——这五年,是农村面貌发生巨变的五年。坚持"三化同步",城乡统筹、融合发展迈出坚实步伐,新农村建设走在全省前列。县域经济发展迈上快车道,总量达到 1300 亿元、年均增长 16.2%,肥西跻身全国百强,肥东、长丰进入中部百强,巢湖、庐江大建设"十大工程"初显成效、发展提速提质。农业转型升级成效明显,土地流转突破 200 万亩,蔬菜瓜果面积达到 180 万亩,农业科技进步贡献率达到 58%,肥西苗木花卉、长丰草莓等特色产业享誉全国。农业产业化经营水平跃上新台阶,农民专业合作组织超过 2000 家,年销售收入 10 亿元以上龙头企业达到 14 家,新增庐江郭河等省级以上现代农业园区 40 个。进一步加大对"三农"的投入,农村基础设施全面改善,公路通车里程达到 1.46 万公里,村村通水泥(油)路;农村防洪保安、水源保障能力显著增强,建成一批重点水利工程;"清洁家园、绿化乡村"富有成效,整治村庄 497 个,改造危房 161.3 万平方米,建设集中居住和农民新型社区 440 万平方米;土地综合整治整村推进成为全国样板。

——这五年,是科技创新实现突破的五年。大力推进国家创新型试点城市、合芜蚌自主创新综合试验区建设,示范区"一中心、三基地"一期工程全面建成。城市基础科研实力跃居全国前列,创新发展形成领先优势。改进科学技术进步奖励办法,设立市政府质量奖。深入实施创新型企业培育计划,高新技术企业增至 615 家,居全国省会城市第 8 位;工程(技术)研究中心、企业技术中心、重点实验室等研发机构增至 680 家。建立公共安全、新能源汽车等十大战略性新兴产业研究院。全社会科技研发投入占全市生产总值 2.3%,高新技术产业增加值占全市生产总值 22%,在全国同类城市中均居前列。科技金融试点取得新进展,引进一批国内外知名风投创投机构。大

力实施合芜蚌人才特区等人才工程,建成一批留学生创业园、“海智”基地和院士工作站。加强自主品牌建设,成为首批国家商标战略实施示范城市。

*——这五年,是改革开放纵深推进的五年。*相继实施“十九项改革”、“八项开放”举措,充分释放发展活力。新一轮国企开放式改革重组取得突破,非公有制经济加快发展,各类市场主体超过30万户。“六分开”的城市建设管理体制更加完善,“借、用、还”一体的投融资新体制良性运转,招投标管理体制成为走向全国的“合肥模式”,节约集约用地试点市建设成效显著。推进全省城乡一体化综合配套改革试验区建设,农村改革取得新进展。大力推进行政审批制度改革,率先开门“三定”政府机构职能、编制预算和实行行政处罚群众公议、听政等制度,效能革命和政务公开全面深化,公务员转任实现法制化、常态化。加强承接产业转移示范区建设,坚持大招商、招大商,累计招商引资6880亿元、年均增长29.7%,新引进境外世界500强企业13家,与央企、知名民企合作发展取得重大成效。成功承办中博会、自主创新要素对接会、家博会等重大经贸展会,大力支持“合肥之友”打造国际化招商平台。对外贸易不断扩大,累计进出口额达到529亿美元、年均增长16.4%。成为长三角城市经济协调会成员和长江沿岸中心城市经济协调会常任主席方。加快合肥经济圈一体化建设,积极推进与六安市霍邱县、寿县结对合作,阜阳合肥现代产业园区加快建设。援疆、援藏工作取得新成效。

*——这五年,是群众生活明显改善的五年。*坚持从发展和创富的角度抓民生,不断增进人民福祉。累计民生工程投入211.7亿元,完成项目32269个,惠及700万人次以上。新建、改扩建各类中小学校、幼儿园近千所,校舍安全工程全面完成,义务教育均衡发展、推进素质教育和学前教育改革试点走在全国前列;职教城初具规模,地方高等教育迈上新台阶。成功创建国家级创业型城市,新增城镇就业56.8万人,动态消除“零就业家庭”。社会保险体系日益健全,各类保险待遇稳步提高。城乡救助体系基本形成,实现城乡低保、医疗保险和合作医疗、困难群众医疗救助全覆盖。建立价格调节基金制度,完善价格上涨与特困群体生活补贴联动机制,价格总水平保持基本稳定。整治老旧小区157个,改造城中村、危旧房75个,建设各类保障性住房15.8万套,城镇居民人均住房面积增至36.7平方米。实施农村饮水安全工程328处,解决153.7万人饮水安全问题。基层医药卫生体制改革创全国样板,医疗卫生资源大幅扩充。四级公共文化服务网络基本形成,渡江战役纪念馆等一批大型公益文化设施建成开放,歌曲《追寻》获全国“五个一工程奖”,成功承办第20届全国金鸡百花电影节等重大文化活动。第四届全国体育大会、第十五届亚洲轮滑锦标赛等全国性、洲际赛事圆满成功,参赛奥运会、亚运会等取得佳绩,全民健身运动蔚然成风。

*——这五年,是社会管理不断创新的五年。*扎实推进法治合肥、平安合肥、和谐合肥建设,保持政通人和、稳定有序的良好局面。坚持依法行政,自觉接受人大法律监督和政协民主监督,累计办结人大代表议案和建议、政协提案3019件。建立项目推进机制,顺利完成全国社会管理创新综合试点任务。完善治安防控体系,八类案件发案率位列省会城市最低水平,五获全国社会治安综合治理优秀城市,再次确认“长安杯”。积极推行重大决策项目社会稳定风险评估,深入开展“大接访”,完善矛盾纠纷排查化解机制。全面推进网格化、组织化、信息化、服务化,和谐社区建设成效明显。应急管理机制逐步建立,应对各类突发事件能力进一步增强。深入开展重点行业和“三车”交通安全等专项整治,强力推进乡镇安全监管规范化、企业安全标准化建设,安全生产形势持续稳定。文明创建深入开展,四次蝉联创建全国文明城市工作先进市。加强国防动员和后备力量建设,实现全国双拥模范城“七连冠”。人防工程及民防建设走在全国前列。人口计生、防震减灾、民族宗教、外事侨务、地方志、科普、气象、统计、档案、保密、社科等工作水平实现新提升,工会、共青团、妇女儿童、老年人、残疾人和关心下一代等工作取得新进步。

刚刚过去的2012年,面对经济下行的压力,我们牢牢把握稳中求进的工作总基调,全面贯彻落实党的十八大和省市党代会精神,主动调整转型,保持发展势头,实现争先进位。预计,全市生产总值增长13.5%以上;规模以上工业增加值增长17%以上;财政收入增长11.3%,其中,地方财政收入增长15%;全社会固定资产投资增长23.6%;社会消费品零售总额增长16.5%以上;城镇居民人均可支配收入增长13%以上,农民人均纯收入增长17%;城镇登记失业率控制在4.5%以内;居民消费品价格指数上涨2.4%。

一是加强经济运行调节。出台38条促进经济平稳较快发展的政策措施,加大对企业帮扶支持的力度。新开工亿元以上项目420个,完成投资800亿元。江汽-纳威司达发动机、泥河铁矿等项目获得核准;鑫晟8.5代线、合肥电厂#6机组等开工建设;晶弘电器、晶澳太阳能一期等建成投产。与国开行等金融机构战略合作取得新成效,新增贷款超过1000亿元。美亚光电挂牌上市,另有3家待发、9家在审;鑫城、海恒、高新集团、巢湖城镇投、肥西桃花工业园、合肥中小企业等6支企业债券获批发行。积极争取各类建设用地指标,确保重大项目需求。存量建设用地升级改造三大政策效果明显,房地产市场保持稳定。大力帮助骨干企业解决生产经营难题,积极引导光伏企业开拓西部市场。

二是加快产业转型发展。实施工业“新跨越、进十强”、中心城区工业优化布局转型发展、百家高成长性企业培育工程等政策意见,开展质量强市活动和标准化等工作,推动支柱产业转型升级、新兴产业加速壮大。六大支柱产业完成产值3850亿元、占工业总产值58.3%,战略性新兴产业实现增加值425亿元、增长21%。现代服务业集聚发展,华南城等一批重大项目成功签约。开工建设中科大先进技术研究院,谋划筹建合工大智能制造技术研究院,首批国家级文化和科技融合示范基地挂牌,全球首个46节点的城域量子通信网运行,“十城千辆”、“十城万盏”、“金太阳”等示范应用推广工程走在全国前列。

三是提升城市建设和管理水平。编制了城市空间发展战略及环巢湖地区生态保护修复与旅游发展、半汤和汤池国际温泉旅游度假区等重大规划。新一轮市、县、乡三级土地利用总体规划分别获国务院和省政府批准。全年新建、续建大建设工程840项,完成投资217亿元。铁路枢纽南环线、高铁南站以及合马路、军二路等改造工程加快推进;机场高速、南淝河大桥等建成通车;阜阳北路、铜陵路等高架桥建设进展顺利。铺设污水管网210公里,完善排水设施网格890个;六水厂二期、七水厂一期、燃气应急调峰工程等快速推进;固定电话号码完成升8位；提高了公交IC卡折扣率；新建老城区停车位7000个。掀起"三城同创"热潮，全国文明城市创建测评取得优秀成绩。查处违法建设和整治"五小行业"、砍树毁绿、有烟烧烤、户外广告、"黑头车"等取得实效。

四是启动美好乡村建设。出台美好乡村建设实施意见，深入推进"三新工程"和"亮化工程"。启动实施董铺和大房郢水库水源地、庐江汤池、新桥国际机场周边三大土地整治项目，规范展开城乡建设用地增减挂钩试点和工矿废弃地复垦试点。粮食生产实现"九连增"，环城都市、环湖观光、丘陵生态等三大农业产业带建设初见成效，新建万亩现代农业示范区31个、各类现代农业科技示范园区18个，完成植树造林24.4万亩。疏堵并举推进秸秆禁烧，秸秆综合利用率达到80%。开展"农田水利建设高潮年"活动，重点实施了水库加固、圩堤达标、灌区配套等十大工程。

五是推进巢湖治理开发。《巢湖流域水污染防治"十二五"规划》和国家水生态系统保护与修复试点获批实施。扎实推进巢湖综合治理"八大工程"；高起点规划建设环巢湖生态示范区，首批113个项目开工建设，总投资超过500亿元。环巢湖道路全面动工、北岸建成通车；巢湖闸复线工程、裕溪船闸扩建工程建成试航；兆西河整治及黄湾闸工程开工；234个环巢湖生态农业项目启动实施。

六是加大改革开放力度。国通管业等一批国有企业完成战略重组，建投集团、巢湖城投、科农行等完成增资扩股，国有资产实现保值增值。出台企业股权和分红激励试点"6+1"政策，32家企业参加试点。加快实施滨湖新区、合巢经开区管理体制改革，顺利完成市政和园林管理体制下划。市招投标中心年交易额突破1000亿元。稳步推进"营改增"试点。全面推开县级公立医院改革，药品全部实现零差率销售。农村商业银行基本实现全覆盖，农村产权抵质押融资试点进展顺利。"百名县处级领导干部大招商"活动深入开展，赴境内外系列招商推介取得实效，全年完成招商引资2102亿元，引进工业和现代服务业大项目87个。进出口总额达到165亿美元、增长34%。合肥出口加工区正式封关运行，申报设立综合保税区取得重大进展。

七是扎实推进社会建设。"33+7"项民生工程全面推进，各级财政投入76亿元。启动公建幼儿园"管办分离"改革试点，在全国率先取消城区普通高中择校，在全省率先免除义务教育阶段学生书本费。新增城镇就业14万人。社会保障提标扩面，城乡居民养老保险制度实现全覆盖；城乡居民医保和新农合统筹并轨，报销比例提高到55%以上。建设各类保障性住房7.53万套，实施城中村、危旧房改造47个，整治老旧小区36个。改革物业综合服务收费管理，80%的居民小区实行"一费制"。首批4个省市重大文化项目启动建设；第七届中国曲艺牡丹奖比赛、市十运会等重大文体活动圆满成功；《合肥通史》启动编撰，《合肥市志》即将发行。大力开展重点隐患排查整治，加快烟花爆竹生产企业有序退出。重拳打击非法传销成效明显，食品药品等市场秩序进一步规范。

八是积极改进政务服务。加强政府立法，提请市人大常委会审议地方性法规2件，制定、修改政府规章5件。完善《政府工作规则》，出台《政府重大行政决策程序规定》。在全国省会城市率先推进政务服务中心标准化建设、整合开通"12345政府服务直通车"。建立重大项目驻点监察制度，推行建设工程竣工联合验收。创新开展"问政合肥－政风行风面对面"媒体联动活动，积极引导网络舆情。实施行政执法自由裁量权试点，全面推开廉政风险防控管理工作，建立县处级干部廉政档案，健全经济责任审计管理制度，加大行政问责力度。加强增收节支，"三公"经费保持"零增长"。强化政策谋划和储备，严格精简会议、文件、简报和领导同志事务性活动。

各位代表！

五年来，我们始终以忠于人民的高度自觉和敢为人先的创新精神，走出了一条符合市情的科学发展之路，既创造了丰硕的物质成果，也积累了宝贵的精神财富，从合芜蚌自主创新综合试验区到皖江城市带承接产业转移示范区，从国家创新型试点城市到国家企业股权和分红激励试点，从国家节约集约用地试点市到全国社会管理创新试点市，推出了一批在全国具有示范作用的"先行之作"，先后获得全国科技进步先进市、全国创业先进城市、全国文化体制改革先进地区、全国推进义务教育均衡发展先进地区等75项国家级或全国性荣誉，极大地增强了全市人民的自豪感和归属感，显著地扩大了合肥在全国的知名度和影响力，不断地提升了合肥在全国发展格局中的地位和作用。

各位代表！

回顾五年成绩，我们倍感自豪！这些成绩的取得，是党中央国务院、省委省政府和市委坚强领导的结果，是市人大、市政协及社会各界大力支持的结果，是全市广大干部群众顽强拼搏的结果。在此，我谨代表市人民政府，向全市广大工人、农民、知识分子、干部、驻肥解放军指战员、武警官兵和政法干警，向各民主党派、工商联、人民团体和社会各界人士，向所有关心支持合肥改革开放与现代化建设的海内外朋友，表示衷心的感谢，并致以崇高的敬意！

同时，我们也要清醒看到，发展中还存在许多不足和问题，主要是：综合实力仍然不够强，产业层次不够高，服务业发展相对滞后；资源环境约束趋紧，节能减排压力加大，巢湖综合治理开发任务艰巨；城乡居民收入水平还有待进一步提高，基本公共服务不够均衡，社会矛盾不断增多，社会管理难度加大；民营经济和中小企业发展不够充分，开放型经济发展水平不高，国际化程度较低；城区经济转型不快，县域经济实力不强，城乡统筹、区域协调发展任务繁重；政府职能转变、效能提升还存在薄弱环节，一些领域消极腐败现象还不同程度存在。对这些不足和问题，我们要高度重视，认真加以解决。

二、今后五年的目标任务

综合判断，复杂多变的宏观经济环境将长期存在，但合肥发展处于大有可为的黄金发展期没有变，工业化、城镇化加速推进的阶段性特征没有变，加速崛起的大趋势没有变。今后五年，我们要在新一轮世界工业革命的起跑线上抢抓先机、占据前沿，在全国区域发展格局战略调整中勇挑重担、提升地位，在安徽"三个强省"建设中示范引领、多作贡献，全面建成小康社会，开创建设现代化新兴中心城市的新局面。这是时代赋予我们的历史使命，这是省委省政府授予我们的政治责任，这是全市人民寄予我们的热切期待。只要我们全面把握机遇，沉着应对挑战，就一定能够争取主动、增创优势、赢得未来，就一定能够实现建设美好合肥的宏伟蓝图！

今后五年，政府工作的指导思想是：高举中国特色社会主义伟大旗帜，以科学发展观为指导，深入贯彻落实党的十八大和省市党代会精神,紧紧围绕“新跨越、进十强”的总体要求和“大湖名城、创新高地”的战略定位,深化改革开放,强化创新驱动,转变发展方式,建设生态文明,加强民生保障,统筹推进工业化、信息化、城镇化和农业现代化,加快建设现代化新兴中心城市,并朝着在全国有较大影响力的区域性特大城市方向阔步迈进,在美好安徽建设中充分发挥核心辐射带动作用,率先全面建成小康社会。

今后五年的主要奋斗目标是:全市生产总值达到8500亿元、年均增长12%以上;财政收入年均增长10%;规模以上工业增加值年均增长14%以上;全社会固定资产投资年均增长16%;社会消费品零售总额年均增长15%;居民收入增幅高于经济增幅;人口年均自然增长率控制在7‰以内;节能减排目标任务全面完成。

今后五年,我们要着力在七个方面实现新跨越:

在现代产业基地建设上实现新跨越。

在城市建设管理上实现新跨越。

在自主创新上实现新跨越。

在改革开放上实现新跨越。

在城乡一体发展上实现新跨越。

在生态文明建设上实现新跨越。

在幸福合肥建设上实现新跨越。

三、2013年政府工作

2013年,是全面贯彻党的十八大精神的第一年,是新一届政府的开局之年,是实施“十二五”规划承前启后的关键之年,做好今年工作意义重大。我们要坚持以科学发展观为指导,以提高经济增长质量和效益为中心,按照“平中见奇、稳中求快、调整转型、夯实基础”的要求,保持经济持续健康较快发展和社会和谐稳定,扎扎实实开好局、起好步。

综合考虑,2013年经济社会发展主要目标是:全市生产总值增长12%以上;财政收入增长10%,其中地方财政收入增长8%;全社会固定资产投资增长20%以上;规模以上工业增加值增长14%以上;社会消费品零售总额增长15%;城镇居民人均可支配收入增长13%,农民人均纯收入增长14%;城镇登记失业率控制在4.5%以内;人口自然增长率控制在7‰以内;居民消费价格指数涨幅控制在3.5%左右;群众安全感指数保持在90%以上;节能减排达到省控目标。

今年,要着力做好十个方面工作:

(一)扩大有效需求

加大投资力度。

努力开拓市场。

优化企业服务。

(二)做大做强产业

做强优势产业。

壮大新兴产业。

提升服务业。

推进园区转型发展。

(三)推进城市建设

加快综合交通枢纽建设。

加强市政设施建设。

提升城市管理水平。

(四)加强自主创新

提升企业创新能力。

大力推动协同创新。

全面优化创新环境。

(五)统筹城乡发展

全面建设美好乡村。

加快县域经济发展。

大力发展现代农业。

(六)深化改革开放

实施改革攻坚。

扩大对外开放。

(七)推进文化强市建设

繁荣文化事业。

壮大文化产业。

创建文明城市。

(八)加强生态城市建设

建设环巢湖生态示范区。

创建国家森林城市。

加强节能减排和环境保护。

(九)加强民生保障

提高居民收入。

优先发展教育。

推动创业就业。

加强社会保障。

推进全民健康。

(十)促进社会和谐稳定

加强社会管理创新。

加强公共安全体系建设。

四、加强政府自身建设

进一步提升创新理政水平。

进一步提升为民执政水平。

进一步提升务实施政水平。

进一步提升依法行政水平。

进一步提升廉洁从政水平。

马鞍山市政府工作报告(节选)

——在马鞍山市第十五届人民代表大会第一次会议上

市长　张晓麟

2013年1月6日

一、去年工作回顾和过去五年发展成就

刚刚过去的2012年,是本届政府任期届满之年,也是全市上下攻坚克难负重前行、各项工作全面推进的一年。面对宏观环境复杂多变等不利因素,在省委、省政府和市委的坚强领导下,市政府团结带领全市人民,深入贯彻落实科学发展观,以迎接党的十八大胜利召开为强大动力,围绕市第八次党代会提出的抓好"三件大事"、建设"四个中心",做规划、打基础,拉框架、建平台,稳增长、促发展,惠民生、构和谐,较好地完成了市十四届人大六次会议确定的各项目标任务,在建设小康征程上迈出了坚实步伐。

预计全市实现地区生产总值1200亿元,增长12%。固定资产投资突破1000亿元,达1200亿元,增长26%;财政收入突破200亿元,达210.6亿元,增长13%;规模以上工业增加值突破500亿元,达530亿元,增长14%;城市居民人均可支配收入突破3万元,达30900元,增长13.1%;农民人均纯收入突破1万元,达11200元,增长17.8%,主要指标实现了"五大突破"。博望区成立,慈湖高新区升级为国家级高新区,郑蒲港新区挂牌并获批为省级现代产业园区,承接产业转移集中示范园区获准设立;我市成为全国创业先进城市,再次入选中国外贸百强城市,顺利通过国家环保模范城市复核,全国城市文明程度指数测评居84个参评地级市第2,城市居民幸福指数居全省之首,科学发展指数居全省第2,全面小康社会实现程度达97.1%。

(一)经济平稳较快发展

"项目推进年"活动成效明显。新开工建设项目1750个,同比增加310个;400个市重点项目累计完成投资630亿元。马钢高速车轮用钢等72个项目建成投产,数字硅谷产业园等127个项目开工建设,康佳绿色科技产业园等62个10亿元以上项目签约,马钢(合肥)环保搬迁项目获批,过江通道等一批重大基础设施项目谋划取得积极进展,万达广场创全市项目推进速度最快新记录。开展工矿废弃地复垦调整利用试点,完成土地整治19万亩,获批建设用地3.96万

亩,供地4.5万亩,闲置土地处置率达96%,国土"四模"创建工作得到国土资源部、省政府肯定。推进征迁拆迁,完善政策措施,实行项目包干征收,强化评估监管,完成拆迁面积515万平方米。完善投融资体制,创新融资方式,政府融资规模达117亿元,城投集团融资规模突破50亿元,多项指标居全国同类城市前列。民生银行马鞍山分行开业运营,中信银行获准筹建;金融机构本外币贷款余额902亿元,新增100亿元;各类社会融资超400亿元。

三次产业平稳增长。新增规模以上工业企业104户,总数665户。制定落实服务企业22条具体措施,举办百强企业发布会。马钢面对前所未有的困难,加强内部改革管理,努力降本增效。农业实现增加值70亿元,粮食产量再创历史新高,30个现代农业示范园完成投资20亿元,市级以上龙头企业实现营销收入58亿元,农产品加工产值增长20%。服务业实现增加值326亿元,增长11.2%;社会消费品零售总额262亿元,增长16.1%。旅游业总收入100亿元,增长23%,在建五星级酒店5家;房地产业健康

发展,新建商品房销售面积279万平方米,增长43%,住房公积金归集和使用规范有序;举办首届海峡两岸电子信息博览会等各类展会62场,地方名特优产品培育销售工作扎实有效,成为国家农产品现代流通综合试点城市。建筑业实现总产值312亿元,增长30%。

(二)多点支撑格局形成

县区实力显著增强。县区财政收入占全市的56.4%,固定资产投资占全市的68.2%。含山县固定资产投资突破百亿元,增幅超过50%,连续两年被评为皖江示范区建设先进县。和县地区生产总值、固定资产投资双双超百亿,名列全省县域分类考核二类县第2名。当涂县地区生产总值增长19.5%,固定资产投资突破300亿元,再度跻身中国中小城市科学发展百强县行列。花山区现代商业加快发展,软件园开园、3户上市公司进驻,濮塘一批重点旅游项目开工。雨山区国家级循环经济再制造重点示范项目开工建设,东部电子新材料产业园初具规模,亿丰环球购物中心即将建成。博望区新城区规划和基础设施建设全面启动,国家火炬剪折机床及刃模具特色产业基地获批。

园区新区蓬勃发展。市经开区引进亿元以上项目22个,其中超10亿元项目4个;66个项目竣工投产,成为全省首个省级电子信息产业园。慈湖高新区扩区托管、资源整合平稳实施。郑蒲港新区创新体制机制,产业区和新城区建设同步推进,皖江最大等级的深水码头开工建设。示范园区成为省现代服务业集聚区,协会招商、园中园招商成效明显。滨江新区沿江大道建成通车,安置房建设快速推进。秀山新区建设全面提速,东部环路竣工通车,秀山湖主体工程完工。6个园区、新区完成固定资产投资占全市的29.4%。

(三)产业转型步伐加快

产业层次得到提升。国家铁基新材料高新技术产业化基地获准设立,装备制造等优势主导产业加快发展。谋划"一基地四园区"(港口物流基地和电子信息、汽车及零部件、绿色建筑装饰材料、钢铁生产交易产业园),规划、宣传、招商同步推进。71个重点技改项目竣工投产,战略性新兴产业产值增长

43%。新认定国家火炬重点高新技术企业5户、高新技术企业36户、高新技术产品170个,4家省级工程技术研究中心、2家省级重点实验室,1个院士工作站、4个博士后科研工作站获准设立。产学研合作进一步深化。

授权专利突破2000件,增长45%。国家钢铁及制品质检中心通过验收,“马钢”(合金钢、钢板)、“山鹰”、“三联”3件商标荣获中国驰名商标,“奥盛”等26件商标成为省著名商标。

节能减排扎实推进。开展节能减排攻坚行动,实施9个重点节能项目,加快淘汰落后产能,6座计划关闭小高炉全部关停;东部污水处理厂竣工投入运营,新建污水管网39.8公里,污泥处置中心、有机生物处置中心完工,4台燃煤发电机组脱硝设施建成运行,机动车排气污染防治管理成效明显,节能降耗、主要污染物排放量可望控制在省下达指标以内。

(四)改革开放不断深入

重点领域改革稳步推进。推动工程建设领域和土地房屋征收管理体制改革向县区延伸覆盖,招标采购市场行为进一步规范。完成“营改增”试点第一阶段工作。积极探索事业单位人事分配制度改革,事业单位分类改革稳步推进。全面启动县级公立医院综合改革,实现药物零差率销售,市级公立医院改革试点不断深入。成为全国国有文艺院团体制改革工作“突出贡献地区”。服务业统计工作扎实推进,企业一套表改革工作受到国家表彰。非公经济加快发展,新发展民营企业2822户、个体工商户1.2万户。

对外开放水平不断提高。整合招商资源,设立6个驻外招商联络处,成立32个产业招商小组、6个招商咨询小组,实行信息共享,完善考核办法。产业招商、专业招商、协会招商、会展招商扎实开展,实际到位内资1260亿元,增长51.8%;到位外资13亿美元,增长30.4%;与21个国家级协会学会达成战略合作。对台招商取得重要成果,正崴科技园等7个台资项目成功引进。完成外贸进出口35.3亿美元,外经营业额突破3亿美元。拓宽人才引进渠道,在清华大学举办人才招聘会。深化宁马一体化合作,宿马现代产业园建设快速推进。

(五)城乡承载功能提升

基础设施进一步完善。实施城乡基础设施项目475个,完成投资420亿元。长江公路大桥全面进入上部结构施工,城际铁路站前广场地下枢纽工程主体封顶。东环路高速化改造、105省道改建工程竣工通车,314省道升级改造主体完工,马巢高速、205国道升级改造扎实推进,206、226省道拓宽改造启动实施。新建城区主干道路38.3公里,升级改造县乡公路74.4公里。副城区、中心镇和农村新社区建设完成投资80亿元。24个电网建设项目快速推进,供电保障能力提升。

城乡面貌明显改观。启动慈湖河中游综合整治,加快城市出入口环境整治步伐,实施南湖公园景观提升工程,建成4座街头游园。完善城市管理体制,启动数字化城管平台建设,开展“三车”(渣土车、散装运料车、预拌混凝土运输车)治理。完成57个老旧小区整治三年计划。实施滁河防洪治理工程,农田水利基本建设力度加大。美好乡村建设得到省委、省政府肯定,50个示范村加快建设。完善村庄规划编制,实施53个村庄整治,建成10个乡镇压缩式垃圾中转站,改造农村危房6544户。

(六)社会建设和管理得到加强

民生工程深入推进。实施40项民生工程,投入资金30.3亿元,增长23%。新增城镇就业4.5万人,期末城镇登记失业率2.83%。人力资源服务产业园开园。医保付费方式改革全国试点扎实推进,成为全国第四批城乡居民社会养老保险试点城市。城乡低保、农村五保实现应保尽保,市社会福利中心投入使用,惠残民生工程顺利实施。新开工安置房2.8万套,竣工2万套;新开工保障性安居工程1.9万套,竣工1万套。物价水平总体稳定。公交优先发展战略深入实施。

社会事业全面进步。国家公共文化服务体系示范区建设扎实推进,举办李白诗歌节、凌家滩文化论坛,群众文化活动丰富多彩,首家民办博物馆建成开馆。学前教育三年行动计划深入实施,进城务工人员子女享受同等义务教育,学校少年宫建设实现城乡全覆盖,中职园建成使用。基层卫生服务体系不断健全,新农合制度进一步完善。市体育会展中心加快建设,全民健身活动广泛开展。低生育水平持续稳定,“阳光计生”行动获国家表彰。广播电视、新闻出版、文学艺术、哲学社会科学进一步繁荣。档案、地方志工作取得新成绩。外事、侨务、港澳台,地震、气象、防灾减灾工作得到加强。青少年、妇女儿童、老龄工作成效明显,市关工委、老年大学工作成绩显著,青年志愿服务活动广泛开展,红十字工作受到国家表彰。

社会管理水平提升。社区网格化管理实现中心城区全覆盖,农村社区服务设施规范化建设加快推进。领导干部开门接访、带案下访,健全完善三级平台,推行联合接访和信访代理制,信访秩序规范有序。加强社会治安综合治理,开展“重点工程保平安”活动,治安防控体系建设扎实推进,人民群众安全感和满意度测评得分居全省前列。实施“打非治违”专项行动,安全生产形势保持稳定。建立司法行政工作新模式,“六五”普法深入开展。应急管理体制机制进一步完善。产品质量和食品药品安全监管力度加大。民族团结、宗教和睦局面进一步巩固。国防教育、国防动员、人民防空、双拥优抚工作得到加强。驻马部队和广大民兵预备役人员在促进社会稳定、支持地方建设等方面作出了重要贡献。

切实加强政府自身建设,开展“保持党的纯洁性、迎接党的十八大”主题教育实践活动,提高推动科学发展的能力和水平。认真执行市人大及其常委会决议、决定,向市人大常委会报告工作和向市政协通报情况,主动接受市人大的法律监督、工作监督和市政协的民主监督,认真办理人大议案、建议批评意见和政协提案,注意倾听和吸纳各民主党派、工商联、无党派和社会各界人士的意见建议。严格行政决策程序,发挥行政复议化解行政争议主渠道作用。政府信息公开工作规范推进,政务微博开通。科学制定目标管理考核体系,加大督办查办力度,推动工作落实。取消行政审批11项,调整23项,推进并联审批、网上预审、告知承诺制,审批时限进一步缩短。强化重点领域、关键环节的行政监察和审计监督,廉政风险防控工作扎实开展,严格控制“三公”经费支出,政风建设取得新成效。

回顾总结去年工作,需要特别报告的是,规模以上工业增加值尽管实现了14%的增长目标,但没有达到“力争突破600亿元”的目标,主要原因是受外部宏观环境影响,加之自身正处在转型期,工业经济运行困难所致;新增3户上市公司目标未能实现,客观原因是国家收紧拟上市公司发行审核尺度,全省仅1户企业发行上市;慈湖河综合整治工程进展不快,主要是由于环境质量要求大幅提高,需要对原先确定的整治方案、标准、工期进行调整,以将其建设成为集防洪、生态、景观为一体的综合工程,影响了工程的实施进度。

各位代表!2012 年是本届政府的收官之年,回顾过去五年的发展历程,我们遇到了前所未有的困难和压力,大家付出了极大的努力和艰辛,取得了辉煌的业绩!

这五年,是综合实力显著提升的五年。地区生产总值迈上千亿台阶,年均增长 13.3%;人均生产总值 8600 美元,是五年前的 2.5 倍;财政收入翻了一番多,年均增长 16.6%;固定资产投资累计 4189 亿元,是上一个五年的 3.7 倍,年均增长 30.1%;社会消费品零售总额是五年前的 2.3 倍,年均增长 18%;净增销售收入超亿元企业 163 户,超 10 亿元企业 16 户;新增上市公司 4 户,全市企业总数突破 2 万户。

这五年,是经济转型取得突破的五年。二产税收占财政收入比重由 62.3% 下降到 30.4%,三产税收由 27.8% 上升到 45.5%;市本级财政占比由 66.8% 下降到 31%,县区、园区、新区财政由 33.2% 上升到 69%;制造业中的钢铁投资占比由 39.9% 下降到 17.2%,装备制造业投资由 22.4% 上升到 31.8%。连续多次被评为全国科技进步先进市,跻身国家知识产权试点市行列,3 户企业成为国家创新试点企业。

这五年,是发展空间全面拓展的五年。含山、和县划入马鞍山,市域面积扩大 1.4 倍;新成立博望区、花山区,主城区面积扩大 1 倍,两次行政区划调整成为马鞍山发展史上的里程碑。国家级经开区、国家级高新区先后获批,4 个省级开发区、2 个省级高新区获准设立,多区联动、多点支撑格局形成。完成城乡建设投资 1150 亿元,是上一个五年的 5 倍,城市建成区面积由 72 平方公里扩大到 86 平方公里,城镇化率达 61.2%。完成拆迁面积 1252 万平方米,拆除城乡各类违法建设 169 万平方米。长江公路大桥今年将竣工通车,宁安城际铁路明年有望投入运营,连接城乡、贯通内外的快速交通网正在形成,拥江发展的大城市框架初步拉开。

这五年,是发展动力不断增强的五年。投融资、工程建设、招标采购、国有资产管理、行政管理体制改革力度加大,不断深化完善。医药卫生体制改革、全国公立医院改革试点工作扎实推进,义务教育阶段学校移交区级管理,文化体制改革完成。城乡一体化综合配套改革深入推进。新增银行业金融机构 9 家、小额贷款公司 25 家、其他非银行业金融机构 74 家,金融产品和服务创新成效明显。累计实际利用内资 3209 亿元、外资 43.5 亿美元,实现外贸进出口总额 158 亿美元。成为长三角经济协调会成员城市,口岸正式对外籍船舶开放,马鞍山港成为首批与台湾直航港口之一。

这五年,是人民生活明显改善的五年。累计投入资金 105.9 亿元,实施 66 项民生工程。城镇职工养老、失业、医疗保险参保率达到 98% 以上。城乡教育、卫生等公共服务均等化水平不断提高,成为首批国家公共文化服务体系示范区创建城市,在全省率先实现体育健身工程全覆盖。荣获"全国文明城市"、"全国绿化模范城市"、"全国双拥模范城市"称号。城市居民人均可支配收入是五年前的 1.9 倍,年均增长 13.9%;农民人均纯收入是五年前的 2.1 倍,年均增长 16.5%。

各位代表!奋斗充满艰辛,拼搏铸就辉煌。这些成绩的取得,是省委、省政府和市委正确领导的结果,是全市人民团结奋斗、开拓进取的结果。在此,我代表市人民政府,向辛勤工作在全市各条战线上的广大干部群众,向市人大代表、市政协委员,向各民主党派、工商联、人民团体和社会各界人士,向参与、支持马鞍山建设发展的中央和省驻马单位、解放军和武警官兵,境内外投资者、海内外朋友,表示衷心感谢!

我们也清醒地认识到,当前我市经济社会发展中还存在一些问题,主要是:受外部环境的影响,部分企业生产经营比较困难,新的增长点不够多,经济发展还处在负重爬坡阶段;战略性新兴产业和现代服务业发展需要加大力度,资源环境制约日益凸显,节能减排形势依然严峻;中心城市辐射带动和综合服务功能尚显不足,城乡区域发展不够平衡,农村基础设施还相对薄弱;社会建设、社会管理有待加强和创新,影响社会和谐稳定的矛盾仍然较多;少数干部市场意识、忧患意识不够强,敢于负责、敢于担当的勇气还显得不足,效能不高、节奏不快、落实不力的现象还不同程度存在。对此,我们将高度重视,努力加以解决。

二、今后五年的奋斗目标和主要任务

今后五年,是我市加快转变经济发展方式、推动一江两岸协调发展、建成更高水平小康社会的关键时期。党的十八大胜利召开,为马鞍山改革开放和现代化建设指明了前进的方向,极大增强了我们发展的信心。综合分析未来形势,一方面,经济全球化深入发展,我国发展长期向好的趋势没有改变;工业化、信息化、城镇化、农业现代化深入推进,国内市场开发空间更加广阔;我市良好的生态环境和区位、产业、资源优势进一步凸显,皖江示范区先导区、国家主体功能区规划重点开发建设区域、省城镇体系规划"双核"之一中心城市、皖南国际文化旅游示范区等多重利好政策叠加,我市迎来了一个大有可为的黄金机遇期。另一方面,国际环境不确定不稳定因素增多,世界经济复苏将是一个缓慢而复杂的过程;国内发展中不平衡不协调不可持续问题依然突出,发展进程中经济增长的制约条件增加;区域竞争更加激烈,转变发展方式任重道远。我们要科学把握发展规律,主动适应环境变化,不断开创转型发展、加快发展、和谐发展新局面。

做好今后五年的工作,我们要以邓小平理论、"三个代表"重要思想、科学发展观为指导,深入贯彻落实党的十八大和市第八次党代会精神,着力推动思想解放、改革创新,着力促进经济持续健康较快发展,着力加快转变经济发展方式,着力推动一江两岸协调发展,着力保障和改善民生,把马鞍山建设成为全省经济发展的核心增长极,建成更高水平小康社会,为在全省率先实现现代化、加快建设区域中心城市奠定坚实基础。

今后五年的奋斗目标是:全面达小康,总量争三强,人均居前列。2013 年,确保如期实现市第八次党代会提出的目标,全面建成小康社会;2017 年,实现地区生产总值、城乡居民人均收入比 2012 年翻一番,主要经济指标总量力争全面进入全省三强,人均主要经济指标继续保持全省前列,达到长三角中等城市水平,建成更高水平小康社会。

今后五年政府工作的主要任务是:

——努力建设具有较强集聚力的区域中心城市。

——加速构建富有特色、更具竞争力的现代产业体系。

——着力激发经济社会发展的体制活力和内生动力。

——切实把生态文明建设融入经济社会发展全过程。

——让发展成果更多更公平惠及全市人民。

三、2013 年主要工作

今年是全面贯彻落实党的十八大精神的第一年,也是新一届政府的开局之年。中央提出继续把握好"稳中求进"的工作总基调,以提高经济增长质量和效益为中心,继续实施积极的财政政策和稳健的货币政策,促进经济持续健康发展。我们要认真贯彻落实中央、全省经济工作会议和市委八届七次全会精神,坚持稳中求进、好中求快,突出调结构、转方式,开展“项目提速年”活动,以项目提速促进工作提效,全面建成小康社会,实现本届政府的扎实开局。

综合考虑,今年经济社会发展的主要预期目标为:地区生产总值增长12%,财政收入与地区生产总值同步增长,全社会固定资产投资增长20%,社会消费品零售总额增长15%,城市居民人均可支配收入增长13%,农民人均纯收入增长14%,城镇登记失业率控制在4%以内,人口自然增长率、单位生产总值能耗、主要污染物排放量控制在省下达指标以内。

为实现上述目标,我们将认真做好以下重点工作:

(一)着力推动项目建设提速

持续扩大有效投入。

巩固提高要素保障水平。

促进各项工作效能提升。

(二)着力提高经济发展质量和效益

增强创新驱动发展新动力。

促进产业结构转型升级。

加快发展现代服务业。

(三)着力推动城乡发展一体化

加快发展现代农业。

深入推进美好乡村建设。

创新农村经营体制机制。

(四)着力完善适应科学发展的体制机制

深化行政管理体制改革。

深化经济管理体制改革。

深化其他各项改革。

(五)着力提升承接产业转移和对外开放水平

加快开发园区转型升级。

创新优化招商合作方式。

(六)着力增强城市承载服务功能

加强基础设施建设。

推进生态文明建设。

(七)着力加强社会建设和创新社会管理

推动文化繁荣发展。

切实保障和改善民生。

统筹发展各项社会事业。

促进社会和谐稳定。

(八)着力加强政府自身建设

保持更加奋发有为的精神状态。

提高依法行政科学施政的能力。

发扬为民务实清廉的工作作风。

芜湖市政府工作报告(节选)

——在芜湖市第十五届人民代表大会第一次会议上

市长　杨敬农

2013年1月6日

一、奋发图强,实现又好又快发展

过去的五年,是芜湖人民同心协力、奋发图强的五年,也是芜湖经济社会实现大发展、大跨越的五年。在中共芜湖市委的坚强领导下,全市上下深入贯彻党的十七大精神,认真落实中央和省委、省政府决策部署,紧紧抓住皖江城市带承接产业转移示范区、合芜蚌自主创新综合试验区建设、行政区划调整等重大战略机遇,积极应对严峻复杂的宏观环境,锐意改革,开拓创新,经济社会发展取得了新的重大成就。

*五年来,综合实力迈上新台阶。*主要经济指标总量跃居全省第二位,占全省比重达到10.9%。地区生产总值由717亿元增加到1873.6亿元,年均增长15.9%,是改革开放以来增长最快的时期。人均地区生产总值接近7800美元,是2007年的3倍。财政收入由116亿元增加到337.1亿元,年均增长23.7%。完成固定资产投资6294.32亿元,年均增长35.3%。社会消费品零售总额由208亿元增加到490.2亿元,年均增长18.8%。进出口总额由17亿美元增加到46.2亿美元,年均增长22.2%。金融机构本外币存款余额由667亿元增加到1876.3亿元;贷款余额由504亿元增加到1725.9亿元。建成了奇瑞整车改扩建、海螺日产1.2万吨水泥熟料、美的日电基地、新兴铸管三山基地、格力空调一期、瑞丰商品交易博览城、方特梦幻王国主题公园等一批重大项目。工业化率由48.6%上升到59.6%。规模工业企业由433家增加到1718家,新增产值超百亿元企业3家。汽车及零部件、材料、家用电器、电线电缆四个支柱产业不断壮大,产值占规模工业比重达69.7%。高新技术企业由2008年的145家增加到344家;高新技术产业增加值占地区生产总值比重由17.6%提高到28.2%;新增省级以上研发机构131个;申请专利4.1万件、授权专利2.3万件。新增中国驰名商标12件、国家级质检中心2个。芜湖高新区升格为国家高新技术产业开发区。服务业布局进一步优化,商业业态更加丰富,创建了金融、服务外包、中央商务区、总部经济4个省级现代服务业集聚区。船舶交易市场交易量位居全国第一。农业综合生产能力提高,粮食产量达134万吨,连续九年增产。建立省级以上现代农业示范区4个,省级以上农业产业化龙头企业达53家。

*五年来,城乡建设展现新面貌。*宁安城际铁路、合福高铁、芜申运河开工建设,芜雁高速公路建成通车。完成城市基础设施投资673亿元,市区面积由720平方公里扩大到1065平方公里,城市空间布局更加优化,城东新区建设全面展开。城镇化率由49.8%上升到58.0%,是改革开放以来城镇化推进速度最快的时期。建成城镇道路680公里、农村"村村通"水泥路3200公里,改造危桥170座。城市日供水能力由40万吨增加到77万吨。四县都新建了污水处理厂,全市污水日处理能力由10万吨增加到51万吨。在全省率先实现城乡生活垃圾处理全覆盖。发电装机容量由26.6万千瓦增加到396.8万千瓦,全社会年用电量由62.9亿千瓦时增加到127亿千瓦时。天然气年供应量由1.3亿立方米增加到2.7亿立方米。实施了保兴垾综合整治等一批绿化、美化、亮化和雨污分流工程,新增绿化面积1820万平方米。实施了45条道路架空杆线下地。新增公交车746辆、出租车954辆。整治了204个老旧小区。实施棚户区改造,建设安置房337万平方米,4.6万户居民受益。建设保障性住房12.6万套、617万平方米。我省单体投资规模最大的水利工程——青弋江分洪道开工建设。除险加固62座水库,建成了江南片万亩圩口防洪达标等水利项目,启动中小河流治理工程,解决了97万农村人口饮水安全问题。创建全国环境优美乡镇8个,南陵县成为国家级生态示范区。全面完成了省政府下达的节能减排任务。

*五年来,改革开放实现新突破。*医药卫生体制改革取得成效,在全国率先实施了医药分开改革,实行药品零差率销售,减轻群众药费负担3.8亿元。推进全国公立医院改革试点,成立三大医疗集团,医疗服务向区级医院和社区卫生机构延伸。国有资本运营能力显著增强,市级国有经营性资产由131亿元增加到807亿元。民营经济健康发展,新增私营企业1.4万户、个体工商户5.3万户,入围全省民营企业百强和出口创汇百强的企业数位居全省第一,非公有制经济比重达64.5%。农村集体土地确权发证和集体林权制度主体改革基本完成,流转耕地106万亩、林地16.8万亩。土地整治全面推进,新增耕地5.7万亩。南陵县成为全国农田水利建设投资和建管体制改革试点县。农村信用社全部改制成为合作银行或商业银行,组建村镇银行2家,引进全国性股份制银行5家,皖江金融租赁公司经国家批准设立,新增小额贷款公司62家、法人典当行14家,重新核准融资性担保机构38家。调整了市与区财税体制,增强区级财力,加强财政资金和建设资金统一调度管理,完成了事业单位资产资金清理集中工作。清理行政事业性收费,年减轻企业负担1.2亿元。率先实施事业单位分类改革,市属事业单位精简42.5%。坚持公开公平竞争原则,不断完善政府招标采购制度。省江北产业集中区管理体制调整为"省市共建、以市为主",15平方公里起步区建设全面推进。芜湖承接产业转移集中示范园区获省政府批准。亳州芜湖现代产业园区建设全面启动。全市实际利用内资5250亿元、外资43亿美元,新增境外世界500强企业来芜投资项目18个。开展进出口业务的企业由220家增加到530家。港口货物吞吐量由4600万吨增加到8260万吨。奇瑞、海螺等企业实施"走出去"

战略取得新进展。

*五年来，民生水平得到新提升。*投入207亿元，滚动实施48项民生工程。新增就业39万人；发放小额担保贷款20.5亿元，位居全省第一。覆盖城乡的社会保障体系基本建立，基本养老和基本医疗保险实现政策全覆盖。职工基本养老、医疗、失业、工伤、生育保险参保人数由125万人次提高到211万人次。企业退休人员月均养老金由868元增加到1470元，最低工资标准由每月540元提高到800元。在全省率先建立低保标准自然增长、临时救助等制度，城乡低保月人均补差从119元、35元分别提高到335元、138元。农村五保户集中供养率从不足20%上升到50%以上。迁址新建社会福利院和救助站，全市为汶川特大地震捐款近亿元，慈善事业健康发展。医疗卫生机构布局进一步优化、设施明显改善，新增病床近3000张。义务教育经费保障机制和中考招录制度不断完善，教育均衡发展成效显著。新建、改扩建中小学590所，完成了校舍安全工程和375所学校标准化建设。实施学前教育三年行动计划，新增公办幼儿园35所，扶持普惠性幼儿园146所。高中阶段毛入学率由62%上升到89.4%。建成国家级中等职业教育改革和发展示范学校2所。安徽工程大学机电学院独立办学，民办扬子职业技术学院建成招生。市科技馆、文化馆、图书馆建成使用，新建综合文化站74个、农家书屋911个，公共图书馆、文化馆（站）全部免费开放。新建改造标准化菜市场46处。承办了三届科普产品博览交易会、两届国际动漫创意产业交易会和央视中秋晚会。我市运动健儿在北京奥运会、广州亚运会等重大赛事中取得好成绩。国防动员、双拥优抚、兵役工作进一步加强。开展了第六次全国人口普查。档案、地方志、民族、宗教、气象、外事、侨务、对台、妇女儿童、老龄、残疾人等事业取得新进步。城乡居民人均收入分别由13234元、4712元增加到23784元、9675元，年均分别增长13.0%和15.5%。

*五年来，政府建设取得新成效。*自觉接受市人大及其常委会的法律监督、工作监督和市政协的民主监督，主动加强与各民主党派、工商联、各人民团体的联系，认真听取各界人士的意见和建议，办理人大议案和建议589件、政协提案1813件，回复网民咨询和市长信箱留言3.4万条。"五五"普法顺利完成，"六五"普法全面开展。完成了第七、第八届村委会和第六、第七届社区居委会换届选举，和谐社区建设扎实推进。制定市政府工作规则、重大行政决策程序规定，规范了决策行为。深入开展相对集中行政处罚权工作，行政执法行为不断规范。建成电子政务系统，市政府成为国家行政管理与公共服务标准化试点单位。推行建设项目"并联审批"、企业注册登记"一表通"、收费管理"一票制"服务，完善了政务服务网络。深入开展机关效能建设，加强廉政风险防控，开展工程建设领域突出问题、"小金库"等专项治理，对违纪违法人员坚决严肃查处。

过去五年里，在全市上下共同努力下，我市荣获多项国家级殊荣。蝉联全国科技进步先进市、全国文化体制改革先进地区、全国双拥模范城，成为国家知识产权示范城市、全国创业先进城市、全国流通领域现代物流示范城市、国家园林城市、全国可再生能源建筑应用示范城市、全国新能源示范城市、全国人民防空先进城市、全国无偿献血先进城市、全国人口和计划生育综合改革示范市、全国未成年人思想道德建设工作先进城市，两次荣获中国人居环境范例奖。我市被列入在中国特色社会主义旗帜指引下开拓成功发展之路的全国18个典型地区之一。

2012年是本届政府任期的最后一年。一年来，我们牢牢把握稳中求好、好中求快的总要求，扎实推进各项工作，保持了经济社会发展的良好势头。全市实现地区生产总值比上年增长13.8%，财政收入增长15.9%，全社会固定资产投资增长25.6%，社会消费品零售总额增长16.7%，进出口总额增长16.7%，城乡居民人均收入均分别增长13.2%、15.0%，城镇新增就业8.5万人，城镇登记失业率3.5%，人口出生率9.35‰。

一年来，重点抓了以下几个方面工作：

一是全力以赴稳增长。加大对实体经济发展的支持力度，落实国家减、免、退税政策，兑付60.8亿元。减缴、缓缴社会保险费7.2亿元，发放稳岗补贴和促进就业补贴1.1亿元。出台了关于促进经济平稳较快发展的43条实施意见，召开了中小企业、金融等14个座谈会，开展政策对接，提振企业信心。强化重点项目服务，坚持市领导联系重大项目制度，奇瑞重工农业装备、双钱轮胎、镜湖万达广场等一批大项目建成。着力缓解中小企业融资难，组建了注册资金10亿元的民强担保集团，成立了市中小企业金融服务中心，金融机构新增贷款293亿元。市建投公司、经开区、高新区共发债53亿元，奇瑞发行10亿元私募债券，在全省率先发行中小企业集合债券、集合票据，全市直接融资197亿元。

二是持之以恒推创新。出台了企业股权和分红激励试点配套政策，支持企业创新。鑫龙电器成为国家创新型试点企业。新增3家国家级、27家省级研发机构和2家院士工作站，新增高新技术企业60家、高新技术产品180个、科技企业孵化器5.3万平方米。芜湖留学生创业园列入省部共建项目。新芜经济开发区成为省级高新技术产业开发区。全国特种电缆产业知名品牌示范区、国家特种电线电缆质检中心和3个省级质检中心获批建设。5家企业获首届市政府质量奖。培育培训各类人才2.9万人，引进和培育高端人才1720人、创新创业团队40个。

三是毫不动摇调结构。将汽车及装备制造确定为全市首位产业，实现增加值441.42亿元，增长23.0%。积极培育战略性新兴产业，实现增加值246.85亿元，增长39.2%。出台了关于进一步加快服务业发展若干政策的意见、建设现代服务业集聚区的实施意见。安徽国家数字出版基地芜湖园区获批，中国非物质文化博览园开工建设，中外运三山码头、服务外包产业园、文化创意产业园、南翔万商等项目建设加快。文化创意企业达207家。服务外包收入达2亿美元。游客接待量2200万人次，增长51.3%。举办了中国(芜湖)电线电缆博览会、第二届"刘开渠奖"国际雕塑大展等22项会展。实施了12万亩国家优质油菜生产基地、1.5万亩中央财政森林抚育补贴试点、1万亩蔬菜标准园项目建设，"陶辛青虾"、紫云英"弋江籽"成为国家农产品地理标志品牌。全力开展产业研究、企业服务和招商引智，全年实际利用内资1853.4亿元、外资13.40亿美元，分别增长23.0%、27.1%；新增规模以上工业企业294个、限额以上服务业单位369个。

四是城乡并重抓建设。投入196亿元，推进城市基础设施建设。修编了全市"十二五"规划和城市总体规划。出台了关于加快建设江北、推进跨江发展的26条意见。天门山路拓宽工程、花津桥、清水河公路桥等建成通车，205和318国道改造、中江大道南延线等开工建设。利民路水厂二期工程竣工。两座110千伏以上输变电工程建成运行。建成了公共自行车租赁系统,安排投放自行车1.2万辆。完成房地产投资366.67亿元,增长25.6%;商品房销售426.99万平方米,增长12.0%。新改建农村公路145公里,改造危桥40座、农村危房7405户。实施了无为万亩圩口防洪达标等一批水利工程。启动美好乡村建设,改造提升59个示范村。

五是多措并举优环境。启动国家生态园林城市创建工作,大阳埠湿地公园等13座城市公园正加快建设。实施森林增长工程,完成营造林8万亩。完成30个住宅小区雨污分流改造。出台了关于加强和创新城市管理工作的意见,开展了市容整治规范年、公共文明指数测评活动,推进网格化、信息化管理。实施节能项目72个,启动节能Ⅲ级预警,加强对64户高耗能企业的监管。以水泥厂低氮燃烧改造等为重点,实施减排项目78个。整顿关闭非煤矿山19家、小煤矿4家,全市煤矿企业全部关停。制定实施了机动车排气污染防治管理办法。通过土地整治增加1.3万亩耕地和6476亩城乡建设用地增减挂钩周转指标,盘活闲置和低效用地8500亩。竣工标准化厂房110万平方米。启动了繁昌循环经济产业园建设。我市成为全国第二批餐厨废弃物资源化利用和无害化处理试点城市。

六是坚持不懈促改革。稳步实施医药卫生体制改革,建立了大病医疗补充保险制度。营业税改征增值税试点顺利实施。制定了融资性担保机构、小额贷款公司、典当行经营资格年度检查及高级管理人员任职资格管理办法,加强征信系统建设,积极防范金融风险。开展了水利建管体制改革。推进了工矿废弃地复垦利用、国家级开发区存量建设用地二次开发利用等土地管理试点。启动镜湖区社区管理体制综合改革,减少管理层级,推行综合执法,强化便民服务。实施了"企业一套表"统计改革和人口管理信息化建设。

七是用心用情惠民生。政府性投入71亿元,完成了39项民生工程任务。推进创业富民,新增就业岗位9.8万个。城乡居民养老保险参保达171万人,45万人享受了养老待遇。城镇居民医疗保险参保达92.2万人,新型农村合作医疗参保达226.6万人。在全省率先启动了社会保障卡发放工作。出台了城乡居民最低生活保障实施细则,支付低保金4.2亿元,保障低保对象16万人。发放个人住房公积金贷款18亿元。保障性安居工程新开工6.2万套,竣工0.9万套。在全省率先推行全免费义务教育,实现了学生资助制度从学前教育到高等教育的全覆盖。完成中小学校舍安全工程6.3万平方米,改造农村小学教学点80个。在全省率先实现免费孕前优生健康检查全覆盖。出台了进一步做好农民工、留守儿童、空巢老人等特殊群体帮扶解困工作的意见,对80岁以上老人发放高龄津贴2600万元。推进机关联系基层、干部联系群众和大接访活动,加强社会矛盾纠纷调解。启动食品药品安全示范创建和量化分级管理,挂牌整改安全生产重大隐患9处,安全生产形势平稳向好。加强社会治安综合管理,社会大局和谐稳定。

回首过去五年攻坚克难、砥砺奋进的历程,积累的许多经验弥足珍贵,应当始终坚持,主要有:

必须坚持解放思想。弘扬崇尚创新、宽容失败、支持冒险、鼓励冒尖的创新文化,与时俱进,敢为人先。坚持改革开放,努力破除制约发展的思想障碍和体制桎梏,充分利用国际国内两个市场、两种资源,不断优化发展环境,让各类市场主体的活力竞相迸发,让一切创造财富的源泉充分涌流。

必须坚持产业强市。始终把招商引资作为经济工作的重中之重,把项目建设作为经济工作的生命线,坚持有所为、有所不为,培育一批具有核心竞争力的龙头企业,扶持一批成长性好的中小企业,以产业集群化、高端化支撑城市转型崛起。

必须坚持城乡统筹。树立以工促农、以城带乡理念,大力推进城乡一体化发展,以城乡规划全覆盖为引领,以城乡基础设施建设协调推进为突破,以城乡产业合理布局为重点,以公共服务均等化为核心,实现功能提升、服务完善、资源节约、环境友好,增强可持续发展能力。

必须坚持民生为要。时刻把群众的安危冷暖放在心上,做到问政于民、问需于民、问计于民,多为群众办好事、办实事,大力保障改善民生,维护社会公平正义,促进人的全面发展,让人民群众共享改革发展成果。

必须坚持服务至上。强化公仆意识和责任意识,经济发展围绕企业家特别是优秀企业家"转",社会建设围绕老百姓特别是困难群众"转",政府服务围绕基层工作特别是急事难事"转",落实"一线工作法",帮助企业、群众、基层解决实际困难和问题。

各位代表!

奋斗充满艰辛,奉献铸就辉煌。过去五年的成就来之不易,这是中共芜湖市委统揽全局、坚强领导的结果,是人大代表充分行使职权、政协委员积极参政议政的结果,是全市人民奋力进取、各界人士同心同德、广大干部宵旰图治的结果。在此,我谨代表市人民政府,向全市各级人大代表、政协委员,向全市广大工人、农民、知识分子、干部、驻芜解放军指战员、武警官兵和政法干警,向各民主党派、工商联、各人民团体、无党派人士、离退休老同志和社会各界人士,向在我市创业的投资者、建设者,向关心支持芜湖发展的中央、省直各部门和海内外友好人士,表示崇高的敬意和衷心的感谢!

各位代表!

总结过去,我们充分认识到,前进道路上还面临很多挑战,工作中还存在许多不足,主要是:经济规模还不够大,产业结构还不够优,抗风险能力还不够强;产业转型升级步伐不快,战略性新兴产业发展未取得根本性突破,自主创新体制机制仍需完善;资源环境约束加剧,发展中不平衡、不协调、不可持续的问题依然突出,深化改革开放任务艰巨;城市布局和形态有待优化,功能和品位仍需提升,城乡发展差距较大;社会事业发展不平衡,公共服务均等化水平不够高,社会管理创新任务繁重;民生保障水平还比较低,城乡居民收入有待提高,部分群众生活还比较困难。一些干部领导科学发展能力需要进一步提高,有的地方发展环境需要进一步改善,政府服务效能需要进一步提升;一些部门消极腐败、奢侈浪费现象时有发生,一些领域道德失范、诚信缺失问题依然存在。

我们一定以对国家和人民高度负责的精神,采取更加有力的措施,切实解决这些问题,绝不辜负全市人民的期望和重托。

二、奋勇前进,率先建成小康社会

今后五年是我市全面实现小康社会宏伟蓝图的决定时期,也是加快推进现代化大城市建设的关键时期。综合分析国内外形势,虽然国际金融危机深层次影响远未消除,但世界经济缓慢复苏的趋势没有变,我国新型工业化、信息化、城镇化、农业现代化加速推进的形势没有变,我市厚积薄发、加速崛起的态势没有变。芜湖作为全省“双核”城市之一,区位交通、产业基础、生态环境、政策支持等比较优势明显,内生增长的动力更加强劲,对外合作的能力日益提升,我们完全可以发展得更好一些、更快一些。面向未来,我们要牢牢扭住经济建设这个中心,聚精会神搞建设,一心一意谋发展,沿着中国特色社会主义道路奋勇前进,在全省率先全面建成小康社会、率先基本实现现代化。

未来五年政府工作的基本思路是:全面贯彻党的十八大精神和省、市第九次党代会战略部署,坚持以科学发展为主题,以全面转型、率先崛起、富民强市为主线,以率先建成小康社会为目标,大力实施“创新驱动、产业强市、统筹城乡、开放合作、和谐发展”五大战略,加快推进产业高端化、城市现代化、环境生态化,着力打造宜居宜业宜游的现代化大城市,努力建设创新、优美、和谐、幸福新芜湖。

未来五年经济社会发展的主要目标是:

——*经济更加发达*。转变经济发展方式取得重大进展,发展质量和效益明显提高,产业整体素质大幅提升,自主创新能力显著增强,城市综合实力实现新的跨越,把芜湖建设成为长江流域具有较强创新能力的经济文化强市。地区生产总值年均增长13%以上,财政收入同步增长。

——*环境更加优美*。生态文明建设深入推进,城乡生态环境持续改善,山水人文特色彰显,城市综合配套功能日臻完善,城市品位和现代化水平大幅提升,把芜湖建设成为大气、秀美、时尚、欢乐的国家生态园林城市。2017年城镇化率达到68%、森林覆盖率达到24%以上。

——*社会更加和谐*。经济社会全面协调可持续发展,社会管理更为科学,文明程度大幅提高,城乡居民对城市的归属感、安全感和自豪感明显增强,把芜湖建设成为民主法治、公平正义、诚信友爱、安定有序的文明之城、和谐之城。

——*人民更加幸福*。就业更为充分,民生保障更为完善,全民受教育程度普遍提高,居民财产性收入普遍增加,人民群众物质生活殷实宽裕、精神文化生活健康丰富,把芜湖建设成为文化教育发达、健康水平较高、生活品质优良的幸福之城。2017年城乡居民收入比2012年翻一番。

在未来五年的工作中,要把握好以下几个方面:

第一,推进转型发展,着力提升产业层次。

第二,推进拥江发展,着力统筹城乡建设。

第三,推进创新发展,着力深化改革开放。

第四,推进和谐发展,着力加强社会管理。

三、奋力作为,加速富民强市步伐

2013年是全面贯彻党的十八大精神的开局之年,也是实施“十二五”规划承前启后的关键一年,做好今年工作意义重大。综合各方面考虑,今年经济社会发展的主要预期目标初步安排是:地区生产总值比上年增长13%,财政收入与经济保持同步增长,全社会固定资产投资增长20%,社会消费品零售总额增长15%,进出口总额增长15%,城乡居民人均收入均增长15%左右,城镇新增就业7万人,节能减排完成省政府下达目标。

今年宏观经济形势总体向好,但仍然错综复杂,存在诸多不确定因素。我们清醒地认识到,内外需求不旺、部分企业产值增速下降、工业产品价格下跌、节能减排调控趋紧等因素对经济影响不断加深,去年我市地区生产总值、工业销售收入增幅尽管高于全国、全省平均水平,但未能实现更好预期。新一届政府要完成今年目标,压力很大,任务艰巨,必须开拓创新、苦干实干,必须只争朝夕、奋力作为,尤其要突出抓好以下七个方面工作:

(一)大力推动产业结构优化升级

聚焦突破首位产业,加快培育战略性新兴产业。

大力发展服务业。

积极发展现代农业。

(二)加快转变经济发展方式

扎实推进科技创新。

推动节能减排和资源节约集约利用。

(三)全力推进城乡一体化进程

(四)进一步深化改革开放

加强国有资产和投资管理。

(五)着力改善民生和创新社会管理

加强就业和社会保障工作。

大力发展社会事业。

加强和创新社会管理。

(六)积极发展文化事业和文化产业

(七)努力建设人民满意的服务型政府

2012 年 1 月 31 日市委书记谢正义同志来宝应开发区考察重大项目建设

2012 年 4 月 22 日市长朱民阳同志来宝应开发区考察江苏宝应

2012 年 10 月 16 日县委书记王炳松书记视察宝应开发区项目情况（图为江苏康源纺织有限公司）

宝应经济开发区

BAO YING JING JI KAI FA QU

2012 年，开发区全区上下按照县委、县政府统一要求，着眼长远发展，主动应对挑战，围绕全区“十二五”规划蓝图，高点定位、重点重抓，各项工作都取得新的进展，综合排名在全省再前进 4 个位次。全年实现区属工业产值 39.5 亿元，同比增长 32%；完成工业开票销售 25.2 亿元，同比增长 17%；规模工业产值 32.7 亿元，同比增长 27%；规模工业销售收入 28.5 亿元，同比增长 9%；利税 1.9 亿元，同比增长 15%；实际到帐外资 3800 万美元，民资注册资本实际到资 5.2 亿元。实现财政收入 4.2 亿元，其中，国税收入 7329 万元，地税收入 1.4 亿元。新增开票销售亿元以上企业 4 家，规模企业 5 家。

2012 年 4 月 12 日扬州市村级标准厂房开工

2012 年 4 月 18 日宝胜电缆科技城项目开工

2012 年 5 月 15 日扬州大地飞歌走进宝应开发区

江苏大丰港经济开发区

JIANG SU DA FENG GANG JING JI KAI FA QU

时任中共中央政治局委员、中央书记处书记、中央组织部部长李源潮视察大丰港

江苏大丰港经济开发区以大丰港为依托的江苏沿海省级开发区，辖区面积500平方公里，规划建设面积396平方公里。作为江苏沿海开发新高地，到“十二五”期末，将建成江苏沿海中部亿吨大港、颇具沿海特色的产业港和最宜人居的新兴生态港城。

港口建设突飞猛进。作为江苏省委、省政府重点建设的三大深水海港之一，拥有深水岸线29公里，国家一类开放口岸。港口一期、二期建成通航，石化码头、大件码头建成试通航。粮食码头、通用码头开工建设，15万吨级的深水航道和挖入式港池前期准备工作加快推进。目前已开通韩国、日本等5条国际航线，与台湾基隆港实现直航，建成万吨级以上泊位8个，年吞吐能力3000万吨。到2013年底，建成万吨级以上泊位16个，年吞吐能力5000万吨，货物吞吐量突破3000万吨。到2015年，建成万吨级以上泊位38个，年吞吐能力达亿吨，货物吞吐量突破6000万吨，跨入大型港口行列。

临港产业迅速集聚。木材、石化、盐土大地海洋生物等临港产业园区框架全面拉开，新能源、新材料、海洋生物等特色产业迅速集聚，落户企业400多家。总投资500亿元的博汇项目建设加快，联鑫钢铁一期、泰昌不锈钢等项目竣工投产，悦丰石化、汽车试验场等项目加快推进，沙钢、首钢、红太阳、江阴澄星等一批重大项目加强对接，大丰港综合实力不断提升。

海港新城展露新姿。8平方公里港城主框架全面拉开，五星级半岛温泉酒店全面营运，海洋世界、丹顶鹤珍禽馆、莎士比亚小镇、奥特莱斯国际名品展示中心、大丰港规划展示馆对外开放，国际商务大厦、港务大厦等重点城建工程加快建设，海贼王海盗城、海洋生物博览中心、太阳岛生太养生园的一批蓝色旅游项目启动建设，一座新兴港城加速崛起。

省委书记罗志军视察大丰港莎士比亚小镇

省长李学勇视察大丰港海洋微藻研发中心

海洋生物医药产业园区

江苏海洋产业研究院新貌

大丰港莎士比亚小镇

大丰港生物医药园

海洋植物园

大丰港二期码头

创新驱动取得突破。加强政产学研平台建设，在全省率先建成海洋产业研究院，建成产学研联合体 45 个、工程技术中心 26个、院士工作站6个、博士后工作站3个。南京工业大学、青岛海洋大学、上海海洋大学等 10 多家高校科研院所入驻，孵化项目 12 个；盐土大地海洋生物产业科技园被命名省级海洋生物产业园，经国家海洋局批准为国家科技兴海产业示范基地，黄海药谷积极招引一批国内外具有较强影响力的科研院所，并加快园区研发楼建设。注重金融创新，大丰港海晶创投中心入驻创投机构 13 家、孵化项目 8 个；大丰港企业债券 8 亿元成功发行。创新发展取得明显成效，为“三港”建设科学可持续性发展注入了新的活力。

按照科学发展观要求，大丰港计划用三到五年时间，初步建成江苏沿海特色产业港、长三角北翼综合性商港、中国中西部出海大通道、中国有潜力的蓝色经济增长极，全力争当沿海开发建设主力军。

大丰港城

中国税务

宝应县国税局

BAO YING XIAN GUO SHUI JU

图为扬州市局殷天成局长到宝应国税调研

图为扬州市局张汉东总会计师参观宝应国税办税服务厅标准化建设

2012年，县局按照 “围绕工作主题、突出三化重点、推进四项建设”的工作重点，自觉将科学发展观贯彻工作始终，努力开展各项国税工作，实现了全局各项工作的稳步推进。

千方百计组织收入，国税收入逆势增长。面对前所未有的困难和压力，全力以赴开展组织收入工作。精心抓好“营改增”试点工作，累计申报营业额近亿元，入库税款593万元。全年共组织政府口径收入12.38亿元，同比增长2.2 %；完成公共预算财政收入3.31亿元，同比增长2.7%，全县国税公共预算财政收入在全省排第三十位，比2011年前进一位。

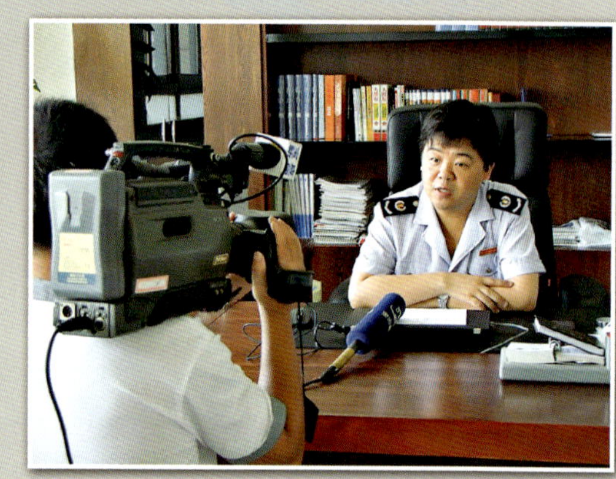

图为宝应电视台采访县国税局周光炜局长关于如何服务纳税人

加强依法行政工作，依法治税意识显著增强。加强政策宣传，多形式主动公开税收政策法规，营造出公正、公开、公平的税收法制环境。深化“说理式执法”工作，将执法说理表述贯穿执法全过程，有效消除执法中纳税人不理解及对抗情绪，化解征纳矛盾。推进重大税务案件审理规范化，确保经县局审理后的案件证据充分、定性准确、处罚适当。一年来通过大要案审理入库税款等共计103万元。

图为县国税局周光炜局长慰问困难群众

持续改进服务举措，纳税服务水平得到提升。落实“营改增”、固定资产抵扣等结构性减税政策，全年为各类企业减免税款3.9亿元，为企业发展注入了动力。深入推进办税服务厅标准化建设，结合新办税服务厅启用，不断提升自助办税设备的作用。加强税收宣传咨询，构建个性化宣传咨询渠道。聚焦服务成长性企业，制定国税部门与成长性企业挂钩联系制度，组织开展“税收与企业共成长”活动等。

图为宝应县汽车运输总公司感谢县国税局关于在该公司购买公交车辆所采取的特事特办的措施

扬州市宝应地方税务局

YANG ZHOU SHI BAO YING DI FANG SHUI WU JU

走进行风政风热线

2012年，面对前所未有的经济发展低迷、税收改革力度、创新创优态势，扬州市宝应地方税务局坚持以科学发展观为指导，在县委、县政府和市局的正确领导下，确立“以标准促规范、以创新促转型”工作主题，攻坚克难，担当实干，圆满完成了各项目标任务。

全面提升创建、创新、创优的层次和水平，全年创成2个国家级荣誉、3个省级荣誉、7个市级荣誉，1人受到总局表彰，13人次受到市级以上表彰。文化建设在总局科研所年度性会议上作典型发言，6篇调研文章在总局、省、市社科联获奖，5条信息被国办和省政府专报采用。网站内容保障工作受到省局表彰。

率先启动服务重大项目活动

重温入党誓词

深入企业走访调研

试行基层机关主要负责人廉洁从税专项考察机制

宝应县国土资源局

BAO YING XIAN GUO TU ZI YUAN JU

县委书记王炳松指导国土工作

截止 2012 年底，全县土地总面积 14.62 万公顷，其中耕地 7.50 万公顷、园地面积 156.87 公顷、林地面积 1594 公顷、草地 1.99 公顷、城镇村及工矿用地 1.55 公顷、交通运输用地 5278.73 公顷、水域及水利设施用地 4.72 万公顷、其他土地 1343.40 公顷。2012 年，全县国土资源系统紧紧围绕全县“四化”发展战略和“四个提升”工作目标，以科学发展观为统领，以服务重大项目建设为重点，以支持新农村建设为抓手，真抓实干，攻坚克难，国土资源工作成绩显著。全系统和 11 个基层所通过了 2010-2012 年度省文明行业和市文明单位的验收；县国土局被省国土资源厅表彰为依法行政、财务管理、信访工作先进单位，“工业项目‘小点供’落地建设”、“石桥土地整理项目”2 个项目荣获省国土厅科技创新奖；连续三年荣获县文明单位、服务发展先进部门、工作目标综合考核先进单位等称号；夏集国土资源所获省“优秀国土所”；泾河、鲁垛、广洋湖 3 个镇创成市土地管理先进镇，对应的 3 个基层国土资源所获市“十佳国土所”。

局长梁鹤富（左）代表国土局向夏集地震灾区捐赠 8 万元救灾款

土地挂牌出让现场竞价会

梁鹤富局长（右）在氾水镇高阳村走访帮扶对象

梁鹤富局长送证上门服务企业

第 22 个“全国土地日”现场咨询活

宝应县水务局

BAO YING XIAN SHUI WU JU

省委副书记视察区域供水潼河水厂

2012 年，全县水务工作紧紧围绕县发展大局，抢抓发展机遇，不断加快民生水利建设。继续组织实施南水北调东线大三王河、金宝河和里下河水源调整等工程，全面完成芦氾河治理和第一轮小型农田水利重点县项目建设，共计完成各类水利土方 700 万方，配套小沟级以上建筑物 700 座，改造中低产田 666.67 公顷，建设高效农田 666.67 公顷，建设节水示范区 266.67 公顷，全县水利工程抗灾减灾能力不断提升，确保全县安全度汛和农业生产用水需要。完成京杭运河水源地一期绿化修复工程，大力开展农村河道疏浚整治，精心组织城区河道整治和城区污水收集管网工程，初步建成城乡河道长效管护机制，切实加强全县河湖管理，城乡水环境明显改善，宝应湖、射阳湖分别创成国家级和省级水利风景区。全面完成区域供水工程建设任务，实现区域供水全覆盖，彻底解决全县 70 万农村居民饮水不安全问题。2012 年，县水务局分别被市水利局、省水利厅评为全市水利系统优胜单位和全省水利先进单位。

防洪抢险演练

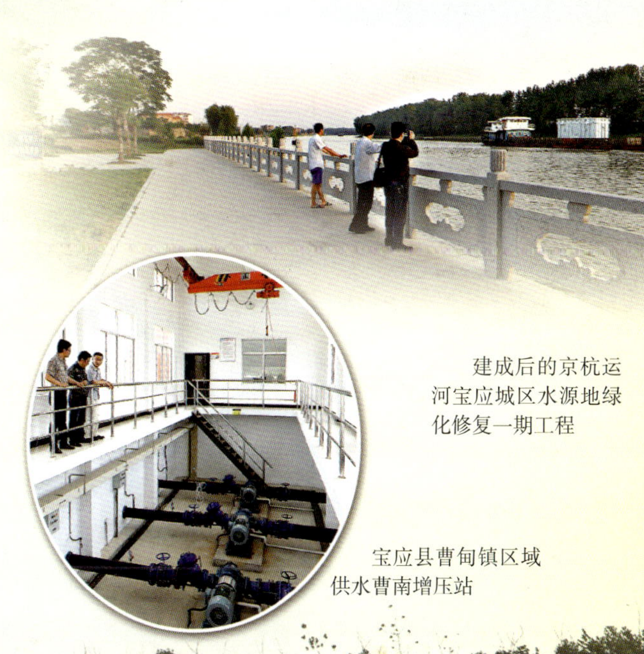

建成后的京杭运河宝应城区水源地绿化修复一期工程

宝应县曹甸镇区域供水曹南增压站

南水北调大三王河宝应县夏集段风光

进镇大道

曹甸镇

曹甸镇地处苏中北部，是扬州市北大门，镇域面积 99.9 平方公里，总人口 7.3 万，辖 22 个行政村、2 个居委会，是国家环境优美镇、中国教玩具生产基地、省重点中心镇、省园林镇、市文明镇、宝应北部经济副中心板块。

近年来，围绕“发展中心镇，打造小城市，建设新农村”目标，按照“6 平方公里，12 万人口”规划要求，拉开“五纵五横”的集镇主体格局，建成工业集中区、商贸中心区、农业生态区三大功能板块。江苏扬州文体教玩具工业园为省级乡镇示范园区，市级乡镇特色产业园，园内“七通一平”基础设施配套，服务功能完备，入园企业 150 多家，形成了文教玩具、精细化工、电缆电线、管件法兰、金属制品等五大工业板块。镇内教育体系完备，商贸三产繁荣，文化娱乐设施齐全。优美怡人的集镇环境和蓬勃发展的社会经济事业，使曹甸这方热土成为中外客商投资的乐园、创业的家园、宜居的花园。

开放开明、热情好客的曹甸人民正以饱满的热情、热忱的服务、优良的环境，喜迎四海宾朋，投资兴业，携手共进。

江苏省委副书记、省长李学勇在镇农民集中居住区与搬迁农户亲切交谈

风景如画的镇区

省委副书记石泰峰视察集镇建设

中国教玩具生产基地——曹甸

扬州晨化新材料股份有限公司

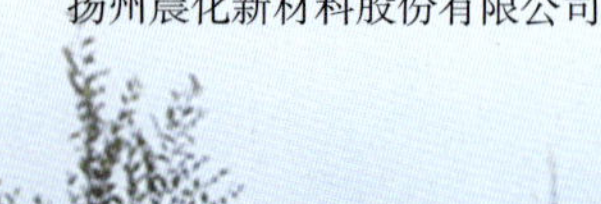

农民集中居住区——滨河花园

县委书记、县人大常委会主任王炳松调研西安丰镇

县政府副县长杨步云调研浩宇生物科技有限公司图为在公司座谈

XI AN FENG ZHEN

我镇地处扬州、盐城、淮安三市交界处，东临射阳湖，北倚绿草荡，生态优越。泾安公路、安流公路穿境而过，西邻京沪高速，南到江都市大桥镇，北至宝应县西安丰镇的安大公路已经建成，辖 10 个行政村、1 个居委会，面积 58.39 平方公里，人口 3.8 万。

我镇是革命老区。抗日战争时期，沙家浜的 25 位伤病员辗转来到我镇养伤，后来组建新四军淮宝支队，在这里开展敌后斗争，新四军一师、苏中区党委机关，苏中党校、苏中公学、《苏中报》社、华中印钞厂都曾迁驻我镇境内。1943 年 5 月，中共宝应县委、宝应县政府在我镇成立，粟裕、陈丕显等老一辈革命家曾在西安丰战斗过，镇内现留有 30 多处革命遗址，并建有纪念馆（红枫园）一座，今年南京军区先后向我镇红枫园纪念馆捐赠了坦克和大炮，为我镇红色文化又新增添了亮色。

县政协副主席金陵与县政协农业农村组一起调研浩宇生物科技有限公司

我镇大力发展社会事业。中心初中、中心小学分别通过省示范初中、省实验小学的验收，中心幼儿园为市一类园；全镇通过市农村学校教育现代化乡镇验收。投入 400 万元新建的 3800 平方米的公寓式敬老院，属市级示范性敬老院。全镇五保老人全部集中供养。集镇建成区面积 2.5 平方公里，形成以水晶大道、兴安路、泾安路为主体的三纵五横的道路主框架。全镇通达里程达 45 公里，基本实现村级道路的硬质化和村村通。2008 年我镇下引河、大官河两座大桥建成后，贯通了南北市际交通，极大改善了我镇的交通区域条件。目前我镇正在积极筹划迎接建设之中的安大公路的辐射。

西安丰镇法治宣传进校园

我镇经济社会发展迅速。近年来，我镇坚持走工业强镇的发展道路，工业化、城镇化、农业产业化水平不断提高，形成以生物科技为主导，钢管、水晶玻璃工艺品、船舶配件、机械加工、焦炭金属、电缆辅料、农副产品加工齐发展的产业格局。2010 年扬州浩宇生物科技有限公司落户我镇，成为我镇经济社会发展中的一个新亮点，公司 2012 年实现开票 3600 万元，今年 1—9 月份已经实现开票 8000 万元，发展势头迅猛，年底力争实现 1.2 亿元。恒鑫公司的陶瓷复合钢管技术被列为国家星火计划，2012 年公司销售达 1.5 亿元，今年确保实现 1.8 亿元，力争 2 亿元。水晶玻璃产品晶莹透亮、美观大方，款式近千种，远销欧美、东南亚等 30 多个国家和地区。

扬州大学动科学院教工第一党支部支部共建西安丰宝丰牧业合作社党支部，图为到宝丰牧业调研查看

西安丰镇送文艺下乡慰问演出

汜水镇

FAN SHUI ZHEN

农民集中安置区

驿　亭

汜水镇是黄金水道京杭大运河畔的千年古镇，汉代已形成村落，唐代集镇初具规模，迄今已有2000多年的历史。汜水因古运河而兴盛，明万历年间即开廛列市，揽四方之货，招八方来客。明末清初，汜水运河边及东园塘商船云集，成为里下河地区重点集散地之一。大米、茶食、旱烟、香醋远销海内外，誉满里下河，是苏中“四大名镇”之一，自古就有“金汜水”美誉。汜水镇先后获得全国绿化造林百佳乡镇、全国生态镇、省文明镇等荣誉称号，是全国33个有机食品基地之一，是全国重点镇、省重点中心镇、省百家名镇、扬州市11个加快发展的重点中心镇之一。

全镇拥有工业企业200余家，已形成以骏升为龙头的电子电器业，以银宝（海沃）专用车为龙头的特种车及车船配件业，以银宝为龙头的纺织业等三大支柱产业，全镇经济发展连续多年位居全县乡镇首位。

汜水因水而名，依运河而繁盛，一座宜居、宜商、宜学的现代化小城市正在蓬勃成长，一颗耀眼璀璨的城市明星正在古运河畔冉冉升起。

文体中心

工业区俯视图

骏升科技

汜水人民广场

体育运会开幕

安宜镇地处江苏中部，隶属扬州市，是宝应县政治、经济、文化、商业中心，辖23个社区居委会，24个行政村(场)，总人口26万，总面积155平方公里。2012年完成地区生产总值51亿元，财政总收入4.3亿元，工业开票销售72亿元，服务业、建筑业增加值分别为21亿元、9亿元，城镇居民人均可支配收入19400元、农村居民人均纯收入14250元。近几年，先后获得了扬州市十强镇、江苏省文明镇、全国生态镇、全国文明镇等荣誉称号。

热情是安宜恒久的魅力，诚信是安宜闪亮的品牌。活力安宜，生机无限；苏中明珠，前景灿烂，我们殷切期望与海内外朋友加强交流，共同建设一个现代的、文明的、生态的、宜居的新城镇。“投资安宜、收获未来”不仅是安宜人的期待，更是安宜人的郑重承诺。

江苏迅达门前

服务业照片

艺术节

安宜工业园

小官庄镇

XIAO GUAN ZHUANG ZHEN

小官庄镇位于宝应县城东南15千米处。西近京杭大运河，东接安大公路，京沪高速穿境而过，沿广公路横贯东西，交通便捷；镇域面积46平方千米，有“东方圣诞小镇”之美誉。全镇辖9个行政村、1个社区，107个村民小组，总人口3.01万人。2012年，实现地区生产总值7.24亿元，税收收入5244.57万元，农民人均纯收入13813元。

农业。重点打造“千亩现代农业示范园区”，完成园区规划编制，流转土地66.67公顷，建成园区面积106公顷（其中连栋大棚面积10公顷），被列入全县5大高效农业园区之一。农业综合开发项目工程被评为“省优”工程，同时，成功创成省农机平安示范镇。

工业。完成工业产值48.35亿元，实现开票销售额7.5亿元。规模工业实现产值16.8亿元、利税1.62亿元，新增规模企业1家，工业技改投入8.01亿元，外贸自营出口额2000万美元，扬州美瑞华圣诞礼品有限公司自营出口首次突破1000万美元。引进招商项目9个，竣工4个、在建5个。江苏博鑫泰光电科技有限公司实现当年开工、当年投产、当年产值过亿元。投资1亿元的江苏圣诞文化创意产业园也正式开工建设。

博鑫泰公司

建筑三产。完成施工产值1.96亿元，县外“双包”面积13.25万平方米。发展软件信息、物流和文化创意产业。新增省认定软件企业4家，通过软件企业产品CMMI3级认证企业2家，实现税收150万元。建成正兴物流公司，年仓储运输能力1000吨。

精神文明建设。开展文明村镇、文明单位、文明社区、十星级文明户评选活动，全镇创建成县文明单位4家，镇“十星”文明户120户；开展节日文体活动，成功举办第五届“东方圣诞小镇迎中秋庆国庆，和谐社区大家乐”活动。

美瑞华

江苏省宝应中学

JIANG SU SHENG BAO YING ZHONG XUE

2012-2013 学年度，江苏省宝应中学，在上级领导的关怀与厚爱下，在全体教职员工的理解和支持下，各项工作取得长足发展。2012 年 10 月份，学校启动后勤考核改革方案，对各部门后勤员工实行积分考核，同部门同工种，每月积分排名并进行公示，进一步加大后勤员工的管理力度，推动后勤工作向纵深发展，更好地为前勤服务。2012 年 11 月份，学校启动班主任考核改革方案，进一步加大班主任管理力度，深化奖勤罚懒制度，提升管理效能。2013 年 1 月份，学校启动中层干部、备课组长考核改革方案，进一步强化干部管理工作，提高干部工作效益，提升团队核心竞争力。学校进一步强化质量意识，2013 届高考在清华、北大大幅削减江苏省招生指标的背景下，清华、北大达线六人，扬州市文理前 10 名，宝中占 7 名，持续走强。

2013 年，宝应中学新校区（疏港路南白田南路东）启用。新校区突出数字化、开放式、国际化的理念，规划占地 270 亩，投资 2.6 亿元。建成后，各项设施在全国具有先导性，整体彰显“现代化、生态式、人文性”特色，湖楼共影，别具情趣；桥梁道路，体现园林风光；圆雕小品，烘托艺术氛围；草地花坛，营造绿色课堂；广场水面，透出现代气息，成为宝应教育又一张靓丽的名片。

宝中大门

校园一景

学生公寓

升旗仪式

图书在版编目(CIP)数据

长江三角洲城市年鉴. 2013 /《长江三角洲城市年鉴》编辑部编. ——北京 : 中国文史出版社, 2013.10

ISBN 978-7-5034-4373-2

Ⅰ. ①长… Ⅱ. ①长… Ⅲ. ①长江三角洲-城市经济-2013-年鉴 Ⅳ. ①F299.275-54

中国版本图书馆 CIP 数据核字(2013)第 252504 号

书名:长江三角洲城市年鉴(2013)

编纂:《长江三角洲城市年鉴》编辑部

出版:中国文史出版社

发行:中国文史出版社 发行部

地址:北京市西城区太平桥大街 23 号(邮编:100811)

经销:全国新华书店

印刷:南京四彩印刷有限公司

开本:889×1194 1/16

印张:49 字数:2250 千字

版次:2013 年 11 月第 1 版第 1 次印刷

书号:ISBN 978-7-5034-4373-2

定价:350.00 元